Altdeutsches namenbuch

von

Dr. Ernst Förstemann,

gräfl. stolberg. bibliothecar und lehrer am lyceum zu Wernigerode.

ERSTER BAND.

Personennamen.

Nordhausen, 1856.

Verlag von Ferd. Förstemann.

Brüssel und Gent,
bei Carl Muquardt.

London,
bei Williams & Norgate.

Zweierlei habe ich im eingange dieses werkes zu besprechen; erstens seine entstehung und zweitens seine einrichtung.

Es ist nicht gleichgültig für die beurtheilung und für das verständnis eines buches, ob es sein dasein einem plötzlich aufgestiegenen gedanken, einer augenblicklichen anregung von aussen verdankt, oder ob es mit dem verfasser gleichsam gross geworden und mit ihm und seiner natur aufs innigste verwachsen ist. Bei meinem buche ist eher das letztere als das erstere der fall. Ich hatte das schicksal schon in meinem vierzehnten lebensjahre einen braven vater zu verlieren; ohne dies ereignis hätte ich mich muthmasslich der mathematik gewidmet, auf die mich geburt, anlage und erziehung zunächst hinwiesen; noch jetzt wird man in meinen schriften eine gewisse mathematische richtung nicht verkennen, von der ich anderwärts glaube gezeigt zu haben, dass sie unserer sprachwissenschaft recht sehr zu gute kommen kann. Nach meines vaters tode gewann bei mir, angeregt durch tüchtige lehrer und vorbilder, unter denen ich noch jetzt mit wahrer ehrfurcht den früh verstorbenenen Julius Pflugk, herausgeber des Euripides nenne, der sinn für die beschäftigung mit der sprache die oberhand. Ich erinnere mich noch lebhaft, dass ich, kaum funfzehn jahr alt, die register eines geographischen handbuchs durchging und, so weit es damals meine kenntnisse und hülfsmittel gestatteten, die darin enthaltenen ortsnamen zu deuten suchte. Es drängt mich hier eines freundes zu gedenken, mir des treuesten unter allen, der mir schon damals theilnehmend und helfend zur seite stand und dem ich viel verdanke; es war Hermann Anhuth, der später in holländischen diensten sein schönes stilles, der wissenschaft und der leidenden menschheit geweihtes leben zu Palembang auf Sumatra schloss. Mit ihm zusammen nahm ich als schüler der oberen klassen privatstunden im mittelhochdeutschen bei unserm damaligen turnlehrer Euler, der mir die erste kenntnis und eine zu jener zeit wahrhaft schwärmerische Liebe zu unserer alten sprache einpflanzte. Als ich 1840 meine vaterstadt Danzig verlassen und unter Lachmanns leitung meine studien zu Berlin begonnen hatte, da tauchte in mir meine frühere neigung zu den namen wieder auf; ich unternahm, zuerst angeregt durch eine unbedeutende schrift (Schütz, kleines namenlexikon, Berlin 1837) ein allumfassendes wörterbuch aller eigennamen aus allen zeiten und sprachen und habe fünf bis sechs jahre manches dazu gesammelt, unbekümmert um die unausführbarkeit sowol als die nutzlosigkeit eines solchen riesenplanes. Bestimmter und fruchtbarer wurden meine studien zu Halle; hier wandten sie sich mit grosser entschiedenheit zweien seiten zu, einmal dem Sanskrit, andrerseits dem Altdeutschen; Pott und Leo waren hier meine meister. Nach beiden seiten hin entsprangen mir neue namenstudien; denn einerseits erinnere ich mich damals eine abhandlung über die bedeutung unserer neueren vornamen verfasst und im freundeskreise vorgelesen zu haben, andrerseits machte ich mich lebhaft an die grade von der universität gegebene preisaufgabe über die persischen eigennamen. Schon hatte ich grosse sammlungen dazu gemacht und war wie ich glaube auf dem besten wege, als mir plötzlich in unerklärlicher weise ein theil meiner darauf bezüglichen papiere verschwand und dadurch meine ganze arbeit unnütz wurde. Hätte ich damals jenen preis gewonnen, vielleicht wäre heutzutage meine ganze richtung eine andere und ich glaube kaum, dass das buch, welches ich hier vorlege, erschienen wäre. Der schluss meiner studienjahre fiel wieder nach Berlin; zwar hemmten hier hindernde umstände mannigfach meine freie beschäftigung mit der wissenschaft und die richtung auf das Altdeutsche musste einstweilen sehr zurücktreten, doch konnte ich wenigstens noch bei Bopp im Sanskrit einige fortschritte machen, die mir auch da sehr zu gute kommen, wo ich mit Sanskrit scheinbar nichts zu thun habe. Mit freude denke ich noch zurück an unsern damaligen kleinen sprachforscherverein und an die halb ernsten halb heiteren zusammenkünfte desselben; mein freund Hermann Kellgren aus Helsingfors, der damals meinem herzen so nahe stand wie kein anderer, wird auch noch unseres gemeinsamen eifers gerne gedacht haben.

Meine im jahre 1844 zu Halle erfolgte promotion war das zeichen zu meiner rückkehr nach Danzig. Dort, wo für sprachwissenschaft kein boden war und wo bald eine überhäufte masse von geschäften meiner wartete, habe ich nur noch weniges zur förderung meines allgemeinen namenwörterbuchs gethan und mich bald daneben zu andern studien gewandt, die nicht hieher gehören. Schon war ich in gefahr auf ganz andere gebiete abzuirren, als die Berliner academie 1846 die preisaufgabe stellte, welche die nächste veranlassung meines buches geworden ist. Monate lang war schon die aufgabe bekannt gemacht und ich hatte noch nichts davon erfahren, als mich wolwollende freunde eines tages mit der bemerkung darauf hinwiesen, das wäre so recht etwas für mich. In derselben stunde war mein entschluss gefasst; hätte ich damals nur die hälfte der schwierigkeiten übersehn, mit denen ich würde zu kämpfen haben, nur die hälfte der leiden geahnt, mit denen ich während der arbeit würde heimgesucht werden, ich hätte gewiss nie die feder dazu angesetzt. In ländlicher zurückgezogenheit, unweit des punktes, wo die halbinsel Hela ans festland ansetzt, habe ich die ersten zeilen für dieses buch niedergeschrieben und während ich über öde sanddünen am meeresstrande wanderte oder durch die ärmlichen dörfer einer rohen slavischen bevölkerung dahinritt, bedachte ich meinen plan und spann ihn weiter und weiter aus. Nun folgte in Danzig der eigentliche beginn der sammlung. Ich stand mit meinen studien dort allein; genügende vorbereitung dazu fehlte; von den quellen war selbst das nöthigste nicht am orte vorhanden; verbindungen, um mir etwas von auswärts zu verschaffen, mangelten gänzlich; dabei hatte ich wöchentlich dreissig bis vierzig unterrichtsstunden zu ertheilen, und zwar in allen möglichen fächern; vielfältige andere thätigkeit lag mir ausserdem ob. Als ich es einmal mit grossen schwierigkeiten möglich machte, auf drei bis vier wochen nach Berlin zu gehn, fiel meine dortige anwesenheit und arbeit in die böseste zeit des jahres 1848; wie unendlich vielfach waren damals auch in Danzig die hindernisse, welche die bewegungen der zeit stiller forschung entgegenstellten! Unter solchen umständen, denen ich noch manches hinzufügen könnte, was besser der vergessenheit als der öffentlichkeit übergeben wird, arbeitete ich weiter so gut es ging. Der erste märz 1849, als der von der academie zur einsendung bestimmte termin, rückte heran und es war nur ein roher entwurf vorhanden, den ich ausdrücklich auf dem titel nur als einen solchen bezeichnete, wodurch ich denn, wie sich von selbst versteht, gleich von vorne herein der zuerkennung des vollen preises entsagte. Wenige monate darauf wurde das urtheil gesprochen; ich war der einzige gewesen, der eine arbeit einreichte, und mir wurde in anbetracht der schwierigkeit des gegenstandes und in rücksicht auf die ungünstigen zeitverhältnisse der geldeswerth des preises zu meiner nicht geringen überraschung und freude zuerkannt, zugleich als aufmunterung zu weiterem fortarbeiten. Leider war damit vor der hand nicht viel gewonnen; dauernde kränklichkeit, die sogar einmal eine völlige unterbrechung aller meiner wissenschaftlichen thätigkeit zur folge hatte, hemmte mich erheblich, und die schwierigkeiten, die aus meinem aufenthaltsort und aus meiner sonstigen drückenden beschäftigung hervorgingen, blieben dieselben. Ich musste streben aus meinen bisherigen verhältnissen herauszukommen und sah mich genöthigt selbst manchen hoffnungen für die zukunft zu entsagen, um nur meiner arbeit, die mir immer lieber geworden war, mehr nachgehn zu können. Ich suchte zunächst einen wohnsitz in der mitte des vaterlandes; denselben mir verschafft und damit die möglichkeit der weiteren entwickelung des buches gegeben zu haben, ist das verdienst des vor kurzem heimgegangenen provinzialschulraths der provinz Sachsen Dr. Schaub. Seit ostern 1851 habe ich nun hier in Wernigerode gewohnt und was ich am strande des meeres begonnen, das habe ich am fusse des berühmtesten der deutschen berge fortgeführt. Grosse opfer habe ich durch meine übersiedelung gebracht, aber der zweck, weshalb ich meine persönliche heimath verliess und in die nachbarschaft meiner alten familienheimath Nordhausen zurückkehrte, ist erreicht worden. Vor allem ist hier jener mangel an hülfsmitteln zur arbeit fast ganz geschwunden. Wer es empfunden hat, welch ein grosser unterschied es ist zwischen der blossen erlaubnis eine bibliothek zu benutzen, und zwischen der stellung, die man hat, wenn man die bibliothek selbst verwaltet, der wird beurtheilen können, wie ich aufathmete, als mir nun eine sammlung von mehr als sechzigtausend bänden zu gebote stand, von denen allein vierzehntausend der deutschen geschichte angehören. Zwar hat es auch hier grosse hindernisse gegeben; eine angestrengte amtliche und eine oft unangenehme ausseramtliche thätigkeit, dazu ferner persönliche leiden mannigfacher art hinderten mich vielfach an der fortsetzung des werkes, das ich als den eigentlichen hauptzweck meines hiesigen aufenthalts zu betrachten habe. Doch konnte hier in jedem falle in grösserem masstabe fortgearbeitet werden, als in meinem früheren wohnorte. Wer das buch, wie es jetzt daliegt, vor augen hat, wird sich übrigens schwerlich einen begriff davon machen, wie vielfältige umarbeitungen hier mit demselben vorgenommen werden mussten; hatte ich doch erst während der arbeit müssen arbeiten lernen. Diejenigen bemerkungen allein, die ich früher niedergeschrieben, nachher aber ganz fortgestrichen habe, dürften zusammen ein kleines buch ausmachen. Während dieses unaufhörlichen vermehrens, umstellens, änderns und fortlassens kam es mir oft in den sinn, wie lange es wol dauern werde, bis ich das ziel erreicht hätte; aber immer klarer wurde es mir, dass von einem solchem ziele bei einer arbeit, die in ihrer art die erste ist, eigentlich gar nicht, noch weniger als bei andern büchern, gesprochen werden kann. Von mancher seite wurde ich zum abschlusse gedrängt und endlich entschloss ich mich fast plötzlich, damit ans licht zu treten. Hätte ich noch länger gewartet, so wäre das buch schon ein ganz anderes und besseres geworden; aber wurde nicht zugleich die gefahr immer grösser, dass es vielleicht gar nicht erschiene? Ich kann jetzt dieser arbeit nur ein paar stunden täglich widmen; es war also besser auch andern die möglichkeit zu geben, von mehreren seiten her auf dieser grundlage weiter zu bauen; ich glaube, dass so die wissenschaft weiter gefördert wird, als wenn ich meine studien noch länger bei mir allein verschlossen hätte. Was ich hier gebe, ist nicht einmal vorläufig abgeschlossen, es ist die fixirung eines willkürlich gewählten punktes in dem fortschritte meiner arbeiten, und ich hoffe, dass es mir mit gottes hülfe gelingen werde, dieselben noch zu einem weit höheren standpunkte zu bringen, als der gegenwärtige ist. Schon deshalb musste ich an luft und licht heraustreten, um tadel und zurechtweisung zu erhalten, deren ich in hohem grade bedürftig bin und die ich stets, wo sie im milden geiste edler wissenschaft ausgesprochen werden, mit gröstem danke annehmen will.

Mit den personennamen habe ich für jetzt abgeschlossen und selbst seit geraumer zeit weder vermehrungen noch verbesserungen in meine handschrift nachgetragen, so viel ich dazu auch gelegenheit hatte. Ich concentrire mich jetzt ganz auf die ortsnamen, die mich in mancher hinsicht weit mehr anziehen als der inhalt des gegenwärtigen bandes und deren sammlung, wie ich hoffe, auf einem mehr befriedigenden standpunkte stehn soll, als die der personennamen. Zwischen dem drucke beider sammlungen muss eine pause eintreten, deren länge nur theilweise von dem fortgange meiner arbeit, zum grösten theile aber von der verbreitung und aufnahme des ersten bandes abhängt. Bei dieser gelegenheit erlaube ich mir zugleich eine dringende bitte um hülfe für die ortsnamen auszusprechen. Es giebt ja in Deutschland so viele ausgezeichnete historiker für specielle gebiete unseres vaterlandes; wer von denselben mir für eine bestimmte, möglichst streng begrenzte gegend die vor 1100 begegnenden ortsnamen in genauer schreibung und mit genauer hinweisung auf die quellen übersendet und wo es angeht die entsprechenden heutigen namen der örter beifügt, wird sich verdienst erwerben und kann meines warmen dankes gewiss sein.

Was ich nun ferner über die einrichtung meines namenbuches zu sagen habe, hat erstens den zweck, die practische brauchbarkeit und das verständnis desselben zu erhöhen; zweitens spreche ich darüber in der absicht, einige hauptmängel des buches offen darzulegen, indem durch solche ehrlichen geständnisse offenbar meinen nachfolgern ihre arbeit erleichtert wird; drittens aber möchte ich durch das folgende zur abfassung einiger andern namenbücher, zunächst eines angelsächsischen und eines altnordischen anregen und den verfassern derselben einen plan zur prüfung darbringen, der mit gewissen einschränkungen vielleicht für das namenbuch einer jeden sprache passen dürfte. Ich bemerke hiebei gleich, dass auch ein altitalisches namenbuch, wenn nicht meine ahnung trügt, selbst für unsere deutschen und alle verwandten sprachen von grosser wichtigkeit wäre; es müsste bis zum ende des zweiten punischen krieges gehn und alle italischen namen, zunächst immerhin ohne scheidung der mundarten umfassen.

Die mir vorliegende aufgabe war von der academie in folgenden worten ausgedrückt:

„Unser volk zeichnet sich aus durch einen reichthum von eigennamen, der für die geschichte der sprache von gröstem belang, aber in den denkmälern allenthalben verstreut ist. Zu einer genauen und vollständigen sammlung derselben, die gegenwärtig an der zeit zu sein scheint, öffentliche anregung zu geben, hat die academie einen preis dafür auszusetzen beschlossen. Die sammlung soll sich von der ältesten zeit bis zum jahre 1100, aber nur auf gothische (zugleich vandalische), langobardische, fränkische, thüringische, alamannische, burgundische, bairische, altsächsische und friesische namen erstrecken, mit ausschluss der angelsächsischen und altnordischen. Deutung der eigennamen, wie sie erst allmälich aus dem studium des sämmtlichen vorraths gründlich hervorgehen kann, wird zwar nicht zur bedingung gemacht, wo sie aber jetzt schon mit besonnenheit und in gedrängter kürze vorgenommen werden kann, als willkommene und empfehlende zugabe betrachtet werden."

Von diesem so begränzten thema habe ich nichts mit willen fortgelassen, wol aber noch einiges hinzugefügt, was mir erspriesslich schien; ich werde diese punkte unten erwähnen. Das jahr 1100 habe ich als grenze mit der genauesten strenge festgehalten und selbst den anziehendsten namen unterdrückt, wenn er etwa erst im jahre 1101 begegnete.

Um mit dem äusserlichsten meines planes zu beginnen, so ist das format genau das des Graffschen sprachschatzes, nicht allein, weil ich es für ein derartiges werk für das beste halte, wo es darauf ankommt mit einem blicke eine nicht zu kleine anzahl analoger bildungen zu übersehn, sondern auch um mein buch gleich äusserlich als eine ergänzung und zwar als eine nothwendige ergänzung des sprachschatzes erscheinen zu lassen. Die einrichtung des druckes weicht dagegen von Graff wesentlich ab; erstens nämlich ist die Graffsche raumverschwendung vermieden, stellen wie I, 563—565, III, 744—852 und viele andere des sprachchatzes findet man bei mir nicht, meine register haben sechs columnen, die Graffschen nur vier u. s. w. Dagegen musste allerdings auch bei mir eine gewisse splendidität des druckes bleiben, die bei einem so recht zu zusätzen und randbemerkungen auffordernden werke wol nur gebilligt werden kann. Zweitens habe ich eine grosse vorliebe für einfachen druck, der edler aussieht und sich leichter darstellt, als das buntscheckige durcheinanderwerfen verschiedener alphabete. Man wird daher bei mir weder sogenannnte deutsche lettern, noch cursiv gedrucktes finden; auch anmerkungen mit kleinerer schrift kommen selten vor, gesperrten druck verwende ich höchst sparsam und auch die zur bezeichnung der wortstämme verwandten grossen lettern brauche ich für jeden wortstamm nur da, wo er ausführlich behandelt wird, nicht wie Graff auch da, wo ich auf ihn nur verweise. Ich freue mich, dass hierdurch das ganze einen entschieden wohlthuenderen eindruck auf das auge macht als der sprachschatz. Ganze wörter mit majuskeln gedruckt habe ich völlig vermieden; sie gehören auf steinerne oder eherne tafeln, nicht in bücher.

Die anordnung ist die alphabetische. Wir waren schon auf dem besten wege, dass sich jeder verfasser eines wörterbuchs seine eigene anordnung zurecht machte; ich kann in dieser abweichung von der alten, immerhin nicht löblichen gewohnheit keinen wesentlichen vortheil, wol aber die quelle grosser unbequemlichkeiten erblicken, die gewiss mancher mit mir empfunden hat. Ich ordne alle wortstämme rein alphabetisch, so dass jeder stamm für einen einzigen artikel des wörterbuches gilt. Zwischen die wortstämme habe ich, wiederum alphabetisch, diejenigen einzelnen formen eingefügt, welche sich nicht zu einem bestimmten stamme fügen wollten, und eben so diejenigen, bei denen ich auf eine andere stelle des wörterbuches nur zu verweisen habe. Dass ich innerhalb der wortstämme die einzelnen artikel nicht rein alphabetisch abhandele, werde ich unten beleuchten.

Am beginne jedes buchstaben gebe ich einige bemerkungen über seine lautverhältnisse, so weit dieselben in den namen erscheinen. Diese bemerkungen sind kurz, ja höchst dürftig gehalten und mehr nur ein immer wiederholter fingerzeig, dass das wörterbuch nie dürfe die grammatik aus den augen lassen. Für den, welcher auf der höhe der wissenschaft steht, sind diese einleitenden notizen völlig unnütz; für den minder kundigen mögen sie als warnung und richtschnur willkommen sein.

Die form der wortstämme habe ich nach reiflicher überlegung aufgestellt. Zunächst sind es wahre stämme, nicht wurzeln, über welchen punkt ich keiner rechtfertigung zu bedürfen glaube. Nun aber entstand eine grosse schwierigkeit dadurch, dass mein namenbuch sich über eine grosse anzahl äusserst verschiedener mundarten verbreitet. Unziemlich wäre es gewesen, allen stämmen eine althochdeutsche form zu geben, am unziemlichsten, wenn ich die strengalthochdeutsche aufgestellt hätte; wie wunderbar müssten da die gothischen, sächsischen, altfränkischen namen erschienen sein! Die gothische form konnte ich auch nicht durchführen; lag sie doch bei vielen stämmen nicht in einem einzigen beispiel wirklich vor; ich hätte, wollte ich sie durchgehends an die spitze stellen, mit scheinwesen zu thun bekommen, die mir bei einer durch und durch historischen arbeit ein greuel sind. Mir blieb daher nur ein ausweg, der eine scheinbar grosse inconsequenz enthält. Ich habe die gothischen oder sächsischen formen bevorzugt, wo sie irgend wirklich in namen existirten, bin aber zu den althochdeutschen übergegangen, wo die gothischen entweder nur höchst selten begegneten oder nach sprachlichen grundsätzen minder alterthümlich sind als die althochdeutschen, wie z. b. bei den stämmen BURG und MAR. Eine zweite wie ich glaube eben so nöthige inconsequenz liegt darin, dass ich dem stamme zuweilen den endvocal des themas gelassen, meistens aber ihn ohne denselben aufgeführt habe. Ich bin darin nicht mehr und nicht minder ungenau als die sprache selbst, die diesen endvocal nur zuweilen rein erhält (und in diesen fällen habe ich ihn auch nicht übergangen), meistens aber ihn ganz umwandelt oder gar unterdrückt. Dazu kommt, dass jener themavocal bei vielen stämmen noch gar nicht einmal ergründet ist, und auf weitläufige grammatische untersuchungen konnte ich mich doch nicht einlassen.

Jedem stamm habe ich einige einleitende bemerkungen vorausgeschickt; sie betreffen theilweise seine verbreitung in den namen nach raum und zeit, theilweise seine sprachliche und graphische verwechselung mit andern stämmen, und auf diesen punkt glaube ich besondere sorgfalt verwandt zu haben, da hier uns tausend klippen auf dem meere deutscher namenforschung entgegenstehn. Dann lasse ich mich auch in diesen einleitenden bemerkungen über die etymologie jedes stammes aus, doch immer kurz, streng bei der sache und auf deutschem gebiete bleibend und mit dem bemühen, das zweifelhafte, welches auf unserm felde noch ein grosses übergewicht über das gewisse hat, auch wirklich als zweifelhaft erscheinen zu lassen. In so weit also thue ich der von der academie gewünschten, aber mit recht nicht geforderten deutung der namen genüge; ich deute die elemente der namen, nicht sie selbst. Letzteres wäre ein gar zu schlüpfriges gebiet, auf das man nicht eher wird gehen dürfen, als bis man sich über gewisse allgemeine ansichten wird geeinigt haben. Noch wage ich es nicht darüber abzusprechen, in einer wie engen oder wie losen begrifflichen verbindung die theile eines zusammengesetzten namens mit einander stehn. Diese innigkeit der verbindung ist gewiss in älterer zeit ungleich grösser als in späterer; sie ist zweitens gewiss grösser bei den mundarten, die weniger mit undeutschen sprachen in berührung traten, als bei denen, welche an slavisches, romanisches, keltisches gebiet grenzten oder auf ihm selbst fortentwickelt wurden; sie ist drittens gewiss bei seltneren wortstämmen grösser als bei den mehr abgenutzten und farblos gewordenen häufigeren.

Den schluss meiner einleitenden bemerkungen über jeden stamm bildet, wo es dergleichen giebt, ein verzeichnis der auf den betreffenden stamm endenden namen; wo es angeht, habe ich die zahl dieser bildungen so wie das verhältnis der masculina zu den femininen angegeben. Diese verzeichnisse, die übrigens jeden namen nur in einer einzigen form enthalten, hatte ich ursprünglich ganz äusserlich alphabetisch geordnet; später kam ich davon ab und gab ihnen die reihenfolge, in welcher die namen im wörterbuch erscheinen. Dies hat einen vortheil für die weitere förderung des werks durch mich oder durch andere. Entdeckt man nämlich künftig einen namen in einer ältern form, als in den mir bekannten, so braucht man ihn nur in diesem verzeichnisse umzuändern, nicht aber umzustellen. Sollte z. b. einmal ein Aljanberht entdeckt werden, so braucht man es nur auf sp. 236 genau an die stelle des Ellanperht zu setzen. Dass ich bei allen diesen verzeichnissen nach dem ausgange der namen (wenn ich hiefür öfters im namenbuche auslaut sage, so geschieht es der kürze wegen) den einzelnen namen das jahrhundert ihres ältesten vorkommens beifüge, wo es mir bekannt war, wird wol beifall erhalten; man bekommt dadurch gleich ein anschauliches bild von der zeit, in welcher ein wortstamm auftritt. Aber auch eine schwäche dieser register muss ich enthüllen, um nicht meinen nachfolgern unnütze mühe zu bereiten. Ein jedes register ist nämlich nur so weit genau, als es namen aus dem vorhergehenden theile des buches enthält. Von da ab, wo die namen aus dem folgenden theile beginnen, wird man, wenn man die einzelnen namen an ihrem orte nachschlägt, kleine abweichungen in der schreibung oder der angabe über die zeit ihres ältesten vorkommens finden, ja vielleicht auch einen oder den andern namen ganz vermissen. Diese ungenauigkeiten haben in dem fortschreiten der arbeit ihren grund, begegnen übrigens so selten und sind so unbedeutend, dass sie nur für gewisse specielle forschungen zu berücksichtigen sind. Meine register über den ausgang der namen sind also desto besser, je näher sie dem schlusse des buches stehen.

Innerhalb der wortstämme behandle ich die einzelnen namen, die von einander durch fette schrift gesondert sind. Ihre anordnung ist die, dass ich sie zunächst in vier klassen zerlege, welche aber nicht immer alle bei jedem stamme vertreten sind. nämlich 1) einfache oder bis zu scheinbarer einfachheit verkürzte, 2) abgeleitete, 3) zusammengesetzte, 4) zusammengesetzte mit erweitertem ersten theile. Ueber die erste klasse habe ich weiter nichts zu sagen, die anordnung der drei andern abtheilungen ist eine alphabetische nach dem letzten theil der zusammensetzung resp. nach den suffixen, aber eine ideell alphabetische. Es folgen also z. b. die namen auf -pald, -berht, -berg, -prand, -bod, -tag, -drut u. s. w. in dieser reihenfolge auf einander, aus dem grunde, weil die betreffenden stämme in dem namenbuche als BALD, BERAHT, BIRG, BRAND, BUD, DAG, DRUD aufgeführt und besprochen sind. Auch hier werden oberflächliche beurtheiler eine rein äusserlich alphabetische ordnung lieber wünschen; aber ich habe auch für die zukunft und für meine nachfolger zu arbeiten und diese haben bei meiner jetzigen reihenfolge die grosse erleichterung, dass sie, wenn sie eine ältere form auffinden als ich, wiederum nur hinzuzufügen, nicht umzustellen haben. Wie mühselig wäre die förderung meiner arbeit geworden, hätte ich z. b. einen namen auf -prand bloss deshalb etwa zwischen -not und -rat eingefügt, weil zufällig keine gestalt desselben auf -brand nachzuweisen war, die doch alle tage gefunden werden konnte. Ich hoffe, wer sich nur einigermassen ernstlich mit den namen beschäftigt, wird sich bald in meine ordnung finden, und für ignoranten konnte ich doch nicht schreiben. Auch hier decke ich eine einzelne inconsequenz auf; ich habe einen stamm GALD aufgestellt und rechne dazu die namen auf -gild; da nun aber auslautendes -gald fast gar nicht vorkommt, so findet man bei mir -gild hinter -gar -gard -gand und unmittelbar vor -gis -gisil. Vielleicht hätte ich besser gethan, gar keinen stamm GALD, sondern nach der überwiegenden mehrzahl der formen gleich GILD anzusetzen.

Wo es anging, füge ich jedem so durch fette schrift hervorgehobenen namen eine andeutung bei, ob er femininum oder masculinum und femininum zugleich ist (letzteres besonders bei den namen auf -rad); wo keine andeutung dabei steht, ist das masculinum anzunehmen.

Hinter dieser genusbezeichnung folgt dann eine zahl, welche das jahrhundert bezeichnet, in welchem die erste mir bekannte person dieses namens lebte. Diese zahl bezieht sich auf den ganzen namen, nicht bloss auf die form desselben, zu der ich sie setze. Bei Hildiric (sp. 679) steht z. b. eine 4, obgleich speciell diese form des namens mir nur aus sec. 9 bekannt ist.

Ferner habe ich zu jedem namen, wo gelegenheit dazu war, die hervorragenden personen, welche ihn führten, namhaft gemacht. In diesem punkte werden einige mir vorwerfen, es gehöre das gar nicht in ein sprachliches werk, die andern dagegen mich tadeln, dass ich diese notizen so äusserst lückenhaft und unvollständig gebe. Letzteres gestehe ich ein und habe schon oft bedauert, nicht die zeit zu genaueren historischen studien gefunden zu haben, die dazu gehörten; es war das eine Tantalusqual, da ich von den trefflichsten quellen zur vervollständigung dieser notizen umgeben war. Den andern vorwurf aber, dass solche andeutungen überhaupt nicht hieher gehören, muss ich entschieden zurückweisen. Ist mein buch auch zunächst für sprachforscher bestimmt, so hoffe ich doch, dass auch mancher historiker es wird in die hände nehmen, schon weil die entscheidung über echtheit oder unechtheit einer urkunde wesentlich durch die berücksichtigung der darin vorkommenden namenformen gefördert wird (ein bisher leider übersehener punkt) und weil auch für geschichtsforschungen in manchen meiner citate eine hinweisung auf quellen liegt, die sonst leicht übergangen werden könnten. Aber auch für sprachforscher ist es aus manchen gründen oft wichtig zu wissen, wer einen bestimmten namen führte; hätte ich diesen punkt gleich von anfang meiner arbeit an beachtet, ich hätte gewiss manchen fehler in dem buche weniger. Oft weiss man z. b. nicht, ob eine form mit einer gewissen andern zu einem und demselben namen zu setzen ist; ganz anders und sicherer urtheilt man aber, wenn man erfährt, dass mit beiden formen dieselbe person bezeichnet wird. Ich bitte also meine nachfolger, meine historischen notizen nicht fortzulassen, sondern wo möglich recht fleissig zu vermehren, ja sogar, wenn es sein kann, die bei mir fehlende nützliche einrichtung zu treffen, dass durch gewisse zeichen bei jedem citat angedeutet wird, welche derjenigen personen, die den namen führten, an dieser stelle gemeint ist. Bei dem wörterbuche der ortsnamen denke ich eine solche einrichtung in bezug auf die verschiedenen gleichnamigen örter wirklich durchzuführen.

Wie die letztgenannten punkte gewissermassen die einleitung zu jedem namen bilden, so füge ich am schluss desselben (und darin gehe ich über die aufgabe der academie hinaus) die entsprechenden altnordischen und angelsächsischen namen, die neuhochdeutschen familiennamen und endlich diejenigen alten ortsnamen hinzu, in denen der betreffende personenname als theil der zusammensetzung erscheint. Diese zusätze bilden den schwächsten theil meines werkes; ich habe sie nicht als integrirende abschnitte desselben, sondern nur als die angelpunkte betrachtet, mit denen mein eigentliches thema mit benachbarten gebieten der wissenschaft zusammenhängt; ich sehe daher auch ganz von citaten sowie erörterungen aller art ab und deute nur selten durch ein fragezeichen leise einen zweifel an. Dass mir auf diesem gebiete tausend zweifel durch den kopf gegangen sind, wird man mir wol glauben. Am schlechtesten kommen die altnordischen und angelsächsischen formen fort, da ich für sie gar nicht gesammelt, sondern sie nur aufgenommen habe, wo sie sich ungesucht darboten. Sie mögen dem künftigen sammler für diese mundarten, der hoffentlich bald ans werk gehen wird, als erster grundstein oder als erster fingerzeig für seine sammlungen dienen. Mehr habe ich für die neuhochdeutschen familiennamen gethan und dazu die adresskalender mancher stadt durchgesehen, wie schon das angehängte register zeigt, doch auch hier mangelt unendlich viel, und ich habe es mir überdies zur strengsten regel machen müssen, mir alle und jede bemerkungen darüber zu versagen; wie viele male hätte ich sonst allein auf Potts verdienstliches werk eingehen müssen, um so mehr, da meine ansichten im einzelnen oft von denen Potts abweichen. Wenn doch Grimms wörterbuche ein lexikon neuhochdeutscher familiennamen angehängt würde; es müsste sich doch noch vieles licht über diese scheinbar so regellosen bildungen verbreiten; mir liegt darüber so manches im sinn, was ich für jetzt enthaltsam verschweigen muss. Auch die ortsnamen, die ich (aber nur bis zum jahre 1100 herab) den personennamen gewissermassen als vorläufer des zweiten bandes meines werkes zugefügt habe, treten hier noch in grosser dürftigkeit auf und verlangen noch unzählige zusätze. Zugleich habe ich hier zu erwähnen, dass ich jeden solchen einen personennamen enthaltenden ortsnamen nur in einer einzigen form anführe; es erscheint aber fast jeder natürlich in den quellen gleichfalls verschiedenformig und manchmal liegt der seinen ersten theil bildende personenname in einer gestalt vor, in der er als allein stehender name nie begegnet. So kenne ich z. b. ein Gundilensee, aber zufällig begegnet mir die form Gundilo nirgends. Es wird also jedenfalls das wörterbuch der ortsnamen die erste und gröste bereicherung des vorliegenden bandes bilden und der eine band wird ohne den andern kaum zu genaueren forschungen benutzt werden können.

Ich habe nun einige worte über meine behandlung der einzelnen formen jedes namens zu sagen, die ich in möglichster vollständigkeit zu geben versuche. Hier ist meine anordnung eine sprachgeschichtliche, vom alterthümlicheren, echteren, sicheren herab zum neueren, zweifelhafteren und entarteten. Eine solche reihenfolge wäre leicht zu machen, wenn sich wirklich mit hülfe der sprachgeschichte und der lautgesetze eine strenge rangordnung entwerfen liesse. Doch geht dies aus mehreren gründen nicht an, z. b. deshalb, weil eine form in einem gewissen punkte eine andere an alterthümlichkeit übertreffen kann, während sie in anderer hinsicht von ihr übertroffen wird. In solchen fällen ist mein grundsatz der, dass ich diejenige form voranstelle, welche den ersten theil der composition in echterer gestalt aufweist, diejenige nachfolgen lasse, welche eine grössere alterthümlichkeit des zweiten theiles darbietet. Nur bei der allerersten fett gedruckten form jedes namens habe ich in der regel mehr sorge getragen, dass der letzte theil der zusammensetzung recht klar und in möglichst echter gestalt hervortrete. Solche formen, welche nur als varianten in einer oder der andern handschrift eines schriftstellers erscheinen, habe ich meistens übergangen, wo nicht ein besonderes interesse, z. b. hohes alter oder grosse wichtigkeit des namens oder merkwürdigkeit der variante vorlag.

Eine besondere erörterung verlangt noch meine behandlung der lateinischen endungen der deutschen namen; ich kann diese meine behandlung dieses gegenstandes hier nicht ganz rechtfertigen, weil es mir leider beim beginn der arbeit an genügend festen grundsätzen hierüber mangelte, hoffe aber zu zeigen, dass sie nicht ganz so willkürlich ist, als es auf den ersten blick scheint. Die lateinische endung -o, da sie zugleich eine deutsche ist, habe ich nie und unter keinen umständen unterdrückt. Doch warne ich davor ihr zu sehr zu trauen; gewiss hat manches masculinum auf -i, manches auf consonantischen ausgang nur in den lateinischen urkunden ein -o und damit den schein schwacher declination angenommen. Die gothischen und sächsischen masculina auf -a gebe ich natürlich auch mit dieser endung wieder, da sie mit der lateinischen zusammenfällt. Anders ist es mit der endung -us; sie habe ich im allgemeinen fortgelassen und nur da beibehalten, wo entweder durch ihre beibehaltung die echtere form des namens geschützt worden ist, wie in -ramnus, oder wo ich durch ihre beibehaltung glaubte einen zweifel andeuten zu müssen, ob der name deutsch ist. Die namen auf -mannus habe ich mich nicht entschliessen können, alle in lateinischer form wiederzugeben; ich habe, wo nichts specielles daran hinderte, sie einfach als -man aufgeführt. Bei -ricus habe ich je nach der zeit und mundart bald -ric und bald -rich geschrieben; wo ich nicht ganz sicher war, habe ich lieber die lateinische endung gelassen; in diesem punkte können sich leicht einige ungenauigkeiten finden. Bei den femininen auf -is und -a hätte ich wol besser gethan die lateinische endung immer stehn zu lassen; man wird hier bei mir ähnliche inconsequenzen finden, wie die sprache sie sich in diesem punkte, der noch einer besondern behandlung bedarf, erlaubt hat. Das -ô der gothischen feminina lasse ich natürlich stehn, da es nicht blos ein lateinisches ist.

Längenzeichen, die mir meine quellen fast nie darboten, durfte ich nicht setzen, da ich nur wiederzugeben hatte, was ich fand; der kundige weiss, was er von der quantität der einzelnen vocale zu halten hat. Ueberdies durfte ich der druckerei, der ich schon ohnedies zu grossem danke verpflichtet bin, nicht zu viel zumuthen.

Die stämme habe ich, wie ich zeigte, alphabetisch, die namen ideell alphabetisch, die namenformen sprachgeschichtlich geordnet; ein viertes princip der ordnung, da doch nichts ohne ordnung dastehn durfte, ist bei den einzelnen citaten zu jeder form beobachtet worden. Hier ist die reihenfolge, soweit es ging, die chronologische, nur mit der ausnahme, dass ich an die spitze aller citate diejenigen aus unserm haupt- und grundwerk, welches immer mehr und mehr von den andern quellen in sich absorbirt, aus den monumentis Germaniae hinbringe. Die gebieterische forderung, mich über die zeit, aus der eine urkunde stammt, zu vergewissern, legte mir auch die nothwendigkeit auf, mich nie mit den, seien sie auch noch so genau gearbeiteten registern eines buches zu befriedigen, sondern jede form sorgsam nachzuschlagen. Wie unendliche mühe das gemacht hat, z. b. beim codex Laureshamensis oder beim verbrüderungsbuch von St. Peter, wird der kundige zu schätzen wissen. Mussten doch bei der letztern quelle erst die von Karajan zur bezeichnung der einzelnen schreiber zweckmässig gewählten buchstaben in chronologische daten übersetzt werden.

Die gewählten abkürzungen wird man sehr gering an zahl finden. Ich habe einen wahren abscheu vor solchen massen von abkürzungen, wie sie oft in unsern sprachlichen werken vorkommen. Sie bieten zwar willkommenen anlass der vorrede ein ungeheures register benutzter quellen anzuhängen, nehmen sich auch sonst in dem buche sehr gelehrt aus, erschweren aber die forschung auf jedem schritt und tritt und kürzen das werk doch nicht eben sehr ab. Ich habe ausser einigen sich ganz von selbst verstehenden wie o. n., p. n., v. n., f. n. für orts-, personen-, volks-, familiennamen und ausser den ganz allgemein angenommenen und bekannten wie ahd., mhd., nhd., ags., alts., altn. u. s. w. nur eine so beschränkte zahl aufgenommen, dass sie sich bei öfterer benutzung des buchs leicht jedem leser einprägen, ohne dass er erst mühsam nachzuschlagen hat.

Genauigkeit der citate ist für ein werk wie das vorliegende eine unerlässliche forderung. Sie hat bei mir unter zwei umständen etwas gelitten, erstens unter meiner ungenügenden vorbereitung beim beginne der arbeit und zweitens unter der forderung zum 1. märz 1849 wenigstens ein äusserlich abgeschlossenes ganze einzureichen. Trotzdem wird man hierin im ganzen und grossen zufrieden sein. Nicht vermissen wird man die genauigkeit der citate aus schriftstellern, die hinreichend gute register besitzen, um jede stelle leicht finden zu können; da wäre wirklich manches genaue citat ein reiner überfluss gewesen. Bei einigen andern wird man an meiner genauigkeit mängel entdecken, doch hoffe ich, das soll nicht allzuoft vorkommen; am meisten lassen die anführungen aus den monumentis Boicis zu wünschen übrig. Bei urkundensammlungen ist eine doppelte art zu citiren im brauch, nämlich nach der nummer der urkunde oder nach der zeit derselben. Die vollkommenste art ist natürlich, beides zu verzeichnen, und das habe ich gethan bei allen den urkunden, die ich erst nach der entscheidung der academie benutzt habe, wo mich also die zeit nicht so sehr drängte, z. b. bei Pardessus, Dronke, Möser u. a. Im übrigen ziehe ich das citiren nach der zeit dem nach der nummer vor; das erstere erschwert zwar zuweilen das aufsuchen, giebt aber dafür einen wichtigen chronologischen anhaltepunkt für das vorkommen einer form. In einer andern beziehung wird man mir eine zu grosse genauigkeit der citate zum vorwurf machen, nämlich dass ich die monumenta Germaniae nicht blos nach band und seite anführe, sondern auch den schriftseller nenne, worin das citirte vorkommt. Allerdings macht das mein buch etwas länger, aber es giebt doch dafür einen fingerzeig über die mundart, aus der der name vorliegt, und das halte ich für wichtig. Mir ist gleich anders zu muthe, wenn ich ohne weitere mühe in meinen sammlungen lese, ob eine form aus Hildesheim oder ob sie aus Benevent stammt.

Der zweck der citate ist zu zeigen, in welcher zeit und welcher gegend eine form vorkommt; die zahl der anführungen ist also genügend, wenn dieser zweck erreicht wird. Ich weiss nicht, wie viel bände mein namenbuch füllen würde, wenn ich jede stelle, in der eine form begegnet, angemerkt hätte; das konnte in keinem falle meine absicht sein. Ja, ich habe bei den zuletzt benutzten quellen sicher unter hundert mir begegnenden formen nur eine einzige angemerkt, weil ich fand, dass die andern von mir schon hinreichend belegt waren; ich habe also viel tausend male nachgeschlagen, ohne meinen sammlungen dabei nur eine einzige zahl oder einen buchstaben zuzufügen. Leitender grundsatz war dabei, seltene formen möglichst vollständig zu citiren. Von dem verhältnis der häufigkeit der einzelnen namen giebt daher das namenbuch keinen begriff; sonst hätte z. b. der name Robert allein einen kleinen band füllen müssen. Damit gleichlaufend geht der grundsatz, älteres verhältnismässig häufiger als späteres, weniger ergiebige dialecte reichlicher als stark vertretene zu citiren. Das Altsächsische z. b. bedarf mehr aufklärung als das Althochdeutsche, darum sind die traditiones Corbeienses erschöpfend ausgezogen, die Fuldischen urkunden weit weniger vertreten. Gute genaue quellen verlohnten mehr der benutzung als unzuverlässige; daher ist das polyptychon Irminonis mit weit grösserer vollständigkeit in die sammlung eingetragen als Hontheims urkunden.

Die zahl der benutzten quellen ist eine nicht geringe; wenigstens wird man bei genauerer benutzung des buches finden, dass sie weit grösser ist, als das unten mitgetheilte verzeichnis der abkürzungen auf den ersten blick vermuthen lässt. Trotzdem ist noch vieles ganz unbenutzt liegen geblieben; einiges, weil mir die quellen selbst mangelten, anderes, weil mir die zeit zu ihrer benutzung fehlte; was während des drucks erschien, konnte nicht berücksichtigt werden. Handschriftliches selbst einsehen konnte ich nicht, da ich mir das reisen versagen musste; mit ausnahme einiger kleinigkeiten habe ich von ungedruckten quellen fast nur das archiv von St. Mihiel en Lorraine benutzt, woraus ich gute auszüge der güte des Dr. Tross zu Hamm verdanke. So ist denn mein buch noch sehr unvollständig und verzeichnet lange nicht einmal annähernd den ganzen schatz unserer uns noch überlieferten alten eigennamen, geschweige denn den ganzen überhaupt vorhanden gewesenen. Nur hüte man sich mir die nichtbenutzung einer quelle vorzuwerfen, wenn man nicht zugleich nachweist, dass mir diese oder jene form dadurch entgangen ist. Nachweisungen der letztern art werde ich stets dankbar annehmen.

Das angehängte register neuhochdeutscher familiennamen erleichtert die benutzung des ganzen und liefert zugleich eine grundlage für die künftige ausarbeitung eines neuhochdeutschen namenbuchs. Ich bemerke noch, dass ich alle diejenigen neuhochdeutschen formen übergangen habe, die mir nicht unmittelbar mit den altdeutschen identisch schienen, z. b. die zahlreichen genitivischen bildungen.

Einen anhang von zusätzen zu geben unterlasse ich; darin würde ich kein ende finden können und den harmonischen eindruck des ganzen stören. Die wichtigsten zusätze muss das wörterbuch der ortsnamen enthalten.

Noch habe ich innigen dank auszusprechen, wenn auch leider keinem eigentlichen mitarbeiter, denn ich arbeitete allein. Aber die königliche academie zu Berlin hat durch ihre damalige bewilligung so wie durch die neuerdings hinzugefügte unterstützung für den druck sich das hauptverdienst beizumessen, ein solches werk ins leben gerufen zu haben. Die bibliothekvorstände zu Berlin, Wolfenbüttel, Halle haben mir manchen vorschub geleistet. J. Grimm, v. d. Hagen und Massmann in Berlin, Pott in Halle, Tross in Hamm haben mir freundlich rathend, gerne darreichend und mild beurtheilend zur seite gestanden und mich gestärkt und getröstet. Mein onkel Günther Förstemann zu Nordhausen hat aber von allen die meiste mühe gehabt; er hat die letzte durchsicht aller bogen besorgt und dadurch wesentlich zu der correctheit des buches beigetragen, an der ich meine freude habe.

Mein vorgänger war Graff. Möge das nächste altdeutsche namenbuch seinem werthe nach weiter von dem meinigen abstehen, als dieses sich von Graffs namensammlungen unterscheidet.

Wernigerode, ende 1855.

Verzeichnis von abkürzungen.

A. S. Acta sanctorum collegit J. Bollandus. Antwerp., Bruxell. et Tongarloae 1643. fol.; unvolleudet.

C. M. Caleudarium Merseburgense. In Höfers zeitschrift für archivkunde, diplomatik und geschichte, bd. 1. Hamburg 1834.

C. S. Comburger schenkungsbuch (bei K.).

d. Ch. Du Chesne historiae Francorum scriptores. 3 bde. Lutet. Paris. 1636. fol.

Dr. Dronke codex diplomaticus Fuldensis. Cassel 1847. 4.

E. s. España sagrada por Florez. 43 bde. Madrid 1754—1819. 4.

Frek. Frekenhorster heberolle (abgedruckt in Dorow denkmäler alter sprache und kunst I, heft 2. Berlin 1824).

G. Günther codex diplomaticus Rheno-Mosellanus. Coblenz 1822.

Gld. Goldast rerum Alamannicarum scriptores ed. III. Francofurti et Lipsiae 1730. fol.

Gr. Graff althochdeutscher sprachschatz. 6 bde. und ein bd. index (von Massmann). Berlin 1834—1846. 4.

Gud. Guden codex diplomaticus. 5 bde. Göttingen 1743—1768. 4.

H. Hontheim historia Trevirensis. 4 bde. Aug. Vindelic. 1750—1757. fol.

Hd. m. S. Hund metropolis Salisburgensis. Ratisponae 1719. fol.

Hf. Höfer zeitschrift für archivkunde, diplomatik und geschichte. 2 bde. Hamburg 1834—1836.

K. Kausler wirtembergisches urkundenbuch. Stuttgart 1849. 4.

Laur. Codex Laureshamensis diplomaticus. Mannheim 1768. 4.

Lc. Lacomblet niederrheinisches urkundenbuch. 3 bde. Düsseldorf 1840.

Lgd. Histoire de Languedoc par deux religieux benedictins de la congregation de S. Maur. Paris 1730 fol.

Lp. Lupi codex diplomaticus civitatis et ecclesiae Bergomatis. Bergomi 1784. fol.

M. Marini papiri diplomatici. Roma 1805. fol.

Mab. Mabillon de re diplomatica. Luteciae Parisiorum 1681. fol.

M. B. Monumenta boica. 35 theile nebst indices. Monachii 1763—1747. 4.

Mchb. Meichelbeck historia Frisingensis. 2 bde. Aug. Vindelic. 1724. fol.

Ms. Möser osnabrückische geschichte. Berlin und Stettin 1780.

Mur. Muratori novus thesaurus veterum inscriptionum. 4 bde. Mediolani 1739—1742. fol.

Necr. Aug. Keller, das alte necrologium von Reichenau (im 6. bde. der mittheilungen der antiquar. gesellschaft von Zürich 1849. 4.).

Ng. Neugart codex diplomaticus Alamanniae. 2 bde. 1791. 4.

P. Pertz monumenta Germaniae. 12 bde. Hannover 1826—1852. fol.

Pd. Pardessus diplomata, chartae, epistolae, leges aliaque instrumenta ad res Gallo-Francicas spectantia. Paris. 1843. fol.

Pol. Foss. Polyptychum Fossatense (abgedruckt hinter dem pol. Irm.).

Pol. Irm. Polyptyque de l'abbé Irminon par Guérard. Paris 1844. 4.

Pol. R. Polyptyque de l'abbaye de S. Rémi de Reims par Guérard. Paris 1853. 4.

R. Ried codex chronologico-diplomaticus Ratisbonensis. Ratisbonae 1816. fol.

Schn. Schannat corpus traditionum Fuldensium. Lips. 1724. fol.

Schpf. Schöpflin Alsatia diplomatica. Mannhemii 1772. fol.

Sm. Smaragdus expositio in partibus Donati nach den abdrücken Massmanns in Haupts zeitschrift.

Sp. Spangenberg juris Romani tabulae negotiorum sollemnium. Lipsiae 1822.

St. Steiner codex inscriptionum Romanarum Danubii et Rheni. 3 bde. Seligenstadt 1851.

St. M. Urkunden aus dem archiv von St. Mihiel en Lorraine (handschriftlich).

St. P. Karajan das verbrüderungsbuch von St. Peter zu Salzburg. Wien 1852. fol.

Test. Erm. Testamentum Ermentrudis (abgedruckt bei Mab. s. 92 des supplementum, bei M. n. 76, bei Pd. n. 452).

Tr. W. Traditiones possessionesque Wizenburgenses herausgegeben von Zeuss. Spirae 1842. 4.

Wg. tr. C. Wigand traditiones Corbejenses Leipzig 1843.

Alle übrigen abkürzungen bedürfen keiner erklärung.

Verbesserungen.

Spalte 4 Zeile 17 v. o. lies Liudgeri für Lindgeri.
— 21 — 21 v. o. ist hinter Ekkulf hinzuzufügen M. B.
— 24 — 20 v. u. lies 8 für 3.
— 61 — 15 v. u. lies Albuuar für Albnuar.
— 72 — 11 v. u. lies Amilin für **Amllin**.
— 234 5 u. 6 v. o. ist die 8 und die 9 nach den beiden namen zu vertauschen.
— 275 — 17 v. o. ist der name Bönke zu streichen.
— 296 — 16 v. u. lies Purcsona für Puresona.
— 322 — 13 v. u. lies Ahd. für Nhd.
— 383 — 23 v. u. lies Erchanmot für Erchamnot.
— 473 — 11 v. u. lies Kehrle für Kerhle.
— 602 — 1 v. u. ist der name Hennig zu streichen.
— 647 — 15 v. o. lies 1 v. C. für 10. C.
— 745 — 14 v. o. lies Widric. für Widrac.
— 745 — 9 v. u. lies Hruodzoz für Hruodgoz.
— 1073 — 20 v. u. lies Sadelbert für Sadalbart.

A.

Bei der beurtheilung dieses buchstaben in namen ist vor allem seine häufige entartung zu andern vocalen in anschlag zu bringen, namentlich zu e und [illegible] welche man unten nachsehe. Am wichtigsten ist [illegible] entartung bei anlautendem a, weil von ihrer r[illegible]n auffassung besonders oft die erkenntnis der in [illegible]namen steckenden wortstämme abhängt. Auch die verd[illegible]lung des a zu o veranlasst einige schwierigkeiten [illegible] der beurtheilung von namenformen. Noch mögen da[illegible] unter den übrigen vocalen manche namen zerstreut [illegible]en, die unter das A verwiesen werden müssten, [illegible]nn unsere quellen ursprünglichere formen darböten. — Ein zweiter oft zu erwägender punct ist das häufig unorganisch vorgeschlagene H, welches um so mehr die richtige auffassung mancher namen hindert, da andrerseits häufig (und zwar im ganzen in den nämlichen quellen) ein echtes H fortgeworfen wird. Alle diese hier angedeuteten lautverhältnisse finden so zahlreiche beispiele in diesem wörterbuch, dass es überflüssig ist, dieselben an die- [illegible]

[illegible] hauptsächlichste verwendung in den femininen und trifft hierin mit dem gleichlautenden lateinischen suffix zusammen. In den lateinischen urkunden läuft dieses a der ebenfalls sehr häufigen femininalendung -is parallel, und zwar so, dass das eine suffix öfters in das gebiet übergreift, welches eigentlich dem andern gebührt. Nur -a findet sich (einzelne ausnahmen abgerechnet) bei den femininen, deren zweiter theil einer der stämme bald, beraht, gis, grim, hraban, ing, rad, wald, win ist; schwankend zwischen beiden endungen sind birg, barg, drud, frid, gund, hild, sind, swind; selten ist [illegible] gild, gard, lind.

[illegible] den masculinen ist die endung -a gleichfalls ursprünglich weit verbreitet und wird hier noch von der goth. und alts. mundart in ihrer sanscritischen reinheit bewahrt (vergl. unten -as), während sie in den andern dialecten dem jüngern o weicht.

Aadalgoz, Aalant s. ATHAL. **Aales** s. ALI. **Aalfrid** s. ATHAL. **Aaliz** s. ALI. **Aaphilt** s. AB. **Aarahad, Aarfrid, Aarperht** s. ARA. **Aasfrid, Aashild, Aasmar, Aasni, Aaso, Aasperht** s. ANS. **Aata, Aato** s. ATH. **Aaulph** s. AW.

AB.

Wahrscheinlich zu goth. aba (vir); nie als zweiter theil von compositionen gebraucht. Ausser den folgenden formen könnten noch einige mit Eb- und Ep- beginnende hieher gehören (s. EB). Auch die mit Af- und Av- anfangenden erregen zuweilen die vermuthung, dass sie hieher gehören. Mehrmals ist übrigens Ab- nur schreibfehler für Alb-.

Abi. 9. Necr. Fuld. a. 870, 980.

Abbi P. I, 168 (ann. Lauriss.); Wg. tr. C. 297, 303, 342, 358, 447, 475; Frek.

Abbio P. I, 166—168 (ann. Lauriss.); VIII, 167 (Ekkeh. chron. univers.).

Albion für Abbio P. VIII, 335 (Sigeb. chron.), 561 (annalista Saxo).

Abbo. 7. Sec. 7: b. v. Metz; sec. 9: b. v. Auxerre, b. v. Nevers, b. v. Maguelone, ep. Maurogens., ep Maurianens; sec. 10: b. v. Soissons, b. v. Saintes, b. v. Fleury.

Abbo P. II, III, V, VI öfters; VIII, 353 f. (Sigebert. chron.); IX öfters; H. a. 633; Mab. a. 693; in den concil. oft seit 757; Ng. a. 759, 786; pol. Irm. s. 170, 186; Wg. tr. C. 228, 242, 252, 260, 328, 413, 455, 459; G. sec. 10 (n. 31); Frek.

Abo P. I, 198 (Einh. ann.); V, 154 (ann. Monast.); VI, 132 (Ademar. histor.); Ng. a. 817, 819.

Appo P. III, 253 (Hlud. et Hloth. capitul.); Ng. a. 757; Laur. sec. 8 (n. 361); St. P. mehrm.

Abban (pro patre suo Abban) Wg. tr. C. 24.

Ags. Äbbe. Nhd. Abe, Abo, App, Appe. O. n. Apendorf und Apinheim vielleicht hieher.

Abba, fem. u. masc. 8. P. II, 353 (vit. S. Bonif.); Lc. a. 797 (n. 9); Wg. tr. C. 58; Laur. n. 1098; H. a. 1053 (n. 253),

Aba Laur. öfters; Gld. II, a, 120.

Appa Paul. diac. IV, 38; St. P. viermal; H. c. a. 1033 (n. 128).

Apa Gld. II, a, 120.

Abbe Wg. tr. C. 375.

Abani (ablat.) tr. W. a. 737 (n. 8, 47).

Abico. 9. P. IX, 849 (chron. Hildesh.).

Abbico Ms. a. 1049 (n. 22).

Abbiko Frek. mehrm.; Ms. a. 1090 (n. 39).

Abbic Wg. tr. C. 281, 282, 328.

Abbeco Ms. a. 1097 (n. 46).

Apich. P. VI, 579 (vit. Brunonis).

Nhd. Abick, Aboch, Abegg.

Abbikin. 11. Ms. a. 1049 (n. 22). Ebend. auch Abukin.

Abbilin. 8. Frek.

Abilin St. M. a. 1089.

Appulin P. IX, 249 (Gundechar. lib pontif. Eichstet.).

Abbelin Dr. a. 1057 (n. 756; Schn. ebds. Abelin); necr. Fuld. a. 1004.

Abbelenus Fredegar. 37.

Abinzo. Gr. I, 74.

Abachild, fem. 9. P. II, 361 (vit. S. Lebuini).

Aaphilt St. P.

Abbahoh. 9. Necr. Fuld. a. 882.

Abblicus. 8. Pd. a. 715 (n. 492).

Abbarich. 8. K. a. 870 (n. 145).

Abbiric. K. a. 869 (n. 144).

Abricho Laur. sec. 8. (n. 2380).

Abbrich St. M. a. 972.

Abuid, fem. 8. Mab. a. 798.

Abbewin. 8. Laur. sec. 8 (n. 1661).

Erweitertes AB in der zusammensetzung erscheint mit folgenden suffixen:

1) L:

Ablebert. 7. P. IX, 408 (gest. episc. Camerac.).

2) R, wahrscheinlich unter dem stamme ABAR versteckt.

3) Z:

Abezwib, fem. Gld. II, a., 120. Oder ist die form verderbt?

Gehört etwa auch Absildis und Absimar hieher mit s für z?

ABAR. Zu goth. abrs (validus). Ob hieher auch die formen mit Avar- und Aver- wirklich gehören? Desgl. mag hie und da eine unter EBAR verzeichnete Form besser hieher zu setzen sein.

Abricho s. AB.

Abragila, 6. Presbyter zu Carthago. A. S. Jan. I.

Averhelm. 9. Schn. a. 819.

Abarhild, fem. 8. P. VII, 120 (Herim. Aug. chron.); Ng. a. 837; Laur. zweimal.

Abarhilt Schn. a. 823; Dr. n. 355.

Abirhilt Gld. II, a., 120.

Aparhilt St. P.

Abirilt K. a. 855 (n. 123); Ng. a. 860.

Aberhilt Gld. II, a., 120.

Haberhilt Dr. sec. 10 (n 693).

Averhilda P. II, 408 (vit. S. Liudgeri).

O. n. Averhilteburchstal.

Aberram findet sich öfters (z. b. Ng. a. 864), ist aber wol meistens nur eine verderbte schreibart für Abraham. Ein wirklich deutscher name Aberhram (Gr. I, 99, 180) mag vorhanden gewesen sein, ist aber wegen der lautlichen Nähe des hebr. namens nicht nachzuweisen,

Aberald. 9. Lgd. a. 875 (I, n. 101).

Avarwan. 9. Schn. a. 819.

Avrulf s. Aurulf unter AUS.

Abbarich, Abbi, Abblicus, Abbo, Abezwib, Abico, Abinzo, Ablebert u. a. s. AB.

Abragila s. ABAR.

Abricho s. AB.

Abrih s. Albrih.

Absildis, fem. 9. Pol. R. s. 14.

Absimar. 7. Griech. kaiser. P. VIII, 328 (Sigebert. chron.); XI, 358 (Hugo Floriac.); hist. misc. 20. Deutsch?

Abtad. 7. B. v. Metz sec. 7.; b. v. Genf sec. 9.

Abtad convent. Carisiac. a. 837.

Apthad mit var. Abthad Pd. a. 691 (n. 418; Mab. ebds.).

Aptadius P. XII, 539 (gest. episc. Mett.).

Abtada, fem. 10. St. M. a. 962.

Vergl. zu Abtad und Abtada noch Ebtard und Ebtolf.

Abuuar s. Albuuar.

Abuid s. AB. **Acamrad** s. AGIN. **Accarad, Acco** s. AG. **Acceman** s. AZ. **Acfrid, Achar, Achard, Achelm** u. a. s. AG. **Acho** s. AG. **Acihmus** s. AZ.

Acohidus. 9. Pol. R. s. 105; zu AG?

ACT. Man wird unter den folgenden namen im wesentlichen drei hauptformen unterscheiden, Act-, Eht-, Oht-; jene gebührt vorzugsweise den fränkischen, die zweite den alamannischen, die dritte den sächs. namen. Wenn ich sie hier vereine, so kann ich damit ihr zusammengehören keineswegs sicher behaupten, da es mir bisher nicht gelungen ist, diese formen an ein bekanntes wort mit gewissheit anzuknüpfen. Am ehesten möchte ich an ahd. ahtôn, nord. akta, ags. ehtjan, nhd. achten denken.

Die form Oht- unterliegt mehrfachen Berührungen mit AUD, wo ich auch einige Formen mit Oth- habe hinweisen müssen.

Ob auch namen auf unsern stamm enden, kann zweifelhaft scheinen; zur erwägung gebe ich Asdeht (9), Berceht (9), Prunnaht und Oreht, letztere beiden bei Gld.

Octingus. 8. Mit var. Autinguus Sm.

Ohtgar steht für Hotgar, s. AUD.

Actard. 6. P. I öfters (Hincm. Rem. ann.); VII, 24 (ann. Blandin.); IX, 419 (gest. episc. Camerac.).

Octard testam. Ared. et Pelag. b. Sp.

Ogiard pol. Irm. s. 26.

Aecther. 7. Pd. a. 653 (n. 322; M. und Mab. ebds.).

Ohtheri Wg. tr. C. 279, 280.

Ohteri Wg. tr. C. 461.

Altn. Ôttar. Ags. Ôhthere hieher?

Actohildis, fem. 8. Pol. Irm. s. 133.

Actildis pol. Irm. s. 166, 167.

Octildis pol. Irm. s. 204.

Ehthilt necr. Fuld. a. 919.

Octolindis, fem. 8. Pol. Irm. s. 234.

Actumerus. 1. Tac. ann. XI, 16 f. mit var. Catumerus. Chattischer fürst sec. 1. Derselbe heisst bei Strab. VII, 1 Ουκρόμιρος. Vgl. Grimm gesch. d. dtsch. spr. II, 572; Müllenhoff bei Haupt IX, 223 f.

Ohtmar Gld. II, a, 105.

Ohtrad. 10. P. V, 764 (Thietmari chron.; dieselbe person heisst sonst auch Othrad; vgl. AUD); C. M. Mai.

Ochtrad P. VIII, 636 (annalista Saxo).

Ags. Uhtrêd hieher?

Octric. 9. P. IX, 309 (Ad. Brem.).

Octrich P. VI, 582, 597 (vit. S. Adalberti ep.).

Ohtric P. V öfters (Thietmari chron.); Wg. tr. C. 279, 280.

Ochtrich P. VIII, 628, 658 (annalista Saxo).

Huctrich (Alamannenkönig) P. XI, 396 (hist. regg. Franc. monast. S. Dionys.).

O. n. Huochtricheshus.

Hoctorecia, fem. 6. Pd. a. 573 (n. 180).

Ohtrit. 9. Wg. tr. C 366.

Ehtolt. 9. Ng. a. 858.

Actuin. 8. Pol. Irm. s. 103, 150.

Actoin pol. Irm. s. 15, 166.

Actulf. 8. Pol. Irm. s. 115.

Ehtolf Ng. a. 827.

Hehtolf Gld. II, a, 101.

O. n. Actulfouillari.

Erweitertes ACT in:

Actenildis, fem. 8. Pol. Irm. s. 247.

Ada, Adaccar, Adacha u. a. s. ATH. (**Adaghilin,** Gr. I. 153, von Gr. wol nur aus dem verderbten o. n. Adaghilineswilari gefolgert).

Adal- s. ATHAL. **Adamar, Adbold, Addasta, Addic, Addric, Adecha, Adegar, Adegis** s. ATH. **Adel-** s. ATHAL. **Ademma, Ademora, Ademunt** s. ATH. **Adenulf** s. ATHAN. **Aderamnus. Aderich, Aderit** s. ATH. **Aderulf** s. ADRA. **Adgandestrii** s. GAND. **Adhelm, Adhuid, Adi** s. ATH. **Adil-** s. ATHAL. **Adiman, Adlef, Ado** s. ATH.

Adoathar, 8, zu schliessen aus o. n. Adoathareshusir.

Adodram s. Adalram (ATHAL). **Adohar, Adoin, Adois, Adolach, Adoland** s. ATH.

Adotbert, 8. P. I, 142 (ann. Lauriss. a. 760) Adotbertus mit d. var. Otbertus, Dotbertus, Autbertus, Otherius, Atbertus. Vgl. diese formen unter ATH, AUD und DOD.

Adrad, Adrada s. ATH.

1*

ADRA. Ein nur am anfange von compositen erscheinender stamm, der entweder eine weiterbildung der in n. oft erscheinenden, von HATH nicht sicher zu trennenden silbe Ad ist (s ATH), oder zu dem ahd. atar (sagax, celer, acer; s. Gr. I, 156) gehört, wenn man es nicht vorzieht ihn aus dem keltischen herzuleiten; denn der stamm ist fast nur fränkisch, (die trad. Corb. und Lacomblet kennen ihn gar nicht).

Adarus, etwa sec. 3. Auf einer röm. inschrift bei St. (n. 1320) steht der gen. Adari als der n. eines Trierers.

Adrisma, fem. 8. Pol. Irm. s. 114.
Aderisma pol. Irm. s. 103.

Adrolo. 9. P. III, 253 (Hlud. et Hloth. capit.).

Adrabald. 8. Pol. Irm. s. 46; Lgd. a. 876 (I, n. 103).
Adrabold pol. Irm. s. 107.
Adrebald P. II, 637, 641, 644 (vit. Lud. imp. mit der var. Rebald); pol. Irm. s. 47, 80 etc.
Atrepald M. n. 126.
Hiezu wol Hadrebled Mab. a. 835.

Adrabalda, fem. 8 Pol. Irm. s. 210.
Adrabolda pol. Irm. s. 86, 92 etc.
Adreboldis pol. Irm. s. 281.
Adrevolda pol. Irm. s. 186, 253.

Adrebercth. 6. Pd. a. 693 (n. 431; Mab. ebds.).
Adrepert Gld. II, a, 112.
Aderbert Pd. c a. 570 (n. 177).
Adrevert Lp. sec. 9 u. 10 (I u. II öfters).

Adreberta(na), fem. 7. Mab. a. 696.
Adreverta pol. Irm. s. 250.

Adreberga, fem. 8. Pol. Irm. s. 122.

Adregar. 8. Pol. Irm. s. 83.
Adricar H. a. 714 (n. 36).

Adragaud. 8. Pol. Irm. s. 115.
Adregaud pol. Irm. s. 78, 80 etc.

Adrehar. 8. Pol. Irm. s. 13, 56 etc.
Adrichar Pd. a. 714 (n. 490).
Adroar Lgd. a. 861 (I, n. 84).
Atroar Lgd. a. 802 (I n. 11).
Edroar Mab. a. 873.

Adarhilt, fem. 8. Laur. sec. 9 (n. 3060).
Aderhild Laur. sec. 8. (n. 1342).
Adrehildis pol. Irm. s. 10, 19 etc.
Adreildis pol. Irm. s. 177.
Adrildis pol. Irm. s. 10, 43 etc.

Adremar. 8. Pol. Irm. s. 4, 19 etc.

Anm. Man wird hier solche namen vermissen, deren zweiter theil mit r anlautet. Bei diesen fiel auf sehr natürlichem wege, wenn sie überhaupt gebildet worden sind, das eine der beiden r aus; so mag vielleicht hie und da in formen wie Aderamnus, Aderich, Aderit, Adrat, Adrada ein älteres Adreramnus, Adrerich u. s. w. stecken, was jetzt nicht mehr aufs reine zu bringen ist.

Adravold. 7. B. v. Veroli sec. 9; abt zu St. Germain sec. 11.
Adravold pol. Irm. s. 115.
Adrevald P. X, 355, 502 (Hugon. chron.).
Adrevold pol. Irm. s. 122, 254.
Adroald Pd. a. 648 (n. 312); Mab. a. 690.
Atruald synod. Roman. a. 853.
Aderald P. III, 253 (Hlud. et Hloth. capitul.); St. M. a. 1053.
Aderold G. a. 967 (n. 20).
Adrald P. V, 168 (ann. S. Germani); VI, 4 (ann. S. Germani); IX, 131 (chron. Novalic.); Lp. a. 867, c. a. 975 (I, 834; II, 326); St. M. a. 972.
Adrold convent. Remens. a. 1059.
Atarold Gr. I, 156 wol hieher.
Nhd. Aderhold.

Adraveus. 8. Pol. Irm. s. 115, 235.
Adreveus pol. Irm. s. 21, 172.

Adruin. 8. Pol. Irm. s. 107; H. a. 906 (n. 135).
Adroin pol. Irm. s. 155; pol. R. s. 45, 57 etc.

Adarulf. 7. K. a. 777 (n. 18, 19).
Atarulf (var. Astalaus) conc. Tolet. a. 653.
Aderulf Mab a. 759.
Addriulf Mab. a. 870.
Adrulf pol. Irm. s. 10, 23 etc.
Adrirulf Pd. a. 697 (nachtr. n. 9).

Adsuit, Aduis s. ATH. **Aeboeno** s. EBAN. **Aechram** s. AG. **Aecther** s. ACT. **Aeda, Aedico** s. ED **Aella, Aelli, Aellio** s. ALI. **Aerich** s. Erich. **Aethelleken** s. ATHAL. **Aeti. Aetih** s. ED.

AF. Zwischen den hier aufgeführten formen und mindestens einem theile der unter AB gesammelten mag nahe verwandtschaft obwalten. Bei AB gothisches b von hochdeutschem zu sondern und letzteres zu AF zu setzen wäre misslich und unsicher.

Es mögen daher hier diejenigen formen genügen, welche wirklich ein f aufweisen. In bezug auf die etymologie erinnere ich an altn. afi avus, afl robur, afla posse, gignere, parare.

Affo. 8. Pd. a. 703 (n 457); St. P.

Affi. Gld. II, a., 95.

Affuni. 8. Tr. W. c. a. 730 (n. 12).

Afbald. 9. R. a. 821 (n. 21).

Efteg. 8. Pd. a. 735 (n. 556).

Afger. 9. Wg. tr. C. 328.

Efger. Wg. tr. C. 226. Kaum für Erfger.

Afflindis, (so), fem. 9. Pol. R. s. 71.

AG. Nach vielen vergeblichen versuchen, die folgende masse von namen in verschiedene gruppen zu zerlegen und jede derselben einem bestimmten etymon beizugeben, bin ich von der unmöglichkeit einer solchen operation überzeugt und muss deshalb alles vereinen, worin ich mit gewissheit oder wahrscheinlichkeit die form AG zu erkennen glaube. Auf einen theil dieser wörter hat ahd. ekka ecke (namentlich in dem sinne von schwertesschärfe) den nächsten anspruch und bei vielen formen ist es sogar sicher, dass sie zu diesem worte gehören. Einen andern theil stellt Gr. I, 103 zweifelnd zu ahd. aki disciplina und mag damit nicht unrecht haben. Drittens kann auch alles, was zu ags. acan altn. aka agere gehört, hievon nicht ohne grosse unsicherheit getrennt werden. Und so dürften sich noch mehrere für die folgenden namen theilweise passende anknüpfungspunkte im deutschen sprachschatze finden, dessen nicht zu gedenken, was noch sonst in reicher fülle aus dem gemeinindoeuropäischen eigenthume her hier herbeigezogen werden kann. Gestehn wir es uns offen, hier vor einer parthie von namen zu stehn, die dem onomatologen ein wahres kreuz bildet und theilweise gewiss immer bilden wird. Dialectischen verschiedenheiten darf noch weiter nachgeforscht werden; ich bemerke z. b., dass die reichste sächs. Quelle, die trad. Corb., kein sicheres beispiel zur form Ag-, das pol. Irm. kaum eins zur form Eg- gewährt.

Ob AG auch den zweiten theil von compositionen bilden darf, ist unsicher; Clisekka könnte blos das diminutive c enthalten.

Um nun aber die ganze masse der formen nicht wirr durch einander zu verzeichnen, hat es mir nothwendig geschienen, alles an gewisse hauptformen anzulehnen und diese bei jedem namen in derselben reihenfolge zu wiederholen. Es sind diese hauptformen folgende: Agi, Ag, Egi, Eg, Aig, Eig, Ai, Ei. Dieselbe formenentwicklung findet sich auch unten bei den aus unserm AG erweiterten stämmen AGIL, AGIN und AGIR. Vgl. über alle diese formen auch Mone heldensage s. 139.

Nicht hier aufgenommen, sondern unter einem besondern stamme HAG vereint habe ich dagegen die formen Hag-, Hac-, Heg-, Hec-, muss es aber in den meisten fällen unentschieden lassen, ob sie nicht ein unorganisches H haben und hieher gehören.

Agio. 4. Agius b. v. Orleans sec. 9; b. v. Narbonne sec. 10. Aio Langobardenführer sec. 4.

Agio P. I, 448 (Prud. Trec. ann.); V öfters; H. a. 706 (n. 30); Laur. sec. 8 (n. 295); Paul. diac. IV, 52.

Agius P. III, VI öfters; pol. R. s. 11.

Acius P. VI, 148 (Ademar. histor.).

Ago P. I, 286 (chron. Moissiac.); Fredegar; Pd. a. 659 (n. 333); Paul. diac. V, 17; St. P.

Acco K. a. 735 (n. 3).

Akko P. II, 388 (vit. S. Willeh.).

Acho (sec. 10) P. X, 104 (catal. archiepp. Mediol.).

Agone St. P.

Ageuus St. P. zweiml., wol kaum hieher.

Egi Dr. a. 770; Laur. sec. 9 (n. 726, 3429).

Eggi P. I, 120 (ann. Lauriss.).

Egio Laur. sec. 8 (n. 556).

Eggio Wg. tr. C. 320, 343.

Ecgio Wg. tr. C. 368.

Eckeo R. a. 834 (n. 30).

Ega (msc.) P. X, 337 (Hugon. chron.); conc. Tolet. a. 688; Sm.

Ego P. V, 169 (ann. Masciac.); Lc. a. 834 (n. 48).

Eggo P. II, 220 (ann. Xant.).

Ecco Lc. a. 827 (n. 43); Dr. a. 819 u. 852 (n. 380 u. 562), wo Schn. beide male Recco hat; Laur. sec. 8 u. 10 (n. 278, 2473).

Ekko Frek.

Ecko Lc. a. 1083 (n. 234).

Echo K. a. 868 (n. 143); Mchb. sec. 9 (n. 661).

Ekho Ng. a. 854.

Eccho R. a. 834 (n. 30); K. a. 834 (n. 93); necr. Aug.; St. P. dreimal.
Egiga Mab. a. 873 viell. hieher.
Aega (msc.) Fredegar, genit. Aeganis und Aegynanis, abl. Aighynane.
Aigo tr. W. a. 774 (n. 53 u. 178).
Aico Wg. tr. C. 234.
Aiko Ms. a. 1049 (n. 21).
Aicus P. VI, 579 (vit S. Adalberti).
Eigio Mchb. sec. 9 (n. 662).
Aeico C. M. Sept., Dec.
Oiko Ms. a. 1049 (n. 21) hieher?
Aio P. I, 198 (Einh. ann.), 355 (Enh. Fuld. ann.); V öfters (wo auch mehrmals irrthümlich Alo für Aio steht); VII, 53 (Lupus protospatarius); VIII, 142 (Eckeh. chron. univers.), 568, 636 (annalista Saxo); IX, 608, 613 (chron. mon. Casin.); Paull. diac. I, 3 u. 7; IV, 45 etc.; Wg. tr. C. 260; St. P.; Lc. a. 855 (n. 65).
Ajo Prosp. v. Aquitan. a. 379; derselbe heisst bei Saxo gramm. Aggo.
Aius pol. Irm. s. 248.
Ayo P. V, 471 (chron Salernit.).
Ay Wg. tr. C. 260 steht wol für Ayo.
Eio Wg. tr. C. 248; Dr. a. 841 (n. 534. Schn. ebds. Ego).
Ejo Mchb. sec. 8 öfters.
Eyo Wg tr. C. 356, 383.

Zweifelhaft, ob sie hieher gehören, sind einige mit H anlautende formen, wie Haio u. dgl.

Aio und Agio gehören schon deshalb mit grosser wahrscheinlichkeit zusammen, weil diese formen öfters von ein und derselben person gebraucht werden. z. b. P. V.

Zuweilen ist Agius übrigens auch wol das griech. ἅγιος, auch vielleicht mitunter bei gliedern des geistlichen standes mit rücksicht auf dieses griech. wort aus einer ähnlichen deutschen namenform verändert. Etkeo R. a. 814 (n. 16) wol hieher; verg. Etkihart ebds.

Ags. Ecga. Nhd. Ache, Eck, Ecke, Ege, Eich, Eick, Eicke, Aycke, Ey.

O. n. Ecchendorpf, Echanhaim, Eiginhova, auch wol Agestorp.

Agia, fem. 8. Pol. Irm. s. 37, 46 etc.
Acchia Laur. sec. 8 (n. 562).
Aga pol. Irm. s. 93.
Accha Laur. sec. 8 (n. 563).
Eccha St. P. dreimal.

Eggua P. II, 573 (vit. S. Idae) mit d. var. Eggu.
Aiga P. II. 279 (gest. abbat. Fontanell.).
Aigua Lgd. a. 888 (II, n. 8).
Eiga Gld. II, a, 122.
Aia P. VI, 12 (ann. Laubienses); pol. Irm. s. 13; pol. Irm. S. 50 (sec. 11).
Aie pol. Irm. s. 49 (sec. 11).

Egica. 7. Westgothenkg. sec. 7; b. v. Siguenza sec. 7.
Egica conc. Tolet. a. 675 u. 683; Sm.; E. s. VI, 436.
Egicanis (gen.) E. s. V, 466.
Egicanem (acc.) E. s. II, 181.
Ekkiko Frek. mehrm.

Agido. 9. Wg. tr. C. 321.
Egid. P. VIII, 653 (annalista Saxo).
Hiefür Aidi Wg. tr. C. 483? Vgl. HAID.

Agilo u. dgl. s. unter AGIL.

Hieher wol Aiul pol. Irm. s. 50 (sec. 11) und Aiolus (8) zwml. bei St. P. Ersteres indessen viell. aus Aiulf verderbt.

Echila, fem. 9. Gld. II, a., 130.
Eccila Mchb. sec. 9. (697).
Agila u. a. s. AGIL.

Echelin. 9. Wg. tr. C. 271.
Agilin u. dgl. s. AGIL.

Eckan. 11. Lc. a. 1083 (n. 234).

Aigant. 8. Ng. a. 789.
Eigant K. a. 861 (n. 136).
O. n. Eiganteswilare.

Egind. 8. Lc. a. 962 (n. 105); hieher?
Egindnis (gen.) Laur. sec. 8 (n. 482).

Eginda, fem. 8. St. P.

Eggusta, fem. Gld. II, a, 122.

Agizho. 8. Tr. W. c. a. 764 (n. 193).
Egiz Mchb. sec. 10 (n. 1143).
Egizo Dr. a. 863 (n. 580); Lc. a. 962 (n. 105); Laur. sec. 10 (n. 83); Ms. a. 1049 (n. 21)
Ekkezo Lc. a. 1061 (n. 196).

Egizza, fem. 11. Necr. Fuld. a. 1039.

Agarnus. 8. Pol. Irm. s. 181.

Aibet. 9. Wg. tr. C. 380.
Egipet in o. n. Egipetinga, woraus Gr. I, 103 fälschl. ein Egipetinc geschlossen hat.

Agebald. 8. Pol. Irm. s. 159.
Acbald pol. Irm. s. 79, 210; convent. Vindocin. a. 1040.
Acbold pol. Irm. s. 102, 114.

Eggibald Gld. II, a., 98.

Agobard. 9. B. v. Lyon sec. 9. P. I. 110 (ann. Lugdun.); II, 320 f. (Adon. chron.), 640, 642 (vit. Hlud. imp.); III, 327, 331 (Hlud. capitul.), 369 (Hloth. capitul.); VII, 39 (ann. S. Benign. Divion.); X, 321, 352 (Hugon. chron.).

Agabert. 7. Ekbert sächs. graf sec. 10; Ekbert mrkgrf. v. Weimar sec. 11.

Agabert P. IX, 102 (chron. Novalic.); Mab. a. 803.
Agibert Laur. sec. 8 (n. 898).
Aghibert und Agiberd tr. w. a. 708 (n. 113).
Agipert P. IV, B, 14 (Eugen. II concil.).
Agivert convent. Vindocin. a. 1040.
Akiperht St. P.
Akibert Ng. a. 786.
Agebert pol. Irm. s. 42, 198.
Agepert Lp. a. 773 (I, 511).
Agevert pol. Irm. s. 129.
Agbert pol. R. s. 43.
Acbert pol. Irm. s. 18, 157.
Eggibraht Schn. a. 842.
Eggibert P. II, 246 (ann. Wirzib.); VI, 456 (Hartmanni vit. S. Wiboradae); VIII oft.
Eghibert Ng. a. 778.
Ekibert Ng. a. 786.
Egipert Ng. a. 802.
Ekipert Ng. a. 774.
Egobert P. VI, 12 (ann. Laubiens.).
Ecchabert unechte urk. bei Pd. a. 706 (n. 465).
Ekkebert P. VIII öfters; M. B. sec. 11 (IV).
Eggebert P. VII öfters.
Eckebert P. X, 169 (gest. Trever.).
Ekkepret, Gld. II, a, 98.
Ekkepreth M. B. a. 901 (XXXI).
Egberht P. V öfters.
Egberhd P. V, 95 (ann. Hildesheim.).
Egbrat Lc. a. 820 (n. 38).
Egbert P. I, 197 f. (Einh. ann.); II, 358 (vit. S. Bonif.), 569 ff. (vit. S. Idae); IV, B, 35 (Benedicti capit.); V öfters; VI, 483 (Sigebert. vit. Deoder.); VII öfters; M. B. a. 976 (XI); Gud. a. 978.
Eggbert Ng. a. 752.
Ecberaht Schn. a. 756.
Ecbraht Ms. a. 1086 (n. 34).
Ecbrath Laur. n. 532.
Ekpreht Gld. II, a. 98.
Ecbert P. I, 99 (ann. Colon.); IV, 36 (Ott. M. constitut.); VI, 660 (Constant. vit. Adalberon. II); IX, 854 (chron. Hildesh.); Wg. tr. C. 247, 250, 272, 300, 303, 362, 373, 379, 387, 394, 432, 444, 455, 458, 459, 470; Gud. a. 976.
Ekbert P. VI, 785 not. (mirac. S. Bernwardi); VIII öfters, Wg. tr. C. 165; G. a. 1000 (n. 33); M. B. a. 1067 (XI).
Ekberth P. V, 99 (ann. Hildesh.).
Echbert P. II, 682 (transl. S. Pusinnae).
Ecdbrat (so) Lc. a. 838 (n. 54).
Aigobercth Mab. a. 697.
Aigobert Pd. a. 695 (n. 434); Lgd. a. 873 (I, n. 98); ebds. Mab.
Eigbert Ng. a. 884.
Eikbret Lc. a. 874 (n. 69).
Heigiberaht Ng. a. 744 hierher?
Aibert Pd. a. 713 (n. 487).
Ags. Egberht, Ecbyrht. Nhd. Eckbert, Eckebrecht. Eggebrecht, Ebart? Ebert? Ehbrecht?
O. n. Ekkiperhtesdorf, Ekkiperhteshova.

Acberta, fem. 8. Pol. Irm. s. 195.

Ageperga, fem. 8. Lp. a. 909 (II, 71).

Acberga pol. Irm. s. 77, 139.
Eggibirc K. a. 861 (n. 136) ist wol Eggibirc zu lesen.

Agibrand. 9. Paul. diac. VI, 57 mit var. Ansprand.

Agiprand P. IV, B, 14 (Eugen. II concil.).
Aciprand P. V, 712 (Benedicti chron.).
Akyprand P. V, 714 (Benedicti chron.).
Aigobrand Lgd. a. 898 (II, n. 21) neben Aigopraud. Aigolrand ist druckfehler.
Aicobrand Lgd. a. 918 (II, n. 42).

Acbod. 8. Pol. Irm. s. 124.

Egiburga, fem. 9. Gld. II, a, 130.

Ekkeburg, Ecceburg, Eckeburuc, Ecgiburc, Egkeburg, Egiburc, Ekkeburch, Ekkeburc, Eckipurc Gld. II, a, 122.
Ekkipurc Gr. III, 182.
Eccipurc St. P.
Eggeburg Laur. sec. 10 (n. 76).

Agidana, fem. 9. Pol. R. s. 51.

Agedis, fem 9. Pol. R. s. 51.

Agedrudis, fem. 8. Pol. Irm. s. 43, 101; pol. R. s. 85.

Agdrudis pol. Irm. s. 220.
Actrudis pol. Irm. s. 231.
Ekkidruda und Ekthrud Gld. II. a. 122.

Agafrid. 8. St. P.
Agefrid P. V, 237 (Andr. Bergomat. chron.).
Agefrit P. V, 208 (chron. comit. Cap.).
Aguifred Mab. a. 803.
Agfrid pol. R. s. 59.
Acfrid P. I, 466 und 476 (Hincm. Rem. ann.).
Acfred pol. Irm. s. 3; conc. Trecens. a. 878.
Egifrid H. a. 926 (n. 146).
Ecgifrid tr. W. c. a. 811 (n. 191).
Egfrid P. I, 466 (Hincm. Rem. ann.), 527 (ann. Vedast.); II, 205 f. (ann. Vedast.), 670 (Nithardi hist.).
Aigofred Lgd. a. 961 (II, n. 98).
Aigfred Lgd. a. 984 (II, n. 119).
Eigefrid Laur. sec. 8. (n 1212).
Eicfred Lgd. a. 1002 (II, n. 137).
Aifred pol. R. s. 7.
Ags. Ecgfrið.
Acfrida, fem. 8. Pol. Irm. s. 124.
Acfreda pol. Irm. s. 17, 104.
Aicfrida pol. Irm. s. 13.
Agardis, fem. 8. Pol. Irm. s. 236; = Ag-gardis?
Achgoz. 8. Laur. sec. 8 (n. 3354).
Agrimo. 8. Laur. sec. 8 (n. 281): = Ag-grim?
O. n. Agrimeshov und Agrimeswidil.
Agundia, fem. 11. P. IX, 734 (chron. mon. Casin.); = Ag-gundia?
Agihard. 8. Agihard b. v. Langres sec. 10; A. b. v. Chalons sec. 11; Ekkehard b. v. Noyon sec. 9; E. b. v. Prag sec. 10; E. Mrkgrf. v. Meissen und Thüringen sec. 10; E. b. v. Schleswig sec. 11.
Agihard Ng. a. 788.
Akihart St. P.
Akiarht (so) St. P.
Achard P. X, 422 (Hugon. chron.); pol. Irm. s. 22; Guérard a. 1046, 1070.
Agard pol. Irm. s. 94, 109,
Acard pol. Irm. s. 70, 261; conc. a. 955.
Ahard H. a. 790 (n. 59).
Eggihard P. I, 361 (Ruod. Fuld. ann.); II, 448 (Einh. vit. Kar.); V öfters.
Eggihart Gud. a. 881.
Egihard Laur. sec. 9 (n. 1866).
Egihart Ng. a. 882.
Eghihart Ng. a. 790.
Eckihard Laur. sec. 9 (n. 326).
Ekkihard P. IV, B, 173 (urk. v. Heinr. II); V, VIII öfters; St. P.; Laur. sec. 8 u. 9 (n. 407, 445).
Ekkihart St. P. öfters.
Eccihard P II, 604 (Thegani vit. Hlud.).
Ecchihard K a. 790 (n. 37; Ng. ebds.).
Ecchihart Laur. sec. 8 (n. 1680).
Ecgihard Laur. sec. 9 (n. 992).
Eghiart Ng. a. 786.
Ekkiard Wg. tr. C. 36.
Eggehard P. II, V, VI, VII öfters; necr. Aug.
Eggehart necr. Aug.
Ekehard P VI, 685 (Adalbold. vit. Heinr. II); IX, 849 (chron. Hildesh.).
Ekkehard P. I, 79 ff. (ann. Sangall.); II, VI—VIII oft; IX, 848 f. (chron. Hildesh.); Laur. sec. 8 (n. 219).
Eckehard Laur. sec. 9 (n. 2686).
Ecchehard Laur. sec. 8 (n. 1842).
Egkehard P. IV, B, 171 (synod. Baioar. sec. X).
Hecchihart K. a. 792 (n. 40; Ng. ebds.).
Eikaehart (so) K. a. 843 (n. 109).
Eghard P. V öfters.
Echard P. III, 463 (Kar. et Hloth. capitul.); pol. Irm. s. 7; Wg. tr. C. 328, 342.
Ekhart M. B. sec. 11 öfters. (VIII, XIII).
Ekkhart Laur. sec. 9 (n. 179).
Eckhard Gud. a 960.
Ekkard P. V, 439 (Widukind).
Ekkart M. B. sec. 11 öfters (X, XIV).
Eckard P. I, 440 (Prud. Trec. ann.); II, 193 (ann. Lobienses).
Eckart H. a. 853 (n. 87).
Ecgard P. VI, 13 (ann. Laubienses), 60 (Folcuin. gest abb. Lobiens.).
Egard P. VI, 13 (ann. Laubiens.).
Occard und Okard (der meissener markgraf) P. XI, 72 f. (Cosm. chron. Boem.).

Für diese n. (oder auch für Eilhart) steht Mechard und Mechard P. V, 120 (ann. Pragens.). Doch vgl. auch Michard.

Aicard Lgd. a. 1035 (II, n. 176).
Aictard pol. Irm. s. 43; das t scheint hier euphonisch eingeschoben.
Eichard Schpf. a. 840 (n. 98).
Eihhart Gr. I, 127.
Eikard Ms. a. 1029 (n. 47).
Aiard pol. R. s, 45.

Nhd. Achard, Eccard, Eccardt, Eccert, Eckard, Eckardt, Eckart, Eckert, Eckhard, Eckhardt, Egert, Eggard, Eggert, Ekert, Eichert, Eichhardt.

Agihar. 8. Tr. W. a. 745 (n. 142 u. Pd. nachtr. n. 78).
Agiheri Schn. a. 773.
Akihari St. P.
Acchihar tr. W. sec. 8 u. 9 (n. 67).
Achar pol. Irm. s. 21, 44 etc.
Agar Laur. sec. 8 (n. 3645).
Egiheri tr. W. a. 786 (n. 82 etc.).
Egihere Ng. a. 854.
Egiher tr. W. a. 787 (n. 77); Ng. a. 809.
Egehere Gld. II, a, 98.
Aichar P. IX, 179 (Heriger. gest. episc. Leod.).
Aiccar Lgd. a. 957 (II, n. 89).
Aychar P. II, 185 (ann. S. Bavonis).
Aicharh (so) P. III, 90 (Kar. M. capitul.).
Aigatar Pd. a. 636, 642 (n. 275, 301) hieher?
Aiher pol. R. s. 77, 101.
Nhd. Acker, Aicher, Eger, Eckher.
O. n. Agaheringin.

Achelm. 9. Mab. a. 1079.
Eggihelm Schn. a. 801.

Agohildis, fem. 7. Pol. Irm. s. 145.
Agihilt St. P.
Agoild pol. Irm. s. 124.
Aghildis pol. R. s. 54, 75.
Achildis P. IX, 420 (gest. episc. Camerac.); Pd. a. 680 (n. 394); pol. Irm. s. 21, 37 etc.
Agedildis pol. R. s. 16.
Acchildis Mab. a. 680.
Achilde (nom.) H. a. 698 (n. 25).
Agildis pol. Irm. s. 48, 57 etc.
Ahildis pol. Irm s. 207.
Eckehilt Laur. sec. 8. (n. 3021).
Egehilt Laur. sec. 8. (n. 1897, 1899).
Egildis necr. Aug.
Aichild pol. Irm. s. 39, 262.
Eihilt Mchb. sec. 9 (n. 523).

Ekihoh. 9. St. P.

Agramnus. 8. Pol. Irm. s. 226.
Agrannus pol. Irm. s. 79, 88 etc.
Eggiram necr. Fuld. a. 813.
Egiram Ng. a. 876 (n. 496).
Aechram St. P.

Eggileib. 9. Schn. a. 827, 837.
Ags. Ecglâf.

Ekkileich. 9. St. P.
Ekkileih Gld. II, a, 122.
O. n. Eccheleicheshoua.

Acland. 8. Pol. Irm. s. 161.
Ailand pol. R. s. 2.
Viell. steht Acland aber auch für Agilland.

Ackilinda, fem. 8. Mchb. sec. 8. (n. 12); M. B. a. 763 (IX).
Agilenda Gld. II, a, 130.
Aglindis pol. Irm. s. 46; pol. R. s. 73, 83.
Aclindis pol. Irm. s. 13, 217.
Ahlind tr. W. a. 777 (n. 93).
Egilind Gld. II, a. 122.
Etkilind R. a. 821 (n. 21) verderbt.
Eckelint H. a. 853 (n. 87).
Die hier verzeichneten formen mögen zuweilen auch für Agillinda stehn.

Ailiv. 9. Pol. R. s. 65.

Egiman. 11. Gld. II, a, 98; II, b, 155.
Eckeman Lc. a. 1083 (n. 234).
Nhd. Eckmann.

Agmanna, fem. 9. Pol. R. s. 36.

Agomar. 7. Agomar ep. Silvanect. sec. 7; Aimar b. v. Rodez sec. 9.
Agomar Pd. a. 640 (n. 293, unecht); convent. Remens. c. a. 630.
Agomarus eine in den Niederlanden gefundene lat. Inschrift, St. n. 1449.
Agimar Sm.
Acimir Mab. a. 770 hieher?
Agmar tr. W. a. 777 (n. 230).
Acmar Gld. II, a, 112.
Acmir pol. Irm. s. 16.
Acmer pol. Irm. s. 23.
Eggimar Laur. sec. 9 (n. 2785).
Aimar P. III, 534 (Kar. II capitul.); conc. Pontigon. a. 876. Mit Hadamar zusammen P. VIII.

Agemod. Gld. II, a, 112.
Agimuot Gr. II, 699.
Eggemuot (zeit unbest.) necr. Aug.
O. n. Agimotingas.

Agimund. 9. Gld. II, a, 112.
Agemund Lp. a. 828, 911 (I, 674; II, 83).
Eckimunt Mchb. sec. 9 (n. 689).
O. n. Eckimunteshopa.

Eggiunit. 10. Dr. n. 691; hieher? verderbt?

Eginot. Dr. n. 346.

Agerad, msc. u. fem. 7. Egered b. v. Salamanca sec. 7.
Agerad Pd. a. 696 (n. 435).
Accarad Laur. sec. 8 (n. 999).
Agrad pol. Irm. s. 100, 189.
Agrado Mab. a. 798.
Ekkirad Laur. sec. 8 (n. 868).
Eggidrat Laur. sec. 8 (n. 3151).
Egered conc. Tolet. a. 646 u. 656.
Ekkrad Laur. sec. 9 (n. 445).
Airad Mur. 1824, 5 (aus sec. 10).

Agrada, fem. 8. Pol. Irm. s. 100, 188.

Agarich. 6. P. III, 327 (Hludov. capitul.).
Agarih St. P.
Agirich pol. R. s. 43.
Agerich P. VI öfters; VII öfters (ann. S. Benign. Divion.); VIII, 317 (Sigebert. chron.); X, 287 etc. (Hugon. chron.).
Ackrich Schpf. a. 859 (n. 109).
Egirich Ng. a. 822.
Egirih necr. Aug.
Ecgirih Gld. II, a, 98.
Ekkerich St. P.; Laur. sec. 8 (n. 507).
Egkeric C. M. Juni.
Eckerik Frek.
Ekerich St. P.
Eggric Wg. tr. C. 246.
Ekkric C. M. Aug.
Ekkrich P. V, 842 (Thietmari chron.).
Ecgrich Laur. sec. 8 (n. 1103).
Echarigo Pd. a. 670 (n. 361) auch wol hieher.
Airich pol. R. s. 14.
Aerich und Erich könnten zuweilen hieher gehören.
O. n. Eggrikeshusun.

Agarizzo. 8. St. P. zwml.
Agrizzo St. P.

Acsindus. 8. Pol. Irm. s. 210; Guérard a. 828.

Agistald s. Hagustalt.

Ekkiswint, fem. 8. Laur. sec. 8 (n. 885).
Egkesuint Laur. sec. 9 (n. 2913).
Ekswith Gld. II, a, 122.
Exswit Wg. tr. C. 214.

Agateus. 8. St. P.
Ageteus pol. Irm. s. 85, 159; conc. Duziac. a. 871.
Agedeus pol. Irm. s. 85, 140.
Achadeus P. X, 480 (Hugon. chron.).
Hiezu viell. Achiteus P. I, 312 f. (chron. Moissiac.), wo die var. Architeus nur durch falsche umdeutung ins Griech. entstanden zu sein scheint.
Eggideo P. I, 204 (Einh. ann.); II, 623 (vit. Hlud.).
Egideo Gr. I, 103.
Egideoh Gld. II, a, 98.
Egitheus P. II, 224 (ann. Xant.).
Egittheus P. II, 596 (Thegani vit. Hlud.).
Eckideoz und Egideos Gld. II, a, 98 wol hieher.
Aigatheo Pd. a. 703 (n. 456; Mab. ebds.).
Ags. Ecgþeó.

Agathiu, fem. 9. Tr. W. a. 808 (n. 20).

Agiovald. 7. Lp. a. 929 (II, 182).
Agioald Lp. a. 840, 904, 911 (I, 687; II, 34 u. 78).
Aggiold Schn. a. 773.
Achiolt Laur. sec. 8. (n. 1156).
Acchiolt Laur. sec. 8 (n. 2092).
Ackiolt K. a. 770 (n. 12; Ng. ebds.).
Ahiholt St. P. hieher?
Agoald Schpf. a. 747 (n. 15), 750 (n. 671).
Agold P. V, 153 (ann. Monast.).
Ahuld Laur. sec. 8 (n. 2036) hieher?
Eggiold Laur. sec. 8 (n. 521).
Eggiolt Schn. a. 756; Dr. a. 796 (Schn. schreibt Eggiholt).
Egiholt Gld. II, a, 98.
Eggeolt Schn. a. 803.
Ecgolt tr. W. a. 816 (n. 161).
Ekkold Laur. sec. 8 (n. 582).
Egolt Mchb. sec. 9 (n. 353).
Eigolt Mchb. sec. 9 (n. 546).
Aioald P. V, 250 (Erchemperti hist. Langob.).
Ags. Ecgveald. Nhd. Eckelt, Eckoldt.

Egiwar. 8. Tr. W. c. a. 780 (n. 106).

Eguard. 11. P. V, 82 (ann. Quedlinb.); ist = Ekkeward.
Nhd. Evert? Ewert? Hewert?

Egiuip, fem. 8. Dr. a. 795 (Schn. hat ebds. Egguilp).

Ecgewih, fem. 10. G. a. 964 (n. 17).

Agiwin. 8. Tr. W. c. a. 764, 765 (n. 193, 264).
Aguin pol. Irm. s. 102, 115.
Acuin pol. Irm. s. 89.

Acoin pol. Irm. s. 278, 280.
Akwin M. B. c. a. 1030 (VI).
Ekquin St. n. 1140 (schon aus sec. 5?).
Ecuin Lc. a. 1100 (n. 259).
Equin H. a. 916 (n. 142).
Ecquin Lc. a. 927 (n. 87 u. 88).

Egiwint (so), msc. 9. Mchb. sec. 9 (n. 207); St. P.

Akiuuiz, fem. 8. St. P.
Acgiuuiz St. P.
Eggiwiz Laur. sec. 8 (n. 1333).

Agiulf. 5. Achiulf ein Warner sec. 5: Agiulf erzb. v. Bourges sec. 9.
Agiulf P. II, 264 (Pauli gest. episc. Mett.); III, 331 (Hlud. et Hloth. capitul.); VIII, 324 (Sigebert. chron.); X, 48 (Landulf. hist. Mediol.).
Achiulf Jorn.
Agolf Pd. a. 648 (n. 312).
Egiolf St. P.
Eghiolf St. P.
Ekkulf sec. 8 u. a. 1076 (VII). M. B.
Ekkolf M. B. a. 1076 (IV); St. P.
Egulf Pd. a. 615 (n. 230).
Ecgolf tr. W. a. 858 (n. 49).
Heochiolf (für Hecchiolf?) tr. W. a. 792 (n. 207).
Aigulf P. II, 269 (catal. episc. Mett.); Pd. a. 637 (n. 281); conv. Clipiac. a. 659; pol. Irm. s. 45, 48 etc.
Aigulph Pd. a. 635, 636 (n. 271, 272, 277).
Aigulfo M. a. 653 (n. 64; Mab. ebds.).
Aygulf Pd. a. 637 (n. 282; unecht).
Eigolf Mchb. sec. 9 (n. 359); St P.

Oefters wird Aigulf u. dgl. mit Agiulf von derselben person gebraucht.
Aiulf P. III, 327 (Hlud. et Hloth. capitul.), 370 Hlud. capitul.); V mehrmals (auch mit Agilulf verwechselt); Idat. a. 456; conc. ap. Theodon. vill. a. 835; conc. Suession. a. 853.
Aiulph P. V, 208 (chron. comit. Cap.).
Eiulf P. VIII, 586 (annalista Saxo).
Ailphus Pd. a. 636 (n. 275) wol aus Aiulphus.
Aiulf und Aigulf öfters von derselben person.
Ags. Ecgvulf, Ecvulf. Nhd. Egloff.
O. n. Eggolfesheim. Auch Eholvingen hieher?

Agan- s. AGIN. **Agano** s. HAGAN. **Agar, Agarich, Agarnus** u. a. s. AG.
Agaxomo. Gld. II, a, 112, verderbt.

Agda s. HAID. **Agedrudis, Agefrid** u. a. s. AG. **Agel-** s. AGIL. **Agen-** s. AGIN. **Agia, Agibert, Agido** s. AG.

AGIL. Dieser stamm erscheint nur anlautend in namen, denn das missverstandene Hactenusagil in einigen ausgg. des Jorn. 58 ist zu lesen hactenus Agil. Erheblicheren veränderungen unterliegt er namentlich durch die umstellung des l, wodurch die im pol. Irm. ausschliesslich gebräuchliche form Acle- entsteht, und durch die wie es scheint besonders sächsische ausstossung des g, woraus die formen Ail- und Eil- hervorgehn. Bei AGIN entspricht dem Acle- das Agne-, dem Ail- und Eil- das Ain- und Ein- Ob mitunter auch Al- hieher gehört oder immer zu ATHAL, ALI u. a. stämmen zu rechnen ist, unterliegt manchen bedenken; so auch die seltene berührung von AGIL und ANGIL; Ail- und Eil- endlich sind oft kaum von dem stamme HAIL zu scheiden.

Die etymologie von AGIL ist eben so ungewiss wie die von AGIN; wahrscheinlich sind beide formen nur weiterbildungen von AG. Graffs frage (1, 130), ob einige der hier erwähnten n. zu ahd. egel (hirudo) gehören, glaube ich mit entschiedenem nein beantworten zu können.

Bei der folgenden anordnung der formen beobachte ich (den zu AG gehörenden bildungen entsprechend) die reihenfolge Agil-, Agl-, Egil-, Egl-, Aigil-, Eigil-, Ail-, Eil-.

Agila, 4. Westgothenkg. sec. 6; b. v. Osma sec. 7; b. v. Sens sec. 9; b. v. Orense sec. 9.
Agila P. I, 285 (chron. Moissiac); Isidor; E. s. II, 178.
Agilo Amm. Marc. 14, 10; testam. Perpet. episc. Turon. b. Sp.; Pd. a. 475 (n. 49); Schn. a. 758.
Agilus P. VIII, 323 (Sigebert. chron.); Pd. a. 648 (n. 311), 680 (n 391).
Aghilus Pd. a. 692 (n. 425, 426).
Achilo pol. R. s. 51.
Agilan (nom.) P. VIII, 317 (Sigebert. chron.).
Agili (dat.) P. X, 318 (Hugon. chron.).
Agelo hist. miscell. (Valentinianus).
Aglius Pd. a. 696 (n. 437).
Aclus pol. Irm. s. 89.
Aclem (acc.) Lc. a. 1015 (n. 147).
Aegyla (msc.) Fredeg. 21.

Aegilanis (genit.) Greg. Turon. var. Agilanis.
Egila (masc.) conc. Tolet. a. 638; conc. Tolet. a. 675; conc. Ovetens. a. 873; Sm.; E. s. V, 508 etc.
Egilo P. I, 432 (Prud. Trec. ann.), 472, 474 (Hincm. Rem. ann.); Laur. sec. 8 (n. 1963, 1987).
Egilano (abl.) M. B. a. 817 (XXXI, unecht).
Egil P. I, 569 f. (Regin. chron.); VII, 550 (Marian. Scot. chron.); VIII, 576 f. (annalista Saxo); St. P.; H. c. a. 847 (n. 84), 853 (n. 86) etc.
Aigila (msc.) Lgd. a. 821 (I, n. 37).
Aigil P. X, 355 (Hugon. chron.); Laur. a. 768 (n. 1165); St. P. zweimal.
Aiglo Mab. a. 603.
Aiglus Pd. a. 693 (n. 431).
Eigilo Gld. II, a, 114.
Eigil P. I, 95 (ann. Fuld.), 356 f. (Enh. Fuld. ann.); II, 366 (vit. Sturmi); V, 117 (catal. abb. Fuld.); VII, 102 (Herim. Aug. chron.), 419 Bernold. chron.); VIII, 572 (annalista Saxo); Mchb. sec. 8 (n. 219); M. B. a. 828 (VIII); H. a. 849 (n. 85); St. P. mehrm.; Gld. II, a, 98.
Eygil P. X, 286, 355, 502 (Hugon. chron.).
Ailus P. III, 429 (Kar. II capit.); pol R. s. 64.
Ailo pol. R. s. 54, 106.
Aile Wg. tr. C. 8.
Eila (msc.) conc. Tolet. a. 589.
Eilo Frek. mehrm.; Ms. a. 1049 (n. 21).
Eile P. II, 218 (urk. v. 834), 681 (translat. S. Alexandri).
Aeile C. M. Sept.
Eichili Ng a. 889 hieher? vgl. nhd. Eichele.
Heigilo Gld. II, a, 101 hieher?
Hegilo s. HAG.
Ἄπλωνος (genit.) bei Zosim. IV, 8 ist Ἀγίλωνος zu lesen.
Ags. Ägel. Nhd. Eckel. Eckhel, Egel, Egle, Ekl, Eule, Eyl.
O. n. Egilinga, Eigilaspah, Eigilisdorf, Egilse (?), Egileswanc, Eigileswilari.

Agila, fem. 7. Eila, mutter des markgrafen Heinrich v. Schweinfurt sec. 11.
Agila test. Ermentr.
Egilo (fem.) Sm.
Egila Lc. a. 962 (n. 105).
Ekkila St. P. zweimal.
Aila pol. R. s. 87.
Aella hieher?
Eila P. V, 801, 842 (Thietmari chron.); VIII, 627, 652, 669 (annalista Saxo); Frek.; C. M. Aug.

Eilica s. HAIL.

Agilin. 7. Ng. a. 813.
Acolenus Pd. a. 631 (n. 253) viell. hieher.
Aglin pol. Irm. s. 201; pol. R. s. 82.
Ailin pol. R. s. 40.
Haglin pol. R. s. 85.

Aglina, fem. 8. Pol. Irm. s. 159; pol. R. s. 76, 86.
Aclina pol. Irm. s. 160, 171.
Haglina pol. R. s. 76.

Aclara, fem. 8. Pol. Irm. s. 98, 280.

Aglisma, fem. 8. Pol. Irm. s. 201; pol. R. s. 53.
Aclisma pol. Irm. s. 53, 87 etc.

Ailitia, fem. 9. Pol. R. s. 104.

Aclebold. 8. Pol. Irm. s. 171.
Egilbald P. I, 194 (Einh. ann. 807) mit var.
Egelbald und Engelbald.
Ailebold pol. R. s. 101.
Eilbold Wg. tr. C. 267.
Oilbald P. X, 208 (vit. Wicberti) mit var.
Oibald und Orbald.
Oilbold P. X, 526 (gest. abbat. Gemblac.).

Aclebalda, fem. 8. Pol. Irm. s. 163.
Aclebolda pol. Irm. s. 23, 81 etc.

Egilbern. 9. Dr. a. 812 (n. 289; Schn. hat hier Engilbern); Lc. a. 820 (n. 39).
Egilpero St. P.
Egilpero neben Engilpero M. B. a. 891 (XXXI).
Ailbern Wg. tr. C. 86 (sohn Ailberts); ebds. 99, 108, 252, 377.

Aclebera, fem. 8. Pol. Irm. s. 210.

Agilperht. 7. B. v. Como sec. 9; b. v. Bourges sec. 9; b. v. Freisingen sec. 11.
Agilperht Mchb. sec. 8. (n. 8); St. P. zweimal.
Chagilberth M. c. a. 658 (n. 66).
Agilbert Gld. II, a, 112.
Agilpert Mab. a. 670.
Achilbert Pd. a. 743 (n. 569); Laur. sec. 8. (n. 2011).
Aclebert pol. Irm. s. 176, 210.
Aglevert pol. R. s. 37.
Aclavert pol. Irm. 115

Aclevert pol. Irm. s. 53, 88 etc.
Aghlibert Mab. a. 678.
Egilperht St. P. dreimal.
Egilbert P. VI, 795 not. (synod. Francof.); VIII öfters; IX, 249 (Gundechar. lib. pontif. Eichstet.), 263, 266 (anonym. Haserens.); X, 183 (gest. Trever.); Ng. a. 793; M. B. c. a. 1020 (VIII), a. 1036 (XV); Laur.
Egilpert St. P.
Egilbreht P. II, 218 (urk. v. 834).
Ekilpert Ng. a. 786.
Egilprat St. P.
Eghilpret K. a. 764 (n. 9).
Egelbreht, Egilpret, Egilbreht, Eghilbert Gld. II, a, 98.
Aegilperht St. P.
Aegilbert Fredegar. (a. 680).
Eggelbert P. VIII, 717 (annalista Saxo).
Egelbert H. a. 1079 (n. 280).
Hegilbert Ng. a. 844 wol hieher.
Aigelbert M. B. a. 1076 (IV).
Aiglibert Pd. a. 671 (n. 366), 675 (n. 379), 676 (n. 381), 692 (n. 427).
Ayglibercth Pd. a. 696 (n. 435; Mab. ebds.).
Eigilperht St. P. zweimal.
Eigilbert P. VII, 314 (Berthold. ann.), 456 (Bernold. chron.); St P.; Laur. sec. 8 (n. 400).
Eigelbert K. a. 1080 (n. 235).
Ailbert P. V, 443 (Widukind, mit var. Eilbert und Albert); Wg. tr. C. 86, 352, 367, 416, 436, 453.
Aeilbreht C. M. Jul.
Eilbert P. II, 775 (vit. S. Rimberti); III, 529 (Kar. II capitul.); IV, 45 (Heinr. IV constitut.); V, 796 (Thietmari chron.); VI, 686 (Adalbold. vit. Heinr. II); VIII, 650, 683 (annalista Saxo); IX öfters; X, 174 (gest. Trever.); Wg. tr. C. 243, 248, 291, 329, 365, 391, 418, 465.
Eilberith necr. Fuld. a. 1065.
Eylbert Wg. tr. C. 424, 489.
Eylbard Ms. a. 1086 (n. 34).
Eugilbert Laur. sec. 9. (n. 272) wol hieher.
Heilbert für Egilbert conc. Ravenn. a. 877; desgl. G. a 1093 (n. 72).
Elbert P. IX öfters = Eilbert.
Oeftere verwechselungen mit Angilbert P. V und VII. Ags. Ägelbeorht.

Acleberta, fem. 8. Pol. Irm. s. 25.
Agleuerta St. P.
Acleverta pol. Irm. s. 143, 177.
Egilberta R. a. 821 (n. 21).

Agelberga, fem. 8. Pol. Irm. s. 209.
Agleberga pol. Irm. s. 201.
Acleberga pol. Irm. s. 209.
Acleverga pol. Irm. s. 144.
Ailberga pol. Irm. s. 213.

Agilburgis, fem. 8. Lgd. a. 823 (n. 42).
Agilburc St. P.
Acleburg pol. Irm. s. 171.
Aclebrug (so) pol. Irm. s. 176.
Egilpurc Mchb. sec. 9 (n. 826).

Aildag. 9. Wg. tr. C. 234.
Aeildeh C. M. Jul.

Agildrud, fem. 8. P. III, 562 (Arnulfi capit.).
Ageldrud P. I, 411 f. (ann. Fuld.).
Ageltrud P. III, 565 (Lamberti capitul.); V öfters; IX, 614 (chron. mon. Casin.).
Agledrudis pol. Irm. s. 46.
Acledrud pol. Irm. s. 16, 19 etc.
Acletrudis pol. Irm. s. 79.
Ailedrudis pol. R. s. 47.
Ailtrudis pol. R. s. 54, 72.

Agilfrid. 8. P. II, 195 (ann. Lobienses); VI, 13 (ann. Laubiens.; ann. Leodiens.); IX, 198 (Anselm gest. episc. Leod.); XII, 372 (gest. abb. Trudon.).
Agilfrit St. P. zweimal.
Agilfred P. VIII, 334 (Sigebert. chron.).
Agelfrid P. VII, 11 (ann Elnon.); St. P.
Aclefred Pol. Irm. s. 17, 20 etc.
Egilfrid P. II, 187 (ann. Gand.).
Egilfrit St. P.
Eghilfrid St. P.
Eigilfrid St. P.

Egilger. 8. Dr. a. 779.
Eigelger Gld. II, a. 98.
Ailger Wg. tr. C. 404, 454.
Eilger Wg. tr. C. 233, 251, 254, 297; Frek.

Aegilgrim. 9. Wg. tr. C. 105.
Eilgrim Wg. tr. C. 223, 303, 304.
Eylgrim Wg. tr. C. 101.

Aclegaud. 8. Pol. Irm. s. 231.
Hagilgaucius Dr. a. 757; Schn. a. 759.
Egilgoz Schn. a. 837.

Agilard. 8. B. v. Nismes sec. 9; b. v. Chalons sur Marne sec. 11.

Agilard conc. Portuens. a. 897.
Aclehard pol. Irm. s. 7, 17 etc.
Acleard pol. Irm. s. 78, 83 etc.
Aglard Mab. a. 833 u. 862.
Aclard pol. Irm. s. 157.
Egilhard P. V, 820 (Thietmari chron.); Laur. sec. 9 (n. 1040).
Egilhart Dr. a. 824 (n. 439); Schn. liest Engilhart. Eben so steht Dr. n. 637 Egilhart und bei Schn. gleichfalls Engilhart.
Ailhard Wg. tr. C. 95, 385, 407; pol. R. s. 69.
Ailherd (so) Wg. tr. C. 22.
Ailard P. IV, B, 179 (Nicol. II statut.).
Eilhard P. IX, 309 (Ad. Brem.), 849 (chron. Hildesh.); Wg. tr. C. 243, 249, 272, 289, 347, 350, 352, 390; Frek.
Eilard P. X, 215 (vit. Conradi).
Eylhard Wg. tr. C. 427, 446, 448, 456, 482.
Aeilherd C. M. Jul.
Oilard P. IX, 540 f. (chron. S. Andreae); H. a. 1088 (n. 290).
Oylard conc. Remens. a. 1049.

Aglihardis, fem. 9. Pol. R. s. 70. Ebds. auch Agliardis.
Aillerta Mab. a. 751 mit var. Aillesta.

Agelhar. 8 St. P.
Aglehar pol. Irm. s. 46, 275.
Aclehar pol. Irm. s. 19, 105.
Acleher pol. Irm. s. 205, 250.
Aclear pol. Irm. s. 83, 98 etc.
Acloar pol. Irm. s. 170.
Egilher Schn. a. 803; Schn. a. 837 (Dr. hat hier Eginher).
Ailhar pol. R. s. 49.
Ailher pol. R. s. 34.
Nhd. Egeler, Euler.
O. n. Egilereshusun.

Aglehildis, fem. 8. Pol. Irm. s. 276; pol. R. s. 38.
Aclehildis pol. Irm. s. 7, 17 etc.
Aclohildis pol. Irm. s. 143.
Acloildis pol. Irm. s. 82, 88 etc.
Acleildis pol. Irm. s. 78, 112.
Aglildis pol. Irm. s. 45, 160.
Aclildis pol. Irm. s. 48, 91 etc.
Acledildis pol. Irm. s. 105.
Ailhildis pol. R. s. 100, 101.

Die formen Aglenildis und Aclenildis s. unten am ende dieses stammes.

Aglerannus. 8. P. IX, 103 (chron. Novalic.).
Agletramnus Gld. II, a, 112.
Acledramnus pol. Irm. s. 188.

Agledramna, fem. 8. Pol. Irm. s. 202.

Eillef. 9. Wg. tr. C. 308.

Ailand s. unter AG, **Aglindis** desgl.

Eillog. 9. Wg. tr. C. 308.

Aigliman. 6. Pd. a. 572 (n. 179).

Aclemandus. 8. Pol. Irm. s. 11.
Aclemans pol. Irm. s. 23.

Agilmar. 8. B. v. Vienne sec. 9; ep. Arvernens. sec. 9; b. v. Osnabrück sec. 9.
Agilmar P. II, 322 (chron. Adon. a. 844, mit var. Aglimar); III, 534 (Karol. II capitul.); Lp. a. 843 (I, 703).
Agylmar P. X, 352 (Hugon. chron.).
Agilmer Wg. tr. C. 459.
Agelmar P. X, 355 (Hugon. chron.).
Aglemar pol. R. s. 45.
Aclemar pol. Irm. s. 82, 161.
Egilmar P. X, 321 (Hugon. chron.).
Eigilmar Lc. a. 1027 (n. 162).
Ailemar H. a. 842 (n. 80).

Egilmarc. 9. P. II, 389 (vit. S. Willehadi) mit var. Egilmare.

Achilmuht, fem. 8. Ng. a. 776.
Eilmod P. VI, 783 (mirac. S. Bernwardi).

Agilimund. 4. König der Quaden; erster Langobardenkönig sec. 4.
Agilimund Amm. Marc.
Achilmunt K. a. 776 (n. 17).
Agelmund P. V mehrm.; VIII, 142 (Ekkeh. chron. univers.), 301, 312 (Sigebert. chron.); IX, 603, 619 (chron. mon. Casin.); Paull. diac. I, 14 f.; Mab. a. 872.
Aclemund pol. Irm. s. 14, 15 etc.
Egilmund Laur. sec. 8 (n. 715).
Egilmunt St. P.; Laur. n. 1592.
Egelmunt Gld. II, a, 98.

Egilniu s. Engilniu.

Egilrat, msc. u. fem. 8. Laur. sec. 8 (n. 2618).
Egilhrat St. P.
Eigilrat Dr. a. 848 (n. 555, wo Schn. Engilrat liest); tr. W. a. 788 (n. 102); Laur. sec. 8 (n. 3340).
Ailred Weg. tr. C. 448.
Eilrat P. II, 411 (vit. S. Liudgeri).

Ailarada, fem. 9. Pol. R. s. 46.
Aclerich 8. Pol. Irm. s. 115.
Egilrich Mchb. sec. 8. (n. 147).
Aelric C. M. Jul.
Ags. Ägelric.
Agilsindis, fem. 8. Pol. Irm. s. 132.
Aclesinta pol Irm. s. 93, 115.
Ailsinda pol. R. s. 69, 103.
Egilsuind, fem. 8. Laur. sec. 8. (n. 1902);
Egilsuint Laur. sec. 8 (n. 1222).
Eilsuind Gld. II, a, 122.
Eilsuith Frek.
Eilsuit P. VIII, 633 (annalista Saxo).
Aeilsud C. M. Dec.
Acledeus. 8. Pol. Irm. 104.
Agilald. 8. Gld. II, a, 112.
Aclevald pol. Irm. s. 183.
Aclevold pol. Irm. s. 82.
Agloald Gld. II. a. 112.
Aglold pol. Irm. s. 161.
Aclold pol. Irm. s. 87, 90 etc.
Egilwald P. II, 417 (vit. S. Liudgeri).
Egilold Wg. tr. C. 179; H. a. 865 (n. 102).
Egilhalt Dr. a. 814 (n. 301); Schn. schreibt hier Egihalt.
Ailold pol. R. s. 4.
Eilold Wg. tr. C. 243.
Eylold Wg. tr. C. 281.
Aclevalda, fem. 8. Pol. Irm. s. 52, 58 etc.
Aclevolda pol. Irm. s. 35, 183.
Acloar, s. Agelhar.
Ailoara, fem. 9. Pol. R. s. 47.
Agilward. 8. P. V, 84 (ann. Quedlinb.); M. B. a. 807 (XXVIII).
Acleward Mab. a. 933.
Acloard pol. Irm. 115, 269.
Egilward P. V mehrm.
Egilwart St. P.; Schn. 866 (Dr. ebds. n. 589 Eigilwart).
Eigilward Lc. a. 1027 (n. 162).
Eigelward Laur. sec. 8 (n. 219).
Eigelwart Gud. a. 1090.
Ailward P. V, 89 (ann. Quedlinb.); Wg. tr. C. 389, 482.
Ailwart P. I, 393 (ann. Fuld.).
Eilward P. V, 845, 853 (Thietmari chron.); VIII, 669, 676 (annalista Saxo); Wg. tr. C 245; Laur. sec. 9 (n. 597); Lc. a. 1032 (n. 167).
Eilvard P. V, 87 (ann. Quedlinb.).
Eilword (so) Ms. a. 1086 (n. 34).
Eylward Wg. tr. C. 265.
Eilwerc. 9. Wg. tr. C. 356.
Agloidis, fem. 9. Pol. R. s. 34.
Eigilwi. 9. P. II, 596 (Thegani vit. Hlud.).
Eilwi (Elwi druckfehler) Gld. II, a, 122.
Agilwin. 8. Laur. sec. 8 (n. 544).
Agloin pol. R. s. 62.
Acluin pol. Irm. s. 78, 79 etc.
Acloin pol. Irm. s. 63, 159.
Egilwin Laur. sec. 8 (n. 536).
Egloin P. III, 90 (Kar. M. capitul.).
Eilewin = Erlewin P. IX, 205 (Anselm. gest. episc. Leod.).
Hegleduin Laur. sec. 8. (n. 1834) wol hieher.
Ags. Ägelvine.
Agilulf. 7. Langobardenkönig sec. 6; Franke unter Dagobert I sec. 7; erzbisch. v. Salzburg sec. 10.
Agilulf P. V mehrmals; IX, 38 (Joh. chron. Venet.), 45 (Joh. chron. Gradense); Paul. diac. III, 29 etc.; Schn. a. 758 (Dr. liest hier Angilulf).
Agilulph P. II, 272 (gest. abbat. Fontan.).
Agilolf P. II, 61 (Ratperti cas. S. Galli); VII, VIII öfters; lex Baioar. prolog.; M. B. sec. 9 (XI, 20).
Agylolf Ng. a. 776.
Agledulf P. I, 7 (ann. Petav. a. 713).
Acledulf pol. Irm. s. 2, 99 etc.
Aclulf pol. Irm. s. 10, 16 etc.
Acluf pol. Irm. s. 23 (druckfehler?).
Egilolf P. I, 90 (ann. Salisb.); II, 6 (vit. S. Galli); V öfters; VI, 400 (Gerhard. vit. S. Oudalr.); VIII, 623 (annalista Saxo); IX, 249 f. (Gundechar. lib. pontif. Eichstet.); St P. öfters; Laur. öfters; necr. Aug.; Ng. a. 813; Dr. n. 329 (Schn. schreibt hier Eggilolf); Gud. a. 963; M. B. c. a. 1060, 1095 (VI, XIII).
Ekilolf Ng. a. 786, 820.
Egilholf Gld. II, a, 114.
Egelolf necr. Aug.
Hegilolf Ng. a. 858.
Egilof und Egelof (so) necr. Aug.
Eigilolf Laur. sec. 9 (n. 176, 2998).
Eilulf St. M. a. 962.
Eilolf P. X, 214 (vit. Conradi).

Eigiolf Laur. sec. 8. (n. 296) wol für Eigilolf.
P. V, 61 und VII, 139 (Lambert. Hersfeld. ann.) finden sich auch die var. Egiloff und Egilof.
Agilulfus qui et Ago dicitur Paul. diac. lib. IV init.
Agilolf = Agio P. VIII öfters.
O. u. Egilolfesheim.

Obgleich unser stamm nach den regeln altdeutscher namenbildung unfähig sein sollte sich durch ein suffix vor dem zweiten theile der zusammensetzung zu erweitern, so sind doch folgende bildungen zu bemerken:

Aglenildis, fem. 8. Pol. Irm. s. 43.
Acleniidis pol. Irm. s. 82.

Agim- s. AGIN.

AGIN. Dieser wortstamm scheint wie AGIL nur eine ableitung von AG (s. oben) zu sein. AGIL und AGIN zeigen viel analogie, nur ist der letztere wortstamm etwas weniger weit verbreitet als der erstere, z. b. in den trad. Corb. nicht ganz sicher nachzuweisen. AGIN findet sich ebenfalls nur am anfange von p. n. Seine zusammengezogene form Ain- oder Ein- entspricht dem bei AGIL angeführten Ail- oder Eil-, doch geht sie nicht ganz parallel mit jenem in den dialecten, so wie es z. b. kaum zufall ist, dass Ail- sich im pol. Irm. selten, Ain- dagegen häufig findet. Von den mit Haim- oder Hain- beginnenden formen ist es oft unentschieden, ob das H unorganisch ist, in welchem falle die formen hieher gehören können, oder ob es organisch zum worte gehört, so dass dann an die stämme HAGAN und HAIM zu denken ist. Endlich vgl. man noch den stamm AIN.

Meine anordnung der hier zu verzeichnenden formen hat das schema Agin-, Agn-, Egin-, Egn-, Aigin-, Eigin-, Ain-, Ein-, also ganz der reihenfolge bei AG und AGIL entsprechend.

Agino. 8. P. VI, 508 (Widric. mirac. S. Gerhardi); Schn. a. 757, 765; Ng. a. 761, 773, 784, 786, 787, 790, 791, 793, 797, 800, 805 etc.; St. P. zweimal.
Agina (msc.) P. V, 442 (Widukind).
Aghin Ng. a. 775.
Aghino Ng. a. 776.
Achino St. P.
Agenus Guérard a. 828.
Ageno Laur. sec. 8 (n. 3800).
Egino P. I, II öfters; III, 165 (Kar. M. capitul.); V, 139, 141 (ann. Einsidl.) VI, 450 (mirac. S. Marci); VII öfters; VIII, 200 (Ekkeh. chron. univers.); IX öfters; Ng. a. 784, 787, 793, 798, 802; Wg. tr. C. 475; Dr. a. 824 (vergl. Eggino); Schn. a. 866 (wo Dr. die sinnlose form Egimoigo hat); M. B. a. 762, 806, 841, 868, 1021 (VIII, IX, XI); St. P. öfters; Laur. öfters.
Aegino K. a. 779 (n. 24; Ng ebds.); St. P.
Eggino Schn. a. 824 (Dr. schreibt hier Egino).
Ekino K. a. 786 (n. 29; Ng. ebds.).
Echino Ng. a. 809,
Egeno P. VIII öfters; necr. Aug.; Gud. a. 908; Lc. a. 1020 (n. 157); M. B. a. 1076 (IV).
Eigino St. P.
Eigin Gld. II, a, 98.
Einno P. VII, 335 (Bruno de bell. Saxon.).
Aino P. III, 89 (Kar. M. capitul.).
Eino Wg. tr. C. 472.
Ayno Wg. tr. C. 389.
Eyno Wg. tr. C. 415.
Aeino St. P.
Egen (nom.) P. VII, 206 (Lamberti ann.).
Egenen (acc.) P. VII, 177, 190 (Lamberti ann.).
Ahino Guérard a. 888 wol hieher.
Agmo bei Mab. a. 775 ist wol Agino zu lesen, eben so auch vielleicht Agimo Gld. II, a, 112.
Hagino, Hageno und Agano s. unter Hagano.
Nhd. Egen. O. n. Aginesheim.

Agina, fem. 8. Pol. Irm. s. 28, 84 etc.
Agena pol. Irm. s. 13.
Agana Laur. sec. 8 (n. 750) und pol. Irm. s. 78 hieher?
Agna Laur. sec. 8 (n. 2676).
Aegina St. P.
Egina Dr. a. 770; K. a. 838 (n. 99); St. P. öfters; Laur. mehrmals.
Ekina Gld. II, a, 122.
Ainis pol. R. s. 72 zweimal.

Eginun, fem. 8. St. P.; Gld. II, a, 122.

Aining. 8. Laur. sec. 8 (n. 944).
Eininc Ng. a. 883.
Aganung s. HAGAN.

Aintis, fem. 9. Pol. R. s. 54.
Ainthis pol. R. s. 34.

Agentisis (so) pol. R. s. 46.
Agantismus. 8. Pol. Irm. s. 91.
Aintisma, fem. 9. Pol. R. s. 46.
Aganbold. 8. Pol. Irm. s. 115.
Agambald pol. Irm. s. 86.
Agambold pol. Irm. s. 100.
Agembald pol. Irm. s. 161, 163.
Agembold pol. Irm. s. 253.
Eginbald Laur. sec. 8 (n. 857).
Ainbald pol. Irm. s. 95, 115.
Ainbold pol. Irm. s. 172, 259.
Aginbolda, fem. 8. Pol. Irm. s. 143.
Agembalda pol. Irm. s. 161.
Aganbert. 8. H. a. 804 (n. 64); Guérard a. 828.
Agambert Gld. II, a, 112.
Agimbert P. II, 642 (vit. Hlud. imp.) mit var. Aibert, Agibert, Agumbert, Albert.
Agembert pol. Irm. s. 27, 201.
Egimbert Lc. a. 816 (n. 33).
Ainbert pol. Irm. s. 124, 145.
Aimbert pol. Irm. s. 137.
Agamberga, fem. 8. Pol. Irm. s. 56.
Ageuberga pol. Irm. s. 129.
Ainberga pol. Irm. s. 175.
Agambod. 8. Pol. Irm. s. 55.
Agemburgis, fem. 8. Pol. Irm. s. 86.
Ainburgis pol. Irm. s. 137.
Agantrudis, fem. 7. Pol. Irm. s. 81, 101.
Agantrude Mab. a. 692.
Agentrudis pol. Irm. s. 10, 33 etc.
Egindrud St. P.
Haindrut H. a. 955 (n. 167) wol hieher; ebds. auch Hendrut.
Agenflidis, fem. 7. Pol. s. 81.
Agnefletis (so) A. S. Jan. I.
Einuorht. 9. Mchb. sec. 9 (n. 403).
Einworth Mchb. sec. 9 (n. 400).
Aganfred. 8. Pol. Irm. s. 54, 82 etc.; Guérard a. 828.
Agnifred Gld. II, a, 95, 112.
Aienfrid Mab. a. 874.
Ainfred pol. Irm. s. 145, 149.
Aganfreda, fem. 8. Pol. Irm. s. 102.
Aeingingaer (so). 8 St. P.
Aginard. 8. Eginhard, Karls d. gr. schreiber und biograph.
Aginard Sm.; pol. R. s. 99.
Agenard P. IX, 597, 616 (chron. mon. Casin.) mit var. Hagenard, Aienard und Achenard; pol. Irm. s. 70, 82 etc.; pol. R. s. 43, 105.
Aguenard P. V, 208 (chron. comit. Cap.).
Eginhard P. VIII, 161 (Ekkeh. chron. univers.); IX öfters.
Eginhart Gld. II, a, 98.
Ainhard pol. Irm. s. 125.
Ainhart St. P. dreimal.
Ainard P. VI öfters; pol. Irm. s. 125, 126; pol. R. s. 104.
Ainarth (var. Amhart, Ainchcart) Sm.
Einhard P. I, II, V öfters; VI, 447 (transl. sangu. dom.); VII öfters; VIII, 557, 593 (annalista Saxo); IX öfters; Laur. n. 199, 1749.
Einhart P. VII öfters; IX, 249 (Gundechar. lib. pontif. Eichstet.); Mchb. u. M. B. sec. 8 u. 9 öfters; Schn. a. 803; Schn. a. 836 (Dr. ebds. n. 493 Eihart); Laur. mehrmals; St. P. öfters; Gud. a. 910.
Einard P. VII, 23 (ann. Blandin.); VIII, 337 (Sigebert. chron.).
Eynard P. II, 187 (ann. Gand.).
Enhart Dr. n. 361.
Euginhard Laur. sec. 8 (n. 460) wol hieher.
Ewenard P. VI, 38 (gest. episc. Virdun.).
Heinhard u. dgl. s. HAGAN.
Nardulus für Eginhardulus s. P. II, 430.
O. n. Einharteshuson.
Agenar. 7. Pol. Irm. s. 172, 216.
Agener pol. R. s. 64, 65 etc.
Eginher Dr. a. 837 (n. 506, wo Schn. Egilher liest).
Aegynar M. a. 653 (n. 64; Mab. ebds.).
Einher Schn. a. 806.
Altn. Agnar; auch Einar, plur. einherjar?
Nhd. Egner.
Agenelm. 8. Gld. II, a, 112.
Agentelm pol. Irm. s. 174.
Aginildis, fem. 7. Pol. Irm. s. 223.
Aguechilde test. Erm.
Agenildis pol. Irm. s. 13, 46 etc.; pol. R. s. 16, 65 etc.
Agentildis pol. Irm. s. 152, 162.
Ainhildis pol. Irm. s. 128, 141.
Ainildis pol. Irm. s. 259.
Aintildis pol. R. s. 54.
Einihilt Mchb. sec. 10 (n. 1108).

Einhilt Schn. sec. 9. (Dr. liest hier Emhilt).
Agneram. 7. Pd. a. 667 (n. 358).
Einmot. 9. St. P.
Einmut St. P.
Einmoat u. Einmuat Gld. II, a, 98.
Agenantia, fem. 5. Cassiod. IX, 4; hieher?
Acamrad. 8. B. v. Paris sec. 9. Conc. Wormat a. 833.
Ainrad pol. Irm. s. 234.
Eintrat Schn. a. 814.
Agnetrada, fem. 7. Pd. a. 632 (n. 257).
Ainrada pol. R. s. 40.
Agenrich. 7. Pol. Irm. s. 61.
Agnericus Pd. a. 632 (n. 257), 697 (n. 437; Mab. ebds.).
Ainerich pol. Irm. s. 124.
Ainrich (var. Auarich) Sm.
Ainricus P. II, 791, 794 (Abbo de bell. Paris.).
Einrih Mchb. sec. 8 (n. 122); necr. Aug.
Aenricus (so) M. a. 1049 (n. 49).
Agmerich Laur. sec. 8. (n. 548).
Die letzten formen sind von Heinricus u. dgl. nicht mehr scharf zu sondern, s. HAIM.
Einswid, fem. Gld. II, a, 122.
Aganteus. 8. Pol. Irm. s. 91, 235.
Agenteus pol. Irm. s. 22, 56 etc.
Ainteus pol. Irm. s. 145; pol. R. a. 43.
Wenn Gr. (I, 132) den n. Agandeo unter agana (sentes, spinae) anführt, so können wir ihm darin nicht beipflichten.
Aginald. 8. H. a. 764 (n. 47).
Aginolt Laur. sec. 8. (n. 289).
Agenold P. V, 394, 402 (Flodoardi ann.), 602 (Richeri hist.); X, 361 (Hugon. chron.), 511 (vit. Wicberti); pol. R. s. 65.
Eginold P. VI, 345, 375 (vit. Joh. Gorziensis); Laur. sec. 8 (n. 293).
Ainald P. VI, 89 (chron. Median. monast.); conc. Paris. a. 847.
Einwalt Gld. II, a, 98.
Einold P. VI, 238 (mirac. S. Glodesindis), 346—370 (vit. Joh. Gorziensis); Laur. mehrm.
Einolt Laur. n. 803, 2335.
Eynold P. II, 187 (ann. Gand.).
Agnoard. 9. Pol. R. s. 59.
Agnoidis, fem. 9. Pol. R. s. 69, 81.
Ainoidis pol. R. s. 65.
Einwig. 9. Schn. a. 819.
Einwic Mchb. sec. 9 (n. 661); Dr. a. 1095 (n. 768, fehlt bei Schn.).
Agmoin (so). 9. Mab. a. 812; viell. zu HAIM.
Ainois. 9. Pol. R. s. 48.
Einwiz Gld. II, a, 98.
Aginulf. 7. Ep. Gabalens. sec. 9. P. VI, 573 (Arnold. de S. Emmer.); IX, 131 (chron. Novalic.); X, 89 (Landulf hist. Mediol.).
Aginolf St. P. dreimal.
Aganulf P. II, 280 (gest. abbat. Fontanell.); Pd. a. 692 (n. 426); conc. Cabilon. a. 875.
Agenulf P. IX, 587 (chron. mon. Casin.); pol. Irm. s. 4, 79 etc.; pol. R. s. 71, 75 etc.; conc. Pontigon. a. 876.
Eginuolf St. P.
Eginolf P. V, 152 (ann. Lauson.); St. P. mehrm.; M. B. c. a. 970 (VIII).
Ainwolf St. P.
Einolf C. M. Aug.
Eienolf. Gld. II, a, 98.
Ehinolf hieher? s. ds.
Bei Fredegar die lesarten Aenulf, Ainulf, Aniulf, Aginulf, Agnulf, Chainulf.

Agio, Agipert, Agiprand s. AG.

AGIR. Eine erweiterung des stammes AG eben so wie AGIL und AGIN, nur weit seltener gebraucht als diese beiden formen. Die zusammengezogene form Air- ist ganz in HARI (s. ds.) aufgegangen.
Agrisma, fem. 8. Pol. Irm. s. 79, 86 etc.
Agripert. 7. B. v. Fano sec. 9.
Agripert syn. Rom. a. 826.
Agrebert P. VI, 43 (gest. episc. Virdun.).
Agirard. 7. Mab. a. 696.
Agranod. 8. Tr. W. a. 777 (n. 230).
Hagroald. 9. Pol. R. s. 68.
Hagrald P. V, 581 (Richeri hist.).
Agroidis, fem. 9. Pol. R. s. 71.
Agruin. 8. Mab. a. 933.
Agroin P. VI, 43 (gest. episc. Virdun.); X, 339 (Hugon. chron.); tr. W. a. 777 (n. 230); pol. R. s. 79.
Hagroin pol. R. s. 57.
Agrulf. 8. Pol. Irm. s. 98.

Hagrulf Laur. sec. 8 (n. 827).
Hackrolf St. P. sec. 9.

AGIS. Die hier zusammengestellten formen Agis-, Egis-, Ais-, Eis- gehören mit ziemlicher sicherheit zu goth. agis φόβος, ahd. akiso, ekiso horror, ekislih horrendus. Vgl. über diese namen Mone heldens. s. 139.

Agisbert. 8. H. a. 804 (n. 63); Laur. mehrm.
Egisbraht necr. Fuld. a. 1028.
Egispraht Schn. a. 816.
Egisperht St. P.
Egisbert Laur. öfters.
Egesbreht K. a. 1099 (n. 252).
Aisbert pol. R. s. 43.
Egisgar. 8. Pd. a. 709 (n. 474); H. ebds. (n. 32).
Eisker Ng. a. 860.
Eisgot. 9. Wg. tr. C. 236.
Agishari. 8. St. P. zweimal.
Agisher Laur. a. 776 (n. 454).
Egishere Mab. a. 824.
Egisher Laur. sec. 8 u. 9 (n. 180, 1202).
Egeshere Laur. sec. 9 (n. 27).
Hegisher Laur. sec. 8 (n. 2841).
Hegisher und Hekisheri M. B. a. 890 (XXXI).
Eishere P. II, 756 (monachi Sangall. gest. Kar.).
Egisrik. 8. P. II, 383 (vit. S. Willeh.) mit var. Egisriki.
Egiswalah. 9. Schn. a. 841.
Eisward. 9. Wg. tr. C. 281, 328, 335.
Egisolf. 9. Necr. Fuld. a. 846.
Eisulf Wg. tr. C. 324, 328, 332, 360, 384, 390, 401, 465.
Eisolf Lc. a. 855 (n. 65).
Eysulf Wg. tr. C. 368, 373, 385, 399, 422, 428, 455.
Agistulf s. unter HAIST.
Egiseberinus. 7. Conc. Tolet. a. 681. Die form ist verdächtig. Schwerlich ist ego Severinus zu lesen, denn ego geht schon ohne dies vorher. Vielleicht Egis-bern?

Agiulf, Agizho s. AG. **Agle-** s. AGIL. **Agmerich, Agmein, Agne-** s. AGIN.

Ago, Agobard, Agoid, Agrada, Agradus, Agrannus s. AG. **Agranod, Agrebert** s. AGIR. **Agrimo** s. AG. **Agripert, Agrisma, Agroidis, Agroin, Agrulf** s. AGIR. **Aguenard** s. AGIN. **Aguifred, Agundia** s. AG.
Agurinc hat Gr. I, 135 nur aus o. n. Aguringas geschlossen.
Agustald s. Hagustalt.
Ahabert. 8. Schpf. a. 794 (n. 69).
Ahalagdis, fem. 8. K. a. 772 (n. 14); = Adalagdis?
Ahildis, Ahiholt s. AG. **Ahistulf** s. HAIST.
Ahittaia, fem. 8. St. P.; verderbt?
Ahlind s. AG. **Aholf** s. AW. **Ahuld** s. AG. **Aia, Aiard, Aibert, Aibet, Aic-** s. AG. **-aich** s. -haih. **Aid-** s. HAID. **Aie** s. AG. **Aiezelin** s. HAID. **Aifred, Aig-, Aiher** s. AG. **Ail-** s. AGIL. **Ailiv, Ailphus** s. AG. **Aim-** s. HAIM. **Aimar** s. AG.

AIN. Es ist mehr als wahrscheinlich, dass zu ain unus eine anzahl von namen gehört, um so mehr als der übergang dieses begriffes in den von vorzüglich, ausgezeichnet ein so leichter und gebräuchlicher ist. Trotzdem sind die mit Ain- und Ein- beginnenden formen keineswegs mit sicherheit hieher zu stellen, da sie mindestens mit derselben wahrscheinlichkeit in den meisten fällen contractionen des stammes AGIN enthalten, unter dem ich sie deshalb auch alle vereint habe. Vgl. auch Bugge in Kuhns zeitschr. III, 27.

Hieher stelle ich daher nur ein paar formen, die sich an ahd. einag einzig und einaz einzeln anschliessen.

Einicho. 10. Schpf. a. 966 (n. 147).
Einkerich. 9. P. II, 187 (ann. Gand.).
Eingerich Mab. a. 873.
Einciho. 9. Laur. sec. 9 (n. 785).
Einizrat. 8. Laur. sec. 8. (n. 3238).

Aio, Aioald, Aiolus, Airich s. AG. **Air-** s. HARI.
Airastus. Gld. II. a, 112. Verderbt?
Aistulf s. HAIST. **Ait-** s. HAID. **Aiul** s. AG. **Aizo** s. HAID. **Akko** s. AG.

ALA. Dass es namen giebt, die zu goth. alls omnis gehören und in denen dieser stamm, wie so häufig, eine verstärkung des begriffs veranlasst, ist bereits mehrfach anerkannt worden; s. z. b. Gr. I, 221, Grimm gesch. d. dtsch. spr. 498. Unendlich schwieriger aber ist die frage, welche formen zu diesem stamme zu fügen seien. Man kann nämlich erstens nicht einmal von allen mit Ala- anlautenden formen sicher sein, dass sie wirklich hieher gehören; bei einigen mag entartung aus Alah- (wie Wala- aus Walah-) anzunehmen sein; vgl. Grimm gr. II, 447. Zweitens aber gehören gewiss manche formen hieher, die ein Ale- oder ein blosses Al- aufweisen, bei denen aber ihre zugehörigkeit zu ALA nicht erweisbar ist. Ich verfahre deshalb hier nur nach einer annähernd richtigen regel, indem ich Ala- im allgemeinen hieher, Ale- zu ALI, Al- zu ATHAL stelle. All- mit folgendem vocal nehme ich meistens hieher.

Noch mag bemerkt werden, dass Ala- öfters nur falsche lesung für Ald- ist.

Alla, msc. 5. Sever. Sulpic.

Allo P. III, 253 (Hlud. et Hloth. capitul.); VI, 519 (mirac. S. Apri); IX, 648 (chron. mon. Casin.); pol. Irm. s. 135, 177; Pd. a. 667 (n. 357); St. P.; necr. Aug.

Alo Pd. a. 692 (n. 423); St. P. zweimal; Laur. sec. 8 (n. 1360, 1369); R. a. 821 (n. 21).

Ein Alafredus im pol. Irm. s. 9 hat drei söhne, Allo, Alaricus und Alois, was auf ein etymologisches zusammengehören dieser namen mit wahrscheinlichkeit schliessen lässt.

Nhd. Alle. O. n. Alesleve, Alleshusan.

Alla, fem. 8. Pol. Irm. s 249; R. a. 821 (n. 21).

Alle (fem.) Gld. II, a, 120.

Allin. 8. Pd. a. 715 (n. 492); tr. W. a. 724 (n. 18 u. Pd. nachtr. n. 46).

***Alabolt.** 9. Gr. I, 221.

Alapold St. P.

Alabern. 9. P. III, 90 (Kar. M. capitul.)

Alabert. 9. Pol. R. s. 86.

Alabrat M. B. sec. 11 (VI).

Alafrid. 8. Laur. sec. 8 (n. 2152).

Alafrit St. P. mehrm.

Alafred pol. Irm. s. 9, 23 etc.

Alager. 10. Gr. IV, 224.

Alaker Ng. a. 909.

Nhd. Elger.

Alagart. Gld. II, a, 95.

Alagis. 7. Pd. a. 615 (n. 230); pol. Irm. s. 74.

Alachis P. VIII, 147 f. (Ekkeh. chron. univers.); pol. Irm. s. 75; Paul. diac. II, 32; V, 36 etc.

Alahis P. V, 233 (Andr. Bergom. chron.); VIII, 328 (Sigebert. chron.).

Halahis P. V, 232 (Andr. Bergom. chron.).

Alcis wol hieher P. V, 259 (Erchemperti hist. Langob.).

Alagund, fem. Gld. II, a, 120.

Alaher. 8. Laur. sec. 8. (n. 1189).

Aloher Laur. sec. 8. (n. 751).

Ags. Ealhere.

Alahilt, fem. Gld. II, a, 120.

Alachilt s. ALAH.

Alolach. 8 Laur. sec. 8 (n. 3005).

Alaliub. Gld. II, a, 120.

Alaman. 11. P. IX, 758 (chron. mon. Casin.); St. P.; Laur. öfters.

Alman s. ATHAL.

Nhd. Ahlemann, Ahlmann, Alemann, Ellmann.

Alamar. 9. Mchb. sec. 9 (n. 640).

Almar, Almer s. ATHAL, Alemar s. ALI.

Ags. Älmaer. Nhd. Allmer, Elmer.

Alamoth. 6. Goth. urk. v. Arezzo neben Alamud. S. Massmann d. goth. urkk. u. s. w.

Alamunt zu schliessen aus o. n. Alamuntinga; Gr. II, 814 hat unrecht ein Alamuntinc anzusetzen.

Alarad. 9. Lc. a. 855 (n. 65).

Alaricus. 5. Alarich I u. II, Gothenkönige sec. 5; b. v. Beziers sec. 9.

Alaricus P. I, 282, 284 (chron. Moissiac.); V, VII, VIII öfters; X, 302 (Hugon. chron.); Jorn.; Paull. diac.; Idat.; pol. Irm. s. 9, 10 etc.; hist. miscell. (Arcadius).

Alarich Dr. n. 690 (Schn. hat hier Alasich).

Ἀλάριχος Procop und Zosimus, öfters mit var. Ἀλλάριχος.

Alarihc St. P.

Alarih St. P.

Allaricus P. X, 317 (Hugon. chron.).

Halaricus P. XI, 765 (ann. S. Rudberti Salisb.).

Alrich s. ATHAL.

Alaruna, fem 8. St. P.

Alarun St. P. zweimal; Mchb. sec. 9 (n. 495).

Alasuind, fem. 10. Mchb. sec. 10 (n. 1002); vgl. auch Alahswinda.

Alatheus. 4. Goth. feldherr sec. 4; Altheus b. v. Autun sec. 9.

Alatheus P. VIII, 124 ff. (Ekkeh. chron. univers.); Amm. Marc.; Jorn.; St. P.

Alateus pol. Irm. s. 87, 113; St. P.

Aleteus pol. Irm. s. 229.

Ἄλλοθος (für Alatheus) Zosim. IV, 34.

Altheus M. B. a. 804 (VI); conc. Senon. a. 852; Mchb. sec. 8 (n. 121).

Alteus P. X, 321 (Hugon. chron.).

Allolldd (so) 9. P. III, 252 (Hlud. et Hloth. capit.).

Alwold s. ATHAL.

Allovera, fem. 6. Test. Ared. et Pelag. bei Pd. (n. 180); Sp. ebds.

Aloara P. IX, 635, 638 (chron. mon. Casin.).

Alvara neben Aloara öfters P. V.

Aloard. 8. Pol. Irm. s. 10.

Alawit. 9. Dr. a. 800 (Schn. schreibt hier Halawit).

Aloit Gld. II, a, 112.

Alluid P. III, 252 (Hlud. et Hloth. capitul.).

Alawig. 8. R. a. 900 (n. 79).

Alawic necr. Aug.; Ng. a. 805; Lc. a. 947 (n. 97).

Alawich P. I, 78, 79 (ann. Sangall. maj.), 624 (contin. Regin.); II, 38 (abbat. Augiens. catal.); VII öfters; Mchb. sec. 8 (n. 4); K. a. 909 (n. 178); M. B. c. a. 1065 (IX).

Alawih necr. Aug.; St. P.

Alawihg C. M. Mai.

Aluwic Ng. a. 854.

Allabig P. II, 533, 536 (ex vita Walae).

Alewicus necr. Aug.

Alewich P. VI, 404 (Gerhard. vit. S. Oudalr.): VIII, 615 (annalista Saxo).

Alahicho Gld. II, a, 95.

Alahich Ng. a. 752.

Alohih St. P.

Aloich St. P.

Hieher vielleicht noch (mit ausgefallenem w oder h);

Alaicho tr. W. a. 713 (n. 6); Laur. sec. 8 (n. 288); K. a. 793 (n. 42).

Alaich Ng. a. 793.

Alvicus, Alwih s. ATHAL.

Ags. Alevih. Nhd. Alwich.

Alavia, fem. 9. Pol. R. s. 100.

Allowin. 7. P. II, 185 (chron. S. Bavon.); VIII, 322 (Sigeb. chron.).

Alwini Wg. tr. C. 336, 449.

Aloin Pd. a. 680 (n. 396); Ng. a. 680, 690; pol. Irm. s. 115; Mab. a. 874.

Aloen pol. Irm. s. 93.

Allowinus qui et Bavo P. VIII, 322 (Sigeb. chron.).

Alabing. 9. A. S. Febr. I.

Alabinc Schn. a. 838 (Dr. liest hier n. 509 Halabin).

Halabing Schn. a. 839.

Alois. 5. Cassiod. II. 39; pol. Irm. s. 9, 10 etc.

Alaviv. 4. Amm. Marc.

Alazeiz. 9. Schn. a. 807; Mchb. sec. 9 (n. 374).

ALAH. Zu goth. alhs, ahd. alah templum; denn an elah elenthier denke ich nicht, obwol man durch vergleichung z. b. von Alahwin und Wolfwin auf diese spur geführt werden könnte. Nur anlautend wird ALAH gebraucht, denn die formen auf -alh und -olh finden besser ihre stelle unter WALAH; s. ds. Hier habe ich fast nur solche formen verzeichnet, die noch den auslautenden guttural von alah bewahrt haben. Dass aber noch ausserdem manche form hieher gehört, die wegen mangelnder beweise ihrer abstammung unter ALA, ALI, ATHAL gebracht werden musste, darf keinem zweifel unterliegen. Dass ich die fränkischen formen mit Elect- hieher ziehe, geschieht in übereinstimmung mit Grimm gesch. d. dtsch. spr. 537; es scheint allerdings, als wenn sich das t bei allen diesen n. theils als eingeschobenes theils als dem zweiten theil der composition angehöriges rechtfertigen lässt.

Alach. 8. Laur. sec. 8 (n. 1365).

Alacho Laur. sec. 8 (n. 1081).

Alaho Laur. sec. 8 (n. 1427).

Elachus tr. W. a. 715 (Pd. nachtr. n. 33).

Ich erwähne hier noch die formen Electus und Electa, die im pol. Irm. öfters in der nähe eines mit Elect- beginnenden componirten namens stehn, wodurch es fast gewiss wird, dass z. b. Electus und Electelm als etymologisch zusammengehörig angesehn wurden. Hier scheint wirklich lateinisches ins deutsche umgedeutet zu sein, denn das t eines deutschen Electus wäre kaum zu erklären. Vgl. auch Electo bei Gld. II, a, 98.

Alahila, fem. 9. St. P.
Alhila St. P.

Alhuni. 8. St. P. zweimal.

Alacdag. 9. Wg. tr. C. 264.
Alecdag Wg. tr. C. 336.

Alectrudis, fem. 8. Pol. R. s. 71, 105.
Alectrude Mab. a. 798 (ebds. auch Alatrude und Aldruda).
Electrudis pol. Irm. s. 21, 36 etc.; Mab. a. 854.

Alahfrid. 8. Urk. v. 793 (nach Gr. III, 791).
Alafrid s. ALA.
Ags. Alhfrid. O. n. Alahfrideshusun.

(**Alahger** viell. aus Alger und Alker, s. ATHAL, zu folgern).

Alachgart, fem. 8. Laur. sec. 8 (n. 3320, 3322).

Alhcaoz. 8. St. P.
Alchaoz St. P.
Alchoz St. P.

Alahgund, fem. Gr. I, 235.
Alahcund Gld. II, a, 120.

Elkihard. 8. St. P.
Electard pol. Irm. s. 165, 193.

Alcharda, fem. 9. Lp. a. 870 (I, 839 ff.).

Alcher. 8. Lgd. a. 1051 (II, n. 197).
Electar pol. Irm. s. 209.

Electelm. 8. Pol. Irm. s. 19.
Ags. Alchelm.

Alachilt, fem. 9. Dr. a. 819 (n. 388); Schn. liest hier Alochilt.
Alchildis pol. R. s. 69.
Alghildis pol. R. s. 86.
Electildis pol. Irm. s. 53, 159.
Ags. Ealhhild, Ealhild.

Alacramnus. 8. Tr. W. a. 789 (n. 259); pol. R. s. 58.
Alecramnus pol. R. s. 42.

Alchmod. 8. St. P.

Alhmunt. 8. Mchb. sec. 8 u. 9 (z. b. n. 412, 426); M. B. a. 835 (IX).
Alcmunt Mchb. sec. 9 (n. 437).
Ags. Alhmund. O. n. Alahmuntinga.

Electrad. 8. Pol. Irm. s. 210.

Electrada, fem. 8. Pol. Irm. s. 210.

Alcherich. 11. Lgd. a. 1080 (II, n. 279).

Alahsind und Alassind (so) Gld. II, a, 120.

Alahswinda, fem. 8. Tr. W. a. 774 (n. 53).
Alahsuind tr. W. a. 830 (n. 172).
Alaswinda tr. W. a. 774 (n. 178); an dieser stelle wol hieher, vgl. ALA.
Ags. Ealhsvîð.

Electeus. 8. Pol. Irm. s. 28, 53 etc.; pol. R. s. 49.
Electeo pol. Irm. s. 166.

Alahold. 8. Laur. sec. 8 (n. 2149).
Algold (sec. 11) P. X, 576 (chron. S. Hubert. Andag.), wol hieher.

Alahwar. 9. Schn. a. 840.

Alahwich. 9. Ng. a. 815.
Alawich u. a. s. unter ALA.
Ags. Alevih. Nhd. Alwich.

Alahwin. 6. Alkuin Flaccus sec. 8, von ags. herkunft, aber meist in deutscher namenform bekannt.
Alahwin Gr. I, 235.
Alcwin P. I, 119 (ann. Lauriss. min.); VII, 100 (Herim. Aug. chron.), 419 (Bernold. chron.); VIII, 164 (Eckehard. chron. univers.), 562, 565, 569 (annalista Saxo).
Alcuin P. I, 119 f. (ann. Lauriss. min.); II, VI öfters; VII, 18 (ann. Elnon.); IX, 527 (chron. S. Andreae); X, 502 (Hugon. chron.); conc. Aquisgran. a. 799; Guérard a. 828.
Alcoin P. I, 103 (ann. S. Columbae); II öfters; Ng. a. 783.
Alquin P. I, 271 (poeta Saxo).
Alchwin P. I, 351 (Enh. Fuld. ann.).
Alchuin P. I, 18 (ann. Petav.), 87 (ann. Juvav. maj.), 308 (chron. Moissiac.); II öfters; V, 123 (ann. Juvav.), 170 (ann. Masciac.); VIII, 335 (Sigebert. chron.).
Alhwin P. I, 93 (ann. S. Emmer.).
Aliquin P. III, 75 (Kar. M. capitul.).
Halaquin Gld. II, a, 115.
Halcohin (so) Pd. a. 562 (n. 167).
Algein pol. Irm. s. 204 hieher?
Albinus als beiname von Alcuin P. I (ann. Lauriss. min., chron. Moiss., Enh. Fuld. ann.); VII, VIII; desgl. öfters bei H.
Alwin s. ATHAL.

Alaholf. 8, Ng. a. 776; Laur. sec. 8 (n. 2093, ebds. n. 2099 Alaolf, wahrscheinlich dieselbe person).

Aloholf. St. P.
Alholf Mchb. sec. 8 mehrmals (z. b. n. 112).
Halaholf K. a. 776, (n. 17); St. P.
Alalolf Laur. sec. 8 (n. 3316) für Alaholf?
Electulf pol. Irm. s. 22.

Alaher s. ALA, **Alaicho** s. Alawig unter ALA. **Alaizia** s. Adalhaid unter ATHAL. **Alaker, Alaman, Alamar, Alamoth, Alamunt** s. ALA.

Alanowamuth. 5. Jorn. 50 mit var. Alandowamuth. Vater des Jornandes. Im ersten theile sehn wir mit Grimm gesch. d. dtsch. spr. 473 den volksn. der Alanen.

Alapsi. 8. Laur. sec. 8 (n. 226). Wol verderbt.

Alarad s. ALA. **Alard** s. ATHAL. **Alaricus, Alaruna, Alatheus, Alavia, Alaviv, Alawic, Alawit, Alazelz** s. ALA. **Alb-** s. meistens unter ALF, theilweise auch unter ATHAL. **Albergulf** s. Eparolf unter EBAR. **Alc-** s, ALAH.

ALD. Etymologisch gehörig zu goth. alds, ahd. alt vetus. Nur anlautend in namen gebraucht, denn die auf -ald endenden formen sind fast mit sicherheit sämmtlich zu WALD zu stellen. Schwierigkeiten entstehen bei diesem stamm nur durch fortfall des schliessenden dentals, wodurch übergang zu ALA, ALF, ALI, ATHAL entspringt und zweitens durch zusatz eines unorganischen H, wodurch berührung mit HALID erzeugt wird.

Aldo. 7. Haldo b. v. Limoges sec. 9.
Aldo P. I, 472 (Hincm. Rem. ann.); II, 382 (vit. S. Willehadi); IX öfters; Paul. diac. V, 38 f.; Laur. öfters; pol. Irm. s. 34, 97 etc.; pol. R. s. 55.
Alto Mchb. sec. 8 (n. 10); Ng. a. 773, 794; St. P.; Laur. mehrmals.
Haldo P. IX, 309 (Ad. Brem.); Laur. sec. 8 (n. 3257); pol. R. s. 21.
Halto St. P.
Chaldo M. a. 653 (n. 64; Mab. ebds.); Pd. a. 722 (n. 521).
Nhd. Alt, Alte. O. n. Haldenstat, Haldesleve und Haldewanch wahrscheinlich hieher.

Alda, fem. 8. P. V öfters: VIII, 176, 181 (Ekkehardi chron. univers.), 596 (annalista Saxo); Laur. sec. 8. (n. 840); pol. Irm. s. 82, 104.
Aldan (pro uxore sua Aldan) Wg. tr. C. 130.
Alta Mchb. sec. 9 mehrm. (z. b. n. 698); St. P.
Halda pol. Irm. s. 236; pol. R. s. 4, 48 etc.

Alditko. 10. Frek.
O. n. Altechendorf.

Aldolenus. Gld. II, a, 112.

Altanus. 8. Pol. Irm. s. 157.
Nhd. Alten.

Aldini. 8. Ng. a. 744.
Altini necr. Aug.
Altine P. IX, 243 (Gundechar. pontif. Eichstet.); Ng. a. 861.

Altuni. 8. P. IX, 248 (Gundechar. pontif. Eichstet.); R. a. 810 (n. 15).
Altune P. IX, 245 (Gundechar. pontif. Eichstet.), 254 (anonym. Haserens.).
Altunus P. IX, 256 (anonym. Hasereus.).
Altun R. a. 1068 (n. 170).

Altana, fem. 8. Pol. Irm. s. 152.

Aldina, fem. 8. Pol. Irm. s. 107, 235.

Alding. 8. Pol. Irm. s. 9.
Alting necr. Fuld. a. 793.
Altung Schn. a. 819.
Altunc St. P.
Eldiuc Laur. sec. 9 (n. 3414).
Elting necr. Fuld. a. 864.
Eltinc Schn. a. 815, 824; Dr a. 777.
Halting Gld. II, a, 100.
O. n. Eltingesbrunnon.

Aldinga, fem. 8. Mab. a. 798; pol. Irm. s. 25, 91 etc.

Aldrus. 8. Pol. Irm. s. 136.
Haldrus Pd. a. 671 (n. 366, unecht).

Aldara, fem. 8. Pol. Irm. s. 264.

Aldring. 8. Pol. Irm. s. 143.

Aldrismus. 8. Pol. Irm. s. 140.

Aldrisma, fem. 8. Pol. Irm. s. 87, 104.

Aldisma. fem. 8. Pol. Irm. s. 89, 249.
Altisma pol. R. s. 17, 51 etc.

Alzo. 10. Frek.

Alza, fem. 9. Wg. tr. C. 465.

Alcima, fem. 9. Pol. R. s. 102, 105; hieher?

Haltbad. 8. Schpf. a. 784 (n. 60).

Altopold. 11. St. P. zweimal.

Altbirn, fem. 9. Laur. sec. 9 (n. 2859, 2861).

Altiperht. 8. B. v. Spoleto sec. 11.

Altiperht St. P.
Altabreht Gld. II, a, 96.
Altabert K. a. 802, 815; Ng. ebds.
Altapert Ng. a. 838.
Altuperth (so) St. P.
Aldebert P. II, 354 (vit. S. Bonif.); VI, 127 (Ademar. histor.).
Altebert Gld. II, a, 96.
Aldevert pol. Irm. s. 187.
Altperaht Dr. a. 811 (n. 250; Schn. schreibt hier Alperaht); Dr. a. 814 (n. 302, wo Schn. Alpraht hat).
Aldbert Wg. tr. C. 438, 466.
Altbert P. III, 90 (Kar. M. constit.); Ng. a. 765; pol. Irm. s. 12, 46 etc.; pol. R. s. 8.
Altperat Dr. a. 812 (n. 289); Schn. schreibt hier Altperath.
Altpert Laur. zweimal.
Altprect Lc. a. 818 (n. 36).
Altpraht Schn. a. 798, 803; Dr. n. 328 (wo Schn. Altrah hat).
Haldbert C. M. Nov.
Haltbert Mab. a. 775; pol. Irm. s. 2, 10 etc.
Haltiprech (so) K. a. 786 (n. 30; Ng. ebds.).
Oldibert P. IX, 786, 790 (chron. mon. Casin.).
Oldebert M. a. 789 (n. 54).
Olbert P. VIII, IX öfters; X, 273 (Ruperti chron.).
Olpert P. X, 535 ff. (gest. abbat. Gemblac.).

Die beiden letzten formen gehören vielleicht auch zu ATHAL.

Hildebert und Aldebert verwechselt P. VI, 136 (Ademar. histor.).
Jaldebert und Jalbert Mab. a. 960 hieher?
Ags. Aldberht.

Haltgebert s. Altgeberga.

Altberta, fem. 8. Pol. Irm. s. 94, 199.
Aldeverta pol. Irm. s. 27.
Haltberta pol. Irm. s. 114.

Aldeberga, fem. 8. Pol. Irm. s. 21, 56 etc.
Altberga pol. Irm. s. 200.
Altebrig und Altepric Gld. II, a, 120.

Altgeberga, fem. 8. Pol. Irm. s. 25, mit einem sohne Haltgebert.
Algeberga pol. Irm. s. 42 wol hieher.

Wie kommt die silbe ge in diese namen?

Altbrand. 8. Pol. Irm. s. 136.
Oldeprand Lp. a. 950 (II, s. 214).

Aldburg, fem. 8. Ms. a. 1049 (n. 21).
Altburg Laur. n. 1592.
Altpurhc St. P.
Olburgis pol. R. s. 17.

Altcarl. 9. Schn. a. 808, 864; Dr. a. 801 (wo Schn. Alcarl schreibt).
Neben Altcart Schn. a. 841.

Altduom. 8. Schn. a. 778; necr. Fuld. a. 945.
Alttuom Dr. sec. 9 (n. 196).
Alduom Dr. a. 1057 (n. 756); fehlt bei Schn.
Altuom Schn. a. 842; Mchb. sec. 10 mehrmals; M. B. sec. 11 (VI).
Altom (mit einem u über dem o) Lc. a. 1054 (n. 190).
Altduoni (genit.) Dr. a. 838 (n. 508), wo Schn. Abdoni liest.

Aldedrudis, fem. 8. Pol. Irm. s. 18, 55 etc.; pol. R. 74, 81.
Alttrud St. P.
Altrudis s. ATHAL.

Aldofilidis, fem. 8. Pol. Irm. s. 106.

Aldfrid. 8. P. V öfters; St. P. mehrm.
Aldefred Sm.
Altfrid P. I, III, V; VI, 762—764 (vit. Bernwardi episc.); VIII öfters; IX, 848, 851, 853 (chron. Hildesh.); pol. Irm. s. 158, 176; St. P. mehrmals.
Haldofred Pd. a. 721 (n. 514).
Haltfrid Gr. IV, 899.
Haltfret Ng. a. 775.
Altfrd (so) St. P.
Olfred M. a. 789 (n. 54).
Alitfrid s. HALID. Alfrid s. ATHAL.
Ags. Ealdfrið.

Aldefrida, fem. 8. Pol. Irm. s. 156.
Altfrida pol. Irm. s. 93, 184.

Aldephons s. ATHAL.

Altiganus (so) 9. Pol. R. s. 105.

Aldegar. 7. Pol. Irm. s. 18, 26 etc.
Aldiger pol. Irm. s. 205.
Aldeger pol. Irm. s. 203.
Aldger Wg. tr. C. 246, 272, 285, 307, 333, 338, 390, 448, 453, 458, 460, 461, 482, 484.
Altger Gld. II, a, 96.
Althecar Pd. a. 664 (n. 350).
Altcar pol. Irm. s. 115, 210.
Haldegar pol. Irm. s. 25.
Alger, Alker s. ATHAL.

Aldigart, msc. u. fem. 8. M. B. a. 817 (XXXI).
Altgart, Altcart, Altchart Gld. II, a, 120.
Altcarti (genit.) Dr. a. 842 (n. 550), wo Schn. Atarli liest.
Haldecardis Mab. a. 905.
Altgast. 9. Schn. a. 838, 852.
Altigaud. 8. Pol. R. s. 44.
Altegaud pol. R. s. 45.
Aldegaus pol. Irm. s. 129.
Altgooz Laur. sec. 8 (n. 256).
Altiaud pol. R. s. 44, 58.
Haldigaud pol. R. s. 83.
Algot s. ATHAL.
Aldegildis, fem. 8. Pol. Irm. s. 141.
Aldegilde Mab. a. 798.
Altgis. Gr. IV, 266.
Aldgislus s. Adalgis.
Altigrim. 8. P. VI, 508 (Widric. mirac. S. Gerard.).
Altgrimmus pol. R. s. 74.
Altgrim pol. Irm. s. 256, 269.
Altcrim Gld. II, a, 96.
Oltgrimmus pol. R. s. 77.
Altagund, fem. 7. Ng. a. 848.
Altagunt St. P.
Aldagondis Pd. a. 653 (n. 322).
Altigund Mchb. sec. 8 (n. 155); St. P. zweimal.
Altigunt St. P.
Alticund St. P.
Aldegundis P. VI, 11 ff. (ann. Laubiens., ann. Leodiens.); VIII, 324 (Sigebert. chron.), 442 (auctar. Hasnon.); IX öfters.
Aldegund St. P.
Altegund Gld. II, a. 120.
Algundis s. ATHAL.
Aldhard. 9. Lc. a. 845 (n. 61).
Althard Wg. tr. C. 266; pol. R. s. 104.
Altiardis, fem. 9. Pol. R. s. 81.
Oldierdis pol. R. s. 86.
Aldiers (so) pol. R. s. 54.
Althar. 9. Pol. R. s. 52, 53.
Alther pol. R. s. 45, 48.
Nhd. Alder, Alter. O. n. Alderespach, Althergowe.
Altad. 9. B. v. Genf sec. 9. Conv. Wormat. a. 833; pol. R. s. 56.
Althelm. 8. Schn. a. 765; tr. W. a. 847 (n. 200); pol. R. s. 42.
Altelm pol. Irm. s. 14, 157.
Ags. Aldhelm.
Althildis, fem. 8. Pol. Irm. s. 87; pol. R. s. 35.
Aldoildis pol. Irm. s. 81.
Altoildis pol. Irm. s. 133.
Altchildis pol. Irm. s. 27.
Althilta tr. W. a. 764 (n. 193).
Aldeildis pol. Irm. s. 26.
Altildis pol. Irm. s. 10, 176.
Alderam. 8. Mab. a. 803.
Altraban bei Schn., wo Dr. n. 639 Adalraban liest.
Altramnus pol. Irm. s. 150; Laur. sec. 8 (n. 221, 248).
Altrannus pol. Irm. s. 143.
Aldrannus pol. Irm. s. 31.
Altram Ng. a. 784.

Hiermit stelle ich noch einige ähnliche formen zusammen, muss aber die frage offen lassen, ob sie wirklich hieher gehören.

Aladram Dr. a. 824 (n. 446; Schn. ebds. Aladran).
Aledramnus P. I, 444 (Prud. Trec. ann.), 501 (Hincm. Rem. ann.); II, 796 (Abbo de bell. Paris.); pol. Irm. s. 213.
Aledrannus P. II, 302 f. (fragm. chron. Fontanell.).
Aletramnus P. I, 522 (ann. Vedast.); II, 201 (ann. Vedast.); VI, 72 (gest. abb. Lobiens.).
Aletrannus P. VI, 17 (ann. Laubiens.), 69 (gest. abb. Lobiens.); X, 515 (vit. Wicberti), 529 (gest. abb. Gemblac.).
Aledram Lp. a. 945 (II, 206).
Aldedrannus pol. Irm. s. 99, 120.
Eltramnus Gld. II, a, 114.
Altroch. 9. Schn. a. 817.
Althun. Gld. II, a, 96.
Altolah. 8. Schn. a. 756.
Aldelindis, fem. 8. Pol. Irm. s. 95.
Altilind Gld. II, a, 120.
Altlint Laur. sec. 8 (n. 198).
Aldelinza (verderbt?) H. a. 955 (n. 167).
Haldelinis pol. R. s. 52 wol hieher.
Aldman. 8. B. v. Passau sec. 11.
Aldman Ng. a. 824; Wg. tr. C. 275.
Aldeman Ng. a. 784.
Altman P. IV, B, 171 (Greg. V synod.); V, VII öfters; VIII, 672 (annalista Saxo); X, 435 Hugon. chron.); XI öfters; Ng. a. 773, 776, 779, 787, 792, 797, 803, 805, 812, 817, 826 etc.;

Gud. a. 980; M. B. sec. 9, 10, 11 (III, IV, VI—IX, XI, XIII, XIV); St. P.

Hieher vielleicht Aldomnus (11) P. IX, 849 (chron. Hildesh.).

Alman s. ATHAL.

Nhd. Altmann, Ohlmann, Ollmann.

Aldemar. 8 (6?). P. IX öfters; pol. Irm. s. 206.

Aldmer Wg. tr. C. 250, 255, 257, 293, 302, 330, 368, 384, 480.

Altmar P. III, 426 (Kar. II capitul.); V, 574 (Richeri hist.); St. P.

Altimir (var. Altmir) Sm.; Lgd. a. 937 (II, n. 64).

Altumar Mchb. sec. 8 (n. 9).

Haldemar pol. Irm. s. 120.

Haltmar pol. Irm. s. 113.

Oldomar Pd. a. 538 (n. 131, wol unecht).

Altmund. 9. Gld. II, a, 96.

Altmunt necr. Fuld. a. 877.

Oltniwi, fem. 8. Laur. sec. 8 (n. 713).

Aldrad, msc. u. fem. 8. Pol. Irm. s. 213, 274.

Alderat Gld. II, a, 96.

Altarat Gld. II, a, 96.

Aldrat Laur. sec. 8 (n. 3066).

Aldrath Laur. sec. 8 (3684).

Altrad Laur. sec. 8 (n. 188, 992).

Altrat Ng. a. 810.

Aldrach Laur. sec. 8 (n. 3237) muss an dieser stelle wol Aldrath gelesen werden, obwol sonst Aldrach keine unmögliche form ist.

O. n. Altrateshusa.

Aldrada, fem. 8. Pol. Irm. s 79, 132.

Altrada pol. Irm. s. 98, 99 etc.

Haldrada pol. Irm. s. 6.

Alderich. 6. Erzb. v. Besançon, b v. Todi. b. v. Sens, b. v. Mans, sämmtlich sec. 9.

Alderich P. V, 262 (Erchemperti hist. Langob.); VI, 152—154 (transl. S. Liborii).

Aldric Wg. tr. C. 289, 388, 454, 458 St. P.

Aldrig Wg. tr. C. 461.

Aldrich P. I, 426 (ann. Bertin.); II 421 (vit. S. Liudgeri); III, 417 (Kar. II capitul.); IX, 295 (Ad. Brem.); pol. Irm. s. 33, 150.

Altarich K. a. 824 (n. 90); Ng. a. 826.

Altarih Ng. a. 802.

Altirich Gld. II, a, 96; Altrihc ebds.

Altirih Ng. a. 829.

Alterich conc. Tolet. a. 683.

Altrich M. B. VII, VIII; mit var. Haltrich Sm.

Altrih necr. Aug.; St. P.

Haldrich pol. R. s. 13.

Haltdrich pol. R. s. 102.

Eltricus Pd. a. 583 (n. 190).

Olderich P. X, 11 (Arnulf. gest. archiepp. Mediol.) hieher.

Aldrio Wg. tr. C. 474 scheint Aldric sein zu sollen.

O. n. Aldrici cella. Altrihesdorf. Altiricheswilare.

Aldarit. In einer inschr. bei M. s. 261.

Alderit Gld. II, a, 120.

Aldruna, fem. 9. R. a. 821 (n. 21).

Altsind. Gld. II, a, 120.

Altissinna (so), fem. 9. Pol. R. s. 54.

Vgl. auch Alesinda (ALI) und Alsindis (ATHAL).

Altswab. Necr. Aug. (zeit unbest.).

Altaswind, fem. 8. Mchb. sec. 9 (n. 731).

Altsuind St. P.; Laur. sec. 8 (n. 443).

Aldadeus. 8. Pol. Irm. s. 93.

Aldedeus pol. Irm. s. 115.

Altturing. 8. Schn. a. 765 (Dr. liest ebds. Altthuring).

Altthuring necr. Fuld. a. 842.

Alturing Schn. a. 944.

Althuring Schn. a. 791.

Altwalh. 9. St. P. mehrmals.

Alduald. 9. B. v. Bagnarea sec. 9. Conc. Roman. a. 861.

Aldald pol. Irm. s. 81.

Altwan. 8. Laur. sec. 8 (n. 3444) neben Altuan.

Altwar. 9. Mchb. sec. 9 (n. 413) neben Altwart.

Aldward. 8. Wg. tr. C. 327, 332, 434.

Altwart R. a. 821 (n. 21).

Aldoard pol. Irm. s. 81.

Altoard pol. Irm. s. 115, 133.

Haldwidis, fem. 9. Mab. 854.

Haldoidis pol. R. s. 68.

Alduig. 8. Pol. Irm. s. 249.

Aldoicus pol. Irm. s. 99.

Altveus pol. R. s. 32.

Eltseus pol. R. s. 44 für Eltveus?

Nhd. Olwig.

Aldwin. 6. B. v. Verdun, b. v. Arles, b. v. Avignon, sämmtlich sec. 9.

Aldwin Laur. öfters; Wg. tr. C. 241.

Alduin P. III, 534 (Kar. Aul. cap. II,); VI öfters; pol. Irm. s. 102, 270.
Aldoin Ng. a. 774; pol. Irm. s. 56, 174.
Aldauvin (d. h. Aldawin) Pd. a. 538 (n. 131).
Altwin P. I, 90 (ann. Salisb.); V, 135 (ann. Augustani); Laur. mehrmals; M. B. a. 1065 (X).
Altuin pol. Irm. s. 87, 114.
Altoin pol. Irm. s. 204.
Altuenus P. X, 571 (chron. S. Huberti Andag.).
Althwinnus (so) P. IV, 52 (Heinr. IV constitut.).
Halduin P. II, 279 (gest. abbat. Fontan.).
Haldoin pol. Irm s. 246; pol. R. s. 63.
Alwin s. unter ATHAL.
Ags. Aldvine.

Aldevina, fem. 8. Pol. Irm. s. 237.

Haldowis, fem. 8. Pol. Irm. s. 114.

Aldulf. 8. Pol. Irm. s. 39, 84 etc.; Wg. tr. C. 248; St. P.; St. M. a. 887.
Aldolf Dr. a. 796 (Schn. schreibt hier Aldolt); Lc. a. 855 (n. 65); Laur. n. 870, 2825.
Altolf Ng. a. 744; M. B. sec. 8. u. 9 (VIII); St. P.; Laur. n. 906, 2150.
Haldulf pol. Irm. s. 30; pol. R. s 68.
Ags. Aldvulf, Ealdulf.
O. n. Altolfesdorf, Altolvesteti.

Erweitertes ALD in der zusammensetzung:

Aldenildis, fem. 8. Pol. Irm. s. 236.

Zu ALD stelle ich noch (mit altfränk. Ch. für unorganisches h):

Chaldo. 6. Mab. a. 653.

Chaldebercth. 6. Mab. a. 697.
Chaldebert Pd. a. 709 (n. 475).
Caldobert Pd. a. 572 (n. 179).

Chaldedramnus. 7 Mab. a. 693 neben Chalderamnus.

Chaldomir. 8. Pd. a. 711 (n. 479).

Chaldricus. 8. Pd. a. 713 (n. 484, unecht).
Chaldrih St. P.

Alebrand, Alechrammus s. ALI. **Alectrudis** s. ALAH.

Alekerwich, angeblich fem., Gld. II, a, 120; verderbt.

Alekin s. ALI. **Alelm** s. ATHAL. **Aletramnus** s. ALD.

ALF. Dieser stamm kommt mit ausnahme von Vestralpus (4) nur anlautend vor. Seine etymologie ist nicht ganz sicher. Erstens kann er identisch sein mit den o. n. von der form Alp- und also zu dem gebirgsn. Alpen und den verwandten wörtern gehören. Dies war schon die erklärung des vorigen jahrhunderts, indem man sagte, Alberich bedeute einen, der an Alpen (hohen bergen) reich sei. Auch Gr. I, 242 bringt diese namen ebendahin. Zweitens können sie aber auch sich an den mythologischen begriff der elbe (elfen) anschliessen, wie Massmann im index zu Gr. s. 4 annimmt; so auch Grimm Gr. II, s. 447. Wenn nicht eine vermischung beider quellen anzunehmen ist, so wäre ich geneigt, der letzteren erklärung den vorzug zu geben. Jedenfalls bleibt zu bedenken, ob vielleicht zwei stämme verschiedener form, etwa ALB und ALF, zu trennen sind, und nicht bloss ein niedd. ALF, das im hochd. ALB laute, wie hier geschieht, anzunehmen ist.

Zu scheiden ist unser stamm namentlich schwierig von HILP, so dass z. b. die form Elberich aus zwei ganz verschiedenen quellen zusammengeflossen ist.

Fällt in der composition der schlusslabial fort, so entsteht die form Al-, die ich, natürlich zweifelnd, meistens unter ATHAL aufgeführt habe, die aber auch öfters hieher oder auch zu ALA, ALI, ALD gehören dürfte.

Albo. 8. P. IX, 649 (chron. mon. Casin.); Ng. a. 813; Laur. n. 3829.
Albon (so) Laur. sec. 8 (n. 3288).
Alpho P. II, 214 (chron. S. Martin. Colon.).
Albus pol. R. s. 76; deutsch?
Aluo Wg. tr. C. 233; hieher?
Nhd. Alf, Elbe.

Albi. 10. P. V, 787 (Thietmari chron.).

Albe, fem. 9. Wg. tr. C. 354.
Alba Gld. II, a, 120; deutsch?

Albecho. 11. Gud. a. 1028.
Nhd. Albig.

Aluecha, fem. 11. Lc. c. a. 1074 (n. 224), 1083 (n. 234) hieher?

Albila. 6.
Ἀλβίλας Procop. b. Goth. II.
Nhd. Albel, Elbel.

Albilinc. Ein solcher n. scheint aus o. n. Alblinchova zu schliessen.

Alfan. 10. Alfan b. v. Salerno sec. 11.

Alfan P. V, IX öfters; X, 467 (Hugon. chron.); conc. Benevent. a. 1059.
Alphan P. IX öfters.
Alphan mit var. Alfan P. IV, B, 179 (Nicol. II statut.).
Elbenus Gud. a. 1048.
Albin. 9. Obgleich Albinus gewiss oft latein. n. ist, so mag er doch auch öfters (z. b. Ng. a. 817) als deutsch anzusehn sein.
Albini necr. Aug.
Albine Gld. II, a, 120.
Albene necr. Aug.
Nhd. Elben. O. n. Albineswilare.
Albina, fem. 9. Pol. R. s. 50; deutsch?
Albuni. 8. Tr. W. a. 788 (n. 100); K. a. 802 (n. 53; Ng. ebds.); St. P.
Alpuni Mchb. sec. 8 (n. 55); R. a. 814 (n. 16); M. B. a. 837 (IX); St. P. öfters; decret. Tassil.
Alboni Gld. II, a. 96.
Albuno M. B. a. 785 (VIII).
Albun Dr. a. 844 (n. 552; Schn. ebds.) hieher oder zu Albuin?
Alpun St. P.
Albinc. 8. Ng. a. 797.
Alpunc St. P.
Alfinc Wg. tr. C. 358, 359.
Halbinc Gld. II, a, 100.
Hieher wol noch Aluwing K. a. 861 (n. 136).
Aluing Frek.
Eluing Wg. tr. C. 263.
Nhd. Elbing.
Albustus. 9. P. III, 534 (Kar. II capitul.); conc. Pontigon. a. 876.
Albizo. 9. P. VI, 507 (mirac. S. Gerardi).
Alpiz Mchb. sec. 9 (n. 627). An albiz schwan ist wol nicht zu denken.
Aluezo Pd. c. a. 719 (n. 509); Lc. a. 1073 (n. 217); hieher?
Albiza, fem. 11. Mchb. sec. 11 (n. 1241).
Albarn. Hieher = Alb-arn? oder für Adalbarn? vgl. ATHAL.
Alfbern. 9. Wg. tr. C. 265.
Albero s. ATHAL.
Altn. Alfbiörn.
Albbert. Ob es einen solchen n. gegeben hat, ist zweifelhaft; ein niedd. Alfbert kann ich nicht nachweisen; ein hochd. Albbert ging natürlich in Albert und andere formen über, die ich bei Adalbert unter ATHAL erwähnt habe, die aber mit demselben rechte auch hieher gesetzt werden könnten.
Alfdag. 8. Wg. tr. C. 15, 40, 228; Lc. a. 799 (n. 12 u. 13).
Alfdac Wg. tr. C. 454.
Albdag P. I, 386 (ann. Fuld.).
Alptac Gr. I, 242.
Albedrudis, fem. 8. Pol. Irm. s. 201.
Alftrud Laur. sec. 8. (n. 385).
Albtrud Laur. sec. 9 (n. 199).
Albthruda tr. W. sec. 8 od. 9 (n. 67).
Albdrut Dr. a. 772 (Schn. schreibt hier Abldrut).
Alpdrud Gld. II, a, 120.
Elftrudis P. VII, 24 (ann. Blandin.).
Ags. Älfdryd.
Albofledis, f. 5. Greg. Tur.; Pd. a. 497. (n. 59). Dieselbe wird in dieser urk. von einigen herausgebern mit unrecht Albochledis genannt.
Ags. Älfled.
Albfrid nicht sicher zu belegen; Alfrid und Alfrit s. unter ATHAL.
Alfger. 8. Lc. a. 796 (n. 5), 802 (n. 24) etc.; Wg. tr. C. 317, 395, 446, 481.
Alfker P. V mehrm. (Thietmar. chron.).
Alffger Ms. a. 1090 (n. 39).
Alfcher (oder Alfeher?) Laur. sec. 8 (n. 645).
Albgar P. I, 203 (ann. Einh.); II, 621 (vit. Hlud. imp.) mit var. Ablgar und Ablagar.
Albger P. VI, 225 (mirac. S. Wigberhti); Ng. a. 764; Laur. mehrmals.
Albker Ng. a. 790, 806; necr. Aug.
Albcher Laur. sec. 8 (n. 1375).
Allbcher (so) Ng.. a. 788.
Alpger Laur. sec. 8. (n. 534, 1467).
Alpkaer St. P.
Alpker St. P.
Halbker Gld. II, a, 100.
Ags. Älfgar.
Albigardis, fem. 8. Pol. R. s. 78.
Alfgart Lc. a. 927 (n. 87).
Albgard Laur. sec. 8 (n. 886, 1408).
Albgart Laur. mehrmals.
Alpkast. Gr. I, 242; viell. von Gr. nur aus mhd. Elbegast (Tit. 27,288) geschlossen. Grimm gr. II, 494 schreibt Alpigast.
Alfgod. 8. Lc. a. 827 (n. 43).
Alfgot Lc. a. 855 (n. 65).

Albgoz Laur. sec. 8 mehrmals.
Albkoz Gld. II, a, 96.
Alpcoz Ng. a. 871.
Ags. Älfgeát.

Albgis. 8. P. III, 414 (Hlud. Germ. capitul.).
Albkis Mchb. sec. 8 (n. 220).
Alpkis St. P. zweimal.

Alfgrim. 9. Lc. a. 800 (n. 18), 802 (n. 25).

Albagunda, fem. 9. Tr. W. c. a. 850 (n. 167).
Albacunt Gld. II, a, 120.
Alpigund St. P.
Albegund Gld. II, a. 120.
Albgund Schn. a. 803.
Albund Gld. II, a, 120 für Albegund?

Albheid, msc. 8. Dr. a. 796 (Schn. ebds. Albleih); Schn. a. 814.
Alfaidus pol. Irm. s. 183 hieher? ebds. Alfida (s. Albhaidis).

Albhaidis, fem. 8. Gattin Pipins v. Heristal; tochter Karls d. einfältigen.
Albhaidis P. VIII, 118 (Ekkeh. chron. univers.).
Albheida Laur. sec. 8 (n. 597).
Albheid Gld. II, a, 120.
Albheit Laur. sec. 8 (n. 1476).
Alpheida und -is P. I, 114 (ann. Lauriss. min.), 343 (ann. Fuld., mit mehreren var.); VII, 97 (Herim. Aug. chron.).
Alpaidis P. VIII, 328 f. (Sigebert. chron.); XI, 303 (geneal. comit. Flandr.); pol. Irm. s. 260; pol. R. s. 47, 54 etc.
Alpaida H. a. 926 (n. 146).
Alpaydis P. XII, 365 (gest. abb. Trudon.).
Alpaigdis P. I, 289 (chron. Moissiac.) mit var. Alpagede.
Elpheid P. I, 122 (ann. Lauriss.); V, 42 (ann. Hildesh.); VIII, 572 (annalista Saxo).
Alfida pol. Irm. s. 183; vgl. oben Alfaidus.
Alpaia pol. R. s. 46.
Chalpaida P. II, 311 (dom. Caroling. geneal.). Ebds. für Chalpaidam die var. Scalpiadem.
Calpiade (abl.) P. VI 114, 116 (Ademar. histor.).

In den letzten formen nehme ich unorganisch anlautenden guttural an; dies kann um so eher geschehn, da sie viel seltener als die obigen vocalisch beginnenden sind. Würde man dagegen Chalpaida als ursprüngliche form ansehen, so stände der erste theil in diesem namen ganz vereinzelt da und wäre überdies schwer zu deuten.

Alfhard. 8. Albard, b. v. Sassina sec. 10.
Alfhard Wg. tr. C. 467.
Albhard Laur. sec. 8 u. 9 (n. 651, 851).
Albhart Mchb. sec. 8 (n. 199); Laur. sec. 9 (n. 277).
Alphart K. a. 827 (n. 91; Ng. ebds.); K. a. 834 (n. 92); necr. Fuld. a. 991.
Alfard P. III, 253 (Hlud. et Hloth. capit.); IX, 850 (chron. Hildesh.).
Albard conc. Ravennat. a. 997.
Albthard (so) Laur. sec. 8 (n. 564).
Alphast R. a. 821 (n. 21) ist falsch.
Nhd. Olfert.

Alfheri. 8. Urk. v. 834 bei P. II, 218.
Albhar Ng. a. 819, 821.
Albheri Gud. sec. 10.
Albhere Gld. II, a, 96.
Albher Laur. sec. 8 (n. 782); Ng. a. 806.
Alphar Ng. a. 816.
Alpheri Ng. a. 819; St. P. zweimal.
Alphere Gld. II, a, 96.
Alpher Laur. sec. 8 (n. 436, 1934); Ng. a. 814, 826; necr. Aug.
Alpar Ng. 757; Mab. a. 847.
Alperius Pd. a. 736 (n. 558).
Alpere Gld. II, a, 96.
Alfer P. IX öfters.
Aluier C. M. Mai.
Altn. Alfar. Ags. Älfhere, Älfere, Älfer.
O. n. Albharesdorf.

Alpad. 8. H. a. 790 (n. 59).

Albhilt, fem. 8. R. a. 821 (n. 21).
Alphilda H. a. 960 (n. 171; Gud. ebds.).
Alphilt Schn. a. 796.
Ablhil (so) tr. W. a. 792 (n. 207) wol hieher = Albhild.
Alboelt (fem.?) pol. Irm. s. 24.
Elphilt Schn. a. 818; Dr. n. 351.
Altn. Alfhildr.

Alphoh. 8. Mchb. sec. 8 (n. 129); M. B. a. 837 (IX).

Alfram. Gld. II, a, 96 neben Alpram.

Albruh. 8. Schn. a. 841.
Alpruh Mchb. sec. 8 (n. 75 u. sonst).

Albleib, fem. 8. Laur. sec. 8 (n. 724, 853).

Albleih. 8. Schn. a. 796 (vgl. Albheid); Dr. a. 819 (n. 384; vgl. Albrih); necr. Fuld. a. 883.

Alblaug, fem. 9. Dr. sec. 9 (n. 194); Dr. a. 824 (n. 429; Schn. hat Alblang).
Albloug Schn. a. 870.
Alblouch necr. Fuld. a. 1039.
Alblog Schn. a. 821 hieher?
Alflint, fem. 8 Lc. a. 907 (n. 84).
Alpelinde H. a. 762 (n. 45).
Alplindis tr. W. c. a. 737 (n. 241).
Alplind St. P.
Alpljnd (so) St. P.
Elplint Laur. sec. 8 (n. 3173).
Alpman. Gr. II, 739.
Albmand. 9. Lc. a. 827 (n. 44).
Alfmar. 9. Wg. tr. C. 409.
Albmar Wg. tr. C. 259.
Albmer Wg. tr. C. 234, 240, 271, 353, 367, 448, 450, 451.
Ags. Älfmer, Älfmere.
Alfnand. 8. Lc. a. 796 (n. 7), 820 (n. 39).
Alfnant Lc. a. 827 (n. 43).
Albnand Laur. sec. 8 (n. 2040); necr. Fuld. a. 962, 1033.
Albniuui, fem. 9. Dr. c. a. 800 (n. 131 u. 455; Schn. schreibt hier Albuvin).
Albniu Dr. n. 547; Laur. sec. 8 (n. 3551).
Albni R. a. 821 (n. 21).
Alpni St. P. mehrm.
Alberad, msc. u. fem. 8. P. V öfters; VI, 704 (Alpert. de divers. tempp.); VIII, 679, 682 (annalista Saxo); pol. Irm. s. 224.
Alberat Gld. II, a, 96.
Alfered. Wg. tr. C. 17.
Alfred Wg. tr. C. 151, 160, 268; Gld. II, a, 112.
Mitunter kann Alfred auch zu Athalfrid gehören.
Albrat Laur. sec. 8 (n. 3517); St. P.; M. B. c. a. 1080 (IV).
Albrath Laur. sec. 8. (n. 221, 1943).
Albered P. IX, 766 (chron. mon. Casin.).
Alverat A. S. Febr. I.
Alvered C. M. Mai
Alwred P. V, 854 (Thietmari chron.); C. M. Dec.
Alvred P. VIII, 671 (annalista Saxo).
Ags. Älfrêd, Älfraed, Elfrêd. O. n. Albratismos.
Alferada, fem. 8. P. IX, 797 ff. (chron. mon. Casin.).
Albrada pol. R. s. 50, 60 etc.; Guérard a. 1089.
Albradis Laur. sec. 8 (n. 930).
Alverada P. IX, 707 (chron. mon. Casin.).
Alueradis G. a. 1083 (n. 66).
Albrid. 7. Pd. a. 636 (n. 275).
Alverid Lc. a. 948 (n. 102).
Altn. Alfrîðr (fem.).
Albarich. Ep. Perufunensis sec. 10; b. v. Pisa sec. 10; b. v. Cumae sec. 11; b. v. Reate sec. 11.
Albarich Ng. a. 816; Dr. a. 826 (n. 467; Schn. ebds. Alberich); G. a. 1000 (n. 33).
Albirich Gld. II, a, 96.
Albirih Ng. a. 860.
Ἀλβίοριξ Ἀτεπορεῖγος Mur. 643, 1.
Alberich P. I—III, V—IX öfters; pol. Irm. s. 23, 157; Ng. a. 818, 819; Gud. a. 909; Guérard a. 1098.
Albericcus (so) necr. Aug.
Alberih necr. Aug.
Alperich St. P.
Alueric C. M. Mai.
Aluerik Frek. mehrm.
Alfric P. II, 218 (urk. 834), 422 (vit. S. Liudgeri); V, 5 (ann. Corbej.); VIII, 588 (annalista Saxo); Wg. tr. C. 27, 40, 59, 75, 87, 145, 178, 302, 306, 334, 366, 370, 390, 405, 436, 459, 470, 481.
Albric P. II, 404—413 (vit. S. Liudgeri); Wg. tr. C. 336.
Albrich P. III, 328 (Hlud. et Hloth. capit.); VI, IX; Ng. a. 744; Mab. a. 766; pol. Irm. s. 84, 115; M. B. sec. 8—11 (VII, VIII, IX, XIII); St. P. mehrmals; Guérard a. 1038, 1056.
Albrih Schn. a. 819 (Dr. liest hier mehrmals Albleih); Dr. a. 866 (n. 590; Schn. hat hier Abrih).
Albrihhus tr. W. a. 805 (n. 25).
Albrihc Ng. a. 803.
Albrig Wg. tr. C. 300.
Alprich St. P. mehrm.
Alprih Mchb. sec. 8 (n. 87, 114 etc.): St. P. öfters.
Elbirich Schn. a. 837.
Elberich K. a. 1090 (n. 239; Gud. ebds.).
Elverich P. VI, 784 (mirac. S. Bernwardi); Lc. a. 1045 (n. 181).
Elbrich Laur. sec. 9 (n. 179).
Elbrih Dr. sec. 9 (n. 137 zweimal).
Alpri (so) St. P. hieher?
Ags. Älfric. Mhd. Alberich. Nhd. Olbrich.

O. n. Alprichescella, Alberichesdal.

Albruna, fem. 1. Tac. Germ. 8. So scheint an dieser stelle die beste lesart. Unter den varianten bemerke ich namentlich Albrinia, Albrunia, Albrina und Aurinia.

Albrun Dr. sec. 10 (n. 693).

Albsind. Gld. II, a, 120 neben Alpsind.

Albstein. 9. Laur. sec. 9 (n. 259).

Alfsuind, fem. 6 Gld. II, a, 120.

Alfsuit Wg. tr. C. 404.

Albisuinda Paull. diac.

Albsuindis Laur. öfters.

Albsuinda P. VIII, 243 f. (Ekkeh. chron. univers.); Laur. öfters.

Alpswinda Mchb. sec. 8 u. 9 (n. 29, 372).

Alpsuinda Mchb. sec. 9 (n. 908).

Alpsuind St. P. mehrm.

Alpsuint St. P.

Alptegan. 8. Tr. W. a. 718 (n. 227 u. Pd. nachtr. n. 40).

Albthonar. 8. Dr. sec. 8 Schn. schreibt hier Albthonat).

Albwalahana, fem. 9 Laur. sec. 9 (n. 651). Viell. eine verderbte lesart.

Alboald. 8. Tr. W. a. 724 (Pd. nachtr. n. 47).

Albold pol. Fossat.; Laur. mehrm.

Albolt Laur. mehrm.; necr. Aug.

Albald P. IX, 469, 471 f. (gest. episc. Camerac.); Laur. sec. 8 (n. 556, 618).

Alphald Laur. sec. 8 (n. 412).

Alpolt St. P. mehrm.; M. B. a. 837 (IX); M. B. a. 1033 (VII).

Ags. Älfwold. O. n. Alpolteshova.

Albpuar. 9. Dr. n. 607 (Schn. liest hier Abuuar); tr. W. a. 803 (n. 20).

Alpuuar St. P.

Albwer Laur. sec. 8 (n. 1444).

Albuera. fem. 10. H. a. 926 (n. 146).

Alfward. 9. Wg. tr. C. 266, 295, 400.

Alfwart Hf. a. 997 (II, 136).

Ags. Älfveard, Älfwerd, Älfward.

Alboldis, fem. 9. Pol. R. s. 2.

Albovich. 6. Pd. a, 533 (n. 118, 119).

Ags. Älfwig.

Alpwih, fem. 8. Mchb. sec. 8 (n. 179).

Alfwi Wg. tr. C. 486.

Alfwin. 6. Alboin, der Langobardenkönig sec. 6.

Alfwin P. I, 393 (ann. Fuld.); IX, 849 chron. Hildesh.); C. M. Sept.; Lc. a. 927 (n. 87).

Alfwini Wg. tr. C. 454, 464; C. M. Jul.

Albuwin Ng. a. 769.

Albuvin P. VI, 227 (mirac. S. Wigberhti); Ng. a. 812.

Albowin Ng. a. 812.

Albewin P. VIII, 196 (Ekkeh. chron. univers.); Ng. a. 822.

Albwin P. V, 99 f. (ann. Hildesh.); IX, 848 (chron. Hildesh.); St. P. mehrm.; Laur. sec. 9 (n. 263).

Albuin P. I öfters (Hincm. Rem. ann.; Regin. chron.); V, VIII öfters; IX, 849 (chron. Hildesh.); X, 546 (gest. abbat. Gemblac.); pol. Irm. s. 31, 84 etc.; St. P. mehrm.

Alboin P. V, VII, VIII öfters; IX, 5, 38 (Joh. chron. Venet.); Paul. diac. I, 23 etc.; hist. miscell. 16; Ng. a. 780; pol. R. s. 50, 59 etc.; Gud. a. 909.

Albiun (so) Gud. a. 881.

Alpwin Laur. sec. 8. (n. 1161 f.).

Albun Dr. a. 844 (n. 552; Schn. ebds.) hieher oder zu Albuni?

Elbewin necr. Fuld. a. 1020.

Elbwin St. P.

Ags. Älfvine, Älfwin. O. n. Albuinipara.

Albewiz, msc. u. fem. 8. Necr. Fuld. a. 1053.

Albwiz Laur. sec. 8 (n. 1610, 1638); Schn. a. 838.

Albuniz R. a. 821 (n. 21) wol für Albwiz.

Albulf. 8. P. VI, 366 (vit. Joh. Gorz.); Laur. sec. 8 (n. 1058).

Albolf M. B. a. 790 (VIII); Laur. mehrm.

O. n. Albolfesheim.

Erweitertes ALF findet sich in:

Alfinger. 9. Schn. a. 814 (hier schreibt Dr. n. 299 wahrscheinlich fälschlich Aeilfinges als genit.).

Elbergaut. 11. Pol. Irm. s. 49.

-alg in Hildalg, etwa für-walah?

Algar s. ATHAL. **Algeberga** s. ALD. **Algegis, Alger** s. ATHAL. **Algein** s. ALAH. **Algenald.** 10. Guérard a. 984. **Alghildis** s. ALAH. **Algo** s. Gailo. **Algold** s. ALAH. **Algundis** s. ATHAL. **Alh-** s. ALAH.

ALI. Nur am anfange zusammengesetzter p. n. gebräuchlich. Graff (I, 223) und Grimm (gr. II, 628) stellen diese n. zu goth. alja (alius), welches vielleicht hier den sinn von peregrinus hat, da sonst die bedeutung für namen etwas auffallend wäre. Sicheres darüber anzuführen ist indessen vor der hand unmöglich. Oefters ist ALI von andern ähnlich lautenden stämmen nicht zu unterscheiden. Hier finden namentlich die formen Ali-, Ale-, Ele-, Ell- ihre stelle; Ala- s. unter ALA, Al- unter ATHAL.

Alj (so). 8. St. P.
Alius pol. R. s. 100 (sein sohn heisst ebds. auch Alius).
Aelli C. M. Mai.
Eli Laur. sec. 9 (n. 726).
Elli Wg. tr. C. 268; Dr. a. 819 (n. 388), wo Schn. diesen n. mit dem folgenden Otrih zu einem worte macht.
Aellio P. V, 103 (ann. Hildesh.) hieher?
Ella, msc. 7. B. v. Siguenza sec. 7; dsgl. ein graf sec. 7.
Ella conc. Tolet. a. 681, 684, 693.
Ello P. II, 216 (ann. Brunwil.); necr. Aug.; pol. Irm. s. 127; Wg. tr. C. 347; Gud. a. 1006; G. a. 1021 (n. 40); Lc. a. 1028 (n. 164); K. a. 1043 (n. 225); St. P. dreimal; Laur. mehrm.
Alja, fem. 8. Pol. R. s. 49, 52.
Elia pol. R. s. 52.
Aella (pro sorore sua Aellan) Wg. tr. C. 109 wol hieher; dsgl. Aella bei St. P.
Ella St. P. mehrm.
Alico. 8. Tr. W. a. 737 (n. 47).
Aliko Frek. mehrm.
Alicho tr. W. a. 737 (n. 8 u. Pd. nachtr. n. 57); Laur. sec. 8 (n. 758).
Eliko Frek.
Ellecho Dr. n 708; Schn. ebds.
Nhd. Alich, Allich, Allig.
Alikin. 10. Frek.
Alekin Lc. a. 1020 (n. 157).
Elikin Frek.
Aljni. 8. B. v. Saeben, nachher Brixen. St. P.
Eliuni. 9. Mchb. sec. 9 (n. 510, 537, 547).
Ellun Mchb. sec. 9 (n. 715).
Eliand. 8.
Eliand, Elyand, Eliland, Ellant ein abt von Benedictbeuren sec. 8. P. XI, 212—232 öfters (chron. Benedictobur.).
Elliant St. P.
Ellant Mchb. sec. 8 u. 9 (n. 9, 365); M. B. a. 835, 890 (IX, XXVIII); St. P.
Oeftere vertauschung dieses namens mit Eliland, s. ds.
Elismus. 8. Pol. Irm. s. 69, 202.
Elisommus pol. R. s. 37. Wol für Elismus.
Elisma, fem. 8. Pol. R. s. 37, 49 etc.; pol. Irm. s. 242.
Elizo. 8. Mchb. a. 819, 822 u. a. (n. 386 etc.).
Eljzo St. P.
Elizi Mchb. a. 815 (n. 325).
Alizzeo (so) Mchb. sec. 8 (n. 22) hieher?
Aaliz pol. Irm. s. 50 (sec. 11).
Aales pol. Irm. s. 49 u. 50 (sec. 11).
Ellapirin, fem. 9. St. P.; für Ellanpirin?
Aliperht. 8. Alipert b. v. Fondi sec. 9.
Aliperht Mchb. sec. 8 (n. 129).
Alipert synod. Rom. a. 853.
Eliperht St. P.
Eleperht St. P.
Elbert P. VI, 467 (Sigebert. vit. Deoder.); Lc. a. 1100 (n. 259).
Aliberca, fem. Mur. 419, 1.
Aliprand. 9. B. v. Florenz sec. 9. Synod. Roman. a. 826.
Alibrannus Lgd. a. 878 (n. 109).
Alebrand P. IX öfters.
Alprand P. III, 253 (Hlud. et Hloth. capit.)
Ellebod. 10. Mab. a. 910; H. a. 916 (n. 142).
Elidomus. 9. Pol. R. s. 85.
Elifomo pol. R. s. 49.
Elitoma, fem. 9. Pol. R. s. 50.
Alitrud, fem. 8. St. P.
Alitrudis pol. R. s. 46.
Aletrudis pol. R. s. 9.
Alifred. 9. B. v. Bagnarea sec. 9.
Alifred P. IV, B, 14 (Eugen. II concil.); synod. Roman. a. 826.
Alefrid conc. Confluent. a. 860.
Elifred Mab. a. 862.
Aligar. 5. Testam. Perpet. episc. Turon. bei Sp.
Eleger necr. Fuld. a. 1038.
Elger P. VII, 12 (ann. Elnon.); Lc. a. 1100 (n. 259).
Eligardis, fem. 8. Pol. Irm. s. 91, 157.

Eliardis pol. R. s. 70, 77 wol hieher.
Eligaud. 8. Pol. Irm. s. 176.
Eligaus pol. Irm. s. 158.
Aligern. 6. P. V, 172 (ann. Casinates); IX öfters.
Ἀλίγερνος Agathias.
Aligild, msc. u. fem. 4. Amm. Marc. (ebds. in einer andern stelle falsch Aliguld).
Algildis pol. Irm. s. 231.
Aligilius (so) Pd. a 573 (n. 180) hieher?
Eligildis pol. Irm. s. 165, 175.
Eligeldis pol. Irm. s. 158.
Aliis. 9. Pol. R. s. 22, wol für Aligis.
Alegrim. 9. Im o. n. Alegrimesheim.
Alecrimmus pol. R. s. 44.
Aligund, fem. 8. St. P.
Eleard. 10. Schpf. a. 966 (n. 147).
Alier. 9. Pol. R. s. 22.
Elier pol. R. s. 8.
Alihilt, fem. 8. Tr. W. sec. 8 od. 9 (n. 67).
Alichild Laur. sec. 8 (n. 987).
Elihilt tr. W. a. 788 (n. 102); Laur. sec. 8 u. 9 (n. 172, 216).
Elieldis pol. Irm. s. 154.
Elehilt Gld. II, a, 122.
Alihila (Alihild?) tr. W. c. a. 737 (n. 241).
Alechrammus. 9. H. a. 960 (n. 171).
Alerannus pol. R. s. 28.
Eliland. 9. Wg. tr. C. 476; R. a 821 (n. 21).
Elilant M. B. c. a. 740 (VII); Ng. a. 802; tr. W. a. 808 (n. 20); Schn. a. 837; Mchb. sec. 9 (n. 601).
Eliland und Elyland M. B. sec. 11 (VII).
Eleland Ng. a. 864.
Vgl. Eliand.
Elilindis, fem. 8. Pol. Irm. s. 63.
Alimer. 9. Decr. Tassil.
Alemar Gud. a. 976.
O. n. Elimaresbah wol hieher.
Elimuot. 9. St. P. sec. 11.
Elimout Schn. a. 800.
Elinand. 11. Helinand ep. Laudensis sec. 11.
Elinand P. VIII, 445 (Sigebert. auctar. Laudun.), 471 (Sigebert. auctar. Ursicamp.); X, 575, 590 (chron. S. Huberti Andag.); pol. Irm. s. 49 (sec. 11).
Elynant P. IX, 513 (gest. episc. Camerac.).
Helinand P. X, 480 (Hugon. chron.), 575 (chron. S. Hubert. Andag.); convent. Sandionys. a. 1053 (neben Ilenand); Guérard a. 1070.
Elinis, fem. Gld. II, a, 120, für Elinin?

Elrahd (so) 8. St. P.
Alericus. 9. Pol. R. s. 54.
Alisazo. 8. Laur. sec. 8 (n. 1356).
Helisezo Laur. sec. 8 (n. 1350).
Alesinda, fem. 8. Pol. Irm. s. 159.
Alesint H. a. 955 (n. 167).
Elisind K. c. a. 876 (n. 152).
Elisint Gld. II, a, 122.
Elisuind. fem. 9. Mchb. sec. 9 (n. 955).
Elisuint tr. W. a. 828 (n. 152); Laur. sec. 9 (n. 784).
Ellisuind St. P.
Eliold. 9. Pol. R. s. 22.
Eliwan. 8. St. P.
Elivard. 8. Lp. a. 909 (II, s. 71).
Eliward Laur. sec. 8 (n. 410).
Eliwin. 9. Dr. a. 803 (Eluvin Schn. ebds.).
Eluwin St. P. viell. hieher.
Elwin Gld. II, a, 114.
Aliulf. 5. Wg. tr. C. 476; tr. W. c. a. 764 (n. 193); Laur. sec. 8 (n. 3391).
Aliulfus (var. Avilfus) Cassiod. V, 20.
Eljolf St. P.
Eliolf und Elolf Gld. II, a, 98.
Elolf Ng. a. 827, 830, 915; K. a. 905 (n. 177).
Aliquaca, fem. 4. Exc. auct. ign. de Constant. M. etc. hinter Amm. Marc. ed. Ernesti s. 550, ed. Bipont. II s. 301. Wol verderbt.

ALIAN. Die hier folgenden n., welche diesen stamm sämmtlich anlautend (fast immer nur in umgelauteter form) aufweisen, gehören zu goth. aljan, ahd. ellan stärke. Im pol. Irm. und pol. R. mangeln sie alle, wogegen sie in St. P. am häufigsten sind.
Alyan. 9. St. P.
Elana, fem. 8. St. P. dreimal.
Ellena St. P.
Elina Gld. II, a, 122.
Elena St. P. dreimal.
Man beachte die lautliche nachbarschaft und dadurch ermöglichte leichte verwechselung mit griech. Helena.
Ellanpald. 8. Mchb. sec. 8 (n. 97); St. P. zweimal.
Ellinbald Gld. II, a, 98.
Ellinbold Ng. a. 887.
Ellenbold Gld. II, a, 122.
Ellanpirn, fem. 9. Mchb. sec. 9 (n. 482).
Ellanperht. 9. M. B. a. 822 (VIII); St. P dreimal.

Eillanperht St. P. dreimal.
Ellanpert St. P. dreimal.
Ellanpret Gld. II, a, 98.
Ellinbert St. P. zweimal.
Ellenperht St. P.
Ellenprecht M. B. a. 898.
Alhanperht St. P. wol hieher.
Ellanpiric, fem. 8. Mchb. sec. 8 (n. 277).
Ellianpurc, fem. 8. St. P. zweimal.
Ellanpurc Mchb. sec. 8 u. 9 öfters (z. b. n. 536); St. P. mehrm.
Ellanpurk St. P.
Ellanpurh St. P.
Ellinburga Mchb. sec. 10 (n. 1025).
Ellinpurch St. P. dreimal.
Ellinpurh St. P.
Ellenpurc St. P.
Ellinburc, Ellenburc, Ellinpurc, Elanpuruc Gld. II, a, 122.
Ellancurt, Gr. I, 203, mit einem zweiten theile der zusammensetzung, den ich sonst in p. n. nicht kenne (vgl. o. n. Hunulficurt u. dgl.); viell. nur ein versehn von Gr.?
Elindrud, fem. Gld. II, a, 122.
Ellinurit. 9. St. P.
Ellanger. 11. Abt v. Tegernsee, dann von Benedictbeuern sec. 11. St. P.
Ellanker St. P.
Eillanger St. P.
Ellinger P. XI, 219, 222 (chron. Benedictobur.); St. P.; M. B. sec. 11 öfters (VI, VII).
Elinger St. P.
Allinger Schn. a. 823 hieher?
Ellingart, fem. Gld. II, a, 122.
Elingo. 9. St. P.; hieher?
Ellancrim. 9. Mchb. sec. 9 mehrm. (z. b. n. 410).
O. n. Ellingrimesdorf.
Ellengund, fem. 8. Dr. a. 788 (Schn. schreibt hier Ellugund).
Ellenheid, fem. Gld. II, a, 122.
Ellanhart. 10. St. P.
Ellinhart M. B. a. 901 (XXXI); St. P.
Ellenhard P. V, 128 (ann. Augustani); M. B. c. a. 1053, 1065 (VII, IX); H. a. 1065 (n. 261).
Ellenhart Gld. II, a, 98.
Ellinard P. IV, 45 (Heinr. IV constitut.).
Aenlanhart St. P. wol verderbt.
Halinard, Alinard, Allinard s. unter H.

O. n. Ellinhartesprunno.
Ellanheri. 9. St. P.
Ellanher M. B. a. 828, 837 (VIII, IX).
Ellanhilda, fem. 9. Mchb. sec. 10 (n. 1004).
Ellanhilt Mchb. sec. 9 (n. 627).
Eillanhilt St. P.
Ellinhild M. B. sec. 9 (VII).
Ellinhilt P. XI, 232 (urk. v. 808 im chron. Benedictobur.); St. P.
Ellenhild Gld. II, a, 122.
Elnalhilt Mchb. sec. 9 (n. 636) wol für Ellanhilt.
Ellanhoch. 9. M. B. a. 806 (VIII).
Ellinrod. 9. St. P.
Ellanmar. 9. Mchb. sec. 9 (n. 374); St. P.
Alljanmot. 8. St. P.
Eillanmuot St. P.
Ellanmot St. P.
Ellanmuot St. P.
Ellanmunt. 9. St. P.
Ellannod. 8. Mchb. sec. 8 oft (z. b. n. 68, 245); M. B. a. 775 (IX).
Ellanod Mchb. sec. 8 (n. 110).
Ellonod Mchb. sec. 8 (n. 87).
Ellanrat. 8. St. P. öfters.
Ellanraat St. P.
Ellinrad St. P. mehrm.
Ellinrat St. P. mehrm.
Ellinrath R. a. 914 (n. 95).
Ellenrat R. a. 914 (n. 95).
Ellanrih. 9. Mchb. sec. 9 (n. 537); St. P. mehrm.
Ellinrih M. B. sec. 11 (IX).
Ellenrih St. P.
Ellensind, fem. Gld. II, a, 122.
Ellanswind, fem. 8. Mchb. sec. 9 (n. 445, 506).
Ellansuind St. P. zwml.
Allansuid St. P.
Ellinswind Mchb. sec. 8 (n. 132).
Ellinsuind Gld. II, a, 122.
Ellinsuint St. P.
Elensuind St. P.
Ellandeo. Mchb. a. 808 (n. 283).
Ellinwart. 9. Ng. a. 858; K. a. 878 (n. 153).
Ellinwich, fem. 11. St. P. zwml.
Ellanwolf. 9. St. P.
Ellanwof u. Ellanuof (so) St. P.
Hieher vielleicht noch:
Alnulph Lgd. a. 955 (II, n. 85).
Elnulf Pd. a. 615 (n. 230).

Alico s. ALI. **Alid-** s. HALID. **Alimburgis** s. AMAL. **Alimer, Aliperht, Aliprand** s. ALI.

ALIS. Wenn es sicher ist, dass wir die unter ALI vereinten formen zu goth. alja alius zu stellen haben, so muss es mindestens für wahrscheinlich gelten, dass wir einen grossen theil der folgenden namen an ahd. alles, ags. elles aliter anlehnen, wenn uns auch noch der eigentliche begriffliche schlüssel zu diesen compositionen fehlt. Ich vereinige hier die bildungen Alis-, Als-, Elis-, Helis-, deren zusammengehörigkeit wenigstens mir festzustehn scheint. Die mit I anlautenden formen lasse ich hier aus dem spiel. Eine andere ansicht ist die von Grimm in Haupts zeitschr. III, 146 ausgesprochene, wo bei Elis- an die Elysii (Tac. Germ. 43) erinnert wird; vergl. ebds. s. 156, wo Grimm vermuthet, der anlaut H bewahre die ursprünglichere form und die aphärese desselben sei eine annäherung an das biblische Elias (wirklich finde ich Elias für Elisachar Schpf. a. 817 n. 82 und 131). Doch scheinen mir die Elysii etwas fern zu liegen. Zu bemerken ist noch, dass einzelne formen mit Elis- entartungen von HALID sein mögen; so liest man z. b. neben Elispret Ng. a. 813 und Helispert Ng. a. 818 ebds. a. 838 und 872 Helidpert.

Eliso. 8. Wg. tr. C. 283.

Elis St. P.; R. a. 808 (n. 14), 821 (n. 21).

Eliseus pol. R. s. 85 deutsch?

Helis Mchb. sec. 8 (n. 61), wahrscheinlich derselbe mit Helias n. 62.

Elizo, Alizzeo s. ALI.

Elisa, fem. 9. St. P.; deutsch?

Elisba, fem. 9. Dr. a. 837 (n. 501); Schn. ebds. gleichfalls.

Hieher viell. Helispun (fem.? genit.?) Dr. u. Schn. a. 804.

Elispret. 9. Ng. a. 813 (n. 178; K. ebds. n. 70).

Helispert Ng. 818 (n. 195).

Alsedomus. 9. Pol. R. s. 103.

Elisdrud, fem. 11.

Elisdrud, quae Chunigunt, Heinrichs III frau, bei P. XI, 498 (ann. Mellic.). Sie heisst auch Edildrudis.

Alsker. 11. P. VIII, 647 (annalista Saxo).

Elisaldis, fem. 9. Pol. R. s. 15.

Elisard. Gld. II, a, 114.

Alseman. 11. P. X, 573 (chron. S. Hubert. Andag.).

Nhd. Elsmann, Elssmann.

Alsmar. 9. Wg. tr. C. 245.

Elismot, fem. 8. Mchb. sec. 8 (n. 281); St. P.

Elesmuot St. P.

Helismut H. a. 955 (n. 167).

Elisnod. 9. St. P.

Alsindis s. ATHAL.

Elisachar. 9. P. II, 597 (Thegani vit. Hlud.) 630 (vit. Hlud.), 652 (Nithardi hist.); H. a. 817 (n. 72).

Alisachar (b. v. Belley) conc. Cabilon. a. 915.

Helisachar P. I, 216 (Einh. ann.); II, 633 (vit. Hlud.), 495, 509 (Ermold. Nigell.); III, 256 (Hlud. et Hloth. capitul.); IX, 416 (gest. episc. Camerac.); H. c. a. 814 (n. 68); M. B. a. 834 (XI); Laur. mehrm.

Helysachar H. a. 816 (n. 70).

Helisachur M. B. a. 817 (XXXI).

Heliozar für Helisachar H. a. 815 (n. 69).

Alsward. 9. Wg. tr. C. 356.

Alsword Ms. a. 1086 (n. 34).

Hier erwähne ich noch schliesslich ein paar zweifelhafte formen:

Elisedoina (so), fem. 9. Pol. R. s. 8.

Alsting. 9. P. II, 199, 205 (ann. Vedast.); deutsch?

Alit- s. HALID. **Alizzeo** s. ALI. **Alker** s. ATHAL. **Alkuin** s. ALAH. **Alla, Allin** s. ALA. **Allinger** s. ALIAN. **Allo, Aliolidd** s. ALA.

Alloub, (zt. unbest.), necr. Aug.

Allovera, Allowin s. ALA.

Alluc (angebl. fem.). Gld. II, a, 120. Verderbt?

Alluid s. ALA. **Almabert** s. AMAL. **Alman, Almar** s. ATHAL. **Almeprand** s. AMAL. **Almer** s. ATHAL. **Almo** s. AMAL.

Almpni. 8. St. P.; verderbt? oder = Amaluni? Die consonantenumstellung darf bei St. P. nicht befremden.

Alnaca, fem. 10. Lc. a. 962 (n. 105); deutsch? verderbt?

Alo, Aloara, Aloard, Alois, Aloit, Alolach s. ALA **Alolf** s. ATHAL. **Alpheide, Alpho** s. ALF. **Alprand** s. ALI.

Alrauld. P. VI, 515 (mirac. S. Apri).

Alrich s. ATHAL. **Alsedomus, Alseman** s. ALIS. **Alsindis** s. ATHAL. **Alsker, Alsmar, Alsting, Alsward** s. ALIS. **Altduom** s. ALD.

Alubert. 8. Lc. a. 796 (n. 6); A. S. Mart. III; zu ALF?

Aluberath necr. Fuld. a. 793.

Aluecha, Aluezo s. ALF.

Alunzo. Gr. I, 223.

Alanzo K. a. 824 (n. 90).

Aluo s. ALF. **Aluold** s. ATHAL.

Aluric. 9. Wg. tr. C. 404; Lc. a. 820 (n. 39) u. 927 (n. 88); = Alfric?

Alurid. 9. Wg. tr. C. 403. An dieser stelle scheint der zweite theil dieses namens rid und nicht frid zu sein, da der bruder dieses Alurid Helmrid heisst und die tr. C. überdies die schreibung urid für frid nicht kennen.

Aluwing s. ALF.

Alvar. 7. Ep. Calabriens. (in Spanien). Conc. Emerit. a. 666; conc. Ovetens. c. a. 873.

Alvara s. ALA.

Alveth. 6. Ἀλουήϑ Proc. b. Goth. II.

Alvicus s. ATHAL.

Alvilf. 8. Laur. sec. 8 (n. 2970).

Alvred s. ALF. **Alwalah, Alwin, Alwold** s. ATHAL. **Alwred** s. ALF. **Alza, Alzo** s. ALD.

Ama. 9. Wg. tr. C. 178. Zu HAM?

Amadinga s. AMAT.

AMAL.

Dieser nur am anfange zusammengesetzter p. n. oder einfach gebräuchliche stamm scheint von einer wurzel am hergeleitet und würde sich dann zu AMAN (s. unten) verhalten wie AGIL zu AGIN. Eine sichere spur von einer für namenbildung passenden bedeutung lässt sich noch nicht auffinden, doch darf etwa an altn. aml (labor) erinnert werden. Der früheren erklärung durch „ohne mal, tadel" widersprechen die formen amul und emil (s. Gr. I, 252).

Am meisten heimisch war unser stamm bei den Ostgothen, am wenigsten bei den Sachsen, die fast nur die ableitung Amalung kannten.

Die umstellung Alm- für Amal- begegnet besonders in südfranzösischen urkk. aus sec. 11.

Amala, abgesehn von dem fabelhaften gothenhelden bei Jorn. seit sec. 5. Amelius und dgl. namenformen: sec. 6: b. v. Paris, b. v. Cominges, b. v. Tarbes (Gascogne), b. v. Lerida; sec. 9: b. v. Usez (Languedoc); sec. 10: b. v. Turin; sec. 11: b. v. Alby. Emila: b. v. Barcelona, b. v. Coimbra, ep. Elicitanens., sämmtlich sec. 7.

Amala Jorn.; P. VIII, 122 (Ekkeh. chron. univers.).

Amalo P. III, 388 (Karol. II capitul.); K. a. 817 (n. 79; Ng. ebds.); Laur. mehrm.

Amal(us) Cassiod. XI, 1; St. P.; Mchb. sec. 9 (n. 735).

Amulo P. II, 322 (Adon. chron.).

Amolo P. I, 110 (ann. Lugdun.); VII, 39 (ann. S. Benign. Divion.); X, 321, 352 (Hugon. chron.); concil. Roman. a. 904.

Amul P. V, 31 (ann. Quedlinb.).

Ammulus (so) P. IX, 127 (chron. Novalic.).

Amilo Mchb. sec. 8 (n. 75); St. P.; pol. R. s. 19; Ng. a. 947.

Amil St. P.

Amelius P. II, 252 (ann. Lemov.); Pd. a. 706 (n. 469); pol. Irm. s. 37, 167; oft in den concilien.

Emila (msc.) urk. v. 610 u. 614 (Coleti VI, 1363 u. 1380); conc. Tolet. 688.

Emilla (msc.) conc. Tolet. a. 693.

Emilo K. a. 802, 897 (n. 53, 172); Ng. a. 820, 838, 865 (K. ebds. n. 83, 98); M. B. a. 828 (VIII); St. P.

Almo Gld. II, a, 96 wol hieher.

Nhd. Emele, Emmel.

Amalia, fem. 8. Pol. Irm. s. 156.

Emilo (fem.) Sm.

Ambla pol. R. s. 50.

Amalin. 9. K. a. 861 (n. 136).

Amilin Gld. II, a, 96.

Hieher wol Amblinus P. III, 429 (Kar. II capitul.).

Amelina, fem. 11. St. M. a. 1002.

Amaluni. 8. Tr. W. a. 745 (Pd. n. 143 u. nachtr. n. 80).

Ammiloni St. P. zweimal, wol hieher.

Amalni und Amalne (msc.) Gld. II, a, 96.

Almpni hieher?

Amalung. 5. P. II, 114–116 (Ekkeh. cas. S. Galli); VIII, 615 (annalista Saxo); Ng. a. 787; Wg. tr. C. 271, 305, 316, 349, 373, 431.

Amalunc Ng. a. 806.
Amalunch P. II, 114—116 (Ekkeh. cas. S. Galli).
Amalunhc St. P.
Amalong P. IX, 9 (Joh. chron. Venet.); Paul. diac. V, 10.
Amulung P. V, 31 (ann. Quedlinb.); VIII, 624 (annalista Saxo); Wg. tr. C. 210; C. M. Mai.
Amilunc Ng. a. 925.
Amolong P. V, 753 (Thietmari chron.).
Amelung P. IX, 849 (chron. Hildesheim.); Wg. tr. C. 62, 462.
Amelunc necr. Aug.
Amelong Gld. II, a. 112.
Amling P. X, 351 (Hugon. chron.).
Amulug (so) Wg. tr. C. 207 wol hieher; dsgl. Laur. n. 3829.

P. II, 114—116 (Ekkeh. cas. S. Galli) heisst der nom. nur Amalunch, acc. und abl. dagegen Amalungum und Amalungo.

Nhd. Amelang, Amelung, Amlong, Ammeling.
O. n. Amalungesdorph, Amalungestat.

Amalbold. 8. Ng. a. 752.

Hamulbero. 8. K. a. 773 (n. 15; Ng. ebds.).

Amalberaht. 6. Dr. a. 777.
Amalperaht Schn. a. 796, 803.
Amalperht M. B. a. 785, 828 (VIII); St. P. zweimal.
Amalbercth Mab. a. 653, 693; Pd. n. 322.
Amalbreht Ng. a. 787.
Amalbrecht Laur. sec. 8 (n. 1243).
Amalbert P. I, 228 (chron. Moissiac.); VI, 44 (gest. episc. Virdun.); X, 351 (Hugon. chron.); Mab. a. 748; Ng. a. 775, 779, 786, 790, 802, 821, 826; M. B. a. 885 (XXXI); necr. Aug.; convent. Clipiac. a. 659.
Amalpert Ng. a. 761.
Amalperth St. P.
Ammalbert (so) tr. W. n. 775 (n. 246).
Amalpret Ng. a. 808, 827.
Amilbert St. P.
Amulbert Ng. a. 773, 779; Lc. a. 816 (n. 32).
Amelbert Laur. sec. 8 (n. 1854); M. B. c. a. 1070 u. c. a. 1080 (X).
Almabert Pd. a. 579 (n. 186).
Lamalbert pol. R. s. 68 für Amalbert?
O. n. Amalpertiwilare.

Amalberta, fem. 8. Pol. Irm. s. 98, 135.

Amalabirga, fem. 6. Nichte Theoderichs d. Gr. und frau des Thüringerkönigs Ermenfrid. Exc. auct. ign.
Amalaberga Jorn.
Ἀμελοβέργα Proc.
Amalberga P. II, 422 (vit. Liudgeri); V, 420 (Widukind); VII öfters; VIII, 129 (Ekkeh. chron. univers.); pol. Irm. s. 10, 39 etc.; pol. R. s. 35; Mab. a. 905.
Amalbergia pol. R. s. 102.
Amalpiric Mchb. sec. 9 u. 10 (n. 338, 1018).
Amalpirc St. P.
Amalberga P. IX, 408 (gest. episc. Camerac.).
Amalbergane Pd. a. 745 (n. 586).
Malberga (frau des Thüringerkönigs Hermenfred) P. XI, 396 (hist. regg. Franc. monast. S. Dionys.).

Almeprand. 9. P. III, 253 (Hlud. et Hloth. capitul.). Wol hieher.

Amalburgis, fem. 8. Pol. Irm. s. 146.
Ammalburc unsichere lesart bei St. P.
Amulburg Gld. II, a, 120.
Amelburg P. V, 31 (ann. Quedlinb.).
Alimburgis Lgd. a. 1042 (II, n. 187) hieher?

Amaldrud, fem. 7. St. P. mehrm.; Laur. sec. 8 (n. 496).
Amaltrudis pol. R. s. 75.
Amaltrud P. IX, 410 (gest. episc. Camerac.); pol. Irm. s. 1, 3 etc.; Laur. sec. 8 (n. 1997).
Amalthruth Gld. II, a, 120.
Amaltruth Laur. sec. 8 (n. 1395).
Amalthrod (so) St. P.
Ameldrut Laur. sec. 8 (n. 3437).
Ameltrudis pol. R. s. 75.
Imiltruda Lp. a. 1053 (II, 639).
Emiltrudis pol. Irm. s. 260.
Emeltrudis pol. Irm. s. 183.

Amalfrid. 6. Thüring. königssohn sec. 6. P. IX, 458 (gest. episc. Camerac.); Jorn.; pol. Irm. s. 229; pol. R. s. 43, 76 etc.; St. P.
Ἀμαλαφρίδος Procop.
Amalfrit Gld. II, a, 96.
Amalfred P. VI, 145, 146 (Ademar. histor.); pol. Irm. s. 21; Guérard a. 828.
Amulfrid Ng. a. 769.
Amilfrid Gld. II, a, 96.
Amelfrid P. IX, 597, 608 (chron. mon. Casin.).
Amelfred Lp. a. 913, 1000 (II, 87, 427).

Arnelfred Lp. a. 1028 (II, 555) muss wol Amelfred gelesen werden.
Hamulfrid K. a. 773 (n. 15).

Amalafrida, fem. 5. Schwester Theodorichs d. Gr. und frau d. Vandalenkönigs Hunerich. P. VIII, 129 (Ekkeh. chron. univers.); Cassiod. IX, 1.
Ἀμαλαφϱίδα Procop., Theoph.
Amalfrida pol. Irm. s. 21.
Amalafreda Jorn. 58.
Amalfreda P. VIII, 129 (Ekkeh. chron. univers.); pol. Irm. s. 155, 187.
Amulfredis K. a. 772 (n. 14).
Amalafrigda exc. auct. ign.

Amalgaldis, (so), fem. 8. Pol. Irm. s. 10. Vgl. Amalgildis.

Amalgar. 7. Ep. Sagensis (in der Normandie).
Amalgar P. II, 248 (ann. Besuenses); Mab. a. 680; pol. Irm. s. 155, 186; pol. Fossat.; Ng. a. 819.
Amulger P. II, 424 (vit. S. Liudgeri); Wg. tr. C. 150.
Amalcar M. a. 690 (n. 96; Mab. ebds.); pol. Irm. s. 87, 89 etc.
Amalger Laur. sec. 8 (n. 202); Ng. a. 762, 818, 821, 825, 826; necr. Aug.; M. B. a. 860 (XXXI).
Amalkaer St. P.
Amalgaer Ng. a. 769.
Amalker M. B. a. 780—810 (VI, VIII); Ng. a. 806.
Amilger Ng. a. 876.
Amlacar conc. Cabilon. a. 650.
Amelger R. a. 865 (n. 48); pol. R. s. 67, 73 etc.
Emelgar pol. Irm. s. 213.
O. n. Amalgereswilare.

Amalgardis, fem. 8. Pol. Irm. s. 16, 29 etc.; pol. R. s. 36, 38 etc.
Amalgart Laur. sec. 8 (n. 1092, 3329).
Amilgarda H. a. 964 (n. 180).
Amalgrat (so) pol. Irm. s. 11.

Amalgaud. 8. Pol. Irm. s. 11, 16 etc.
Amalgaus pol. Irm. s. 126, 167.
Amalgoz Gld. II, a, 96.
Adamalgaud Pd. a. 637 (n. 278: unecht) irrthümliche schreibung.

Amalgauda, fem. 9. Pol. R. s. 65.

Amalgildis, fem. 8. Pol. Irm. s. 14, 72 etc.

Amalgis. 8. P. III, 429 (Kar. II capit.); pol. Irm. s. 78, 167; Ng. a. 791; tr. W. a. 797 (n. 62).
Amalghis Ng. a. 757.

Amalgudis, fem. 9. Pol. Irm. s. 209.

Amalgundis, fem. 8. Pol. Irm. s. 203, 218.
Amalgunda Laur. sec. 9 (n. 369).

Amalhaidis, fem. 8. Pol. R. s. 47.
Amaldheid (so) R. a. 787 (n. 6).
Amalhagdis pol. R. s. 45, 51 etc.
Amalhacd Mab. a. 854 neben Beronacd; viell. für Amalhaid?

Amalhart. 9. Emblard b. v. Lyon sec. 10.
Amalhart Gr. IV, 1022.
Amelhard St. P.
Amblard P. X, 322 (Hugon. chron.); Lgd. a. 933 (II, n. 56) etc.
Emblard conc. incerti loci a. 955.

Amalhari. 5. St. P.
Amalhar P. I, 200 f. (Einh. ann.), 355 (Enh. Fuld. ann.); II, 593 (Thegani vit. Hlud.), 698 (vit. S. Anskarii); VII, 102 (Herim. Aug. chron.), 419 (Bernold. chron.); pol. Irm. s. 104, 180.
Amalher Dr. sec. 8 (Schn. liest hier Adalher); pol. R. s. 36.
Amallar P. II, 619 (vit. Hlud. imp.).
Amalar P. V, 154 (ann. Monast.); testam. Perpet. episc. Turon. bei Sp.; Laur. sec. 8 (n. 1082).
Amular P. VIII, 338 (Sigebert. chron.), 574 (annalista Saxo); H. c. a. 1100 (n. 305).
Amaler P. VI, 119 (Ademar. hist.).
Amalheire (so) Ng. a. 858.
Amilher Laur. sec. 8 (n. 943).
Amlehar pol. Irm. s. 237.
Hamalar P. VIII, 570 (annalista Saxo).
Hamular P. X, 163 (gest. Trever.).
Nhd. Amler.

Amalhad. 9. Pol. R. s. 45, 51 etc.

Amalhildis, fem. 8. Pol. Irm. s. 8, 132.

Amaltrannus. 8. Pol. Irm. s. 91.

Amalleih, fem. 9. Schn. a. 801.
Amaleig Ng. a. 868.

Amallindis, fem. 8. Tr. W. a. 712 (n. 225 u. Pd. nachtr. n. 19) neben Amillindis und Ammallinda. Dieselbe heisst auch ebds. Amita (so), gen. Amitane.

Amalrad, msc. u. fem. 8. Pol. Irm. s. 186.
Amalrat Gld. II, a, 120.
Amulrad P. VIII, 685 (annalista Saxo).
Amulrat Gld. II, a, 120.
Amulred P. V, 828 (Thietmari chron.); Wg. tr. C. 139.
Almerad Lgd. a. 1020 (II, n. 152) zweimal.
Amalrada, fem. 9. P. VI, 464, 482 (Sigebert. vit. Deodor.); pol. R. s. 54.
Amalaricus. 6. Westgothenkönig sec. 6; b. v. Tours sec. 9.
Amalaricus P. X, 318 etc. (Hugon. chron.); Jorn.; Isidor; pol. R. s. 43; E. s. II, 178.
Ἀμαλάριχος Procop.
Amalric Wg. tr. C. 248; Lc. a. 927 (n. 88).
Amalrich P. II, 283 (gest. abbat. Fontanell.); 303 (chron. Fontan.); III öfters; V, 381 (Flodoardi ann.); VIII oft; IX, 417 (gest. episc. Camerac.); pol. Irm. s. 3, 7 etc.; pol. R. s. 11, 21 etc.; Ng. a. 744, 817, 822; M. B. a. 806 (VIII).
Amalrih necr. Aug.; St. P. zweimal.
Amalhrih St. P.
Amulric P. V, 858 (Thietmari chron.).
Amulrich P. VIII, 672 (annalista Saxo); IX, 427 (gest. episc. Camerac.); Ng. a. 784.
Amulrih St. P.
Amolrich P. IX, 439 (cod. evangel. Camerac.).
Amolrih St. P.
Amelrich H. a. 993 (n. 209); Lc. a. 1083 (n. 234).
Amaldricus P. I, 285 (chron. Moissiac.).
Amalrius Gld. II, a, 112.
Almarich H. a. 1083 (n. 286).
Almerich Lp. a. 970 (II, 295); H. a. 975 (n. 194).
Emelrich Lc. a. 1033 (n. 169).
Amarich Ng. a. 744 wol hieher.
O. n. Amelricheswilare.
Amalsida, fem. 8. Pol. Irm. s. 100.
Amalsindus. 8. Pd. a. 721 (n. 514).
Amalsinna, fem. 9. Pol. R. s. 35, 46.
Amalsin (fem.) Gld. II, a, 120.
Emilsindis pol. Irm. s. 130 (sec. 11).
Amalasuintha, fem. 5. Tochter Theodorichs d. Gr. Paull. diac. neben Amalasuinta.
Amalsuinda P. VIII öfters.
Amalasuntha Cassiod. X, 1 ff. (var. Amalasuentha).
Ἀμαλασοῦνθα Procop., Theoph.
Amalsuint Laur. mehrm.
Amalasuenta Jorn.
Amalsuilta (so) P. XI, 492 (ann. Mellic.) zwml.
Amulwar. 8. Tr. W. a. 788 (n. 102).
Amalwara, fem. 8. Pol. Irm. s. 85.
Amulwara tr. W. a. 780 (n. 90).
Amelwid. 9. Mab. a. 854.
Amalwidis, fem. 9. Pol. R. s. 2.
Amalwih. 9. St. P.
Amalveus pol. R. s. 72, 75.
Amalwin. 8. P. I, 167 ff. (Einh. ann.); III, 374 (Hloth. I capit.); VIII, 167 (Ekkeh. chron. univers.), 561 (annalista Saxo); H. a. 865 (n. 102).
Amulvin P. VI, 58 (Folcuin. gest. abb. Lobiens.).
Amolwin A. S. Jan. II.
Amalguin Gld. II, a, 112.
Amalolf. 8. Ng. a. 788.

Hieher wol die wahrscheinlich durch syncope entstandenen formen
Ambiulf P. IX, 104, 129, 132 (chron. Novalic.); dafür Ambulf A. S. Mart. II.
Amplulf P. IX, 107 (chron. Novalic.).

AMAN. Dieser stamm, der wie AMAL nur anlautend erscheint, muss wie jener von einem ursprünglichen AM weitergebildet sein; beide stämme sind übrigens gleich dunkel. Formen, die mit i und e anfangen (Imen-, Emen- u. dgl.), habe ich unter IM aufgeführt, ohne sie jedoch damit ganz bestimmt von unserm stamm trennen zu wollen.
Amano. 8. Emino, b. v. Ascoli sec. 11.
Amano Schn. a. 796.
Amino Ng. a. 757.
Amunnus Lgd. a. 873 (I, n. 98) wol hieher.
Emino u. dgl. s. IM.
Amanung. 7. Ep. Abilensis; neben Amanurus conc. Tolet. a. 653.
Amanug P. I, 334 (ann. Mett.) wol hieher.
Amantrudis, fem. 8. Pol. Irm. s. 219.
Amnegisilius. 7. Pd. a. 667 (n. 358).
Amanold. 8. Pol. Irm. s. 65; Laur. öfters.
Amanolt Schn. a. 796; St. P.; Laur. sec. 8. (n. 2190).
Eminolt s. IM.

Amanulf. 8. K. a. 776 (n. 17).
Amanolf Laur. sec. 8 (n. 188, 929); tr. W. a. 820 (n. 69).
Amenolf Schn. a. 779.
Emmenulf s. IM.

Amara, msc. 5. Cassiod. IV, 28; deutsch?

AMAT. Einen stamm dieser form, den wir nothwendig in den p. n. annehmen müssen, knüpfen wir wol am besten an ags. emeta quies und die dazu gehörigen formen. Auffallend sind einige beispiele einer wie es scheint unverschobenen gestalt dieses stammes.

Ammatas. 5. Ἀμμάτας Procop.
Mit Ammatas vergleicht Zeuss s. 80 Ommatius, episc. ap. Turonos, Greg. Tur. 3, 17. Sollten vielleicht hieher gehören (trotz der mangelnden lautverschiebung) die formen: Amato (Mchb. sec. 9, n. 685), Amuto (Mchb. sec. 9, n. 655, 660), Amoto (Mchb. sec. 9, n. 661)? An lat. Amatus ist kaum zu denken; eher könnte man Amalo u. s. w. bessern.

Emita, fem. 9. Dr. a. 822 (n. 396; Schn. ebds.); pol. R. s. 50.
Amita s. unter Amallindis.

Amizo. 9. P. IX, 131 (chron. Novalic.); X, 99 (Landulf hist. Mediol.); Lc. a. 1015 (n. 147).
Amezo P. VII, 392 (Bernold. chron.).
Emizo Ng. a. 833.
Emezo Gld. II, a, 98.
Emez Dr. a. 807 (n. 243), wo Schn. Emezzo schreibt.
Adamus qui et Amizo Lp. a. 997 (II, 415).
Hamezo hieher?

Amaza, fem. 8. St. P. viermal.
Ameza Laur. n. 3820.
Amisa (so) tr. W. a. 774 (n. 71).
Emisa (so) Gld. II, a, 122, 130.
Emiza Gr. I, 255.
Emaza St. P.
Emoza P. VI, 406 (Gerhard vit. S. Oudalr.).
Emeza St. P. zwml.

Amadinga, fem. 8. Pol. Irm. s. 209.

Imitarius. 8. Lgd. a. 845 (I, n. 67).
Emitaere St. P.
Emidarius Lgd. a. 918 (II, n. 42).

Amathildis, fem. 7. Pd. a. 656 (n. 327).
Amadildis pol. Irm. s. 15.

Amatlaicus. 8. Pol. Irm. s. 126.

Emizrat. 9. M. B. sec. 11 (VII).
Emmezrat Schn. a. 837.

Ambla, Amblard, Amblin, Ambluf s. AMAL.

AMBR. Am nächsten kommen die hier verzeichneten formen dem v. n. der Ambronen (s. Zeuss s. 151). Eine andre möglichkeit ist, dass sie einem syncopirten und durch einschub eines euphonischen b entstellten stamm AMAR angehören, der dann eine nebenform von AMAL und AMAN wäre.

Ambricho. 5. Embricho b. v. Augsburg sec. 11.
Ambricho P. I, 94 (ann. S. Emmer.); Mchb. sec. 8 (n. 4); St. P.; M. B. a. 835 (IX).
Amprichо Mchb. sec. 8 (n. 233); St. P.
Ambricus pol. Irm. s. 72.
Ampriho St. P.
Ampricto St. P. wol hieher.
Imbrico P. VII öfters.
Imbricco P. VII öfters.
Imbricho R. a. 1074 (n. 176).
Embrica (so) P. V, 31 (ann. Quedlinb.); VIII, 23 (Ekkeh. chron. Wirzib.).
Embrico P. V, 127—131 (ann. Augustani); G. a. 973 (n. 23); Gud. a. 1084, 1092; Lc. a. 1096 (n. 253).
Embricho P. I, 385, 407 (ann. Fuld.); VI, 565 (Arnold. de S. Emmer.); VII öfters; IX, 247 f. (Gundechar. lib. pontif. Eichstet.); necr. Aug.; Laur. sec. 9 (n. 532); M. B. 896 (XXXI); Lc. a. 1028 (n. 165), 1051 (n. 186); Gud. sec. 10, a. 1056, 1084, 1090.
Embricus P. V, 146 (ann. Einsidl.).
Empricho Laur. sec. 9 (n. 216).
Hembrico R. a. 871 (n. 52).
Emricho, Emrich s. IM.
Nhd. Emerich, Emmrich.
O. n. Embrichenhusun.

Ambremar. 8. P. II, 283 (gest. abbat. Fontanell.).

Amel- s. AMAL. **Amen-** s. AMAN. **Amez-** s. AMAT.

Amichar. 7. Pd. a. 659 (n. 335).
Amico. 8. Mchb. sec. 8 (n. 247); Ng. a. 773.
Amiconis (genit.) pol. Irm. s. 81, 82.
Amicus P. V mehrm.; VI, 47 (gest. episc. Virdun.); pol. Irm. s. 11.
Amicho P. I, 40, 43 (ann. Guelferb.); St. P. dreim.; Laur. zweim.
Amacho M. B. a. 1048 (XXIX).
Amuco Wg. tr. C. 461.
Amoko Frek.
Ammoko Frek. mehrm.
Emmic Wg. tr. C. 246.
Emicho P. VIII öfters; St. P. mehrm.; Laur. öfters; Ng. a. 820, 824 (K. ebds.); M. B. a. 985, 1074 (XXXI); H. a. 961 (n. 172), 1097 (n. 299).
Emmuke C. M. April.
Emyco St. M. a. 1085.
Emmicho G. a. 1072 (n. 65).
Emiggus P. II, 382 (vit. S. Willehadi).
Emecho Lc. a. 1057 (n. 192).
Aming. 6. Frankenführer sec. 6; P. VIII, 317 (Sigebert. chron.); pol. Irm. s. 127, 128; E. s. VI, 569 (Julian.).
Amming P. VIII, 333 (Sigebert. chron.). Vgl. Haming u. dgl. unter HAM.
Amino s. AMAN. **Amisa, Amizo, Ammatas** s. AMAT.
Amo. 8. P. IX, 80 f. (chron. Novalic.); Paul. diac. III, 8; St. P. mehrm.; Mab. a. 770; M. B. a. 785 (VIII); M. B. c. a. 804 (VI); Mchb. sec. 9 (n. 284); R. a. 776 (n. 4); Wg. tr. C. 295.
Ammo M. B. a. 776 (VIII).
Vgl. Hamo unter HAM.
O. n. Amindorf, Ammenberg.
Amol- s. AMAL.
Amolt, necr. Aug., 5 id. Aug. liest Keller so; vielmehr wird der in der hds. sehr undeutliche name wol Arnolt lauten, wie sich auch ebds. nicht weit davon wirklich Arnolt findet.
Ampho. 8. St. P.; Mchb. sec. 8 u. 9 (n. 129, 156 etc.).
Amplulf s. AMAL.
Amuco s. Amico. **Amul-** s. AMAL.

AN. Ich denke, zweierlei stammwörter haben sich in den folgenden namen vermischt: 1) ahd. ano, nhd. ahne, avus, dessen bedeutung sich zur namenbildung recht wohl eignet; 2) ags. ann favere, um so mehr, als auch unnan im stamme UN und das davon abgeleitete anst in ANST vielfache namen bilden.

Anna (msc.). 5. Anno b. v. Worms sec. 10; erzb. v. Cöln sec. 11.
Anna Cassiod. IV, 18.
Anno P. I, 79 (ann. Sangall.), 160 (ann. Brunwil.); II öfters; IV, 27 (Ott. M. constitut.), B, 159 (Ott. M. pactum); V öfters; VI, 20 (ann. Laubienses), 28 (ann. Leodiens.); VII—IX öfters; X, 182 (gest. Trever.) etc.; St. P. öfters; pol. Irm. s. 266; Ng. a. 744, 758, 772, 800, 805, 816, 817, 821; Wg. tr. C. 486; M. B. c. a. 1030 und c. a. 1050 (VI).
Hanno Laur. sec. 9 (n. 216); necr. Fuld. a. 807.
Hano Gr. IV, 958 wol auch hieher.
Enno Ng a. 783, 797, 827; K. a. 789 (n. 36); Wg. tr. C. 226, 229, 239, 242, 244, 287, 363; M. B. 806 (VIII).
Enna (wol msc.) Wg. tr. C. 172.
Enne C. M. April.
Ennan (pro filio suo E.) Wg. tr. C. 78.
Henno (s. unter H) viell. hieher.

Hiezu wol noch o. n. Anniucheva und Annenhusa.

Anna, fem. 8. P. VII, 65 (catal. regg.); Paul. diac. VI, 56; St. P. zwml.; Ng. a. 744; pol. R. s. 50, 103.
Ana Lc. a. 1015 (n. 147).
Annane (abl.) tr. W. a. 774 (n. 71).
Annico, 8. Ms. a. 1096 (n 45).
Annicho Schpf. a. 760 (n. 30).
Eniko Frek.
Enihho Mchb. sec. 9 (n. 569).
Enneco Lgd. a. 862 (I, n. 88).
Ennika, fem. 11. Ms. a. 1049 (n. 21).
Ennecha Gr. I, 286.
Analo. 8. Laur. sec. 8 (n. 412); tr. W. a. 830 u. 840 (n. 151, 198).
Anulo Wg. tr. C. 257, 292, 327, 330, 362, 471; K. a. 839 (n. 101); Mchb. sec. 9 (n. 132, 694).
Anolo Lc. a. 800 (n. 17); tr. W. 830 (n. 251).
Anila (msc.) Sm.
Anilo Gld. II, a, 112.
Anelus pol. R. s. 95.
Anelo Dr. n. 693.
Anila, fem. 8. Laur. sec. 8 (n. 1020).

Anulo (als fem.) sec. 9. A. S. Mart. II, dat. Anuloni.

Ennelin. 11. Urk. v. 1019 M. B. (XXXI) u. G. (n. 39).

Schon sec. 4 finden sich die namen Anulinus und Anolinus (s. A. S. Mart. III); ob sie aber hier als deutsch zu betrachten sind?

Anninc. 8. Gr. I, 282; wol nur von Gr. aus o. n. Anninchova geschlossen.

Ening Laur. sec. 8 (n. 582).

Anibert. 8. Laur. sec. 8 (n. 1194).

Annivert Lp. a. 909 (II, 71).

Enburc, fem. Gld. II, a, 122.

Endrud, fem. Gld. II, a, 122 neben Endhrud.

Hendrud Gld. II, a, 124.

Anafred. 8. Mab. a. 798.

Anafred neben Ananfred Lgd. a. 862 (I, n. 88).

Anfrid A. S. Febr. I.

Enfrid G. sec 10 (n. 32).

Anager. 8. St. P.

Eneger Dr. sec. 11 (n. 733).

Anagast. 6. E. s. VI, 387 (Joh. Biclar.).

Anegast M. B. a. 1089 (XXIX).

Angis s. Ansigis.

Anagrim. 8. Mchb. sec. 8 (n. 6).

Anahildis, fem. 8. Pol. Irm. s. 140.

Anamahadus (so). 11. Necr. Fuld. a. 1043. Verderbt?

Enman. 9. Dr. a. 829 (n. 479); Schn. ebds.

Anamot. 8. P. VI, 417 (Gerhard. vit. S. Oudalr.).

Anamut Laur. sec. 8 (n. 2768).

Anamuot Schn. a. 779.

Ammut Laur. sec. 9 (n. 3615) wol hieher.

Anamor R. a. 901 (n. 88) wol für -mot.

Enerich. Gld. II, a, 114.

Anawalt. Neben Anavalt Gld. II, a, 96.

Enolt Gld. II, a, 98.

Anawan. 8 St. P.

Anauuiduch (zt. unbest.) necr. Aug. Die hds. liest deutlich so, obwol dennoch eine verderbnis wahrscheinlich ist.

Anoin. Gld. II, a, 112.

Anwis s. Arnwis.

Anaolf. 5. Ein Gothenführer. Idat. a. 430.

Ananfred s. Anafred.

-anc s. ANG.

Ancestrata, fem. 9. Pol. R. s. 35. Deutsch?

Ancho, Ancoin s. ANG.

AND. Für diesen stamm bietet Gr. I, 354 mehrere möglichkeiten dar, ihn mit dem sonstigen sprachschatze zu verknüpfen. Am wahrscheinlichsten scheint mir, wenigstens für die p. n., an ahd. ando (zelus) zu denken. Ob dieser stamm auch auslautend erscheint, ist zweifelhaft. Die meisten auf -and endenden namen, welche ich der form wegen gleich hier mit aufführe, sind sicher participiale bildungen (vgl. Grimm gr. II, 342). Es sind das folgende:

Aigant 8.	Heilant 8.	Throand 8.
Argant? 11.	Helfant 8.	Uzant 9.
Berdand 7.	Ilienta 9.	Waschand 9.
Chagand 9.	Jarant 9.	Wahsanta 8.
Dachant 8.	Merienta 9.	Waland 8.
Frehant 9.	Morand 11.	Weniant 9.
Fredant 9.	Nahhand 9.	Warand 8.
Girand 8.	Rachant 9.	Wasand 9.
Gerenta.	Spasand 7.	Wiliand 9.
Grivienta 9.	Traganta 8.	Wiolant 8?
		Wurand 9.

Bei Elinand (11) und Runant (8) kommt auch noch NAND in betracht, bei Starchand (8) und vielleicht einigen der oben erwähnten HAND.

Wir kehren nun zu unserm stamme AND zurück, wobei noch zu bemerken ist, dass die mit Ant- beginnenden formen theilweise nicht hieher, sondern zum stamme ANT (s. ds.) gehören mögen.

Ando. 7. P. III, 252 (Hlud. et Hloth. capit.); A. S. Mart. I.

Anto P. III, 253 (Hlud. et Hloth. capit.); V, 135 (ann. Augustani); X, 95 (Landlf. hist. Mediol.); R. a. 808 (n. 14).

Anteo Mab. a. 873 viell. hieher.

Nhd. Ende, Ente.

Antecho. 10. M. a. 977 (n. 104).

Andiccus Mainzer inschr. bei St. n. 430. aus unbest. zeit, viell. schon hieher.

Andeca s. Audeca.

Andala. 5. Jorn.

Andela, fem. 9. Pol. R. s. 45, 48 etc.

Andilegia, fem. 9. Pol. R. s. 56.

Andolenus. 8. Pol. Irm. s. 167.

Andelin pol. R. s. 53, 68 etc.

Antuni. 8. Tr. W. a. 716 (n. 196).
Anduna, fem. 9. Laur. sec. 9 (n. 1150).
Anzo s. ANT.
Antoerna, fem. 9. Pol. R. s. 48.
Antabagius (deutsch)? Valer. max. 257. Grimm gesch. d. dtsch. spr. 536 hält den n. für das goth. andbahts.
Andobald. 7. Pd. a. 663 (n. 349).
Andebold Mab.
Antperaht. 7. Gr. III, 209.
Andebert conc. Tolet. a. 683.
Antburg, fem. Steht im index zu P. II; in der stelle dagegen, worauf dort verwiesen wird (s. 585, hist. transl. S. Viti), lese ich Autburg.
Andedrudis, fem. 9. Pol. R. s. 69, 85.
Andafrid. 8. Pol. Irm. s. 102.
Andefrid pol. Irm. s. 217.
Andefred Mab. a. 798.
Andefuns. 11. P. XI, 390 (Hug. Floriac.). König von Gallicien und Asturien.
Andegar. 8 P. I, 17 (ann. Petav.).
Andgar mit var. Antgar Mab. a. 783.
Andger Wg. tr. C. 270, 272; Lc. a. 845 (n. 60).
Antger Dr. a. 930 (n. 677), wo Schn. Ansger hat.
Andacer P. XII, 374 (gest. abb. Trudon.).
Antker St. P.
Anger P. X, 526 (gest. abb. Gemblac.); Ng. a. 874. Viell. hieher.
Antgar im index zu P. II scheint irrthum zu sein, denn s. 585, worauf der index verweist, steht Autgar.
Andegaud. 8. Pol. Irm. s. 80, 100 etc.
Andagis. 5. Ein Ostgothe sec. 5. Jorn. 40, 50.
Andegis Mab. a. 634; pol. Irm. s. 102.
Antheid. Ist aus o. n. Antheidorf auf einen solchen n. zu schliessen?
Anthart. 8. St. P.
Andahari. 9 (burgund. namensform). Gr. I, 354.
Antheri Gr. IV, 986.
Anter Ng. a. 893.
Nhd. Ender.
O. n. Anteresbach, Antheringen.
Anteria, fem. 8. Pol. Irm. s. 203.
Anthad. 8. Ng. a. 790, 792, 805, 809, 825; K. ebds.; Laur. sec. 8 (n. 779); Dr. a. 813 (n. 282; Schn. schreibt hier Antad).
Anthat Schn. a. 811.
Anhad Ng. a. 835.
O. n. Anthadeshofa, Anthadeshusir.
Antheli (mit gestricheuem l), 9. St. P.
Andoildis, fem. 8. Pol. Irm. s. 133, 145.
Antildis pol. Irm. s. 167.
Antilda Lp. a. 1093 (II, 783).
Anthoch. 9. Neben Antoch Laur. sec. 9 (n. 3403).
Anderam. 7. B. v. Besançon sec. 8. Conc. Rom. a. 743.
Andrannus Pd. a. 642 (n. 300); pol. Irm. s. 90.
Antroh. 8. St. P.
Antrohc St. P.
Anthugi. 8. P. XI, 231 f. (chron. Benedictobur.); Laur. sec. 8 (n. 2747); Mchb. sec. 9 (n. 623); St. P.; M. B. c. a. 800, 808, 1033 (VII).
Anthuge Gld. II, a, 120.
Antlaicus. 8. Pol. Irm. s. 35.
Andelindis, fem. 9. Pol. R. s. 102.
Andemar. Gld. II, a, 112.
Antmund. 8. Pol. Irm. s. 132.
Andrad, msc. u. fem. 8. B. v. Chalons sec. 9.
Andrad Laur. sec. 8 (n. 1681); pol. Irm. s. 145.
Andrat Laur. sec. 8 (n. 1030).
Antrat St. P.
Andrada, fem. 8. Tr. W. a. 787 (n. 216, 249); pol. R. s. 59, 61.
Andarich. 5. Hist. misc. 15 neben Ardarich.
Andricus Mab. a. 870.
Antrich M. B. c. a. 1070 (III).
Antrih St. P. zwml.; R. a. 852 (n. 43).
Nhd. Entrich.
Anduald. 6. Paull. diac. III, 30 mit var. Audoald.
Antward. 9. Ng. a. 846.
Antwart Gld. II, a, 96.
Antveus. 9. Pol. R. s. 45.
Antevia, fem. 9. Pol. R. s. 52, 53.
Andoin. 8. Pol. Irm. s. 133, 145.
Andevotus. 5. Suevenführer. Idat. a. 438.
Andulf. 9 Abt zu Verden sec. 9. Conc. Colon. a. 887.
Antolf Schn. a. 824.
Antelph Laur. sec. 8 (n. 2430) vielleicht hieher? oder = Ant-hwelf?

O. n. Antolvinga.
Zu diesem stamme gehören vielleicht noch:
Antubus. 8. St. P.
Antud. 9. St. P.
Antunia, fem. 8. St. P.
Antimus. 9. P. V, 212 (chron. duc. Benev.). Deutsch?
Antegan. 9. Ng. a. 890 (n. 597).
Die namen **Entinc, Antparinc** und **Antemarchinc** bei Gr. sind nur aus o. n. Entinga, Antparinga und Antemarchingas gefolgert.

ANDAR. Da aus den folgenden beispielen hervorgeht, dass in diesem stamme der goth. lautstufe ein d, der hochdeutschen ein t zukommt, so ist an goth. anthar alius nicht wol zu denken; eher scheint ANDAR nur eine blosse weiterbildung des stammes AND zu sein. Einige andere vermuthungen liegen ferner.
Andrisma, fem. 8. Pol. Irm. s. 86; pol. R. s. 87.
Andrepert. 8. Gld. II, a, 112.
Andrevert pol. Irm. s. 88, 100 etc.; Lp. a. 985 (II, 375).
Andreverta, fem. 8. Pol. Irm. s. 230, 252.
Andreberga, fem. 8. Pol. Irm. s. 196; Lp. a. 870 (I, 839 ff.).
Antarpot. 8. Mchb. sec. 8 (n. 250).
Antirpoto R. a. 901 (n. 88).
Antarbod und Antarbot R. a. 822 (n. 23).
Andragais. 4. Sever. Sulpic. (E. s. IV, 448).
Andregardis, fem. 9. Pol. R. s. 61.
Andragast. 6. Hist. miscell. 17. Vgl. Ardagast.
Andrlaud. 9. Pol. R. s. 33 zwml.
Andregundis, fem. 8. Pol. Irm. s. 233.
Andrehar. 8. Pol. Irm. s. 69.
Antarmar. 9. Mchb. sec. 9 (n. 692).
Antermar Mchb. sec. 9. (n. 601).
Andrald. 11. Guérard c. a. 1037 (append. zum pol. Irm. s. 355).
Bei gelegenheit dieses stammes erwähne ich aus Jorn. den angeblichen Gothenkönig Antriregirus aus der zeit des Darius Hystaspes.
Der sich besonders häufig findende n. Andreas oder Andreus ist wahrscheinlich oft als deutsch zu betrachten; desgleichen Andres und Antres, welche oft bei Mchb. sec. 9 vorkommen, und endlich Andreia pol. R. s. 61, womit zu vgl. Andrea ebds. s. 87.

Anegast, Anelo s. AN.

ANG. Die ἄγγωνες, welche sich bei Agathias, Eustathius, Suidas und Pachymeres in der bedeutung von hastae Francorum finden, und welche noch im ahd. ango (stachel, angel) übrig sind, passen am besten zu den folgenden formen, obwol auch encho knecht (ursprünglich wol knabe) nicht unbedingt abgewiesen werden darf. In Romanc (8) scheint ANG auch als zweiter theil der composition vorzukommen.
Ancho. 8. Tr. W. a. 780 (n. 107).
Nhd. Anke, Encke?
Angedrudis, fem. 9. Pol. s. 70.
Angofrid. 9. Pol. R. s. 43, 48.
Angatheus, burgund. n., Gr. diut. II, 359.
Ancoin. 8. Pol. Irm. s. 230. Vgl. Hanc-.
Angunila, fem. 9. Pol. R. s. 51. Verderbt?

ANGAN. Die folgenden, der mehrzahl nach fränkischen namen scheinen theilweise nur ein erweitertes ANG (s. ds.) zu enthalten; dass ängan molestia, necessitas darin steckt, ist von einem andern theile wahrscheinlich. Vgl. Grimm gesch. d. dtsch. spr. s. 707.
Anganbert. 7. Pd. a. 685 (n. 404).
Enginbert Gld. II, a, 98.
Enginpurc, fem. 11. St. P.
Angantrudis, fem. 7. Pd. a. 692 (n. 429).
Enginhart. Gld. II, a, 98.
Anganhildis, fem. 8. Pol. Irm. s. 212.
Anganildis pol. Irm. s. 212.
Angenildis pol. Irm. s. 242.
Enginrat. Gld. II, a, 98.
Angandeo. 9. Dr. n. 343 (fehlt bei Schn.).
Angandeo mit var. Agadeo, Agandeo, Agantheo bei P. I, 198 (Einh. ann.).
Altn. Angantyr. Ags. Angenþeóv.
Anginulf. 8. P. II, 279 (gest. abbat. Fontan.).
Angenulf P. III, 534 (Kar. II capit.).
Eugenulf P. X, 572 (chron. S. Huberti Andag.).

Angedrudis s. ANG. **Angel-** s. ANGIL. **Angen-** s. ANGAN.

ANGIL. Merkwürdig ist der ursprung dieses nur anlautend in n. vorkommenden stammes. Der stamm INGO nämlich (s. ds.), erweitert durch das unendlich häufig bei namen gebrauchte suffix L (s. hierüber im anfange des buchstaben L), traf mit dem christlichen fremdworte angil (angelus) zusammen und bildete so die doppelquelle dieses zwitterartigen ANGIL. Interessant wird es sein, die sphären in zukunft chronologisch und dialectisch zu scheiden, in denen sich der einfluss des griechischen wortes einerseits schon kundgiebt, andrerseits noch nicht findet. Merkwürdige data zu dieser scheidung bieten sich schon jetzt dar, wie z. b., dass Angil- für Ingal- nur in dem späteren theile des pol. Irm. von s. 137 an, nicht am anfange desselben eintritt. Das pol. R. kennt 24 hieher gehörige namenformen, darunter keine mit E, nur eine mit I, alle übrigen mit A beginnend. Die trad. Corb. enthalten den stamm nur einmal (Engilfrid), und zwar gehört der betreffende n. einem manne an, der wahrscheinlich in Medriki zu hause ist, d. h. im sächsischen Hessigau, der also wol kaum mehr ein echter Sachse genannt werden kann. Bei St. P. findet sich gegen viele Angil- und Engil- nur ein einziges Ingel-, welches noch dazu nachweislich einem Franken von Troyes angehört.

Genug wir haben jedenfalls die vermischung wenigstens zweier quellen zur bildung unsers stammes anzunehmen, denn weder die eine noch die andere würde allein die ungemeine verbreitung und die mannigfaltigkeit der formen genügend erklären. Sollte nicht drittens auch noch der v. n. der Angeln seinen antheil an diesen formen haben? Leo hält die hieher gehörigen n. für componirt mit dem gälischen eingeal licht (ferienschr. I, 110 f.), was wenigstens historischer begründung entbehrt. Nicht geleugnet werden soll damit jedoch alle und jede berührung des keltischen mit diesem stamme. Ich ordne die folgenden namen nach ihrem anlaute in der reihenfolge A, I, E.

Angilo. 7. Test. Ermentr.

Angelus, das sich öfters als n. findet, mag mitunter deutsch sein.

Ingilo Gld. II, a, 116.

Engilo St. P.

Eingil St. P.

Engelo Lc. c. a. 1070 (n. 221).

Nhd. Angele, Engel, Engele, Engell, Ingel.

Angala, fem. 8. Pol. Irm. s. 137, 208.

Angila tr. W. a. 737 (n. 47).

Angilla pol. R. s. 64.

Anguilla (so) pol. R. s. 86.

Engila St. P. zwml.; Laur. sec. 8 (n. 2153); H. a. 926 (n. 146); Lc. a. 927 (n. 87).

Engela P. VI, 229 not.; Laur. sec. 8 (n. 3783); Gud. a. 959; H. a. 963 (n. 178); Lc. a. 1083 (n. 234).

Angelin. 9. P. III, 429 (Kar. II capit.).

Nhd. Hengelein.

Angelom. 9. P. VIII, 338 (Sigebert. chron.), 574 (annalista Saxo).

Engilmo. 9. R. a. 822 (n. 22). Der genit. Engilmonis bei R. a. 814 (n. 18).

Engilome, fem. Gld. II, a, 122.

Angelisma, fem. 9. Pol. R. s. 51.

Angilbald. 8. Pd. a. 710 (n. 478; Mab. ebds.); H. a. 726 (n. 41).

Angilpald Mchb. sec. 8 (n. 20); St. P.

Angylbald Pd. a. 711 (n. 479).

Angelbald St. P. a. 942.

Anglebold pol. R. s. 45.

Ingalbold pol. Irm. s. 58, 83 etc.

Ingilbald Gld. II, a, 114, 116.

Inglebold pol. Irm. s. 103.

Engilbald P. VIII, 566 (annalista Saxo); Laur. mehrm.; Lc. a. 805 (n. 27); Ng. a. 808.

Engilbalt Laur. sec. 9 (n. 3011).

Engilpald St. P. mehrm.

Engilbold Ng. a. 785, 822; necr. Aug.; Laur. sec. 9 (n. 547).

Engilbolt Gud. a. 1056.

Engilpold St. P.; Ng. a. 802.

Engilpolt St. P.

Enkilbold Gld. II, a, 122.

Enchilbold Ng. a. 812.

Aengilbald urk. v. 704 (n. 29) H. u. (n. 461) Pd.

Eingilbold G. a. 964 (n. 17).

Eingilpald St. P.

Engelbolt Lc. a. 1083 (n. 234).

Hengilbold Ng. a. 858.

Hengerbold pol. Irm. s. 50 (sec. 11) scheint ein unorganisches H empfangen und zugleich eine dissimilation des l zu r erfahren zu haben, wie derselbe dialect auch Guillermus für Guillelmus u. dgl. hat.

Engilbero. 9. P. XI, 220 (chron. Benedictobur.); M. B. a. 1033 (VII).
Engilpero St. P. oft; M. B. sec. 9 (I, III, XI); H. a. 891 (n. 122); Gud. a. 893.
Enkilpero Gld. II, a, 98.
Engelpero M. B. a. 898, 899 (I, III, XI).
Engilpero neben Egilpero M. B. a. 891 (XXXI).
O. n. Engelbereshouun.

Engilpirin, fem. 9. St. P. öfters; Mchb. sec. 11 (n. 1168).
Engilpirn Mchb. sec. 9 (n. 682).
Engilperin St. P.
Engilbern Schn. a. 812; Dr. schreibt ebds. (n. 289) Egilbern.

Angilberht. 7. B. v. Mailand sec. 9; b. v. Freisingen sec. 11.
Angilberht St. P. zweimal.
Angilperht St. P. dreimal.
Angilbert P. I, II mehrm.; III, 396, 430 (Hlud. II capit.); V mehrm.; VIII, 168 (Ekkeh. chron. univers.); X, 209 (vit. S. Magnerici); Ng. a. 785.
Angilpert Gld. II, a, 112.
Angalbert pol. Irm. s. 212.
Angilibercth Pd. a. 692 (n. 431; Mab. ebds.).
Anglibert St. M. a. 709.
Anghilbert P. I, 178 (ann. Lauriss.).
Angelbert P. V mehrm.; VIII 563 (annalista Saxo); X, 104 (catal. archiepp. Mediol.); Guérard a. 800; pol. R. s. 53, 55 etc.; St. M. a. 1002, 1068.
Anglebert P. III, 429 (Kar. II capitul.); Pd. a. 702 (n. 454); pol. R. s. 72, 74 etc.
Ingalbert pol. Irm. s. 15, 36 etc.
Ingilbreht necr. Aug.
Ingilbert Guérard a. 828.
Ingelbert P. X, 356 (Hugon. chron.); XI, 413 (chron. Affligem.); St. P.; pol. Irm. s. 111.
Inglebert Pd. c. a. 718 (nachtr. n. 42).
Iggelbert P. VIII, 400 (Sigeb. auctar. Affligem.).
Aengilperht St. P.
Aengelbert H. a. 709 (n. 32); Pd. ebds. (n. 474).
Engilbreht Laur. sec. 8 (n. 6); Ng. a. 785; necr. Aug.
Engilperht St. P. oft.
Engilbert P. I, 78 (ann. Sangall.), 350 (Enh. Fuld. ann.); II, 35 (abbat. S. Gall. catal.), 67 (Ratperti cas. S. Gall.), 103—111 (Ekkeh. cas. S. Galli); VI, VII öfters; Ng. a. 784, 791, 797, 799, 805, 815, 818, 821, 826; Laur. öfters; Dr. a. 797 (Schn. ebds. Engilpraht); M. B. a. 1002, 1004 (VI, XI), 1073 (I); Guérard a. 1076; St. P. mehrm.
Engelbert P. II, 463 (Einh. vit. Car.); VI, 853 not. (Petr. Damian. vit. S. Romualdi); M. B. sec. 11 (IV, IX, X, XI, XIV).
Engilpreht St. P. öfters.
Engilperth St. P.
Engilpert P. II, 78 (Ekkeh. cas. S. Galli); Ng. a. 809, 812, 819.
Engilperaht Schn. a. 817.
Engilpraht Schn. a. 796; St. P.; Dr. a. 823 (n. 422), wo Schn. das sinnlose Engilgraht liest.
Engilbret necr. Aug.; Ng. a. 817.
Engilpret Ng. a. 808, 827.
Engelpreht M. B. sec. 8—11 (VII—IX).
Engilprhet (so) Gld. II, a, 122.
Hengilperht St. P.
Aengelbert neben Aegelbert H. a. 712 (n. 35).
Hielbert für Engelbert H. a. 1093 (n. 294).
Agilbert bei P. V auch für Angilbert.
Egilbert mit Engilbert verwechs. P. VII.
Nhd. Engelbärt, Engelberdt, Engelbert, Engelbrecht.
O. n. Engilbertis riuti.

Ingalberta, fem. 8. Pol. Irm. s. 95, 103.

Angalberga, fem. 8. Pol. Irm. s. 213.
Angelberga P. V öfters; IX, 603, 605 (chron. mon. Casin.); Lp. a. 909 (II, 71).
Anglebergia (so) pol. R. s. 105.
Ingalberga pol. Irm. s. 9, 135.
Ingilberga P. III, 518 (Kar. II capitul.).
Ingilbrich Schpf. a. 828 (n. 89).
Ingelberga P. I, 471, 477, 493 f. (Hincm. Rem. ann.); A. S. Jan. I.
Engilbirg Gld. II, a, 122 neben Engilbric, Engilbrich, Engilpiric, Engilberc.
Engilpirc St. P.
Engilbiric Ng. a. 886.
Engilberga P. I, 514 (Hincm. Rem. ann.).
Engelberga P. I, 481, 482, 485 (Hincm. Rem. ann.); V öfters.
Eingilpirc St. P.

Ingelprand. 10. Lp. a. 973 (II, 307).
Ingilbodo. 8. Lgd. a. 806 I, (n. 13).
Ingalbod pol. Irm. s. 136.
Engilpoto St. P.
Angilburga, fem. 8. Laur. sec. 8 (n. 348).
Angelburgis Mab. a. 905.
Ingalburgis pol. Irm. s. 83, 148.
Ingelburgis pol. Fossat.
Engilburg Dr. a. 792 (vgl. Gilburg).
Engilburc Laur. sec. 8 (n. 1330); R. a. 821 (n. 21).
Engilpurc Mchb. sec. 8 u. 9 (n. 151, 536); St. P. öfters.
Engilbruc Gld. II, a, 122.
Engilpurg Gld. II, a, 122.
Engilpurch St. P. öfters.
Enghilpurc St. P.
Ingildan. 8. Laur. sec. 8 (n. 1212).
Engildanz. 8. Laur. sec. 8 (n. 493); etwa = Engildanus?
Engeldich. 9. Mrkgrf. v. Oestreich sec. 9. M. B. a. 895 (XXXI).
Angildruda, fem. 8. P. VII, 110 (Herim. Aug. chron.).
Angildrud St. P.
Angilthrud tr. W. a. 777 (n. 93).
Angildruth P. II, 366 (vit. S. Sturmi).
Angeltrudis pol. R. s. 46, 65 etc.
Ingaltrud pol. Irm. s. 11, 17 etc.
Ingildrudis P. I, 376 (ann. Fuld.), 461 (Hincm. Rem. ann.).
Ingildrut H. a. 909 (n. 136).
Ingeltrudis pol. R. s. 48.
Ingeltrud P. II, 671 (Nithardi hist.); pol. Irm. s. 57.
Engildruda Ng. a. 804, 805.
Engildrudis P. I, 573 (Regin. chron.).
Engildrud St. P.; Laur. sec. 9 (n. 216, 3156).
Engildruth Laur. sec. 8 (n. 472).
Engildrut Laur. mehrm.
Engiltrud Ng. a. 805.
Engiltruth Laur. sec. 8 (n. 1223).
Engeldrudis P. VIII, 578 (annalista Saxo).
Engeldurd (so) Gld. II, a, 122.
Ingelflid. 8. Pol. Irm. s. 111.
Engilvolch. 8. Mchb. sec. 8 (n. 146).
Engilforht. 8. St. P.; ebds. auch Engiluohrt, Engilfort, Engiluord, Eingiluorht.

Angilfrid. 6. St. P. dreimal.
Augilfrit St. P.
Anglifrid Pd. a. 745 (n. 586).
Angelfrid instr. vendit. Gundilebi a. 540 bei Sp. u. b. M. (n. 118).
Angelfred P. I, 626 (contin. Regin.).
Ingalfrid pol. Irm. s. 140, 170.
Ingilfrid pol. Irm. s. 262.
Ingalfred pol. Irm. s. 193.
Ingelfrid pol. Irm. s. 151.
Ingelfred P. V, 342 (Liudpr. hist. Ott.).
Engilfrid Wg. tr. C. 467; St. P. öfters; Laur. sec. 9 (n. 514).
Engilfrit St. P.
Engilfrid mit var. Engilfrit und Erchanfrid M. B. a. 888 (XXXI).
Engalfrit St. P.
Engelfrid G. a. 967 (n. 20).
Engelvrid Ng. a. 854.
Angelfred mit var. Ingalfred P. I, 626 (Regin. chron.).
Angesfred Lp. a. 975 (II, 326) ist wol Angelfred zu lesen.
Nhd. Engelfried.
Engilfrit, fem. 9. Mchb. sec. 9 (n. 491).
Engelurit (fem.) Gld. II, a, 122.
Engilgold (so), 9. Ng. a. 861.
Angalgar. 8. Pol. Irm. s. 224.
Ingalgar pol. Irm. s. 43, 78 etc.
Ingilgar Lgd. a. 968 (II, n. 102).
Ingelger P. III, 539 (Kar. II capitul.); pol. Fossat.
Inghilgar Pd. a. 526 (n. 108), 538 (n. 131).
Engilgar Gld. II, a, 114.
Engilger St. P. mehrm.; Ng. a. 785, 826; Laur. sec. 9 (n. 367).
Engilker Gld. II, a, 122.
Engliger Schn. a. 811; Dr. schreibt hier (n. 256) Englinger.
Engelgar conc. Pistens. sec. 9.
Eingilger Lc. a. 1091 (n. 245).
Engelger Ng. a. 883.
Ingalgardus. 8. Pol. Irm. s. 136.
Angilgardis, fem. 8. Pol. Irm. s. 255.
Angylgard Laur. sec. 8 (n. 966).
Ingalgardis pol. Irm. s. 87.
Engilgart und Engilcart Gld. II, a, 122.
Engelgart Ng. a. 876.
Ingalgaud. 9. Pol. Irm. s. 209.

Engilgoz M. B. a. 892 (XXXI); Laur. sec. 9 (n. 2913).

Engilgund, fem. 9. K. a. 851 (n. 118).

Anglehaidis, fem. 9. Pol. R. s. 47.
Angelhagdis pol. R. s. 75.
Anglehagdis pol. R. s. 75, 77.
Engilheid Gld. II, a, 122.
Anglewaidis pol. R. s. 105 hieher?

Angilhart. 8. B. v. Magdeburg sec. 11. Mchb. sec. 9 (n. 292); St. P.
Angelard Mab. a. 905.
Ingalhard pol. Irm. s. 78, 89.
Ingalard pol. Irm. s. 43, 139.
Engilhard P. VII, 155 (Lamberti ann.), 272 (Berthold. ann.); IX öfters; St. P. öfters; Laur. sec. 9 (n. 377, 513).
Engilhart Schn. a. 779; Schn. a. 824, c. a. 890 (Dr. liest hier an beiden stellen Egilhart); Ng. a. 824, 825; Mchb. sec. 9 (n. 335); M. B. a. 837 (IX); St. P. öfters; Laur. sec. 9 (n. 3434).
Engilart St. P.
Enkilhart Gld. II, a, 98.
Engelhard P. VIII, 688 (annalista Saxo); H. a. 909 (n. 136); Lc. a. 1063 (n. 200).
Engelhart M. B. a. 1060 (VI).
Engelard P. VII, 23 (ann. Blandin.).
Hengilhart Ng. a. 907.
Eggilhard für Engilhart P. VIII, 199 (Ekkeh. chron. univers.), 694 (annalista Saxo).
Nhd. Engelhard, Engelhardt, Engelhart, Englert.

Angelher, 8. Laur. sec. 8 (n. 181).
Angleher pol. R. s. 9, 42.
Angalar pol. Irm. s. 208.
Angaler pol. R. s. 64.
Angelar P. V und IX öfters.
Angeler pol. R. s. 79.
Ingalhar pol. Irm. s. 40.
Inglehar pol. Irm. s. 113.
Ingelerius qui et Ingezo Lp. a. 1000 (II, 430).
Aengilheri St. P.
Engilheri St. P. zweimal.
Engilhere Gld. II, a, 122.
Engilher Dr. a. 795; Laur. mehrm.; Ng. a. 807.
Engelharis (gen. msc.) Pd. a. 703 (n. 457) vielleicht Engelbaris zu lesen?
Hinclear pol. Irm. s. 98 vielleicht hieher.
Nhd. Engeler, Engler.

Ingalaria, fem. 8. Pol. Irm. s. 184.

Engilhad. 9. Dr. a. 819 (n. 383); die form ist unsicher, da Schn. hier Engilhard liest.

Ingalhaus. 8. Pol. Irm. s. 159. Steht - haus für - hadus?
Ingalaus pol. Irm. s. 139, 141.
Ingelhaus pol. Irm. s. 35.

Angilheim, 8. Schn. a. 776.
Ingellelm P. IX, 107, 132 (chron. Novalic.).
Ingelelm Guérard a. 1098.
Engilhelm St. P.; Laur. mehrm.; Ng. a. 820, 824, 849; K. a. 846 (n. 113).
Engalhelm St. P.
Engelhelm Laur. sec. 9 (n. 199).
Engilelm H. a. 926 (n. 146).
Engelelm Guérard a. 1085.
Angelelin conc. Compend. a. 757 ist wol Angelelm zu lesen.

Anglehildis, fem. 8. Pol. R. s. 46, 51 etc.
Ingilhildis pol. Irm. s. 248.
Ingalhildis pol. Irm. s. 256.
Ingilhilt Dr. a. 867 (n. 597); Schn. hat hier Engilhilt.
Ingelildis pol. Irm. s. 87.
Engilhilt Mchb. sec. 9 (n. 623); St. P. zwml.
Eingilhilt St. P.
Hinclehildis pol. Irm. s. 138, 139.
Ingulhilt Schn. a. 824 ist wol falsch, da Dr. hier (n. 425) Inguhilt liest.

Engilhoh. 8. St. P.

Angalramnus. 8. B. v. Metz sec. 8; b. v. Meaux sec. 10.
Angalramnus Mab. a. 777.
Angilramnus P. III, 75 (Kar. M. capitul.); IV, B, 35 (Benedict. capitul.); VI, 353 ff., 370 (vit. Joh. Gorz.); Paul. diac. VI, 16.
Angilrammus P. I, 47 (ann. Alam.).
Angelramnus P. II, 269 (catal. episc. Mett.); V, 156 (ann. S. Vincent. Mett.); X, 165 (gest. Trever.).
Angelrannus P. X, 640 (gest. episc. Tullens.); pol. R. s. 50, 65 etc.
Angerannus f. Angelr. P. XII, 540 (gest. episc. Mett.).
Ingalramnus pol. Irm. s. 91, 134.
Ingilramnus P. I, 299 (chron. Moissiac.).
Ingelramnus P. III, 516 (Hlud. Germ. capit.); VII, 24 (ann. Blandin.); IX, 491 (gest. episc. Camerac.).

Ingelrannus Guérard a. 1089.
Inghelramnus P. VII, 23 (ann. Blandin.).
Iggelramnus Mab. a. 905.
Ingelrannus P. VIII, 445 (Sigeb. auctar. Laudun.), 471 (Sigeb. auctar. Ursicamp.).
Engilramnus P. I, 378 (ann. Fuld.); II, 237 (ann. brev. Fuld.); III, 426, 458 (Kar. II capit.); V, 117* (ann. Fuld.).
Engilrammus P. I, 594 (Regin. chron.); II, 65 (Raperti cas. S. Galli); Laur. mehrm.
Engilhramnus P. V, 117* (ann. Fuld.).
Engilhram Mchb. sec. 9 (n. 442); St. P. zwml.
Enghilramnus P. I, 34 (ann. Lauresh.).
Engilram necr. Aug.; St. P. öfters.
Engelramnus P. I, 480 (Hincm. Rem. ann.); X, 622 (chron. S. Huberti Andag.).
Engelrannus P. I, 498 (Hincm. Rem. ann.); X, 611 (chron. S. Huberti Andag.).
Engelram M. B. c. a. 1080 (XIII).
Hengilram St. P.
Hengelrannus pol. Fossat.

Engilrod. 8. St. P.
Engilruod St. P.

Engilhult. 9. So, oder vielmehr verderbt Engiluhlt bei St. P. Für Engilhilt?

Ingaland. 8. Pol. Irm. s. 43. Für Ingalland? oder für Ingo-land?

Engillind, fem. 9. Mchb. sec. 9 (n. 414); Schn. a. 824; St. P.

Angilman. 8. Laur. sec. 8 (n. 502); St. P.; Schn. a. 804.
Ingalman pol. Irm. s. 139.
Engilman P. IX, 250 (Gundechar. lib. pont. Eichstet.); Laur. sec. 8 (n. 390, 483); St. P. öfters.
Engelman M. B. a. 828 (VIII).
Nhd. Engelmann.

Angelmar. 6. M. B. a. 829 (XXXI).
Ingalmar pol. Irm. s. 56, 90 etc.
Ingilmar pol. Irm. s. 261.
Inghilmar Pd. a. 527 (n. 128).
Engilmar P. I, 414 (ann. Fuld.); III, 561 (Arnulf. capit.); IV, B, 171 (synod. Baioar. sec. X); VI, 418 (Gerhard. vit. S. Oudalr.), 570 (Arnold. de S. Emmer.); St. P. mehrm; M. B. a. 890, 893, 903 (XXXI), 898 (XI), 1033 (VII).
Engelmar St. P.
O. n. Engelmaresperg.

Angilmod, msc. u. fem. 9. B. v. Soissons sec. 9. Conc. Pistens. a. 862.
Engilmot St. P.
Engilmuat tr. W. a. 858 (n. 49).
Engelmuot Gld. II, a, 122.
O. n. Engilmuotesberg.

Angelmoda, fem. 10. Lgd. a. 998 (II, n. 133); M. c. a. 1000 (n. 39) neben dem verderbten Aimoldis.

Angelmund. 8. Mab. a. 905; St. M. a. 1065.
Engilmunt Schn. a. 836; St. P.
Engilmund tr. W. a. 783 (n. 217).
Engelmund P. VII, 23 (ann. Blandin.).

Engilniu, fem. 8. Dr. a. 796 (n. 113; Schn. ebds.).
Egilniu Dr. a. 841 (n. 530; Schn. ebds.) wol hieher.

Engilnot s. Angilsnot.

Ingelnonus, 9. Ep. Sagiens. Conc. Wormat. a. 833; jedenfalls irrthum.

Ingalrad, msc. u. fem. 8. Pol. Irm. s. 247, 270.
Engilrad St. P. mehrm.
Engilrat Ng. a. 824; Schn. a. 848 (wo Dr. n. 555 Eigilrat liest); St. P. öfters; Laur. mehrmals.
Enkilrat Gld. II, a, 122.
Hengilrat Gld. II, a, 124.
Nhd. Angelrath.

Angilrada, fem. 8. Laur. mehrm.; H. a. 955 (n. 167).
Angelrada pol. R. s. 35, 102; St. M. a. 1002.
Ingalrada pol. Irm. s. 9, 14 etc.
Engilrata Mchb. sec. 9 (n. 517).
Engilreda H. a. 955 (n. 167).
Engelrada P. X, 534 (gest. abbat. Gemblac.).
Engiltrada H. a. 955 (n. 167).
Henghilrata Ng. a. 831 (n. 248) neben Henghilta.

Angelrich. 8. Pol. R. s. 50, 65 etc.
Anglerich pol. R. s. 105.
Ingalrich pol. Irm. s. 139.
Engilric Lc. a. 948 (n. 103).
Engilrih Mchb. sec. 8 u. 9 (n. 171, 367); necr. Aug.; St. P. öfters.
Engilrich M. B. a. 837 (IX), 893 (XXXI); Laur. sec. 9 (n. 2187, 2461).
Engelrich K. a. 1091 (C. S. n. 12); conc. Lemovicens. a. 1031.

Engilrid. 8. St. P.

Engilsach. 10. R. a. 973 (n. 107). Etwa verderbt für Engilscalch?

Engilscalc. 8. P. VII, 110 (Herim. Aug. chron.); St. P.; Dr. sec. 9 (n. 220), wo Schn. Engilscale schreibt.

Aengilscalh St. P.

Engilscalch P. I öfters; III, 426 (Kar. II capit.); V, 140 (ann. Einsidl.); St. P.; Mchb. sec. 8 u. 10 (n. 122, 989).

Engilscalh Mchb. sec. 10 (n. 989); St. P. öfters; necr. Aug.

Enghilscalh St. P.

Engilschalch St. P.

Engilschalh St. P.

Engelscalc Schn. a. 900.

Eingilscalh St. P.

Eingilscalch St. P.

Hieher auch wol die formen:

Ingiscalc P. III, 452 (Kar. II capit.).

Engiscalc und Engiscalch P. III, 426 (Kar. II capit.).

Engischalc P. III, 458 (Kar. II capit.).

Angilsindis, fem. 8. Pol. Irm. s. 209.

Angelsindis pol. Irm. s. 212.

Ingalsindis pol. Irm. s. 12, 17 etc.

Ingelsindis pol. Irm. s. 178.

Ingelsinda Lp. a. 991 (II, 390).

Ingilsind Lgd. a. 862 (I, n. 87).

Engilsind Ng. a. 837.

Hengelsent pol. Fossat.

Hiezu viell. Ingalsis pol. Irm. s. 205.

Angilsnot, fem. 8. Mchb. sec. 8 (n. 175).

Engilsnot Mchb. sec. 8 (n. 179, 243).

Engilsonot (so) St. P.

Hieher wol noch:

Engisnuot Gld. II, a, 122.

Engilnot Mchb. sec. 9 (n. 363).

Engilson. 8. St. P. zwml.

Angilsuinda, fem. 8. Tr. W. a. 773 (n. 128), 774 (n. 53).

Engilswinda tr. W. a. 774 (n. 178).

Engilswindi K. a. 786 (n. 30; Ng. ebds.).

Engilsvint Laur. sec. 9 (n. 1961, 3156); M. B. sec. 11 (VI).

Engelswint H. a. 853 (n. 87).

Angildeo. 8. Dr. a. 874 (n. 610).

Angaldeo necr. Fuld. a. 880.

Ingalteus pol. Irm. s. 33.

Ingilthie P. IV, B, 166 (Ott. M. pact.).

Engildiu St. P. öfters.

Engildio Mchb. sec. 9 (n. 729); M. B. a. 916 (XXXI), sec. 11 (VI); St. P.

Engildieo P. I, 410 (ann. Fuld.).

Engildeo P. XI, 220 (chron. Benedictobur.), M. B. c. a. 750, 828, c. a. 1030, c. a. 1060 (VI, VII, VIII); St. P. öfters.

Engiltheo Gld. II, a. 98.

Engildie St. P.

Engoldie (so) necr. Aug.

Hengildeo P. XI, 220 (chron. Benedictobur.).

Ags. Angelþeóv. Nhd. Hinkeldey?

Engilwat. 8. Laur. sec. 8 (n. 2256).

Angelwalis, fem. 9. Pol. R. s. 49.

Angloald. 8. Urk. v. 720 H. (n. 39) u. Pd. (n. 516).

Engilald Ng. a. 812.

Engilwan. 8. St. P. dreimal, Laur. dreimal; Hd. m. S. a. 1068 (II, 89).

Engivan Laur. sec. 8 (n. 351) wol für Engilvan.

Engilwar. 8. St. P.

Engelwerus Pd. a. 703 (n. 457).

Engelwara, fem. 8. P. VII, 21 (ann. Blandin.).

Engelwara mit var. Egelwara Pd. a. 703 (n. 457).

Engilwart. 8. Laur. sec. 8 u. 9 (n. 1330, 2313).

Engilwib, fem. Gld. II, a, 122.

Anglewaidis s. Anglehaidis.

Angloidis, fem. 9. Pol. R. s. 47.

Engilwic. Gld. II, a, 122.

Engilwich St. P.

Engilwiha, fem. 9. R. a. 821 (n. 21).

Engilwih Mchb. sec. 8 u. 9 (z. b. n. 179, 495); Dr. a. 800 (Schn. schreibt hier Engilwiz); St. P. zwml.

Angloin. 9. Pol. R. s. 44, 64.

Ingilwin P. III, 426, 539 (Kar. II capit.).

Ingelwin P. I, 467 (Hincm. Rem. ann.); III, 534 (Kar. II capit.).

Engilwin P. I, 471 (Hincm. Rem. ann.), 440 (Prud. Trec. ann.).

Engelwin P. I, 521 (ann. Vedast.); II, 200 (ann. Vedast.).

Ingalwis. 8. Pol. Irm. s. 89, 114.

Engilwiz Schn. a. 800 (vgl. Engilwiha).

Angilulf. 8. Dr. a. 758 (Schn. liest Agilulf).

Anghilulf Laur. sec. 8 (n. 1014).
Angilolf tr. W. a. 774 (n. 53); Laur. sec. 8 (n. 989).
Engilwolf St. P. mehrm.
Engilulf Laur. sec. 8 (n. 2970).
Engilolf Dr. n. 335 (Schn. ebds. Egilolf); Laur. sec. 8 (n. 3360).

Am schlusse dieses stammes erwähne ich noch
Angelucia, fem. 9. Pol. Irm. s. 207. Vgl. Anselucus und Fulcucia.

Anginulf s. ANGAN. **Angofrid, Angunila** s. ANG. **Angysus** s. ANS (Ansigis). **Anibert, Anila, Anninc** s. AN. **Anniso** s. ANS. **Annivert, Anno, Anoin** s. AN.

ANS. Dieser stamm wird nur anlautend gebraucht; einige seltene formen wie Folchans (9) und Keraus (9) gehören kaum hieher. Etymologisch fügt sich ANS zu altn. âs, ags. ôs (deus), wozu die anses des Jornandes, vielleicht auch die etruskischen Aesares (Sueton) und die *Αἰσοὶ* bei Hesychius zu rechnen sind. Die bedeutung stimmt also zu dem ebenfalls in n. gebrauchten got-, cota-. Ich habe hieher fast alle mit As- und Os- anlautenden n. gezogen, indem ich in ihnen einen ausfall des n nach ags., altn. und alts. weise zu erkennen glaube, doch ist die sache in einzelnen formen nicht ohne bedenken, namentlich wenn noch ein h vortritt (vgl. HAS). Ausserdem wird noch der umstand zu erwägen sein, dass die formen As- und Os- zuweilen, z. b. in den trad. Corb., neben einander auftreten, was hier wol eher durch eine berührung zweier stämme, als durch ein schwanken der aussprache oder durch eine ungenauigkeit in der schreibung zu erklären ist. Vgl. auch wegen der form Os- den stamm AUS. Dass bei St. P. die formen Aso, Asperht, Asfrid, Ashilt, Asni u. dgl. ein langes a haben, geht aus der eben daselbst vorkommenden schreibung Aas- in denselbenna men hervor; Ans- erscheint bei St. P. nur ausnahmsweise. Die frühere unhistorische etymologie glaubte übrigens in der form Os- unser **haus** zu sehn und erklärte z. b. Oswin und Oswald durch hausfreund und hauswald.

Einige formen mit Anst- könnte man auch hieher ziehn, indem man das t für eingeschoben erklärte; ich habe mich aber durch überwiegende gründe veranlasst gefunden, sie alle zu einem besondern stamme ANST zu vereinen.

Anso. 9 Anniso b. v. Caere sec. 10.
Anso P. III, 252 (Hlud. et Hloth. capit.); VI, 13 (ann. Laubiens.), 59 (Folcuin. gest. abb. Lobiens.); IX, 771 (chron. mon. Casin.); Ng. a. 816.
Aso Wg. tr. C. 234; St. P. dreimal.
Aaso (so) St. P.; Lc. a. 1070 (n. 221).
Anniso P. VI, 379 not. (bulle v. Joh. XV); conc. Rom. a. 993. Viell. mit euphon. i?
Osso St. P. hieher?
Eso Wg. tr. C. 243, 414 hieher?
Ags. Êsa hieher? Altn. Âsa.

Ansa, fem. 8. Frau des Langobardenkönigs Desiderius.
Ansa P. I, 40 (ann. Alam.; ann. Nazar.), 75 (ann. Sangall.); St. P.

Hieher noch vielleicht die formen
Osa St. P.; pol. R. s. 50, 103.
Enisa Mchb. sec. 8 u. 9 (n. 164, 602, 631 u. s. w.); St. P.

Asi. 9. Wg. tr. C. 335, 382, 398.
Esi Wg. tr. C. 282, 356; C. M. Sept.

Ansich. 8. Asico graf unter Otto I sec. 10.
Ansich Laur. sec. 8 (n. 2000).
Asico P VIII, 662 (annalista Saxo); Wg. tr. C. 445.
Asuco Wg. tr. C. 243, 326, 354.
Asica (wol msc.) Wg. tr. C. 233.
Asico mit var. Etsico P. V, 80 (ann. Quedlinb.).
Asic P. V, 438 (Widukind.); VI, 160 (vit. S. Liutbirgae); VIII, 599 f. (annalista Saxo); Wg. tr. C. 108, 121, 124, 243, 258, 386, 390, 443, 450; necr. Fuld. a. 962; Ms. a. 1049 (n. 21).
Asig qui et Adalricus Mab. a. 813.

Ganz zweifelnd setze ich hieher die formen:
Aesica (msc.?) C. M. Juni.
Esico (und -us) P. V, VIII, IX oft; C. M. Juni.
Esic Wg. tr. C. 89, 247, 253, 255, 303, 314, 329, 334, 345, 357, 465, 466; C. M. Nov.
Esik Frek.
Escio Gr. I, 493 wol nicht hieher.

Nhd. Assig, Essich, Essig.
Ansila, msc. 5. Jorn.; hist. miscell. 14.
Ansolo P. III, 253 (Hlud. et Hloth. capit.).
Ansul Paul. diac. III, 29.
Anselo St. P. a. 1093.
Ansellus P. V, 379 (Flodoardi ann.); VIII, 393—395 (Sigebert. auctar. Aquicin.), 471 (Sigeb. auctar. Ursicamp.); IX öfters; Guérard a. 1098.
Ensilo Gld. II, a, 98.
Asilo St. P.; Dr. n. 348.
Ags. Êsla. Nhd. Asel, Ensle.
Asila, fem. 9. St. P.; R. a. 821 (n. 21).
Asuni. 8. St. P. zwml.
Ansbald. 8. P. I, 570, 596 (Regin. chron.); VIII, 577, 586 (annalista Saxo); pol. Irm. s. 63.
Ansbold pol. Irm. s. 5, 73; Laur. sec. 9 (n. 106); H. a. 861 (n. 96) etc.
Anspold Gld. II, a, 96.
Onsbald H. a. 704 (n. 29); Pd. ebds. (n. 461). Wol hieher.
Ansbarn. Gr. I, 388.
Osber. 9. Wg. tr. C. 326.
Osbern Lc. a. 820 (n. 38); pol. Irm. s. 49 (sec. 11).
Altn; Âsbiörn. Ags. Ôsbeorn, Ôsbearn.
Asperina, fem. 8. Schn. a. 757.
Aspirin Gld. II, a, 121.
Aspirn Laur. sec. 9 (n. 2526).
Asprin St. P.; Laur. sec. 8 (n. 2525).
Osbirin Lc. a. 833 (n. 45).
Osbrin C. M. Sept.
Ospirin Ng. a. 825; St. P. dreimal.
Ospirin und Ospirn Gld. II, a, 126.
Ansobert. 7. B. v. Rouen sec. 7.
Ansobert Mab. a. 670.
Ansebercth Mab. a. 692, 693 etc.
Ansbraht Lc. a. 855 (n. 65).
Anspraht Schn. a. 791.
Ansbert P. II öfters; III, 90 (Kar. M. capit.); VI, 116 (Ademar. hist.); VII öfters; VIII, 118 (Eckeh. chron. univers.), 322 (Sigeb. chron.); X, 321 etc. (Hugon. chron.); pol. Irm. s. 10, 175; Guérard a. 729.
Anspert P. III, 529 f. (Kar. II capit.); V, 237 (Andr. Bergom. chron.); X, 104 (catal. archiepp. Mediol.); Guérard a. 800.
Ansevert pol. Irm. s. 224.
Ansbreth Laur. sec. 9 (n. 728).
Osbert P. II, 417 (vit. S. Liudgeri); III, 426, 458 (Kar. II capit.); Mab. a. 854.
Ospert H. a. 909 (n. 136).
Osbrat P. II, 416 (vit. S. Liudgeri).
Asberct Dr. a. 802 (Schn. ebds. Arbrecht).
Asperct Dr. a. 779.
Aspreht St. P. mehrm.
Asperth St. P.
Asbret Lc. a. 812 (n. 30).
Asbert H. a. 888 (n. 120); Laur. n. 2331.
Aspert P. VI, 565 (Arnold. de S. Emmer.); St. P.; Laur. n. 2537; H. a. 888 (n. 119).
Auspert P. IV, B, 14 (Eugen. II concil.) soll wol Anspert heissen.
Aasperht St. P. mehrm.
Aaspert St. P.
Aasbrath Laur. sec. 8 (n. 1935).
Esprath Laur. sec. 8 (n. 2483) wol hieher.
Ags. Ôsbeorht, Ôsbryht, Ôsberht, Ôsbert.
Nhd. Osbarth.
Ansberta, fem. 8. Pol. Irm. s. 143, 161.
Hansberta Pd. a. 729 (n. 547; Guér. ebds.).
Ansberga, fem. 9. Pol. Fossat.
Ans pirc und Anspric Gld. II, a, 120.
Osberga St. M. a. 1053.
Asbirg Dr. a. 813 (n. 283); Schn. schreibt hier Arbirg.
Arizeverga Lp. a. 909 (II, 71) scheint für Anzeverga zu stehn.
Ansiprand. 8. P. VII, 64 (catal. regg.).
Ansebrand conc. Narbonens. a. 788.
Ansbrand pol. Irm. s. 40.
Ansprand Paul. diac. VI, 17 etc.; P. V öfters; VIII, 328 f. (Sigeb. chron.); Ng. a. 813.
Ansprando P. IX, 38 (Joh. chron. Venet.).
Asbrand St. P.; Laur. sec. 8 (n. 2411).
Asbrant Ng. a. 783, 786, 812; K. ebds.; Laur. sec. 9 (n. 2176).
Asprand P. V öfters; VIII, 149 (Ekkeh. chron. univers.).
Asprant St. P.; Ng. a. 808, 818, 826; K. a. 882 (n. 157); R. a. 901 (n. 85).
Hieher vielleicht noch
Aspirand P. XI, 535 (auct. Mellic.); conc. Mutin a. 973.
Asperant K. a. 824 (n. 90).

Altn. Asbrandr.

Ansburgis, fem. 8. Pol. Irm. s. 100.

Ansbrug (so) pol. Irm. s. 161.

Osburg P. X, 508 (vit. Wicberti); Wg. tr. C. 319.

Ospurc Gld. II, a, 126.

Osdag. 9. P. V, 66 (ann. Hildesh.), 68 (ann. Quedlinb.), 770 (Thietmari chron.); VI, 758, 764 f. (Thangmar. vit. Bernwardi); VIII, 633, 634, 638 (annalista Saxo); IX, 849 (chron. Hildesh.).

Osdagh P. IX, 852 (chron. Hildesh.).

Osdac Wg. tr. C. 234, 266, 328, 449; C. M. April.

Osdach Wg. tr. C. 23.

Ostag Schn. a. 838; necr. Fuld. a. 844.

Asdag Hf. c. a. 1020 (II, 152).

Vgl. zu diesem n. Ostdag; desgl. Asdeht.

Anstrudis, fem. 8. Pol. Irm. s. 69, 73 etc.; Mab. a. 831.

Anstruda H. a. 909 (n. 137).

Ansdrude Gud. a. 909.

Ags. Ôstryð, Ôsdryð.

Ansfledis, fem. 7. P. II, 280 (gest. abbat. Fontanell.).

Ansflidis pol. Irm. s. 99.

P. I, 321 (ann. Mett. a. 693) findet sich Ansfredis, doch ist hier nach dem chron. Fontanell. Ansfledis zu lesen.

Ansfrid. 8. B. v. Utrecht sec. 11.

Ansfrid P. I, 99 (ann. Colon.), 217 (Einh. ann.); II, 631 (vit. Hlud. imp.), 716 (vit. S. Anskarii); V, VI öfters; VIII, 353 (Sigeb. chron.), 639, 656, 661 (annalista Saxo); IX, 429 (gest. episc. Camerac.); X, 528 (gest. abbat. Gemblac.); pol. Irm. s. 93.

Ansfrit Paull. diac. VI, 3; M. B. c. a. 1060 (VI).

Ansfred P. IX öfters; pol. Irm. s. 36, 159.

Asfrid St. P.

Aasfrid (so) St. P.

Ist Anifrid G. c. a. 970 (n. 22) für Ansfrid verschrieben?

Ags. Ôsfrið, Ôsferð, Ôsferd.

Ansfreda, fem. 8. Pol. Irm. s. 264.

Ansfredis s. Ansfledis.

Ansusus. 10. St. M. a. 962 u. 972 für Ansfusus? dsgl. Mab. a. 933?

Ansigar. 8. Pol. R. s. 104.

Ansegar pol. Irm. s. 4, 11 etc.

Ansgar P. II, V, VIII, IX öfters; pol. Irm. s. 176, 180.

Anscar P. II öfters; III, 464 (Kar. et Hloth. capit.); V oft.

Anskar P. II oft.

Ansger P. I, 410 (ann. Fuld.); II, 231 (ann. Xant.); VI, 164 (vit. S. Liutbirg.); necr. Aug.; Schn. a. 930 (Dr. hat ebds. n. 677 Antger).

Anscher P. I, 511 (Hincm. Rem. ann.); VI, 196, 199 (panegyr. Berengar.); St. M. a. 1090.

Osegar pol. Irm. s. 15.

Osgar pol. Irm. s. 24, 96 etc.

Osger Wg. tr. C. 305, 316, 338, 344, 401.

Asger Wg. tr. C. 184, 246.

Die formen Ascheri, Aschar und Ascar s. unter ASC.

Hieher möglicher weise Osinger (10) P. VI, 73 (Folcuin. gest. abb. Lobiens.).

P. II, 689 not. findet man eine wunderbare deutung des n. Ansgar aus engl. on shore.

Altn. Âsgeir. Ags. Ôsgar.

Ansigardis, fem. 8. Pol. Irm. s. 206.

Ansegard pol. Irm. s. 105.

Ansgard P. I, 590 (Regin. chron.); V, 214 (tabula Kar.); VIII, 584 (annalista Saxo).

Ansegaud. 9. B. v. Auranches sec. 9.

Ansegaud P. III, 420 f. (Kar. II capit.); pol. Irm. s. 13, 83 etc.

Ansgaud pol. Irm. s. 176.

Anseganus pol. Irm. s. 133, 163.

Anscaus M. c. a. 750 (n. 69); Lp. a. 856 (I, 782).

Ascoz St. P.

Ags. Ôsgot. Altn. Âsgautr.

Ansgil. 8. Pol. Irm. s. 123, 124.

Ansigildis, fem. 8. Pol. R. s. 52, 101.

Ansegildis pol. Irm. s. 33, 79 etc.

Ansgildis pol. Irm. s. 171.

Osgildis pol. Irm. s. 27.

Ansigis. 8. Sohn des b. Arnulf v. Metz und vater Pipins II sec. 8; b. v. Sens sec. 9; b. v. Genf sec. 9; b. v. Troyes sec. 10.

Ansigis P. II, 293, 299 (gest. abbat. Fontan.), 312 (dom. Carol. geneal.); VIII öfters; pol. R. s. 84, 105; St. M. a. 1006.

Ansegis P. I öfters (Hincm. Rem. ann.); II, 294 (gest. abbat. Fontan.); III öfters; IV, B, 19,

34, 39 (Benedicti capit.); V, VII öfters; X, 570 (chron. S. Huberti Andag.); pol. Irm. s. 74.
Anzegis P. VI, 11 (ann. Laubiens.).
Ansgis P. II, 293 (gest. abbat. Fontan.), 590 (Thegani vit. Hlud.); V öfters; VI, 280 (transl. S. Patrocli); pol. Irm. s. 82.
Anschis P. II, 264, 265, 267 (Pauli gest. episc. Mett.), 313 f. (dom. Carol. geneal.).
Ausiis pol. R. s. 23.
Oschis P. V, 236 (Andr Bergom. chron.).
Hiezu gehören noch folgende formen:
Anchisus P. II öfters; V, 153 (ann. Monast.), 156 (ann. S. Vinc. Mett.); Paul. diac. VI, 23.
Angysus P. IX, 850 (chron. Hildesh.).
Angis P. V, 214 (chron. reg. Franc.); pol. Irm. s. 113.
Anchises qui et Ansegisus P. X, 332 (Hugon. chron.). Ebds. s. 338 Anschisus qui et Ansegisus.
Offenbar wird Ansigis öfters mit dem trojanischen n. Anchises verwechselt und vermischt; am klarsten wird das ausgesprochen P. II, 264 (gest. episc. Mett.): cujus Anschisi nomen ab Anchise patre Aeneae, qui a Troja in Italiam olim venerat, creditur esse deductum. Nam gens Francorum, sicut a veteribus est traditum, a Trojana prosapia trahit exordium. Vgl. Paul. diac. VI, 23: Anchis, qui de nomine Anchisae quondam Trojani creditur appellatus.

Ansigisil. 7. P. VI, 116 (Ademar. histor.); IX, 184 (Heriger. gest. episc. Leod.).
Ansegisel P. I, 316 (ann. Mett.).
Ansgisil Pd. a. 714 (n. 490).
Hieh. viell. Annigisel Pd. a. 615 (n. 230).
Verwechselung dieses namens mit Ansegis P. I, 490 (Hincm. Rem. ann.); dsgl. P. VI; dsgl. P. XI, 358 (Hugo Floriac.), wo es heisst: Ansegiselus Anchises de nomine Anchisae quondam Trojani principis dictus.

Asgrim. 9. Lc. a. 855 (n. 65).
Altn. Âsgrimr.

Ansegudis, fem. 8. Pol. Irm. s. 93, 119.

Ansegundis, fem. 7. Pol. Irm. s. 78, 121.
Ansegunde test. Erm.; M. schreibt hier Ausegunde.
Ausgundis pol. Irm. s. 102.

Ansaia, fem. 9. Pol. R. s. 59, 61; für Anshaida? Aehnlich Alpaia.

Ansard. 8. Pol. Irm. s. 139.

Ansiardis, fem. 9. Pol. R. s. 82, 100.
Ansierdis Mab. a. 954.
Anseardis pol. R. s. 71.
Anxiardis pol. R. s. 34.

Ansher. 8. Ng. a. 813.
Ansar pol. Irm. s. 54, 88 etc.
Anseri St. P.
Anser pol. Irm. s. 183; pol. R. s. 85.
Oshar P. VI, 199 (panegyr. Bereng.) var. zu Otgar.
Osar pol. Irm. s. 96.
Oser Ms. a. 1070 (n. 26).
Hieher etwa Asinarius? Vgl. oben die form Osinger unter Ansegar.
Ags. Ôshere. Nhd. Anser, Asser.

Anseria, fem. 9. Pol. R. s. 51.

Anshalm. 8. B. v. Limoges sec. 9; b. v. Camerino sec. 9; ep. Lunensis sec. 11; b. v. Aosta sec. 11.
Anshalm M. B. a. 1033 (XXIX); K. ebds. (n. 221); K. a. 1085 (C. S. n. 6).
Ansalm necr. Aug.
Ansehelm P. V, 18 (ann. Corbej.).
Anshelm P. I, 55 (ann. Laubac.), 204 (Einh. ann.); II, 762 (gest. Kar.), 596 (vit. Hlud.); VII öfters; Gud. a. 1090.
Anselm P. II, 448 (Einh. vit. K.), 623 (vit. Hlud.); III, 534 (Kar. II capit.); IV, B, 179 (Nicol. II statut.); V, 239 (chron. Brixiense), 475 (chron. Salernit.); VI, 81 (chron. S. Michaelis); VII —IX öfters; X, 20 (Arnulf. gest. archiepp. Mediol.), 75 f. (Landlf. hist. Mediol.), 411 (Hugon. chron.) etc.; pol. Irm. s. 88; Ng. a. 802; Gud. a. 1090.
Anzelm Lp. a. 740 (I, 386).
Hanshalm necr. Aug.
Anselemus pol. R. s. 105 und Anselomus pol. R. s. 14, 105 wol hieher.
Hanshelmini (so, gen.) K. a. 785 (n. 28).
Anshelin H. a. 1061 (n. 259) ist wol Anshelm zu lesen.
Nhd. Anselm.

Anshildis, fem. 8. Pol. Irm. s. 96.
Ansoildis pol. Irm. s. 46, 158.
Anshilta Schn. a. 803.
Ansiildis pol. R. s. 46.
Ansildis pol. Irm. s. 102, 256; pol. R. s. 37, 59 etc.

Ansild Laur. sec. 8 (n. 1322).
Ansilt Laur. sec. 8 (n. 1147, 2824).
Anselda Lp. a. 1023 (II, 515).
Ashilt St. P.
Aashilt St. P.
Enshilt Dr. sec. 9 (n. 137).
Hiezu vielleicht Ausuhildis (so) pol. Irm. s. 86.
Altn. Åshilldr.

Anseramnus, 8. Pol. Irm. s. 205.
Anshram Dr. a. 779.
Anserannus pol. R. s. 34, 54.
Anseram Gld. II, a, 112.

Oslef. 9. Wg. tr. C. 249.
Oslev Lc. a. 837 (n. 52).
Ags. Ôslâf.

Asleih. 7? Gr. I, 388.
Ansalicus Pd. a. 642 (n. 301) und Anslih Gr. I, 388 wol hieher.
Altn. Åsleikr, ags. Ôslâc.

Ansleth. 9. Lc. a. 855 (n. 65).

Oslant. 8. Mchb. sec. 8. (n. 19).

Anselindis, fem. 8. Pol. R. s. 54.
Anslindis pol. Irm. s. 221; pol. R. s. 35.
Aslind Gld. II, a, 121.

Ansleubana, fem. 6. Mab. a. 520; Pd. a. 543 (n. 140; als nom. und abl.).

Anselucus. 9. Mab. a. 824.
Hieher wol Ansloh Gr. I, 388.

Osman. 9. P. III, 90 (Kar. M. capit.); Wg. tr. C. 244, 249, 394.
Asman Gr. I, 388.
Osseman St. P. vielleicht hieher.
Nhd. Assmann, Osmann. Ossmann; Hansemann?

Ansmar. 8. Pol. Irm. s. 112; tr. W. a. 830 (n. 172).
Ansimir Lgd. a. 867 (I, n. 91); ebds. Mab.
Osmer Wg. tr. C. 268.
Asmar pol. Irm. s. 113; Gud. a. 1090.
Aasmar St. P.

Ansmod. 9. Wg. tr. C. 486.
Ags. Ôsmôd.

Ansemund. 6. B. v. Astorga sec. 6. P. I, 294 (chron. Moissiac.); II, 317 (Adon. chron.); Mab. a. 520.
Anzemund Lgd. a. 906 (II, n. 31).
Ansmund pol. Irm. s. 128.
Hansemund Lgd. a. 844 (I, n. 65).
Osmund P. IX, 652 (chron. mon. Casin.); conc. Lucense a. 569.
Ozmund pol. Irm. s. 50 (sec. 11).
Asmund pol. Irm. s. 89, 114.
Asmond Pd. a. 734 (n. 555).
Asmunt St. P.
Altn. Åsmundr. Ags. Ôsmund.

Osmundis, fem. 11. Pol. Irm. s. 49 (sec. 11).

Osnath. 9. Lc. a. 855 (n. 65); verschrieben für Osnoth?

Asni, fem. 8. St. P.
Aasni St. P.

Ansnoth. 8. Laur. sec. 8 (n. 2771).

Ansrad (vgl. ags. Ôsred, Ôsraed) ist ganz in Anstrad übergegangen; s. ds.

Anserada, fem. 9. Pol. R. s. 51.

Anserich. 7. B. v. Segovia sec. 7; b. v. Soissons sec. 7.
Anserich P. X, 478 (Hugon. chron.); conc. Tolet. IV a. 633, V a. 636, VI a. 638, VII a. 646; pol. Irm. s. 213.
Ansericus St. n. 973 (inschr. aus der gegend von Andernach, aus christl. zeit).
Ansurich pol. Irm. s. 89.
Osirich Laur. mehr.
Osirih Gld. II, a, 104.
Osrich Laur. sec. 9. (n. 1401).
Oosriha neben Oosrih (wahrscheinlich msc.) Laur. sec. 8 (n. 921).
Asrih St. P.
Asohrco (so) St. P. ist vielleicht aus Asoricho verderbt.
Ags. Ôsrîc.
O. n. Ansirichesberc.

Ansoindis, fem. 9. Pol. R. s. 74, 87.

Ansedeus. 8. Pol. Irm. s. 78, 85 etc.; Guérard a. 1076.
Ansteus P. VI mehrm.; pol. Irm. s. 78, 79 etc.; pol. R. s. 81.
Asedeus Gld. II, a, 113.

Ansovald. 6. B. v. Poitiers sec. 7.
Ansovald A. S. Febr. III.
Ansevold pol. Irm. s. 13.
Ansoald P. IX, 409 f. (gest. episc. Camerac.); conc. Rotomag. c. a. 690; Mab. a. 692, 693, 696.
Ansald Gld. II, a, 112; A. S. Febr. II.
Ansold pol. Fossat.; pol. R. s. 105.

Oswald P. II, 166 (cas. S. Galli).
Osold s. unter Ausvold.
Asold Lc. a. 827 (n. 44).
Asolt Mchb. sec. 8 u. 9 mehrm.; M. B. ebds. (VII, IX).
Hasolt Mchb. sec. 9 (n. 352) wol hieher.
Altn. Âsvalldr. Ags. Ôsveald, Ôsvald, Ôsvold. Nhd. Oswald, Osswald.
O. n. Ansoldowilare.

Ansverus. 11. P. IX, 355 (Ad. Brem.).
Hieher viell. schon Assuerus, Asuarus, Asoarus, H. sec. 8 öfters; vgl. Aswer necr. Fuld. a. 901.
Altn. Âsvör.

Ansuard. 9. Pol. R. s. 15.
Asuward Wg. tr. C. 258.
Osward Wg. tr. C. 335, 431, 467, 468, 481.
Ags. Ôsvard.

Oswig. 9. Wg. tr. C. 268.
Osui Gld. II, a. 104.
Ags. Ôsvih, Ôsvi, Ôsvio, Ôsveo, Ôsviu, Ôsvic.

Ansoin. 5. Pol. Irm. s. 8, 159; pol. R. s. 65; Mab. a. 854.
Anssuin P. II, 248 (ann. Besuens.).
Osuin Cassiod. IV, 9; IX, 8 u. 9.
Assuin Cassiod. I, 40.
Osuni (dat.) Cassiod. III, 26 hieher?
Asuwin M. B. sec. 11 (VI) hieher?
Ags. Ôsvine.

Ansois. 8. Pol. Irm. s. 18.

Ansiulf. 7. B. in Portugal sec. 7.
Ansiulf conc. Tolet. a. 633 u. a. 638.
Ansulph A. S. Jan. II.
Asulf P. I, 629 (contin. Regin.); VIII, 620 (annalista Saxo); tr. W. a. 696 (Pd. nchtr. n. 8); K. a. 776 (n. 17; Ng. ebds.); Wg. tr. C. 233; H. a. 923 (n. 145).
Asolf P. I, 628 (contin. Regin.); II, 213 (ann. S. Maxim. Trevir.); VI, 7 (ann. S. Maxim. Trevir.); VIII, 619 (annalista Saxo); H. a. 950 (n. 164).
Osulf St. P.
Ansculf Guérard sec. 10 im appendix zum pol. Irm. s. 335.
Altn. Âsôlfr; ags. Ôsvulf, Ôsulf.
O. n. Asolvingas (woraus Gr. I, 388 fälschlich auf einen p. n. Asolvinc schliesst), Ansulfesheim, Osulfstidi.

Zu diesem stamme gehören auch wol noch:

Ansanes, fem., bei Paul. diac. mit var. Sansanes, Messona und Messana (angebl. langobard. n.).

Osanna (deutsch?), fem. 8. P. V, 369; pol. Irm. s. 9, 10 etc.; Laur. sec. 8 (n. 181).
Osegar und Osanna sind im pol. Irm. geschwister, was auf etymologische verwandschaft der namen schliessen lässt.

Osuva, fem. 9. Pol. R. s. 64; vgl. Osivia pol. R. s. 105.

Erweitertes ANS in

Anselbert. 8. B. v. Vercelli. Mur. 1828, 1.

ANST. Man könnte das t der folgenden namen als eingeschoben und dann diese formen als zu ANS gehörig betrachten, doch vereine ich sie lieber zu einem besondern stamme, erstens, weil der einschub eines t nicht immer gerechtfertigt wäre, zweitens, weil dieser einschub auffallend häufig vorkäme und drittens, weil goth. ansts, ahd. anst gratia ein sehr passendes wort für namenbildung ist. Das nord. âst, ags. est lässt daran denken, ob nicht auch einige der unter AST vereinigten formen (oder alle?) hieher gehören.

Ensteline. Gr. I, 269.

Anstinus. 9. Pol. R. s. 75.

Anstrudis s. ANS.

Anstadia, fem. 10. St. P. Der n. ist zweifelhaft.

Anstahait, fem. 8. St. P.

Anster, 9. Mab. a. 954.

Ansteria, fem. 9. H. a. 853 (n. 87).

Ansthild, fem. Gld. II, a, 96.

Anstramnus. 8. Tr. W. sec. 8 od. 9 (n. 48).
Anstrannus P. VI, 44 (gest. episc. Virdun.); X, 352 (Hugon. chron.).
Ansedramnus pol. Irm. s. 221.

Ansthugi. Gld. II, a. 120.

Anstrat, msc. u. fem. 8. St. P.; Schn. a. 817, 819; K. a. 861 (n. 136); Dr. a. 771 (wo Schn. Antrat liest); Mchb. sec. 10 (n. 1016).
Anstraad Laur. sec. 8 (n. 198).
Anstraat St. P.
Anstraht tr. W. a. 819 (n. 177).

Anstrada, fem. 8. Pol. Irm. s. 87.

Ansteus s. ANS.

Zu diesem stamme wol noch
Ansteig (angeblich fem.) Gld. II, a, 120. Verderbt?

ANT. Sicher zu dem v. n. Antes und dem damit zusammenhangenden ags. ent, gigas. So zieht auch Gr. I, 393 einige namen hieher, Grimm myth. 491 dsgl., und Weinhold die deutschen frauen s. 14 deutet Enzawip durch riesenweib. Zu bemerken ist, dass ich hier nur die hochd. form Anzanführe; die gothisch-sächsische Ant- berührt sich so nahe mit dem stamme AND, dass sie dort nicht mehr ausgeschieden werden kann.

Anzo. 8. P. IX, 553 (chron. mon. Casin.); XII, 601 (vit. S. Heimeradi); St. P.; Ng. a. 817, 858; Mchb. sec. 9 (n. 459); M. B. a. 1040 (XIII).
Enzo Laur. sec. 9 (n. 224); Ng. a. 896.
Entzo Laur. sec. 8 (n. 186).
Anizo Gr. I, 339 viell. nur mit euphon. i?
Nhd. Entz.
Enzi. 11. St. P. öfters.
Ence M. B. a. 1090.
Henci Ng. a. 805 viell. schon hieher?
Anza, fem. 9. P. IX, 97, 98, 104 (chron. Novalic.).
Enza St. P. öfters; M. B. a. 1034 (XXXI).
Henza (sec. 11) P. X, 207 (transl. S. Celsi) hieher?
Enzil. 8. St. P.
Enzilo Mchb. sec. 8 (n. 99).
Enzolo St. P.
Enceli K. a. 1043 (n. 225).
Enzila, fem. 11. St. P. zwml.
Enzela Gld. II, a, 122.
Enzita bei St. P. nur verschrieben für Enzila?
Enzilin. 10. P. II, 113 ff. (Ekkeh. cas. S. Galli).
Enzelin P. II, 113 (Ekkeh. cas. S. Galli); St. M. a. 1085.
Henzelin Schpf. a. 1070 (n. 220) hieher?
Encibold. 11. P. VI, 92 (chron. Median. monast.).
Enziman. 11. St. P. öfters.
Enzeman M. B. a. 1048 (XXIX).
Enzawib, fem. 11. St. P.
Enzawip St. P.; Mchb. sec. 11 (n. 1232).
Enziwip St. P.
Enzewip Mchb. sec. 11 (n. 1259).

Schliesslich erwähne ich hier noch das räthselhafte
Anzogolus. 8. St. P. dreimal; deutsch? Eine der mit diesem n. bezeichneten personen wird A. S. Mart. III Anzologus genannt.

Antegan s. AND.
(**Antemarchinc,** Gr. I, 354, von Gr. nur aus o. n. Antemarchingas geschlossen).
Antparinc s. AND. **Anulo** s. AN. **Anwis** s. Arnwis. **Anxiardis** s. ANS. **Anz-** s. ANT. **Aogo** s. AUG. **Aon-** s. AUN. **Aordus** s. HARUD. **Aostilo** s. AUST. **Apich, Appo, Appulin** s. AB. **Apthad** s. Abtad.

ARA, ARIN. Im ganzen gehören alle folgenden formen zu nhd. aar aquila, indem sie sich theils an die einfache gestalt (goth. ara, altn. ari, ahd. aro, mhd. ar, nhd. aar) theils an die erweiterte (altn. örn, ags. earn, dän. örn, holld. arend) anschliessen. Zu era (honor) möchte ich keine der folgenden mit a anlautenden formen stellen; eher könnten einige mit e beginnende hieher gehören. Unkenntnis der sprachgeschichte freilich erklärte früher Arnold durch Ehrenhold.

Am gefährlichsten ist der beurtheilung unseres stammes die nachbarschaft der zu HARI gehörigen formen, da die mit Ari- und blossem Ar- beginnenden leicht aus beiden stämmen zugleich zu deuten sind. Im einzelnen bleibt daher noch manches unerledigt.

Nicht häufig begegnet unser stamm als zweiter theil von compositionen. Ich bemerke:

Agarnus 8.	Ebararo 11.	Iderna? 8.
Antoerna? 8.	Ederna 9.	Isarn? 10.
Albarn? 8.	Fredern 8.	Thutearn 8.
Autorn? 8.	Fulgarn? 8.	Ofternus.
Droctarn 8.	Heriarn 8.	Wolfarn 9.
		Zeizarn 9.

Einige dieser formen können indessen vielleicht auch nur ein blosses suffix rn enthalten, wie solche bildungen bei Grimm gr. II, 336 manche aufgeführt sind.

I. Die form ARA.

Ara. 7. B. v. Lissabon sec. 7; dsgl. ein graf sec. 7.
Ara conc. Tolet. a. 683 u. 688.
Aro Ng. a. 838; Gud. a. 1056.
Nhd. Aar, Ahr.

Arila, fem. 8. Laur. sec. 8 (n. 2779).

Aarperht. 8. St. P. dreimal.

Arbirn, fem. Gld. II, a, 121.

Arpurc, fem. 9. St. P.

Arefastus. 11. Conc. Aurelian. a. 1017. Kommt öfters daselbst vor; scheint undeutsch.

Arafrid. 8. B. v. Ferentino sec. 10.
Arafrid Ng. a. 857.
Arfrid Dr. a. 796 (Schn. schreibt hier Artfrid); St. P. öfters; conc. Roman. a. 998.
Arfrit M. B. c. a. 775 (IX).
Aarfrid St. P. dreimal.
O. n. Arfrideshusun.

Arigildis s. HARI.

Aragoz. 10. Necr. Fuld. a. 930.
Aracoz Gld. II, a, 96.

Aragis. 6. Herz. v. Benevent sec. 6; Arigis, b. v. Foligni sec. 9.
Aragis P. I, 33 (ann. Lauresham.), 169 (Einh. ann.); II, 448 (Einh. vit. Kar.); VIII, 162, 167 (Ekkeh. chron. univers.); tr. W. a. 816 (n. 160); M. B. a. 823 (XXXI).
Arigis Jorn.; Paul. diac. IV, 19; conc. Roman. a. 861; pol. R. s. 34.
Arichis P. V, IX öfters; Paul. diac. IV, 39 etc.
Aregis P. IX öfters; pol. Irm. s. 162, 239.
Arechis P. IV, B, 180 (Nicol. II statut.); V, IX öfters.
Archis P. V öfters.
Ariis (so) pol. R. s. 21.
Arigius Mab. a. 693 und ähnliches könnte hie und da gleichfalls aus Arigis entstanden sein.
Die hier angeführten formen sind besonders schwer von Hari-gis zu scheiden, zumal da öfters (z. b. P. I und VIII) dieselbe person Aragis und Harichis heisst.

Aragisclus. 7. E. s. VI, 567 f. mit var. Araugisclus.

Argrim s. ARG.

Aragunti, fem. 10. A. S. Mart. I.
Argund s. HARI.

Arhart. 8. St. P. mehrm.
Arard conc. Mutin. a. 973.

Araharius. 4. Amm. Marc.

Arahad. 8. Mchb. sec. 8 (n. 303); St. P.
Aarahad St. P.
Arochad St. P. wol hieher.

Arahelm. Gld. II, a, 96.

Arohildis, fem. 8. Pol. Irm. s. 202.
Aroildis pol. Irm. s. 10, 15 etc.
Arehildis pol. R. s. 37.
Arechildis pol. R. s. 82.
Arhildis pol. R. s. 104; St. M. c. a. 962.
Arhilt Mchb. sec. 9 (n. 798).

Aralinda, fem. 9. Schn. a. 825.
Aralint Laur. sec. 9 (n. 270).

Aramund. 8. Tr. W. a. 737 (n. 8).

Arasuuind, fem. 9. St. P.

Arawald. 9. P. III, 253 (Hlud. et Hloth. capit.).
Arabald St. P.

Arowildis, fem. 9. Pol. R. s. 48. Viell. zu Arohildis.

Aroin. 8. Pol. Irm. s. 28; Laur. sec. 8 (n. 533); Mab. a. 783.

Arois. 8. Pol. Irm. s. 9, 10 etc.
Aruvis Schn. a. 798.

Arulf. 8. Pol. R. s. 103, 105.
Arolf Ng. a. 787, 796, 797, 805, 806, 817, 822, 825.
Aarulf Ng. a. 853.
Aarolf Laur. sec. 8 (n. 1444).

Arevagni, fem. 6. Exc. auct. ign. hinter Amm. Marc. Wol nicht deutsch, oder stark verderbt.

II. Die form ARIN.

Arin. 8. B. v. Salzburg sec. 8; b. v. Würzburg sec. 9.
Arin St. P.
Aran Mchb. sec. 9 (n. 263).
Arno P. II, 463 (Einh. vit. Kar.); III, 219 (Hlud. I capit.); IV, B, 118 (Benedicti capit.): VII, 11 (ann. Eluon.); M. B. a. 802 u. 804 (VI, XIV), M. B. a. 857 (XXXI).
Arnus P. VII, 105 (Herim. Aug. chron.); St. P.
Arn P. I oft; II, 241 (ann. Wirzib.); V öfters; VI, 225 (mirac. S. Wigberhti); VII, 3 (ann. Ottenbur.); VIII öfters; XI, 551 (auctar. Cremifanense), 770 (ann. S. Rudberti Salisb.); M. B. a. 955 (VII); St. P. mehrm.
Arnt hiefür irrthümlich bei P. I.

Arnihho. 9. R. a. 821 (n. 21).

Arnipert. 7. P. IX, 587, 595 (chron. mon. Casin.).
Arnebercth Pd. a. 653 (n. 322; M. u. Mab. ebds.).
Arneberchi convent. Clipiac. a. 659.
Arnbert Laur. zwml.
Hieher auch wol die formen
Harinpert Ng. a. 758.
Arembert Pd. a. 579, 715 (n. 186, 491).
Arnipert M. sec. 9 (n. 126) viell. für Arnipert?
Arindrud. 8. St. P.
Arentrudis pol. R. s. 86.
Arndrud St. P. zwml.
Aranfred. 8. A. S. Febr. II.
Arenfrid St. M. a. 1085.
Arnefrid P. IX, 597 (chron. mon. Casin.); Ng. a. 744.
Arnefred pol. Irm. s. 262, 270.
Arnger. 9. Dr. a. 811 (n. 253); Schn. ebds. Aruger.
Arngaer St. P.
Aringaud. 8. Pol. Irm. s. 193.
Arengaud Mab. a. 836.
Arnigaus P. III, 252 (Hlud. et Hloth. capit.).
Arngis. 9. R. a. 890 (n. 72).
Arnis (so) Mchb. sec. 11 (n. 1114, 1153, 1191, 1207) wol hieher.
Arnegisil. 6. Greg. Tur. 8, 26.
Arnghot. 9. Wg. tr. C. 344.
Arnheit, fem. 10. R. a. 901 (n. 88).
Arnaida H. a. 926 (n. 146).
Arnheri. 9. Necr. Fuld. a. 847.
Arenar Mab. a. 873.
Arnhalm. 9. St. P.
Arnhelm St. P. zwml.; Laur. sec. 8 (n. 387); Schn. a. 813 zwml.; Schn. a. 819; Dr. a. 835 (n. 488, wo Schn. Anshelm schreibt).
Aranhilt, fem. 8. Laur. sec. 8 (n. 2684).
Arnhild St. P.
Arnoildis pol. R. s. 54.
Arnildis pol. Irm. s. 189.
Arnamar. 9. M. B. a. 890 (XXVIII); R. a. 890 (n. 72).
Arnumar Mchb. sec. 9 (n. 379).
Arnmot. 9. R. a. 834 (n. 30).
Aransuind, fem. 8. St. P.
Arndegon. 9. Schn. a. 814 (zwml.; Dr. schreibt hier n. 302 Arndeon).
Arintheo. 8 (4?). Schn. a. 803.
Arindeo Schn. a. 778; Schn. a. 838 (an dieser stelle liest Dr. n. 513 Grindeo); Dr. n. 693.
Arntheo Schn. a. 800.
Arndio Schn. a. 874.
Arndeo Schn. a. 807; St. P.
Arndeon vgl. Arndegon.
Hieher viell. schon Arintheus Cassiod. chron. aus sec. 4, Ἀριν϶αῖος Zosimus mehrmals.
Arnoald. 7. Sec. 7: b. v. Metz. Sec. 9: b. v. Toul; b. v. Ambrun. Sec. 10: b. v. Forlimpopolo; b. v. Trient. Sec. 11: b. v. Perigueux; b. v. Montpellier; b. v. Perpignan; b. v. Toulouse; b. v. Saintes; b. v. Poitiers; b. v. Worms; b. v. Padua; b. v. Ravenna.
Arnoald P. II öfters; XII, 538 (gest. episc. Mett.).
Arnold P. I, 622 (contin. Regin.); II—XII oft; Ng. a. 760; St. P. mehrmals; Laur. öfters; Wg. tr. C. 269, 275, 291, 351; Gud. a. 1056, 1069, 1074, 1090; M. B. a. 1073 (I, VIII).
Arnald P. II, 252 (ann. Lemov.); III, V, VI öfters; VII, 60 f. (Lup. protospatar.); VIII öfters; X, 413 (Hugon. chron.); St. P.; pol. Irm. s. 215, 226; Wg. tr. C. 216.
Arnolt P. IX, 249 (Gundechar. lib. pontif. Eichstet.); St. P. öfters; necr. Aug.; Ng. a. 786, 800, 817; Gud. a. 1056, 1090; M. B. sec. 11 (IV, VI, VII, IX, X); Laur. n. 728.
Arnauld Lgd. a. 940 (II, n. 69).
Amnolt (so) Dr. a. 779.
Arnallus Lgd. a. 1035, 1080 (II, n. 176, 283).
Harnold P. II, 313 (dom. Carol. geneal.).
Harnald Mab. a. 775; conc. Ravennens. a. 954.
Arnald mit var. Alnald P. X, 637 (gest. episc. Tullens.).
Arnort tr. W. a. 819 (n. 168) für Arnolt?
Nhd. Arnhold, Arnholdt, Arnold, Arnoldt, Arlt.
O. n. Arnoltisowa, Arnoldi villa.
Arnolda, fem. 8. Pol. Irm. s. 215.
Arenward. 9. Laur. sec. 9 (n. 3487).
Arnuvig. 9. Schn. a. 816.
Arnuwin. 8. Laur. sec. 8 (n. 207).
Arnoin pol. Irm. s. 206.
Arnuvis. 8. Schn. a. 811.
Arnwis Dr. a. 798 (Schn. schreibt hier Arnuuis); Schn. a. 812; neben Anwis Laur. sec. 8 (n. 1668).
Arnulf. 5. Sec. 5: Odoakers bruder. Sec. 7: b. v. Metz. Sec. 9: herzog v. Kärnthen, dann

kaiser; b. v. Valva (Neapel); b. v. Toul. Sec. 10: A. d. böse, herz. v. Baiern; A. I d. grosse, graf v. Flandern; A. II d. jüngere, graf v. Flandern; graf v. Holland; b. v. Rheims; b. v. Orleans. Sec. 11: A. III d. unglückselige, graf v. Flandern; erzb. v. Mailand; b. v. Halberstadt; b. v. Tours; b. v. Ribagorca; b. v. Saintes; b. v. Soissons; ep. Rotensis (Spanien); ep. Isolensis.

Arnulf P. überall oft; Ng. a. 757; Paul. diac. VI, 16 etc.; pol. Irm. s. 7, 24 etc.; Sm.; Wg. tr. C. 269, 272, 326, 362, 447; M. B. sec. 10 (VII, XI, XIV); Guérard a. 1046.

Arnulph P. I, V öfters; VI, 21 (ann. Laubiens.); IX öfters; St. M. a. 1089.

Arnolf P. I, 603 (Regin. chron.); II, 127 (Ekkeh. cas. S. Galli); IV u. s. w. oft; Laur. mehrm.; necr. Aug.; M. B. a. 880 (XI).

Arenulph conc. Ticin. a. 1046.

Harnulf P. II, 313 (dom. Carol. geneal.).

Harnolf P. IV, B, 166 (Ott. M. pact.).

Harnolph Ng. a. 889.

Arnolf oft mit Arnold verwechselt, z. b. P. VI. P. I, 405 (ann. Fuld.) steht statt dieses namens Rannolf.

Ags. Earnvulf, Earnulf.

O. n. Arnolfeshowa.

Arnoluara, fem. 8. Pd. a. 744 (n. 579; Ng. ebds.).

Anm. Arnust gehört nicht zu diesem stamme; s. daher diesen n. unten.

Araho s. ARG.

Arathot. 9. M. B. a. 877 (XXXI), verderbt?

ARB. Mit Gr. I, 406 übereinstimmend möchte ich den grössten theil der folgenden namen zu goth. arbi hereditas und arbja heres stellen. Zeuss s. 103 und Grimm bei Haupt III, 152 denken aber auch an goth. airps, altn. iarpr, ags. eorp fuscus, welches sich allerdings leicht mit diesem stamme vermengt haben mag. ARB begegnet in der regel nur anlautend; ausnahmen sind Fulcarb (11) und Sinerpus (8); Adallerb scheint falsche lesart.

Arbio. 8 (5? 1?). Sec. 9: Erfo ep. Eugubin.; Aribo mrkgrf. in Oestreich. Sec. 11: Aribo erzb. v. Mainz.

Ἄρβιος conc. Chalcedon. a. 451 viell. schon hieher.

Arbio tr. W. a. 739 (Pd. nachtr. n. 67); Laur. sec. 8 (n. 3449); Mchb. sec. 8 öfters; K. a. 786 (n. 30).

Arpio M. B. a. 835 (IX); St. P. dreimal.

Arbeo Mchb. sec. 8 (n. 4).

Arpeo P. I, 92 (ann. S. Emmerami); St. P. mehrm.

Arbo P. I, 399, 413 (ann. Fuld.); VI, VIII mehrm.; decr. Tassil.; M. B. a. 888 (XXXI), M. B. a. 1040 u. c. a. 1063 (XIII).

Arpo St. P.

Aribo P. I, 90 (ann. Salisb.); II, 118 (Ekkeh. cas. S. Galli); V öfters; VI, 778 (Thangmari vit. Bernwardi), 811 (Adalbert. vit. Heinr. II) etc.; VII—IX öfters; XI, 231 (chron. Benedictobur.); M. B. a. 772 (IX); M. B. sec. 9 (VII); M. B. sec. 11 (II, III, VI, IX, XIII, XIV etc.); St. P. öfters; Lc. a. 1025 (n. 161); Gud. a. 1028.

Aripo St. P. öfters; Mchb. sec. 10 (n. 987); M. B. sec. 11 (VI).

Arripo R. a. 991 (n. 119).

Aeribo P. II, 242 f. (ann. Wirzib.).

Aerbo M. B. a. 1078 (XIV).

Erbio tr. W. a. 788 (n. 123); Schn. a. 790; Dr. n. 366; Laur. sec. 8 (n. 268, 936).

Erbeo Dr. a. 807, 824.

Erbo Laur. sec. 8 (n. 3270); M. B. c. a. 1070 (X).

Erpo P. VIII, 637 f., 641, 670, 727 (annalista Saxo); IX, 847 f. (chron. Hildesh.); Lc. öfters.

Eribo Schn. a. 804, 807 (Dr. schreibt an letzterer stelle Erbeo); St. P.

Erp P. V öfters; VIII, 626, 636 (annalista Saxo); IX, 307 (Ad. Brem.); Wg. tr. C. 139, 153, 218, 242, 276, 284, 312, 321, 345, 380, 387, 430, 480.

Erfo K. a. 776, 786, 807 (n. 17 etc.; Ng. ebds.); St. P.; synod. Roman. a. 853.

Erpho P. II, 129 (Ekkeh. cas. S. Galli); VI, 834 (vit. Burchard. episc.); Laur. sec. 8 mehrmals; Schn. a. 837 (Dr. an dieser stelle Eppho).

Erffo Ng. a. 826.

Erbho R. a. 821 (n. 21).

Erph Gld. II, a, 99.

Aervo P. VI, 778 (Thancmari vit. Bernwardi).

Herbo Laur. mehrm.

Herpo P. V, 785 (Thietmari chron.).

Herfo Ng. a. 798.

Herpho Laur. sec. 8 (n. 1007, 1342).

Erpfen (genit.) Dr. a. 824 (n. 453; Schn. ebds. Erpfem).

Statt des genit. Erphonis bei Schn. liest Dr. ebds. (n. 577) Erpholis.

Gehört schon Arpus (sec. 1), Chattenfürst bei Tac. ann., hieher?

Altn. Erpr (organischer wäre Jarpr). Nhd. Erb, Erbe, Erpf, Erpff; Harpe? Harpp?

O. n. Arbinrieth, Arbungowe, Erbenhusen, Erphisprunno, Erpisfurt, Herfesdorf, Erbenwilare.

Erpa, fem. 8. Tr. W. a. 797 (n. 68); Laur. sec. 8 (n. 582); Lc. a. 827 (n. 43).

Erfilo. Gr. I, 406. Ist Irphila hiezu das fem.? Nhd. Erpel?

Erphuni. 8. Mchb. sec. 8 (n. 68); M. B. a. 775 (IX).

Erbona, fem. 8. Pol. Irm. s. 79 (ihr bruder Erbuin), 81 (ihr vater Erbuin) etc.

Arbun (angebl. fem.) Gld. II, a, 121 wol hieher.

Erpfperaht. 9. Dr. n. 356.

Herbdalf. 8. Schpf. a. 780 (n. 58); wol verderbt.

Herpdrud. 8. Tr. W. a. 742 (n. 1).

Erpger. 8. Schn. a. 796.

Erfger K. a. 851 (n. 118; Ng. ebds.).

Erfker K. a. 870 (n. 145).

Erfcher Ng. a. 812.

Efger hieher? s. ds. unter AF.

Arbogastes. 4. Anführer unter kaiser Gratian (ein Franke).

Arbogastes P. VIII öfters; brief d. bischof Auspicius von Toul an Arbogast (c. 475); Aurel. Vict. epitom. 48; Sever. Sulpic.; hist. miscell. (Theodos.); Idat. a. 388, 392.

Ἀρβογάστης Zosim. mehrmals.

Arbogastis (gen.) in einer Cölner röm. inschrift v. 394 bei St. n. 860.

Arogast P. I, 283 (chron. Moissiac.); desgl. eine variante in der lex Salica; einer der fränk. gesetzgeber, hieher?

Erfgis. 8. Lc. a. 927 (n. 88).

Erpgis tr. W. a. 774 (n. 53 u. 178).

Erpfgunt, fem. 8. Dr. a. 779 (Schn. hat hier wol fälschlich Erpgant).

Erpheida, fem. 9. Laur. sec. 9 (n. 597).

Erbhart. 9. Laur. sec. 9 (n. 224).

Arphert (so) R. a. 810 (n. 15) wol hieher.

Erphari. 8. St. P.

Erphartr. W. a. 739 (Pd. nachtr. n. 65); Schn. a. 841.

Erfheri Gld. II, a, 99.

Erpher Laur. sec. 8 u. 9 (n. 216, 1543).

Erpfer Schn. a. 796.

Erfer Schn. a. 801.

Erphor K. c. a. 876 (n. 152) viell. = Erphar?

Erperio (genit. -ionis) Laur. sec. 8 (n. 1085) vielleicht hieher.

Herpher Laur. sec. 8 (n. 1256).

Arabarius bei Amm. Marc. ist Araharius zu lesen, gehört also nicht hieher.

Nhd. Erber, Herpfer.

Erbeildis, fem. 8. Pol. Irm. s. 106.

Erpoildis pol. Irm. s. 108.

Erbedildis pol. Irm. s. 77, 92 etc.

Erbedisdis (so) pol. Irm. s. 106.

Erprammus. 8. Tr. W. a. 742 (Pd. nachtr. n. 71).

Erperamnus tr. W. a. 769 (n. 91).

Hiefür auch Erphanramnus tr. W. a. 761 (n. 179).

Erfram necr. Aug.

Erpfroh. 9. Schn. a. 824.

Erpolach. 8. Laur. sec. 8 (n. 3024).

Erpfolah Schn. a. 819.

Erpfalah Schn. a. 837.

Erflind, fem. Gld. II, a, 122.

Erfman. 8. Abt v. Benedictbeuern sec. 9.

Erfman Ng. a 783; K. a. 789 (n. 36).

Erpman Laur. sec. 8 (n. 1110).

Erpfman P. XI, 217, 232 (chron. Benedictobur.); M. B. sec. 9 (VII).

Nhd. Arfmann.

Erbemar. 8. B. v. Ancona sec. 10.

Erbemar pol. Irm. s. 79, 115.

Erfemar P. IX, 587 (chron. mon. Casin.); conc. Ravennat. a. 967.

Erpfmar Schn. a. 810.

Erpmund. 10. H. a. 945 (n. 158).

Erferat, msc. u. fem. 8. Gld. II, a, 122.

Erphrath Laur. sec. 8 (n. 717).

Erpfrat Schn. a. 837.

O. n. Erfrateshusen, Erbfratinchova (woraus Gr. I, 406 fälschlich ein Erbphratinc folgerte).

Erferih. 9. Ng. a. 851.

Erpherich K. a. 878 (n. 153; Ng. ebds.).

Nhd. Erbrich.

Herphrid. 9. Laur. sec. 9 (n. 265). Hieher oder etwa für Herifrid?

Erfolt. 8. Gld. II, a, 99.
Erpholt tr. W. a. 821 (n. 175).
Erphold Laur. mehrmals; R. a. 821 (n. 21).
Erpfolt Mchb. sec. 8 (n. 43).
Herphold Laur. sec. 8 (n. 275).
Herpholt Laur. sec. 8 (n. 3117, 3481).
Herphald Laur. sec. 8 (n. 446).
Herpiold Laur. sec. 8 (n. 2978).
Erpfwar. 9. Schn. a. 823.
Erbiward. 8. Laur. mehrmals.
Erboard pol. Irm. s. 77, 106.
Erpwin. 8. B. v. Senlis sec. 9.
Erpwin Laur. sec. 8 (n. 505).
Erbuin pol. Irm. s. 79, 81 etc.
Erboin pol. Irm. s. 115.
Erpoin P. III, 387, 420 f. (Kar. II capit.).
Erfoin Ng. a. 716—720; Pd. a. 720 (n. 513).
Herphwin Laur. sec. 8 (n. 1017).
Herbuin pol. Irm. s. 106.
Herphin Laur. sec. 8 (n. 3508) wol hieher.
Erpulf. 8. Pol. Irm. s. 86, 127; Lc. a. 820 (n. 40).
Erpolf Lc. a. 845 (n. 61); St. P.
Erpfolf Schn. a. 819.
Herbolf Schpf. a. 780 (n. 58).
O. n. Erbolfinga.
Erbuwund. 8. Laur. sec. 8 (n. 198). Hieher?

Erweiterungen von ARB in der zusammensetzung:
Erphanramnus s. Erprammus.
Erfinrich. 9. Ng. a. 868; ebds. auch Erfinrinch.
Erbenold. 8. Pol. Irm. s. 99.

Arc- s. ARG. **Archam-, Archan-** s. ERCAN. **Ard-** s. HARD. **Arechildis, Arefastus, Aregis, Arevagni, Arfrid** s. ARA.

ARG. Die mit Arg- und Arc- beginnenden n. so wie auch Linarc, Unarc, Wilarc und Wolfarch (sämmtlich seit sec. 8) scheinen einen und denselben stamm zu enthalten. Graff knüpft sie I, 413 an ahd. arc, arac avarus, doch kann diese bedeutung des wortes kaum die in den namen liegende sein, sondern vielleicht eine ältere, in der übrigen sprache untergegangene. Ich bemerke noch, dass ARG vorzugsweise westgothisch ist. Vermischungen sind besonders leicht zwischen ARG und ERCAN. Die n. Argirus und Argirichus (z. b. P. VII) habe ich hier nicht angeführt, da sie wol eher griech. als deutsch sind.

Argo. 9. Gr. I, 413.
Archo R. a. 1048 (n. 160).
Araho necr. Fuld. a. 815.
Ercho Ng. a. 881.
Nhd. Erche, Erck, Erk, Härche, Herche, Hercke, Hirche.
O. n. Erchanprunnin wol hieher.
Argila, msc. 7. Sm.; Lgd. a. 898 (II, n. 21).
Arghilus Pd. a. 697 (n. 440).
Argant. 11. Pol. Irm. s. 49 (sec. 11); deutsch?
Argabad. 7. B. v. Narbonne. E. s. VI, 558 (Julian.); derselbe heisst Argebad ebds. 546.
Argibad Lgd. a. 850 (I, n. 75).
Argebert. 7. B. in Portugal sec. 7. Urk. des königs Gundemar a. 610 (E. s. VI, 340).
Archiberga, fem. 10. Lgd. a. 977 (II, n. 114).
Argebud. 7. Ein abt aus Catalonien sec. 7; conc. Tolet. a. 684. Zu Argebad als verderbt?
Argefrid. 7. Abt zu Osma in Spanien sec. 7.
Argefrid Lgd. a. 867 (I, n. 91); ebds. Mab.
Argefred conc. Tolet. a. 656; Mab. a. 873.
Arcfred Mab. a. 766.
Argered Lgd. a. 875 (I, n. 101) wol für -fred.
Arcger. 10. Dr. a. 944 (n. 686), wo Schn. Areger liest.
Argrim. P. X, 502 (Hugon. chron.). Es ist zweifelhaft, ob der n. (als Arggrim) zu unserm stamme gehörig oder als Aragrim oder Harigrim anzusehn ist.
Argaitus. 6 (= Arg-haid); ein gothischer fürst; Jorn.
Argaid Paul. diac. VI, 24; daselbst auch die etymologie: Quando tu aliquid fortiter facere poteris, qui Argaid ab Arga nomen deductum habes?
Archard. 10. P. VI, 503 (Widric. mirac. S. Gerardi).
Argar. 8. Ng. a. 787.
Ercahar pol. Irm. s. 98.
Erchahar pol. Irm. s. 89.
Erchear pol. Irm. s. 248.
Nhd. Erker, Herger, Herker.
Arcod. 10. P. V, 327 ff. (Liutprandi antapodosis). Ist der n. deutsch und vielleicht = Arg-had?
Erchat St. P. aus sec. 8 hieher?

Archelm. 8. Ng. a. 797.
Argovildis, fem. 8. Pol. Irm. s. 114.
Ercoildis pol. Irm. s. 230.
Archram. Gld. II, a, 96.
Arclind, fem. 8. Dr. a. 772 (Schn. schreibt hier Asclind).
Ercaliudis pol. Irm. s. 74.
Archiman. 8. Sm. mit var. Archmant und Arthiman.
Argimir. 6. B. zu Braga in Portugal sec. 9; b. v. Lamego sec. 9.
Argimir conc. Ovetens. c. a. 873; Lgd. a. 782 (I, n. 5).
Argemir conc. Tolet. a. 583; conc. Ovetens. c. a. 873.
Arcemir pol. Irm. s. 204.
Arcamar pol. Irm. s. 86.
Aggimir (so) Lgd. a. 802 (I, n. 11) neb. Argimir.
Ercamar pol. Irm. s. 27.
Argemut. 6. B. in Portugal. Conc. Tolet. a. 589 mit var. Argiovit.
Argemund. 7. Ep. Oretanus (Neucastilien). Conc. Tolet. a. 675; E. s. VI, 568 (Julian.); Lgd. a. 782 (I, n. 5).
Arcumund C. M. April.
Archarat. 8. Sm. mit var. Archrat.
Arcesind. 7. Ep. Egabriensis (in Spanien) sec. 7. Conc. Tolet. a. 693.
Arcoin. 8. Pol. Irm. s. 21.
Ergiwin Schn. a. 803.
Ercuin P. VII, 22 (ann. Blandin.); pol. Irm. s. 226.
Ercoin pol. Irm. s. 215, 229.

Arhart s. ARA. **Ariarich, Aribert** s. HARI. **Aribo** s. ARB. **Arid** s. HARUD. **Ariman, Arimuth, Ario-, Aripald, Aripert** etc. s. HARI. **Arl-** s. ERL.
Armabert. 9. Schpf. a. 801 (n. 73).
Armin s. IRMIN.
Armoin. 8. P. VI, 43 (gest. episc. Virdun.).
Arn- s. ARA.
Arnust. 8. Sec. 9: B. v. Narbonne; markgraf in Böhmen. Sec. 10: graf in Sualafeld. Sec. 11: Ernst I, markgraf in Oestreich, nachher herzog von Alamannien; Ernst II, herzog von Alamannien.
Arnust P. I, 455 (Hincm. Rem. ann.); III, 469 (Hlud. Germ. capit.); St. M. c. a. 962.
Arnost P. I, 468 (Hincm. Rem. ann.), III, 504 (Hloth. II capit.); H. c. a. 1020 (n. 221).
Arnest M. B. a. 888 (XXXI).
Ernust P. I, 370 (Ruod. Fuld. ann.); IV, 166 (Ott. M. pact.), 171 (synod. Baioar. sec. X); V mehrmals (Widukind); VII öfters; VIII, 577 (annalista Saxo); Mchb. sec. 8 (n. 228 etc.); decret. Tassil.; St. P. öfters; M. B. sec. 9 (VII, VIII, XXXI); Ng. a. 759, 809; Laur. sec. 8 (n. 228); Mab. a. 905; M. B. sec. 11 (III, VI); Gud. a. 1056.
Ernnust Ng. a. 763; Gld. II, a, 99.
Ernost P. II, 232 (ann. Xant.), 242 f. (ann. Wirzib.); V mehrm.; VI, 688 (Adalbold. vit. Heinr. II); VII, 227 (Lambert. ann.); VIII öfters; St. P. öfters; M. B. sec. 11 (VI); K. a. 1090 (n. 239).
Ernnost Gld. II, a, 99.
Ernast P. V mehrm.; M. B. a. 1063 (XXIX).
Ernist P. V öfters; St. P.; necr. Aug.; M. B. a. 902 (XXXI).
Ernisto (nom.) P. XI, 499 (ann. Mellic.).
Ernest P. I oft; V, VIII mehrmals; Gud. a. 908, 1090; Laur. öfters.
Ernesto P. VI, 690 (Adalbold. vit. Heinr. II).
Ernestonis (genit.) M. B. a. 1055 (XXIX).
Ernestoni (dat.) Lc. a. 1051 (n. 186); H. ebds. (n. 249).
Hernust P. IV, B. 4 (capit. spur.); M. B. a. 790 (II); M. B. c. a. 878 (XXXI); Ng. ebds.
Hernast Gld. II, a, 101.
Hernist Gld. II, a, 101.
Ernst Mchb. sec. 9 (n. 702 etc.).
Nhd. Ernest, Ernst.
O. n. Ernustesheim, Ernustesdorf, Ernusteswiler.
Der n. scheint nicht wie die andern mit Arn- beginnenden zu ARA gehörig, sondern vielmehr zu ahd. ernust vigor, serium zu stellen und steht demnach unter den eigennamen ganz vereinzelt da. Die alte zusammenstellung mit Ariovist ist nur noch ein curiosum.

Arochad s. ARA. **Arogast** s. ARB. **Arohildis, Aroin, Arois** s. ARA.
Arorl (so) 8. St. P.; verderbt?
Arpurc, Arripert s. ARA.
Arsirid. 8. St. P.

Art- s. HARD. **Arudnni, Aruf** s. HARUD.
Aruna, fem. 8. St. P. zwml.
Aruth s. HARUD. **Arveus** s. HARI.
-as. Die deutschen masc. auf a erscheinen in griech. schriftstellern mit der endung ας:

Βέσσας 6.	Μόῤῥας 6.	Ῥικίλας 5.
Βλέδας 6.	Οὐίλας 6.	Σουαρτούας 5.
Γαινὰς 4.	Οὐλίας 6.	Τεΐας 6.
Γουδίλας 4 v. C.?	Οὐνίλας 6.	Τώτιλας 6.
	Οὐραΐας 6.	Φάρας 6.
Γρίπας 6.	Οὐσδρίλας 6.	Φουσκίας 6.
Μαρκίας 6.	Πίτζας 5.	

Asa, fem. 9. P. VI, 88 (chron. Median. monast.); IX, 328 (Ad. Brem.); Dr. sec. 9 (n. 207).
Asabug (so) 9. Wg. tr. C. 457.
Asalach. 9. Laur. sec. 8 (n. 1537, 1673).
Aslach Gld. II, a, 96.
Asaloh. 9. Schn. a. 819.
Ob diese n. noch zu ANS gehören, ist zweifelhaft.
Asbad. 6. Gepidenführer. Ἄσβαδος var. Ἀσβάδης Procop. 3, 38; 4, 32. Vgl. Usdibad.

ASC. Die folgenden n. scheinen alle zu ahd. asc esche zu gehören, welches wort für eigennamen besonders dadurch brauchbar wird, dass man es zur bezeichnung der lanze und des schiffes verwandte. Als zweite hälfte könnte man ASC in Gannascus finden, doch ist hier eher ein blosses suffix sc (s. ds.) anzunehmen.
Ascila, fem. 4. Greg. Tur. 2, 9.
Ascelin s. Azilin.
Eschez. 8. Laur. sec. 8 (n. 2407). Etwa für Askizo?
Ascoz. 8. Mchb. sec. 8 mehrm. (z. b. n. 105). Entweder als Asccoz hieher oder als Anscoz anzusehn.
Aschari. 8. Ng. a. 779.
Aschar Ng. a. 762, 774, 819.
Ascheri Gld. II, a, 96.
Ascher Laur. sec. 8 (n. 3558).
Ascar Ng. a. 735, 744, 745; dsgl. K. (n. 3 etc.).
Eskere Gld. II, a, 99.
Leichte berührung dieses namens mit Ansgar und mit Ascaricus. S. ds.
Ags. Äschere. Nhd. Ascher, Escher.
Ascoildis, fem. 8. Pol. Irm. s. 230.
Asclind, fem. 8. Schn. a. 772 (vgl. jedoch Arclind); Laur. sec. 8 (n. 1168).

Asceman. Gr. I, 492.
Nhd. Eschmann.
Ascunide, fem. 8. Tr. W. a. 714 (Pd. nachtr. n. 32).
Ascarich. 8 (7?). Ascarius oder Ascaricus b. v. Palencia sec. 7.
Ascarich Ng. a. 797; pol. Irm. s. 202; E. s. V, 519.
Ascharich Ms. a. 1049 (n. 21).
Askirih Gld. II, a, 96.
Ascirich M. B. a. 1030 (VI).
Ascheric P. V, 56 (ann. Quedlinb.).
Ascherich Laur. sec. 8 (n. 293); M. B. c. a. 1063 (XIII).
Ascric Wg. tr. C. 291, 389.
Ascrich Laur. sec. 8 u. 9 (n. 305, 512).
Ascrih St. P. öfters.
Aschrih St. P.
Aschrich P. I, 364 (Ruod. Fuld. ann. mit var. Ascrih und Hascrih).; M. B. c. a. 1060 (XIII).
Askrich P. II, 203 (ann. Vedast.).
Asgirih necr. Fuld. a. 853.
Haschirich P. I, 597, 608 (Regin. chron.).
Eskirich Ng. a. 809; K. a. 905 (n. 177).
Eskirih necr. Aug.
Esgirich tr. W. a. 780 (n. 190).
Eskerich Gld. II, a, 99.
Escrich Laur. sec. 8 (n. 472).
Escrih Gld. II, a, 99.
Eskrih Gld. II, a, 99.
Esgrih Gld. II, a, 99.
Eserich (viell. Escrich?) P. V, 750 (Thietmari chron.); Laur. sec. 8 u. 9 (n. 573, 2948).
Eserihc Laur. sec. 8 (n. 410).
Ascaricus neben Ascarius conc. Tolet. a. 653.
Haischerich P. VIII, 586, 590 (annalista Saxo).
Hieher wol noch
Anscherich P. X, 322 (Hugon. chron.).
Anskirch H. a. 928 (n. 150).
Asciuri (genit.) Laur. sec. 8 (n. 496) viell. hieher?
Nhd. Eschrich. O. n. Ascherichesbrugge.
Ascruh. 8. Mchb. sec. 8 (n. 75). Ist Ascrich zu lesen? vgl. Alpruh.
Ascolt. 10. Necr. Fuld. a. 926.
Asquid, fem. Gld. II, a, 121. Asc-wid?
Ascwin. 8. Laur. sec. 8 (n. 505); M. B. a. 1007 (XXVIII); Mchb. sec. 11 (n. 1167).

Askwin R. a. 1065 (n. 168).
Ascuin necr. Fuld. a. 1036.
Ags. Äscvine.

Ascouind. 6. Greg. Tur. 4, 16.

Asculf. 9. Wg. tr. C. 58, 231, 269, 292, 295, 468; pol. R. s. 55.
Ascolf necr. Fuld. 935; Dr. n. 660 (Schn. hat hier Asebolf).

Asdeht. 9. Wg. tr. C. 22. Zu ANS? oder zu AST?

Asger, Asi, Asico s. ANS.

Asilendus. 7. Pd. a. 648 (n. 312). Verderbt?

Asinar. 6. P. I, 213 (Einh. ann.; an dieser stelle ist der n. viell. undeutsch); III, 30 (Pipp. capitul.); IX öfters; Guérard a. 729; Pd. a. 730 (n. 547).
Ἀσινάριος Procop.
Asenarius P. II, 628 (vit. Hlud. imp.); IX öfters.
Azenarius P. I, 430 (Prud. Trec. ann.).
Asinerius und Asnerius öfters Lgd. sec. 11.
Steht Asinarius etwa für Ansbar? vgl. ANS.

Asito. 9. Dr. a. 857 (n. 571; Schn. ebds.). Sollte nicht Asico zu lesen sein?
Esit Mchb. sec. 9 (n. 382, 421).

Aslach s. Asalach. **Asoar, Asolf** s. ANS.

Aspar. 4. Jorn. 45; hist. miscell. 14; Cassiod. chron. (var. Asper); Idat. a. 469.

Asperht s. ANS. **Aspirand** s. Ansiprand.

Asric. 9. Wg. tr. C. 306; viell. = Ascric.

Assuerus s. ANS.

AST.

Vielleicht zu ast ramus, um so mehr, da dieses wort auch in der bedeutung von hasta vorzukommen scheint. Vgl. auch ANST. Gehört auch Esthelm und Estolh wirklich hieher?

Astperno. 10. G. a. 973 (n. 23).

Astger. 8. K. a. 777 (n. 19).

Asthar. 8. K. a. 769 (n. 11; Ng. ebds.).

Asthad (zt. unbest.). Necr. Aug. II non. Febr. Keller liest hier falsch Arthard, während die hds. deutlich Asthad hat.

Esthelm. 9. Wg. tr. C. 479.

Astericus. 9. P. VI, 604 (Brun. vit. S. Adalberti).
Asthericus Schpf. a. 778 (n. 55).
Oder ist Astericus griechisch?
Nhd. Estrich.

Estolh. 9. K. a. 813 (n. 70); Ng. ebds.

Asduard. 8. Schpf. a. 768 (n. 36).

Astulf. 6. B. v. Vicenza sec. 11.
Astulf P. VII, 64 (catal. reg.), 547 (Marian. Scoti chron.;) conc. Ticin. a. 1046.
Ἀστοῦλφος Theoph. mit var. Ἄσταλφος.
Astulf wird öfters mit Haistulf u. s. w. (s. ds.) vermischt; z. b. Astulph für Aistulph hist. miscell. 22.
Hieher viell. Hasdulf P. I, 24 (ann. Alam. 713), wofür Halidulf P. I, 25 (ann. Nazar. a. 713).

Astrebod, Astremir s. AUSTAR.

Asuad 10. Necr. Fuld. a. 981. Verderbt?

Asuco, Asuward s. ANS. **Atarli** s. Aldigart. **Atarold** s. ADRA. **Ateboduus** s. ATH. **Atenulf** s. ATHAN.

ATH.

Es wird noch weitschichtige untersuchungen bedürfen, bis in die folgenden zahlreichen formen einige ordnung gebracht werden kann; ein vollständig klares licht wird darüber nie erlangt werden. So viel ist gewiss, dass diese formen ein conglomerat sehr verschiedener elemente bilden, zu deren zerlegung unsere grammatische scheidekunst noch lange nicht befähigt ist. Ein theil gehört gewiss zum stamme HATH und hat sein anlautendes H verloren, ein anderer wird wol zu goth. atta, altfries. atha pater zu stellen sein, noch andere formen endlich müssen auf ganz andere, theilweise wol über das speciell germanische gebiet hinausreichende quellen zurückgeführt werden. Es ist dieser unsicherheit wegen auch die form Ath-, die ich als gothisch-sächsische an die spitze gestellt habe, nicht allen folgenden formen, sondern nur einem grossen theile derselben gemäss.

Nicht immer zu bewerkstelligen ist die scheidung zwischen den beiden stämmen ATH und ATHAL.

Atto. 7. Sec. 7: herzog v. Spoleto. Sec. 8: Addo b. v. Lyon. Sec. 9: b. v. Freisingen; b. v. Nantes; b. v. Verdun. Sec. 10: b. v. Vienne. Sec. 11: b. v. Florenz; b. v. Reate; b. v. Novara.
Atto P. I oft; II, 763 (gest. Karoli); III öfters; IV, B, 86 (Benedicti capit.), 179 (Nicol. II

statut.); VI, 507 f. (Widr. mirac. S. Gerardi); VII, 55 f. (Lup. protospatar.); IX öfters; X, 467 (Hugon. chron.); Paul. diac. IV, 52; pol. Irm. s. 123; Ng. a. 773 etc.; Dr. a. 796 (Schn. hier Alto); Schn. a. 813 (Dr. n. 281 Utto); M. B. a. 762, 769, 772, 775, 776, 778, 785, 799, 802, 804 etc. (VI, VIII, IX etc.); St. P. mehrm.

Ato P. VI, 412 (Gerhard. vit. S. Oudalr.); VII, 111 (Herim. Aug. chron.), 421 (Bernold. chron.); Ng. a. 769, 770, 787, 795, 805, 813, 821; Dr. sec. 10 (n. 701; Schn. ebds. Aho); necr. Aug.; St. P. öfters.

Atta (msc.) P. VII, 18 (ann. Elnon.).

Aato St. P.

Attho Ng. a. 867 (zwml.).

Addo P. I, 409 (ann. Fuld.); Wg. tr. C. 241, 275, 477.

Adho K. a. 793 (n. 43; Ng. ebds.).

Ado P. I, 469—479 (Hincm. Rem. chron.); II, III öfters; VI, 515 (mirac. S. Apri); VIII, 323 (Sigebert. chron.); IX, 541 (chron. S. Andreae), 737 (chron. mon. Casin.); X, 321, 352 etc. (Hugon. chron.); Paul. diac.; Mab. a. 717; pol. Irm. s. 42, 100; Wg. tr. C. 231, 244, 252, 260, 455.

Adus Pd. c. a. 662 (n. 347).

Aato Ng. a. 769.

Atte (msc.) Ms. a. 1049 (n. 22).

Adde (msc.) Gld. II, a, 95.

Adone (nom.) St. P.

Atune (abl.) tr. W. a. 724 (Pd. nachtr. n. 47).

Viell. schon hieher Adon in einigen urkunden des kaisers Justinus (sec. 6).

Nhd. Ade, Ette.

O. n. Adenstad, Atinawa, Attinheim, Attinhusun.

Adi. 8 Wg. tr. C. 258, 386.

Ati Wg. tr. C. 133.

Etti Mchb. sec. 8 (n. 274); M. B. c. a. 799 (IX).

Atta, fem. 8. P. IX, 495 (gest. episc. Camerac.); pol. Irm. s. 41, 80 etc., St. P. öfters; Lc. a. 927 (n. 87) u. c. a. 1070 (n. 221); Laur. n. 211 u. 3256.

Atha Laur. sec. 8 (n. 1098).

Ata K. a. 797 (n. 49; Ng. ebds.; gen. Atane ebds.); St. P. zweimal; necr. Aug.

Aata St. P. mehrm.

Ada Laur. öfters; pol. R. s. 48, 59 etc.

Adda pol. Irm. s. 7.

Adde Wg. tr. C. 185.

Ade Wg. tr. C. 369.

Adtha Ng. a. 810.

Attane (gen.) tr. W. a. 774 (n. 178).

Atunae (gen.) Laur. sec. 9 (n. 3144).

Atanai (gen.) Ng. a. 744.

Adanna (abl.) St. M. a. 962.

Adan (abl.) Wg. tr. C. 7.

Adtane (abl.) K. a. 772 (n. 14), 773 (n. 15).

Ags. Äðe.

Athacho. 8. Neben Atacho Laur. sec. 8 (n. 1418).

Addic Wg. tr. C. 234, 237, 242, 261, 279, 280, 289, 293, 301, 333, 338, 372.

Attiko Frek.

Adic Wg. tr. C. 240.

Adiko Frek.

Aticus St. P.

Atih St. P.

Adecho P. X, 515 (vit. Wicberti).

Adacha, fem. 10. H. a. 926 (n. 146).

Attika Frek.

Adika Ms. a. 1049 (n. 21).

Adike Ms. a. 1049 (n. 22).

Adecha H. a. 909 (n. 136).

Attid. 9. Wg. tr. C. 241.

Ettid Wg. tr. C. 247.

Attala, msc. 3. P. V, 837 (Thietmari chron.).

Attalus (Germanorum rex) aus sec. 3 bei Aurel. Vict. 33.

Ἄτταλος (Procop.) viell. hieher.

Attila=Totila P. IX, 740 (chron. mon. Casin.).

Atula (mit var. Avila) bisch. v. Coria in Estremadura conc. Tolet. a. 688.

Atalo Gld. II, a, 96.

Atulo Mchb. sec. 8 (n. 185).

Ettilo P. IX, 849 (chron. Hildesh.).

Ethylo P. IX, 853 (chron. Hildesh.).

Selbst den n. des hunnischen heerführers hält Grimm gesch. d. dtsch. spr. I, 475 nicht für hunnisch, sondern für gothisch.

Altn. Atli. Ags. Atila, Attila, Ätla.

Atula, fem. 8. P. II, 454 (Einh. vit. Kar. M. mit var. Attula, Alitila, Atitila, Atala); St. P. zweimal; Laur. sec. 8 (n. 1966).

Attila St. P.

Atala P. VI, 635 (Odilon. epitaph. Adalheid.).

Attela Mab. a. 854.
Ettila Gld. II, a, 122.
Athalin. 7. Addolin b. v. Alby sec. 9.
Athalin Lc. a. 962 (n. 105).
Athulin Lc. a. 844 (n. 58), 847 (n. 63).
Addolenus conc. Magdun. a. 891.
Athelin P. IX, 484 (gest. episc. Camerac.); Pd. a. 692 (n. 426).
Attelin P. VI, 411 (Gerhardi vit. S. Oudalr.).

Anm. Die unter Attala, Atula und Athalin aufgeführten formen fliessen mit den ähnlich klingenden, die am anfange des stammes ATHAL verzeichnet sind, fast völlig zusammen, und es ist daher an eine genaue scheidung derselben nicht zu denken.

Atina s. ATHAN.
Ating. 8. B. v. Osimo sec. 10.
Ating P. II, 405 (vit. S. Liudgeri); pol. Irm. s. 46.
Atting conc. Ravenn. a. 967.
Ading pol. Irm. s. 201.
Addasta. 9. Wg. tr. C. 300, 366.
Attost P. III, 90 (Kar. M. capit.).
Adabald. 8. B. v. Tours sec. 9.
Adabald Laur. sec. 8 (n. 2877).
Adabold convent. Cabilon. a. 875.
Adebold P. IX, 205; (Anselm. gest. episc. Leod.); pol. R. s. 77.
Adepald P. V, 186 (ann. Cavenses).
Adbold Lc. a. 816 (n. 33).
Nhd. Appold, Appolt.
Athuberaht. 9. Adebert ep. Silvanect. sec. 9.
Athuberaht necr. Fuld. a. 822.
Adubert Wg. tr. C. 352.
Adaperht St. P.
Adebert conc. Tricass. a. 878.
Attepert P. IX, 97, 103 (chron. Novalic.).
Adbraht Frek.
Adperht St. P.
Ate[illegible]duus. Gruter. 758, 11.
Adepurc, fem. Gld. II, a, 120.
Adefons. 6. Westgoth. könig sec. 6. P. II, 611 (vit. Hlud. imp.); VI, 134. 148 (Ademar. histor.); VII, 457 (Bernoldi chron.); VIII öfters; concil. Lucens. a. 589; E. s. III, 419 (hist. Compostell.).
Adefons wird öfters mit Adalfuns verwechselt.
Athuger. 5. P. II, 680 (transl. S. Alexandri).
Adaccar P. V, 31 (ann. Quedlinb.); vgl. Odovacar.
Adegar pol. Irm. s. 37, 99 etc.

Adegardis, fem. 9. Pol. R. s. 105.
Adegis. 8. Pol. Irm. s. 182, 183.
Atgis pol. R. s. 104.
Adogoto. 8. Pd. a. 716 (n. 500; H. ebds. n. 38).
Adogrim. 7? Pd. a. 627 (n. 240; unecht).
Adohard. 9. Pol. Irm. s. 280.
Adehard pol. R. s. 33.
Adohar. 8. Pol. Irm. s. 188.
Adoar pol. Irm. s. 115.
O. n. Adersleva hieher?
Adhelm. 9. Wg. tr. C. 320.
Adelm Gld. II, a, 112.
Adelmo P. III, 253 (Hlud. et Hloth. capit.).
Adelom P. V, 398 (Flodoardi ann.) hieher?
Adhild (us). 7. Pd. a. 653 (n. 322; M. u. Mab. ebds.).
Adahildis, fem. 9. Laur. sec. 9 (n. 25).
Aderamnus. 8. Mab. a. 775.
Aderam P. I, 393 (ann. Fuld.); im index steht fälschlich bei dem citat dieser stelle Ademar.
Adolach. 8. Tr. W. a. 713 (n. 6).
Adoland. 9. P. VIII, 145 (Eckeh. chron. univers.).
O. n. Adoalanteshofa.
Athulef. 8. Lc. a. 855 (n. 65).
Adlef Pd. a. 710, 712, 713 (n. 476, 485; H. ebds. n. 33, 35).
Adalindis s. ATHAL.
Adiman. 9. Wg. tr. C. 224.
Attaman Dr. a. 825 (n. 456).
Atoman Gld. II, a, 96.
Nhd. Hedemann, Hettmann.
Adamar. 9 (7?). Adimir ep. Tudensis sec. 7; Adamar b. v. Angoulême sec. 11.
Adamar Lc. a. 964 (n. 106).
Athemar P. VIII, 566 (annalista Saxo).
Adhemar P. II, 607 (vit. Hlud. imp.); VI, 126 histor.).
Adimar P. V öfters (nebenform Adilmar).
Adimir conc. Tolet. a. 646; Lgd. a. 862 (I, n. 88).
Attamar Dr. a. 825 (n. 455; Schn. ebds. Atamat).
Ademar P. II, V, VI öfters: VIII, 348 (Sigebert. chron.); IX öfters; pol. Irm. s. 34. Vgl. auch Aderam.
Ademora, fem. 6. Pd. a. 572 (n. 179); wol verderbt.

Ademunt. 6. Ademunt, qui et Andreas appellatur. M. sec. 6 (n. 86; Sp. ebds.). M. bemerkt hiezu: si potrebbe anche leggere Vdemunt.

Adarad. 8. Conc. ap. Theodonis villam a. 835.

Adrad pol. Irm. s. 102.

Adrada, fem. 8. Pol. Irm. s. 100.

Aderich 6. Ep. Tudensis sec. 6.

Adericus conc. Lucens. a. 569.

Aderich pol. Irm. s. 10.

Adricus P. X, 313 (Hugon. chron.); pol. Irm. s. 239, 240.

Addric Wg. tr. C. 248.

Atharid. 4. A. S. Apr. II mehrmals.

Aderit Iustr. donat. fact. a. Ruuilone v. 553 bei Sp.; A. S. Febr. II.

In der hds. jenes instrum. kommt nur der genit. Aderitnis und Aderitgis vor, was gewiss Aderit gloriosi patris zu lesen ist. So entscheidet auch M., der n. 86 diese urk. abdruckt: io leggo onninamente Uderit o Aderit gls (gloriosi).

Altn. Atriðr, Atriði.

Adosinda, fem. 8. Urk. aus sec. 8 (E. s. V, 341); A. S. Febr. III; Mart. I.

Adsuit, fem. 9. P. II, 387 (vit. S. Willehadi).

Athald. 9. Wg. tr. C. 16.

Adald synod. Magdun. a. 891.

Adalt St. P.

O. n. Adolteshusun.

Adouar. 6. Greg. Tur. 4, 30.

Adoard. 8. Pol. Irm. s. 182, 220.

Adohard s. oben.

Adeunard (so) pol. R. s. 13 viell. Adeward?

Adhuid, fem. 8. Pol. Irm. s. 199.

Adwin. 8. P. V, 770 (Thietmari chron.).

Advin P. 747 (Thietmari chron.).

Aduin A. S. Febr. I.

Adoin St. M. a. 709; pol. Irm. s. 204; St. P.

Adoind. 7. Gest. Dagobert. 36. (du Chesne I, 583).

Aduis. 8. Pol. Irm. s. 280.

Adois pol. Irm. s. 175.

Athaulf. 5. Sec. 5: Gothenkönig (Alarichs schwager. Sec. 7: ein graf. Sec. 8: b. v. Girona. Sec. 9: b. v. Barcelona; b. v. Oviedo. Sec. 10: b. v. Cöln; ep Pallariens.

Athaulf P. X, 313 (Hugon. chron.); hist. miscell. (Arcadius); Jorn. (var. Ataulf); Isidor.

Athaulph P. VIII öfters.

Ataulf conc. Tolet. a. 683; Idat. a. 410, 414 etc.

Ataulph P. I, 283 (chron. Moissiac.).

Ἀτάουλφος Zosim. mehrm.

Adaulf P. X, 318 (Hugon. chron.); conc. Narbon. a. 788.

Ἀδάουλφος Procop. b. Vand. I.

Adahulf conc. Tull. a. 860.

Athulf P. V, 792 (Thietmari chron.).

Adulf P. I, 7, 24, 307 (ann. Lauresh., ann. Alam., chron. Moissiac.); IV, B, 179 (Nicol. II statut.); VIII öfters; Wg. tr. C. 244, 404, 405, 471.

Adolf P. VIII öfters; Laur. sec. 8 (n. 3569).

Atolf Ng. a. 817.

In den ann. Petav. a. 728 (P. I, 9) finden sich die lesarten Hidulphus, Hadulphus, Adulfus (vgl. Hidulf).

Ags. Aðulf, Aedvulf. Nhd. Adolf, Adolph.

O. n. Adoluesbrunst.

Zu diesem stamme wol noch:

Ademma, fem. 9. K. a. 812 (n. 67); verderbt?

ATHAL. Ein in p. n. nur anlautend, aber fast unübersehbar häufig gebrauchter stamm. Er kommt bei allen deutschen volksstämmen in namen vor, am lebendigsten wie es scheint bei den Franken, die einen zweisilbigen und auf l endenden ersten theil in zusammengesetzten namen besonders liebten, weit seltener und auf eine geringere anzahl von namen beschränkt bei den Sachsen. Die bedeutung unsers stammes ist durch seine sichere verwandschaft mit dem ahd. adal, ags. æðel (genus, nobilis) und den dazu gehörigen wörtern klar; sehr unsicher ist dagegen sein verhältnis zu den formen Othil-, Uothal- u. s. w. (s. OTHAL). Möglicher weise haben wir übrigens in den folgenden formen zuweilen eine von adal nobilis unabhängige erweiterung des stammes oder der stämme, die ich unter der form ATH behandelt habe.

Durch misbräuchliche und vereinzelt vorkommende umstellung zu ald wird unser wortstamm öfters untrennbar von ALD (s. ds.); durch unterdrückung des l mischt er sich mit ATH; durch andere entartungen der form finden übergänge in die zu ALA, ALAH, ALF, ALI und anderen stämmen gehörigen formen statt, namentlich ist die form Al-, obwol sie häufig erweislich aus ATHAL entsprungen ist und deshalb meistens von mir hieher genommen wurde, sehr oft gar nicht sicher zu beurtheilen; durch vorgeschlagenes H endlich berührt sich ATHAL mit HATH; s. diesen letztern stamm zu ende.

Athala (msc.), 5. Cassiod. XI, 1.
Athal (vater des Achiulf) Jorn.
Athalus hist. miscell. (Arcadius).
Adalo P. III, 253 (Hlud. et Hloth. capit.); IX, 249 (Gundechar. pontif. Eichstet.); Ng. a. 827; Schn. a. 866 (Dr. ebds. Adalolt); St. P.
Adalus Guérard a. 1098.
Adal Ng. a. 797, 906; necr. Aug.
Addalo Ng. a. 773.
Adila (msc.) Cassiod. II, 29; Sm. (var. Odila).
Adilo St. M. a. 1068.
Adolo Laur. sec. 8 (n. 211); St. P. zwml.
Adolus St. P.
Adelo P. X, 573 (chron. S. Huberti Andag.); Gud. a. 1028, 1074.
Adelus pol. R. s. 98.
Adelius pol. Irm. s. 206 wol auch hieher.
Ethil necr. Fuld. a. 867.
Edilo Mchb. sec. 8 (n. 31).
Vgl. ähnliche formen unter ATH.
Nhd. Adel, Edel, Edele.
O. n. Adalesdorf, Adalesfelt, Adalesheim.

Athala, fem. 7. P. X, 176 (gest. Trever.); Lc. c. a. 1020 (n. 159).
Atala St. P.
Adala Laur. sec. 8 (n. 297); St. P.; pol. Irm. s. 168.
Adila Ms. sec. 9 (n. 4).
Adola Laur. sec. 8 (n. 1658).
Athela P. V, 107 (ann. Hildesh.); VIII öfters.
Adhela P. V, 80 (ann. Quedlinb.), VIII öfters.
Adela P. VI, VII, VIII öfters; X, 160 (gest. Trever.); H. a. 690 (n. 23); pol. R. s. 37, 50 etc.; Guérard a. 1038.
Atela Lc. a. 1019 (n. 153).
Atla pol. Irm. s. 106, 114.
Aethela P. V, 761 (Thietm. chron.).
Edila pol. R. s. 78.
Edilla Gld. II, a, 122.
Ethela P. V, 775 (Thietm. chron.).
Edela P. II, 583 (transl. S. Viti).
Adalanae (genit.) Laur. sec. 8 (n. 297).
Adilane (thema) Pd. a. 675 (n. 379).
Adalia pol. Irm. s. 8 vielleicht hieher.
Vgl. einige ähnliche formen unter ATH.

Edilicho. Gld. II, a, 98. Eine auffallende bildung, wenn nicht zu Adalleih gehörig.

Adilin. 7. Lc. a. 927 (n. 88).
Adelin P. IX, 301 (Ad. Brem.) mit var. Adolin; conc. Compendiens. a. 757.
Adelenus P. VIII, 393 (Sigebert. auctar. Aquicin.).
Edelen Lc. a. 1006 (n. 145).
Vgl. ähnliches unter ATH.
O. n. Adelineswilare.

Adaluni. 9 Lc. a. 836 (n. 51); St. P. öfters.
Adoluni St. P.

Adalina, fem. 8. Pol. Irm. s. 99.
Adelina pol R. s. 32; pol. Irm. s. 50 (sec. 11).
Adelena pol. R. s. 41.
Adelene Gld. II, a, 120.
Adalonna St. P. (sec. 9); verderbt?

Adalung. 8. B. v. Eichstedt sec. 9. P. I, 210 (Einh. ann. mit var. Adalangus, Adalingus, Adalgundus), 529 (ann. Vedast.); II, 207 (ann. Vedast.), 463 (Einh. vit. Kar.) etc.; IX öfters; Ng. a. 773; St. P.; necr. Aug.; M. B. a. 950 (VII).
Adalunc P. IX öfters; Laur. sec. 8 (n. 3408); St. P. öfters; Ng. a. 825.
Adalunch St. P.
Athalong P. VIII, 331 (Sigebert. chron.).
Atalong A. S. Mart. II.
Adalong P. I, 606 (Regin. chron.); pol. Irm. s. 31.
Adalunh St. P.
Adalhunc P. IX, 256 (anonym. Haserens.).
Adaling pol. Irm. s. 163; Laur. sec. 9 (n. 222); necr. Fuld. a. 1004.
Adolunc St. P.
Adulunc St. P.
Adulunk St. P. zwml.
Adelung H. a. 963 (n. 175).
Adelong P. VIII, 574 (annalista Saxo); Lp. a. 919 (II, 114).
Adelunc H. a. 945 (n. 158).
Ediling Schn. a. 808.
Hediling Gld. II, a, 100 wol hieher.
Adalgung Laur. sec. 8 (n. 218) wol hieher.
Nhd. Adelung, Adlung, Eddeling, Edling.

O. n. Hadalongcella, Adalinchova.
Adelinga, fem. 9. Pol. R. s. 36.
Adalisma, fem. 8. Pol. Irm. s. 213.
Adallerb s. Adalleib.
Athalbald. 8. B. v. Bellay sec. 9.
Athalbald Lc. a. 855 (n. 65).
Adalbald P. VI, 134 f. (Ademar. histor.); IX, 410 (gest. episc. Camerac.).
Adalpald St. P. öfters.
Adalbold P. VI öfters; pol. Irm. s. 14, 15 etc.; Ng. a. 792, 825; necr. Aug.; Wg. tr. C. 376.
Adalpold P. VI, 403 (Gerhard. vit. S. Oudalr.); St. P. zwml.
Adalpolt St. P.
Athilbold Lc. a. 874 (n. 69).
Athelbold P. V, 870 (Thietmari chron.).
Adelbold P. V, 93 (ann. Hildesh. und Lamberti ann.); VIII, IX öfters; pol. R. s. 50.
Aethelbold P. V, 869 (Thietmari chron.).
Ethelbald P. V, 860 (Thietmari chron.).
Edalbold pol. Irm. s. 115.
Aelbo für Adelbold P. IX, 137 (gest. episc. Leodiens.).
Hadalbald Laur. sec. 8 (n. 996).
Albald, Albolt u. dgl. s. ALF.
Aldalbald (so) tr. W. c. a. 730 (n. 247).
Ags. Äðelbald.
Adalbalda, fem. 8. Pol. Irm. s. 162, 211.
Adalbolda pol. Irm. s. 55, 108.
Albarn. 8. Laur. sec. 8 (n. 3308 f.).
Alborn Laur. sec. 9 (n. 3227).
Adalben. fem. Gld. II, a, 120. Verderbt?
Athalbero. 10. Sec. 10: b. v. Metz; b. v. Rheims. Sec. 11: erzb. v. Trier; b. v. Worms; b. v. Brixen; b. v. Basel; b. v. Laon; b. v. Dijon; b. v. Metz; b. v. Würzburg.
Athalbero P. VIII, 654, 657, 658 (annalista Saxo).
Athalbere P. VIII, 555 (annalista Saxo).
Adalbero P. I—IX oft; X, 228 (invent. S. Mathiae), 359 (Hugon. chron.); XI öfters; Gud. a. 963; necr. Aug.; St. P.; sec. 11 M. B. (IV, VI, VII, X, XI, XIV).
Adalpero P. III, 561 (Arnulfi capit.); VI, 418 (Gerh. vit. Oudalr. episc.); M. B. c. a. 1030 (VI); M. B. a. 1070 (III); St. P. öfters.
Atalpero P. V, 79 (ann. Quedlinb.).
Adalber P. XI, 221 (chron. Benedictobur.).
Adhilbero P. IV, B, 176 (Nicol. II statut).
Athelbero P. V, 103 (ann. Hildesh.); VI öfters.
Adelbero P. II. VI, VIII, IX öfters; X, 171 (gest. Trever.); M. B. sec. 11 (VI, VIII); necr. Aug.
Adelber G. a. 1086 (n. 68).
Aethelbero P. V, 815 f. (Thietmari chron.).
Ethelbero P. V, 806 (Thietmari chron.).
Aldelbero (so) necr. Aug.
Albero P. VI—IX öfters; X, 543 (gest. abbat. Gemblac.); M. B. sec. 11 (VII); necr. Aug.; St. M. a. 962.
Alberius P. X, 64 (Landlf. hist. Mediol.).
Nhd. Alber.
Adalbern. 9. Gld. II, a, 95.
Adalpern Dr. a. 801 (Schn. liest Adolpern).
Hadalbern Gld. II, a, 100.
Adalbirin, fem. 9. Wg. tr. C. 208; R. a. 821 (n. 21).
Adalpirin St. P. zwml.
Adalbrin (so) Gld. II, a, 120.
Adelspirn (so) Laur. sec. 9 (n. 3554 f.) wol hieher.
Adalberaht. 8. Sec. 9: b. v. Troyes; ep. Morinens. Sec. 10: b. v. Prag, dann erzb. v. Gnesen, apostel d. Preussen; abt zu Weissenburg, dann erzb. v. Magdeburg; b. v. Lorch; b. v. Passau; b. v. Bologna; b. v. Treviso; ep. Lunens.; ep. Pisaurens.; sohn Berengars II von Italien; graf v. Babenberg. Sec. 11: herzog v. Kärnthen; markgr. v. Oestreich; graf vom Elsenzgau; erzb. v. Bremen; b. v. Basel; b. v. Carcassone; b. v. Rheims; b. v. Siena; b. v. Troyes; ep. Castranens.
Adalberaht Schn. a. 757.
Athalbraht Ms. a. 1049 (n. 22).
Athalbert P. III, 30 (Pippin. capit.); conc. Attiniac. a. 765.
Adalbraht Schn. a. 779; Dr. a. 851 (n. 561; Schn. ebds. Adabraht).
Adalpraht Schn. a. 754, 755, 756, 757, 806; St. P. zwml.; M. B. a. 1033 (XXIX).
Adalbreht necr. Aug.
Adalpreht decr. Tassil.; necr. Aug.; St. P. öfters; M. B. sec. 11 (VI).
Adalberct Dr. a. 750, 753; Schn. a. 805.
Adalperct Schn. a. 765.
Adalperht St. P. öfters.
Adalberhd P. V, 94 (ann. Hildesh.).
Atalbraht Ms. a. 1086 (n. 34).

Adalbrath Gud. a. 1069; Laur. n. 532.
Adalbreth necr. Aug.
Adalbret necr. Aug.
Adalpret Ng. a. 813.
Adalbert P. I—IX oft; X, 351 (Hugon. chron.); Schn. a. 750, 757; pol. Irm. s. 27, 31 etc.; Guérard a. 828; Ng. a. 774, 779, 786, 789, 791, 806, 808, 809, 812, 817; Wg. tr. C. 357, 477, 478; St. P. öfters; Gud. a. 959, 960; M. B. sec. 11 (II, III, VI, VII, XI).
Adalpert P. I, 411 (ann. Fuld.); II, 83 (Ekkeh. cas. S. Galli); VI. 567 (Arnold. de S. Emmer.); VII öfters; Schn. a. 756; Ng. a. 815; St. P. öfters; M. B. sec. 10 (XIV); M. B. c. a. 1030 (VI).
Adalberd Schn. n. 754.
Adalperd Dr. a. 750 (wo Schn. Adalrid liest); Schn. a. 756.
Adalprehet (so) St. P.
Adalperh für Adalperht St. P.
Adabraht für Adalpraht C. M. Juni.
Adilbraht P. IV, B, 176 (Nicol. II statut.).
Adilbreht necr. Aug.
Adilbert necr. Aug.
Adilbret K. a. 970 (nachtr. E).
Adolbret H. a. 975 (n. 195).
Athelbrath Frek.
Adelbreht necr. Aug.
Adelbrecht Laur. sec. 8 (n. 1294).
Adelpreht M. B. a. 1050 (VIII).
Adelberht M. B. öfters (z. b. VIII, IX, XI, XIII).
Adelbrath Gud. a. 1090.
Adelbreth necr. Aug.; Gud. a. 1074.
Adelbert P. II, V, VI, VII etc. öfters; X, 8 (Arnulf. gest. archiepp. Mediol.); Schn. a. 750; necr. Aug.; St. M. a. 1002; M. B. a. 1074 (VII).
Adelpert P. IV, B, 31 (Ott. M. constitut.); V, 543 (chron. Salernit.); IX öfters; Guérard a. 800 (aus Italien); St. P.
Adelbrat Gud. a. 1056.
Adelbret Ng. a. 817; necr. Aug.
Adhelbert P. II, 659 f. (Nithardi hist.).
Adelvert P. V, 511 (chron. Salernit.).
Hadelbraht G. sec. 9 (n. 4).
Adlevert pol. Irm. s. 128.
Aethelbert P. V, 867 (Thietmari chron.).
Aedelberhd P. V, 97 (ann. Hildesh.).
Alpreht C. M. Jul.
Alprecht Gld. II, a, 95.
Albret Gud. a. 1074.
Albert P. II, IV, V, VI, VIII, IX öfters; X, 52 f. (Landulf. hist. Mediol.) etc.; St. P.; necr. Aug.; M. B. sec. 8 u. 9 (VI, XIV); Wg. tr. C. 4, 33; Mab. a. 872; Gud. a. 960; Guérard a. 1056.
Alpert P. VI öfters.
Albertulus Guérard a. 1089.

Zu Albert und Alpert vgl. auch den stamm ALF. Aldebert als misbräuchliche schreibung, die aus verwechselung von ATHAL und ALD entstanden ist, begegnet öfters.

Olbert viell. hieher; vgl. ALD.
Ags. Äðelbeorht, Äðelbyrht, Äðelbriht.
Nhd. Albert, Albrecht, Allebracht (als vorname auch Adalbert).
O. n. Adalprehtisperc.

Adalberta, fem. 8. Pol. Irm s. 11, 26 etc.
Adleverta pol. Irm. s. 127.
Atleverta pol. Irm. s. 80, 236.

Adalberga, fem. 8. Tochter des Langobardenkönigs Desiderius und frau des herzogs Arichis von Benevent sec. 8.
Adalberga pol. Irm. s. 72, 90 etc.
Adalpirc St. P.
Adalperc St. P.
Adalpiric St. P.
Adalpiro St. P. viell. für Adalpirc?
Adilberga pol. Irm. s. 204.
Adelberga P. X, 391 (Hugon. chron.); pol. R. s. 61.
Adelperga P. V, 476 f. (chron. Salernit.); IX, 591 (chron. mon. Casin.); M. a. 788 (n. 10).
Albergia St. M. c. a. 962.

Adalbrand. 9. P. VII, 153 (Lamberti ann.); VIII, 686 (annalista Saxo).
Adalprand P. III, 252 (Hlud. et Hloth. capit.).
Adelbrand P. V, 100 (ann. Hildesh.).
Becelinus qui et Adelbrandus P. VIII, 679 (annalista Saxo).
Alprand s. ALI.

Adalbrun, fem. Gld. II, a, 120.

Athalbodo. 9. Lc. a. 846 (n. 62).
Adalbodo Wg. tr. C. 422.
Adalbodu Wg. tr. C. 348.
Adalpoto Gld. II, a, 95.
Hadalpot Ng. a. 818 viell. hieher.
Adelbodo Laur. sec. 10 (n. 273).

Adelboto Gld. II, a, 95.
Adelbod Lc. a. 1096 (n. 253).
Ethelbod P. V, 830 (Thietmari chron.).
Edelbod Mab. a. 910.
Albot (8) P. II, 344 (vit. S. Bonif.) hieher?
Athalburug, fem. 8. Gld. II, a, 121.
Adalpurnc, Adalpurug und Adalburuc Gld. II, a, 120.
Adalburuhc Hf. a. 989 (I, 530).
Adalburg pol. Irm. s. 7, 77 etc.; Lc. a. 907 (n. 84).
Adalpurc St. P.
Adalbrug (so) pol. Irm. s. 199.
Adalbruc (so) pol. Irm. s. 30; Ng. a. 860.
Adelburga P. II, 406 (vit. s. Liudgeri).
Adelburc Laur. zwml.
Hadelburc Gld. II, a, 123.
Aedelburc C. M. Sept.
Alburg pol. Irm. s. 37; desgl. pol. Irm. s. 50 (sec. 11).
Alpurc unsichere lesart bei St. P.
Alpurch St. P.
Adalbuch (fem.) Gld. II, a, 120 wol verderbt.
Ags. Äðelburh. Nhd. Alburg?
Adelchinda, fem. 10. Lp. a. 973 (II, 307).
Adalchon, fem. Gld. II, a, 120.
Adaldag. 9. Erzb. v. Hamburg sec. 10. P. I, 617—627 (continuator Regin.; var. Adalgarius und Adalgisus); IV, 24 (Ott. M. constit.), B, 165 (Ott. M. pact.); V, VIII, IX öfters; Wg. tr. C. 116
Adaldac Wg. tr. C. 303, 332, 466.
Adaldach P. V, 395 (Flodoardi ann.); Wg. tr. C. 312.
Adaldoch P. X, 361 (Hugon. chron.).
Adaltac P. IV, 24 (Ott. M. constit.).
Adaldacch P. V, 603 (Richeri hist.).
Atheldag P. V, 772 (Thietmari chron.).
Adeldag P. V, 103 (ann. Hildesh.).
Adeldach P. VI, 288 (vit. Mahthildis).
Adeltac P. V, 342 (Liudpr. hist. Ott.).
Adeldech C. M. Sept.
Aetheldag P. V, 760 (Thietmari chron.).
Aedtheldag P. V, 832 (Thietmari chron.).
Aetheldeg C. M. Sept.
Etheldag P. V, 756 (Thietmari chron.); IX, 847 (chron. Hildesh.).
Nhd. Altag.

Adaldech und Adaldek, angeblich fem., bei Gld. II, a, 120.
Adaldrud, fem. 7. P. VIII, 564 (annalista Saxo); St. P.
Adaltrud P. II, 453 (Einh. vit. Kar., mit sehr vielen varianten); V, 169 (ann. Masciac.); pol. Irm. s. 7, 10 etc.
Adaltrut Mab. a. 697.
Adeldruda Laur. sec. 8 (n. 370).
Adelthrud Gld. II, a, 120.
Adeltrud P. II, 280 (gest. abbat. Fontan.); VIII, 163 (Ekkeh. chron. univers.); pol. R. s. 9, 13 etc.
Edildrudis quae et Chunigunt (gattin Heinrichs III; sie heisst auch Elisdrudis) P. XI, 574 (ann. Admunt.).
Edeltrud pol. Irm. s. 281.
Altrud (-is) pol. Irm. s. 102; St. P. zweimal.
Ags. Äðeldryð.
O. n. Adaldrudowilare.
Adalferius. 9. P. V öfters; IX, 673 (chron. mon. Casin.); chanson des soldats de Louis II (bei du Mezil poësies populaires latines I, pag. 264).
Adelferius P. V öfters.
Athalfrid. 8. B. v. Noyon sec. 8; Alfrid b. v. Hildesheim sec. 9.
Athalfrid P. III, 30 (Pippini capit.); conv. Atteniac. a. 765.
Adalfrid Schn. a. 750; Dr. a. 779 (Schn. hat hier Adalfrit); pol. Irm. s. 86, 113; St. P. öfters; Wg. tr. C. 281.
Adalfrit M. B. c. a. 1050 (VI).
Adalfred pol. Irm. s. 35, 41 etc.
Adalvrid St. P.
Adelfrid P. V, 259 (Erchemperti hist. Langob.); pol. R. s. 101.
Adelfrit Laur. öfters.
Hieher wol noch die formen:
Alfrid P. V öfters; X, 572 (chron. S. Huberti Andag.); St. P.; Ng. a. 826; St. M. a. 1006.
Aalfrid St. P. zweimal.
Alfrit Laur. n. 3495; M. B. a. 828 (VIII); St. P.
Alfred s. Alberad unter ALF.
Adalfidus (so) pol. Irm. s. 100 für -fridus?
Adalfrih R. a. 821 (n. 21) wol für Adalfrid.
Adalrid könnte auch hie und da für -frid stehn.
Ags. Äðelfrið, Adelferð.

O. n. Adalfrideshuson, Aalfridesstat (so).

Adalfrida, fem. 8. Pol. Irm. s. 29, 203.
Adelfrida pol. R. s. 60, 81.
Adalfrit (fem.) Mchb. sec. 9.

Adalfuns. 9. Adelfons (Alphons) ist der n. mehrerer spanischen könige, doch ist es sehr schwer, diese formen von denen zu scheiden, die zu Adefons (ATH) gehören.
Adalfuns Gr. I, 143.
Adelfons conc. Ovetens. c. a. 873; conc. Legionens. a. 1012.
Aldephons für Adalphons Lgd. a. 1096 (II, n. 317).
Adalfus St. M. a. 709 hieher?

Adalgan. Gld. II, a, 95. Für -gar?

Adelging. 9. Pol. R. s. 43.

Adalgar. 8. B. v. Autun sec. 9; b. v. Bremen sec. 9.
Adalgar P. I—III, V, VIII, IX öfters; X. 355, 502 f. (Hugon. chron.); pol. Irm. s. 20; Wg. tr. C. 400.
Adalcar pol. Irm. s. 64, 82 etc.
Adalghar Ng. a. 781.
Athalger Ms. a. 1049 (n. 21).
Adalgaer St. P. öfters.
Adalger P. II, 409 (vit. s. Liudgeri); V öfters; VI, 164 (vit. S. Liutbirgae), 419 f. (Gerhard. mirac. S. Oudalr.); VII, 153 (Lambert. ann.); IX öfters; Ng. a. 791; St. P. öfters; Dr. a. 801 (Schn. liest hier Adalgo); Mab. a. 854; Wg. tr. C. 40, 240, 254, 268, 289, 338, 344, 400, 433, 435; M. B. c. a. 1030 (VI).
Adalgher Ng. a. 787.
Adalker Ng. a. 800.
Athilger P. V, 84 (ann. Quedlinb.).
Adilger Wg. tr. C. 39.
Àthelgar conc. Mutin. a. 974.
Adelgar P. II, 214 (chron. S. Mart. Colon.), 656, 664 (Nith. hist.); VIII, IX öfters.
Adelger P. VI, 355 (vit. Joh. Gorziensis); pol. R. s. 15, 85 etc.; M. B. sec. 9, 11 (VII—IX).
Aedilger C. M. Mai, Juni.
Ethelger P. V, 774, 817 (Thietmari chron.); Lc. a. 1033 (n. 169), 1085 (n. 238) etc.
Edelger pol. Irm. s. 226.
Alger P. V öfters statt Adalger; Wg. tr. C. 454; St. M. a. 962.
Alcar Gld. II, a, 112.
Alker pol. Irm. s. 31; St. P.
Adedger (so) Wg. tr. C. 256 viell. hieher.
Adalgerper St. P. muss eine verderbnis enthalten.
Ags. Äðelgâr.

Adalgaria, fem. 8. Pol. Irm. s. 7, 18 etc.
Adalgera pol. Irm. s. 151.

Adalgarisma, fem. 8. Pol. Irm. s. 223.

Adalgard, fem. 8. P. II, 405 (vit. S. Liudgeri); C. M. Nov.
Adalgart M. B. a. 762 u. 776 (VIII).
Adalcart u. Adalkart Gld. II, a, 120.
Adelgardis pol. R. s. 38, 56 etc.
Adelgart pol. Fossat.; Laur. öfters.
Adlegard P. V, 170 (ann. Masciac.).
Edelgardis pol. Irm. s. 203.

Adalgaud. 8. B. v. Vercelli sec. 9.
Adalgaud P. III, 529, 532, 534 (Karol. II capit.); St. P.; pol. Irm. s. 40, 98 etc.; Mab. a. 798.
Adalgauz Laur. sec. 8 (n. 1424).
Athalgot Lc. a. 855 (n. 65).
Adalgot Laur. sec. 8 (n. 762); Wg. tr. C. 427.
Adalgaoz St. P.
Adalgaus pol. Irm. s. 160, 162.
Adalcaus pol. Irm. s. 127.
Adalcoz, Adalgoz und Adelgolz (so) Gld. II, a, 95.
Adalgoz Ng. a. 787, 795; St. P.
Adalgod Gld. II, a, 112.
Aadalgoz St. P.
Adilgoz P. II, 158 (cas. S. Galli); K. a. 970 (nachtr. E).
Adolgaoz (so) St. P.
Adolgoz Laur. n. 3650.
Adelgaud pol. R. s. 22, 37 etc.
Adelgoz M. B. c. a. 1050 (VII).
Adelgot P. VIII öfters; necr. Aug.
Adlegaud pol. Irm. s. 250.
Algot H. a. 955 (n. 167).
Hieher gehört auch Adelgost (so) M. B. a. 1089 (XXIX).
O. n. Adelgozeshusen.

Adalgik, fem. Gld. II, a, 120.

Adalgildis, fem. 8. Pol. Irm. s. 7, 20 etc.
Adelgelt H. c. a. 1040 (n. 240).
Edalgildis pol. Irm. s. 217.
Hiefür viell. Adalgisdis pol. Irm. s. 37.

Adalgis. 7. Friesenfürst sec. 7; b. v. Aix sec. 10.
Adalgis P. I oft; II, 446 (Einh. vit. Kar.); IV, 27 (Ott. M. constitut.); V oft; VI, 197 (panegyr.

Berengar.); VII, 421 (Bernoldi chron.), 551 (Marian. Scot. chron.); VIII öfters; X, 351 (Hugon. chron.); pol. Irm. s. 13, 19 etc.; St. P. zwml.; A. S. Mart. I (neben Aldgislus).

Adalghis P. I oft (ann. Lauriss.).

Adalchis P. V oft; Lp. a. 774 (I, 527).

Adilgis hist. miscell. 22.

Adelgis P. II, 265 (Paul. gest. ep. Mett.); VII, 548 (Marian. Scot. chron.); IX, 667 (chron. mon. Casin.); pol. R. s. 40, 72 etc.

Adelchis P. V, IX; Lp. a. 769 (I, 506).

Adalchix (so) Gld. II, a, 112.

Algis P. IX öfters.

Alchis pol. R. s. 69.

Algegis für Adalgis P. V, 260 (Erchemp. hist. Langob.).

Adalgasius Lgd. a. 865 (I, n. 86) mehrmals; derselbe heisst auch sonst Adalgisus.

Grimo, qui et Adalgisus dictus est P. X, 338 (Hugon. chron.).

Adalgisa, fem. 8. Pol. Irm. s. 103, 221.

Adelgisa P. IX, 589 (chron. mon. Casin.).

Adelchisa P. V, 242 (Erchemp. hist. Langob.), 483 (chron. Salernit.).

Adalgisil. 7. Frankenherzog sec. 7. Pd. c. a. 644 (n. 309; H. ebds. n. 18).

Adalgiselus Fredegar. 75 u. 77.

Adalgod s. Adalgaud.

Adalgrim. 8. P. I, 479 (Hincm. Rem. ann.); pol. Irm. s. 8, 14 etc.

Adalgrimnus pol. Irm. s. 166, 168.

Adalcrim Gld. II, a, 95, 112.

Atalgrim Lc. a. 802 (n. 25).

Adelgrimmus pol. Irm. s. 15, 37.

Nhd. Ahlgrimm.

Adalgrima, fem. 8. Pol. Irm. s. 78, 83 etc.

Adelgrima P. IX, 769 (chron. mon. Casin.).

Adalgrinna (so) pol. Irm. s. 55.

Adalgudis, fem. 7. Pd. a. 697 (n. 442); pol. Irm. s. 8, 15 etc.; Mab. a. 703, 854.

Adelgudis pol. R. s. 55, 81.

Adalgundis, fem. 8. Pol. Irm. s. 5, 67 etc.

Adelgundis pol. R. s. 56.

Algundis pol. Irm. s. 273.

Adalgindis (so) pol. Irm. s. 34 wol hieher.

Adalhaid, fem. 9. Sec. 10: tochter Rudolfs von Burgund, frau Lothars v. Italien, nachher k. Ottos I; schwester k. Ottos III. Sec. 11: tochter des markgrafen Otto v. Susa; frau des Böhmenherzogs Wratislav II.

Adalhaid P. I, 621 (contin. Regin.); II, 454 (Einh. vit. K.); M. B. sec. 11 (VI).

Adalheid P. I, 605 (Regin. chron.); V, 71 (ann. Weissemb.); VI, VII öfters; IX, 248 (Gundechar. pontif. Eichstet.); Dr. a. 813 (n. 283; Schn. ebds. Adalhero).

Adalheit St. P. oft; M. B. sec. 11 (VI).

Adilheid M. B. a. 1095.

Adilheit necr. Aug.

Athelheidhis P. VIII, 627, 678 (annalista Saxo).

Athelheida P. VIII, 668 (annalista Saxo).

Athelheith C. M. Dec.

Adelhagdis pol. R. s. 35, 53 etc.

Adelhait M. B. c. a. 1012 (VI).

Adelheid P. II, V, VII—IX oft; Gud. a. 983.

Adelheit P. V, VIII öfters; Laur. öfters; necr. Aug.; M. B. sec. 11 (II, III, XIV).

Adelheydis St. M. a. 898.

Adheleid P. II, 266 (Paul. gest. ep. Mett.); IV, 35 (Ott. II constit.); VI, IX öfters; X, 443 (Hugon. chron.).

Adelaid P. II, 265 (Paul. gest. ep. Mett.), 326 (Adon. chron.); V, 626 f. (Richeri hist.); IX öfters; Guérard a. 1098.

Adeleida P. II, 267 (Paul. gest. ep. Mett.); IV, B, 168 (urk. v. Leo VIII); VI öfters; X, 8 etc. (Arnulf. gest. archiepp. Mediol.; Hugon. chron.); K. a. 1097 (n. 300).

Adelayd Mab. a. 879.

Adleidis H. a. 1093 (n. 294).

Adleyta, Adleyth, Adleytha öfters bei P. XI (Cosm. chron. Boem.).

Aethelheitha P. VI öfters.

Aethelheid P. V, 757, 770, 780, 843 etc. (Thietmari chron.); C. M. Nov.

Aedelheid P. V, 91 (ann. Hildesh.); C. M. April.

Ethelheid P. V, 745, 748, 767 etc. (Thietmari chron.)

Haethelheid P. V, 858 (Thietmari chron.).

Alhaidis pol. R. s. 34.

Alhagdis pol. R. s. 37.

Alheyda H. a. 1052 (n. 251).

Alaid P. VI öfters.

Wunderbare entstellungen des zweiten theiles der composition finden bei Adalhaid statt, wie die folgenden formen lehren.

Adalheilda Lc. a. 996 (n. 107).

Adalheiht P. V, 103 (ann. Hildesh.).
Adeleiht necr. Aug.
Adelegid P. V, 319 (Liudprand. antapod.).
Adelgeid P. V, 70 (ann. Hildesh.).
Ethelgid P. V, 773 (Thietmari chron.).
Aidelgaiza (so) P. V, 554 (chron. Salernit.).
Adalleiz Gld. II, a, 120.

Aladeiz und andere umgestellte formen begegnen öfters in Lgd.

Alaizia P. VI, 148 (Ademar. histor.) wol hieher.
Adeladis (so) P. X, 576 mehrmals (chron. s. Hubert. Andag.); St. M. a. 1002.
Adalais pol. Irm. s. 184; Lgd. sec. 11 oft.
Adelais P. IX öfters.
Adelheidum (so) Lc. a. 1085 (n. 235) scheint irrthümlich.

Adalheim und **Adalheint** als fem. bei Gld. II, a, 120. Wol verderbt.

Adalhard. 8. Sec. 9: b. v. Rouen; b. v. Tours; b. v. Verona. Sec. 10: b. v. Reggio.

Adalhard P. I, II oft; IV, 27 (Ott. M. constitut.); VI, 419, 421 (Gerh. mirac. S. Oudalr.); VIII, 591 (annalista Saxo); pol. Irm. s. 28, 29; Ng. a. 775, 795, 809; St. P.; Wg. tr. C. 242, 251, 300, 303, 307, 308, 322, 328, 379, 387, 402, 429, 455, 456, 466, 483.
Adalhart P. I oft; V, 50 (ann. Hildesh.), 140 (ann. Einsidl.); Schn. a. 756; St. P. oft; pol. Irm. s. 16; Ng. a. 763, 775, 805, 811, 816, 820; M. B. sec. 11 (XI, 20).
Adalchard tr. W. a. 700 (Pd. nachtr. n. 14).
Adalheart tr. W. a. 712 (n. 225; Adalheartdus ebds. bei Pd. nachtr. n. 19).
Adhalhard M. B. a. 860 (XXXI).
Adhalard P. II, 626 (vit. Hlud. imp.); Mab. a. 764.
Adalard P. I (ann. Mett.; Hincm. Rem. ann.; ann. Vedast.); III öfters; VII, 12 (ann. Elnon.), 23 (ann. Blandin.), 553 (Marian. Scot. chron.); VIII öfters; pol. Irm. s. 12, 45 etc.
Adalart Ng. a. 765.
Hadalhard P. III, 137 (Kar. M. capit.).
Hadalhart Ng. a. 843.
Adilhart Ng. a. 854.
Athelhard Frek. mehrm.
Adelhard P. II, V, VIII öfters; St. P.; pol. R. s. 2, 42 etc.
Adelhart Laur. mehrm.
Adelard P. II öfters; V, 170 (ann. Masciac.), 334 f. (Liutprand. antapod.); VI öfters; VIII, 442 (Sigeb. auct. Hasnon.); IX, 650 (chron. mon. Casin.); X, 210 (vit. s. Symeon.), 571 (chron. S. Hubert. Andag.); pol. Irm. s. 205, 264; pol. R. s. 15, 22 etc.
Adhelard P. II, 662 (Nithardi hist.); VI, 329 (Hrotsuith. gest. Oddonis).
Addellard (so) Lp. a. 847 (I, 730).
Aethelherd C. M. Sept.
Aetelherd C. M. Jul.
Alard P. VIII, 393 f. (Sigebert. auctar. Aquicin.); IX öfters; X, 363 (Hugon. chron.), 573 (chron. S. Huberti Andag.); Laur. n. 3817.

Bei H. a. 963 (n. 176) ist statt Adalhand wol Adalhard zu lesen.

Ags. Äðelheard. Nhd. Adelhart, Ahlert, Allard, Allardt, Allerdt, Ehlert, Ohlert.
O. n. Adalharteshova, Adalhartespara.

Adalhar. 8. Pol. Irm. s. 20, 22 etc.; pol. R. s. 67.

Adalheri Ng. a. 786; Wg. tr. C. 248, 260.
Adalher Laur. n. 873.
Adalar P. II, 222 (ann. Xant.); Laur. sec. 8 (n. 220); pol. Irm. s. 80.
Athelheri Wg. tr. C. 439.
Adelhere Laur. sec. 9 (n. 179).
Adelher pol. R. s. 2, 15 etc.; (für Adalger) P. II, 355 (vit. S. Bonif.).
Adelar P. IX, 616 (chron. mon. Casin.); pol. R. s. 77.
Aethelhere P. II, 349 (vit. s. Bonif.).
Ags. Äðelhere; nhd. Adeler, Adler, Edeler.
O. n. Adalhareshusir.

Hadelhad. 9. Pol. R. s. 105.

Adalhaus pol. Irm. s. 159 hieher für Adalhadus?

Adalhalm. 8. B. v. Chalons sec. 9; b. v. Laon sec. 10; ep. Silvanect. sec. 10.

Adalhalm St. P. öfters.
Adalhelm P. I, 604 (Regin. chron.); II, 794 (Abbo de bell. Paris.); Ng. a. 778; pol. Irm. s. 82, 158; St. P. öfters.
Adalelm P. I, 310 (chron. Moissiac.); II, 794 (Abbo de bell. Paris.); III öfters; pol. Irm. s. 9, 14 etc.; St. M. a. 887.
Adalaelm P. II, 787, 794 (Abbo de bello Paris.). Das ae ist hier, wie der vers lehrt, diphthong.
Adalgelm (so) Gld. II, a, 112.

Hadalhelm Gld. II, a, 100.
Adalhelinus falsche lesart im convent. Wormat. a. 833.
Adelhalm K. a. 1095 (C. S. n. 3); necr. Aug.
Adelhelm M. B. a. 806 (VIII).
Adelelm P. III, 568 (Kar. III capit.); V öfters; X, 479 (Hugon. chron.); Lp. sec. 10 öfters.
Adhelhelm P. II, 235 (ann. Xant.).
Aethelhelm C. M. April.

Hieher gehören wahrscheinlich noch die formen:
Alelm P. VIII. 394 (Sigeb. auctar. Aquicin.).
Alerm pol. Irm. s. 49 (sec. 11).
Adelmo s. unter ATH.
Ags. Äðelhelm. Nhd. Alhelm.
O. n. Adalhelmeshova, Adalhelmeshusir, Adalhalmestat.

Adalhildis, fem. 8. Pol. Irm. s. 14, 16 etc.
Adalhilda Laur. n. 436.
Adalhilt Schn. a. 756; St. P. öfters.
Adalildis pol. Irm. s. 78, 82 etc.
Adalvildis pol. Irm. s. 119.
Adelhildis pol. Irm. s. 159; pol. R. s. 56.
Adelildis pol. Irm. s. 206.
Atlildis pol. Irm. s. 106.
Adalcilt (so) Gld. II, a, 120.

Adalhoh. 9. Necr. Aug.; St. P. öfters; Laur. mehrm.
Adalhaoh St. P.
Adalho necr. Aug.; Ng. a. 816, 837.
Adelhoch K. a. 1045 (n. 226).
Adalnohc Schpf. sec. 10 (n. 179) ist Adalhohc zu lesen.

Schwere scheidung dieser formen von Adalhug und Adallog.

Adalraban. 8. Dr. n. 639 (bei Schn. Altraban); necr. Fuld. a. 889.
Adalramnus pol. Irm. s. 18, 211; Ng. a. 797, 819.
Adalrammus P. VI, 549, 553 (Arnold de S. Emmer.); M. B. a. 829 (XXXI).
Adalhram Mchb. sec. 8 (n. 58); St. P.
Adalram Ng. a. 806; M. B. sec. 8—11 (VIII. XIV); Dr. a. 863 (n. 583; Schn. ebds. Adodram); St. P. mehrmls.
Adalranus pol. Irm. s. 47.
Adelram Laur. sec. 9 (n. 3113).

Hiezu viell. auch Aledramnus; s. ALD.

Adalrinc. Gr. I, 143.

Aedilhry. 9. St. P.: verderbt.

Adalrod. 8. St. P.
Adalruod (angeblich fem.) Gld. II, a. 120.

Adalrunda, fem. Gr. I, 143; II, 532. Vgl. HRUND.

Adalhug. 9. Ng. a. 861, 874.
Adalug Gld. II, a, 95.
Adaluc St. P.

Vgl. Adalhoh und Adallog.

Adalhun. 9. R. a. 866 (n. 50); Schn. a. 904.
Adelhun Laur. n. 3770; Gud. a. 1069, 1074.
Ags. Äðelhûn.

Adalleib. 9. Dr. a. 813 (n. 293; Schn. hat hier wahrscheinlich fälschlich Adallerb).
Adalleip Mchb. sec. 9 (n. 485); Ng. a. 862.
Adallef Wg. tr. C. 308.
Edilef Gld. II, a, 98 hieher?

Adalleih. 7. Gr. II, 153.
Adilegus conc. Tolet. a. 681.
Adhelegius pol. Irm. s. 264.

Adelegia, fem. 9. Pol. R. s. 56.

Es ist sehr ungewiss, ob die letzten drei formen wirklich hieher gehören und nicht vielmehr nur eine (und zwar undeutsche) endung haben.

Aethelleken. 10. P. V, 763 (Thietmari chron.) mit var. Athelleken.

Adalland. 8. Tr. W. a. 782, 790 etc. (n. 59, 64 etc.).
Adallaut Mchb. sec. 9 (n. 589); St. P.; R. a. 901 (n. 88).
Aalant pol. Irm. s. 49 (sec. 11) wol hieher.

Vgl. Adoland unter ATH.

Adallouc, fem. Gr. II, 155.
Adalog und Adaillog als fem. Gld. II, a, 120.

Adallinda und -is, fem. 8. P. II, 453 (Einh. vit. K.); St. P.
Adalindis pol. Irm. s. 14, 15 etc.; Laur. sec. 8 (n. 1187).
Adalinta Gld. II, a, 120.
Adalint H. a. 853 (n. 87).
Adalendis Mab. a. 910.
Adilint M. B. a. 991 (XXVIII).
Adellinda P. VII, 111 (Herim. Aug. chron.), 421 (Bernoldi chron.).
Adelindis pol. Irm. s. 104, 160; pol. Fossat.; pol. R. s. 51, 101.
Adelinda P. VIII, 163 (Ekkeh. chron. univers.), 564 (annalista Saxo).
Adelint Laur. n. 430.

Adelendis P. X, 530 (gest. abbat. Gemblac.).
Hadellinde Ng. a. 806.
Atlindis pol. Irm. s. 263.
Edellint Laur. sec. 8 (n. 683).
Ethelind P. V, 791 (Thietmari chron.); VIII, 698 (annalista Saxo); C. M. Dec.
Edelind Laur. sec. 8 (n. 1502, 1998).
Edelint Laur. sec. 8 u. 9 (n. 3349, 3795).
Adalindus Pd. a. 730 (n. 546) verderbt aus Adalindis?

Bei diesem namen ist Adal-lind von Ada-lind (zu ATH) nicht zu scheiden möglich.

Adalliub. 9. Tr. W. a. 808 (n. 20).

Adalleod. 8. P. II, 184 (ann. S. Amandi); Ng. a. 833, 837; M. B. a. 830, 833, 837 (XI, XXXI).
Adaleod P. VII, 12 (ann. Elnon.).
Adalhleod Gr. I, 143.
Adilleod Gld. II, a, 112.
Edillied Gld. II, a, 122.
Adallioz Mchb. sec. 10 (n. 1030).
Adalleoz St. P.
Adaleoz Mchb. sec. 8 (n. 18).
Edilliioz Ng. a. 854.
Edilleoz Ng. a. 809, 837; K. a. 885 (n. 159).
Edilloz Gld. II, a, 98.

Wo Mchb. (z. b. n. 355) Adallcoz liest, ist Adalleoz zu vermuthen.

Adalecd (so) Lc. a. 878 (n. 72) steht wol fälschlich für Adaleod.

Adalloh. 9. St. P.
Adallog tr. W. a. 820 (n. 69); Wg. tr. C. 450.
Adaloh Gr. II, 128.
Adeloch Laur. sec. 8 (n. 2997); Lc. a. 1094 (n. 248).

Vgl. auch Adalhoh und Adalhug.

Adalman. 8. P. II öfters (ann. Wirzib.); VIII, 723 (annalista Saxo); IX, 249 (Gundechar. pontif. Eichstet.); X, 211 (vit. S. Symeon.); pol. Irm. s. 55, 59 etc.; Ng. a. 786, 788, 799, 822; necr. Aug; St. P.; M. B. c. a. 1090 (III).
Adilman P. IV, B, 176 (Nicol. II statut.).
Adelman P. II, 245 (ann. Wirzib.); X, 8 (Arnulfi gest. archiepp. Mediol.); H. a. 963 (n. 178); G. a. 1083 (n. 66); Gud. a. 1090.
Alman P. VI, 91 f. (chron. Median. monast.); VII öfters; X, 573 (chron. S. Hubert. Andag.); K. a. 844 (n. 110).
Aldelman (so) P. X, 104 (catal. archiepp. Mediol.).
Nhd. Adelmann, Edelmann.

Adalmand. Gld. II, a, 112.

Athalmar. 8. Ms. a. 1049 (n. 22).
Adalmar pol. Irm. s. 31, 146; Ng. a. 817; St. P.; Wg. tr. C. 484.
Adalmer Wg. tr. C. 472.
Adilmar P. V öfters (mit nebenform Adelmar u. dgl.); X, 367 (Hugon. chron.).
Adelmar P. V, 382 (Flodoardi chron.); VI, 47 (gest. episc. Virdun.); IX, 613 (chron. mon. Casin.); X, 359 (Hugon. chron.); pol. Irm. s. 261; pol. R. s. 16, 54 etc.
Adlemar pol. Irm. s. 233.
Almar P. I, 531 (ann. Vedast.); II, 209 (ann. Vedast.).
Almer Wg. tr. C. 466.
Ags. Äðelmêr, Äðelmaer. Nhd. Allmer.

Adalmod, msc. u. fem. 8. Pol. Irm. s. 31, 36 etc.
Adalmuat Gld. II, a, 95.
Adalmuot Dr. a. 796 (Schn. ebds. Adalmout); necr. Fuld. a. 1000.
Adalmut H. a. 853 (n. 87).
Adelmod P. VI, 337 (vit. Joh. Gorz.); IX, 664 (chron. mon. Casin.); pol. R. s. 55.
Adelmuot H. a. 926 (n. 146).
Almoth necr. Fuld. a. 1056.
Almout necr. Fuld. a. 1062.
Adaldmot (so) Gld. II, a, 120.
Ags. Äðelmôd.

Adalmoda, fem. 9. Mchb. sec. 9 (n. 945).
Adalmodis P. VI, 131 (Ademar. histor.); Lgd. sec. 11 oft.
Adalmudis Lgd. a. 1068 (II, n. 239) etc.
Almodis Lgd. sec. 11 oft.
Almoldis für -modis Lgd. a. 1082 (II, n. 287).

Adalmund. 8. Pol. Irm. s. 80, 103.
Adalmunt St. P.; Laur. öfters.
Adalmont necr. Fuld. a. 834 hieher oder für Adalmout.
Adelmund pol. Irm. s. 266; pol. R. s. 51, 78.
Adalminti R. a. 821 (n. 21) hieher?
Ags. Äðelmund.

Adalnand. 8. Zwml. bei St. P.
Adalnaut Gld. II, a, 95.

Adalniu, fem. 8. Schn. a. 819 etc. (Dr. ebds. n. 127, 388, 693 etc.); St. P.

Adalnia Mchb. sec. 8 (n. 33).
Adalni K. a. 797 (n. 45); Mchb. n. 475; trad. Juvav. 154; St. P. öfters.
Adalnot. 9. Ng. a. 858; K. a. 861 (n. 136); necr. Aug.
Adalnoat Gld. II, a, 95.
Ags. Äðelnôð.
O. n. Adelnoteswilare.
Adalrad, msc. u. fem. 8. P. III, 89 (Kar. M. capitul.); pol. Irm. s. 11, 47 etc.; St. P.
Adalrat Ng. a. 826; Gud. a. 881; Dr. n. 702 (Schn. liest hier Adabrat); St. P. öfters.
Adalraat St. P.
Adalrath Laur. n. 532.
Adilrat Dr. sec. 9 (n. 137).
Athelrad Ms. a. 1096 (n. 45).
Adelrad Laur. öfters; pol. R. s. 53, 82.
Adelrat Laur. öfters.
Alrad Laur. n. 2063, 2146.
Alrat Laur. n. 2167.
Adalraus pol. Irm. s. 166 für -radus?
Ags. Äðelrêd, Äðelraed. Nhd. Alrath.
Adalrada, fem. 8. Pol. Irm. s. 14, 43 etc.
Athalaricus. 4. Gothenfürst sec. 4; enkel Theodorichs d. Gr. sec. 6
Athalaricus P. VIII oft; X, 318 (Hugon. chron.); Cassiod. öfters; Jorn.; hist. miscell. (Valens).
Ἀταλάριχος Procop.
Adalric Wg. tr. C. 69, 127, 467.
Adalricus P. II, 248 (ann. Besuenses); IX, 124 (chron. Novalic.); Mab. a. 693; Ng. a. 773, 788, 798, 815; pol. Irm. s. 3, 79 etc.
Adalrich P. VII, 11 (ann. Elnon.); Ng. a. 779; St. P.
Adalrih Ng. a. 787, 824, 826; necr. Aug.; St. P. öfters.
Adalrihc Ng. a. 802.
Adalricas (so) P. V, 511 (chron. Salernit.).
Hadalrich Pd. a. 728 (n. 543).
Adhelericus P. II, 609 (vit. Hlud. imp.).
Adelricus pol. Irm. s. 260; pol. R. s. 24, 37 etc.
Alrich P. IX, 67 (Rudolf. hist.), 126 (chron. Novalic.; an dieser stelle sicher = Adalricus); St. P.
Alrihc St. P.
Alrih Dr. n. 702 (Schn. ebds.).
Verwechselung mit Udalrich P. VII.
Ägs. Äðelric.

Adalrid. 8. Schn. a. 750; Wg. tr. C. 242. Vgl. auch Adalberaht.
Adalrun. 8. Auffallend sign. Adalruno (msc.) Schpf. a. 794 (n. 69).
Adalrina R. a. 821 (n. 21) wol für Adalruna.
Adalsad. 8. Pol. Irm. s. 21, 186; pol. R. s. 9.
Adelsad pol. Irm. s. 262; pol. R. s. 33.
Adhelsad pol. Irm. s. 261.
Adalsada, fem. 8. Pol. Irm. s. 20, 173.
Adalscalc. 9. St. P.
Adalscalch Mchb. sec. 9 (n. 521).
Adelscalk M. B. a. 893 (XI).
Adalsind, fem. 7. P. VI, 79 f. (chron. S. Michael.); Pd. a. 657 (n. 328); pol. Irm. s. 7, 10.
Adalsinda St. M. a. 709.
Adelsindis P. VIII, 685 (annalista Saxo).
Adelsinda pol. R. s. 4, 70 etc.
Alsindis pol. Irm. s. 27, 218.
Alsinda Pd. a. 709 (n. 475); H. a. 955 (n. 167); Lp. a. 993 (II, 395).
Adelsina pol. R. s. 49.
Alsinna pol. R. s. 35.
Einen ausfall des n nehme ich in den folgenden formen an:
Adalsida pol. Irm. s. 165.
Adelsidis pol. R. s. 104.
Adalsis pol. Irm. s. 204 scheint nur eine fernere entstellung von Adalsidis.
Adelstein. 9? P. XII, 325 (Rodulf. abb. Trudon. epist.).
Adelstein als verdeutschung von ags. Adelstan C. M. Oct.
Adalstan Gr. I, 143 ist wol nur als ags. anzusehn.
Ags. Äðelstân. Nhd. Adelstein.
Adalswab. Gld. II, a, 95.
Adalsoab Gld. II, a, 112.
Adalsuuind, fem. 8. St. P.
Adalswint Gud. a. 881.
Adalsuind St. P. öfters; Laur. n. 1260, 1980.
Adalsuint St. P. öfters; Laur. n. 371.
Adalswith Gld. II, a, 120.
Adalsundis pol. Irm. s. 27.
Adelswint M. B. a. 806 (VIII).
Adelsuint Laur. mehrm.
Aethelsuth (so) C. M. Juni.

Adalwint M. B. sec. 11 (VI) wol hieher.
Ags. Äðelsvîð.
Adalteus. 8. Pol. Irm. s. 80.
Adildio necr. Fuld. a. 918.
Adelteus Mab. a. 954.
Altheus, Alteus s. ALA.
Adaldiu, fem. 8? Neben Adaldiuu und Adaldhiu Gld. II, a, 120.
Adalteia pol. Irm. s. 235 hieher oder etwa nur mit einem undeutschen suffix versehn?
Adalwalach. 8. Gld. II, a, 95.
Adalwalh St. P. zwml.
Adalwalch St. P.
Adalvolch Gr. I, 143 hieher?
Adalwal Gld. II, a, 95.
Adeluual necr. Aug.
Alwalah Schn. a. 779.
Aluvala P. X, 322 (Hugon. chron.).
Adalwalt. 7. Adaloald Langobardenkönig sec. 7.
Adalwalt St. P. öfters.
Adalovald P. V, 232 (Andr. Bergom. chron.).
Adaloald P. VII, 91, 93 (Herim. Aug. chron.); VIII, 322 f. (Sigebert. chron.); IX, 38 (Joh. chron. Venet.); Paul. diac. IV, 26 etc. Von derselben person auch bei P. V Adebald und Adepald.
Adalold pol. Irm. s. 28, 83 etc.; pol. R. s. 106; Wg. tr. C. 378, 399.
Adalolt Schn. a. 765; Dr. a. 798 (Schn. ebds. Adolt); Dr. a. 866 (Schn. ebds. Adalo); Dr. a. 866, 867 (n. 591 u. 598; Schn. an beiden stellen Cadolt); necr. Aug.; St. P. öfters.
Adallolt Gld. II, a, 95.
Adalald Wg. tr. C. 101.
Adalholt St. P.
Adalleold A. S. Febr. I.
Adaleold Laur. sec. 9 (n. 25, 26).
Adaldold (so) Laur. n. 421.
Adillold Lc. a. 874 (n. 67).
Adoloald (so) P. V, 873 (catal. reg. Langob.).
Atholold C. M. Dec.
Adolold Wg. tr. C. 368, 373.
Adeloald P. V, 470 (chron. Salernit.).
Adelold P. IX, 849, 854 (chron. Hildesh.); pol. Irm. s. 262; pol. R. s. 34; M. B. c. a. 1030 (VI).
Adelald Mab. a. 798.
Adelhold Laur. n. 1960.
Aethelold C. M. Nov.
Aldoald zuweilen hieher, z. b. P. VII, 64 (catal. reg.).
Alwald C. M. Oct.
Alwold Lc. a. 1003 (n. 136, 140).
Aluold Lc. a. 819 (n. 37), 1003 (n. 137 ff.).
Allolldd s. ALA.
Ags. Äðelvald, Äðelveald, Äðelvold.
Nhd. Adelt.
O. n. Adalolteshelm, Adalolteshusun, Adalolteslob, Adaloltiswilare, Adaloltinchovun.
Adalwar. 8. St. P. zwml.
Hadalwar Laur. sec. 8 (n. 3382).
Edilwar Gld. II, a, 98.
Adalwara, fem. 8. Mab. a. 770; pol. Irm. s. 88, 242; Laur. sec. 8 (n. 928; neben dem falschen Dalwara).
Adalwarana Gr. I, 143 ist wol nur fälschlich aus dem gen. oder dat. Adalwaranae zurückgeschlossen.
Aedelwer (so, fem.) necr. Fuld. a. 1039.
Aloara s. ALA.
Ist der span. n. Elvira (z. b. aus sec. 11 A. S. Mart. I) hieher gehörig? oder viell. zu Allovera (ALA)?
Athalward. 8. Lc. a. 855 (n. 65).
Athalword Ms. a. 1049 (n. 22).
Adalvard P. II. 417 (vit. S. Liudgeri), 775 (vit. S. Rimberti).
Adalward P. II, 218 (ann. Xant.); IV, 18 (Heinr. I. constitut.); V, 4 (ann. Corbej.); IX öfters (s. 306 mit var. Adalalward); pol. Irm. s. 88; Wg. tr. C. 80, 252, 261, 264, 276, 337, 367, 388, 403, 409, 422, 423, 450, 451, 455.
Adalword Ms. a. 1049 (n. 21).
Adalwart St. P.; M. B. a. 1033 (VII).
Athelword Frek.
Adelward P. VI, 785 (mirac. S. Bernwardi).
Adelwart M. B. c. a. 775 u. c. a. 1033 (VII, IX).
Ags. Äðelveard.
Adalwib, fem. Gld. II, a, 120.
Adalwif Gld. II, a, 120.
Adelwiva A. S. Febr. I.
Adhalluit. 9. P. II, 509 (Ermold. Nigell.).
Adalwidis, fem. 9. Pol. R. s. 2.
Athalwit (fem.) Hf. a. 979 (I, 517).
Adelwidis pol. R. s. 62.
Adalwig. 8 (7?). Gld. II, a, 120.
Adalwic Ng. a. 858.

Adalwich St. P.
Adalwih Dr. a. 790 (Schn. ebds. Adalwich); St. P.
Adaluihc St. P.
Adalveus pol. Irm. s. 172, 235.
Statt Adaluuih bei Schn. liest Dr. n. 583 Adaluuiz.
Adelwich Laur. sec. 9 (n. 3015); Lc. a. 1045 (n 181).
Adelveus pol. R. s. 72.
Edilwig und Edilwic Gld. II, a, 98.
Alvicus Ng. a. 691—695; Pd. c. a. 691 (n. 422).
Alwih St. P.

Adalwihi, fem. 8. Gld. II. a, 120.
Athalwi P. II, 422 (vit. S. Liudgeri).
Adalfia pol. R. s. 50; vgl. Dalfia ebds. s. 51.
Adalwi Gld. II, a, 120.

Athaluin. 8. Erzb. v. Salzburg sec. 9; b. v. Regensburg sec. 9.
Athaluin Lc. a. 855 (n. 65).
Adalwin P. I öfters; V, 122 (ann. Juvav.); VII, 25 (ann. Blandin.); M. B. oft (I, XIII, XIV etc.); St. P. zweimal.
Adalvin P. VI, 565 (Arnold de S. Emmer.); pol. Irm. s. 115, 152.
Adalwini Wg. tr. C. 229, 486.
Adaluin pol. Irm. s, 10, 31 etc.; St. P.; Laur.
Athilwin Lc. a. 848 (n. 64).
Adilwin P. XI, 565 (auctar. Garstense); Lc. a. 874 (n. 67).
Athelwin conc. Mutin. a. 974.
Adelwin P. VI, 36 (ann. Foss.); pol. R. s. 64, 85; Gud. a. 1074.
Edelwin Laur. mehrmals.
Alwin P. V, 838 (Thietmari chron.); C. M. Mai.
Hiezu Adelgin pol. Irm. s. 88? etwa für Adelguin?
Ags. Äðelvine.

Adalvinia, fem. 8. Ist so bei St. P. statt Adalumia zu lesen?

Adalvis, msc. u. fem. 8. Pol. Irm. s. 158.
Adalwis pol. Irm. s. 231, 255.
Adalluis P. III, 252, (Hlud. et Hloth. capit.).
Adalguis pol. Irm. s. 152, 229, 231.
Adalwiz Dr. a. 863 (n. 583; Schn. ebds. Adalwih); Gud. a. 881.
Adelwiz Laur. sec. 8 (n. 3045).
Hedelwiz necr. Fuld. a. 1062.
Adalgui Mab. a. 926 verderbt aus -guis?

Adalwolf. 8. St. P. zwml.
Adalulf P. III, 374 (urk. v. 840); VII, 25 (ann. Blandin.); VIII öfters; Ng. a. 787; pol. Irm. s. 29, 83 etc.
Adalolf Ng. a. 813; St. P. öfters.
Adaluf neben Adalulf Gld. II, a, 112.
Adululf Wg. tr. C. 309.
Adoluif Pd. a. 715 (n. 492).
Adololf St. P.
Adelulf pol. Irm. s. 250, 267; pol. R. s. 49, 53 etc.
Atlulf pol. Irm. 100, 107.
Ediluuf (so) St. P.
Alolf Laur. sec. 8 mehrmls.
Ags. Äðelvulf. Nhd. Ohloff.
O. n. Adalolfesleiba.

Adalzeiz. 9. Tr. W. a. 809 u. 830 (n. 172, 174).

Zu diesem stamme vielleicht noch, aber mit undeutschem suffixe versehn:

Adalivo. 8. H. a. 762 (n. 45).

Adalivia, fem. 8. Pol. Irm. s. 209. Grimm will in der zeitschr. von Aufrecht und Kuhn I, 430 ohne grund Adalnivia bessern.
Adalove (fem.) Laur. sec. 9 (n. 992) wol verderbt.

ATHAN.

Ein nicht häufiger aber sehr alter wortstamm, der bei Gothen und Langobarden zu hause ist, bei Sachsen und Westfranken kaum sicher nachgewiesen werden kann. Grimm gesch. d. dtsch. spr. 413 stellt Athanagild zu goth. aþn, ataþni, griech. ἔτος.

Atina, fem. 8. St. P.

Adnfrid (so). 9. R. a. 821 (n. 21); verderbt?

Athanagild. 6. Westgothenkönig sec. 6. P. I, 285 (chron. Moissiac.); VIII, 317 f. (Sigebert. chron.); X, 318, 333 (Hugon. chron.); Jorn. 58; Isidor; Greg. Tur.
Atanagild var. Athanaild Joh. Biclar. (E. s. VI, 383).

Adnheri (so). 9. R. a. 821 (n. 21); verderbt?

Edenelt, fem.? 8. Pol. Irm. s. 25.

Athanaricus. 4. Gothenkönig sec. 4. P. I, 285 (chron. Moissiac.); VIII öfters; IX, 173 (Heriger. gest. episc. Leod.); X, 302, 313 etc. (Hugon. chron.); Idat. a. 381; Amm. Marc. 31; Isidor.; hist. miscell.; Greg. Tur.; gest. regg. Franc.

Ἀθανάριχος Theophanes, Zosimus.
Atanaricus mit var. Attanaricus Jorn.

Adenulf. 10. Erzb. v. Capua sec. 10; fürst v. Benevent sec. 11.
Adenulf P. V, IX öfters; A. S. Mart. I.
Adenolf P. XI, 248 (gest. Robert. Wiscard.).
Athnulph P. V öfters.
Atenulf P. V öfters; VI, 507 (Widric. mirac. S. Gerardi); IX oft; A. S. Mart. III.
Atenolf P. V öfters.
Hedenulf, Edenulf s. HEDAN.

Athaulph, Athild s. ATH. **Athovagrius** s. AUD. **Athulef, Athulin, Ati** s. ATH. **Atilifil,** angebl. fem. Gld. II, a, 121; verderbt. **Atina** s. ATHAN. **Ating, Attala, Attaman, Attelin, Attepert, Attid, Atto, Attost** s. ATH.

Atudachuond, angebl. fem. Gld. II, a, 121; verderbt.

Atula s. ATH. **Atz-** s. AZ. **Aua** s. AW. **Aubedo** s. AUD. **Auculf** s. AUG.

AUD. Ein unendlich häufiger wortstamm, dessen etymon wir ohne zweifel mit Gr. I, 148 im altn. auðr, ags. eád besitz, reichtum, goth. audags, ags. eádag, ahd. otag reich zu sehn haben. So gewiss auch dies wort in der grossen mehrzahl der folgenden formen steckt, so ist doch kaum eine trennung möglich von denjenigen namen, die auf einen goth. stamm OD, gemeinahd. UOT zurückzuführen sind; vgl. mehrere solche formen auch unter U. Auch ist das mit unserm AUD wahrscheinlich theilweise zusammengeflossene EUTH nachzusehn. Schwierig ist die entscheidung der schon von Gr. I, 149 angeregten frage, ob AUD auch zweiter theil eines componirten namens sein könne. Sieht man von Ellanod ab, das ich als Ellannod fasse, und von Serot, das ich als Scrot zu lesen vorschlage, so bleiben hier noch folgende formen zur erwägung:

Arcod 10. Rachot 8. Werot 9.
Fulchod 11. Sigot 9. Wicod 9.
Kisalot. Wallod 8.

Hier kann erstens hie und da eine entstellung von -bad (in Sigot auch von -gaud) vorliegen, zweitens aber auch eine blosse endung angehängt sein, drittens endlich unser stamm AUD angenommen werden müssen. Da nun die erste annahme jedenfalls nur ausnahmsweise richtig sein dürfte, die dritte aber an der wahrnehmung scheitert, dass die vocalisch anlautenden stämme nur sehr selten als zweiter theil zusammengesetzter eigennamen verwandt werden, so hat die zweite hypothese, wonach das -od, -ot nur suffix ist, die meiste wahrscheinlichkeit für sich, um so mehr, da dieses suffix besonders im ahd. äusserst beliebt ist. Bestärkt wird diese vermuthung dadurch, dass man bei der dritten annahme gezwungen würde auch namen anzunehmen, welche den stamm AUD als mittleren von drei zusammengesetzten stämmen besitzen. Ich erwähne hier die namen:

Heraotpreht 9. Hrisodhart 9. Werotbraht 9.
Herodhoh 9. Ouodbald 8.

Diese merkwürdigen formen müssen so erklärt werden, dass die mittlere silbe nur als suffix angesehn wird, da sonst die im altdeutschen unerlaubte erscheinung eines dreitheiligen namens in ihnen vorläge.

Audo. 7. Unter der grossen zahl von personen, die den namen Audo, Odo, Otto führten, hebe ich folgende hervor. Sec. 7: erzieher des frankenkönigs Chlodwig II; b. v. Orleans. Sec. 9: O. der erlauchte, herzog zu Sachsen; Odo graf von Paris; b. v. Beauvais; abt v. Corvey. Sec. 10: kaiser Otto I, II u. III; graf in Baiern (Regensburg); graf v. Verdun; O. I, markgraf in der Lausitz (auch Huodo genannt); b. v. Chartres; ep. Silvanectens. Sec. 11: O. v. Nordheim, herz. v. Baiern; markgr. v. Sachsen, sohn des mrkgrfen Wilhelm; O. II, mrkgrf. in der Lausitz; O. v. Scheyern, bairischer graf; grf. v. Champagne; sohn des Polenkönigs Boleslav; b. v. Ostia (als pabst Urban II); O. d. heilige, b. v. Bamberg; b. v. Bayeux; ep. Gerundens.; ep. Dolensis; ep. Rossellanus; ep. Olorensis; ep. Imolensis; ep. Urgellensis.
Audo Greg. Tur.; conc. Cabilon. a. 650; conc. Compend. a. 757; Ng. u. K. a. 735, 744—745; St. P.
Auto St. P.
Oudo P. II, 244, 246 (ann. Wirzib.).
Outo P. VIII öfters; St. P. zweimal.
Outho P. II, 243 (ann. Wirzib.).
Aoto K. a. 769 (n. 11).

Aotto Pd. a. 744 (n. 577).
Oato St. P.
Odo P. I—IX oft; X, 355 (Hugon. chron.); pol. Irm. s. 217, 226; Ng. a. 772; Wg. tr. C. 252, 316, 406, 407, 410, 413, 426; Laur.; Frek.; Guérard a. 889, 1046.
Odda (so) P. V mehrmals.
Oddo P. II, 783 (Abbo de bell. Paris.); V, VI, VIII, IX öfters; X, 15 (Arnulf gest. archiepp. Mediol.); Wg. tr. C. 97, 123, 155, 186, 248, 252; St. M. a. 962; Lp. a. 993 (II, 395).
Oto Ng. a. 765, 817; decr. Tassil.; St. P. oft; Wg. tr. C. 242, 248, 260, 263.
Otto Ng. a. 744; später sehr häufig.
Otho P. II, V, VI, IX öfters; X, 359 f. (Hugon. chron.).
Ottho P. II, 246 (ann. Wirzib.); VIII öfters.
Odto Lc. a. 947 (n. 99).
Hodo P. II, 633 (vit. Hlud. imp.); V öfters (Thietmari chron.); VIII öfters (annalista Saxo); Wg. tr. C. 4, 344, 477; C. M. Aug.
Hoto P. V, 236 (Andr. Bergom. chron.); VI mehrm.; Ms. a. 1049 (n. 21).
Hotto (kais. Otto I u. II) Lp. a. 962, 973 etc. (II, 267, 307 etc.).
Hotto St. P. hieher?
Hottho P. II, 246 (ann. Wirzib.).
Ootto Gld. II, a, 105 neben Outo.
Ocdo tr. W. a. 700 (n. 243).
Octto P. V öfters.

Die unterschriften der Ottonen in urkunden lauten gewöhnlich Otto, seltner Odo oder Oto, die andern formen gehören zu den ausnahmen.

Die übereinstimmung dieses n. mit dem des röm. kaisers Otho scheint nur zufällig, zumal da Otho sich schon vor den zeiten des kaisers, bei Cicero und Horaz findet. Unmöglich ist aber meiner ansicht nach der deutsche ursprung auch dieses namens nicht, ungeachtet der bedenklichen lautverhältnisse.

Für Otodian Schpf. a. 790 (n. 65) vermuthe ich Oto diac.

Nhd. Hoth, Hotho, Oette, Ott, Otte, Otto, Otho.

Viell. hieher o. n. Hodenburh, Hodensheim, Odenbah, Odindorf, Odtonwald, Otinhusen.

Odi. 9. Lc. a. 820 (n. 38); Wg. tr. C. 284, 290, 296, 298, 470.
Oti Gld. II, a, 105.
Ody Wg. tr. C. 388.
Aotj St. P.
Odoy Wg. tr. C. 284 wol verderbt.
Ode Wg. tr. C. 9, 16 hieher?
Hodi Frek.

Auda, fem. 8. Tochter des markgr. Eckard v. Meissen sec. 11.
Auda pol. R. s. 48.
Ouda P. V, 99 (ann. Hildesh.).
Outa P. V. 100 (ann. Hildesh.); VI, 821 not. (vit. S. Cunegundis); VII, 110 f. (Herim. Aug. chron.), 421 (Bernold. chron.); M. B. a. 896 (XXXI).
Aota St. P. zweimal.
Oda P. I, 607, 609 (Regin. chron.); V, VI öfters; VII, 553 (Marian. Scot. chron.); VIII öfters; Laur. sec. 9 (n. 199); M. B. c. a. 898 (XXXI).
Ota P. VIII, 679 (annalista Saxo); St. P. öfters; M. B. a. 899 (XXXI).
Otta und Ottcha (so) Gld. II, a, 126.
Odaë (so, fem.) Gld. II, a, 126.
Oten (nom. fem.) Laur. sec. 8 (n. 2583).
Oddanae (gen.) Laur. sec. 9 (n. 788).
Odane (abl.) tr. W. a. 742 (n. 52 u. Pd. nachtr. n. 71).
Odd mit var. Odila und Oda P. V, 854 (Thietmari chron.).

Audac. 6. Pol. Irm. s. 168.
Audeca (suevischer könig in Spanien) P. X, 319 (Hugon. chron.); Isid.
Αὐδάκης (und lat. Audacis) b. v. Tortona, conc. Rom. a. 680.
Audace (so) Gld. II, a, 113 hieher?
Autach (mit einem o über dem u und dem zweiten a) St. P.
Odag Wg. tr. C. 228.
Odich St. P.
Oddik Ms. a. 1049 (n. 21).
Otycus St. P.
Oaticho Dr. a. 785 (Schn. ebds. Caticho) viell. hieher.

Der Suevenkönig Audeca heisst auch mehrfach Andeca, z. b. E. s. VI, 390 (Joh. Biclar.), im acc. Andecanem ebds. VI, 391.

Oticha, fem. 9. Dr. n. 344; St. P.
Othice Schpf. a. 962 (n. 145).

Audila, ein presbyter sec. 6. Conc. Autisiod. c. a. 578.
Audilus und Audilius Gld. II, a, 113.

Odilo und eine anzahl ähnlicher formen habe ich unter OTHAL verweisen müssen, da sie dort nicht gut auszuscheiden waren.

Aotila, fem. 8. St. P.

Otila u. dgl. s. unter OTHAL.

Ottelin. 8. M. a. 789 (n. 54).

Othelen Gld. II, a, 126.

Auclin (so) Pd. a. 633 (n. 264) etwa für Autlin?

Autlina, fem. 8. Pol. Irm. s. 108.

Audiliana (?) P. IX, 412 (gest. episc. Camerac.) hieher?

Odelina s. OTHAL.

Odemia, fem. 9. Pol. R. s. 86.

Audimgia (so) pol. R. s. 2 wol hieher.

Autan. 8. Mab. a. 803; Lgd. a. 883 (II, n. 5).

Auttan Laur. sec. 8 (n. 840).

Autenus Gld. II, a, 113.

Odan Laur. sec. 9 (n. 530).

Otan Dr. a. 789 (Schn. hat hier Oton).

Audin. 7. St. M. a. 887.

Audini Gld. II, a, 113.

Auttin Ng. a. 670.

Otin tr. W. a. 724 (n. 40).

Otini tr. W. a. 716 (n. 196 u. Pd. nachtr. n. 37).

Otine (nom.) K. a. 855, 892 (n. 122, 168); Ng. a. 859; necr. Aug.

O. n. Autineshaim.

Audina, fem. 8. Pol. Irm. s. 91, 144.

Aotuni. 7. St. P.; Mchb. sec. 9 (n. 190).

Oduni tr. W. a. 718, 808 (n. 20; Pd. nachtr. n. 40).

Otuni tr. W. a. 699 (Pd. nachtr. n. 10).

Otune tr. W. a. 713 (Pd. nachtr. n. 23).

Auding. 8. Pol. Irm. s. 91; Laur. n. 1760.

Aotunh R. a. 821 (n. 21).

Oting Gld. II, a, 105.

Otinc K. a. 842 (n. 106).

Otunc St. P.

Otencus Lp. a. 953 (II, 223).

Autingus (so) Sm. mit var. Octingus.

Hotting Gr. IV, 812 hieher?

Nhd. Oetting.

Audinga, fem. 8. Pol. Irm.

Auzo. Gld. II, a, 113. Eine anzahl mit Oz- beginnende formen könnten diminutive zu AUD gehörige bildungen sein, doch habe ich es vorgezogen sie unter O zu belassen.

Odpad. 8. Pd. a. 735 (n. 556; Ng. u. K. ebds.).

Aubedo (?) Fredegar. hieher? die var. Chaubedo erinnert an Chadbedo; s. ds.

Autbald. 8. Aupald b. v. Novara sec. 10.

Autbald pol. Irm. s. 102.

Autbold pol. Irm. s. 75, 194.

Autpald Gld. II, a, 113.

Hautbald Laur. sec. 8 (n. 2171).

Aupald conc. Ravennat. a. 967.

Outbold Gld. II, a. 105.

Otbald Ng. a. 815.

Otpald St. P.

Otbold pol. Irm. s. 140; Laur. sec. 8 (n. 625); Ng. a. 812.

Otpold Gld. II, a, 105.

Otpolt P. VI, 571 (Arnold. de S. Emmer.).

Oodbald Lc. a. 802 (n. 24).

Ootbald Laur. sec. 8 (n. 884).

Otthobold A. S. April I.

Eadbold Pd. a. 721 (n. 520) entweder ags. oder verderbt aus Eudbold.

Ags. Eádbeald. Nhd. Opelt, Oppelt.

Autbalda, fem. 8. Pol. Irm. s. 209.

Autbolda pol. Irm. s. 57, 133.

Otbaldera, fem. 8. Pol. Irm. s. 69.

Audoberctb. 6. B. v. Huesca sec. 7; b. v. Paris sec. 7; ep. Antinopolitanus sec. 8; b. v. Strassburg sec. 10; erzb. v. Bourges sec. 11.

Audobercth Mab. a. 678.

Audobert H. a. 698 (n. 25); du Chesne I.

Audebert Pd. a. 610 (n. 226).

Audevert Lp. a. 909 (II, 70).

Autbert P. II, 220 (ann. Xant.), 287, 295, 296 (vit. S. Anskar.); VI, 11 (ann. Laubiens.); VIII, IX oft; Paul. diac. VI, 40; Laur. öfters; pol. Irm. s. 3, 12 etc.; gest. regg. Franc.

Audpert P. V, 198 (chron. S. Benedicti).

Authpert P. IX öfters.

Aodebert Pd. a. 699 (n. 450; H. ebds. n. 26).

Aotperht St. P. mehrm.

Odbreht P. II, 218 (urk. v. 834).

Odbert P. IX, 30 (Joh. chron. Venet.); Wg. tr. C. 335, 398.

Otperht St. P. mehrm.

Otbert P. I öfters; II, 658 (Nithardi hist.); V, VI, VIII öfters; IX, 205 (Anselm. gest. episc. Leod.); X, 502 (Hugon. chron.); pol. Irm. s.

40, 219; Ng. a. 758, 778, 812, 822; Gud. c. a. 990.
Otpert P. I, 77 (ann. Sangall.); VII, 112 (Herim. Aug. chron.); Ng. a. 791, 793, 797, 802, 811, 816, 821, 824; St. P.; Laur. mehrm.
Othpercht P. II 356 (vit. S. Bonif.).
Othbert P. I, 104 (ann. S. Columbae).
Otbraht Dr. n. 346.
Othbraht K. a. 815 (nachtr. B).
Othpreht M. B. c. a. 770 (IX); St. P. zwml.
Otpreht Ng. a. 824; necr. Aug.
Otpret Ng. a. 791.
Otbreth Laur. sec. 9 (n. 216).
Otbrath Laur. sec. 9 (n. 277).
Opperth P. V, 100 (ann. Hildesh.).
Obberd necr. Fuld. a. 1035.
Obert P. IX öfters; X, 277 (Ruperti chron.), 573 (chron. S. Huberti Andag.); Lp. a. 1027 (II, 539).
Opert P. I, 624 (Regin. a. 960 mit var. Eupert); VII, 288 (Berthold. ann.); VIII, 615, 679 (annalista Saxo).
Hautbert tr. W. a. 716 (n. 196 u. Pd. nachtr. n. 37).
Hotbert P. I, 26 (ann. Alam.).
Chotbert Mab. a. 854 hieher?
Obret und Operet Gld. II, a, 104.
Opret H. a. 926 (n. 146).
Ags. Eádberht. Nhd. Obert, Odebrecht, Oppert.

Autberta, fem. 8. Pol. Irm. s. 194.
Autperta tr. W. a. 742 (n. 2 u. Pd. nachtr. n. 73).

Autberga, fem. 8. Pol. Irm. s. 114, 124.
Odberga pol. Irm. s. 280.
Otberga pol. Irm. s. 144, 150.
Otpirga K. a. 850 (n. 116).
Otpirc und Otprig Gld. II, a, 126.
O. u. Otprigae riot.

Autprand. 9. P. V, 521 (chron. Salernit.); Lp. a. 919 (II, 114).
Auprand P. V, 527 (chron. Salernit.).
Otprand Ng. a. 822.

Autbodo. 8. Laur. sec. 8 (n. 1005) neben Autbodus.
Otpot M. B. a. 837 (IX).

Autburg, fem. 8. Pol. Irm. s. 102.
Outpurh St. P.
Otburc Laur. sec. 8 (n. 3078).
Otpurc Mchb. sec. 10 (n. 985).
Otpurhc St. P.
Otpurg und Otpurug Gld. II, a, 126.
Ottburuch H. a. 853 (n. 87).
Auburgus (so) pol. Irm. s. 51 (sec. 11) wol hieher.
Ags. Eádburh.
Vgl. auch Antburg.

Aotchneht. 6. St. P.

Oddag. 9. Lc. a. 836 (n. 51).

Auttrudis, fem. 8. Tr. W. a. 737 (n. 8); Pol. Irm. s. 23.
Autrudis pol. Irm. s. 56, 80 etc.
Otrud und Othrud Gld. II, a, 126.
Hotthrudh Gld. II, a, 124.

Autfin. 8. Lc. a. 827 (n. 44).
Odfin Lc. a. 827 (n. 44) zwml.
Oodfinnus Lc. a. 796 (n. 6).
Ein verschreiben für Odwin ist nicht anzunehmen.

Audofleda, fem. 5 Chlodwigs schwester (nicht, wie Jorn. sagt, tochter), Theodorichs d. gr. zweite frau.
Audofleda P. VIII, 129 (Ekkeh. chron. univers.).
Audefleda Jorn. 58.
Augoflada (exc. auct. ign.) hieher für Audofleda.

Autfrid. 8. Aufred, b. v. Tarent sec. 8; Otfrid, der Weissenburger mönch, sec. 9; ep. Silvanect. sec. 10.
Autfrid Ng. a. 786.
Auffrid H. a. 1051 (n. 249).
Aufrid H. a. 1051 (n. 249).
Aufred conc. Roman. a. 743.
Otfrid P. IX, 424 (gest. episc. Camerac.); Ng. a. 797; necr. Aug.; St. P. zwml.
Otfred pol. Irm. s. 40.
Ottfrit (so) St. P.

Autfreda, fem. 8. Mab. a. 798.
Otfrida pol. Irm. s. 225.

Aufus. 8. Paul. diac. VI, 57.
Aufusus Gld. II, a, 113.

Ottogeba, fem. 10. P. V, 401 (Flodoardi ann.).
Ottegeba necr. Aug.
Otigeba P. II, 121 (Ekkeh. cas. S. Galli).
Odgiva P. VII, 26 (ann. Blandin.).
Otgiva P. VII, 35 (ann. Formosel.); A. S. Apr. I.
Ethgiwa = Ottogeba P. V, 588 (Richeri hist.).
Aethgiwa = Ottogeba P. V, 609 (Richeri hist.).

Audigauns. 9. Pol. R. s. 100.

Autging. 8. Pol. Irm. s. 169, 194.

Otging pol. R. s. 100.

Otkanc K. a 879 (n. 154; Ng. ebds.). Doch ist hier vielleicht Otkario zu lesen.

Audagar. 8. Abt v. Kempten sec. 8; b. v. Amiens sec. 10; b. v. Speier sec. 10.

Audagar Gld. II, a, 113.

Audogar P. VII, 99 (Herim. Aug. chron.), 418 (Bernold. chron.); XI, 572 (ann. Admuntenses).

Audegar P. V, 170 (ann. Masciac.).

Autgar Mab. a. 752; pol. Irm. s. 55, 59 etc. Vgl. Antgar.

Autcar P. III, IV öfters; pol. Irm. s. 88, 114.

Autger pol. Irm. s. 176; Laur. sec. 8 (n. 1418); Wg. tr. C. 476.

Auchar P. V, 472 (chron. Salernit.).

Aucher Laur. n. 3685.

Augar pol. Irm. s. 194.

Odgar P. IX, 292 (Ad. Brem.).

Odger Wg. tr. C. 448, 476, 477.

Otgar P. I, 365, 370 (Rhod. Fuld. ann.); II, V öfters; VI, 199 (panegyr. Berengar.), 425 (transl. S. Magni); VII, VIII öfters; IX, 424 (gest. episc. Camerac.); pol. Irm. s. 24, 31 etc.; Ng. a. 775, 817; tr. W. a. 846 (n. 270); M. B. sec. 9 (XI).

Otkar P. III, 411 (Hlud. Germ. capitul.); M. B. a. 750 (VI).

Otgaer Ng. a. 782.

Otkaer St. P.

Otger P. I, 624, 626, 628 (contin. Regin.); II, V öfters; VIII, 615, 618 (annalista Saxo); Schn. a. 756; Ng. a. 764, 782, 797, 827; necr. Aug; Laur. mehrm; St. M. a. 1053.

Otker P. II, 124, 133 (Ekkeh. cas. S. Galli), 759 f. (gest. Karoli); V öfters; VIII, 617 (annalista Saxo); IX öfters; Ng. a. 786, 819; St. P. mehrm.

Othger P. V, 44 (ann. Quedlinb.); Laur. sec. 8 (n. 215, 3261); H. a. 909 (n. 136).

Otcher Ng. a. 760; Laur. sec. 8 (n. 2912).

Okger Lc. a. 1054 (n. 190).

Ocger Laur. sec. 9 (n. 2850).

Ogger P. I, 295 (chron. Moissiac.).

Oger Guérard a. 985, 1038, 1098.

Oager Gld. II, a, 104.

Hautgar d. Ch. I, 686.

Hotgar tr. W. a. 846 (n. 269) hieher?

Ohtgar für Otgar tr. W. a. 846 (n. 268).

An die formen Ogger und Oger lehnen sich sehr leicht Hoger (s. HUG) und Hager (s. HAG) an und eine sichere scheidung hat grosse schwierigkeit.

Agr. Eádgar.

O. n. Otgereshusun, Okeresbuhil.

Zu allen diesen unter Auda-gar vereinten formen sind noch die zu vergleichen, die ich unter Aud-hari und unter Audo-vacar zusammengestellt habe, da hier nur an eine annähernd richtige trennung gedacht werden darf.

Autgaria, fem. 8. Pol. Irm. s. 193.

Autgart. 8. Laur. sec. 8 (n. 2514).

Otgart Dr. a. 756; Schn. a. 757; Laur. öfters.

Augard pol. Irm. s. 49 (sec. 11) viell. hieher.

Autgarde, fem. 9. Guérard a. 876.

Otgerdis pol. R. s. 13, 16.

Autgaus. 8. Pol. Irm. s. 162.

Autgoz Laur. sec. 8. (n. 2853).

Aotcaoz St. P.

Otcoz Gld. II, a, 105.

Otkoz Ng. a. 882; M. B. a. 955 (VII); St. P.

Hotgoz Laur. sec. 8 (n. 3339).

Ocoz K. a. 1100 (n. 256).

O. n. Autgausisowa.

Autgildis, fem. 8. Pol. Irm. s. 55, 154.

Oatkelt Mchb. sec. 8 (n. 273).

Otgildis pol. R. s. 41, 95 etc.

Otgilt Gld. II, a, 126.

Otkilt und Otkelt Gld. II, a, 126.

Ocgelt necr. Fuld. a. 1019.

Aotkis. 8. St. P. zwml.

Otgis tr. W. a. 799 (n. 27); Laur. sec. 9 (n. 222); pol. R. s. 69.

Otkis Ng. a. 806; K. a. 856 (n. 125).

Augis bei Jorn. (einer der Anses) hieher?

Audegisel. 7. Pd. a. 631 (n. 253; Mab. ebds.).

Audegil ebds.

Audisgisil (so) Pd. a. 615 (n. 230).

Odgisil Pd. a. 670 (n. 363).

Augrim s. AUG.

Autgudis, fem. 8. Pol. Irm. s. 141, 247.

Odgunt, fem. 8. Tr. W. a. 779 (n. 96).

Otgunt tr. W. a. 808 (n. 19); Schpf. a. 828 (n. 89).

Otcund Gld. II, a, 126.

Aucunda Lp. a. 830 (I, 679).

Audheidis, fem. 8. Tr. W. a. 756 (n. 221).

Aothaid St. P.

Otheida Schn. a. 800.
Otheid Dr. n. 709 (hier fehlt der n. bei Schn.); St. P.
Hauthagdis pol. R. s. 73.
Auhagdis pol. R. s. 75.

Authard. 7. Pol. Irm. s. 209; pol. R. s. 76.
Auderd Pd. a. 653 (n. 322; Mab. u. M. ebds.); conv. Clipiac. a. 659.
Othard pol. R. s. 60, 75.
Othart necr. Aug.
Odard Guérard a. 1098.
Hothart Gld. II, a, 102.

Authardis, fem. 8. Laur. sec. 8 (n. 1914).
Otharda Schpf. a. 835 (n. 94).
Otarda Gld. II, a, 131.

Audchar. 6. Autharis, der Langobardenkönig sec. 6.
Audchar Pd. a. 690 (n. 412; Mab. u. M. ebds.).
Autchar Ng. a. 775; pol. Irm. s. 79.
Authari P. V öfters; VII, 90 (Herim. Aug. chron.), 413 (Bernold. chron.), VIII, 144 (Ekkeh. chron. univers.), 344 (Sigeb. chron.); IX, 38 (Joh. chron. Venet.); Paul. diac. III, 16 etc.; d. Ch. I mehrm.
Autharis P. V öfters.
Autari sive Otarius rex Langob. P. XI, 563 (auct. Garst.).
Authar P. III, 256 (Hlud. et Hloth. capit.); pol. Irm. s. 102. 104; pol. R. s. 58.
Aucthari P. VIII, 319 f. (Sigebert. chron.).
Auther Laur. sec. 8 (n. 1433, 2232).
Hauthar Kar. M. et Ludov. capit. (Gr. diut. I, 341).
Hautar pol. Irm. s. 125.
Aotahar Ng. a 769.
Othar P. VI, 36 (excerpt. Altah.).
Odheri Frek.
Otheri Ng. a. 791; Wg. tr. C. 301; St. P. zwml.
Oteri H. a. 853 (n. 87).
Othere P. VII, 392 (Bernold. chron.); necr. Aug.
Other P. VIII, 557 (annalista Saxo); Ng. a. 817; St. P.; pol. R. s. 45, 55.
Ouchar (der Langobardenkönig Autharis) P. XI, 537 (auctar. Mellic.) scheint nicht auf entartung, sondern auf falscher lesung statt Outhar zu beruhn.
Oddar P. IX, 321 (Ad. Brem.) wol hieher.
Hothar Ng. a. 806.

Altn. Ottar. Nhd. Oder.

Von den o. n. Ottersdorf, Otheresheim, Ottershova, Othereshusir, Otteresleba, Ottarloh, Otterstat, Otteres-wag (so) gehören einige gewiss, möglicherweise alle hieher.

Vgl. zu allen hier erwähnten formen noch die unter Aud-gar und Audo-vacar angeführten namen.

Authad. 8. Pol. R. s. 63.
Audat Laur. sec. 8 (n. 310) neben Autdad.
Othad Ng. a. 827 (n. 230).
Authaus pol. Irm. s. 139 für -hadus?
Ags. Eádhed.

Autelm. 8. Lp. a. 870 (I, 839 ff.), 915 (II, 98).
Autelmo (mit d. genit. -onis, abl. -one) Lp. a. 874 (I, 862).
Aothelm St. P.
Othalm M. B. sec. 11 (VI).
Othelm Mchb. sec. 8 (n. 34); Laur. sec. 8 (n. 1432, 2852); St. P.; Dr. a. 824 (n. 427; Schn. ebds. Ofhelm); M. B. sec. 9 (VIII); Wg. tr. C. 298.
Oodhelm (so) Lc. 797, 799 etc. (n. 9, 14 etc.).
Otselm P. IX, 439 (cod. evangel. Camerac.).
Ohelm Guérard c. a. 1037 (appendix zum pol. Irm. s. 354) viell. hieher.
Ags. Eádhelm.
O. n. Othelmesdorf, Othelmeshus.

Audechildis, fem. 7. Testam. Ermentr.
Authildis pol. Irm. s. 16, 146; pol. R. s. 48, 49 etc.; Laur. mehrm.
Aothilt R. a. 821 (n. 21).
Othilt St. P. dreimal; Laur. sec. 8 (n. 1152).
Obilta Ng. a. 802 hieher?

Othoh. 9. Mchb. sec. 9 (n. 382).

Audramnus. 7. B. v. Vienne sec. 9. Mab. a. 693.
Audrannus Fredegar.
Autramnus St. P.
Autrannus pol. Irm. s. 9.
Audram pol. Irm. s. 186.
Auteramus Gld. II, a, 113.
Othrammus Laur. sec. 9 (n. 265).
Otramnus Dr. a. 793 (Otiamnus ebds. Schn.).
Ottramnus P. III, 533 (Kar. II capitul.), 547 (Boson. capitul.).
Oteram Gld. II, a, 105.
Otteram P. IX. 645 (chron. mon. Casin.).

Odramnus pol. R. s. 105.
Otram Ng. a. 805, 819, 820.
Othram Ng. a. 809; St. P.
O. n. Otrammes riod.

Autring. Gld. II, a, 113. Hieher für Audhring? oder für Austring?

Othind. 9. Ng. a. 839. Verderbt?

Audelachis. 8. P. V, 187 (ann. Cavenses).
Odolach Laur. sec. 8 (n. 3084).

Für Audelachis steht P. V, 212 (chron. duc. Benevent.) Andelais (so) und ebds. 471 (chron. Salernit.) Audelaius.

Otleib. 9. Dr. a. 874 (n. 611; ebds. Schn. Orleib); Dr. n. 671 (Schn. Ortleib).
Otleip R. a. 822 (n. 23).
Odlef Lc. a. 855 (n. 65).

Audolecus. 8. P. IX, 198 (Anselm. gest. episc. Leod.) mit var. Audoletus.
Otleih Gld. II, a, 105.
Otleich Ng. a. 894.
Olleih Gld. II, a, 104.

Aotlant. 8. St. P. zwml.
Odelant pol. Irm. s. 50 (sec. 11).
Otlant Mchb. sec. 8 u. 9 (n. 97, 506).

Audolendis, fem. 9. St. n. 390 (inschr. aus Mainz aus unbest. zeit).
Audelindis pol. Irm. s. 210.
Audelinda Lp. a. 816 (n. 658).
Autlindis pol. Irm. s. 56, 88 etc.; pol. R. s. 16, 48 etc.; Laur. n. 1892.
Autgelindis (so) pol. Irm. s. 31.
Aotlind R. a. 821 (n. 21).
Odelindis pol. Irm. s. 60, 80 etc.; pol. R. s. 48, 49 etc.
Odelenda St. M. a. 1002.
Otlindis pol. Irm. s. 98, 147; pol. R. s. 34, 64 etc.
Otlinde St. M. c. a. 962.
Hotlindis pol. Irm. s. 137, 219.

Otliub ist zu schliessen aus o. n. Otliubemarhsteina.
Odelib (angebl. fem.) Gld. II, a, 126; hieher?

Otaloh. 9. Ng. a. 806.
Otoloh Ng. a. 827.
Otlogh Lc. a. 1057 (n. 192).

Automad. 8. B. v Trier. Laur. n. 1.

Autman. 8. K. a. 772 (n. 14).
Otman Laur. sec. 8 (n. 443); necr. Aug.
Nhd. Odemann, Ottmann. Ohmann?

Audomar. B. v. Terouane sec. 7; abt v. S. Gallen sec. 8.
Audomar P. II. 20 (vit. S. Galli), 187 (ann. Gandens.), 289, 298 (gest. abbat. Fontanell.); VI, 11 (ann. Laubiens.); VII, VIII, IX öfters; Pd. a. 648 (n. 312); conc. Rothomag. c. a. 690; Ng. a. 754; pol. Irm. s. 150.
Audamar Ng. a. 759.
Autumar Ng. a. 758.
Automar P. II öfters; Ng. a. 752.
Audemar Ng. a. 744—745, 757; d. Ch. I.
Autmar P. II öfters; Ng. a. 744, 752, 758; pol. Irm. s. 169; d. Ch. I, 640.
Aotmar St. P. öfters.
Otmar P. I. 74, 76 (ann. Sangall.); II, VI, VII öfters; IX, 439 (cod. evangel. Camerac.); Ng. a. 744, 754, 786, 790, 809; necr. Aug.; St. P. mehrm.
Othmar P. I, 56 (ann. Alam.), 73 (ann. Sangall.); II öfters; V, 153 (ann. Monast.); VII, VIII öfters; St. P.
Ommar necr. Fuld. a. 971.
O. n. Otmareshard, Otmarishaim.

Audemund. 7. M. a. 655 (n. 145); conc. Tolet. a. 683, 688 u. 693; Lp. a. 795 (I, 606).
Audemound M. a. 788 (n. 10).
Autmund P. X, 634 (gest. episc. Tullens.); Laur. sec. 8 (n. 1941); pol. Irm. s. 133, 141.
Aotmunt St. P. zwml.; R. a. 821 (n. 21).
Odemund P. IX, 637, 648 (chron. mon. Casin.).
Odmund tr. W. a. 776 (n. 163).
Otmund pol. Irm. s. 13, 14; Ng. a. 795; St. P.; pol. R. s. 4.
Otmunt M. B. a. 806 (VIII); St. P. zwml.
Aomunt St. P.
Omund St. P.
Omunt St. P.; Gud. sec. 10.
Altn. Audmundr. Ags. Eádmund.
O. n. Autmundisstat. Omuntesperch.

Otnand. 11. M. B. a. 1056 (XXIX).
Otnant R. a. 1061 (n. 164).
Ottnand Schpf. a. 1085 (n. 264).

Otnit s. Ortnit.

Otniwi, fem. 8. Dr. n. 25 (dat. Otniwo ebds.).
Aotni St. P.
Otni Mchb. sec. 9 (n. 283).

Hotnihu Gld. II, a, 124.
Otnui für Otniu Laur. sec. 8 (n. 582).
Oltniuui viell. für Otniuui Laur. n. 713.

Otoquim. 9. Neben Odoquimit bei Dr. sec. 9 (n. 137).

Auderat, msc. u. fem. 8 (7?) Lp. a. 800, 923, 929 (I, 627; II, 131, 178).
Audrad P. III, 90 (Kar. M. capit.); pol. Irm. s. 11, 186.
Autrad pol. R. s. 2.
Autrat Laur. sec. 8 (n. 3255).
Aotrat St. P.
Odrad Lc. a. 855 (n. 65); Frek.
Odrat St. P.
Otarat und Oterat Gld. II, a, 126.
Otoraht Dr. a. 815 (n. 315).
Othrad P. V, 69 (ann. Quedlinb.). Dieselbe person heisst sonst auch Ohtrad; s. ACT.
Othrat Laur. sec. 8 (n. 1470).
Othret Wg. tr. C. 268.
Hotrad P. VIII, 628 (annalista Saxo).
Aured (so, b. v. Lerida sec. 7) conc. Tolet. a. 693 viell. hieher.
Tudorad Lp. a. 959 (II, 246) muss nach den unterschriften der urkunde Audorat gelesen werden.
Ags. Eádrêd.

Audrada, fem. 8. Pol. Irm. s. 22, 192.
Autdrada (so) pol. Irm. s. 231.
Uderada Ms. a. 1085 (n. 33).
Otrada tr. W. a. 744 (n. 53).
Oadrada Pd. a. 710 (n. 476; H. ebds. n. 33).
Odradanae (gen.) Laur. sec. 8 (n. 191).

Audericus. 6. Ep. Auscensis sec. 7.
Audricus pol. Irm. s. 194.
Autricus Pd. a. 680 (n. 393).
Autrich Laur. sec. 8 (n. 1798, 1801).
Odarih tr. W. a. 713 (n. 36).
Otarih Gld. II, a, 105.
Odorih tr. W. a. 816 (n. 161).
Odericus P. X, 361 (Hugon. chron.); Sp. (instrum. vendit. Deusdedit).
Odric Wg. tr. C. 465.
Oodric (so) Lc. a. 816 (n. 32).
Odrich St. P.; St. M. c. a. 962.
Odrih St. P.
Otric P. X. 367 (Hugon. chron.).
Otrich Laur. sec 9 (n. 1246).
Otrih Mchb. sec. 8 (n. 71); Ng. a. 779, 802; Dr. a. 819 (Schn. hat hier den n. nicht erkannt, sondern mit dem vorhergehenden Elli ein unerhörtes Elliotrih gebildet); St. P. dreim.
Othric Wg. tr. C. 301.
Otiric Gld. II, a, 126.
Otirich Ng. a. 816.
Otirih Gld. II, a, 105.
Ottirih Gld. II, a, 105.
Oterich Ng. a. 821.
Octrich u. dgl. s. ACT.
Ags. Eádric. Nhd. Odrich, Oettrich.

Auderisius und Auderissius Gld. II, a, 113.
Oderis A. S. Mart. III (sec. 11).

Audescand. 7 M. a. 655 (n. 145).

Audesind. 8. Ep. Roscellens. sec. 9.
Audesind conc. Tullens. a. 860; Mab. a. 870.
Otsind tr. W. a. 756 (n. 221).

Audisenda, fem. 8. Lgd. a. 912 (II, n. 39).
Autsciudanae (so, gen., abl. -ana) Lgd. a. 810 (I, n. 15).
Otsinda Ng. a. 797, 825.
Ausinda Mur. 1931, 2.

Autsuindis, fem. 8. Laur. sec. 8 (n. 1756) neben Ausuint.
Autsuint Laur. sec. 8 (n. 1795).
Otswinda Ng. a. 774.
Otswind Schn. a. 819.
Otsuinda Laur. sec. 9 (n. 1049).
Otsuint Laur. sec. 5 (n. 1147).
Otswith Gld. II, a, 126.

Odovacar. 5. Odoaker, Herulerfürst sec. 5; Otacher b. v. Passau sec. 7; Otagrius erzb. v. Mainz sec. 9; Audacar b. v. Limoges sec. 9.

Eine erklärung des n. Odoaker findet sich bei Grimm gesch. d. dtsch. spr. 468, wonach in dem zweiten theile das goth. vakrs, ahd. wachar, ags. vacor (vigil) steckt. Falsch sieht Zeuss s. 295 in Odoaker das wort akar (ager).

Von den folgenden formen gehört nur der geringere theil sicher hieher, die übrigen spielen in das gebiet der namen Audo-gar und Audo-hari hinüber, so dass die grenze zu ziehn fast unmöglich ist.

Audovachrius P. VIII, 312 (Sigebert. chron.).
Audacar conc. Germanic. a. 844.
Audacher Laur. sec. 8 (n. 3194, 3207).
Audacer P. VII, 24 (ann. Blandin.), 35 (ann. Formosel.); XI, 305 u. öfters (geneal. comit. Flandr.).

Autecher Lp. a. 992 (II, 395).
Authacar Pd. a. 667 (n. 358).
Audacrus P. I, 174 (ann. Lauriss.).
Audachrus Pd. a. 728 (n. 543); pol. R. s. 86.
Audracus (so) P. III, 90 (Kar. M. capitul.).
Auttacchrus Laur. sec. 8 (n. 251).
Autadocor (so) Laur. sec. 8 (n. 313) wol hieher.
Aotachar St. P. dreiml.
Aotakchar St. P.
Oatochar Mchb. sec. 8 (n. 22); M. B. a. 763 (IX).
Odovacar gest. de donatione reg. Odoacris bei Sp.; vit. S. Severini ed. Pez.
Odovacer Jorn. 46.
Odofagrus Sever. Sulpic.
Odwaccar Lc. a. 834 (n. 46).
Odoacar P. V, 31 (ann. Quedlinb.); VIII öfters.
Ὀδόακρος Proc.; Theophan.
Odoachar Paul. diac. I, 19.
Odoacrus H. a. 895 (n. 124).
Odoacer P. VII, 84 (Herim. Aug. chron.); IX, 79 (chron. Novalic.); X, 318 (Hugon. chron.); hist. miscell. 15.
Othacar vit. Severini ed. Pez.
Odacar P. I, 607—609 (Regin. chron.); VI, 227 (mirac. S. Wigberhti); VIII, 589 (annalista Saxo).
Odakar Lc. a. 907 (n. 84).
Odaccar Lc. a. 855 (n. 65).
Othachar Gld. II, a, 105.
Otachar St. P. öfters; Schn. a. 756; Dr. sec. 8 (aus sign. Otachar hat an dieser stelle Schn. einen n. Sigotachar gemacht, wonach Grimms anmerk. bei Haupt III, 142 zu berichtigen).
Otacchar St. P.
Otakar Schn. a. 812.
Otacar Schn. a. 755, 756, 791.
Otacher P. XI, 550 (auctar. Cremifanense); necr. Aug.; Laur. sec. 8 (n. 1746).
Otachres (gen.) und Otachre (dat.) im Hildebrandslied.
Otaker M. B. a. 1076 (IV).
Ottakker Laur. sec. 8 (n. 703, 776).
Othacker Laur. sec. 8 (n. 2094).
Odacer P. VII, 19 (ann. Elnon.); VIII, 561, 590 (annalista Saxo); Laur. sec. 8 u. 9 (n. 271, 859, 3562).
Odacher Laur. sec. 9 (n. 31).
Oddacer Laur. sec. 8 (n. 314).
Odahcar (so) tr. W. a. 792 (n. 207).
Otacrus Schn. a. 754, 757; Dr. a. 772 (wo Schn. Atacrus liest).
Odagrus Schn. a. 756.
Odacrus Schn. a. 757.
Otagrius P. XI, 564 (auct. Garstense).
Odaucer P. II, 788 (Abbo de bell. Paris.).
Hodoacrus mit var. Hodoagrus conc. Tolet. a. 653.
Hodachrus tr. W. a. 790 (n. 219).
Hodacro (so) tr. W. a. 788 (n. 209).

Schliesslich erwähne ich hier noch einige formen, welche vielleicht hieher gehören, obwol sie äusserlich mehr zu ATH zu stimmen scheinen.

Athovagrius P. I, 284 (chron. Moissiac.; ein sächs. könig aus sec. 5).
Adouagrius du Chesne I mehrmls.
Adovacrius Greg. Tur. 2, 18 var. Odoacrius; der Sachsenkönig.
Adaccar P. V, 31 (ann. Quedlinb.); ein Gothe.

Otwalch. 9. H. a. 975 (n. 194, 195).
Odewalo P. X, 546 (gest. abbat. Gemblac.).
Odalh Gr. I, 149.
Otolh Mchb. sec. 9 (n. 410).

Audovald. 6. Greg. Tur. 10, 3.
Audoald Gld. II, a, 113.
Audald Lp. a. 957, 977 (II, 235, 343).
Autald Pd. a. 708 (n. 471); St. M. a. 709.
Odold Wg. tr. C. 244; Laur. sec. 9 (n. 363).
Odolt Laur. sec. 8 (n. 3193); St. P.; M. B. a. 780, 837 (VIII, IX).
Odald pol. Irm. s. 123.
Otolt St. P.
Otald pol. Irm. s. 55.
Ottolt Schn. a. 866 (Dr. n. 591 ebds. Ortolt).
O. n. Otolteshusir.

Aotuuar. 8. St. P. zwml.
Otwar Schn. a. 803.

Audovera, fem. 6. Frau des Frankenkönigs Chilperich sec. 6. Greg. Tur. 4, 28; gest. regg. Franc.
Audevora P. VIII, 117 (Ekkeh. chron. univers.).

Audoard. 8. Pol. Irm. s. 113.
Odoard pol. Irm. s. 98.
Auguart pol. Irm. s. 49 (sec. 11) wol hieher.
Ags. Eádveard.

Otwid. 8. St. P.

Audoveus. 6. Pd. a. 572, 581 (n. 178, 189); Greg. Tur. 10, 14.
Audovius mit var. Audoveus conc. Autisiod. c. 578.

Otwich Gld. II, a, 105.
Otvic C. M. Aug.
Ottwic Gld. II, a, 126.
Otuuih Dr. a. 863 (n. 583; Schn. ebds. Hatuuih).
Odwi Gld. II, a, 126.
Ags. Eádvig.

Audowin. 9. Langobardenkönig sec. 6; b. v. Rouen sec. 7; b. v. Hildesheim sec. 10.
Audowin P. V, 138 (ann. Einsidl.).
Andowenus H. a. 1003 (n. 214)
Audwin tr. W. a. 700 (Pd. nachtr. n. 13).
Auduin P. V, 511 (chron. Salernit.); pol. Irm. s. 124.
Αὐδουίν Procop.
Audoin P. I, 26 (ann. Lauresh.); V, 34 (ann. Quedlinb.), 217 (reg. et imper. catal.); VII, 98 (Herim. Aug. chron.), 417 (Bernold. chron.); VIII öfters; IX, 412 (gest. episc. Camerac.); Mab. a. 709; Ng. a. 760; Paul. diac. I, 22 f; hist. miscell. 16; pol. Irm. s. 141, 224; St. P.
Autuin Gld. II, a, 96.
Autoin pol. Irm. s. 137.
Audoen P. I, 288 f. (chron. Moissiac.); II, 272, 298 (gest. abbat. Fontan.); VI öfters; VII, 17 (ann. Elnon.), 21 (ann. Blandin.); VIII öfters; IX, 180 f. (Heriger. gest. episc. Leod.), 409 (gest. episc. Camerac.); conc. Cabilon. c. a. 650; pol. Irm. s. 72, 254.
Outwin Laur. sec. 9 (n. 475).
Otiwin Ng. a. 883.
Odowin H. a. 964 (n. 180).
Odwin P. II, 188 (ann. Gand.).
Oduin P. VI, 68 (Folcuin. gest. abb. Lobiens.).
Odoin P. V, 385 (Flodoardi ann.); pol. R. s. 65.
Otwin P. I, 64 (ann. Sangall.); II, 18 (vit. S. Galli); IV, B, 166 (Ott. M. pact.); V, VI, VIII öfters; IX, 849 (chron. Hildesh.); necr. Aug.; St. P.; Laur. mehrm.; M. B. c. a. 1060 (VI), 1070 (VII).
Ottwin C. M. Dec.
Otuin Schpf. a. 805 (n. 74).
Odoen pol. Irm. s. 254.
Othwin P. VI, 249 f. (transl. S. Epiphan.); IX, 852 f. (chron. Hildesh.).
Hoduin P. II, 618 (vit. Hlud. imp.).
Ags. Eádvine.
O. n. Odowino villa.

Autwing. 8. Ng. a. 762.

Audulf. 7. B. v. Troyes sec. 9. P. I mehrmals; II, 258 (chron. Moissiac.); III, 133 (Kar. M. capitul.); Laur. sec. 8 (n. 1681, 1891); pol. Irm. s. 93, 146; pol. R. s. 2, 85 etc.; vit. Leodegar.
Autulf P. VII, 100 (Herim. Aug. chron.); pol. Irm. s. 88.
Autolf Laur. sec. 8 (n. 2228).
Aodulf R. a. 808 (n. 14).
Odulf P. II, 656 (Nithardi hist.); H. c. a. 847 (n. 84); Wg. tr. C. 240, 378, 401, 465.
Odolf P. I, 93 (ann. S. Emmer.).
Otulf P. II, 463 (Einh. vit. Kar.); Ng. a. 809; pol. R. s. 55.
Ottulf P. I, 501 (Hincm. Rem. ann.); III, 534 (Kar. II capitul.); IV, B, 86 (Bened. capitul.).
Otolf Ng. a. 744, 821; necr. Aug.; St. P.
Otholf Gud. a. 881.
Hotolf tr. W. c. a. 850 (n. 165).
Ags. Eádvulf, Eádulf.
O. n. Otolfesperc.

Odulba, fem. 8. Tr. W. a. 774 (n. 53); = Odulfa?
Odulbis tr. W. a. 774 (n. 178).

Otuurm. 9. St. P.

Zu diesem stamme wol noch:

Autorn. 8. Laur. sec. 8 (n. 1413).

Zusammensetzungen des erweiterten stammes:

1) mit suffix L, wobei indess darauf aufmerksam zu machen ist, dass OTHAL (s. ds.) kaum streng von diesen formen geschieden werden kann.

Audelbert. 8. Pol. Irm. s. 210.
Audelberga, fem. 8. Pol. Irm. s. 209.
Autlefred. 8. Pol. Irm. s. 144, 150.
Oudalurit Gld. II, a, 126.
Aodalker. 8. St. P.
Aodalgoz. 9. St. P.
Autlemar. 8. Pol. Irm. s. 143, 144.
Aodalrihc. 9. Mchb. sec. 9 (n. 697).
Aodalscald. 9. Mchb. sec. 9 (n. 659); ist Aodalscalh zu lesen.

2) mit suffix N.

Audimbert. 7. Mab. a. 680.
Audenildis, fem. 8. Pol. Irm. s. 91, 146.

3) mit suffix R.

Odrechildis, fem. 9. Lp. a. 898 (I, 1079).

Audiliana s. Autlina unter AUD. **Auen** s. AW. **Aufred, Aufus** s. AUD.

AUG. Einige namenformen scheinen einen solchen stamm zu enthalten; ob aber dabei an ahd. auga oculus und augjan ostendere zu denken ist, muss dahingestellt bleiben. Oder ist AUC anzusetzen und lat. augeo, altn. auca, ags. eácan, ahd. auhon herbeizuziehn?

Aogo. 8. St. P.; R. a. 791 (n. 8).

Augofiada s. Audofleda.

Augis s. AUD.

Augart s. Autgart unter AUD.

Augrim. 9. P. X, 356 (Hugon. chron.). Derselbe heisst P. X, 322 Agrinius. Ist der n. aus Audgrim entstanden?

Auguart s. AUD.

Auculf. 9. Pd. a. 566 (n. 171; unecht).

AUL. Ich weiss nur einen solchen stamm der form nach in einigen n. zu erkennen, bin aber unfähig dessen etymologie zu errathen.

Oleo. 6. St. P.

Ollo Greg. Tur. 7, 38.

Olo Paul. diac. III, 30; Laur. sec. 8 (n. 297, 2359); Greg. Tur. 10, 3.

Ole Gld. II, a, 104.

Olbert, Olburgis, Olfred s. ALD.

Olleih s. AUD.

Olomund. 9. Lgd. 815 (I, n. 28).

Auliatena, fem. 6. Pd. a. 533 (n. 119).

Olanpurg, fem. 8. St. P.

Vgl. noch die formen wie Holebert, Holomot, Holemund unter H.

AUN. J. Grimm hat diesem deutlich über sämmtliche deutschen mundarten, doch nur anlautend, verbreiteten stamme bei Haupt III, 144—146 eine besondere abhandlung gewidmet. Etwas sicheres über seine etymologie lässt sich noch nicht ergründen. Vgl. noch eine unsichere vermuthung ebenfalls bei Haupt V, 222 f.

Oni. 10. R. a. 902 (n. 89).

Ono. 11. Trad. Patav. a. 1013 (n. 76).

Ags. Eána.

Ona, fem. 9. St. P.

(**Oniba.** 3. P. VIII, 122 (Ekkeh. chron. univers.) ist nur eine falsche lesart für Cniva).

Onilo. 8. Mchb. sec. 8 (n. 31).

Onila, fem. 8. St. P.

Aunobert. 7. Ep. Sagiensis. Conc. Rothomag. c. a. 690; A. S. Febr. II; d. Ch. I, 661, 663.

Ags. Eánberht; man vgl. Eanberaht necr. Fuld. a. 819, Eanbercht P. II, 344 (vit. S. Bonif.).

Aunefrit. 8. Fumagalli a. 769 (n. 10).

Onfred Lp. a. 998 (II, 419).

Ags. Eánfrið.

O. n. Onfridinga.

Onger. 9. Gld. II, a, 104.

Onker Mchb. sec. 9 (n. 613).

Ongast. 9. R. a. 833 (n. 29).

Aongoz. 8. St. P.

Aunegildis, fem. Lex Burgund. 52.

Ongis. 8. Laur. sec. 8 (n. 1450).

Aunart. 8. Gld. II, a, 113.

Aonhart St. P.

Onhart trad. Patav. a. 818; Mchb. sec. 8 u. 9 (n. 44, 332 und sonst).

Aunachar. 6. B. v. Auxerre sec. 6.

Aunachar conc. Paris. a. 573; conc. Autisiod. c. a. 578; conc. Matiscon. a. 581 u. 585; A. S. April. I etc.; Greg. Tur. 9, 41.

Aunarius A. S. Maj. I; d. Ch. I, 549, 562.

Onheri Ng. a. 821.

Onnere Gld. II, a, 126.

Altn. Ónar, vielleicht auch (nach Grimm bei Haupt III, 156) Jônakr.

Aonilt, fem. 8. St. P.

Onhildis pol. Irm. s. 133.

Onhilt Mchb. sec. 9 (n. 558); Ng. a. 830.

Onlind, fem. 8. Mchb. sec. 8. (n. 90).

Aunemund. 7. Mab. a. 653 (n. 7; M. ebds. n. 64; Pd. liest ebds. n. 324 Annemund).

Aonemund P. X, 321 (Hugon. chron.).

Ags. Eánmund.

Onrada, fem. 8. Pol. Irm. s. 259; pol. R. s. 84.

Onerich. 9. P. V, 258 (Erchemp. hist. Langob.), 539 (chron. Salernit.).

Aunoald. 7. Gld. II, a, 113.

Onoald Pd. c. a. 662 (n. 347); Lgd. a. 674 (I, n. 3).

O. n. Onoltesbah.

Aunulf. 5. Bruder Odoakers sec. 5.

Aunulf P. VI, 113 (Ademar. histor.); Lc. a. 947 (n. 100); Greg. Tur. 4, 45.

Aonolf vit. S. Severin. ed. Pez (ebds. A. S. Jan. I Aonulph); St. P. dreimal.

Annulf Pd. a. 581 (n. 189) etwa für Aunulf?

Onulf P. VII, 66 (catal. reg. et imper.); XI, 413 (chron. Affligem.); tr. W. a. 808 (n. 19).

Onolf Mchb. sec. 8 (n. 29); G. a. 1092 (n. 70); St. P.

Honolf Gld. II, a, 101.

Ags. Eánvulf, Eánulf.

O. n. Aunulfowilare.

Aur- s. AUS.

AUS. Wir müssen eine solche deutsche wurzel mit dem begriffe des leuchtens glänzens annehmen und sehn in ihr die deutsche gestalt der sanskritwurzel usch, wie sie sich auch im lat. aurum, aurora uro, im griech. ἠώς, im ags. eárendel jubar u. s. w. erhalten hat. Hier geht uns nur die einfache gestalt dieser wurzel an, unten haben wir in AUST, AUSTAR ihre verlängerte zu betrachten. Sie erscheint in den namen 1) als Aus-, 2) mit veränderung des s zu r als Aur-, 3) mit verdichtung des au zu o als Os-, 4) mit beiden veränderungen zugleich als Or-. Doch dürfen wir nur die erste, zweite und vierte gestalt hier aufnehmen, die dritte, Os-, geht völlig in den stamm ANS über.

Ausilas. 6. Αὐσίλας Procop; deutsch?

Aurilian (so). 8. Mchb. sec. 8 (n. 5).

Orilan Mchb. sec. 8. mehrmals (n. 7, 13).

Orein. 11. Pol. Irm. s. 49 (sec. 11).

Orizo. 10. H. a. 909 (n. 136).

Dieselbe person heisst ebds. n. 137 Oriza.

Auripert. 7. Ep. Senon. A. S. Mart. III.

Orgis. 9. Pol. R. s. 8.

Ausegunde s. Ansegundis.

Ausari. 9. P. III, 252 (Hlud. et Hloth. capit.).

Aurildis, fem. 8. Pol. Irm. s. 209.

Orieldis neben Orioldis pol. Irm. s. 49.

Ausuhildis pol. Irm. s. 86 etwa nur verderbt für Anshildis.

Oraman. 9. St. P.

Orrich. 9. Laur. sec. 9 (n. 427). Etwa für Osrich?

Ausinda s. AUD.

Ausvold. 9. Pol. R. s. 23.

Ausold pol. R. s. 75.

Osold pol. R. s. 75 wol nicht zu ANS, sondern hieher.

Aurendil. 8. Laur. sec. 8 (n. 1082, 1584).

Haurendil Laur. sec. 8 (n. 1536).

Orendil Ecc. Franc. or. II, 367; R. a. 833 (n. 32); M. B. a. 790, 802, 806, 822, 1013 (V, VIII, IX, XXVIII); Mchb. a. 782, 801, 807, 812, 828, 834, 839, 960, 1020; St. P. zwml.; Laur. sec. 8 (n. 198).

Orentil Dr. sec. 8 mehrmals; Dr. a. 816 (n. 323); Schn. a. 822 (Dr. ebds. n. 396 Gerentil); K. a. 816 (nachtr. C.).

Orandil M. B. a. 801 (XXVIII).

Urendil Laur. sec. 8 (n. 268).

Horindil Gld. II, a, 124.

Ueber Orendil s. Mone heldens. s. 74.

Altn. Örvandil.

O. n. Orentileshus.

Aurevera, fem. Gld. II, a, 130.

Aurovefa, fem. 7. Test. Ermentr.

Aurulf. 9. Pol. R. s. 95.

Oriulf Lgd. a. 912 (II, n. 39).

Oriulph Lgd. a. 973 (II, n. 109).

Orulf M. B. a. 812 (XXXI); pol. R. s. 54.

Orlof Laur. sec. 9 (n. 1790) wol hieher.

Erweiterten stamm scheint zu enthalten:

Oranolf. 8. Tr. W. a. 761 (n. 179). Oder ist diese form = Boranolf?

Viell. auch hieher

Osenhild, fem. Laur. n. 1412.

AUST, AUSTAR. Die folgenden n. gehören zu ahd. ostan (oriens), wie auch von den übrigen bezeichnungen der weltgegenden sowol p. n. als o. n. herkommen. In den p. n. scheint dieses wort eben so wie sund, west und nord vorherrschend solche personen zu bezeichnen, die aus den genannten weltgegenden herstammen. Da die Franken (abgesehn von den Westgothen, Sueven und Vandalen, deren eigennamen nur sehr vereinzelt vorliegen) der am meisten westwärts gedrungene volksstamm der Deutschen sind und daher die meisten von osten her eingewanderten zählten, so ist es nicht zu verwundern, dass die mit AUST zusammengesetzten n. grade ihnen besonders geläufig waren, wie sich aus den folgenden citaten ergiebt. Die nordwärts hergekommenen Sachsen dagegen scheinen AUST in p. n. wenig oder gar nicht gehabt zu haben; in den trad. Corb. mangelt dieser stamm ganz. Aus dem vorigen würde es sich auch erklären, warum der osten und norden in den deutschen p. n. an häufigkeit des gebrauchs so gewaltig den westen und süden überwiegt, da der zug deutscher stämme wesentlich die richtung von norden und osten her hat. Nicht geleugnet werden soll indessen mit dieser auffassung, dass auch mythologische beziehungen mit bei diesen namenbildungen in wirksamkeit waren, sowol rein heidnische als auch bei unserm stamm heidnisch-christliche (ostern).

I. Einfaches AUST.

Osta, fem. Gld. II, a, 126.

Aostilo. 8. St. P.

Ostbirch, fem. 9. Schn. a. 822; hier liest Dr. (n. 399) zweimal Vosburg.

Ostdag. 9. P. I, 198 (Einh. ann.) mit var. Ostdach, Estag, Osdag, durch welche letztere form der n. sich mit Osdag aus Ansdag vermischt.

Ostedrudis, fem. 8. Pol. Irm. s. 55.

Austrud P. I, 321 (ann. Mett. a. 693); pol. Irm. s. 55. Die Austrud der ann. Mett. wird sonst auch Adaltrud genannt.

Ostgaus. 8. Pol. Irm. s. 160.

Ostheri. 9. R. a. 821 (n. 21).

Oster Laur. n. 3770 wol hieher.

Austrad, Austeric s. AUSTAR.

Ostold. 8. Pol. Irm. s. 248.

Hostold pol. Irm. s. 3, 214.

Ostwind (p. n.). 9. Schn. u. Dr. a. 813.

Hieher setze ich, obwol zweifelnd:

Austind (episc. Auxitanus sec. 11) P. V, 171 (ann. Auscienses); concil. Jaccetan. a. 1060; convent. Moissiac. a. 1063; convent. Auscens. a. 1068; Lgd. a. 1054 (II, n. 204).

Austendus Lgd. a. 1006 (II, n. 142).

Austulf u. **Ostolf** s. Austrulf.

II. Erweitertes AUSTAR.

Oster s. Ostheri.

Usdrilas. 6. Οὐσδρίλας Proc. Nur wenn wir Procops schreibung als ungenau betrachten (vgl. Οὐστρίγοτθος), gehört der n. hieher; für den andern fall s. ORT.

Austrolenus. 7. Pd. a. 653 (n. 320; M. ebds. n. 55).

Austrin. 6. B. v. Orleans. Greg. Tur.; d. Ch. I mehrm.

Ostrenus Lgd. a. 862 (I, n. 87).

Austring. 9. Lgd. a. 867 (I, n. 91); Mab. a. 870.

Ostarpalc. Gr. I, 498. Ist viell. -palt zu lesen?

Austrobald. 8. Urk. v. 745 bei Warnkönig flandr. geschichte, anhang s. 11.

Aostarpald St. P.

Ostarpald R. a. 843 (n. 36).

Ostrebold pol. Irm. s. 129; pol. R. s. 36, 104.

Haostarpald St. P.

Astrebald (so) Lgd. a. 1035 (II, n. 176).

Ostreboldа, fem. 8. Pol. Irm. s. 80, 147.

Austrobert. 7. P. II, 318 (Adon. chron.): X, 325, 342 (Hugon. chron.); M. a. 653 (n. 64).

Austrebert P. II, 319 (Adon. chron. mit var. Auffrebert); Pd. a. 642 (n. 300); convent. Clipiac. a. 659.

Austrepert Gld. II, a, 113.

Aostarperht St. P. zweimal.

Ostarperht St. P. zweimal.

Ostrebert pol. Irm. s. 211, 212.

Hosterpert St. P.

Austraberta, fem. 7. A. S. Febr. I.

Austroberta und Austreberta d. Ch. I.

Astrebod (so) A. S. Jan. II, Febr. I.

Ostarpurc, fem. 9. St. P.

Aostarfrit. 9. St. P.

Austrefus. 9. P. III, 253 (Hlud. et Hloth. capit.).

Aostarger. 8. St. P.

Aostargart, fem. 9. St. P.

Aostargaoz. 8. St. P. zwml.

Aostargoz St. P. zwml.

Austrigildis, fem. 6. Frau des königs Guntchram. A. S. Mart. III.

Austregildis Greg. Tur. neben Austrigildis; dsgl. Fredegar.

Austrigisil. 7. B. v. Bourges sec. 7. P. IX, 179, 181 (Heriger. episc. Leod.).

Austregisil P. VIII, 322 (Sigebert. chron.); IX, 412 (gest. episc. Camerac.); Pd. a. 680 (n. 391); unechte unterschrift in einer urk. von c. a. 499 (n. 64) Pd.; Greg. Tur. 7, 47; d. Ch. I mehrmls.; A. S. Maj. IV.
Austregisel Mab. a. 798.

Austrigosa, fem. 6. Gepidische königstochter, frau des Langobardenkönigs Wacho. Paul. diac. I, 21.

Ostrogotha, msc. 3. 1) ein Heruler; 2) ein Gothenkönig.
Ostrogotha P. VIII, 122 (Ekkeh. chron. univers.); Jorn.; Cassiod. XI, 1.
Οὐστρίγοτθος Procop.

Derselbe heisst im Vidsîðes lied Eástgota. Vgl. Grimm gesch. d. dtsch. spr. I, 443.

Ostrogotha, fem. 6. Theodorichs d. gr. tochter. P. VIII, 129 (Ekkeh. chron. univers.).
Ostrogotho (var. Hostrogotho) Jorn. 58.

Austreconda, fem. Mur. 1882, 1.

Austrehar. 7. Pd. a. 615 (n. 230).
Ostrehar pol. Irm. s. 265.
Ostrear pol. Irm. s. 79.

Austrechildis, fem. 6. A. S. Febr. I.
Ostarhilt Mchb. sec. 9 (n. 607).
Aostarhilt St. P.
Ostarhil (so) Mchb. sec. 9 (n. 648).
Ostrehildis pol. Irm. s. 267.
Ostrildis pol. Irm. s. 147.

Osterlant (p. n.) 9. Dr. sec. 9 (n. 137, zwml.).
Nhd. Osterland.

Ostarlint, fem. 9. Gr I, 502.
Osterlindis pol. R. s. 54.

Austrimir. 9. Lgd. a. 881 (II, n. 2).
Astremir Lgd. a. 813 (I, n. 17) wol hieher.

Austremand. 7. Pd. a. 627 (n. 241).

Austremonius. 6? A. S. Jan. II, Febr. I, Mart. III etc.

Austremonia, fem. 9. Pol. R. s. 4.

Ostremund. 6. Pd. a. 526 (n. 108, unecht); Pd. a. 537 (n. 128); pol. Irm. s. 192.
Hostremund Pd. a. 538 (n. 131).

Osterniu, fem. 8. Laur. sec. 8 (n. 2248, 2251).

Austrad. 8. P. V, 151 (ann. Flaviniac.). Wol aus Austar-rad entstanden.
Ostrad pol. R. s. 36.
Nhd. Osterrath, Ostradt.

Austeric. 10. Lgd. a. 931 (II, n. 52).

Austriga. fem. 11. Neben Astriga Lgd. a. 1053 (II, n. 203).

Austrouald. 6. Fränk. feldherr sec. 6. Greg. Tur. 8, 45; 9, 7; 9, 31.
Austruald Mab. a. 805.
Austroald Pd. a. 745 (nachtr. n. 79).
Australd pol. Irm. s. 211; Mab. a. 803; Lgd. a. 883 (II, n. 5); Fredegar. contin.
Austraald P. I, 334 (ann. Mett.).
Ostrevald pol. Irm. s. 78, 80 etc.
Ostrovold pol. Irm. s. 133.
Ostrevold pol. Irm. s. 78, 144.
Ostrold pol. Irm. s. 145; pol. R. s. 43, 56 etc.; conc. Noviomens. a. 814.
Ostrald pol. Irm. s. 189; pol. R. s. 55.
Astroald (so) A. S. Jan. II.
Osorowald Pd. a. 648 (n. 312) muss wol Ostrowald heissen.
Nhd. Osterwald.

Ostrevolda, fem. 8. Pol. Irm. s. 78, 82 etc.
Hostravolda pol. Irm. s. 150.

Ostrevin. 6. Pd. a. 537 (n. 128).
Ostruin Pd. a. 526, 566 (n. 108, 171; beide unecht).
Ags. Eástervine.

Austrulf. 7. A. S. Mart. III.
Austrulph P. II, 285, 287, 288, 290 (gest. abbat. Fontan.).
Aostrolf St. P.
Ostrulf pol. Irm. s. 145, 218.
Ostrolf St. P.; Laur. sec. 8 (n. 582, 2985).
Ostrulph (neben Ostulf) conc. Tolet. a. 681, 683, 688.
Ostolf Schn. a. 874, wo Dr. n. 611 Ostrolf liest.
Ostrurf (so) pol. Irm. s. 80 wol hieher.
Austulf für Aistulf P. V, 150 (ann. Flaviniac.).
Nhd. Osterloff.
O. n. Ostrolfingen, woraus Gr. I, 502 fälschlich auf einen p. n. Ostrolvinc geschlossen hat.

Hieher scheint noch zu gehören:

Austrapius. 6. Greg. Tur. IV, 18; Pd. a. 637, 711 (n. 284, 480); Fredegar.
Ostrapius pol. Irm. s. 145.

Aut- s. AUD. **Auw-** s. AW.

AW. Gr. I, 505 stellt einige der folgenden n. zu ahd. awa fluvius. Es ist das jedenfalls noch sehr unsicher, obwol auch sonst sich kaum etwas annehmbares vorschlagen lässt. Ich möchte fast an ein dem lat. avus und dem goth. avo grossmutter verwandtes wort denken, wovon auch ahd. und nhd. oheim eine spur enthalten dürfte. Als zweiter theil begegnet AW vielleicht in Wilauw sec. 9.

Avo. 8. P. V, 3, 5 (ann. Corbej.); VIII, 584 (annalista Saxo); Mchb. sec. 8 (n. 113); Wg. tr. C. 60, 321, 371; St. P. zwml.; R. a. 819 (n. 20).
Auo Mchb. sec. 9 (n. 369).
Auuo St. P. dreimal.
Auwo Ng. a. 786, 788; K. a. 788 (n. 34).
Ouwo Gld. II, a, 105.
Ovo P. II, 217 (urk. v. 834); V öfters; Ng. a. 803; Ms. a. 860 (n. 5).
Owo Ng. a. 862.
Ouo Wg. tr. C. 310, 333, 383, 460, 477; K. a. 803 (n. 58); Lc. a. 855 (n. 65).
Hieher vielleicht schon
Avus (ep. Altabensis) convent. African. a. 484.
Avus (ep. Horreensis) synod. Carthagin. a. 525.
O. n. Owingen, Oweninga, Ovensteti möglicherweise hieher.

Awa, fem. 8. Tr. W. a. 788 (n. 102).
Ava P. VIII, 344 (Sigebert. chron.); pol. Irm. s. 81, 83 etc.; Ms. a. 1049 (n. 22).
Aua St. P. zwml.
Oua Wg. tr. C. 73.
Adelberga quae cognominabatur Ava P. X, 391 (Hugon. chron.).

Avico. 10. P. V, 764 (Thietmari chron.); Ms. a. 1049 (n. 21).

Ovida. 6. Jorn.

Avila, msc. 6. 1) ep. Tudensis; 2) b. v. Coria in Estremadura.
Avila (mit var. Anila) conc. Bracarens. a. 572; (mit var. Atula) conc. Tolet. a. 683; (ohne var.) conc. Tolet. a. 675; A. S. Jan. I.

Avila, fem. 9. Pol. R. s. 57.

Avelina, fem. 11. Pol. Irm. s. 49 (sec. 11).

Avan. 9. P. I, 393 (ann. Fuld.).
Auen Wg. tr. C. 361, 395 (an beiden stellen als nomin.; also nicht unmittelbar zu Auo).
Nhd. Euen?

Awin. 8. Laur. sec. 8 (n. 1494).

Aveza, fem. 11. Ms. a. 1070 (n. 26), 1086 (n. 35).

Awigaoz. 9. St. P.
O. n. Awigozeshusin.

Avagisa, fem. 8. Pol. Irm. s. 212.

Avuldis, fem. A. S. Jan. I; für Awihildis?

Aviramnus. Gld. II, a, 113.

Awileib. 9. Schn. a. 819.

Auilant. 9. Dr. a. 812 (n. 269; der n. fehlt bei Schn.).

Ouwaman. 11. M. B. a. 1025 (XXXI).

Auwolf. Gr. I, 505.
Owolf Gr. I, 505.
Aaulph (angebl. ein Gothenkönig aus sec. 5) P. I, 282 f. (chron. Moissiac.).
Aholf Schn. a. 815 vielleicht hieher; doch vgl. auch Haholf u. dgl.
O. n. Auwolfinca, Auwolfesstetin.

Zusammensetzungen mit erweitertem stamme:

Awanpurc, fem. 9. St. P.

Auwanildis, fem. 9. Pol. R. s. 36.
Avinildis pol. R. s. 48.

Vielleicht auch hieher:

Avesgaud (so). 11. B. v. Mans. Convent. Remens. a. 1059.

Avarwan, Averhelm, Averhilda s. ABAR. **Avilfus** s. Aliulf. **Avo** s. AW. **Ay** s. Aio unter AG. **Aym-** s. HAIM.

AZ. Am wahrscheinlichsten sehn wir hier nichts anders vor uns, als eine ursprünglich diminutive bildung zu denjenigen formen, welche mit Ad- und At- beginnen. Im laufe der zeit aber hat dieser diminutive stamm, wie mehrere andere, so weit gewuchert und neue schösslinge getrieben, dass man gut thut, ihn als ganz selbständig und ursprünglich zu behandeln. Zuweilen mag auch Az- nur durch hochdeutsche lautverschiebung aus gothischem At- (vgl. den stamm ATH) entsprungen sein. — Wenn ich hier auch gleich die formen mit Ez- anführe, so geschieht das nur, weil die ausscheidung eines aus Ed- entstandenen Ez- auf unüberwindliche schwierigkeiten stösst; die nichtexistenz eines solchen stammes soll damit keineswegs behauptet werden.

Enden können auf AZ eigennamen eben so wenig wie auf BAZ, HAZ u. s. w.

Azo. 9. Sec. 9: b. v. Ivrea. Sec. 10: markgraf zu Canossa. Sec. 11: markgraf v. Este; b. v. Camerino; b. v. Luceria; ep. Centumcellensis.

Azo P. I, 624 ff. (contin. Regin.); III, 529, 532 (Kar. II capitul.); V öfters; VI, 198 (panegyr. Bereng.), 507 f. (Widric. mirac. S. Gerardi); VIII öfters; IX, 634 (chron. mon. Casin.); X, 11 (Arnulf. gest. archiepp. Mediol.); Schn. a. 823 (Dr. n. 404 liest hier Asso); St. P. mehrmals; Frek. mehrm.; Lp. sec. 10 öfters; G. a. 1000 (n. 33).

Azzo P. IV, B, 176 (Nicol. II statut.); V öfters; VI, 797 not. (Adalb. vit. Heinr. II); VII—IX öfters; St. P. mehrm.; Laur. n. 2601; Lc. a. 948 (n. 102), 1015 (n. 147); M. B. a. 1050 (III).

Atzo St. P.; H. a. 926 (n. 146).

Adso P. V, 619 (Richeri hist.); VI, 72 (Folcuin. gest. abbat. Lobiens.), 487—489 (Widric. vit. S. Gerhardi); Guérard a. 1000 (appendix zum pol. Irm. s. 354).

Aezzo Lc. a. 1028 (n. 165).

Ezo P. IV, B, 176 (Heinr. II pact.); V, 785 (Thietmari chron.); VIII, 636 (annalista Saxo); Ms. a. 1049 (n. 22).

Ezzo P. II, 775 (vit. S. Rimberti); VII, 207 (Lamberti ann.); IX, 343, 366 (Ad. Brem.); St. P. zwml; Laur. mehrm.; Gud. sec. 10 öfters; G. a. 1015 (n. 37); H. a. 1023 (n. 224); M. B. c. a. 1077 (X).

Etzo St. P. zwml.; Frek.; Lc. a. 1051 (n. 184).

Esso P. III, 410 (Hlud. Germ. capit.) hieher?

Nhd. Atze, Atz, Esse.

Azzi. 8. St. P. zwml.

Azzio (b. v. Reggio) concil. Ravenn. a. 877.

Aza, fem. 9. St. P. mehrm.; pol. Wizenb. n. 301.

Eza St. P.

Azacho. 10. St. P. mehrm.

Azeko Frek. mehrm.

Azecho H. c. a. 1084 (n. 287).

Atzeko Frek.

Azeho (so) necr. Fuld. a. 1044.

Ezico P. IX, 314 (Ad. Brem.).

Ezzico C. M. Jul.

Azekin. 10. Frek.

Azechin Mab. a. 1030.

Acihmus Lc. a. 1019 (n. 154) wol Acihinus zu lesen.

Azili. 9. St. P. öfters; Ng. a. 817; M. B. a. 985 (II); Mchb. sec. 11 (n. 1167).

Azzilo. 8. Ng. a. 786.

Acilo pol. Irm. s. 156.

Acelo Gud. a. 1006, 1028.

Ezulo P. IV, 36 (Ott. II pax).

Ezzilo M. B. a. 762, 778, 806 (VIII).

Nhd. Atzel.

O. n. Ezilinga, Ezzelenkirchen, Ezzelendorf, Ecelishusan, Ezzilheim, Ezziliwangen, Ezziliwilari.

Azala, fem. 10. St. P. oft; Ms. sec. 11 (n. 37 f.).

Azila H. a. 926 (n. 146); Mchb. sec. 11 (n. 1246); dsgl. in einer berliner hds. (aus sec. 10) von Haymo Halberst. comm. in ep. Pauli ad Rom.

Azilla H. a. 926 (n. 146).

Adzilla Lc. a. 1019 (n. 154).

Azela Gld. II, a. 121.

Acela necr. Fuld. a. 1025.

Azilin. 9. Frek.

Acilin P. IX, 366, 378 (Ad. Brem.).

Atzilin Frek.

Atcilin Frek.

Azelin P. V, 104 (ann. Hildesheim.); VI, 802 not. (Adalberti vit. Heinr. IV); VII, 153 (Lamberti ann.); VIII, 686, 689 (annalista Saxo); IX öfters; X, 207 (transl. S. Celsi); Frek. mehrm.

Acelin P. VII, 389 (ann. Gengenbac.); Frek. mehrm.; Gud. sec. 10 u. a. 1056.

Ascelin P. V, 168 (ann. S. Albini); VI, 128 (Ademar. histor); IX, 530 (chron. S. Andreae); pol. Fossat.; Guérard a. 1037, 1070.

Azselin Guérard a. 1046.

Ecilin P. II, 775 (vit. S. Rimberti); V, 836 (Thietmari chron.).

Ezelin P. IX, 281 (Ad. Brem.), 849 (chron. Hildesh.).

Ecelin P. V, 765, 861 (Thietmari chron.).

Aezelin Lc. a. 1041 (n. 177), 1047 (n. 182).

Athelinus = Ascelinus P. IX, 484 (gest. episc. Camerac.); vgl. 530 (chron. S. Andreae).

Ascelina, fem. 11. Pol. Irm. s. 49, 50 (sec. 11).

Ezzilinc, Gr. I, 524, wol nur fälschlich von Gr. aus o. n. Ezilinga geschlossen, wohin auch muthmasslich nhd. f. n. Essling gehört.

Azibald. 11. Ep. Uceticens. sec. 11. Conc. Ansan. a. 1025.

Azichint. Gld. II, a, 96.

Ezelm. 11. H. c. a. 1040 (n. 240), 1090 (n. 291), 1092 (n. 293). Es ist vielleicht Ezelin zu lesen.

Azaman. 10. St. P. öfters.
Azeman pol. Wizenb. n. 301.
Aceman M. B. a. 1002 (XXXI).
Ezeman St. P.; Schpf. a. 1002 (n. 181).
Ezeman P. VI, 641 (Odil. epitaph. Adalh.) mit var. Eccemagnus, Eccmannus, Ecemagnus, Essemannus, Ezzemannus.
Eceman P. IX, 249 f. (Gundechar. lib. pont. Eichstet.).

Azawib, fem. 11. Pol. Wizenb. n. 301; St. P.
Azawip St. P. öfters.
Azewif Lc. a. 1054 (n. 189).
Eziwib Gr. I, 524.

Azawin, fem. 11. M. B. sec. 11 (VI).

Azezil. 10. Frek. Wol verderbt.

Ezelfrid. 10. Schn. a. 920.

Azenarius s. Asinar. **Azi-, Aze** u. s. w. s. AZ.

B.

Von den lautlichen verhältnissen des B kommen bei den eigennamen folgende in betracht:

1) der übergang des b zu p auf der zweiten stufe der lautverschiebung. Die im folgenden aufgenommenen n. haben das b fast ohne alle ausnahme der gothisch-niederdeutschen lautstufe gemäss und würden bei einem strengahd. wörterbuche unter P verwiesen werden müssen.

2) die verwandschaft des b und v. Namentlich bei einigen stämmen, wie z. b. BERAHT, zeigt sich hie und da ein übergang von b zu v; ob er bei dem stamme BALD auch vorkommt, ist wegen der existenz eines stammes WALD schwer zu entscheiden. Umgekehrt wird v auf deutschem gebiete sehr selten zu b, z. b. in Allabig. Belisar verdankt, wenn Grimms vermuthung richtig ist, sein B der griechischen überlieferung.

3) einschub des b zur vermeidung des zusammenstossens von liquiden, wenn die erste derselben ein m ist. So findet sich Ambla (9), Amblard (9), Amblulf (8), Ermbrad (8), Grimbland (9), Grombricus (8), Haimbrad (9), Hambrada (9), Membrada (9). So auch Hilmptrud (11) mit p wegen des folgenden t; endlich Almpni (8). Aehnliche function bei andern liquiden hat t (s. ds.).

Anlautendes B in den namen steht zwar dem anlautenden A beträchtlich an umfang nach, dagegen hat es eine andere stelle, an der es nicht bloss dem A, sondern auch jedem andern laute an häufigkeit vorangeht. Es wird nämlich man möchte sagen mit gewisser vorliebe als anlaut des zweiten theiles von zusammengesetzten namen verwandt; BALD, BERAHT, BIRG, BURG sind auslautende stämme ersten ranges, andere gehören wenigstens zu den häufigern. Nur ein umstand thut diesem grossen umfange des B an dieser stelle einigen eintrag, die deutlich erkennbare abneigung aller deutschen stämme vor der alliteration des ersten und zweiten theiles von namen. Solche alliterirende namen kenne ich mit B nur Bainobaudes, Balchobaudes, Baldobert, Berdbert, Bericbert, Bobobert, Bonibert, und die beiden formen Panpurc und Perenbert, wo ich die formen mit B wenigstens nicht nachweisen kann. Alle diese namen gehören mit ausnahme von Baldobert überdies zu den grössten seltenheiten.

-b als suffix ist kaum sicher zu belegen; Elisba ist zweifelhaft, Oliba scheint undeutsch = Oliva und Oniba ist entschieden falsche lesart.

BAB. Ein stamm von sehr altem gepräge, wie es scheint den natur- und kinderlauten noch sehr nahe stehend, in der überlieferten sprache ganz verwaist; nach Müller mhd. wörterbuch s. 75 scheint es ursprünglich mutter bedeutet zu haben. Vermuthet werden darf ein ablautsverhältnis zu BÔB. Die formen mit Bav- nehme ich hieher.

Babo. 7. P. V, 167 (ann. S. Germani); IX, 250 (Gundechar. lib. pontif. Eichstet.); Pd. a. 615 (n. 230); Dr. a. 813 (n. 290); St. P. öfters; H. a. 945 (n. 158); M. B. a. 1037 (XIV).

Pabo Ng. a. 800, 806, 811, 822, 869; M. B. sec. 9—11 (IV, VII, VIII, XI, XIII, XIV); St. P. öfters; K. a. 838 (n. 97).

Papa (msc.) St. P. mehrmals.

Papo P. I, 401 (ann. Fuld.); Mchb. sec. 8 (n. 22); St. P. öfters; Ng. a. 822.

Baben (genit.) Dr. a. 812 (n. 276).

Bavo P. II öfters; VI, 11 (ann. Laubiens.); VII, VIII öfters; IX, 62 (Rodulf. hist.), 163, 179 (Heriger. gest. episc. Leod.); synod. Lugdun. a. 830; Wg. tr. C. 257; H. a. 1035 (n. 229); C. M. Oct.

Bave (so) Gld. II, a, 96.

Pao P. VII, 54 (ann. Barens.) viell. hieher.

Nhd. Babe, Pape, Pappe, Bau.

O. n. Babinberg, Papinchirihun, Babendal, Babinheim, Babinchova.

Baba, fem. 8. Tr. W. a. 783 (n. 210); Laur. sec. 9 (n. 1066).

Babanae (gen.) Laur. sec. 8 (n. 2625).

Paba Gld. II, a, 126.

Baua Gld. II, a, 121.

Bauika, fem.? 10. Frek.

Babilo. 6. Conc. Tolet. a. 653 (var. Dabilo).

Bavilo pol. R. s. 51, 95.

Papilo St. P.

Pappolus Greg. Tur. mehrmals.

Papulus d. Ch. I, 560.

Pepilo Mchb. sec. 9 (n. 289, 290).

Babila s. Bobila.

Babolenus. 6. P. VIII, 341 (Sigeb. chron.); d. Ch. I öfters.

Papolenus P. IX, 187 (Heriger. gest. episc. Leod.).

Papolinus neben Pabolenus Pd. a. 692 (n. 426).

Pappolenus Greg. Tur. 6, 16.

Babinc, Gr. III, 20, von Gr. vielleicht nur aus o. n. Babinchova fälschlich geschlossen.

Babulf. 8. Concil. Roman. a. 769.

Baovulf s. unten.

Bacauda, Bacca, Bacco s. BAG. **Bacelindis** s. BAZ. **Bachilda** s. BAG.

BAD.

BAD. Die ableitung dieses stammes von ags. beado, nord. böd (Gr. und Grimm) darf nunmehr als sicher angenommen werden. Was ich unter BAUD gebracht habe, scheue ich mich hieher zu setzen. Die auf BAD auslautenden n. sind folgende:

Haltbad 8.	Heripato 9.	Sigipato 9.
Argabad 7.	Heldebad 4.	Suitbadu 9.
Asbad 6.	Hosbat 6.	Deodpato 9.
Odpad 8.	Luitpat 8,	Transobad 6.
Erlebad 9.	Marabad 6.	Witipato.
Fridibad 5.	Usdebad 6.	Willapato 7.
Kerpato 8.	Odalpato 9.	Wolfpato 9.
Gundobad 5.	Reginpato 9.	

Neben diesen -bad scheint im sächsischen so wie im ältern fränk. dialect eine nebenform -bed gebräuchlich gewesen zu sein. Ich erwähne hier die sächs. namen Aibet und Ibed (beide sec. 9) so wie die fränk. Aubedo und Chadbedo (beide sec. 7).

Auch unter die folgenden formen nehme ich zahlreiche n. mit Bed- und Bet- auf, die um so eher hieher gehören, als ein Bid- in n. so gut wie gar nicht gebräuchlich ist.

Bado. 6. Baddo ep. Eliberitanens. sec. 6; Betto ep. Tricastinens. sec. 7.

Bado Ng. a. 760; Schpf. a. 761 (n. 33); Wg. tr C. 271, 311, 317.

Baddo conc. Tolet. a. 597; Pd. a. 615 (n. 230); Wg. tr. C. 358, 359, 374, 400, 405, 406, 408, 441, 481.

Bato Ng. a. 773.

Batto P. III, 414 (Hlud. Germ. capitul.); VIII, 308 (Sigebert. chron.); R. c. a. 848 (n. 40); necr. Fuld. a. 975.

Pato Ng. a. 806, 860; K. a. 838 (n. 98); St. P. öfters; M. B. c. a. 916 (XXXI).

Patto Ng. a. 765; St. P. öfters; M. B. sec. 11 mehrmals (VI, VII).

Badio Wg. tr. C. 246.

Patio St. P.

Bedo H. a. 929 (n. 152).

Beddo Laur. sec. 9 (n. 382, 896).

Beto Pd. c. a. 662 (n. 347); Ng. a. 762; Gud. a. 926; H. a. 996 (211).

Peto Pd. a. 731 (n. 549); Ng. a. 813.

Betto P. I mehrm.; III, 448 (Kar. II capitul.); IX, 634 (chron. mon. Casin.), 849 (chron. Hildesh.); X, 351 (Hugon. chron.); conc. Ca-

bilon. c. a. 650; Laur. sec. 8 öfters; Ng. a. 759, 762, 788; pol. Irm. s. 99, 133; Mab. a. 854; Wg. tr. C. 260; H. a. 909 (n. 136).
Bέττος (ein Franke) Theophylactus VI.
Betdo Laur. sec. 8 (n. 1013).
Betho Pd. a. 615 (n. 230); Laur. sec. 8 (n. 1019).
Petto Pd. a. 731 (n. 549); Ng. a. 731, 788, 813, 817, 818; St. P. oft; M. B. a. 822, 828 (VIII); Mchb. sec. 9 (n. 458); K. a. 878 (n. 153).
sign. Baddeno Pd. c. a. 718 (nachtr. n. 42).
Nhd. Baad, Baade, Bade, Badt, Bath, Bathe, Beede, Bethe, Bette, Pathe, Päthe.

Folgende o. n. gehören wenigstens grossentheils hieher: Badesleua, Badenheim, Patinhova, Patinprunno, Pattingen, Petinawa, Petinpah, Petindorf, Petinforst, Petinhusun, Petinmos, Bettune marca, Petinwilari, Petinwisa.

Badda, fem. 6. Frau des königs Reccared; conc. Tolet. a. 589.
Betta Dr. a. 772; Laur. sec. 8 (n. 711, 2030); pol. Irm. s. 23.
Bettana (abl.) Pd. a. 615 (n. 230).
Bethta Pd. a. 572 (n. 179); verderbt für Berhta?

Baducho. 8. Laur. sec. 8 u. 9 (n. 1107, 2701).
Batucho Schn. a. 823 (Dr. ebds. n. 410 Biricho); Laur. sec. 9 (n. 208).
Patucho Ng. a. 805; K. a. 815 (n. 72); St. P. zweimal.
Badag Wg. tr. C. 226.
Batacho tr. W. a. 713 (Pd. nachtr. n. 23).
Patacho Ng. a. 822, 830; K. ebds.; necr. Aug.
Badoco tr. W. a. 713 (n. 256 u. Pd. nachtr. n. 27), wofür n. 202 und bei Pd. n. 28 Barocho steht.
Batocho Schn. a. 804.
Patocho Gld. II, a, 105.
Badicho Gld. II, a, 113.
Patecho P. VII, 71 (Herim. Aug. chron.).
Badocune (abl. msc.) tr. W. a. 739 (n. 14).
Bedic Wg. tr. C. 267.
Ags. Beadeca. Nhd. Badicke, Bädcke, Bäthge, Bäthke, Bätke, Bathge, Battcke, Battke, Beetke, Bethge, Bethke, Betich, Betke, Bettac, Bettack, Päthke, Pätke, Pattke, Pethke.
O. n. Patahinwilari.

Bettika, fem. 10. Frek.

Bettikin. 10. Frek. mehrm.

Baduila. 6. Erstlich war Baduila der eigentliche n. des Gothenkönigs Totilas, wie aus folgenden stellen hervorgeht:
Baduila Marii chron. (d. Ch. I).
Totila qui et Baduilla P. VIII, 316 (Sigeb. chron.).
Baduilla qui et Totila dicebatur P. VIII, 130 (Ekkeh. chron. univers.); hist. miscell. 16.

Andere beispiele desselben namens sind folgende:
Badilo Pd. a. 642 (n. 300); pol. Irm. s. 153, 163.
Baddilo Dr. a. 752; Ng. a. 762; H. a. 763 (n. 46).
Patilo Gld. II, a, 117.
Bedilo tr. W. a. 812 (n. 238).
Betilo Ng. a. 842; Laur. sec. 9 (n. 371, 477).
Petilo Mchb. sec. 8 (n. 103); Ng. a. 797, 799; St. P.; R. a. 866 (n. 50).
Pettilo St. P. zweimal.
Nhd. Padel, Pätel, Pedel.
O. n. Patolonhusun.

Badila, fem. 9. Pol. R. s. 48 zwml.
Bettola pol. R. s. 99.

Pettili. 8. K. a. 799 (n. 52).

Badelin. 7. Bettolenus b. v. Soissons sec. 7.
Badelin P. IX, 182 (Heriger. gest. episc. Leod.).
Bettolenus Mab. a. 670; A. S. Mart. I; d. Ch. I.
Betellinus d. Ch. I, 548 f.
Betholenus Pd. a. 615 (n. 230).
Bettelin Lc. a. 1083 (n. 234).

Betlina, fem. 8. Pol. Irm. s. 139, 148.

Grimm denkt (frauenn. aus blumen s. 25) bei Betlina an betula birke.

Padan. 9. Laur. sec. 9 (n. 3414).

Badin. 11. St. M. a. 1085.

Bettuni. 7. Tr. W. a. 699, 717, 737 (Pd. nchtr. n. 10, 38, 57).
Petuni tr. W. a. 700 (Pd. nchtr. n. 13).
Bettune tr. W. a. 699 (Pd. nchtr. n. 11).
Betune tr. W. a. 700 (Pd. nchtr. n. 14).

Badefrid. 7. B. v. Avignon sec. 9.
Badefrid A. S. Febr. II; fragm. de reb. Dagoberti (d. Ch. I).
Batfrid convent. Cabilon. a. 875.
Patfred St. M. a. 709.
Patufrid St. P.

Badagad. 9. Wg. tr. C. 125.

Patager. 9. M. B. a. 834 (XI); R. c. a. 848 (n. 40).
Patger Schn. a. 826.

Badagelt. 9. Schn. a. 850.

Badugis. 8. Laur. sec. 9 (n. 222).
Batugis Laur. sec. 8 (n. 1430).
Badogis Laur. sec. 8 (n. 1682).
Batdagis Laur. sec. 9 (n. 219).
Badegisil. 6. Greg. Tur. 6, 9; 8, 39; 10, 5. Major domus und b. v. Mans; derselbe heisst aber auch Baudegisil.
Bathari. 6. Dr. a. 851 (n. 561; Schn. ebds.).
Betharius d. Ch. I, 560 f.
Nhd. Bader, Bäder, Baader, Petter zuweilen wol hieher.
Batuhelm. Gr. IV, 845.
Pathelm Gld. II, a, 105.
Baduhilt, fem. 7. Gattin Chlodwigs II sec. 7
Baduhilt tr. W. c. a. 780 (n. 135).
Patuhilt St. P.
Badahildis Laur. sec. 9 (n. 382).
Batahilt Laur. sec. 8 (n. 1624); R. a. 821 (n. 21); tr. W. a. 809, 830 (n. 172, 174); Schn. a. 824.
Badhildis P. IX, 409 (gest. episc. Camerac.).
Bathildis St. M. c. a. 962.
Badoildis pol. Irm. s. 257.
Batildis P. VII, 17 (ann. Elnon.); Pd. a. 657 (n. 329).
Patild, Patehilt, Patihilt, Patthilt Gld. II, a, 126.
Bethilt tr. W. a. 797 (n. 62).
Betchilt K. a. 861 (n. 136).
Altn. Bödvildr. Ags. Beadohild.
Betlindis, fem. 8. Pol. Irm. s. 182.
Badeloch, fem. 11. Ms. a. 1070 (n. 25).
Badomar s. WAD.
Batanand zu schliessen aus o. n. Batanantesheim und Badanandouilla.
Patniwi s. Ratniwi.
Badarad. 9. B. v. Paderborn sec. 9.
Badarad P. II, 602 (Thegani vit. Hlud., var. Baradad und Badurad); III, 370 (Hlud. I capit.), 374 (urk. v. 840); conc. Suession. a. 853.
Badered Wg. tr. C. 266.
Baturat P. III, 411 (Hlud. Germ. capit.); conc. Moguntin. a. 847.
Badurad P. VI, 151, 154 (transl. S. Liborii); VIII, 549, 565, 576 (annalista Saxo); C. M. Sept.
Baturich. 6. Thüringerkönig sec. 6 (wird auch Balderich genannt).
Baturich P. I, 93 (ann. S. Emmer.); VI, 565 (Arnold. de S. Emmer.).
Baturih Mchb. sec. 9 (n. 434).
Paturih Mchb. sec. 8 (n. 33); St. P.
Paturihc Mchb. sec. 8 (n. 25).
Paturich Dr. a. 822 (n. 399; Schn. ebendaselbst Parturich).
Baturihc K. a. 778 (n. 21).
Patarih Ng. a. 766.
Badorich Laur. sec. 8 (n. 1735).
Patirih R. a. 866 (n. 50).
Batorihc Ng. a. 778.
Baderich P. VIII, 314 (Sigebert. chron.); conc. Autisiod. c. a. 578; Greg. Tur. 3, 4; Fredegar; Laur. sec. 8 u. 9 (n. 1754, 1764).
Paterich Gld. II, a, 105.
Paterih necr. Aug.
Batrich M. B. a. 833 (XXXI).
Beterich P. VIII, 122, 124, 129 (Ekkeh. chron. univers.).
Betterich P. VIII, 321 (Sigebert. chron.); Fredegar.

Die letzten beiden formen stehn an diesen stellen für Widerich.

Badovarius. 9. P. IX, 21, 30, 38 (Joh. chron. Venet.).
Badward. 9. Wg. tr. C. 337.
Badvin. 7. H. a. 853 (n. 87).
Bettwin H. a. 698 (n. 25).
Badulf. 8. Pol. Irm. s. 141, 144.
Batulf Laur. sec. 8 (n. 847).
Batoulf P. VIII, 555 (annalista Saxo).
Batolf Laur. sec. 9 (n. 2055).
Patolf K. a. 842 (n. 105; Ng. ebds.).

Zusammensetzungen mit erweitertem stamme:
1) mit suffix N:
Bathanar. 5. Comes Africae. Βαθανάριος Zosimus V, 37.
Badanolf. 8. Laur. sec. 8 (n. 526 u. 3549); tr. W. c. a. 850 (n. 165); Schn. a. 863.
Badunolf tr. W. a. 830 (n. 172).
Padanolf Schn. a. 811.
2) mit suffix R:
Patirolf. 6. St. P. öfters.

BAG. Zu ahd. bagan contendere, altn. baga obesse. Scheint auch auslautend vorzukommen in Antabagius (3) und Chardobachius (8).

Bago. 8. Lc. a. 796 (n. 8); Wg. tr. C. 300.
Bagga (msc.) P. II, 278, 280 (gest. abbat. Fontan.).

Bacca (msc.) Wg. tr. C. 123, 180, 199.
Bacco P. V, 56 (ann. Quedlinb.), 750 (Thietmari chron.); Wg. tr. C. 244, 246, 252, 324, 467.
Pago Gr. III, 24.
Nhd. Baack, Baacke, Bach, Bache, Backe, Bäck, Bage, Pach, Pache, Packe, Päcke, Beck, Beckh.

Baghildis, fem. 7. Pol. R. s. 87.
Bachilda Pd. a. 698 (n. 446).
Bacchilda tr. W. a. 783 (n. 210).
Bacchilt Laur. sec. 8. (n. 289).
Pachilt Gld. II, a, 126.
Behhilt tr. W. a. 830 (n. 172).
Pekkibilt St. P.
Pecchilt und Pechilt Gld. II, a, 126.

Bagodeo. Gr. V, 87.

Hieher rechne ich noch

Bacauda, msc. 5. Cassiod. V, 25. Der n. muss mit den bekannten Bagaudae bei Eutrop etc. in zusammenhang stehn.

BAID. Nur sehr unsicher darf bei den folgenden n., die allerdings zusammen zu gehören scheinen, an ags. bâd pignus erinnert werden.

Baidilo. 7. P. IX, 464 (gest. episc. Camerac.), 532 (chron. S. Andreae).

Baithanus. 8. St. P. Etwa für Baitharius?

Baitorix, 1. *Βαιτόριξ* oder *Βαιτόριτ* sigambr. n. bei Strabo.

BAIN. Ein in n. seltener stamm, der wol zu goth. ahd. bain (crus, tibia) gehört; es mag dabei in den namen der begriff der kraft zu grunde liegen. Hieher dürfte auch leicht einiges von den formen gehören, die unten unter BEN behandelt sind.

Baino. 7. Ep. Tarvanens sec. 7.
Baino Ng. a. 762.
Bainus P. II, 221 (ann. Xant.), 275—282 (gest. abbat. Fontan.); Pd. a. 648 (n. 312); fragm. de reb. Dagoberti (d. Ch. I).
Nhd. Bein, Peine.
O. n. Bainenchaim.

Beinung. 8. Laur. sec. 9 (n. 427).
Beining Laur. sec. 9 (n. 377).
Peinunk St. P.

Bainobaudes. 4. Amm. Marc. XIV, 11; XVI, 12.

Beinhard. 9. Laur. sec. 9 öfters.
Peinhart R. a. 866 (n. 50).
Nhd. Beinert, Peinert.

Beinher, 9, zu schliessen aus o. n. Beinheresstad.

Bainhildis, fem. 9. Pol. R. s. 100. Dazu wol Baihildis ebds. s. 72.

Baio, Baior s. BOI. **Baithanus, Baitorix** s. BAID. **Bal-, -bal** s. BALU. **Balamir** s. Walahmar. **Balchobaudes** s. BALG.

BALD. Dieser stamm, der sich in namen seit dem 5. jhd. findet und häufiger in zusammengesetzten namen auslautend als anlautend ist, gehört etymologisch zu goth. balþs, ahd. bald (audax, fidens, fortis) und diese bedeutung mag der grund sein, weshalb die fem. weit seltener sind als die msc. Verwechselungen und übergänge sind besonders häufig zwischen diesem stamme und dem sehr schwierigen WALD (s. ds.); doch scheinen im allgemeinen die formen auf bald, pald (besonders langobardisch), bold, pold hieher, dagegen oald, old, ald u. dgl. zu WALD zu gehören. Auch zwischen BALU und BALD sind berührungen nicht zu vermeiden, da beide stämme leicht zu BAL entarten.

Bedenken erregt ferner die silbe Blat- im anlaute, die ich vorläufig als durch metathesis entstanden hieher setze, ohne damit jedoch eine bestimmte behauptung aussprechen zu wollen; sie ist nur westfränkisch.

In den trad. Corb. ist BALD verhältnismässig selten und auf wenige namen beschränkt.

Als zweiten theil haben diesen stamm zahlreiche namen. Ich führe hier folgende 195 an, von denen 36 feminina sind:

Adrabald 8.	Aginbolda 8.	Ansbald 8.
Adrabalda 8.	Alabolt 9.	Encibold 11.
Afbald 9.	Altopold 11.	Adepald 8.
Agebald 8.	Ellanpald 8.	Athalbald 8.
Aclebold 8.	Amalbold 8.	Adalbalda 8.
Aclebalda 8.	Andobald 7.	Autbald 8.
Aganbold 8.	Angilbald 8.	Autbalda 8.

Otbaldera 8.
Austrobald 8.
Ostrebolda 8.
Azibald 11.
Chimbald 8.
Chunipald 9.
Chusabald 6.
Clarebald 11.
Clarembald 11.
Clidebald 8.
Curzipold 10.
Tagapald 8.
Dagimpald 8.
Dotbald 8.
Drudbald 8.
Droctbold 8.
Throitbold 9.
Eurebald 8.
Egorbald 9.
Ehapald 8.
Eraubald 8.
Ermbolda 8.
Ermboldra 8.
Arcambald 8.
Ercambalda 8.
Arlembald 11.
Ernetbold 11.
Eodalbold 8.
Feginbolt 9.
Ferahbald 8.
Frambold 8.
Frambolda 8.
Frawibald 8.
Prithubald 5.
Frotbald 8.
Frotbolda 8.
Frogipolt 9.
Folcbald 8.
Gibbold 5.
Gaibald 8.
Gelbold 9.
Gamalbold 8.
Gencbolda 8.
Gannibald 8.
Garibald 6.
Gairbolda 8.
Ganspald 8.
Gerembold 9.
Gauzebald 8.
Gausbolda 8.
Gawipald 8.
Genbold 8.
Gisibald 8.
Gisalbald 8.
Gislebolda 8.
Gleobald 7.
Godebald 8.
Gotbolda 8.
Godalbold 8.
Godrebald 8.
Grimbald 8.
Grimbolda 8.
Cogipald 9.
Gundobald 5.
Hagabald 11.
Aitpald 8.
Aitbolda 8.
Heilbold 9.
Halacbold 9.
Helipald 9.
Helidpald 9.
Hartbald 8.
Haribald 8.
Heribolda 8.
Haspald 8.
Hathubald 8.
Helinbald 8.
Helmbald 9.
Hildibald 8.
Clodbald 8.
Hrodbald 7.
Rotbolda 8.
Ruombold 9.
Hutpald 9.
Hugibald 8.
Hunibald 8.
Hundpald 8.
Ibald 10.
Itbolda 8.
Idelbold 8.
Ingobald 8.
Ingbolda 8.
Irimbolt 10.
Irminpald 8.
Ermenbolda 8.
Isanbald 8.
Isembolda 8.
Jachipald 10.
Jugibald 10.
Landbold 8.
Lintbalt 9.
Liutbald 7.
Magembold 8.
Mahalbalth 9.
Malabald 8.
Merkbold 10.
Masembold 8.
Madalbald 8.
Morbold 9.
Nithbald 9.
Nodbald 8.
Nortbald 8.
Oaspald 9.
Onodbald 8.
Odalpald 8.
Radbald 8.
Ratbolda 8.
Ragibald 9.
Ragbalda 8.
Raganbald 8.
Raganbolda 8.
Rauthald 8.
Ricbald 8.
Ricbolda 8.
Rimbald 11.
Sadrabold 8.
Salabald 9.
Scirbald 8.
Selbold 9.
Sigibald 7.
Sicbalda 8.
Siclebold 8.
Siclebolda 8.
Sigembolt 9.
Sindebald 10.
Sirobald 7.
Sisebald 7.
Suapold 9.
Suanabald 8.
Suidebold 9.
Tetbald 9.
Thancbald 9.
Theganbald 8.
Theudobald 6.
Teutbolda 8.
Thragabold 9.
Tolebald 8.
Trapold 6.
Trisbold 9.
Turbald 6.
Vadalbald 8.
Wanpald 9.
Wandalbold 8.
Wandilbalda 8.
Wandrevold 8.
Wandrabolda 8.
Warbald 8.
Warinbold 8.
Witbald 7.
Witbolda 8.
Widrebold 8.
Wigibald 8.
Wicbolda 8.
Wiclebold 8.
Willabald 8.
Winibald 8.
Winebolda 8.
Wintbold 8.
Viraibold? 7.
Wodilbalt 10.
Wolfbald 8.
Wunnibald 7.
Zeizpold.
Zielbold 10.

Bald. 4. Wg. tr. C. 274.
Baldo Laur. sec. 8 (n. 3476); pol. R. s. 51.
Paldo P. IX, 581 (chron. mon. Casin.); Paul. diac. VI, 40; St. P. mehrm.; Ng. a. 790; K. a. 798 (n. 51).
Pald K. a. 790 (n. 37); Ng. a. 805.
Paldus P. IX, 701, 757, 769 (chron. mon. Casin.).
Paldius Ng. a. 764.
Belto K. a. 773 (n. 15).
Baltha als geschlechts- und beiname bei den Gothen Jorn. 29.
Nhd. Bald, Boldt, Boll, Bolle, Bolte, Polte.
O. n. Baldingen, Baldebrunno, Baldenshart.

Balda, fem. 8. Pol. Irm. s. 41, 48 etc.; pol. R. s. 47.
Palda St. P.
Bauldis (fem.) pol. R. s. 53 viell. hieher?

Baldechin. 9. Pol. R. s. 110.

Baldila, fem. 8. Tr. W. a. 713 (n. 232 u. Pd. nachtr. n. 25).
Paldila St. P.
Beldila Laur. sec. 9 (n. 808).
O. n. Paldilinkirka.

Baldilin. 8. Tr. W. a. 774 (n. 53 u. 178).

Baldin. 11. Lc. a. 1088 (n. 240).
Paldines (so, nom.) necr. Aug.

Baldani (wahrsch. msc., cas. unbest.). 9. Tr. W. a. 812 (n. 238).
Paldeni Gld. II, a, 105.

Balduni. 8. Tr. W. a. 717, 718 (Pd. nachtr. n. 38, 40).

Baldung. 8. Dr. sec. 8 (Schn. liest hier Baldun); Schn. a. 830.
Baldunch Mchb. sec. 9 (n. 887).
Balding Wg. tr. C. 221, 255, 329, 440, 482; pol. R. s. 50, 53; Frek.
Palding Ng. a. 803.
Baldaing pol. R. s. 3.

Belding P. VI, 802 not. (Adalbert. vit. Heinr. II); XI, 757 (S. Rudberti Salisb. ann.); Schn. a. 815.
Peldinc P. IX, 249 (Gundech. lib. pontif. Eichstet.).
Baldro. 9. Dr. a. 816 (n. 321; Schn. ebds.).
Baldor pol. R. s. 55.
Paltar u. a. s. unter Bald-her.
Balsimius. 8. St. M. a. 709.
Balsmus. 9. Pol. R. s. 43, 58.
Baldemia, fem. 9. Pol. R. s. 49.
Balsemia pol. R. s. 49.
Balsimia pol. R. s. 53.
Baldisma, fem. 8. Pol. Irm. s. 53, 139; pol. R. s. 50.
Baltisma pol. Irm. s. 155.
Balzo. 9. P. VII, 25 (ann. Blandin.), 35 (ann. Formosel.).
Baltso P. VII, 12 (ann. Elnon.).
Baldzo P. XI, 304 (de Arnulfo comite).
Palzo P. II, 129, 131, 140 (Ekkeh. cas. S. Galli).
Belzo P. VI, 92 (chron. Median. monast.).
Belso Schn. u. Dr. a. 825.
Bolzo Gr. III, 115 wol hieher.
Nhd. Baalss, Bals, Baltz, Balz, Beltz, Belz, Boltze, Bolz, Bolze, Peltz, Pelz, Poltz.
O. n. Bolziuwanc.
Baldibreht. 8. B. v. Basel sec. 8.
Baldibreht K. a. 792 (n. 40; Ng. ebds.).
Baldabert Gld. II, a, 96.
Baldeberht P. III, 30 (Pippin. capitul.).
Baldobert Schpf. a. 748 (n. 16); Ng. a. 760.
Paldiperht Mchb. sec. 9 (n. 320).
Baldebert P. I, 26—29 (ann. Guelferb., ann. Nazar.); conv. Atteniac. a. 765; Ng. a. 827.
Paldebert Ng. a. 790.
Palteberth Ng. a. 809.
Baldebret Ng. a. 827.
Baldevert pol. Irm. s. 139.
Paldebret necr. Aug.
Baltedrudis, fem. 8. Pol. Irm. s. 150.
Balthrudis P. II, 582 (translat. s. Viti).
Baltrudis Gld. II, a, 130.
Palthruth und Paldrud Gld. II, a, 126.
Baldoflidis, fem. 8. Pol. Irm. s. 90.
Baltaflidis pol. Irm. s. 257.
Baldefred. 7. B v. Bayeux sec. 9.
Baldefred Mab. a. 821; Lgd. a. 918 (II, n. 42).
Baltefred pol. Irm. s. 185.
Baldfrid Gld. II, a, 96.
Baltfrid P. I, 453 (Prud. Trec. ann.); III, 420 f. (Kar. II capitul.); A. S. Jan. II (sec. 7); fragm. de reb. Dagobert. (d. Ch. I).
Baltfrit K. a. 776 (n. 17; Ng. ebds.); Laur. sec. 8 (n. 3200).
Baltfrida, fem. 8. Pol. Irm. s. 53.
Balfrida pol. Irm. s. 216.
Baldegar. 8. Pol. Irm. s. 211, 238.
Paldger Ng. a. 817, 819; necr. Aug.
Paldker Ng. a. 833; necr. Aug.
Paltker St. P.
Paldgeer (so) Ng. a. 788.
Baldegardis, fem. 8. Pol. Irm. s. 73.
Baldegaud. 8. Pol. Irm. s. 138.
Baldegaus pol. Irm. s. 138.
Paldcoz Ng. a. 810, 844.
Baldegildis, fem 8. Pol. Irm. s. 19.
Baldigis. 9. Pol. R. s. 56.
Baldhard. 8. Abt zu Hersfeld sec. 8.
Baldhard K. a. 846 (n. 113).
Baldhart P. XII, 18 (ann. Elwang.).
Balthard Laur. sec. 8 (n. 1025); pol. R. s. 43, 58.
Balthart P. V, 40 (Lamberti ann.); VII, 139 (Lamberti Hersfeld. ann.); Laur. sec. 8 (n. 722, 2646).
Paldhart St. P. zwml.
Nhd. Bollert. Pollert.
Baldiardis, fem. 9. Pol. R. s. 51, 52.
Baldierdis pol. R. s. 47.
Baldher. 8. Laur. sec. 8 (n. 1306).
Balthere Laur. sec. 8 (n. 11).
Balther Laur. mehrm.
Paldheri Ng. a. 797; St. P. zwml.
Paldhere necr. Aug.
Paldachar Mchb. sec. 8 (n. 119, 235).
Paldacchar Mchb. sec. 9 (n. 684).
Paltar Mchb. sec. 9 (n. 450, 460, 601); M. B. a. 837 (IX); St. P.
Baldier pol. R. s. 43.
Bolther neben Blother pol. R. s. 8.
Bauderius Schpf. a. 976 (n. 157) wol hieher.
Palheri St. P. viell. hieher.
Ags. Baldhere. Nhd. Bolder, Boller, Poller.
O. n. Paldacharesperc, Palterishusan, Baldherreswilare.
Balthad. 8. Pol. R. s. 45.
Baltad pol. Irm. s. 36, 185.
Balhedus (so) pol. R. s. 22.

Baldechildis, fem. 7. Frau des Frankenkönigs Chlodwig II sec. 7.
Baldechildis Ng. a. 661; Fredegar.
Balthildis P. II, 272 (gest. abbat. Fontan.); VIII, 325 (Sigebert. chron.); X, 339 (Hugon. chron.); d. Ch. I oft; Laur. sec. 8 (n. 697, 2797); pol. Irm. s. 220, 223; Guérard a. 822.
Baltildis P. II, 311 (dom. Caroling. geneal.); V, 623 (Richeri hist.); VI, 116 (Ademar. hist.); VIII, 441 (Sigeb. auctar. Hasnon.); X, 339 (Hugon. chron.); pol. Irm. s. 63, 153.
Paldhilt Gld. II, a, 126.
Blathild und Bladovildis s. unten.
Baltilda quae et Beza Lp. a. 984 (II, 375).
Paldhram. 8. B. v. Strassburg sec. 9.
Paldhram Mchb. sec. 8 u. 9 (n. 168, 595).
Baldrammus P. III, 561 (Arnulf. capit.); conc. Tribur. a. 895.
Baltramnus P. VIII, 591 (annalista Saxo).
Baltrammus P. I, 612 (Regin. chron.).
Baldram necr. Fuld. a. 960.
Baldrannus pol. Irm. s. 18, 78 etc.
Paldrammus Ng. a. 826.
Palthram Gld. II, a, 105.
Baldranus pol. Irm. s. 278.
O. n. Paldrammis riod.
Baldroh. 9. Schn. a. 816.
Baldhun. 8. Laur. sec. 8 (n. 2860); necr. Fuld. a. 828.
Paldhun Gld. II, a, 105.
Baldelindis, fem. 9. Pol. R. s. 47, 51.
Baldman. 9. Schn. a. 806.
Paldman necr. Aug.
Nhd. Baldemann, Boldtmann, Bollmann.
Baldomar. 7. Lgd. a. 873 (I, n. 98).
Baldomer Pd. a. 653 (n. 320; M. ebds. n. 55).
Baldemar conc. Valent. a. 855.
Baldmuot. 8. Ng. a. 766.
Paldmot Mchb. sec. 9 u. 10 (n. 491, 1133 etc.); R. a. 814 (n. 18).
Baldmunt. 8. Ng. a. 778.
Baltmund tr. W. a. 780 (n. 90); conc. Pistens. a. 862.
Paldmunt Ng. a. 889; M. B. a. 948 (XXXI).
O. n. Baldmuntishusun.
Baldarat, msc. u. fem. 8. St. P.
Paldarat Gld. II, a, 105, 126.
Baldrad Laur. sec. 8 (n. 1254); Wg. tr. C. 310; pol. R. s. 45, 50.
Baldrat Schn. a. 754.
Baltrat Laur. sec. 8 (n. 2139).
Paldrat St. P.
Baldrada, fem. 8. Pol. Irm. s. 103; H. a. 909 (n. 136).
Baldrand. 9. Lgd. a. 898 (II, n. 21).
Baldarich. 6. Sec. 6: Thüringerkönig (vgl. Baturich). Sec. 9: Markgraf v. Friaul und Kärnthen. Sec. 10: B. v. Utrecht. Sec. 11: B. v. Lüttich; b. v. Noyon.
Baldarich P. V mehrm.; Lc. a. 964 (n. 106).
Paldarich Gld. II, a, 126.
Paldarih K. a. 838 (n. 98; Ng. ebds.).
Balderich P. IV, 25 (Ott. M. constitut.); V, VI öfters; VII, 65 (Lamberti Audomar. chron.) VIII, IX oft; St. P.; conc. Engilenheim. a. 948.
Palderih necr. Aug.
Baldric Wg. tr. C. 254, 443; St. P.
Baldrich P. I (Einh. ann.); II, oft; III, 568 (Kar. III capit.); V, VI oft; VII, 13 (ann. Elnon.), 27 (ann. Blandin.); VIII, IX oft; X, 262 f. (Ruperti chron.), 360 etc. (Hugon. chron.). 529 etc. (gest. abbat. Gemblac.); pol. Irm. s. 3, 35 etc.; St. P.; Schn. a. 806 (Dr. ebds. n. 237 Uualdrich).
Baldrig Laur. sec. 8 (n. 267).
Baldrih P. III, 178 (Kar. M. capit.); Eckhard. comm. de reb. Franc. orient.
Paldrih St. P. öfters.
Paldrich M. B. a. 828 (VIII); St. P.
Paldrihc St. P.
Paltrih St. P.
Baaldarih (zwml.) Ng. a. 838.
Beldirih Schn. a. 791.
Belderich Lc. c. a. 1080 (n. 242).
Beldrich Laur. sec. 8 (n. 3231).
Beldrih Dr. a. 772.
Beltrich Laur. sec. 8 (n. 980).
O. n. Baldrikeswich.
Baldarith. 9. Gld. II, a, 96.
Paldarit K. a. 861 (n. 133, 135).
Baldrit Gr. III, 112.
Paldrit St. P.
Balderuna, fem. 8. Pol. Irm. s. 96.
Baldasad. 8. Pol. Irm. s. 185.
Baldesad pol. R. s. 95.
Paldsind, fem. 8. Ng. a. 886.
Balsinda pol. Irm. s. 41.

Blatsinda und Blatsindis s. unten.

Baldsuind, fem. 8. Laur. sec. 8 (n. 1496).

Baltsuint Laur. sec. 8 (n. 2665).

Baliswind (so) Laur. sec. 8 (n. 2266).

Palswind M. B. a. 776 (VIII).

Baldoald. 7. Ng. c. a. 744.

Baldiald pol. R. s. 44.

Baldold pol. Irm. s. 53.

Baltald pol. Irm. s. 155.

Paldold Ng. a. 826.

Paldolt Ng. a. 806, 819, 820.

Belthoald Pd. a. 636 (n. 275).

Baldoar. 8. Pol. Irm. s. 25.

Paldewart. 9. Gld. II, a, 105.

Paldwart Mchb. sec. 9 (n. 344).

Nhd. Bollward.

Balduig. 7. Ep. Arcavicens.; mit var. Valduig in den conc. Tolet. a. 653, 655, 656.

Paldwiha, fem. 8. Mchb. sec. 8 (n. 19).

Paldwih Mchb. sec. 9 (n. 688).

Baldavin. 8. Sec. 11: Balduin, graf v. Flandern; b. v. Noyon; b. v. Salzburg.

Baldavin P. I, 99 (ann. Colon.).

Baldovin H. a. 1096 (n. 297).

Balduvin P. VII oft.

Baltuvin P. VI, 706 (Alpertus de divers. tempp.); VIII oft.

Baldewin P. I, 90 (ann. Salisb.); II, 246 (ann. Wirzib.); V, VIII öfters.

Paldewin Gld. II, a, 105.

Baldwin P. II, 189 (ann. Gandenses); VII, VIII öfters; St. P. mehrm.; Laur. mehrm.; Ng. a. 817.

Balduin P. I, II oft; III, 484 (Hlud. Germ. capit.), 539 (Kar. II capit.); V—IX oft; X, 375 (Hugon. chron.), 544 (gest. abbat. Gemblac.), 572 (chron. S. Huberti Andag.); St. P.; Ng. a. 780; pol. Irm. s. 107, 122; Guérard a. 1038.

Paldwin M. B. a. 1076 (IV).

Palduin Ng. a. 819.

Baldoin P. VII, IX oft; St. P. zwml.; Laur. sec. 8 (n. 282 f.); Ng. a. 787; pol. Irm. s. 53, 103.

Baldoenus fragm. de reb. Dagoberti (d. Ch. I).

Bauduin für Balduin P. XI, 393 (Hug. Floriac.).

Belding für Balduin P. VI, 802 (Adalb. vit. Heinr. II); dsgl. XI, 757 (S. Rudberti Salisb. ann.).

Balovin Schpf. a. 1064 (n. 217) für Baldvin?

Ags. Bealdvine. Nhd. Bollwien.

Baldoina, fem. 8. Pol. Irm. s. 25.

Balduiz, fem. 8. Laur. sec. 8 (n. 3361, 3374).

Baldniz Laur. sec. 8 (n. 3318) gewiss falsch.

Baldulf. 8. Ep. Tarasiens. sec. 11.

Baldulf pol. Irm. s. 2; pol. R. s. 22, 55; d. Ch. I.

Baldolf P. VI, 796 (synod. Francofurt.).

Paldulf und Paldolf Gld. II, a, 105.

Poldolf Gld. II, a, 106.

Balduls für Baldulf tr. W. a. 713 (Pd. nachtr. n. 25), wie auch tr. W. n. 232 richtig steht.

O. n. Paldolfesheim.

Baltimda, fem. 8. Ng. a. 744 (n. 13); verderbt?

Zu BALD stelle ich noch als anhang zwei klassen von namen:

1) die form BALS- (viell. für diminutives Balz-):

Balsimia und **Balsimius** s. oben.

Balsmund. 8. Pol. Irm. s. 266.

Balsoidis, fem. 9. Pol. R. s. 86, 103.

2) die formen Blad-, Blat-:

Bladin. 8. P. VIII, 332 (Sigebert. chron.).

Bladalin. 8. Pol. Irm. s. 216.

Bladalen pol. Irm. s. 226.

Blatberta, fem. 8. Pol. s. 90.

Blatfrid. 8. Pol. Irm. s. 78, 90 etc.; ausserdem var. zu den ann. Prud. Trec. a. 859.

Bladastes. 6. Greg. Tur. mehrm.

Blatgild. Gld. II, a, 113.

Blatgis. Gld. II, a, 113.

Bladard. 7. Pd. a. 685 (n. 404).

Blatchar. 8. Pd. a. 706 (n. 466); Mab. a. 706, 709.

Blathar pol. Irm. s. 88, 95 etc.

Blathaus. 8. Pol. Irm. s. 138, 139; für Blathadus?

Blathild, fem. 8. Pol. Irm. s. 16, 94 etc.

Bladovildis pol. Irm. s. 119.

Blatsinda, fem. 8. Pol. Irm. s. 55.

Blatsindis pol. Irm. s. 234.

Bladold. 9. Mab. a. 861.

Zum stamme BALD gehört ferner eine composition mit erweitertem stamme:

Baldrevert. 8. Pol. Irm. s. 148, 222.

Bei dieser erweiterung erwähne ich noch die eigenthümliche verlängerung von BALD in dem zweiten theile der beiden fem. Otbaldera und Ermboldra, eine verlängerung, die eigentlich der deutschen namenbildung nicht gemäss ist.

BALG. Ahd. belgan tumere irasci und die damit zusammenhangenden wörter müssen einmal in n. gebräuchlich gewesen sein, sie sind aber jetzt kaum noch nachzuweisen. Ich bemerke hier (abgesehen von dem unsichern Ostarpalc) nur

Polgan. 8. Mchb. sec. 8 (n. 277).

Balchobaudes. 4. Amm. Marc. XXVII, 2 (a. 366).

Ballo, Ballomeris s. BALU. **Bals-, Balt-** s. BALD.

BALU. Gewiss steckt in einigen n. das goth. balv, ahd. palo, ags. bealo, altn. böl, pernicies, malum. Graff stellt hiezu III, 93 ahd. Palfrid, Palswind, Hugibal, Grimm gr. II, 450 die altn. n. Bölþorn und Bölverkr. Was die ahd. n. anbetrifft, so ist es unmöglich die hieher passenden formen mit sicherheit von den zu BALD gehörigen auszuscheiden. Man wird daher z. b. Palswind unter Baldsuind finden. Auslauten mögen auf BALU (doch auch das ist nicht sicher) Fredibal (5), Hugibal, Vinibal (7) und Wintarbal (8); auch Horobolla (9)?

Verhältnismässig die gröste wahrscheinlichkeit hieher zu gehören haben:

Ballo, 8. Pd. a. 726 (n. 536).

Pallo Schpf. a. 828 (n. 89).

Nhd. Bahl, Ball, Pahl, Pfahl.

Ballomar. 2. Βαλλομάριος (c. a. 170) unter den Markomannen (exc. leg. p. 124 ed. Bonn.).

Ballomeris (so) conc. Autisiod. c. a. 578. Greg. Tur. 7, 14: Ballomerem quemdam (sic enim vocabat rex Gundobaldum).

Balovin s. Baldavin.

Balzo s. BALD.

Bammin. 9. Ng. a. 846. Vgl. Pammo. O. n. Peminingen.

BAN. Entweder zu nord. bani, ags. bana, ahd. bana caedes oder zu nord. bann, ahd. ban. nhd. bann, dessen älteste bedeutung b e f e h l gewesen sein muss. Vgl. Grimm rechtsalterth. 657, 844 f. Auslautend in Eoban (8) und Frotban (8).

Panno. 11. M. B. c. a. 1050 (VI).

Panpurc, fem. 9. St. P.

Panager. 9. P. II, 218 (urk. v. 834).

Nhd. Banger.

BANC. Am besten wol zu altn. banga schlagen, stossen; vgl. engl. bang.

Bancgot. 9. Wg. tr. C. 283.

Pancoard. 9. Lp. a. 842 (I, 698).

Bangulf s. Baugulf.

BAND. Am nächsten liegt wol langobard. bandu vexillum, näher als eine andere ableitung von goth. bindan. Ich muss nothgedrungen hiemit diejenigen namen vermischen, die zu alts. bant, ahd. panz pagus gehören (s. Grimm gesch. 593 f.); sie lassen sich mit sicherheit nicht ausscheiden. Vgl. auch den mnd. n. Sigebant aus der Gudrun.

Bando. 6. P. IX, 19 (Joh. chron. Venet.)

Bant P. X, 159 (gest. Trever.); Wg. tr. C. 378.

Pando P. V oft (öfters auch mit Pald von einer person); IX, 598 (chron. mon. Casin.); K. a. 786 (n. 32; Ng. ebds.).

Panto Ng. a. 818 (n. 198) kann hieher gehören, doch entstehn durch die von Gr. III, 342 damit verbundenen formen Pento und Ponto bedenken.

Pantard. 9. Ep. Bracarens. Conc. Tolet. a. 589.

Bandoleif. Gr. II, 50. Vielleicht nur irrthümlich statt Baudoleif, das freilich daneben steht.

Bandrad. 6. H. a. 853 (n. 87).

Pantarat Gld. II, a, 126.

Bantared (archidiacon v. Limoges) conc. Aurelian. a. 549.

Pandulf. 8. Pandulf I—IV, fürsten v. Capua sec. 11; ep. Marsiens. sec. 11.

Pandulf P. IV, B, 179 (Nicol. II statut.); V öfters (auch mehrmals Paldulf dafür); IX öfters; X, 391 (Hugon. chron.); Lgd. a. 1050 (II, n. 196).

Erweitert durch das suffix N sind die formen:

Pandinolf. 9. P. V, 227 (chron. Casin.; an dieser stelle = Landenolf).

Pandenolf P. V, 205 (chron. S. Bened.), 230 (chron. Casin.), 511 (chron. Salernit.).

Pandonulf P. V, 254, 255 (Erchemp. hist. Langob.).

Pandonolf P. V, 251, 256, 259 (Erchemp. hist. Langob.), 536, 538 (chron. Salernit.).

Pandenulf P. IX, 609 (chron. mon. Casin.).

Paldelulph (von derselben person gebraucht) P. V, 208 (chron. mon. Casin.).

Die folgenden formen können, wenn sie nicht zu panz, pagus gehören, das diminutivsuffix z enthalten.

Panzo. 8. K. a. 846 (n. 114; Ng. ebds.).

Benzo P. IV, B, 180 (concil. de investituris); VI, 487 f. (Widric. vit. S. Oudalr.), 648 (mirac. Adalheid.); IX, 645 f., 651 (chron. mon. Casin.); K. a. 773 (n. 15); Schn. a. 848 (Dr. ebds. n. 555 Pfenzo); H. a. 993 (n. 209); Gud. a. 1028, 1090; Lc. a. 1070 (n. 221), 1091 (n. 246).

Penzo Mchb. sec. 9 (n. 636); Ng. a. 881, 889; P. IX, 249 (Gundechar. lib. pontif. Eichstet.); necr. Aug.

Nhd. Banse, Bense, Bentz, Benz, Panse, Pentz, Penz.

O. n. Benzeshusa.

Penza, fem. 11. M. B. sec. 11 (VI).

Benzlin. 10. M. B. a. 1048 (XXIX).

Bencelin necr. Fuld. a. 982.

Panzleip. Gld. II, a, 105.

Bandalarius (*Βανδαλάριος*) s. Wandal-.

Baedelin s. BUD.

Baovulf. 8. Schn. a. 782; = Beovulf? dann müsste der n. e n t l e h n t sein oder einem Angelsachsen angehören. Sonst vielleicht = Babulf.

BAR. Ich vergleiche ahd. bar vir, homo. Gr. III, 153; Grimm rechtsalterth. 783.

Paro. 10. Ng. a. 912.

Bareche s. Baducho unter BAD.

Parinc. 8. Schn. a. 796.

Barfrid. 8. Pol. R. s. 23.

Parefrid Ng. a. 759. Von Gr. III, 347 wol fälschlich zu paraveredus equus gestellt.

Pargund, fem. 9. St. P.

Baromellus. 7. Conc. Tolet. a. 683.

Paradeo. 9. R. a. 814 (n. 16).

Paradeus P. IX, 12 (Joh. chron. Venet.).

Vgl. Peredeo unter BERA.

Baroald. 7. B. v. Palencia (Spanien). Conc. Tolet. a. 693.

Barbo. Gr. III, 207.

Nhd. Barbe.

BARD. Bardus poeta, barta ascia, bart barba, altn. bardi gigas können das eine wort wie das andere zur bildung dieser namen beigetragen haben. Als zweiter theil der zusammensetzung ist dieser stamm gewiss vielfach in BERAHT übergegangen, oder es ist -beraht (namentlich in den jüngern bildungen) umgekehrt zu -bard entartet. Nur unsicher darf man deshalb hieher folgende formen setzen:

Agobard 9.	Graobard 8.	Magobard 8.
Eylbard 11.	Hagupart 9.	Raobard 8.
Erlebard 11.	Hembard 11.	Rainbard 8.
Garitbard 6.	Isanbard 8.	Sigobard 7.
Gigobard 7.	Lambart.	Wolaspart 9.
Gislebard 10.	Lancpart 9.	

Bardo. 9. Graf in Sachsen sec. 10; b. v. Mainz sec. 11.

Bardo P. I, 370, 393 (Ruod. Fuld. ann.); II, IV, V, VII, VIII öfters; IX, 264 (anonymus Haserens.), 346 (Ad. Brem.); Mchb. sec. 9 (n. 906); Wg. tr. C. 106, 112, 340, 349, 350, 353, 359, 373, 382, 393, 425, 441, 456, 470, 481; Dr. a. 912 (n. 658); Gud. a. 1004, 1028, 1032, 1048; M. B. a. 1031 (XXII); M. B. a. 1040—1050 (III, VI, VII, XI, XIII, XIV).

Barto necr. Fuld. a. 976.

Bartho P. V mehrm.; VI, 825 not. (vit. S. Cunegund.); VIII öfters.

Pardo P. VI, 805 not. (Adalb. vit. Heinr. II); M. B. a. 1033 (XXII).

Pardus P. VII, 56 (ann. Bareus.), 58 (Lup. protospatar).

Parto Mchb. sec. 9 (n. 473); R. a. 865 (n. 48), 866 (n. 50).

Partho R. a. 1072 (n. 173).

Hieher Barda (denn es steht daselbst tradidit B. pro conjuge sua Alfred) Wg. tr. C. 151.

Nhd. Bahrdt, Barde, Bart, Barth.

Hieher vielleicht o. n. Bartunberg, Bardangawi, Bardenhaim, Bardanwich, doch sind hiebei die Langobarden nicht ausser acht zu lassen.

Bardilo. 9. Wg. tr. C. 423.

Nhd. Bardel, Bartel, Bardehle, Barthel (doch vgl. auch Bartholomäus).

Bardinus. 8. Pd. a. 739 (n. 559).

Barding. 9. Wg. tr. C. 210, 286.

Parthart. 9. Laur. sec. 9 (n. 2308).

Bartholf. P. II, 214 (ann. S. Martin. Colon.).

Pardulf A. S. Jan. II.

Barfrid s. BAR.

BARN. Am natürlichsten ist es, die folgenden formen an goth. ahd. altn. barn, ags. bearn anzuknüpfen. Von seiten des begriffs steht nichts entgegen, da auch CHIND einen in namen gebräuchlichen stamm bildet. In bezug auf die form ist zu erwähnen, dass einige der folgenden formen zuweilen (schwerlich immer) aus BERIN entsprossen sind. Als zweiter theil begegnet barn in Ansbarn, Albarn (8), Rotbarn, Neribarn (10) und Wolbarn (9). Vgl. auch -born.

Barnefrid. P. VI, 519 (mirac. S. Apri).

Barnard. 9. P. II, 258 (chron. Moissiac.); Lgd. a. 804 (I, n. 12 etc.).

Barnoildis, fem. 9. Pol. R. s. 52.

Barnildis pol. R. s. 51; St. M. c. a. 962.

Barnold. 8. Tr. W. a. 797 (n. 68).

Barnuin. 9. Lgd. a. 896 (II, n. 16).

Barnoin P. VI, 38, 45 (gest. episc. Virdun.); X, 356 (Hugon. chron.).

Barnulf. 8. Tr. W. a. 774 (n. 54).

Baro, Baroald, Baromellus s. BAR.

Bartho, Barthulf etc. s. BARD.

BAS. Erinnert werden darf an altn. basa anniti.

Baso. 7. Test. Ermentr.; Pd. a. 631 (n. 254, var. Babo und Rabbo).

Basso Laur. sec. 8 (n. 3571).

Nhd. Baas, Bäs, Bäse, Bass, Beese, Pass.

O. n. Pasingas, Pasinpah wol hieher.

Bassac. 9. P. V, IX öfters. Deutsch? = Basaco?

Nhd. Basch, Basche, Baske, Pesch.

Basulo. 6. Pd. a. 573 (n. 180).

Basolus P. V, VI öfters; VIII, 318 (Sigebert. chron.); IX öfters.

Nhd. Bäsel, Pasel.

Basilla, fem. 8. Dieser nomin. neben dem abl. Basillane tr. W. a. 742 (n. 52 und Pd. nchtr. n. 71).

Basinus. 5. Thüringerkönig sec. 5 (vergl. auch Bisinus). P. VIII, 310 f. (Sigebert. chron.); X, 161 (gest. Trever.); Pd. a. 646 (n. 310), 648 (n. 312); H. a. 698 (n. 24), 729 (n. 42), 802 (n. 62), 842 (n. 80) etc.; tr. W. a. 753 (n. 149).

Basenus Pd. a. 659 (n. 334).

Basina, fem. 5. Tochter des Thüringerkönigs Bisinus und frau des Frankenkönigs Childerich sec. 5; tochter des kgs. Chilperich sec. 8. P. II, 311 (dom. Carol. geneal.); VIII, 137 (Ekkeh. chron. univers.), 311 (Sigebert. chron.); Greg. Turon.; d. Ch. I öfters.

Bissina für Basina P. XI, 395 (hist. regg. Franc. monast. S. Dionys.).

Pasun. 8. St. P.

Basigunda, fem. 9. Im o. n. Basigundecurte Mab. a. 782.

-bast in Langbasto (9) beruht wol nur auf einer falschen lesart.

Bat- s. BAD.

BAUD. Die namen, welche diese bildung enthalten, gehören fast sämmtlich einer frühen periode an, welche mit der mitte des 8. jahrhunderts schliesst. Dieser stamm, welcher sowol auslautend als anlautend erscheint, gehört entweder zu BUD (biuta u. s. w.) oder zu BAD (goth. badu pugna). Grimm entscheidet sich in einem besondern diesen bildungen gewidmeten artikel in Aufrechts und Kuhns zeitschrift I, 434 ff. für das letztere, indem er annimmt, dass das u das a der vorhergehenden silbe zu au umgelautet habe, wie es im altn. zu ö wird. Die möglichkeit dieser umwandlung ist sicher zuzugestehn; ob wir sie in wirklichkeit anzunehmen haben, muss in zukunft entschieden werden. Bis jetzt lassen sich noch keine sichern analogen fälle finden und deshalb habe ich es für jetzt vorgezogen dieses BAUD sowol von BAD als von BUD abzusondern. Uebrigens ist dieses baud genau von dem spätern baud zu unterscheiden, welches aus bald durch die (wirkliche oder gedachte) zwischenstufe bauld entstanden ist.

Auslautendes BAUD.

Bainobaudes 4.	Hariobaudes 4.	Sapaudus 6.
Balchobaudes 4.	Chlodebaud 5.	Senobaud 8.
Britobaudes 6.	Leudebaudes 6.	Sigibaud 8.
Cannabaudes 3.	Leobauda 6.	Teudobaudes 6.
Friobaudes 6.	Mallobaudes 4.	Walbaut? 9.
Genobaud 3.	Marabaud 4.	Vinobaudes 6.
Gundebaud 5.	Niobaudius 6.	

Baudo. 4. d. Ch. I.

Baudo oder Bando auf einer röm. inschrift, im Aargau gefunden. St. n. 2077.

Boudus f. (d. h. fabricavit) lautet ein bei Mainz und ein in den Niederlanden gefundener töpferstempel. St. n. 394, 1484.

Boutus f. ein dsgl. stempel, in den Niederlanden gefunden. St. n. 1449.

Βαύδων Zosimus IV, 33. 53.

Bautho Symmachus IV, 15.

Bauto Ambrosius; Augustinus; Cassiod. chron.

Pauta, fem. 4. St. n. 607 (inschr. aus sec. 4).

Baudolenus. 7. A. S. Mart. III.

Baudin. 6. Greg. Turon. 4, 3 (a. 546); 10, 31.

Baudastes. 6. Ein presbyter v. Avranches. Conc. Aurelian. III (a. 538).

Baudastis Fredegar.

Baudigisil. 6. B. v. Mans sec. 6. Conc. Matiscon. II (a. 585).

Baudegisil Greg. Tur. 7, 15; Greg. mirac. Mart. 4, 14. 17.

Baudechisil Pd. a. 615 (n. 230) mit var. Baudeghisel.

Vgl. Badegisil.

Baudegund, msc. 7. Pd. a. 615.

Baudegundis, fem. D. Ch. I.

Baudachar. 7. Test. Ermentr.

Nhd. Bauder?

Baudoleif. 6. Pd. a. 533 (n. 119).

Baudeleif Pd. a. 533 (n. 118); Greg. mirac. Mart. 4, 14. 17.

Baudomalla, fem. 6. Pd. a. 541 (n. 137).

Baudomeris. 7. Ep. Tarantasiens. Conc. Cabilon. a. 650.

Baudomir A. S. Apr. III.

Baudomere test. Erm.

Baudemund. 7. P. II, 184 (ann. S. Amandi); VII, 21, 22 (ann. Blandin.); Miraeus 1, 8 (a. 661); Pd. a. 675 (n. 379); A. S. Febr. I, Maj. V.

Baudonivia, fem. 7 (6?). Mab. sec. 7 (n. 7), wo M. (n. 76) Baudenivia hat. Dahin auch wol Baudonidia Pd. a. 573 (n. 180). Vgl. Grimm in d. zeitschrift von Aufrecht und Kuhn I, 430.

Bauderich. 7. Fragm. de reb. Dagobert. (d. Ch. I).

Baudorosena, fem. 6. Pd. a. 533 (n. 119). Ebds. n. 118 heisst sie falsch Haudoresena (so).

Bauderuna, fem. 7. Test. Erm.

Baudasind, msc. 7. Pd. a. 615 (n. 230).

Baudofeifa, fem. 6. Vit. S. German. (A. S. Maj. VI).

Baudowald. D. Ch. I (Venant. Fortun.).

Baudovicus. 6. Pd. a. 533 (n. 118 u. 119). Warum Grimm in d. zeitschr. von Aufr. und Kuhn I, 436 Baudoricus lesen will, sehe ich nicht ein.

Baudoveus mit var. Baudonius conc. Autisiod. a. 578.

Baudulf. 7. Test. Erm.; Fredegar.

BAUG. Dieser nur in den folgenden n. vorkommende stamm kann nur zu ahd. biugan (flectere), bauc (armilla) etc. gehören, obwol über seine besondere bedeutung in namen nichts bestimmtes gesagt werden kann. Am natürlichsten scheint es, diese an bogo arcus anzulehnen. Vgl. Graff III, 40; Grimm gr. II, 450. Ilpogo (8) hieher?

Bauco. 6. Pd. a. 629 (n. 247).

Paugo Schn. a. 804.

Nhd. Bauch, Baucke, Bauke, Beuge, Pauck, Paucke.

Baugegundus (statt -is?). 7. Pd. a. 615 (n. 230).

Paucaris. 6. Παύκαρις Procop.
Bauglind, fem. 8. Laur. sec. 8 (n. 2018).
Pauglind Schn. a. 818.
Bougrat. 10. Lc. a. 927 (n. 87).
Baugulf. 8. P. III, 52 (Kar. M. capitul.); Schn. a. 771; Laur. sec. 8 (n. 942); tr. W. a. 797 (n. 62); A. S. Febr. I.
Baugolf P. I, 349 (Enh. Fuld. ann.); V, 43 (Lamberti ann.), 117* (ann. Fuld. antiqui); VII öfters; VIII, 565 (annalista Saxo); tr. W. a. 779 (n. 96); Laur. sec. 8 (n. 909).
Bougulf P. I, 353 (Enh. Fuld. ann.).
Bougolf P. VIII, 559 (annalista Saxo); Laur. sec. 8 (n. 443).
Paugolf Mchb. sec. 9 (n. 293).
Pougolf Gld. II, a, 106.
Für Bangulf H. a. 762 (n. 45) ist wol Baugulf zu lesen.
O. n. Baugolfesmunster, Baugolfeswilari.

Bauika, Bavilo, Bavo s. BAB.

BAZ. Ich vereine unter dieser form eine nicht geringe anzahl von namen, die wol grossentheils zum stamme BAD gehören mögen und sich von ihm nur durch das diminutivische z unterscheiden. Doch ist der gedanke an baz melius nicht gänzlich abzuweisen. Man vgl. auch Pezzira und Pezzista. Auslautend findet sich BAZ nicht.
Pazzo. 8. St. P. zwml.
Bezo C. M. Mai.
Pezo Ng. a. 819; St. P.
Pezzo Gld. II, a, 105.
Ugo qui et Bezo Lp. a. 960 (II, 251).
Baza Jorn. 50 viell. schon hieher?
Nhd. Baatz, Batz, Bätz, Betz, Bez, Paatz, Pähtz, Pätz, Patze, Päz, Petz, Pez.
O. n. Pazenhovan, Pazinweida.
Pezzi. 9. M. B. a. 828 (VIII); Mchb. sec. 9 (n. 467).
Beza, fem. 10. Baltilda quae et Beza Lp. a. 984 (II, 375).
Peza St. P. dreimal.
Bezeco. 10. P. V, 768 (Thietmari chron.).
Bezeka (als msc.) C. M. Nov.
Betcecho und Betcechen Gud. a. 1006.
Nhd. Patzig, Patzke, Petzke.

Bezeca, fem. 11. P. V, 103 (ann. Hildesh.).
Bezecha Lc. a. 1047 (n. 182).
Bececha necr. Fuld. a. 1051.
Bezca Hf. a. 978 (II, 353).
Bezcha P. XII, 605 (vit. S. Haimeradi).
Beizecha Lc. c. a. 1070 (n. 221) wol hieher.
Becili. 11. R. a. 1074 (n. 175).
Pezili St. P. oft; M. B. a. 1025 (XXXI); Mchb. sec. 11 (n. 1177).
Bezilo. 10. Necr. Fuld. a. 1038.
Becelo Gud. a. 1028.
Beccila (var. Becila), ep. Lucensis, conc. Tolet. a. 589 viell. schon hieher.
Nhd. Bäzel, Batzel, Betzel, Bezzel, Pätzel, Petzel.
Pezala, fem. 9. St. P. oft.
Pezila St. P.; auch Pezita ebds. ist wol Pezila zu lesen.
Becela necr. Fuld. a. 1058.
Bezzela Lc. a. 1083 (n. 234).
Pezela St. P.
Bezilin. 7. Abt v. Kremsmünster sec. 11.
Bezilin G. a. 1002 (n. 34); Ms. a. 1049 (n. 21).
Becilin P. V öfters; G. a. 995 (n. 29).
Bezelin P. IV, B, 176 (Nicol. II statut.); IX öfters; X, 210 (vit. S. Symeon.); Lc. c. a. 1080 (n. 242); Gud. a. 1084.
Becelin P. V öfters; Gud. c. a. 1020; Lc. a. 1028 (n. 165); C. M. Juni.
Pezilin St. P.; K. a. 995 (n. 198).
Pezelin P. XI, 553 (auctar. Cremifan.); St. P.
Betcelin Gud. a. 1006.
Betselin P. IX, 184 (Heriger. gest. episc. Leod.).
Becellin P. VIII, 672 (annalista Saxo).
Beccelenus Pd. a. 667 (n. 358).
Bezelinus und Ezelinus verwechs. P. IX.
Bezzelin Lc. a. 1027 (n. 162).
Petzelin H. a. 1048 (n. 245).
Nhd. Batzlen.
Pazzuni. 8. Mchb. sec. 8 (n. 157).
Pazzun St. P.; vgl. ebds. Pasun.
Pezichint. 11. M. B. sec. 11 (IX).
Bazheri. 9. Necr. Fuld. a. 835.
Bacelindis, fem. 7. Pd. a. 698 (n. 449; H. ebds. n. 25).
Pezaman. 11. St. P. oft.
Pezoman Gr. III, 355.
Pezeman St. P.
Pazmuot, fem. Gld. II, a, 126.

Bazmunt. 9. Schn. a. 841.

Bazmundinc Gr. II, 814 und III, 223 ist von Gr. nur fälschlich aus o. n. Pazmundingas geschlossen.

Pazrich. 8. M. B. a. 776, 806 (VIII); Mchb. sec. 9 (n. 211 und sonst).

Pazrih Mchb. sec. 8 (n. 180); St. P. mehrmals; R. a. 834 (n. 30).

Pezawib, fem. 11. St. P. zwml.

Pezawip St. P.

Pazwil, fem. Gld. II, a, 126. Für -wib?

Pazzwin. 8. Mchb. sec. 8 (n. 102).

Beatar s. Bertar. **Beb-** s. BIB. **Becca, Becco** s. BIG. **Becelo, Becili, Becilin** s. BAZ.

Becto. 11. Lc. a. 1045 (n. 181). Für Berto?

Beculf s. BIG. **Bedic, Bedo** u. a. s. BAD.

Beffa, msc. 8. Pd. a. 703 (n. 456); frühere ausgaben hatten Bessa.

Beffo R. a. 821 (n. 21); necr. Fuld. a. 856.

Begga, Bego s. BIG. **Behhilt** s. BAG. **Beia, Beiarin, Beico** s. BOI. **Bein-** s. BAIN. **Beio, Beis, Beiur** s. BOI. **Beizecha** s. BAZ.

Belbo. 7. Pd. a. 680 (n. 393).

Belemar, Beligardis u. a. s. BIL.

Belisar. 6. Feldherr kais. Justinians sec. 6.

Belisarius P. I, 285 (chron. Moissiac.); VIII öfters; Jorn.; Paul. diac. I, 25; Fredegar.

Bellissarius (so) Greg. Tur. 3, 32.

Belesar Gld. II, a, 113; d. Ch. I.

Bilisar Mur. 1847, 2; 1852, 12.

Bilisar mit var. Bellisar hist. misc. 16.

Bilesarius M. sec. 6 (n. 141).

Velisarius M. a. 557 (n. 140).

Belsuarius eine var. in d. gest. regg. Franc.

Nach Grimm gesch. d. dtsch. spr. 429 ist der n. = einem goth. Valisaharis. S. Welisunc.

Beliza s. BIL. **Belso, Belzo** s. BALD.

BEN. Mit ausnahme von Benzo (s. BAND) stelle ich die mit Ben- beginnenden namen hier zusammen. Sie sind gewiss aus sehr verschiedenen quellen zusammengeflossen und lassen sich in diese bestandtheile jetzt nicht mehr zerlegen. Einige scheinen zu BAIN, andere vielleicht zu ags. ben vulnus zu gehören. Noch andere, namentlich manche mit doppeltem N, sind assimilationen aus Berno, Bernilo u. dgl. (vgl. Grimm gr. III, 693), doch darf das nicht von jedem Benn- behauptet werden. Endlich kann sich auch mit alle diesen bildungen ein ganz undeutscher stamm derselben form vermengt haben; manche der folgenden namen sind ausschliesslich westfränkisch.

Benni. 9. Wg. tr. C. 260, 343.

Ben Wg. tr. C. 262, 328, 456; C. M. April.

Beno. 8. Benno b. v. Osnabrück sec. 11.

Beno Ng. a. 760; Laur. sec. 8 (n. 208, 885); Wg. tr. C. 238, 298.

Benno P. I, 616 (contin. Regin.); II, 421 (vit. S. Liudgeri); IV, 45 (Heinr. I constitut.), B, 173 (Heinr. II pactum); V—IX oft; X, 358 (Hugon. chron.); Wg. tr. C. 226, 246, 455; necr. Aug.; Frek.

Penno P. IX, 249 (Gundechar. lib. pontif. Eichstet.); M. B. a. 806 (VIII); necr. Aug.; St. P. mehrm.; Mchb. sec. 11 (n. 1181); Gud. a. 1092 (n. 70).

Benno et Bennolinus idem ac Bernhardus et Bernhardulus P. II, 758 anm. 87.

Penno = Bernhard P. IX, 249 (Gundechar. lib. pontif. Eichstet.).

Benno für Pernger M. B. sec. 11 (III, VI, XI, XIV).

Benno für Benedictus P. VIII, 596 (annalista Saxo).

Signum Ricbaldi sive Bennonis (wo wirklich ein und dieselbe person gemeint wird) Ng. a. 760.

Nhd. Behn, Behne, Bihn, Böhn, Penn.

O. n. Beninhaim.

Penna, fem. 11. M. B. a. 1051 (VIII).

Benico. 9. P. IX, 849 (chron. Hildesh.).

Bennic Wg. tr. C. 258, 272, 355.

Bennica Wg. tr. C. 269.

Benniko Frek.; Ms. a. 1086 (n. 34).

Bennico Ms. a. 1049 (n. 22), 1070 (n. 26).

Bennuco Wg. tr. C. 239, 395.

Bennih Gld. II, a, 96.

Benike Wg. tr. C. 166.

Beneko P. IX, 850 (chron. Hildesh.).

Beneke Wg. tr C. 27.

Byniki Wg. tr. C. 436 wol hieher.

Nhd. Bäncke, Behncke, Behnke, Benck, Bencke, Beneche, Benecke, Beneke, Benicke, Benike,

Benke, Bennecke, Benneke, Bennicke, Binnecke, Pennecke, Pennicke.

Benilo. 11. P. VI, 770 (Thangmar. vit. Bernward.).

Βενίλος (6) Proc. schon hieher? deutsch?

Bennolin. 8. P. II, 758 (gest. Karol.).

Bennilin Laur. c. 900 (n. 53, 56).

Benelin Lc. a. 1029 (n. 166).

Benemia, fem 9. Pol. R. s. 47, 54.

Benimmia pol. R. s. 42.

Benning. 9. Wg. tr. C. 458.

Benninc P. III, 90 (Kar. M. capit.).

Nhd. Benning.

O. n. Benninchova.

Beninga, fem. 8. Mab. a. 798.

Benzo s. BAND.

Benegar. 8. Pol. Irm. s. 11, 27.

Benegaud. 8. Pol. Irm. s. 62.

Benehard. 9. Pol. R. s. 9.

Benard Gld. II, a, 113.

Beneher, 9. Pol. R. s. 71.

Benoildis, fem. 8. Pol. Irm. s. 140.

Benuld. 9. Wg. tr. C. 373.

Benerich. 8. Pd. a. 713 (n. 488; unecht). Nhd. Pennrich.

Benrichin. 10. Lc. a. 962 (n. 105). Verderbt?

Beongoz. 9. Dr. n. 351.

Beorald. 6. Pd. a. 572 (n. 179). Etwa zu goth. baurs voluptas?

BERA, BERIN. Im ganzen gehören die hier zu nennenden namen, von denen manche namentlich bei Sachsen sehr im schwange waren, gewiss zu ahd. bero (ursus) und enthalten bald das ältere einfache bald das jüngere erweiterte (in der sogen. schwachen declination erscheinende) thema des wortes. Ob auch, wie Gr. III, 214 annimmt, ein dem ags. beorn, altn. biörn, goth. etwa bairns (vir) verwandtes wort zur bildung dieser n. mitgewirkt hat, muss dahingestellt bleiben. Leicht ist auch mitunter die berührung mit dem stamme WARIN, desgl. mit den oben aufgestellten BARN und BEN. Auslautend findet sich unser stamm in folgenden 71 namen, meist masc., weniger häufig (in den formen -bera, -birin, -birn) fem.:

Egilbern 9.
Aclebera 8.
Egiseberinus? 7.
Alabern 9.
Altbirn 9.
Alfbern 9.
Ellapirin 9.
Ellanpirn 9.
Hamulbero 8.
Engilpero 9.
Engilpirin 9.
Osber 9.
Asperina 8.
Arbirn.
Astperno 10.
Athalbero 10.
Adalbirin 9.
Tagapern 9.
Everbero 10.
Eopirin 9.
Fridubern 9.
Goldpirin 9.
Gerbern 8.
Kerbirn.
Gundbern.
Halecbern 9.
Hartbern 11.
Heribern. 8.
Hasbirin 10.
Hadabern 9.
Hildibern 8.
Hiltipirin 9.
Hirizpero 11.
Hirizpirin 10.
Hicipirna.
Hruadbero 9.
Hrodpirin 8.
Hugibern 9.
Isanpero.
Isinpirin 8.
Lantpero 9.
Leobbirin 9.
Liutbern 9.
Matper 9.
Maginbern 9.
Meinbirin 9.
Meripirin 9.
Marcpern 9.
Osspirin 8.
Odilberus 10.
Redbern 9.
Ragenber 9.
Reginpirin 9.
Ricbern 9.
Siberin 9.
Sigipero 8.
Sigipirin 9.
Snelpero 9.!
Tardbern.
Teupern 9.
Deotpirin 9.
Waltpero 9.
Waltbirin 9.
Witubern 9.
Wigbern 9.
Williber 9.
Wilipirin 9.
Wialber.
Wospirin 9.
Wolfbero 8.
Wolfbirin 8.

I. Einfacher stamm BERA.

Bero. 6. P. II öfters; V, 152 (ann. Lauson.); VII, 164 (Lamberti ann.); Mab. a. 710; Laur. sec. 8 (n. 2825); Ng. a. 813; pol. R. s. 82, 102 etc.; St. M. c. a. 962.

Berus pol. Irm. s. 105.

Βῆρος Proc.

Bera (msc.) P. I, 206, 216 (Einh. ann.), 357 (Enh. Fuld. ann.); II öfters.

Pero P. IX, 249 (Gundechar. lib. pontif. Eichstet.); Ng. a. 820; St. P. dreimal.

Peroh Gld. II, a, 105 hieher?

Nhd. Baehr, Baer, Bahr, Beer, Behr, Berr.

Bera, fem. 9. Pol. R. s. 71.

Berico. 9. P. II, 195 (ann. Lobienses); VI, 62 (Folcuin. gest. abbat. Lobiens.).

Bericho Dr. n. 343.

Berrich Gld. II, a, 96 wol hieher.

Berig (aus unbestimmter zeit) Jorn.

Berich P. VIII, 120 (Ekkeh. chron. univers.), 301 (Sigebert. chron.).

Die formen Biricho, Biraco, Piricho gehören vielleicht auch hieher.

Nhd. Bähricke, Bärecke, Börich, Pörke.

Berila, fem. 8. Pol. Irm. s. 224.
Peruni. 9. Mchb. sec. 9 (n. 563).
Peridrud, fem. Gr. III, 203.
Berafrid. 8. R. a. 821 (n. 21).
Berefrid Ng. a. 786.
Berevrid Ng. a. 858.
Berfrit Laur. sec. 8 (n. 2564).
Berfred Guérard a. 888.
Parefrid s. BAR.
Bereger. 8. Laur. sec. 8 (n. 1171).
Berecar P. III, 429 (Kar. II capit.).
Berger Laur. sec. 8 (n. 915).
Pereker Gld. II, a, 105.
Nhd. Berger.
Berigardus. 9. Pol. R. s. 2.
Bergerdis, fem 9. Pol. R. s. 51.
Percart Gld. II, a, 126.
Beregildis, fem. 8. Pol. Irm. s. 67, 84 etc.
Beragis. 9. Laur. sec. 9 (n. 1066).
Beregis P. IX, 198 (Anselm. gest. episc. Leod.); X, 568 etc. (chron. S. Huberti Andag.).
Perakis Mchb. sec. 9 (n. 308).
Bergise, fem. 8. Laur. sec. 8 (n. 1450).
Peragrim. 8. St. P.
Bergundis, fem. 8. Pol. Irm. s. 209.
Berhaidis, fem. 9. Pol. R. s. 15, 16 etc.
Berahart. 9. B. v. Verdun sec. 9; b. v. Paderborn sec. 10; b. v. Foligni sec. 11; b. v. Asculum sec. 11.
Berahart Gld. II, a, 96.
Berhard P. II, 83 (Ekkeh. cas. S. Galli), 682 (vit. Hlud. imp.); VI öfters; VII, 89 f. (ann. S. Benign. Divion.); X, 850 (Hugon. chron.; der hier so genannte heisst sonst Bernhard).
Perahard M. B. a. 901 (XXXI).
Perahart St. P. mehrmals.
Perihart Gld. II, a, 105.
Perhart St. P. zwml.
Berard P. II, 199 (ann. Vedast.); III, 532, 534 (Kar. II capit.); IV, B, 179 (Nicol. II statut.); VI, 198 (panegyr. Bereng.); IX oft; X, 475 (Hugon. chron.).
Pirard P. XII, 372 (gest. abbat. Trudon.).
O. n. Berahartashusun.
Berachar. 7. Mab. a. 696.
Berahar P. II, 229 f. (ann. Xant.); VI öfters; VIII, 325 (Sigebert. chron.); Mab. a. 660; d. Ch. I öfters; Guérard a. 876, 1056.

Beriher Laur. sec. 8 (n. 835).
Bericher Laur. sec. 8 (n. 529).
Bereheri tr. W. a. 819 (n. 127).
Berhar pol. Irm. s. 170; pol. R. s. 36.
Berharrius (so) pol. R. s. 51.
Berher Mab. a. 766; pol. R. s. 9, 16 etc.
Bercher Laur. sec. 8 (n. 1833).
Nhd. Behrer, Berrer.
Berhaus. 8. Pol. Irm. s. 144 (für -badus?).
Perrhelm. 8. St. P. Ist Perahelm zu lesen?
Berhildis, fem. 8. Pol. Irm. s. 172, 254; pol. R. s. 86.
Beroildis pol. Irm. s. 13, 93 etc.
Berildis pol. Irm. s. 150, 256.
Berahoch. 8. Laur. sec. 8 (n. 1444).
Berhoh tr. W. a. 764 (n. 193).
Berowelp. 9. M. B. a. 837 (XXVIII).
Berewelp C. M. Sept.
Berewelf Dr. n. 697 (wo Schn. Berewolf hat).
Berwelph Laur. n. 3818.
Berhlef C. M. Dec. hieher?
Perlaicus. 8. P. V, 151 (ann. Flaviniac.).
Perileihc P. VI, 420 (Gerhard. vit. S. Oudalr.).
Perleihc P. VI, 391, 414 (Gerhard. vit. S. Oudalr.).
Nhd. Berleck, Berlich.
Perelant. 9. Gld. II, a, 105.
Berlannus pol. R. s. 9.
Berolog. Gld. II, a, 121.
Berilind, fem. 8. Gld. II, a, 122.
Berelindis pol. R. s. 104.
Perelind und Perlint Gld. II, a, 126.
Berlindis pol. R. s. 15, 16 etc.; Lc. a. 1096 (n. 253).
Berloindis pol. Irm. s. 71 (verderbt?).
Pehralind (so) Gld. II, a, 126.
Perelinp, fem. Gld. II, a, 126.
Berman. Laur. n. 3624.
Nhd. Bärmann, Barmann, Beermann, Bermann, Biermann?
Bermar. 9. Lc. a. 962 (n. 105).
Bermer Wg. tr. C. 125, 482.
O. n. Peremareswilare.
Beremard. Gld. II, a, 113. Verderbt?
Bermed. 8. Pol. Irm. s. 268.
Berimund. 5. Jorn. 33 var. Beremunth und Berismund.
Peremunt Gld. II, a, 105.
Bermund pol. R. s. 22.

Bremund (so) Lgd. a. 1019, 1029 (II, n. 150, 164) neben Bermund.

Berani, fem. 9. R. a. 821 (n. 21) neben Berania.

Berrani Gld. II, a, 121.

Perrat. Gld. II, a, 105.

Perisind. 11. Lp. a. 1035 (II, 582).

Perasind Gld. II, a, 126.

Berspredane, abl. fem. 8. K. a. 773 (n. 15).

Berswinda, fem. 8. Laur. sec. 8 (n. 239); d. Ch. I.

Bersuind Laur. sec. 8 (n. 2142).

Persunt St. P.

Perschwint Mchb. sec. 8 (n. 45).

Peradeo. 6. St. P. zwml.

Peredeo P. III, 253 (Hlud. et Hloth. capitul.); Paul. diac. VI, 54; Mchb. a. 781.

Perideo R. a. 889 (n. 69).

Peredeus P. IV, B. 14 (Eugen. II concil.); VIII, 143 (Ekkeh. chron. univers.); Paul. diac. II, 28 etc.

Biridio Schn. a. 798 hieher?

Berades (nom.) R. a. 821 (n. 21) wol Beradeo.

Paradeo s. unter BAR.

Da Peradeo sich ganz verhält wie die übrigen namen dieses stammes, so trage ich kein bedenken es hieher zu nehmen. Grimm gesch. d. dtsch. spr. 691 vermuthet ein gothisches Bairaþius.

Beroald. 7. Berold b. v. Soissons sec. 11.

Beroald Mab. a. 653; d. Ch. I; St. M. a. 1068.

Perovald Mab. a. 770.

Peroald Gld. II, a, 117.

Periald Gld. II, a, 117.

Berald P. II, 248 (ann. Besuenses); VI, 665 (Constantin. vit. Adalberon. II); pol. R. s. 49.

Berold P. IX, 473, 474, 477 (gest. episc. Camerac.); X, 544 (gest. abbat. Gemblac.); pol. Irm. s. 11, 101; pol. R. s. 53, 93.

Perold St. P.

Berolt Gud. a. 1006.

Perolt St. P.

Perialdes ist eine lesart bei Jorn. 50, die aber sehr unsicher ist; andere hds. haben Peria id est.

Nhd. Bärwald.

O. n. Beroldasheim, Perolteswilare.

Beroward. 8. St. M. c. a. 1088, 1090.

Pereward P. V, 131 (ann. Augustani).

Perewart M. B. a. 1056 (VII).

Beroard pol. Irm. s. 93.

Berward Laur. sec. 8 u. 9 (n. 509, 582).

Berwart Laur. sec. 8 (n. 954).

Perwart R. a. 1064 (n. 167).

Berwas. 9. Schn. a. 830.

Perowib, fem. 11? St. P.

Berewib St. P.

Beroidis, fem. 9. Pol. R. s. 70.

Beriwich. 10. G. a. 964 (n. 17).

Berewig Gud. a. 1048.

Berwig St. P.

Berwicus P. I, 49 (ann. Alam.); H. a. 1085 (n. 289).

Perwich G. a. 1092 (n. 70).

Berwick M. B. a. 1094 (XXXI).

Mit diesen formen verwechseln sich leicht diejenigen, welche das blosse suffix c enthalten, Berico u. dgl. S. oben.

Berewin. 8. Laur. sec. 8 u. 9 (n. 587, 953).

Bervin H. a. 853 (n. 87).

Berwin Laur. sec. 8 u. 9 (n. 56, 214).

Beroin pol. Irm. s. 93, 111.

Berois. 8. Pol. Irm. s. 201.

Berulf. 6. P. III, 429 (Kar. II capit.); Greg. Tur. V, 49 etc.; pol. Irm. s. 218; pol. R. s. 96.

Berolf Laur. öfters.

Beirulf pol. Irm. s. 226.

Perolf Ng. a. 809; St. P. zwml.

Nhd. Bärwolf, Berwolff.

O. n. Berolfesbach, Berolfesheim, Perolfinchova, Perolfeswilari.

II. Erweiterter stamm BERIN.

Berno. 8. B. v. Chalons sur Marne. P. I, 451 (Prud. Trec. ann.); II, 38 (abbat. Augiens. catal.); V, 170 (ann. Masciac.); VI, VII öfters; VIII, 344 f, 356 (Sigebert. chron.); Laur. n. 1459.

Berino Laur. sec. 8 (n. 221).

Berinus pol. Irm. s. 133.

Beren H. a. 1053 (n. 253).

Bern P. II, 217 (urk. v. 834); V, 850 (Thietm. chron.); VII, 236 (Lamberti ann.); Laur. mehrmals; Wg. tr. C. 26, 218, 278, 358, 359, 392, 406, 408, 466.

Pern Mchb. sec. 8 (n. 13); St. P. zwml.

Pyrin (msc.) St. P.

Die zuweilen hieher gehörige form Benno s. unter BEN.

Nhd. Beerin, Berrein.

Birina, fem. 8. Tr. W. a. 774 (n. 53, 178).
Pirin St. P.
Pirin, Pirina, Pirinna Gld. II, a, 126.
Perinna St. P.
Perinane tr. W. a. 742 (n. 2 u. Pd. nchtr. n. 73).
Perana Gld. II, a, 126.
Bernico. 8. Pol. Irm. s. 222; pol. R. s. 19, 50 etc.; G. a. 964 (n. 17).
Bernicho Laur. sec. 8 u. 9 (n. 1884, 3587); Schn. a. 848 (Dr. ebds. n. 555 Pirnicho).
Pernicho St. P.
Birnico Laur. n. 1342.
Birnicho Laur. mehrm.
Birniho P. III, 177 (Kar. M. capit.); Eckh. comm. de reb. Franc. orient.
Nhd. Barnick, Barnicke, Bernicke, Börnicke.
Bernin. 8. Pol. Irm. s. 247, 270.
Bernuni (genit.) 9. Lc. a. 847 (n. 63).
Bernnuni (so, genit.) Lc. a. 841 (n. 56).
Berning. 9. Lc. a. 834 (n. 48).
Bernung Laur. sec. 9 (n. 892).
Birning Laur. sec. 9 (n. 270).
Pernung necr. Fuld. a. 835.
Nhd. Berning.
Benzo s. BAND.
Berinza, fem. 10. H. a. 909 (n. 137).
Perinza P. VI, 655 (Rodulf. vit. S. Willelmi).
Berniza H. a. 909 (n. 136).
Perenbert. Gld. II, a, 105.
Berndag. 9. Wg. tr. C. 281, 328, 388, 389.
Berndac Wg. tr. C. 455.
Berndach Wg. tr. C. 245.
Berentis, fem. 9. Pol. R. s. 53.
Perandrud, fem. 9. St. P.
Beranfrid. 8. Laur. sec. 8 (n. 647).
Peranfrid St. P.
Bernefrid P. VI, 505 (Widric. mirac. S. Gerardi), 517 (mirac. S. Apri); pol. Irm. s. 143; St. M. a. 1053.
Wizo et al. nomine Pernfrid St. P.
Barnefrid s. unter BARN.
Berinfreda, fem. 8. Pol. Irm. s. 232.
Bernefons. 8. Pol. Irm. s. 204.
Beringar. 8. Sec. 9: B. v. Marseille; b. v. Narbonne. Sec. 10: B. I, könig v. Italien; B. II, zuerst mrkgraf v. Ivrea; b. v. Verden. Sec. 11: b. v. Angers; b. v. Barcelona; b. v. Frejus; b. v. Girona; b. v. Perpignan; ep. Ausonensis (Spanien).
Beringar P. II, 642 (vit. Hlud. imp.); V, VII öfters; Fredegar; Ng. a. 805.
Peringar P. V, VII öfters.
Beringaer P. VII.
Beringer P. I, 94 (ann. S. Emmer.); V, VII, VIII öfters; X, 276 (Ruperti chron.); Ng. a 819; Laur. sec. 9 (n. 179); necr. Aug.; M. B. a. 1040 (XIII).
Berinker Gld. II, a, 96.
Peringer St. P.; necr. Aug.; M. B. a. 1051 (XIII).
Perintger (so) Ng. a. 816.
Perangar M. B. c. a. 1000 (VI).
Peranger Ng. a. 820.
Berengar P. I—IX häufig; pol. R. s. 76.
Perengar P. I, 52, 54 (ann. Alam.).
Berenger P. II, 241 (ann. Wirzib.); IV, 25 (Ott. M. constitut.); VI—VIII öfters; X, 573 etc. (chron. S. Huberti Andag.); St. P.; Wg. tr. C. 268; M. B. sec. 11 (IV, VI).
Perenger P. IX, 248—250 (Gundechar. lib. pontif. Eichstet.).
Berrenger H. a. 1092 (n. 293).
Verengar P. III, 505 (Hlud. II capit.); V, 223 (chron. Casin.).
Verrenger H. a. 1092 (n. 293).
Berngar P. VI, VIII öfters.
Bernger P. VI, 826 (mirac. S. Cuneg.); VIII öfters; IX, 249 (Gundechar. lib. pontif. Eichstet.); Wg. tr. C. 394.
Pernger St. P. zwml.; M. B. sec. 11 (III, VI, XI, XIII, XIV); vgl. Benno.
Bernkar Laur. sec. 9 (n. 224).
Bernker Gld. II, a, 96.
Pernker St. P.
Bernigar pol. R. s. 104.
Berniger pol. R. s. 40.
Perniger Gld. II, a, 105.
Bernacar Laur. sec. 8 u. 9 (n. 1604, 3776).
Bernaker P. VI, 233 (mirac. S. Maximin.).
Bernacer P. VI öfters.
Bernacrus H. a. 909 (n. 136), 926 (n. 146).
Bernegar pol. Irm. s. 12, 16 etc.; Ng. a. 797.
Nhd. Beringer, Berringer.
O. n. Berengeresforst.
Bernegaria, fem. 8. Pol. Irm. s. 37.
Beringard, msc. u. fem. 8. P. IV, B. 176 (Nicol. II statut.).
Beringardis pol. R. s. 76.
Peringart St. P.

Perangart Gld. II, a, 126.
Berengard pol. Irm. s. 258.
Berenkart Gld. II, a, 96.
Bernegard pol. Irm. s. 146, 222.
Berengaud. 8. Pol. Irm. s. 276.
Berengaus pol. Irm. s. 35, 142.
Berengoz Laur. sec. 8 (n. 1407, 2854).
Bernegaud pol. Irm. s. 82, 94 etc.
Bernegaus pol. Irm. s. 136, 140.
Beringildis, fem. 8. Pol. R. s. 68, 75 etc.
Bernegildis pol. Irm. s. 12, 87 etc.
Berengis. 8. Laur. sec. 8 (n. 361).
Bernegis pol. Irm. s. 54.
Berengrim. 8. Laur. sec. 8 (n. 210).
Beremgrimmus (so) pol. R. s. 44.
Bernegundis, fem. 8. Pol. Irm. s. 209, 257.
Beronacd. 9. Mab. a. 854 (an derselben stelle auch Amalhacd).
Bernehaidis, fem. 9. Pol. R. s. 15.
Berneagdis pol. R. s. 2.
Bernoaidis pol. R. s. 70.
Bernaidis pol. R. s. 52.
Berinhard. 8. Sec. 9: Enkel Karls d. gr., könig v. Italien; herzog v. Septimanien; kämmerer Ludwigs des frommen; sohn Karls des dicken; erzb. v. Vienne; b. v. Verdun: b. v. Toulouse; abt zu Fleury. Sec. 10: Sohn Hermann Billungs, herzog zu Sachsen; sächs. graf; b. v. Halberstadt; b. v. Gaeta; Bernh. Menthonensis, archidiacon zu Aosta. Sec. 11: hzg. zu Sachsen; ep. Agathens.; b. v. Agen; b. v. Aix; b. v. Beziers; b. v. Bojano; b. v. Cahors; b. v. Cominges; ep. Conseranens.; b. v. Lodève; b. der Obotriten; erzb. v. Toledo; abt zu Marseille, dann cardinal.
Berinhard P. VII öfters; Laur. sec. 8 (n. 498).
Perinhard P. II, 97 (Ekkeh. cas. S. Galli); St. P.
Perinhart P. I, 54 (ann. Alam.); necr. Aug.
Perinharet Ng. a. 804.
Beranhard M. B. a. 1013 (XXXVI).
Peranhart Ng. a. 819.
Perranhart St. P.
Berenhard P. IV, 38 (Chuonr. II constitut.).
Berenhart P. I, 67 (ann. Augiens.); Gud. sec. 10.
Perenhart necr. Aug.
Berenard Gld. II, a, 113.
Bernhard P. überall oft; Wg. tr. C. 3, 12, 25, 40, 41, 42, 73, 84, 103, 115, 134, 157, 176, 189, 197, 217, 231, 242, 244, 251, 252, 253, 260, 271, 293, 294, 328, 331, 409, 456, 459, 465, 474; Frnk. mehrmals; Gud. a. 1084.
Bernhart St. P.; Laur. n. 172, 176; Schn. a. 824, 825 (Dr. ebda. n. 453 u. 457 Berahart); M. B. sec. 11 (IV, VI, VII, X, XIII, XIV); Gud. a. 1084.
Pernhard P. I, 88 (ann. Juvav.); M. B. sec. 9—11 (VIII—X, XIV).
Pernhart P. IX, 249 (Gundechar. lib. pontif. Eichstet.); Ng. a. 790, 821, 824; St. P. zwml.; necr. Aug.; M. B. c. a. 1070 u. c. a. 1080 (VI).
Bernard P. überall oft; Mab. a. 775; pol. Irm. s. 102, 104; Gud. a. 840; H. a. 865 (n. 102); Guérard a. 1056, 1080 etc.
Bernart Laur. n. 1405.
Bernehard P. II, 289 (gest. abbat. Fontan.); Mab. a. 770; pol. Irm. s. 13, 16 etc.; pol. R. s. 16, 85 etc.
Berneard pol. Irm. s. 34, 53 etc.
Barnard s. BARN.
Benno für Bernhard mehrmals P. VI.
Nhd. Bernard, Bernert, Bernhard, Bernhardt, Börnert.
O. n. Pernhartescella, Bernhardesrotha.
Bernarda, fem. 11. Lgd. a. 1080 (II, n. 283).
Berinher. 8. B. v. Grenoble sec. 9; b. v. Meaux sec. 9.
Berinher Laur. sec. 8 (n. 1026).
Perinhar Gld. II, a, 117.
Perincher Ng. a. 797, 812.
Bernhari Wg. tr. C. 380.
Bernheri Wg. tr. C. 299, 314, 388, 456; C. M. Jul.
Pernheri St. P.
Bernhar P. I öfters; II, 700 (vit. S. Anskarii); V mehrm.; VII, 140 (Lambert. Hersfeld. ann.); VIII öfters; Wg. tr. C. 2, 95, 182, 215 (hier heissen vater und sohn gleich), 414; Laur. n. 187, 1164.
Bernhere Laur. sec. 9 (n. 27).
Bernher Gud. a. 840; Laur. öfters.
Pernher St. P.
Bernar P. I, 594 (Regin. chron.); II, 527 f. (vit. Adalhardi), 626 (vit. Hlud. imp.); III, 534 Kar. II capit.), 547 (Boson. capit.); V mehrm.; IX, 302, 322 (Ad. Brem.), 847 (chron. Hildesh.); pol. Irm. s. 226; Mab. a. 836; H. a. 865 (n. 102).

Bernerl C. M. Jul.
Berner P. V, 161 (ann. Mosomag.); VI öfters; VII, 19 (ann. Elnon.); X, 364 etc. (Hugon. chron.); St. M. a. 970; Guérard a. 1088.
Bernere Lc. a. 1033 (n. 169); Ms. a. 1687 (n. 36).
Bernier pol. R. s. 51, 64.
Berneher pol. Irm. s. 48.
Bernear pol. Irm. s. 100, 212.
Oefters wird dieser n. mit Bernhard verwechselt.
Nhd. Barner, Berner, Birner, Börner.
Bernehaus. 8. Pol. Irm. s. 133.
Berneaus pol. Irm. s. 139.
Bernheim. 9. Laur. n. 3824.
Pernheim St. P. zwml.; necr. Fuld. a. 819.
Vgl. Wanbernheim.
Bernhildis, fem. 8. Pol. R. s. 37.
Bernhilt Mchb. sec. 8 (n. 190).
Bernildis pol. Irm. s. 269; pol. R. s. 36, 55 etc.
Pernilt St. P.
Berintildis pol. Irm. s. 72.
Bernoildis pol. Irm. s. 141, 146.
Bernehildis pol. Irm. s. 17, 37 etc.; pol. R. s. 60, 103.
Berinhoh. 9. Schn. a. 819.
Bernhoh Laur. sec. 8 (n. 459, 582).
Bernoch Laur. sec. 8 u. 9 mehrm.; K. a. 846 (n. 113).
Pernchram. Gld. II, a, 105.
Berenvelf. 8. P. II, 240 (ann. Wirzib.).
Bernwelf P. VIII, 27 (Ekkeh. chron. Wirzib.).
Perneiah. Gld. II, a, 105.
Bernlef. P. II, 412 (vit. S. Liudgeri) mit var. Isbernlef.
Bernlind, fem. Gld. II, a, 121.
Bernmar. 9. Schn. a. 814.
Bernerad. 8. H. c. a. 794 (n. 60).
Bernrad P. II, 411 (vit. S. Liudgeri); C. M. Jul.
Bernaricus. 6. Pd. a. 537 (n. 128).
Perinrich Gld. II, a, 105.
Bernric Wg. tr. C. 299.
Bernrich Laur. mehrm.
Pernrihc St. P.
Bernerid. 9. Pol. R. s. 50.
Perensind, fem. Gld. II, a, 126.
Berinsuith, fem. 8. Gld. II, a, 121.
Bernsuith Gld. II, a, 121.
Bernswith Gld. II, a, 121.
Pernsuind St. P.
Perensund St. P.
Perenswith, Pernsuid Gld. II, a, 126.
Bernsuid Lc. a. 793 (n. 2), 796 (n. 8).
Perendeo. 8. Mchb. sec. 9 (n. 656).
Bernoalus. 9. Pol. Irm. s. 274.
Bernevalis, fem. 8. Pol. R. s. 47.
Bernoala pol. Irm. s. 90.
Berneold. 8. Ep. Matiscens. sec. 9.
Berneold pol. Irm. s. 232.
Bernold P. II öfters; III, 469 (Hlud. germ. capit.); pol. Irm. s. 144; Wg. tr. C. 335, 465, 480.
Bernolt Gld. II, a, 96.
Bernald P. V, 511 (chron. Salernit.); pol. Irm. s. 141; pol. R. s. 72.
Beranald Gld. II, a, 113.
Pernold P. I, 51 (ann. Alam.).
Pernolt Gld. II, a, 105.
Pernnold necr. Aug.
Permald Lp. a. 840 (I, 686) ist wol Perinald zu lesen.
Barnold s. BARN.
Bernoan. 9. Pol. R. s. 23, 67 etc.
Bernoara, fem. 8. Pol. Irm. s. 12.
Berenward. 8. B. zu Hildesheim sec. 10. P. VI, VIII öfters.
Perenward P. V, 144 (ann. Einsidl.).
Bernward P. V, VI, VIII, IX öfters; Wg. tr. C. 234, 242, 246, 410.
Bernuuart Schn. a. 823, wo Dr. (n. 407) Bernuuas hat.
Pernwart Gld. II, a, 105.
Bernoard pol. Irm. s. 90, 147.
Bernuuas. 9. Dr. a. 823 (n. 407), wo Schn. Bernuuart schreibt; dsgl. Dr. a. 830 (n. 481), wo Schn. Bernuas hat.
Bernoldis, fem. 9. Pol. R. s. 37, 38 etc.
Peranwic. 8. Ng. a. 805.
Perunwich Ng. a. 829.
Perenwic Gld. II, a, 105.
Bernwic P. I, 76 (ann. Sangall.); Laur. sec. 8 (n. 644); Ng. a. 797, 822.
Bernwich P. II, 67 (Ratperti cas. S. Galli); vgl. P. VIII, 301; Ng. a. 815.
Pernwig Ng. a. 811, 816.
Pernwic Gld. II, a, 105.
Bernoicus pol. Irm. s. 223.
Pernwicus Ng. a. 826.

Pernwich P. VII. 103 (Herim. Aug. chron.); Ng. a. 808, 816, 824.

Leicht verwechseln sich die hier genannten formen mit Bernico u. s. w.

O. n: Perenwigeshouun.

Bernwin. 7. B. v. Chartres sec. 9; b. v. Vienne sec. 9; b. v. Verdun sec. 10.

Bernwin P VI, 155 (transl. S. Liborii).

Pernwin Mchb. sec. 9 (n. 390).

Bernovinis pol. Irm. s. 269 wol nur fälschlich, da s. 270 Bernovinus steht

Bernvin Gud. a. 960.

Bernuin P. V, 376, 381, 384 (Flodoardi ann.); VI, 8 (ann. Virdun.), 347 (vit. Joh. Gorziens.); VII, 40 (ann. S. Benign. Divion.); X, 358 (Hugon. chron.); Laur. sec. 8 (n. 344).

Bernoin P. II, 463 (Einh. vit. Kar. M., var. Benoin, Bernonius, Bernuin, Bernvwin); III öfters; fragm. de reb. Dagobert. (d. Ch. I); pol. Irm. s. 19, 34 etc.; Laur. mehrm.

Bernoyn P. XII, 526 (ann. S. Vit. Virdun.).

Barnoin s. BARN.

O. n. Pernwineschiricha.

Berenving. 8. Laur. sec. 8 (n. 2759).

Bernwing Schn. a. 830 (Dr. ebds. n. 481 Bernwig).

Peranwinc K. a. 805 (n. 59).

Bernois. 8. Pol. Irm. 74; ebds. (aus sec. 11) s. 50.

Bernulf. 8. P. III, 90 (Kar. M. capit.); pol. Irm. s. 226, 235; Wg. tr. C. 377.

Bernulf Wg. tr. C. 376.

Pernolf P. IX, 261 (anonym. Haserens.).

Barnulf s. BARN.

Peronzan. 9. R. a. 810 (n. 15).

BERAHT. Einer der allerhäufigsten wortstämme, öfter am ende als am anfange von namen gebraucht. Vor dem 6. jahrhdt. scheint er in namen noch nicht vorzukommen; bei Gothen, Vandalen, Friesen, Normannen erscheint er kaum in n., verhältnismässig selten ist er bei Sachsen, überaus häufig dagegen bei den Angelsachsen, Langobarden, Franken und Baiern. In o. n. erscheint er gleichfalls häufig, doch nur, wenn sie von p. n. abgeleitet sind. Sein stammwort ist das goth. bairhts, ahd. peraht (clarus). Merkwürdig sind die irrgänge älterer etymologie, welche Adalbert als adelswerth oder als adelgebärend, Berthold als werthhold, Robert als ruhewehrend auffasste. Zur häufigkeit unseres stammes wirkte wahrscheinlich die rücksicht auf die göttin Perahta mit. Eigenthümlich sind ihm die zwei reihen von formen, in denen er einerseits durch den mangel des eingeschobenen a, anderseits durch die synkope des e erscheint:

1) berht, perht, bert, pert u. s. w.

2) braht, praht, brat, prat u. s. w.

Man wird noch darauf zu achten haben, welche dieser vielen formen dem einen dialecte und der einen zeit, welche einer andern mundart und andern periode vorzugsweise angehören, wie z. b. den Freisinger und Salzburger urkunden von sec. 8 bis 11 die form perht, dem pol. Irm. dagegen bert als regel gilt u. s. w.

Als auffallende alterthümliche gestalten erwähne ich vor andern Ethberictus, Garberictus und Transberictus bei H. a. 699 (n. 26). Formen wie -vert u. a. m. geben öfters anlass zur verwechselung mit WARD, solche wie -bard zur vermischung mit BARD.

Auslautendes BERAHT führe ich in folgenden 369 n. an, von denen 61 feminina sind:

Ablebert 7.	Antperaht 7.	Auripert 7.
Adotbert 8.	Andrepert 8.	Austrobert 7.
Adrebercth 6.	Andreverta 8.	Austraberta 7.
Adreberta 7.	Angasbert 7.	Baldibreht 8.
Agabert 7.	Angilberht 7.	Blatberta 8.
Acberta 8.	Ingalberta 8.	Baldrevert 8.
Agilperht 7.	Ansobert 7.	Perenbert.
Acleberta 8	Ansberta 8.	Berdbert.
Aganbert 8.	Anselbert 8.	Bericbert 9.
Agripert 7.	Aarperht 8.	Bobobert 7.
Agisbert 8.	Arnipert 7.	Bonibert 7.
Akabert 8.	Erpfperaht 9.	Bruohbraht 10.
Alabert 9.	Argebert 7.	Cagliberta 8.
Altiperht 8.	Armabert 9.	Celsebert 9.
Altberta 8.	Athuberaht 9.	Champert 8.
Aliperht 8.	Adalberaht 8.	Chudpert 9.
Ellanperht 9.	Adalberta 8.	Chunibert 7.
Elispret 9.	Audobercth 6.	Clanbert 8.
Alubert 8.	Autberta 8.	Colebert 8.
Amalberaht 6.	Audelbert 8.	Critbraht 10.
Amalberta 8.	Audimbert 7.	Curnperht 9.
Anibert 8.	Aunobert 7	Dagaperht 7.

Tagiabert 8.
Dalbert 8.
Tarobert 7.
Dotbert 8.
Dothlegbert 8.
Dodalbert 8.
Dombert 8.
Domnivert 10.
Donarperht 9.
Drudpraht 7.
Drocberta 8.
Droitbert 8.
Dulcipert 8.
Eparpert 8.
Ebreverta 8.
Ethberictus 7.
Eirbert 9.
Eitgerbert 11.
Eomperht 9.
Erambert 8.
Ermberta 8.
Ercanberaht 8.
Ercamberta 7.
Ergilpirt 9.
Erlapraht 8.
Erlebertha 8.
Eodbert 8.
Eutberta 8.
Eodalpert 10.
Eubert 9.
Farabert 8.
Farberta 8.
Fidubert 9.
Figipret 9.
Filibert 7.
Fladebert 7.
Flatberta 8.
Flanpraht 8.
Florebert 7.
Fragibert.
Frambert 8.
Francobert 8.
Fraudobert 7.
Frawiprecht 8.
Frigobert 7.
Frithubert 8.
Frodobert 6.
Frotberta 8.
Frotlebert 8.
Folabraht 11.
Folcberaht 8.
Fulberta 8.
Gibert 9.
Gaydepert 8.
Giltbert 8.
Geldraberta 8.
Gamalbert 8.
Gamalberta 8.
Gendalbert 8.
Gangperht 7.
Garibert 7.
Geirberta 8.
Cardebert 8.
Gaucibert 7.
Gawibert 8.
Gazobert 7.
Genbert 9.
Geoperaht 9.
Gilbert 8.
Gimbert 8.
Gisbert 8.
Gisempert 9.
Gisalbert 7.
Gisleberta 8.
Glauperaht 8.
Godabert 7.
Godeberta 8.
Godalbert 8.
Godalberta 8.
Godrevert 8.
Godreverta 8.
Goisbert 11.
Grasevert 9.
Grimberct 7.
Grimberta 8.
Grombert 8.
Komperht 9.
Gundobert 7.
Gundberta 8.
Gundalperht 8.
Guobert 7.
Habbraht 8.
Hagibert 8.
Hainbert 8.
Habbert 8.
Aitbert 8.
Halacbert 8.
Haimperht 8.
Heliperaht 9.
Helidperaht 8.
Hambert 9.
Hantbert 8.
Hangbert 9.
Hardperht 8.
Hariberaht 6.
Hairberta 8.
Hasbert 8.
Hadaperht 8.
Hechanperht 9.
Heinzaperht 9.
Helinbert 9.
Helmperht 6.
Heraotpreht 9.
Heubert 8.
Hidebert 8.
Childibert 6.
Hildeberta 7.
Hilibert 9.
Hiuperht 9.
Hludiperht 6.
Lotberta 8.
Flodevert 8.
Hocioberct 7.
Hochbert 8.
Holebert 8.
Hramperaht 8.
Hrabraht 9.
Rocbert 8.
Hrodebert 7.
Rotberta 8.
Chrodelbert 8.
Rumpraht 8.
Hudipert 7.
Hugubert 7.
Chuglibert 7.
Hunbraht 8.
Huncbert 9.
Huntpreht 9.
Husipreht.
Ibert 11.
Hidalbert 8.
Imbert 7.
Imelpert.
Ingobert 7.
Ingaberta 8.
Irimbert 8.
Irimberta 9.
Irminperaht 8.
Ermenberta 8.
Isabert 7.
Isanperaht 8.
Isemberta 8.
Janipert 10.
Jerberth 9.
Joberht 10.
Junjubert 7.
Justebert 9.
Knabert 11.
Laigobert 7.
Leitbraht 9.
Landobercth 7.
Lantberta 8.
Landalbert 8.
Landrobert 8.
Lauganperht 9.
Launepert 8.
Liutperaht 6.
Liuporta? 9.
Lucebert 8.
Lolbreth.
Luntbert 8.
Madrevert 8.
Madreberta 8.
Magipert 8.
Maganperht 8.
Magimberta 8.
Mahtperaht 9.
Mailprech 8.
Malpert 10.
Manipert.
Marabert 8.
Madalperaht 8.
Madalberta 8.
Maurbert 8.
Mitbert.
Mutbraht 9.
Muniperht 8.
Nandbrecht 8.
Nardabert 8.
Neriberaht 8.
Nerbertama? 11.
Nadalbert 9.
Nidperht 8.
Nirinpret.
Nodbert 9.
Nodalbert 8.
Nodalberta 8.
Nohbert 9.
Nordobert 7.
Ochelbert 9.
Oisberta 8.
Odalbert 8.
Ozberht 9.
Paulipert 8.
Petribert 10.
Racipert 9.
Radobert 7.
Ragipert 8.
Raganbert 7.
Ragamberta 8.
Reidebert 7.
Rantbert 8.
Raspert.
Raubert 10.
Ricbraht 7.
Ricberta 8.
Rigembert 9.
Ridperaht 9.
Rimbert 8.
Rinpreht 9.
Rizbert 8.
Rospert 10.
Sadelbert 9.
Sahsbert 8.
Seliperht 8.
Sandebert 10.
Saraberct 8.
Scambert 10.
Senbert 6.
Sigiperaht 5.
Sigilbert 8.
Sicleberta 8.
Siginbert 8.
Sigisbert 6.
Sindperht 8.
Singevert 8.
Sisibert 7.
Snelperht 9.
Sniumperht 9.
Sodilbraht? 9.
Solberta 8.
Sonperht 8.
Stadepert.
Stadalpert.
Starcbert 8.
Subdobert 8.
Sundalbert 8.
Sundrabert 8.
Suniperht 8.
Swabperaht 9.
Suaipert.
Swanupraht 9.
Suidbert 8.
Tadebert 9.
Terbert 10.
Thancbert 9.
Thincperaht 9.
Theudebert 6.
Teutberta 8.
Trasebert 7.
Trembert 8.
Tudevert 10.
Thuringpraht 8.
Ulberta 8.
Unebert 9.
Unberta 8.
Undabret.
Ursbert 8.
Wachipert 8.
Vadipert 8.
Wadalbert 8.
Walhberct 7.
Waldobert 7.
Waltberta 8.
Wanibert 8.
Vandebercth 7.
Wandalbert 7.
Wandrebert 9.
Wandreverta 8.
Werbraht 9.
Warinbert 8.
Waudebert 7.
Welaperht 9.
Werotbraht 9.
Widbert 9.
Widrevert 8.
Wigberht 8.
Wicberta 8.

Wiclebert 8. Wintbert 8. Wolpreht 8.
Willaperht 8. Wintberta 8. Vuldebert 8.
Wilberta 8. Vingbert 9. Vulfbert 8.
Winibert 7. Wisbraht 9. Vulliperto.
Winiberta 8. Wodalbert 8. Geizperht? 9.

Perhto. 7. St. P.
Perht St. P.
Braht Schn. a. 806.
Perat Ng. a. 813.
Bertus P. II, 281 (gest. abbat. Fontan.); pol. Irm. s. 108; vit. S. Leodegar. (d. Ch. I).
Berto Paul. diac. VI, 56; vit. S. Leodegar. (d. Ch. I); pol. Irm. s. 97.
Pirit St. P. wol hieher.
Nhd. Becht, Bert, Berth, Bracht, Brecht.
O. n. Perhtingen, Berchtenstat.

Berahta, fem 7. Sec. 8: Frau Karls d. Gr.; tochter Karls d. Gr. Sec. 9: Tochter Pipins v. Aquitanien. Sec. 10: Tochter Lothars d. jüngern, mutter Hugos I von Italien; tochter Conrads v. Burgund, frau des grafen Eudo, dann des k. Robert; tochter des Alamannenherzogs Burkard, frau des Burgundenkönigs Rudolf. Sec. 11: Frau Philipps I v. Frankreich; frau k. Heinrichs IV.
Berahta Schn. a. 801.
Perahta Gld. II, a, 126.
Berahda (so) tr. W. a. 830 (n. 172).
Berata Gld. II, a, 121.
Perecta, Perechta Gld. II, a, 126.
Berihta P. XI, 495 (ann. Mellic.).
Berhta P. VII, VIII öfters.
Perhta M. B. sec. 11 (VI, VII, XIV); necr. Aug.; St. P. öfters.
Berchta P. I, 51 (ann. Alam.); II, 671 (Nithardi hist.).
Perchta Gld. II, a, 126.
Perhtta Gld. II, a, 126.
Berta P. überall oft; pol. Irm. s. 12, 18 etc.; pol. R. s. 9, 57; Dr. a. 851 (n. 562; Schn. ebds. Bettu).
Perta necr. Aug.
Bertha P. II, 245 (ann. Wirzib.); V—VII; IX mehrm.; Wg. tr. C. 49, 100.
Pertha P. II, 86 f. (Ekkeh. cas. S. Galli); V öfters; necr. Aug.; St. P.
Peretha Gld. II, a, 126.
Birta pol. Irm. s. 72.
Berhtah Wg. tr. C. 47 wol hieher.
Berthane (gen.) P. III, 99 (Kar. M. capit.).
Berthanae (gen.) P. III, 98 (Kar. M. capit.).
Bertane (gen.) Pd. a. 680 (n. 394).
Bertanem (acc.) neben Berta (nom.) Fredegar.
Bertrada seu Berta Pd. a. 720 (n. 516; ebds. H. n. 39).

In der vita S. Berthae abbatissae (d. Ch. I, 665) steht: Nata autem est eis filia, cui nomen imposuerunt Bertham, quae interpretatur fulgida seu splendida.

Pirahtilo. 8. Ng. a. 770.
Birichtilo Gld. II, a, 97.
Pirihtilo necr. Aug.
Pirichtilo, Pirihctilo Gld. II, a, 105.
Pirihtelo Ng. a. 785, 889 (K. ebds. n. 28); K. a. 892 (n. 168).
Perihtilo K. a. 786 (n. 33).
Birithilo Laur. sec. 8 (n. 3222).
Perehtolo Gld. II, a, 105.
Birhtilo St. P.
Pirchtilo necr. Aug.
Piritilo K. a. 786 (n. 29; Ng. ebds.).
Pirhtilo P. II, 20 f. (vit. S. Galli); VII, 120. (Herim. Aug. chron.); St. P. öfters.
Birtilo P. III, 90 (Kar. M. capit.); K. a. 786 (n. 32; Ng. ebds.).
Bertilo Ng. a. 784, 798, 812.
Pertilo K. a. 797 (n. 50; Ng. ebds.).
Bertalus Mab. a. 854.
Nhd. Bechtel, Bechtle, Brechtel, Prächtel, Prechtel.
O. n. Pirhtilindorf, Pirithtilinpara, Berhtelesrode.

Bertila, fem. 7. A. S. April I; d. Ch. I.
Bertla pol. Irm. s. 29; pol. R. s. 82.
Beirtla pol. Irm. s. 107, 150.
Pirtila St. P.
Bertilla P. IX, 459 (gest. episc. Camerac.); d. Ch. I.

Bertelin. 7. H. a. 762 (n. 45); pol. R. s. 56.
Bertholenus Pd. a. 615 (n. 230).
Bertlin pol. Irm. s. 120, 121.

Bertimia, fem. 8. Pol. Irm. s. 18, 19 etc.
Bertemia pol. R. s. 65.

Bertin. 7. P. VII, VIII öfters; IX, 546, 549 (chron. S. Andreae); Ng. a. 661; Mab. a. 670; pol. Irm. s. 64, 100, 274; pol. R. s. 36.
Nhd. Bertin.

Bertina, fem. 8. Pol. Irm. s. 100.

Bertana, fem. 7. Mab. a. 680.

Perhtuni. 8. St. P. zwml.
Perhtun St. P.

Perthtuni (so) St. P.
Berdand. 7. Pd. a. 697 (n. 442).
Berting. 8. Pol. Irm. s. 46, 47 etc.; Sm.
Berchtunc Laur. sec. 9 (n. 3770).
Nhd. Bertong.
Bertinga, fem. 8. Pol. Irm. s. 13, 48 etc.
Bertening. 9. P. II, 298 f. (gest. abbat. Fontan.).
Bertara, fem. 8. Pol. Irm. s. 15, 16 etc.
Bertaria pol. Irm. s. 93.
Bertisma, fem. 8. Pol. Irm. s. 37, 169.
Berdbert. 8. Pd. a. 745 (n. 585). Seltenes beispiel eines reduplicirten namens.
Bertedrudis, fem. 7. Mutter k. Dagoberts I (frau Lothars II).
Bertedrudis gest. Dagoberti I (d. Ch. I); pol. Irm. s. 62, 168; pol. R. s. 82.
Bertedruda pol. Irm. s. 139.
Bertetrudis P. XI, 397 (hist. regg. Franc. monast. S. Dionys.).
Berahtrud Gld. II, a, 121.
Berhtrud Laur. sec. 8 (n. 1850, 2968).
Berhtrut Laur. sec. 8 (n. 2438).
Perhtrud St. P. zwml.
Pertdrud St. P.
Berthdrud Gld. II, a, 121.
Perthdrud, Perihtrud Gld. II, a, 126.
Bertrudis pol. Irm. s. 163, 169; pol. R. s. 65; St. P.
Berthrud Laur. sec. 8 (n. 321).
Bertruth Laur. sec. 8 (n. 3106).
Bertrudane (abl.) tr. W. a. 777 (n. 73).
Berhtflat, fem. 6. Tochter des Frankenkönigs Charibert sec. 6.
Berhtflat R. a. 821 (n. 21).
Bertefledis pol. Irm. s. 181; A. S. Febr. III.
Berthefledis Greg. Tur. IX, 33.
Perahtfrid. 6. B. v. Amiens sec. 7.
Perahtfrid Ng. a. 802.
Beratfrit tr. W. a. 805 (n. 25).
Peratfrit Gld. II, a, 126.
Berethfrid Laur. sec. 8 u. 9 (n. 263, 573).
Beretfrit Laur. sec. 8 (n. 2951).
Berthofrid Pd. a. 572 (n. 179).
Perhtfrit St. P. dreimal.
Berthefred Greg. Tur. mehrm. (var. Bertefred).
Bertfrid pol. Irm. s. 191; pol. R. s. 2; necr. Aug.
Bertfrit Laur. mehrm.
Pertfrid Ng. a. 806.

Bertfred pol. Irm. s. 19, 55 etc.
Pertfred Gld. II, a, 105.
Berthfred Gld. II, a, 113.
Bertfrida, fem. 8. Pol. Irm. s. 268; pol. R. s. 83.
Bertfreda pol. Irm. s. 169, 276.
Bertefusus. 9. Gld. II, a, 113.
Pertefuso P. III, 252 (Hlud. et Hloth. capit.).
Bertegang. 8. St. P.
Perahtgar. 7. Ng. a. 826.
Perahtgaer Ng. a. 797.
Perahtger Ng. a. 820.
Berihtger Ng. a. 825.
Perihtger Ng. a. 825.
Beratgar tr. W. a. 716 (n. 196 u. Pd. nachtr. n. 37).
Beratger tr. W. a. 783, 798 (n. 22, 98).
Beratker Ng. a. 800.
Peratger M. B. a 889 (XI).
Peritker Ng. a. 806.
Perithker und Perethker Gld. II, a, 105.
Perhtker St. P. zweimal.
Bertigar tr. W. a. 713 (n. 232 und Pd. nachtr. n. 25).
Bertiger pol. Irm. s. 201.
Pertigar K. a. 798 (n. 50; Ng. ebds.).
Bertocar Pd. a. 713 (n. 484; unecht).
Bertegar pol. Irm. s. 17, 29 etc.
Bertecar M. a. 653 (n. 64; Mab. ebds.).
Bertgar pol. Irm. s. 20.
Bertgaer Ng. a. 774.
Bertcar P. I, 289 (ann. Moissiac.).
Berthger Gld. II, a, 96.
Bertger P. II, 572 (vit. S. Idae); tr. W. a. 783 (n. 98); Ng. a. 786; Laur. sec. 8 (n. 3229).
Pertger Gld. II, a, 105.
Bertcar und Berthar öfters verwechselt, z. b. P. I.
Berahtgart, fem. 8. Dr. a. 813 (n. 284; Schn. ebds. Berahgart).
Perahtgarta Schn. a. 838.
Perahtkart Gld. II, a, 126.
Beratgart tr. W. a. 777, 779, 780 (n. 93, 94, 96).
Peratcart Gld. II, a, 126.
Berachgart Gld. II, a, 96.
Beretgarda tr. W. a. 777 (n. 95).
Berethgarda Laur. sec. 9 (n. 427).
Berethkart Gld. II, a, 96.
Berethgada Laur. sec. 8 (n. 864) wol verderbt.

Berhtgart Gld. II, a, 121.
Perhtgarta Ng. a. 869.
Perhtkart St. P.; Mchb. sec. 9 (n. 522).
Berthgard Laur. sec. 8 (n. 839).
Perhkart Gld. II, a, 126.
Berachtcoz. 7. K. a. 785 (n. 28; Ng. ebds.).
Perahtcoz Ng. a. 814.
Perahcoz Ng. a. 819.
Perhtcoz St. P.; Mchb. sec. 10 (n. 982).
Bertigaud Sm.
Bertegaud pol. Irm. s. 186.
Bertgaud P. II, 288 (gest. abbat. Fontan.); pol. Irm. s. 17, 123.
Bertiaud pol. R. s. 36.
Perhtcaoz St. P. zwml.
Bertcauz Ng. a. 754.
Pertcauz Ng. a. 761.
Bertgoz Gld. II, a, 96.
Bertcoz Ng. a. 785.
Perthkoz St. P.
Pertcoz Ng. a. 787; St. P.
Perahtcot decret. Tassil. (Gr. dist. I, 339) viell. hieher.
Perahtgotz = Gozbert P. II, 44 (S. Otmari vita).
Bertgil. 8. Pol. Irm. s. 146, 150.
Bertegildis, fem. 8. Pol. Irm. s. 17.
Berehtgis. 8. Dr. a. 876 (n. 612; Schn. ebds. Berehtis).
Berittgis (so) R. a. 821 (n. 21).
Perhtkis St. P.
Berdegis (so) tr. W. a. 718 (n. 194).
Bertigisil. 7. B. v. Chartres sec. 7.
Bertigisil test. Erm.
Bertegisil conc. Remens. c. a. 630.
Berthegisil Pd. a. 615 (n. 230) neben Berthigesel (so).
Bertigheselus (so) Pd. a. 642 (n. 300).
Berehtcund, fem. 6. R. a. 876 (n. 55).
Bertegundis pol. Irm. s. 256.
Berthegundis Greg. Tur. IX, 33; X, 12.
Berratgund Gld. II, a, 121.
Perhtcunda Mchb. sec. 8 (n. 56).
Bertgundis tr. W. a. 742 (n. 2).
Perhtgunt St. P.
Perhtcund St P.
Peradcund, Peratcund, Perahatcund, Peratgund, Perahtgund, Perethcund Gld. II, a, 126.
Hieher wol noch:

Perechcunt Gld. II, a, 126.
Perchkund St. P.
Perchkunt St. P.
Perhkund St. P.
Pertcun St. P.
Perhthaid, fem. 8. Enkelin Karls d. gr. sec. 8.
Perhthaid St. P.
Perehtheda (so) Ng. a. 890.
Perehtheid, Peretheid, Perhtheid Gld. II, a, 126.
Beretheida Ng. a. 876.
Berthaid P. II, 454 (Einh. vit. Kar. var. Bertaid, Perthaid, Bertraid, Berthadid, Bertha).
Bertheid Lc. a. 907 (n. 84).
Bertheit Laur. sec. 8 (n. 3005, 3777).
Bertheith Laur. sec. 8 (n. 1023).
Bertheiht Dr. c. a. 813 (n. 296; Schn. ebends. Bertheid).
Berahtheth Gld. II, a, 121.
Perehheida Ng. a. 886.
Berteiz (so) Lgd. a. 865 (I, n. 90), 883 (I, n. 111).
Berhthard. 8. P. V, 52 (ann. Quedlinb.).
Berthart Laur. sec. 8 (n. 3119).
Perethart Ng. a. 860.
Perhathard (so) Ng. a. 797.
Berthard pol. R. s. 52.
Bertiardis, fem. 9. Pol. R. s. 61.
Berhthari. 7. Major domus des königs Theodorich sec. 7.
Perhthari St. P.
Perhtheri St. P.
Perahther Dr. a. 808, 819 (n. 245, 381, wo Schn. beide male Perahter hat).
Perhtari P. VIII, 146—148 (Ekkeh. chron. univ.).
Perehtheri Gld. II, a, 105.
Berhthere P. II, 344 (vit. S. Bonif.).
Berehtar St. P.
Berhtar M. B. c. a. 804 (VI).
Perhthar Gld. II, a, 117.
Perhteri St. P.
Perchteri St. P.
Beratheri tr. W. a. 797 (n. 68).
Berather Lc. a. 806 (n. 28).
Berthari P. V öfters; St. P. zwml.
Perthari P. V, 873 (catal. regg.).
Baerthari St. P.
Bertheri P. X, 344 (Hugon. chron.); Wg. tr. C. 335.
Pertheri St. P. zwml.

Bertari P. V, 289 (chron. Brixiense): VIII, 327 f. (Sigebert. chron.); IX, 38 (Joh. chron. Venet.).
Pertari P. V, 187 (ann. Cavenses).
Berthar P. II öfters; VIII, 315 (Sigeb. chron.); IX öfters; X, 356 f. (Hugon. chron.); pol. Irm. s. 90, 262; d. Ch. I.
Berther Laur. sec. 9 (n. 204); pol. R. s. 23, 66.
Berither Laur. sec. 8 (n. 888).
Bertar P. I, 317 ff. (ann. Mett.); VI öfters; X, 348 (Hugon. chron.); Ng. a. 670; pol. Irm. s. 53, 166; St. M. a. 887.
Bertier pol. R. s. 67, 68.
Berter Wg. tr. C. 300; Guérard a. 888.
Bertcheir tr. W. a. 742 (n. 1).
Beatar tr. W. a. 851 (n. 204, 254) ist wol Bertar zu lesen.
Dertar für Bertar P. VII, 64 (catal. regg.).

Mit den hier verzeichneten formen werden zuweilen personen bezeichnet, denen eigentlich der n. Bertarid (s. unten) zukommt.

Nhd. Prächter, Prechter.

Perahthad. 8. Ng. a. 779.
Perathad Ng. a. 764.
Berchthat Laur. sec. 10 (n. 75).
Berthad Ng. a. 773; pol. Irm. s. 53, 267.
Bertad pol. Irm. s. 48.
Bertdad (so) Laur. sec. 8 (n. 384).
Berthdad Laur. sec. 9 (n. 513).

Berchthelm. 8. Laur. sec. 8 (n. 1331).
Perhthalm Mchb. sec. 10 (n. 1018).
Bercthelm Laur. sec. 8 (n. 1599).
Berethhelm Laur. sec. 8 (n. 178, 215).
Berthelm Laur. sec. 8 mehrm.; pol. R. s. 56.
Perethelm Gld. II, a, 105.
Bertelm pol. Irm. s. 152, 163.
Berhthimil Dr. a. 900 (n. 647), wo Schn. Bechtimil hat. Wahrscheinlich Berhthelm.

Perahthilt, fem. 6. Frau k. Dagoberts I sec. 7.
Perahthilt Dr. a. 770; Dr. a. 806 (n. 238); Schn. a. 807; Dr. a. 823 (n. 409; Schn. ebds. Perahilt).
Berehtilt Dr. sec. 9 (n. 604), wo Schn. Berehtito (so) liest.
Perhthilde Mchb. sec. 9 (n. 502).
Perhthild St. P.
Perhthilt St. P. öfters.
Perhthilth St. P.
Bertohildis pol. Irm. s. 142.
Bertoildis pol. Irm. s. 17, 133.
Berhtild C. M. Juni, Aug.
Berthildis P. VIII, 399 (Sigeb. auct. Affligem.); pol. Irm. s. 47, 59 etc.; A. S. Jan. II; Venant. Fortun.
Berthild Laur. sec. 8 (n. 2590).
Berthilt Laur. sec. 8 (n. 3059).
Perthilt St. P.
Bertildis P. X, 636 (gest. episc. Tullens.); pol. Irm. s. 53, 54 etc.
Bertovildis pol. Irm. s. 114, 269.
Beritildis pol. R. s. 73.
Berethilt Laur. sec. 8 (n. 324).
Perehchilt Gld. II, a, 126.

Berathoh. 8. Schn. a. 798.

Hieher vielleicht Partuh Dr. a. 823 (n. 420; Schn. ebds. Parthuh).
Parluh (so) St. P. viell. für Partuh verschrieben.

Berahtram. 6. B. v. Bourdeaux sec. 6; b. v. Mans sec. 6; b. v. Reggio sec. 11; b. v. Nismes sec. 11.
Berahtram Dr. a. 796 (Schn. ebds. Berathram).
Perahtram Gld. II, a, 105.
Perahtramnus Ng. a. 817.
Peratram Gld. II, a, 105.
Perahterammus Ng. a. 824.
Berechtrammus P. I, 386 (ann. Fuld.).
Perehtram necr. Aug.
Beretrannus pol. R. s. 43.
Peretram Gld. II, a, 105.
Perhtaram (so) St. P.
Bertichramnus Pd. a. 615 (n. 230).
Bertigramnus A. S. Maj. III.
Bertechramnus conc. Matiscon. a. 585.
Bertchramnus Greg. Tur. öfters.
Perhtram Gld. II, a, 105.
Bertramnus P. X, 211 (vit. S. Symeon.); pol. Irm. s. 115, 204.
Pertramnus Ng. a. 760, 818.
Berthram Laur. sec. 8 (n. 186); Gud. a. 1074.
Bertrannus pol. Irm. s. 18, 56 etc.; Guérard a. 1085.
Berteram P. IX, 637 (chron. mon. Casin.).
Perteram Ng. a. 826.
Bertram pol. Irm. s. 166; Gud. a. 1074.
Bertran Pd. a. 677 (n. 384); Guérard a. 888.
Nhd. Bertram.

O. n. Perahtramnivilare.
Bertramna, fem. 8. Pol. Irm. s. 188.
Bertranna pol. Irm. s. 62.
Perahtroh. 9. Neben Perahtro Gld. II, a. 105.
Bertroh tr. W. a. 818 (n. 212).
Peretro Gld. II, a, 105.
Perahtarod (so) Gld. II, a, 105.
Berahthund. 7. Necr. Fuld. a. 924.
Berthund pol. Irm. s. 147, 150.
Hieher wol noch
Bertohindus Pd. a. 686 (n. 406).
Bertoend Pd. a. 692 (n. 423).
Oder stehn diese formen für Bertovindus?
Berethinda, fem. 8. Pd. a. 726 (n. 540; H. ebds. n. 41).
Bertholacus. 8. Pd. a. 713 (n. 484; unecht).
Bertolach Laur. sec. 8 (n. 3022).
Bertlach C. M. Jul.
Peraholah (so) Gld. II, a, 105 wol hieher.
Hiezu rechne ich ferner
Bertalaus tr. W. a. 763 (n. 263).
Bertlaus pol. Irm. s. 166, 170.
Berahtleib. 8. Necr. Fuld. a. 834.
Perahtleib Schn. a. 796.
O. n. Perahtleibeshusun.
Perahtleih. 7. Mchb. sec. 8 (n. 179).
Bertalaicus Lgd. a. 888 (II, n. 8).
Berthelaicus Pd. a. 615 (n. 230).
Bertelaig tr. W. a. 713 (n. 6).
Bertlaicus pol. Irm. s. 115, 123.
Bertlaius pol. R. s. 63.
Perahtlant. 8. Ng. a. 816.
Bertolando convent. Clipiac. a. 659.
Berthiland Gld. II, a, 96.
Berteland Gld. II, a, 113.
Bertland pol. Irm. s. 123.
Berehlant Gld. II, a, 96.
Bertalam P. VI, 43 (gest. episc. Virdun.); viell. Bertalant zu lesen?
Bertlanda, fem. 6. Pol. Irm. s. 142.
Bertholanda Pd. a. 572 (n. 179); ebds. der gen. und abl. Bertholandane.
Bertalargus. 8. Lgd. a. 767 (I, n. 4). Etwa Bertalangus?
Perahtlouc, fem. 8. Gr. II, 155.
Berhtlauch Laur. sec. 8 (n. 1780).
Bertlauc Laur. sec. 8 (n. 1966).
Bertlau pol. Irm. s. 44 wol hieher.
Bertholaud (so). 6. Pd. a. 572 (n. 179).
Berthlede (so). 9. Wg. tr. C. 93.
Bertleis, fem. 8. Pol. Irm. s. 38.
Berahtlinda, fem. 8. Ng. a. 822.
Beratlinda tr. W. a. 787 (n. 86).
Bertilindis Pd. a. 710 (n. 476; H. ebds. n. 33).
Beretilindis (so) tr. W. a. 713 (n. 232 und Pd. nchtr. n. 25).
Bertlindis pol. Irm. s. 37, 41 etc.
Berthlind Laur. sec. 8 (n. 11).
Berthlint Laur. sec. 8 (n. 198, 822).
Perachlinde P. XI, 231 (chron. Benedictobur.); M. B. sec. 9 (VII).
Peradlind, Peratlind, Peridlint Gld. II, a, 126.
Perathculind (so) Gld. II, a, 126.
Percliup, fem. 9. Gld. II, a, 126; wol hieher.
Dazu scheint zu gehören
Perahtlip Schn. a. 842 (Dr. ebds. n. 547 Perahttulp).
Berahteloh. 8. Dr. a. 779 (neben Berahtalah); Schn. a. 790.
Perahtloh Dr. a. 800 (Schn. ebds. Perahtolt).
Beredhman. 9. Schn. a. 866 (Dr. ebds. n. 591 Berehtmar).
Nhd. Brachmann.
Berehtmar. 8. Dr. a. 866 (n. 591; Schn. ebds. Beredtman).
Peretmar Gld. II, a, 105.
Bertemar Sm.
Berthmar Laur. sec. 8 (n. 2439 f.).
Bertmir pol. Irm. s. 139.
Pretimir wol nicht hieher; s. BRID.
Berehmar Gld. II, a, 96.
Perahmot (so). 8. Ng. a. 764.
O. n. Perahtmuatingas.
Berahtmunt. 8. B. v. Ambrus sec. 9.
Berahtmunt Schn. a. 801.
Beratmund tr. W. a. 778 (n. 122).
Perhtmunt St. P.
Bertemund Gld. II, a, 113.
Bertmund P. I, 468 (Hincm. Rem. ann.); II, 651 Nithardi hist.); III, 504 (Hloth. II capit.), 533 (Kar. II capit.).
Pertnid. 8. St. P.
Perahtniuui, fem. 8. Dr. a. 812 (n. 266; Schn. ebds. Perahtniv).

Berehtniv Schn. a. 853.
Berethniwi Dr. a. 561.
Perhtnia Mchb. sec. 8 (n. 43).
Perhtni Mchb. sec. 9 (n. 444).
Perehteni Gld. II, a. 105, 126.
Perahni Gld. II, a, 126.

Berhtrad, msc. u. fem. 8. P. V, VIII öfters.
Berahttraht Dr a. 756 (statt et Berahttraht bei Schn. Echerahttraht).
Berehtrat Gld. II, a, 121.
Perehtrat P. I, 79 (ann. Sangall.).
Berchtrad Laur. sec. 8 (n. 1234, 2714).
Berchtrat Laur. sec. 8 (n. 1220, 2166).
Perhtrad St. P.
Berhtrat Laur sec. 8 (n. 1221, 2298).
Perhtrat St. P. öfters.
Perahtarat, Peratrat, Peritrat, Perehterat, Perchterat, Percterat, Perehtrat Gld. II, a. 126.
Perhterat P. I, 80 (ann. Sangall.); II, 117 (Ekkeh. cas. S. Galli).
Berterad P. V, 233 (Andr. Bergom. chron.).
Pertherad P. VI, 453 (Hartmann. vit. S. Wiboradae).
Berterrad (so) Sm.
Bertrad Laur. sec. 8 (n. 329); Mab. a. 791; pol. Irm. s. 21, 36 etc.; d. Ch. I; St. M. a. 942.
Bertrath Laur. sec. 8 (n. 1184).

Hieher wol noch
Bertraus P. VI, 473—476 (Sigib. vit. Deodor.); pol. Irm. s. 2, 10; pol. R. s. 90. Für Bertradus?

Bertrada, fem. 8. Pipins d. kleinen frau sec. 8.
Bertherada P. VIII öfters.
Perhtrada P. II, 57 (Rhythmi de S. Otmaro).
Bertrada P. I, II, VIII oft; pol. Irm. s. 21, 36 etc.; pol. R. s. 48, 82.
Berthrada Laur. sec. 8 (n. 544).
Bertlalis P. V, 79 (ann. Quedlinb.) steht wol für Bertradis.
Bertrada seu Berta Pd. a. 720 (n. 516; H. ebds. n. 39), wo auch Bertradanae als gen. von Bertrada vorkommt.
Bertrada mit acc. Bertradanem und abl. Bertradane Fredegar.
Perhtroeda (so) St. P. im index; im text steht Perht Roeda als zwei namen.
Bertranda P. XII, 493 (Laurent. gest. episc. Virdun.) viell. für Bertrada.
Perahtnad Gld. II, a, 105 für -rad?

Bertrand. 9. P. V, 709 f. (Kar. M. exped. Hispan.); Lgd. a. 845 (I, n. 67), 992 (II, n. 130).
Nhd. Bertrand.

Berahtrich. 8. Schn. a. 806.
Perahtrich Schn. a. 791.
Perehterich Gld. II, a, 105.
Beretrich St. P. zwml.; Laur. sec. 9 (n. 1063).
Berethrich Laur. sec. 9 (n. 588).
Beredrih tr. W. c. a. 780 (n. 104).
Berchtrich P, II, 415 (vit. S. Liudgeri).
Perchtrich M. B. a. 955 (VII).
Bertrich P. I, 214 (Einh. ann.); II, 629 (vit. Hlud. imp.); Laur. sec. 8 (n. 1576, 1578); pol. Irm. s. 101, 168; St. P.; M. B. a. 1077 (VII).
Berthric Wg. tr. C. 427.
Perhtrih St. P.; Gld. II, a, 117.
Perhtrihc P. XI, 218 (chron. Benedictobur.).
Perhtrick M. B. c. a. 770 (XI).
Pertricus Ng. a. 806.
Pertrihc St. P.
Perttrich Laur. sec. 8 (n. 1395).
Berterich P. II, 319 (Adon. chron.); X, 342 Hugon. chron.); Ng. a. 731; Sm.
Pertharich P. VII, 96 (Herim. Aug. chron.).
Paertharich P. VII, 415 (Bernold. chron.).
Bertrig tr. W. a. 742 (n. 7); Laur. sec. 8 (n. 1514).

Bertharit. 8. Pertarit Langobardenkönig.
Bertharit P. V, 470 (chron. Salernit.).
Bertarid Paul. diac. IV, 53 etc.
Bertarith P. VIII, 325 (Sigebert. chron.).
Pertharit P. V, 872 (catal. regum).
Pertarit P. V, 232 (Andr. Bergom. chron.).
Bertrid Pd. a. 708 (n. 471); St. M. a. 709.
Berthridius R. a. 821 (n. 21).
Statt dieser formen tritt öfters für dieselben personen Berthari u dgl. ein, was der form wegen nicht hieher genommen werden durfte. S. oben.

Beretrun, fem. 9. Dr. sec. 9 (n. 604; Schn. ebds. Beretun).

Perahsind, msc. und fem. 7. Ng. a. 820.
Berethsintha Lc. a. 962 (n. 105).
Peratsind, Perechsint, Perassind Gld. II, a, 126.

Bertisindis auf einer röm. inschrift aus unbekannter zeit und von unbekanntem fundort. St. n. 1620.
Berehsinda d. Ch. I neben Persinda.
Bertsida pol. Irm. s. 188.
Berahtswind, fem. 8. Schn. a. 811.
Perahtswind Schn. a. 818.
Beratsuinda tr. W. a. 784 (n. 97).
Perhtswind Mchb. sec. 8 (n. 265); St. P. zwml.
Perhtsuind St. P. mehrm.
Perhtsuint St. P.
Bertsuindis Laur. sec. 8 (n. 1613); pol. Irm. s. 42.
Bertsuint Laur. sec. 8 u. 9 (n. 288. 2732).
Bertswint Laur. sec. 8 (n. 233); H. a. 926 (n. 146).
Pertswind St. P.
Pertsuint Laur. sec. 9 (n. 375).
Bertswith Gld. II, a, 121.
Perahsuint Mchb. sec. 10 (n. 1133).
Berchswint Laur. sec. 8 (n. 1009).
Perahtolch. 9. Ng. a. 802.
Berahtold. 7. B. v. Cambray sec. 7; b. v. Langres sec. 7. Graf in Alamannien sec. 10; herzog v. Baiern sec. 10; graf v. Zäringen sec. 11; graf v. Zäringen, herzog v. Schwaben sec. 11; erzb. v. Salzb. sec. 11; b. v. Toul sec. 11.
Berahtold P. I, 615 (contin. Regin.); VI, 795 not. (synod. Francof.).
Berachtold P. I, 94 (ann. S. Emmer.).
Berahtolt Ng. a. 797.
Perahtold P. I, 94 (ann. S. Emmer.), 56 (ann. Alam.); Ng. a. 790, 805, 817.
Perahtolt Ng. a. 790, 805; necr. Aug.
Peractolt Gld. II, a, 105.
Perichtolt M. B. a. 893 (XXXI).
Perehtold P. I, 402 (Gerhard. vit. S. Oudalr.).
Perehtolt P. I, 77 f. (ann. Sangall.); Ng. a. 822.
Perehctold P. I, 79 (ann. Sangall.).
Perechtolt Gld. II, a, 105.
Berehtald P. V, 143 (ann. Einsidl.).
Berattolt tr. W. a. 811 (n. 180).
Perathold Ng. a. 797.
Peratolt Ng. a. 764, 816.
Peretolt P. I, 46 (ann. Guelferb.).
Berchtwald P. II, 338 (vit. S. Bonif.).
Berhtold P. V, VII, VIII öfters: M. B. c. a. 1096 (IV).
Berhtolt M. B. sec. 10 u. 11 (VII. XI. XIII, XIV).
Berchtold P. II öfters; conc. Francof. a. 1007.
Perhtold P. II, 85 (Ekkeh. cas. S. Galli); XI, 576 (ann. Admunt., mit dem beinamen Prunaizagil); St. P. oft; M. B. sec. 11 (XIII).
Perctolt Gld. II, a, 105; St. P.
Perhtolt M. B. sec. 8, 9, 11 (III, VII, IX, XI, XIII, XIV); St. P. oft.
Perhttolt St. P.
Berthuold Pd. a. 642 (n. 301).
Berthoald Mab. a. 723; Ng. a. 776; gest. regg. Franc. 41.
Bertoald P. II, 283 (gest. abbat. Fontan.); IV, B, 14 (Eugen. II capit.); VI, 657 (Rodulf. vit. S. Willelmi); VIII, 555 (annalista Saxo); IX, 408 (gest. episc. Camerac.); X, 208 (vit. S. Magnerici); d. Ch. I; conc. Remens. a. 630; conc. Cabilon. c. a. 650; Fredegar; Mab. a. 709; Ng. a. 776.
Bertold P. I, II, V–IX; X, 600 (chron. S. Hubert. Andag.); 636 etc. (gest. episc. Tullens.); pol. Irm. s. 101, 102; Laur. sec. 8 (n. 1726, 1849); Ng. a. 786; Gud. a. 1074.
Bertolt P. VII, 553 (Marian. Scot. chron.); Laur. sec. 8 (n. 532, 713); Ng. a. 791.
Bertald P. I, 619 (contin. Regin.); III, 90 (Kar. M. capit.), 559 (Ludow. Arelat. capit.); VI, 664, 672 (Constant. vit. Adalberon. II); VIII öfters; IX, 31 (Joh. chron. Venet.); X, 15 (Arnulf. gest. archiepp. Mediol.); 446 (Hugon. chron.); pol. Irm. s. 65, 68 etc.
Berthold P. II, V, VII öfters; IX, 849 (chron. Hildesh.); pol. Irm. s. 94; Gud. a. 1064.
Bertholt Laur. sec. 8 (n. 841).
Berthald P. VII, 446, 448 (Bernoldi chron.); IX, 466 (gest. episc. Camerac.).
Pertold Ng. a. 791, 826.
Pertolt P. II, 83 (Ekkeh. cas. S. Galli); Ng. a. 826; necr. Aug.
Perthold P. IX, 249 (Gundechar. lib. pontif. Eichstet.); M. B. c. a. 1096 (III).
Pertholt necr. Aug.; St. P. öfters.
Perttolt St. P.
Pratolt Ng. a. 791.
Nhd. Barthold, Bartolt, Bechtold, Berthold.
O. n. Perahtoltespara, Perahtoltes cella, Perahtoltespuron, Berahtoltes tafta.
Perahtwar. 8. Schn. a. 791.
Prahtwar Schn. a. 788.
Berathwar Schn. a. 796.

Berhwar R. a. 821 (n. 21) wol hieher.
Bertovara, fem. 7. Test. Erm.; Mab. liest ebds. Bortovara.
Bertuara d. Ch. I.
Bertoara pol. Irm. s. 65, 211.
Berthoara Venant. Fortun.
Berthward. C. M. Oct.
Bertoldis, fem. 9. Pol. R. s. 95.
Perhtwicus. 8. Mchb. sec. 8 (n. 245).
Perhtwich St. P. zwml.
Pertwih St. P.
Perthuic Laur. n. 3810.
Bertveus pol. Irm. s. 18; pol. R. s. 67, 69.
Berahtwin. 7. Lc. a. 855 (n. 65).
Berchtuin Laur. sec. 8 (n. 3608).
Bertuwin Ng. a. 786.
Berthwin Laur. sec. 9 (n. 264).
Bertuin P. VI, 11 (ann. Laubiens.); VIII öfters; Laur. sec. 8 (n. 3292).
Perahwin (so) Gld. II, a, 105.
Bertoin pol. Irm s. 4, 89 etc.; pol. R. s. 82.
Bertoeu pol. Irm. s. 114.
Hieher vielleicht
Perahtun Dr. a. 841 (n. 531; Schn. ebds.).
Berloin (so) pol. Irm. s. 40.
Bertoina, fem. 8. Pol. Irm. s. 157.
Bertuis. 8. Pol. Irm. s. 211.
Perahtwiz. fem. 9. Gld. II, a, 126.
Perhtwiz Mchb. sec. 9 (n. 504).
Perahtolf. 7. Abt zu Rennes sec. 7; b. v. Trier sec. 9.
Perahtolf Gld. II, a, 105.
Peratolf Gld. II, a, 105.
Berhtolf P. V, VIII mehrm.
Perhtolf St. P.
Bertulf P. I (ann. Fuld.; Regin. chron.); V öfters; VI, 237 (mirac. S. Glodesindis); VII—IX öfters; X, 230 (invent. S. Mathiae); Pol. Irm. s. 37; conc. Cabilon. c. a. 630; d. Ch. I.
Berhtolph necr. Aug.
Perhttolf St. P.
Perchtolf P. VI, 568 (Arnold. de S. Emmer.).
Bertolph H. a. 1097 (n. 299).
Bertholf P. II, 246 (ann. Wirzib.).
Bertolf P. V, VII, VIII öfters; X, 165 f. (gest. Trever.); Gud. a. 1056.
Pertolf P. VI, 417 (Gerhard. vit. S. Oudalr.); H. a. 970 (n. 185).
Bartholf s. BARD.
Ags. Berhtvulf. Nhd. Bechdolf.
O. n. Berahtolfesheim.
Perhturm (so). 9. St. P.
Perhtzos. 8. St. P.
Zusammensetzungen mit erweitertem stamme:
Bertingaud. 8. Pol. Irm. s. 17.
Bertenildis, fem. 8. Pol. Irm. s. 120, 121.

Bercehanus. 7. Pd. a. 615 (n. 230). Wol verderbt.
Beren- s. BERA. **Berg-** s. BIRG. **Berht-** s. BERAHT.
Beribo. 10. St. M. c. a. 962. Verderbt?
Berin- s. BERA.
Berlinger. P. VII mehrmals. Ist etwa Bertinger (vgl. Bertingaud) zu lesen?
Bern-, Berne-, Berno-, Bero- s. BERA.
Bersininc, Gr. III, 215, von Gr. wol nur fälschlich aus o. n. Bersiningun gefolgert.
Bert- s. BERAHT. **Berulf** s. BERA.
Bessa. 6. Jorn. 50; deutsch?
Βέσσας und *Σβέσας* (letzteres b. Pers. I) Proc.
Betlina, Betlindis s. BAD.
Betoca, fem. 9. R. a. 821 (n. 21). Zu BAD?
Betselin s. BAD. **Betta, Betto, Bettolenus** s. BAD. **Beui, Bevo** s. BIB. **Beya Beyo** s. BOI. **Beza, Bezeco, Bezelin, Bezo, Bezoca, Bezzela** s. BAZ. **Bia** s. BIG.

BIB.

Das altn. bif motus, aer, aqua erscheint schon in den odinischen beinamen Bifliði, Biflindi, Biblindi und so mag auch in den folgenden namen die allgemeine bedeutung der bewegung walten. Weniger gern denke ich an den specialisirten sinn des ags. beofjan, alts. bivon, ahd. biben tremere. — Das anlautende P der form Pipin scheint einer speciellen fränkischen mundart (vielleicht aus der gegend um die Maas?) anzugehören und erinnert an den anlaut des gleichfalls karolingischen namens Plectrudis. Erwägung verdienen noch die von mir hieher gezogenen formen mit Beb- und Bev-, welche theilweise auch zu BAB gehören könnten.
Pippi. 8. Mchb. sec. 8. (n. 96, 118); M. B. a. 776, 810 (VIII); St. P.
Beui Wg. tr. C. 277, 294, 456 hieher?

Bibo. 9. Ep. Tullens. sec. 11. P. IV, 44 (Heinr. IV constitut.); VII, 174, 176 (Lamberti ann.); X, 185 (gest. Trever.).
Pibo P. X, 458 (Hugon. chron.), 646 (gest. episc. Tullens.); Lc. a. 1068 (n. 210); convent. Ultraject. a. 1080; St. M. a. 1085.
Pippo Ng. a. 854.
Bebo Ng. a. 744; Laur. mehrm.; Lc. a. 1057 (n. 192).
Bebe (so) Ms. a. 1049 (n. 22).
Pebo K. a. 797 (n. 48), 809 (n. 65); Ng. a. 744, 797, 808, 858; necr. Aug.
Pepo P. VII, 472 (ann. Rom.); Ng. a. 731; St. P.
Peppo P. VI, 43 (gest. episc. Virdun.); X, 339 etc. (Hugon. chron.); XI, 232 (urk. v. 808 im chron. Benedictobur.); St. P.
Bevo P. V, 787 (Thietm. chron.); IX, 849 (ann. Hildesh.); Wg. tr. C. 239, 242, 248, 306, 311, 323, 330, 341, 345, 356, 366, 382, 396, 399, 453, 470.
Nhd. Beu, Bey? Ags. Bebba.
Pipa, fem. 3. Tochter des königs Attalus, kebse des Gallienus. Aurel. Vict. 33.
Pipara (ebendieselbe) bei Trebell. Pollio (Gallienus).
Beba Laur. sec. 8 (n. 1086).
Beppolenus. 6. Pd. a. 628 (n. 245); Greg. Tur. 8, 31 etc.
Beppelenus Fredegar.
Vgl. Babolenus unter BAB.
Bebelina, fem. 8. Pd. a. 726 (n. 538; H. ebds. n. 40).
Pipin. 7. P. v. Landen, major domus, bei Lüttich heimisch sec. 7; P. v. Heristal, maj. dom. sec. 8; P. d. kleine sec. 8; Karls d. gr. sohn sec. 9; sohn Ludwigs d. frommen sec. 9.
Pipin P. öfters; Paul. diac. öfters; gest. Dagobert. I; Fredegar; Ng. a. 757; pol. Irm. s. 230.
Pippin P. überall oft; gest. regg. Franc.; St. P. dreimal; Mab. a. 679; Ng. a. 752, 757; M. B. c. a. 804 (VI).
Πιπῖνος var. *Πιπίνιος* Theophanes.
Pippini (nom.) Mchb. sec. 8 (n. 120).
Pibbin P. V, 33 (Lamberti ann.).
Bibbin P. V, 33 (ann. Weissemburg.).
Bivinus H. a. 842 (n. 80), 865 (n. 102); P. I, 583 (Regin. chron. a. 870; var. Bauinus u. Buouinus).
O. n. Pipineshova, Pipinesried.
Erweiterter stamm:
Bebrimod, msc. 6. Pd. a. 533 (n. 118, 119). Vgl. altn. pipr rasch und das obige Pipara unter Pipa.

BID. Ich denke am liebsten an goth. beidan, ags. bidan, ahd. bitan. Gefragt werden darf, ob die bedeutung von sustinere oder die von sperare diejenige ist, welche diesen namen zu grunde liegt. Für das erste spricht z. b. die analogie des stammes THULD (s. unten) so wie der damit verwandten griech. namen, für das zweite etwa der stamm WAN (s. unten) und latein. bildungen wie Speratus, Desiderius so wie manches andere.
Bito. 8. Dr. sec. 9 (n. 137).
Bitto K. a. 786 (n. 32; Ng. ebds.).
Byda Wg. tr. C. 368.
Pito K. a. 770 (n. 12; Ng. ebds.).
Pietto Mchb. sec. 9 (n. 300) mehrmals.
Nhd. Pito, Pitto. O. n. Pitenbach.
Bita, fem. 8. Dr. a. 803.
Bieta Laur. sec. 8 (n. 2613).
Bitbald. 9. Laur. sec. 9 (n. 2477).
Bitbert. 9. Laur. sec. 9 (n. 2283).
Bithgart. 8. Laur. sec. 8 (n. 2799).
Bidegis. 9. Lgd. a. 852 (I, n. 76).
Pittheri. 8. St. P.

Bieta s. BID.

BIG. Mhd. bicken hauen, stechen, ahd. pichan und die dazu gehörigen wörter scheinen den anlass zu den folgenden wenig lebenskräftigen namen gegeben zu haben.
Bigo. 7. P. II öfters.
Biego P. V, 42 (ann. Hildesh.); VIII, 572 (annalista Saxo); Pd. a. 659 (n. 335).
Bicco Pd. a. 731 (n. 550); Ng. a. 805.
Bihco Dr. a. 807 (n. 242; Schn. ebds. Biheo).
Biccho Laur. sec. 8 (n. 2576).
Bicko Laur. sec. 8 (n. 3245).
Biho Laur. sec. 9 (n. 223).

Bicchio Schpf. a. 1041 (n. 262).
Bickio Laur. sec. 8 (n. 2522).
Pico Gld. II, a, 105.
Pigo R. a. 866 (n. 50).
Picco P. I, 122 (ann. Lauriss.).
Picho Ng. a. 760, 816, 824; K. a. 853 (n. 120).
Piccho Ng. u. K. a. 810, 818; Gld. II, a, 126.
Piccius Gld. II, a, 117.
Bige C. M. Dec. und Pike C. M. Sept. hieher?
Bio P. V, 821 (Thietm. chron.); VIII, 659 (annalista Saxo); Laur sec. 8 (n. 1863).
Biio P. V, 768 (Thietm. chron.).

Bio und Biio scheinen einen guttural im inlaut verloren zu haben.

Bega (ep. Arvernens. sec. 10) Mab. a. 938; conc. Aniciens. a. 1000; d. Ch. I, 789.
Beco C. M. Oct.
Becco P. X, 751 (Hugon. chron.).
Beccus tr. W. a. 713 (n. 232 u. Pd. nachtr. n. 25).
Nhd. Bech, Beckh, Bege, Bek, Pech, Peck, Peeg, Pege, Bieck, Bieg, Bigge, Peicke, Pich, Pick, Pik.
O. n. Biginhusin.

Begga, fem. 7. Tochter Pipins v. Landen. P. I, 316 (ann. Mett.); II, 219 f. (ann. Xant.), 312 (dom. Carol. geneal.); VI, 12 (ann. Laubienses); VII, 415 (Bernold. chron.); VIII öfters; X, 570 (chron. S. Huberti Andag.); d. Ch. I öfters.
Bega P. I. 316 (var. zu den ann. Mett.); VI, 116 (Ademar. histor.).
Becca Laur. sec. 8 (n. 326, 709).
Picca Mchb. sec. 9 (n. 697).
Bia (schwester der königin Mathilde sec. 10) P. VIII, 685, 698 (annalista Saxo); C. M. Mai.
Biia P. II, 680 (transl. S. Alexandri).
Pia P. VI, 164 (vit. S. Liutbirgae); IX, 257 (anonymus Haserensis).
Piane (cas. obl.) M. sec. 7 (n. 76).
Bia möchte ich nicht als = lat. pia ansehn, eben so wenig aber es aus bia apis deuten, sondern stelle es dem Bio (unter Bigo) analog hieher.

Behhilt s. BAG.

Bigwald. 7. Gr. III, 30.
Picoald Pd. a. 615 (n. 230).

Beculf. 7. Pd. a. 615 (n. 230).

BIL. Die bedeutung dieses nicht sehr häufigen, bei den Sachsen kaum in zusammengesetzten n. gebräuchlichen, nur anlautend in namen erscheinenden stammes ist lenitas, placiditas. S. Grimm myth., 2. aufl., s. 346.

Bilo. 9. P. II, 574 f. (vit. S. Idae); Ms. a. 1049 (n. 21).
Billa Wg. tr. C. 456 wol hieher.
Nhd. Behl, Beil, Bell, Belle, Beyl, Peil, Piehl, Piele.
O. n. Pilingries, Pillinchovun, Pillinthorf.

Pilicho. 9. P. III, 252 (Hlud. et Hloth. capit.).
Billig P. V, 5 (ann. Corbej.).
Nhd. Beelke, Beilcke, Beilicke, Belcke, Belke, Bieleck, Bielecke, Bielicke, Bilke, Billig, Böhlke, Böhlecke, Böhlich, Böhlicke, Bölcke, Böleke, Bölike, Bölke, Pielke, Pülke.

Bilicha, fem. 10. H. a. 964 (n. 180).

Pillin, Gr. III, 331, von Gr. wol aus den bei Bilo angeführten o. n. geschlossen. Vgl. auch nhd. Bellin.

Billung. 8. Sachse unter Otto I sec. 10. P. VI, 306 (Hrotsuith. primord. Gandersh.).
Bilung Schn. a. 822 (Dr. ebds. 396 Blionnung); Schn. a. 837; necr. Aug.
Billunc R. a. 808 (n. 14), 821 (n. 21), 822 (n. 23); H. a. 945 (n. 158).
Pillunc P. IX, 232 (chron. Benedictobur.); M. B. a. 763 (IX); Mchb. sec. 8 u. 9 (n. 198, 466); St. P.
Bilong Lp. a. 953 (II, 223).
Billing Wg. tr. C. 42, 64, 328, 360, 412; necr. Fuld. a. 974.
Pilinc R. a. 819 (n. 20).
Nhd. Beiling, Beling, Belling, Bieling, Billing.
O. n. Pillungesdorf, Pillungesriut.

Biliza, fem. 11. Necr. Fuld. a. 1055.
Piliza St. P.
Beliza P. IX, 263 (anonymus Haserens.).

Bilidruda, fem. 7. Frau des herzogs Grimoald.
Bilidruda tr. W. a. 742 (n. 1).
Bilidrud H. a. 929 (n. 152).
Bilitrudis Fredegar.
Bilitrud Laur. sec. 8 (n. 791, 1312, 2435).
Bilithrud tr. W. a. 830 (n. 172).
Pilidrud St. P.

Pilidruth St. P.
Biletrud M. B. a. 976 (XXXI).
Piledrud Gld. II, a, 126.
Biltrud Laur. sec. 8 (n. 2826).
Biltrut Laur. sec. 8 (n. 3326).
Beletrudis M. B. a. 1028 (XXXI).
Belletrudis Pd. a. 615 (n. 230).
Beltrudis pol. Irm. s. 249.
Belectrudis pol. R. s. 47 wol hieher.

Bilifrid. 8. Ng. a. 760, 775, 776; Laur. sec. 8 (n. 1253).
Bilifrit tr. W. a. 780 (n. 153).
Bilafrid necr. Fuld. a. 1022 (fem.).
Pilifrid K. a. 797 (n. 46; Ng. ebds.); St. P.
Bilfrid Laur. sec. 8 (n. 1241).
Blifrid Laur. sec. 8 (n. 3282) wol hieher.
O. n. Pilifritinchovun.

Piligat. 9. St. P.

Biligarda, fem. 8. Laur. sec. 8 u. 9 (n. 185, 697); Ng. a. 874.
Biligart Laur. sec. 8 (n. 1174); H. a. 926 (n. 146).
Bilikart Gld. II, a, 121.
Piligart St. P. zwml.
Bilegart Gld. II, a, 121.
Pilegart Gld. II, a, 126.
Beligardis pol. Irm. s. 223, 242.
Beligarda Laur. sec. 9 (n. 597).
Belegardis pol. Irm. s. 248.
Nhd. Pilegaard.

Piligis. 9. Mchb. sec. 9 (n. 704).
Joseph cognomine Biligis Gld. II, b, 155.

Biligrim. 8. Erzb. v. Salzburg sec. 10; erzb. v. Cöln sec. 11.
Biligrim P. V, 68 (ann. Quedlinb.), 95 (ann. Hildesh.).
Biligrin P. V, 101 (ann. Hildesh.).
Piligrim P. I, 89 (ann. Salisb.); II, 242 f. (ann. Wirzib.); IV, B, 171 (synod. Baioar. sec. X); VI öfters; St. P. oft; Mchb. sec. 8 (n. 39); M. B. a. 915, 916 (XI, XXXI).
Piligrin P. II, 215 (chron. S. Mart. Colon.), 216 (ann. Brunwil.); V, 125 (ann. Augustani); VI, VII, IX, mehrm.; M. B. XI, XIV öfters; H. sec. 11 öfters.
Pilegrim P. VIII öfters.
Pilegrin P. I, 99 (ann. Colon.); V, 97 (Lamberti ann.); IX, 529 (chron. S. Andreae).
Pilgrim P. I, 83 (ann. Sangall.); M. B. sec. 11 (II, VI, VII, XIII).
Pilgrin M. B. XIV.
Belegrimmus P. IX, 111, 115 (chron. Novalic.).
Belegrim P. IX, 108, 122, 133 (chron. Novalic.).
Belegrin P. IX, 109 (chron. Novalic.).
Belgrim P. IX, 625, 647, 654, 657 (chron. mon. Casin.).
Pelegrim Lc. a. 1025 (n. 161).
Beleugrim P. IX, 131 (chron. Novalic.).
Bilgerin necr. Aug.

Oeftere verwechselung mit Peregrinus, z. b. P. VII s. 392: Pilgerin, vere seculo peregrinus; IX.

Biliheid, fem. 8. Schn. a. 779 (vgl. Bilihild).
Bilaheid Laur. sec. 9 (n. 2604).

Bilierdis, fem. 11. St. M. a. 1002.
Beliardis Lgd. a. 1042 (II, n. 187).

Bilihelm. 9. Laur. sec. 9 (n. 224).
Billehelm Laur. sec. 9 (n. 1869).

Bilihild (-is, -a), fem. 6. Frau des königs Theodebert II sec. 6; frau des königs Childerich II sec. 7.
Bilihild P. VI, 163 (vit. S. Liutbirgae); tr. W. a. 760 (n. 170); Dr. a. 779 (Schn. liest hier Biliheid); Laur. sec. 8 (n. 2086).
Bilihilt P. VI, 159 f. (vit. S. Liudbirgae); Laur. sec. 8 (n. 435, 2418); Dr. a. 822 (n. 397; Schn. ebds.).
Pilihilt St. P. zwml.
Pililt Gld. II, a, 126.
Bilehilt Pd. a. 734 (n. 555).
Bilechilda d. Ch. I, 672.
Bilechildis neben Blichildis Pd. a. 667 (n. 359).
Bilhild P. II, 283 (gest. abbat. Fontan.); pol. Irm. s. 256; fragm. de reb. Dagobert. (d. Ch. I).
Bilildis Lgd. a. 1025 (II, n. 157).
Pilhilth Mchb. sec. 8 (n. 100).
Blihild Laur. sec. 8 (n. 2229) wol hieher.
Belichildis und Belechildis Fredegar.
Bellieldis Lgd. a. 1042 (II, n. 187).
Belhudis pol. R. s. 48 etwa Belhildis?

Biliram. 8. Laur. sec. 8 (n. 943).
Beletramnus pol. R. s. 6.

Belimar. 8. Pol. R. s. 51.
Belemar pol. Irm. s. 156.

Sollte hieher vielleicht das Bilimes gehören, welches Dr. (n. 397) u. Schn. in einer urk. v. 822 übereinstimmend lesen?

Bilimot, fem. 8. St. P.
Pilimot Mchb. sec. 8 (n. 89).
Pilimuot Schn. a. 788.
Pilimunt. 8. St. P.
Piljmunt St. P.
Bilerat. 8. Laur. sec. 8 (n. 2353).
Pilerat Gld. II, a, 126.
Belissendis, fem. 11. Lgd. a. 1081 (II, n. 271).
Bellissendis Lgd. a. 1058 (II, n. 207).
Biliswinda, fem. 8. Laur. sec. 8 (n. 526).
Belleidis, fem. 10. St. M. c. a. 962.
Belois, fem. 9. Pol. R. s. 63. Aus Beloidis?
Pilolf, Gr. I, 850; III, 331; wol nur aus o. n. Pilolfinga geschlossen.

BILD. Ein paar formen scheinen sich, wenn man nicht lieber umstellung für Blid- annehmen will, am besten zu altn. billdr, pfeil, wurfspiess zu fügen.

Pilde, fem. Gld. II, a, 126.
Pilding. 11. M. B. sec. 11 (XIV).
Bildrad. 8. Pol. Irm. s. 23.

Bilis. 9. P. VII, 561 (Marian. Scot. chron.); Wg. tr. C. 238, 283, 426, 430.
Biliso Lc. a. 1003 (n. 136, 137 ff.), 1041 (n. 177). Nd. Bils.

Stehn diese formen für Biliz, Bilizo und gehören sie zu BIL? Vgl. indessen auch Blismodis, ja sogar auch das nicht ganz bestimmt davon zu trennende Belisar (= Bilis-har?).

-binc scheint in dem einzigen namen Ochelpincus (7) aufbewahrt. Ich möchte an das von Grimm gr. II, 61 vermuthete binga, bang, bungun denken, wozu man auch oben BANC vergleiche.

-bind in Merabind und Wolfbinth (9) kann kaum mit BAND in ablautendem verhältnis gedacht werden und bleibt daher noch weiteren forschungen empfohlen. In Ariobind (sec. 4) könnte es für -vind stehn.

Binin. 10. Laur. sec. 8 (n. 266).
Binizo. 10. P. V, 765, 770, 771 (Thietmari chron.).
Binzo Lc. a. 1020 (n. 157).

Pinuz Gr. III, 131.
Benzo gehört gewiss öfters hieher.

Mit diesem namen, den man sich doch jedenfalls scheuen muss unmittelbar zu ahd. binuz binse zu stellen, scheinen die beiden folgenden in verbindung zu stehn.

Pineizheri. 9. St. P.
Pinuzolf, zu schliessen aus o. n. Pinuzolfingarodorf.
Bio s. BIG. **Bioda, Biotuit** s. BIUD.

BIRG. Meistens scheint in den hieher gehörigen n. noch die bedeutung von condere oder servare zu erkennen, die bergan im ahd. hat, so dass BIRG sich nur durch den ablaut von BURG unterscheidet. An eine unmittelbare verbindung mit unserm berg mons ist nicht zu denken und deshalb sind die o. n., welche sich ganz bestimmt auf dieses letzte wort enden (und zu denen auch die nhd. f. n. auf berg gehören), nicht mit den hier genannten p. n. zu vermengen. Ganz dasselbe verhältnis haben die o. n. auf burg zu den eben so endenden p. n. und deshalb sind auch diese beiden klassen zu trennen. — Am meisten erscheint unser stamm bei den Franken, und zwar bildet er dort nachweislich schon seit dem 6. jhd. namen, weit seltener ist er bei den Alamannen. — Die damit beginnenden namen sind selten, doch könnten auser den angeführten noch einige hieher gehören, die vielleicht irrthümlich zu BERAHT gestellt sind, indem ich das t ausgefallen glaubte. Die auf BIRG endenden p. n., sämmtlich feminina, haben meistens die endung a, seltener is, zuweilen auch (z. b. öfters im pol. R.) ia. Es sind folgende 125:

Adreberga 8.	Archiberga 10.	Drudpirc 8.
Ageperga 8.	Adalberga 8.	Droitberga 8.
Agelberga 8.	Autberga 8.	Eureberga 8.
Agamberga 8.	Audelberga 8.	Eremberga 9.
Aldeberga 8.	Ostbirch 9.	Erchanpirc 9.
Altgeberga 8.	Chimberga 11.	Erdbirg 8.
Aliberca.	Chunipiric 10.	Erleverga 9.
Ellanpiric 8.	Cristemberga 8.	Eodalberga 8.
Amalabirga 6.	Tagabirga 9.	Flatberga 8.
Andreberga 8.	Dodobergia 9.	Floremberga 8.
Angalberga 9.	Dodilberga 8.	Froibirgis 11.
Ansberga 9.	Domleverga 8.	Freberga 9.

Fridubirg 8. Frodeberga 8. Gamalberga 8. Gantberga 8. Gariperga 8. Gautberga 8. Cawipirc 8. Germenberga 8. Gimbergia 6. Gisoberga 8. Gisemperga 9. Gisilbirga 8. Gotberga 8. Godalberga 8. Goidsberga 8. Grimberga 8. Guntberga 7. Aitberga 8. Elidpirch. Heripirc 9. Hadaberga 8. Helanpirich 11. Helmberga 8. Hildibirga 8. Clodebergis 6. Flodeverga 8. Hrotberga 6. Humbergia 9. Itaberga 8. Idalberga 8.
Itisberga 8. Indemperga 10. Ingoberga 6. Irimbric 9. Irminpirc 8. Isanbirga 8. Josemberga 10. Landeberga 8. Liutberga 8. Madreberga 8. Maginpirc 8. Mahalpirc 8. Marcberg 9. Marcanberga 8. Madalberga 8. Mediberga 7. Motberga 8. Nadalberga 8. Odalpirc 8. Pedreverga 10. Radaberga 8. Racberga 8. Raganberga 8. Rauberga 8. Rigaberga 8. Rosperga 10. Sadreberga 9. Salaberga 7. Scariberga 6. Scauniperga 8.
Seneverga 10. Sesberga 8. Sigibirga 8. Sighelberga 8. Siginberga 8. Sindeberga 7. Siseberga 8. Stadiverga 9. Swanebergh 9. Tetberga 9. Theutbirg 8. Teudelberga 7. Thrasteberga 7. Ulberga 8. Wadpirc 9. Waltberga 8. Wandalberga 8. Wandrebergia 9. Wirpirk 11. Warmemberga 8. Witberga 8. Wicbirga 9. Wicleberga 8. Willibirg 8. Wineberga 8. Vindpirc 9. Uospirc 9. Wolfbirc 8. Zeizbirg 8.

Perco. 9. Mchb. sec. 9 (n. 596).
In das gebiet dieses namens spielen formen wie Birico u. dgl. (s. ds.) hinüber.
Nhd. vielleicht hieher Bercke, Berg, Berge, Berke.
Berga, fem. 8. Pol. Irm. s. 266.
Bercheht, fem. 9. Wg. tr. C. 188.
Bericbert. 9. Wg. tr. C. 473.
Perehfrid. Gld. II, a, 105 neben Perhfrid.
Perichger. 9. K. a. 879 (n. 155).
Perihger Schpf. a. 1040 (n. 201).
Perihker necr. Aug.
Perichker Gld. II, a, 105.
Perigger P. XII, 584, 588, 590 (vit. Gebehardi).
Perehker necr. Aug.
Perechger K. a. 1045 (n. 226).
Berhker necr. Aug.
Perhkar St. P.
Perhker St. P.
Perchker Gld. II, a, 105.
Perhicher P. VII, 460 (Bernold. chron.).
Perehgart. Gld. II, a, 105.
Perahgoz. 9. St. P.
Perecgoz Ng. a. 817.
Pereccoz Ng. a. 817, 833.
Bercheid, fem. 9. Laur. sec. 9 (n. 2044).
Berchar s. Berachar.
Perhmar. 9. Ng. a. 850.
Pergolf. 9. P. IX, 608 (chron. mon. Casin.).

Birico. 9. Ep. Tungrens. u. b. v. Gap sec. 9.
Birico P. III, 534 (Kar. II capit.); Lp. a. 829 (I, 675).
Biriko Laur. sec. 8 (n. 548).
Biricho Lp. a. 829 (I, 675); tr. W. a. 855 (n. 156); Dr. sec. 9 (Schn. liest hier Bituricho); Dr. a. 800 (Schn. ebds. Biridio); Dr. a. 823 (n. 410; Schn. ebds. Batucho); Laur. mehrmals.
Piric Mchb. sec. 8 (n. 179).
Piricho K. a. 822, 839 (Ng. ebds.).
Biraco (so) P. III, 547 (Bosonis capit.).
Pircho St. P.
Nhd. Birch, Birck, Biricke, Birk, Birke, Pirch.
Die hier erwähnten formen scheinen theilweise zu Berico (BERA), theilweise zu Perco (BIRG) zu gehören; zu bircha betula möchte ich sie nicht stellen.
Birinc. 8. Laur. sec. 8 (n. 2903).
Nhd. Bühring, Büring.
Birtilo s. BERAHT.

BIS.

Man vgl. zu den folgenden formen altn. bisa summo et rudi nixu moliri und adv. bisna viel, sehr; s. auch Gr. III, 216.
Biso. 9. B. v. Paderborn sec. 9. P. III, 561 (Arnulf. capit.); VI, 149 (ann. S. Liborii); VIII, 584 (annalista Saxo); IX, 302 (Ad. Brem.); Wg. tr. C. 122; conc. Tribur. a. 895.
Bis P. VIII, 590 (annalista Saxo).
Piso Gld. II, a, 105.
Byso necr. Fuld. a. 980.
Biso viell. schon bei Jorn. 45, obgleich daneben Urso gilt.
Nhd. Beise, Bese.
O. n. Bisinberc, Bissanheim, Bisestat (hieher?)
Pisua, msc.? 10. St. P.

Bisinus. 5. Thüringerkönig sec. 5; ep. Eliberitan. sec. 7.
Bisinus Greg. Tur. II, 12; conc. Hispalens. a. 619; gest. regg. Franc.
Pisin St. P.; Mchb. sec. 9 (n. 600).
Pisan Mchb. sec. 9 (n. 593).
Bissinc und **Pisinc** Gr. III, 216 scheinen nur aus o. n. Bissinga und Pisingun gefolgert. Nhd. Bissing.
Bismod. 8. Pol. Irm. s. 197.

Bita, Bitbald, Bitbert, Bithgart, Bito s. BID. **Biubgis** s. LIUB.

BIUD. Nur zwei schwache spuren vermag ich von solchen n. mitzutheilen, die zu goth. biudan, altn. bioda, ags. beodan, ahd. biudan, nhd. bieten praebere, offerre gehören.
Bioda, fem. 11. Necr. Fuld. a. 1062.
Biotuit. 9. Dr. a. 843 (n. 551; Schn. ebds.).

Biurgo s. BURG. **Bivinus** s. BIB.

BIZ. Das goth. beitan, ags. bitan, altn. bita, ahd. bizan mordere muss ursprünglich spalten bedeutet haben und könnte daher leicht auch vom schwerteshiebe gebraucht worden sein. Vielleicht sind noch die beiden folgenden formen spuren von einem gebrauche dieses ausdrucks in namen.
Pizala, fem. 11. Mchb. sec. 11 (n. 1241).
Bizzirich zu schliessen aus o. n. Bizzirichesbaim.

Bladalin, Bladin, Bladold, Bladovildis s. BALD.

BLANC. Zu altn. blank, ahd. blanch weiss.
Blanche Gr. III, 254 scheint nur aus o. n. Blanchinheim gefolgert.
Nhd. Blanc, Blanck, Blancke, Blank, Blang, Blenk.
Blanca, fem. 10. P. VI, 128 (Ademar. histor.).
Blancia P. X, 365 (Hugon chron.).
Blanchard. 11. Guérard a. 1070 neben Blancard.
Nhd. Blanchard.

BLAND. Vgl. ags. blandan miscere, blandenfeax flavicomus, ital. biondo, franz. blond, nhd. blond. Doch sind Blandus und Blandius bekanntlich auch lateinische namen.
Bland. 10. St. P.
Blandila s. Brandila.
Blanderich. 9. Lgd. a. 897 (II, n. 19); A. S. Jan. I.
Erweitertes BLAND in der zusammensetzung:
Blandelcar. 8. Pol. Irm. s. 232.

Blatchar, Blatsinda s. BALD.
Blawa, fem. 9. Laur. sec. 8 (n. 804).
Bloa Laur. sec. 8 (n. 819, 821).
Blawa muss zu ahd. blào blau gehören, scheint aber nicht sowol coerulea als vielmehr flava zu bedeuten, womit es auch im laute übereinkommt.

Bledas s. BLID. **Blein-, Bleon-** s. BLIUN.
Blesio. In d. Niederlanden gefundene inschrift aus heidnischer zeit, St. n. 1406. Scheint deutsch, zumal sein vater Burgio heisst.
Bleutsint. 8. Laur. sec. 8 (n. 295).

BLIC. Vgl. ahd. blich fulmen, ags. blican fulgere, ahd. bleih, ags. blâc pallidus.
Blictrud, fem. 8. Schwiegertochter Pipins von Heristal.
Blictrudis P. II, 311 (dom. Carol. geneal.); Lc. a. 947 (n. 100).
Plictrudis P. VIII, 328 (Sigebert. chron.); H. a. 726 (n. 41); Mab. a. 798, 854; pol. R. s. 36, 43 etc.
Blihtruda (und -is) Dr. a. 813 (n. 287; Schn. Blithruda); Laur. sec. 9 (n. 1733).
Plihtrud Laur. sec. 8 (n. 2588).
Plihthrudis P. I, 114 (ann. Lauriss.).
Plectrudis P. I oft; II, 275 (gest. abbat. Fontan.), 312 (dom. Carol. geneal.); V, 214 (regg. et imper. catal.); VI, 114 (Ademar. histor.); VIII, 118 (Ekkeh. chron. univers.); X, 570 (chron. S. Huberti Andag.); H. a. 706 (n. 30); pol. Irm. s. 34, 54 etc.; gest. regg. Franc.
Ueber Plectrudis spricht Grimm gesch. d. dtsch. spr. 542; auch er setzt Blictrudis zu blic fulmen, das leicht damit zu verwechselnde Blitdruda dagegen zu BLID.

Plidthrud für Plectrud z. b. P. I, 343 (ann. Fuld.).

Bliceger. 8. Laur. sec. 9 (n. 3014).

Blicker Laur. sec. 8 (n. 2734).

Blihcker Gld. II, a, 97.

Bliegart, fem. 8. Laur. sec. 8 (n. 2683).

Plechelm. 7. A. S. Maj. II öfters.

Blichildis, fem. 7. Neben Bilechildis (s. ds.) Pd. a. 667 (n. 359).

BLID. Dieser in namen nur anlautend vorkommende stamm, dessen anwendung zu namen auf Franken, Baiern und Alamannen beschränkt scheint, gehört sicher zu ahd. blidi laetus.

Bledas. 5. Attilas bruder; deutsch?

Βλέδας Procop.

Βλήδας exc. de legatt.

Bleta Jorn. 35; falsch Bleba in der hist. miscell. 14, 15.

Nhd. Blede, Plitt.

O. n. Blidinstat.

Blida, fem. 8. Pol. Irm. s. 173.

Plida Mchb. sec. 9. (n. 561).

Blitia pol. R. s. 53.

Blitga (fem.) pol. R. s. 49 viell. für Blitia?

Blidilo. 9. Schn. a. 829.

Blidina, fem. 8. Pol. Irm. s. 93.

Bliding. 9. Schn. a. 889.

Bliddruda, fem. 8. P. VII, 97 (Herim. Aug. chron.).

Blitdruda P. VI, 456 (Hartmann. vit. S. Wiboradae); Laur. sec. 8 (n. 763, 767).

Blitrudis Pd. a. 714 (n. 490; H. ebds. n. 36).

Pliddruda P. VII, 97 (Herim. Aug. chron.); Ng. a. 804.

Plidtrud St. P.

Blithruda Schn. a. 813 (Dr. n. 287 hat Blihtruda).

Blidrud St. P.

Blitrud Laur. sec. 8 u. 9 mehrmals.

Plidrud St. P.

Vgl. den n. Plectrudis unter BLIC, der hiemit, obwol ursprünglich verschieden, öfters verwechselt wird.

Blidegar. 7. Pd. a. 693 (n. 431: Mab. ebds.).

Blitegar tr. W. a. 717 u. 718 (n. 194 u. Pd. nachtr. n. 38).

Blidgaer Ng. a. 744.

Blidger Ng. a. 764.

Blidker R. a. 821 (n. 21).

Blitgar P. I, 459 (Hincm. Rem. ann.); pol. Irm. s. 54, 191.

Blitger Laur. sec. 10 (n. 428).

Blitcar pol. Irm. s. 209.

Plidger Ng. a. 827.

Plidker St. P. zwml.; R. a. 808 (n. 14); Ng. a. 860.

Plitker Gld. II, a, 106.

Blitgaer Ng. a. 774.

Plidhger Ng. a. 849.

Plidkaer St. P. zwml.

Blicher P. VI, 8 (ann. Virdun.).

Bligar Lgd. a. 956 (II, n. 87).

Bliger P. XII, 239 (Rodulf. gest. abb. Trudon.).

Blidgard, fem. 8. Tr. W. a. 766 (n. 103).

Blitgarda Lgd. a. 1036 (II, n. 177).

Blitgardis pol. R. s. 52.

Blidkart u. Blidcart Gld. II, a, 121.

Plidgart u. Plidkart Gld. II, a, 126.

Plidkard St. P.

Blutgard Laur. sec. 9 (n. 809) wol hieher.

Blidgaud. 8. Laur. sec. 8 (n. 1504).

Blidkaoz St. P.

Plidkoz Gld. II, a, 106.

Plidcoz Ng. a. 814, 833.

Blitgildis, fem. 8. Pol. Irm. s. 35.

Plidkilt Mchb. sec. 9 (n. 589).

Blidegisil. 7. P. XI, 372 (Fragm. hist. Fossat.); d. Ch. I mehrmals.

Blidegisillus Pd. a. 638, 640 (n. 291, 293; unecht).

Blitard. 10. P. VI, 68 (Folcuin. gest. abb. Lobiens.).

Blithar, 8. Pol. Irm. s. 41; pol. R. s. 49.

Blither pol. R. s. 43; A. S. Maj. V.

O. n. Blidheresbrunno, Plitharesdorph.

Blithelm. 9. Pol. R. s. 44, 56 etc.

Blidhild, fem. 7. Tochter Lothars I.

Blidhild Laur. sec. 8 (n. 1087).

Blithild P. VIII, 118 (Ekkeh. chron. univers.), 322, 326 (Sigebert. chron.); Laur. sec. 8 (n. 678).

Bliotilde P. II, 308 (dom. Carol. geneal.).

Blidilt tr. W. a. 846 (n. 270).

Blitild P. II, 308, 313 (dom. Carol. geneal.); VI, 115 f. (Ademar. monast.).

Blidechildis test. Erm.; d. Ch. I, 570.
Plidhilt R. a. 787 (n. 6); M. B. a. 893 (XXXI).
Plidhil (so) Gld. II, a, 126.
Belethildis pol. Irm. s. 203 wol hieher.
Blidramnus. 7. P. II, 318 (Adon. chron.); Pd. a. 678 (n. 388; Mab. ebds.); pol. Irm. s. 264.
Blidrannus P. X, 325 (Hugon. chron.).
Blittrannus pol. R. s. 16.
Blitgranus Schpf. a. 795 (n. 70).
Plidroch. 8. Laur. sec. 8 (n. 2910).
Blidman. 9. Schn. a. 815.
Blidmar. 8. Necr. Fuld. a. 792.
Blitmar Pd. a. 685 (n. 404); Laur. sec. 8 (n. 1303); pol. Irm. s. 101.
Plidmeri Mchb. sec. 8 (n. 237).
Blimmar Laur. sec. 8 (n. 2866).
O. n. Blimareshuson.
Blidmot. 9. Dr. sec. 9. (n. 200).
Plidmoot Gld. II, a, 126.
Plidmuot Mchb. sec. 10 (n. 1000).
O. n. Plidmuteswanc.
Blidmoda, fem. 11. Lgd. a. 1020 (II, s. 153).
Blidemund. 7. Test. Erm.; A. S. Mart. II.
Blidmund A. S. April I.
Blitmund pol. Irm. s. 101.
Plidmunt Mchb. sec. 8 (n. 237).
Blidrat, fem. 8. Laur. sec. 9 (n. 1609).
Pliderat Gld. II, a, 126.
Blütrat Laur. sec. 8 (n. 1008).
Blidirich. 8. Pol. Irm. s. 264.
Blidrich pol. Irm. s. 80.
Blitsind, fem. 9. Ng. a. 808.
Blidoald. 7. Mab. c. a. 664 (act. Bened.; H. ebds.); Pd. a. 667 (n. 360).
Blidald Gld. II, a, 113.
Plidhuar. 9. St. P.
Bledois. 9. Pol. R. s. 44.
Blidulf. 8. P. VI, 89 (chron. Median. monast.), 356 f. (vit. Joh. Gorziens.).
Bliduiph A. S. Febr. III.
Blidolf Laur. sec. 8 mehrmals.
Plidolf Ng. a. 790, 809; St. P. zwml.
O. n. Blidolfestorf.
Plidzoz. 8. St. P.

Blifrid, Blihild s. BIL.

BLIND. Ist wirklich an ahd. blint caecus zu denken? oder vielleicht an eine ablautende form zu BLAND?
Plinta, msc. 4. Cassiod. chron.
Plenta fast. Idat. a. 419.
Steht hier der anlaut P statt B?
Blindgaer. 8. Pd. a. 744 (n. 578).
Blinwarmund s. BLIUN.
Es ist noch zu fragen, ob Leutplindis wirklich eine unverderbte form ist; ich möchte es als eine irrthümliche lesung ansehn.

Blismodis, fem. 10. Mab. a. 905; A. S. Jan. I. Vgl. Bilis.
Bliumunt. 9. Gr. II, 814; III, 239.
Pliumunt M. B. a. 822 (VIII).
Bliumunt muss zu ahd. bliuwan schlagen gehören, wohin vielleicht auch Blivilas gehört.

BLIUN. Ueber den stamm bleon in eigennamen s. Grimm bei Haupt zeitschr. VII, 459. Es scheint dieser stamm mit BERAHT gleichbedeutend und etwa verwandt mit ags. bleo, alts. bli color.
Blion. 8. Necr. Fuld. a. 843.
Bleon Pd. a. 748 (n. 595); Laur. sec. 8 (n. 3275).
Pleon St. P.; A. S. Febr. III.
Plien Ng. a. 889.
Blieon Laur. sec. 8 (n. 2871).
Blionung. 9. Dr. a. 822 (n. 396; Schn. ebds. Bilung).
Plionunc K. a. 850 (n. 115; Ng. ebds.).
Pleonunc Ng. a. 861.
Plienunc Ng. a. 886.
Plenung Ng. a. 862.
Bleinung Laur. sec. 9 (n. 513).
O. n. Pleoningas, Pleonungetal.
Bleonswinda, fem 8. Dr. sec. 9 (n. 189; Schn. ebds.).
Bleonsuint Laur. sec. 8 u. 9 (n. 2819, 2876).
Bleinsuint Laur. sec. 8 (n. 2478).
Blinwarmund (so). 10. P. V, 694 (Greg. V litterae). Grimm bei Haupt VII, 459 möchte diesen namen hieher setzen. Jedenfalls ist das sehr unsicher; mag er indessen hier eine stelle finden, bis mehr licht über ihn heranbricht.

Blivilas. 5. Jorn. 50. Vgl. Bliumunt.
Bloa s. Blawa.

BLOM.

Zu goth. ahd. blôma flos mag einst eine bunte fülle schöner namen gehört haben; zwei spuren geben uns davon noch eine schwache ahnung ein.

Pluoma, fem. Gld. II, a, 126.

Blumarit in einem epigramm von Luxovius collect. Pisaurens. VI p. 277 u. Burm. anthol. lat. II, p. 599.

Bluetrat, Blutgard s. BLID.

BOB.

Die folgenden namen weisen mit sicherheit auf einen stamm dieser form hin und bekunden damit die alte existenz unsers nhd. bube, obwol sich dieses wort bisher vor sec. 13 noch nicht hat belegen lassen.

Wie ich Bavo unter Babo, Bevo unter Bibo gestellt habe, so nehme ich hier Bovo und einige andere formen mit v auf.

Bobo. 6. Friesenfürst sec. 9; Thüringerherzog; b. v. Würzburg sec. 10; b. v. Utrecht sec. 11; erzb. v. Trier sec. 11; b. v. Brixen, dann pabst Damasus II sec. 11.

Bobo P. IV, B, 176 (Heinr. II pact.); IX, 184 (Heriger. gest. episc. Leod.); Greg. Tur.; H. c. a. 644 (n. 18); Mab. a. 653; convent. Clipiac. a. 659; Ng. a. 752; Laur. sec. 8 (n. 824, 1333).

Bobbo P. II, 242, 244 (ann. Wirzib.); IV, 24 Ott. M. constitut); necr. Aug.; Laur. mehrmals; Gud. a. 1056.

Pobbo P. VII, 392 (Bernold. chron.); VIII öfters; M. B. a. 1040 (XI).

Popo P. I oft; IV, 27 (Ott. M. constitut.); V, 208 (chron. mon. Capuae); VIII öfters; X, 269 (Ruperti chron.); Fredegar; Mchb. sec. 8 (n. 7); St. P. öfters; Lc. a. 1054 (n. 190); M. B. c. a. 1070 (VI).

Boppo P. I, 398 (ann. Fuld.), 601, 605 (Regin. chron.); V, VIII öfters; Laur. sec. 8 (n. 818); Ng. a. 913; Gud. a. 926.

Bopo P. VII, 561 (Marian. Scot. chron.).

Poppo P. I, II, V–IX oft; X, 172 (gest. Trever.), 209 (vit. S. Symeon.), 361 etc. (Hugon. chron.); St. P. öfters; Lc. a. 936 (n. 92), 947 (n. 97); G. a. 1015 (n. 37); M. B. sec. 11 (II, VI, VII, XIII).

Bobpo H. a. 926 (n. 147).

Pobpo St. P.

Popus Gld. II, a, 117 hieher?

Boabo Gld. II, a, 97.

Poapo Mchb. sec. 8 u. 9 (n. 13, 541 etc.).

Baobbo (so) fragm. de reb. Dagobert (d. Ch. I).

Buabo tr. W. c. a. 780 (n. 114).

Puabo K. a. 817 (n. 79); necr. Aug.

Buobo Schn. a. 806; Gud. sec. 10.

Puobo St. P. mehrmals.

Puopo St. P. mehrm.; Ng. a. 754; M. B. c. a. 1050 (VI).

Poupo Mchb. sec. 9 (n. 671).

Bubo Laur. mehrm.; Lc. a. 1057 (n. 192).

Pubo M. B. sec. 11 (VI).

Pupo St. P.

Bovo P. II, 656 (Nithardi hist.); III, 568 (Kar. III capit.); V oft; VII, 13 (ann. Elnon.); VIII öfters; IX, 299, 367 (Ad. Brem.); X, 480 (Hugon. chron.), 625 (chron. S. Hubert. Andag.). pol. Irm. s. 13, 132; St. P.; Wg. tr. C. 258, 322, 345; Gud. a. 959.

Buovo H. a. 959 (n. 169); Lc. a. 1041 (n. 177).

Buo, Puo, Buwo, Puwo, Buho s. BU.

Nhd. Bob, Bobe, Bopf, Bowe, Böwe, Bopp, Bub, Bube, Buob, Popp, Poppe, Puff, Puppe.

O. n. Buobenheim, Poapincella, Poapintal, Pobinga, Popenburg, Popponlurun, Puabinwilare, Puapinchova, Pupinhusir, Puppininga.

Buoba, fem. 6. Laur. sec. 8 (n. 2976).

Puoba Schpf. a. 792 (n. 66).

Popa St. P.

Pupa Pd. a. 572 (n. 178); Mur. 1972, 5.

Bova P. VI, 516 (mirac. S. Apri); pol. R. s. 15, 60.

Popi. 9? St. P.

Poopi St. P.

Bobilo. 8.

Bovilo Pd. a. 748 (n. 589; Mab. ebds.); Guérard a. 828.

Povolo St. P. zwml.

Sollte Bubalus in einer röm. inschrift aus Cöln (St. n. 856) schon unser n. sein?

Nhd. Bobel, Boebel, Popel, Puppel. Poppel.

Popili, 8. St. P.

Bobila, fem. 8. R. a. 821 (n. 21).
Bobila (var. Babila) d. Ch. I.
Buobila Schn. a. 788.
Popila St. P.
Bovila pol. R. s. 50.
Bobolin. 6. P. II, 318 (Adon. chron.); X, 324 f. (Hugon. chron.).
Bobolenus M. a. 655 (n. 145); Greg. Tur. VIII, 32.
Boblin St. M. a. 942.
Buoblin Schn. a. 813.
O. n. Puabiliniswilari.
Bobin. 6. D. Ch. I.
Bobobert. 7. Mab. a. 631, wo Pd. (n. 254) das unerhörte Probabobert hat.
Bovevaldis, fem. 11. Pol. Irm. s. 49 (sec. 11).

Bocco. 9. Lc. a. 801 (n. 21). Zu Bucco?
Nhd. Boch, Boche, Bock.
Bod- s. BUD.
Boffo. 9. Laur. sec. 9 (n. 3539).
-pogo in Ilpogo (8) zu BAUG?

BOI. Zum v. n. der Bojen und zu dem davon abgeleiteten der Baiern rechne ich folgendes:
Boio. 7. Wg. tr. C. 252; Frek. mehrm.; necr. Fuld. a. 959; Ms. a. 1049 (n. 22).
Baio P. III, 523 (Kar. II capit.); X, 339 (Hugon. chron.); Wg. tr. C. 235.
Baia Wg. tr. C. 456.
Paio Gr. III, 20.
Beio Wg. tr. C. 228.
Peio K. a. 813 (n. 70), 836 (n. 96).
Beya Wg. tr. C. 416.
Beyo Wg. tr. C. 307, 385, 389.
Beis Wg. tr. C. 470 und Beic C. M. Sept. vielleicht Beio zu lesen?
Beia, fem. 9. Pol. R. s. 35.
Boiko. 9. Frek. mehrm.; Ms. a. 1049 (n. 21).
Beiko Laur. sec. 9 (n. 654).
Baihildis s. BAIN.
Boiorix. 2. v. C. Cimbernführer. Florus.
Βοιώριξ Plutarch.
Grimm gesch. d. dtsch. sprache 640 denkt an ein Baugareiks, ahd. Pougorih.
Baier. 9. Lc. a. 805 (n. 27).
Beiar Wg. tr. C. 272, 462.
Pagiri St. P. zwml.
Pegiri Gld. II, a, 126.
Peigiri Mchb. sec. 8 u. 9 öfters.
Peir Gld. II, a, 105.
Peiri Mchb. sec. 9 (n. 466).
Peier P. VIII, 116 (Herim. Aug. chron.).
Beiarin, fem. 8. Tr. W. a. 788 (n. 102).
Pejarin Mchb. sec. 8 (n. 51); Schn. a. 798.
Pegirin Mchb. sec. 9 (n. 442).
Reierin Gld. II, a, 127 für Beierin

BOL. Mein vorschlag ist, an das mhd. buole (msc. u. fem.) gatte, bruder, freund zu denken, das wol kaum erst im mhd. entstanden ist und das ich nicht mit Ettmüller zu ags. bôl dormitorium stellen möchte. An einer oder der andern stelle könnte Bollo auch aus Baldo entsprungen sein. Auslautend in Horobolla (9)? S. ds.
Bolo. 8. Laur. sec. 8 (n. 3293).
Pualo Gr. III, 97.
Buolo K. a. 786 (n. 32); necr. Fuld. a. 1055; Hd. m. S. sec. 11 (III, 332).
Puolo R. a. 866 (n. 49); M. B. a. 1040 (XIII).
Poulo P. IX, 250 (Gundechar. lib. pontif. Eichstet.).
Bollo K. a. 802 (n. 54); hieher?
Pollo P. II, 62 (Ratperti cas. S. Galli); Ng. a. 819; K. a. 868 (n. 143); Mchb. sec. 9 (n. 240); hieher?
Nhd. Bohl, Böhl, Bohle, Boll, Bolle, Buhl, Buhle, Bühle, Bull, Buol, Pöhle wol theilweise hieher.
Boli. 10. Frek.
Polla, fem. Gld. II, a, 126.
Bolzo s. BALD.
Bolheri. Gr. III, 96. Etwa nur aus o. n. Pollereshusa geschlossen.
Nhd. Pöhler.

BON. Ein sehr verwaister, fast nur fränkischer und langobardischer stamm von unsicherer bedeutung. Zu seiner anknüpfung an die bekannte keltische ortsnamenendung sehe ich keine veranlassung. Mitunter mag an das lateinische bonus zu denken sein, doch scheint es mir unnatürlich, sämmtliche folgende n. für voces hybridae zu erklären. Als vermuthung darf geäussert werden, dass diese formen vielleicht das ags. bana bona, altn. bani, goth. etwa banja (occisor) enthalten mögen. Vgl. Grimm gr. II, 485 und s. oben BAN. Auch der name Bonus (schon bei Procop.; später oft; vgl. Bono urk. v. 865 Ng.), Bona (pol. Irm. s. 13), Bonulus (z. b. P. II, 264, 269 in den gestt. episc. Mettens.), Bonitus (P. IX öfters), Bonosus (barbarus genere, sec. 5 in der vita S. Severini ed. Pez) sind gewiss oft als unlateinisch anzusehn.

Vgl. Pono Gld. II, a, 106, so wie nhd. Bohn, Bohne, Bon, Bonn, Bonne.

Weitere deutsche ableitungen von diesem stamme sind folgende:

Bonigo. 10. P. VI, 481 (Sigebert. vit. Deoder.).
Nhd. Boncke, Bong, Bonge, Bonk, Bönke, Böhnecke, Bonke, Böhncke, Böhnke, Böncke, Bönke, Bönecke, Bönigk, Bonnecke, Pönicke. Diese n. gehören gewiss nur theilweise hieher.

Bonido. 11. Mab. a. 1083.

Bonila, msc. 8. Sm. var. Honila.

Bonizo. 10. B. v. Toscanella sec. 11. P. VI, 379 not. (bulle von Johann XV), 507 (Widr. mirac. S. Gerardi); VII, 449 (Bernoldi chron.); X, 54 f. (Landulf hist. Mediol.); conc. Roman. a. 993, 1044.
Dominicus qui et Bonizo Lp. a. 975 (II, 330).
Petrus qui et Bonizo Lp. a. 970 (II, 295).

Bonibert. 7. P. IX, 412 (gest. episc. Camerac.); Pd. a. 680 (n. 392).
Bonipert (b. v. Sagui) synod. Roman. a. 853.

Bonifred. 9. Lp. a. 870, 929 (I, 839 ff. II, 179).

Bonafusus. 11. Lgd. a. 1023 (II, n. 154) neben Bonafos.
Bonafos auch Lgd. a. 1058 (II, n. 207).

Ebds. a. 1027 (II, n. 161) findet sich ein fem. Bonafusse und Bonafuisset; letzteres auch a. 1042 (II, n. 187).

Bonecaus, 8. P. IX, 587 (chron. mon. Casin.).

Bonard. 8. Pol. Irm. s. 113; Guérard a. 1089.
Nhd. Boehnert, Boehnhardt, Bohnhardt, Boenert.

Bonarius. Gld. II, a, 113.
Nhd. Boehner.

Bonarich. 9. Lgd. a. 873 (I, n. 98); ebds. Mab.

Boneris. 8. P. IX, 587 (chron. mon. Casin.).

Bonesind. 9. Lgd. a. 867 (I, n. 91); ebds. Mab.

Bonoald. 9. Gld. II, a, 113.
Bonald Lgd. a. 817 (I, n. 30).

Bonavida, fem. 9. Lgd. a. 867 (I, n. 91); ebds. Mab.

-bor in formen wie Izbor (8) und Mesporo (9) scheint eher slavisch als deutsch.

BORAN. Diese formen müssen zu ahd. boran natus genitus gehören. Als zweiter theil in Ratborn (9) und Cuneborn (11). Vgl. auch BARN.

Boran. 8. Laur. sec. 9 (n. 2888).
Poran Mchb. sec. 9 (n. 470, 670); St. P.
Porano Dr. a. 806 (n. 237; Schn. ebds.).
Borno P. X, 637 (gest. episc. Tullens.); Schpf. a. 966 (n. 147).
Borno neben Bornus Lp. a. 816 (I, 659).
Porn St. P.; M. B. sec. 11 (VI).

Pornin. Gld. II, a, 126.

Porinlind, fem. Gld. II, a, 126.

Boranolt. 8. Tr. W. a. 760, 787 (n. 86, 138).

Boranolf. 8. Tr. W. a. 760 (n. 179).
Bornulf tr. W. c. a. 780 (n. 106).
Oranolf tr. W. a. 761 (n. 179) falsch für Boranolf?

Borbista. 1. v. C. Gothenführer. P. VIII, 121 (Ekkeh. chron. univers.).
Boroista Jorn.

BORD. Ich kenne eine solche form nur als zweiten theil von compositionen, und zwar in Heggebord (10), Heribord (11), Hiltiport (8), Snelbort (11), Williport (11). Da diese namen mit ausnahme von Hiltiport verhältnismässig jung sind, so liegt es nahe, hier nur eine entstellung von -bert anzunehmen. Sonst dürfte an ags. bord und ahd. bort, borto gedacht werden und die dem ags. worte eigene bedeutung von schild als die für namen passendste erscheinen.

Borhter. 9. Wg. tr. C. 311. Dieser name scheint, wenn nicht etwa Berhter zu lesen ist (denn Berhteri und Berter begegnen in den tr. C.), zu dem v. a. Bructeri und dem gau Borahtra zu gehören, wie auch Zeuss s. 92 der meinung ist.

-born, Borne, Bornulf s. BORAN. **Borewald** s. Burwald.

BOS.

Es findet sich kein anderer stamm, zu dem man die folgenden namen stellen kann, als das ahd. bôsi nhd. böse, obwol die bedeutung bedenken erregt; doch vgl. ARG. Ich stelle zugleich hieher die schwer zu sondernden namen von der form Buoz-, Puaz- u. dgl., welche wahrscheinlich nicht hieher, sondern zu BUD, theilweise auch wol zu bôza, buoza gehören.

Boso. 6. Herzog v. Burgund sec. 9; ep. Agathensis sec. 9; b. v. Merseburg sec. 10; Bozzo b. v. Asti sec. 10.
Boso P. I oft; II, 218 (urk. v. 834) etc.; III oft; IV, 22 (Ott. M. constitut.); V—VIII oft; IX, 103, 131 (chron. Novalic.), 623 (chron. mon. Casin.); X, 333, 355 etc. (Hugon. chron.), 546 (gest. abbat. Gemblac.); Mab. a. 690; pol. Irm. s. 30; St. P. zwml.; Frek. mehrm.; Wg. tr. C. 226, 334, 381; Guérard a. 876, 1046.
Βόσος Theophylact. VI.
Boson (pro filio Boson) Wg. tr. C. 201.
Bosso K. a. 769 (n. 10); Ng. ebds.
Poso P. V oft; St. P. mehrmals.
Bosa (msc.) P. II, 349 (vit. S. Bonif.); VIII, 555 (annalista Saxo); H. a. 699 (n. 26); St. P.
Buoso P. I oft; Ng. a. 784, 786.
Buaso Ng. a. 788, 796.
Puoso St. P. öfters; M. B. a. 914 (XXXI).
Puaso Ng. a. 761, 822, 826; K. a. 775 (n. 16).
Puasi Ng. a. 825; St. n. 607 (inschrift aus sec. 4?).
Puaso mit var. Puoaso K. a. 845 (n. 112).
Posso Ng. a. 819, 837; necr. Aug.; St. P. zwml.
Pozo Ng. a. 788, 796.
Buzo Ng. a. 817.
Puzzo Gld. II, a, 106.
Puazzo Ng. a. 806.
Buazo Ng. a. 825.
Puazo Ng. a. 787, 790, 805.
Bozo P. I oft; Wg. tr. C. 108, 250, 385, 417.
Bozzo conc. Roman. a. 969.
Buozzo P. VI, 539 (Othloni vit. S. Wolfgangi).
Boezzo Guérard a. 1056.
Buohozo Dr. a. 837 (n. 504; Schn. ebds.).
Nhd. Bohse, Boos, Boqss, Bootz, Boes, Boese, Boëss, Boss, Bosse, Buss, Busse, Butz, Butze, Pohse, Pose, Putz.
O. n., die wenigstens grossentheils hieher gehören, sind Boasinheim, Buosinwilari, Bossenleve, Buezinsfeld, Pozinhova, Puasunhovun, Puazinchova, Pozinhusen, Pussinanch, Pussinchirichun, Puzinwilari.

Bosa, fem. 8. Pol. Irm. s. 195.

Bosico. 9. Ms. a. 1049 (n. 22).
Bosoco Lc. a. 802 (n. 23).
Bosuc Lc. a. 802 (n. 25); Wg. tr. C. 268.
Nhd. Buske.

Posilo. 8. Mchb. sec. 8 (n. 243).
Busilo Ng. a. 782.
Nhd. Bösel.

Boslin. 7. Pol. Irm. s. 270; St. P.
Bosolenus Pd. a. 677 (n. 384).
Bosolenus neben Bauslenus Pd. a. 721 (n. 517).
Butzelin tr. W. a. 699 (n. 205).

Bositto. 7. M. a. 690 (n. 96; Mab. ebds.).

Bosochind. 7. Ein abt sec. 7. Conc. Rothomag. c. a. 690; A. S. Febr. II; d. Ch. I, 683.

Bosogast. 5. P. VIII, 307 (Sigebert. chron.); lex Sal.

Bozhar. 8. Schpf. a. 794 (n. 68).

Boselm. 11. Pol. Irm. s. 51 (sec. 11); oder ist Boselin zu lesen?

Botzhilt, fem. 8. Laur. sec. 8 (n. 2558).

Buozrat. 9. Laur. sec. 9 (n. 992).

Puozirich. 9. Ng. a. 925 (zwml.).
Buozrich Ng. a. 804.

Buozolt. 8. Schn. a. 827.
Bossold tr. W. a. 711 (n. 169 u. Pd. nchtr. n. 18).
Nhd. Bosselt, Busold, Busolt, Posselt.
O. n. Buozolteshusa.

Bozulph. 8. Laur. sec. 8 (n. 297).
Buozolf Laur. sec. 8 (n. 355).
Poazolf Mchb. sec. 9 (n. 297).
Possulf Gld. II, a, 117.

Boster. 9. Wg. tr. C. 259. Der erste theil des namens ist sonst unerhört und mir unverständlich. Sollte vielleicht gar Bloster (Blôsthari) anzunehmen und an goth. blôstr, ahd. bluostar sacrificium zu denken sein? O. n. Pusterstal hieher?

Bot- s. BUD. **Bougrât** s BAUG. **Bova, Bovevaldis, Bovo** s. BOB. **Boz-** s. BOS.

-boz begegnet nur in Coloboz (8).

Brachio. 6. Thüring. n. Greg. Tur. V, 12.

Brado. 7. Pd. a. 615 (n. 230). Für Bardo? Nhd. Brade.

Braiding. 9. Episc. Matiscon. sec. 9. P. III, 420 f. (Kar. II capit.; ebds. s. 447 not. heisst dieselbe person Brainding); conc. Vermeriens. a. 852; conc. Pistens. a. 862.

Breiding conc. Suession. a. 853; conc. Vermeriens. a. 853; conc. Tullens. a. 860.

Nhd. Bretting.

Gehört Braiding zu goth. braids, ahd. breit u. s. w. amplus, latus?

BRAM.

BRAM. Einige namen ergeben einen solchen stamm mit sicherheit. Ich erinnere an ags. brême celeber, so wie an brim unda, mare, desgleichen an ahd. breman fremere, rugire. Jedenfalls haben wir in den folgenden n. den begriff des tönens und den dem tönen stets so nahe liegenden des berühmtseins zu suchen.

Pramo, Gr. III, 304; von Gr. wol nur aus o. n. Pramenowa und Pramenhova geschlossen.

Brimo. 11. H. c. a. 1040 (n. 240). Oder ist Bruno zu lesen?

Nhd. Brehm, Briehm, Preim, Priem.

Priminc. 8. Mchb. sec. 8 (n. 154).

Premminc St. P.

Bramigardis, fem. 9. Pol. R. s. 101. Kaum für Brannigardis = Brandigardis.

Premarit. 9. St. P.

Pramolf, Gr. III, 304, aus Pramolveshofa geschlossen.

BRAND.

BRAND. Gr. stellt diese namen, welche er III, 309 sehr unvollständig aufführt, unmittelbar zu ahd. brant, torris, incendium. Die wurzel des wortes scheint allerdings darin enthalten, das wort selbst indessen nicht; vgl. altn. brandr, ital. brando schwert. Der stamm lässt sich, mit ausnahme des goth. Brandila, erst seit sec. 7 in namen nachweisen, und zwar erscheint er bei weitem seltener anlautend als auslautend. Bei Sachsen scheint er selten vorzukommen, desgleichen ist er bei Franken selten (doch kommt im pol. R. anlautendes Brann- öfters vor); bei Langobarden (in der form prand) überaus häufig. Von den Alamannen behauptet Mone heldens. s. 96, sie besässen die auf brant anlautenden namen nicht eigenthümlich, sondern nur entlehnt. Auslautend bildet der stamm nur masculina, Hildebranda kenne ich als einzige ausnahme. Bemerkenswerth ist die assimilation (Hade-, Wit-) braunus, so wie der vocaleinschub in (Heri-) barand. Auslautendes BRAND in folgenden 50 namen:

Agibrand 9.	Caciprand 9.	Magubrant 8.
Altbrand 8.	Gisibrand 9.	Odelprand 10.
Aliprand 9.	Gisinbrand 9.	Pedelbrand 7.
Almeprand 9.	Gislebrand 8.	Radbrand 8.
Ingelprand 10.	Gumprand 9.	Ragemprand 10.
Ansiprand 8.	Heribrand 8.	Ribrand 9.
Adalbrand 9.	Hadabrant 8.	Sasprand 9.
Autprand 9.	Hildibrand 7.	Sigibrand 8.
Tachiprand 9.	Hildebranda 8.	Tasprand 9.
Ermbrand 8.	Hroadprant 8.	Deotprant 9.
Ercambrand 8.	Hugibrant.	Wagbrant 9.
Eutbrand 8.	Ingobrand 10.	Waldprand 9.
Fulbrand 8.	Isanbrand 8.	Witbrannus 9.
Frithubrand 8.	Jugenprand 9.	Wigbrand 9.
Frotbrand 8.	Lamprand 9.	Wolfbrand 8.
Gerbrand 9.	Lomprand 9.	Ciprand 11.
Gauseprand 9.	Liutbrand 8.	

Brantio. 9. Conc. Cabilon. a. 886.

Nhd. Brentz.

Brandila, msc. 5. Cassiod. V, 32 und 33 mit var. Blandila.

Nhd. Brandel, Brändle, Brendel, Brentel.

Brandalenus. 8. Pd. a. 734 (n. 554).

Nhd. Brändlein.

Brandelina, fem. 9. Pol. R. s. 47.

Brandanus. 11. Necr. Fuld. a. 1053. Brandanus ist auch ein irischer name im 6. jahrhundert.

Brantrud, fem. 10. Lc. a. 907 (n. 84). Oder ist die form aus Berantrud entstanden?

Brantrida St. M. a. 709 für Brantruda?

Brannoaidis, fem. 9. Pol. R. s. 46.

Branniardis, fem. 9. Pol. R. s. 56.

Branthildis, fem. 8. Pol. Irm. s. 193.

Branthog. 9. Lc. a. 927 (n. 87).

Pranthoh St. P.

Branthoc Wg. tr. C. 220.

Brantbech Dr. a. 985 (n. 723).
Branthoh P. V, 65 (ann. Weissemburg.), 101 (ann. Hildesh.); necr. Fuld. a. 991.
Brantog P. VIII, 680 (annalista Saxo).
Hieher auch
Brantho (11) P. V, 93, 96 (Lambert. ann.) mit var. Brancko.
Desgl., theilweise von derselben person, die formen:
Brandag P. V, 89 (ann. Quedlinb.).
Brantag P. VIII, 677 (annalista Saxo).
Branhag (so) P. VIII, 665 (annalista Saxo).
Bronhag (so) P. V, 833 (Thietmari chron.).
Brandald. 10. St. M. a. 942.
Branneidis, fem. 9. Pol. R. s. 101.
Branveus. 9. Pol. R. s. 53.
Branduin. 9. Lgd. a. 1035 (II, n. 175).
Brannoin pol. R. s. 44, 46 etc.
Brandulf. 9. Pol. R. s. 52.
Braudulf neben Brundulf Lp. a. 843 (I, 699).
Prandolf Lp. a. 805 (I, 635).
Brondulf Lp. a. 879 (I, 894).
Brundolf Lp. a. 924 (II, 138).
O. n. Brandolues marca.
Zu BRAND wol noch:
Brandomus. 8. Conc. Compendiens. a. 757; verderbt?
Bransin. 10. St. M. a. 942.
Branzolf. Gld. II, a, 97.

Brecosind. 10. Lgd. a. 931 (n. 52).
Bremund s. BERA. **Brenno** s. Brinno.
Brestin zu schliessen aus o. n. Brestinesbrunno.
Breulf. 7. Pd. a. 648 (n. 312).
Bribo. 8. K. a. 786 (n. 32; Ng. ebds. n. 96).
Briceold. 9. Pol. R. s. 33.
Brictius. 9. Lc. a. 962 (n. 105). Deutsch?
Briccius (sec. 5, b. v. Tours) Greg. Tur. II, 1 und X, 31 wol undeutsch.
Briccius neben Brictius Gld. II, a, 113.
Britcio P. III, 252 (Hlud. et Hloth. capit.).

BRID. Der zügel des rosses (franz. bride, ahd. brittil, ags. bridel) kann wie anderes kriegs- und rüstungsgeräth füglich zu bildung von namen verwandt werden. Oder ist an den volksnamen der Britten zu denken? Im ags. kommen allerdings nicht selten namen wie Brithelm und Britwald vor. Anderes liegt wol ferner.

Briddo. 9. P. II, 187 (ann. Gand.).
Britto M. B. a. 1094 (XXXI).
Altn. Breði hieher? Nhd. Brede, Brett, Briet.
Britobaudes. 6. Pd. a. 533 (n. 118, 119).
Pridker. 8. Ng. a. 783.
Brietger Lc. a. 834 (n. 46) wol hieher.
Britttharius. 6. Thüringischer n. D. Ch. I, 542.
Pretimir. 9. Mchb. sec. 9 (n. 981).

Brigida, fem. 8. Schwester Hermanns III von Alamannien, frau herzog Adalberts von Kärnthen. P. II, V, VI; St. P.; Laur. sec. 8. (n. 968); Schpf. a. 1004 (n. 185); C. M. Dec. Lässt sich die von einigen vermuthete identität des n. mit Berhta erweisen?
Brimo s. BRAM.
Brining. 8. Tr. W. a. 784 (n. 97).
O. n. Briningesdorph, Briningouilla.
Brinno. 1 (ein Canninefate). Tac. hist. IV, 15. Keltisch = Brennus? oder von ahd. brinnan?
Brenno Schpf. a. 1040 (n. 201).
Nhd. Prin.
Die n. Waltbrinna und Wolfbrinna gehören nicht etwa hieher, sondern zu BERA.
Brisca, fem. 11. P. VI, 134 (Ademar. histor.).
Briso. 8. Gr. III, 314.
Priso Mchb. sec. 8 (n. 80, 284).
Nhd. Brese, Briese, Brüse, Preis, Preiss, Preyss, Priese.
O. n. Prisingun, Prisinchiricha, Prisinperac, viell. auch Prisigawa.
Brisolf. 8. Tr. W. a. 792, c. a. 803. 806 (n. 28, 29, 79).
Britcio s. Brictius. **Britobaudes, Britto** s. BRID.
Briwin. Gr. I, 868.
Brodulf. 7. Pd. a. 627 (n. 241); Mab. a. 632.
Produlf (var. Brunnulf, Brodulf, Rudulf.) Fredegar 55, 56, 58.
Wohin gehört dieser n.? an ahd. brôdi schwach oder an brôt panis zu denken, scheint unpassend.
Brei. 9. Dr. a. 838 (n. 510); Schn. ebds. Verderbt?

Nhd. Bry?

Brothar. 8. Ms. a. 1049 (n. 22).

Broter Ng. a. 752 (n. 16).

Dieser n. mag zu ahd. brôdar frater gehören.

BROZ. Nur ganz unsicher darf an ags. prût superbus oder auch an ahd. proz gemma erinnert werden.

Brezo. 9. Dr. n. 351.

Prezila, fem. 9. Mchb. sec. 9 (n. 981).

Prezolt ist zu schliessen aus o. n. Prozoltesheim.

BRUN. Wahrscheinlich sind in den folgenden namen die wörter brûn braun und brunja brünne vermischt; eine scheidung vorzunehmen ist indessen unmöglich. Endend auf eine solche form finden wir folgende neun namen, meistens feminina und hauptsächlich in Schwaben und am Main zu hause:

Adalbrun.	Liefbrun.	Meribrun 9.
Gerbrun.	Liutbrun.	Reinbrun 9.
Hiltdibrun 8.	Maimbrun.	Wigbrun 8.

Bruni. 9. Wg. tr. C. 229, 250, 268, 296, 300. 385, 441, 485; C. M. Sept., Nov.

Brun P. I öfters; II, 242, 244 (ann. Wirzib.); V, VI etc. öfters; X, 174 (gest. Trever.), 361 etc. (Hugon. chron.), 527 (gest. abbat. Gemblac.), 641 (gest. episcopp. Tullens.); necr. Aug.; Laur.; Wg. tr. C. 110, 113, 141, 168, 170, 189, 202, 212, 244, 265, 291, 382, 389, 437, 456.

Prun P. V mehrm.; St. P.

Brunn Schn. a. 811.

O. n. Brunisberg, Brunishorn, Bruniswig.

Bruno. 8. Sec. 8: fürst der Engern. Sec. 9: markgraf der liburnischen gaue. Sec. 10: Sachsenherzog; sohn Heinrichs I; urenkel Ottos d. gr., nachher pabst Gregor V; b. v. Langres. Sec. 11: bruder Heinrichs II, b. v. Augsburg; b. v. Toul, dann pabst Leo IX; b. v. Aosta; b. v. Signia; b. v. Praeneste.

Bruno P. überall sehr häufig; Gud. a. 950, 956; M. B. sec. 11 (VII, IX, XIV); Guérard a. 1056.

Pruno P. II, 146 (Ekkeh. cas. S. Galli); necr. Aug.; Ng. a. 813; M. B. a. 1040 (XIII).

Prouno (für Pruno) P. XI, 233 (chron. Benedictobur.).

Ags. Brûna. Nhd. Braun, Braune, Brön, Bruhn, Brun, Brün, Brune, Brunn, Brünne, Brüno, Praun.

Bruna, fem. 9. Pol. R. s. 77.

Pruna Gld. II, a, 126.

Bruna quae et Brunichildis dicitur P. X, 333 (Hugon. chron.).

Brunicho. 8. P. V, 70 (ann. Hildesh.); VI, 837, 840 (vit. Burchardi episc.); Ng. a. 786; Gud. a. 840; H. a. 870 (n. 107); Laur. öfters.

Prunico Ng. a. 807.

Brunicus A. S. Maj. VI.

Prunicus Mchb. sec. 8 (n. 21).

Prunicho Ng. a. 800.

Brunic R. a. 821 (n. 21).

Brunico Ng. a. 815.

Brunig P. VI, 768 (Thietm. chron.); Dr. a. 814 (n. 301; Schn. ebds. Bruning); H. a. 896 (n. 127); C. M. Jul.

Pruniucho (so) Ng. a. 890.

Hiezu viell. Bruncio P. V, 813 (Thietm. chron.).

Prunnaht und Prunnicht Gld. a. 106 etwa hieher?

Nhd. Bräunig, Breunig, Brünig, Bruneck.

Brunin. Gld. II, a, 126.

Bruning. 8. P. VIII, IX öfters; Laur. mehrm.; pol. Irm. s. 203; Schn. a. 814 (Dr. ebds. n. 301 Brunig); Guérard a. 822; Mab. a. 833.

Bruninc Laur. mehrmals.

Bruningum P. V, 439 (Widukind) mit var. Brunignum.

Brunning necr. Fuld. a. 908.

Bruuung H. a. 1017 (n. 218).

Pruning Ng. a. 817, 822, 910; necr. Aug.

Pruninc K. a. 775 (n. 16), 798 (n. 51); Ng. a. 800; Mchb. sec. 9 (n. 546).

Pruninch St. P.

Pruninhc St. P.

Prunink Ng. a. 822; St. P. dreimal.

Bruninghus P. IX, 849 (chron. Hildesh.).

Bruninck Wg. tr. C. 243.

Nhd. Breuning, Brüning.

O. n. Pruningisdorf, Brunningeshag, Bruningeswilari.

Brunist zu schliessen aus o. n. Brunisteshusun.

Bruntag. 9. Necr. Fuld. a. 848.
Brunfrid. Gld. II, a, 121.
Brunger. 8. Laur. sec. 8. (n. 1418); Dr. a. 772; Dr. a. 801 (Schn. ebds. Brungo); Schn. a. 803; Wg. tr. C. 255, 268.
Prunger necr. Fuld. a. 810.
O. n. Brungeresfeldun.
Brunhard. 9. P. III, 90 (Kar. M. capit.); VII, 23 (ann. Blandin.); Wg. tr. C. 42, 467.
Brunhart Dr. a. 815 (n. 310), Schn. ebds. Brunnart.
Prunhart Gld. II, a, 106.
Brunherad Wg. tr. C. 456 wol hieher (Falke liest ebds. wirklich Brunhard).
Nhd. Braunert, Braunhardt, Brunnert.
Brunheri. 9. Wg. tr. C. 439.
Bruuher P. III, 90 (Kar. M. capit.).
Nhd. Brauner, Bräuner, Bronner, Brunner, Brünner.
Prunnihat. Gld. II, a, 106.
Brunihelm. Gr. III, 312.
Prunnihelm Gld. II, a, 106.
Brunihild, fem. 6. Tochter des Westgothenkönigs Athanagild und frau des Frankenkönigs Sigibert sec. 6.
Brunihild Laur. sec. 8 (n. 743).
Brunichildis P. I, 286 (chron. Moissiac.); II, 317 (Adon. chron.); III, 5 f. (Gundchr. et Childeb. pact.); V, 220 (chron. Luxov.); VI, 79 (chron. S. Michael.), 115 (Ademar. histor.); VIII öfters; X, 333 (Hugon. chron.); Paul. diac. II, 10; III, 10 etc.; Greg. Tur. öfters; d. Ch. I öfters.
Prunihild Gld. II, a, 126.
Prunihilt St. P.
Brunechildis P. IX, 79 (chron. Novalic.); Mab. a. 893.
Brunnichild P. VII, 414 (Bernold. chron.).
Brunnihildis P. II, 32 (Ermenrici vit. S. Galli); VII, 414 (Bernold. chron.).
Brunnihilda P. II, 6 (vit. S. Galli).
Prunnihilt Ng. a. 817.
Brunihilda und -is P. VII, VIII öfters; tr. W. a. 774 (n. 53).
Brunihelda Pd. a. 697 (n. 443; unecht).
Brunihelt H. a. 853 (n. 87).
Brunnehildis P. II, 61 (Ratperti cas. S. Galli).
Brunhild Laur. sec. 9 (n. 114).
Brunhilt Laur. sec. 8 (n. 2362); Mchb. a. 821.
Prunhilt Schn. a. 803; Mchb. a. 825; St. P.
Prunnild Gld. II, a, 126.
Brundichilda (so) P. VII, 542 (Marian. Scot. chron.).
Bruna quae et Brunichildis dicitur P. X, 333 (Hugon. chron.).
Bruma (so) für Brunihildis P. VIII, 318 (Sigebert. chron.).
Altn. Brynhildr.
Prunram. 9. Ng. a. 854.
Brunman. 9. Schn. a. 819, 867; necr. Fuld. a. 879.
Brunrat. 9. Necr. Fuld. a. 863; C. M. Nov.
Brunric. 9. Lc. a. 802 (n. 23).
Brunrih necr. Fuld. a. 841.
Brunsten. 11. Lc. a. 1080 (n. 242).
Bruneld. 9. Wg. tr. C. 360.
Brunward. 9. P. II, 242 (ann. Wirzib.); Wg. tr. C. 440, 448, 457.
Brunwart P. V, 47, 51 (Lamberti ann.); VII. 139 (Lamberti Hersfeld. ann.); Gud. sec. 10.
Nhd. Braunwarth.
Brunulf. 7. P. XI, 397 (hist. regg. Franc. monast. S. Dionys.); gest. Dagobert.; tr. W. a. 774 (n. 178); Lp. a. 847 (I, 730).
Brunulph Pd. a. 615 (n. 230).
Brunolf tr. W. a. 774 (n. 53); Laur. sec. 8 (n. 3394).
Prunolf Ng. a. 805, 849.
Pronulf (6) A. S. April II hieher? vgl. auch Brodulf.
Altn. Bryniôlfr.

Brundulf s. BRAND.
Brunsthart. Gr. IV, 1022.
Prunsthart Gr. III, 310.
Bruohbraht. 10. Schn. a. 929.

BU. Zu ahd. bûan habitare.
Buo. 8. K. a. 786 (n. 32); tr. W. sec. 8 u. 9 (n. 115, 167, 254).
Buwo tr. W. a. 783 (n. 98).
Buho Laur. sec. 8 (n. 2666).
Puo K. a. 818 (n. 81; Ng. ebds.).
Puwo Ng. a. 817; Schn. a. 818.
Puvo Ng. a. 920.
Buvo Lc. a. 964 (n. 106).
Leicht ist die verwechselung dieser formen mit den unter Bobo aufgeführten; dort s. man z. b. Buono.
Puantun. 8. St. P.

Puwenta, fem. 10. St. P.
Buman. 9. R. a. 821 (n. 21).
Burad. 8. Tr. W. c. a. 780 (n. 106).
Burath (fem.) Laur. sec. 8 (n. 192).
Burach Laur. sec. 8 (n. 1521) für Burath?

Buccellin. 6. Alamannischer feldherr sec. 6.
Buccellin P. I, 285 (chron. Moissiac.); VIII, 141 (Ekkeh. chron. univers.); Pd. a. 625 (n. 237); Mab. a. 693; tr. W. a. 699 (n. 240 u. Pd. nachtr. n. 11); Paul. diac. II, 2.
Buccelinus d. Ch. I; Greg. Tur. III, 32; Fredegar.
Bucellin P. VIII, 317 (Sigebert. chron.); Greg. Tur. IV, 9.
Buccelenus Marii chron. (d. Ch. I); gest. regg. Franc.
Buccellenus Pd. a. 693 (n. 431).
Vgl. Bodolenus unter BUD.
Bucchinc. Gr. III, 30, vielleicht nur aus o. n. Bucgingen gefolgert.
Ags. Buccing. Nhd. Bücking.
Bucco. 8. P. I, 100 (ann. Brunwil.); V, 800 f. (Thietmari chron.); VII, VIII oft; Laur. sec. 8. (n. 1176).
Bukko St. P.
Bucko Laur. sec. 8 (n. 3242).
Pucco St. P.
Buggo P. II, 246 (ann. Wirzib.); VII, VIII oft; K. a. 1037 (n. 222).
Bugo Lp. a. 953, 954, 966, 973 (II, 223, 227, 279, 307); M. B. a. 1094 (XXXI).
Bugga (wol msc.) C. M. April.
Buocho necr. Aug.
Buccu Wg. tr. C. 486.
Zuweilen (z. b. P. VII, VIII) Bucco für Burchard.
Vgl. auch Bocco.
Nhd. Buch, Buck, Bück, Bückh, Buge, Büge, Bugge, Bügge, Bukh, Puche.
O. n. Buggenheim.
Bucga, fem. 10. Necr. Fuld. a. 1053.
Bucche Hf. a. 978 (II, 353).
Buchinus. 7. Fragm. de gest. Dagoberti (d. Ch. I).
Buciowald. 6. Abt zu Verdun sec. 6. P. VI, 43 (gest. episc. Virdun.).
Buciouald Greg. Tur. IX, 23.
Butiovald P. X, 337 (Hugon. chron.).

BUD.

Bodo wird schon in ältern büchern durch gebieter, herr erklärt. Jedenfalls ist damit schon auf die richtige wurzel hingewiesen, die in alle diese namen aufgenommen ist; unentschieden muss es indess bleiben, ob diese wurzel in der bedeutung von praebere, offerre, wie sie das ahd. biutan hat, oder in der von jubere, wie sie sich in mannigfachen ableitungen findet, in den namen erscheint, oder ob wir endlich darin beide bedeutungen vereinigt finden.

Auf die schwierige untersuchung, wann das bod in den folgenden namen einen langen und wann es einen kurzen vocal hat, kann ich hier nicht eingehen. Ueber die möglicherweise hieher gehörigen namen, welche die form baud enthalten, s. den besondern artikel BAUD.

Die auf BUD endenden namen, sämmtlich (mit ausnahme des zweifelhaften Liupota, vielleicht auch Siboda) masculina, sind besonders in der sächsischen mundart häufig. Es sind folgende 64.

Acbod 8.	Flobot.	Sarabot 11.
Agambod 8.	Hraspod 9.	Sigibodo 8.
Antarpot 8.	Hruadboto 9.	Siboda 9.
Ingilbodo 8.	Ingobod 8.	Sisebut 7.
Argebud 7.	Lantbod 8.	Sitipoto 9.
Ateboduus?	Launobod 7.	Snelbot.
Athalbodo 9.	Ligibodo? 10.	Swidbot 9.
Autbodo 8.	Liutpot 8.	Teutobod 2 v. C.
Astrebod.	Liupota 8.	Dragobod 7.
Tagibod 7.	Meginbodo 7.	Traselpot 9.
Disibod 6.	Mahalpoto.	Walbodo 9.
Ercambod 8.	Maielpot 9.	Warboto 9.
Frithubodo 9.	Malbodo 8.	Warimbod 8.
Gaerbod 9.	Maroboduus? 1.	Verbod 8.
Gaosbod 8.	Marcbodo 9.	Widbod 8.
Grimbod 8.	Nidaboto 9.	Wigbodo 8.
Guntpoto 6.	Radobod 7.	Willibodo 8.
Heimbod.	Ragimbod 8.	Wolbodo 9.
Heliboto 8.	Ricbodo 8.	Wolfbodo 8.
Herbod 8.	Saginbuddus 9.	Zeizpod.
Helmbodo 9.	Saxobod 9.	
Hildibodo 7.	Sapoto 11.	

Budo. 8. Budo ein Sachse sec. 8. Bodo sec. 9: b. v. Aix; b. v. Angers; b. v. Autun.
Budo tr. W. a. 846 (n. 270).
Buddo P. II, 419 (vit. S. Liudgeri).

Buto P. II, 363 (vit. S. Lebuini); Lc. a. 797 (n. 9); Wg. tr. C. 227.
Puto Ng. a. 821.
Bodo P. I, 393 (ann. Fuld.), 433, 442 (Prud. Trec. ann.); III, 517 (Hlud. Germ. capit.), 529 (Kar. II, capit.); V öfters; VI, 91 (chron. Median. monast.), 503 (Widric. vit. S. Gerardi); VII, 205 (Lamberti ann.), 338 (Brun. de bell. Saxon.); VIII, 679, 727 (annalista Saxo); IX, 849 f. (chron. Hildesh.); X, 636 (gest. episc. Tullens.); pol. Irm. s. 60, 63 etc.; Gud. a. 926; St. P.; Laur.; Wg. tr. C. 40, 253, 258, 272, 294, 319, 334, 341, 385, 387, 389, 402, 406, 408, 410, 411, 467, 477, 478; d. Ch. I.
Boto P. VII, 233 (Lamberti ann.); VIII öfters; Laur. sec. 8 (n. 767, 2414); Ng. a. 798; Dr. n. 349.
Poto P. V, 198 (chron. S. Bened.), 511 (chron. Salernit.); IX öfters; St. P. zwml.; Ng. a. 770; M. B. a. 1070 (III).
Boddo H. a. 926 (n. 146).
Potho P. VII, 57 (Lup. protospatar.).
Botto H. a. 926 (n. 147); steht für Betto, wie aus n. 148 hervorgeht.
Boda (wol msc.) Wg. tr. C. 191.
Puado Ng. a. 817.
Puato P. I, 68 (ann. Augiens.); Ng. a. 774, 822, 836.
Puoto P. I, 49 (ann. Alam.); V, 139 (ann. Einsidl.); VII, 103 (Herim. Aug. chron.), 420 (Bernold. chron.); VIII, 574 (annalista Saxo).
Poutho P. VIII, 27 (Ekkeh. chron. univers.) hieher?
Botin (accus.) Dr. c. a. 840 (n. 538).
Potoni Lp. a. 774 (I, 531).
Nhd. Bode, Böde, Bohte, Booth, Bote, Both, Böth, Bothe, Bott, Butte, Poth, Pott (als vorname auch Botho).
Ags. Bêda hieher?
O. n. Botenanch, Botensteine, Budenbrunnen, Budensheim, Puatinveld, Butensulza.

Bodi. 9. Wg. tr. C. 417.
Boddi St. n. 607 (inschrift aus sec. 4) schon hieher?

Boda, fem. 8. Pol. Irm. s. 250.
Butta Ng. a. 744.

Potiche. 8. Ng. a. 754.
Putigo Ng. a. 758.
Putico Ng. a. 828.
Ags. Bêdica hieher? Nhd. Bodeck, Bödke, Böthke, Böttge, Budich, Budke, Pottke.

Bodekin. 11. Lc. a. 1020 (n. 157).

Bodilo. 7. P. I, 288 (chron. Moissiac.); VIII, 326 (Sigebert. chron.); X, 570 (chron. S. Huberti Andag.); Fredeg. 95.
Bodolo P. III, 89 (Kar. M. capit.).
Bodillo Greg. mirac. Mart. 4, 10.
Bodalo Pd. a. 747 (n. 592).
Potilo Gld. II, a, 117.
Podal Ng. a. 757, 874; K. a. 797 (n. 47); St. P.
Putilo Mchb. sec. 9 mehrmals (z. b. n. 134).
Putul P. II, 407 (vit. S. Liudgeri).
Nhd. Böthel, Buddel, Budel.
O. n. Puatilinpah, Puteleshusun.

Bodila, fem. 8. Pol. Irm. s. 161.

Bodolenus, 6. M. a. 653 (n. 64); gest. regg. Franc.
Βουτιλῖνος Agath.
Butilin d. Ch. I.
Budelin Laur. sec. 8 (n. 452).
Bodalin tr. W. a. 787, 791 (n. 78, 99).
Botlenus H. a. 764 (n. 47).
Baodolin Paul. diac. VI, 57 hieher?
Baodelin P. IX, 98 (chron. Novalic.) hieher?
Dieser n. wird öfters mit Buccellinus von derselben person gebraucht.

Bodalung. 7. Tr. W. a. 774 (n. 178); necr. Fuld. a. 813.
Podolung Ng. a. 795.
Podolunc Mchb. a. 780.
Podulunc St. P. zwml.
Podalunc Mchb. a. 758, 783, 814, 820, 822, 825, 1000; St. P. zwml.
Putulunc Mchb. a. 821.
Putalunc Mchb. a. 853.
Bodaling tr. W. a. 774, 790 (n. 53, 116).
Botalinc tr. W. c. a. 730, 739 (n. 12 und Pd. nachtr. n. 65).
Potalunc M. B. sec. 7 (XXVIII).
Bodalunc M. B. a. 754 (XXVIII).
Potalung M. B. a. 806 (XXVIII).
Hieher vielleicht Pittulunc Mchb. sec. 8 (n. 184), Pittulung Mchb. a. 812 und Bitlung necr. Fuld. a. 997.
Nhd. Böhtlingk.
Ueber den n. Bodalunc etc. s. Mone heldensage (1836) s. 71 f.

O. n. Budilingen?

Podulisc. 8. St. P.

Poting zu schliessen aus o. n. Potingeshova, Potingbrun, vielleicht auch aus Budingen und Biutincheim.

Nhd. Böding, Bütting.

Buzo. Die hieher gehörigen formen vgl. unter Boso, da sie von den dorthin gehörenden schwer zu scheiden sind.

Buzili (zeit unbest.) necr. Aug.

Bodefrit. 9. H. a. 853 (n. 87).

Bodogastis. 4. Lex salica mit var. Bodigast. Fränk. gesetzgeber.

Boutgis. 6. Boggis herzog von Aquitanien sec. 6.

Boutgis P. VIII, 32 (Ekkeh. chron. Wirzib.).

Boggis P. VIII, 329 (Sigebert. chron.); d. Ch. I; Lgd. a. 845 (I, n. 67); hieher?

O. n. Buatgisinga.

Bodegisil. 6. Greg. Tur. VIII, 22; X, 2.

Bodegislus Venant. Fortun.

Podard. 5? P. V, 35 not. (Lamberti ann.).

Botthar. 7. Pd. a. 694 (n. 434; Mab. ebds.).

Nhd. Buder, Butter, Putter.

Bothad. Gr. IV, 805.

Bodolev. 7. Pd. a. 653 (n. 322; Mab. ebds.).

Bodomar s. Vadomar.

Boderad. 9. P. I, 486 (Hincm. Rem. ann.).

Bodrad P. III, 529, 532 (Kar. II capit.); conc. Ticin. a. 876.

Poterich. 9. P. IX, 611 (chron. mon. Casin.).

Giselbertus qui et Buttericus P. IX, 652 (chron. mon. Casin.).

Nhd. Bödrich.

O. n. Puotribis strewa.

Bodirid. 7. Tr. W. a. 699 (n. 240 und Pd. nachtr. n. 11).

Boderid tr. W. a. 699 (n. 205, 252 und Pd. nachtr. n. 10).

Buatrit tr. W. a. 821 (n. 180).

Buotrit Dr. a. 822 (n. 401; Schn. ebds.).

Bodoard. 8. Pd. a. 721 (n. 517) mit var. Bodohar und Haudehar.

Butwin. 8. Laur. sec. 8 (n. 443).

Botolf, zu schliessen aus o. n. Botolfestat.

Zusammensetzungen mit dem erweiterten stamme:

Potelfrid. 9. P. V, 547—549 (chron. Salernit.).

Potelfrit P. V, 494, 547—549 (chron. Salernit.).

Podalheid, fem 11. St. P.

Bodololdl. 8. Ng. a. 773.

Bodololt Dr. a. 812 (n. 269; Schn. ebds. Bodotolt).

Podololt K. a. 861 (n. 135).

Podalolt Ng. a. 835; K. a. 839 (n. 104).

Podelolt K. a. 822 (n. 84); Ng. ebds.

Padalolt (so) Ng. a. 826.

Podalolf. 9. K. a. 839 (n. 104).

Podololf Gld. II, a, 106.

Bodenolf. 11. K. a. 1091 (C. S. n. 12).

Anm. Boduognatus bei Caes., das Gr. III, 86 als deutschen namen ansieht, muss keltisch sein.

Buggaranae, gen. fem. 8. Laur. sec. 8 (n. 284).

Buggo s. Bucco.

Bulso. 10 (deutsch?). P. VI, 518 (mirac. S. Apri); H. a. 1095 (n. 295).

Buman s. BU.

BUN. Da die wenigen wörter der germanischen sprachen, welche lautlich einen solchen stamm enthalten, sich begrifflich nicht für namenbildung zu schicken scheinen, so muss ich mich damit begnügen diese namen zusammenzustellen, ihre deutung aber der zukunft überlassen.

Buno. 8. P. VII, 139 (Lambert. Hersfeld. ann.); Wg. tr. C. 383, 457, 476, 483, 485; Frek.; Lc. a. 1045 (n. 181); Dr. a. 1057 (n. 756; fehlt bei Schn.).

Bunno Ng. a. 774; R. a. 821 (n. 21).

Buono Lc. c. a. 1080, 1088 (n. 240, 242).

Punno Ng. a. 910.

Bunun P. III, 90 (Kar. M. capit.).

O. n. Punuinchova.

Buni. 9. Wg. tr. C. 412, 449; C. M. Dec.

Bun P. V, 44, 45, 47 (ann. Hildesh. und Lamberti ann.) mit var. Hun und Brun.

Bunico. 9. Wg. tr. C. 146, 306, 351, 361, 433, 435.

Buniko Frek.

Punico Gld. II, a, 106.

Bunikin. 10. Frek. mehrm.

Punin. 8. Mchb. sec. 8 (n. 11).

Buntlint, fem. 9. H. a. 853 (n. 87). Verderbt?

Buo s. BU.

Buoherich. Gld. II, a, 97.

Buohhila, fem. 9. St. P.

Buolo s. BOL. **Buozzo** s. BOS. **Burad** s. BU.

Burdin. 11. B. v. Coimbra sec. 11. A. S. Febr. III.

Burdo. Gr. III, 163.

Nhd. Bürde, Burth.

BURG. Dieser stamm wird in namen weit mehr am ende als am anfange gebraucht und bildet auslautend nur feminina. Aus diesem grunde sind die nhd. f. n. auf -burg nicht mit den ahd. n. zu vergleichen, sondern vielmehr sämmtlich von o. n. hergeleitet. Am anfange finden wir den stamm im pol. Irm. und pol. R. gar nicht (auch am ende sehr selten), in den trad. Corb. nur in Burghard, häufiger in alamannischen und bairischen urkunden. Er erscheint bei p. n. etwas später als das verwandte BIRG, welches man wegen etymologie und bedeutung vergleiche. Bemerkenswerth ist noch, dass formen auf brug nicht selten sind (s. z. b. Adalburg).

Auslautendes BURG in folgenden 136 namen:

Egiburga 9.
Agilburgis 8.
Agemburgis 8.
Aldburg 8.
Ellianpurc 8.
Amalburgis 8.
Enburc.
Enginpurc 11.
Angilburga 8.
Ansburgis 8.
Arpurc 9.
Asabug? 9.
Adepurc.
Athalburug 8.
Autburg 8.
Olanpurg 8.
Ostarpurc 9.
Awanpurc 9.
Panpurc 9.
Chunibruch.
Thanburg 9.
Tilpurc 8.
Teorpurc 9.
Tompurc 9.
Thrutburg.
Echanburc?
Elemburgis 10.
Eramburg 8.
Ercanpurc 8.
Eodalburgis 8.
Faraburc 9.
Fastburg 8.
Femburg 9.
Fiaspurc 9.
Figiburuht? 9.
Friipurc 8.
Frithuburg 7.
Frotburgis 8.
Folcpurch 8.
Gibborga 11.
Cheilpurc 9.
Gerburg 8.
Gausburgis 8.
Girminburg 9.
Kimburg 10.
Giseburg 11.
Gisalburg 9.
Cotapurc 8.
Grimburg 8.
Gundpurch 9.
Haburg 9.
Aiteburg 8.
Heilpurc 9.
Hellibrug.
Heriburg 8.
Harilpurc 9.
Hasapurc 10.
Hathaburg 9.
Hellanpurch 9.
Helmburg 9.
Hildiburg 9.
Helbburc 9.
Hohburg 8.
Hrodburg 9.
Rumpurc 10.
Hunburc 9.
Huseburg.
Iburc 9.
Idiburg 8.
Idisburga 8.
Illinburuhc 10.
Irmeburch 9.
Irminburg 9.
Hisburg.
Isleburg 8.
Isanburg 8.
Landburg 8.
Liomburg 10.
Liafburg 8.
Liudburga 8.
Liezeburch.
Meginburg 9.
Meripurc 9.
Milburch.
Muotpurc 9.
Nadalburg 8.
Nihburg 9.
Notburgis.
Oaspurc 9.
Ortburc 9.
Othilburg 8.
Ratburgis 8.
Ragamburgis 8.
Ricburgis 8.
Rimburg 10.
Rinpuric 8.
Salburg 8.
Saraburg 9.
Sconiburga 10.
Seopurc 9.
Sigiburch 8.
Sigemburgis 8.
Sindpurc 9.
Siedpurc 9.
Snelburg 8.
Sneoburg 9.
Solburg 9.
Sonpurc 9.
Stemburga 11.
Stilburg 8.
Swanaburc 8.
Swidpuruc 8.
Thangburg 9.
Thigburg.
Tiuburg 9.
Teutburg 8.
Thoneburg.
Waldburga 8.
Wauburg 9.
Wentiburc 9.
Wandalburgis 8.
Warburg 8.
Warenburgis 8.
Wasapurc 9.
Veinburg.
Westburg.
Widpurc 11.
Wigburg 11.
Williburg 8.
Wineburg 8.
Wielburg.
Vosburg 9.
Wolfburga 9.
Vunpurh 9.
Zezipurc 9.
Citburg 9.

Burgio. 9. Dr. c. a. 840 (n. 539).

Burgio St. n. 1406 (zeit unbestimmt, in den Niederlanden gefunden).

Burgeo Dr. sec. 9 (n. 333, 416; Schn. ebds.); Schn. a. 838 (Dr. ebds. n. 513 Biurgo).

Purgo Gld. II, a, 106.

Burco A. S. Jan. II (sec. 5) schon hieher?

Buricho Dr. n. 346; Laur. sec. 9 (n. 369).

Purih St. P.

Purihc St. P.

Nhd. Burich, Buricke, Burke.

Purucca, fem. 8. Gld. II, a, 126.

Porca, Geogr. Ravenn., hieher?

Burchanae (gen.) Laur. sec. 8. (n. 920).

Burgolenus. 6. Greg. Tur. V, 26.

Borgolin Lp. a. 740 (I. 386).

Burichinc. 10. Gld. II, a, 121.

Puriching Ng. a. 909.

Purichinc Gld. II, a, 106.

Burgizo. 10. H. a. 981 (n. 198).

Burguzo Hf. a. 1064 (II, 551).

Burgofledis, fem. 7. D. Ch. I (fragm. de reb. Dagoberti I).

Burgast. 7. Pd. a. 648 (n. 312); = Burggast?

Burghard. 8. Sec. 8: erster b. v. Würzburg. Sec. 9: feldherr Karls d. gr.; b. v. Chartres. Sec. 10: Thüringerherzog; herzog v. Alamannien; dessen sohn; graf in Thüringen; graf unter Hugo Capet; erzb. v. Lyon; erster b. zu Meissen; b. v. Halberstadt; b. v. Würzburg. Sec. 11: b. v. Vienne; b. v. Worms.

Burghard P. I, 115 (ann. Laur. min.); III, 16 (Karlom. capit.); V, VII oft; Wg. tr. C. 21; Gud. a. 1090.

Purghard P. VII mehrmals.

Puruchart Gld. II, a, 106.

Burchard P. I—IX oft; X, 207 (transl. S. Celsi), 367 (Hugon. chron.), 536 (gest. abbat. Gemblac.) etc.; Gud. sec. 8, a. 908, 994, 1069.

Burchart P. I öfters; IV, B, 166 (Leon. VII privileg.); VII, 139 (Lamberti Hersfeld. chron.); Laur. sec. 9 (n. 3373); M. B. a. 1033 (VII); Gud. a. 1074.

Purchard P. I, 78 ff. (ann. Sangall.); II, V, VI oft; IX, 249 f. (Gundechar. lib. pontif. Eichstet.); necr. Aug.; St. P. öfters.

Purchart P. I, 50 (ann. Alam.); necr. Aug.; St. P.; M. B. a. 837 (IX); M. B. a. 1087 (XIV).

Burcard P. IX, 70 (Rudolf. hist.); C. M. April.

Burkard P. II, IX öfters; M. B. a. 905 (XI).

Burgard C. M. Nov.

Borchard P. X, 322 (Hugon. chron.); Wg. tr. C. 45, 61, 65, 183; Gud. a. 1090.

Borgard P. IX, 439 (gest. episc. Camerac.).

Brocard Mab. a. 1012.

Brochard P. V, 659, 684 (Gerberti act. concil. Remens.).

Bruchard P. IV, B, 176 (Nicol. II statut.).

Purhard St. P.

Purgast für Purghard M. B. a. 902 (XXXI).

Bochard auch wol hieher.

Nhd. Bochard? Borchard, Borchardt, Borchart, Borcherdt, Borchert, Borgert, Borghard, Borghardt, Borkert, Burchard, Burchardt, Burchart, Burchert, Burchhardt, Burckard, Burckardt, Burckhardt, Burghard, Burghardt, Burghart, Burkard, Burkert, Burkhard, Burkhardt, Burkhart.

O. n. Purchartinga.

Burghar. 8. P. IV, B. 166 (Leon. VIII privil.).

Burihchere Gld. II, a, 97.

Burechar Pd. a. 726 (nachtr. n. 86).

Burchheri Frek. mehrm.

Purcheri R. a. 890 (n. 72).

Nhd. Burger. Bürger?

Purihilt, fem. 9. St. P. Wol für Purchilt.

Burgalah (so) 9. Schn. a. 813.

Burgilind, fem 8. Ng. a. 786.

Purhlind und Purglinda Gld. II, a, 126.

Purclind Mchb. sec. 9 (n. 376).

Purgloast. 10. Schpf. a. 902 (n. 127); verderbt?

Burgman. 8. Laur. sec. 8 (n. 316).

Burcman Laur. mehrmals.

Purcman P. IX, 249 f. (Gundechar. lib. pontif. Eichstet.); St. P.

Nhd. Borchmann, Borgmann, Bormann, Borrmann.

Purihniu, fem. Gld. II, a, 126.

Burginuua Dr. a. 812 (n. 274; Schn. ebds.); hieher?

Burgarad. 8. Schn. a. 772.

Purgarat, Purgerat Gld. II, a, 126.

Burgrad Laur. sec. 9 (n. 383).

Burgrath Laur. sec. 8 (n. 1348).

Purcrat Mchb. sec. 9 (n. 505).

Burgareda, fem. 8. P. V, 88 (ann. Quedlinburg.).

Burgradane (nom.) tr. W. a. 784 (n. 111).

Burgarit. 9. P. II, 642 (vit. Hlud. imp.) mit var. Borgarit, Burgaret, Borgaret.

Purcrun, fem. 9. Mchb. sec. 9 (n. 956).

Purgsona, fem. 9. Mchb. sec. 9 (n. 288).

Burgsuind, fem. 8. Laur. sec. 8 (n. 854).

Burcswind Schn. a. 817; R. a. 821 (n. 21).

Purcswind Mchb. sec. 9 (n. 509); St. P.

Burswind R. a. 821 (n. 21).

Purswind Mchb. sec. 9 (n. 599).

Burchwind necr. Fuld. a. 1057.

Burgoald. 7. Pd. a. 748 (n. 597); brief Gregors d. gr. bei d. Ch. I, 912.

Burcold tr. W. a. 787 (n. 155).

Nhd. Burghold.

Burcward. 9. Mönch zu Benedictbeuern sec. 11.

Burcward P. XI, 220 (chron. Benedictobur.).

Burcwart necr. Fuld. a. 883.

Burcuard Gld. II, a, 113.

Burchwart M. B. a. 1033 (VI).
Purcwart Gld. II, a, 106.
Purucwart Ng. a. 802.
Nhd. Borgwardt.

Burgwih. 9. Schn. a. 824.

Burgviza, fem. 9. Schn. a. 814.

Burgolf. 8. Dr. a. 812 (n. 276); Laur. mehrm.; C. M. Jul.
Purgolf Gld. II, a, 106.
Purcolf Ng. a. 783.
Puracolf Ng. a. 813.
Bulgulf Pd. a. 667 (n. 358) für Burgulf?

BURGUND. Zum v. n. der Burgunden (vgl. o. n.) gehören folgende bildungen:

Burgundo. 7. Pd. a. 666 (n. 355).
Burgundio P. II, 612 (vit. Hlud. imp.); St. P.
Burgunt Laur. sec. 8 (n. 2974).
Purgund Mchb. sec. 9 (n. 474).
Purgunt St. P.
Purigund (angebl. fem.) Gld. II, a, 126; hieher?
Purgant (so) Mchb. sec. 9 (n. 652).

Burgundofaro. 7. Pd. a. 628 (n. 245; M. ebds. n. 60); Pd. a. 632 (n. 257), 636 (n. 275), 659 (n. 335), 662 (n. 345).
Burgundophar Pd. a. 636 (n. 276, unecht).
Burgundofarus Pd. a. 659 (n. 333).
Burgundusfaro Pd. a. 636 (n. 275).
Burgundofart (so) Pd. a. 652 (n. 320).
Faro Burgundus Pd. a. 642 (n. 301).

Anm. bei Pd. a. 628 (n. 245): Burgundofaro, qui hic referendarii munere fungitur, idem est, juxta Mabillonium annal. t. I, p. 343, qui alias Faro dicitur, frater Farae virginis, quae etiam Burgundofara vocabatur ...... Burgundofaro appellatus, quasi Faro Burgundus, nobilis scilicet e Burgundica prosapia homo.

Burgundofara, fem. 7. Pd. a. 632 (n. 257); d. Ch. I, 556, 566.
Burgundofora (so) A. S. Mart. III, April I.

Burning. 10. Neben Buring Lp. c. a. 975 (II, 323). Etwa für Bruning?

Burswind s. BURG.

Burwald. 9. Gld. II, a, 113.
Buroald pol. R. s. 46.
Boroald (so) pol. R. s. 51.

Buvo s. BU.

Buxtan. Gld. II, a, 97; deutsch?

Buzili s. BUD. **Byda** s. BID. **Byniki** s. BEN.

C.

Alle folgenden namen zerfallen in zwei klassen, in die mit der gutturalen tenuis C (welche von K nur orthographisch verschieden ist) und die mit der gutturalen aspirata Ch beginnenden. Eine dritte abtheilung von geringem umfange, in der das anlautende C nur misbräuchlich statt eines Z steht, habe ich gänzlich auszumerzen und unter Z zu verweisen gesucht. Wo C erst auf der zweiten stufe der lautverschiebung aus G erwachsen ist, sehe man die betreffenden formen unter G nach.

Am meisten schwierigkeit macht das anlautende Ch wegen seines häufigen übergangs in die spirans H, welcher übergang noch dazu zuweilen eigentlich keiner ist, da H selbst zeit- und dialectweise die geltung einer echten aspirata hat. Genaue sonderung kann hier kaum erreicht werden, da wir bei den alten namen den klang ihrer aussprache nicht genau kennen. Leichter ist die scheidung des Ch von F, da, wo beide laute wechseln, das F immer als der jüngere erscheint.

Wo Ch für H gilt (was auch mitunter für unorganisches H der fall zu sein scheint), namentlich im fränk. dialect der Merowingerzeit, tritt für dieses Ch öfters blosses C ein. Inlautend (selten anlautend) steht Ch zuweilen für G, vorzüglich in den langobardischen namen auf chis für gis.

-c, suffix. Diese ursprünglich wol nur überhaupt ableitende, allmälich fast ganz auf diminutiven sinn beschränkte endung ist wesentlich sächsisch, weit seltener (als h, ch, hh) hochdeutsch; vgl. Grimm gr. II, 284. Sie wird in den namen immer nur an primitive stämme, nicht an solche angehängt, die selbst erst durch die suffixe L, N, R abgeleitet sind, wenigstens sind solche fälle sehr selten und immer zweifelhaft. Aus euphonischen gründen tritt sie fast niemals an solche stämme, die auf gutturale enden. Wegen seines geringen körpers ist dieses suffix nicht immer genau zu erkennen, namentlich da der vorhergehende bindevocal auffallend schwankt (am häufigsten ist er i, doch auch u, o, später e, selten a). Ist der bindevocal ein i, so kann man oft schwanken, ob nicht statt unseres suffixes der stamm WIG (oder WIH) anzunehmen ist; endet dabei der erste theil auf r, so spielt leicht RIC mit hinein; lautet der bindevocal a und endet der erste theil des wortes auf d oder t, so ist eine verwechselung mit dem stamme DAG unvermeidlich. Da zu den genannten schwierigkeiten noch einige vereinzelte kommen, so ist es leicht ersichtlich, dass in dem folgenden namenverzeichnisse viele formen noch bedenken unterliegen. Ich erwähne hier 193 namen, darunter etwa 47 feminina und bemerke, dass dieses suffix sich zwar schon seit sec. 4 nachweisen lässt, indessen erst im 10. und 11. jahrhundert eine weit grössere häufigkeit erreicht als vorher.

Abico 9.
Egica 7.
Einicho 10.
Einciho 9.
Aldiko 10.
Albecho 11.
Aluecha 11.
Alico 8.
Alnaca 10.
Ambricho 5.
Amico 8.
Annico 8.
Ennika 11.
Antecho 10.
Ansich 8.
Arnihho 9.
Athacho 8.
Adacha 10.
Edilicho.
Audac 6.
Oticha 9.

Avico 10.
Azacho 10.
Bauika 10.
Baducho 8.
Bettika 10.
Bassac? 9.
Bezeco 10.
Bezoca 11.
Bennic 9.
Berico 9.
Bernico 8.
Pilicho 9.
Bilicha 10.
Birico 9.
Bosico 9.
Brunicho 8.
Poticho 8.
Bunico 9.
Chunico.
Crapucha 9.
Crifico 8.

Custica 9.
Tanucho 9.
Tannecha.
Durecha 11.
Duodicho 10.
Dodica 8.
Epuhho 8.
Eppika 10.
Ibricho 8.
Edica m. 5.
Edika f. 11.
Erlicho 8.
Eveco 11.
Fadiko 10.
Famicho.
Farago? 9.
Frowecha.
Frisikka 9.
Friducho 7.
Frodacus 7.
Gibica 5.

Geliko 10.
Gilticho.
Gericho 8.
Casticho 9.
Clisekka 9.
Godaco 4.
Grundicus 9.
Gundacus 8.
Guniko 10.
Habico 8.
Eiliko 10.
Heilica 9.
Halicho 8.
Heluco 9.
Hamuko 9.
Hannicho 8.
Haric 8.
Hericha 10.
Hasig 10.
Chadichus 7.
Hazeco 10.
Hazuka 11.
Hetica 9.
Hierica 9.
Hizaka 11.
Luothecho 11.
Hocecho 11.
Hruodicho 8.
Roziko 10.
Huniko 10.
Hunaca.
Husicho 9.
Ibiko 10.
Ikiko 10.
Imico 8.
Imecha.
Irlicho 9.
Isiko 10.
Iziko 10.
Lantuch 10.
Lanziko 10.
Lonico 9.
Liuvicho 8.
Liubucha 9.

Liudiko 10.
Lituoka 11.
Liuziko 10.
Liuzicha 11.
Madacho 9.
Meinziko 10.
Mannic 9.
Menika 11.
Mendicho 9.
Maricus 6.
Mauricho 8.
Mazaka 11.
Miloh 9.
Muntih.
Namucho 7.
Nendicho 9.
Nannigo 9.
Nannicha 11.
Nappuhi 9.
Nedeg 9.
Neidicho.
Nothicho 9.
Radacho 9.
Radaca 10.
Raziko 10.
Reinco 11.
Reinzecho 11.
Rimicho.
Rorico 9.
Runicus 7.
Sahsiko 10.
Salaco 8.
Saracho 10.
Sibico 8.
Sindicho 8.
Sirigo 8.
Stilico 4.
Sunicho.
Suanucho 8.
Swedihho 9.
Suithiko 10.
Tabuke 11.
Tadicus 8.

Theodicho 8.
Diudecha 11.
Thieziko 11.
Doltiga 10.
Tiemich 11.
Turicus 10.
Ubik 10.
Uffico 9.
Umika.
Unico 9.
Uneca.
Undicho 8.
Uiich 8.
Vadiko 10.
Walico 9.
Walica.
Waldiko 8.
Wanicho 9.
Wendico 9.
Wendecha 11.
Wapicho 10.
Wericus 8.
Werica 9.
Wernicho.
Wazika 11.
Werdicho 8.
Werducha 9.
Wibicho.
Widuco 8.
Wiziko 10.
Witracho.
Wildug 9.
Willico 9.
Willecha 8.
Winihho 8.
Winika 11.
Windiga 8.
Wodicho 10.
Vulficho 8.
Celico 11.
Cilica 11.
Zhiericho 10.
Zunduco 9.

Die aus dem diminutiven c erwachsene zusammengesetzte endung kin (nhd. chen) findet sich gleichfalls in eigennamen, obgleich seltener als das entsprechende lin. Sie ist vorzugsweise niedd. und die urkk. bei

Lc. so wie die Frekenhorster heberolle bilden dafür die hauptquelle. Im 8. und 9. jahrhundert sind von dieser bildung nur geringe spuren, die hälfte der folgenden 42 formen erscheint erst seit sec. 11.

Abbikin 11.	Eilikin 10.	Mannikin 10.
Alikiu 10.	Helechin 11.	Mechin 11.
Azekin 10.	Hennikin 11.	Razeinchin 11.
Bettikin 10.	Hiddikin 10.	Razihin.
Baldechin 9.	Hildikin 11.	Zalechin 10.
Benrichin 10.	Hilcekin 11.	Sigihin 9.
Bodekin 11.	Rutechin 11.	Suanikin 11.
Bunikin 10.	Hunichin 10.	Duethekin.
Eluechin 11.	Ibikin 10.	Wanchin 10.
Froichiu 11.	Imikin 10.	Wendichin 10.
Gozekin 11.	Landechina 11.	Wivikin 11.
Gisichin 11.	Lanzikin 10.	Wizikin 10.
Gotichin 10.	Lienikin 10.	Willikin 11.
Gunechin 11.	Leodechin 8.	Vuluechin 11.

Cacanhart, Cacanward s. GAGAN.

Cachihard, 8. Pd. a. 735 (n. 557).

Caciprand s. GAZ.

Caco. 7. Paul. diac. IV, 38 etc. neben Cacco.

Cadaloh s. CHAD. **Cadelher** s. GAD.

Cado. 9. Wg. tr. C. 328, 373, 385, 399; zu GAD?

Cadoenus, Cadolt s. CHAD.

Caeold. 7. Pd. a. 696 (n. 439) u. 697 (n. 444).

Caesorix. 1 v. C. Cimbernfürst; wol keltisch.

Cagliberta, fem. 8. Pd. a. 710 (nachtr. n. 85). Ebds. auch der genit. Calibertane (so). Zu HAIL?

Caide s. GAID. **Caillo** s. GAIL. **Caio** s. Gaio.

Caladulf. 8. Pol. Irm. s. 3.

Caldeold. 7. P. II, 318 (chron. Adon. a. 686) mit d. var. Caldeonus.

Caleman s. Galaman. **Camalher** s. GAMAL.

Camarwib, fem. 9. Tr. W. a. 840, 855 (n. 151, 156).

Cammo s. Gammo.

Campo. 8. P. V, 716 (Benedicti chron.).

Kamfio St. P.

Cempho C. M. Nov.

Chempho Gr. IV, 407, wol nur aus o. n. Chemphinhusa gefolgert.

Nhd. Campe, Gampe, Kämp, Kämpf, Kämpfe, Kämpff, Kemp, Kempe, Kempf, Kempfe.

Campo ist der einzige zu ahd. kamfo kamfjo nhd. kämpe, kämpfer gehörige n.

Cancuro. 8. Graf des Rheingaus sec. 8.

Cancuro Schn. a. 813.

Cancor P. I, 30 (ann. Lauresh.); Laur. öfters.

Kankor necr. Fuld. a. 953.

Chancor P. I, 28 (ann. Lauresh.).

Chancharo Ng. a. 758.

Chanchur K. a. 802 (n. 53; Ng. ebds.).

Cancro P. II, 268 (gest. episc. Mett.) mit var. Cangro; Laur. öfters.

Cangro P. XII, 540 (gest. episc. Mett.).

Chanchuro und Channhoro Ng. a. 744.

Crancro (so) Laur. sec. 8 (n. 386).

Vgl. Grimm gr. II, 135, der aus dem namen Kankar (genau diese form erinnere ich mich nicht gelesen zu haben) und aus gangarari ein adj. kankar ambulans folgert. Die formen, welche ich hier anführe, scheinen auf jeden fall von GANG (s. ds.) zu trennen und bleiben künftiger deutung überlassen.

Cand- s. GAND.

Cannabaudes. 3. Vopisc. Aurelian. 22 (Cannabam sive Cannabaudem); ein Gothenführer sec. 3. Vgl. GEN.

Canoalt s. Hanolt. **Canto, Cantrih** s. GAND.

Caramer. 6. P. VI, 43 (gest. episc. Virdun.); X, 337 (Hugon. chron.).

Carausius. 3. N. eines Menapiers, der kaiser wird. Eutrop. IX, 14; Aurel Vict. de Caesar. 39.

Charausius Aurel. Vict. epit. 39.

Diese beiden letzten n. gehören vielleicht zum stamme GAR.

Cariatto, Carietto s. HARI.

Carilef. 6. P. II, 298 (gest. abbat. Fontan.); Pd. a. 712 (n. 482); A. S. Jan. II, Mart. II.

Karilef Pd. a. 713 (n. 486).

Carileph P. I, 462 (Hincm. Rem. ann.); Pd. a. 528 (n. 111), 692 (n. 428).

Carileffus P. VIII, 313 (Sigebert. chron.).

Karileffus Pd. a. 637 (n. 288; unecht).

Carileffus neben Karileffus Pd. a. 538 (n. 131).

Careleffus Pd. a. 566 (n. 173; unecht).

Carilelf P. X, 159 (gest. Trever.) mit var. Carilbelph, Carilef, Carilest.

Sollte unser n. zu HARI gehören? Auffallend ist freilich, dass sich nirgend eine schreibung Charilef (= Harilaib) findet.

Cariovalda, Cariulph s. HARI.

CARL. Die folgenden n. enthalten das abd. ags. altn. charal, carl, cearl, karl (vir, mas). Endend erscheint dieses wort nur in Altcarl (9) und Gundelcarl (11).

Carolus. 7. Sec. 7: C. Martell, sohn Pipins v. Heristal, major domus. Sec. 8: C. d. grosse. Sec. 9: Sohn Carls d. gr.; C. d. kahle; C. d. dicke; C. d. einfältige.

Carolus, Karolus, Carlus, Karlus sind formen, die überall so häufig begegnen, dass es der citate nicht bedarf.

Charlus St. P. dreimal.

Charolus P. VII öfters.

Karol Gld. II, a, 102.

Karrolus P. VII öfters.

Karulus P. X, 49 (Landulf. hist. Mediol.); M. B. a. 819 (XXXI).

Carulus Ng. a. 735, 791.

Κάρουλος Theoph.

Caralus P. I, 93 (ann. S. Emmer.); tr. W. a. 798 (n. 211).

Karalus P. V, 150 (ann. Flaviniac.); K. a. 870 (n. 15).

Carlictus P. V, 247 (Erchemp. hist. Langob.).

Carlittus P. IX, 601, 623 (chron. mon. Casin.).

Caroletus P. V, 238 (Andr. Bergom. chron.).

Carellus Paul. diac. IV, 49 wol hieher.

Ags. Cearl. Nhd. Carl, Karl, Kerll.

O. n. Carlsbab, Charlaburg, Caroli venna.

Carlofred. 7. Gr. IV, 493.

Carlefred Pd. a. 659 (n. 333).

Carlman. 7. Sec. 7: vater Pipins v. Landen. Sec. 8: Carl Martells sohn, Pipins d. kl. bruder; Pip. d. kleinen sohn, Carl d. gr. bruder. Sec. 9: sohn Ludwig d. deutschen.

Carlman, Caroloman und Karoloman begegnen überall oft.

Karalman necr. Fuld. a. 880.

Carloman P. I oft; III, 520 (Kar. II constit.) etc.; d. Ch. I oft; Ng. a. 744, 769; conc. Vermeriens. a. 869.

Karloman P. II, III etc. oft.

Charilman (so) Mchb. sec. 11 (n. 1247).

Charlman St. P.

Karlman P. I oft.

Carleman P. V, 238 (Andr. Bergom. chron.).

Karolus mannus P. IX, 122 (chron. Novalic.).

Oeftere verwechselungen von Karolomannus und Carolus magnus, z. b. P. VII, IX.

Karlomagnus für Carlomannus öfters P. XI.

Caro s. GAR.

Carothgis. 8. Pd. a. 713 (n. 484; unecht). Verderbt? Vgl. HARUD und HEROD.

Cassio. 8. St. P. Deutsch?

Cast- s. GAST. **Cativolcus** s. HATH.

Catla, fem., P. II, 705 (vit. S. Anskarii cap. 20) mit var. Cathla. Zu HATH?

Catto s. GAD. **Catualda, Catumer** s. HATH. **Caus-** s. GAUD.

Causit. 8. St. P. Zu GAUD?

Cauwila, Cawo s. GAW.

Cazo s. Gaz-. **Cearolf** s. Z.

Ceerpurhuc. 9. Eine verderbte form bei St. P.; im register steht Ceepurhuc.

Ceiz- s. ZEIZ.

Celgaud s. CELS. **Celico** s. Z. **Cellomerus** s. CELS.

CELS. Es ist kein zweifel, dass wir hier das latein. celsus haben, welches die westlichen Franken gleich andern latein. wörtern zur bildung halbdeutscher namen verwandten. Vgl. auch das einfache Celsa im pol. Irm. s. 31, 120.

Celsina, fem. 9. Pol. R. s. 51.

Celsebert. 9. Mab. a. 805.

Celsegardis, fem. 9. Pol. R. s. 11.

Celsoildis, fem. 8. Pol. Irm. s. 134.

Celsovildis pol. Irm. s. 119.

Celsarigus. 9. Lgd. a. 875 (I, n. 100).

Celsuin. 8. Pol. Irm. s. 134, 150.

Celsoin pol. Irm. s. 103; pol. R. s. 73.

Zweifelnd füge ich hiezu noch folgende beiden formen:

Celgaud. 8. Pol. Irm. s. 155. Entweder für Celsegaud oder zu Zello; s. ds.

Cellomerus. 6. A. S. Jan. I: Cellomerus nuncupatus est, eo quod in cellula saepedictae Genovefae vitam, quam amiserat, recepisset. Doch scheint diese etymologie wenig glaubwürdig und eine assimilation aus Celsomerus wahrscheinlicher.

Centulf s. Sindulf.
Ceto. 9. Dr. a. 809 (n. 246); verderbt?
Chabedo s. HATH.

CHAD Ein solcher nur anlautend gebrauchter stamm ergiebt sich aus den folgenden wol durchgängig hochdeutschen formen mit grosser wahrscheinlichkeit. Darin den stamm HATH mit unorganischem CH für H sehn zu wollen verbietet zeit und ort des gebrauchs der folgenden namen. Dagegen gelingt es eben so wenig ein niedd. Cath- (ausser etwa in Cathelo) aufzufinden, als eine etymologie der folgenden namen mit wahrscheinlichkeit geltend zu machen. Wir haben hier bildungen vor uns, die zu den dunkelsten der sprache gehören. Doch darf wenigstens auf die möglichkeit einer anlehnung an ahd. quedan loqui oder auch an altn. katr laetus, hilaris hingewiesen werden. Ob Grimms vereinigung von Chadolt und dgl. mit dem v. n. der Quaden (gesch. d. d. spr. 506) stichhaltig ist?

Chato. 9. St. P.
Chadalus. 9. Cadalus b. zu Parma, als pabst Honorius II sec. 11.
Chadalus P. II, 621 (vit. Hlud. imp.).
Cadalus M. a. 1049 (n. 49).
Khadal Mchb. sec. 8 (n. 132).
Cadolus P. II, 472 (ann. Rom.).
Chadolo Gld. II, a, 97.
Chadol Mchb. sec. 8 u. 9 (z. b. n. 368).
Cadulus P. VII, 472 (ann. Rom.).
Cathelo P. VII, 153 (Lamberti ann.); VIII, 687 (annalista Saxo).
Chadelo P. VII, 428 (Bernold. chron.).
Cadelo P. VIII, 361 f. (Sigebert. chron.).
Kadelo H. c. a. 1020 (n. 221).

Diese formen erleiden viele vermischung mit den öfters von derselben person gebrauchten formen, die ich unter Kaduwalah und unter Chadalhoh zusammengestellt habe. S. da.
Nhd. Cadel.

Chatili. 11. M. B. c. a. 1063 (XIII, 322).
Chazo. 8. Laur. sec. 8. (n. 51); Ng. a. 854.
Nhd. Käs, Kass, Käss, Kässe, Katz.
Chazili. 10. Mchb. sec. 10 (n. 1142).
Chaezlin. 11. M. B. a. 1076 (IV, 301).
Kacilin M. B. c. a. 1060 (XIII).
Nhd. Kesslin.

Kaduwalah. 8. Tr. W. a. 777 (n. 93).
Cadualus tr. W. a. 774, 777 (n. 71, 73).
Kadualus tr. W. a. 777, 780 u. s. w. (n. 88, 95 etc.).
Kadoalus tr. W. a. 776 (n. 112).
Chadold. 8. Mchb. sec. 8 (n. 62).
Chadolt K. a. 805 (n. 59; Ng. ebds.); necr. Aug.
Cadold P. X, 324 (Hugon. chron.); M. B. a. 832 (XXXI).
Kadold P. IX, 243 (Gundech. lib. pontif. Eichstet.).
Cadolt P. VI, 418 (Gerhard. vit. S. Oudalr.); VII, 109 (Herim. Aug. chron.); Schn. a. 867 (Dr. ebds. n. 591 u. 598 Adalolt); necr. Aug.
Cathold P. IX, 132 f. (gest. Trever.).
Katolt M. B. sec. 11 (VI).
Cadoenus. 7. Conc. Rothomagens. c. a. 690.
Chaduin s. unter Chad.

Zusammensetzung mit erweitertem CHAD:
Chadalhoh. 8. P. IV, B, 171 (synod. Baioar. sec. X); St. P. zwml.
Chadalhoc Mchb. sec. 11 (n. 1196).
Chadilhoh Mchb. sec. 8 (n. 142).
Kadalhoh M. B. sec. 11 (VI).
Chadelhoh St. P.
Chadelhoch M. B. sec. 11 (XV).
Kadelhoh K. a. 1037 (n. 222).
Kadelhohc P. IX, 249 (Gundechar. lib. pontif. Eichstet.).
Chadaloh K. a. 790, 805, 817 (n. 38, 59, 80; Ng. ebds.); M. B. sec. 11 (XIV, 405).
Chadoloh Ng. a. 826.
Cadaloh Ng. a. 806.
Kadoloh P. IV, 40 (Chuonr. II constit.).

Bei den folgenden formen ist ihr hiehergehören schon zweifelhafter, und sie sind es hauptsächlich, welche die sonderung unseres namens von dem oben angeführten Chadalus schwierig machen.
Cadaloc P. I, 93 (ann. S. Emmer.).
Cadolah P. I, 203, 206 (Einh. ann.).
Cadolach P. II, 624 (vit. Hlud. imp.).
Cadalach Laur. sec. 8 (n. 532).
Cadalous P. IX, 696, 711 f. (chron. mon. Casin.); X, 22 (Arnulf. gest. archiepp. Mediol.); H. a. 1049 (n. 246).
Cadolaus P. I, 205 (Einh. ann.).
Kadalaus P. VII, 392, 433 (Bernoldi chron.).
Cadelous P. IX, 673, 687 (chron. mon. Casin.).

Chadbedo, Chadichus, Chadoloald, Chaduin s. HATH. **Chaeno** s. HAGAN. **Chaezlin** s. CHAD.

CHAG. Unorganisches Ch darf in diesen formen nicht vermuthet werden. Doch sind wir in der deutung dieses stammes fast ganz rathlos; mhd. bedeutet kegel ein unechtes kind (noch nhd. kind und kegel); sollte das primitivum hievon, vielleicht in edlerer bedeutung, in diesen formen vorliegen?

Chago. 9. K. a. 834, 839; Ng. ebds.
Nhd. Kaag, Kage.

Chagan. 8. Mchb. sec. 8 (n. 192). Schwerlich für Hagan.

Chagand. 9. St. P.

Chagilberth s. AGIL.

Chagnerich, Chagnoald s. HAGAN. **Chago** s. CHAG. **Chalderuna** s. HAID. **Chaimald, Chaimedes** s. HAIM. **Chaino, Chainoald** s. HAGAN. **Chairebald** s. HARI. **Chaldeberctb, Chaldedramnus, Chaldo** etc. s. ALD. **Chalpaida** s. ALF. **Champert** s. Hambert.

Chanifrid. 9. Mchb. sec. 9 (n. 599). Etwa für Chunifrid?

Chanulf s. Hanulf. **Chaoald** s. Haholt. **Chararich, Charegisil, Charibert, Charimer, Charolt, Chariochaud** etc. s. HARI. **Chatili, Chazili, Chazo** s. CHAD.

Checeman. Gld. II, a, 97.

Chedelmar s. HATH. **Chedin** s. HEDAN. **Cheitmar** s. GAID.

Cheling. Gld. II, a, 97.

Chempho s. Campo. **Chenteli** s. CHIND. **Cherilo, Cherio** s. GAR.

Cherno. Gr. IV, 494 neben Chern.
Kerne Gld. II, a, 103.

Diese formen entweder zu GAR (Gerin u. dgl.) oder zu GERN. Vgl. nhd. Garn, Gern, Görn, Görne, Kern.

Chezelo. 10. Gld. II, a, 97.
Kezil M. B. a. 931 (VIII).
Chazili und Chaezlin s. unter CHAD.
Vgl. die altn. namen auf ketil.

Chibehilde s. GAB.

Chibhart. 9. Ng. a. 805 (n. 155). Vgl. Chioberga.

Child- s. HILDI.

Chilerammus. 8. St. M. a. 721. Für Childeramnus?

Chill- s. HILDI. **Chilperich, Chilping** s. HILP. **Chiltrudis** s. HILDI.

CHIM. Die folgenden formen setze ich zu ahd. kimo, chimo germen, so dass dieser stamm mit CHIN und CHIND in naher verwandschaft steht.

Chimbald. 8. Pd. a. 723 (n. 528).

Chimberga, fem. 11. Lgd. a. 1000 (II, n. 135) zwml.

Chimechildis, fem. 7. P. X, 685 (gest. episc. Tullens.).

Chimerad. 9. H. a. 865 (n. 102).

Anm. Chimbald und Chimberga können auch für Chinbald und Chinberga stehn und gehören dann zu CHIN.

CHIN. Zu ahd. kinan, chinan germinare. Vgl. CHIM. Das **suffix** -chin s. am anfange des buchstaben C.

Chimbald, Chimberga s. CHIM.

Chinechildis, fem. 7. Pd. a. 661 (n. 340) und 664 (n. 350).

Chinemund. 7. Pd. a. 615 (n. 230).

Chinold. 9. Laur. sec. 9 (n. 2257).

CHIND. Dieser stamm gehört zu ahd. chind, puer, soboles; vgl. CHIM. Auslautend findet er sich in

Adelchinda 10.	Drutchind 8.	Megiachint.
Azichint.	Folchind? 8.	Razchint.
Pezichint 11.	Cuotchind.	Widukind 8.
Bosochind 7.	Hazechint 11.	Willekind 9.

Da Widukind öfters sein schliessendes d verliert, so könnten auch einige andere scheinbar das suffix -chin enthaltende formen (s. den anfang des buchstaben C) vielmehr hieher gehören.

Chindus s. Chindasvinth.

Chintila. 7. Westgothenkönig sec. 7.
Chintila (nom.) E. s. VI, 433; d. Ch. I, 819.

Chintilae (gen.) E. s. V, 460 f. etc.
Chintila (abl.) E. s. II, 178; V, 461.
Chintilan (nom.) P. VIII, 325 (Sigebert. chron.).
Chintiliane (abl.) P. VIII, 326 (Sigebert. chron.).
Chenteli K. a. 885 (n. 160; Ng. ebds.) vielleicht hieher.
Nhd. Kindel.

Chindasvinth. 7. Westgothenkönig sec. 7.
Chindasvinth E. s. II, 179, 208; V, 461 etc.
Derselbe heisst:
Chintasind P. VIII, 328 (Sigebert. chron.); Fredegar 82.
Chyntasind P. VIII, 328 (Sigebert. chron.).
Chindus für Chindasvinth E. s. VI, 434.

Chinechildis, Chinemund, Chinold s. CHIN.

Chioberga, fem. 7. Test. Erm. Ist der erste theil dieses namens mit dem von Chihart identisch?
Chippo s. GAB.
Chitell. Gld. II, a, 97.
Chitzo. 8. Laur. sec. 8 (n. 908).
Chlincho. 9. Ng. a. 845 (n. 343).
Chilincho und Chincho (so) Gld. II, a, 97.

Chlod-, Chlot- s. HLOD. **Chnectelin, Chnettili** s. CNEHT.

Chnodomar. 4. Alamannenführer sec. 4.
Chnodomar Amm. Marc.
Chonodomar Aurel. Vict. epit. 42.
Chonodamar hist. misc. (Magnentius) mit var. Nodomar.
Nodomar P. VIII, 114 (Ekkeh. chron. univers.).
J. Grimm stellt den ersten theil zu goth. knôds (genus), vielleicht ist auch an hnôten quassare zu denken.

CHNUZ.

Durch die folgenden formen wird die frühe existenz des mhd. knûz strenuus erwiesen. Als zweiter theil in Hartchnuz 9.

Chnuz. 8. K. a. 774, 786 (n. 13, 31; Ng. ebds.).
Nhd. Knaus, Knauss.
Chnuzari, Gr. IV, 584, von Gr. vielleicht nur aus o. n. Chnuzerswilari geschlossen.

Cholensus, Cholo s. COL.

Choslus, ein Franke P. II, 623 (vit. Hlud. imp.).
Coslus P. II, 497 f. (Ermold. Nigell.).
Ist dieser n. deutsch?

Chotbert s. AUD. **Chotenza** s. GOD. **Chradobert** s. HROD. **Chram-, Chrannus** s. HRABAN.

Chresso. Gld. II, a, 97.
Crezzo Gr. IV, 621.
Dazu wol o. n. Chrezzinga, woraus Gr. IV, 586 seinen p. n. Chrezzing geschlossen zu haben scheint.
Mhd. kretze bedeutet eine adlerart, wozu wol dieser n. gehören könnte; doch vgl. auch den slavischen n. Chressimir A. S. Jan. I.

CHRIST.

Natürlich nur anlautend bildet dieser stamm die folgenden zweisprachigen namen, die ich bis jetzt nur in der fränkischen mundart des 7. bis 9. jahrhunderts nachzuweisen vermag.

Cristemia, fem. 9. Pol. R. s. 55.
Christehildis, fem. 6. Pol. Irm. s. 196.
Cristoildis pol. Irm. s. 205.
Cristildis pol. R. s. 55.
Cristomer. 7. Pd. a. 667 (n. 357).
Cristuin. 8. Pol. Irm. s. 111.
Cristoin pol. Irm. s. 7, 8 etc.
Erweiterter stamm:
Cristemberga, fem. 8. Pol. Irm. s. 204.
Cristingaud. 8. Pol. Irm. s. 68, 271.
Cristengaud pol. Irm. s. 69.

Chrod- s. HROD. **Chrona** s. GRON.

Chrosculf. 8. Tr. W. a. 737 (Pd. nachtr. n. 59).
Vgl. Croscus unter Crocus (HROC).

Chroso s. Grauso. **Chrot-** s. HROD. **Chuan-** s. CHUN. **Chuchinad** s. GUG.

CHUD.

Wenn auch Chudo für Hudo stehn kann, so muss doch in Chudpert und Chuderat der gedanke an solche entartung abgewiesen werden. Ich erinnere zweifelnd an ahd. chutôn meditari bei Gr. IV, 365.

Chudo. 8. Tr. W. a. 730 (n. 187).
Chudpert. 9. Ng. a. 822.
Chuderat. Gld. II, a, 97.

Chugo, Chugebercth etc. s. HUG.

CHUN.

Dieser stamm, der vielleicht nur anlautend vorkommt, gehört in den meisten fällen sicher zu ahd. chunni genus, in der minderzahl der fälle zu kuoni audax; beide klassen können nicht streng gesondert werden und finden sich deshalb hier vereint. Ferner unterliegen die nachstehend verzeichneten namen einem grossen bedenken, da einerseits das ch von chuon, chun öfters nur eine verhärtung von H (s. HUN) sein mag, andrerseits mehrere unter U stehende vielleicht zu ahd. unnan gehörige namen ein unorganisches h oder ch erhielten, was eine grenzverwirrung der stämme CHUN, HUN und UN zu wege brachte. Endlich ist auch eine vermischung mit GUND (Cunt-) öfters eingetreten, indem dieses vor consonantischem anlaut häufig seinen auslaut verlor.

Ob CHUN auch auslautend erscheint, ist zweifelhaft; am wahrscheinlichsten gehören hieher Hadacuan (8), Waldchuon (8) und Zeizcuni (9). Pertcun und Hildigun stehn wol für Pertcund und Hiltigund, Adalchon (fem.) gehört muthmasslich zu altn. kona, ags. cvene mulier, mehrere andere sind sicherer zu HUN (s. ds.) zu setzen.

Chuono. 8. Cono b. v. Perugia sec. 11; Cuno lothring. graf, später herzog von Kärnthen sec. 11.

Chuono P. II, 104 (Ekkeh. cas. S. Galli), 159 (cas. S. Galli); VIII öfters; XI, 773 (ann. S. Rudberti Salisb.); St. P. dreimal; necr. Aug.; M. B. c. a. 1070 (VI).

Chuno P. IX, 264 (anon. Haserens.); tr. W. a. 724 (n. 18); St. P.; M. B. a. 1060, 1090 (II. VI).

Cuono P. I, 100 (ann. Brunwil.); II, 147 (Ekkeh. cas. S. Galli), 244 (ann. Wirzib.); IV, 52 (Heinr. IV constit.); V, 71 (ann. Weissemb.); VI, 20 (ann. Laubiens.); VII, VIII öfters; IX, 348 (Ad. Brem.); X, 174 (gest. Trever.); necr. Aug.; Lc. a. 1043 (n. 179); Gud. a. 1074.

Cuno P. IV, B, 176 (Nicol. II statut.); necr. Aug.; Gud. a. 994, 1074; M. B. sec. 11 (VI, XI).

Kuono P. I, 99 (ann. Colon.).

Kuno St. P.; Lc a. 1045 (n. 180); M. B. a. 1051 (XIII).

Guono necr. Fuld. a. 1046.

Cono P. IV, 50 (Heinr. IV constit.), B, 181 (concil. de invest.); V öfters; VI, 474 (Sigebert. vit. Deoder.); VII, VIII öfters; IX, 848, 854 (chron. Hildesh.); X, 8 (Arnulf gest. archiepp. Mediol.); 578 etc. (chron. S. Huberti Andag.); synod. Roman. a. 1015.

Kono Hf. c. a. 1020 (II, 152).

Cona (msc.) P. V, 353 (Liutpr. legatio).

Chono P. V, 102 (ann. Hildesh.); VII öfters; St. P.

Couno P. XII, 71 (Ortlieb. Zwiefalt.).

Chouno P. VII, 391 (Bernold. chron.); IX, 250 (Gundechar. lib. pontif. Eichstet.); XI, 498 (ann. Mellic.).

Dieser name steht öfters an stelle von Chuonrad; s. ds.

Nhd. Cuno, Khün, Khuon, Köhn, Köhne, Köne, Kuhn, Kühn, Kuhne, Kühne, Kuno.

O u. Cuneberg, Chunitorp, Chunesuelt, Conesheim, Chuninhuson.

Cunni, fem. 9. St. P.

Cuna, fem. 10. H. a. 926 (n. 146).

Chunico. Gld. II, a, 97.

Nhd. Gunicke, Kohnke, Könecke, Könicke, Könnecke, Könnicke, Kühnecke, Kuhnke, Kunicke, Kunik, Künnicke.

Chunulo. 9. R. a. 890 (n. 72).

Nhd. Kohnle, Köhnle, Kühnel, Kühnell, Kuhnle, Kühnle.

Chunzo. Diese und ähnliche formen kommen zwar vor und sind gewiss öfters hieher gehörig, doch sind sie von dem eben so sichern zu GUND gehörigen Gunzo nicht zu scheiden und ich habe es deshalb vorgezogen sie alle dort anzuführen.

Cuniza, fem. 11. Lp. a. 1077 (II, 710); Ms. a. 1086 (n. 34).

Chuniza St. P. mehrmals.

Chunsena, fem. 6. Frau könig Chlothars I. Greg. Tur. IV, 1.

Chunipald. 9. St. P.

Chunibold necr. Aug.

Cumpold Ng. a. 972 hieher oder für Cuntpold.

Chunibert. 7. B. v. Cöln sec. 7. Cumbert b. v. Maurienne (Savoyen) sec. 11.

Chunibert P. II, 123, 137 f. (Ekkeh. cas. S. Galli); VII, 95 (Herim. Aug. chron.); VIII öfters; Ng. a. 774, 785; Fredegar.; gest. Dagoberti (d. Ch. I).

Cuniperaht necr. Fuld. a. 795.

Chunibreht necr. Aug.
Chunipreht Gld. II, a, 97.
Chuniperht Mchb. sec. 8 (n. 8 etc.); St. P. mehrm.
Chunipert P. VIII öfters; Ng. a. 774, 787; St. P.
Chunibret Ng. a. 825; K. a. 839 (n. 100).
Kuniperht St. P.
Chunipret Gld. II, a, 121.
Cunibert P. III, 529 (Kar. II capit.); VI, 274 (Ruotger. vit. Brunonis); VII, 96 f. (Herim. Aug. chron.); IX, 184, 185 (Heriger. gest. episc. Leod.); X, 338 (Hugon. chron.), 570 (chron. S. Hubert. Andag.); H. a. 633; Paul. diac. IV, 53 etc.; Laur. mehrm.; conc. Ticin. a. 876; Guérard a. 882.
Cunipert P. V öfters; Gld. II, a, 97.
Cunibreth Laur. sec. 8 (n. 755).
Cunnibert Pd. a. 632 (n. 258).
Kunibert Laur. sec. 8 (n. 177, 2309); M. B. sec. 9 (I, XI).
Cunibraht Schn. a. 811.
Cuniberd P. IX, 38 (Joh. chron. Venet.).
Cunivert Lp. a. 915 (II, 90).
Chunebercth Mab. a. 692.
Cunebert conc. Remens. c. a. 630.
Chunebert P. IX, 408 (gest. episc. Camerac.).
Cunpert Ng. a. 844.
Camperht Ng. a. 930.
Cumbert P. IV, B, 180 (concil. de investit.); conc. Rom. a. 1059.
Cumpert P. VII, 64 (catal. regg.); Lp. a. 905 (II, 38).
Conibert P. IX, 107, 133 (chron. Novalic.).
Chonebert P. IX, 412 f. (gest. episc. Camerac.); A. S. Jan. I.
Quuniperht Mchb. sec. 9 (n. 582) wol hieher.
O. n. Chunniperahteswilari.

Chunipiric, fem. 10. Mchb. sec. 10 (n. 1018).
Chunibuirga (so) M. B. c. a. 1030 (VI).
Chunibric Gld. II, a, 121.
Chuniberga s. Scanniperga.

Cuneborn. 11. Ms. a. 1097 (n. 46).

Chunibruch (so), fem. Gld. II, a, 121.

Chunidrud, fem 7. Gld. II, a, 121.
Chunidrut P. II, 345 (vit. S. Bonif.).
Ags. Cynedryd.

Chunifrid. 7. St. P.
Cunifrid necr. Fuld. a. 947.
Cunifrit Laur. sec. 8 (n. 755).
Cunefrid (var. Cunefred) conc. Tolet. a. 653.

Chuneger. Gld. II, a, 97.

Kunigart, fem. Gld. II, a, 125.

Cunigast. 6. Cassiod. VIII, 28.
Conigastus Boethius.

Chunigunda, fem. 9. Sec. 10: Gattin Luitpolds v. Baiern, dann k. Konrads I. Sec. 11: Gattin k. Heinrichs II.
Chunigundis P. VIII öfters.
Chunigunda P. VI, VIII öfters; Ng. a. 893; St. P.
Chunigund St. P. öfters.
Chunigunt P. XI öfters; St. P. öfters; C. M. Oct.
Chunicund Gld. II, a, 121.
Cunigundis P. V, VI, VIII, IX öfters.
Cunigund P. V, VI öfters; VII, 5 f. (ann. Ottenbur.); VIII, IX öfters; Laur. sec. 8 (n. 329); necr. Aug.
Kunigund P. VI öfters.
Cunigunt P. VIII öfters; St. P.
Coonigunt P. II, 243 (ann. Wirzib.).
Gunigund P. V öfters; VII, 5 (ann. Ottenbur.).
Cunegundis und -a P. VI öfters; Gud. a. 960; H. a. 975 (n. 194).
Kunegunda urk. v. 1013 b. Wenck hess. landesgesch.
Kunegunt M. B. II, 158.
Cunegondis neben Cunegundis P. X, 597 (chron. S. Hubert. Andag.).
Cynigund P. II, 314 (dom. Caroling. geneal.).

Chunihard. 8. St. P.
Chuniardo St. P.
Gunhard pol. R. s. 9, 45 etc.
Nhd. Kohnert, Köhnert, Kuhnerdt, Kuhnert, Kühnert, Kuhnhardt, Kunert, Kunnert.

Chunihari. 8. St. P.
Chuniheri St. P. zwml.
Chuniher Mchb. sec. 8 (n. 95).
Chuniahri (so) St. P.
Cunari P. V, 513 (chron. Salernit.).
Gunher pol. R. s. 13.
Gunheri St. P.
Nhd. Koner, Kühner, Kuner.

Gunhad. 9. Pol. R. s. 53.
Gunhod pol. R. s. 14.

Chunihildis, fem. 7. P. VII, 122 f. (Herim. Aug. chron.); 425 (Bernold. chron.); Lc. a. 1041 (n. 174).
Chunihilt P. II, 345 (vit. S. Bonif.); St. P.

Cunihild P. V, 100 (ann. Hildesh.); Wg. tr. C. 242.
Gunhildis pol. Irm. s. 114; pol. R. s. 8, 15.
Gunhild P. V, 102 (ann. Hildesheim.).
Chuniheh. 8. Mchb. sec. 8 u. 9 (n. 9, 644); St. P. öfters; R. a. 900 (n. 80, 81).
Chuniboch Mchb. sec. 8 (n. 21).
Chuniramnus. 9. Tr. W. a. 825 (n. 185) neben Guniramnus.
Chunileihc. 9. Ng. a. 874.
Cunimadal. 9. Laur. sec. 9 (n. 816).
Chunimund. 5. Gepidenkönig sec. 6; Suevenkönig sec. 6.
Chunimund P. VIII öfters; vit. S. Severini ed. Pez.
Cunimund Paul. diac. I, 27.
Cunimunt Dr. a. 823 (n. 419; Schn. ebds. Cummunt); necr. Fuld. a. 982.
Chunimunt Ng. a. 808; Mchb. sec. 9 (n. 262).
Kunimunt Schn. a. 889 (Dr. ebds. a. 634 Lunimunt).
Cuniemund neben Cunicmund Joh. Biclar. (E. s. VI, 384).
Cuinemunt K. a. 1091 (C. S. n. 12).
Nhd. Kühnemund.
Cunnia, fem. 8. Mchb. sec. 8 (n. 43).
Chunrad. 8. Sec. 9: herzog in Thüringen. Sec. 10: kön. Conr. I; kön. Conr. II der Salier; kön. v. Burgund; C. I, herz. v. Franken; herz. v. Lothringen und Franken; C. Kurzbold, graf im Niederlahngau; C. d rothe, burggraf zu Worms; herz. v. Alamannien; b. v. Constanz; b. v. Lucca; benedictiner, vf. d. chronik. Sec. 11: herz. zu Kärnthen; dessen sohn; sohn k. Heinrichs IV; erzb. zu Trier; bruder des böhm. k. Wratislaw; b. zu Utrecht; benedictiner zu Brauweiler.
Chunrad P. XI oft; necr. Aug.; St. P. mehrm.; M. B. c. a. 1070 (XIII).
Chunrat M. B. c. a. 1063 (XIII).
Cunrad P. I, 101 (ann. Brunwil.); IV, B, 176 (Nicol. II statut.); VII, VIII öfters; X, 174 (gest. Trever.); necr. Aug.; M. B. a. 902 (XXXI); Gud. a. 960, 994.
Cunrat Laur. sec. 9 (n. 48).
Kunrad Gud. a. 1069.
Kunrat M. B. a. 810 (VIII); M. B. a. 1050 (III).
Cunrath P. V, 235 (Andr. Bergomat. chron.).
Chunarad Ng. a. 859.
Chunerat Gld. II, a, 97.
Gunerad Mab. a. 872.
Choonrad P. II, 634 (vit. Hlud. imp.); III, 568 (Kar. III, capit.); VII, 457 (Bernoldi chron.); X, 361 (Hugon. chron.); St. P.; H. a. 940 (n. 155).
Chonrat St. P. zwml.
Conrad P. überall oft; St. P.; Wg. tr. C. 220; M. B. XIII, 485.
Conrat P. IV, B, 166 (Ott. M. pact.).
Konrad P. V, VIII.
Konrat M. B. c. a. 1096 (IV).
Choanrat M. B. sec. 8 (n. 96); Ng. a. 839.
Chaonrad Mab. a. 1030.
Chuanrat Mchb. sec. 8 (n. 10); H. a. 910 (n. 138).
Chuonrad P. überall oft; St. P.; Gud. a. 950, 961, 1028.
Chuonrat St. P. zwml.
Cuonrad P. II, IV, VI etc. oft; X, 214 (vit. Conradi); necr. Aug.; Gud. a. 994.
Cuonrat P. VII öfters; necr. Aug.
Cuonrath necr. Aug.
Chounrad P. VI, VIII, IX öfters; X, 219 (vit. Conradi); XI oft (ann. Mellic., Cosm. chron. Boem., S. Rudberti Salisb. ann.).
Chounrat Gld. II, a, 97.
Counrad P. I, 100 (ann. Brunwil.); II, 246 (ann. Wirzib.); V, 107 (ann. Hildesheim.).
Kounrad P. V, 135 (ann. August.).
Choinrad P. I, 103 (ann. S. Columbae).
Chuenrad H. a. 910 (n. 139); ist wol Chuonrad zu lesen.
Cohunrad Lp. a. 892 (I, 1006).
Courard (so) P. X, 647 (gest. episcopp. Tullens.); XII mehrm.
Cronrat urk. v. 962 bei Coletti XI, 877 wol für Conrat.
Cuoraht (so) necr. Aug.
Chunradus qui et Chuono P. XI, 773 (ann. S. Rudberti Salisb.).
Cono für Conrad P. II, 353 (chron. Aquitan.); V—VII öfters; X, 367 (Hugon. chron.).
Nhd. Conrad, Conradt, Curth, Konrad.
O. n. Cuonratishouen.
Chunirih. 8. St. P.
Cunirih Schn. a. 774.
Cunrio R. a. 821 (n. 21) etwa für Cunric?

Cunniswind. 9. Schn. a. 876.
Chuniald. 8. A. S. Febr. III.
Chunoald Fredegar.
Kuniald St. P.
Conald P. V, 703 (Benedicti chron.).
Ags. Cynevald. Nhd. Kühnelt, Kühnhold.
Cuniuld. 7. Conc. Tolet. a. 683, 688, 693 (ep. Italicens.); eine entstellung aus Cuniald nehme ich nicht an.
Chonulf. 7. Pd. a. 667 (n. 358).
Ags. Cynevulf.

Chunchirin. 7. Tr. W. a. 699 (n. 252).
Chusabald. 6. P. VIII, 142 (Ekkeh. chron. univers.). Frankenkönig, schwiegersohn des Langobardenkönigs Wacho. Derselbe heisst Cuswald bei Paul. diac. I, 21.
Chustaffus. Gld. II, a, 114. Grimm gesch. d. dtsch. sprache s. 707 erinnert an das schwedische Gustaf und denkt an identität mit supponirtem ahd. Kundastap. Meinerseits mahne ich an die mit Cust- beginnenden namen, die jedenfalls näher liegen; indessen dann müsste Chustaffus corrumpirt sein, z. b. aus Chustulfus; vgl. unten das wirklich belegbare Custulf.
Chuzo. 10. K. a. 995 (n. 198).
Chuzzo Ng. a. 970 (K. ebds. nachtr. E).
Vielleicht diminutivum zum stamme CHUD.
Ciccio. 8. St. P.; deutsch? mit Cixila verwandt?
Cicila s. Cixila. **Cierolf** s. ZIAR. **Cilger, Cilia, Ciliman** s. ZIL.
Cimberius, 1. v. C. Suevischer fürst. Caes. b. G. I, 37. S. Zeuss s. 141.
Cinelin. 11. P. XI, 407 (chron. Affligem.).
Cit- s. ZIT.
Cixila. 7. Ein graf sec. 7; b. v. Toledo sec. 8.
Cixila conc. Tolet. a. 683, 688. E. s. V öfters.
Cixsila Lgd. a. 821 (I, n. 37) neben Xixila.
Cicila Lgd. a. 844 (I, n. 65).
Chixila Lgd. a. 888 (I, n. 112).
Cixilanus Lgd. a. 802 (I, n. 11).
Die deutschheit dieses namens ist sehr unsicher; vgl. auch oben Ciccio.
Claffo. 6. Claffo der sechste und Cleph der der elfte Langobardenkönig.
Claffo P. VIII, 301, 312 (Sigeb. chron.); Paul. diac. I, 20.
Clapho P. V, 217 (regg. et imper. catal.).
Clappho P. V, 186 (ann. Cavenses).
Clefo P. V, 232 (Andr. Bergom. chron.).
Clepho P. V, 239 (chron. Brixiens.); 873 (reg. catal.); Paul. diac III, 16.
Cleph P. V, 470 (chron. Salernit.); VIII, 144 (Ekkehard. chron. univers.); Paul. diac. II, 31.
Clep P. VII, 89 (Herim. Aug. chron.).
Cleb P. V, 232 (Andr. Bergom. chron.); VIII. 318 f. (Sigebert. chron.); Marii chron. (d. Ch. I).
Calpho P. VIII, 142, 144 (Ekkeh. chron. univers.).
Clyp P. X, 322 (Hugon. chron.).
Cleps (so) P. IX, 38 (Joh. chron. Venet.).
Ahd. klaphôn, altn. klappa haben den begriff des schlagens stossens, anaklaf den von angriff. Dazu muss dieser n. gehören und also jedenfalls eine kriegerische bedeutung haben.
Clanaheri. 9. Mchb. sec. 9. (n. 599).
Clanbert. 8. Laur. sec. 8 (n. 340).
Der erste theil dieser beiden n. bedarf noch weiterer untersuchung, wenn man ihn nicht etwa als ags. gelten lassen will. Vgl. unten Clen.
Claedicus s. HLOD. **Clapho** s. Claffo.

CLAR. Zu lat. clarus, mhd. clâr.

Clarebald. 11. Ep. Silvanect. A. S. Jan. II.
Clarmunt. 9. Mchb. sec. 9 (n. 588).
Erweiterter stamm:
Clarembald. 11. Guérard a. 1056.

Clen. P. II, 307 (reg. Merow. geneal.). Vgl. Clan-.
Nhd. Klähne.
Cletto. 8. Laur. sec. 8 (n. 3265).
Clidebald. 8. Pd. a. 745 (nchtr. n. 79).
Clintilo. 9. St. P.
Clis- s. GLIS. **Clod-, Clondicus, Clot-** s. HLOD.

CNEHT. Zu ags. cniht, cneoht, ahd. kneht juvenis, puer, servus, miles. Auslautend in Aotchneht (9), vielleicht auch in Wilchnig (10).

Chnettili (so). Gld. II, a, 97.
Chnectelin. 9. Ng. a 894 (n. 606).

CNIF. Zu ags. cnif culter, altn. hnífr.

Cniva. 3. Gothenkönig sec. 3. Jorn. 18.
Gniva P. VIII, 301 (Sigebert. chron.).
Vgl. Oniba.

Cnivida. 5. Gothenname bei Jorn.

Cobbo. 9. P. II, 418 (vit. S. Liudgeri), 669 (Nithardi hist.), 682 (transl. S. Pusinnae); III, 568 (Kar. III capit.); Wg. tr. C. 253, 328, 343, 349, 350, 456; Lc. a. 947 (n. 97), 1043 (n. 179); C. M. Sept.
Coppo Laur. sec. 9 (n. 532); Ms. a. 1078 (n. 29).
Nhd. Coppe, Kob, Kopp, Koppe, Kubbe, Kube.
Ob bei diesem n. an altn. koppa und an mhd. kupfe, womit verschiedene arten von hauptschmuck bezeichnet werden, zu denken ist?

Cod- s. GOD. **Cogipald, Cogo** s. GUG.

COL. Darf bei den folgenden namen etwa an das altn. kollir helm erinnert werden?

Colo. 9. B. v. Reate sec. 9. Laur. sec. 8 (n. 2250, 2986); synod. Roman. a. 853; conc. Roman. a. 861.
Cholo M. B. a. 899; Mchb. sec. 11 (n. 1171, 1192).
Nhd. Cölle, Kohl, Köhle, Kölle, Koll, Kuhl.

Colias. 4. Amm. Marc. Deutsch?

Colaicho. 8. Tr. W. a. 712 (n. 186); hieher?

Cholensus. 8 Laur. sec. 8 (n. 1993).

Colobert. 8. Laur. sec. 8 (n. 1566).

Coloboz. 8. Laur. sec. 8 (n. 1548).
Colobooz Laur. sec. 8 (n. 208).

Coloman. 9. Bruder Stephans d. heiligen von Ungarn sec. 10.
Coloman P. V, 735, 860 (Thietmari chron.); VIII öfters; A. S. Jan. I, II.
Colman A. S. Jan. I.
Cholman C. M. Jul.
Nhd. Callmann, Collmann, Cullmann, Kohlmann, Kuhlmann, Kollmann, Kullmann.
Erweitert scheint dieser stamm in

Colamfrid. 8. Laur. sec. 8 (n. 226).

Cold- s. GALD. **Colman, Colo-** s. COL.
Coman, Comant s. QUAM.

Combolomarus. Gr. II, 825. Welches ist der erste theil dieses namens?

Comosicus s. GUMA.

Conchade (so), fem. (zt. unbest.); necr. Aug.

Conco. Gld. II, a, 97.
Vgl. zu diesen beiden dunkeln formen noch das obige Chunchirin.

Cond- s. GUND. **Coni-, Cono** s. CHUN.

Conolot. 9. Eine unsichere form bei St. P.

CONST. Zu ahd. und nhd. kunst scientia, altn. kunst, konst?

Constigerdis, fem. 9. Pol. R. s. 13.

Constrannus. 9. Pol. R. s. 105.

Cont- s. GUND. **Coppo** s. Cobbo.

Coranzan. 8. St. P. viermal; schwerlich deutsch.

Corbus. 7. Sohn des Frankenkönigs Theodorich. Fredegar.
Ist etwa an ags. ceorfan secare, ceorfæx securis (streitaxt?) zu denken?

Corillus. 1. Gothenkönig bei Jorn. Deutsch?

Corso. 8. Laur. sec. 8 (n. 1963).

Costila s. CUST. **Cotefred, Cothethanc** u. a. s. GOD.

Cotto. 2. v. C. (deutsch? bastarnischer name). Liv. XL. 57.
Cottus conc. Bracarens. a. 563.
Vielleicht hieher o. n. Cuttenheim und Cuttiawanc.

Coufman. 9. Dr. a. 812 (n. 272).
Choufman und Chouman (so) Gld. II, a, 97.
Einer der wenigen ahd. namen, die von einem bürgerlichen gewerbe hergenommen sind.

Coz- s. GAUD.

CRAFT. Zu ahd. kraft, vis, robur.

Craft. 8. P. VII, 173 (Lamberti ann.); M. B. a. 1061 (XXIX); K. c. a. 1100 (C. S. n. 7); A. S. Jun. II.
Kraft Gud. sec. 10.
Krafto M. B. a. 1062 (XXIX).
Chraft Mchb. sec. 8 u. 9 (z. b. n. 327, 555); St. P. viermal; K. a. 1045 (n. 226).
Chrapht St. P.
Crahft (so) St. P.
Craht P. VIII, 694 (annalista Saxo); als var. auch bei P. VII, 173.

Nhd. Krafft, Kraft.

Crefting. 9. Dr. a. 814 (n. 297; Schn. ebds. Creffting).

Chreftinc R. a. 888 (n. 68).

Craftheri. 9. St. P.

Craillnc. 9. P. III, 90 (Kar. M. capit.).

Craloh, Craman s. GRAW.

Cramana, fem. 9. Mchb. sec. 9 (n. 596).

Cramar. 8. Schpf. a. 795 (n. 70).

Unmöglich ist es nicht, aber unwahrscheinlich, dass der n. zu ahd. kramari nhd. krämer gehört. Dann sind dazu auch nhd. Cramer, Krahmer, Kramer zu setzen.

Cramat. 9. Ng. a. 827. Etwa für Cramhad = Hraban-had?

Cramgis u. a. s. HRABAN. **Crancro** s. Cancuro.

Craphaildis, fem. 7. P. II, 186 (ann. Gand.).

Crapucha, fem. 9. Schn. u. Dr. a. 800.

Vgl. hiezu das viell. verderbte Folcgrap (9).

Crasmar s. GRAS. **Crathard, Crato** s. G.

Crea. 9. Wg. tr. C. 229.

Crefting s. CRAFT.

Creizolf. 8. Laur. sec. 8 (n. 2384).

Der einzige zu ahd. creiz orbis gehörige namen. Wie ist aber hier creiz zu fassen? etwa als schild (vgl. rant)?

Crel Othok. 9. Dr. a. 863 (n. 580). Dr. setzt zu dieser wunderbaren form mit recht ein fragezeichen.

Cremhilt, Crenihilda s. GRIM. **Crezzo** s. Chresso.

Criecholf. 9. Laur. sec. 9 (n. 962).

Crieholf Dr. a. 806 (n. 367; Schn. ebds.).

Wahrscheinlich zu Kriachi, Kriecha, Graeci. Vgl. auch Griobat.

Crifico s. Grippo.

Crigilwihc. 9. Mchb. sec. 9 (n. 669).

Vgl. ahd. einchrigilicho obstinate, widarcregilin obstinatus.

Crim- s. GRIM. **Cringulf** s. HRING.

Criricus (deutsch?) P. IX, 86 (chron. Novalic.).

Cirico Ng. a. 770 hieher?

Criselher, Crisololf, Crisso s. GRIS.

Crist- s. CHRIST. **Crisulf** s. GRIS.

Critbraht. 10. Dr. a. 901 (n. 648).

Etwa zu altn. ags. fries. grið pax?

Crocus s. HROC. **Crod-, Crorada** s. HROD.

Croso s. GRAUS. **Croscus** s. HROC. **Crosmuat** s. GRAUS. **Cruan, Cruanhart** s. GRON. **Cruccus** s. HROC.

Cruoro. Gld. II, a, 97. Verderbt?

Cruptorix. 1. Ein Friese. Tac. ann. IV, 73.

Cucufates s. GUG.

Cuffolo. 8. St. P.

Cuffulus St. P. zwml.

Cululant. Gld. II, a, 121. Verderbt?

Cumbro. 9. Wg. tr. C. 253, 328. Vgl. Cimberius. S. Zeuss s. 142.

Cumloald. 7. H. a. 698 (n. 24). Ist vielleicht Cundoald zu lesen? Pd. n. 449 hat hier Cumboald.

Cummunt s. GUMA.

Cumpo. 11. R. a. 1064 (n. 167) zwml.

Cunari s. CHUN. **Cund-** s. GUND. **Cune-, Cuni-** s. CHUN. **Cunt-, Cunzo** s. G.

Cuon- s. CHUN. **Cuot-** s. GOD.

Cuppa, msc. 6. Franke. Greg. Tur. X, 5.

Cuppane (abl.) Greg. Tur. V, 40.

Curnperht. 9. Mchb. sec. 9 (n. 500); wol Cumperht oder Cuntperht zu lesen.

Curzipold. 10. Graf im Niederlahngau.

Chuonradus qui Curcipoldus dicebatur P. I, 620 (contin. Regin.).

Chuono ..... churzibolt ...... cognominatus P. II, 104 (Ekkeh. cas. S. Galli).

Mhd. bedeutet kurzebolt juwelen oder überhaupt prächtigen schmuck. Müller wörterb. 221.

CUST.

Nhd. kust, kusti, aus dessen bedeutungen die von scientia, ars, virtus am besten für namen passen.

Custica, fem. 9. Pol. R. s. 87.

Costila, msc. 6. Neapolit. urk. v. 551 bei Sp., M. u. Massmann.

Costula Cassiod. V, 30.

Custolus Gld. II, a, 114.

Custanzo. 9. St. P.

Custard. 9. Mab. a. 836.

Cuslindis, fem. 9. Pol. R. s. 87. Hieher für Custlindis?

Custuin. 8. Pol. Irm. s. 74.

Custoin pol. R. s. 83, 85.

Custulf. 9. Pol. R. s. 8, 83 etc.

Cuswald s. Chusabald.

Cyrola. 5. Gothenführer sec. 5. Greg. Tur. II, 3 var. Cirola; Vict. Vitens. de persec. Vandal. II, 3, 6.

Cyrila Idat. a. 458 etc.

Es ist schwer, diesen namen, der deutsch zu sein scheint (Zierola?), von dem schon frühe vorkommenden fremden Cyrillus zu sondern.

D.

Im allgemeinen haben die folgenden namen ihr anlautendes d der niederdeutschen mundart gemäss, während man hochdeutsch anlautendes d meistens unter th finden wird. Doch ist hier nicht eine strenge sonderung zu erwarten, da das vorliegende wörterbuch weder ausschliesslich niederdeutsch noch ausschliesslich hochdeutsch ist, und es wird daher auch manches hochdeutsche d hier aufgeführt sein, weil die entsprechende niedd. mit th anlautende form nicht überliefert ist. In einzelnen fällen ist die entscheidung sogar schwierig, ob der anlaut eines namens zu niedd. th = hochd. d oder zu niedd. d = hochd. t zu rechnen ist, so wie z. b. im namen der Thüringer. Zahlreiche verweisungen aus einem buchstaben auf den andern machen diese schwierigkeiten für den praktischen gebrauch des wörterbuchs unschädlich.

Eingeschobenes d (meistens zwischen liquiden) s. unter t.

Ausfall des d begegnet namentlich in westfränkischer mundart; so ais für aidis (haidis), haus für hadus, raus für radus.

-d (suffix). Ich vereine hier goth. d = ahd. t und goth. þ = ahd. d, da beide klassen sich schwer scheiden; auch goth. t muss ich hier derselben unsicherheit wegen aufführen, lasse jedoch das unendlich häufigere ahd. z aus dem spiele. Ich bemerke hier folgende formen:

1) -d:

Attid 9.	Geneda 10.	Judida 10.
Fastida 3.	Hardidus 9.	Kippid 9.
Filhid?	Heppid 9.	Marchida 9.
Gaudidus 8.	Husido.	Salado 10.
Gaudida 8.	Jolida 9.	Wanedus 9.

2) -t:

Bositto 7.	Manneto.	Wanito 8.
Hahit 8.	Muntito 9.	Warato 7.
Helut 9.	Munzito 9.	Welut 9.
Husito 8.	Tarit.	

Hier tritt leicht graphische verwechselung mit suffix l ein.

3) -th:

Gebetho 8.	Saletho 10.	Weluth 9.

DAB. Es folgt hier eine unsichere zusammenstellung solcher formen, die zu goth. gadaban, ags. dafan convenire, goth. gadôbs, ags. dêfe conveniens zu gehören scheinen.

Tabuke (so) 11. Ms. a. 1049 (n. 22).

Dafila, fem. 9. Pol. R. s. 52. Vgl. Dalfia.

Tapizo. 8. St. P.

Tepizo St. P. zwml.

Daperich. 10. R. a. 900 (n. 78). Verderbt?

Dapariz. 9. Mchb. sec. 9 (n. 635).

Dopiriz Mchb. sec. 9 (n. 596).

Ist dieser n. slavisch?

Dac- s. DAG. **Dad-** s. TAT.

Daëro, acc. fem. 6. Pd. a. 533 (n. 118).

Dafila s. DAB.

DAG. Gr. führt diese n. V, 362 gleich nach tag dies auf. Auch Grimm gr. II, 451 (vgl. 488) fragt, was DAG in eigenn. bedeuten solle; ob es vielleicht helle, glanz, schönheit ausdrücke. Mit sicherheit diese formen an irgend eine wortfamilie zu knüpfen ist bis jetzt unmöglich, obwol sich mehrfach scheinbare anknüpfungspunkte bieten. Der stamm ist, besonders auslautend, namentlich in sächs. namen häufig. Vgl. auch ags. Däghräfen Beóv. 4998.

Ich stelle unter die mit DAG beginnenden formen auch mehrere mit Dai- anfangende, indem ich Dai- als contraction von Dagi- ansehe, was in einigen fällen sogar gewiss ist.

Auslautendes DAG in folgenden 46 namen, worunter nur ein paar feminina:

Aildag 9.	Folcdag 8.	Reddag 8.
Alacdag 9.	Gerdag 9.	Ragendac 9.
Alfdag 8.	Halegdag 9.	Ricdag 9.
Osdag 9.	Haletdag 9.	Selithag 9.
Adaldag 9.	Heridag 9.	Sigitac 9.
Oddag 9.	Helmdag 9.	Swyricdac 9.
Ostdag 9.	Hildidag 9.	Danctag 9.
Berndac 9.	Hodag 9.	Theodag 9.
Brandag?	Hroddag 9.	Walttag 9.
Bruntag 9.	Ingadag 9.	Wendildag 9.
Tunitach.	Liopdag 10.	Werdeg 9.
Euurdag 9.	Liobetaga 9.	Werindac 9.
Erdag 9.	Liuddag 9.	Wiltac 9.
Erdega 9.	Maindag 9.	Willedaga 9.
Frittag 9.	Marcdag 9.	Wulfdag 9.
Frodac? 7.		

Dag. 6. Wg. tr. C. 302.

Dago Wg. tr. C. 254.

Dacco (var. Tacco) Greg. Tur. V, 26.

Tacco St. P. zwml.

Takko St. P.

Nhd. Daake, Däcke, Däge, Deck, Decke, Deege, Deg, Dege, Tack, Tacke, Tag, Täge.

O. n. Tagawinga und Tagesburc viell. hieher.

Daga, fem. 8. Pol. Irm. s. 88.

Taca Gld. II, a, 108.

Dagalo. 9. H. a. 926 (n. 146).

Tagulo P. III, 253 (Hlud. et Hloth. capit.).

Hieher vielleicht noch

Tacilo (7) gest. Dagoberti I.

Dacilus Gld. II, a, 114.

Dahilo pol. R. s. 49.

Nhd. Degel, Tägel.

O. n. Tekilinwanc vielleicht hieher?

Dacolenus. 7. Pd. a. 680 (n. 393).

Dagano. 7. Erzb. v. Magdeburg sec. 11.

Dagano P. V öfters; IX, 322 (Ad. Brem.).

Dagino P. VI, 796 not. (synod. Francof.); VIII öfters.

Daginus Pd. a. 657 (n. 328).

Taginus P. XI öfters (chron. Benedictobur.).

Tagino P. V öfters; VI, 540 (Othloni vit. S Wolfkangi), 560 (Arnold. de S. Emmer.); VIII öfters; XI öfters (chron. Benedictobur.); St. P. zwml.; M. B. sec. 11 öfters (VI—VIII).

Tageno P. VI, 691 (Adalbold vit. Heinr. II).

Diese formen sind schwer von den zu Thegano gehörigen zu scheiden; s. ds.

Nhd. Decken, Tacken.

O. n. Tagnofort.

Dagena, fem. 8. Pol. Irm. s. 120.

Deina H. a. 926 (n. 146). Ist die form aus Dagina zusammengezogen und hieher gehörig?

Dagininus. 11. P. VI, 795 not. (synod. Francof.).

Tagininus P. VI, 536 (Othloni vit. S. Wolfkangi); M. B. a. 1007 (XXXI).

Dachant. 8. Laur. sec. 8 (n. 326).

Tagant Laur. sec. 9 (n. 729).

Tahant Laur. sec. 9 (n. 734).

Tagapald. 8. Mchb. sec. 8 (n. 10).

Tagebold Gld. II, a, 108.

Dacbold pol. Irm. s. 139.

Tagapern. 9. Mchb. sec. 9 (n. 452).

Dagaperht. 7. Dagobert I sec. 7 und Dag. II sec. 8, Frankenkönige; ep. Agathens. sec. 9; erzb. v. Pisa sec. 11; b. v. Bourges sec. 11.

Dagaperht St. P.

Dagobercht Mab. a. 632.

Dagobert P. I öfters (chron. Moissiac. etc.); II, V—VIII öfters; IX (leg. Baioar. prolog.); X, 160, 167 (gest. Trever.), 338 (Hugon. chron.), 570 (chron. S. Huberti Andag.), 635 (gest. episc. Tullens.); gest. reg. Dagob.; gest. regg. Franc.; Paul. diac. V, 23; St. P.; M. B. a. 623 (XXXI); Mab. a. 710; pol. Irm. s. 56; Gud. a. 1080.

Dagobreht necr. Aug.

Tagobert P. I, 64 (ann. Sangall.); II, 62 (Ratpert. cas. S. Galli); VII, VIII öfters; Ng. a. 824; St. P.; G. a. 989 (n. 26).

Dagobercth M. a. 628 (n. 60); Mab. a. 692.

Dagovert M. a. 751 (n. 6).

Dacobert tr. W. a. 713 (n. 256).

Dacopirt (so) Ng. a. 752.
Dachopert P. IX, 594 (chron. mon. Casin.).
Dagabert tr. W. a. 712 (Pd. nachtr. n. 22).
Tagapraht Schn. a. 801.
Tagabreht Gld. II, a, 108.
Tagapreht Gld. II, a, 108.
Tagaperht M. B. a. 802 (IX); St. P. öfters.
Tagaperth St. P.
Tagabret Ng. a. 849; K. a. 839 (n. 108).
Tagapret Ng. a. 827.
Tagabert K. a. 775 (n. 16).
Takebreht K. a. 788 (n. 34; Ng. ebds.).
Tagebreht necr. Aug.
Tagebert Pd. a. 675 (n. 380); Ng. a. 819.
Tagepret Gld. II, a, 108.
Dagibert Mab. a. 872; Lp. a. 975 (II, 326).
Dagipert Gld. II, a, 114.
Dagivert Lp. a. 897, 970 (I, 1059; II, 298).
Dachivert Lp. a. 911, 918 (II, 79, 111).
Dahivert Lp. a. 913 (II, 86).
Tachipert P. III, 253 (Hlud. et Hloth. capit.).
Dagbert pol. Irm. s. 133; Wg. tr. C. 837.
Dacbert P. VI, 134 (Ademar. histor.); pol. Irm. s. 139; Wg. tr. C. 254.
Daibert P. V öfters.
Daibert qui et Teuzo Lp. a. 1034 (II, 579).
Daibert für Dagobert öfters in d. concil.
Nhd. Dabbert.
O. n. Tagbrehtshusen, Tagebreteswilare.

Tagabirga, fem. 9. R. a. 821 (n. 21).

Tachiprand. 9. P. III, 253 (Hlud. et Hloth. capit.).

Tagibod. 7. Tr. W. a. 699 (n. 252 u. Pd. nachtr. n. 10).

Dagathrut, fem. 8. Tr. W. a. 718 (n. 227 u. Pd. nachtr. n. 40).
Dagadrint (so) H. a. 853 (n. 87) etwa aus Dagadrud verderbt?
Daidrud und Daidrut H. a. 955 (n. 167).

Dagafrid. 8. H. a. 909 (n. 136).
Dagafrit H. a. 853 (n. 87).
Tagafrid Schn. a. 796, 806.
Dacfred pol. Irm. s. 133.

Dagaud. 6. Pd. a. 533 (n. 118) = Daggaud?

Daigisil. 7. Test. Erm.

Dagrim. 9. Wg. tr. C. 394 = Daggrim?

Daiher. 9. Pol. R. s. 109.

Dachelm. 9. Pol. R. s. 71.

Tagahilt, fem. 9. Gld. II, a, 128.
Daihildis pol. R. s. 51.

Dagwelp. 9. Wg. tr. C. 372, 453, 483.

Dagaleich. 8. Dr. a. 772 (neben Dagaleg).
O. n. Tagaleihhinga.

Dagalaif. 4. Ein consul sec. 4. Fast. Idat.
Dagalaiph Cassiod. chron. zwml.; Pd. a. 583 (n. 118), wofür ebds. n. 119 falsch Dugaleif.
Γαδαλάϊφος (so) für Dagalaiph Zosim. III, 21.
Nhd. Taglieb.

Dagalind, fem. 8. Tr. W. c. a. 811 (n. 191).
Tagalind Schn. a. 786.
Tacalind Pd. a. 744 (n. 579; Ng. ebds.).
Dachilinda Pd. c. a. 744 (n. 581; Ng. ebds.).
Dahelindis pol. R. s. 105.
Dailindis pol. R. s. 84.
Viell. hieher Tetaclinda Ng. a. 744.

Tagamar. 9. Mchb. sec. 9 (n. 300).
Dacomar P. IX, 771 (chron. mon. Casin.).
Dagemar G. sec. 9 (n. 4).
Aus viel früherer zeit vielleicht schon hieher Dacomarus bei St. n. 207.

Dagamund. 9. H. a. 945 (n. 158).
Dagamunt Schn. a. 817.
Tagamunt Schn. a. 817.

Tagani, fem. 8. Mchb. sec. 9 (n. 455).
Tagini Mchb. sec. 10 (n. 1010); M. B. sec. 11 (VI).

Tagarat. 6. Ng. a. 802.
Dagared Pd. a. 533 (n. 118, 119).
Dagerad Frek.
Dacarat Ng. a. 783.
Daghared Wg. tr. C 226.
Dagred pol. R. s. 84.
Hieher vielleicht:
Daredus pol. R. s. 60.
Tegred conc. Autisiod. a. 578.

Dagarasena, fem. 6. Pd. a. 533 (n. 119); dafür ebds. n. 118 Dagaresena.

Dagarich. 7. Test. Erm.
Takarich K. a. 769 (n. 10); Ng. ebds.
Tagirih Gld. II, a, 108.
Dairich Gld. II, a, 114 wol hieher.

Dagarid. 9. Wg. tr. C. 242.

Tagaswind, fem. 8. Dr. a. 772.

Tagadeo. 8. St. P.
Tagidio St. P.

Dagoald. 9. Gld. II, a, 114.

Dahholt Schn. a. 813 (Dr. ebds. n. 273 Dahhol).
Tagawart. Gr. I, 955.
Dagovassus. St. n. 948 (inschr. aus der gegend von Neuwied, aus sec. 3 od. 4). Der n. steht unter andern, die undeutsch sind; ist er selbst deutsch?
Dagewin. 8. Laur. sec. 8 (n. 3152).
Daguin pol. Irm. s. 78, 88 etc.
Dagoin pol. Irm. s. 155; H. a. 704 (n. 28).
Daiwin pol. R. s. 84.
Dagaulf. 6. Markgr. der sorbischen mark, nachher herzog v. Thüringen.
Dagaulf Venant. Fortun.
Dagulf Greg. Tur. VIII, 19.
Thachulf P. I, 371 (Ruod. Fuld. ann.), 387 (ann. Fuld.).
Thaculf P. I, 366 (Ruod. Fuld. ann.).
Thacholf Dr. a. 752; Dr. a. 863 (n. 585, wo Schn. Thiotolf hat).
Thaholf Dr. a. 837 (n. 507; Schn. ebds. Thacolf).
Taholf Dr. a. 838 (n. 509; Schn. ebds. Thaholf).
Dagolf Dr. sec. 9 (n. 628; Schn. ebds. Dalolf); necr. Fuld. a. 1026.
O. n. Tagulfowi und Tagolfingas.
Zusammensetzungen mit erweitertem stamme:
1) mit suffix L:
Dacloildis, fem. 8. Pol. Irm. s. 145.
Daglidulf. 8. St. P.
2) mit suffix N:
Deinka, fem. 9. K. a. 839 (n. 101; Schn. ebds.).
Dainla, fem. 9. Pol. R. s. 51.
Dagimpald. 8. Lp. a. 975 (II, 330).
Tagimpald Lp. a. 879, 1029, 1032 etc. (I, 891; II, 558, 570 etc.).
Tachinpald Lp. a. 805 (I, 635).
Tachimbald Lp. a. 879 (I, 891).
Tachimpald Lp. a. 799, 806, 854 (I, 615, 643, 759).
Tainbold pol. R. s. 65.
Taginbert. 8. Erzb. zu Sens sec. 11.
Taginbert P. VII, 97 (Herim. Aug. chron.).
Dainbert P. I, 106 f. (ann. S. Columbae).
Daimbert P. VII, 66 (catal. regg.); Lgd. a. 1096 (II, n. 315).
Denbert Mab. a. 1094 hieher?
Daintrudis, fem. 9. Pol. R. s. 51, 54.
Tagenard. 9. Pol. R. s. 86.
Dachenald. 9. P. IX, 595 (chron. mon. Casin.).
Dagnouar. 8. St. P.
3) mit suffix R:
Tagarhilt, fem. 8. Laur. sec. 8 (n. 3124).
Dairveus. 8. Pol. Irm. s. 133. Hieher?

Dahilo s. DAG.
Daho. Gr. V, 105; zu DAG?
Daibert, Daidrut s. DAG.
Daiferi. 9. P. V öfters. Dazu auch Dauferi P. V öfters und Dalferi P. V, 239 (chron. Briziense).
Daigisil, Daiher, Daihildis s. DAG.

DAIL. Wenn die folgenden n. wirklich zu goth. dails, alts. dêl, ags. dael, ahd. tail pars gehören, so bedürfen sie noch sehr der untersuchung, durch welchen gedankengang es möglich war dieses wort für namen zu verwenden. Vgl. auch DAL.
Daila, msc. 5. Cassiod. V, 30.
Deil Hd. m. S. a. 1068 (n. 89).
Tail K. a. 769 (n. 11; Ng. ebds.).
Delo Wg. tr. C. 260; necr. Fuld. 835.
Nhd. Theile.
Deila, fem. 8. Tr. W. a. 718 (n. 227 u. Pd. nchtr. n. 40); Laur. sec. 9 (n. 474); necr. Fuld. a. 1041.
Teila Dr. a. 709.
Thailina, fem. 11. St. M. a. 1002.
Delheri. 9. Wg. tr. C. 226.
Delricus. 9. B. v. Basel. Convent. Wormat. a. 833. Etwa für Adelricus?

Dailindis, Dainbert, Dainla, Daintrudis, Dairich, Dairveus s. DAG.

DAL. Da an tal vallis kaum zu denken ist, so vergleiche ich ags. deall clarus, superbus, so wie nord. Heimdallr und Dellingr. Gr. V, 397 führt Talamot und Tallo an, ohne sie zu einem bestimmten worte zu fügen. Schwer ist es DAL von dem oben aufgestellten DAIL zu scheiden; besonders könnten die formen mit Del- auch hieher gehören.
Tallo. 8. Gr. V, 397.

Dal Wg. tr. C. 273.

Als umgelautete formen scheinen mir hieher zu setzen:

Tello P. II, 25 (vit. S. Galli); III, 30 (Pipp. capit.).

Telo Mchb. sec. 8 (n. 26).

Vielleicht schon hieher Telo vit. S. Severin. ed. Pez.

Nhd. Dahl, Thal, Tell, Telle.

O. n. Tellinchova, Tellinhusir.

Dalia, fem. 9. Pol. R. s. 50, 51.

Dalbert. 8. Pol. Irm. s. 4.

Dalivert Lp. a. 952 (II, 219).

Dalferi s. Daiferi.

Dealher. 11. Dr. a. 1095 (n. 768): fehlt bei Schn.

Nhd. Döhler, Döler, Thieler, Tieler.

Dalman. 8. St. P.

Nhd. Dahlmann.

Talamot. 8. St. P.; Mchb. sec. 9 (z. b. n. 661); M. B. a. 837 (IX).

Dalolf s. Dagolf.

-dalf in Herbdalf (8)?

Dalfia, fem. 9. Pol. R. s. 51, 53.

Talfia (mutter von Dalfia) pol. R. s. 53.

Vgl. auch Dafila und Adalfia.

DAN. Die folgenden namen scheinen theilweise zu dem v. n. Dani Daenen zu gehören: doch mag ein anderer theil andern, unbekannten ursprung haben. Auslautend auf -dan finde ich:

Agidana 9. Framidaneus? 6. Saifedenus.

Ingildan 8. Lozdana 9.

Engildanz (8) steht höchst wahrscheinlich für Engildanus (vgl. Ingildan).

Zur vergleichung und erwägung stelle ich noch Auliatena, Mellatena und Meratena, sämmtlich sec. 6.

Dano. 8. Wg. tr. C. 357.

Danno H. c. a. 1021 (n. 221).

Tanno Ng. a. 864.

Danius pol. R. s. 62.

Denno pol. R. s. 49.

Tenno Mchb. sec. 8 (n. 19).

Teno Dr. n. 570; ebds. auch Schn.

Nhd. Dähn, Dähne, Dann, Dehn, Dehne, Tanne.

Danna, fem. 9. Tr. W. a. 819 (n. 127).

Denne C. M. April.

Tanucho. 9. Necr. Fuld. a. 808.

Tannecha, fem. Gld. II. a. 128.

Danila. Ein graf sec. 7. Conc. Tolet. a. 693.

Tenil Mchb. sec. 9 (n. 142, 217, 417) wol hieher.

Daning, Tanninc, Dening Gr. V. 143. 429 scheinen nur aus o. n. wie Daninga, Tanningas, Tanninchova geschlossen.

Danaburg, fem. 10. Necr. Fuld. a. 954.

Danneburch Ms. a. 1049 (n. 22).

Danafrid. 8. Pol. Irm. s. 238.

Danegaud. 8. Pol. Irm. s 115.

Danagildis, fem. 8. Pol. Irm. s. 237.

Danigildis pol. R. s. 101.

Danegildis pol. Irm. s. 55, 57 etc.

Thangelt necr. Fuld. a. 907 hieher.

Denihart. 8. Necr. Fuld. a. 784.

Deneard conc. Roman. a. 745.

Thanhart Laur. sec. 8 (n. 813).

Tanhard Laur. sec. 8 (n. 1344).

Teneheil. 9. Dr. n. 570; desgl. ebds. Schn.; hieher?

Danahildis, fem. 8. Pol. Irm. s. 113.

Danaildis pol. Irm. s. 257.

Daniildis pol. R. s. 48, 55.

Denihilt Schn. a. 892.

Tanechildis M. sec. 7 (n. 64).

Danleib zu schliessen aus o. n. Danleibesheim.

Tennared. 6. Pd. a. 533 (n. 118, 119).

Danoald. 7. Pd. a. 648 (n. 312).

Deniold Dr. n. 702 (Schn. ebds. Deniolt).

Teneolt Dr. n. 577 (Schn. ebds. Tenolt).

Teneol (so) Mchb. sec. 9 (n. 142).

Hieher vielleicht (doch vgl. auch THANC):

Thanburg, fem. 9. Schn. a. 817.

Thanburgh Wg. tr. C. 226.

Thanger. 9. Wg. tr. C. 275; Lc. a. 820 (n. 40).

Thangrim. 9. Lc. a. 802 (n. 23).

Thanwi. 9. Wg. tr. C. 243.

Thanolf. 10. H. a. 926 (n. 146).

Ags. Denevulf.

Danc- s. THANC.

DAND. Nach Zeuss s. 113 gehören die formen Dando, Tanto, Dendi vielleicht zum v. n. Danduti. Auch Gr. V, 437 weist bei Danduti auf Tanto zurück. Auslautend in Laridand 7? Vgl. auch das vielleicht undeutsche Ubidand A. S. Jan. II.

Dando. 9. Wg. tr. C. 295.
Tanto Schn. a. 798; Mchb. sec. 9 (n. 473); K. a. 892 (n. 168).
Tando Ng. a. 809.
Tendeo Mchb. a. 820 (n. 374) hieher?
O. n. Tantinga, Dendunwilare.
Dendi. 9. Wg. tr. C. 100, 399, 411, 454.
Dende, fem. C. M. April.
Tantulo. 8. Laur. sec. 8 (n. 3018).
Dantlin. 10. H. a. 920 (n. 144).
Dentlin A. S. Jan. I.
Danzo. 8. Laur. sec. 8 (n. 394, 755).
Dantzo Laur. sec. 8 (n. 299).
Tanzo Laur. mehrm.
Nhd. Danz.
Tantolt. 9. Schn. a. 813 (Dr. hat hier n. 291 Lantolt).
Dendolt St. P.

Dane-, Dano s. DAN. **Dantlin.** s. DAND. **-danz** in Engildanz s. DAN. **Danzo** s. DAND. **Dapariz, Daperich** s. DAB.

DAR. Ich stelle die folgenden formen zu altn. dörr hasta, wovon auch im Altn. selbst ein eigenname Dörruðr gebildet wird.

Tarro. 9. P. III, 252 (Hlud. et Hloth. capit.).
Torro P. III, 90 (Kar. M. capit.) hieher?
Tara, fem. 9. St. P.
Terra St. P. (8) hieher?
Darila, fem. 9. Pol. R. s. 51.
Tarit. 8. St. P.
Tarut R. a. 776 (n. 5).
Daredus s. DAG.
Tarobert. 7. Pd. a. 699 (n. 450; H. ebds. n. 26); etwa für Farobert?
Terbert Mab. a. 933 hieher?
Taragun. 9. Dr. a. 819 (n. 388; Schn. ebds.); wol verderbt.
Derlindis, fem. 9. Pol. R. s. 60.
Terrimar. 9. M. B. a. 890 (XXVIII); R. liest ebds. (n. 72) Jerrimar.
O. n. Terremareschirichun.
Ternod. 9. R. a. 822 (n. 23) mehrmals. Ein irischer Ternotus wird erwähnt A. S. Febr. III.
Darein. 8. Pol. Irm. s. 29.
Derold und **Derulf** auch hieher?

DARB. Alts. derebi audax, altn. diarfr: auch ahd. biderbi utilis, sollers fügt sich gut dazu. Auslautend in Wicdarp (8).

Terfilo. 9. Wg. tr. C. 467. Ist hiefür viell. Tersilo zu lesen, wie auch Falke an dieser stelle thut? Dann hätten wir statt dieses unbekannten namens jenes Thersilo, welches sich ebds. § 362 findet.
Terbert s. DAR; oder hieher = Terbbert.
Terbwin. 8. Schn. n. 83; necr. Fuld. a. 797.
Hieher stelle ich noch das ganz unsichere
Terpiton (nom.). 9. R. a. 865 (n. 48), 866 (n. 50).
Terpaton R. a. 868 (n. 51).

Daredus s. DAG. **Das-** s. TAS. **Dat-** s. TAT. **-datis** in Ilisdatis (9).

DAU. Schon Weinhold die deutschen frauen s. 17 erinnert bei Dauwila passend an ahd. dau, ags. þeáv, alts. thau sitte, wozu wir demnach wol diese ganze namenfamilie stellen müssen.

Davo. 9. P. II, 362 f. (vit. S. Lebuini).
Dauo Wg. tr. C. 226.
Nhd. Dau, Dewe, Dey.
Davila. 7. Ep. Complutens. Mit var. Dalila conc. Tolet. a. 653, 655, 656.
Dauwila, fem. 9. Mchb. sec. 9 (n. 635).
Dewila Mchb. sec. 9 (n. 596).
Daumerus. 6 Pd. a. 546 (n. 144).
Dauveus. 6. Pd. a. 533 (n. 118).
Daulf. 7. Pd. a. 615 (n. 230).
Touwolf Gld. II, a, 109.
Zu diesem stamme noch wol:
Dauferius. 11. P. IX, 674, 700, 771 (chron. mon. Casin.). Vgl. Daiferi.
Dauferanda, fem. 9. P. V, 560 (chron. Salernit.). Für Dauveranda?
Tavold. 10. Lp. a. 909 (II, 67).
Dawin. 8. P. VIII, 557 (annalista Saxo).

Daudoard s. DOD. **Dealher** s. DAL.
Deblegauwo. 9. St. P. Zu DAB?
Decta, fem. 7. Pd. a. 677 (n. 387). Vgl. Tecto und Asdeht (9).

Dedalgar, Dedalrich, Dede s. TAT.

Dedro. 8. Laur. sec. 8 (n. 232).

Degan- s. THEGAN.

Deiko. 10. Frek.

Teico Gld. II, a, 108.

Deil, Deila s. DAIL. **Deina, Deinka** s. DAG. **Deitila** s. THIUDA.

Delanto. 9. Mchb. sec. 9 (n. 430); deutsch?

Deldo. 3. Δέλδων Dio Cass. LI, 23 (bastarnischer n.).

Delheri s. DAIL.

Dellorihbert. 9. Laur. sec. 9 (n. 474). Verderbt.

Delo, Delricus s. DAIL. **Dendi** s. DAND. **Dene-, Deni-** s. DAN. **Deod-** s. THIUDA. **Deor-** s. DIUR. **Deot-** s. THIUDA. **Derlindis** s. DAR.

Derling. 9. Wg. tr. C. 464.

Derold s. DIUR. **Dertar** s. Bertar. **Derulf** s. DIUR.

Desidredo. 8. Laur. sec. 8 (n. 232). Verderbt?

Dettic s. TAT. **Dewila** s. DAU.

Diddeminum. 8. Sign. Diddeminum Pd. c. a. 718 (nachtr. n. 42). Verderbt.

Died- s. THIUDA. **Diemoht** s. THIU.

Dignouar. 8. St. P. zwml. Halb latein? Ebds. auch Dignus, Dignulus und Dignolus; merkwürdiger weise auch Dagnouar. Dignus als n. auch R. a. 822 (n. 22).

Dih- s. THIH.

DIL. Vielleicht zu ahd. tilen, tilon, delere, destruere.

Dilli. 8. Necr. Fuld. a. 896.

Tilli Laur. sec. 8 (n. 3298).

Nhd. Tilly?

Thilo. 8. Dr. sec. 8.

Nhd. Diehl, Dill, Thiel, Thiele, Thile, Thilo, Tiele, Tile, Till, Tilo.

Tila, fem. 9. St. P.

Tilpurc, fem. 8. St. P.

Dilegildis, fem. 8. Pol. Irm. s. 74.

Tilemir. 9. Pol. R. s. 105.

Dimo s. Timo.

Dina, fem. 9. Pol. R. s. 47.

Dina aus sec. 4 (A. S. Febr. II) ist wol undeutsch.

Dinane (abl.) Pd. a. 711 (n. 479).

Dinc- s. THING.

Dindo. 8. P. II, 421 (vit. S. Liudgeri); Laur. mehrmals. Vgl. Dendi unter DAND.

Tinto M. B. a. 837 (IX); K. a. 843 (n. 109).

Thindo Laur. sec. 8 (n. 211).

Tindo Schn. a. 750; necr. Fuld. a. 856.

Tento Mchb. sec. 9 (n. 132, 724).

O. n. Tintinhusa.

Ding- s. THING. **Dioro** s. DIUR.

Dippolenus. 6. Greg. Tur. V, 30.

Dirald s. DIUR.

Dirbo und **Diripo,** Gr. V, 221, wol nur aus o. n. Dirboheim und Diripihaim geschlossen. Vgl. nhd. Derb.

DIROD. Ich vergleiche ags. deorað deoreð hasta.

Dirodhar. 8. Ng. a. 786.

Dirodoin. 8. H. a. 770 (n. 49).

Dirolf s. DIUR.

DIS. Die folgenden namen könnten vielleicht eine neue bestätigung für das aus filudeisei (2. Cor. 11, 3 und Eph. 4, 15) zu schliessende goth. adjectiv deis weise, klug bieten. Ob ein stamm dieser form auch auslautend vorkommt? Ich führe hier einige formen an, die sich sämmtlich im pol. R. (sec. 9) finden, bei denen aber noch zu untersuchen ist, ob ihre letzte silbe wirklich für deutsch gelten kann. Es sind das Agedis, Aintis, Agentisis, Berentis, Gelithis, Savientis. Wie wäre es übrigens, wenn dieser ganze stamm nur eine nebenform von IDIS (s. ds.) wäre, das ja auch im Altn. seinen anlaut verliert?

Diso. 8. Laur. sec. 8 (n. 1808); Ng. a. 825; Wg. tr. C. 230.

Tiso Mchb. sec. 8 u. 9 (z. b. n. 238); urk. v. 812, 818, 819, 821 Ng. u. K. (n. 67 u. s. w.); K. a. 802 (n. 53); St. P.

Disso Schpf. sec. 10 (n. 179).

Nhd. Thies, Thiese (freilich auch aus Mathias).

O. n. Tisinhova.

Disi. 9. Gr. V, 229.

Tisi K. a. 802 (n. 56).

Disa, fem. 8. Laur. sec. 8 (n. 1520, 2758).
Disia St. P.
Tisa St. P. mehrmals.
Disibod. 6. P. X, 159 (gest. Trever.) mit var. Disiobert, Disiboc, Disigot, Dissigod, Disobod, Dysibod.
Disiobo (abl.) Lgd. a. 782 (I, n. 5) hieher?
Dislith. 9. P. II, 389 (vit. S. Willehadi) mit var. Dissith.
Dismot, fem. 8. St. P.
Disnot. 9. St. P.
Disoalis, fem. 9. Pol. R. s. 54.
Disoidis, fem. 9. Pol. R. s. 73.
Disoenus. 8. Pd. a. 709 (n. 475).

Dit- s. THIUDA.
Diuolspot. 9. St. P.

DIUR. Ahd. tiur thier und tiur theuer haben der form nach gleiche ansprüche auf die folgenden formen. Die bedeutung entscheidet mehr zu gunsten des letzteren wortes, obwol das erstere nicht mit entschiedenheit abgewiesen werden kann. Vielleicht sind beide ausdrücke zu eigennamen verwandt worden.
Dioro. 9. Dr. n. 673; ebds. auch Schn.
Teor Mchb. sec. 9 (n. 348).
Nhd. Diehr, Dörr, Dörre, Dirr, Dürr, Theuer, Thier.
O. n. Teorinhova.
Diura, fem. 8. Laur. sec. 8 (n. 1551, 1558); Dr. sec. 9 (n. 137).
Diurra Gld. II, a, 121.
Tiura Laur. sec. 8 (n. 2768); Dr. sec. 9 (n. 137).
Diuria Laur. sec. 8 (n. 921).
Duirra Gld. II, a, 122.
Ist vielleicht die form Diusia Dr. a. 838 (n. 508, wofür Schn. Diusa hat) als verderbt anzusehen und hieher zu rechnen?
Durecha, fem. 11. Necr. Fuld. a. 1044.
Teoruni. 9. St. P.
Teuriscus. 9. Lgd. a. 852 (I, n. 76); ebds. bei Mab. Vgl. Teveristus (b. v. Salamanca) urk. v. 610 bei Coleti VI, 1363.
Diorisma, fem. 9. Pol. R. s. 48.
Teorpurc, fem. 9. Mchb. sec. 9 (n. 641).
Deurtrudis, fem. 8. Pol. Irm. s. 192.
Thiurhilt, fem. 9. Schn. a. 826.
Deoretrannus. 7. Pd. a. 627 (n. 241).
Tiurlinda, fem. Gr. II, 241.
Tiersint, fem. 10. H. a. 955 (n. 167).
Hiezu vielleicht schon Theresindis P. X, 331 (Hugon. chron.).
Teorswint, fem. 9. Mchb. sec. 9 (n. 474).
Teorsuin St. P. wol hieher.
Deorovald. 7. Test. Erm.
Deorold pol. Irm. s. 228.
Theorhald Pd. a. 726 (nachtr. n. 86).
Hieher vielleicht noch
Derold P. IV, 22 f. (Ott. M. constitut.); V öfters; pol. Irm. s. 264.
Dirald Mab. a. 847.
Nhd. Dörwald.
Deorovara, fem. 7. Test. Erm.
Deorulf. 8. P. II, 342 (vit. S. Bonif., mit var. Deorolf, Dorulf, Dierolf); pol. Irm. s. 108.
Diorolf necr. Fuld. a. 1003.
Teorolf Schn. a. 814 (Dr. ebds. n. 297 Teotolf).
Theorolf Mchb. sec. 8 (n. 118).
Hieher vielleicht noch folgende formen:
Dorolf Laur. sec. 8 (n. 2934).
Torolf P. II, 775 (vit. S. Rimberti).
Dirolf Laur. sec. 8 (n. 1517).
Tyrolf Laur. sec. 8 (n. 314).
Diururf H. a. 909 (n. 136). Derselbe heisst ebds. n. 137 noch verderbter Diurusus.
Ags. Diorulf, Deorulf. Nhd. Dierolf, Dirolf, Dürolf.
Hieher viell. o. n. Turolveswilare.
Zu diesem stamme vielleicht noch
Doirilch. 9. H. a. 853 (n. 87) zwml. Verderbt?

Docca s. DUG.
Docfred. 8. Pol. Irm. s. 192.
Dochar. 7. Pd. a. 659 (n. 335).
Gehören diese beiden n. etwa zum stamme DUG? Vgl. auch Dograt.

DOD. Die grosse anzahl der folgenden namen scheint das aufstellen eines stammes dieser form nöthig zu machen. Seine etymologie ist dunkel: vielleicht darf an ahd. toto patrinus, tota admater, an das weitverbreitete tat für vater erinnert werden. An tôt mortuus zu denken ist der bedeutung wegen unziemlich, eben so wie in rücksicht auf die form. Unmerklich fast sind die übergänge der hier verzeichneten formen in die stämme TAT und THIUDA, die bei jedem der folgenden namen verglichen werden müssen. Um hier nicht ganz ins schwanken zu gerathen, verzeichne ich hier nur solche namen, die einen der vocale ô, oa, ua, uo zwischen den beiden dentalen enthalten; dazu füge ich einige seltene formen, bei denen, wie es scheint unorganisch, ein ou oder au eintritt. Namen mit anlautendem z schliesse ich aus.

Dodo. 6. B. v. Angers sec. 9; b. v. Osnabrück sec. 10; b. v. Cesena, b. v. Nocera, ep. Bigorritan., alle drei sec. 11.

Dodo P. II, 220 (ann. Xant.), 575 (vit. S. Idae); III, 426 (Kar. II capit.), 568 (Kar. III capitul.); IV, 17 (Heinr. I constitut.); V öfters; VI, 502 (Widric. vit. S. Gerard. ep.), 783 (mirac. S. Bernwardi); VIII, IX, öfters; X, 594 (chron. S. Huberti Andag.), 636 (gest. episcopp. Tullens.); Greg. Tur. V, 26; Ng. a. 670; pol. Irm. s. 3, 31 etc.; Guérard a. 828; Wg. tr. C. 31, 224, 266; Laur.

Dotto fragm. de reb. Dagobert. I (d. Ch. I).

Toto P. V mehrm.; VII, 548 (Marian. Scot. chron.); Mchb. sec. 8 (n. 248); Ng. a. 752; M. B. sec. 8 u. 9 (VIII, IX); St. P. mehrm.; necr. Aug.; Lp. a. 897 (I, 1062).

Doddo P. V öfters; X, 361 (Hugon. chron.).

Tooto St. P. zwml.

Totto M. B. c. a. 769 (XXXI).

Dodeus pol. Irm. s. 19.

Todo Wg. tr. C. 394, 466, 483.

Dotdo pol. Irm. s. 160, 163.

Toato Mchb. sec. 8 (n. 127, 139).

Tuato Ng. a. 770, 790, 817; necr. Aug.

Duodo P. I, 99 (ann. Colon.), 627 (contin. Regin.); IV, 25 (Ott. M. constitut.); Lc. a. 796 (n. 5); H. a. 993 (n. 209); Laur. mehrm.

Duoto Gud. a. 881.

Tuoto P. IV, 18 (Heinr. I constitut.), 24 (Ott. M. constitut.); Ng. a. 752, 772.

Touto P. VII, 458 (Bernold. chron.).

Nhd. Todt, Tödt.

Todi. 9. Wg. tr. C. 261.

Doda, fem. 7. Frau des Frankenkönigs Theodorich I sec. 7.

Doda P. I, 448 (Prud. Trec. ann.); V, 84 (ann. Quedlinb.); IX, 634 (chron. mon. Casin.); X, 508 (vit. Wicberti); H. a. 704 (n. 27); Mab. a. 798; pol. Irm. s. 44, 101; pol. Fossat.

Tota St. P. öfters.

Thota Laur. sec. 8 (n. 1198).

Totia Gld. II, a, 128.

Totta Dr. a. 779 (Schn. liest hier Tetta).

Dottene (abl. fem.) tr. W. a. 774 (n. 71).

Duada tr. W. a. 776 (n. 112).

Duata tr. W. a. 819 (n. 127).

Tuata St. P.; M. B. a. 892 (XXXI).

Duoda Laur. sec. 9 (n. 216); H. a. 926 (n. 146).

Tuota St. P. oft; necr. Aug.; M. B. sec. 11 (VI).

Touta P. VII, 130 (Herim. Aug. chron.), 426 (Bernold. chron.); IX, 249 (Gundechar. lib. pontif. Eichstet.); XI, 232 (urk. v. 808 im chron. Benedictobur.).

Tuoton (genit.) Schn. a. 823 (wo Dr. n. 413 Tuotim schreibt).

Duodicho. 10. Urk. v. 959.

Totocho Gld. II, a, 109.

Dodica, fem. 8. Wg. tr. C. 135, 169.

Totocha K. a. 788 (n. 34).

Tuoticha St. P.

Dodilo. 9. B. v. Cambray sec. 10. P. I, 525 (ann. Vedast.); II, 203 (ann. Vedast.); V, 764 (Thietmari chron.); VI, 16 (ann. Laubiens.), 62 (Folcuin. gest. abb. Lobiens.); VIII, 630 (annalista Saxo); IX öfters; pol. R. s. 57, 58.

Dodilus pol. Irm. s. 170; pol. R. s. 85.

Todilo Lp. a. 919 (II, 114).

Thodelo P. IX, 849 (chron. Hildesh.).

Totilus P. II, 624 (urk. v. Karl d. kahlen).

Tottulus St. P.

Tuotilo P. II öfters.

Toutilo Gld. II, a, 109.

Mit diesen formen berührt sich nahe das goth. Totilas, das man unter T nachsehe.

O. n. Tuotelingun, Tuotilindorf, Duodelonis villa.

Dodila, fem. 9. Pol. R. s. 46, 54 etc.; A. S. Jan. II.

Totila R. a. 821 (n. 21).

Dodolenus. 8. P. II, 318 (Adon. chron.); X, 324 (Hugon. chron.).

Dodlen pol. Irm. s. 126.

Dotlen pol. Irm. s. 123.

Duodelin Gud. a. 1056.

Dodin. 8. Pol. Irm. s. 15, 156; pol. R. s. 104.

Todin P. IX öfters.
Dodina, fem. 8. Pd. a. 739 (n. 559); pol. Irm. s. 156; pol. R. s. 64; Mab. a. 805.
Totina Laur. sec. 9 (n. 2647).
Tozo. 9. Lp. a. 1048 (II, 623).
Tozzo M. B. a. 802 (IX).
Tozi. 8. Mchb. sec. 8 u. 9 (n. 223 und sonst).
Tozzi Mchb. sec. 9 (n. 225, 452).
Tozy Mchb. sec. 9 (n. 668).
Tooza, fem. 9. St. P.
Dotbald. 8. Pol. Irm. s. 159.
Tobald P. IX, 773 (chron. mon. Casin.).
Nhd. Tobald, Toboldt.
Dotbert. 8. Pol. Irm. s. 45.
Dodevert pol. Irm. s. 83, 114.
Dodobergia, fem. 9. Pol. R. s. 87.
Dotgerdis, fem. 9. Pol. R. s. 47.
Thothart. Gld. II, a, 128.
Dothari. 9. St. P.
Dothar pol. R. s. 16.
Dohad (so) 9. Pol. R. s. 11.
Dodrannus. 8. Pol. Irm. s. 152.
Dotleib. 8. Laur. sec. 8 (n. 3280).
Totleib Laur. sec. 9 (n. 724).
Dodelindis, fem. 8. Pol. Irm. s. 182.
Totman. 9. P. V, 735 (Thietmar. chron.); C. M. Jul.
Nhd. Domann, Tödtmann.
Dodemir. 8. Lgd. a. 782 (I, n. 5).
Thoadrat. Gld. II, a, 128.
Dotrih. 9. St. P.
Dodoald. 8. Gld. II, a, 114.
Dodald pol. Irm. s. 83, 114.
Daudoard. 8. Pol. Irm. s. 193.
Dodoin. 8. Pol. Irm. s. 150, 160.
Dothlegbert. 8. Laur. sec. 8 (n. 238). Wol verderbt.

Um L verlängert ist der stamm in:
Dodalbert. 8. Pol. Irm. s. 192, 202.
Dodilberga, fem. 8. Pol. Irm. s. 205.
Dodelberga pol. R. s. 84.
Dodalhard. 8. Pol. Irm. s. 195.
Totelman. 9. Lp. a. 829 (I, n. 678).

Dograt. 8. Laur. sec. 8 (n. 3065).
Zu DUG? Vgl. Doc-.

Dohad s. DOD. **Doirlich** s. DIUR.
Dolleo (so). 9. Mchb. sec. 9 (n. 440).
Doltiga s. THULD.

DOM.

Es scheint das ahd. tuom, nord. tôm judicium zu sein. Gewöhnlich wird es in n. nur anlautend gebraucht, doch erwähne ich Altduom (8), Hiltuum (?), Manatuom (9) und Zeiztomo (?8), so wie aus dem pol. R. (9) Elidomus, Elitoma, Alsedomus, Hailedomus und Wilidomus. Möglich wäre es, dass auch Dominus P. II, 317 (Adon. chron.) und Domnolus (ebds. und sonst öfters) nicht lateinisch, sondern zu diesem stamme gehörig wären. Vgl. Domninus und Dompninus P. IX, Domninus und Domnulus öfters in den concilien.

Duomelo. 11. Lc. a. 1096 (n. 253).
Nhd. Dümmel, Thümmel, Tümmel.
Tomila, fem. 9. Schn. a. 800.
Domlin. 7. P. II, 186 (ann. Gand.); A. S. Febr. I.
Dommelina, fem. 9. Pol. R. s. 9.
Domiiena pol. R. s. 54 viell. für Domilena?
Dombert. 8. Pol. Irm. s. 95.
Tompurc, fem. 9. Mchb. sec. 9 (n. 385).
Domedrudis, fem. 8. Pol. Irm. s. 194.
Domegardus. 8. Pol. Irm. s. 147.
Domegerdis, fem. 9. Pol. R. s. 51.
Domigis. 8. Gld. II, a, 114.
Domgis tr. W. a. 760, 779 (n. 96, 170).
Tomichis P. IX, 577, 587, 828 (chron. mon. Casin.).
Thomichis P. V, 198 (chron. S. Bened.).
Taomgis R. a. 821 (n. 21).
Domigisil. 6. Greg. Tur. VIII, 42.
Domigiselus Greg. Tur. VI, 18.
Domogisil Greg. Tur. VI, 45.
Domighiselus Fredegar.
Tomaheid, fem. 9. Mchb. sec. 9 (n. 565).
Domard. 6. A. S. Maj. I.
Domarius. 7. Conc. Tolet. IV (a. 633) u. VI (a. 638).
Altn. Dômar.
Duamhilt, fem. 9. Schn. a. 811.
Dumilda Mur. 422, 4.
Domtrannus. 9. Pol. R. s. 16.
Tuomrih. Gr. II, 390.
Nhd. Dommrich.
Dumerit. 6. Cassiod. VIII, 27.
Dommoruna, fem. 7. Test. Erm.

Thuomsind. Gld. II, a, 128.

Domald. 8. Pol. Irm. s. 279.
Altn. Dômaldi.
O. n. Domollesheim (so) wol hieher.

Duomolf. 9. Necr. Fuld. a. 992.
Tuomolf Schn. a. 801.

Zusammensetzungen mit erweitertem stamme:

1) suffix L:

Domleverga, fem. 8. Pol. Irm. s. 80.

2) suffix N:

Domnolin. 10. Lp. a. 923 (II, 130).

Domnivert. 10. P. IX öfters (chron. Novalic.).

Domingaud. 9. Pol. R. s. 84.

Domnehildis, fem. 8. Pol. Irm. s. 193.
Domnovildis pol. Irm. s. 114.

DON. Es ist zweifelhaft, ob hier wirklich ein deutscher stamm oder nicht vielmehr das latein. donum anzunehmen ist, das unbestritten auch zur bildung von namen (wie Donesdei) gebraucht wird. Als möglichen deutschen anknüpfungspunct erwähne ich ahd. done nervus und nhd. dohne tendicula; die folgenden namen könnten von der sehne des bogens hergenommen sein. Oder ist der ganze stamm unter Th zu verweisen und dann auch Thuonlind, Thoneburg, Thonielef damit zu verbinden? Vgl. auch DUN.

Dono. 7. P. III, 253 (Hlud. et Hloth. capit.).
Deutsch? vgl. ebds. s. 252 Donesdei.
Donnus Pd. a. 694 (n. 432).
Nhd. Dohn, Donn, Thon, Thöne, Tonne, Thun.

Dona, fem. 11. Lc. c. a. 1074 (n. 226).
Done pol. Irm. s. 49 (sec. 11).

Donnolo. 9. Lp. a. 856 (I, 782).

Donemia, fem. 9. Pol. R. s. 48.

Donefred. 8. Pol. Irm. s. 52, 59 etc.

Donarad s. THUNAR.

Doneficus. 9. Pol. R. s. 55.

Donazanus. 8. St. P.
Tonazan Hd. m. S. pg. 29.

Donar- s. THUNAR. **Done-** s. DON. **Dopiriz** s. DAB.

DORF. Die formen, welche ich hier anführe, scheinen sich nach form und sinn gut zu goth. þaurp, altn., alts., ags. þorp, nhd. dorf zu fügen.

Dorfo. Neben Durfo Gr. V, 225.

Dorfuni. 8. Mchb. sec. 8 (n. 84).
Dorpfuni St. P.
Dorfum (nom.) R. a. 890 (n. 72) wol für Dorfuni.

Sehr unsicher ist die zusammenstellung dieses namens mit dem des bekannten dakischen königs aus sec. 1, welcher sich als Dorpaneus bei Jorn. und bei P. VIII, 122 (Ekkeh. chron. univers.), als Diurpaneus bei Oros. findet. Ich hätte diesen namen mit den andern dakischen aus diesem wörterbuche ausgeschlossen, wenn nicht folgende beiden stellen aus Grimms gesch. d. dtsch. spr. hier jedenfalls mit zu erwähnen wären:

1) s. 809: „Dorpaneus scheint uns ein goth. Thaurpôneis (gebildet wie sipôneis) zu verrathen, dem sich der ahd. name Dorfuni bei Meichelbeck n. 84 vergleicht, von þaurp ἀγρός abgeleitet, bedeutete er etwa oppidanus und der gothische gehalt dieses dakischen namens liefert ein treffendes zeugnis.“

2) s. 902 (bei erwägung von þarf egeo): „leicht ist meine s. 809 vorgetragene deutung des dakischen Dorpaneus falsch und Thaurbaneis Dorfuni ein priestername, denn die slavische und finnische sprache, wie ich schon s. 328 ausführte, bezeugen diesen merkwürdigen zusammenhang der begriffe opus sacrificium und necessitas. Sogar das lat. opus est kommt meiner erklärung unseres d a r f zu statten.“

Dorfing, zu schliessen aus o. n. Dorfingesdorf und Durfingeshusun.
Turping hieher? s. unter T.

Dorolf s. DIUR. **Dorpaneus** s. DORF. **Dotbert** s. DOD.

DRAB. Ich denke an goth. draban hauen und bemerke noch, dass die unter DRIB vereinten formen mit Dreb- und Treb- vielleicht auch hieher gehören könnten.

Dramnus. 8. Urk. v. 745 bei Warnkönig flandr. geschichte I, anhang s. 11.

Trabini. 9. Mchb. sec. 9 (n. 596).

Drammir. 9. Mchb. sec. 9 (n. 551). Aus Drabmir oder slavisch.

Trapold. 9. Ng. a. 862.
Traward. 8. P. IX, 415 (gest. episc. Camerac.) = Trabward.

Drachelf, Dracoald, Dracolenus s. THRAG.
Dradolf. 10. Schn. a. 907 (Dr. ebds. n. 651 Drodolf). Zu ahd. drâti schnell?
Drag-, Drahwin s. THRAG. **Drammir, Dramnus** s. DRAB.
Drano. 9. Dr. n. 350; Dr. vermuthet statt dieser unerhörten form Bruno.
Dras- s. THRAS. **Drauso** s. DRUS. **Drebi** s. DRIB.

DRIB. Vgl. goth. dreiban, ags. drifan, ahd. triban, nhd. treiben, obwol über den speciellen sinn dieses stammes in diesen fällen noch zu streiten ist. Die formen mit Dreb- und Treb- können leicht auch zu DRAB gehören.
Drebi. 8. Laur. sec. 8 (n. 199).
Trebel. 10. St. P.
Tribigild. 4. *Τριβίγιλδος* Zosim. V, 13 ff.
Tribagos (so). 10. Mchb. sec. 10 (n. 981).
Trebwin. 9. Mchb. sec. 9 (n. 655).

-drigi s. THRAG. **Droant** s. THRAU. **Droaz** s. DRUS. **Drochgang, Droctoveus** s. DRUHT.

DROG. Ich vermuthe hier das goth. driugan ags. dreógan militari. Ein goth. Drauga würde richtig ahd. Drogo heissen, die formen mit ua und uo freilich springen in eine andere diphthongenreihe hinüber und verdienen daher besondere aufmerksamkeit.
Drogo. 7. Sec. 7: sohn Pipins v. Heristal. Sec. 9: b. v. Metz; b. v. Minden. Sec. 10: b. v. Osnabrück. Sec. 11: ep. Morinens.; ep. Matiscon.
Drogo P. I; II; III, 374 (urk. v. 840), 380 (Hloth. I capit.), 385 (Kar. II capit.); V–IX öfters; X, 353 (Hugon. chron.), 573 (chron. S. Hubert. Andag.) etc.; Mab. a. 697; tr. W. a. 786 (n. 206); M. B. a. 839 (XXXI); Ng. a. 839; Wg. tr. C. 74, 258; Guérard a. 1038; pol. Irm. s. 50 (sec. 11) u. 108.
Drogune (genit.) H. a. 716 (n. 37).
Droco P. I, II öfters; H. a. 762 (n. 45).
Drocus P. I, V; gest. regg. Franc.
Trogo K. a. 834 (n. 94); St. P. dreimal; R. a. 866 (n. 50).
Drugo P. II öfters.
Trugo Schn. a. 838.
Druago P. II öfters.
Truago P. I, 50 (ann. Alam.); necr. Aug.; Ng. a. 802, 812.
Druogo P. I, II; III, 561 (Arnulf. capit.); V; VI, 262 not. (Rather.); VII, VIII öfters; X, 165 (gest. Trever.); Ms. a. 952 (n. 12).
Truogo P. II, 241 (ann. Wirzib.); V öfters; Ng. a. 766; tr. W. a. 798 (n. 211); St. P.; necr. Aug.; K. a. 856, 885 (n. 125, 159).
Truoch Gld. II, a, 109.
Trougo P. II, 735 (monachi Sangall. gest. Kar.); VIII öfters.
Trueg (so) pol. R. s. 37.
Truuko (so) Gld. II, a, 109.
Drago für Drogo P. VII, 59 (Lup. protospat.).
Drago Mab. a. 1047 u. C. M. Nov. hieher? vgl. Trago unter THRAG.
Nhd. Droge, Dröge, Troche.
O. n. Drogenhouen.
Truogheri. 9. K. a. 861 (n. 136; Ng. ebds.).
Nhd. Dröger, Tröger.

Droildis s. THRAU. **Droit-** s. DRUHT. **Drooz** s. DRUS. **Druant** s. THRAU. **Druct-** s. DRUHT.

DRUD. Dieser stamm gehört etymologisch zu ahd. trût (amicus etc.), vielleicht auch theilweise unmittelbar zur walkyrie Thrudr (letztere ansicht s. bei Weinhold die deutschen frauen s. 14). Die verhältnisse des anlautenden dentals sind in diesem stamme (woran theilweise das folgende R schuld ist) nicht ganz unverworren; ich ziehe es vor ihn unter D zu setzen. DRUD lässt sich in n. seit dem 6. jahrhundert nachweisen; besonders häufig sind die folgenden formen im 8. und 9. jahrhundert in Frankreich, wogegen sie in sächsischer mundart nur wenig erscheinen. Anlautend ist dieser stamm weit seltener als auslautend, in welchem letzteren falle er nur feminina bildet.

Auslautendes DRUD in folgenden 143 namen:

Agedrudis 8.	Kaildrud 8.	Meridrud 9.
Agildrud 8.	Gaitruda 9.	Marcadrudis 6.
Agantrudis 7.	Geldrudis 8.	Madaltrudis 8.
Alectrudis 8.	Gamaltrudis 8.	Mimidrud 9.
Aldedrudis 8.	Gerdrud 8.	Monethrude 7.
Albedrudis 8.	Gauttrudis 8.	Nantedrudis 8.
Alitrud 8.	Gewidrud 9.	Nadaltrudis 8.
Elindrud.	Genedrudis 8.	Nortrudis 9.
Elisdrud 11.	Gintrudis 9.	Odaltrudis 8.
Amaldrud 7.	Gistrudis 9.	Rattrudis 8.
Amantrudis 8.	Gisentrudis 8.	Ragitruda 9.
Endrud.	Gisaldruda 8.	Ragantrudis 7.
Andedrudis 9.	Gotadrud 8.	Randrud 9.
Angedrudis 9.	Godaltrudis 8.	Rictrudis 8.
Angantrudis 7.	Goltrut 9.	Riddrud.
Angildruda 8.	Grimdruda 10.	Rimidrudis 8.
Austrudis 8.	Gomadrudis 7.	Runtrud 8.
Arindrud 8.	Gumeltruda 9.	Sagintruda 10.
Herpdrud 8.	Guntrudis 8.	Samdrud 9.
Adaldrud 7.	Heildrud 10.	Saretruda 7.
Auttrudis 8.	Heilahttrud 8.	Sibtrud 8.
Ostedrudis 8.	Harttrudis 9.	Sigidrud 8.
Baltedrudis 8.	Hairtrud 8.	Sicledrudis 8.
Peridrud.	Helmdrud 8.	Sinedrudis 8.
Perandrud 9.	Hilditrut 8.	Sisintrudis 7.
Bertedrudis 7.	Himiltrudis 8.	Swasthrud 9.
Bilidruda 7.	Flotrudis 8.	Tehatrudis 8.
Blictrud 8.	Ramedrudis 8.	Dihotrud.
Bliddruda 8.	Hriatthrut 8.	Teutrudis 7.
Brantrud 10.	Hrindrud 8.	Truandrud.
Chunidrud 7.	Hroddrud 8.	Ursitrude 11.
Dagathrut 8.	Rumetruda 6.	Waledrudis 8.
Daintrudis 9.	Hunedrut 9.	Walantrudis 8.
Deurtrudis 8.	Hunstrud 8.	Waldadrudis 6.
Domedrudis 8.	Emdrud 9.	Waudedrudis 8.
Ebertrudis 8.	Ymnedrudis 8.	Wendildrud 8.
Ebadrud 9.	Ingedrudis 8.	Warentrudis 8.
Erindrud 8.	Irmindrud 6.	Welatrud 8.
Ercantrud 8.	Isindrut 8.	Virdruth.
Erledrudis 8.	Leitrudis 6.	Widrud.
Fegindrud 9.	Landedrudis 7.	Willidrud.
Fastruth 8.	Leptrud 8.	Willindrud 8.
Freitdrut 9.	Leuodruth.	Winedrudis 8.
Framtrudis 8.	Liubdrut 8.	Woldrud.
Framnedrudis 8.	Liutdruda 8.	Wolchandrud 9.
Frottrudis 8.	Lugatrud 9.	Vulfedrudis 8.
Folcdrut 8.	Magindrud 6.	Zemidrud 10.
Gibitrudis 7.	Mahaldrud 9.	

Drudo. 8. Ng. a. 787.

Trudo P. I, 345 (Enh. Fuld. ann.); VI, 11 (ann. Laubiens.), 668 (Constant. vit. Adalber.); VIII, 324 (Sigeb. chron.); IX, 164, 182, 183 (Heriger. gest. episc. Leod.); X, 278 (Ruperti chron.), 571 (chron. S. Huberti Andag.); XII oft.

Truto Gld. II, a, 109.

Nhd. Drude, Drute.

Trudi. 8. St. P.

Drutus P. VI, 136 (Ademar. histor.).

Trut M. B. a. 828 (VIII); St. P.

Truat Mchb. sec. 9 (n. 534).

Truda, fem. 6. Pol. Irm. s. 180, 188; Lp. a. 909 (II, 71); pol. R. s. 50.

Thruda Gld. II, a, 128.

Trutha necr. Aug.

Trutta und Truta M. B. a. 1090.

Truta St. P. mehrm.

Truta mit d. gen. Trudane Pd. a. 526 (n. 108, unecht).

Trudanae (gen.) Pd. a. 587 (n. 128).

Drudilo. 8. R. c. a. 740 (n. 2), 778 (n. 5).

Trudila, fem. 9. H. a. 853 (n. 87).

Thrudila Schn. a. 821.

Trudlin. 8. Laur. sec. 8 (n. 2163).

Trutin. 9. St. P.

Trhudine (so, gen. msc.) K. a. 836 (n. 96).

Dhruduni. 9. St. P.

Truduni St. P.

Trudina, fem. 8. Pol. Irm. s. 177; pol. R. s. 50.

Drudinga, fem. 9. H. a. 853 (n. 87).

Truzo. Gr. V, 480.

Truza, fem. 11. St. P. zwml.

Drudbald. 8. Ng. a. 815.

Drutbald Laur. sec. 8 (n. 412).

Trudbald Laur. sec. 8 (n. 314, 457).

Trutbold pol. Irm. s. 8, 222; pol. Irm. s. 45, 77 etc.

Truutbold Gld. II, a, 109.

Drupald Gld. II, a, 98.

Drudpraht. 7. Ein priester sec. 7.

Drudpraht Schn. a. 765.

Drudbert Ng. a. 782.

Drudpreht und Drudpret Gld. II, a, 121.

Drudperth St. P.

Drutpert Ng. a. 765; Laur. sec. 8 (n. 429, 548).

Trudbert Ng. a. 797; Laur. sec. 8 (n. 314).

Thrutbert Ng. a. 797.
Thrudpert Gld. II, a, 109.
Trudpert Ng. a. 806.
Trutbert P. VII, 24 (ann. Blandin.); Laur. sec. 8 u. 9 (n. 375, 548); pol. R. s. 22, 45.
Thrutpert Ng. a. 765.
Dhrudpreht Gld. II, a, 98.
Truppert P. VI, 87 (chron. Median. monast.).
Traperht St. P.
Truprat Lc. c. a. 1080 (n. 242).
Drubert St. M. a. 709; Gad. a. 1069.
O. n. Drudperhteshusir, Trutbrahtestein.

Drudpirc, fem. 8. St. P.
Trudberga P. VII, 23 (ann. Blandin.).
Drutberga pol. Irm. s. 147 ist vielleicht eine entstellte zum stamme DRUHT gehörige form, da ihre mutter Drogtla und ihr bruder Droctarnus heisst.

Thrutburg, fem. Gld. II, a, 128.

Drutchind. 8. Gr. IV, 458; V, 473.
Trutchind Pd. a. 706 (n. 465; unecht).
Aus späterer zeit s. Drathkind Schpf. a. 1157 (n. 296).

Drutflat, fem. 9. M. B. a. 806 (VIII); Hd. m. S. a. 806 (III, 200).

Thrudger. 9. Lc. a. 836 (n. 50).
Trutger pol. R. s. 83.
Truger G. a. 964 (n. 17).

Trutgarda, fem. 8. Lgd. a. 966 (II, n. 101).
Trutgardis pol. R. s. 103.
Trudcart Gld. II, a, 128.
Trutgart Laur. sec. 8 (n. 3478).

Trudgaud. 8. Pol. Irm. s. 83, 120.
Thrudgoz Schn. a. 798.
Trudgoz Laur. sec. 8 (n. 1442).
Truthgoz Schn. a. 805.
Drutgoz Laur. sec. 8 u. 9 (n. 1372, 1422).

Trutgildis, fem. 8. Pol. Irm. s. 216.

Trutging. 8. Pol. Irm. s. 8, 23 etc.

Thrudgis. 8. Tr. W. a. 737 (n. 47).

Trutgisello, Gr. V, 473. Soll wol heissen Trutgisilo. Doch ist von seiten des sinnes gegen Trutgisello nichts einzuwenden, da auch Ginoz ein sicher beglaubigter name ist.

Drudhart. 9. Mchb. sec. 9 (n. 609).

Trudhari. 8. St. P.
Drudheri St. P.; necr. Aug.
Trudhar tr. W. a. 774 (n. 178).
Thrudheri tr. W. a. 774 (n. 53); necr. Fuld. a. 782.
Dhrudhere Gld. II, a, 98.
Trubudheri Gld. II, a, 109.
Nhd. Tröder.

Drudhilt, fem. 8. Gld. II, a, 121.
Truthildis pol. Irm. s. 85; pol. R. s. 86.
Trudhilta Gr. sec. 9 (n. 199).
Thrudhilt Schn. a. 823.
Truduildis pol. Irm. s. 85.

Drudhoh. Gld. II, a, 121.

Thruadland. 8. Dr. sec. 8.

Trutliba, fem. 8. Laur. sec. 8 (n. 1783).

Drutlind, fem. 8. Laur. sec. 8 (n. 551).
Drutliut H. a. 853 (n. 87).
Trudlint Gld. II, a, 128.
Trutlind Gld. II, a, 128.
Trudlindis K. a. 772 (n. 14).
Truthliut Laur. sec. 8 (n. 3507).
Trutlindis Laur. sec. 8 (n. 2411); pol. Irm. s. 70; pol. R. s. 36.
Thrutlind St. P.
Trhudlind Gld. II, a, 128.
Druitlint H. a. 926 (n. 146). Hieher? vergl. Droit- unter DRUHT.

Trutman. 8. P. V, 33 not. (Lamberti ann.); tr. W. a. 715 (n. 226).
Drutman Lc. a. 1043 (n. 179).
Nhd. Trautmann.

Trutmant. 8. Tr. W. a. 715 (Pd. nachtr. n. 34).

Drutmar. 9. P. V, 7 (ann. Corbej.); VII, 153 (Lambert. ann.).
Druthmar P. V, 5, 6 (ann. Corbej.); Laur. sec. 9 (n. 277).
Trutmar pol. R. s. 50.

Drudmunt. 8. Mchb. sec. 8 u. 9 (n. 22, 122, 382 etc.); necr. Aug.
Thrudmund Dr. a. 817 (n. 326; Schn. ebends. Trutmond).
Trudmunt Ng. a. 792, 802.
Trudmund Ng. a. 744.
Drudmun (so) St. P.

Trudni, fem. 8. St. P.

Drudolt. 8. Mchb. sec. 8 (n. 123, 234, 247); Ng. a. 830; St. P.
Drutolt M. B. a. 822 (VIII).
Trudold Ng. a. 790.
Trudolt St. P.

Trudwib, fem. Gld. II, a, 128.

Drudwih, fem. 8. Mchb. sec. 8 (n. 273).
Trutwih St. P.

Drudwin. 8. Necr. Fuld. a. 959; C. M. Aug.
Trudewin necr. Aug.
Truduin pol. Irm. s. 83.
Trutwin P. XII, 76 (Ortlieb. Zwifalt.); Dr. sec. 10 (n. 724); necr. Aug.; Laur. sec. 11 (n. 133).
Thrudwin Lc. a. 927 (n. 87, 88).
Trudoin pol. Irm. s. 193.
Truotwin Gld. II, a, 109.
Triutwin necr. Aug.
Druwin Schpf. a. 992 (n. 168).
Nhd. Trautwein.

Trudulf. 6. Greg. Tur. IX, 12; pol. R. s. 37.
Trudolf Ng. c. a. 744.
Truodolf Schn. a. 823.
Thruodolf Dr. a. 819 (n. 283; Schn. ebds. Rhuodolf).
Thruotolf Ng. a. 912.

DRUHT. Dieser stamm, in p. n. nur anlautend gebraucht, gehört zum goth. drauht, altn. drôtt (populus). Im ahd. hat sich davon nur das abgeleitete truhtin (dominus) erhalten, doch scheinen die namen die bedeutung des stammworts zu wahren. Sie sind überwiegend in der fränkischen mundart heimisch, wogegen sie in den trad. Corb. gänzlich mangeln (mit einer einzigen unsichern ausnahme). Berührungen finden durch den fortfall des h leicht mit dem stamme DRUD statt.

Truhtilo, Gr. V, 520, viell. von Gr. nur aus o. n. Truhtilhusa geschlossen.

Drogtla, fem. 8. Pol. Irm. s. 147.
Drotla pol. Irm. s. 147.

Truhtuni. 9. St. P.

Drocting. 8. Pol. Irm. s. 108, 177.
Truhting Gr. V, 519.

Droctara, fem. 8. Pol. Irm. s. 53, 91 etc.

Droctarn. 8. Pol. Irm. s. 86 (sein vater heisst Droardus), ebds. s. 89.

Droctbold. 8. Pol. Irm. s. 26.

Drocberta (so), fem. 8. Pol. Irm. s. 53.

Drutberga s. DRUD.

Drucfred. 7. Pd. a. 659 (n. 333).

Druhtgang. 8. P. III, 30 (Pipp. capit.).
Drochgang P. I, 30 (ann. Lauresh.).
Druthgung (so) verderbte schreibung im convent. Atteniac. a. 769.

Truhtgoz. Gld. II, a, 109.

Tructegis. 8. Tr. W. a. 737 (n. 8 u. Pd. nachtr. n. 57).
O. n. Dructegisomarca.

Droctigisil. 6. B. v. Soissons. Greg. Tur. IX, 37; A. S. Jun. I.

Droctard. 8. St. P.
Truhthard R. a. 822 (n. 22).

Truhthari. 8. St. P.
O. n. Truchtheringa.

Droctelm. 8. Pol. Irm. s. 157.

Dructildis, fem. 8. Pol. Irm. s. 72.

Droctramna, fem. 8. Pol. Irm. s. 39.

Truhtleib. 9. Schn. a. 808, wo Dr. (n. 245) Thruthleib schreibt.

Droctelindis, fem. 8. Pol. Irm. s. 72.
Truhtlind St. P.

Truhtman. 8. St. P.
Truhtmann (so) St. P.
Truchman (so) Mchb. sec. 9 (n. 411).

Druhtmar. 9. P. VIII, 677 (annalista Saxo).
Druchtmar P. VIII, 668, 687 (annalista Saxo).
Dructemir Mab. a. 860.
Druhtmer P. V, 840 (Thietmari chron.).
Drochmar (so) K. a. 1090 (n. 239; Gud. ebds).
O. n. Truhtmaresheim.

Dructimund. 7. Ep. Elborens. sec. 7.
Dructimund tr. W. a. 713 (n. 232 u. Pd. nchtr. n. 25). Derselbe heisst Trucmund ebds. n. 231 (bei Pd. n. 24).
Tructemund conc. Tolet. a. 681, 683, 688.

Tructesind. 9. Lgd. a. 822 (n. 39).

Droctesenda, fem. 9. Mab. a. 805.

Dructoald. 7. Pd. a. 633, 636, 680 (n. 264, 276, 394); Mab. a. 680.
Droctoald Mab. a. 678.
Dructold Laur. sec. 8 (n. 941).
Droctold pol. Irm. s. 135.

Hiezu wol Tortold (9) P. III, 463 f. (Kar. et Hloth. capit.).

Drocteveus. 6. P. V. 166 (ann. S. German. Paris.); Venant. Fortun.

Dructuin. 8. Pol. Irm. s. 237.
Dructoin pol. Irm. s. 91, 261.

Trohtwine P. II, 344 (vit. Bonif. a. 723) mit var. Torchwine, Torechtwin, Torthune, Torchtwine.

Dructulf. 7. Pd. a. 642 (n. 300) mit var. Dondulf.

Droctulf Paul. diac. III, 18 f.; Greg. Tur. IX, 38.

Tructolf Gld. II, a, 109.

Truhtolf Laur. sec. 8 (n. 1646).

Thruohdolf tr. W. a. 788 (n. 102).

Thruohdulf tr. W. sec. 8 od. 9 (n. 67).

Truohtolf K. a. 861 (n. 136).

Trohtolf St. P.

Trottholf St. P.

Erweiterter stamm:

Droctengardus. 8. Pol. Irm. s. 88.

Zu diesem stamme setze ich endlich noch:

Dreitisma, fem. 8. Pol. Irm. s. 192.

Threitbold. 9. Wg. tr. C. 234.

Dreitbert. 8. Pol. Irm. s. 115.

Dreitberga, fem. 8. Pol. Irm. s. 192.

Dreitmund. 8. Pol. Irm. s. 125; pol. R. s. 74.

Dreiteld. 8. Pol Irm. s. 131.

DRUS. Ich stelle einen solchen stamm auf, obwol ich noch nicht klar sehe, wie er sich in der bedeutung zu goth. driusan, alts. driosan, ags. dreosan cadere ruere fügt. Der form nach sind alle drei ablautsformen in diesen namen vertreten.

Drauso. 6. B. v. Soissons sec. 6. Pd. c. a. 570 (n. 177; unecht).

Drooz Mchb. sec. 9 (n. 262, 263).

Droaz (so) Mchb. sec. 8 (n. 47).

Drausio d. Ch. I. 548; A. S. Jun. II.

Drausius d. Ch. I, 679 f.

Thriuso neben Thruso Gld. II, a, 119.

Drusa, fem. Gld. II, a, 130.

Drusun. 11. Gld. II, a, 122.

Trusun St. P.; Gld. II, a, 128.

Drusinc. 8. R. a. 1065 (n. 168).

Trusing St. Galler urk. v. 761.

Trusinc Ng. a. 759.

Hieher vielleicht noch

Truozi. 11. St. P.

DUB. Altn. dubba schlagen scheint sich am besten zu den folgenden n. zu fügen.

Tuba, fem. 9. Gr. V, 350.

Tupa St. P. zwml.

Dubi. 11. Necr. Fuld. a. 1060.

Dubanus. 8. Pd. a. 748 (n. 596, 597, 599); Schpf. a. 723 – 760 öfters.

Dubannus Pd. a. 748 (n. 598).

Nhd. Duban.

Tubinso. 8. St. P.

Tubinsius St. P.

Tubensius St. P.

Duvigild. 9. Lgd. a. 862 (I, n. 88) mehrm.

Tufa (s. ds.) scheue ich mich hieher zu bringen.

DUG. Zu alts. und ags. dugan, altn. duga, ahd. tugan valere, pollere, prodesse stelle ich folgendes:

Tugus. 8. Laur. sec. 8 (n. 701).

Tukko St. P.

Tuccun (abl., unbest. ob msc. od. fem.) aus sec. 9. P. XI, 231 (chron. Benedictobur.).

Docca lautet ein bei Augst gefundener töpferstempel aus röm. zeit; St. n. 539.

Tocca bei St. öfters.

Nhd. Tock, Töche, Tuch, Ducke.

O. n. Tocchinwilari, Toggenburg.

Dugilin. 8. St. Galler urk. v. 761 (nach Gr. V, 373).

Dugiman. 9. Tr. W. a. 830 (n. 172).

Tuguman Gld. II, a, 109.

Tugeman Schn. a. 882.

Tugolf. 9. Schn. a. 890.

DULC. Wol zu lat. dulcis, vielleicht aber aus einheimischem DULG nur ins latein. umgedeutet.

Dulcipert. 8. P. IX, 587 (chron. mon. Casin.).

Dulcebert pol. Irm. s. 179.

Dulcierdis, fem. 9. Pol. R. s. 47.

Dulcedramnus. 8. Pol. Irm. s. 34.

DULG. Vgl. altn. dolg kampf, dolgr feind, vielleicht auch ags. dolg vulnus. Doch wollen die consonanten nicht gut stimmen. Vgl. auch DULC.

Tulga. 7. Westgoth. könig sec. 7. E. s. II, V, VI etc.

Tolga (acc. Tolganem) Fredegar.

Tulganis (gen.) E. s. V, 461.

Tulgane (abl.) E. s. V, 461.

Tolgan steht für Tulga (im nom.) P. VIII, 326 f. (Sigeb. chron.).

Tulcho Gr. V, 421, viell. von Gr. nur aus o. n. Tulgesheim und Tullihhinga geschlossen.

Tulgilo, fem. 6. Instr. vendit. a. 539 bei Sp. und M. (n. 114) mit var. Thulgilo. Marini bemerkt dazu: Costei e detta sempre Tulgila e Tulgilane dal Maffei e da' Maurini: il Gori nell' indice de' nomine delle donne pose Thulgida, Tulgila e Thulgilona.

Dulchard. 6? A. S. Jun. I. Oder zu DULC?

Dultinc, Dultwin s. THULD. **Dumerit, Dumilda** s. DOM.

DUN. Es ist schwierig zu bestimmen, wohin sich die folgenden namen am besten fügen. Als mögliche anknüpfungspuncte nenne ich altn. duni feuer, duna donnern, so wie ags. dunn braun. Endend auf einen stamm dieser art finde ich die feminina Lobuduna, Manaduna, Ragdun und Wonadun, sämmtlich sec. 8. Vgl. noch DON.

Duno. 8. Schpf. a. 828 (n. 89).

Tuno Ng. a. 817; necr. Aug.

Tunno Ng. a. 775, 797, 864, 882; K. a. 797, 882 (n. 48, 156); Mchb. sec. 9 (n. 661).

O. n. Tunneshusa, Tunnestat.

Duni. 8. Laur. sec. 8 (n. 881).

Tuni P. V, 842, 871 (Thietmari chron.).

Hieher wol noch

Tuoni K. c. a. 816 (n. 75).

Tuone Gld. II, a, 128.

Tuon St. P.

Duna, fem. 8.

Dunane (abl.) tr. W. a. 718 (n. 227 und Pd. nachtr. n. 40),

Tuna Gld. II, a, 128.

Tunna St. P. dreimal; Mchb. sec. 9 (n. 379).

Tunach. Gld. II, a, 109; II, b, 156.

Dunila. 7. B. v. Malaga. Conc. Tolet. a. 653.

Tunila conc. Tolet. a. 638.

Dunila, fem. 9. H. a. 853 (n. 87).

Tunizo. 10. Petrus qui et Tunizo Lp. a. 992 (II, 395).

Tunitach. Gld. II, a, 128.

Dunsuint, fem. 9. Laur. sec. 9 (n. 2199).

Dundo s. THUND. **Dunkrad** s. THANC. **Dunsuint** s. DUN. **Duomelo** s. DOM. **Dupold** s. THIUDA.

Durand. 9. B. v. Lüttich; ep. Vincens.; ep. Arvernens.; b. v. Toulouse; sämmtlich sec. 11.

Durand P. II, 495 (Ermold. Nigell.); VI, 18 (ann. Laubiens.); VII, 120 (Herim. Aug. chron.); VIII, 193 (Ekkeh. chron. univers.), 355 (Sigehard. chron.); IX oft; X, 270 (Rupert. chron.), 589 (gest. abbat. Gemblac.); Ng. a. 816, 817, 818; Mab. a. 823; M. B. a. 819 (XXXI), 834 (XI).

Duorant necr. Fuld. a. 1025.

Für Durand stehn auch die formen Durannus P. X, 413, 474, 478 (Hugon. chron.); pol. Irm. s. 50 (sec. 11).

Duramnus P. X, 398 (Hugon. chron.).

Nhd. Dorand, Durand.

Durandomar. 7. Pd. a. 697 (n. 442).

Die letzten beiden n. scheinen zu mhd. dûren, tûren ausdauern, aushalten, stand halten zu gehören.

Durfo s. Dorfo. **During** s. TURING **Duvigild** s. DUB. **Dyomo** s. Timo.

E.

Bei der beurtheilung des E in namen, welches nur höchst selten ein ursprüngliches ist, sind die aus dem ganzen übrigen sprachschatze gewonnenen aufschlüsse für grammatik und lexicon genau zu berücksichtigen. Besonders wird die entartung des a zu e, nämlich erstens die gothische und altfränkische zu ê und zweitens die ahd. u. s. w. zu kurzem e, ferner aber auch die entstehung des e aus i zu erwägen und es werden dabei die einzelnen fälle zu sondern sein. Ganz unorganisches, nach mhd. und nhd. weise aus allen möglichen vocalen entstandenes e sollte sich zwar eigentlich in den n. vor 1100 nicht finden; da es indessen doch nicht selten vorkommt, so ist es zwar zuweilen einzelnen frühzeitig vorgekommenen entartungen zuzuschreiben, in der mehrzahl der fälle aber theils den anfertigern der handschriften (so fern sie zur zeit nach dem j. 1100 gelebt haben) theils den herausgebern, namentlich den frühern (so z. b. in den ältern bänden der mon. Boica) zur last zu legen.

Für das aus a umgelautete e begegnet nicht ganz selten ae, z. b. in den formen -gaer, Haeri- u. s. w.

Anlautendes e wird oft durch vorgesetztes unorganisches H verdunkelt, so wie andrerseits organisch anlautendes H oft vor e abfällt und dadurch scheinbar anlautendes e veranlasst.

Syncope des e im inlaute ist am häufigsten im stamme BERAHT, dann auch in FERAH u. a.

Im auslaute kommt e nicht oft, aber schon früh statt der endungen a, i und o der einfachen namen vor, welche abschwächung hiemit besonderer untersuchung empfohlen sei.

Eadbold s. AUD. **Eanat** s. Eunat. **Eanberaht** s. AUN.

EB.

Ein nur scheinbar vorhandener, gewiss nicht selbständiger stamm, der aus trümmern von den stämmen AB und IB besteht, welche jetzt nicht mehr auseinander zu ordnen sind. Wie grade mehrere der dunkelsten stämme (ausserdem auch namentlich die auf Z), ist auch dieses EB fast gar nicht compositionsfähig.

Ebo. 7. Den n. Eppo führen: Sec. 7: ep. Illicitan. Sec. 9: b. v. Rheims; b. v. Grenoble. Sec. 11: b. v. Zeitz; b. v. Naumburg; b. v. Worms.

Ebo P. I, 211 (Einh. ann.), 357 (Enh. Fuld. ann.) etc.; II, III, V oft; VI, 124 (Ademar. histor.); VII, 102 (Herim. Aug. chron.); IX oft; Ng. a. 670; Mab. a. 833; K. a. 1045 (n. 226).

Ebbo P. II, V, VII, VIII öfters; IV, B, 5 (capit. spur.); X, 353, 357 (Hugon. chron.); XI öfters; pol. Irm. s. 124; Guérard a. 889.

Epo P. V, 511 (chron. Salernit.); Mchb. sec. 8 (n. 29); St. P. zwml.

Eppa (msc.) conc. Tolet. a. 693.

Eppo P. I; IV, 45 (Heinr. IV constitut.); VII, VIII öfters; IX, 250 (Gundechar. lib. pontif. Eichstet.), 848 (chron. Hildesh.); St. P. mehrmals; Laur. sec. 8 (n. 2169); necr. Aug.; Wg. tr. C. 331; Frek. mehrm.; Lc. a. 970 (n. 111); M. B. sec. 11 (VI, X).

Eppho Dr. a. 837 (n. 503), wo Schn. Erpho liest.

Hebo P. II, 590 (Thegani vit. Hlud.); Frek.; conc. Moguntin. a. 847.

Hepo P. V, 786, 844 (Thietmari chron.).

Heppo Frek. mehrm.

Heppo und Hepfo tr. W. a. 840 (n. 215).

Hieher vielleicht noch:

Heibo Laur. sec. 8 (n. 2700).

Heipo Mchb. sec. 8 u. 9 (n. 244, 319); M. B. a. 806, 813, 822 (VIII).

Eben (a quodam E.) M. B. a. 1000 (XXXI) wol hieher.

Ebbe Gld. II, a, 98.

Eppo bei P. VIII öfters = Eberhard.

Nhd. Eebe, Ewe, Häbe, Häpe, Häpp, Hepp, Heppe.

O. n. Ephindorf vielleicht hieher; vielleicht auch Heppenheim.

Epa, fem. 8. St. P.

Eppha tr. W. a. 714 (n. 6 u. Pd. nchtr. n. 31).

Epuhho. 8. Mchb. sec. 8 (n. 102); St. P. zweimal.

Epuho St. P.
Eppuhho Mchb. sec. 9 (n. 351).
Epucho Mchb. sec. 9 (n. 386).
Epaho Mchb. sec. 9 (n. 795).
Epacho Mchb. sec. 9 (n. 636).
Eppiko Frek. mehrm.
Eppocu (so), was viell. hieher gehört, kommt auf einem zu Wiesbaden gefundenen christl. grabstein des 3. oder 4. jahrhunderts als n. des begrabenen vor. St. n. 240.
Epco Dr. n. 340 hieher?
Nhd. Ebbecke.
O. n. Ebbekestorp, Ebichanhovan.
Eppika, fem.? 10. Frek.
Ebalus. 9. P. II, 797 f. (Abbo de bell. Paris.); IX, 528, 532 (chron. S. Andreae); X, 575, 604 etc. (chron. S. Hubert. Andag.).
Ebolus P. II, 780—798 (Abbo de bell. Paris.); V, 167 (ann. S. Germani).
Ebulus P. I, 528 (ann. Vedast.); II, 206 (ann. Vedast.); VI, 5 (ann. Engolism.), 127 (Ademar. histor.).
Ebulo P. I, 604 f. (Regin. chron.); VIII, 589 (annalista Saxo); IX, 473, 477 (gest. episc. Camerac.).
Epilo Ng. a. 859.
Epil R. c. a. 900 (n. 80).
Eblus P. II, 628 (vit. Hlud. imp.); VI oft; VIII, 478 (Roberti de monte auct. Sig.).
Oebalus P. V, 161 (ann. Mosomag.).
Eubalus P. XI, 380 (Hug. Floriac.).
Nhd. Ebble, Ebel, Ebell, Eble, Epple, Ewel.
O. n. Ebilsberg, Eblizdorf.
Ebila, fem. 9. Pol. R. s. 83.
Ebolenus. 7. Pd. a. 615 (n. 230).
Epelin Gld. II, a, 114.
Eppelin necr. Fuld. a. 1004.
Eplin H. a. 1042 (n. 239).
Ebeno s. EBAN.
Ebinc, Gr. I, 74, wol nur aus o. n. Ebinga gefolgert.
Ebizo. 11. Gr. I, 74.
Ebezo Gud. a. 1056.
Evizo s. EWA.

EBAN.

Wahrscheinlich zu ahd. eban aequus.
Ebeno. 9. Schn. a. 864 (Dr. ebds. n. 587 Aeboeno).
Eben s. unter Ebo.
Nhd. Eben.
Ebanleob. 9. Dr. sec. 9 (n. 604; Schn. ebds.).
Ebanolt s. Ebarolt.
Hepinolt und **Hebinolf** wol nicht hieher.

EBAR.

Dieser stamm gehört zu ahd. ebur eber (Grimm gr. II, 463), ein wort, das namentlich für männernamen um so passender ist, als in nord. poesie jöfurr sogar in der bedeutung von fürst oder herr vorkommt. So naheliegend auch die etymologie unseres stammes ist, so hat man doch lange irrwege bis zu ihrer auffindung gemacht und sogar in früheren zeiten Ebarhard mit oberkühn erklärt.

In n. erscheint EBAR nur anlautend und zwar mit voller sicherheit erst seit dem 6. jahrhundert, Eporedorix bei Caesar kann ich nicht als germanisch anerkennen. Ueber das vorkommen dieses stammes in altn. n. vgl. Bugge in Kuhns zeitschr. III, 29 ff.

Ebur. 6. Schn. a. 796; necr. Fuld. a. 863.
Ebaro M. B. a. 1040 (n. XIII).
Eporo St. P. dreimal.
Epor St. P.
Ebero Greg. Tur. VII, 13; Gud. a. 1056.
Eber K. a. 1099 (n. 252).
Ebro Ng. a. 825.
Ebrio Lc. a. 962 (n. 105).
Ephoro St. P. wol hieher.
Evherus s. EWA.
Ibor (Langobardenführer sec. 4) bei Paul. diac. I, 3 und 7 wol hieher. Derselbe heisst bei Prosper von Aquitanien a. 379 im abl. Iborea (wol statt Iboreo).
Altn. Jöfurr.

Die mit dem n. Ebur zusammengesetzten o. n. sind nicht genau von denen zu scheiden, welche unmittelbar das appellativum ebur enthalten. In dem wörterbuch der o. n. wird man daher beide klassen untermischt finden.

Ibricho. 8. Laur. sec. 8 (n. 1469).

Eberco Dr. a. 869 (n. 601).
Euerlin. 8. Lc. a. 1061 (n. 197).
Eurelin pol. Irm. s. 129.
Eurelen pol. Irm. s. 129.
Iburin. 8. Laur. sec. 9 (n. 1771).
Ibirin necr. Fuld. a. 888, 921.
Iburn Laur. sec. 8 (n. 1490, 1923).
Eburin Ng. a. 797; Laur. sec. 8 u. 9 (n. 208, 1483).
Eborin P. X, 635 (gest. episc. Tullens.); Mab. c. a. 664 (act. Bened.); Ng. a. 772, 785.
Aeborin Fredegar 30.
Ebrin P. II, 280 (gest. abbat. Fontan.); pol. Irm. s. 33.
Eurin pol. Irm. s. 67, 111; pol. R. s. 15.
Heborin tr. W. a. 718 (n. 224).
Hebern (b. v. Tours) synod. Magdun. a. 891 hieher?
Eboruni. 8. Tr. W. a. 715, 745 (n. 143, 226 und Pd. nachtr. n. 34, 80).
Eparuni St. P.; Mchb. sec. 10 (n. 987).
Eparun St. P.
Ebruni tr. W. a. 718 (Pd. nachtr. n. 40).
Eburmvi R. a. 821 (n. 21) für Eburuni?
Eparunt R. a. 890 (n. 72) für Eparuni?
Heberinc. 9. Ng. a. 859.
Evrasia, fem. 9. Pol. R. s. 84.
Ebararo. 11. Mchb. sec. 11 (n. 1222).
Epararo St. P. zwml.; Mchb. sec. 11 (n. 1236).
Ebraro Mchb. sec. 11 (n. 1219).
Eurebald. 8. Pol. Irm. s. 61.
Eurebold pol. Irm. s. 4.
Everbero. 10. Gud. sec. 10; H. a. 993 (n. 209).
Cuerbero G. a. 1083 (n. 66); ich vermuthe Euerbero.
Altn. Jöfurbjörn.
Eparpert. 8. Mchb. sec. 8 (n. 172).
Everbert P. II, 205 (ann. Vedast.).
Ebrevert pol. Irm. s. 41.
Evrebert P. I, 527 (ann. Vedast.).
Eurebert pol. Irm. s. 103.
Ebreverta, fem. 8. Pol. Irm. s. 186.
Eureberga, fem. 8. Pol. Irm. s. 104.
Euurdag. 9. Wg. tr. C. 251; Lc. a. 837 (n. 52).
Ewurdag Wg. tr. C. 308, 313.
Ewurdac Wg. tr. C. 335.
Ervertach Gld. II, a, 99 wol hieher.
Ebertrudis, fem. 8. Pol. Irm. s. 206.
Ebretradis Pd. a. 615 (n. 230) etwa für Ebretrudis?
Ebrefanus. 9. Pol. R. s. 43.
Eparfrid. 8. Mchb. sec. 8 (n. 145).
Eurefrid pol. Irm. s. 96.
Altn. Jöfurfriðr.
Eburkar. 8. Laur. sec. 9 (n. 272).
Eburacar Schn. a. 791, 804, 814; Laur. sec. 8 (n. 1290).
Eburakar Laur. sec. 8 (n. 1612).
Efurger Lc. a. 794 (n. 4).
Ebercar Laur. sec. 9 (n. 3383).
Eberkar Laur. sec. 8 (n. 473, 751).
Eberger P. VII, 555 (Marian. Scot. chron.).
Everger P. I, 99 (ann. Colon.); II, 215 (chron. S. Martin. Colon.); V, 778 (Thietmari chron.); VI, 77 (ann. Gladbac.); VIII, 636, 639, 643 (annalista Saxo); Lc. a. 989 (n. 123), 996 (n. 126).
Everkar P. VI, 281 (transl. S. Patrocli).
Euercar P. VI, 273 (Ruotger. vit. Brun.).
Evurger P. V, 759 (Thietmari chron.); C. M. Dec.
Ewerker P. V, 773 (Thietmari chron.).
Ewerger P. V, 772 (Thietmari chron.).
Euriger H. a. 909 (n. 136).
Ebracher Laur. sec. 8 (n. 1515, 1973).
Everacrus P. II, 210 f. (ann. Lobiens.); IX, 201—203 (Anselm. gest. episc. Leod.).
Everaclus P. VI, 273 not. (Ruotger. vit. Brun.), 731 (vit. Balder. ep. Leod.).
Evraclus P. X, 262 (Ruperti chron.).
Evracrus P. VI, 17 (ann. Laubiens., ann. Leodiens.), 69 f. (Folcuin. gest. episc. Lobiens.).
Euraclus P. VIII, 350 (Sigebert. chron.).
Everacus (so) P. VIII, 624 (annalista Saxo).
Eracrus Mab. a. 831.
Euraccus P. IX, 310 (Ad. Brem.).
Evargus P. IX, 314 (Ad. Brem.).
Eiberkar (so) Laur. sec. 8 (n 423).
Euraccum vel Egwardum, quem latine dicimus Euagrium P. IX, 310 (Ad. Brem.).
Egwardus hiefür irrthümlich auch P. IX, 314 (Ad. Brem.).
Mit Everhard wird Eburkar verwechselt P. IX.

Unter die hier aufgezählten formen scheinen sich mehrere spuren eines alten Ebar-vacar gemischt zu haben, welche aber nicht genau von den übrigen formen zu scheiden sind.

Euregardis, fem. 8. Pol. Irm. s. 72, 136.

Ebregaud. 8. Gld. II, a, 114.
Euregaud pol. Irm. s. 92, 115.

Euregildis, fem. 8. Pol. Irm. s. 193.

Ebergis. 7. B. v. Minden sec. 10 (derselbe heisst Ebergis und Eboris).
Ebergis P. IX öfters; Laur. n. 532.
Ebarcis Pd. a. 696 (n. 435).
Ebregis P. VI, 18 (ann. Leodiens.).
Eburis P. I, 184 f. (Einh. ann.), 351 (Enh. Fuld. ann.).
Eboris conc. Engilenh. a. 948.
Eevuris P. IX, 847 (chron. Hildesh.).
Eberis P. IV, 18 (Heinr. I constitut.) mit der var. Eburgis, s. 25 (Ott. M. constitut.) ohne var.; Dr. sec. 9 (n. 608); necr. Fuld. a. 950.
Everis P. V, 395 (Flodoardi ann.); X, 361 (Hugon. chron.).

Ebregisil. 6. B. v. Cöln sec. 6. Greg. Tur. IX, 28; X, 15; conc. Pictav. a. 590; A. S. Jan. II.
Evergislus P. VI, 266 (Ruotger. vit. Brun.), 279 f. (transl. S. Evergisli); IX, 162 (Heriger. gest. episc. Leod.).

Eburgrim. 8. Laur. sec. 8 (n. 1282).
Euurgrim Lc. a. 855 (n. 65).
Ebregrim pol. Irm. s. 7.

Ebergund, fem. 8. Laur. sec. 8 (n. 636).

Ebarhard. 8. Sec. 9: Markgraf v. Friaul und Istrien. Sec. 10: Fränk. graf; dessen neffe, markgraf; b. v. Speier; b. v. Lüttich; b. v. Maurienne; b. v. Aricia; b. v. Arezzo; ep. Aesinatens.; herz. v. Baiern. Sec. 11: Patriarch v. Aquileja; b. v. Trier; b. v. Bamberg; graf v. Nellenburg.
Ebarhard P. I, 405 (ann. Fuld.); II, 603 (Thegani vit. Hlud.); St. P.
Ebarhart Ng. a. 822; St. P.
Eparhard St. P. mehrm.
Eparchard M. B. c. a. 1008 (VI).
Eparhart St. P. mehrm.; R. a. 821 (n. 21).
Eburachart K. a. 812 (n. 67; Ng. ebds.).
Efurhard Lc. a. 800 (n. 17).
Eburhard P. I, 371 (Ruod. Fuld. ann.); II, 103 f. (Ekkeh. cas. S. Galli); Ng. a. 790.
Eburhart Ng. a. 784, 786, 802, 816; necr. Aug.
Eburharet Ng. a. 803.
Evurhard P. V öfters; VI, 322—324 (Hrotsuith. gest. Oddon.); Lc. a. 855 (n. 65).
Ewurhard Wg. tr. C. 244.
Eborhard P. I, 27 (ann. Guelferb.; ann. Nazar.), 162 (ann. Lauriss.).
Eworhard P. I, 608 (Regin. chron.).
Ebirhard H. a. 1065 (n. 262).
Eberhard P. I, II oft; IV, B, 176 (Heinr. II pact): V—IX oft; X, 174 (gest. Trever.); St. P. öfters; Laur. öfters; M. B. a. 868 (XI), 1041 (XI), 1048 (VII), 1050 (III, XIV).
Eberhart P. I, V, VII oft; St. P.; Laur. zwml.; M. B. sec. 9—11 (IV, VI—VIII, XI, XIII, XIV); Gud. a. 1028, 1090.
Everhard P. I, 599 (Regin. chron.); II, 218 (urk. v. 834); VII öfters; VIII, 587 (annalista Saxo); IX, 849 f. (chron. Hildesh.); X, 181 (gest. Trever.); Gud. a. 909, 960, 1069.
Eberard necr. Aug.
Ebherard P. V, 235 (Andr. Bergomat. chron.).
Ebrohard Pd. a. 722 (n. 525); tr. W. a. 737 (n. 8).
Ebrochard Pd. a. 731 (n. 550).
Aebrohard tr. W. a. 734 (n. 9 und Pd. nachtr. n. 54).
Ebrehard pol. Irm. s. 65, 83 etc.
Everard P. I, 101 (ann. Brunwil.) etc.; II, 210 (ann. Lobiens.); VI—VIII öfters; IX, 623 (chron. mon. Casin.); X, 275 (Ruperti chron.).
Ewerard conc. Ravennat. a. 967.
Eperard M. B. c. a. 1070 (VI).
Aeberhart Ng. a. 819.
Hebarhard M. B. sec. 9 (XI), a. 860 (XXXI); H. a. 870 (n. 107), 871 (n. 109).
Hebarhart Gld. II, a, 100.
Heburhard Ng. a. 912.
Heburhart Gld. II, a, 100.
Hebrohard Guérard a. 877.
Heberhard P. VII öfters; VIII, 30 (Ekkeh. chron. Wirzib.); Dr. a. 757; Schn. a. 759.
Heberhart Ng. a. 933; necr. Aug.
Heperhart St. P.
Heverard P. V öfters.
Ebrard P. V, 380 (Flodoard. ann.); IX, 99 (chron. Novalic.).
Evrehard pol. R. s. 67, 75.

Evrard P. I, 103 f. (ann. S. Columbae); II, 203 (ann. Vedast.), 792 (Abbo de bell. Paris.); III, 469 (Hlud. Germ. capit.), 568 (Kar. III capit.); VIII öfters; X, 572 (chron. S. Hubert. Andag.); Mab. a. 831.

Eurehard pol. Irm. s. 81, 83 etc.

Eurard conc. Ansan. a. 990.

Ebernhaerd C. M. Aug. wol verderbt.

Ebahard P. X, 640 (gest. episc. Tullens.) mit var. Ebard; viell. hieher.

Nhd. Eberhard, Eberhardt.

O. n. Eberhardescella.

Ebarahar. 6. K. a. 797 (n. 45; Ng. ebds.).

Eparahar Mchb. sec. 8 (n. 267).

Ebarheri Gld. II, a, 98.

Eparheri Mchb. sec. 8 und 9 oft (n. 332, 337 etc.).

Ebrachar Greg. Tur. IX, 28; X, 9; K. u. Ng. a. 786, 824.

Eberchar St. P.

Ebrehar pol. Irm. s. 9.

Hebrechar Fredegar.

Eberhar P. IV, B, 166 (Ott. M. pact.).

Everar P. V, 342 (Liudpr. hist. Ott.).

Ebrear pol. Irm. s. 9.

Eurcharius Pd. a. 663 (n. 348) hieher?

Gehört hieher vielleicht Eurehanius pol. Irm. s. 54? verderbt für Eureharius?

Leichte verwechselung dieses namens mit Eburkar.

O. n. Eberhersriet.

Epurhara, fem. 8. Ng. a. 779.

Ebarhelm. 8. Gld. II, a, 98.

Eberhelm Laur. öfters.

Everelm P. VI, 665 (Constant. vit. Adalber. II); VII, 26 (ann. Blandin.); X, 638 (gest. episc. Tullens.); H. a. 926 (n. 147).

Eburhilt, fem. 8. Dr. a. 785 (Schn. hat hier Ebirhilt).

Eberhild Laur. sec. 8 (n. 212, 500).

Ebrehildis pol. Irm. s. 159.

Euarhild Gld. II, a, 122.

Eurohildis pol. Irm. s. 107, 115.

Eurehildis pol. Irm. s. 141, 192.

Euroildis pol. Irm. s. 237.

Eurchildis pol. R. s. 35.

Eurildis pol. R. s. 51, 68.

Eburoh. 8. Tr. W. a. 737 (Pd. nchtr. n. 59).

Eparhaoh St. P.

Ebertramnus. 7. Ng. a. 661.

Hieher Aberram Ng. a. 864 oder = Abraham? (zum j. 860 bemerkt Ng. bei d. n. Eugenia und Amata: Primum exemplum, nomina exoterica personarum ab Alemannis usurpata).

Evertramna, fem. 8. Pol. Irm. s. 248.

Eparlaig. 8. Tr. W. a. 713, 714 (Pd. nchtr. n. 6, 31).

Eberlind, fem. Gld. II, a, 122.

Ebarleh. Gld. II, a, 98.

Ewurman. 8. Wg. tr. C. 347.

Eureman pol. Irm. s. 111; pol. R. s. 45, 55.

Nhd. Ebermann.

Euremand. 8. Pol. Irm. s. 96.

Evremar. 8. P. IX, 495 (gest. episc. Camerac.).

Euurmar Wg. tr. C. 251.

Eparmaar (so) Mchb. sec. 9 (n. 502).

Euremar P. IX, 439 (cod. evangel. Camerac.); pol. Irm. s. 115.

Euremir pol. Irm. s. 217.

Hiezu viell. die formen:

Euermor (6) Jorn. 60.

Auremar pol. Irm. s. 119 (oder zu AUS?).

Ebirmuot. 6. Gld. II, a, 98.

Ἐβριμοὺϑ Procop.

Euremod pol. Irm. s. 11.

Eburmunt. 8. Necr. Fuld. a. 943.

Eparmunt Mchb. sec. 9 (n. 299); St. P. zwml.

Ebermund Laur. sec. 8 (n. 267).

Ebermunt P. XI, 223 (chron. Benedictobur.).

Epermunt M. B. sec. 11 (VI).

Ebremund P. IX, 573 (chron. s. Hubert. Andag.).

Evermund necr. Fuld. a. 999; pol. R. s. 36; A. S. Maj. III.

O. n. Eparmunteshusir.

Eburnand. 10. Necr. Fuld. a. 977.

Ebernand Gud. a. 1028.

Vgl. Jornandes unter IORD.

Eburni. 9. K. a. 836 (n. 96).

Ebarni K. a. 834 (n. 92).

Eburne K. a. 860 (n. 130).

Ebarnoat. Gld. II, a, 98.

Eburrad. 8. Gr. II, 464.

Eberrad pol. Irm. s. 213.

Eured hieher?

Everrada, fem. 9. Pol. R. s. 48.

Evrada pol. R. s. 70.

Eburicus. 6. Suevenkönig sec. 6.

Ebaricus E. s. VI, 390 (Joh. Biclar.).
Eboric P. X, 319 (Hugon. chron.).
Everico (nom.) Laur. sec. 8 (n. 1476).
O. n. Eburicheshusun.

Ebarsind. 8. P. III, 30 (Pipp. capit.); conv. Atteniac. a. 765.

Euersinna, fem. 10. St. M. c. a. 962.

Eburswind, msc. u. fem. 8. Schn. a. 791, 806.
Eparsuind St. P. zwml. (darunter einmal msc.).
Eberswind M. B. c. a. 753 (X); St. P.

Everding. 5. Sever. Sulpic.

Ebarolt. 8. Schn. a. 824 (Dr. ebds. n. 447 Ebanolt).
Eberolt Laur. sec. 8 (n. 2618).
Eberhold Laur. sec. 8 (n. 1860).
Eberold Gud. a. 1090.
Ebroald Gld. II, a, 114.
Ebroold pol. R. s. 40.
Ebrald pol. Irm. s. 67.
Euorold Lc. a. 855 (n. 65).
Evrold pol. R. s. 101.
Eurald pol. Irm. s. 192.
Hebroald Gld. II, a, 114.
Chebroald Pd. a. 746 (n. 587) wol hieher.
Eberwal Laur. sec. 8 (n. 2865) wol hieher.
O. n. Eperoltestein.

Eburwart. 8. Gld. II, a, 98.
Ewurward Wg. tr. C. 287, 384.
Ebroard tr. W. a. 737 (n. 47).

Eburwich. 9. Neben Eberwic Gld. II, a, 98.
Eburguig tr. W. a. 807 (n. 201).

Eburwin. 7. Sec. 7: Major domus; b. v. Poitiers.
Eburwin Laur. sec. 9 (n. 2703).
Ebervin P. VI, 8 (ann. Virdun.).
Eberwin P. X, 209 (vit. S. Symeon.); St. P.; Laur.
Iberwin Laur. sec. 8 (n. 407).
Efurwin Lc. a. 800 (n. 17).
Eforwin Lc. a. 796 (n. 7).
Ebruin Ng. a. 791, 817.
Ebroin P. I, 317 (ann. Mett.), 440 (Prud. Trec. ann.); II, 309, 311 (dom. Carol. geneal.), 645 (vit. Hlud. imp.); III, 383 (Kar II capit.); V, 167 (ann. S. Germani), 221 (chron. Luxov.); VI, 116 (Ademar. histor.); VII, 17 (ann. Elnon.); VIII öfters; X, 339 (Hugon. chron.), 570 (chron. S. Hubert. Andag.); vit. S. Leodegar.; conv. Clipiac. a. 659; Mab. a. 653, 660 etc.; pol. Irm. s. 104, 172.
Euurwin Wg. tr. C. 20; Lc. a. 800 (n. 17), 801 (n. 22) etc.
Ewurwin Wg. tr. C. 40.
Evervin P. X, 401 (Hugon. chron.).
Everwin P. I, 501 (Hincm. Rem. ann.); II, 231 (ann. Xant.); Lc. a. 907 (n. 84), 1033 (n. 169) etc.
Hebroin P. I, 287 f. (chron. Moissiac.); II, 311 (dom. Carol. geneal.); Mab. a. 775.
Euruin pol. Irm. s. 88, 107.
Euroin pol. Irm. s. 103, 192; Lc. a. 812 (n. 30).
Ebrenus Pd. a. 713 (n. 488; unecht) wol Ebroenus zu lesen.
Heberuin Gld. II, a, 114.
Hebroin Gld. II, a, 114.
Eburum H. a. 704 (n. 29; Pd. ebds. n. 461) wol Eburuin zu lesen.
Nhd. Eberwein.
Eburin, Eborin, Ebrin, Eurin u. dgl. s. Iburin.
O. n. Aburwinesheim (?), Eburwinesheimo marca.

Eruroìs. 9. Pol. R. s. 52; wol für Evurois.

Eparolf. 6. St. P.
Eborolf Schn. a. 807.
Ebirolf Gld. II, a, 98.
Eberulf Greg. Tur. mehrm.
Eberolf P, IX, 250 (Gundechar. lib. pontif. Eichstet.); pol. Irm. s. 12.
Ebrulf P. V, 374 (Flodoardi ann.); VIII, 477 (Roberti de monte auct. Sig.); M. c. a. 640 (n. 63); Mab. a. 653; pol. Irm. s. 155, 252.
Ebrulph Pd. a. 583 (n. 190).
Eurulf pol. Irm. s. 92, 107; pol. R. s. 101.
Eururf pol. Irm. s. 113 hieher?
Hebroulsus Pd. a. 730 (n. 547) wol für Hebroulfus.
Eparol R. a. 888 (n. 68) für Eparolf?
Ebdrolf tr. W. a. 830 (n. 251) ist wol Ebarolf zu lesen.

Hieher wol noch Ebergulf Laur. sec. 8 (n. 1053), woneben ebds. Albergulf.

Altn. Jórúlfr.

O. n. Ebroluingen.

Zu diesem stamme vielleicht noch:

Ebarcius. 9. St. P.

Ebartuis. 9. St. P.

Ebbero. G. a. 1072 (n. 65). Scheint irrthum.

Ebbo, Eben s. EB. **Ebene** s. EBAN. **Eber-** s. EBAR. **Ebila, Ebinc** s. EB. **Ebir-** s. EBAR. **Ebizo, Ebo** s. EB. **Ebr-** s. EBAR.

Ebtard. 8. Pol. Irm. s. 159.

Ebtolf. 9. Ng. a. 826.

Vgl. zu beiden n. Abt-.

Eburmvi s. EBAR. **Ecberahttraht** s. BERAHT. **Ecbert, Eccila, Ecco** s. AG. **Eceman** s. AZ. **Ecfrid** s. AG.

Echanburc, fem. Gld. II, a, 122.

Echarigo, Echelin s. AG. **Ecilin** s. AZ. **Eckehard** s. AG.

Ecotmar. 9. R. a. 821 (n. 21). Viell. Scotmar?

ED. Wie unter EB die gemeinsamen trümmer von AB und IB, so muss ich unter ED die zu ATH und die zu ID gehörigen entarteten formen zusammenstellen, ohne dass eine annähernde sonderung gelingen will. Ein ursprünglicher sinn und eine etymologie kann eben deshalb bei diesem stamme nicht angegeben werden.

Edo. 8. B. v. Strassburg sec. 7. P. II, 463 (Einh. vit. Kar.); IX, 334 (Ad. Brem.); Wg. tr. C. 328.

Edus pol. Irm. s. 26.

Eddo P. III, 30 (Pipp. capit.).

Etto P. VI, 11 (ann. Laubiens.); IX, 409 (gest. episc. Camerac.); Ng. a. 744.

Eto P. VII, 98 (Herim. Aug. chron.), 417 (Bernold. chron.); VIII, 158 (Ekkeh. chron. univers.); necr. Aug.; R. a. 808 (n. 14).

Etho P. II, 37 (abbat. Augiens. catal.); M. B. c. a. 731 (XI); d. Ch. I, 784.

Eddan mit var. Dadan P. III, 16 (Karlom. capit.); vgl. ags. Aidan.

Eddan P. IV, B, 46 (Benedict. capit.).

O. n. Etnow (?), Ettinheim, Ettinhofa.

Aeti. 8. St. P.; C. M. April.

Etti Gld. II, a, 99.

Aette C. M. Nov.

Eda, fem. 8. Pol. Irm. s. 26, 177.

Aeda P. VI, 306, 316 (Hrotsuith. primord. Gandersh.); C. M. Sept.

Etta St. P.

Edia St. P.

Edica. 5. Fürst der Scirren sec. 5. Jorn. 54.

Edico P. V, 775 (Thietmari chron.).

Edic Wg. tr. C. 448.

Eddic Wg. tr. C. 246, 250, 255, 298, 312.

Aetih St. P.

Ethico P. I, 94 (ann. S. Emmer.).

Eticho M. B. c. a. 1070 (VI).

Ethicho P. VI, 802 not. (Adalbert. vit. Heinr. II).

Etich P. V, 124 (ann. Augustani), 143 (ann. Einsidl.); VI, 417 f. (Gerhard. vit. S. Oudalr.); VII, 117 (Herim. Aug. chron.).

Etih P. II, 597 (Thegani vit. Hlud.); necr. Aug.; Mchb. sec. 9 (n. 470); tr. W. a. 820 (n. 69); Schn. a. 874 (Dr. ebds. n. 611 Erih); St. P. zwml.; M. B. a. 914 (XXXI).

Etihc St. P.

Ettig Schn. a. 838.

Aedico vit. beat. Severini.

Etcho K. a. 861 (n. 136).

Aetko R. a. 821 (n. 21).

Edika, fem. 11. Ms. a. 1049 (n. 21).

Aedica C. M. Sept.

Edilo s. ATHAL.

Ederna, fem. 9. Pol. R. s. 16.

Ethberictus. 7. Pd. a. 699 (n. 450; H. ebds. n. 26).

Edebert Pd. a. 642 (n. 300).

Aetuperht R. a. 791 (n. 8) hieher?

Ether. 10. P. IV, B, 168 (Leon. VIII cessio); VIII, 320 (Sigebert. chron.); IX, 589 (chron. mon. Casin.); X, 322 (Hugon. chron.).

Das öfters vorkommende Aetherius mag hienach sowol zuweilen deutsch, als auch in andern fällen Ether griechisch sein.

Nhd. Eder, Etter.

Edoildis, fem. 8. Pol. Irm. s. 140.

Ediram. 8. P. VI, 160 (vit. S. Liutbirgae); St. P. dreimal; Laur. sec. 8 (n. 2441, 2460); R. a. 821 (n. 21), 901 (n. 85).

Ederam R. a. 901 (n. 88); C. M. März.

Edilef. Gld. II, a, 98.

Etlint, fem. 9. H. a. 853 (n. 87).

Ethericus mag ein deutscher n. gewesen sein; wo sich indessen diese form findet (z. b. öfters in den concilien), scheint sie nur aus griechischem Etherius (*Αἰθέριος*) umgedeutet zu sein, das auch mehrmals als variante daneben vorkommt.

Edotheus. 4. Claudian. (var. Odetheus, Othodeus, Othodaeus, Ethotheus).

Οἰδόθεος Zosimus IV, 35.
Eteteus Mab. a. 854.
S. über Edotheus Zeuss s. 421.

Edold. 7. B. v. Reggio sec. 9. P. III, 548 (Bosonis capit.); conc. Mantalens. a. 879.
Ethoald Pd. a. 662 (n. 345).
Nhd. Ewald? Ewaldt?

Edward. 11. P. IX, 849 (chron. Hildesh.). Sonst ist der n. sehr oft ags.
Nhd. Eduard.

Edoveifa, fem. 6. Pd. a. 533 (n. 118); ebds. n. 119 heisst dieselbe falsch Edonaïfa.

Edobinchus. 5. *Ἐδόβιγχος*, ein Franke bei Zosim. VI, 2. Derselbe heisst bei Sozomenus *Ἐδόβιχος*.
Edobeccus Greg. Tur. II, 9.

Edulf. 9. Wg. tr. C. 414, 418, 470.
Ediulf bei Jorn. hieher?

Edita oder **Editha** (die gemahlin von kaiser Otto I) ist als ags. n. nicht hieher gehörig. Zu bemerken ist nur, dass Edita und Otigeba von derselben person gebraucht wird, wo dann offenbar Edita und Ethgiwa verwechselt ist. Vgl. Ottogeba.

Edel- s. ATHAL. **Edeneit** s. ATHAN. **Edenulf** s. HEDAN. **Edroar** s. ADRA.

Eemund. 9. P. III, 246 (Hlud. et Hloth. capit.). Zu EWA?

Eergart s. HARI. **Efger** s. Af.

Efrid. 11. G. a. 1083 (n. 66), 1092 (n. 70). Für Ecfrid? oder Edfrid?

Efteg s. AF. **Ege-, Egge-, Eggi- Egi-,** s. AG. **Egil-** s. AGIL. **Egin-** s. AGIN. **Egind, Egipetinc** s. AG. **Egis-** s. AGIS. **Egiwint, Egizo** s. AG.

Egorbald. 9. Conc. Mogunt. a. 847. Verderbt?

Egloin s. AGIL. **Eguard** s. AG.

Ehadrud, fem. 9. St. P.

Ehanfrid. 8. Laur. sec. 8 (n. 388).

Ehapald zu schliessen aus o. n. Ehapaldingas.

Ehard. 9. Laur. sec. 9 (n. 783).

Ehemarhilt s. Themarhilt.

Ehinolf. 9. Dr. n. 341 (für Eginolf?).

Eholt. 8. K. a. 770 (n. 12; Ng. ebds.).

Ehsa, fem. 9. K. a. 866 (n. 138).

Ehso. 8. K. a. 797, 802, 803, 858, 866 (n. 45, 53, 58, 128, 140); Ng. ebds.

-eht, Ehtolf, Ehtolt s. ACT.

Eiat. 9. Dr. a. 827 (n. 475; Schn. ebds.).
Eiiat Dr. a. 812 (n. 289; Schn. ebds. Heiat).

Eiberkar s. EBAR.

Eibun. 8. Dr. a. 796 (Schn. ebds. Ebun).

Eico s. AG. **Eido** s. HAID.

Eidring. 9. Laur. sec. 9 (n. 271).
Eitrung zu schliessen aus o. n. Eitrungesbah und Eitrungfeld.

Eidulf s. HAID.

Eiffilo. 9. Unsichere form bei St. P.

Eigbert, Eigefrid s. AG. **Eigel-, Eigil-** s. AGIL. **Eigolt** s. AG. **Eihart** s. Aginard. **Eihhart, Eihilt, Eikbret** s. AG. **Eil-** s. AGIL. **Eilika, Eilikin** s. HAIL. **Eilinc** s. Eling. **Eincibo** s. AIN. **Eininc** s. AGIN. **Einizrat, Einkerich** s. AIN. **Einuorht, Einwic** s. AGIN. **Eio** s. AG.

Eiotolf 9. Dr. a. 837 (n. 504; Schn. ebds.). Scheint verderbt zu sein.

Eirard s. HARI.

Eirbert, 9. Wg. tr. C. 268. Entweder zu HARI oder es ist Eisbert zu lesen.

Eis- s. AGIS. **Eiterih** s. Citerih unter Z. **Eitfred** s. HAID.

Eitgerbert. 11. Pol. Irm. s. 49 (sec. 11). Ist der n. verderbt oder ist er in zwei hälften zu zerlegen?

Eitrung s. Eidring. **Eiulf** s. AG.

Eiza, fem. Gr. I, 541.
Hiezu Eyse Wg. tr. C. 427?

Eizo s. HAID. **Ejerard** s. HARI. **Ek-** s. AG. **Elachus** s. ALAH. **Eldepad, Eldrad** s. HILDI. **Eleard** s. ALI.

Elecca. 9. B. v. Saragossa. Conc. Ovetens. c. a. 873. Zu Ellecbo? Eilico?

Elect- s. ALAH.

Elemburgis, fem. 10. Mab. a. 905; viell. zu ALIAN.

Elemund. 6.
Ἐλεμοῦνδος Procop mit var. *Οὐελεμοῦντος*.

Eleob. 9. Dr. a. 813 (n. 281; Schn. ebds.). Daneben bei Dr. auch Eoleob.
Eleof Laur. sec. 9 (n. 108).

Elfandus, Elffo s. HILP. **Elftrudis** s. ALF. **Elger, Eli-** s. ALI. **Elienta** s. Ilienta.

Eling. 9. Schn. a. 867.

Elungo Laur. sec. 9 (n. 726).

Vgl. Eilinc Gr. I, 240. S. auch Elingo unter ALIAN.

Elipand s. HILP. **Elis-** s. ALIS. **Elisma, Elisommus** s. ALI. **Ella** s. ALI. **Ellan-** s. ALIAN. **Ellant, Ellapirin** s. ALI.

Ellebich. 5. Ἐλλέβιχος Zosim. V, 47.

Ellebod, Ellecho s. ALI. **Ellen-** s. ALIAN. **Elli, Ellimuot** s. ALI. **Ellin-** s. ALIAN. **Ello, Ellun** s. ALI. **Elmenus** s. HELM. **Elmulf** s. Emulf. **Elnalhilt** s. ALIAN. **Elolf** s. ALI. **Elpheid** s. Alphaidis unter ALF. **Elrahd** s. ALI. **Else** s. Ilso. **Eltramnus** s. ALD.

Eluechin. 11. G. a. 1086 (n. 68). Zu ALF?

Eluing s. Aluwing unter ALF.

Elung s. Eling. **Eluwin** s. ALI. **Elverich** s. ALF. **Embricho** s. Ambricho. **Emaher, Emdrud, Emebert, Emehard** s. IM. **Emelgar** s. AMAL.

Emelina, fem. 11. Pol. Irm. s. 50 (sec. 11); St. M. a. 1089.

Vgl. Enmelina gleichfalls pol. Irm. s. 50.

Emeltrudis s. AMAL. **Emeno** s. IM.

Emerulf. 7. Pd. a. 663 (n. 348).

Emez- s. AMAT. **Emgoz, Emhart, Emheid, Emheri, Emhild** s. IM. **Emicho** u. dgl. s. unter Amico. **Emilhild** s. IM. **Emilsindis, Emiltrudis** s. AMAL. **Eminane** s. IM. **Emisa, Emit-, Emiz-** s. AMAT. **Emma, Emmenulf, Emmerammus** s. IM. **Emmezrat** s. AMAT. **Emmic** s. Amico. **Emmo, Emmold, Emnild, Emnolt** s. IM. **Emoza** s. AMAT. **Emrich, Emrit, Emthrud, Emulf** s. IM. **Enburc** s. AN. **Ence, Enceli** s. ANT.

Encheelub (so), fem. Gld. II, a, 122. Wol verderbt.

Encibold s. ANT. **Enda** s. IND. **Endrud, Eneger, Enerich, Enfrid** s. AN. **Engebrand** s. INGO. **Engel-** s. ANGIL. **Engenold, Engezman** s. INGO. **Enginburc** s. ANGAN. **Engispret** s. INGO. **Engivan** s. ANGIL. **Engiza, Engizo** s. INGO.

Enhaker. 9. Mchb. sec. 9 (n. 471).

Enhilo. 9? K. a. 817 (n. 78; M. B. ebds. XXXI; unecht); verderbt? zu ANC?

Enhored. 9. Wg. tr. C. 328.

Eniko, Ening s. AN. **Enisa** s. ANS. **Enman, Ennecha, Ennelin, Ennika, Enno, Ennolt** s. AN. **Enstelinc** s. ANST. **Ensilo** s. ANS. **Enting** s. AND. **Enz-** s. ANT. **Eoban** s. EWA. **Eodal-, Eodel-, Eodildis, Eodo, Eodulf** s. EUTH. **Eold, Eoleob, Eolf, Eolindis, Eoliud, Eoliup** s. EWA.

Eolunc. 9. K. a. 839 (n. 104; Ng. ebds.).

Eoman, Eomar s. EWA.

Eomperht. 9. St. P.

Eonhilt, fem. 9. St. P.

Eonna, fem. 8. St. P.

Eonold. 9. Pol. R. s. 56 zwml.

Eoperht, Eopirin, Eowig s. EWA. **Epa, Epco, Epilo, Epiln, Epp-** s. EB.

Eptes, fabelhaft. P. X, 135 f. (gest. Trever.) aus unbekannter quelle.

Epuho s. EB.

ERA, ERIN.

Zu ahd. era honos gehören zwei reihen von namen, deren eine den kurzen stämm, die andere den erweiterten enthält. Die erste dieser reihen ist sehr schwierig von HARI zu sondern, und ich habe nur eine annähernde scheidung eintreten lassen, wenn ich Era- hieher, Eri-, Ere- und Er- aber dorthin stelle. Der erweiterte stamm ERIN lässt sich öfter mit sicherheit erkennen, doch findet auch hier eine üble berührung nicht selten statt; es ist die mit dem stamme IRM. Auch hier ist die scheidung nur eine annähernde; Erin-, Eren-, Ern- habe ich hieher gestellt, Irm-, Irim-, Erme- unter IRM verwiesen; wegen anderer mit Erm- beginnender formen muss ich öfters nach massgabe des auf das m folgenden lautes zwischen beiden stämmen schwanken. Dasselbe gilt von Eram- und Erim-.

I. Einfacher stamm ERA.

Eralo. 9. Mchb. sec. 9 (n. 680).

Nhd. Ehrle.

Erachar. 8. Mchb. sec. 8 (n. 103).

Eracar Dr. a. 796 (Schn. schreibt hier Esacar).

Vgl. auch ahd. erahhar antelucanus.

Erarich. 6. Rugierkönig sec. 6. A. S. Jan. I.

'Εράριχος Procop.

Herawan s. HARI.

II. Erweiterter stamm ERIN.

Erinzo. 10. Lp. a. 985 (II, 379).

Eranbald. 8. Laur. sec. 9. (n. 369).

Erinbald Laur. sec. 8 (n. 1025).

Erimbald Laur. sec. 8 (n. 443).

Erimpald St. P.

Erembold P. II, 188 f. (ann. Gand.); St. M. a. 970.

Ermbald pol. Irm. s. 80, 86 etc.; tr. W. oft.

Ermbold pol. Irm. s. 56, 171.

Herinbald Schpf. a. 786 (n. 62).

Hermbold Lc. a. 941 (n. 93).

Arimbald Lp. a. 1088 (II, 759) wol hieher.

Erembalda, fem. 8. Pol. R. s. 37.

Ermbolda pol. Irm. s. 202, 211.

Ermboldra, fem. 8. Pol. Irm. s. 36.

Erambert. 8. B. v. Lodi sec. 9; ep. Albingaunens. sec. 11.

Erambert P. I, 392 (ann. Fuld.).

Erimperht St. P.

Erimbert P. II, 688, 713, 715, 718 (vit. S. Anskarii); IX, 295 (Ad. Brem.).

Erimbreht necr. Aug.

Erinbreht Ng. a. 805.

Erimpret Gld. II, a, 99.

Erinpreht Gld. II, a, 99.

Erinbert Laur. sec. 8 (n. 2415); gest. regg. Dagobert. I; Schn. a. 760; K. a. 775 (n. 16); Ng. a. 797, 812.

Eremberht P. II, 346 (vit. S. Bonif.).

Erembrecht Laur. sec. 9 (n. 1042).

Erembert P. III, 505 (Hlud. II capit.); V, 223 (chron. Casinens.); VI, 520 (mirac. S. Apri); VIII, 723 (annalista Saxo); Laur. öfters.

Erenbert P. II, 276 (gest. abbat. Fontan.); St. M. a. 1002; gest. reg. Dagobert. I.

Erymbert Wg. tr. C. 429.

Ernebreth Gud. a. 1074.

Ermberct Dr. a. 770 (Schn. schreibt in derselben urk., die er 771 setzt, Errabert).

Ermbert P. II, 223 (ann. Xant.); tr. W. oft; pol. Irm. s. 44; Laur. sec. 8 (n. 1341); Sm.

Ermperht St. P. dreimal.

Ermpreht M. B. a. 903 (XXXI).

Ermpert Ng. a. 760.

Ernbret Gud. a. 1074.

Herimbert P. II, 301 (gest. abbat. Fontan.); H. a. 963 (n. 175).

Herimperht St. P. zwml.

Herembert Laur. sec. 8 (n. 1434).

Herenbert Laur. sec. 8 (n. 2455, 2773).

Herenpret Gld. II, a, 101.

Hermbert Mchb. sec. 8 (n. 90); tr. W. a. 772 (n. 26).

Ervympret Gld. II, a, 99 (besser in der 1. ausgabe Errympret).

Iterembert Pd. a. 704 (n. 462) ist viell. Herembert zu lesen.

O. n. Erinperahtesdorf, Erinperahtesstein.

Ermberta, fem. 8. Pol. Irm. s. 176, 194.

Eremberga, fem. 9. Pol. R. s. 51, 71.

Ermbrand. 8. Pol. Irm. s. 72.

Eramburg, fem. 8. Gld. II, a, 122.

Eremburgis P. X, 476 (Hugon. chron.).

Ermburga pol. Irm. s. 194.

Erindrud, fem. 8. P. I, 90 (ann. Salisb. a. 1043).

Erinthrut Schn. a. 802.

Erendrud P. VI, 805 f. not.

Ermdrud C. M. Sept.

Ermtrud pol. Irm. s. 136, 194.

Erinfrid. 8. Gld. II, a, 99.

Erinfred Guérard a. 828.

Erenfrit Laur. sec. 9 (n. 177).

Erimfrid P. II, 280 (gest. abbat. Fontan.); Laur. sec. 9 (n. 478).

Erenfrid P. II, 216 (ann. Brunwil.); Laur. sec. 9 (n. 2343); Lc. a. 947 (n. 97), 1028 (n. 164).

Eremfrid St. M. a. 903.

Ernfrid P. II, 37 (abbat. Augiens. catal.), 39 (episc. Constant catal.); Laur. sec. 8 (n. 2173).

Ermfrid P. I, 99 (ann. Brunwil.); Gud. sec. 10.

Ermfrit St. P. zwml.

Ermfred pol. Irm s 61.

Ernfred P. VII, 98 (Herim. Aug. chron.), 417 (Bernold. chron.).

Herenfrid P. II, 656 (Nithardi hist.).

Errefrit Laur. sec. 8 (n. 2788) wol für Ernfrit.

Ermfreda, fem. 8. Mab. a. 798.

Herenger. 11. P. IV, B, 176 (Heinr. II pact.); viell. an dieser stelle Berenger.

Erimgaud. 8. Pol. Irm. s. 42.

Heringaud pol. R. s. 106.

Ernegildis, fem. 8. Pol. Irm. s. 100.

Ernegundis, fem. 8. Pol. Irm. s. 63.
Erinhart. 11. M. B. c. a. 1090 (III).
Erinhar. 8. P. II, 284 (gest. abbat. Fontan.).
Ernear pol. Irm. s. 219.
Ernar pol. Irm. s. 13.
Erner pol. R. s. 69, 70.
Eremhild, fem. 8. Laur. sec. 8 (n. 321).
Ernoildis pol. Irm. s. 91.
Ernildis pol. Irm. s. 192; pol. R. s. 69.
Erenricus. P. X, 319 (Hugon. chron.).
Nhd. Ernreich.
Ernesidis, fem. 8. Pol. Irm. s. 72.
Ernald. 8. P. III, 158 (Kar. M. capit.); IX, 421 (gest. episc. Camerac.); pol. Irm. s. 39, 171.
Ernold P. V, 709 (Kar. M. exped. Hispan.); pol. Irm. s. 24; pol. R. s. 16.
Aernolt St. P.
Hernald P. III, 90 (Kar. M. capit.); H. a. 771 (n. 50).

Hieher vielleicht Ernaud pol. Irm. s. 49 und 50 (s. 11).

Ernwig. 9. P. I, 69 (ann. Sangall.).
Ernwin. 8. Laur. sec. 8 (n. 592).
Ernoin pol. Irm. s. 106.
Erinnulf. 8. P. II, 280 (gest. abbat. Fontan.).
Ernulf P. VII, 19 (ann. Elnon.), 66 (catal. regg.).

Eralwin s. Erlwin. **Eram-** s. ERA und HARI. **Erar, Erard** s. HARI. **Erarich** s. ERA. **Erbert** s. HARI. **Erbo** u. a. s. ARB.

ERCAN. Die folgenden namen, in denen dieser stamm nur anlautend erscheint, gehören sicher zum ahd. ercan (genuinus, ingenuus). Vgl. auch den n. Hercynia. Dass ich den stamm in dieser form und nicht als ARCAN aufgestellt habe, mag seine entschuldigung in der verhältnismässigen seltenheit der mit A anlautenden formen finden. In den trad. Corb. findet sich unser stamm gar nicht; eben so wenig in der Frekenhorster rolle.

Ercan. 10. Schn. a. 907.
Erchana, fem. 8. Mchb. sec. 9 (n. 362); Ng. a. 873.
Ercchana St. P.
Erchanane (abl.) tr. W. sec. 8 od. 9 (n. 67).
Herchenane (nom.) Laur. sec. 8 (n. 386).
Erchena Ng. a. 873.
Arcambald. 8. B. v. Eichstedt sec. 9; b. v. Mainz sec. 11.
Arcambald Guérard a. 828.
Arcambold P. III, 447 not.; pol. Irm. s. 79.
Archambald M. B. a. 865 (XXXI).
Archambold P. II, 617 (vit. Hlud.).
Arkanbold P. V öfters.
Archinbald A. S. Maj. V.
Archimbalt Mab. a. 926.
Archembald Guérard a. 1037 (append. zum pol. Irm. s. 355); convent. Vindocin. a. 1040.
Archembold P. X, 640 (gest. episcopp. Tullens.); St. M. c. a. 962.
Ercanbald P. I, 190 (Einh. ann.); VII, 555 (Marian. Scot. chron.); Ng. a. 791.
Erkanbald P. VII, 556 (Marian. Scot. chron.); VIII öfters; necr. Aug.; Laur.; Gud. a. 1004.
Erkanbalt M. B. c. a. 788 (XXXI); Laur. sec. 8 (n. 1264); Gud. a. 1006.
Ercanpald St. P.
Erkanpald St. P.
Erkanbold P. V öfters.
Ercanpold Ng. a. 797.
Ercambald pol. Irm. s. 79.
Ercambold pol. Irm. s. 1, 13 etc.; H. a. 856 (n. 92).
Erchanbald P. III, 561 (Arnulf. capit.); X, 538 (gest. abbat. Gemblac.); Ng. a. 824, 826; M. B. a. 908 (XXXI); M. B. sec. 11 (VI, XI).
Erchanpald St. P. dreimal.
Erchanbold P. I, 627 (contin. Regin.); IX öfters; Ng. a. 788, 797, 806, 813; necr. Aug.; M. B. a. 905 (XI).
Erchanbolt St. P.; M. B. c. a. 1040 (VI).
Erchanpold Ng. a. 808, 827; St. P. zwml.
Erchanpolt M. B. c. a. 1050 (VIII, XIII).
Erchambald Ng. a. 813.
Erganbald (so) A. S. April III.
Erchinbald P. II, 116 (Ekkeh. cas. S. Galli).
Erchinpold Ng. a. 853.
Erkenbald P. II, 242 (ann. Wirzib.); VI, 778, 780 (Thangmari vit. Bernwardi); VII, 5 (ann. Ottenbur.); VIII öfters; M. B. a. 788 (XXXI); Laur. sec. 8 (n. 304).
Erkenbold M. B. a. 888 (XXXI); M. B. c. a. 912 (XXXI).

Erkenbolt Laur. sec. 8 (n. 2712).
Erckenbalt H. a. 853 (n. 87).
Erkembald Ng. a. 790.
Erchenbald P. V öfters; VII, 120 (Herim. Aug. chron.), 424 (Bernold. chron.).
Erchenbold Laur. sec. 8 (n. 923); Gud. a. 908.
Erchembald P. IV, B, 34, 146 (Benedicti capit.); V, 651 (Richeri hist.); VI öfters.
Hercanbald Lc. a. 1016 (n. 149).
Hercambold H. a. 855 (n. 91).
Herchanbold Ng. a. 825.
Erkmbald (so) Mab. a. 790.
Erchaanbold (so) P. IX, 244 (Gundechar. lib. pont. Eichstet.).
Erconbold (so) K. a. 788 (n. 35).
Ercanbald bei Einh. a. 801 mit var. Erchembauld, Erchinbold, Erchanbold, Erchanbald.
Erchanbold bei Regin. a. 965 mit var. Hercanbold, Erkanbold, Erchandobold, Eripkanbold.
Erchandild P. IV, B, 176 (Heinr. II pact.) im text; die var. ist Erchanbald.
Erohengold P. X, 570 (chron. S. Hubert. Andag.) ist jedenfalls corrumpirt und vielleicht Erchenpold zu lesen.
Erkawald statt Erkanbald M. B. a. 1011 (XXXI).

Ercambalda, fem. 8. Pol. Irm. s. 79.

Ercanberaht. 8. B. v. Bayeux sec. 9; presbyter zu Benedictbeuern sec. 11.
Ercanberaht Dr. n. 180 (Schn. ebds. Ercanberath).
Archembert Gld. II, a, 113.
Ercanbert Laur. mehrm.
Erkanbert P. V, 144 (ann. Einsidl.); VIII, 619 (annalista Saxo); Laur. mehrm.
Ercanpert Ng. a. 806.
Ercanbrat Schn. a. 866 (Dr. ebds. n. 589 Ercanbrot); Gud. a. 1074.
Ercampraht Schn. a. 796; Dr. a. 811 (n. 263).
Ercambert pol. Irm. s. 74, 79 etc.; pol. R. s. 54.
Erkambert Laur. sec. 8 (n. 392).
Ercampert Ng. a. 786.
Erchanperht St. P. oft.
Erchanbreht Ng. a. 787, 792.
Erchanpreht necr. Aug.
Erchanpraht Schn. a. 798.
Erchanbert P. I, 627 (contin. Regin.); IX, 248 f. (Gundechar. lib. pontif. Eichstet.); Laur. sec. 8 (n. 1337); Ng. a. 744, 779, 790, 817, 821; M. B. a. 835 (IX); M. B. sec. 10 (XI, 25).
Erchanpert Ng. a. 790; St. P. mehrm.
Erchanberth St. P.
Erchanpret Ng. a. 819.
Erchambraht M. B. a. 1033 (XXIX); K. ebds. (n. 221).
Erchambert P. III, 534 (Kar. II capit.); Ng. a. 744, 791.
Erchinbert P. VII, 391 (Bernold. chron.).
Erkenbert P. VIII, 618 (annalista Saxo); Laur. mehrmals.
Erkenbreht Laur. sec. 8 (n. 6).
Erchenbert Laur. mehrm.; gest. reg. Dagobert I.
Erckenbert Laur. mehrm.
Erkembert P. V, VIII öfters.
Erchempert P. V öfters.
Ercempert P. V, 538 (chron. Salernit.).
Herkenbert P. VI, 231 (Sigehard. mirac. S. Maxim.); G. a. 973 (n. 23).
Herchanperht St. P.
Herchanpert P. XI, 229 (chron. Benedictobur.).
Herchempert P. IX öfters.
Aercanbraht tr. W. a. 737 (n. 162 u. Pd. nchtr. n. 55).

Die var. Encharbert Regin. a. 964 ist irrthum.
Ags. Eorcenbeorht.

Ercamberta, fem. 7. Pol. Irm. s. 2, 3 etc.; Mab. a. 690; Guérard a. 729.
Erchemberta St. M. c. a. 962.
Archimberta Lgd. a. 982 (II, n. 117) etc.

Erchanpirc, fem. 9. St. P. zwml.
Erchinbirga tr. W. c. a. 860 (n. 181).
Erchanpirch St. P.
Erchanpric Gld. II, a, 122.
Herchanpirc St. P.

Ercambrand. 8. Pol. Irm. s. 253.

Erchanbod. 8 Gld. II, a, 114.
Ercambod pol. Irm. s. 225.
• Erkanboto Schn. a. 790.
Ercampot Dr. a. 800 (Schn. ebds. Erambolt).
Erkenbodo Laur. sec. 9 (n. 2220).
Erkembod Pd. a. 721 (n. 518).

Ercanpurc, fem. 8. St. P. dreimal.
Erchanpurch St. P.
Ercamburg pol. Irm. s. 170.
Erchanpurc Mchb. sec. 8 u. 9 (n. 180, 491).

Ercantrud, fem. 8. Pol. Irm. s. 12, 21 etc.
Erchandrud St. P. zwml.
Ercadrudis pol. Irm. s. 90.

Ercamtrudis pol. Irm. s. 173.
Erkendrut Laur. sec. 8 (n. 3346).
Erchendrud Gld. II, a, 122.
Erchendrut Laur. sec. 8 (n. 1200).
Herckentruda H. a. 909 (n. 136). Dieselbe heisst n. 137 (aus demselben jahre) Ergentruda.
Herzendrut H. a. 955 (n. 167) steht wol für Herkendrut.

Ercamflidis, fem. 8. Pol. Irm. s. 129.
Hercanflidis pol. Irm. s. 92.

Ercanfrid. 6. B. v. Passau sec. 6.
Ercanfrid pol. Irm. s. 69; Laur sec. 8 (n. 1661).
Erkanfrid Laur. mehrm.
Ercanfred pol. Irm. s. 12 etc.; Mab. a. 847.
Erchanfrid P. I, 93 f. (ann. S. Emmer.), 615 (contin. Regin.); III, 411 (Hlud. Germ. capit.); VI, 565 (Arnold. de S. Emmer.); necr. Aug.; Ng. a. 786, 825; M. B. XIII, XIV; St. P. öfters.
Erchanfrit St. P. mehrm.; M. B. a. 802 (IX).
Erchinfrid A. S. Febr. III.
Erkenfrid Pd. a. 726 (n. 537); Laur. mehrm.
Erchenfrid Laur. sec. 9 (n. 2878): pol. R. s. 101.
Erchenfrit Laur. sec. 8 (n. 2818, 2841).
Erchanured K. a. 797 (n. 47).
Herchanfrid K. a. 764 (n. 9); St. P.
Herkenfrit Laur. sec. 8 (n. 3568).
Erchernfrid (lies Erchem-) P. XI, 550 (auctar. Cremifan.).
Ereinfrid (so) M. B. a. 888 (XXXI) ist Ercinfrid zu lesen.
Archamfed A. S. Jan. I wol für -fred.

Erkanfrida, fem. 9. H. a. 853 (n. 87).

Ercangar. 8. Graf in Alamannien sec. 10.
Ercangar P. I, 458 (Hincm. Rem. ann.); II, 463 (Einh. vit. Kar.); pol. Irm. s. 115, 265.
Archangar (var. Exstangar) concil. Confluent. a. 860.
Ercanger P. VIII, 594 (annalista Saxo).
Erchangar Ng. a. 816, 817, 819, 820, 821; Gud. a. 840.
Erchanger P. I, 56 (ann. Alam.), 77 f. (ann. Sangall.); V, 141 (ann. Einsidl.); VII, 112 (Herim. Aug. chron.), 422 (Bernold. chron.), 553 (Marian. Scot. chron.); necr. Aug.; Ng. a. 762; M. B. c. a. 970 u. c. a. 1090 (VIII, IX, XIII); St. P.
Erchanker P. I, 50 (ann. Alam.).
Erkingar P. III, 469 (Hlud. Germ. capit.).
Erkinger Lc. a. 848 (n. 64).
Erchinger P. II, 85 f. (Ekkeh. cas. S. Galli); St. P. dreimal; M. B. c. a. 1070 (III).
Erkenger P. I, 530 (ann. Vedast.); II, 208 (ann. Vedast.); III, 568 (Kar. III capit.); VIII, 175 (Ekkeh. chron. univers.).
Erkhenger M. B. a. 1076 (IV).
Erchenger P. VIII, 28 (Ekkeh. chron. Wirzib.).
Erchenker Gld. II, a, 98.
Ercenger P. II, 207 (ann. Vedast.); Lc. a. 836 (n. 49).
Herchanger Gld. II, a, 101.
Herkenger P. I, 523 (ann. Vedast.); II, 202 (ann. Vedast.).
Irchenger (so) Ng. a. 972.

Ercangaud. 8. Pol. Irm. s. 150, 219.
Erchengaud pol. Irm. s. 139.
Erkengoz Laur. sec. 9 (n. 3338, 3369).
Ags. Eorcengote.

Erchangis. 8. St. P. zwml.

Ercanheid, fem. 9. Tr. W. a. 861 (n. 272).
Archenhagdis pol. R. s. 69.
Erchanhagdis pol. R. s. 70.
Ercheneid Gld. II, a, 122.

Ercanhart. 8. St. P.
Erchanhard Ng. a. 797.
Erchanhart M. B. a. 837 (IX).
Ercanard pol. Irm. s. 83.
Erchanard pol. Irm. s. 89.
Erachanhard K. a. 868 (n. 143).
Erkehard Laur. sec. 8 (n. 302).

Ercanheri. 8. Dr. a. 906 (n. 651), wo Schn. Ercan. Heri liest.
Erchanhari St. P.
Ercanar pol. Irm. s. 21, 279.
Erkenher Laur. sec. 8 (n. 3355).
Erchenher Laur. sec. 8 (n. 2209).
Ercahar s. ARG.
Hertanar pol. Irm. s. 65 wol falsch.
Nhd. Härkner, Herchner, Herckner, Herkner.

Erchenada, fem. 11. St. M. a. 1006.

Ercanhilt, fem. 8. St. P.
Ercanildis pol. Irm. s. 31, 40 etc.
Erchanhild St. P.
Erchanhilt St. P. dreimal.
Erchinhilt Gld. II, a, 122.
Arcantildis pol. Irm. s. 27.

Hercanhildis pol. Irm. s. 54.
Hercanildis pol. Irm. s. 48.
Erchenhild tr. W. a. 742 (Pd. nachtr. n. 73).
Erchenildis pol. R. s. 56.
Erchennildis pol. R. s. 53.
Ercantildis pol. Irm. s. 136.
Herchinildis Schpf. a. 768 (n. 35).
Erchandild P. IV, B, 176 (Heinr. II pact.) im text; die var. ist Erchanbald.
Erchanhit St. P. hieher?

Erkenram. 8. Laur. sec. 8 (n. 1908).

Ercadramna, fem. 8. Pol. Irm. s. 201. Für Ercanramna?

Ercanrod. 9. St. P.

Ercalindis s. ARG.

Ercanloug. 9. Schn. a. 864.

Erchanloh. 9. R. a. 810 (n. 15).

Erchanman. 11. Gld. II, a, 98.
Hercheman Lc. a. 1083 (n. 234).

Erchanmar. 8. Ng. a. 779.
Ercanmar tr. W. a. 858 (n. 49).
Erchanmer Ng. a. 808.
Erkeumar Laur. sec. 9 (n. 2528).
Ercammar Mab. a. 783; pol. Irm. s. 265.
Arcamar, Ercamar s. ARG.

Erchamnot. 9. St. P.
Erchanmuot St. P. dreimal.
Erchanmuat Gld. II, a, 122.

Erchanot. Gld. II, a, 98.

Ercanrad. 8. B. v. Paris sec. 9.
Ercanrad P. VI, 155 (transl. S. Liborii); pol. Irm. s. 31, 95 etc.
Archanrad conc. Suession. a. 853.
Erkanrat St. P.
Erchanrad P. III, 387 (Kar. II capit.).
Erchanrat P. I, 467 (Hincm. Rem. ann.); St. P. mehrmals.
Erchinrat Gld. II, a, 98.
Herchenrad Mab. a. 775; convent. Carisiac. a. 837.
Erkenrad Schn. a. 759.
Erchenrad P. V, 670 (Gerbert. act. concil. Rem.).
Erchenrat necr. Aug.

Hieher noch:
Ercanraus (b. v. Chalons sur Marne sec. 9) conc. Tullens. a. 860; an andern stellen in d. concil. heisst derselbe Erchanraus oder Erchenraus.
Erkanraus P. I, 469 (Hincm. Rem. ann.); III, 504 (Hloth. II capit.).
Erchanraus P. III, 458 (Kar. II capit.); pol. R. s. 68.
Herkanraus P. II, 193 (ann. Bertin.).

Ercanrada, fem. 8. Pol. Irm. s. 260.
Hercanrada pol. Irm. s. 55.

Ercanricus. 7. Pol. Irm. s. 21, 95 etc.
Ercanrih St. P. zweimal.
Hercanrich A. S. Jan. I.
Erchenrigo Pd. a. 670 (n. 361; Mab. ebds.).

Ercansind. 8. Pol. Irm. s. 265.
Ercansint St. P.
Erchansind Gld. II, a, 122.

Erchensinda, fem. 9. Pol. R. s. 71.

Ercansnot, fem.? 8. St. P.

Erchanswap. 9. Mchb. sec. 9 (n. 599).

Ercansuint, fem. 8. Laur. sec. 9 (n. 1064).
Erchansuind St. P. dreimal.
Erkensuint Laur. sec. 8 (n. 3347).
Herchensuint Laur. sec. 9 (n. 1061).

Ercanteus. 8. Pol. Irm. s. 63, 112; Mab. a. 884.
Ercantheo Schn. a. 819.

Erkanwalh. 9. St. P.

Erchanoald. 7. Archinoald major domus.
Erchanoald P. VIII, 324—326 (Sigebert. chron.).
Erchanold P. II, 18 f. (vit. S. Galli); Ng. a. 826.
Erchanald Gld. II, a, 114.
Erchanolt Ng. a. 788, 810; M. B. a. 822, 837 (VIII, IX); St. P.
Erchanalt Gld. II, a, 98.
Ercanold pol. Irm. s. 21, 86 etc.; Laur. sec. 8 u. 9 (n. 945, 1382).
Ercanald pol. Irm. s. 68.
Erchonoald neben Erchinoald gest. reg. Dagobert. I.
Erchinoald P. II, 272, 274, 275 (gest. abbat. Fontan.); VIII, 118 (Ekkeh. chron. univers.); X, 338 (Hugon. chron.).
Erchenolt Gld. II, a, 98.
Erchenald Guérard a. 1089.
Archinoald P. XI, 398 (hist. regg. Franc. monast. S. Dionys.).
Herchanold und Herchenald P. II, 311 (dom. Carol. geneal.).
Herchanolt Ng. a. 844.
Herchinoald Pd. a. 676 (n. 382); gest. Dagob. I.

Hirchinald P. I, 287 (chron. Moissiac.).
Erconald (so) Mab. a. 692.
Erhinolt (so) Ng. a. 806.
Archevald Pd. a. 638 (n. 291; unecht).

Erchanwela, wol irrthümlich als msc. bei Gld. II, a, 98.

Archanolf. 8. M. B. a. 806 (VIII).
Ercanolf Laur. sec. 8 (n. 1465).
Erkanolf Laur. sec. 9 (n. 1920).
Ercannulf tr. W. a. 718 (Pd. nachtr. n. 40).
Erchanolf M. B. sec. 8 u. 9 (VIII, IX).
Erchenulf P. II, 276 (gest. abbat. Fontan.).
Erchnolf M. B. a. 810 (VIII).

Erchat, Erchear, Ercho, Ercholf, Ercoildis, Ercuin s. ARG.

Erdag. 9. Wg. tr. C. 18, 279, 280, 301, 478. Zu Heridac?
Erdac Wg. tr. C. 454.

Erdanch. Gld. II, a, 98.

Erdbirg, fem. 8. Dr. a. 797; Schn. ebds.

Erdega, fem. 9. Wg. tr. C. 40.

Erdolf. Gr. I, 417.

Erecas. 9. Dr. a. 838 (n. 520; Schn. ebds.).

Erelieua, fem. 5. Jorn. 52.

Erisnit, fem. Gld. II, a, 122. Verderbt aus -suind?

Gehören die drei letzten n. zu ERA?

Erem-, Eren- s. ERA. **Erfemar, Erferih** s. ARB. **Erfred** s. HARI.

Ergilpirt. 9. St. P.; für -pirc? Zu ARG?

Ergiwin s. ARG. **Erher, Erhilt** s. HARI.

Eribert und andere mit Er- beginnende formen s. unter HARI.

Ericus. 8. Herzog v. Friaul sec. 8; b. v. Langres sec. 9.
Ericus P. I, 48 (ann. Alam.), 183, 187 (Einh. ann.), 186 (ann. Lauriss.); II, 657 f. (Nithardi hist.); V oft; VIII, 662 f. (annalista Saxo); Lc. a. 816 (n. 32).
Eriko Ms. a. 1074 (n. 28).
Erih P. I, 45 (ann. Guelferb.); necr. Aug.; Dr. a. 874 (n. 611; Schn. ebds. Etih); St. P.
Erihc Gld. II, a, 99.
Erich Laur. öfters.
Eeric (so) Lc. a. 796 (n. 5 u. 6).
Ericcho Laur. sec. 8 (n. 288).
Eherich P. I, 351 f. (Enh. Fuld. ann.); VII, 101 (Herim. Aug. chron.).
Aerich P. II, 450 (Einh. vit. Kar.).

Dieser n. ist jedenfalls aus mehreren quellen zusammengeflossen und berührt sich nahe mit mehreren andern namen. Dergleichen sind:

1) Eurich; vgl. diesen unter EWA.
2) Haric; s. HARI. Die form Herich steht zwischen Haric und Eric in der mitte.
3) Heinrich; s. HAIM. Hieher gehören die formen:
Hairich P. VI, 41 (gest. episc. Virdun.); X, 364 (Hugon. chron.).
Heirich P. I, 182 (ann. Lauriss.); VIII, 342 (Sigebert. chron.).
4) Erarich; s. ERA.

Hie und da mag ahd. Erich mit altn. Eyrekr oder mit ags. Yric vergleichbar sein. Vgl. auch nhd. Ehrich, Ehrecke, Ehricke, Ehrig, Eirich, Erich, Ericke, Eyrich.

Erifrid, Eriland s. HARI.

Erilang. 9. P. II, 783 (Abbo de bell. Paris.).

Erim-, Erin- s. ERA.

Ering. 9. Laur. sec. 9 (n. 219).

Erispa. 11. P. V, 88 (ann. Quedlinb.).

Eriulf, Erivald, Eriveus, Eriward s. HARI. **Erkan-, Erken-** u. dgl. s. ERCAN.

ERL.

Von Graff werden diejenigen der folgenden n., die er I, 143 anführt, zu nord. iarl, ags. eorl, alts. erl (vir nobilis, comes) gestellt; auch Grimm gr. II, 449 ist derselben ansicht. An das ahd. elira und erila (s. o. n.) denke ich nicht.

Erlo. 9. Schn. a. 800; Mchb. sec. 9 (n. 661); Schpf. a. 1004 (n. 184).
Nhd. Erle, Herl, Herle.

Erlicho. 8. Dr. n. 353; Laur. sec. 8 (n. 965, 1032).

Erlin. 8. Laur. sec. 10 (n. 273); St. M. a. 709.
Erlini Gld. II, a, 122 neben Erleni.
Erline K. a. 885 (n. 159).
Erlene Ng. a. 846.
Nhd. Herlein.

Erluni. 8. Wg. tr. C. 378; necr. Aug.; tr. W. a. 718 (Pd. nachtr. n. 40).
Erlune necr. Aug.

Erlunc. 8. Mchb. sec. 8 u. 9 (n. 136, 347).
Herilunc Mchb. sec. 8. u. 9 (n. 410, 521) gehört wol zu HARI.

Erlunt (so) St. P. viell. hieher.
Nhd. Herling.
O. n. Erlinchoven.

Erlisma, fem. 8. Pol. Irm. s. 135.

Erlebad. 9. P. I, 68 (ann. Augienses).
Erlebath Laur. sec. 9 (n. 179).

Erlabald. 8. Gld. II, a, 99.
Erlapald St. P.
Erlabold P. I, 49 (ann. Alam.).
Erlibalt Laur. sec. 8 (n. 713).
Erlebald P. II, 38 (abbat. Augiens. catal.), 66 (Ratperti cas. S. Galli); V, VII, IX öfters; pol. Irm. s. 74, 205; necr. Aug.; Laur. mehrm.
Erlebold P. I, 468 (Hincm. Rem. ann.); III, 504 (Hloth. II capit.); pol. R. s. 22, 68 etc.; St. M. a. 1053.
Herlebold P. II, 193 (ann. Bertin.); pol. R.; Laur. sec. 8 (n. 1203).
Erlobald Ng. a. 779.
Erlobold K. a. 802 (n. 54).
Erlobolt St. P.
Erlapalt Mchb. sec. 8 (n. 46).
Arlabald Lgd. a. 977 (II, n. 114).
Erlebaud St. M. c. a. 1090.
Arlebald Lp. a. 1081 (II, 731); St. M. a. 1090.

Erlapraht. 8. Schn. a. 775.
Erlaperht Mchb. sec. 8 (n. 165).
Erlabert Gld. II, a, 99.
Erlebert Laur. sec. 9 (n. 2222); d. Ch. I, 682.
Erlepret Gld. II, a, 99.
Herlebert Gld. II, a, 114, 115.
Erlebard Mab. a. 1043 hieher?
Erleprent Gld. II, a, 99 wol für -preht, wie etwas weiter ebds. steht.

Erlebertha, fem. 8. Laur. sec. 8 (n. 835).

Erleverga, fem. 9. Pol. R. s. 52.

Erlabot. 10. Gr. I, 473.
Erlebod St. M. a. 916, 970.

Erledrudis, fem. 8. Pol. Irm. s. 112, 158; pol. R. s. 75.
Herladrud Laur. sec. 8 (n. 1311).

Erlafrid. 8. P. VII, 281 (Berthold. ann.); St. P.; necr. Fuld. a. 802.
Erlofrid K. a. 791 (n. 39; Ng. ebds.).
Erlifrid Pd. a. 708 (n. 470).
Erlefrid Schn. a. 750; Laur. mehrmals; pol. R. s. 44.
Erlefrit Gld. II, a, 99.
Erlevrit Schpf. a. 1041 (n. 262).
Erlefred pol. Irm. s. 53, 59 etc.
Herlefrid Laur. sec. 8 (n. 1456).
Arlefred A. S. Mart. II.

Erlefrida, fem. 8. Pol. Irm. s. 186.

Erligar. 8. Pol. R. s. 100.
Erleger pol. Irm. s. 45, 166.

Erlegardis, fem 8. Pol. Irm. s. 146.

Erlegaud. 8. Pol. Irm. s. 101, 112.
Erlegoz Laur. sec. 9 (n. 199).
Erliaud pol. R. s. 15.
Erlaud pol. R. s. 17.

Erlegildis, fem. 8. Pol. Irm. s. 112; pol. R. s. 16.

Erlehaidis, fem. 9. Pol. R. s. 16, 103.

Erlehard. 8. Pol. R. s. 8, 55 etc.
Erleard pol. Irm. s. 162.

Erliardis, fem. 9. Pol. Fossat.
Erlierdis pol. R. s. 48, 60.

Erlachar. 8. Ng. a. 873.
Erleher pol. R. s. 16, 44 etc.
Erlher Laur. sec. 8 (n. 1810).
Erlear pol. Irm. s. 104.
Erlar A. S. Febr. I.
Herleher pol. R. s. 57.
Herler H. c. a. 938 (n. 154).
Nhd. Erler.

Erleira, fem. 9. Pol. R. s. 71. Vielleicht für Erl-heria?

Erlad. 10. Lp. a. 913 (II, 86).

Erloildis, fem. 8. Pol. Irm. s. 97, 112; pol. R. s. 9.
Erlehildis pol. Irm. s. 162, 176.
Erlhild Gld. II, a, 122.
Erlildis pol. Irm. s. 192.
Arlildis pol. Irm. s. 207.

Erland s. HARI.

Erlman. 9. Schn. a. 838.
Nhd. Erlemann, Herlemann.

Erlemand. 8 Pol. Irm. s. 104.

Erlemar. 8. Pol. Irm. s. 139.
Herlemar pol. Irm. s. 172.

Erlemund. 8. Pol. Irm. s. 104, 132; pol. R. s. 34.
Erlmunt Schn. a. 827.
Herlemund Pd. a. 698, 713 (n. 445, 446, 484; unecht).

Erlesinna, fem. 9. Pol. R. s. 51.

Erlsuind, fem. 8. Schn. a. 765 (Dr. ebds. Erlsoend).

Erlevold. 8. Pol. Irm. s. 185.

Erlold pol. Irm. s. 61; Laur. sec. 8 u. 9 (n. 299, 474); pol. R. s. 13, 16 etc.

Erlolt Laur. sec. 8 (n. 2602).

Herloald tr. W. a. 739 (Pd. nachtr. n. 61).

Erleverius. 9. Pol. R. s. 8.

Irlewar, mit einzeln stehendem anlaut, von Gr. I, 473 zu unserm stamm gerechnet.

Erloard. 8. Pol. Irm. s. 97.

Erleveus. 9. Pol. R. s. 21, 63.

Erlwic Gld. II, a, 99.

Erliwin. 8. B. v. Constanz sec. 9; b. v. Beauvais sec. 10.

Erliwin Laur. sec. 8 (n. 931).

Erluwin P. IX, 450, 454 (gest. episc. Camerac.); Ng. a. 822.

Erluvin P. VI, 224 (mirac. S. Wigberhti).

Erluiwin (so) Laur. sec. 9 (n. 216).

Erlawin Ng. a. 786.

Erlewin Laur. öfters.

Erluuin Laur. mehrm.

Erluin P. V öfters; VI, 68 f. (Folcuin. gest. abb. Lobiens); VIII, IX öfters; X, 507 ff. (vit. Wicberti; gest. abbat. Gemblac.); Laur. sec. 8 (n. 1885).

Erloin P. III, 420, 421 (Kar. II capit.); Ng. a. 773, 802; pol. Irm. s. 113, 132; pol. R. s. 13, 43 etc.

Erilnin (so) Ng. a. 774.

Arluin Lgd. a. 782 (I, n. 5) neben Arloyn.

Arloin Lgd. a. 918 (II, n. 42).

Herluin P. III, 458 (Kar. II capit.); V öfters; VI, 17 (ann. Laubiens.); VIII öfters; IX, 449 (gest. episc. Camerac.); Guérard a. 1089.

Herloin P. III, 426 (Kar. II capit.); IX, 449 (gest. episc. Camerac.); H. a. 762 (n. 45), 786 (n. 58); pol. Irm. s. 103.

Eralwin (b. v. Cambray sec. 11) conc. Francof. a. 1007 vielleicht hieher.

Elluin für Erluin P. X, 528 (gest. abbat. Gemblac.).

Trloinus pol. R. s. 7 wol Erloinus zu lesen.

Nhd. Erlewein, Erlwein.

Erlois. 8. Pol. Irm. s. 71.

Erlulf. 8. Ng. a. 778; Laur. öfters; pol. Irm. s. 30, 107; Wg. tr. C. 378; Guérard a. 888.

Erlulph A. S. Febr. I.

Erlolf P. VI, 266 (mirac. S. Wigberhti); Ng. a. 787; Laur. öfters.

Herlulf Laur. sec. 8 u. 9 (n. 690, 1918).

P. VIII wird dieser n. mit Arnulf verwechselt.

Zusammensetzungen mit erweitertem stamme:

Arlembald. P. X, 21 etc. (Arnulf. gest. archiepp. Mediol.) mit var. Herlembald.

Herlembald P. X, 82 f. (Landulf. hist. Mediol.).

Erlenteus. 8. Pol. Irm. s. 272.

Erliup s. HARI. **Erm-** s. ERA und IRM. **Erman-, Ermen-, Ermin-** s. IRMIN. **Ern-** s. ERA.

Ernetbold. 11. P. X, 580 (chron. S. Huberti Andag.). Wol verderbt.

Erohengold s. ERCAN. **Erolt** s. HARI. **Erp-, Erph-** s. ARB. **Ersand, Ersendis** s. HARI. **Ert-** s. HARD. **Eruni** s. HARI.

Erus. 9. Graf sec. 9. Conc. Ovetens. a. 873. Deutsch?

Ervig, Ervina s. HARI.

Eryl, fem. 9. Wg. tr. C. 88.

Escalco s SCALC. **Eschez** s. ASC. **Escio** s. ANS. **Escrich** s. ASC. **Esi, Esico** s. ANS.

Esnarolf. 8. St. P. Ist etwa Suarolf zu lesen? vgl. Suarholf.

Eso, Esprath s. ANS. **Esso** s. AZ. **Estheim, Estolh** s. AST. **Ethel-** s. ATHAL. **Ether** s. ED.

Ethespamara, ein fabelhafter held der Gothen bei Jorn. Die lesart schwankt zwischen dieser form, Etherpamara, Eterpamara, Eterpamala und Erpantana. Möglich wäre es nach dem zusammenhang der stelle, dass in der ersten silbe römisches et steckt, was die lesart Erpantana zu bestätigen scheint.

Ethgiwa s. Ottogeba unter AUD. **Etho, Etich** s. ED.

Etk-. Die so beginnenden n. (z. b. bei R. n. 16 Atkeo, Etkihart, Etkideo) müssen Eck- gelesen werden.

Etmilo, an vier stellen des necr. Aug.; doch sollte viell. Aemilo gelesen werden müssen?

Ettid s. Attid unter ATH.

Euadmund. 9. Dr. a. 812 (n. 273). Dieser verderbte n. fehlt bei Schn. Ich vermuthe, dass der schreiber Eudmund in Eadmund bessern wollte.

Eubalus s. Ebalus unter EB. **Eubert** s. EWA.

Euchericus. 5. Sohn Stilicos. Sever. Sulpic. (E. s. IV, 449).

Eud- s. EUTH. **Eugilbert** s. AGIL. **Euginhard** s. AGIN. **Eui, Eumund** s. EWA.

Eunat. 9. St. P. Deutsch?
Eanat Mchb. sec. 8 (n. 113).

Euo, Eupert, Eured, Eusendus s. EWA.

EUTH. Man vgl. goth. auþs ἔρημος, altn. auðr, ahd. ôdi, ags. eáð, alts. ôði, die alle die bedeutung vacuus, facilis, promtus, mitis haben. In unserm stamme EUTH sehe ich nun eine umgelautete form dieses wortes und nehme an, dass die nicht umgelautete gestalt desselben mit AUD zu sammengeflossen ist. Ausser AUD vermischt sich mit den folgenden formen auch leicht EWA; s. ds.

Eudo. 7. Herzog von Aquitanien sec. 8; b. v. Soissons sec. 11.
Eudo P. I, 343 f. (ann. Fuld.) etc.; II öfters; VI, 114, 116 (Ademar. histor.); VII, 97 f. (Herim. Aug. chron.); VIII, 330 f. (Sigebert. chron.); X, 325 (Hugon. chron.); pol. Irm. s. 84; Paul. diac. VI, 46; H. a. 943 (n. 157), 945 (n. 158) etc.
Eodo P. I, 7 (ann. Petav.), 324 f. (ann. Mett.); II, 280 (gest. abbat. Fontan.); Mab. a. 716; pol. Irm. s. 266; Lc. a. 816 (n. 33).
Heudo P. I, 24 f. (ann. Lauresh. und Nazar.); conv. Remens. a. 1059.
Eudetis (gen.) P. VII, 1 (ann. Ottenbur.).
O. n. Eudinhaim.

Euda, fem 8. Pol. Irm. s. 84; pol. R. s. 72.

Eudila, msc. 6. Eudilane (abl.) Fredegar.

Eudila, fem. 6. Der abl. Eudilane neben Eodilaue Pd. a. 572 (n. 179).

Eutilina, fem. 8. Laur. sec. 8 (n. 1413).

Eodin. 7. Pd. a. 677 (n. 384).

Eodunc. 8. Mchb. sec. 8 (n. 19 und sonst oft); M. B. a. 802 (IX).
O. n. Eodungesdorf.

Eadbold s. AUD.

Eodbert. 8. Pd. a. 704 (n. 460).

Eutberta, fem. 8. Pol. Irm. s. 224.

Eutbrand. 8. Pol. Irm. s. 109.

Eotkar. Gld. II, a, 114.

Euthar. 8. Pol. Irm. s. 80, 84 etc.; pol. R. s. 71.
Eotheri R. a. 821 (n. 21).
Heutar Schpf. a. 774 (n. 48).

Die formen Eutarius, Euterius, Eutherius, Εὐϑήριος, die sich oft in älteren concilien (z. b. a. 347, 431, 541) finden, sind wol im ganzen (ob aber immer?) als griech. anzusehn.

Eutharia, fem. 8. Pol. Irm. s. 84.
Euthari (fem.) pol. Irm. s. 109.

Euthildis, fem. 8. Pol. Irm. s. 229.
Eudildis pol. Irm. s. 103.
Eodildis pol. Irm. s. 84, 102.

Eutlinda, fem. 8. H. a. 704 (n. 29; Pd. ebds. n. 461).

Euthariens. 5. Gothe, sohn des Beterich und schwiegersohn Theodorichs d. gr.
Eutharicus P. VIII, 24 (Ekkeh. chron. Wirzib.), 122, 129, 139 (Ekkeh. chron. univers.); Jorn.; d. Ch. I.
Eutarich P. VIII, 122 (Ekkeh. chron. univers.).
Euthoricus d. Ch. I, 211.

Eudoald. 8. A. S. Febr. II.
Eudald pol. Irm. s. 74.

Eudulf. 8. Pol. Irm. 80.
Eodulf Lc. a. 902 (n. 82).

Zusammensetzungen mit erweitertem EUTH:

Eodalbold. 8. Pol. Irm. s. 80, 109.

Eodalpert. 10. P. V, 172 (ann. Casinates).

Eodalberga, fem. 8. Pol. Irm. s. 110.

Eodalburgis, fem. 8. Pol. Irm. s. 83.

Eudalgardis, fem. 8. Pol. Irm. s. 103.

Eodalhard. 8. Pol. Irm. s. 83.

Eodelildis, fem. 8. Pol. Irm. s. 80, 86 etc.

EWA. Goth. aivs, ahd. êwa, alts. êo. Die ältere bedeutung des wortes, tempus, seculum, passt für namen eben so gut wie der sinn von ZIT (s. ds.), die jüngere bedeutung, lex, statutum, könnte auch schon theilweise in den folgenden formen durchblicken. Mehrere hier angeführte mit Eu- beginnende namen könnten ein d oder t verloren haben und zu EUTH gehören, was im einzelnen nicht auszumachen ist.

Euo. 9. Wg. tr. C. 323, 477, 478.
Aeuo St. P.
Evo Gld. II, a, 114.
O. n. Euenhusen.
Eui. 9. Wg. tr. C. 343; Gld. II, a, 99.
Eveco. 11. Lc. a. 1086 (n. 239).
Ewuli. 9. Wg. tr. C. 404.
Evin. 7. Paul. diac. III, 9, 26; IV, 1, 11 mit var. Eoin.
Evizo. 10. P. VI, 274 (Ruotger. vit. Brun.); Lc. a. 964 (n. 106), 1003 (n. 138, 139).
Evezo Lc. a. 1019 (n. 153), 1043 (n. 179): G. a. 1086 (n. 68).
Eveza, fem. 9. Lc. a. 1009 (n. 146), 1019 (n. 153) etc.
Evesa P. I, 592 (Regin. chron.).
Ewuse (fem.) Wg. tr. C. 119 (pro uxore sua Ewuse).
Eoban. 8. P. II, 222 (ann. Xant.), 349 (vit. S. Bonif.), 372 (vit. S. Sturmi); VIII, 555 (annalista Saxo); Dr. a. 752.
Eopirin, fem 9. St. P.
Eubert. 9. P. VIII, 441 (Sigebert. auctar. Hasnon.).
Eupert vgl. AUD.
Eoperht Mchb. sec. 9 (n. 451).
Nhd. Eupert.
Euprand. 9. R. a. 883 (n. 61).
Euhar. 9. Pol. R. s. 77.
Evherus P. V, 603 (Richeri hist.) hieher?
Eolindis, fem. 9. Pol. R. s. 36.
Eoliup. 8. Mchb. sec. 9 (n. 607).
Eoleob Laur. sec. 8 (n. 185).
Eoliud. 9. Dr. a. 844 (n. 552, Schn. ebds.).
Eoman. Gld. II, a, 98.,
Eomar. 9. St. P.

Eumund. 7. Test. Erm.
Ewirat. 7. St. P. (sec. 9).
Eured (ep. Ilerdens.) conc. Tolet. a. 653, 683.
Euarix. 5. Westgothenkönig sec. 5.
Euarix Greg. Tur. II, 25; Fredegar.
Euricus P. VIII öfters; X, 317 (Hugon. chron.); Jorn.; Isidor (mit var. Euridicus); pol. Irm. s. 278; Cassiod. III, 3; V, 39; Idat. a. 467; Sever. Sulpic.; E. s. II, 178.
Euric Wg. tr. C. 409, 456.
Eoricus P. I, 284 (chron. Moissiac.); hist. miscell. 15; Sever. Sulpic.; Fredegar.
Eorichus Greg. Tur. II, 20.
Aoricus Jorn.
Earihc Ng. a. 760 wol hieher.
Eusendus. 7. Ep. Ilerdens. Conc. Tolet. a. 688.
Ewald. 8. B. v. Vienne. C. M. Oct.
Eoald d. Ch. I, 686.
Eold P. II, 318 (Adon. chron.).
Coldus P. X, 325 (Hugon. chron.) steht für Eoldus.
Nhd. Ewald, Ewaldt.
Euvart. 6. Pd. a. 587 (n. 196).
Eowig. 9. Schn. a. 800.
Eolf. 8. Laur. sec. 8 (n. 1059).
O. n. Eolvespah.

Ewenard s. AGIN. **Evo, Ewuli, Ewuse** s. EWA.

Expimar. 9. Dr. a. 807 (n. 823; Schn. ebds.). Im sammarium steht statt dieses unerhörten namens Ertmar.

Exswit s. AG. **Eyn-** s. AGIN. **Eyo** s. AG. **Eyse** s. Eiza. **Ez-** s. AZ.

F.

Hier sind zugleich diejenigen fälle aufgenommen, wo anlautendes V nur orthographisch von F verschieden ist. Sonst gehört im ganzen das F zu denjenigen buchstaben, welche die wenigsten schwierigkeiten machen. Zu erwähnen ist etwa noch:

1) anlautendes F für H, nur in einigen wortstämmen (vgl. besonders die mit Flod- und Frod- beginnenden namen), vorzüglich bei den gallischen Franken; 2) gräcisirendes Ph für F, Pharaildis, Pharo, Phater, Pharamund, Philibert u. dgl.; 3) F für V = W, namentlich in einigen formen auf -ficus.

Fabigaud s. FAV. **Facco, Fachilo** s. FAG.

FAD.

Vgl. goth. faþs (thema fadi) vir. Auslautend vielleicht in Cucufates 4.

Fato. 8. St. P.

Fatto Mchb. sec. 8 u. 9 (z. b. n. 250).

Fadiko. 10. Frek.

Vadiko Frek.

Fattilin. 8. Ng. a. 757.

Fatuni. 9. R. a. 821 (n. 21).

Faderiko. 10. Frek.

Vaderiko Frek.

Zu diesem stamme vielleicht noch (wenigstens zuweilen):

Fader. 8. Abt zu Kremsmünster sec. 8.

Fader Wg. tr. C. 454.

Fater P. XI, 551 (auctar. Cremifan.); Ng. u. K. a. 769, 794, 815; St. P.; Mchb. sec. 8 u. 9 (z. b. n. 60, 369).

Phater Mchb. sec. 9 (n. 611).

Vadar Ms. a. 1049 (n. 22).

Faterro Gld. II, a, 99.

Nhd. Feder, Fetter, Vater, Vatter, Vetter.

O. n. Fateresdorf.

-faeda s. FAID.

Faffing, Gr. III, 329, viell. von Gr. nur aus o. n. Faffinchova geschlossen.

Faffo s. Rosemud.

FAG.

Vgl. goth. fahêds laetitia, faginôn gaudere, altn. fagna gaudere, ahd. kivehan gaudere.

Facco. 9. Ng. a. 817.

Nhd. Faack, Fach, Fack, Fecke.

Fachilo. Gld. II, a, 99.

Fagala, fem. 11. P. IX, 484 (gest. episc. Camerac.).

Phagala A. S. Jan. II.

Fahentz. Gld. II, a, 99.

Fagund, fem. 9. K. a. 809 (n. 63; Ng. ebds.).

Fagher, vielleicht aus o. n. Faceresrod zu schliessen.

Fagalind, fem. 9. Schn. a. 850.

Fegelint H. a. 853 (n. 87).

Fahswind, fem. 8. Schn. a. 790.

Faholf. 9. Dr. a. 824 (n. 449; Schn. ebds. Haholf).

FAGIN.

Jedenfalls nur eine erweiterung von FAG; vgl. ags. fägen, altn. feginn, engl. fain; zu vermuthen goth. fagins (hilaris).

Feginbolt. 9. Schpf. a. 828 (n. 89).

Fegindrud, fem. 9. Necr. Fuld. a. 852.

Feginger. 8. Lc. a. 796 (n. 8).

Faginhild, fem. 8. Tr. W. c. a. 737 (n. 241 u. Pd. nachtr. n. 59).

Feginhilt Gld. II, a, 122.

Fainildis pol. R. s. 53.

Hieher vielleicht Finiildis pol. R. s. 51, Fanoildis pol. R. s. 9 und Fonoildis pol. R. s. 51.

Feginmar. Gld. II, a, 99.

Fagenold. 9. Pol. R. s. 37, 44.

Feginold Ng. a. 826.

Feginolt Gld. II, a, 99.

Faginolf. 8. Laur. sec. 8 (n. 2016).

Fagynulf K. a. 776 (n. 17).

Fagenulf conc. Duziac. a. 871; pol. R. s. 43.

Fainulf pol. R. s. 45.

Fanagulf Schpf. a. 763 (n. 34) wol für Faganulf.

Fah- s. FAG.

FAID. Wahrscheinlich zu dem in den gesetzbüchern nicht seltenen faida, inimicitia, pugna; s. Gr. III, 384. Auslautend vielleicht in Mundofaeda 6.

Feito. 9. Mchb. sec. 9. (n. 651).

Fedane, fem 7. Test. Erm.; hieher?

Faileuba, fem. 6. Gattin k. Childeberts sec. 6.

Faileuba Greg. Tur. IX, 38.

Faileuva P. III, 6 (Gundchr. et Childeb. pact.).

Ich nehme an, dass Faileuba aus Faidleuba entstanden ist.

Faidolf. 11. P. IX, 649 (chron. mon. Casin.).

Zu diesem stamme etwa noch Feitir? Fetar?

Fainildis, Fainulf s. FAGIN.

Fakis in o. n. Fakiseswilari.

FALAH. Die beste anknüpfung ist wol die an den volksn. der Falen (Ostfalahi, Westfalahi). Vgl. Grimm gesch. d. dtsch. spr. s. 630 und s. auch Zeuss s. 390. Zweifelhaft sind einige mit Val- beginnende formen, die man unter W nachsehe. Unsicher, ob hieher gehörig, ist Nitfalia (9); noch zweifelhafter Meinfelis (11).

Falacho. 6. Gr. III, 498.

Falco P. IX, 176 (Heriger. gest. episc. Leod.); X, 337 (Hugon. chron.); Fredegar.

Valco Lc. c. a. 1070 (n. 221).

Falho Wg. tr. C. 477, 478.

Fal Wg. tr. C. 243, 341.

Hieher etwa Felleo St. P. (sec. 9)?

Nhd. Fahl, Falck, Falcke, Falk, Falke zuweilen hieher.

Die zu diesem stamme gehörigen o. n. siehe im zweiten theil dieses buches.

Fella, fem. Gld. II, a, 130; hieher?

Filhid (so), angebl. fem. Gld. II, a, 122; hieher?

Falchilo. 10. H. a. 964 (n. 180).

Felhin, fem. Gld. II, a, 122; hieher?

Falgard s. FULC.

Falscho. 10. H. a. 960 (n. 171).

Vgl. altn. falskr fraudulentus und ahd. falscjan refellere.

Famicho. Gld. II, a, 99; verderbt?

Famoth. Gld. II, a, 99; etwa für Fag-moth?

-fan in Ebrefanus (9) scheint zu ahd. fano, nhd. fahne zu gehören.

Fanagulf s. FAGIN.

-fanc in Wildfanc (9) dürfte ahd. altn. ags. fang captura enthalten.

FAND. Ahd. fendo (pedes), ags. fêða (für fanðja).

Fanto. 8. St. P.

Fendio St. P.

Fandila, msc. 7. Conc. Tolet. a. 653; A. S. Jun. II.

Fantlindis, fem. 8. Pol. Irm. s. 37.

Faolaic, Faova s. FAV.

FAR. Sicher zum stammworte faran ire gehörig, doch ist damit noch nicht sicher die bedeutung dieses stammes in den eigennamen bestimmt. Ich erinnere namentlich an Paul. diac. II, 9: Langobardorum faras i. e. generationes vel lineas. Vgl. Massmann bei Haupt I, 552. Auslautendes FAR:

Adalfer 9.	Dauferi 11.	Sicfar 8.
Burgundofaro 7.	Frotfar 9.	Sicfara 8.
Burgundofara 7.	Leobafar 7.	Theudifara 6.
Daiferi 9.	Rihferius 10.	Warnferius 7.

Faro. 7. Ep. Meld. sec. 7. P. VIII, 322 (Sigeb. chron.); IX, 404 (gest. episc. Camerac.); Pd. a. 610 (n. 226), 642 (n. 301); M. a. 653 (n. 55); Paul. diac. VI, 19; A. S. Maj. I; d. Ch. I öfters.

Pharo P. V, 643 (Richeri hist.).

Hieher schon Φάρας bei Procop?

Nhd. Fahr, Fähr, Fahre, Farr, Fehr, Fehre.

O. n. Farenheim.

Fara, fem. 7. P. VIII, 322 (Sigebert. chron.); d. Ch. I öfters.

Vgl. Burgundofaro und Burgundofara.

Farago. 9. P. III, 252 (Hlud. et Hloth. capit.).

Nhd. Farrach.

Farlenus. 8. Pol. Irm. s. 194.
Nhd. Fehrlen.
Farnus. 7. Ep. Visens. Conc. Tolet. a. 638 u. 646.
Farana, fem. 8. Mab. a. 766.
Farabert. 8. Ep. Tungrens. sec. 10. P. I, 596, 604 (Regin. chron.); V, 395 (Flodoardi ann.); V, 603 (Richeri hist.); VI, 16 (ann. Laubiens., ann. Leodiens.), 64 (Folcuin. gest. episc. Lobiens.); VIII öfters; IX, 201 (Anselmi gest. episc. Leod.); X, 361 (Hugon. chron.), 528, 531 (gest. abbat. Gemblac.); Lc. a. 947 (n. 100); H. a. 948 (n. 162); conc. Engilenh. a. 948.
Farrabert (neben Farrebert) P. XII, 378 (gest. abbat. Trudon.).
Farebert P. II, 210 (ann. Lobiens.).
Varabert P. IV, 25 (Ott. M. constit.).
Farbert pol. Irm. s. 24; H. a. 916 (n. 142).
Die var. Sarabert P. I, 596 (Regin. a. 886) ist irrthum.
Farberta, fem. 8. Pol. Irm. s. 24.
Faraburc, fem. 9. Schn. a. 817.
Faregar. 8. Pol. Irm. s. 184.
Feriger Wg. tr. C. 267.
Faregaud. 8. Pol. Irm. s. 135, 144.
Faregaus pol. Irm. s. 139, 143.
Feregaus pol. Irm. s. 132.
Faregildis, fem. 8. Pol. Irm. s. 120, 121.
Feregildis pol. Irm. s. 12, 146.
Ferigis. 9. Wg. tr. C. 232.
Feriher. 9. Wg. tr. C. 293.
Farohildis, fem. 8. Pol. Irm. s. 56, 137.
Faroildis pol. Irm. s. 107, 137.
Pharaildis P. II, 187, 188, 191 (ann. Gand.); A. S. Jan. I etc.
Farildis pol. Irm. s. 150.
Ferhildis pol. R. s. 102.
Ferhilt Laur. sec. 8 (n. 2460).
Ferlinda, fem. 9. Lp. c. a. 975 (II, 323, 330, 338).
Ferlind Dr. a. 812 (n. 264; Schn. ebds. Ferahtlind).
Faraman. 9. Laur. sec. 9 (n. 657).
Fariman Gld. II, a, 99.
Farman tr. W. a. 812 (n. 182).
Nhd. Fährmann, Fehrmann.
Faramod. 6. Greg. Tur. X, 26.
Faramuot Gr. II, 699; III, 575.
Faramund. 5. Frankenkönig sec. 5. P. I, 283 (chron. Moissiac.); II, 307 (reg. Merow. geneal.), 328 (Erchanberti breviar.); V, 30 (ann. Quedlinb.); VI, 115 f. (Ademar. histor.); VIII öfters; X, 326 (Hugon. chron.), 570 (chron. S. Huberti Andag.); gest. regg. Franc.; tr. W. c. a. 750 (n. 188); pol. Irm. s. 133, 139.
Pharamund P. XI, 395 (hist. regg. Franc. monast. S. Dionys.).
Faramunt Mchb. sec. 9 (n. 467); R. a. 890 (n. 72).
Faromund P. II, 311 (dom. Carol. geneal.).
Feremund pol. Irm. s. 120, 121.
Fermund P. V, 858 (Thietmari chron.); VIII, 672 (annalista Saxo).
Foramund Lgd. a. 1040 (II, n. 184).
Forimund Lp. a. 915 (II, 99).
Formund Ms. a. 1096 (n. 44).
Farani, fem. 9. R. a. 821 (n. 21).
Faroald. 8. P. VI, 476 (Sigebert. vit. Deoder.); VIII, 351 (Sigebert. chron.).; Lp. a. 774 (I, 527), 881 (I, 915); Paul. diac. III, 13; IV, 17 etc.
Faraolt St. P.
Farold P. I, 412 (ann. Fuld.).
Feroald St. P.
O. n. Varolteshusen.
Faroard. 8. Pol. Irm. s. 110, 121.
Feroard pol. Irm. s. 120.
Faruin. 8. Pol. Irm. s. 79, 138.
Faroin pol. Irm. s. 121, 132.
Faroen pol. Irm. s. 120.
Feroin Pd. a. 708 (n. 471); St. M. a. 709; Schn. a. 841.
Faroindis, fem. 9. Pol. R. s. 76.
Feroindis pol. R. s. 69.
Faraulf. 6. Greg. Tur. VII, 18.
Farulf P. VI, 854 (Damiani vit. S. Romuald.); Mab. a. 690; d. Ch. I, 563.
Fariulf Lp. a. 795 (I, 606); Mab. a. 847 (ebds. auch Warulf).
Verlängertes FAR scheinen folgende n. zu haben, die sich vielleicht unmittelbar an fâra insidiae oder fârin insidiosus anlehnen:
Farnoin. 8. Pol. Irm. s. 192.
Farnulf. 9. Pol. R. s. 14, 16.

Eine weitere ableitung von FAR ist das als besonderer stamm aufgestellte FART.

Farnobius. 4. Amm. Marc.; ein Taifalenanführer; wahrscheinlich ist der n. sehr verderbt.

Farnoin, Farnulf, Farò s. FAR.

FART. Ich sehe hierin ahd. fart, altn. faerd, alts. farth iter und nehme also verwandschaft mit FAR an. Auslautend vielleicht in Ganefard (8); oder steht das für -ward?

Ferting. 8. Schn. a. 790, 800; necr. Fuld. a. 827.

Verting necr. Fuld. a. 851.

Fartgern. 8. Tr. W. a. 773 (n. 105). Vgl. Fastgern.

Farthilt, fem. 9. Schn. a. 817.

Fartman. 8. Ng. a. 787, 805; Schn. a. 801; Laur. mehrm.

Nhd. Fortmann, Vorthmann.

Ferdinand. 11. F. I, k. v. Castilien. Lgd. a. 1036 (II, n. 276); conc. Coyac. a. 1050.

Ferrand Lgd. a. 1089 (II, n. 301).

In den A. S. Maj. VI findet sich eine lange abhandlung über den n. Ferdinand mit wunderbaren auslegungen desselben, auch aus dem Arabischen. Das hiehergehören des namens finde ich wenigstens wahrscheinlicher als die sonst beliebte ableitung desselben aus Fridinand oder aus Herinand.

Ferthesuth (wol fem.). C. M. April.

Fardulf. 8. P. I, 179 (Einh. ann.; mit var. Ardulf); III, 98 (Kar. M. capit.); VIII, 168 (Ekkeh. chron. univers.), 562 (annalista Saxo); Mab. a. 791.

Fardolf P. V, 39 (ann. Quedlinb. u. Lamberti ann.).

Ferdulf Paul. diac. VI, 24 f. etc.

Farulf s. FAR.

Faslind, fem. Gld. II, a, 122. Für Fastlind?

Fasolt. Gld. II, a, 99.

FAST. Nur anlautend gebräuchlich (Arefastus, 11, deutsch?); sicher zu ahd. fasti firmus gehörig. Im pol. Irm. und pol. R. kommt FAST nicht vor.

Fasta, fem. Gld. II, a, 122.

Fastida. 3. Gepidenkönig. Jorn. c. 17.

Fastila. Lex Burgund.

O. n. Festilinperc.

Fastun. 8. Schn. a. 795.

Fastburg, fem. 8. Schn. a. 805.

Fastpurc Mchb. sec. 8 (n. 221); St. P.

Vastpurg Gld. II, a, 128.

Fastburc und Faspurc Gld. II, a, 122.

Fastruth, fem. 8. Laur. sec. 8 (n. 3082).

Fastcar. 9. Conc. Tullens. a. 859.

Fastgern. 9. Tr. W. a. 820 (n. 69). Vgl. Fartgern.

Fastheri. 9. K. a. 812 (n. 67; Ng. ebds.); Mchb. sec. 9 u. 10 (n. 523 und sonst).

Fastman. 9. Schn. a. 838 (zweimal); Schn. a. 852.

Nhd. Fastmann.

Fastmar. 10. Frek.

Fastmot. 9. R. a. 866 (n. 50).

Fastmunt. 9. R. a. 821 (n. 21).

Fastrad (-us, -a), msc. u. fem. 8. Karls d. gr. frau.

Fastarat Gld. II, a, 122, 130.

Fastrad P. I, 179 (Einh. ann.) etc.; II oft; V, 38 (ann. Weissemb.), 117* (ann. Fuld.), 139 (ann. Einsidl.); VII, 2 (ann. Ottenbur.), 100 (Herim. Aug. chron.); 548 (Marian. Scot. chron.); VIII öfters; IX, 439 (cod. evangel. Camerac.); Pd. c. a. 719 (n. 509); H. a. 926 (n. 146).

Vastrada P. V, 38 (ann. Quedlinb.); M. B. a. 905 (XI).

Vastrad P. V, 39 (ann. Quedlinb.).

Fastred Wg. tr. C. 450.

Fastrat P. V, 38 (Lamberti ann.), 117* (ann. Fuld.); St. P.; Laur. sec. 8 (n. 3387).

Fastrath (var. Falsraht, Fascraht) Sm.

Fastraat St. P.

Uastrat St. P.

Vastrat Laur. n. 3830.

Vastrath P. V. 39 (Lamberti ann.).

Fastrata M. B. a. 788 (XXXI).

Fastrahd (so) P. V, 214 (tab. Karolorum).

Frastrada (so) steht bei P. XI, 495 (ann. Mellic.) in allen codd. mit einer ausnahme.

Frastrad Laur. sec. 8 (n. 220).

An goth. frasts τέκνον ist doch wol bei Frastrada nicht zu denken.

Fastradanem (acc.) P. I, 166 (ann. Lauriss.).
Fastradane (acc., so) P. I, 164 (ann. Lauriss.).
Fantrat Mab. a. 854 vielleicht hieher?

Fastranc (so, als fem. abl.). K. a. 769 (n. 11).

Fastrih. Gld. II, a, 99.

Fastwin. 9. Gld. II, a, 99.
Fastuin Laur. sec. 9 (n. 2463).

Fastulf. 8. Laur. sec. 8. (n. 678).
Fastolf Dr. a. 777; Dr. a. 779 (Schn. ebds. Itastolf); Ng. a. 832; K. a. 853 (n. 120); Lc. a. 947 (n. 97).
Vastolf P. IX, 258 (anonym. Haserens.).

Fater, Faterro, Fattilin, Fatto, Fatuni s. FAD.

FAV. Vermuthlich liegt hier vor das goth. favs, alts. fâh, ahd. fôh, ags. feá; was aber ist die bedeutung? etwa die von klein? oder die von selten, d. h. ausgezeichnet?

Fava. 5. Rugierfürst sec. 5; b. v. Chalons sec. 9.
Fava vit. S. Severini ed. Pez neben Feva; im acc. ebds. Febanem.
Febem (acc.) P. XI, 491 (ann. Mellic.), auch an dieser stelle dieselbe person; vgl. auch Feletheus.
Feva Paul. diac. I, 19.
Fauva Lgd. a. 875 (I, n. 101).
Favo conc. ap. Theodon. vill. a. 835; conv. Carisiac. a. 837. Derselbe heisst Faova mit var. Fova synod. Lugdun. a. 830.

Fabigaud. 8. P. III, 30 (Pipp. capit.); hieher?

Faolaic. 7. Tr. W. a. 696 (n. 43 u. Pd. nachtr. n. 8).

Fauruna, fem. 9. St. P.

Faulf. 9. Pol. R. s. 56.

Ich führe hier noch an:

Feumilfus. 8. Schpf. a. 730 (n. 11); deutsch? verderbt?

Febediolus. 6. B. v. Rennes. Conc. Aurelian. a. 549 (var. Fidiolus und Ebediolus); A. S. Jan. I. Hat der n. einen deutschen bestandtheil?

Febem s. FAV.

Fechto. 8. Laur. sec. 8 (n. 2449).
Der einzige zu ahd. fehtan pugnare gehörige n.

Fedane s. FAID. **Fegelint** s. FAG. **Fegin-** s. FAGIN.

Feitir. 9. K. a. 861 (n. 135; Ng. ebds.). Vgl. Fetar.

Feletheus s. FILI. **Felhin, Felia, -felis, Felleo** s. FALAH. **Femburg** s. FIN. **Fendio** s. FAND.

FERAH. Die folgenden n. gehören sicher zu ahd. und ags. ferh (vita), wozu vielleicht goth. fairhvus (mundus); ob sie sich aber an die erste oder letzte bedeutung anschliessen, ist noch unausgemacht.

Ferahbald. 8. Schn. a. 786 (Dr. liest hier Frahpald).

Feracher. 8. Laur. sec. 8 (n. 1304).
Feraher Laur. sec. 8 (n. 2359, 3546).
Fercher Laur. sec. 8 (n. 188).

Ferahtlind, fem. 9. Schn. a. 812, mit eingeschobenem t; Dr. liest ebds. n. 264 Ferlind.

Frahamot. 8. Schn. a. 792.
Frahamuot Schn. a. 819.

Ferahmund. 8. Tr. W. a. 737 (n. 47).
Feramund Tr. W. a. 724, 737 (n. 18, 37 u. Pd. nachtr. n. 46).

Frahniu, fem. 9. Schn. u. Dr. a. 842 (Dr. n. 547). Grimm ztschr. von Aufrecht u. Kuhn I, 431 will Ferahniu lesen.

Ferholt. 8. Mchb. sec. 8 (n. 85).

Ferahwin. 9. Schn. a. 819.

Ferdinand, Ferdulf s. FART. **Ferhilt,** s. FAR. **Ferholt** s. FERAH.

Fermenold. 9. Pol. R. s. 45. Zu IRMIN?

Fernucus. 8. St. P.; deutsch?

Ferting s. FART. **Ferut** s. Forut.

Fetar. 8. St. P. Vgl. Feitir.
Feter Gld. II, a, 99.

Feumilfus s. FAV.

Feylhart. 9. St. P.

Fezzilo. 9. R. a. 834 (n. 30).

Fiaspurc, fem. 9. R. a. 821 (n. 21).

Ficausto. 9. P. III, 253 (Hlud. et Hloth. capit.); deutsch?

Ficcho s. FIG.

FID. Ist wirklich ein solcher stamm anzunehmen? Oder liegen hier entartete formen für Frid- oder für FAID- vor? Auch lat. fidus und fides könnten zu deutscher namenbildung verwandt sein. Alfida (8) könnte, wie ich es oben gethan habe, zu Albhaidis gesetzt werden müssen.

Fidis, fem. 11. Lgd. a. 1077, 1084 (II, n. 269, 296); wol latein.

Fidoljus. 8. St. P.; vgl. Fidolus aus sec. 6 A. S. Febr. I; deutsch?

Fidubert. 9. Lc. a. 816 (n. 33). Ist Filubert zu lesen?

Fidegart, fem. 9. H. a. 853 (n. 87); verderbt?

FIG. Nur ganz unsicher darf ein ablautendes verhältnis zum stamme FAG vermuthet werden; vgl. indessen auch altn. fika eilen, ferner schwed. fikas auf etwas bestehn.

Ficcho. 9. Schn. a. 803.
Vihho St. P.
Nhd. Feige, Fick, Ficke, Fieck, Fiecke, Fiege, Vick.

Figipret. 9. K. a. 809 (n. 65).

Figiburuht. 9. St. P.; verderbt?

Filhid s. FALAH.

FILI. Ein noch unerklärter wortstamm, bei dem man kaum an filu (multus) zu denken wagt. Vgl. auch den o. n. Philekia.

Filing, Gr. III, 471, aus o. n. Filingas geschlossen.

Filista, fem. 11. Mab. a. 1030. Deutsch?
Philista P. VI, 520 (mirac. S. Apri).

Philibaud. 7. D. Ch. I, 650.

Filibert. 7. P. VI, 119 f. (Ademar. histor.); IX, 461 (gest. episc. Camerac.).
Philibert P. II, 273, 274, 280 (gest. abb. Fontan.); III, 224 (Hlud. I capit.); VI, 11 (ann. Laubiens.); VIII öfters; IX, 530 (chron. S. Andreae); Pd. a. 680 (n. 391); d. Ch. I öfters; M. a. 877 (n. 17).
Phylibert P. II, 252 (chron. Aquitan.).
Filebert P. II, 616, 626 (vit. Hlud. imp.).
Filbert H. c. a. 664 (n. 20); Pd. a. 667 (n. 360).
Filpert Lc. a. 1045 (n. 181).
Nhd. Filbert.

Philegagus. 6. Φιλήγαγος Procop.

Filogud, zeit unbest., Jorn.

Filuliub. 9. Dr. a. 845 (n. 553; Schn. ebds. Filiob).
Fililiub K. a. 861 (n. 136).
Filelob Gld. II, a, 99.

Filiman. 9. Ng. a. 828.
Nhd. Fielmann.

Filomar. 5. B. v. Lamego sec. 7.
Filomar K. a. 770 (n. 12; Ng. ebds.).
Filimar pol. R. s. 52.
Filimir conc. Tolet. a. 653.
Filimer P. VIII, 120, 123 (Ekkeh. chron. univers.), 301 (Sigebert. chron.); IX, 172 (Heriger. gest. episc. Leod.); Jorn.
Filemar Gld. II, a, 114.
Filmer hist. miscell. (Valens).
Nhd. Fillmer.

Philimuth. 6. Herulerfürst.
Φιλιμούθ Procop.; Φιλίμουθ Agath.

Filomuot, fem. 9. M. B. a. 817 (XXXI).

Filudanch. 6. Dr. sec. 9.
Felithanc instr. donat. fact. a. Runilone a. 553 bei Sp.; ebds. M. (n. 86).

Feletheus. 5. König der Rugier. P. VIII, 312 (Sigebert. chron.).
Felecteus neben Feletheus A. S. Jan. I.
Feletheus qui et Fava; vit. S. Severin. ed. Pez.
Feletheus qui et Feva ebds.; desgl. Paul. diac. I, 19.

Filwola. 8. Laur. sec. 8 (n. 211).

Zu diesem stamme vielleicht:

Vildag. 10 Gud. sec. 10.

Filiwi. Gr. III, 471. Bloss aus o. n. Filiwisgawa geschlossen.

Filcuart. 11. Necr. Fuld. a. 1041. Ist Filowart zu lesen?

Filisining. Gr. III, 497. Wol nur aus einem o. n. geschlossen.

Filla, fem. 8. St. P.; Gld. II, a, 122.

FIN. Am liebsten lehne ich einige formen an den volksnamen der Finnen, zumal dessen abwesenheit in den eigennamen uns wunder nehmen müsste, da finnische stämme von Tacitus zeiten an bis jetzt nachbaren der Germanen waren und sind. Auch in Antfin (8) und Sigifin (9) möchte ich nicht entartung aus -win annehmen. Vgl. noch altn. Slagfiðr = Slagfinnr Grimm mythol. 353 (ebds. 397 deutet ihn Grimm lieber durch Slagfiðr).

Fina, fem., zeit unbest. A. S. Jun. II (in Frankreich).

Fingast. 8. Laur. sec. 8 (n. 3186).

Finiildis s. FAGIN.

Finmout, zeit unbest.; necr. Aug.

Finnold. 8. Dr. a. 777.

Vielleicht noch hieher:

Femburg, fem. 9. P. II, 680 (transl. S. Alexandri); = Finburg?

Findan. Gld. II, a, 99.

Findican. Gld. II, a, 99.

Findolt. Dr. a. 798 (Schn. ebds.).

Gehören diese drei n. zu FAND?

Fingast, Finiildis, Finmout, Finnold s. FIN.

Firman. 9. Mchb. sec. 9 (n. 563); deutsch?

Firmin s. IRMIN.

Firumericus. 8. Mab. a. 798 (deutsch?).

Fiscolf. 8. Gr. I, 850.

Visculf K. a. 773 (n. 15).

Wirklich zu fisc piscis?

Fizilin. 9. Ng. a. 817 (n. 194).

Fizilo s. Sintaruihzilo.

Fizo. 10. Frek. mehrm.

Flaccitheus. 5. Rugischer könig. Vit. S. Severini ed. Pez; A. S. Jan. I.

Flacko s. Hacco.

FLAD.

Mit ziemlicher sicherheit ist ein goth. flêþs, ahd. flât (reinheit, glanz) anzunehmen, von dem sich die deutlichsten spuren in mhd. vlaetec und nhd. unflath erhalten haben. An dieses wort schliesse ich in übereinstimmung mit Grimm (gr. II, 493) und Wackernagel die femininen namen auf fléd und flât, also:

Albofledis 5.	Berhtflat 6.	Gerflat 9.
Ansfledis 7.	Burgofledis 7.	Caozflat 8.
Audofleda 5.	Drutflat 9.	Gundiflat 8.
Heilitflat 8.	Merofleta 6.	Rihflat 8.
Hrodflat 9.	Moatflat 9.	Sigiflat 9.
Ermenfleda 7.	Ratflad 8.	Zeizflat 9.
Madefledis.	Reginflat 9.	

Andere vermuthungen über das etymon dieser formen äussert Gr. III, 771, die sich indessen kaum begründen lassen.

Vollends zu trennen sind altn. namen wie Fletbiörn, Fletvargr (Grimm gr. II, 453).

Dagegen scheinen hieher zu gehören (mit erleichtertem wurzelvocal) die formen auf fld, die gleichfalls fast sämmtlich fem. sind:

Agenflidis 7.	Ansflidis 8.	Gerflidus 8.
Aldoflidis 7.	Baldoflidis 8.	Giroflidis 8.
Ingelflid 8.	Ercamflidis 8.	Ingoflidis 8.

Ich schliesse hier noch einige formen an, die mit Flad-, Fled- beginnen, doch nicht ohne der möglichkeit raum zu geben, dass sie vielleicht aus Flod- entartet sein könnten.

Fladebert. 7. Pd. a. 691 (n. 421; M. ebds. n. 129); Pd. a. 704 (n. 460).

Flatberta, fem. 8. Pol. Irm. s. 183.

Flatberga, fem. 8. Pol. Irm. s. 210. Ihr sohn heisst Flothar.

Fladrudis, fem. 8. Pol. Irm. s. 259. Ihr vater heisst Fludoin.

Fledrad (so). 8. Lc. a. 793 (n. 2).

Flidulf. 8. Pol. Irm. s. 213.

Flaithem. Gld. II, a, 99. Verderbt?

FLAN.

Ist ags. flân sagitta zu vergleichen? eher wol (des vocals wegen) ags. flan praeceps, procax.

Flenus. Gld. II, a, 114; deutsch?

Flanpraht. 8. Schn. a. 756.

Flampraht Schn. a. 795.

Flanbert Schn. a. 756 (bei Dr. dafür Flanberct).

Flanbrecht Laur. sec. 8 (n. 3398).

Flanberct Schn. a. 771.

Flambert P. V, 287, 300, 301 (Liutpr. antapod.).

Flanberet (so) Schn. a. 757.

Flanigar. 9. Pol. R. s. 105.

Flaochadus s. FLAV. **Flat-** s. FLAD.

FLAV. Einige fränk. namen der älteren zeit gehören entweder unmittelbar zu lat. flavus oder zu einem ahd. flawjan (Gr. III, 740), das sich freilich in der bedeutung von fluere wenig für namen schickt.

Flaucatus. 7. A. S. Jun. I; gest. Dagobert. I (var. Flavadus).

Flaochadus Fredegar (var. Flaocatus).

Flavildis, fem. 8. Pol. Irm. s. 262.

Flavarasena, fem. 6. Pd. a. 533 (n. 119).

Flavaresena Pd. a. 533 (n. 118).

Ich bemerke hier noch die merkwürdige röm. inschrift bei St. n. 1687, die den n. eines röm. soldaten Flavolfus enthält.

Fled-, -fled s. FLAD.

Fleming. Gr. III, 773.

Nhd. Flemming.

Flenus s. FLAN.

Flesin. Gld. II, a, 99; verderbt?

Flid-, -flid s. FLAD.

Flobargis. 7. B. v. Salzburg sec. 7. A. S. Mart. III; Hd. m. S. s. 2.

Flobrigis St. P.; M. B. XIV, 371.

Flogbrigis St. P.

Der n. muss zu ahd. flôbara solatium gehören; vgl. auch THRAFST.

Flobot, Flod- HLOD. **Flogbrigis** s. Flobargis. **Floguin** s. FULC.

Flois, angebl. fem. Gld. II, a, 122.

Floitgis. 8. Pol. Irm. s. 75. Für Flotgis?

FLOR. Wahrscheinlich zum lat. Florus und dgl. Auch Floro P. III, 240 (Hlud. et Hloth. capit.) ist n. eines Römers; doch vgl. Fluro P. V. Hieher setze ich nur deutsche ableitungen von diesem stamme.

Flurino. Gr. III, 773.

Florebert. 7. B. v. Lüttich sec. 8. P. II, 187 (ann. Gand.); IX, 190, 198 (Anselm. gest. episc. Leod.); A. S. Mart. III, Apr. III.

Florbert P. II, 185 f. (ann. Gand.); VII, 21, 26 (ann. Blandin.); VIII, 391 (Sigebert. auctar. Gemblac.).

Florasind. Gld. II, a, 122, 130.

Florisinna, fem. 9. Pol. R. s. 51.

Floroin. Gld. II, a, 114.

Zusammensetzungen mit erweitertem stamme:

Floremberga, fem. 8. Pol. Irm. s. 206.

Florensindus. 7. Metropolit. Hispalens. Conc. Tolet. a. 683.

Flot- s. HLOD.

Flozzolf. 9. Ng. a. 886.

O. n. Flozolfestal.

Flurino s. FLOR. **Focca, Foco** s. FUG. **Fola-** s. FUL. **Folberad** s. Vulfrad. **Folc-** s. FULC. **Fold-** s. FULD. **Folh-** s. FULD.

Volo. 10. H. a. 926 (n. 146); zu ahd. folo pullus?

Fonsa s. FUNS. **Foramund** s. FAR.

-forht in Engilforht (8) und Unforaht (8) zu ahd. forhta timor. Vgl. noch Unfurhta bei Gr. III, 685.

Forimund s. FAR.

Forstulf. 8. Pol. Irm. s. 86.

Der einzige zu ahd. forst silva gehörige n.

Forti. Gld. II, a. 99. Vgl. Fortius ebds. 114; deutsch?

Forut. 9. R. a. 843 (n. 36; ebds. auch Ferut); verderbt?

FRAG. Vgl. altn. frakki held, fraekinn muthig. Es findet berührung, wahrscheinlich auch verwandschaft mit FRIG statt. Formen wie Frahpald, Frahamot, Frahniu habe ich unter FERAH verzeichnet, doch können sie auch hieher gehören.

Fracho. 8. Mchb. sec. 8 (n. 47).

Fragibert. Gld. II, a, 114.

Fracher. 9. Pol. R. s. 68.

Erweiterter stamm:

Fragenger. 9. Gud. a. 840.

Frahunta, fem. 9. Schn. a. 803. Zu FRAG? FERAH?

FRAID. Ich denke an langobard. fraida, infraida refugium (s. Haupt ztschr. I, 553, 555); ahd. freideo, freido profugus.

Fraido. 8. Pd. a. 744 (n. 579; Ng. ebds.).

Freido tr. W. a. 776 (n. 112); Schn. a. 796; Mchb. sec. 9 (n. 103); R. a. 821 (n. 21).

Freidin. 9. Schpf. a. 823 (n. 87).

Freitdrut, fem. 9. Laur. sec. 9 (n. 474).

Hiezu vielleicht noch eine oder die andere von den formen Freibraht, Freigast, Freigis, Freigunt, Freiheid, Frairada; s. FRAW.

FRAIG. Seltner dunkler stamm; vielleicht Fraig- statt Fragi-?

Freigin. 9. St. P.

Fraigher. 9. Laur. sec. 8 (n. 600).

Hieher vielleicht noch mehrere formen; Freigast? Freigis? Freigunt? s. FRAW.

Fraimir, Frairada s. FRAW.

FRAM. Ich stelle die folgenden formen mit sicherheit zum taciteischen framea; an die ahd. praeposition fram ist nicht zu denken. Auslautend begegnet das wort vielleicht in Sigifrem (8), das nicht verderbt ist, da es in zwei verschiedenen urkk. vorkommt. Der ganze stamm ist fast ausschliesslich fränkisch.

Framnus. 8. Pol. Irm. s. 114, 186.

Framming. 9. Schn. a. 811.

Frambold. 8. Pol. Irm. s. 88, 90 etc.

Frenbold (so) Lc. a. 962 (n. 105) wol hieher.

Frambolda, fem. 8. Pol. Irm. s. 37, 88 etc.

Frambert. 8. Pol. Irm. s. 3, 29 etc.

Framidaneus. 6. Joh. Biclar. (E. s. VI, 384). Wahrscheinlich ein Sueve.

Framtrudis, fem. 8. Pol. Irm. s. 26, 93 etc.; pol. R. s. 100.

Framegardis, fem. 9. Pol. R. s. 35.

Framhard. 8. Pol. Irm. s. 216.

Frammier. 9. Pol. R. s. 105.

Framier Gld. II, a, 114.

Altn. Framar.

Framehildis, fem. 7. A. S. Febr. II; gest. reg. Dagoberti I.

Framhildis P. II, 581 (hist. translat. S. Viti).

Frauhildis pol. Irm. s. 131, 132.

Framan. 9. Schn. a. 838.

Framund. 8. Pd. a. 712 (n. 485; H. ebds. n. 35).

Ich fasse hier die beiden letzten namen als Framman und Fram-mund. Doch könnte auch der erste theil aus Fraw- (FRAW), Ferah- (FERAH) oder Fara- (FAR) entartet sein.

Framerich. 8. Ep. Morinens. sec. 10.

Framerich P. VII, 65 (catal. reg.); pol. Irm. s. 107, 150; pol. R. s. 82; synod. Remens. a. 993.

Framesindus. 7. Pd. a. 667 (n. 358).

Framsindis, fem. 9. Pol. R. s. 105 (ebds. auch Framsida).

Framoin. 8. Pol. Irm. s. 34.

Zusammensetzungen mit erweitertem stamme:

Framning. 9. Pol. R. s. 101.

Framninga, fem. 8. Pol. Irm. s. 248.

Framnedrudis, fem. 8. Pol. Irm. s. 274.

Framnetrudis pol. Irm. s. 94.

Framengar. 8. Pol. Irm. s. 12, 53 etc.

Framnegar pol. Irm. s. 102, 115.

Framimgar (so) pol. R. s. 100.

Framengaus. 8. Pol. Irm. s. 159.

Frannegaus pol. Irm. s. 146.

Framengaudia, fem. 8. Pol. Irm. s. 93.

Framengildis, fem. 8. Pol. Irm. s. 1, 37 etc.

Framnegildis pol. Irm. s. 140.

Framengis. 8. Pol. Irm. s. 159.

Frannegisolus. 7. Pd. a. 637 (n. 284).

Framnehar. 8. Pol. Irm. s. 214.

Framnehildis, fem. 8. Pol. Irm. s. 223.

Framnildis pol. Irm. s. 158, 162; pol. R. s. 50.

Framneildis pol. Irm. s. 272.

Framneildil (so) pol. Irm. s. 115.

Framnerich. 8. Pol. Irm. s. 146.

Framnoald. 7. A. S. Mart. III.

Framnald pol. Irm. s. 162.

Framnold pol. Irm. s. 260, 261.

Framnoin. 8. Pol. Irm. s. 63.

Franuin pol. Irm. s. 146.

Frainoin pol. Irm. s. 150.

Zu diesem stamme wol noch:

Franemund. 7. Pd. a. 636 (n. 276; unecht).

Franswinda, fem. 9. Dr. a. 825 (n. 463; Schn. ebds.).

FRANC. Zum volksnamen der Franken gehörig. Auslautend nur in Lanfranc (10).

Francio. 5. Francio, fabelhafter Frankenkönig zur zeit von Trojas zerstörung. Francio b. v. Philippopel sec. 5. Franco: Sec. 9: b. v. Viceuza; ep. Tungrensis. Sec. 10: b. v. Worms. Sec. 11: ep. Vendacens.

Francio Hieron.; Fredegar; chron. Moissiac.; conc. Chalced. a. 451; Paul. diac. III, 26.

Franco P. I, 469, 483 etc. (Hinc. Rem. ann., Regin. chron.); II, 195, 209 (ann. Lobiens.); III oft; V, 785 (Thietmari chron.); VI, VIII, IX; X, 529 etc. (gest. abbat Gemblac.), 590 (chron. S. Huberti Andag.); Laur. öfters; Ng. a. 783; Schn. a. 807; Mab. a. 821; tr. W. a. 820, 825 (n. 69, 185); Gud. a. 926; H. a. 926 (n. 147); Lc. a. 941 (n. 93), 962 (n. 105), 1041 (n. 177) etc.; Wg. tr. C. 213.

Franko Laur. sec. 9 (n. 218); necr. Fuld. a. 1060.

Francho Mchb. sec. 8 mehrmals; Mab. a. 853.

Frenko Laur. sec. 8 (n. 2064).

Frangen (gen.) H. a. 909 (n. 137).

Nhd. Franck, Francke, Frank, Franke.

O. n. Frankenesberch? vielleicht auch Franchenheim.

Francula, fem. 5. A. S. Apr. III.

Francolin. 8. Ep. Conseranens. Conc. Narbon. a. 788.

Nhd. Franklin.

Franchin, fem. 8. St. P. zwml.; Laur. sec. 8 (n. 3265, 3272).

Frenkin tr. W. a. 788 (n. 102); Mchb. sec. 9 (n. 540); St. P.; Laur. sec. 8 (n. 461, 496); Schpf. a. 823 (n. 87).

Frenchin St. P.; Dr. a. 791 (Schn. schreibt hier falsch Frenehin); Schn. a. 823.

Frenekin Schn. a. 866.

Francobert. 8. Pol Irm. s. 35.

Francard. 6. Pd. a. 573 (n. 180); A. S. Mart. III.

Frangomere. 6. Testam. Aredii et Pelagiae v. 573 bei Sp. und bei Pd. (n. 180).

Frangerada, fem. 11. St. M. a. 1002.

Franchrih, p. n., 9. Schn. a. 874.

Franerich pol. R. s. 85 hieher?

Francovaeus, zt. unbest. A. S. Maj. III.

FRAND. Etwa entstellung aus ahd. framadi fremd, altn. framaudi? Dem sinne nach wäre zu vgl. ALI.

Frendun. 8. St. P.

Frandildis, fem. 8. Pol. Irm. s. 262.

Frendonildis, fem. 8. Pol. Irm. s. 161.

Franemund s. FRAM. **Franerich** s. FRANC. **Franswinda** s. FRAM.

Frantanes. 5. Suevenkönig. Idat. a. 457, 458; Isidor. Zu FRAND?

Fraomar s. FRAW.

Fraos. 8. St. P.

Frastrad s. FAST.

FRAUD. Hat es in altfränk. mundart des 7. jahrhunderts ein frauda, dem ahd. frawida nhd. freude entsprechend gegeben?

Fraudolenus. 7. A. S. Mart. III var. Frodolenus.

Fraudobert. 7. Pd. a. 636 (n. 276; unecht).

Frautilde, fem 7. Pd. a. 670 (n. 363).

Freudolf s. FRITH.

FRAW. Die folgenden n. gehören ihrer mehrzahl nach zu goth. frauja dominus, einige davon wol noch näher zu ahd. frao laetus. Auslautend kommt der stamm nicht vor. Bei Sachsen lässt er sich kaum jemals mit sicherheit nachweisen. Durch ausstossung des w entstehen zahlreiche formen mit Frai-, Froi-, Frei-, Frui-, die nicht immer ganz sicher hieher gehören.

Froja, msc. 8. Conc. Portuens. a. 897.

Froia P. I, 184 f. (ann. Lauriss.), 352 (Einh. Fuld. ann.); II, 223 (ann. Xant.); VIII, 168 (Ekkeh. chron univers.), 563 (annalista Saxo).

Froia mit var. Froga Sm.

Frowecha, fem. Laur. n. 3822 f.

Froichin. 11. Lc. a. 1083 (n. 234).

Frawilo. 5. Froila ep. Mentesan. sec. 7.

Frawilo St. P. zwml.; Mchb. sec. 10 (n. 1006).

Froilas Jorn. 50.

Froila (msc.) conc. Tolet. a. 653.

Fruodilo St. P.
Frewilo Ng. a. 807.
Froilo, fem. 8. Sm.
Frowila P. VIII, auch Froiza genannt (übergang zu Froweza).
Froilanus. 11. B. v. Oviedo sec. 11. Conc. Coyacens. a. 1050; A. S. Mart. I.
Froilina, fem. 11. Pol. Irm. s. 51 (sec. 11).
Frowin. 8. Laur. sec. 8 (n. 712), oder = Fro-win?
Frohing. 9. Schn. a. 864.
Froisclus. 6. B. v. Tortosa sec. 6. Conc. Tolet. a. 589; conc. Barcinon. a. 599.
Fruisclus conc. Tolet. a. 589.
Froweza, fem. 10. Hf. a. 989 (I, 530).
Frowessa P. VI, 647 (liber miracul.) mit var. Eruowela und Eruovveza.
Frawibald. 8. Tr. W. a. 785, 840 (n. 214, 215).
Frobald Sm.
Frowipald St. P.
Frowipolt St. P.
Frawiprecht. 8. M. B. sec. 11 (VI).
Frowiperht St. P.
Frowibert Laur. sec. 8 (n. 212).
Frewiperaht Dr. a. 824 (n. 427), wo Schn. Freibraht schreibt.
Frewibert Ng. a. 847.
Frewibreht Ng. a. 847.
Frewipreht R. a. 821 (n. 21).
Freupert Gld. II, a, 99.
Fraibert H. a. 955 (n. 167).
Freiberaht Schn. a. 795, wo Dr. Freibraht schreibt.
Freibraht Schn. a. 803, 838.
Frobreht Gld. II, a, 99.
Froibirgis, fem. 11. M. B. sec. 11 (VII).
Frauger. 10. H. a. 909 (n. 136).
Frewigarda, fem. 8. Tr. W. a. 764 (n. 193).
Freigast. 9. Laur. sec. 9 (n. 2236); hieher?
Frauigis. 8. St. P.
Frauikis Mchb. sec. 9 (n. 440).
Frowigis Mchb. sec. 9 (n. 568).
Frewigis Gld. II, a, 99.
Froigis Mchb. sec. 10 (n. 1000).
Freigis Dr. n. 371.
Freigunt, fem. 8. Laur. sec. 8 (n. 1450); hieher?

Froheid, fem. 9. St. P.
Freiheid Laur. sec. 8 (n. 198) hieher?
Freuhart. Gld. II, a, 99.
Froheim. 9. M. B. c. a. 820 (XXVIII, b, n. 20).
Frawihilt, fem. 8. Mchb. sec. 9 (n. 551).
Frauihilt tr. W. a. 780 (n. 90).
Frowihilt Mchb. sec. 9 (n. 523); R. a. 864 (n. 47).
Frowilt Gld. II, a, 123.
Frewihilt Mchb. sec. 9 (n. 453); Schn. a. 806.
Frauhild Laur. sec. 8 (n. 516).
Fraihild tr. W. a. 774 (n. 61).
Fraihilda tr. W. sec. 8 od. 9 (n. 67).
Froihilt Mchb. sec. 8 (n. 179).
Frohildis M. B. a. 820 (XXVIII).
Freuleich. 8. Laur. sec. 8 (n. 1268).
Fraulinda, fem. 9. Tr. W. c. a. 860 (n. 181).
Frolind K. a. 892 (n. 168).
Frauileob. 8. Tr. W. a. 780 (n. 90).
Framan s. FRAM.
Froimant. 9. Ng. a. 851 (n. 341). Sollte nicht auf dieser stelle Graffs Froinant (III, 796) beruhen, das ich sonst nicht nachzuweisen vermag?
Fraomarius. 4. König der Bucinobanten. Amm. Marc.
Fraimar Mchb. sec. 9 (n. 421, 617).
Fraimir Mab. a. 770.
Froimar Mchb. sec. 9 (n. 617).
Fromar M. B. a. 837 (IX); Mchb. sec. 9 (n. 601).
Fraumisi. 9. P. V, 509 (chron. Salern.); deutsch?
Fruimot. 8. Mchb. sec. 8 (n. 43).
Freumot Gld. II, a, 123.
Fromood (so) Mab. a. 933.
Fromuot (fem.) Gr. II, 699.
Vromuot Gld. II, a, 128.
Frowimund. 9. St. P.
Frowemund Mchb. sec. 11 (n. 1225).
Frovimund Mchb. sec. 10 (n. 1110).
Frewimunt Schn. a. 803; Dr. sec. 9 (n. 137).
Froimund P. III, 252 (Hlud. et Hloth. capit.).
Froimunt Mchb. sec. 9 (n. 491).
Framund s. FRAM.
Fromundis, fem. 11. Pol. Irm. s. 50 (sec 11).

Frowini, fem. 9. Mchb. sec. 9 (n. 972).
Ferwini Gld. II, a, 99 hieher?
Frauirat, msc. u. fem. 8. Laur. sec. 8 (n. 3525).
Frowirat Laur. sec. 8 (n. 1480).
Frewirat und Frewerat Gld. II, a, 123.
Freuvirat Schn. a. 803.
Froraat R. a. 821 (n. 21).
Fruirat Dr. n. 361.
O. n. Frovinratispach.
Frauvirata, fem. 8. Schn. a. 771.
Freuvirata Schn. a. 771.
Frairada tr. W. a. 774 (n. 53, 178).
Froaricus. 7. B. in Portugal sec. 7. Mit var. Eroaricus conc. Bracarens. a. 675, conc. Tolet. a. 681, 683, 688.
Frorich Ms. a. 1049 (n. 21).
Fraric (so) Ms. a. 1049 (n. 22).
Frawisinda, fem. 7. Neben Frawinsinda tr. W. a. 695 (n. 46 u. Pd. nachtr. n. 7).
Frowisint H. a. 926 (n. 146).
Freiolt. Gld. II, a, 99. Für Frewiolt?
Frewihib. 9. R. a. 821 (n. 21). Etwa für Frewiwib?
Froolf. 9. Ng. a. 866.
Froholf Gld. II, a, 100.
Frohelf Schn. a. 800 hieher?
O. n. Froolfesdorf.
Zusammensetzungen mit erweitertem stamme:
Fraunehildis, fem. 8. Pol. Irm. s. 82.
Frauenildis pol. R. s. 85.
Frowinlint, fem. 9. H. a. 853 (n. 87).
Frawinsinda s. Frawisinda.

Freberga s. FRI. **Fred-, -fred** s. FRITH.
Frehant. 9. Dr. a. 867 (n. 597), wo Schn. Frejant hat.
-freh s. FRIG. **Frehild** s. FRI. **Freibraht** s. FRAW. **Freidin, Freido** s. FRAID. **Freigast** s. FRAW. **Freigin** s. FRAIG. **Freigis, Freigunt, Freiheid, Freiolt** s. FRAW. **Freioverus** s. FRI. **Freitdrut** s. FRAID. **Frekin** s. FRIG. **-frem, Frenbold** s. FRAM. **Frenchin** s. FRANC. **Frendonildis, Frendun** s. FRAND. **Fresgar, Fresin** s. FRIAS. **Frew-** s. FRAW.

FRI.

Goth. freis, ahd. frî, ags. frio, freo, frig etc., altn. frî muss in manchen namen stecken. Die mit Frei- beginnenden ahd. formen gehören natürlich nicht hieher; s. FRAW.

Friobaudes. 6. Conc. Autisiod. a. 578.
Freberga, fem. 9. Mab. a. 805.
Frilpurc (so), fem. 8. St. P.
Frigis, Gr. IV, 266; vielleicht aus o. n. Frigisingun.
Friard. 6. Test. Ared. et Pelag. bei Sp. u. Pd. (n. 180).
Freard Guérard a. 1038.
Nhd. Freiert, Freyert.
Friher. 8. Laur. sec. 8 (n. 1814).
Nhd. Freier, Freyer.
Frehild, fem. 8. Laur. sec. 8 (n. 505).
Friliub. 9. Laur. sec. 9 (n. 1587).
Frimunt zu schliessen aus o. n. Frimuntaspach.
Friared. 6. Pd. a. 533 (n. 118, 119).
Freioverus. Bei St. n. 467 heisst es: Freioverus, Veransati filius, cives Tungrorum, eques ex cohorte I Asturum. Ist der n. wirklich deutsch?
Friowin. 9. Laur. sec. 9 (n. 722).
Friulf. 8. Pd. a. 716 (n. 497); Mab. ebds.

Vriandis s. FRIUND. **Friard, Friared** s. FRI.

FRIAS.

Ich trage kein bedenken, in allen folgenden formen den v. n. der Friesen zu erblicken, obwol die lautverhältnisse dieses namens, wovon im wörterbuche der ortsnamen näher die rede sein muss, keineswegs ganz aufgehellt sind.

Friaso. 9. Mchb. sec. 9 (n. 454).
Freaso Mchb. sec. 8 u. 9 (n. 260, 301).
Frieso Ng. a. 827, 838; St. P.
Fryeso Dr. a. 1057 (n. 756; Schn. ebds.).
Friso Laur. sec. 8 (n. 2051).
Freso Mchb. sec. 9 (n. 312, 443); K. a. 802 (n. 53; Ng. ebds.); K. a. 834 (n. 94); M. B. a. 828 (VIII); St. P.
Frisius Gld. II, a, 115.
Nhd. Freise, Frese, Freyse, Fries, Friese, Friess.
Die zu diesem n. formell gehörigen ortsn. finden besser ihren platz unmittelbar bei dem entsprechenden v. n.

Frisikka, fem. 9. St. P.
Friasini. 9. Tr. W. a. 855 (n. 156).
Frisini tr. W. a. 840 (n. 151).
Nhd. Friesen.
Fresin, fem. 8. St. P.
Friskaer. 9. St. P.
Fresgar Wg. tr. C. 350.
Fresger Wg. tr. C. 229, 287, 477, 478.

Fric- s. FRIG. **Frid-, -frid** s. FRITH. **Frieso** s. FRIAS.

FRIG. Ein nicht besonders häufiger stamm in namen. Graff stellt Friccolf zu abd. freh (frech); ich sehe darin zugleich den n. der göttin Frikka. Im pol. Irm. findet sich unser stamm gar nicht, in den trad. Corb. kaum ein einziges mal; im südlichen Deutschland begegnet er ziemlich oft. Sind Hilüfrih und Sigifreh, die ich beide nur aus Gld. kenne, verderbt oder gehören sie hieher?

Frikkeo. 8. Schn. a. 803.
Friccheo Schn. a. 829 (Dr. ebds. n. 479 Frineo).
Frickio Laur. sec. 8 (n. 228).
Frico Laur. sec. 8 (n. 3560); tr. W. c. a. 850 (n. 165).
Friko Schn. a. 812; necr. Fuld. a. 961.
Fricco P. III, 95 (Kar. M. capit.); St. P ; Laur. mehrm.; Dr. a. 789 (Schn. schreibt hier Fricheo); M. B. c. a. 1040 (VI); H. a. 1048 (n. 245).
Fricko Laur. mehrmals.
Friccho St. P. zwml.; tr. W. a. 772 (n. 26); K. a. 797 (n. 48); Ng. a 797, 805; Dr. sec. 9 (Schn. schreibt hier Ficcho); Dr. a. 815 (n. 305; Schn. ebds. Triccho); Dr. a. 824 (n. 449; Schn. ebds. Friccheo).
Fricho Laur. mehrm.; necr. Aug.; St. P. dreimal; M. B. a. 762 (VIII, XI); Ng. a. 775, 781, 783, 797.
Frihho Dr. a. 779.
Frihcho Gld. II, a, 99.
Frich und Frih Gld. II, a, 99.
Fricao Laur. sec. 8 (n. 2479) hieher?
Fricchen (gen.) Dr. a. 814 (n. 298; Schn. ebds. Friachen).
Fricken (gen.) Dr. a. 814 (n. 303; Schn. ebds. Priken).

Nhd. Freche, Frick, Fricke, Frich, Friecke Frücke.
O. n. Frichandorf, Frekenhorst, Frichinhusa, Frekenlevo (unentschieden ist, ob diese n. unmittelbar zum p. n. Fricco gehören).

Friccan. 8. Neben Ficcan Laur. sec. 8 (n. 431).
Frekin. 9. Wg. tr. C. 437.
Fricguni. 8. Tr. W. a. 742 (n. 2 und Pd. nachtr. n. 73).
Frigobert. 7. Pd. a. 670 (n. 361; Mab. ebds.).
Hieher wol Fregibraht Schn. a. 887.
Fricoz s. Fridugoz.
Frihgunt, fem. 8. Gld. II, a, 123.
Frihchund Gld. II, a, 99.
Fricundo (fem.) Gld. II, a, 123.
Frichunt Laur. sec. 8 (n. 526) hieher?
Fricher. 8. P. V, 80 (ann. Quedlinb.); Mab. a. 716.
Fricarius Schpf. a. 784 (n. 61).
Nhd. Fricker.
Frigeridus. 4. Amm. Marc. (röm. feldherr gegen die Gothen); wol hieher.
Frigeder. 9. H. a. 853 (n. 87); sollte nicht Frigedeo zu lesen sein?
Frehholt. 8. K. a. 770 (n. 12; Ng. ebds.); Dr. c. a. 813 (n. 296; Schn. hat Freholt).
Frecholt Gld II, a, 123.
Freholt Schn. a. 817.
Friculf. 8. B. v. Lisieux sec. 9; ep. Sanctonicens. sec. 9.
Friculf Laur. sec. 8 (n. 1431).
Fricculf Laur. sec. 8 (n. 465).
Frickolf Laur. sec 8 (n. 326).
Frikkolf Laur. sec. 8 (n. 877).
Freculf conc. ap. Theodon. vill. a. 835; A. S. Maj. III.
Freculph A. S. Febr. I.
Frecolf Schn. a. 791, 801; Laur. sec. 8 und 9 (n. 2297, 3023).
Freccolf Laur. sec. 8 (n. 1418).
Fricholf St. P
Frecholf Mchb. sec. 8 (n. 9, 259); K. a. 817 (n. 79).
Frehholf Mchb. sec. 9 u. 10 (n. 434, 1073); St. P.
Freholf Ng. a. 817; Mchb. sec. 9 (n. 235).
Frechkolf (so) Laur. sec. 8 (n. 3065,

Zu diesem stamme wol noch

Frigueho. 9. Dr. a. 866 (n. 589; Schn. ebds. Frigeho).

Frigis, Friher, Friipurc s. FRI.

Frikdkoll. 9. Eine zweifelhafte verderbte form bei St. P.

Frila, fem. Gld. II, a, 123.

Friliub s. FRI. **Frimold** s. FRUM. **Frimunt** s. FRI.

Fringus. 9. B. v. Basel. Conc. Tribur. a. 895. Verderbt?

Frisikka, Frisini, Friskaer u. a. s. FRIAS.

FRITH.

Die folgenden n. gehören zu ags. friðu, altn. friðr, ahd. fridu pax, theilweise vielleicht noch näher zu altn. frid mansuetus, formosus. In sächs. namen sollte man immer die form Frith- erwarten, daneben findet sich indessen, auch abgesehn von der ungenauigkeit einzelner schreiber, das eigentlich nur hochd. Frid-. Interessant wird es noch sein, nach zeiten und mundarten das vorkommen des i und e in der stammsilbe, so wie das des a, u, i im endvocal des themas abzugrenzen. FRITH ist, wie es scheint, über alle deutschen mundarten ziemlich gleichmässig verbreitet. Es findet sich zuerst sec. 4 in Fridigern; auslautend zuerst in Amalafrida sec. 5; im folgenden jahrhunderte schon in mehreren beispielen. Feminina sind auf FRITH verhältnismässig selten; sie schwanken zwischen -a und -is in den lateinischen texten; doch ist letzteres das seltnere.

Vgl. noch über unsern stamm Marini s. 344 f.

Auslautendes FRITH in folgenden 225 n., wovon etwa 37 fem.:

Agafrid 8.
Acfrida 8.
Agilfrid 8.
Aganfred 8.
Aganfreda 8.
Alafrid 8.
Alahfrid 8.
Aldfrid 8.
Aldefrida 8.
Alifred 9.
Ellinurit 9.
Amalfrid 6.
Amalafrida 5.
Anafred 8.
Andafrid 8.
Angofrid 9.
Angilfrid 6.
Angilfrit f. 9.
Ansfrid 8.
Ansfreda 8.
Arafrid 8.
Aranfred 8.
Argefrid 7.
Athalfrid 8.
Adalfrida 8.
Adnfrid 9.
Autfrid 8.
Autfreda 8.
Autlefred 8.
Annefrit 8.
Aostarfrit 9.
Ezelfrid 10.
Badefrid 7.
Baldefred 7.
Baltfrida 8.
Blatfrid 8.
Barfrid 8.
Barnefrid.
Berafrid 8.
Beranfrid 8.
Berinfreda 8.
Perahtfrid 6.
Bertfrida 8.
Bilifrid 8.
Perehfrid.
Bonifred 9.
Brunfrid.
Bodefrit 9.
Potelfrid 9.
Carlofred 7.
Chanifrid 9.
Chunifrid 7.
Colamfrid 8.
Dagafrid 8.
Danafrid 8.
Docfred 8.
Donefred 8.
Drucfred 7.
Eparfrid 8.
Efrid 11.
Ebanfrid 8.
Erinfrid 8.
Ermfreda 8.
Ercanfrid 6.
Erkanfrida 9.
Erlafrid 8.
Erlefrida 8.
Frotfrid 8.
Giffrid 8.
Gifreda 8.
Gadefred 7.
Gaifrid 8.
Gaimfrid 8.
Geltfrid 9.
Geltfrida 8.
Gamalfred 8.
Gentfrid 9.
Gantzfrid? 8.
Garifred 7.
Girfridis 8.
Gerimfred 9.
Cartfrid 9.
Gautfred 8.
Gozfreda 8.
Gaufrid 8.
Gaugefreda 8.
Gidfrit 8.
Gimfrid 9.
Gisfrid 8.
Gisalfrid 9.
Gislefrida 8.
Godafrid 7.
Gotfrida 8.
Godalfrid 8.
Grimfrid 8.
Grimulfrid 8.
Gomofrid 8.
Guntfrid 8.
Guntfridis 8.
Heinfrid 9.
Habfrid 9.
Aitfred 8.
Heilfrid 9.
Haimfrid 9.
Halfrid 8.
Alitfrid 7.
Hemfrid 9.
Hartfrid 8.
Harifrid 8.
Hairfrida 8.
Hadufrid 8.
Helmfrid 9.
Hildifrid 8.
Helpfrid 8.
Lotfrid 8.
Hoffred 8.
Hranfrid.
Rohfrid 9.
Hrodfrid 8.
Rotfreda 8.
Hunfrid 8.
Hundfrit 8.
Hunsfrith 9.
Welpfrid 8.
Idfred.
Itlefrid 8.
Ymfrid 11.
Infrid 9.
Ingofrid 7.
Hincfreda 8.
Irfrid.
Irmfrid 8.
Ermofridis 8.
Irminfrid 6.
Ermenfrida 8.
Isanfrid 8.
Juliofred 9.
Leitfrid 9.
Landfrid 8.
Lantfrida 8.
Laufred 7.
Lintfrit.
Liupfrit.
Liutfrid 6.
Lunfrid.
Madfrid 9.
Magafred 10.
Maginfrid 8.
Mahalfrid 9.
Mahtfrid 9.
Maielfrid 9.
Malfred 11.
Malnifred 10.
Manifrit.
Marafrid 8.
Marcfrid 9.
Madalfrid 7.
Muotfrid.
Munifrid 8.
Nadalfred 8.
Neufred 7.
Nofred 11.
Nordfrid 9.
Odalfrid 8.
Postfred 9.
Ratfrid 9.
Radelfrit 9.
Ragifred 8.
Regilfrid 9.
Raganfrid 7.
Raganfridis 8.
Rantfred 9?
Ricfrid 8.
Ricfrida 8.
Rinfred 9.
Runfrid 9.
Sadelfrid 10.

Salafrid 9.	Tetfrid 10.	Warfrida 8.
Sandfrit 8.	Datlefreda 8.	Varinfrid 8.
Seniofred 10.	Tancfrid 10.	Welafrid 8.
Sigifrid 7.	Dincfrid 9.	Widfrid 9.
Sigifrida 6.	Theudofrid 7.	Widelfred 8.
Sigilfred 8.	Teutfrida 8.	Wigfrid 7.
Siclefrida 8.	Ulfrit 8.	Wiltfrid 8.
Sigemfred.	Unfrid 8.	Viliafrid 8.
Sindefred 9.	Wadefred 7.	Winifrid 6.
Sintfreda 8.	Walahfrid 8.	Wisefred 7.
Sisifrid 6.	Waldifrid 8.	Wiufrid 8.
Sonifred 9.	Wamelfrid 9.	Wodelfrid 10.
Stainfrid 10.	Wanfrit 8.	Wolafrid 9.
Starcfrid 8.	Wandefrid 8.	Wolfrid 8.
Sunjaifriþas 6.	Wandalfred 8.	Wunfred 10.
Sointfrida 8.	Warfrid 9.	Zeizfrid 9.

Friddo. 9. Mchb. sec. 9 (n. 544); M. B. a. 828 (VIII).
Fritto Pd. c. a. 744 (n. 580; Ng. ebds.).
Nhd. Frede, Fried, Friede.
O. n. Fridingun, Fritaha, Friduperg, Fridheim, Fridislari (alle diese n. nicht ganz sicher hieher).

Frida, fem. 11. Lc. a. 1094 (n. 248).
Frita Gld. II, a, 123.

Friducho. 7. Laur. sec. 8 u. 9 (n. 209, 3115).
Fridecho Laur. sec. 8 (n. 3082).
Fretheko Frek.
Fredecho H. a. 923 (n. 145).
Fredicus Pd. a. 683 (n. 401).

Fritila, msc. u. fem. 8. Fritilas metropolit v. Heraclea sec. 5; Fredelo ep. Elnensis sec. 10.
Fritila Mchb. sec. 8 (n. 190).
Φριτίλας conciliabul. Ephesin. a. 431.
Frithla P. VIII, 23 (Ekkeh. chron. Wirzib.).
Fritla P. V, 31 (ann. Quedlinb.).
Fridila (msc.) Sm.
Fridolo P. II, 302 (fragm. chron. Fontan.); necr. Aug.; G. a. 964 (n. 17).
Fridilo Laur. sec. 8 (n. 421); H. a. 926 (n. 146).
Fritilo Mchb. sec. 8 oft (z. b. n. 74, 249); St. P. zwml.; M. B. a. 762, 813, 828 (VIII, XIV).
Frittilo Mchb. sec. 8 (n. 58).
Fretela Hieron.
Fredulus Lgd. a. 856 (I, n. 81).
Fredelo P. XII, 230 (Rodulf. gest. abbat. Trudon.); pol. Irm. s. 243; Mab. a. 938; conc. Aniciens. a. 1000.
Fredeio St. M. c. a. 962 wol Fredelo zu lesen.
Ags. Fridla. Nhd. Freidl, Fridel, Friedel.

Fridulin. 9. Tr. W. c. a. 811 (n. 191).

Fridin. 9. Ng. a. 869.
Fridini (nom. msc.) P. VI, 797 not. (Adalb. vit. Heinr. II).

Friduni. 8. Tr. W. a. 788 (n. 74).
Fritun St. P.
Friduri tr. W. a. 801 (n. 255) für Friduni?

Fridinc, Gr. III, 791; wol nur aus o. n. Fridingun gefolgert.

Fredant. 9. Mchb. sec. 9 (n. 538); Schn. a. 867.

Frithezo. 11. Lc. a. 1019 (n. 154).
Frizen (so) Gld. II, a, 99 wol hieher.

Fredern. 8. Pol. Irm. s. 47, 142.

Fridibad. 5. Fürst der Suavier (an der Save) sec. 5; abt sec. 7.
Fridibad Cassiod. IV, 49.
Fridebad (var. Freidebad) conc. Tolet. a. 683.
Fredobad P. I, 283 (chron. Moissiac.).

Fredibal. 5. Vandalenfürst. P. VII, 81 (Herim. Aug. chron.); Idat. a. 416.

Frithubald. 6. Lc. a. 799 (n. 11), 827 (n. 43, 44) etc.
Fridhubald Lc. a. 799 (n. 13).
Fridubald Wg. tr. C. 240.
Fridubold Wg. tr. C. 453.
Fridupald St. P.
Fridibold Gld. II, a, 99.
Frithebold Lc. a. 927 (n. 87).
Fridebald Laur. sec. 9 (n. 1305).
Fredebald P. X, 306 (Hugon. chron.).
Fredebold Pd. a. 523 (n. 103); pol. Irm. s. 55.

Fridubern. 9. Wg. tr. C. 299.
Friduber Laur. sec. 9 (261).
Fridebern P. II, 388 (vit. S. Willehadi).

Frithubert. 8. B. v. Basel sec. 9.
Frithubert Lc. a. 827 (n. 44).
Friduperht M. B. a. 835 (IX); St. P. zwml.
Fridupreht Gld. II, a, 99.
Fridubert Ng. a. 775, 809, 816.
Fridaperht Mchb. sec. 8 (n. 9).
Fridabert Ng. a. 817, 840.
Fridaberd R. a. 810 (n. 15).
Fridabreht Ng. a. 840; necr. Aug.
Fridapreht St. P. zwml.
Fridoperht R. a. 814 (n. 18).

Fridebreht necr. Aug.
Fridebrecht Laur. sec. 8 (n. 1290).
Fridepreht und Fridepret Gld. II, a, 99.
Fridebert Laur. öfters.
Fredebert P. VI, 122, 126 (Ademar. histor.); Pd. a. 716 (n. 499); pol. Irm. s. 14, 138; pol. R. s. 33.
Fredepert Gld. II, a, 114.
Fredevert pol. Irm. s. 224, 226.
Fridabreh (so) Lc. a. 1050 (n. 183).
O. n. Fridabrehteswilare.

Fridubirg, fem. 8. Dr. a. 792 (Friduburg ebds. Schn.); Dr. c. a. 800 (Fridibirg ebds. Schn.).
Fridapiric Mchb. sec. 10 (n. 1107).
Fridobirga tr. W. a. 730 (n. 16 u. Pd. nachtr. n. 52).
Frideberc Laur. sec. 8 (n. 1964).
Fredeberga pol. Irm. s. 142, 144; Lp. c. a. 975 (II, 326).
Fredberga Mab. a. 805.
Freebergis pol. Irm. s. 49 (sec. 11) ist wol Fredbergis zu lesen.

Frithubrand. 8. Lc. a. 799 (n. 11).

Frithubodo. 9. Lc. a. 855 (n. 65).

Frithuburg, fem. 7. Wg. tr. C. 134.
Frithuburgh Wg. tr. C. 226.
Frithaburg und Fridaburuc Gld. II, a, 123.
Fridaburg M. B. sec. 11 (VI).
Fridaburch H. a. 853 (n. 87).
Fridapurc Mchb. sec. 9 (n. 651); St. P. dreimal.
Fridapurch St. P.
Fridiburg P. II, 10 (vit. S. Galli).
Fridiburc Gld. II, a, 123.
Frideburuhc Hf. a. 989 (I, 530).
Frideburg P. II, 704 (vit. S. Anskar.); X, 211 (hist. martyr. Trever.); Laur. sec. 8 (n. 274, 865); d. Ch. I, 558 f.
Frideburc Laur. mehrm.
Frethuburg var. zu P. II, 704 (vit. S. Anskar.).
Fredeburga P. VI, 341 (vit. Joh. Gorziensis); Mab. a. 1012.

Frittag. 9. Necr. Fuld. a. 844.
Frideg Schpf. a. 835 (n. 94).

Fredegand. A. S. Febr. I.

Frithuger. 8. Wg. tr. C. 432.
Friduger tr. W. a. 820, 821, 858 (n. 49, 69, 175).
Fridiger M. B. a. 806 (VIII).
Frideger Laur. sec. 8 (n. 2752).
Fridger M. B. a. 828 (VIII).
Frethiger Frek.
Fredegar P. III, 90 (Kar. M. capit.); VII öfters; pol. Irm. s. 41, 73 etc.
Fredeger pol. Irm. s. 211.
Fricher s. FRIG.

Fridugert, fem. 8. Wg. tr. C. 268.
Fridagart Gld. II, a, 123.
Fridigarda Ng. a. 947.
Fridigart u. Fridikart Gld. II, a, 123.
Frithegart Lc. a. 927 (n. 87).
Fridegart Laur. sec. 8 (n. 1537).
Fridecart Gld. II, a, 123.
Fredegard pol. Irm. s. 96.

Fridugoz. 8. St. P.
Fridagoz St. P.
Fridocoz Ng. a. 849.
Fridegauz Laur. sec. 8 (n. 1300).
Fridegoz Laur. sec. 9 (n. 3482).
Fredegaud pol. Irm. s. 96.
Fricoz Lc. a. 1054 (n. 190) hieher?

Frithigern. 4. Gothenfürst sec. 4. Jorn. var. Fridigern.
Fridigern P. VIII öfters; X, 313 (Hugon. chron.); Isidor; hist. misc. (Valens); E. s. VI, 484.
Fritigernus Amm. Marc.
Φρεδίγερνος Agath.
Φριτίγερνος Zosim. IV, 34.
Φριτηγέρνης Theoph. mit var. Φριττηθένης.

Fredegildis, fem. 8. Pol. Irm. s. 142, 143.

Fridugis. 8. P. II, 509 (Ermold. Nigell.); Ng. a. 821; Mab. a. 822; M. B. XXXI und sonst oft in urkk. Ludwigs d. frommen.
Fridogis A. S. Febr. III.
Fridagis M. B. a. 828 (XXXI).
Fridigis Laur. a. 833 (n. 22); St. M. c. a. 962.
Fridegis pol. Irm. s. 161; Gud. a. 840.
Fridegys Gld. II, a, 114.
Fredugis P. II, 463 (Einh. vit. Kar.).
Fredegis pol. Irm. s. 242; conc. Duziac. a. 871.
Fretgis Gld II, a, 114.
Frigis s. FRI.

Fridugisal. 7. Gr. III, 791.
Fredegisil d. Ch. I, 787.
Fredeghisolus Pd. a. 683 (n. 401).

Fridegundis (-a), fem. 6. Frau des Frankenkönigs Chilperich.

Fridegundis (-a) P. VII, 88—91 (Herim. Aug. chron.); VIII, 117 (Ekkeh. chron. univers.).
Fredegundis (-a) P. V, 220 (chron. Luxov.); VIII, 319, 321 (Sigebert. chron.); X, 333 (Hugon. chron.), 570 (chron. S. Huberti Andag.); Greg. Tur.; gest. regg. Franc.; pol. Irm. s. 223.
Fritgund Laur. sec. 8 (n. 581).

Fridhant. Gr. nimmt IV, 971 das vorhandensein eines solchen n. an; doch vgl. Fredant.

Fridahart. 9. Ng. a. 829.
Fridohart Gld. II, a, 99.
Frithart Wg. tr. C. 335.
Frethart Schn. a. 796.

Fridehere. 9. Gld. II, a, 123.
Fridhere Ng. a. 868.
Friether Ms. sec. 11 (n. 38).
Nhd. Fretter.

Fridubelm. 9. Ng. a. 843.
Fridohelm Schn. a. 944.
Fridehalm K. a. 1045 (n. 226).
Fridehelm Laur. sec. 8 u. 9 (n. 1075, 1590).

Frethuhild, fem. 8. In einer Berliner hds. von Haymo Halberst. comm. in ep. Pauli ad Rom. aus sec. 10.
Fridohilt Laur. sec. 8 (n. 324).
Fridehilt Laur. sec. 9 (n. 377).
Fredeildis pol. Irm. s. 265.
Fridwild Laur. sec. 8 (n. 1336) hieher?

Frithero. 11. Lc. a. 1045 (n. 181). Als Fritheroh zu fassen?

Fridarut. 8. St. P.

Fretherunda, fem. 11. Ms. a. 1087 (n. 36). Vgl. HRUND; oder für Fretheruna?

Fridulah. 9. Tr. W. a. 812 (n. 238).
Fridelach Gld. II, a, 99.
Fridelah Laur. sec. 8 (n. 421).

Friduleib. 8. Necr. Fuld. a. 790.
Nhd. Friedlieb.

Fridileib. 9. P. III, 90 (Kar. M. capit.).

Fridulind, fem. 9. Laur. sec. 9 (n. 889).
Fridalind Schpf. a. 823 (n. 87), 828 (n. 89).
Fridilind und Fridelind Gld. II, a, 123.

Fridiliuba, fem. Gld. II, a, 123.

Fridolob. 9. Laur. sec. 9 (n. 33).

Fridelohc, zt. unbest. Necr. Aug.
Fridaloch, Fridaloh, Frideloch, Frideloh Gld. II, a, 99.

Fridumar. 9. Wg. tr. C. 320.
Fridemir Lgd. a. 875 (I, n. 101).
Fridemer H. c. a. 1020 (n. 221).
Fredemar pol. R. s. 58.
Fredemir Lgd. a. 812 (I, n. 16).
O. n. Fridemaresleiba, Freddimaringa.

Fretmod. 8 (6?). P. X, 751 (Hugon. chron.). Hieher viell. Fremodus Pd. a. 523 (n. 103), wofür ebds. n. 104 Fredebund gelesen wird.

Fridamund. 5. P. III, 90 (Kar. M. capit.).
Fredemund Wg. tr. C. 40.
Fretimund Idat. a. 437.
Fridemunt Gld. II, a, 99.

Fridiniuni, fem. 9. Dr. a. 825 (n. 455; Schn. liest Friduvin).
Fridiniu neben Fridini, Frideni und Fridine Gld. II, a, 123.

Fridanot. Gld. II, a, 99.

Frithurad, msc. und fem. 8. Lc. a. 799 (n. 11).
Fridurat Ng. a. 791; Mchb. sec. 9 (n. 403).
Friduraat St. P.
Fridarat St. P.
Fridarath St. P. zwml.
Friderad Laur. sec. 8 u. 9 (n. 636, 808).
Friderat Gld. II, a, 99, 123.
Fredred P. III, 90 (Kar. M. capit.).

Friderada, fem. 9. P. VIII, 586 (annalista Saxo). Regin. a. 883 mit den var. Friderath, Fridera, Friderach, Friderat.

Frithuric. 5. Sec. 5: fürst der Rugier. Sec. 9: b. zu Utrecht. Sec. 10: erzb. v. Mainz und herz. zu Lothringen. Sec. 11: pfalzgraf unter Heinr. III; herz. v. Niederlothringen; der nachmalige pabst Stephan IX; herz. v. Schwaben, der erbauer der burg Hohenstaufen.
Frithuric Wg. tr. C. 381; Lc. a. 801 (n. 19), 817 (n. 34) etc.
Frithurich P. I, 69 (ann. Sangall.); V mehrm.
Friduric Lc. a. 817 (n. 35).
Fridurih St. P. zwml.
Fridurich P. III, 178 (Kar. M. capit.); VII mehrmals; IX, 427 (gest. episc. Camerac.); X, 527 (gest. abbat. Gemblac.).
Fridaric St. P.
Fridarich P. XI, 757 (S. Rudberti Salisb. ann.); Mchb. sec. 9 (n. 509); St. P. mehrm.
Fridorich P. VII mehrm.; K. a. 817 (n. 80; Ng. ebds.).

Fridirich und Fridirihc Gld. II, a, 99.
Fritheric Wg. tr. C. 413.
Fritherich P. II, 379 (vit. S. Willibadi); V mehrmals; IX, 847 (chron. Hildesh.); X, 511 (vit. Wicberti); Ms. a. 1070 (n. 26); C. M. Jul.
Friteric Wg. tr. C. 404.
Frideric Wg. tr. C. 297, 473; Lc. a. 816 (n. 32).
Friderich P. I, II oft; III, 568 (Kar. III. capit.); IV—IX oft; Jorn. 36; St. P. zwml.; Laur. mehrm.; Gud. a. 1006, 1028, 1052, 1063; M. B. sec. 10 u. 11 (I, II, VIII, X, XIV).
Friderih necr. Aug.
Friderihc necr. Aug.
Fridrich M. B. sec. 11 (VI, VII).
Frethuricus Gud. a. 1069.
Frethericus Lc. a. 1043 (n. 179).
Frederic Wg. tr. C. 40, 218, 243, 262, 307, 308, 309, 342, 354, 386; C. M. Nov.
Fredericus Sever. Sulpic.; Idat. a. 453 etc. var. Fretiricus.
Frederick Wg. tr. C. 242, 247.
Frederich P. II, 661 (Nithardi hist.), 780 (Abbo de bell. Paris.); VI—IX öfters; X, 361 etc. (Hugon. chron; chron. S. Huberti Andag.); pol. Irm. s. 200, 242; Fredegar.
Fredrich P. III, 540 (Kar. II capit.).
Federich (so) P. IX, 33 (Joh. chron. Venet.).
Frigdaricus (Westgothenkg.) Isidor. (E. s. VI, 492).
Fridthiri (angebl. fem.) Gld. II, a, 123 hieher?
Fraericus P. II, 275 (ann. Fontanell.) hieher?
Frigeridus s. FRIG.
Altn. Friðrekr. Ags. Freoðoric. Nhd. Frädерich, Fredereck, Frederich, Fredrich, Friderich, Friederich, Friedrich, Frödrich.
O. n. Fridirichesrot.

Fridirit. 8. K. a. 786 (n. 33).

Frithurun, fem. 9. Frau Karls d. einfältigen: tochter desselben.
Frithurun Wg. tr. C. 102.
Fridurun Gld. II, a, 123.
Fritharun Gld. II, a, 123.
Fridarun St. P. mehrm.
Fridorun Gld. II, a, 123.
Frithеruna P. V, 844, 854 (Thietmari chron.).
Fritherun C. M. Sept.
Friderun St. P. zwml.; Laur. sec. 9 (n. 477); M. B. a. 890 (XXXI); Gud. a. 1084; Hf. sec. 11 (II, 333).
Frideruna Mab. öfters; M. B. a. 1087 (XIV).
Friderunis Ms. a. 1097 (n. 46).
Frederuna P. XI, 303 (geneal. comit. Flandr.); Mab. a. 905.
Fridarum (so) necr. Fuld. a. 971.
Frederonna A. S. Maj. I.
Wg. tr. C. 37: pro conjuge Frthurno (so), wo Falke Fritheruna emendirt.

Fredesindis, fem. 10. P. VI, 72 (Folcuin. gest. abbat. Lobiens.).
Fredesindis P. VIII, 442 (Sigeb. auctar. Hasnon.).

Fridowalh. 8. St. P.
Fridualh St. P.
Friduual Laur. sec. 8 (n. 302).

Fridwald. 8. B. v. Narbonne sec. 9.
Fridwald St. P.
Fridolt necr. Aug.
Fredold conc. Tullens. a. 860.
Fredald Mab. a. 873; C. M. Oct.
Fredualld K. a. 735 (n. 3; Ng. ebds.).
Nhd. Friedewald.
O n. Fridolteshova.

Frithawar, fem. 10. Lc. a. 907 (n. 84).

Frithuward. 9. Lc. a. 802 (n. 25).
Friduward Wg. tr. C. 361.
Frithuard Lc. a. 834 (n. 48).
Fridewart Schn. a. 842.
Friduard Wg. tr. C. 231.
Freduward Lc. a. 834 (n. 46).
Freduard P. X, 580 (chron. S. Hubert. Andag.).

Friduwerc. 9. Wg. tr. C. 340.

Fritwif, fem. Gld. II, a, 123.

Fredvidis, fem. 10. M. a. 972 (n. 33).
Freduidis P. V, 160 (ann. Mosomag.).

Friduwic u. Fridowic Gld. II, a, 99.

Frithuwi, fem. 10. Lc. a. 907 (n. 84).

Fridwild s. Frethuhild.

Friduvin. 8. Schn. a. 825 (Dr. ebds. n. 455 Fridiniuui).
Friduwin Laur. sec. 8 (n. 197).
Fridwin Laur sec. 9 (n. 732).
Friduin Ng. a. 761; Laur. sec. 8 (n. 1053).
Friduio Laur. sec. 8 (n. 1373) viell. für Friduin verderbt?

Friduwina, fem. 8. Schn. u. Dr. a. 765.

Friduviz. 9. Schn. a. 800.

Fridulf. 8. Schn. a. 756.
Fridiulf Laur. sec. 8 (n. 1172).

Fridolf Gld. II, a, 99.
Fredulph A. S. Maj. IV.
Freudolf (7, var. Fredulf) Fredegar hieher?
Ags. Fridulf.
O. n. Fridolfingen, Fridolfeshaim.
Friduzoz. 9? St. P.

Friulf s. FRI.

FRIUND. Ahd. friunt amicus. Auslautend viell. in Liefrunth (11).
Friunt. 8. Necr. Fuld. a. 873.
Friut Laur. sec. 8 (n. 2777).
Nhd. Freund, Freundt.
O. n. Friuntisbah.
Vriandis, fem. 9. Pol. R. s. 86; hieher?
Friuntilo. 8. St. P.
Friutkis (so). 8. St. P.; hieher?
Friundhard. 8. Laur. sec. 8 (n. 3153).
Friuntheim. Gld. II, a, 99.
Friutrich. 10. Necr. Fuld. a. 963. Verderbt?
Friuntskaf (so). 9. K. a. 879 (n. 155; Ng. ebds.). Dafür verderbt Fruitskaf und Fruitkaf Ng. a. 861. Ein ganz einzeln stehender name.

Frizen s. FRITH. **Froaricus, Frobald** s. FRAW.

FROCAN. Vgl. ahd. fruohhan austerus, altn. froekinn strenuus, ags. frêcen austerus, asper.
Fruochanger. 9. Schn. a. 837 zwml.
Fruohansindana, fem. Gr. III, 817.
Fruhusintdane K. a. 773 (n. 15), eine jedenfalls verderbte form, rechne ich hieher.
Frochonolf. 8. Ng. a. 758.
Frohnolf R. a. 810 (n. 15).
Fruachanolf Ng. a. 759.
Fruahnolf K. a. 788 (n. 34).
Fruochonolf Ng. a. 754.
Frucnolf Gld. II, a, 100.

FROD. Dieser stamm gehört zu ahd. frôd prudens. Seine grosse ausbreitung in namen verdankt er vielleicht zum theil der analogie und dem einflusse von HROD. Beide stämme scheinen ihren eigentlichen platz nur am anfange von compositionen zu haben, auf -hrod endende namen sind nicht besonders häufig, auf -frod ausgehende mangeln ganz. Ja es mag sogar häufig FROD nur als nebenform von HROD anzusehn sein, wie Flod- von HLOD, was dadurch bestätigt wird, dass im pol. Irm. FROD und Flod- sehr häufig sind, während HLOD nie, HROD aber nur selten (und noch dazu in bedenklicher form) vorkommt. In den trad. Corb. zeigen sich dagegen die formen Flod- und Frod- nicht (ausnahme an einer stelle Frodulf).
Frodo. 8. Mab. a. 798 (signum Frodone); H. a. 960 (n. 171); pol. Irm. s. 49 (sec. 11).
Fruoto Gld. II, a, 100.
Ags. Frôda.
Fruda, fem. 8. Pol. Irm. s. 77, 89 etc.
Frodacus. 7. Pol. Irm. s. 77.
Froticus Pd. a. 680 (n. 393).
Frutilo. 8. Mchb. sec. 8 (n. 149).
Frutlen. 8. Pol. Irm. s. 258, 269.
Froatilin Ng. a. 744.
Frotlina, fem. 8. Pol. Irm. s. 121.
Frodimia, fem. 8. Pol. Irm. s. 210.
Frodin. 8. Pol. Irm. s. 12; Mab. a. 803.
Frudin pol. Irm. s. 83, 99 etc.
Fruatin Ng. a. 805.
Fruotini Gld. II, a, 100.
Frudina, fem. 8. Pol. Irm. s. 94.
Fruatuni. 8. Tr. W. a. 747 (n. 148 u. Pd. nchtr. n. 83).
Frudun Hd. m. S. a. 1009 (II, 16).
Froding. 8. Pol. Irm. s. 146.
Frodisma, fem. 8. Pol. Irm. s. 146.
Fretbald. 8. B. v. Chartres sec. 9.
Frotbald P. I, 451 (Prud. Trec. ann.).
Frotbold pol. Irm. s. 19, 62 etc.; conc. Suession. a. 853.
Frobald s. FRAW.
Frotbolda, fem. 8. Pol. Irm. s. 16, 35 etc.
Frutbolda pol. Irm. s. 247, 262.
Frotbanus. 8. Pol. Irm. s. 181.
Frotbannus pol. Irm. s. 134.
Frodobert. 6. P. VI, 488 (Widr. vit. S. Gerardi); d. Ch. I, 670 f.; Pd. a. 579 (n. 186), 657 (n. 329).

Frotbert pol. Irm. s. 56, 80 etc.; Sm.; Mab. a. 847.
Frodevert pol. Irm. s. 142, 144.
Fruodebert G. c. a. 970 (n. 22).
Frutbert pol. Irm. s. 80.
Frobreht s. FRAW.
Frotberta, fem. 8. Pol. Irm. s. 96, 143.
Frodeberga, fem. 8. Pol. Irm. s. 13.
Frotberga pol. Irm. s. 35, 45 etc.
Frotbrand. 8. Pol. Irm. s. 92.
Frotburgis, fem. 8. Pol. Irm. s. 77, 87 etc.
Froburg pol. Irm. s. 50 (sec. 11).
Frottrudis, fem. 8. Pol. Irm. s. 141, 263.
Frotrudis pol. Irm. s. 188, 262; Mab. a. 831.
Frutrudis pol. Irm. s. 230, 258.
Frotfar. 9. Guérard a. 828.
Frotfrid. 8. Pol. Irm. s. 17, 135.
Frotfred pol. Irm. s. 23; Sm.
Frotgand. 8. Frotgandus P. I, 11 (ann. Petav. a. 766) mit var. Frodtangus; steht hier für Hrodgang.
Frodegar. 8. Pol. Irm. s. 100.
Frudegar pol. Irm. s. 101.
Frodger Lc. a. 794 (n. 4); Guér. c. a. 1037 (append. zum pol. Irm. s. 356).
Frotgar pol. Irm. s. 4, 101; pol. Fossat.; Mab. a. 847.
Frotger conc. Duziac. a. 871.
Frotcar pol. Irm. s. 80, 94 etc.
Frutgar pol. Irm. s. 259.
Frutcar pol. Irm. s. 88.
Froger pol. Irm. s. 50 (sec. 11).
Frocar pol. Irm. s. 217.
Frotgora, fem. 9. Mab. a. 854 (verderbt?).
Frodegard, msc. u. fem. 8. Pol. Irm. s. 14, 141.
Frotgard pol. Irm. s. 101, 217.
Frodegaud. 8. Pol. Irm. s. 142, 146.
Frodegaus pol. Irm. s. 138, 141.
Frutgaud pol. Irm. s. 80, 101.
Frotgaud pol. Irm. s. 87, 92 etc.
Frotgaus pol. Irm. s. 161.
Frotcaus pol. Irm. s. 147.
Frotgildus. 8. Pol. Irm. s. 259.
Frotgildis, fem. 8. Pol. Irm. s. 147, 157.
Frodegis. 8. Pol. Irm. s. 92.
Frotgis pol. Irm. s. 159.
Hieher viell. Frotgius pol. Irm. s. 142 und 147; = Frotgisus?

Frotgrim. 8. Pol. Irm. s. 93, 223.
Frothaidis, fem. 8. Pol. Irm. s. 157, 268.
Frothard. 8. Mab. a. 798; pol. Irm. s. 83, 94 etc.; conc. Duziac. a. 871.
Frodard pol. Irm. s. 126.
Frotard pol. Irm. s. 263; conc. Tolos. a. 1068; Lgd. sehr oft.
Hieher viell. Frossard P. X, 476 (Hugon. chron.).
Frothar. 8. B. v. Bourdeaux sec. 9; b. v. Perigueux sec. 10; b. v. Nismes sec. 11.
Frothar P. X, 356 (Hugon. chron.); pol. Irm. s. 96, 263; H. a. 817 (n. 71).
Frotheri St. P. zwml.
Frotar P. I, 477, 499 etc. (Hincm. Rem. ann.); III, 533 (Kar. II capit.); X, 637 (gest. episcopp. Tullens.); Mab. a. 836.
Fruotheri Mchb. sec. 9 (n. 551); necr. Fuld. a. 802.
Fruother Laur. sec. 9 (n. 1111); Dr. a. 841 (n. 534; Schn. ebds. Truother).
Fruther Laur. mehrm.
Froter pol. Irm. s. 255; Mab. a. 960.
Frothad. 8. Pol. Irm. s. 260.
Frothaus pol. Irm. s. 87, 95 etc.
Frotaus St. P.
Die beiden letzten formen aus -hadus?
Frudheim. 8 Laur. sec. 8 (n. 1548).
Frodohildis, fem. 8. Pol. Irm. s. 134.
Frothildis pol. Irm. s. 11, 12 etc.
Frodoildis pol. Irm. s. 146, 203.
Frodevildis pol. Fossat.
Frotlaicus. 8. Pol. Irm. s. 94, 120.
Frutlaicus pol. Irm. s. 259.
Frutlegius pol. Irm. s. 269 hieher?
Frotleius pol. Irm. s. 157 hieher?
Trodolaigus (so) Pd. a. 730 (n. 546) wol hieher.
Frotlaica, fem. 8. Pol. Irm. s. 143.
Frolaica pol. Irm. s. 119.
Frotland. 8. Pol. Irm. s. 143, 153.
Frolland (b. v. Senlis sec. 11) conc. Remens. a. 1049 u. 1059. Derselbe wird Froeland geschrieben convent. Sandionys. a. 1053.
Froland Mab. a. 1047; wol verderbt.
Frodelindis, fem. 8. Pol. Irm. s. 91, 142.
Frotlindis pol. Irm. s. 15, 16 etc.
Frutlindis pol. Irm. s. 80, 238.
Frotmir. 8. Pol. Irm. s. 245, 261.
Frotmund. 8. B. v. Troyes sec. 11. P. V, 388 (Flodoardi ann.); VI, 509 (mirac. S.

Mansueti); pol. Irm. s. 88, 92 etc.; Guérard a. 1070.

Froderich. 8. Pol. Irm. s. 91, 173.
Frodrich pol. Irm. s. 230, 258.

Frotsindis, fem. 8. Pol. Irm. s. 125, 241.

Fruduwalh. 9. St. P. Etwa Friduwalh (s. ds.) zu lesen?

Frodoald. 7. Pd. a. 663 (n. 348).
Frodold tr. W. a. 777 (n. 230); pol. Irm. s. 38, 223.
Frudold Laur. sec. 8 (n. 202); pol. Irm. s. 80, 214.
Frodald pol. Irm. s. 228.
Frotald Pd. a. 566 (n. 171; unecht).

Frodolda, fem. 8. Pol. Irm. s. 150.

Frodoara, fem. 8. Pol. Irm. s. 180, 242.

Frodoard. 8. Pol. Irm. s. 77, 109.
Fruduard pol. Irm. s. 99.

Frotveus. 8. Pol. Irm. s. 143, 168.

Frodovin. 6. B. v. Barcelona sec. 9. Pol. Fossat.
Frodwin Laur. sec. 8 (n. 1480).
Frotwin St. P.
Frodoin P. IX öfters; Pd. a. 579 (n. 186); pol. Irm. s. 92, 143.
Frotuin Laur. sec. 8 u. 9 (n. 2539, 3213).
Fruodwin Laur. sec. 8 (n. 884).
Fruotwin Laur. sec. 8 (n. 628); Schn. a. 771.
Fruduin Laur. sec. 8 (n. 1304).
Frudoin pol. Irm. s. 83, 94 etc.
Frutuin pol. Irm. s. 237.

Fruduina, fem. 8. Pol. Irm. s. 237.

Froduis. 8. Pol. Irm. s. 250.

Frodulf. 8. Wg. tr. C. 312.
Frotolf R. a. 890 (n. 72).
Fruatolf tr. W. a. 766 (n. 108).
Frudulf pol. Irm. s. 213.

Zusammensetzungen mit erweitertem stamm:

Frotlebert. 8. Pol. Irm. s. 143.

Frotlildis, fem. 8. Pol. Irm. s. 119, 150.

Frogipolt. 9. St. P.; verderbt? Frowipolt?

Froheid, Frohing, Froi- s. FRAW. **Froland** s. FROD.

Fronter. 10. P. VI, 132 (Ademar. hist.); deutsch? vgl. Frundulf.

Froolf s. FRAW.

Frooni, msc. 9. Ng. a. 846.

Frossard, Frot- s. FROD. **Frow-** s. FRAW. **Fruahnolf** s. FROCAN.

Fruarad, fem.? 8. Schpf. a. 786 (n. 62). Abl. Fruaradone (-ane?). Zu FRAW?

Fruarit s. Fruorid. **Fruhusintdane** s. FROCAN. **Fruisclus** s. FRAW. **Fruitskaf, Fruitkaf** s. FRIUND.

FRUM. Die folgenden namen, sämtlich nicht häufig, gehören zu ahd. fruma (bonum, utilitas etc.). Man sieht, dass der gebrauch dieses stammes sich nur auf das eigentliche Deutschland beschränkt (im pol. Irm. und bei Mab. kommt er z. b. nicht vor) und zwar auch hier nicht einmal über den norden verbreitet ist (denn auch die trad. Corb. kennen ihn nicht). In bezug auf die zeit kennen wir ihn fast nur aus sec. 8 u. 9, ein paar mal indessen schon aus sec. 5.

Fruoma, fem. 8. Schn. a. 788.

Frumino. 9. Mchb. sec. 9 (n. 297).

Fruming. 8. Schn. a. 796; Dr. a. 811 (n. 254; Schn. ebds. Framming); Dr. a. 824 (n. 447; Schn. ebds. Frumming).

Frumiger. 8. Tr. W. c. a. 764 (n. 193, 264); K. a. 839 (n. 104); Ng. a. 846, 874.

Frumigoz. 8. Laur. sec. 8 (n. 2916).

Frumigis. 8. Tr. W. sec. 8 u. 9 (n. 67, 102); Schn. a. 823.

Frumiher. 5. Frumari Suevenführer sec. 5.
Frumiher Schn. a. 772.
Frumehere Hd. m. S. a. 1068 (II, 89).
Frumari Idat. a. 460 etc.; Lc. a. 855 (n. 65).
Frumar P. X, 319 (Hugon. chron.).
Nhd. Frommer.

Frumihilt, fem. 8. Schn. a. 837; Dr. sec. 10 (n. 698).
Frumehilt Schn. a. 779.

Frumirat. 9. Schn. a. 807.

Frumirih. 9 K. a. 851 (n. 118; Ng. ebds.).

Frumarit. 5. Cassiod. II, 13 var. Fruinarith und Fruinaril (so).

Frumold. 8. P. II, 26 (vit. S. Galli); Laur. mehrm.
Frumolt Ng. a. 788; St. P. öfters; Laur. sec. 8 u. 9 (n. 2285, 3394); Mchb. sec. 9 (n. 467); M. B. a. 901 (XXXI).

Frumald Ng. a. 817.
Fromolt K. a. 797 (n. 15).
Frimold Laur. sec. 8 (n. 1427, 3003) wol hieher.
Frimiald tr. W. a. 713 (n. 231 u. Pd. nchtr. n. 24) ist wol Frumald zu lesen.
Nhd. Frommelt, Frömmelt, Frommhold.
Frumolf. 8. Laur. sec. 8 (n. 3045).
Frunolf Laur. sec. 8 u. 9 (n. 596, 2946) für Frumolf?

Frundulf. 9. H. a. 853 (n. 87). Vgl. Fronter.
Frunlu, fem. Gld. II, a, 123. Zu FRAW?
Frunolf s. Frumolf. **Fruochanger, Fruochonolf** s. FROCAN.
Fruorid. 9. Dr. a. 809 (n. 246) neben Fruorit.
Fruarit tr. W. a. 808 (n. 19).
Fuarhild, fem. Gld. II, a, 123.

FUG. Die existenz eines solchen stammes nehme ich als gewiss, die etymologie desselben als ganz unsicher an. Goth. fugls vogel und altn. fok flug scheinen auf den begriff der schnelligkeit hinzuweisen.

Fucco. 8. Ng. a. 778.
Focco Wg. tr. C. 239; Lc. a. 827 (n. 43); necr. Fuld. a. 919, 1005 etc.
Focko Lc. a. 927 (n. 87); Dr. a. 940 (n. 683; Schn. ebds. Foko).
Foco Wg. tr. C. 258.
Focho Gld. II, a, 99.
Vokko Frek.
Vocko Frek. mehrm.
Voccho M. B. sec. 11 (VI).
Nhd. Focke, Vocke, Vock.
Focca, fem. 10. Schn. a. 952.
Fugal. 9. Dr. a. 824 (n. 448). Nhd. Vogel.
Fukelin. 11. Schn. a. 1057, 1062.
Fokkelin Laur. a. 1079.
Fugaling, Gr. III, 438, wol nur von Gr. aus o. n. Fugalinghusun geschlossen.

FUL. Es ist höchst wahrscheinlich, dass das goth. fulls plenus (vielleicht sogar unmittelbar der n. der göttin Folla) auch in eigennamen anlautend nicht selten war, wie auch jetzt noch viele f. n. mit Voll- zusammengesetzt sind. Doch ist es nicht möglich, die hieher gehörigen formen mit sicherheit zusammenzustellen. Es sind zwar namen mit Fole- wie Folemar und Folerich nicht selten, jedoch nur in solchen drucken, die auch sonst ungenau sind (wie z. b. Schannat und Hontheim); näher betrachtet wird vielleicht aus allen diesen n. ein Folc- zu emendiren sein. Aber auch andere formen mit Fol- mögen nur erweicht aus Folcsein und deshalb ist es der stamm FULC, bei dem man die trümmer eines einstigen FUL verzeichnet findet. Hier erwähne ich nur:

Folabraht. 11. Necr. Fuld. a. 1008.
Folarat. 11. Gld. II, a, 99.
Volarat M. B. sec. 11 (VI); doch ist hier WOL zu vergleichen.
Folaschah. Gld. II, a, 99. Wol für Folaschalh.

FULC. Dieser stamm gehört zu ahd. folc populus, welches eben so wie die gleichbedeutenden LIUD und THIUDA zur bildung von namen befähigt ist. Nicht immer sind die grenzen zwischen FULC und VULF genau zu ziehen, da der letzte consonant beider stämme oft abfällt und sie dadurch gleichlautend werden. Auch FUL ist in diesem falle von FULC sehr oft nicht bestimmt zu scheiden.

Auslautendes FULC kenne ich nur bei wenigen formen:

Heidfolc 9.	Hrodfolc 9.	Sigifolc 8.
Herifolch 8.	Ratfolc 9.	Snelfolc 9.

Dazu ist vielleicht noch Adalvolch zu rechnen, doch kann bei dieser form so wie auch bei einigen andern auch an WALAH gedacht werden.

Wenn auslautendes -folc mitunter -floc geschrieben wird, so scheint das nicht irrthum. Vgl. auch das verwandte slavische Svatopolk, Svatopluk.

Fulco. 9. Sec. 10: b. v. Amiens. Sec. 11: b. v. Beauvais: b. v. Fossombrone; b. v. Orleans; b. v. Soissons; abt v. Corvey; graf v. Angoulème.
Fulco P. I, 108 (ann. S. Columbae); II, 204 (ann. Vedast.), 641 (vit. Hlud. imp.), 300 (gest. abbat. Fontan.); III, 501 (Hlud. Germ. capit.); V—IX öfters; X, 403 (Hugon. chron.), 573 etc. (chron. S. Huberti Andag.); Guérard a. 1038, 1046.

Falcho P. I, 525 (ann. Vedast.); II, 206, 207, 209 (ann. Vedast.), 252 (ann. Lemov.); VI, 131, 134 (Ademar. chron.); VIII, IX öfters; Guérard a. 1089.

Fulchoius Guérard a. 1089.

Folco P. II, 637 (vit. Hlud. imp.); III, 539 (Kar. II capit.); VI, 145 (Ademar. chron.); VII, VIII öfters; X, 189 (gest. Trever.); Dr. a. 838 (n. 513; Schn. ebds. Folcholt).

Folko P. II, 218 (ann. Xant.).

Volko G. a. 1093 (n. 72).

Folcho P. I öfters (ann. Vedast.; Regin. chron.); II, 200, 208 (ann. Vedast.).

Folch Ng. a. 883.

Nhd. Volck, Volk, Volke, Völke.

O. n. Volkenrot.

Fulca, fem. 8. Pol. Irm. s. 25.

Folchili. 9. Ng. a. 883.

Folehili Gld. II, a, 122 wol für Folchili.

Nhd. Fölkel, Völckel, Völkel.

Folchini. 9. Gld. II, a, 99.

Folchine necr. Aug.

Folchene Gld. II, a, 99.

Folchenes necr. Aug.; vgl. Cundines.

O. n. Volchinisdorf.

Folchuni. 9. K. a. 802 (n. 55; Ng. ebds. n. 145); St. P.; R. a. 819 (n. 20), 821 (n. 21). In der letzten stelle daneben auch falsch Tafolchuni.

Folchun St. P.

Folchans. 9. Mchb. sec. 9 (n. 629).

Fulcarb. 11. Pol. Irm. s. 50 (sec. 11); verderbt?

Folcbald. 8. P. II, 417 (vit. S. Liudgeri); Laur. sec. 8 (n. 2475).

Folcbold Laur. sec. 8 (n. 2370); Wg. tr. C. 257, 377.

Fulbald pol. Irm. s. 210.

Folebald (so) Pd. a. 710 (n. 476).

Statt Tolebald (so) Pd. a. 704 (n. 461; H. ebds. n. 29) ist wol Folcbald zu lesen; eben so statt Volebald Pd. a. 712 (n. 485; H. ebds. n. 35 Volcbald).

Folcberaht. 8. Fulbert b. v. Cambray sec. 10 u. b. v. Chartres sec. 11.

Folcberaht Schn. a. 804.

Folcbraht Dr. a. 756; Schn. a. 801; Dr. a. 837 (n. 499; Schn. ebds. Folchrath); Dr. a. 863 (n. 585; Schn. ebds. Folebraht).

Folcpraht Dr. a. 803 (Schn. ebds. Folcraht); Dr. sec. 9 (n. 328; Schn. ebds. Folchrat).

Folcbert P. II, 362 (vit. S. Lebuini); Wg. tr. C. 68, 111, 410, 445, 465, 484; Laur. öfters.

Volcbert Wg. tr. C. 20, 413.

Volcpert Laur. sec. 8 (n. 1019).

Folcberth Wg. tr. C. 30, 59.

Folhcpert Ng. a. 819.

Folhpert Ng. a. 858.

Folhpret Gld. II, a, 99.

Volgpert P. IV, 25 (Ott. M. constitut.).

Fulbert P. I, 428 (ann. Bertin.); II, 653 (Nithardi hist.), 687, 693 (vit. S. Anskar.); V oft; VI, 125, 134 (Ademar. histor.); VII, 19 (ann. Elnon.); VIII, 353 (Sigebert. chron.); IX öfters; X, 359 etc. (Hugon. chron.), 536 (gest. abbat. Gemblac.); pol. Irm. s. 37, 83 etc.

Folbert P. II, 189 (ann. Gand.); VI, 262 not. (Ratherius phren.); VII, 25 (ann. Blandin.).

Folpreht Gld. II, a, 99.

Folbraht Gud. a. 1056.

Folcbret Lc. a. 802 (n. 24).

Folchbrect Pd. a. 721 (n. 519).

Volbert Laur. sec. 8 (n. 917, 3250).

Vulpert Ng. a. 716—720, 731, 754.

Volbreth Laur. sec. 10 (n. 532).

Folpret Gud. a. 1074.

Folberd necr. Fuld. a. 1025.

Folpert Gud. a. 1069.

Volpert Ng. a. 822; G. a. 964 (n. 17); Gud. a. 975; Lc. a. 1003 (n. 141).

Folbrat Ng. a. 817.

Folibraht Schn. a. 756 (Dr. ebds. Folcbraht).

Voltbrath Laur. sec. 10 (n. 532) wol für Volcbrath.

Nhd. Volbrecht, Vollbert, Vollbrecht.

Fulberta, fem. 8. Pol. Irm. s. 63, 186.

Fulbrand. 8. Pol. Irm. s. 236.

Folcburch, fem. 8. Mchb. sec. 10 (n. 1054).

Folpurg St. P.

Foleburgh Ms. a. 1049 (n. 21).

Folchind. 8. Laur. sec. 8 (n. 974).

Folcdag. 8. Wg. tr. C. 72, 291, 394, 458.

Folctag Dr. sec. 8 (n. 197; Schn. ebds. Folcgot).

Folgdag Wg. tr. C. 63.

Folttac St. P.

Foldac P. III, 568 (Kar. III capit.).

Folcdrut, fem. 8. Laur. sec. 8 (n. 623).

Folhker. 8. K. a. 785 (n. 27; Ng. ebds.).

Folcger Dr. a. 811 (n. 254; Schn. ebds. Folcher); Ng. a. 812; Wg. tr. C. 335.
Volcger Laur. sec. 8 (n. 2229); Wg. tr. C. 363, 409.
Fulgar Dr. a. 747 (n. 589).
Folger Laur. sec. 8 (n. 410, 1720).
Nhd. Volger.

Folcgard, msc. u. fem. 8. Dr. a. 772.
Folcarda H. a. 909 (n. 136).
Falgard pol. Irm. s. 49 (sec. 11) hieher?

Fulgarn. 8. Pol. Irm. s. 201 (= Fulc-garn oder = Fulc-arn).

Volcast. 10. G. a 973 (n. 23).

Fulgaud. 8. Pol. Irm. s. 210; ebds. auch Fultgaud (so).
Fulcaud P. X, 573 (chron. S. Huberti Andag.) pol. R. s. 53.
Folchaud St. M. a. 1053.
Folcgot Schn. a. 796 (vgl. Folcdag).
Folcoz Gld. II, a, 99.
Volcoz Laur. sec. 8 (n. 1601, 1622).

Folcgrap. 9. Necr. Fuld. a. 843 (verderbt?).

Folccrim. Gld. II, a, 99.

Folchaid, fem. 8. St. P.
Folcheid tr. W. a. 837 (n. 166); Laur. sec. 8 (n. 1529); Schn. a. 857.
Folcheith Laur. sec. 8 (n. 198).

Fulchard. 8. Pol. Irm. s. 26.
Fulcard P. VII, 13 (ann. Elnon.); IX, 118 (chron. Novalic.); pol. Irm. s. 39, 91 etc.
Folchard P. III, 411 (Hlud. Germ. capit.); Wg. tr. C. 43, 72, 205, 214, 243, 336, 354, 394, 456, 463, 481; Laur. öfters.
Folchart Schn. a. 758; Ng. a. 806, 813; Dr. a. 813 (n. 282; Schn. ebds. Folchrat).
Folhhart Ng. a. 839.
Volchard P. IX, 849 (chron. Hildesh.); Wg. tr. C. 374, 382.
Volchart M. B. a. 806 (VIII).
Folcard P. II, 189 (ann. Gand.), 382 (vit. S. Willehadi); VII, 65 (catal. regg.); VIII, 442 (Sigeb. auctar. Hasnon.); X, 218 (vit. Conr.); Laur. sec. 8 (n. 2005).
Folkard P. VII, 26 (ann. Blandin.).
Fulhard pol. R. s. 67, 74.
Nhd. Volckart, Volkert.
O. n. Folcharteswilare.

Fulchar. 6. B. v. Troyes sec. 9.
Fulchar P. V, 402 f. (Flodoardi ann.); St. P.
Fulcar P. II, 195 (ann. Lobiens.); Mab. a. 748; pol. Irm. s. 80; pol. R. s. 77.
Fulcher P. VI, 123, 134, 144 (Ademar. chron.); IX, 535—537 (chron. S. Andreae); X, 286 etc. (Hugon. chron.); pol. R. s. 10, 72.
Φούλκαρις Herulern. bei Agathias hieher?
Folcheri Wg. tr. C. 226, 267, 336.
Folhheri Gld. II, a, 99.
Folcher Wg. tr. C. 248, 265, 288, 298; Schn. a. 811 (Dr. n. 254 ebds. Folcger); Dr. a. 824 (n. 447; Schn. ebds. Folther); St. P.; Laur. öfters.
Folhcher Ng. a. 802.
Folchher Ng. a. 813.
Folchar Ng. a. 815; necr. Aug.
Folcar P. VIII, 558 (annalista Saxo).
Folcker Wg. tr. C. 245.
Folckier Wg. tr. C. 154.
Folkeri Wg. tr. C. 296.
Folker Wg. tr. C. 376, 377; M. B. a. 806 (VIII).
Volcher P. IX, 850 (chron. Hildesh.).
Volckeri Wg. tr. C. 407.
Folheri St. P.
Ags. Folchere. Nhd. Völcker, Völker.

Fulched. 9. Guérard c. a. 1037 (append. zum pol. Irm. s. 356); aus Fulchad?
Fulhad pol. R. s. 51.

Fulhada, fem. 9. Pol. R. s. 47.

Fulchelm. 9. Mab. a. 829.

Fulchildis, fem. 8. Pol. Irm. s. 233.
Folchilda R. a. 821 (n. 21).
Folchilt R. a. 821 (n. 21).

Folchohe. Gld. II, a, 99.

Fulcramnus. 7. Ep. Ludevensis sec. 10. Pol. Irm. s. 181.
Fulcrannus conc. Aniciens. a. 1000.
Fulcranus conc. Rothomag. a. 690; pol. Irm. s. 16.
Fulcadramnus pol. Irm. s. 80, 113.
Folcheramnus Dr. trad. urk. v. 747.
Folcremmus Dr. a. 752.

Folhreh. 9. Ng. a. 813.

Folchun, s. oben unter Folch-uni, obgleich auch ein Folc-hun vorhanden gewesen sein mag.

Folcleib. 8 Necr. Fuld. a. 865.
Folcleb Lc. a. 793 (n. 2).

Folcleih. 8. Laur. sec. 8 (n. 584).
Folcleich Laur. sec. 8 (n. 836).

Fulclindis, fem. 8. Pol. Irm. s. 228.
Folchlinda G. a. 1092 (n. 70).

Folclindis tr. W. a. 742 (n. 2).
Folhljnd St. P.
Folclid Gld. II, a, 99 für -lind?
Folcholoh. 9. Gld. II, a, 99.
Folclog Wg. tr. C. 367.
Follog Wg. tr. 456.
Folcman. 8. Laur. sec. 8 (n. 1761).
Volman Ng. a. 773.
Foleman Schn. a. 837 wol hieher.
Folcmar. 9. B. v. Brandenburg sec. 10.
Folcmar P. IV, B, 171 (synod. Baioar. sec. X); V—VIII oft; necr. Aug.; Wg. tr. C. 177, 241, 347, 426; Gud. c. a. 990; Laur. sec. 11 (n. 136).
Folkmarus St. n. 320, inschr. aus unbestimmter zeit, zu Mainz gefunden.
Volcmar P. VI, VIII öfters; IX, 248 (Gundechar. lib. pont. Eichstet.), 847 f. (chron. Hildesh.); Wg. tr. C. 2, 38, 40, 56, 157, 158, 176, 198, 203, 222 (hier heisst vater und sohn gleich), 407.
Volcmer P. V, 84 (ann. Quedlinb.), 753 (Thietmari chron.); Wg. tr. C. 380, 430.
Folcmer Wg. tr. C. 293, 327, 421.
Folgmar C. M. Jul., Dec.
Folhmar St. P.
Folmar P. II, 213 (ann. S. Maxim. Trever.); V, 70 (ann. Weissemb.), 145 (ann. Einsidl.); VI öfters; VII, 317 (Berthold. ann.); necr. Aug.; Gud. a. 960, 975, 1074, 1090; Lc. a. 1083 (n. 234).
Folmer H. a. 955 (n. 167).
Volmar Lc. a. 1061 (n. 196).
Folimar G. a. 1083 (n. 66) soll wol Folcmar heissen.
Wolcmer, Wolmar, Wolmer s. unter W.
Nhd. Föllmer, Fölmer, Fülmer, Volkmar, Volkmer, Vollmar, Vollmer; Volkamer?
Folmert. 8. Laur. sec. 8 (n. 942).
Folmuot, msc. u. fem. 8. Schn. a. 812.
Fulmodo P. V, 84 (ann. Quedlinb.).
Folmuat Gld. II, a, 99.
Folmot Schn. a. 758; Mchb. sec. 8 (n. 287); St. P.
Folcmuda Laur. sec. 8 (n. 201).
Fuolmuota Schn. a. 803 (Dr. ebds. Folmuot).
Folcmund. 8. Laur. sec. 8 (n. 2641).
Folcnand. 11. P. II, 158 (cas. S. Galli); Laur. sec. 10 (n. 136); Lc. a. 1009 (n. 146).
Folcnant K. a. 1090 (n. 239).
Volcnant Gud. a. 1090.
Volckenant H. a. 1097 (n. 299).
Volenant H. a. 1097 (n. 299) für Volcnant.
Folcniu, fem. 9. Laur. sec. 9 (n. 224).
Folchniu Laur. sec. 9 (n. 2879).
Fulcrad, msc. u. fem. 8. P. I, 441 (Prud. Trec. ann.); IX, 439 (gest. episc. Camerac.); pol. Irm. s. 104, 236; pol. R. s. 37.
Folcharat Ng. a. 837, 881.
Fulchrad Gld. II, a, 115.
Folcrad Laur. sec. 8 (n. 3236); Lc. a. 805 (n. 27).
Folcrat P. I, 364 (Ruod. Fuld. ann.); Laur. öfters.
Folcrath Laur. sec. 8 (n. 2917).
Folhrad Ng. a. 774; St. M. a. 970.
Folcarath K. a. 861 (n. 135).
Folchrat Schn. a. 813 (Dr. ebds. n. 282 Folchart); Schn. sec. 9 (Dr. ebds. n. 328 Folcpraht); M. B. a. 802 (VIII).
Volcered Wg. tr. C. 32.
Folcred Wg. tr. C. 75, 152.
Folcraht Ng. a. 806.
Folgerat Ng. a. 760.
Uolchraf St. P. viell. hieher.
Fulrad P. I, III, V öfters; VI, 13 (ann. Laubiens.), 59 (Folcuin gest. abb. Lobiens.); IX, 446, 447, 452 (gest. episc. Camerac.); X, 340 (Hugon. chron.); Ng. a. 777; Sm. (mit var. Fulrath); Guérard a. 1089.
Folrad P. I, 32 etc. (ann. Lauresh.); II, 577 (hist. transl. S. Viti); V öfters; VI, 77 (chron. Gladbac.); VII, 23 (ann. Blandin.), 99 (Herim. Aug. chron.); VIII oft; Ng. a. 764, 777, 783; Dr. a. 841 (n. 534; Schn. ebds. Fobrat); St. P. zwml.; Laur. öfters.
Follerad für Fulrad Mab. a. 759.
Folrat St. P.
Volrad Laur. sec. 10 (n. 78).
Volrat Laur. sec. 10 (n. 532).
Tulerad Pd. a. 706 (n. 469); ist etwa Fulcrad zu lesen?
Folcfrat R. a. 925 (n. 99) wol irrthum.
Fulcraus pol. Irm. s. 39, 70 etc. für -radus?
Wolchrad s. WOLC.
Nhd. Vollradt, Vollrath.
Fulcrada, fem. 8. Pol. Irm. s. 46, 132; pol. R. s. 100.
Folcrada Lc. a. 802 (n. 24).
Fulcrich. 8. Ep. Tungrensis sec. 8; b. v. Troyes sec. 9.

Fulcrich P. I, 469 (Hincm. Rem. ann.); III, 504 (Hloth. II capit.).
Fulkerich P. II, 193 (ann. Bertin.).
Fulcrih St. P.
Folcherich Laur. sec. 8 (n. 1061).
Folcric Wg. tr. C. 232.
Folcrich P. III, 30 (Pipp. capit.); Laur. mehrm.
Folrih Mchb. sec. 8 (n. 4).
Folerich H. a. 926 (n. 147, 148) ist wol Folcrich zu lesen.
Fulgaricus P. IX, 198 (Anselm. gest. episc. Leod.) var. Fulcarius.
Folchrid. 8. Wg. tr. C. 262, 468.
Folcrid Wg. tr. C. 266, 277, 281, 282, 303, 328, 350, 392, 473.
Volcrid Wg. tr. C. 372, 379, 398.
Folhcrit Gld. II, a, 99.
Folrid Laur. sec. 8 (n. 1951).
Folrit St. P. dreimal; Mchb. sec. 9 (n. 230).
Folchsind, fem. 9. Gld. II, a, 122.
Fulsinda pol. R. s. 77.
Folcswind, fem. 8. Schn. a. 821, 842; Dr. sec. 9 (Schn. ebds. Folchuvind); Dr. a. 800 (Schn. ebds. Folesuuind).
Folcsuind Laur. sec. 8 (n. 1876).
Folcsuint Laur. sec. 8 (n. 946).
Volchswint St. P.
Folcsuit C. M. Juni.
Folksuith Gld. II, a, 122.
Volchsuind St. P.
Fulsuind Laur. sec. 8 (n. 1756).
Folsuith Gld. II, a, 122.
Folcwind (so) Laur. sec. 8 (n. 1016) wol hieher; auch Folchuvind Schn. a. 803?
Fulcuald. 7. Conc. Cabilon. a. 875.
Fulcoald P. I, 497 (Hincm. Rem. ann.); X, 321 (Hugon. chron.), 526 (gest. abbat. Gemblac.); d. Ch. I, 677.
Fulchoald P. IX, 184 (Heriger. gest. episc. Leod.).
Fulcold pol. Irm. s. 31, 160; pol. R. s. 95.
Fulcald P. VI öfters; pol. Irm. s. 63, 175.
Folcoald gest. reg. Dagobert. I.
Folcold P. VIII öfters; Laur. sec. 8 (n. 921); Wg. tr. C. 269; H. a. 928 (n. 150), 945 (n. 158).
Folcald St. M. a. 972.
Folcolt Gud. a. 1074.
Folkolt Gud. a. 1056.
Volcold P. IX, 849 (chron. Hildesh.); Gud. a. 975; C. M. Aug.
Volkold Gud. a. 975; G. a. 1093 (n. 72).
Folchold Laur. sec. 8 (n. 212); Gud. a. 1092.
Folchald P. I, 368 (Ruod. Fuld. ann.).
Folcholt Schn. a. 755, 758; Ng. a. 773; Schn. a. 838 (Dr. ebds. n. 513 Folco); necr. Aug.; St. P. zwml.
Volchold Gud. a. 1090.
Volcholt tr. W. a. 788 (n. 209); Lc. c. a. 1070 (n. 221).
Folcholth Laur. sec. 10 (n. 532).
Folholt K. a. 839 (n. 109).
Folcolst Gld. II, a, 99 hieher?
Wolcold s. WOLC.
Nhd. Vollgold.
O. n. Folcholtespara, Folcoaldeshaim.
Folcwar. Gld. II, a, 99.
Folchwar Gld. II, a, 123.
Fulcoara, fem. 8. Pol. Irm. s. 90.
Folcward. 8. P. IX, 322, 328 (Ad. Brem.); Wg. tr. C. 267, 335.
Fulcoard pol. Irm. s. 210.
Fulgoard Pd. a. 663 (n. 348).
Volcward P. IX, 848 (chron. Hildesh.).
Volcaward P. V, 103 (ann. Hildesh.).
Volquard P. VI, 785 (mirac. S. Bernwardi).
Folcwerc. 9. Wg. tr. C. 265, 310, 311, 334, 347, 407.
Volcwerc Wg. tr. C. 356, 371, 379.
Fulcoidis, fem. 8. Pol. R. s. 86.
Folcwich. Gld. II, a, 114.
Folcwic Gld. II, a, 122.
Folcwin. 8. Ep. Morinens. sec. 8; b. v. Terouanne sec. 9; b. v. Worms sec. 9.
Folcwin P. I, 68 (ann. Augiens.); II, 32 (Ermenrici vit. S. Galli); VII öfters; M. B. a. 888 (XXXI); necr. Aug.; Lc. a. 1064 (n. 201).
Volcwin P. II, 38 (abbat. Augiens. catal.).
Fulcuin P. VI, IX oft; X, 573 (chron. S. Huberti Andag.); pol. R. s. 7.
Fulcoin P. IX öfters; pol. Irm. s. 13, 55 etc.; pol. R. s. 77, 83.
Folcuin P. VI öfters; X, 476, 479 (Hugon. chron.); St. M. a. 1022.
Folcoin P. III, 426 (Kar. II capit.).
Folchwin P. I, 50 (ann. Alam.).
Folhwine Gld. II, a, 99.

Fulquin P. X, 528 (gest. abbat. Gemblac.).
Folquin P. VI, 69 (Folcuini gest. abb. Lobiens.); VII, 65 (catal. reg.).
Folquuin P. VII, 23 f. (ann. Blandin.).
Vulgoin pol. Irm. s. 16.
Folgwin M. B. a. 888 (XXXI).
Fulgoninus St. M. a. 709 für -uinus?
Fulcrinus synod. Lugdun. a. 830 wol Fulcoinus zu lesen.
Folowin Gld. II, a, 99 wol für Folcwin.
Floguin pol. Irm. s. 49 (sec. 11) hieher?
Wolcwin s. WOLC.

Folchuvind s. Folcswind.

Fulcois. 8. Pol. Irm. s. 55, 90 etc.
Fulquis pol. Irm. s. 50 (sec. 11).

Fulculf. 7. gest. reg. Dagoberti I.
Folculf Wg. tr. C. 233, 467.
Folcolf Lc. a. 927 (n. 87).
O. n. Folcolfesheim.

Fulcucia, fem. 9. Pol. Irm. s. 207. Der erste theil scheint unser stamm, der zweite theil ist auffallend, wenn man erwägt, dass die schwester dieser Fulcucia a. a. o. Angelucia heisst, womit man noch Anselucus vgl.

FULD. Ein seltener stamm, zu dem man ags. fultum auxilium vergleiche; minder wahrscheinlich ist an ags. folde terra zu denken. Auslautend in Westarfoldan?

Foldger. 10. Lc. a. 910 (n. 85).

Foldet. 9. Wg. tr. C. 282. Etwa für Foldhet?

Folderich. 9. Lgd. a. 848 (I, n. 72).

Fuldoin. Gld. II, a, 115.

Foldulf. 8. Tr. W. a. 743 (n. 4 u. Pd. nchtr. n. 75).

Zu erwägen gebe ich hier noch Voltbrath, Folttag und Fultgaud, die ich unter FULC aufgenommen habe, da ihr t vielleicht verderbte lesung statt c ist.

Fumo. 9. Dr. n. 356.

FUNS. Dieser stamm ist nach Gr. III, 543 und Grimm gr. II, 581 das ahd. funs, nord. und ags. fus (promtus, pronus). Es enden darauf:

Andefuns 11.	Hadufuns 8.	Sigifuns 9.
Adalfuns 9.	Hiltiuuns 7.	Valafons 9.
Bernefons 8.	Monefons 7.	Villiefons 7.

Nach ags. und nord. weise haben das n ausgestossen Aufus (8), Bonafusus (11), Garifus (9), Genefus (9) und Ricifus (9); vielleicht auch Ansusus (10), wenn es für Ansfusus steht.

Fonsa, msc. 6. Conc. Tolet. a. 589.
Funso neben Funs Gr. III, 544.

Funtan. Gld. II, a, 100. Ist die lesung richtig, so hätten wir hier den natürlichsten namen eines findelkindes vor uns.

FUSC. Wol kaum zu lat. fuscus, sondern eher ein noch unbekannter deutscher stamm.

Fusco. 9. Pol. R. s. 60.

Fusca, fem. 9. Pol. R. s. 59.

Fuscias. 6. Vandale. Φουσκίας Proc. b. Vand. I, 24.

Fusculo. 8. St. P.
Fuscolus Gld. II, a, 115.

Fuscari. 8. P. IX, 587 (chron. mon. Casin.).
Fuscarus P. IX, 13 (Joh. chron. Venet.).
Vgl. Fuscarinus Gld. II, a, 115.

Fuscildis, fem. 8. Pol. Irm. s. 72.

Fussinc, Gr. III, 706, wol von Gr. nur aus o. n. Fussinchirichun geschlossen.

Fussio. Gld. II, a, 100.

Futo. Gr. III, 450.

G.

Von den lautlichen verhältnissen des G kommen hier namentlich in betracht:

1) sein wechsel mit c, k und ch;

2) die zuweilen vorkommende vertretung des g durch j, wovon beispiele bei letzterem; umgekehrt g für j wahrscheinlich in Wilgerad;

3) die schreibung gu für w, deren umfang man aus den mit w anlautenden namen ersieht;

4) die (besonders sächsische) orthographie gh für einfaches g;

5) die ausstossung des g zwischen zwei vocalen (agil-ail, agin-ain, magin-main, ragin-rain u. s. w.);

6) der ausfall des anlautenden g bei einigen stämmen, wenn sie den zweiten theil einer composition bilden, so z. b. bei GARD, GAST, GAUD, GIS, GUND; bei GAR und GARD wegen HARI und HARD nicht zu erkennen.

GAB Jedenfalls gehört dieser stamm zur ahd. wurzel gab (dare), die in namen sowol mit ihrem wurzelvocal als auch mit dem praesensablaute gib erscheint. Hie und da erweicht sich das b dieser namen zu v und dann ist eine vermischung mit GAW unvermeidlich. Auslautend findet sich GAB nur in Ottogeba (10), Thiatgif (9) und Willigip (9, fem.); vielleicht auch in Vithicabius (4)?

Gabo. 8. Laur. sec. 8 (n. 1304, 3552); Dr. sec. 9 (n. 196).
Geba (msc.?) Frek.
Gepa (msc.) P. XI, 223 (chron. Benedictobur.); M. B. a. 1085 (VI).
Keba (msc.) P. II, 37 (abbat. Augiens.); VII, 98 (Herim. Aug. chron.), 417 (Bernold. chron.).
Gebo Lc. a. 1045 (n. 181); Ms. a. 1049 (n. 21).
Kebo P. II, 128—144 (Ekkeh. cas. S. Galli).
Gebbo Ng. a. 833.
Geppo Gr. IV, 126.
Givo pol. R. s. 53, 93.
Kyppo Mchb. sec. 8 (n. 159).
Chippo Mchb. sec. 8 (n. 250); necr. Aug.
Jebo (so) Frek.; Laur. n. 3818.
Nhd. Gaab, Gaap, Gabe, Gapp, Gepp, Käbe, Käbbe, Kapp, Kappe.

Gebi. 9. Gld. II, a, 100.
Kepi St. P.

Gepa, fem. 11. P. IX, 248 (Gundechar. lib. pontif. Eichstet.); St. P.; A. S. Mart. III; Lc. a. 1054 (n. 190).
Geua St. M. a. 1002; C. M. Nov.
Kepa St. P.
Cheba Gld. II, a, 121.
Geppe (fem.) C. M. Mai.
Gepa für Gerberga P. V, 215 (reg. et imper. catal.).

Gibica (msc.). 5. Lex Burgund. tit. 3.
Gibico P. IX, 86 (chron. Novalic.).
Gibicho M. B. a. 926 (XIII).
Gibiho Laur. sec. 9 (n. 272).
Kibicho Ng. a. 879.
Gebicho Laur. sec. 8 (n. 3388).
Gybichus P. IX, 87, 91 (chron. Novalic.).
Kypiho Mchb. a. 825.
Kipihho Mchb. a. 817, 824.
Kipihhoh Mchb. a. 818 wol hieher.
Geuica (wol msc.) C. M. Mai.
Altn. Giuki. Ags. Gifica.
Nhd. Gabcke, Gapke, Gebecke, Gevig, Kipke, Kippich, Kippke.
O. n. Givikansten.

Gebetho. 8. Tr. W. a. 716 (n. 196).
Kippid Wg. tr. C. 195 wol hieher.

Gabilo. 9. Mab. a. 847.
Nhd Gabel, Gäbel, Gäbele, Gavel, Gebel, Gebell, Geppel, Giebel, Göbel.

Gibilin. 9. P. X, 442 (Hugon. chron.).
Ghibilin necr. Aug.

Ueber den namen Gibilin vgl. Mone heldensage (1836) s. 13.

Gibelina, fem. 11. Mab. act. ord. Bened. (a. 1060).

Gebalinga, fem. Gr. IV, 123, vielleicht nur aus o. n. Gapilinchovun geschlossen.

Gebino. 8. P. VII, 392 (Bernold. chron.).
Gebeno P. IX, 248 (Gundechar. lib. pontif. Eichstet.); St. P.
Kebini, Kebine, Kebene Gld. II, a, 125.
Givin pol. Irm. s. 101.
Möglicherweise gehört hieher schon der Quadenkönig Gabinius bei Amm. Marc. sec. 4.

Kepuni. 8. Mchb. sec. 8 (n. 54).

Givara, fem. 8. Pol. Irm. s. 218.

Gebizo. 11. P. IX, 737 (chron. mon. Casin.); X, 644 (gest. episc. Tullens.).
Gebezo Gud. a. 1090.
Gevezo P. VIII, 685 (annalista Saxo).

Gibbold. 5. Alamann. könig: vit. S. Severini ed. Pez. Ebds. heisst Gibuld A. S. Jan. I.

Gibert. 9. B. v. Nismes sec. 9. Convent. Cabilon. a. 875.

Gibborga, fem. 11. P. IX, 644, 649 (chron. mon. Casin.).
Giburgis pol. Irm. s. 50 (sec. 11).

Gibitrudis, fem. 7. A. S. Jan. I; d. Ch. I, 671.
Gibethrudis test. Erm.
Givedrudis pol. Irm. s. 87.
Gibtrud Laur. sec. 8 (n. 1366).
Gebatrud Laur. sec. 8 (3074).
Kepadrud St. P. zwml.
Gebetrut Laur. sec. 8 (n. 3160).
Kebedrud Gld. II, a, 125.

Giffrid. 8. Lc. a. 799 (n. 13).
Gifrid tr. W. a. 723 (Pd. nachtr. n. 45).

Gifreda, fem. 8. Pol. Irm. s. 173.

Gebagard, msc. 8. Tr. W. a. 788 (n. 197).

Gifagdis, fem. 9. Pol. R. s. 75, 84.
Gifaidis pol. R. s. 35.
Givagdis pol. R. s. 36.
Giffaidis pol. R. s. 54.

Gebahard. 9. B. v. Eichstedt, b. v. Constanz, b. v. Regensburg, erzb. v. Salzburg sec. 11.
Gebahard P. I, 459 (Hincm. Rem. ann.).
Gepahart St. P. mehrm.
Kebahart Gld. II, a, 102.
Kepahart St. P. viermal.
Gebohard tr. W. a. 825 (n. 185).
Kebohard St. P.
Kebihart Ng. a. 858.
Gebehard P. I, II öfters; III, 411, 469 (Hlud. Germ. capit.); V—IX öfters; Laur.; St. P. zwml.; Gud. a. 910, 1059; M. B. sec. 11 (I, III, XI, XIII, XIV).
Gebehart P. II, 241 (ann. Wirzib.); IV, 18 (Heinr. I constitut.); IX öfters; Laur.; St. P.; Gud. a. 1028, 1074.
Kebehard P. I, 80 (ann. Sangall.).
Kebehart necr. Aug.
Kepehart Gld. II, a, 102.
Gevehard P. V öfters; VI, 274 (Ruotger. vit. Brun.), 714, 718 (Alpert. de diversit. tempp.); X, 459 f. (Hugon. chron.); conc. Francof. a. 1007.
Geueherd C. M. Nov.
Ghebehard P. IX, 850 (chron. Hildesh.).
Gebaard P. II, 600 (Thegani vit. Hlud.).
Gebhard M. B. a. 1048 (XI, XIV); M. B. a. 1077—1079 (II, III, VII).
Gebhart M. B. c. a. 1070, 1076 (III, IV).
Gifard pol. R. s. 36, 57 etc.
Givard P. X, 364 (Hugon. chron.).
Gevard Lc. a. 948 (n. 103).
Gebehard mit var. Gedebard conc. Confluent. a. 860.
Egebahartus d. h. ego G. tr. W. a. 830 (n. 251).
Nhd. Gäbert, Gebert, Gebhard, Gebhardt, Gebhart, Gepfert, Geppert, Geverdt, Gewert, Gippert, Göppert, Kappert, Göpfert.

Gebaheri. 9. Gr. IV, 123.
Kebehere necr. Aug.
Altn. Giafar. Nhd. Geber, Gewer, Kapper, Keber.

Gifad. 9. Pol. R. s. 105.

Gibehildis, fem. 8. Pol. Irm. s. 145.
Gepihilt St. P.
Kepahilt Mchb. sec. 8 (n. 21); St. P.
Chibehilde tr. W. a. 742 (n. 1 und Pd. nachtr. n. 72).
Gebehilt Laur. sec. 8 (n. 192); Schn. a. 817; tr. W. a. 855 (n. 156).
Gebiilt tr. W. a. 846 (n. 270).
Kebeilt Gld. II, a, 125.

Gebahoh. 9. Gr. IV, 123.
Kepahoh St. P.; M. B. a. 828 (VIII).

Repahoh Mchb. sec. 9 (n. 338) ist sicher Kepahoh zu lesen, wie ebds. n. 342, 346 auch wirklich steht.

Gebaroh. 8. Ng. a. 846.
Keparoh Mchb. sec. 8 (n. 10); M. B. a. 763 (IX); St. P. zwml.
Keparohc Mchb. sec. 8 (n. 12).
Geboroh Dr. a. 825 (n. 456).
Keboroh K. a. 882 (n. 157).
Keparhoh St. P.; Mchb. sec. 9 (n. 447).
Geporhoh St. P.
Kebero Gld. II, a, 125 wol hieher.

Gifrod. 11. P. VIII, 720 (annal. Saxo).

Gebalach. 8. Tr. W. c. a. 707 (n. 228 u. Pd. nachtr. n. 16).

Gebaleich. 8. Laur. sec. 8 (n. 3319).

Gebalinda, fem. 8. Ng. a. 780.
Gebalind Schn. a. 803.
Gebalint Laur. sec. 8 (n. 1563).
Kebalinda Ng. a. 815.
Gibelint Laur. sec. 8 (n. 1303).
Gebilind Gld. II, a, 123.
Givelindis pol. R. s. 103.
Gebelind Laur. sec. 8 (n. 535, 1168).

Sollte nicht Zebelinde H. a. 762 (n. 45) verderbt sein aus Gebelinde?

Hieher wol Giulindis pol. Irm. s. 27.

Gebeloh. 11. Necr. Fuld. a. 1046.

Gebamund. 6. Vater des Vandalenkönigs Gelimer sec. 6.
Gebamund E. s. VI, 511 (Isidor.).
Κιβαμοῦνδος Theoph.

Gebini, fem. 10. Necr. Fuld. a. 1040.
Gebeni Gud. a. 1069.
Kebini P. VI, 453 (vit. S. Wiboradae).
Kebeni P. VI, 457 not. (vit. S. Wiboradae).

Geberad, msc. u. fem. 8. Dr. a. 804 (Schn. ebds., nach ihm a. 805, Geberard); H. a. 902 (n. 133).
Ghiberat Ng. a. 744—745.
Geberat Laur. sec. 8 (n. 1592, 3098).
Geberath Laur. sec. 8 (n. 1518).
Gebrad Laur. sec. 8 (n. 1463).
Keparat St. P.
Giurada pol. Irm. s. 145 ist wol Giverada.

Hieher auch wol mit -raus für -radus:
Givraus pol. Irm. s. 26; pol. R. s. 73.
Giuraus pol. Irm. s. 173.

O. n. Keberateswilarro marca.

Giberich. 4. Gothenkönig sec. 4. P. VIII, 301 (Sigebert. chron.).
Gebericus P. VIII, 123 (Ekkeh. chron. univers.); X, 313 (Hugon. chron.); Cassiod. IV, 20; Laur. sec. 8 (n. 2988).

In einer chartula damn. litis bei Sp. und bei M. (n. 131) aus sec. 6 sind die lesarten Ghiveric und Giberit.

Kebasinda, fem. 8. K. a. 791 (n. 39; Ng. ebds.).

Gebuvalah. 7. Tr. W. a. 699 (n. 242 u. Pd. nachtr. n. 11).
Gibwulach tr. W. a. 699 (n. 205, 252 und Pd. nachtr. n. 10).
Gybwulach tr. W. a. 699 (n. 223).

Gebald. 6. Tr. W. a. 847 (n. 200).
Gebolt M. B. a. 1044 (VI).
Givold pol. R. s. 74.
Gebohold tr. W. a. 846 (n. 268).
Givald Greg. Tur. III, 23 f.; pol. R. s. 66, 67 etc.
Nhd. Gabold, Geppelt, Kapelt, Kappelt.
O. n. Geboldeshusun.

Geboard. 8. Ep. Agestenens. sec. 11.
Geboard Lp. a. 981 (II, 358); conc. Ticin. a. 1046.
Geboart tr. W. a. 724 (n. 257 und Pd. nachtr. n. 47) neben Jeboart.

Gebawin. 7. B. v. Chalons sur Marne sec. 10.
Gebawin Dr. a. 806 (n. 237; Schn. ebds. Gebuvin).
Gebewin Laur. sec. 8. (n. 3327).
Gibuin P. V öfters; X, 460 (Hugon. chron.); Guérard a. 1046.
Giboin pol. Irm. s. 65.
Gebuin P. X, 322 etc. (Hugon. chron.); Laur. sec. 9 (n. 2467).
Geboin P. IX, 61 (Rodulfi hist.).
Ghiboin Pd. a. 693 (n. 431; Mab. ebds.).
Ghebuin Wg. tr. C. 423.
Kepwini St. P.

Gibulf. 7. Test. Erm.
Gebulf tr. W. c. a. 780 (n. 56).
Gebolf M. B. c. a. 1090 (VII).
Givulf pol. R. s. 73.
Ghebolf Laur. sec. 8 (n. 2078).
Kebolf Gld. II, a, 102.

Zu diesem stamme gehört vielleicht noch:

Giber. 6. Γίβρος, ein anführer der Langobarden und Heruler bei Agath. (deutsch?).

Giberius ep. Bigastrens. (in Spanien) conc. Tolet. a. 653.

Dazu vielleicht Gipro Schn. a. 750 (doch liest Dr. ebds. Gipio).

Zusammensetzungen mit erweitertem stamme:

Givengildis, fem. 9. Pol. R. s. 41.

Givengardis, fem. 9. Pol. R. s. 35.

Gachilissinda s. Gailswindis.

Gachinc. Gr. IV, 131.

Nhd. Gecking, Göckingk.

Gacibert s. Gaz-.

GAD.

Ein in seiner einfachen gestalt verlorenes, aber aus vielen bildungen zu folgerndes altes verbum gadan (vgl. Gr. IV, 143, Ettmüller s. 407), welches die bedeutung jungi gehabt haben muss, findet sich auch in den eigennamen, obwol es schwierig ist, die hier verzeichneten formen von den unter CHAD vereinten fern zu halten. Auslautend sehe ich den stamm in Piligat (9) und Wandalgat (10). Vgl. auch GAZ.

Gaddo. 7. Pd. a. 615 (n. 230); tr. W. a. 753 (n. 149); Laur. sec. 8 (n. 1376).

Gatto Schn. a. 803, 812; Laur. sec. 9 (n. 272).

Gatho convent. Remens. a. 1059.

Catto Dr. n. 351.

Ghato St. Galler urk. v. a. 761 wol hieher.

Geddo P. V, 833, 847 (Thietmari chron.); VIII, 658 (annalista Saxo).

Geto P. V, 120 (ann. Pragenses).

Getto Schn. a. 754; R. a. 890 (n. 72).

Ketto K. a. 843 (n. 109; Ng. ebds.); St. P.

Nhd. Gad, Gade, Gäde, Gahde, Gede, Gehde, Jäde, Kette.

Gaatho (so), fem. 4. Eine Gothenkönigin. A. S. Mart. III.

Katan. 9. Necr. Fuld. a. 873.

Gedeuus d. Ch. I, 886 hieher?

Gadefred. 7. Conv. Clipiac. a. 659 (neben Melfrid).

Katalind, fem. 9. St. P.

Gatmar. 9. Frek.

Gatmer Wg. tr. C. 430.

Gatani, fem. 8. Urk. v. 779 (nach Gr. IV, 144).

Gadaricus. 5. B. v. Velletri (heisst auch Ganderich und Gauderich).

Gadaricus P. VIII, 120, 123 (Ekkeh. chron. univers.), 301 (Sigebert. chron.); IX, 172 (Heriger. gest. episc. Leod.).

Gaderich P. III, 518, 534 (Kar. II capit.).

Verbindungen mit erweitertem stamme:

Gadalcar. 8. Pol. Irm. s. 91.

Gadelher. 11. Lc. a. 1057 (n. 192).

Cadelher Dr. a. 1095 (n. 768; fehlt bei Schn.).

Nhd. Käthler, Kettler.

Jadregisil. 9. Lgd. a. 845 (I, n. 67).

Gadroald. 7. Pd. a. 670 (n. 361; Mab. ebds.).

Gael- s. GAIL. **Gaemmunt** s. GIM.

Gaeni, fem. 9. St. P.

Gaer- s. GAR.

GAGAN.

Wie es scheint, sind die folgenden formen zu gagan contra zu stellen. Damit berühren sich auch leicht die unter GEN vereinten namen.

Cagano. 8. Tr. W. a. 730 (n. 187 und Pd. nachtr. n. 50).

Kaginzo. Gld. II, a, 102.

Gaganhard. 8. P. XI, 231 (chron. Benedictobur.); tr. W. a. 786 (n. 206); Schn. a. 804; M. B. c. a. 808 (VII); Laur. sec. 9 (n. 48); H. a. 926 (n. 148).

Gaganhart Dr. a. 773 (Schn. ebds. Saganhart); tr. W. a. 824, 840 (n. 171, 215); H. a. 926 (n. 146).

Caganhard M. B. a. 892 (XXXI).

Caganhart K. a. 792 (n. 40); Ng. a. 797, 802, 824.

Kaganhart St. P. mehrm.; K. a. 788 (n. 34; Ng. ebds.); M. B. sec. 9 (VIII, IX); K. a. 802 (n. 54).

Gaganart Ng. a. 787.

Gakanhart Mchb. sec. 9 (n. 399).

Gagenhard H. a. 926 (n. 146); K. a. 1045 (n. 226).

Gagnart Gld. II, a, 100.

Kagenhart M. B. a. 780 (VIII).

Cacinhard (so) H. a. 804 (n. 63).
Geginhart Schn. a. 838.
Gangand für Gaganhard P. XI, 232 (chron. Benedictobur.).
Geginheri. 9. Schn. a. 817.
Geginrat. 9. Laur. sec. 9 (n. 2619).
Gaganwart. 8. Tr. W. a. 819 (n. 177).
Cacanward K. a. 797 (n. 45; Ng. ebds.).

Gaibald. 8. P. II, 346 (vit. S. Bonif. a. 740) var. Goibald. Zu GAW? GAID? vgl. Gaifrid.

GAID.

Ein seltener stamm, wol zu goth. gaidv (penuria), ags. gâd (desiderium, penuria); in diesem ags. wort bricht auch noch die ältere mehr für n. passende bedeutung von cuspis durch. Auslautend nur in Sichelgayta (9). Vorherrschend ist GAID langobardisch.

Gaido. 9. P. III, 252 (Hlud. et Hloth. capit.); Lp. a. 960 (II, 251).
Gaidus P. IV, B, 170 (Leon. VIII cessio); V, 234 (Andr. Bergomat. chron.).
Caide P. V, 511 (chron. Salernit.) hieher?
Nhd. Gaida, Gaide, Geide, Geith, Keith.
Gaydepert. 8. P. IX, 587 (chron. mon. Casin.).
Geithilt, fem. 9. Dr. sec. 9 (n. 137).
Geitlind, fem. 9. Dr. sec. 9 (n. 137).
Cheitmar. 8. St. P. (wie z. b. ebds. Cheilpurc für Geilpurc).
Keidrih. 8. St. P.; Mchb. sec. 8 und 9 (n. 282, 413).
Jaiderich (ep. Bellitrens.) conc. Pontigonens. a. 876.
O. n. Geiderichesdal.
Gaideris. 9. P. V öfters; IX, 644 (chron. mon. Casin.); Lp. a. 847 (I, 730).
Gayderis P. V öfters.
Gaidorissius (nicht Gaidoriffius) Gld. II, a, 115.
Gaidoald. 8. Lp. a. 785 (I, 599) mehrm.; Lp. a. 985 (II, 375); Paul. diac. IV, 11 etc.
Gaidald Lp. a. 953 (II, 223).
Gaidulf. 8. Paul. diac. IV, 3, 14; A. S. Jan. I; Maj. II.
Gaidolf Lp. a. 886 (I, 983).
Gaitelgrima, fem. 10. P. V, 551 (chron. Salernit.).
Gaitelcrima P. XI, 262 (gest. Robert. Wiscardi). Dieser name ist wahrscheinlich als normännisch anzusehn.

Gaifrid. 8. Pol. Irm. s. 133.
Gaifred Lp. a. 915 (II, 98).
Zu GAW? GAID? vgl. Gaibald.

GAIL.

Zu ahd. gail elatus, petulans; nur anlautend. Ueber die meisten deutschen stämme verbreitet; bei Sachsen, aber auch bei Franken und andern stämmen in der form Gel-. Die namen Gelaris und Gelimer setze ich hieher in übereinstimmung mit Grimm gesch. d. dtsch. spr. 478. Auslautend kenne ich GAIL nur in Ratgeil (8). Nahe damit berührt sich GIL.

Gailo. 8. B. v. Langres sec. 9. P. I, 162, 164 (ann. Lauriss.).
Geilo P. I, 163 (Einh. ann.), 525 (ann. Vedast.), 623 f. (contin. Regin.); II, 248 (ann. Besuenses); VIII, 560, 614 f. (annalista Saxo); Ng. a. 817; tr. W. c. a. 850 (n. 167); M. a. 877 (n. 17); Laur. sec. 8 u. 9 (n. 2196, 2791); M. B. a. 967 (XXXI); pol. R. s. 69.
Kailo Mchb. sec. 8 (n. 222); St. P.
Keilo K. a. 797 (n. 47); St. P.; K. a. 883 (n. 160; Ng. ebds.).
Geylo P. II, 203 (ann. Vedast.); X, 286, 355 f. (Hugon. chron.).
Cailo P. V, 254 (Erchemp. hist. Langob.), 536 (chron. Salernit.).
Gailo P. I, 162 (ann. Lauriss.) var. Algo, Galo, Gaiolo, Wailo.
Geilo P. I, 163 (Einh. ann.) und V, 139 (ann. Einsidl.) mit var. Gedo.
Galo für Gailo P. X, 357 (Hugon. chron.).
Gelo Wg. tr. C. 152, 250, 277, 294, 304, 345, 385, 474; Lc. a. 794 (n. 4); Ms. a. 1049 (n. 22).
Nhd. Gayl, Geil, Kehl, Kehle, Keil, Keyl, Gehl, Göhl, Göhle.
Gaila, fem. 7. Tochter des Thüringerherzogs Gozbert.
Gaila Schn. a. 776; pol. Irm. s. 148; Laur. sec. 8 (n. 1175); Paul. diac. IV, 38; St. P.
Kaila St. P. zwml.
Keyla (gen. Keilanae) Mchb. sec. 9 (n. 373).

Geila P. X, 207 (transl. S. Celsi); tr. W. a. 783 (n. 210); pol. Irm. s. 99; pol. R. s. 2, 43 etc.; Laur. öfters; Ng. a. 858.
Keila Gld. II, a, 125.
Geratrudis sibi (sive) Geila tr. W. a. 717 (n. 261 u. Pd. nachtr. n. 39), woselbst sich auch daneben der gen. Gailane findet.
Gailanae (gen.) Laur. sec. 8 (n. 1190).
Kailanae (gen.) Laur. sec. 8 (n. 2823).
Gellanae (gen.) Laur. sec. 8 (n. 310).
Geilan (dat.) P. V, 735 (Thietmari chron.).
Geilana (abl.) P. VIII, 328 (Sigebert. chron.).
Geilane (abl.) tr. W. c. a. 737 (n. 241 u. Pd. nachtr. n. 59).
Goyla Pd. a. 734 (n. 554) hieher?
Geli. 10. Frek.
Geliko. 10. Frek. mehrm.
Gheliko, Gieliko, Jeliko Frek.
Nhd. Geilich, Geilig, Gölich.
Gailin. 8. Pol. Irm. s. 144.
Geilin pol. Irm. s. 141; Lgd. a. 961 (II, n. 96).
Gailanus Pd. a. 709 (n. 475).
Keiline Gld. II, a, 102.
Geluni (genit.). 8. Tr. W. a. 766 (n. 66).
Gelisma, fem. 9. Pol. R. s. 68.
Gelbold. 9. Pol. R. s. 81, 84.
Cheilpurc, fem. 9. St. P.
Gelithis, fem. 9. Pol. R. s. 47.
Kaildrud, fem. 8. St. P. zwml.
Keildrud St. P.
Geilildis, fem. 8. Pol. Irm. s. 144.
Gaeleramnus. 7. Pd. a. 670 (n. 361; Mab. ebds.).
Gaeltramnus Pd. a. 680 (n. 394; Mab. ebds.).
Geilindis, fem. 8. Pol. Irm. s. 99.
Gelindis pol. R. s. 85.
Gelunda Gld. II, a, 123 hieher.
Geilamir. 6. Vandalenkönig 6. Corippus.
Gelimir Idat.
Gelimer Jorn. 33; hist. miscell. 16.
Γελίμερ Procop., Theophan.
Gilimer P. VIII, 316 (Sigibert. chron.); X, 320 (Hugon. chron.); Isidor.
Gylimer P. X, 307 (Hugon. chron.).
Gylemer P. VIII, 315 (Sigebert. chron.).
Gilmar s. GIL.
Gelismir P. VIII, 24 (Ekkeh. chron. Wirzib.).
Gelismer P. VIII, 140 (Ekkeh. chron. univers.).

Gelesimiris (nom.) Greg. Tur. II, 3.
Geilmot, fem. 8. St. P.
Keilmot St. P.
Gelmod Gld. II, a, 123.
Gailrada, fem. 8. Laur. sec. 8 (n. 238).
Gailrat Laur. sec. 8 (n. 3125).
Geilrada Schn. a. 776.
Geilrad Dr. a. 779; Laur. sec. 8 (n. 705, 1010).
Geilrat Schn. a. 777; Laur. sec. 8 (n. 436).
Geilraht tr. W. a. 812 (n. 238).
Gelarat Dr. a. 874 (n. 610).
Keylrat Gld. II, a, 125.
Gelaris. 6. Γέλαρις Procop.
Geilsindis, fem. 8. Pol. Irm. s. 89.
Geilsind Gld. II, a, 123.
Geilsint H. a. 926 (n. 146).
Keilsind Gld. II, a, 125.
Gaelsinda tr. W. a. 715 (n. 265 u. Pd. nachtr. n. 35).
Gelsinda pol. Irm. s. 204.
Gelsinna pol. R. s. 100.
Gailswindis, fem. 6. Tochter des Westgothenkönigs Athanagild und frau des Frankenkönigs Chilperich.
Gailswindis P. XI, 229 (chron. Benedictobur.).
Gailswint Laur. sec. 8 (n. 1178).
Gailesuinda P. III, 6 (Guntchr. et Childeb. pact.); Pd. a. 587 (n. 197) mit var. Galesiunda; Greg. Tur. IX, 20.
Geilswinda Schn. a. 777; Laur. sec. 8 und 9 (n. 1697, 2032).
Geilsuint Laur. mehrm.
Kaylswinda und -is P. XI, 212—214 (chron. Benedictobur.).
Geilsuint Laur. mehrm.
Gelesuinta Venant. Fortunat.
Gelesuintha A. S. Jan. I.
Kailwindis (so) M. B. sec. 11 (VII).
Galsuintha Greg. Tur. IV, 28.
Galsuinda gest. regg. Franc.
Gelsuint Laur. sec. 8 (n. 1936).
Gelisut (so) C. M. Oct.
Chilperichs frau heisst Gachilisinda bei Fredegar; Gachilissinda bei P. X, 333 (Hugon. chron.).
Geilwib, fem. 8. Laur. sec. 8 (n. 2603).
Geilwih, fem. 9. St. P.
Geilwich Gld. II, a, 100.
Geilwich (fem.) Gld. II, a, 123.

Keilwih Gld. II, a, 102, 125.

Geilwird, fem. Gld. II, a, 123.

GAIN. Die hier vereinten formen scheinen einen und denselben stamm zu enthalten; doch will weder seine anknüpfung an den übrigen sprachschatz gelingen, noch der beweis, dass er überhaupt deutsch sei. Eine zusammenziehung aus GAGAN anzunehmen verhindert wol das frühe vorkommen von Gainas und Gainoald. Vgl. auch GEN.

Gainas. 4. Gothenfürst.

Γαινὰς Theophanes.

Γαίνης Zosimus mehrm.

Kaeina, fem.? 9. Wg. tr. C. 40.

Keimbolt. 10. H. a. 955 (n. 167).

Gaimfrid. 9. Pol. R. s. 44, 57 etc.

Gainard. 10. H. a. 923 (n. 145).

Gaintildis, fem. 9. Pol. R. s. 52.

Gainoald. 7. Mab. a. 632.

Gaio s. GAW.

Gaiobomar. 3. König der Quaden. *Γαιοβόμαρος* Dio Cass. 77, 20.

Gair- s. GAR.

GAIS. Dass wir in den ältern namen mit Gais- und -gais nur die ältere form von gêr jaculum (also von unserm stamme GAR) haben, wäre nur dann als ganz sicher anzunehmen, wenn sich nicht auch in nachgothischer zeit dieselbe form in eigennamen fände. Da aber erstens einfaches gais in der bedeutung von telum im Goth. unbelegt ist und zweitens Gaisuar aus sec. 8, Geiso aus sec. 9, Geyso und Geisa sogar aus sec. 10 nachzuweisen ist, so müssen wir vorläufig GAIS als besondern stamm ansehn, seine etymologie aber, so wie sein verhältnis zu GAR und GIS vorläufig noch unerörtert lassen.

Auslautendes GAIS in Andragais (4), Ariogais (2), Laniogais (4) und Radagais (5).

Gaiso. 6. Greg. Tur. IX, 30.

Geiso G. sec. 9 (n. 4), 967 (n. 20).

Geyso Gud. a. 959.

Hieher vielleicht schon aus sec. 4 Gaiso (mörder des kaisers Constans) Aurel. Victor epitome 41. Derselbe heisst *Γαίσων* Zosim. II, 42.

Geisa, fem. 10. P. VI, 341 ff. (vit. Joh. Gorziens.); A. S. Febr. III.

Gesa (fem., sec. 7) d. Ch. I, 665 hieher?

Gaisericus. 5. Vandalenkönig. Der n. ist uns in einer merkwürdigen formenverwirrung überliefert. Grimm gesch. d. dtsch. spr. 477 sieht sogar Genserich als die echte form an und leitet den n. von gans (anser) her, was noch dadurch wahrscheinlicher werden könnte, dass der sohn des G. *Γένζων* heisst. Zeuss s. 143 hält schon den cimbrischen n. Cesorix (2 v. C.) für identisch mit Geiserich; vgl. auch Zeuss s. 453.

Gaisericus Idatius a. 428 etc. neben Gaisaricus.

Geisericus P. VII, 82 f. (Herim. Aug. chron.); VIII, 23 (Ekkeh. chron. Wirzib), 125, 135—138 (Ekkeh. chron. univers.); Isidor; hist. miscell. 14 (neben Gensericus).

Gaysericus P. X, 303 (Hugon. chron.).

Γιζέριχος Procop., Theoph.

Gizerichus (var. Gizengericus) Jorn.

Gysiricus P. X, 306 (Hugon. chron.).

Gysericus P. X, 307 (Hugon. chron.).

Ginsericus (so) Cassiod. chron.

Gensericus P. VIII, 307—312 (Sigebert. chron.); IX, 740 (chron. mon. Casin.); Victor. Tunnun.; hist. misc. 14 (neben Geisericus); Cassiod. var. I, 4; Sever. Sulpic.

Nhd. Genserich? Geuserich?

Gaisuar. 8. Tr. W. a. 700 (n. 203).

Gaisulf. Gld. II, a, 115.

Gaitelgrima s. GAID.

Gaitruda, fem. 9. P. IX, 613 (chron. mon. Casin.). Zu CAW? GAID? vgl. Gaibald und Gaifrid.

Galafred s. WALAH.

Galaman. 8. Pol. Irm. s. 235; Schn. a. 800; Schn. a. 812 u. 866 (Dr. ebds. n. 274 und 591 Salaman); Laur. mehrm.

Galiman P. I, 334 (ann. Mett.).

Galeman Fredegar.

Caleman Laur. sec. 8 (n. 2564).

Ist an galan canere zu denken? vgl. GOL.

Nhd. Kellmann.

GALD. Dieser stamm scheint seiner etymologie nach zu ahd. geltan (valere, reddere) zu gehören. Da er gewöhnlich in n. mit dem ablaut i erscheint, so ist er auslautend leicht mit HILDI zu verwechseln, namentlich wo der erste theil des namens auf einen guttural endet, weshalb in diesem wörterbuch die zahl der namen auf -gild jedenfalls weit geringer erscheint. als sie wirklich ist. Einige formen, welche die gestalt gold aufweisen und die sich daher näher an den ablaut in nhd. g o l d als in g e l d anschliessen, hätten zwar gesondert werden können, doch habe ich sie, da die wurzel dieselbe ist, hier vereint gelassen. Uebrigens bleibt es specialuntersuchungen vorbehalten, zu erwägen, wo bei diesen formen auf gold etwa gar nicht der stamm GALD, sondern die unter WALD erwähnte dialectische nebenform des letzteren stammes anzunehmen ist. — Im auslaute, wo unser stamm viel häufiger ist, als im anlaute, bildet er meistens feminina, doch sind auch msc. nicht selten; Athanagild, Frotgild, Herigild, Hrotgeld, Ingild, Herminigild, Leovigild, Megingald, Managold, Margildus, Ratgildus, Sadregildus, Sibigelt und vielleicht noch einige andere. Das älteste vorkommen dieses stammes fällt in sec. 4, sein häufigster gebrauch in den westfränkischen dialect.

Folgende 84 beispiele dieses stammes im auslaut führe ich an:

Abachild? 9.	Danagildis 8.	Hleokelt 9.
Aldegildis 8.	Dilegildis 8.	Flodogildis 8.
Aligild 4.	Tribigild 4.	Hrodgeld 8.
Amalgaldis 8.	Trutgildis 8.	Husigelt
Amalgildis 8.	Duvigild 9.	Ingildus 7.
Engilgold 9.	Euregildis 8.	Ermgildis 8.
Ausigildis 8.	Ernegildis 8.	Herminigild 6.
Adalgildis 8.	Erlegildis 8.	Ermengildis 8.
Athanagild 6.	Faregildis 8.	Isigildis 8.
Autgildis 8.	Framengildis 8.	Isangildis 8.
Aunegildis.	Fredegildis 8.	Junegildis 8.
Austrigildis 6.	Frotgildus 8.	Lantegildis 8.
Badagelt 9.	Frotgildis 8.	Leovigild 6.
Baldegildis 8.	Givengildis 9.	Leutgildis 9.
Blatgild.	Gislegildis 8.	Megingald 10.
Beregildis 8.	Cotgelt 9.	Managold 7.
Beringildis 8.	Hardigildis 8.	Margildus 8.
Bertegildis 8.	Herigild 8.	Margildis 8.
Blitgildis 8.	Hildigildis 8.	Madalgildis 8.

Nadalgildis 8.	Remigildis 9.	Waudegildis 8.
Naudalgildis 8.	Sadregildus 9.	Wandregildis 8.
Norgildis 8.	Sibigelt 9.	Waregildis 8.
Odelgildis 8.	Sparagildis 6.	Weringeld 9.
Ratgildus.	Statgildis 8.	Witgildis 9.
Ratgildis 8.	Tetgildis 9.	Widargelt 7.
Rangildis 8.	Teutgildis 6.	Winegildus 8.
Rautgildis 8.	Unigild 6.	Winegildis 8.
Rihgelt 10.	Waldegildis 8.	Wolfgelt 8.

Gildo. 4. Comes Africae sec. 5. P. VIII, 134 (Ekkeh. chron. univers.), 304 (Sigeb. chron.); hist. miscell. (Arcadius); Prosp. Aquitan.
Γίλδων (var. Γιάδων) Zosim. V, 11.
O. n. Geltenaha, Geltenstein viell. hieher.

Gildia, msc. 6. Goth. n. bei Cassiod. IX, 11, 14.

Coldus s. Eold unter EWA.

Geldis, fem.? 9. Lc. a. 855 (n. 65).

Gilticho. Gr. IV, 194.

Gildoma, fem. 9. Pol. R. s. 105.
Geldoma pol. R. s. 100, 103.

Coldin. 9. Ng. a. 825.
Coldine necr. Aug.

Gelduni, fem. Gld. II, a, 123.

Gilting. 8. Schn. a. 795, 796, 806, 900.
Gelding A. S. Febr. II.
Geldunc Schn. a. 952.

Geldrea, fem. 9. Pol. R. s. 87.

Galdisma, fem. 8. Pol. Irm. s. 140.

Golza, fem. Gr. IV, 198.

Goldpirin, fem. 9. St. P.
Coldpirin St. P.

Giltbert. 8. Mab. a. 778. Sohn Grimoalds, enkel Pipins v. Landen.

Coldbirig, fem. 10. Neben Coldpric Gld. II, a, 121.
Coldbriga Ng. a. 963 (n. 747, 749).

Geldrudis, fem. 8. Tr. W. a. 764 (n. 193).

Giltfrid. 9. Pol. R. s. 51.
Geltfrid Ng. a. 813.

Geltfrida, fem. 8. Pol. Irm. s. 163.

Gildoaidis, fem. 9. Pol. R. s. 52, 73.

Gildard. 6. P. II, 663 (Nithardi hist.); VIII, 316 (Sigeb. chron.), 476 (Robert. de monte auct. Sig.); A. S. Febr. III.
Gheltbard Wg. tr. C. 67.

Gelther, zu schliessen aus o. n. Geltheresheim.

Gildfildis, fem. 9. Pol. R. s. 51.
Giltranna, fem. 8. Pol. Irm. s. 53.
Gildemir. 7. Mab. a. 873.
Giltimir (var. Giltmir, Glitmir, Gijltmir) Sm.
Geltmar P. VI, 227 (mirac. S. Wigberhti).
Galdemar Mur. 1877, 9 (viell. = Waldemar).
Caldemar Pd. a. 686 (n. 406).
Keltmunt. Gld. II, a, 103.
Gildared, msc. u. fem. 6. B. v. Rouen sec. 6.
Gildared conc. Aurelian. a. 511.
Giltrad pol. Irm. s. 275.
Gelderad Frek.
Geltrat Schn. a. 817.
Goltered Mab. a. 953 neben Hultered.
Giltrada, fem. 8. Pol. Irm. s. 250, 273.
Geldrada pol. R. s. 82, 83.
Geldirih. 9. Gld. II, a, 100.
Gelderik Frek. neben Gelderick.
Gildericus mit var. Ildericus conc. Bracarens. a. 563 hieher?
Galterich conc. Ravenn. a. 877.
Galdrich P. X, 285 (Hugon. chron.).
Goldericus mit var. Goldoricus conc. ap. Theodon. vill. a. 835.
Goldrun, fem. 10. St. P. zwml.
Goltrun Gr. IV, 195.
Coldrun St. P. zwml.
Koltrun Mchb. sec. 10 (n. 1073).
Gildoldis, fem. 9. Pol. R. s. 70.
Gelduidis Mab. a. 854.
Goltwif, fem. 11. Hf. sec. 11 (II, 326).
Choldwaih, fem. 8. St. P.
Altn. Gullveig.
Geltwig. 9. Tr. W. a. 821 (n. 175).
Gildewin. 9. B. zu Sens sec. 11.
Gildewin Schpf. a. 1070 (n. 220).
Gildoin pol. R. s. 51.
Gelduin P. I, 106 (ann. S. Columbae); VIII, 394 (Sigebert. auctar. Aquicin.); X, 406 (Hugon. chron.).
Geldulf. 7. P. XI, 407 (chron. Affligem.); Wg. tr. C. 354.
Geldolf tr. W. a. 777 (n. 93); Lc. a. 855 (n. 65).
Keltolf Gld. II, a, 103.
O. n. Geldulfi villa Mab. a. 982.
Zusammensetzung mit erweitertem stamme:
Geldraberta, fem. 8. Pol. Irm. s. 114.

Galemar zu schliessen aus o. n. Galemaresgarden.
Galerannus s. WALAH. **Galiman** s. Galaman.
Galindus (so). 8. Pol. R. s. 20.
Galindo A. S. Maj. VI.
Gallana, fem. 9. R. a. 821 (n. 21).
Galm. 9. Necr. Fuld. a. 836. Verderbt?

GAM.

Die folgenden n. enthalten eine ältere gestalt entweder von GAMAL oder von GAMAN; ich erinnere auch an altn. gammr, greif.
Gammo. 7. Pd. a. 697 (n. 442), 703 (n. 456); Laur. sec. 8 (n. 285); Mchb. sec. 9 (n. 355).
Cammo Mchb. sec. 9 (n. 340).
Kammo Mchb. sec. 9 (n. 408).
Camo Ng. a. 763.
Nhd. Gamm, Kamm.
Gamard. 7. Mab. a. 690, 770; vgl. M. n. 96 u. Pd. n. 412; A. S. Maj. III.
Nhd. Gammert.
Gamer. 9. Wg. tr. C. 426.
Nhd. Kammer.
Gamrich. 8. Laur. sec. 8 (n. 2320).
Gamarit. 8. Laur. sec. 8 (n. 2895).
Gammolf. 11. M. B. a. 1026 (XIV).

GAMAL.

Seltener stamm, vorzüglich im pol. Irm. gebräuchlich, wahrscheinlich gleich dem nord. gamal, ags. gamol (vetus), also = ALD.
Gamalbold. 8. Pol. Irm. s. 78, 169.
Gamalbert. 8. Pol. Irm. s. 78, 98 etc.; Schpf. a. 789 (n. 63).
Camalperht St. P.
Gamalberta, fem. 8. Pol. Irm. s. 95, 102.
Gamalberga, fem. 8. Pol. Irm. s. 108, 241.
Gamaltrudis, fem. 8. Pol. Irm. s. 35, 78 etc.
Gamalfred. 8. Pol. Irm. s. 52, 54 etc.
Gamalher. 8. Laur. sec. 8 (n. 3179).
Camalher Ng. a. 832.
Kamalhere Gld. II, a, 102.
Nhd. Gampler, Kamler, Kammler, Kämmler, Kemler.
Camalrat. 8. St. P.
Gamalveus. 8. Pol. Irm. s. 156.
Gamildreia, fem. 10. H. a. 955 (n. 167). Dieser wol verderbte n. scheint jedenfalls zu unserm stamm zu gehören.

GAMAN. Ein nicht häufiger stamm, der zum ahd. gaman (gaudium) gehört. Kein sächsisches beispiel.

Gaman, Gr. IV, 207, wol von Gr. nur aus o. n. Gaminishurst u. Geminesheim geschlossen.
Nhd. Gamann.

Gamanhilt, fem. 8. R. a. 868 (n. 51).
Gamanildis pol. Irm. s. 156, 173.
Gamenildis pol. Irm. s. 235.

Gamanolt. 8. M. B. c. a. 1050 (VI).
Camanolt Ng. a. 822.
Kamanolt M. B. a. 775 (IX).
Kaminold P. II, 126, 136 (Ekkeh. cas. S. Galli).
Gamenold P. II, 39 (episc. Constant. catal.); VI, 433, 440 (vit. S. Counradi).
Gamenolt necr. Aug.

Gamanulf. 8. Ein graf in Baiern sec. 10; b. v. Modena sec. 10.
Gamanulf Mab. a. 766.
Kamanolf St. P.; Mchb. sec. 8 (n. 167).
Gaminolf P. XI, 218 (chron. Benedictobur.); M. B. c. a. 980 (VII); R. a. 1026 (n. 152).
Kaminolf Ng. a. 840.
Gamenulf pol. Irm. s. 82, 235.
Gamenulph conc. Roman. a. 904.
Gamenolf P. V, 143 (ann. Einsidl.); VII, 116 f. (Herim. Aug. chron.), 423 (Bernold. chron.); M. B. c. a. 1040 (VIII).
Camenolf Gld. II, a, 97.
Gomonolf Laur. sec. 8 (n. 878) wol hiehér.

Gamard, Gamarit s. GAM.

Gambara, fem. (mythisch; n. einer langobard. wahrsagerin). Paul. diac. I, 3; I, 7.
Gammara P. V, 242 (Erchemp. hist. Langob.).
Vgl. ahd. gambar (strenuus).
Nhd. Gamper?

Gamen- s. GAMAN. **Gamer** s. GAM. **Gaminald** s. GAMAN. **Gammara** s. Gambara. **Gammo, Gammolf, Gamrich** s. GAM.

GAN. Altn. gan zauberei viell. zu vergleichen. Steckt unter GEN einiges hieher gehörige? oder gehört alles dort erwähnte hieher? Auslautend ist GAN in Altiganus (9), Adalgan, Audiganus (9), Findican, Wolfgan. Ist statt Teutagonus -ganus zu lesen?

Ganna, fem. 1. Eine wahrsagerin.
Ganna (abl. Gannane) Pd. a. 709 (n. 475).
Γάννα Dio Cass. 67, 5 var. Γαῦνα.

Gannascus. 1. Ein Canninefate, anführer der Chauken. Tac. ann. X, 18, 19.

Gannibald. 8. Pd. a. 740 (nchtr. n. 68).
Ganebald Schpf. a. 760 (n. 32).

Ganefard. 8. Laur. sec. 8 (n. 232).

Ganhart. 8. Tr. W. a. 791 (n. 154).

Ganciofrid s. Gauzfrid.

GAND. In diesem stamme, der leider einer sehr leichten graphischen verwechselung mit GAUD unterliegt, glaube ich altn. gandr, lupus zu erkennen. Mhd. gande scintilla möchte ich nicht vergleichen. Auszulauten scheint GAND in Fredegand, Charigand (8), Hrodegand (8) und Olfigand (6); auch Gislegendis (9) und Hrodingindis (9) stelle ich zur erwägung.

Gando. 6. Gento sohn des Vandalen Geiserich.
Gando Pd. a. 686 (n. 406).
Ganto Gld. II, a, 100.
Canto P. I, 286 (chron. Moissiac.); Mchb. sec. 9 (n. 629).
Gento Idat. a. 462; Vict. Vitens. de persec. Vand. II, 5.
Gentio P. IX, 429 (gest. episc. Camerac.); pol. R. s. 52.
Genzo hist. misc. 17.
Γένζων Proc., Theoph.
Nhd. Gante, Gent, Kant, Kanth.

Gantalo. 9. St. P.
Candulus St. P. mehrm.
Cantulo St. P.
Nhd. Genedl, Gindel, Kendel, Kentel.

Gandin zu schliessen aus o. n. Gandenesheim.

Gentisma, fem. 9. Pol. R. s. 37.

Genza, fem. 11. St. P.

Gantberga, fem. 8. Pol. Irm. s. 210.

Gentfrid. 9. St. P.

Gentiardis, fem. 9. Pol. R. s. 103.

Ganthar. 8. Pol. Irm. s. 210.
Nhd. Ganter, Ganther, Gannter, Genther, Kanter, Kanther.

O. n. Gandersheim.

Gentildis, fem. 8. Pol. Irm. s. 53, 56 etc.

Gendrad, msc. u. fem. 8. Pol. Irm. s. 79, 186; pol. R. s. 83; H. a. 804 (n. 64).

Gentared Mab. a. 853.

Gendrada, fem. 8. Pol. Irm. s. 27, 46 etc.

Gandaricus. 6. B. v. Velletri (auch Ganderich genannt). Jorn.

Gandericus P. X, 321 (Hugon. chron.).

Candericus Pd. a. 636, 642 (n. 275, 301); conc. Cabilon. c. a. 650.

Gendirih St. P.

Cantrih R. a. 866 (n. 50).

Nhd. Genderich, Gendrich.

O. n. Gandrikesarde, Cantribeswilari.

Gandulf. 7. Mab. a. 690; Lp. a. 979, 1044 (II, 351, 615).

Candolf St. P.

Gendulf pol. Irm. s. 186.

Hieher scheint noch zu gehören:

Gandestrius. 1. Tac. ann. II, 88 ist wahrscheinlich mit Grimm (gesch. d. dtsch. spr. 580) ad Gandestrii zu lesen; der angebliche chattische fürstenname Adgandestrius ist jedenfalls ein unding.

Zusammensetzungen mit erweitertem stamme:

Gendalbert. 8. Pol. Irm. s. 95.

Gendelger. 11. Conv. Remens. a. 1059.

Zusammensetzungen mit diminutivem Ganz - sind vielleicht unter GANZ zu suchen.

Ganebald, Ganefard s. GAN.

GANG. Zur wurzel von gangan (ire) gehörig; als zweiter theil in folgenden namen:

Otkanc 9.	Hildigang 8.	Uligang 6.
Bertegang 8.	Hrodegang 8.	Widugang 8.
Druhtgang 8.	Thiotcanc.	Wiligang.
		Wolfgang 8.

Vielleicht gehören auch Adelging (9), Autging (8), Trutging (8), Gaudegeng (8), Hrabaging (8), Ermgeng (8), Odelging (9), sowie Philegagus (6) hieher.

Kanko. 10. Frek. mehrm. Daneben ebds. auch Canco und Gingo.

Gangi. 9. Wg. tr. C. 272.

Nhd. Geng.

Kanka, fem. 10. In einer Berliner hds. (sec. 10) von Haymo Halberst. comm. in ep. Pauli ad Rom.

Gangand für Gaganhard; s. ds.

Genchoida, fem. 8. Pol. Irm. s. 144.

Gangperht. 7. Gr. IV, 100.

Gangbert Pd. a. 698 (n. 448; H. ebds. n. 24).

Gangulf. 7. P. I, 488 (Hincm. Rem. ann.); III, 517 (Hlud. Germ. capit.); G. a. 980 (n. 25).

Gangolf C. M. Mai.

Gengulf P. VI öfters; VIII, 332 (Sigeb. chron.); IX, 527 (chron. S. Andreae); X, 641 (gest. episc. Tullens.); Pd. a. 666 (n. 356); A. S. Maj. II.

Gengolf G. a. 966 (n. 19).

Gingulf P. VI, 243 (mirac. S. Gorgonii); VIII, 160 (Ekkeh. chron. univers.); IX, 470 (gest. episc. Camerac.); pol. R. s. 32.

Gungulf P. VIII, 556 (annalista Saxo).

Gauctulf Pd. a. 653 (n. 322; Mab. u. M. ebds.).

Nhd. Gangloff.

Ganhart, Ganna, Gannascus, Ganniband s. GAN. **Gansalin, Ganspald, Gantzfrid** s. GANZ.

GANZ. Hier vereinige ich formen, die zu ahd. ganz integer, ganzi sanitas u. s. w. gehören können. Doch sind diese formen sehr unsicher zu beurtheilen, da erstens hie und da statt Ganz- und Gans- Gauz- und Gaus- gelesen werden kann und zweitens einige dieser namen diminutive bildungen zu GAND sein mögen. In Gans-, Gensdürfte s für z stehen; an gans anser denke ich nicht im mindesten.

Genzo s. GAND.

Gansalin. Gr. IV, 220.

Nhd. Gänzlen.

Ganspald. 8. Schpf. a. 772 (n. 44).

Gantzfrid. 8. Schpf. a. 763 (n. 34).

Ganciofrid (so) H. a. 690 (n. 23) viell. hieher? vgl. GAUD.

Gentierdis, fem. 9. Mab. a. 854.

Gentsar. 9. Mab. a. 836.

Gensimund. 6. Cassiod. VIII, 9 (var. Gensemund und Gesimund); hieher?

Gensericus s. GAIS.
Cantsoald. 8. Pd. a. 748 (n. 594).

Gapt s. GAUD.

GAR. Dieser sehr oft in namen gebräuchliche und anlautend so wie auslautend ziemlich gleich häufige stamm wird dadurch zu einem besonders schwierigen, dass hier wahrscheinlich eine vereinigung mehrerer wortstämme stattgefunden hat. Das ahd. gêr (telum), ger (cupidus) und garo (paratus) scheinen hier zusammengeflossen zu sein; doch gebührt wol, wie die altn. n. mit Geir- und -geir darthun, dem ersten dieser wörter der gröste antheil. Besondere bildungen, die vielleicht hievon nicht zu trennen sind, sehe man unter GERN angeführt. Auch spielt der stamm HARI mit seinen scharf aspirirten (besonders fränkischen) formen bedenklich in das gebiet unseres wortstammes hinüber. Schliesslich ist noch GAIS zu vergleichen, worin vielleicht ältere formen unseres stammes stecken. Alles dieses wird nach gehöriger erwägung der zeiten und mundarten einiger, schwerlich aber jemals ganz genügender sichtung fähig sein.

Folgende 197 p. n., worunter nur 11 feminina, haben auslautendes GAR:

Adregar 8.
Afger 9.
Egilger 8.
Aeingingaer 8.
Egisgar 8.
Alager 10.
Aldegar 7.
Alfger 8.
Alfinger 9.
Aligar 5.
Ellanger 11.
Alsker 11.
Amalgar 7.
Anager 8.
Andegar 8.
Angalgar 8.
Ansigar 8.
Arnger 9.
Erpger 8.
Arcger 10.
Astger 8.
Athuger 5.
Adalgar 8.
Adalgaria 8.
Adalgarisma 8.
Audagar 8.
Autgaria 8.
Aodalker 8.
Onger 9.
Aostarger 8.
Patager 9.
Baldegar 8.
Panager 9.
Benegar 8.
Bereger 8.
Beringar 8.
Bernegaria 8.
Perahtgar 7.
Berlinger.
Perichger 9.
Blandelcar 8.
Blicger 8.
Blidegar 7.
Blindgaer 8.
Pridker 8.
Brunger 8.
Chuneger.
Thanger 9.
Thrudger 9.
Eburkar 8.
Enhaker 9.
Herenger 11.
Ercangar 8.
Erligar 8.
Eotkar.
Feginger 8.
Faregar 8.
Fastcar 9.
Flanigar 9.
Fragenger 9.
Framengar 8.
Franger 10.
Friskaer 9.
Frithuger 8.
Fruochanger 9.
Frodegar 8.
Frumiger 8.
Folhker 8.
Foldger 10.
Gadalcar 8.
Gendelger 11.
Gozger.
Cuotker.
Godalcar 8.
Hahger 9.
Haidkaer 8.
Heilkèr 9.
Helihger 9.
Heimger 9.
Heliger 11.
Halitgar 9.
Hantker 9.
Hartgar 8.
Hartgaria 6.
Harigaer 7.
Hasiger.
Hathager 8.
Hetelger 9.
Helinger 9.
Halmger 8.
Hildigar 6.
Hildigera 8.
Himilgero 10.
Flodegar 8.
Horger.
Hrabangar 7.
Hredgaer 8.
Hrodgar 7.
Hucger 7.
Hungar 8.
Huncger 11.
Huntgar 8.
Itoger 10.
Idalcar 8.
Indgar 8.
Ermgar 8.
Ermgera 8.
Irmingar 8.
Iseger 9.
Isanger 8.
Jutcar 8.
Letger 9.
Landagar 8.
Landegaria 8.
Laubgar 9.
Laudegar 9.
Lihtger 10.
Liutgar 9.
Liupger 9.
Liudiger 6.
Lungar 9.
Luteringer 9.
Maderger 9.
Meginger 9.
Mangar 8.
Margger 9.
Madalgar 7.
Moatker 9.
Muniger 9.
Nandgar 8.
Nadker 9.
Nadalgar 8.
Nidgar 8.
Notakar 8.
Nodalgar 8.
Nordegar 8.
Oasker 8.
Ortger 8.
Odalgar 8.
Radiger 6.
Radalcar 8.
Ragingar 8.
Reidker 9.
Rantgar 8.
Reverger 11.
Richcar 8.
Ridger 10.
Rimiger 8.
Runger 9.
Sadregar 9.
Sahsger 9.
Seliger 8.
Selbger 9.
Sindacar 9.
Siezger 8.
Snagar.
Snellacar 9.
Snonger 9.
Staniger 9.
Stradegar 8.
Sundarger 8.
Swabger 9.
Swanager 9.
Swidaker 8.
Tetger 9.
Dadalcar 8.
Thancger 9.
Theganger 9.
Theutegar 7.
Teutgaria 8.
Trasgar 7.
Thuringer? 9.
Ungar 8.
Wadegar 8.
Vadalgar 7.
Waldegar 8.
Waltcaria 8.
Wanegar 8.
Wandalgar 8.
Waudalgaria 8.
Wandregar 8.
Warger 8.
Wartger 9.
Warengar 7.
Wasuger 9.
Witgar 9.
Wiggar 8.
Williger 8.
Winiger 7.
Wodelger 8.
Woker 9.
Wolager 9.
Wolfgar 8.
Vunniger 11.
Wonatger 9.
Vurmger.
Citger 9.

Gero. 8. Mönch in St. Gallen sec. 8; mrkgrf. in der Lausitz sec. 10.

Gero P. I, 98 (ann. Colon.), 628 (contin. Regin.); II, 211 (ann. Lobienses), 215 (ann. Colon.); IV, B, 173 (urk. v. Heinr. II); V öfters; VI, 75—77 (chron. Gladbac.); VII, VIII öfters; IX, 328 (Ad. Brem.); Frek.; Wg. tr. C. 40, 249.
Kero Gld. II, a, 103.
Ghero P. V öfters; IX, 847 (chron. Hildesh.).
Gereo (so) M. B. a. 975 (XXXI).
Caro Mab. a. 690 wol hieher.
Kerho, Gerho, Cherho s. Ger-hoh.
Nhd. Gehr, Gehre, Giehr, Gier, Giere, Göhr, Kehr.
O. n. Gerinpach, Gerrinberg, Gerinrod, Geronstat, Gerashusan.

Gera, fem. 11.

Gericho. 8. Laur. sec. 8 u. 9 (n. 208, 965); H. a. 926 (n. 146).
Kericho Ng. a. 786; necr. Aug.
Kericho neben Kercho K. a. 864 (n. 137).
Kerih Gld. II, a, 103.
Kerhic St. P.
Gerach H. a. 974 (n. 194) hieher?
Nhd. Garige, Garke, Geerke, Gehrcke, Gehricke, Gehrick, Gehrig, Gehrike, Gehrke, Gercke, Gerecke, Gerich, Gericke, Gerike, Gerke, Gierke, Görcke, Görich, Göricke, Görike, Görke.
O. n. Gerichwis wol hieher.

Kerilo. 8. St. P.
Kaerilo St. P.
Caerilo St. P.
Gerlo P. II, 298 (gest. abbat. Fontan.); V, 572 (Richeri hist.); Wg. tr. C. 247.
Gherlo Wg. tr. C. 334, 357.
Gerlus pol. Irm. s. 83.
Gerhil Dr. a. 1095 (n. 765), welches bei Schn. fehlt, wol hieher.
Cherilo K. a. 776—778 (n. 17—20; Ng. ebds.).
Cherlo Gld. II, a, 97.
Nhd. Kerhle.
O. n. Gerilehova.

Gerla, fem. 9. Pol. R. s. 55, 64.

Garino. 7. A. S. Febr. III (acc. Garinonem).
Gairin Mab. a. 710; vit. S. Leodegar.
Gheirin Pd. a. 625 (n. 237; wahrscheinlich unecht).
Gaerin Mab. a. 653; vit. S. Leodegar.
Kaerin Ng. a. 797.
Gerin P. II, 311 (dom. Carol. geneal.); d. Ch. I mehrm.; pol. R. s. 65, 79.
Gerine Gld. II, a, 123.
Kerini Gld. II, a, 103.
Kerine necr. Aug.
Gerene Gld. II, a, 123.
Gairin und Gairoin mehrmals verwechselt.
Nhd. Geeren, Gerin, Gören.
O. n. Gerinesheim, Kerineswilare.

Keruni. 8. St. P.

Gering. 8. Pol. Irm. s. 25, 91 etc.
Geiring pol. Irm. s. 100, 103.
Gerung P. I, 209 (Einh. ann.); II, 509 (Ermold. Nigell.); necr. Aug.; H. a. 842 (n. 80); M. B. a. 950 (XXXI).
Gerunc P. II, 626 (vit. Hlud. imp.); V, 170 (ann. Masciac.), 398 (Flodoardi ann.); necr. Aug.; St. P.
Gerunch P. VII, 391 (Bernold. chron.).
Kerunc Ng. a. 802.
Kerunch Gld. II, a, 103.
Nhd. Gehring, Gering, Giering, Göhring, Göhrung, Göring.
O. n. Gerungesberch.

Geringa, fem. 8. Pol. Irm. s. 91.
Geringa pol. Irm. s. 217.
Gerenga pol. R. s. 65.

Die formen Geruntius, Gerontius, Geroncius, Geruntia, die schon sehr früh (z. b. in den concilien) und später ziemlich häufig begegnen, sind für undeutsch zu erachten. Doch ist bemerkenswerth, dass sie mitunter in deutsches Gerunc u. s. w. übergehn. Bei P. II, 626 (vit. Hlud. imp.) stehn z. b. Gerungum und Gerontium als varianten neben einander.

Girand. 8. Pol. Irm. s. 200.
Caroand (?) d. Ch. I, 661 hieher?

Gerenta, fem. Gld. II, a, 123.

Gerosmus. 8. Pol. Irm. s. 2, 42 etc.

Gerisma, fem. 8. Pol. Irm. s. 108, 174; pol. R. s. 101.
Geirisma pol. Irm. s. 89.

Gerentisma, fem. 9. Pol. R. s. 70.

Kerans. 9. Mchb. sec. 9 (n. 629).

Kerpato. 8. Mchb. sec. 8 (n. 78).

Garibald. 6. Sec. 6: ein herzog, wahrscheinlich v. Baiern. Sec. 8: b. v. Bayeux; b. v. Lüttich; b. v. Regensburg. Sec. 9: b. v. Bergamo; b. v. Chalons. Sec. 10: ep. Polonens.

Garibald P. III, 128 (Kar. M. capit.); V öfters; VII, 90 (Herim. Aug. chron.); VIII öfters; X, 636. (gest. episcopp. Tullens.); Paul. diac. III, 10 etc.; Lp. öfters sec. 9 u. 10.
Garipald Paul. diac. I, 21.
Caribald Pd. a. 687 (n. 409).
Garebald H. a. 706 (n. 30).
Gairebald Pd. a. 709 (n. 475).
Gairbold pol. Irm. s. 136.
Geribald Gld. II, a, 115.
Gaerbald St. P.
Ghaerbald P. III, 128, 164 (Kar. M. capit.).
Kaerpald St. P. zwml.
Girbald P. III, 548 (Boson. capit.); VI, 5 (ann. Engolism.); Guérard a. 1080.
Girbold pol. Irm. s. 16, 56 etc.
Gerebald d. Cb. I, 683.
Gerbald P. II, 417 (vit. S. Liudgeri), 195 (ann. Lobienses); VI, 656 (Rudolfi vit. S. Willelmi); IX, 198 (Anselm. gest. episc. Leod.); pol. Irm. s. 80, 162; Ng. a. 817, 821, 824; Schn. a. 765.
Gherbald Wg. tr. C. 245.
Gerbold P. II, 218 (urk. v. 834), 795 (Abbo de bell. Paris.); III, 534 (Kar. II capit.); Laur. sec. 8 (n. 2664); pol. R. s. 4, 101 etc.
Kerbald Gld. II, a, 103.
Kerpalt M. B. a. 802 (IX).
Kerbold necr. Aug. neben Kerbolt.
Cerpald (so) St. P.
Girbaud pol. Irm. s. 49 (sec. 11).
Ogerbald für Gerbald P. XII, 372 (gest. abbat. Trudon.).

Gairbolda, fem. 8. Pol. Irm. s. 133.
Gerbalda pol. Irm. s. 42.
Girbolda pol. Irm. s. 154.

Garibern. 8. Gld. II, a, 115.
Gerbern P. V, 4 (ann. Corbej.); VIII, 618 (annalista Saxo); pol. Irm. s. 112; Lc. a. 800 (n. 18); Ng. a. 816; H. a. 865, 963 (n. 102, 175); Gud. a. 909; G. a. 1083 (n. 66).
Gherbern Wg. tr. C. 233, 295, 390, 456.
Girbern pol. Irm. s. 165.
Kerpern St. P.
Altn. Geirbiörn.

Kerbirn, fem. Gld. II, a, 125.

Garibert. 7. Sec. 10: b. v. Rheims; erzb. zu Ravenna, als pabst Silvester II.
Garibert P. IX, 107, 133 (chron. Novalic.); H. c. a. 664 (n. 20).
Garipert P. IX, 619 (chron. mon. Casin.).
Caripert Gld. II, a, 113.
Garberictus Pd. a. 699 (n. 450; H. ebds. n. 26).
Gairbert pol. Irm. s. 25, 162.
Geirvert pol. Irm. s. 115.
Gheirbert Ng. a. 819.
Karperht St. P.
Carebert Mab. a. 854.
Girbert P. II, 255 (ann. Floriac.); V, VI öfters; pol. Irm. s. 233, 248; Mab. a. 798.
Gerbraht tr. W. a. 745 (n. 136); Schn. a. 791; Dr. a. 798 (Schn. ebds. Gerbrat).
Gerpraht Schn. a. 765; Schn. a. 813 (Dr. ebds. a. 285 Gerprant).
Gerbreht Laur. sec. 8 (n. 532, 3684); St. P.; Ng. a. 819.
Girevert pol. Irm. s. 83.
Geraberat Laur. sec. 9 (n. 1589).
Gerberct Dr. a. 779.
Gerperht St. P.
Gerberht P. VI, 226 (mirac. S. Wigberhti).
Kerbreht Gld. II, a, 103.
Kerperht St. P.
Kaerperht St. P. zwml.
Kerbret Gld. II, a, 103.
Gerbrath Laur. sec. 8 (n. 532).
Kerpreht P. VI, 43 (gest. episc. Virdun.); Ng. a. 806.
Gerebert P. X, 338 (Hugon. chron.).
Gerbert P. II, 410 (vit. S. Liudgeri); III, 78 (Kar. M. capit.); IV, 37 (Ott. M. constitut.); V, VI oft; VII, 23 (ann. Blandin.); VIII, IX öfters; Laur. oft; pol. Irm. s. 44, 193; Ng. a. 793, 819, 822.
Kerpert Ng. a. 822.
Guerebert Mab. a. 766.
Gherbert Wg. tr. C. 192.
Gerbret Ng. a. 819.
Gerpret Gld. II, a, 100.
Kerpret Ng. a. 808.
Gilbert s. GIL.
Guripert (ep. Populoniens.) synod. Roman. a. 826 ist wol Garipert zu lesen.
Gorbrathus conc. Mogunt. a. 847 wol hieher
Vgl. Garitbard unter GARD.
Nhd. Gerbert.

O. n. Gerperehtsheim.
Gereberta, fem. 7. Gest. reg. Dagobert. I.
Geirberta pol. Irm. s. 10.
Girberta pol. Irm. s. 124, 217.
Gariperga, fem. 8. Gerberga sec. 10: tochter Heinrichs I, gattin des Lothringerherzogs Giselbert. Sec. 11: tochter Konrads v. Burgund, frau des Alamannenherzogs Hermann II; schwester des Alamannenherzogs Hermann III, frau des markgrafen Heinrich v. Schweinfurt.
Gariperga P. IX, 583 (chron. mon. Casin.).
Gariverga Lp. a. 924 (II, 138).
Gairberga pol. Irm. s. 20.
Geirberga pol. Irm. s. 99.
Girberga P. I, 148 (ann. Lauriss.); V, 336 (Liudpr. antapodosis); VI öfters; pol. Irm. s. 27, 165; pol. Fossat.
Gerbirga P. I, 619, 627 (contin. Regin.); V, VI öfters; Laur. sec. 8 (n. 626); M. B. c. a. 900 (II).
Gerberga P. II öfters; IV, 22 (Ott. M. constit.); V, VI, VIII, IX öfters; X, 364 (Hugon. chron.), 537 (gest. abbat. Gemblac.); pol. Irm. s. 25, 91 etc.; M. B. sec. 11 (III).
Gerbergia pol. R. s. 100, 101 etc.
Gerbirc P. VI öfters; St. P. zwml.; necr. Aug.; tr. W. a. 805 (n. 25).
Gerbirh C. M. Jul.
Gerbirch P. II, V; St. P.
Gerbirig P. VI, 424 (Gerhard. mirac. S. Oudalr.).
Gerbirhc necr. Aug.
Kerbirg, Kerbirih, Kerpric, Kerbrig, Kerbrich, Kerbric, Kerpirihc Gld. II, a, 125.
Kaerpirc St. P.
Kerprih St. P.
Gerpirk M. B. a. 931 (VIII).
Gerberhga (so) P. V, 92 (ann. Hildesheim.).
Gherbergha Wg. tr. C. 30.
Gherberch Wg. tr. C. 68.
Gherberge Wg. tr. C. 171.
Gerwirga M. B. a. 1077.
Gedberga für Gerberga P. II, 326 (Adon. chron.).
Gepa für Gerberga P. V, 215 (reg. et imper. catal.).
Gerbrand. 9. P. IX, 325, 328 (Ad. Brem.).
Gerbrant Schn. a. 813.
Gerprant Dr. a. 813 (n. 285; Schn. ebds. Gerpraht).
Gerbrun, fem. Gld. II, a, 123 (Gerbruo ist druckfehler).
Gaerbod. 8. P. III, 73 (Kar. M. capit.).
Gerbodo Laur. sec. 10 (n. 273).
Gerbodo neben Gerbado P. X, 582 (chron. S. Huberti Andag.).
Kerpoto Gld. II, a, 103.
Gerbaud pol. R. s. 9 hieher?
Nhd. Gerboth, Gerbothe.
Gerburg, fem. 8. P. I, 616 (contin. Regin.); V, 88 (ann. Quedliub.); VI, VIII öfters; pol. Irm. s. 24; Laur. sec. 8 (n. 566); Lc. a. 996 (n. 126); C. M. Sept.
Gerburh P. VIII, 640 (annalista Saxo); C. M. April.
Gherburg Wg. tr. C. 26, 170.
Gherburgh Wg. tr. C. 18.
Gerpurch St. P. zwml.
Kerpurc St. P.
Kerburch, Kerburg, Kerbrug Gld. II, a, 125.
Cerburcch Gld. II, a, 121.
Gerdag. 9. P. V, 68 f. (ann. Hildesh.), 770 (Thietmari chron.); VI, 759, 764 (Thangmar. vit. Bernwardi); VIII, 634, 638 (annal. Saxo); IX, 849, 852 (chron. Hildesh.); Wg. tr. C. 278.
Gerdeg C. M. Jul.
Gerdac Wg. tr. C. 250.
Gerdrud, fem. 8. P. V, VIII öfters; IX, 262 (anon. Haserens.); St. P. zwml.; Laur. sec. 8 (n. 211).
Geretrudis P. I, 316 (ann. Mett.).
Geratrudis tr. W. a. 717 (n. 261 u. Pd. nchtr. n. 39).
Cartrud Gld. II, a, 121.
Gertrud P. VI, 11, 12 (ann. Laubiens., ann. Leodiens.); VII, VIII öfters; IX, 484 (gest. episc. Camerac.); X, 570 (chron. S. Huberti Andag.); pol. Irm. s. 41, 94 etc.; d. Ch. I mehrm.
Kerdrud St. P.
Gerthrud P. II öfters.
Gerthruth Gld. II, a, 123.
Girtrudis pol. Irm. s. 175, 235; pol. R. s. 77, 86.
Kerdut St. P. wol fehler für Kerdrut.
Gerflat, fem. 9. Schn. a. 821.
Kerflat Mchb. sec. 9 u. 10 (n. 562 etc.).
Gerflah (fem.) Schn. a. 792 steht wol für Gerflat.
Gerfildus. 8. Pol. Irm. s. 232.

Girofildis, fem. 8. Pol. Irm. s. 114.
Gerflidis pol. Irm. s. 97.
Girflidis pol. Irm. s. 215.

Garifred. 7. B. v. Nevers sec. 9. Lp. a. 919 (II, 114); gest. reg. Dagobert. I.
Gairefred A. S. Jan. I.
Gairfrid P. II, 302 (fragm. chron. Fontan.).
Guairfrid Mab. a. 769.
Girfrid pol. Irm. s. 218; pol. R. s. 53.
Girfred P. X, 503 (Hugon. chron.); pol. Irm. s. 27.
Carfred Mab. a. 770.
Gerfrid P. II, 405, 414 f. (vit. S. Liudgeri); pol. Irm. s. 221, 229; Ng. a. 806, 807; Laur. sec. 8 (n. 1375, 2431); Wg. tr. C. 147, 437; pol. R. s. 53.
Kerfrid Ng. a. 814.
Gerfred P. V, 3 (ann. Corbej.); pol. Irm. s. 194.
Gherfrid Wg. tr. C. 164, 325.
Gyrfred pol. Irm. s. 279.
Kirufrid K. c. a. 816 (n. 75).

Hiezu wol Gehirfred P. III, 256 (Hlud. et Hloth. capit.). S. über solche dehnungen Grimm gr. I, 90.

Girfridis, fem. 8. Pol. Irm. s. 249.

Garifus. 9. Mab. a. 874; Gld. II, a, 115.

Gerhaidis, fem. 9. Pol. R. s. 100.
Geroaidis pol. R. s. 47.
Geraidis pol. R. s. 48.
Gerheit Gr. IV, 225.
Gerhagdis pol. R. s. 60.
Gerowagdis pol. R. s. 42.

Garehard. 7. (6?). Sec. 9: ep. Laudens.; ep. Lucens.; ep. Matiscon. Sec. 10: ep. Agathens.; ep. Faventin. Sec. 11: b. v. Cambray; b. v. Ostia; b. v. Reate; b. v. Veroli; b. v. Florenz, nachher pabst Nicolaus II; b. v. Angoulème; ep. Rosselan.; ep. Petragoric.; graf v. Egisheim, stifter des hauses Lothringen; graf v. Elsenzgau.
Garehard Mab. a. 748.
Gariard P. V, 236 (Andr. Bergomat. chron.), 300 (Liutpr. antapodosis).
Garard P. V, 229 (chron. Casin.), 250 (Erchemperti hist. Langob.).
Geirard pol. Irm. s. 115.
Gerhard P. überall oft; Laur. öfters; St. P. mehrm; pol. Irm. s. 79, 91 etc.; Gud. a. 910, 1069, 1084.
Gerhart P. VIII öfters; Laur. öfters; St. P. mehrm.; Ng. a. 817, 819, 825; M. B. a. 1044, c. a. 1050 (VI, VII, XIII).
Gerhartes (genit.) Dr. a. 876 (n. 613; Schn. Zerharhes).
Kerhard P. I, 54 (ann. Alam.); II öfters; St. P.
Kerhart Ng. a. 784, 820; M. B. a. 1074 (VII); necr. Aug.; St. P. öfters.
Ghaerhart Ng. a. 805.
Kerhaert St. P.
Gherhard Wg. tr. C. 227, 246, 252, 257, 275, 340, 456, 465, 470.
Ghaerard Mab. a. 775.
Girard P. IV, B, 179 (Nicol. II statut.); V–IX öfters; X, 65, 87 (Landulf. hist. Mediol.), 278 (Ruperti chron.); pol. Irm. s. 86, 104, 123; pol. R. s. 65, 98; Guérard a. 1089.
Girart Pd. a. 587 (n. 196).
Gerard P. I–IX öfters; X, 354 (Hugon. chron.), 641 (gest. episc. Tullens.); conc. Rothomag. a. 692; Mab. a. 759; Gud. a. 926, c. 1020, 1090; Guérard a. 1038, 1046; pol. Irm. s. 9, 28 etc.
Gherard P. IX öfters.
Gerard und Gerald öfters von derselben person, z. b. P. IX.
Nhd. Gehrhardt, Gerhard, Gerhardt, Gierhardt, Girard (in franz. form Guérard).
O. n. Gerhartunga.

Garaheri. 6. R. a. 901 (n. 87).
Carohari St. P. zwml.
Caroheri St. P.
Garachar Greg. Tur. VIII, 6.
Kaerhari St. P.
Gerhar pol. Irm. s. 47; pol. R. s. 75.
Kerhari St. P.
Gerheri K. a. 853 (n. 120); St. P. dreiml.
Gerher Laur. sec. 8 (n. 1168).
Gherheri Wg. tr. C. 355, 369.
Girher pol. R. s. 69.
Karaheri, Karuheri, Keruheri Mchb. sec. 9 (n. 510, 553).
Nhd. Gehrer, Kehrer.
O. n. Gerareshusa.

Gerhad. 8. Pol. R. s. 37.
Giroad pol. Irm. s. 28.

Hieher wol noch:
Girhaus pol. Irm. s. 25, 39.

Geraus P. III, 30 (Pipp. capit.); pol. Irm. s. 82.
Nhd. Girod.
Gerhelm. 8. P. VI, 224 (mirac. S. Wigberhti); Laur. mehrm.
Gerhalm Mchb. sec. 11 (n. 1161).
Kerhelm Mchb. sec. 9 (n. 471); necr. Aug.
Gerelm pol. Irm. s. 25, 162; Guérard a. 1046; A. S. Jan. I.
Girelm pol. Irm. s. 165.
O. n. Gerhelmesbach.
Girelma, fem. 8. Pol. Irm. s. 37.
Gerolma pol. R. s. 35 wol hieher.
Garoildis, fem. 8. Pol. Irm. s. 97, 102.
Garovildis pol. Irm. s. 101.
Girohildis pol. Irm. s. 84, 259.
Giroildis pol. Irm. s. 92.
Girhildis pol. Irm. s. 231, 237.
Gerehildis pol. R. s. 87.
Gerouildis pol. Irm. s. 80.
Gerhildis pol. Irm. s. 9, 83 etc.; pol. R. s. 9, 15.
Gerhilt Laur. sec. 8 (n. 2138); tr. W. a. 830 (n. 172).
Kerhilda P. II, 117 (Ekkeh. cas. s. Galli).
Kerhilt P. I, 78, 81 (ann. Sangall.); Ng. a. 783; necr. Aug.
Kaerhilt St. P. zwml.
Geroildis pol. Irm. s. 28, 71 etc.; pol. R. s. 16.
Gerildis pol. Irm. s. 61; pol. R. s. 38.
Gerild C. M. Sept.
O. n. Gerhiltihusun.
Gerhoh. 8. St. P. oft; Laur. mehrm.; Dr. a. 824 (n. 454; Schn. ebds. Geroh).
Gerhoch P. IX öfters; Gud. a. 926.
Gerhoc St. P.
Gaerhoh Ng. a. 775.
Kerhoh St. P. mehrm.
Keerhoh St. P.
Kaerhaoh St. P.
Kerohc Ng. a. 860.
Geroch Laur. sec. 8 u. 9 (n. 1361, 3565); tr. W. a. 824 (n. 171); H. a. 926 (n. 147).
Kerog St. P.
Cerhoh St. P.
Gerho P. I, 47 (ann. Alam.); Wg. tr. C. 432, 444, 454.
Kerho P. II, 128 (Ekkeh. cas. S. Galli); K. a. 824 (n. 90); Ng. a. 826.
Cherho Ng. a. 812.

Gaerechramnus. 7. Conv. Clipiac. a. 659; Pd. a. 653 (n. 322; M. ebds. n. 64).
Gerrammus Laur. sec. 9 (n. 269).
Gerrannus pol. R. s. 21, 83.
Gerram H. a. 1052 (n. 250), 1053 (n. 253).
Kerram Ng. a. 870, 948.
Girannus pol. Irm. s. 242.
Geirtrannus pol. Irm. s. 112.
Nhd. Gieram.
Gerroh. Gld. II, a, 100.
Kaerrod. 8. St. P.
Kerood St. P.
Kerhuge. Gld. II, a, 125.
Gerolah. 8. Necr. Fuld. a. 821.
Gerlac H. a. 865 (n. 102); Lc. a. 1063 (n. 199).
Gerlach Laur. mehrm.; H. a 1042 (n. 239); G. a. 1052 (n. 54); Gud. a. 1056; Lc. a. 1064 (n. 201).
Gerlah Dr. a. 816 (n. 323); Schn. a. 843; Laur. a. 1013 (n. 94); Lc. a. 1076 (n. 228).
Gherlag P. IX, 849 (chron. Hildesh.).
Gerleg P. III, 429 (Kar. II capit.); C. M. Nov.
Gerler (so) Wg. tr. C. 262 wol für Gerlec.
Hieher wol noch:
Girlaus pol. Irm. s. 27.
Gerlaus pol. Irm. s. 24, 78, 79 etc.
Gerleus pol. Irm. s. 180.
Nhd. Gerlach, Garlei.
O. n. Gerlageswilare.
Kaerlaip. 8. St. P.
Gerleip Gld. II, a, 123.
Kerleip St. P.
Kesleip (so) Mchb. sec. 8 (n. 179) wol für Kerleip.
Gerlef Lc. a. 855 (n. 65).
Gairelaig. 7. Tr. W. sec. 7 (n. 38).
Gerelaig tr. W. a. 712 (n. 186).
Kerleih St. P.
Gerleih tr. W. a. 758 (n. 145).
Girlaicus pol. Irm. s. 229.
Gheirleih Ng. a. 819.
Gerlec Lc. a. 855 (n. 65) hieher?
Gerleg s. unter Gerolah.
Gerlaius pol. R. s. 2, 43 etc. wol hieher.
Nhd. Gerlich, Görlich.
O. n. Gerleicovilare, Gerleichesdorf, Gerleihesheim.
Gerland. 9. P. V, 388 (Flodoardi ann.); IX, 109 (chron. Novalic.); pol. R. s. 36; G. a. 905 (n. 9); H. a. 975 (n. 195).

Gerlaug. 9. Dr. a. 817 (n. 326; Schn. ebds. Gerlang).
Gerlib. 9. Gud. a. 1056.
Gerlif Wg. tr. C. 486.
Garlint, fem. 8. Laur. sec. 8 (n. 2264).
Gaerelinde Pd. a. 708 (n. 471).
Kaerlind und Kaerljnd St. P.
Gerlindis P. II, 582 (transl. S. Viti); Ng. a. 774; pol. Irm. s. 24, 47 etc.; pol. R. s. 16, 100; H. a. 926 (n. 146).
Gerlint Laur. mehrm.
Girlindis pol. Irm. s. 139, 144; pol. R. s. 36.
Kerlind St. P. mehrm.
Kerlint St. P. zwml.
Kerhelint (so) R. a. 821.
Jerlent pol. Irm. s. 51 (sec. 11) hieher?
Geraloh. 9. Ng. a. 826, 837.
Geraloch K. a. 815 (nchtr. B).
Gerloh St. P.
Gerloch M. B. c. a. 1070 (XIII).
Kerlohc necr. Aug.
Kerloh Ng. a. 854; necr. Aug.
Kerolous Ng. a. 858 wol hieher.
Kraloh unter GRAW könnte sich leicht hiemit vermischen.
Garaman. 9. P. VI, 370, 373 (vit. Joh. Gorziens.); tr. W. a. 811 (n. 180); Lc. a. 927 (n. 87).
Caraman K. a. 797 (n. 44; Ng. ebds.).
Karaman K. a. 817 (n. 77; Ng. ebds.).
Garoman Laur. sec. 8 (n. 521); tr. W. a. 805 (n. 25).
Caroman Ng. a. 819.
Gereman P. III, 90 (Kar. M. capit.).
Careman Ng. a. 797.
German Laur. sec. 8 (n. 6).
Kerman Gld. II, a, 103.
Germanuio St. P.
Germanus öfters wol deutsch und hieher gehörig. Auch Grahaman (s. ds.) berührt sich mit unserm n.
Nhd. Göhrmann, Gehrmann, Germann, Karmann.
O. n. Germanesgowe.
Garimand. 10. Lp. a. 911, 918 (II, 78, 111).
Garimar. 7. P. III, 253 (Hlud. et Hloth. capit.).
Geremar P. II, 293 (gest. abbat. Fontanell.); VIII, 461 (Sigeb. auct. Bellov.); d. Ch. I.
Germar P. II, 400 (Angilbert); Laur. sec. 8 (n. 538, 3611); pol. Irm. s. 25.
Girmar pol. Irm. s. 250.
Germer Wg. tr. C. 268.
Ghermer Wg. tr. C. 465.
Nhd. Germar.
O. n. Kermaringon, Germaresprucca, Germariscowa, Germaresheim, Germeresleva, Germaromarcha, Kermareswang.
Kermit. 10. St. P. (für Kernit?).
Germod. 8. Pol. Irm. s. 183; Ms. a. 1049 (n. 21).
Germuod St. P. zwml.
Germuot St. P. zwml.; Laur. sec. 9 (n. 767).
Girmod pol. Irm. s. 234.
Garimund. 7. Garmund erzb. v. Vienne sec. 11.
Garimund test. Erm.; Lp. a. 806 (I, 646), 828 (I, 674); d. Ch. I, 884.
Girmund pol. Irm. s. 147, 249.
Germund P. I, 520 (ann. Vedast.); II, 199 (ann. Vedast.); pol. Irm. s. 13, 94 etc.; pol. Fossat.; Lc. a. 797 (n. 9); Laur. öfters; pol. R. s. 69.
Gaermunt Gld. II, a, 100.
Germunt Ng. a. 773, 802, 824; Laur. öfters; M. B. a. 901 (XXXI).
Kermunt necr. Aug.; St. P. mehrm.
O. n. Kermuntesbusir, vielleicht auch Kermanteswanc (so).
Gernand. 8. Schn. a. 790, 803; necr. Fuld. a. 967.
Gernant Laur. öfters.
Kernand Ng. a. 859.
Kernant Gld. II, a, 103.
Gernid. 10. Schn. a. 944.
Gerniuui, fem. 9. Dr. n. 504, 508.
Gerniu Dr. a. 801 (n. 169; bei Schn. falsch); Laur. öfters.
Gerni St. P.; Mchb. sec. 10 (n. 1129).
Kerniu, Kerniua Gld. II, a, 125.
Kerni St. P. dreimal.
Kaerni St. P.
Kerani St. P.
Gernot. 8. M. B. a. 1040 (XIII).
Kernod Mchb. a. 770, 819, 824, 838 (n. 17 etc.).
Mehrere spätere zeugnisse für Gernot s. Mone deutsche heldens. (1836) s. 61.
Nhd. Gernoth.

Gerrad, msc. u. fem. 8. Pol. Irm. s. 88, 92; St. P.; Mab. a. 847; pol. R. s. 104.
Gairrad Gld. II, a, 115.
Geirad pol. Irm. s. 89.
Girrad pol. Irm. s. 173.
Kerrat Gld. II, a, 103, 125.
Gerad pol. Irm. s. 92.
O. n. Gerrateshus.
Gerrada, fem. 8. Laur. sec. 9 (n. 587); pol. R. s. 51.
Geirada pol. Irm. s. 146.
Gertrada pol. R. s. 16.
Gararich. 6. Greg. Tur. VII, 13 u. 25.
Gerrich P. I, 393 (ann. Fuld.), 624, 627 (contin. Regin.); II, 617 (vit. Hlud. imp.); V, 70 (ann. Hildesh.); VIII, 615, 617, 618 (annalista Saxo); Laur. mehrm.; M. B. a. 993 (XXXI).
Gerrih Gld. II, a, 100.
Gerrik Frek.
Kerrih St. P. zwml.
Carrigus tr. W. a. 699 (n. 252) = Gar-rigus?
Gersinda, fem. 8. Ng. a. 790; pol. Irm. s. 68, 69.
Girsindis pol. Irm. s. 181.
Garsendis P. VII, 465 (Bernold. chron.); Lgd. oft neben Garsindis.
Gersenta pol. Irm. s. 177.
Kersinda K. a. 824 (n. 90); Ng. a. 826.
Kerstin. 11. Ms. a. 1049 (n. 22).
Gerswindis, fem. 8. Tr. W. a. 774 (n. 178).
Gerswind Laur. sec. 8 (n. 202).
Gersuind P. II, 453 (Einh. vit. Kar.); VIII, 163 (Ekkeh. chron. univers.), 564 (annalista Saxo).
Gerswint Laur. sec. 8 u. 10 (n. 211, 273).
Gersuint Laur. mehrm.
Kerswind St. P.
Gerswid P. II, 388 (vit. S. Willehadi).
Gerswith und Gersuith Gld. II, a, 123.
Gaersoinda K. a. 797 (n. 49; Ng. ebds.).
Gersuth C. M. Dec.
Gerwint necr. Fuld. a. 793.
Kerwat. 9. Mchb. sec. 9 (n. 297).
Gerualcus. 8. Schpf. a. 1070 (n. 220).
Kerwalh St. P. mehrm.
Kaerwalh St. P.
Gerwal P. II, 282 (vit. S. Willehadi); Lc. a. 794, 796 (n. 4, 8).
Geruolc tr. W. a. 861 (n. 272).
Keruolch St. P.
Keruolohc Gld. II, a, 103.
Garivald. 6. Sec. 8: Baiernherzog. Sec. 9: ep. Matiscon.; b. v. Amiens. Sec. 10: b. v. Salzburg. Sec. 11: b. v. Cahors; b. v. Perigueux; b. v. Viviers
Garivald Greg. Tur. IV, 9; Lp. sec. 9 oft.
Garioald P. IX, 593 (chron. mon. Casin.).
Garold pol. Irm. s. 51 (sec. 11).
Garald Gld. II, a, 115.
Giroald pol. R. s. 52.
Girald P. IV, 50 (Heinr. IV constitut.); VI öfters; pol. Irm. s. 136.
Girold pol. Irm. s. 24, 30; pol. R. s. 43, 59 etc.
Gyrald P. X, 366 etc. (Hugon. chron.).
Gaioroald (so) d. Ch. I, 671.
Gairoald tr. W. a. 700 (n. 203).
Gairald Pd. a. 593 (n. 201).
Gerwald P. VI, 36 (exc. Altah.).
Gervold P. II, 291 f. (gest. abbat. Fontan.); pol. Irm. s. 92.
Geroald P. II, 293 (gest. abbat. Fontan.); pol. R. s. 86.
Gerald P. II, V—IX öfters; X, 367 (Hugon. chron.); Ng. a. 790; pol. Irm. s. 41, 48; Guérard a. 828; pol. R. s. 66.
Gherald P. V, 40 (ann. Quedlinb.).
Gerhald (statt Bernhard) P. II, 83, 123 (Ekkeh. cas. S. Galli).
Gerold P. I, II oft; III, 534 (Kar. II capit.); V, VII, VIII oft; tr. W. a. 780 (n. 106); St. P. öfters; Laur. öfters; pol. Irm. s. 39, 89 etc. Ng. a. 786, 819, 821, 826; Gud. a. 840, 1069; Wg. tr. C. 194, 307, 319, 400.
Gerolt P. I, 374 (Ruod. Fuld. ann.); II, 57 (Rhythm. de S. Otm.); VII, 125 (Herim. Aug. chron.); Schn. a. 756; St. P.; Laur. mehrm; Ng. a. 786, 802, 817, 818, 819; M. B. a. 811, c. a. 1050, c. a. 1090 (VI, VII, XI).
Kerold P. V öfters.
Kerolt P. I öfters; VII, 35 (ann. Formosel.); necr. Aug.; St. P. zwml.; M. B. a. 775 (IX), 1074 (VIII); Ng. a. 808.
Gherold Wg. tr. C. 336, 387, 391.
Gaerold St. P.
Gaerolt Ng. a. 783, 802.
Kaerolt St. P.
Gerholt Laur. sec. 9 (n. 1974).

Kerholt Gld. II, a, 103.
Geroold pol. R. s. 59.
Gerallus Lgd. a. 1080, 1095 (II, n. 283, 313).
Kerlot und Gerwal zuweilen wol hieher.
Verwechselungen mit Garibald und mit Garehard finden bei diesem n. statt.
Nhd. Gerbold, Gerholdt, Gerold.
O. n. Karoldesbach, Keroltesdorf, Geroldeshagen, Geroldesheim, Keroltesbova, Geroldeshus, Geraldouilla.

Geravan. 11. Laur. sec. 11 (n. 106).

Kaerwant. 8. St. P. zwml.
Kerwant Mchb. sec. 9 (n. 646).

Kerwantil. 8. St. P.
Kaerwantil St. P. zwml.
Gerwendillus Saxo gramm.
Kerwentil Mchb. sec. 8 (n. 58).
Gerwintil Schn. a. 791.
Gerentilo Laur. sec. 8 (n. 337) wol hieher.
O. n. Gerwenteleshus.

Gerwentila, fem. Gld. II, a, 123.

Kerwar. 8. St. P.

Geroara, fem. 8. Pol. Irm. s. 97.

Garuward. 8. Wg. tr. C. 319, 438.
Gharuward Wg. tr. C. 441, 480.
Garowart tr. W. a. 737 (n. 162 und Pd. nchtr. n. 55).
Garevard P. V, 744 (Thietmari chron.).
Garward Wg. tr. C. 246.
Gharward Wg. tr. C. 284, 345.
Giroard pol. Irm. s. 30, 62 etc.; pol. R. s. 43.
Gyroard pol. Irm. s. 25.
Geroard pol. Irm. s. 9, 46 etc.; pol. R. s. 2, 58 etc.
Gerward Wg. tr. C. 243, 258, 284, 313, 472; Laur. mehrm.; C. M. Jul.
Gerwart Laur. sec. 8 (n. 570).
Gherward Wg. tr. C. 274, 372, 437, 452.
Kerwart St. P.
Gerword (so) Ms. a. 1049 (n. 21).

Gervas. 5. B. v. Mans sec. 11.
Gervas P. V, 161 (ann. Mosomag.); VIII, IX, XII öfters; vit. S. Severini ed. Pez; Mab. a. 831; Guérard a. 1089.
Kerhuuas Mchb. sec. 9 (n. 363).
Geirwas pol. Irm. s. 124.
Hiezu wol kaum Carausius; s. ds.

Girvau. 8. Pol. Irm. s. 28 (verderbt?).

Gervida, fem. 7. Pd. a. 661 (n. 338).
Geruidis pol. R. s. 7.
Geroidis pol. R. s. 71.
Hgeroidis (so) pol. R. s. 75.

Geravig. 8. Laur. sec. 8 (n. 2959).
Gerwig Laur. sec. 8 (n. 248, 255); Schn. a. 756; Wg. tr. C. 415; necr. Aug.; St. P. zwml.
Gerwich St. P. öfters; M. B. c. a. 1070 (VI).
Gerwih St. P. mehrm.; Dr. a. 825 (n. 460; Schn. ebds. Gerwig).
Gerwic Laur. sec. 8 (n. 167).
Gerwico Gud. a. 840.
Kerwic Ng. a. 865.
Gherwihc Wg. tr. C. 60.
Gherwigh Wg. tr. C. 444.
Kerwih R. a. 821 (n. 21).
Geruius St. P.
Kerwius Gld. II, a, 103.
Gerwi C. M. Sept.
Kerwi Gld. II, a. 125.
Gerveus pol. Irm. s. 88.
Girveus P. VI, 516 (mirac. S. Apri); pol. Irm. s. 218, 226.
Gerbicha M. B. sec. 11 (IV) wol hieher.
Nhd. Gerwich, Karwich.
O. n. Gerwibeshus.

Garuin. 7. Gld. II, a, 115.
Garoin pol. Irm. s. 102; tr. W. öfters.
Caruin tr. W. a. 713 (n. 202).
Caroin tr. W. a. 700 (Pd. nchtr. n. 14).
Gairoin pol. Irm. s. 11.
Gairoenus gest. regg. Franc.
Gayroin P. X, 339 etc. (Hugon. chron.); Schpf. a. 746 (n. 16).
Giroin pol. Irm. s. 28, 30 etc.; pol. R. s. 63.
Girwin pol. Irm. s. 250.
Girvin pol. Irm. s. 259.
Gherowin tr. W. a. 774 (n. 178).
Gerewin P. VI, 508 (Widric. mirac. S. Gerardi).
Gerwin P. VII, 23 (ann. Blandin.); Laur. mehrm.; H. a. 926 (n. 146); St. M. a. 1092.
Geruin P. X, 286 (Hugon. chron.).
Geroin pol. Irm. s. 75, 95 etc.; pol. R. s. 19, 21 etc.
Nhd. Gerwen, Gerwin, Kerwien, Kerwin.
O. n. Gerwineshuson, Gerwinesrode, Gerwinestein.

Gyroind. 7. Pd. a. 659 (n. 335).
Karioendes M. a. 653 (n. 55) wol hieher.

Girols. 8. Pol. Irm. s. 71.
Gerois pol. Irm. s. 268.
Garbisus Mab. a. 821 wol hieher.
Gervisa, fem. 9. P. IX, 644 (chron. mon. Casin.).
Gerwisa Schn. a. 823.
Garulf. 8. B. v. Verden sec. 9.
Garulf pol. Irm. s. 101.
Gairulf Lgd. a. 870 (I, n. 95).
Girulf pol. Irm. s. 139, 261; ebds. s. 50 (sec. 11); pol. R. s. 53, 93; St. M. c. a. 962.
Gyrulf P. X, 366 (Hugon. chron.); pol. Irm. s. 108.
Kerwolf Mchb. sec. 8 (n. 66); M. B. a. 775 (IX); St. P. zwml.
Gerulf P. I, 522 (ann. Vedast.); II, 201 (ann. Vedast.); VIII, 586 (annalista Saxo); Laur. sec. 8 (n. 326); pol. Irm. s. 9, 41 etc.; St. P.; Mab. a. 812; Wg. tr. C. 273, 291, 453, 461.
Gerolf P. I, 595 (Regin. chron.); necr. Aug.; Dr. a. 779; Laur. mehrm.
Keryolf St. P.
Karoholf Dr. a. 889 (n. 634; Schn. ebds.).
Kaerolf St. P. zwml.
Kerolf Gld. II, a, 103.
Cearolf tr. W. a. 743 (Pd. nachtr. n. 75) hieber?
Geruf (so) Wg. tr. C. 24.
Ags. Garulf.

Zum schlusse noch zwei ganz vereinzelte formen:
Gerholud. 9. Dr. a. 867 (n. 597; Schn. ebds. Gerhohlud).
Gericommus. 9. Pol. R. s. 34.

Zusammensetzungen mit erweitertem stamme:
Giraltrud, Giralfraht s. unter GISAL.
Girliidis, fem. 8. Pol. Irm. s. 150.
Ghirlamund. 8. Ng. a. 772 (n. 51); vgl. Gr. IV, 258.
Garilulf. 7. Test. Erm.
Ghirlulf St. P. aus sec. 8.
Gerembold. 9. Pol. R. s. 32.
Gerimfrid. 9. P. III, 90 (Kar. M. capit.).

GARD. Seit sec. 6 in namen nachzuweisen, ist dieser stamm weit mehr auslautend als anlautend gebräuchlich und bildet im ersteren falle meistens feminina, doch auch nicht wenige masculina. Am häufigsten unter allen mundarten ist er in der westfränkischen, besonders im pol. R., wo -gard gewiss häufig unter scheinbarem -hard (s. HARD) versteckt ist. So klar auch die wurzel ist, zu der diese namen gehören, so gehn doch die von dieser wurzel abgeleiteten stämme zu weit aus einander, um die hieher gehörige bedeutung sicher bestimmen zu können. Als mythologischen anknüpfungspunct erinnere ich namentlich an Freys gattin Gerðr, deren unvergleichliche schönheit die edda preist.

Folgende 113 namen haben diesen stamm auslautend:

Agardis? 8.
Alagart.
Alachgart 8.
Aldigart 8.
Albigardis 8.
Eligardis 8.
Ellingart.
Amalgardis 8.
Andregardis 8.
Ingalgardus 8.
Angilgardis 9.
Ansigardis 8.
Adegardis 9.
Adalgard 8.
Autgart 8.
Autgarde 9.
Aostargart 9.
Baldegardis 8.
Berigardus 9.
Bergerdis 9.
Beringard 8.
Berahtgart 8.
Bithgart 8.
Biligarda 8.
Perchgart.
Blicgart 8.
Blidgard 8.
Bramigardis 9.
Celsegardis 9.
Kunigart.
Constigerdis 9.
Dotgerdis 9.
Domegardus 8.
Domegerdis 9.
Trudgarda 8.
Droctengardus 8.
Euregardis 8.
Erlegardis 8.
Eudalgardis 8.
Fidegart 9.
Framegardis 9.
Frewigarda 8.
Fridugert 8.
Frodegard 8.
Folcgart 8.
Gebagard 8.
Givengardis 9.
Gislegardis 9.
Godelgardis 8.
Gundegardis 8.
Heilgart.
Halecghard 9.
Eergart 9.
Hadugart 8.
Hitigart 8.
Hildigard 8.
Hogardis.
Hrotgardis 8.
Rodelgard 9.
Hutecarde 10.
Holdagard 11.
Idelgardis 8.
Ingardis 8.
Irmgart 8.
Irmingard 9.
Hyselgarda 9.
Isangart 8.
Leutghard 9.
Lindgart 9.
Liobgart 8.
Liutgardis 8.
Madregerdis 9.
Merigart.
Madelgard 10.
Mathalgarda 9.
Milgart 9.
Mimigard.
Neringerdis 9.
Notkart.
Nodalgardis 8.
Odalgart 8.
Ratgardis 8.
Ragnegardis 8.
Rantgardis 8.
Richgarda 8.
Remegardis 9.
Rinigart 10.
Sadrigardis 9.
Sarugart 9.
Slaugart 9.
Songart 8.
Sungart 9.
Swanagarda 8.
Tasselgard 10.
Teutgardis 8.
Teudelgerdis 8.
Waldigardis 8.
Wangart 8.
Wandalgard 8.
Wandregerdis 9.
Warnigardis 9.
Widgerd.

Wicgart 9.	Winegardis 8.	Wolgard 8.
Wildigrat? 10.	Wiolgart.	Wolchangart 8.
Willigard 8.	Wisigard 6.	Wolfgart 8.
Winigard 8.	Wodalgarta.	

Gardila, msc. 8. Sm.

Cartila, fem. 9. St. P.

Gardin. 11. P. VI, 8 (ann. Virdun.).

Nhd. Karthin.

Garding. 6. Ep. Tudens. Conc. Tolet. a. 589.

Nhd. Gerting, Gertung.

Garithard. 6. Testam. Ared. et Pelag. bei Sp. (vgl. Garibert).

Cardebert. 8. Tr. W. a. 730 (n. 187).

Cartfrid. 9. Mchb. sec. 9 (n. 404).

Cartheri. 8. Mchb. sec. 8 u. 9 (n. 20, 155, 326).

Kartheri und Karther Mchb. sec. 9 (n. 371, 423, 462).

Gardar necr. Fuld. a. 913.

Altn. Garðar.

O. n. Gartherisriot.

Gardrad. 11. P. VI, 143 f. (Ademar. hist.).

Cartdiuha, fem. 8. Ng. a. 778. Wenn die zweite hälfte zu THIU gehört (und auch Grimm gr. II, 455 vermuthet darin diuwa ancilla), so ist sie jedenfalls auffällig gebildet.

Gerdward. C. M. Sept.

Carduin. 7. Tr. W. a. 699 (Pd. nchtr. n. 11).

Cartwin tr. W. a. 699 (Pd. nchtr. n. 10).

Gardulf. 8. P. V, 776 (Thietmari chron.); VIII, 586 (annalista Saxo); C. M. Nov.

Gardolf P. I, 595 (Regin. chron.).

Kardulf tr. W. a. 700 (n. 243 u. Pd. nchtr. n. 14).

Gare-, Gari-, Garo- s. GAR. **Garsimir** s. GRAS. **Gart-** s. GARD. **Garu-** s. GAR. **-gas** s. GAST. **-gasius** in Adalgasius s. Adalgis.

GAST. Dieser in p. n. anlautend ziemlich seltene, auslautend aber nicht wenig gebrauchte stamm gehört sicher zum goth. und ahd. gast (hospes). Mone heldens. s. 137 stellt ihn zu nhd. g e i s t, was höchstens von ags. n. auf gâst gelten könnte. Es scheint, dass GAST im 3. und 4. jahrhunderte einer der häufigsten auslautenden stämme gewesen ist; im 10. und 11. jhd. bildet sich kein neuer n. mehr mit diesem ausgange.

GAST unterliegt leichter verwechselung mit Slavischem (z. b. Radigast).

Auslautend in folgenden 33 namen:

Altgast 9.	Freigast 9.	Nebiogast 5.
Alpkast.	Volcast 10.	Norigas?
Anagast 6.	Halidegastes 3.	Ogast 9.
Andragast 6.	Hartigast 6.	Ratgast 8.
Arbogast 4.	Hadagast 9.	Salagast 4.
Ongast 9.	Hiltigast 9.	Suabgast 9.
Bosogast 5.	Hruadgast 9.	Wagast? 9.
Bodogast 4.	Hungast 8.	Wargast 9.
Burgast? 7.	Liudigast.	Widogast 4.
Cunigast 6.	Milgast.	Windogast 5.
Fingast 8.	Nantgast 9.	Visogast 4.

Wie einige andere stämme, so verliert auch GAST im fränk. dialect öfters den anlaut; demnach sind noch (in übereinstimmung mit Grimm gesch. d. dtsch. spr. 541) hieherzurechnen:

Baudastes 6.	Leonastis 6.	Leudoastes 6.
Bladastes 6.	Leubastes 6.	Nifast 6.

Gasto. 8. Necr. Fuld. a. 976.

Cast Lc. a. 796 (n. 6). Der anlaut fällt in einer sächs. urk. auf.

Nhd. Gast, Gaste, Kast.

Casticho. 9. St. P.

Gestin. 9. K. a. 861 (n. 136).

Kestin Gld. II, a, 125.

Castuna, fem. 8. St. P.

Gastart. Gld. II, a, 123.

Gestlind, fem. Gld. II, a, 123.

Gestiliub. 10. P. VI, 552 (Arnold. d. S. Emmer.).

Gastrad. 8 Laur. sec. 8 (n. 2872).

Gastrat Laur. sec. 8 (n. 3149); necr. Fuld. a. 831.

Castrat P V, 144 (ann. Einsidl.); Ng. a. 889.

Castricus. 6. A. S. Jan. I.

Castald. 9. Ng. a. 826.

Castaldius bei Mchb. sec. 9 (n. 715) ist titel, was Mchb. nicht erkannt hat.

Castwid. 8. Laur. sec. 8 (n. 3067).

Zu diesem stamme vielleicht noch:

Castnich. 8. Laur. sec. 8 (n. 3684).

Gat- s. GAD.

GAUD. Dieser sowol anlautend als auslautend in p. n. ungemein häufige stamm bietet grosse schwierigkeiten dar. In hinsicht auf seine etymologie war man lange zeit ganz im dunkeln; erst Grimm gesch. d. dtsch. spr. I, 440 wagt die namen, welche die form Gaud enthalten, mit bestimmtheit an den n. der Gothen zu knüpfen und thut das auf überzeugende weise. Nun ist aber eben der n. der Gothen in bezug auf den vocal und den auslautenden consonanten der stammsilbe, wie Grimm gründlich darthut, in höchst auffallender weise verschiedenformig und dadurch erwächst auch für die n. die schwer zu beantwortende frage, was wir alles an diese form Gaud anschliessen dürfen. Diese frage wird besonders schwierig dadurch, dass auch ganz entlegene, aber ähnlich klingende wörter zur namenbildung verwandt worden sind, wie got (deus), guot (bonus) und vielleicht noch einige andere.

Die form Gaud selbst, welche ich hier ihrer häufigkeit und leichten erkennbarkeit wegen zu grunde lege, ist für eine hochdeutsche anzusehn; die schreibung Gaut in hochdeutschen quellen hat entweder consonantenverbindungen oder ungenauigkeit zur veranlassung.

Diesem Gaud steht nun niederd. Gauth (oder ungenau geschrieben Gaut) zur seite, welches wir indessen in n. verhältnismässig nicht häufig finden.

Schon Graff vermuthet und Grimm erhebt es zur gewissheit, dass die sehr häufige form Goz nur eine nebenform von Gaud sei. Sie entspringt aus der von Grimm nachgewiesenen doppelform des Gothennamens. Ich habe deshalb unbedenklich alle diese formen mit z (Gauz, Cauz, Goz, Coz), für welchen laut denn auch misbräuchlich s steht, unter unsern stamm aufgenommen. Weinhold die dtsch. frauen s. 13 rechnet wol irrthümlich Goz zu got (deus).

Hochdeutschem Goz sollte sächsisches Got antworten; da aber auch ahd. got, goth. gud (deus) sicher in namen vorkommt, so habe ich alles, was die genannten formen a n l a u t e n d enthält, da eine sonderung geradezu unmöglich war, unter einen besondern stamm GOD gebracht, wobei ich zugestehe, dass manche dort angeführte formen eigentlich zu GAUD gehören mögen.

Anders steht es mit den namen, deren l e t z t e r theil dieser form -goth oder -got bildet. Auf -goth erstlich enden die sicher hieher gehörenden alten namen Ostrogotha (3), Theudegotha (4), Vultrogotha (6). Aber auch die sächsischen formen auf -got rechne ich hieher, da ich auslautendes -got (deus) in namen der bedeutung wegen nicht annehme. Die hieher gehörenden beispiele sind:

Eisgot 9.
Alfgot 9.
Arnghot 9.
Adogoto 8.
Adalgot 8.
Bancgot 9.
Perahtcot 9.
Hardgot 9.
Rotgot 9.
Reingot 9.
Sigot 9.
Sidhgot 9.

Ob Sisagut (9) hieher gehört, ist die frage. Die form -guda -gudis s. unter GOD.

Zuweilen fällt, wie auch bei andern mit g anlautenden stämmen, in fränkischer mundart das g aus und ich habe daher einige formen auf -aud, -aus und dgl. mit hieher gezogen.

Das pol. Irm. kennt mit ausnahme von Gotselmus nur formen mit au; in den trad. Corb. kommt auslautend weder -gauz noch -goz, sondern nur -got vor.

Es liegt mir nun noch ob, die übrigen auf unsern stamm endenden namen zu verzeichnen. Mit hinzurechnung der oben erwähnten 15 formen auf -goth und -got beläuft sich ihre gesammtsumme auf 150, worunter freilich nur 14 feminina.

Adragand 8.
Achgoz 8.
Aclegaud 8.
Alhcaoz 8.
Altigaud 8.
Albgoz 8.
Elbergaut 11.
Eligaud 8.
Amalgaud 8.
Amalgauda 9.
Andegaud 8.
Audriaud 9.
Ingalgaud 9.
Ansegaud 9.
Aragoz 10.
Aringaud 8.
Ascoz 8.
Adalgaud 8.
Autgaus 8.
Aodalgoz 9.
Aongoz 8.
Ostgaus 8.
Aostargaoz 8.
Awigaoz 9.
Avesgaud 11.
Baldegaud 8.
Benegaud 8.
Beongoz 9.
Berengaud 8.
Berachtcoz 7.
Perahgoz 9.
Blidgaud 8.
Bonecaus 8.
Celgaud 8.
Cristingaud 8.
Dagaud 6.
Danegaud 8.
Domingaud 9.
Tribagos 10.
Trutgaud 8.
Truhtcoz.
Ebregaud 8.
Erimgaud 8.
Ercangaud 8.
Erlegaud 8.
Faregaud 8.
Fabigaud 8.
Ficausto? 9.
Framengaus 8.
Framengaudia 8.
Fridugoz 8.
Frodegaud 8.
Frumigoz 8.
Fulgaud 8.
Gisalgoz 8.
Godelgaud 8.
Gundegosa 9.
Hecchacosa 8.
Aitingaud 8.
Hardegaud 8.
Haregaud 6.
Hadegaud 8.
Hazcoz.
Helingaud 8.
Helmigaud 8.
Hildegaud 8.

Hohgaud.	Manegaud 11.	Stahalgoz 8.
Rangaud 8.	Merigoz 9.	Strataus? 8.
Rocgauz 8.	Meringaud 10.	Suigaut 9.
Hrodgaud 8.	Madalgaud 8.	Tedgaud 10.
Hrodingaud 9.	Naudgoz 9.	Teutgaud 8.
Hugicaoz 8.	Nardgaot 8.	Teutgaudia 8.
Hungoz 9.	Nerigaud 9.	Ulgaud 8.
Itgaud 8.	Nidgoz 9.	Ursiaud 9.
Emgoz 10.	Nodalgaud 8.	Walagaudius 8.
Iuilgaud 8.	Norigaud.	Waldegaud 8.
Irmegaus 8.	Northgaud.	Wandalgaud 8.
Ermingaud 8.	Nozgaud 11.	Werigoz 9.
Ermengauda 8.	Oadalgaoz 8.	Warengaud 7.
Isingaud 8.	Ratgaud 8.	Witogaud 8.
Junigaud 8.	Ratgozza.	Wikgoz 9.
Lagoz 9.	Regingaoz 8.	Willicoz 8.
Laidiaud 9.	Ranchaus? 8.	Winegaud 8.
Landegaus 8.	Richgauz 8.	Winegauda 9.
Liobgoz 9.	Rimigoz 8.	Wisogoz 8.
Leutgaud 8.	Saregaud 8.	Vuldargoza 6.
Madergaud 9.	Sichaud 9.	Vulfegaud 8.
Megingaud 8.	Sindgoz 9.	Wolfaudis 8.
Mahalgoz 8.	Spaucozza 8.	Yedigoz 11.

Gaudus. 6. Pol. Irm. s. 139.
Gaudo Pd. a. 675 (n. 375).
Gautus pol. Irm. s. 93, 115.
Gauto Fredegar.
Gaudius pol. Irm. s. 92; pol. R. s. 50; St. P.
Gapt bei Jorn. stammvater der anses, ist wahrscheinlich Gaut zu lesen, auch nach Grimm mythol. 345.
Coutus (natio. Elvetius) auf einer röm. zu Mainz gefundenen inschrift, St. n. 466, wahrscheinlich hieher. Vgl. auch Cotio, ein zu Augst gefundener töpferstempel. St. n. 539.
Gauz Laur. sec. 8 (n. 2830).
Gauso P. III, 252 (Hlud. et Hloth. capit.).
Gausus Guérard a. 800.
Cauzo Mchb. sec. 9 (n. 426, 492); St. P.
Kaoz St. P.
Gozo Schn. a. 852 (Dr. ebds. n. 562 Gozolt); Laur. sec. 8 u. 9 (n. 263, 423); Lc. a. 1091 (n. 246).
Gozzo necr. Fuld. a. 854.
Gotzo necr. Aug.
Cozo Ng. a. 813.
Cozzo Mchb. sec. 8 (n. 19).
Kozzo St. P.

Gozso P. III, 426 (Kar. II capit.).
Hieher wol noch:
Gauscio P. V, 167 (ann. S. Germani).
Jozo M. B. a. 1096.
Josco pol. Irm. s. 50 (sec. 11).
Nhd. Gaudy, Gause, Gothe, Göthe, Götte, Göss, Gauss, Koths, Kohtz, Koss, Kosse, Kotze.
O. n. Gozesowa, Caozesprunn, Gozzespuhel, Cozesheim, Cozzinheim.
Gauda, fem. 8. Pol. Irm. s. 87, 147.
Gaudia pol. Irm. s. 74. Diese form wol hieher. J. Grimm frauennamen aus blumen (1852) s. 25 denkt freilich an franz. gaude reseda luteola.
Cozia St. P. zwml.
Goza Lc. a. 1074 (n. 226).
Gozza Schn. a. 800.
Gossa St. P.
Gozha necr. Aug.
Gosca pol. Irm. s. 49 (sec. 11, mehrmals) wol hieher.
Gausanae (dat.) P. IX, 583 (chron. mon. Casin.).
Cotsane (abl.) tr. W. a. 742 (n. 1).
Gozekin. 11. Lc. a. 1041 (n. 177).
Gozechin Gud. a. 1074.
Gaudidus. 8. Pol. Irm. s. 279; St. P.
Gaudida, fem. 8. Pol. Irm. s. 100.
Gaudila, (msc.) 7. Ep. Empuritan. sec. 7. Die formen Gozilo: 1) G. I, hzg. v. Lothringen und 2) G. II, dessen sohn, sec. 11.
Gaudila conc. Tolet a. 688; Sm.
Caozilo St. P. mehrm
Kaozilo St. P. zwml.
Gozilo P. V, 629 (Richeri hist.); VII, VIII öfters; X, 578 (chron. S. Hubert. Andag.).
Gozzilo P. VII öfters.
Gocilo P. IX, 65 (Rodulf. hist.).
Cozilo St. P.
Gothilo = Gozilo P. IX, 485, 487 (gest. episc. Camerac.), 530 (chron. S. Andreae).
Kozzilo R. a. 843 (n. 36).
Cozzolo Gld. II, a, 97.
Gozelo P. V, 157 (ann. S. Vincent. Mett.); VI, 48 (gest. episc. Virdun.), 735 (vit. Balder. ep. Leod.); VII öfters; IX, 483 (gest. episc. Camerac.); X, 210 (vit. S. Symeon.), 266 (Ruperti chron.), 370 etc. (Hugon. chron.).
Gotzelo P. VI, 19 (ann. Laubiens., ann. Leodiens.).

Gozzelo P. II, 243 (ann. Wirzib.); VIII öfters.
Goscelo P. VI, 84 (chron. S. Michael.).
Gotselo P. IX, 439 (gest. episc. Camerac.).
Gazelo (so) P. V, 101 (ann. Hildesh.).
Gothelo P. VIII von einer person mit Gozilo.
Nhd. Gössel, Gotzel, Götzel.

Gosia, fem. 9. Pol. R. s. 50.

Gauzilin. 8. Sec. 8: ep. Celmanens. Sec. 10: b. v. Toul.; b. v. Passau. Sec. 11: b. v. Frejus; erzb. v. Bourdeaux; ep. Matiscens.; b. v. Bourges.
Gauzioleuus Pd. a. 743 (n. 571).
Gauzilin P. II, 200 (ann. Vedast.).
Gaucilenus P. III, 30 (Pipp. capit.); conv. Atteniac a. 765.
Gauzelin P. IX, 425 (gest. episc. Camerac.).
Gauzselin pol. R. s. 51.
Gauscelin Guér. c. a. 1037 (append. zum pol. Irm. s. 355); conc. Exoldunens. a. 1081.
Gautselin P. II, 294 (gest. abbat. Fontan.).
Gauzlin P. I, 491 (Hincm. Rem. ann.), 518, 521 – 523 (ann. Vedast.); II, 201 f. (ann. Vedast.), 255 (ann. Floriac.); III, 539 (Kar. II capit.); V, 370 (Flodoardi ann.); VI öfters; VII, 40 f. (ann. S. Benigni Divion.); X, 358 (Hugon. chron.), 639 (gest. episcopp. Tullens.); St. M. a. 942.
Gauzlenus P. I, 451 (Prud. Trec. ann.), 501 (Hincm. Rem. ann.); III, 534 (Kar. II capit.), 543 (Hlud. II capit.); VI öfters.
Gauslin P. V, 602 f. (Richeri hist.); VI öfters; pol. Irm. s. 145.
Gauslenus P. III, 501 (Hlud. Germ. capit.).
Gozilin P. I, 403 (ann. Fuld.); V, 365, 369 (vit. Joh. Gorz.).
Gozzilin P. I, 597 (Regin. chron.).
Gocelin P. VIII, 586 (annalista Saxo).
Goscelin P. VIII öfters.
Gozlin P. I, 518 f. (ann. Vedast.); II, 197 f. (ann. Vedast.) etc.; IV, 24 (Ott. M. constitut.); VI öfters; H. a. 913 (n. 141); Guér. a. 877.
Gozlenus P. I, 505, 508 etc. (Hincm. Rem. ann.); pol. Fossat.; H. a. 878 (n. 110).
Goslen P. V, 394 f. (Flodoardi ann.); X, 361, 478 (Hugon. chron.).
Gozelin P. I, 84 (ann. Sangall.); V, 71 (ann. Weissemb.); X, 399 (Hugon. chron.), 573 (chron. S. Hubert. Andag.).
Gosselin conc. ap. S. Maxent. a. 1075.
Gozzlin Gud. a. 963.
Joscelin convent. Vindocin. a. 1040; Mab. a. 1052; conc. Remens. a. 1080; pol. Irm. s. 50 (sec. 11).
Josleuus pol. Irm. s. 50, 51 (sec. 11).

Joscelina, fem. 11. Pol. Irm. s. 49 (sec. 11).

Gaudimia, fem. 8. Pol. Irm. s. 20, 23 etc.
Gaudemia pol. R. s 72.

Gaudin. 8. Pol. Irm. s. 247.
Gaudenus pol. Irm. s. 155.
Gaudonus (so) St. M. a. 721.
Gautsinus und Gautsinius Gld. II, a, 115.

Gaudina, fem. 8. Pol. Irm. s. 155; pol. R. s. 70.

Cozzuni. 8. Mchb. sec. 8 (n. 149).

Cozzing, Gr. IV, 280; viell. von Gr. nur aus o. n. Cozzinchova geschlossen.

Gaozaich. 8. Mchb. sec 8 (n. 69).

Gauzebald. 8. P. I, 328 (ann. Mett.).
Gauzbald M. B. a. 833 (XXXI) mehrm.
Gausbald pol. Irm. s. 78, 84 etc.
Gausbold pol. Irm. s. 121, 225.
Gaozpald St. P.
Caozpald St. P. zwml.
Kaozpald St. P. zwml.
Gozbald P. I, 369 (Ruod. Fuld. ann.); II, 241 (ann. Wirzib.), 600 (vit. Hlud. imp.); VIII, 28 (Ekkeh. chron. Wirzib.).
Gozpald P. VII, 105 (Herim. Aug. chron.); St. P.
Gozbolt tr. W. a. 846 (n. 270).
Cozbald M. B. a. 830 (XI).
Cozpald Mchb. sec. 8 (n. 21); St. P.
Cozpold Gld. II, a, 97.
Cozpolt St. P.
Kozbald St. P.
Kozpald St. P. zwml.
Ganbald für Gausbald P. I, 93 (ann. S. Emmer.).
Zozbald für Gozbald P. III, 410 (Hlud. Germ. capit.).
O. n. Gozpoldasdorf.

Gausbolda, fem. 7. Pol. Irm. s. 135.

Gaucibert. 7. Gozbert, Thüringerherzog sec. 7; Gautbert, b. v. Nevers sec. 10.
Gaucibert tr. W. a. 712, 713 (n. 192, 225 und Pd. nachtr. n. 19, 23).
Caucibert tr. W. a. 713 (Pd. nachtr. n. 27).
Gacibert s. GAZ.

Gautiobert Pd. a. 659 (n. 335).
Gauciobert Mab. a. 653; Pd. a. 659 (n. 333), 666 (n. 355).
Gautbert pol. Irm. s. 155, 161.
Gaucebert Pd. a. 704 (n. 459; H. ebds. n. 28).
Gauzbert P. I, 570 (Regin. chron.); II, VI öfters; Ng. a. 817, 818; Sm.; M. B. a. 833 (XXXI); pol. R. s. 51.
Gausbert P. II, 303 f. (chron. Fontan.); VIII, 577 (annal. Saxo); Ng. a. 787; pol. Irm. s. 21, 24 etc.
Gauspert Gld. II, a, 114.
Cauzbert Gld. II, a, 114.
Cauzpert Ng. a. 754.
Gauxpert Lgd. a. 931 (II, n. 54).
Gaustbert Ng. a. 777; K. hat ebds. (n. 18) ebenso und n. 19 Gaustpert.
Caozperht St. P. mehrm.
Gozperaht Dr. a. 811 (n. 255; Schn. ebends. Gosperaht).
Gozperht St. P. öfters.
Gozpreht St. P.; necr. Aug.
Kozperht M. B. a. 837 (IX); St. P. dreiml.
Gozbert P. I, 369 (Ruod. Fuld. ann.) etc.; II, V oft; VII, 139 (Lambert. Hersfeld. ann.); VIII, 589 (annal. Saxo); IX, 849 (chron. Hildesh.); Laur. öfters; St. P. zwml.; Ng. a. 817, 821; M. B. a. 833 (XXXI); M. B. sec. 10 (XIV); Gud. a. 963 u. c. a. 990.
Gozpert P. I, 52, 54 (ann. Alam.); III, 411 (Hlud. Germ. capit.); V öfters; VII, 102 f. (Herimann. Aug. chron.); necr. Aug.; Ng. a. 758; pol. R. s. 55.
Gozprat St. P.
Gosbert P. VI, 72 (Folcuin. gest. abb. Lobiens.); VII, 140 (Lambert. Hersfeld. ann.).
Cozbert P. II oft.
Cozpert P. I, 76 (ann. Sangall.), 65 (ann. Weingart.); V, 141 (ann. Einsidl.); Ng. a. 766, 812, 815, 818, 822, 824.
Kozpert Ng. a. 822.
Gozbreht M. B. a. 806 (VIII).
Cozpreht Ng. a. 824; necr. Aug.
Cospret Ng. a. 813.
Gozbret Ng. a. 821.
Cozbret Ng. a. 825.
Cozpret Gld. II, a, 97.
Gozberd (so) P. V, 66 (Lamberti ann.).
Coozpert (so) St. P.

Gotzbert M. B. a. 1076 (IV).
Cosperht St. P.
Gaozbert Pd. a. 748 (n. 595); Ng. a. 780.
Josbert P. X, 478 (Hugon. chron.); Guérard a. 1056; pol. Irm. s. 199.
Jozpert pol. R. s. 22; St. M. a. 1002.
Gozpert mit var. Gosbert P. I, 52 (ann. Alam.); an derselben stelle (ebds.) ann. Laubac. Liozpert.
Gauzbert P. I, 570 (Regin. chron.) a. 860 mit var. Ganzbert und Gausbert.
Gozbert mit Gotbert von einer person P. V.

Gautberga, fem. 8. Pol. Irm. s. 209, 211.
Gausberga pol. Irm. s. 231.
Caozbirc R. a. 821 (n. 21).
Gozpirc R. a. 864 (n. 47).
Cozpric Gld. II, a, 121.

Gauseprand. 9. P. III, 253 (Hlud. et Hloth. capit.).
Gausprand P. III, 252 (Hlud. et Hloth. capit.).

Gaosbod. 8. Pd. a. 716 (n. 37); tr. W. ebds. (n. 196).

Gausburgis, fem. 8. Pol. Irm. s. 225.

Gauttrudis, fem. 8. Pol. Irm. s. 92.
Gaustrudis pol. Irm. s. 21, 29 etc.
Gozdrud Laur. sec. 8 (n. 395).
Goztrud Laur. mehrm.
Cozdrud Gld. II, a, 121.
Gozdrat Laur. sec. 8 (n. 1930) hieher?
Gautrudis pol. Irm. s. 168, 233 und Gautrude Mab. a. 798 hieher oder zu GAW?

Caozflat, fem. 8. St. P.

Gautfred. 8. Gosfrid b. v. Constanz sec. 11 und b. v. Angers sec. 11.
Gautfred Sm.
Gauciofriod (so) Pd. a. 732 (n. 551).
Ganciofrid (so) H. a. 690 (n. 23) viell. hieher? (= Gauciofrid?).
Gauzfrid P. I, 470, 486 (Hincm. Rem. ann.); pol. R. s. 95.
Gauzfred P. II, 252 (ann. Lemov.); X, 393, 477 (Hugon. chron.).
Gausfred pol. Irm. s. 74; Guérard a. 1099.
Caozfrid St. P. zwml.
Kaozfrid St. P. zwml.
Gozfrid pol. R. s. 76.
Gozfred P. VI, 508 (Widric. mirac. S. Gerardi); pol. R. s. 58.
Cozphret (so) K. a. 826 (n. 90; Ng. ebds.).

Cozfrid St. P.
Kozfrid St. P.
Cozfred necr. Aug.
Gosfrid P. V, 382 (Flodoardi ann.); VI öfters.
Josfrid conc. Remens. a. 1049.
Josfred P. II, 252 (ann. Lemov.); VI öfters.
Gostfred und Gostzfred Mab. a. 910.
Sozfrid H. a. 1096 (n. 297) wol für Gozfrid.
Gauzfrid wird auch mit Gauffrid, Gaufrid, Goffrid verwechselt.
Joffrid P. IX öfters.
Joffred P. X, 477 (Hugon. chron.); pol. Irm. s. 49, 50 (sec. 11) mehrm.
Jofred pol. Irm. s. 50 (sec. 11).

Gozfreda, fem. 8. Pol. R. s. 72.

Gaudegeng (so). 8. Pd. a. 711 (n. 480).

Gozger. Gr. IV, 224, 281.

Caozheid, fem. 9. St. P.
Kaozheid St. P.
Cozheid St. P.
Coseid St. P.

Gozhart. 10. Gud. sec. 10.
Cozhart Gld. II, a, 97.
Gozart Laur. sec. 8 (n. 2975).
O. n. Gozhartesrein.

Gauter. 8. B. v. Albano sec. 11.
Gauter Guér. a. 1070; Mab. a. 1083; conc. Nemausens. a. 1096.
Gautsar Mab. a. 836.
Gaozhar St. P.
Caozhari St. P. zwml.
Caozharih St. P. hieher?
Caozheri St. P.
Kaozheri St. P.
Gautser Laur. sec. 8 (n. 287); pol. R. s. 54.
Gauzer Laur. sec. 8 (n. 302).
Gausar P. X, 503 (Hugon. chron.).
Gozheri tr. W. a. 772 (n. 26).
Kozheri St. P.
Cozhere Gld. II, a, 97.
Coszere Gld. II, a, 97.
Gotser P. X, 355 (Hugon. chron.).
Gozser P. X, 502 (Hugon. chron.).
Nhd. Gösser, Kosser, Kotzer.
O. n. Cozheriswilari.

Gauthaus. 8. Pol. Irm. s. 150.
Gautsaus pol. Irm. s. 139.

Gauzhelm. 8. Sm. mit var. Gauizelm.
Gautselm P. II, 637 (vit. Hlud. imp.); pol. Irm. s. 5, 20 etc.; pol. R. s. 45, 106.
Gauselm pol. Irm. s. 88; conc. Pistens. a. 862.
Gozhelm P. II, 653 (Nithardi hist.); Laur. sec. 8 (n. 1208).
Gotselm P. II, 639 (vit. Hlud. imp.); V, 374 (Flodoardi ann.); pol. Irm. s. 228, 248; pol. R. s. 43.
Cozhalm Gld. II, a, 97.
Cozhelm Gld. II, a, 97.
Kozhelm Gld. II, a, 103.
Gozselm P. III, 426 (Kar. II capit.).
Jotselm P. III, 505 (Hlud. II capit.); V, 223 (chron. Casin.).
Jozselm P. V, 583 (Richeri hist.).

P. II, 639 (vit. Hlud. imp. a. 834) var. Gazcelmus, Gotselinus, Gozselnius, Galcelmus.

Gauthildis, fem. 8. Pol. Irm. s. 133.
Gauthilde pol. Irm. s. 122.
Gaudoildis pol. Irm. s. 139, 143.
Gaudovildis pol. Irm. s. 139.
Gaudildis pol. Irm. s. 57, 120.
Gauzhild tr. W. a. 774 (n. 178).
Gautsildis pol. R. s. 47.
Caozhilt St. P.
Kaozhilt St. P.
Kozhilt St. P. zwml.
Altn. Gauthildr.
O. n. Cozhiltahusun.

Cauzoch. Gr. IV, 280.

Caozhram. 8. St. P.
Cozramnus necr. Aug.
Cozram Ng. a. 873.

Cozroh. 8. Mchb. sec. 9 sehr oft.
Kozroh St. P.

Gozleib. 9. Necr. Fuld. a. 860.
Cozleip Mchb. sec. 9 (n. 523, 550); M. B. a. 835 (IX).
Nhd. Kutzleb (so).

Gozleih. 8. Schn. a. 786.

Gautlindis, fem. 8. Pol. Irm. s. 29, 90 etc.
Gaudalindis pol. Irm. s. 229.
Gauzlind Laur. sec. 8 (n. 1322).
Gauslindis pol. Irm. s. 85, 93 etc.
Goozlind (so) Laur. sec. 8 (n. 1016).
Gozliut M. B. a. 806 (VIII).
Gotselindis pol. R. s. 55.
Gutzelinda Laur. sec. 8 (n. 11).

Gaaslinda (so) pol. Irm. s. 40 hieher?
O. n. Gosliathasa.
Gozzoloh. 8. Ng. a. 786 (K. ebds. n. 30 Gozzolah).
Cozoloh Gld. II, a, 97.
Cocman. 8. Tr. W. c. a. 764 (n. 193). Wahrscheinlich nur eine misbräuchliche schreibung für Cozman.
Nhd. Gossmann, Gottsmann, Gotzmann, Gutzmann, Kosmann, Kossmann.
Gaudomar. 6. Testam. Ared. et Pelag. a. 573 bei Sp.
Gautmar pol. Irm. s. 8, 92 etc.
Gauzmar P. III, 540 (Kar. II capit.); pol. R. s. 51.
Gausmar pol. Irm. s. 145, 150.
Gautsmar pol. R. s. 54.
Coazmar Mchb. sec. 9 (n. 251).
Gozmar P. V, 101 (ann. Hildesh.), 167 (ann. S. Germani); VIII, 680 (annalista Saxo); IX, 849 (chron. Hildesh.); Laur. sec. 8 (n. 3796); M. B. a. 901 (XXXI); Gud. a. 909, 976, 1090.
Ghosmar Mab. a. 767.
Cosmar Pd. a. 687 (n. 409).
Josmar Mab. a. 926.
Gosmart. 6. Pd. a. 587 (n. 196); hieher?
Gaudemund. 7. Pd. a. 659 (n. 335).
Gauzmunt Laur. sec. 8 (n. 2718).
Caozmunt St. P.
Gozmund Laur. sec. 8 (n. 436).
Cozmunt Gld. II, a, 97.
Gosmund pol. R. s. 45.
Gozniu, fem. 8. Laur. sec. 9 (n. 724).
Caozni St. P. zwml.
Cozniu Gld. II, a, 121.
Cozni St. P.; Mchb. n. 475, 562.
Kozni St. P. zwml.
Gauzrat, msc. u. fem. 8. Neben Gauzrot Laur. sec. 8 (n. 1087).
Gozrad Laur. sec. 8 (n. 1926).
Cozzarat Ng. a. 858 (n. 380).
Gozserada, fem. 9. Pol. R. s. 55.
Gauderich. 8. B. v. Velletri sec. 9 (heisst auch Ganderich); A. S. Mart. II.
Gauserich Laur. sec. 8 (n. 538).
Gaustrich (so) tr. W. a. 787 (n. 216).
Gozrih Gr. IV, 281.
Cozrih Gld. II, a, 97.
Cozzarihc Ng. a. 846 (n. 312).
Altn. Gautrekr.
Gauterit. 5. Sever. Sulpic.
Gautsind, msc. u. fem. 8. Pol. Irm. s. 139.
Coozsind und Coossind Gld. II, a, 121.
Gozswint, fem. 10. Lc. a. 907 (n. 84).
Coswalh. 9. St. P.
Gaudald. 8. Pol. Irm. s. 59.
Gausoald Gld. II, a, 115.
Gausald Lp. a. 959 (II, 247).
Gausold Laur. sec. 8 (n. 418).
Gaussalt tr. W. a. 840 (n. 215).
Gautsald Pd. a. 739 (n. 14 u. 64).
Caozolt St. P. zwml.
Gozold Laur. sec. 8 (n. 887).
Gozolt Dr. a. 852 (n. 562; Schn. ebds. Gozo).
Gozzolt necr. Aug.
Cozald K. a. 897 (n. 172).
Cozolt Ng. a. 805.
Gozzolt Ng. a. 806, 827.
Kozolt St. P.
Cozholt Gld. II, a, 97.
Gozoldolt tr. W. a. 747 (n. 148 u. Pd. schtr. n. 83) ist wol aus Gozold oder Gozolt verderbt.
Nhd. Kotzolt.
O. n. Gozolthusa, Gozoltasdorf, Cozzolteswilare.
Cozwib, fem. Gld. II, a, 121.
Gaudovid. 8. Pol. Irm. s. 105.
Gaudoin. 8. Pol. Irm. s. 100, 107.
Gautvin pol. Irm. s. 219.
Gaudoen pol. Irm. s. 196.
Gautsoin Laur. sec. 8 (n. 553).
Gauzwin und Gauzhuin Gld. II, a, 115.
Gausvin pol. Irm. s. 88.
Cauzoin Ng. c. a. 744 (Pd. ebds. n. 580 Causoin).
Gozwin P. II, 244 (ann. Wirzib.); V, 105 (ann. Hildesh.); VIII, 199 (Ekkeh. chron. univ.), 694 (annal. Saxo); Laur. mehrm.; Lc. a. 1051 (n. 185); M. B. c. a. 1060 (XIII); Gud. a. 1069.
Gozvin P. VIII öfters.
Gozuin P. X, 583 (chron. S. Hubert. Andag.).
Cozzoin Ng. c. a. 744.
Gossuins (so) P. IX, 514 (gest. episc. Camerac.).
Gautsonius Laur. sec. 8 (n. 484) viell. hieher.
Nhd. Göswein.
Gauduls. 8. Pol. Irm. s. 235.
Gaudulf. 8. Pol. Irm. s. 120, 121.
Causolf Gr. I, 850.
O. n. Gozolfesbah, Gozolvesheim.

Gaudestens. 7. Ep. Auriens. Conc. Tolet. VII, a. 646. Wol verderbt.

Zusammensetzungen mit erweitertem stamme:

Gaudalbert. 8. Pol. Irm. s. 101.

Gautildis, fem. 8. Pol. Irm. s. 147, 150; ebds. s. 145 Gaulildis.

Gaudelsad s. Godalsad.

Jozsenulf. 9. Pol. R. s. 22.

Gaudremar. 7. P. V, 167 (ann. S. Germani).

Gaunno s. GAW.

GAUR. Ich glaube ein paar spuren des altn. gaur riese zu finden; an goth. gaurs traurig und gaurjan betrüben zu denken, scheint minder passend.

Gaurentius. 9. P. III, 252 (Hlud. et Hloth. capit.). Deutsch? etwa = Gaurenzo?

Gauraid. 8. Laur. sec. 8 (n. 618).

Gaurivin. 6. Pd. a. 537 (n. 128).

Noch führe ich hier an als ganz zweifelhaft und vielleicht verderbt:

Gerinlaith. Gld. II, a, 100.

GAW. Weit unsicherer als bei den o. n. lassen sich hier die grenzen dieses stammes (zu ahd. gawi gau) nach mehreren seiten hin ziehn. Denn nicht allein habe ich unter GAB manche mit Gew- u. dgl. beginnende n. aufgeführt, die eben so gut hieher gehören können, sondern auch GAUD bietet einige formen, bei denen man nicht, wie ich gethan, ausfall des letzten consonanten anzunehmen braucht. Zudem sehe ich mich genöthigt, die mit Gaug- anfangenden n., wenn ich sie hier aufzeichne, dennoch für sich, getrennt von den übrigen hinzustellen. In ächt sächs. n. scheint unser stamm sich nicht zu finden. Namen mit auslautendem GAW sind:

Deblegauwo 9.	Minigo? 9.	Turdagawo 9.
Elingo? 9.	Musogauo.	Widagauwo 8.
Hilmegaugius 9.	Rihgowo 8.	

Gawo. 8. Mchb. a. 825 (n. 315); St. P.
Gauius St. P.
Cawo Mchb. a. 758, 819 (n. 4, 332).
Kavo Mchb. sec. 9 (n. 474).
Kawo Mchb. a. 826; St. P.
Kauwo Mchb. a. 838 (n. 606).

Hieher setze ich noch als aus Gawio entstanden:
Gaio Mchb. a. 769 (n. 20); M. B. c. a. 800 (IX, 16).
Caio St. P.
Coius Ng. a. 879, 885 wol hieher (vgl. Vidicoja).
Geio R. a. 890 (n. 72).
Keio Mchb. c. a. 780 (n. 83); St. P.
Keyo Hd. m. S. sec. 9 (III, 222).
Kegio Mchb. sec. 9 (n. 711) wol hieher.
Gaunno St. P. wahrscheinlich für Gauwo.
Nhd. Geu, Gey.

Cauwila, fem. 9. Ng. a. 826.

Gawin. 8. St. P.
Goin Pd. a. 734 (n. 554).

Vgl. Gaviovin.

Gawiso. 8. Laur. sec. 8. (n. 1301).

Gawipald. 8. Mchb. a. 830 (n. 551); St. P.
Cawipald Mchb. a. 756.
Govibold Schn. a. 760.
Gewibald R. a. 834 (n. 30).
Gaubald P. VI, 549 f., 565 (Arnold. d. s. Emmer.); M. B. XIII, XIV.
Koypold Mchb. sec. 9 (n. 655).

Gawibert. 8. Tr. W. a. 739 (n. 17 u. Pd. nchtr. n. 63).
Gawiperht St. P.
Gauwibert tr. W. a. 715 (n. 218).
Cawiperht St. P.
Kawiperht St. P.
Gaubert Lc. a. 927 (n. 88).
Gaipert Gld. II, a, 115.
Gaobert H. a. 709 (n. 32).
Nhd. Kaupert.

Gaoiverta (so), fem. 9. St. P.

Cawipirc, fem. 8. St. P.

Gewidrud, fem. 9. St. P.

Gaufrid. 8. Gaufrid b. v. Paris, b. v. Auxerre, b. v. Chalons, b. v. Constanz, b. v. Lyon.
Gaufrid P. V, 168 (ann. S. Albini Andegav.); VIII öfters; St. M. a. 1098.
Gaufred P. VIII öfters; X, 394 (Hugon. chron.); pol. Irm. s. 236, 280; Guérard a. 1070.

Leichte vermischung mit den entsprechenden formen unter GAUD und unter GOD.

Goiramnus. 9. P. I, 503, 511 (Hincm. Rem. ann.).
Kewiram Gld. II, a, 103.
Goerannus H. a. 865 (n. 102).
Joiramnus pol. R. s. 22.

Gewilieb. 8. Erzb. v. Mainz. P. V, 35 not. (Lambert. ann.)
Gewilieb P. II, 347 not.
Gewelib P. II, 354 (vit. S. Bonif.).
Gouliub in o. n. Gouliubesê.

Gawiman. 8. Tr. W. a. 742 (n. 7 u. Pd. nchtr. n. 70); Laur. sec. 8 (n. 1712 f.); Schn. a. 804.
Gewiman Schn. a. 806; St. P.
Nhd. Goemann, Kaumann.

Geunimunt, 9. K. a. 861 (n. 136) steht wol für Gewimunt.

Bei Jorn. 55 heisst ein röm. feldherr Camundus, was viell. auf Gawimund zu deuten ist.

Kewerat. Gld. II, a, 103; hieher?

Gawirich. 7. Goerich, b. v. Metz sec. 7.
Gawirich Schn. a. 790, 798.
Gawirih tr. W. a. 816 (n. 161).
Gauirigus tr. W. a. 763 (n. 263).
Gawerich Schn. a. 804.
Cowerih Gld. II, a, 121.
Gewerich Schpf. a. 903 (n. 128).
Kewerih Gld. II, a, 103.
Kewirih Ng. a. 792.
Goerich P. VI oft; VIII, 323 (Sigebert. chron.); X, 337 (Hugon. chron.).
Goericus, qui et Abbo vocitatus est P. II, 267 (Pauli gest. episc. Mett.).
Goericus sive Abbo P. II, 269 (catal. ep. Mett.); vgl. P. XII, 539.
O. n. Geurichesleiba hieher?

Goisuintha, fem. 6. Tochter des Gothenkgs. Athanagild, frau des Leovigild sec. 6.
Goisuintha Greg. Tur. V, 39.
Gosvintha Joh. Biclar. (E. s. VI, 384, 388).
Goisvinta Venant. Fortun.
Goisintha Greg. Tur. IX, 1.
Goesinda Fredegar.

Alle diese formen bezeichnen dieselbe person.

Gavioald. 7. Pd. a. 739 (n. 559).
Gaviold pol. Irm. s. 89, 97 etc.
Gowald M. a. 653 (n. 55).

Gavioard. 8. Pol. Irm. s. 104.

Gouwidis, fem. 9. Pol. Irm. s. 76.

Gaviovin. 8. Pol. Irm. s. 140, 142.
Gavioin pol. Irm. s. 119.
Gauvin pol. Irm. s. 139. Vgl. Gawin.
Nhd. Gowin.

Gaviulf. 7. Pd. a. 615 (n. 230).
Gauvolf Schn. a. 857; Schn. a. 906 (Dr. ebds. n. 651 Grauuolf).
Gouuolf Dr. a. 852 (n. 562; Schn. ebds. Gunolf).
Gouulf Gld. II, a, 115.

Es folgen hier noch die formen mit Gaug-.

Gaugius. 8. Pol Irm. s. 163, 248.

Gaugia, fem. 8. P. II, 280 (gest. abbat. Fontan.); pol. Irm. s. 10, 168.

Gaugin. 8. B. v. Volaterra sec. 9. Pol. Irm. s. 146, 150; conc. Ravenn. a. 877.
Gauginus St. P.
Gaugenus Gld. II, a, 115.

Gaugina, fem. 8. Pol. Irm. s. 30, 174.

Gaugefreda, fem. 8. Pol. Irm. s. 236.

Gaugildis, fem. 8. Pol. Irm. s. 145.

Gaugerich. 7. B. v. Cambray sec. 7. P. I, 519 (ann. Vedast.), 489 (Hincm. Rem. ann.); II, 199 (ann. Vedast.), 198 (gest. abbat. Font.); III, 517 (Hlud. Germ. capit.); VII, 17 (ann. Elnon.); VIII, 320 (Sigeb. chron.); IX öfters; X, 160 (gest. Trever.), 546 (gest. abbat. Gemblac.); Mab. a. 822; d. Ch. I, 552.

Gaugiold. 8. Pol. Irm. s. 139, 140.

Gaugiulf. 7. Test. Erm.

Gayd- s. GAID.

GAZ.

Leicht lässt sich wahrnehmen, dass die folgenden formen zu goth. bigitan invenire, ags. gitan gignere assequi, ahd. argezan, fargezan u. s. w. gehören müssen; dem ungeachtet ist die specielle bedeutung dieses stammes in den n. kaum möglich zu ergründen. Niederdeutsches GAT wage ich nicht aufzustellen, da eine ausscheidung desselben von den unter GAD verzeichneten formen zu unsicherheit und schwankungen führen würde.

Cazo. 9. Gezo b. v. Tortona sec. 9.
Cazo Laur. mehrm.; necr. Fuld. a. 830; tr. W. a. 858 (n. 49).

Kazo Laur. sec. 10 (n. 58).
Gezo P. IV, B, 166 (Ott. M. pact.); V, IX oft; XII, 496 (Laurent. gest. episc. Virdun.); St. P. öfters; Dr. a. 889 (n. 634); conc. Roman. a. 962; G. a. 1002 (n. 34); Lc. c. a. 1070 (n. 221), a. 1083 (n. 234) etc.
Gezzo Hf. a. 989 (I, 530).
Kezo St. P.
Kezzo K. a. 870 (n. 146; Ng. ebds.).
Nhd. Kaatz, Göss.
O. n. Cazesfelt.

Geza, fem. 11. St. P. dreiml.; M. B. a. 1093 (XIV).
Keza Gld. II, a, 125.
Gesa Gld. II, a, 123 hieher? vgl. Gesa unter GAIS.

Gazobert. 7. Pd. a. 698 (n. 449).
Gacibert tr. W. a. 713 (n. 256 u. Pd. nchtr. n. 28).

Caciprand. 9. Mab. a. 874.

Gezaman. 11. St. P. mehrm.
Gezeman P. VII, 245 (Gundechar. lib. pontif. Eichstet.).
Gezzeman Hf. a. 989 (I, 530).
Geceman P. VII, 254 (Gundechar. lib. pontif. Eichstet.).
Gezman P. VII, 152 (Lambert. Hersfeld. ann.); Schpf. a. 1040 (n. 201).
Kezeman Gld. II, a, 103.

Gezwib, fem. Gld. II, a, 123.

-ge- als eingeschobene silbe kenne ich nur im pol. Irm. in den formen Altgeberga, Haltgebert und Autgeliudis. Ich bemerke dazu, dass in allen drei fällen die sonst im pol. Irm. äusserst beliebte verlängerung des ersten theiles durch das suffix l einen missklang herbeiführen würde.

Geb- s. GAB.

Geburt. 9. Dr. a. 842 (n. 550; Schn. ebds.).
Ist der n. etwa aus Gebevart entstellt?

Gedalcaus s. GOD. **Geddo** s. GAD.

Geeso. 6. Γεήσων Theoph. Vgl. Geso.

Gegin- s. GAGAN. **Geil-** s. GAIL. **Geis-** s. GAIS. **Geizperht** s. ZEIZ. **Gelarat, Gelaris, Gelbold** s. GAIL. **Geld-** s. GALD.

Gelfrat. 8. Pd. a. 706 (n. 465; unecht).
Gelphrat Laur. n. 3824.
Der einzige n., in dem ags. gilp (strepitus, jactantia), ahd. kelf, altn. giálpr erscheint.
Nhd. Gölfert.

Geli, Geliko, Gelimer, Gelianae, Gelmod, Gelo, Gelsuint s. GAIL.

Gelsusa, fem. P. V, 742 (Thietmari chron.).
Deutsch? etwa zu ags. gaelsa luxus?

Gelunda s. GAIL (Geiliudis). **Gembert** s. GIN.

Gemma, fem. 9. P. V, 547, 556 (chron. Salernit.); IX, 632 (chron. mon. Casin.); Lp. a. 854 (I, 762): M. a. 1004 (n. 40).
Genia mit var. Gema P. XI, 232 (urk. v. 808 im chron. Benedictobur.).
Gema St. P. mehrm.
Angesichts der mit Gim- beginnenden n. muss in der that erwogen werden, ob Gemma (das freilich vorherrschend langobardisch ist) nicht wenigstens zuweilen für einen deutschen n. gelten könne.

Gemmund s. GIN.

GEN. Leo ferienschr. I, 103 f. erklärt diesen stamm für verwandt mit keltischen wörtern von der bedeutung liebe, lieblich, weiblich. Grimm gesch. d. dtsch. spr. 539 vermuthet von einigen der hier genannten namen, dass sie (wie Kaganhart, Gainoald u. dgl.) zu gagin gehören und vergleicht in bezug auf die bedeutung Widarolt. An einer andern stelle dagegen (ztschr. von Aufrecht und Kuhn I, 435) meint er, dass in Cannabaudes, womit er Genoband für identisch hält, der n. der Cannanefates steckt; eben dasselbe äussert er a. a. o. über Genovefa. Mir scheint, als müsse man zunächst die beiden stämme GAN und GIN (s. dse) noch weiter beobachten, und als werde sich dann wol ergeben, dass unser GEN zu einem von beiden, die vielleicht sogar unter einander verwandt sind, ohne zwang sich füge.

Geneda, fem. 10. St. M. c. a. 962.

Gening. 8. Pol. Irm. s. 191.

Genisma, fem. 8. Pol. Irm. s. 229, 238.

Generisma, fem, 8. Pol. Irm. s. 110.
Gendresma pol. Irm. s. 186.

Genbolda, fem. 8. Pol. Irm. s. 150.

Genoband. 3. Frankenfürst sec. 3; b. v. Laon sec. 8.

Genobaud P. I, 283 (chron. Moissiac.); Claud. Mamertinus panegyr. 1, 10; 2, 5 (a. 288); Greg. Tur. 2, 9.
Genebaud P. VIII, 313 (Sigebert. chron.); Pd. a. 499 (n. 64, 65); H. a. 762 (n. 45); Miraeus III, 4; Fredegar; d. Ch. I, 528.
Genbaud P. III, 30 (Pipp. capit.); Pd. a. 583 (n. 118); conv. Atteniac. a. 765.
Genbert. 9. Pol. R. s. 15.
Genedrudis, fem. 8. Pol. Irm. s. 146, 283.
Genefus. 9. Dr. a. 820 (n. 391). Der n. fehlt ebds. bei Schn.
Genechisel. 7. M. a. 655 (n. 145) zwml.
Gengundis, fem. 8. Pol. Irm. s. 78.
Genard. 7. Pol. Irm. s. 146, 251; d. Ch. I, 683.
Gennard P. II, 277, 279 (gest. abbat. Fontan.).
Genear. 8. Pol. Irm. s. 112.
Nhd. Gener, Gönner, Kenner.
Genad. 8. Pol. Irm. s. 115.
Nhd. Genet.
Genildis, fem 8. Pol. Irm. s. 48, 95 etc.; pol. R. s. 37, 103 etc.
Generid. 8. Γενέριδος Zosim. V, 46.
Genovefa, fem. 6. P. I, 451 (Prud. Trec. ann.); II öfters; V, 581 (Richeri hist.); VIII öfters; Pd. a. 533 (n. 119); A. S. Mart. I; Maj. II; d. Ch. I.
Genofeva (druckfehler?) P. IX, 205 (Anselm. gest. episc. Leod.).
Genolf. 8. P. VII, 12 (ann. Elnon.).
Genaulf Pd. a. 709 (n. 475); St. M. a. 709.
Genulf conc. Autisiod. a. 978.
Zu GEN auch wol:
Genniod (fränk. könig) cod. s. Gall. 732 (nach dem citat bei Gr. IV, 217).

Gend- s. GAND. **Genserich** s. GAIS. **Gensimund** s. GANZ. **Gent-, Genza** s. GAND.
Geoperaht. 9. Dr. n. 351; zu GAW?
Ger-. Fast alle hiemit beginnenden p. n. s. unter GAR.

GERM.

Gr. IV, 263 und eben so Zeuss s. 59 halten den p. n. Germo zum v. u. Germani (der letztere freilich auch zu altn. Gormr und Garmr). Allerdings will sich für alle folgenden formen kein besserer anknüpfungspunct im sprachschatze darbieten und dieselben müssen daher mit ausnahme des einfachen Germo als voces hybridae angesehn werden.
Germo. 8. Laur. mehrm.; Mchb. sec. 9 (n. 629); G. sec. 9 (n. 4); Schn. a. 811, 819.
Ghermo Wg. tr. C. 343.
Geremo Ng. a. 850.
Germoni (gen.) Laur. sec. 8 (n. 198, 2175).
Germen (gen.) Dr. a. 815 (n. 308; Schn. ebds. German); desgl. Dr. n. 327 (Schn. ebds. Germon).
Sign. Germune tr. W. a. 719 (a. 45 u. Pd. nchtr. n. 43).
Germard. 9. B. v. Orange sec. 9. P. III, 548 (Boson. capit.).
Germoard. 7. Conc. Cabilon. a. 650.
Zusammensetzungen mit erweitertem GERM:
Germening. 8. Pol. Irm. s. 212.
Germenberga, fem. 8. Pol. Irm. s. 201.
Girminburg, fem. 9. Wg. tr. C. 5.
Germenar. 8. Pol. Irm. s. 79, 115.
Germenildis, fem. 9. Pol. R. s. 73.
Germentrada, fem. 8. Pol. Irm. s. 61.
Gormenteus. 8. Pol. Irm. s. 209. Für Germenteus?
Germenulf. 8. Pol. Irm. s. 54 (seine kinder heissen Germanus und Germana).

GERN.

Dieser stamm ist wol sicher zu ahd. gern cupidus zu rechnen und gehört daher zu demjenigen theile der unter GAR aufgeführten namen, welcher sich an ger cupidus anschliesst.
Auslautendes GERN:

Aligern 6.	Gonotigern 6.	Sicgern 9.
Fartgern 8.	Haricarn 6.	Spiligern 8.
Fastgern 9.	Hildigern 6.	Teutgarn 8.
Frithigern 4.	Holdigern 6.	Widegern 8.
Fulgarn? 8.	Nidgern 9.	Wicchern 8.

Cherne viell. hieher; s. unter C.
Gernildis, fem. 8. Pol. Irm. s. 261.
Gerneman. 9. Laur. sec. 9 (n. 374).
Nhd. Kernmann.
Gernolt. 9. Dr. sec. 9 (n. 137).

Gesa s. GAIS und GAZ. **Gesaleeus** s. GIS.
Gesila s. GISAL.
Geso. 8. P. II, 283 (gest. abbat. Fontan.); deutsch?
Gesio St. M. a. 972 hieher?
Vgl. Geeso.
Gestiliub s. GAST. **Getescalc** s. GOD.
Gev- und **Gew-** unter GAB und GAW.
Gezaman, Gezo u. dgl. s. GAZ.
Gh-. Dieser anlaut findet sich, wie namentlich die unter GAR aufgeführten n. zeigen, häufig besonders in sächsischen formen.
Gher- s. GAR. **Ghib-** s. GAB. **Ghikin** s. GIG. **Ghirlamund, Ghirlulf** s. GAR.
Gib- s. GAB. **Gichi** s. GIG.

GID. Vgl. ags. gidd cantilena, poema, giddjan canere, superbire, gidig superbus (Ettm. 418). Ob GID auch auslautend vorkommt?
Ich erinnere zunächst an Theotkid bei Gld.; Odelgidis (9) vielleicht für -gildis; Berathgit (fem.) ist ags.
Giddo. 9. Mab. a. 847. Vgl. Geddo u. a. formen unter GAD.
Gidfrit. 8. Lp. a. 773 (I, 511) mehrm.
Gydoin. 11. P. V, 162 (ann. Mosomag.).
Gidenold. 8. Pol. Irm. s. 115.

Gif- s. GAB.

GIG. Vielleicht für giug? vgl. altn. gygr riese, besonders aber riesin. Vielleicht ist dieser stamm nur ablautend von GUG verschieden. Vgl. auch Adalgik bei Gld.
Giki. 9. Wg. tr. C. 293, 314, 330, 402, 450.
Ghiki Wg. tr. C. 376.
Gichi Wg. tr. C. 246, 255, 264.
Gigio (11) P. XII, 74 (Ortlib. Zwifalt.).
Ghikin. 9. Wg. tr. C. 236.
Gigobard. 7. Pd. a. 671 (n. 366).
Giglindis, fem. 9. Pol. R. s. 70.

GIL. Ein schwieriger stamm, der sich nahe einerseits mit GALD (gild), andrerseits mit GAIL, drittens mit GISIL berührt. Die aufstellung einer glaubhaften etymologie muss ich andern überlassen. Auslautend zeigt sich GIL in:

Abragila 6. Bertgil 8. Ermgil 8.
Ansgil 8. Flotgil 9. Rantgil 8.

Gillo. 10. Pol. Irm. s. 50 (sec. 11).
Gillo P. IV, 182.
Ghielo Frek.
Nhd. Giehl, Giel, Gill, Gille, Kiel, Kille.
Gilla, fem. 11. Pol. Irm. s. 49 (sec. 11).
Gilla pol. Irm. s. 50 (sec. 11).
Gilla für Gisila; s. ds.
Gillin. 9. P. III, 517 (Hlud. Germ. capit.).
Nhd. Gielen, Killin.
Gilabert. 8. Gilbert ep. Telesinus sec. 11.
Gilabert Lgd. a. 795 (I, n. 9).
Gilperht St. P.
Gillebert s. Gisalbert.
Gilbert P. V öfters; Ng. a. 774.
Nhd. Gilbert.
(**Gilburg,** Schn. a. 793, ist irrthümlich entstanden, indem Schn. die beiden n. Liutram Engilburg falsch abtheilte Liutramen Gilburg).
Kilint, fem. Gld. II, a, 125; hieher?
Gilmar. 8. Pol. Irm. s. 281.
Nhd. Killmer.

Gimbergia, Gimbert, Gimfrid, Gimmund s. GIN.
Gimo. Gld. II, a, 100. Zu CHIM?

GIN. Ich erinnere an altn. ginna allicere, seducere und vergleiche auch GAN. Auslautend vielleicht in Waltgina 9.
Ginnana, fem. 8. St. M. a. 709.
Ginand. 9. Schn. a. 813.
Gimbert. 8. Pd. a. 721 (n. 514); H. a. 853 (n. 87).
Gembert Pd. a. 721 (n. 517).
Gimbergia, fem. 6. Pd. a. 587 (n. 196).
Kimburg, fem. 10. Hf. a. 905 (I, 355).
Gintrudis, fem. 9. Pol. R. s. 36.
Gimfrid. 9. Pol. R. s. 34.
Gimfred A. S. Febr. II.
Ginheri. 8. Tr. W. a. 797 (n. 68).
Ginlindis, fem. 9. Pol. R. s. 75.
Gimmund. 8. Laur. sec. 8 u. 9 (n. 270, 986).
Gimmunt Laur. sec. 8 (n. 1354); necr. Fuld. a. 892, 894.

Gemmund Ng. a. 885.
Gemmunt R. a. 890 (n. 72).
Gaemmunt Gld. II, a, 100.
Kemmunt K. a. 809 (n. 65); necr. Aug.

-gind s. GAND. **Ging-, -ging** s. GANG.

Ginoz. 8. Schn. a. 796 mehrmals; Schn. a. 801, 822; necr. Fuld. a. 845.
Genoz necr. Fuld. a. 800; Schn. a. 803.
Ahd. ginoz socius.

Gipio oder **Gipro** s. GAB. **Giralfraht, Giraltrut** s. GISAL. **Girmin-** s. GERM.

GIS.

Ein sowol anlautend als auslautend in namen häufiger stamm, wahrscheinlich das stammwort des unten zu besprechenden GISAL (Grimm gr. II, 495), doch ist die wurzel noch nicht klar anzugeben (Gr. IV, 266).

Schon im 5. jhd. begegnet GIS, im 6. gehören diese namen nicht mehr zu den seltenheiten.

Zuweilen scheint aphärese des g vorzukommen, vgl. Aliis, Ragenisa und Spaniis, alle drei im pol. R.

Langobardisch gilt -chis für -gis.

Auslautendes GIS in folgenden 124 namen, worunter nur 8 feminina:

Alagis 7.
Altgis.
Albgis 8.
Aliis 9.
Amalgis 8.
Andagis 5.
Ansigis 8.
Aragis 6.
Arngis 9.
Erfgis 8.
Adegis 8.
Adalgis 7.
Adalgisa 8.
Aotkis 8.
Ougis 8.
Orgis 9.
Avagisa 8.
Badugis 8.
Baldigis 9.
Blatgis.
Beragis 9.
Bergise 8.
Berengis 8.
Berehtgis 8.
Bidegis 9.
Piligis 9.
Boutgis 6.
Carothgis 8.
Domgis 8.
Thrudgis 8.
Tructegis 8.
Ebergis 7.
Erchangis 8.
Fakis.
Ferigis 9.
Flobargis 7.
Framengis 8.
Frauigis 8.
Frigis.
Fridugis 8.
Friutkis 8.
Frodegis 8.
Frumigis 8.
Gunthigis 5.
Hahkis 9.
Heimgis 9.
Helidghis 8.
Haudegis.
Harigis 8.
Hadegis 9.
Helmichis 6.
Hengrgis 9.
Hildigis 6.
Hludokis 9.
Flodegis 6.
Chramnichis 7.
Rohgis 9.
Hrotgis 8.
Itkis.
Ermgis 8.
Ermengis 8.
Ermengisa 8.
Isengis 9.
Letgius? 9.
Leonacis.
Leubigis 6.
Liutgis 7.
Leudelgis 8.
Lobegis.
Mathgis 8.
Maingis 9.
Mahalkis 8.
Mahtkis 8.
Mangis 11.
Merigis 9.
Madalgis 8.
Minegis 11.
Muotgis.
Munigis 8.
Nandgis 9.
Nergis 9.
Nitigis 6.
Nodalgis 8.
Ortgis.
Odalgis 8.
Odelgisa 9.
Radogis 8.
Radelgis.
Radelchisa 9.
Ragenisa? 9.
Rantgis 8.
Richkis 8.
Rimikis 8.
Rinkis 9.
Sarigis 10.
Sindigis 7.
Sisigis 6.
Spaniis 9.
Stanegis.
Suntgis 8.
Tetgis 9.
Tedelgys.
Teutgis 8.
Dietergis 9.
Turgis 11.
Unigis 5.
Watgis 8.
Wadalgis 8.
Walagis 7.
Waldkis 7.
Waudalgis 8.
Werigis.
Waringis 8.
Wertkis 10.
Widichis 5.
Wihkis 8.
Willigis 5.
Winigis 8.
Winilkys 9.
Wocgis 9.
Voschis 8.
Wolfgis 8.
Vultegis.
Vunkis 9.

Giso. 7. P. III, 252 (Hlud. et Hloth. capit.); V, 151 (ann. Flaviniac.), 381 (Flodoardi ann.); VII, 206 (Lambert. ann.); IX, 634 (chron. mon. Casin.); pol. Irm. s. 191, 201; Fredegar; Laur. mehrm.; M. B. a. 975 (XXXI).
Kiso K. a. 786 (n. 29; Ng. ebds.); St. P.
Kyso St. P.
Ghiso Pd. a. 615 (n. 230).
Gizo Laur. sec. 8 (n. 909).
Kizo (10) P. V, 68 f. (ann. Hildesh.); VIII, 636 f., 685 (annalista Saxo); C. M. April.
Kiza P. V, 774 (Thietmari chron.).
Cisso St. P. viell. hieher?
Geiso, Geyso s. GAIS.
Nhd. Geis, Geiss, Kies, Kiess.
O. n. Kisinpach, Gysanheim, Gisinhard, Gisinhusa, Gisenwinden; viell. auch hieher Gisfelt, Gisestad, Kysawilari.

Gisa, fem. 5. Gattin des Rugierfürsten Feva sec. 5. P. VIII, 312 (Sigebert. chron.); IX, 9 (Joh. chron. Venet.); vit. S. Severin. ed. Pez; Paul. diac. I, 19; V, 8 etc.; pol. Irm. s. 1; tr. W. sec. 8 od. 9 (n. 67); Laur. sec. 9 (n. 597).
Gysa P. V, 700 (Benedicti chron.); St. M. a. 1022.
Kisa Ng. a. 840.
Kysa Gld. II, a, 125.
Gisane (abl.) tr. W. a. 777 (n. 73).

Geisa s. GAIS.

Gisichin. 11. Lc. c. a. 1060 (n. 243).

Gisilo, Gisila s. GISAL.

Gisome. 9 Pol. R. s. 53.

Gisoma, fem. 9. Pol R. s. 46.

Gising, Gr. IV, 266, viell. von Gr. nur aus o. n. Gisinga geschlossen.
Nhd Giessing, Gissing.

Gisibald. 8. Laur. sec. 8 (n. 286).

Gisbert. 8. P. IV, B, 179 (Nicol. II statut.) mit var. Gislebert; Laur. sec. 8 (n. 874).
Gisepert P. IX, 633 (chron. mon. Casin.).
Gisevert Lp. a. 906 (II, 59).
Ghisbert Pd. a. 721 (n. 514).
Cispert (so) Lp. a. 828 (I, 674).
Nhd. Giesebrecht, Gisbrecht.

Gisoberga, fem. 8. Pol. Irm. s. 70.
Gisabric Gld. II, a, 123.
Gisberga pol. Fossat.; pol. R. s. 72.
Giseverga Lp. a. 879, 996 (I, 894; II, 410).

Gisibrand. 9. B. v. Tortona sec. 10. P. IV, 27 (Ott. M. constitut.).
Gisiprand Lp. a. 1032 (II, 570).
Nhd. Gisebrandt.

Giseburg, fem. 11. Gud. a. 1084.

Gistrudis, fem. 9. Pol. R. s. 70, 73 etc.

Gisfrid. 8. Lc. a. 799 (n. 12).

Gisifus s. Gisulfus.

Gisohildis, fem. 8. Pol. Irm. s. 172.
Gisoildis pol. Irm. s. 56, 191.

Gisaleicus. 6. Westgothenkönig, sohn Alarichs II, sec. 6. Derselbe erscheint in folgenden namenformen:
Gisaleicus Isid. 37.
Gesaleicus A. S. Jan. I.
Gesalecus Cassiod. V, 43 f.
Geselicus E. s. II, 178.
Gaselicus d. Ch. I, 235.

Gislindis, fem. 8. Pol. Irm. s. 71, 83 etc.; pol. R. s. 16, 35 etc.
Giselint Laur. sec. 8 (n. 3641).
Kislind St. P.
Kisljnd St. P.

Gisemar. 7. Gld. II, a, 115.
Gissemar P. VIII, 327 (Sigebert. chron.); vgl. Gisilmar.
Nhd. Geysmer.

Gisemund. 8. Lp. a. 867, 1020 (I, 834; II, 502).
Gismund Pd. a. 739 (n. 559); Mab. a. 805.

Gissold. 9. Mit var. Gissald conc. Suession. a. 853.
Nhd. Gieswald.

Gisoard. 8 Pol. Irm. s. 104, 191.

Gisoidis, fem. 9. Pol. R. s. 69.

Gisoin. 8. Pol. Irm. s. 16, 40 etc.
Nhd. Gieswein.

Gisoina, fem. 8. Pol. Irm. s. 205.

Gisulf. 6. P. III, 252 (Hlud. et Hloth. cap.); V öfters; VII, 97 (Herim. Aug. chron.), 416 (Bernold. chron.), 545 (Marian. Scot. chron.); IX öfters; X, 325, 464 (Hugon. chron.); pol. Irm. s. 99, 104; Paul. diac. II, 9, 32; IV, 19 etc.
Gisulph P. IX öfters.
Kisulf Mchb. sec. 9 (n. 369).
Gisolf P. V öfters; VIII, 148 (Ekkeh. chron. univers.).
Gisoulf d. Ch. I, 872.
Gesulf P. V öfters.
Gisifum wol für Gisolfum P. V, 483 (chron. Salernit.). Stände der nom. Gisifus da, so könnte man eher an den stamm FUNS (s. ds.) denken.
O. n. Gisoluinga.

Erweiterungen des stammes GIS durch -l siehe unter GISAL; durch -n finden sie sich in folgenden formen:

Gisempert. 9. Lp. a. 898, 976 etc. (I, 1078; II, 342 etc.).

Gisemperga, fem. 9. Lp. a. 870 (I, 839 ff.). Vgl. auch Giselberga.

Gisinbrand. 9. Pol. R. s. 57.
Gisembrand pol. R. s. 45.

Gisentrudis, fem. 8. Pol. Irm. s. 214, 255; pol. R. s. 44, 47 etc.
Giseintruda (so) Lp. a. 924 (II, 142).

Gisenulf. 9. Lp. a. 870 (I, 839 ff).

GISAL. Das ahd. gisal (obses) scheint mir kaum zur bildung von namen, am wenigsten von so vielen und so häufigen, geeignet und ich möchte daher die folgenden n. nicht so unbedenklich zu jenem worte stellen, wie Gr. es thut. Ist etwa an altn. gisli strahl (auch pfeil? vgl. mhd. stral) zu denken? Es scheint mir dieser stamm, wenigstens in der mehrzahl der formen, nur eine ursprünglich diminutive bildung des allerdings dunkeln GIS; vgl. Agil- zu Ag-, Ingal- zu Ingo- und s. mehreres der art im anfange des buchstaben L. Bedenken erregen die n. Aragisclus (7), Godegisclus (5), Hermegisclus (6), Modigisclus (4), Theudegisclus (6), Witigisclus (6), Viligisclus (6). Sollte etwa ihre endung latinisirt oder grācisirt sein und die ursprüngliche diminutivbedeutung unsers stammes bestätigen? Aber auch anlautend begegnet Gisclafred, Gisclamund. Auslautendes -gisil findet sich seit sec. 4, muss bei den Franken des 6. u. 7. jahrhunderts eine der häufigsten endungen gewesen sein, wird aber seit sec. 7 kaum mehr zur bildung neuer namen verwandt. Hieher gehören folgende 49 formen, unter denen kein einziges femininum:

Amnegisillus 7.	Frannegisolus 7.	Leudegisil 6.
Ansigisil 7.	Fridugisal 7.	Madegisolus 7.
Arnegisil 6.	Jadregisil 9.	Mactigisil 7.
Adalgisil 7.	Genechisil 7.	Madalgisil 7.
Audegisel 7.	Godigisil 5.	Modigisil 4.
Austrigisil 7.	Gundegisil 6.	Modighislenus 7.
Badegisil 6.	Charegisil 6.	Munegisil 7.
Baudegisil 6.	Chelmegisel 8?	Ragnegisil 7.
Bertigisil 7.	Higisil 7.	Sadregisil 8.
Blidegisil 7.	Childegisel 6.	Sunnigisil 6.
Bodegisil 6.	Imnegisil 7.	Theudegisil 6.
Daigisil 7.	Landegisil 7.	Uligisal 6.
Domigisil 6	Lonegisil 7.	Unnegisolus 7.
Trutgisello?	Lebigisel 7.	Vetegisil 7.
Droctigisil 6.	Leogisil 6.	Ualdegisil 7.
Ebregisil 6.	Lendegisil 7.	Wandrigisil 7.
		Willegiselus 7.

Gisal. 7. Necr. Fuld. a. 989.
Gisilo Gr. IV, 267.
Ghisilo Pd. a. 667 (n. 357).
Kisal R. a. 821 (n. 21).
Gesila (msc.) Cassiod. IV, 14 var. Sesila (sec. 5) hieher?
Nhd. Geisel, Geisele, Geissel, Geissele, (Geselle?), Giesel, Kiesel, Kiessel.
O. n. Giseleshaim; schwerlich hieher Gisilinga, Gisalahha, Kisalpah.

Gisila, fem. 8. Schwester hzg. Hermanns III von Alamannien und gattin des markgrafen Ernst v. Oestreich, nachher des kais. Konrad II sec. 11.
Gisila P. II, 248 (ann. Besuenses); V—VII öfters; St. P. oft; necr. Aug.; M. B. a. 1030 (XXXI).
Kisila P. II, 58 (rhythmi de S. Otmaro).
Gisala P. II, 397 (Angilbert); St. P. zwml.
Kisala St. P.
Kysala St. P.
Cysala Gld. II, a, 121.
Gisela P. I, 83, 85 (ann. Sangall.); II, 243 (ann. Wirzib.); VI—IX öfters; necr. Aug.; M. B. a. 1073 (VIII).
Gizela Lc. a. 1025 (n. 161).
Gisla P. I oft; II, 199 (ann. Vedast.); V, VI, VIII, IX öfters; X, 364 etc. (Hugon. chron.), 508 (vit. Wicberti), 526 (gest. abbat. Gemblac.); pol. Irm. s. 69, 83 etc.; Frek.; H. a. 978 (n. 196).
Gysla pol. Irm. s. 40; St. P. dreiml.
Ghysela Mab. a. 791.
Ghysla Wg. tr. C. 100.
Kisla St. P. zwml.
Kysla St. P. zwml.
Cysla H. a. 1039 (n. 235).
Guisla Lgd. a. 1053 (II, n. 202).
Gilla für Gisila P. XI, 384 (Hug. Floriac.).
P. VII, 117 (Herim. Aug. chron.): Gisela, quasi vere juxta nomen suum fidei obses.

Gislin. 7. Laur. sec. 8 (n. 502).
Gislenus P. VIII, 324 (Sigebert. chron.), 441 (Sigeb. auctar. Hasnon.); IX öfters.
Gislanus P. IX öfters.
Geselin H. a. 1069 (n. 267) wol hieher.

Giselung. 9. Zweimal M. B. a. 817 (XXXI; unecht).
Nhd. Kieseling, Kiesling, Kiessling, Kissling.

Gislezo. 11. Giselbertus qui et Gislezo Lp. a. 1039 (II, 595).

Gisalbald. 8. Ng. a. 800.
Kisalbold necr. Aug.
Kisalpolt Ng. a. 797.
Gisalbold Ng. a. 812.
Gisilbalt Laur. sec. 8 (n. 296).
Giselbald Laur. sec. 9 (n. 1305).
Giselbalt Laur. sec. 8 (n. 3577).
Kiselbold K. a. 788 (n. 34; Ng. ebds.).
Gislebald pol. Irm. s. 78.
Gislebold pol. Irm. s. 1, 22 etc.
Kyselbold necr. Aug.

Gyslebald Guérard a. 828.

Gisleboldа, fem. 8. Pol. Irm. s. 103.

Gisalbert. 7. Sec. 9: b. v. Chartres. Sec. 10: Lothringerherzog; b. v. Poitiers. Sec. 11: b. v. Evreux; b. v. Lisieux; b. v. Meaux.

Gisalbert P. I, 364 f. (Ruod. Fuld. ann.), 98 (ann. Colon.), 616 etc. (contin. Regin.); II, 213 (ann. S. Mart. Trevir.); V, VI öfters; VII, 113 (Herim. Aug. chron.); tr. W. a. 858 (n. 49).

Gisalbret Gld. II, a, 100.

Gisalbreht Gld. II, a, 100.

Kisalbert P. I, 78 (ann. Sangall.); Ng. a. 824.

Gisalpraht Dr. a. 789 (Schn. ebds. Giralfraht).

Gisalpert P. VII, 104 (Herim. Aug. chron.); St. P.

Kisalperht St. P. zwml.

Ghisalbert Ng. a. 752.

Gisilbert P. I, 69 (ann. Sangall.); V, VII, VIII öfters; Gud. a. 926.

Kisilbert P. II, 104 (Ekkeh. cas. S. Galli).

Gisilbracht P. V öfters.

Gisilbrat P. V öfters.

Giselbreht Lc. a. 1080 (n. 230).

Giselbrecht Laur. sec. 8 (n. 1251).

Giselbreth Laur. sec. 9 (n. 179).

Giselbert P. I, 100 (ann. Brunwil.); III, 374 (urk. v. 840); VII, IX öfters; X, 177 (gest. Trever.); Laur. öfters; Paul. diac. II, 28.

Giselpert P. IX, 583 (chron. mon. Casin.).

Giselbrat Gud. a. 1090.

Giselvert Lp. a. 929 (II, 182).

Gislibert P. VI, 89 (chron. Median. monast.).

Gislabert P. VI, 73 (Folcuin. gest. abb. Lobiens.).

Ghisloberth Mab. a. 670.

Gislebert P. I, 12 (ann. S. Amandi), 105 (ann. S. Columbae); II, 210 (ann. Lobienses), 656, 663 (Nithardi hist.); III, V, VI öfters; VII, 13 (ann. Elnon.); VIII öfters; IX, 54, 61 (Rodulf. hist.), 426 (gest. episc. Camerac.); X, 357 etc. (Hugon. chron.), 572 etc. (chron. S. Hubert. Andag.); pol. Irm. s. 28, 36 etc.; pol. Fossat.; Guérard a. 1046.

Gislevert pol. Irm. s. 53, 119.

Gislebard (b. v. Capua) conc. Roman. a. 998.

Giselbart H. a. 928 (n. 150).

Gysalbert H. a. 928 (n. 150).

Kysalbert Gld. II, a, 103.

Gyslebert P. II, 184 (ann. S. Amandi breves); St. P.

Gisflobert (so) Pd. a. 692 (n. 426); verderbt.

Isliberht und Isilberht bei P. V öfters für Gisilberht.

Geslebert (so) Pd. c. a. 499 (n. 64); unechte unterschrift.

Gislebert mit var. Gilbert conc. Rotomag. a. 1074.

Gillebert P. VIII öfters.

Gixlebert (so) Lp. a. 1083 (II, 743). Nicht irrthum, da in derselben zeit in diesen urk. auch milleximus, baxilica u. s. w. vorkommt.

Giselbertus qui et Gislezo Lp. a. 1039 (II, 595).

Nhd. Geisselbrecht, Geselbracht.

Gisleberta, fem. 8. Pol. Irm. s. 202.

Gisleverta pol. Irm. s. 103.

Gisilbirga, fem. 8. P. XI, 228 (chron. Benedictobur.).

Gisalpric St. P.

Kisalpirc St. P.

Kisalbiric, Kisalbric Gld. II, a, 125.

Giselberga neben Gisemberga Paul. diac. VI, 55.

Gisleberga pol. Irm. s. 74, 179; pol. R. s. 71.

Gisleverga pol. Irm. s. 81, 102.

Gisalbrand. 8. Gld. II, a, 115 neben Giselbrand.

Gislebrand pol. Irm. s. 192.

Gislebrannus pol. R. s. 34.

Gisalburg, fem. 9. Necr. Fuld. a. 964.

Kisalpurc St. P.

Giselburc Laur. sec. 9 (n. 3397).

Gisaldruda, fem. 8. Tr. W. c. a. 764 (n. 193); Laur. sec. 9 (n. 1033).

Kisaldrud St. P. dreiml.

Gisildrud Laur. sec. 8 (n. 1081).

Kisildrud K. a. 851 (n. 118).

Kisildruth und Kisuldrud (so) Gld. II, a, 125.

Giseltrhut (so) necr. Aug.

Giseldrut Laur. sec. 9 (n. 1983).

Gisledrudis pol. Irm. s. 25, 36 etc.; pol. R. s. 73.

Giraltrud Laur. sec. 8 (n. 678) wol hieher.

Gisalfrid. 9. St. P.; R. a. 810 (n. 15).

Kisalfrid St. P. zwml.; K. a. 817 (Ng. ebds. n. 80).

Kisalfrit Gld. II, a, 103.

Kisalvrid Ng. a. 915.

Ghisalured Ng. a. 805.

Gisilfrid St. P.

Kisilfritd (so) Ng. a. 920.

Giselfrid Laur. sec. 9 (n. 270).

Giselfrit Laur. sec. 9 (n. 3529).
Giselfred M. B. a. 972 (XXXI).
Kiselfrid necr. Aug.
Gislefrid P. II, 582 (hist. translat. S. Viti).
Gislefred pol. R. s. 7.
Gisclafrid (so) Mab. a. 870; Lgd. a. 889 (II, n. 10).
Agisalfredh K. a. 805 (n. 59) sicher für Gisalfredh.
Gislefrida, fem. 8. Pol. Irm. s. 69.
Gislefreda pol. Irm. s. 68.
Gislegendis, fem. 9. Pol. R. s. 16.
Gislegardis, fem. 9. Pol. R. s. 35.
Gisalgoz. 8. Necr. Fuld. a. 786.
Gislegildis, fem. 8. Pol. Irm. s. 137.
Gislehaidis, fem. 9. Pol. R. s. 102, 103.
Gislehagdis pol. R. s. 53, 61 etc.
Gislheid P. XI, 232 (urk. v. 808 im chron. Benedictobur.); M. B. sec. 9 (VII).
Gisliedis pol. R. s. 17.
Gisalhart. 7. B. v. Verdun. St. P.
Kisalhart Ng. a. 824; St. P. mehrm.
Kisalharth St. P.
Kisilhard M. B. a. 800 u. c. a. 808 (VII).
Kisilhart necr. Aug.
Giselhard Laur. sec. 9 (n. 223).
Giselhart Laur. sec. 8 u. 9 (n. 1893, 2779).
Giselard Lp. a. 847 (I, 727).
Kislahart St. P.
Gislehard P. II, 279 (gest. abbat. Fontan.); Mab. a. 798; pol. Irm. s. 13, 153; pol. R. s. 19, 43 etc.
Gisleard Gld. II, a, 115.
Gislocard A. S. Febr. I.
Gislochard P. IX, 184 (Heriger. gest. episc. Leod.); d. Ch. I, 643.
Gislard P. III, 429 (Kar. II capit.); IX, 96 (chron. Novalic.); pol. Irm. s. 191, 192; Laur. sec. 8 (n. 2740); pol. R. s. 10, 33 etc.
Kislard, Kysilhard und Kyslhard P. XI, 231 (chron. Benedictobur.).
Kyslard M. B. sec. 9 (VII).
Nhd. Geiselhardt.
Gisllardis, fem. 9. Pol. R. s. 38, 71 etc.
Gisleardis pol. R. s. 53.
Gisilhar. 8. B. v. Merseburg, dann erzb. v. Magdeburg sec. 11.
Gisilhar P. V öfters; VII, 4 (ann. Ottenbur.); IX, 313 (Ad. Brem.); M. B. a. 983 (XXXI); Lc. a. 987 (n. 122).
Gisilheri St. P.
Gisilher P. VIII oft.
Gisalheri St. P. zwml.
Kisalhari St. P.
Kisalheri Gld. II, a, 103.
Kysalhari St. P. zwml.
Giselhere Gld. II, a, 123.
Giselher Laur. sec. 8 u. 9 (n. 179, 3466); Gud. a. 983.
Gislehar Mab. a 759; pol. Irm. s. 13.
Gisillar P. IX, 322 (Ad. Brem.).
Gisiler P. V öfters.
Giselar P. VI, 691 (Adalbold. vit. Heinr. II).
Ghiselar Fredegar.
Giseler Laur. mehrm.
Gislear pol. Irm. s. 115, 251.
Gislar P. IV, 36 (Ott. II pax).
Gisler pol. R. s. 50, 64 etc.
Kyslarius St. P.
Kyslarios (so) St. P.
Gislerius P. X, 480 (Hugon. chron.).
Gisaltheri (so) necr. Fuld. a. 814.
Hisillar für Gisilhar P. V, 65 (Lamberti ann.).
Islar für Giselar P. VI, 764 (Thancmari vit. Bernward.).
Ags. Gislhere. Nhd. Geiseler, Geisler, Geissler, Gessler, Gieseler, Giesler, Giessler, Kiesler, Kiessler.
O. n. Kisalheringon.
Gisleara, fem. 8. Pol. Irm. s. 71.
Gislara pol. Irm. s. 22.
Gislera pol. Irm. s. 22.
Gislehad. 9. Pol. R. s. 37.
Kislaus Gld. II, a, 116 hieher?
Kisalot Gr. I, 149 hieher?
Gisalhelm. 8. Laur. sec. 8 (n. 235); Schn. a. 800, 841; Dr. a. 796 (Giralhelm ebds. Schn.).
Giselhelm Laur. mehrm.
Gislelm Laur. sec. 8 (n. 228).
Gisalhilt, fem. 8. Schn. a. 830.
Kisalhilt St. P.
Gisilhilt Laur. sec. 8 (n. 324).
Kisilhilt Gld. II, a, 125.
Giselhild Laur. sec. 8 (n. 593).
Giselhilt Laur. sec. 8 (n. 3109).
Gislehildis pol. Irm. s. 67, 104; pol. R. s. 64, 65 etc.

Gisloildis pol. Irm. s. 83, 100 etc.
Gislildis Laur. sec. 8 (n. 1181); pol. Irm. s. 22. 161.

Gislarannus. 8. B. v. Carcassone sec. 9.
Gislarannus P. VI, 79 (chron. S. Michael. Vird.); IX, 102 (chron. Novalic.); St. M. a. 721; Mab. a. 803.
Gisloranus A. S. Maj. I.
Gislaran Pd. a. 709 (n. 475).
Gisleramnus pol. Irm. s. 183, 192.
Gislerannus mit var. Gilaranus conc. Portuens. a. 897.
Gisledrammus u. Gisledramnus Gld. II, a, 115.

Kisalhrod. 9. St. P.
Kisalrod St. P.
Kysalrod St. P.

Gisallindis. Dass ein solcher n. nicht mehr nachzuweisen ist, obwol er wahrscheinlich existirt hat, liegt daran, dass er leicht in Gislindis überging.

Gisleman. 9. Pol. R. s. 20.

Gisalmar. 7. Ng. a. 826.
Kisalmar K. a. 817 (n. 80; Ng. ebds.).
Gisilmar P. I, 317 (ann. Mett.).
Giselmar Laur. sec. 9 (n. 199).
Kiselmar K. a. 817 (n. 79; Ng. ebds.).
Gislemar P. IX, 292 (Ad. Brem.); d. Ch. I öfters; pol. Irm. s. 36, 115; pol. R. s. 13, 53; Guérard a. 1080.
Ghislemar Mab. a. 660, 670, 693 etc.
Gislamar K. a. 777 (n. 18); Lgd. a. 862 (I, n. 87).
Gislemir pol. Irm. s. 206.
Gislamaris P. I, 258 f. (chron. Moissiac.) mit den var. Gislammar und Gissamar.
Giblemar (so) H. a. 905 (n. 134) ist wol Gislemar zu lesen.

Gisalmuot. 9. Gld. II, a, 123.
Kisalmot R. a 821 (n. 21).
Kisilmot und Kisilmuot Gld. II, a, 125.
Gislemod Mab. a. 847.

Kisalmunt. 7. St. P. zwml.
Ghisalmund Ng. a. 757.
Ghisalmond Pd. a. 747 (n. 592).
Giselmund Laur. sec. 8 (n. 830).
Gislemund pol. Irm. s. 26, 104; [illegible] R. s. 16, 50.
Gisclamund (falsche lesart Gis[illegible]nd) conc. Tolet. a. 683 u. 688.

Gisalniu, fem. 8. Dr. n. 693.
Gisalni St. P.
Kisalni Mchb. sec. 8 (n. 143); St. P.

Gisalrat, msc. u. fem. 8. St. P.
Gisilrat Laur. sec. 8 (n. 1068).

Gislerada, fem. 9. Pol. R. s. 35.

Gisalrich. 6. Schpf. a. 790 (n. 64).
Gislarich tr. W. c. a. 739 (n. 15 u. Pd. nchtr. n. 66).
Geselerycus (so) Sever. Sulpic.
Kysalryc St. P.

Gisilsind. Gld. II, a, 123.
Cysilsind Gld. II, a, 121.

Gisalsuind, fem. 8. Laur. sec. 8 (n. 630).

Gisledeus. 8. Pol. Irm. s. 93.

Gisloald. 7. P. VI, 43 (gest. episc. Virdun.); X, 338 (Hugon. chron.).
Gislevold pol. Irm. s. 78, 103.
Kisilolt Ng. a. 858.
Gislald P. IX, 107, 131, 132 (chron. Novalic.).
Gislold pol. Irm. s. 30, 34 etc.; pol. R. s. 9, 52 etc.
Kislolt Mchb. sec. 8 (n. 22).

Hieher viell. Gissoald (für Gisloald) H. c. a. 664 (n. 20).

Gisloard. 8. Pol. Irm. s. 100, 104.
Kisalwart Mchb. sec. 9 (n. 826).

Giselwin. 8. Laur. sec. 8 (n. 2452, 2454).
Gisloin pol. Irm. s. 31, 63 etc.; pol. R. s. 74, 77.
Gislun Lc. a. 846 (n. 62) viell. hieher.

Gisloina, fem. 8. Pol. Irm. s. 197, 219.

Gisalolf. 8. Ng. a. 825; K. a. 850 (n. 116).
Gisilolf Laur. sec. 8 (n. 488).
Gissilolph P. XI, 380 (Hug. Floriac.).
Giselolf Laur. sec. 8 (n. 267).
Gislulf P. III, 429 (Kar. II capit.); pol. Irm. s. 69; pol. R. s. 73, 77.
Gislolf Laur. sec. 8 (n. 1645).
Kislolf St. P. zwml.
Kyslolf St. P. zwml.
Gishlulf (so) Laur. sec. 8 (n. 1413).
Gisilool (9) St. P. verderbt; hieher?
O. n. Gisalolfinco marca.

Auch GISAL begegnet einmal mit einer erweiterung durch N, zum beweise, dass ein diminutiver sinn nicht mehr in diesem stamme gefühlt wurde:

Gyslenteus. 9. A. S. Jan. II.

Gisibrand s. GIS. **Gisil-** s. GISAL. **Giso, Gissemar** s. GIS.

-gist in Ricgist (9) und Thiadgist (9) etwa für -gast oder -gis?

Gisulf s. GIS.

Giswa, fem. 9. Pol. R. s. 73; wol verderbt.

Giulindis, Giurada s. unter GAB.

Giurisma, fem. 8. Pol. Irm. s. 99.

Giurold. 8. Pol. Irm. s. 85, 98 etc.

Giurord. 8. Pol. Irm. s. 109.

Es scheint, als müssten die drei letzten n. noch zu GAB gerechnet werden, denn im pol. Irm. ist diesem stamme die form Giv- angemessen, und wir hätten dann hier zusammensetzungen mit dem um R erweiterten stamme.

Givara, Givraus s. GAB.

Giza, fem. 11. St. P. mehrm.

Gizo. 11. Necr. Fuld. a. 1036.

Diese beiden formen etwa zu GID?

Glanduit. 9. Mab. a. 854. Ein ganz einzeln stehender n. Ags. heisst glengð pompa, vielleicht ursprünglich zier, schmuck, von glencgan schmücken.

GLAW.

Zu goth. glaggvus, ahd. glaw, intentus, ingeniosus, diligens.

Glauperaht. 8. Schn. a. 823.

Glauprabt Dr. a. 791 (Glauphrat ebds. Schn.).

Glaumunt. 8. Schn. a. 791.

Gleobald s. Hleo-.

Glepherius. 8. Laur. sec. 8 (n. 220).

GLIS.

Steht für Gliz und gehört zu ahd. glîzan, ags. glitan, micare, splendere. Auslautend in Isanclis (8).

Glis. 10. Dr. a. 901 (n. 648).

Nhd. Gleiss, Gliese.

Glisma, fem. Gld. II, a, 123.

Klisima Gld. II, a, 125.

Clisekka, fem. 9. St. P.

Glisher. 8. Schn. a. 776.

Glismot, msc. u. fem. 9. P. XI, 232 (urk. v. 808 im chron. Benedictobur.); Schn. a. 800 (Dr. ebds. Glisnot); M. B. sec. 9 (VII).

Glismuot Schn. a. 841; Dr. a. 848 (n. 555; Schn. ebds. Glismont).

Glismoda P. X, 207 (transl. S. Celsi).

Glismont necr. Fuld. a. 924 = Glismout?

Glismut Laur. mehrm.

Clisimuot Gld. II, a, 121.

Clismot Gld. II, a, 121.

Cljsmot St. P.

Clismuot Gld. II, a, 121.

Klismuot und Kilismuot Gld. II, a, 125.

Glimuoz H. a. 926 (n. 146) hieher?

O. n. Glismnoteshus.

Glisnod. 9. St. P.

Glisnot St. P. zwml.

Clisnot St. P.; Mchb. sec. 10 (n. 1012).

Cliisnot (so) St. P.

Gliusnot Laur. sec. 8 (n. 3440) wol hieher.

Gliusnot s. GLIS.

Gluto. 8. Ng. a. 759 (viell. = Liuto?).

Glod- s. HLOD.

GNAN.

Die folgenden namenformen, sämmtlich erst seit dem 11. jhd. bekannt, gehören wol sicher zum ahd. ganamno gleichnamig, wofür sich auch mehrmals die entstellte form gnanno findet; Gr. II, 1085. Dieselbe erklärung scheint auch Weinhold (d. dtsch. frauen s. 19) im auge zu haben, wenn er sagt, in Gnanna liege eine verwandschaftsbezeichnung. Allerdings sind namen dieser bedeutung etwas auffallend. ? Vgl. Vetter, Goethe!

Gnanno. 11. P. VI, 678 (mirac. S. Cholomanni); K. a. 1091 (C. S. n. 12); Mchb. sec. 11 (n. 1265); Hd. m. S. a. 1068 (II, 89). Nhd. Gna

Gnanna, fem. 11. Necr. Fuld. a. 1060.

Gnannilo. 11. M. B. sec. 11 (IX) zwml.

Gnammil (so) Gld. II, a, 100 wol hieher.

Gnannawib, fem. 11. M. B. sec. 11 (VI).

Ganeuwip Hd. m. S. a. 1068 (II, 88) verderbt.

Gniva s. Cniva. **Goalus** s. WALAH.

Goar. 6. P. IX, 181 (Heriger. gest. episc. Leod.); A. S. Apr., Mai, Jul. öfters. Deutsch? Goar ist auch ein Alanenname sec. 5.

Vgl. o. n. Goar.

Gochmar s. GUG.

GOD. Wie das goth. guþs deus (thema guda) und gôds bonus (thema gôda) in alts., altfr., ags. mundart in god zusammenfallen, so vereine ich auch hier unter einem solchen GOD die aus jenen beiden quellen geflossenen namen. Denn so sicher man auch von einer grossen anzahl formen behaupten kann, dass sie zu dem einen dieser beiden etyma gehören, so bleibt doch eine nicht geringe menge anderer formen übrig, denen ein bestimmtes kennzeichen fehlt, wohin von beiden man sie zu stellen habe. Ja ein dritter stamm, GAUD (s. ds.) ist gleichfalls eine gefährliche nachbarschaft, die manches von den unten zu nennenden formen als ihr eigenthum beanspruchen dürfte. Unter GAUD habe ich übrigens alle auf got e n d e n d e n namen verwiesen, zumal mir für die ältere zeit ein auf got deus endender name nicht annehmbar erscheint.

Auf gôd bonus scheinen folgende feminina auszugehn:

Amalgudis 9.	Autgudis 8.	Madalgudis 8.
Ansegudis 8.	Hildegudis 8.	Rantguda 8.
Adalgudis 7.	Ermengudis 8.	Waltgudis 8.

Oder gehören diese formen zu GUND, wie -sida zu SIND?

Hieher wol kaum das msc. Filogud bei Jorn., wahrscheinlich aber Wunigodo (9).

Uebrigens bemerke ich, dass unter allen folgenden formen jedenfalls ahd. got deus die mehrzahl, guot bonus bei weitem die minderzahl erzeugt hat.

Am schlusse dieses stammes führe ich nicht blos die zusammensetzungen an, die eingeschobenes l, n, r aufweisen, sondern auch mehrere eigenthümliche uneigentliche compositionen mit got deus.

Godo. 6. B. v. Verdun sec. 7. P. II, 267 (gest. episc. Mett.), 269 (catal. ep. Mett.), 272—274 (gest. abbat. Fontan.); VI, 672 (Constant. vit. Adalber. II); IX, 79, 107, 132 (chron. Novalic.); X, 341 (Hugon. chron.), 636 (gest. episc. Tullens.); conc. Remens. a. 630; pol. Irm. s. 142, 157; Wg. tr. C. 226, 244.
Goddo Wg. tr. C. 245.
Γώδας Procop.
Γόγδας Theoph.
Gotha mit var. Gotho P. V, 425 (Widukind).
Gotho Laur. sec. 8 (n. 2981).
Goth Laur. sec. 8 (n. 1438).
Cot Lc. a. 826 (n. 42).
Cuato Ng. a. 817.
Kuato Gld. II, a, 103.
Guoto Gld. II, a, 123.
Gudo P. V, 209 (chron. com. Cap.); H. c. a. 644 (n. 18); d. Ch. I, 672.
Cudo Gud. sec. 10.
Nhd. Göde, Goth, Gothe, Göthe, Götte, Gude, Gut, Guth, Gutte, Kott, Kude.
O. n. Gotengraben, Gutinhus, Gutininga, Gotoneswilari, Gudisleiben; viell. auch hieher Gotaloh und Guddenstein.

Gotti. 11. R. a. 1002 (n. 126).

Goda, fem. 8. Laur. sec. 8 (n. 971); pol. Irm. s. 36, 132; pol. R. s. 16, 20.
Godane (abl.) Pd. a. 709 (n. 475), 739 (n. 559).
Gotta St. P. öfters.
Cotta Gld. II, a, 121.
Guoda Gud. a. 1084.
Guota necr. Aug.
Guotte M. B. c. a. 1060 (VI).
Guda Laur. sec. 9 (n. 199).
Guta Laur. sec. 8 (n. 1322); Gud. a. 1084; Lc. a. 1096 (n. 253).

Godaco. 4. Wg. tr. C. 299.
Goduko Ms. a. 1049 (n. 22).
Gutthica (msc., 4) A. S. Apr. II.
Γόθιγος Procop. hieher?
Nhd. Gödecke, Gödicke, Gottcke, Göttig, Guthke, Gutike, Gutke, Güttich, Güttke, Kottke, Kudeck, Kudicke, Kuttig.

Gotichin. 10. Lc. a. 962 (n. 105).

Godila, msc. 4 v. C.? *Γωδίλλας* mit var. *Γώδηλας* Theoph.
Gothilas mit var. Gudilas Jorn. 10, angeblich aus der zeit Philipps von Macedonien.
Godilo Gld. II, a, 100.
Guadila (Ep. Emporitanens.) conc. Tolet. a. 693.
Gudila P. VIII, 121 (Ekkeh. chron. univers.); Cassiod. II, 18; V, 29; conc. Tolet. a. 675.
Γουδίλας (angeblich ein Thracier) Procop.
Gudilanis (gen.) E. s. V, 465.
Coutilo Gld. II, a, 97 hieher?
Nhd. Gödel, Gottel, Göttle, Guthal, Gütle, Güttel.

Godila, fem. 7. P. V, 779, 831 (Thietmari chron.); VIII, 642 (annalista Saxo); pol. Irm. s. 28; pol. R. s. 50, 74 etc.
Kuatila Gld. II, a, 125.
Guodila P. IX, 408 (gest. epic. Camerac.).

Cuotila Gld. II, a, 121.
Gudila d. Ch. I, 657.
Goidla Lgd. a. 970 (II, n. 106).
Goitla pol. Irm. s. 38, 71.

Ueber die ableitung dieses n. sonderbare hypothesen bei Niemann gesch. Halberstadts s. 12.

Godolenus. 6. D. Ch. I, 542.
Godelin P. IX, 448 (gest. episc. Camerac.).
Jodolenus Lgd. a. 906, 918 (II, n. 31, 42).

Gudelina, fem. 6. Cassiod. X, 20—24.

Godemia, fem. 9. Pol. R. s. 105.

Godino. 7. Mab. a. 663, 693.
Godin P. II, 218 (urk. v. 834); pol. Irm. s. 2, 4, 11 etc.; pol. Fossat.; St. P.; d. Ch. I öfters.
Godenus d. Ch. I, 883.
Gudin P. X, 321 (Hugon. chron.).
O. n. Gottinisdorf, Godtinesfeld.

Cotini. 9. Necr. Aug. neben Cotine.

Godina, fem. 8. Pol. Irm. s. 11, 186.

Cotuni. 9. St. P. Oder ist die form fem.? dann würde sie zu Cotanivi gehören.

Goding. 8. Pol. Irm. s. 34.
Guoting Gld. II, a, 100.
Nhd. Götting, Güting, Kotting.

Chotenza, fem. Gld. II, a, 121; hieher?

Godisma, fem. 8. Pol. Irm. s. 90, 92.

Godizo. 10. P. VI öfters; C. M. Jul.
Godiza (msc.) C. M. Jul.
Godezo P. XII, 231 (Rodulf. gest. abb. Trudon.).
Godeso (so) P. XI, 415 (chron. Affligem.).
Nhd. Goss? Gosse?

Gudetha, fem. 11. P. X, 539 (gest. abbat. Gemblac.). Ihr gemahl heisst Hubertus, Hubezo oder Hubetho, welche letztere form dem Gudetha analog ist.

Godebald. 8. P. VII, 361 (Bruno de bell. Saxon.); VIII öfters; pol. Irm. s. 151, 175.
Godebalt Gud. a. 1056.
Godebold pol. Irm. s. 1, 11 etc.; Gud. a. 1084, 1090, 1092.
Godebolt Gud. a. 1084, 1090.
Gotapold St. P.
Gotobald P. VII, 561 (Marian. Scot. chron.).
Gotibald M. B. a. 817 (XXXI; unecht).
Gotebald P. V, 126 f. (ann. August.); VII, 128 (Herim. Aug. chron.), 426 (Bernold. chron.); IX, 281, 320, 371 (Ad. Brem.).
Gotebold P. IX, 250 (Gundech. lib. pontif. Eichst.).

Gotepolt P. VI, 418 (Gerhard. vit. S. Oudalr.).
Godbald C. M. Sept.
Gotbold pol. Irm. s. 59, 243.
Gutbald Pd. a. 721 (n. 520).
Nhd. Goppelt.

Gotbolda, fem. 8. Pol. Irm. s. 11, 186.
Godevolda pol. Irm. s. 234.

Godabert. 7. P. VII, 415 (Bernold. chron.).
Gotabraht Gld. II, a, 100.
Gotapraht St. P.
Gotapreht P. I, 90 (ann. Salisb.); St. P. zwml.
Gotabert St. P. zwml.; tr. W. a. 858 (n. 49); M. B. a. 923 (XIV).
Cotaperht St. P. mehrm.
Cotabreht Gld. II, a, 97.
Kotaperht St. P. zwml.
Cotapert Gld. II, a, 97.
Cotapret Gld. II, a, 97.
Cotabret Gld. II, a, 97.
Cotabert St. P.; Ng. a. 826.
Chotapert St. P.
Goduberht Lc. a. 796 (n. 5).
Godobert P. III, 30 (Pipp. capit.).
Godopert P. V, 873 (Thietmari chron.).
Godobret Lc. a. 802 (n. 24).
Codobert Gld. II, a, 114.
Cotoperht St. P.
Godebert P. V, 865 (Thietmari chron.); VIII, 325 (Sigebert. chron.); pol. Irm. s. 74, 127; Laur. mehrm.; Paul. diac. IV, 53.
Gotebert Laur. sec. 8 (n. 2606, 2629).
Gotepert P. VIII, 146 (Ekkeh. chron. univers.).
Cotepreht Gld. II, a, 97.
Cotebert Gld. II, a, 97.
Gotperht St. P.
Gotbreht M. B. a. 790, 806 (VIII).
Gotbert P. II, 206 (ann. Vedast.); III, 539 (Kar. II capit.); V, 168 (ann. S. Germani), 400 (Flodoardi ann.); X, 367 (Hugon. chron.); pol. Irm. s. 201, 236.
Gotpert P. IV, B, 171 (synod. Baioar. sec. X).
Godevert pol. Irm. s. 64, 77 etc.
Gudipert P. III, 253 (Hlud. et Hloth. capit.); V, 232 (Andr. Bergomat. chron.).
Gudebert H. a. 926 (n. 147).
Gudpert Gld. II, a, 100.
Gutbert St. M. a. 970.
Goadpert P. VII, 64 (catal. reg.).

Hieher noch vielleicht
Chotperht Mchb. sec. 10 (n. 1038).
Catapreht R. a. 821 (n. 21) wol hieher.
Gobert P. VI, 46 (gest. episc. Virdun.); St. M. a. 1065.

Godeberta, fem. 8. Pol. Irm. 159; d. Ch. I, 671.

Gotberga, fem. 8. Pol. Irm. s. 21, 119.
Coteperga Lp. a. 909 (II, 71).

Cotapurc, fem. 8. Mchb. sec. 9 (n. 956).
Gutburg Laur. sec. 8 (n. 2423).

Cuotchind, angebl. fem. Gld. II, a, 121; II, b, 156.

Gotadrud, fem. 8. St. P.
Godedrudis pol. R. s. 72.
Cotadrud St. P. zwml.
Kotadrud St. P.
Gotrudis pol. Irm. s. 252 wol hieher.

Cotavorht. 9. Mchb. sec. 9 (n. 661).
Coteforht Mchb. sec. 9 (n. 300).
Koteforht Mchb. sec. 9 (n. 472).

Godafrid. 7. Sec. 7: Schwabenherzog. Sec. 8: b. v. Arras. Sec. 9: Dänenkönig; Schwabenherz.; ep. Senlitens. Sec. 10: Normannenfürst; b. v. Aix; b. v. Speier; b. v. Vercelli. Sec. 11: herzog v. Niederlothringen; herzog v. Oberlothr.; herzog v. Niederlothr. (v. Bouillon); b. v. Auxerre; ep. Avellanens.; ep. Magalonens.; ep. Teresan.; b. v. Volaterra; (Goffred) b. v. Angers.
Godafrid Ng. a. 708.
Gotafrid P. VII öfters; St. P.
Gotafred P. I, 67 (ann. Aug.).
Cotafrid P. I, 64 (ann. Sangall.); St. P. öfters.
Kotafrid St. P.
Godufrith Wg. tr. C. 79.
Godofrid P. II öfters.
Godofred Gld. II, a, 115.
Gotofrid P. I, 23 (ann. Nazar.).
Gotofred P. VII, 63 (Lup. protospatar.).
Gothofred P. VII öfters.
Gottofred P. X, 54, 87 etc. (Landulf. hist. Mediol.) neben Gotofred.
Gotifrid St. P.
Gotifred P. IV, B, 176 (Heinr. II pact.).
Gottifred P. IV, B, 179 (Nicol. II statut.).
Gottifrid M. B. a. 1096 (IV).
Godefrid P. I, 627 (contin. Regin.); II oft; III, 97 (Kar. M. capit.); IV, 27 (Ott. M. constit.); V–IX oft; X, 174 (gest. Trever.), 211 (vit. S. Symeon.), 367 etc. (Hugon. chron.), 537 (gest. abbat. Gemblac.), 573 (chron. S. Huberti Andag.); Laur. sec. 8 (n. 2416); pol. Irm. s. 84; Gud. a. 960 etc.; Guér. a. 1046.
Godefrit Laur. sec. 9 (n. 3039).
Gotefrid P. I, 22 (ann. Alam.), 624 (contin. Regin.); II, 590 (Thegani vit. Hlud. imp.); VII, VIII öfters; St. P. dreiml.
Gotdefrid St. M. a. 970.
Godefred P. III, 568 (Kar. III capit.); VI, 656 (Rodulf. vit. S. Willelmi); pol. Irm. s. 101, 152.
Goddefrit Wg. tr. C. 5.
Gotefred P. II, 252 (ann. Lemov.); IX öfters; X, 9 (Arnulf. gest. archiepp. Mediol.); Lc. a. 1041 (n. 175).
Cotefrid Gld. II, a, 97, 115.
Cotefred P. I, 73 (ann. Sangall.); II, 328 (Erchanberti breviar.).
Cotefret Mchb. sec. 8 (n. 122).
Cothefrith Gld. II, a, 97.
Cothefrid P. V, 154 (ann. Monast.).
Godfrid Wg. tr. C. 107, 190.
Gotfrid P. II, 214 (chron. S. Martini Colon.); IX öfters; St. P.; M. B. sec. 8 u. 9 (VIII); pol. Irm. s. 100, 115.
Gotfred P. X, 403 (Hugon. chron.); pol. Irm. s. 252.
Godtfrid P. I, 473 (Hincm. Rem. ann.).
Cotfrid Gld. II, a, 97.
Gutfrid Schpf. a. 748 (n. 16).
Gutfrit Dr. c. a. 813 (n. 296; Schn. ebds. Lutfrit).
Cuotfrid St. P.
Goffrid P. IX öfters; Guérard a. 1080.
Goffred pol. Irm. s. 50 (sec. 11).

Dieser n. vermischt sich oft durch formen wie Gaufrid, Goffrid, Joffrid u. a. mit den zu GAUD und zu GAW gehörigen bildungen.
Nhd. Gottfried.

Gotfrida, fem. 8. Pol. Irm. s. 233.

Cotgelt. 9. Dr. a. 838 (n. 509; Schn. ebds. Corgolt).

Cuotker. Gld. II, a, 97.

Godigisil. 5. Burgundenkönig sec. 5.
Godigisil Greg. Tur. mehrm.
Godegisil P. X, 326 (Hugon. chron.); Greg. Tur. mehrm.

Gothegisil P. VIII, 116 (Ekkeh. chron. univers.).
Godeghiselus gest. regg. Franc.
Godechisil M. a. 655 (n. 145).
Godegisel Pd. a. 651 (n. 319) mit var. Modogisel.
Γοδίδισκλος (so) Proc. b. Pers. var. *Γοδίδικλος*.
Γοδίγισκλος Proc. b. Vand. var. *Γωδίγισκλος*.
Γογδίγισκλος Theoph. var. *Γογδίκισκλος*.

Gotaheld, fem. 9. Schn. a. 813.

Gotahard. 8. P. VI, 567 (Arnold. de S. Emmer.); St. P.
Gotahart Schn. a. 756.
Godehard P. V öfters; VII, 6 (ann. Ottenbur.), 140 (Lamberti Hersfeld. ann.); VIII, IX öfters; M. B. a. 1019 (XXXI).
Godehart M. B. sec. 11 (XI).
Gotehard St. P.
Gothehard P. V, 95 (Lamberti ann.); VI, 572 (Arnold. de S. Emmer.).
Godhard Wg. tr. C. 226.
Gotard pol. Irm. s. 247.
Gotthard M. B. a. 1019, 1029 (VI, XI).
Cudahart St. P.
Cuthart St. P.
Gohard P. VI, 520 (mirac. S. April.); pol. Irm. s. 92; hieher?
Nhd. Godehard, Gotthard, Gotthardt.

Gothardis, fem. 8. Pol. Irm. s. 213.

Godehar. 8. Pol. Irm. s. 71.
Gothar pol. Irm. s. 42, 220.
Gotthar Gld. II, a, 115.
Gother Laur. sec. 8 (n. 590).
Goter P. VII, 25 (ann. Blandin.).
Guathere Ng. a. 892.
Cuatheri Gld. II, a, 97.
Guother Laur. sec. 8 (n. 207).
Cuother Ng. a. 862.
Guther Laur. mehrm.
Nhd. Gotter, Guder, Guter, Gutthar, Kuder, Kutter.

Cothat. 9. Wg. tr. C. 270.

Godohelm. 8. Abt zu Benedictbeuern sec. 11.
Godohelm Laur. n. 3770.
Gotahelm P. XI, 219 (chron. Benedictobur.); M. B. sec. 11 (VII).
Cotahelm St. P.; Mchb. sec. 8 (n. 83).
Kotahelm M. B. a. 828 (VIII).
Gotehalm M. B. a. 802 (IX).
Cotehelm Mchb. sec. 8 (n. 115).
Gotehelmo (nom.) Dr. a. 813 (n. 294; Schn. ebds.).
Gothalm St. P.; M. B. sec. 11 (VI).
Gothelm Gld II, a, 100.
Gotthelm P. XI, 226 (chron. Benedictobur.).
Gutehelm M. B. sec. 11 (VI).

Godoildus. 9. Mab. a. 835.

Godahildis, fem. 8. Pol. Irm. s. 220.
Cotahilt St. P. öfters.
Cottahilt (so) St. P.
Kotahilt St. P.
Godovildis pol. Irm. s. 114.
Godehildis Laur. sec. 8 (n. 190, 1754); pol. Irm. s. 174.
Godehilt Laur. sec. 8 (n. 1852).
Gothehilda P. VIII, 116 (Ekkeh. chron. univers.).
Gothildis tr. W. a. 737 (n. 8 u. Pd. nachtr. n. 57); pol. Irm. s. 219, 248.
Gotchildia tr. W. a. 737 (n. 47).
Godildis pol. Irm. s. 100, 231; pol. R. s. 47.
Guthildis pol. Irm. s. 251.
Gotasilt Gld. II, a, 123 wol für -hilt.

Cotahram. 8. St. P.
Cataram R. a. 808 (n. 14).
Goterhammus P. I, 93 (ann. S. Emmer.).
Gotehram Dr. a. 825 (n. 461; Schn. ebds. Gotheram).
Cotehram Mchb. sec. 8 u. 9 (n. 118 etc.).
Godramnus pol. Irm. s. 252.
Goderamnus P. V, 96 f. (ann. Hildesh.); VI, 779 (Thangmari vit. Bernward.); Ng. a. 744.
Goderannus P. X, 529 (gest. abbat. Gemblac.).
Goderamus G. c. a. 970 (n. 22).
Coteram St. P.
Cothrammus Mchb. sec. 8 (n. 181).
Goddramnus Maginar. epist. ad. Car. M.

Godehoc. 5. Paul. diac. I, 18 (falsche lesart Gedehoc).
Gudehoc Paul. diac. I, 20.
Godeoc P. V, 217 (reg. et imper. catal.); VIII, 142 (Ekkeh. chron. univers.).
Gudeoc P. VIII, 301 (Sigebert. chron.).
Gudeoch P. VIII, 312 (Sigebert. chron.).

Guotroch. 9. Schn. a. 819.

Godolef. 6. Lc. a. 855 (n. 65).
Gudelib goth. urkk. v. Arezzo u. Neapel neben Gudilev; s. Massmanns ausgabe. Wahrscheinlich Gudilaibs.

Cotleip Gr. II, 50; IV, 152.
Nhd. Gottlieb.
Godolec. 9. Lc. a. 855 (n. 65).
Cuotleh necr. Aug.
Nhd. Göttlich.
Godoland. 8. Wg. tr. C. 331, 462.
Gotland P. III, 429 (Kar. II capit.); pol. Irm. s. 188.
Gotlannus Mab. a. 854.
Gotlanda, fem. 8. Pol. Irm. s. 11.
Godalindis, fem. 8. Pol. Irm. s. 217.
Gotalind Dr. a. 791 (Gotalund ebds. Schn.).
Cotalind Gld. II, a, 97, 121.
Cotilind Gld. II, a, 121.
Godelindis P. VI, 514 f. (Adson. mirac. S. Mansueti); pol. Irm. s. 3, 8 etc.; pol. R. s. 16.
Godeliude St. M. a. 709.
Godelint Laur. mehrm. sec. 8 u. 9; H. a. 853 (n. 87).
Gotelinda Gld. II, a, 130.
Gotelint Laur. sec. 8 (n. 2791).
Kotelind P. I, 82 (ann. Sangall.); II, 124 (Ekkeh. cas. S. Galli).
Gottelind Gld. II, a, 123.
Gotlindis pol. Irm. s. 69, 155; pol. R. s. 35, 36.
Gotlint Gld. II, a, 123.
Cotlint St. P.
Cootlind Gld. II, a, 121.
Gutlindis pol. Irm. s. 251.
Coilind Mchb. sec. 9 (n. 599) wol für Cotlind.
Gullint Laur. sec. 8 (n. 3809) wol hieher.
Gudilub. 6. Urk. v. Arezzo. Massmann, d. goth. urkk. u. s. w. vermuthet Gudilaibs, s. oben Gudileb.
Godeman. 8. Gud. a. 1028, 1056.
Gotman pol. Irm. s. 79.
Gothman (var. Gohtman, Gotmanth) Sm.
Cutuman Wg. tr. C. 371, 420.
Guotman Gr. II, 739.
Nhd. Guthmann, Gutmann, Guttmann, Kudemann.
Godomar. 5. Sec. 5: Burgundenkönig. Sec. 6: dessen neffe. Sec. 7: ep. Iriens. Sec. 9: ep. Ausanens. Sec. 11: b. v. Saintes.
Godomar Greg. Tur.; gest. regg. Franc.
Gothomar Pd. a. 703 (n. 457).
Gotomar conc. Tolet. VII a. 646.
Gotumar conc. Tolet. VI a. 638.
Godemar P. VIII, 315 (Sigebert. chron.); X, 326 (Hugon. chron.); pol. Irm. s. 4.

Gothemar P. VIII, 116 (Ekkeh. chron. univers.).
Godmar P. VII, 85 (Herim. Aug. chron.).
Cuthmar Gld. II, a, 97.
O. n. Gotamareshaim, Godamarestein.
Codemund. 9. Ep. Tuscanens. sec. 9.
Codemund P. IV, B, 14 (Eugen. II concil.).
Kotmunt St. P.
Ags. Godmund.
O. n. Gotemundingen.
Gudinand s. GUND.
Godaniwi, fem. 8. Tr. W. a. 791 (n. 110, 154).
Gotanivi Dr. a. 837 (n. 508; Schn. ebds.).
Cotaniwi Ng. a. 769 (n. 47).
Gotani M. B. VI, 363.
Cotani Mchb. sec. 8 (n. 175); St. P. öfters.
Cotania Mchb. sec. 8 (n. 179).
Kotani St. P.
Cotoni St. P.
Gotinia St. P.
Gotini St. P. öfters.
Cotinui Ng. a. 846 (n. 363), wahrscheinlich für Cotiniu.
Cotini St. P.
Gottinia (u. dat. Gotinie) Lp. a. 870 (I, 839 ff.).
Godeniu Laur. sec. 8 (n. 2617).
Godenia pol. Irm. s. 235; pol. R. s. 54, 104.
Gotenia Lp. a. 874 (I, 862).
Coteni Gld. II, a, 121.
Godema pol. Irm. s. 84 ist vielleicht Godenia zu lesen.
Gotneia Gr. IV, 152 hieher?
Getrat, msc. u. fem. 8. Gr. II, 463; IV, 160.
Gotraht Sm.
Cuotarat u. Cuoterat Gld. II, a, 121.
Goderaus pol. R. s. 70 wol für -radus.
Godrada, fem. 9. Pol. R. s. 9.
Guodrada P. XII, 378 (gest. abb. Trudon.).
Guderada H. a. 853 (n. 87).
Guderit. 6. Mur. 1917, 1. Goth. urk. v. Neapel. Vgl. Massmann die goth. urkk. u. s. w. (1837) mit einer bemerkung über diesen n.
Altn. Guðriðr.
Goderuna, fem. 7. Test. Erm.
Godrun C. M. Dec.
Godruna vit. Meinwerki (a. 1017).
Guterun Gld. II, a, 123; necr. Aug. sec. 10.
Altn. Godrûn.

Godascalcus. 7. (5?). B. v. Osma sec. 7; b. v. Puy sec. 10; fürst d. Obotriten sec. 11.
Godascalcus H. a. 1069 (n. 267).
Kotascalh M. B. a. 996 (XXXI).
Godiscalc P. X, 572 etc. (chron. S. Huberti Andag.); conc. Tolet. a. 675.
Gotiscalch Lgd. a. 938 (II, 66; Mab. ebds.); Lc. a. 996 (n. 126).
Cotischalch Ng. a. 847.
Chodiscalc (so) Pd. a. 713 (n. 488; unecht).
Godescalcus P. I, 185 (Einh. ann.), 443 (Prud. Trec. ann.); II, 245 (ann. Wirzib.); V, VI, VIII, IX öfters; X, 536 (gest. abbat. Gembl.); conc. Tolet. a. 653; Laur. sec. 8 (n. 3154); Paul. diac. IV, 21 etc.; Wg. tr. C. 19, 24, 181; Gud. a. 1090.
Godescalk Lc. a. 1085 (n. 238).
Gotescalcus P. I, 365 (Ruod. Fuld. ann.); VII, 104 (Herim. Aug. chron.), 420 (Bernold. chron.); Laur. sec. 8 (n. 1815).
Gotesscalc Gld. II, a, 100.
Cotesscalc necr. Aug.
Cotescalhc necr. Aug.
Cotesscalh Ng. a. 830; necr. Aug.
Goteschalc St. P. zwml.
Kotesscalh St. P. zwml.
Cotescalh St. P.
Cotesschalh Ng. a. 810.
Gotescalch P. IX öfters; St. P.; M. B. a. 995 (XXXI).
Cotescalch St. P. zwml.
Cotaesscalc (so) St. P.
Goddescalcus P. V, 808 (Thietmari chron.).
Godscalc Wg. tr. C. 34, 94, 155.
Godschalc Wg. tr. C. 54.
Gotscalc St. P.; M. B. a. 1080 (VI).
Gotschalc P. XI öft.; M.B. sec. 11 (VII, VIII, XIII).
Gotschalk M. B. a. 1033 (VII).
Gotscalch P. IX, 582 (chron. mon. Casin.); M. B. sec. 11 (VI, X, XIV).
Quothescalch (so) Lgd. a. 936 (II, n. 62).
Gudisal mit var. Godiscalcus Cassiod. IV, 47 (sec. 5).
Getescalc P. I, 455 (Hincm. a. 861) hieher?
Nhd. Gottschalk, Gottschall.

Einige von den hier aufgeführten formen enthalten uneigentliche compositionen, doch gelang es nicht sie von den übrigen streng zu scheiden.

Gotasind. 9. Gld. II, a, 123.
Cotasind Ng. a. 824.
Godesuint, fem. 10. H. a. 926 (n. 146).
Gosvintha s. GAW.
Godedanc. 8. Laur. sec. 8 (n. 1147).
Godetanch Laur. sec. 9 (n. 3506).
Codadanc Gld. II, a, 97.
Cotethanc P. III, 561 (Arnulf. capit.).
Cotetanc Ng. a. 903.
Gotdanck Gud. a. 910.
Gotethanc Dr. a. 813 (n. 292); Schn. ebds. Gotesthanc.
Gotadeo. 8. M. B. a. 806 (VIII).
Cotadiu St. P. mehrm.
Cotadeo Mchb. sec. 9 (n. 386); St. P. mehrm.
Codadeo Mchb. sec. 9 (n. 504).
Kotideo St. P.
Gotedieo R. a. 974 (n. 112).
Gotedeo Dr. a. 813 (n. 294; Schn. ebds. Gotedeo neben Gosedeo).
Cotediu St. P.
Godovold. 7. Ep. Medensis sec. 7. Pol. Irm. s. 107, 257.
Godoald conc. Remens. a. 630; pol. Irm. s. 72.
Godald pol. Irm. s. 20, 83 etc.; H. a. 804 (n. 63).
Godolt Laur. sec. 8 (n. 1477); Schn. a. 821.
Gothold Dr. a. 779; pol. R. s. 54.
Nhd. Gotthold, Gottwald.
Cotowar. 8. St. P. zwml.
Cotewar Gld. II, a, 121.
Cotwar St. P.
Godoward. 8. Pol. R. s. 38.
Godoard pol. Irm. s. 189; pol. R. s. 42.
Cotawich, fem. 9. St. P.
Goduin. 5. P. IX, 189 (Anselm. gest. episc. Leod.); Laur. sec. 8 (n. 1872); Mab. a. 783.
Godoin pol. Irm. s. 86, 89 etc.; pol. R. s. 42, 45 etc.
Godoenus pol. Irm. s. 58, 91 etc.
Codoin tr. W. a. 700 (n. 242 u. Pd. nchtr. n. 13).
Guduin Laur. sec. 8 (n. 1875).
Gudoin pol. Irm. s. 141.
Guduim (so) mit var. Gudui Cassiod. V, 27 Gudui auch ebds. V, 30.
Nhd. Guttwein.
Cuotwina, fem. 8. Gld. II, a, 121.
Cotawina Gld. a. 769 (II, a, 26).
Gotuviz. 8. Schn. a. 791.

Godulf. 8. Pol. Irm. s. 235; pol. R. s. 19, 53 etc.
Godolf Laur. mehrm.
Guadulf tr. W. a. 774, 780, 784, 787 (n. 53, 77, 89, 107).
Cuatolf Gld. II, a, 97.
Guodulf tr. W. a. 774 (n. 178).
Cuotolf St. P.
Coutolf Gld. II, a, 97 hieher?

Zusammensetzungen mit erweitertem stamme:

1) mit suffix L, hier sehr häufig.

Godalbold. 8. Pol. Irm. s. 143, 217.
Godelbald pol. Irm. s. 171.
Godelbold pol. Irm. 261, 266.

Godalbert. 8. Pol. Irm. s. 119, 197.
Godolbert Gld. II, a, 115.
Codilberct Schn. a. 802.
Godelbert pol. Irm. s. 59.
Godelpert P. IX, 617 (chron. mon. Casin.).
Gedalbert (so) pol. Irm. s. 121.

Godalberta, fem. 8. Pol. Irm. s. 83, 87 etc.

Godalberga, fem. 8. Pol. Irm. s. 92, 93 etc.
Godelberga pol. Irm. s. 8, 157.

Godaltrudis, fem. 8. Pol. Irm. s. 48, 103.
Godalthrud Dr. a. 765 (Schn. ebds. Godaltrud).
Godeltrudis pol. Irm. s. 163; pol. R. s. 11, 35 etc.
Gotledrudis pol. Irm. s. 40.

Godalfrid. 8. Pol. Irm. s. 161, 224.

Godalcar. 8. Pol. Irm. s. 219, 232.
Godalger pol. Irm. s. 226.

Godelgardis, fem. 8. Pol. Irm. s. 71.

Godelgaud. 8. Pol. R. s. 69.
Gedalcaus (so) pol. Irm. s. 119; wol hieher.

Godalgrim. 8. Pol. Irm. s. 203.

Godelhagdis, fem. 9. Pol. R. s. 49, 51.
Godelhegdis pol. R. s. 36.

Godalhard. 8. Mab. a. 798, 847; pol. Irm. s. 8, 102.
Godalard pol. Irm. s. 126.
Godelhard pol. Irm. s. 44, 122; pol. R. s. 34.

Godalhar. 8. Pol. Irm. s. 65, 75 etc.
Godelhar pol. Irm. s. 8, 173.
Godelher pol. R. s. 32, 37 etc.
Nhd. Göttler.

Godalhildis, fem. 8. Pol. Irm. s. 225, 235.
Godelhildis pol. Irm. s. 1, 8 etc.
Godolildis pol. Irm. s. 90.
Godelildis pol. Irm. s. 3, 86 etc.

Godalmand. 6. Pd. a. 537 (n. 128).

Godelmar. 8. Pol. Irm. s. 157, 159.

Godalrada, fem. 8. Pol. Irm. s. 257.
Godelrada pol. R. s. 35.

Godalrich. 8. Pol. Irm. s. 23, 38 etc.

Godalsad. 8. Pol. Irm. 96, 115.
Godelsad P. III, 420 f. (Kar. II capit.); pol. Irm. s. 73, 167; pol. Fossat.; synod. Lugdunens. a. 830.

Hieher vielleicht
Gaudelsad (b. v. Chalons) conc. Germaniciens. a. 843. Derselbe heisst Godelsad an andern stellen der concilien.

Guadalsada, fem. Gld. II, a, 123, 130.

Godelscalcus für Godescalcus P. V, 198 (chron. S. Benedicti).

Godalsindis, fem. 8. Pol. Irm. s. 77.
Godelsinda pol. R. s. 102.

Godelold. 9. Pol. R. s. 34.

Godaluin. 8. Pol. Irm. s. 238.

2) mit suffix N.

Godenard. 8. Pol. Irm. s. 127, 141.

Cotanwiha, fem. Gr. I, 723.

Godenulf. 8. Pol. Irm. s. 89, 145.

3) mit suffix R.

Godrebald. 8. Pol. Irm. s. 91.
Godrebold pol. R. s. 71.
Goerbold pol. R. s. 77 wol hieher.

Godrevert. 8. Pol. Irm. s. 224.

Godreverta, fem. 8. Pol. Irm. s. 220.

Goderher. 9. Pol. R. s. 82, 85.

Goderhildis, fem. 9. Pol. R. s. 37.

Goderman. 9. Wg. tr. C. 291.

Schliesslich habe ich hier noch eine anzahl uneigentliche compositionen anzuführen, die bei diesem stamme nicht so ganz selten sind wie unter den übrigen eigennamen.

Coteshelm. St. P.

Godasman. 8. B. v. Amiens sec. 10.
Godasman pol. Irm. s. 93.
Godesman P. V öfters; Laur. sec. 9 (n. 2360); Wg. tr. C. 351, 398; Guérard a. 935 (appendix zum pol. Irm. s. 340).
Gotesman conc. Remens. a. 991.
Cotesman Ng. a. 847, 890, 898; St. P.

Nhd. Gottsmann, Gotzmann.

Cotesscalh s. Godascalc.

Cotesdegan. 9. Ng. a. 824, 868.

Kotesdegan Ng. a. 890.

Cotesthiu, fem. 8. St. P.; Ng. a. 894.

Cotistbiu St. P. mehrm.; Ng. a. 928.

Gotesdiu St. P.

Cotesdiu St. P. zwml.; Mchb. sec. 8 u. 9 (n. 179, 701).

Cotestiu Gld. II, a, 121.

Gotesthiu neben dem genit. Godesthiwae Laur. sec. 9 (n. 2801).

Costesdiu (so) St. P.

Goerannus, Goericus, Goesinda s. GAW.

Gogislenus. 8. P. II, 285 (gest. abbat. Fontan.).

Gogo s. GUG.

Goidsberga, fem. 9. Pol. R. s. 53. Etwa für Godisberga?

Goin, Goiramnus s. GAW.

Goisbert. 11. Pol. Irm. s. 49 (sec. 11).

Goisfrid. 10. P. IX, 441 (gest. episc. Camer.); Mab. a. 1030.

Goismund. 10. P. IX, 439 (gest. episc. Camerac.).

Guismund pol. Irm. s. 51 (sec. 11).

Gehören diese drei letzten n. zu WIS?

Goitla s. GOD.

GOL. Zu ags. galan canere, wovon gôl cantus, oder zu goth. gôljan salutare.

Goltrut, fem. 9. Schpf. a. 828 (n. 89).

Golram. 10. Mchb. sec. 10 (n. 1018).

Golni, fem. 10. Mchb. sec. 10 (n. 1012).

Golnod. 8. St. P.

Gold-, Golt- s. GALD. **Gomo** s. GUMA.

Gonotigernus. 6. Ep. Silvanectens. sec. 6. Conc. Aurelian. a. 549 (var. Cunautegernus); conc. Paris. a. 557.

Zu goth. knôds genus? vgl. Chnodomar.

Gonsind s. GUMA und GUND. **Gont-** s. GUND. **Gordegang** s. HROD. **Gerinlaith** s. GAUR. **Gormenteus** s. Germen-.

Gosca, Gosmart s. GAUD. **Gosvintha, Got-** s. GOD. **Gotselm** s. GAUD. **Gouliub, Govibold** s. GAW. **Goyla** s. GAIL. **Goz-** s. GAUD. **Grabard** s. GRAW.

Gracco. 8. Laur. sec. 8 (n. 2232).

Nhd. Grach.

Graculf. 9. Wg. tr. C. 233.

GRAD. Man vergleiche altn. grâd aviditas, ahd. grâtag avidus. Oder mhd grât spitze? (etwa auch pfeil- oder lanzenspitze?).

Crato. 11? Laur. n. 3810.

Crathard. 8. Laur. sec. 8 (n. 497).

Gradulf. 11. A. S. Mart. III.

Graffilad. 9. P. III, 253 (Hlud. et Hloth. capit.).

Grahaman, Grahilt s. GRAW.

Graido. 10. Lp. a. 962 (II, 270). Für Gaido? doch vgl. Graitis.

Grainvaldis, fem. 9. Pol. R. s. 40.

Graitis. 6. Theophan.

Gretes P. VIII, 139 (Ekkeh. chron. univers.).

Gralo s. GRAW. **Gram-** s. HRABAN. **Graman** s. GRAW.

Grammun. 11. Necr. Fuld. a. 1037; verderbt?

Grannold s. HRABAN.

Grantzo. 8. Laur. sec. 8 (n. 167).

Grao, Graoine, Graolt s. GRAW.

-grap in Folcgrap (9).

GRAS. Wol nicht unmittelbar zu gras gramen, sondern eher zu dem hypothetischen stammverbum dieses wortes grasan virere, crescere.

Grasevert. 9. Lp. a. 897, 898 (I, 1059, 1078); sein sohn heisst Grasemund.

Crasmar. 7. Pd. a. 685 (n. 404).

O. n. Grasamaresaha.

Grasemund. 9. Lp. a. 828, 829, 898, 997 (I, 674, 678, 1078; II, 414). Vgl. Grasevert.

Grasulf. 8. P. IV, B, 14 (Eugen. II conc.); Paul. diac. IV, 41, 52 etc.

Grasoulf d. Ch. I, 872.

Wie ags. statt gräs gramen auch gärs gilt, so wahrscheinlich hieher:

Garsimir. 9. Lgd. a. 845 (I, n. 67).

Vgl. Garsia (msc.) Lgd. oft, z. b. a. 876 (I, n. 102).

Grauceleba s. GRAUS.

GRAUS. Mit ags. greósan horrere und ahd. griusic horridus zusammenhängend; in der bedeutung also gleich AGIS.

Grauso. 6. P. VIII, 148 f. (Ekkeh. chron. univers.); Paul. diac. V, 38 f.
Craos St. P.
Cros Mchb. sec. 8 u. 9 (n. 655 etc.).
Gros Mchb. sec. 9 (n. 724).
Kros Mchb. sec. 9 (n. 606).
Chroso Schpf. a. 778 (n. 55).
Crosmuat. 8. Tr. W. a. 779 (n. 96).
Grausolph. 9. Ep. Faesulens. Synod. Roman. a. 826.

Hieher vielleicht noch:
Grauceleba, fem. 7. H. a. 698 (n. 25); verderbt? Pd. schreibt ebds. (n. 449) sogar Graucelebata.

GRAW. Wahrscheinlich gehören alle folgenden formen zu ahd. graw grau.

Grawo. 8. Laur. sec. 8 (n. 399).
Grao Laur. sec. 8 (n. 484, 552, 600).
Graobard. 8. Tr. W. a. 758 (n. 144).
Grabard tr. W. a. 742 (n. 7 u. Pd. nchtr. n. 70).
Graobart tr. W. a. 760 (n. 138, 170).
Grabart tr. W. a. 753, 757 (n. 139, 140, 149).
Nhd. Grabert.
Grahilt, fem. 8. Laur. sec. 8 (n. 1357).
Graloh. 8. Abt zu St. Gallen sec. 10.
Graloh Ng. a. 776; necr. Aug.
Graloch K. a. 948 (n. 181).
Craloh P. II öfters; VI, 456 (Hartmanni vit. S. Wiboradae); Ng. a. 806, 824; A. S. Maj. I.
Gralo P. I, 624 (contin. Regin.); VII, 114 (Herim. Aug. chron.); VIII, 615 (annalista Saxo); A. S. Maj. I.
Cralo P. I, 78 f. (ann. Sangall.); II öfters; Ng. a. 933.

Verwechselungen von Karolus mit Kralo b. P. II, 138 (Ekkeh. cas. S. Galli).

Vgl. auch Geraloh unter GAR.
Nhd. Grahl, Grall, Krahl; hieher?
Graman. 8. P. I, 414 (ann. Fuld.); XI, 224, 230 (chron. Benedictobur.); Mchb. sec. 8 (n. 28); St. P. zwml.; Laur. mehrm.; Schn. a. 769, 842; Dr. n. 351.
Craman Ng. a. 819; St. P. öfters.
Kraman Mchb. sec. 9 (n. 284).
Grahaman P. I, 174 (ann. Lauriss.); VIII, 561 (annalista Saxo).
Nhd. Gramann, Graumann.
O. n. Gramannesdorf, Gramanningerod.
Gramand. Gld. II, a, 115.
Graolt. Gr. I, 814.
Graoine (so). 8. Laur. sec. 8 (n. 282).
Grauvolf. 8. Schn. a. 801; Dr. a. 906 (n. 651; Schn. ebds. Garnolf).
Graulf tr. W. a. 730 (n. 16 u. Pd. nchtr. n. 52); pol. Irm. s. 261.
Crawolf Mchb. sec. 9 (n. 485).
Graolf Eckh. comm. de reb. Franc. orient.; P. III, 178 (Kar. M. capit.); Schn. a. 801; tr. W. a. 807 (n. 199).
Craolf M. B. a. 802 (IX).
O. n. Graolfesheim.
Grazan. 10. St. P.

Grefolf, Gr. I, 850, vielleicht von Gr. nur aus o. n. Grefolvinga geschlossen.
Greifing. 8. Schn. a. 778.
Greiphing Dr. n. 705 (sec. 10).

Gretes s. Graitis. **Gribo, Grifo** s. Grippo.
Grilleman (so). 10. Lp. a. 911 (II, 79). Verderbt? vgl. ags. grillan ad litem provocare.

GRIM. Dieser etwa von der mitte sec. 7 (oder schon seit sec. 5?) in namen nachzuweisende stamm kommt gleichmässig anlautend und auslautend vor. Grimm und nach ihm Leo stellen die hier anzuführenden n. zum nord. und ags. grima (larva), doch ist auch ein zusammenfliessen mit zusammensetzungen von ahd. grimm (saevus, crudelis) nicht unmöglich. Es ist somit ungewiss, ob hier nicht eigentlich zwei stämme zu scheiden sind. Mone heldensage s. 68 knüpft den stamm an noch mehr wurzeln an, indem er an chrên (rein), hrein (rennthier), grem (bellua), grima (dunkelheit, auch larva), griman (heulen) erinnert.

Beachtung verdienen die nicht selten erscheinenden formen -grin und -grimnus, welche vielleicht zu neuen aufschlüssen über die etymologie dieses stammes führen können.

Auslautendes GRIM in folgenden 55 n., worunter nur 4 feminina:

Agrimo 8.	Frotgrim 8.	Nandcrim 8.
Aegilgrim 9.	Folccrim.	Nadalgrim 8.
Altigrim 8.	Gaitelgrima 10.	Notcrim 8.
Alfgrim 9.	Godalgrim 8.	Nodalgrima 8.
Alegrim 9.	Heledcrim 10.	Ortgrim 9.
Ellancrim 9.	Hathugrim 9.	Oðilgrim 9.
Anagrim 8.	Hildigrim 8.	Ricgrim 9.
Asgrim 9.	Flotgrimmus 9.	Hrimgrim 8.
Argrim.	Hrafangrim 8.	Stritgrim 9.
Adogrim 7?	Hroadcrim 9.	Teutgrim 8.
Adalgrim 8.	Hrotgrima 9.	Ungrimmus 9.
Adalgrima 8.	Rodolgrim 9.	Walahgrim 9.
Augrim 9.	Isalgrim 9.	Waltgrim 8.
Peragrim 8.	Isangrim 8.	Wasugrim 8.
Berengrim 8.	Landgrim 9.	Welagrim 9.
Biligrim 8.	Leutgrim 8.	Vuldegimmus 9.
Dagrim? 9.	Leudelgrimnus 8.	Vulfgrim 8.
Thangrim 9.	Mathgrim 9.	
Eburgrim 8.	Madalgrim 8.	

Grimo. 7, P. I, 292 (chron. Moissiac.), 327 (ann. Mett.); II, 285 f. (gest. abbat. Fontan.); Mab. a. 697; Fredegar; pol. Irm. s. 85, 219.

Grimmo pol. R. s. 74, 84.

Grim Mchb. sec. 11 (n. 1250).

Grimô qui et Adalgisus dictus est P. VI, 43 (gest. episc. Virdun.); vgl. X, 338 (Hugon. chron.).

Nhd. Grimm, Grimme.

Grima, fem. 8. Pol. Irm. s. 8, 16 etc.; pol. R. s. 86.

Grimma pol. R. s. 35, 53.

Crimma St. P.; unsichere form.

Hiezu scheint Grama pol. Irm. s. 20 zu gehören, da zwei ihrer kinder Grimoldus u. Grimhardus heissen.

Grimila, msc. 5. So vermuthe ich bei Cassiod. III, 20, wo die verschiedenen lesarten Grimoda, Tranvila, Gruviala, Trimula, Griwila lauten.

Crimuni. 8. Mchb. sec. 8 (n. 117 etc.); R. a. 821 (n. 21).

Krimuni M. B. a. 802 (IX).

Crimen Gld. II, a, 97.

Grimera, fem. 9. Pol. R. s. 102.

Grimizo. 10. P. V, 353 (Liudpr. legatio).

Grimbald. 8. Pol. Irm. s. 81, 91 etc.

Grimbold pol. Irm. s. 8, 25 etc.; pol. R. s. 100; Mab. a. 854; Lc. a. 1033 (n. 169).

Krimpald St. P.

Crumpald R. a. 808 (n. 14) hieher?

Grimbolda, fem. 8. Pol. Irm. s. 213.

Grimberct. 7. Dr. a. 772 (Schn. ebends. Grumberct).

Grimperht St. P.

Grimbreht St. P.

Grimbert P. VI, 520 (mirac. S. Apri); X, 345 (Hugon. chron.); Ng. a. 756; tr. W. a. 798 (n. 211); pol. Irm. s. 94, 169; Laur. öfters.

Grimbercth Pd. a. 710 (n. 478; Mab. ebds.).

Crimperht Mchb. sec. 8 (n. 22, 112); St. P.

Crimpreht Gld. II, a, 97; St. P.

Crimbret Gld. II, a, 97.

Crimbert Ng. a. 825.

Crimpert St. P. dreimal.

Grinepert Gld. II, a, 115.

Grinbert (so) P. IX, 429 (gest. episc. Camerac.); Pd. a. 664 (n. 350); St. P.

Crinpert K. a. 773 (n. 15; Ng. ebds.).

Grimberta, fem. 8. Pol. Irm. s. 250.

Grimberga, fem. 8. Pol. Irm. s. 250, 257.

Grimbod. 8. Pol. Irm. s. 258.

Grimburg, fem. 8. Pol. Irm. s. 258.

Grimdruda, fem. 10. H. a. 909 (n. 136).

Grimfrid. 8. St. P.; pol. R. s. 76.

Grimfred pol. Irm. s. 232, 237.

Crimfrid Gld. II, a, 97.

Griuifrid (so) Pd. a. 703 (n. 457).

Grinfrid Laur. sec. 9 (n. 510).

Grimheit, fem. 8. Laur. sec. 8 u. 9 (n. 1548, 1648).

Grimhagdis pol. R. s. 74.

Grimhard. 8. Pol. Irm. s. 20, 173; pol. R. s. 67, 74 etc.; pol. Fossat.

Grimhart St. P.

Crimhart Ng. a. 825.

Nhd. Grimmert.

Grimhar. 8. Laur. sec. 8 (n. 170); pol. Irm. s. 2, 28 etc.

Grimheri Gld. II, a, 100.

Grymheri Wg. tr. C. 267.
Grimher Laur. sec. 8 (n. 334, 917); pol. R. s. 52, 74.
Crimheri Ng. a. 857; St. P.
Crimhere Ng. a. 820.
Crimher Ng. a. 805.
Grimar Laur. mehrm.
Griher pol. R. s. 50 für Grimher?
Altn. Grimar. Nhd. Grimmer.
O. n. Crimhareshusir, Grimheresleba.

Grimhaus. 8. Pol. Irm. s. 167, 168.

Grimhildis, fem. 8. Tr. W. a. 743 (n. 4 u. Pd. nachtr. n. 75); Laur. sec. 8 (n. 1464); pol. Irm. s. 88, 92 etc.; pol. R. s. 79.
Grimoildis pol. Irm. s. 26, 89 etc.
Grimhilt St. P.
Grimildis pol. Irm. s. 71; pol. R. s. 16.
Grimhilte Gld. II, a, 123.
Crimhilt St. P. zwml.
Chrimhilt Mchb. a. 807.
Criemilt Lc. a. 927 (n. 87).
Chriembilt Ng. a. 881.
Cremhilt Laur. sec. 8 (n. 2748).
Krimhilt Gld. II, a, 125.
Criemhilt neben Cremhilt Schn. u. Dr. a. 785.
Crenihilda Laur. a. 788 (n. 636).
Altn. Grimhildr.
O. n. Criemhilterot.
Von dem n. Chriemhilt s. mehrere spätere Zeugnisse bei Mone heldensage s. 67 f.

Grimland. 9. P. I, 477 (Hincm. Rem. ann.); H. a. 868 (n. 106).
Grimbland urk. v. 866 bei Murat. antiqu. Ital.

Grimlindis, fem. 8. Pol. Irm. s. 183, 221.

Grimman. 10. G. a. 967 (n. 20).

Grimmar. 8. Laur. sec. 8 (n. 202).

Grimmund. 9. Lc. a 800 (n. 18). Steht wol für Grimmund.

Grimnium. 8. Dieser auffallende p. n., der sich bei Dr. n. 779 findet, scheint aus Grimniu entstellt oder für Grimwin zu stehn.

Crimrih. 8. Mchb. sec. 8 (n. 211).
Crimrich P. XI, 231 (chron. Benedictobur.).
Krimrich M. B. c. a. 800 (VII).

Grimdeo. 9. Dr. a. 838 (n. 508; Schn. ebds. Gundeo).
Grindeo Dr. a. 838 (n. 513; Schn. ebds. Arindeo) u. a. 859 (n. 576; Schn. ebds. Grinder).
O. n. Grimdeostat.

Grimuald. 7. Sec. 7: sohn Pipins v. Landen; sohn Pipins v. Heristal. Sec. 10: b. v. Reggio.
Grimuald P. V, IX öfters.
Grimoald P. I oft; II, 619, 624 (vit. Hlud. imp.); V—IX oft; X, 570 (chron. S. Huberti Andag.); H. c. a. 644 (n. 18); Mab. a. 697; d. Ch. I oft; Paul. diac. IV, 38, 41 etc.
Grimoalt P. V öfters.
Grimauld (so) P. VI, 511 (Adson. mirac. S. Mansueti).
Grimold P. I oft; II, 448 (Einh. vit. Kar.); III, 461 (Kar. II capit.); VII öfters; X, 286 etc. (Hugon. chron.); pol. Irm. s. 8, 9 etc.; Laur. öfters; Ng. a. 819; Wg. tr. C. 282.
Grimolt St. P.; Laur. mehrm.
Grymold Wg. tr. C. 281.
Grimald P. I, 69, 77 f. (ann. Sangall.), 287 (ann. Moissiac.); II oft; III, 411 (Hlud. Germ. capit.); VI, 549 (Arnold. de S. Emmer.); VII, IX öfters; pol. Irm. s. 25, 156; M. B. a. 837, 857, 863, 865, 867, 868 (XI).
Grimalt Laur. sec. 8 (n. 3046).
Crimold P. I, 51 (ann. Alam.); Ng. a. 800.
Crimolt Ng. a. 787, 802, 808, 819; necr. Aug.; St. P. dreimal.
Krimolt Gld. II, a, 103.
Grimhald pol. Irm. s. 200.
Crimald necr. Aug.
Gremald K. a. 853 (n. 119).
Grimmold pol. R. s. 79.
Grimuld Laur. sec. 8 (n. 240) hieher?
Grimol pol. Irm. s. 50 (sec. 11).
Grinald (so) Lc. a. 877 (n. 72).
Grismold für Grimoald P. XI, 358 (Hug. Floriac.).
O. n. Crimolteshova.

Grimoaldis, fem. 9. Pol. R. s. 19.

Grimoara, fem. 8. Pol. R. s. 50.
Grimara pol. Irm. s. 163.
Grinuara (so) A. S. Mart. III.

Grimwart. 8. B. v. Angoulême sec. 11.
Grimwart necr. Fuld. a. 938.
Grimoard P. VI öfters; pol. Irm. s. 106, 157.
Grinwart (so) St. P.

Grimuin. 8. Gld. II, a, 115.
Grimoin pol. Irm. s. 22, 28 etc.
Grimoen pol. Irm. s. 275.

Grimoena, fem. 8. Pol. Irm. s. 256.
Grimulf. 8. Pol. Irm. s. 213; pol. R. s. 72.
Grimmulf pol. R. s. 66.
Grimolf Laur. sec. 8 (n. 686).
Crimolf St. P.
Zusammensetzung mit erweitertem stamm:
Grimulfrid. 8. Mab. a. 770 neben Grimolfrid.

Griohat. 8. Laur. sec. 8 (n. 3309).
Grippo. 6. Sohn Karl Martells sec. 8.
Grippo P. I, 10 (ann. S. Amandi, ann. Laubac., ann. Petav.), 327 ff. (ann. Mett.); II, 276, 290 (gest. abbat. Fontan.); V, 150 (ann. Flaviniac.); Paul. diac. III, 30.
Γρίππας (var. Γρίπας) Procop.
Gripo d. Ch. I, 866, 873.
Gribo Pd. a. 692, 693 (n. 429; Mab. ebds.).
Grifo P. I, 26 f. (ann. Alam., Guelferb., Nazar.), 28 (ann. Lauresh.) etc.; II, 219 (Adon. chron.); V, 35 (ann. Weissemb.), 215 (reg. et imper. catal.); VII, 547 (Marian. Scot. chron.); Pd. a. 741 (n. 563); Laur. n. 3816.
Griffo P. V, 122 (ann. Juvav.); Ng. a. 874.
Gripho P. I, 115 f. (ann. Lauriss.), 137, 139 (Einh. ann.), 346 (Enh. Fuld. ann.); V, 35 (ann. Quedlinb.), 138 (ann. Einsidl.); VII, 99 (Herim. Aug. chron.); 417 (Bernold. chron.); VIII öfters; Pd. a. 696 (n. 435; Mab. ebds.); Fredegar.
Crifo Ng. a. 896; St. P.
Criffo Ng. a. 804, 805.
Crifico P. I, 26 (ann. Lauresh.) gehört auch hieher.

GRIS.

Vgl. ahd. gris grau. Durch die mit L erweiterten formen bestätigt sich das von Gr. IV, 334 angeführte durch fuscum übersetzte crisil.
Grisus. 8. Ep. Trebianens.; conc. Rom. a. 743.
Crisso Ng. a. 819 und Krissi Gld. II, a, 103 hieher?
Krisa, fem. Gld II, a, 125.
Crisulf. 10. P. VI, 475 (Sigebert. vit. Deoder.).
Zusammensetzungen mit erweitertem stamme:
Criselher. 9 Schpf. a. 898 (n. 124).
Crisololf. Gld. II, a, 97.

Griubinc. Gr. IV, 310.
Griuzing. 8. Dr. a. 796, 837; Schn. ebds. Vgl. v. n. Greuthungi und Zeuss s. 407.
Grivienta, fem. 9. Pol. R. s. 52.
Grivus. 9. Pol. R. s. 54.
Grodegang s, HROD. **Groea, Grombert, Grombricus** s. GRON.

GRON.

Zu ahd. grôni viridis, vielleicht in einer älteren bedeutung blühend.
Grun. 9. Gr. IV, 329.
Cruan Mchb. sec. 9 (n. 346).
Nhd. Grohn, Gruhn, Grühn, Grun, Grün, Grüne.
Gruna, fem. 10. H. a. 964 (n. 180). Oder ist Grima zu lesen?
Groea (mit einem strich über dem e) St. P.
Hieher vielleicht noch:
Chrona (des Burgundenkönigs Chilperich tochter sec. 5) gest. reg. Franc. Dieselbe heisst Chronna d. Ch. I, 804. Sie wird auch Mucuruna genannt.
Grombert. 8. Pol. Irm. s. 209; für Gronbert?
Cronhart. 9. Mchb. sec. 9 (n. 312).
Cruanhart Mchb. sec. 9 (n. 346).
Nhd. Grohnert, Gronert, Grunert, Grünert, Kröhnert, Kronert, Krunert, Krünert.
Gruonmuot. Gld. II, a, 100.
Grombricus. 8. Pol. Irm. s. 209; für Gronricus?
Gromoald. 7. St. M. a. 709. Für Gronwald?
Grumold Pd. a. 667 (n. 358) hieher oder für Grimold?

Grozo. 9. Gr. IV, 337.
Grotzeo Ng. a. 828 (n. 234).
Grossus (ep. Senens.) conc. Roman. a. 743 latein?
Nhd. Groos, Gross, Grosse.
Grundicus. 9. Ep. Matiscens. Conc. Lingonens. a. 859.
Grundpraht s. GUND.
Gryward. 9. Wg. tr. C. 343; für Grymward?
Gualfar, Gualmar s. W. **Guala** s. WALAH.
Gualaizi. 9. P. V, 511 (chron. Salernit.); zu WALAH?
Gualdo, Gualpert s. WALD.

Guammo. 11. Schpf. a. 1040 (n. 201).

Guarin s. WARIN. **Guario** s. WAR. **Guarner** s. WARIN.

Gubericus. 7. Ep. Ausonens. Mit var. Guericus conc. Tolet. a. 653. Viell. verderbt?

Gubo. 8. Laur. sec. 8 (n. 2456).

Gud- s. GOD. **Guerni** s. WARIN.

Guesman. 8. Laur. sec. 8 (n. 3412); verderbt?

GUG. Grimm gr. II, 50 hat ein verbum giugau, gaug, gugun augenommen, über dessen frühste bedeutung wir freilich noch ganz im dunkeln sind. Ich stelle dazu die folgenden namen:

Gogo. 6. D. Ch. I öfters; pol. R. s. 32.
Cogo Mchb. sec. 8. (n. 89); St. P.
Coco R. a. 1075 (n. 177).
Kogo St. P.

Cogipald. 9. St. P.

Cucufates. 4. A. S. Apr. II; Juli.

Gochmar. 9. Laur. sec. 9 (n. 3586); hieher?

Zusammensetzungen mit erweitertem stamm:

Guginhart. 11. Mchb. sec. 11 (VI).

Chuchinad. 9. St. P.; hieher?

Gui- s. W. **Gulf-** s. VULF. **Gullint** s. GOD.

GUMA. Zu goth. guma, ahd. gomo, como u. s. w. vir homo. Die auf como und coma e n d e n d e n n. habe ich nicht hieher, sondern zu QUAM gestellt.

Goma. 7. B. v. Lissabon sec. 7.
Goma Coletti a. 610 (VI, 1363).
Como necr. Aug.
Chomo Schn. a. 803.
Nhd. Gom, Gomm, Komm, Kumm.

Coma, fem. Gld. II, a, 121.

Comela, fem. Gld. II, a, 121.

Komperht. 9. St. P.
Gombert (b. v. Evreux) conc. Pistens. a. 862 viell. hieher.

Gomadrudis, fem. 7. Frau Dagoberts I.
Gomadrudis P. XI, 397 (hist. regg. Franc. monast. S. Dionys.); A. S. Febr. III; Fredegar.
Gomatrudis gest. reg. Dagobert. I.
Comadrud Mchb. sec. 9 (n. 659).
Komadrud St. P.
Gomodrud Laur. sec. 8 (n. 1431).
Gomedrud Gld. II, a, 123.
Gomedrut Laur. sec. 8 (n. 873, 3438).
Gomethruth Laur. sec. 8 (n. 3442).
Comedrud u. Comitrud Gld. II, a, 121.

Gomofrid. 8. Laur. sec. 8 (n. 678).

Gumard. 8. Pd. a. 745 (n. 585).
Gumert Lp. a. 856 (I, 782).
Nhd. Gummert.

Gomoharius. 4. Amm. Marc. mit var. Gumobarius.
Gomarius hist. miscell. (Valentinian).
Γομάριος Zosim. IV, 8.
Γόμαρις Theoph. viell. hieher.
Comerus (ep. Asturicens.) conc. Ovetens. a. 873 hieher?
Gurnbar R. a. 898 (n. 76) wol für Gumbar.
Nhd. Kommer. Kummer.

Gumad. 9. Ep. Portugalens. Conc. Ovetens. a. 873.

Gumildus. 7. Ep. Magalon. E. s. VI, 545, 568 (Julian.); d. Ch. I mehrm.

Gomahilt, fem. 8. Schn. a. 772.

Gomaleih. 9. St. P.
Comalaih St. P.
Comaleih St. P.

Gomlinda, fem. 9. Lp. a. 881 (I, 915).

Gumemar. 6? Pd. a. 570 (n. 177; unecht).
Gummar pol. Irm. s. 279; Laur. sec. 8 (n. 304).
Kummar Gld. II, a, 103.
O n. Cummariswilare.

Gummund. 8. Dr. a. 767; Laur. sec. 8 (n. 1456).
Gummunt Laur. sec. 9 (n. 1150).
Cummunt Gr. II, 814.

Comerat. Gld. II, a, 97.

Gumarich. 8. Lgd. a. 782 (I, n. 5).
Gomarih R. a. 866 (n. 50).
Komerih St. P.
Nhd. Gummrich.

Gumarit. 8. K. a. 786 (n. 30; Ng. ebds.).

Gomessanus. 6. Ep. Burgens. Conc. Lucens. a. 569.
Gomesanus conc. Aragonens. a. 1062.

Sind diese formen wirklich deutsch und hieher gehörig?

Comosicus. 1. v. C. P. VIII, 120 (Ekkeh. chron. univers.); Jorn.

Cumosicus P. VIII, 122 (Ekkeh. chron. univers.).

Gumesind. 9. B. v. Toledo sec. 9. E. s. V öfters.

Gomesind Mab. a. 821. Vgl. Gonsind.

Gomeswind, fem. 9. Schn. a. 801.

Gomadeo. Gr. IV, 200.

Gomedeus Gld. II, a, 115.

Gumoald. 9. Gld. II, a, 115.

Gomold P. III, 178 (Kar. M. capit.); Eckh. comm. d. reb. Franc. orient.

Comolt Mchb. sec. 9 (n. 524).

Komold M. B. a. 955 (VII).

Comowin. 9. St. P.

Gomolf. 8. Laur. mehrm.

Zusammensetzung mit erweitertem stamme:

Gumeltruda, fem. 9. P. V, 518 (chron. Salernit.).

Gomonolf s. GAMAN.

GUND. Dieser stamm, dessen frühstes vorkommen in das 5. jhd. fällt, erscheint häufig am ende, noch häufiger aber am anfang von n. Er gehört zu ahd. gund, bellum, pugna; denn die älteren erklärungen, wie Adelgunde, Kunigunde = dem adel, dem könige günstig, verdienen keine berücksichtigung mehr. Auch Marini s. 265 spricht über die bedeutung des stammes in namen und leitet ihn gleichfalls noch von gönnen her.

Ausfall des anlauts ist selten (Wandreundis).

Zuweilen ist bei ausfallendem auslaut GUND unmöglich von CHUN zu scheiden. Die auf GUND auslautenden formen sind fast alle fem., msc. scheinen nur zu sein Baudegund, Baugegundus und Willekund. Ich verzeichne hier folgende 74 formen:

Agundia 11.	Erpfgunt 8.	Ebergund 8.
Alagund.	Adalgundis 8.	Ernegundis 8.
Alahgund.	Odgunt 8.	Fagund 9.
Altagund 7.	Austreconda.	Freigunt 8.
Albagunda 9.	Pargund 9.	Fridegundis 6.
Aligund 8.	Basigunda 9.	Gengundis 8.
Ellengund 8.	Baudegund 7.	Hagund 9.
Amalgundis 8.	Baugegundus 7.	Helidgund 8.
Andregundis 8.	Bergundis 8.	Hariguudis 8.
Engilgund 9.	Bernegundis 8.	Helmgunda 8.
Ansegundis 7.	Berehtcund 6.	Hildigunda 6.
Aragunti 10.	Chunigunda 9.	Ruodkund 9.
Hunegundis 9.	Muotcund 9.	Teutgundis 6.
Immegunthis 7.	Munigund 7.	Walegundis 8.
Ingundis 6.	Radagundis 6.	Waldegundis 8.
Irmingund 8.	Regingunda 6.	Wandreundis 9.
Landegunda 6.	Rantgunda 8.	Widegundis 8.
Lisegundis 8.	Ranicunda 7.	Wicgunt 8.
Luitgunda 8.	Rihgund 6.	Willekund m. 9.
Mathgund.	Rimigunda 8.	Willegunt f. 8.
Megingund.	Saligunt 8.	Winigunda.
Mahtgunt 9.	Senegundis 9.	Windegunde 9.
Mallegundis 6.	Siseguntia 6.	Wisagund 9.
Margundis 8.	Theigundis 7.	Vulfgundis 7.
Mezcund 9.	Thingund.	

Gundus. 9. Tr. W. a. 797 (n. 62).

Gundo Gld. II, a, 115.

Gunth Laur. sec. 8 (n. 1304).

Cund Gld. II, a, 97.

Cundho Gld. II, a, 97.

Chundo Greg. Tur. X, 10.

Gonto convent. Remens. a. 1059.

Gontho P. IX, 484 (gest. episc. Camerac.).

Nhd. Kunde, Kundt, Kunte, Kunth.

Gunda, fem. 8. Pol. Irm. s. 156, 218.

Chunda St. P.

Gundi, fem. 8. Laur. sec. 8 (n. 2101); Mab. a. 874.

Guntio. 8. P. I, 93 (ann. S. Emmer.); II, 235 (ann. Xant.); pol. R. s. 9, 45 etc.

Gundeo s. Grimdeo.

Gehört Guntio zuweilen zu Gunzo?

Gundacus. 8. Tr. W. a. 765 (n. 264).

Gundicho Laur. sec. 8 (n. 713).

Cundicho St. P.

Gundihho, Gr. IV, 219; viell. von Gr. nur aus o. n. Gundihhinhoua geschlossen.

Nhd. Kuntke.

Guntulo. 7. P. III, 252 (Hlud. et Hloth. capit.).

Cundilo St. P. zwml.

Chuntilo St. P. zwml.; Gld. II, a, 97.

Cundelus Pd. a. 615 (n. 230).

Nhd. Gundel.

O. n. Gundilinchova, Gundilensee, Gundelashusa.

Gundila, msc. u. fem. 7. Test. Erm., wo Gundilane als acc. steht; Dr. a. 809 (n. 246).

Cundila St. P.

Guntelin. 7 (6?). H. a. 926 (n. 146).

Gondolin Pd. a. 526 (n. 108; unecht).

Gondoleuus d. Ch. I, 671.

Gundin. 7. Ng. a. 758; d. Ch. I, 548.
Gundine Gld. II, a, 123.
Guntin Pd. a. 615 (n. 230).
Gundini St. P.
Cundine u. Cundene Gld. II, a, 121.
Cundin Ng. a. 907.
Cundines (nom., für Cundinus?) zweimal im necr. Aug.
O. n. Cundinhova, Cundininga, Gundensdorf.
Gunduni. 9. St. P.
Cunduni (genit.) mit var. Cundini K. a. 802 (n. 54), 803 (n. 57).
Cunding. Gld. II, a, 121.
Gundrisma, fem. 8. Pol. Irm. s. 108.
Guntiscus. 7. Conc. Tolet. VI (a. 638) mit var. Guntisclus.
Gunzo. 7. P. II, 510 (Ermold. Nigell.); III, 158 (Kar. M. capit.); V, 127 f. (ann. August.); VIII, 118 (Ekkeh. chron. univers.); IX, 250 (Gundechar. lib. pontif. Eichstet.); Laur. öfters; Frek.
Gonzo P. IX, 439 (cod. evangel. Camerac.); X, 572, 581 (chron. S. Huberti Andag.); Ng. a. 773; Guérard c. a. 1037 (appendix zum pol. Irm. s. 356).
Cunzo P. II, 8—13 (vit. S. Galli); V, 144 (ann. Einsidl.); Ng. a. 760. 763, 782, 784, 802, 808, 809, 817, 824, 827; St. P. öfters; Gud. a. 1028.
Guntso Laur. sec. 8 (n. 282).
Cunzho (so) St. P.
Cuniz Mchb. sec. 8 (n. 227).
Cunice C. M. Oct.
Conzo K. a. 861 (n. 136).
Chonzo Ng. a. 786, 800, 909.
Cunuz Laur. sec. 8 (n. 2077) wol hieher.
Einige dieser formen mögen zum stamme CHUN gehören.
Nhd. Gunz, Kuntz, Kuntze, Kunz, Kunze, Künze.
O. n. Chunizinga, Chunzenbah, Chunzingowa, Gunzenaha, Gunzinheim, Gunzinchovun, Gunzenhusen.
Gunzi. 8. St. P. mehrm.
Cunzi St. P.
Gunzio Laur. sec. 8 (n. 2676).
Gunza, fem. 7. Laur. sec. 8 (n. 942, 2506); St. P.; Schn. a. 792, 801.
Cunza, Cunca, Chunza, Chunca Gld. II, a, 121.
Gonza Pd. a. 646, 651 (n. 310, 318).
Goniza Laur. sec. 8 (n. 148).
Gunzanae (genit.) Laur. sec. 8 (n. 699, 2957).
Gunzili. 11. St. P.
Nhd. Güntzel, Günzel, Küntzel, Künzel, Künzli.
Gunzila, fem. 8. Laur. sec. 8 (n. 356).
Cunzila St. P.
Guncelin. 7. Markgr. v. Meissen sec. 11.
Guncelin P. V, VIII oft; Gud. a. 1006.
Chuncilin tr. W. a. 699 (Pd. nchtr. n. 10 u. 11).
Cunzelin Lc. a. 1061 (n. 196).
Chuncellin tr. W. a. 717 (Pd. nchtr. n. 39).
Gunsolin P. II, 264 (Pauli gest. episc. Mett.); XII, 537 (gest. episc. Mett.).
Gonsolin P. II, 269 (catal. episc. Mett.).
Chunzin. Gld. II, a, 121.
Gundobad. 5. Burgundenkönig sec. 5.
Gundobad Greg. Tur. mehrm.; gest. regg. Franc.
Gundobatius hist. miscell. 15.
Gundebad Pd. a. 533 (n. 118); Fredegar; Sever. Sulpic.
Cundpato St. P. öfters.
Cundpat Mchb. sec. 8 (n. 253).
Gundobada (var. Gombata) lex P. III, 187 (Kar. M. capit.).
Gundobagaudus f. Gundobadus Marii episc. chron. (d. Ch. I, 212).
Gundibad neben Gundibald Cassiod. I, 46; III, 1, 2, 3.
Gundobald für Gundobad Greg. Tur. II, 28.
Gundobald. 5. Burgundenkönig sec. 5 (= Gundobad); b. v. Rouen sec. 9; b. v. Bourdeaux sec. 10.
Gundobald brief des Trierer bischofs Nicetius v. 565 bei H.; Greg. Tur. öfters.
Gundebald P. IX, 405 (gest. episc. Camerac.).
Gundebolt P. I, 98 (ann. Colon.).
Gondebald Mab. a. 831.
Gundbald M. B. a. 776 (VIII).
Gundbold M. B. a. 901 (XXXI).
Gundpald P. VII, 106 (Herim. Aug. chron.).
Gundpold St. P.
Gundbolt M. B. a. 841 (XI).
Guntbald P. II, 302 (chron. Fontanell.), 652 (Nithardi hist.); Laur. öfters.
Guntbold P. I, 379 (ann. Fuld); II, 658, 663 (Nithardi hist.); III, 388 (Kar. II capit.); Laur. sec. 8 (n. 469); pol. Irm. s. 30; pol. R. s. 73.
Guntpolt St. P.

Gontbald Ng. a. 787.
Gundplat (so) Dr. a. 772.
Cundpald Mchb. sec. 8 (n. 12); Ng. a. 817; St. P. öfters.
Cundpold Ng. a. 778, 824; St. P. zwml.
Kundpold M. B. a. 763, 835 (IX).
Kuntpalt M. B. a. 802 (IX).
Gumbald P. I, 285 (chron. Moissiac.); VI, 132 (Ademar. histor.); Laur. sec. 9 (n. 177).
Gumpald Gld. II, a, 115.
Gumpold P. VI, 213 (Gump. vit. Vencezl. duc.); St. P.
Gumpolt M. B. a. 898 (XXXI), 1055 (VII), c. a. 1063 (XIII).
Kumbold St. P.
Cumpold necr. Aug.; St. P.
Gumdebald (so) Isidor.
Kompold mit var. Kombolt, Kambold, Kombold, Compold P. XI, 86 (Cosm. chron. Boem.).
Gunbald P. VI öfters.
Cunpald St. P.
Cunpold P. XI, 228 (chron. Benedictobur.).
Gundhold Lc. a. 798 (n. 10) ist vielleicht Gundbold zu lesen.
Gumeld mit var. Gumbald conc. Germaniciens. a. 843.
O. n. Cundpoldesdorf.

Gundebaud. 5. P. VIII öfters; X, 326 (Hugon. chron.); d. Ch. I mehrm.
Gundebad und -baud wird meistens von derselben person gebraucht.

Gundbern. Gld. II, a, 115.

Gundobert. 7. B v. Evreux sec. 9; b. v. Turin sec. 11.
Gundobert Mab. a. 653.
Gondobert Mab. a. 805.
Gundebert Laur. n. 2307, 2338.
Gundepert Gld. II, a, 115.
Gundperht St. P.
Guntperht St. P.
Gunthrecht Pd. a. 721 (n. 519).
Gundbert Ng. a. 780.
Gundpraht Schn. a. 765.
Guntbert P. III, 420 f. (Kar. II capit.); VII, 22 (ann. Blandin.); IX, 418 (gest. episc. Camerac.); pol. Irm. s. 7, 24 etc.; Laur. n. 1021 f.; Paul. diac. VI, 35.
Cundperht St. P. öfters.
Cundpreht necr. Aug.
Cundbert Ng. a. 778, 797.
Cundpert Ng. a. 813; St. P. zwml.
Cundperth St. P. zwml.
Kuntperht M. B. sec. 8 u. 9 (VIII, IX).
Cumdobert (so) tr. W. a. 700 (n. 243 und Pd. nachtr. n. 14).
Gundperd Schn. a. 756.
Guonthert (so) M. B. a. 1027 (XXXI).
Ghuntbert Wg. tr. C. 353.
Cundpret Ng. a. 813.
Gunsbert pol. Irm. s. 64.
Gumbraht Gud. sec. 10.
Gumbert P. IX, 849 (chron. Hildesh.); Laur. öfters; H. a. 853 (n. 87); Gud. a. 975; M. B. a. 1017 (XXXI).
Gumpert P. VII, 442 (Bernold. chron.); Laur. sec. 9 (n. 376, 380); Lp. a. 905, 906 etc. (II, 58, 59 etc).
Gunbert P. VI, 87 (chron. Median. monast.); Laur. öfters.
Gunpert Gld. II, a, 115.
Gonbert St. M. a. 970.
Conduperaht Dr. n. 330 (der n. fehlt bei Schn.).
Grundpraht wol irrthümlich Dr. a. 815 (n. 315).
Nhd. Gombert, Gumbert, Gumbrecht, Gumpert, Gumprecht.
O. n. Gumprehtingen, Guntperhtesdorf, Gumbrahtestat, Gumprehteswilare.

Guntberta, fem. 8. Pol. Irm. s. 139.
Gunsberta pol. Irm. s. 114.

Gundiberga, fem. 7. Paul. diac. IV, 49; V, 40.
Gundeberga Fredegar.
Gundbirc Ng. a. 814.
Guntbirg Laur. sec. 8 (n. 764).
Guntpiric Gld. II, a, 123.
Guntberga Paul. diac. VI, 50; pol. Irm. s. 37, 53; pol. R. s. 35.
Gundpirc St. P.
Guntpirch St. P.
Cundpirk St. P.
Cuntpirc St. P.
Cuntpirch St. P.
Cundpric Ng. a. 835.
Guntbric Gld. II, a, 123.
Cundpiriga Mchb. sec. 8 (n. 43).
Cundpiric Gld. II, a, 121.
Cundpirc Mchb. sec. 8 (n. 206).

Gunberga pol. Irm. s. 86.
Gumbirg Laur. sec. 8 (n. 324, 443).
Gumprand. 9. P. III, 253 (Hlud. et Hloth. capit.).
Guntpoto. 6. B. v. Passau sec. 10. P. XI, 566 (auctar. Garstense).
Gondebod Pd. a. 533 (n. 119).
Kundpoto M. B. a. 828 (VIII).
Gundpurch, fem. 9. St. P. zwml.
Cundpurc Mchb. sec. 9 (n. 917).
Cundpurch St. P.
Cuntpurc St. P.
Guntrudis, fem. 8. Pol. Irm. s. 126. 206.
Guntruda Paul. diac. VI, 43.
Gundrudis pol. Irm. s. 232; Laur. sec. 8 (n. 1634).
Cundrud R. a. 787 (n. 6).
Guntdruth Laur. sec. 8 (n. 626, 879).
Cunddruda Ng. a. 827.
Gundiflat, fem. 8. Gr. III, 771.
Gundifled Laur. sec. 8 (n. 2092).
Gunthflath Laur. sec. 8 (n. 1257).
Gundefred. 8. Ep. Cesen. sec. 10.
Gundefred Gld. II, a, 115.
Guntefred E. s. VI, 567.
Gondofrid Pd. a. 731 (n. 550).
Guntfrid P. I, 455 (Hincm. Rem. ann.); IX, 415 (gest. episc. Camerac.); pol. Irm. s. 205.
Guntfred pol. Irm. s. 24, 74 etc.
Guntfrit Laur. sec. 8 (n. 356, 3199).
Cundfrid Ng. a. 818; St. P.
Cundfriid St. P.
Cundfrit Gld. II, a, 121.
Cuntfrid Gld. II, a, 97.
Gontfred Sm.
Gunfrid Laur. sec. 8 (n. 2128).
Gunfrit Laur. sec. 8 (n. 2560).
Gunfred P. III, 252 (Hlud. et Hloth. capit.); pol. Irm. s. 37.
Gonfred conc. Rabennens. a. 954.
Cunfred Ng. a. 818.
Gondefrenus A. S. Jan. I etwa für -fredus?
Guntfridis, fem. 8. Laur. sec. 8 (n. 1668).
Gundfrid (fem.) Schn. a. 798.
Gundegardis, fem. 8. Pol. Irm. s. 232.
Cundigart R. a. 864 (n. 47).
Gundegosa, fem. 9. Mab a. 854.
Gunthigis. 5. Jorn. 50 (G. qui et Baza dicebatur).

Guntegis pol. Irm. s. 264.
Gundegisil. 6. B. v. Bourdeaux sec. 6. Pd. a. 590 (n. 200); conc. Pictaviens. a. 590; Venant. Fortun.; Greg. Tur. mehrm.
Gundheid, fem. 8. Schn. a. 793.
Gunthaidis pol. R. s. 104.
Guntheith Laur. sec. 9 (n. 179).
Gundhart. 8. Ep. Matiscon. u. b. v. Nantes, sec. 9.
Gundhart M. B. c. a. 780 (VIII); St. P.
Gunthard P. II, 279 (gest. abbat. Fontan.); Ng. a. 786; Laur. sec. 8 (n. 180, 648); pol. Irm. s. 15, 35 etc.; pol. R. s. 37, 68.
Cundhart Ng. a. 792, 795, 802, 807; necr. Aug.; St. P. öfters.
Gunthart St. P.; Laur. mehrm.
Cunthard Ng. a. 817.
Kundhart M. B. a. 762—806 (VIII); M. B. a. 804 (VI); St. P.
Chundhart St. P.
Guntard P. I, 440 (Prud. Trec. ann.); II, 193 (ann. Bertin.); III, 548 (Boson. capit.); pol. Irm. s. 37, 83 etc.
Guntart H. a. 955 (n. 167).
Cuntart P. V, 532 (chron. Salernit.).
Cundart Ng. a. 800, 805.
Contard P. V, 212 (chron. duc. Benev. etc.).
Cuntdhard (so) Ng. a. 797.
Gunhard P. XI, 378 (Hug. Floriac.).
Kunhart St. P.
Nhd. Gontard, Gundert, Günthert.
Gundachar. 5. Sec. 5: Burgundenkönig. Sec. 9: markgraf v. Mähren; b. v. Köln; ep. Limoticinens. Sec. 10: sächs. graf. Sec. 11: ep. Agathens.; b. v. Eichstedt.

Im allgemeinen enthalten die folgenden formen als zweiten theil -hari; die wenigen damit zusammenfliessenden formen auf -gar sind hier indessen gleich mit angeführt, da sie sich nicht streng ausscheiden liessen. Einen dritten namen, Gund-achar möchte ich nicht mit Gr. IV, 219 annehmen, vielmehr scheint diese form in urkk. des 9—11 jhdrts. als archaismus zu betrachten, was grade bei einem alten königsnamen nicht auffallend ist. Oder ist ein älteres Gundo-vacar zu vermuthen?

Gundachar P. VI, 418 (Gerhard. vit. S. Oudalr.); Ng. a. 872.
Cundachar Ng. a. 797; necr. Aug.; St. P. öfters.

Gundacar P I, 374 (Ruod. Fuld. ann.), 381 (ann. Fuld.); VIII, 555 (annalista Saxo); Schn. a. 796.
Gundaccar P. II, 350 (vit. S. Bonif.).
Cundakar St. P.
Cundachar Gld. II, a, 97.
Cundhackar Gld. II, a, 97.
Gundacrus P. VII, 106 (Herim. Aug. chron.).
Gundachrus Ng. a. 770.
Gundacker Laur. sec. 8 (n. 1532).
Gundacchero M. B. a. 1077 (XXIX).
Gundechar P. IX öfters.
Gundecar P. IX öfters; Laur. sec. 9 (n. 375).
Gundekar P. IX öfters.
Gundicar Prosp. Aquitan.
Gundichar P. VII, 82 (Herim. Aug. chron.); VIII, 23 (Ekkeh. chron. Wirziburg.), 136 (Ekkeh. chron. univers.).
Gundigar P. II, 262 (Pauli gest. episc. Mett.).
Guondechar (so) P. VII, 185 (Lamberti ann.).
Gondegar P. XII, 536 (gest. episc. Mett.).
Gundchar P. IX öfters.
Cuntaher St. P.
Gundhar P. IV, B, 171 (synod. Baioar. sec. X); VII öfters.
Gundheri St. P.
Gundher Dr. sec. 9 (n. 183; Schn. ebds. Gunder).
Gundar Wenck hess. landesgesch. a. 1013.
Gundari (vocat.) Venant. Fortun.
Gundier pol. R. s. 75.
Gunthar P. I—III oft; IV, B, 166 (Ott. M. pact.); V—IX oft; Greg. Tur. mehrm.; Laur. sec. 8 (n. 187); pol. Irm. s. 15, 41 etc.; Wg. tr. C. 40.
Guntheri St. P. zwml.; C. M. Mai; Gud. a. 1074.
Guntar P. I, VIII oft; pol. Irm. s. 11, 20 etc.
Gunthere M. B. c. a. 970 (VIII); necr. Aug.
Gunther P. I öfters; II, 244 (ann. Wirzib.); IV, B, 171 (synod. Baioar. sec. X); V oft; VI, 794 (Adalbert. vit. Heinr. II); VII, 139 (Lambert. Hersfeld. ann.); VIII, IX öfters; Laur. mehrm.; M. B. sec. 11 (VI, X, XI).
Gunter P. V öfters; IX, 205 (Anselm. gest. episc. Leod.); X, 164 (gest. Trever.); pol. Irm. s. 37; Guérard a. 1046.
Ghunteri Wg. tr. C. 357.
Cundhari St. P. öfters.
Cundhar P. IX, 87, 90 ff. (chron. Novalic.); Mchb. sec. 8 (n. 8).
Cundheri St. P. zwml.; Gld. II, a, 121.
Cundhere necr. Aug.
Cundher Ng. a. 793, 797.
Cundhere u. Cuntere Gld. II, a, 97.
Kundhari St. P.
Kundheri M. B. a. 828, 835 (VIII, IX).
Γόνϑαρις Procop; (mit var. Γόγδαρις) Theoph.
Gonthar P. VI, 14 (ann. Leodiens.).
Gontar P. IX, 597 (chron. mon. Casin.).
Gonter P. IX, 431 (cod. evangel. Camerac.); X, 538 (gest. abbat. Gemblac.), 573 (chron. S. Huberti Andag.); St. M. a. 887, c. a. 1090.
Gunnier pol. R. s. 67.
Juntherius mit var. Guntharius conc. Confluent. a. 860.
Guntgerhar pol. R. s. 100 muss verderbnis enthalten.
Gundaharancus St. Galler urk. v. 744 (nach Gr. IV, 219) hieher?
Gunzo für Gundechar P. VII, 158 (Lamberti ann.).
Altn. Gunnar. Ags. Guðhere.
Nhd. Günther, Konter.
O. n. Gundachresdorf, Cuntheringun, Guntherowa, Cuntherindorf, Cundharesdorf, Guntheres-husun.

Gundhad. 8. Ng. a. 797.
Gunthad pol. Irm. s. 58, 235.
Cundhad St. P. dreiml.
Gundad pol. Irm. s. 139.
Gunthaus pol. Irm. s. 205 hieher?

Gundhelm. 8. Gld. II, a, 100.
Gunthelm pol. Irm. s. 84; pol. R. s. 102, 104; Laur. sec. 9 (n. 204).
Gunthalm St. P. mehrm.; M. B. sec. 11 (VI).
Cundhalm Mchb. sec. 10 (n. 1018).
Guntelm Gld. II, a, 115.
Cundhelm Ng. a. 819.
Gontelm conc. Compendiens. a. 757.
Gondelme Mur. 1962, 3 (sec. 8).

Gundihild, fem. 6. Gest. de constit. tut. spec. v. 557 bei Sp.; M. ebds. n. 79.
Gundehildis pol. Irm. s. 156.
Gundevildis pol. Irm. s. 157.
Gundoildis pol. Irm. s. 24, 142.
Gondoildis pol. Fossat.
Gundhilta Schn. a. 803.

Gunthildis P. IX, 243, 246, 249 (Gundechar. lib. pontif. Eichstet.); pol. Irm. s. 218, 230; pol. R. s. 52, 73.
Gunthilt Laur. sec. 9 (n. 733).
Cunthild Ng. a. 744.
Guntilt H. a. 926 (n. 146).
Cundhilt St. P.
Kundhilt St. P.
Gunsoildis pol. Irm. s. 24.
Gunsildis pol. Irm. s. 114.
Gunhildis pol. Irm. s. 114 hieher?
Cunhilt St. P.
Gunelhilt Dr. a. 901 (n. 648) etwa Gundhilt zu lesen?
Altn. Gunnhildr.
Cundihoh. 8. Ng. a. 804.
Cundhoh Mchb. sec. 8 (n. 133).
Kundhoh St P.
Cundho necr. Aug.
Gundioch s. Gundivicus.
Guntchramnus. 6. Frankenkönig sec. 6.
Guntchramnus P. III, 5—7 (Guntchr. et Childeb. pact.); Greg. Tur. oft.
Gunthramnus P. II, 307 (reg. Merow. geneal.); III, 3 f. (Guntr. edict.), 15 (Chloth. edict.); Schn. a. 759; Paul. diac. IV, 12.
Cundhram Mchb. sec. 10 (n. 1038).
Gundhram Dr. a. 780 (Schn. ebds. Gundram).
Guntramnus P. I, 549 (Regin. chron.); II, 311 (dom. Carol. geneal.); VI, 115 (Ademar. histor.); X, 333 (Hugon. chron.); Paul. diac. II, 10; III, 3 etc.; gest. regg. Franc.; pol. R s. 66.
Gunderammus P. IX, 261 (anonym. Hasereus.).
Gundrammus St. P.
Guntrammus Laur. mehrm.
Gundram St. P.; Laur. sec. 8 (n. 1732).
Guntram P. VII, 88—90 (Herim. Aug. chron.); Laur. mehrm.; Lc. a. 1072 (n. 216); Gud. a. 1090.
Gunderam P. IX, 250 (Gundechar. lib. pontif. Eichstet.).
Gunteram Gld. II, a. 115.
Gundrannus P. I, 285 f. (chron. Moissiac.).
Guntrannus P. V, 166 (ann. S. Germani), 220 (chron. Luxov.); X, 333 (Hugon. chron.); pol. Irm. s. 235; pol. R. s. 22, 45 etc.
Ghundrammus P. II, 307 (reg. Merow. geneal.).
Cundram Ng. a. 826; necr. Aug.
Gumtramnus (so) tr. W. a. 713 (n. 244).
Contramnus Ng. a. 882.
Conderamnus Ng. a. 761.
Condramnus Ng. a. 760.
Gontramnus Pd. a. 584 (n. 191).
Gonteranus E. s. VI, 393 (Joh. Biclar.).
Gontram H. a. 1097 (n. 299).
Guntamnus (so) Pd. a. 706 (n. 465; unecht).
Hieher Gundaharancus? s. Gundachar.
O. n. Gundrammeshusin.
Gundranna, fem. 8. Pol. Irm. s. 155.
Gundoroh. 8 Tr. W. c. a. 764 (n. 193)
Cundoroch Ng. a. 859.
Kunderoh Ng. a. 886.
Gundroh St. P.
Cundaroh Gld. II, a, 97 neben Cundroh, Cundero, Cundro.
Cunduro Ng. a. 837 (n. 275) hieher?
Gunduhuls. 6. Gest. de constit. tut. spec. a. 557 bei Sp.; M. ebds. n. 79; var. Gunduhulus. Der letzte theil des namens, der, wenn er nicht sehr verderbt ist, ganz einzeln dasteht, verdient nähere erwägung.
Gundalah. 9. Schn. a. 824; K. a. 848 (n. 115).
Gundelach P. VI, 356 (vit. Joh. Gorziens.); H. a. 945 (n. 158).
Gundelas Lp. a. 870 (I, 839 ff.) hieher?
Nhd. Gundelach, Gundlach, Gundlack.
Kundleip. 10. St. P.
Cundleib Gld. II, a, 97, 121.
Cundleiph St. P.
Guntleiba, fem. 8. Laur. sec. 8 (n. 1347).
Gundelaicus. 8. A. S. Jan. I.
Gundleih Gr. II, a. 153.
Guntleich Laur. sec. 8 (n. 3591).
Gundlih Gr. IV, 219.
Chundleih Gr. II, 153.
Cundleiz Gld. II, a, 97 für Cundleicus?
O. n. Gundlihe-puria.
Gundoland. 8. P. I, 30 f. (ann. Lauresh.); d. Ch. I, 780; Dr. a. 776 (Schn. ebds. Gondoland); Mab. a. 812.
Gundolant Gld. II, a, 100.
Guntoland pol. Irm. s. 11.
Gundeland P. I, 296 (chron. Moissiac.).
Gundlant tr. W. c. a. 850 (n. 50).
Guntlant St. P.
Kuntlant St. P.

Ghuntland Wg. tr. C. 345.
Gundlauc, fem. Gr. IV, 219.
Kundlouc Gr. II, 155.
Guntleis, fem. 8. Pol. Irm. s. 158.
Cuntileo. 9. St. P. Zu Cuntilo?
Gundelindis, fem. 8. Pol. Irm. s. 201, 258; pol. R. s. 70, 86.
Guntlindis pol. Irm. s. 79, 155.
Gundlind Laur. sec. 8 (n. 1168).
Cundlind St. P. dreimal.
Kundlind St. P.; Mchb. sec. 9 (n. 704).
Cuntlint St. P.
Gunlinda Mab. a. 854.
Gundileuba, fem. 7. Test. Erm., wo Gundileubane als unbestimmter cas. obl. steht.
Contleuba Pd. a. 744 (n. 579; Ng. ebds.).
Gundeloh. 8. P. VI, 89 (chron. Median. monast.).
Cundoloh K. a. 786 (n. 29; Ng. ebds.).
Cundeloch necr. Aug.
Cundumahc (so). 8. St. P.
Gundomad. 4. Alamannenfürst. Amm. Marc. mit var. Gundound.
Gundemar. 6. Bruder des Vandalenkönigs Gelimer sec. 6. Westgothenkönig sec 7. Ep. Vesens. sec. 7.
Gundomero Testam. Aredii et Pelagiae b. Sp.
Gundemar Isidor.; synod. Tolet. a. 610; E. s. II, 178; VI, 431.
Gundemer Pd. a. 573 (n. 180).
Guntmar P. IX, 465 (gest. episc. Camerac.); St. P.; Sm. (var. Guatmar).
Gontmar P. IX, 439 (cod. evangel. Camerac.).
Gonsmar Mab. a. 847.
Gummar s. GUMA.
Gunthamund. 5. Vandalenkönig sec. 5.
Gunthamund P. VIII, 312 f. (Sigebert. chron.); X, 307 (Hugon. chron.).
Gundamund Jorn. 33.
Γουνδαμοῦνδος Procop.
Guntamund Isidor. var. Guntabund.
Γονδαβοῦν var. *Γουνδάβουν* Theophan.
Gummund s. GUMA.
Gundinand. 5. Cassiod. V, 19 mit var. Gudinand.
Cundni, fem. 8. St. P. dreiml.
Gunderad, msc u. fem. 8. P. X, 207 (transl. S. Galli).

Gundarat Gld. II, a, 123.
Gundradus pol. Irm. s. 156.
Gundrad Laur. öfters.
Gundrat Schn. a. 754; St. P.; Laur. mehrm.
Cundarat Ng. a. 797, 860.
Cunderat necr. Aug.
Kunderat Gld. II, a, 125.
Gunderat Gld. II, a, 123.
Gundrath Laur. sec. 8 (n. 3332).
Gunderaht Gld. II, a, 123.
Cundrat St. P. dreiml.
Kundrat St. P.
Cundraat St. P.
Conttrat St. P.
Gundraus pol. R. s. 33 wol für -radus.
Gunderada, fem. 8. Gld. II, a, 123.
Gundrada P. II, 527 f. (vit. Adalhardi); IX, 420 f. (gest. episc. Camerac.); Ng. a. 786; pol. Irm. s. 12, 156; pol. R. s. 68, 81.
Guntrada P. II, 454 (Einh. vit. Kar.); pol. R. s. 50.
Gondrada P. IX, 419 (gest. episc. Camerac.).
Condrada P. X, 546 (gest. abbat. Gemblac.).
Gundradana Guérard a. 822.
Gundericus. 3. Gothenfeldherr sec. 3; Vandalenkönig sec. 5; ep. Segontin. sec. 7; b. v. Toledo sec. 8.
Gundericus P. I, 283 (chron. Moissiac.); VII, 81 f. (Herim. Aug. chron.); VIII, 306 f. (Sigebert. chron.); X, 306 f. (Hugon. chron.); Isidor; Idat. a. 419; Greg. Tur. II, 2.
Gunderihc Gld. II, a, 100.
Guuthericus Jorn.
Gunderih tr. W. c. a. 700 (n. 39).
Guntrigo Pd. a. 670 (n. 361; Mab. ebds.).
Gondericus conc. Tolet. a. 693.
Gundrich St. P. zwml.; Laur. sec. 8 (n. 423).
Guntrich Laur. sec. 9 (n. 3621).
Cunterich Gld. II, a, 97.
Cunthri St. P. wol hieher.
Gundirit. 6. Gest. de const. tutore spec. v. 557 bei Sp.; M. ebds. n. 79.
Guntrid Laur. sec. 8 (n. 418).
Altn. Gunnrîðr (fem.).
Gunderun, fem. 9. K. a. 861 (n. 136).
Gundrun St. P.
Cundurun Gld. II, a, 97.
Cundrun Mchb. sec. 9 (n. 704).
Gundisalvus. 9. A. S. Jan. II, Febr. III.

Gondesalvius Lgd. a. 852 (I, n. 76).
Gondesalvus Lgd. a. 1036 (II, n. 176).
Gunsalvus A. S. Jan. II.
Gonsalvus A. S. Jan. I (sec. 11).
Gundesindus. 10. E. s. III, 421 (hist. Compostell.) var. Gundesinus.
Cundsint u. Cuntsind Gld. II, a, 121.
Gonsind P. VI, 128 (Ademar. hist.). Vgl. GUMA.
Cunsnit Gld. II, a, 121 für Cunsint?
Guntaswind, fem. 6. K. a. 786 (n. 30).
Guntasvinde Ng. a. 786.
Guntsuint Laur. mehrm.
Gunsuintha Greg. Tur. IV, 32.
Cundrigi. Gld. II, a, 97. Hieher = Cunddrigi?
Gundovald. 5? Pol. Irm. s. 133.
Gunduald Paul. diac. mehrm.
Gundoald P. VIII öfters; Paul. diac. III, 29 etc.; gest. regg. Franc.
Gundold P. II, 501 (Ermold. Nigell.); pol. Irm. s. 88, 232; Laur. öfters; pol. R. s. 105.
Gundald St. M. a. 972; Laur. sec. 9 (n. 396).
Gundolt P. IX, 249 f. (Gundechar. lib. pontif. Eichstet.).
Guntold pol. Irm. s. 21, 126.
Guntald Mab. a. 754.
Cundolt Ng. a. 808; necr. Aug.; St. P. öfters.
Kundholt u. Kundolt Gld. II, a, 103.
Condold St. M. a. 962.
Gunnoald pol. R. s. 69.
O. n. Gundoldisheim, Cundolteswilare.
Cundwar. 8 St. P. öfters.
Kundwar St. P. zwml.
Gunthivera, fem 7. Test. Erm.
Cundwara R. a. 821 (n. 21).
Gundoard. 8. Pol. Irm. s. 88.
Gunnoard pol. R. s. 52.
Gunduidis, fem. 9. Pol. R. s. 68.
Gundivicus. 5. Burgundenkönig sec. 5.
Gundivicus var. Gundeuchus Greg. Tur. II, 28.
Gundeueus gest. regg. Franc.
Gundwig Schn. a. 811.
Guntvic Laur. sec. 8 (n. 2959).
Guntveus pol. R. s. 82.
Gundioch P. X, 326 (Hugon. chron.); Fredegar.
Gundioc P. X, 313 (Hugon. chron.).
Gundiach Jorn. 44 (die lesart Gnudiacus ist irrthum).
Gondioch A. S. Maj. I.

Die formen Gundivicus, -ueus, -och, -ach bezeichnen dieselbe person.
O. n. Guntwiheshus.
Gunthiucha, fem. 6. Frau der Frankenkönige Chlodomeres u. Chlothar I. Fredegar (etwa Gunthuicha zu lesen?).
Gundeuca P. VIII, 116 (Ekkeh. chron. univers.); Greg. Tur. III, 6.
Cundwiha R. a. 821 (n. 21).
Gundowin. 7. P. I, 316 (ann. Mett.).
Gundovin pol. Irm. s. 234.
Gunduvin (d. h. Gundwin) Schn. a. 765.
Gundewin necr. Fuld. a. 982.
Gundwin tr. W. a. 699 (Pd. nchtr. n 10); Laur. sec. 8 (n. 192, 2591); Ng. a. 817.
Guntwin Laur. sec. 9 (n 37.).
Gunduin P. VIII, 327 (Sigebert. chron.); Mab. a. 693; tr. W. a. 715 (Pd. nchtr. n. 34); Lc. a. 812 (n. 30); St. P.; Laur. sec. 8 und 9 (n. 582, 3512).
Gundoin pol. Irm. s. 41, 86 etc.; pol. R. s. 23, 33 etc.
Gonduin Pd. a. 702 (n. 454).
Gondowin St. M. a. 709.
Gondoin Pd. a. 667 (n. 359).
Gondoenus Pd. a. 633 (n. 264); St. M. a. 709.
Conduin K. a. 776 (n. 17).
Gunsoin pol. Irm. s. 24.
Gunnoin pol. R. s. 69, 95.
Gumwin Pd. a. 745 (nchtr. n. 79) hieher oder zu GUMA.
O. n. Gundwinouilla.
Gundoina, fem. 8. Pol. Irm. s. 221.
Gundewiz, fem. 11. Necr. Fuld. a. 1055.
Gundulf. 6. B. v. Lamego sec. 7; b. v. Metz sec. 9.
Gundulf P. I öfters; II, 604, 627 (vit. Hlud. imp.), 269 (catal. episc. Mett.); III, 518, 538 (Kar. II capit.); V, 156 (ann. S. Vincent. Mett.); H. a 698 (n. 25); Greg. Tur. VI, 11 u. 26; pol. Irm. s. 45, 218; Ng. a. 821.
Gundolf P. I öfters; St. P.; Laur. sec. 8 (n. 174).
Gundolph H. c. a. 1098 (n. 302).
Cundolf St. P. dreiml.
Kundolf St. P. zwml.
Gondulf P. IX, 487 (gest. episc. Camerac.); St. M. c. a. 962.
Gundeulf Pd. a. 523 (n. 103).

Gondeulf Pd. a. 523 (n. 104).
Altn. Gunnôlfr.
O. n. Gundolfeshusa, Gundolfi villa.
Zu GUND vielleicht noch
Cunzaeg. 9. St. P.
Zusammensetzungen mit erweitertem stamm:
1) mit suffix L:
Gundalperht. 8. St. P.
Gundalbert tr. W. a. 780 (n. 153).
Cundalperht Mchb. sec. 8 (n. 122 und sonst); St. P.
Cundalpert St. P.
Cundalpret Gld. II, a, 97.
Cundalperth Pd. a. 740 (nchtr. n. 68).
Gundulperht St. P.
Gundulbert Dr. n. 361.
Gundolperht St. P.
Cundulperht St. P. mehrm.
Cundilpret Gld. II, a, 97.
Gundelpreht M. B. sec. 11 (VI).
Gundelbert Laur. sec. 9 (n. 2467).
Gundelcarl. 11. P. VIII, 660 (annalista Saxo).
Gundalmar. 8. St. P.
Gundulmar St. P.
Cundlold. 9. Ng. a. 812.
Cundulwar. 8. St. P. zwml.
2) mit suffix R:
Gundracrus. 7. K. a. 777 (n. 19).
Guntrachar test. Erm.
Gundrildis, fem. 8. Pol. Irm. s. 228.
3) mit suffix Z:
Gunzelm. 11. H. a. 1035 (n. 229) u. 1075 (n. 271).
Viell. nur verderbt aus Gunzelin.
Guncelindis, fem. 9. Pol. R. s. 46.
Auch könnten hieher mehrere schon oben einzeln erwähnte mit Guns- beginnende formen gehören.

Gunechin. 11. G. a. 1092 (n. 70). Zu CHUN?
Gunerad, Gunhilt, Gunigund s. CHUN.
Guniko. 10. Frek. Zu CHUN?
Guniland. 7. Pd. a. 661 (n. 338). Zu CHUN?
Guns-, Gunt- s. GUND.
Guobert. 7. Pd. a. 648 (n. 312). Verderbt?
Guripert s. Garibert. **Gurnhar** s. Gumhar.
Gusimund. 9. Lp. a. 829 (I, 678). Etwa für Grasimund?
Guso. 11. Lc. c. a. 1074 (n. 226). Gehört dieser einzeln stehende n. vielleicht zu GAUD? Die schwester dieses Guso heisst an der erwähnten stelle Goza.
Nhd. Guse, Guss.
Guta s. GOD. **Gutzelinda** s. GAUD. **Guuine** s. WIN. **Gwalther** s. WALD. **Gwernher** s. WARIN. **Gydoin** s. GID. **Gyr-** s. GAR. **Gys-** s. GIS.

H.

Das h ist seines dünnen lautes wegen einer der schwierigsten buchstaben. Bei den namen kommen folgende verhältnisse in betracht:

1) fortfall des h, namentlich in späteren mundarten; s. viele beispiele unter HARD, HARI, HILDI u. s. w., so wie bei allen mit Hl, Hn, Hr beginnenden stämmen;

2) unorganisch eintretendes h, und zwar:
a) im anlaut; beispiele unter ERCAN, IRMIN u. a.
b) im inlaut zwischen zwei vocalen; Hludohic, Cohunrad u. a.

3) der ältere fränk. dialect schreibt ch für h, offenbar um das stärkere deutsche h von dem schwächeren romanischen zu unterscheiden;

4) die schreibung gh für g ist namentlich in sächs. namen sehr häufig; besonders finden sich in den tr. C. oft formen wie gher, bergha u. dgl. Langobardische formen wie Sighevert, Inghevert, Raghinpald erinnern an den ital. gebrauch des h;

5) eintritt des h statt des gemeinen ch im werthe einer wirklichen aspirata.

Haas-, -haas s. HAS.

HAB. Am liebsten denke ich bei den folgenden formen an ahd. haba possessio, habitus, wohin Gr. IV, 738 auch wirklich Habmunt stellt. Vgl. HAP.

Habo. 8. K. a. 792 (n. 41; Ng. ebds.); Dr. a. 812 (n. 270; Schn. ebds. Hubo); Frek. mehrm.

Happo Laur. sec. 8 (n. 217); Dr. a. 851 (n. 561; Schn. ebds. Hapbo).

Nhd. Haab, Haabe, Happe.

Haba, fem. Gld. II, a, 123.

Hebino. Gld. II, a, 100.

Hepino Gr. IV, 737.

Hebing. Gr. IV, 753, wol nur aus o. n. Hebinchova geschlossen.

Hapizo. 8. St. P.

Habbraht. 8. Dr. sec. 9 (n. 142).

Habert Laur. sec. 8 (n. 492); Wg. tr. C. 240, 374, 464.

Haburg, fem. 9. Wg. tr. C. 113. Könnte für Habburg stehn und hieher gehören.

Habmunt. 9. P. XI, 232 (chron. Benedictobur.).

Habemunth M. B. c. a. 800 (VII).

Habuhald. 9. Schn. a. 807. Doch scheint die form irrthum zu sein und die lesart Hadubald bei Dr. (n. 237) die richtigere.

Habuini (nom.). 8. Pd. a. 740 (nchtr. n. 68).

Vielleicht enthalten verlängerungen dieses stammes:

Hebenolt. 9. Gld. II, a, 100.

Hepinolt Mchb. sec. 9 (n. 662).

Hapinolf. 9. Gld. II, a, 100.

Hebinolf Ng. a. 874.

Hacco, Hachar, Hachili, Hacchilin s. HAG. **Hacecha** s. HAZ. **Hachhilt, Hachirat, Hachmunt** s. HAG. **Hackrolf** s. AGIR. **Hacunit** s. HAG. **Had-** s. HATH. **Hadrebled** s. ADRA. **Hadu-** s. HATH. **Haeilnit** s. HAIL. **Haeri-** s. HARI. **Hafilo** s. HAP.

HAFT. Jedenfalls zu den mit ahd. haften tenere haerere verwandten wörtern, etwa unmittelbar zu hefti heft (des schwertes)? Auslautend in Nothaft.

Hafti. 8. Ng. a. 777 (n. 67).

HAG. Für eine grosse anzahl von formen nehme ich ein niedd. HAG, hochd. HAC an, doch für einige namen mit grösserer, für andere mit geringerer sicherheit. Eine scheidung von den unter HAH zu vereinenden namen ist nur mit geringer schärfe durchzuführen. Auch mag in den folgenden formen manches unorganische H mit unterlaufen und in diesem falle ist an die unter AG behandelten namen zu denken. Selbst das ist höchst zweifelhaft, an welches etymon wir unser HAG anzuknüpfen haben, das vielleicht sogar aus sehr verschiedenen quellen zusammengeflossen ist. Ich denke namentlich an altn. hagr dexter utilis und haga concinnare ordinare, dann aber auch an ahd. hac urbs und die damit zusammenhangenden wörter. Auslautend ist HAG vielleicht in Wolfhac (8).

Hago. 6. Necr. Aug.
Hako K. a. 820 (n. 83).
Hacco Ng. a. 759, 787, 791, 793, 797, 819; K. a. 834 (n. 93); necr. Aug.; St. P. zwml.
Hacko H. a. 1042 (n. 239; derselbe heisst ebds. n. 240 Flacko).
Hahho Schn. a. 813; dsgl. Schn. a. 837, wo Dr. n. 497 Hahcho schreibt.
Haccao K. a. 797 (n. 44).
Hecca (msc.) d. Ch. I, 550 f.
Hecco P. I, 68 (ann. Augiens); tr. W. a. 713 (Pd. nachtr. n. 26).
Hecko Laur. sec. 8 (n. 3279).
Hecho Laur. sec. 8 (n. 847).
Heccho Ng. a. 819.
Hego Gld. II, a, 101.
Nhd. Haack, Haacke, Haag, Haak, Haake, Haakh, Hach, Hache, Hack, Hacke, Hackh, Häcke, Heck, Heege.
Hagga, fem.? 8. C. M. Oct.
Hechia P. VI, 43 (gest. episc. Virdun.).
Hecka Schn. a. 801.
Hachili. 9. K. a. 824 (n. 90); Ng a. 826.
Hagilo. 9. B. v. Sens sec. 9. Schpf. a. 835 (n. 95).
Hegilo P. II, 656 (Nithardi hist.); H. c. a. 860 (n. 94).
Hegil P. III, 466 (Hloth. capit.).
Nhd. Hackel, Häckel, Hägele, Hechel, Hechele, Heckel, Heckele, Hegel, Hegele, Hekel.
Hacchilin. 8. Ng. a. 783.
Nhd. Hägelen, Hegelein.
Hegilinch. 11. M. B. sec. 11 (VI).
Hegino u. dgl. s. HAGAN.
Hagabald. 11. Gld. II, a, 100.
Hagipald Lp. a. 1032 (II, 567).
Haguparet. 9. St. P.
Nhd. Hackebarth.
Hagibert. 8. Schpf. a. 760 (n. 32).
Hagbert pol. R. s. 38.
Hegibert P. II, 661 (Nithardi hist.).
Hecbert Wg. tr. C. 260, 315.
Hecbrath Frek.
Heggebord. 10. Lc. a. 996 (n. 127).
Hekeburc, fem. Gld. II, a, 123.
Hecchacosa, fem. 8. St. P.
Hagund, fem. 9. Dr. n. 340; = Hag-gund.
Hechard. 9. Wg. tr. C. 226.
Heccard P. XI, 62 (Cosm. chron. Boem.). Derselbe heisst ebds. pg. 63 Occard.
Nhd. Hackert, Hagart.
Hagihar. 8. Schn. a. 771.
Hager P. V, 857 (Thietm. chron., wo eine hds. viell. Hoger hat); Wg. tr. C. 316, 351, 352; Lc. a. 817 (n. 35), 1086 (n. 239); Ms a. 1096 (n. 45).
Hagero Laur. sec. 8 (n. 1329).
Hachar Lc. a. 930 (n. 89).
Hegere Ng. a. 912.
Hegero Lc. a. 1020 (n. 159) auch hieher?
Nhd. Haager, Haaker, Häcker, Hager, Häger, Haker, Hayer, Hecker, Heuer, Heyer.
Hachhilt, fem. 8. Laur. sec. 8 (n. 3642).
Heckehilt Laur. sec. 8 (n. 3028).
Hekilant. 9. St. P.
Hecwillind, fem. 9. R. a. 821 (n. 21); etwa für Hecchilind?
Hagmoedis, fem. 9. Pol. R. s. 68. Wol verderbt.
Hachmunt. 8. Laur. sec. 8 (n. 1011).
Hacunit. 8. Ng. a. 762; verderbt?
Hachirat. 8. Laur. sec. 8 (n. 985, 994).
Hecgirih. 9. Tr. W. a. 807 (n. 199).
Hagustalt. 8. Mchb. sec. 8 (n. 85).
Hagastalt Dr. a. 789 (Schn. hat hier Hagustal).
Hagastolt necr. Aug.
Hagustolt Ng. a. 744, 791.
Hacastolt Ng. a. 773.
Hagestolt Ng. a. 888.
Hieher wol noch die formen:
Hakitolt (so) Ng. a. 885 (n. 552).
Hugustalt (so) necr. Fuld. a. 805.
Agustald Ng. a. 757.
Agistald Gr. I, 111.
Vgl. zu diesem n. ags. hagusteald vir, heros; die spätere ags. und die hochd. bedeutung gehört wol weniger hieher.
Hagadeus. 8. Mab. a. 775.
Hechideus Mab. a. 860.
Hagoald. 8. Pd. a. 728 (n. 543).

Nhd. Hegewald, Hegewaldt.

Hagiwolf. Gr. I, 850.

Kaum sicher aufzufinden sind verbindungen mit erweitertem HAG. Die bildungen mit HAG + L sind in AGIL und HAIL, HAG + R in AGIR, HAG + N in AGIN aufgegangen, leztere aber ausserdem noch vielleicht in dem von mir als besondern stamm aufgestellten HAGAN zu erkennen.

HAGAN. Im ganzen gewiss nur eine erweiterung des oben behandelten HAG; eine unmittelbare anknüpfung an ahd. hagan (dornstrauch) befriedigt nicht, so sicher auch dieses wort in dem gleichnamigen stamme der o. n. erscheint. Vermischungen entstehn mit HAIM (durch ausstossung des g von HAGAN) und zweitens mit AGIN (durch vorsetzung eines unorganischen h vor letztern stamm). In sächs. mundart scheint HAGAN nicht vorzukommen.

Hagano 7. B. v. Autun sec. 11. P. I, 460 (Hincm. Rem. ann.), 572 (Regin. chron.), 624 (contin. Regin.); II, 248 (ann. Besuenses); III, 568 (Kar. III capit.); V öfters; VII, 40 (ann. S. Benign. Divion.), 139 (Lamberti Hersfeld. ann.); VIII öfters; IX, 86, 91 f. (chron. Novalic.), 425 (gest. episc. Camerac.); X, 285 (Hugon. chron.); pol. Irm. s. 199; necr. Aug.; tr. W. a. 819 (n. 127); Lc. a. 947 (n. 97); Laur. sec. 8 (n. 244).

Haganus P. IX, 87 (chron. Novalic.).

Haguno Mchb. sec. 8 (n. 53); Schn. a. 806, 813; St. P. dreiml.

Hagono pol. R. s. 64.

Hagheno (neben Aghano) Lp. a. 857 (I, 786).

Hagino Pd. a. 747 (n. 589); Mab. a. 748; Laur. sec. 8 (n. 2400, 2551); Ng. a. 800.

Hageno P. IV, B, 171 (synod. Baioar. sec. X), 179 (Nicol. II statut.); Laur. sec. 8 (n. 3509); pol. R. s. 75.

Hagaeno P. III, 374 (urk. v. 840).

Hagno P. XI, 86 (Cosm. chron. Boem.).

Agano P. VII, 563 (Marian. Scot. chron.); IX öfters; X, 503 (Hugon. chron.); Pd. a. 523 (n. 103, unecht); Mab. a. 770; Laur. sec. 8 (n. 2378); convent. Remens. a. 1059; concil. Ausan. a. 1070.

Aganus pol. Irm. s. 78.

Agono pol. R. s. 36.

Hegino tr. W. a. 758 (n. 145); St. P.; Laur. sec. 8 (n. 1765).

Haino P. VI, 520 (mirac. S. Apri); Mab. a. 694; Ng. a. 759.

Heino tr. W. a. 737 (n. 35).

Chaino Pd. a. 660, 678, 692 (n. 387, 424, 425); ebds. bei Mab.

Chaeno Pd. a. 690 (n. 412; ebds. bei Mab. u. M.).

Ags. Hagena. Nhd. Haagen, Hagen, Hagn, Hain, Haine, Hayn, Hayne, Hein, Heine, Heinn, Heno, Heyn, Heyne.

O. n. Hagenesberc; viell. gehören noch mehrere im wörterbuch der o. n. unter HAGAN angeführte n. hieher.

Hagina, fem. 8. Laur. sec. 8 (n. 324).

Hegana Gld. II, a, 123 wol hieher.

Haginiug. 8. Schn. a. 807.

Haginingo Laur. sec. 8 (n. 417).

Haginung Schn. a. 807 (Dr. ebds. n. 243 Haginiug).

Aganung Laur. n. 859.

Heining Laur. sec. 8 (n. 178).

Nhd. Henning.

Heinbert. 8. Laur. sec. 8 (n. 3326).

Heinpreht R. a. 974 (n. 112).

Heinfrid. 9. P. II, 207 (ann. Vedast.).

Henfrid Lc. a. 1043 (n. 179).

Heinhard. 8. P. II, 293 (gest. abbat. Fontan.), 631 (vit. Hlud. imp.); V öfters; IX, 287 (Ad. Brem.); Laur. sec. 8 (n. 909).

Heinard P. II, 479 (Ermold. Nigell.); VI, 81 (chron. S. Michael. Virdun.); St. M. a. 843.

Nhd. Haynard, Heinert.

Haginer. 11. H. a. 1088 (n. 290).

Nhd. Hagner, Hegener, Hegner, Heiner, Heyner.

Hainarad. 8. Pol. Irm. s. 115.

Hainrad pol. R. s. 37, 43 etc.; Mab. a. 798.

Heinrad Laur. sec. 8 (n. 2096).

Haganrih. 7. Gr. II, 390; IV, 798.

Haginerich (so) Schpf. a. 786 (n. 62).

Chagnerich Mab. a. 693; Pd. a. 750 (n. 604); A. S. Mart. III; d. Ch. I, 566.

Hainrich u. dgl. s. unter HAIM, wohin einmal sogar die form Heginricus gestellt werden muss.

Hainding. 9. Pol. R. s. 52, 53.

Heindlo. 10. Mchb. sec. 10 (n. 1000).

Chagnoald. 7. Chainoald b. v. Laon sec. 7.

Chagnoald conc. Cabilon. c. a. 650; A. S. Mart. III; d. Ch. I mehrm.
Cagnoald Pd. a. 610 (n. 226).
Chainoald conc. Remens. c. a. 630.
Chanoald Pd. a. 610 (n. 226).
Heinold Laur. sec. 8 (n. 311).
Heinolt Laur. sec. 8 (n. 3241, 3248).
Nhd. Heinelt, Heinhold, Heinold.

Haginulf. 7. Pol. R. s. 82.
Hagenulf pol. R. s. 66, 73.
Chagnulf Pd. a. 610, 632 (n. 226, 257).
Heginolf Laur. sec. 8 (n. 1637).
Hainduif pol. R. s. 44, 72 wol hieher mit eingeschobenem d.

Hagbert, Hager, Hagihar, Hagipald, Hagiwolf s. HAG. **Hagmerad** s. HAIM. **Hagmocdis, Hago, Hagoald** s. HAG. **Hagr-** s. AGIR. **Hagund, Hagupart, Hagustalt** s. HAG.

HAH. Unthunlich schien es mir die im folgenden verzeichneten namen alle unter HAG einzuordnen, obwol eine vielfältige berührung und vermischung beider stämme zugegeben werden muss. Ob irgend eine verwandtschaft mit hahan hängen anzunehmen ist?

Hahico. 8. Schn. a. 785.
Habicho tr. W. a. 713 (n. 192, 202; Pd. nchtr. n. 23); Mchb. sec. 8 (n. 8); Schn. a. 785; Dr. a. 837 (n. 504; Schn. ebds. Haicho).
Hachiho tr. W. a. 700, 707, 741 (n. 228, 229, 235 u. Pd. nachtr. n. 17, 69); derselbe mann heisst ebds. (Pd. n. 16) Hachilho.
Haghico K. a. 773 (n. 15).
Chachiho tr. W. a. 713 (n. 232 u. Pd. nchtr. n. 25).
Hiezu füge ich, doch keineswegs mit sicherheit:
Haika (msc.) Hf. a. 1020 (II, 152).
Haico P. VIII, 595 (annalista Saxo).
Heico P. IX, 849 (chron. Hildesh.)
Haigo P. V, 117 n. (catal. abb. Fuld.).
Heigo tr. W. a. 712 (n. 150; Pd. nchtr. n. 21); Laur. sec. 9 (n. 588, 726).
Haicho P. V, 52 (ann. Hildesh.); VII, 553 (Marian. Scot. chron.); Pd. a. 723 (n 529); Laur. sec. 8 (n. 2940); Ng a. 798; Schn. a. 837 (Dr. ebds. n. 504 Habicho).
Haycho P. I, 615 (contin. Regin.); K. a. 850 (n. 116; Ng. ebds).
Haiho necr. Fuld. a. 795; Schn. a. 803.
Haica P. V, 444 (Widukind) mit var. Hainca.
Chaico Pd. a. 709 (n. 475).
Haibcho (so) K. a. 844 (n. 110, zwml.).
Noch unsicherer ist das hiehergehören folgender formen:
Hoico P. V, 768, 770 (Thietmari chron.): VIII, 633 (annalista Saxo); IX, 849 (chron. Hildesh.); Frek.; Ms. a. 1049 (n. 22).
Hoiko Frek.
Hoyko Frek. mehrm.
Nhd. Heicke, Heike.

Hahit. 8. St. P.
Hehith Dr. a. 859 (n. 576); Schn. ebds. Hehibt.

Hahuni. 8. R. c. a. 740 (n 2).

Hahbert. 8. Schn. a. 765.
Hahperaht Dr. a. 770.
Habert s. HAB.

Hahfrid. 9. Mchb. sec. 9 (n. 351); St. P. zwml.

Hahger. 9. Wg. tr. C. 350.
Haiger Laur. sec. 8 (n. 1182) viell. hieher.
Vgl. auch Hagihar.

Hahkis. 9. Mchb. sec. 9 (n. 506).
Hahkys M. B. a. 828 (VIII), 837 (IX).

Hahart. 9. Mchb. sec. 9 (n. 390); R. a. 821 (n. 21).

Hahher. 9. Schn. a. 806.

Hahmund. 8. Laur. sec. 8 (n. 981).
Hahmunt Mchb. sec. 9 (n. 291); M. B. a. 806, 828 (VIII); St. P.
Hachmunt s. HAG.
Hamund P. II, 349 (vit. S. Bonif.).
Hamunt Dr. a. 1057 (n. 756; fehlt bei Schn.); St. P.
Vgl. auch Haimund unter HAIM.
O. n. Hamuntespah.

Haholt. 7. Gld. II, a, 100.
Hawald Wg. tr. C. 260.
Chaoald Pd. a. 653 (n. 322; M. ebds. n. 64 Chaold); conv. Clipiac. a. 659.
Haold P. IX, 849 (chron. Hildesh.); Wg. tr. C. 346, 396, 425, 434, 440, 454; Ms. a. 1086 (n. 34).
Hoold Lc. a. 966 (n. 109).
Hoald Wg. tr. C. 35.

O. n. Haholtesheim, Haoltingas.

Hahwart. 9. Mchb. sec. 9 (n. 473).

Haward Wg. tr. C. 177, 256, 355, 441; Lc. a. 1020 (n. 157); C. M. April.

Hawart R. a. 990, 1074 (n. 112, 165); M. B. a. 1040 (XIII).

Hauart H. a. 955 (n. 167).

Ueber Haward s. Mone heldens. (1836) s. 73.

Nhd Hauert.

Hawin. 9. Laur. sec. 9 (n. 208).

Haholf. 8. Mchb. sec. 8 (n. 113, 156).

Haulf P. I, 393 (ann. Fuld. a. 880); Wg. tr. C. 251.

Houlf Wg. tr. C. 366, 443, 444.

O. n. Haholfesbah, Haholfeshusun, Hoholfesheim.

Erweitertes HAH vielleicht in

Hahilulf. 8. Tr. W. a. 742 (n. 1 und Pd. nachtr. n. 72).

Haia, fem. Gld. II, a, 123.

Haico s. HAH.

HAID.

Wahrscheinlich enthalten die folgenden n. das ahd. wort haiti, das ja auch bei appellativen eine der häufigsten endungen bildet. Von den weitschichtigen bedeutungen dieses wortes scheint nur die von persona für die namen zu passen. Weinhold die dtsch. frauen s. 8 lehnt unsere namen an haitar u. s. w. an.

Die auf -haid endenden n. sind, etwa nur mit ausnahme von Albheid und Argaitus, feminina und enden sich auf is und a, doch bedeutend häufiger auf das erstere. Im Ags. sind dagegen merkwürdiger weise die wörter auf hàd (nicht bloss die n.) masculina. Am häufigsten unter allen deutschen völkern ist HAID bei den Westfranken, besonders bilden diese n. im pol. R., also im 9. jhd., eine auffallend grosse zahl. Vor sec. 8 ist ein sicher auf -haid endender n. nicht nachzuweisen.

Sehr häufig ist bei diesem stamme das fortfallen des h, welches z. b. im pol. Irm. nur selten erscheint, analog mehreren andern mit h anlautenden stämmen.

Eine andere merkwürdige form dieses stammes ist altfränkisch -hagdis, die noch im pol. R. etwa der hälfte aller hieher gehörigen n. zukommt. Ich rechne -hagdis ohne bedenken hieher und verdenke es Gr., wenn er I, 138 Ahalagda u. dgl. zu einem ganz besondern stamme bringt.

Manches ist zweifelhaft, ob es hieher gehört, z. b. Alveth. Velleda scheint nicht hieher zu ziehen.

Auslautend auf -haid finde ich folgende 83 namen:

Ahalagdis 8.	Gifagdis 9.	Northaidis 9.
Albheid m. 8.	Gildoaidis 9.	Odelhaidis 9.
Albhaidis 8.	Gerhaidis 9.	Rathaida 8.
Ellenheid.	Caozheid 9.	Reckinheid 8.
Elisaidis 9.	Gislehaidis 9.	Rantheid 9.
Amalhaidis 8.	Gotaheid 9.	Rihhaid 8.
Antheid.	Godelhagdis 9.	Saderhaidis 9.
Anglehaidis 9.	Grainvaidis? 9	Sigiheid.
Ansaia? 9.	Grimheit 8.	Susuhagdis 9.
Anstahait 8.	Gundheid 8.	Spiaidis 9.
Arnheit 10.	Hardoagdis 9.	Sunthagdis 9.
Erpheida 9.	Hiltheid 9.	Teduaidis 9.
Argaitus? 6.	Flodohagdis 9.	Thiotheid 9.
Adalhaid 9.	Hrodohaidis 8.	Triccheid 9.
Audheidis 8.	Emheid.	Ungheid 9.
Berhaidis 9.	Inguaid 8.	Walthaid 8.
Bernehaidis 9.	Ermhagdis 9.	Wanheid 8.
Perhthaid 8.	Irminheid 8.	Warmenhagdis 9.
Bercheid 9.	Lampaia? 9.	Welheid 9.
Biliheid 8.	Lantheida 8.	Withaidis 9.
Brannoaidis 8.	Lingeeid.	Widelhagdis 9.
Podalheid 11.	Linheit.	Wihagdis 9.
Tomaheid 9.	Leupagdis 8.	Willibeid 8.
Ercanheid 9.	Liutheid 8.	Winehaidis 9.
Erlehaidis 9.	Lobehagdis 8.	Winguhaid 8.
Froheid 9	Meginheit 8.	Wolcbanheid 9.
Frothaidis 8.	Madalhaid 8.	Vulfaidis 8.
Folchaid 8.	Nodelhagdis 9.	

Haido. 8. P. I, 198 (Einh. ann.); VII öfters; VIII, 568 (annalista Saxo, an dieser stelle = Hatto); pol. R. s. 54; St. M. a. 1006.

Haida (msc.) P. II, 224 (ann. Xant.).

Haito P. I, 355 (Enh. Fuld. ann.); II, 38 (abb. Augiens. catal.); III, 89 (Kar. M. capit.); V, 154 (ann. Monast.); Ng. a. 793; necr. Aug.; St. P.

Haitto St. P.

Heido Dr. n. 340; H. a. 964 (n. 180).

Heito P. II, 38 (abbat. Augiens. catal.), 463 (Einh. vit. Kar.); VII, 106 (Herim. Aug. chron.); Ng. a. 816; St. P.

Haydo St. M. a. 1002.

Heitto P. II, 750 (monachi Sgall. gest. Kar).

Aido P. I, 393 (ann. Fuld.).
Aito P. III, 133 (Kar. M. capit.).
Aitto St. P.
Eido P. V, 84 (ann. Quedlinb. mit var. Agil); VIII, 644 (annalista Saxo).
Eito Ng. a. 858.
Eid P. VIII, 662—664, 668 f., 671 (annalista Saxo).
Aeid P. V; C. M. Dec.
Hecco für Heito P. VII, 551 (Marian. Scot. chron.).
Hed, Heddo, Hedo s. unter HATH.

Vgl. wegen der nicht aspirirten formen auch Agido unter AG.

Nhd. Eyth, Haid, Hayd, Heid, Heide, Heyd, Heyde, Heydt.

Wahrscheinlich hieher o. n. Aittenpach, Eittispah, Heideneuelt, Heidinhova.

Heitti. 9. Ng. a. 839.
Aidi Wg. tr. C. 483 wol hieher.

Agdis, fem. 8. K. a. 772 (n. 14); wol für Haidis.
Agda schreibt Gr. I, 138.

Heidilo. 8. Ng. a. 836; A. S. Febr. III.
Heidilo mit var. Hetilo (b. v. Noyon) conc. Remens. a. 900.
Aitlus pol. Irm. s. 96; pol. Irm. s. 42.
Nhd. Heidel, Heydel.

Aitla, fem. 8. Pol. Irm. s. 9, 77 etc.; pol. R. s. 50, 72.

Aidelina, fem. 8. Pol. Irm. s. 182.

Heidin. 9. Ng. a. 824, 826.
Heidini Gld II, a, 123.
Nhd. Heidin, Heyden.

Aittuni. 9. St. P.

Haidung. 8. Ng. a. 817.
Haitung Schn. a. 813 (Dr. ebds. n. 291 Heitung).
Heidung Laur. sec. 8 u. 9 (n. 254, 259).
Heidinc Ng. a. 805.
Heitung Dr. a. 813, 816 u. s. w. (n. 200, 283, 285, 287, 291, 318, 337; Schn. ebds. Hertung, Hitung und Haitung).
Heittung Laur. sec. 8 (n. 228).
O. n. Heitincheim, Heitungesfeldon.

Haizo. 9. R. a. 1028 (n. 153).
Heizo necr. Aug.; St. P.; M. B. sec. 11 (VI).
Aizo P. I, 215 f. (Einh. ann., mit var. Wizo und Jaco); II, 630 (vit. Hlud. imp.); VII, 103 (Herim. Aug. chron.).
Eizo Frek. mehrm.; Ms. a. 1049 (n. 22).
Nhd. Eitz.
O. n. Eitzendorff viell. hieher.

Heiza, fem. 11. St. P. mehrm.

Heizil. 11. P. I, 99 (ann. Colon.); St. P.; Lc. c. a. 1070 (n. 221).
Heizol Gld. II, a, 101.

Berührung mit den stämmen AZ und HAZ.

Heizilin. 10. Ng. a. 947.
Aiezelin Lc. a. 1015 (n. 147) wol hieher.

Aitpald. 8. St. P.

Aitbolda, fem. 8. Pol. Irm. s. 146.

Aitbert. 8. Pol. Irm. s. 134.
Haibert pol. R. s. 45 hieher?

Aitberga, fem. 8. Pol. Irm. s. 79.
Haiberga pol. R. s. 50 hieher?

Aiteburg, fem. 8. Pol. Irm. s. 104.

Aitfred. 8. Pol. Irm. s. 103.
Eitfred pol. Irm. s. 42.

Heidfolc. 8. Pd. a. 740 (nachtr. n. 68); Mchb. sec. 9 (n. 634); St. P.
Heidfolch M. B. a. 890 (XXVIII); R. a. 890 (n. 72).
Heitfolc R. a. 848 (n. 40).
Heidfloc Mchb. sec. 9 (n. 502).

Ueber Heidfolc vgl. J. Grimm bei Haupt II, 255.

Haidkaer. 8. St. P.

Aitard. 8. Pol. Irm. s. 10, 140; Lp. a. 1004 (II, 439).

Haitar. 9. Ng. a. 826.
Heitar Ng. a. 827, 850; K. a. 879 (n. 155).
Heiter Ng. a. 898.
Hettar Gld. II, a, 101.
Hetter Ng. a. 878.

Gr. stellt diesen n. wol fälschlich zu haitar serenus, welches wort sich in n. nicht nachweisen lässt.

Nhd. Heider, Heiter, Heyder.

Aitohildis, fem. 8. Pol. Irm. s. 133.
Aitoildis pol. Irm. s. 133.
Aitildis pol. Irm. s. 7.

Aittramnus. 9. Pol. R. s. 44.
Aideramus Gld. II, a, 112.

Aidramna, fem. 8. Pol. Irm. s. 229.

Aitland. 8. Pol. Irm. s. 9.

Aitrada, fem. 9. Pol. R. s. 51.

Haidrich. 8. Tr. W. a. 787 (n. 216); Laur. sec. 8 (n. 1173).
Heidrich Laur. mehrm.
Heidrih G. sec. 9 (n. 4).

Heiderihc Gld. II, a, 101.
Aitrich pol. Irm. s. 45.
Eiterich Schn. a. 887.
Nhd. Heidreich, Heidrich, Heitrig, Heydrich.

Chaiderunna, fem. 7. Test. Erm.
Altn. Heidrûn.

Heidolt. 8. Gr. I, 814; IV, 809.
Aitold pol. Irm. s. 104, 113.
Aitald St. M. a. 887.
Nhd. Heidewald?
O. n. Heidoltiswilare.

Heituuar. 8. Dr. n. 693.
Aittouar St. P.

Heidwart. 8. Gr. I, 955; IV, 809.
Eidwart Ng. a. 855.
Aitoard pol. Irm. s. 140.
O. n. Eidwarteswilare.

Aitoin. 8. Pol. Irm. s. 109, 113.

Haidulf. 8. Tr. W. a. 774, 780 (n. 153, 178); pol. R. s. 11, 51.
Haidolf tr. W. a. 774 (n. 53).
Heidulf P. II, 193 (ann. Bertin.).
Heidolf Laur. mehrm.
Aitulf pol. Irm. s. 39, 45 etc.
Eidulf P. I, 468 (Hincm. Rem. ann.); III, 504 (Hloth. II capit.).
Nhd. Heideloff, Heidolf, Heidolph, Heydolf, Heydolph, Heidellof; Heidlauf?
O. n. Heidolfinga, Haidulfushaim, Haidolfeswilare.

Hier füge ich diejenigen zusammengesetzten n. an, deren erster theil unsern stamm um das suffix n verlängert enthält. So erscheinen die folgenden n. wenigstens der form nach. Doch scheint hier eine doppelte vermischung vorgegangen, einerseits mit heidan paganus, andererseits mit dem stamm HEDAN (s. ds.). Vgl. Grimm in Haupts ztschr. II, s. 2.

Aitingaud. 8. Pol. Irm. s. 68.

Heidanrih. 9. Schn. a. 804; Mchb. sec. 8 und 9 (n. 646 etc.).
Heidanrich St. P.; Laur. sec. 9 (n. 264).
Heithanricus Lc. a. 1024 (n. 160), 1036 (n. 170).
Heithanrih tr. W. c. a. 780 (n. 129).
Heidinrich Gld. II, a, 101.
Heithinricus P. VIII, 672 (annalista Saxo).
Heithenricus P. VIII, 667 (annalista Saxo).
Heidenrich Laur. sec. 8 und 9 (n. 2386, 2567); Schn. a. 817; Ng. a. 882.
Hetheuricus P. V, 839, 840, 854 (Thietm. chron.).
Nhd. Heidenreich, Heydenreich.

Aitenold. 8. Pol. Irm. s. 104.

Haitenulf. 8. Pol. Irm. s. 104.
Hedenulf s. HEDAN.

Schliesslich noch eine form, die mit der diminutiven z-form von HAID zusammengesetzt sein mag:

Heiziman. 11? St. P.

Haiger s. Hahger.

-haih scheint als zweiter theil in einigen namen vorzukommen; vgl. Gaozaich (8), Irmanheih (fem. 8), Austeig (fem. bei Gld.), Alaicho (8, s. unter Alawic). An eine spur des goth. haihs einäugig darf doch wol nicht gedacht werden. Vgl. auch Haicho unter HAH.

HAIL.

Die folgenden n. gehören zu ahd. hail (salvus, sanus). Vermischung ist möglich mit AGIL, welches oft das g verliert und dann durch vorsetzung eines unorganischen h unserm stamme gleichförmig wird, so wie anderseits HAIL durch verlust des h gleich ail aus AGIL wird. Deshalb ist der letztgenannte stamm fortwährend hiebei in berücksichtigung zu ziehn, da manches dort angeführte vielleicht hieher gehört. Ein zweiter der vermischung mit HAIL leicht ausgesetzter stamm ist HAL, welches man sehe. Ingeila (8), Teneheil (9), Rahheil (8), Rihheil (8), Sarahailo (9) scheinen auf unsern stamm zu enden, wenn anders alle diese formen sicher sind.

Heilo. 8. Ng. a. 788; necr. Aug.
Hailo vgl. Sarahailo.
Heile Ng. a. 909.
Heil St. P.
Hiaelo Dr. a. 767 hieher?
Nhd. Heil.

Heilica, Eilikin s. HAILAG.

Hailant. 8. Laur. sec. 8 (n. 2606).
Heland Laur. sec. 9 (n. 261).
Nhd. Heiland.

Heilbold. 9. Ng. a. 815.

Heilbret. Gld. II, a, 101.
Heilbert s. AGIL.

Hailburch, fem. 9. Gld. II, a, 123 (Haiburch ist druckfehler).
Heilburc u. Heilburh Gld. II, a, 123.
Heilpurc St. P. zwml.; Mchb. sec. 9 (n. 657).
Heilpurh St. P.

Heilporhc St. P.
Hailedomus. 9. Pol. R. s. 60.
Hailtruda, fem. 10. Ng. a. 963.
Heildrud Gld. II, a, 123.
Heilfrid. 9. K. a. 861 (n. 136).
Heilker. 9. M. B. a. 828 (VIII).
Heilgart, fem. Gld. II, a, 123 neben Heilkart.
Heilrammus. 9. Ng. a. 826; Laur. sec. 9 (n. 547).
Heilram P. I, 88 (ann. Juvav.); necr. Aug.; St. P.
Heillram (so) St. P.
Heiltram Ng. a. 841.
Heilman. Gld. II, a, 101.
Heilmunt. 8. Laur. sec. 8 (n. 215).
Haeilnit (so). 8. St. P.
Hailrat, msc. u. fem. 8. Ng. a. 783; Schn. a. 804; St. P. zwml.
Hailraat St. P.
Heilrad St. P. öfters; Laur. mehrm.
Heilrat St. P. öfters; M. B. a. 983 (XXXI).
Hailrich. 8. Mchb. sec. 8 (n. 10).
Heilrich P. VI, 388 (Gerhard. vit. S. Oudalr. ep.).
Heilrih Mchb. sec. 9 (n. 411).
Heilsind, fem. Gld. II, a, 123 neben Heilsint.
Heilswind, fem. 8. St. P.
Heilsuind Laur. sec. 8 (n. 902).
Heilwar. 9. Dr. c. a. 813 (n. 296; Schn. ebds. Heiltwar).
Heilward. 11. Hf. c. a. 1020 (II, 152).
Heiluid, fem. 8. P. V, 377 (Flodoardi ann.).
Helvidis P. VI, 484 (vit. Kaddroae abb.); pol. Irm. s. 75; Mab. a. 959; Guérard a. 1089.

Die form Helvidis kann auch zu Hilduidis (HILDI) gehören. Zu Helvidis viell. Helvis pol. Irm. s. 49 (sec. 11).

Hailwic, fem. 11. Gld. II, a, 100.
Heilwich M. B. sec. 11 (VI).
Heilewic necr. Aug.
Heilwih St. P.
Heilwic Gld. II, a, 123.
Hailwin. 9. Pol. R. s. 65.

HAILAG. Mit dem von hail abgeleiteten ahd. hailag (sacer, sanctus), ags. halig, altn. heilag oder auch mit ahd. heillih (salubris, sanus) sind die folgenden n. wenigstens grossentheils zusammengesetzt. Ich stelle dazu auch ohne bedenken die alts. n. mit der form halag, welche das erste a nach ags. weise haben, da hail im alts. hêl lautet. Einige unter den folgenden formen können dagegen auch zu HAL gehören, welches man sehe.

Halicho. 8. Mchb. sec. 8 (n. 10).
Halucho Laur. sec. 8 (n. 1876).
Halec Wg. tr. C 272.
Heluco Wg. tr. C. 399, 414.
Heloco Wg. tr. C. 243.
Helicho Mchb. sec. 8 (n. 162).
Eiliko Frek. mehrm.
Nhd. Halke, Hallich, Heilig, Hilcke, Hillig, Helcke, Hölcke, Hölleke.
Heilika, fem. 9. St. P.; M. B. sec. 11 (IX).
Heilca R. a. 973 (n. 107); M. B. a. 1010 (XXXI).
Halika R. a. 1028 (n. 153).
Helica Mchb. sec. 11 (n. 1250).
Helca Lc. a. 820 (n. 38).
Eilica P. VIII öfters.
Eilika M. B. a. 1010 (XXVIII); Ms. a. 1049 (n. 21).
Helechin. 10. Lc. a. 1021 (n. 158).
Eilikin Frek.
Halacbold. 9. Wg. tr. C. 335.
Halecbern. 9. Wg. tr. C 268.
Halacbert. 8. Wg tr. C. 479.
Halecbert Wg. tr. C. 250.
Helicbraht Dr. a. 944 (n. 686; Schn. ebds. Heliebraht).
Heligbert Lc. a. 794 (n. 4).
Helihpret K. a. 867 (n. 142; Ng. ebds.).
Halegdag. 9. Wg. tr. C. 332.
Heilahttrud, fem 8. Schn. a. 792.
Heilagthrud Dr. a. 822 (n. 397; Schn. falsch Heiahtrud).
Hilgadrudis pol. Irm. s. 79 hieher?
Heilitflat, fem. 8. Laur. sec. 8 (n. 713); ist wol Heilicflat zu lesen.
Heilhger. 9. Laur. sec. 9 (n. 218).
Halecghard (so). 9. Wg. tr. C. 445.
Heilagart Schn. a. 801 (oder ist der n. als Heila-gart zu fassen?).
Helchart u. Helkart Gld. II, a, 124.
Nhd. Hilgert.

Halecmar. 9. Wg. tr. C. 353.
Halcmar Wg. tr. C. 249.
Halagmund. 9. Wg. tr. C. 331.
Halecmund Wg. tr. C. 326.
Halegred. 9. P. VIII, 638 (annalista Saxo).
Helibrat Mchb. sec. 9 (n. 607).
Heilachsuind, fem. 9. Laur. sec. 9 (n. 1246).
Hilgold. 11. P V, 616 (chron. S. Hubert. Andag.); hieher?
Heilagwih, fem. 9. Schn. a. 800.
Helahwih P. II, 768 (vit. S. Reinberti) var. Nelahwih.

HAIM. Dieser stamm, zu goth. haims domus gehörend, ist gleich häufig in o. u. und p. n., doch mit dem unterschiede, dass er bei jenen fast immer auslautet, bei diesen dagegen nur anlautet. Die bedeutung verhindert das auslauten in p. n., denn Gerheim mag wol nur falsche lesart für Gerhelm sein, wie Williheim wirklich in Willihelm zu bessern ist. Adalheim scheint ebenfalls verderbt. Vermischung ist leicht mit HAGAN.

Haimo. 7. B. v. Halberstadt sec. 9; b. v. Bourges sec. 9; b. v. Verdun sec. 10.
Haimo P. II, 608 (vit. Hlud. imp); V öfters; VI, 664 (Constantini vit. Adalberon.); IX öfters; X, 645 (gest. episcopp. Tullens.); Schn. a. 757; Ng. a 773, 786, 791, 793; St. P. öfters; pol. Irm. s. 167, 170; Guérard a. 1099.
Heimo P. I, 82 f. (ann. Sangall.); V oft; VI, 647 (liber miracul.), 795 (synod. Francof.); VII, 120 (Herim. Aug. chron.), 424 (Bernold. chron.); VIII öfters; X, 367 etc. (Hugon. chron.); Ng. a. 786, 809, 815, 817, 818; M. B. a. 835 (IX); St. P. oft; Laur. oft; M. B. c. a. 1012 u. c. a. 1030 (VI).
Heimmo P. IV, 176 (Heinr. II pact.); G. a. 1092 (n. 70).
Haymo P. III, 219 (Hlud. I capit.); V, 46 (ann. Quedlinb.).
Heymo P. VI, 49 (gest. episc. Virdun.); XII, 526 (ann. S. Vit. Virdun.).
Aimo P. I, 301 (chron. Moissiac); IX, 114 (chron. Novalic.); Ng. a. 670, 760, 786.
Aymo P. V, 690 (act. concil. Mosomag.); X, 285 etc. (Hugon. chron.).
Heinmo (so) P. V, 44 (ann. Quedlinb.); Lc. a. 1061 (n. 196).
Aigmo neben Heimo tr. W. a. 719 (n. 45).
Haimo P. II. 608 (vit. Hlud. imp.) mit var. Hanno, Aimo und Amio.

Die form Hamo würde ich hieher stellen, wenn sie sich nicht besser zum stamme HAM fügte.
Ags. Hàma. Nhd. Heim, Heime, Heym.
Heima, fem. Gld. II, a, 123.
Haimilo. 8. Mchb. sec. 8 (n. 6).
Heimilo Mchb. sec. 8 mehrm. (z. b. n. 13, 268).
Heimila, fem. 9. Gld. II, a, 123.
Haimla pol. R. s. 55.
Haimelin. 10. St. M. c. a. 962.
Haimin. 9. P. III, 374 (urk. v. 840).
Heimin P. III, 246, 256 (Hlud. et Hloth. capit.).
O. n. Heimenesvurt.
Haimuni. 8. Tr. W. a. 737, 742 (n. 1 und Pd. nchtr. n. 57).
Aiming. 8. Pol. Irm. s. 124.
O. n. Heimmengeshusen.
Heimining. 8. Laur. sec. 8 (n. 185).
Heimezo. 11. Lc. c. a. 1080 (n. 242).
Haimperht. 8. Mchb. sec. 8 (n. 222); St. P.
Heimperht Mchb. sec. 8 (n. 48, 127); St. P.
Haimbert Schpf. a. 747 (n. 15); Ng. a. 757.
Heimbert Laur. sec. 8 (n. 449, 1232).
Heimpert St. P. zwml.
Heimperth St. P.
Hembard H. a. 1088 (n. 290) hieher?
Nhd. Heimbrecht.
O. n. Heimprehtishovan.
Heimbod zu folgern aus o. n. Heimbodesheim.
Haimfrid. 9. Pol. R. s. 75.
Heimger. 9. St. P.; R. a. 890 (n. 72).
Heimkaer St. P.
Heimker Mchb. sec. 9 (n. 524).
Hemger Lc. a. 962 (n. 105).
Heimgis. 9. Necr Fuld. a. 866.
Heimard. 8. P. V, 389 (Hugo Vird.); X, 360 (Hugon. chron.).
Aimard pol. Irm. s. 31, 373.
Heumard pol. Irm. s. 49 (sec. 11) wol hieher.
Nhd. Heimert.
Haimildis, fem. 8. Pol. Irm. s. 167.
Heimilt Laur. sec. 9 (n. 3333).

Hagmehildis pol. R. s. 55.
Haimram. 8. Vgl. Emmeram.
Heimram (wahrscheinlich nicht für Emmeram) St. P.
Haimolindis, fem. 9. Pol. R. s. 54.
Haimlindis pol. R. s. 55, 72 etc.
Haimulendis (so) pol. R. s. 60.
Haimund. 8. P. VIII, 555 (annalista Saxo).
Hemmund Laur. sec. 8 (n. 1569).
Haimrad, msc. u. fem. 8. Tr. W. a. 757 (n. 139).
Heimerad P. VII, 191 (Lamberti ann.); VIII, 674 f. (annalista Saxo).
Heimrad Laur. sec. 8 (n. 313).
Heimraat St. P.
Haimbrad pol. R. s. 85 zwml.
Hagmerad Laur. sec. 8 (n. 308).
Aimerad P. IX, 632 (chron. mon. Casin., var. Aimirard und Almerad); pol. Irm. s. 200.
Agmerad pol. R. s. 40.
Hemered P. V, 5 (ann. Corbej.).
Haimerada, fem. 9. Pol. R. s. 54.
Hagmerada pol. R. s. 70.
Haimtrada pol. R. s. 73.
Hambrada pol. R. s. 85.
Haimirich. 8. Sec. 10: k. Heinrich I; H. I, erzb. v. Trier; H. I, herz. v. Baiern; H. d. jüngere oder Hezilo, herzog v. Baiern; H. I oder Endo, herz. v. Burgund, enkel k. Heinrichs I v. Deutschl.; b. v. Narbonne; b. v. Ribagorca. Sec. 11: k. H. II; k. H. III; k. H. IV; H. V, d. nachmalige k.; k. v. Frankreich; H. II, herz. v. Burgund; erzb. v. Ravenna; b. v. Ivrea; b. v. Lausanne; b. v. Parma; b. v. Peschiera; b. v. Speier; b. v. Spoleto; ep. Iporigens.; ep. Populoniens.
Haimirich tr. W. a. 739 (n. 17 und Pd. nachtr. n. 63), P. III, 429 (Kar. II capit.).
Heimirih Schn. a. 800.
Heimirich Laur. mehrm.
Heimarih necr. Fuld. a. 836.
Haimerich P. VIII öfters; Pd. a. 728 (n. 544); tr. W. a. 730, 733 (n. 13 u. Pd. nchtr. n. 53); pol. Irm. s. 73, 110; pol. R. s. 40, 45 etc.
Heimeric Lc. a. 927 (n. 88).
Heimerich tr. W. a. 737 (n. 35); Laur. sec. 8 u. 9 (n. 1328, 2543); St. M. a. 887.
Haimrich P. I, 198 (Enh. ann.); 355 (Enh. Fuld. ann.).
Heimrich P. I, 399 (ann. Fuld.), 54 (ann. Laubac.); Laur. öfters.
Heimrih P. I, 403 (ann. Fuld.).
Hiemeric (so) C. M. Sept.
Hemirih tr. W. a. 737 (n. 162 und Pd. nachtr. n. 55).
Hemerich (oder Henrich) P. VI, 74 (ann. Gladbac.).
Hemric Wg. tr. C. 234, 364; Lc. a. 802 (n. 24), 834 (n. 47).
Hemrich Guérard a. 1037 (appendix zum pol. Irm. s. 355).
Hemmerich St. M. a. 1092 hieher?
Heimrihcus P. I, 52 (ann. Alam. a. 886).
Aimirich P. VI, 142, 144 (Ademar. histor.).
Aymirich P. VI, 135 (Ademar. histor.).
Aymerich P. VI, 128, 133, 139 (Ademar. histor.); IX öfters; pol. Irm. s. 50 (sec. 11); conc. Helenens. a. 947.
Aimerich Pol. Irm. s. 142, 200; pol. Irm. s. 49, 50 (sec. 11).
Heinrich P. II, VI, XI oft; pol. Irm. s. 245, pol. R. s. 23, 40 etc.; Guérard a. 1089.
Heinric Wg. tr. C. 291.
Heinrik Lc. a. 1054 (n. 190).
Heinrihc Gld. II, a, 101.
Heinrich Gud. a. 1069, 1080; M. B. a. 1079 (III) etc. etc.
Heinrih St. P. zwml.
Heynrich P. IX, 746 (chron. mon. Casin.); K. a. 817 (n. 78; unecht).
Hanrich P. II, 270 (Pauli gest. ep. Mett.).
Hinrich P. VI mehrm.
Henrich (Henricus) überall sehr oft.
Henrich oder Hemerich P. VI, 74 (chron. Gladbac.).
Henric Wg. tr. C. 193.
Henrih St. P.
Henderich u. Henderic M. B. c. 1094 (IV, 13, 15).
Haeinricus P. XI (ann. Mellic.) sehr oft.
Ainrich pol. Irm. s. 230.
Für Heinrich stehn auch die folgenden formen: Aianrich Lgd. a. 1032 (II, n. 168) etc.; Aienrich ebds. a. 1032 (II, n. 169) etc.; Eihenrich ebds. a. 1045 (II, n. 190) und Andricus ebds. a. 1060 (II, n. 212).
Enerich P. VII, 57 (Lup. protospatar.).

Enrich P. VI, 130 (Ademar. histor.); VII, 57 (Lup. protospatar.).
Eenrich P. II, 253 (chron. Aquitan.) = kaiser Heinrich II.
Hiericus statt Heinricus P. II, 246 (ann. Wirzib.).
Hezilo statt Heinricus mehrm. P. V.
Heginricus (kais. Heinrich II) Lp. a. 1019 (II, 498).
Hairich pol. R. s. 85, 93.
Heirich P. VI, 119 (Ademar. histor.).
Heindarih (wol f. Heimarih) necr. Fuld. a. 910.
Henricus irrthümlich statt Hettinus H. a. 816 (n. 70).
῾Ηυνρυκυμ (so, acc.) P. VII, 444 (Bernold. chron.).
Altn. Heimrekr. Nhd. Heinrich, Hinrich.

In formen wie Hainrich u. s. w. fliessen die beiden namen Haimirich und Haganrich ganz in einander hinüber. Doch ist die erstere die hauptquelle unseres namens Heinrich. Von den beiden alten erklärungen desselben, = Hainreich und = daheim reich, kommt daher die zweite der wahrheit näher als die erste.

Haimsinda, fem. 9. Pol. R. s. 69 zwml.

Haimoald. 7. Ng. a. 761.
Chaimoald Pd. a. 615 (n. 230) neben Chaimald und Cabimoald.
Haimold pol. R. s. 37.
Haimolt St. P.
Hemolt Laur. sec. 8 (n. 2875).

Haimoara, fem. 9. Pol. R. s. 80.

Heimwart. 9. Laur. sec. 9 (n. 2050).

Haimoidis, fem. 9. Pol. R. s. 76.

Haimoin. 8. Pol. R. s. 61, 72 etc.
Aimoin pol. Irm. s. 143.
Aymoin P. II, 778 (Abbo de bell. Paris.).
O. n. Heimwinesbah.

Haimulf. 8. Pol. Irm. s. 110; K. a. 776 (n. 17).
Heimolf Dr. a. 775 (Schn. ebds. Hermolf); St. P.
O. n. Heimolfeshovun.

Zu diesem stamm viell. noch:

Chaimedes. 7. M. a. 628 (n. 60).

Heimot. 9. Dr. a. 842 (n. 548; Schn. ebds. Heimoz).

Hain-, Hainding, Haindulf s. HAGAN.

Haio. 8. P. VII, 102 (Herim. Aug. chron.); tr. W. a. 719, 788 (n. 102 u. Pd. nchtr. n. 43).
Haiio (so) St. P.
Hajo Laur. mehrm.
Hoio Frek. mehrm.
Heio P. V, 4 (ann. Corbej.); VI, 225 (mirac. S. Wigberti); tr. W. a. 806 (n. 28); M. B. a. 828 (VIII); Lc. a. 845 (n. 61) u. 882 (n. 78); Dr. sec. 9 (n. 196); Wg. tr. C. 226, 265, 332, 377.
Hejo Laur. mehrm.
Heien (gen.) Dr. a. 810 (n. 249; Schn. ebds.).
Heji Mchb. sec. 8 öfters.
Vgl. zu diesem n. Haico und Aio.
Nhd. Hay, Hey.

Hairdin s. HARD. **Hairi-** s. HARI. **Hairich** s. HARI.

Haiso. Gld. II, a, 100.

HAIST.

Am besten scheint es mir, diese n. an goth. haifsts ἀγών ἔρις, ags. haest violentus, ahd. heistigo iracunde zu knüpfen. Minder annehmbar dünkt mich die ansicht von Zeuss, der s. 267 Aistulf vom v. n. der Aisten (Esthen) herleitet.

Heisthilt, fem. 9. Schn. a. 811; Dr. n. 344.

Heistald, Gld. II, a, 115.

Haistulf. 8. Langobardenkönig sec. 8; erzb. v. Mainz sec. 9; b. v. Noyon sec. 10.
Haistulf P. I, 11 (ann. Petav.), 28 (ann. Alam.), 140 (ann. Lauriss.) etc.; II, 225, 236 (ann. Xant.), 446 (Einh. vit. Kar.); V u. VIII öfters.
Haistulph P. I, 292 f. (chron. Moissiac.).
Haistolf P. I, 138 (ann. Lauriss.); II, 240 (ann. Wirzib.), 328 (Erchanb. breviar.); VII öfters.
Heistulf P. I, 116, 138 (ann. Lauriss.), 139, 141 (Einh. ann.); III, 246 (Hlud. et Hloth. capit.).
Heistolf P. I, 357 (Enh. Fuld. ann.); V öfters; VIII, 570, 572, 573 (annalista Saxo); Schn. a. 799; M. B. a. 828 (VIII); Schn. a. 836; Mchb. sec. 9 (n. 611).
Heistolv P. I, 29 (ann. Nazar.).
Aistulf P. IV, B, 5 (capit. spur.); V, VII, IX öfters; X, 326, 364 (Hugon. chron.); pol. Irm. s. 86, 133.
Aistolf Lp. a. 959 (II, 246).
Aistolph conc. ap. Theodon. vill. a. 821.
Aystulf M. a. 750 (n. 69).
Ahistulf P. III, 252 (Hlud. et Hloth. capit.); Paul. diac. VI, 26, 51.
Agistulfo P. IX öfters.

Hait- s. HAID.
Haiuni. 8. Tr. W. c. a. 730 (n. 12).
Hakit. Gr. IV, 796. Vgl. Hahit unter HAH.
Hakitolt s. Hagustalt.

HAL. Im ganzen wol sicher zu altn. halr, ags. häle vir, wovon HALID weiterbildung ist. Einzelnes berührt und vermischt sich mit den unter HAIL vereinten formen.

Helli. Gld. II, a, 124.
Halo. 8. Ng. a. 921 (n. 709).
Hello Laur. sec. 8 (n. 1745, 1786).
Nhd. Hall, Halle, Hahl, Hehl.
Heluco u. dgl. s. HAIL.
Heling. 8. Laur. sec. 8 (n. 326).
Nhd. Halling, Hallung, Helling.
Helira, fem. 9. Pol. R. s. 68.
Helipald. 9. St. P.
Heliperaht. 9. Dr. a. 812 (n. 269). Der n. fehlt bei Schn.
Heleperht R. a. 1098 (n. 180).
Heliboto. 8. Tr. W. a. 716 (Pd. nachtr. n. 37).
Hellibrug (so), fem. Gld. II, a, 124.
Haladara, fem. 8. Pd. a. 744 (n. 579; Ng. ebds.). Verderbt?
Halfrid. 8. Laur. sec. 8 (n. 780).
Helfrid P. V, 117 (catal. abb. Fuld.); IX, 455 (gest. episc. Camerac.).
Heliger. 11. M. B. c. a. 1040 (VI).
Heligund s. Helidgund unter HALID.
Heliarda, fem. 11. P. X, 476 (Hugon. chron.).
Helihild, fem. 8. Laur. sec. 8 (n. 436).
Halulec. 9. Wg. tr. C. 307.
Halmuot. 9. Dr. sec. 9 (n. 607); Schn. ebds.
Helmunt s. HELM.
Helinand s. ALI.
Helrat. 9. St. P.
Halaricus s. Alaricus.
Helesint, fem. Gld. II, a, 123.
Helsuint, fem. 8. Laur. mehrm.
Heliwar s. Halidwar.
Halawit. 9. Schn. a. 800 (vgl. Alawit).
Heliwich (zt. unbest.) necr. Aug.
Heliwih Gld. II, a, 124.
Helwic necr. Aug.; C. M. Sept.
Halevincus. 10. St. M. a. 903, 972.
Haleuingus St. M. a. 962.
Derselbe heisst Halevinus A. S. Jan. II.
Haliulf. 8. Laur. sec. 8 (n. 3027).
Halulf Mab. a. 862.
Heliulf Laur. sec. 8 (n. 1056).

Halabin s. Alabing unter ALA. **Haladara** s. HAL. **Halahis** s. Alagis unter ALA. **Halaholf** s. Alaholf unter ALAH. **Halawit** s. HAL.

HALB. Die merkwürdigen n. Halbthuring und Halbwalah (zu welchen man auch das normännische Halfdan vergleiche) scheinen nicht etwa ein unorganisches h zu haben und zu ALF zu gehören (wie ich es bei Halbinc, Halbker, Chalpaida wirklich annehme), sondern mischlinge von halb thüringischem und halb welschem blute einerseits und anderseits wahrscheinlich halb fränkischem zu bezeichnen. Ihnen gegenüber gilt eine zwiefache bezeichnung für diejenigen, die echte abkömmlinge eines stammes sind: 1) Erchanswap, Erkanwalh; 2) Althun, Altswab, Altturing, Altwalh.

Halbthuring. 9. Schn. a. 814.
Halbduring Gld. II, a, 100.
Haldpurinc (so) R. a. 810 (n. 15) jedenfalls falsche lesart.
Halbwalah. 8. Schn. a. 797.

Halcmar s. HAILAG. **Halcohin** s. ALAH. **Hald-** s. ALD. **Halec-, Haleg-** s. HAILAG. **Halevincus** s. HAL. **Halfrid** s. HAL. **Haliche** s. HAILAG.

HALID. Das im Hildebrandsliede schon vorkommende, im ahd. aber vor sec. 12 zufällig nicht begegnende helid held muss, wie die folgenden n. beweisen, schon früher gebräuchlich gewesen sein. Es können übrigens einige hieher gehörige formen leicht in dem folgenden verzeichnisse fehlen und irrthümlich unter die stämme ALD oder HILDI gerathen sein. Dagegen mögen auch einige hier wirklich angeführte formen, die sich gleichfalls nicht aussondern liessen, vielmehr zu ags. äled, altn. eldr (ignis) gehören, woraus sich auf ein ahd. alid schliessen lässt.

Helido. 8. Laur. sec. 8 (n. 2234); St. P.; Mchb. sec. 9 (n. 480).
Allido Laur. sec. 8 (n. 2231).
Nhd. Held, Heldt.
O. n. Helidberga.
Helidin, msc. u. fem. 8. Dr. a. 779 (Schn. hat hier Heliden); St. P.
Helidine Gld. II, a, 123.
Helidim (so, fem.) H. a. 820 (n. 74).
Heldini Gld. II, a, 101.
Haliduni. 8. St. P.
Heliduni Mchb. sec. 9 (n. 504).
Helidpald. 9. Mchb. sec. 9 (n. 443).
Helidperaht. 8. Dr. n. 339.
Halidpreth Laur. sec. 8 (n. 420).
Helidbraht Dr. sec. 10 (n. 671; Schn. ebds. Helibraht).
Helidpret K. a. 838 (n. 98).
Helitpraht necr. Fuld. a. 860.
Helitbert Laur. mehrm.
Helitbrath Laur. sec. 9 (n. 2882).
Helitpert Laur. sec. 8 (n. 424, 871).
Helithpret Gld. II, a, 101.
Elidbreht K. a. 844 (n. 111).
Heleperht s. HAL.
Elidpirch, fem. Gld. II, a, 122.
Haletdag. 9. Wg. tr. C. 257.
Alitfrid. 7. Pd. a. 698 (n. 448); H. ebds. (n. 24).
Alithfred H. a. 698 (n. 25).
Halitgar. 9. P. I, 217 (Einh. ann.); IX, 291 (Ad. Brem.); A. S. Maj. III.
Halitchar P. II, 631 (vit. Hlud. imp.); IX, 416 (gest. episc. Camerac.).
Alitgar mit var. Atligar P. III, 340 (Hlud. et Hloth. capit.).
O. n. Helidkereshusir.
Halidegastes. 3. Vopisc. Aurel. 11 (var. Haldegastes).
Helidghis. 8. Laur. sec. 8 (n. 1310, 1312).
Heledcrim. 10. Ng. a. 907.
Helidgund, fem. 8. Dr. c. a. 788 (Schn. hat hier Heligund); Dr. a. 850 (n. 559; Schn. ebds. Heliggund).
Aledramnus s. ALD.
Helidlind, fem. Gld. II, a, 123.
Helidmund. 8. Tr. W. a. 786, 787, 788, 792 (n. 206—209).
Helidmunt tr. W. a. 788, 792 (n. 207, 209); Mchb. sec. 9 (n. 505).
Helitmund tr. W. a. 783, 786, 787 u. s. w. (n. 206, 216, 217 u. s. w.).
Helidnin, fem. 8. Dr. sec. 8 (n. 127).
Helidni Mchb. sec. 9 (n. 190).
Halidrich. 6. Laur. sec. 8 (n. 1079).
Chaletricus (b. v. Chartres) conc. Paris. a. 557; conc. Turonens. a. 567.
Caletricus A. S. Mart. II; d. Ch. I, 537.
Nhd. Heldreich.
Helidold. Gld. II, a, 115.
Halidwar. 8. St. P.
Helidwar Dr. a. 800 (Schn. ebds. Heliwar); necr. Fuld. a. 955.
Helidwin. 8. P. II, 416 (vit. S. Liudgeri); Schn. a. 805.
Helitwin Dr. a. 890 (n. 635; Schn. ebds. Heltwin); Laur. sec. 9 (n. 724).
Heliduiun necr. Fuld. a. 789.
Halidulf. 8. P. I, 25 (ann. Nazar.).
Halidulph d. Ch. I, 684.
Halidolf tr. W. a. 774 (n. 54).
Helidolf Ng. a. 833, 874.
Heledolf Ng. a. 817.
Heldulf St. M. a. 1002.
Heldolf Laur. sec. 8 (n. 1212).
Allidulf K. a. 735 (n. 3; Ng. ebds.).
Allidulph Lgd. a. 1083 (II, n. 291).
Haildulf pol. R. s. 2 hieher?

Halinard. 11. Erzb. v. Lyon sec. 11. P. VI, 509 (Widric. mirac. S. Gerardi); VII, 41 f. (ann. S. Benign. Divion.); IX, 235—238 (chron. S. Benign. Divion.); X, 406 (Hugon. chron.).
Allinard P. VII, 42 (A. S. Benign. Divion.).
Alinard P. VI, 507 (Widric. mirac. S. Gerardi); X, 322 (Hugon. chron.).
Es ist mir zweifelhaft, ob dieser n. zu HAL (mit erweiterung durch N) oder zu HELAN gehört.
Halitgar s. HALID. **Haliulf** s. HAL. **-halm** s. HELM.
Halmal, Jorn., einer der anses.
Halmuot, Halo s. HAL. **Halt-** s. ALD und HALID. **Haluche** s. HAILAG. **Halulec, Halulf** s. HAL.

HAM. Von den folgenden n., die im ganzen gewiss zusammen gehören, hat bisher nur Hamadeo eine öftere besprechung gefunden. Grimm bei Haupt III, 155 sieht in dieser form hama tegmen und þius famulus, so dass das ganze miles armatus, loricatus bedeute; ich glaube, dass damit der erste theil aller folgenden wörter richtig errathen ist. Zu verwerfen ist dagegen Grimms frühere ansicht (gramm. II, 753), wonach er in Hamadeo die dem lat. cum entsprechende präpos. gam, ham vermuthet, so dass dann der begriff confamulus, contubernalis, amicus entspränge. Zu erwähnen ist noch, dass HAM sich nicht strenge von den beiden stämmen HAIM und IM scheiden lässt.

Hammi. 8. Ng. a. 860.
Hemmi Mchb. sec. 8 (n. 160).
Hammus Ng. a. 860.
Hem Wg. tr. C. 347, 379, 420.

Hamo. 8. Pd. a. 713 (n. 488; unecht); necr. Fuld. a. 1015.
Chamo (Langobardenführer) Fredegar 68 hieher? derselbe heisst auch Zamo.
Hemmo P. I, 368 (Ruod. Fuld. ann.); III, 411 (Hlud. Germ. capit.); VI, 164 (vit. S. Liutbirg.); VIII öfters; Ng. a. 762, 851; necr. Aug.; Wg. tr. C. 267, 336, 419; St. P. öfters; Lc. c. a. 1080 (n. 242).
Hemo Wg. tr. C. 226.
Nhd. Hamm, Hemme.
O. n. Hemmenberch, Hemminbah, Hemminhovun, Hemminhusir.

Hemma, fem. 9. Sec. 9: frau k. Ludwigs d. deutschen. Sec. 10: frau des Böhmenherzogs Boleslaus II.
Hemma P. I öfters (s. 628, Regin. a. 965, mit var. Henima); II, 329 (Erchanberti breviar.); V, 214 (reg. et imper. catal.); VI oft; VII, 107 (Herim. Aug. chron.), 552 (Marian. Scot. chron.); VIII öfters; XI, 55, 62 (Cosm. chron. Boem.); Laur. sec. 8 (n. 2505, 2809); St. P. öfters; necr. Aug.; M. B. a. 833 (XXXI); Ng. a. 864.

Hamuko. 9. Hemico ep. Diensis sec. 9.
Hamuko P. II, 379 (vit. S. Willehadi); Ms. a. 1074 (n. 28).
Hamako Gr. IV, 953.
Hameco Ms. sec. 11 (n. 27).
Hameko Frek. mehrm.
Hemuko Frek.; Ms. a. 1049 (n. 21).
Hemoko Frek. mehrm.
Hemico P. III, 534 (Kar. II capit.), 547 (Boson. capit.); V, 855 (Thietmari chron.).
Hemmico Ms. sec. 11 (n. 38).
Hemmic Wg. tr. C. 273, 329, 333, 335, 349, 366, 404, 454, 481.
Hemmich Ms. a. 1070 (n. 26).

Hemilo. 9. K. c. a. 876 (n. 152).
Nhd. Hamel, Hammel.

Hemenus. 9. Schpf. a. 810 (n. 75).
Hemini Gr. IV, 954 wol nur gefolgert aus o. n. Heminis hoba.

Ich führe hier noch die verderbte form Hemininer Dr. a. 866 (n. 589) an.

Hemmun. 9. Wg. tr. C. 247.

Haming. 6. Frankenfeldherr sec. 6; Dänenkönig sec. 9.
Haming P. III, 15 (Chloth. II edict.); Paul. diac. II, 2.
Hamming Ng. u. K. a. 817, 821.
Namminc Mchb. sec. 8 u. 9 (n. 4 und sonst); necr. Aug.; St. P. zwml.
Chaming d. Ch. I, 859.
Chamming Pd. a. 714 (n. 490; H. ebds. n. 36).
Hemming Lc. a. 802 (n. 24).

Hamezo. 10. P. VIII, 723 (annalista Saxo).
Hemuzo P. V, 762 (Thietmari chron.).
Hemuza (msc.) P. V, 809 (Thietmari chron.).

Hambert. 8. Pol. R. s. 32.
Champert Pd. a. 709 (n. 475).

Hemfrid. 9. P. I, 529 (ann. Vedast.).

Hemhart. Gld. II, a, 101.

Hemhild, fem. 8. Laur. sec. 8 (n. 1357).
Hemhilt Gld. II, a, 124.

Hamund s. Hahmund.

Hemered s. HAIM.

Hamerich. 8. Tr. W. a. 730 (n. 13 und Pd. nchtr. n. 53).
Hemric s. HAIM.

Hamadeo. 5. Necr. Aug.; Mchb. a. 788, 802; K. a. 861 (n. 136).
Hamathio Laur. sec. 8 (n. 2529).
Hamidio Mchb. a. 1060 (n. 1245 f).
Hamideo Dr. sec. 10 (n. 673); St. P.; necr. Aug.
Hamidieo Mchb. a. 1070.
Hamedeus St. M. a. 942.

Hamidiech P. VIII, 123 (Ekkeh. chron. univers.).
Hamedhec (so), Hamadeoch, Hamatheoh, Hamadeoh, Hamadiech necr. Aug.
Hamadhec (so) und Hamithioh Gld. II, a, 123.
Hemideo necr. Aug.
Hemediech Schpf. a. 999 (n. 176).

Dieser n. erfährt mannigfaltige entstellungen, die ihn theilweise in eine ganz andere bildung hinüberführen:

Hamidus P. VIII, 23 (Ekkeh. chron. Wirzib.).
Hamedus Ng. a. 766.
Hamedo necr. Fuld. a. 811.
Hemido P. VIII, 31 (ann. Quedlinb.).
Hemmid Wg. tr. C. 328.
Hemedo Dr. a. 1057 (n. 756; fehlt bei Schn.); necr. Fuld. a. 1030.
Ammius für Hamadeo bei Jorn. und nach ihm im chron. Ursperg. so wie bei P. VIII, 123 (Ekkeh. chron. univers.).

Ueber Hamadeo s. ausser den oben angeführten stellen noch Mone heldens. s. 82. Bemerkenswerth ist die leichte berührung zwischen Hamadeo und dem latein., auch bei Deutschen nicht seltenen n. Amadeo. Altn. Hamðir für Hamþyr.

Hemolt s. HAIM.

Hamalar s. AMAL.

HAMAR. Zu ahd. hamar malleus, möglicherweise noch ein nachklang des nord. Miölnir.

Hamar. 8. Laur. sec. 8 (n. 2817).
Hamari Gld. II, a, 100.
O. n. Hamersheim, Hamarashusun.
Hamerard. 8. K. a. 777 (n. 18).
Hamerich s. HAM.
Hamarolf. 9. St. P.

Hamedus s. HAM. **Hamerard** s. HAMAR.
Hamerich, Hamezo, Hamideo, Hamidus, Haming, Hammi, Hammus s. HAM.
Hampo. 9. Wg. tr. C. 263.
Nhd. Hamp, Hampe, Hempe.
Hamuko s. HAM. **Hamund** s. HAH.
Hana, fem. 8. Laur. sec. 8 (n. 1445).
Hanala, ein fabelhafter Gothenheld bei Jorn., var. Hennala.
Henelo St. M. a. 972.
Hanc- s. HANG.

HAND. Die hier angeführten n. gehören wol ziemlich sicher zu ahd. hant manus und es findet sich dieser stamm auch auslautend in Starachant 8 (zweifelhaft ist Fridhant). Die übrigen n., welche sich auf -ant enden, scheinen nur ableitungen, nicht zusammensetzungen. Vgl. diese unter AND.

Hanto. 9. B. v. Augsburg sec. 9. Mchb. sec. 9 (n. 470); M. B. c. a. 800 (VII); P. III, 411 (Hlud. Germ. capit.); VI, 425 (transl. S. Magni); XI, 215, 231 (chron. Benedictobur.); St. P. Vgl. auch Hatto.
Nhd. Handt.
Hanetini (so, nom.). 9. R. a. 821 (n. 21); hieher?
Hantuni. 8. Mchb. sec. 8 (n. 59, 79); St. P. dreimal.
Hending. 9. Laur. sec. 9 (n. 587).
Hanzo. 11. Hd. m. S. a. 1068 (II, 89).
Hantbert. 8. Laur. sec. 8 (n. 405).
Hantpert Schpf. a. 795 (n. 70).
Hantker. 8. Mchb. sec. 9 (n. 552).
Handegis, ep. Polensis. Mur. 1883, 3.
Handoildis, fem. 8. Pol. Irm. s. 3.
Hantwin. 9. Mchb. sec. 9 (n. 966).
Handolf. 8. Laur. sec. 8 (n. 203).

Hanetini s. HAND.

HANG. Wahrscheinlich zu ahd. hangjan, hengjan, permittere, concedere.

Hanco. 8. Ng. a. 778 (n. 70).
Nhd. Hancke, Hank, Hanke, Hencke, Henke.
Hangbert. 9. Wg. tr. C. 44.
Henghilta, fem. 8. Ng. a. 831.
Hancwin. Gr. I, 868 u. IV, 771. Etwa nur verlesen für Hantwin? Vgl. auch Ancoin.

-hanct in Isanhanct (8) wol verderbt.
Hanniche. 8. Laur. sec. 8 (n. 1663).
Nhd. Hahnke, Hancke, Hanecke, Hänicke, Hanke, Hannecke, Hannich, Hennig, Haneck, Henecke,
(Hennch

Heneke, Henneck, Hennicke, Hennig, Hennige theilweise hieher.

Hanno s. Anno.

Hano. Gr. IV, 958. Vgl. auch Anno.

Nhd. Hähne, Hahn, Hahne, Han, Hane, Hanne, Henne.

Hanolt. 7. Ng. a. 794.

Canoald (d. h. wol Chanoald) Pd. a. 642 (n. 301) wol hieher.

Nhd. Hahnwaldt, Hänelt, Hanewald.

Hanrinc. 11. Hf. sec. 11 (II, 333).

Hansuind, fem. 8. Laur. sec. 8 (n. 2434).

Hansuint Laur. sec. 8 (n. 2908).

Hant- s. HAND.

Hanubald. 8. Pd. a. 726 (n. 536).

Hanulf. 6. P. VIII, 685 (annalista Saxo).

Chanulf d. Ch. I, 886 (sec. 6).

Haold s. HAH. **Haotilo** s. HOD.

HAP. Wol zu altn. happ heil glück, heppinn glücklich, engl. happy. Schwer zu scheiden von HAB.

Heffo. Gld. II, a, 101.

Heffa, fem. 10. Dr. n. 710.

Beide n. hieher?

Hafilo. 8. St. P.

Hephilo St. P.

Hepfilo Mchb. sec. 8 (n. 286).

Haepfphilo (so) St. M.

Heppid, fem. 9. Wg. tr. C. 211, 811.

Hapinolf, Hapizo, Happo s. HAB.

Harad. 11. Ms. a. 1090 (n. 39). Zu HAH?

Harbo. 8. Laur. sec. 8 (n. 1304).

HARC. Ich vermuthe in einigen n. ahd. haruc (delubrum, fanum, idolum, lucus), welches wort auch mehrfach in den unter ERCAN vereinten formen stecken mag. Es hilft nichts, wollte man auch für Harcher, Harcmot Harther und Hartmot bessern.

Hercha, fem. Gld. II, a, 124.

Harcher. 10. St. M. a. 970.

Harcmot. 9. R. a. 821 (n. 21).

Hercrat, fem.? H. a. 853 (n. 87).

Zusammensetzung mit erweitertem stamme:

Harchellindis, fem. 10. P. VI, 515 (mirac. S. Apri).

Hieher wage ich noch zweifelnd zu stellen:

Herko. Gr. IV, 1018.

Nhd. Horch, Hork.

Hercholt. 9. St. P.

HARD. Dieser am anfange wie am ende zusammengesetzter p. n. häufige stamm erscheint zuerst sec. 3 in Hartomund, sec. 5 in Harderich, sec. 6 in mehreren andern beispielen. Seiner etymologie nach gehört er entschieden zu goth. hardus, ahd. hart (durus), nachdem ältere erklärungen, z. b. Gotthart durch gute art, zurückgewiesen sind. Feminina bildet er mit ausnahme der westfränkischen mundart nicht viele, von manchen derselben, z. b. Ansierdis, Gentierdis u. dgl. ist ihr hiehergehören nicht ganz sicher, da hier öfters, namentlich in mehreren formen des pol. R., der um seinen anlaut gekommene stamm GARD vorliegen mag. Verwechselungen kommen ausserdem vor mit den stämmen WARD (durch aphaerese des h oder w) und RAD (durch metathesis des r).

Auslautendes HARD ist unendlich häufig und es wird durch diese häufigkeit der übergang unseres stammes in ein bedeutungsloses suffix vorbereitet, als welches wir ihn in neuern mundarten (s. Grimm gr. II, 339) häufig finden.

Ich verzeichne hier folgende 259 formen:

Actard 6.	Ansiardis 9.	Berinhard 8.
Agihard 8.	Arhart 8.	Bernarda 11.
Agilard 8.	Erbhart 9.	Berhthard 8.
Aglihardis 9.	Archart 10.	Bertiardis 9.
Aginard 8.	Adohard 9.	Bilierdis 11.
Agirard 7.	Adalhard 8.	Blanchard 11.
Elkihard 8.	Anthard 7.	Blitard 10.
Alcharda 9.	Authardis 8.	Bonard 8.
Aldhard 9.	Augard? 11.	Brauniardis 9.
Altiardis 9.	Aunart 8.	Brunhard 9.
Alfhard 8.	Beinhard 9.	Brunsthart.
Eleard 10.	Baldhard 8.	Podard 5?
Ellanhart 10.	Baldiardis 9.	Burghard 8.
Elisard.	Bladard 7.	Cachihard 8.
Amalhart 9.	Pantard 6.	Chihart 9.
Anthart.	Parthart 9.	Chunihard 8.
Enginhart.	Barnard 9.	Custard 9.
Angilhart 8.	Benehard 9.	Tagenard 9.
Ansard 8.	Berahart 9.	Denihart 8.

Thothart.
Dodalhard 8.
Domard 6.
Drudhart 9.
Droctard 8.
Dulcierdis 9.
Dulchard 6?
Ebarhard 8.
Ebtard 8.
Ebard 9.
Erinhart 11.
Ercanhart 8.
Erlehard 8.
Erliardis 9.
Eodalhard 8.
Feylhart 9.
Framhard 8.
Francard 6.
Freuhart.
Friard 6.
Fridahart 9.
Friundhard 8.
Frothard 8.
Fulchard 8.
Gebahard 9.
Gaganhard 8.
Gainard 10.
Gildard 6.
Gamard 7.
Ganhart 8.
Gentiardis 9.
Garehard 7.
Gastart.
Gozhart 10.
Genard 7.
Germard 9.
Gisalhart 7.
Gisliardis 9.
Gotahard 8.
Gothardis 8.
Godalhard 8.
Grathard 8.
Grimhard 8.
Gronhart 9
Guginhart 11.
Gumard 8.
Gundhart 8.
Hechard 9.
Heinhard 8.
Hahart 9.
Aitard 8.
Halecghard 9.
Heimard 8.
Hembart.
Hamerard 8.
Hartart 10.
Hardiardis 9.
Hariard 7.
Helmhart.
Henhart.
Childard 8.
Hildiardis 8.
Himinard 10.
Hiranhart 8.
Chlodard 8.
Flothard 9.
Hrisodhart 9.
Hrohhart 9.
Hrodhard 7.
Rumart 6.
Hugihart 9.
Hunard 8.
Huniardis 9.
Honthard 8.
Welfhard 7.
Ithard 8.
Idilard 8.
Ilierdis 9.
Emehard 8.
Imnerdus 7.
Inghard 8.
Inginard 10.
Irmhart 9.
Irminhard 8.
Isanhard 8.
Joonart 11.
Kupalhard 8
Lecard 8.
Lethard 9.
Landohard 9.
Lastard 7.
Leonard 6.
Levienard 6.
Lichardis 11.
Lifthart 9.
Linthart.
Lisiard 11.
Leobhart 7.
Liuchart 8.
Liudhard 6.
Lochard 9.
Maginhard 7.
Mahart 8.
Malchard 7.
Merhart 9.
Marchard 9.
Madalhart 8.
Morhard 8.
Medard 6.
Michard 11.
Milehard 7.
Minard 11.
Moathart 9.
Nagalhard 8.
Nanthard 9.
Nictard 6.
Nidhard 8.
Nihlhart 9.
Niviard 6.
Nothart 8.
Nodalhard 8.
Nordarda 7.
Orthard 8.
Odalhard 7.
Rathard 8.
Reguhart 11.
Ragilhart 9.
Raginhart 8.
Ragenardis 8.
Renchard 8.
Ricohard 6.
Richarda 8.
Rechthart.
Rinhart 9.
Saganhart 8.
Saifard.
Salvard 10.
Sanchard 10.
Sanderd.
Scothard 8.
Selphard 9.
Senard 8.
Senelhard 9.
Sifard 9.
Sigihard 8.
Siclehard 8.
Sigarhard 10.
Silhard 9.
Sinard 11.
Sindard 7.
Sintiardis 9.
Smidhart 9.
Snelhart 8.
Spilihard 8.
Stainhard 8.
Stahelhart 8.
Stangart 8.
Starchard 8.
Sunthard 9.
Suaphart 9.
Swallehart 9.
Suanehard 9.
Swidhard 8.
Tamard 9.
Taranhart.
Tethard 9.
Tanchard 9.
Theganhard 8.
Teudhard 7.
Thoncierd.
Durinchard 9.
Optard 7.
Unard 8.
Uniardis 9.
Urard 11.
Usanhart 9.
Wadard 8.
Walhart 9.
Walthard 8.
Wandrehard 8.
Wandriardis 9.
Warhart 11.
Werinhard 8.
Warmerdis 9.
Withard 8.
Wighard 7.
Wigharta 9.
Willihard 8.
Wilierdis 9.
Winihart 8.
Winiardis 9.
Winchart.
Visichart 9.
Vivard.
Wodarhart 10.
Wolchanhart 8.
Wrachard 9.
Vulfhard 8.
Vulfaardis 8.
Vullerd 11.
Vurmhart 8.
Zuadhart 9.

Herti. 9. P. IV, B, 86 (Bened. capit.).

Ardo. 9. P. I, 301 (chron. Moissiac.).

Nhd. Erdt? Hardt, Hardte, Harth, Herde, Herdt, Herth, Herthe.

Hardidus. 9. Pol. R. 56.

Hardini. 8. St. P.

Hartini Gld. II, a, 100.

Hertine Gld. II, a, 101, 124.

Hardin G. a. 964 (n. 17).

Hairdin Laur. sec. 8 (n. 975) wol hieher.

Nhd. Herden.

Harduni. 8. Tr. W. a. 711 (n. 169 u. Pd. nchtr. n. 18).

Hartuni Mchb. sec. 9 (n. 455).

Harding. 8. Hartung b. v. Salzburg sec. 11 u. erzb. v. Magdeburg sec. 11.

Harding P. III, 529, 532 (Kar. II capit.); V, 762 (Thietmari chron.); Laur. sec. 8 (n. 3281); pol. R. s. 53, 83.

Herting Schn. a. 803; Dr. sec 10 (n. 671; Schn. ebds. Hetting).

Hertinc Schn. a. 828; K. a. 842 (n. 106; Ng. ebds.); Laur. sec. 9 (n. 1609).

Herding P. V, 857 (Thietmar. chron.); Wg. tr. C. 251.

Arding P. IX, 131 (chron. Novalic.); pol. Irm. s. 170; Lp. a. 903 (II, 22).

Ardinc P. V, 170 (ann. Masciac.).

Ardignus P. V, 582 (chron. Salern.) wol hieher.

Nhd. Harting, Hartingh, Hartong, Hartung, Herting.

Chardobachius. 8. Conc. Compendiens. c. a. 757. Wol verderbt.

Hartbald. 8. St. P.; Laur. sec. 8 (n. 432).
Hartpold Gld. II, a, 100.
Artbald Laur. sec. 8 (n. 385).
Ertbald tr. W. a. 847 (n. 200).

Hartbern. 11. Hf. sec. 11 (II, 333).

Hardperht. 8. B. v. Chur sec. 10.
Hardperht St. P.
Hartperht St. P. zwml.
Hartbert P. IV, B, 165 (Ott. M. pact.); V, 142 (ann. Einsidl.); VIII, 607, 615 (annalista Saxo); IX, 849 (chron. Hildesh.); Laur. mehrm.; Ng. a. 797, 806, 818.
Hartpert P. V, 142 (ann. Einsidl.); X, 531 (gest. abbat. Gemblac.); St. P.; Ng. a. 791, 818; Gud. a. 961.
Hartpraht Schn. a. 813 (Dr. ebds. n. 282 Hartrat).
Hartpreht necr. Aug.
Hardpert P. VI, 401 (Gerh. vit. S. Oudalr.); VII, 114 (Herim. Aug. chron.).
Hardbert P. I, 620 (contin. Regin.).
Hartbret Ng. a. 784, 825.
Hardpret necr. Aug.
Hardebert VI, 13 f. (ann. Laubiens.).
Chardebert Pd. a. 704 (n. 460).
Cardebert tr. W. a. 730 (Pd. nachtr. n. 50).
Ardobert P. III, 21 (Pippini capit.).
Ardepert Gld. II, a, 113.
Artbert pol. Irm. s. 216.
Artpret Gld. II, a, 96.

Hieher wol ...rdobercthus Mab. a. 670.
Erdpraht Schn. a. 803 hieher?

Hertbrant. 10. Necr. Fuld. a. 903.

Hartchnuz. 9. Ng. a. 874 (n. 476).

Harttrudis, fem. 9. Pol. R. s. 81.

Hartfolc. 9. Mchb. sec. 9 (n. 772).

Hartfrid. 8. P. VII, 23 (ann. Blandin.); St. P.; Laur. sec. 8 (n. 1450); pol. R. s. 56.
Hartfrit Laur. sec. 9 (n. 733).
Artfrid pol. Irm. s. 182.
Artfreht und Artfret Gld. II, a, 96.

Hiezu viell. Ertfred pol. Irm. s. 165.

Hartgar. 8. Artikar b. v. Sinigaglia sec. 9.
Hartgar P. III, 374 (urk. v. 840); IX, 294 (Ad. Brem.); pol. Irm. s. 69.
Hartager Laur. sec. 8 (n. 1702).
Hartger Schn. a. 750; Dr. n. 391 (Schn. ebds. Hariger); necr. Aug.; Laur. mehrm.
Hartkaer St. P.
Hartker P. I, 80 (ann. Sangall.); II, 56 (rhythmi de S. Otmaro); St. P.; Ng. a. 760, 774, 826.
Hertger (so) Lc. c. a. 1080 (n. 242).
Harker pol. Irm. s. 31 hieher?
Ardegar pol. Irm. s. 12.
Ardgar P. II öfters.
Artgar pol. Irm. s. 176.
Arthger Laur. sec. 8 (n. 1851).
Artcar pol. Irm. s. 21, 256.
Erdiger Mab. a. 910.

Hartgaria, fem. 8. Pol. Irm. s. 166.

Hartigast. 6. Laur. sec. 8 (n. 1611).
Ardagast (angeblich ein Slave, doch scheint der n. deutsch) Theophanes; hist. misc. 17.

Hardegaud. 8. Pol. Irm. s. 72.
Hartgaud Pd. a. 625 (n. 238; unecht).
Artgaud pol. Irm. s. 174, 273.
Hardgot Wg. tr. C. 341.
Hartguos Schpf. a. 778 (n. 55) für -gaus?

Hardigildis, fem. 8. Pol. R. s. 86.
Hartgildis pol. R. s. 99.
Ardegildis pol. Irm. s. 21.

Hardeagdis, fem. 9. Pol. R. s. 53.

Hartart. 10. Necr. Fuld. a. 946.
Ardhard s. Asthad.

Hardiardis, fem. 9. Pol. R. s. 50, 56.
Hardierdis pol. R. s. 47.

Artheri. 9. Dr. a. 825 (n. 456).
Hardier pol. R. s. 22, 44 etc.
Charterius (ep. Petrogor. sec. 6) Greg. Tur. V, 22 hieher?

Nhd. Harder, Härder, Herder, Herter, Hörder.

Arthelm. 9. K. a. 845 (n. 112); Ng. a. 853.

Hardoildis, fem. 8. Pol. Irm. s. 234.
Ardoildis pol. Irm. s. 158.
Arthildis pol. R. s. 68.

Arthraban. Gr. IV, 1147.

Herttrinc. 8. Laur. sec. 8 (n. 6).

Hartroch. 9. K. a. 1045 (n. 226).
Hartroh Schn. a. 866; necr. Fuld. a. 961.
Hartrous necr. Aug.

Hartind. 8. Mchb. sec. 8 (n. 69).

Hartalah. 9. Schn. a. 819; Dr. a. 823 (n. 409; Schn. ebds. Hartalab).
Hartelah Schn. a. 819. Vgl. Hartaloh.

Hartleip. 8. Ng. a. 797.
Artleib K. a. 845 (n. 112).
Nhd. Hartleb.
Hartleih. 9. Schn. a. 801; necr. Fuld. a. 863.
Artlaicus pol. Irm. s. 234.
Nhd. Artlich.
Artaland. 8. Pd. c. a. 718 (nchtr. n. 42).
Hardelindis, fem. 8. Pol. R. s. 48, 100.
Hartlindis pol. R. s. 65.
Hartlint Laur. sec. 8 (n. 2504).
Hartlend Laur. sec. 8 (n. 919).
Ardelindis pol. Irm. s. 197.
Artlindis pol. Irm. s. 233; Laur. sec. 9 (n. 797).
Ertlint Laur. sec. 8 (n. 2571) hieher?
Hartlieb. 10. M. B. sec. 11 (VI).
Hartlib R. a. 973 (n. 107).
Nhd. Hartlieb.
Hartaloh. 9. Schn. a. 824. Vgl. Hartalah.
Hartman. 8. P. I, 78 (ann. Sangall.); II oft; III, 469 (Hlud. Germ. capit.); IV, 18 (Heinr. I constitut.); V, 152 (ann. Flaviniac.); VI, 427 (Paul. Bernried. vit. S. Herlucae); Laur. öfters; St. P. dreiml.; pol. Irm. s. 280; Ng. a. 792, 799, 803; Gud. sec. 9—11 öfters; M. B. a. 1031 (XXII).
Harthman necr. Aug.; K. a. 1090 (n. 239).
Hertman K. a. 786 (n. 30).
Ardeman P. III, 252 (Hlud. et Hloth. capit.); IX, 681 f. (chron. mon. Casin.).
Artman pol. Irm. s. 184; Lgd. a. 1074 (II, n. 259).
Ertman Laur. sec. 8 (n. 198) hieher?
P. III, 469 (Hlud. Germ. capit.) var. Harman.
Nhd. Artmann, Erdmann, Erdtmann, Hartmann, Hertmann.
Hartmar. 8. Pol. Irm. s. 29; pol. R. s. 49.
Artmar pol. Irm. s. 261.
Ertmar tr. W. a. 774 (n. 53, 178).
Hardmod. 9. Wg. tr. C 340.
Hartmuat Gld. II, a, 100.
Hartmuot Gld. II, a, 100.
Hartmut P. II öfters; Laur. n. 3824.
Hartmot P. I, 77 (ann. Sangall.); II öfters; St. P.
Hardmot P. VII, 108 (Herim. Aug. chron.).
Hardmout G. sec. 9 (n. 4).
Hartmout P. VII, 107 (Herim. Aug. chron.).
Hartomund. 3. Deutscher führer unter Aurelian. Vopisc. Aurelian. 11.

Hartnagal. 9. Schn. a. 838 (Dr. ebds. n. 517 Harnagal).
Harnagal Schn. a. 838.
Nhd. Härtnagel.
Hartnand. 8. Laur. sec. 8 (n. 763); Schn. a. 771; K. a. 793 (n. 42; Ng. ebds.).
Hartnid. 9. P. IX, 849 (chron. Hildesh.); St. P.; Mchb. sec. 9 (n. 395).
Hartnit K. a. 1043 (n. 225).
Hartnith M. B. c. a. 1050 (VI).
Harnid P. II, 671 (Nithardi hist.); A. S. Febr. III Vgl. HARI.
Hartnod. 9. Gld. II, a, 100.
Hartnud St. P.; verderbt?
Hardarat, msc. u. fem. 8. Ostfränk. graf sec. 8; b. v. Chalons sec. 10.
Hardarat P. VII, 139 (Lambert. Hersfeld. ann.).
Hartarat Gld. II, a, 123.
Harderad P. IX, 849 (chron. Hildesh.).
Harderat P. V öfters; Laur. sec. 10 (n. 1359).
Harterad Gud. a. 1090.
Harterat Gld. II, a, 123.
Hardrad P. I, 168 (ann. Lauriss.), 169 (Einh. ann.), 204 (Einh. ann.); II, 596 (Thegani vit. Hlud. imp.); VII, 548 (Marian. Scot. chron.); X, 639 (gest. episc. Tulleus.); St. P.; Mab. a. 798; pol. Irm. s. 12, 36 etc.
Hartrad Laur. sec. 9 (n. 2566).
Hartrat P. I, 350 (Enh. Fuld. ann.), 88 (ann. Juvav.); 92 (ann. S. Emmer.); II, 237 (ann. brev. Fuld.); V öfters; Laur. sec. 8 (n. 2958); St. P.; Dr. a. 813 (n. 282; Schn. ebds. Hartpraht).
Hartdrad Laur. sec. 8 (n. 327); pol. R. s. 76.
Hardraht tr. W. a. 792 (n. 80).
Hartraht tr. W. a. 791 (n. 78).
Haridrad Laur. sec. 8 (n. 459).
Herdered C. M. Juni.
Ardrad P. II, 788 (Abbo de bell. Paris.); conc. Cabilon. a. 915.
Hardraus pol. R. s. 82 wol hieher.
O. n. Harteratesdorp, Harterateshus.
Hardrada, fem. 8. Pol. R. s. 48.
Ardrada pol. Irm. s. 261.
Harderich. 5. Gepidenführer sec. 5.
Harderich P. VIII, 124—127 (Ekkeh. chron. univ.).
Hartirihc Gld. II, a, 100.
Chardaricus conc. Paris. c. a. 557.
Chardericus Mab. a. 678, 694.

Cartericus d. Ch. I, 661.
Hardrich pol. R. s. 82.
Hartrich Schn. a. 765; Ng. a. 775.
Hartrihc u. Hartrih Gld. II, a, 100.
Hartericus Mab. a. 775.
Harthrich Laur. sec. 8 (n. 3242, 3245).
Herdrich Laur. sec. 8 u. 9 (n. 172, 223).
Hertdrich (so) Laur. sec. 10 (n. 278).
Hertrih Gld. II, a, 101.
Haridrich Laur. sec. 8 (n. 423).
Heridrich Laur. n. 730.
Heredrich s. HEROD.
Ardaricus (der Gepide) P. VIII, 309 f. (Sigeb. chron.); X, 318 (Hugon. chron.); Jorn. 38, 50; hist. miscell. 15 (neben Andaricus).
Arderich P. V, 335 (Liutpr. antapodosis), 469 (chron. Salern.); VI, 573 (Arnold. de S. Emmer.); IX, 623 (chron. mon. Casin.); X, 6—8 (Arnulfi gest. archiepp. Mediol.), 89 (Landulf. hist. Mediol.), 104 (catal. archiepp. Mediol.).
Ardrich pol. Irm. s. 20.
Artrich Sm.
Arderig P. III, 252 (Hlud. et Hloth. capit.).
Nhd. Herterich, Hertrich.

Artald. 9. Artald b. v. Rheims sec. 10.
Artald P. I, 620 (contin. Regin.); V öfters; X, 359 etc. (Hugon. chron.); pol. R. s. 55; Guérard a. 1076.
Ardolt Laur. sec. 9 (n. 532, 1212).
Ardold P. IV, 24 f. (Ott. M. constit.).
Artold P. IV, 21 f. (Ott. M. constitut.); V öfters; IX, 431 (gest. episc. Camerac.).
Hertald St. M. a. 887.
Nhd. Ardelt, Artelt, Ertelt, Hartelt, Härtelt.

Harduwich. 8. B. v. Besançon sec. 9; b. v. Salzburg sec. 10.
Harduwich H. a. 962 (n. 174).
Hardwic P. IV, B, 171 (synod. Baioar. sec. X).
Hardwich M. B. a. 852 (XXXI).
Hartwic P. III, 177 (Kar. M. capit.); IX, 250 (Gundechar. lib. pontif. Eichstet.); Ng. a. 797; M. B. a. 1054 (XII)
Hartwig P. I, 390 (ann. Fuld.); VII, VIII öfters; IX. 263 f. (anon. Haserens.); Laur. sec. 8 (n. 193, 325); St. P.; M. B. a. 1068 (I).
Hartvig P. IV, B, 166 (Ott. M pact.); VI, 428 (transl. S. Udalr.)
Hartwich P I, 89 (ann. Salisb.), 94 (ann. S. Emmer.); VI—VIII öfters; M. B. sec. 10 u. 11 öfters (VI, IX, XIV); C. M. Dec.
Harthwig P. III, 411 (Hlud. Germ. capit.).
Harduicus P. I, 469 (Hinc. Rem. ann.); III, 504 (Hloth. II capit.).
Hartuih St. P.
Haertwich P. XI, 552 (auctar. Cremifan.).
Hartvehus pol. R. s. 75.
Hartveus pol. R. s. 36, 44 etc.
Hertwic Laur. n. 805; M. B. c. a 1030 (VI).
Ardovicus (b. v. Besançon) conc. ap. Attiniac. a. 870.
Ardoicus Gld. II, a, 113.
Ardwich Wg. tr. C. 480.
Nhd. Hartweck, Hartwich, Hartwig, Hartwigk, Hertwig.

Hardwin. 7. Sec. 9: ep. Vellaunens. Sec. 11: markgr. v. Ivrea; b. v. monte Feltro; ep. Tianens.; b. v. Langres; b. v. Noyon.
Hardwin Wg. tr. C. 357.
Hartwin P. I, 82 (ann. Sangall.); Laur. mehrm.; Gud. a. 1056, 1069, 1074
Chardoin Pd. a. 692 (n. 429; Mab. ebds.); tr. W. a. 707, 713, 741 (n. 202, 235 u. Pd. nchtr. n. 16, 17, 69).
Cardoin tr. W. a. 715, 719 (Pd. nchtr. n. 35, 44).
Cardoenus neben Chardoin tr. W. a. 713 (Pd. nchtr. n. 27, 28).
Harduin P. I, 457 (Hincm. Rem. ann.), II, 193 (ann. Bertin.), 249 (ann. Besuenses), 292 (gest. abbat. Fontan.); III, 426 (Kar. II capit.); V, 404 (Flodoardi ann.); VI öfters; Laur. sec. 8 (n. 2426); Guérard a. 1046.
Hardoin P. II, 290 (gest. abbat. Fontan.); III, 426 (Kar. II capit.); pol. R. s. 50, 55.
Hardoenus und Hardonus Gld. II, a, 115.
Hardebenus (so) P. XII, 229 (Rodulf. gest. abb. Trudon).
Arduin P. IV, B, 179 (Nicol. II statut.); VI öfters; VII, 58 (Lup. protospat.); IX öfters; X, 391 (Hugon chron.).
Ardoin P. V, IX, X öfters; Laur. sec. 8 (n. 232); pol. Irm. s. 56, 63 etc.
Chraduin für Chardoin tr. W. a. 712 (n. 234).
Hertwin K. a. 1090 (n. 239; Gud. ebds.).

Hartvinc. 11. Mchb. sec. 11 (n. 1168).

Arduis. 8. P. III, 253 (Hlud. et Hloth. capit.); pol. Irm. s. 202.
Ardois pol. Irm. s. 34.

Hardulf. 8. P. VI, 92 (chron. Median. monast.); pol. R. s. 63.
Hardolf tr. W. a. 819 (n. 177).
Hartulf Laur. sec. 8 (n. 1425).
Hartolf tr. W. a. 787 (n. 83); Laur. sec. 8 (n. 1710).
Chardolf tr. W. a. 716 (n. 196 u. Pd. nchtr. n. 37).
Cardolf tr. W. a. 719 (Pd. nchtr. n. 44).
Ardulf pol. Irm. s. 16, 115; Wg. tr. C. 287.
Ardolf Laur. sec. 9 (n. 445).
Artolf St. P.; H. a. 945 (n. 158).

Hare- s. HARI.

HARI. Sowol an- als auslautend einer der häufigsten wortstämme in deutschen namen. Im ganzen und grossen gehören die hier verzeichneten n. sicher zu goth. harjis, ahd. hari exercitus, theilweise auch wol zu ahd. hêr, hêri almus, augustus. Dem sinne des wortes hari gemäss scheint die annahme, dass der gebrauch am anfange der zusammensetzungen der ursprünglichere gewesen ist. Grimm in Haupts zeitschr. III, 144 sucht den gebrauch am ende dadurch zu erklären, dass er annimmt, goth. harjis habe ursprünglich nicht exercitus, sondern miles bedeutet, eine übrigens nicht durchaus nöthige annahme. Auch der v. n. Harii oder Arii, der wahrscheinlich selbst zu goth. harjis gehört, mag in diesen zusammensetzungen theilweise stecken (Zeuss s. 124).

Anlautendes hari lässt sich seit sec. 1 (Cariovalda), auslautendes seit sec. 4 (Araharius, Gomohar, vielleicht auch Hortarius und Suomarius) nachweisen.

Besonders schwierig ist die sonderung dieses stammes von mehreren andern. Am anfange von compositionen treten damit häufig in berührung:

1) HARD, das bei manchen consonantenverbindungen leicht sein d abwirft.

2) ERA; nur annähernd richtig ist meine regel, wonach ich Era- zu ERA, Eri- und Er- dagegen zu HARI setze.

3) ARA. Die formen mit Ari- ist auch Grimm gr. II, 447 nicht abgeneigt unter ARA zu verweisen; ich habe sie fast alle unter HARI gesetzt.

4) HIR; s. ds.

Am ende der compositionen ist die schwierigkeit beinahe noch grösser. Die scharf aspirirten, namentlich fränkischen formen auf -char, wofür latein. schreibende gern -car setzen, spielen in das gebiet des stammes oder vielmehr der stämme GAR hinüber. Besonders gross und wol meistens unlöslich ist diese schwierigkeit, wenn der erste theil der zusammensetzung auf einen gutturalen endet. Auch wachar vigil mag in mehreren auf -achar ausgehenden formen stecken, die sich ganz unter unsern stamm verloren haben, wie es in Audovacar Otacher wirklich nachzuweisen ist. Bleibt dagegen der consonantische anlaut ganz fort (vgl. formen wie Erar, Anter, Pulcari u. dgl.), so ist es zweifelhaft, ob wir hier nicht vielleicht hie und da den stamm WAR, ja zuweilen nur ein suffix vor uns haben. Im nord. wird durchgehends dieses -har auslautend zu -ar (s. Grimm gesch. d. dtsch. spr. s. 298).

Auslautendes HARI in folgenden 289 namen, worunter 13 feminina:

Aecther 7.	Asinar 6.	Bozhar 8.
Adrehar 8.	Asthar 8.	Boster 9.
Agihar 8.	Adohar 8.	Britharius 6.
Agelhar 8.	Adalhar 8.	Brethar? 8.
Agenar 7.	Adnheri 9.	Brunheri 9.
Agishari 8.	Audchar 6.	Botthar 7.
Alaher 8.	Aunachar 6.	Burghar 8.
Alcher 8.	Ausari 9.	Chuuzari.
Althar 9.	Ostheri 9.	Chunihari 8.
Alfheri 8.	Austrehar 7.	Clauaheri 9.
Alier 9.	Bathari 6.	Craftheri 9.
Ellanheri 9.	Bathanar 5.	Daiher 9.
Amalhari 5.	Beinher 9.	Delheri 9.
Imitarius 8.	Baldher 8.	Dealher 11.
Amichar 7.	Blatchar 8.	Dirodhar 8.
Andahari 9.	Baudachar 7.	Dochar 7.
Anteria 8	Paucaris? 6.	Dothari 9.
Andrehar 8.	Bazheri 9.	Domarius 7.
Angelher 8.	Beneher 9.	Truogheri 9.
Ingalaria 8.	Berachar 7.	Trudhari 8.
Ansher 8.	Berinher 8.	Truhthari 8.
Anseria 9.	Berhthari 7.	Ebarahar 6.
Anster 9.	Pittheri 8.	Epurhara 8.
Araharius 4.	Pineizheri 9.	Either 10.
Arnheri 9.	Blithar 8.	Erachar 8.
Erphari 8.	Bolheri.	Erinhar 8.
Argar 8.	Bonarius.	Ercanheri 8.
Aschari 8.	Borhter? 9.	Erlachar 8.

Erleira? 9.
Euthar 8.
Euthaٔria 8.
Euhar 9.
Fader? 8.
Fagher.
Feriher 9.
Fastheri 9.
Feracher 8.
Fraigher 8.
Frammier 9.
Framnehar 8.
Friher 8.
Fricher 8.
Fridehere 9.
Frothar 8.
Fronter 10.
Frumiher 5.
Fulchar 6.
Fuscari 8.
Gebaheri 9.
Gadelher 11.
Gegiuheri 9.
Gelther.
Gamer 9.
Gamalher 8.
Ganthar 8.
Gentsar 9.
Garaheri 6.
Cartheri 8.
Gauter 8.
Genear 8.
Germenar 8.
Ginheri 8.
Gisilhar 8.
Gisleara 8.
Glepherius 8.
Glisher 8.
Godehar 8.
Godalhar 8.
Goderher 9.
Grimhar 8.
Criselher 9
Gomohar 4.
Gundachar 5.
Gundracrus 7.
Hagihar 8.
Haginer 11.
Hahher 9.
Haitar 9.
Harcher 10.
Artheri 9.
Harier 9.
Hithar 8.
Hildier 8.
Chlodochar 6.
Flothar 8.
Hortarius 4.
Rincar 9.
Roacheri 9.
Hrodhari 7.
Romachar 6.
Huldear 11.
Honher 8.
Ithar 8.
Illehere 8.
Emaher 10.
Imnachar 6.
Inguheri 7.
Iuheri.
Irimher 8.
Irminhar 7.
Ermentaria 8.
Isheri 8.
Islar 10.
Isanhar 8.
Karuheri 8.
Knocher 9.
Lager 8.
Leibher 8.
Leither 8.
Lanthar 6.
Lonhar 6.
Laufari?
Listhar 8.
Liubheri 8.
Linthari 6.
Leutharia 8.
Lobaher 9.
Mathere 9.
Megiher 8.
Maginhar 6.
Mahtheri 8.
Marachar 6.
Marchar 8.
Marnehar 7.
Madalhari 8.
Maurhar 8.
Mothar 8.
Munihari 6.
Nagnarius? 8.
Nandhari 9.
Natlahar 8.
Nichar 8.
Nither 8.
Nivunheri 9.
Nothar 10.
Notharia 9.
Nodalhar 8.
Noriher 9.
Nurnhari 8.
Nordhari 8.
Ogmirecther? 7.
Ohhari.
Ortahar 8.
Odalhari 8.
Pulcari? 9.
Quitarius 8.
Radheri 6.
Rachar 6.
Raganhar 6.
Ranthar 8.
Ranchar 9.
Ranzer 10.
Richari 5.
Richaria 6.
Rimher 8.
Remesarius 9.
Rinhar.
Ripher 8.
Runheri 9.
Sadrehar 8.
Salaher 8.
Sandheri 9.
Scaptarius 6.
Sconhari 8.
Selphar 8.
Setharis? 8.
Sichar 6.
Sicharia 8.
Siclehar 8.
Siliheri 9.
Sinthar 7.
Suomarius? 4.
Sounhar 8.
Sparnar 9.
Steinher 8.
Starchar 8.
Stauher 8.
Stillihere 9.
Stratarius.
Striter 9.
Sumthahar 7.
Sundarhari 8.
Sunher 8.
Suabheri 9.
Swefher 8
Swindheri 7.
Tedecharius 8.
Thancheri 9.
Theganhar 8.
Thincheri 8.
Teuthar 5.
Teudhara 6.
Thorisarius 5.
Tulthere 9.
Ufitahari 6.
Uliaris? 6.
Uldier 10.
Unierius.
U cheri 8.
Wagheri 8.
Wafanheri 8.
Weifhar 8.
Walachar 7.
Waldhar 6.
Wanther 8.
Wandalarius 6.
Wandrehar 9.
Weriheri 8.
Warinheri 6.
Vectari? 7.
Werchari 8.
Werdher 9.
Withar 8.
Wigheri 8.
Wiglar 8.
Wildehar 8.
Wiliachar 6.
Wilhara 8.
Winiheri 8.
Winidhari 5.
Winterhere.
Wielher 8.
Wrachar 8.
Uulcheir 8.
Vulfhar 7.
Wulsheier 7.
Vunnaheri 9.
Wonatheri 8.
Wurmhari 8.
Zahheri 8.
Zeizheri 9.
Zidalari?
Zuter.

Für die anordnung der folgenden zahlreichen formen stelle ich folgende reihenfolge der hauptbildungen fest: Hari-, Hare-, Har-, Heri-, Here-, Her-, Hairi-, Haire-, Hair-, Ari-, Are-, Ar-, Eri-, Ere-, Er-, Airi-, Aire-, Air-.

Herio. 8. Laur. sec. 8 (n. 2520); Wg. tr. C. 244; M. B. a. 806 (VIII).
Ario Gld. II, a, 113.
Nhd. Heer, Heere, Hehr, Herr, Herre.

Aria, fem. 9. Pol. R. s. 47. Hieher?

Haric. 8. Wg. tr. C. 315, 470.
Harik Ms. a. 1049 (n. 21).
Haricho H. a. 1023 (n. 224).
Hericus P. V öfters; VIII, 658 (annalista Saxo); Laur. sec. 8 (n. 407); mehrmals zu Ericus gehörig.
Herico Lc. a. 826, 834 (n. 42, 48).
Hericco Mchb. sec. 8 u. 9 (n. 68, 156 etc.).
Herih Gld. II, a, 101.
Herich M. B. a. 800, 806, 822 (VIII).
Hericho Ng. a. 860; Gud. a. 1028.
Herige (nom. msc.) Dr. a. 1079 (n. 766: Schn. ebds.).
Arricho Lgd. a. 791 (I, n. 6) hieher?
Nhd. Häricke, Harcke, Härk, Harke, Hercke, Herig, Herrig.
O. n. Herihhinga, Herichunmaracha, Herigesheim.

Hericha, fem. 10. G. sec. 10 (n. 31).
Heril. 9. St. P.
Herilo necr. Fuld. a. 852.
Herili Ng. a. 976.
Hariolus St. M. a. 942 hieher?
Nhd. Herel, Herl, Herle, Herrle, Härle.
O. n. Herilescella, Herili-huson, Heriliutal.
Herelin. 11. Mab. a. 1091.
Nhd. Härlen, Härlin, Hörlein.
Harilunc. 9. St. P. zwml.
Herilung M. B. a. 1030 (VI).
Herilunc Mchb. a. 828 (n. 410); St. P.; R. c. a. 900 (n. 80, 81).
Herilunk M. B. a. 820 (XXVIII).
Herulinc necr. Aug.
Herilun (so) St. P. wol hieher.
O. n. Herilungoburg, Herilungeuelde.
Die n. Herili, Herulinc u. dgl. gehören, wenigstens zuweilen, vielleicht nicht zu unserm stamme, sondern zum v. n. der Heruler, was auch Mone heldensage (1836) s. 81 vermuthet.
Airin. 8. Pol. Irm. s. 82.
Herin zu schliessen aus o. n. Herinesowa und Herineshusir.
Nhd. Herrn.
Eruni. 8. Mchb. sec. 8 (n. 120); hieher?
Herinc. 9. R. a. 822 (n. 23).
Nhd. Häring, Harring, Heering, Hering, Herring, Höring.
O. n. Herinchova, Heruncovilla.
Heriand. 9. P. III, 253 (Hlud. et Hloth. capit.).
Herrand, das möglicherweise hieher gehört, vgl. unten.
Hariarn. 8. Pol. Irm. s. 166.
Heripato. 9. Mab. a. 836; M. B. c. a. 1070 (VI).
Haribald. 8. Sec. 9: b. v. Auxerre. Sec. 10: b. v. Utica. Sec. 11: ep. Urgellens.
Haribald Laur. sec. 8 (n. 2020).
Haripald St. P. zwml.
Haribold Ng. a. 790.
Haeribold pol. Irm. s. 153.
Heribald P. II, 105—109 (Ekkeh. cas. S. Galli); V, 844 (Thietmari chron.); VI, 797 (Adalbert. vit Heinr. II); Laur. mehrm.; Ng. a. 786, 791, 824, 825.
Heribold P. V, 10 (ann. Corbej.); Ng. a. 795, 806, 825, 826; Dr. a. 835 (n. 488; Schn. ebds. Herihold); pol. R. s. 34.
Heripald Mchb. sec. 8 (n. 14); St. P.
Heripold Ng. a. 788, 796.
Heripolt St. P.
Herebald Lc. a. 796 (n. 7).
Herebold K. a. 869 (n. 144).
Cherebald Pd. a. 723 (n. 528).
Herbald Laur. sec. 8 (n. 2291).
Hairibold pol. Irm. s. 13.
Chairebald und Cairebald Mab. a. 751.
Hairbold pol. Irm. s. 231; pol. R. s. 49, 55 etc.
Heirbald St. M. c. a. 962.
Heirbold pol. R. s. 45.
Aribald Ng. a. 754; Laur. sec. 8 (n. 2771); conc. Ansan. a. 994.
Aripald P. III, 253 (Hlud. et Hloth. capit.).
Eribald pol. Irm. s. 64.
Eripald St. P.
Erribold Gld. II, a, 99.
Erbald Lc. a. 845 (n. 61).
Airbald pol. Irm. s. 235.
Airbold P. III, 529, 532 (Karol. II capit.); pol. Irm. s. 162, 218; conc. Ticin. a. 876.
O. n. Erboldeswanc.
Heribolda, fem. 8. Pol. Irm. s. 162.
Hairbalda pol. Irm. s. 281.
Hairbolda pol. Irm. s. 175.
Eribolda pol. Irm. s. 61.
Airbolda pol. Irm. s. 79, 122.
Harbern. 8. Gud. a. 963.
Harpern H. a. 978 (n. 196).
Harper Lc. a. 1094 (n. 250); viell. aus Heribero entstanden?
Heribern Laur. sec. 8 (n. 1100); Lc. a. 826 (n. 42).
Nhd. Herber.
Hariobaudes (und -us). 4. Alamannenfürst. Amm. Marc. XVIII, 2 (a. 359).
Χαριοβαύδης Zosimus V, 32.
Chariobaud Pd. a. 572 (n. 178).
Gariabaudus Pd. a. 573 (n. 180) = Chariabaudus.
Dazu viell. Heripato, s. oben.
Hariberaht. 6. Sec. 6: Frankenkönig. Sec. 7: Aripert I, Langobardenkönig; sohn Chlotars II. Sec. 8: A. II, Langobardenkön. Sec. 10: lothring. graf; b. v. Auxerre; abt v. Verden. Sec. 11: erzb. v. Mailand; b. v. Cöln; b. v. Lisieux; b. v. Modena.

Hariberaht Schn. a. 755.
Hariperaht Mchb. sec. 8 (n. 22); M. B. a. 763 (IX).
Hariperht St. P. öfters.
Hariberct Dr. a. 767 (Schn. ebds. falsch -beret).
Hariprahi Schn. a. 757.
Haribert P. I, 28 (ann. Alam.), 29, 31, 40 (ann. Nazar.); VII, 88 (Herim. Aug. chron.), 296 (Berthold. ann.), 413 (Bernold. chron.); IX, 417 (gest. episc. Camerac.); Laur. öfters; Schn. a. 757; d. Ch. I oft.
Haripert Ng. a. 769.
Hariperd Schn. a. 756.
Charibert P. II, 307 (regum Merow. catal.); III, 5 (Guntch. et Childeb. pact.); VI, 113 (Ademar. hist.); H. a. 720 (n. 39); Greg. Tur. mehrm.; d. Ch. I öfters.
Caribert für Charibert P. VI, 115 (Ademar. histor.).
Harpraht Schn. a. 790.
Harbrecht Laur. sec. 8 (n. 1337).
Harprecht Laur. sec. 9 (n. 2283).
Harbert P. V, 406 (Flodoardi ann.); VI, 60 (Folcuin. gest. abb. Lobiens.); Laur. sec. 8 (n. 431); pol. R. s. 85.
Harpert P. VI, 385 (Gerh. vit. Oudalr.); Laur. sec. 9 (n. 3036, 3184).
Charbert (sec. 6) P. XI, 767 (ann. S. Rudberti Salisb.).
Heriperaht Dr. a. 812 (n. 269; Schn. ebds. falsch Henperaht).
Heribraht P. VII, 112 (Herim. Aug. chron.); Schn. a. 757.
Heriberht P. V öfters.
Heribreht P. IX öfters; necr. Aug.
Heriperht M. B. sec. 9 öfters (VIII, IX); St. P. öfters.
Heribert P. I, 29, 31, 40 (ann. Guelferb.) etc.; II, IV—VI oft; VII, 93 (Herim. Aug. chron.) etc.; VIII, 116 f., 143 (Ekkeh. chron. univers.), 318 (Sigeb. chron.) etc.; IX, X öfters; Laur. mehrm.; St. P. zwml.; Ng. a. 774, 778; necr. Aug.; Wg. tr. C. 227, 232, 233, 328; Gud. a. 976; M. B. a. 1040 (XI).
Heripreht Ng. a. 816.
Heripert Ng. a. 786, 818.
Heriperth St. P.
Heripreth P. II, 472 (Ermold. Nigell.).
Heriberd P. VII, 152 (Lambert. Hersfeld. ann.).
Heribret Laur. sec. 8 (n. 965); Ng. a. 826; necr. Aug.
Heripret Ng. a. 808.
Herebert P. I, 99 (ann. Colon.), 424 (ann. Bertin.); VII öfters; Laur. sec. 8 (n. 2516).
Herebrat Lc. a. 1083 (n. 234).
Herebret Gld. II, a, 101.
Cherebert P. V, 220 (chron. Luxov.); XI, 396 (hist. regg. Franc. monast. S. Dionys.).
Herbreht P. II, 38 (abbat. Augiens. catal.).
Herbert P. V öfters; VI, 509 (Adson. mirac. S. Mansueti); X. 573 (chron. S. Huberti Andag.); pol. Irm. s. 50 (sec. 11); Laur. sec. 11 (n. 119); St. M. c. a. 1090.
Hairbert pol. Irm. s. 3, 167.
Heirbert P. III, 429 (Kar. II capit.); pol. R. s. 9; St. M. c. a. 962.
Ariberth Ng. a. 813.
Aribert P. I, 285 (chron. Moissiac.); III, 21 (Pippin. capit.); X, 332 (Hugon. chron.); Ng. a. 735; synod. Roman. a. 1015.
Aripert P. V öfters; VII, 64 (catal. regg.); VIII öfters; IX, 38 (Joh. chron. Venet.); Paul. diac. II, 10 etc.
Arperht Mchb. sec. 8 (n. 20); St. P. öfters.
Arbert P. VI, 124, 145 (Ademar. hist.).
Arpert P. VI, 650 (Syri vit. S. Maioli).
Arpertdus (so) Ng. a 760.
Eribrcht Gld. II, a, 99.
Eribert P. II, 652 (Nithard. hist.); pol. Irm. s. 39.
Ereberectus P. V, 100 (Benedict. chron.) statt Haribert.
Erbert P. II, 326 (Adon. contin.); pol. Irm. s. 170.
Airibert P. I, 286 (ann. Moissiac.).
Airhert pol. Irm. s. 137, 198.
Aritbert für Charibert P. V, 166 (ann. S. Germ.).
In den ann. Alam. Haribertus mit var. Hadelbertus.
Heribrach (so) für Hainricus P. V, 84 (ann. Quedlinb.); auch findet sich Heribrach P. VI, 451 (mirac. S. Marci).
Heriperaut Dr. a. 825 (n. 462; Schn. ebds.) ist wol zu lesen Heriperaht.
Harinpert s. ARA.
Nhd. Harpprecht, Harprecht, Herbert.
O. n. Heriprehtinga, Heribrehtesdorf, Heriperhteshusun.

Hariberta, fem. 8. Pol. Irm. s. 12.

Hairiberta pol. Irm. s. 23.
Hairberta pol. Irm. s. 9, 14 etc.
Eriberta pol. Irm. s. 18, 68 etc.
Airberta pol. Irm. s. 241.
Ariobind. 4. Prosp. Aquitan.
Ariovind fast. Idat. a. 434.
Ariovind (var. Ariund) hist. miscell. 14.
Areobindas (so) Cassiod. chron.

Den zweiten theil der zusammensetzung kann man kaum in einem andern n. nachweisen. Vgl. indessen -bind und IND.

Heripirc, fem. 9. Mchb. sec. 9 (n. 540).
Heribirch und Heribiric Gld. II, a, 124.
Heribirk M. B. a. 806 (VIII).
Ariverga Lp. a. 870 (I, 839 ff.).
O. n. Heripirgachiricha.

Heribord. 11. P. IX, 849 (chron. Hildesh.).
Heriburt C. M. Jul. hieher?
Herebord P. VI, 786 (mirac. S. Bernwardi).
Herborto Gld. II. a, 101.

Haribrant. 8. Gld. II, a, 100, 115.
Hariprant St. P.
Heribrand P. V, 642 (Richeri hist.); VI, 69 (Folcuin. gest. abb. Lobiens.); VIII, 399 (Sigebert. auctar. Affligem.); X, 513 (vit. Wicberti), 533 (gest. abbat. Gemblac.), 573 etc. (chron. S. Huberti Andag.); Laur. sec. 9 (n. 2540).
Heribraut Hildebrandslied; Ng. a. 784, 788, 802; tr. W. a. 808 (n. 19); necr. Fuld. a. 992.
Heriprand Ng. a. 797.
Heriprant M. B. a. 801 (IX); Mchb. sec. 9 (n. 114).
Heribarand (so) Frek.
Heribrannus P. X, 604 (chron. S. Huberti Andag.).
Heripan R. a. 890 (n. 72) für Heriprant?
Herebrant Laur. sec. 8 u. 9 (n. 2543 u. 3600).
Herbraud P. V, 643 (Richeri hist.); IX, 472 (gest. episc. Camerac.).
Herprant. K. a. 855 (n. 123).
Hairbrand pol. Irm. s. 210; pol. R. s. 82.
Aribrand A. S. Mart II.
Ariprand Guér. a. 882, 1099.
Ariprandini (gen.) Lp. a. 926 (II, 146).
Eribrand pol. Irm. s. 9.
Eriprand P. X, 62 (Landulf. hist. Mediol.).
O. n. Heribrantesdorf, Herebranteswilare.

Herbod. 8. P. II, 214 (chron. S. Martin. Colon.).
Nhd. Herbothe.
O. n. Heribodesheim, Charibodeuilla.

Heriburg, fem. 8. P. II, 412 (vit. S. Liudgeri).
Heriburga St. M. a. 1053.
Heriburc Gld. II, a, 124.
Herburg P. II, 405 (vit. S. Liudgeri).
Herboch Lc. c. a. 1074 (n. 226) etwa für Herborch?
Altn. Herborg.

Heridag. 9. P. VIII, 565 (annalista Saxo); IX, 290 (Ad. Brem.); Wg. tr. C. 483.
Heridac P. II, 698 (vit. S. Anskarii).
Heridach Wg. tr. C. 258.
Herdag Wg. tr. C. 126, 200.
Herdeg Wg. tr. C. 82 wol hieher.

Hartrudis, fem. 8. Pol. R. s. 4, 5 etc.
Hartrud Laur. sec. 8 (n. 2393).
Hartrut Laur. n. 532.
Heredrud R. a. 821 (n. 21).
Hairtrud pol. Irm. s. 194.
Aridruda Lp. a. 871 (I, 855).
Airtrud pol. Irm. s. 122.

Harifrid. 8. St. P. zwml.; Laur. mehrm.
Herifrid Ng. a. 774; Dr. a. 777 (Schn. ebds. Heriffrid); Laur. mehrm.; pol. R. s. 106.
Hairfrid Guér. a. 1000 (appendix zum pol. Irm. s. 354).
Heirfrid St. M. c. a. 962.
Arifret P. X, 103 (catal. archiepp. Mediol.).
Arifred Gld. II. a, 113.
Arefred H. a. 762 (n. 45).
Arfrid s. ARA.
Erifrid Mab. a. 874.
Erfred Mab. a. 847.
Airefred Mab. a. 798.
Airfrid pol. Irm. s. 122, 267.
Airfred pol Irm. s. 233.

Hairfrida, fem. 8. Pol. Irm. s. 267.
Herifrit (fem.) Ng. a. 807.
Airfreda pol. Irm s. 170.

Herifolch. 8. Laur. sec. 8 (n. 629).

Herifuns. 8. Schn. a. 797; Laur. sec. 9 (n. 2184)
Heriuuns necr. Aug.
Herifus Pd. a 721 (n 519). Miraeus hat hier den n. verkannt, indem er statt Redualdo Herifus zu lesen glaubte Redualdoheri filio.
Herefuns Gld. II, a, 101.

Herevuns P. VI, 419 (Gerh. mirac. S. Oudalr.); derselbe heisst ebds. 421 Herevunt mit der var. Ernust.
Arifons Lgd. a. 918 (II, n. 42).
Erifons Lgd. a. 914 (II, n. 41).
Ariogais. 2. Quadenkön. Ἀριόγαισος Dio Cass. LXXI.
Charigaud. 8. H. a. 706 (n. 30).
Charigaut Pd. a. 706 (n. 467).
Erigaud Pd. a 713 (n. 488; unecht).
Harigaer. 7. B. v. Mainz sec. 10.
Harigaer St. P. zwml.
Hariger Schn. a. 820 (Dr. ebds. n. 391 Hartger); pol. R. s. 53.
Hariker Gld. II, a, 100.
Haregar P. II, 279 (gest. abb. Fontan.); pol. Irm. s. 226.
Harchar P. II, 195 (ann. Lobienses); VI, 14 (ann. Leodiens.); VIII, 575 (annalista Saxo).
Harcar P. IX, 198 (Anselm. gest. episc. Leod.).
Harger P. XI, 407 (chron. Affligem.); Laur. sec. 9 (n. 2784).
Härker Gld. II, a, 100.
Chargar H. a. 615 (n. 230).
Herigar P. II, 687 f., 697, 701—705 (vit. S. Anskarii); IX, 108 (chron. Novalic.).
Heriger P. I öfters; II, 241 (ann. Wirzib.); III, 568 (Kar. III capit.); IV, 16 (Kar. M. capit.); V öfters; VI, 18 (ann. Laubiens.); VII—IX oft; X, 536 (gest. abbat. Gemblac.); Ng. a. 792, 805, 815, 817, 818, 822; Wg. tr. C. 233, 292; St. P. zwml.; Laur. mehrm.
Herigaer Pd. a. 744 (n. 577; Ng. ebds.).
Heriker K. a. 882 (n. 158).
Hericher Ng. a. 765.
Hiriger für Heriger P. V, 429 (Widukind).
Hergeir P. II, 697 not.
Haircar pol. Irm. s. 270.
Aregar pol. Irm. s. 122, 209.
Erigar P. IX, 107 (chron. Novalic.).

Was von diesen formen auf den stamm HARI und was auf GAR endet, ist nicht immer genau zu sondern.
Nhd. Herger.
O. n. Herigereshusa.
Eergart (so), fem. 9. St. P.
Haricarn. 6. K. a. 773 (n. 15).
Herigern tr. W. a. 769 (n. 91).
Aricarn K. a. 772 (n. 14).
Arigern Cassiod. III, 36, 45; IV, 16, 22, 23, 43.
Harigaoz. 6. St. P.
Haricaoz St. P.
Haregaud Pd. a. 537 (n. 128).
Chariochaud Pd. a. 659 (n. 333).
Charoaud Pd. a. 640 (n. 293; unecht).
Herigaud P. XII, 230 (Rodulf gest. abb. Trudon.); pol. R. s. 42.
Heriganz Laur. sec. 8 (n. 2725).
Herigaoz St. P.
Herigoz Laur. sec. 8 (n. 1592); St. P. öfters; tr. W. a. 811 (n. 180); Ng. a. 813.
Hericoz Gld. II, a, 101.
Hericoos St. P.
Hairgaud pol. Irm. s. 210.
Arigauz Laur. sec. 8 (n. 288).
Aregaud pol. Irm. s. 215, 239.
Nhd. Herrguth.
O. n. Herigozzesdal.
Herigild, msc. u. fem. 8. P. III, 90 (Kar. M. capit.).
Herigelt Schn. a. 824.
Herigeld Wg. tr. C. 302.
Arigildis pol. Irm. s. 209, 215.
Aregildis pol. s. 21, 22; pol. R. s. 16.
O. n. Herigoldesbach, Herigoldeshusa.
Harigis. 8. P. I, 118 (ann. Lauriss.); pol. R. s. 1.
Harichis P. I, 168 (ann. Lauriss.).
Harichys K. a. 773 (n. 15).
Herigis P. III, 178 (Kar. M. capit.); VIII, 561 (annalista Saxo); Laur. mehrm.; Ms. a. 977 (n. 17).
Heregis P. VIII, 335 (Sigebert. chron.); Laur. sec. 9 (n. 1149).
Hergis Dr. c. a. 813 (n. 296; Schn. hat Nergis).

Vgl. zu diesem u. Aragis.
Charegisil. 6. Greg. Tur. IV, 46.
Argrim s. ARG.
Harigundis, fem. 8. Tr. W. a. 774 (n. 53, 178).
Herigund Gld. II, a, 124.
Argund Pd. a. 640 (n. 293; unecht).
Airgundis pol. Irm. s. 242.
Hariard. 7. Airard b. v. Chartres sec. 7; Airard (auch Heirard) b. v. Lisieux sec. 9; Air. (auch Herard) b. v. Tours sec. 9; Erard ep. Tungrens. sec. 9; Airard b. v. Noyon sec. 10.

Hariard P. III, 447 not.
Charichard neben Charicard Pd. a. 670 (n. 361; Mab. ebds.).
Herhard P. VI, 533 f. (Othlon. vit. S. Wolfkangi).
Herhart Laur. mehrm.; R. a. 821 (n. 21).
Herrard Laur. sec. 8 (n. 622).
Haerard tr. W. a. 784 (n. 97).
Herard P. IV, B, 34 f. (Bened. capit.); Laur. sec. 8 (n. 453).
Hairhard pol. Irm. s. 69; gest. Dagobert. I.
Heirard P. III, 534 (Kar. II capit.); IX, 107 f., 133 (chron. Novalic.).
Arhart s. ARA.
Erhard Laur. sec. 8 u. 9 (n. 702, 785); H. a. 960 (n. 171).
Erhart Ng. a. 805, 816, 872; St. P.
Erard P. II, 195 (ann. Lobiens.); VI, 199 (panegyr. Bereng.); VIII, 574 f. (annalista Saxo); Laur. sec. 8 (n. 1842); H. a. 926 (n. 146).
Aerhard St. P.
Aerhart St. P.
Airhard pol. Irm. s. 12, 242; Mab. a. 831, 847.
Airard P. III, 429 (Kar. II capit.); V öfters; VI, 508 (Widric. mirac. S. Gerardi); conc. Rothomag. c. a. 682, conc. Tulleus. a. 859 u. s. w.; pol. Irm. s. 244.
Ayrard conc. Pistiens. a. 870.
Eirard P. III, 420 f., 426, 462 (Kar. II capit.); IX, 198 (Anselm. gest. episc. Leod.).
Heirrad hieher P. IX, 131 (chron. Novalic.).
Harirard (so) Pd. a. 722 (n. 521).
Ejerard Laur. sec. 8 (n. 2300).
Nhd. Ehrhard, Ehrhardt, Erhard, Erhardt, Erhart.
O. n. Erhartingen.
Harier. 9. Pol. R. s. 22, 49 etc.
Erher pol. Irm. s. 260.
Erarius (Gothenk. sec. 6) P. VIII, 130 (Ekkeh. chron. univers.), 316 (Sigebert. chron.) hieher?
Herihaas. 8. Laur. sec. 8 (n. 311).
Harihildis, fem. 8. Pol. R. s. 87.
Hairohildis pol. Irm. s. 171.
Hairhildis pol. Irm. s. 171, 182.
Hairvildis pol. Irm. s. 216.
Hairuildis pol. Irm. s. 232.
Hairoildis pol. Irm. s. 52, 53.
Hairildis pol R. s. 102, 104 etc.
Hoiroildis (so) pol. R. s. 50.
Arihildis pol. R. s. 37.
Arehildis, Arhildis u. dgl. s. ARA.
Aerhilt St. P.
Erhilt R. a. 868 (n. 51).
Airhildis pol. Irm. s. 53, 160.
Airoildis pol. Irm. s. 136, 175.
Airuildis pol. Irm. s. 142.
Airvildis pol. Irm. s. 241.
Airildis pol. Irm. s. 171, 182.
Heriram. 8. Tr. W. a. 753 (n. 149).
Harilaip. 8. Laur. sec. 8 (n. 2042).
Harleph Lc. c. a. 1070 (n. 221).
Herileip R. c. a. 787 (n. 6).
Herelaef Pd. a. 721 (n. 520).
Nhd. Herlepp, Herlieb.
Charilaigus. 8. Tr. W. c. a. 737 (n. 241 und Pd. nchtr. n. 59).
Herileih Schn. a. 801.
Herileich Laur. sec. 8 (n. 571).
Herleich Lc. a. 1033 (n. 169).
Nhd. Herlich, Herrlich.
Hariland. 8. Laur. sec. 8 (n. 194, 840).
Harilant St. P.
Heriland P. VI, 7 (ann. Virdun.), 44 (gest. episc. Virdun.); X, 353 (Hugon. chron.); pol. R. s. 44.
Herilant M. B. a. 828 (VIII).
Herland P. II, 193 (ann. Bertin.).
Arland P. IX, 109 (chron. Novalic.).
Eriland P. II, 788 (Abbo de bell. Paris.).
Erland P. I, 468 (Hincm. Rem. ann.); III, 504 (Hloth. II capit.); pol. Irm. s. 34, 192.
Erlaud (so) Mab. a. 1096 für Erland?
Airland pol. R. s. 52.
Haisland pol. R. s. 44 wol für Hairland.
Hereloup, fem. Gld. II, a, 124.
Charilindis, fem. 8. Tr. W. a. 718 (n. 227 u. Pd. nchtr. n. 40).
Harelinde H. a. 762 (n. 45).
Harlindis pol. Irm. s. 195; pol. R. s. 50.
Heriliuda tr. W. a. 772 (n. 26).
Herilind St. P.
Herilint Laur. sec. 8 (n. 599).
Herlindis Laur. sec. 8 (n. 673); pol. Irm. s. 180; pol. R. s. 65.
Hairlindis pol. Irm. s. 209; pol. R. s. 41, 43 etc.; pol. Fossat.
Arilindis pol. Irm. s. 160.
Arlindis pol. Irm. s. 230.

Erilindis pol. Irm. s. 26, 167.
Erlindis pol. Irm. s. 28, 34 etc.; pol. R. s. 49, 77.
Erlint Laur. sec. 8 (n. 194, 683); H. a. 926 (n. 146).
Airlindis pol. Irm. s. 84, 106.
Herind Laur. sec. 8 (n. 599) muss Herilind heissen.
O. n. Herilindeheim.

Erliup. Gld. II, a, 122 neben Erlieb (Erliud ist druckfehler).

Heriloch. 8. Laur. sec. 8 (n. 202).

Hariman. 7. Sec. 9: H. I, erzb. v. Cöln; b. v. Nevers. Sec. 10: H. I, herzog v. Alamannien; H. II, hzg. v. Alamannien u. Elsass. Udos sohn; pfalzgraf am Rhein, sohn herzog Adalberts v. Baiern; H. Billung, herzog v. Sachsen; b. v. Sens. Sec. 11: graf v. Luxemburg, sohn Giselberts, gegenk. Heinrichs IV; H. I, graf in Baden, sohn herzogs Bertholds v. Zähringen; H. I, sechster b. v. Bamberg; H. II, erzb. v. Cöln; ep. Castellanus; H. III, erzb. v. Cöln (der reiche); mrkgr. v. Meissen, sohn Eckards I; H. III, herz. v. Alamannien, sohn Hs. II; H. IV, herz. v. Alam., sohn Conrads d. Saliers; H. contractus v. Reichenau, vf. d. chronik.
Hariman Ng. a. 782; St. P.; Laur. sec. 8 (n. 317).
Harman P. II, 112 (Ekkeh. cas. S. Galli, var. Hartmot); VIII, 357 (Sigeb. chron.).
Heriman P. I—IX oft; X, 184 (gest. Trever.); 370 etc. (Hugon. chron.), 383 ff. (chron. S. Hubert. Andag.); Ng. a. 766; Laur. mehrm.; St. P. öfters; conc. Germaniciens. a. 843 (var. Herimaulus); necr. Aug.; Wg. tr. C. 1, 16, 114, 196, 235, 242, 317, 346, 353, 393, 421, 425, 437, 483; Frek.; Gud. a. 1028, 1074.
Herimman M. B. a. 981 (XXII) zwml.
Hereman P. V öfters; VII, 440 (Bernold. chron.); VIII öfters; Laur. sec. 8 (n. 6); necr. Aug.; Frek.; Lc. a. 1057 (n. 192); G. a. 1086 (n. 68).
Herman P. II, V, VII oft; VI, 678 (mirac. S. Cholomanni); VIII, IX öfters; H. a. 675 (n. 22); Laur. sec. 8 (n. 1539); Schn. a. 803; Wg. tr. C. 95; Gud. a. 975, 1052, 1056; M. B. sec. 11 (IV, VII, X, XIII).
Hairman Laur. sec. 8 (n. 240); pol. Irm. s 208; pol. R. s. 51.
Heiriman necr. Aug.
Ariman Guérard a. 882.
Eriman St. P. zwml.
Erimmannus und Herimmannus P. VII.
Erman H. a. 926 (n. 146).
Airamannus P. II, 275 (gest. abbat. Fontan.).
Airman pol. Irm. s. 239.
Ayrman P. II, 248 (ann. Besuens.).
Herimannus qui et Hezelo P. X, 370.
Nhd. Ermann? Haarmann, Harmann, Heermann, Hermann, Herrmann.

Herimand. 10. P. IX, 422 (gest. episc. Camerac.).
Herimant H. a. 955 (n. 167).
Hermand pol. Irm. s. 49 (sec. 11).
Hermend P. X, 581 (chron. S. Hubert. Andag.).

Charimeres. 6. B. v. Verdun sec. 6; vgl. Caramer.
Charimeres Greg. Tur. IX, 23; gest. regg. Franc.; A. S. Febr. II.
Harmar Pd. a. 686 (n. 406); Dr. a. 777.
Herimar Ng. a. 789, 819; Dr. a. 815 (n. 315); St. P.; Laur. mehrm.; pol. R. s. 15.
Herimer Wg. tr. C. 272.
Heremar Laur. sec. 8 (n. 3149).
Hermar St. P.
Hairmar pol. Irm. s. 171, 176; pol. R. s. 73.
Heirmar pol. R. s. 45, 56.
Eremar pol. R. s. 43.
Airmar pol. Irm. s. 29, 167.

Erimard. 8. Pd. a. 702 (n. 454).

Herimat. Gr. IV, 986.
Hermat Gr. II, 658.

Harimot, msc. u. fem. 8. St. P.
Harmod St. M. a. 972.
Harmot K. a. 879 (n. 155); necr. Aug.; A. S. April I.
Herimod P. II, 388 (vit. S. Willehadi); Lc. a. 820 (n. 40); pol. R. s. 43.
Herimot Schn. a. 758; Wessobr. urk. a. 792; R. a. 810 (n. 15); St. P.; Ng. a. 858.
Herimuat K. a. 809, 822 (Ng. ebds.).
Herimuot Dr. a. 801 (Schn. ebds. Hetimuot); St. P.
Herimaot R. a. 821 (n. 21).
Haerimuat tr. W. a. 798 (n. 23).
Herimuadus tr. W. a. 812 (n. 238).
Herimut H. a. 853 (n. 87).

Hermot R. a. 821 (n. 21).
Hermaot St. P.
Hermuot M. B. a. 828, 931 (VIII).
Heirmod pol. R. s. 101, 105.
Arimodo Lp. a. 870 (I, 839 ff.).
Arimod Gld. II, a, 113.
Airmod pol. R. 183.
Herimsot necr. Fuld. a. 802 verderbt aus Herimuot?
Altn. Hermôðr. Nhd. Herrmuth.

Charimund. 5. Arimund b. v. Usez (Languedoc).
Charimund Pd. a. 633, 636, 644 (n. 264, 276, 306).
Herimund P. VIII, 122, 124, 125, 129 (Ekkeh. chron. univers.); IX, 30 (Joh. chron. Venet.); Pd. a. 533 (n. 119); Laur. sec. 8 (n. 183); Ng. a. 822.
Haerimunt St. P.
Herimunt St. P. drml.; Laur. sec. 8 (n. 842 f.).
Herimont (so) K. a. 850 (n. 117).
Hairmund pol. Irm. s. 6, 95 etc.; pol. R. s. 38.
Heirmund pol. R. s. 61.
Arimund conc. Narbon. a. 788; Lgd. a. 791 (I, n. 6); Lp. a. 972, 1073 (II, 303, 690).
Armund Lp. a. 955 (II, 234).
Armunt St. P.
Airmund pol. Irm. s. 238, 241.
Herismund var. zu Herimund P. VIII, 122 (Ekkeh. chron. univers.).
Ἀριμούθ bei Proc. und Arismod bei Isidor wol hieher.
Herimuntinc Gr. II, 814 u. IV, 986 wol nur falsch aus o. n. Herimuntinchova geschlossen.

Herinand. 10. Ep. Morineus. sec. 10. Oefters in d. concil.; Gld. II, a, 101.
Ernand Gld. II, a, 99.
Nhd. Fernand?

Arnid. 9. Gen. Arnidi Lp. a. 829 (I, 675).

Hernilu, fem. 8. Laur. sec. 8 (n. 346).

Herihnodh. Gld. II, a, 101.

Herirach. 8. Mchb. sec. 8 (n. 89, 115, 117, 158 etc.).
Herirac Mchb. sec. 8 (n. 116).

Harirad, msc. u. fem. 8. Schn. a. 759; Laur. sec. 8 (n. 187).
Harirat Laur. sec. 8 (n. 2437).
Hararat Dr. a. 874 (n. 610).
Herirad Laur. sec. 8 (n. 14); Guér. a. 822.
Herirat Schn. a. 758, 763, 776, 816, 817; necr. Aug.; Dr. n. 240 (Schn. ebds. Heriraht); Dr. a. 823 (n. 411; Schn. ebds. Herirart); St. P.; Laur. öfters.
Hererat Laur. sec. 8 (n. 6).
Herrad St. P.; Laur. öfters; Wg. tr. C. 259; Lc. a. 855 (n. 65), 941 (n. 93).
Herrat St. P.; Laur. sec. 8 (n. 1173, 2542).
Herrath Laur. sec. 8 (n. 1279).
Herat Gld. II, a, 101 wol hieher.
Herred Wg. tr. C. 295, 364, 449.
Hairirad Laur. sec. 8 (n. 417).
Errat St. P.
O. n. Heriradessneida.

Herirand. 10. Abt v. Tegernsee sec. 11. P. XI, 220 (chron. Benedictobur.).
Herirant Mchb. sec. 10 mehrm.
Herrand P. V, 126 (ann. Augustani); VII, 126 (Herim. Aug. chron.); VIII öfters (annalista Saxo); R. a. 888 (n. 68); M. B. c. a. 1060 (XIII).
Herrant M. B. a. 927 (XIV); Mchb. sec. 11 (n. 1250).

Mone deutsche heldensage (1836) s. 59 hält Herirant und Horant für gleich, jedenfalls irrthümlich, wenn auch spätere vermengungen beider n. vorkommen mögen. Unbegreiflich ist, wenn Mone ebds. s. 60 Herirant als particip ansieht.
O. n. Herrantisperch.

Herireit. 9. St. P.
Altn. Herríðr (fem.) hieher?

Haririh. 4. Frankenk. sec. 6.
Haririh St. P.
Charirigus tr. W. a. 699 (n. 205, 223 und Pd. nchtr. n. 10).
Chararich P. X, 327 (Hugon. chron.); Greg. Tur. II, 41; Fredegar. 28; hieher?
Charricus Pd. a. 648 (n. 312).
Heririch Laur. sec. 8 (n. 362).
Heririh St. P. mehrm.; Gud. a. 882.
Hererich H. a. 716 (n. 38), 870 (n. 107).
Herric Wg. tr. C. 264.
Herrich P. V, 168 (ann. S. Germani); Laur. mehrm.; C. M. Jul.
Ariarich P. VIII, 123 (Ekkeh. chron. univers.); X, 313 (Hugon. chron.); exc. auct. ign.; Jorn. (var. Ararich).

Ariorich P. VIII, 123 (Ekkeh. chron. univers.).
Airigus tr. W. a. 700 (n. 243).
Airich Pd. a. 731 (n. 549; Ng. ebds.).
Ags. Hereric.
Hersand. 11. Pol. Irm. s. 49 (sec. 11).
Ersand pol. Irm. s. 49 (sec. 11).
Herisint, msc. 8. H. a. 955 (n. 167).
Haricindus (so) Pd. a. 671 (n. 366, unecht).
Airsindus pol. Irm. s. 213.
Herisinda, fem. 8. Ng. a. 779.
Herisint Gld. II, a, 124.
Hericindis P. X, 526 (gest. abbat. Gemblac.).
Hersint Laur. sec. 9 (n. 3221).
Hersenda H. a. 886 (n. 118).
Heirsindis pol. R. s. 103.
Eresinda Lp. a. 935 (II, 194).
Ersendis pol. Irm. s. 49, 50 (sec. 11).
Airsindis pol. Irm. s. 162, 218.
Airsinna pol. R. s. 52.
Herstal. 11. In einer urk. v. 1079 schreibt Schn. Hartmanno Herstalio (ablat.), so dass er Herstalio als einen blossen beinamen zu Hartmanno anzusehn scheint. Dr. hat ebds. (n. 766) Hartmanno. Herstalo und Herstalo erscheint bei ihm also als besonderer name, vgl. auch Heristalt.
Heristalt. 9. Dr. a. 864 (n. 587; Schn. ebds. Heristal). Vgl. Herstal.
Heriswind (-a, -is), fem. 8. P. XI, 232 (chron. Benedictobur.); M. B. a. 776, 805, 808 (VII, VIII); Mchb. sec. 9 (n. 451).
Herisuind St. P. zwml.
Heriswith Gld. II, a, 124.
Herisuid P. II, 421 (vit. S. Liudgeri).
Hereswit P. V, 777 (Thietmari chron.).
Hersuind Laur. sec. 8 (n. 2101).
Hersuint Laur. sec. 9 (n. 641).
O. n. Herisvindohusa.
Erdanch. Gld. II, a, 98; hieher?
Heridegan. 9. St. P. zwml.; Schn. a. 822; necr. Fuld. a. 828.
Nhd. Heerdegen, Herdegen.
Herideo. 8. M. B. a. 762, 806 (VIII); Mchb. a. 718, 812; St. P. öfters.
Hairteus pol. Irm. s. 66.
Arideus Gld. II, a, 113.
O. n. Heridioshusun.
Cariovalda. 1. Bataverfürst sec. 1. Langobardenkön. sec 7. Ariald b. v. Chiusi sec. 10. Herold b. v. Salzburg sec. 10.
Cariovalda Tac. ann. II, 11.
Hariald P. VII, 93 (Herim. Aug. chron.).
Hariold Ng. a. 806.
Hariholt St. P.
Hariolt Ng. a. 779; St. P. zwml.
Harald tr. W. a. 742 (n. 1).
Charoald Fredeg. 50.
Charolt in o. n. Charoltesbah.
Heriold P. II, 667 (Nithardi hist.); Laur. sec. 9 (n. 1249).
Heriolt Ng. a. 779, 793; St. P.
Heroald pol. R. s. 22.
Herold P. I, 622 f. (contin. Regin.); IV, 24, 27 (Ott. M. capit.); V, 395 (Flodoardi ann.); VI, 36 (excerpta Altah.); VIII, 170 (Ekkeh. chron. univers.), 570, 615 (annalista Saxo); X, 361 (Hugon. chron.); St. P.; Laur. mehrm.; Dr. sec. 10 (n. 662).
Herald Laur. sec. 8 (n. 1709).
Herolt Laur. sec. 8 (n. 3248, 3518).
Herholdt P. II, 503 (Ermold. Nigell.).
Hairowald pol. R. s. 103.
Hairoald pol. R. s. 44, 46 etc.
Haiorold (so) P. VIII, 187 (Ekkeh. chron. univers.).
Hairold pol. R. s. 50, 103 etc.
Heirold P. V, 603 (Richeri hist.).
Heirolt Gld. II, a, 101.
Ariovald P. VII, 64 (catal. regg.); Pd. a. 630 (n. 250).
Arioald P. V öfters (s. 186 mit var. Airoald); VIII, 145 (Ekkehard. chron. univers.); IX, 38 (Joh. chron. Venet.); Lp. a. 919 (II, 114); Paul. diac. IV, 43 etc.
Ariald P. X, 18 (Arnulf. gest. archiepp. Mediol.), 76 f. (Landulf. hist. Mediol.); conc. Roman. a. 998.
Arialt Ng. a. 760.
Erivald P. III, 90 (Kar. M. capit.).
Eroald tr. W. a. 737 (Pd. nchtr. n. 56).
Erolt Laur. sec. 8 (n. 3241); K. a. 805 (n. 59; Ng. ebds.).
Airoald pol. Irm. s. 73.
Airold pol. Irm. s. 221, 225.
Herord für Herold P. II, 504 (Ermold. Nigell.).
Herorlt Gld. II, a, 101.

Herveld (11) P. V, 6 (ann. Corbej.); hieher?
Nhd. Arold, Herhold, Herold, Heroldt.
O. n. Heroltosbah, Herioltesfeld, Herioltesbusun, Hierolteswilare (so).

Herawan. 9. Dr. c. a. 840 (n. 538).
Herawannus Dr. u. Schn. a. 804.
Gehört dieser n. wirklich hieher oder zu ERA?

Hariward. 8. Laur. sec. 9 (n. 510).
Harvard Lc. a. 1020 (n. 157).
Harwart M. B. a. 1040 (XIII); Lc. a. 1057 (n. 192).
Heriward P. VI, 473 f. (Sigebert. vit. Deoder.); VIII, 391 (Sigeb. auctar. Gemblac.); IX öfters; X, 534 etc. (gest. abbat. Gemblac.); Laur. sec. 8 (n. 2126); Wg. tr. C. 256.
Heriwart St. P.; Laur. sec. 9 (n. 270).
Herowart necr. Fuld. a. 852.
Herewart Laur. sec. 9 (n. 2847).
Herward Wg. tr. C. 328, 345; Gud. a. 976.
Hervard P. IX, 484 (gest. episc. Camerac.), 529 (chron. S. Andreae).
Heroard pol. R. s. 21.
Eriward P. III, 90 (Kar. M. capit.); tr. W. a. 786 (n. 206).
Hairoard pol. Irm. s. 11, 28; pol. R. s. 44, 75.
Heiroard pol. R. s. 69.
Airoard pol. Irm. s. 198, 272.
Altn. Hervardr. Nhd. Harward.
O. n. Heriwartesdorf.

Herwarp. 9. Wg. tr. C. 241.

Ervid. 7. Pd. a. 675 (n. 375); St. M. a. 721.

Hairoida, fem. 9. Pol. R. s. 70.

Hariwich. 7. Ervig ep. Calabriens. sec. 7; Ervig ep. Beterrens. sec. 7; Ervig Westgothenkönig sec. 7; Harifeus b. v. Besançon sec. 8; Heriwig b. v. Beauvais sec. 10; Heriwich b. v. Rheims sec. 10.
Hariwich H. a. 804 (n. 64).
Harifeus P. III, 30 (Pipp. capit.); conv. Atteniac. a. 765.
Harwich H. a. 804 (n. 63).
Harvich H. a. 804 (n. 64).
Harveus pol. R. s. 86.
Heriwig P. VIII, 161 (Ekkeh. chron. univers.); Laur. sec. 8 u. 9 (n. 222, 1273).
Heriwic Gld. II, a, 101.
Heriwich Ng. a. 764.
Heriveus P. I, 610 (Regin. chron.); IV, 21 (Ott. M. constitut.); V öfters; VII, 553 (Marian. Scot. chron.); VIII, 181 (Ekkeh. chron. univers.); IX, 424 f. (gest. episc. Camerac.); X, 357 (Hugon. chron.).
Herewig P. VI, 405 f. (Gerhard. vit. S. Oudalr.); Laur. sec. 9 (n. 218).
Herewic Laur. sec. 8 u. 9 (n. 1900, 3015).
Herewich P. II, 216 (ann. Brunwil.); VI, 409 (Gerhard. vit. S. Oudalr.).
Herowicus P. I, 146 (ann. Lauriss.).
Heroicus P. IX, 608 (chron. mon. Casin.).
Herwig Laur. sec. 8 (n. 3607).
Hervicus P. I, 335 (ann. Mett.).
Herveus P. II, 253 (chron. Aquitan.); V, VIII öfters; X, 359, 503 (Hugon. chron.); pol. R. s. 8.
Hervous P. II, 209 (ann. Vedast.).
Haereuius St. M. a. 709.
Hairiveo pol. Irm. s. 7.
Hairveus pol. Irm. s. 136, 216; pol. R. s. 72.
Arveus P. VI, 121, 139, 145 (Ademar. histor.); X, 286 (Hugon. chron.).
Erowicus P. I, 147 (Einh. ann.).
Eriveus P. II, 788 (Abbo de bell. Paris.); pol. Irm. s. 21.
Ervig conc. Tolet. a. 688, 693; E. s. II, 179.
Ervic P. II, 788 (Abbo de bell. Paris.).
Erwic Lc. a. 974 (n. 116), 985 (n. 121).
Erveus P. II, 789 (Abbo de bell. Paris.); IX, 734 (chron. mon. Casin.).
Heriwi St. P. wol hieher.
Hireneus für Heriveus P. VIII, 591, 594 (annalista Saxo).
Heriveus P. I, 610 (Regin. chron.) mit den var. Henricus, Herineus, Heinbertus, Heimbertus, Hembertus, Hireneus.
Nhd. Herbich, Herbig, Herwig, Herwegh.

Chariwin. 8. Erwin, vater d. königin Hatburg sec. 9 hieher?
Chariwin tr. W. a. 715 (Pd. nchtr. n. 33).
Charivin tr. W. a. 717 (Pd. nchtr. n. 39).
Hariwini (nom.) tr. W. a. 747 (Pd. nchtr. n. 83).
Harwin Laur. sec. 8 (n. 625).
Haruin St. M. a. 1068 u. c. a. 1090.
Haroin Mab. a. 766.
Charoin tr. W. a. 712, 713 (Pd. nachtr. n. 19, 25).
Heriwin Laur. sec. 8 (n. 943, 1001).
Heriwini Gld. II, a, 101.

Herewine Ng. a. 861.
Herewin Laur. sec. 8 (n. 2760); Lc. a. 805 (n. 27).
Cherewin Pd. a. 745 (n. 584 u. nachtr. n. 79); dafür ebds. n. 585 Cheriuun.
Haervin Pd. a. 708 (n. 471).
Herwin Laur. sec. 8 (n. 1065, 1207).
Hervin pol. R. s. 21, 22.
Haeruin St. M. a. 709.
Hairuin Laur. sec. 8 (n. 978).
Hairoin pol. R. s. 42, 43 etc.
Heiruin pol. R. s. 13, 16.
Aroin s. ARA.
Ervin P. V, 735 (Thietmari chron.).
Erwin P. VIII, 592 (annalista Saxo); Laur. mehrm.
Eruin P. III, 90 (Kar. M. capit.).
Airoen pol. Irm. s. 37.
Thariavin tr. W. a. 713 (n. 233) wol für Chariavin oder Chariwin.

Ervina, fem. 8. Pol. Irm. s. 11.
Airvina pol. Irm. s. 274.

Heruwincus. 9. P. III, 90 (Kar. M. capit.).

Herivirt, fem. 9. Ng. a. 835; verderbt?

Hairois. 8. Pol. R. 52, 59.
Airvis pol. Irm. s. 111.
Airois pol. Irm. s. 192, 201.

Ariovist. 1. v. C. Anführer der Helvetier. Caes. b. G I, 31 ff.
Ἀριόβιστος Plut.
Vgl. Carioviscus (so) Vopisc. Aurelian. 11 (deutscher anführer unter Aurel.).
Die deutschheit des n. Ariovist ist sehr ungewiss.

Hariulf. 6. B. v. Langres sec. 8.
Hariulf Wg. tr. C. 471, 481.
Hariolf St. P.
Chariulf Greg. Tur. mehrm.
Chariulph Pd. a. 633 (n. 264).
Cariulph A. S. Maj. I.
Harihulf tr. W. a. 747.
Heriulf Laur. sec. 8 (n. 628).
Heriolf Laur. mehrm.
Heriholf tr. W. sec. 8 (n. 164).
Cherulf Pd. a. 615 (n. 230).
Herulph H. a. 928 (n. 150).
Herolf Ng. a. 744, 814; Laur. mehrm.
Hairulf pol. R. s. 70, 101.
Ariulf Paul. diac. IV, 17.
Ariolf Lp. a. 830 (I, 679).
Arulf s. ARA.
Eriulf P. III, 505 (Hlud. II capit.); V, 223 (ann. Casin.).
Erolf Laur. sec. 8 (n. 1685); Ng. a. 826.
Airulf pol. Irm. s. 124, 127.
Herulp und Heriulb Dr. sec. 9 (n. 137).
Charnulf Pd. a. 615 (n. 230) hieher?
Zu Hariulf viell. schon aus sec. 4 Ἐρίουλφος bei Eunapius, wofür bei Zosimus Πρίουλφος.
Altn. Herjôlfr.
O. n. Herolfesfeld, Heriolfesstad, Harioluesbaim, Hariolfesvilla.

Herwunch. (so). 9. St. P.

Schliesslich führe ich noch ein paar auffallende vielleicht zu HARI gehörige formen an:

Chariетto. 4. Χαρίεττων, deutscher n. bei Zosimus III, 7.
Cariatto (Franke sec. 6) Fredegar 89.
Carietto (sec. 4) Greg. Tur. II, 9.

Herimo. 9. Dr. a. 836 (n. 493); Schn. ebds.
Arimo Gld. II, a, 113.

Ariulcus. 10. Neben Airulcus Lp. a. 985 (II, 379); verderbt?

Zusammensetzungen mit erweitertem HARI:
1) mit suffix L:

Harilpurc, fem. 9. St. P.

Airlildis, fem. 8. Pol. Irm. s. 137.

2) suffix N:
Hieher würden mehrere formen wie Herimperht, Heringaud u. dergl. gehören, wenn es nicht natürlicher schiene, sie zum stamme ERA zu setzen, wo man sie nachsehe; Harinpert s. unter ARA.

Harid s. HARUD.

Harmolt. Gr. I, 246; IV, 1033; in o. n. Harmoltes matta.

Harpfa, fem. 9. Dr. n. 357.

Hart- s. HARD.

HARUD.

Wahrscheinlich gehören die folgenden formen, wie auch Zeus s. 152 annimmt, wenigstens grossentheils zum v. n. der Harudes.

Harud. 6. Aruth anführer der Heruler sec. 6.
Harud necr. Fuld. a. 781.
Haruth Wg. tr. C. 475; necr. Fuld. a. 830.
Ἄρουθ Procop., var. Ἄρους; Ἄρουφος ebds. wol auch hieher.
Ἀρούθ Agathias.

Arodus Paul. diac. IV, 44.
Ἄροδος Proc. b. Goth. II, 15.
Hieher viell. noch die formen:
Harid Wg. tr. C. 447, 455.
Harido Dr. a. 842 (n. 545); Schn. ebds.
Harit necr. Fuld. a. 826, 934; Dr. a. 837 (n. 504; Schn. ebds.); Dr. a. 852 (n. 562; Schn. ebds. Haruit).
Herido necr. Fuld. a. 814.
Haredus C. M. April.
Arid Wg tr. C 323 wol hieher.
O. n. Heriteshusun.
Arudunl. 9. St. P. So steht im register; im text ist aus Aruduni p. (presbyter) Aruduuip (so) geworden.
Haridrich s. HARD; viell. hieher gehörig.

Harva, fem. 8. Laur. sec. 8 (n. 2977).

HAS. Ich möchte die folgenden formen am liebsten mit ahd. hasan, mhd. hasen glatt schön verbinden. Auslautend etwa in Herihaas (8)? Sehr unsicher ist die scheidung dieses HAS von HASS, HAZ und von den zu ANS gehörigen formen As-.
Haso. 9. Mchb. sec. 9 (n. 561), Gud. a. 1028.
Hasuo K. a. 861 (n. 134 u. 135; Ng. ebds.) hieher?
Nhd. Haas, Haase, Hase, Häse.
Hasig. 10. Gld. II, a, 100.
Hesiko Frek.
Haspald. 8. St. P.
Hasbirin, fem. 10. Necr. Fuld. a. 963.
Hasbert. 8. Laur. sec. 8 (n. 2755).
Hasperht St. P.
Hasapurc, fem. 10. Mchb. sec. 10 (n. 1035).
Hasiger zu schliessen aus o. n. Hasigeresrod.
Hascoz. 8. Mchb. sec. 8 (n. 155).
Hashilt, fem. Gld. II, a, 123.
Hasleip. 8. Tr. W. a. 737 (n. 35, 162 und Pd. nchtr. n. 55).
Hasland. 9. Pol. R. s. 44, 52.
Haslanuus pol. R. s. 49.
Haslind, fem. Gld. II, a, 123.
Haasmot (so). 9. St. P.
Hasnat. 9. R. a. 821 (n. 21).
Hasolt. 9. Mchb. sec. 9 (n. 352).

Erweiterte zusammensetzung vielleicht in
Hasalwara, fem. 9. Laur. sec. 9 (n. 809).

Hasbert, Hasbirin s. HAS. **Hascrich** s. ASC. **Hasdulf** s. AST.

HASS. Zum v. n. der Hessen. Schwer zu scheiden von HAS und HAZ.
Hassi. 8. Laur. sec. 8 (n. 274).
Hessi P. V, 37 (ann. Quedlinb.); VI, 158 (vit. S. Liutbirgae); Wg. tr. C. 187; R. a. 833 (n. 29); conc. Confluent. a. 860.
Hasso. 8. Aufführer der Ostfalen sec. 8. Ng. a. 759; Schn. a. 813; Gud. a. 981.
Hassa Wg. tr. C. 454.
Hesso necr. Aug.; St. P.; Schpf. a. 859 (n. 109); M. B. a. 915 (XXXI); H. a. 1095 (n. 295).
Hesse necr. Aug.; Lc. c. a. 1080 (n. 242).
Asso Schn. a. 826.
Hessen Gld. II, a, 101; genit.?
Nhd. Hass, Hasse, Hess, Hesse.
O. n. Hassinchova, woraus Gr. IV, 1061 wol auf einen p. n. Hassinc schliesst.
Hassinon (cum Hassinon). 8. P. VIII, 559 (annalista Saxo).

HATH. Ich stelle hier eine nicht geringe anzahl von formen zusammen, für welche ich folgende normalgestalten annehme:

1) urdeutsche stufe CAT. Dahin gehören Catualda und Catumer, welche auch Grimm gr. II, 460 als identisch mit den formen Hada- u. s. w. annehmen möchte. Cativolcus würde hieher zu stellen sein, wenn es sicher deutsch wäre. Die späteren formen Cad- und Cat- aus dem 8., 9. u. s. w. jhd. sind indessen fast sicher hier auszuscheiden; man s. sie deshalb unter CHAD.

2) gothische stufe HATH. Wir finden diese form allerdings häufig in sächs. n., doch begegnet hier fast eben so oft, z. b. in den tr. Corb., die hochdeutsche schreibung Had-. Wo unser stamm die zweite hälfte von compositionen bildet, da ist sogar die hochd. gestalt fast allein gebräuchlich. Wir finden dasselbe verhältniss auch bei FRITH.

3) hochdeutsche stufe HAD. Dies ist die gemeine schreibung geworden, da sie sich, wie eben

bemerkt wurde, weit über das ihr eigentlich gebührende gebiet ausdehnt.

Ausser den n. mit Cat-, Hath- und Had-, so wie altfränk. Chad- (für das einige male Cad- in ungenauer schreibung gilt), haben nun aber noch zwei andere klassen grosse ansprüche darauf hieher gesetzt zu werden:

1) Umgelautete oder nach analogie von umgelauteten gebildete namen, d. h. die formen Heth, Het, Hed u. s. w. Grossentheils gehören sie unbestreitbar hieher und sind deshalb im folgenden verzeichnet, wenn auch nicht zu leugnen ist, dass auch der stamm HAID auf einige derselben anspruch machen darf.

2) Diejenigen formen, welche das anlautende H eingebüsst haben. Nun aber sind die formen mit mit Ad, At u. s. w. so häufig, dass unmöglich bei ihnen allen eine aphärese des H angenommen werden kann. Es wird daher nothwendig sie unter einem besondern stamm unter A zu vereinen, obwol es so gut wie gewiss ist, dass unter ihnen noch manche hieher gehörige form verborgen ist. Meine frühern versuche, alle Ad- und At- unter A und H zu vertheilen, sind mislungen. Natürlich gilt aber das hier gesagte nur von den n., deren ersten theil unser stamm bildet; wo -ad die letzte silbe ausmacht, habe ich kein bedenken getragen, es hier aufzuführen.

Nicht minder schwierig als die formbestimmung ist bei unserm stamm die etymologie. Anknüpfungspuncte sind 1) nach Zeuss s. 95 der volksn. der Catten, 2) nach Grimm gr. II, 460 und mythol. 2. ausg. s. 204 das ahd. hada pugna, 3) nach Graff IV, 804 ags. headho (culmen, celsum) und der nord. göttername Hoedhr. Wer darf sich unterfangen über diese meinungen zu richten, da alle drei auf analogien gegründet sind, zu jeder von ihnen die gröste zahl der folgenden formen trefflich stimmt und leicht diese n. ihren ursprung aus mehr als einer quelle herleiten könnten.

Die erste spur eines auslautenden HATH finde ich sec. 6; ich erwähne hier folgende 74 formen, worunter 10 feminina:

Abtad 7.
Abtada 10.
Altad 9.
Alpad 8.
Alveth? 6.
Amalhad 9.
Anamahadus? 11.
Anthad 8.
Engilhad 9.
Anstadia? 10.
Arahad 8.
Arcod? 10.
Asthad.
Hadelhad 9.
Authad 8.
Balthad 8.
Perahthad 8.
Prunnihat.
Bothad.
Gunhad 9.
Conchade?
Dohad 9.
Erchenada 11.
Erlad 10.
Flaochad 7.
Fulchod? 9.
Fulhada 9.
Frothad 8.
Gifad 9.
Gerhad 8.
Genad 8.
Cothat 9.
Griohat 8.
Chuchinad 9.
Gumad 8.
Gundhad 8.
Hrothad 8.
Inchad 9.
Ermhad 9.
Hishad 8.
Justad 9.
Lanthad 9.
Liphad 9.
Liuthad 8.
Magenad 8.
Mitthad 9.
Nahhad 9.
Nandhad 9.
Nidhad 8.
Nordhad 8.
Radhad 8.
Reginhad 8.
Restad 8.
Restada 8.
Ribhad 8.
Rinad 9.
Sichad 8.
Sonhada 8.
Sointhad 8.
Sointhada.
Theodahad 6.
Diatheta? 8.
Trosthad 9.
Unnihad 9.
Unchad 9.
Walthad 8.
Warnad 8.
Widrehad 7.
Wichad 8.
Willihad 7.
Wilhada 9.
Winetad 9.
Wolfhad 9.
Vunnihad 9.

Diese zahl wird noch etwas vergrössert durch einige dem westfränk. dialect des 8 u. 9. jahrhdrts. angehörige bildungen auf -haus und -aus, in denen ich mit ziemlicher gewissheit zusammenziehungen von -hadus zu erkennen glaube (vgl. den anfang des buchstaben D), obgleich eine oder die andere auch ein -hahus voraussetzen dürfte. Solcher formen bemerke ich die folgenden 22, von denen aber 11 schon oben in der gestalt von -had angeführt worden sind, so dass die gesammtsumme aller mir bekannten bildungen auf -had 85 beträgt.

Ingalhaus.
Adalhaus.
Authaus.
Blathaus.
Berhaus
Bernehaus.
Frothaus.
Gerhaus.
Gauthaus.
Grimhaus.
Gunthaus.
Rothaus.
Honthaus.
Ermenaus.
Maurhaus.
Odilheus (so).
Rathaus.
Rauchaus.
Sichaus.
Wandrehaus.
Withaus.
Wilhaus.

Hatto. 7. Erzb. v. Mainz, b. v. Lorch, b. v. Trier, b. v. Verdun, b. v. Vienne, sämmtlich sec. 9.

Hatto P. I, II oft; III, 469 (Hlud. Germ. capit.); IV, B, 166 (Ott. M. pact.); V, VI, VII, VIII öfters; IX, 249 (Gundechar. lib. pontif. Eichstet.); X, 168 (gest. Trever.), 354 (Hugon. chron.; gleich darauf steht Ado); St P. öfters; Schn. a. 756; Ng. a. 776, 797, 802;

M. B. a. 776, 835, 969, 1070, 1074 (II, VI, VIII, IX); Gud. a. 893, 908, 910, 978 etc.; Dr. n. 696 (sec. 10; Schn. ebds. Statto); Laur. öfters.

Hattus H. a. 653 (n. 19; wahrscheinl. unecht).

Hato P. III, 568 (Kar. III capit.), Mchb. sec. 8 (n. 12); K. a. 764 (n. 9); Laur. sec. 8 (n. 840); Ng. a. 792, 802; necr. Aug.; St. P. öfters; Guérard a. 1046.

Hatho P. V öfters; necr. Aug.

Hattho P. III, 561 (Arnulf. capit.).

Hatta P. VII, 21 f. (ann. Blandin.).

Chado Pd. a. 677 (n. 388).

Haddo P. I, 407 (ann. Fuld.); II, 409 (vit. S. Liudgeri); Laur. sec. 8 (n. 1364); Ng. a. 807; Wg. tr. C. 245, 258, 344, 456; Frek.

Hado P. II, 193 (ann. Bertin.); IX, 484 (gest. episc. Camerac.); pol. Irm. s. 149; Laur. mehrm.; Lc. a. 1043 (n. 179), 1061 (n. 196) etc.

Haido Gud. sec. 10.

Hathdo Ng. a. 859.

Hadtho K. a. 904 (n. 175).

Chaddo conc. Cabilonens. c. a. 650.

Had Wg. tr. C. 231, 284, 335, 405, 413, 462, 481.

Haeddo Ng. a. 780.

Haetto St. P.

Heddo P. V, 153 (ann. Monast.); Pd. a. 748 (n. 596).

Hedo tr. W. a. 847 (n. 200); Mab. a. 812; Wg. tr. C. 299; Ms. a. 1049 (n. 22).

Heto tr. W. a. 798 (n. 22).

Hetto P. IX, 417 (gest. episc. Camerac.); M. B. a. 813 (XXXI); Ng. a. 818.

Heido P. V, 407 (Flodoardi ann.).

Hed P. V, 756 (Thietmari chron.); VIII, 623 (annalista Saxo).

Sign. Hattune tr. W. a. 719 (n. 45 u. Pd. nachtr. n. 43).

Hanto mit var. Hatto P. I, 121 (ann. Lauriss. min.).

Hatto und Haito öfters verwechselt, z. b. P. VIII.

O. n. Hattenbach, Hattanhoven, Hattenthuntari, Hattenhuson, Hattenroth, Haddinwilari.

Haddi. 8. Wg. tr. C. 335.

Haddi und sein sohn Haddo Wg. tr. C. 129.

Hatti Ng. a. 779, 790.

Heddi P. IX, 292 (Ad. Brem.).

Hedi Frek.

Hetti P. I, 568 (Regin. chron., var. Hecti und Hetto); II, 603 (Thegani vit. Hlud.), 698 (vit. S. Anskarii); III öfters; IV, B, 5 (capit. spur.); V, 139 (ann. Einsidl.); VIII, 575 (annalista Saxo); X, 163 f. (gest. Trever.); Ng. a. 759, 760, 792, 797, 809; G. sec. 10 (n. 31); St. P.; Laur. sec. 10 (n. 83).

Heti P. II, 647 (vit. Hlud.); H. a. 816 (n. 70).

Hatta, fem. 8. Ng. a. 744; St. P.; Laur. sec. 8 (n. 1232).

Hatha Gld. II, a, 123.

Hata Gld. II, a, 130.

Heada mit einem i über dem e St. P.; wol hieher.

Heta Mchb. sec. 9 (n. 482) hieher?

Chadichus. 7. Pd. a. 673 (n. 368). Derselbe wird sonst freilich auch Eticho genannt. Vgl. die urkk. bei Schpf.

Hetilo. 9. P. VIII, 659, 717 (annalista Saxo); IX, 422 f. (gest. episc. Camerac.); M. B. sec. 11 (XXII).

Heddilo Lc. a. 837 (n. 52).

Hetil Wenck hess. landesgesch. a. 1037.

Hettilo P. V, 105 (ann. Hildesh.); necr. Aug.; St. P. mehrm.

Hettylo P. IX, 854 (chron. Hildesh.).

Hethelo P. VIII, 355 (Sigebert. chron.).

Hettelo P. V, 104 (ann. Hildesh.).

Nhd. Ettel? Ettele?

Hedela, fem. 8. Lc. a. 1045 (n. 181).

Hettila Ng. a. 744.

Hathli (fem.) Wg. tr. C. 3.

Hadalin. 7. Tr. W. a. 786 (n. 206).

Hadelin St. M. a. 972.

Chadelenus Pd. a. 615 (n. 230).

Hattin. 8. Ng. a. 764.

Hettin P. II, 109 (Ekkeh. cas. S. Galli); Ng. a. 819.

Hedin u. dgl. s. unter HEDAN.

Nhd. Hettinesriot.

Hadina, fem. 9. Pol. R. s. 86.

Hedena s. HEDAN.

Hettinc. 10. Necr. Fuld. a. 966.

Hadur. 8. Laur. sec. 8 (n. 1060 zwml.).

Hathubald. 8. B. v. Cöln sec. 9.

Hathubald Lc. a. 798 (n. 10).

Hathebold Lc. a. 1043 (n. 179).

Hadabald P. III, 331 (Hlud. et Hloth. capit.); IV, B, 5 (Kar. M. et Hlud. I capit.); Laur. sec. 8 (n. 266).

Hadabold P. III, 246 (Hlud. et Hloth. capit.).
Hadubald Laur. sec. 8 (n. 505); Dr. a. 806 (n. 237; Schn. ebds. Habuhald); Dr. a. 807 (n. 241; Schn. ebds. Hadabald).
Hadobald Laur. sec. 8 (n. 422).
Hatabold Lc. a. 941 (n. 93).
Hadibalt Laur. sec. 9 (n. 270).
Hadebald P. I, 97 (ann. Colon.); II, 695 (vit. S. Anskarii cap. 8) mit var. Hadebold und Hadelbod; III, 327 (Hlud. capit.).
Hadebold Laur. sec. 8 (n. 443); St. M. a. 970.
Nhd. Habelt?

Chadbedo. 7. Conc. Clipiac.; Mab. a. 653; M. hat hier (n. 64) Chabedo, dsgl. Pd. (n. 322).

Hadabern. 9. P. III, 90 (Kar. M. capit.).
Hadeberus neben Hadebertus M. B. a. 857 (XXXI).
O. n. Hatheberingeroth wol hieher.

Hadaperht. 8. Ep. Silvanect. sec. 9.
Hadaperht Ng. a. 819; St. P.
Hadapreht Gld. II, a, 100.
Hadabreht Ng. a. 868; St. P.
Hadubraht s. Hadabrant.
Haduperht St. P. dreiml.
Hadupreht Ng. a. 759.
Hadupraht Ng. a. 756; Dr. a. 790 (Schn. ebds. Hradupraht).
Hadobert Laur. sec. 8 (n. 331, 2417).
Chadobert tr. W. a. 742 (Pd. nchtr. n. 70).
Hadubert Ng. a. 778, 782, 815; Laur. sec. 8 u. 9 (n. 424, 691); Wg. tr. C. 291.
Hadupert Ng. a. 763, 773, 815; K. a. 809 (n. 64).
Hathubert Wg. tr. C. 14, 335.
Hadabert Ng. a. 826, 852; St. P.
Hadapert Ng. a. 787; K. a. 834 (n. 94).
Hadabret Ng. a. 814.
Hadapret Gld. II, a, 100.
Hatubert Wg. tr. C. 328.
Hadubret Wg. tr. C. 228.
Hadepreht Gld. II, a, 100.
Hadebert P. III, 534, 540 (Kar. II capit.); M. B. a. 857 (XI); Laur. öfters; pol. R. s. 2, 36 etc.; Hadebertus neben Hedeberus M. B. a. 857 (XXXI).
Hadebreth Laur. sec. 8 (n. 6).
Hadebret necr. Aug.
Hadpert Ng. a. 809.

Hadaberga, fem. 8. Tr. W. a. 774 (n. 61).
Hadubirg Gr. IV, 805.
Hadepirch M. B. a. 776 (VIII).

Hadabrant. 8. Mchb. sec. 9 (n. 373); Ng. a. 807; necr. Aug.
Hadaprant Ng. a. 803.
Haðubrant neben Hadubrant und Hadubraht im Hildebrandsliede.
Hathebrand Ms. a. 1096 (n. 44, 45).
Hadobrant Laur. sec. 9 (n. 532).
Hadubrant Ng. a. 815; necr. Fuld. a. 860.
Hadebrand Guérard c. a. 1037 (appendix zum pol. Irm. s. 355).
Hadebrant necr. Aug.
Hadabrannus P. III, 448 (Kar. II capit.).

Hathaburg, fem. 9. Gattin k. Heinrichs I.
Hathaburch P. II, 388 (vit. S. Willehadi).
Hadapurc St. P. mehrm.
Hadapurg Schn. a. 811.
Hadapurh St. P.
Hadaburc Gld. II, a, 123.
Hathuburch Wg. tr. C. 22.
Hadupurc St. P. öfters.
Hadupurk St. P.
Hatheburg P. V öfters.
Hadeburgis pol. R. s. 76.
Hadeburc C. M. Juni.
Hadeburg Wg. tr. C. 23; Laur. sec. 8 (n. 335).
Hateburg Wg. tr. C. 59.
Hadeburi Laur. sec. 8 (n. 965) ist wol Hadeburc zu lesen.
Haatburc (so) R. a. 821 (n. 21).
Hedepurg Gld. II, a, 123.

Hadacuan. 8. K. a. 797 (n. 45).

Hadufrid. 8. Schn. a. 798.
Hadefrit Laur. sec. 8 (n. 2887, 3084).

Hadufuns. 8. Laur. sec. 8 (n. 3160).
Hadofuns P. I, 351 f. (Enh. Fuld. ann.).
Hadifons P. II, 223 (ann. Xant.).
Hadefuns P. VII, 101 (Herim. Aug. chron.).
Hadefons P. I, 183 (Einh. ann.); II, 451 (Einh. vit. Kar.); Lgd. a. 854 (n. 78).

Hathager. 8. Lc. a. 882 (n. 73), 907 (n. 84), 927 (n. 87) etc.
Hadager Laur. sec. 8 (n. 2656); Ng. a. 797, 806.
Hadaker Gld. II, a, 100.
Haduger tr. W. a. 819 (n. 127); St. P.; Laur. sec. 9 (n. 692).
Haduker St. P.
Hadeger Ng. a. 883; Laur. sec. 9 (n. 508).

Hatger Schpf. a. 780 (n. 58).
Hatker A. S. Maj. I.
Hadugart. 8. Schn. a. 793.
Hadagast. 9. Schn. a. 874.
Hathagath. 8. P. V, 417 (Widukind).
Hathagat P. V, 422 (Widukind).
Hadugato P. IX, 285 (Ad. Brem.) mit var. Hadugatus und Hadugoto.
Hatugato P. VIII, 177 (Ekkeh. chron. univers.).
Hadegaud. 8. P. VI, 81 (chron. S. Michael. Virdun.); St. M. a. 840.
Hadugoto P. II, 674 (translat. S. Alexandri a. 851).
Hadegis. 9. Pol. R. s. 55.
Hathugrim. 9. Wg. tr. C. 328.
Hadagrim M. B. sec. 11 (VI).
Hadogrim P. II, 218 (urk. v. 834).
Hederammus. 11. Mönch zu Benedictbeuern. P. XI, 222 (chron. Benedictobur.).
Chadoind. 7. B. v. Mans sec. 7.
Chadoind lex Baioar. (prolog.); Fredegar 40, 78; A. S. Jun. I.
Hadoind Pd. a. 625, 637, 642 (n. 237, 238, 278, 300; wahrscheinl. unecht).
Hadouind Pd. a. 642 (n. 300).
Haduind Pd. a. 627 (n. 240; unecht); conc. Remens. c. a. 630; A. S. Jan. I.
Haduleif. Gr. II, 50.
Ags. Heađoláf.
Hadaleih, zu schliessen aus o. n. Hadaleihinchova.
Nhd. Hadlich.
Hadalaug, fem. 9. Gld. II, a, 100.
Hadaloug M. B. sec. 11 (VI).
Hadaluc Gld. II, a, 100.
Hadaloc (fem.) necr. Fuld. a. 1047.
Hadulaoc St. P.
Hadelaug Laur. sec. 9 (n. 3172).
Hadelock (fem.) Laur. sec. 9 (n. 3729).
Hadeloa Laur. sec. 9 (n. 3474) viell. hieher.
Hadelindis, fem. 8. Pol. Irm. s. 26.
Hedelind Laur. sec. 8 (n. 1168).
Ags. Heađolind.
Hadoman. 9. Schpf. a. 829 (n. 90) steht signum Hadomansi, signum Wachari. Ich vermuthe Hadoman.
Catumer. 1. Catumer, Chattenfürst sec. 1; Hademar abt zu Fulda sec. 10.
Catumer Tac. ann. XI, 17. Vgl. Actumer.
Hadamar P. I, 623 (contin. Regin.); II, 206 (ann. Vedast.); VI, 264 (Ruotger. vit. Brun.); VII, 554 (Marian. Scot. chron.); Laur. sec. 8 (n. 412); tr. W. a. 788 (n. 209); Ng. a. 825, 826; St. P. mehrm.
Hathumar P. II, 579 (hist. transl. S. Viti); V öfters; VI. 151 (transl. S. Liborii); VIII, 563, 565 (annalista Saxo).
Hathumer Wg. tr. C. 41.
Hadumar P. I, 193 (Einh. ann.), 353 (Enh. Fuld. ann.); V öfters; Ng. a. 782, 818; St. P.
Hadomar Laur. sec. 9 (n. 199); Lc. a. 947 (n. 97).
Hathemar P. V öfters.
Hadhemar P. II, 612 (vit. Hlud. imp.).
Hademar P. I, 528 (a n. Vedast.); II, 612—614 (vit. Hlud. imp.); VIII öfters; IX, 249 (Gundechar lib. pontif. Eichstet.); necr. Aug.; Laur. sec. 9 (n. 597); Guér. c. a. 1037 (append. zum pol. Irm. s. 355).
Hathumot, fem. 9. P. VI oft.
Hathumoda P. VI öfters.
Hathamoda P. IX, 851 (ann. Hildesh.).
Hadamuod St. P.
Hadamuot St. P. dreiml.
Hadamuta P. VII, 133 (Herim. Aug. chron.).
Hodamuoda (so) M. B. sec. 11 (VI).
Hetimuot Schn. a. 801.
Hathomuda A. S. Febr. I.
Hathemod C. M. Dec.
Hademuta A. S. Maj. I.
Hademut M. B. a. 1041 (XI).
Hademudt M. B. sec. 11 (VII).
Hademot necr. Aug. III. Id. Maj. Ich lese Hademot und nicht mit Keller Hademo l. (d. h laicus), da Hademo eine fast unerhörte namenbildung wäre.
Hademuot Gld. II, a, 123.
Hadamund. 8. Laur. sec. 8 (n. 1617).
Hadamunt Laur. sec. 8. (n. 1177).
Hadhmunt Mchb. sec. 9 (n. 490).
Hadani. Gld. II, a, 100.
Hadarat, msc. u. fem. 8. Gr. II, 463; IV, 805.
Hadaret Wg. tr. C. 231.
Haderat Laur. sec. 8 (n. 2840).
Hadrat Laur. sec. 8 (n. 3252).
Hadarih. 8. Mchb. sec. 9 (n. 649).

Hadarich Ng. a. 804.
Hadaricus Ng. a. 778.
Hadurih Schn. a. 814; St. P. dreiml.
Hadorich Laur. sec. 8 (n. 289).
Hadirih Gld. II, a, 100.
Haderich tr. W. a. 776 (n. 108); Laur. mehrm.; pol. R. s. 14.
Hederich Laur. sec. 8 (n. 755).
Hadrich pol. R. s. 102.
Ags. Heaðoric. Nhd. Etterich, Häterich, Hederich, Hedrich.
O. n. Haderichesbrucca, Hadirihhesdorf, Hedericheswerde.

Hadedeus. 9. Ng. a. 858.

Cativolcus. 10. C. Jul. Caes. Wahrsch. undeutsch.

Catualda. 1 v. C. Eburonenfürst 1 v. C.; Gothonenfürst 1.
Catualda Tac. ann. II, 62.
Hathold P. V, 857 (Thietmari chron.); Wg. tr. C. 11, 412.
Hadold Wg. tr. C. 365, 389.

Hadaward. 8. H. a. 945 (n. 158).
Hadawart Gld. II, a, 100.
Haduward Wg. tr. C. 299.
Hadowart P. I, 368 (Ruod. Fuld. ann.).
Hadoard pol. Irm. s. 28, 69 etc.
Hiezu wol Hadoarii Mab. a. 831 für Hadoarti.

Hadewip, fem. 11. Hf. sec. 11 (II, 333).

Hadwid, fem. 10. P. IX, 54 (Rodulf. hist.).
Hadvidis H. a. 1067 (n. 266).
Haduid Guér. a. 1089.
Hathuidis P. X, 541 (gest. abbat. Gemblac.).
Hatheguidis P. X, 546 (gest. abbat. Gemblac.).
Hawidis P. X, 601 (chron. S. Hubert. Andag.).
Havidis pol. Irm. s. 130.

Hathuwic, fem. 9. Tochter Ludwigs des deutschen, gemahlin des Sachsenherzogs Otto u. mutter Heinrichs I, sec. 9; tochter könig Heinrichs I und gatt. d. Hugo Capet sec. 10; tochter herzog Heinrichs v. Baiern und gattin herzog Burkards von Alamannien sec. 10; schwest. des Alamannenherzogs Hermann III, frau d. grafen Eberhard v. Nellenburg sec. 11.
Hathuwic P. VI, 284 (vit. Mahthild. regin.).
Hathewiga P. VIII öfters; Lc. a. 1054 (n. 190).
Hadiwih C. M. Nov.
Haduwich Gld. II, a, 100.
Hadawich St. P. öfters.
Hatuwig P. V öfters.
Hadewig P. V oft; Gud. sec. 10; Lc. a. 947 (n. 97); H. a. 964 (n. 180).
Hadewich H. a. 993 (n. 209); C. M. Dec.
Hadeuic necr. Aug.
Hadewic necr. Aug.; Gud. a. 1074.
Hathwiga P. V, 76 (ann. Quedlinb.) var. Hathwinga.
Hadwich H. a. 993 (n. 209); St. P.; C. M. Sept.
Hatwig Gld. II, a, 123.
Hadwig P. II, V öfters.
Hediwig necr. Aug.
Hedewiga P. VII, 388 (Bernold. chron.).
Hedewich P. VI, 791 (Adalbert. vit. Heinr. II).
Hedewih P. VI, 817 (vit. S. Heinr. additam.).
Hatuuih Schn. a. 863 (Dr. ebds. n. 583 Otuuih).
Hetvic Laur. sec. 8 (n. 3028).
Dass hier eigentlich zwei verschiedene namen, der eine auf -wig, der andere auf -wih, sich vermengt haben, zeigen auch die folgenden formen, welche den auslautenden consonanten entbehren:
Hathuwi Gld. II, a, 123; C. M. Jul., Dec.
Hathui P. V, VIII öfters; C. M. Aug.
Hatui Wg. tr. C. 162.
Haduwi C. M. Jul.
Haduwy Wg. tr. C. 373, 405.
Hathewi C. M. Aug.
Hadewi Gld. II, a, 100; C. M. Mai.
Hathwi Gld., a, 123 neben Hadwi.
Nhd. Hawich, Hedwig.

Hadowildis, fem. 8. Pol. R. s. 35.
Hatwildis P. II, 582 (Hist. transl. S. Viti).
Hadoildis pol. Irm. s. 158.
Sind diese formen als -hildis anzusehn?

Hadawin. 7. Franke unter Dagobert I.
Hadawin Laur. sec. 8 (n. 886).
Hadwin Schpf. a. 786 (n. 62).
Haduini Gld. II, a, 100.
Haduin Guérard a. 1046.
Chaduin Pd. a. 693 (n. 431; Mab. ebds.).

Hathovulf. 7. P. II, 350 (vit. S. Bonif.).
Chadulf test. Erm.
Cadulph Pd. a. 642 (n. 300).
Hadulf Wg. tr. C. 249.
Hatolf P. XII, 144 (chron. Gozec.).
Haduff (so) Wg. tr. C. 258; wol hieher. Vgl. Athaulf.

Zusammensetzungen mit erweitertem stamm:

Hetelger. 9. Wg. tr. C. 53.

Chedelmar. 8. Pd. a. 703 (n. 456; Mab. ebds.).

Chadoloald. 7. Pd. a. 658 (n. 331 u. 332; M. ebds. n. 66).

Hetelwif, fem. 9. Wg. tr. C. 167.

Die formen Hadalbald, Hadelbraht, Hadalpot, Hadalhard, Hadellinde, Hadalrich, Hadalwar könnten auch füglich hieher gehören; ich habe sie indessen unter A angeführt, weil das H eben so gut als unorganisch angesehn werden darf.

Zu HATH scheint noch zu gehören:

Hadeliomnus. 9. Pol. R. s. 22. Wol verderbt?

Hauding. 9. Pol. R. s. 50. Verderbt?

Hauis. 11. Pol. Irm. s. 49 (sec. 11).

Haulf s. HAH. **Haurendil** s. AUS.

Haursig. 9. Dr. a. 813 (n. 280); Schn. hat ebds. die form Hauris. Beide formen sind gleich unerhört und unerklärt.

-haus s. HATH. **Hautbert, Hauthar** u. a. s. AUD. **Hawald, Haward, Hawin** s. HAH.

Hawirih. 8. St. P.

HAZ.

Am natürlichsten scheint es mir, die folgenden n. an den stamm HATH anzuschliessen, so dass sich Hazo zu Hado verhält wie Razo zu Rado u. dgl. Gr. stellt Hazzo, Hezil, Haziga, Hazicha zweifelnd zu haz odium, was der bedeutung wegen anstoss erregt. Sollte eine der folgenden formen wirklich zu haz gehören, so ist es unmöglich sie von den übrigen auszuscheiden. Nahe beberührt sich HAZ mit HAS und HASS; desgl. mit AZ.

Hazo. 8. K. a. 882 (n. 158; ebds. Ng.); Dr. a. 1025 (n. 740; fehlt bei Schn.); H. a. 1036 (n. 230).

Hazzo Mchb. sec. 8 (n. 4).

Hezo P. V, 99 (ann. Hildesh.); St. P. dreimal.; Lc. a. 1096 (n. 252).

Hezzo H. a. 948 (n. 162).

Nhd. Hetz.

Hetzi. 10. Ng. a. 972.

Haza, fem. 10. Mchb. sec. 10 (n. 1143).

Hazeco. 10. P. VIII, 677 (annalista Saxo).

Hazeko Frek.

Hatziko Frek.

Hazecho P. VII, 153 (Lamberti ann. mit var. Nazecho); necr. Fuld. a. 1005; Lc. c. a. 1080 (n. 242).

Hatcecho Gud. a. 1006.

Hezich P. VI, 579 (vit. Brunonis).

Hazuka, fem. 11. C. M. Aug.

Hazucha Ms. a. 1049 (n. 21, 22).

Hazacha M. B. sec. 11 (VI); St. P. zwml.

Hazaga M. B. sec. 11 (X).

Hazoacha St. P.

Hazecha Lc. c. a. 1070 (n. 221).

Hazzecha P. X, 214 (vit. Conradi).

Hacecha Gud. a. 1028.

Hazega P. XI, 223 (chron. Benedictobur.).

Hezacha St. P.

Hezekin. 11. P. VII, 154 (Lamberti ann.).

Hezeken P. VII, 156 (Lamberti ann.).

Hazilin, Hezekin, Hezeken von derselben person bei P. VII.

Hezilo. 9. Sohn des mährischen fürsten Priwina sec. 9; herzog v. Baiern (Heinrich der jüngere) sec. 10; b. v. Hildesheim sec. 11.

Hezilo P. II, 244 (ann. Wirzib.); IV, 45 (Heinr. II constit.); V, 104 (ann. Hildesh.); VI, 802 (Adalbert. vit. Heinr. II).

Hecilo P. III, 429 (Kar. II capit.); IX, 246 (Gundechar. lib. pontif. Eichstet.); R. a. 1040 (n. 159).

Hezil P. IX, 249 (Gundechar. lib. pontif. Eichstet.); St. P.; Frek. mehrm.: Wenck hess. landesgesch. a. 1037; Lc. c. a. 1070 (n. 221).

Hecil P. V, 836 (Thietmari chron.); IX, 246 (Gundechar. lib. pont. Eichstet.); C. M. Juni, August.

Hezzil Lc. a. 1052 (n. 188).

Hezcil Gud. a. 1028.

Hezelo P. V, 6 (ann. Corbej.); VI, 731 (vit. Balderic. episc. Leod.); VIII, 681 (annalista Saxo); IX, 205 (Anselm. gest. episc. Leod.), 849 (chron. Hildesh.); X, 266 (Ruperti chron.).

Hecelo P. VII oft; K. a. 1045 (n. 226).

Hezzelo P. IX, 850 (chron. Hildesh.).

Hetzelo G. a. 1030 (n. 44).

Hezcelo P. VIII, 399 (Sigeb. auctar. Affligem.)

Hezel P. VII, 392 (Bernold. chron.); necr. Aug.; Lc. a. 1033 (n. 169); G. a. 1086 (n. 68).
Hecel conciliabul. Erphord. a. 1073.
Hezzel necr. Aug.; Laur. sec. 11 (n. 119).
Hetzel Lc. a. 1080 (n. 229).
Herimannus qui et Hezelo P. X, 370 (Hugon. chron.). Heriman = Hezelo auch P. VIII, 670 (annalista Saxo).
Hethelo, Ethylo = Hezilo P. IX öfters.
Nhd. Hetzel.

Hezilla, fem. 11. M. B. a. 1070.
Hecela M. B. a. 1090.

Hazilin. 11. B. v. Vicenza sec. 11. P. VII, 133 (Herim. Aug. chron.), 426 (Bernold. chron.).
Hecilin P. IX, 33 f. (Joh. chron. Venet.); Lc. c. a. 1020 (n. 159).
Hezelin P. IX, 479 (gest. episc. Camerac.); Lc. a. 1041 (n. 177), 1047 (n. 182) etc.
Hecelin P. IX, 34 (Joh. chron. Venet.); Lc. a. 1028 (n. 164), 1045 (n. 180).
Hezellin Lc. a. 1081 (n. 231).
Nhd. Hetzelein.

Hazechint. 11. Gld. II, a, 123.
Hezekint Schpf. a. 1040 (n. 201).
Hezechint necr. Fuld. a. 1053.

Hazcoz. Gr. IV, 280.

Hazaman. 11. St. P. zwml.
Hezaman St. P. dreiml.; Mchb. sec. 11 (n. 1172).

He (so). 8. Laur. sec. 8 (n. 2541).

Hebar-, Heber-, Hebern s. EBAR. **Hebing, Hebinolf** s. HAB. **Hebo** s. EB. **Hebroin** s. EBAR. **Hecbert, Hecbrath, Hecchacosa, Hecco** s. HAG.

Hechanperht. 9. St. P.

Hechard, Hechia, Hechideus, Heckehilt s. HAG.

Hecto. 9. P. III, 429 (Kar. II capit.).

Hecwilind s. HAG.

HEDAN.

Jac. Grimm hat bei Haupt zeitschr. II, 2 einen solchen stamm (ahd. hetan, alts. hetan, ags. heden, heoden, altn. heðinn) erkannt, ohne indessen über seine bedeutung im klaren zu sein. Es berühren sich diese formen nahe mit ahd. heidan paganus u. s. w., ohne dass sie jedoch damit identisch sind. Auslautend begegnet HEDAN in Mardhetin (8) und Wolfhetan (9).

Hedin. 6. K. a. 818 (n. 81; Ng. ebds.).
Hetin M. B. a. 740 (XXVIII); St. P.
Heden P. II, 344 (vit. S. Bonif.); urk. v. 704 (Bertholet hist. de Luxemb.); H. a. 704 (n. 27), 716 (n. 37); Pd. a. 716 (n. 500).
Chedin Greg. Tur. X, 3.
Chedenus d. Ch. I, 886.

Hedena, fem. 8. Pol. Irm. s. 26.

Edenelt s. ATHAN.

Hethenricus s. HAIE.

Hedenold. 7. Pol. R. s. 64.
Chedenoald Pd. a. 664 (n. 350).

Hedenulf. 9. B. v. Lyon u. b. v. Laon, sec. 9.
Hedenulf P. I, 508 (Hincm. Rem. ann.), II, 213 (ann. S. Maxim. Trevir.); III, 534 (Kar. II capit.).
Hedennulf (so) P. VI, 6 (ann. S. Maxim. Trevir.).
Edenulf conc. Trec. a. 878.
Edenultf (so) pol. Irm. s. 25.
Vgl. Adenulf unter ATHAN.

Heddo, Hedela, Hedelind s. HATH. **Heden, Hedenold, Hedenulf** s. HEDAN. **Hederammus, Hederich** s. HATH. **Hedling** s. ATHAL.

Hedmarich. 10. P. IV, B, 171 (synod. Baioar. sec. X). Verderbt?

Hedo s. HATH.

Hedralus. 9. Pol. R. s. 68. Verderbt?

Heffa, Heffo s. HAP. **Hegana** s. HAGAN. **Hegero, Heggebord, Hegibert, Hegilo, Hegilinch** s. HAG. **Hegino, Heginolf** s. HAGAN. **Hegisher** s. AGIS. **Hegleduin** s. AGIL. **Hego** s. HAG. **Hehith** s. HAH. **Hehtolf** s. ACT.

Heiat. 9. Schu. a. 812 (Dr. ebds. n. 289 Eiiat).

Heibo s. EB. **Heico** s. HAH. **Heid-** s. HAID. **Heigilo** s. AGIL. **Heigo** s. HAH. **Heil-** s. HAIL. **Heim-** s. HAIM. **Heinard, Heindio, Heinfrid, Heinhard, Heining, Heinold** s. HAGAN. **Heinrich** s. HAIM.

Heinzaperht. 8. Zweifelhafte form bei St. P.

Heio s. Haio. **Heipo** s. EB. **Heirard, Heirbert** s. HARI. **Heirich** s. HAIM.

Heirelt s. HARI. **Heist-** s. HAIST. **Heito, Heiz-** s. HAID. **Hekeburc, Hekilant** s. HAG. **Hekisheri** s. AGIS. **Helahwih** s. HAILAG.

HELAN. Dieser ziemlich seltene stamm scheint mir am natürlichsten zu ahd. hala, helina (tegmen, velamentum) zu stellen, doch ist zu bemerken, dass statt Helm- öfters nur irrthümlich Helin- gelesen wird.

Helinbald. 9. Laur. sec. 9 (n. 2172).

Helinbert. 9. Guér. a. 828.

Helinbraht necr. Fuld. a. 885.

Helanpirich, fem. 11. Mchb. sec. 11 (n. 1173).

Helinpirc Mchb. sec. 11 (n. 1173).

Helianpurch, fem. 9. St. P.

Helinbruch neben Helimbruch Lgd. a. 804 (I, n. 12).

Helinger. 9. Schn. a. 814; Laur. mehrm. O. n. Helingerswenga.

Helingaud. 8. P. VII, 101 (Herim. Aug. chron.); VIII, 565 (annalista Saxo); IX, 292 (Ad. Brem.).

Helingoz Schn. a. 819 (Dr. ebds. n. 380 Helmgoz); Laur. sec. 9 (n. 597).

Helengoz Laur. sec. 8 (n. 2161).

Helinlind, fem. 9. Dr. a. 812 (n. 289; Schn. ebds.).

Helinnand. Einen solchen n. mag es wol gegeben haben, doch ist er gänzlich in Helinand und Elinand aufgegangen, welche formen ich unter ALI angeführt habe, da ich kein Helinnand nachweisen kann.

Helinsind. 9. Schpf. a. 828 (n. 89).

Helnsuind, fem. 9. St. P.

Heland s. HAIL. **Helb-** s. HILP. **Helca, Helchard** s. HAILAG. **Held-** s. HALID und HILDI. **Helechin** s. HAILAG. **Heled-** s. HALID. **Helemlog** s. HELM. **Helesint** s. HAL. **Helf-** s. HILP. **Helfrid, Heliarda, Heliboto** s. HAL. **Helid-** s. HALID. **Heligbert** s. HAILAG. **Heliger** s. HAL. **Heligund** s. HALID. **Helihild** s. HAL. **Helin-** s. HELAN. **Heling, Helipald, Heliperaht, Helira** s. HAL. **Helisachar, Helispert, Helispun** s. ALIS. **Heliulf** s. HAL. **Heliwar** s. HALID. **Heliwich, Helli, Hellibrug, Helle** s. HAL. **Helkart** s. HAILAG.

HELM. Seit sec. 6 in n. nachzuweisen, gehört dieser stamm sowol anlautend als auslautend zu denen von mittlerer häufigkeit; nur fällt seine seltenheit im pol. Irm. auf, während er im pol. R. schon mehr gebräuchlich ist. Bemerkenswerth sind seine nebenformen Hilm- und -halm. Seine zugehörigkeit zu ahd. helm galea ist wol nie bezweifelt worden. Verwechselung ist höchstens mit HELAN und HIMIL möglich. Auslautend sehn wir HELM in folgenden 85 n., worunter nur 2 feminina:

Averhelm 9.	Friunthelm.	Munihelm.
Achelm 9.	Frudhelm 8.	Munthelm.
Agenelm 8.	Fulchelm 9.	Nothelm 6.
Electelm 8.	Gerhelm 8.	Odilelm 8.
Althelm 8.	Girelma 8.	Rathelm 8.
Angilhelm 8.	Gauzhelm 8.	Rachelm 8.
Anshalm 8.	Gisalhelm 8.	Raganhelm 8.
Arahelm.	Godohelm 8.	Richelm 8.
Arnhalm 9.	Coteshelm.	Roselm 9.
Archelm 8.	Gundhelm 8.	Sahshelm 11.
Esthelm 9.	Gunzelm 11.	Siddilmus 8.
Adhelm 9.	Arthelm 9.	Sigihelm 7.
Adalhalm 8.	Hildelm 11.	Starchelm 9.
Autelm 8.	Hrodhelm 8.	Stralhelm 9.
Ezelm 11.	Ermentelm 8.	Thiothelm 8.
Batuhelm.	Lanthelm 9.	Diezhelm 11?
Perrhelm 8.	Landelhelm 8.	Walahelm 8.
Bernhelm 9.	Laudelm.	Waldhelm 8.
Berchthelm 8.	Lianhalm 10.	Wandilhelm 8.
Bilihelm 9.	Liuthelm 8.	Withelm 8.
Plechelm 7.	Lietselm 11.	Wighelm 8.
Blithelm 9.	Madelm 8.	Wiclelm 8.
Boselm 11.	Maghalm 8.	Willahalm 8.
Brunihelm.	Maginhelm 8.	Guillerma 10.
Dachelm 9.	Maitelm 8.	Windhelm 9.
Droctelm 8.	Marthelm 9.	Wielihalm 11.
Ebarhelm 8.	Madalhelm 9.	Wolfhalm 8.
Frohelm 9.	Moathelm 8.	Vunnihelm 9.
Friduhelm 9.		

Helminus. 9. B. v. Autun sec. 11. Oefters in d. concil.

Helmini necr. Aug.

Helmene Gld. II, a, 101.

Hemline Mab. a. 854 hieher?

Helmuni. 8. Wg. tr. C. 227; Mchb. sec. 8 (n. 38 etc.); Pd. a. 740 (nchtr. n. 68); M. B. a. 802 (IX); St. P. drml.

Helmuno (mönch zu Benedictbeuern) P. XI, 222 (chron. Benedict.); im index heisst derselbe Helmunc.

Helmbald. 9. Lc. a. 801 (n. 21); Dr. sec. 9 (n. 137); Dr. a. 826 (n. 466; Schn. ebds. Helmhald); Laur. öfters.

Helmpald St. P.

Helmbold Wg. tr. C. 232.

Helmbolt Lc. a. 1057 (n. 192).

Nhd. Hellmbold (so), Helmboldt.

Helmperht. 8. Mchb. sec. 8 (n. 7); St. P. öfters.

Helmbraht Lc. a. 838 (n. 54).

Helmpraht Schn. a. 776, 803.

Helmpreht M. B. c. a. 1050 (VI); M. B. a. 914 (XXXI).

Helmbreht M. B. c. a. 800, 808 (VII, VIII, IX); Laur. sec. 8 (n. 6).

Helmbert P. IV, B, 171 (synod. Baioar. sec. X); Laur. mehrm.

Helmpert M. B. a. 914 (XXXI).

Helmbreth P. XI, 232 (urk. v. 808 im chron. Benedictobur.).

Helmbrat Lc. a. 826 (n. 42).

Helmbratt Lc. a. 815 (n. 31).

Nhd. Helmbrecht.

Helmberga, fem. 8. Pol. Irm. s. 152.

Helmpirc St. P.

Helmpirich Mchb. sec. 8 (n. 196).

Helmbodo. 9. Wg. tr. C. 384.

Helmbodu Wg. tr. C. 299.

Helmburg, fem. 9. Wg. tr. C. 28, 430; Frek.; Ms. a. 1090 (n. 39).

Helmpurch St. P.

Helmborgh Wg. tr. C. 53.

Helmdag. 9. Wg. tr. C. 70, 71, 272, 283, 436, 462; Lc. a. 800 (n. 18).

Helmdac Wg. tr. C. 357, 448.

Helmtag Schn. a. 876.

Helmdrud, fem. 9. St. P. zwml.

Elmetrudis Lgd. a. 820 (n. 36).

Hilmptrud (so) M. B. sec. 11 (VI).

Hilmitrud s. Himiltrudis.

Helmfrid. 9. Abt zu Fulda sec. 10. P. VII, 553 (Marian. Scot. chron.); XII, 18 (ann. Elwang.); Lc. a. 827 (n. 43), 848 (n. 64); St. P.

Helmfrith necr. Fuld. a. 954.

Helmger. 8. Wg. tr. C. 235.

Helmiger P. VI, 691 (Adalbold. vit. Heinr. II).

Helmgar Laur. sec. 8 (n. 1829).

Helmgaer St. P.

Helmger Ng. a. 797; H. a. 960 (n. 171); necr. Aug.; St. P. drml.; Laur. mehrm.; C. M. Aug.

Helmker P. XI, 231 (chron. Benedictobur.); Mchb. sec. 8 (n. 91, 119); M. B. a. 762 (VII).

Vgl. hiemit den angeblich hunnischen heerführer Ἑλμίγγειρος (6) bei Agathias.

Helmigaud. 8. P. III, 21 (Pipp. capit.); conc. Suession. a. 744.

Helmegaud A. S. Jan. I.

Helmgaud P. I, 190 (Einh. ann.), 352 (Enh. Fuld. ann.); II, 698 (vit. S. Anskar.); VIII, 169 (Ekkeh. chron. univers.).

Hilmegaud pol. R. s. 11.

Helmgauz Laur. sec. 8 (n. 937, 1293).

Helmgaoz St. P. zwml.

Helmgoz Dr. a. 819 (n. 380; Schn. ebds. Helingoz); Laur. mehrm.

Helmcoz K. u. Ng. a. 786, 839.

Vgl. Helingaud unter HELAN.

Helmengaud Mab. a. 752 u. 759 soll wol heissen Hermengaud.

Hilmegaugius. 9. Pol. R. s. 16.

Helmegaugius pol. R. s. 11.

Helmichis. 6. Paul. diac. II, 28 f.

Helmgis St. P.

Hilmegis d. Ch. I, 215 (Marii chron.).

Chelmegisel. 8? B. v. Besançon. A. S. Jun. I.

Helmgunda, fem. 8. Laur. sec. 8 (n. 697).

Helmhart. Gr. IV, 845, 1022.

Helmhildis, fem. 9. Pol. R. s. 81 neben Hilwildis.

Helmlach, fem. (so) 11. Ms. a. 1074 (n. 28).

Helemlog, fem. (so). Gld. II, a, 123.

Helmunt. 10 (= Helm-munt? oder = Heli-munt?) P. I, 89 (ann. Salisb.).

Nhd. Hellmund, Hellmundt.

Hilmerad. 8. B. v. Amiens sec. 9. P. II, 303 (chron. Fontan.); III, 420, 421, 426 (Kar. II capit.); Guérard. a. 822; pol. R. s. 86.

Helmorad Gld. II, a, 115.
Helmerat necr. Aug.; Laur. sec. 8 (n. 3531).
Hiltmerad (so) urk. aus sec. 10 (im appendix zu Guérard pol. Irm. s. 337).

Helmerada, fem. 9. Pol. R. s. 49.

Helmirich. 8. Ng. a. 813.
Helmirihc necr. Aug.
Helmeric Wg. tr. C. 71, 252.
Helmerich P. XII, 17 (ann. Elwang.); Ms. a. 1049 (n. 21).
Helmric Wg. tr. C. 40, 336, 439, 457; Lc. a. 800 (n. 18), 970 (n. 111); Ms. a. 1096 (n. 44).
Helmrich P. VIII, 626 (annalista Saxo); M. B. a. 806 (VIII).
Helmrih Ng. a. 792; St. P.
Helmrihc Gld. II, a, 101.
Holmrich P. I, 32 (ann. Lauresh.) mit var. Helmericus.
Olimrich wol kaum hieher.
Nhd. Hellmreich (so), Helmreich.
O. n. Helmricheshusun.

Helmrid. 9. Wg. tr. C. 403.

Helmsinda, fem. 10. H. a. 964 (n. 180).

Helmsuind, fem. 8. Laur. sec. 9 (n. 1523).
Helmswint Laur. sec. 9 (n. 216).
Helmsuint Laur. sec. 8 (n. 1096).
Helmswith und Helemswith Gld. II, a, 124.

Helmtheo. 9. Schn. a. 827.
Helmdio Schn. a. 812.
Helmdeo Dr. a. 836 (n. 489; Schn. ebds. Helmdo).

Helmold. 8. Wg. tr. C. 251, 386, 465.
Helmolt Schn. a. 827.
Helmhold Wg. tr. C. 416.
Helmhald Schn. a. 826 (vgl. Helmbald).
Elmoalt Pd. a. 734 (n. 554).
Elmolt St. P.

Helmwar. 9. Dr. a. 844 (n. 552; Schn. ebds. Helmunas).

Helmward. 9. P. II, 424 (vit. S. Liudgeri); Wg. tr. C. 233, 285, 345, 456, 461.
Helmword Wg. tr. C. 185.
O. n. Helmwardeshusen.

Helmwerc. 9. Wg. tr. C. 233, 238, 337.
Helmerck Wg. tr. C. 53 wol verderbt.
Helmuurc Hf. c. a. 1020 (II, 152).

Helmuidis, fem. 9. Pol. R. s. 8, 37.

Helmowin. 8. Mrkgr. v. Kärnthen sec. 9.
Helmowin Mchb. sec. 8 (n. 111).
Helmmoin Mchb. sec. 8 (n. 111).
Chelmoin Pd. a. 722 (n. 521).
Helmovin Schn. a. 841.
Helmwin Mchb. sec. 8 (n. 206).
Hilmuin pol. R. s. 8.
Helmuin P. X, 286 (Hugon. chron.).
Helmoin Mchb. sec. 8 (n. 122); H. a. 714 (n. 36; Pd. ebds. n. 490).
Elmuin P. X, 503 (Hugon. chron.).

Helmwolf. 8. Schn. a. 838.
Helmulf Laur. sec. 8 (n. 2418); Wg. tr. C. 235, 241, 256, 337, 457.
Helmolf Schn. a. 788; Schpf. a. 829 (n. 90).
Ags. Helmvulf.

Helnsuind s. HELAN. **Heloco** s. HAILAG. **Help-** s. HILP. **Helrat, Helsuint** s. HAL. **Heluco** s. HAILAG.

Helut. 9. Mchb. sec. 9 (n. 255).

Helvidis s. HAIL. **Helwic** s. HAL. **Helz-** s. HILT. **Hembard** s. HAIM. **Hemedo** s. HAM. **Hemered** s. HAIM. **Hemfrid, Hemhart, Hemhild, Hemico, Hemido, Hemilo, Hemini, Hemma, Hemmi, Hemmic, Hemmid, Hemming, Hemmo** s. HAM. **Hemmund, Hemold, Hemric** s. HAIM. **Hemuzo** s. HAM. **Hending** s. HAND. **Hendrud** s. AN. **Henelo** s. Hanala. **Hengerbold** s. ANGIL. **Henghilta** s. HANG.

Hengist. 5. Beda.
Hengest M. B. a. 1042 (XXIX).
O. n. Hengistfeldon, Hengistdorf; viell. auch Hengesbah hieher.

Hengrgis. 9. Zweifelhafte form bei St. P.

Henhart. Gld. II, a, 124.

Hennikin, abl. fem. 11. P. V, 85 (ann. Quedlinb.).

Henno. 9. Ng. a. 813, 831; G. a. 1056 (n. 56). Unechte angebl. aus a. 817 stammende urk. M. B. (XXXI). Vgl. AN.

Henred. 9. Wg. tr. C. 310. Zu HAGAN?

Henza, Henzelin s. ANT. **Hepfilo** s. HAP. **Hepino, Hepinolt** s. HAB. **Hepo** s. EB. **Heppid** s. HAP. **Heraotpreht** s. HEROD. **Herard, Herawan** u. a. s. HARI-

Herb- s. ARB. **Herbod** u. a. s. HARI. **Hercan** s. ERCAN. **Hercha** s. HARC. **Herchan-, Herchen-, Herchin-** s. ERCAN. **Hercrat** s. HARC. **Herdeg** s. HARI. **Herdrich** s. HARD. **Herebord** s. HARI. **Herembert, Herenbert, Herenfrid, Herenger** s. ERA. **Herevuns, Herhard, Herholdt, Heriand, Heribald, Heribert, Heribrand, Heriburg, Herich, Heridac, Herigar, Herigild, Herigis, Heriland, Heriman** u. a. s. HARI. **Herimbert** s. ERA. **Herimod, Herioid, Herisuid, Heriward, Heriwich** s. HARI. **Herkenger** s. ERCAN. **Herland** s. HARI. **Herlebold, Herluin** s. ERL. **Hermbert, Hermbold** s. ERA. **Hermefrid, Hermeharis, Hermegiscius, Hermeland, Hermemir** s. IRM. **Hermen-** s. IRMIN. **Hermericus, Hermigar** s. IRM. **Hermin-** s. IRMIN. **Hermlagia, Hermold, Hermolf, Hermomir** s. IRM. **Hermon** s. IRMIN. **Hermulo** s. IRM. **Hernald** s. ERA.

HEROD. Ahd. hêrôti principatus. ..

Heraotpreht. 9. R. a. 821 (n. 21).

Herodhoh. 9. Dr. c. a. 840 (n. 539).

Heredrich. 11. Hf. a. 1033 (II, 155); Lc. ebds. (n. 169). Vgl. Haridrich und Heridrich unter HARD.

Heronod. 9. Pol. R. s. 58. Zu HARI?

Herosta, fem. 8. Ng. a. 779, 784; Gld. II, a, 124. Ist wol jedenfalls der superl. von hêr praestans. Vgl. das suffix st.

Herpo s. ARB. **Herrand** s. HARI. **Hersemar** s. HORS. **Heruwincus, Herveld** s. HARI.

Herzrad. 8. Schpf. a. 795 (n. 70).

Hesiko s. HAS.

Hesind, msc. 8. Pd. a. 744 (n. 579; Ng. ebds.).

Heta s. HATH. **-hetan** s. HEDAN. **Hetelger, Hetelwif** s. HATH. **Hethenricus** s. HAID.

Hetica, fem. 9. Schn. a. 804. Zu HATH?

Hettelo, Hetti, Hettin, Hettinc s. HATH.

Heubert. 8. Laur. sec. 8 (n. 553).

Heudo s. EUTH. **Heumard** s. HAIM.

Heutar s. EUTH.

Heuzo. 8. St. M. a. 709; P. IV, 176 (Heinr. II pact.) mit var. Heimzo.

Heui. 9. Wg. tr. C. 257.

Heuo. 9. Wg. tr. C. 253, 264.

Nhd. Heu, Hey.

Hewin zu schliessen aus o. n. Hewineshusun.

Hezich, Hezilin, Hezilla, Hezilo.

Hezo s. HAZ.

Hibo. 8. K. a. 793 (n. 43; Ng. ebds.).

Hibbo Frek.

Nhd. Hibo (so).

Hicchila, fem. 8. Gr. IV, 797.

Hicchilo (fem.) Sm. mit var. Hiccilo.

Hiccila, Hicela s. HIZ.

Hicho. 8. St. P.; Schpf. a. 796 (n. 71).

Hiko Frek.

Hicholt. 9. St. P.

Hicil, Hicipirna s. HIZ.

HID. Wenn man auch annimmt, dass das h der folgenden formen oft unorganisch ist und hier vielmehr der stamm ID vorliegt, dass ferner zuweilen Hid- nur für Hild- verschrieben ist, so muss doch ein besonderer stamm HID in den namen angenommen werden, wenn auch über seine abstammung sich noch keine irgendwie wahrscheinliche vermuthung darbietet. Ob dieser stamm auch in Erchanhit auslautend vorkommt? HIZ scheint nur eine weiterbildung von HID.

Hiddi. 9. Mab. a. 813; Wg. tr. C. 81, 88, 210.

Hitti P. I, 393 (ann. Fuld.); Dr. a. 838 (n. 512; Schn. ebds. Hilti); St. P.

Hiddimilo Wg. tr. C. 456 fällt so sehr auf, dass mir scheint, als müssten hier zwei namen, Hiddi Milo, gelesen werden.

Hiddo. 8. B. v. Autun sec. 8. P. III, 30 (Pipp. capit.); Lc. a. 796 (n. 8); Wg. tr. C. 51; Lc. a. 851 (n. 27).

Hitto P. III, 89 (Kar. M. capit.), 458 (Kar. II capit.); VI, 452—456 (vit. S. Wiboradae); M. B. a. 776, 822, 828 (VIII), 879 (XXXI), c. a. 800 (VI); Laur. sec. 8 (n. 3285, 3309); Ng. a. 764, 797, 817; St. P. öfters.

Hito Ng. a. 809; St. P.

Heddo, Hetto s. HATH.
O. n. Hiddenhusen, Hittenowa, Hittendorph.
Hidda, fem. 8. P. V, 751 (Thietmari chron.); VIII, 619 (annal. Saxo); Wg. tr. C. 456; Ms. a. 1049 (n. 21); Lc. a. 1083 (n. 234).
Hitta pol. Irm. s. 168; Ng. a. 776; Laur. sec. 8 (n. 2976); St. P. mehrm.; Schn. a. 802.
Hita Laur. sec. 8 (n. 2135).
Hitthane (cas. obl.) tr. W. a. 812 (n. 182).
Hidda = Hilda P. VIII, 623 f. (annalista Saxo).
Hitta sive Hildiberga K. a. 776 (n. 17; Ng. ebds.).
Hiddikin. 10. Frek. mehrm.
Hittilo. 8. St. P. mehrm.
Hietol St. P. hieher?
Hittala, fem. 8. St. P.
Hittila St. P.
Hitila Gld. II, a, 124.
Hitin. Gld. II, a, 101.
Hittuni. 8. Tr. W. a. 742 (n. 1 u. Pd. nchtr. n. 742).
Hittun P. III, 90 (Kar. M. capit.).
Hizo u. dgl. s. HIZ.
Hidebert. 8. Mab. a. 805.
Hytbert Pd. a. 739 (n. 559).
Hitigart (so), fem. 8. St. P.
Hidegardis pol. Irm. s. 99.
Hithar. 8. Pol. Irm. s. 91.
Hither Schn. a. 762; Dr. a. 766; Ng. a. 774.
Hithildis, fem. 8. Pol. Irm. s. 93.
Hideman. 11. Dr. a. 1057 (n. 756; fehlt bei Schn.).
Nhd. Hittmann.
Hiderich. 8. Schpf. a. 784 (n. 61).
Hittiwar. 9. St. P.
Hidewart. 8. Laur. sec. 8 (n. 2984).
Hidoin. 8. Pol. Irm. s. 22.
Hidulf. 7. Erzb. v. Cöln sec. 11. Pol. Irm. s. 2; Mab. a. 854.
Hidulph P. I, 9 (ann. Petav.).
Hidolf Mchb. sec. 8 (n. 124).
Hitolf Mchb. sec. 8 (n. 146).
Hydulph Pd. a. 691 (n. 419).
Verwechselung von Hidulph und Hadulph P. I, 9 ann. Petav.).
Hidalbert s. ID.

Hiemar. 9. Laur. sec. 9 (n. 478).
Hiemo. Gld. II, a, 101.
Hierica. 9. Wg. tr. C. 231.
Vgl. Hiericus statt Heinricus.
Hiermos (so). 8. Zwml. Laur. sec. 8 (n. 339).
Hiero. Gld. II, a, 101.
Hierold. 9. Wg. tr. C. 187.
O. n. Hierolteswilare.
Hietol s. HID.
Higisil. 7. Pd. a. 615 (n. 230).
Hiko s. Hicho.
Hilbo. 8. Laur. sec. 8 (n. 429).
Hilborgo (so). Gld. II, a, 101.
Hilcekin s. HILT.

HILDI.

Diese n. gehören ziemlich sicher zum ahd. hilti, ags. hilt, nord. hilldur (vgl. Grimm gr. II, 461). Leo dagegen (ferienschr. I, 101) denkt an eine grosse anzahl keltischer wörter, deren ursprünglicher sinn der begriff von licht und freude ist, und allerdings hindert der vorzugsweise westfränkische und der so sehr häufige femininale gebrauch dieses stammes in den namen an der unbedingten verwerfung dieser ansicht. Keltisches mag sich dem deutschen beigemischt haben. Schwer ist die scheidung dieses stammes von ahd. helid (heros; s. HALID); eben so auch zuweilen die von HILT. Die fränkischen scharf aspirirten namen wie Childerich (das man früher durch kinderreich erklärte) gehören eben so sicher hieher wie die gar nicht aspirirten späteren, die mit Ild- beginnen. Merkwürdig ist das häufig vorkommende -vildis, -oildis, das man nicht gut (wenigstens nicht immer) von HILDI trennen kann; das v oder o lässt sich in vielen dahin gehörigen beispielen nicht zum ersten theil der zusammensetzung ziehn und muss also für einen vertreter des h gelten.

Im ganzen ist HILDI sowol anlautend als auslautend einer der häufigsten der zu n. gebrauchten wortstämme; er findet sich anlautend schon seit sec. 3 häufig und scheint über alle deutschen völker verbreitet zu sein; unter den Franken tragen die merovingischen königsn. Childibert und Childirich am meisten zu seiner häufigkeit bei. Auslautend ist HILDI noch häufiger, bei den Franken fast im übermass gebraucht (und hier nicht immer von -gildis scharf zu trennen); seine erste spur ist Thusnelda sec. 1. Kein wortstamm bildet so viel feminina als dieser; msc. sind wenig, selten und unsicher (Athildus, Gumildus, Rotchildus, Sanieldo). Folgende 281 auf HILDI ausgehende n. sind mir begegnet:

Abachild 9.
Abarhild 8.
Absildis 9.
Actohildis 8.
Actenildis 8.
Adarhilt 8.
Agohildis 7.
Aglehildis 8.
Aginildis 7.
Alahilt.
Alachilt 9.
Althildis 8.
Albhilt 8.
Alihilt 8.
Ellanhilda 9.
Amalhildis 8.
Amathildis 7.
Anahildis 8.
Andoildis 8.
Anganhildis 8.
Anglehildis 8.
Ansehildis 8.
Ansthild.
Arohildis 8.
Aranhilt 8.
Erboildis 8.
Argovildis 8.
Ascoildis.
Athildus 7.
Adahildis 9.
Adalhildis 8.
Edenelt? 8.
Audechildis 7.
Audenildis 8.
Odrechildis 9.
Aonilt 8.
Aurildis 8.
Osenhild.
Austrechildis 6.
Avuldis?
Auwanildis 9.
Badahilt 7.
Baghildis 7.
Bainhildis 9.
Baldechildis 7.
Blathild 8.
Barnoildis 9.
Benoildis 8.
Berhildis 8.
Bernhildis 8.
Perahthilt 6.
Bertenildis 8.
Bilihild 6.
Blichildis 7.
Blidhild 7.
Botzhilt 8.
Branthildis 8.
Brunihild 6.
Purihilt 9.
Celsoildis 8.
Chimechildis 7.
Chinechildis 7.
Christehildis 8.
Chunihildis 7.
Craphaildis 7.
Tagahilt 9.
Dacloildis 8.
Tagarhilt 8.
Danahildis 8.
Thiurhilt 9.
Duamhilt 9.
Domnehildis 8.
Drudhilt 8.
Dructildis 8.
Eburhilt 8.
Edoildis 8.
Eonhilt 9.
Eremhilt 8.
Ercanhilt 8.
Erloildis 8.
Euthildis 8.
Eodelildis 8.
Faginhild 8.
Farohildis 8.
Farthilt 9.
Flavildis 8.
Framhildis 7.
Framnehildis 8.
Frandildis 8.
Freudoildis 8.
Frautilde 7.
Frawihilt 8
Fraunehildis 8.
Frehild 8.
Frethuhild 8.
Frodohildis 8.
Frotlildis 8.
Frumihilt 8.
Fuarhild.
Fulchildis 8.
Fuscildis 8.
Gibohildis 8.
Geithilt 9.
Geilildis 8.
Gaintildis 9.
Gildiildis 9.
Gamanhilt 8.
Gentildis 8.
Garoildis 8.
Girlildis 8.
Gauthildis 8.
Gautlildis 8.
Gaugildis 8.
Genildis 8.
Germenildis 9.
Geruildis 8.
Gisohildis 8.
Gisalhilt 9.
Godahildis 8.
Godalhildis 8.
Goderhildis 9.
Grahilt 8.
Grimhildis 8.
Gumildus 7.
Gomahilt 8.
Gundihild 6.
Gundrildis 8.
Hachhilt 8.
Aitohildis 8.
Haimildis 8.
Heisthilt 9.
Helihild 8.
Hemhild 8.
Handoildis 8.
Henghilta 8.
Hardoildis 8.
Harihildis 8.
Airlildis 8.
Hashilt.
Helmiildis 9.
Hithildis 8.
Hildoildis 8.
Chlotichilda 5.
Flothildis 6.
Rotchildus.
Hrodhildis 5.
Rumhild 7.
Hunhilt 9.
Emihild 8.
Imnechildis 7.
Ingohildis 8.
Ingenildis 8.
Ermohildis 8.
Irminhilt 8.
Isanhilt 8.
Janovildis 8.
Jordildis 8.
Judildis 8.
Judelhildis 8.
Junildis 8.
Lahildis 9.
Leibhilt 8.
Lethaildis 9.
Landohildis 5.
Lonhilt 9.
Leonichildis.
Liubhild 8.
Leuthildis 8.
Liushild.
Lobahilt 9.
Lozhilt 8.
Madanildis 8.
Maghildis 8.
Magenildis 8.
Mahthildis 8.
Manehildis 11.
Mandhilt 9.
Merihilt.
Marcohildis 8.
Madalhildis 8.
Mazhild 9.
Mimihilt 8.
Mivildis 9.
Muothilt 9.
Munihilt 7.
Nachilt 9.
Naildis 8.
Nanthildis 7.
Narthildis 8.
Nerihilt.
Nadalildis 8.
Nictoildis 8.
Nithildis 8.
Nodalhildis 8.
Nordhilt 8.
Ohilta 9.
Olivoildis 9.
Odilhildis 8.
Pascuildis 8.
Radohilt 8.
Raghildis 8.
Raganhildis 8.
Randoildis 8.
Ranihilda 6.
Reonhilt 9.
Restoildis 8.
Richildis 8.
Riederhilt.
Rimihild 8.
Riumhilt.
Runhilt.
Sacohilt.
Saderhildis 8.
Samanildis 8.
Sanctitilde 9.
Sandhilt 10.
Sanieldo? 6.
Sarachildis 7.
Scafhilt.
Sconehildis 11.
Scierhilt 9.
Scohilt 9.
Sigihilda 8.
Siclehildis 8.
Sigenildis 8.
Sindhilt 8.
Sonihild 8.
Spaneldis 9.
Spothild 10.
Starhhilt 8.
Sunthildis 9.
Sundarhilt 10.
Sunehildis 9.
Sunnihilt 7.
Suoshilt 10.
Swabahilt 8.
Swanahilda 6.
Swedilt 9.
Sointhildis 8.
Tethildis 9.
Tanchilt 8.
Deganhilt.
Themarhilt 9.
Teudehildis 5.
Teutlehildis 7.
Droildis 8.
Thusnelda 1.
Triuhilt 9.
Umhilt 10.
Unilt.
Wagarhilt 8.
Wathildis 8.
Walahild 8.
Walantildis 8.
Waldohildis 7.
Wanahilt 9.
Wanthildis 8.
Wandrehildis 8.
Warehildis 9.
Warinchildis 8.
Wasahilt 9.
Westrahilta 8.
Werdhilt 9.
Wibhild 8.
Widohildis 8.
Widinildis 8.
Wiclildis 8.
Willahild 8.
Winihilt 8.
Vincoildis 8.
Winetildis 8.
Wintarhilt 8.
Wodilhilt.
Wolcilt.
Vuldarhilt 8.
Wolfhilda 8.
Wunnihilt 8.
Wonathilt 9.
Zamhilt 10.
Zeizhilt 8.
Zierhild 11.

Hildi. 8. B. v. Verdun sec. 9.
Hildi Wg. tr. C. 402; Schn. a. 808.
Hilti St. P. oft; Ng. a. 819; M. B. a. 837 (IX) Schn. a. 838 (Dr. ebds. n. 512 Hitti).
Childi Pd. a. 731 (n. 550).
Hilt K. a. 834 (n. 94).
Cheldio(nis comitatus) M. B. a. 895 (XXXI).
O. n. Hiltesinga, Hiltesholz, Hildeshusen, Hilleslevo.

Hildo. P. 9. V, 773 (Thietmari chron.); Lc. c. a. 1070 (n. 221).
Chillo Pd. a. 693 (n. 431; Mab. ebds.) viell. hieher.
Nhd. Hildt. Hill? Hille?
O. n. Hildengim, Hildinrode, Hiltaninga (einen p. n. Hiltaninc Gr. IV, 912 kenne ich nicht).

Hildis, fem. 8. Laur. sec. 8 (n. 931).
Hildia tr. W. a. 774 (n. 61 u. 178).
Childia tr. W. a. 774 (n. 53).
Hiltea St. P.
Hilda pol. R. 213, 229; Laur. sec. 9 (n. 1237).
Hilta St. P.; Laur. sec. 8 (n. 3507).
Hiltiu (gen. fem.) Dr. sec. 9 (n. 187; Schn. ebds. Hiltun).

Hildikin. 11. Ms. a. 1049 (n. 22).

Hildulo. 9. P. III, 253 (Hlud. et Hloth. capit.).
Nhd. Hildel, Hillel, Hiltl.

Hildila, fem. 7. Laur. sec. 8 u. 9 (n. 599, 2829).
Hiltila St. P.
Hildela pol. R. s. 61.
Childela P. II. 187 (ann. Gand.); VII, 21 (ann. Blandin.); M. a. 691 (n. 129).

Hildelin. 11. P. VI, 797 n. (Adalbert. vit. Heinr. II; viell. für Hildelm); Gud. a. 1069.

Hildemia, fem. 9. Pol. R. s. 50.

Hildin. 8. P. VI, 44 f. (gest. episc. Virdun.); Ng. a. 814.
Hiltin P. IX, 283, 376 (Ad. Brem.); Ng. a. 821, 822.
Hilthin P. XII, 145 (chron. Gozec.).
Hildini Gld. II, a, 101.
Hiltini Mchb. sec. 9 (n. 909); C. M. Nov.
Hiltine P. VI, 387, 405, 411 (Gerhard. vit. S. Oudalr.); VII, 554 (Marian. Scot. chron.); VIII, 183 (Ekkeh. chron. univers.), 596 (annalista Saxo); Ng. a. 790, 791, 805, 806; K. a. 882 (n. 157).
Iltini Gld. II, a, 101.
Hiltim (so) St. P. hieher?
O. n. Hildinesheim.

Hilduni. 8. Tr. W. a. 746 (n. 141 u. Pd. nachtr. n. 82).
Hilluni tr. W. a. 737 (Pd. nachtr. n. 57).

Hilding. 8. Pol. Irm. s. 112; Schn. a. 854.
Hiltinc Schn. a. 804.

Ildendsius. Gld. II, a, 116; hieher?

Hildara s. Hildevara.

Hildisma, fem. 9. Pol. R. s. 50.
Hildioma pol. R. s. 49 wol für Hildisma.

Hildalg. 9. Wg. tr. C. 99.

Heldebad. 4. Gothenkg., neffe des Theudes sec. 6.
Heldebad P. VIII, 130 (Ekkeh. chron. univers.).
Ἰλδίβαδος Proc. II, 29; III, 1.
Eldepad P. VIII, 316 (Sigebert. chron.).
Hiltipato P. XI, 232 (chron. Benedictobur.); M. B. sec. 11 (VI).
Hiltipatto M. B. sec. 11 (VI).
Hyltipato P. XI, 231 (chron. Benedictobur.).
Ildebald neben Heldebad hist. misc. 16.

Hildibald. 8. Sec. 9: b. v. Soissons; b. v. Chalons; ep. Matiscens. Sec. 10: b. v. Worms.
Hildibald P. II öfters; VIII, 570, 687, 641 (annalista Saxo); IX, 290 (Ad. Brem.); Laur. mehrm.; Wg. tr. C. 454; Gud. a. 994; M. B. a. 979 (VI).
Hildibalt Laur. sec. 8. u. 9 (n. 179, 713).
Hildibold P. IV, 25 (Ott. M. constit.); V, VI öfters; VIII, 732 (annalista Saxo); Ng. a. 812, 824; Wg. tr. C. 469.
Hiltibald P. I, 122 (ann. Lauriss.); Laur. sec. 8 (n. 922, 1295).
Hiltipald P. I, 93 (ann. S. Emmer.); VI, 419, 421 (Gerhard. vit. S. Oudalr.); St. P. drml.
Hiltibold necr. Aug.
Hiltibolt C. M. Nov.
Hiltipold Ng. a. 788, 793; M. B. a. 837 (IX); St. P.
Hiltipolt P. VI, 418 (Gerhard. vit. S. Oudalr.).
Hildobold P. VIII, 636 (annalista Saxo).
Hildebald P. II öfters; VI öfters; IX, 447 f. (gest. episc. Camerac.); Laur. mehrm.; pol. Irm. s. 70, 106; Gud. a. 960, 983 etc.
Hildebold P. III, 75 (Kar. M. capit.), 534, 539 (Kar. II capit.); V, 69 (ann. Quedlinb.); VI,

340 (vit. Joh. Gorziens.); X, 361 (Hugon. chron.), 570 (chron. S. Hubert. Andag.); pol. Irm. s. 9, 14 etc.; Laur. mehrm.; Wg. tr. C. 257; Gud. a. 981.
Hiltebalt Laur. sec. 8 (n. 2253, 3597).
Hiltepald Gld. II, a, 116.
Hiltebolt Laur. sec. 9 (n. 2481, 2568).
Childebald Pd. a. 745 (n. 585), wofür ebds. n. 584 Clidebald steht.
Hyldebald Lc. c. a. 800 (n. 15).
Hillibald P. V, 785 (Thietmari chron.).
Hillibold P. VIII, 210 (Ekkeh. chron. univers.).
Ildibold Gld. II, a, 102.
Iltibold Ng. a. 885.
Ildepald Gld. II, a, 116.
Hildebaud hieher mehrm. P. X (Hugon. chron.).
Hildibern. 8. Wg. tr. C. 232, 233, 235, 354.
Hildebern pol. Irm. s. 112.
Hiltiper Gld. II, a, 101.
Hildibert. 6. Sec. 6: Chlodwigs sohn; urenkel Chlodwigs, sohn von Sigebert und Brunehilde. Sec. 7: bruder des austrasischen königs Sigebert II; austras. könig, sohn des major domus Grimoald. Sec. 9: ep. Silvanectens. Sec. 10: erzb. v. Mainz. Sec. 11: b. v. Bourges; b. v. Mans; ep. Gabalitens.
Hildibert P. I, 114 (ann. Lauriss.), 616 f. (contin. Regin.) etc.; V öfters; VII, 4 (ann. Ottenbur.), 422 (Bernold. chron.); Ng. a. 812; Wg. tr. C. 243, 294, 328, 390; Laur. mehrm.; lex Baioar. (prolog).
Hildiberhct C. M. Aug.
Hildiberath Laur. sec. 9 (n. 280).
Hildibraht Schn. a. 823 (Dr. ebds. n. 409 Hildilbeorat).
Hildibrath Laur. sec. 8 (n. 277).
Hildipert P. VII, 113 (Herim. Aug. chron.).
Hildibratt (so) Lc. a. 801 (n. 19).
Hiltiperht St. P. öfters.
Hildibraht s. Hildibrand.
Hiltipereht Ng. a. 779.
Hiltibert P. I, 343 (ann. Fuld.), 615 (contin. Regin.); II, 61 (Ratpert. cas. S. Galli), 239, 241 (ann. Wirzib.); IV, 18 (Heinr. I constit.); V öfters; VII, 553 f. (Marian. Scot. chron.); VIII öfters; St. P.; Ng. a. 806, 819.
Hiltipert Ng. a. 784.
Hiltibreht Gld. II, a, 101.
Hiltipreht necr. Aug.
Hiltibret necr. Aug.
Hiltipret Ng. a. 788.
Hiltbibreth P. II, 272 (Ermold. Nigell.).
Hilthiberth P. II, 274 (Ermold. Nigell.).
Hiltdibert Laur. n. 373.
Hiltiport St. P.; Mchb. sec. 8 (n. 129); wol hieher.
Hildebert P. I, 6 (ann. S. Amandi), 24 (ann. Lauresh.), 25 (ann. Nazar.) etc.; II, V, VIII, IX; X, 474 (Hugon. chron.); Isidor; pol. Irm. s. 8, 15 etc.; Wg. tr. C. 263; Laur. mehrm.
Hildebraht Laur. sec. 11 (n. 119).
Hildebrecht Laur. sec. 8 (n. 1291).
Hildepert P. IV, B, 171 (synod. Baioar. sec. X); V öfters.
Hiltebert Ng. a. 822; Laur. sec. 8 u. 9 (n. 1937 u. 3210).
Hiltepert Gld. II, a, 116.
Hildevert pol. Irm. s. 230, 234.
Hiltebreht necr. Aug.
Hiltebreth Gld. II, a, 101.
Heldobert P. II, 308 (reg. Merow. geneal.).
Heldebert P. III, 253 (Hlud. et Hloth. capit.); Dr. a. 810 (n. 247).
Hildbert P. I, 89 (ann. Salisb.); pol. Fossat.
Hiltbert P. II, 282 (gest. abbat. Fontan.); Laur. sec. 8 (n. 1770); pol. Irm. s. 8, 10 etc.; pol. R. s. 37.
Hiltbraht tr. W. a. 788 (n. 102).
Childebert P. I, 285, 289 (chron. Moissiac.); II, 308 (reg. Merow. geneal.); III, 1 (Childeb. I constit.), 5 (Guntchr. et Childeb. pact.); IV—VIII öfters; IX, 460 (gest. episc. Camerac.), 539 (chron. S. Andreae); X, 321, 326 (Hugon. chron.); Greg. Tur. öfters; gest. regg. Franc.; Fredegar.
Χιλδίβερτος Agath. mit var. *Χελλίβερτος*.
Childepert P. IX, 7 (Joh. chron. Venet.).
Cheldebert(us rex) auf einer münze von Childebert I. S. Jen. literatztg. v. 1848 s. 203.
Cheldepert (var. Celdepert) Jorn. 58.
Chelbert P. II, 308 (reg. Merow. geneal.).
Chilbert, Childobert und Childebert in d. lex salica.
Heltbert (neben Ildebert) Mab. a. 933.
Eldebert Mab. a. 812.
Ἰλδίβερος (so) Proc. b. Goth. I.

Iltipret Ng. a. 844.
Ildepert Gld. II, a, 116.
Iltbert pol. Irm. s. 251.
Hillibert P. V.
Hilibert P. II, 275 (gest. abbat. Fontan.).
Hilbert pol. Irm. s. 199; pol. R. s. 89.
Chilpert tr. W. a. 700 (Pd. nchtr. n. 13).
Helbert P. X, 573 (chron. S. Hubert. Andag.); H. a. 1088 (n. 290).
Hellbert K. a. 812 (n. 67).
Elbert Guérard a. 1046 hieher?
Jaldebert vgl. ALD.
Nhd. Hilbert, Hilbrecht, Hilpert, Hilprecht.

Hildeberta, fem. 7. Pol. Irm. s. 232.
Childebertane (gen.) Pd. a. 687 (n. 408).
Childebertana (abl.) P. IX, 458 (gest. episc. Camerac.).
Hildeverta pol. Irm. s. 134.
Hiltberta pol. Irm. s. 35.

Hildibirga, fem. 8. Helbirk, frau des Böhmenherzogs Boriwoy II, sec. 11, sonst auch Gerpirk oder Gertrud genannt.
Hildibirga Laur. sec. 8 (n. 715).
Hildiberga K. a. 776 (n. 17; Ng. ebds.).
Hildibirk Laur. sec. 8 (n. 364).
Hildiberghe Wg. tr. C. 110.
Hiltibirc R. a. 821 (n. 21).
Hiltipirc St. P.; Mchb. sec. 9 (n. 398).
Hiltibirig, Hiltibric, Hiltibrich, Hiltipric Gld. II, a, 124.
Hiltibrihc Ng. a. 854.
Hildeberga pol. Irm. s. 9, 91 etc.; Ng. a. 776.
Hildeverga pol. R s. 35, 36.
Hiltebric (oder -bruc) necr. Aug.
Hiltberga pol. Irm. s. 231, 251.
Iltipirch St. P. zwml.
Helbirk P. XI, 106 (Cosm. chron. Boem.).

Hildibrand. 7. Sec. 9: b. v. Veroli; ep. Sagiens. Sec. 10: b. v. Faenza. Sec. 11: Gregor VII; b. v. Capua.
Hildibrand P. I, 161, 175 (Einh. ann.), 216 (Einh. ann.), 409 (ann. Fuld.); V, 105 (ann. Hildesh.).
Hildibrant P. VII, 159 (Lamberti ann.).
Hiltibrand P. I, 349 (Enh. Fuld. ann.); II, 245 (ann. Wirzib.); VIII, 166, 198 (Ekkeh. chron. univers.).
Hiltibrant Ng. a. 784, 805, 807, 822; necr. Aug.; Hildebrdsld (neben Hiltibraht).
Hiltiprand Ng. a. 797.
Hiltiprant Ng. a. 789, 826; St. P. mehrm.
Hildebrand P. I, 160, 174 (ann. Lauriss.); II, 630 (vit. Hlud. imp.); III, 256 (Hlud. et Hloth. capit.); IV öfters; VI, 507 (Widric. mirac. S. Gerardi); VII öfters; VIII, 331 (Sigeb. chron.); 559, 561 (annalista Saxo); IX öfters; Paul. diac. VI, 54; Laur. sec. 8 (n. 2147); St. P.; pol. Irm. s. 35, 74 etc.; Fredegar.
Hildebrant P. X, 183 (gest. Trever.).
Hildeprand P. V, 189 (ann. Cavenses); X, 20 (Arnulf. gest. archiepp. Mediol.); Paul. diac. VI, 55.
Hiltebrand P. IX öfters.
Hiltbrand pol. Irm. s. 231.
Hiltprant M. B. c. a. 800 (VII), c. a. 1030 (VI), a. 1086 (XXXI); St. P.
Hildebrannus P. III öfters.
Childebrando Pd. a. 670 (n. 361; Mab. ebds.).
Hilprand P. X, 187 (ann. Cavens.), 239 (chron. Brixiense); Lp. a. 740 (I, 386).
Hilprant St. P.
Ildibrand Mur. 1861, 3.
Ildebrand P. IX, 12 (Joh. chron. Venet.).
Ildeprand P. V, 274, 284, 285 (Liudpr. antapodosis); VI, 200 (panegyr. Bereng.); X, 25 (Arnulf. gest. archiepp. Mediol.), 82 (Landulf. hist. Mediol.).
Ilprand P. V, 872 (catal. reg. Langob.); IX, 38 (Joh. chron. Venet.).
Ilprant Mchb. sec. 8 u. 9 sehr oft (z. b. n. 603).
Heldeprand P. III, 252 (Hlud. et Hloth. capit.).
Helbrannus H. a. 1069 (n. 267).
Eldebrand Mab. a. 870; pol. Irm. s. 253.
Oldeprand für Hildebr. P. X, 81, 83 (Landulf. hist. Mediol.).
Hillerand = Hiltebr. P. VIII, 334 (Sigeb. chron.).
Verwechselung mit Aldeprand P. V, 218 (reg. et imper. catal.).
Hibdifrand (so) H. a. 865 (n. 102) ist wol Hildibrand zu lesen.
Nhd. Hilbrand, Hildebrand, Hildebrandt, Hillebrand, Hiltebrandt.

Hildebranda, fem. 8. Pol. Irm. s. 136.

Hiltdibrun, fem. 8. Laur. sec. 8 (n. 640).

Hildibodo. 7. B. v. Chalons sec. 10.
Hildibodo Wg. tr. C. 14.
Hildibotoni (gen.) tr. W. a. 784 (n. 89).

Hiltipoto M. B. c. a. 800 (VII).
Hiltibod P. II, 8 (vit. S. Galli).
Hildobodo tr. W. a. 791 (n. 130).
Hillibodô (pro patre suo Hillibodon) Wg. tr. C. 72.
Hildebod pol. Irm. s. 9, 35 etc.
Hiltbod pol. Irm. s. 22, 251; Dr. a. 790 (Schn. ebds. Hiltbold).
Ildiboto tr. W. a. 797 (n. 81).
Heltbod pol. Irm. s. 189.
Helbod pol. Irm. s. 181.
Hiltibolo (so) necr. Fuld. a. 973 wol für Hiltiboto oder -bold.
Χιλβούδιος (6) Procop hieher? deutsch?
Hildiburg, fem. 8. Wg. tr. C. 450.
Hildiburch Wg. tr. C. 210.
Hildiburuch H. a. 853 (n. 87).
Hildiburc u. Hildipuruc Gld. II, a, 124.
Hiltiburuc Gld. II, a, 124 neben Hiltiburg und Hiltiburch.
Hiltipuruch K. a. 838 (n. 99).
Hiltipurc St. P. öfters.
Hiltipurch St. P. öfters.
Hiltdiburg Laur. sec. 8 (n. 710).
Hiltaburg R. a. 1065 (n. 168).
Hildeburgis pol. Irm. s. 37, 39 etc.; Mab. a. 919.
Hildeburga Laur. sec. 8 (n. 1331).
Hilteburc Gld. II, a, 124.
Hiltebruch Gld. II, a, 124.
Altn. Hildiborg.
Hildidag. 9. Wg. tr. C. 416.
Hillidaeg C. M. April.
Nhd. Hildach.
Hiltuum (so). Gld. II, a, 101.
Hilditrut, fem. 8. Tochter Karl Martells sec. 8.
Hilditrut Laur. sec. 9 (n. 216).
Hildedrudis pol. Irm. s. 113, 202; pol. R. s. 75, 77 etc.
Hildetrudis ann. Petav. a. 754.
Hiltrudis P. I, 116, 136 (ann. Lauriss.), 137 (Einh. ann.) etc.; VII, VIII öfters; tr. W. a. 739 (n. 11); pol. Irm. s. 67, 114.
Hiltruda P. I, 28 (ann. Lauresh.); VIII öfters; M. B. c. a. 770 (XI).
Hiltrud P. II, 453 (Einh. vit. Kar.), 618 (vit. Hlud.); Laur. mehrm.; pol. Irm. s. 13, 16 etc.; St. P.
Hildrud P. II, 398 (Angilbert); V, 215 (reg. et imper. catal.); St. P.
Hiltrut Gld. II, a, 124; C. M. Juni.
Hiltruth Laur. sec. 8 (n. 2479).
Hiltdrut Laur. sec. 8 (n. 850).
Hildruth Gld. II, a, 124.
Hildruod St. P.
Chiltrudis P. I, 11 (ann. Petav.).
Cheltrudis P. VII, 22 (ann. Blandin.).
Heltrudis pol. Irm. s. 170, 269.
Iltrudis pol. Irm. s. 278.
Hildifrid. 8. Lc. a. 793 (n. 3), 796 (n. 5); Laur. n. 1304.
Hiltifrid Dr. a. 842 (n. 547; Schn. ebds. Diltifrid); St. P. mehrm.
Hiltifrit M. B. a. 892 (XXXI).
Hiltifrith R. a. 901 (n. 86).
Hildifrit Laur. sec. 8 (n. 525).
Hildifryd Wg. tr. C. 288.
Hildefrid Laur. n. 1304; pol. R. s. 55, 81 etc.
Hildefrit Laur. sec. 8 (n. 3541, 3543).
Hildefred pol. Irm. s. 34, 73 etc.; pol. R. s. 55, 81 etc.
Hiltfred pol. Irm. s. 133, 159.
Heldefred Sever. Sulpic.
Childifrit H. a. 926 (n. 146).
Ildifrid tr. W. a. 737 (Pd. nchtr. n. 58).
Iltifrid Gld. II, a, 102.
Ildefred Mab. a. 873.
Hiltifrih Gld. II, a, 101 hieher?
O. n. Hiltifridesburg.
Hiltiuuns. 7. Gld. II, a, 101.
Ildefons (b. v. Toledo) conc. Tolet. a. 653 u. 655; E. s. V oft.
Hildigang. 8. B. v. Soissons sec. 8. P. III, 30 (Pipp. capit.); conv. Atteniac. a. 765.
Hildeging pol. Irm. s. 72.
Hildiginc pol. R. s. 99.
Hildigar. 6. B. v. Cöln sec. 8; b. v. Lodi sec. 10.
Hildigar P. I, 116 (ann. Lauriss.), 139 (Einh. ann.) etc.; V öfters; VII, 99 (Herim. Aug. chron.), 418 (Bernold. chron.).
Hildiger P. II, 463 (Einh. vit. Kar.); Laur. sec. 8 (n. 458, 2103); Wg. tr. C. 284, 313, 351, 385, 467.
Hildicar Schn. a. 805.
Hiltiker Ng. a. 760.

Hiltigar P. VIII, 159 (Ekkeh. chron. univers.); Ng. a. 819.
Hiltiger Laur. sec. 8 (n. 503, 529); Ng. a. 790, 793, 819, 825; St. P.; Dr. a. 819 (n. 388; Schn. ebds. Hudiger).
Hildigaer Lc. a. 797 (n. 9).
Hiltigaer K. a. 793 (n. 43); St. P. zwml.; Ng. a. 805.
Hiltikiaer St. P.
Hildegar P. I oft; III mehrm.; IV, 22 (Ott. M. constitut.); V öfters; VI, 132 (Ademar. histor.); VIII, 555 (annalista Saxo); IX, 431 (gest. episc. Camerac.); X, 476 (Hugon. chron.); Ng. a. 787; pol. Irm. s. 10, 15 etc.
Hildeger pol. Irm. s. 21; Laur. mehrm.; pol. R. s. 68.
Hilthegar St. P.
Hiltcar pol. Irm. s. 115, 128.
Hiltger Ng. a. 791.
Ἰλδίγερ Procop.
Ildiger tr. W. a. 846 (n. 269).
Ildegar Guér. a. 975.
Childegar Pd. a. 636 (n. 275).
Childegarius P. I, 11 (ann. Petav.) mit var. Hildegarius und Ildegarius.
Hildijerus (so) Mab. a. 854.
Hilliger C. M. Mai.
Hilcar (so) pol. R. s. 102.
Halitgar und Aldegar s. HALID und ALD.
Nhd. Hilger, Hillger, Hilliger.
O. n. Hiltigeresstete.

Hildigera, fem. 8. Mab. a. 798.

Hildigard, msc. u. fem. 8. Sec. 8: tochter des Schwabenherzogs Gotfrid, frau Karls des grossen. Sec. 9: tochter könig Ludwig des jüngeren.
Hildigardis (und -a) P. I, 165 (Einh. ann.), 32 (ann. Lauresh.) etc.; II, V oft; VII, 2 (ann. Ottenbur.), 110 (Herim. Aug. chron.); VIII, oft; Laur. mehrm.; pol. R. s. 2.
Hildigart P. VII, 105 (Herim. Aug. chron.).
Hiltigart P. I, 64 (ann. Sangall.), 67 (ann. Aug.), 92 (ann. S. Emmer.); II, V öfters; VII, 548 (Marian. Scot. chron.); St. P. öfters.
Hiltigard P. I, 41 (ann. Guelferb.), 63 (ann. Sangall.); II öfters; VII, 100 (Herim. Aug. chron.), 418 (Bernold. chron.); St. P.
Hiltikart St. P.
Hildegard P. I, 160 (ann. Lauriss.), 164 (ann. Lauriss.) etc.; II öfters; III, 47 (Kar. M. capit.), 256 (Hlud. et Hloth. capit.); VI, VIII öfters; IX, 422 (gest. episc. Camerac.); Laur. sec. 8 (n. 1799); pol. R. s. 2, 35.
Hildegart Laur. sec. 8 (n. 1147).
Hiltegard P. VII, 35 (ann. Formosell.).
Hiltegart P. V, 214 (reg. et imper. catal.); VI, 409, 414 (Gerhard. vit. Oudalr. ep.); VII, 121 (Herim. Aug. chron.); VIII öfters; Laur. sec. 8 (n. 1809, 3375).
Hildecarda P. III, 363 (Hloth. I capit.).
Hildegerdis pol. R. s. 48.
Hilligerd C. M. Oct.
Ildigart P. V öfters.
Ildigard P. VIII, 589 (annalista Saxo).
Ildicarda P. III, 47 (Kar. M. capit.).
Iltikart St. P.
Ildegard P. I, 297 (chron. Moissiac.).
Ἰλδηγέρδης Theoph.
Illegardis pol. Irm. s. 120.
Eldegardis Mab. a. 958 neben Eldiardis.
Aldeardis für Hildegardis P. VI, 136 (Ademar. histor.).
Hildeiardis Mab. a 862.
Hildilgart und Hildilguart (so) Gld. II, a, 124.

Hiltigast. 9. Schn. a. 890.

Hildegaud. 8. P. V, 583 (Richeri hist.); Mab. a. 766; pol. Irm. s. 6, 15 etc.; pol. R. s. 73.
Hiltigaoz St. P. zwml.
Hiltigoz St. P. Laur. sec. 8 (n. 213).
Hiltegaud Gld. II, a, 116.
Hildegaus pol. Irm. s. 35, 129.
Hilgaud P. V, 375 f. (Flodoardi ann.).
Helgaud H. a. 1096 (n. 297).
Hildeiod Mab. a. 933.

Hildeaudis, fem. 9. Pol. R. s. 51.

Hildigern. 6. Inst. vendit. Rusticianae a. 591 bei Sp. u. M. (n. 122); tr. W. a. 712 (Pd. nchtr. n. 21); Laur. sec. 8 (n. 819 f.).
Hiltigern St. P.
Childegern Pd. a. 615 (n. 230).
Hildegarn pol. Irm. s. 255, 269.
Hiltgarn pol. Irm. s. 202.
Hildichern Ng. a. 812.
Hiltikern Ng. a. 822.
Hiltgern pol. Irm. s. 113.
Heldegern pol. Irm. s. 25.

Hilgarnus pol. Irm. s. 79 wol hieher.
Hilgern pol. Irm. s. 104, 228 desgl.
Holdigern auch hieher?

Hildegil. 6. Pol. Irm. s. 22.
Childigillus Pd. a. 572 (n. 178).

Hildigildis, fem. 8. Pol. R. s. 12, 16.
Hildegildis pol. Irm. s. 19, 21 etc.; pol. R. s. 46.

Hildegin. 8. Pol. Irm. s. 75 (vielleicht zu Hildegrim).

Hildigis. 6. E. s. VI, 546 (Julian.).
Hildegis pol. Irm. s. 195; pol. Fossat.
Hildechis Paul. diac. I, 21.
Childegis Pd. a. 642 (n. 301).
Ildigis conc. Tolet. a. 681.

Childegisel. 6. Test. Erm.
Ἰλδιγισάλ, var. Ἰλδίγης, Ἰλδίσγος, Ἰλδιγίγαλ, Ἰνδιγίσαλος Procop.

Hilticoma, fem. 8. Schn. a. 798.

Hildigrim. 8. B. v. Halberstadt sec. 9.
Hildigrim P. II oft; Lc. a. 811 (n. 29), 812 (n. 30); C. M. Dec.
Hiltigrim P. I, 368 (Ruod. Fuld. ann.).
Hildegrimmus pol. R. s. 51, 55 etc.
Hildegrim P. II, 424 (vit. S. Liudgeri), V, VIII öfters; Mab. a. 770.

Hildegudis, fem. 8. Pol. Irm. s. 12, 62 etc.
Hiltgudis pol. Irm. s. 232.

Hildigunda, fem. 6. Gld. II, a, 124.
Hildigunt Gud. sec. 10.
Hiltigund St. P. drml.
Hiltigunt St. P.
Hiltighund St. P.
Hiltdigund Laur. sec. 8 (n. 845).
Hildegundis Laur. sec. 8 (n. 1045); pol. Irm. s. 2, 234.
Hiltgund P. IX, 82, 86—92 (chron. Novalic.).
Hildegunt Laur. mehrm.
Childegunda Pd. a. 572 (n. 178).
Childegunthe test. Erm.
Hilgundis P. IX, 86 (chron. Novalic.).
Hildigun Schpf. a. 828 (n. 89) für -gund?
Altn. Hildigunn.

Hiltheid, fem. 9. Gld. II, a, 124.
Hildohagdis pol. R. s. 52, 72 etc.
Hildeida Mab. a. 854.

Childard. 8. Pd. a. 749 (n. 603).
Chillard Pd. a. 706, 716 (n. 466, 495, 496; Mab. ebds.) wol hieher.
Heldiard pol. R. s. 22.
Nhd. Hillert.

Hildiardis, fem. 8. Pol. R. s. 56, 57 etc.
Hildeardis pol. Irm. s. 37.
Hildierdis pol. R. s. 49, 54 etc.

Hildier. 8. P. VI, 6 (ann. Maxim. Trevir.); pol. R. s. 5, 7 etc.
Hildeer pol. Irm. s. 49 (sec. 11).
Heldierius P. X, 287 (Hugon. chron.).
Heldier pol. Irm. s. 188; St. M. a. 962.
Hilder pol. Irm. s. 50 (sec. 11).
Huldear (s. ds.) hieher?
Nhd. Hiller.

Hildelm. 11. Lc. c. a. 1074 (n. 225).

Hildoildis, fem. 8. Pol. Irm. s. 142; pol. R. s. 37.
Hilduildis pol. Irm. s. 69.

Hildehoc. 5. Langobardenkg. Paul. diac. I, 18.
Childeoc P. VIII, 142 (Ekkeh. chron. univers.).
Hildeoch P. VIII, 312 (Sigeb. chron.).
Ildehoch P. VIII, 301 (Sigeb. chron.).
Ildoech P. V, 217 (reg. et imper. catal.) hieher?

Hiltiram. 7. Schn. a. 756.
Hilderamnus Mur. a. 1885, 6.
Hiltram Schn. a. 810.
Hiltrannus pol. R. s. 66, 68.
Childerannus P. V, 167 (ann. S. Germani).
Childerannio seu Baso Pd. a. 631 (n. 254), wo Mab. irrthümlich Childeramensis Baso schreibt.
Chileramnus Pd. a. 675 (n. 375).

Hiltiroch. 9. R. a. 819 (n. 20).
Hiltroch M. B. a. 893 (XXXI).
Hiltirochari Gr. IV, 1912 wol verderbnis.

Hiltileip. 9. R. a. 837 (n. 33).

Hildelaicus. 8. Pol. Irm. s. 142.
Hildilec Wg. tr. C. 242, 350, 374, 464.
Hildilech Ms. a. 1049 (n. 22).
Hiltileib Dr. a. 779, 785.
Hildelaius pol. R. s. 61.

Hiltilant. 9. Gr. II, 234.
Hildeland pol. R. s. 67, 68.

Hiltilauc. 8. Dr. a. 765 (Schn. ebds. Hiltilaue).
Hildiloug (neben Hilbliloug) Laur. sec. 8 (n. 1068).
Hildelauch Laur. sec. 8 (n. 1353).

Hildeleis, fem. 8. Pol. Irm. s. 159.

Hildilinda, fem. 8. Laur. sec. 8 (n. 693)
Hildelindis pol. Irm. s. 19, 159; pol. R. s. 48; Mab. a. 831.
Hiltilind Ng. a. 826.
Hildilenda K. a. 776 (n. 17; Ng. ebds.).
Hiltalind St. P.
Hildelint necr. Fuld. a. 1036.
Hiltelind Gld. II, a, 124.
Heldelindis pol. Irm. s. 173.
Ildelindis pol. Irm. s. 201.
Eldelindis pol. Irm. s. 185.
Hiltilid Gld. II, a, 124 für -lind?

Hildeman. 6? P. II, 298 (gest. abbat. Fontan.), 532 (vit. Adalhardi); V, 670 (Gerhard. conc. Rem.); Pd. a. 526 (n. 108; unecht); pol. Irm. s. 37; Laur. sec. 9 (n. 547); H. a. 910 (n. 139).
Hiltiman Gld. II, a, 101.
Hiltdiman Laur. sec. 9 (n. 511).
Nhd. Hellmann, Heltmann, Hillmann, Hiltmann.

Hildimar. 6. Frek.; Laur. sec. 9 (n. 270).
Hildimir Corippus.
Hiltimari Gld. II, a, 101.
Hiltimar St. P.
Hiltimeri Mchb. sec. 9 (n. 292).
Hildemar Laur. sec. 8 (n. 2399, 2849); pol. Irm. s. 26, 34 etc.; pol. R. s. 53, 101.
Hildemir pol. R. s. 45, 55.
Childemer P. X, 320 (Hugon. chron.).
Childomar A. S. Jan. I.
Heldamar Mchb. sec. 8 (n. 111).
Iltimeri St. P.
Ildmir Mab. a. 870.
Nhd. Hillmer.

Childomarcha, fem. 7. Vit. S. Leodegar.; neben Childemarcha A. S. Jan. I.
Hildemarcha d. Ch. I, 641.

Hildemodus. 6. Pd. a. 573 (n. 180).
Hildimuat tr. W. a. 792 (n. 80).
Hiltimot St. P.
Hiltimoat Gld. II, a, 101.
Nhd. Hellmuth.

Hildimod, fem. 8. Gld. II, a, 124.
Hiltimota Ng. a. 868.
Hiltimutha Laur. sec. 8 (n. 916).
Hiltimut Schn. a. 817 (Dr. ebds. n. 296 Hiltimunt).
Hilmodis (so) pol. R. s. 36.

Hiltimunt. 3. Frankenführer unter Aurelian.
Hiltimunt Dr. n. 296 (Schn. ebds. Hiltimut); St. P. mehrm.
Hildemund Vopisc. Aurelian. 11; pol. Irm. s. 233, 252; pol. R. s. 100.
Hiltmund pol. Irm. s. 212.
Hilmunt tr. W. a. 780 (n. 153).

Hiltinand. Gld. II, a, 101.

Hildiniuui, fem. 8. Neben Hildiniuua und Hildiwina tr. W. a. 782 (n. 109).
Hiltiuiu Dr. a. 801 (n. 169; Schn. ebds.).
Hiltdiniu (so) Laur. sec. 9 (n. 816) neben Hiltdiniwa.
Hildenibia pol. Irm. s. 12; steht wol für Hildenivia; s. Grimm in der zeitschr. v. Aufrecht u. Kuhn I, 430.
Hiltini St. P. zwml.; Mchb. sec. 8 (n. 95).
Hiltni St. P.
Hiltinee (so, fem.) Gld. II, a, 124.

Hildetnod (so) 6. Test. Ared. et Pelag. bei Sp.

Hildirad, msc. u. fem. 8. Ep. Albens. sec. 9.
Hildirad P. II, 415 (vit. S. Liudgeri); Lc. a. 796 (n. 7).
Hildirat Laur. sec. 8 (n. 106).
Hiltirat St. P. dreiml.
Hildired Wg. tr. C. 120, 350, 454, 474.
Hilderad P. IX, 849 (chron. Hildesh.); Mab. a. 775.
Hilderat Laur. sec. 9 (n. 2218).
Hilterad P. II, 222 (ann. Xant.); V, 143 (ann. Einsidl.).
Hilterat Ng. a. 817; necr. Aug.
Childerad Fredeg. a. 767.
Hildrad P. I, 24 (ann. Lauresh.); III, 529, 532 (Kar. II capit.); VI, 51 (gest. episc. Virdun.); pol. Irm. s. 18, 36 etc.; Gud. a. 959, 960, 963, c. a. 990; Guér. a. 1070.
Hildrat P. I, 25 (ann. Nazar.); Laur. sec. 8 (n. 2096, 3306).
Hiltrad Laur. sec. 8 (n. 1087).
Hiltrat Ng. a. 790; Laur. sec. 8 u. 9 (n. 272, 425, 3095).
Hiltdrad Laur. sec. 10 (n. 382).
Childrad Pd. a. 747 (n. 591).
Heldrad P. IX öfters (chron. Novalic.); St. M. c. a. 962.
Hilrad H. a. 960 (n. 171).

Hilbirat (so) K. c. a. 816 (n. 75) für Hildirat?
Illdirat (so) tr. W. a. 775 (n. 246).
Ildrat Laur. sec. 8 (n. 3631).
Elderad P. IX öfters (chron. Novalic.).
Eldrad P. IX öfters (chron. Novalic.); pol. Irm. s. 43, 54 etc.; Guér. a. 1080.

Die letzten formen könnten auch zu ALD oder HALID gehören; bei P. IX gelten die formen Eldrad, Elderad, Heldrad, Aldrad von derselben person.

Hildrada, fem. 8. Laur. sec. 8 (n. 1384); pol. Irm. s. 22, 80 etc.; pol. R. s. 71, 83 etc.
Huldrada pol. Irm. s. 132 hieher?
Heldrada St. M. a. 1002.
Eldrada pol. R. s. 7.

Hilterand s. Hildibrand.

Hildiric. 4. Sec. 4: Gothenkg. Sec. 5: Ch. I, sohn des Meroveus. Sec. 7: Ch. II, Chlodwigs II sohn. Sec. 8: Ch. III, Frankenkg. Sec. 9: b. v. Todi. Sec. 10: b. v. Beauvais. Sec. 11: b. v. Orvieto.
Hildiric Lc. a. 855 (n. 65).
Childirich tr. W. a. 774 (n. 57).
Childericus (und -rich) P. I, 284, 287, 288 (chron. Moissiac.); III, 20 (Pipp. capit.); V—VII öfters; IX, 409, 412 (gest. episc. Camerac.); X, 326 (Hugon. chron.); E. s. VI, 474; hist. miscell. 15; Greg. Tur.; gest. regg. Franc.
Chyldericus Pd. a. 692 (n. 425).
Hildericus (und -rich) P. I, 102 (ann. S. Columbae); II, V, VII—IX oft; X, 326 (Hugon. chron.), 570 (chron. S. Hubert. Andag.); Cassiod. IX, 1; Jorn. 33; hist. miscell. 14; Paul. diac. VI, 55; Schn. a. 750; Laur. sec. 8 u. 9 (n. 2182, 3228).
Kildericus Pd. a. 665 (nchtr. n. 4).
Hiltirih Ng. a. 806; St. P.
Ildirich Ng. a. 670.
Hiltirihc u. Hilterihc Gld. II, a, 101.
Hildric Wg. tr. C. 293.
Hildrich P. I, 74 (ann. Sangall.), 116 (ann. Laur.); II öfters; VI, 13 (ann. Lobiens.), 59 (Folcuin. gest. abb. Lobiens.); VIII öfters; pol. Irm. s. 35, 48 etc.; Laur. mehrm.
Hiltrich M. B. a. 806 (VIII); Laur. sec. 9 (n. 371, 438).
Ἰλδέριχος Proc. u. Theoph.
Ilderich P. V, 534 (chron. Salern.).
Heldericus P. II, 308 (reg. Merow. geneal.); V, 30 (ann. Quedlinb.); VIII öfters; Jorn.
Heldrich P. VI, 651 (Syri vit. S. Maioli); X, 287, 368, 503 (Hugon. chron.).

Hieher auch Ildiris P. X, 319 (Hugon. chron.).

Childeruna, fem. 7. Test. Erm. (Childerimane ebds. ist offenbar Childerunane zu lesen).
Hiltrun Dr. a. 800 (Schn. ebds. Hiltung).

Hiltiscalh. 10. Mchb. sec. 10 (n. 987).

Hiltisind, fem. 6. Gld. II, a, 124.
Childesindis gest. regg. Franc.
Hildesindis pol. Irm. s. 165, 170.
Hildesendis pol. Irm. s. 49 (sec. 11).
Holdesendis (so) pol. Irm. s. 50 (sec. 11) hieher?

Hildisnot, fem. 8. Laur. sec. 8 (n. 2235, 2239).
Hildisnodis pol. R. s. 86, 105; dafür wol Hildinodis pol. R. s. 101.
Hiltisnota Mchb. sec. 8 (n. 74).
Hiltisnot Laur. sec. 8 u. 9 (n. 438, 1037); St. P.; Mchb. sec. 9 (n. 607).
Hiltisnot neben Hiltisnoot Laur. sec. 8 (n. 13).
Hiltesnot Gld. II, a, 101.
Hiltisrot R. a. 901 (n. 86) wol hieher?
Hildesmod pol. Irm. s. 73 hieher?

Hiltistain. 8. Mchb. sec. 8 (n. 75) neben Hiltistein.
Hiltistein St. P.

Hildisuint, fem. 8. Laur. sec. 8 (n. 2495).
Hildiswith Wg. tr. C. 131.
Hildiswid Gld. II, a, 124.
Hiltisuint St. P.
Hiltusuind St. P.
Chilliswind P. II, 268 (gest. episc. Mett.).
Chillisuind P. XII, 540 (gest. episc. Mett.).
Hildesuint Laur. mehrm.
Hiltdeswint Laur. sec. 9 (n. 270).
Hildesuith Ms. a. 1087 (n. 36).
Hildswind Laur. sec. 8 (n. 1298).
Hildsuint Laur. sec. 8 (n. 1515).
Hiltsuind St. P.

Hiltiding. 8. Laur. sec. 8 (n. 358).

Hildithiu, fem. 8. Tr. W. a. 808 (n. 19).
Hiltidiu Gld. II, a, 124 neben Hiltidhiu u. Hiltethiu.
Hiltithiu Ng. a. 882.
Hiltediu Laur. sec. 8 (n. 2664).

Hieher viell. Hilteo Mchb. a. 807.

Hildowald. 7. Ep. Abrincatens sec. 7.
Hildowald pol. R. s. 105.

Hildevald pol. Irm. s. 168.
Hildevold pol. Irm. s. 27, 121.
Hildiold pol. Irm. s. 231.
Childoald conc. Remens. c. a. 630.
Hiltwold Schpf. a. 795 (n. 70).
Hildold Wg. tr. C. 310, 311.
Eldevold Guér. a. 888.

Hildealdis, fem. 11. Pol. Irm. s. 49.

Hildean. 9. Pol. R. s. 53.

Hildear. 8. Pol. Irm. s. 281.
Hildoer pol. R. s. 83.
Hiltiwar Schn. a. 803.
Heiltwar Schn. a. 817 hieher?
Iltwar St. P.

Hildiwara, fem. 6. Laur. sec. 8 (n. 856).
Hildevara fragm. donat. Hildeuarae a. 523 Sp. u. M. (n. 85).
Hiltwara Schn. a. 796.
Hildara pol. Irm. s. 256 wol hieher.
Ilduara u. Ildaura A. S. Mart. I.

Hildiward. 8. B. v. Halberstadt sec. 10; b. v. Zeitz sec. 11.
Hildiward P. VIII öfters; Wg. tr. C. 237, 271, 281, 285, 350, 400, 417; C. M. Aug.
Hildiwart P. I, 393 (ann. Fuld.).
Hiltiwart St. P.
Hildiword (so) Ms. a. 1049 (n. 21).
Hildoward P. IX, 415 f. (gest. episc. Camerac.).
Hildoard P. IX, 415 (gest. episc. Camerac.); pol. Irm. s. 9, 77 etc.; pol. R. s. 72, 75 etc.
Hildeward P. V oft; VIII, 659, 669 (annal. Saxo).
Hildewart Laur. sec. 8 (n. 2211).
Hildiwerd Wg. tr. C. 226.
Hildyward Wg. tr. C. 401.
Hildward P. VI, 796 not. (synod. Francof.).
Hilduard P. VI, 468 (Sigebert. vit. Deoder.).
Hilliward P. V oft; VIII, 663 (annalista Saxo); C. M. April, Sept.
Ildeard pol. Fossat.
Hildibrat für Hildiward P. V, 52 (ann. Hildesh.).

Verwechselung mit Eilward.
Nhd. Hildewerth.
O. n. Hilwerdingrod, Hildwardeshusen.

Hildiwerc. 9. Wg. tr. C. 234, 240, 250, 336, 484 (ebds. 245 irrthümlich Hildiwero).

Hiltewib, fem. Gld. II, a, 124.

Hilduidis, fem. 7. Pol. Irm. s. 50 (sec. 11).
Hildoidis pol. R. s. 59, 69 etc.
Childuidis P. X, 331 (Hugon. chron.).

Hiltiwic. 8. Ng. a. 867.
Hiltiuuig Dr. a. 811 (n. 254; Schn. ebds. Hiltuvig).
Hiltiwih St. P.
Hildvic Laur. sec. 8 (n. 1360).
Hiltwig Laur. sec. 8 (n. 665).
Ildoigius Lgd. a. 875 (I, n. 101).
Nhd. Hellwich, Hellwig, Helvig, Helwich, Helwig, Hillwich?

Zu Hiltiwic würde der form nach Childevius P. II, 307 (reg. Merow. geneal.) gehören, wenn nicht der n. an dieser stelle merkwürdiger weise für Chlodoveus stände.

Hildiwin. 8 (7?). Sec. 9: b. v. Avignon; b. v. Evreux; ep. Astensis. Sec. 10: b. v. Limoges.
Hildiwin P. II, 231 (ann. Xant.); Wg. tr. C. 424.
Hilduwin P. I, 501 f. (Hincm. Rem. ann.); II, 580 f. (hist. transl. S. Viti).
Hilduvin P. II, 234 (ann. Xant.); VIII, 172 (Ekkeh. chron. univers.).
Hildowin P. VII, 103 (Herim. Aug. chron.), 419 (Bernold. chron.).
Hilduin P. I, 97 (ann. Colon.), 463 f., 471 (Hincm. Rem. ann.) etc.; II—V, VIII oft; IX, 165 (Heriger. gest. episc. Leod.), 418 (gest. episc. Camerac.); X, 104 (catal. archiepp. Mediol.), 352 (Hugon. chron.); Wg. tr. C. 266, 287; pol. Irm. s. 31, 84 etc.; Laur. mehrm.; Guér. a. 1089 etc.
Hiltuvin Schn. a. 756.
Hildoin P. I, 215 (Einh. ann.), 359 (Enh. Fuld. ann.); VI, 81 (chron. S. Michael. Virdun.); pol. Irm. s. 31, 120.
Hiltwin P. VIII, 573 (annalista Saxo); Laur. mehrm.
Hildwin P. VII, 3 (ann. Ottenbur.).
Hilthuin P. II, 494 (Ermold. Nigell.).
Hildwini Wg. tr. C. 268.
Hildewin P. V mehrm.; IX, 853 (chron. Hildesh.).
Hildeuin Laur. sec. 8 (n. 1082).
Heltuvin K. a. 890 (n. 167).
Iltuwin Ng. a. 786.
Iltuvin Ng. a. 787.
Ilduin P. II, 320 (Adon. chron.); VI öfters.
Ildoin P. V, 302, 312 (Liudpr. antapodosis).
Eldwin A. S. Jan. I (sec. 7).

Eldoin pol. Irm. s. 53.
Eldoyn P. X, 321 (Hugon. chron.).
Hiltwin neben Hilwin Laur. sec. 8 (n. 955).
Alduin und Aldoin statt Hilduin mehrm. bei P. VI.
Hildin u. Hiltin zuweilen hieher.
Hilduis. 8. Pol. Irm. s. 80, 86 etc.
Hildois pol. Irm. s. 9, 56 etc.
Eldois pol. Irm. s. 55.
Hilduis (fem.) pol. Irm. s. 256.
Hildulf. 7. Ep. Iriens. sec. 7; b. v. Mantua sec. 11.
Hildulf P. I, 7 (ann. Laubac.); II, 216 (ann. Brunwil.); VI; VII; VIII, 328 (Sigeb. chron.); X, 637 (gest. episc. Tullens.); pol. Irm. s. 35, 257; Laur. sec. 8 (n. 537); Wg. tr. C. 304, 398; pol. Fossat.
Childulf Mab. c. a. 664 (act. Bened.), 692.
Childolf Pd. a. 704 (n. 460).
Hildolf P. I, 100 (ann. Brunwil.); II, 245 (ann. Wirzib.); V, 105 (ann. Hildesh.); VI, 795 (synod. Francof.); VII, VIII öfters; X, 162 (gest. Trever.); Ng. a. 763; Laur. mehrm.
Hiltolf P. VII, 431 (Bernold. chron.); Ng. a. 797, 802; St. P.; Laur. sec. 8 u. 9 (n. 179, 2297).
Hyldulph P. VI, 56 (Folcuin. gest. abb. Lobiens.).
Ildulf conc. Bracarens. a. 675.
Iltolf St. P.
Hiltizos. Gld. II, a, 101.
Zu diesem stamme auch wol:
Hilducia, fem. 11. Guér. c. a. 1037 (appendix zum pol. Irm. s. 354). Was ist der letzte theil des namens? vgl. Fulcucia.
Ildico, fem., 5. Jorn. 49. Attilas frau; deutsch?
Zusammensetzung mit erweitertem stamm:
Hildenold. 9. Pol. R. s. 100.

Hilgadrudis s. HAILAG. **Hilgaud** s. Hildegaud. **Hilgold** s. HAILAG.
Hilibert. 9. M. B. a. 817 (XXXI; unecht).
Hiljna s. Ilina.
Hilli. C. M. April.
Hillin. 9. P. VI, 89 (chron. Median. monast.); Wg. tr. C. 306.
Hellin P. X. 508 (vit. Wicberti), 546 (gest. abbat. Gemblac.).
Hylin Lc. a. 1045 (n. 180).
Hie und da kann Hillin für Hildin, Hildelin oder Hilduin stehn.
Hilling. 8. Necr. Fuld. a. 842.
Hillinc St. P.
Für Hilding?
Hillo. 8. M. B. c. a. 777 (XI); tr. W. a. 812 (n. 238); Frek. mehrm.; Ms. a. 1070 (n. 26).
Vgl. Illo, Chillo und Hildo.
Hilmerad s. HELM.

HILP. Nur anlautender stamm, zu goth. hilpan, ahd. helfan gehörig. Die folgenden formen schliessen sich alle an den praesensablaut i an, nur Chulpinc bedarf noch näherer untersuchung; Chalpaida hat unorganischen anlaut und gehört daher nicht hieher. Nur Chilperich ist seit sec. 5 nachzuweisen, alle übrigen n. dieses stammes erscheinen erst drei jahrhunderte später.
Helpo. 9. Anführer der Sachsen sec. 10.
Helpo P. XI, 367 (hist. Franc. Senon.), 403 (hist. regg. Franc. monast. S. Dionys.).
Helpfo Ng. a. 839.
Elffo K. a. 860 (n. 130; Ng. ebds. n. 390).
Nhd. Helf, Hilfe.
O. n. Helfandorf, Helfenstein.
Helfenus. 8. Schpf. a. 786 (n. 62).
Helfini Gld. II, a, 101.
Helfant. 8. K. u. Ng. a. 779, 813; M. B. a. 837 (IX); Mchb. sec. 9 (n. 601).
Helphant tr. W. a. 784, 787, 791, 798 u. s. w. (n. 21, 78, 89, 99 etc.).
Helpfant Schn. a. 823.
Helphan (so) Gld. II, a, 101.
Heppand Mchb. sec. 11 (n. 1232) wol hieher.
Elfandus (ep. Aptensis) conc. Tolos. a. 1056.
Helipand (b. v. Toledo sec. 8) E. s. V, 563 hieher?
Elipand, Eliphand, Eliphant E. s. V öfters.
Zu der häufigkeit dieses namens mag ahd. helfant (elephas) beigetragen haben.
O. n. Helfinteswilare.
Hilping. 8. P. I, 334 (ann. Mett.).
Hilpung R. a. 834 (n. 30).
Chilping P. VIII, 333 (Sigeb. chron.); Fredegar a. 762.
Helpfung Schn. a. 819.
Helbung Lp. a. 894 (I, 1042).
Helbunc Lp. a. 892 (I, 1006).

Chulpinc Mchb. sec. 9 (n. 323, 364).
Culpinc Mchb. sec. 9 (n. 637).
Helbburc, fem. 9. M. B. a. 817 (XXXI).
Helpfrid. 8. Schn. a. 813 (Dr. ebds. Helpfrih); Schn. a. 822.
Helbfrid Mchb. sec. 8 (n. 221).
Helfrid s. HAL.
Die formen gehn auch unmerklich in den namen Helprit (s. ds.) über.
Hilprad. 8. Pol. R. s. 49, 83.
Helfrat Schn. sec. 9 (Dr. ebds. n. 234 Helpfrat).
Helphrat Laur. sec. 8 (n. 3345, 3388).
Helpfrat Dr. n. 240 (Schn. ebds. Helphrat).
Helpherat Dr. a. 930 (n. 677; Schn. ebds. Helperat).
Hilprata, fem. 9. Pol. R. 85.
Hilpericus. 5. Burgundenkg., bruder des Gundobad, sec. 5. Ch. I, Frankenkg., Chlodwigs enkel. sec. 6. Sohn des aquitan. kgs. Charibert sec. 7. Ch. II, Frankenkg., sec. 8.
Hilpericus P. I (Enh. Fuld. ann. etc.); II, 280 f., 287 (gest. abbat. Fontan.) etc.; V, VIII öfters, X, 570 (chron. S. Huberti Andag.); Jorn. 44; Greg. Tur. II, 28; Paul. diac. II, 10; III, 10, 13 etc.
Chilpericus P. I, (chron. Moissiac. etc.); II, 307 (reg. Merow. geneal.), 318 (Adon. chron.); III, 6 (Guntch. et Childeb. pact.), 15 (Chloth. II edict.); IV—VIII öfters; IX, 405 (gest. episc. Camerac.); X, 307, 326 (Hugon. chron.); Pd. c. a. 499 (n. 64); Pd. a. 716 etc.; Greg. Tur.; gest. regg. Franc.
Hilberich P. II, 307 (reg. Merow. geneal.); Chilberich, Hilpric, Hilprich, Hilbric ebds.
Hilprich pol. R. s. 101.
Hilphrich P. I, 114 (ann. Lauriss.).
Helperic tr. W. a. 719 (n. 45 und Pd. nachtr. n. 43).
Helperich P. II, 194 (ann. Lobienses); V öfters; Sm. (var. Helprich).
Chelperich Pd. a. 717 (n. 506).
Helperig P. II, 308 (reg. Merow. geneal.).
Helpric Wg. tr. C. 326.
Helprich M. B. a. 828 (VIII); G. a. 967 (n. 20).
Helferich Gld. II, a, 115.
Helfrich M. B. a. 806. 820 (VIII); R. a. 901 (n. 88).
Helfrih Dr. a. 796 (Schn. ebds. Helphrih); St. P.
Helphrich Laur. mehrm.
Helphrih St. P.
Helpfrih Dr. a. 813 (n. 292; Schn. ebds. Helpfrid); Mchb. sec. 10 (n. 1031).
Ilperich Mab. a. 873.
Elperich Pd. c. a. 720 (n. 513; Ng. ebds.).
Elberich P. II, 239 (ann. Wirzib.) gehört hieher.
Hildebricus P. II, 307 (reg. Merow. geneal.) ist vermischung von Hildericus und Hilpericus.
Altn. Hialprekr.
Nhd. Helferich, Helfferich, Helfrich, Helfrig, Hilbrig, Hillbrich.
Helprit. 8. Wg. tr. C. 263. Vgl. Helpfrid.
Hilferit Laur. sec. 8 (n. 448) neben Hilfrid.
Helpoald. 8. Tr. W. a. 739 (n. 3 und Pd. nachtr. n. 67).
Helpold tr. W. a. 776 (n. 163).
Helfolt St. P.
Helpholt tr. W. a. 774, 798 (n. 21, 133); necr. Fuld. a. 1058.
Helffolt tr. W. a. 811 (n. 180).
Helpuin. 8. Laur. sec. 8 (n. 3185); pol. Irm. s. 267; Schpf. a. 794 (n. 68), 796 (n. 72).
Helpwolf. 8. Schn. a. 800.
Helpholf Schn. a. 795.

Anm. Was ist mit Hilffodorus Schpf. a. 780 (n. 58) zu machen?

Hilsoard s. Ils-.

HILT. Wäre nicht HILDI ein element von namen, so würde man wahrscheinlich nicht wenige formen finden, die zu ags. hilte, altn. hialt, ahd. helza, heft des schwertes, gehören. Jetzt aber sind die niedd. formen mit Hilt- nicht mehr aus den zu HILDI gehörigen herauszufinden, und wir müssen uns begnügen, nur einige mit Hilz- und Helz- beginnende n. hier zu vereinen.
Hilzeus. 9. Pol. R. s. 105.
Hilcekin. 11. Ms. a. 1097 (n. 46).
Helzuni. 8. Mchb. a. 775 (n. 31). Mone heldensage (1836) s. 20 will den n. fälschlich mit Ilisunc zusammenbringen.
Helzolt. 9. K. a. 818 (n. 81).
Helzuvin. 9. Necr. Fuld. a. 817.

Hilzeus s. HILT.
Himcila, zt. unbest., necr. Aug. Verderbt?

Himicila Mchb. sec. 11 (n. 1229).

Himiho s. Imico.

HIMIL. Zu ahd. himil coelum. Einmal, aber wol nur scheinbar, kommt der stamm auch auslautend vor, in Berhthimil Dr. a. 900 (n. 647; Schn. ebds. Bechtimil), die form ist wol verderbt.

Himildrud, fem. 8. P. I, 35, 119 (ann. Lauriss.); Dr. a. 770; St. P. mehrm.; M. B. sec. 11 (VI).

Chimildrudis tr. W. a. 734 (n. 9 u. Pd. nachtr. n. 54).

Himildrut St. P.

Himildruth St. P.

Himiltrudis P. II, 265 (Pauli gest. episc. Mett.); Laur. sec. 8 (n. 1693).

Himilthrud Ng. a. 890.

Himmiltrudis P. VI, 238 (mirac. S. Glodesindis).

Himmeldrut H. a. 853 (n. 87).

Hemeltruda Pd. a. 728 (n. 544).

Hemeltrudis Pd. a. 731 (n. 550).

Immiltrudis pol. R. s. 36.

Imeltrudis pol. R. s. 47.

Himidrut St. P. wol hieher.

Hilmildrud Gld. II, a, 124.

Helmeldrudis tr. W. a. 771 (n. 250).

Hilmitrud Laur. sec. 9 (n. 3367).

Himilger. 10. Necr. Fuld. a. 943.

Himilgero Dr. sec. 10 (n. 663; Schn. ebds. Hinolgero).

Himilrad, fem. 9. P. II, 293 (gest. abbat. Fontan.).

Himilrat St. P. zwml.

Himinard. 10. G. a. 905 (n. 9).

Himma s. IM.

Himmerit. 5. Jorn. 36. Verderbt?

Himmi s. IM.

Himminula, fem. 9. Schn. a. 840 (Dr. ebds. n. 531 Himminuilla).

Hinadang. 9. Schn. a. 807 neben Hindag.

Hinadanc Dr. a. 806 (n. 239), 807 (n. 241); Schn. an der ersten stelle Hinadane, an der zweiten Hinadano.

Hinadanch Schn. a. 813.

Hincfreda, Hincmar, Hingipreht s. INGO.

Hinna, fem. 11. St. P.

Hinolgero s. Himilger.

Hiodil. 9. H. a. 853 (n. 87). Verderbt? etwa für Huodil?

HIR. Es müsste gradezu auffallend erscheinen, wenn goth. hairus, ags. heoro, altn. hiörr, alts. heru gladius nicht in den n. nachklänge, zumal im Sachsenlande, wo der Cherusker name selbst nichts als eine ableitung dieses wortes ist. Das bestätigen nun auch die folgenden n. im ganzen, obwol im einzelnen mögliche entartung aus HARI zugegeben werden muss.

Hiro. 9. K. a. 842 (n. 106).

Iro Ng. a. 825, 878, 893.

Nhd. Ihr.

Ira, fem. 11. P. V, 84 (ann. Quedlinb.).

Hiring, Iring s. unter I.

Hiribert. 11. P. V, 73 (ann. Quedlinb.).

Hirburc. Gld. II, a, 124.

Irfrid. Gld. II, a, 102.

Hiriger. 10. P. V, 429 (Widukind); hier für Heriger.

Ags. Heorogâr.

Hirlindis, fem. 8. Pol. Irm. s. 280.

Hiriman. 9. P. V öfters; Wg. tr. C. 127, 128, 159, 160.

Hirward. C. M. Sept.

Hiruit, fem. 9. Wg. tr. C. 55.

Zusammensetzung mit erweitertem stamm:

Hiranhart. 8. K. a. 797 (n. 45; Ng. ebds.).

Mehrere formen mit Irim-, Irin- und dgl. s. unter IRM.

Hirizpero s. HIRUZ. **Hirmen-, Hirmin-** s. IRMIN. **Hirping** s. Irfing.

HIRUZ. Die folgenden n. gehören zu ahd. hiruz hirsch; dazu sind die entsprechenden o. n. zu vergleichen. Hieher auch viell. Herzrad?

Hiruz. 8. Mchb. sec. 8 u. 9 (z. b. n. 568).

Nhd. Hertz? Herz? Hirsch, Hirtz.

Hirzula. Gr. IV, 1018.

Hirizpero. 11. M. B. sec. 11 (VI).

Hirizpirin, fem. 10. Mchb. sec. 10 (n. 1129).

Hiselmund, Hisi, Hisillar, Hisimbard, Hisinfrid, Hisla etc. s. IS. **Hit-** s. HID.

Hiudolf s. Liudulf.
Hiuorin. 8. Laur. sec. 8 (n. 866).
Hiuperht. 9. St. P.
Hiuto. 8. St. P.; Ng. a. 787, 805 etc. (n. 101, 155 etc.).
Hiutho K. a. 805 (n. 59).

HIZ. Wahrscheinlich enthalten die folgenden formen die diminutive gestalt der unter HID- aufgeführten n. und verhalten sich etwa zu denselben so wie Haz- zu Had-.
Hizo. 9. P. VIII, 678 (annalista Saxo); Lp. a. 874 (I, 862); Ng. a. 842 u. c. a. 875 (n. 303, 484).
Hizzo Gld. II, a, 101.
Hitzo necr. Aug.
Nhd. Hiss, Hitze.
Hizzi. 8. Ng. a. 861, 865 (n. 398, 429).
Hitzi Ng. a. 779 (n. 72).
Hiza, fem. 11. St. P. öfters.
Hize C. M. April.
Hizaka, fem. 11. Lc. a. 1085 (n. 235).
Hizecha Lc. a. 1094 (n. 248); Laur. n. 3827.
Hizil. 10. P. VIII, 689 (annalista Saxo); Frek.
Hitzil Frek. mehrm.
Hizel Frek. mehrm.
Hitzel Frek.
Hiccila (b. v. Salamanca) conc. Tolet. IV, a. 633 viell. hieher.
Hecil, Hezil s. HAZ.
Hizila, fem. 11. St. P. öfters.
Hizela Lc. a. 1054 (n. 190), c. a. 1070 (n. 221).
Hicela P. IX, 37 (Joh. chron. Venet.), 250 (Gundechar. lib. pontif. Eichstet.).
Hizzela necr. Aug.
Hicele C. M. Juni.
Hizilin. 10. Ng. a. 947 (n. 727).
Hicipirna, fem. Gr. III, 203.
Hiziwip, fem. 11. Gr. I, 653.
Hizawip St. P. dreiml.
Hizawiph St. P.

HLEO. Es scheint, als wenn zu goth. hlaiv, ahd. hlêo, alts. hlêo, hlêa, mhd. lê (verwandt lat. clivus) hügel einige namen gehören. Könnte man unbedenklich zu Pfeiffer (Wigal. 14, 4) stimmen, wonach dieses wort etwa eine warte bedeutet habe, so hätten wir damit noch eine für namen besser passende bedeutung gewonnen. Unter L findet man noch manches, was hieher gehören könnte.
Hleo, msc. 9. Mchb. sec. 9 (n. 539 u. sonst).
Gleobald. 7. Pd. a. 664 (n. 350).
Hleoperht. 8. Mchb. sec. 8 u. 9 (n. 146, 303).
Heoperht Mchb. sec. 8 (n. 147) lese ich Hleoperht; Hleodperht Mchb. sec. 8 (n. 71) desgleichen.
Hleokelt. 9. Hd. m. S. sec. 9 (III, 200).

Hliodro. 8. Mchb. sec. 8 (n. 22); M. B. a. 763 (IX).
Liodro St. P.
Leodro St. P. zwml.; R. a. 776 (n. 4).
Liedro Mchb. sec. 11 (n. 1182).
Vgl. altn. hlióðr schweigsam; wahrscheinlich ursprünglich aufmerksam, zur wurzel hlu; vgl. HLOD.
Hliumnand. Gr. II, 1093.
Liunnand und Liunnanth Dr. sec. 10 (n. 696; Schn. ebds. Liumnand und Liumnant).
Liunnand Dr. sec. 10 (n. 694) dreiml.
Liunaud Dr. sec. 10 (n. 666; Schn. ebds.).

HLOD. Einer der schwierigsten in namen erhaltenen wortstämme. Schon seit alter zeit ist er den etymologen daher ein wahres kreuz gewesen, die seinetwegen im sprachschatze hin und her getappt und z. b. Lothar sogar durch lockenhar erklärt haben. In neuerer zeit ist wenigstens so viel erkannt worden, dass der hauptgrund der schwierigkeit in der richtigen scheidung der hieher gehörigen formen von denen liegt, die man zu ahd. liut populus zu rechnen hat. Leo freilich hält die namen, welche ich hier und die, welche ich unter Liud aufführe, für identisch und erklärt beide für keltisch, indem er besonders darauf aufmerksam macht, dass das pol. Irm. keine formen mit Hlod- kennt. Graff drückt sich ganz zweifelnd und fragend aus.

Ganz resultatlos für die scheidung von LIUD ist der anlaut und auslaut; letzterer deshalb, weil in den zusammengesetzten eigennamen der anlaut des zweiten theils der zusammensetzung mannigfach verwirrend einwirkt. Der anlaut aber ist deshalb ein unsicheres kennzeichen, weil es erstens sehr wol möglich sein kann, dass LIUD selbst ein anlautendes H verloren hat; aber selbst dieses nicht angenommen, so ist bei einem vorzugsweise auf westfränkischem gebiete gebräuchlichen stamme ein unorganisches H bei den wirklich zu LIUD gehörigen formen sehr natürlich, während andrerseits die hieher zu stellenden durch den allgemeinen späteren abwurf des anlauts ein kennzeichen verlieren. Giebt uns auf diese weise der an- und auslaut keinen sichern anhalt, so müssen wir unsere scheidung beider stämme vorzüglich auf eine möglichst genaue beurtheilung des inlautenden vocals bauen.

Ich nehme als goth. form hlaud an und denke mit ziemlicher sicherheit an die wurzel hlu audire, insbesondere an ahd. hlût laut, in hinsicht der bedeutung freilich mehr an das damit fast identische κλυτός.

Demgemäss stelle ich namentlich hieher:

1) einige formen mit au und ou, doch mit einer hinweisung auf die unter LAUD erwähnten namen;
2) die sehr häufigen formen, welche inlautend o haben;
3) manche bildungen mit inlautendem u. Dieses nämlich macht eine specielle schwierigkeit. Die unlösbare frage, ob wir hier nicht auch mitunter kurzes u haben, bei seite gesetzt, fügen sich diese formen eben so gut zu unserm HLOD wie zu LIUD. Es bleibt mir deshalb nur eine scheidung übrig, die jedenfalls nichts mehr als eine nur annähernde richtigkeit hat, nämlich Hlu- hieher, Lu- dagegen zu LIUD zu setzen.

Da HLOD und LIUD schon in der ahd. periode nicht mehr rein gesondert sind, so wird es öfters geschehen, dass dieselbe person in einer form ihres namens hier, in der andern unter LIUD aufgeführt ist.

Auslautendes HLOD vielleicht in Conolot (9) und Leodelod (7).

Chlodio. 5. Frankenkg. sec. 5.
Chlodio P. V, 30 (ann. Quedlinb.), 219 (chron. Luxov.); Pd. a. 751 (n. 608).
Clodio P. I, 283 (chron. Moissiac.); V, 30 (ann. Quedlinb.); VI, 115 (Ademar. hist.); IX, 403, 404, 407 (gest. episc. Camerac.); X, 326 (Hugon. chron.); d. Ch. I; gest. regg. Franc.
Clodius P. VIII öfters.
Chludius P. II, 307 (reg. Merow. geneal.).
Cludio P. II, 307 (reg. Merow. geneal.).
Hludio Mchb. sec. 8 (n. 248); St. P.
Hlud Dr. c. a. 800 (n. 134).
Chloio P. II, 307 (reg. Merow. geneal.).
Clojo Sidon. Apollin.
Chlogio Greg. Tur. II, 9.
Lotto K. u. Ng. a. 774, 786; K. c. a. 817 (n. 76).
Nhd. Glöde, Klode, Kloth, Kludt, Lode, Löde, Loth, Lott.

Claodicus, 2. v. C. Cimbrischer kg. Oros. V, 16.
Zeuss setzt s. 143 diesen n. sowie auch Clondicus (bastarn. n. bei Livius) zu unserm stamme.
Luothecho Lc. a. 1033 (n. 169).
Luoza, fem. 11. M. B. a. 1034 (XXXI) neben Luoiza.
Clodbald. 8. Pd. a. 745 (nchtr. n. 79).
Chlodebaud. 5. P. II, 307 (reg. Merow. geneal.); d. Ch. I.
Chlodobodo Gr. III, 81.
Glodobode (als accus.) P. II, 307 (reg. Merow. geneal.).
Chlodobert. 6. Sohn des kgs. Chilperich sec. 6. Greg. Tur. V, 35; Venant. Fortun.: gest. regg. Franc.
Hludiperht Mchb. sec. 9 (n. 120).
Hludubret Lc. a. 818 (n. 36).
Lotberta, fem. 8. Pol. Irm. s. 35.
Clodebergis, fem. 6. A. S. Febr. I.
Lotberga Laur. sec. 8 (n. 2611).
Lotfrid. 8. Pol. Irm. s. 68.
Lofred (11) P. VII, 59 (Lup. protospatar.) viell. hieher.
Hludokis. 9. Mchb. sec. 9 (n. 615).
Chlodard. 8. Mab. a. 798.
Hludhart Dr. sec. 9 (n. 340).
Chlodochar. 6. Sec. 6: Ch. I, Chlodwigs sohn; Ch. II, Chlodwigs urenkel, sohn v. Chilperich u. Fredegunde. Sec. 7: Ch. III, Chlodwigs II sohn. Sec. 8: Ch. IV. Sec. 9: L. I, sohn Ludwigs des frommen, kg. v. Italien; L. der jüngere, sohn Lothars I, kg. v. Lothringen. Sec. 10: sohn Ludwigs IV, neffe Ottos d. gr., kg. v. Frankreich; kg. v. Italien, sohn Hugos v. Provence.
Chlodochar Pd. a. 710 (n. 477), 716 (n. 496; Mab. ebds.).
Chlotahar lex Salica (neben Chlothar).

Clodachar P. III, 2 (Cloth. constit.); Pd. c. a. 560 (n. 165).
Chlothachar P. III, 6 (Guntch. et Childeb. pact.); IV, 9 (Chloth. capit.); Pd. a. 627 (n. 243).
Chlotachar Pd. a. 721 (n. 515).
Chlodchar P. II, 328 (Erchanberti breviar.).
Chlodhar P. II, 307 (reg. Merow. geneal.).
Χλωθάριος (fränk.) Agath. mit var. Λωθάριος (ebds. alamann. Λεύθαρις).
Clodoare (nom.) H. a. 698 (n. 25).
Chlothar P. I, 105 (ann. S. Columbae); II, III, V, VII öfters; Greg. Tur. oft.
Chlotar lex Baioar. (prolog.); gest. regg. Franc.; Fredegar.; Paul. diac. I, 27.
Clothar P. II, 6 (vit. S. Galli); V, VI, VIII öfters; IX, 181 (Heriger. gest. episc. Leod.); 409 (gest. episc. Camerac.); M. B. a. 623 (XXXI); Paul. diac. IV, 16.
Clotar P. I, 285—287 (chron. Moissiac.); X, 326 (Hugon. chron.); Pd. c. a. 499 (n. 64).
Hlodhari St. P.
Hlodhar P. II, 307 (reg. Merow. geneal.); VII mehrm.
Hlodar neben Chlotar lex Baioar. (prolog.).
Hlotar (imperator) Wg. tr. C. 357.
Hlothari Gld. II, a, 101.
Hlothar P. oft.
Κλοαδάριος Procop.
Hluthar P. V, VIII oft; Lp. a. 828, 829 (I, 674, 678).
Chluthar tr. W. a. 718 (n. 224).
Hludher Dr. c. a. 800 (n. 134).
Lodhari Gld. II, a, 103.
Lothar P. sehr oft; Guér. a. 882.
Lotar P. III, 30 (Pipp. capit.).

Vgl. auch Flothar.

Nhd. Löther, Lötker, Lotter.

Chlotichilda, fem. 5. Sec. 5: tochter des Burgundenkönigs Chilperich, Chlodwigs gattin. Sec. 6: tochter Chlodwigs, frau des Gothen Amalarich.
Clotichilda mit var. Clodechilda und Chlothieldis Pd. a. 587 (n. 197).
Clodehildis A. S. Febr. I.
Chlothildis Greg. Tur. IX, 20.
Clothildis gest. regg. Franc. (neben Chlothildis).
Chlothildis und Chrothildis öfters verwechselt.

Chlodomir. 5. Chlodwigs I sohn sec. 6.
Chlodomir P. V, 30 (ann. Quedlinb.); Pd. c. a. 499 (n. 64).
Χλωθομῆρος Agathias.
Chlodomeris (und -es) P. VII, 85 (Herim. Aug. chron.); Greg. Tur.
Clodomir P. I, 285 (chron. Moissiac.); II, 311 (dom. Carol. geneal.); V, 31 (ann. Quedlinb.), 220 (chron. Luxov.); VI, 115 (Ademar. hist.); VIII öfters; Pd. a. 674 (n. 373).
Clodomer P. V, 166 (ann. S. Germ.); X, 326 (Hugon. chron.).
Hlodmar P. II, 307 (reg. Merow. geneal.).
Hludmar Dr. n. 348.

Chloderich. 6. Frankenfürst, sohn Sigeberts sec. 6.
Chloderich P. II, 307 (reg. Merow. geneal.).
Hlodericus auf e. röm. christl. inschr. bei St. n. 1755.

Chlodesinda, fem. 6. Tochter kg. Chlothars I und frau des Langobardenkgs. Alboin sec. 6. Tochter des austrasischen kgs. Childebert sec. 6.
Chlotsinda Greg. Tur. IV, 1 etc.
Clotsendis A. S. Febr. I, Maj. III; gest. Dagoberti I.
Glodesind (-a und -is) P. VI, 478 (Sigebert. vit. Deoder.); VIII, 116 (Ekkeh. chron. univers.); 322 (Sigebert. chron.); X, 322 (Hugon. chron.).

Hiemit meistens von denselben personen folgende namen auf suind:
Chlodesuinda P. III, 6 (Guntchr. et Childebert. pact.).
Clodosuinda brief des bisch. Nicetius v. Trier a. 565 bei H.
Chlotsuinda Paul. diac. I, 27.
Glodeswinde C. M. Jul.

Clodowald. 6. Sohn des kgs. Chlodomeres sec. 6.
Clodowald Pd. a. 533 (n. 119).
Chlodoald Pd. a. 690 (n. 412; Mab. ebds.); Greg. Tur. III, 6 etc.; gest. regg. Franc.; Fredegar.
Clodoald P. II, 793 (Abbo de bell. Paris.); X, 328 (Hugon. chron.).

Chlodowich. 5. Sec. 5: Frankenkg. Sec. 7: Ch. II u. Ch. III, Frankenkge. Sec. 9: Ludwig der fromme; L. II, kais. u. könig v. Italien, sohn Lothars I; L. III (Bosonides), adoptivsohn Karls d. dicken; L. I d. deutsche, sohn Ls. d. frommen; L. d. jüngere, sohn Ls. d. deutschen; L. III d. kind, sohn k. Arnulfs; L. II v. Frankreich, d. stammler, sohn Karls d. kahlen; L. III v. Frankreich, sohn L. des stammlers. Sec. 10: L. IV v. Frankr., sohn Karls d. einfältigen; L. V v. Frankr., d. faule. Sec. 11: erster landgr. v. Thüringen; L. d. springer, landgr. v. Thüringen; ep. Amitern.

Chlodowich P. I, 45 (ann. Guelferb.).

Chlodovech P. IV, 1—5, 9, 10 (Merowing. capit.).

Clodovaeus H. a. 565 (brief des Trierer bischofs Nicetius).

Clodoveus P. I, (chron. Moissiac. etc.); VI, VII, VIII, IX oft; X, 318 etc. (Hugon. chron.).

Chlodoveus P. II, 307 (reg. Merow. geneal.). etc.; V—VII oft; lex Salica (neben Chlodovius); Pd. a. 692 (n. 428); Greg. Tur.; gest. regg. Franc.; Fredegar.

Chlodovius P. II, 308 (reg. Merow. geneal.); lex Salica (neben Chlodoveus); Pd. a. 653 (n. 322), 692 (n. 429), 710 (n. 477).

Χλωϑοαῖος Agath.

Chlodoicus Pd. a. 692 (n. 430).

Chloudoweus (so) Pd. a. 636 (n. 277).

Chluduicus (Ludw. d. fromme) Guér. a. 822.

Chludowius Pd. a. 634 (n. 265), 644 (n. 306).

Hludowicus P. u. sonst überall sehr oft.

Hludovicus Ng. a. 691—695. Später sehr häufig.

Hluduwicus P. VI, 571 (Arnold. de S. Emmer.).

Hlodovicus M. a. 863 (n. 15).

Hlodewicus Lc. a. 902 (n. 82).

Hludiwicus Lc. a. 1040 (n. 171).

Hludohicus Lp. a. 856 (I, 782), 870 (I, 851).

Hludohic Lp. a. 860 (I, 791).

Hlodoveus P. II, 272, 274 (gest. abbat. Fontan.).

Hludowius gest. Dagoberti I.

Cludovicus M. a. 653 (n. 55).

Gludowicus Mchb. sec. 9 (n. 304).

Chludovius M. a. 751, 750—760, c. a. 640 (n. 6, 7, 63).

Lothowigus P. VII, 378 (Brun. de bell. Saxon.).

Lodowycus Wg. tr. C. 379.

Lodowicus P. V, 43 (Lamberti ann.), 51 (ann. Weissemb.).

Lodwich Gud. a. 1069.

Lodwicus P. XI, 766 (ann. S. Rudberti Salisb.).

Lodoicus P. V, 217 (reg. et imper. catal.), 873 (reg. catal.); Lp. a. 847 (I, 727); conc. Roman. a. 1059.

Lodewig P. VII, 363 (Brun. de bell. Saxon.).

Lhodhuicus Lp. a. 856 (I, 783).

Lhodwic P. V, 208 (chron. com. Cap.).

Lhuduvicus Lp. a. 857 (I, 786).

Lodoin falsche lesart bei Jorn. 58.

Zweifelhafter, ob sie hieher gehören, sind die formen:

Hloduvincus Mchb. sec. 9 (n. 430).

Luodevicus P. VI, 796 (Adalbert. vit. Heinr. II).

Luodewich P. VIII öfters.

Loudewicus P. V, 52 (ann. Hildesh.).

Lauduivicus (so) Ng. a. 821.

Ueber Childevius s. P. II, 307 (reg. Merow. geneal.).

Besonders bei diesem n. vgl. die entsprechenden formen unter LIUD.

Nhd. Ludewig, Ludwich, Ludwig.

Hlotwin. 7. Lc. a. 796 (n. 7).

Chlodoin Pd. a. 692 (n. 429); tr. W. a. 724 (n. 18).

Hludwin Schn. a. 756; Lc. a. 796 (n. 6), 799 (n. 11).

Hludhwin Lc. a. 799 (n. 13).

Luotuin St. P.

Loutwin M. B. a. 1089 (XXIX).

Chlodulf. 7. B. v. Metz sec. 7; Sachsenherzog sec. 9.

Chlodulf P. II, 264, 267, 269 (gest. und catal. ep. Mett.); IX, 183 (Heriger. gest. episc. Mett.); d. Ch. I, 878.

Chlodulph A. S. Mart. II.

Chlodolf Pd. a. 665 (nchtr. n. 4).

Clodulf P. II, 219 (ann. Xant.); VIII, 324 (Sigebert. chron.); Mab. a. 766; Lc. a. 947 (n. 100).

Clodulph Pd. a. 622 (n. 232; unecht), 646 (n. 310), 651 (n. 318), 673 (n. 371); gest. Dagobert. I.

Clodolf P. X, 161 (gest. Trever.).

Chludulf Pd. a. 718 (n. 40; tr. W. n. 227).

Hludiolf St. P.

Hludolf Mchb. sec. 9 (n. 411).

Hlodolf Mchb. sec. 8 (n. 120).

Glodulf P. XII mehrm.

Glodulph Pd. a. 679 (n. 390).

Cleodulph A. S. Mart. I.

Nhd. Ludolff, Ludolph.

Als anhang zu HLOD führe ich die formen mit

Flod- an. Sie scheinen nur eine mundartliche nebenform von Hlod- zu sein (vgl. auch das verhältnis von Frod- zu HROD). Denn erstens beginnen wirklich n. von personen, die an einem orte z. b. Chlodowig und Chlothilde heissen, an einem andern mit Fl; zweitens findet sich kaum bei denselben schriftstellern Hlod- und Flod- neben einander, wie z. b. das pol. Irm. und pol. R. nur den letztern anfang kennen. Uebrigens ist Flod- öfters in naher lautlicher berührung mit Flad-; s. ds.

Flodimia, fem. 9. Pol. R. s. 35.

Flodebert, 8. Pol. R. s. 44, 52 etc.
Flodevert pol. Irm. s. 230, 256.
Flotbert pol. R. s. 66, 70 etc.

Flodeverga, fem. 8. Pol. Irm. s. 256.

Flobot, Gr. III, 81, 754; von Gr. wol nur aus o. n. Flobotisreine gefolgert.

Flotrudis, fem. 8. Pol. Irm. s. 232; pol. R. s. 86.
Floctrudis (so) pol. R. s. 72.

Flodogildis, fem. 8. Pol. Irm. s. 86.
Flodegildis pol. Irm. s. 233.
Flotgildis pol. Irm. s. 261; pol. R s. 7, 54.

Flodegar. 8. Pol. Irm. s. 101, 215; A. S. Jan. I.
Flotger pol. R. s. 7, 16 etc.

Flotgil. 9. Pol. R. s. 58.

Flodegis. 6. A. S. Jan. I.
Flotgis pol. Irm. s. 71; pol. R. s. 44.

Flotgrimmus. 9. Pol. R. s. 60, 79.

Flodohagdis, fem. 9. Pol. R. s. 75 zwml.
Flothaidis pol. R. s. 101, 102 etc.

Flothard. 9. Pol. R. s. 103.

Flothar. 8. P. II, 311 (dom. Carol. geneal.); d. Ch. I, 879; pol. Irm. s. 210, 233.
Flotar P. III, 374 (urk. v. 840; auch bei Coleti IX, 906); pol. Irm. s. 230.
Flother pol. R. s. 37, 96 etc.
Flodarius E. s. VI, 568 (Julian.).
Flodrio P. II, 307 (reg. Merow. geneal.) ist verderbt.
Elother (so) pol. R. s. 23.
Nhd. Fluder hieher?

Flothildis, fem. 6. P. V, 387 (Flodoard. ann.); pol. Irm. s. 176, 258; pol. R. s. 47, 53 etc.
Flodoildis pol. Irm. s. 53, 206.
Flotildis Pd. a. 670 (n. 363); pol. R. s. 35, 37. Oefters = Chlothildis.

Flodomar. 9. Pol. R. s. 13, 22.
Lotmar pol. R. s. 83.

Floderich. 8. Pol. Irm. s. 220, 226; pol. R. s. 85.
Flodrich pol. Irm. s. 148.
Fludrigus Lgd. a. 883 (n. 111).

Flotsinda, fem. 8. Pol. R. s. 8, 70.
Flotsidis pol. Irm. s. 72.

Flodoald. 8. P. III, 30 (Pipp. capit.).
Flodold pol. R. s. 55.
Flodald pol. Irm. s. 59.
Fluduald P. II, 661, 664 (Nithardi hist.).

Vlodoar. 7. Pd. a. 698 (n. 449).

Flodoard. 8. P. V oft; VI, 64 (Folcuin. gest. abbat. Lobiens.); pol. Irm. s. 86; pol. R. s. 22.
Mit var. Frodoard P. V, 406 (Flodoard. ann.).

Floduidis, fem. 9. Pol. R. s. 7.
Flodoidis pol. R. s. 69, 70 etc.
Fludoidis pol. R. s. 73.

Flodoveus. 8. P. I, 38 (ann. Lauresh. a. 800).
Flodovius P. III, 429 (Kar. II capit.).
Fludoicus pol. Irm. s. 86.
Flotveus pol. Irm. s. 115, 123.
Flaudius (so) mit var. Fluduicus und Hluduicus E. s. VI, 494.
Der n. ist wol immer nur dialectisch von Hlodoveus unterschieden.

Floduin. 8. Mab. a. 783.
Flodoenus Pd. a. 709 (n. 475).
Fluduin pol. Irm. s. 259.
Flodoin pol. Irm. s. 23, 61 etc.; Lc. a. 827 (n. 43); pol. R. s. 34, 52 etc.

Flodois. 8. Pol. Irm. s. 53.

Flodulf. 7. P. II, 313 (dom. Carol. geneal.); Pd. a. 648 (n. 313); pol. R. s. 7, 69.
Zusammensetzung mit erweitertem stamm:

Floderlindis, fem. 9. Pol. R. s. 69.

Hlungan. 8. Ng. a. 825 (n. 456). Vgl. Lungan u. Jungan.

Hnabi. 8. Ng. a. 773.
Nhd. Knab, Knabe, Knape, Knapp, Knappe.
Zu diesem vereinzelten n. stelle ich nicht ohne bedenken die unaspirirten formen Nebi und Nebe,

welche sich auch zu einigen unter N (s. NIW) angeführten n. allenfalls fügen würden. Beachtenswerth ist, dass in einer St. Galler urk. v. 774 der vater Hnabi und der sohn Nebi heisst. Ueber den n. Nebi u. dgl. s. Mone heldens. (1836) s. 11.

Nebi P. II, 23 (vit. S. Galli), 591 (Thegan. vit. Hlud.); VII, 98 (Herim. Aug. chron.); Schn. a. 824, 842 etc.; necr. Fuld. a. 870.

Nebe P. II, 591 (Thegan. vit. Hlud.); Ng. a. 846. Gen. Nebes Schn. a. 858.

Nhd. Näbe, Nebe.

Hoa, fem. 9? Wg. tr. C. 40. Vgl. Hoia.

Hoald s. HAH.

Hoamer. 6. Ὁάμερ Procop. Selbst Grimm gesch. d. dtsch. spr. I, 478 hält diesen vandalischen n. für dunkel; vielleicht, meint er, stecke darin ein goth. Hauhamêrs.

Hobolf. 8. Pd. a. 734 (n. 555).

Hoburg s. HOH.

Hocca, fem. 9. Lc. a. 827 (n. 43).

Hocecho. 11. Necr. Fuld. a. 1059.

Hocloberct. 7. Pd. a. 697 (n. 440; Mab. ebds.).

Hoctorecla s. ACT.

HOD. Nicht zu verkennen ist, dass ein stamm dieser form in unsern alten namen wirklich besteht. Am füglichsten lehnen wir ihn an ags. hôd, ahd. huot pileus (etwa in der bedeutung von galea?) oder auch an ags. hôd, ahd. huota custodia. Nach zweien seiten hin sind indessen diese n. ungemein schwierig abzugrenzen, da erstens der stamm AUD mit einigen seiner formen oft in einer gefährlichen nähe liegt, zweitens aber auch die zu Hud- gehörigen bildungen leicht in die hier zusammengestellten übergehn.

Hodo. 9. Diese form so wie Hoto und einige ähnliche s. unter AUD.

Huado Ng. a. 809.

Huato Ng. a. 815.

Huatto Ng. a. 840; K. a. 861 (n. 133).

Huodo Laur. sec. 8 (n. 2800); St. P. zwml.

Huoto Ng. a. 822; R. a. 967 (n. 106).

Nhd. Huot, Huoth.

Huoti. 9. Schn. a. 819.

Hoda, fem.? 8. Wg. tr. C. 166.

Huoda Laur. sec. 8 (n. 2770); H. a. 943 (n. 157).

Hodilo. 8. P. II, 618 (vit. Hlud. imp.).

Huodilo P. I, 115 (ann. Lauriss.).

Huotil Gr. IV, 803.

Houdil Ng. a. 876 viell. hieher.

Haotilo Laur. sec. 8 (n. 326) viell. hieher.

Hiodil H. a. 853 (n. 87) viell. für Huodil?

Vgl. zu diesen formen die unter OTHAL aufgeführten; vgl. auch ahd. huotil hüter.

Huadalin. Gld. II, a, 102.

Hodezo. 11. G. sec. 11 (n. 50).

Hotbert s. AUD. **Hodag** s. HOH. **Hotgar, Hothar, Hotlindis, Hotrad, Hodachrus, Hoduin, Hotolf** s. AUD.

Ich schliesse hier noch einige formen mit z an, die vielleicht zu diesem stamme gehören mögen.

Hozo. 8. Frek.

Huozo P. II, 134 (Ekkeh. cas. S. Galli); St. P.; Lc. a. 1054 (n. 189).

Huoz Schn. a. 838.

Dazu scheint noch zu stellen (doch vgl. auch HUS):

Huzo P. VI, 677 (pass. S. Cholomanni); St. P.; Ng. a. 806, 807, 815; G. a. 1086 (n. 68).

Husso Mchb. sec. 9 (n. 352); necr. Fuld. a. 819.

Usso Ng. a. 784, 786.

Nhd. Hotze, Huss, Husse, Hutze.

Huazane, abl. fem. 8. Tr. W. a. 777 (n. 73).

Hozin. 6. D. Ch. I, 524.

Hozeman. 11. P. IV, 44 (Heinr. II constit.).

Huozman P. II, 246 (ann. Wirzib.); VII öfters; VIII, 726 (annalista Saxo); K. a. 1080 (n. 235).

Huotzman M. B. a. 1090 (XXXI).

Huzman P. VII öfters.

Outzman P. VII öfters.

P. VI, 646 (mirac. Adelheidae) steht Hiceman mit var. Huozeman.

Hodil- s. OTHAL.

HOF. Ahd. hof curtis muss in einigen n. stecken. Da sich indessen (auch abgesehn von den folgenden formen) einige spuren finden, dass ein zu ahd. hauwan hauen gehöriges wort gleichfalls namen gebildet hat, so ist das hiehergehören z. b. von Howawib zweifelhaft.

Hovi. 9. P. II, 715 (vit. S. Anskarii). Deutsch oder nordisch?

Hov (so) Laur. sec. 9 (n. 106).
Hovalind, fem. 9. Dr. sec. 9 (n. 142).
Houaman. 9. Tr. W. a. 861 (n. 272); necr. Aug.
Hoveman H. a. 945 (n. 158).
Nhd. Hoffmann, Hofmann, Hovemann.
Hofadeo. 8. St. P.
Hovawart. Gr. I, 955.
Nhd. Hofert, Höffert.
Howawib, fem. 8. Schn. a. 791.

Hogardis s. HOH.
Hogel. 9. Wg. tr. C. 307.
Hoger s. HUG; vgl. auch AUD. **Hoggi** s. HUG.

HOH. Uebereinstimmend mit Gr. IV, 778 setze ich die folgenden n. zu hôh altus, obwol mitunter die scheidung von HUG nicht leicht ist. Auslautend auf HOH finde ich folgende 33 n., sämmtlich msc.:

Abbahoh 9.	Chadalhoh 8.	Hrodhoh 8.
Ekihoh 9.	Chunihoh 8.	Ledoc 8.
Alphoh 8.	Drudhoh.	Madalhoh 8.
Ellanhoch 9.	Folchoho.	Nanthoh 8.
Anthoch 9.	Gebahoh 9.	Odilhoh 8.
Engilhoh 8.	Gerhoh 8.	Reginhoh 8.
Adalhoh 9.	Gauzoch.	Rihhoh 9.
Berahoch 8.	Godehoc 5.	Diothoh 8.
Berinhoh 9.	Cundihoh 8.	Wichoch 8.
Berathoh 8.	Herodhoh 9.	Willihoh.
Branthog 9.	Hildehoc 5.	Wolfhoh 8.

Hohilo. 8. St. P. zwml.
Hoilo St. P.
Haohuni. 8. St. P.
Hochbert. 8. Laur. sec. 8 (n. 425, 2573).
Hobert Wg. tr. C. 238, 298.
Hochbrath Laur. sec. 9 (n. 177).
Hohpreht und Hohpert Gld. II, a, 101.
Nhd. Hobrecht, Hohbrecht.
Hohburg, fem. 8. Schn. a. 792.
Hoburg Wg. tr. C. 312; Frek.
Hodag. 9. Wg. tr. C. 302.
Hoffred. 8. Mab. a. 798.
Hogardis, fem. P. II, 584 (transl. S. Viti).
Hohgaud zu schliessen aus o. n. Hohgozzinchovnu.
Holog, fem. Gld. II, a, 124.
Homan. 9. Wg. tr. C. 320.
Nhd. Hohmann, Homann.
Haohni, fem. 8. St. P.
Hohni Mchb. sec. 9 (n. 213).
Hohrat. 9. Horat ep. Neovicens. sec. 10.
Hohrat Mchb. sec. 9 (n. 589); St. P.
Horat P. IV, 24 (Ott. M. constit.), während auf der folgenden seite derselbe mann Oredo heisst; conc. Engilenheim a. 948.
Horath P. V, 395 (Flodoardi ann.), 603 (Richeri hist.); X, 361 (Hugon. chron.).
Hohrich. 11. Gr. II, 390.
Horich Ms. a. 1049 (n. 21).
Hohrid. 9. Wg. tr. C. 480.
Hoswith, fem. Gld. II, a, 124.
Hohold. 9. Wg. tr. C. 7; St. P.
Hoholt K. a. 1091 (C. S. n. 12).
Hoghold Wg. tr. C. 434 hieher?
Vgl. hiezu einige formen unter HAH.
Hohowart. 8. Laur. sec. 8 (n. 3797).
Hoholf. Necr. Aug.

Hoia. 7. B. v. Barcelona. Mit var. Oia, Ula, Ola conc. Tolet. a. 636.
Hoia, fem. 9. Wg. tr. C. 146. Vgl. Hoa.
Hoico s. HAH.
Holcwisind, fem. Gld. II, a, 124. Verderbt?
Hold- s. HULD.
Holebert. 8. K. a. 777 (n. 19).
Holemund. 7. B. v. Salamanca. Mit var. Polemund conc. Tolet. a. 683 u. 688.
Holf. 9. R. a. 821 (n. 21); = Volf?
Holmrich s. HELM. **Holog** s. HOH.
Holomot. 9. Dr. a. 825 (n. 455; Schn. ebds.): Mchb. sec. 9 (n. 540).
Holz- s. HULZ.
Homa. 8. Wg. tr. C. 414.
Huomo necr. Fuld. a. 794, 897; Schn. a. 813; Dr. a. 869 (n. 601).
Homhin. Gld. II, a, 101. Verderbt?
Hon- s. AUN u. HUN. **Hont-** s. HUND. **Hopi** s. Opi.

HOR. Ein besonders sächsischer stamm, dessen bedeutung noch zu untersuchen ist.
Horic. 9. Wg. tr. C. 254, 317, 338, 347, 374 (wer wollte entscheiden, ob das r hier dem ersten oder zweiten theile des wortes angehört?).

Horid. 9. Wg. tr. C. 229, 321, 328, 341, 357, 360, 373, 390.
Horit Wg. tr. C. 317.
Horin. 9. St. P. zwml.
Horing. 9. K. a. 817 (n. 80; Ng. ebds.).
Horobolla, fem.? 9. Wg. tr. C. 229. Vgl. über den n. Grimm gesch. d. dtsch. spr. 652.
Horger. Gr. IV, 224.

Horath s. HOH. **Horcholt** s. HARC.

HORD.

Zu goth. huzd, ags. hord, ahd. hort schatz. Verwechselung ist möglich besonders mit HROD (s. Hortrudis für Hrotrudis) und mit ORT (durch unorgan. H).

Hortbert. 9. Pol. R. s. 85.
Hortarius. 4. Alamannenfürst. Amm. Marc.
Horther Laur. sec. 8 (n. 361, 2119); Ng. a. 838.
Nach Grimm gesch. d. dtsch. spr. 706 gehört Hortarius zu ahd. chortar grex, ags. corðer. Ich stelle das wort lieber mit den analogen bildungen zusammen; angenommen muss dabei werden, dass die alamannische mundart des 4. jhdts. den zischlaut des goth. huzd nicht mehr gehabt habe.
Hordolach. 8. Laur. sec. 8 (n. 1683).
Hordalah necr. Fuld. a. 979.
Hordold. 9. Wg. tr. C. 54.
Hordward. 11. Ms. a. 1070 (n. 26).
Hortuin. 8. Laur. sec. 8 (n. 2971).
Hordolf. 9. Laur. sec. 9 (n. 1248).
Hortulf M. B. sec. 11.
Hortholf R. a. 821 (n. 21).

Horger, Horid, Horin s. HOR. **Horindil** s. AUS. **Horing** s. HOR. **Horismud** s. THRAS. **Horko** s. HARC.

Hormung. 8. Mab. a. 750. Ist etwa Hornung zu lesen? Doch giebt es noch nhd. f. n. Hormel und Hormig.
Hornaz. 8. Laur. sec. 8 (n. 3772).
Hornung. 8. Laur. sec. 8 (n. 182, 866).
Hornunc St. P. zwml.
Hornunch Ng. a. 869 (neben Hornuch).
Ornunc H. a. 853 (n. 87).
Nhd. Hörning, Hornig. Hornung.
Altn. hornungr, ahd., ags. hornung bedeuten spurius, naturalis filius.

HORS.

Die folgenden n. rechne ich zu ahd. hros, hors (equus); vielleicht gehören hieher noch sonst einige mit Ros- beginnende namen, so wie mehrere, die man unter URS verzeichnet findet.

Horsa. 5. Beda.
Hersemar. 8. Paul. diac. VI, 51. Viell. Horsemar?
Horsemuat. 9. Ng. a. 802.
Horsmuot Gld. II, a, 102.
Hrosmot St. P.
Hrosmuot St. P.
Horserat. 9. R. a. 821 (n. 21).
Horswine. Gld. II, a, 102.

HORSC.

Die folgenden n. gehören zu ahd. horsc alacer etc.

Horsco. 8. Tr. W. c. a. 766 (n. 103); St. P. dreiml.; Mchb. sec. 9 (n. 551).
Horskio St. P.
Horskeo Mchb. sec. 8 (n. 16 etc.); M. B. a. 802 (IX).
Horsceo Mchb. sec. 8 (n. 16 etc.).
Orsco Lp. a. 910 (II, 74).
Hosrco (so) St. P. irrthümlich.
O. n. Horscaninga, Horskinhofun, Horskinhusir.
Horskini. 9. Gld. II, a, 102.
Horsgini Ng. a. 834 (n. 258).
Horskine Ng. a. 883.
Horskin Ng. a. 899.
Horscuni. 8. Tr. W. a. 757 (n. 140); Mchb. sec. 9 (n. 403).
Horscman. 9. St. P.
Horscwin. 8. Ng. a. 826.
Horscuin Schpf. a. 768 (n. 37).
Horstwin Schn. a. 857 viell. auch hieher.
Horscolf. 8. Laur. sec. 8 (n. 1387, 2505); K. a. 812 (n. 67); Ng. a. 831, 873; R. a. 902 (n. 89).
Horskolf Ng. a. 882.
Horscholf St. P.
Horslolf Schpf. a. 828 (n. 89) für Horscolf?
Ursculf pol. R. s. 82.

Hort- s. HORD.

Hosbat. 6. Goth. urk. v. Neapel (Sp., M. etc.). Vgl. Massmann die goth. urkk. u. s. w., der identität von Hosbad und Asbad behauptet.

Hosed. 9. Ein deutscher krieger unter Otto I.
Hosed P. V, 5 (ann. Corbej.), 461 (Widukind); Wg. tr. C. 11, 69, 105.
Oseth St. P.

Hostold. 8. Pol. Irm. s. 3, 214.
Ostold pol. Irm. s. 248.

Hostulf. 7. Pol. Irm. s. 255.
Hosdulf (b. v. Osca sec. 7) urk. v. 638 (E. s. VI, 346).
Die beiden letzten n. sind räthselhaft. Entweder ist das t nur, wie so oft, euphonischer einschub, und dann gehören die n. zu Hosbat, Hosed, Hosgeld, oder es ist das H unorganisch und dann ist an ost (regio orientalis) zu denken (vgl. AUST), oder es steckt drittens ein besonderer unbekannter stamm HOST darin.

Hoswith s. HOH. **Hotbert, Hotgilda, Hotnihu, Hotrad** etc. s. AUD.

Hotting. Gr. IV, 812. Zu AUD (Auding)?

Hotto s. AUD. **Hov-, Howawib** s. HOF.

Hoz- s. HOD.

HRABAN.

Am anfange von compositionen ist dieser stamm nicht besonders häufig, am ende oft angewandt. Schon seit sec. 6 finden wir ihn in n., doch scheint er nicht über alle deutschen volksstämme gleich verbreitet zu sein, vielmehr den Gothen zu mangeln und bei den Sachsen nicht häufig vorzukommen. Wir sehn in ihm entschieden das ahd. hraban-corvus, und dieses wort verdankt seinen häufigen gebrauch in n. nur mythologischen anschauungen. Schwer ist es unsern stamm von RAGAN und RAND zu scheiden, und zwar aus zwei gründen. Denn erstens fällt die anlautende aspirata (die im ältern fränk. dialect als ch erscheint) meistens fort und zweitens geht das b nach syncope des zweiten a in m über (Ramn-), worauf dann durch assimilation und hierauf fortgefallene gemination die beiden formen Ram- und Ran- entstehn, deren ursprung somit ganz verwischt ist.

Auslautendes HRABAN in folgenden 120 n., worunter 16 feminina:

Aberhram.
Agramnus 8.
Aglerannus 8.
Agledramna 8.
Agneram 7.
Alacramnus 8.
Alderam 8.
Chaldedramnus 7.
Alfram.
Alechrammus 9.
Amaltrannus 8.
Anderam 7.
Angalramnus 8.
Anseramnus 8.
Anstramnus 8.
Erprammus 8.
Erphanramnus 8.
Archram.
Aderamnus 8.
Adalraban 8.
Audramnus 7.
Aviramnus.
Paldhram 8.
Peruchram.
Berahtram 6.
Bertramna 8.
Biliram 8.
Blidramnus 7.
Prunram 9.
Chileramnus 8.
Chuniramnus 9.
Constrannus 9.
Deoretrannus 7.
Dodrannus 8.
Domtrannus 9.
Droctramna 8.
Dulcedramnus 8.
Ebertramnus 7.
Evertramna 8.
Ediram 8.
Erkenram 8.
Ercadramna 8.
Fulcramnus 7.
Gaeleramnus 7.
Giltranna 8.
Gaerechramnus 7.
Caozbram 8.
Goiramnus 9.
Gislaramnus 8.
Cotahram 8.
Golram 10.
Guntchramnus 6.
Gundranna 8.
Aittramnus 9.
Aidramna 8.
Heilrammus 9.
Haimram 8.
Arthraban.
Heriram 8.
Hederammus 11.
Hiltiram 7.
Chrodramnus 8.
Hutramnus 8.
Emmerammus 7.
Ingorammus 8.
Ingramna 8.
Irincramnus 8.
Ermedramnus 7.
Irminram 7.
Jorannus 11.
Juncram 9.
Lethramnus 9.
Landramnus 9.
Landramna 8.
Liupramnius 9.
Leudochramnus 7.
Leodramna 8.
Lowrannus 9.
Megiran 8.
Maginrannus 8.
Mahidrannus 9.
Maurdrannus 8.
Moderannus 8.
Montrannus 8.
Nadramna 8.
Nidhram 9.
Nortramnus 8.
Odolcrhamnus 8.
Ratramnus 8.
Ragneramnus 9.
Randegramnus 6.
Richramnus 8.
Salaram 9.
Sideramnus 9.
Sigihram 8.
Sigleramnus.
Sicleramna.
Sindram 8.
Socleram 11.
Tedrannus 9.
Theutrammus 7.
Opteram 9.
Unramna 8.
Ungeran.
Ursedramnus 8.
Walarammus 8.
Walderamnus 8.
Warmedramnus 8.
Velaramnus 8.
Vermeram 8.
Witramnus 8.
Wichraban 8.
Willahram 8.
Winiram 8.
Venranna 9.
Winidram 8.
Wolaram 9.
Wolfhraban 7.
Gulframna 8.
Vundram 8.

Hraban. 6. Chramnus, sohn Chlothars I sec. 6. Rabanus, abt zu Fulda, dann erzb. v. Mainz sec. 9.
Hraban P. I, 95 (ann. Fuld.), 120, 122 (ann. Lauriss.), 357 (Enh. Fuld. ann.), 366 (Ruod. Fuld. ann.); V öfters.
Hrapan St. P.
Chramnus Greg. Tur. öfters; gest. regg. Franc.; Pd. a. 745 (n. 584); Pd. a. 745 (nchtr. n. 79); A. S. Mart. II.

Rhaban P. I, 364, 365, 367, 369 (Ruod. Fuld. ann.); VII öfters; IX, 294 (Ad. Brem.).
Hereban P. II, 228 (ann. Xant.) wol irrthümlich.
Rabanus P. I, 301 (chron. Moissiac.), 50 (ann. Alam.); II, 240 f. (ann. Wirzib.); IV, V öfters; VI, 14 (ann. Laubiens., ann. Leodiens.), 119 (Ademar. histor.), 763 (Thangmar. vit. Bernw.); VII, VIII öfters; IX, 662 (chron. mon. Casin.); St. P.; H. a. 945 (n. 158).
Rapan St. P. öfters.
Chrannus P. II, 307 (reg. Merow. geneal.); X, 332 (Hugon. chron.).
Ghranno Pd. a. 690 (n. 412; Mab. ebds.).
Ravan P. I, 440 (Prud. Trec. ann.).
Ravenus pol. Fossat.
Ramno Mab. a. 853.
Ram Schn. a. 807.
Rabonus P. III, 410 (Hlud. Germ. capit.); VI, 763 (Thangmar. vit. Bernwardi).
Nhd. Raab, Raabe, Rab, Rabe, Raben, Remme.
O. n. Rabanisawa, Hrammespah, Rammisperag, Rabanesbrunno.

Chramnelenus. 7. Fredegar.
Crammelin Mab. a. 805.
Chramlenus Pd. a. 697 (nchtr. n. 9).
Chramlin Pd. a. 677 (n. 388).
Ramelenus d. Ch. I öfters.
Nhd. Cremlin.

Chramnino. 7. Mab. a. 670.

Hrabaning. 8. Dr. a. 765 (Schn. ebends. Hrabaging).
Hramning Wg. tr. C. 483; Lc. a. 837 (n. 52).
Hrammunc K. a. 797 (n. 45; Ng. ebds.).
Hranning Wg. tr. C. 414, 426.
Hremming Schn. a. 776, 785.
Rabaning Laur. sec. 9 (n. 185).
Ramunch M. B. a. 981 (XXII).
Ramming Ng. a. 838.
Rammiuc Ng. a. 800.
Raming Schpf. a. 805 (n. 74); Ng. a. 837.
Remming Schn. a. 819, 838; Ng. a. 865, 874.
Remminc Gld. II, a, 106.
Ramung auf einer zu Aschaffenburg gefundenen inschr. (St. n. 713) ist unbestimmt, aus welcher zeit es stammt.

Ueber Raming und ähnliche formen spricht Mone heldensage (1836) s. 72.

O. n. Rammincheima.

Hramperaht. 7. Rambert b. v. Brixen sec. 9.
Hramperaht Schn. a. 774.
Hramperht Mchb. sec. 8 (n. 14 etc.); St. P.
Hrambert K. a. 778 (n. 21; Ng. ebds.).
Chrampert St. M. a. 709.
Ramnebert Pd. a. 662 (n. 344).
Rambraht tr. W. c. a. 820 (n. 176).
Rambrecht Laur. sec. 8 (n. 1212).
Rambert P. III, 374 (urk. v. 840); VI, 51 (gest. episc. Virdun.), 384 (Gerhard. vit. S. Oudalr.); VIII, 677 (annalista Saxo); X, 392 etc. (Hugon. chron.); Ng. a. 789, 793; Laur. mehrm.; St. M. a. 970; G. a. 1030 (n. 44).
Rampert P. VI, 388 (Gerhard. vit. S. Oudalr.); Laur. sec. 8 (n. 394).
Rambret necr. Aug.
Rampret Ng. a. 825.
Rembert Pd. a. 715 (n. 493); H. a. 955 (n. 167).

Ramedrudis, fem. 8. Pol. Irm. s. 153.
Ramdrud Gld. II, a, 126.
Randrud s. RAND.

Hranfrid. Gld. II, a, 102.
Ramfrid (zt. unbest.) necr. Aug.

Hrabangar. 7. Schn. a. 822.
Hrauinger Lc. a. 812 (n. 30).
Rabangar Laur. sec. 9 (n. 20).
Rabanger tr. W. a. 820 (n. 69).
Rabenger P. V, 127 (ann. Augustani); IX, 249 (Gundechar. lib. pontif. Eichstet.); Laur. sec. 8 (n. 3035).
Ravanger Pd. a. 708 (n. 470); H. a. 971 (n. 186), 992 (n. 205), etc.
Ravinger H. a. 926 (n. 147).
Ravengar P. IX, 412 (gest. episc. Camerac.).
Ravenger P. VII, 174 (Lambert. ann.); X, 171 (gest. Trever.); Gud. c. a. 990; G. sec. 11 (n. 49).
O. n. Rabengeresporc.

Rangaud. 8. Pol. Irm. s. 122.

Chramnichis. 7. Paul. diac. III, 9.
Cramgis tr. W. a. 713 (n. 231 und Pd. nachtr. n. 24).
Gramgis tr. W. a. 712, 741 (n. 234, 235 u. Pd. nchtr. n. 20, 69).

Hrafangrim. 8. Lc. a. 796 (n. 8).

Rannemund. 7. Pd. a. 632 (n. 255).

Hramrad. 9. Pol. R. s. 40.

Ramnerich. 9. P. VI, 13 (ann. Laubiens.), 59 (Fulcuin. gest. abb. Lobiens.).
Ramerich St. M. c. a. 962.
Chramnisindus. 6. Greg. Tur. VII, 47.
Chramisindus Greg. Tur. IX, 19.
Chramwalaho. 8. Laur. sec. 8 (n. 752).
Hrabanolt. 7. Ramuold abt zu Regensburg.
Hrabanolt necr. Fuld. a. 846.
Chramnoald tr. W. a. 712, 715, 801 (n. 234, 236 u. Pd. nchtr. n. 36).
Crannovald mit var. Chramnoald Pd. a. 631 (n. 254).
Hramaolt Schn. a. 765 (Dr. ebds. Hramuolt).
Hramvolt Schn. a. 803; necr. Fuld. a. 831.
Hremuolt Dr. a. 812 (n. 276).
Grannold Schpf. a. 774 (n. 48).
Ramwold M. B. a. 980 (XXXI).
Rauenold necr. Aug.
Ramuold P. I, 94 (ann. S. Emmer.); VI oft; St. P. drml.; H. a. 963 (n. 175).
Ramuolt Laur. sec. 8 (n. 3184); necr. Fuld. a. 1001.
Ranuold Laur. sec. 8 (n. 1859).
Ranuolt Laur. sec. 8 (n. 3451); tr. W. a. 855 (n. 156); R. a. 1075 (n. 177).
Hrannward. 9. Wg. tr. C. 338.
Hranward Wg. tr. C. 258, 278, 411, 450.
Hranwarth Wg. tr. C. 322.
Ramward viell. auch hieher.
Rannoidis, fem. 9. Pol. R. s. 104.
Remwig. 9. Schn. a. 806.
Rannoin. 9. Pol. R. s. 51.
Hrannulf. 6. Ep. Sanctonens. sec. 11.
Hrannulf Wg. tr. C. 340, 350.
Chramnulf Fredegar 54.
Rapanolf St. P. mehrm.
Raponolf Laur. sec. 8 (n. 226).
Ramnulf P. I, 466, 473, 476 (Hincm. Rem. ann.), 526, 528 (ann. Vedast.), 578 (Regin. chron.) etc.; II öfters; V, 647 (Richeri hist.); VI, VIII oft; Mab. a. 805.
Ramwolf Mchb. sec. 9 (n. 222).
Ramuolf St. P. zwml.
Rannulf P. VI, VIII oft.
Ramnolf P. VII, 110 (Herim. Aug. chron.).
Rammolf necr. Aug.
Raunolf P. I, 405 (ann. Fuld.); vgl. Arnulf.
Ranulf P. VIII öfters; Laur. sec. 8 (n. 1437).
Ranulph A. S. Mart. I.
Ranolf necr. Aug.

Hrabraht. 9. Dr. a. 823 (n. 413; Schn. ebds. Hrabbraht); zu RAF?

HRAD. Es ist kaum zu bezweifeln, dass wirklich manche n. zu hradi celer und hrati agilitas gehören. Man findet sie indessen unter RAD verzeichnet; denn im einzelnen falle ist es nie zu verbürgen, dass ein Hrad- nicht ein unorganisches h besitzt, oder dass ein Rad- nicht ein anlautendes h nur abgeworfen hat. Am wahrscheinlichsten hieher:

Hredi. 9. P. III, 133 (Kar. M. capit.) var. Redi, Beredi, Arethi, Heretus.
Hredgaer. 8. Lc. a. 793, 796 (n. 2, 8).
Hredger Lc. a. 805 (n. 27).

Hrafolt s. RAF.
Hraho. 8. Schn. a. 796, 838 (vgl. Roho unter HROC).
Hrahholf. 9. Schn. a. 801; Dr. a. 816 (n. 318; Schn. ebds. Hiahholf).
Hracholf St. P.
Nimmt man das anlautende h der beiden letzten n. als organisch an, so weiss ich sie nicht zu deuten, im entgegengesetzten falle suche man ihre verwandten unter RAG.
Hraitun s. RAID.
Hraspod. 9. Mchb. sec. 9 (n. 298); vgl. Ras-.
Hratan. 8. St. P.; zu RAD?
Hraward. 9. Wg. tr. C. 242.
Hredgaer, Hredi s. HRAD. **Hrehtwilj** s. RIHT. **Hreid-, Hreit-** s. RAID. **Hrenning** s. Remphing. **Hreoting** s. Riodinc.
Hrepin. 8. Mchb. sec. 8 (n. 61, 152, 273).
Hriatthrud, fem. 8. Lc. a. 796 (n. 6).
Hrien. 9. Wg. tr. C. 41. Vgl. RIUN.
Nhd. Rhien.
Hrgbald. 8. St. P.; eine unsichere namenform für Hrigbald, Hringbald, Hugbald oder dergl.
Hrim, Hrimerim, Hrimgrim s. RIM.
Hrindrud. 8. St. P.

HRING. Wol zu ahd. hring (circulus, annulus), dessen H sich in Hringuni, Hrinquin und Hringolf erhalten, in den übrigen formen aber abgeschliffen hat. Wie bei ORT an das schwert und bei RAND an den schild, so ist bei unserm stamm vorzugsweise an den panzer zu denken und Ortulf, Randulf, Hringolf stehn sich so in der bedeutung ganz parallel. Auf unsern stamm enden können einige n.; ich erwähne Adalrinc, Autring, Hanrinc (11), Herttrinc (8), Witering (8); doch sind alle diese formen wenig sicher. Aus Williringhova könnte auf ein Williring zu schliessen sein.

Rincho. 9. Mchb. sec. 9 (n. 588).
Nhd. Rinck, Ringe, Ringk, Rink.
O. n. Rinchach, Ringinga, Ringinheim wol hieher.

Ringilo viell. zu schliessen aus o. n. Ringilendorf.
Nhd. Ringel.

Hringuni, fem. 8. Mchb. sec. 8 (n. 90).
Ringuni tr. W. a. 830 (n. 198, 251); St. P.
Ringun Mchb. sec. 8 (n. 189) wol für Ringun.

Rincar. 9. Erzb. v. Passau. P. XI, 552 (auctar. Cremifanense).

Ringolt. Gld. II, a, 107.

Hrinquin. 9. Pol. R. s. 36.
Rincuin pol. R. s. 50.

Hringolf. 8. St. P.; Mchb. sec. 9 (n. 470 etc.).
Cringulf tr. W. a. 718 (n. 227 u. Pd. nchtr. n. 40).
Rincholf Mchb. sec. 8 (n. 262); Dr. a. 758.
Ringolf tr. W. a. 777, 786, 787, 797 etc. (n. 62, 77, 82, 95 etc.); St. P. zwml.; Laur. sec. 9 (n. 3502).
Rincolf Schn. a. 758, 804.
Ags. Hringulf.

Hripo. 9. Wg. tr. C. 228, 291, 306, 400. Vgl. RIP.
Hriffo Mchb. sec. 9 (n. 430).

Hristilo. 9. Mchb. sec. 9 (n. 666).

Hrisodhart. 9. Necr. Fuld. a. 808.

Hroad- s. HROD.

HROC. Unsere deutschen sprachen kennen nicht wenige wörter, die zum skr. kruç vociferari, einer unendlich weit verbreiteten wurzel gehören; ich erinnere an goth. hrukjan crocito, ahd. rohôn, rugio (viell. dahin auch altn. hrokr ein grosser starker mann). Sollten nicht die meisten der folgenden formen eben dahin gehören? Der schlachtruf z. b. könnte füglich ein element für namenbildung abgeben. Damit soll nicht geleugnet werden, dass auch ein stamm ROH daneben vorkommt; Graff z. b. stellt II, 378 die meisten mit roh beginnenden oder endenden n., wenn auch zweifelnd, zu ahd. ruah, roba, cura. Mir schien es vielmehr natürlicher (denn eine zerlegung in zwei verschiedene stämme ist practisch nicht thunlich), alle diese n. dem anlaute H zuzuweisen, weshalb sie hier unten folgen. Berührungen der hieher gehörigen wörter kommen namentlich mit HROD vor.

Auslautendes HROC in folgenden 22 n., sämmtlich msc.:

Altroch 9.	Cozroh 8.	Reginroc 9.
Antroh 8.	Gundoroh 8.	Sigiroh 9.
Perahtroh 9.	Hartroch 9.	Thiotroch 9.
Plidroch 8.	Hiltiroch 9.	Unroc 8.
Eburoh? 8.	Rodroh 8.	Waltchrog 8.
Folhroh 9.	Hunroc 8.	Witroch 8.
Gebaroh 8.	Liutroch 8.	Wolfhroc 8.
Gerroh.		

Crocus. 4. Crocus Alamannenkg. sec. 4.
Roho b. v. Angoulême sec. 11.
Crocus P. VIII, 111 (Ekkeh. chron. univers.); X, 157 (gest. Trever.); hist. miscell. (Constantinus, mit var. Erocus).
Erocus (lies Crocus) Aurel. Vict. epitome 41.
Chrocus Greg. Tur. I, 30; A. S. Maj. V.
Chrocus und Chroccus tr. W. a. 715 (Pd. nchtr. n. 36).
Chrocchus tr. W. a. 699 (n. 205 u. Pd. nchtr. n. 10).
Cruccus tr. W. a. 707 (n. 229 u. Pd. nchtr. n. 16 n. 17).

Hieher gehört auch Croscus P. VIII, 305 (Sigeb. chron.); X, 305 (Hugon. chron.).
Crescus (so) P. X, 313 (Hugon. chron.); gleichfalls hieher.
Hroggo Dr. a. 752.
Hroo Dr. a. 838 (n. 513; Schn. ebds. Hraho).
Rocco P. IX, 665 (chron. mon. Casin.); Pd. a. 677 (n. 338); Mab. a. 678; Fredegar.
Rochus H. a. 704 (n. 27).
Ruccko Ms. a. 1097 (n. 46).

Roho P. VI, 132 not. (Ademar. histor.); Mchb. sec. 8; Dr. a. 796 (Schn. ebds. Hrabo).
Roh R. a. 1064 (n. 167).
Roo P. II, 252 (ann. Lemov.); VI, 132 not., 143, 146, 147 (Ademar. histor.).
Rooh Laur. sec. 8 (n. 484, 707).
Ruoho Gld. II, a, 107.
Nhd. Roch, Roche, Rocke, Röck, Röcke, Rogge, Roh, Rücke, Rühe, Ruge, Ruhe.
O. n. (wenigstens theilweise hieher): Hrocchesheim, Rocconwilare, Rochanburra, Roggenberc, Roggingun, Roggunstat, Ruhunbah, Ruchengas, Ruohheim.

Rocula, fem. 7. D. Ch. I, 671.
Roccula M. sec. 7 (n. 76).
Roecila M. B. a. 1070 wol hieher.
Vgl. den Hunnenkg. Rugila b. Prosp. Aquitan.

Roccolenus. 6. B. v. Chalons sec. 11.
Roccolenus Greg. Tur. V, 1, 4.
Rocleuus P. X, 410 (Hugon. chron.); conc. Cabilon. a. 1073.

Hrohinc. 8. St. P.
Hroing Dr. a. 837 (n. 502; Schn. ebds.).
Rohing P. VII, 153 f. (Lambert. ann. mit var. Raghing); Schn. a. 800, 806; Pd. a. 726 (n. 538; H. ebds. n. 41); Lc. a. 902 (n. 82); Gud. a. 1006.
Rohinge schon auf einer alten röm. inschr. aus unbest. zt., die bei Cleve gefunden ist; St. n. 1355.
Rohinc K. a. 802 (n. 55; Ng. ebds.).
Roing K. a. 860 (n. 131); pol. R. s. 85.
Roinc Ng. a. 883.
Roine (so) Laur. sec. 9 (n. 3377) viell. Roinc?
Ruohing P. V, 117 (catal. abb. Fuld.).
Ruohinc Gld. II, a, 107.
Ruohhing necr. Fuld. a. 839.
Ruhing Laur. sec. 8 (n. 3606).
Hieher vielleicht noch:
Rauching (sec. 6) H. a. 726 (n. 40); Pd. a. 747 (n. 589); Mab. a. 748; Fredegar.; Greg. Tur. V, 3; VIII, 26; IX, 9.
Raing P. X, 503 (Hugon. chron.).
Rayng P. X, 286 (Hugon. chron.).
O. n. Rochingehem.

Robald, Ropirin s. HROD.

Rochert. 8. Laur. sec. 8 (n. 1279).
Rohbert Ng. a. 744.
Rohpert K. a. 775 (n. 16).
Rohcbert Ng. a. 744.
Rogibert Lp. a. 968 (II, 283) hieher?
Roibart P. II, 377 not.
Robert, Ropert s. HROD.

Rohfrid. 9. Ng. a. 854.
Rofrid, Rofred s. HROD.

Rocgauz. 8. Laur. sec. 8 (n. 1921).

Rohgis. 9. Schn. a. 812.

Hrohhart. 9. St. P.
Rohard P. VI, 47 (gest. episc. Virdun.); St. M. a. 1002.
Ruohard St. M. a. 1092.
Rucchart St. P.
Ruhard Schpf. a. 801 (n. 73).
Rüchart (so) H. a. 1092 (n. 293).
Ruart Dr. a. 906 (n. 651; Schn. ebds.).
Nhd. Rückart, Rückert.

Roacheri. 9. St. P.
Ruachari und Ruochere Gld. II, a, 107.
Nhd. Rücker.

Rolland, Roland u. s. w. s. unter HROD, da ein Rohland sich nicht sicher belegen lässt

Roisint, fem. Gld. II, a, 127; hieher?
Roisint Gld. II, a, 127.

Rostagnus. 10. P. VI, 64 (Folcuin. gest. abb. Lobiens.). Nur verderbt für Rotstagnus?
Rotstagnus, Roustein s. unter HROD.

Ruocswint, fem. 11. St. P. zwml.

Rochold. 8. Laur. sec. 8 (n. 1471).
Ruholt Schn. a. 866 wol irrthümlich für Richolt; s. ds.
Rouhold Laur. sec. 8 (n. 266).
Nhd. Rohwald, Rowald.

Hrocculf. 8. P. III, 137 (Kar. M. capit.).
Hroccolf u. Hrocholf Mchb. sec. 8 (n. 122).
Hrocholf St. P. zwml.; Mchb. sec. 9 (n. 222).
Hrocchholf Dr. n. 366.
Hroucholf St. P.
Rocolf P. I, 468 (Hincm. Rem. ann.); II, 193 (ann. Bertin.); III, 504 (Hloth. II capit.).
Rocculf H. a. 865 (n. 102); Laur. mehrm.
Roccolf Laur. mehrm.; St. P.
Rohcolf Schn. a. 812 (Dr. ebds. n. 277 Rahfolt).
Rocholf Laur. sec. 8 (n. 1574); Dr. a. 842 (n. 544; Schn. ebds. Ricolf).
Roholf Laur. mehrm.; tr. W. a. 786 (n. 75).
Roolf Laur. sec. 8 (n. 342).

Reoculf (so) P. III, 559 (Ludov. Arelat. capit.).
Rocculfus P. II, 463 (Einh. vit. Kar.) mit var. Rhoricolfus, Roculfus, Hrocculfus, Hroculfus, Broculfus, Ricolfus, Riculfus, Ricolphus.
Nhd. Rohloff, Roloff, Ruhloff.
O. n. Roholvesriuti, Roholveswilare.
Vielleicht noch zu diesem stamm:
Ruchine. 9. Ng. a. 861.
Rucimir. 8. K. a. 770 (n. 12; Ng. ebds.).

HROD. Ein seit dem 5. jhd. in n. nachzuweisender wortstamm, der sehr häufig erscheint. Das seltene vorkommen dieses stammes im pol. Irm., sein häufiges auftreten in hessischen, alamannischen, bairischen urkunden (minder häufig in sächsischen) deutet auf seinen verbreitungskreis. Grosse mühe hat seine erklärung gemacht. Alte ungeschichtliche sprachkunde deutete Robert = der der ruhe wehrt, Roderich = rathreich, Rudolf = rathhülf. Obwol dergleichen jetzt überwunden ist, so muss doch in erwägung gezogen werden, ob vielleicht rôt (rufus) sich mit HROD vermengt habe. Ich meinerseits glaube fast daran, dass jenes wort auch für n. angewandt worden ist; trotzdem habe ich alles möglicherweise dahin gehörige hier vereinen müssen. Im ganzen nämlich haben wir hier, das ist ausgemacht, das nord. hrôdhr gloria, ags. hrêdhe gloriosus; goth. wäre ein hrôþs zu vermuthen.

Auslautend begegnet HROD weit seltener als anlautend, doch zeigt es sich auch in einer ziemlichen anzahl formen als zweiter theil der zusammensetzung; namentlich treten diese formen nicht selten bei St. P. auf, wogegen sie in westfränkischer mundart ganz mangeln.

Ellinrod 9.	Fridarut 8.	Sigarod 9.
Engilrod 8.	Gifrod 11.	Suaprod 8.
Adalrod 8.	Kaerrod 8.	Theotrod 8.
Perahtarod.	Kisalhrod 9.	Unroth 8.
Ercanrod 9.	Liuthorodh 8.	Untrot 9.

Hrodo. 8. Ep. Casinat. sec. 10.
Hrodo pol. R. s. 2.
Chrodo K. a. 777 (n. 18).
Hruado Ng. a. 782.
Ruadho P. I, 68 (ann. Augiens.); Ng. a. 764, 809; necr. Aug.
Ruatho Gld. II, a, 107.
Ruadu Ng. a. 819.
Roado Ng. a. 773.
Ruodo Ng. a. 779.
Ruodho necr. Aug.
Roudho P. VII, 106 (Herim. Aug. chron.).
Ryodho P. IV, B, 176 (Heinr. II pact.).
Roudhoho (für Roudho) P. VII, 110 (Herim. Aug. chron.).
Erodo K. a. 777 (n. 19) etwa für Crodo?
Hrodio. 8. St. P.
Crodio Laur. sec. 8 (n. 1634).
Chrodius Pd. a. 742 (n. 71).
Ruadi Ng. a. 787; tr. W. a. 788 (n. 102).
Rodi Ng. a. 797; St. P.; Laur. sec. 8 (n. 3029).
Ruodi Ng. a. 867.
Ruod St. P.
Rot St. P.
Roth P. V, 6 (ann. Corbej.).
Ruth (msc.) P. II, 38 (abbat. Augiens. catal.).
Nhd. Rhode, Rodde, Rode, Röde, Rohd, Rohde, Roth, Rothe, Rott, Rotte, Rüdt, Ruhde, Ruth, Ruthe, Rutte.
O. n. Hruodeshof, Ruadloh, Ruadotal, Ruodiningun.
Hroda, fem. 8. Pol. R. s. 48.
Hruada Schn. a. 765, 838.
Hruda pol. R. s. 36.
Rudda Laur. sec. 9 (n. 897).
Ruoda Gld. II, a, 127.
Ruta St. P.
Hruodicho. 8. Tr. W. a. 774 (n. 178); Schn. a. 838.
Hruaducho Schn. a. 838.
Crodico Laur. sec. 8 (n. 1342).
Rodicho Laur. sec. 8 (n. 3389).
Ruadicho tr. W. a. 774 (n. 53).
Ruodic Dr. sec. 10 (n. 709).
Rüjicche H. a. 1097 (n. 299).
Nhd. Gruttke, Kruttge, Rodeck, Röthig, Röthke, Röttig, Rudeck, Rüdig, Rüthig.
Rutechin. 11. Lc. a. 1045 (n. 181).
Hrodelus. 8. Pol. R. s. 61.
Hrotlus pol. R. s. 70.
Hroadilo Mchb. sec. 8 (n. 198).
Rodilo St. P.
Rodil St. P.
Ruodolo Gld. II, a, 107.

Ruodilo St. P.
Ruadalo Ng. a. 838.
Nhd. Rödel, Röthel, Rudel, Rüdel.
Hrodila, fem. 8. St. P.; pol. R. s. 9, 49.
Hrotla pol. R. s. 35.
Chrodila tr. W. a. 774 (n. 71).
Ruodila St. P.
Rudila St. P.
Rudela Laur. sec. 8 (n. 2817).
Rutila Laur. sec. 8 (n. 202).
Chrodelin. 7. Pd. a. 711 (n. 480).
Chrodolenus M. a. 628 (n. 60).
Hrodelin pol. R. s. 76.
Hrodelenus pol. R. s. 22.
Rothelin P. VIII, 565 (annalista Saxo).
Hrodelina, fem. 9. Pol. R. s. 35.
Hrotmus. 9. Pol. R. s. 42, 47.
Hrodemia, fem. 9. Pol. R. s. 16.
Hrodimgia pol. R. s. 37.
Hrodin. 6. Mchb. sec. 8 (n. 29); Dr. a. 780 (Schn. ebds. falsch Hruodun); Ng. a. 806; pol. R. s. 2.
Chrodin Greg. Tur. VI, 20; Venant. Fortun.; Fredegar; Pd. a. 657 (n. 330); tr. W. a. 713 (Pd. nchtr. n. 25).
Hruadin Ng. a. 762.
Ruadin Ng. a. 808.
Ruodin Ng. a. 815, 826.
Rhodin Ng. a. 860.
Ruathin Ng. a. 796.
Rhodanus (ein Langobardenführer sec. 6) Greg. Tur. IV, 39.
Nhd. Rüdin.
O. n. Hruodinesheim. Hruodineshouun.
Hrodina, fem. 9. Pol. R. s. 16, 37 etc.
Rodini (nom.) 8. Tr. W. a. 713 (n. 36).
Ruadini tr. W. c. a. 850 (n. 167).
Ruadine K. a. 882 (n. 156).
Ruodini und Ruidini Gld. II, a. 107.
Ruodine Gld. II, a, 127.
Hroduni. 8. St. P.
Roduni tr. W. a. 717 (Pd. nchtr. n. 38).
Rodoni St. P.
Hruadun, fem. 9. Dr. a. 807 (n. 241; Schn. ebds.).
Der genit. bei Dr. Hruadunne, Schn. Hruadunnae.
Ruodun (fem.) Gld. II, a, 127.
Hreadant. 8. Mchb. sec. 8 (n. 164, 323 etc.).
Hruodant Schn. a. 863.
Rudant Laur. sec. 8 u. 9 (n. 715, 2218).
Ruadind Schpf. a. 828 (n. 89) hieher?
Ruodans necr. Fuld. a. 1025 hieher?
Hroding. 7. Wg. tr. C. 452.
Hrodhing Lc. a. 855 (n. 65).
Croding P. VI, 43 (gest. episc. Virdun.); tr. W. a. 777 (n. 73).
Chroding Laur. sec. 8 (n. 195, 289).
Hroadunc Laur. sec. 8 u. 9 (n. 41, 530).
Roding P. III, 374 (urk. v. 840); X, 508 (vit. S. Wicberti); Laur. sec. 8 (n. 1281).
Rothing P. X, 526 (gest. abbat. Gemblac.); Frek.
Rodunc St. P.
Rodhunc St. P.
Rodung Laur. sec. 8 (n. 918).
Ruading K. a. 803 (n. 57).
Ruadinc Ng. a. 807, 826, 850.
Ruadinch Gld. II, a, 107.
Ruadunch St. P.
Ruoding Gld. II, a, 107.
Rüodinc Ng. a. 822, 838.
Ruodunh Schn. a. 824 (Dr. ebds. n. 444 Ruadniuh).
Ruodhunc St. P.
Roudung P. VI, 410 (Gerhard. vit. S. Oudalr.).
Ruding Laur. mehrm.; G. a. 1083 (n. 66).
Rudinc Laur. mehrm.
Rudinch H. a. 1061 (n. 259).
Hrodenco Mchb. sec. 9 (n. 704) hieher?
Rauding d. Ch. I, 871 hieher?
Ruadingis Gld. II, a, 107 sehe ich als misverstandenen gen. an, nicht als Hrodin-gis (wie Hrodin-gaud).
Nhd. Grotting, Röding, Röhding, Rüthing.
O. n. Hrodungeschiricha.
Rodinga, fem. 8. Pol. Irm. s. 141, 144.
Rodisma, fem. 8. Pol. Irm. s. 150.
Ruozi. 11. St. P. mehrm.
Ruozo. 10. M. B. a. 1040 (XXIX).
Rozzo M. a. 998 (n. 106).
Rozo P. IX, 30 (Joh. chron. Venet.).
Rozzius P. IX, 587 (chron. mon. Casin.).
Rouzo P. VI, 412 (Gerhard. vit. S. Oudalr.); IX, 250 (Gundechar. lib. pontif. Eichstet.).
Radald qui et Rozo Lp. a. 985 (II, 378).
Andreus qui et Rozo Lp. a. 960 (II, 251).
Grozo Gr. IV, 337 viell. hieher?

Nhd. Rutz.
Roza, fem. 10. P. V, 311, 319 (Liudpr. antapodos.); R. a. 901 (n. 88).
Ruozza Gld. II, a, 127.
Ruza Lc. a. 1083 (n. 234).
Rozike. 10. Frek.
Rozelo. 8. Pd. a. 706 (n. 469).
Ruozilo H. a. 926 (n. 146).
Ruozelo Lc. a. 1027 (n. 162).
Ruocili. 10. Ng. a. 926.
Ruzila, fem. 10. Tochter des Langobardenkgs. Berengar, frau des grafen Arnulf II v. Flandern.
Ruzila St. P.
Ruzela Gld. II, a, 127.
Ruozila St. P. zwml.; R. a. 1075 (n. 177).
Ruzela quae et Susanna P. XI, 306—335 öfters (geneal. comit. Flandr.).
Ruozelin. 11. P. VII, 237 (Lambert. ann.), 561 (Marian. Scot. chron.); Lc. a. 1057 (n. 192).
Ruocelin Lc. a. 1096 (n. 253).
Ruzelin Gud. a. 1069.
O. n. Ruocelinesrode.
Ruozin. 11. M. B. a. 1034 (XXXI).
Hrodbald. 7. Ep. Valentinianens. sec. 7.
Hrodbald P. II, 218 (urk. v. 834); St. P.
Hrodpald St. P. zwml.
Hrotbold pol. R. s. 105.
Chrodobald A. S. Febr. I; Maj. III.
Grodobald Pd. a. 706 (n. 467; H. ebds. n. 30).
Hruadbald Dr. a. 792 (Schn. ebds. Ruodbald).
Hruodpald St. P. zwml.
Rodbald P. VII, 25 f. (ann. Blandin.).
Rodpald St. P.
Rotbald Laur. mehrm.
Rotbold P. III, 429 (Kar. II capit.); pol. Irm. s. 213.
Rhotbold Ng. a. 860.
Rothpald (und hiefür auch Rothald ebds.) Ng. a. 754.
Roatbald Ng. a. 774.
Raodpold K. a. 809 (n. 64).
Ruatbald Ng. a. 817.
Ruadpald Ng. a. 817.
Ruadpold Ng. a. 797, 803, 824; necr. Aug.
Ruodpold Gld. II, a, 107.
Ruodpolt St. P.
Ruotpolt St. P.
Robald P. IX. 115 (chron. Novalic.).
Rutbald pol. Irm. s. 72.
Rutbalt Laur. sec. 8 (n. 2217); Schn. a. 817.
Ruopold necr. Aug.
Ruopolt necr. Aug.
Rubbold K. a. 817 (n. 78).
Rupold M. B. a. 817 (XXXI; unecht).
Chroabald Pd. c. a. 667 (n. 360; H. ebds. n. 20; vermuthlich für Chrodbald).
Nhd. Ruppelt.
O. n. Ruotpoldespurch.
Rotbolda, fem. 8. Pol. Irm. s. 142.
Rotbarn. Gld. II, a, 118.
Hruadbere. 9. Schn. a. 813.
Hruadpero Schn. a. 815.
Hruodbero Schn. a. 835.
Hrotbern Wg. tr. C. 282.
Hruadberen (genit.) Dr. a. 815 (n. 308; Schn. ebds. Hruodbirn).
Hruadperen Dr. a. 813 (n. 293; Schn. ebds. Hruodpoten).
Ruadpern Gld. II, a, 107.
Ruatber Schpf. a. 828 (n. 89).
Altn. Hrôđbiörn.
Hrodpirin, fem. 8. St. P.
Hroadpirinna Mchb. sec. 8 (n. 245).
Hruodpirin St. P.
Ruodpirin St. P.
Roudbirn Laur. sec. 8 (n. 205).
Rutbirn Laur. sec. 9 (n. 179).
Ropirin St. P.
Hrodebert. 7. Sec. 7: Alamannenherzog, b. v. Tours; b. v. Paris. Sec. 8: fränk. missionar; graf zu Trient. Sec. 9: ep. Nucerinus; b. v. Mans; b. v. Aix. Sec. 10: herzog v. Paris; b. v. Trier; b. v. Metz; ep. Feltrensis. Sec. 11: kg. v. Frankreich; graf in Thüringen; graf in Flandern; b. v. Auxerre; b. v. Constanz; b. v. Florenz; ep. Sagiens.; ep. Signiens.; ep. Silvanectens.
Hrodebert P. I, 88 (ann. Juvav.).
Hrodbert P. V öfters; Wg. tr. C. 362.
Hrodberct Lc. a. 838 (n. 53).
Hrodperht St. P. öfters.
Hrodbrat Lc. a. 826 (n. 42), 836 (n. 51), 844 (n. 58).
Hrodbrath Frek.
Hrodpert P. I, 92 (ann. S. Emmer.).
Hrotbert P. III, 426 (Kar. II capit.); Wg. tr. C. 389; pol. R. s. 15, 22 etc.

Chrodobercth Pd. a. 677 (n. 387).
Chrodobert Pd. a. 629 (n. 246), 648 (n. 312); Mab. a. 678; vit. S. Leodegar.; fragm. de reb. Dagoberti I.
Chrodovert Pd. a. 659 (n. 333).
Chrodebercth Mab. a. 693; Pd. a. 716 (n. 496).
Chrotbert Laur. sec. 8 (n. 935).
Crodobert Pd. a. 632 (n. 255).
Grodobert A. S. Apr. III.
Crodbert Ng. a. 786.
Crotbert Laur. sec. 8 (n. 1297); A. S. Apr. II.
Crotperth Pd. c. a. 720 (n. 512).
Crothbert Laur. sec. 8 (n. 947).
Crotpert Pd. a. 674 (n. 374); Mab. a. 720.
Hroprecht P. V, 69 (ann. Quedlinb.).
Cropert Mab. a. 720.
Hroadperht Mchb. sec. 8 (n. 21).
Hroadbert Ng. a. 763.
Hraodpert (so) M. B. c. a. 770 (XI).
Graodobard Pd. a. 748 (n. 597).
Hruadperaht Dr. a. 796 (Schn. Hradperaht), a. 807 (n. 243, Schn. Hruodperat), a. 813 (n. 294; Schn. Hruodperath), a. 815 (n. 315).
Hruadbert Ng. a. 806.
Hruodperht M. B. a. 775 (IX); St. P.
Hruodpreht St. P.
Hruodbert P. III, 246 (Hlud. et Hloth capit.); St. P.
Hruoadbert Gld. a. 102.
Rodobert gest. Dagoberti I.
Rodipert P. IX, 632 (chron. mon. Casin.).
Rotapert Lp. a. 975 (II, 319).
Rodepert P. V, 478, 489 (chron. Salern.); IX, 604 (chron. mon. Casin.).
Rodpreht necr. Aug.
Rodperht St. P. öfters.
Rodbert P. I, 87 (ann. Juvav.), 465 (Hincm. Rem. ann.); II, 209 (ann. Vedast.); VI, VII öfters; Ng. a. 797; St. P. zwml.
Rodpert Ng. a. 760, 785, 798, 805.
Rotbert P. I, 462 (Hincm. Rem. ann.) etc.; II oft; III, 547 (Boson. cap.); IV etc. oft; Laur. öfters; Ng. a. 773; pol. Irm. s. 13, 14 etc.; Guér. a. 975, 1046 etc.
Rotpert P. IX, 204 (Anselm. gest. episc. Leod.); Ng. a. 752, 758, 786.
Rotberd P. IX, 468 (gest. episc. Camerac.); H. a. 905 (n. 134).
Rothbert P. I, 104 (ann. S. Columbae); II, 210 (ann. Lobiens.), 254 (ann. Floriac.) etc.; IX, 847 (ann. Hildesh.); H. a. 952 (n. 165).
Rhothbert P. II, 254 (ann. Floriac.).
Roadbert Ng. a. 773, 779, 798, 819.
Roadpert Ng. a. 774, 782, 822.
Roatpert K. a. 817 (n. 79; Ng. ebds.).
Ruadperaht Dr. a. 819 (n. 384; Schn. ebds. Hruodgeraht, so).
Ruadpreht Ng. a. 791, 797, 814; necr. Aug.
Ruadbert Ng. a. 783, 787, 797, 807, 817, 819 etc.; St. P.
Ruadpert Ng. a. 784, 793, 794, 800, 805, 809, 816, 822, 826 etc.
Ruatpreht St. P.
Ruadbret Ng. a. 826.
Ruadpret Gld. II, a, 107.
Ruodpreht necr. Aug.; St. P. öfters.
Ruodbert P. I oft; II, 232 (ann. Xant.); III, 246 (Hlud. et Hloth. capit.), 561 (Arnulfi capit.); VII öfters; Gud. a. 950.
Ruodpert P. I, 53 (ann. Alam.), 82 (ann. Sangall.); II, 213 (ann. S. Maxim. Trevir.); VI, 36 (excerpta Altah.), 448 (transl. sangu. dom.); St. P.; M. B. sec. 10 u. 11 (VI, XI, XIV).
Ruodpret Gld. II, a, 107.
Ruotperht M. B. c. a. 1080 (III).
Ruotpreht M. B. c. a. 1060 (VI).
Ruotbert P. I, V, VII, VIII oft; M. B. XIII, XIV.
Ruotpert P. VI öfters; VIII öfters; IX, 249 (Gund. lib. pontif. Eichstet.); M. B. a. 837 (IX), c. a. 1050. 1056 (VII), c. a. 1060 (XIII), c. a. 1070 (VI, VII), a. 1074 (VIII).
Roudpert P. VI, 419 (Gerhard. mirac. S. Oudalr.); VII öfters.
Routpret P. VI, 422 (Gerhard. mirac. S. Oudalr.).
Routbert P. IV, 45 (Heinr. IV constitut.); H. a. 945 (n. 160).
Routpert P. VI, 549 (Arnold. de S. Emmer.).
Rudbert P. VI, 806 not. (mirac. S. Erendrudis); St. P. mehrm.
Rutbert Mab. a. 884; Laur. mehrm.
Rudpert P. V, 154 (ann. Monast.).
Rutbard Laur. sec. 9 (n. 369).
Rutpert P. X, 168 (gest. Trever.); Laur. öfters.
Robbert P. V, 780 (Thietmari chron.); IX öfters.
Roppert P. V, 481 (chron. Salern.).
Robert P. überall oft; Ng. a. 744; Guér. a. 1038.

Ropert Ng. a. 783.
Ruobbert P. II, 242 (ann. Wirzib.); VII, 555 (Marian. Scot. chron.); Gud. a. 1056.
Ruoppert P. V, 70 (ann. Hildesh.).
Ruopreht Gld. II, a, 107.
Ruobert P. I, 89 (ann. Salisb.); VI, 232 (Sigehard. mirac. S. Maximin.); VII öfters.
Ruopert P. II, 38 (abbat. Augiens. catal.); IV, 18 (Heinr. I constit.); V, VII oft; necr. Aug.
Ruobbraht Gud. sec. 9.
Ruobrat Gud. a. 1074 (neben Ruoprat und Ruobrath).
Ruobret necr. Aug.
Ruoprath H. a. 996 (n. 211); Gud. a. 1074.
Roupreth Lc. a. 1085 (n. 236).
Roupert P. VII, 10 (ann. S. Euchar. Trevir.), 390 (Bernold. chron.).
Ruppert Laur. sec. 8 (n. 2081).
Rubrecht Laur. sec. 8 (n. 1966).
Ruprecht M. B. c. a. 1080 (XIII).
Rupert P. II öfters; V, 154 (ann. Monast.); Ng. a. 691—695; M. B. a. 1026 (II).
Rubert P. IV, 52 (Heinr. IV constit.); Laur. sec. 8 (n. 1452); Gud. a. 1069; H. a. 1092 (n. 193).
Ruoadpert (so) Ng. a. 868.

Hieher vielleicht noch:
Chradobert Mab. a. 653 (M. ebds. n. 64 Chredobert).
Chrodobard Pd. a. 670 (n. 361; Mab. ebds.).
Throdebert tr. W. a. 713 (n. 202, 233) für Chrodebert?
Hortbert pol. R. s. 85 hieher?
Nhd. Robert, Rubert, Ruppert, Rupprecht, Ruppricht, Ruprecht.
O. n. Hruodperhtesdorf, Ruebrechtshoven.

Rotberta, fem. 8. Pol. Irm. s. 53.
Crutberta Laur. sec. 8 (n. 1346).

Hrotberga, fem. 6. Pol. R. s. 8, 48 etc.
Hrotbergia pol. R. s. 102.
Chroberga Pd. a. 566 (n. 172).
Rodbirg Laur. sec. 8 (n. 496).
Rotberga pol. Irm. s. 102, 124.
Ruatbirc tr. W. a. 797 (n. 62).
Ruadbirge Dr. a. 770.
Ruodpirk St. P.
Rutbirg Laur. sec. 8 u. 9 (n. 199, 2133).
Roudpirc St. P.

Hreadprant. 8. Mchb. sec. 8 u. 9 (n. 193, 538).
Hruodprant Mchb. sec. 8 (n. 132).
Rotprand Gld. II, a, 118.
Ruadbrant Gld. II, a, 107.
Roprand P. III, 252 (Hlud. et Hloth. capit.).
Rubrant Lc. a. 1006 (n. 145).

Hruadboto. 8. Schn. a. 819.
Hruodpoten Schn. a. 813 (Dr. ebds. n. 293 Hruadperen).
Ruadpoto Ng. a. 826.
Rutbodo Laur. sec. 8 (n. 351, 492).

Hrodburg, fem. 8. Wg. tr. C. 486.
Hrodpurc St. P.
Hrodpurch St. P.
Hroadpurc Mchb. sec. 9 (n. 491).
Hruodpurc Mchb. sec. 9 (n. 615).
Hrudpurc Mchb. sec. 9 (n. 892).
Rodpurc St. P.
Rodpurch St. P.
Rotpurch St. P.
Rotburg Laur. sec. 9 (n. 962, 2257).
Ruodpurg Ng. a. 885.
Ruodpurc St. P.
Ruotburga Laur. sec. 9 (n. 225).
Rutburg Laur. sec. 8 (n. 763).
Rutburc Laur. sec. 8 (n. 2983).
Rudpurc P. I, 414 (ann. Fuld.).

Hroddag. 9. Wg. tr. C. 424.
Hruadtac Ng. a. 802.
Ruodtag P. I, 393 (ann. Fuld.).

Hroddrud, fem. 8. St. P. zwml.
Hrodrud St. P. dreiml.
Hrotrudis pol. R. s. 13, 35 etc.
Hrothrudis pol. R. s. 105.
Hrothrud P. I, 32 (ann. Lauresh.).
Hrottrudis P. I, 25 (ann. Nazar.).
Chrotrudis P. I, 9 (ann. Petav.).
Hroderudis (so) pol. R. s. 85.
Hortrudis (so) P. I, 24 (ann. Lauresh.).
Hruoddrud P. I, 354 (Enh. Fuld. ann.).
Hruodtrud P. I, 197 (Einh. ann.), 350 (Enh. Fuld. ann.).
Hruodrud P. II, 453 (Einh. vit. Kar.).
Hruothruda P. I, 121 (ann. Lauriss.).
Rottrud P. V, 200 (chron. S. Bened.); pol. Irm. s. 146.
Rodrud St. P.
Rotrud (is, -a) P. I, 474 (Hincm. Rem. ann.); pol. Irm. s. 170.

Rothruth Laur. sec. 8 (n. 3161).
Rhodrud P. II, 397 (Angilbert).
Ruatrudis P. II, 291 (gest. abbat. Fontan.).
Ruadrut, Ruaddrut, Ruadthrud, Ruodtrod Gld. II, a, 127.
Ruathruda tr. W. a. 774 (n. 53).
Ruoddrud Ng. a. 806.
Ruotdrud St. P.
Ruotthrud P. VIII öfters.
Ruodtrut P. V, 214 (reg. et imper. catal.).
Ruotdrudis P. V, 37 (ann. Weissemb.); VII, 2 (ann. Ottenbur.).
Ruodrud P. V, 37 (ann. Quedlinb.); St. P. zwml.
Ruodrut P. V, 37 (Lamberti ann.).
Ruotrud P. I, 297 (chron. Moissiac.); V, 41 (ann. Quedlinb.).
Raodrud (so) R. a. 821 (n. 21).
Rouddrud P. VII, 100 (Herim. Aug. chron.), 418 (Bernold. chron.).
Routdrut P. V, 139 (ann. Einsidl.).
Ruttrud Laur. sec. 8 u. 9 (n. 556, 694).
Rutdrud Laur. sec. 8 (n. 2296).
Ruthrud Laur. sec. 8 (n. 1718).
Rudrut Laur. sec. 8 (n. 3350).
Hiefür 'Ερυθρώ bei Theophanes.

Hrodflat, fem. 9. Mchb. sec. 9 (n. 474).
Hruadflat Dr. sec. 9 (n. 192).
Hruodflat St. P.
Rodflat R. a. 864 (n. 47).

Hrodfrid. 8. St. P.
Hrotfrid P. I, 195 (Einh. ann.); pol. R. s. 46, 64 etc.
Hroadfrid Ng. a. 783.
Hruodfrid St. P.
Hruotfrid P. III, 246 (Hlud. et Hloth. capit.).
Rotfrid P. VII, 11 (ann. Elnon.); VIII, 566 (annalista Saxo); Ng. a. 813; pol. R. s. 44, 51 etc.; St. M. a. 962, 1053.
Rotfred P. I, 628 (contin. Regin.); St. M. a. 942.
Rodfred P. VII, 116 (Herim. Aug. chron.).
Roadfrid Ng. a. 821.
Ruotfrid Ng. a. 775.
Ruotdfrid (so) St. P.
Routfrid H. a. 909 (n. 136).
Rohtfrid Ng. a. 813.
Rudfrid M. B. a. 1051 (XIII).
Rutfrid Laur. sec. 9 (n. 199).
Rutfrit Laur. sec. 8 (n. 1112, 3246).
Roffrid P. V, IX öfters.
Rofrid P. V öfters; X, 354 (Hugon. chron.); Ng. a. 853.
Rofrit P. V öfters.
Rofred P. IV, B, 179 (Nicol. II stat.); Mab. a. 854.
Ruofrid Lc. a. 1062 (n. 198).
Rutdrid Laur. sec. 8 (n. 279) wol für Rutfrid.
P. I, 195 (Einh. ann.) die var. Ruotfrid, Hortfrid, Rotfrid, Rutfrid, Hruotfrid, Hrodfrid.

Rotfreda, fem. 8. Pol. Irm. s. 153.

Hrodfolc. 9. St. P.
Hrodfolch Mchb. sec. 9 (n. 312).
Ruodfolch St. P.
Rudfolc Laur. sec. 10 (n. 532).
Rutfolch Laur. sec. 9 (n. 371, 507).
Rutfolg Laur. sec. 9 (n. 265).

Hrodegand. 8. Conv. Atteniac. a. 765.
Chrodegand P. X, 341 (Hugon. chron.).
Crodegand P. VI, 469 (Sigebert. vit. Deoder.); X, 510 (vit. Wicberti).
Grodegand P. X, 345 (Hugon. chron.).
Rotgand pol. Irm. s. 153.
Roudkant K. a. 813 (n. 70; Ng. ebds.).
Godegrand (so) A. S. Apr. III mehrm.
Mit Hrodegand wird oft der folgende n. Hrodegang verwechselt; namentlich der b. v. Metz (sec. 8) erhält bald die eine bald die andere namenform.

Hrodegang. 8. P. I, 28 (ann. Lauresh.); III, 30 (Pipp. capit.).
Chrodegang P. I, 28 (ann. Lauresh.); II, 267—269 (gest. episc. Mett.); VI, 239 (mirac. S. Gorgon.), 354 (vit. Joh. Gorz.); VIII, 332 f. (Sigebert. chron.); XII oft; conc. Compend. c. a. 757.
Hrotgang P. VIII, 570 (annalista Saxo).
Crodegang P. X, 165 (gest. Trever.).
Grodegang P. V, 156 (ann. S. Vincentii Mett.).
Hrottigang P. V, 472 (chron. Salern.).
Hruodgang P. I, 347 (Enh. Fuld. ann.).
Hruotgang P. I, 117 (ann. Lauriss.); II, 591 (Thegani vit. Hlud.); VII, 22 (ann. Blandin.).
Hrotgincus pol. R. s. 105.
Hrotgineus pol. R. s. 103 wol für Hrodgincus.
Rotgang P. VIII, 557 (annalista Saxo).
Rotging pol. R. s. 38.
Ruadgang tr. W. a. 766 (n. 108).
Ruotkanc Gld. II, a, 107.
Ruotgang P. V, 36 (ann. Weissemb.; Lamberti ann.); VII, 2 (ann. Ottenbur.).

Ruothgancg (so) Lc. a. 927 (n. 87).
Rutgang P. II, 356 (vit. S. Bonif.); Laur. sec. 8 (n. 313).
Rutganc Laur. sec. 9 (n. 177, 199).
Roudgang P. VII, 418 (Bernold. chron.).
Rucgang Laur. sec. 9 (n. 2319).
Ruganc Laur. sec. 8 (n. 1210).
Gordogang P. VII, 547 (Marian. Scot. chron.).

Hrodgar. 7. Sec. 10: graf v. Carcassone; b. v. Trier. Sec. 11: b. v. Beauvais; b. v. Chalons s. Marne; ep. Civitatens.
Hrodgar P. II, 608 (vit. Hlud. imp.); Mab. a. 748.
Hrodger Wg. tr. C. 328, 402, 423, 439; Lc. a. 836 (n. 49).
Hrodkaer St. P.
Hrodker St. P. zwml.
Hrodgaer Pd. a. 744 (n. 577).
Hrotgar P. I, 521 (ann. Vedast.); II, 200 (ann. Vedast.); pol. R. s. 49, 103.
Hrotger Wg. tr. C. 244, 272; pol. R. s. 70, 72.
Hrodgher Wg. tr. C. 465.
Grodegar Pd. a. 710 (nchtr. n. 85).
Grodeger Pd. a. 714 (n. 490).
Hroadgaer Ng. a. 744, 783.
Hruadgaer Gld. II, a, 102.
Rodegar P. IX, 595 f. (chron. mon. Casin.).
Rhodegar Pd. a. 748 (n. 598).
Rotgar P. II, 279 (gest. abbat. Fontan.), 800 (Abbo de bell. Paris.); V oft; pol Irm. s. 12, 193.
Rotcar pol. Irm. s. 78, 88 etc.
Rothgar P. V öfters.
Rotger P. II, 252 (ann. Lemov.); V, VI, VIII, IX öfters; X, 640 (gest. episc. Tullens.); Gud. a. 926.
Rodger P. III, 568 (Kar. III capit.); Ng. a. 798; Wg. tr. C. 401.
Rohdker (so) St. P.
Rodaccar Laur. sec. 8 (n. 1238).
Rothger Wg. tr. C. 97.
Rodker Ng. a. 842; St. P. zwml.
Rotecher Lp. a. 987 (II, 383).
Roadgar Ng. a. 821, 822.
Roadkar Ng. a. 822.
Roadger Ng. a. 816.
Roadgaer Ng. a. 774.
Ruadachar Gld. II, a, 107.
Ruadeger Gld. II, a, 107.

Ruadgar Ng. a. 812.
Ruadger Ng. a. 773, 792, 805, 819, 826; Dr. a. 822 (n. 396; Schn. ebds. Ruudger); necr. Aug.
Ruadker Ng. a. 786, 814, 820, 821; K. a. 798 (n. 51); necr. Aug.
Ruadcher Ng. a. 797.
Ruodiger St. P. mehrm.
Ruodeger P. VII, 236 (Lambert. ann.); Gud. a. 1074; St. P.; necr. Aug.
Ruodacrus H. a. 926 (n. 147).
Ruodger P. I, 616 (contin. Regin.); II, 225 (ann. Xant.).
Ruotker P. VIII öfters; St. P. mehrm.; Gud. a. 882.
Ruodker P. II, 80, 82, 96 (Ekkeh. cas. S. Galli).
Ruotger P. VI, 254 (Ruotgeri vit. Brun.); Gud. sec. 9.
Ruothger P. V, 141 (ann. Einsidl.).
Roudgar P. IV, B, 171 (synod. Baioar. sec. X).
Ruitger conc. Erphord. a. 932.
Roitger P. IX, 249 (Gundechar. lib. pontif. Eichstet.).
Roitcher P. IX, 249 (Gundechar. lib. pontif. Eichstet.).
Rudacar Laur. sec. 8 (n. 3385).
Rudacker Laur. sec. 9 (n. 3592).
Rudeger M. B. a. 1076 (IV); Laur. mehrm.
Rudger Laur. sec. 9 (n. 218).
Rutger Laur. mehrm.; Schn. a. 1025 (Dr. ebds. n. 740 Ruogger); Gud. a. 1090.
Rutker H. a. 880 (n. 113).
Rutcher Lp. a. 860 (n. 794).
Rocger Mab. a. 910.
Rogger P. V, IX öfters.
Roger P. V, VII–IX öfters; X, 401 (Hugon. chron.), 579 etc. (chron. S. Huberti Andag.); Guér. a. 1038, 1089; St. M. a. 1098.
Rochar Ng. a. 835.
Roachar Ng. a. 820.
Roacar Pd. a. 698 (n. 449).
Chroacar tr. W. c. a. 737 (n. 241) viell. Chrodcar zu lesen.
Ruachar Ng. a. 826, 828.
Ruogger Dr. a. 1025 (n. 740; Schn. ebds. Rutger); G. a. 1072 (n. 65); Gud. a. 1074.
Ruocger Lc. a. 948 (n. 102).
Ruocker M. B. a. 1027 (XXXI).
Ruoker Lc. a. 1061 (n. 196).

Ruoger necr. Aug.
Ruoccher Ng. a. 790.
Ruochar Ng. a. 822.
Raocare (nom.) H. a. 698 (n. 25) hieher?
Reoger Ng. a. 868.
Ruegger Gud. a. 1074.
Rokier Wg. tr. C. 211 wol hieher.
Rucker Laur. sec. 8 (n. 2100).
Rucger Laur. sec. 8 (n. 914, 3162).
Rucher Laur. mehrm.

Für Crodegertus H. a. 714 (n. 36) ist viell. Crodegerius zu lesen.

Rogerio qui et Ingeso Lp. a. 1081 (II, 723).

Schwer ist es diesen n. von Hrodhari zu scheiden. Vgl. auch Hredgaer.

Altn. Hrôðgeir. Ags. Hrôðgâr.

Nhd. Ridiger, Rödger, Rödiger, Roger, Röger, Röttger, Rüdiger, Rüger.

O. n. Rouckerastorf.

Hrotgardis, fem. 8. Pol. R. s. 52.
Hrotgard P. II, 390 (vit. S. Willehadi).
Hrodgart St. P.
Hrodkart St. P.
Hrodgerde Wg. tr. C. 92.
Hrotgerdis pol. R. s. 36, 49 etc.
Hruadigart Gld. II, a, 102, 124.
Rotgardis pol. R. s. 38.
Rootgardis Laur. sec. 8 (n. 920).
Rothegardis P. VI, 776 (Thangmari vit. Bernwardi).
Ruadcart, Ruadgart, Ruadkart Gld. II, a, 127.
Ruothcart H. a. 909 (n. 136).
Routgart H. a. 955 (n. 167).
Rutgard Laur. sec. 8 (n. 1946).

Hruadgast. 9. Schn. a. 812.
Hruotgast Schn. a. 867.

Hrotghat. 9. Wg. tr. C. 254.

Hrodgaud. 8. Herzog v. Friaul sec. 8. P. I. 154 (ann. Lauriss.).
Hrotgaud P. I, 16 (ann. Petav.), 220 (ann. Til.).
Chrotgaud P. X, 351 (Hugon. chron.).
Hrotgauz P. I, 30 (ann. Lauresh.).
Hruadcoz Mchb. sec. 8 (n. 471).
Hruodgaud P. I, 155 (Einh. ann.), 349 (Enh. Fuld. ann.).
Hruodgaus P. II, 446 (Einh. vit. Kar.).
Hruotgauz P. I, 118 (ann. Lauriss.).
Rotgaud P. II, 222 (ann. Xant.); V, 139 (ann. Einsidl.); VIII, 559 (annalista Saxo); Guér. a. 828.
Rodkaoz St. P.
Rotgauz P. I, 40 (ann. Nazar.); Laur. sec. 8 (n. 1424).
Rotcaus P. V, 234 (Andr. Bergom. chron.); pol. Irm. s. 126.
Rotcauz P. I, 40 (ann. Guelferb.).
Rothgaud P. VIII, 334 (Sigeb. chron.; Rothgand ist wol nur druckfehler).
Rotgot Wg. tr. C. 274.
Ruadcoz Gld. II, a, 107.
Ruotgaud P. VIII, 166 (Ekkeh. chron. univers.); X, 164 (gest. Trever.).
Ruodcoz Ng. a. 735.
Ruodgauz P. I, 40 (ann. Alam.).
Ruothgoz Lc. a. 927 (n. 87).
Ruodeoz (so) Pd. a. 735 (n. 556).
Roudgaud P. VII, 100 (Herim. Aug. chron.).
Rutgozo Laur. sec. 8 (n. 192).
Rudkoz Gld. II, a, 107.
Rutagoz Schn. a. 839 (Dr. ebds. n. 525 Ruatgoz).
Rotgault P. I, 296 (ann. Moissiac.).
Rotcâz P. V, 151 (ann. Flaviniac.).
Hrotgarz var. zu den ann. Lauresh. a. 776.

Rodgo. 9. P. II, 248 (ann. Besuenses).
Rohauo Laur. sec. 8 (n. 226) wol hieher.

Hrodgeld, msc. u. fem. 8. Wg. tr. C. 344.
Rotgild pol. Irm. s. 124, 132, 143.
Hroadkelt Mchb. sec. 9 (n. 468).
Roadgelt Gld. II, a, 107.
Ruadgeld Ng. a. 838.

Hrotgis. 8. Pol. R. s. 53.
Rotgis Gld. II, a, 118.
Roadkis Gld. II, a, 107.
Ruatgis tr. W. a. 774 (n. 53).
Routgis P. VIII, 27 (Ekkeh. chron. Wirzib.).
Routhgis P. VIII, 161 (Ekkeh. chron. univers.).
Rutgis Laur. sec. 9 (n. 216).
Rogis Laur. sec. 8 (n. 908).
O. n. Rogisesfelt.

Hroadcrim. 9. Mchb. sec. 9 (n. 499).
Hrotgerimmus (so) pol. R. s. 40.
Rodgrim Hd. m. S. a. 901 (III, 44).
Rotgrimo Gld. II, a, 118.
Ruodcrim St. P.
Reudgrim M. B. a. 901 (XXXI).

Rotgrinnus pol. R. s. 22.
Hrotgrima, fem. 9. Pol. R. s. 87.
Hruodicoma, fem. 8. Schn. a. 801.
Ruadachoma Gld. II, a, 127.
Ruodikuma Schn. a. 778.
Ruadgunt, fem. 9. Gld. II, a, 127 neben Ruadcund.
Ruodkund St. P.
Hrodohaidis, fem. 8. Pol. R. s. 41.
Hrodohagdis pol. R. s. 83.
Hrodoagdis pol. R. s. 34, 37.
Hrodhaid P. I, 28 (ann. Lauresh.).
Hrothagdis pol. R. s. 37, 51 etc.
Rothaid P. II, 265 (Pauli gest. episc. Mett.).
Rhodhaid P. II, 397 (Angilbert).
Ruodhaidis P. II, 453 (Einh. vit. Kar.).
Ruotheidis P. VIII, 163 (Ekkeh. chron. univers.); Laur. sec. 9 (n. 1107).
Ruodheid Schn. a. 842.
Ruodheit Gld. II, a, 127.
Rutheit Laur. sec. 9 (n. 216).
Rutheiz (wol für Rutheidis) Laur. sec. 8 (n. 1577).
Hrodhard. 7. Sec. 10: b. v. Cambray; b. v. Strassburg. Sec. 11: erzb. v. Mainz.
Hrodhard P. I, 28 (ann. Lauresh.); II, 217 (urk. v. 834); Ng. a. 790; Wg. tr. C. 226, 240, 328.
Hrodhart St. P. mehrm.
Hrothard Ng. a. 762; Wg. tr. C. 195, 228, 229, 250, 264, 270, 288; pol. R. s. 49, 67 etc.
Chrotchard Mab. a. 696.
Chrodhard K. a. 777 (n. 18; Ng. ebds.).
Chrothard Mab. a. 752.
Chrodard Mab. a. 764, Ng. a. 763, 764.
Hruadhart Schn. a. 765; Schn. a. 813 (Dr. ebds. Hruaduuart).
Hruothard Ng. a. 762.
Hruthard pol. R. s. 50.
Rothard P. V oft; VI, 474—476 (Sigeberti vit. Deoder.); VIII, IX öfters; Wg. tr. C. 32, 231; pol. R. s. 45, 64.
Rodhart Wg. tr. C. 262; St. P.
Rothhard Frek. mehrm.
Roadhart Ng. a. 820; decret. Tassil.
Ruadhard P. I, 74 (ann. Sangall.); II, 49 (de miraculis S. Otmari).
Ruadhart Ng. a. 769, 819; necr. Aug.
Ruodhard P. I, 82 (ann. Sangall.), 618, 620 (contin. Regin.); II, 43 (S. Otmari vit.) etc.
Ruodhart P. II, 83 (Ekkeh. cas. S. Galli); St. P.
Ruothard P. II, 246 (ann. Wirzib.); VIII, IX öfters; Ng. a. 781; Gud. a. 1084, 1092.
Ruothart St. P.
Ruodard P. IV, B, 176 (Heinr. II pact.).
Ruotard P. VII, 8 (ann. Ottenbur.) mit var. Rutar.
Roudhard P. VII, 119 f. (Herim. Aug. chron.), 424 (Bernold. chron.).
Routhard P. VIII öfters.
Routard P. XI, 103 (Cosm. chron. Boem.).
Rudhard P. VII, 99 (Herim. Aug. chron.).
Ruthard P. VII öfters; Laur. oft; Gud. a. 840, 1090; d. Ch. I, 785.
Ruthart Gud. a. 978; Laur. oft.
Rutart Laur. n. 3770.
Rotrad = Rothard P. IX.
Rohard P. VI, 47 (gest. episc. Virdun.) hieher?
Nhd. Rohthardt, Rothardt, Rothert, Rudert, Rudhardt, Ruthardt, Ruthart.
O. n. Rothardestorp.
Hrodhari. 7. Sec. 7: Langobardenkönig. Sec. 11: b. v. Treviso.
Hrodhari St. P.
Hrodheri Mchb. sec. 8 (n. 14).
Hrothar pol. R. s. 49.
Hrother pol. R. s. 13, 36.
Chrodohar tr. W. a. 700 (n. 203 u. Pd. nachtr. n. 12).
Chrodchar Pd. a. 716 (n. 497).
Chrotchar Pd. a. 691, 696 (n. 418, 435); Mab. a. 692, 693, 696.
Chrothar Pd. a. 665 (nachtr. n. 4); Fredegar (var. Chrotar).
Crother Laur. sec. 8 (n. 1035, 1235).
Chrodecar Mab. a. 670 hieher?
Hroadachar Mchb. sec. 8 u. 9 (z. b. n. 252).
Hroadhar Ng. a. 773.
Hruadhar Ng. a. 817.
Hruadher Ng. a. 797, 806.
Rodhari St. P.
Rotharit Paul. diac. VI, 19 etc. neben Rothari (vgl. das verhältnis von Pertari zu Pertarit).
Rotharis P. V oft; IX, 5 (Joh. chron. Venet.); Paul. diac. IV, 44.
Rodheri St. P.
Rotheri St. P.
Rodher H. a. 929 (n. 152).
Rotehar Lp. a. 100 (II, 427).

Rothar P. II, 282 (gest. abbat. Fontan.); V öfters; VII, 64 (catal. reg.), 93 (Herim. Aug. chron.); Paul. diac. I, 21; Ng. a. 791; pol. Irm. s. 63, 72 etc.
Rotari P. IX, 38 (Joh. chron. Venet.).
Rotheri P. V, 168 (ann. S. Germani); Wg. tr. C. 248.
Rotar Pd. a. 716—720 (n. 513; Ng. ebds.).
Rotter Ng. a. 760 wol hieher.
Rotharith (= Rothari) P. VIII, 323 (Sigebert. chron.).
Roadhar Ng. a. 819.
Ruadhari P. III, 90 (Kar. M. capit.).
Ruatheri St. P.
Ruadheri Ng. a. 826.
Ruadhere Ng. a. 809; necr. Aug.
Ruadher Ng. a. 787.
Ruaher Ng. a. 792.
Ruodheri St. P. mehrm.; M. B. a. 903 (XXXI).
Ruodhere Gld. II, a, 107.
Ruotheri P. VIII, 145, 147 (Ekkeh. chron. univ.).
Ruodhari St. P. zwml.
Ruodhiri (so) Gld. II, a, 107.
Ruother M. B. a. 931 (VIII).
Roudheri M. B. a. 901 (XXXI).
Ruidhere (so) Ng. a. 806.
Rudher Laur. sec. 8 (n. 447).
Ruther Laur. oft.
Grotchar Pd. a. 667 (n. 360).
Nhd. Roder, Röder, Rother, Rotter, Rötter, Ruder.
O. n. Rotershusen, Ruadhereswilare.

Hrothad. 8. B. v. Soissons sec. 9.
Hrothad pol. R. s. 15, 77.
Hrodat Mchb. sec. 8 (n. 149).
Rodhad St. P.; conc. Suession. a. 893.
Rothad P. I, 455, 457, 462, 465, 468 (Hincm. Rem. ann.); pol. Irm. s. 72.
Ruothad P. III, 246 (Hlud. et Hloth. capit.).
Hieher vielleicht die formen:
Rothaus P. III, 429 (Kar. II capit.).
Rodtaus Ng. a. 773.
Rodtahus K. a. 773 (n. 15; Ng. ebds.).
Ruothaus Ng. a. 775.
Ruthau (so) Laur. sec. 8 (n. 281).
Raotah neben Ruothaus K. a. 772 (n. 14).

Hrodhelm. 8. St. P.
Hrudhelm St. P.
Chrothelm tr. W. a. 788, 790 etc. (n. 209, 219 etc.).
Roadhelm Ng. a. 817.
Ruadhelm necr. Aug.
Ruodhelm St. P.
Roudhelm P. VII, 103 (Herim. Aug. chron.).
Ruthelm Laur. sec. 8 (n. 2450, 3459).
Ruethelm P. II, 38 (abbat. Augiens. catal.).
Chroscelm Pd. a. 696 (n. 438) hieher?
O. n. Hruadhelmeshusun.

Rotchildus. Gld. II, a, 118.

Hrodhildis, fem. 5. Frau Chlodwigs sec. 5; tocht. Chlodwigs sec. 6; tocht. k. Chariberts sec. 6. Alle diese drei werden auch Chlothildis genannt.
Hrodhildis P. VII, 85 (Herim. Aug. chron.).
Hrodhilt St. P. dreiml.
Hrothildis pol. R. s. 16, 19 etc.
Chrodochilde Mab. a. 660.
Chrotechildis Pd. a. 691 (n. 417).
Chrodihilde P. V, 220 (chron. Luxov.).
Chrothildis P. X, 287 (Hugon. chron.); Mab. a. 670; Greg. Tur. (var. Chrotildis); gest. regg. Franc.
Chrotilda P. X, 326 (Hugon. chron.).
Crotildis P. X, 326 (Hugon. chron.).
Crhothildis P. IX, 405 (gest. episc. Camerac.).
Crothildis P. X, 287, 326 (Hugon. chron.).
Chrodieldis Pd. a. 590 (n. 200); Greg. Tur. mehrm.
Chrodeilda Pd. a. 710 (nchtr. n. 85).
Hruodhildis P. VII, 84 (Herim. Aug. chron.).
Hruothilda P. VI, 159 (vit. S. Liutbirgae).
Rodhild brief des Nicetius v. Trier H. a. 565.
Rothildis P. V, 370, 378 (Flodoardi ann.), 551 (chron. Salern.); VII, VIII öfters; X, 640 (gest. episc. Tullens.); pol. Irm. s. 122, 189; pol. R. s. 7, 79.
Rotchild P. III, 253 (Hlud. et Hloth. capit.).
Rothilt Laur. sec. 8 (n. 991).
Ruodhilt u. Ruothilt Gld. II, a, 127.
Ruothilt St. P.
Ruodhil (so) Gld. II, a, 127.
Routhilt M. B. a. 892 (XXXI).
Ruthilda Laur. sec. 9 (n. 481).
Ruthilt Laur. sec. 8 (n. 211); H. a. 853 (n. 87).
Rutilt H. a. 853 (n. 87).

Hrodhoh. 8. Schn. a. 757 (Hruodhoh ebds. Dr.); St. P.; Mchb. sec. 9 (n. 471).
Hrodhooch (so) St. P.

Hrothoh Schn. a. 765.
Hrotoch K. a. 850 (n. 116; Ng. ebds.).
Chrodhoch Ng. a. 769.
Hroadhoh K. a. 778 (n. 21; Ng. ebds.).
Hruadhoh Ng. a. 806.
Rodhoh St. P.
Roadhoh K. a. 817 (n. 77; Ng. ebds.).
Roadhoi (gen.) Ng. a. 797.
Ruadhoh Ng. a. 805, 819; K. a. 856 (n. 125).
Ruadhoi (gen.) K. a. 855 (n. 122).
Ruodhoh St. P. mehrm.
Ruothoch St. P.
Ruothoc Laur. sec. 8 (n. 342).
Ruothoh Laur. sec. 8 (n. 347).
Ruodhoi (gen.) K. a. 785 (n. 28; Ng. ebds.), 861 (n. 133).
Ruodhai (gen.) K. a. 861 (n. 135).
Ruodhoho (abl.) K. a. 904 (n. 175).
Roudhoho für Roudho s. Hrodo.
Ruthoh Laur. mehrm.
Ruthouhc Laur. sec. 9 (n. 179).
Herodhoh s. HEROD.
O. n. Routhohesperich.

Chrodramnus. 8. H. a. 762 (n. 45).
Rodrannus pol. Irm. s. 141.
Rothram Laur. sec. 8 (n. 2645).
Rotram Gld. II, a, 107.
Ruadram Ng. a. 873.

Rodroh. 8. St. P.
Ruodoroh u. Ruodoro Gld. II, a, 107.
Rodoraucus Gld. II, a, 118 hieher?

Hrodleif. 8. Wg. tr. C. 308.
Hrodlef Lc. a. 855 (n. 65).
Ruadleip Ng. a. 797.

Rodleich. 8. Laur. sec. 9 (n. 2661).
Roadleih Ng. a. 818.
Ruadleih Ng. a. 826.
Ruadleich Ng. a. 858.
Ruodleih Gld. II, a, 107.
Ruodleich Laur. sec. 9 (n. 33).
Rudleich M. B. a. 852 (XXXI).
Rutleich Laur. sec. 8 u. 9 (n. 199, 599).
Ruthleich Laur. sec. 8 (n. 2706).
Trodolaig Schpf. a. 730 (n. 11) viell. Crodolaig zu lesen?
Nhd. Rödlich.

Crotleid, fem. 8. Laur. sec. 8 (n. 1447).
Rotled pol. Irm. s. 49 (sec. 11) hieher?

Crothlanc. 8. Laur. sec. 8 (n. 2510). Ist etwa Crothlauc oder Crothlant zu lesen?

Hrodlant. 8. Sec. 8: feldherr Karls d. gr. Sec. 9: b. v. Arles. Sec. 11: b. v. Ferrara; b. v. Sutri; b. v. Treviso; ep. Doleus.
Hrodlant St. P. zwml.; Mchb. sec. 9 (n. 576).
Hrotland pol. R. s. 36, 40 etc.
Chrodoland Pd. c. a. 720 (n. 516; H. ebds. n. 39).
Hruadlant Ng. a. 799.
Hruodland P. II, 448 (Einh. vit. Kar.).
Hruodlant Schn. a. 889.
Rodland P. I, 469 (Hincm. Rem. ann.); III, 504 (Hloth. II capit.).
Rotland P. I, 485 (Hincm. Rem. ann.); VI, 342, 346 (vit. Joh. Gorziens.); IX, 439 (cod. evang. Camerac.).
Roadlant Mchb. sec. 8 (n. 269); Ng. a. 800, 802.
Ruadlant tr. W. a. 824 (n. 171).
Ruatland tr. W. a. 774 (n. 66); H. a. 909 (n. 136).
Ruodeland Gld. II, a, 118.
Ruodelant Gld. II, a, 107 neben Ruodlant.
Ruodland H. a. 820 (n. 74); Mchb. sec. 11 (n. 1255).
Ruotlant M. B. a. 806 (VIII).
Rudlant Gld. II, a, 107.
Rutland Laur. sec. 8 (n. 789).
Rolland P. VIII öfters.
Roland P. IV, 52 (Heinr. IV constit.), B, 179 (Nicol. II statut.); IX öfters; Mur. 1932, 5.
Rollend (so) pol. Irm. s. 50 (sec. 11).
Ruoland H. a. 909 (n. 137), 960 (n. 171).
Nhd. Roland, Rolland, Ruhland, Ruland, Rüland.

Man hat früher in der erklärung dieses n. vielfach geirrt, indem man das l von Roland noch zum ersten theile zog.

Hruadlaug, fem. 8. Schn. a. 823.
Hruadlauge Schn. a. 765.
Ruadlouc neben Ruodlouch u. Ruoloug Gld. II, a, 107.
Hruodloug Schn. a. 837.
Ruollauc Laur. sec. 8 (n. 3139, 3687) wol hieher.
Altn. Hrôðlaugr.

Hrotlaus. 9. Pol. R. s. 48.

Hroadleoz. 9. Mchb. sec. 9 (n. 312, 536).
Ruadleoz K. a. 817 (n. 79; Ng. ebds.).

Rotleu. 8. Ng. a. 786.

Hrodlind, fem. 6. St. P. mehrm.

Hrotlindis pol. R. s. 3, 9 etc.
Hruodlind Dr. a. 781 (Schn. ebds. Hruadlind).
Rodelinda Paul. diac. I, 27; IV, 53 etc.
Rodlinda R. a. 821 (n. 21).
Rotlindis pol. Irm. s. 72, 140; Laur. sec. 8 (n. 1229, 1300).
Rotlint Laur. sec. 8 (n. 933, 3351); H. a. 926 (n. 146).
Rothlint Laur. sec. 8 (n. 2704).
Ruadlind Gld. II, a, 127 (neben Ruodlind und Ruoadlind).
Ruadlint H. a. 926 (n. 146).
Ruodlind Gud. a. 882.
Ruotlind H. a. 880 (n. 113).
Routlint M. B. a. 874 (XXVIII).
Rutlinda Laur. mehrm.
Rutlint Laur. mehrm.
Ruallind, Ruollind, Ruollint, Rullind Gld. II, a, 127.
Ruolint H. a. 955 (n. 167).
Rolinda Lp. a. 1044 (II, 615).
Rolenda Lp. a. 1039 (II, 599).
Hrodliup. 9. Mchb. sec. 9 (n. 704).
Hruodaloh. 8. Schn. a. 774.
Hruadalah Schn. a. 806; hieher?
Ruadaloh Gld. II, a, 107.
Ruodloch St. P.
Ruotluc, fem. Gld. II, a, 127. Verderbt aus -lauc?
Hrodman. 8. Wg. tr. C. 231.
Hrotman pol. R. s. 1.
Hruadman St. P.
Rodoman Schn. a. 824; Laur. sec. 9 (n. 265).
Rotman P. V, 780 f., 847 (Thietmari chron.); Ng. a. 773.
Roadman Ng. a. 821.
Ruadman Gld. II, a, 107.
Ruatman Ng. a. 797.
Ruodman P. I., 79 (ann. Sangall.); II öfters; V, 143 (ann. Einsidl.); VI, 622, 624, 628 (Purchard. gest. Witigow.); necr. Aug.
Ruotman P. II, 38 (abbat. Augiens. catal.).
Ruottman Laur. sec. 8 (n. 288).
Ruothman Gld. II, a, 118.
Roudman P. VII, 116 f. (Herim. Aug. chron.).
Routman C. M. Aug.
Roman St. P. zwml.; Dr. a. 869 (n. 601); hieher?
Ruman Ng. a. 909; hieher?

Nhd. Rodemann, Rottmann, Ruttmann, Romann.
Hrotmar. 7. H. a. 853 (n. 86); pol. R. s. 9, 52.
Chrodomar Pd. a. 691 (n. 421).
Chrodmar Pd. a. 648 (n. 312).
Hruadmar Schn. a. 796.
Rodemar Lp. a. 816 (I, 659).
Rodmar St. P.
Rotmor (so) H. a. 909 (n. 137).
Rothmar P. II, 274 f. (gest. abbat. Fontan.); H. a. 909 (n. 136).
Rotmar P. II, 272 (gest. abbat. Fontan.); V, 401 (Flodoardi ann.); pol. Irm. s. 71; St. M. c. a. 962, 970, 1053.
Roadmar Gld. II, a, 107.
Ruadmar Gld. II, a, 107.
Ruadmir H. a. 902 (n. 133).
Rutmar Laur. sec. 9 (n. 179).
Ruthmar Laur. sec. 8 (n. 2068).
Romar St. M. a. 1068.
Altn. Hróðmar.
Ruadmid (so); unbest. zt. Necr. Aug.
Hrodmot. 9. St. P.
Hroadmot Mchb. sec. 9 (n. 540).
Ruadmuot Gld. II, a, 107.
Ruodmuot Gld. II, a, 127.
Rudmut Laur. sec. 9 (n. 177).
Ruadmot u. Hruadmunt von derselben person Dr. n. 345.
Hrodmund. 7. Ep. Aeduens. sec. 10.
Hrodmund Lc. a. 844 (n. 59; H. ebds. n. 81).
Hrodmunt St. P. mehrm.
Hrothmund H. a. 853 (n. 86).
Chrodmund Mab. a. 693.
Hruodmund P. I, 211 (Einh. ann.).
Hruodmunt Schn. a. 803.
Rodemund Gld. II, a, 118.
Rodmunt St. P. zwml.
Rotmund P. IX, 439 (gest. episc. Camerac.); Laur. sec. 8 (n. 1383); Ng. a. 752; H. a. 853 (n. 88); pol. Irm. s. 111, 135.
Rothmund P. II, 277 (gest. abbat. Fontan.); III, 256 (Hlud. et Hloth. capit.).
Roadmunt Gld. II, a. 107.
Ruadmund tr. W. a. 798 (n. 21); Ng. a. 809.
Ruadmunt Ng. a. 855; necr. Aug.
Ruodmund St. P. zwml.
Ruotmund Laur. sec. 8 (n. 207).
Ruotmunt Gld. II, a, 107.

Rutmund Laur. sec. 9 (n. 272, 809).
Rutmunt Laur. sec. 8 (n. 2944).
Romund (10) P. V, 383 (Flodoardi ann.); X, 359, 503 (Hugon. chron.) hieher?
Ryomunt necr. Fuld. a. 987 hieher?
Chrodoadmund (so) Pd. a. 737 (n. 59).
Hruadmunt Dr. n. 345, wo von derselben person auch Ruadmot gebraucht wird.
Altn. Hrôðmundr. Ags. Hrôðmund. Nhd. Rothmund.
O. n. Routmundeshoven, Ruommunteshusun.

Hruodnand. 8. Schn. a. 771, 811.
Ruadnand tr. W. a. 828 (n. 152); Ng. a. 848.
Ruodnand Gld. II, a, 107.

Ruodnig (so). 8. K. a. 772 (n. 14).

Hruadniuui, fem. 8. Dr. n. 555.
Hrodni St. P. dreiml.; Mchb. sec. 8 (n. 144).
Crothni (für Hrothni) Laur. sec. 8 (n. 749).
Hruadniv Schn. a. 848.
Hruodhniv Schn. a. 848.
Rodni R. a. 866 (n. 50).
Rothniu Laur. sec. 8 (n. 2788).
Ruotniu Laur. sec. 8 (n. 249).
Rutniu Laur. sec. 8 u. 9 (n. 773, 1444).
Hrundni Dr. n. 480 ist viell. Hruadni zu lesen; doch vgl. HRUND.
Ruoniu Gld. II, a, 127.
Ruadniuh Dr. a. 824 (n. 444; Schn. ebds. Ruodunh).

Hrodrad, msc. u. fem. 8. Pol. R. s. 56, 61.
Hrodrat St. P.
Hrodred Wg. tr. C. 410.
Chruadarat tr. W. a. 776 (n. 58).
Hruodrat P. VI, 163 (vit. S. Liutbirgae).
Roderad pol. R. s. 16.
Ruadarad tr. W. a. 775 (n. 65).
Ruadarat tr. W. a. 798 (n. 24).
Ruoderat Gld. II, a, 127.
Rutrad Laur. sec. 8 (n. 2289).
Hroderard P. I, 525 (ann. Vedast.) und II, 203 (ann. Vedast.) wol hieher.
Rotrad = Rothard P. IX.
Hieher wol noch die formen:
Hroderaus pol. R. s. 44, 57.
Hrodraus pol. R. s. 45, 68 etc.
Rodraus Mab. a. 836.
O. n. Hruodratesdorf, Hrodrateshopa.

Ruadrada, fem. 8. Tr. W. a. 774 (n. 53).

Ruodorada tr. W. a. 774 (n. 178).
Rutdradis Laur. sec. 9 (n. 427).
Crorada Laur. sec. 8 (n. 1079) hieher?

Hrodric. 6. Letzter Westgothenkg. sec. 8.
Hrodric Lc. a. 796 (n. 7).
Chrodericus Pd. a. 675 (n. 375); St. M. a. 721.
Hroderich Pd. a. 741 (n. 563); pol. R. s. 37, 76 etc.
Hroadrich Mchb. sec. 9 (n. 441).
Rodorich Mur. 1932, 4.
Roderich P. X, 576 (chron. S. Hubert. Andag.); Guér. a. 1038.
Rotrich P. IX, 474 (gest. episc. Camerac.).
Ruadarih u. Ruadrih Gld. II, a, 107.
Ruodrich M. B. a. 806 (VIII), c. a. 1050 (VII).
Ruotrig Laur. sec. 8 (n. 3223).
Rudorih tr. W. sec. 8 (n. 164).
Ῥουδορίχος mit var. Ῥουδέριχος Procop.
Ruderich P. I, 290 (chron. Moissiac.); Laur. sec. 9 (n. 265); E. s. III, 423 (hist. Compostell.).
Rutherich Laur. sec. 8 (n. 448).
Rudrich Laur. sec. 8 (n. 870).
Roric zuweilen hieher?
Nhd. Rothreich, Rüdrich.
O. n. Ruodribhesdorf.

Roderisi. 9. P. V, 511 (chron. Salern.).

Chrodosindus. 6. Pd. a. 615 (n. 230).
Rudesindus E. s. III, 422 (hist. Compostell.).
Rosindus mit var. Rensindus u. Rensidus Pd. a. 642 (n. 300); hieher?

Chrodesinta, fem. 6. Pd. a. 566 (n. 172).
Hrotsinda pol. R. s. 8, 38 etc.
Hrotsindis pol. R. s. 37, 86.
Hrotsinna pol. R. s. 49, 51 etc.
Rotsindis pol. Irm. s. 125.
Ruadsind Ng. a. 826.
Ruassind Gld. II, a, 127.
Rosinda Gld. II, a, 131.

Hruodstein. 8. Rodstagnus b. v. Arles sec. 9 u. ep. Lucteveus. sec. 11.
Hruodstein M. B. a. 802 (IX).
Hrodsten Lc. a. 815 (n. 31).
Hrotsten Lc. a. 834 (n. 46).
Roodstein tr. W. a. 780 (n. 190).
Ruadstein Ng. a. 874; K. a. 879 (n. 155).
Ruodstein necr. Fuld. a. 819; Ng. a. 886.
Roudhstein Ng. a. 849.
Ruastein Ng. a. 872; necr. Aug.
Ruostein necr. Aug.; H. a. 926 (n. 146).

Roustein P. VII, 389 (ann. Gengenbac.).
Hieher scheinen noch folgende formen zu stellen:
Rodestagnus Lgd. a. 782 (I, n. 5).
Rodstagnus conc. Cabilon. a. 875.
Rotstagnus P. II, 612 (vit. Hlud. imp.).
Rostagnus P. III, 534 (Kar. II capit.), 548 (Boson. capit.), 558 (Lud. Arelat. capit.); Mab. a. 877.
Rustagnus Lgd. a. 862 (I, n. 87).
Rostennus Lp. a. 961 (II, 259).
Riustunnius (so) Lp. a. 959 (II, 242) mehrm.
Nhd. Rothstein.

Hrotsuitha, fem. 8. Nonne zu Gandersheim sec. 10.
Hrotsuitha P. VI öfters.
Hruodsuind St. P. zwml.; Mchb. sec. 9 (n. 832).
Hruodswid Gld. II, a, 124.
Hrosuind St. P. drml.
Hrooswind (so) Mchb. sec. 9 (n. 574).
Rodsuind St. P.
Rotsuinda P. VIII, 596 (annalista Saxo).
Rotswinda P. VIII, 586 (annalista Saxo).
Rotswith Gld. II, a, 127.
Rotsuitha P. VI, 763 (Thangmar. vit. Bernward.).
Rothsuit P. V, 54 (ann. Hildesh.).
Hroadswind Mchb. sec. 8 (n. 61).
Ruadswid, Ruadsuind, Ruaswind Gld. II, a, 127.
Ruotsuind Laur. sec. 8 (n. 610).
Rutsuind Laur. sec. 8 (n. 1989, 2225).
Rutsuint Laur. öfters.
Rutswint H. a. 853 (n. 87).
Roswida P. IX, 852 (chron. Hildesh.).
Die abgeschmackte erklärung von Roswitha durch weisse rose entstand durch übersehn der älteren formen. Besser trifft es Roswitha selbst in der vorrede zu ihren komödien: ego clamor validus Gandershemensis.

Rodwat. 9. St. P.

Ruadwalah. 8. Tr. W. sec. 8 od. 9 (n. 67).
Rodolgus Pd. a. 743 (n. 568).
Rodalgus Lgd. a. 960 (II, n. 95).
Ruadalha (msc.) Ng. a. 812 scheint hieher zu gehören; ebds. auch Deotalha.

Hrodowald. 6. Sec. 7: Langobardenkg. Sec. 9: ep. Portuens.; b. v. Soissons; mrkgr. des Nordgaus. Sec. 10: ep. Aquilej.
Hrodowald pol. R. s. 22.
Hrodwald Lc. a. 833 (n. 45).
Chrodoald tr. W. a. 700 (Pd. nchtr. n. 12); Pd. a. 714 (n. 490); d. Ch. I, 555; Fredegar.
Crodoald H. a. 762 (n. 45).
Hrodold Wg. tr. C. 235; pol. R. s. 9, 55.
Hrodald Wg. tr. C. 418, 437; pol. R. s. 71.
Hrodolt St. P.
Hrotold Gld. II, a, 102.
Crodold Laur. sec. 8 (n. 1482).
Crodolt Laur. sec. 8 (n. 1186).
Für Chrodoald steht Haroald P. X, 338 (Hug. chron.).
Hroadolt M. B. a. 837 (IX).
Hruadolt Gld. II, a, 102.
Crudold Laur. sec. 8 (n. 1461).
Hruodolt P. I, 370 (Ruod. Fuld. ann.); Dr. a. 812 (n. 269; Schn. Hevodolt ist lesefehler).
Rodoald P. I, 460 (Hincm. Rem. ann.), 572 (Regin. chron.); VIII, 324 (Sigeb. chron.), 578 (annalista Saxo); IX, 21, 38 (Joh. chron. Venet.); Paul. diac. IV, 48 etc.
Rodoalt Ng. a. 797.
Rodolt St. P.
Rodald St. M. c. a. 962.
Rotold Laur. sec. 8 (n. 497).
Rotolt Pd. a. 587 (n. 196); M. B. c. a. 997 (VII)
Roadolt Gld. II, a, 107.
Ruadolt Ng. a. 791, 809.
Ruoduolt P. VI, 262 n. (Rather. phren.).
Ruodold P. II, 235 (ann. Xant.).
Ruodolt P. I, 384 (ann. Fuld.); Laur. sec. 8 od. 9 (n. 177, 255).
Rudold Laur. sec. 8 (n. 1700).
Rudolt Laur. sec. 8 (n. 869).
Ryodolt necr. Fuld. a. 1010.
Nhd. Rodewald, Rodwald.
O. n. Hruodoldishova, Ruadolteshuntre, Chrodoldeswilare.

Rodowan. Gld. II, a, 107.

Hrodwar, fem. 8. Mchb. sec. 8 (n. 99).
Hrodoer pol. R. s. 46.
Hruodwar Mchb. sec. 9 (n. 695).
Rodwar R. a. 821 (n. 21).
Rutwar Laur. sec. 8 (n. 98).

Hrodoward. 8. Pol. R. s. 9.
Hrodward Wg. tr. C. 235, 246, 254.
Hrodoard St. P.; pol. R. s. 49.
Chrodoard H. a. 714 (n. 36).
Hruaduuart Dr. a. 813 (n. 295; Schn. ebds. Hruadhart).

Rotward Laur. sec. 8 (n. 924); Wg. tr. C. 304, 308; Ms. sec. 11 (n. 38).
Rothward Wg. tr. C. 90, 143.
Rotuard C. M. April.
Roadwart Gld. II, a, 107.
Ruadwart Gld. II, a, 127.
Rutward Laur. sec. 9, 10 (n. 273, 367).
Rutwart Laur. sec. 9 (n. 3223).
Hrodwerc. 9. Wg. tr. C. 226, 456.
Hrotwerc Wg. tr. C. 335.
Rohtwerc Wg. tr. C. 4.
Hrodoidis, fem. 9. Pol. R. s. 87.
Hrodois (fem.) pol. R. s. 51 wol hieher.
Ruadwit (fem.) Gld. II, a, 127.
Hrodwig. 8. Wg. tr. C. 479.
Hrodwich St. P.
Hrotveus pol. R. s. 64, 78.
Chrodowig tr. W. a. 737 (n. 35).
Crodowig tr. W. a. 737 (n. 162).
Chrotwig Pd. a. 742 (n. 71; tr. W. ebds. n. 52).
Hruadwig Schn. a. 774.
Hruodwig P. II, 389 (vit. S. Willehadi), var. Rhoudwig.
Rodowic Gld. II, a, 107.
Rodwich M. B. a. 950 (XXXI).
Rotveus pol. Irm. s. 126.
Roadwig Gld. II, a, 107.
Ruadwig Gld. II, a, 107, 127.
Ruodwih St. P.
Ruotwig Lc. a. 882 (n. 73).
Ruotwic Lc. a. 907 (n. 84); Laur. n. 3770.
Ruothwich Lc. a. 927 (n. 87).
Rudwich Laur. mehrm.
Rudwic Laur. sec. 9 (n. 1722).
Ruthwig Laur. sec. 9 (n. 224).
Rutwig Laur. mehrm.
Rutwic Laur. sec. 9 (n. 179).
Rutwighar (so) Laur. sec. 8 (n. 233).
O. n. Rodwigeshusen.
Hrodowin. 8. Tr. W. a. 825 (n. 185).
Chrodowin Pd. a. 724 (n. 47).
Chroduin tr. W. a. 712 (Pd. nachtr. n. 20); Laur. sec. 8 (n. 1363).
Hrodoin pol. R. s. 82.
Chrodoin tr. W. a. 712, 713 (n. 36 u. Pd. nchtr. n. 19, 25, 27).
Crodowin tr. W. a. 711 (n. 169 u. Pd. nachtr. n. 18).
Crodoin tr. W. a. 715 (n. 226).
Corodoin für Chrodoin tr. W. a. 713 (Pd. nchtr. n. 30).
Hruodwin Schn. a. 772; Dr. a. 795 (Schn. ebds. Hroduuin).
Hruduwin Schn. a. 772.
Rodowin pol. R. s. 17; Gld. II, a, 118.
Rodwin Laur. sec. 8 (n. 1428).
Roduin Laur. sec. 8 (n. 1302).
Rodoin P. III, 429 (Kar. II capit.); pol. R. s. 38.
Rotwin Laur. sec. 8 (n. 3244).
Rothwin Laur. mehrm.
Ruadwin Gld. II, a, 107.
Ruodewin G. a. 1092 (n. 70).
Ruodwin Laur. sec. 8 (n. 186).
Rudewin Laur. sec. 8 u. 9 (n. 421, 809).
Rudevin H. a. 1075 (n. 271).
Rudwin Laur. öfters.
Ruduin Laur. sec. 8 (n. 2581, 2588).
Rutwin Laur. mehrm.
Ruthuin Laur. sec. 8 (n. 2513).
Rutwinz (so), fem. 9. Laur. sec. 9 (n. 3502).
Hrodulf. 5. Sec. 5: Herulerkönig. Sec. 9: Rud. I, kg. v. Burgund; b. v. Bourges. Sec. 10: R. II, k. v. Burgund; b. v. Würzburg; b. v. Lyon; b. v. Vicenza. Sec. 11: R. III, kg. v. Burgund; graf v. Rheinfelden; herzog v. Alamannien, gegenkais. Heinrichs IV; b. v. Reggio; erzb. v. Tours; ep. Silvanect.; ep. Eugubin.; ep. Mosomens.
Hrodulf P. I, 525 (ann. Vedast.); II, 204 (ann. Vedast.); III, 426 (Kar. II capit.); Wg. tr. C. 228, 258; pol. R. s. 53.
Hrodolf Wg. tr. C. 267.
Chrodulf Laur. sec. 8 (n. 1342).
Hrotulf Lc. a. 801 (n. 20).
Hroadolf Gld. II, a, 102, 116.
Hruodulf P. III, 469 (Hlud. Germ. capit.); Lc. a. 796 (n. 5); Dr. sec. 9 (Schn. ebds. Hruodolt).
Hruodolf P. I, 386 f. (ann. Fuld.); Schn. a. 807 (Dr. ebds. n. 243 wahrscheinlich falsch Hradolt); Schn. a. 815 (Dr. ebds. n. 311 Ruadolf).
Hruadulp (so) Dr. c. a. 788 (Schn. ebds. Hradulph).
Hruodulp (so) und Hrudduf (so) Dr. sec. 9 (n. 137).
Ροδοῦλφος Procop.

Rodulf P. I, II oft; III, 444, 448 f. (Kar. II capit.), 465 (Hloth. II capit.); IV—IX oft; X, 30 (Arnulf. gest. archiepp. Mediol.), 271 (Ruperti chron.), 286, 355 (Hugon. chron.); Jorn.; Paul. diac. 1, 20; Wg. tr. C. 308, 320, 394; pol. Fossat.; Guér. a. 1038.
Rodulph P. I öfters; II, 324 (Adon. contin.); III, 462 (Kar. et Hloth. capit.); IX öfters.
Rodolf P. IX öfters.
Rotholf Frek.
Rothulf P. V öfters.
Rhodulf P. II, 254 (ann. Floriac.); III, 458 (Kar. II capit.).
Rotdulf P. VI, 508 (Widric. mirac. S. Gerardi).
Roadolf Ng. a. 822.
Ruadolf Ng. a. 773, 797; Laur. sec. 8 (n. 716); necr. Aug.; Dr. a. 815 (n. 311; Schn. ebds. Hruodolf).
Ruodulf P. III, 561 (Arnulf. capit.); VI öfters.
Ruodolf P. I, 598 (Regin. chron.) etc.; II, V, VII, VIII oft; necr. Aug.; Ng. a. 735; St. P. oft; M. B. c. a. 1050 (VII); Gud. a. 1074.
Rhuodulf P. III, 444 (Hlud. II capit.).
Roudolf P. VI. 437 (vit. S. Counradi); VII, 106 f. (Herim. Aug. chron.); XII, 71 (Ortlieb. Zwifalt.).
Routholf Lc. a. 1085 (n. 235).
Rudulf C. M. Oct.
Rudolf P. überall oft; Laur. oft; Gud. c. a. 990, 1069; M. B. c. a. 1070 (VII).
Rudolph P. V öfters.
Rutolf Schn. a. 818 (Dr. ebds. n. 378 Ratolf).
Hrothuelf Ms. a. 1086 (n. 34) hieher?
Rudolf u. Radulf verwechs. z. b. P. VI.
Bei Gr. 1, 850 steht Hriodolf wol für Hruodolf.
Ags. Hrôðvulf. Nhd. Rudeloff, Rudloff, Rudolph.
O. n. Hrodolvinga, Hruodolfesheim, Hrodolfeshusun, Rodulfowilare.

Hruodgoz. Gld. II, a, 102.

Zusammensetzung mit erweitertem stamm:

1) durch suffix L, wobei indessen mehrere mit Radel- beginnende zu RAD gehörige formen leicht hineinspielen:

Chrodelbert. 8. Pd. a. 709 (n. 475) neben Crudelbert.

Rodelgard. 9. P. V, 547 (chron. Salern.).

Rodelgrim. 9. P. V, 546 (chron. Salern.).
Rodelgrim P. IX, 608 (chron. mon. Casin.).

Rudelthang. 10. Dr. sec. 10 (n. 668; Schn. ebds. Rudeltang).

2) durch N:

Hrodinghildis, fem. 9. Pol. R. s. 37.

Hredingaud. 9. Pol. R. s. 36.

3) durch Z:

Rodselm. 9. P. III, 505 (Hlud. II capit.); V, 223 (chron. Casin.).

Ruzelt. 8. Laur. sec. 8 (n. 2424).

4) durch Z + L:

Ruozilman. Gld. II, a, 107.

Hrogge, Hroing s. HROC.

HROM.

Obwol sich in den folgenden formen der anlautende guttural nur selten nachweisen lässt, so stelle ich sie doch zu hrôm, hruom (gloria), wohin sie der mehrzahl nach sicher gehören; höchstens können einige wenige darunter zu rûm (spatium) zu stellen sein. Auslautend kenne ich diesen stamm nicht, denn Liutrum scheint falsche lesart. Unser HROM begegnet in n. seit sec. 5 und scheint sec. 6 nicht selten gewesen zu sein.

Hruam. 8. Gr. IV, 1139.
Ruamo Gld. II, a, 107.
Ruam Ng. a. 830.
Ruomo P. II, 145 (Ekkeh. cas. S. Galli); Ng. a. 960.
Ruom K. u. Ng. a. 879, 933.
Rumo P. II, 86 (abbat. S. Gall. catal.); Ng. a. 779.
Rôm (verderbt?) H. a. 1092 (n. 193).
Nhd. Rohm, Röhm, Rom.
O. n. Rumesheim.

Rumali. Gr. II, 508.
Nhd. Rommel, Rummel.

Romenus. 9. Pol. R. s. 55. Hieher oder = Romanus?

Romanc. 8. Ng. a. 759.
Nhd. Romming.

Ruombald. 9. Necr. Fuld. a. 981.
Rumbold pol. R. s. 44; Gud. a. 960.

Rumpraht. 8. Schn. a. 771 (nach Dr. a. 770).
Rumbert pol. R. s. 44; Gud. a. 909 (H. ebds. n. 136 u. 137); H. a. 929 (n. 152), 945 (n. 158).

Ruumbert (so) Gld. II, a, 118.
Rumpurc, fem. 10. Mchb. sec. 10 (n. 1016).
Rumetruda, fem. 6. Paul. diac. I, 20.
Romard. 6. A. S. Maj. I.
Rumart Laur. sec. 8 (n. 3294).
Hrumheri. 6. Necr. Fuld. a. 821.
Romachar Greg. Tur. VIII, 31; conc. Autisiod. a. 578.
Rumhari St. P.
Rumhaeri St. P.
Rumheri St. P.; Mchb. sec. 9 (n. 325).
Rumhar tr. W. a. 695 (n. 46 u. Pd. nchtr. n. 7).
Nhd. Raumer; Röhmer? Römer?
Romilda, fem. 7. Paul. diac. IV, 38.
Ruombilt Gld. II, a, 127.
Rumhild Schn. a. 824.
Rumhilt Laur. sec. 8 (n. 2553).
Ruimilt Hf. sec. 11 (II, 326).
Nhd. Römhild wol nicht hieher.

Romman, Rommar, Rommund mögen vorhanden gewesen sein, sind aber in der überlieferten gestalt Roman, Romar, Romund nicht mehr von Hrodman, Hrodmar, Hrodmund auszuscheiden.
Ruomniu, fem. 9. Dr. n. 702.
Ruomrat s. Somrat.
Romarich. 7. P. VIII, 323 (Sigeb. chron.); Pd. a. 620 (n. 231); d. Ch. I, 648.
Rumerich St. M. a. 962, 1022.
O. n. Romarici mons.
Rumorid. 5. Conc. Andegav. a. 453; fast. Idat. a. 403.
Romoald. 7. Sec. 7: herzog v. Benevent. Sec. 9: b. v. Anagni. Sec. 10: b. v. Münster.
Romoald P. V oft; VII, 57, 59 (Lup. protospatar.); VIII, 146—148 (Ekkeh. chron. univers.); Paul. diac. VI, 39.
Romuald P. VI, 846-854 (Petr. Damian. vit. S. Romualdi); IX, 706, 745 (chron. mon. Casin.); Paul, diac. IV, 53.
Romualt P. V öfters; VII, 54 (ann. Barens.).
Romoalt P. V, 246 (Erchemp. hist. Langob.).
Romald P. I, 168 (ann. Lauriss.); VIII, 561 (annalista Saxo); IX öfters; Lp. a. 842 (I, 698).
Romold P. III, 426 (Kar. II capit.); VIII, 691 (annalista Saxo).
Ruomald P. II, 155 (cas. S. Galli).
Rumoald Gld. II, a, 118.
Rumuald Lp. a. 842 (I, 698).
Rumald P. I, 118 (ann. Lauriss.); IV, 18 (Ott. M. constit.); VI, 675 f. (passio S. Cholomanni); VII öfters; IX, 246 (Gundechar. lib. pontif. Eichstet.).
Rummald Schpf. a. 817 (n. 81).
Rumold P. I, 98 (ann. Colon.), 169 (Einh. ann.); II, 189 (ann. Gand.), 448 (Einh. vit. Kar.); V, 128 (ann. August.); VII öfters; VIII, 162, 167, 198, 200 (Ekkeh. chron. univers.); pol. Irm. s. 179, 184; Wg. tr. C. 251, 298, 342.
Rumolt St. P. mehrm.; M. B. a. 828 (VIII), c. a. 1080 (XIII).
Roumald P. II, 39 (episc. Constantiens. catal.).
Roumalt P. IX, 249 (Gundechar. lib. pontif. Eichstet.).
Nhd. Röhmelt. Römmelt.
O. n. Rumoltesdorf.
Romoin. 9. Pol. R. s. 48.
Romulf. 6. P. V, 666, 675 (Gerberti act. concil. Rem.); Greg. Tur. IX, 30; X, 19.

Hrorich s. Rorico. **Hruam** s. HROM. **Hruhbald** s. RIC.

HRUND. Nur wenige schwache spuren eines solchen stammes begegnen uns, die sich am schicklichsten zu altn. hrund, dea, mulier fügen. Auslautend sehn wir diese form wol in Adalrunda und Fretherunda (11). Vgl. Ettmüller s. 498.
Ruonding. 10. G. sec. 10 (n. 31). Verderbt?
Hrundni, fem. Dr. n. 480. Nur verderbt aus Hruadni?
Rundulf. 8 Dr. trad. a. 747. Oder für Randulf?
Hrunzolf. 8. Dr. a. 752.
Runzolf Gld. II, a, 107.

Hruning s. Runing. **Hrunzolf** s. HRUND. **-hry** in Aedilhry (9); verderbt.
Huado s. HOD. **Huarin** s. WARIN. **Huato, Huazane** s. HOD. **Huba** s. HUF. **Hubezo** s. Hugbert. **Huc-** s. HUG.
Hucdelrad verderbt für Huodelrad? vgl. OTHAL.
Hucimot. 9. R. a. 868 (n. 51). Zu HUG?
Huctrich s. Octric unter ACT.

HUD. Entweder zu ahd. hutta hütte oder zu hût haut scheint eine anzahl von n. zu gehören; beide wörter sind in der that für namenbildung nicht ganz unpassend. Eine strenge scheidung zwischen den beiden stämmen HOD und HUD ist nicht ausführbar; eben so wenig wie die zwischen HUD und UD. Auslautend vielleicht in Belhudis, wenn nicht etwa Belhildis zu lesen ist.

Hudo. 8. P. VI, 337 (vit. Joh. Gorz.); tr. W. a. 730, 739 (n. 10, 11 u. Pd. nchtr. n. 53, 61, 62).
Huto P. V mehrm.; Laur. sec. 8 (n. 1497); Dr. n. 344; Ng. a. 818, 826, 858; conc. Confluent. a. 860.
Hutto K. a. 769 (n. 11), 773 (n. 15), 842 (n. 105); Ng. a. 827; necr. Fuld. a. 854.
Hutho necr. Fuld. a. 1034.
Nhd. Haude, Hauth, Hütte.
Huda, fem. 8. Laur. sec. 8 (n. 2762).
Huzo s. HOD.
Huza, fem. 9. Mchb. sec. 9 (n. 445).
Hutpald. 9. Laur. sec. 9 (n. 176).
Hutpold Gld. II, a, 102.
Hudipert. 7. Gud. a. 963.
Hudobert Pd. a. 698 (n. 448; H. ebds. n. 24).
Chudpret K. a. 822 (n. 84).
Hutecarde, fem. 10. Lp. a. 955 (II, 234).
Hutramnus. 8. Ng. a. 758.
Hutuman. 9. P. I, 120 (ann. Lauriss.); necr. Fuld. a. 807.
Nhd. Hudemann, Hutmann.
Hudamar zu schliessen aus o. n. Hudamaresheim und Udamaresuelt.
Hutswind, fem. 8. Mchb. sec. 8 (n. 189).
Hutuard s. Liutward.
Huuduin (so). 8. Schpf. a. 796 (n. 71).

Huelp s. HWELP.

HUF. Bis besseres gefunden sein wird, lehne ich einige formen an ahd. hûba, ags. hûfe, altn. hûfa, nhd. haube, welches wort ja in der bedeutung von helm gangbar ist.

Hufo. 8. Laur. mehrm.
Hubo Schn. a. 812 (Dr. ebds. n. 270 Habo).
Nhd. Hub, Hube.

Huba, fem. 9. Laur. sec. 9 (n. 3325).
Hubannae (so, gen.) Laur. sec. 9 (n. 3684).
Huvadal. 8. K. a. 799 (n. 52; Ng. ebds.).
Darf man Huva-dal annehmen = Hubadal? dann steckt in der letzten silbe vielleicht der stamm DAL und der n. gäbe einen schönen sinn. Man rathe auf passenderes.

HUG. Dieser stamm gehört sicher zu ahd. hugu geist; vgl. Grimm gr. II, 462. Wenn man ihn früher für gleich mit h o c h gehalten hat, so ist das zwar im allgemeinen falsch, doch bedarf es bei einigen formen wirklich der untersuchung, ob sie hieher oder zu HOH gehören. Auslautend ist HUG jedenfalls nur selten; am sichersten gehören hieher Anthugi (8), Ansthugi, Adalhug (9) u. Kerhuge, ganz zweifelhaft sind Amalug (9), Amanug und Anselucus (9).

Hugo. 8. Sec. 9: sohn Lothars II. Sec. 10: graf v. Paris; graf v. Arles, nachher kg. v. Italien; ep. Ariciens.; b. v. Angoulème; b. v. Genf; ep. Sedunens. Sec. 11: markgr. v. Tuscien; b. v. Zeitz; b. v. Tours; b. v. Auxerre; b. v. Nevers; b. v. Langres; b. v. Bayeux; b. v. Besançon; b. v. Evreux; b. v. Troyes; b. v. Lisieux; b. v. Camerino; b. v. Grenoble; erzb. v. Lyon; ep. Auringens.; ep. Crespiac.; ep. Chrysopolit.; ep. Numantin.; ep. Galliens.; ep. Diensis; ep. Uticens.; ep. Favens.; ep. Senaciens.; ep. Dignens.
Hugo P. überall oft; pol. Irm. s. 37; Wg. tr. C. 242, 244, 258, 410, 444; Mab. a. 752; Gud. a. 978, Guér. a. 1038, 1046, 1070 etc.
Chugo Pd. a. 709 (n. 475); Laur. mehrm.
Huguo (so) P. XII, 138 (reg. et imperat. catal.).
Hug P. I, II öfters; V, 836 (Thietmari chron.); VIII öfters; necr. Aug.; Ng. a. 763.
Huug necr. Fuld. a. 979.
Huc P. II, V oft; St. P.; Ng. a. 773, 889; necr. Aug.; K. a. 892 (n. 168); Gud. a. 1069; K. a. 1095 (C. S. n. 3).
Huch Gld. II, a, 102.
Hucco Mchb. sec. 9 (n. 533 u. sonst); St. P.
Hucho Ng. a. 836.
Huogo P. VI, 16 (ann. Laubiens.).
Hogo P. II, 213 (ann. S. Maxim. Trevir.).

Ugo P. I, 98 (ann. Colon.); II, 213 (ann. S. Maxim. Trevir.) etc; IV—VII, IX öfters; X, 6—8 (Arnulf. gest. archiepp. Mediol.), 62 etc. (Landulf. hist. Mediol.); Schn. a. 813 (Dr. ebds. n. 282 Uogo); Laur. mehrm.

Ucho Laur. sec. 8 (n. 1046).

Uogo St. P.; K. a. 834 (n. 93); H. a. 923 (n. 145), 926 (n. 146); Dr. a. 813 (n. 282 u. 284; Schn. ebds. Ugo und Ogo).

Ogo P. II, 213 (ann. S. Maxim. Trevir.); VI, 7 (ann. S. Maxim. Trevir.), 64 (Folcuin. gest. abb. Lobiens.), 232 (Sigehard. mirac. S. Maxim.) etc.; Schn. a. 813 (Dr. ebds. n. 284 Uogo); H. a. 929 (n. 152), 945 (n. 158), 987 (n. 203) etc.; St. P. oft.

Ougo P. I, 617, 619 (contin. Regin.); VIII öfters; M. B. sec. 11 (VI).

Uhogo P. II, 210 (ann. Lobiens.); VI, 16 (ann. Leodiens.); X, 513 (vit. Wicberti), 531 (gest. abbat. Gemblac.).

Oago Mchb. sec. 8 (n. 98); K. a. 868 (n. 143); hieher?

Uggo Lgd. a. 1036 (II, n. 176) öfters.

Hugal mit var. Huga (so) P. V, 834 (Thietmari chron.).

Huochun (gen.) Dr. a. 813 (n. 287; Schn. ebds.).

Ugo qui et Bezo Lp. a. 960 (II, 251).

Huga (so) statt Chlodoveus P. V, 420 (Widukind).

Hugo statt Chonradus P. V öfters.

Ubo und Uvo für Hugo P. V öfters.

Ags. Hôc. Nhd. Haug, Hauk, Hoch, Hoche, Hoge, Huch, Huck, Hucke, Huge, Hüge, Hugo, Uecke, Ucko.

Hugi. 8. Huoggi abt zu Fulda sec. 9.

Hugi St. P.; Mchb. sec. 9 (n. 363).

Hugius P. II, 575 (vit. s. Idae); VII öfters.

Hughi Schn. a. 793.

Huggi Gud. a. 910.

Huogi P. VII öfters.

Huoggi P. XII, 18 (ann. Elwang.); Schn. a. 778; A. S. Jun. I; necr. Fuld. a. 911.

Ugio P. V, 786 (Thietmari chron.).

Hoggi P. V, 117 (catal. abb. Fuld.) wol hieher.

Für den gen. Huges Dr. a. 785 liest Schn. ebds. fälschlich Huger.

O. n. Hugesheim.

Huoca, fem. 8. Schn. a. 779.

Hukili. 9. Ng. a. 830.

Nhd. Höchel, Hügel.

Hugolus. 11. Guér. a. 1089.

Hugal s. unter Hugo.

O. n. Hughilahaim.

Hugila, fem. Gld. II, a, 124.

Hugizo. 10. H. a. 978 (n. 196); Laur. n. 532.

Hugibald. 8. Ubald b. v. Cremona sec. 11.

Hugibald Laur. sec. 8 (n. 877); Dr. a. 789 (Schn. ebds. Higibald); Dr. a. 811 (n. 257; Schn. ebds. das sinnlose Itugibald); Dr. a. 813 (n. 287; Schn. ebds. Hucbold).

Hugibalt Laur. sec. 8 (n. 776).

Hugipald St. P.

Hugibold Ng. a. 805; necr. Aug.

Hugibolt Gld. II, a, 102.

Hugbald Lc. a. 798 (n. 10); Laur. sec. 9 (n. 199).

Hugbold pol. R. s. 55.

Hucbald P. V, 384 (Flodoardi ann.); VI, 16 (ann. Laubiens.); X, 359 (Hugon. chron.).

Hucbalt Laur. sec. 8 (n. 2213).

Hucbold P. V, 167 (ann. S. Germani); VII, 12, 19 (ann. Elnon.); pol. Irm. s. 71; Schn. a. 813 (Dr. ebds. n. 287 Hugibald).

Hucpald Gld. II, a, 102.

Huppold Gld. II, a, 102.

Hubald P. V, 281 (Liudpr. antapod.); VIII, 342, 347 (Sigeb. chron.); IX öfters; X, 480 (Hugon. chron.).

Hubold P. IX öfters; X, 529 (gest. abb. Gemblac.).

Hupald P. VI öfters; VII, 67 (Herim. Aug. chron.); IX, 205 (Anselm. gest. episc. Leod.); K. a. 820 (n. 83; Ng. ebds.).

Hupold Gld. II, a, 102, 116.

Ugebold Gld. II, a, 109.

Ucbald P. VI, 119 (Ademar. histor.).

Ubald P. VI, 197 (panegyr. Bereng.); Wg. tr. C. 345.

Hugibal Gr. III, 93 u. IV, 784 hieher?

Nhd. Huppold.

O. n. Hupoldescella.

Hugibern. 9. Necr. Fuld. a. 810.

Hugubert. 7. Sec. 7: b. v. Lüttich. Sec. 8: Baiernhzg. Sec. 9: b. v. Meaux. Sec. 10: b. v. Nismes; b. v. Parma; ep. Luneus.; ep. Firmeus.; b. v. Rimini; b. v. Bologna; b. v. Forli.

Sec. 11: ep. Sarsinat.; ep. Silvae candidae; b. v. Angers; graf v. Savoyen.
Hugubert Ng. a. 787.
Hugupret Gld. II, a, 102.
Hugiperht St. P.
Hughipert St. P.
Chugibert tr. W. a. 739 (n. 17).
Hugipreht Gld. II, a, 102.
Hugibert Laur. sec. 8 (n. 906); Ng. a. 779, 797, 826.
Hugipert Ng. a. 769, 818.
Hugobert P. II, 345 (vit. S. Bonif.).
Chugobercth Pd. a. 693 (n. 431; Mab. ebds.).
Chugobert Pd. a. 706 (n. 468; H. ebds. n. 31).
Cuchobert Pd. a. 706 (n. 467; H. ebds. n. 30).
Hugperaht Dr. a. 806 (n. 232; Schn. ebds. Hucpraht).
Hukiperht Mchb. sec. 8 (n. 95).
Hukibert P. XI, 537 (auctar. Mellic.).
Hukipert Ng. a. 822.
Hugibrat Lc. a. 927 (n. 87).
Hugipret Ng. a. 827.
Hugebreht necr. Aug.
Hugbert P. I, 466 (Hincm. Rem. ann.); II, 230 (ann. Xant.); VI, 12 f. (ann. Leodiens.); VIII öfters; Laur. sec. 8 (n. 198, 465); pol. R. s. 33, 34.
Hucbert P. I, 15 (ann. Laubac.), 454 (Prud. Trec. ann.), 456 (Hincm. Rem. ann.) etc.; II, 195 (ann. Lobiens.), 198 (ann. Vedast.); III, 420 (Kar. II capit.); IV, B, 166 (Ott. M. pact.); VI, VIII mehrm.; X, 543 (gest. abbat. Gemblac.); St. P.; Laur. öfters.
Hucperht St. P.
Hucpert H. a. 909 (n. 136); M. B. c. a. 1060 (VI).
Hucpraht Dr. a. 800 (Schn. ebds. Higpraht); Schn. a. 806.
Hucbrath Ms. a. 1049 (n. 21).
Huppret u. Huppreth Gld. II, a, 102.
Hubbert Ng. a. 791.
Hubrecht Laur. sec. 8 (n. 1206).
Huprecht P. V, 89 (ann. Quedlinb.).
Hupreht Lc. a. 1080 (n. 230); G. a. 1086 (n. 68).
Hubert P. II, 314 (dom. Carol. geneal.); V, 168 (ann. S. Germani), 306 (Liudpr. antapodosis), 718 (Bened. chron.); VI, VIII, IX öfters; X, 278 (Ruperti chron.), 377 (Hugon. chron.), 570 (chron. S. Huberti Andag.); Laur. sec. 8 (n. 1512, 2336); Guér. a. 1070, 1099.
Hupert P. V, 235 (Andr. Bergomat. chron.), 342 (Liudpr. antapodosis); IX öfters; Laur. sec. 8 (n. 338).
Hubret Ng. a. 826.
Huupret Gld. II, a, 102.
Ugubert Ng. a. 787.
Ughubert Ng. a. 781.
Ugipert Ng. a. 822.
Ucbert Laur. sec. 8 (n. 1088).
Ubert P. IV, B, 179 f. (Nicol. II statut.); VI, 196, 200 (panegyr. Bereng.); IX, 110, 116, 129 (chron. Novalic.); X, 68 (Landulf. hist. Mediol.); Lp. a. 1013 (II, 466).
Upert Ng. a. 793.
Uobert P. IX, 131 (chron. Novalic.).
Ogebert pol. Irm. s. 65 viell. hieher?
Hubertus qui vulgo Hubezo vocabatur P. X, 538 (gest. abbat. Gemblac.). Hubetho hiefür P. X, 539 (gest. abbat. Gemblac.).
Hupezo Lc. c. a. 1070 (n. 221) auch wol hieher.
Nhd. Hubert, Hübert, Hubrecht, Ubert.
O. n. Hugipertingahofa.

Hugibrant. Gld. II, a, 102.

Hucger. 7. Laur. n. 475.
Hughier Pd. a. 659 (n. 335).
Huger Schn. a. 785 (oder = Hughar?).
Ganz unsicher stelle ich hieher die formen:
Hogeri Wg. tr. C. 309.
Hoger P. II, 574 (vit. S. Idae); V, 4 (ann. Corbej.); IX öfters; Wg. tr. C. 173, 209, 217, 241, 317, 318, 327, 330, 392, 423.
Dazu vgl. man noch Hoier P. VIII, 592 (annalista Saxo).
Möglich ist ein übergang von Audgar, Otgar zu Ogger und dadurch zu Hoger.
Nhd. Höcher, Hocker, Höcker, Höger, Hoyer, Hucker, Hugger.

Hugicaoz. 8. St. P.

Hugihart. 9. Ng. a. 874.
Hughard P. II, 230 (ann. Xant.).
Hugard P. VIII, 662 (annalista Saxo).

Hugilaih. 8. St. P.
Hugileih Dr. a. 779; R. a. 821 (n. 21).
Altn. Hugleikr. Ags. Hygelâc.

Hugilind, fem. Gr. II, 241.
Higilind (so) Pd. a. 744 (n. 579; Ng. ebends.) wol hieher.

Hugileuba, fem. 8. Ng. a. 744.

Hugimat. Gr. II, 658.
Hugimar. 10. Ng. a. 912.
Hugemar Gld. II, a, 102.
Hugimot. 9. Mchb. sec. 9 (n. 823).
Nhd. Hochmuth.
Hugimund. 8. Laur. sec. 8 (n. 193, 211).
Hugimunt tr. W. a. 820 (n. 69).
Huohmunt Schn. a. 791 hieher?
Hugirat. 8. Laur. sec. 8 (n. 2840); Dr. a. 806 (n. 237; Schn. ebds. Hughrat).
Hugisinda, fem. 9. Ng. a. 874.
Hugusind, Hugisind, Hugesind, Hugesin Gld. II, a, 124.
Ugisind und Ugesind Gld. II, a, 128.
Hugiswint, fem. 9. Schn. a. 864; Laur. sec. 9 (n. 179).
Hucsuind St. P. zwml.
Hugideo. 9. Dr. a. 825 (n. 456).
Hugold. 9. Wg, tr. C. 335.
Hoghold Wg. tr. C. 434.
Huguard. 11. P. VIII, 355 (Sigeb. chron.).
Nhd. Huvart.
O. n. Huguardis villa.
Hugiwolf. 9. Ng. a. 834.
Hugiholf Gld. II, a, 102.
Hugewolf Ng. a. 809.
Hugolf R. a. 837 (n. 34).
Zusammensetzungen mit erweitertem stamm:
Chuglibert. 7. Pd. a. 658 (n. 331).
Huginbald. 9. Laur. sec. 9 (n. 2061).
Zu diesem stamme könnte noch (mit unorganischer länge) gehören:
Huoching. 8. P. II, 590 (Thegani vit. Hlud.).
Huochinc Laur. sec. 8 (n. 3622).
Huohing Schn. a. 795.
Huaching Dr. a. 814 (n. 303, 304; Schn. ebds. Waching und Huacing).
Huohhing Dr. a. 864 (n. 587; Schn. ebds. Hruohhing).
Hocing Laur. sec. 8 (n. 3277).
Huacing Schn. a. 814 (Dr. n. 304 Huaching).

Huilec s. Widolaic. **Huitan** s. WID.

HULD. Zu goth. hulþs, ahd. holt, altn. hollr, ags. hold, fidus propitius. Es begegnet in namen sowol anlautend als auch auslautend. In ersterem falle ist zu bemerken, dass die hieher gehörige form Hold- sich von einem mit unorganischem h versehenen Old- (stamm ALD) nicht sondern lässt. Auslautendes -hold oder entartet -old ist dagegen von dem zu WALD gehörigen -old nicht zu scheiden und man kann ziemlich richtig behaupten, dass auslautendes -hold (welches der bedeutung des wortes nach nicht selten gewesen sein mag) fast ganz zu -wald übergegangen sei. Sicher bewahrt finde ich unser -huld fast nur in Engilhult (9) und Othelhulda (11), vorausgesetzt, dass statt des u nicht i zu lesen ist. Umgekehrt geht übrigens auslautendes -wald-old durch unorganisches h in nhd. u. öfters scheinbar in unser -huld über, z. b. in Reinhold.

Holdo, vielleicht aus o. n. Holdunsteti zu schliessen.
Nhd. Hold, Holle, Holt, Hulde.
Holda, fem. 9. K. a. 839 (n. 101).
Hullin. Gld. II, a, 102. Assimilirt aus Huldin?
Nhd. Holden.
Hulling, Gr. IV, 849, wol nur aus o. n. Hullingun geschlossen.
Holdagard, fem. 11. St. P. zwml.
Holdigern. 6. Instr. vendit. Deusdedit bei Sp. Vgl. Hildigern.
Huldear. 11. Pol. Irm. s. 50 (sec. 11); für Hildear?
Nhd. Holder, Holler.
Holdelinda, fem. 10. H. a. 955 (n. 167).
Huldrada, fem. 8. Pol. Irm. s. 132 (vergl. HILDI).
Huldreda H. a. 955 (n. 167) neben Holdrada und Holreda.
Holdasinda, fem. 8. Schpf. a. 768 (n. 36).
Holdesendis pol. Irm. s. 50 (sec. 11); für Hildesendis?
Holdulf. 9. St. M. a. 1002.
Holdolf Lc. a. 874 (n. 69).

Hulis. 9. Necr. Fuld. a. 837; verderbt?
Ahd. hulis u. mhd. huls bedeuten gewisse dornige gewächse; ist die übereinstimmung nur zufällig?
Hullin, Hulling s. HULD.
Hulma, fem. 8. Tr. W. a. 797 (n. 62); verderbt?

HULZ. Die folgenden n. gehören zu ahd. holz, lignum; etwa in der bedeutung von lanze?

Hulzilo. 8. Mchb. sec. 8 u. 9 (n. 20, 562).

Holzman. 9. Necr. Aug.; necr. Fuld. a. 824; Schn. a. 837.

Nhd. Holtzmann, Holzmann.

Holzolt. 9. Ng. a. 818.

Holzolf. 9. St. P.; tr. W. a. 837 (n. 166).

Hum- s. HUN. **Hummo** s. Ummo.

HUN. Im allgemeinen mögen die folgenden n. zum v. n. Hun Hunnus gehören, vielleicht auch schon mit dem sinne von gigas; Grimm gr. II, 462 ist über diese formen noch ganz zweifelhaft, während er myth. 490 kein bedenken mehr trägt, sie dahin zu ziehn. Sie sind nach zwei seiten hin von andern bildungen schwer zu scheiden. Denn einerseits ist es zu erwarten, dass im anlaut dieses stammes mitunter altfränkisches Ch für H eintritt, und dann ist es unmöglich zu erkennen, ob eine form hieher oder zum stamme CHUN gehört. Andrerseits kann auch öfters das anlautende H abgefallen sein und in diesem falle geht die form in diejenigen namen über, die ich unter UN aufgeführt habe. Eben so ist auch keine scheidung durchzuführen, wenn ein zu UN gehöriger name unorganisches H annimmt. Aus allen diesen gründen kann ich mich hier nur darauf beschränken, diejenigen n. zusammenzustellen, die rein äusserlich genommen mit Hun- beginnen. Besondere aufmerksamkeit verdienen auch die mit Hon- beginnenden formen, auf welche HUN und AUN ziemlich gleiche ansprüche zu haben scheinen. Unser stamm kommt eben so wie die andern volksnamen nur selten auslautend vor, die formen Althun, Baldhun (8), Folchun, Maginhun, Theothun, Walahun, Wolfhun sind noch dazu meistens nicht hinlänglich sicher.

Vergleiche auch die mit HUN anlautenden o. n.

Huni. 8. Ng. a. 779; K. a. 809 (n. 65).

Hun Wg. tr. C. 248, 450; St. P.

Huno. 8. P. IX, 102 f. (chron. Novalic.); Laur. sec. 8 (n. 2815); St. P. zwml.; Mchb. sec. 9 (n. 293); Ng. a. 809; Wg. tr. C. 344; Frek.; Lc. a. 962 (n. 105).

Hunno Gld. II, a, 102.

Hüno H. a. 1092 (n. 193).

Nhd. Höhn, Höhne, Höne, Honn, Huhn, Huhne, Hühne, Hüne, Hunius, Hunn.

Huna, fem. 8. Laur. sec. 8 (n. 1171); St. P.

Hunico. 10. Frek.

Huneco P. X, 273 (Ruperti chron.); Lc. a. 1094 (n. 250).

Hunecho Lc. a. 1033 (n. 169).

Nhd. Hönecke, Hönicke, Honig, Hönig, Hönke.

Hunaca, Huneka u. Hunuca, fem. Gld. II, a, 124.

Hunichin. 10. Lc. a. 962 (n. 105).

Nhd. Hünchen, Hünecken, Hünigen.

Hunilo. 8. St. P.

Nhd. Höhnel, Höuell.

Hunila, fem. 3. Frau des kaisers Bonosus, eine gothin. Vopisc. Bonos.

Huning. 8. Pol. R. s. 50.

Hununc Mchb. sec. 8 u. 9 (n. 5, 24, 99 etc.).

Nhd. Höning.

O. n. Huninchova, Huningwilari.

Huninga, fem. 9. Pol. R. s. 105.

Hunesta, fem. 9. Pol. R. s. 47. Hieher oder lat. Honesta?

Hunzo. 9. Ng. a. 809; Laur. sec. 9 (n. 2284 f.); H. a. 1096 (n. 296).

Hunci. Gld. II, a, 102.

Huncelo. 11. Lc. a. 1061 (n. 197); hieher?

Hunarc s. Unarc.

Hunibald. 8. Humbald b. v. Auxerre sec. 11 u. b. v. Limoges sec. 11.

Hunibald Laur. sec. 8 (n. 11).

Hunbald Lc. a. 836 (n. 49).

Hunpold Ng. a. 797.

Humbold Lc. a. 827 (n. 44); Laur. sec. 9 (n. 43); H. a. 960 (n. 171).

Houpold St. P.

Nhd. Humblot, Humbold, Humboldt.

Hunbraht. 8. B. v. Evreux sec. 9; b. v. Grenoble sec. 10; b. v. Paris sec. 11; b. v. Lyon sec. 11.

Hunbraht Schn. a. 801.

Hunpraht Schn. a. 756, 757.

Hunibreth Gld. II, a, 102.

Humperht St. P.; Mchb. sec. 8 (n. 269).

Humbrat Laur. n. 532; Gud. a. 1056.

Hunperht M. B. a. 837 (IX).

Hunbreht necr. Aug.

Hunpreht Gld. II, a, 102.

Hunbert P. III, 178 (Kar. M. capit.); St. P. zwml.; Laur. mehrm.; pol. Irm. s. 243; Ng. a. 790, 816; St. M. a. 887; C. M. Nov.
Humbert P. I, 457 (Hincm. Rem. ann.); II, 240 (ann. Wirzib.), 608 (vit. Hlud. imp.); V, 179 (ann. Benev.); VI—IX oft; X, 353 (Hugon. chron.); Pd. a. 708 (n. 470); St. P.; Laur. öfters; Wg. tr. C. 226; G. a. 905 (n. 9); H. a. 926 (n. 147), 962 (n. 174); Gud. a. 1028; Guér. a. 1076.
Humpert St. M.; M. B. c. a. 1070 (VI).
Humbreth Laur. sec. 9 (n. 270); Lc. a. 1085 (n. 236).
Hunbret Ng. a. 821.
Hunpret Gld. II, a, 102.
Humbret Wg. tr. C. 229.
Hymbert (so) P. X, 287 (Hugon. chron.).
Humbrach (so) Gud. a. 1090.
Hunibert für Chunibert Fredegar.
Nhd. Humbert.
O. n. Humperhteshusun, Hunbrechteszanta.

Hunbergia, fem. 9. Pol. R. s. 105.

Hunburc, fem. 9. R. a. 821 (n. 21).
Humburg Gld. II, a, 124.

Hunedrut, fem. 9. H. a. 853 (n. 87).

Hunfrid. 8. Ep. Morinens. sec. 9.
Hunfrid P. I, 210 (Einh. ann.), 458 f. (Hincm. Rem. ann.); II, 597 (Thegani vit Hlud.), 627 (vit. Hlud. imp.); III, 451, 458 (Kar. II capit.), 469 (Hlud. Germ. capit.); V öfters; VI, 447 f. transl. sangu. dom.); VII—IX öfters; Laur. sec. 8 (n. 2355, 2644); St. P. zwml.; Gud. a. 909, 994.
Hunfrit M. B. c. a. 1070 (VI).
Hunefred Mab. a. 770.
Hunfrith P. V, 89 (ann. Quedlinb.), 96 (ann. Hildesh.).
Hunvrid P. VI, 418 (Gerhard. vit. S. Oudalr.).
Humfrid P. VII, IX öfters; St. P. drml.; Lc. a. 958 (n. 104).
Homfryd P. I, 180 (ann. Benev.).
Huntfrid für Hunfrid P. I, 465 (Hincm. Rem. ann.).
Untfrid für Hunfrid in d. concil.
P. I, 210 (Einh. a. 823) var. Humfrid und Huntfrid; P. V, 89 (ann. Quedlinb.) var. Huntfritnus.
Hunfriard conc. Confluent. a. 860 ist wol irrthum für Hunfrid, zumal da ein anderer n. auf ard vorhergeht.
O. n. Honfridinga.

Hungar. 8. B. v. Utrecht sec. 9.
Hungar P. I, 375 (Ruod. Fuld. ann.); III, 426, 458 (Kar. II capit.); Ng. a. 819, 821.
Hunger Mchb. sec. 8 (n. 20); St. P.; Laur. mehrm.; Lc. a. 896 (n. 78), 962 (n. 105) etc.; Gud. a. 975, 1006; G. a. 1030 (n. 44).
Hungaer Ng. a. 761.
Honger H. a. 1085 (n. 289).
Humker Gld. II, a, 102; verderbt?
Huonger St. P. zwml.; hieher?
Huinger G. a. 1071 (n. 63) scheint mir verderbt; oder ist es Hwinger = Winger?
Nhd. Hungar, Hunger.

Hungast. 8. Laur. sec. 8 (n. 203).
Hunigasius d. Ch. I, 521 (vit. S. Lupi), ein dolmetscher des Attila, hieher?

Hungoz. 9. Ng. a. 832, 860.

Hunegundis, fem. 9. P. IX, 473 (gest. episc. Camerac.).
Hungund St. P.; Ng. a. 862.

Hunard. 8. Laur. sec. 8 (n. 3077); pol. R. s. 59.
Honhart St. P.
Nhd. Hühnert.

Huniardis, fem. 9. Pol. R. s. 2.

Honher. 8. Ng. a. 797; Laur. sec. 8 (n. 3120).
Nhd. Honer, Höner, Hühner.

Hunhilt, fem. 9. Gld. II, a, 124.
Huniildis pol. R. s. 50, 52.

Hunrocus (Saxo). 8. Pol. Irm. s. 268.
Hunroch P. V, 237 (Andr. Bergom. chron.); M. B. a. 833 (XXXI).
Hunrog M. B. a. 837 (XXVIII).

Hunleib. 9. Necr. Fuld. a. 856.
Hunlaif Gld. II, a, 116.
Hunlef P. II, 218 (urk. v. 834).
Hunleip St. P.

Hunmar. 8. Mchb. sec. 8 (n. 89).

Hunimund. 5. 1) einer der anses; 2) ein Suevenfürst.
Hunimund P. VIII, 122, 124 (Ekkeh. chron. univers.), 303 (Sigebert. chron.); Jorn. 14 mit var. Hunnimund.
Unimund für Hun- Cassiod. XI, 1.

Hunnid. 8. Ng. a. 790, 877 (n. 110, 506).

Hunrad, msc. u. fem. 9. Wg. tr. C. 243.
Hunraed P. II, 344 (vit. S. Bonif.).

Hunrat Laur. sec. 8 (n. 2929); necr. Aug.
Hunret H. a. 955 (n. 167).
Honrad Ng. a. 851.
Hunraus pol. R. s. 68 wol hieher.
Nhd. Honrath.

Hunrada, fem. 9. Pol. R. s. 49, 73.

Hunratheri. 9. Dr. a. 850 (n. 559; Schn. ebds.); wol verderbt.

Hunrich. 5. Vandalenkg. sec. 5. P. I, 170 (ann. Lauriss.), 171 (Einh. ann.); VIII, 167 (Ekkeh. chron. univers.), 561 (annalista Saxo); St. P.; pol. R. s. 45, 55.
Hunrih St. P.
Hunericus (var. Hunnericus) Jorn. 33; Isidor; hist. miscell. 15; Idat.
Hunric Wg. tr. C. 320; C. M. Oct.
Honoricus P. X, 307 (Hugon. chron.); Greg. Tur. II, 3.
Hunttricus (der Vandalenkg.) P. XI, 396 (hist. reg. Franc. monast. S. Dionys.).
Hugnericus für Hunericus (eig. für Hunjericus?) E. s. VI, 509 f.

Grimm gesch. d. dtsch. spr. 478 sagt: 'Ονώριχος hat sein Ω der verführerischen analogie des latein. Honorius ('Ονώριος de b. vand. I, 1) zu danken; der vandalische name forderte 'Ονόριχος, bei Victor Hunericus; goth. Hunareiks? Hunjareiks?

Hunswind, fem. 8. Schn. a. 807.
Hunsuint Laur. mehrm.

Hunidanc. 9. K. a. 868 (n. 143).

Hunwald. 8. Hunold hzg. v. Aquitanien, Eudos sohn.
Hunwald P. I, 63 (ann. Sangall.).
Hunvald pol. R. s. 105.
Hunoald pol. R. s. 79; gest. regg. Franc.
Hunold P. I oft; II, 445 (Einh. vit. Kar.); V, 101 (ann. Hildesh.); VIII öfters; IX, 414 (gest. episc. Camerac.); Laur. öfters; pol. Irm. s. 213; Ng. a. 798, 821, 826; Wg. tr. C. 232, 248, 306, 389, 466.
Hunolt Ng. a. 819, 821, 824, 826; St. P. mehrm.; Laur. mehrm.; Schn. a. 820 (Dr. ebds. n. 391 Tunolt).
Hunald P. I oft; II, 212 (ann. S. Maxim. Trevir.); 319 (Adon. chron.), 607 (vit. Hlud. imp.); VI, 6 (ann. S. Maxim. Trevir.); VII, 98 (Herim. Aug. chron.); Wg. tr. C. 98; H. a. 870 (n. 107).
Hunuold Laur. sec. 8 (n. 934).
Hunnald Mab. a. 798.
Hunholt St. P.; Laur. sec. 8 (n. 1785).
Nhd. Honold. O. n. Hunoldeshusen.

Hunuan. 9. Pol. R. s. 103; pol. Irm. s. 224.

Hunward. 9. Wg. tr. C. 241, 243, 253, 267, 278, 279, 280, 289, 293, 299, 301, 307, 315, 330, 331, 370, 452, 455.
Hunuard P. III, 568 (Kar. III capit.).
Hunwart K. a. 803 (n. 58; Ng. ebds.).

Hunulf. 7. Paul. diac. V, 2; pol. R. s. 104, 105.
Hunolf St. P.; Ng. a. 809; Laur. sec. 8 u. 9 (n. 587, 1289).
Hunalf (so) Ng. a. 815.
O. n. Hunulficurt.

Hunebert. 9. P. VI, 507 (Widr. mirac. S. Gerardi).
Huncpert K. a. 817 (n. 79; Ng. ebds.).
Hungbraht Dr. a. 822 (n. 401; Schn. ebds.).

Huncger. 11. Pol. Irm. s. 49 (sec. 11).
Vgl. wegen des ersten theils dieser n. den normännischen n. Huncdeus P. II, 208 (ann. Vedast.).

Huncelo s. HUN.

HUND. Hie und da mag der letzte dental dieser formen nur eingeschoben sein und dann ist an HUN, resp. an CHUN und UN zu denken. Im allgemeinen ist aber sicher ein besonderer stamm anzunehmen. Darf man an goth. hunds canis denken? oder ist goth. hunþ, ags. huð, ahd. hunda praeda in diesen wörtern enthalten? Auch auslautendes HUND scheint sich zu finden; vgl. Madalhund (8), Wilhund (9); Erlunt u. Frichunt (8, fem.) sind möglicher weise verderbt.

Hundo. 7. Ng. a. 828.
Huntio Lc. a. 820 (n. 39).
Hunto Gld. II, a, 102.
Hund Wg. tr. C. 229.
Huncio Pd. a. 698 (n. 449; H. ebds. n. 24); Pd. a. 704 (n. 459).
Nhd. Hund, Hundt.

Huntinc, Gr. IV, 976, nur aus o. n. Huntingun gefolgert.

Hunzo s. HUN.

Hundpald. 8. Mchb. sec. 9 (n. 523).
Hontbald pol. Irm. s. 144.
Outbold pol. Irm. s. 147, 150.

Huntpreht. 7. M. B. sec. 11 (VI).
Huntpert M. B. sec. 11 (VI).
Huntperth St. P.
Chronebert Pd. a. 671 (n. 365); anderweitig heisst derselbe mann Huntbert.
Hundfrit. 8. H. a. 975 (n. 195).
Huntfrid pol. Irm. s. 212.
Huntgar. 8. Pol. Irm. s. 212.
Honthard. 8. Pol. Irm. s. 141.
Huntard A. S. Jan. II wahrscheinlich für Guntard.
Nhd. Hundert.
Honthaus. 8. Pol. Irm. s. 141.
Hunttricus s. Hunrich.
Hundwig. 9. Schn. a. 819.
Hundulf. 9. M. B. a. 807 (XXVIII).
Hundolph conc. Colon. a. 873.
Huntolf Dr. a. 806 (n. 238; Schn. ebds. Hunsolf).
Hynodulph conc. Confluent. a. 860 auch hieher.
Hunzolf s. HUNS.

Hunfanger. Gld. II, a, 116. Wol verderbt.
Hungbraht s. Huncbert.

HUNS. Ich vermuthe in den folgenden n. das goth. und altn. hunsl opfer.
Unsslc (so, nom. msc.). 9. K. c. a. 876 (n. 152; Ng. ebds. n. 496).
Hunstrud, fem. 8. Laur. sec. 8 (n. 524).
Unstrud Ng. c. a. 876 (n. 152 u. 496).
Unstrut (angeblich masc.) Gld. II, a, 109.
Hunsfrith. 9. H. a. 853 (n. 87).
Hunzolf, zu schliessen aus o. n. Hunzolfeshaim; hieher?
Hunsolf s. Hundulf.

Hunt- s. HUND. **Hunzo** s. HUN. **Hueching** s. HUG. **Huodilo, Huodo** s. HOD. **Huolderich** s. OTHAL.
Huolo. 8. Pd. a. 740 (ncbtr. n. 68; R. ebds. n. 2). Ist Huoto zu lesen? vgl. auch nhd. Huhle.
Huomo s. Homa. **Huonger** s. HUN.
Huopo. Gld. II, a, 102.
Huosa s. HUS.
Huosat. 11. Necr. Fuld. a. 1010.

Huoto, Huozman, Huozo s. HOD. **Hupezo** s. Hugbert. **Huralt** s. Urald.
Hurlolf. 8. Laur. sec. 8 (n. 356).
Hurolf s. Urolf.

HUS. Die hier vereinten n. scheinen zu ahd. hûs haus zu gehören, wohin auch Gr. IV, 1059 Husinc und Huswart stellt. Das sinnverwandte haim bildet ja auch namen.
Huso. 8. Ng. a. 774, 783, 808.
Vgl. hiezu Huozo unter HOD.
Husi. 9. Wg. tr. C. 229.
Husus Laur. öfters.
Husa, fem. 8. Laur. sec. 8 (n. 476).
Huosa St. P.
Husicho. 9. Necr. Fuld. a. 840.
Husito. 8. St. P.
Husido (neben Husindo) Gld. II, a, 102.
Usito Lc. a. 1057 (n. 192).
Usato St. P.
Husinc. 8. Mchb. sec. 8 u. 9 (n. 185, 352, 367, 523); M. B. a. 831 (VIII, XI).
Nhd. Husung.
Husipreht zu schliessen aus o. n. Husiprehtinchovun.
Huseburg, fem. Gld. II, a, 124.
Husigelt, zt. unbest., necr. Aug.
Husilef. 9. Lc. a. 855 (n. 65).
Husilinda, fem. 10. H. a. 909 (n. 136 u. 137).
Husimunt. Gld. II, a, 102.
Husward. 8. P. V, 763, 786 (Thietm. chron.); VIII, 645 (annalista Saxo); Wg. tr. C. 229, 477, 478.
Huswart P. IX, 249 (Gundechar. lib. pontif. Eichstet.); R. a. 808 (n. 14).
Huuswart Mchb. sec. 9 (n. 116).

Hut- s. HUD. **Huvadal** s. HUF. **Huza** s. HUD. **Huzman, Huzo** s. HOD.
Hwasmot. 8. Mchb. sec. 8 (n. 97, 181).
Huuasmot Mchb. sec. 9 (n. 473).
Huasmot Mchb. sec. 9 (n. 295, 558).
Vgl. Kerhuuas (9) und Wichuas (9), von denen es zweifelhaft ist, ob sie einen stamm HWAS oder den bekannteren WAS enthalten. Dazu auch viell. Quasa C. M. Oct.?

HWELP. Ahd. hwelf (catalus). Auf diesen stamm scheinen sich zu enden Alvilf (8), Bereuvelf (8). Dagwelp (9), Hrothwelf (11, s. Hrodulf), Dangwelp (9), vielleicht auch Antelph (8). Die formen auf -lef und -leph habe ich, obwol nicht ganz sicher, unter LAIF gestellt.

Huelp. 9. Sec. 11: graf zur zeit Konrads II; dessen sohn, hzg. v. Kärnthen; hzg. v. Baiern.
Huelp P. I, 205 (Einh. ann.), 357 (Enh. Fuld. ann.); Wg. tr. C. 443.
Hwelp Wg. tr. C. 432.
Hwelf P. II, 506 (Thegani vit. Hlud.).
Welp P. VIII öfters; IX, 358 (Ad. Brem.); Wg. tr. C. 273, 302.
Welpo P. II, 624 (vit. Hlud. imp.); Schpf. a. 761 (n. 33).
Welfo P. VI, 437 (vit. S. Counradi); VII, VIII, öfters; X, 30 (Arnulfi gest. archiepp. Mediol.); necr. Aug.
Welpho P. III, 539 (Kar. II capit.); IV, B, 176 (Heinr. II pact.); VIII öfters.
Welf P. II, V, VII, VIII öfters; M. B. sec. 11 (I, III, VI–VIII, X).
Welph P. VII öfters.
Guelf M. B. a. 1031 (XXII).
Guelpho P. I, 103 (ann. S. Columbae).
Ubelbus für Hwelpus P. V, 711 (Bened. chron.).

Walpulo. 9. P. III, 253 (Hlud. et Hloth. capit.).

Wilpinnus. C. M. April.

Hwelfra. Gr. IV, 1227.

Welpfrid. 8. Laur. sec. 8 (n. 1444).

Welfhard. 7. P. I, 83 (ann. Sangall.); II, 87 (Ekkeh. cas. S. Galli).
Welfhart Dr. a. 815 (n. 311; Schn. ebds. Wolfhart).
Welfart Gld. II, a, 110.
Walfard P. I, 288 (chron. Moissiac.).

Hieher wol:

Qualpoald. 8. Pd. c. a. 744 (n. 580; Ng. ebds.).

Hwezzi. 9. Mchb. sec. 9 (n. 336).

Hwinegis s. WIN.

Hwiniu. 9. Wg. tr. C. 292. Zu WIN?

Hwisni s. WIS. **Hwitan** s. WID. **Hylin** s. Hillin. **Hyrmen-, Hyrmin-** s. IRMIN. **Hyselgarda** s. IS.

I.

Im ganzen gehört das i in den n. zu den weniger schwierigen lauten. Zu berücksichtigen sind hier namentlich der vorschlag eines unorganischen h, die entstehung des i aus a und die entartung des i zu e; seltner die schreibung y statt i so wie der wechsel zwischen i und j.

-i, suffix. Als endung kommt das i häufig, namentlich in sächs. mundart, bei männlichen und weiblichen p. n. vor. Ich erwähne hier folgende 111 einfache n., deren weitere untersuchung zeigen wird, wie weit ihnen das i mit recht gebührt:

Abi 9. Affi. Egi 8. Aidi 9. Alapsi? 8. Albi 10. Alj 8. Asi 9. Enzi 11. Adi 8. Odi 9. Oni 10. Azzi 8. Pezzi 9. Benni 9. Pippi 8. Popi 9? Boli 10. Puasi 9. Broi 9. Bruni 9. Bodi 9. Buni 9. Cunni 9. Dendi 9. Dilli 8. Disi 9. Todi 9. Drebi 8. Trudi 8. Dubi 11. Duni 8. Aeti 8. Eui 9. Forti. Gebi 9. Geli 10. Gangi 9. Giki 9. Gotti 11. Gundi 8. Hafti 8. Heitti 9. Heji 8. Helli. Hammi 8. Herti 9. Hassi 8. Haddi 8. Hetzi 10. Heui 9. Hiddi 8. Hildi 8. Hnabi 8. Huoti 9. Hovi 9. Hredi 9.

Rodi 8. Nevi 8. Sturmi 8.
Hugi 8. Noti 9. Tati 8.
Huni 8. Nordi 9. Teodi 9.
Husi 9. Nunni 9. Tunti 8.
Idi 9. Opi 9. Tosti.
Himmi 8. Ozi 11. Tusci 8.
Isi 8. Pumi 9. Ubbi 9.
Junggi 10. Radi 9. Unni 9.
Kedi 9. Rami 8. Wetti 9.
Leifi. Rebi 8. Waldi 8.
Leggi 9. Reggi 9. Wenni 10.
Lilpi 9. Sadi 9. Wandi.
Megi 9. Sciri 9. Wezzi 10.
Mahali 8. Sighi 8. Wibi 11.
Manni 8. Sindi 9. Wini 9.
Mauri 9. Sini 9. Voli 10.
Mezzi 8. Siwi. Zalgi 9.
Mesi 10. Stiuri 9. Citi 9.

Solche einfache n. auf i unterliegen nun aber öfters einer hinüberführung in die schwache declination, meistentheils wol nur in die lateinische. Es entstehen hiedurch nicht wenige formen auf -io, die aber gewiss nur theilweise diese quelle haben, während ein anderer theil sich organischer an gothische stämme auf -ja anlehnt. Hier führe ich 58 solche n. an:

Abbio 9. Gentio 9. Munio.
Agio 4. Gauscio 6. Nuntio 6.
Escio. Gaio 8. Ragio 8.
Arbio 8. Gesio 10. Richio 8.
Azzio 9. Guntio 8. Santio 9.
Badio 9. Herio 8. Sario 9.
Bickio 8. Cheldio 9. Scemphio 8.
Blesio. Chlodio 5. Sirio 9.
Brachio 6. Horskio 8. Solio 8.
Brantio 9. Hrodio 8. Sturmio 9.
Burgio 9. Huntio 9. Ursio 5.
Burgundio 9. Izzio 9. Uencio 8.
Kamfio 8. Ivio 4. Vangio 1.
Cassio 8. Lamissio 5. Guario 8.
Ciccio 8. Lezzio 8. Wergio 9.
Ebrio 10. Leodio 8. Wintrio 6.
Fendio 8. Merio 8. Wrachio 8.
Francio 5. Masio 8. Vulfio 7.
Frickio 8. Maudio 4. Zacio 7.
Fussio.

Für dies -io begegnet dann weiter auch -eo, wovon folgende 14 beispiele zeugen:

Eckeo 9. Alizzeo 8. Anteo 9.
Arbeo 8. Dolleo 9. Scuzzeo 9.
Oleo 8. Frikkeo 9. Wardeo 9.
Burgeo 9. Grotzeo 9. Uurecheo 9.
Tendeo? 9. Horskeo 8.

I begegnet auch als endung abgeleiteter namen. Ich gebe hier beispiele, geordnet nach den vor dem i stehenden suffixen:

1) C + i, in 2 beispielen:

Byniki 9. Nappubi 9.

2) L + i seit sec. 8 nicht selten, durch folgende 38 beispiele belegt:

Eichili 9. Gunzili 11. Scalchili.
Enceli 11. Hachili 9. Sigili 9.
Azili 9. Herili 10. Situli 8.
Pettili 8. Hathli 9. Tatili 9.
Becili 11. Ruocili 10. Deotili 9.
Popili 8. Rumali. Ummili 9.
Buzili. Hukili 9. Vatili 8.
Chatili 11. Ymmili. Waltili 9.
Chazili 10. Imichili. Wazili 9.
Chenteli 9. Manili 9. Witili.
Chnettili. Mazili 11. Wizili 9.
Ewuli 9. Razili 11. Wisili 11.
Folchili 9. Rizili 11.

3) N + i, wobei indessen leicht der stamm NIW (s. ds.) mit hineinspielt. 28 beispiele seit sec. 8:

Aldini 8. Gundini 8. Horskini 9.
Aljni 8. Heidini. Rodini 8.
Audini 8. Heldini. Ladini.
Baldani 9. Hemini. Radini 9.
Trabini 9. Hanetini 9. Richiui 9.
Friasini 9. Hardini 8. Thanchini 9.
Fruotini. Helmini 9. Wanini 8.
Frooni 9. Hildini 9. Wegani 9.
Folchini 9. Helfini. Woluini 9.
Cotini 9.

Die n. auf -uni unter N.

4) Z + i in 17 beispielen seit sec. 8. Doch habe ich oben unter den einfachen n. schon mehrere auf -zi angeführt; es sind das diejenigen, bei denen ich annehme, dass das z nicht zum suffixe, sondern zum stamm gehört.

Elizi 9. Ruozi 11. Razi 10.
Tozi 8. Hunci. Diezi 11.
Truozi 11. Hwezzi 9. Tunzi 8.
Gualaizi 9. Imizi 11. Uozi 11.
Gunzi 8. Lenzi 11. Zizi 9.
Hizzi 8. Liuzi 9.

IB. Ein sehr dunkler stamm, der vielleicht, so wie auch die unter EB gesammelten n., mit AB zusammengehört.

Ibba. 5. Ibba feldherr Theodorichs d. gr. sec. 5. Ibo b. v. Assisi sec. 9. Ivo ep. Sagensis sec. 11. Ivo b. v. Chartres sec. 11.
Ibba P. VIII, 314 (Sigeb. chron.); Cassiod. IV, 17 (var. Ida).
Hibba Jorn. 58.
Ibba heisst Ebba (abl. Ebbane) E. s. VI, 494.
Ibo P. V, 459 (Widukind), 844 (Thietmari chron.); VIII, 612 (annalista Saxo); Laur. sec. 8 (n. 3101); Schn. a. 822; Wg. tr. C. 388; C. M. März.
Ibbo Pd. a. 625 (n. 237); A. S. Mart. III, Maj. VI (ein Friese).
Ipo Gld. II, a, 102.
Ippo Ms. sec. 11 (n. 38).
Yppo P. IX, 355 (Ad. Brem.).
Ivo P. IV öfters; V, 398 (Flodoardi ann.), 606, 623 (Richeri hist.); pol. Irm. s. 86, 90 etc.; Guér. a. 1089 (an der letzten stelle auch Ivolus).
Iuuo St. P.
Iuo Wg. tr. C. 228, 275, 291.
Yuo Wg. tr. C. 351, 434.
Ivio St. n. 607 (inschr. aus sec. 4) viell. hieher?
Nhd. Ibe, Ife, Iwe.

Iva, fem. 8. Pol. Irm. s. 94.

Ibiko. 10. Frek. mehrm.
Nhd. Ibich, Ippich.

Ibikin. 10. Frek. mehrm.

Ibed. 9. Wg. tr. C. 188.
Ibet Wg. tr. C. 197.

Ibbolenus. 7. Pd. a. 615, 625, 692 (n. 230, 237, 428).

Iwina, fem. 8. Pol. Irm. s. 86 (mutter von Ivo). Derselbe name scheint zu sein (mit undeutscher abänderung): Ivonia pol. Irm. s. 134 (schwester von Ivo) und Ivoia (so) pol. R. s. 56, 57.

Ivinga, fem. 8. Pol. Irm. s. 90.

Ivesomus. 9. Pol. R. s. 49. Wol hieher, aber mit undeutscher endung.

Ibald, Ibert, Iburc s. ID.

Ibuin. 8. Pol. Irm. s. 86.

Vielleicht hieher noch:

Ivamus. 11. P. XI, 416 (chron. Affligem.). Ist etwa Ivainus zu lesen?

Iberwin, Iber, Ibricho, Iburin s. EBAR.

IC. Ein ganz dunkler stamm. Vgl. unten die mit Ig- beginnenden.

Ico. 8. P. V, 762 (Thietmari chron.); Wg. tr. C. 233, 256, 287, 403, 470, 484; Lc. a. 947 (n. 97), 970 (n. 111).
Iko Frek. mehrm.; C. M. Nov.
Igo P. II, 415 (vit. S. Liudgeri).
Icho M. B. a. 776, 779, 790, 806 (VIII); Ng. a. 825, 875, 889; K. a. 882 (n. 156); Laur. sec. 9 (n. 2565, 2595).
Ihho M. B. a. 828 (VIII); Mchb. sec. 9 (n. 729).
Ihcho Mchb. sec. 8 (n. 218).
Yge Gld. a. 111.
Hieher viell. schon Iccius, belgischer n. bei Caes.
Nhd. Hiecke? Icke, Ihk, Ike.
O. n. Ichingen, Ichinhusa.

Ikkia, fem. 8. P. II, 387 (vit. S. Willehadi).
Icha Laur. sec. 8 (n. 180).

Ikiko. 10. Frek.

Ichinc, Gr. I, 118, wol nur aus o. n. Ichingen geschlossen.

Ictolf. Gld. II, a, 102.

ID. Graff stellt diesen stamm zu einem ursprünglichen pronominalstamm, was aller begründung entbehrt und nach der natur der deutschen namenbildung mir unmöglich scheint. Etwas sicheres ist darüber nicht auszumachen; höchstens erinnere ich an altn. îðja arbeiten. Auch die scheidung der hieher und der nicht hieher gehörigen formen ist schwierig, da man nicht weiss, ob manche n. mit Hid- und Hit- nur ein unorganisches h haben. Vgl. daher den stamm HID. Des vocals wegen ist auch ED von ID nicht bestimmt zu scheiden. In zusammengesetzten n. tritt ID besonders bei den Westfranken auf.

Ido. 9. P. I, 619 (contin. Regin.); VI, 152 (transl. S. Liborii); Wg. tr. C. 248.
Ito Gld. II, a, 102.
Ags. Îða, Ida, Eoda. Nhd. Ide.

Idi. 9. Wg. tr. C. 266; Lc. a. 845 (n. 61).
Iddi Wg. tr. C. 339.

Ida, fem. 7. Tochter des Alamannenherzogs Hermann sec. 10.
Ida P. II, V, VIII, IX; X, 609 (chron. S. Huberti Andag.); Laur. sec. 8 (n. 590, 836); Wg. tr. C. 393; C. M. Mai.
Idda P. X, 570 (chron. S. Hubert. Andag.).
Ita P. I, 620 (contin. Regin.); VII, 114 (Herim. Aug. chron.); St. P. öfters; necr. Aug.; M. B. a. 806 (VIII).
Itta P. II, 219 f. (ann. Xant.); V öfters; VI, 11 (ann. Laubiens.); VIII, 324 f. (Sigeb. chron.); IX, 632 (chron. mon. Casin.); Pd. a. 646, 651 (n. 310, 318); Paul. diac. IV, 47; pol. Irm. s. 49 (sec. 11).
Itda Laur. sec. 9 (n. 112).
Yda Wg. tr. C. 379.
Yde (pro socru sua Yde) Wg. tr. C. 48; Yde auch Ms. a. 1049 (n. 22).
Yta Gld. II, a, 130.
Iddane (dat.) M. c. a. 690 (n. 77).
Itane (abl.) tr. W. a. 718 (n. 227 u. Pd. nchtr. n. 40).

P. I, 78 (ann. Sangall. maj.) ist statt ista juventus sicher Itta juvenis zu lesen.

Idalus. 8. Pol. Irm. s. 233.

Idala, fem. 8. Pol. Irm. s. 99, 236.
Idela pol. R. s. 60.

Idelinga, fem. 8. Pol Irm. s. 268.

Idinus. 8. Pol. Irm. s. 115.
O. n. Itinesheim, Ittenesana (aua?).

Idina, fem. 8. Pol. Irm. s. 17.

Idisclus. 7. Ep. Segontiens. sec. 7. Ein abt in Catalonien sec. 10.
Idisclus conc. Tolet. a. 636, 638; A. S. Maj. II. Falsch Isdisclus conc. Segont. a. 633; vgl. auch Indisclus A. S. Maj. V.

Izo. 9. B. v. Prag sec. 10. P. V, 120 (ann. Pragens.); XI, 64 (Cosm. chron. Boem.); St. P.; Mchb. sec. 11 (n. 1161, 1182 etc.).
Izzio St. P. dreiml.
Izzo St. P. zwml.
Iz Dr. a. 1057 (n. 756; Schn. ebds.).
Hiza (so) P. V, 89 (ann. Quedlinb.).

Iderna, fem. 8. Pol. Irm. s. 99; pol. R. s. 35. Vgl. Ederna.

Ibald. 10. St. M. a. 942.

Itbolda, fem. 8. Pol. Irm. s. 237.

Ibert. 10. P. IX, 541 (chron. S. Andreae); St. M. c. a. 962.
Nhd. Heibert.

Itaberga, fem. 7. Frau Pipins v. Landen. P. I, 316 (ann. Mett.).
Iduberga A. S. Febr. I, Maj. II etc.
Ytuberga P. XII, 365 (gest. abb. Trudon.).

Idiburg, fem. 8. Laur. sec. 10 (n. 532).
Idaburch Gld. II, a, 124.
Itburgis pol. Irm. s. 250.
Iburc und Iburuc Gld. II, a, 124.
Ypurc Mchb. sec. 9 (n. 675).

Idfred. Pol. Fossat.

Itoger. 10. Necr. Fuld. a. 923; etwa verderbt für Hoger?

Itgaud. 8. Pol. Irm. s. 80.

Itkis. Gr. IV, 266.

Ithard. 8. Pol. Irm. s. 93.
O. n. Ithartesbuson.

Ithar. 8. Pol. Irm. s. 7.
Ither P. I, 143 (Einh. ann.; dieselbe person heisst auf der vorgehenden seite Either); IV, B, 9 (capit. spur.).
Iter P. II, 608 (vit. Hlud. imp.); VI, 126 (Ademar. histor.); Ng. a. 818; Guér. a. 1080.

Idelindis, fem. 8. Pol. Irm. s. 10.
Idolindis pol. Irm. s. 99.

Itmar. Gr. I, 148.
Ags. Îðamâr.

Idolt, zt. unbest., necr. Aug.

Iduvin. 8. Schn. a. 804.
Iduin pol. Irm. s. 98; St. P.

Idulf. 8. Pol. Irm. s. 80, 101.

Itins, fem. 9. St. P.; vielleicht zu diesem stamme, doch verderbt.

Zusammensetzungen mit erweitertem stamme (vgl. oben die einfachen n. Idalus, Idala, Idelinga):

Idelbold. 8. Pol. Irm. s. 254.

Hidalbert. 8. Pol. Irm. s. 236.
Hidelbert pol. Irm. s. 253; Mab. a. 910.
Ydalpert Gld. II, a, 111.

Idalberga, fem. 8. Pol. Irm. s. 99.
Idelberga ebds.

Itlefrid. 8. Pol. Irm. s. 262.

Idalcar. 8. Ep. Ausonens. sec. 10. Pol. Irm. s. 232; conc. Barcinon. a. 906.

Idelgar pol. Irm. s. 217.
Idilchar neben Idelher und Idalcar Lgd. a. 906 (II, n. 32).
Idelgardis, fem. 8. Pol. Irm. s. 99.
Idilard. 8. Pol. Irm. s. 268.
Idelrich. 9. P. V, 489 (chron. Salernit.).
Idalago. Gld. II, a, 102. Verderbt?

IDIS. Zu alts. idis, ags. ides, ahd. itis, altn. dis femina, virgo. Vgl. auch DIS.
Itis, fem. 8. Gld. II, a, 124.
Ittis Laur. sec. 8 (n. 2489).
Itissa Laur. sec. 9 (n. 659).
Itisberga, fem. 8. A. S. Jan. II; Mai V.
Idisburga, fem. 8. Lc. a. 927 (n. 87).
Itisburg Schn. a. 804.
Itisburc Gld. II, a, 124.
Itispuruc Mchb. sec. 8 (n. 162).
Itislant. Gr. I, 159 u. II, 234.
Idislind, fem. 8. Tr. W. a. 788 (n. 102).
Idesolt. 10. Lp. a. 910 (II, 74).

Igila. 3. Goth. urk. v. Neapel (c. a. 550), z. b. bei Sp., M. u. Massmann. Ebds. auch die umgedeutete form Danihel.
Ἰγῖλλος Zosim. I, 68 (var. Ἰγγῖλλος).
O. n. Igilinheim und Igilistruoth viell. hieher.
Nhd. Igel.
Igo s. IC.
Igmar. 9. Neben Hincmar conc. Silvanect. a. 863. Also viell. für Ingmar.
Igulf. 8. M. a. 789 (n. 54).
Vgl. zu den letzten n. auch den stamm IC.
Ikiko, Ikkia s. IC.

IL. Wol sicher zu ilan festinare, tendere. Wie dieses verbum, so weisen auch die folgenden n. bald einfaches bald (aus assimilation des j entstandenes) doppeltes L auf.
Ilo. Necr. Aug.
Illo Gr. I, 233, wol nur aus o. n. Illinawia und Ilunwilare geschlossen.
Nhd. Ihl, Ihle.
Illinc. G. I, 233.
Nhd. Illing.
Ilina, fem. 8. St. P.; Mchb. sec. 9 (n. 540); R. a. 821 (n. 21), 864 (n. 47).
Ilinun (gen.) Dr. n. 347.
Hiljna St. P.
Ilienta, fem. 9. Pol. R. s. 54.
Iliandis pol. R. s. 77.
Ilienta pol. R. s. 37.
Ilpogo. 8. St. P.
Ilierdis, fem. 9. Pol. R. s. 48.
Illehere. 8. P. II, 350 (vit. S. Bonif.); VIII, 555 (annalista Saxo).
Ilimot. 9. Mchb. sec. 9 (n. 599).
Zusammensetzung mit erweitertem stamme:
Illinburuhc, fem. 10. Hf. a. 989 (I, 530).

Ilbo. Gr. I, 243.
Ilbunc. 9. Necr. Aug. neben Ilpunc.
Ilpunc St. P.; R. a. 849 (n. 69).
Ilpunch M. B. a. 923 (XIV).
Ilpuc St. P. hieher?
Ilpune R. a. 843 (n. 36) wol für Ilpunc.
Mit Ilbo und Ilbunc ist vielleicht Ilprand (s. Hildibrand) zu vereinen. Mone heldens. (1836) s. 21.
Ild- s. HILDI. **Ilienta, Ilierdis, Ilimot, Ilina** s. IL. **Ilis-** s. ILS. **Illinburuhc, Illo, Ilpogo** s. IL. **Ilpunc** s. Ilbunc.

ILS. Dunkler stamm; das zweite i in den formen mit Ilis- halte ich für eingeschoben. Vergl auch ALIS.
Ilso. Gr. I, 250; viell. nur aus o. n. Ilsgau und Ilswanc geschlossen. Ebds. auch Elso, das wol nur aus o. n. Elsanpah, Elsindorf, Elsinhaim, Elsinrute gefolgert ist.
Nhd. Hilse, Illse, Ilse.
Ilisa, fem. 9. St. P. zwml.; Laur. sec. 9 (n. 3315).
Ilisunc. 8. M. B. sec. 11 (VI, 17).
Ilesunc P. IX, 250 (Gundechar. lib. pontif. Eichstet.).
Ilsung M. B. c. a. 760 (VII), a. 1041 (XI).
Viele, meistens spätere beispiele für den n. Ilisunc s. Mone heldensage (1836) s. 20.
Ilisdatis, fem. 9. Pol. R. s. 48.
Hilsoard. 8. Pol. Irm. s. 116.
Hiezu wol noch, mit undeutschen suffixen:

Ilisomma, fem. 9. Pol. R. s. 48. Ebends. auch Ilisonna.

Ilisorgia, fem. 9. Pol. R. s. 50.

Ilt- s. HILDI.

IM. Die hier genannten ziemlich klar zusammengehörigen n. sind gleichwol in bezug auf ihre etymologie ganz räthselhaft (vergl. Graff I, 250). Dass Immo aus Irmino entsprungen sei, wie Abel die deutschen personennamen s. 50 meint, will mir, wenigstens wenn diese behauptung allgemein gefasst wird, nicht einleuchten. So weit diese formen den stamm einfach enthalten, scheinen sie weit durch die mundarten verbreitet zu sein; um das suffix -n verlängert (wo berührung mit AMAN eintritt) sind sie fast ausschliesslich fränkisch.

Immo. 7. Immo b. v. Noyon sec. 9. Emmo 1) ep. Areseteus. sec. 7, 2) ep. Cenetens. sec. 9.

Immo P. I, 453 (Prud. Trec. ann.); II öfters; III, 420 f., 458 (Kar. II capit.); V—VII öfters; VIII, 603, 605 (annalista Saxo); Ng. a. 752, 774, 779, 784, 785, 797, 806 etc.; Laur. öfters; St. P. öfters; Lc. a. 845 (n. 61), 882 (n. 73); Frek.; M. B. a. 905 (XXXI); H. a. 993 (n. 209).

Imo Mchb. sec. 8 (n. 28); Ng. a. 822.

Ymmo P. I, 80, 82 (ann. Sangall.); II oft; III. 387 (Kar. II capit.); VII mehrm.; St. P. zwml.; necr. Aug.; Wg. tr. C. 281, 454, 456.

Ymmo sive Irminfrid (auch Immoni sive Irminfrida) tr. W. a. 743 (n. 5 u. Pd. nchtr. n. 74).

Himmo Guér. a. 828.

Hymmo K. a. 774 (n. 13; Ng. ebds.).

Emmo P. III, 90 (Kar. M. capit.); V, 407 (Flodoardi ann.); VI, 276 (vit. Brunonis); IX, 633 (chron. mon. Casin.); X, 526 (gest. abbat. Gemblac.), 573 (chron. S. Huberti Andag.); conc. Remens. c. a. 630; pol. Irm. s. 94, 170; Wg. tr. C. 254, 302, 339, 456.

Vgl. auch Hemmo.

Nhd. Ihm, Imm, Imme.

Himmi. 8. Laur. sec. 8 (n. 261); necr. Aug.; Dr. a. 866 (n. 591; Schn. ebds. Hinimi).

Ymmi Gud. sec. 10.

Imma, fem. 8. Emma tochter Karls d. gr. (auch wird dieselbe, z. b. Laur. n. 141, Imma genannt).

Imma P. II, 591 (Thegani vit. Hlud.); VI, 741 (Lantbert. vit. Heriberti); VII, 392 (Bernold. chron.); IX, 282 (Ad. Brem.); Schn. a. 813; Mab. a. 822; Laur. öfters; St. P. öfters; Lc. a. 927 (n. 87), 1070 (n. 221); Frek.; M. B. sec. 11 (VI. XXXI).

Ymma (pro conjuge sua Ymman) Wg. tr. C. 160, (pro matre sua Ymman) Wg. tr. C. 200; P. VIII, 170 (Ekkeh. chron. univers.); St. P. mehrm.; H. a. 945 (n. 159).

Himma Ng. a. 787; Laur. sec. 8 (n. 2083).

Ima Laur. sec. 8 (n. 215).

Inmane (so, abl.) tr. W. a. 774 (n. 71).

Imme C. M. Jul.

Imia St. P. viell. hieher.

P. I, 48 (ann. Alam.) steht Imma defunctus est, wo viell. Immo oder defuncta zu lesen ist.

Emma P. I, 498 (Hincm. Rem. ann.); V, VI, IX oft; X, 358 f. (Hugon. chron.); pol. Irm. s. 186, 254; Frek.

Emia Gld. II, a, 122 hieher?

pro Emme Wg. tr. C. 21 wol hieher.

Vgl. Hemma.

O. n. Emmawalt, Emmenstein, Emminchovun, alle drei nicht ganz sicher hieher.

Imico. 8. Tr. W. a. 758 (n. 145).

Imiko Frek.

Imicho tr. W. a. 784 (n. 89); Mchb. sec. 8 (n. 279); M. B. a. 828 (VIII); Ng. a. 870; St. P. zweimal.

Imicho neben Himicho tr. W. a. 756 (n. 137).

Imoco C. M. Juni.

Imuka (msc.) Hf. c. a. 1020 (II. 153).

Himiho Ng. a. 793 (K. ebds. n. 42 Himihoh).

Hemicho K. a. 834 (n. 94).

Emicho u. dgl. s. unter Amico.

Nhd. Immich.

Imecha, fem. Laur. n. 3831.

Ymmica Gld. II, a, 130.

Imikin. 10. Frek.

Immichin Lc. c. a. 1070 (n. 221).

Imad. 9. P. IV, 45 (Heinr. IV constit.).

Immed P. V, 431, 455 (Widukind); VI, 464 (Sigebert. vit. Deoder.); VII, 155 (Lambert. ann.); C. M. Oct.

Immit P. V, 215 (reg. et imper. catal.); VII; VIII, 32 (Ekkeh. chron. Wirzib.).

Immid P. VIII, 226 (Ekkeh. chron. univers.).

Immod P. VIII, 183 (Ekkeh. chron. univers.).
Immet P. VII, 196 (Lambert. ann.).
Immeto P. IX, 246 (Gundechar. lib. pontif. Eichstet.).
Ymmad Wg. tr. C. 228, 271.
Ymmed Wg. tr. C. 162, 175, 213, 253, 266.
O. n. Immedeshusun.
Ymmili. Gld. II, a, 111.
Emilo u. dgl. s. unter AMAL.
Imala, fem. 8. St P.
Imila St. P.
Emilo (fem.) s. unter AMAL.
Imino. 8. P. I, 506, 508 (Hincm. Rem. ann.); II, 324 (Adon. contin.); Laur. sec. 8 (n. 1411).
Immino Mchb. sec. 8 (n. 113, 244); M. B. a. 802, 828 (VIII, IX); St. P. mehrm.
Ymnus Gld. II, a, 120.
Emino conc. Rom. a. 1015.
Emmino Wg. tr. C. 370.
Emeno P. II, 253 (chron. Aquitan.); VI, 120, 122, 123 (Ademar. histor.).
Emenus P. II, 645 (vit. Hlud.).
Emmenus Mab. a. 886.
Emeo für Emeno P. VI, 5 (ann. Engolism.).
Ags. Immine. O. n. Imminiuilare.
Immina, fem. 8. Laur. sec. 8 (n. 1320, 1951); St. P.; Schn. a. 800.
Imina R. a. 821 (n. 21); H. a. 853 (n. 87).
Ymmina Gld. II, a, 130.
Imnina (so) Laur. sec. 8 (n. 1455).
Inmina (so) tr. W. sec. 8 od. 9 (n. 67).
Emina K. a. 824 (n. 88).
Emmena St. M. c. a. 962.
Eminane (abl.) Pd. a. 745 (n. 586).
Imminc. Gr. I, 251. Eminc ebds.
Imizo. 11. P. XII, 373 (gest. abb. Trudon.).
Imezo necr. Aug.
Imzo M. B. a. 1076 (IV).
Ymezo Dr. a. 1057 (n. 756; fehlt bei Schn.).
Ymmezo Gld. II, a, 111.
Emizo u. dgl. s. unter AMAT.
Nhd. Imse.
Imizi. 11. St. P. mehrm.
Imezi P. V, 103 (ann. Hildesh.).
Imiza, fem. 9. Enkelin Karls d. gr.
Imiza H. a. 926 (n. 146), c. a. 1084 (n. 284); St. P. mehrm.; Frek.; M. B. a. 1058 (XXXI).
Imuza Mchb. sec. 10 (n. 1003).
Imice C. M. Aug.
Imeza A. S. Jan. I öfters.
Imiza P. X, 188 (gest. Trever.) mit var. Uniza und Imaza.
Imisa St. P. vielleicht hieher.
Emiza u. dgl. unter AMAT.
Imbert. 7. Pd. a. 632 (n. 256); Lgd. a. 862 (I, n. 88).
Emebert d. Ch. I, 656.
Emdrud, fem. 9. Gld. II, a, 122.
Emthrud Ng. a. 806.
Ymfrid. 11. St. M. a. 1068.
Emgoz, für Megingaud, sec. 10. P. XI, 567 (auctar. Garstense).
Emheid, fem. Gld. II, a, 122.
Emehard. 8. P. II, 246 (ann. Wirzib.); V, 106 f. (ann. Hildesh.); VIII öfters.
Emhard pol. Fossat.
Emhart Ng. a. 788, 806, 807; M. B. a. 1033 (XXIX; K. ebds. n. 221).
Emmard Gld. II, a, 114.
Emard H. a. 929 (n. 152).
Emart Ng. a. 800.
Emehart = Einhard P. VIII.
Nhd. Emmert.
Emaher. 10. M. B. sec. 11 (VI).
Emeher M. B. c. a. 1080 (VI).
Emheri M. B. a. 931 (VIII).
O. n. Emheringa.
Emihild, fem. 8. St. P.
Emihilt Laur. sec. 8 (n. 292).
Emmihild Laur. sec. 8 (n. 403).
Emehild Laur. sec. 8 (n. 1911).
Emehilt Laur. sec. 8 (n. 2419, 2457).
Emmilt Gld. II, a, 122.
Emhild Schn. a. 800; Dr. n. 671 (Schn. ebds. Einhilt).
Emhilt K. a. 786 (n. 31).
Emmerammus. 7. B. zu Regensburg sec. 7.
Emmerammus P. I, 94 (ann. S. Emmer.); 381, 389 etc. (ann. Fuld.); V, VI, VIII öfters; St. P.
Hemmeram P. II, 754 (mon. Sangall. gest. Kar.).
Hemmerannus P. IX, 287 (Ad. Brem.).
Heimram P. VI, 545 (Arnold. de S. Emmer.) des verses wegen für Emmeram.
Heimmeram (für Em.) R. a. 1021 (n. 144, 145) etc.
Haimrammus St. P.
Auch sonst öfters Heimram für Emmeram.

Ymmar s. Ingomar. Vgl. Imar Gr. I, 253.
Immunt. 8. St. P. drml.; Laur. sec. 8 (n. 288).
Emrich. 8. Ep. Sabionens. sec. 9. Conc. Salisb. a. 807.
Emricho Laur. sec. 8 (n. 349); M. B. XIII, XIV. Nhd. Emerich, Emmrich.
Emrit. Gld. II, a, 98.
Imidanc. 8. Mchb. sec. 9 (n. 584, 643); K. 838, 882 (n. 97, 158; Ng. ebds.).
Imidanch Mchb. sec. 8 (n. 98).
Imedanc Gld. II, a, 102.
Emmold. 9. Pol. R. s. 33.
Imwich. Gld. II, a, 124.
Emulf. 8. Sm. mit var. Elmulf.
Hieher wol noch
Imichili. Gld. II, a, 102. Verderbt?
Zusammensetzungen mit erweitertem stamme:
Ymnedrudis, fem. 8. Pol. Irm. s. 226.
Ymnetrudis pol. Irm. s. 222.
Imnegisil. 7. Test. Erm.
Imnegunthis, fem. 7. Test. Erm.
Imnerdus. 7. Test. Erm.
Imnart zweifelhafte form bei St. P.
Imnachar. 6. Test. Erm.; Greg. Tur. IV, 13.
Imnechildis, fem. 7. Frau kg. Sigeberts sec. 7. A. S. Febr. I.
Emnehilda Pd. a. 665 (nchtr. n. 4).
Emnechildis Pd. a. 667 (n. 359).
Hymnichilda d. Ch. I, 673.
Hymnechildis d. Ch. I, 647.
Emnild P. V öfters; C. M. April, Sept., Dec.
Hymnemond. 6. Pd. a. 523 (n. 103). Derselbe heisst ebds. n. 104 Ymnemod. Jedenfalls sind diese formen verderbt.
Hymnemod A. S. Jun. I.
Imnered. 7. Test. Erm.
Yminsind, fem. Gld. II, a, 130.
Imenald. 8. Gld. II, a, 116.
Eminolt K. a. 786 (n. 32; Ng. ebds.).
Emnolt necr. Fuld. a. 783.
Iminolf. 9. M. B. a. 890 (XXXI).
Emmenulf P. III, 429 (Kar. II capit.).

Imelpert. Gld. II, a, 116. Zu AMAL? HIMIL? IM?

IN. Vgl. ags. inn domus.

Inno. 9. Ng. a. 843.
Ags. Ine. Nhd. Ihn.
Infrid. 9? St. P.; St. M. a. 1090 mehrm.
Ynfred St. M. c. a. 1090.
Inheri. Gr. I, 297.
Inlant. 9. St. P. drml.; Mchb. sec. 9 (n. 607).
Inilgaud. 8. Pol. Irm. s. 3. Die ähnlichkeit mit goth. inilo entschuldigung, vorwand ist wol nur zufällig.

IND. Die etymologie dieses nicht häufigen stammes vermag ich nicht aufzuklären. Vielleicht haben wir ihn in folgenden formen auslautend:

Egind 8.	Baltimda (so) 8.	Chadoind 7.
Eginda 8.	Berethinda 8.	Ruadind 9.
Othind 9.	Gyroind 7.	Wachynd 8.
Austind 11.	Hartind 8.	

Enthält etwa auch Ariobind (4) denselben stamm, dergestalt, dass das b (fast nach art eines sankritischen v) nur zur vermeidung des zusammenstossens von ioi eingeschoben ist?
Indo. 8. Ng. a. 890 (n. 596).
Into Ng. a. 886 (n. 566); Dr. n. 662; St. P.
Intto Ng. a. 769 (n. 48).
Enda, fem. 11? St. P. Hieher?
Indunt. Gld. II, a, 102.
Indisclus s. ID.
Indgar. 8. Schn. a. 788 (zweifelhaft, da Dr. hier Nidgar schreibt).
Intaniuui, fem. 9. Dr. a. 841 (n. 531); Schn. ebds. Intaniu.
Intsten (so) Gld. II, a, 102.
Indulf. 6. Gothenführer. P. V, 557, 559 (chron. Salernit.).
Ἰνδούλφ b. Procop mit var. Ἰλδούφ, Γουνδούλφ und Γουνδούλ.
Zusammensetzung mit erweitertem stamm:
Indemperga, fem. 10. Lp. a. 959 (II, 247).

Infing- s. Irfing. **Infrid** s. IN. **Ingal-, Ingel-, Ingil-** s. ANGIL.

INGO. Dieser im dunkel urdeutscher sage wurzelnde stamm trotzt bis jetzt noch aller etymologischen begründung (s. Graff I, 347). Möglicherweise ist an einen zusammenhang mit jung zu denken. Zu ihm scheint das suffix -ing oder -ung (beide formen können wegen ihres fortwährenden wechsels nicht geschieden werden) unzähliger appellativa gehören, wie auch schon Grimm in der mythologie andeutet. Ich führe deshalb hier gleich sämmtliche auf dieses suffix endende p. n. an. Bei den o. n. ist es noch weit häufiger und zwar dient es hier besonders (doch namentlich später nicht mehr ausschliesslich) dazu, um aus einem p. n. einen o. n. herzuleiten. Man kann daher öfters aus o. n. auf -ing auf das dasein von p. n. schliessen, die sonst nicht überliefert sind. Doch muss man hiebei vorsichtig zu werke gehn; Graff scheint namentlich darin geirrt zu haben, dass er aus solchen o. n. auf p. n. schliesst, die gleichfalls auf -ing enden, während man in solchen fällen wol meistens das -ing als bloss dem o. n. (oder einem öfters nur ideell vorausgesetzten patronymicon) angehörig betrachten muss. So z. b. schliesse ich aus o. n. Bazmundingas nur auf einen p. n. Bazmund, nicht, wie Gr. thut, auf Bazmundinc. Weiter habe ich mich über diesen punkt in der zeitschr. von Aufrecht und Kuhn I, 109 f. ausgesprochen.

Ueber die weiterbildung unseres stammes durch -l s. ANGIL.

P. n. auf -ing führe ich nur diejenigen 207 an, die ich nicht bloss aus Graff belegen kann. Ihre zahl erscheint daher im folgenden register gewiss bedeutend kleiner, als sie in wirklichkeit ist.

Octingus 8.
Aining 8.
Alding 8.
Aldinga 8.
Aldring 8.
Albinc 8.
Alsting 9.
Amalung 5.
Amanung 7.
Aming 6.
Ening 8.
Ating 8.
Adalung 8.
Auding 8.
Audinga 8.
Austring 9.
Baldung 8.
Parinc 8.
Barding 9.
Benning 9.
Berning 9.
Berting 8.
Bertinga 8.
Bertening 9.
Billung 8.
Pilding 11.
Birinc 8.
Bliding 9.
Blionung 9.
Braiding 9.
Priminc 8.
Brining 8.
Bruning 8
Bodalung 7.
Poting.
Burichinc 10.
Burning 10.
Cheling.
Crefting 9.
Crailinc 9.
Derling 9.
Dorfing.
Drudinga 8.
Drocting 8.
Drusinc 8.
Heberinc 9.
Eidring 9.
Eling 9.
Eolunc 9.
Erinc 9.
Erlunc 8.
Eodunc 8.
Ferting 8.
Framming 9.
Framning 9.
Framninga 8.
Frohing 9.
Froding 8.
Fruming 8.
Gilting 8.
Gering 8.
Geringa 8.
Garding 6.
Gening 8.
Germening 8.
Gisolung 9.
Goding 8.
Griuzing 8.
Hegilinch 11.
Hagining 8.
Haidung 8.
Aiming 8.
Heimining 8.
Heling 8.
Haming 6.
Hending 9.
Harding 8.
Harilunc 9.
Herinc 9.
Hettinc 10.
Hilding 8.
Hitling 8.
Hilping 8.
Horing 9.
Hormung 8.
Horsung 8.
Hrabaning 8.
Hrohinc 8.
Hroding 7.
Rodinga 8.
Ruonding 10.
Huoching 8.
Huning 8.
Huninga 9.
Husinc 8.
Idelinga 8.
Ilbunc 9.
Ilisunc 8.
Irfing 8.
Iring 8.
Irling 9.
Erming 8.
Erminga 8.
Ermening 8.
Ermentinga 8.
Irsing 8.
Isunc 8.
Ivinga 8.
Judinga 8.
Laiping 8.
Leiting 9.
Landing 8.
Lanzinc 9.
Loning.
Levising 9.
Lirnunc 9.
Liubing 8.
Liutunc 9.
Leudinga 8.
Leodening 8.
Meginung 8.
Mahting 9.
Merling 9.
Maring 9.
Mauring 8.
Mauringa 8.
Mening 8.
Muning 8.
Nandung 8.
Nelding 10.
Nerbing 9.
Nibulunc 8.
Niding 11.
Noding 9.
Norinc 8.
Norlinc 8.
Occing 9.
Ordunc 11.
Odeling 9.
Rading 8.
Raining 8.
Raiming 8.
Randing 8.
Randinga 8.
Raning 8.
Reifing 9.
Remining 8.
Remphinc 9.
Resting 8.
Richinc 9.
Riending? 9.
Rising 9.
Runing 9.
Sahing 9.
Sabsinc 9.
Salinga 6.
Sarunc 9.
Schilpunc 9.
Sciltung 9.
Sindung 9.
Snarung 9.
Snellung 8.
Steining 10.
Stifting 9.
Stinding 9.
Stollinc 9.
Sweding 8.
Sweiding 8.
Swidunc 9.
Tarnink 9.
Tendeling 9.
Teuding 8.
Didinga 8.
Dultinc 10.
Durinc 7.
Turping 6.
Uffing 10.
Urinch 10.
Ursing.
Wading.
Walunc 9.
Walarunc.
Waldeling 9.
Walding 8.
Waning 7.
Wanding 8.
Vapinga 7.
Warinc 8.
Weringa 9.
Warning 8.
Warninga 8.
Wasung 9.
Wellunc 9.
Wirding 8.
Wiching 9.
Wihing 8.
Willing 9.
Wining 8.

Winching 9.	Vinking 10.	Ulfinga 8.
Wintrung 8.	Wizzung 9.	Wursing 8.
Wissing 8.	Vulfing 8.	Zulling 10.

Ingo. 7. P. IV, B, 180 (Nicol. II statut.); V öfters; VI, 4 (ann. S. Germani min.); IX, 113 (chron. Novalic.); pol. Irm. s. 66, 97 etc.; St. P.; Lp. a. 979 (II, 350).
Ingius P. IX, 613 (chron. mon. Casin.); pol. R. s. 3.
Hingo St. M. a. 1094.
Hincho Pd. a. 659 (n. 333).
Engo P. X, 547 (gest. abbat. Gemblac.), 580 (chron. S. Huberti Andag.); XII mehrmals; Guér. a. 1056.
Nhd. Enge.
O. n. Inginhaim.
Inga, fem. 7. P. II, 276 (gest. abbat. Fontan.); pol. Irm. s. 79, 84 etc.; Laur. mehrm.
Ingane Pd. a. 675 (n. 379).
Ingilo s. ANGIL.
Ingina, fem. 8. Tr. W. a. 737, 798 (n. 34 u. Pd. nchtr. n. 55); St. P. zwml.; Laur. sec. 8 (n. 198).
Ingyna tr. W. a. 737 (n. 35).
Ingena P. V, 228 (chron. Casinense).
Incrinus. 7. Pd. a. 653 (n. 322).
Ingrisma, fem. 8. Pol. Irm. s. 33, 101.
Ingizo. 9. B. v. Assisi sec. 10; ep. Castellan. sec. 10.
Ingizo H. a. 926 (n. 146); conc. Ravennat. a. 967; conc. Roman. a. 998.
Inggizo (so) Frek.
Iggnozo (so) Lp. a. 997 (II, 418) wol hieher.
Engizo M. B. a. 890 (XXXI); Ng. a. 947; Lc. a. 962 (n. 105); H. a. 964 (n. 180).
Rogerio qui et Ingeso (so) Lp. a. 1081 (II, 723).
Ingelerius qui et Ingezo Lp. a. 1000 (II, 430).
Engiza, fem. 10. H. a. 926 (n. 146); St. P. zwml.
Ingobald. 8. Pd. a. 713 (n. 486).
Ingbold pol. Irm. s. 23, 37 etc.
Incbald pol. Irm. s. 264.
Hincbald pol. Irm. s. 62.
Hincbold pol. Irm. s. 141.
Ingbolda, fem. 8. Pol. Irm. s. 36.
Hincbolda pol. Irm. s. 89, 141.
Ingobert. 7. Ep. Urgellens. sec. 9.
Ingobert P. I, 288 (chron. Moissiac.); II, 614, 618 (vit. Hlud. imp.); X, 159 (gest. Trever.); gest. regg. Franc.; Mab. a. 690; tr. W. a. 742 (n. 2).
Ingobercth Mab. a. 692.
Ingibreht necr. Aug.
Ingibert tr. W. a. 820 (n. 69).
Ingibret Gld. II, a, 102.
Inguperht Mchb. sec. 8 (n. 241).
Ingubert Mchb. sec. 9 (n. 510).
Ingavert pol. Irm. s. 140.
Inghebert Lp. a. 840 (I, 687).
Hingipreht Gld. II, a, 101.
Hincbert pol. Irm. s. 27, 111; Mab. a. 847.
Engibart H. a. 909 (n. 137).
Ingaberta, fem. 8. Ng. a. 744.
Ingoberta pol. Irm. s. 237.
Ingberta pol. Irm. s. 3, 197.
Hincberta pol. Irm. s. 71.
Ingoberga, fem. 6. Gattin kg. Chariberts. A. S. Febr. III; gest. regg. Franc.; Greg. Tur. IV, 26; IX, 26.
Ingobrand. 10. P. VI, 18 f. (ann. Laubiens.); X, 536 (gest. abbat. Gemblac.), 607 ff. (chron. S. Hubert. Andag.).
Ingibrand H. a. 928 (n. 150).
Ingobrannus P. V, 372 (Flodoardi ann.).
Engebrand P. IX, 470 (gest. episc. Camerac.).
Engbrand P. IX, 532 (chron. S. Andreae).
Ingobod. 7. Pol. Irm. s. 63, 124; Fredegar.
Hincbod pol. Irm. s. 146, 249.
Ingadag. 9. Wg. tr. C. 234.
Ingatac Gr. V, 362.
Ingedrudis, fem. 8. Pol. Irm. s. 7; pol. R. s. 54, 84.
Ingoflidis, fem. 8. Pol. Irm. s. 81, 87 etc.
Hincflidis pol. Irm. s. 87.
Ingofrid. 7. Tr. W. a. 771 (n. 245, 250).
Ingofred A. S. Maj. I, III.
Ingiurid St. P.
Ingefrid A. S. Febr. III.
Hincfrid pol. R. s. 53.
Hincfreda, fem. 8. Pol. Irm. s. 11.
Ingardis, fem. 8. Pol. Irm. s. 7, 254.
Ingild. 7. B. v. Valencia im conc. Cabilon. a. 650. Wol als Ing-gild zu betrachten.
Ingildus Mur. 424, 3.
Ingeld Wg. tr. C. 243, 252.
Ingelt necr. Fuld. a. 784; Schn. a. 819.

Ingundis, fem. 6. Frau Chlothars I sec. 6; schwest. d. Frankenkgs. Childebert, frau des Westgothen Herminigild sec. 6. P. V, 167 (ann. S. Germani); VIII, 144 (Ekkeh. chron. univers.); Greg. Tur. öfters; Paul. diac. III, 21; A. S. Mart. III.

Ingeida, fem. 8. Pol. R. s. 7.
Inguaid St. P.

Inghard. 8. Pol. R. s. 34.
Inchard pol. Irm. s. 93.
Hinchard pol. Irm. s. 209.
Nhd. Engert.

Inguheri. 7. Schn. a. 920.
Inchar Pd. a. 627 (n. 241).
Hinchar pol. Irm. s. 28, 249.
Hincar pol. Irm. s. 82.
Altn. Yngvar. Nhd. Enger.
O. n. Ingiheresheim, Ingeresfeld.

Inchad. 9. Mab. a. 832.

Ingohildis, fem. 8. Pol. Irm. s. 119.
Ingoildis pol. Irm. s. 137, 229.
Inguhilt Dr. a. 824 (n. 425; Schn. ebds. Ingulhilt).
Ingihilt tr. W. a. 830 (n. 172).
Ingildis pol. Irm. s. 66, 157.
Ingovildis pol. Irm. s. 114.
Engihilt Gld. II, a, 122.
Engilda M. B. sec. 11 (VI).
Ags. Ingild.

Ingorammus. 8. P. II, 591 (Thegani vit. Hlud.).
Ingiram Gld. II, a, 102.
Ingeram necr. Aug.
Ingramnus P. II, 611 (vit. Hlud. imp. mit var. Nigrammus, Nigramnus, Nigrannus, Ingrammus, Ingrannus); V, 381, 383 (Flodoardi ann.); pol. Irm. s. 237; H. a. 948 (n. 162); G. a. 963 (n. 16); Lc. a. 1091 (n. 245), 1096 (n. 252).
Ingram Lc. a. 1057 (n. 192), 1091 (n. 246).
Ingrannus P. VI, 69 (Folcuin. gest. abbat. Lobiens.), 492 (Widr. vit. S. Gerardi); pol. R. s. 51; Guér. a. 1046.
Engrannus und Engranus P. IX öfters.
Ingerrannus (so) P. VIII, 470 (Sigebert. auctar. Ursicamp.).
Ingadramnus pol. Irm. s. 85.
Ingadrannus pol. Irm. s. 113.
Ingedrannus pol. Irm. s. 108.
Imgramnus (so) Lc. a. 1064 (n. 201).
Eingramnus St. M. a. 1002.
Engeramnus P. XII, 248 (Rodulf. gest. abbat. Trudon.).
Engramnus Lc. a. 1094 (n. 251).
Engram Lc. a. 1033 (n. 169).
Inwiramnus (so) Lgd. a. 873 (I, n. 98).

Ingramna, fem. 8. Pol. Irm. s. 192.
Ingranna pol. Irm. s. 65.

Ingulint, fem. 8. Laur. sec. 9 (n. 724).
Ingolinda Laur. sec. 8 (n. 220).

Ingomar. 1. Armins oheim sec. 1. Sohn Chlodwigs sec. 6. Hincmar b. v. Rheims sec. 9.
Ingomar d. Ch. I, 634.
Ingomeres Greg. Tur. II, 29; Fredegar.
Ingomir d. Ch. I, 526; gest. regg. Franc.
Iugumar Schn. a. 853 wol für Ingumar.
Ingumeres d. Ch. I, 806.
Inguiomerus Tac. ann. I, 60 ff.
Ingimar Gld. II, a, 102.
Ingmar P. I öfters; pol. R. s. 57, 58.
Hincmar P. I öfters; II, 197, 200 (ann. Vedast.), 325 (Adon. contin.); III, IV, V oft; VI, 15 (ann. Laubiens.), 104 f. (Herim. Aug. chron.); VIII, 340, 343 (Sigebert. chron.); IX öfters; X, 165 (gest. Trever.); pol. R. s. 106.
Igmar neben Hincmar conc. Silvanect. a. 863.
Ymmar für Hincmar P. VII, 19 (ann. Elnon.).

Die form Ingermar zu schliessen aus o. n. Ingermaresthorp.

Ingarad. 8. Pol. Irm. s. 115.
Ingarat Gld. II, a, 102.
Ingrad pol. Irm. s. 144.
Engirad R. a. 821 (n. 21).

Ingrada, fem. 8. Pol. Irm. s. 98, 136; pol. R. s. 13.
Ingrata pol. R. s. 50.

Ingadeus. 8. Pol. Irm. s. 112, 143.
Ingedeus pol. Irm. s. 90, 114.

Ingold. 7. M. a. 653 (n. 55).
Ingolt Gld. II, a, 102.
Incuald St. P.
Nhd. Ingvald. Nhd. Engwald.
O. n. Ingoldesaha, Ingoldesstat, Ingolteswis.

Ingoara, fem. 8. Pd. a. 711 (n. 480).

Inguin. 8. Pol. Irm. s. 148, 217.
Ingoin pol. Irm. s. 28, 40 etc.

Inguis. 9. Schn. a. 812, 815; Dr. a. 813 (n. 290); necr. Fuld. a. 862; pol. R. s. 45, 55 etc.
Ingois convent. Vindocin. a. 1040.
Ingulf. 8. Pol. Irm. s. 39, 137; pol. R. s. 19.
Ingulph P. V, 209 (chron. mon. Casin.).
Ags. Ingvulf.
Ingeila, msc. 8. P. I, 301 (chron. Moissiac.); deutsch? verderbt?
Zusammensetzungen mit erweitertem stamm:
1) mit suffix N:
Inginard. 10. Lgd. a. 981 (II, n. 116).
Ingenildis, fem. 8. Pol. Irm. s. 64, 93 etc.; Lgd. a. 956 (II, n. 87)
Inginald. 8. Gld. II, a, 116.
Ingenold pol. Irm. s. 115; Mab. a. 812.
Engenold (b. v. Poitiers) conc. Tullens. a. 860; conc. Duziac. a. 871. Derselbe b. v. Poitiers heisst auch Inganard u. Ingenand conc. Tullens. a. 860, Pistens. a. 862, Tullens. a. 869.
Inganulf. 8. Pol. Irm. s. 136. Vgl. Anginulf.
Ingenulf Pd. a. 713 (n. 488; unecht); pol. Irm. s. 41; Mab. a. 1066.
2) mit suffix R:
Ingerlaus. 8. P. XII, 374 (gest. abbat. Trudon.).
3) mit suffix Z:
Engispret. Gld. II, a, 98.
Engezman. Gld. II, a, 98.
Erweiterungen durch L s. unter ANGIL.

Inheri, Inilgaud, Inlant, Inno s. IN.
Inselbert. 9. Lp. a. 898 (I, 1078), zwar öfters, aber viell. dennoch verderbt.
Instrimarius. 11. Span. b. sec. 11. E. s. III, 424 mit var. Instruarius.
Int- s. IND. **Ira** s. HIR. **Irenfrid** s. IRM.
Irfing. 8. Ng. a. 818, 821; K. a. 861, 864 (n. 133, 137).
Irfinc Mchb. a. 827 (n. 510); M. B. a. 837 (IX); necr. Aug.
Irfinch Gld. II, a, 102 (Infinc u. Infing ebds. ist jedenfalls fehler).
Irphinc Mchb. a. 836, 844, 849; Laur. sec. 8 u. 10 (n. 532, 3447).
Irpfing Dr. sec. 9 (n. 194).
Irpfinc Ng. a. 790.
Yrfing Ng. a. 837.
Irifing Ng. a. 826.
Irefing Ng. a. 863.
Hirping Lc. a. 798 (n. 10).
Hirfinc K. a. 867 (n. 142).
Gehört dieser n. zu ARB? Mone heldens. s. 83 stellt diese formen allerdings dahin. Doch wird man durch den mangel einer form Erfing bedenklich.
Irfrid s. HIR.
Iriling. Gld. II, a, 102.
Irimbert, Irimberta, Irimbric, Irinbold s. IRM.
Iring. 8. P. III, 561 (Arnulfi capit.); V oft; VIII, 176—178 (Ekkeh. chron. univers.); tr. W. a. 773, 774 (n. 128, 178); Ng. a. 788; necr. Aug.; Laur. sec. 9 (n. 381); M. B. a. 899 (I, XI); R. a. 903 (n. 87).
Irinc St. P.; Schn. a. 824 (Dr. ebds. n. 446 Irin); Laur. sec. 9 (n. 3126); K. a. 995 (n. 198).
Irink St. P.
Iringk St. P.
Irinch Laur. sec. 9 (n. 992).
Yring M. B. a. 890 (XXXI).
Hiring Pd. a. 744 (n. 578; Ng. ebds.); Laur. sec. 8 (n. 1656).
Hirinc Gld. II, a, 101.
Hirinch Pd. a. 744 (n. 579; Ng. ebds.).
Hyrinch Gld. II, a, 101.
Irins (so) St. P. viell. hieher.
Ags. Iring. O. n. Irincheshusa.
Vgl. die einfachen n. Iro und Ira unter HIR.
Ueber Irinc s. Mone heldensage (1836) s. 74 f.; dsgl. Grimm gesch. d. dtsch. spr., der eine kürzung aus Epurdurinc, Iborduring annimmt.
Erinnert werden muss an die mythologische beziehung dieses namens zum nord. Heimdallr, so wie an den Iringesweg (milchstrasse).
Davon:
Irincramnus. 8. Schn. a. 757 (Dr. ebds. Isincramnus).
Iricho. 9. Laur. sec. 9 (n. 208. 1889).
Irling. 9. Dr. n. 359.
Ags. Irling.
Iriolf. 9. Laur. sec. 9 (n. 3511).
Wie ich oben Irlewar schon zu ERL stellte, so werden auch wol diese n. eben dahin gehören, oder

vielmehr es wird ERL, da der anlaut I nunmehr nicht mehr so ganz vereinzelt auftritt, in der älteren gestalt IRL in das wörterbuch einzuführen sein.

IRM. Diese ältere einfache form des stammes IRMIN tritt in der gestalt Irm-, Erme-, Irim- auf; doch unterliegt namentlich die letztere form einigen bedenken. Wegen Erm- kann man öfters zwischen unserm stamm und ERIN (s. ERA) schwanken.

Ermo. P. II, 283 (gest. abbat. Fontan.); IX, 637 (chron. mon. Casin.).

Ermui (dat.) auf einer bei Cleve gefundenen röm. inschrift, St. n. 1354. Der n. ist um so sicherer deutsch, da seine frau Sacxena heisst.

Nhd. Herm.

Irma, fem. 8. St. P.

Hermulo. 9. P. II, 253 (Hlud. et Hloth. capit.).

Ermelenus. 7. Pd. c. a. 658 (n. 331 f.; M. ebds. n. 66).

Ermelina, fem. 11. P. IX, 563 (chron. mon. Casin.).

Ist Enmelina, mehrm. im pol. Irm. s. 49 und 50 (sec. 11), viell. für Ermelina verschrieben?

Erming. 8. P. II, 280 (gest. abbat. Fontan.); tr. W. a. 788 (n. 197); pol. Irm. s. 257, 269; Schn. a. 812.

Erminga, fem. 8. Pol. Irm. s. 231, 252.

Irmiza, fem. 10. H. a. 964 (n. 180).

Ermiza Lp. a. 1093 (II, 782).

Irimbolt. 10. Laur. sec. 10 (n. 75).

Irinbold Gld. II, a, 102 wol hieher.

Irimbert. 8. Abt zu St. Peter in Salzburg sec. 11.

Irimbert H. a. 929 (n. 152), 945 (n. 158).

Irimpert K. a. 838 (n. 98; Ng. ebds.).

Irimperht St. P.

Irimpreht R. a. 1074 (n. 176).

Irimpret Gld. II, a, 102.

Irampreht Gld. II, a, 102.

Irambert tr. W. a. 716 (n. 196 und Pd. nachtr. n. 37).

Irembert Laur. sec. 8 (n. 2223); K. a. 943 (n. 157).

Irmbrecht Laur. sec. 8 (n. 1275).

Irmbert P. XI, 773 (ann. S. Rudberti Salisb.); tr. W. a. 772 (n. 26); Ng. a. 809; Laur. sec. 9 (n. 2703).

Irenbret Hf. a. 1064 (II, 551).

Hermbrath Laur. sec. 8 (n. 1064).

Yrimpert Ng. a. 894.

Yrmperht St. P. zwml.

Yrmbert St. P.

Yrmpert P. XI, 773 (ann. S. Rudberti Salisb.).

Yrinpert St. P.

Irimberta, fem. 9. Lgd. a. 873 (I, n. 98; Mab. ebds.).

Irimbric, fem. 9. Ng. a. 875.

Irimbrig und Irinbric Gld. II, a, 124.

Irnpirch St. P.

Irmeburch, fem. 9. Mchb. sec. 9 (n. 907).

Irmburch M. B. a. 892 (XXXI).

Irmburg, Irnburg, Irburg, Irimbruc, Irimburg und Irimburuc Gld. II, a, 124.

Irmpurc St. P.

Irmpurch St. P. zwml.

Irmpurga R. a. 901 (n. 88).

Irnpurh (so) St. P.

Yrimbrug Gld. II, a, 130.

Yrmpurc St. P.

Yrmpurch St. P. zwml.

Irmifrid. 8. St. P.

Irmfrid tr. W. a. 797 (n. 85); Ng. a. 890; M. B. a. 927 (XIV).

Irmfrit R. a. 1074 (n. 176).

Irinfrid Laur. sec. 9 (n. 113).

Irenfrid Lc. a. 1020 (n. 157).

Hyrimfrid P. IX, 849 (chron. Hildesh.).

Yramfrid St. P.

Yrmfrid St. P.

Ermefrid P. III, 505 (Hlud. II capit.); V, 223 (chron. Casin.); Laur. sec. 8 (n. 3570).

Hermefrid P. IX, 613 (chron. mon. Casin.).

Hermefred Gld. II, a, 115.

Irinifrid Gld. II, a, 102 lese ich Irminfrid.

Ueber Irmfrid und ähnliche formen s. Mone heldensage s. 73.

Ermofridis, fem. 8. Pol. Irm. s. 115.

Ermgeng (so). 8. Pol. Irm. s. 205.

Ermgar. 5. Pol. Irm. s. 193.

Ermger pol. Irm. s. 248.

Hermigar (ein Sueve sec. 5) Idat. a. 492 neben Ermigar, wol hieher.

Ermgera, fem. 8. Pol. Irm. s. 206.

Irmgart, fem. 8. P. II, 523 (Ermold. Nigell.) M. B. c. a. 1033 (VII); St. P. zwml.

Irimgarda Laur. sec. 8 (n. 830).
Irmegaus. 8. Gld. II, a, 16.
Ermgaud pol. Irm. s. 4, 134, 156.
Ermgil. 8. Pol. Irm. s. 73.
Ermegildus s. IRMIN.
Ermgildis, fem. 8. Pol. Irm. s. 142, 201.
Ermgis. 8. Pol. Irm. s. 201.
Hermegisclus. 7. Kg. der Warner. ʽΕρμεγίσκλος var. ʽΕρμεγίσκικλος, ʽΕρμισίσκλος und *Μέγισκλος* bei Procop.
Ermhagdis, fem. 9. Pol. R. s. 56, 74.
Irmhart. 9. M. B. c. a. 1080 (VI).
Ermhard pol. R. s. 9, 15 etc.
Ermhart St. P.
Irimher. 8. Laur. sec. 8 (n. 2421).
Ermehar pol. Irm. s. 114.
Ermhar pol. Irm. s. 170, 231.
Ermher pol. Irm. s. 250, 270; pol. R. s. 7, 83.
Ermerius St. P.
Hermeharis pol. Irm. s. 170.
Ermhad. 9. Pol. R. s. 43.
Ermohildis, fem. 8. Pol. Irm. s. 84.
Ermovildis pol. Irm. s. 218.
Ermehildis pol. Irm. s. 15, 174.
Ermoildis pol. Irm. s. 9, 157.
Ermhildis pol. Irm. s. 216, 262; pol. R. s. 7, 13.
Ermedramnus. 7. Mab. a. 697.
Ermedrannus pol. Irm. s. 63.
Ermedram pol. Irm. s. 15.
Ermerannus pol. Irm. s. 73.
Hermedran H. a. 804 (n. 64).
Vgl. Ermentramnus.
Hermlagia, fem. 8. Pol. Irm. s. 172.
Ermoland. 7. Necr. Fuld. a. 841.
Ermeland d. Ch. I, 682.
Hermelaud (b. v. Reggio sec. 10) conciliabul. Rom. a. 963.
Hermenland für Ermelaud d. Ch. I, 798.
Ermelaus. 10. St. M. a. 962, 1006.
Hermilich. 9. St. P.; hieher?
Irmlind, fem. 9. St. P.
Ermelindis pol. R. s. 85.
Ermelinda Lp. a. 870 (I, 839 ff.).
Ermlinth M. B. sec. 11 (VI).
Ermemar. 9. P. IX, 645 (chron. mon. Casin.).
Ermemir conc. Nemaus. a. 886; A. S. Maj. I.
Hermomir M. a. 897 (n. 21).
Hermemir Mab. a. 873.

Ermamenar P. III, 90 (Kar. M. capit.) hieher?
Irmunt. 8. Dr. a. 772.
Ermund pol. Irm. s. 15.
Ich nehme also hier ausfall eines m als wahrscheinlich an.
Ermerad. 8. Lp. a. 913 (II, 86).
Ermbrad pol. Irm. s. 11, 36 etc.
Ermbrada, fem. 8. Pol. Irm. s. 197, 213.
Ermaricus. 5. Hermericus ein Suevenführer sec. 5; Ermarich ep. Laniobrens. sec. 6.
Ermaricus conc. Tolet. a. 589.
Ermerich Mab. a. 853.
Ermrich St. P. wol für Ermenrih.
Hermericus Jorn.; Idat. a. 419 etc.
Nhd. Ermrich.
Ermeris. 8. P. V, 198 (chron. S. Benedicti).
Hermeris P. IX, 577, 586 (chron. mon. Casin.).
Ermesidis, fem. 8. Pol. Irm. s. 73.
Ermesindis, fem. 8. Pol. Irm. s. 34.
Ermedeo. 8. E. s. V, 559.
Hermedeus Gld. II, a, 115.
Ermesteus. 8. Pol. Irm. s. 116 (kaum in Ernestus zu bessern, eher in Ermenteus).
Ermoald. 8. B. v. Ambrun sec. 9. P. II, 280 (gest. abbat. Fontan.); V, 239 (chron. Brixiens.).
Ermold P. II öfters; pol. Irm. s. 78, 82 etc.
Ermald pol. Irm. s. 80, 171; conc. Nemaus. a. 886; Lp. a. 909 (II, 70).
Hermoald Gld. II, a, 114.
Hermold P. II, 639 (vit. Hlud. imp. a. 834) mit var. Hermod und Ermald.
Ermeld Mab. a. 853 wol hieher.
Ermoara, fem. 8. Pol. Irm. s. 70.
Ermoard. 8. Pol. Irm. s. 263.
Ermuin. 8. Pol. Irm. s. 81, 83 etc.; pol. R. s. 22.
Ermoin pol. Irm. s. 63, 134.
Hermoin tr. W. a. 788 (n. 209).
Ermois. 8. Pol. Irm. s. 199.
Hermolf. 8. Schn. a. 775.

Irman-, Irmen- s. IRMIN.

IRMIN. Wegen der n. Arminius, Armenfred und Armingardis ARMIN als grundform aufzustellen habe ich nicht gewagt, weil durch diese n.

(da ein r folgt) durchaus nicht die grössere ursprünglichkeit des a bewiesen wird. Die bedeutung dieses sich in die mythologie verlierenden und zunächst an den halbgott Irmino (Grimm myth. 325) anschliessenden stammes ist noch ganz dunkel (vgl. Grimm. gr. II, 448). Die bekannten untersuchungen darüber aufzunehmen ist hier nicht der ort. Vielleicht haben wir in dem grösten theile derjenigen n., die ich oben unter IRM vereint habe, die ältere einfache gestalt unsers stammes.

Irminus. 1. Arminius der Cheruskerfürst sec. 1.

Irminus P. II, 290 (gest. abbat. Fontan.).

Irmino P. II, 463 (Einh. vit. Kar.), 481 (Ermold. Nigell.); pol. Irm. s. 151.

Hirmino P. I, 310 (chron. Moissiac.); V, 167 (ann. S. Germani).

Arminius Tac.

Ermin P. VI oft; VII, 17 f. (ann. Elnon.).; VIII, 329, 331 (Sigebert. chron.); IX, 464 (gest. episc. Camerac.); pol. Irm. s. 232; pol. R. s. 74.

Erman Sever. Sulpic.

Ermen St. P.

Ermeno Mab. a. 696; conc. Noviomens. a. 814.

Ermnus pol. Irm. s. 172.

Für Erminius P. II, 194 (ann. Lobiens.) falsch Irinius.

Hermon (10) P. V, 56 (ann. Quedlinb.) wahrscheinlich nicht hieher.

Firmin pol. R. s. 68 hieher?

Die verwechselung dieses namens mit Hariman, wonach man den berühmten Cherusker als den ersten geschichtlichen Hermann ansah, ist jetzt glücklicherweise als beseitigt zu betrachten.

O. n. Ermeneswerethe, Ermaneshusun (hieher?).

Irmina, fem. 7. Tochter k. Dagoberts II.

Irmina P. X, 160 (gest. Trever.); Pd. a. 673, 679, 698 (n. 371, 390, 448); H. a. 675, 698 (n. 22, 24); tr. W. a. 774 (n. 53, 178); Laur. mehrm.; A. S. Maj. III.

Yrmina P. X, 160 (gest. Trever.).

Ermina H. a. 706 (n. 30); Mab. a. 798; pol. R. s. 17.

Ermana St. P.

Ermena pol. Irm. s. 95, 224; pol. R. s. 12, 15 etc.

Hirmina Laur. sec. 8 (n. 1215).

Hermena Pd. a. 657 (n. 328).

Erminani (gen.) Laur. sec. 8 (n. 899).

Ermenanae (gen.) vit. S. Leodegar.

Ermening. 8. Pol. Irm. s. 256.

Ermentinga, fem. 8. Pol. Irm. s. 134.

Ermentisma, fem. 8. Pol. Irm. s. 219.

Irminpald. 8. St. P.

Ermenbald Laur. sec. 8 (n. 290).

Ermenbold pol. Irm. s. 163.

Ermembald pol. Irm. s. 203.

Ermembold pol. Irm. s. 103.

Ermiribald Pd. a. 706 (n. 464) ist wol Erminbald zu lesen.

Ermenbolda, fem. 8. Pol. Irm. s. 20.

Ermembolda pol. Irm. s. 213.

Irminperaht. 8. Schn. a. 801, 811.

Irminperht St. P. dreiml.

Irminbert Laur. sec. 8 (n. 2839, 3274).

Irminpert St. P.

Irmminperht (so) St. P.

Hirminperht St. P.

Ermunbert St. M. a. 970.

Ermenbert Ng. a. 773; pol. Irm. s. 12, 17 etc.; pol. R. s. 9, 54 etc.

Ermembert pol. Irm. s. 39, 134; pol. R. s. 43.

Ermerbert Pd. a. 663 (n. 348); ist wol Ermenbert zu lesen.

Hermenpert Gld. II, a, 115.

O. n. Ermenbertowillare.

Ermenberta, fem. 8. Pol. Irm. s. 18, 281.

Ermemberta pol. Irm. s. 28, 89 etc.

Irminpirc, fem. 8. Frau des Frankenkgs. Theodorich II sec. 8.

Irminbiric Gld. II, a, 124.

Ermenberga pol. Irm. s. 18, 95 etc.; Fredegar.

Ermemberga pol. Irm. s. 45, 105; pol. R. s. 54.

Irminburg, fem. 8. Laur. sec. 8 (n. 3458); C. M. Dec.; Schn. a. 803; tr. W. a. 821 (n. 175).

Irminburuc Gld. II, a, 124.

Erminburg Gld. II, a, 122.

Herminburch Gld. II, a, 124.

Hermemburgis pol. Irm. s. 50 (sec. 11).

Ags. Eormenburh.

Irmindrud, fem. 6. P. II, 314 (dom. Carol. geneal.); V, 214 (reg. et. imper. catal.); St. P. mehrm.; Laur. sec. 8 (n. 1497).

Irmindrut P. VIII, 32 (Ekkeb. chron. Wirzib.); Laur. sec. 8 (n. 1239).

Irminthrudis Lc. c. a. 1070 (n. 222).

Irmindruth Laur. mehrm.

Irmiutrud P. I, 455 (ann. Bertin.).
Irmendrud P. V, 215 (reg. et. imper. catal); VIII, 176 (Ekkeh. chron. univers.).
Irmentrudis P. I, 469 (Hincm. Rem. ann.).
Ermandrud St. P.
Ermindrudis P. VIII, 32 (Ekkeh. chron. Wirzib.).
Ermintrudis Pd. a. 680 (n. 393); H. a. 699 (n. 26); pol. Irm. s. 37.
Erminethrudia test. Erm.
Ermindrut P. VI, 791 (Adalbert. vit. Heinr. II).
Ermentrudis P. II, 323 (Adon. chron.); V, 407 (Flodoardi ann.); VII, 13 (ann. Elnon), 24 (ann. Blandin.); IX öfters; X, 578 (chron. S. Huberti Andag.); pol. Irm. s. 8, 12 etc.; Lc. a. 1075 (n. 220).
Ermendrud P. I, 439 (Prud. Trec. ann.); V, 150 (ann. Flaviniac.); pol. Irm. s. 250; H. a. 909 (n. 137).
Ermndrut (so) St. P.
Ermedrudis pol. Irm. s. 8, 115 hieher?
Hirmindrudis P. I, 583 (Regin. chron.).
Hirmintrudis P. I, 472 (Hincm. Rem. ann.).
Hermintrudis P. III, 506 (Hlud. II capit.).
Hirmandruda Ng. a. 894.
Hirmentrudis P. I, 486 (Hincm. Rem. ann.); II, 671 (Nithardi hist.).
Hermentrudis P. I, 505 (Hincm. Rem. ann.); III, 543 (Hlud. II capit.); X, 356 (Hugon. chron.).
Yrmindrudis P. I, 15 (ann. Laubac.).
Hyrmintrud P. VI, 3 (ann. S. Germ. min.).
Hilmentrudis P. VII, 39 (ann. S. Benign. Divion.).
Ermentrida (so) pol. Irm. s. 46 scheint irrthümlich; doch eben so s. 140 und 204.

Ermenfleda, fem. 7. A. S. Jan. II.

Irminfrid. 6. Thüringerkg. sec. 6; ep. Lucens. sec. 7; b. v. Beauvais sec. 9; ep. Sedunens. sec. 11.
Irminfrid P. II, 674 (transl. S. Alex.); VIII, 176–178 (Ekkeh. chron. univers.); Laur. sec. 8 (n. 1303); M. B. a. 785 (VIII); St. P. öfters.
Irminfrit Laur. sec. 8 (n. 3237); M. B. a. 763 (IX).
Irmanfrid St. P.
Irmumfrid (so) Lc. a. 848 (n. 64).
Yrminfrid P. III öfters.
Armenfred A. S. Jan. II.
Hirminfrid P. IX, 285 (Ad. Brem.).
Herminifrid exc. auct. ign.
Herminefred Greg. Tur. III, 4, 7.
Herminafrid Cassiod. var. III, 3, IV, 1.
Ἑρμενεφρίδος Procop.
Hermenfrid Laur. sec. 8 (n. 1179, 1415).
Hermenfred Jorn. 58.
Ermanfrid Laur. mehrm.
Erminfrit St. P.
Ermenfrid P. I, 317 (ann. Mett.), 453 (Prud. Trec. ann.); VI, 43, 47 (gest. episc. Virdun.); VII, 86 (Herim. Aug. chron.), 186 (Lambert. ann.); VIII öfters; IX, 246 (Gundechar. lib. pontif. Eichstet.); X, 318 etc. (Hugon. chron.), 529 (gest. abbat. Gemblac.), 572 (chron. S. Huberti Andag.); Mab. a. 692; Fredegar.; pol. Irm. s. 161; Laur. mehrm.; Guér. a. 984.
Ermenfrit Gld. II, a, 114.
Ermenfred P. I, 288 (chron. Moissiac.); III, 219 (Hlud. I capit.); V, 221 (chron. Luxov.); pol. Irm. s. 9, 20 etc.; gest. regg. Franc.
Ermemfred P. II, 788 (Abbo de bell. Paris.).
Ymmo sive Irminfrid tr. W. a. 743 (n. 5).

Die formen Hermefrid und Ermefrid s. unter IRM, Ernfrid unter ERA.

In der form Hermannfrid, die dem Thüringerkönige in neuern historischen schriften beigelegt wird, scheint sich nur jene verwechselung von Hariman und Irmin wiederholt zu haben.

Ermenfrida, fem. 8. Pol. Irm. s. 54, 163.
Immoni sive Irminfrida tr. W. a. 743 (Pd. nchtr. n. 74).

Irmingar. 8. P. I, 200 (Einh. ann.).
Irmingaer St. P.
Irminger P. II, 110 (Ekkeh. cas. S. Galli), 415 (vit. S. Liudgeri); Dr. a. 815 (n. 311; Schn. ebds. Erminger); tr. W. a. 855 (n. 156).
Erminger St. P.
Ermengar P. VII, 82 (Herim. Aug. chron.); Mab. a. 798; pol. Irm. s. 26, 53 etc.
Ermenger P. VIII, 442 (Sigeb. auct. Hasnon.); pol. Irm. s. 251.
Yrminger Dr. a. 1057 (n. 756; fehlt bei Schn.).
Hirminger P. II, 110 (Ekkeh. cas. S. Galli); Lc. a. 818 (n. 36); K. a. 868 (n. 143).
Hermenechar P. IX, 410 (gest. episc. Camerac.).

Irmingard, fem. (auch masc., z. b. P. V, 511, chron. Salernit.; desgl. pol. Fossat.). 7. Mutter des Burgundenkönigs Ludwig sec. 9. Gattin des Burgundenkönigs Rudolf III sec. 11.
Irmingard P. I, 205, 208 (Einh. ann.), 356 (Enh.

Fuld. ann.); II, 229 (ann. Xant.), 324 (Adon. contin.), 589 (Thegani vit. Hlud.) etc.; V, VII, VIII öfters; St. P.; M. B. c. a. 880 (II); Lc. a. 1015 (n. 147), 1041 (n. 175).
Irmangart P. I, 51 (ann. Alam.); St. P.
Irmingart P. II, 487 (Ermold. Nigell.); V, 214 (reg. et imper. catal.); IX, 248 (Gundechar. lib. pontif. Eichstet.); St. P. öfters; Laur. mehrm.; M. B. X, XIV.
Irminkart Gld. II, a, 124.
Irmingerd (so) P. V, 854, 863 (Thietmari chron.).
Irmengard P. II, 651 (Nithardi hist.); Ng. a. 777.
Irmengart Laur. sec. 8 (n. 3381); St. P.; necr. Aug.
Irmencart necr. Aug.
Irmgard s. IRM.
Armingardis Pd. a. 653 (n. 324).
Ermingard St. P.
Ermingarda P. II, 224, 236 (ann. Xant.).
Ermingardis P. II, 312 (dom. Carol. geneal.); Mab. a. 905.
Ermingart Gld. II, a, 122.
Ermangart St. P. zwml.
Ermengardis P. I, 312 f. (chron. Moissiac.), 448 Prud. Trec. ann.); II, 568 (vit. Walae); V öfters; X, 364 (Hugon. chron.); Ng. a. 777; pol. Irm. s. 25, 34 etc.; pol. R. s. 7, 50 etc.; pol. Fossat.; Mab. a. 854.
Ermengart Guér. a. 888.
Hirmingardis P. I, 568, 606 (Regin. chron.); V, 140 (ann. Einsidl.).
Hirmingarda P. I, 15 (ann. Laubac.).
Hirmingart P. V, 215 (reg. et. imper. catal.); Laur. sec. 8 (n. 1381).
Hirmengardis (und -a) P. I, 499 (Hincm. Rem. ann.); II, 623, 626 (vit. Hlud. imp.); III, 559 (Hlud. Arelat. capit.); IX, 422 (gest. episc. Camerac.).
Hermingarda Lp. a. 875 (I, 866).
Hermingard P. II, 611 (vit. Hlud. imp.).
Hermengard P. II, 321 (Adon. chron.); V öfters; Mur. 1885, 3.
Yrmingard St. P.
Ermengrada pol. R. s. 53 wol hieher?
Hirmigard Laur. sec. 8 (n. 1168) hieher?
Ermingaud. 8. B. v. Narbonne sec. 10; b. v. Urgel sec. 11.
Ermingaud P. V, 381 (Flodoardi ann.), 586 (Richeri hist.).
Ermengaud P. III, 429 (Kar. II capit.); VI, 80 f. (chron. S. Michaelis), 133 (Ademar. histor.); pol. Irm. s. 9, 13 etc.; pol. R. s. 64.
Ermengaut pol. Irm. s. 11.
Hermencaud P. X, 132 (chron. Novalic.).
Irmengot H. a. 955 (n. 167).
Ermengrudus St. M. a. 709 wol für -gaudus.
Ermgaud s. IRM.
Ermengauda, fem. 8. Pol. Irm. s. 7, 84 etc.
Ermengil. 8. Pol. Irm. s. 180.
Herminigild. 6. Sohn des westgoth. kgs. Leuvigild sec. 6; b. v. Oviedo sec. 9; ein abt in Spanien sec. 10.
Herminigild P. V, 167 (ann. S. Germani); VIII, 152 (Ekkeh. chron. univ.); X, 319, 333 (Hugon. chron.); Paul. diac. III, 21.
Herminichild u. Hermenichild Greg. Tur. öfters.
Hermenigild P. X, 322 (Hugon. chron.); A. S. Maj. I.
Erminigild P. VIII, 144 (Ekkeh. chron. univers.), 319 f. (Sigebert. chron.); Isid.
Ermenegild conc. Ovetens. a. 901.
Ermengalt (so) pol. Irm. s. 50 (sec. 11).
Hirminigald P. VIII, 24 (Ekkeh. chron. Wirzib.).
Ermegildus für Ermenegildus conc. Ovetens. a. 873 neben Hermegild.
Ermegildus auch E. s. III, 422 (hist. Compostell.).
Ermengildis, fem. 8. Pol. Irm. s. 12, 14 etc.; pol. Fossat.
Irminkelt (fem.) Gld. II, a, 124.
Irmingis. 8. Necr. Fuld. a. 1008.
Ermengis pol. Irm. s. 104, 213; pol. R. s. 69; pol. Fossat.
Ermengisa, fem. 8. Pol. Irm. s. 203, 206; pol. R. s. 71.
Ermengudis, fem. 8. Pol. Irm. s. 64.
Irmingund, fem. 8. Dr. a. 780 (Schn. ebds. Irmigund).
Ermengundis pol. R. s. 49; Lp. a 892 (I, 1006).
Irminheid, fem. 8. Schn. a. 793.
Irminheith Laur. sec. 8 (n. 1264).
Ermenaidis pol. R. s. 15, 46.
Irmanheih, fem. 8. St. P.; verderbt?
Irminhard. 8. B. v. Bourges sec. 8.
Irminhard P. VI, 412 n. (notit. de libert. abbat. elig.).
Irminhart St. P. mehrm.

Irmenhart necr. Aug.
Ermenhard P. VI, 370 (vit. Joh. Gorz.); Lc. a. 779 (n. 1).
Ermanhart St. P.
Ermenard pol. Irm. s. 12, 21 etc.; pol. R. s. 15; St. M. a. 970, 1006.
Yrminhart Gld. II, a, 130.
Yrminard Gud. c. a. 990.
Hirminhardus mit var. Hirminmaris M. B. a. 831 (XXXI).
Hirminhart St. P.
Herminard conc. Roman. a. 769.
Hermenhard pol. Irm. s. 104, 178.
Irminhar. 7. M. B. a. 1033 (VII).
Irminheri Mchb. sec. 8 (n. 126); M. B. sec. 9 (VII, VIII, XIV); St. P. mehrm.
Irminhere Gld. II, a, 102.
Irminher Laur. n. 1637.
Ermenar Fredegar.; d. Ch. I öfters: pol. Irm. s. 8, 14 etc.
Ermener pol. R. s. 11.
Ermentar pol. Irm. s. 10, 13 etc.
Ermenterus conv. Vindocin. a. 1040.
Armentarius Pd. a. 653 (n. 320; M. ebds. n. 55; zum theil unechte urk.); hieher?
Hermenhar Laur. sec. 8 (n. 1699).
Hermenher Laur. sec. 8 (n. 2447).
Ermehar pol. Irm. s. 8 unmittelbar hieher?
Irminhorius (so) P. XI, 220 (chron. Benedictobur.).
Ermentaria, fem. 8. Pol. Irm. s. 86, 134.
Ermentera pol. Irm. s. 47, 63 etc.
Ermenaus. 8. Pol. Irm. s. 139, 145.
Ermentelm. 8. Pol. Irm. s. 157.
Irminhilt, fem. 8. Schn. a. 758; St. P. mehrm.; Laur. sec. 8 (n. 1011).
Ermanhilda Mchb. sec. 9 (n. 945).
Ermanhilt St. P. drml.
Erminildis P. VIII, 637 (annalista Saxo).
Irmandilt M. B. sec. 11 (VI).
Ermenhilt M. B. a. 1050 (VII).
Ermenildis Laur. sec. 8 (n. 402); pol. Irm. s. 10, 12 etc.; pol. R. s. 49, 51.
Ermentildis pol. Irm. s. 4, 18.
Hirminhild Laur. mehrm.
Hermenildis pol. Irm. s. 49 (sec. 11).
Ags. Eormenhild.
Irminram. 7. Ng. a. 837.
Ermenrannus pol. Irm. s. 228.
Ermentramnus Mab. a. 836.
Ermentrannus conc. Rotomag. a. 690.
Vgl. Ermedramnus unter IRM.
Irminlev. 8. Lc. a. 794 (n. 4).
Ags. Eormenlâf, Irmenlâf; hieher?
Hermenland s. Ermoland unter IRM.
Irminlind, fem. 7. St. P. zwml.
Irminlinda (-is) Laur. sec. 8 u. 9 (n. 338, 587).
Irminlint St. P.
Erminlinda R. a. 1074 (n. 175).
Ermanlind Mchb. sec. 9 (n. 428); St. P.
Ermanlint Mchb. sec. 10 (n. 1107).
Ermenlindis P. IX, 408 (gest. episc. Camerac.).
Ermellint Gld. II, a, 122.
Irminljup (so). 9. St. P.
Ermenmar. 7. Pol. Irm. s. 115.
Ermenomaris (nom.) Pd. c. a. 662 (n. 347).
Hirminmar Mab. a. 822; Ng. a. 839; M. B. a. 823 (XXXI).
Hirminmar neben Hirminhard öfters M. B. XXXI.
Irminoth. 9. Lc. a. 833 (n. 45).
Irminrat. 8. St. P. mehrm.; Laur. mehrm.
Erminrad St. P.
Ermanrat St. P.
Ermenrad pol. Irm. s. 67, 212; Laur. sec. 8 (n. 1785, 1803).
Yrminred Wg. tr. C. 285.
Hermenrad Wg. tr. C. 282.
Hermenrat Gld. II, a, 124.
Ags. Eormenraed.
Irminrada, fem. 8. H. a. 926 (n. 146).
Ermenrada pol. Irm. s. 104, 106; pol. R. s. 7, 13 etc.
Ermendrada pol. Irm. s. 125.
Irminricus. 4. Gothenkg. sec. 4; Suevenkönig sec. 5.
Irminricus P. I, 87 (ann. Juvav.).
Irminrih tr. W. a. 790 (n. 64).
Ermanaricus Jorn. 23, 48.
Ermanricus P. V, 31 (ann. Quedlinb.).
Ermanrih Schn. a. 800; St. P.
Ermanrihc necr. Aug.
Erminreich (so) M. B. sec. 11 (XIII).
Ermenrich P. II öfters; VI, 47 (gest. episc. Virdun.), 426 (transl. S. Magni); VII öfters; VIII, 23 (Ekkeh. chron. Wirzib.), 122–125, 130 (Ekkeh. chron. univers.); convent. Clipiac. a. 659; Amm. Marc.; Mab. a. 653, 693; pol. Irm. s. 11, 21 etc.; Schn. a. 1058.

Aermanrich tr. W. c. a. 730 (n. 12).
Hermanaricus P. X, 313 (Hugon. chron.).
Herminericus Cassiod. chron.
Herminericus und Arminericus in inschrift. bei Murat. 409, 6; 410, 1; 2002, 2.
Hermenarich St. M. a. 887.
Hermenrich P. V, 365 not. (litt. Fulcon. ad Arnulf. imp.); VIII, 122 (Ekkeh. chron. univers.), 579 (annalista Saxo).
Ags. Eormenric. Altn. Jörmunrekr.

Irminsind, fem. 8. Gld. II, a, 124.
Erminsind Gld. II, a, 122.
Ermensind pol. Irm. s. 27, 189.
Ermensinta pol. Irm. s. 89.
Ermensend P. VI, 141 (Ademar. histor.); VIII.
Hirminsind Gld. II, a, 124.
Hyrmensinda Schpf. a. 758 (n. 28).
Ermensina Schn. u. Dr. a. 750 auch hieher; dieselbe person heisst ebds. auch Irminswinda.

Irmansuon. 10. M. B. a. 970 (VIII). Der letzte theil der zusammensetzung steht fast einzig da; vgl. SON.

Irminswinda, fem. 8. Mchb. sec. 8 (n. 38).
Irminswind Mchb. sec. 8 (n. 141); Schn. a. 750, 754.
Irminswint M. B. c. a. 788 (XXXI).
Irminsuind St. P. öfters.
Irminsuint Laur. mehrm.
Ermanswind St. P.; Mchb. sec. 9 (n. 635 etc.).
Ermansuind St. P.
Erminsuind Laur. sec. 8 (n. 1988).
Hirminsuind St. P.
Hirminswint Laur. sec. 8 (n. 1151).

Irmandegan. 8. Gld. II, a, 102.
Irmindekan K. a. 786 (n. 33; Ng. ebds.).
Irmindecan K. a. 797 (n. 49).

Irmindiu. 7. Gld. II, a, 124.
Ermenteo Mab. a. 693.
Ermenteus P. X, 636 (gest. episc. Tullens.); Pd. a. 726 (n. 535); pol. Irm. s. 79, 85; pol. R. s. 15, 56.
Ermentheo Mab. a. 697.
Irmindie M. B. a. 785 (VIII).

Irmindeot. 8. St. P.
Irminteot Dr. a. 792 (Schn. ebds. Irminteos).

Irminold. 7. B. v. Reggio sec. 10).
Irminold Laur. mehrm.
Irminolt St. P.; Schn. a. 816 (Dr. ebds. n. 317 Irminolf).
Irminnolt Gld. II, a, 102.
Erminold P. V, 792 (Thietmari chron.); Ng. a. 819; C. M. Mai.
Erminolt Gld. II, a, 99.
Erminholt Gld. II, a, 99.
Ermanolt St. P.
Ermannolt Gld. II, a, 99.
Ermenoald Mab. a. 692.
Ermenold Laur. sec. 8 (n. 349, 387); Ng. a. 797; pol. Irm. s. 7, 10 etc.; pol. R. s. 35, 53 etc.
Ermenolt pol. Irm. s. 11; Ng. a. 819; Gud. sec. 10; Laur. mehrm.
Ermenoldt Laur. sec. 8 (n. 863).
Ermenald P. IX, 495 (gest. episc. Camerac.); Mab. a. 748; pol. Irm. s. 44, 47 etc.; St. P.
Hirminold Laur. sec. 8 (n. 840).
Hirmenald P. II, 661 (Nithardi hist.).
Hermenald P. V, 342 (Liudpr. hist. Ott.); Fredegar.
Fermenold pol. R. s. 45, 55 hieher?
Hermidald tr. W. c. a. 730 (n. 15 u. Pd. nchtr. n. 66) hieher?
O. n. Irminolteshuson.

Hermenalda, fem. 10. Pol. Irm. s. 37.

Irminwar, fem. 8. Gld. II, a, 124.
Ermenoara Pd. a. 715 (n. 491).
Ermenaura pol. Irm. s. 78 wol hieher.

Yrmynward. 8. Wg. tr. C. 261, 292, 384.
Hirminward Laur. sec. 8 (n. 1099).

Hirminwic. Gld. II, a, 101, 124.

Irminwin. 9. Lc. a. 800 (n. 17).

Ermenwis, fem. 8. Pol. Irm. s. 256.

Irminulf. 8. Tr. W. a. 730 (n. 12 und Pd. nchtr. n. 65); Laur. sec. 8 (n. 228, 235).
Irminolf Dr. a. 816 (n. 317; Schn. ebds. Irminolt); Laur. mehrm.; Dr. a. 841 (n. 531; Schn. ebds. Hirminolf).
Ermenulf P. III, 429 (Kar. II capit.); pol. Irm. s. 28, 78 etc.; Guér. a. 800.
Erminolf Schn. a. 812 (Dr. ebds. n. 273 Urminolf).
Ermenholf Gld. II, a, 114 neben Ermennolf.
Herminulf Laur. sec. 8 (n. 969).
Herminnolf K. a. 868 (n. 143; Ng. ebds.).

Iro s. HIR.

Irphila, fem. 9. R. a. 821 (n. 21).

Irphinc s. Irfing.

Irsing. 9. K. a. 816 (n. 73; Ng. ebds.); K. a. 866 (n. 139).

Nhd. Ersing.

Irso. Gr. I, 476.

Vgl. zu den beiden letzten n. goth. airzis und die verwandten wörter, deren ältester begriff wol der von gehen wandern ist. Dazu auch Arsirid?

IS, ISAL, ISAN. Stammen alle hier genannten n. von ahd. isarn (ferrum) oder darf man auch zugleich an das hiemit vielleicht zusammenhangende is (glacies) denken? Häufig ist hier ein vorgeschlagenes unorganisches h. Ich führe zuerst die mit dem einfachen stamm, dann die mit dem verlängerten zusammengesetzten n. an. So ergeben sich drei formen: 1) IS, 2) das ziemlich seltene und leicht mit GISAL vermischte ISAL, 3) ISAN, die häufigste von allen drei. Von einer vierten form, ISAR, scheint eine schwache spur da zu sein und es ist abzuwarten, ob auch diese form sich weiter bestätigen wird.

I. Die form IS.

Iso. 8. P. II, 92—94 (Ekkeh. cas. S. Galli); Ng. a. 779, 787, 806, 809, 909; Lp. a. 870 (I, 839 ff.).

Yso P. I, 76 (ann. Sangall.); II, 79 (Ekkeh. cas. S. Galli); VII, 106 (Herim. Aug. chron.); Ng. a. 785, 817; K. a. 853 (n. 119).

Hiso P. II, 92–94 (Ekkeh. cas. S. Galli); Ng. a. 779, 788.

Isso Mchb. sec. 8 u. 9 (n. 146, 368).

Hisso Mchb. sec. 8 (n. 174).

Nhd. Heise, Heyse.

Mehrere der mit Isan- beginnenden o. n. mögen hieher gehören; welche das sind, das lässt sich nicht entscheiden.

Isi. 8. P. V, 79 (ann. Quedlinb.); Mchb. sec. 8 (n. 124); Wg. tr. C. 248, 342.

Isin (als acc. v. Isi) P. V, 811 (Thietmari chron.).

Ysi Wg. tr. C. 266.

Isiko. 10. Frek.

Iseko Frek.

Nhd. Heisig, Iseke.

Islo. 10. Ep. Santon. sec. 10. P. VI öfters (Ademar. histor.); conc. Pictaviens. a. 999.

Islus P. II, 252 (ann. Lemov.).

Nhd. Eisele, Hysel.

Isula, fem. 8. Mchb. sec. 9 (n. 344).

Isla pol. Irm. s. 92.

Hisla pol. Irm. s. 111.

Isinus. 8. Mchb. sec. 9 (n. 6).

Nhd. Eisen, Eyssen.

Isunc. 8. Mchb. sec. 8 u. 9 (n. 148, 168, 332).

Nhd. Heising, Ising.

Isarn. 10. Lgd. a. 924 (II, n. 49); Mab. a. 960.

Isarna einer der anses bei Jorn.

Ysarn Lgd. a. 945 (II, n. 75).

Gradezu gleich isarn ferrum? wol kaum.

Isabert. 7. Schn. a. 801.

Isbert Pd. a. 648 (n. 312); Mab. a. 1083.

Hisburg, fem. Gld. II, a, 124.

Iseger. 9. Mab. a. 812.

Iskar Mchb. sec. 9 (n. 527).

Isger Ng. a. 833, 853; Wg. tr. C. 309, 412, 418; St. P.; Hf. c. a. 1020 (II, 152).

Isker M. B. a. 828 (VIII); St. P.

Ysger Wg. tr. C. 424.

Hisger K. c. a. 816 (n. 75); Ng. a. 832.

Hisker Mchb. sec. 8 u. 9 (n. 164, 289); St. P.

Isgildis, fem. 8. Pol. Irm. s. 257.

Isgildis pol. Irm. s. 72.

Isheri. 8. Wg. tr. C. 40.

Isher Laur. sec. 8 (n. 724, 773).

Iser P. X, 528 (gest. abbat. Gemblac.).

Nhd. Eiser, Eyser, Heiser, Heyser, Iser.

O. n. Ishereshusen.

Hishad. 8. Mchb. sec. 8 (n. 143).

Iselindis, fem. 8. Pol. Irm. s. 157.

Hislind Gld. II, a, 124.

Isman, Gr. I, 485; viell. von Gr. nur aus o. n. Ismanninga geschlossen.

Nhd. Eisemann, Heisemann, Issmann.

Ismar. 9. Necr. Fuld. a. 853.

Isemilis, fem. 9. Pol. R. s. 72.

Isimund. 10. P. VI, 89 (chron. Median. monast.).

Isold. 8. Tr. W. a. 792 (n. 207); pol. R. s. 53.

Isolt St. P.

Isuwarth. 8. H. a. 996 (n. 211)

Isevard H. a. 993 (n. 209).

Isuard pol. Irm. s. 51 (sec. 11).

Isoard pol. Irm. s. 132, 156.

Nhd. Eisert, Hesard, Isert.

Isovin. 8. Pol. Irm. s. 132.

Isulf. 8. Pol. Irm. s. 104, 150.
Isolf Mchb. sec. 8 (n. 222).
Hisulf pol. Irm. s. 132.
II. Die form ISAL.
Isliberht und Isilberht s. Gisilbert.
Isleburg, fem. 8. Pol. Irm. s. 139.
Hyselgarda, fem. 9. P. IX, 611 f. (chron. mon. Casin.).
Isalgrim. 9. Dr. a. 837 (n. 507; Schn. ebds. Isangrim).
Islar. 10. P. VI, 764 (Thangmari vit. Bernward.).
Hisillar P. V, 65 (Lamberti ann.).
Beide formen stehn an diesen stellen für Gisilhar. Nhd. Heissler, Isler, Issler.
Hiselmund. 9. P. III, 505 (Hlud. II capit.); V, 223 (chron. Casin.).
III. Die form ISAN.
Isanbald. 8. Tr. W. a. 783 u. c. a. 811 (n. 134, 191).
Isanbold Ng. a. 812; necr. Aug.
Isanpald St. P.
Isanpold St. P. mehrm.
Ysanpald St. P.
Isinbald Laur. sec. 8 (n. 2158); Lc. a. 793 (n. 2).
Isinpold St. P.
Ysinbold Ng. a. 817.
Isenbalt Laur. sec. 8 (n. 3352).
Isembald P. VI, 508 (Widr. mirac. S. Gerardi); pol Irm. s. 137.
Isembold pol. Irm. s. 126, 254.
Hisinbald Gld. II, a. 116.
Isembolda, fem. 8. Pol. Irm. s. 279.
Isanpero. Gr. III, 203.
Isinpirin, fem. 8. St. P.
Isanperaht. 8. Isembert b. v. Poitiers sec. 11; Isambard b. v. Orleans sec. 11.
Isanperaht Dr. a. 822 (n. 399; Schn. ebds. Isanberath).
Isanperht St. P. öfters.
Isanbrecht Gld. II, a, 102.
Isanbreht Ng. a. 805.
Isanpraht Dr. n. 375.
Isanpreth Gld. II, a, 102.
Isanperth St. P.
Isanpreht necr. Aug.
Isanpertht (so) St. P.
Isanbert tr. W. a. 783 (n. 84); Ng. a. 791, 792, 800, 805, 809, 817, 819, 821, 826; necr. Aug. St. P. mehrm.; Laur. sec. 9 (n. 222, 371).
Isanpert Ng. a. 760.
Isanbret necr. Aug.
Isanbreth P. XI, 232 (urk. v. 808 im chron. Benedictobur.).
Ysanbert Ng. a. 791, 824.
Isunbreht Ng. a. 826.
Isinbert Ng. a. 772, 821.
Isinpert Ng. a. 882.
Isimbert Laur. n. 1002.
Issinbert K. a. 772 (n. 14; Ng. ebds.).
Isenbreht Laur. sec. 8 (n. 6).
Isenbert Laur. mehrm.; M. B. a. 1076 (VI).
Isembert P. II, 252 (ann. Lemov.); VI öfters; pol. Irm. s. 40, 132, 253; pol. R. s. 89; Guér. a. 1085.
Hisanbret K. a. 792 (n. 40; Ng. ebds.).
Hisinbert Ng. a. 773.
Hisenbert Laur. sec. 8 (n. 1730).
Hysenbert P. VIII, 474 (Sigebert. auct. Nicol. Ambian.).
Isanbard Ng. a. 774, 776, 779, 806, 809.
Isanbart und Isanbarto Gld. II, a, 102.
Ysanbard Ng. a. 798.
Isambard P. II, 752 (monachi Sangall. gest. Kar.).
Isambart R. a. 821 (n. 21).
Isimbard P. III, 451 (Kar. II capit.).
Isenbard pol. Irm. s. 104; pol. Fossat.; St. M. a. 1090; Guér. a. 1099.
Isenbart Laur. sec. 8 (n. 2665).
Isembard P. I, 444 (Prud. Trec. ann.); II, 303 (chron. Fontan.), 613, 615 (vit. Hlud. imp.); III, 426, 458 (Kar. II capit.); VI, 508 (Widr. mirac. S. Gerardi); pol. R. s. 11, 16.
Ysembard St. M. a. 1068.
Hisimbard P. II, 472 (Ermold. Nigell.).
Hisembard P. V, 228 (chron. Casin.); IX, 606 (chron. mon. Casin.); pol. R. s. 72.
O. n. Isanpertesdorf.
Isemberta, fem. 8. Pol. Irm. s. 90, 254.
Isanbirga, fem. 8. Ng. a. 839.
Isanbirc Gld. II, a, 124.
Isanpiric Ng. a. 822.
Isanpirihc Gld. II, a, 124.
Ysanbirç Gld. II, a, 130.
Isemberga pol. Irm. s. 81, 90 etc.
Issenberga pol. Irm. s. 50 (sec. 11).

Isanbrand. 8. Pol. Irm. s. 91.
Isembrand pol. Irm. s. 253; pol. R. s. 45.
Isanburg, fem. 8. Tr. W. a. 819 (n. 168).
Isanburug Gld. II, a, 124.
Isanpurch St. P.
Isanpurc Mchb. sec. 9 (n. 505).
Isamburgis pol. Irm. s. 87.
Isemburgis pol. Irm. s. 90, 139.
Hisenburgis pol. Fossat.
Isindrut, fem. 8. Laur. sec. 9 (n. 199).
Isentrudis pol. Irm. s. 79; pol. R. s. 37.
Izintrudis Mab. a. 798.
Isanfrid. 8. Laur. sec. 8 und 9 (n. 1581, 2055); R. a. 814 (n. 17); Schn. a. 838.
Hisinfrid Dr. a. 838 (n. 513; Schn. ebds. Hilinfrid).
Isanger. 8. St. P. mehrm.
Isanker St. P.; Mchb. sec. 9 (n. 511).
Hisanger St. P.
Isingar pol. Irm. s. 213.
Isinger St. P.
Isengar pol. Irm. s. 269; Guér. a. 822; pol. R. s. 70.
Isenker M. B. a. 762 (VIII).
Isangart, fem. 8. Schn. a. 765, 821; Dr. a. 765 (gen. -ane); Laur. sec. 8 (n. 1430); St. P.
Isingardis pol. R. s. 65.
Isingart Laur. mehrm.
Ysangart Gld. II, a, 130.
Isengardis pol. R. s. 73.
Isengerdis pol. R. s. 86.
Isenkart Gld. II, a, 124.
Isingaud. 8. Gld. II, a, 116.
Isengaud pol. Irm. s. 132, 268.
Isangildis, fem. 8. Pol. Irm. s. 91.
Isengildis pol. Irm. s. 96, 269.
Isengis. 9. Pol. R. s. 70.
Isancljs, fem. 8. St. P.
Isangrim. 8. P. I, 94 (ann. S. Emmer.); IV, B, 171 (synod. Baioar. sec. X); VI, 564 (Arnold. de S. Emmer.); Schn. a. 837 (Dr. ebds. n. 507 Isalgrim); M. B. a. 898 (XXXI).
Isangrimmus M. B. a. 903 (XXXI).
Isancrim Mchb. sec. 9 (n. 317).
Isangrin (so) M. B. sec. 10 (XIII, XIV).
Ysaucrim Ng. a. 762.
Issangrin (so) M. B. a. 899 (I).
Isingrim M. B. a. 1090 (VIII).
Isimgrim (so) Ng. a. 818.
Isincrin (so) Gld. II, a, 102.
Isengrim M. B. a. 899 (III).
O. n. Isencrimenswilare (so).
Isanhanct. 8. Ng. a. 788 (n. 104); wol verderbt.
Isanhard. 8. Ng. a. 761, 800.
Isanhart Ng. a. 773, 796, 797, 808, 811, 822, 824; M. B. c. a. 775, 837 (IX); tr. W. a. 774, 826 (n. 61, 173); necr. Aug.; St. P. mehrm.
Ysanhard Ng. a. 791.
Ysanhart Ng. a. 797, 822, 824.
Isinhart Laur. mehrm.
Isenhard Laur. sec. 8 u. 9 (n. 415, 3305).
Isenhart Laur. mehrm.
Ysenhart Ng. a. 805.
Hisenhart P. VI, 420 (Gerhard. mirac. S. Oudalr.) mit var. Hisanhart und Isinhart.
Isenard pol. Irm. s. 132.
Isnard Laur. sec. 8 (n. 1315); pol. Irm. s. 92, 253; Lgd. a. 959 (II, n. 90).
Nhd. Eisenhard, Eisenhardt, Eysenhardt, Eyssenhardt.
Isanhar. 8 K. a. 778 (n. 20; Ng. ebds.).
Isanheri St. P. zwml.
Isanher Mchb. sec. 8 (n. 46).
Ysanhere K. a. 909 (n. 178).
Isinher Laur. sec. 8 (n. 832).
Isinar Laur. sec. 8 (n. 1205).
Isner Laur. sec. 8 (n. 1201).
Isanhere Gld. II, a, 124 wol für -here.
Isanhilt, fem. 8. St. P. drml.
Isanleib. 10. Necr. Fuld. a. 935.
Isanleih. 8. Necr. Fuld. a. 914.
Isinlech Laur. sec. 8 (n. 1225).
Isanman. 9. R. a. 821 (n. 21).
Isannahha, p. n., fem. 9. Tr. W. a. 830 (n. 172). Verderbt?
Isanrich. 9. Sohn des markgrafen Aribo v. Oestreich sec. 9. P. VII, 111 (Herim. Aug. chron.); M. B. c. a. 1000 u. c. a. 1080 (VI).
Isanrih Ng. a. 842; K. a. 904 (n. 175).
Ysinrich Gld. II, a, 111.
Ysanrich P. I. 413 f. (ann. Fuld.).
Icimrich (so) tr. W. a. 840 (n. 215).
Isandeo. 9. R. a. 814 (n. 18), 822 (n. 22).
Isandeoh (so) M. B. a. 844 (XXVIII).
Isendeus Gld. II, a, 116.

Hisindeus Mab. a. 836.

Isinolt. 9. Gld. II, a, 102.

Isnolt Mchb. sec. 9 (n. 611).

Als eine spur von erweiterung dieses stammes durch r ist vielleicht anzusehn:

Isirbert. 9. Lgd. a. 867 (I, n. 91, Mab. ebds.).

Doch ist der fall unsicher.

Isincramnus s. Irincramnus.

Ismard. 6. Pd. a. 587 (n. 196). Wol kaum für Isinard, da ebds. auch Gosmart steht, das nicht aus Gosinart entartet sein kann.

Isorgia, fem. 9. Pol. R. s. 60. Vgl. ebds. s. 50 Ilisorgia.

Itaberga s. ID.

Itastolf. 8. Schn. a. 779 (Dr. ebds. wol richtiger Fastolf).

Iter s. ID. **Itis-** s. IDIS. **Itta** s. ID. **Iv-** s. IB.

Izala, fem. 11. St. P.

Izbor. 8. St. P.; verderbt?

Iziko. 10. Frek.

Die drei letzten n. zu ID?

Izo s. ID.

J.

Zuweilen, doch nicht grade häufig, steht j für g. Dahin rechne ich Jadregisil, Jaidericus, Jeboart, Josbert, Jozo, Joscelin, Josmar, Juntherius, Hildijer, Hildejardis, Majenard, vielleicht auch Josemberga, Junjubert und anderes. Die schreibung j für i ist selten; einige beispiele finden sich namentlich bei St. P.

Ja, (so), fem. 11. Ms. a. 1049 (n. 21).

Jabolenus. 2. Jurist unter Antoninus Pius. Jul. Capit. Anton. Deutsch?

Jacco, Jachipald s. JAG.

JAG. Man vergl. hiezu ahd. jagon venari persequi.

Jacco. 11. St. P. zwml.

Jachipald. 10. Lp. a. 962 (II, 270).

Jager. 9. Schn. a. 812.

Jahheri Dr. n. 679 (Schn. ebds.).

Nhd. Jöcher?

Jagbolf. 8. Laur. sec. 8 (n. 198); verderbt?

Jahheri s. JAG. **Jaid** s. GAID.

Jailfus. 9. Pol. R. s 43.

JAN. Mhd. heisst jân gewinn, ein wort, dessen herleitung aus frz. gagner doch wol noch zweifelist. Ich weiss nicht, ob man dazu folgende beiden n. stellen darf.

Janipert. 10. P. IX, 623 (chron. mon. Casin.) mit var. Jaunipert.

Janovildis, fem. 8. Pol. Irm. s. 251.

Japo. 9. Mchb. sec. 9 (n. 602).

Jepo Mchb. sec. 9 (n. 615).

Vielleicht zum stamme GAB, wie ich Jebo wirklich dort verzeichnet habe.

JAR. Die folgenden namen erinnern an altn. jara kampf; mit minderer wahrscheinlichkeit ist an GAR zu denken.

Jarant. 9. Mchb. sec. 9 (n. 523).

Jerberth. 9. Wg. tr. C. 52.

Jerlent, fem. 11. Pol. Irm. s. 51 (sec. 11).

Jerrimar s. Terrimar.

Jerat. Gld. II, a, 102.

Jeroin. 11. P. IX, 673 (chron. mon. Casin.).

Jazo. 10. Frek.

Jezo Frek. mehrm.

Jebo s. GAB. **Jer-** s. JAR.

Jo. 9. Wg. tr. C. 268. Vgl. oben Ja.

Joco. 9. Wg. tr. C. 427.
Nhd. Jöck, Jöcke.
Joduin s. JUD.
Jolduin. 11. Pol. Irm. s. 49 (sec. 11); vgl. Joduin unter JUD.
Jolida, fem. 9. Pol. R. s. 49. Deutsch?
Joman. 9. Pol. R. s. 52.
Jon- s. JUN.
Joperht. 10. R. a. 905 (n. 93).
Joberht Hd. m. S. 905 (II, 14).
Jopert M. B. a. 905 (XI, 130).
Joppo. 9. Dr. a. 863 (n. 586; Schn. ebds. Loppo); St. P.
Nhd. Juppe.
Jorannus. 11. St. M. a. 1053.

JORD. Wir sind nicht berechtigt, in den folgenden n. an altn. jörd terra zu denken, es müsste denn etwa die herübernahme des altn. worts als fremdwort namentlich in den westfränkischen dialect angenommen werden können. Bei Jordanes mag der heilige n. des flusses Jordan mit zur häufigkeit des n. beigetragen haben.

Jordanes. 5. Ep. Abilens. sec. 5; ep. Araviens. sec. 5; der schriftsteller, b. (v. Ravenna?) sec. 6; b. v. Terracina sec. 9; ep. Castrens. sec. 9; b. v. Limoges sec. 11.
Jordanes P. V, VII—IX oft; XI, 492 (ann. Mellic.); pol. Irm. s. 157; Jorn. 50.
Jordannes Ng. a. 920.
Jordanes u. corrigirt Jornandes P. X, 313 (Hugon. chron.).
Jordanis P. IX öfters.
Jordanus P. II öfters (sowol vom schriftsteller als von andern gebraucht); V, VI öfters; VII, 62 (Lup. protospat.); VIII, IX öfters; pol. R. s. 76.
Bemerkenswerth ist die vermengung von Jordanes und Jornandes im n. des bekannten schriftstellers. Grimm hält trotz des Jordanes der handschriften (Jorn. 50) doch Jornandes für die echtere form und vermuthet (abhandl. d. Berl. akad. 1845, s. 231) ein Iburnanþs.
Nhd. Jordan.
Jordana, fem. 8. Laur. sec. 8 (n. 913).
Jordildis, fem. 8. Pol. Irm. s. 157.
Jordoin. 8. Pol. Irm. s. 156.

Jornandes s. JORD. **Joscelin, Joscelina** s. GAUD.
Josemberga, fem. 10 (so). Pol. Irm. s. 37; zu GAUD?
Josfred s. GAUD. **Joto** s. JUD. **Jotselm** s. GAUD.
Jovila. 7. B. v. Salamanca. Conc. Tolet. VI a. 638. Deutsch?
Ju(a)terane. 6. M. a. 572 (n. 120); wol verderbt.
Jucaredo. 8. Mab. a. 770; etwa für Hugrad?

JUD. Am wahrscheinlichsten ist wohl die annahme, dass dieser stamm mit dem n. der Jüten und Juthungen zusammenhänge, wie auch Zeuss s. 146 meint.

Judo. 8. Lc. a. 797 (n. 9).
Juto Ng. a. 797, 832; St. P.; Mchb. sec. 9 (n. 354).
Yuto Mchb. sec. 9 (n. 537).
Joto Gld. II, a, 124 hieher?
In einer urk. bei Lc. a. 801 (n. 20) steht sig. Judonoi, was wol verderbt ist.
Nhd. Jüde, Jütte.
Judda, fem. 8. Laur. sec. 8 (n. 1147).
Jutta Laur. n. 3810; H. a. 1030 (n. 226).
Judida, fem. 10. Necr. Fuld. a. 979. Nahe liegt das hebr. Judith, welches gleichfalls oft für deutsche frauen verwandt wurde.
Judinga, fem. 8. Pol. Irm. s. 80.
Juzo. 9. Schn. a. 853; Dr. n. 662.
Jutcar. 8. Pol. Irm. s. 80, 241.
Judildis, fem. 8. Pol. Irm. s. 54.
Jutrad. 8. Pol. Irm. s. 81.
Zu diesem stamme vielleicht noch:
Joduin. 11. Pol. Irm. s. 50 (sec. 11). Doch vgl. auch Jolduin.
Zusammensetzung mit erweitertem stammm:
Judelhildis, fem. 8. Pol. Irm. s. 80.

Jugenprand s. JUNG.
Jugibald. 10. M. a. 984 (n. 105). Ist etwa Ingibald zu lesen?
Jugumar s. Ingomar.
Juliofred. 9. Lgd. a. 806 (I, n. 13).

JUN. Leider ist dieser stamm so beschränkt in seinem vorkommen, dass über die ausdehnung seiner anwendung noch kein sicheres urtheil zusteht. Wenn unser jung (s. d. folgenden stamm) wirklich, wie es scheint, ein älteres jun (contr. aus juvan) voraussetzt, so könnten wir hier diese form, die in dem übrigen sprachschatze untergangen ist, in den namen erhalten besitzen.

Junno. 11. H. a. 1092 (n. 193). Verderbt?

Juno, fem. 8. Goth. n. bei Sm.

Jonis (fem.) pol. R. s. 47.

Junigaud. 8. Pol. Irm. s. 141.

Junegaus pol. Irm. s. 142.

Junegildis, fem. 8. Pol. Irm. s. 133.

Joonard (so). 11. Pol. Irm. s. 50 (sec. 11).

Junildis, fem. 8. Pol. Irm. s. 133, 146 (an dieser stelle heisst ein bruder Jonan und die mutter Junisa).

Joildis pol. Irm. s. 33 (habet infantem Jonam).

Hieher wol noch:

Junzo. 9. Schn. a. 830.

Junzela, fem. Gld. II, a, 124.

JUNG. Offenbar zu jung juvenis, in n. weit seltener gebraucht als ALD.

Junggi (so). 10. Frek.

Jungo. 10. Necr. Fuld. a. 909.

Jungan. 9. Schn. a. 800 (Dr. ebds. Lungan). In einer urk. v. 827 lesen sowol Dr. (n. 471) als Schn. Lungan. Lungan auch Laur. sec. 8 (n. 3470).

O. n. Jungingen.

Junjubert (so). 7. M. a. 655 (n. 145).

Juncram. 9. Ng. a. 826, 827, 834, 845; necr. Aug.

Junchram Ng. a. 903.

Juncherannus pol. R. s. 52.

Jungman. 9. Schn. a. 827, 838; necr. Fuld. a. 836; Ng. a. 851.

Juncman K. a. 815 (nchtr. B); Dr. a. 842 (n. 547; Schn. ebds. Juneman); Laur. sec. 9 (n. 596, 2315); Mchb. sec. 9 (n. 661).

Junhman Gld. II, a, 102 neben Jugman (so).

Nhd. Jungmann.

O. n. Jungmanneswilare.

Jungarat. 8. Schn. a. 796, 826.

Jungerat Laur. sec. 8 (n. 304); Schn. a. 826.

Jungrat Schn. a. 823.

Jungericus. 4. Gothenkg. A. S. Mart. III. Heisst im menologium des Basilius Wingurich.

Jungulf. 8. Mab. a. 798.

Jungolf Schn. a. 796; Laur. sec. 9 (n. 724); necr. Fuld. a. 899.

Zu diesem stamme noch vielleicht:

Jugenprand. 9. P. V, 511 (chron. Salern.); oder verschrieben für Ingenbrand?

Juntherius s. GUND. **Junzo, Junzela** s. JUN.

Jusila, fem. 11. St. P.

JUST. Sind die folgenden n. halb latein. oder gehört der erste theil etwa zu den mit Jos (GAUD) beginnenden formen?

Justebert. 9. Mab. a. 805.

Justad. 9. Pol. R. s. 22.

Justulf. 8. Tr. W. n. 19, 191.

Justolf oft in den tr. W. in urkk. v. 797—809 (n. 20—22, 24, 27—29, 31, 62, 68, 81, 85. 174, 199, 201, 211).

Jut-, Juzo s. JUD.

Juzwib, fem Gld. II, a, 124.

K.

Die mit K anlautenden p. n. finden sich, je nachdem sie ursprünglich mit tenuis oder mit media anlauten, theils unter C theils unter G verzeichnet. Hier unten habe ich daher einerseits nur auf jene beiden buchstaben zu verweisen, anderseits einige wenige einzelne formen anzuführen, die unter C und G keine analogen bildungen finden.

-k (suffix) s. **-c.** **Kacilin, Kad-** s. CHAD. **Kaeina** s. GAIN. **Kaer-** s. GAR. **Kagan-** s. GAGAN. **Kamalhere** s. GAMAL. **Kaman-** s. GAMAN. **Kammo** s. GAM.

Kan. 9. St. P. Wol noch zu GAN hinzuzufügen.

Kanka, Kanko s. GANG. **Karl, Karlman** s. CARL. **Kart-** s. GARD.

Karuheri. 8. Mchb. sec. 8 (n. 224 zwml.); zu GAR?

Kasellja, fem. 8. St. P. Vgl. Trutgisello.

Kat- s. CHAD u. GAD. **Keb-** s. GAB. **Keid-** s. GAID. **Keil-** s. GAIL. **Keimbolt** s. GAIN.

Keinot. Gld. II, a, 102.

Keloit. Gld. II, a, 103.

Kemmulo. 8. St. P.
Kenmulo St. P.

Kemmunt s. GIN. **Ker-** s. GAR. **Kerne** s. **Cherno.**

Keto. 9. Wg. tr. C. 233.
Kedi Wg. tr. C. 269.

Ketold. 9. M. B. a. 834 (XI).

Kezil s. Chezelo. **Kib-** s. GAB. **Kilint** s. GIL. **Kimburg** s. GIN.

Kirihman. 9. Tr. W. a. 821 (n. 175).
Der einzige zu ahd. chiricha ecclesia gehörige p. n. Nhd. Kirchmann.

Kis- s. GIS. **Kisal-, Kisel-, Kisil-** s. GISAL. **Kizo** s. GIS.

Knabert. 11. G. a. 1052 (n. 54); verderbt?

Knocher. 9. Laur. sec. 9 (n. 586).

Koltrun s. GALD. **Kon-** s. CHUN. **Kot-** s. GOD.

Krappoto. 9. Dr. a. 874 (n. 610).

Krebezo. Gr. IV, 589.

Kris- s. GRIS. **Kun-** s. CHUN.

Kung. 9. St. P.

Kuon- s. CHUN.

Kupalhard. 8. Mchb. sec. 8 (n. 122). Zwar steht hier Kupalhard judex zweiml.; da indessen n. 125 aus dem folgenden jahre ein Kysalhard judex erscheint, so ist die erste form wol sicher eine irrige.

L.

Anlautendes L ist namentlich in der beziehung aufmerksam zu beobachten, als die ursprünglich mit L beginnenden formen von denen zu scheiden sind, denen eigentlich ein Hl zukommt. An mehreren stellen unter H und unter L ist auf schwierigkeiten hingewiesen, die der beantwortung dieser frage im wege stehn.

Inlautendes L, wenn ein anderes L vorhergeht, erweist sich oft assimilirt, namentlich aus D und J.

-l, suffix. Unter allen suffixen, die bei n. gebräuchlich sind, nimmt l an häufigkeit (neben n) die erste stelle ein. Seine bedeutung ist zunächst eine diminutive, doch sinkt es schon frühe zu einem bedeutungslosen ableitungselemente herab. Sein vorkommen ist schon ein sehr frühes; abgesehn von einigen unsicheren formen ist es in n. schon seit sec. 3 hinreichend sicher. Dem register bei Graff II, 28 f. entsprechend theile ich hier ein verzeichnis von 358 n. auf l mit, worunter ich 117 feminina zähle:

Adrolo 9.
Echila 9.
Alahila 9.
Albila 6.
Analo 8.
Anila 8.
Andala m. 5.
Andela 9.
Angunila? 9.
Ansila 5.
Asila 9.
Enzil 8.
Enzila 11.
Arila 8.
Erfilo.
Argila 7.
Ascila 4.
Attala 3.
Atula 8.
Audila 6.
Aotila 8.
Onilo 8.
Onila 8.
Ausilas 6.
Aostilo 8.
Usdrilas 6.
Avila m. 6.
Avila f. 9.
Azili 9.
Azzilo 8.
Azala 10.
Babilo 6.
Baduila 6.
Badila 9.
Pettili 8.
Baidilo 7.
Baldila 8.
Bardilo 9.
Basulo 6.
Basilla 8.
Becili 11.
Bezilo 10.
Pezala 9.
Benilo 11.
Berila 8.
Pirahtilo 8.
Bertila 7.
Pizala 11.
Blidilo 9.
Blivilas 5.
Bobilo 8.
Popili 8.
Bobila 8.
Bonila 8.
Poasilo 8.
Brandila 5.
Prozila 9.
Bodilo 7.
Bodila 8.
Catla.
Chadalus 9.
Chatili 11.
Chazili 10.
Chezelo 10.
Chintila 7.
Chitell.
Choslus.
Chunulo 9.
Clintilo 9.
Chnettili.
Corillus? 1.
Cuffolo 8.
Costila 6.
Dafila 9.
Dagalo 9.
Daiula 9.
Danila 7.
Tantulo 8.
Darila 9.
Terfilo 9.
Davila m. 7.
Dauwila f. 9.
Dodilo 9.
Dodila 9.
Duomelo 11.
Tomila 9.
Donnolo 9.
Trebel 10.
Drudilo 8.
Trudila 9.
Trubtilo.
Drogtla 8.
Tulgilo 6.
Dunila m. 7.
Dunila f. 9.
Ebalus 9.
Ebila 9.
Eiffilo 9.
Enhilo 9?
Eralo 9.
Eryl 9.
Eudila m. 6.
Eudila f. 6.
Ewuli 9.
Fachilo.
Fagala 11.
Falchilo 10.
Fandila 7.
Fastila.
Fezzilo 9.
Francula 5.
Frawilo 5.
Froilo 8.
Fritila m. 8.
Fritila f. 8.
Friuntilo 8.
Frutilo 8.
Fugal 9.
Folchili 9.
Fusculo 8.
Gabilo 9.
Gantalo 9.
Kerilo 8.
Gerla 9.
Gardila m. 8.
Cartila f. 9.
Gaudila 7.
Gosla 9.
Cauwila 9.
Gnannilo 11.
Godila m. 4 v. C?
Godila f. 7.
Grimila 5.
Comela.
Guntulo 7.
Gundila 7.
Gunzili 11.
Gunzila 8.
Hachili 9.
Hagilo 9.
Heidilo 8.
Aitla 8.
Heizil 11.
Haimilo 8.
Heimila 9.
Hemilo 9.
Hanala.
Hafilo 8.
Heril 9.
Hetilo 9.
Hedela 8.
Hezilo 9.
Hezilla 11.
Hedralus 9.
Hicchila 8.
Hittilo 8.
Hittala 8.
Hildulo 9.
Hildila 7.
Himminla 9.
Hiodil 9.
Hirzula.
Hizil 10.
Hizila 11.
Hodilo 8.
Hohilo 8.
Ringilo.
Hrisilo 9.
Rocula 7.
Hrodelus 8.
Hrodila 8.
Rozelo 8.
Ruocili 10.
Ruzila 10.
Rumali.
Hukili 9.
Hugolus 11.
Hugila.
Hulzilo 8.
Hunilo 8.
Hunila 3.
Huncelo 11.
Unssle (so) 9.
Walpulo 9.
Idalus 8.
Idala 8.
Igila 8.
Ymmili.
Imala 8.
Hermulo 9.
Irphila 9.
Islo 10.
Isula 8.
Izala 11.
Junzela.
Jusila 11.
Kemmulo 8.
Lagile 11.
Ledila 9.
Lampulo 9.
Listillo 8.
Liubilo 8.
Liubila 8.
Liudila.
Liuzila.
Maccula 9.
Mamila 10.
Mannila 6.
Manili 9.
Merila 6.
Massila 5.
Maurilo 8.
Mazili 11.
Mazola 8.
Mimilo 10.
Mistila 9.
Mitola 7.
Motilo 8.
Mutila 7.
Muezil 11.
Moncola 9.
Mummola 7.
Mummolus 6.
Mundilas 6.
Musula 8.
Nabilo 8.
Nametele?
Nendilo 8.
Nandila 8.
Nanzilo 8.
Nappula 8.
Neufila 6.
Nordolo.
Nordila 9.
Nunnil.
Ochilo 10.
Ofilo 7.
Oppila 7.
Ortila 9.
Usdrilas 6.
Prebila? 8.
Pufulus? 8.
Quidila 6.
Ratilo 8.
Radila 8.
Razili 11.
Razala 11.
Ragilo 7.
Regila 10.
Ranila 7.
Reptila 6.
Ricilas 5.
Rikila 11.
Remila 6.
Rizili 11.
Rizla 9.
Roitlus 8.
Runilo 6.
Rupilo.
Sabulo 9.
Sacgila 8.
Saigil 8.
Sanila 9.
Serila 5.
Savalo 7.
Scalchili.
Scherilo 9.
Scartilo.
Schazhelo 10.
Scudilo 4.
Sevila 7.
Sigilo 9.
Sigili 9.
Sigila 9.
Sindila 6.
Situli 8.
Smidilo 9.
Stadil 8.
Stodilo 9.
Sturilio? 7.
Sunichilo.
Sunila 5.

Sunilo 8. Suanila 7. Suinthila 6. Tassilo 6. Tadilo 8. Tatili 9. Tatila 8. Thalilo 9. Tancila 5. Thenchila 9. Tharuila 9. Thersilo 9. Theudila 6. Deotili 9. Theutila 7. Tiezela 11. Trafstila 5. Dregil 9. Transila 5. Tinnulo 9. Tordel 9. Totila 6. Triutili. Traostilo 9. Trostila 9. Tumila.

Tuobilo. Turdila 9. Uldila 6. Ummila. Ummili 9. Umpal? Unilas 6. Unculus? 8. Undila 8. Ursilo. Uvilo. Utzilo 9. Wachilo 8. Vatili 8. Wadila 7. Walahilo 8. Waltilo 9. Waldila 8. Wanilo 8. Wanla 9. Werinela 9. Wezil 9. Wazili 9. Wazala 11. Wirdilo 9.

Werdila 9. Vibilius 1. Wibila 8. Widilo 9. Widala. Wizolus 11. Wizili 9. Wigilo 8. Willila 8. Vinnilo 9. Wisili 11. Wisla 8. Wiscolo 11. Vulfila 4. Vulfula 8. Zamila 9. Zazil 8. Zeizilo 8. Zeizila 9. Zeisrilus? 9. Citilo 9. Ziwal 9. Zobil 8. Zuchilo 6. Zozzolo 8.

Der umstand, dass das diminutive l durch übermässigen gebrauch sich schon frühe abnutzte und seine bedeutung verlor, machte die bildung eines neuen diminutivsuffixes nöthig. Ein solches entstand durch verbindung der beiden suffixe l und n und hat als ahd. und mhd. -lin, nhd. -lein seinen diminutiven sinn bis heute bewahrt. In n. ist dieses -lin schon sec. 6 nicht selten; ob es früher vorkommt, kann bezweifelt werden, denn Jabolenus (sec. 2) ist nicht entschieden deutsch, und die urk. aus sec. 5, in der Dadolena begegnet, könnte unecht sein.

129 n. auf -lin habe ich gesammelt, worunter 19 feminina:

Abbilin 8. Echelin 9. Aldolenus. Amalin 9. Amelina 11. Ennelin 11. Andolenus 8. Enzilin 10. Athalin 7.

Ottelin 8. Autlina 8. Austrolenus 7. Avelina 11. Azilin 9. Asceliua 11. Babolenus 6. Badelin 7. Betlina 8.

Baldilin 8. Bladalin 8. Baudolenus 7. Bezilin 7. Bennolin 8. Bertelin 7. Beppolenus 6. Bebelina 8. Bobolin 6.

Boslin 7. Brandalenus 8. Brandelina 9. Buccellin 6. Bodolenus 6. Burgolenus 6. Chaezlin 11. Cinelin 11. Chnectelin 9. Dacolenus 7. Dantlin 10. Dodolenus 8. Domlin 7. Dommelina 9. Trudlin 8. Dugilin 8. Ebolenus 7. Euerlin 8. Emelina 11. Eutilina 8. Fattilin 8. Farlenus 8. Fizilin 9. Francolin 8. Fraudolenus 7. Froilina 11. Fridulin 9. Frutlen 8. Fukelin 11. Gibilin 9. Gibelina 11. Gansalin. Ganzilin 8. Joscelina 11. Gislenus 7.

Godolenus 6. Gudelina 6. Guntelin 7. Guncelin 7. Hacchilin 8. Heizilin 10. Haimelin 10. Herelin 11. Hadalin 7. Hazilin 11. Hildelin 11. Hizilin 10. Huadilin. Chramnelenus 7. Roccolenus 6. Chrodolin 7. Hrodelina 9. Ruozelin 11. Ibbolenus 7. Ermelenus 7. Ermelina 11. Jabolenus 2. Landolin 6? Lancelin 11. Liebelin 11. Leudolenus 7. Liuzilin 10. Mathelin 11. Mannelin. Mauroleno 7. Mazelin 10. Mummolenus 7. Nantelin 10. Nanzelin 11. Offilin 11.

Razilin 10. Ragnelin 11. Reginzilin 10. Richlin 9. Richselin 8. Ridelenus 8. Risclen 9. Ruopilin 10. Samilin 10. Sigolenus 7. Sigilina 8. Sitilin 8. Stepelin 11. Dadolena 5. Tetzelin 11. Theginzilin 10. Theodelin 7. Teudolina 9. Thiezilin 10. Dracolenus 6. Ubbilin 11. Uncilenus 6. Urchilin 8. Waddolenus 7. Waldalenus 7. Waralenus 8. Waratlin 8. Wazilin 9. Wibelin 8. Widulin 8. Wizelin 9. Wikelin 10. Vulfolenus 7. Zuakilin 8.

Eine noch spätere zusammensetzung mit suffix l ist das diminutive -ling, oder l + ing, womit natürlich -lung parallel geht. Das erste beispiel davon begegnet sec. 7, die andern erst seit sec. 8. Ich führe hiervon nur 15 beispiele an, indem ich wie bei -ing (s. ds.) mich genöthigt sehe, diejenigen zu übergehn, die ich nur aus Graff kenne.

Bodalung 7. Crailinc 9. Derling 9. Eolunc 9. Gisolung 9.

Hegilinch 11. Harilunc 9. Idelinga 8. Iriling. Meginling 9.

Merling 9. Norlinc 8. Odeling 9. Teudeling 9. Waldeling 9.

Hiemit sind die fälle, in denen -l erscheint, noch

keineswegs erschöpft. Ungemein häufig tritt dies suffix, besonders in der westfränkischen mundart um das jahr 800, an den ersten theil zusammengesetzter n., wie folgende beispiele zeigen:

Ablebert 7.
Anselbert 8.
Audelbert 8.
Audelberga 8.
Autlefred 8.
Aodalker 8.
Aodalgoz 9.
Aodalrihc 9.
Aodalscald 9.
Ezelfrid 10.
Potelfrid 9.
Podalheid 11.
Bodolold 8.
Podalolf 9.
Combolomar.
Crigilwihc 9.
Dacloildis 8.
Daglidulf 8.
Dodalbert 8.
Dodilberga 8.
Dodalhard 8.
Totelman 9.
Domleverga 8.
Ergilpirt 9.
Eodalbold 8.
Eodalpert 10.
Eodalberga 8.
Eodalburgis 8.
Eudalgardis 8.
Eodalhard 8.
Eodelildis 8.
Frotlebert 8.
Frotlildis 8.
Gadalcar 8.
Gadelher 11.
Gaitelgrima 10.
Geudalbert 8.
Gendelger 11.
Girlildis 8.
Ghirlamund 8.
Garilulf 7.
Gaudalbert 8.
Gautlildis 8.
Godalbold 8.

Godalbert 8.
Godalberta 8.
Godalberga 8.
Godaltrudis 8.
Godalfrid 8.
Godalcar 8.
Godelgardis 8.
Godelgaud 8.
Godalgrim 8.
Godelhagdis 9.
Godalhard 8.
Godalhar 8.
Godelhildis 8.
Godalmaud 6.
Godelmar 8.
Godalrada 8.
Godalrich 8.
Godalsad 8.
Guadalsada.
Godalsindis 8.
Godelold 9.
Godaluin 8.
Grimulfrid 8.
Criselher 9.
Crisololf.
Gumeltruda 9.
Gundalperht 8.
Gundelcarl 11.
Gundalmar 8.
Cundlold 9.
Cundulwar 8.
Hahilulf 8.
Harčhelindis 10.
Harilpurc 9.
Airlildis 8.
Hasalwara 9.
Hetelger 9.
Chedelmar 8.
Chadoloald 7.
Hetelwif 9.
Chrodelbert 8.
Rodelgard 9.
Rodolgrim 9.
Rudelthang 10.

Ruocilman.
Chuglibert 7.
Idelbold 8.
Hidalbert 8.
Idalberga 8.
Itlefrid 8.
Idalcar 8.
Idelgardis 8.
Idilard 8.
Idelrich 9.
Imelpert.
Inselbert 9.
Judelhildis 8.
Kupalhard 8.
Landalbert 8.
Landelhelm 7.
Modalbert 8.
Ochelbert 9.
Pedelbrand 7.
Radelfrit 9.
Radalcar 8.
Radelgis.
Radelchisa 9.
Radelmund 9.
Regilfrid 9.
Ragilhart 9.
Ricalsendis 10.
Sadelbert 9.
Sadelfrid 10.
Senelhard? 9.
Sodilbraht 9.
Sodilmunt 9.
Tasselgard 10.
Datlefreda 8.
Dadalcar 8.
Tedelgys.
Tedelmar 7.
Dedalrich 11.
Teudelberga 8.
Teudelgerdis 8.
Teudelgildis 8.
Teutlehildis 7.
Traselpot 9.
Vadalbold 8.

Wadalbert 8.
Vadalgar 7.
Wadalgis 8.
Wadalgrim 8.
Watlulf 8.

Wamelfrid 9.
Widelfred 8.
Widelhagdis 9.
Wiclebold 8.
Wiclebert 8.

Wicleberga 8.
Wiclelm 8.
Wiclildis 8.
Wiclerad 8.
Wicleric 8.

Dazu füge man noch die am ende der stämme NATH, NOD, SIG, WAND verzeichneten formen derselben art, die ich ihrer grossen anzahl wegen nicht mit in dies register aufgenommen habe.

Zuweilen ist man sogar genöthigt, solche erweiterungen eines stammes durch L ihrer häufigkeit oder ihres verhältnisses zum übrigen sprachschatz wegen als ganz besondere stämme anzusehn, muss sich aber ihrer abgeleiteten natur immer bewusst bleiben. Deshalb theile ich hier diejenigen derartigen formen mit, denen ich in diesem wörterbuch den rang besonderer stämme beigelegt habe. Sie begegnen mit ausnahme von CARL, GISAL u. NAGAL nur als erster theil von compositionen.

AGIL.	GAMAL.	NAGAL.
AMAL.	GISAL.	NIBUL.
ANGIL.	ISAL.	OTHAL.
ATHAL.	MAHAL.	STAHAL.
CARL.	MATHAL.	WODAL.

So weit die noch in mancher hinsicht zu vervollständigenden erscheinungen, die das suffix -l darbietet. Namentlich unterlasse ich es gänzlich auf den dem -l vorhergehenden vocal einzugehn.

Laboald. 8. P. V, 35 not. (Lamberti ann.). Labolt Laur. sec. 9 (n. 2340).

LAC. Dass ein stamm dieser form in deutschen eigenn. am ende vorkommt, darauf hat zuerst Marini p. dipl. s. 286 in folgenden worten geachtet: l'Anonimo Ravennate mostra aver letta la descrizion della Dacia fatta dal Filosofo Goto Menelac, e ad un altro Goto forse detto Emulac, Spatario del Patricio Belisario, fu posta una iscrizione del Muratori (1852, 12). Ueber die etymologie dieses stammes kann man zweifelhaft sein, vorläufig gebe ich ags. laece in der bedeutung von hospes zu erwägen. Die auf LAC auslautenden n., von denen keiner in älterer zeit als sec. 8 erscheint, sind nicht leicht zu beurtheilen. Selbst die formen auf -lah und -lach erregen durch leichte graphische verwechselungen mit -loh und -loch schwierigkeit. Noch unsicherer ist das hiehergehören der formen auf -lagius -lagia, die ich für's erste hieher setze, derer auf -legius -legia, die man unter LAIC sehe, eben so der n. auf -laus, die nach westfränkischer art ein h oder ein c ausgestossen zu haben scheinen, bei welchen bildungen man denn auch an die feminina auf -leis (s. LEIS) erinnert wird. Hier führe ich 42 n. an, worunter nur zwei feminina:

Alolach 8.	Helmlach 11.	Radolach 8.
Altolah 8.	Hordolach 8.	Rantalach 10.
Erpolach 8.	Hrotlaus 9.	Richolach 8.
Asalach 9.	Ingerlaus 8.	Rinlach 8.
Adolach 8.	Hermlagia 8.	Risalah 9.
Audelachis? 8.	Ermelaus 10.	Scaptlah 8.
Pernelah.	Landelach 8.	Sigilach 8.
Bertholacus 8.	Liobalah 9.	Sulach 8.
Burgalah 9.	Meginlac 9.	Suabalah 8.
Fridulah 9.	Maurlach 8.	Suarzolah 9.
Gebalach 8.	Minolach 8.	Tetlagius 9.
Gerlac 8.	Nandolah 8.	Theodilacus 8.
Gundalah 9.	Nordalah 9.	Witlagius 9.
Hartalah 9.	Odelegius 8.	Wislaus 8.

Ob auch als aufang von n. derselbe stamm erscheint, bleibt weiterer forschung vorbehalten.

Lad- s. LATH.

Laer. 9. Wg. tr. C. 481.

LAG. Irgend eine ableitung von ligan jacere muss in den namen stecken; ich erinnere besonders an ags. lagu, lah, traditio, lex; bestätigt wird mir diese vermuthung durch den nhd. n. Lachmann, der genau dem ags. lahman judex entspricht. Als zweiter theil von n. dürfte dieses LAG sich mit obigem LAC vermischt haben.

Lago. 9. Mchb. sec. 9 (n. 467).

Lacco Mchb. sec. 11 (n. 1220).

Lagile. 11. Hd. m. S. a. 1068 (II, 89).

Lagipert. 9. P. III, 253 (Hlud. et Hloth. capit.).

Lagoz. 9. Dr. a. 863 (n. 585; Schn. ebds.).

Lager. 8. Laur. sec. 8 (n. 3629); = Lagher?

Lahildis, fem. 8. Pol. Irm. s. 207; = Laghildis?

Lagariman. 4. Amm. Marc.

Lagdrad s. LAITH. **Lahildis** s. LAG.

-laib s. LAIF.

LAIC. Am wahrscheinlichsten zum goth. laikon ludere gehörig und dadurch mit ahd. leih carmen versus verwandt scheint dieser stamm sich fast nur am wortende und zwar seit sec. 6 zu finden. Ob die formen auf -legius -legia so wie einige ganz unorganische auf -lich hieher gehören, ist zweifelhaft. Ich erwähne hier 66 n., worunter 6 feminina:

Abblicus? 8.	Frotlaica 8.	Richlich?
Ekkileich 9.	Folcleih 8.	Scaftleich 8.
Albleih 8.	Gebaleich 8.	Scaphleich 8.
Amalleih 9.	Gairelaig 7.	Seulaigus 7.
Amatlaicus 8.	Gozleih 8.	Sigileih 7.
Andilegia? 9.	Gesaleicus 6.	Sinelicho? 9.
Antlaicus 8.	Godolec 9.	Theleic.
Asleih 7?	Gomaleih 9.	Theutleich 8.
Adalleih 7.	Gundelaicus 8.	Drasaleh.
Adelegia? 9.	Halulec 9.	Wadelaicus 8.
Aethelleken? 10.	Hartleih 9.	Walaicho 8.
Audolecus 8.	Charilaigus 8.	Waldleih 8.
Perlaicus 8.	Hadaleih.	Warlaicus 8.
Perahtleih 7.	Hildelaicus 8.	Werinleih 9.
Chunileihc 9.	Rodleich 8.	Widolaic 8.
Dagaleich 8.	Hugilaih 8.	Willileih 8.
Doirlich? 9.	Isanleih 8.	Winileih 8.
Eparlaig 8.	Landelaika 9.	Wiolicus? 6.
Faolaic 7.	Liuplih? 8.	Wolsleic.
Freuleich 8.	Mathlec 9.	Vulfolaicus 7.
Fridileih 9.	Madalleich 8.	Wolfleiga 8.
Frotlaicus 8.	Radleic 9.	Zitleich 9.

Laico. 9. Wg. tr. C. 296.

Nhd. Lecke, Lege, Leich, Leyck, Liche.

Laigobert. 7. D. Ch. I, 667.

Lecard. 8. Pd. a. 713 (n. 488; unecht).

Legard pol. Irm. s. 49—51 (sec. 11) mehrm.

Legart pol. Irm. s. 50 (sec. 11).

Nhd. Leichardt, Leichert, Leikert, Leuckart.

Laid- s. LAITH.

LAIF. Dieser stamm, der sich sowol auslautend als anlautend in p. n. findet, scheint zu goth. laifs superstes, ahd. leiba reliquiae, leibjan relinquere u. s. w. zu gehören; er scheint in n. eigentlich den überlebenden, d. h. den sohn zu bezeichnen, daher wol ursprünglich nur auslautend.

Auslautendes LAIF, welches im nhd. untergegangen ist, d. h. sich mit LIUB vermischt hat (s. Grimm gr. II, 70) findet sich schon seit sec. 4 in folgenden 66 formen, worunter vier feminina:

Eggileib 9.	Gozleib 9.	Reginleiba 9.
Eillef 9.	Godolef 6.	Rahaleib 8.
Albleib 8.	Grauceleba 7.	Richleib.
Oslef 9.	Kundleip 10.	Richliba? 8.
Athulef 8.	Guntleiba 8.	Sileif 9.
Adalleib 9.	Hartleip 8.	Slihleip 9.
Otleib 9.	Harilaip 8.	Starcleib 8.
Awileib 9.	Hasleip 8.	Thiotleip 9.
Bandoleif.	Haduleif.	Thonielef.
Panzleip.	Hiltileip 9.	Drasaleib.
Baudoleif 6.	Hrodleif 8.	Tolleib 10.
Bernlef.	Hunleib 9.	Wachilapus? 8.
Berahtleib 8.	Husilef 9.	Watleib.
Carilef 6.	Isanleib 9.	Wanlep.
Dagalaif 4.	Mahtleip 9.	Waceleiph.
Danleib.	Marileif 6.	Wiglef 9.
Dotleib 8.	Marcoleif 6.	Wineleib 8.
Truhtleib 9.	Nordleip.	Wolleip.
Edilef.	Ortlaip 8.	Vortlief? 11.
Friduleib 8.	Ratleib 8.	Wulfleib 8.
Folcleib 8.	Rachleib 8.	Wunnileif 9.
Kerlaip 8.	Reginleib 9.	Zehaleip 8.

Vgl. noch Bodolev (7), Irminlev (8) und Meginlev (8), die vielleicht hieher, vielleicht aber auch zu LEW gehören.

Leifi, zt. unbest., necr. Aug.

Leibin. 9. Tr. W. a. 846 (n. 268).
Leibenus tr. W. a. 846 (n. 269).
Laifin pol. R. s. 54.
Nhd. Leben, Lebin, Leppin.

Leibuni. 8. Tr. W. a. 798 (n. 21).
Laipuni St. P. zwml.

Laiping. 8. Pol. Irm. s. 84.
Leibung Dr. n. 344.
Nhd. Leibing.

Leibher. 8. Tr. W. a. 724 (n. 18).
Nhd. Laiber, Leber.

Leibhilt, fem. 8. Tr. W. a. 788 (n. 102).

Leibrat. 8. Laur. sec. 8 (n. 3356).

Leibwart. 9. Schn. a. 803.
Leipwart Dr. a. 863 (n. 586; Schn. ebds. Liupwart).
Nhd. Lepert.

Laiboin. 8. Leboin b. v. Lyon sec. 9.
Laiboin tr. W. a. 713 (Pd. nchtr. n. 25).
Leibwin necr. Fuld. a. 811.
Leibuin H. a. 865 (n. 102).
Leipwin Mchb. sec. 9 (n. 629).
Leboin conc. Cabilon. a. 886.

Laibulf. 8. Lgd. a. 812 (I, n. 16); pol. R. s. 33.
Laibolf K. a. 785 (n. 28; Ng. ebds.).
Leibolf Laur. mehrm.; Schn. a. 765, 824; Ng. a. 814.

Leipfliusa, fem. Dieser auffallende n., den Gr. II, 266 anführt, scheint seinem ersten theile nach auch hieher zu gehören.

Zusammensetzung mit erweitertem stamm:

Leiperolf. 9. St. P.

Laigobert s. LAIC.

LAITH.

Ich stelle diese n. zu ags. lâd, altn. leiðr, ahd. leid, alts. lêd und nehme die kriegerische bedeutung von infestus als die für diese formen passendste an. Anlautend ist dieser stamm ziemlich häufig, auslautend begegnet er fast nur in seltenen und unsicheren formen. Als solche erwähne ich:

Ansleth 9.	Graffilad? 9.	Wendillith?
Berthlede 9.	Crotleid 8.	Wolfleit 7.
Gorinlaith.	Unleid 9.	

Laitu. 5. Lethu Langobardenkg. sec. 5.
Laitu P. V, 511 (chron. Salernit.).
Lethu P. V, 217 (regg. et imper. catal.); VIII, 301, 312 (Sigebert. chron.); Paul. diac. I, 18.
Lethus P. VIII, 142 (Ekkeh. chron. univers.).
Letus P. VI, 508 (Widric. mirac. S. Gerardi) wol hieher.
Ledi Mchb. sec. 9 (n. 380) hieher?
Nhd. Lethe, Lette, Leyde.

Ledila, fem. 9. Pol. R. s. 65.

Leiting. 9. Schn. a. 825.
Nhd. Leding.

Ledisma, fem. 9. Pol. R. s. 55.

Letbaud s. LIUD.

Leitbraht. 9. Schn. sec. 9; Dr. ebds., viell. weniger richtig, n. 638 Liutbraht.
Letbert P. II, 189 (ann. Gand.).

Leitrudis, fem. 9. Pol. R. s. 104.

Leitfrid. 9. Mab. a. 1030.
Letfrid pol. R. s. 105.
Lefred Mab. a. 829 wol hieher.

Letger. 9. Pol. R. s. 34.
Laidlaud. 9. Pol. R. s. 55, 106.
Letgius. 9. Pol. R. s. 8. Für Letgisus?
Lethard. 9. H. a. 916 (n. 142).
Letard P. III, 539 (Kar. II capit.).
Nhd. Leitert.
Leither. 8. Laur. sec. 8 (n. 2238).
Letar Mab. a. 870.
Lether pol. R. s. 22.
Nhd. Leder, Leider, Leiter.
Lethaildis, fem. 9. Mab. a. 854.
Laihildis pol. R. s. 101.
Ledoc. 8. Lc. a. 794 (n. 4), 805 (n. 27).
Lethramnus. 9. Pol. R. s. 10.
Leidmar zu schliessen aus o. n. Leidmaresheim.
Leidmuot. 8. St. P.
Letmodo pol. R. s. 61.
Letmodis, fem. 9. Pol. R. s. 61.
Laidarat. 8. Erzb. v. Lyon sec. 8.
Laidarat Gld. II, a, 103.
Laidrad P. II, 463 (Einh. vit. Kar.); pol. Irm. s. 54.
Laidrat Schn. a. 755; St. P. drml.
Leidarat Gld. II, b, 155.
Leidirat Gld. II, a, 103.
Leiderat K. a. 856 (n. 125; Ng. ebds.).
Leidrad P. II, 320 (Adon. chron.); IX, 303 (Ad. Brem., var. Leudrad); X, 321, 352 (Hugon. chron.); pol. R. s. 58; Laur. mehrm.; Ng. a. 779.
Leidrat P. XI, 232 (urk. v. 808 im chron. Benedictobur.); Mchb. sec. 8 (n. 12); Schn. a. 756; M. B. a. 763 (IX); St. P. drml; Laur. mehrm.; R. a. 810 (n. 15).
Leitrad Laur. sec. 8 (n. 6).
Leirad Laur. sec. 8 (n. 941).
Lethrad H. a. 804 (n. 64); Lc. a. 844 (n. 58).
Ledhrad Lc. a. 855 (n. 65).
Ledrad Lc. a. 834 (n. 47).
Letrad Lc. a. 841 (n. 55).
Lagdrad tr. W. a. 786 (n. 206).
Lecdrada (so), fem. 9. Pol. R. s. 71.
Letoerich. 8. P. IX, 64 (Rodulf. hist.).
Leterich Pd. a. 713 (n. 488).
Letsinna, fem. 9. Pol. R. s. 8.
Ledoald. 8. B. v. Chalons sec. 10.
Ledoald tr. W. a. 700 (n. 203 u. Pd. nachtr. n. 12).
Letald P. V, 400 (Flodoardi ann.); A. S. Jan. II.
Letold P. V, 609 (Richeri hist.); conc. Troslejan. a. 909.
Lethald A. S. Jan. II.
Nhd. Leithold.
Lethward. 8. Mchb. sec. 8 (n. 90).
Laiward pol. R. s. 73.
Letveus. 9. Pol. R. s. 11.
Nhd. Ledwig.
Ledivia, fem. 9. Pol. R. s. 41.
Laidoin. 9. St. P.
Leduin P. X, 392 (Hugon. chron.).
Laidulf. 8. P. IX öfters; pol. R. s. 44, 45 etc.
Laydulf P. V, 210 (catal. princip. Cap.).
Laydolf P. V, 172 (ann. Casinat.), 207 (chron. S. Benedictobur.).
Leidulf P. V, 69 (ann. Quedlinb.).
Leidolf Laur. sec. 8 u. 9 (n. 474, 483).
Letulph conc. Confluent. a. 860.
Laedolph P. V, 209 (chron. comit. Cap.).
Nhd. Leidloff, Leitloff.
O. n. Laidolvinchova.

Lajulph. 9. B. v. Mantua sec. 9. Conc. Mantuan. a. 827.
Lala, fem. 8. Ng. a. 764.
O. n. Lalenheim viell. dazu, wenn darin nicht ein msc. Lalo steckt.
Lallinc. Gld. II, a, 103.
Lamalbert s. AMAL.
Lamissio. 5. Langobardenkg. sec. 5.
Lamissio P. V, 217 (regg. et imper. catal.); VIII, 301, 312 (Sigebert. chron.); Paul. diac. I, 15, 17.
Lamisso P. VIII, 142 (Ekkeh. chron. univers.).
Lamisius Gld. II, a, 116.
Vgl. über die bedeutung: P. VIII, 142 (Ekkeh. chron. univers.): quia eum de piscina levavit, eorumque lingua aqua lama dicitur, Lamisso ei nomen imposuit. P. VIII, 312 (Sigebert. chron.): Lamissio sic dictus, quod a lama, id est voragine, fuit extractus. Danach Grimm gesch. d. dtsch. spr. 568.
Lamo. 9. Mchb. sec. 9 (n. 624, 625).
Nhd. Lamm, Lehm?

LAMP. Da an lamb agnus schwerlich zu denken ist, so müssen wir wol auf altn. lempa moderari, ags. limpan, ahd. limfan evenire convenire als das stammwort der folgenden n. kommen. Vielleicht bestätigt sich das auch durch die neben einander stehenden formen Lampaia und Limpaia.

Lampo. 10. H. a. 926 (n. 146).

Nhd. Lamp, Lampe, Lamppe; Lemm? Lemme? Lempe, Lempp.

Lampulo. 9. P. III, 253 (Hlud. et Hloth. capit.).

Nhd. Lamle, Lämmle, Lemmel.

Lampald, Lampert, Lamperga s. LAND.

Lempfrit. 8. Laur. sec. 8 (n. 967).

Lampaia, fem. 9. Pol. R. s. 49, 53; wol für Lamphaida.

Limpaia pol. R. s. 60.

LAN. Altn. heisst lân glück, vermögen; haben wir davon hier noch ein paar spuren?

Laniogais. 4. Amm. Marc.

Lanuald. 8. P. V, 35 not. (Lamberti ann.).

Sonst ist ein solcher stamm wol, wenn er vorhanden war, in LAND aufgegangen.

Lanc-, -lanc s. LANG.

LAND. Dieser bei p. n. sowol anlautend als auslautend nicht seltene stamm muss zu goth. altn. alts. ags. land, ahd. lant (terra) gehören und stimmt so zu GAW. Er ist seit sec. 5 in n. nachzuweisen und scheint sec. 7 recht häufig gewesen zu sein. Auslautend in 48 namen, worunter vier feminina:

Acland 8.	Godoland 8.	Madoland 7.
Eliland 9.	Gotlanda 8.	Meginlant.
Ingaland 8.	Grimland 9.	Nodeland 9.
Oslant 8.	Gundoland 8.	Odallant 9.
Adoland 9.	Guniland 7.	Ratland.
Adalland 9.	Hekilant 9.	Ragentland 8.
Aotlant 8.	Aitland 8.	Rainlanda 8.
Osterlant 9.	Artaland 8.	Rihlant 8.
Auilant 9.	Hariland 8.	Scolant 8.
Perelant 9.	Hasland 9.	Sigilant 8.
Perahtland 8.	Hiltilant 9.	Siclanda 8.
Bertlanda 8.	Hrodlant 8.	Tetlannus 9.
Cululant.	Itislant.	Teutland 8.
Thruadland 8.	Inlant 9.	Wariland 8.
Frotland 8.	Ermoland 7.	Wiclant 8.
Gerland 9.	Hermenland.	Vulfland 8.

Lando. 8. Ep. Conselinens. sec. 8.

Lando P. II, 281, 282, 298 (gest. abbat. Fontan.); V, VII, IX öfters; X, 358 (Hugon. chron.); Ng. a. 744—745; Laur. mehrm.; pol. Irm. s. 93, 160.

Landus P. IX, 617 (chron. mon. Casin.).

Lanto P. III, 411 (Hlud. Germ. capit.); VI, 425 (transl. S. Magni); St. P. mehrm.; Ng. a. 799, 805.

Lantho K. a. 844 (n. 110).

Lantdo P. VI, 14 (ann. Leodiens.).

Landeus pol. Irm. s. 88.

Lant Mchb. sec. 9 (n. 618).

Lanno pol. R. s. 33.

Nhd. Land, Lande, Landt.

O. n. Landenberg.

Landa, fem. 8. Pol. Irm. s. 55, 74 etc.

Lanna pol. R. s. 40.

Lenda pol. R. s. 47.

Lantuch. 10. Necr. Fuld. a. 933.

Landechina, fem. 11. Lc. a. 1015 (n. 147).

Lantelo s. Landaloh.

Landolin. 6? B. v. Vienne sec. 7.

Landolin pol. Irm. s. 273.

Landalenus conc. Cabilon. c. a. 690.

Landolenus Pd. a. 526 (n. 108; unecht).

Landelin P. VI, 11 (ann. Laubiens.), 56 (Folcuin. gest. abb. Lobiens.); VIII, IX öfters; Pd. a. 636 (n. 275).

Landelenus Pd. a. 642 (n. 301).

Landemia, fem. 8. Pol. Irm. s. 88.

Lantine. Gld. II, a, 125.

Lentine Gld. II, a, 103.

Landina, fem. 8. Pol. Irm. s. 119; A. S. Febr. I.

Landing. 8. Pol. Irm. s. 123, 176.

Landinc A. S. Febr. III.

Lentinc Gr. II, 239 wol nur aus o. n. Lentinchova geschlossen.

Landisma, fem. 8. Pol. Irm. s. 53, 89.

Landrisma, fem. 8. Pol. Irm. s. 88, 91.

Lanzo. 8. Anführer der Mailänder zur zeit Heinrichs III.

Lanzo P. IX, 250 (Gundechar. lib. pontif. Eichstet.); X, 16 (Arnulf. gest. archiepp. Mediol.), 64 (Landulf. hist. Mediol.), 610 f. (chron. S. Huberti Andag.); XII oft; M. B. c. a. 750 (VII), sec. 11 (VI, VII); St. P. mehrm.; Frek.; H. a. 1085 (n. 289); G. a. 1092 (n. 70).

Lanczo P. XI, 81 (Cosm. chron. Boem.).
Lanzco P. VIII, 695 (annalista Saxo).
Landefred qui et Lanzo Lp. a. 985 (II, 379).
Nhd. Lantz, Lanz, Lentz, Lenz.
O. n. Lanzinperc.

Lenzi. 11. St. P. zwml.

Lanza, fem. Pol. Wizenb. (n. 301); St. P. mehrm.

Lanziko. 10. Frek.

Lanzikin. 10. Frek. neben Lancikin.

Lancelin. 11. P. X, 410 (Hugon. chron.).
Lenzelin Schpf. a. 1097 (n. 230).

Lancenna, fem. 11. St. M. a. 1089.

Lanzinc. 9. Gr. II, 242.
Lansung St. P.

Landbold. 8. Dr. a. 796 (Lanbot ebends. Schn.).
Lantibold Gld. II, a, 103.
Lantbald Laur. sec. 8 (n. 280); tr. W. a. 821 (n. 175).
Lantbalt Laur. sec. 9 (n. 803).
Lantbold Laur. mehrm.; Ng. a. 783; pol. Irm. s. 115.
Lantpald Mchb. sec. 8 (n. 12).
Lantpold Ng. a. 805.
Lanbold pol. R. s. 52.
Lampald Mab. a. 872.

Lantpero. 9. R. a. 890 (n. 72).
Lanberus pol. R. s. 33.

Landobercth. 7. Sec. 7: b. v. Mastricht. Sec. 9: sohn Guidos v. Spoleto; ep. Aretinus; b. v. Parma; ep. Matiscon. Sec. 10: sohn des grafen Reginar v. Mons; b. v. Chalons; b. v. Constanz; b. v. Freisingen. Sec. 11: b. v. Arras; b. v. Langres; ep. Polimartiens.
Landobercth Mab. a. 678.
Landebercth M. a. 691 (n. 129).
Landebert P. III, 505 (Hlud. II capit.); X, 339 (Hugon. chron.); Mab. a. 690.
Lantperht St. P. oft.
Lantpreht P. II, 490 (Ermold. Nigell.); necr. Aug.; St. P. zwml.; Ng. a. 821; M. B. sec. 9—11 (VIII); M. B. c. a. 1050 (VI).
Lantbrecht P. V, 69 (Lamberti ann.).
Landbert P. I, 493, 495, 502, 506, 514 (Hincm. Rem. ann.) etc.; II öfters; III, 504 (Hloth. II capit.); V oft.
Lantbert P. I, 149, 322, 517 etc. (Einh. ann., ann. Mett., ann. Vedast. etc.); II, III, V, VI, VIII, IX oft; X, 528 etc. (gest. abb. Gembl.); pol. Irm. s. 2, 14 etc.; Ng. a. 744, 773, 778, 782, 785, 787, 812, 816, 821; Laur. mehrm.
Lantbert mit var. Lancbert M. B. a. 822 (XXXI).
Lantpert P. I, 598 (Regin. chron.); II, 43 (Otmari vit.); VI—VIII oft; Laur. sec. 8 (n. 2168, 2694); Ng. a. 765, 797, 805, 816; necr. Aug.
Lanthpert P. VII, 130 (Herim. Aug. chron.).
Lantbret Laur. sec. 8 (n. 713).
Lantpret Ng. a. 813, 825.
Lantpreth Gld. II, a, 103.
Lantpreh (so) Ng. a. 785.
Lanbert P. II, 253 (chron. Aquitan.); V, VI öfters; VIII, 358 (Sigebert. chron.); Ng. a. 786; Laur. sec. 9 (n. 3074); St. M. a. 1068.
Lanpert Lc. a. 996 (n. 126).
Lambreht Lc. c. a. 1070 (n. 221).
Lambrecht Laur. sec. 8 (n. 1209, 1212); G. sec. 11 (n. 49).
Lambert P. I, II öfters; III, 562, 565 (Lamberti capit.); V—IX oft; X, 324 (Hugon. chron.), 528 etc. (gest. abbat. Gembl.), 572 etc. (chron. S. Hubert. Andag.); Ng. a. 791; Laur. mehrm.; Gud. a. 909, 963.
Lampert P. IV, B, 14 (Eugen. II concil.); V, VIII öfters; X, 104 (catal. archiepp. Mediol.); Laur. sec. 8 (n. 251, 3422); St. P.
Lambreth Lc. a. 1091 (n. 246).
Lampret Lc. a. 1094 (n. 248).
Lambers P. IX öfters.
Lambart Gld. II, a, 103.
Baldricus qui et Lanbertus P. VII, 358 (Sigeb. chron.).
Nhd. Lambert, Lambrecht, Lampert, Lamprecht.
O. n. Lantperhteshovin, Lantperhtesreode.

Lantberta, fem. 8. Pol. Irm. s. 2, 204.
Lantborta (so) pol. Irm. s. 145.

Landeberga, fem. 8. Pol. Irm. s. 211.
Lantberga pol. Irm. s. 35, 113.
Lantpirc St. P.
Lamperga Lp. a. 774 (I, 530).
O. n. Lantbirgehoven.

Lamprand. 9. B. v. Pistoja sec. 9. Synod. Roman. a. 826.

Lantbodo. 8. Laur. sec. 8 (n. 203).
Lantboto Laur. sec. 8 (n. 1840).
Landbot Schn. a. 796.

Lantbod pol. Irm. s. 37, 141.
Lanbod pol. R. s. 68.
Lambodo Laur. sec. 8 (n. 6).
Landburg, fem. 8. Ms. a. 1049 (n. 21).
Lantburgis pol. Irm. s. 123, 248.
Lantburg Schn. a. 826.
Landedrudis, fem. 7. Pol. Irm. s. 2, 53 etc.
Landetrudis Mab. a. 690.
Lantrudis pol. Irm. s. 92, 94 etc.
Lantrud St. P.
Lantrut Laur. sec. 8 (n. 1062).
Lanfranc. 10. Lp. a. 926, 948, 954, 955, 959, 960 etc. (II, 146, 211, 227, 231, 246, 255 etc.); Mur. 1897, 2; conc. Rom. a. 1050.
Lanfrank Lp. a. 1048 (II, 626).
Lanfranch Lp. a. 987 (II, 383).
Lanfranc ist sonst oft ags., z. b. häufig in den concilien.
Landfrid. 8. Alamannenhzg. sec. 8.
Landfrid Laur. sec. 8 (n. 302); Wg. tr. C. 432.
Landifrit Gld. II, a, 116 neben Landefred.
Landfred Gld. II, a, 103.
Lantfrid P. I, 136 (ann. Lauriss.), 346 (Enh. Fuld. ann.) etc.; II, 318 f. (Adon. chron.); III, 30 (Pipp. capit.), 411 (Hlud. Germ. capit.); V, 138 (ann. Einsidl.); VI, 665 (Constant. vit. Adalber.); VII, 98 (Herim. Aug. chron.); VIII, 331 (Sigebert. chron.), 555 (annalista Saxo); XI öfters; St. P. öfters; Laur. öfters; pol. Irm. s. 158, 230; M. B. c. a. 740 (VII), c. a. 770 (IX), 779, 800 (VIII), 802 (IX), 806 (VIII); Ng. a. 806; decr. Tassil.; Mab. a. 831.
Lantfrit M. B. c. a. 740 (VII), 802 (IX); St. P.
Lantfred P. I, 310 (chron. Moissiac.); III, 90 (Kar. M. capit.); Mab. a. 798; pol. Irm. s. 35, 53 etc.
Lantfret Pd. a. 731 (n. 549; Ng. ebds.).
Lanfrid P. I, 330 (ann. Mett.); VIII, 330 (Sigebert. chron.); St. P.; pol. R. s. 44.
Lanfred P. V, 167 (ann. S. Germani); St. P.
Lamfrid Mab. a. 874.
Landefred qui et Lanzo Lp. a. 985 (II, 379).
Nhd. Lamfried.
O. n. Lantfriteshusun.
Lantfrida, fem. 8. Pol. Irm. s. 263.
Landagar. 8. Lgd. a. 959 (II, n. 90).
Landegar pol. Irm. s. 230.
Lantgar pol. Irm. s. 208.

Lantker R. a. 852 (n. 43).
Langer Laur. sec. 8 (n. 3303).
Lantger und Lanker Gld. II, a, 103.
Landegaria, fem. 8. Pol. Irm. s. 143.
Landegaus. 8. Pol. Irm. s. 133.
Lontgaus pol. Irm. s. 35.
Lancottus Ng. c. a. 744 hieher?
Langoz Laur. sec. 9 (n. 1719).
Lantegildis, fem. 8. Pol. Irm. s. 133.
Lannegildis pol. R. s. 105.
Landegisil. 7. Pd. a. 632 (n. 253; Mab. ebds.).
Landegiselus gest. Dagobert. I.
Landgrim. 9. Lc. a. 855 (n. 65).
Landegunda, fem. 6. D. Ch. I, 566 (dieselbe ebds. s. 569 Leodegunda).
Lantheida, fem. 8. K. a. 790 (n. 37).
Lantheid St. P.
Landohard. 8. P. V, 341 f. (Liudpr. hist. Ott.).
Lanthard Schpf. a. 903 (n. 128).
Landard pol. Irm. s. 92, 156.
Lantard pol. Irm. s. 263.
Lendard d. Ch. I, 239.
Lanhard pol. R. s. 49.
O. n. Lanthardasdorf.
Lanthar. 6. Ng. a. 797, 822; pol. Irm. s. 26, 247; Laur. sec. 8 (n. 1708).
Lanthacar (für -char, sec. 6) Marii chron. (d. Ch. I, 213).
Lantchar tr. W. a. 713 (Pd. nchtr. n. 24).
Lantheri St. P.
Lanthere Gld. II, a, 103.
Lanther Ng. a. 763, 772; Laur. mehrm.
Landari P. III, 252 (Hlud. et Hloth. capit.).
Landar pol. Irm. s. 101; Ng. a. 670.
Laudari Paul. diac. V, 24 für Landari?
O. n. Lanteresheim.
Lanthad. 9. Pol. R. s. 95.
Lanthelm. 9. Laur. sec. 9 (n. 378, 596); necr. Fuld. a. 893.
Lantelm P. X, 422 (Hugon. chron.).
Landohildis, fem. 5. Schwester Chlodwigs I und frau Theodorichs d. Gr.
Landechildis gest. regg. Franc.
Landehildis d. Ch. I, 528.
Landovildis pol. Irm. s. 88, 253.
Landowildis pol. Irm. s. 114.
Landoildis pol. Irm. s. 230, 250.
Lanthildis Greg. Tur. II, 31; pol. Irm. s. 97, 104.

Lanthilt St. P.
Lantildis pol. Irm. s. 3.
Lanhildis pol. R. s. 53.
Landramnus. 9. P. III, 246 (Hlud. et Hloth. capit.). B. v. Tours sec. 9.
Lantramnus P. III, 327 (Hlud. et Hloth. capit.); pol. R. s. 45.
Lantrannus pol. R. s. 51; Guér. a. 985 (appendix zum pol. Irm. s. 340).
Lamtramnus pol. R. s. 43.
Landurani tr. W. a. 718 (n. 227) hieher? Cas. u. gen. unbest.; vgl. Luodorane.
Landramna, fem. 8. Pol. Irm. s. 181.
Landelach. 8 Laur. sec. 8 (n. 2492).
Landelaus P. VIII, 615 (annalista Saxo).
Landelaika, fem. 9. P. V, 515 (chron. Salern.).
Landaloh. 9. P. II, 82 (Ekkeh. chron. S. Galli).
Lantoloh Ng. a. 813.
Landeloh Ng. a. 870.
Lantolo neben Lantoloh Gld. II, a, 103.
Landamar. 8. Gld. II, a, 116.
Landemar P. V, 511, 516, 530 (chron. Salern.).
Lantmar Laur. sec. 9 (n. 179).
Landemaris (als nomin.) M. a. 788 (n. 10).
Nhd. Lendemer.
Lantmunt. 8. Necr. Fuld. a. 788.
Landrad. 8. Laur. sec. 8 (n. 2057 f.); pol. Irm. s. 13, 28 etc.
Landrat Laur. mehrm.
Lantirat Gld. II, a, 103.
Lantrat Laur. sec. 8 (n. 1525); St. P. öfters; Lc. a. 836 (n. 51).
Lanttrat St. P.
Landrada, fem. 8. P. II, 188 (ann. Gand.), 267 (Pauli gest. episc. Mett.); VIII, 332 (Sigebert. chron.); pol. Irm. s. 15, 20 etc.
Landerich. 7. Sec. 7: b. v. Paris; b. v. Lissabon. Sec. 10: b. v. Avignon. Sec. 11: ep. Matiscon.; abt zu Chartres.
Landerich Mab. a. 632; conv. Clipiac. a. 659; conc. Tolet. a. 688 u. 693; gest. regg. Franc.; M. a. 751 (n. 6).
Landricus P. II öfters, V, 388 (Flodoardi ann.), 592, 654 (Richeri hist.); VI, 120, 122 (Ademar. histor.); IX, 369 (Ad. Brem.), 439, 465 (cod. evang. Camerac.); X, 392 etc. (Hugon. chron.); Mab. a. 693; pol. Irm. s. 55, 88 etc.; Guér. a. 1076, 1080.
Landric Wg. tr. C. 328.
Lantrich Laur. sec. 9 (n. 2697).
Lantrih St. P.
Lantri (so) St. P.
Lendrich Laur. sec. 8 (n. 3457).
Leutrich Laur. sec. 8 (n. 3580); Schn. a. 814.
Landarit und **Lendarit.** 6. Gest. de constit. tutore speciali a. 557 bei Sp. u. M. (n. 79).
Lantrid necr. Fuld. a. 807.
Lantscild, angebl. fem. Gld. II, a, 125. Etwa nur für Lanthild?
Lantsindus. 8. Pol. Irm. s. 88, 162.
Lantsinda, fem. 8. Pol. Irm. s. 263.
Lantsind Gld. II, a, 125.
Lantsida pol. Irm. s. 120.
Landswinda, fem. 8. Schn. a. 756.
Lantswind Schn. a. 779; Mchb. sec. 9 (n. 652); St. P.; Lc. a. 907 (n. 84).
Lantsuind St. P. zwml.; Laur. sec. 8 (n. 932).
Lantsuint St. P.; Laur. mehrm.; Lc. a. 882 (n. 73).
Lanzuinda Lc. a. 927 (n. 87).
Lanzwint Gld. II, a, 103.
Lantsuith und Lantswith Gld. II, a, 125.
Lansuint Laur. sec. 10 (n. 660).
Lansuit Wg. tr. C. 228.
O. n. Lantswindenhuson, Lantswindawilare.
Landoald. 7. P. II, 185—188 (ann. Gand.); VIII, 323, 352 (Sigebert. chron.); Ng. a. 744.
Landold P. V, 144 (ann. Einsidl.); Ng. a. 744; pol. Irm. s. 55, 78 etc.; necr. Aug.; pol. R. s. 21, 40 etc.
Landald pol. R. s. 68.
Landolt Laur. sec. 8 (n. 3249); necr. Aug.
Lantold Ng. a. 785, 791, 806; M. B. c. a. 800 (VII).
Lantolt Dr. a. 813 (n. 291; Schn. ebds. Tantolt); Ng. a. 826; necr. Aug.; St. P. mehrm.
Lantolth St. P.
Lantoltot (so) St. P. wol nur verschrieben.
Landoanus. 8. Pol. Irm. s. 160.
Landonus P. IX, 20 (Joh. chron. Venet.).
Landoar. 8. P. IX, 613 (chron. mon. Casin.); pol. Irm. s. 43, 216.
Lantwari St. P. zwml.
Landoerus pol. R. s. 40.

Landoard. 8. B. v. Minden sec. 10.
Landoard pol. Irm. s. 91, 93 etc.
Laudward P. VI, 249 (transl. S. Epiphan.); A. S. Jan. II; Wg. tr. C. 152, 247, 456, 477, 478, 484.
Lantward P. I, 626 (contin. Regin.); VIII, 617 (annalista Saxo); Laur. mehrm.; C. M. Sept.; Wg. tr. C. 296.
Landwart P. IV, B, 166 (Ott. M. pact.).
Landuard Wg. tr. C. 403.
Lanward P. VIII, 615 (annalista Saxo).
Landolard für Landward conciliabul. Rom. a. 963.
Lanuvard für Landward conc. Ravenn. sec. 10.
Londward P. IX, 847 (chron. Hildesh.).
Nhd. Landwerth.
Landwerc. 9. Wg. tr. C. 268.
Landoid. 8. Pol. Irm. s. 226.
Lantwih. 7? Mchb. sec. 9 (n. 510).
Lantueus St. P.
Laudohic Pd. a. 637 (n. 278; unecht).
Nhd. Landwig.
Landuin. 7. P. IX, 648 (chron. mon. Casin.).
Lantwin P. III, 501 (Hlud. Germ. capit.); necr. Aug.
Lamtuin (so) pol. R. s. 101.
Landoin Mab. a. 690; pol. Irm. s. 93, 135.
Lantoin pol. Irm. s. 230.
Lannoin pol. R. s. 105.
Lantoeni (genit.) K. c. a. 700 (n. 1; Ng. ebds. Landelhelmi).
Landulf. 8. Sec. 10: langobard. graf, vater von Landenulf. Sec. 11: b. v. Capua; b. v. Genua; b. v. Turin.
Landulf P. V, IX, X oft; Laur. sec 8 (n. 1390); pol. Irm. s. 11, 88 etc.; Mur. 1896, 8; 1897, 1.
Landolf P. V, IX oft; necr. Aug.; Laur. mehrm.
Landulph P. V oft; pol. R. s. 23.
Lantulf Ng. a. 769.
Lantolf St. P.
O. n. Landulfesdorf.
Zusammensetzungen mit erweitertem stamm:
I. Mit suffix L:
Landalbert. 8. Pol. Irm. s. 152.
Landelhelm. 7. Pd. a. 680 (n. 396); Ng. c. a. 700 (K. ebds. n. 1 Lantoeni).
II. Mit suffix N:
Lendenaus. 8. Ein b. sec. 8. Conc. Compendiens. a. 757.
Landonulf. 9. Langobard. graf sec. 10, sohn v. Landulf.
Landonulf P. V, 255, 256 (Erchemp. hist. Langob.).
Landonolf P. V, 251, 260 (Erchemp. hist. Langob.).
Landinolf Lp. a. 854 (I, 762); M. a. 1004 (n. 40).
Landinulph P. V, 208 (chron. com. Cap.).
Landenulf P. V, IX oft.
Landenolf P. V, 172 (ann. Casinat.), 205 etc. (chron. S. Bened.); Mur. 1896, 8; 1897, 1.
Landnolph P. V, 209 (chron. com. Cap.).
III. Mit suffix R:
Landrobert. 8. Pd. a. 713 (n. 484; unecht).
IV. Mit suffix Z:
Lanzman. 11. Gud. a. 1056.

Lanfranc s. LAND.

LANG.

Mit goth. laggs, altn. langr, alts. ags. ahd. lang longus zusammen wenigstens zu einer wurzel. Auslautend in Erilang (9), Gerlang? (9), Crothlanc (8), Wolank? Bertalargus (8) könnte aus -langus verderbt sein.
Lango. Gr. II, 227.
Lancho Gr. II, 223.
Nhd. Lang, Lange.
Lancha, fem. Gr. II, 223.
Lancpart. 9. Mchb. sec. 9 (n. 473 zwml.).
Langbasto. 9. Necr. Fuld. a. 898; verderbt?
Lancbert s. Lantbert.
Lancware, fem. 11. M. B. a. 1070; verderbt?
Langwich. 11. M. B. a. 1067 (XI).

Laniogais, Lanuald s. LAN. **Lanz-** s. LAND.
-lap in Theudelapius (7) und Wachilapus (8).
Laridand. 7. Pd. a. 652 (n. 320; zum theil unecht).
Lastard. 7. Pd. a. 652 (n. 320; zum theil unecht).

LATH.

Das goth. laþon, ahd. ladon invitare nehme ich in einigen n. an, wo es vielleicht ursprünglich die bedeutung von provocare, zum kampf herausfordern, gehabt haben dürfte. Man erwäge auch Graffilad (9).
Ladini. 9. P. III, 252 (Hlud. et Hloth. capit.).

Ladinno. 9. St. P. zwml.
Ladina, fem. 8. Mab. c. a. 790.
Lathomar. 7. Pd. a. 636 (n. 275).

LAUB. Nicht mit Gr. II, 65 zu laub folia, sondern gewiss zu ags. leafa fides fiducia, leafful fidus, wovon leafan, goth. und ahd. galaubjan credere.

Alloub.	Hereloup.	Wolalaup 8.
Fridolob? 9.	Manalaub 9.	

Laubgar. 9. Tr. W. a. 807 (n. 201).

LAUD. Nicht zu goth. hlauts sors (vgl. LIUZ), da wir keinen anlautenden guttural in diesen n. finden, sondern eher zu goth. lauþs homo. Vgl. auch einige formen unter LIUD und HLOD. Bertholaud (6) mag hieher gehören, das weit spätere Erlaud (11) erregt den verdacht, nur falsche schreibung für -land zu sein.

Laudus. 5. B. v. Constanz sec. 6.
Laudus P. VIII mehrm.
Laudo d. Ch. I, 536.
Lauto conc. Aurelian. a. 533, 538, 549.
Nhd. Lauth.
Lauta, fem. 6. Pd. a. 533 (n. 118, 119).
Lauta neben Lauht (so) tr. W. a. 763 (n. 263).
Laufred. 7. B. v. Cordova. Conc. Tolet. VI, a. 638.
Laudegar. 9. B. v. Vienne sec. 11. Lgd. a. 898 (II, n. 21); conc. ap. S. Aegidium a. 1056.
Laudelm. P. VI, 516 (mirac. S. Apri).
Laudomar. 7. P. V, 649 (Richeri hist.).
Laudomer M. a. 653 (n. 64; Mab. ebds.); Pd. a. 636 (n. 276).
Lautmar pol. Irm. s. 97.

Laufari. Gr. IV, 1121.
Nhd. Laufer, Lauffer.
Laufred s. LAUD.

LAUG. Man könnte mit Weinhold die dtsch. frauen s. 9 diesen stamm an louc lohe knüpfen. Misslicher ist es an goth. laugns celatus zu denken. Grimm gr II, 504 erinnert an altn. laug, goth. etwa laugs (lavacrum) und meint, es könne in diesen n. die badende, waschende, vielleicht auch die reine bedeuten. Die folgenden 20 auf diesen stamm endenden n., vielleicht sämmtlich feminina, scheinen namentlich um Fulda gebräuchlich zu sein; in Baiern und zu Weissenburg begegnen sie schon seltener. Vor sec. 8 sind sie nicht nachzuweisen. Sie sind von LOH schwer zu scheiden.

Alblaug 9.	Gundlauc.	Muotlaug 9.
Alluc?	Hadalaug 9.	Ratlauga 8.
Adallouc.	Helemlog.	Sigilouc.
Badeloch 11.	Hiltilauc 8.	Swanaloug 10.
Perahtlouc 8.	Holog.	Triulaug 8.
Ercanloug 9.	Hruadlaug 8.	Wiglauh 8.
Gerlaug 9.	Ruotluc?	

Ihnen entsprechen altn. Hrôðlaugr, Svanlaug etc.
Anlautend ist LAUG ungebräuchlich; ich kenne es nur in erweiterter gestalt:
Lauganperht. 9. Mchb. sec. 9 (n. 528).
Logonbert Gld. II, a, 103.

Laulf. 7. B. v. Barcelona sec. 7. Conc. Tolet. a. 683 u. 693.
Laulindis, fem. 9. Pol. R. s. 4.
Laumbert s. LAUN.

LAUN. Das goth. launs, ahd. alts. lôn bildet, seit sec. 5 nachweisbar und nur anlautend, eine anzahl von eigennamen, die bald das alte au, bald auch schon das jüngere ô aufweisen.

Launus. 8. B. v. Angoulême sec. 9. P. VI, 117 (Ademar. histor.); conc. Suession. a. 853; conc. Tullens. a. 860. NhD. Laun.
Lonico. 9. Schpf. a. 828 (n. 89).
Lonicho Gld. II, a, 116.
Loning. Gld. II, a, 103.
Launepert. 8. Gld. II, a, 116.
Laumbert Mab. a. 775.
Lonbert Schn. a. 771 (Dr. ebds. Lonberctus und Lanbertus); Laur. sec. 8 (n. 495, 498).
Lomprand. 9. P. IV, B, 14 (Eugen. II statut.); oder zu LAND gehörig?
Launobod. 7. B. v. Lisieux. Conc. Cabilon. a. 650.
Launebodes Venant. Fortun.

Lonegisil. 7. Pd. a. 625 (n. 237—239; unecht); A. S. Jan. II (unsichere lesart hier).
Lonhar. 6. Pd. a. 566 (n. 171; unecht).
Nhd. Lohner.
Lonhilt, fem. 9. Tr. W. a. 808 (n. 19).
Launomar. 5. P. VIII, 313 (Sigeb. chron.); A. S. Jan. II; April I.
Launarigus. 7. Tr. W. a. 699 (n. 223, 252).
Launald. 8. Guér. a. 828.
Laonold Laur. sec. 8 (n. 1322).
Lonold Schn. a. 776.
Lonolt Schn. a. 776.
Launovius. 6. Conc. Autisiod. a. 578.
Launoveus conc. Parisiens. a. 573.
Launovethus Pd. a. 572 (n. 178) etwa Launovechus zu lesen?

Laurad. 7. Pd. a. 636 (n. 276; unecht).
Lausus. 7. Ep. Vasensis. Conc. Tolet. IV, a. 633.
Laut- s. LAUD.
-laz in Unlaz (8).
Lebigisel s. LEW. **Leboin** s. LAIF. **Lecard** s. LAIC. **Leczio** s. Lezzio. **Led-** s. LAITH. **-lef** s. LAIF. **Leffinc,** Gr. II, 208, wol nur aus o. n. Leffinga geschlossen. **Legard** s. LAIC.
Leggi. 9. Dr. a. 889, 901 (n. 631, 648). Etwa für Seggi?
Leginward s. RAGAN.
Lehswind, fem. 8. Mchb. sec. 9 (n. 460).
Lehsuind und Lehsuint St. P.
Dieser n. zu LAIC?
Leib- s. LAIF. **Leid-** s. LAITH. **-leif** s. LAIF.
Leifes. Gld. II, a, 103. Verderbt?
Leifi s. LAIF.
Leiminc. Gr. II, 213.
Leimo. Gr. II, 213.
Leimolt, Gr. I, 813 u. II, 213, vielleicht von Gr. nur aus o. n. Leimolteswilari geschlossen.

LEIS. Ich erwähne folgende fünf n.:

Bertleis 8. Hildeleis 8. Vulfleis 8.
Guntleis 8. Witleis 8.

Sie begegnen alle fünf je in einer stelle des pol. Irm., der letzte ausserdem noch einmal bei R. Dem geschlecht nach sind der 1. und 5. fem., der 2. und 3. unbestimmt, der 4. msc. Ihre deutung ist noch nicht auf dem reinen. Weinhold die dtsch. frauen s. 8 meint, dass sie vielleicht zu goth. leisan erfahren, impf. lais ich weiss gehören. Schriebe das pol. Irm. ein einziges mal -leisa, so würde ich dieser ansicht fast unbedenklich beipflichten; so aber, wie es jetzt steht, bleibt noch immer die möglichkeit vorhanden, dass diese formen (mit ausnahme des msc. Witleis) vielmehr Bertle-is u. s. w. zu lesen sind. Dann wäre, so recht nach westfränkischer weise, ein consonant zwischen dem deutschen namen und der latein. endung ausgefallen. Ja es böten sich fast ungesucht auch msc. dazu in den formen auf -laus dar, die ich für verderbtes -lacus ansehe. Man muss diesen bildungen noch weiter nachspüren.

Adelais s. unter Adalhaid.

Lello. 10. H. a. 926 (n. 146).
Nhd. Lehle.
Lempfrit s. LAMP. **Lendenaus** s. LAND.
Lentghard. 9. Wg. tr. C. 228 (zu LAND oder LIND).
Lent-, Lenzi s. LAND. **-leo** s. LEW. **Leoald, Leocadius** s. LEW. **Leod-** s. LIUD. **Leodro** s. Hliodro. **Leogisil** s. LEW. **Leoht** s. LIUHT. **Leois, Leomere, Leon-** s. LEW. **Leopard** s. LIUB. **Leoperht, Leopirc** s. LIUD. **Leopirin** s. LIUB. **Leottol** s. LIUD. **Leovigild** s. LIUB. **-leoz** s. LIUZ.
Lepa, fem. 9. St. P. zwml.
Leptrud, fem. 8. Laur. sec. 8 (n. 2137).
Lepuni. 8. St. P.
Die letzten drei n. zu LAIF?
Letald, Letard u. a. s. LAITH. **Letbaud** s. LIUD. **Lethu** s. LAITH. **Leuan** s. LEW. **Leubastes, Leubovera** s. LIUB. **Leud-, Leut-** s. LIUD. **Leuv-** s. LIUB. **-lev** s. LAIF und LEW.
Levising. 9 Mit var. Penefingus und Leutfringus conc. Cabilon. a. 873. Vgl. Fringus.

LEW, LEWON. Ahd. und alts. leo löwe lassen sich in einer anzahl von namen nicht ableugnen, wodurch die ansicht, dass das deutsche wort nicht aus dem latein. entlehnt, sondern urverwandt ist, grossen halt gewinnt. Auf diesen stamm auslautend nenne ich Cuntileo (9), Rotleu (8) und Wehileo (9); bei Bodolev (7), Irminlev (8) und Meginlev (8) könnte v für f stehn und dann wäre vielmehr an -laif zu denken.

Die mit LEW beginnenden n. können berührungen mit LIUB unterliegen.

I. Die form LEW.

Leuodruth, fem. Laur. n. 3685.

Leogisil. 5. Pd. a. 572 (n. 179).

Lebigisel Pd. a. 615 (n. 230).

Leocadius. 7. Pd. a. 686 (n. 406); hieher? für Leo-had?

Leomere. 6. Test. Ared. et Pelag. a. 573 bei Pd. (n. 180); Sp. ebds.

Levald. 6. Pd. a. 537 (n. 128).

Leoald P. IX, 587 (chron. mon. Casin.).

Nhd. Lehwald, Lewald, Löwald.

Leois. 11. Pol. Irm. s. 49 (sec. 11).

Levulf. 8. Guér. a. 1046.

Lewolf Gld. II, a, 103.

Leulf pol. Irm. s. 79.

Leolf Schpf. a. 829 (n. 90).

II. Die form LEWON.

Leuan. 9. St. P.

Leon St. P.

Leona, fem. 9. St. P.

Leonza, fem. 9. St. P.; Gld. II, a, 131.

Liomburg, fem. 10. Dr. n. 698; hieher?

Leonastis (so). 6. Conc. Autisiod. a. 578.

Leonastes Greg. Tur. V, 6.

Leonacis. Gld. II, a, 103. Vgl. Leontacis ebds. 116.

Leonard. 6. P. VI, 142 (Ademar. histor.); A. S. öfters; Greg. Tur. VII, 15.

Levienard test. Ared. et Pelag. bei Sp. sec. 6.

Laneard eine andere person ebds.; hieher?

Nhd. Lehnardt, Lehnerdt, Lehnert, Lehnhard, Lehnhardt, Lenhard, Lenhardt, Leonhard, Leonhardt, Lienhard, Lönhard.

Leonichildis, fem. 8. A. S. Jun. II.

Lexdrat s. LIUD.

Lezzio. 8. St. P.

Leczio St. P.

Lia, fem. Gld. II, a, 125.

Liaf- s. LIUB.

Lianhalm. 10. R. a. 980 (n. 114).

Lib-, -lib s. LIUB.

Lichardis, fem. 11. Pol. Irm. s. 51 (sec. 11).

Lictefred s. LIUD. **Lid-, -lid** s. LIUD.

Liebizo, Liefheri, Liefrunth, Liemar s. LIUB.

Liestet. Gld. II, a, 103. Verderbt?

Lifthart. 9. St. P.; ist vielleicht Listhart zu lesen?

Ligart, fem. 11. Pol. Irm. s. 49 (sec. 11).

Ligibodo. 10. Lc. a. 962 (n. 105); für Sigibodo?

LIHT. Zu ahd. liht levis, obwol kaum zu scheiden von LIUHT.

Lihtger. 10. Frek.

Lihtmoht (so). St. P.

Lihwar. 8. Tr. W. a. 797 (n. 62); für Lihtwar?

Lihtolf. 8. St. P.

Lihwar s. LIHT.

Lilpi. 9. Dr. a. 812 (n. 273; Schn. ebds.); ein sonst unerhörter n.

Limpaia s. Lampaia.

LIN. Vielleicht ist altn. linr, ahd. leni lenis das passendste unter den mannigfachen wörtern der deutschen sprachen, die sich der form nach für die folgenden n. eignen. Auslautendes LIN ist ganz in die endung -lin aufgegangen, wenn es je vorhanden gewesen ist.

Lino. 9. Ng. a. 878.

Nhd. Leine, Lihn, Linn.

Lina, fem. Gld. II, a, 125.

Linarc. 8. Mchb. sec. 8 (n. 143).

Linheit, fem. Gr. IV, 809.

Linwiz. Gld. II, a, 103, 125.

-lin s. -l.

Linco. 8. Ng. a. 770, 800, 830, 847, 864, 888 (K. ebds.).

Linko Ng. a. 903.

Wol zu ahd. linch luchs, auch nach Gr. II, 231.

Nhd. Lenck, Lenke, Linck, Lincke, Ling, Lingk, Link, Linke, Linkh.

LIND. Dieser stamm erscheint in p. n. meistens auslautend. Ueber seine etymologie hat sich noch keine sichere meinung gebildet. Weinhold die deutsch. frauen s. 11 rechnet alle hier folgenden formen zu lint (basiliscus, serpens, lindwurm). Grimm in seiner abhandlung über frauennamen aus blumen (1852) s. 26 sagt über diese wörter: „in ihnen entspricht das zweite wort entweder dem altn. linn serpens oder noch besser dem lind fons, scaturigo." Allerdings scheinen die beiden letztgenannten wörter anspruch auf unsere namen zu haben, wenn auch die bedeutung einen augenblick bedenken erregen kann. Vielleicht dürfte auch ahd. lind, lenis, gelind, wenigstens seinen antheil an diesen bildungen haben. Ahd. linda, tilia, linde ist der bedeutung wegen entschieden zurückzuweisen. Graphische verwechselung findet leicht mit LIUD statt.

Die auf -lind auslautenden n., am häufigsten bei den Westfranken, sind vor sec. 6 nicht nachzuweisen. Mit etwa zwei unsicheren ausnahmen (Galindus, Vulfolendus) sind sie sämmtlich fem. Ich führe deren 143 an:

Octolindis 8.
Afflindis 9.
Ackilinda 8.
Aldelindis 8.
Alflint 8.
Elilindis 8.
Amallindis 8.
Audelindis 9.
Engillind 9.
Anselindis 8.
Araliuda 9.
Erflind.
Arclind 8.
Asclind 8.
Adallinda 8.
Audolendis 9.
Onlind 8.
Ostarlint 9.
Betlindis 8.
Baldelindis 9.
Bauglind 8.
Bacelindis 7.
Berilind 8.
Bernlind.
Berahtlinda 8.
Porinlind.
Buntlint 9.
Burgilind 8.
Cuslindis 9.
Dagalind 8.
Derlindis 9.
Dislith? 9.
Tiurlinda.
Dodelindis 8.
Drutlind 8.
Droctelindis 8.
Eberlind.
Etlint 9.
Eutlinda 8.
Eolindis 9.
Fagalind 9.
Fantlindis 8.
Ferlinda 9.
Faslind.
Ferahtlind 9.
Fraulinda 9.
Frowinlint 9.
Fridulind 9.
Frodelindis 8.
Fulclindis 8.
Gebalinda 8.
Katalind 9.
Geitlind 9.
Geilindis 8.
Galindus 8.
Garlint 8.
Gestlind.
Gautlindis 8.
Giglindis 9.
Ginlindis 9.
Gislindis 9.
Gisallindis.
Godalindis 8.
Grimlindis 8.
Gomlinda 9.
Gundelindis 8.
Guncelindis 9.
Hecwilind 9.
Haimolindis 9.
Helidlind.
Harchellindis 10.
Hardelindis 8.
Charilindis 8.
Haslind.
Hadelindis 8.
Helinlind 9.
Hildelinda 8.
Hirlindis 8.
Floderlindis 9.
Hrodlind 6.
Hugilind.
Holdelinda 10.
Husilinda 10.
Idislind 8.
Ingulint 8.
Irmlind 9.
Irminlind 7.
Iselindis 8.
Jerlent 11.
Liuplind 8.
Leudelindis 8.
Magilind 8.
Meginlind 8.
Mahtlind 9.
Merlind 9.
Masilidis? 9.
Madalindis 8.
Morlindis 9.
Maxelendis 7.
Nadalindis 8.
Nodalindis 8.
Norlindis 9.
Odallind 8.
Radalindis 8.
Raglindis 9.
Raginlinda 8.
Riclindis 8.
Remlindis 9.
Roslindis 8.
Saislind 8.
Salvalindis 8.
Sanctilendis 9.
Sidelindis 9.
Sigilind 8.
Sonilindis 8.
Swarlind 9.
Tetlindis 9.
Tetaclinda 8.
Thanblind 9.
Thiolind 8.
Theudelinda 5.
Translindis 9.
Thuonlind.
Waclind 8.
Watlindis 8.
Walindis 8.
Waldelindis 9.
Wanlindis 9.
Wandelindis 8.
Waralind 7.
Waratlindis 8.
Warvinlindis 7.
Widelindis 8.
Wigelinde 8.
Willendis 9.
Winilind 8.
Winclint 9.
Wielind 9.
Wizlint 9.
Vulfolendus 7.
Vulflindis 7.
Zeizlind 9.
Zoczlind 9.

Linto. 8. Pd. a. 735 (n. 557).
Nhd. Lend, Linde.

Lindis, fem. 5? St. n. 575 (röm. inschr., bei Mainz gefunden; ihre eltern heissen Veland und Thudelindis); pol. R. s. 54.

Linzo. 10. H. a. 996 (n. 211); Ms. a. 1049 (n. 22).
Nhd. Linz.

Linthalt. 9. H. a. 853 (n. 87).

Lintfrit. Gr. II, 241.

Lintgar. 9. Dr. a. 838 (n. 513; Schn. ebds. Liutgar).

Lindgart, fem. 9. H. a. 853 (n. 87).

Lendegisil (so). 7. Pd. a. 615 (n. 230); hieher oder zu LAND?

Linthart. Gr. II, 241.
Nhd. Lindert.

Lindrat. 8. St. P.

Lindwat, fem. 9. St. P. zwml.

Lindoald. Gr. I, 813.

Lintwar. 8. Laur. sec. 8 (n. 215).

Lindolf. 9. Ng. a. 858 (n. 380); öfters in den concil., doch ist kaum zu unterscheiden, wo etwa Liudolf gelesen werden muss.

LING. Wol zu ahd. galingan gelingen, womit auch Gr. II, 223 übereinstimmt. Auch auslautend wird der stamm wol vorgekommen sein, doch ist er wegen der gleichlautenden endung -ling (s. suffix -l) nicht mehr zu erkennen.

Lingo. 11. G. a. 1056 (n. 56).

Linguni. 10. Mchb. sec. 10 (n. 982).

Lingeeld, fem. Gld. II, a, 103.

Lingulf. 8. Tr. W. c. a. 764 (n. 193); Laur. sec. 8 (n. 819 f.).

Lingolf Schn. a. 779.

Linheit, Lino s. LIN. **Linpa** s. LIUB. **Linutinc.** Gld. II, a, 103. Verderbt? **Linwiz** s. LIN. **Linzo** s. LIND. **Lieb-** s. LIUB. **Liemburg** s. LEW. **Lira, Lirnunc** s. LIS.

LIS. Die wurzel lis muss zunächst sequi bedeuten, davon ahd. lera doctrina, lirnunga disciplina, industria; andere ableitungen sehe man in den wörterbüchern nach. Dazu stelle ich die folgenden formen.

Lira, fem. 9. Mchb. sec. 9 (n. 482).

Lisegundis, fem. 8. Pol. Irm. s. 56.

Lisiard. 11. Guér. a. 1089.

Lisinia, fem. 9. Pol. R. 16.

Lisolf. Gld. II, a, 116.

Erweiterter stamm:

Lirnunc. 9. R. a. 814 (n. 16), 901 (n. 83).

LIST. Altn. ahd. ags. list, altn. listi ars.

Lista, msc. 9. P. I, 526 (ann. Vedast.); II, 205 (ann. Vedast.).

Listillo. 8. K. a. 773 (n. 15).

Listin. C. M. Oct.

Listhar. 8. Tr. W. sec. 8 od. 9 (n. 67).

Litramnus s. LIUD.

LIUB. Sicher zu ahd. liub carus. Ich stelle den stamm in hochd. gestalt auf, weil die niederd. LIUF sich nur höchst selten (wenigstens in dieser speciellen form) nachweisen lässt. Die p. n. weisen den stamm anlautend und auslautend auf. Im ersteren falle ist er wegen öfterer erweichung der consonantenhäufungen nicht immer von LIUD zu scheiden. Zu bemerken ist die form Leub-, die der form Leut- bei LIUD parallel läuft und namentlich dem fränkischen dialect des 8. jhderts. anzugehören scheint; ferner -lub, welches im ags. lufe und im ahd. muotluba (affectus) sein ebenbild findet. Merkwürdig ist, dass das pol. Irm. keine einzige sicher hieher gehörige form aufweist.

Auf -liub lauten folgende 45 n. aus, worunter 16 feminina:

Ailiv? 9.	Frauileob 8.	Manaliub 7.
Alaliub.	Friliub 9.	Mirliub 9.
Ansleubana 6.	Fridiliuba.	Motliup 9.
Adalliub 9.	Gerlib 9.	Notiliub 9.
Otliub.	Gestiliub 10.	Ortliub 11.
Pereliup.	Gewiliob 8.	Ratluip 9.
Percliup 9.	Godilub 6.	Ratleuba 8.
Trutliba 8.	Gundileuba 7.	Seliub 9.
Ebanleob 9.	Hartlieb 10.	Dhancleob.
Eleob 9.	Erliup.	Unneleob 7.
Encheelub (so).	Hrodliup 9.	Vertleuba 8.
Erelieua 5.	Hugileuba 8.	Witliub.
Eoliup 8.	Irminljup 9.	Walaliuba 9.
Faileuba 6.	Meginliub 9.	Wolfliub 8.
Filuliub 9.	Meginluiba 10.	Zeizliup 8.

Liuba, msc. 6. Westgothenkg. sec. 6; ep. Bracarens. sec. 7.

Liuba conc. Tolet. a. 681, 683.

Liuf Schn. a. 837.

Liufo R. a. 890 (n. 72).

Liuffo M. B. a. 890 (XXVIII).

Liupo P. VI, 698 (Alpert. de episc. Mett.); Ng. a. 817.

Liuppo P. V, 766 (Thietmari chron.); Ng. a. 809; Frck. mehrm.

Liupu (mit einem o über dem letzten u) St. P.

Liuva E. s. II, 178 etc. (so auch auf münzen geschrieben).

Liuvani (gen.) Joh. Biclar. (E. s. VI, 384).

Liuvane (abl.) Joh. Biclar. (E. s. VI, 430).

Lyuf Dr. a. 1057 (n. 756; Schn. ebds. Lyns).

Luiba d. Ch. I, 819.

Luipo G. a. 1092 (n. 70).

Leubo K. a. 772 (n. 14).

Leupo P. X, 602 f. (chron. S. Huberti Andag.).

Leuva (msc.) P. VIII, 319 (Sigeb. chron.); Greg. Tur. IV, 32; Lgd. a. 898 (II, n. 19).
Leobius Pd. a. 696 (n. 439).
Liebus Laur. sec. 9 (n. 472).
Libo P. V, 152 (ann. Flaviniac.); tr. W. a. 714 (n. 41); K. u. Ng. a. 805, 874.
Λίβης, ein chattischer priester bei Strabo, vielleicht schon hieher.
Liwa (msc.) Isidor.
Lubus Mab. a. 821.
Sign. Lubone Schpf. a. 794 (n. 68).
Lupo P. X, 278 (Ruperti chron.).
Luppo K. a. 790 (n. 38; Ng. ebds.).

An diese formen schliesst sich das gewiss häufig für deutsch zu haltende, namentlich langobardische Lupus an. Es findet sich als fremder n. schon sehr früh und kommt z. b. seit sec. 4 in d. concilien öfters vor. Spätere beispiele, die eher deutsch sein könnten, begegnen überall, in allen bänden bei P. und bei d. Ch., bei Paul. diac., im pol. Irm. s. 102, 104 etc. Mone heldensage (1836) s. 19 sieht das langobard. Lupus als übersetzung von Vulfo, Vulfing, u. dgl. an; ob es das aber immer ist?

Lopus und Loppo s. unter LOB.
Nhd. Lieb, Liebe, Liebo, Liepe, Leube, Lipp, Lippe, Lippo, Lubbe, Lübbe.
O. n. Lyopberga, Liubinbrucca, Liubenstat, Liubisaha, Liobeshuson.

Liuba, fem. 6. Ng. a. 883.
Leuba Greg. Tur. VIII, 28.
Lioba P. II, 345, 355 (vit. S. Bonif.); necr. Fuld. a. 977; A. S. Febr. II, III.
Leoba Schn. a. 776.
Lieba Laur. sec. 8 (n. 2004).
Lieppa St. P. zwml.
Liba Dr. a. 770; tr. W. a. 774 (n. 53 u. 178); Schn. a. 776; Laur. sec. 8 (n. 1526, 1993).
Luba Mab. a. 798; Lc. c. a. 1070 (n. 221).
Linpa (so) Lc. a. 962 (n. 105) soll wol Liupa heissen.
Lupa St. P.
Libun (gen.) Dr. a. 812 (n. 278; Schn. ebds.).
Liubane (abl.) tr. W. a. 695 (n. 46 und Pd. nchtr. n. 7).
Lupane tr. W. a. 742 (n. 2 u. Pd. nchtr. n. 73).

Liuvicho. 8. Schn. a. 796; necr. Fuld. a. 813.
Liuviho Schn. a. 817.
Liupich R. a. 901 (n. 88).
Lienico Frek.
Lieniko Frek. mehrm.
Libicho Schn. a. 812.
Liwicho Laur. mehrm.
Liwihho St. P.
Liwiho K. a. 846 (n. 114).
Nhd. Liebche, Liebich, Liebig, Liepcke, Liepke, Lipke, Lövike, Löwecke, Lübbecke, Lübke, Lüpke.
O. n. Liubegheim wol hieher.

Liubucha, fem. 9. Schn. a. 823.
Liubbecha necr. Fuld. a. 1042.
Lyebecha necr. Fuld. a. 1057.

Lieuikin. 10. Frek. mehrm.

Liubilo. 8. Schn. a. 755.
Liubila (msc.) var. Liutila Sm.
Nhd. Liebel, Lippel, Löwel?
O. n. Liubilunaha, Liubilinwanc.

Liubila, fem. 8. P. IX, 256 (anonym. Haserens.); Ng. a. 783; A. S. Febr. III.
Liupila Mchb. sec. 9 (n. 579).
Liupola Lp. a. 909 (II, 71).
Luipila Mchb. sec. 9 (n. 427).
Leubila Gld. II, a, 125 viell. für Leubila?
Liobila Gud. a. 881.
Lupeli (so), fem., Gld. II, a, 125 hieher?
Libila Laur. sec. 8 (n. 973).

Liebelin. 11. Laur. sec. 11 (n. 133).

Liupin. 6. B. v. Chartres sec. 6.
Liupin Ng. a. 907.
Leubinus u. Leubenus conc. Aurelian. c. a. 549, conc. Paris. a. 555.
Leubin K. a. 773 (n. 15).
Nhd. Leben? Lieben, Luben, Lüben.

Liubine. 9. Necr. Aug.
Lubine und Lubinei (so) Gld. II, a, 125.

Liupuni. 8. St. P.
Leobuni tr. W. a. 788 (n. 102).
Libuni tr. W. a. 776 (n. 112).

Liubona, fem. 9. St. P. Der n. ist nicht sicher zu beurtheilen.

Liubing. 8. Necr. Fuld. a. 781; Ng. a. 874.
Liubinc Gld. II, a, 103.
Libunc Laur. sec. 8 (n. 2851).
O. n. Liupincheima.

Liubisi (genit.). 9. Dr. a. 863 (n. 586; Schn. ebds.).

Liebesta, fem. 9. Laur. sec. 9 (n. 270).

Liebizo. 10. P. V öfters.
Liebezo P. VI, 686 (Adalbold. vit. Heinr. II).
Lievizo P. V öfters; VI, 772 (Thangmar. vit. Bernward.); VIII öfters.
Lievezo P. VI, 771 (Thangmar. vit. Bernward.).
Luviz necr. Fuld. a. 1051.

Liubinze, fem. 10. Ng. a. 963 (n. 749).

Liubbald, Liubbert, Liubberga, Liubbrand sind ohne zweifel gebräuchliche namen gewesen, indessen ist es unmöglich die hieher gehörigen formen von den entarteteren gestalten von Liutbald u. s. w. zu scheiden. Es muss deshalb in hinsicht auf diese n. einfach auf LIUD verwiesen werden.

Leobbirin, fem. 9. Schn. a. 840.
Liupirin St. P.
Leopirin St. P.
Leoprim St. P. viell. hieher?

Liefbrun, fem. Gld. II, a, 125.

Liafburg, fem. 8. P. II, 404 (vit. S. Liudgeri).
Liafburc St. P.
Liafburch P. II, 406 (vit. S. Liudgeri).
Liasburg = Liafburg P. VIII, 560 (annalista Saxo).
Lieupurc St. P. wol hieher.

Liopdag. 10. Ep. Ripuens. sec. 10.
Liopdag P. IV, 25 (Ott. M. constitut.).
Lioptac P. V, 395 (Flodoardi ann.); X, 361 (Hugon. chron); conc. Engilenheim. a. 948.
Liefdac P. X, 361 (Hugon. chron.).
Liefdach P. V, 603 (Richeri hist.).
Für Liefiac P. V, 396 (Flodoardi ann.) falsch Liesdac.
O. n. Liupdahingum.

Liubetaga, fem. 8. Gld. II, a, 125.
Liobetaga Schn. a. 952.
Leobtaga Schn. a. 803 (Dr. ebds. Leobataga).
Liebedaga Laur. sec. 9 (n. 25).
Liebetaga Laur. sec. 8 (n. 173).
Liebtaga necr. Aug.
Lieptaga necr. Aug.

Liubdrut, fem. 8. Laur. sec. 9 (n. 383).
Liupdrud Mchb. sec. 9 (n. 523, 579).
Luibtrut Laur. sec. 9 (n. 724).
Luipdrud und Luipdruda Mchb. sec. 9 (n. 347, 605).
Liobtruda Laur. sec. 9 (n. 586).
Libdrud St. P.
Libtrud Laur. sec. 8 (n. 3202).
Lipdrud Gld. II, a, 125.
Nhd. Liebetraut, Liebetrut.

Leobafar. 7. Pd. a. 636, 637 (n. 276, 283). Nach Mabill. ann. Bened. t. I, pg. 500 findet sich dieser n. nur in verdächtigen urkunden.

Liupfrit. Laur. n. 2281.
Lupfrid Gld. II, a, 104.

Liefrunth (so). 11. Ms. a. 1049 (n. 22); für Liebfrunth?

Liupger. 8. R. a. 819 (n. 20).
Liubker R. a. 821 (n. 21).
Liobger Laur. sec. 9 (n. 216).
Liafger Lc. a. 855 (n. 65).
Liebger K. a. 1099 (n. 252).
Libger Laur. sec. 8 (n. 324, 1427).

Liobgarda, fem. 8. Laur. sec. 9 (n. 745).
Liobgart Schn. a. 778.
Leobgart Schn. a. 812; Laur. sec. 9 (n. 896).
Liebgarde Laur. sec. 8 (n. 354).
Viell. hieher Liuocartisdorf.

Leubastes. 6. Greg. Tur. IV, 11.

Liobgoz. 9. Laur. sec. 9 (n. 2804).
Liupcoz Gr. II, 55.
Liubgotz M. B. a. 931 (VIII).

Liuvigild. 6. Westgothenkg., bruder des Liuva, sec. 6.
Liuvigild E. s. II, 178.
Leubegild d. Ch. I, 216.
Leuvigild P. I, 285 (chron. Moissiac.); Paul. diac. III, 21.
Leuwigild Isidor.
Leovigild P. X, 319, 322 (Hugon. chron.).
Leovegild Joh. Biclar. (E. s. VI, 383).
Leuuigild Greg. Tur. V, 39 etc.
Leuuichild Greg. Tur. VI, 18 etc.
Levigild P. VIII öfters; X, 322 (Hugon. chron.).
Leuuiheld Greg. Tur. IV, 32.
Leovild für Leovigild abgekürzt in einer inschr. E. s. II, 163.
Leuuield Greg. Tur. VIII, 30, 35, 46.

Leubigis. 6. Pd. a. 708 (n. 471); St. M. a. 709.
Leupgys tr. W. c. a. 737 (n. 241 u. Pd. nchtr. n. 59).
Leupichis P. IX, 591 (chron. mon. Casin.).
Leupchis Paul. diac. IV, 39. Dessen sohn Lupichis ebds.

Lupigis Lp. a. 774 (n. 580).
Leobgis Dr. a. 838 (n. 517; Schn. ebds. Leobgiz).
Biabgis R. a. 821 (n. 21) wol für Liubgis.
Leupagdis, fem. 8. K. a. 772 (n. 14).
Liebheid Laur. sec. 9 (n. 745).
Lobehagdis s. LOB.
Nhd. Liebheit.
Liubhart. 7. Leobard b. v. Nantes sec. 7; b. v. Fossombrone sec. 9; Lepard b. v. Ancona sec. 9.
Liubhart necr. Aug.
Leupard Mur. 1903, 2; 1972, 1.
Leobhart Schn. a. 803 (Dr. ebds. n. 182 Liobhart).
Leobard P. IX, 249 (Gundechar. lib. pontif. Eichstet.); conc. Remens. a. 630; Pd. a. 724 (n. 531); Lp. a. 908 (II, 66).
Leopard P. IV, B, 14 (Eugen. II capit.); Mab. a. 870.
Leopart R. a. 888 (n. 68).
Lepard conc. Roman. a. 861.
Nhd. Liebert, Liebhardt, Liphard, Liphardt, Lipparth, Lippert, Lübbert. Doch sind auch die zu Liudberct gehörigen n. zu vergleichen.
Liubheri. 8. St. P. zwml.
Liupher Ng. a. 829.
Luibher Laur. sec. 9 (n. 889).
Leuparius d. Ch. I, 555.
Liobheri Schn. a. 779.
Liobher Schn. a. 796; Laur. sec. 8 (n. 851).
Liabheri tr. W. a. 821 (n. 175).
Liapheri Schn. a. 828 (n. 89).
Liefheri Frek.
Lubhar Schn. a. 837.
Libheri Schn. a. 815; necr. Fuld. a. 851.
Libher Schn. a. 803.
Lipher Laur. sec. 8 (n. 3278).
Libherius Dr. a. 816 (n. 317; Schn. ebds. Liberius).
Nhd. Lieber, Luber.
Liphad. 9. St. P.
Liubhild, fem. 8. Tr. W. a. 774 (n. 53).
Liuphilta K. a. 786 (n. 29).
Liuphilt St. P. mehrm.
Luiphilt Mchb. sec. 9 (n. 589, 888).
Liobhilda Laur. sec. 8 (n. 743).
Leobhilt Schn. a. 826; Laur. sec. 9 (n. 377).
Liebhilt Laur. sec. 8 (n. 713).

Liuprammius. 9. M. B. sec. 10 (XIV).
Liuphram St. P.
Liuprammus P. III, 410 (Hlud. Germ. capit.).
Liupram St. P.
Nhd. Lieberam, Liebram.
Liobalah. 9. Schn. a. 837.
Liuplih. 8. K. a. 778 (n. 20).
Liuplind, fem. 8. R. a. 821 (n. 21).
Leublind Gld. II, a, 125.
Lioblind tr. W. a. 809 (n. 174).
Lioplint Laur. sec. 8 (n. 267).
Liablind tr. W. a. 830 (n. 172).
Liplint Schn. a. 817.
Liubman. 8. Sm.
Liupman Gld. II, a, 103.
Leobman Schn. a. 841.
Liefman Wg. tr. C. 407.
Nhd. Liebemann, Liebmann, Liepmann, Lieppmann, Lippmann; Liemann? Limann?
O. n. Liubmanneswilare.
Leobmar. 10. Liemar, erzb. v. Bremen sec. 11.
Leobmar P. VII öfters.
Lifmar Lc. a. 1076 (n. 227).
Lipmar Schpf. a. 1074 (n. 223).
Liummar necr. Fuld. a. 944.
Hieher vielleicht auch:
Liemar P. IV, 52 (Heinr. IV constitut. mit var. Leodiarus); VII–IX öfters; K. a. 1080 (n. 235; M. B. XXXI ebds.); Lc. a. 1085 (n. 235).
Liemar = Leobmar P. VII öfters.
Leomere hieher?
Liupmot. 8. St. P.
Liupmuot Gld. II, a, 103, 125.
Liobmot Schn. a. 778.
Leobmuot Schn. a. 817.
Liumunt. Gld. II, a, 103.
Liubniu, fem. 8. Gld. II, a, 125 (Liubmu druckfehler).
Liupni St. P.
Luibniu Laur. n. 1304.
Leobniuui Dr. a. 791 (Schn. ebds. Leobuvini); Dr. a. 801 (Schn. ebds. Leobuina)
Leobuniuui Dr. c. a. 800 (n. 131; Schn. ebds. Leobuvin).
Liupnia (acc.) Ng. a. 784 (n. 88); viell. falsch für Liupniu.

Luipni Mchb. sec. 9 (n. 445).
Liupeni M. B. sec. 11 (VI).
Liobniu Dr. n. 520.
Leobnod. 9. Schn. a. 824.
Liubarat, msc. u. fem. 6. Ng. a. 846.
Liubirat Gld. II, a, 125.
Liuparat K. a. 797 (n. 45).
Liuberat Ng. a. 797; K. a. 845 (n. 112).
Liubrat Laur. sec. 8 (n. 3583).
Liuprat St. P.
Leubaredo Pd. a. 628 (n. 245).
Leubered Pd. a. 533 (n. 118).
Leubrad Laur. n. 804.
Leobrat Dr. n. 329 (Schn. ebds. Leobau).
Hieher wol noch:
Liobraht tr. W. a. 792 (n. 80; ebds. auch Hardraht).
Leobraht tr. W. a. 788 (n. 102).
Luwerat Gld. II, a, 104.
Liubirih. 7. Ep. Urgelitanens. sec. 7.
Liubirih Ng. a. 837.
Liubrich Gld. II, a, 125.
Liuprih St. P.
Leuparich d. Ch. I, 894 f.
Leubericus conc. Tolet. a. 693.
Liberich Gld. II, a, 103.
Ags. Leofric. Nhd. Liebreich.
Liubsind, fem. 9. K. a. 861 (n. 136).
Liupsind Gld. II, a, 125.
Lipsind Schpf. a. 828 (n. 89).
Lupisina (9) St. P. viell. hieher?
Liubsuint, fem. 7. Laur. sec. 8 u. 9 mehrm.
Liupsuind St. P.
Leubosaintho test. Erm.; wahrscheinlich ist das a der dritten silbe o oder u zu lesen.
Leupsuint Laur. sec. 8 (n. 2069).
Lyobswint necr. Fuld. a. 1036.
Leobswind Schn. a. 803.
Liebsuind St. P.
Libsuint Laur. sec. 9 (n. 692).
Lipsuind Laur. sec. 8 (n. 2864).
Hieher rechne ich noch mit abgefallenen auslaut:
Liobsuuin Schn. a. 859 (Dr. ebds. n. 576 Liobsun).
Liobsun Dr. n. 576, 662.
Leobswin Schn. a. 820 (Dr. ebds. n. 392 Leobsun).
Leobsun Dr. n. 357, 392, 443; necr. Fuld. a. 822, 860; K. a. 846 (n. 113).

Lupedeo. Necr. Aug.
Lupoald. 7. B. v. Mainz sec. 7.
Lupoald P. V, 227 (chron. Casin.); IX, 603 (chron. mon. Casin.) mit var. Lupo; conc. Remens. a. 630.
Ags. Leofveald.

Alle übrigen formen, die möglicherweise noch hieher gehören können, sind so mit den entarteten formen von Liudbald zusammengeflossen, dass ich es vorgezogen habe sie dorthin zu stellen, um sie nicht willkürlich aus einander zu reissen.

Liupwar. 8. St. P.
Leobuvar Schn. a. 765.
Leubovera, fem. 6. Greg. Tur. IX, 39.
Leobovera Greg. Tur. X, 20.
Liupwara K. a. 786 (n. 29).
Liupwart. 9. Schn. a. 863 (Dr. ebds. n. 586 (Leipwart).
Liubuart Laur. n. 3770.
Liobwart Laur. sec. 9 (n. 2577).
Liafward Wg. tr. C. 408.
Lifward Wg. tr. C. 321.
Libwart Laur. sec. 9 (n. 2754).
Leoward pol. R. s. 21 hieher?
Liebwi, fem. 9. Lc. a. 882 (n. 73).
Liubwin. 8. B. v. Lyon sec. 9. Laur. sec. 8 (n. 186).
Liopwin Dr. a. 779 (Schn. ebds. Lopwin).
Lioboin tr. W. a. 737 (n. 47).
Libwin Laur. sec. 8 (n. 1723).
Ags. Leofvine.
Leobuvina, fem. 9. Schn. a. 800 (vergl. Liobwiz).
Leobuina Schn. a. 801.
Liobwiz. 9. Schn. a. 821; Laur. sec. 9 (n. 734).
Leobuuiz Dr. a. 800 (Schn. ebds. Leobuvina).
Liubolf. 8. Ng. a. 818; necr. Aug.; St. P. zwml.; M. B. a. 1055 (VII).
Leubolf Laur. sec. 9 (n. 894).
Liebolf Laur. sec. 8 (n. 887).
Libulf P. II, 472 (Ermold. Nigell.); Pd. a. 728, 747 (n. 543, 592); Ng. a. 757.
Libolf Laur. sec. 9 u. 10 (n. 273, 507).
Lipolf St. P. zwml.
Liubzez (so). 8. St. P. Vielleicht -zeiz? oder -zoz?

Liuca, fem. 10. H. a. 926 (n. 146) mehrmals; ist dennoch Liuta zu lesen?

Liuchart. 8. Laur. sec. 8 (n. 2971); Hf. a. 1039 (II, 161). Verderbt aus Liuthart?

LIUD. Im ganzen gewiss zu ahd. liut populus. Die bedeutung eignet sich jedenfalls zur bildung von namen, wie schon die vergleichung von FULC und THIUDA zeigt. Wie diese beiden stämme, so erscheint auch LIUD der regel nach nur anlautend; doch auch hier finden sich ausnahmen. Als solche nenne ich:

Adalleud 8. Winiliut? Ulfleudis 8.
Eoliud 9. Vulfoleud 7.

Doch ist in solchen fällen leicht eine graphische verwechselung mit LIND möglich.

Nahe berührungen und zuweilen unlösliche vermischungen geht LIUD ein:

1) mit LIUB dadurch, dass der auslaut vor consonantischem anlaut des zweiten theils assimilirt oder ganz abgeschliffen wird. In allen vorzüglich zweifelhaften fällen habe ich dem LIUD den vorzug gegeben und unter LIUB nur hieher verwiesen.

2) mit HLOD, unter welchem stamme ich mich weiter darüber geäussert habe. Hieher nehme ich namentlich die formen mit iu (ui), eu, io, eo und die mit u, welche kein h vor dem l haben. Doch ist diese scheidung noch immer nur annähernd.

3) mit LIUZ, und zwar in zwei fällen. Denn erstens lassen es manche mit Liut- beginnende formen zweifelhaft, ob sie als hochdeutsch und hieher gehörig oder als niederd. und zu LIUZ stimmend anzusehn sind; alle diese habe ich, um nicht zu schwanken, hieher genommen. Zweitens aber können die mit Liuz- beginnenden entweder zu LIUZ oder als diminutive bildungen zu LIUD gehören. Auch sie nehme ich alle hieher, bemerke aber, dass, wenn sie wirklich alle hieher gehörten, die häufigkeit dieser diminutiven bildungen bei diesem stamm höchst merkwürdig wäre.

4) neben HLOD und LIUD mag noch ein dritter stamm HLIUD bestehn; vgl. ahd. hliodar strepitus sonus, ags. hleoðor, viell. auch altn. hlióðr (taciturnus); Grimm gr. II, 239. Die zu diesem HLIUD gehörigen formen zusammenstellen zu wollen wäre indessen vermessenheit.

Liudo. 4. B. v. Autun sec. 9; ep. Clusensis sec. 10.
Liudo P. X, 286 (Hugon. chron.); Ng. a. 757; tr. W. a. 774 (n. 53); St. P.; Laur. sec. 8 (n. 1376).
Liuto Ng. a. 797, 819; necr. Aug., St. P. drml.; Laur. sec. 9 (n. 736); M. B. c. a. 1060 (VI).
Liutho Ng. a. 788.
Liutto Ng. a. 769; St. P. mehrm.
Liutius P. IX, 637, 646 f. (chron. mon. Casin.).
Liut St. P. zwml.
Luido conc. Ravennat. a. 967; Laur. n. 225.
Luid R. a. 973 (n. 107).
Luito Laur. sec. 9 (n. 597).
Luit Mchb. sec. 8 (n. 226).
Luitho G. a. 963 (n. 16).
Luith Ng. a. 883.
Leudo pol. Irm. s. 84, 102; H. a. 1086 (n. 297).
Leuto P. VI, 198 (panegyr. Bereng.); pol. Irm. s. 78.
Leutho Pd. a. 629 (n. 247).
Leodo Laur. sec. 8 (n. 563); pol. Irm. s. 216.
Leodio Pd. a. 713 (n. 484; unecht).
Ludo Ng. a. 836; R. a. 890 (n. 72).
Luto Amm. Marc.; Ng. a. 779, 806, 816, 824, 825, 826; M. B. a. 820 (XXVIII); necr. Aug.
Lutto Laur. sec. 8 (n. 256); M. B. c. a. 1033 (VII).
Nhd. Lude, Luth.

Von den o. n. Liudibi, Leuting, Liutaha, Liutchiricha, Liutdorf, Liudesheim, Liutinwanc, Lutinbach mögen einige hieher gehören.

Liuda, fem. 8. Laur. sec. 8 (n. 356, 615).
Liuta K. a. 778 (n. 20); St. P.
Liutta St. P.
Liota Gld. II, a. 125.
Leota Gld. II, a. 125.
Lutta R. a. 973 (n. 107).

Liudiko. 10. Frek.
Luttiko Ms. a. 1049 (n. 22).
Lyedeco P. XII, 325 (Rodulf. abb. Trudon. epist.).
Ludie St. P. etwa Ludic zu lesen?
Nhd. Liedeck, Liedecke, Liedke, Liedtke, Litteck, Littig, Littke, Lüddicke, Lüdecke, Lüdeke, Lüdicke, Lüdigk, Lüdke, Lüdtge, Lütke, Lüttig, Lüttke theilweise hieher.

Lituoka (so), fem. 11. Ms. a. 1049 (n. 21).

Leodechin. 8. Pd. a. 711 (n. 480).
Luidikin Ms. a. 1049 (n. 22).
Ludechin H. a. 1092 (n. 193).

Liutila, msc. s. Liubila.

Liudila, fem. 8. Laur. sec. 8 (n. 496).

Ludila K. a. 853 (n. 87).
Leudolenus. 7. Pd. a. 648 (n. 312).
Nhd. Liuthlen.
Leudimgia, fem. 9. Pol. R. s. 43. Wol für Leudimia.
Liudan. 9. Laur. sec. 9 (n. 199).
Liudin. 7. P. IX, 746 (chron. mon. Casin.); tr. W. a. 737 (n. 37 u. Pd. nchtr. n. 60).
Liutin St. P. zwml.
Liutini Gld. II, a, 125.
Liutine Gld. II, a, 103, 125.
Liutins St. P. wol hieher.
Leudin P. X, 635 (gest. episc. Tullens.); M. sec. 7 (n. 76); d. Ch. I mehrmals.
Ludinus St. n. 606 hieher?
Leudinus cognomento Bodo d. Ch. I, 648.
Nhd. Liedin.
Liuduni. 8. Tr. W. a. 718 (n. 227).
Liutuni R. a. 901 (n. 86).
Liutuna, fem. 9. St. P.
Liutunc. 9. Mchb. sec. 9 (n. 312, 363).
Liuting Ng. a. 925.
Leudinc pol. R. s. 101.
Lutting Ng. a. 931.
Leudinga, fem. 8. Pol. Irm. s. 124.
Leodening. 8. B. v. Bayeux sec. 8. P. III, 30 (Pipp. capit.); conc. Atteniac. a. 765.
Leudesius. 7. Sohn des major domus Erchinoald sec. 7.
Leudesius P. I, 288 (chron. Moissiac.); VIII, 326 (Sigeb. chron.); M. c. a. 659 (n. 68); Fredegar; gest. regg. Franc.; pol. R. s. 74.
Leodesius P. I, 288 (chron. Moissiac.); II, 311 (dom. Carol. geneal.).
Leudisca, fem. 8. Pd. a. 744 (n. 579; Ng. ebds.).
Leudisma, fem. 8. Pol. Irm. s. 37.
Leudrisma, fem. 8. Pol. Irm. s. 88.
Liuzo. 10. B. v. Cremona sec. 10; ep. Bobiensis sec. 11.
Liuzo P. I, 628 (contin. Regin.); V öfters (für Liudprand); VI, 508 (Widric. mirac. S. Gerardi); VIII öfters (annalista Saxo); St. P. drml.; Frek.; Pd. a. 1016 (n. 149).
Liudzo Frek.
Liuz Dr. a. 1057 (n. 757; Schn. ebds. Luiz).
Liutzo P. VIII, 636 (annalista Saxo).
Liuce C. M. Nov.
Luizo Lc. a. 1051 (n. 185), 1061 (n. 196) etc.
Luzo P. V, 69 (ann. Quedlinb.); G. a. 973 (n. 23), 1092 (n. 70); H. a. 981 (n. 198); Lc. a. 1051 (n. 186 etc.).
Lutzzo H. a. 1042 (n. 239).
Lüzzo H. a. 1052 (n. 251).
Luyzo Lc. a. 1043 (n. 179).
Luozo Lc. a. 1068 (n. 211).
Luoz Gld. II, a, 103.
Nhd. Leutz, Leutze, Leuze, Lietz, Lietze, Lutz, Lutze, Luz.
Liuzi. 9. St. P.
Liuza, fem. 10. St. P. öfters; Frek.; M. B. XIV, 402.
Liuziko. 10. Frek. mehrm.
Liuzico Ms. a. 1086 (n. 34).
Liudcico Frek.
Liuzako Frek.
Luizico Ms. a. 1087 (n. 36).
Lyezeco P. XII, 325 (Rodulf. abb. Trudon. epist.).
Liuzicha, fem. 11. Necr. Fuld. a. 1036.
Liuzuka C. M. Nov.
Liuzila, fem. 8. Gr. IV, 1123.
Liuzela Laur. sec. 8 (n. 198).
Luzela Gld. II, a, 125.
Liuzilin. 10. Ng. a. 963 (n. 749).
Liutarht. Gld. II, a, 103. Verderbt?
Luitpat. 8. Mchb. sec. 8 (n. 137).
Leobad Pd. a. 625 (n. 237; wahrscheinl. unecht).
Liutbald. 7. Sec. 9: markgraf v. Oestreich, nachher herzog v. Baiern. Sec. 10: ep. Matiscens. Sec. 11: erzb. v. Mainz.
Liutbald P. I, 614 (contin. Regin.), 414 f. (ann. Fuld.) etc.; St. P.; M. B. a. 1051, 1054 (XI, XII).
Liutpald P. I, 54 (ann. Alam.); II, 241 (ann. Wirzib.); VII öfters; Ng. a. 781.
Liutpalt M. B. c. a. 770, 835, c. 1000 (VII, IX, XI).
Liutbold P. I, 410, 413 (ann. Fuld.); V, VI öfters; Ng. a. 784, 817; Laur. sec. 9 (n. 3521).
Liutbolt C. M. Jul.
Liutpold P. V—VIII öfters; St. P. mehrm.; M. B. sec. 9—11 (I, IX, XI, XIII).
Liutpolt St. P. mehrmals; M. B. sec. 9—11 (I, VI, VIII).
Luidbold Ms. a. 1049 (n. 21).
Luitbold P. IX, 245, 246 (Gundechar. lib. pont. Eichstet.); Laur. sec. 8 (n. 412).

Luitpald P. VIII öfters.
Luitpold P. VIII öfters; IX, 249 (Gundechar. lib. pontif. Eichstet.).
Luithbald Gud. a. 1052, 1056, 1059 etc.
Luithbold Gud. a. 1056.
Leutbald P. VI, 87 (chron. Median. monast.); Ng. a. 787; pol. Irm. s. 176.
Leutpolt M. B. a. 1076 (IV, V).
Leodebold P. VIII, 324 (Sigebert. chron.); Pd. a. 662 (n. 345).
Ludbold Wg. tr. C. 305.
Lutbald Gud. a. 1063.
Luthbald Gud. a. 1056.

Zweifelhaft, ob hieher oder zu Liub-bold (oder theilweise auch zu Liub-wald) sind folgende formen:
Liubbold P. II, 243 (ann. Wirzib.).
Liuppold P. VIII, 638, 639, 668 (annalista Saxo).
Liubold Laur. sec. 8 (n. 332).
Liupold P. I, 56 (ann. Alam.); II, 245 f. (ann. Wirzib.); V–VIII öfters; St. P. zwml.
Liupolt St. P.
Luipbold P. II, 244 (ann. Wirzib.).
Luibold Laur. sec. 9 (n. 3556).
Leupold P. XI, 552 (auctar. Cremifan.). 725 (contin. praedicat. Vindobon.).
Liobbold Laur. sec. 8 (n. 352).
Liohbold Laur. sec. 8 (n. 348).
Liobold Laur. sec. 8 (n. 436).
Leobold Pd. a. 659 (n. 335).
Leobolt Dr. a. 770.
Libold Schpf. a. 828 (n. 89).
Lipold Laur. sec. 9 (n. 199).
Lippold P. IX öfters.
Luopald P. X, 175 (ann. Trever.) var. Liupald.
Lieuold Frek.
Lioupold (so) P. XI, 499 (ann. Mellic.).
Lupoald s. unter LIUB.
Nhd. Lebelt? Lepold, Leopold, Leopoldt, Leupold, Leypold, Liebald, Liebhold, Liebold, Liepelt, Lippelt, Lippold, Lippoldt, Lubold, Luipold, Luppold.
O. s. Lioboltesdorp.

Leudebaudes. 6. Conc. Turon. II (a. 567), Paris. IV (a. 573).
Leodebaud Pd. a. 566 (n. 172), 659 (n. 333).

Leobauda, fem. 6. Pd. a. 573 (n. 180).

Liutbern. 9. Necr. Fuld. a. 866.

Liudberct. 6. Sec. 7: b. v. Paris. Sec. 9: erzb. v. Mainz; b. v. Osnabrück. Sec. 11: b. v. Cambray.
Liudberct Lc. a. 806 (n. 28).
Liudepert Gld. II, a, 116.
Liudbraht Ms. a. 1049 (n. 22).
Liutperaht Dr. a. 800 (Schn. ebds. Liutperat).
Liutperht St. P. mehrm.
Liutpreht St. P. mehrm.; necr. Aug.; M. B. a. 837 u. c. a. 1000 (IV, IX).
Liutbraht Dr. sec. 9 (n. 638; Schn. ebds. Leitbraht).
Liudbert P. I, II öfters; VI, 763 (Thangmari vit. Bernward.).
Liudpert P. I, 597 (Regin. chron.); V öfters.
Liudbret Lc. a. 802 (n. 24).
Liutbert P. I oft; II, 230 (ann. Xant.); III, 508 (Hlud. Germ. capit.); V, VII, IX öfters; Paul. diac. VI, 17; Ng. a. 773, 790, 797, 822, 826; M. B. a. 880 (XI).
Liutpert P. I oft; II, 329 (Erchanbert. breviar.); V oft; VI, 400 (Gerhard. vit. Oudalr. ep.); VII, VIII öfters; Ng. a. 797, 822; St. P.; necr. Aug.; M. B. c. a. 1030 (VI).
Liutperth Gld. II, a, 103.
Liutberth Wg. tr. C. 28.
Liutpret necr. Aug.; Ng. a. 827.
Luitbert Pd. a. 706 (n. 469); M. B. c. a. 769 (XXXI).
Luitbreth Laur. sec. 8 (n. 267).
Leudoberctb Mab. a. 693.
Leudobert gest. Dagobert. I.
Leudebert conc. Remens. a. 630; Fredegar.
Leutibered Pd. a. 533 (n. 119).
Leutbert P. II, 279 (gest. abbat. Fontan.); III, 469, 516 (Hlud. Germ. capit.); P. a. 717 (n. 506); Ng. a. 773; pol. Irm. s. 29, 101.
Leodobert Schpf. a. 728 (n. 10).
Hleodperht s. HLEO.
Lietbert P. VI, 21 (ann. Laubiens.); VIII, 441 (Sigeb. auctar. Hasnon.); IX öfters.
Ludebret Gld. II, a, 103.
Ludperht St. P. öfters.
Luthperht St. P.
Ludbert Wg. tr. C. 416.
Litbert pol. Irm. s. 161; conv. Remens. a. 1059.
Letbert s. LAITH.

Ungewiss, ob hieher oder zu Liub-bert gehörig, sind folgende formen:

Liubrecht Laur. sec. 9 (n. 1209).
Liubreth Laur. sec. 8 (n. 1955).
Liubbrath Laur. sec. 9 (n. 198).
Liubert P. II, 241 (ann. Wirzib.); Ng. a. 824.
Liuperto P. IX, 38 (Joh. chron. Venet.).
Liupert Laur. sec. 9 (n. 3353).
Luibert P. II, 377 not.; Laur. sec. 9 (n. 277, 3013).
Liopert Lp. a. 840 (I, 686).
Leoperht St. P.
Leopert Lp. a. 840 (I, 686); conc. Roman. a. 861.
Liebert P. X, 573 (chron. S. Huberti Andag.).
Lubbert M. B. a. 813 (XXXI).
Lubert H. a. 916 (n. 142); Lc. a. 1100 (n. 259).
Lupreht K. a. 1043 (n. 225).
Livibert Lc. a. 874 (n. 69) soll wol Liutbert heissen.
Nhd. Liebrecht, Liepert.
O. n. Liutprehtesdorf, Liutperhteshofa.

Liuporta, fem. 9. Mchb. sec. 9 (n. 475); hieher?

Liutberga, fem. 8. Tochter des Langobardenkönigs Desiderius und gattin des Baiernherzogs Tassilo.
Liutberga P. I, 173 (Einh. ann.), 174 (ann. Lauriss.).
Liutbirg P. VI, 159—164 (vit. S. Liutbirgae).
Liutpirga St. P.
Liutpirc Ng. a. 830; St. P. zwml.
Liutpirch St. P. mehrm.
Liutpirhc St. P.
Liutpiric Gld II, a, 125.
Liutpirich St. P.
Liutpric Gld. II, a, 125.
Liutperga P. III, 127 (Kar. M. capit.).
Luitpiriga Mchb. sec. 9 (n. 350).
Leutberga pol. Irm. s. 39, 84 etc.
Ludabirg Schn. a. 793.
Litberga pol. Irm. s. 104.
Liutbergane (abl.) P. I, 172 (ann. Lauriss.).
Leutbergane (abl.) P. I, 221 (ann. Til.).
Ungewiss, ob hieher oder zu Liub-berga:
Liubbirg Laur. sec. 9 (n. 199).
Liuperga P. V, 233 (Andr. Bergom. chron.).
Leopirc St. P.
Leoperga Lp. a. 909 (II, 70).

Liutbrand, 8. Ep. Clusinus sec. 9; b. v. Cremona sec. 10; b. v. Bremen, Ottos I geschichtschreiber.
Liutbrand P. I, 290 (chron. Moissiac.); II, 221 (ann. Xant.); VII, 546 (Marian. Scot. chron.); X, 324 (Hugon. chron.); Ng. a. 806.
Liutbrant necr. Aug.; Ng. a. 817.
Liutprand P. III, 411 (Hlud. Germ. capit.); V, IX öfters; X, 28 (Arnulf. gest. archiepp. Mediol.). 339 (Hugon. chron.); Paul. diac. VI, 22 etc.; M. B. a. 858 (XI).
Liutprant Ng. a. 789, 790; St. P. öfters; M. B. sec. 9—11 (VI, VIII, XIII, XIV).
Liudbrand P. II, 239 (ann. Wirzib.); Wg. tr. C. 407.
Liudprand P. V öfters; VII, 97 (Herim. Aug. chron.), 417 (Bernold. chron.).
Luitbrand Laur. sec. 9 (n. 176, 199).
Luitbrant Laur. sec. 8 (n. 885).
Luitprand P. VIII öfters.
Luitprant Mchb. sec. 8 (n. 7).
Leutbrand P. II, 276 (gest. abbat. Fontan.), 318 (Adon. chron.); pol. Irm. s. 258.
Liodbrand P. II, 346 (vit. S. Bonif.).
Liodobrand P. II, 340 (vit. S. Bonif.).
Lietbrand P. X, 572 (chron. S. Hubert. Andag.).
Lutbrand Ms. a. 860 (n. 5).
Zweifelhaft, ob hieher oder zu Liub-brand, sind folgende formen:
Liupprant Gld. II, a, 103.
Liubrand Laur. sec. 8 (n. 1695, 1717).
Liubrant Laur. sec. 8 (n. 2218, 2504).
Liuprand P. VII, 64 (catal. regg.); IX, 771 (chron. mon. Casin.).
Liuprant St. P.
Leubrand Pd. a. 610 (n. 226).
Lioprand P. IX, 608 (chron. mon. Casin.).
Leoprand P. III, 252 (Hlud. et Hloth. capit.); X, 86 etc. (Landulf. hist. Mediol.).
Librand Lp. a. 1039 (II, 599).
Liuzo zuweilen (z. b. P. V) hieher.
O. n. Luiprandestorf.

Liutbrun. 8. Schn. a. 796.

Liutpot. 7. Ng. a. 788.
Leodobod P. VI, 11 (ann. Laubiens.); Pd. a. 667 (n. 358).
Leodebod A. S. Mart. III; d. Ch. I, 657.
Liubodo Laur. sec. 8 (n. 308).
Leobodo H. a. 804 (n. 64; ebds. dafür Letbaud).

Ljupeta, fem. 8. St. P.; hieher?

Liudburga, fem. 8. Frek.

Liutburg P. VIII öfters; Laur. sec. 9 (n. 208).
Liutpurc St. P. mehrm.; Mchb. sec. 9 (n. 842).
Luitburga A. S. Febr. III.
Luitburc Gud. a. 881.
Leutburgia pol. R. s. 47.
Liuddag. 9. Frek.
Liutdag Wg. tr. C. 234.
Liuddac Wg. tr. C. 286.
Liutdac Wg. tr. C. 233.
Leodac P. III, 90 (Kar. M. capit.).
Liutdruda, fem. 8. Laur. sec. 8 (n. 555).
Liuttrud P. V, 3 (ann. Corbej.).
Liutrud P. VIII, 636 (annalista Saxo).
Liutruth St. P.
Leuttrude Mab. a. 798.
Leutrudis pol. Irm. s. 78, 223; A. S. Mart. I; d. Ch. I, 680.
Luttrudis P. VIII, 578 (annalista Saxo).
Liutrod und Liuttrod s. unten (als Liuthrod).
Liutfrid. 6. Alamannenherzog sec. 6; b. v. Cordova sec. 7; ep. Ticinens. sec. 10; stiefsohn k. Konrads I sec. 10.
Liudfrid St. P.
Liutifred P. V, 694 (Gregor. V litterae).
Liutefrid Gld. II, a, 116.
Liutefred P. V, 335 (Liudpr. antapodosis); Lp. a. 977 (II, 346).
Liutfrid P. I, 50, 56 (ann. Alam.), 78 (ann. Sangall.) etc.; II, 745 f. (monachi Sangall. gest. Kar.); III öfters; VIII, 594 (annalista Saxo); Schn. a. 757; Ng. a. 781; pol. Irm. s. 39; St. P. oft; Laur. mehrm.
Liutfrith necr. Aug.; C. M. Sept.
Liutfrit Ng. a. 754, 775; necr. Aug.; St. P.; Laur. mehrm.
Liutfred P. I, 55 (ann. Laubac.).
Liutfret Ng. a. 754.
Luidfrid P. IV, 27 (Ott. M. constit.); Lc. c. a. 1070 (n. 221).
Luitfrid P. II, 86, 110 (Ekkeh. cas. S. Galli); IX, 250 (Gundechar lib. pontif. Eichstet.); Pd. a. 722 (n. 525); Lc. a. 1015 (n. 147).
Luitfred P. VII, 464 (Bernold. chron.).
Leudefred Fredegar.
Leutfrid P. III, 516 (Hlud. Germ. capit.); Laur. sec. 8 (n. 317); pol. Irm. s. 19; pol. R. s. 67, 73 etc.
Leutfred P. VI, 38 (gest. episc. Virdun.).
Leodofred Schpf. a. 728 (n. 10).
Leodifrid Cassiod. III, 48.
Lutfrid P. V, 52 (ann. Quedlinb.).
Lutfrit Schn. c. a. 813.
Luthfrid Pd. a. 724 (n. 531).
Luttfrid Laur. sec. 8 (n. 212).
Luttfret Gud. a. 1006.
Litfrit H. a. 926 (n. 146).
Littefrid P. IX, 731 (chron. mon. Casin.).
Lictefred für Liutfred A. S. Maj. II.
Hieher auch vielleicht:
Leufred d. Ch. I; Mab. a. 803.
Leitfrid, Lefrid s. unter LAITH.
O. n. Liutfridingas, Lutfrideshusen.
Leutgildis, fem. 9. Pol. R. s. 104.
Liudiger. 6. B. v. Autun sec. 7.
Liudiger P. VIII öfters; Lc. a. 1033 (n. 168).
Liudegar Laur. sec. 8 (n. 2245).
Liudeger P. VIII öfters; IX, 249 (Gundechar. lib. pontif. Eichstet.).
Liudegher P. IX, 849 (chron. Hildesh.).
Liudger P. II, V oft; VII, 39 (ann. S. Benign. Divion.); VIII, IX öfters; Frek. mehrm.
Liutgar Ng. a. 821; Schn. a. 838 (Dr. ebds. n. 513 Lintgar).
Liutger P. I, 97 (ann. Colon.); V oft; VI, 417 (Gerhard. vit. S. Oudalr. ep.); VIII öfters; IX, 333 (Ad. Brem.); Ng. a. 758, 825; Laur. mehrm.; Wg. tr. C. 266; M. B. a. 969 (II).
Liutgaer Ng. a. 819.
Liutkaer St. P. mehrm.
Liutker M. B. c. a. 800, 813 (VII, VIII); St. P. mehrm.
Luitger Lc. a. 1068 (n. 211).
Luitgher Schpf. a. 768 (n. 37).
Leudagar Pd. a. 744 (n. 579; Ng. ebds.).
Leutachar Pd. a. 528 (n. 111).
Leudochar Pd. a. 533 (n. 119).
Leuticher P. IX, 126 (chron. Novalic.).
Leudegar pol. Irm. s. 256.
Leutgar Laur. sec. 8 (n. 1694); pol. Irm. s. 10; pol. R. s. 55; C. M. Oct.
Leutger pol. R. s. 105.
Leudtger Pd. a. 666 (n. 355).
Leutcar pol. Irm. s. 235, 256.
Leodegar P. I, 288 (chron. Moissiac.), 317 (ann. Mett.); II, 283 (gest. abb. Fontan.), 311 (dom. Carol. geneal.); V, 35 not. (Lamberti ann.),

221 (chron. Luxov.); VI, 116 (Ademar. hist.), 488 (Widric. vit. S. Gerardi); VIII, 118 (Ekkeh. chron. univers.), 326 f. (Sigebert. chron.); IX öfters; X, 287, 339 (Hugon. chron.); conc. Augustodun. a. 670; Ng. c. a. 700, a. 760; Guér. a. 1070.
Leotgar Guér. a. 828.
Ludiger tr. W. a. 716 (Pd. nchtr. n. 37).
Ludger Wg. tr. C. 179.
Lutger P. IX, 289 (Ad. Brem.); Wg. tr. C. 299.
Luthger H. a. 970 (n. 185).
Luger Lc. a. 970 (n. 112).
Litiker (so) P. IX, 125 (chron. Novalic.).
Liuder = Liudiger P. VIII, 560, 567, 573 (annalista Saxo).
Liudier P. V, 103 (ann. Hildesh.) hieher? Vgl. Liudbar.
O. n. Lutegeringa.

Liudgardis (-**a**), fem. 8. Sec. 8: frau Karls d. gr. Sec. 10: schwester Ottos d. erlauchten, gattin Ludwigs d. kindes; tochter Ottos I. Sec. 11: Gattin des grafen Arnulf v. Gent; schwester des bair. grafen Albert, frau des Böhmenhzgs. Bracislav II.
Liudgardis (-a) P. II, 453 (Einh. vit. Kar.); V—VII öfters.
Liudgard St. P.
Liudkart Gld. II, a, 125.
Liudgerda P. V, 744 (Thietmari chron.).
Liudgert Gld. II, a, 125.
Liutgardis (-a) P. I oft; II, 396 (Angilbert); V—VIII oft; IX, 206 (Anselm. gest. episc. Leod.); pol. R. s. 104; Gud. a. 960.
Liutgart P. IX, 296 (Ad. Brem.); St. P.; M. B. II, XIV; Lc. a. 1043 (n. 179).
Liutkard St. P. zwml.
Liutkart St. P. öfters.
Luidgard C. M. Nov.
Leutgardis P. VI, 726 (vit. Balderic. ep. Leod.); pol. Irm. s. 6, 54; pol. R. s. 100, 102.
Lieudgardis Mab. a. 849.
Leothgarda P. XI, 362 (Hug. Floriac.).
Ludgard P. I, 304 (chron. Moissiac.).
Lutgard Lc. a. 996 (n. 127).
Lutgart necr. Aug.
Liugard Laur. sec. 8 (n. 2189).
Liugart Laur. sec. 8 u. 9 mehrm.
Liucarda P. X, 188 (gest. Trever.).
Liukart P. VI, 791 (Adalberti vit. Heinr. II); St. P.
Liukierd C. M. Nov. hieher?
Luigart Laur. sec. 8 (n. 2978); necr. Aug.
Leugard P. VI, 733 f. (vit. Balderic. episc. Leod.).
Leogardis pol. Irm. s. 50 (sec. 11).
Liegardis P. X, 576 (chron. S. Huberti Andag.).
Lukarth P. XI, 103 (Cosm. chron. Boem.).

Liudigast. 6. Gr. IV, 268.
Leudastes Greg. Tur. V, 14, 48 etc.; VI, 32.

Liutgoz. 8. St. P.
Liutcoz Ng. a. 782.
Liutkoz St. P. oft.
Luitgotz M. B. a. 1076 (IV).
Leutgaud pol. Irm. s. 4, 10.
Lutgaud H. a. 945 (n. 158).
Liugoz St. P.
Liukoz St. P. drml.

Liutgis. 7. Laur. sec. 8 (n. 1192); Ng. a. 842.
Liutkis Ng. a. 878.
Luitgis (fem.) Laur. sec. 8 (n. 2104).
Leutgis pol. Irm. s. 201; pol. R. s. 33, 86.
Ludigis R. a. 821 (n. 21); M. B. a. 823 (XXXI).
Ludgis Lc. a. 812 (n. 30).
Luthugis Lc. a. 837 (n. 52).

Leudegisil. 6. B. v. Chartres sec. 7. Greg. Tur. mehrm.; conc. Autisiod. a. 578; A. S. Maj. VI; Pd. a. 723 (n. 528).
Leudoghisil Pd. a. 572 (n. 178).
Leudiselus (so) Fredegar.
Leodegisil Pd. a. 615 (n. 230); A. S. Maj. VI.

Leutgrim. 8. Pol. Irm. s. 234.
Liucrim Gld. II, a, 103.

Liutgunda, fem. 8. Tr. W. a. 774 (n. 53).
Luitkund Mchb. sec. 9 (n. 652).

Liutheid, fem. 8. Schn. a. 790; Mchb. sec. 9 (n. 523).
Liutheit St. P.
Luitheid Mchb. sec. 9 (n. 652).
Leuthaidis pol. R. s. 75.
Leudoaidis pol. R. s. 54.
Leuthagdis pol. R. s. 69.
Lidhaidis St. M. c. a. 962.

Liudhard. 6. Ep. Oxomens. sec. 6. Ep. Nuceriens. sec. 9. B. v. Paderborn sec. 9.
Liudhard P. II, 770 (vit. S. Rimberti); Laur. sec. 8 (n. 1231).

Liuthard P. III, 469 (Hlud. Germ. capit.); V, 48 (ann. Hildesh.); VI, 445 (vit. Symeon.); VII, 112 f. (Herim. Aug. chron.); VIII öfters; Laur. mehrm.; Wg. tr. C. 85, 251, 456; M. B. a. 882, 883 (XI); Gud. a. 959, 960.
Liuthart Ng. a. 818; M. B. a. 828 (VIII); necr. Aug.; St. P. mehrm.; Gud. sec. 10.
Liutuhard Ng. a. 881.
Liutthard P. II, 474 (Ermold. Nigell.).
Lihuthard P. II, 472 (Ermold. Nigell.).
Liudherd (so) P. V, 866 (Thietmari chron.).
Liutard P. II, 612, 615 (vit. Hlud. imp.); IV, B, 14 (Eugen. II concil.); pol. Irm. s. 2, 11 etc.
Luidhard Wg. tr. C. 364.
Luithard Wg. tr. C. 282, 405.
Luitherd C. M. April.
Λεύδαρδος Procop.
Leuthard Laur. sec. 8 (n. 282); pol. Irm. s. 104, 215; pol. R. s. 19, 66 etc.; Sm. (var. Leotard).
Leutard P. I, 456 (Hincm. Rem. ann.); pol. Irm. s. 2, 19 etc.
Leotchard Pd. a. 573 (n. 180).
Leodard pol. Irm. s. 22, 237.
Leotard pol. Irm. s. 169, 237.
Liethard P. X, 376 (Hugon. chron.), 545 f. (gest. abbat. Gemblac.).
Lietard P. V, 160 (ann. Mosom.); VI, 49 (gest. episc. Virdun.); VIII, IX öfters; X, 343 etc. (gest. abbat. Gemblac.); St. M. a. 1006.
Lietart H. a. 955 (n. 167).
Lyethard St. M. a. 1022.
Lyetard St. M. a. 1002.
Luthard P. II, 38 (abbat. Augiens. catal.); Wg. tr. C. 55, 181, 304, 345, 448.
Luthart necr. Aug.
Lutard P. I, 459 (Hincm. Rem. ann.).
Lithard St. M. a. 1092.
Litard St. M c. a. 962.
Litard neben Lithared conc. Aurelian. a. 511.
Luithaus und Linthaus (so) M. B. a. 833 (XXXI) mehrmals für Liuthard.
Nhd. Lüdert, Luthardt.

Liuthari. 6. Alamannenfürst sec. 6; b. v. Minden sec. 10; ep. Cumanus sec. 11.
Liuthari St. P. zwml.
Liudhar Wg. tr. C. 149.
Liuthar P. I, 393 (ann. Fuld.); II, 228 (ann. Xant.); III, 469 (Hlud. Germ. capit.); IV, 17 (Heinr. I constit.); V, VIII oft; Ng. a. 787, 819, 820; Wg. tr. C. 56; Gud. sec. 10.
Liutheri P. V öfters; Wg. tr. C. 363, 371; St. P. mehrm.
Liuthere necr. Aug.
Liuther Ng. a. 796, 806; M. B. a. 820 (VIII); necr. Aug.; St. P.; Laur. öfters.
Liudar C. M. Jul.
Liutar Gld. II, a, 116.
Liudier P. V, 103 (ann. Hildesh.); hieher? vgl. Liudgar.
Liuder C. M. April.
Luithar Ng. a. 817.
Luithere P. IX, 250 (Gundechar. lib. pontif. Eichstet.).
Luider C. M. Aug.
Λεύθαρις alam. n. bei Agath.
Λεύδερις goth. n. bei Procop (aus Liudaharis; vgl. Grimm bei Haupt III, 142).
Leudoher pol. R. s. 74.
Leutheri Wg. tr. C. 226, 228.
Leuthar Paul. diac. II, 2; pol. Irm. s. 2, 19 etc.; pol. R. s. 72.
Leuther P. IX, 633 (chron. mon. Casin.); Laur. sec. 8 (n. 1366); pol. R. s. 66, 72 etc.
Lieuteri Mab. a. 874.
Lioteri St. P.
Leodhar P. III, 30 (Pipp. capit.).
Lutheri Wg. tr. C. 425.
Luthar P. VIII, 637 (annalista Saxo; derselbe schriftsteller schreibt an mehreren andern stellen dieselbe person Lothar).
Luther Laur. sec. 8 (n. 2574); Gud. a. 840.
Lutar Lp. a. 911 (II, 83).
Lidiheri Gld. II, a, 103.
Litterius Pd. a. 652 (n. 320; zum theil unecht).
Teutleoterius Pd. a. 694 (n. 432); verderbt.
Nhd. Leuther, Lüder, Luther, Lutter.
O. n. Luiteresdorf, Liuthereshuson.

Leutharia, fem. 8. Pol. Irm. s. 48.
Liutheru Gld. II, a, 125 angebl. fem.
Leotheria Pd. a. 694 (n. 432).

Liuthad. 8. St. P. mehrm.
Luithad M. B. c. a. 806 (VIII).
Leuthad pol. Irm. s. 19, 115; pol. R. s. 45, 56 etc.
Leutad pol. Irm. s. 82.
Leutchaus pol. Irm. s. 136.

Luithaus s. unter Liudhard.
Liuthelm. 8. Laur. mehrm.
Ludelm P. I, 607. 612 (Regin. chron.); VI, 516 (mirac. S. Apri); VII, 40 (ann. S. Benign. Divion.); VIII, 589, 591 (annalista Saxo).
Lugdelm mit var. Ludelm P. X, 638 (gest. episc. Tullens.).
Liuthaem (so) tr. W. a. 816 (n. 160) etwa für Liuthalm?
Liuthilt, fem. 8. Laur. sec. 8 (n. 1444).
Luithilt Laur. sec. 8 (n. 505).
Leuthildis pol. Irm. s. 45.
Leudovildis pol. Irm. s. 114.
Leutildis pol. Irm. s. 40.
Leodoildis pol. Irm. s. 84, 100.
Leodildis pol. Irm. s. 216.
Luthilda Gud. a. 881.
Litthilt (so) Gld. II, a, 125.
Liuthram. 7. Mchb. sec. 9 (n. 569); St. P.
Liutherannus Ng. a. 754.
Liutram St. P.; Ng. a. 764; Dr. a. 792 (Schn. ebds. falsch Liutramen).
Liutran (so) Dr. a. 876 (n. 612; Schn. ebds.).
Luithram Mchb. sec. 9 (n. 611).
Luitram Laur. sec. 9 (n. 218).
Leudochramnus Pd. a. 615 (n. 230).
Leudocramnus A. S. Jan. II.
Leudramnus pol. Irm. s. 273, 274.
Leuthrannus Pd. a. 615 (n. 230).
Leuteramnus pol. R. s. 71.
Leodochrannus Pd. a. 615 (n. 230).
Leoddram Gld. II, a, 103.
Litramnus Gld. II, a, 116.
Leodramna, fem. 8. Pol. Irm. s. 239.
Liutroch. 8. Laur. sec. 8 (n. 834, 840).
Liutrohch Laur. sec. 8 (n. 540).
Liutero Laur. n. 1212.
Luitroch Laur. sec. 8 (n. 833).
Liutrod. 8. Ng. a. 764.
Liuttrod Ng. a. 807.
Liuthorodh K. a. 802, 803 (n. 54, 57; in der zweiten stelle mit var. Liuthoroh).
Leudelindis, fem. 8. Pol. Irm. s. 37.
Ledelindis pol. Fossat. verderbt? oder zu LAITH?
Leutplindis tr. W. c. a. 737 (n. 241 u. Pd. nchtr. n. 59); nur verderbt? vgl. BLIND.
Leodelod. 7. P. II, 254 (ann. Floriac.).
Liuteloh. Gld. II, a, 103.

Leudomad. 6. Pd. a. 572 (n. 178).
Leudomalla, fem. 6. Pd. a. 572 (n. 178).
Liudman. 8. Wg. tr. C. 381, 458, 460, 469, 472.
Liutman Wg. tr. C. 307; necr. Aug.
Luitman Laur. sec. 8 (n. 267).
Lutman St. P.
Nhd. Liedemann, Littmann, Lüdemann, Luttmann.
Leudomanda, fem. 6. Pd. a. 572 (n. 178).
Leudomar. 6. Mur. 426, 1; A. S. Mart. I; d. Ch. I, 679.
Leudomir Pd. a. 565 (nchtr. n. 2).
Leudmar Wg. tr. C. 333.
Leutmar pol. R. s. 50.
Ludimar Ng. u. K. 786, 828.
Ludamar Schn. a. 887.
Ludemar Gld. II, a, 103.
Lutmar St. P.
Hieher vielleicht:
Litomeri (acc.) Pd. a. 572 (n. 178).
Lithomar Pd. a. 610 (n. 226).
O. n. Liutmaresheim, Liutmarinchovun.
Aus letzterem n. hat Gr. II, 197 jedenfalls fälschlich einen p. n. Liutmarinc gefolgert.
Liutmod, fem. 9. Gld. II, a, 125.
Luithmod Wg. tr. C. 66.
Liutmund. 6 St. P.
Liutmunht (so) St. P.
Leudemund A. S. Febr. III; Fredegar.
Leutmund Mab. a. 836; St. M. a. 942.
Ludimunt tr. W. a. 716 (n. 196 u. nchtr. n. 37).
Liutnand. 9. Laur. sec. 9 (n. 217).
Nhd. Leutenant.
Liutni, fem. 10. Mchb. sec. 10 (n. 1107).
Leutnig. 8. K. a. 772, 773 (n. 14 und 15); verderbt? doch steht ebds. auch Ruodnig.
Liutnot. 10. P. VI, 420 (Gerhard. mirac. S. Oudalr.).
Liudrad, msc. u. fem. 8. Dr. a. 776 (Schn. ebds. Luidrat); Wg. tr. C. 486.
Liutrad St. P.
Liuterat Gld. II, a, 125.
Liutrat St. P.; Laur. n. 1592; M. B. c. a. 1060 (XI).
Liutdrat Laur. sec. 9 (n. 823).
Leutrat Laur. sec. 8 (n. 338).
Lexdrat Laur. sec. 8 (n. 1260) viell. Leudrat zu lesen?

O. n. Liutrateswilare, wahrscheinlich auch Ludretichova.

Leudrada, fem. 8. Pol. Irm. s. 34; pol. R. s. 51, 56 etc.

Luitrada H. a. 909 (n. 136, 137).

Liuderich. 8. Sec. 9: b. v. Bremen. Sec. 11: b. v. Auxerre; b. v. Sens.

Liuderich P. II, 240 (ann. Wirzib.).
Liuiric Ng. a. 817.
Liutirihc Gld. II, a, 103.
Liuterich P. VI, 419 (Gerh. mirac. S. Oudalr. ep.).
Liudric Wg. tr. C. 353.
Liutrich P. IX, 390 (chron. Brem.).
Liutrih Gld. II, a, 103.
Liutrig P. III, 256 (Hluth. et Hloth. capit.).
Luitherich d. Ch. I, 674.
Leuderich P. VIII, 575 (annalista Saxo); IX, 280, 293 f., 316 (Ad. Brem.); pol. R. s. 52.
Leudricus P. VII, 12, 19 (ann. Elnon.); VIII, 574 (annalista Saxo); pol. Irm. s. 197.
Leodrich St. M. a. 962.
Leotherich P. XI öfters.
Leoterich A. S. Febr. II.
Luderich P. VIII, 27 (Ekkeh. chron. Wirzib.).
Luterich P. VI, 422 (Gerh. mirac. S. Oudalr. ep.).
Lutterich M. B. a. 958 (XXXIII).
Liderich P VIII, 470 (Sigeb. auctar. Ursicamp.).
Lidrich P. VII, 23 (ann. Blandin.), 35 (ann. Formosell.); XI, 305 ff. öfters (geneal. comit. Flandr.).
Luzo für Liuderich P. V, 69 (ann. Quedlinb.).

Liudrid. 9. Wg. tr. C. 310.

Leodrisius. 9. Ep. Marsican. sec. 9. Conc. Roman. a. 861.

Liutrun, fem. 9. Dr. sec. 9 (n. 604; Schn. ebds. Liutrum).

Liutsinda, fem. 8. Ng. a. 783.

Luidsintha H. a. 909 (n. 136).
Leutsindis d. Ch. I, 658.
Leutsiuda pol. Irm. s. 258; A. S. Jan. II.
Liuhtsind Gld. II, a, 125 wol hieher; dsgl. Lussind ebds.

Liudsuind, fem. 8. Mutter kaiser Arnulfs sec. 9.

Liudsuind St. P.
Liutswind Schn. a. 757; St. P.; Laur. mehrm.; Mchb. sec. 9 (n. 506).
Liutsuind St. P. zwml.
Luitswinda Schn. a. 758.
Liutswint Laur. mehrm.; M. B. a. 806 (VIII).
Luidsuit Wg. tr. C. 341.
Liudsuindane (genit.) tr. W. c. a. 780 (n. 88).
Luiswind Laur. sec. 8 (n. 1087).
Liutsuin (so) St. P.
Lusswind St. P. zwml. wol hieher.
Lusiuind St. P. wol hieher.
Leotsnid (so) Pd. a. 667 (n. 358) vielleicht für Leotsuid?

Luitdanch, zt. unbest., necr. Aug.

Liudoald. 7. Herz. v. Kärnthen sec. 11.

Liudoald Gld. II, a, 116.
Liudolt Laur. sec. 8 (n. 2599).
Liutold P. I, 90 (ann. Salisb.); St. P. öfters.
Liutolt P. I, 82 (ann. Sangall.); Laur. sec. 8 (n. 2935); necr. Aug.; St. P. öfters; Ng. a. 808; M. B. XIV, 383; M. B. a. 1074 (VIII).
Liuthold Laur. sec. 8 (n. 2037).
Luitold P. II, 118 (Ekkeh. cas. S. Galli), 159 (cas. S. Galli); VII, 450 (Bernold. chron.); Laur. sec. 8 (n. 566).
Luitolt Ng. a. 786, 818.
Leudovald Greg. Tur. VI, 3; VIII, 31; IX, 13; A. S. Febr. III.
Leodoald Pd. a. 615 (n. 230); d. Ch I, 888.
Leotald Gld. II, a, 116.
Leottol (so) St. P. viell. hieher.
Lietold P. X, 508 (vit. Wicberti).
Luduald urk. v. 735 (Ng, K. n. 3, Pd. n. 556).
Ludold Wg. tr. C. 304.
Lutold P. II, 156 (cas. S. Galli); VII, 293 (Berthold. ann.).
Dudo = Liutold P. VI, 645 (liber mirac.).
Ags. Leodvald. Nhd. Leuthold.
O. n. Liutoltesperg, Liutoltesbusa, Ludolteswilare.

Leodeanus. 8. Pd. a. 706 (n. 464).

Leudoer. 9. Pol. R. s. 22.

Leudovera, fem. 6. Pd. a. 533 (n. 118).

Liutwar (fem.) necr. Fuld. a. 1039.

Liudward. 8. B. v. Vercelli sec. 9.

Liudward P. I, 597, 609 (Regin. chron.); Wg. tr. C. 258, 458, 461, 481.
Liutward P. I, 396 (ann. Fuld.); II, 73 (Ratpert. cas. S. Galli), 101 (Ekkeh. cas. S. Galli); VII, 109 (Herim. Aug. chron.), 421 (Bernold. chron.); VIII, 343 (Sigeb. chron.); Lp. a. 838 (I, 938;

so ist nach dem druckfehlerverzeichnis das a. a. o. stehende Hutuard zu bessern).
Liutwart P. I, 402, 404 (ann. Fuld.); St. P. zwml.
Liutoard Mab. a. 884.
Liuthward P. I, 403 (ann. Fuld.).
Liuthuard Mab. a. 886.
Luidward Wg. tr. C. 240, 343.
Luitward H. a. 882 (n. 114 etc.; Gud. ebds.).
Luitwert (so) M. B. a. 880 (XXXI).
Leudoard P. I, 514 (Hincm. Rem. ann.); pol. R. s. 51.
Leodoard pol. Irm. s. 30.
Ludward Wg. tr. C. 429.
Lutward P. IV, B, 4 (capit. spur.); M. B. c. a. 878 (XXXI).
Luthward Wg. tr. C. 436.
Liward = Liutward P. VIII, 586 (annalista Saxo).
Lintward für Liutward H. a. 884 (n. 116).

Leudoldis, fem. 9. Pol. R. s. 75.

Liudowicus. 6. P. XI, 493 (ann. Mett.).
Liudwig Wg. tr. C. 446.
Liutwig Gld. II, a, 103.
Liutwic Gld. II, a, 103.
Hliudiwicus Lc. a. 1040 (n. 172).
Leodoveus Pd. a. 584 (n. 192).

Es folgt nun eine anzahl formen mit u in der ersten silbe. Zwar muss ich dieselben der analogie mit den ähnlichen bildungen wegen hieher setzen, doch ist ausdrücklich zu bemerken, dass grade in diesem n. die oben angeführte vermischung der stämme HLOD und LIUD den höchsten grad erreicht und dass, historisch betrachtet, der gröste theil dieser formen von HLOD ausgeht.

Ludovicus und Ludowicus überall sehr oft.
Luduwicus P. IX, 426, 431 (gest. episc. Camerac.).
Luthuwicus P. V, 736 (Thietmari chron.).
Ludowikus P. VI, 795 not. (synod. Francof.).
Ludawicus Ng. a. 817.
Ludawich K. a. 815 (n. 72).
Ludivicus H. a. 1051 (n. 247).
Luduicus H. a. 889 (n. 121), 945 (n. 160).
Ludoycus P. II, 270 (gest. episc. Mett.); V, 215 (reg. et imper. catal.).
Luthewicus Lc. a. 1024 (n. 160).
Luthwich H. a. 990 (n. 204).
Ludevicus und Ludewicus überall oft.
Ludvig Ng. a. 815.
Ludvicus P. IX öfters; Gud. a. 910, 978.
Luduih St. P.
Ludwihc Gld. II, a, 103.
Ludwich P. VI, 678 (mirac. S. Cholomanni); Gud. a. 1090.
Ludovius P. XI, 398 (hist. regg. Franc. monast. S. Dionys.).
Lugdovicus P. XI öfters (Hug. Floriac.).
Lucdovicus P. XI, 401 (hist. regg. Franc. monast. S. Dionys.).
Ludovicus qui et Chlodoveus P. XI, 491 (ann. Mellic.).
Clodoveus qui et Ludwicus P. XI, 571 (ann. Admunt.).
Nhd. Ludewig, Ludwich, Ludwig.

Liutwiha, fem. 9. Dr. n. 705.
Liudwi Wg. tr. C. 40; Gld. II, a. 125. Vgl. Hadwi.

Liutwin. 9. Sec. 9: b. v. Marseille; b. v. Mutina.
Liutwin P. X, 161 (gest. Trever.); St. P. drml.; Laur. oft; Ng. a. 791; Gud. sec. 10.
Liuduin tr. W. a. 723 (Pd. nchtr. n. 45); Laur. sec. 8 (n. 1617).
Liudoin tr. W. a. 717 (Pd. nchtr. n. 38).
Luituin Gld. II, a, 116.
Leutwin Laur. sec. 8 (n. 2080).
Leudoin pol. Irm. s. 104, 163; pol. R. s. 4, 22 etc.
Leudoen Mab. a. 836.
Leodowin Pd. a. 698 (n. 448; H. ebds. n. 24).
Leodoin P. III, 529 (Kar. II capit.), 548 (Boson. capit.); pol. Irm. s. 102.
Leotwin Pd. a. 698 (n. 448; H. ebds. n. 24).
Hleodwin Mcbb. sec. 9 (n. 607).
Lieduin P. X, 546 (gest. abb. Gemblac.); Guér. a. 1038.
Lietduin P. IX öfters.
Ludovin tr. W. a. 743 (n. 5).
Ludowin Laur. sec. 8 (n. 941).
Luduin Laur. sec. 8 (n. 2039).
Luthuin H. a. 981 (n. 198).
Lidwin P. II, 189 (ann. Gand.).
Livin P. VIII, 399 (Sigeb. auct. Affligem.).
Nhd. Leutwein.
O. n. Liudwineshusun, Liudwinestein.

Leodols. 8. Pol. Irm. s. 182.

Liudulf. 6. Sec. 10: sohn Ottos I; b. v. Osnabrück; ep. Augustens. Sec. 11: b. v. Trier; sohn des pabstes Leo IX, domdechant zu Toul

Liudulf P. V, VI, VIII oft; Wg. tr. C. 251, 350, 381, 474; St. P.; Frek.; C. M. April, Dec.
Liudolf P. I, 69 (ann. Aug.), 98 (ann. Colon.); II, V, VI, VIII öfters; IX, 851 (chron. Hildesh.); X, 171 (gest. Trever.), 207 (transl. S. Celsi); Wg. tr. C. 263.
Liudolph P. I, 99 (ann. Colon.).
Liutulf P. V oft; X, 364 (Hugon. chron.); Ng. a. 766; Gud. a. 956.
Liutulph H. a. 964 (n. 172).
Liutolf P. I. 70 (ann. Sangall.), 50 (ann. Alam.), 393 (ann. Fuld.) etc.; VI, VII öfters; necr. Aug.; St. P.; Laur. mehrm.; Ng. a. 818; Gud. a. 961.
Luitulf P. II, 210 (ann. Lobienses).
Luitolf P. II, 113 (Ekkeh. cas. S. Galli); VIII öfters.
Luidulf H. a. 909 (n. 136).
Luidolf P. IX, 847 (chron. Hildesh.); Laur. sec. 8 u. 9 (n. 724, 1410).
Luidolff H. a. 909 (n. 137).
Luidolph Pd. a. 726 (n. 537).
Luydolf Lc. a. 1073 (n. 217).
Leudulf Pd. a. 572 (n. 178).
Leutulf P. III, 469 (Hlud. Germ. cap.); VIII öfters; pol. R. s. 73.
Liodulf Lc. a. 820 (n. 40).
Lyodulf P. V, 118 (ann. S. Bonif.).
Liedulf P. VI öfters.
Lietulf P. II, 210 (ann. Lobiens.).
Ludulf P. V öfters.
Ludulph P. II, 575 (vit. S. Idae).
Ludolf P. V, IX öfters; tr. W. a. 779 (n. 96); Wg. tr. C. 63, 82, 89, 139, 161, 216, 223, 252, 350, 433; Schn. a. 811 (Dr. ebds. n. 253 Hiudolf).
Ludolph P. II, 572 (vit. S. Idae); Wg. tr. C. 435.
Litulf P. IX, 624 (chron. mon. Casin.); X, 8 (Arnulf. gest. archiepp. Mediol.).
Liudolf und Liutold öfters von einer person bei P. V.
Nhd. Leutlof, Leutloff, Ludolff, Ludolph.
O. n. Litolfesbah, Liutolfesperc, Liutolfesmunster.
Zusammensetzungen mit erweitertem stamme:
1) mit suffix L:
Leudelgis. 8. Pol. Irm. s. 201.
Leudelgrimnus. 8. Pol. Irm. s. 201.
2) mit suffix Z (vgl. LIUZ):
Lucebert. 8. M. a. 789 (n. 54).
Liezeburch, fem. Gld. II, a, 125.
Lietselm. 11. P. IX, 439 (gest. episc. Camerac.).
Liushild, fem. Laur. n. 730.
Luzman. 11. K. a. 1090 (n. 239; Gud. ebds.).
Luzeman G. sec. 11 (n. 50).
Nhd. Lietzmann, Litzmann.
O. n. Liudzimannespah.
Liusnot. 8. Laur. sec. 8 (n. 3439).
Liuzewib, fem. 11. M. B. a. 1090 (III).
Luczewiba ebds.
Liuzwit. 11. St. P.

LIUHT. Zu ahd. lioht lux; doch vgl. auch LIHT.
Leohtilo. 8. Mcbb. sec. 8 (n. 145 u. a.).
Nhd. Lichtel.
Liuhtsind. Gld. II, a, 125; zu LIUD?
Leohtolt. 8. Ng. a. 765.

Liula, fem. 8. K. a. 786 (n. 29). Liula bedeutet vitis alba (waldrebe); vgl. J. Grimms abhandl. über frauennamen aus blumen s. 27. Doch könnte Liula auch vielleicht falsch stehn für Liuta.
Liumnand s. Hliumnand. **Liumunt** s. LIUB.
Lius-, Liut- s. LIUD.

LIUZ. Es geht mit diesem stamme wie mit mehreren andern auf Z. Die niedd. formen auf t sind ganz in LIUD aufgegangen und ich muss mich mit dem aufsuchen der hochd. gestalten auf z begnügen. Und auch diese, wo sie das wort beginnen, dürften sicherer als diminutive bildungen zu LIUD anzusehn sein, obwol manches davon nicht dorthin (wo diese diminut. bildungen sonst allerdings fast zu zahlreich sind), sondern hieher gehören dürfte. So muss ich, da hier nicht zu entscheiden ist, mit der aufzählung folgender formen zufrieden sein:

Adallioz 9.	Ragiuleoz 9.	Sindleoz.
Hroadleoz 9.	Richloz 10.	Umoloz.
Madalleoz 9.	Rinloz 9.	Wielioz 9.
Uodilloz 9.	Saraleoz 8.	Wolfioz 8.

Wirchilleoza steht bei Gr. IV, 1123 nur irrthümlich hierunter; es ist ein o. n. Während Gr. IV, 1123 diese n. an altn. hliota obtinere, ahd. hliozan sortiri anschliesst, nimmt J. Grimm in Haupts zeitschrift II, 254 nicht Hl, sondern L als anlaut an und sagt: „das altn. adj. liotr turpis deformis oder was es sonst eigentlich bedeutet habe, muss also auch in einem ahd. lioz, leoz aufgestellt werden, und in einem goth. liuts, wovon liuta hypocrita versutus dolosus."

-liv s. LIUB.

Liverit. 6. Cassiod. V, 35 var. Luvirit und Livvrit.

Livibert s. Liudbert. **Liwiche** s. LIUB.

Leamod. 6. Sp. instrum. vendit. Vielleicht verderbt? etwa für Lodmod?

-loast in Burgloast (10).

LOB. Ziemlich sicher stelle ich die folgenden formen zu ahd. lôp laus. Vgl. auch LAUB wegen Fridolob (9).

Lopus. 7. Pd. a. 615 (n. 230).

Loppo Schn. a. 863 (Dr. ebds. n. 586 Joppo).

Loba, fem. 7. R. a. 821 (n. 21).

Loppa Pd. a. 675 (n. 379).

Lobeto. Gr. II, 78; deutsch?

Lobini. Gld. II, a, 103.

Lopenzo. 9. Schn. a. 811 mehrmals; Dr. ebds. n. 252 f. Lorenzo.

Lobuduna, fem. 8. Laur. sec. 8 (n. 226).

Lobegis. Gld. II, a, 103.

Lobehagdis, fem. 8. K. a. 773 (n. 15).

Lobaher. 9. Ng. a. 825.

Nhd. Lober, Löber, Löper.

Lobahilt, fem. 9. Schn. a. 838.

Lopadeo. 9. Mchb. sec. 9 (n. 595).

Lupedeo s. LIUB.

Lopolf. 8. St. P.

Lochard. 9. P. IX, 439 (cod. evangel. Camerac.).

Lokard P. I, 440 (Prud. Trec. ann.) var. Leutharius.

Lod-, -lod s. HLOD. **Lofred** s. HLOD.

Logenbert s. LAUG.

LOH. Mit diesem stamme, der das ahd. lôh (lucus; vgl. o. n.) sein mag, sind als zweitem theile folgende 36, oft von -laug nicht leicht zu scheidende, seit sec. 8 begegnende n. zusammengesetzt:

Eillog 9.	Gebeloh 11.	Nordoloh 9.
Angelucia? 9.	Geraloh 9.	Rateloh 9.
Anselucus 9.	Gozzoloh 8.	Reginlo 10.
Asaloh 9.	Graloh 8.	Sigiloh 10.
Adalloh 9.	Gundeloh 8.	Swarzaloh 8.
Otaloh 9.	Hartaloh 9.	Swaterloh 10.
Berolog.	Heriloch 8.	Thioloh 9.
Berahtoloh 8.	Hruodaloh 8.	Theotoloh 9.
Ebarloh.	Landaloh 9.	Walteloh.
Erchanloh 9.	Liutoloh.	Wanlog 8.
Fridelohc.	Maganloh 9.	Wolkelohc.
Folcholoh 9.	Morlog 11.	Wolvoloh 8.

Oefters mag wie in Reginlo das auslautende h fortgefallen sein; dann ist es in den meisten fällen unmöglich, die zu diesem stamm gehörigen formen von den das blosse suffix -lo enthaltenden (s. L) zu scheiden. Auch berührungen mit LAG und mit HUG kommen vor.

Als erster theil von zusammensetzungen ist LOH kaum sicher nachzuweisen; doch erinnere ich an Lochard, Loman und einige unter HLOD aufgeführte formen.

Lohs (so). 11. Necr. Fuld. a. 1032.

Lokard s. Lochard. **Lol-** s. LUL.

Loman. 9. Tr. W. a. 820 (n. 69); zu LOH?

Lomprand, Lon- s. LAUN. **Lond-** s. LAND.

Lop- s. LOB.

Lorado. 7. Pd. a. 632 (n. 255).

Lorenza, fem. 9. St. P.; latein?

Lorenzo. 9. Laur. sec. 9 (n. 224); latein?

Lorinzo und Lorentio Gld. II, a, 103.

Loria, fem. 8. Tr. W. a. 742 (n. 1).

Lot- s. HLOD. **Louc-** s. LAUG.

Louf. 11. K. c. a. 1099 (n. 254).

Lowrannus. 9. Pol. R. s. 52.

Lozdana, fem. 9. Pol. R. s. 74.

Lozhilt, fem. 8. K. a. 788 (n. 34).

Die beiden letzten n. zu LIUZ?

-luc s. LOH.

Luca, fem. 8. St. P.; neben dem gen. Lucane tr. W. a. 723 (n. 262).

Luczewiba s. LIUD. **Lud-** s. LIUD.
Lugatrud, fem. 9. Mab. a. 854.
Lugius 2. v. C. Cimbrischer anführer. Oros. V, 16. Zeuss s. 143 hält den n. für deutsch und zum v. n. Lygii.
Nhd. Luck, Lück, Lucke, Lücke.
Luico. Laur. n. 1592.

LUL.

Etwas sicheres lässt sich über die etymologie dieses stammes nicht angeben. Gr. II, 209 erinnert an nord. lolla segnities.
Lullo. 7. B. v. Mainz sec. 8.
Lullo P. III, 30 (Pipp. capit.); IX, 289 (Ad. Brem.); Schn. a 755.
Lullus P. I, 33 (ann. Lauresh.), 298 (chron. Meissiac.), 347 (ann. Fuld.), 350 (Enh. Fuld. ann.); II öfters; III, 32 (Pipp. capit.); V, VII öfters; VIII, 555, 556, 561 (annalista Saxo); Ng. a. 774; M. B. a. 786 (XXXI); Gud. sec. 8.
Lul P. I, 116 (ann. Lauriss.); II, V öfters; Dr. a. 752; St. P.
Lolen (gen.) Dr. a. 808 (n. 245; Schn. ebds.).
O. n. Lullubach.
Lella, fem. 8. Lollane (abl.) K. a. 772 (n. 14), 773 (n. 15).
Lelbreth. Laur. n. 177.

LUN.

Gr. II, 222 denkt an ahd. lun riegel, was der bedeutung wegen nicht passend scheint. Sollte nicht, da sich sonne und mond auch sonst in altd. n. findet, an ahd. luna, mhd. lune (mondwechsel, daher nhd. laune) zu denken sein? ich halte das wort nicht für entlehnt aus dem latein., sondern für urverwandt.
Lunfrid. Gr. II, a, 222.
Lungar. 9. Mchb. sec. 8 (n. 166).
Luncar Mchb. sec. 9 (n. 411).
Entweder hieher = Lun-gar, oder unmittelbar zu ahd. lungar citus oder endlich als Lung-har zu fassen.
Lunimunt. 9. Dr. a. 889 (n. 634; Schn. ebds. Kunimunt).

LUND.

Es muss noch untersucht werden, ob an altn. lundr nemus oder eher an altn. lund indoles modus zu denken ist. Vgl. auch Lond- und Lont- unter LAND in Lontgaus und Londward.
Luntbert. 8. Schpf. a. 730 (n. 11).
Luntdolf. 8. Laur. sec. 8 (n. 448).

Lunfrid s. LUN.

LUNG.

In diesem stamm muss der begriff der schnelligkeit liegen; vgl. altn. lungr schlange, pferd, ahd. lungar schnell. Nur ein paar spuren dieses stammes in deutschen n. schimmern noch durch; vgl. auch den altn. n. Lyngheiðr.
Lungan s. Jungan.
Lungar s. LUN.
Lungwinda, fem. 8. Laur. sec. 8 (n. 963) zweimal; für -swinda?
Lunicholt. Gld. II, a, 103; für Lung-olt?

Lunimunt s. LUN. **Lunt-** s. LUND.
Luodorane (cas. unbestimmt), fem. 8. Tr. W. a. 767 (n. 131).
Das neutrum mhd. luoder, provenc. loire, altfranz. loitre, neufranz. leurre, engl. lure, ital. logoro, welches eine lockspeise (für den jagdfalken) bedeutet, möchte ich in diesem worte nicht annehmen; eben so wenig ahd. lotar schlecht.
Luof. 9. Dr. a. 836 (n. 492; Schn. ebds. Luolf); G. a. 1030 (n. 44).
Grimm gr. I, 197 führt das ganz räthselhafte luof aus Hug v. Langenst. Littow. 76 an (der ungetoufte luof). Die beiden stellen, worin der n. erscheint, setzen die existenz des wortes ausser zweifel.
Luoz s. Liuzo unter LIUD. **Lup-** s. LIUB.
Lussind, Lusswind s. LIUD.

LUST.

Goth. lustus, altn. lyst, ags. lust, lyst, alts. ahd. nhd. lust.
Lusto, Gr. II, 286, vielleicht nur aus o. n. Lustenowa geschlossen.
Nhd. Lust, Lusta.
Lustrat, fem. 9. Schn. a. 823.
Lustrih. Gld. II, a, 104.
Stehn Lussind und Lusswind (s. LIUD) für Lustsind und Lustswind?

Lut- s. LIUD.

Luteringer. 9. Ng. a. 854; verderbt?

Luuald. 10. Lp. a. 917 (II, 110) mehrm.
Luvald Lp. a. 952, 958 (II, 219, 239).
Neben Luvald fälschlich Lavald Lp. a. 962 (II, 275).

Luwerat s. LIUB.

Luuisinus. 8. St. P. dreimal.
Luuicinus St. P.

Luuisina, fem. 9. St. P.

Luz- s. LIUD.

M.

Fast die einzige bei M zu bemerkende erscheinung ist sein wechsel mit N in folge von assimilationen. Dieser wechsel findet nach beiden richtungen statt:

1) M wird zu N vor N, z. b. in Frannegaus; dsgl. in -rannus (wo M selbst aus B entstanden ist).

2) M entsteht aus N vor B, P, M, z. b. Ercambald, Ercampert, Ercammar.

Sonst gehört M zu denjenigen lauten, die am unwandelbarsten in den namen verbleiben; es finden deshalb im folgenden fast gar keine verweisungen auf andere buchstaben statt.

-m, suffix. Ich theile hier ein verzeichnis von 38 n. mit, die ein solches suffix zeigen. Es erscheint dasselbe besonders im westfränk. dialect des 9. jahrhunderts und das pol. R. bildet dafür die hauptquelle. Der erste blick zeigt übrigens, dass der gröste theil der folgenden formen nicht als rein deutsche, sondern als fremde bildungen aus deutschen stämmen anzusehn sind, doch muss ich es der zukunft überlassen hier das deutsche von dem undeutschen zu scheiden.

Alcima 9.	Donemia 9.	Landemia 8.
Antimus 9.	Frodimia 8.	Leudimgia 9.
Angelom 9.	Gildoma 9.	Mauremia 9.
Engilmo 9.	Gaudimia 8.	Menimo? 9.
Engilome.	Gisomo 9.	Sitioma 9.
Ademma? 9.	Gisoma 9.	Sitima 9.
Odemia 9.	Glisma.	Solimia 9.
Balsimius 8.	Godemia 9.	Suadimia 9.
Baldemia 9.	Herimo 9.	Deodemia 9.
Benemia 9.	Hildemia 9.	Waldemia 8.
Bertimia 8.	Hrotmus 9.	Wanimmia 9.
Brandomus 8.	Hrodemia 9.	Widomia 9.
Cristemia 9.	Ilisomma 9.	

Die formen Hrodimgia und Leudimgia darf man auf keine weise hievon trennen; das g ist nur einschub.

Mac-, Mach- s. MAG. **Macti-** s. MAHT.

Mad- s. MATH. **Madir** s. Wonatmar.

Maelchomber (so), Gld. II, a, 104. Vgl. Malchenolf. Also etwa Malchambert?

Maeltuini s. MALD.

MAG. Wahrscheinlich sind in den folgenden formen zwei ganz verschiedene, jetzt aber nicht mehr scharf zu scheidende stämme vermischt, nämlich MAG, das sich an goth. magan posse, vielleicht auch an magus puer anschliesst und MÂC, das ich zu goth. meki gladius halten möchte. Auslautend finde ich eine form dieser art nur in Cundumahc (8).

Mago. 6. Necr. Fuld. a. 831.
Macco P. III, 90 (capit. Kar. M.); VI, 250 (transl. S. Epiphan.); IX, 330 (Ad. Brem.); Greg. Tur. IX, 41; X, 21; Schn. a. 772; Dr. a. 788 (Schn. ebds. Manto).
Makko Frek. mehrm.; Ms. a. 1049 (n. 21).
Maccho P. V, 95 (ann. Hildesh.); Ng. a. 783.
Macho Ng. a. 757; Mchb. sec. 9 (n. 450); M. B. a. 1089 (XXIX).
Macus Gld. II, a, 116.
Maco Ng. a. 787.
Maho Mchb. sec. 9 (n. 505).
Mahbo Mchb. sec. 9 (n. 506).
Meco R. a. 819 (n. 20) wol hieher.
Nhd. Maag, Maak, Mach, Mache, Mack, Mackh, Magg.
O. n. Machindorf, Machenuilare; vielleicht auch Machasbah hieher.

Megi. 9. P. III, 90 (Kar. M. capit.).
O. n. Mecchenhusen viell. hieher.
Hieran schliesse ich noch folgende formen, die ich mir nur aus Magio zu erklären weiss:
Maio P. V, IX oft; K. a. 816 (n. 73); Ng. a. 818; Mab. a. 874; St. P. mehrm.
Meio M. B. sec. 8 (VIII); St. P.; K. a. 813 (n. 70); Ms. a. 1074 (n. 28).
Nhd. Mey, Meye.
Maia, fem. 8. St. P.; für Magia?
Megilo. 8. Mönch zu Benedictbeuern sec. 11.
Megilo P. XI, 222 (chron. Benedictobur.); R. a. 776 (n. 4), A. S. Mart. III; Mchb. sec. 8 u. 9 (z. b. n. 414); M. B. sec. 9 (XIV).
Mekilo Mchb. sec. 8 (n. 55).
Maccula (msc.) Wg. tr. C. 269.
Maigol (so) zwml. im necr. Aug.
Megol Mchb. sec. 9 (n. 442); R. a. 890 (n. 72).
Das g scheinen ausgestossen zu haben:
Maiolus P. V, 91 (Lamberti ann.); VI oft; VIII, 348, 352 f. (Sigebert. chron.); IX, 54 (Rodulf. hist.); X, 367 (Hugon. chron.); Mab. a. 988.
Maiobus falsch neben Maiolus P. VII, 557 f. (Marian. Scot. chron.).
Meiol M. B. c. a. 770 (XI), a. 837 (IX); Mchb. öfters; R. a. 819 (n. 20); Dr. a. 824 (n. 451; Schn. ebds.).
Meilo R. a. 837 (n. 34).
Nhd. Mäckel, Meyel.
Magalenzo. 9. Schn. a. 811.
Megizo. 10. Lc. a. 927 (n. 87).
Nhd. Meitz.
Magobard. 8. Pd. a. 728 (n. 543).
Magipert. 8. P. V, 259 (Erchemp. hist. Langob.); IX, 651 (chron. mon. Casin.).
Machert pol. Irm. s. 98.
Magubrant. 8. Tr. W. a. 788 (n. 74).
Magafred. 9. P. IX, 97 (chron. Novalic.).
Magofrid Laur. sec. 9 (n. 117).
Magofrit Laur. sec. 9 (n. 3613).
Magfred A. S. Febr. II.
Machfrid Lc. a. 941 (n. 93).
Megiher. 8. Laur. sec. 8 (n. 1966).
Megeher Laur. sec. 8 (n. 174).
Magher pol. R. s. 32.
Daran schliesst sich Macarius, Macharius etc., wovon nicht immer der griech. ursprung sicher sein dürfte.

Nhd. Macher, Mäcker, Mager.
Maghalm. 8. Necr. Aug.
Maghelm K. a. 839 (n. 100); Dr. n. 340; Ng. a. 870.
Machelm P. I, 212 (Einh. ann.), 358 (Enh. Fuld. ann.); VI, 784 (mirac. S. Bernward.); X, 545 (gest. abbat. Gemblac.); Ng. a. 783; M. B. sec. 9 (IX, XI); St. P. mehrm; Laur. mehrm.
Machalm St. P. zwml.; Ng. a. 868; M. B. sec. 11 (VI).
Makhelm St. P.
Macchelm St. P.
Machhelm St. P.
Mahhelm Ng. a. 864.
Mahcelm K. a. 792 (n. 41; Ng. ebds.).
Megihelm M. B. c. a. 1030 (VI).
Maghildis, fem. 8. Pol. R. s. 86.
Machild pol. Irm. s. 54.
Megiran. 8. St. P. Vgl. Mahidrannus.
Magilind, fem. 8. Schpf. a. 763 (n. 34).
Magrih. 9. Mchb. sec. 9 (n. 324).
Magisinc, Gr. II, 629, vermuthlich von Gr. nur fälschlich aus o. n. Magisinchova geschlossen; oder aus Magisint verderbt?
Meguswind (so), fem. 8. Mchb. sec. 9 (n. 655).
Mehsuint Laur. sec. 8 (n. 331).
Magodius. 11. M. B. c. a. 1036 (VI). Ist der n. verderbt oder enthält er den stamm THIU?
Megitod. 9. P. III, 90 (Kar. M. capit.).
Mageald. 8. P. X, 286, 323 etc. (Hugon. chron.); Pd. a. 721 (n. 514).
Nhd. Machold, Maiwald, Maywald, Meiwald, Meywald.
Magwar. 8. Laur. sec. 8 (n. 215).
Magwin. 7. Pd. a. 694 (n. 432); Laur. mehrm.
Macwin Laur. sec. 8 (n. 408).
Magulf. 8. Ng. c. a. 708.
Magolf Dr. a. 812 (n. 276), 824 (n. 449; Schn. ebds. Tagolf); St. P.; necr. Fuld. a. 890.
Maholf Laur. n. 2095.
Maiulf pol. Irm. s. 9.
Maiolf Mab. a. 874; St. P.
Zusammensetzungen mit erweitertem stamm:
1) mit suffix L. Hieher rechne ich folgende formen, bei denen ich den gedanken an goth. mail macula von vorne herein zurückweise:

Mailprech. 8. St. P.

Maielpot. 9. P. V, 229 (ann. Casin.), 250 (Erchemp. hist. Langob.), 511 (chron. Salernit.); IX öfters.

Maielfrid. 9. Mab. a. 874.

2) mit suffix N, s. MAGAN.

MAGAN.

Nur am anfange zusammengesetzter p. n. gebräuchlich. Zu ahd. magan, megin (robur) gehörig, d. h. entweder unmittelbar oder wie dieses wort von einem älteren MAG (s. ds.) abgeleitet. Interessant ist es die verschiedenen formen unseres stammes nach zeit und raum von einander abzugrenzen; für den alamannischen dialect scheint z. b. etwa das jahr 780 die grenze zwischen nicht umgelauteter und umgelauteter gestalt desselben zu bilden; dem pol. Irm. gehört die nicht umgelautete an; in den trad. Corb. bildet die form Main (Mayn, Meyn) die überzahl. Die mit Main und Mein beginnenden formen habe ich alle hier aufgeführt, obwol sie theilweise zu meinjan (meinen), ja viell. zu mein (nefas) gehören mögen. Entscheiden könnte hier die vergleichung von RAGAN mit seinen nebenformen Rain- und Rein-, wenn nicht auch hier die sache ihre bedenken hätte.

Magan. 8. P. V, 800 (Thietmari chron.).
Magin Dr. a. 796 (Schn. ebds. Mangin).
Megino St. P. drml.
Megin necr. Aug.
Megeno Gld. II, a, 104.
Maganus Mchb. sec. 10 (n. 1132, 1182 etc.).
Magonus M. B. c. a. 1070 (XIII).
Magenus pol. R. s. 36; M. B. c. a. 1036 (VI, XIV).
Migino Mchb. sec. 11 (n. 1158).
Sig. Magnone Pd. c. a. 718 (nchtr. n. 42).
Main P. VI, 508 (Widrac. mirac. S. Gerardi).
Mainus Gld. II, a, 117.
Meino Gr. II, 780 wol hieher.
Magnus ist gewiss oft deutsch und hieher gehörig, z. b. M. B. a. 1000 (VIII); dsgl. öfters bei P.
Nhd. Magnus? Maine, Mayn, Meine, Meyn.

Magina, fem. 8. Gld. II, a, 125.
Magna pol. R. s. 65.
Magenis (fem.) pol. R. s. 63.
Megina Dr. a. 770.
Meina G. sec. 10 (n. 31).

Meginung. 8. Lc. a. 799 (n. 14), 800 (n. 16), 802 (n. 25).

Meginling. 9. Schn. a. 848.

Maginzo. 10. P. V, 744 (Thietmari chron.).
Meginzo G. a. 963 (n. 16); Lc. a. 1033 (n. 169), 1045 (n. 181).
Megenzo Lc. a. 1043 (n. 179).
Mainzo Hf. c. a. 1020 (II, 152).
Meinzo Frek. mehrm.; Lc. a. 1015 (n. 147); Ms. a. 1049 (n. 22).
Meincia (so) für Maginzo P. V, 441, 443 (Widukind).

Maganza, fem. 11. Gld. II, a, 125.
Meginza H. a. 945 (n. 159); Lc. a. 1083 (n. 234).
Meinza Lc. a. 1020 (n. 157).

Meinziko. 10. Frek. mehrm.
Meinciko Frek. mehrm.; Ms. a. 1049 (n. 22).

Magembold. 8. Pol. Irm. s. 229.
Meginbald Lc. a. 796 (n. 8); Laur. sec. 9 (n. 511, 2484).
Meginbalt Laur. sec. 8 u. 9 (n. 2180, 2210).
Meginbold Gld. II, a, 104.
Meginbolt P. IX, 250 (Gundechar. lib. pontif. Eichstet.).
Meinbold Wg. tr. C. 275.
Meinbolt Gld. II, a, 104.
Maynbold Wg. tr. C. 258.
Maimbold St. M. a. 1085.
Meimbolt Ms. sec. 11 (n. 27).
O. n. Meginboldesburn.

Maginbern. 9. Wg. tr. C. 320.
Meginbern Gr. II, 621.
Altn. Meginbiörn. Nhd. Meinebeer.

Meinbirin, fem. 9. Lc. a. 833 (n. 45).
Meinberin Lc. a. 833 (n. 45).

Maganperht. 8. M. B. a. 835 (IX).
Magambert pol. Irm. s. 279.
Maginperht St. P.
Maginbert pol. Irm. s. 220; Ng. a. 752, 774, 780; Laur. sec. 8 (n. 3449).
Magnobert H. a. 704 (n. 28).
Magenbert Laur. sec. 8 (n. 336).
Magembert pol. Irm. s. 232.
Magnabert Pd. a. 739 (n. 559); Mab. a. 805 (neben Magnebert).
Magnipert Gld. II, a, 116.

Maiginpret St. P.
Meginperaht Dr. a. 806 (n. 230; Schn. ebds. Meginpraht).
Meginperht St. P. mehrm.
Meginbraht Schn. sec. 9 (Dr. ebds. n. 330 Meginrat).
Meginbrecht Laur. sec. 9 (n. 2610).
Meginbreht Ng. a. 797.
Meginbert Laur. mehrm.
Meginpreht Gld. II, a, 104.
Meginpert St. P.
Meginbret Ng a. 821, 826.
Meginpret Gld. II, a, 104.
Mainbert pol. Irm. s. 138, 223.
Mainbred Wg. tr. C. 228.
Manganpert (so) K. a. 760 (uchtr. A; Ng. ebds.) wol hieher.
O. n. Meinbrahteshusen, Meginbrechteswilare.

Magimberta, fem. 8. Pol. Irm. s. 223.
Megenberta P. VII, 22 (ann. Blandin.).
Mainberta pol. Irm. s. 236.

Maginpirc, fem. 8. St. P.
Meginbirg Laur. sec. 9 (n. 1077).
Meginpirc Mchb. sec. 9 (n. 504).
Mainberga pol. Irm. s. 236.

Maimbrun (so). 9. Pol. R. s. 54.

Meginbodo. 7. B. v. Angers sec. 7; ep. Matiscon. sec. 10.
Meginbodo Laur. sec. 8 (n. 886).
Magnobod A. S. Febr. II.
Magnebod conc. Rem. a. 630.
Mainbod pol. Irm. s. 146.
Maimbodo Guér. a. 1038.
Maimbod conc. incert. loc. a. 955.

Meginburg, fem. 8. Schn. a. 824.
Meginburc Laur. sec. 8 (n. 3017, 3141).
Meginpurch u. Meinburg Gld. II, a, 125.
Meinburga Lc. a. 1003 (n. 140), 1019 (n. 153).

Meginchint. Gr. II, 621; erst aus sec. 12 (wahrscheinl. aus Schpf. a. 1109 (n. 239).

Maindag. 9. Wg. tr. C. 456.
Mayndac Wg. tr. C. 350.
Meyndag Wg. tr. C. 268, 345.
Meyndac Wg. tr. C. 282.

Magindrud, fem. 6. Laur. sec. 8 (n. 517).
Magnatrudis Greg. Tur. X, 5.
Magintrud Laur. sec. 8 (n. 553).
Megindrud St. P.
Megintruth Laur. sec. 9 (n. 3341).
Megindrith Laur. sec. 9 (n. 199) wol hieher.
Meintbrud Gld. II, a, 125.

Meinfelis. 11. Pol. Irm. s. 49 (sec. 11). Ist der letzte theil verderbt oder undeutsch?

Maginfrid. 8. Burggraf v. Magdeburg sec. 11.
Maginfrid P. I, 412 (ann. Fuld.).
Maginfred P. V öfters; VI, 351 (vit. Joh. Gorziens.); VII, 110 (Herim. Aug. chron.); IX öfters; Lp. a. 945 (II, 206).
Magenfrid pol. R. s. 70, 74.
Magenfred pol. Irm. s. 185.
Magemfred Gld. II, a, 116.
Majamfred (so) Lgd. a. 969 (II, n. 103).
Magenifred P. VI, 197 (panegyr. Bereng.).
Magnifred Lp. a. 840 (I, 687).
Meginfrid P. I, 177 (Einh. ann.); VII öfters; VIII, 717 (annalista Saxo); St. P.; Laur. sec. 8 (n. 883); Dr. a. 800 (Schn. ebds. Mezinfrit); Ng. a. 826.
Meginfrit Laur. sec. 9 (n. 3410).
Meginfred P. VI, 545—548 (Arnold. de S. Emmer.).
Miginfred P. VII, 392 (Bernold. chron.).
Megnifrit H. a. 853 (n. 87).
Megenfred P. VII, 137 (Lambert. Hersfeld. ann.).
Mainfred P. IX öfters; X, 11 (Arnulf. gest. archiepp. Mediol.); Sm.
Meinfrid P. VIII, 688, 704 (annalista Saxo).
Maiamfred Lgd. a. 1062 (II, 219).
Maienfrit Mab. a. 874.
Mamfred P. III, 252 (Hluth. et Hloth. capit.).
Menfred Lgd. a. 862 (I, n. 88).

Megingald. 10. H. a. 966 (n. 183; neben Megiligald).
Meingald St. M. a. 1090.

Meginger. 9. P. II, 680 (transl. S. Alex.); Laur. sec. 9 (n. 113, 416); Gnd. sec. 10.

Megingaud. 8. B. v. Osnabrück sec. 9; b. v. Eichstedt sec. 11; erzb. v. Trier sec. 11.
Megingaud P. I, 604 f. (Regin. chron.); II, 240 (ann. Wirzib.), 355, 357 (vit. S. Bonif.); V, 124 (ann. August.); VI öfters; VII, 10 (ann. S. Euchar. Trevir.), 119 (Herim. Aug. chron.), 424 (Bernold. chron.); VIII öfters; IX, 248 (Gundechar. lib. pontif. Eichstet.), 258 (anon. Hasereus.); X, 172 (gest. Trever.); St. P.; H. a. 870 (n. 107).
Magangoz K. a. 860 (n. 129).

Magengod Wg. tr. C. 469.
Megingaoz Pd. a. 748 (n. 596).
Megingoz P. I, 99 (ann. Colon.), 401 (ann. Fuld.); II, 333 (vit. S. Bonif.); III, 30 (Pipp. capit.); V öfters; IX, 249 (Gundechar. lib. pontif. Eichstet.), 254 (anon. Haserens.); Schn. a. 765; St. P. mehrm.; Laur. mehrm.; M. B. a. 895 (XXXI); Lc. a. 927 (n. 87), 944 (n. 96) etc.; M. B. a. 1056, c. a. 1060, 1062 (VII, XIII); Gud. a. 1074.
Megincoz Gld. II, a, 104.
Megengoz P. VII, 139 (Lambert. Hersfeld. ann.); IX, 244, 245 (Gundechar. lib. pont. Eichstet.); G. a. 1072 (n. 65).
Megengot Dr. trad. a. 747.
Meingaud P. I, 499 (Hincm. Rem. ann.); V, 815, 844 (Thietmari chron.); VIII, 588 f. (annalista Saxo); X, 171 (gest. Trever,); C. M. Sept.; Dec.
Meingot C. M. Aug.
Meingoz P. V, 54 (ann. Hildesh.); Gud. a. 980, 1056; M. B. c. a. 1070 (IV).
Magingoz P. V, 79 (ann. Quedlinb.) mit var. Matingor.
Megingawus P. IX vielleicht für Megingaus.
Meingaz (so) Ms. sec. 9 (n. 3).
Meinzoz (so) P. V, 93 (ann. Hildesh.) hieher.
Mengott Laur. sec. 10 (n. 278).
Mengoz Laur. mehrm.
Megingor ann. Fuld. a. 884 wol verderbt.
Emgoz für Megiugaud P. XI, 567 (auct. Garstense).
O. n. Megingaudeshusun.

Maingis. 9. P. III, 90 (Kar. M. capit.).

Megingund, fem. Gld. II, a, 125.

Meginheit, fem. 8. Laur. sec. 8 u. 9 (n. 3376, 3429).

Maginhard. 7. Sec. 11: b. v. Troyes; b. v. Sens; b. v. Würzburg; ep. Arianens.
Maginhard Wg. tr. C. 174.
Magenhard P. III, 568 (Kar. III capit.); Wg. tr. C. 450.
Maganard Gld. II, a, 116.
Maginard P. IV, B, 179 (Nicol. II statut.); VI, 802 (Adalbert. vit. Heinr. II); X, 23 (Arnulf. gest. archiepp. Mediol.).
Magenard P. III, 98 (Kar. M. capit.); pol. Irm. s. 30, 155.
Magnard P. III, 73 (Kar. M. capit.); X, 636 (gest. episc. Tullens.); St. P.
Megiuhard P. I, 198 (Einh. ann.), 592, 608 (Regin. chron.); II, V öfters; VI, 76 (chron. Gladbac.); VII, VIII öfters; Laur. mehrm.; Ng. a. 809, 826; M. B. c. a. 1008 (VI).
Meginhart P. II öfters; III, 178 (Kar. M. capit.); Eckh. de reb. Franc. orient.; M. B. sec. 8 (VIII), sec. 9 (VI—VIII), sec. 11 (IV, VI, XIII, XIV); Ng. a. 808, 822; Dr. a. 807 (n. 243; Schn. ebds. Meginraht); St. P. zwml.; Laur. mehrm.; Schn. a. 865 (Dr. ebds. n. 588 Reginhart).
Meganhard Lc. a. 847 (n. 63).
Meginharth St. P.
Megenhard Gud. a. 840.
Mekanhard Gld. II, 104.
Mekinhart Gld. II, a, 104.
Megnhard (so) P. XI, 154 (mon. Sazav. contin. Cosmae).
Meinhard P. VIII, 590, 685 (annalista Saxo); IX, 850 (chron. Hildesh.); Laur. sec. 8 (n. 1231, 2249); Wg. tr. C. 237; Frek. mehrm.
Mainhard Wg. tr. C. 261, 472; Sm.; pol. R. s. 67, 76.
Meinhart M. B. a. 1090 (III).
Maynhard Wg. tr. C. 94, 270, 331, 358, 359, 376, 400, 419, 451.
Mainard P. I, 106 (ann. S. Columbae); VI, 126 (Ademar. histor.); IX, 85 (chron. Novalic.), 680, 703 (chron. mon. Casin.); X, 644 (gest. episc. Tullens.); pol. Irm. s. 216.
Meinard P. IX, 366 (Ad. Brem.).
Meinart Gld. II, a, 104.
Menhard M. B. a. 1031 (XXII).
Menhart Lc. a. 1052 (n. 188).
Menard P. VIII, 478 (Roberti de monte auct. Sig.); pol. Irm. s. 50 (sec. 11).
Majenard (so) pol. Irm. s. 229.
Mengenhard (so) P. XI, 773 (ann. S. Rudberti Salisb.).
Maginand (ep. Arbinens.) conc. Rom. a. 1059 für Maginard?
Nhd. Megenhard, Mehnert, Meinert, Meinhard, Meinhardt, Meynert.
O. n. Megenharthova.

Maganhar. 6. Ep. Accitanus sec. 7.
Maganhar Gld. II, a, 116.
Magiuhar P. I, 204 (Einh. ann.).
Maginher Laur. sec. 8 (n. 1526).

Magenheri Wg. tr. C. 457, 458, 470.
Machinarius Gld. II, a, 116.
Magnacar Marii chron. (d. Ch. I, 215).
Magnachar Greg. V, 17, 21; Fredegar.
Magnecar Mab. a. 693.
Magnechar Pd. a. 693 (n. 431); Mab. a. 697.
Maginar P. III, 256 (Hlud. et Hloth. capit.); Mab. a. 769.
Magener pol. R. s. 8.
Magenar P. IV, B, 9 (capit. spur.); pol. Irm. s. 154, 169; Guér. a. 828; pol. R. s. 54, 63.
Magnarius Greg. Tur. IV, 25.
Magnar pol. Irm. s. 280; conc. Tolet. a. 655 u. 656.
Magner Wg. tr. C. 260; H. a. 975 (n. 193).
Meginhari St. P.
Meginhar Gld. II, a, 117.
Meginheri Ng. a. 802; St. P. mehrm.
Meginher P. II, 463 (Einh. vit. Kar.), 623 (vit. Hlud. imp.); V, 100 (Lamberti ann.); VII öfters; VIII, 680 (annalista Saxo); X, 174 (gest. Trever.); Laur. mehrm.; M. B. c. a. 1030 u. c. a. 1040 (VI).
Megenhere Dr. a. 1049 (n. 752; fehlt bei Schn.); Lc. a. 1094 (n. 249).
Meginar P. II, 611 (vit. Hlud. imp.); H. a. 865 (n. 102).
Meginer P. X, 174 (gest. Trever.).
Mekinhere Ng. a. 877.
Mainheri Wg. tr. C. 7.
Mainher P. V, 152 (ann. Flaviniac.); pol. R. s. 106.
Mainar H. a. 770 (n. 49).
Meinher P. IX, 328 (Ad. Brem.).
Meiner P. X, 273 (Ruperti chron.).
Meinar Ng. a. 790; Mab. a. 854.
Maynheri Wg. tr. C. 355, 394.
Mayner P. IX, 742 (chron. mon. Casin.).
Meynheri Wg. tr. C. 248, 273, 291.
Meyneri Wg. tr. C. 79.
Maineir (so) pol. Irm. s. 51 (sec. 11) wol hieher.
Nhd. Meyner.
O. n. Meginhereshus.

Magenad. 8. Pol. Irm. s. 280.

Maginhelm. 8. St. P.
Meginhalm St. P.
Meginhelm tr. W. a. 858 (n. 49); St. P. zwml.
Megenhalm R. a. 1048 (n. 160).
Megenhelm Dr. trad. a. 747.

Magenildis, fem. 8. Pol. Irm. s. 30, 151.
Magneldis A. S. Jan. I.
Maeginhilt St. P.
Meginhilda Laur. sec. 8 (n. 715).
Meginhilt St. P. zwml.; M. B. a. 806 (XIV).
Meginhilt (so) Lc. a. 907 (n. 84) soll gewiss Meginhilt heissen.
Meinhilt Gld. II, a, 125.

Meginhoh. 8. Schn. a. 772.
Maginho und Meinho Gld. II, a, 104.

Maginrannus. 8. Tr. W. a. 775 (n. 246).
Maintrannus pol. R. s. 79.

Maginhun. Gld. II, a, 104.

Meginlac. 9. Laur. sec. 9 (n. 992).
Meginlach Gud. a. 1056.

Meginlev. 8. Lc. a. 797 (n. 9).

Meginlant. Gr. II, 234.

Meginlind, fem. 8. Dr. a. 848 (n. 555; Schn. ebds. Meginling).
Meginlint necr. Fuld. a. 1034.
Magnelinde H. a. 762 (n. 45).

Meginliub. 9. Schn. a. 811.

Meginluiba, fem. 10. Ng. a. 907.

Maganloh. 9. Ng. a. 869.
Maginlo Ng. a. 884.

Maganya, fem. 8. St. P.

Maganrad, msc. u. fem. 8. K. a. 786 (n. 31).
Maganrat St. P.; M. B. a. 835 (IX).
Macanrad Ng. a. 772.
Macandrad Ng. a. 772.
Magiurad P. VIII, 340 (Sigebert. chron.).
Maginrat St. P.
Maginraat St. P.
Meginrad P. V oft; VI, 404 (Gerhard. vit. S. Oudalr.); VII öfters; VIII, 28 (Ekkeh. chron. Wirzib.), 172 (Ekkeh. chron. univers.); St. P.
Meginrat P. I, 50 (ann. Alam.), 68 (ann. Augienses), 76 (ann. Sangall.), 120 (ann. Lauriss.); necr. Aug.; M. B. c. a. 780 (IX); M. B. c. a. 800 (VII); Dr. n. 330 (Schn. ebds. Meginbraht); St. P. drml.; Laur. sec. 9 (n. 179, 1069).
Meginraet St. P.
Meinrad P. II, 38 (abbat. Augiens. catal.), 388 (vit. S. Willehadi).
Meinred C. M. Sept.
Maynred Wg. tr. C. 233.
Moinrat Schn. a. 803; Dr. sec. 9 (n. 137) zwml.

O. n. Megiuratescella.

Magnerich. 6. B. v. Trier sec. 6.
Magnerich P. X, 208 (vit. S. Magn.); Venant. Fortun.; Greg. Tur. mehrm.
Meginrich Laur. sec. 9 (n. 381).
Megenrih G. sec. 9 (n. 4).
Meinric P. V, 819 (Thietmari chron.); C. M. Aug.
Meinrich Laur. sec. 9 (n. 597).
Maynric Wg. tr. C. 361.

Meginsind. 9. K. a. 816 (n. 73).

Maginsuuinda, fem. 8. Dr. a. 758 neben Meginsuuinda.
Meginsuint Laur. sec. 8 (n. 3150).
Meinsvith P. V, 770 (Thietmari chron.).
Meinsuit P. VIII, 679 (annalista Saxo).
Mensuit P. II, 412 (vit. S. Liudgeri).

Maginold. 6. B. v. Mans sec. 10.
Maginold Laur. sec. 8 (n. 2122, 2124).
Maginolt St. P.
Maginhald Wg. tr. C. 116.
Maginald P. II, 12—14, 19 (vit. S. Galli).
Magenold pol. Irm. s. 235.
Magnouald Greg. Tur. VIII, 36.
Magnoald P. II, 33 (Ermenrici vit. S. Galli); M. a. 694 (n. 129; Mab. ebds.); d. Ch. I, 566.
Magnald P. V, 516 (chron. Salernit.); Lgd. a. 873 (I, n. 98).
Megiuold Laur. mehrm.
Meginald P. II, 18 (vit. S. Galli).
Meginolt M. B. a. 802 (IX); Laur. sec. 9 (n. 724).
Mekinold K. a. 834 (n. 94).
Miginolt Ng. a. 846.
Menold Laur. sec. 9 (n. 2134); pol. Irm. s. 49 (sec. 11). Wol hieher.

Diesem n. wird im 9. jhdrt. öfters das lat. (oder deutsche) Magnus substituirt, worüber P. II, 33.
Nhd. Meinhold, Meinholdt.

Meginward. 8. P. IV, 52 (Heinr. IV constit.); VII öfters; IX, 248 (Gund. lib. pontif. Eichstet.); Laur. sec. 8 (n. 169); M. B. a. 901 (XXXI), c. a. 1079 — c. a. 1090 (III, VI, IX, X); Gud. a. 1069.
Meginwart P. IX, 250 (Gundechar. lib. pontif. Eichstet.); St. P. mehrm.; M. B. c. a. 1050 (VI).
Mainward Wg. tr. C. 261.
Mainoard pol. Irm. s. 213.
Meinward P. II, 38 (abbat. Augiens. catal.).
Meinword (so) Frek.
Maynward Wg. tr. C. 406, 408.
Memward (so) P. XII, 150 (chron. Gozec.).

Meginwerk. 10. B. v. Paderborn sec. 11.
Meginwerk P. IX, 333 (Ad. Brem.).
Meginwerck P. V, 80 (ann. Quedlinb.).
Meginwarch Gld. II, a, 104.
Megihwarg (so) necr. Aug.
Mainwarç (so) Gld. II, a, 117.
Megiuwrec (so) P. V, 97 (ann. Hildesh.).
Mainwerc P. V, 5 (ann. Corbej.), 455 (Widukind); Wg. tr. C. 231.
Meinwerc P. V, 93, 100 (ann. Hildesh.), 822, 826, 840, 853, 869 (Thietmari chron.); VIII öfters; A. S. Jun. I; Mchb. sec. 11 (n. 1155).
Meinverc P. V, 832 (Thietmari chron.).
Maynwarc Wg. tr. C. 68.
Maynwerc Wg. tr. C. 90, 384.
Meynwerc Wg. tr. C. 439.
Meginwer (für -werc) necr. Fuld. a. 1036.

Maginulf. 6. P. VII, 477 f. (ann. Romani).
Magenulf pol. Irm. s. 14.
Maginolf P. V, 208 (chron. com. Cap.); Laur. sec. 8 (n. 3311).
Magenolf P. V, 228 (chron. com. Cap.).
Magnulf Greg. Tur. VII, 26, 32; Venant. Fortun.
Meginulf Lc. a. 799 (n. 14).
Meginolf Laur. sec. 9 (n. 2964); Lc. a. 927 (n. 88).
Meinolf Ms. a. 1049 (n. 22).
Meinolff Ms. a. 1090 (n. 39).
Maienolf P. V, 250 (Erchemp. hist. Langob.).
Maynnulf Wg. tr. C. 248.
Meynulf Wg. tr. C. 272.
Nhd. Meinolff.

Magdegisil s. MAHT. **Maghelm, Magi-, Mago-, Magrih, Magubrant, Magulf, Magwin** s. MAG. **Mahapald** s. MAHAL.

MAHAL.

Wol zu ahd. mahal (concio, foedus etc.); in p. n. nur anlautend. Vorherrschend bairisch; sichere westfränkische und sächsische beispiele mangeln. Dazu vielleicht noch mehrere mit Mal- anlautende formen.

Mahali. 8. Mchb. sec. 8 u. 9 (n. 89, 459).

Nhd. Mehl, Mehle.

Hieher kaum o. n. Mahalbach, Mahelberch, Mahaleich; vgl. auch Mahalineschirichun.

Mahalbalth. 9. P. XI, 232 (urk. v. 808 im chron. Benedictobur.); M. B. sec. 9 (VII).

Mahapald St. P. (sec. 8) wol hieher.

Mahalpirc, fem. 8. St. P.

Maalbric Gld. II, a, 125.

Mahalpoto, Gr. III, 80; viell. von Gr. nur aus o. n. Malbodesheim geschlossen.

Mahaldrud, fem. 9. Gld. II, a, 125.

Mahaltruht Schn. a. 804.

Mahalfrid. 9. R. a. 834 (n. 30).

Mahalgoz. 8. Gr. IV, 280.

Mahalcoz St. P.

Machalcaoz St. P.

Mahalkis. 8. Mchb. sec. 8 (n. 148).

Mahalni, fem. 9. St. P. mehrm.

Mahelni Mchb. sec. 9 (n. 453).

Mahalscalch. 9. Mchb. sec. 9 (n. 604).

Mahart. 8. St. P.; zu MAG?

Mahdelm, Mahdold s. MATH.

Mahidrannus. 9. Guér. a. 888. Zu MAHT?

Maho, Maholf s. MAG.

MAHT. Zu ahd. maht, mahti, nhd. macht; in p. n. nur anlautend gebräuchlich, etwa mit ausn. von Auamahadus (11). Kommt im pol. Irm. und in den trad. Corb. nicht vor. Vgl. wegen möglicher verwechselung MATH.

Maht. 9. St. P.

Mahtino. 11. M. B. a. 1070 (III).

Mahtin R. a. 1064 (n. 167).

Mahtuni. 9. St. P.; Mchb. sec. 9 öfters (n. 524 und sonst); M. B. a. 828 u. c. a. 1000 (VII, VIII).

Mahttuni St. P.

Mahting. 9. Dr. a. 812 (n. 277; Schn. ebds. Matingh).

Mahtperaht. 9. Dr. a. 815 (n. 315).

Mahtperht Mchb. sec. 9 (n. 372).

Mahtpert Mchb. sec. 9 (n. 832); M. B. c. a. 1000 (VII).

Mahtfrid. 9. P. III, 354 (Hlud. et Hloth. capit.); St. P.; C. M. Juni.

Mactifred P. I, 376 (ann. Fuld.), 461 (Hincm. Rem. ann.).

Mahtfred P. I, 360 (Enh. Fuld. ann.).

Die formen Mathfrid, Matfrid u. s. w. s. unter MATH.

Mahtkis. 8. St. P.

Mactigisil. 7. P. VI, 43 (gest. episc. Virdun.).

Magdegisil Pd. a. 636 (n. 275).

Mahtgunt, fem. 9. Dr. c. a. 813 (n. 296; Schn. ebds. Mathgunt).

Mahtcund Mchb. sec. 9 (n. 851); K. a. 809 (n. 63; Ng. ebds.).

Mahtheri. 8. Mchb. sec. 8 (n. 44); St. P.

Macther Laur. sec. 8 (n. 2096).

Mahthildis (-a), fem. 8. Sec. 10: gattin k. Heinrichs I; schwester Ottos II, äbtissin zu Quedlinburg; tochter k. Ludwigs IV v. Frankreich, gem. k. Konrads v. Burgund. Sec. 11: äbtissin zu Essen; schwest. hzg. Hermanns III v. Alamannien, gattin hzg. Konrads v. Kärnthen; tochter des markgrafen Bonifacius v. Toscana.

Mahthildis P. II, 111 (Ekkeh. cas. S. Galli); V, VI, VIII oft; Schn. a. 757, Dr. a. 758, 761 (Schn. ebds., nach ihm a. 765, Mahtilde).

Machthildis P. V oft.

Machtildis (und -a) P. V oft; VI, 785 (mirac. S. Bernwardi); VIII öfters.

Mahthild St. P.

Mahthilt P. II, 246 (ann. Wirzib.); V, 106 (ann. Hildesh.); necr. Aug.; St. P. öfters; Dr. a. 800 (Schn. ebds. Mathild).

Mahttild C. M. Dec.

Mahtild C. M. April.

Mahtildis P. V, VII öfters.

Mathilth St. P.

Mathildis P. I, 620 (contin. Regin.); II, 211 (ann. Lobiens.); V öfters; Laur. sec. 8 (n. 686).

Mathilda P. I, 627 (contin. Regin.), 99 (ann. Brunwil.); II, 103 (Ekkeh. cas. S. Galli); V—IX öfters.

Matildis P. X, 364 (Hugon. chron.).

Mattilda P. VII, 478 (ann. Romani).

Matildis P. X, 97 (Landulf. hist. Mediol.).

Matilda P. X, 29 (Arnulf. gest. archiepp. Mediol.)

Mathild P. IX, 248 (Gundechar. lib. pontif. Eichstet.).

Mathilt necr. Aug.

Mehtilda Laur. sec. 8 (n. 1016).
Mechthilt Laur. sec. 8 (n. 1932, 3365).
Methilt Laur. sec. 9 (n. 690).
Mahilda P. VI, 837 (vit. Burchard. episc.) mit var. Mahilla.
Malthildis (so) P. X (Hugon. chron.) mehrm.

Mahtleip. 9. R. a. 821 (n. 21).
Mahtlind, fem. 9. Schn. a. 803.
Mahtarat. 9. Ng. a. 845, 854.
Mahterat Ng. a. 859, 890.
Mahtrat Dr. a. 800 (Schn. ebds. Mathrat).
Mahtrih. 8. Mchb. sec. 9 (n. 457).
Mahtrich tr. W. sec. 8 od. 9 (n. 48).
O. n. Mahtrihesdorff.
Mahtsuint, fem. 8. Laur. sec. 8 (n. 1147).
Machtsuint Laur. sec. 8 (n. 3450).
Mechtsuint Laur. sec. 8 (n. 3491).
Mahsuind Laur. sec. 8 (n. 601).
Mahtwin. 9. Mchb. sec. 9 (n. 956).
Matuvin necr. Fuld. a. 1036.
Mahtulf. 8. Tr. W. a. 739 (Pd. nchtr. n. 65).
Mahtolf P. XII, 11 (vit. Hariolfi).
Matholf R. a. 821 (n. 21) hieher?
O. n. Mahtolfeshuson, Mahtolfingen, viell. auch Matolfeshus.

Maiel- s. MAG. **Maienolf** s. MAGAN.
Mail-, Maio, Maiolus s. MAG.
Mairinus. 8. St. P.; zu MAR?

MAIT.

Ich füge einige n. zu goth. maitan, ahd. meizan, schneiden, hauen, wovon noch nhd. metzger, meissel, steinmetz. Vermuthlich steckt hier ein auf waffen bezüglicher ausdruck.

Maitelm. 8. Pol. Irm. s. 21.
Maismod. Gld. II, a, 117; für Maizmod?
Meizolt. 8. St. P.
Meizolf. 8. Laur. sec. 8 (n. 3456).

MAL.

Am passendsten wol zu goth. malvjan conterere. Daneben ist jedoch MAL- auch zuweilen entartung von Mahal und von Amal- (vgl. z. b. Amalberga).

Ich setze, obwol unsicher, einige formen mit Mell- hieher; vgl. auch MIL.

Auslautend auf einen stamm dieser form kenne ich Baromellus (7), Baudomalla (6), Leudomalla (6), Sarromallus (8). Vincomalus dagegen ist lateinisch.

Malo. 8. Ng. a. 779.
Melus, Mello s. unter MIL.
Nhd. Mahl, Mahle, Malle, Malo, Melle, Mall.
Malloste. 6. Testam. Aredii et Pelagiae a. 573 bei Sp. u. Pd. (n. 180).
Malabald. 8. R. a. 821 (n. 21).
Malbold P. VII, 12 f. (ann. Elnon.); Laur. sec. 8 (n. 1009); Guér. a. 1038.
Mallobaudes. 4. Amm. Marc. XIV, 11, XV, 5; XXX, 3, mit var. Mellobaudes.
Malpert. 10. Lp. a. 1000 (n. 427).
Malberga s. Amalberga.
Malbodo. 8. Laur. sec. 8 (n. 865).
Malboto Laur. sec. 8 (n. 1283, 1613).

Bei Möser Osn. geschichte II, 303 kommt in einer urk. von 1170 irrthümlich Malbodo als eigenn. vor, denn da ist es appellativum (gerichtsbote).

Maltrud. 11. Lgd. a. 1095 (II, n. 312).
Malfred. 11. P. XI, 257 (gest. Robert. Wiscard.).
Mallegundis, fem. 6. D. Ch. I, 537.
Malchard. 7. Pd. a. 653 (n. 320; M. ebds. n. 55; zum theil unecht); conv. Clipiac. a. 659.
Mallard Pd. a. 636 (n. 275).
Malard (b. v. Chartres) conc. Cabilon. a. 650.
Nhd. Melchert?
Malrada, fem. 8. Pol. Irm. s. 185.
Malorix. 1. Malorix anführer der Friesen sec. 1. Malarich anführer der Sueven in Spanien sec. 6.
Malorix Tac. ann.
Malaricus Amm. Marc. (mit var. Malaridius); Pd. a. 615 (n. 230); E. s. VI, 391 (Joh. Biclar.).
Mellaricus Pd. a. 533 (n. 118, 119).
Mellarid. 6. Pd. 533 (n. 118, 119).
Mellatena, fem. 6. Pd. a. 533 (n. 118, 119).
Malutheus oder Malatheus. 6. Goth. urk. v. Neapel (Sp., M. u. s. w.). S. über diesen n. Massmann d. goth. urkk. u. s. w.
Malolt. 9. Schn. a. 838.
Malouendus. 1. Tac. ann. II, 25. Fürst der Marsen.
Mellovicus. 6. Pd. a. 533 (n. 118).
Mellowicus und Mellolicus Pd. a. 533 (n. 119).

Malulf. 6. Greg. Tur. VI, 46.
Mallulf (var. Mathulf) gest. regg. Franc.

Malberga s. Amalaberga. **Malchard** s. MAL.

Malchenolf. 9. P. V, 548 (chron. Salern.). Hat das goth. malsks, alts. malsc elatus, superbus im langob. die abgeschliffene form malc gehabt?

MALD. Ettmüller s. 205 vermuthet ein ags. meald confrictio und stellt dazu ags. Mealdhelm, Maldvit, Maldvulf, die offenbar mit diesen deutschen n. zusammengehören. Eine umstellung aus Madal- ist wol nicht anzunehmen.

Maldra. 5. Suevenkg. P. X, 319 (Hugon. chron.); Idat. a. 456. Dafür Masdra bei Isidor. Letztere form zieht Grimm gesch. der dtsch. spr. 501 vor und vergleicht altn. Mörðr und ahd. mardaro caro viva.

Maldeberta, fem. 7. Pd. a. 661 (n. 338).

Maldegar. A. S. Febr. I.

Malthildis s. Mahthildis.

Maldarih. 9. Schn. a. 866 (Dr. ebds. n. 589 Madalrih).

Maldavin. 9. P. VI, 89 (chron. Median. monast.).

Maeltuini Gld. II, a, 104.

Malfred, Mall- s. MAL.

Malnifred. 10. Lp. a. 997 (II, 415). Zu MAL mit erweiterung durch N?

Malolt, Malorix, Malouendus, Malpert, Malrada, Malutheus s. MAL.

MAM. Ein solcher stamm scheint allerdings anzunehmen, doch ihn an goth. mammo (fem.) fleisch anzuknüpfen dürfte meiner meinung nach kaum räthlich sein.

Mamo. 5. Hf. a. 1064 (II, 551).
Mammo Marii chron. (d. Ch. I, 212).

Mama, fem. 9. Laur. sec. 9 (n. 1928).

Mamucho. 10. H. a. 964 (n. 180). Ist viell. Mannicho zu lesen?

Mamila, fem. 10. H. a. 926 (n. 146). Ist vielleicht Mannila zu lesen?

Mamfred s. MAGAN.

MAN. Ein sehr alter stamm in namen, sec. 1 in Mannus, sec. 4 in Lagariman; seit sec. 7 schon ziemlich häufig. Auslautend begegnet er unendlich häufig, anlautend weit seltener. Im letztern falle gehört er öfters gar nicht zu man vir, sondern zu mâno mond, was um so eher möglich ist, da ja auch die sonne zuweilen in n. erscheint. Streng scheiden liessen sich die n. unter zwei verschiedene stämme nicht, obwol einzelnes sicher zum einen, anderes gewiss zum andern gehört.

Vor der latein. endung -us erscheint fast immer das thema mann, sonst meistens die form man. In ungenauen urkundenabdrücken begegnet freilich auslautendes -mann auch oft ohne die lateinische endung.

Erwägung verdienen noch die formen auf -mand, die sicher öfters hieher gehören mögen und deren schlussdental dann nur ein hinzugefügter ist, doch musste ich sie alle unter einen besondern stamm MAND verweisen, da das dasein eines solchen sich in den n. nicht leugnen lässt.

Bemerkenswerth ist das seltene vorkommen unseres stammes im pol. Irm. Im pol. R. findet sich auch ein fem. Agmanna.

Auslautendes MAN in 132 beispielen:

Egiman 11.	Berman.	Fastman 9.
Agmanna 9.	Beredhman 9.	Filiman 9.
Aigliman 6.	Blidman 9.	Firman 9.
Alaman 11.	Brunman 9.	Framan 9.
Aldman 8.	Buman 9.	Folcman 8.
Alpman.	Burgman 8.	Galaman 8.
Alseman 11.	Carlman 7.	Garaman 9.
Enman 9.	Checeman.	Cocman 8.
Angilman 8.	Coloman 9.	Gawiman 8.
Osman 9.	Coufman 9.	Gezaman 11.
Enziman 11.	Dalman 8.	Gerneman 9.
Erfman 8.	Totman 9.	Gisleman 9.
Archiman 8.	Totelman 9.	Godeman 8.
Ascman.	Trutman 8.	Goderman 9.
Adiman 9.	Truhtman 8.	Godasman 8.
Adalman 8.	Dugiman 9.	Graman 8.
Autman 8.	Ewurman 8.	Grilieman 10.
Oraman 9.	Erchanman 11.	Grimman 10.
Ouwaman 11.	Erlman 9.	Guesman 8.
Azaman 10.	Eoman.	Heiziman 11?
Baldman 9.	Faraman 9.	Heilman.
Pezaman 11.	Fartman 8.	Hartman 8.

Hariman 7. Hadoman 9. Hazaman 11. Hideman 11. Hildeman 6? Hiriman 9. Hozeman 11. Hounaman 9. Homan 9. Horscman 9. Hrodman 8. Ruocilman. Hutuman 9. Holzman 9. Engezman. Isman. Isanman 9. Joman 9. Jungman 9. Kirihman 9. Lagariman 4. Lanzman 11. Liubman 8. Liudman 8. Luzman 11. Loman 9. Medeman 9. Norman 10. Nordeman 8. Orfman. Odalman 8. Oziman 11. •Radman 9. Raynman 9. Richman 9. Rizaman 11. Salaman 8. Saraman 8. Scalcoman 8. Sigiman 8. Sikelman 10. Snelman 11. Starcman 8. Suluman 8. Swarzman 9. Dioman. Teutman 8. Tolman 7. Tusaman 10. Ursiman 7. Walaman 8. Waldman 8. Warsman 8. Wartman 9. Wazaman 10. Weliman 8. Werdman 9. Widiman 9. Wigman 8. Williman 9. Winiman 7. Wingman 9. Wisman 9. Wolfman 8. Zeizman 8. Ciliman 8.

Mannus. 1. Tac. Germ. 2; pol. Irm. s. 242.

Manno P. II, 213 (ann. S. Maxim. Trevir.); VI, 6 (ann. S. Maxim. Trevir.); IX, 712 (chron. mon. Casin.); Mchb. sec. 8 (n. 6); Schn. a. 814; St. P. mehrm.; decret. Tassil.; Lp. a. 922 (II, 126); Laur. sec. 10 (n. 532, 660).

Mano K. u. Ng. a. 785, 858; necr. Aug.

Im testam. Ermentr. findet sich der gen. Mannanis, dat. Mannani, abl. Mannane.

Nhd. Mann. O. n. Mannoniscortis.

Manni. 8. Ng. a. 786; Frck. mehrm.

Meni Frck.

Mennio Wg. tr. C. 273; wol Mennic zu lesen.

Mannic. 9. Wg. tr. C. 250.

Mennic Wg. tr. C. 276, 277.

Manniko Frck. mehrm.

Mannecho Laur. n. 3817.

Nhd. Mänicke, Mahnke, Manecke, Manecke, Manke, Manneck, Mannig, Männig, Menck, Mencke, Meneck, Menecke, Menicke, Menke, Mennicke, Mennig.

O. n. Mannechenrot.

Menika, fem. 11. Ms. a. 1049 (n. 21).

Mannikin. 10. Frck. mehrm.

Mennechin Lc. c. a. 1070 (n. 221).

Nhd. Männchen.

Mannete. Gld. II, a, 104.

Mannila, msc. 6. Cassiod. V, 5.

Vgl. auch oben Mamila.

Manili. 9. St. P.

Mannelin. Laur. n. 213.

Manipert. Gld. II, a, 117.

Manatuom. 9. Mchb. sec. 9 (n. 669).

Manadun, fem. 8. Laur. sec. 8 (n. 345, 1755).

Manatun St. P.

Mandun Laur. sec. 8 (n. 2712).

Manifrit. Gld. II, a, 117.

Manfrit Mur. 1906, 6.

Managold. 7. Graf v. Veringen sec. 11.

Managold tr. W. a. 693 (Pd. nchtr. n. 5); Ng. a. 779; Laur. sec. 8 (n. 2107).

Managolt Ng. a. 842; necr. Aug.

Manacald Pd. a. 776 (n. 17; Ng. ebds.).

Manogald Ng. a. 781.

Manogold P. V, 68 (ann. Quedlinb.).

Manigald St. M. c. a. 1090.

Manigold P. VI, 383 not.; M. B. a. 1030 (XXXI).

Manigolt Laur. sec. 8 u. 9 (n. 2110, 2311).

Manegold P. II, 36 (abbat. S. Gall. catal.), 38 (abbat. Augiens. catal.), 160 f. (cas. S. Galli); V, 144 (ann. Einsidl.); VI, 410, 416 (Gerhard. vit. S. Oudalr.); VII öfters; St. P. zwml.; Laur. mehrm.; Lc. a. 1043 (n. 179); M. B. a. 1049 (XVI).

Manegolt P. I, 83 (ann. Sangall.); Laur. sec. 8 (n. 3177); necr. Aug.

Monogold P. III, 246 (Hlud. et Hloth. capit.); vgl. Monoald.

Maneglot (so) Gld. II, a, 104.

Manegaud St. M. a. 1068 wol hieher.

Menegald P. VII öfters.

Vgl. zu diesem n. MANAG.

Nhd. Manegold, Mangold.

Mangar. 8. K. a. 760 (nchtr. A; Ng. ebds.).

Mangis. 11. A. S. Jan. II.

Manehildis, fem. 11. P. XII, 494 (Laurent. gest. episc. Virdun.); A. S. Maj. V.

Manalaub. 9. Ng. a. 838.

Manalaup Gr. II, 65.

Manaliub. 7. K. a. 838 (n. 97).

Manileubo test. Erm.

Maneliub Ng. a. 874.

Manliub Laur. sec. 9 (n. 1064).

Manricus. 7. Pd. a. 642 (n. 301).

Mansuith. 9. Wg. tr. C. 15.
Mensuit s. MAGAN.
Manowald. 8. K. a. 846 (n. 113).
Manold Laur. sec. 8 (n. 1606, 1643).
Manolt Schn., Dr., Ng. a. 760, Schn. a. 811; necr. Fuld. a. 824.
O. n. Manolteshusin.
Maniflа, fem. 9. Pol. R. s. 56, 104.
Mennewin. 11. Necr. Fuld. a. 1040.
Manaulf. 7. Pd. a. 657 (n. 328); Fredegar.
Manolf Laur. sec. 8 (n. 876, 964).

MANAG. Zu ahd. manag multus. Vergl. auch FILI.
Manag. Gr. II, 761.
Managrat. 9. Dr. n. 340.
Manegrad St. M. a. 942.
Managold mag zuweilen aus Manag-wald entstanden sein; s. diesen n. vorläufig unter MAN.

Mananrat. Gld. II, a. 104.
Manasses s. Manso unter MAND.
-manat in Tomanaht (9) und Woldmanat (9).
Manatun s. MAN.
-manc in Notmanc. Ich stelle den n. zu ahd. mangjan abesse.
Mancebod. 8. Pol. Irm. s. 58.
Mancius s. MAND.

MAND. Das bestehn eines solchen stammes, der dann wol zu ahd. mandjan gaudere, mendi gaudium gehört, nehme ich als sicher an. Im einzelnen lässt sich freilich öfters nicht bestimmen, ob nicht der letzte dental nur angefügt ist und die betreffende form dann zu MAN gehört. So finden sich bei Smaragdus die formen Rechtmant, Gotmanth, Archmant, Richmant, Wichmant, Swarzmant, als varianten zu -man. Auch mehrere bei Lgd. II (sec. 11) vorkommende formen auf -mand, die sicher zu -man gehören, übergehe ich hier. Ausserdem kenne ich -mand noch in folgenden 17 namen:

Aclemandus 8. Trutmant 8. Garimand 10.
Albmand 9. Euremand 8. Godalmand 6.
Adalmand. Erimand 8. Gramand.
Austremand 7. Froimant 9. Harimand 10.
Leudomanda 6. Wermand 9. Willmant 8.
Sicmandus 9. Wistremand 7.

Manto. 8. Schn. a. 788. An vielen stellen, wo Schn. Manto hat, liest Dr. Matto und Macco.
Mantoni als genit. Dr. a. 841 (n. 532), wo Schn. Onatonti hat.
Nhd. Mandt, Mende, Mente, Menthe.
Mantio. 8. Mancio b. v. Chalons s. Marne sec. 10; Manzo ep. Bracarens. sec. 8.
Mantio P. IX, 424 (gest. episc. Camerac.); Lgd. a. 875 (I, n. 101).
Mancio P. I, 334 (ann. Mett.); Mab. a. 869; Fredegar; conc. Rem. a. 900.
Mancius pol. R. s. 103.
Hieher vielleicht noch:
Manzo conc. Nicaen. a. 787.
Manso P. V oft; VIII, 636 (annalista Saxo); IX öfters; Schpf. a. 761 (n. 33).
Sollte nicht der häufige n. Manasses zuweilen aus einer deutschen form umgedeutet sein?
Nhd. Manz, Mänz, Mense, Mentz, Mentze, Menz, Menze.
Mendiche. 9. Schn. a. 811, 952.
Nhd. Mandtke.
Mantfred s. Matfrid.
Mandhilt, fem. 9. Schn. a. 837.
Mantharigus. 7. Pd. a. 615 (n. 230).
Mantuvin. 11. M. B. sec. 11 (VI).

Manganpert s. MAGAN. **Mangar** s. MAN. **Mangin** s. MAGAN. **Mani-, Mann-, Mano-** s. MAN. **Manse, Mant-, Manze** s. MAND. **Maerinzan, Maerlach** s. MAUR.

MAR. Dieser wortstamm ist abgesehn von dem bei Caesar sich findenden wahrscheinlich undeutschen Virdumar schon seit dem 1. jhd. in n. gebräuchlich, wie aus Marbod, Actumer, Ingomar und Sigmar hervorgeht. Er ist über alle deutsche volksstämme verbreitet, überall jedoch am ende weit häufiger als am anfange; auslautend bildet er nur masculina. Er erscheint in den formen mar, mer (namentlich goth.), maer (alts.) und mir. Schwierig ist hier die sonderung zwischen deutschem und fremdem, denn es findet sich der stamm auch (wenigstens in dieser form) bei Slaven und Kelten. Die slavische endung (die wol zu mir pax gehört, s. Pott personenn. s. 254) ist immer -mir (Kazimir, Wladimir u. s. w.); doch findet sich dieselbe form auch in sicher deutschen n. (Acimir, Ansimir, Arcemir, Bertmir, Chlodomir, Dructemir, Euremir, Fraimir, Frotmir, Geilamir, Gildemir, Gislemir, Hermemir, Hildimir, Marcomir, Pretimir, Rucimir, Salamir, Theodemir, Vithimir, Wandemir etc.). In bezug auf die etymologie von MAR ist wol bei der mehrzahl mit sicherheit an ahd. mâri (clarus, illustris) zu denken; Graff II, 825 spricht, freilich ohne begründung, einen zweifel aus. Einige hier genannte formen, und zwar solche, in denen unser stamm den namen beginnt, mögen allerdings zu mari meer (Gr. II, 820; Grimm gr. II, 468) gehören, doch kann ich sie noch nicht sicher von den übrigen ausscheiden. Ein sehr altes beispiel falscher etymologie ist es, dass schon Smaragdus (abt zu St. Michael an der Maas, 805—824) das -mir durch mihi übersetzte: Altimir -vetulus mihi; Giltimir-debitus mihi; Richimir-potens mihi; Uuatmir vestimentum mihi.

Auslautendes MAR in 185 formen:

Absimar 7.
Actumerus 1.
Adremar 8.
Agomar 7.
Agilmar 8.
Alamar 9.
Aldemar 8.
Chaldomir 8.
Alfmar 9.
Alimer 9.
Ellanmar 9.
Alsmar 9.
Ambremar 8.
Audemar.
Antarmar 9.
Angelmar 6.
Ansmar 8.
Arnamar 9.
Erbemar 8.
Argimir 6.
Adamar 9.
Athalmar 8.
Audomar 7.
Autlemar 8.
Austrimir 9.
Baldomar 7.
Ballomar 2.
Baudomeris 7.
Bermar 9.
Bernmar 9.
Berehtmar 8.
Belimar 8.
Perhmar 9.
Blidmar 8.
Pretimir 9.
Caramer 6.
Cellomerus 6.
Chnodomar 4.
Cristomer 7.
Combolomar.
Tagamar 9.
Terrimar 9.
Daumerus 6.
Tilemir 9.
Dodemir 8.
Drammir 9.
Drutmar 9.
Druhtmar 9.
Durandomar 7.
Evremar 8.
Ecotmar? 9.
Erchanmar 8.
Erlemar 8.
Ethespamara?
Eomar 9.
Expimar? 9.
Feginmar.
Fastmar 10.
Filomar 5.
Frangomere 6.
Fraomarius 4.
Fridumar 9.
Frotmir 8.
Folcmar 9.
Gatmar 9.
Cheitmar 8.
Geilamir 6.
Gaiobomar 3.
Gildemir 7.
Galemar.
Garimar 7.
Gaudomar 6.
Gaudremar 7.
Gilmar 8.
Gisemar 7.
Gisalmar 7.
Godomar 5.
Godelmar 8.
Grasamar.
Garsimir 9.
Grimmar 8.
Gochmar 9.
Gumemar 6?
Gundemar 6.
Gundalmar 8.
Halecmar 9.
Hartmar 8.
Charimeres 6.
Catumer 1.
Hildimar 6.
Chlodomir 5.
Flodomar 9.
Hoamer 6.
Rucimir 8.
Hrotmar 7.
Hudamar.
Hugimar 10.
Hunmar 8.
Itmar.
Igmar 9.
Ingomar 1.
Instrimar 11.
Ermemar 9.
Ermenmar 7.
Ismar 9.
Leidmar.
Landamar 8.
Lathomar 7.
Laudomar 7.
Launomar 5.
Leomere 6.
Leobmar 10.
Leudomar 6.
Marcamar 2.
Moimar 9.
Nertomir.
Nidmar 9.
Nibumir 8.
Nodimar 9.
Nodalmar 8.
Nordmar 9.
Odolmar 6?
Ratmar 8.
Raginmar 6.
Rasmar 9.
Ricmar 4.
Rignomer 6.
Rinmar 9.
Rumar? 9.
Sahmar 9.
Salamir 7.
Sigmar 1.
Sigurmar 8.
Sigismeres 6.
Sindmar 9.
Sisimir 7.
Sistemar?
Sitmerin? 9.
Slagamar 9.
Slaumar.
Solimar.
Suomar 4.
Suniemir 7.
Thatumer 8.
Tedelmar 7.
Temmar 10.
Thancmar 9.
Tharmer 8.
Theganmar 10.
Thiudemer 4.
Thicemar 11.
Trasmar 7.
Trostmar 9.
Oftmar 7.
Ulmar 9.
Uotmar 8.
Uremar 8.
Ursmar 8.
Vadomar 4.
Walahmar 5.
Waldomar 7.
Waldromar 7.
Wandemar 7.
Wandalmar 6.
Wandremar 7.
Werimer 6.
Werinmar 9.
Weimar 7.
Wistremar 6.
Victimar.
Widiomar 4.
Wigmar 7?
Willimar 7.
Winimar 8.
Winidmar 6?
Wisamar 4.
Wolomar 8.
Wolcmar 9.
Womar 10.
Wolfmar 8.
Vullemar.
Vulsmar 7.
Wonamar 9.
Wonatmar 9.
Zeizmar.

Maro. 9. P. X, 319 (Hugon. chron.).
Mar Gr. II, 825.
Marro Mab. a. 805.
Mer Gr. II, 820.
Merio Wg. tr. C. 420.
Marius pol. R. s. 95.
Nhd. Mare, Maar, Mahr, Marr, Meer, Mier.
O. n. Marinwilare wol hieher.

Maricus. 6. B. v. Beziers sec. 9.

Maricus conc. Tricassin. a. 878; Lc. a. 948 (n. 102).
Maricho Mchb. sec. 8 (n. 61).
Merica Wg. tr. C. 456.
Mirica s. unter Merila.
Mariccus (n. eines Bojen bei Tac. hist.) hieher oder keltisch?
Nhd. Miercke, Mirich.
Merila. 6. Goth. urk. v. Neapel von c. a. 550, neben der latinisirten form Mirica. S. Massmann d. goth. urkk. u. s. w.
Merlus pol. Irm. s. 142, 150.
Nhd. Märell, Mehrle.
Merling. 9. Schn. a. 889.
O. n. Merlunghaim.
Marinus mag oft deutsch sein, oft aber auch theils zu lat. mare theils zu Maria (für Marianus) gehören. Die scheidung ist hier unmöglich.
Maring. 9. P. III, 252 (Hlud. et Hloth. capit.).
Merinc Gr. II, 820.
Meroving s. Merovecus.
Nhd. Mehring.
Merienta, fem. 9. Pol. R. s. 56.
Merigenta pol. R. s. 52.
Merengenta pol. R. s. 11.
Marisma, fem. 9. Pol. R. s. 103.
Mariza, fem. 9. Mchb. sec. 9 (n. 596).
Meriza St. P.
Miriza St. P.
Marocza (so) Mur. 1909, 1.
Marabad. 6. Cassiod. III, 34; IV, 12, 46 mit var. Marabaud.
Marabaud. 4. Deutscher anführer bei den Römern sec. 4, consul a. 377 u. 383.
Marabaud s. Marabad.
Merobaud Amm. Marc. 28 extr.; 30, 5 u. 10; Aurel. Vict. epit. 45; hist. miscell. (Valentinian u. Gratian); Greg. mirac. Martini 2, 15; Cassiod. chron.; Idat. a. 443; Prosp. Aquitan.
Merabaud P. X, 302 (Hugon. chron.); Mur. 1913, 7.
Μεροβαύδης Zosimus IV, 17.
Meripirin, fem. 9. St. P. zwml.
Marabert. 8 Pd. a. 739 (n. 559); Mab. a. 805.
Merabind, fem. Gld. II, a, 125. Für -lind?
Maribonus. 8. Schpf. a. 794 (n. 68).

Meribrun. 9. Schn. a. 822.
Maroboduus. 1. Marcomannenfürst sec. 1; b. v. Rennes sec. 11.
Maroboduus Tac. Germ. mit var. Marabodnus, Marboduus u. a. m.
Maroboduus auch Aurel. Vict. epit. 2.
Μαρόβουδος Strabo.
Marbod P. VI, 92 (chron. Median. monast.); pol. R. s. 74.
Meriboto St. P. zwml.
Meripoto R. a. 808. (n. 14).
Merebodo C. M. März.
Mereboto P. IX, 250 (Gundechar. lib. pontif. Eichstet.); K. a. 970 (nchtr. E; Ng. ebds.).
Merebot R. a. 1098 (n. 180).
Merbodo Laur. sec. 11 (n. 119).
Merboto M. B. c. a. 800 (VII); M. B. c. a. 1060 (XIII); Schn. a. 817.
Nhd. Meerbott.
Meripurc, fem. 9. Mchb. sec. 9 (n. 417); St. P.
Meripurch St. P.
Meripurh St. P.
Mereburc R. a. 821 (n. 21).
Meridrud, fem. 9. Ng. a. 884.
Merithrud Gld. II, a, 125.
Martrudis pol. R. s. 73.
Marethrud Dr. a. 866 (n. 589; Schn. ebendas. Marenthrud).
Merofledis, fem. 6. Greg. Tur. IV, 26; Fredegar.
Merofleta A. S. Jan. II.
Marafrid. 8. Laur. sec. 8 (n. 226).
Marifred Gld. II, a, 117.
Merigart. Gld. II, a, 125.
Merigoz. 9. P. XI, 231 (chron. Benedictobur.); M. B. a. 808 (VII).
Margildus. 8. Pol. Irm. s. 136.
Margildis, fem. 8. Pol. Irm. s. 150.
Merigis. 9. St. P.
Margundis, fem. 8. Pol. Irm. s. 163.
Merhart. 9. K. u. Ng. a. 802, 820.
Marachar. 6. Greg. Tur. V, 37; Venant. Fortun.
Nhd. Mehrer.
Merihilt und Merehilt, fem. Gld. II, a, 125.
Marileif. 6. Greg. Tur. VII, 25.
Mareleif Greg. Tur. V, 14.

Merlind, fem. 9. Laur. sec. 9 (n. 551).
Mirliub. 9. Schn. a. 823.
Merumuastis, msc. 6. Pd. a. 533 (n. 118). Ebds. n. 119 Merumvastes. Verderbt?
Marscalc. 9. Wg. tr. C. 295, 357. Der n. mag hieher gehören und mit dem gleichlautenden appellativum vielleicht nichts zu schaffen haben.
Merisind, fem. Gld. II, a, 125.
Meriswind, fem. 8. Dr. a. 800 (Schn. ebds. Neriswind); Mchb. sec. 9 (n. 599).
Meriswint Schn. a. 889.
Merisuind St. P. zwml.
Meriswith Gld. II, a, 125.
Merisuid K. a. 797 (n. 45).
Mareswid Lc. a. 907 (n. 84).
Meresuit Wg. tr. C. 412, 424.
Mirisuid P. V, 854 (Thietmari chron.).
Meratena, fem. 6. Pd. a. 533 (n. 119).
Maroald. 6. P. V, 701 (Benedicti chron.); Mab. a. 805.
Maroalidus testam. Ared. et Pelag. a. 573 bei Sp. u. Pd. (n. 180).
Mariald Lgd. a. 990 (II, n. 127).
Marald P. V, 558 (chron. Salernit.); IX, 635, 653 (chron. mon. Casin.).
Meroald vit. S. Leodegar.
Merold pol. Irm. s. 226.
Merolt Ng. a. 797; M. B. c. a. 916 (XXXI).
Merald Lp. a. 1020 (II, 499).
Maerolt K. a. 769 (n. 11; Ng. ebds.).
Mierolt Schn. a. 779.
Marhold K. a. 1085 (C. S. n. 6).
Nhd. Mahrhold, Marhold, Meerwald, Mehrwald.
Maralda, fem. 11 (deutsch?) P. IX, 652 (chron. mon. Casin.).
Marwart s. MARAH.
Merovecus. 5. Sec. 5: sohn des Frankenkönigs Chilperich I. Sec. 6: b. v. Poitiers. Sec. 7: sohn Chlothars II. Sec. 8: sohn Theodorichs II.
Merovecus P. II, 311 (dom. Carol. geneal.); VIII, 136 f. (Ekkeh. chron. univers.), 309 (Sigebert. chron.).
Merovicus gest. Francor. (d. Ch. I, 801).
Merovech P. VIII, 310 (Sigebert. chron.).
Maroveus Pd. a. 584 (n. 192); conc. Pictaviens. a. 590; A. S. Jan. I; Greg. Tur. VII, 24; IX, 30, 33 etc.
Meroveus P. I, 283 (chron. Moissiac.); V, 219 f. (chron. Luxov.); VI, 115, 117 (Ademar. histor.); VIII, 116, 159 (Ekkeh. chron. univ.); Greg. Tur. oft; Fredegar mehrm.
Moroveus P. II, 192 (geneal. reg. Franc.).
Mereveus P. II, 307 (reg. Merow. geneal.); d. Ch. I mehrm.
Meriwih Schn. a. 796.
Merwig P. V, 33 not. (Lamberti ann.); Pd. a. 706 (n. 465).

Für diesen n. kommen auch die folgenden formen vor, welche dadurch entstanden sind, dass man aus dem geschlechtsn. Merovingi fälschlich auf einen stammvater Meroving zurückgeschlossen hat:
Meroving P. X, 326 (Hugon. chron.).
Meroing P. V, 30 (ann. Quedlinburg.).
Merong P. VIII, 555 (annalista Saxo).
Maruin. 9. Pol. R. s. 8.
Nhd. Meerwein.
Marwiz. 9. Dr. n. 356.
Marulf. 7. Ng. a. 766.
Merulf M. a. 653 (n. 64; Mab. ebds.); conv. Clipiac. a. 659; Ng. a. 766; pol. Irm. s. 12, 85 etc.; pol. R. s. 55.
Merolf Ng. a. 766; Laur. mehrm.
Meriolf M. B. a. 799 (IX).

Zusammensetzungen mit erweitertem stamm:
Merengenta s. Merienta.
Marenthrud s. Meridrud.
Meringaud. 10. G. a. 966 (n. 19).
Marnehar hieher?

MARAH. Es wird noch geschieden werden müssen, was von den folgenden formen zu ahd. marah equus und was zu marka limes gehört; gewiss schliesst sich ein theil dieser n. an jedes von beiden wörtern an. Es sind diese formen, wie es scheint, über alle deutschen stämme verbreitet; am häufigsten mögen sie bei den Sachsen gewesen sein. Auslautend finde ich formen der art in:

Egilmarc 9.	Childomarcha 7.	Winitmarc 6.
Antemarch.	Valadamarca 5.	

Marc. 8. (schon 6?).
Marcus ist gewiss oft als deutscher name anzusehn.

Μαρκίας, goth. anführer bei Proc., wol hieher.
Marcho Mchb. sec. 8 u. 9 öfters; R. a. 829 (n. 24).
Marcheo Mchb. sec. 8 u. 9 öfters; St. P.
Maricus, Maricho etc. s. MAR.
Nhd. March, Marck, Marige, Mark, Merck, Merke, Merk, Merkh.
Marchida, fem. 9. Laur. sec. 9 (n. 2335).
Marclin. 9. Pol. R. s. 43.
Marchuni. 8. St. P.; Mchb. sec. 8 (n. 155).
Marchinc. Gr. II, 848; wol nur aus einem o. n. gefolgert.
Merkbold. 10. In einer Berliner hds. des Haymo Halberst. comm. in ep. Pauli ad Rom. aus sec. 10.
Marcbern. 9. Wg. tr. C. 417.
Marcberg, fem. 9. Wg. tr. C. 401.
O. n. Margbergauilare.
Marcbodo. 9. Wg. tr. C. 246, 260, 263, 285, 300, 315, 318, 320, 329, 368, 373, 388, 390, 393, 402.
Marcbodu Wg. tr. C. 255, 278, 289, 452.
Markbodo Wg. tr. C. 330.
Marcbod Wg. tr. C. 398.
Marcdag. 9. Wg. tr. C. 457.
Marcadrudis, fem. 6. Frau des kgs. Guntram sec. 6.
Marcadrudis pol. Irm. s. 88, 89 etc.
Marcatrudis A. S. Mart. III.
Marchitrudis Fredegar.
Mercatrudis Greg. Tur. IV, 25.
Marcfrid. 9. K. a. 838 (n. 97).
Marcfred Gld. II, a, 117.
Margger. 9. Necr. Fuld. a. 825.
Marchard. 9. Wg. tr. C. 226, 436; Lc. a. 805 (n. 27), 806 (n. 28).
Marchart M. B. a. 1040 (XIII).
Marcard d. Ch. I, 538; pol. Irm. s. 89, 90 etc.
Merkhard P. V, 103 (ann. Hildesh.).
Nhd. Marckert, Markert, Merkert.
Marcharius. 8. Laur. sec. 8 (n. 429).
Marcher pol. R. s. 105.
Marchire Gld. II, a, 104.
Marcarius pol. Irm. s. 49 (sec. 11).
Nhd. Märker.
O. n Marchereshuson.
Marcohildis, fem. 8. Pol. Irm. s. 90.
Marcoildis pol. Irm. s. 90, 98.
Marcoleif. 6. Pd. a. 533 (n. 119).
Marclef Lc. a. 855 (n. 65).
Marclif Wg. tr. C. 486.
Marcamar. 2. Frankenfürst sec. 4.
Marcamar pol. Irm. s. 82, 89 etc.
Marcomar (sec. 2) Aurel. Vict. de Caes. 16.
Marcomir P. I, 282 f. (chron. Moissiac.); VI, 115 (Ademar. chron.); VIII, 303, 307 (Sigebert. chron.), 447 (Sigebert. auctar. Corbej.), 555 (annalista Saxo); X, 326 (Hugon. chron.); XII, 138 (reg. catal.).
Marchomir P. II, 311 (dom. Carol. geneal.); V, 30 (ann. Quedlinb.).
Marcomeres Claudian. Stil. I, 241; Greg. Tur. II, 9; Fredegar.
Marcomedes = Marcomir P. VIII, 115, 135 (Ekkeh. chron. univers.).
Marcarad. 8. Tr. W. a. 734 (n. 9 u. Pd. nchtr. n. 54).
Marcharat tr. W. a. 799 (n. 27).
Marcherat Gld. II, a, 104.
Marcrad P. III, 89 (Kar. M. capit.); Lc. a. 820 (n. 40).
Marcrat Schn. a. 777; tr. W. a. 798 (n. 21); Laur. sec. 9 (n. 737).
Marchrad Schpf. a. 731 (n. 12).
Marchrat Pd. a. 735 (n. 557); Laur. sec. 9 (n. 378).
Marchraht tr. W. a. 787 (n. 86).
Ags. Mearcrêd.
Marchrih. 8. Schn. a. 796.
Marcric Lc. a. 799 (n. 14).
Marahsind, fem. 8. Gld. II, a, 125.
Marcsint Laur. sec. 8 (n. 311).
Maerksuit, fem. 9. P. V, 100 (ann. Hildesh.).
Mercsuit Wg. tr. C. 82.
Marcoveifa, fem. 6. Greg. Tur. V, 48.
Marcovefa Greg. Tur. IV, 26.
Maraholt. 8. Schn. a. 774; necr. Fuld. a. 995.
Maracholt Gld. II, a, 125.
Marcoald tr. W. a. 715 (n. 265).
Marcold Schpf. a. 768 (n. 37); Laur. sec. 9 (n. 222).
Marcolt Schn. a. 838.
Marcholt St. P.
Marehold Dr. c. a. 1070 (n. 765; Schn. ebds.).
Nhd. Marckwald, Markwaldt.

O. n. Marcholtinchova.

Marcwar. 8. Tr. W. a. 781 (n. 121).

Marachward. 8. Graf. v. Eppenstein, nachher hzg. v. Kärnthen sec. 11.

Marachward P. II, 601 (Thegani vit. Hlud. imp.).

Maracwart Gld. II, a, 104.

Marahward P. V, 144 (ann. Einsidl.); M. B. a. 1013 (XXXI).

Marahwart P. VI, 418 (Gerhard. vit. S. Oudalr. ep.).

Marchoward K. a. 846 (n. 113; Schn. ebds.).

Marchward P. VII, 276 (Berthold. ann.); St. P.

Marchwart St. P. drml.; Mchb. sec. 10 (n. 1147); M. B. a. 1040 u. c. a. 1060 (XIII).

Marcuwart Schn. a. 838.

Marcward P. I, 567 (Regin. chron.); II, 330 (Erchanb. breviar.); V, 3 (ann. Corbej.), 50 (ann. Hildesh.); VI, 174 (Agii vit. Hathumod.), 763 (Thangmar. vit. Bernward.); VII, VIII öfters; IX, 238 (Ad. Brem.), 848 (chron. Hildesh.); Lc. a. 820 (n. 40); Wg. tr. C. 31, 124, 136, 229, 243, 245, 254, 270, 285, 291, 304, 330, 339, 343, 344, 351, 355, 400, 401, 403, 422, 460, 470.

Marcwart P. I, 393 (ann. Fuld.); IX, 250 (Gundechar. lib. pontif. Eichstet.).

Markwart M. B. sec. 11 (II, III, XIII).

Marcuard P. II, 157 (cas. S. Galli); H. a. 835 (n. 78).

Marcuart P. VII, 391, 430 (Bernold. chron.).

Marchuard H. a. 841 (n. 79).

Marchuart P. VII, 392 (Bernold. chron.).

Marquard P. VIII öfters; Schn. a. 831; H. a. 909 (n. 136); Ng. a. 993.

Marquart Laur. n. 3816; M. B. a. 951 (XXXI); Gud. a. 1090.

Marckward Wg. tr. C. 107.

Marhcwart Gld. II, a, 104.

Marcquard P. V, 750 (Thietmari chron.); IX, 851 (chron. Hildesh.); Wg. tr. C. 290.

Mercward C. M. April, Juni.

Merquard P. V, 787 (Thietmari chron.).

Marward Gld. II, a, 104 und Marwart St. P. wol hieher.

Marchard s. oben.

Nhd. Markwardt, Markwordt, Marquard, Marquardt.

O. n. Marchwartesprunnen.

Marcovicus. 6. Pd. a. 533 (n. 118, 119).

Marcwin. 8. Schn. a. 838.

Marcuin pol. Irm. s. 98.

Marcoin pol. Irm. s. 228.

Marchuin Laur. sec. 8 (n. 2513).

Marquin Gld. II, a, 117.

Marculf. 6. P. VIII, 320 (Sigebert. chron.); Wg. tr. C. 228.

Marculph d. Ch. I, 535, 637; A. S. Maj. IV.

Marcolf Laur. mehrm.; necr. Fuld. a. 909.

Marcholf Gld. II, a, 104.

O. Marcholfesheim.

Zusammensetzung mit erweitertem stamm:

Marcanberga, fem. 8. Pol. Irm. s. 90.

Marald u. a. m. s. MAR. **Marc-** s. MARAH.

MARD. So zahlreich auch die bekannten deutschen und sonstigen indoeuropäischen wörter sind, die sich der form nach zu unserm stamme fügen, so gelingt es doch nicht für irgend eins zu erweisen oder wahrscheinlich zu machen, dass die folgenden n. dahin gehören und ich muss mich daher mit der blossen aufzählung der letztern begnügen. Als auf MARD endend erwähne ich, doch nicht mit allseitiger sicherheit: Beremard, Folmert (8), Gosmart (6), Erimard (8), Ismard (6).

Mardhetin. 8. R. a. 792 (n. 9).

Marthelm. 9. Pol. R. s. 33.

Martoin. 8. Pol. Irm. s. 265.

Marnehar. 7. Pd. a. 615 (n. 230). Zu MAR?

Maroald u. dgl. s. MAR.

Marso. 7. Mab. a. 692 (n. 18); pol. Irm. s. 158, 163.

Marsus Pd. a. 642 (n. 300).

Zum v. n. Marsi gehörig.

Marthelm, Martoin s. MARD. **Marulf** s. MAR.

Masa, fem. 8. Tr. W. a. 774 (n. 61, 67).

Massa Laur.

Mascelin s. Mathelin u. Mazelin. **Masdra** s. MALD.

Masembold. 8. Pol. Irm. s. 279.

Masginc. Gr. II, 877; wol nur aus einem o. n. gefolgert.

Masgo. 8. Gr. II, 877.

Masco R. a. 778 (n. 5).
Masuco (dat. Masuconi) auf einer Schweizer inschr. St. n. 2026.
Nhd. Masch, Masche, Maske, Meske.

Masilidis, fem. 9. Pol. R. s. 49.

Masio. 8. P. VI, 508 (Widric. mirac. S. Gerardi).
Massio Lp. a. 773 (I, 511).

Maso. 9. P. III, 517 (Hlud. Germ. capit.); Schpf. a. 823 (n. 86).
Masso Dr. a. 806 (n. 237; Schn. ebds. Matto); Schn. a. 814; Dr. n. 339; necr. Aug.; St. P.
O. n. Massenbach, Massenheim, Massinhuson; viell. auch Masinang hieher.

Massa s. Masa.

Massana, fem. 6. Frau des Langobardenkönigs Cleph. Paul. diac. II, 31.

Massila, msc. 5. Vater des Sueven Masdra. Isidor.

Massio s. Masio. **Masso** s. Maso.

Mastal. 10. P. V, 551 (chron. Salernit.); Gld. II, a, 117.

Masuus. 1. *Μάσυος* Dio Cass. 67, 5 (semnonischer n.). Grimm gesch. der dtsch. spr. 493 schlägt *Νάσυος* vor und vergleicht Nasua.

Matfrid s. MATH.

MATH.

Unter allen wörtern deutscher zunge kenne ich keins, wozu sich diese n. nach sinn und form besser fügen als ags. maeð in der bedeutung von honor, reverentia, gleichviel ob wir dieses wort mit Ettmüller s. 195 als aus mâhð entstanden ansehn oder nicht. Zu bemerken sind die altfränkischen formen mit Med-, die dem Mer- bei MAR u. s. w. parallel gehn. Leicht ist übrigens der wechsel und schwer die trennung von MATH und MAHT. Auslautendes MATH in folgenden 11 formen, worunter nur ein femininum:

Automad 8.	Hugimat.	Teutomat.
Cramat? 9.	Leudomad 6.	Welimad 9.
Gundomad 4.	Sisimatis.	Wiomad 5.
Herimat.	Deomad.	

Matto. 8. Dr. a. 788 (Schn. ebds. Manto); Schn. a. 801; Schn. a. 806 (Dr. n. 237 ebds. Masso); Dr. sec. 10 (n. 673).
Mato R. a. 821 (n. 21).
Matten (gen.) Dr. a. 857 (n. 572; Schn. ebds. Mattren).
Nhd. Mette, Metto.
O. n. Mattencella und Mattenweg vielleicht hieher.

Matta, fem. 9. Dr. a. 804 (Schn. ebds. Mutta).
Math (angebl. fem.) Gld. II, a, 125 wol hieher.

Matuas. 8. Ng. a. 744 (n. 13).

Medias. 6. A. S. Jan. I; deutsch?

Madacho. 9. H. a. 926 (n. 146).
Mattihho Schn. a. 811.
Nhd. Mädicke, Mathge, Maticke, Matje, Matteck, Matticke, Methke, Metke, Mettke.

Madalo, Madala s. MATHAL.

Mathelin. 11. Die namen Mysach, Mathelin, Mascelin gehören P. X, 542 ff. (gest. abbat. Gemblac.) derselben person an. Ebenso ist P. VIII, 391 (Sigebert. auctar. Gemblac.) Mysach = Mascelin.

Medana, fem. 9. Laur. sec. 9 (n. 3297).

Medopa, fem., eine goth. königstochter, angeblich aus der zeit Philipps v. Macedonien. Jorn.

Matper. 9. St. P.

Mediberga, fem. 7. Test. Erm.; hier steht Medibergane als cas. obl.

Madefledis, fem. A. S. Mart. II. Zeit unbestimmt.

Mathfrid. 9. B. v. Aix sec. 9. P. I, 425 (ann. Bertin.), 573, 604 (Regin. chron.); Lc. a. 927 (n. 88).
Mathfrith necr. Aug.
Mathfred P. VII, 103 (Herim. Aug. chron.).
Matfrid P. I, 428 (ann. Bertin.), 607, 609, 611, 612 (Regin. chron.), 619 (contin. Regin.); II öfters; III, 469 (Hlud. Germ. capit.), 539 (Kar. II capit.); VIII öfters (annalista Saxo); conc. Nemaus. a. 886; H. a. 926 (n. 146); Lc. a. 948 (n. 102).
Matfred P. III, 568 (Kar. III capit.).
Madfrid H. a. 844 (n. 81).
Meffrid G. a. 1093 (n. 72; H. ebds. n. 294).
Mefred H. a. 1097 (n. 299).
Mathfrid mit var. Matfred und Mantfred M. B. a. 822 (XXXI).

Mathgis. 8. Laur. sec. 8 (n. 528).

Madegisolus. 7. Pd. a. 631 (n. 254).
Madegisillus Pd. a. 642 (n. 301). Vgl. auch das vielleicht nur verderbte Magdegisil.
Medegisil test. Erm.

Medegisel P. IX, 408 (gest. episc. Camerac.); Pd. a. 625 (n. 237).
Medighisel Pd. a. 615 (n. 230).

Mathgrim. 9. Wg. tr. C. 328.

Mathgund, fem. Gld. II, a, 125.

Medard. 6. P. II, III, V, VI öfters; VII, 103 (Herim. Aug. chron.), 419 (Bernold. chron.); VIII, IX öfters; test. Ared. et Pelag. bei Sp.; conc. Autisiod. a. 578; Greg. Tur.; Laur. sec. 8 (n. 636); A. S. Jan. I, Apr. II.

Mathere. 9. P. XI, 232 (chron. Benedict.).
Mather Laur. sec. 9 (n. 1727).
Nhd. Mader, Mäder, Maader, Mäther, Meeder, Metter.

Madelm. 8. P. V, 181 (ann. Benevent.); IX, 553 (chron. mon. Casin.).
Mahdelm Laur. sec. 8 (n. 517) hieher?

Mathhildis. Ist in Mahthildis aufgegangen und von dort nicht mehr auszuscheiden.

Mathlec. 9. Wg. tr. C. 260.
Madalih Schn. a. 811 wol hieher.

Madoland. 7. M. a. 691 (n. 129; Mab. ebds); Pd. a. 697 (n. 442).
Madelaud Pd. sec. 7 (n. 334; M. ebds. n. 68).
Oder ist der n. = Madal-laud?

Madalindis s. Madal-lindis (MATHAL).

Medeman. 9. Lgd. a. 867, 873 (I, n. 91, 98).

Madericus. 4. Guér. a. 800.
Mederichus Amm. Marc.
Matrih Gld. II, a, 104.

Medarid. 6. Pd. a. 533 (n. 119).

Mathasuenta, fem. 6. Enkelin v. Theodorich d. gr., gattin des Vitiges.
Mathasuenta (var. Mathesuenta) Jorn.
Ματασοῦνθα Procop.
Mathesuinda P. VIII, 129 (Ekkeh. chron. univers.).
Matesuinda P. VIII, 122 (Ekkeh. chron. univ.).
Mathsuinda Laur. sec. 8 (n. 972).
Mathsuint Laur. sec. 8 (n. 951).
Methsuint Laur. sec. 9 (n. 392, 2009).

Meduald. 7. Pd. c. a. 690 (n. 413; M. ebds. n. 77).
Matholt Laur. sec. 8 (n. 1395).
Madolt Gr. II, 657.
Mahdold Laur. sec. 8 (n. 523) hieher?

Medovicus. 6. Pd. a. 533 (n. 119).
Medoveus neben Medovechus, b. v. Meaux sec. 6, conc. Aurelian. a. 549; conc. Paris. a. 555.
Medeveus d. Ch. I, 537.

Matuvin s. Mahtwin.

Medulf. 6. Conc. Aurelian. a. 549.
Medulph A. S. Jun. I.

Matarn und **Materni** (msc.) bei St. P. (sec. 8) scheinen undeutsch; vgl. ebds. Materninus.

Zusammensetzungen mit erweitertem stamm:

1) mit L: diese sind vollständig in MATHAL (s. ds.) aufgegangen.

2) mit N:

Madanildis, fem. 8. Pol. Irm. s. 86, 99 etc.
Madanilt H. a. 853 (n. 87).

Metensuind, fem. 8. Laur. sec. 8 (n. 1999).

Madanulf. 8. Pol. Irm. s. 258, 276; Lgd. a. 877 (I, n. 106).
Mathenolf P. V, 511 (chron. Salernit.).

3) mit R (vgl. ags. maeðrjan honorare):

Madrisma, fem. 8. Pol. Irm. s. 264.

Madrevert. 8. Pol. Irm. s. 100.

Madreberta, fem. 8. Pol. Irm. s. 213.

Madreberga, fem. 8. Pol. Irm. s. 213.

Maderger. 9. Pol. R. s. 72.

Madregerdis, fem. 9. Pol. R. s. 49.

Madergaud. 9. P. III, 429 (Kar. II capit.).

Madrehildis, fem. 8. Pol. Irm. s. 233, 264.
Maderhildis pol. R. s. 32, 100.

Maderwin. 9. Pol. R. s. 60.

MATHAL. Dieser mit ausnahme von Cunimadal (9) und Rimadal (9) nur anlautend gebrauchte stamm scheint im ganzen unmittelbar zum goth. maþl sermo concio zu gehören (Grimm gr. II, 469); doch hat sich damit gewiss eine nicht mehr auszuscheidende verlängerung von dem oben angesetzten MATH vermischt (s. ds.), welche den oben erwähnten verlängerungen des stammes um N und R parallel läuft. Für diese letztere natur unseres MATHAL spricht auch der umstand, dass während das pol. Irm. unsern stamm massenweis darbietet, die sächsischen trad. Corb. ausser einem einzigen Madalwyn nichts hieher gehöriges aufweisen.

Madalo. 9. H. a. 896 (n. 127).

Madelo H. a. 923 (n. 145); Lc. a. 1088 (n. 240).
Nhd. Madel.

Madala, fem. Gr. II, 706.

Madalbald. 8. St. M. c. a. 962.
Madalbold pol. Irm. s. 93, 214.

Madalperaht. 8. B. v. Bourges sec. 10.
Madalperaht Dr. a. 822 (n. 401; Schn. ebds. Medalperaht).
Madalperht St. P.
Madalbert P. V, 169 (ann. Masciac.); X, 321 (Hugon. chron.); pol. Irm. s. 14, 43 etc.
Madalbret Laur. sec. 8 (n. 1016).
Madalpret Gld. II, a, 104.
Madalpreth Gld. II, a, 104.
Madelbreht P. VI, 412 n. (notit. de libert. abb. elig.).
Madelbert Laur. sec. 8 (n. 1883, 2223); pol. R. s. 71, 81.
Mahdalberaht Schn. a. 807 (Dr. ebds. n. 243 Madalperaht).
Matlebert Gld. II, a, 117.

Madalberta, fem. 8. P. VIII, 637 (annalista Saxo); Mab. a. 798; pol. Irm. s. 30, 81 etc.
Madelberta A. S. Jan. II, Febr. III.

Madalbirg, fem. 8. Gld. II, a, 125.
Madalberga pol. Irm. s. 140, 215.
Madelberga pol. R s. 48.
Maalpric (so) Mchb. sec. 9 (n. 433).
Madabiric (so) Gld. II, a, 125.

Madaltrudis, fem. 8. Pol. Irm. s. 37, 64 etc.

Madalfrid. 7. Mab. a. 653; pol. Irm. s. 83, 150; St. P.
Madalfred pol. Irm. s. 137.
Matalfred H. a. 762 (n. 45) neben Madalfred.
Madalfret K. a. 850 (n. 116).
Madelfrid P. V, 179 (ann. Benevent.); IX, 634 (chron. mon. Casin.); pol. R. s. 75.

Madalgar. 7. Pol. Irm. s. 43, 152.
Madalcar pol. Irm. s. 81, 88 etc.
Madalger Laur. sec. 8 (n. 534); pol. Irm. s. 205; St. P.
Madalker Mchb. sec. 8 (n. 127); M. B. a. 762, 806 (VIII).
Madelgar P. VI, 11 (ann. Laubiens.); VIII, 324 (Sigebert. chron.); IX, 409 (gest. episc. Camerac.); pol. Irm. s. 33; pol. R. s. 102.
Madelger pol. R. s. 66; Mab. a. 919.
Medilger C. M. Aug.
Medelger Hf. a. 1064 (II, 551).
Malger Guér. a. 1070 viell. hieher.

Madelgard, msc. 10. G. a. 905 (n. 9).

Mathalgarda, fem. 9. Urk. v. 827 (nach dem citat bei Gr. II, 707).
Mathalgardis A. S. Jan. II.
Madalgarda Lc. a. 806 (n. 28).

Madalgaud. 8. P. III, 133 (Kar. M. capit.); pol. Irm. s. 81.
Madalgaus pol. Irm. s. 163.
Madalgaoz St. P. zwml.
Madalgoz necr. Aug.
Madalcoz Gld. II, a, 104.
Madalkos Gld. II, a, 104.
Madelgaud P. III, 98 (Kar. M. capit.).
Madhelgaud P. II, 671 (Nithardi hist.); A. S. Febr. III.

Madalgil. 8. Pol. Irm. s. 93.

Madalgildis, fem. 8. Pol. Irm. s. 88, 103.

Madalgis. 8. Pol. Irm. s. 81, 152; Laur. sec. 8 (n. 1404).
Madelgis Laur. sec. 8 (n. 900); necr. Fuld. a. 1047; pol. R. s. 15.

Madalgisil. 7. Pd. a. 648 (n. 312).
Madalgiselus Pd. a. 706 (n. 466; Mab. ebds.).

Madalgrim. 8. Pol. Irm. s. 103, 140.
Madelgrimnus pol. R. s. 83.

Madalgudis, fem. 8. Pol. Irm. s. 7, 81 etc.
Madelgudis pol. R. s. 35.

Madalhaid, fem. 8. St. P. zwml.
Madalheit Laur. sec. 8 (n. 198).

Madalhart. 8. St. P.
Madelhard pol. R. s. 43.
O. n. Madalhartistorf.

Madalhari. 8. St. P.
Madalhar tr. W. a. 730 (n. 16); pol. Irm. s. 33, 151.
Madalheri St. P.
Madalher Laur. sec 8 (n. 483, 3190).
Madelher pol. R. s. 34, 63 etc.
Nhd. Madler, Mädler.

Madalhelm. 9. St. P. mehrm.; R. a. 834 (n. 30).
Madalelm P. II, 639 (vit. Hlud. imp.).

Madalhildis, fem. 8. Pol. Irm. s. 34, 79 etc.; Laur. sec. 8 (n. 2003).

Madalbilt tr. W. a. 808 (n. 20); Dr. a. 839 (n. 525; Schn. ebds. Madahilt).
Madelhildis pol. R. s. 16, 65.
Madahildis pol. Irm. s. 140 wol hieher; desgl. Madahilt Gld. II, a, 125.
Madalhoh. 8. St. P.
Madalhund. 8. Pd. a. 708 (n. 471).
Madalleich. 8. Laur. sec. 8 (n. 1268).
Madaleich Laur. sec. 8 (n. 1868).
Madalindis, fem. 8. Pol. Irm. s. 71, 163.
Madilindis pol. Irm. s. 1.
Madelindis pol. Irm. s. 140.
Madelint Laur. sec. 8 (n. 198).
Mathlindis Laur. sec. 8 (n. 1952).
Mathlinda Laur. sec. 9 (n. 512).
Madalleoz. 9. Mchb. sec. 9 (n. 610).
Madelrat. 8. Laur. sec. 8 (n. 337).
Madalrich. 8. Pol. Irm. s. 64, 239.
Madalrih Dr. a. 866 (n. 589; Schn. ebds. Maldarih); St. P.
Madelrich pol. R. s. 60.
O. n. Methelrikestad, Madalrichistrewa.
Madalleid. 8. Tr. W. a. 774 (n. 71).
Madalolt Laur. sec. 8 (n. 389).
Madololt St. P.
Madelold pol. R. s. 33.
Madalol (so) Laur. sec. 8 (n. 391).
O. n. Madaloltes wilari.
Madalfeus. 8. B. v. Verdun sec. 8. P. III, 30 (Pipp. capit.); conv. Atteniac. a. 765.
Madelveus P. VI, 43 (gest. episc. Virdun.); X, 287, 339 ff. (Hugon. chron.); XII, 525 (ann. S. Vit. Virdun.); pol. R. s. 64.
Madaleveus (so) P. X, 339 (Hugon. chron.).
Madalwit H. a. 853 (n. 87); viell. für Madalwic?
Madelucus (8) P. VII, 38 (ann. S. Benign. Divion.) viell. hieher.
Mathalwin. 8. Lc. a. 855 (n. 65; Mathalwim scheint druck- oder schreibfehler).
Madalvin pol. Irm. s. 104, 136.
Madalwin P. VI, 87 (chron. Median. monast.); pol. Irm. s. 88; M. B. a. 877, 878 (XXXI); St. P.
Madalwyn Wg. tr. C. 421.
Madaluin pol. Irm. s. 16.
Madalvenus pol. Irm. s. 180.
Madelwin Laur. sec. 9 (n. 2835); pol. R. s. 1, 8 etc.
Madelvinnus pol. R. s. 45.
Maduluin (so) und Manduluin (so) H. a. 841 (n. 79).
Madalvis. 8. Pol. Irm. s. 104.
Madalulf. 6. P. II, 296 (gest. abb. Fontan.); pol. Irm. s. 7.
Madalaulf Pd. a. 648 (n. 312).
Madelulf P. X, 337 (Hugon. chron.); Mab. a. 692; pol. R. s. 63.
Madlulf Pd. a. 693, 697 (Mab. ebds.).
Madelzoz. Gld. II, a, 104.

Mathelin, Mathenolf, Mathere, Mathesuinda, Mathgrim s. MATH. **Mathilda** s. MAHT. **Mathlec, Matta, Mattihho, Matto, Matuas** s. MATH.
Maudio (comes Francorum). 4. Amm. Marc.

MAUR. Ein nicht seltener aber unsicherer stamm, bei dem ich kaum wage an das ahd. môr (aethiops) zu erinnern. Ausser den folgenden deutschen ableitungen bildet er noch mannigfache nach analogie keltischer und lateinischer namen, wie z. b. Maureia, Maurinus, Maurontus, Mauronia, Mauricius (vgl. Morizzo Mchb. sec. 9 n. 470), Maurentia, Maurentius, Maurilius, Morizellus, Maurintinus, die sich fast sämmtlich im pol. Irm. und sonst noch oft finden.
Maur. 8. Laur. sec. 8 (n. 302).
Maurus pol. R. s. 36.
Mauri R. a. 819 (n. 20), 822 (n. 22).
Mori Ng. a. 834.
Moro K. c. a. 876 (n. 152; Ng. ebds.).
Mor Laur. sec. 9 (n. 2810).
Moor Laur. sec. 8 u. 9 (n. 6, 2807).
Moris (genit.) Dr. a. 829 (n. 479; Schn. ebds.).
Morin (genit.) Ng. a. 834.
Vielleicht schon hieher *Μόῤῥας* var. *Μωρᾶς* und *Μοῤῥάς* Proc.
Nhd. Mohr, Möhr, Möhre.
O. n. Moresbach, Moresfurt wol hieher.
Mora, fem. 6. Pd. a. 533 (n. 118). Dieselbe heisst Morta ebds. n. 119.
Mauricho. 8. Laur. sec. 8 (n. 700, 1385).
Mauruch St. P.
Moruh Gld. II, a, 104.
Morico Laur. sec. 8 (n. 2939).

Moricho P. XI, 232 (chron. Benedictobur.); St. P.; Laur. mehrm.; tr. W. a. 798, 811, c. a. 820 (n. 21, 176, 180); M. B. c. 800 (VII); Schn. a. 826, 944.
Moriho necr. Fuld. a. 825.
Maoricho St. P. zwml.
Moruch Laur. sec. 8 (n. 2562).
Moroch Dr. a. 874 (n. 610) wol hieher.
Nhd. Mohrig, Möhricke, Morcke, Moricke, Möricke, Mörike.
O. n. Morichinga.
Maurilo. 8. Laur. mehrm.
Nhd. Möhrle.
Mauroleno. 7. Mab. a. 670.
Morlenus pol. R. s. 22.
Mauremia, fem. 9. Pol. R. s. 54.
Morino. 8. Dr. n. 366.
Nhd. Mohrin, Morin.
O. n. Morinesheim, Morinishusun.
Morand. 11. Pol. Irm. s. 49 (sec. 11).
Mauring. 8. P. I, 210 (Einh. ann.); II, 627 (vit. Hlud.); pol. R. s. 80.
Moring P. I, 213 (Einh. ann.); Schn. a. 789; Gud. sec. 10.
Morinch Gld. II, a, 104.
Nhd. Moring, Möhring.
O. n. Moringeshaim.
Mauringa, fem. 8. Pol. Irm. s. 3, 195.
Morinzo. 11. K. a. 1096, c. a. 1100 (C. S. n. 5 u. 10).
Morenzo K. c. a. 1100 (C. S. n. 11).
Morbold. 9. Schn. a. 824.
Maurbert. 8. Sm.
Morbraht Schn. a. 819.
Morbert conc. ap. Theodon. vill. a. 835.
Morhard. 8. P. II, 600 (Thegani vit. Hlud.).
Morhart Gud. a. 1074, 1090; K. a. 1090 (n. 239), 1095 (C. S. n. 3).
Morard P. V, 168 (ann. S. Germani); VI, 4 (ann. S. Germani min.); pol. Irm. s. 178.
Nhd. Mohrhard, Mohrhart.
Maurhar. 8. Pol. Irm. s. 129.
Nhd. Maurer?
Maurhaus. 8. Pol. Irm. s. 129.
Maurdrannus. 8. Abt zu Corvey sec. 10.
Maurdrannus Guér. sec. 10 (append. zum pol. Irm. s. 337). Derselbe heisst ebds. s. 339 Mordramnus).
Morthrannus St. P.
Maurlach. 8. Laur. sec. 8 (n. 305).
Maorlach Laur. a. 787 (n. 13).
Moralah necr. Fuld. a. 857.
Morlach Laur. sec. 8 (n. 3460).
Moratah Dr. a. 822 (n. 399; Schn. ebds.) scheint irrthum zu sein und hieher zu gehören.
Morlindis, fem. 9. Pol. R. s. 103.
Morlog. 11. Lc. a. 1057 (n. 192).
Maursinda, fem. 8. Pol. Irm. s. 70.
Morold. 8. Laur. sec. 8 (n. 276).
Morolt Schn. a. 890 (Dr. ebds. n. 635 Miorolt).
Morolf. 8. St. P.
Maorolf St. P. zwml.
Zusammensetzung mit erweitertem stamm:
Maorinzan. 8. Ng. a. 769.
Morinzan Gld. II, a, 104.

Mawo. 8. Ng. a. 792, 793, 797, 822; K. n. 44.
Mavo Ng. a. 797, 813.
Mauwo Ng. a. 788, 819, 821; K. n. 34.
Mawioh Gld. II, a, 104 hieher?
Dieser wahrscheinlich blos alamannische n., der mir zu goth. magus puer (vergl. goth. mavi puella u. a. m.) zu gehören scheint, hat sich noch in o. n., wie z. b. Mawinhard und Mowenheim erhalten.
Nhd. Mau, Maue, Mauve.
Maxelendis, fem. 7. P. VIII, 326 (Sigeb. chron.); A. S. Mart. II.
Maxellendis A. S. Febr. I, Mart. II.
Maxus. 9. P. IX, 39 (Joh. chron. Gardense); deutsch?
Mayco. 9. Wg. tr. C. 242.

MAZ. Dieser stamm scheint entweder zu ahd. mez modus oder zu maz cibus zu gehören. Er findet sich in n. nie auslautend.
Mazo. 8. P. VIII, 730 (annalista Saxo); Laur. sec. 8 u. 9 (n. 375, 827); tr. W. c. a. 811 (n. 191).
Mazzo Lc. a. 1057 (n. 192) und von c. a. 1080 (n. 242).
Matzo Laur. sec. 8 (n. 3596); H. c. a. 1020 (n. 221).
Mezo St. P.
Mezo var. zu Ezo P. IV, B, 176 (Heinr. II pact.).
Nhd. Maas, Maass, Mass, Matz, Mess, Metz, Metze.

O. n. Mezinga, Mezzinbah, Mazoniuuilare.

Mezzi. 8. Mchb. sec. 8 (n. 13, 16 u. s. w.); R. a. 822 (n. 23); necr. Fuld. a. 1051.

Mazaka, fem. 11. Hf. c. a. 1040 (II, 167); Lc. a. 1054 (n. 190, zwml.).

Mazacha St. P. zwml.

Mazaba (so) necr. Fuld. a. 1010.

Mazzeka Hf. a. 1010 (II, 145).

Mazili. 9. M. B. sec. 11 (VI); St. P. zwml.

Mazil M. B. c. a. 1040 (XIII); Frek.

Macil Hd. m. S. a. 1068 (II, 89).

Mezli R. a. 821 (n. 21).

Nhd. Müssel, Metzel.

Mazola, fem. 8. St. P.

Mazelin. 10. Abt zu St. Peter in Salzburg sec. 11; b. v. Würzburg sec. 11.

Mazelin P. IV, B, 176 (Heinr. II pact.); IX, 451 (gest. episc. Camerac.); XI, 772 (ann. S. Rudberti Salisb.); St. P.

Macelin P. IX, 250 (Gundechar. lib. pontif. Eichstet.); St. P.

Matzilin P. VI, 365 (vit. Joh. Gorziens.).

Mazolin P. VI, 849 (Petr. Damian. vit. S. Romualdi).

Mascelin P. IX, 500 (gest. episc. Camerac.).

Mezelin Lc. c. a. 1080 (n. 242).

Maselin P. IX, 504 (gest. episc. Camerac.).

Mezcund, fem. 9. Mchb. sec. 9 (n. 339).

Mazhild, fem. 9. Gr. II, 896.

Mezhilda R. a. 821 (n. 21).

Mezhilt Gld. II, a, 125.

Mazolf. 8. Laur. sec. 8 (n. 2954).

Mezolf Mchb. sec. 8 (n. 165).

Macezil. 4. Bruder des Gildo. Hist. miscell. (Arcadius) var. Mascyzel, Mascezel, Mascelzet (so).

Derselbe Mascizel bei Amm., Μασκέλδηλος bei Zosim. V, 11.

Mecca, Mechard, Mechin s. MIC. **Mechthilt** s. MAHT. **Med-** s. MATH. **Meffrid** s. MATH. **Megalenzo** s. Wegalenzo. **Megeher** s. MAG. **Megen-** s. MAGAN. **Megi, Megihelm, Megilo** s. MAG. **Megin-** s. MAGAN. **Megitod, Megizo, Meguswind; Mehsuint** s. MAG.

Meigo. 9. St. P.; zu Maio?

Meilo s. MAG. **Mein-** s. MAGAN. **Meio** s. MAG. **Meizolf, Meizolt** s. MAIT. **Mellaricus, Mellarid, Mellatena, Mellovicus** s. MAL. **Melo** s. Milo. **Membrada, Memmo, Memo, Memuot** s. MIM. **Men-** s. MAGAN. **Mendicho** s. MAND. **Mengoz** s. MAGAN.

Menia, fem. 9. Pol. Irm. s. 47. Auf der vorhergehenden seite steht Memia.

Menimo. 9. Mchb. sec. 9 (n. 132). Mone heldens. s. 90 glaubt, Mimo, Memmo u. dgl. seien aus Menimo contrahirt; Menimo knüpft Mone s. 91 an den v. n. Manimi.

Mening. 8. Schn. a. 803.

Mennio s. MAN.

Mennisco (zu MAN). 9. Dr. n. 351.

Mennisgo Schn. a. 867 zwml.

Mennisgen Dr. c. a. 800 (Schn. ebds. Menninges).

Menold s. MAGAN.

Menovera, fem. 9. Pol. R. s. 52.

Mensuit s. MAGAN.

Meonat. 9. Dr. a. 838 (n. 508; Schn. ebds.).

Merila, Mero- s. MAR.

Mese, fem., wahrscheinlich ein mythischer n. P. V, 734 (Thietmari chron.).

Mesi. 10. P. VI, 406 (Gerhard. vit. S. Oudalr.).

Mesporo. 9. St. P. (im index steht Melporo).

Messinc, Gr. II, 875, viell. von Gr. fälschlich aus o. n. Messinga geschlossen.

Metensuind s. MATH.

Metting, Gr. II, 708, viell. von Gr. fälschlich aus o. n. Mettingen geschlossen.

Mezcund, Mezhild, Mezo, Mezolf s. MAZ.

Mia, fem. Gld. II, a, 125.

Miarold. 8. Laur. sec. 8 (n. 716).

Mierold Laur. sec. 8 (n. 436).

Mirolt s. MAUR.

Ich erinnere an altn. myr unzählige menge (μύριοι). Oder unmittelbar zu goth. miera ameise? vgl. Diefenbach goth. wb. II, 66.

MIC.

Die bedeutung muss gross sein; altn. miök magnopere, engl. much multum; mit suffix -l goth. mikils gross, ahd. mihil u. s. w.

Micca. 3. Vater des kaisers Maximinus. Jul. Capitol. Maximin.

Mecca Jorn.

Mecco Gld. II, a, 104.
Mechin. 11. Lc. a. 1045 (n. 181).
Michard. 11. M. B. a. 1090.
Mechard s. Eckehard (AG).

MID. Diesen stamm wage ich aufzustellen für solche n., die etwa zu goth. mizdô, ags. med, ahd. mieta praemium merces gehören. Doch sind die lautverhältnisse der folgenden n. eben so dunkel wie es die der genannten deutschen wörter und ihrer angehörigen sind. Auslautend in Kermit (10) und Ruadmid?
Mieto. 8. Schpf. a. 792 (n. 66).
Mitola, msc. 7. P. IX, 9 (Joh. chron. Venet.).
Mittola Paul. diac. V, 9.
Mizo. 11. Gld. II, a, 117.
Miezo Gud. a. 1028.
Mitbert (zt. unbest.) necr. Aug. Nur an der stelle 4. Kal. Oct. Ist viell. Hitbert zu lesen?
Mitthad. 9. Laur. sec. 9 (n. 216).
Mitiwan. 9. Ng. a. 826.

Mieto, Miezo s. MID.

MIL. Ein noch unerklärter stamm, vielleicht mit dem folgenden MILD etymologisch zusammengehörig. Oft liegt slavisches nahe; slav. Milorad ist dem sinne nach = ahd. Liuprat. Ob MIL auch auslautet? Etmilo ist unsicher; vergl. auch Isemilis (9).
Milo. 1. Sec. 1: ein Sigambrer. Sec. 10: b. v. Troyes; ep. Matiscon. Sec. 11: ein apulischer anführer; b. v. Benevent; ep. Pachanus; ep. Dervens.
Milo P. I, 468 (Hincm. Rem. ann.); II öfters; III, 426 (Kar. II capit.), 504 (Hloth. II capit.); IV, 52 (Heinr. IV constitut.); V oft; VI, 199 (panegyr. Bereng.), 351 (vit. Joh. Gorziens.), 764 (Thangmar. vit. Bernward.); VII, 12 (ann. Elnon.); VIII oft; X, 161 (gest. Trever.), 286, 342 etc. (Hugon. chron.); XI, 231 (chron. Benedictobur.); tr. W. a. 737 (Pd. nachtr. n. 58); Mab. a. 751; Ng. a. 760, 764, 786, 789, 817, 824, 863; pol. Irm. s. 110; St. P. mehrm.; Laur. mehrm.; Mchb. sec. 9 (n. 300); M. B. sec. 9 (VII, VIII, X); Wg. tr. C. 354, 458, 476; H. a. 870 (n. 107); Dr. c. a. 1050 (n. 758; Schn. ebds. Millo); Lc. a. 1052 (n. 188); Gud. a. 1074.
Milon (pro proximo suo M.) Wg. tr. C. 33.
Miloh Ng. a. 882 hieher?
Hiezu wol noch die formen:
Μέλων (sigambr. n.) Strabo. Grimm. gr. I (1822), s. 80 ist dafür *Μέλων* zu Milo zu setzen.
Melus P. IX öfters; XI, 241, 248 (gest. Robert. Wiscard.).
Mello P. II, 280 (gest. abbat. Fontan.).
Milis pol. Irm. s. 108 (vgl. Melismus pol. Irm. s. 198).
Vgl. Hiddo wegen Hiddimilo.
O. n. Milindorf, Milingen.
Mila, fem. 8. Laur. sec. 8 (n. 1915); Dr. sec. 10 (n. 693); Schn. a. 952.
Milike. 9. Ms. a. 1049 (n. 22).
Miluh Gr. II, 721 neben Miloh.
Miloh Ng. a. 882 (n. 531). Vgl. Milo.
Wenn Graff Miluh und Miloh zu miluh (lac) stellt, so vermag ich ihm darin nicht beizustimmen.
Nhd. Mielecke, Mielke, Milch, Milcke, Milich.
Milizzo. 8. Laur. sec. 8 (n. 782) neben Miliz.
Miliz Mchb. sec. 9 (n. 473).
Milizza, fem. 9. Mchb. sec. 9 (n. 857).
Milburch, fem. Gld. II, a, 125.
Ags. Milburg.
Milgart, fem. 9. H. a. 853 (n. 87).
Milgast. Gr. II, 719. Vielleicht meint Gr. den Milegast, der P. I, 210 (Einh. ann. a. 823) erwähnt wird, dessen n. indessen, als der eines königs der Wilzen, leicht slavisch sein kann.
Milehard. 7. A. S. Maj. II.
Nhd. Mielert.
Milrat. 9. Schn. a. 821; H. a. 853 (n. 87).
Miilrat (so) Dr. a. 824 (n. 429; Schn. ebds. Mulrat).

Mellaricus, Mellarid s. MAL.
Milesindis, fem. 10. Mab. a. 959; Guèr. a. 1037; pol. Irm. s. 49 (sec. 11).
Milesenda pol. Irm. s. 49 (sec. 11).
Milesendis pol. Irm. s. 50 (sec. 11).
Milessent pol. Irm. s. 50 (sec. 11).
Mildeo. 9. Necr. Fuld. a. 855.
Miltheo necr. Fuld. a. 875.

Mellatena, Mellovicus s. MAL.

MILD. Goth. milds, ahd. milti, nhd. mild. Radamildis (8) viell. verderbt. Vgl. auch altn. fem. Mildrīðr u. ags. Mildreda.

Mildeo s. MIL.

Milta, fem. Gr. II, 725.

Miltunc. 8. Mchb. sec. 8 (n. 97).

Mile- s. MIL.

-milf in Feumilfus (8) verderbt?

Milt- s. MILD. **Miluh** s. MIL.

MIM. Graff II, 728 weist bei den folgenden formen auf nord. mimir und auf griech. μῖμος, μιμώ, μιμέομαι; auch Mone heldens. s. 90 knüpft den stamm an mimir an; ähnlich Grimm mythol. 352. Eine etymologie von grösserer wahrscheinlichkeit lässt sich allerdings noch nicht auffinden. Grosser verwechselung ausgesetzt sind die mit Mim- und die mit Mun- beginnenden formen.

Mimo. 9. Necr. Aug.

Memo Frek.

Memmo St. P. zwml.; Mchb. sec. 8 u. 9 (n. 136, 214 u. sonst); R. a. 821 (n. 21).

Mima, fem. 8. Schn. a. 795.

Mimine (gen. fem.) tr. W. c. a. 800 (n. 33).

Mimilo. 10. M. B. a. 985 (XXVIII); St. P. zwml.

Miniul Lc. a. 1088 (n. 240) dürfte viell. Mimul zu lesen sein.

Nhd. Miemel.

Mimuni. 8. Ng. a. 779.

Mimidrud, fem. 9. Mchb. a. 846.

Mimigard in o. n. Mimigardefurd.

Mimihilt, fem. 8. Pd. a. 734 (n. 555); Laur. sec. 8 (n. 211).

Memuot, fem. 11. Mchb. sec. 11 (n. 1247); hieher?

Membrada, fem 9. Pol. R. s. 46; hieher?

Mimistain. 8. St. P. mehrm.

Mimistein necr. Aug.

Mimold. 9. Tr. W. sec. 8 od. 9 (n. 115).

MIN. Die folgenden n. mögen alle zu goth. man, munum gehören, einige vielleicht unmittelbar zu ahd. minna amor (etwa noch in der ältern bedeutung memoria). Den räthselhaften n. Diddeminum (8) erwähne ich hier nur der form wegen.

Minna, fem. 9. Dr. a. 870 (n. 607; Schn. ebds.).

Minia Hf. a. 989 (I, 530).

Mina Gld. II, a, 125.

Minigo. 9. Mchb. sec. 9 (n. 429).

Minigo neben Munigo Mchb. sec. 9 (n. 532).

Miniul s. Mimilo.

Minnona, fem. 9. St. P.

Minegis. 11. Lc. a. 1088 (n. 240).

Minard. 11. Pol. Irm. s. 49 (sec. 11).

Minolach. 8. Laur. sec. 8 (n. 850).

Minrich. 8. Laur. sec. 8 u. 9 (n. 352, 680).

Minsuind, fem. 8. Laur. sec. 8 (n. 541).

Minulf. 7. Paul. diac. IV, 3.

Miorold s. MAUR. **Mirisuid, Miriza, Mirllub** s. MAR.

Miro. 6. Suevenkg. in Spanien sec. 6. B. v. Coimbra sec. 7. Ep. Gerundens. sec. 7.

Miro P. VIII, 319 (Sigebert. chron.); conc. Tolet. a. 683, 688; Joh. Biclar. (E. s. VI, 384); Mab. a. 803.

Mirus conc. Tolet. a. 693.

Miro neben Mirus Greg. Tur. V, 42; VI, 43.

Misa, fem. 8. Mchb. sec. 8 (n. 19).

-misi in Fraumisi (9).

Mistila, fem. 9. Schn. a. 839. Weinhold d. dtsch. frauen s. 14 erinnert bei Mistila an die walkyrie Mist (nebel). Doch ist zu bemerken, dass Dr. n. 525 für Mistila vielmehr Mutila liest und daher Mistila, wenn anders Weinhold den n. nur aus dieser stelle kennt, auf einem irrthum zu beruhen scheint.

Mit- s. MID.

Mivildis, fem. 9. Pol. R. s. 53.

Mivo. 9. Pol. R. s. 53 zwml.

Mizo s. MID.

MOD. Zu ahd. môt (mens, muth) gehörig ist dieser stamm seit sec. 4, mehr am ende als am anfange, ersteres bei msc. und fem. gebräuchlich. In den trad. Corb. findet sich der stamm anlautend niemals. Eine verwechselung mit MUND ist möglich, wenn das n nach alts. weise ausfällt.

Auslautendes MOD kenne ich in folgenden 103 n., unter denen ich aber das numerische verhältnis der masc. zu den fem. nicht anzugeben vermag, da manche dieser formen bald dem einen bald dem andern geschlecht angehören:

Agemod.	Fruimot 8.	Ratmot 9.
Achilmuht 8.	Fretmod 8.	Ragnemod 6.
Einmot 9.	Folmuot 8.	Rausimod 4.
Alamoth 6.	Geilmot 8.	Rihmot 8.
Alchmod 8.	Germod 8.	Rosemud 6.
Ellimuot 9.	Gisalmuot 9.	Salmuot 9.
Alljanmot 8.	Glismot 9.	Sigimot 8.
Elismot 8.	Crosmuat 8.	Sinmot 8.
Anamot 8.	Gruonmuot.	Snelmuot 8.
Angilmod 9.	Hagmocdis? 9.	Starhmot 9.
Angelmoda 10.	Halmuot 9.	Stillimot 9.
Ansmod 9.	Harcmot 9.	Swidmot 8.
Arnmot 9.	Hardmod 9.	Diomuod 9.
Adalmod 8.	Harimot 8.	Theudemod 6.
Adalmoda 9.	Haasmot 9.	Trosamuat 9.
Baldmuot 8.	Hathumot 9.	Thurmod 9.
Pazmuot.	Hildemodus 6.	Ummuot 10.
Bermod 8.	Hildimoda 8.	Wahmut 9.
Perahmod 8.	Holomot 9.	Wahsmut.
Bebrimod 6.	Horsemuat 9.	Wefmot 8.
Bilimot 8.	Hrodmot 9.	Wandelmoda 7.
Bismod 8.	Hucimot 9.	Warmut 9.
Blidmot 9.	Hugimot 9.	Wernmot 9.
Blidmoda 11.	Hwasmot 8.	Wasmot 9.
Blismodis 10.	Ilimot 9.	Welamot 8.
Talamot 8.	Leidmuot 8.	Werdmot 9.
Dismot 8.	Letmodis 9.	Wigimuot 9.
Ebirmuot 6.	Lihtmoht 9.	Willimot 8.
Erchanmot 9.	Liupmot 8.	Vismuot.
Famoth.	Liutmod 9.	Wolamot 8.
Faramod 6.	Loamod 6.	Vudamot? 9.
Fastmot 9.	Maismod.	Valdromod.
Frahamot 8.	Memuot 11.	Zeitmuat.
Filomuot 9.	Nidmuot 9.	
Finmont.	Odilmot 8.	

Mot. 8. Dr. a. 822 (n. 402; Schn. ebds.).
Muato Gld. II, a, 104.
Muodo Laur. sec. 8 (n. 875).
Nhd. Mode, Muth.

Moda, fem. 6. Laur. mehrm.
Mota Laur. sec. 9 (n. 199).
Moata Gld. II, a, 125.
Muata Mchb. sec. 9 (n. 704).
Muota M. B. sec. 11 (VI).
Muta Pd. a. 583 (n. 118).
Muoten (gen.) Dr. sec. 8 (Schn. ebds. Mouten).
Muotanae (gen.) Dr. c. a. 840 (n. 539).

Motilo. 8. St. P. zwml.
Nhd. Model, Müdel.
O. n. Mutilingun.

Mutila, fem. 7. Schn. a. 837; Dr. a. 839 (n. 525; Schn. ebds. Mistila).
Mudilane test. Erm.
Motilane (nom.) Laur. sec. 8 (n. 1186).

Moatin. 8. Ng. a. 786, 804.
Muatin K. a. 791 (n. 39; Ng. ebds.).
Muotine und Moutine Gld. II, a, 125.
O. n. Muotinesheim.

Modenana (abl. fem.). 7. Pd. a. 642 (n. 300).

Muoduni. 8. Tr. W. a. 711 (n. 169 u. Pd. nchtr. n. 18).

Mozo. 8. Laur. sec. 8 (n. 2584).
Muazo K. a. 870 (n. 146; Ng. ebds.).
Muozo P. II, 153 f. (cas. S. Galli); Ng. a. 883.
Nhd. Muss, Mutze, Mütze.

Muoza, fem. 9. St. P.
Myoza Gld. II, a, 126.
Weinhold d. dtsch. frauen s. 17 stellt diesen n. zu muoza musse.

Muezil. 11. St. P.
Nhd. Mützel, Mützell, Mitzel, Muzel.

Mutbraht. 9. Schn. a. 817.

Motberga, fem. 8. Pol. Irm. s. 120.

Muotpurc, fem. 9. Mchb. sec. 9 (n. 758).

Moatflat, fem. 9. Mchb. sec. 9 (n. 474).

Muotfrid. Gld. II, a, 104.

Moatker. 9. Mchb. sec. 9 (n. 495).

Muotgis. Gld. II, a, 104.

Modigisil. 4. Frkenkg. sec. 4; b. v. Tours s. 7.
Modigisil P. VIII, 302, 306 (Sigebert. chron.).
Modegisil conc. Rem. c. a. 630.
Modeghiselus Pd. a. 615, 693 (n. 230, 431).
Μοδίγισκλος Theoph.
Modigisclus P. VIII, 135 (Ekkeh. chron. univers.).
Modogisclus hist. misc. 14.

Modighislenus. 7. Mab. a. 693.

Muotcund, fem. 9. Mchb. sec. 9 (n. 638).
Altn. Modguðr.

Moathart. 9. Mchb. sec. 9 (n. 640).
Nhd. Motard.

Mothar. 8. Ng. a. 752; Gud. a. 909.
Mothere Laur. sec. 8 (n. 11)
Motheri M. B. a. 822 (VIII); St. P.
Mother Laur. sec. 8 (n. 497).

Motar tr. W. a. 774 (n. 63); H. a. 919 (n. 136), 923 (n. 145) etc.; Gud. a. 926.
Moter St. P.; H. a. 923 (n. 145).
Modar Ms. a. 1049 (n. 21 u. 22).
Moterane (abl. fem.) K. a. 772 (n. 14).
Moathar Ng. a. 819.
Moather Ng. a. 804.
Muathar tr. W. c. a. 780 (n. 56).
Muatheri Gld. II, a, 104.
Muather K. a. 764 (n. 9); Ng. a. 793, 826.
Muotar H. a. 909 (n. 136).
Muotheri Schn. a. 817.
Muotere Ng. a. 917.
Muther Laur. mehrm.
Mouthere Gld. II, a, 104.
Mouther Schn. a. 793 (n. 180) neben Muother.

Wenn wirklich das ahd. moter, mutter zuweilen als femininer n. vorkommt, so scheint die sonderung desselben von dem hier vorliegenden n. fast unmöglich, da in sehr vielen fällen nicht angegeben ist, ob wir ein msc. oder fem. vor uns haben.

Nhd. Moder, Müther.

Moathelm. 8. Ng. u. K. a. 769, 773.
Muathelm Ng. a. 854.
Muothelm Schn. a. 817.

Muothilt, fem. 9. Mchb. sec. 9 (n. 621).

Moderannus. 8. Pd. a. 746 (n. 587).

Muotlaug. 9. Schn. a. 817; Dr. n. 356.

Motliup. 9. Mchb. sec. 9 (n. 654).
Muodliup St. P.
Muotliup Mchb. sec. 10 (n. 1018).
Muotlieb Schn. a. 842.

Moderich. 8. P. II, 309, 313 (dom. Carol. geneal.); pol. Irm. s. 209, 220.
Mudrich Lgd. a. 862 (I, n. 87).

Vgl. Vindrig.

Nhd. Mudrich, Muthreich, Müttrich.
O. n. Modriking.

Modericha, fem. 11. Lc. a. 1083 (n. 234).

Modorosena, fem. 6. Pd. a. 533 (n. 118, 119).

Muotswind, fem. 8. Mchb. sec. 9 (n. 758).
Muotsuind Laur. sec. 8 (n. 602).
Modsuit P. II, 416 (vit. S. Liudgeri) mit var. Notsuit; falsch Noitsius.

Muatdanc. 8. Ng. a. 744.

Modoald. 7. B. v. Trier sec. 7; b. v. Langres sec. 7.
Modoald P. VI, 11 (ann. Laubiens.); VIII, 324 (Sigebert. chron.); IX, 408 (gest. episc. Camerac.); brief des bischofs Desiderius v. Cahors v. 630 bei H. und urk. v. 633 ebds.; conc. Rem. a. 630; G. a. 895 (n. 7); A. S. Maj. III.
Modowald P. X, 160 (gest. Trever.).
Muatolt Ng. a. 835.
Muotolt Ng. a. 828.

Motwin. 9. B. v. Autun sec. 9. P. III, 177 (Kar. M. capit.); Eckh. Franc. orient.
Modoin P. I, 426 (ann. Bertin.); III, 370 (Hlud. I capit.); synod. Lugdun. a. 830.
Muatwin Ng. a. 843.
O. n. Muotwinesheim, Moduinouilare.

Modulf. 8. Laur. sec. 8 (n. 1681).
Muatolf Laur. sec. 8 (n. 695).
Mutolf Laur. sec. 9 (n. 445, 478).

Zusammensetzung mit erweitertem stamm:

Modalbert. 8. Ng. a. 790.

Moimar. 9. M. I und II, mährische fürsten sec. 9 (deutsch?).
Moimar Mchb. sec. 9 u. 11 (z. b. n. 1172).
Mogmar Mchb. sec. 9 (n. 591).

Moncola, msc. 9 (deutsch?). P. V, 515 f. (chron. Salern.).

-monius, -monia: Austremonius (6?) Austremonia (9).

Monoald s. MUN. **Monogold** s. Manogold. **Montrannus** s. MUND. **Monvindis** s. Muniswind.

Mor-. Die meisten so beginnenden n. s. unter MAUR. Auf -mor zu enden scheinen zwar Anamor (10), Ademora (6), Ratmor (9), doch sind hier vielleicht verderbte lesarten für -mar oder -mot anzunehmen.

Morsen (so). 9. K. a. 853 (n. 120); Mchb. sec. 9 (n. 700).

Morto, Gr. II, 856; viell. von Gr. nur aus Mortenoua geschlossen.

-mos in Hiermos (8).

Mucuruna, fem. 5. Tochter des Burgundenkgs. Chilperich. Greg. Tur. II, 28. Vgl. GRON.

Mulrat s. Milrat.

MUM.

Ich kann hier nur mehrere deutlich zusammengehörende n. vereinen, muss aber die weitere aufhellung derselben der zukunft überlassen.

Mummin, fem. 7. Pd. a. 694 (n. 432); pol. R. s. 103.
Mumma tr. W. a. 724 (Pd. nchtr. n. 48).
Mummulus. 6. B. v. Langres sec. 6; b. v. Cordova sec. 7.
Mummulus Paul. diac. III, 4 f.
Mummolus P. X, 322 (Hugon. chron.); Pd. a. 633, 636 (n. 264, 276); conc. Matiscon. a. 581, 585; test. Erm.; Greg. Tur. öfters; Fredegar.
Mumolus P. IX, 180 (Heriger. gest. episc. Leod.).
Mummolus (var. Nummolus) d. Ch. I, 884.
Mommolus (var. Mumulus) conc. Tolet. a. 683.
Nhd. Mühmel.
Mummola, fem. 7. Pd. a. 670 (n. 361).
Mummolenus. 7. Mab. a. 670; Ng. a. 661; Greg. Tur. VI, 45; X, 2; Venant. Fortun.
Mommolin Pd. a. 648 (n. 312).
Mumuleuus d. Ch. I, 677.
Momolenus Pd. a. 659 (n. 335).
Nummolenus Pd. a. 667 (n. 358) soll wol Mummolenus heissen.

MUN.

Ein nicht besonders häufiger, nur anlautend gebrauchter stamm, der sich über mehrere dialecte, namentlich die süddeutschen verbreitet; als sächsisch scheint er nicht vorzukommen. Grimm gr. II, 471 knüpft ihn an altn. munr (voluptas), alts. munilic (amabilis); vergl. auch goth. munan denken, wollen, muns gedanke, wille.

Muno. 8. Mchb. sec. 8 (n. 95).
Munio und Munius öfters in d. concilien; dsgl. E. s. III, 430 (hist. Compostell.); Lgd. a. 875 (I, n. 101).
O. n. Muninga, Munipah, Munenberg, Munnenheim.
Muning. 8. Ng. a. 744, 822; Pd. n. 578.
Muninc Ng. a. 744, 845.
Muninch Ng. a. 869, 888.
Munink Ng. a. 822.
Munhing Ng. a. 787.
Muniperht. 8. Mchb. sec. 8 u. 9 (n. 33 u. 655).
O. n. Muniperteshofun.
Monechrude, fem. 7. Test. Erm., wol für Monethrude. Dass der n. zu unserm stamm gehört, geht daraus hervor, dass der bruder dieser frau Munegisil heisst.
Munifrid. 8. Ng. a. 744; tr. W. c. a. 750 (n. 188).
Munifred Gld. II, a, 117.
Munefrid tr. W. a. 711 (n. 169).
Mumfrid necr. Aug. (oder ist Munifrid zu lesen?).
O. n. Munifridesheim, Monefridouilla.
Monefons. 7. Ep. Egitaniens. (in Spanien). Conc. Tolet. a. 683, 688.
Muniger. 9. Mchb. sec. 9 (n. 723).
Munigis. 8. Schn. a. 800; St. P. zwml.
Munichis Paul. diac. VI, 24.
O. n. Munigisingun.
Munegisil. 7. Test. Erm. neben Monegisel.
Munigo s. Minigo.
Munigund, fem. 7. Gld. II, a, 125.
Monegundis Pd. a. 697 (n. 443; unecht); A. S. Jan. II.
Munihari. 6. St. P.
Monachar Pd. a. 533 (n. 119). Derselbe heisst Manachar ebds. n. 118.
Nhd. Münner. O. n. Muneheresdorf.
Munihelm. Gr. IV, 845.
Munihilt, fem. 7. Laur. sec. 8 (n. 987).
Monechilde test. Erm.
Munimund. 7. Gr. II, 779.
Munemund Pd. a. 653 (n. 320; M. ebds. n. 55).
Munrich. 9. Ng. a. 854.
O. n. Munirihhinga, Munirichestat.
Munisind, fem. Gld. II, a, 125.
Muniswind, fem. 8. Laur. sec. 9 (n. 25).
Munisuint Laur. sec. 8 (n. 2674).
Monvindis pol. R. s. 46 hieher?
Munuald. 8. Conc. Roman. a. 743.
Monoald P. III, 256 (Hlud. et Hloth. capit.).
Dieselbe person scheint sonst Manegold zu heissen.
Monald (b. v. Rimini sec. 11) conc. Roman. a. 1029 u. 1037.
Munulf. 6. P. IX, 176 (Heriger. gest. episc. Leod.), 191 (Anselm. gest. episc. Leod.).
Munolf necr. Fuld. a. 812.
Monulf P. IX, 488 (gest. episc. Camerac.); Pd. a. 533 (n. 118, 119).
Monulph A. S. Maj. III.
Muniholf R. a. 810 (n. 15).
O. n. Munolvingas.

MUND. Dieser schon seit sec 3 in n. gebräuchliche stamm erscheint meistens nur am wortende und ist wol über alle deutschen stämme verbreitet. Früher hielt man MUND für gleichbedeutend mit MAN, an welcher vermischung vielleicht die unter MAND erwähnten formen hauptsächlich schuld haben. Am besten scheint sich der bedeutung nach als etymon dieses stammes ahd. munt schutz zu eignen, wenigstens mehr als mund mund und munt hand. Smaragdus (sec. 9) übersetzte schon mund mit os: Wilmunt — volens buca; Rigmunt — potens buca; Ratmunt — consilium oris.

Verwechselung mit MOD ist nur in den dialecten möglich, welche n vor d elidiren und den vorhergehenden vocal verlängern (vgl. -suid zu SWIND).

Auslautendes MUND in folgenden 149 n., worunter nur fünf feminina:

Agimund 9. Agilimund 4. Alamunt. Alhmunt 8. Alanowamuth 5. Altmund 9. Ellanmunt 9. Autmund 8. Angelmund 8. Ansemund 6. Osmundis 11. Aramund 8. Erpmund 10. Argemut 6. Ademunt 6. Adalmund 8. Audemund 7. Olomund 9. Aunemund 7. Ostremund 6. Baldmunt 8. Balsmund 8. Baudemund 7. Bazmunt 9. Berimund 5. Berahtmunt 8. Pilimunt 8. Blidemund 7. Bliumunt 9. Bliuwarmund 10.

Chinemund 7. Chunimund 5. Clarmunt 9. Dagamund 9. Drudmunt 8. Dructimund 7. Droitmund 8. Eburmunt 8. Eemund 9. Elemund 6. Erlemund 8. Eumund 7. Faramund 5. Fastmunt 9. Ferahmund 8. Philimuth 6. Framund 8. Franemund 7. Frowimund 9. Fromundis 11. Frimunt. Fridamund 5. Frotmund 8. Folcmund 8. Gebamund 6. Keltmunt. Geusimund 6. Garimund 7. Ghirlamund 8. Gaudemund 7.

Geunimunt? 9. Gimmund 8. Gisemund 8. Kisalmund 7. Glaumunt 8. Codemund 9. Goismund 10. Grimund 9. Gunthamund 5. Gusimund? 9. Habmunt 9. Hachmunt 8. Hahmund 8. Heilmunt 8. Halagmund 9. Haimund 8. Helidmund 8. Hartomund 3. Charimund 5. Hadamund 8. Helmunt 10. Hiltimunt 3. Holemund 7. Rannemund 7. Hrodmund 7. Hugimund 8. Hunimund 5. Husimunt. Immunt 8. Hymnemond 6.

Irmunt 8. Isimund 10. Hiselmund 9. Lantmunt 8. Liumunt. Liutmund 6. Lunimunt 9. Munemund 7. Nordmunt 9. Odalmunt 8. Radmund 7. Radelmund 9. Raginmund 6. Raimundia 7. Restemund 8. Rihmund 7. Rihtmunt 9. Remismund 5. Rosamunda 6. Sahsmunt.

Saramund 8. Scaramunt. Sigimund 5. Sigismund 6. Sisemund 6. Sodilmunt 9. Sneidmund 8. Suamunt. Tanimund 9. Taltimuth 6. Theganmunt 9. Dingmund 8. Thiomunt 9. Teudemund 7. Theudemunda 8. Thrasamunt 5. Ulimund? 6. Unemund 7. Wachmund? 8. Walamunt 8.

Waltimunt 8. Wanmunt. Warimund 7. Welamunt 9. Wistrimund 6. Werdmunt 9. Wirmund 11. Wigmunt 9. Willimund 8. Winimund 6. Winitmund 6. Wizmunt 8. Wolamunt 9. Wolfmund 8. Wolfirmunt 9. Vunemunt. Vuschmund 9. Zeizmunt 9. Zilimund 9.

Mundo. 6. Jorn. 58; St. P.

Mundus P. VIII, 140 (Ekkeh. chron. univers.).

Munt Gr. II, 814.

Nhd. Mund, Münde, Mundt.

Muntih, Gr. II, 814, wol von Gr. nur aus o. n. Mundichingen geschlossen.

Muntito (so) 9. St. P. Für Muntilo?

Munzito (so). 9. St. P. Für Munzilo?

Mundilas. 6.

Μουνδίλας bei Proc. ist wol deutsch.

O. n. Muntelingun.

Muntinc, Gr. II, 814; von Gr. wol nur aus o. n. Muntinchova geschlossen.

Nhd. Munding.

Mundofaeda, fem. 6. Pd. a. 572 (n. 178).

Munthelm. Gr. IV. 845.

Montrannus. 8. Pol. Irm. s. 78.

Munderich. 4. Amm. Marc.; Greg. Tur. III, 14.

Monderich Greg. Tur. V, 5.

Nhd. Munderich.

O. n. Munthariheshuntari.

Mundoald. Gr. I, 813.

Ob es wirklich einen solchen n. giebt? Es ist vorsicht nöthig, um ihn dann nicht mit dem appellativum mundoald (tutor) zu verwechseln, was an einigen stellen langobardischer urkk. wirklich schwierig ist.

Muoza, Muozo s. MOD.

Murailp. 8. Schpf. a. 792 (n. 66); muss verderbt sein.

Murcrat. Gr. II, 463, 852. Vgl. Murgio Mur. 1917, 1.

Murtuuin. 9. Dr. a. 859 (n. 576; Schn. ebds.).

Musugauo. 9. Gld. II, a, 104.

Musgo Dr. a. 826 (n. 465; Schn. ebds.).

Musco P. V, 513 (chron. Salernit.) hieher?

Musula, fem. 8. St. P.

Myoza s. MOD.

Mysach s. Mathelin. Der wahrscheinlich undeutsche n. Mysach oder Mysac findet sich bei P. X von zwei verschiedenen personen gebraucht.

Mysin. 9. St. P.; deutsch?

N.

Lautliche verhältnisse sind beim N besonders zu bemerken:

1) sein wechsel mit M, worüber man letzteres nachsehe;

2) sein ausfall vor dentalen in einigen mundarten; vgl. z. b. die stämme MUND, SAD, SID;

3) das abwerfen eines anlautenden H vor N, welches aber bei weitem weniger häufig ist und geringere schwierigkeiten macht als ursprüngliches Hl und Hr.

-n, suffix. L und N sind nicht allein bei weitem die beiden gewöhnlichsten, wie in der übrigen sprache so auch in den n. erscheinenden suffixe, sondern es waltet auch in der verwendung beider eine so grosse ähnlichkeit, dass es oft nur phonetische rücksichten sind, welche die sprache zur wahl der einen oder der andern endung bestimmten. Ich werde mich daher in der folgenden darstellung und sammlung der hieher gehörenden erscheinungen dem entsprechenden artikel im anfange des buchstaben L so weit wie möglich anschliessen. Demgemäss betrachten wir zuerst das einfache an primitive namen angehängte suffix. Dasselbe nimmt nach dem vorhergehenden und dem folgenden vocale sehr verschiedene gestalten an. Um einerseits nicht die ungeheure anzahl von formen ganz ungesondert zu lassen, andrerseits aber auch mich nicht einer scheidung zu unterfangen, für die unsere kenntnis der betreffenden verhältnisse noch nicht reif ist, begnüge ich mich, die ganze masse in zwei theile zu zerlegen:

1) die formen -an und -in (woran ich die selteneren mit vorhergehendem e und o anschliesse). Ich verzeichne hier 246 formen, deren älteste bis in das 5. jhd. hinaufreichen:

Eckan 11.	Badin 11.	Punin 8.
Aglina 8.	Baithanus? 8.	Burdin 11.
Allin 8.	Baldin 11.	Celsina 9.
Altanus 8.	Baldani 9.	Chagan 8.
Aldini 8.	Bladin 8.	Chunsena 6.
Altana 8.	Polgan 8.	Chunchirin 7.
Aldina 8.	Bammin 9.	Cramana 9.
Alfan 10.	Bardin 8.	Dagano 7.
Albin 9.	Basinus 5.	Dagena 8.
Albina 9.	Basina 5.	Dagininus 11.
Aljni 8.	Baudin 6.	Thailina 11.
Amalin 9.	Bertin 7.	Dodin 8.
Amelina 11.	Bertina 8.	Dodina 8.
Anstinus 9.	Bertana 7.	Dramnus 8
Erbona? 8.	Pipin 7.	Trabini 9.
Adilin 7.	Biuin 10.	Trutin 9.
Adalina 8.	Bisin 5.	Trudina 8.
Autan 8.	Blidina 8.	Dubanus 8.
Audin 7.	Bobin 6.	Iburin 8.
Audina 8.	Beiarin 8.	Erlin 8.
Aurillan 8.	Pornin.	Eodin 7.
Orein 11.	Braudanus 11.	Evin 7.
Austrin 6.	Bransin 10.	Felhin.
Avan 9.	Brestin.	Farnus 7.
Awin 8.	Brunin.	Farana 8.
Padan 9.	Buchin 7.	Findan.

Flesin.
Flurino.
Freidin 9.
Freigin 9.
Framnus 8.
Franchin 8.
Frantanes 5.
Frowin 8.
Fresin 8.
Friccan 8.
Frekin 9.
Fridin 9.
Frodin 8.
Frudina 8.
Frumino 9.
Folchini 9.
Funtan.
Gebino 8.
Katan 9.
Gailin 8.
Coldin 9.
Gallana 9.
Gandin.
Garino 7.
Gardin 11.
Gestin 9.
Gaudin 8.
Gaudina 8.
Gawin 8.
Gaugin 8.
Gaugina 8.
Gillin 9.
Ginnana 8.
Gislin 7.
Godino 7.
Gotini 9.
Godina 8.
Gundin 7.
Chunzin.
Hebino.
Heidin 9.
Haimin 9.
Helidin 8.
Hemenus 9.
Hanetini 9.
Hardini 8.
Airin 8.
Hassino 8.
Hattin 8.
Hadina 9.
Helminus 9
Hitin.
Hildin 8.
Hillin 9.
Helfenus 8.
Hlungan 9.
Hozin 6.
Horin 9.
Horskini 9.
Chramnino 7.
Hratan 8.
Hrepin 8.
Hrodin 6.
Hrodina 9.
Ruozin 11.
Romenus? 9.
Hullin.
Wilpinus.
Iwina 8.
Idinus 8.
Idina 8.
Ilina 8.
Imino 8.
Immina 8.
Ingina 8.
Incrinus 7.
Isinus 8.
Jordanes? 5.
Jordana 8.
Jungan 9.
Leibin 9.
Lantine.
Landina 8.
Lancenna 11.
Ladini 9.
Ladinno 9.
Ladina 8.
Listin.
Liupin 6.
Liubine 9.
Liubona 9.
Liudan 9.
Liudin 7.
Lobini.
Mahtino 11.
Mairinus 8.
Marinus?
Massana 6.
Medana 9.
Morinô 8.
Mechin 11.
Moatin 8.
Modenana 7.
Mysin 9.
Nendine.
Coman 8.
Ratin 9.
Raitin.
Rautin.
Rehan? 8.
Resino 11.
Riutine.
Rosanna 8.
Rosianno 9.
Sachano.
Sahsinna 9.
Salvan 9.
Scherfin 9.
Scorannus 9.
Sindini.
Stillina.
Sunin 9.
Swapin 8.
Swedin.
Dadan 8.
Thanchini 9.
Thetzona? 9.
Tichhan 9.
Thingine.
Teudin 8.
Theudan 5.
Tundan 9.
Thuringin 8.
Uhhana 9.
Ultan 7.
Unan 9.
Ursino 7.
Vagan 8.
Vatin 9.
Vaiarin 9.
Walchin 8.
Walahinna 9.
Walan.
Waldin 8.
Waldina 8.
Wanino 8.
Wanzino.
Werpinus 6.
Wirdin.
Wibinus 8.
Widin 6.
Willin 11.
Vinino 9.
Winidin 9.
Vivanes 10.
Wordannus.
Wotan 9.
Vulfin 6.
Ulfina 8.
Vussin 9.
Zaigina 9.
Zazan 9.
Ceizan 9.
Zewina 9.
Zilina 8.
Zotan 8.
Zullini.
Zuppin 10.

Diese formen werden künftig in zwei freilich sehr in einander übergehende hauptmassen zu zerlegen sein, in die mit vorgehendem a und in die mit i, worunter die mit e wol alle, vielleicht auch die wenigen mit o unterzuordnen sind. Aus denen mit -an werden ferner diejenigen als eine besondere klasse auszusondern sein, welche part. perf. pass. sind, aus denen mit -in müssen dagegen diejenigen ausgeschieden werden, bei denen das femininalsuffix -inna anzunehmen ist. Ich bemerke noch berührungen der form -in mit dem stamme WIN und der form -ni mit dem stamme NIW, welche man nachsehe; ferner falsche lesarten -ini für -inc und umgekehrt.

2) Die form -un, welche sich von den andern gestalten leichter sondern lässt. Sie erscheint vorzugsweise in Süddeutschland und zwar namentlich als -uni. Ich kenne folgende 100 bildungen dieser art, von denen die ältesten sich im 7. jhdrt. nachweisen lassen:

Affuni 9.
Alhuni 8.
Altuni 8.
Albuni 8.
Eliuni 9.
Amaluni 8.
Antuni 8.
Anduna 9.
Ansuni 8.
Erphuni 8.
Adaluni 9.
Aotuni 7.
Bettuni 7.
Balduni 8.
Pasun 8.
Pazzuni 8.
Peruni 9.
Perhtuni 8.
Puantun 8.
Teoruni 9.
Dorfuni 8.
Dhruduni 9.
Truhtuni 9.
Drusun 11.
Eboruni 8.
Erluni 8.
Fatuni 9.
Fastun 8.
Freudun 8.
Fricguni 8.
Friduni 9.
Fruatuni 8.
Folchuni 9.
Kepuni 8.
Geluni 8.
Gelduni.
Keruni 8.
Kastuna 8.
Cozzuni 8.
Cotuni 9.
Crimuni 8.
Gunduni 9.
Hahuni 8.
Aittuni 9.
Haimuni 8.
Haiuni 8.
Haliduni 8.
Hemmun 9.
Hantuni 8.
Harduni 8.
Eruni 8.
Aruduni 9.
Helmuni 8.
Hittuni 8.
Hilduni 8.
Helzuni 8.
Haohuni 8.
Horscuni 8.
Hringuni 8.
Hroduni 8.
Hruadun 9.
Induni.
Leibuni 8.

Lepuni 8. Raduni 8. Theoduni 8.
Linguni 10. Raitun 8. Drasuno? 9.
Liupuni 8. Riphuni 8. Walchuni 8.
Liuduni 8. Scaftuni 8. Waltun 9.
Liutuna 9. Siguni 9. Wermuni 8.
Mahtuni 9. Siduni 8. Wirdun 8.
Marchuni 8. Sumuni 9. Wilun 9.
Mimuni 8. Steiguni. Wisun 9.
Muoduni 8. Suidun. Wolfuni 9.
Nabuni 9. Tassuni. Wonadun? 8.
Norduni 8. Tasguni 8. Zawuni 9.
Offuni 8. Dinguni 9. Zeizuni 9.
Ortuni 9.

Noch ist zu erwähnen, dass -uni und -un leichter graphischer verwechselung sowol mit -unc als mit -uiu und, wenn sie feminina sind, mit -niu unterliegen. Was aber das schlimmste ist, ist der umstand, dass alle diese formen auf -uni, -une, -un sich besonders häufig in solchen urkunden finden, in denen die lateinische declination in verwirrung gerathen ist und entweder das thema oder eine dem thema nahe liegende form nach romanischer weise die verschiedensten casus vertreten muss. Da nun anerkannter weise in solchen quellen nominative auf -o genitive und ablative auf -uni, -une, -iu, -en und dgl. bilden, so ist umgekehrt, besonders in genitivischen zeugenunterschriften, durchaus nicht jede form auf -uni ein beweis für einen nominativ auf -uni, sondern sie kann eben so gut einem nom. auf -o entsprossen sein.

So weit von den einfachen suffixen mit N. Nun ist aber das N grade seines fügsamen lautes wegen besonders geeignet mit andern endungen vereint zusammengesetzte suffixe zu bilden. Wir haben am anfange des buchstaben C das suffix -kin = K + N, am anfange des L das suffix -lin = L + N in namen kennen gelernt; hier muss ich noch ein drittes suffix der art, N + Z (denn ein sächsisches n + t scheint ihm kaum zu entsprechen) zur nähern betrachtung vorlegen. Ich kenne es in folgenden 27 nicht über das 8. jhd. hinaufreichenden bildungen:

Abinzo. Gaurentius? 9. Morinzo 11.
Alunzo. Chotenza. Ratinza 9.
Cholensus. Liubinze 10. Restencius? 8.
Custanzo 9. Lopenzo 9. Ribinzo.
Tubinso 8. Lorenzo 9. Skarenza 9.
Fahentz. Lorenza 9. Slonganzo.
Kaginzo. Magalenzo 9. Subarenzo 8.
Swolinzo. Uwunzo 10. Wegalenzo 9.
Theginzo 10. Werinzo 10. Wihenzo 11.

Das loser verknüpfte suffix z + n siehe unter Z.

Ferner begegnet nun N auch (wie L) als verlängerung des ersten theils zusammengesetzter n. Ich führe zuerst folgende einzelne beispiele dieser art an:

Actenildis 8. Fragenger 9. Lirnunc 9.
Agleuildis 8. Frendonildis 8. Leodening 9.
Aldenildis 8. Fraunehildis 8. Luteringer 9.
Alfinger 9. Frowinlint 9. Malchenolf 9.
Erfinrich 9. Givengildis 9. Malnifred 10.
Erbenold 8. Givengardis 9. Mananrat.
Audimbert 7. Gerembold 9. Meringaud 10.
Audenildis 8. Gerimfrid 9. Marcanberga 8.
Oranolf 8. Jozsenulf 9. Marnehar 7.
Awanpurc 9. Gorinlaith. Masembold 8.
Auwanildis 9. Gidenold 8. Madanildis 8.
Bathanar 5. Gyslenteus 9. Metensuind 8.
Badanolf 8. Godenard 8. Madanulf 8.
Pandinolf 9. Cotanwiha. Maorinzan 8.
Bertingaud 8. Godenulf 8. Nirinpret.
Bertenildis 8. Guginhart 11. Nivanheri 9.
Bodenolf 11. Chuchinad 9. Nurnhari 8.
Cristemberga 8. Hebenolt 9. Rigembert 9.
Cristingaud 8. Hapinolf 9. Samanildis 8.
Colamfrid 8. Halinard 11. Samanolt 9.
Domnolin 10. Hechanperht 9. Sisintrudis 7.
Domnivert 10. Hildenold 9. Sisinulf?
Domingaud 9. Himinard 10. Stragunar? 9.
Domnehildis 8. Hiranhart 8. Taranhart.
Droctengardus 8. Hrodingindis 9. Tarchinat 8.
Ehanfrid 8. Hrodingaud 9. Urnulf 8.
Ehinolf 9. Huginbald 9. Ursinat.
Arlembald. Indemperga 10. Wahaninc 8.
Erlenteus 8. Josemberga 10. Weltinswind 9.
Farnoin 8. Jugenprand 9. Wertinpraht 9.
Farnulf 9. Lendenaus 8. Widinildis 8.
Floremberga 8. Laudonulf 9. Willindrud.
Florensindus 7. Lauganperht 9. Wilenteus 8.

Ganze klassen von formen machen diese bildungen bei folgenden stämmen aus, deren einige die veranlassung dazu gewiss durch die schwache declination gegeben haben:

ARA. GERM. IS.
BERA. GIS. LEW.
DAG. HAID. SAG.
ERA. IM. SIG.
FRAM. ING. WARM.

In andern fällen endlich erheben sich solche bildungen bis zu dem grade von allgemeinheit, dass ich ihnen den rang besonderer stämme beilegen musste. Dergleichen sind diese:

AGIN.	ERCAN.	HRABAN.
AMAN.	FAGIN.	IRMIN.
ANGAN.	FROCAN.	MAGAN.
ATHAN.	GAMAN.	RAGAN.
BARN.	HAGAN.	THEGAN.
BORAN.	HEDAN.	WARIN.
EBAN.	HELAN.	WOLCHAN.

Ich habe über das suffix -n nun noch eine bemerkung hinzuzufügen. Wie nämlich die msc. auf o häufig in obliquen casibus -uni u. dgl. bilden, so begegnen auch öfters von deutschen femininen auf a (auch von msc. auf a, doch weit seltener) lateinische genitive, dat., acc. und abl. auf -anae, -ane, -ana. -anam, so dass das n der deutschen schwachen declination in das lateinische hinübergenommen ist. Namentlich ist dies häufig der fall in fränk. urkunden des 7. und 8. jahrhunderts. Zuerst hat auf diese formen ein auge geworfen Marini, der s. 120 bei gelegenheit des namens Ju(a)terane folgendes bemerkt: E forse questo il nome di un Goto, come lo sono Manane, Tzitane, Gundilane, Mudilane, e Gundileubane nei Papiri 75, 76 e 122, Gattilane in un marmo pubblicato dall Oltrocchi (hist. Ligust. p. 261) e Richilane registrato nel catalogo citato più volte, che di essi compose il Grozio. Man bemerkt aus diesen worten schon Marinis irrthum, dass er das n aller genannten formen, statt in ihm ein flexionssuffix zu sehn, zu einem derivationssuffixe (das es allerdings ursprünglich war) macht und es auch dem nominative beilegt. Zwar ist nicht zu leugnen, dass in einigen fällen die quellen selbst in entschiedenen nominativen irrthümlich dies flexivische n beibehalten, eben so wenig, dass es wirklich einige feminina auf nom. -ana, -ane (wie msc. auf -anus) giebt, allein in den bei weitem meisten formen ist die lateinische declination so zu beurtheilen: nom. -a, gen. dat. -anae (-ane), acc. -anam, abl. -ana, und man muss sich daher hüten, das wörterbuch mit einer unzahl von femininen auf -ana zu belasten, die es nie gegeben hat; ein fehler, den übrigens mit Marini auch viele andere, z. b. Graff, getheilt haben. Richtig ist dagegen die flexivische natur dieses n beurtheilt von Bordier du recueil des chartes Merovingiennes (Paris 1850. s. 16).

NAC. Nur leise darf an das ags. naca, ahd. nacho, altn. nöckvi, nhd. nachen erinnert werden. Sonst ist aus dem sprachschatze vielleicht noch anderer rath zu schaffen.

Nahho. 8. Dr. sec. 9 (n. 577; Schn. ebds.).
Nacho Laur. sec. 9 (n. 461); necr. Aug.
Hieher vielleicht noch:
Naicho Laur. sec. 9 (n. 1107).
Najo Laur. sec. 8 (n. 1104).
Nhd. Naacke, Nack, Nacke, Necke.

Nahilo. 8. Laur. sec. 8 (n. 626).

Nahuni. 9. Mchb. a. 806.

Nahhand. 9. Dr. a. 811 (n. 263 zwml.).

Nahhad. 9. Schn. a. 811; Dr. a. 838 (Schn. ebds. Nandhad).

Nachilt, fem. 8. Necr. Aug.
Naildis pol. Irm. s. 140.

Nad-, Nadal- s. NATH.

NAGAL. Dieser in n. so seltene stamm kann kaum zu etwas anderem als zu ahd. nagal (unguis) gehören, obwol die bedeutung für eine bildung von namen wenig passend erscheint. Mone heldens. s. 92 findet den gebrauch des stammes für namen in den mythischen schmieden begründet. Auslautend finde ich den stamm nur in Hartnagal (9) und und Swarnagal (8).

Nagal. 9. Mchb. a. 820.
Nhd. Nagel, Nägele, Negele.

Nagalhard. 8. Dr. a. 757; Schn. a. 759; Laur. sec. 9 (n. 514).
Nagalhart Laur. sec. 9 (n. 735).

Nagnarius. 8. Laur. sec. 8 (n. 917); viell. nur verderbt aus Magnarius?

Nahhad, Nahhand, Nahho, Nahilo s. NAC.

Nahtwich. Gr. I, 706.
Nahtwig Gr. II, 1020.
Ist die lesart sicher oder Mahtwich zu lesen?

Nahuni, Naildis s. NAC.

Naimo. 9 (dux Wasconum). P. XI, 400 (hist. regg. Franc. monast. S. Dionys.).

Najo s. NAC.

Nametele, fem. Gld. II, a, 126. Wol verderbt.

Namo. 8. Schn. a. 798.
Nhd. Nahm.
Namucho. 7. Pd. a. 692 (n. 426). Es steht hier Nam. recognovi, ist also nicht o. n., wie die frühern herausgeber meinten.
Nana, Nand-, Nann- s. NANTH.

NANTH. Ein sowol beginnend als endend in n. gebrauchter stamm, dessen hauptbedeutung die von wagen, andere ist; goth. nanþjan. In sächs. mundart scheint er nicht anlautend vorzukommen. Ich füge hiezu noch einige formen mit nn, bei denen eine assimilation eingetreten zu sein scheint, wie sie im altn. bei diesem stamme regel ist. Sec. 5 erscheinen die ersten diesen stamm enthaltenden n.

Auslautendes NANTH in folgenden 30 formen:

Agenantia 5.	Gundinand 5.	Siginand 8.
Alfnand 8.	Hartnand 8.	Sindenand.
Elinand 11.	Herinand 10.	Sisenand 7.
Adalnand 8.	Hiltinand.	Sesenanda 9.
Otnand 11.	Hliumnand.	Thennant?
Batanand.	Hruodnand 8.	Theotnand 8.
Eburnand 11.	Liutnand 9.	Werinant? 8.
Ferdinand 11.	Reginnant 9.	Wignand 9.
Folcnand 11.	Ragenanta 8.	Unillienant 6.
Gernand 8.	Rihnand 9.	Wolfnand 8.

Nandius. 5. Cassiod. I, 24.
Nando Mchb. sec. 9 (n. 471).
Nand Gr. II, 1093.
Nannius P. I, 283 (chron. Moissiac.).
Nanno Schn. a. 952; Laur. sec. 10 (n. 532); K. a. 1090 (n. 239).
O. n. Nandesheim.
Nanna, fem. 8. Schn. a. 952.
Nana tr. W. a. 774 (n. 53, 178); Laur. mehrm.; Mchb. sec. 9 (n. 758).
Nendicho. 9. Schn. a. 830, 837; Dr. sec. 10 (n. 710).
Nendihho St. P.
Nannigo P. V, 500, 505 (chron. Salernit.).
Nhd. Nannig, Nenke, Nennich.
Nannicha, fem. 11. Necr. Fuld. a. 1049.
Nannechin. 11. Gud. a. 1028.
Nennechin Lc. c. a. 1070 (n. 221).
Nandilo. 8. St. P.
Nendilo Mchb. a. 827, 830, 836; St. P.; R. a. 864 (n. 47).
Nhd. Nendel.

Nandila, fem. 8. K. a. 786 (n. 30; Ng. ebds.).
Nantelin. 10. H. a. 926 (n. 147).
Statt Nantenil H. a. 923 (n. 145) ist also auch wol Nantelin zu lesen.
Nendine, fem. Gld. II, a, 126.
Nandung. 8. Schn. a. 819.
Nandingo Laur. sec. 8 (n. 281).
Nending Schn. a. 765; G. sec. 9 (n. 4); necr. Fuld. a. 843.
Nendinc Mchb. sec. 8 u. 9 (n. 61, 510 etc.).
Nhd. Näning.
Nanzo. 8. Laur. sec. 8 (n. 935); Ng. a. 797, 805, 837; K. a. 861 (n. 136); necr. Aug.
Nhd. Nanz.
O. n. Nanzenheim.
Nanzilo. 8. Mchb. a. 804, 812.
Nanzelin. 11. Lc. a. 1027 (n. 162).
Nancelin Gud. a. 1028.
Nanzinc, Gr. II, 1094; viell. von Gr. nur aus o. n. Nancinchova geschlossen.
Nandbrecht. 8. Laur. sec. 8 (n. 1243).
Nandpreht Ng. a. 886.
Nantbert tr. W. a. 718 (n. 227).
Nantedrudis, fem. 8. Pol. Irm. s. 94.
Nandgar. 8. Schn. a. 798.
Nandger Ng. a. 785, 791, 793, 797, 809, 812, 816, 819, 824, 825.
Nantger Laur. mehrm.; necr. Fuld. a. 878.
Nandker Ng. a. 858; St. P.
Nandgaer Ng. a. 797, 800, 802.
Nandhker K. a. 797 (n. 49).
Nangger Ng. a. 892.
Nancker Ng. a. 890.
Nanger Ng. a. 806, 824, 845; Laur. mehrm.
Nancher Laur. sec. 8 (n. 1412, 1502).
Nanker Gld. II, a, 104.
Nenker Laur. sec. 8 (n. 1334, 2953).
Nangher Ng. a. 760 wol hieher.
Nantgast. 9. Necr. Fuld. a. 894.
Nandgoz. 9. Schn. a. 822.
Nandgis. 9. Ep. Urgelitan. Schn. a. 824.
Nantigis conc. Narbonens. a. 911; Lgd. a. 902 (II, n. 28).
Nantgis Schn. a. 807, 813.
Nantigius für -gisus Lgd. öfters.
Nandcrim. 8. Ng. a. 859, 895.
Nandcrin (so) Ng. a. 788, 791.
Nanthard. 9. Laur. sec. 9 mehrm.

Nanthart Gld. II, a, 104.
Nanhart K. a. 1091 (C. S. n. 12); wol für Nandhart.
Nandhari. 9. Gld. II, a, 104.
Nandheri St. P.; necr. Fuld. a. 966.
Nandhar Ng. a. 822.
Nandhere Gld. II, a, 104.
Nantthar P. I, 459 (Hincm. Rem. ann.), 195 (Einh. ann.).
Nanther Laur. oft.
Nanthar M. B. a. 822 (XXXI).
Nantar P. VIII, 566 (annalista Saxo); IX, 673 (chron. mon. Casin.); Lc. a. 927 (n. 87).
Nanter P. VI, 79, 82—86 (chron. S. Michael. Virdun.); St. M. a. 1022.
O. n. Nenthereshusun.
Nandhad. 9. Schn. a. 838 (Dr. ebds. n. 513 Nahhad).
Nanthot (so) K. a. 817 (n. 78; unecht).
Nantelm. 10. Lp. a. 961 (II, 259).
Nantelmini (gen.) Lp. a. 959 (II, 243).
Nanthildis, fem. 7. Frankenkönigin, frau Dagoberts I, sec. 7.
Nanthildis gest. Dagoberti I; Fredegar; H. a. 675 (n. 22).
Nanthilda P. II, 274 not.
Nandechildis d. Ch. I, 659.
Nantechildis M. c. a. 640 (n. 63); Mab. a. 653; Pd. a. 657 (n. 330).
Nantoildis pol. Irm. s. 88.
Nantildis P. I, 287 (chron. Moissiac.); pol. R. s. 49.
Nanthoh. 8. Pol. Wizenb. n. 301.
Nanthoch Laur. sec. 8 (n. 6).
Nantoch Laur. sec. 8 (n. 2243).
Nandolah. 8. Tr. W. a. 797 (n. 62).
Nandarat. 8. Gld. II, a, 104.
Nandrat St. P.; Laur. sec. 8 (n. 326).
Nantrad tr. W. a. 774 (n. 53, 178).
Aus Nandrat viell. verderbt Nanrot M. B. a. 817 (XXXI; unecht).
Nendrich. 9. Laur. sec. 9 (n. 507).
Nanderit. 6. Test. sollemne Mannanis a. 575 bei M. (n. 75; Sp. ebds.).
Nandrim. Gr. II, 506. 1093.
Nandolt. Gld. II, a, 104.
Nantuic. 8. Laur. sec. 8 (n. 3188, 3687).
Nhd. Nentwich, Nentwig.

Nanduin. 8. H. a. 709 (n. 32), 710 (n. 33); derselbe heisst Nandin H. a. 712 (n. 35).
Nantwin Laur. sec. 8 (n. 453).
Nanduiano (so) Pd. a. 709 (n. 474).
Nandulf. 8. Laur. sec. 8 (n. 584, 2052).
Nandolf Laur. mehr.
Nandulf für Landulf P. VII, 54 (Lup. protospatar.).
Nandulf qui et Nozo Lp. a. 960 (II, 251).

Naosra (so). fem. 9. R. a. 821 (n. 21).
Nappuhi. 9. R. a. 810 (n. 15).
Nappula, fem. 8. Tr. W. a. 718 (n. 227 u. Pd. nchtr. n. 40).

NARD.

Weinhold d. dtsch. frauen s. 15 erinnert bei den namen mit Nard- (freilich auch bei den davon zu trennenden mit Nord-) an Nerthus. ✗ So unsicher dies auch ist, und so leicht andrerseits einmal Nard- für Nord- verschrieben sein kann, so scheint doch die existenz eines besondern Nard- in namen sicher.
Nardabert. 8. Laur. sec. 8 (n. 274).
Nardgaot. 8. Pd. a. 709 (n. 474; H. ebds. n. 32).
Narthildis, fem. 8. Pol. Irm. s. 222.
Nardolf. 8. Pd. a. 740 (nchtr. n. 68; R. ebds. n. 2); Laur. sec. 8 (n. 2047).
Nertomir, inschr. bei St. n. 392, zu Mainz gefunden, aus unbestimmter zeit.

NAS.

Ich stelle alle folgenden formen zu goth. nisan, nasjan u. s. w., wohin Gr. II, 1103 die mit Neri- beginnenden, Grimm gesch. der dtsch. spr. 486 auch Nasua bringt. Dagegen ist freilich Weinhold die dtsch. frauen s. 15 der ansicht, dass in Neri- der stamm von Nerthus stecken könne.
Nasua. 1. v. C. Suevenfürst. Caes. b. G. I, 37.
Nasse Ng. a. 883 (n. 540) viell. hieher.
Nhd. Nass, Nasse, Neese, Nehse, Nese.
O. n. Nazzinburen vielleicht hieher.
Nasco. Hieher für Nasico? vergl. aber auch goth. hnasqus weich, zart.
Nasco Gr. II, 1106 neben Nesco.
O. n. Neskinwilari.
Nhd. Neske.

✗ Ist Abschreibfehler für Hertha, „Erde"!

Narida, fem. 8. Tr. W. a. 774 (n. 53).
Narid tr. W. a. 774 (n. 178).
Neribarn. 10. Frek.
Neriberaht. 8. Necr. Fuld. a. 789.
Neriperaht Schn. a. 795; Dr. a. 774 (Schn. liest hier mehrmals irrthümlich Heripraht); Dr. a. 841 (n. 534; Schn. ebds. Nemperaht).
Neribert K. u. Ng. a. 786, 831.
Nerigaud. 9. H. a. 865 (n. 102).
Nergis. 9. Schn. a. 817 (Dr. ebds. n. 296 Hergis).
Nerihilt, fem. Gr. II, 1103; IV, 912.
Neristein. 9. Dr. sec. 9 (n. 236). Bis jetzt ist der n. nur aus dieser einzigen stelle bekannt, die auch Gr. II, 1103 bei anführung des namens mag vor augen gehabt haben.
Neriswint, fem. 9. Schn. a. 800.
Nerswind Schn. a. 806.
Nasolt. 9. Mchb. sec. 9 (n. 415).
O. n. Neroldeshusen.
Nerveus. 9. Pol. R. s. 40.
Neriolf. 8. St. P.; Laur. sec. 8 (n. 198).
Nerolf Schn. a. 812, 838; Schn. a. 852 (Dr. ebds. n. 562 Neirolf); necr. Fuld. a. 863.
Zu diesem stamm vielleicht noch:
Nerbertama (so), fem. 11. Pol. Irm. s. 50 (sec. 11); wol verderbt.
Zusammensetzung mit erweitertem stamm:
Neringerdis, fem. 9. Pol. R. s. 16.

NATH. Am liebsten vergleiche ich altn. nâð gratia, ahd. ganâda. Auch auslautend scheint sich dies NATH zu finden, obwol sich ein oder das andere mal nur eine irrthümliche schreibung für -nod eingeschlichen haben mag. Ich erwähne hier Osnath (9), Hasnat (9), Radnath (9).
Nato. 8. Gld. II, a, 104.
Natto necr. Fuld. a. 838; Lgd. a. 845 (I, n. 67); Ng. a. 846.
Nado Laur. sec. 8 (n. 2088).
Nhd. Nath.
O. n. Natesheim.
Nazo. 11. St. P. zwml.
Natbold. 8. Pol. Irm. s. 269.
Nadker. 9. K. a. 858 (n. 128).
Nadramna, fem. 8. Pol. Irm. s. 132.
Natrik. 10. Frek.
Nathwich. 9. K. a. 822 (n. 84; Ng. ebds.).
Hier schliesse ich die n. an, welche mit Nadal- beginnen. Sie finden sich namentlich oft im pol. Irm. und mögen zwar zuweilen aus einer verwechselung mit Nodal- (NOD) hervorgegangen sein, berechtigen uns aber im ganzen schon ihrer häufigkeit wegen ein besonderes Nadal- anzusetzen. Weinhold in Haupts ztschr. VII, 6 denkt an ahd. nadala acus und meint, darin könne eine dichterische bezeichnung der schlange verborgen liegen. Das ist sehr ungewiss. Lieber sehe ich in Nadal- eine erweiterung der obigen formen mit Nad-. Auch kann sich dem deutschen lateinisches (natalis) beigemengt haben.
Nadalus. 8. Tr. W. a. 719 (n. 267): pol. Irm. s. 239, 270.
Nadal tr. W. a. 700, 719 (n. 243 u. Pd. nchtr. n. 14, 44); Lgd. a. 985 (II, n. 120).
Nadalius pol. Irm. s. 140.
Nadaleus pol. Irm. s. 177.
Nhd. Nädele, Nadell.
Nadala, fem. 8. Pol. Irm. s. 187.
Nadalia pol. Irm. s. 30, 206.
Natalia pol. Irm. s. 3 (ihre tochter an dieser stelle Nadaltrudis).
Natalidius. 8. Pol. Irm. s. 4 (= Natalitius?).
Vgl. Natalifius pol. Irm. s. 187.
Natalinus. 8. Pol. Irm. s. 112, 131.
Nhd. Nädelen, Nädelin.
Nadalina, fem. 8. Pol. Irm. s. 232.
Natalisma, fem. 8. Pol. Irm. s. 37.
Nadalbert. 9. Pol. Fossat.
Nadalberga, fem. 8 Pol. Irm. s. 19, 103.
Nadalburg, fem. 8. Pol. Irm. s. 30, 104.
Nadaltrudis, fem. 8. Pol. Irm. s. 3, 229.
Nadalfred. 8. Pol. Irm. s. 22, 27 etc.
Nadalgar. 8. Pol. Irm. s. 10, 22 etc.
Nadalgildis, fem. 8. Pol. Irm. s. 142.
Nadalgrim. 8. Pol. Irm. s. 140.
Natlahar. 8. Pol. Irm. s. 65.
Nhd. Nadler?
Nadalildis, fem. 8. Pol. Irm. s. 147.
Nadalindis, fem. 8. Pol. Irm. s. 73, 91 etc.
Nadalrad. 8. Pol. Irm. s. 11.
Nadelivia, fem. 9. Pol. R. s. 16.

Nauto. Gld. II, a, 117.
Nawin. 8. Laur. sec. 8 (n. 1479)

Nebiogast. 5. Röm. anführer keltischer soldaten. Νεβιόγαστος (var. Νεβιγάστιος) Zosim. VI, 2. Bei Olympiodor heisst derselbe Νεοβιγάστης. Gr. IV, 268 schreibt Nevogast und Nebisgast.

Nebo. 8. Laur. sec. 8 (n. 1827).

Nebulf s. NIW. **Neccho** s. NAC. **Necto** s. NICT.

Nedeg. 9. Wg. tr. C. 44.

Nefawin. 8. Schn. a. 788.

Neidicho, wol zu schliessen aus o. n. Neidichenueld und aus nhd. Neudich.

Neiding. 10. Laur. sec. 10 (n. 273).

Nendrich, Nenker, Nennechin s. NANTH.

Neosta s. NIW. **Nepolo** s. NIBUL.

Nerbo. 9. Schn. a. 812, 857; tr. W. a. 812 (n. 182).

Neribo necr. Fuld. a. 886.

Nerbing. 9. Schn. a. 842, 853.

Diese beiden n. sind noch ganz unsicher in hinsicht auf ihre etymologie; deutsch zu sein scheinen sie.

Neri- s. NAS. **Nertomir** s. NARD. **Nesco** s NAS.

Neudi (dat. msc.). 5. Cassiod. V, 29. Verderbt?

Neufila. 6. Ep. Tudens. sec. 6. Conc. Tolet. a. 589.

Nevo s. NIW. **Nevogast** s. Nebiogast.

NIBUL. Vgl. ahd. nibul nebel so wie das altn. niflheimr. Ueber die verschiedenen zahlreichen deutungen des n. der Nibelungen s. Mone heldensage (1836) s. 7 ff. Leicht ist es möglich, dass eine oder die andere der folgenden formen nicht hieher, sondern zu NIW gehört.

Nivalus. 6. Pol. Irm. s. 102.

Niwilo Mchb. a. 838.

Nivolus vit. S. Remigii (A. S. Oct. I, 175).

Nevelo (a. 1044) du Chesne hist. de Guines etc. p. 316.

Nepolo H. a. 1065 (n. 263).

Novol Mchb. sec. 11 (n. 1248) viell. hieher.

Nhd. Nebel, Nibel, Niebel.

Nibulunc. 8. Abbas Indensis sec. 9.

Nibulunc und Nipulunc Mchb. sec. 8 (n. 119).

Nipulunc St. P.

Nibilung necr. Aug. sec. 9.

Nibelung Laur. sec. 8 (n. 1822, 3813); d. Ch. I, 773.

Nebulunc necr. Aug. sec. 9.

Nebelong necr. Aug.

Nivilung P. III, 426 (Kar. II capit.).

Nivelung pol. Irm. s. 104; necr. Aug. sec. 9.

Nevolung conc. Colon. a. 887.

Nevelung H. a. 993 (n. 209).

Nevelong Mab. ann. S. Bened. II, 374 (a. 805), III, 260 (a. 887).

Nevolong Lgd. a. 1044 (II, n. 189).

Neveling necr. Aug.

Altn. Niflüngr. Nhd. Nebeling, Neblung, Niebeling, Nobiling, Nübling.

NIC. Ich stelle hier ein paar n. zusammen mit der vermuthung, dass sie zu ahd. nichus, nhd. nixe u. s. w. gehören mögen. Sind die alamann. namen aus sec. 8 Castnich, Ruodnig, Leutnig (vgl. nhd. f. n. Wettnig) aus -nig verderbt oder gehören sie zu ahd. hnigan oder zu unserm NIC?

Niko. 11. Necr. Fuld. a. 1015.

Neccho Schpf. a. 1010.

Nhd. Nick, Nicke, Niecke.

Nihburg, fem. 9. Dr. a. 850 (n. 559; Schn. ebds.).

Nichar. 8. Ng. a. 757.

NICT. Noch hege ich keine mir zusagende vermuthung über die folgenden formen. Necta (fem.) ist als **keltischer** n. bekannt (so hiess die mutter der h. Ida).

Necto. 8. M. B. c. a. 770 (XI).

Nictard. 6. Lgd. a 804 (I, n. 12).

Nectard d. Ch. I, 545 f.

Nictoildis, fem. 8. Pol. Irm. s. 102.

Vgl. auch das vielleicht deutsche Nectarius, z. b. Guérard a. 828; d. Ch. I etc.

NID. Zu goth. neiþ invidia. Auf diesen stamm enden sich:

Eggiunit 10.	Hacunit 8.	Ortnit.
Ascunide 8.	Haeilnit 8.	Sanctonidia? 6.
Bennid 9.	Hartnid 9.	Unnid 9.
Pertnid 8.	Arnid 9.	Wasnid 11.
Gernid 10.	Hunnid 8.	

Nid. 8. Gr. II, 1032.
Nitho Pd. a. 748 (n. 596).
Nitto St. P.
Nitho für Nithard P. VI, 19 (ann. Laubiens.).
Nhd. Neide, Nied, Niete, Nieth, Niethe.
Vgl. o. n. Nittenouwa.

Niding. 11. Gr. II, 1032.
Nithing vit. Meinwerki a. 1010.

Nizo. 9. P. VII, 131 (Herim. Aug. chron.); Ng. a. 909; Frek. mehrm.; Lc. a. 1045 (n. 180); Mchb. sec. 11 (n. 1172).
Nizzo Ng. a. 862.
Nitzo Lc. a. 927 (n. 87).
Nyzo H. c. a. 1040 (n. 240).
Nizo für Nithard P. IX öfters.
Nhd. Nietz, Nietze, Nitze.

Nithbald. 9. H. a. 853 (n. 87).
Nhd. Neipold, Niedbal, Niedball, Niepelt.

Nidperht. 8. Mchb. sec. 8 u. 9 (n. 222, 403).
Nidpert Gld. II, a, 104.
Nitbert Laur. sec. 9 (n. 3336).
Nidbrath Laur. sec. 10 (n. 532).

Nidaboto. 9. Necr. Fuld. a. 810.

Nitfalia, fem. 9. Pol. R. s. 74.

Nidgar. 8 Nitker b. v. Freisingen sec. 11 (derselbe wird auch Nicerus genannt).
Nidgar Dr. a. 788 (Schn. ebds. ludgar); Schn. a. 804.
Nidger Schn. a. 803 (Dr. ebds. Nidgern); Schn. a. 854; necr. Aug.
Nithacer Schn. a. 860.
Nidker Gld. II, a, 104.
Nidcer St. P.
Nitcar P. VI, 425 (transl. S. Magni).
Nitker P. XI, 220 (chron. Benedictobur.); M. B. a. 1040—1052 (III, VII, VIII, IX, XXXI).
Nitger M. B. a. 1041 (XXXI).

Nidgern s. Nidgar.

Nidgoz. 9. Schn. a. 824.

Nitigis. 6. Ep. Lucens. sec. 6. Conc. Bracarens. a. 572.

Nidhard. 2. Enkel Karls d. gr., der geschichtsschreiber, sec. 9.
Nidhard Gld. II, a, 104, 107; C. M. Mai.
Nidhart K. u. Ng. a. 803, 814, 822; necr. Aug.; St. P. mehrm.
Nithard P. I, 468 (Hincm. Rem. ann.); II öfters; III, 504 (Hloth. II capit.). 568 (Kar. III capit.); IV, B, 171 (synod. Baioar. sec. 10); IX öfters; X, 265 etc. (Ruperti chron.); pol. Irm. s. 257; Wg. tr. C. 359; Lc. a. 841 (n. 55); M. B. c. a. 898 (XXXI); M. B. a. 1040 (XI); St. P.; Laur. mehrm.
Nithart Laur. sec. 8 (n. 2414); M. B. a. 837 (XI).
Nitard P. VI, 656 (Rudolfi vit. s. Willelmi).
Nitart Laur. sec. 8 (n. 1002).
Niidhart (so) St. P.
Nythard Wg. tr. C. 234, 276, 358.
Nitho für Nithard P. VI, 19 (ann. Laubiens.); IX öfters.
Nihard P. VIII, 391 (Sigeb. auctar. Gemblac.) vielleicht hieher, doch möglicherweise auch aus Niv-hard (NIW) oder Nih-hard (NIC).
Nhd. Neidhart, Neidhardt, Neidthardt, Neithardt, Nietert.

Nither. 8. Laur. sec. 8 (n. 900).
Nhd. Nieder, Nieter.

Nidhad. 8. Necr. Aug.; Ng. a. 779, 835.
Nithad H. a. 960 (n. 170).
Altn. Niðuðr für Nidhaðr; ags. Niðhad.

Nithildis, fem. 8. Pol. Irm. s. 248.

Nidhram. 9. Mchb. sec. 9 (n. 368)
Nitrannus pol. R. s. 104.

Nidmar. 9. Schn. a. 814.

Nidmuot. 9. St. P.

Nidrih. 9. R. a. 821 (n. 21).

Nidolf. 9. Schn. a. 811.
Nitulf pol. R. s. 104.

Nifast. 6. Pd. a. 533 (n. 118, 119). Der letzte theil ist wol GAST.

Niffodenca, fem. 8. K. a. 797 (n. 45).

Ich möchte zu den beiden letzten namen altn. nipr schön vergleichen.

Nifthart. 9.
Niphfthart (so) R. a. 821 (n. 21).
O. n. Niftharteskhirichun.

-nig s. NIC. **Nihburg** s. NIC. **Nihlhart** s. NIL. **Niko** s. NIC.

NIL.

Dass das skr. nila schwarz bis in die german. sprachen hineinreicht, scheint altn. njôla nacht zu beweisen.

Nilo. 9. K. a. 817 (n. 79; Ng. ebds.); Lgd. a. 911 (II, n. 38).

Nilus P. IX, 640 (chron. mon. Casin.).

Nihlhart. 9. Ng. a. 811 (n. 174).

-nim in Rantnimia (9) für -niwia? oder zu goth. niman capere?

Niobaudius s. NIW.

Niona, fem. 8. Tr. W. a. 774 (n. 53, 178); vgl. Niunta.

Nippo. 9. Gld. II, a, 104.

Nipbo tr. W. c. a. 860 (n. 181); etwa Nipho zu lesen?

Nhd. Nippe.

Nirinpret (so). Gld. II, a, 104. Zu NAS? oder zu NOR?

Nisibald. 9. Schn. a. 801.

Nissibald Dr. a. 832 (n. 335), wo Schn. das ganz unverständliche Nispribald hat.

Niunta, fem. 8. Mchb. sec. 8 (n. 179). Wenn es das zahlwort (nona) ist, so steht dieser n. dem Sipunta (s. ds.) zur seite. Vgl. auch Niona.

NIW. Am deutlichsten lässt sich ein solcher stamm da erkennen, wo er der zweite theil von zusammensetzungen ist und in der gestalt niwi, niu, nia, nî erscheint. Grimm hat diesen bildungen in der zeitschr. von Aufrecht und Kuhn I, 429 ff. einen besondern aufsatz gewidmet. Mit recht sieht er darin (ebenso wie Weinhold die dtsch. frauen s. 8) das ahd. niwi, goth. niujis, nhd. neu u. s. w. und meint, dass diesem wort einst eben so wie z. b. dem griech. νέος und seinen weiterbildungen der nebenbegriff von j u n g beigewohnt habe. Für die feminina auf niwi, niu, nî setzt er demnach ein goth. nivi virgo voraus. Diese feminina (ist kein m a s c. darunter?) sind folgende 65:

Oltniwi 8.	Puribniu.	Gebini 10.
Albniwi 9.	Cunnia 8.	Gerniuui 9.
Antunia? 8.	Tagani 8.	Gozniu 8.
Engilniu 8.	Trudni 8.	Gisalniu 8.
Aasni 8.	Eburni 9.	Godaniwi 8.
Adalniu 8.	Farani 9.	Golni 10.
Otniwi 8.	Frahniu 9.	Grimnium? 8.
Osterniu 8.	Frowini 9.	Cundni 8.
Baudonivia 7.	Fridiniuui 9.	Helidniu 8.
Berani 9.	Frooni 9.	Herniu 8.
Perahtniuui 8.	Folcniu 9.	Hadani.

Hildiniuui 8.	Odalni 9.	Vettani 8.
Hruadniuui 8.	Ozzani 8.	Waldniuui 9.
Ruomniu 9.	Ratniuui 9.	Werinniwi 8.
Hrundni.	Reginniu 9.	Wegani 9.
Hwiniu 9.	Randni 9.	Werdni 8.
Intaniuui 9.	Ribniu 8.	Williniu 9.
Lisinia 9.	Selfniu 8.	Hwisni 8.
Liubniu 8.	Siginiu 9.	Vuldarniu 9.
Liutni 10.	Somni 9.	Wulfniu 9.
Maganya 8.	Sundarni 9.	Zeizniuui 9.
Mahalni 9.	Teudonivia 6.	

Alle diese bildungen liegen zwischen dem 6. und 11. jhd.; weder früher noch später lassen sich sichere belege dazu finden. Dem fränkischen und alamannischen dialect gebührt vorzugsweise niuui und niu dem bairischen und vielleicht auch dem langobardischen nî. Den Sachsen scheinen diese formen eben so wie den Angelsachsen abzugehn, wogegen sie im Altn. (in der form ny) häufig sind.

Zu bemerken ist noch, dass auslautendes NIW sich leicht mit dem blossen suffixe -n vermischt, während anlautendes noch in einigen unter NIBUL verzeichneten formen stecken mag.

Nevi. 8. Laur. sec. 8 (n. 2102); Lc. a. 948 (n. 102).

Nebe Ng. a. 846 viell. hieher.

Nivo. 7. Pd. a. 662 (n. 345); pol. R. s. 19, 33 etc.

Niwo Gld. II, a, 117.

Nevo Mchb. a. 825.

Nivo sive Nivardus Pd. a. 662 (n. 345).

Nibo aus früher aber unbestimmter zeit als röm. töpferstempel bei Augst gefunden. St. n. 539.

Nhd. Neie, Neue, Ney, Neye.

Niwilo, Nivilung s. NIBUL.

Neosta, fem. 8. Schn. u. Dr. a. 796. Ist dieser n. als superlativ von niwi anzusehn?

Niobaudius. 6. Conc. Autisiod. a. 578.

Neufred. 7. E. s. VI, 567.

Nivard. 6. B. v. Rheims sec. 7. Pd. a. 581 (n. 189).

Nivard P. VI, 4 (ann. S. German. min.), 11 (ann. Laubiens.); VIII, 325 (Sigeb. chron.); Pd. a. 673 (n. 369); St. P.; d. Ch. I.

Nivo sive Nivardus Pd. a. 662 (n. 345).

Nhd. Neiert, Neuwert, Niefert.

Nibumir. 8. St. P.; deutsch?

Niwirat. 9. Mchb. sec. 9 (n. 427); Schn. a. 838.

Niwrat Schpf. a. 828 (n. 89).
Nuwirat Schn. a. 842.
Niurat Gld. II, a, 126.
Atn. Nyrâðr. Nhd. Neurath.

Niwirich zu schliessen aus o. n. Niwirihishuson.

Nivulf. 8. Mab. a. 836; pol. R. s. 72.
Nebulf Pd. a. 750 (n. 604); Mab. ebds.

Zusammensetzung mit erweitertem NIW:

Nivunheri. 9. Necr. Fuld. a. 845.

Nizo s. NID. **Noeger** s. NOD.

Noctuin. 8. Pol. Irm. s. 140. Vgl. NICT.

NOD. Gehört gewiss theilweise zu goth. nauþs (vinculum), nhd. noth (necessitas). Möglicherweise hat dieses wort eine aspirata verloren und in diesem falle könnte auch Chnodomar hieher gehören, wie man auch die spur dieser aspirata in Herihnodh und in dem vielleicht statt Hildetnod zu lesenden Hildehnod erkennen dürfte. Doch kann auch ausser noth necessitas, wenigstens bei einigen der folgenden formen, an ahd. hnôton quassare oder an goth. knôds genus gedacht werden. Die erwähnten aspiraten so wie formen mit oa (Noato, Noathart) und uo (Nuoto) machen das sogar wahrscheinlich. Grösseres licht würden wir über NOD haben, wenn wir mehr alte formen dieses stammes hätten; jetzt kenne ich nur Nodulf und Hildetnod aus sec. 6, alle andern erst seit sec. 8. Auslautendes NOD in folgenden 28 namen:

Eginot.	Fridanot.	Leobnod 9.
Agranod 8.	Gernot 8.	Liutnot 10.
Ellannod 8.	Glisnod 9.	Liusnot 8.
Elisnod 9.	Golnod 8.	Sigenot.
Ansnoth 8	Hartnod 9.	Thenot? 8.
Adalnot 9.	Herihnodh?	Dionot 9.
Ternod 9.	Heronod 9.	Veltnot.
Disnot 9.	Hildetnod? 6.	Vulfnoth 9.
Ebarnoat.	Irminoth 9.	
Erchanot.	Kelnot.	

Noti. 9. Ng. a. 806.
Nuti Ng. a. 875 hieher?
Nud Gr. II, a, 1048 hieher?

Noto. 8. Erzb. v. Arles sec. 9. P. III, 327 (Hlud. et Hloth. capit.); Mchb. a. 823; Lgd. öfters.
Notho P. III, 331 (Hlud. et Hloth. capit.).
Notus necr. Aug.
Not K. a. 798 (n. 51).
Noato Mchb. sec. 8 u. 9 (n. 180, 303, 512).
Nuoto Mchb. a. 830, 846; St. P.
Note Ng. a. 896, 915; necr. Aug.
Nhd. Nöthe.

Nota, fem. 8. St. P.; Laur. sec. 8 (n. 212).
Nuata Gld. II, a, 126.
Nuota Laur. sec. 8 (n. 888).

Nothicho. 9. Schpf. a. 805 (n. 74).

Noding. 9. B. v. Brixen sec. 10; b. v. Constanz sec. 10.
Noding necr. Aug.
Noting P. I, 67 (ann. Weingart.), 78 (ann. Sangall.), 371 (Ruod. Fuld. ann.); II, 89 (episc. Constant. catal.), 110 (Ekkeh. cas. S. Galli); III, 568 (Kar. III capit.); IV, 18 (Heinr. I constitut.); VI öfters; VII, 112 f. (Herim. Aug. chron.); VIII, 29 (Ekkeh. chron. Wirzib.), 184 (Ekkeh. chron. univers.); Lp. a. 843 (I, 703); Mchb. sec. 9 (n. 702); M. B. a. 927 (XIV).
Nothing P. VI mehrm.; VIII, 598 (annal. Saxo).
Nodding Laur. sec. 9 (n. 378).
Notting P. I, 478 (Hincm. Rem. ann.).
Notinc Gld. II, a, 104.
Nhd. Nuding.

Nodisma, fem. 8. Pol. Irm. s. 246.

Nozo. 10. Naudulfus qui et Nozo Lp. a. 960 (II, 251); etwa für Nanzo?
Otherius qui et Nozo Lp. a. 959 (II, 247).

Nodbald. 8. P. V, 775 (Thietmari chron.).
Notbald Schn. a. 765; Laur. sec. 8 (n. 283, 673).
Notbold pol. Irm. s. 137.
Notebald P. IX, 360 ff. (Ad. Brem.).

Nodbert. 9. Mab. a. 960; Lgd. a. 961 (II, n. 97).
Nodobert A. S. Jan. I.
Notpert P. II, 149 (cas. S. Gall.).
Notpraht Schn. a. 824 (Dr. ebds. n. 432 Nordpraht).

Notburgis, fem. A. S. Febr. II.

Nofred. 11. Ep. Sanens. Conc. Roman. a. 1059.

Notakar. 8. B. v. Lüttich sec. 10; mönch zu S. Gallen sec. 10. Lc. a. 987 (n. 122).
Notgar Ng. a. 812.
Notcari Gld. II, a, 104.
Notker P. I, 79, 80, 82 (ann. Sangall.); II, VI—IX

oft; X, 534 (gest. abbat. Gemblac.); St. P.; Laur. sec. 11 (n. 141).
Nothker P. VI, 17 (ann. Laubiens.).
Notger P. V öfters; VI, 644 (Constant. vit. Adalber.), 725 f. (vit. Balder. ep. Leod.), 774 (Thangmar. vit. Bernwardi); VIII, IX öfters; C. M. April; A. S. Maj. II.
Nothger P. VI, 70 (Folcuin. gest. abb. Lobiens.), 731 (vit. Balder. ep. Leod.); IX öfters; X, 264 (Ruperti chron.).
Nohtger P. V öfters.
Nogker P. II öfters.
Nogger P. XII, 54 (ann. Zwifalt.).
Nocger Laur. sec. 8 (n. 1499).
Noker P. II, IX öfters.
Notger P. V, 79 (ann. Quedlinb.) mit var. Hotger.

Notkart. Gld. II, a, 104.

Notcrim. 8. Necr. Aug.
Nothgrim P. II, 405 (vit. S. Liudgeri).

Nothaft. Gr. IV, 742. Der letzte theil ist auffallend, da er sonst in n. nicht vorkommt.

Nothart. 8. M. B. a. 799 (IX); Mchb. sec. 9 (n. 398); St. P.
Noathart Mchb. sec. 8 (n. 241).
Naothaert St. P.
Noothart (so) St. P.
Nuadard St. P.

Nothar. 10. P. XI, 53 (Cosm. chron. Boem.).
Nother P. VI, 591 (vit. S. Adalberti); Laur. sec. 8 (n. 1377).
Nothar wird auch von demselben Lütticher bischofe gebraucht, der sonst Notger heisst.
Nhd. Notter.

Notharia, fem. 9. Pol. R. s. 76.

Nothelm. 6. A. S. Jan. I.

Notiliub, fem. 9. Gld. II, a, 126.
Notluip Mchb. sec. 9 (n. 854).

Notmanc (so). Gld. II, a, 104.

Nodimar. 9. St. P. Vgl. auch Chnodomar.

Nothrad. 8. P. II, 406 (vit. S. Liudgeri).

Notric. 8. Lc. a. 793 (n. 3); vgl. auch Nutrih.

Notdrige (zt. unbest.); necr. Aug. zwml.

Nodulf. 6. A. S. Mart. II.
Notolf Laur. sec. 8 (n. 923).
Ags. Nôðvulf.

Es folgen nun die zusammensetzungen mit dem um das suffix L erweiterten NOD, wobei aber stets die unter NATH angeführten formen mit Nadal- zu vergleichen sind, da beide namenklassen wahrscheinlich öfters in einander hinüberfliessen.

Nodelus. 8. Pol. Irm. s. 249.
Nudal Gr. II, 1048 hieher? wol von Gr. nur aus o. n. Nudaleswilare geschlossen.

Nodalis, fem. 8. Pol. Irm. s. 249.
Notalis pol. Irm. s. 171; pol. R. s. 51, 97.

Nodalia, fem. 8. Pol. Irm. s. 238; pol. R. s. 54, 55 etc.
Notalia pol. R. s. 72.

Nodelina, fem. 9. Pol. R. s. 71.

Nodalbert. 8. Pol. Irm. s. 27, 81 etc.
Nodelbert pol. R. s. 2, 7 etc.

Nodalberta, fem. 8. Pol. Irm. s. 100, 235.

Nodaltrudis, fem. 8. Pol. Irm. s. 81.
Nodeltrudis pol. R. s. 71.

Nodalgar. 8. Pol. Irm. s. 281.

Nodalgardis, fem. 8. Pol. Irm. s. 249.

Nodalgaud. 8. Pol. Irm. s. 81.

Naudalgildis (so), fem. 8. Pol. Irm. s. 231.

Nodalgis. 8. Pol. Irm. s. 81, 184.

Nodalgrima, fem. 8. Pol. Irm. s. 81.

Nodelhagdis, fem. 9. Pol. R. s. 82.

Nodalhard. 8. Pol. Irm. s. 249.
Nodelhard pol. R. s. 82.

Nodalhar. 8. Pol. Irm. s. 249, 270.
Nodolhar (so) pol. Irm. s. 232.
Nodelher pol. R. s. 65, 82.

Nodalhildis, fem. 8. Pol. Irm. s. 103.

Nodeland. 9. Pol. R. s. 60.

Nodalindis, fem. 8. Pol. Irm. s. 39.
Nodelindis pol. Irm. s. 212, 252.
Nodelenda pol. Fossat. (zwml.).

Nodalmar. 8. Pol. Irm. s. 249.
Nodelmar pol. R. s. 22.

Nodalricus. 8. Pol. Irm. s. 81.

Nodelveus. 9. Pol. R. s. 10.
Nodelevius pol. R. s. 65.
Nodeleus pol. R. s. 43, 95.

Nodelivia, fem. 9. Pol. R. s. 16.

Nodeluin. 9. Mab. a. 854.

Nodeloing. 8. Pol. Irm. s. 269.

Nogo. 9. Laur. sec. 9 (n. 199).

Nohbert. 9. Laur. sec. 9 (n. 945).

Noio. C. M. Aug., Nov.

Noltsandra (so). fem. 9. Pol. R. s. 69.

-non: Ingelsonus 9.

Nonifla, fem. 9. Pol. R. s. 105.

Nonno s. Nunno.

Nopelo. 11. Hf. a. 1064 (II, 550).

Noppo. 10. M. B. a. 927 (XXVIII).

Nhd. Nube.

NOR.

Die folgenden n. scheinen zu Norici, Noricum, Nurinberc, Noranstat zu gehören; einige darunter mögen freilich auch eine entartung von Nort- enthalten. Unter den sicher hieher gehörigen formen begegnet keine bei Sachsen und Westfranken.

Norinc. 8. Laur. sec. 8 (n. 3215).
Nuoring necr. Fuld. a. 798, 848; Schn. a. 815.
Nuorinc Gld. II, a, 104.
Nuorinch St. P.
Nouring Schn. a. 827.
Nhd. Nöhring, Nüring.

Norlinc. 8. Laur. sec. 8 (n. 2745).

Norbold. 9. Pol. R. s. 8.

Norbert. 8. P. V, 711 (Benedicti chron.); VIII öfters; pol. Irm. s. 148; pol. R. s. 43, 54; St. P.; Laur. mehrm.; Mab. a. 881; Ms. sec. 11 (n. 37).
Norpert P. II, 79, 81, 107 (Ekkeh. cas. S. Galli), 155 (cas. S. Galli); VII, 442 (Bernold. chron.); Laur. sec. 8 (n. 3295); H. a. 923 (n. 145), 963 (n. 175).
Norbrat Laur. sec. 10 (n. 532).
Norprath H. a. 996 (n. 211).

Nortrudis, fem. 9. Pol. R. s. 37.

Norigaud. P. X, 477, 495 (Hugon. chron.) neben Norgaud.
Norigaud (ep. Aeduens.) sec. 11. A. S. Apr. III.

Norigas. 8. Laur. sec. 8 (n. 834); für Norigast?

Norgildis, fem. 8. Pol. Irm. s. 280.

Noriher. 9. Laur. sec. 9 (n. 809).

Norlindis, fem. 9. Pol. R. s. 9.

Norman. 10. St. M. a. 903.
Nhd. Normann.

Zusammensetzung mit erweitertem stamm:

Nurnhari. 8. St. P.

NORD.

Der norden findet sich eben so wie die drei andern weltgegenden in p. n. gebraucht. Doch haben sich die hier verzeichneten formen mit zwei andern stämmen vermischt: 1) durch schreibfehler wahrscheinlich mit NARD, 2) durch sprachliche entartung mit NOR. Einige unter NOR verzeichnete formen gehören gewiss zu NORD, doch habe ich es der consequenz halber vorgezogen, lieber alle formen, denen der schlussdental abgeht, unter NOR zu verzeichnen.

Nordi. 9. Necr. Fuld. a. 928.
Nord Schn. a. 858, 914; Laur. sec. 9 (n. 381, 480).

Nordo. 9. St. P.
Nhd. Nord, Nordt, North.

Nordolo. Gld. ~~II, a, 104~~.

Nordila, fem. 9. St. P.

Norduni. 8. St. P.

Nortbald. 8. Mab. a. 847.
Nortbold Mab. a. 783.
Nortpold H. a. 926 (n. 147); Gud. a. 976.

Nordobert. 7. B. v. Reggio sec. 9. P. I, 289 (chron. Moissiac.); d. Ch. I.
Nordoberth und Nordeberctli Mab. a. 692, 693; Pd. ebds. n. 429.
Nortepert Gld. II, a, 117.
Nordpraht Schn. a. 757, 800; Dr. a. 824 (n. 432; Schn. ebds. Notpraht).
Nordpreht Gld. II, a, 104.
Nordperht M. B. a. 837 (IX); St. P öfters.
Nordbert P. I, 201 f. (Einh. ann); Ng. a. 800; St. P. zwml.; C. M. Juni.
Northerct Schn. a. 765; Dr. a. 757 (Schn. fälschlich Nordberet).
Northerath Laur. sec. 8 (n. 1277).
Nortbert P. II, 620 (vit. Hlud. imp.); VII, 443 (Bernold. chron.); VIII öfters; Laur. mehrm.
Nortpert P. I, 83 (ann. Sangall.); II, 35 (abbat. S. Gall. catal.), 149 (cas. S. Galli); V, 130, 131, 133 (ann. Augustani); VII, 323 (Berthold. ann.).
Nordpreht necr. Aug.; M. B. a. 931 (XIV).
Nordpert P. VII, 122 (Herim. Aug. chron.); Ng. a. 813.
Nortpreht St. P.
Northbert P. II, 619 (vit. Hlud. imp.).
Nordperd Schn. a. 756.
Nordpret Gld. II, a, 104.
Norbert u. dgl. s. NOR.

Nortrudis s. NOR.

Nordfrid. 9. P. II, 707 (vit. S. Anskarii).

Nortfrid pol. R. s. 49.
Nordegar. 8. Tr. W. a. 763 (n. 263).
Nortger Laur. sec. 8 (n. 180); Schn. a. 803.
Nortgeri (genit.) Dr. n. 567 (Schn. ebds. Nordgeni).
Northgaud. 9. Mab. a. 884.
Nordcoz Mchb. sec. 9 (n. 627).
Northaidis, fem. 9. Pol. R. s. 55.
Northagdis pol. R. s. 82.
Nordarda, fem. 7. P. VII, 21 (ann. Blandin.).
Nortierdis pol. R. s. 46.
Nordhari. 8. Tr. W. a. 787 u. c. a. 800 (n. 33, 72). Ebds. kommt auch die schreibung Nordharihus vor, worin keineswegs der stamm RIC liegt, sondern das h ist vielmehr unorgan. einschub (= Nordharius).
Nordheri tr. W. a. 788 (n. 125).
Norther Laur. sec. 8 (n. 327); pol. R. s. 43.
Nortier pol. R. s. 84.
Nordhad. 9. St. P.
Nordhat St. P.
Northad pol. R. s. 33.
Nordhilt, fem. 8. Schn. a. 796.
Northildis pol. R. s. 105.
Nortildis pol. R. s. 52, 54.
Nortramnus. 8. Laur. sec. 8 (n. 1086).
Nordalah. 9. K. a. 802 (n. 55; Ng. ebds.); Schn. a. 813, 837.
Nordleip. Gld. II, a, 104.
Nordoloh. 9. K. a. 839 (n. 103; Schn. ebds.).
Nordloch Mchb. sec. 9 (n. 604).
Nordeman. 8. P. III, 252 (Hlud. et Hloth. capit.).
Nordman Mchb. sec. 8 (n. 36); St. P.; Schn. a. 779, 819, 866; K. a. 820, 867 (Ng. ebds.).
Nortman tr. W. a. 807 (n. 201); Laur. mehrm.
Norman s. NOR.
Nhd. Nordmann.
Nordmar. 9. St. P.; Dr. a. 819 (n. 379; Schn. ebds. Nordman).
Nordmunt. 9. Schn. a. 823.
Nordrat. 8. St. P.
Nortsindis, fem. 9. Pol. R. s. 77.
Nortsuinda, fem. 9. Laur. sec. 9 (n. 745).
Nordolh. 9. Mchb. sec. 9 (n. 600).
Nordolch Mchb. sec. 9 (n. 618).
Leichte vermischung mit Nordalah und Nordoloh; s. daselbst.
Nordoalt. 8. Tr. W. a. 739 (n. 11 und Pd. nchtr. n. 62).
Nordold Schpf. a. 728 (n. 10).
Nordald tr. W. a. 739 (n. 10).
Nordolt Schn. a. 805.
Nortwib, fem. 9. Schpf. a. 828 (n. 89).
Nordwich. 9. St. P. zwml.
Nortveus pol. R. s. 22, 85.
Nordiwin. 8. Laur. sec. 9 (n. 365).
Nordwin tr. W. a. 774 (n. 61); St. P.
Nortwin Laur. sec. 8 (n. 348, 384).
Nortvin pol. R. s. 54.
Nortuin conc. Suession. a. 853.
Nordoin Laur. sec. 8 (n. 279); pol. Irm. s. 69.
Nortduin Laur. sec. 8 (n. 307).
Nordoulf. 7. D. Ch. I, 872.
Nordolf Tr. W. a. 714 (Pd. nachtr. n. 32); Schn. a. 765; Mchb. sec. 9 (n. 460); Laur. sec. 9 (n. 659).

Norigas, Noriher, Norlinc s. NOR.
Nossing, Gr. II, 1105, viell. von Gr. nur aus o. n. Nossinchoven geschlossen.
Not- s. NOD.
Nozgaud. 11. Ep. Altuillarens. sec. 11. Conc. Remens. a. 1049. Zu NOD?
Nuadard, Nud-, Nudal- s. NOD.
Nuffus. 10. Ng. a. 920 (n. 705).
Nug. 11. Lc. a. 1057 (n. 192).
Nummolenus s. Mummolenus. **Nummolus** s. Mummolus.
Nunni. 9. Lc. a. 827, 838, 841 (n. 44, 54, 56) etc.
Nunnil. Gr. II, 1091.
Nunno. 7. Lc. a. 848 (n. 64).
Nonno Pd. a. 667 (n. 358).
Nuno H. a. 797 (n. 61).
Nono H. a. 804 (n. 64); necr. Aug.
Nuntio. 6. Langobardenführer. Fredegar.
Nuering, Nurnhari s. NOR.
Nutrih. Mit einem fragezeichen bei Gr. II, 390 und 998. Vgl. auch Notric.
-nz, suffix, s. -n.

O.

Ich erwähne hier als besonders wichtig folgende lautverhältnisse:

1) entstehung des o aus älterem a (und des ô aus â);

2) entartung des o aus u;

3) auflösung eines v zu o, am häufigsten im Langobardischen, z. b. -oin für -win;

4) zusammenziehung eines au zu ô;

5) dehnung des ô zu oa, ua, uo.

-o, suffix. Es ist erstens das häufigste suffix der schwachen masculina, wie jede seite des wörterbuchs zeigt, erwachsen aus dem noch im Goth. und Alts. haftenden a. Zweitens begegnet es als ô (für â) in goth. femininis; beispiele sind Anulo, Egilo, Emilo, Froilo, Gaatho, Hicchilo, Juno, Sunilo, Tulgilo, Ultrogotho.

Oadal- s. OTHAL. **Oager** s. AUD. **Oage** s. HUG. **Oalger, Oalo** s. WALAH. **Oas-** s. WAS. **Oatiche** s. AUD. **Oazilo** s. Ozalo. **Oazo** s. Ozo.

Oberolt. 8. Laur. sec. 8 (n. 831).

Der einzige mit der praepos. ubar zusammengesetzte p. n.

Obert s. AUD.

Obizo. 11. P. VI, 507 (Widric. mirac. S. Gerardi); X, 11 (Arnulf. gest. archiepp. Mediol.); Lp. a. 1048 (II, 626).

Opizo P. IV, B, 180 (Nicol. II statut.).

Oppizo M. a. 1049 (n. 49).

Opozo Dr. a. 1049 (n. 752; die urk. fehlt bei Schn.).

Nhd. Opitz. slav. = ...

Occard s. AC.

Occing. 9. Lc. a. 820 (n. 38).

Occo. 9. Wg. tr. C. 465; Lc. a. 827 (n. 44); vgl. Ochon.

Nhd. Och.

O. n. Occenberge und Ocinpach viell. hieher.

Ocger s. AUD.

Ochelbert. 9. B. v. Belluno sec. 9. Conc. Mantuan. a. 827.

Ochelpincus. 7 (deutsch?). Pd. a. 653 (n. 322; Mab. ebds.); M. ebds. n. 64 Ochelpiacus; bei Coleti VII, 506 Tilpincus neben Ochelpincus.

Ochilo. 10. H. a. 909 (n. 136).

Nhd. Ockel.

Ochon. 6. Herulerkg. Vgl. Occo.

Ὀχών var. Ὄνων und Ζώων bei Procop.

Ochon viell. nach Weinhold in Haupts zeitschr. VII, 7 zu goth. auhns ofen in der ältern bedeutung von feuer.

Ochtrad s. ACT.

Ociel. 11. Lc. c. a. 1070 (n. 221); deutsch?

Octard, Octildis, Octolindis s. ACT.

Oda, Odag s. AUD. **Odal-** s. OTHAL.

Odard s. AUD. **Odel-, Odil-** s. OTHAL.

Odoaker, Odoin s. AUD. **Offilin, Offinc, Offo, Offuni, Offilo** s. UF. **Oft-** s. UFT.

Ogast. 9. St. P.; R. a. 814, 819 (n. 18, 20) etc. Zu AUD?

Ogebert s. HUG.

Ogmirecther. 7. Pd. a. 693 (n. 431; Mab. ebds.); verderbt?

Ogrolf. 9. Gud. a. 840; Schpf. a. 845 (n. 133).

Oharich. 7. Pd. a. 656 (n. 325; unecht).

Ohhari. Gld. II, a, 104.

Ohilta, fem. 9. K. a. 802 (n. 55).

Ohilt K. a. 843 (n. 107).

Ohtheri, Ohtrad, Ohtric, Ohtrit s. ACT.

Oiko s. AG. **Oilard** s. AGIL.

Oio. 9. Wg. tr. C. 230, 234, 235, 237, 244, 249, 256.

Ojo Ms. a. 1070 (n. 26).

Oisberta, fem. 8. Pol. Irm. s. 97. Zu WIS?

Okard s. AG.

Olaf. 8. St. P.

Olof Mchb. sec. 9 (n. 549).

Olef P. V, 774 (Thietmari chron.).

Olanpurg s. AUL. **Olbert, Olburgis, Oldibert** s. ALD. **Olef** s. Olaf. **Ole, Oleo** s. AUL.

Olfalf. 8. St. P. Zu VULF? verderbt?

Olfigand. 6. D. Ch. I, 871; zu VULF?

Olfred s. ALD.

Olimriccus. 8. P. I, 297 (chron. Moissiac.); eben so auch an derselben stelle bei d. Ch. I und A. S. Febr. III geschrieben. Zu Helmerich? oder steckt darin das wort holm insula in ähnlicher weise wie in Ulmerugii?

Olismod, fem. 9. Gld. II, a, 126.

Olivoildis, fem. 9. Pol. R. s. 41.

Olevildis pol. R. s. 38.

Vgl. zu diesem n. noch Oliva pol. Irm., Oliba Mab. a. 835, Olivanus pol. R. s. 52 und Olefia pol. R. s. 56.

Olleih s. AUD. **Oltniwi** s. ALD. **Olo, Olomund** s. AUL.

Omnirugus. 6. D. Ch. I, 217; verderbt?

On- s. AUN.

Onaginar. 9. Diese wahrscheinlich verderbte form steht in den capit. Kar. M. et Ludov., appendix III (Gr. diut. I, 341).

Ongis, Oniba s. AUN.

Onodbald. 8. Laur. sec. 8 (n. 226).

Onolbald Laur. sec. 8 (n. 274).

Oosriba s. ANS.

Opi. 8. R. c. a. 787 (n. 6).

Hopi R. a. 822 (n. 22).

Aopi R. a. 791 (n 8).

Opizo, Opozo s. Obizo.

Oppila, msc. 6. Greg. Tur. VI, 40.

Oppo. 9. Necr. Fuld. a 811. Oppoleibwin, wie Schn. hier liest, ist in zwei namen zu zerlegen.

Opo Gld. II, a, 104.

Opt- s. UFT.

Oraman, Oranolf s. AUS. **Ord-** s. ORT.

Oreht. Gld. II, a, 104. O-reht oder Or-eht?

Orein, Orendil s. AUS.

Orfman. Gld. II, a, 104.

Orgis, Orilan, Orioldis, Orizo s. AUS.

Orlinc, Gr. I, 459, viell. von Gr. nur aus o. n. Orlinchova geschlossen.

Orlof, Orrich s. AUS. **Ors-** s. URS.

ORT.

Zu ahd. ort, welches namentlich in der bedeutung von acies zur bildung von namen geeignet scheint; nur am anfange von n. gebräuchlich. In den formen Ort- und Ord- ist der stamm nicht vor der letzten hälfte des 8. jhdts. nachzuweisen. Im pol. Irm. begegnet ORT nur einmal, im pol. R. gar nicht.

Ort. 8.

Genit. Ortis P. II, 369 (vit. S. Sturmi).

Nhd. Orth.

Ortila, fem. 9. Mchb. sec. 9 (n. 409).

Nhd. Oertel, Oertell, Ortel.

Ortuni. 9. Mchb. sec. 9 (n. 446, 510, 569).

Ordunc. 11. Lc. a. 1096 (n. 253).

Ortburc, fem. 9. Laur. sec. 9 (n. 3100).

Ortger. 8. Laur. sec. 8 (n. 3105, 3163).

Ortgis. Gr. I, 470.

Ortgrim. 9. P. III, 252 (Hlud. et Hloth. capit.).

Orthard. 8. Schn. a. 866.

Orthart St. P.

Ortahar. 8. Tr. W. a. 774 (n. 53).

Orthari tr. W. a. 788 (n. 102).

Ortheri Mchb. sec. 8 mehrm.; Ng. a. 868.

Orthere M. B. a. 778, 820 (VIII).

Orther Ng. a. 858; Laur. mehrm.

Ortere Gld. II, a, 104.

Ortroh. 9. Schn. a. 803; necr. Fuld. a. 813.

Ortlaip. 8. Mchb. sec. 8 (n. 26).

Ortleib Schn. a. 800; Schn. sec. 10 (Dr. ebds. n. 671 Otleib).

Ortleip M. B. c. a. 792 (VII).

Orleib Ng. a. 865 wol hieher.

Nhd. Ortleb, Ortlepp.

Ortleih. Gr. II, 153.

Ortliub. 11. M. B. sec. 11 (VI).

Ortleob Gld. II, a, 126.

Nhd. Ortlieb.

Ortnit (var. Otnit). Dieser n. ist mir zwar nur aus urkk. nach 1100 und dem gleichnamigen gedicht aus der 2. hälfte des 13. jhd. bekannt, er reicht indessen, wie schon aus der mythischen natur des helden hervorgeht, in eine weit frühere zeit hinauf. Vgl. Mone heldensage (1836) s. 75.

Orderad. 8. Lp. a. 962 (II, 275).

Ortrad pol. Irm. s. 90.

Orthwalah. 8. Laur. sec. 8 (n. 1555).

Ortolt. 9. K. a. 846 (n. 113); Dr. a. 866 (n. 591; Schn. ebds. Ottolt).

Ordwig. 9. Wg. tr. C. 344.
Ordwigh P. IX, 298 (Ad. Brem.).
Ortwig R. a. 837 (n. 33).
Ortwich St. P.
Ortwin. 8. Tr. W. a. 767 (n. 132); Laur. sec. 8 (n. 208); St. P.
Nhd. Orthwein, Ortwein.
Ordulf. 7. Ep. Oscensis sec. 7; herzog zu Sachsen sec. 11.
Ordulf P. VIII, 692, 694 (annalista Saxo); IX, 333, 352, 355 (Ad. Brem.); conc. Tolet. IV (a. 633) u. VI (a. 638). Bei P. VII mit Otto verwechselt.
Ordolf P. IX, 351 (Ad. Brem.).
Ortolf M. B. c. a. 1050 (VI), 1077 (VII); St. P. zwml.
Ags. Ordvulf, Ordulf.
Ortem, fem. Gld. II, a, 126; für Orteni?
Zu ORT scheinen noch zu gehören mit älterem s für r (vgl. goth. uzd cuspis):
Usdrilas. 6. Proc. *Οὐσδρίλας*, var. *Οὐσδίλας*. Nur wenn die lesart *Οὐσδίλας* die richtige ist, wie Grimm gramm. I (1822) annimmt, hieher; sonst eher zu AUSTAR.
Usdebad. 6. *Οὐσδήβαδος* Menander excc. de legat. p. 76, 77, 104, 105. Ein Gepide; vgl. Asbad.
Osdulf. 7. Conc. Tolet. VIII.

Orulf s. AUS. **Osa, Osanna, Osbert, Oschis, Osdag** s. ANS. **Osdulf** s. ORT. **Osenhild** s. AUS. **Osinger, Osivia, Osman** s. ANS. **Osorowald** s. AUST. **Osseman, Osso** s. ANS. **Ost-** s. AUST. **Otan, Otbert** etc. s. AUD.
Otenzer. 9. Dr. a. 822 (n. 397; Schn. ebds.). Ist wol irrthum.
Otfrid, Otgar u. a. m. s. AUD.

OTHAL.

Im ganzen gehören diese formen gewiss zu ahd. uodal patria. Doch unterliegen sie berührungen erstens mit den unter AUD erwähnten erweiterungen dieses stammes und zweitens (in der schreibung Vadal-) mit dem stamme WAD. Drittens könnten auch vermischungen mit der form Eodal- (s. EUTH) begegnen.

Odilo. 8. Baiernhzg. sec. 8. O. d. heilige, abt von Clugny sec. 10.
Odilo P. I, 11 (ann. Petav.), 134 f. (ann. Einh.) etc.; II, 194 (ann. Lobienses); V öfters; VI öfters; VII, 98, 128 (Herim. Aug. chron.), 426 (Bernold. chron.); Fredegar; M. B. sec. 8 (VII, XI, XIII, XIV); pol. Fossat.; Lc. a. 964 (n. 46); Guér. a. 998.
Odilus pol. Irm. s. 217; pol. R. s. 86.
Odal St. P.
Otilo Mehb. sec. 8 (n. 12); St. P. öfters.
Ottilo St. P.
Odolus Guér. a. 1089.
Otolo Ng. a. 819.
Odelus pol. Irm. s. 12.
Oatilo Mchb. sec. 8 (n. 11); St. P.
Oadal Ng. a. 870.
Aodil St. P.
Aotilo St. P.
Uodilo Laur. sec. 9 (n. 1971).
Uotilo necr. Aug.
Vadal Gld. II, a, 109.
Vodal Gld. II, a, 109.
Oudilo P. I, 345 (Enh. Fuld. ann.); VIII öfters.
Outilo K. a. 905 (n. 177).
Udal Laur. sec. 8 (n. 854).
Udilo P. VI, 36 (excerpt. Altah.), 549 (Arnold. de S. Emmer.).
Utilo Gld. II, a, 109.
Hodilo, Huodilo, Haotilo, Houdil s. AUD.
Ogdilus Schpf. a. 997 (n. 175).
Ogdilo P. I, 327 f. (ann. Mettenses); VIII, 331 (Sigebert. chron.).
Othlonus P. VI, 521—525 (Othloni vit. S. Wolfkangi) hieher?
Odilone (als nomin.) P. I, 26 (ann. Lauresh.).
Ottolio Lp. a. 959 (II, 242) ist viell. undeutsch; seine söhne haben die auffallenden n. Riustunnius und Zotodilo.
Nhd. Oettel, Oettle, Hüttel.
O. n. Utilenchaim, Otilinwilare.
Odala, fem. 7. St. P. zwml.
Odila St. M. a. 1006; d. Ch. I.
Otila St. P.
Odola St. P.
Odilia P. II, 570 (vit. S. Idae); X, 370 (Hugon. chron.); St. M. a. 1053.
Otilia Laur. sec. 8 (n. 1788).
Udila Laur. sec. 8 u. 9 (n. 582, 797).
Udela Laur. sec. 8 (n. 2623. 3153).

Vatila Gld. II, a, 128.
Odelina, fem. 11. Pol. Irm. s. 49 (sec. 11) mehrm.
Odeling. 9. P. III, 466 (Hloth. II capit.).
Odolung R. a. 866 (n. 50).
Odalpato. 9. Mchb. sec. 9 (n. 312).
Odalpald. 8. B. v. Utrecht sec. 9.
Odalpald St. P. mehrm.
Odilbald P. I, 609 (Regin. chron.); VIII, 590 (annalista Saxo); Laur. sec. 8 (n. 2502).
Odelbald pol. Irm. s. 210; A. S. Febr. I.
Othelbold P. II, 189 (ann. Gand.).
Udilbald Laur. mehrm.
Vadilbold Gld. II, a, 109.
Udibalt Laur. sec. 10 (n. 278) wol für Udilbalt.
Odilberus. 10. H. a. 909 (n. 136). Derselbe heisst ebds. n. 137 Adilbert.
Odalbert. 8. Ep. Populoniens. sec. 9. Ep. Vallensis sec. 10. Erzb. v. Salzburg sec. 10.
Odalbert tr. W. a. 739 (n. 11); pol. Irm. s. 101, 235; St. P.
Odalperht St. P. mehrm.
Odalpert St. P.
Odalpret Ng. a. 800.
Odilpraht Schn. a. 757.
Odolbert P. VI, 357 (vit. Joh. Gorziens.).
Odilbert P. III, 171 (Kar. M. capit.); tr. W. a. 734 (n. 9).
Odelbrecht H. a. 1052 (n. 250).
Odelbert P. VI, 668 (Constant. vit. Odalber.); X, 104 (catal. archiepp. Mediol.); Laur. sec. 8 (n. 2889); pol. Irm. s. 169, 185; pol. R. s. 34, 53; Guér. a. 984.
Oadalpreht und Oadalperth Gld. II, a, 104.
Uadalbert Ng. a. 806.
Uadalpret Ng. a. 808.
Uodalbert Gld. II, a, 109.
Uodalbreht necr. Aug.
Uodalpreht necr. Aug.
Uodilberct Dr. a. 802 (Schn. ebds. Codilberct).
Uodilpraht und Odilberct Dr. a. 808 (n. 244; Schn. ebds. Odilpraht).
Uodelbreht necr. Aug.
Uodilbrecht Laur. sec. 8 (n. 3602).
Oudalperht St. P.
Oudalbert P. I, 89 (ann. Salisb.).
Oudalpert P. IV, B, 171 (synod. Baioar. sec. X).
Oudilbert G. sec. 11 (n. 49).
Oudelbert P. XI, 771 (ann. S. Rudberti Salisb.).
Udalpraht Schn. a. 803.
Udolbert Laur. sec. 8 (n. 448).
Udilbert Laur. sec. 8 (n. 447, 454); H. a. 1053 (n. 253).
Udelbert P. X, 171 (gest. Trever.); Laur. sec. 8 (n. 2334, 2341); Gud. a. 1084.
Udelbret H. a. 1042 (n. 239).
Hodolbert tr. W. a. 739 (n. 10 u. Pd. nchtr. n. 61); Laur. sec. 8 (n. 1462).
Huadalbert Ng. a. 812.
Huadalpert Ng. a. 805.
Huodilbert H. a. 865 (n. 102), 963 (n. 176); G. a. 967 (n. 20).
Hudilbert H. a. 853 (n. 87).
Udibert (so) Laur. sec. 8 (n. 619).
Uodibraht (so) Dr. sec. 10 (n. 702; Schn. ebds.).
Vadalbert und Vadalbreht Gld. II, a, 109.
O. n. Uodalprechteswilare.
Odalpirc, fem. 8. St. P.
Odalberga pol. Irm. s. 98.
Odilberga pol. Irm. s. 61.
Odelberga pol. Irm. s. 25, 211.
Oudalpirc St. P.
Vodalbric, Vodelbric Gld. II, a, 128.
Odelprand. 10. Lp. a. 982 (II, 359).
Othilburg, fem. 8. Wg. tr. C. 87.
Odalpurc St. P.
Odalpurch St. P.
Uodilburg Schn. a. 815, 819.
Vadilburc Gld. II, a, 128.
Odaltrudis, fem. 8. Pol. Irm. s. 85, 166.
Odaltruth Laur. sec. 9 (n. 270).
Odeltrudis pol. Irm. s. 171, 178.
Vodaldrud Gld. II, a, 128.
Vadaldrud Gld. II. a, 128.
Odalfrid. 8. Laur. sec. 8 (n. 910); St. P. mehrm.
Odolfrid Laur. mehrm.
Odelfrid pol. R. s. 15, 56 etc.
Odelfret Lp. a. 874 (I, 862).
Uodalfrit Laur. sec. 8 (n. 3343).
Uodilfrit Dr. n. 340.
Oudalfrid P. IV, B, 171 (synod. Baioar. sec. X); IX, 244, 248 (Gundechar. lib. pontif. Eichstet.).
Udalfrit P. IX, 254 (anonym. Hasereus.).
Udelfrid Laur. sec. 8 (n. 2226).
Vaddalfrit (so) Gld. II, a, 109.
Hodolfrid Laur. sec. 8 (n. 988).

Odelging. 9. Pol. R. s. 86.
Odalgar. 8. Pol. Irm. s. 235.
Odalgaer St. P. dreimal.
Odalger Gld. II, a, 104.
Odalker M. B. a. 820 (VIII).
Odalgher St. P.
Odilger C. M. April.
Odelgar pol. Irm. s. 212; pol. R. s. 60.
Odelger pol. R. s. 43, 53.
Oadalger St. P.
Uodalger Gld. II, a, 109.
Uodelger K. a. 861 (n. 136).
Oudalger P. IX, 249 (Gundechar. lib. pontif. Eichstet.).
Hodolger Laur. sec. 8 (n. 1462).
Vadalger und Vadalker Gld. II, a, 109.
Odalgart, fem. 8. St. P.
Odilgardis Laur. sec. 9 (n. 2462).
Odelgardis pol. Irm. s. 15; pol. R. s. 83.
Odelcharda Lp. a. 919 (II, 114).
Odelcarda Lp. a. 919 (II, 114).
Uodalgart necr. Aug.
Uodalkard K. a. 866 (n. 140).
Uodalkart Ng. a. 872; necr. Aug.
Oudalkart Gld. II, a, 105.
Udilgart Laur. sec. 9 (n. 2324).
Vodalgart und Vadalgart Gld. II, a, 128.
Odelgoz. 8. Laur. sec. 8 (n. 3601).
Oadalgaoz St. P.
Uoadalcoz Mchb. sec. 9 (n. 414) zwml.
Udalgoz Laur. sec. 8 (n. 189).
O. n. Uodelgoswilare.
Odelgildis, fem. 8. Pol. Irm. s. 15, 22 etc.; pol. R. s. 3, 74.
Odelgidis pol. R. s. 70 für Odelgildis?
Odalgis. 8. Pol. Irm. s. 166, 225; necr. Aug.
Odelgis pol. Irm. s. 72, 211; pol. R. s. 16, 52 etc.
Uadalgis Ng. a. 860.
Odelgisa, fem. 9. Pol. R. s. 61.
Odhilgrim. 9. Oðilgrim P. II, 420 (vit. S. Liudgeri).
Odelgrimmus pol. R. s. 9.
Odelhaidis, fem. 8. Pol. R. s. 9, 13 etc.
Odelhagdis pol. R. s. 60, 77.
Odelaidis pol. Irm. s. 178.
Udilheit Laur. sec. 8 (n. 2867).
Odalhard. 7. Tr. W. a. 745 (n. 136).
Odalhart Ng. a. 813; necr. Aug.; St. P. öfters.
Odilhard H. a. 797 (n. 61); Lc. a. 817 (n. 34).
Odelhard pol. R. s. 19, 53 etc.
Odelhart pol. Irm. s. 8.
Odolard Mab. a. 798; St. M. c. a. 962.
Odilard Pd. a. 625 (n. 237); pol. Irm. s. 59, 98 etc.; Mab. a. 905.
Odelard pol. R. s. 36.
Odylard P. X, 404 (Hugon. chron.).
Otlehard Gld. II, a, 117.
Oadalhart Gld. II, a, 104.
Uodalhart Ng. a. 825; necr. Aug.
Oudalhart P. IX, 249 (Gundechar. lib. pontif. Eichstet.).
Udalhart St. P.
Udilhart Laur. sec. 8 (n. 285).
Udelhart Laur. sec. 8 u. 9 (n. 2015, 2199).
Hodilhard Lc. a. 817 (n. 35).
Hodilard Gld. II, a, 116.
Hoadalhart K. a. 792 (n. 40).
Huodilart H. a. 926 (n. 146).
Odalhari. 8. St. P. zwml.
Odalheri St. P.
Odolher Laur. sec. 8 (n. 1018, 2067).
Odilher Laur. mehrm.
Odelhar pol. Irm. s. 211; pol. R. s. 103.
Odelher pol. R. s. 1, 14 etc.
Odeler pol. R. s. 82.
Oadalheri St. P.
Uodalher Gld. II, a, 119.
Uodilher Laur. sec. 8 (n. 1579).
Oudalheri St. P.
Udalher Laur. sec. 8 (n. 188, 193).
Udilher Laur. sec. 8 (n. 2031).
Hodalhar tr. W. a. 745 (Pd. nchtr. n. 77).
Hodilher Laur. sec. 8 (n. 2999).
Vadalheri Gld. II, a, 109.
Nhd. Ulherr.
Odilheus (so). 8. Pol. Irm. s. 40. Sein sohn heisst Sichaus (so).
Odilelm. 8. Laur. sec. 8 (n. 1089); pol. Irm. s. 197.
Odelelm pol. Irm. s. 15, 217.
Udilhelm Laur. sec. 8 (n. 211).
O. n. Uodalhalminga.
Odalhilt, fem. 8. St. P. zwml.
Odilhildis pol. Irm. s. 224.
Othilhildis P. VIII, 691 (annalista Saxo).
Odelhildis pol. Irm. s. 20; pol. R. s. 16.

Odelildis pol. Irm. s. 85, 123.
Otlildis pol. Irm. s. 90, 144.
Oadalhilt Mchb. sec. 8 (n. 31); St. P.
Uodilhilt Laur. sec. 8 (n. 3563).
Udilhilt Laur. sec. 8 (n. 871 f.).
Vadalhilt Gld. II, a, 128.
Vodalhilt Dr. a. 813 (n. 292; Schn. ebds. Vadahilt).
Odilhoh. 8. Laur. sec. 8 (n. 1693).
Uodalhoc M. B. a. 1080 (VI).
Uodilhoch Laur. sec. 8 (n. 3649).
Udilhoh Laur. sec. 9 (n. 217).
Odolcrhramnus (so). 8. Tr. W. a. 713 (n. 244 und Pd. nchtr. n. 30).
Odilcramnus tr. W. a. 715 (Pd. nchtr. n. 35).
Othelhulda, fem. 11. P. V, 85 (ann. Quedlinb.) var. Othellulda.
Odelegius. 8. Pol. Irm. s. 13.
Odolleib. 8. Laur. sec. 8 (n. 1073).
Odallant. 9. St. P.
Odelib s. AUD.
Odallind, fem. 8. St. P. zwml. Vgl. Odelindis unter AUD.
Udillint Laur. sec. 8 (n. 505).
Uadilleoz. 9. Ng. a. 862 (n. 407).
Uodilloz Ng. a. 870 (K ebds. n. 145 Uodalleoz).
Uodilhleoz Gr. I, 144.
Uodolez (so) Gld. II, a, 109 wol hieher.
Odalman. 8. Pol. Irm. s. 252; St. P. öfters.
Odolman P. X, 321 (Hugon. chron.).
Odelman pol. Irm. s. 210; pol. R. s. 55, 82.
Oodalman Gld. II, a. 104.
Uadalman Ng. a. 819.
Nhd. Ullmann.
Odolmar. 6? Pd. a. 526 (n. 108; unecht).
Odilmer Wg. tr. C. 465.
Odelmar pol. R. s. 13, 57.
Otelmar Gld. II, a, 117.
Uodolmar Laur. sec. 8 (n. 1319).
Odilmot. 8. Laur. sec. 8 (n. 1088).
Odalmunt. 8. Mchb. sec. 8 (n. 18).
Odalni, fem. 8. St. P. zwml.
Uodalniu Dr. a. 819 (n. 388; Schn. ebds.).
Uodalniuui Dr. c. a. 800 (Schn. ebds. Uodalniu).
Udalniu Laur. sec. 9 (n. 475).
Udalniuwa Laur. sec. 9 (n. 809).
Udilniuuen (acc.) Laur. sec. 8 (n. 716).
Odalrat, msc. u. fem. 8. Laur. sec. 9 (n. 199).
Odilrad Laur. sec. 8 (n. 1615).
Odilred Wg. tr. C. 228.
Odelrad Laur. sec. 8 (n. 2704, 2708).
Odelrat Laur. sec. 8 (n. 2602).
Udalrad tr. W. a. 712 (Pd. nchtr. n. 22).
Udalrat Laur. n. 737.
Udilrad Laur. sec. 8 (n. 908).
Utilrad A. S. Mart. I; H. a. 765 (n. 48).
Udurat Laur. sec. 8 (n. 364) wol für Udilrat.
Vodalrat, Vodalraht Gld. II, a, 128.
Hucdelrad P. VII, 23 (ann. Blandin.) soll wol Huodelrad heissen.
Odelrada, fem. 9. Pol. R. s. 37.
Uadalrata tr. W. c. a. 850 (n. 165).
Odalric. 8. Sec. 10: b. v. Augsburg; b. v. Rheims; b. v. Aix; b. v. Autun. Sec. 11: bruder des hzgs. Boleslav v. Böhmen; b. v. Bergamo; b. v. Brixen; b. v. Benevent; b. v. Chur; ep. Firmens.; b. v. Orleans; b. v. Passau; b. v. Trient.
Odalric Gld. II, a, 104.
Odalrih necr. Aug.; St. P. öfters; Ng. a. 804; P. X, 361 (Hugon. chron.).
Odalrich P. III, 458 (Kar. II capit.); IV, 22 (Ott. M. constit.), 45 (Heinr. IV constit.); V öfters; VI, 448 f. (translat. sangu. dom); IX, 70 (Rodulf. hist.), 257 (anonym. Haserens.); pol. Irm. s. 84, 123; Ng. a. 792, 795, 800, 805, 809, 815; St. P. öfters.
Odulrich P. IX, 235, 236 (chron. S. Benign. Divion.); Gld. II, a, 117.
Odolrich P. II, 194 (ann. Bertin.); VI, 19 (ann. Laubiens.) etc.; IX, 61 (Rudolf. hist.).
Odalrihc Ng. a. 813.
Othelrich P. V, 794 (Thietm. ann.); VIII öfters.
Odelrich P. I, 515 (Hincm. Rem. ann.); III, 426 (Kar. II capit.); V oft; VI, 501—503 (Widric. vit. S. Gerardi); VIII öfters; IX, 849 f. (chron. Hildesh.); pol. R. s. 53, 64 etc.
Oadalrih und Oadalrihc Gld. II, a, 104.
Oadalrich P. II, 66 (Ratpert. cas. S. Galli); Ng. a. 791, 808.
Hoadalrich Ng. a. 805.
Uadalricus P. II öfters; Ng. a. 803.
Uadalrich P. I, 56 (ann. Alam.).
Huadalrihc Gld. II, a, 102.
Uodalric necr. Aug.
Uodalrih necr. Aug.

Uodalrich P. I, 55 (ann. Alam.); II, IV, V, VIII öfters; necr. Aug.; M. B. sec. 11 (VI, X, XIV).
Uodalrihc Gld. II, a, 109.
Uodelrich necr. Aug.
Uodolricus Ng. a. 781.
Uothilric Lc. a. 970 (n. 111).
Uodilrich Gld. II, a, 109.
Huodalrih tr. W. a. 816 (n. 160).
Huodelrich P. IX, 701 (chron. mon. Casin.); Ng. a. 769.
Oudalrich P. I, 94 (ann. S. Emmer.); II oft; IV, B, 171 (synod. Baior. sec. X); V—IX oft; XI, 771 (ann. S. Rudberti Salisb.).
Oudalrih Ng. a. 813.
Udalric Laur. sec. 8 u. 9 (n. 300, 479).
Udalrich P. I, 77, 80, 81 (ann. Sangall.), 415 (ann. Fuld.); II, 39 (episc. Constant. catal.); IV—VIII öfters; Laur. sec. 8 (n. 2086); M. B. sec. 9 (IX), sec. 10 (I, VII), sec. 11 (II, IV—VIII, XIII, XIV); Gud. a. 1064.
Udulrich Mab. a. 858.
Uthilric Lc. a. 948 (n. 103).
Udelric Laur. sec. 8 (n. 2131).
Utelrich pol. Irm. s. 261.
Udelrich Laur. sec. 9 und 10 (n. 532, 2352); Gud. a. 1069, 1090.
Vadalrich Gld. II, a, 109.
Vudelrich St. M. a. 1090 wol hieher.
Oldalricus (so) pol. Irm. s. 37.
Uldarich conc. Ingilenheim. a. 972.
Ulderich P. IV, B, 179 (Nicol. II statut.) mit var. Udulrich und Odelrich.
Huolderich K. a. 769 (n. 11) hieher?
Uolrich P. IX, 250 (Gundechar. lib. pontif. Eichstet.).
Olrich P. VI, 198 (panegyr. Bereng.).
Ulrich P. II öfters; VI, 462 (Sigebert. vit. Deoderici); M. B. III, 104; IV; X, 391; XIV, 367.
Uoadalrih (so) necr. Aug.
Uodaricus (so) irrthümlich P. IX, 251 (Gundechar. lib. pontif. Eichstet.).
Udorich (so) Laur. n. 373.
Uodalricum ob leporem vocaverunt Uozonem in einer urk. des 10. jhdrts. P. VI, 384 (Gerhard. vit. S. Oudalr. ep.): Theutica lingua hereditas a proavis derelicta altoudal dicitur, rihc divitias sonat. Ideo non incongrue Oudalricus „a paterna hereditate dives" interpretari potest; nam aeterni Patris hereditate ditatus floret.
Ags. Êđelric. Nhd. Uhlrich, Ullrich, Ulrich.

Odelsad. 9. Pol. R. s. 2.

Odalscalch. 8. A. S. Maj. V; St. P.; M. B. a. 1003 (XXXI).
Odalscalh Mchb. sec. 9 (n. 411); St. P. mehrm.
Oadalschalch Mchb. sec. 8 (n. 193).
Uodalscalc M. B. c. a. 1040 (VI).
Uodalschalk M. B. c. a. 1070 u. 1095 (VI).
Oudalscalc P. VI, 383 (Gerhard. vit. S. Oudalr.).
Oudalschalch M. B. a. 1031 (XXXI).
Oudelscalch P. VII, 392 (Bernold. chron.).
Udalscalk M. B. a. 828, 1040, c. a. 1050 (VI, VIII, XIII).
Udalschalch M. B. a. 1033 (XXII).
Udescalcus (so) M. B. sec. 11 (VII, X).
Vadalscalh K. a. 793 (n. 43; Ng. ebds.).
Ouodalsclah (so) St. P.
Uschalch Mchb. sec. 11 (n. 1212) steht für Uodolschalch, wie mehrere andere urkk. beweisen.

Odalsinda, fem. 7. Pd. a. 670 (n. 364; Ng. ebds.).
Huodilsind Gld. II, a, 124.
Vadalsind Gld. II, a, 128.
Vodalsind Gld. II, a, 128.

Odalsuind, fem. 8. St. P.
Odolsuint Laur. mehrm.
Odelsuint Laur. sec. 8 (n. 2480).
Othelsut (so) C. M. Decbr.
Udalsuinda Laur. sec. 8 (n. 868).
Udolsuinda Laur. sec. 8 (n. 552).
Hodilsuint Laur. sec. 8 (n. 2476).
Uodalsuint Laur. sec. 8 (n. 929).
Uodalswint Laur. sec. 8 (n. 1562).

Odelold. 9. Pol. R. s. 50.
Udilold Laur. sec. 9 (n. 810).

Odolwan. 8. Laur. sec. 9 (n. 2448).
Uodelwan Laur. sec. 8 (n. 2445).
Udalwan Laur. sec. 8 (n. 346).

Odilwar. 8. Schn. a. 803.
Odalweri St. P.
Oudalwar St. P.

Oadalwart. 9. Ng. a. 817.
Uadalwart Ng. a. 805.
Huadalwart Ng. a. 849, 861.

Odelwidis, fem. 9. Pol. R. s. 46, 60.
Odowidis (so) pol. R. s. 2 viell. hieher.

Odelveus. 9. Pol. R. s. 9.
Oadalwih St. P.
Odalvin. 8. Pol. Irm. s. 252.
Odulwin Pd. a. 637 (n. 278; unecht).
Odoluvin Pd. a. 566 (n. 171; unecht).
Odelwin pol. R. s. 59.
Udalwin Laur. sec. 8 (n. 309).
Odelvindis, fem. 9. Pol. R. s. 71; für -swindis?
Odalwis. 8. Pol. Irm, s. 252.
Othilulf. 8. P. V, 858 (Thietmari chron.).
Odilulf Laur. sec. 8 (n. 2264).
Odilolf Laur. mehrm.
Odololf tr. W. a. 730 (Pd. nchtr. n. 50).
Oadilolf St. P.
Uodelolf Lc. a. 1027 (n. 162), 1091 (n. 246).
Udilolf Laur. sec. 8 u. 9 (n. 260, 2377); Lc. a. 1032 (n. 167).

Othel-, Othil- s. OTHAL. **Othind** s. AUD. **Othok** s. Crel. **Otigeba, Otkar, Otmar, Otoquim, Otwin** u. m. a. s. AUD. **Oua** s. AW. **Oudal-** s. OTHAL. **Oue, Ouwaman, Ovida, Owolf** s. AW.

Oza, fem. 10. St. P. drml.; H. a. 909 (n. 136); Lc. a. 1070 (n. 221).
Ozalo. 8. St. P.
Ozal St. P.
Ozilo St. P.; Laur. sec. 8 (n. 2966); G. a. 973 (n. 23).
Oazilo Mchb. sec. 9 (n. 456).
Ozberht. 9. R. a. 821 (n. 21).
Ozelin. 11. G. a. 1086 (n. 68).
Ozi. 11. St. P. öfters.
Otzi Mchb. sec. 11 (n. 1193).
Ozias P. III, 429 u. St. P. undeutsch?
Oziman. 11. St. P.
Ozo. 9. St. P.; Ng. a. 806; H. a. 909 (n. 136, 137); Lc. a. 1070 (n. 221), 1074 (n. 224).
Oazo Gld. II, a, 104.
Ozzani, fem. 8. Tr. W. a. 774 (n. 71).

Es muss noch untersucht werden, ob nicht einige der mit Oz- beginnenden formen als diminutive bildungen zu AUD gehören.

P.

Bei dem mangel an gothischem und sächsischem anlautenden P können auch in den namen nur ganz vereinzelte formen unter diesem buchstaben aufgeführt werden, die unter B nicht gut ihre stelle fanden. Dazu kommen im folgenden einige composita, deren erster theil ein fremdwort ist. Im übrigen habe ich nur auf B zu verweisen.

Pab- s. BAB. **Pac-** s. BAC. **Pad-, -pad** s. BAD. **Pago** s. BAG. Zu diesem stamme viell. auch Paginolf bei Gr. I, 850 und III, 24. **Paio** s. BOI. **Pald-** s. BALD. **Pallo** s. BALU. **Palt-, Palzo** s. BALD.
Pammo. 9. Mchb. sec. 9 (n. 296, 325 etc.). Vgl. Bammin.
Pamo Wg. tr. C. 296.
Nhd. Bamme.
Pancoard s. BANC. **Pand-** s. BAND. **Panno, Panpurc** s. BAN. **Pant-, Panzo** s. BAND. **Pap-** s. BAB. **Par-** s. BAR. **Pard-** s. BARD. **Parefrid, Pargund, Parinc, Paro** s. BAR. **Part-** s. BARD.

PASC. Die folgenden halb deutschen namen gehören wie Pasco (R. n. 2), Pascuarius (pol. Irm. s. 188) und Paschalis zu hebr. pascha.
Pascuildis, fem. 8. Pol. Irm. s. 83.
Pascuwialh. 9. St. P.
Paggoin. 8. Pol. Irm. s. 43, 46 etc.

Pat- s. BAD. **Pauc-, Paug-** s. BAUG.
Paulipert. 8. P. V, 484 (chron. Salernit.). Zu Paulus.
Paz- s. BAZ. **Pebo** s. BIB.
Pedelbrand. 7. P. IX, 412 (gest. episc. Camerac.). Etwa dissimilirt für Pederbrand und zu PETRO gehörig?

Pedreverga s. PETRO. **Pegirim, Peier, Peio** etc. s. BOI.

Peipo. Gr. III, 321.

Nhd. Peip, Peipe.

Peldine s. BALD.

Pemmo. 8. Paul. diac. VI, 26, 45 etc.

Pemo Mur. 1922, 7.

Penta, fem. 9. Ng. a. 831 (n. 251).

Penzo s. BAND. **Pepilo** s. BAB.

Pepin. Gr. III, 322; zu Pipin?

Pepo, Peppo s. BIB. **Peradeo** s. BERA. **Peraht-, Pereht-** s. BERAHT. **Peren-** s. BERA. **Pergolf, Perhicher** s. BIRG. **Perht-** s. BERAHT. **Perinza, Pern-** s. BERA. **Pert-** s. BERAHT. **Petilo** s. BAD.

PETRO. Fremder stamm, zu griech. Petrus gehörig.

Petribert. 10. Lp. a. 972 (II, 303).

Pedreverga, fem. 10. Lp. a. 1000 (II, 423).

Petroald. 9. Ep. Lunens.; synod. Roman. a. 826.

Peugridi (so). Gld. II, a, 105.

Peza-, Peze-, Pezi-, Pezo- s. BAZ.

Pezzer. 9. Gld. II, a, 105.

Paeziro R. a. 810 (n. 15).

Pezzira, fem. 8. Mchb. sec. 8 (n. 51).

Pezzista, fem. 9. Mchb. sec. 9 (n. 551).

In bezug auf den stamm der drei letzten namen vgl. BAZ. Ueber die seltenen comparativ- und superlativbildungen unter den n. vgl. die suffixe -r und -st.

Pfenzo s. BAND. **Phagala** s. FAG. **Pharas** s. FAR.

Phentioni (genit.) 9. Dr. a. 842 (n. 545; Schn. ebds.).

Phil- s. FILI.

Pholing, Gr. III, 334; von Gr. wol nur aus o. n. Pholinchova geschlossen.

Phuman. 8. Laur. sec. 8 (n. 195).

Picca, Picco s. BIG.

Pichilinc, Gr. III, 325; von Gr. wol nur aus o. n. Pichilinchova geschlossen.

Pichilo, Gr. III, 325; von Gr. wol nur aus o. n. Pichelense und Pichilinwilari geschlossen.

Picoald s. BIG. **Pietto** s. BID.

Piezi und **Piezo** Gld. II, a, 105.

Piholf. 8. Mchb. sec. 8 (n. 149).

Picolf und Piscolf Ng. a. 766 viell. hieher?

Pild- s. BILD. **Pilicho, Piligrim, Pilolf** etc. s. BIL. **Pineizheri** s. Binizo.

Pinta, msc. 6. B. zu Karthago. A. S. Jan. I. Vgl. BAND.

Pipa, Pipin, Pippi, Pippo s. BIB. **Pirhtilo** s. BERAHT. **Piricho** s. Birico. **Pirnicho** s. BERA.

Piscolf. 8. Ng. a. 766. Gr. III, 354 sellt zu diesem n. noch eine andere form Piscof und setzt beide zu piscof episcopus. Vgl. Piholf.

Pising, Piso s. BIS. **Pito, Pittheri** s. BID.

Pitzas. 5. Πίτζας Procop. b. Goth. I. 15 f.

Hiefür steht Pithia bei Cassiod. V, 29.

Petza Jorn. 58.

Hierüber Grimm gesch. d. dtsch. spr. I, 479: „Πίτζας, Γότθος ἀνήρ bei Procop. d. b. goth. 1, 15, 16 heisst bei Cassiodor 5, 29 Pithia, so dass tz bloss den aspirirten laut th (vgl. s. 395) dem Griechen schärfer bezeichnete; aber der ganze name klingt sonst ungothisch."

Pizala s. BIZ.

Planulf. 9. Pol. R. s. 70.

Plecheim, Plectrudis s. BLIC. **Plien, Plienunc** s. BLIUN. **Plinta** s. BLIND. **Pluoma** s. BLOM. **Poazolf** s. BOS. **Pod-** s. BUD. **Polgan** s. BALG. **Polla, Pollo** s. BOL.

Ponto. 9. Ng. a. 879. Vgl. BAND.

Poppo s. BOB. **Porano** s. BORAN. **Porca** s. BURC. **Porinlind, Pornin** s. BORAN. **Poso** s. BOS.

Postfred. 9. P. III, 253 (Hlud. et Hloth. capit.).

Viell. verderbt aus Puozfred oder dergl.?

Pot- s. BUD. **Pramo** s. BRAM.

Prautald. 10. Lgd. a. 906 (II, n. 31); verderbt? vgl. BROZ.

Prebila. 8. St. P. Scheint ein slav. name zu sein. Vgl. Prebor C. M. Juni.

Preicto. Gld. II, a, 106.

Premarit, Premminc s. BRAM. **Pretimir** s. BRID.

Prezolf. 9. Schn. a. 824 (Dr. ebds. n. 449 Prehholf).

Prezzold. 8. P. II, 374 (vit. S. Sturmi).

Prezzolt Dr. sec. 8 (Schn. ebds. a. 788 Prezzelt); necr. Fuld. a. 810.

Gehören die beiden letzten n. zum v. n. Prezzun Gr. III, 369?

Priarius. 4. Amm. Marc.; deutsch?

Pridker s. BRID. **Priminc** s. BRAM. **Prise** s. Briso. **Priulf** s. Hariulf. **Pronulf** s. BRUN.

Pronze. Gld. II, a, 106.

Prozila, Prezolt s. BROZ. **Prun-** s. BRUN.

Prunsthart s. Brunsthart. **Puantun** s. BU.

Pudiming, Gr. III, 87, wol nur aus o. n. Pudiminga geschlossen.

Pufulus. 8. St. P.; wol undeutsch.

Pukilo. Gld. II, a, 106 neben Puocolo.

Pulcari. 9. P. V, 513 (chron. Salern.); deutsch? Pulgar St. P.

Pumi. 9. Wg. tr. C. 273, 292, 315, 316, 318, 330, 384, 387, 450, 480.

Pumy Wg. tr. C. 409.

Punin, Punno s. BUN.

Punzo. 11. P. IX, 746 (chron. mon. Casin.).

Puo s. BU. **Puole** s. BOL. **Puoto** s. BUD.

Pupa s. BOB. **Purc-, Purg-, Purihilt** s. BURG.

Purolf zu schliessen aus o. n. Purolfinga.

Purso. 8. Mchb. sec. 8 (n. 5, 186).

Pursso Mchb. sec. 8 (n. 249).

Pusto. Gld. II, a, 106. Vgl. Postfred.

Putul s. BUD. **Puwenta, Puwo** s. BU.

Q.

Ausser in den beiden folgenden wortstämmen kommt Q in n. anlautend nur für W vor, z. b. in Qualpoald, Quillbret, Quanzo, Quolfivin; s. namentlich die urkk. aus sec. 8 bei Ng.

Inlautend bildet es sich oft aus zusammenstossendem c + w, z. b. Fulquin, Marquard u. dgl.

QUAM. Zu diesem stamme (goth. quima, quam, quêmum), aus dem Grimm II, 513 auf ein quuma advena schliesst, stelle ich folgende namen:

Otoquim 9.	Hruodicoma 8.	Zeizcoma 9.
Gericommus 9.	Williquema 8.	Zitcoma 8.
Hilticoma 8.	Zeizcomo 8.	

Hieher scheinen ferner zu gehören:

Coman. 8. Laur. sec. 8 (n. 306); Dr. und Schn. a. 810 zwml.

Comant. 8. Laur. sec. 8 (n. 2392).

Im übrigen unterliegt dieser stamm leichter vermischung mit GUMA.

Quasa s. Hwas-.

QUID. Wohl zu ahd. quedan loqui. Anderer ansicht ist Zeuss s. 117, wenn er Quidila zum volksn. Quadi stellen möchte. Späteres Quiddürfte zu WID gehören; vgl. Quidbald.

Quito. 4. St. n. 607 (inschr. aus sec. 4).

Quidila. 6. Cassiod. var. 8, 26 (acc. msc. Quidilanem).

Nhd. Quittel.

O. n. Quidilinaburg.

Quitarius. 8. Pd. a. 704 (n. 459; H. ebds. n. 28).

Ist die form nicht verderbt, so mag der n. hieher gehören.

Quidulf. 9. Pol. R. s. 44.

R.

Welche namen hieher zu rechnen und welche hier auszuscheiden sind, kann nur in den wenigen fällen zweifelhaft sein, wo es ungewiss ist, ob vor dem R ein anlautendes H untergegangen ist oder nicht.

Zuweilen erscheint R in folge von dissimilationen statt L, z. b. in Alerm, Waldorf, Villermus. An andern stellen ist es vertreter eines ältern S; s. am anfange dieses buchstaben.

-r, suffix. Dasselbe läuft dem -l und -n auf merkwürdige weise parallel. Wo es zur ableitung einfacher n. dient, ist es unendlich seltener als jene beiden anderen suffixe und selbst von den hier anzuführenden 28 formen dürften einige das r nicht erst bei der bildung des personennamens erhalten, sondern schon in einem fertigen worte der übrigen sprache vorgefunden haben.

Aclara 8.	Cumbro 9.	Hliodro 8.
Aldrus 8.	Daëro 6.	Hwelfra.
Aldara 8.	Droctara 8.	Maldra 5.
Baldro 9.	Givara 8.	Sadira 9.
Bertara 8.	Giber 6.	Waldrea 10.
Baior 9.	Geldrea 9.	Vigur 7.
Buggaranae 8.	Gambara.	Vulfara 8.
Cancuro 8.	Grimera 9.	Ceizura? 9.
Cimberius 1 v. C.	Helira 9.	
Cramar 8.	Hadur 8.	

Hievon zu trennen sind die beiden n. Pezzer (9) und Pezzira (8) (auch Richiro 10?), wo das -r jedenfalls comparativendung ist, ferner Arnoluara (8), wo das suffix ganz gegen die deutsche weise an einen zusammengesetzten n. tritt.

Ein mit -r verbundenes zusammengesetztes suffix (entsprechend dem -lin oder dem -nz) giebt es nicht, doch bemerke ich, dass die endungen -smus und -sma es lieben, den vorhergehenden stamm des namens um ein r zu erweitern. Beispiele davon sind folgende 10:

Aldrismus 8.	Landrisma 8.	Sigrisma 8.
Aldrisma 8.	Leudrisma 8.	Waldrisma 8.
Gundrisma 8.	Madrisma 8.	Wandrisma 8.
ngrisma 8.		

Sonst kenne ich nur die formen Aldring (8), Beiariu (8), Chunchirin (7), Hedralus (9), Incrinus (7), Walarunc (8) als solche, bei denen ein durch r erweiterter stamm noch ein suffix annimmt.

Wenn bei den bis hieher erwähnten erscheinungen das R nur gewissermassen als ein schwacher abglanz der suffixe L und N erschien, so ist es dagegen jenen in dem falle fast ebenbürtig, wo es dazu dient, den ersten theil eines componirten namens zu erweitern. Hier werden in zukunft die fälle zu scheiden sein, wo das r ein ursprüngliches und wo es etwa aus s entstanden ist; ferner auch die fälle, wo das r nur der namenbildung angehört, und die, wo es bereits in einem fertigen worte vorlag. Ohne auf diese genauere scheidung hier eingehn zu dürfen lege ich hier ein register solcher formen vor:

Alekerwich?	Godrevert 8.	Maderger 9.
Elbergaut 11.	Godreverta 8.	Madregerdis 9.
Alrauld.	Goderher 9.	Madergaud 9.
Odrechildis 9.	Goderhildis 9.	Madrehildis 8.
Patirolf 8.	Goderman 9.	Maderwin 9.
Baldrevert 8.	Gundracrus 7.	Oberolt 8.
Bebrimod 6.	Gundrildis 8.	Riederhilt.
Camarwib 9.	Hengrgis 9.	Sandrald 10.
Tagarhilt 8.	Floderlindis 9.	Sigarhard 10.
Dairveus 8.	Ingerlaus 8.	Sigurmar 8.
Egorbald 9.	Isirbert 9.	Dietergis 8.
Jadregisil 9.	Leiperolf 9.	Theuderulf 8.
Gadroald 7.	Landrobert 8.	Oftrolt 9.
Geldraberta 8.	Madrevert 8.	Wagarhilt 8.
Gaudremar 7.	Madreberta 8.	Waldromar 7.
Godrebald 8.	Madreberga 8.	Wolfirmunt 9.

Dazu kommen noch die am ende der stämme SAD, WAND und WID erwähnten zahlreicheren formen mit r.

Bis zum range besonderer stämme erheben sich endlich um r erweiterte formen:

ABAR.	AUSTAR.	WACAR.
ADRA.	EBAR.	WESTAR.
AGIR.	HAMAR.	WINTAR.
AMBR.	SUNDAR.	WULDAR.
ANDAR.		

Raban-, Raben- s. HRABAN.

Rabo. 9. Laur. sec. 9 (n. 596).

Rabold s. RAD. **Rac-, -rac, Rach-, -rach** s. RAG. **Rachis** s. RAD.

Rachto. 8. St. P. Abt v. Münster, dann b. v. Strassburg.

Racipert. 9. Ep. Nuceriens. Syn. Rom. a. 853.

Race, Racoin, Racolf s. RAC.

RAD. Dieser stamm ist in p. n. sehr häufig; o. n. haben ihn nur insofern, als sie mit p. n. zusammengesetzt sind. Sowol anlautend als auslautend erscheint er seit sec. 5.

Am ende von p. n. scheint RAD immer die bedeutung von consilium zu haben; das andere wort (facultas, opes) mag mitunter den damit beginnenden n. zu grunde liegen. Das ist eben so schwer zu entscheiden, als die frage, ob wir nicht vielleicht manchmal den stamm brad celer (s. HRAD) hierin zu sehn haben. Die zuweilen vorkommenden n., welche Hr anlauten, scheinen hiefür nichts zu beweisen, da dieselben quellen auch Hrich- für Rich- haben. Verwechselungen sind zwischen unserm stamm und HARD und WARD möglich. Auffallend ist, dass die trad. Corb. in der überwiegenden zahl der stellen -red haben, während rath und rathen alts. râd und râdan lautet. In diesem -red (und Red-) haben wir eine analogie zu alts. gêr (jahr), dêdun (thaten), bêdi (batest), giwêdi (gewand); s. Grimm gr. I, 241.

Eine andere bemerkenswerthe form ist -raus, welches sich besonders bei den Westfranken nicht selten findet. Es scheint meistens für radus, vielleicht auch zuweilen für rahus zu stehn. Dergleichen formen sind z. b. Gundraus, Goderaus, Hardraus, Hroderaus, Hunraus.

Auslautendes RAD haben sehr viele formen, und zwar halten sich in ihnen die masc. und fem. ziemlich das gleichgewicht. Ich führe hier 240 n. an, bemerke aber, dass diese zahl gewiss weit hinter der wahrheit zurückbleibt, da ich manche form nur einmal angeführt habe, von der es sich bei genauerer untersuchung erweisen wird, dass sie eigentlich zwei n., einen masculinen und einen femininen repräsentirt.

Ohtrad 10.
Agerad 7.
Agrada 8.
Egilrat 8.
Ailarada 9.
Acamrad 8.
Agnetrada 7.
Einizrat 8.
Alarad 9.
Electrad 8.
Electrada 8.
Aldrad 8.
Aldrada 8.
Alberad 8.
Alferada 8.
Elrahd 8.
Ellanrat 8.
Amalrad 8.
Amalrada 9.
Emizrat 9.
Audrad 8.
Andrada 8.
Enginrat.
Ingalrad 8.
Angilrada 8.
Anserada 9.
Anstrat 8.
Anstrada 8.
Erferat 8.
Archarat 8.
Adarad 8.
Adrada 8.
Adalrad 8.
Adalrada 8.
Auderat 8.
Audrada 8.
Onrada 8.
Austrad 8.
Badarad 9.
Baldarat 8.
Baldrada 8.
Bandrad 6.
Baugrat 10.
Perrat.
Bernerad 8.
Berhtrad 8.
Bertrada 8.
Bilerat 8.
Bildrad 8.
Blidrat 8.
Buozrat 9.
Brunrat 9.
Burad 8.
Boderad 9.
Burgarad 8.
Burgareda 8.
Chimerad 9.
Chuderat.
Chunrad 8.
Tagarat 6.
Tennared 6.
Thoadrat.
Dograt 8.
Eburrad 8.
Everrada 9.
Enhored 9.
Ercanrad 8.
Ercanrada 8.
Ewirat 7.
Fastrad 8.
Fastrada 8.
Fledrad 8.
Frangerada 11.
Frauirat 8.
Frauvirata 8.
Friared 6.
Frithurad 8.
Friderada 9.
Fruarad 8.
Frumirat 9.
Fulcrad 8.
Fulcrada 8.
Geberad 8.
Geginrat 9.
Gailrada 8.
Gildared 6.
Giltrada 8.
Camalrat 8.
Gendrad 8.
Gendrada 8.
Gerrad 8.
Gerrada 8.
Gardrad 11.
Gastrad 8.
Ganzrat 8.
Gozserada 9.
Kewerat.
Gelfrat 8.
Germentrada 8.
Gisalrat 8.
Gislerada 9.
Gotrat 8.
Godrada 9.
Godalrada 8.
Comerat.
Gunderad 8.
Gunderada 8.
Hachirat 8.
Hainarad 8.
Aitrada 9.
Hailrat 8.
Halegred 9.
Haimrad 8.
Haimerada 9.
Helrat 9.
Harad 11.
Hercrat 9.
Hardarat 8.
Ardrada 8.
Harirad 8.
Hadarat 8.
Hilmerad 8.
Helmerada 9.
Henred 9.
Herzrad 8.
Hildirad 8.
Hildrada 8
Hilprad 8.
Hilprata 9.
Himilrad 9.
Hohrat 9.
Horserat 9.
Hramrad 9.
Hrodrad 8.
Ruadrada 8.
Hugirat 8.
Huldrada 8.
Hunrad 9.
Hunrada 9.
Hunratheri? 9.
Imnered 7.
Ingarad 8.
Ingrada 8.
Ermerad 8.
Ermbrada 8.
Irminrat 8.
Irminrada 8.
Jerat.
Jucaredo 8.
Jutrad 8.
Jungarat 8.
Leibrat 8.
Laidarat 8.

Lecdrada 9. Landrad 8. Landrada 8. Laurad 7. Lindrat 8. Liubarat 6. Liudrad 8. Leudrada 8. Lorado 7. Lustrat 9. Maganrad 8. Mahtarat 9. Malrada 8. Marcarad 8. Madelrat 8. Milrat 9. Membrada 9. Murcrat. Nandarat 8. Nadalrad 8. Niwirat 9. Nothrad 8. Nordrat 8. Orderad 8. Odalrat 8. Odelrada 9. Reccared 6. Rodamra? 9. Salerat 9.

Sandarat 8. Sarrad 9. Sconrat. Selbrat 8. Sigirad 8. Sigrada 8. Sindarat 9. Sendrada 9. Snelrad 10. Sniumrat 9. Somrat 9. Starcrad 8. Sundirbrat 9. Suniered 8. Suinderad 8. Tasrad 9. Tetrad 9. Tedrada 9. Thancharat 8. Tancrada 9. Theganrad 8. Tingerat 9. Teuderat 5. Theuderada 8. Donarad 8. Trancrad 9. Triwerat. Oftrad 10. Untrat 10.

Vaifared 10. Walarad 9. Waldorad 7. Walderada 6. Wanrat 9. Warrat 8. Werinred 9. Welarat 8. Welarata 9. Westrat 9. Wiborada 8. Widerad 6. Widrada 9. Wigarat 8. Wigrada 8. Willirad 8. Wilirada 8. Winerad 8. Winerada 8. Wielrat 8. Viorad 8. Wolarat 8. Wolchrad 8. Worad 8. Vulderad 7. Vulfrad 8. Vulfrada 8. Wunred 9. Citrat 9.

Rado. 6. B. v. Soissons sec. 9.
Rado P. II, 274 (gest. abbat. Fontan.); III, 137 (Kar. M. capit.); V, 118 (ann. S. Bonif.); VIII, 323 (Sigeb. chron.); X, 534 (gest. abbat. Gemblac.); Mab. a. 653, 778; Ng. a. 779, 790; gest. Dagoberti I; Fredegar; pol. Irm. s. 241; Laur. sec. 8 (n. 228, 268).
Rato P. VIII, 194 (Ekkeh. chron. univers.); Ng. a. 761, 773; St. P. drml.; Laur. sec. 8 (n. 1605).
Raato St. P. zwml.
Ratdo H. a. 1045 (n. 242).
Radanem (acc. msc.) d. Ch. I, 866.
Nhd. Rade, Radde, Raht, Rath, Räth, Ratti, Redde, Reede, Reth, Rette.
Nhd. Ratinweg.

Radi. 9. Wg. tr. C. 172.

Rada, fem. 9. H. a. 853 (n. 87).

Radacho. 9. H. a. 909 (n. 137).
Rathago H. a. 909 (n. 136).
Radach Mchb. sec. 9 (n. 627).
Redig Hf. c. a. 1020 (II, 152).
Nhd. Radach, Radcke, Raddig, Radeck, Radecke, Radicke, Radike, Radke, Radtke, Rathge, Rathke, Raticke, Rattke, Rettich, Rettig.

Radaca, fem. 10. Lc. a. 962 (n. 105).

Ratilo. 8. Schn. a. 756; St. P.
Ratholo P. IX, 439 (cod. evangel. Camerac.).
Nhd. Radel, Rädel, Rädell.
O. n. Ratolingun, Redilinghova.

Radila. 8. Laur. sec. 8 (n. 880); pol. R. s. 67.
Ratila St. P.
Radla P. VI, 602, 606 (Brunon. vit. S. Adalb.).
Raitla pol. R. s. 75 hieher?
Reatila Ng. a. 744 hieher?

Ratan. 8. Dr. a. 796 (Schn. ebds. Tatan); Mchb. a. 783.

Ratin. 9. Ng. a. 802.
Radini Gld. II, a, 106.
Ratini Schpf. a. 823 (n. 87).
Ratine Gld. II, a, 106; ebds. Retine.
Nhd. Reden, Rhaden.
O. n. Ratineshova.

Raduni. 8. Tr. W. a. 718, 811 (n. 180 und Pd. nchtr. n. 40).
Ratuni St. P.
Redun C. M. Decbr.

Ratant. 8. Necr. Fuld. a. 811.

Rading. 8. Ep. Matiscens. sec. 9.
Rading tr. W. a. 786 (n. 101); pol. Irm. s. 100, 270; Frek.; Sm. (var. Raing).
Radoing tr. W. a. 713 (n. 192 und Pd. nachtr. n. 23).
Radiuc Ng. a. 805.
Rating Ng. a. 821, 874.
Ratinc Ng. a. 825, 893.
Ratinch Gld. II, a, 106.
Ratinh K. a. 790 (n. 37).
Reding P. V öfters; VIII, 662 f. (annal. Saxo); Wg. tr. C. 345; C. M. April.
Redinc C. M. Aug.
Reting P. IV, 166 (Ott. M. pact.).

Steht Ratunt Dr. sec. 10 (n. 698) vielleicht für Ratunc oder Ratuni?
Nhd. Reding.

Ratinza, fem. 9. K. a. 861 (n. 136).

Razo. 9. P. V, 785 (Thietmari chron. neben Raco); VI öfters (u. a. s. 834 mit var. Raizo

und Raso); VIII, 641 (annalista Saxo); K. a. 824 (n. 90); Ng. a. 826, 838; St. P.; necr. Aug.; Frek. mehrm.; H. a. 928 (n. 150); Gud. a. 951, 1056, 1069, 1074.
Razzo M. B. VIII; Lc. a. 948 (n. 102).
Ratzo M. B. sec. 11 (VI).
Rezo Lc. a. 1094 (n. 248).
Nhd. Rahts, Rahtz, Rasse, Rätz, Reetz, Rehtz.
O. n. Razinhovan, Razzenhusun.

Razi. 10. Frek.; St. P.; R. a. 1066 (n. 169).

Raza, fem. 10. Lp. a. 959 (II, 247); St. P. mehrm.

Raziko. 10. Frek. mehrm.
Razecho Laur. sec. 11 (n. 134).
Nhd. Retzke, Rötzke.

Razili. 11. St. P. zwml.
Nhd. Rassel, Retzel.

Razala, fem. 11. St. P. zwml.

Razilin. 10. Ng. a. 947.

Razeinchin. 11. Lc. c. a. 1070 (n. 221). Vgl. Razihin.

Radbald. 8. Markgraf der Ostmark sec. 9.
Radbald Lc. a. 1002 (n. 133).
Ratbald Ng. a. 766, 775; pol. Irm. s. 101; Laur. mehrm.
Ratbalt Laur. mehrm.
Ratbold Laur. sec. 8 (n. 1195); pol. Irm. s. 11, 89 etc.; pol. R. s. 74.
Ratpald Ng. a. 757; St. P.
Ratpold Ng. a 791, 793; necr. Aug.
Redbald P. V, 839 (Thietmari chron.); VIII, 667 (annalista Saxo); C. M. April.
Redbold Wg. tr. C. 328, 345.
Rabold Lc. c. a. 1070 (n. 221) und St. M. a. 1092 hieher?
Nhd. Raboldt, Radeboldt, Rappold, Rappolt.
O. n. Ratpoldeskirichun.

Ratbolda, fem. 8. Pol. Irm. s. 186.

Redbern. 9. Wg. tr. C. 254.
Retbern Wg. tr. C. 250.
Nhd. Radber.

Radobert. 7. Mab. a. 653; H. a. 704 (n. 28).
Radebert d. Ch. I, 625, 672.
Radepert Gld. II, a, 118.
Ratperaht Dr. a. 812 (n. 278; Schn. ebendas. Ratperath).
Hradperaht Schn. a. 796.
Ratbraht Frek.
Ratpraht Dr. sec. 9 (n. 236).
Ratbrecht Laur. mehrm.
Rathbrecht Laur. sec. 8 (n. 1755).
Ratpreht Ng. a. 792, 797.
Ratperht St. P. mehrm.
Hratperht St. P.
Radbert P. I, 194 (Einh. ann.); III, 547 (Boson. cap.).
Radpert P. II, 78 (Ekkeh. cas. S. Galli).
Ratbert P. I, 70 (ann. Sangall.); III, 158 (Kar. M. capit.), 534 (Kar. II capit.); VIII, 447 (Sigebert. auctar. Corbej.), 566 (annal. Saxo); Guèr. a. 729; Ng. a. 765; pol. Irm. s. 11, 56 etc.; Wg. tr. C. 228; Laur. oft; Sm.
Ratpert P. II oft; Ng. a. 797, 805, 822; St. P.
Ratperth St. P. zwml.
Ratberath Ng. a. 744.
Ratprath Gld. II, a, 106.
Radbrad Ng. a. 786.
Radbret Ng. a. 826.
Ratbret Ng. a. 791.
Ratbreth Laur. sec. 9 (n. 179).
Ratpreth Laur. sec. 8 (n. 267).
Rathbert Lc. a. 927 (n. 87).
Rappert H. a. 960 (n. 171).
Rapert P. II, 56 (rhythmi de S. Otmaro); IX, 102 (chron. Novalic.); Ng. a. 778.
Raedbrect Pd. a. 721 (n. 519).
Raprath Gud. a. 1006.
Raudpert P. II, 35 (abb. S. Gall. catal.) hieher oder zu HROD?
Nhd. Rabert.
O. n. Ratbertovillare.

Radaberga, fem. 8. Lp. a. 870 (I, 839 ff.).
Ratberga Paul. diac. VI, 26; pol. Irm. s. 30, 39 etc.; pol. R. s. 71.
Ratbirg Laur. sec. 8 (n. 312).
Ratbirc Laur. sec. 9 (n. 270).
Ratpric K. a. 838 (n. 99).
Ratpiric Gld. II, a, 127.
Ratprich Ng. a. 857.
Hratpirc St. P.
Raberga Lp. a. 870 (I, 839 ff.).
Radbergane (abl.) K. a. 773 (n. 15).
Ratbergane (abl.) K. a. 772 (n. 14).
O. n. Rapirgahusa.

Ratborn. 9. B. v. Aosta sec. 9.
Ratborn P. III, 529 (Kar. II capit.) var. Ratbon; conc. Ticin. a. 876; conc. Ravenn. a. 877.

Radbrand. 8. P. II, 423 (vit. S. Liudgeri).
Radeprand P. IX, 583 (chron. mon. Casin.).
Radobod. 7. Sec. 7: Friesenfürst. Sec. 9: b. v. Trier. Sec. 10: b. v. Noyon (R. I). Sec. 11: b. v. Noyon (R. II); pfalzgraf.
Radobod P. III, 21 (Pipp. capit.).
Rathubod P. V, 4 (ann. Corbej.).
Radebodo G. a. 1092 (n. 70).
Rathpoto P. I, 24 (ann. Alam.).
Ratbodo P. I, 384, 410, 415 (ann. Fuld.); Laur. sec. 8 (n. 1838).
Ratpodo Laur. sec. 9 (n. 176).
Ratpoto Gld. II, a, 106.
Radbod P. I, 6 (ann. S. Amandi), 291 (chron. Moissiac.), 321 (ann. Mett.) etc.; II, VII oft; VIII, 394 (Sigeb. auctar. Aquicin.); X, 167 (gest. Trever.); Fredegar; H. a. 974 (n. 189); gest. regg. Franc. mit mehreren andern schreibungen.
Rathod P. I, 6 (ann. Tiliani), 7 (ann. Petav.), 102 (ann. S. Columbae), 114 (ann. Lauriss.) etc.; II öfters; III, 458 (Kar. II capit.), 469 (Hlud. Germ. capit.); V öfters; VI, 6 (ann. S. Maxim. Trevir.); VIII öfters; X, 167 (gest. Trever.); Ng. a. 772; Guér. a. 1046.
Ratbot P. I, 24 (ann. Lauresh.); III, 561 (Arnulfi capit.); Ng. a. 766.
Ratpot P. I, 64 (ann. Sangall.); V, VII öfters; Ng. a. 788, 789, 812; St. P. drml.
Ratboth P. I, 25 (ann. Nazar.).
Rathpod G. a. 895 (n. 7).
Raðbod P. XI, 3 (ann. S. Germ. min.).
Radhbod P. I, 290 (chron. Moissiac.).
Rathbod P. I, 607 (Regin. chron.); H. a. 898 (n. 129) etc.
Raedbod P. II, 338, 341 (vit. S. Bonif.).
Redbod P. II, 339 (vit. S. Bonif.).
Hratpot Ng. a. 819.
Rappodo P. VII, 380 (Brun. de bell. Saxon.).
Rappot P. IX, 664 (chron. mon. Casin.).
Rabbod P. II, 246 (ann. Wirzib.); V, 107 (ann. Hildesh.); VIII, 328—330 (Sigeb. chron.); IX, 298 (Ad. Brem.); X, 208 (vit. S. Magnerici).
Rapoto P. VII, 466 (Bernold. chron.); VIII öfters; X, 446 (Hugon. chron.); St.P.; d. Ch. I, 783.
Rapota (so, msc.) P. XI öfters (Cosm. chron. Boem.).
Rapotho necr. Aug.
Rabodo P. VIII, 441 (Sigeb. auctar. Hasnon.); Lc. c. a. 1080 (n. 242).
Rabod Lc. a. 910 (n. 86).
Ratpo P. IV, B, 171 (synod. Baioar. sec. X) wol hieher.
Reðbat P. II, 237 (ann. Fuld.); V öfters auch hieher.
Rapato Mchb. sec. 9 (n. 575) hieher?
Rachpod Lc. a. 902 (n. 82) für Radpod.
O. n. Ratpotiscella.
Ratburgis, fem. 8. Pol. Irm. s. 79, 81 etc.; A. S. Jan. I.
Ratburg Laur. sec. 9 (n. 733); C. M. Decbr.
Ratpurc St. P. mehrm.
Raatpurc St. P.
Ratpurch St. P.
Ratpuruc Gld. II, a, 127.
Redburg Gld. II, a, 127 neben Redburch.
Hratpurch St. P.
Raburgis pol. Irm. s. 50 (sec. 11) wol hieher.
Raburg Lc. c. a. 1070 (n. 221).
Reddag. 8. Wg. tr. C. 425.
Raeddeg Lc. a. 793 (n. 2).
Rattrudis, fem. 8. Laur. sec. 8 (n. 845); pol. Irm. s. 8, 66 etc.
Rattruda P. IX, 585, 634 (chron. mon. Casin.).
Ratdrud St. P.; Laur. mehrm.
Ratdrut Dr. c. a. 813 (n. 296; Schn. ebds. Ritdrud).
Rattrud St. P. mehrm.
Rattrut St. P.
Ratthrud Gld. II, a, 127.
Ratrudis pol. Irm. s. 3, 235.
Ratflad, fem. 8. Laur. sec. 8 (n. 648).
Rathflat Laur. sec. 8 (n. 2163).
Ratfrid. 8. B. v. Avignon sec. 9.
Ratfrid P. III, 548 (Boson. capit.); pol. Irm. s. 81, 86 etc.; Laur. mehrm.; Ng. a. 813; pol. R. s. 56; necr. Aug.
Ratfrit Laur. sec. 8 (n. 1050).
Rathfrid Laur. sec. 9 (n. 185, 219).
Raadfrid (so) Lc. a. 796 (n. 6).
Redfrid Wg. tr. C. 266.
Ratfolc. 9. Tr. W. a. 861 (n. 272).
Ratgeil. 8. Schn. a. 778, 788, 944; Dr. sec. 9 u. 10 (n. 691, 710).
Radagais. 5. Goth. oder vandal. führer. Vgl. Zeuss s. 419.

Radagais P. VIII, 23 (Ekkeh. chron. Wirzib.), 134 (Ekkeh. chron. univers.), 305 (Sigebert. chron.); XI, 765 (ann. S. Rudberti Salisb.); hist. miscell. (Arcadius); Sever. Sulpic.; E. s. VI, 487.
'Ραδογάϊσος Olympiod.
'Ροδογάϊσος Zosim. V, 26.
Radiger. 6. Sohn des Warnerkönigs Hermegisclus.
'Ραδίγηρ Procop.
Ratgar P. I, 120, 121, 123 (ann. Lauriss.), 353, 356 (Enh. Fuld. ann.); VII, 101 f. (Herim. Aug. chron.); VIII, 565, 569, 572 (annalista Saxo); pol. Irm. s. 83, 243; Ng. a. 819.
Ratgaer Gld. II, a, 106.
Ratger P. II, 237 (ann. Fuld.); V, 117 (catal. abb. Fuld.); VII, 459 f. (Marian. Scot. chron.); pol. Irm. s. 158, 207; Ng. a. 824, 826; Laur. öfters.
Ratker St. P. mehrm.
Raadger Lc. a. 796 (n. 8).
Redger Wg. tr. C. 357.
Hratgar Schn. a. 810.
Ratgardis, fem. 8. Pol. Irm. s. 246.
Ratgart Laur. sec. 8 (n. 1209).
Raagart Laur. sec. 8 (n. 989).
Ratgast. 8. Schn. a. 796, 825, 838 (Dr. a. 825, n. 455, Hratgast).
Ratgaud. 8. Pol. Irm. s. 83, 85 etc.
Ratgoz P. II, 45 (S. Otmari vita).
Ratcoz Ng. a. 774, 779, 782, 787, 806.
Rathcauz Ng. a. 754.
Rathcoz Gld. II, a, 106.
Rahtgoz necr. Aug.
O. n. Ratcozesdorf, Racozoloch.
Ratgozza, fem. Gld. II, a, 127.
Ratgildus. Gld. II, a, 118.
Ratgildis, fem. 8. Pol. Irm. s. 255.
Ratgelt Schn. a. 838.
Redgeld C. M. Mai.
Radogis. 8. Laur. sec. 8 (n. 282).
Radechis P. V öfters; IX, 578, 595 (chron. mon. Casin.).
Ratchis P. V öfters; IX, 38 (Joh. chron. Venet.), 578, 585 (chron. mon. Casin.); Paul. diac. II, 28; IV, 40 etc.; Mur. 1922, 7.
Rattechis Lp. a. 843 (I, 510).
Ratechis Lp. a. 843 (I, 699).
Rathechis Lp. a. 843 (I, 699).
Radgis P. VIII, 26 (Ekkeh. chron. Wirzib.).
Ratgis pol. Irm. s. 5, 56 etc.
Ratkis Gld. II, a, 106.
Ratkys M. B. a. 837 (IX).
Ratcis P. IX, 585 (chron. mon. Casin.).
Raggis necr. Fuld. a. 1048.
Rachis P. V öfters; VII, 64 (catal. reg.); VIII, 331 f. (Sigeb. chron.), 555 (annalista Saxo); IX, 632 (chron. mon. Casin.).
Radohis pol. Irm. s. 30 hieher.
Ratgis, fem. 10. Necr. Fuld. a. 998.
Radagundis, fem. 6. Tochter des Thüringerkgs. Berthar, frau des Frankenkgs. Chlothar I, sec. 6.
Radagundis Pd. a. 653 (n. 324).
Radegundis P. I, 424 (ann. Bertin.); II, V öfters; VI, 115, 120 (Ademar. histor.); VIII öfters; Pd. a. 584 (n. 192); Greg. Tur. III, 7 etc.
Rhadegundis Venant. Fortun.
Radgund Laur. sec. 8 (n. 1687).
Ratgundis pol. Irm. s. 9, 100.
Ratgunt Laur. mehrm.
Ragunt Laur. sec. 9 (n. 1642).
Rathaida, fem. 8. Tr. W. a. 774 (n. 71).
Rathaidis pol. R. s. 73.
Radheit Schn. a. 796.
Ratheid Mchb. sec. 8 u. 9 (n. 90, 691); Dr. a. 813 (n. 283; Schn. ebds. Ratheo); Laur. sec. 9 (n. 724, 2301).
Ratchait (7, msc.) Paul. diac. VI, 26, 51 hieher?
Rathard. 8. Pol. Irm. s. 87; Laur. sec. 8 (n. 1486).
Rathart necr. Aug.; St. P. zwml.
Raathard Laur. sec. 8 (n. 192).
Redhard Wg. tr. C. 328, 360.
Rethard Wg. tr. C. 416; C. M. Aug.
Radheri. 6. B. v. Verona sec. 10. Ep. Marsican. sec. 10. B. v. Paderborn sec. 11.
Radheri P. VI, 795 not. (synod. Francof.).
Rathari Ng. a. 744; St. P.
Rathar P. I, 468 (Hincm. Rem. ann.); II, 193 (ann. Bertin.), 283 (gest. abbat. Fontan.), 645 (vit. Hlud. imp.); III, 504 (Hloth. II capit.); V, 35 (Lamberti ann.); VI, 549, 565 (Arnold. de S. Emmer.); Ng. a. 782, 824; Schn. a. 756, 757, 758; pol. Irm. s. 87, 90 etc.; Greg. Tur. VIII, 12; Laur. sec. 8 (n. 1164).

Ratheri P. I, 393 (ann. Fuld.).
Raatheri St. P.
Rathaere Gld. II, a, 106 neben Rathere.
Rather P.* II, 210 (ann. Lobienses); V, VI, VIII öfters; IX, 94 (chron. Novalic.), 201 (Anselm. gest. episc. Leod.); X, 531 (gest. abb. Gemblac.); pol. Irm. s. 234, 248; Ng. a. 802; Laur. mehrm.
Raadher (so) Lc. a. 793 (n. 3).
Rateri Lc. a. 927 (n. 87).
Ratere Lc. a. 1080 (n. 229).
Rater P. VI, 565 (Ademar. histor.); IX, 648 (chron. mon. Casin.).
Raetere Lc. c. a. 1080 (n. 241).
Rethar P. V, VI öfters; VIII, 637, 647, 649, 656, 658 (annalista Saxo); Wg. tr. C. 167.
Retheri P. VII, 180 (Lamberti ann.); Wg. tr. C. 266.
Rethere Lc. c. a. 1080 (n. 242).
Retere Lc. a. 1094 (n. 249).
Hrathari St. P.
Hrathar St. P.
Hratheri St. P.
Hretrius P. VIII, 636 (annalista Saxo).
Ags. Raedhere. Nhd. Rader, Räder, Ratter, Reder, Retter.
O. n. Ratersdorph.
Radhad. 8. Schn. a. 779.
Rathad Schn. a. 817; Laur. sec. 9 (n. 509).
Rathat Schn. a. 750.
Ratdad Laur. sec. 9 (n. 650 f.).
Ratad H. a. 870 (n. 107); Laur. sec. 9 (n. 725).
Hrathad Schn. a. 771.
Rathaus pol. Irm. s. 134.
Rathelm. 8. Tr. W. a. 737 (n. 47); pol. Irm. s. 46, 176; Ng. a. 797, 803, 815, 826, 839; St. P.; Laur. n. 225.
Ratelm Gld. II, a, 118.
O. n. Rathelmesdorf.
Radehilt, fem. 8. Pol. Irm. s. 30.
Radehilt Laur. sec. 8 (n. 3311).
Radoildis pol. Irm. s. 69, 90 etc.
Rathildis pol. Irm. s. 72, 241.
Rathilda St. P.
Rathilt necr. Aug.; St. P. zwml.
Raathilt Laur. sec. 9 (n. 767).
Raahthilt (so) St. P.
Hrathilt St. P.
Radamildis pol. Irm. s. 138 hieher? verderbt?

Ratheh. Gld. II, a, 106.
Ratramnus. 8. P. VI, 673 (epitaph. Adalberti II).
Rahtramnus tr. W. c. a. 700 (n. 228).
Rattramnus tr. W. c. a. 771 (n. 250); derselbe heisst ebds. n. 245 Ratrantnus.
O. n. Ratramnes wilare.
Ratroc. 9. Schn. a. 824.
Ratroh Laur. sec. 9 (n. 272).
Ratroch Dr. a. 812 (n. 269; fehlt bei Schn.).
Radolach. 8. Laur. sec. 8 (n. 2926).
Ratlach Laur. sec. 8 (n. 750).
Radleic. 9. Laur. sec. 9 (n. 29, 30); M. B. a. 851 (XI).
Radleicus M. B. sec. 9 (XI).
Ratleic necr. Aug.
Ratleich Laur. sec. 9 (n. 983, 1371).
Rathleih P. III, 411 (Hlud. Germ. capit.).
Nhd. Redlich.
Ratleib. 8. Laur. mehrm.
Nhd. Radleff.
Ratland. Gld. II, a, 106.
Ratlauga, fem. 8. Tr. W. c. a. 764 (n. 193).
Radalindis, fem. 8. Pol. Irm. s. 243.
Radelindis pol. R. s. 49.
Ratlind Schn. a. 759; Dr. a. 785 (Schn. ebds. Rathnid); St. P.
Ratlint Laur. sec. 8 u. 9 (n. 267, 505).
Raatlind St. P.; R. a. 821 (n. 21).
Ratliub. 9. R. a. 821 (n. 21).
Ratluip Mchb. sec. 9 (n. 642).
Radluo Ms. a. 1049 (n. 22) hieher?
Ratleuba, fem. 8. Ng. a. 744.
Rateloh. 9. Schn. a. 817.
Nhd. Radlo.
Radman. 9. Wg. tr. C. 454.
Ratman tr. W. a. 808 (n. 19); Ng. a. 838.
Rahtman (var. Rechtmant, Raghman) Sm.
Redman Wg. tr. C. 255, 264, 283, 286, 346; necr. Fuld. a. 1018.
Rethman Wg. tr. C. 39 wol hieher.
Nhd. Rademann, Rathmann, Redemann, Redmann.
Ratmar. 8 (5?) Dr. a. 796 (Schn. ebds. Hratmar); Laur. n. 3818; St. M. a. 942.
Radmer Wg. tr. C. 367.
Ratamar Gld. II, a, 106.
Radamir P. VIII, 348 (Sigebert. chron.), 605 (annalista Saxo).

Ratmor tr. W. c. a. 860 (n. 181) entweder Ratmar oder Ratmot zu lesen.
Retemer (var. Rotemer) Jorn. 36.
Redmer Wg. tr. C. 288, 451, 455.
Nhd. Redmer.
O. n. Retmerslevo.
Ratmot. 9. Ng. a. 866 (n. 438).
Ratmout Gld. II, a, 106.
Radmund. 7. Ng. a. 802.
Ratmund P. V, 96 (ann. Hildesh.); VI, 573 (Arnold. de S. Emmer.); XI, 234 f. (chron. Benedictobur.); pol. Irm. s. 85, 269; Ng. a. 802; Laur. sec. 8 (n. 1184); St. P.; M. B. sec. 11 (VII, XI).
Ratmunt St. P. zwml.; Laur. mehrm.; Sm. (var. Ratmun).
Redemund Pd. a. 615 (n. 230).
Radnath. 9. Lc. a. 855 (n. 65); bloss verschrieben für Radnoth?
Ratniuui, fem. 9. Dr. a. 838 (n. 508; Schn. u. Pistorius ebds. Patniuui).
Ratni Mchb. sec. 9 (n. 704).
Raderich. 8. Tr. W. a. 729 (n. 213).
Ratsinda, fem. 9. Ng. a. 846; pol. R. s. 44, 69.
Ratsinna pol. R. s. 2.
Rasinda pol. R. s. 71.
Ratswinda, fem. 8. P. VII, 23 (ann. Blandin.).
Ratsuinda tr. W. a. 742 (Pd. nchtr. n. 70); Laur. mehrm.
Ratswint Gld. II, a, 127.
Ratsuint Laur. sec. 8 (n. 1438); H. a. 926 (n. 146).
Rathsuind Laur. sec. 8 (n. 2085, 2127).
Rathuuind Dr. a. 838 (n. 515; Schn. ebendas. Ratsuuind).
Radsuit Ms. a. 1049 (n. 22).
Ratuvalah. 9. Schn. a. 800, 803.
Raduala (msc. od. fem.?) pol. Irm. s. 49 (s. 11).
Radoald. 8. Sec. 9: Sohn kg. Arnulfs; b. v. Strassburg; b. v. Verona. Sec. 10: ep. Rosiliens.
Radoald P. V oft; VII, 94 (Herim. Aug. chron.); VIII, 145 f. (Ekkeh. chron. univers.); IX, 607 (chron. mon. Casin.); Paul. diac. IV, 38 etc.; pol. R. s. 74.
Radoalt P. V oft.
Radold Laur. mehrm.

Radald Gld. II, a, 117; pol. Irm. s. 88.
Ratold P. I, 51 (ann. Alam.), 465 (Hincm. Rem. ann.); II, 699 (vit. S. Auskarii); III, 374 (urk. v. 840); VI, 450 (mirac. S. Marci); VII, XI öfters; St. P. öfters; Laur. mehrm.
Ratolt Schn. a. 756; M. B. a. 837 (IX, 22); necr. Aug.; St. P. öfters; M. B. sec. 11 (VI).
Rattolt St. P.
Reduald Pd. a. 721 (n. 519).
Rathold P. I, 428 (ann. Bertin.).
Rathald P. II, 193 (ann. Bertin.), 623 (vit. Hlud. imp.).
Rathalt necr. Aug.
Ratholt St. P.
Raadald (so) Lc. a. 802 (n. 25).
Ratald P. I, 469 (Hincm. Rem. ann.); II, 638 (vit. Hlud. imp.); III, 504 (Hloth. II capit.); IX, 94 (chron. Novalic.).
Hratold St. P. zwml.
Redald Lc. a. 812 (n. 30); Hf. c. a. 1020 (II, 152).
Redold Wg. tr. C. 275.
Reteld P. IX, 849 (chron. Hildesh.).
Ratald qui et Rozo (so) Lp. a. 985 (II, 378).
Nhd. Radewald, Radewaldt.
O. n. Ratoltescella.
Radoar. 8. Pol. Irm. s. 88, 99 etc.
Ratwar St. P.
Ratuvar Schn. a. 771.
Radoara, fem. 8. Pol. Irm. s. 59.
Radoara aus unbest. zeit auf einer röm. inschr. aus dem canton Aargau; St. n. 2076.
Radward. 8. Wg. tr. C. 467, 469; Lc. a. 1045 (n. 181).
Raduuard Wg. tr. C. 251.
Ratuuard Frek.
Radoàrd pol. Irm. s. 57, 59 etc.
Redward Wg. tr. C. 278, 421, 472.
Radwerc. 9. Wg. tr. C. 238.
Redwerc Wg. tr. C. 231, 268.
Radoidis, fem. 9. Pol. R. s. 70, 76.
Ratwig. 9. Laur. sec. 9 (n. 369, 476).
Ratwic Laur. sec. 9 (n. 367).
Ratwih St. P. dreiml.
Radvich Schpf. a. 823 (n. 87).
Raatwih R. a. 821 (n. 21).
Ratuuh St. P. wol hieher.
Hratwih St. P.

Ratveus pol. Irm. s. 187.
Redwig Wg. tr. C. 320.
Redwic Gld. II, a, 106.
Redvih Mchb. sec. 10 (n. 996).
Redwi Wg. tr. C. 486.

Radowin. 8. St. P. zwml.
Radwin Laur. sec. 8 (n. 1741, 1747).
Raduin pol. Irm. s. 89, 270.
Radoin pol. Irm. s. 61, 152, St. M. a. 721.
Radoenus pol. Irm. s. 23, 187.
Ratwin St. P.; Laur. mehrm.
Ratdoin St. M. c. a. 962.
Hradwin Schn. a. 811.
Chraduin tr. W. a. 712 (Pd. nchtr. 20).
Retwin Laur. sec. 8 (n. 704).
Rethwin Laur. sec. 8 u. 9 (n. 199, 777).
Raduni (genit.) Lc. a. 841 (n. 56), 847 (n. 63) hieher?

Radivina, fem. 8. Pol. Irm. s. 254.

Raduinchgus (so) 8. Lc. a. 941 (n. 93).
Reduinc Laur. sec. 8 (n. 2585).

Raduis. 8. Pol. Irm. s. 239.
Ratwis pol. Irm. s. 248; St. P.
Ratwiz Laur. sec. 8 (n. 2933).

Radulf. 7. Thüringerhzg. sec. 7; b. v. Lisieux sec. 9; b. v. Constanz sec. 11.
Radulf P. II, 187 (ann. Gand.), 324 (Adon. contin.); V, VIII öfters; IX, 534 (chron. S. Andreae); X, 606 (chron. S. Huberti Andag.); Mab. a. 775; pol. Irm. s. 24, 61 etc.; Wg. tr. C. 241, 266, 470; Laur. öfters; Fredegar.
Radulph P. II, 274 not.; V, VIII öfters.
Radolf P. I, 165 (Einh. ann.); V öfters; St. P.; Laur. mehrm.; Gud. a. 959.
Ratulf Ng. a. 759.
Ratolf P. I, 387, 406, 412 (ann. Fuld.); II, 38 (abbat. Augiens. catal.), 775 (vit. S. Rimberti); IV, B, 171 (synod. Baioar. sec. X); VII öfters; VIII, 167 (Ekkeh. chron. univers.), 560 (annal. Saxo); IX öfters; Ng. a. 792; Dr. a. 818 (n. 378; Schn. ebds. Rutolf); St. P. mehrm.; Laur. mehrm.
Ratdolf Laur. sec. 8 (n. 267).
Rathdolf Laur. sec. 9 (n. 185).
Redulf P. IX, 30 (Joh. chron. Venet.); X, 98 f. (Landulf. hist. Mediol.); Wg. tr. C. 343, 352, 474, 483.
Radulsus tr. W. a. 712 (Pd. nchtr. n. 19) ist wol Radulfus zu lesen.

P. I, 165 (Einh. a. 783) stehn auch die var. Radold und Rudolf bei diesem n. und so wechselt auch sonst öfters Radolf und Rudolf.

Schn. schreibt in einer urk. v. 822: Ratulf et uxor ejus Bilihilt, während Dr. in derselben urk. (n. 397) Ratulpuuini uxor ejus Bilihilt hat. Der n. Ratulpuuin beruht jedenfalls auf einem irrthum, von welchem man nicht einmal sagen kann, was dazu die veranlassung gegeben hat.

Nhd. Radloff.

O. n. Ratoluespurc, Ratolvesbuah, Radolfesdorf, Radulveroth, Radolfowilari, vielleicht auch Ratelsdorf.

Zusammensetzungen mit dem um das suffix L erweiterten stamme, welche indessen leichter verwechselung mit HROD unterliegen:

Radelfrit. 9. P. V, 511 (chron. Salernit.).

Radalcar. 8. Pol. Irm. s. 90.
Radolgari P. V, 511 (chron. Salernit.).
Radelgar P. V öfters.
Ratelgar P. V, 208 (chron. mon. Capuae).

Radelgis. 9. P. V oft.
Radelchis P. V, IX oft.

Radelchisa, fem. 9. P. IX, 613 (chron. mon. Casin.).

Radelmund. 9. P. V, 496, 507 (chron. Salernit.).

RAF.

Vielleicht zu altn. hrapa eilen, das möglicherweise ein unorganisches h hat. Wegen des nur in einer einzigen stelle belegten Hrafolt die folgenden formen unter H zu verweisen wage ich nicht.

Raffo. 11. Gr. II, 495. Vielleicht meint Gr. hier den o. n. Raffo, der sich z. b. bei Ng. mehrmals findet.
Rapho P. VI, 809 (Adalbert. vit. Heinr. II).

Rafold. 8. Pol. R. s. 58; M. B. a. 1050, 1079 (III, XXXI).
Rafolt K. a. 858 (n. 128; Ng. ebds.).
Rafald pol. R. s. 44, 71.
Raffold St. P. drml.; Laur. mehrm.
Raffald Schpf. a. 768 (n. 37).
Raffolt tr. W. c. a. 780 (n. 88); Laur. sec. 8 u. 9 (n. 1637, 2494); K. a. 812 (n. 67); Ng. a. 820, 824; M. B. a. 914 (XXXI).

Rapholt Gld. II, a, 106.
Rafholt K. a. 870 (n. 106; Ng. ebds.).
Rahfolt Dr. a. 812 (n. 277; Schn. ebds. Rohcolf).
Hrafolt Mchb. sec. 9 (n. 617).
Rasfolt Gld. II, a, 106 wol verderbt.
Nhd. Raffel, Raffelt.
O. n. Rafoltesstat.
Rafulf. 9. Pol. R. s. 22.

RAG. Was ich hier anführe, stammt aus wenigstens zwei quellen, indem ein theil der formen sicher zu WRAC gehört, wo ich, um nicht ganz irre zu gehn, nur diejenigen bildungen erwähne, die noch das W bewahren; während ein anderer theil eine ursprünglichere gestalt des namens RAGAN enthält. Vielleicht ist zu beiden klassen noch eine dritte gekommen. Genug, ich vereine hier ganz äusserlich alle formen mit Rac-, Rach-, Rag- und nehme dazu noch die (am sichersten wol zu WRAC zu stellenden) auf eine solche form ausgehenden namen:

Herirach 8.	Sibrah 8.	Tiotrach 9.
Safrach 4.	Sidrac.	Vulforacus.

Ragio. 8. Conc. Rom. a. 861.
Rackio Laur. sec. 8 (n. 2028).
Rachio P. V, 153 (ann. Monast.); Laur. sec. 8 (n. 235, 288).
Racchio tr. W. a. 774 (n. 71).
Rechio Laur. sec. 8 (n. 180).
Reckio Laur. sec. 9 (n. 2201).
Recchio Gld. II, a, 127.
Recheo Dr. sec. 9 (n. 137).
Reccheo Schn. a. 803, 811; necr. Fuld. a. 810.
Rekkeo St. P.
Reckeo St. P.
Reggi hieher?
Unter allen bei RAG gesammelten formen haben diese die gröste wahrscheinlichkeit zu WRAC zu gehören. Doch ist zwischen ihnen und den folgenden sehr schwer die grenze zu ziehn.
Raco. 8. P. V, 785 (Thietmari chron.) neben Razo.
Rako Ng. a. 889; K. a. 892 (n. 168).
Racco R. a. 900 (n. 81).
Racho Laur. sec. 8 (n. 2084).
Recco Laur. sec. 8 (n. 2586); Schn. a. 819, 852 (Dr. ebds. n. 380 u. 562 Ecco); tr. W. a. 858 (n. 49).
Recho P. II, 740 (gest. Kar. M.); Mchb. sec. 9 (n. 297); St. P.; Ng. a. 849.
Reccho P. III, 90 (Kar. M. capit.); tr. W. a. 792 (n. 117); necr. Aug.; Laur. sec. 9 (n. 475, 2550); Lp. sec. 10.
Rechho St. P.
Nhd. Raach, Raacke, Raake, Rach, Räck, Räcke, Rech, Reck, Recke.
O. n. Rachinstein.
Ragilo. 7. Paul. diac. III, 9.
Regilo P. V, 143 (ann. Einsidl.); K. a. 817 (n. 78; M. B. XXXI ebds.; unecht); Laur. mehrm.; Ms. a. 1049 (n. 21).
Regulo H. c. a. 1084 (n. 287).
Regil Ms. a. 1049 (n. 22).
Nhd. Regel.
Regila, fem. 10. St. P. zwml.; Hf. a. 989 (I, 530); M. B. a. 1034 (XXXI).
Ragino, Ragina s. RAGAN.
Rachant. 9. Dr. a. 824 (n. 443); Dr. a. 825 (n. 463; Schn. ebds.).
Rahhant St. P.
Recchiand K. a. 809 (n. 63).
Rechant necr. Fuld. a. 896.
Regezo. 11. Gud. a. 1056.
Ragibald. 9. Gld. II, a, 118.
Rachabold K. a. 868 (n. 143).
Ragbalda, fem. 8. Pol. Irm. s. 38.
Ragibert. 8. Gld. II, a, 118.
Ragipert P. IV, B, 14 (Eugen. II concil.); V, 872 (catal. reg.).
Rachipert P. III, 252 (Hlud. et Hloth. capit.).
Rachibert Ng. a. 744.
Raegibert P. V, 385 (Flodoardi ann.).
Ragbert pol. Irm. s. 13.
Racbert pol. Irm. s. 78.
Rachbert Laur. sec. 8 (n. 1299).
Raipert P. V, 873 (catal. reg.).
Roipert P. III, 252 (Hlud. et Hloth. capit.).
Raobard P. II, 354 (vit. S. Bonif.) hieher?
Roibart s. HROC.
Racberga, fem. 8. Pol. Irm. s. 78.
Ragitruda, fem. 9. Lp. a. 870 (I, 839 ff.).
Rahtrud Schpf. a. 828 (n. 89).
Ragdun. 8. Laur. sec. 8 (n. 2638).
Ragifred. 8. Lp. a. 870 (I, 839 ff).

Racfrid pol. Irm. s. 67.
Rafrid Gld. II, a, 106 hieher?
Rahheil. 8. K. a. 778 (n. 20).
Racheil neben Rachel Gld. II, a, 126.
Reguhart. 11. Lc. a. 1057 (n. 192).
Rehhart Gld. II, a, 106.
Nhd. Rahardt, Reckert.
Raghar. 6. Pol. R. s. 53.
Rachar P. X, 328 (Hugon. chron.); tr. W. a. 711 (n. 169 u. Pd. nchtr. n. 18).
Racchar tr. W. a. 712 (n. 234 und Pd. nachtr. n. 20).
Racheri tr. W. a. 716 (n. 196).
Racher Laur. mehrm.
Raccher Laur. mehrm.
Recheri Wg. tr. C. 139.
Reccheri necr. Fuld. a. 806.
Reckere (pro filio suo R.) Wg. tr. C. 29.
Rekero (so) Gld. II, a, 106.
Reccher K. a. 890 (n. 167).
Nhd. Reeger, Reger, Reyger, Reyher.
Rachot. 8. Mchb. sec. 8 (n. 84); = Raghad?
Rachelm. 8. Ng. a. 797.
Raghildis, fem. 8. Pol. Irm. s. 53.
Ragehildis pol. Irm. s. 96.
Ragoildis pol. Irm. s. 107, 111.
Rachildis P. VII, 112—114 (Herim. Aug. chron.), 422 (Bernold. chron.); pol. Irm. s. 28, 45 etc.; d. Ch, I, 679.
Rachilda P. II, 56 (rhythmi de S. Otmaro), 117—119 (Ekkeh. cas. S. Galli); VI, 453—456 (Hartm. vit. S. Wibor.).
Rachilt P. I, 78 (ann. Sangall.); Schn. a. 758 (Dr. ebds. Pachilt, wol fälschlich); Laur. sec. 8 (n. 3170); Ng. a. 817; St. P. zwml.
Rachild Laur sec. 8 (n. 1594).
Rahhilta Ng. a. 868.
Reguhilt K. a. 861 (n. 136).
Rechilt Laur. sec. 8 (n. 2918).
Rehhilt Gld. II, a, 127.
Rachleib. 8. Laur. sec. 8 (n. 689).
Raglindis, fem. 9. Pol. R. s. 70.
Ragemar, Ragemut, Ragimund s. unter RAGAN, wo sie schwer auszuscheiden sind.
Regericus. 5. Westgothe. Jorn. 31.
Rakisind, fem. Gld. II, a, 127.
Racold. 8. Mchb. sec. 8 (n. 54).
Rachold Laur. sec. 8 (n. 206).
Regwih, fem.? 9. R. a. 821 (n. 21).
Racoin. 8. Pol. Irm. 96.
Rachwin M. B. sec. 11 (VI).
Raguenus P. X, 576 (chron. S. Hubert. Andag.).
Ragolf. 8. St. P.
Rachulf Laur. sec. 8 (n. 1450).
Racholf Dr. c. a. 850 (n. 569; Schn. ebds. Tacholf); St. P.; Laur. öfters.
Rahholf tr. W. a. 786 (n. 82); St. P.
Raholf St. P.; K. a. 861 (n. 136).
Rahcholf Laur. sec. 8 (n. 266).
Recholf Pfl. a. 734 (n. 555).
Raulf St. M. c. a. 962 hieher?
Zusammensetzungen mit erweitertem stamme:
Regilfrid. 9. St. P.
Ragilhart. 9. St. P.

RAGAN.

Am nächsten scheint diesem stamm das goth. ragin (consilium) zu stehn; im Altn. bedeutet der plur. des wortes, regin, die götter, welcher sinn vielleicht auch noch in den namen durchbricht. RAGAN erscheint in n. mit ausnahme von Wolfregin (8) nur anlautend. In bezug auf seine formen (die durch ausstossung des g, durch umlaut, durch abschwächung des zweiten a eine gewisse mannigfaltigkeit erhalten) geht unser stamm gleichlaufend mit MAGAN.

Raganus. 8. Ep. Populoniens. sec. 11.
Raganus (noch sec. 11) pol. Irm. s. 50.
Ragan pol. R. s. 38.
Ragenus pol. Irm. s. 68, 69 etc.
Ragno pol. Irm. s. 119.
Raegino St. P.
Regino P. II oft; IV, B, 35 (Bened. capit.); VII, VIII öfters; IX, 195 (Anselm. gest. episc. Leod.); X, 208 (vit. S. Magnerici); Laur. sec. 8 (n. 2174); Wessobr. urk. v. 792.
Regin Gld. II, a, 127.
Raino P. II, 253 (chron. Aquitan.); VI, 122 (Ademar. histor.); X, 503 (Hugon. chron.).
Rainus pol. R. s. 60.
Hieber vielleicht noch:
Rachinus Pd. a. 663 (n. 349).
Riginus pol. Irm. s. 82.
Rano hieher?
Nhd. Rein, Renn, Renno, Reyne.

Regina, fem. 6. P. II, 453 (Einh. vit. Kar.); VIII, 442 (Sigeb. auctar. Hasnon.), 564 (annalista Saxo); X, 286 (Hugon. chron.); Cassiod. V, 33; St. P.
Regena P. VIII, 163 (Ekkeh. chron. univers.).
Reinco. 11. Lc. c. a. 1020 (n. 159).
Nhd. Reincke, Reineck, Reinecke, Reinick, Reinicke, Reinke, Renck, Reucke, Renk.
Raining. 8. Pol. Irm. s. 106, 209.
Nhd. Reining.
Ragnelin. 11. P. IX, 484 (gest. episc. Camerac.).
Reginzo. 9. Ng. a. 805; H. a. 963 (n. 178).
Reginso P. VI, 299 n. (mirac. S. Maximini).
Regenzo Ng. a. 820; Lc. c. a. 1080 (n. 242).
Reinzo P. V, 851 (Thietmari chron.); Frek. mehrm.
Renzo Lp. a. 1073 (II, 691).
Regimbertus qui et Reginzo Lp. a. 959 (II, 247).
Reginbertus qui et Regizo (so) Lp. a. 982 (II, 359).
Reuizo cognomento Ridderman P. XI, 414 (chron. Affligem.).
Nhd. Renz.
Reinza, fem. 10. H. a. 926 (n. 146).
Reinzecho. 11. Lc. a. 1057 (n. 192).
Renzicho necr. Fuld. a. 1034.
Reginzilin. 10. Ng. a. 947.
Ragentisma, fem. 8. Pol. Irm. s. 175.
Rainisma pol. Irm. s. 81, 100.
Reginpato. 9. St. P.
Raganbald. 8. Sec. 10: schwäb. graf; b. v. Speier; ep. Corneliens. Sec. 11: b. v. Arles.
Raganbald pol. Irm. s. 115.
Ragambald pol. Irm. s. 193.
Raganbold pol. Irm. s. 115.
Ragambold pol. Irm. s. 22, 35 etc.
Raginpald St. P. mehrm.
Raginpalt St. P.
Raginbold Ng. a. 791; G. a. 963 (n. 16).
Raghinpald Lp. a. 842 (I, 695).
Ragimpald Lp. a. 982 (II, 359).
Rachimbald Lp. a. 910 (II, 74).
Ragenbald St. M. a. 942.
Ragenpald St. P.
Ragembald P. V, 398, 400 (Flodoardi ann.); pol. Irm. s. 185; Wg. tr. C. 259.
Ragembold pol. Irm. s. 3; pol. R. s. 64, 84; Wg. tr. C. 328.
Rajambald Lgd. a. 1070 (II, 252).
Reginbald P. IV, 24 (Ott. M. constit.); V, 125 (ann. Augustani); VI, 402 (Gerh. vit. S. Oudalr.); VII, 115, 123 (Herim. Aug. chron.); VIII, 30 (Ekkeh. chron. Wirzib.); IX, 295 (Ad. Brem.); necr. Aug.; Laur. mehrm.; Ng. a. 817, 818, 819.
Reginbalt M. B. a. 763 (IX); Laur. sec. 8 (n. 3264).
Reginpald Ng. a. 818, 826; St. P. mehrm.
Regimbald P. VI, 741 (Lantberti vit. Heriberti).
Reginbold P. V öfters; VIII, 195 (Ekkeh. chron. univers.), 619 (annalista Saxo); necr. Aug.; Ng. a. 792, 797, 803, 805, 806.
Reginpold St. P. zwml.
Regimbold Gld. II, a, 127.
Reginboldt Ng. a. 773.
Regenbolt P. V, 102 (Lamberti ann.).
Rainbald P. IX, 127 (chron. Novalic.); Wg. tr. C. 167.
Rainbold P. X, 382 (Hugon. chron.); pol. Irm. s. 100, 122.
Reinbald P. X, 544 (gest. abbat. Gemblac.).
Reinbold P. VIII, 677, 683 (annalista Saxo).
Reinbolt Gld. II, a, 127.
Raynbold Wg. tr. C. 485.
Raimbald P. IX, 33 (Joh. chron. Venet.); Guér. a. 984.
Reimbold P. V, 395 (Flodoardi ann.), 603 (Richeri hist.); X, 361 (Hugon. chron.).
Reymbald H. a. 1075 (n. 271).
Rambald P. V, 789 (Thietmari chron.).
Rembald Lc. a. 838 (n. 54).
Renbold G. a. 1093 (n. 72).
Rennebolt H. a. 1042 (n. 239).
Reigmbolt (so) H. c. a. 1040 (n. 240).
Nhd. Reinbold.
Raganbolda, fem. 8. Pol. Irm. s. 143.
Ragambolda pol. Irm. s. 20, 24 etc.
Rainbolda pol. Irm. s. 123, 150.
Raintbolda pol. Irm. s. 92.
Rainboldera pol. Irm. s. 252.
Ragenber. 9. P. III, 568 (Kar. III capit.).
Reginpero St. P. mehrm.
Reginbern P. V, 215 (reg. et imper. catal.), 431 (Widukind); VIII, 32 (Ekkeh. chron. Wirzib.), 183, 226 (Ekkeh. chron. univers.); Lc. c. a. 1100 (n. 258).

Reginberuni (gen., so) Lc. a. 882 (n. 73).
Reinbern P. V, 781, 808, 859 (Thietmari chron.); VI, 464 (Sigebert. vit. Deoder.); VIII öfters.
Ragenberi Wg. tr. C. 454 (vielleicht ist -heri zu lesen, denn -beri fällt auf).

Hieher scheint auch das wol irrthümlich so geschriebene Reinhern (für -bern?) Wg. tr. C. 268 zu gehören.

Reginpirin, fem. 9. St. P.
Hreginpirin St. P.

Raganbert. 7. B. v. Bayeux sec. 7.
Raganbert pol. Irm. s. 88, 113.
Ragambert pol. Irm. s. 20, 55 etc.
Racambert tr. W. a. 742 (n. 1 und Pd. nachtr. n. 72).
Raganperd Schn. a 756.
Raginperht St. P. zwml.
Raginbert P. VIII, 328 (Sigebert. chron.); Paul. diac. VI, 18 etc. (var. Ragunbert); Ng. a. 783; St. P.
Raginpert Laur. sec. 8 (n. 274).
Racinbert Pd. a. 744 (n. 579; Ng. ebds.).
Raginbrat P. V, 69 (ann. Quedlinb.).
Ragenbert P. II, 716 (vit. S. Anskarii); pol. R. s. 2.
Ragenberet (so) Schn. a. 757.
Ragembert P. II, 688 (vit. S. Anskarii); pol. R. s. 11, 15.
Ragnobert A. S. Maj. III.
Ragnebert d. Ch. I, 625 f.
Reginperaht Dr. a. 822 (n. 398; Schn. ebends. Regisperaht).
Reginbreht P. VIII, 636 (annalista Saxo); necr. Aug.; Laur. mehrm.; Ng. a. 802; Gld. II, a, 106.
Reginpreht decret. Tassil.; necr. Aug.; St. P. dreimal.
Reginpraht Schn. a. 757.
Reginperht Mcbb. sec. 8 (n. 12); St. P. mehrm.; M. B. c. a. 1095 (VI).
Reginbert P. I, 50 (ann. Alam.), 625 (contin. Regin.); II, 299 (gest. abbat. Fontan.); V, 818 (Thietmar. chron.); VIII, 328 (Sigeb. chron.), 615 (annalista Saxo); IX, 322 f., 325 (Ad. Brem.); Paul. diac. IV, 53; Laur. oft; Ng. a. 779, 790, 824; St. P. mehrm.; M. B. sec. 8—11 (VI—XI, XIII).
Regimbert P. VI, 87 (chron. Median. monast.); H. a. 909 (n. 136).
Rekinpreht Gld. II, a, 106.
Rekinbert Ng. a. 744.
Reginbret Ng. a. 825.
Reginpret Gld. II, a, 106.
Reginbreth Laur. n. 177.
Reginpreth M. B. a. 890 (XXXI).
Rekinpret Ng. a. 830.
Reginpert P. VIII, 146 (Ekkeh. chron. univers.); XI öfters; St. P.
Reginbrath Laur. sec. 10 (n. 532).
Reginbrat Gud. a. 1056.
Reginberd tr. W. a. 783 (n. 210).
Recambert Mab. a. 870.
Regenberht Lc. a. 799 (n. 13).
Regenbert Laur. sec. 9 (n. 30).
Hraginperht St. P. zwml.
Rainbert pol. Irm. s. 93, 113; Sm.
Raimbert P. VI, 49 (gest. episc. Virdun.).
Raimpert P. IX, 102 (chron. Novalic.); Lp. a. 976 (II, 342).
Reinbreht Gld. II, a, 106.
Reinbert P. V, 103 (ann. Hildesh.); VIII, 659 (annalista Saxo); IX, 848, 851 (chron. Hildesh.).
Reimpert M. B. a. 1036 (XV).
Rainbard pol. Irm. s. 143.
Reinbrat Lc. a. 833 (n. 45).
Reinbreth Gld. II, a, 106.
Raintbert pol. Irm. s. 2 (viell. zu Rantbert?).
Rambert, Rampert, Rembert u. dgl. s. unter HRABAN.
Regimbertus qui et Reginzo Lp. a. 959 (II, 247).
Reginbertus qui et Regizo (so) Lp. a. 982 (II, 359).
Nhd. Regenbrecht, Reinbrecht, Rennebarth.
O. n. Reginperhteshusir, Reginprehtesriot, Reginbrehteswilare.

Ragamberta, fem. 8. Pol. Irm. s. 13, 19 etc.
Ragneberta gest. Dagoberti I.
Rainberta pol. Irm. s. 88, 103.
Raintberta pol. Irm. s. 104.
Ragambertane (gen.) Pd. a. 709 (n. 473).

Raganberga, fem. 8. Pol. Irm. s. 86.
Ragamberga pol. Irm. s. 17, 52 etc.
Ragenberga pol. Irm. s. 129.
Ragemberga pol. Irm. s. 203, 279.
Ragnoberga (dieselbe sonst Ragneberta) Fredegar.
Reginpirc St. P. dreiml.
Regenbierg Lc. a. 874 (n. 68).
Rainbergia pol. R. s. 103.

Rainberga pol. Irm. s. 133, 140; pol. Fossat.
Raimberga pol. Irm. s. 69.
Ramberga pol. Irm. s. 62.
Ragemprand. 10. B. v. Aarhuus sec. 10.
Ragemprand P. IX öfters (chron. mon. Casin.).
Reginbrand P. IV, 25 (Ott. M. constitut.).
Reinbrand A. S. Febr. I.
Reinbrun, fem. 9. P. II, 680 (transl. S. Alex.).
Ragimbod. 8. P. III, 253 (Hlud. et Hloth. capit.).
Ragenbod pol. Irm. s. 120.
Ragembod Gld. II, a, 117.
Reginbodo Laur. mehrm.; Schn. a. 1057 (Dr. ebds. n. 756 Reginbuodo).
Reginboto P. VII, 164 f. (Lamberti ann.); M. B. c. a. 1060 (XIII).
Reginpoto Gld. II, a, 106.
Rainbod pol. R. s. 74.
Reinbodo P. VIII, 694 (annalista Saxo).
Ranbod pol. Irm. s. 260, 261.
Nhd. Reinboth, Reinbothe, Reinbott.
Ragamburgis, fem. 8. Pol. Irm. s. 74.
Reginburg Gld. II, a, 127.
Reginburc Laur. sec. 9 (n. 2751).
Reginpurc St. P. dreiml.; Mchb. sec. 9 (n. 589).
Regimburc Gld. II, a, 127.
Reginburch u. Reginpruc Gld. II, a, 127.
Rainburgis pol. Irm. s. 235, 254.
Reynburg Wg. tr. C. 78.
Raimburga P. IX, 665 (chron. mon. Casin.).
Renburgis pol. Irm. s. 49 (sec. 11).
Raenburgis pol. Irm. s. 49 (sec. 11).
Remburgis pol. Irm. s. 51 (sec. 11).
Ragendac. 9. Wg. tr. C. 470.
Regintag Gr. II, 384.
Reindac Wg. tr. C. 251.
Rayndag Wg. tr. C. 395.
Ragantrudis, fem. 7. Tocht. k. Dagoberts II sec. 8.
Ragantrudis pol. Irm. s. 148; tr. W. a. 774 (n. 178).
Ragindrud St. P.
Ragintrud Laur. sec. 8 (n. 1817).
Rachintrudis Ng. a. 744.
Ragentrudis pol. Irm. s. 2, 17 etc.; pol. R. s. 16, 53 etc.
Ragnetrudis gest. Dagoberti I.
Raegindrud St. P.
Regindrud St. P. dreiml.
Regintrud Laur. mehrm.
Regentrudis H. a. 690 (n. 23); Mab. a. 854.
Raintrudis pol. Irm. s. 95, 217; pol. R. s. 100.
Reindrud Gld. II, a, 127.
Reginrut (so) St. P. wol hieher; dsgl. Reginhrud Gld. II, a, 127.
Randrud s. RAND.
Reginflat, fem. 9. R. a. 821 (n. 21).
Raganfrid. 7. B. v. Meaux sec. 9.
Raganfrid P. I, 24 (ann. Lauresh.); Fredegar.
Ragamfrid P. II, 318 (Adon. chron.); III, 417 (Kar. II capit.).
Raganfred P. I, 290 f. (chron. Moissiac.); V, 123 (ann. Juvav.); VI, 237 (mirac. S. Glodesindis); Mab. a. 693 etc.; H. a. 776 (n. 54); pol. Irm. s. 20, 23; d. Ch. I, 798.
Ragamfred P. V, 150 (ann. Flaviniac.); Mab. a. 798; pol. Irm. s. 252, 267.
Ragemfrid P. II, 285 (gest. abbat. Fontan.); pol. Irm. s. 204; pol. R. s. 44.
Ragemfred Gld. II, a, 117.
Raginfrid P. I, 24 (ann. Lauresh., ann. Alam.), 114 (ann. Lauriss.), 322 f. (ann. Mett.); II, 285 f. (gest. abbat. Fontan.).
Raginfred P. VIII, 329 f. (Sigeb. chron.); X, 161 (gest. Trever.); d. Ch. I, 783.
Ragimfrid P. I, 6 (ann. Tiliani).
Ragenfrid P. I, 7 (ann. Petav.), 25 (ann. Nazar.), 324 (ann. Mett.); II öfters; III, 534 (Kar. II capit.); VII, 24 (ann. Blandin.); pol. R. s. 44, 76 etc.
Ragenfred P. I, 6 (ann. S. Amandi); gest. regg. Franc.
Raeginfrid St. P.
Reginfrid P. I, 114 (ann. Lauriss.); V, 138 (ann. Einsidl.); VIII, 118, 150, 157 (Ekkeh. chron. univers.); X, 219 (vit. Conradi); St. P. mehrm.; Ng. a. 787, 819; Laur. mehrm.; Paul. diac. VI, 42.
Reginfrit St. P.; Laur. mehrm.; M. B. a. 828 (VIII); M. B. sec. 11 (VI, VII).
Reginfred P. I, 343 f. (ann. Fuld.); VII, 97 f. (Herim. Aug. chron.), 417 (Bernold. chron.).
Regenfrid P. I, 7 (ann. Laubac.); III, 16 (Karlom. capit.); IV, B, 46 (Bened. capit.).
Rechinfrid Ng. a. 809.
Rainfrid P. VI, 43 (gest. episc. Virdun.), 509 (Adson. mirac. S. Mansueti).

Rainfred P. X, 339 (Hugon. chron.); pol. Irm. s. 224; St. M. a. 972.
Raimfred P. X, 342 (Hugon. chron.).
Rayufrid Wg. tr. C. 390, 438.
Reinfred P. X, 544 (gest. abbat. Gemblac.).
Raenfred (so) P. VI, 114 (Ademar. histor.).
Reinfriht Schn. a. 820 zweimal; hieher?
Raganfridis, fem. 8. Pol. Irm. s. 69.
Ragenfredis P. VIII, 442 (Sigeb. auctar. Hasnon.).
Ragemfrida pol. R. s. 46.
Ragemfreda pol. R. s. 41.
Rainfrida pol. Irm. s. 146, 223.
Rainfredis P. IX, 461 (gest. episc. Camerac.).
Ragingar. 8. P. III, 30 (Pipp. capit.).
Ragingaer Ng. a. 769.
Ragngar P. I, 290 (chron. Moissiac.) var. Reganar und Raganar.
Reginger P. II, 680 (transl. S. Alex.); VII, 204, 205, 207 (Lambert. chron.); St. P.; Laur. sec. 8 (n. 330); necr. Aug.; Ng. a. 797, 805; Dr. a. 806, 823 (n. 237, 419; Schn. ebds. Reginher).
Regenger P. IV, 52 (Heinr. IV constit.); VII, 203 (Lambert. ann.).
Rekinker Ng. a. 830.
Reginker necr. Aug.; Ng. a. 817; M. B. sec. 10 (XIV).
Rechinger Ng. a. 812.
Raingar P. VIII, 329 (Sigebert. chron.).
Rainger Ng. a. 786; Wg. tr. C. 227.
Reinger P. II, 186 f. (ann. Gand.); Ng. a. 933.
Reingier Frek.
Renger Ng. a. 879.
Rangar s. RANG.
Reinger und Reinher bei P. V öfters verwechselt. Nhd. Reiniger.

Hiezu wol o. n. Rengeresdorf und Rengerestal.

Ragnegardis, fem. 8. Pol. Irm. s. 238.
Regingard H. a 853 (n. 87).
Regingart Gld. II, a, 127.
Raingard P. VI, 50 (gest. episc. Virdun.); pol. Irm. s. 255.
Reingard Ms. a. 1049 (n. 22).
Reingart Gld. II, a, 127.
Reingerd P. IX, 309 (Ad. Brem.).
Reingerdis St. M. a. 1006.
Rangarda P. IX, 757, 788 (chron. mon. Casin.).
Rangarda neben Rengarda Lgd. a. 1059 (II, n. 210).
Regingaoz. 8. St. P.
Regingoz St. P.
Regincoz Mchb. sec. 8 (n. 36).
Raingaud pol. Irm. s. 90, 212.
Reingot Wg. tr. C. 339.
Rangilus. 8. Pol. Irm. s. 106; hieher?
Rangildis, fem. 8. Pol. Irm. s. 216, 261.
Reingild C. M. Aug.
Ragenisa, fem. 9. Pol. R. s. 16. Für Ragengisa?
Ragnegisil. 7. Pd. a. 610, 636 (n. 226, 275); d. Ch. I, 670.
Ragnegiselus Pd. a. 637 (n. 284).
Ragnesil Pd. a. 642 (n. 301) ist wol Ragnegisil zu lesen.
Regingunda, fem. 6. P. VIII, 116 (Ekkeh. chron. univers.).
Rekingund Mchb. sec. 9 (n. 474).
Reckinheid, fem. 8. K. a. 797 (n. 45).
Regineith H. a. 909 (n. 137). Dieselbe heisst n. 136 (aus demselben jahre) noch verderbter Reginohit.
Ragnoagdis pol. R. s. 2.
Raginhart. 8. B. v. Rouen sec. 9; ep. Biterrens. sec. 10; ep. Cavallicens. sec. 10.
Raginhart St. P. zwml.
Raganard Gld. II, a, 117.
Ragenhard pol. Irm. s. 177; pol. R. s. 84; Wg. tr. C. 327.
Raginard P. VI, 18 f. (ann. Leodiens.); VIII, 356 (Sigebert. chron.), 391 (Sigebert. auctar. Gemblac.); X, 508 (vit. Wicberti), 539 (gest. abbat. Gemblac.), 571 (chron. S. Huberti Andag.).
Ragenard P. V, 373 f. (Flodoardi ann); pol. Irm. s. 7, 46 etc.; pol. R. s. 8, 43.
Ragnohard pol. R. s. 60.
Ragnard P. II, 529 (vit. Adalhardi).
Reganhart Gld. II, a, 106.
Reginhard P. I, 54 (ann. Alam.), 204 (Einh. ann.); II, 596 (Thegani vit. Hlud.), 623 (vit. Hlud. imp.); IX, 209, 216, 218 (Anselm. gest. episc. Leod.); Laur. mehrm.; Ng. a. 797, 804, 809; M. B. a. 1093 (XIV).
Reginhart P. VI, 418 (Gerhard. vit. S. Oudalr.); VII, 152 (Lambert. ann.); St. P. mehrm.; Laur. mehrm.; Ng. a. 791, 798, 813, 819, 820, 821, 824, 826; Dr. a. 865 (n. 588; Schn. ebds. Meginhart); M. B. sec. 8 u. 9 (VIII, IX), a. 1033, 1070 etc. (VII, VIII, XI); Gud. a. 1056.

Rekinhart Gld. II, a, 106.
Rekinharat Ng. a. 788.
Regenhard P. VI, 797 not. (Adalbert. vit. Heinr. II).
Reginard P. II, 645 (vit. Hlud. imp.); VI, 19 (ann. Laubiens.), 89 (chron. Median. monast.); VII, 10 (ann. S. Euchar. Trevir.); IX, 190 (Anselm. gest. episc. Leod.); X, 271 (Ruperti chron.).
Reighinhard (so) Lc. a. 1003 (n. 137).
Rehinarht (so) Gld. II, a, 106.
Regnard P. VII, 42 (ann. S. Benign. Divion.).
Rainhard pol. Irm. s. 213; pol. R. s. 22, 68 etc.; Wg. tr. C. 251.
Rainhart Sm.
Reinhard P. VIII öfters; Laur. sec. 8 (n. 934); H. a. 842 (n. 80); pol. R. s. 85.
Reinherd C. M. Jul. Sept.
Rainart Guér. a. 888.
Raynhard Wg. tr. C. 328, 405, 428.
Rainard P. I, 106 (ann. S. Columbae); II, 249 (ann. Besuenses), 252 (chron. Aquitan.); VII, 42 (ann. S. Benign. Divion.); VIII, 442 (Sigeb. auctar. Hasnon.); IX, 33 (Joh. chron. Venet.), 530 (chron. S. Andreae); X, 415 (Hugon. chron.); pol. Irm. s. 31, 81 etc.; Guér. a. 1089.
Raintard (so) pol. Irm. s. 53, 98 etc.
Regihhard Laur. sec. 8 (n. 192) wol Reginhard zu lesen.
Rainardus cognomento Hugo P. II, 249 (ann. Besuenses).
Nhd. Reinert, Reinhard, Reinhardt, Reinhart, Renard, Rengert, Rheinhard.
O. n. Regenharteswineda.
Ragenardis, fem. 8. Pol. Irm. s. 59.
Rainarda Mab. a. 874.
Raganhar. 6. Sec. 6: Frankenkönig. Sec. 7: ep. Urgelitan. Sec. 9: Lothringerhzg.; b. v. Amiens. Sec. 10: ep. Fundens.; graf v. Mons; dessen sohn. Sec. 11: b. v. Orleans; ep. Roselens.; ep. Nepesinus.
Raganhar pol. Irm. s. 255.
Raginhari St. P. mehrm.
Raginheri Wg. tr. C. 171.
Ragenheri Wg. tr. C. 346, 431, 470, 482.
Ragenhar pol. R. s. 54.
Raginari auf einem vandal. messinggewicht.
Ragnachar P. IX, 404 (gest. episc. Camerac.); Greg. Tur. II, 27 u. 42; gest. regg. Franc.; Fredegar.
Rachnacar d. Ch. I, 566.
Raganar d. Ch. I, 528.
Racanar Pd. c. a. 719 (n. 509).
Ranachar P. X, 328 (Hugon. chron.).
Raginar P. II, 706, 720 (vit. S. Anskar.); Ng. a. 752.
Ragenar P. I, 501 (Hincm. Rem. ann.), 440 (Prud. Trec. ann.); II, 780, 783 (Abbo de bell. Paris.); III, 387 (Kar. II capit.); V oft; VI, 72 (Folcuin. gest. abb. Lob.); pol. Irm. s. 30. 55 etc.; pol. R. s. 100.
Raginer P. V, VI öfters; VII, 12 (ann. Elnon.); VIII öfters; X, 530 etc. (gest. abb. Gemblac.), 573 etc. (chron. S. Huberti Andag.).
Ragenher pol. R. s. 72.
Ragener P. V oft; VIII, 181 (Ekkeh. chron. univers.); pol. R. s. 32.
Ῥάγναρις Procop. u. Agathias (aus Ragnaharis).
Ragnar P. III, 246 (Hlud. et Hloth. capit.); V, 390 (Flodoardi ann.).
Ragner P. I, 524, 529, 531 (ann. Vedast.); Laur. sec. 8 (n. 1916); d. Ch. I, 816 f.
Reginhar P. I, 204 (Einh. ann.); II, 596 (Thegani vit. Hlud.); III, 411 (Hlud. Germ. capit.).
Reginheri P. I, 368 (Ruod. Fuld. ann.); IX öfters; St. P. mehrm.; Gud. a. 1056.
Reginhere M. B. a. 931 (III).
Reginher P. I, 623 (contin. Regin.), 83 (ann. Sangall.); II, 623 (vit. Hlud.); V, 154 (ann. Monast.); VII öfters; VIII, 694 (annalista Saxo); IX oft; Laur. mehrm.; Schn. a. 806 (Dr. ebds. n. 237 Reginger).
Recinari Corippus.
Reginar P. I, 608 f. (Regin. chron.); III, 426 (Kar. II capit.); VIII öfters.
Ῥεκινάριος Procop.
Reginer P. III, 529 (Kar. II capit.); VI, 62 (Folcuin. gest. abbat. Lobiens.); VIII öfters.
Regenher Laur. sec. 8 (n. 6).
Regener P. VI, 262 not. (Rather. phrenes.); H. a. 981 (n. 198).
Rainhar pol. R. s. 54.
Rainher pol. R. s. 45, 66 etc.
Raynheri Wg. tr. C. 349, 445, 454.
Reinheri Wg. tr. C. 254, 265; C. M. April.
Reinhere Gld. II, a, 106.
Reinher P. V öfters; pol. R. s. 75; M. B. a. 1076 (IV).

Reynheri Wg. tr. C. 271, 369, 419.
Raiuar pol. Irm. s. 146, 213; Guérard a. 729; Mab. a. 854.
Rainer P. II, 209 (ann. Vedast.); III, 539 (Kar. II capit.); V, 183 (ann. Benevent.), 340, 343 (Liudpr. hist. Ott.); VI, 854 (Petr. Damian. vit. S. Romuald.); VII—IX öfters; X, 613 (chron. S. Huberti Andag.); pol. Fossat.; Guér. a. 1080.
Reiner P. VI, 508 (Widric. mirac. S. Gerard.); G. a. 967 (n. 20).
Rayner P. X, 286, 479 (Hugon. chron.).
Ranarius conc. Tolet. IV, a. 633.
Renhar pol. R. s. 102.
Rener G. a. 973 (n. 23).
Rauner St. M. a. 972 viell. Rayner?
Rehinher P. I, 368 (Ruod. Fuld. ann.) wol fehlerhaft.

Bei P. V öftere verwechselung mit Reinger.
Altn. Ragnar. Nhd. Rachner, Regner, Reiner, Renger, Renner.

Reginhad. 8. K. a. 798, 822, 829 (Ng. ebds.).
Ragenad pol. Irm. s. 158.
Regiudat St. P. viell. hieher?
Raiuhad pol. R. s. 70.
Raganhaus pol. Irm. s. 150.
Ragenaus pol. Irm. s. 120, 157 etc.
Raiuhaus pol. Irm. s. 140, 145.

Raganhelm. 8. B. v. Tournay und b. v. Noyon sec. 9.
Raganhelm pol. Irm. s. 38.
Raginhelm St. P.; Laur. sec. 8 (n. 2582).
Ragenhelm pol. R. s. 61.
Ragenelm P. III, 533 (Kar. II capit.).
Ragentelm pol. Irm. s. 11, 17 etc.
Ragnelm P. I, 518 (ann. Vedast.); II, 197 (ann. Vedast.).
Reginhalm Mchb. sec. 10 (n. 1144).
Reginhelm St. P. mehrm.; Laur. mehrm.; Ng. a. 826, 868; Lc. a. 855 (n. 65).
Regenhelm Gud. a. 840; necr. Aug.
Raiualm pol. Irm. s. 49 (sec. 11) mehrm.
Raintelm pol. Irm. s. 96, 101.
Reinelm P. III, 539 (Kar. II capit.); VII, 24 (ann. Blandin.).
Hraginhelm St. P.

Raganhildis, fem. 8. Mutter der königin Mathilde sec. 10.
Raganhildis pol. Irm. s. 99.
Raginhilt St. P.
Ragenhildis pol. R. s. 60.
Ragenildis pol. Irm. s. 7, 8 etc.; pol. R. s. 47, 53.
Ragentildis pol. Irm. s. 11, 16 etc.
Ragnohildis pol. Irm. s. 181.
Ragnoildis pol. Irm. s. 194.
Ragnildis pol. Irm. s. 66, 206.
Reginhilda P. VI, 160 (vit. S. Liutbirgae).
Reginhilt St. P. zwml.; Laur. sec. 8 (n. 211).
Reginhilta Schn. a. 803.
Rekinhilt K. a. 786 (n. 31).
Reginelda Gld. II, a, 131.
Regenildis pol. Irm. s. 279.
Raiuohildis pol. Irm. s. 135.
Rainhildis pol. Irm. s. 86, 88 etc.
Rainoildis pol. Irm. s. 99, 142.
Rainildis pol. Irm. s. 90, 101.
Raintildis pol. Irm. s. 78, 114; pol. R. s. 100.
Reinhild C. M. Mai.
Reinhilda P. VI, 285 (vit. Mahthild. regin.).
Reinilda P. V, 737, 838 (Thietmari chron.); VIII, 666 (annalista Saxo).
Reinild C. M. April.
Reinildis P. V, 592 (annalista Saxo); IX, 408 (gest. episc. Camerac.).
Raineldis P. VI, 14 (ann. Laubiens.); A. S. Febr. I.
Renhildus (so) Schpf. a. 796 (n. 72).
Ranihilda hieher?

Reginhoh. 8. St. P. drml.; necr. Fuld. a. 883.
Reginhoch M. B. a. 931 (III).
Rekinhoh Mchb. sec. 8 (n. 91).

Ragnerannus. 8. Pol. Irm. s. 201.
Raintramnus pol. R. s. 67.
Raintrannus pol. R. s. 73.
Ragetramnus d. Ch. I, 651.

Reginroc. 9. Schn. a. 811.

Reginleib. 9. Schn. a. 801; Dr. n. 335 neben Reginlib.
Altn. Reginleifr.

Reginleiba, fem. 9. R. a. 821 (n. 21).

Ragentland. 8. Pol. Irm. s. 65.
Rainland pol. Irm. s. 132, 192.

Rainlanda, fem. 8. Pol. Irm. s. 127.

Ragenlindis (-a). 8. Frau der Alamannenherzoge Burkard und Hermann sec. 10.
Ragenlindis pol. R. s. 15.
Reginlinda P. VI, 454 (Hartmanni vit. S. Wiboradae), 458 (mirac. S. Verenae); VII, 393

(Bernold. chron.); necr. Aug.; St. P.; Dr. a. 779 (Schn. ebds. Regilind).
Reginlint Laur. sec. 8 (n. 1057); H. a. 853 (n. 87); M. B. c. a. 1040 (VI).
Raimlindis pol. R. s. 70.
Raintlindis pol. Irm. s. 74.
Regilinda Lc. a. 1085 (n. 235).
Reginleoz. 9. Ng. a. 804.
Rekinleoz Ng. a. 830.
Reinloz (so) Gld. II, a, 106.
Regandoz Pd. a. 720 (n. 513) viell. für Reganleoz?
Reginlohc. 10. Gld. II, a, 127.
Reginlo G. a. 966 (n. 19).
Raynman. 9. Wg. tr. C. 347, 438.
Reynman Wg. tr. C. 335.
Nhd. Raimann, Reimann, Reinmann, Rennemann, Reymann.
Raginmar. 6. St. P.
Ragnomar A. S. Mart. I.
Ragnomir A. S. Febr. II.
Ragnimir d. Ch. I, 817.
Reginmar Wg. tr. C. 221; Dr. a. 813 (n. 292; Schn. ebds. Reginwar); St. P.
Regimmar St. P.
Reginmer Schn. a. 920.
Regnimir P. IX, 131 (chron. Novalic.).
Regnemir (var. Rignemir) gest. regg. Franc.
Rainmar pol. Irm. s. 124, 265.
Rainmir Sm.
Reinmer Wg. tr. C. 313.
Raimar pol. R. s. 60.
Ragemar pol. Irm. s. 194.
Nhd. Reimer, Reinemer.
Ragnemod, msc. u. fem. 6. Ragnemod b. v. Paris sec. 6; Ragemut b. v. Avignon sec. 9.
Ragnemod conc. Matiscon. a. 585; Greg. Tur. mehrm.
Reginmot Mchb. sec. 8 (n. 189).
Reginmuat Gld. II, a, 106.
Regimmut necr. Fuld. a. 1023.
Rainmod Wg. tr. C. 148.
Reinmuod P. II, 388 (vit. S. Willeh.).
Zweifelhaft, ob hieher:
Ragemut conc. Valent. a. 855.
Regemut Lc. a. 1083 (n. 234).
Reimod Gld. II, a, 127.
Raginmund. 6. Den n. Raimund führen: Sec. 6: ep. Palentinus. Sec. 10: ep Carcasson.; vicecom. Narbonnens.; com. Ruthenens. Sec. 11: ep. Lectorens.; ep. Condonens.; ep. Rotenens.; ep. Ausciens.; b. v. Toulon; ep. Helenens.; ep. Vasatens.; com. Cerritanens.
Raginmund P. VIII öfters.
Rhagnemund (so) Venant. Fortun.
Reginmund Laur. sec. 9 (n. 2443).
Reginmunt P. VIII öfters.
Regnamund P. X, 333 (Hugon. chron.).
Sehr unsicher, ob hieher oder zu RAG, zu RIC oder zu andern stämmen gehörig, sind die folgenden formen:
Ragamund d. Ch. I, 555.
Ragimund Laur. sec. 8 (n. 1206); Lp. a. 1022 (II, 503).
Ragemund P. V öfters.
Regimunt Laur. sec. 10 (n. 273).
Regimund Lp. a. 919 (II, 114).
Recamund Mab. a. 803.
Reccimund P. X, 319 (Hugon. chron.).
Ῥεκιμοῦνδος (6) Procop.
Recemund P. V, 273, 274 (Liudpr. antapodosis); VI, 374 (vit. Joh. Gorziens.).
Recismund P. X, 317 (Hugon. chron.).
Raimund P. V, VI, VIII, IX öfters; conc. Lucens. a. 569.
Raymund Lgd. sec. 11 oft.
Reimund P. I, 459 (Hincm. Rem. ann.).
Remmund Wg. tr. C. 274.
Reginund (so) Dr. a. 1062 (n. 762; Schn. ebds.); oder ist Reginand zu lesen?
Nhd. Raimund, Raymond, Reinemund.
O. n. Regimundishovan.
Raimundia, fem. 7. Pd. a. 653 (n. 324).
Remundis P. XI, 416 (chron. Affligem.).
Reginnant. 9. Tr. W. a. 819 (n. 168).
Ragenanta, fem. 8. Pol. Irm. s. 263.
Reginniu, fem. 9. Schn. a. 804, 826 (Dr. ebds. n. 223 und 555 Reginniwi).
Raginni St. P.
Reginni Mchb. n. 1093.
Regini Mchb. sec. 10 (n. 1012).
Hraginni St. P.
Hreginni St. P.
Raganrich. 7. B. v. Evreux sec. 7.
Raganrich Mab. a. 632.
Ragnerich conc. Cabilon. a. 650; pol. Irm. s. 41, 167.

Rainrich Sm.

Ragnesind, msc. u. fem. 8. Pd. a. 711 (n. 479).
Raginsinda Ng. a. 791.
Reginsind P. VI, 456 (Hartmanni vit. S. Wiboradae); Ng. a. 802.
Rekinsind Gld. II, a, 127.
Rainsinta pol. Irm. s. 260.
Rainsedis (so) P. X, 529 (gest. abbat. Gemblac.) wol hieher.
Rensindus vgl. Rosindus (HROD).

Raginswinda, fem. 7. Ng. a. 769.
Raginsuind Laur. sec. 8 (n. 1319).
Raginsuid St. P.
Ragnosointh (msc.) A. S. Jan. II (sec. 7).
Reginsuinda Laur. mehrm.
Reginswid St. P.
Reginsuind St. P.
Recinsuind P. VIII, 328 (Sigebert. chron.).
Reinsuid Gld. II, a, 127.
Reinsuit C. M. April.
Hraginsuind St. P.
Hreginsuind St. P.

Raganteus. 8. Pol. Irm. s. 91, 99 etc.
Regindeo Mchb. sec. 9 (n. 472, 629); M. B. a. 828 (VIII).
Ragenteus pol. Irm. s. 17, 33 etc.; pol. R. s. 50.

Reginwalch. 10. P. VI, 419 (Gerhard. mirac. S. Oudalr.).
Rainuwalo P. IX, 439 (gest. episc. Camerac.).

Raginald. 6. Sec. 6: ep. Valentinus. Sec. 9: b. v. Mans. Sec. 10: ep. Rubilocens. Sec. 11: graf v. Hochburgund; b. v. Pavia; erzb. v. Rheims.
Raginald Guér. a. 1080.
Raginold P. VI, 134 (Ademar. histor.); X, 573 etc. (chron. S. Huberti Andag.); Wg. tr. C. 384.
Raginolt St. P.
Ragenold P. V oft; pol. Irm. s. 7, 8 etc.; Wg. tr. C. 466, 482; pol. R. s. 105.
Ragenald P. V, 230 (chron. Casin.), 407 (Flodoardi ann.); IX, 605 (chron. mon. Casin.); pol. Irm. s. 161.
Raginhold Wg. tr. C. 208.
Ragenhold Gld. II, a, 117.
Rachenald P. V, 520 (chron. Salernit.).
Ragnouald Greg. Tur. VII, 10.
Ragnoald conc. Matiscon. a. 581, 585; conc. Valentin. a. 583, 584; Mab. a. 692; Fredegar.
Ragnold P. I, 522 (ann. Vedast.); II, 201 (ann. Vedast.).
Reginald P. I, 308 (chron. Moissiac.); VII öfters; Gud. sec. 8; Ng. a. 805.
Reginold P. I, 195 (Einh. ann.), 354 (Enh. Fuld. ann.), 628 (contin. Regin.); II, 218 (urk. v. 834), 241 (ann. Wirzib.), 302 (chron. Fontanell.); VI, 794 (Adalbert. vit. Heinr. II); VII, 125 (Herim. Aug. chron.); IX öfters; St. P. mehrm.; Laur. mehrm.; Schn. a. 755; Ng. a. 826; Wg. tr. C. 365.
Reginolt P. VIII, 28 (Ekkeh. chron. Wirzib), 174 (Ekkeh. chron. univers.); IX öfters; necr. Aug.; St. P. mehrm.; Laur. sec. 8 (n. 3578); Ng. a. 826, 827; M. B. sec. 9 (VII, IX, XI), c. a. 1070 (VII), c. a. 1096 (IV).
Reginhold Wg. tr. C. 144, 224.
Rechinold Lc. c. a. 1074 (n. 225).
Rechinolt St. P.
Reginholt Laur. sec. 8 (n. 1106).
Rigenold (so) pol. Irm. s. 143; H. a. 1090 (n. 291).
Regenald P. IV, 52 (Heinr. IV constit.).
Regenold P. IX öfters.
Regnouald Greg. Tur. VI, 12.
Rainold P. V, 168 (ann. S. Albini); VI, 121 (Ademar. histor.); VII, 36 (ann. Formosel.); Wg. tr. C. 228, 252; pol. Irm. s. 134, 205; Guér. a. 1046.
Rainald P. I, 439 (Prud. Trec. ann.); II, 253 (chron. Aquit.); VI, VIII, IX öfters; X, 474, 478, 503 (Hugon. chron.); Guér. a. 1089.
Reinold P. II, 415 (vit. S. Liudgeri); V öfters; VIII, 677 (annalista Saxo); IX, 849 (chron. Hildesh.).
Reinald P. IX öfters.
Raynold P. V, 678 (Gerberti act. concil. Rem.); VII, 27 (ann. Blandin.); Wg. tr. C. 235, 305, 452.
Raynald P. IX öfters; St. M. c. a. 1090.
Reynhold Wg. tr. C. 95.
Reynold Wg. tr. C. 264, 357.
Ranald St. M. a. 1090.
Renold Wg. tr. C. 192, 262, 291, 309.
Renald P. II, 270 (gest. episc. Mettens.).
Raenald P. IX, 131 (chron. Novalic.).
Raienald P. IX, 674 (chron. mon. Casin.).
Reinzo für Reginald P. V, 851 (Thietmari chron.).
Rainald und Rumold verwechselt P. IX.
Nhd. Reinelt, Reinhold, Reinold, Reinwald, Renelt, Reynold, Rheinwald, Rheinwaldt.

Reginwar. 9. Schn. a. 813 (Dr. ebds. u. 292 Reginmar); St. P. zwml.
Riginwar Gld. II, a, 107.
Rainwero s. Reinwerc.
Raginwara, fem. 8. St. P.
Rainoara pol. Irm. s. 274.
Raginward. 8. Wg. tr. C. 154.
Ragynward Wg. tr. C. 128.
Ragnoward P. III, 327 (Hlud. et Hloth. capit.).
Ragnoard P. II, 298 (gest. abbat. Fontau.); III, 331 (Hlud. et Hloth. capit.); pol. Irm. s. 40; pol. R. s. 4, 42 etc.
Reginward P. I, 94 (ann. S. Emmer.); IX, 281, 303 (Ad. Brem.); St. P. mehrm.
Reginwart Laur. mehrm.; St. P.
Rekinwart Gld. II, a, 106, 127.
Rainward Wg. tr. C. 14, 226, 228.
Rainoard pol. Irm. s. 100, 106.
Reinward P. V öfters; VIII, 593, 636 (annalista Saxo); IX, 847 (chron. Hildesh.); C. M. Sept.
Raynward Wg. tr. C. 283, 304, 484.
Reynuert Wg. tr. C. 83.
Ramward P. V, 776, 795 (Thietmari chron.); VIII, 641, 649 (annalista Saxo).
Ramword (so) Ms. a. 1049 (n. 21).
Ranward Wg. tr. C. 133.
Ranoard St. M. c. a. 962.
Renuard P. X, 271 (Ruperti chron.), 571 etc. (chron. S. Huberti Andag.).
Renouard (so) Lgd. a. 1068 (II, n. 239).
Reginward P. IX, 391 (chron. Boem.) mit var. Leginward und Eginward.
Nhd. Reinwerth.
Rainwerc. 9. Wg. tr. C. 255.
Reinwerc Wg. tr. C. 312.
Raynwerc Wg. tr. C. 236, 443.
Rainwero Wg. tr. C. 246 ist Rainwerc zu lesen.
Reinwiff (so), fem. 10. H. a. 926 (n. 146).
Ragnoidis, fem. 9. Pol. R. s. 34, 35 etc.
Reinuidis P. X, 533 (gest. abbat. Gemblac.).
Renuidis P. X, 508 (vit. Wicberti), 513 (vit. Wicberti, var. Reinuidis), 535 (gest. abbat. Gemblac.).
Ragenwig. 8. Wg. tr. C. 480.
Reginwic Ng. a. 838.
Reginwih Schn. a. 779, 800; H. a. 853 (n. 87).
Ragemveus pol. R. s. 61.
Rageneus pol. Irm. s. 30.
Rainveus pol. R. s. 72.
Raganwih, fem. 8. Gld. II, a, 126.
Reginwi Gld. II, a, 127.
Reginviga, fem. 11. Mchb. sec. 11 (n. 1254).
Raganwin. 8. Gr. I, 868.
Rainovin pol. Irm. s. 142.
Ragnoin pol. Irm. s. 162.
Rainoin pol. Irm. s. 103.
Renwin K. a. 805 (n. 59).
Renuin K. a. 805 (n. 60).
Hiezu viell. schon Ragneinnus (so) Mab. a. 670?
Ragnois. 8. Pol. Irm. s. 8.
Rainuis pol. Irm. s. 235; pol. Fossat.
Rainois pol. Irm. s. 59, 142.
Ranois pol. Irm. s. 59.
Rennis pol. Irm. s. 51 (sec. 11).
Reginwiz, fem. 8. Mchb. sec. 8 (n. 189); Schn. a. 824; H. a. 853 (n. 87); St. P.
Reginwiza Laur. sec. 8 (n. 557).
Reinguiz (fem.) Lc. a. 1093 (n. 247).
Raginolf. 8. St. P. dreiml.
Ragenulf P. II, 763 (urk. v. 863); pol. Irm. s. 3, 7 etc.; pol. R. s. 9, 54 etc.
Ragynulf Ng. a. 776.
Reginwolf Mchb. sec. 8 (n. 22).
Reginulf Laur. sec. 8 (n. 441).
Ragnulf P. IX, 414 (gest. episc. Camerac.).
Raeginolf St. P.
Reginolfo Gld. II, a, 106.
Reginolf P. VII, 111 (Herim. Aug. chron.), 421 (Bernold. chron.); St. P. mehrm.; Laur. oft.
Rechinolf Gld. II, a, 106.
Rageutulf pol. R. s. 42.
Rainulf P. IX öfters; pol. Irm. s. 249; pol. R. s. 102.
Raienolf P. IX, 587 (chron. mon. Casin.) var. Ragenolf.
Reginulfa, fem. 7. P. VIII, 324 (Sigebert. chron.).

Ragbalda, Rage-, Ragi-, Ragilhart u. a. s. RAG. **Ragin-, Ragn-** s. RAGAN.

RAH. Ich gebe zu erwägen, ob vielleicht einige n. mit alts. rahanen spoliare (im Hildebrandsliede) verwandt sind. Dann dürfte noch manches von RAG hieher gehören.
Raho. 10. G. sec. 10 (n. 31) A. S. Mart. III.
Rahaleib. 8. Laur. sec. 8 (n. 948); vgl. RAG.

Rahawin. 11. M. B. sec. 11 (VI).
Rahewin M. B. c. a. 1036 (VI).

Rahhant, Rahheil s. RAG. **Raho** s. RAH.

RAID. Vgl. goth. garaids bestimmt, geordnet, raidjan bestimmen, altn. reid, reida, ags. râde, ahd. reiti, nhd. bereit; oder ist an altn. reiđ donner und somit an riđa fahren, reiten zu denken? Vgl. auch altn. Hreiđar, Nereiđr, Saereiđr. Auslautend in Herireit (9) und Sigirait (9).

Raido. 9. Lp. a. 886 (I, 987), 900 (I, 1083).
Nhd. Reidt.
Raitla, fem. 9. Pol. R. s. 75. Vgl. RAD.
Raitin. Gr. II, 492.
Raitun, fem. 8. St. P.
Hraitun St. P.
Hreitun St. P.
Reizo. Gld. II, a, 106.
Reidebert. 7. Pd. a. 663 (n. 348).
Hreidperht Mchb. sec. 9 (n. 533).
Reidker. 9. Mchb. sec. 9 (n. 401).
Hreidker Mchb. sec. 9 (n. 515).
Hreitker Schn. a. 838.
Raitwin. 11. H. a. 1042 (n. 239).
Raidulf. 8. Gld. II, a, 118.
Reidolf Dr. n. 674 (Schn. ebds.).
Hreitolf Dr. a. 788 (Schn. ebds. Hruotolf).

Raiming. 8. H. a. 706 (n. 30). Richtige lesart? derselbe heisst ebds. n. 31 Raming.
Raimo. 9. B. v. Orleans sec. 9. Conc. Turonens. a. 887.
Raymo conc. Turon. a. 912.
Rain- s. RAGAN.
Rairicus. 8. Pol. Irm. s. 142. Zu RAG?
Rait- s. RAID.
Raivin. 8. Pol. Irm. s. 252. Zu RAG?

RAM. Wenn ich auch die meisten mit Ram- beginnenden n. nach gründen der wahrscheinlichkeit unter HRABAN und RAGAN vertheilen musste, so bleiben doch noch einige formen übrig, welche den glauben an einen stamm RAM in den n. hinlänglich begründen. Ich wage für die folgenden formen daher das altn. rammr stark zur vergleichung vorzuschlagen und vermuthe, dass namentlich in HRABAN manches hieher gehörige aufgegangen ist. Wegen der mit Rem- beginnenden bildungen vergleiche man auch RIM.

Rami. 8. Dr. a. 779; Dr. a. 807 (n. 241; Schn. ebds.). Daselbst auch der gen. Ranes.
Nhd. Rahm, Ramm.
Ramo. 8. Laur. sec. 8 (n. 302).
Ramis, fem. 1. Chattischer n., tochter des Ucromir.
'Ραμίς Strabo.
Vgl. Ramiso Gr. II, 512.
Rammilinc, Gr. II, 505, viell. nur aus o. n. Rammelinchovan geschlossen.
Nhd. Remling.
Rameri, Gr. II, 505, vielleicht nur aus o. n. Rameresbah geschlossen.
Nhd. Rahmer.
Ramerich. 11. Guér. a. 1000 (appendix zum pol. Irm. s. 354).

Ramfolf s. RAMP. **Rammilinc** s. RAM.

RAMP. Vielleicht tragen die folgenden n. dazu bei, über das ahd. ramft rand mehr licht zu verbreiten. Lässt sich etwa nachweisen, dass dieses wort auch wie ahd. rant den schild bezeichnet habe?

Rampo. 9. P. II, 618 (vit. Hlud. imp.).
Rampho P. II, 480 (Ermold. Nigell.); V, 490 (chron. Salern.).
Nhd. Ramp, Rampf.
Remfing. 9. Dr. sec. 10 (n. 671; Schn. ebds. Renifing).
Remphinc u. Remhinc M. B. sec. 11 (VII).
Hremfing Schn. a. 826.
Ranpoaldus auf einer röm. inschrift aus unbekannter zeit und unbekanntem orte. St. n. 1620.
Ranfold C. M. Juni.
Ramfolf. 9. Mchb. sec. 9 (mehrm., z. b. n. 601); M. B. a. 837 (IX; ebds. auch Ramsolf); necr. Fuld. a. 1000.

Ramsolf s. RAMP.
(**Ramugerolf,** Schn. a. 779, ist irrthümlich aus zwei n. zusammengeflossen; Dr. schreibt richtig Rami, Gerolf).

Ramuold s. HRABAN.

RAN. Wenn auch die meisten mit Ran- anfangenden formen zu HRABAN und RAGAN gehören, wo man sie nachsehe, so beweisen doch namentlich einige formen des 6. u. 7. jahrhunderts, bei denen man eine entartung aus jenen stämmen nicht annehmen darf, dass auch ein RAN in n. bestanden hat. Ich vergleiche dazu altn. rân rapina, so wie auch Oegirs gemahlin Rân. Ueber Grimms deutung dieser wörter sehe man die mythologie nach.

Rano. 9. P. III, 90 (Kar. M. capit.).
Nhd. Rahn.

Ranila, msc. 7. E. s. VI, 569 (Julian).

Raning. 8. Laur. sec. 8 (n. 1874).

Ranicunda, fem. 7. Thüring. königstochter, frau des Langobardenkgs. Wacho. Paul. diac. I, 21.
Ragimunda neben Ranigunda und Ravigunda Paul. diac. VI, 50.

Ranihilda, fem. 6. Sp. gest. de instr. alleg. plen. secur.

Ranimir. 7. E. s. VI, 545, 547 (Julian); Lgd. oft.
Ranemir Lgd. a. 844 (I, n. 65).

Ranimund. 7. Lgd. a. 1039 (II, n. 183).
Ranemund E. s. VI, 569 (Julian).

Ranosindus. 7. E. s. VI, 547 (Julian).
Ranesindus Pd. a. 670 (n. 363).

Ranulf. 6. Test. Ared. et Pelag. bei Sp.

Ranc- s. RANG.

RAND. Zu ahd. rant rand (namentlich als schildesrand hieher; vgl. ORT). Auslautend scheint der stamm zu sein in:

Aspirand? 9.	Dauferanda 9.	Walerand.
Baldrand 9.	Herirand 10.	Vulfrand 8.
Bertrand 9.	Sigranda 7.	

Bertranda viell. für Bertrada.
Verwechselungen dieses stammes mit HRABAN und RAGAN sind nicht zu vermeiden.

Rando. 4. Amm. Marc.
Rento Ng. a. 838.
Rentio Id. GII, a, 106 hieher?
Nhd. Rand.
O. n. Rantesdorf, Rantesfurt.

Randing. 8. Pol. Irm. s. 81, 202.
Randung Laur. n. 531.
Randinc P. VI, 346—349 (vit. Joh. Gorziens.).
Rending Schn. a. 806.

Randinga, fem. 8. Pol. Irm. s. 100.

Rantbert. 8. Ng. a. 797; Laur. mehrm.
Rantperth P. II, 166 (cas. S. Galli).
Rentbert Lgd. a. 1060 (II, n. 207).
Rambert etc. s. HRABAN.

Randrud, fem. 9. R. a. 821 (n. 21).

Rantfred. 9? P. II, 582 (transl. S. Viti).

Rantgar. 8. P. III, 340 (Hlud. et Hloth. capit.); pol. Irm. s. 9, 24 etc.; Fredegar.
Rantger Laur. sec. 8 (n. 410); K. a. 842 (n. 105).
Rentger (so) necr. Fuld. a. 994.
P. I, 322 (ann. Mett.) mit var. Rangar.

Rantgardis, fem. 8. Pol. Irm. s. 220.

Rantgil. 8. Pol. Irm. s. 231.

Rantgildis, fem. 8. Pol. Irm. s. 114.

Rantgis. 8. Pol. Irm. s. 9.

Rantguda, fem. 8. Pol. Irm. s. 69.

Rantgunda, fem. 8. Tr. W. a. 774 (n. 53).

Rantheid, fem. 9. R. a. 821 (n. 21).

Ranthar. 8. Pol. Irm. s. 248.
Nhd. Ranter, Renter.

Randoildis, fem. 8. Pol. Irm. s. 56, 100.
Ranthilt P. XI, 232 (urk. v. 808 im chron. Benedictobur.).

Randegramnus. 7. Pd. a. 640 (n. 293; unecht).

Rantalach. 10. Lc. a. 927 (n. 87).

Rantnimia, fem. 9. Pol. R. s. 100.

Randui, fem. 9. R. a. 821 (n. 21).

Randold. 8. H. a. 945 (n. 158).
Rantolt St. P.

Rantowic. 8. Ng. a. 865.
Rantwig tr. W. a. 739, 742 (n. 52 u. Pd. nchtr. n. 63, 71); necr. Aug.
Rantwic Ng. a. 797; St. P.; R. a. 810 (n. 15).
Randwic Laur. sec. 8 (n. 1676); Wg. tr. C. 283.
Rantwich Ng. a. 838.
Randuig K. a. 786 (n. 32; Ng. ebds.).
Randuic pol. Irm. s. 240.
Rantonuic (so) K. a. 869 (n. 144) ist wol Rantowic zu lesen.
Rentwic Laur. sec. 8 (n. 2662, 2692).
Hrantwig tr. W. a. 790 (n. 219); Schn. a. 806.

O. n. Rantwigezprunne.

Randuin. 8. Ng. a. 744; pol. Irm. s. 82.
Randoin pol. Irm. s. 56, 204; pol. R. s. 65.

Rantwinc. 8. Laur. sec. 8 (n. 210).

Rantwitz. 9. M. B. a. 820 (VIII).

Randulf. 8. Pol. Irm. s. 255; R. a. 837 (n. 34).
Rantulf Schn. a. 756.
Randolf Laur. mehrm.; Lc. a. 1073 (n. 217).
Rantolf Mchb. sec. 9 (n. 473); St. P.
Randolff H. a. 1092 (n. 193).
Rundulf Dr. trad. a. 747 (verderbt?) hieher? doch vgl. HRUND.
Nhd. Randolf.
O. n. Rendelshusen viell. hieher.

Ranfold s. RAMP.

RANG. Muthmasslich zu ahd. ringan luctari, rixari und rang pugna. Vgl. aber auch ags. ranc superbus und renc superbia. Auslautend ist dieser stamm zweifelhaft; ich erwähne hier Gundabarancus (8), Fastranc (8) und die vielleicht verderbten Luodorane (8) und Landurani (8), deren letzter buchstab c sein könnte.

Renco. 11. Ep. Arvernens. sec. 11.
Renco conc. Bituric. a. 1031; conc. Lemovicens. a. 1031 u. 1052; A. S. April III. Vgl. RAGAN.
Nhd. Ranck, Rancke, Rang, Rank, Ranke, Renck, Rencke, Renk.

Renchard. 6. Pd. a. 573 (n. 180).

Ranchar. 9. P. II, 582 (transl. S. Viti).
Ranghar pol. Irm. s. 175.
Rangher pol. R. s. 56.
Rangar pol. Irm. s. 183; gest. reg. Franc.; hieher?
Nhd. Rencker.

Ranchaus. 8. Pol. Irm. s. 150, 158.

Rangarich. 9. Lgd. a. 845 (I, n. 68).

Rangwic. 8. Laur. sec. 8 (n. 970).

Rani s. RAN. **Rannolf** s. Arnulf. **Rano, Ranosindus** s. RAN.

Ranseidis, fem. 9. Pol. R. s. 2, 64. Zu RAND?

Ranpoaldus s. RAMP. **Ranulf, Ranuold** s. HRABAN, ersteres auch unter RAN.

Ranzer. 10. Lp. a. 959 (II, 242). Wol verderbt.

Raobard s. RAG und RAUD. **Raodold** s. RAUD. **Raosmot** s. Rausimod. **Rapho** s. RAF. **Raponolf** s. HRABAN.

RAS. Wenn nicht Ras- für Raz steht, so ist viell. an altn. râsa laufen zu denken. Hieher noch Resino? Hraspod?

Raspert. Gld. II, a, 118.

Rasmar. Mchb. sec. 9 (n. 596).

Rastald s. REST. **Rat-** s. RAD. **Rauberga, Raubert, Raubold** s. RAUD. **Rauching** s. HROC.

RAUD. Als ich die unter HROD verzeichneten formen zusammenstellte, machte mich die grosse anzahl der mit Roud-, Rout- u. s. w. gebildeten formen stutzig, die man dünner gesät hätte erwarten sollen. Jetzt wird mir durch die hier folgenden n. die existenz eines stammes RAUD zur gewissheit, und zu diesem werden gewiss auch einige jener formen (aber welche?) gehören. In diesem RAUD sehe ich nun eine in der übrigen ahd. sprache untergegangene und nur in den n. erhaltene an altn. rauðr und ags. reád sich noch näher anschliessende form des ahd. rôt ruber.

Rauding. D. Ch. I, 871.

Rautin. Gr. II, 492.

Rautbald. 8. Laur. sec. 8 (n. 1093).
Raubolt Gr. I, 246 hieher?

Raubert. 9. Ep. Rossellens. sec. 9; b. v. Noyon sec. 10.
Raubert pol. R. s. 43, 52 etc.; conc. Troslejan. a. 909.
Raupert synod. Roman. a. 826.
Raobard P. II, 354 (vit. S. Bonif.) hieher?

Rauberga, fem. 9. Pol. R. s. 52.

Raodold. 9. Laur. sec. 9 (n. 798).

Raulco. 8. Mab. a. 759; deutsch?
Raulico Mab. a. 770.

Raulf s. RAG. **-raus** s. RAD.

Rausimod. 4. Ῥαυσίμοδος Zosimus II, 21, sauromatischer feldherr, wol deutsch.

Raosmot (8) St. P.

Rautbald, Rautin s. RAUD. **Rayng** s. HROC. **Raza, Razala, Razike, Razili, Razilin, Raze** s. RAD. Gr. stellt diese n. II, 557 zu râz rabidus und fügt dazu noch folgende beiden n., die ich mich allerdings scheue unter RAD mit aufzuführen:

Razihin, Gr. II, 557; wol von Gr. nur aus o. n. Razihinespah geschlossen.

Razchint. Gr. II, 557.

Beide n. sind vielleicht derselbe. Vgl. die verschiedenen formen von Withuchind.

Rebi. 8. Laur. sec. 8 (n. 2101).

Recaulf, Reccared, Reccisund s. RIC. **Recemund** s. RAGAN. **Rechant, Recho** s. RAG. **Recinsuind, Recismund** s. RAGAN. **Recithanc** s. RIC. **Reckere** s. RAG. **Regen-** s. RAGAN.

Reggi. 9. Dr. a. 838 (n. 514; Schn. ebds.). Zu RAG?

Regilo s. RAG. **Regin-** s. RAGAN.

Rehan. 8. St. P.; verderbt?

Reht s. RIHT.

Reicho. 8. Laur. sec. 8 (n. 1876); St. P.; für Richo?

Reid- s. RAID. **Reierin** s. BOI.

Reifing. 9. Dr. a. 820 (n. 392; Schn. ebds. Reinfriht).

Reifrih. Gr. II, 389.

Rein- s. RAGAN. **Reizo** s. RAID. **Rembald** s. RAGAN. **Reme-** s. RIM. **Remfing** s. RAMP. **Remila** s. RIM.

Remining. 8. Laur. sec. 8 (n. 1504).

Remint. Gld. II, a, 106. Verderbt?

Remismund s. RIMIS. **Remoald** s. RIM. **Remphinc** s. RAMP. **Remuing** s. RIM. **Renchard, Renco** s. RANG. **Renger** s. RAGAN. **Rent-** s. RAND. **Renuidis** s. RAGAN. **Reodolf, Reodolt** s. RIUD.

Reolus. 7. B. v. Rheims sec. 7. Pd. a. 686 (n. 406); A. S. Jan. I, Mart. II etc.; Fredegar. Deutsch?

Reon- s. RIUN. **Repahoh** s. Kepahoh unter GAB.

Reptila. 6. Enkel des Gepidenkgs. Chunimund. Reptilanem (acc.) Joh. Biclar. (E. s. VI, 385).

Resino. 11. P. IX, 484 (gest. episc. Camerac.). Vgl. RAS.

Respa. 3. Goth. anführer. P. VIII, 122 (Ekkeh. chron. univers.); Jorn. Nhd. Raspa, Raspe.

REST. Ein nicht weit verbreiteter, sondern ausschliesslich fränkischer stamm, der nur am anfange, nicht am ende von n. gebräuchlich ist. Er gehört entweder zu ahd. resti (rast, requies) oder ist als keltisch anzusehn.

Resting. 8. Laur. sec. 8 (n. 844).

Restedunus. 8. Pol. Irm. s. 100.

Restad. 8. Pol. Irm. s. 27, 84 etc.

Restada, fem. 8. Pol. Irm. s. 89, 90 etc.

Restoildis, fem. 8. Pol. Irm. s. 30, 114 etc.

Restovildis pol. Irm. s. 82, 91 etc.

Resteviidis pol. Irm. s. 234.

Restildis pol. Irm. s. 98.

Restemund. 8. Pol. Irm. s. 98.

Restold. 8. Pol. Irm. s. 3, 103; A. S. April I. Rastald (ep. Suanensis) conc. Rom. a. 861. Restald pol. Irm. s. 64, 67; Lp. a. 898 (I, 1075).

Restuidis, fem. 9. Pol. Irm. s. 178.

Restwin. 8. P. V, 153 (ann. Monast.). Restoin Schpf. a. 769 (n. 39); pol. Irm. s. 30, 53 etc.

Zu diesem stamme auch wol:

Restibia, fem. 8. Pol. Irm. s. 63.

Restencius. 8. Pol. Irm. s. 115.

Restedunt. 10. H. a. 955 (n. 167).

Rethar s. RAD.

Retto, Gr. II, 471; vielleicht von Gr. nur aus o. n. Retinawa und Rethingen geschlossen.

Rettua, fem. Gld. II, a, 127.

Retwin s. RAD.

Revedeo. 9. Necr. Aug.

Reverger. 11. Lc. a. 1061 (n. 196); verderbt?

Rezo. 11. Lc. a. 1094 (n. 248).

Ribga s. Rihgowo.

RIC. Ein in n., wie es scheint, bei allen deutschen völkern ziemlich gleichmässig vertheilter (nur etwa bei den Westfranken nicht ganz so beliebter) stamm, der sich sowol anlautend als auslautend recht häufig findet. So gewiss es ist, dass er im ganzen zu ahd. richi (dives, potens) gehört, so schwierig ist doch die scheidung zwischen Deutschem und Keltischem, da er sich schon häufig vor unserer zeitrechnung bei lateinischen und griechischen schriftstellern sowol in germanischen als keltischen namen findet. Die ältere latein. form rix als keltisch, die spätere ricus als deutsch anzusehn, dazu ist kein genügender grund da.

Auffallend sind die gerade aus älteren zeiten öfters überlieferten formen Rig-. Ich habe sie vorläufig hier mit aufgeführt, hege aber die vermuthung, dass sie eigentlich von RIC zu sondern sind; ist etwa an den nord. Rigr (= Heimdallr) zu denken? Man halte dazu auch formen wie Rigenold, die wol eigentlich von RAGAN zu trennen sind.

Die form Hrich- enthält stets ein unorganisches H, da sich in denselben quellen auch Hrad- für Rad- findet. Besonderer erwägung anheim stelle ich das namentlich westgothische Rec- (Rêc-?).

Dass RIC in den n. schon in seiner bedeutung sehr verflüchtigt ist, und zwar durch den häufigen gebrauch, wird aus der analogie von nhd. gänserich, enterich, täuberich, wütherich u. a. klar.

Dieses herabsinken zu einer blossen das männliche geschlecht bezeichnenden endung konnte nur bei einem stamme stattfinden, der in den n. so gut wie gar keine feminina bildet. In der that sind Austriga und Modericha die beiden einzigen, und noch dazu jungen, feminina unter allen folgenden 210 namen. Hoctorecia ist verdächtig.

Abbarich 8.
Octric 9.
Hoctorecia? 6.
Agarich 6.
Aclerich 8.
Agenrich 7.
Egisrik 8.
Einkerich 9.
Alaricus 5.
Alcherich 11.
Alderich 6.
Chaldricus 8.
Albarich 9.
Alericus 9.
Ellanrih 9.
Aluric 9.
Amalaricus 6.
Enerich.
Andarich 5.
Angelrich 8.
Erferih 9.
Ascarich 8.
Asric 9.
Astericus 9.
Aderich 6.
Athalaricus 4.
Athanaricus 4.
Audericus 6.
Onerich 9.
Orrich 9.
Austoric 10.
Austriga 11.
Baturich 6.
Baitorix 1.
Baldarich 6.
Bauderich 7.
Pazrich 8.
Benerich 8.
Benrichin? 10.
Bernaricus 6.
Berahtrich 8.
Bizzirich.
Blanderich 9.
Blidirich 8.
Boiorix 2 v. C.
Bonarich 9.
Puozirich 9.
Brunric 9.
Poterich 9.
Caesorix 1 v. C.
Celsarigus 9.
Chunirih 8.
Criricus.
Cruptorix 1.
Daperich 10.
Dagarich 7.
Delricus 9.
Dellorihbert? 9.
Dotrih 9.
Tuomrih.
Eburicus 6.
Ethericus.
Erarich 6.
Erenricus.
Ercanricus 7.
Euchericus 5.
Eutharicus 5.
Euarix 5.
Faderiko 10.
Framerich 8.
Framnerich 8.
Frauchrih 9.
Frithuric 5.
Friutrich 10.
Froderich 8.
Frumirih 9.
Fulcrich 8.
Folderich 9.
Giberich 4.
Gadaricus 5.
Keidrih 8.
Gaisericus 5.
Geldirih 9.
Gamrich 8.
Gandaricus 6.
Gararich 6.
Castricus 6.
Gauderich 8.
Gawirich 7.
Gaugerich 7.
Gisalrich 6.
Godalrich 8.
Crimrih 8.
Grombricus 8.
Gubericus 7.
Gumarich 8.
Gundericus 3.
Hecgirih 9.
Haganrih 7.
Haidrich 8.
Heidanrih 8.
Hailrich 8.
Haimirich 8.
Halidrich 6.
Hamerich 8.
Harderich 5.
Haririh 4.
Hadarih 8.
Hedmarich 10.
Helmirich 8.
Heredrich 11.
Hiderich 8.
Hildiric 4.
Hilpericus 5.
Chloderich 6.
Floderich 8.
Hohrich 11.
Ramnerich 9.
Hrodric 6.
Romarich 7.
Hunrich 5.
Idelrich 9.
Emrich 8.
Ermaricus 5.
Irminricus 4.
Isanrich 9.
Jungericus 4.
Letoerich 8.
Landerich 7.
Launarigus 7.
Liubirih 7.
Liuderich 8.
Lustrih.
Magrih 9.
Magnerich 6.
Mahtrih 8.
Malorix 1.
Maldarih 9.
Mauricus 7.
Mantharigus 7.
Marchrih 8.
Madericus 4.
Madalrich 8.
Miurich 8.
Moderich 8.
Modericha 11.
Munrich 9.
Munderich 4.
Neudrich 9.
Natrik 10.
Nidrih 9.
Niwirich.
Notric 8.
Nodalricus 8.
Nutrih.
Oharich 7.
Olimriccus 8.
Odalric 8.
Raderich 8.
Regericus 5.
Raganrich 9.
Rairicus 8.
Ramerich 11.
Rangarich 9.
Reifrih.
Rorico? 9.
Sabaricus 7.
Sahsarih 10.
Salderich.
Sandrih 9.
Scaftrih 9.
Selprih 8.
Senedricus 8.
Sigarich 5.
Siuderich 6.
Snelrih 9.
Somrih 9.
Starcharich 8.
Suniericus 5.
Suttericus 7.
Svavarich 7.
Swidirih.
Tederich 9.
Dedalrich 11.
Thancrih 9.
Deoric 9.
Theudoricus 1.
Trasaricus 5.
Underich 7.
Wadirih 9.
Walarich 8.
Waldirih 7.
Wandarich.
Wandelrich 9.
Oasrich 8.
Welrih 10.
Werdarih 9.
Witirich 4.
Wigirich 7.
Wicleric 8.
Wilderich 8.

Willierich 8. Wisurih 8. Vulferich 8.
Winirich 8. Wolarih 8. Zeizrih 10.
Vindrig 8. Wuldarrich 3. Citerich 9.

Rico. 8. H. a. 926 (n. 146).
Ricco Laur. sec. 8 (n. 1711).
Richo St. P.; M. B. a. 883 (XXXI); H. a. 1092 (n. 193).
Riho M. B. a. 837 (IX).
Rihc Gld. II, a, 107.
Richio Laur. sec 8 (n. 207).
Hricho St. P.
Nhd. Reich, Reiche, Rick, Rieche, Rieck, Riecke.
O. n, Richinbah, Richnoleim, Richental.

Ricilas. 5. Suevenfürst sec. 5; Reccilla ep. Accitan. sec. 7.
Ῥικίλας Procop.
Richila (acc. Richilanem) Isidor.
Richilo M. B. a. 806 (VIII).
Richila (msc.) var. Ricchila Sm.
Ricilla oder Riccilla conc. Tolet. a. 675.
Ricilla conc. Tolet. a. 653.
Rechila Idat. a. 438 etc.
Recilla od. Rixilla conc. Tolet. a. 681, 684, 688.
Recila P. X, 319 (Hugon. chron.)
O. n. Richilinga.

Rikila, fem. 11. Ms. a. 1049 (n. 22).
Richila Gld. II, a, 127.

Richlin. 9. P. II, 72 not.
Richelin Gud. a. 1056.
Nhd. Reichlin, Reichling.

Rihuni. 8. Tr. W. a. 788 (n. 102).
Richuni St. P.
Righuni St. P.
Richoni (so) St. P.

Richini. 9. Necr. Aug.
Rihchini Gld. II, a, 106.
Rihini Gld. II, a, 127.
Richine necr. Aug.
Richin Ng. a. 788.
Richeni Gld. II, a, 106.
Nhd. Reichen.

Richinc. 9. Ng. a. 838.
Nhd. Reiching.

Richiro. 10. Lc. a. 962 (n. 105).
Richero Lc. c. a. 1020 (n. 159).

Richizo. 10. P. VI öfters; H. a. 926 (n. 146).
Rikizo Frek. mehrm.
Richezo P. X, 576 (chron. S. Huberti Andag.); Lc. a. 1015 (n. 147).
Rigezo Lc. a. 1043 (n. 179).
Regezo Lc. a. 1015 (n. 147); Gud. a. 1090.

Richiza, fem. 11. P. IX öfters; St. P. mehrm.; M. B. a. 1093 (XIV).
Rihiza M. B. II, XIII.
Richeza P. I. 100 (ann. Brunwil.); II. 216 (ann. Brunwil.); X, 175 (gest. Trever.); Lc. a. 1051 (n. 184); G. a. 1056 (n. 56).
Rihciza (so) St. P.
Richica St. P. wol hieher.

Richinzo. Gld. II, a, 118.
Rihinzo Gld. II, a, 107.

Richinza, fem. 11. P. VII, 392 (Bernold. chron.); VIII, 721 (annalista Saxo).
Richenza P. VIII, 720 (annalista Saxo).
Richensa Lgd. a. 1005 (II, n. 139).

Richselin. 8. Pd. a. 734 (n. 554).

Ricbald. 8. Chorbisch. v. Rheims sec. 11.
Ricbald Ng. a. 760; pol. Irm. s. 237.
Ricbold pol. Irm. s. 27, 115; Wg. tr. C. 260.
Ricpold Gld. II, a, 107, 127.
Richbald Ng. a. 760, 766; Laur. mehrm.
Richbalt M. B. a. 862 (VIII).
Richbold Ng. a. 784.
Richpald St. P.
Rihbald Laur. sec. 8 (n. 2367); tr. W. a. 799 (n. 27); Ng. a. 817.
Rihbold P. VI, 569 (Arnold. de S. Emmer.); Ng. a. 763, 805, 825.
Rihpald Ng. a. 764, 792, 816; St. P. oft.
Rihpold Ng. a. 807; St. P. mehrm.
Rihcpold Gld. II, a, 107.
Rickbald Ng. a. 760.
Rigobald A. S. Febr. II.
Rigbold conc. Carisiac. a. 849; conc. Suession a. 853.
Ribald tr. W. a. 788 (n. 125).
Ripold Ng. a. 817.
Ripald Gld. II, a, 107.
Rippold Schpf. a. 801 (n. 73).
Hricpald St. P.
Hrihbald Schn. a. 771, 776, 785; Dr. a. 753, 774 (beidemal liest Schn. Hruhbald).
O. n. Richpoldeschirihon.

Ricbolda, fem. 8. Pol. Irm. s. 251.
Rigbolda pol. R. s. 99.

Richern. 9. Wg. tr. C. 287; C. M. Oct.
Rihbern Gld. II, a, 107.
Richpero M. B. a. 893 (XXXI).
Richraht. 7. Frek.
Ricbert P. II, 283 (gest. abbat. Fontan.); IV, 44 (Heinr. IV constit.); V, 791 (Thietmari chron.); VIII, 615, 698 (annal. Saxo); IX, 849 (chron. Hildesh.); pol. Irm. s. 47, 52 etc.; Sm.; Wg. tr. C. 239, 328, 344, 370.
Ricberth Wg. tr. C. 76.
Ricpert P. VI, 87 (chron. Median. monast.).
Ricbreht P. II, 218 (urk. v. 834).
Ricbrath Frek.
Richpreht necr. Aug.
Richperht M. B. a. 806, 828 (VIII).
Richbert P. II, 417 (vit. S. Liudgeri); VII, 161 (Lambert ann.); Ng. a. 744, 775, 779; Laur. oft.
Richpert Ng. a. 775.
Richbrat Ng. a. 786.
Richpreth necr. Aug.
Rihibert Ng. a. 812.
Rihperaht Dr. a. 774 (Schn. ebds. Rihperat), 780 (Schn. Richpraht); Dr. u. Schn. sec. 9 (dieselbe person heisst in einer andern urk. Ridperaht; s. ds.).
Rihperht St. P. oft.
Rihpreht necr. Aug.; St. P. mehrm.
Rihbert Schn. a. 765; Ng. a. 806, 816; Laur. mehrm.
Rihbraht Dr. a. 852 (n. 562; Schn. ebds. Rihhart).
Rihpert Ng. a. 761, 786, 787, 791.
Rihbret Ng. a. 814.
Rihperat Ng. a. 762.
Rihpreth necr. Aug.
Rihcpert Ng. a. 788.
Rihcpreth Gld. II, a, 107.
Rigobert P. I, 345 (Enh. Fuld. ann.); VIII, 330 (Sigebert. chron.); Pd. a. 648, 692, 704, 723 (n. 312, 426, 460, 528), 721 (n. 517 mit var. Rigubert und Rogobert); A. S. Febr. II; d. Ch. I mehrm.
Rigibert P. V, 33 not., 35 not. (Lamberti ann.); Pd. a. 706 (n. 465; unecht).
Rigobercth Pd. a. 653 (n. 322; Mab. ebds. n. 64).
Rigibraht Dr. a. 807 (n. 243; Schn. ebds. Regibrath).
Rigbert Laur. sec. 8 (n. 2616); pol. R. s. 16, 84.
Ribert Mab. a. 854.
Ripert Laur. sec. 9 (n. 376).
Hricperht St. P.
Richert statt Ricbert Sm.
Nhd. Ribbert.
Ricberta, fem. 8. Pol. Irm. s. 234.
Ricuberta Pd. a. 739 (n. 559).
Riberta pol. R. s. 38.
Ricobertane (acc.) Pd. a. 745 (n. 586).
Rigaberga, fem. 8. Mab. a. 805 mit var. Riguberga, Ricuberga und Ricuberta.
Riguberga Pd. a. 739 (n. 559) mit var. Ricuberga.
Rigberga pol. R. s. 47.
Ricberga pol. Irm. s. 27, 225.
Ricberg Wg. tr. C. 122.
Richbirg, Ricpric, Rihprich Gld. II, a, 127.
Rihpirch St. P.
Rihpirhc St. P.
Riberga pol. R. s. 49, 50.
Hrichpirc St. P.
Ribrand. 9. B. v. Novara sec. 11.
Ribrand pol. R. s. 45.
Riprand Lp. a. 945 (II, 206); M. a. 1049 (n. 49).
Ricbodo. 8. P. I, 15 (ann. Laubac.); Guér. a. 889.
Richbod P. VI, 3 (ann. S. German. min.); Mab. a. 889.
Richbodo Laur. sec. 8 (n. 207).
Richbod P. I, 120 (ann. Lauriss.); X, 163 (ann. Trever.).
Richboto P. I, 440 (Prud. Trec. ann.).
Richpoto P. VII, 101, 104 (Herim. Aug. chron.).
Rihboto P. I, 353 (Enh. Fuld. ann.), 364 (Ruod. Fuld. ann.).
Rigbodo P. I, 192 (Einh. ann.).
Ricburgis, fem. 8. Pol. Irm. s. 225.
Richburg P. VI; C. M. Nov.; M. B. a. 1090.
Richpurc, Richpurg Gld. II, a, 127.
Rihburg necr. Fuld. a. 1007.
Rihpurh St. P.
Rihpurch St. P.
Hricpurc St. P.
Hripurc St. P.
Ricdag. 9. Markgr. v. Meissen sec. 10.
Ricdag P. IV, B, 166 (Ott. M. pact.); V, VIII öfters; Wg. tr. C. 279, 280, 299, 301, 305, 309, 314, 339, 351, 401, 435, 461.

Ricdac Wg. tr. C. 449.
Rihdag P. V, 103 (ann. Hildesh.).
Rigdag Lc. a. 970 (n. 111).
Rycdag Wg. tr. C. 433.
Rihdaht G. sec. 10 (n. 31); scheint verderbt, es wird wohl Rihdahc zu lesen sein.

Rictrudis, fem. 8. P. VII, 12 (ann. Elnon.); VIII öfters; IX, 461 (gest. episc. Camerac.); pol. Irm. s. 63, 96 etc.; pol. R. s. 86.
Richtrud Laur. sec. 9 (n. 767).
Richtrut Laur. sec. 8 (n. 995).
Rihdrud St. P.
Rihtrude Laur. sec. 8 (n. 626).
Rihtrud Schn. a. 765.
Rihcdrud Gld. II, a, 127.
Rigtrudis pol. R. s. 105.
Rectrudis pol. Irm. s. 12, 16 etc.
Ritrud Gld. II, a, 127.
Hrihdrud St. P.

Rihferius. 10. Schpf. a. 966 (n. 147).

Rihflat, fem. 8. Mchb. sec. 8 (n. 225); Laur. sec. 8 (n. 2863).
Rihflata R. a. 821 (n. 21).

Ricfrid. 8. Lc. a. 820 (n. 40).
Ricfred Sm.
Richfrid St. P.
Richfrit M. B. a. 822 (VIII).
Rihfrid Ng. a. 797, 874; necr. Aug.; St. P. zwml.
Rihfred Ng. a. 788.
Rihfrit St. P.
Rigfred pol. R. s. 58.
Rifrid Ng. a. 797; Laur. mehrm.; pol. R. s. 44, 89.
Hrifrit St. P. zwml.

Ricfrida, fem. 8. Pol. Irm. s. 257, 262.
Riccifrida, Reccifrida und Ricchifrida Lp. sec. 8 (I, 417 f).

Ricifus. 9. St. P.

Rihgelt, fem. 10. Necr. Fuld. a. 996.

Richcar. 8. Ng. a. 788.
Richkaer St. P.
Richger Gud. a. 840; Laur. öfters.
Richker M. B. c. a. 1050 u. c. a. 1080 (VI).
Ricger Wg. tr. C. 231, 258.
Rihgaer Gld. II, a, 107.
Rihger Ng. a. 762, 764, 819, 822, 826, 827; necr. Aug.; Gld. II, a, 107.
Rihcar Ng. a. 760.
Rihkaer St. P.
Rihker Ng. a. 797, 814; St. P. drml.
Rihcer Ng. a. 760.
Rihcgaer Ng. a. 774.
Ricker s. Richari.
Rigger Wg. tr. C. 474.
Nhd. Ricker, Rickher, Riecker, Rieger, Riegger, Riekehr, Rieker.
O. n. Richkersdorf, Richgaereshovasteti, Richkeraspuoc.

Richgarda, fem. 8. Frau Karls d. dicken sec. 9.
Richgarda P. VII, 108 f. (Herim. Aug. chron.), 421 (Bernold. chron.).
Richkarta P. II, 330 (Erchanberti breviar.).
Richkart Ng. a. 876; St. P. zwml.
Richcart Gld. II, a, 127.
Ricgart Gld. II, a, 127.
Rihgartha P. II, 241 (ann. Wirzib.).
Rihcart necr. Aug.
Rihkard P. V, 342 (Liudpr. hist. Ott.); St. P. mehrm.
Rihkart St. P.
Rihcgarda P. VIII, 173 (Ekkeh. chron. univers.).
Rihcgartha P. VIII, 28 (Ekkeh. chron. Wirzib.).
Riggarda Ng. a. 881.

Einige der hier erwähnten formen mögen zuweilen nicht hieher, sondern zu Richard und Richarda gehören.

Richgauz. 8. Laur. sec. 8 (n. 502, 3363).
Richgoz Laur. sec. 8 (n. 3155).
Richcoz Gld. II, a, 107.
Richkoz Gld. II, a, 107.
Rihgoz Gld. II, a, 107.
Rihkaoz St. P.
Rihcoz Ng. a. 818; necr. Aug.
Richoz St. P.
Hrihgoz Dr. a. 765 (Schn. ebds. Hrigoz).
O. n. Rihcozesdorf, Rihcozhova, Rihcozeshusir.

Ricgauius. 8. B. v. Worms sec. 10.
Ricgauius K. a. 777 (n. 19).
Richgowo P. VIII, 607 (annalista Saxo); Lc. a. 947 (n. 97).
Rihgowo P. I, 620 (contin. Regin.).
Richkov Laur. sec. 9 (n. 2544).
Richoo (so) P. V, 395 (Flodoardi ann.), 603 (Richeri hist.); X, 361 (Hugon. chron.).

Hieher wol noch die formen:
Rihgo und Rihcho Ng. a. 813.

Riggo Schn. a. 817.
Ribga (so) für Rihgowe P. XI, 566 (auctar. Garstense).
Auch viell. Ricawdo hieher? oder = Rihcaud?
Richkis. 8. Ng. a. 889 (n. 591).
Ricgis Wg. tr. C. 308.
Richis H. a. 716 (n. 38).
Ricgist Wg. tr. C. 313 wol hieher.
Riogrim. 9. Lc. a. 827 (n. 44).
Rihgund, fem. 6. Tochter des Frankenkgs. Chilperich sec. 6.
Rihgund Dr. a. 801 (Schn. ebds. Rohgund).
Rihgunt St. P.
Rihkund St. P.
Rihcund Mchb. sec. 8 (n. 193).
Rigunthis Greg. Tur. V, 49 etc.
Rigunda necr. Aug.
Rihhaid, fem. 8. Mchb. sec. 8 (n. 43).
Rihheid St. P.
Rihheit St. P.
Rihcheid Gld. II, a, 127.
Richeid Laur. sec. 8 (n. 1350).
Richeit Laur. sec. 8 (n. 724).
Rihaidis pol. R. s. 40.
Richeth Gld. II, a, 127.
Rihheil. 8. K. a. 778 (n. 20).
Ricohard. 6. Sec. 6: Frankenfürst. Sec 9: ep. Agathens. Sec. 10: b. v. Passau. Sec. 11: b. v. Bourges.
Ricohard P. III, 90 (Kar. M. capit.).
Riccard P. V oft.
Richhart Laur. sec. 8 (n. 2891).
Rihhard P. II, 603 (Thegani vit. Hlud.); III, 246 (Hlud. et Hloth. capit.); V öfters; St. P. zwml.
Rihhart Ng. a. 791, 797, 811, 819, 827; Schn. a. 811 (Dr. ebds. n. 251 Rihhat); Schn. a. 852 (Dr. ebds. n. 562 Rihbraht); St. P. oft; Laur. sec. 9 u. 10 (n. 532, 641); M. B. c. a. 1080 (VI).
Richard P. I, II, III öfters; IV, B, 176 (Heinr. II pact.); V—IX oft; X, 208 (transl. S. Celsi); Laur. sec. 8 (n. 1339); pol. Irm. s. 15, 19 etc.; pol. Fossat.; Ng. a. 786; St. P.; Wg. tr. C. 36, 80, 241, 247, 308, 333, 380; Gud. a. 1090.
Richart Sm. (mit var. Richarht, Richrat); Laur. mehrm.; St. P. mehrm.; M. B. sec. 9 (VII, VIII), a. 883 (XXXI).
Rikhart St. P.
Rikard P. I, 528, 529 (ann. Vedast.); II, 206 (ann. Vedast.).
Ricard P. I, 531 (ann. Vedast.); II, 207, 209 (ann. Vedast.), 248 (ann. Besuens.); V, 379 (Flodoardi ann.); VII—IX oft.
Rickart St. P.
Rihard St. P.; Ng. a. 814; pol. R. s. 49, 76.
Rihart Ng. a. 798; necr. Aug.
Righard P. II, 600 (Thegani vit. Hlud.); pol. R. s. 8, 11 etc.
Ribchart necr. Aug.
Hrihhart Schn. a. 813 (Dr. ebds. n. 282 Hrihhat).
Hrichart St. P.
Rickerdi (gen.) Wg. tr. C. 418.
Vgl. oben Richgarda.
Ags. Richeard. Nhd. Reichard, Reichardt, Reichart, Reichert, Reichhardt, Richard, Richert, Rickert, Riechert, Riekhert.
O. n. Richarteshouun.
Richarda (und -is), fem. 8. P. I, 597 (Regin. chron.); VIII, 688 (annalista Saxo); Laur. sec. 8 (n. 3417); M. B. sec. 11 (X).
Richarta P. II, 330 (Erchanbert. breviar.).
Vgl. oben Richgarda.
Richari. 5. Sec. 5: Suevenfürst. Sec. 7: erzb. zu Sens. Sec. 11: erzb. zu Sens.
Richari St. P.
Richeri St. P.
Richere Ng. a. 809.
Richar P. I, II, V, VI, VIII, IX öfters; X, 358 (Hugon. chron.), 531 (gest. abbat. Gemblac.); Greg. Tur. II, 42; Fredegar; Ng. a. 760; pol. Irm. s. 10, 55 etc.
Ricocher Laur. sec. 9 (n. 2557).
Richer P. I, 106 (ann. S. Columbae); II, V, VI, IX öfters; X, 473 (Hugon. chron.); Laur. mehrm.; M. B. sec. 11 (VI—VIII).
Rikheri Frek.
Rihhari St. P. zwml.
Rihheri St. P. öfters.
Rihhere Gld. II, a, 107.
Rihhar P. IX öfters; Ng. a. 826; M. B. a. 901 (XXXI).
Rihcher Ng. a. 760.
Rihari St. P.
Riheri M. B. c. a. 1070 (VI); St. P.
Riher pol. R. s. 22, 50.
Riker P. II, 143 (Ekkeh. cas. S. Galli).

Ricker necr. Aug.
Riciarius Jorn. 44.
Reciarius P. X, 317 (Hugon. chron.); derselbe heisst ebds. s. 319 Recianus, bei Isidor Rectiar (so auch A. S. Maj. V).
Rechiarius Idat. a. 449 etc.
Recchiar E. s. VI, 492.
Hribchar Schn. a. 791.
Hribcher Schn. a. 804.
Nhd. Riecker, Rickher, Ricker, Rieger, Riegger, Riekehr, Rieker.
O. n. Rihherispuren, Rihherishusa.

Richaria, fem. 8. Pol. Irm. s. 211.

Rihhad. 8. Mchb. sec. 9 (n. 595).
Rihhat Dr. a. 811 (n. 251; Schn. ebds. Rihhart); Schn. a. 812.
Hribhad Schn. a. 786, 803, 804, 812; Dr. a. 818 (n. 378; Schn. ebds. Hriddah).
Hribhat Dr. a. 813 (n. 282; Schn. ebds. Hribhart); Schn. a. 814.
Hrihad Schn. a. 806.
Nhd. Richet.

Richelm. 8. Pol. Irm. s. 174; St. P.; Laur. mehrm.; Sm.
Richhelm St. P. zwml.; Laur. sec. 9 (n. 897).
Rihhelm St. P.
Rihelm Gld. II, a, 118.
Rihalm St. P.
Hrihhelm Schn. a. 802.
Nhd. Reichhelm.

Richildis (-a), fem. 8. Frau Karls d. kahlen sec. 9.
Richildis P. I öfters (Hincm. Rem. ann.); V, 318 (Liudpr. antapodosis); VII, IX öfters; X, 535 (gest. abbat. Gemblac.); pol. Irm. s. 37, 102; Guér. a. 1070.
Richhilt Laur. sec. 9 (n. 1588).
Rihchilt Gld. II, a, 127.
Rihhild St. P.
Rihhilda Ng. a. 893.
Rihhilt St. P. zwml.; M. B. a. 901 (XXXI).
Richilt St. P. zwml.; Laur. mehrm.
Richeldis P. X, 535 (gest. abbat. Gemblac.), 582 (chron. S. Huberti Andag.); XI, 306 (geneal. comit. Flandr.); pol. Irm. s. 151; pol. Irm. s. 49 (sec. 11); Mab. a. 854.
Rihildis pol. R. s. 48.
Rihilt St. P.
Rikildis P. VII, 26 (ann. Blandin.), 36 (ann. Formosel.); Lc. c. a. 800 (n. 15).
Rikild C. M. Jul.
Rikilt Lc. a. 947 (n. 97).
Rehhilt Schn. a. 788.
Hieher auch wol:
Hrebhilt Schn. a. 786.
Richeldus (so) pol. Irm. s. 51 (sec. 11).
Richoldis (so) pol. Irm. s. 49 (sec. 11).

Rihhoh. 9. Mchb. sec. 9 (n. 671).
Rihoh Gld. II, a, 107.

Richramnus. 8. St. M. a. 709.
Ricram und Ribram Gld. II, a, 107.
Ricrannus d. Ch. I, 648.
Rihrammus Laur. sec. 9 (n. 176).
Richram Ng. a. 875, 887; necr. Aug.

Richolach. 8. Laur. sec. 8 (n. 2981).

Richlich. Gld. II, a, 107.

Richleib. So ist sicher statt Richbeib Gld. II, a, 106 zu lesen.

Rihlant. 8. Mchb. sec. 8 (n. 167).

Riclindis, fem. 8. Gräfin sec. 11.
Riclindis Pol. Irm. s. 174, 258.
Riclinde Wg. tr. C. 120.
Richlind Laur. mehrm.
Richlint Laur. mehrm.
Rihlindis P. XI, 220 (chron. Benedictobur.).
Rihlind St. P.; Ng. a. 839.
Rihlint St. P.; Laur. sec. 8 u. 9 (n. 267, 2610).
Riklend Lc. a. 1054 (n. 190).
Ruechlinda (so) P. XII, 377 (gest. abb. Trudon.).
Rilint St. P.; H. a. 926 (n. 146).

Richliba, fem. 8. Laur. sec. 8 (n. 928).

Richloz. 10. Ng. a. 904.
Rihcloz neben Rihchlot Gld. II, a, 107.

Ricman. 9. Gld. II, a, 107; C. M. Dec.
Richman Sm. mit var. Richmant.
Rihman Ng. a. 827.
Rigman P. V, 839 (Thietmari chron.).
Nhd. Reichmann, Rickmann, Riemann, Rimann.

Ricmar. 4. Sec. 4: consul a. 384. Sec. 5: ein Sueve. Sec. 7: ep. Dumiensis.
Ricmar pol. Irm. s. 245, 259.
Richimir (var. Richmir, Ricmir, Rigmir) Sm.
Ricomeres fast. Idat.
Richomeres Fredegar.
Ricimir hist. miscell. 15.

Ricimer P. VIII, 137 (Ekkeh. chron. univers.), 311 (Sigebert. chron.); Jorn. 45; Cassiod. chron.
Richimeres Greg. Tur. II, 9.
Richomeres Amm. Marc.
Rihmar Ng. a. 819; St. P. zwml.
Recimeres Sever. Sulpic.
Rechimeres Idat. a. 456 etc.
Recimir aut Reccimir conc. Tolet. a. 646.
Recomar Pd. a. 627 (n. 241).
'Ριχομέρης Zosim. IV, 54, 55 (var. 'Ριχομήρης).
'Ρεκίμηρ Procop.
'Ρεκίμερ Theoph.
'Ρυχομήρης Libanius.
'Ρυχόμηρις Philostorg.
Rimar pol. R. s. 44.
Rimadal. 9. Laur. sec. 9 (n. 816).
Rihmot. 8. St. P. zwml.
Richmuot Gld. II, a, 127.
Rihmuot St. P. zwml.
Richmout M. B. a. 1090 (III).
Rimud Laur. sec. 8 (n. 1772).
Rihmuud. 7. Tr. W. a. 693 (n. 38); St. P.; R. a. 821 (n. 21).
Rihmunt M. B. a. 775 (IX); Mchb. sec. 9 (n. 332); necr. Aug.; St. P.
Richmund St. P.
Richmunt Gld. II, a, 107.
Rigmunt Sm.
Richmont (so) necr. Fuld. a. 840.
Rycmund Wg. tr. C. 266.
Recamund Lgd. a. 883 (II, n. 5).
Rimund P. VII, 466 (Bernold. chron.).
Rihnand. 9. Ng. a. 826, 827, 834.
Rihniu, fem. 8. Dr. a. 826 (n. 466; Schn. ebds.).
Rihniuui Dr. c. a. 800 (Hrihniu ebds. Schn.).
Rigniu Laur. sec. 8 (n. 267).
Rihni M. B. a. 903 (XXXI; R. ebds. n. 91); St. P. mehrm.
Reccared. 6. Sec. 6: Westgothenkg. R. I; b. v. Barcelona. Sec. 7: Westgothenkg. R. II. Sec. 9: ep. Lucensis.
Reccared auf d. münzen; E. s. II, 178, 206.
Recared Isidor.
Rechared P. X, 322 (Hugon. chron.); conc. Oveteus. a. 873.
Richared P. VIII, 320 (Sigebert. chron.); X, 319 (Hugon. chron.); XI, 571 (ann. Admuntenses); Greg. Tur. VIII, 30, 38, 46 etc.; Fredegar.

Rirad pol. R. s. 36.
Ricarid. 8. K. a. 773 (n. 15).
Riscalcus. 10. Lgd. a. 931 (n. 52).
Ricosind. 8. P. III, 523 (Kar. II capit.).
Ricsindis pol. Irm. s. 166, 225.
Recosind Lgd. a. 813 (I, n. 17).
Rixendis Lgd. a. 1035 (II, n. 173), 1042 (II, n. 187).
Rihsind Gld. II, a, 127.
Reccesvinth. 7. Westgothenkg. sec. 7. E. s. II, 179.
Reccesvind E. s. VI, 434.
Recesvinth E. s. V, 462 etc.
Regesvind conc. Tolet. a. 693 (ebds. wird auch Requisind geschrieben).
Reccisund conc. Tolet. a. 684.
Richswind, fem. 8. M. B. a. 820 (VIII).
Richsuind Laur. mehrm.
Rihsuinda tr. W. a. 766 (n. 108).
Rihsuind St. P. zwml.
Richsuint St. P.; Laur. mehrm.
Rihsuid St. P.
Rihsuund (so) St. P.
Rihsuint Laur. sec. 8 (n. 400).
Rihsuind tr. W. a. 828 (n. 152); ebds. auch d. genit. Rihsuidane (so).
Ricsuit Wg. tr. C. 330.
Ricsut C. M. Sept. neben Ricsuth.
Rissuint Laur. sec. 8 (n. 308).
Risuint Laur. sec. 8 (n. 2190).
Rihdeo. 9. Mchb. a. 826 (n. 504).
Rihideo Mchb. sec. 9 (n. 654).
O. n. Rihdiosdorf.
Ricchitanc. 6. Testam. soll. Mannanis a. 575 bei Sp. M. liest hier (n. 75) Riccitanc.
'Ρεκίθαγκος neben 'Ρεκίθαγγος Procop.
Ricwal. 9. Wg. tr. C. 260.
Ricoald. 7. Mab. a. 753.
Ricold Wg. tr. C. 283.
Richold P. I, 94 (ann. S. Emmer.).
Richolt Ng. a. 803; Dr. a. 866 (n. 589; Schn. ebds. Ruholt).
Richald M. B. a. 1033 (VII).
Rihholt St. P. mehrm.; Mchb. sec. 8 (n. 228); Schn. a. 773.
Rigwald Pd. a. 659 (n. 335).
Rigualdus Lgd. a. 1035 (II, n. 176).
Rigold pol. Irm. s. 225.
Rigald M. sec. 10 (n. 39; Mab. ebds.).

Rihol (so) St. P. wol hieher.
Nhd. Reichelt, Riekelt, Riewaldt.
O. n. Rigoltesberg, Rihholtorf.

Rigovera, fem. 9. Mab. a. 805.
Richuara P. X, 366 (Hugon. chron.).
Ricwar C. M. Jul.
Richwar (fem.) Gld. II, a, 127.

Ricward. 9. Wg. tr. C. 247, 484.
Richwart Gld. II, a, 127.
Hrihward Schn. a. 827.

Rihwih, fem. 9. St. P.
Ricwi Ms. a. 1049 (n. 22).

Richowin. 8. B. v. Strassburg sec. 10.
Richowin P. I, 101 (Einh. ann.).
Richwin P. I, 594 (Regin. chron.); II, 289 (gest. abbat. Fontan.); VI, 234 not. (Sigehard. mirac. S. Maxim.); VII, 116 (Herim. Aug. chron.); VIII, 187 (Ekkeh. chron. univers.), 586 (annalista Saxo); Laur. sec. 8 (n. 332, 344); Gud. a. 963.
Richuin P. I, 440 (Prud. Trec. ann.); III, 469 (Hlud. Germ. capit.), 444, 448 f. (Kar. II capit.); V, 578 (Richeri hist.); Ng. a. 744.
Richoin P. II, 619 (vit. Hlud. imp.); III, 90 (Kar. M. capit.); Ng. a. 818.
Ricwin P. V, 445 (Widukind); necr. Aug.; Wg. tr. C. 486; Frek.; G. a. 1092 (n. 70).
Ricuin P. II, 661 (Nithardi hist.); III, 426 (Kar. II capit.); V, 369, 371 (Flodoardi ann.); pol. Irm. s. 88; St. M. a. 1088.
Ricoin P. II, 620 (vit. Hlud. imp.); pol. R. s. 3.
Rihwin P. II, 288 (gest. abbat. Fontan.), 463 (Einh. vit. Kar.); IV, 17 (Heinr. I constitut.); St. P.; Ng. a. 806, 817, 822.
Rihchoin Ng. a. 820.
Riquin P. IV, 18 (Heinr. I constitut.); VI, 340 (vit. Joh. Gorziens.); X, 576 (chron. S. Huberti Andag.); pol. R. s. 43.
Richquin H. a. 899 (n. 132).
Riqwin P. VI, 89 (chron. Median. monast.).
Riwin P. VI öfters; VII, 391 (Bernold. chron.); necr. Aug.; M. B. a. 1055 (XXXI).
Rhiwin K. a. 817 (n. 79).
Richonius var. bei Einh. a. 814.
Nhd. Reichwein.

Riculf. 7. Sec. 9: b. v. Mainz; ep. Helenens. Sec. 10: b. v. Soissons. Sec. 11: ep. Tergestin.
Riculf P. I, 63 (ann. Sangall.), 162 (ann. Lauriss.); IV öfters; V, 576 (Richeri hist.), 856 (Thietmari chron.); IX, 109 (chron. Novalic.), 422, 424 (gest. episc. Camerac.); pol. Irm. s. 189; Ng. a. 777; Greg. Tur. öfters; Wg. tr. C. 254, 269, 315, 321, 466.
Ricolf P. II, 463 (Einh. vit. Kar.); VIII, 561 569, 570 (annalista Saxo); Laur. sec. 8 (n. 1815); necr. Aug.; Schn. a. 842 (Dr. ebds. n. 544 Rocholf).
Richulf Laur. sec. 8 (n. 283); Sm.
Richolf P. V, 38, 41 (ann. Quedlinb.); VI, 796 not. (synod. Francof.); VII öfters; VIII, 166 (Ekkeh. chron. univers.); IX, 249 (Gundechar. lib. pontif. Eichstet.); X, 207 (transl. S. Celsi); St. P. mehrm.; Laur. mehrm.; Gud. a. 840, 1084, 1090; Dr. a. 788 (Schn. ebds. Ruholf); M. B. a. 813 (VIII), c. a. 1040, c. a. 1050, c. a. 1060 (XIII), 1055 (VII).
Riholf P. I, 121 (ann. Lauriss.); Schn. a. 758; Ng. a. 778, 822; St. P.
Rihcolf Gld. II, a, 107.
Rihcholf Laur. sec. 9 (n. 927).
Rihholf P. XI, 218 (chron. Benedictobur.); St. P. mehrm.; M. B. c. a. 970 (VII).
Riculph P. IV öfters.
Reculf Lgd. a. 873 (I, 98).
Recaulf conc. Tolet. a. 683.
Rihcolf P. III, 165 (Kar. M. capit.).
Rigulf Pd. a. 681 (n. 397); pol. Irm. s. 48.
Riulf P. I, 122 (ann. Lauriss.); pol. Irm. s. 12; pol. R. s. 45, 51 etc.
Reulf pol. R. s. 14.
Hrihholf St. P.
O. n. Richolfesdorf.

Richelna, fem. 8. Gld. II, a, 127.
Rihhulba tr. W. c. a. 780 (n. 14) neben Rihulba.

Rihzog. Gld. II, a, 107. Verderbt?

Zusammensetzungen mit erweitertem stamm:

Ricalsendis, fem. 10. Guér. a. 975.

Rigembert. 9. Pol. R. s. 105.

Ricawdo. 10. P. III, 568 (Kar. II capit.). Zu Rihgowo?

Rictiovar s. RIHT.

RID. Der erste, welcher hierin einen in namen häufiger vorkommenden stamm erkannt hat, ist

Marini, der in seinen pap. dipl. s. 261 folgende bemerkung macht: Optarit si dice un Goto nel papiro CXIX, in altri abbiamo Ghiberit, Guderit, Gundirit, Aderit, Landerit, Nanderit, Wiliarit, Witterit: in una iscrizione di Ravenna dell' A. 579 (Muratori 430. 3) è un ... NSHRIT, e nella sueguente ha una somigliante desinenza il nome di una donna probabilmente Gota ancor essa

B. M.
SCADUEN. V. D. IVI
HOC. LOCO. REQUIESCIT
IN PACE
ALDARIT VXOR EIUS
FECIT

sta in casa del Sig. Magri a Monte chiaro del Bresciano e mi fu communicata dal Sig. Conte Giulio Tomitano coltissimo ed amabilissimo Cavaliere.

Wenn dagegen derselbe Marini s. 361 -rid für identisch hält mit -ric, so irrt er offenbar. Vgl. Massmann die goth. urkk. u. s. w. sp. 22 u. 23. Wir können aus mehreren gründen in unserm stamme weder eine entartete form eines andern (wenigstens kann -rid für -frid nur ausnahmsweise stehn) noch eine blosse verwechselung von seiten der abschreiber sehn, sondern müssen in ihm ein wirklich existirendes element von eigennamen erblicken. Am nächsten liegt es an nord. rida, ags. ridan, ahd. ritan (nhd. reiten) zu denken. Weiter spricht hierüber Massmann in der Germania bd. X, s. 197 f. Ueber die altn. hieher gehörigen namen handelt Bugge in Kuhns zeitschrift III, 26 ff. Auslautend, wo unser stamm häufiger ist als im anlaute, finden wir ihn in folgenden 60 n.:

Ohtrit 9. Premarit 9. Gumarit 8.
Aldarit. Bodirid 7. Gundirit 6.
Albrid 7. Burgarit 9. Helmrid 9.
Alurid 9. Dagarid 9. Helprit 8.
Engilrid 8. Dumerit 6. Hohrid 9.
Herphrid 9. Frigeridus 4. Horid? 9.
Arsirid 8. Fridirit 8. Rumorid 5.
Atharid 4. Frumarit 5. Emrit.
Adalrid 8. Fruorid 9. Landarit 6.
Baitorit? 1. Folchrid 8. Liudrid 9.
Baldarith 9. Gamarit 8. Liverit 6.
Bernorid 9. Gauterit 5. Mellarid 6.
Bertharit 8. Generid 8. Medarid 6.
Blumarit. Guderit 6. Nanderit 6.
Peugridi? Sigrida 8. Waldrid 8.
Ricarid 8. Sunnarit? 7. Verritus? 1.
Rimorid. Suabrito 8. Witterit 6.
Salvarid 8. Tingrid 9. Viljarith 6.
Sandrid 9. Thiadrid 8. Vintarith 6.
Seuerit 9. Optarit 6. Uluerid 8.

Ridelenus. 8. Pd. a. 746 (n. 587).

Ridand. 8. Laur. sec. 9 (n. 219).
Ritant P. II, 357 (vit. S. Bonif.); St. P.; R. a. 822 (n. 22), necr. Fuld. a. 827.

Hieher wol Raitant Schn. a. 827.

Ridperaht. 9. Schn. a. 806 (Dr. ebds. Ridperath); dieselbe person heisst in einer andern urk. Rihperaht.
Ridperht St. P.
Nhd. Reiprecht.

Riddag. 10. P. VIII öfters (annalista Saxo); doch heisst dieselbe person (markgr. v. Meissen) ebds. auch Ricdag.

Riddrud, fem. Gld. II, a, 127.
Ritdrud s. RAD. Ritrud s. RIC.

Ridger. 10. Laur. sec. 10 (n. 532).

Ridward. 9. Wg. tr. C. 343.
Ridwart Schpf. a. 829 (n. 90).

Riederhilt, fem. Gld. II, a, 127.

Rien- s. RIUN. **Riesia** s. RIS. **Rifer** s. RIP. **Rig-, Rih-** s. RIC.

RIHT. Zu goth. raihts, ags. reht, riht, nhd. recht, rectus, justus. Auslautend in Sigireht (9) und vielleicht in Oreht.

Reht. Gr. II, 402. Vgl. Rohtus.
Nhd. Recht.

Rechthart. Gld. II, a, 106.

Rihtmunt. 9. K. a. 861 (n. 136).

Hieher wol noch:

Rictiovar. 3. P. VII, 190 (Lamberti ann.); VIII, 362 (Sigebert. chron.); X (gest. Trever.); A. S. Jan. I öfters; deutsch?

Hrehtwilj. 8. St. P.

Ric- s. RIC.

RIM. Ueber diesen stamm erlaubt sich Graff kein urtheil, sondern denkt nur flüchtig (II, 506) an ahd. hrim (reim, series), was ich der bedeutung wegen zurückweisen möchte. Eher dürfte ags. u. altn. hrim (pruina) und somit altmythische vorstellungen herbeizuziehn sein. Auch könnte unser stamm eine einfachere gestalt von RIMIS (s. ds.) enthalten, und dieser ansicht ist, wie ich sehe, auch Grimm in der vorrede zu Schulzes goth. glossar VI. Ob nicht dieser ganze wortstamm nur anlautend auftritt? Dann müssste man in formen wie Dagrim, Hrimerim, Nandrim, Striterim, Wolfrim nur eine erweichte gestalt von GRIM erblicken.

Rimo. 9. Mab. a. 874.
Rimmo P. III, 505 (Hlud. II capit.); V, 223 (chron. Casin.).
Rim P. V, 868 (Thietmari chron.).
Hrim Wg. tr. C. 306.
Nhd. Rehm, Reim, Riehm, Riem, Rieme, Rihm.
O. n. Rimonuilare.

Rimicho wol zu schliessen aus o. n. Rimichinaha.
Nhd. Riemeck, Riemke.

Remila, fem. 6. P. II, 317 (Adon. chron.); Mab. a. 520.
Nhd. Reimel.

Rimbald. 9. B. v. Arles sec. 11. Mehrmals in den concilien.
Rimbold pol. R. s. 52.

Rimbert. 8. P. II öfters; V, 3 (ann. Corbej.), 48 (ann. Hildesh.); VIII, 578, 581 (annalista Saxo); IX öfters; tr. W. a. 742 (Pd. nachtr. n. 72).
Rimbraht Lc. a. 855 (n. 65).
Rimpert Gld. II, a, 118.
Rembert M. B. sec. 11 (IV).

Rimburg, fem. 10. Lc. a. 907 (n. 84).

Rimidrudis, fem. 8. Tr. W. a. 774 (n. 53).
Rimitrud Laur. sec. 8 (n. 1147).
Rimitrudis tr. W. a. 774 (n. 178).

Rimiger. 8. Mchb. sec. 8 (n. 181).
Remiger pol. R. s. 37.
Remicar H. a. 806 (n. 65).
Remegar pol. Irm. s. 243.

Remegardis, fem. 9. Pol. R. s. 37.
Remigerdis pol. R. s. 47.

Rimigoz. 8. Schn. a. 841.
Rimicoz Mchb. sec. 8 (n. 129).
Remegaud pol. R. s. 19, 35 etc.

Remigildis, fem. 9. Pol. R. s. 53.
Remegildis pol. R. s. 16.

Rimikis. 8. St. P.
Remegis Gld. II, a, 118.

Rimgrim. 8. Abt zu Benedictbeuern sec. 8.
Rimgrim P. XI, 225, 232 (chron. Benedictobur.); Ng. a. 862.
Hrimgrim M. B. sec. 9 (VII).
Hrimcrim Mchb. sec. 8 (n. 114); M. B. a. 802 (IX).
Hrimgrin (so) P. XI, 217 (chron. Benedictobur.); M. B. sec. 11 (VII).
Hringrim Mchb. sec. 8 (n. 13).
Hrincrim St. P.
Hrimerim Gr. II, 506; vielleicht nur falsch für Hrimcrim gelesen.

Rimigunda (-is), fem. 8. Tr. W. a. 774 (n. 53, 178).

Rimher. 8. Laur. sec. 8 (n. 2637).
Remhar pol. R. s. 67.
Remier pol. R. s. 81.
Hremhar pol. R. s. 67.
Nhd. Remer, Riemer.

Rimihild, fem. 8. Laur. sec. 8 (n. 551).
Rimihilt Gld. II, a, 127.
Rimhildis Schn. a. 771.
Remildis d. Ch. I, 657.

Remlindis, fem. 9. Pol. R. s. 83.

Rimorid. Mur. 1922, 2.

Rimisind, fem. Gld. II, a, 127.

Rimiswind, fem. 8. Schn. a. 801.
Rimisuind Laur. sec. 8 (n. 1254).

Rimistein, p. n. 8. P. VIII, 161 (Ekkeh. chron. univers.); Schn. a. 813, 824; necr. Fuld. a. 817.
Rimistain P. I, 147 (Einh. ann.).
Remistagnus P. I, 146 (Einh. ann.); VIII, 557 (annalista Saxo); Fredegar var. Remistanus.
Remistanius P. I, 334 f. (ann. Mett.); VIII, 333 (Sigebert. chron.).
Ramistanius (so) necr. Aug.

Rimiding. 9. Ng. a. 885.

Rimideo. 8. Mchb. sec. 8 mehrmals (n. 89 etc.); M. B. a. 837 (IX).

Rimolt. 7. Schn. a. 803.
Rimald Lp. a. 975 (II, 339).
Remoald Pd. a. 615 (n. 230).
Nhd. Reimelt.

Rimoin. 9. Pol. R. s. 43.
Remuin pol. R. s. 14.

Remoin pol. R. s. 43.
Vielleicht zu diesem stamme auch:
Remwing. 9. Schn. a. 830, 839.
Remning Dr. a. 806 u. 866 (n. 231 u. 591; Schn. ebds. beide mal Remwig).
Reming Dr. a. 838 (n. 513; Schn. ebds. Remming).
Hrenning Dr. n. 340 hieher?

Rimadal s. RIC.

RIMIS. Grimm gesch. d. dtsch. sprache 501 stellt Remismund zu goth. rimis ἡσυχία.
Rimis. 8. Schn. a. 778.
Remis pol. R. s. 10, 11.
Remesarius. 9. Lgd. a. 875 (I, n. 101); wol für Rimishar.
Remismund. 5. Suevenkönig. Jorn. 44; Idat. a. 459 etc.

RIN. Dass Gr. richtig vermuthet, wenn er II, 522 Rinolf zum fln. Rin stellt, ist mehr als zweifelhaft. Eher vielleicht zu goth. ahd. alts. ags. rinnan rennen, laufen. Vgl. noch unter H die namen Hrien und Hrindrud.
Rinus. 10. B. v. Strassburg sec. 10. Conc. Erfordiens. a. 932.
Nhd. Rhein, Rinne.
Rinpreht. 9. Necr. Fuld.
Rinbert P. I, 400 (ann. Fuld.).
Rimbert s. RIM.
Rinpuric, fem. 8. Mchb. sec. 8 (n. 90).
Rinfred. 9. Lp. a. 829 (n. 678).
Rinigart, fem. 10. H. a. 926 (n. 146).
Rinkis. 9. Wg. tr. C. 251.
Ringrim. Gld. II, a, 107.
Rinhart. 9. Schpf. a. 823 (n. 87).
Nhd. Rienhard, Rinnert.
Rinhar. Gld. II, a, 118.
Nhd. Riener.
Rinad. 9. Schpf. a. 845 (n. 101).
Rinlach. 8. Laur. sec. 8 (n. 2781).
Rinloz. 9. Ng. a. 844.
Rinmar. 9. M. B. a. 817 (XXXI; unecht).
Nhd. Reimer, Reymer.

Rinoald. 8. Schpf. a. 765.
Rinold Laur. mehrm.
Rinolt Schn. a. 824; Dr. a. 825 (n. 459; Schn. ebds. Sunolt).
Nhd. Rheinwald, Rheinwaldt.
Rinulf. 8. Pd. a. 735 (n. 556; Ng. u. K. ebds.).
Rinolf K. a. 735 (n. 3; Ng. ebds.); Dr. n. 359.

Rinc- s. HRING.
Rindolt. 8. Schn. a. 772. Vgl. Oðins gemahlin Rindr, Grimm myth. 230.
Riodinc s. RIUD.

RIP. Zu alts. ripi, ags. ripe, ahd. rifi maturus? Vgl. indessen auch Hripo.
Ripo, wahrscheinlich in o. n. Ripesholt.
Nhd. Reibe, Reif, Reiff.
Rifuni. 8. St. P.
Riphuni St. P.
Rifine Gld. II, a, 107.
Risuni St. P. viell. falsch für Rifuni?
Rippold s. RIC.
Ripher. 8. Laur. sec. 8 (n. 1915).
Ripar Lc. a. 927 (n. 87).
Nhd. Reiber.
O. n. Riferscheit hieher?
Ripwin. 8. St. P.; Laur. mehrm.
Ripuin pol. R. s. 44.
Rifwin Mchb. sec. 9 (n. 284).
Rifuin Schn. a. 803.
Rifoin K. a. 802 (n. 55; Ng. ebds.).
Riphwin Laur. mehrm.
Riphuin M. B. a. 816 (XXXI).
Rufuuin Laur. sec. 8 (n. 878); für Rifuuin?
Nhd. Reibewein.

RIS. Vgl. ahd. risi, riso gigas. Oder ist HRIS anzusetzen? vgl. ahd. hris ramus und die n. Hrisilo und Hrisodhart.
Auszulauten scheinen auf RIS:

Auderisius.	Roderisi 9.	Theoderisius 9.
Boneris 8.	Ermeris 8.	Werinris? 9.
Gaideris 9.	Leodrisius 9.	Wegaris 8.
Gelaris 6.	Setharis 8.	Zaidris 9.

Riso. 9. P. V, 558 f. (chron. Salernit.); Schn. a. 800.

Nhd. Rais, Reis, Reise, Ries, Riese, Ris.
O. n. Risinsperch.

Riesia, fem. 9. Pol. R. s. 37; hieher?

Rising. 9. Ng. a. 848 (n. 321).
Nhd. Reising.

Risalah. 9. Schn. a. 800.

Risiulf. 6. Ῥισιοῦλφος Procop.
Risulf pol. R. s. 33.
Risolf Laur. sec. 8 (n. 3382); Dr. sec. 10 (n. 709).

Risclen. 9. H. a. 804 (n. 64).

Risko, Gr. II, 549, wol von Gr. nur aus o. n. Riskiuhart geschlossen.

Dem stamme dieser beiden namen ist noch weiter nachzuspüren.

Rit-, -rit s. RID.

RIUD.

Goth. riuds σεμνός, altn. rioðr rubicundus.

Riutine. 8. Gld. II, a, 107.
Riodine Ng. a. 784 (n. 88).

Riodinc. Gr. IV, 1152.
Hreotinc Gr. II, 489 von Gr. aus o. n. Hreotinchova geschlossen.

Reodolt. 9. K. a. 855 (n. 122).

Reodolf. Gld. II, a, 127.

Anm. Riutiling, Gr. II, 489, von Gr. wol nur irrthümlich aus o. n. Riutilinga geschlossen.

Riumhilt, fem. Gld. II, a, 127.

RIUN.

Bei Ettmüller s. 262 finden sich mehrere ags. wörter, die auf diese form hinweisen, dem sinne nach aber für namenbildungen nicht passend scheinen. Es ist an eine verwandtschaft mit dem stamme RUN zu denken. Vgl. noch unter H den n. Hrien.

Reon. 9. Mchb. sec. 9 (n. 649).

Reonhilt, fem. 9. Dr. a. 819 (n. 388; Schn. ebds.).
Rienhilt Gld. II, a, 127; b, 156.

Riending. 9. Laur. sec. 9 (n. 378).

Reonolf. 9. Dr. a. 824 (n. 452; Schn. ebds.).

Riut- s. RIUD.

RIZ.

Das ahd. rizan mit seinen verwandten bedeutet zunächst scindere; es würde für n. ganz passend sein, wenn sich eine nähere beziehung der dahin gehörigen wörter auf den kampf nachweisen liesse. Die jüngeren hier unten erwähnten bildungen deuten freilich eher darauf hin, dass wir in RIZ eine diminutive bildung zu erblicken haben. Auslautend vielleicht in Agarizzo (8) und Dapariz (9).

Rizo. Gr. II, 558.
Nhd. Reiss, Reisse, Riss, Risse, Ritz, Ritze.

Riza, fem. 8. Mchb. sec. 8 (n. 141); M. B. sec. 11 (VI); St. P.

Rizili. 11. St. P. zwml.
Nhd. Ritzel.

Rizla, fem. 9. R. a. 821 (n. 21).

Rizbert. 8. Laur. sec. 8 (n. 2064).

Rizaman. 11. St. P. mehrm.
Nhd. Reissmann, Rismann, Rissmann, Ritzmann.

Rizawib, fem. 11. St. P. mehrm.
Rizawip St. P.

-rn. Ein solches suffix mag in einigen n. vorhanden sein; vgl. ARA.

Road- s. HROD. **Roc-** s. HROC. **Rod-** s. HROD.

Rodamra. 9. R. a. 821 (n. 21); verderbt.

Rodel-, Rodol- s. HROD. **Roecila, Roh-** s. HROC.

Rohtus. 8. Ng. a. 761; verderbt?

Rohtwerc s. HROD. **Roibart, Roine, Roisint** s. HROC.

Roitlus. 8. Pol. Irm. s. 72 (falsche lesart für Rotilus d. h. Hrodilo?).

Roland s. HROD.

Roling, Gr. II, 503; von Gr. viell. nur aus o. n. Rolinghusa geschlossen.

Rom- s. HROM. **Roman, Romar, Romund** s. HROD. **Ronfrid, Ronic** s. RUN. **Ropert, Roprand** s. HROD.

Rorico. 9. Sohn Karls d. einfältigen sec. 9; b. v. Laon sec. 10; b. v. Amiens sec. 11.
Rorico P. V oft; X, 364 (Hugon. chron.); XI, 303 (geneal. comit. Flandr.); Mab. a. 959; urk. v. 985 (im appendix zu Guérards pol. Irm. s. 340).

Roricus P. I, 459 (Hincm. Rem. ann.); Gud. a. 909, 975.
Roric P. I, 445, 449 (Prud. Trec. ann.).
Rorich P. I, 396 (ann. Fuld.); Laur. sec. 8 (n. 1945); G. sec. 11 (n. 50); Lc. c. a. 1074 (n. 225).
Hrorich Laur. sec. 9 (n. 24).
Rorih P. I, 366, 370 (Ruod. Fuld. ann.).
Rorigo P. I, 467 (Hincm. Rem. ann.).
Rorigus P. I, 470 (Hincm. Rem. ann.).
Rurich H. a. 1052 (n. 250).

Es ist ungewiss, ob diese formen zu HROC oder zu HROD oder zu keinem von beiden stämmen zu stellen sind; wahrscheinlich sind sie verschiedenen stämmen angehörig.

Nhd. Röhrich, Röhrig, Rörig.

ROS. Die folgenden formen mögen theilweise zu hros equus gehören, mit einem andern theile derselben versucht Grimm in der ztschr. von Aufrecht und Kuhn I, 438 eine anknüpfung an den begriff der röthe und lässt selbst eine verbindung mit rôt rufus als möglich gelten. Baudorosena (6), Modorosena (6), Teudorosena (6) enthalten den stamm als zweiten theil; minder genau geschrieben scheint er in Dagarasena (6) und Flavarasena (6).

Rosa, fem. 9. Pol. R. s. 43, 48.

Rosianno. 9. Pol. R. s. 48.

Rosanna, fem. 8. Laur. sec. 8 (n. 2770, 3565).

Rospert. 10. Lp. a. 915 (II, 98).

Rosperga, fem. 10. Lp. a. 915 (II, 98).

Roselm. 9. P. I, 190 (Einh. ann.), 352 (Enh. Fuld. ann.).

Roslindis, fem. 8. Pol. Irm. s. 185.

Rosemud, msc. u. fem. 6. R. qui Faffo connominatur in den gest. de constituto tutore speciali v. 557 bei Sp. u. bei M. (n. 79).
Rosmot Mchb. sec. 9 (n. 697); Dr. n. 341; Schn. a. 824.
Rosmoth Gld. II, a, 127 neben Rosmuat und Roosmuot.
Rosmuot necr. Aug.; Schn. sec. 9 (n. 194).

Rosamunda, fem. 6. Tochter des Gepidenkönigs Cunemund; P. VIII öfters.
Rosimunda Paul. diac. I, 27; II, 28 etc.

Rosinda s. HROD.

Roswitha, Rot-, Roud-, Roustein, Rout-, Routh-, Rouza, Roz- s. HROD.

Rubo. 8. Laur. mehrm.; Mchb. sec. 8 (n. 274); Dr. n. 362; R. a. 833 (n. 29).
Rubbo Laur. mehrm.
Rupo Mchb. sec. 8 mehrm. (n. 131, 227); M. B. a. 890 (XXVIII); St. P. mehrm.
Ruabo H. a. 926 (n. 146).
Nhd. Rübe.
O. n. Rubendorf, Rubenhus.

Ruchine, Rucimir s. HROC. **Rud-, Ruet-** s. HROD. **Rufuuin** s. RIP.

Rugo. Gld. II, a, 118. Vgl. -rug in Omnirugus (6).

Ruisint s. HROC. **Rum-** s. HROM.

Rumar. 9. K. a. 817 (n. 78; unecht). Da die n. dieser urk. sehr verderbt sind, so ist nicht zu entscheiden, ob die form aus Rummar, Run-mar, Rum-bar, Rud-mar, oder Ruhmar entstanden ist.

RUN. Jedenfalls verwandt mit ahd. rûna mysterium. Nach Grimm gr. II, 517 soll dieser stamm in den n. die bedeutung von socia, amica angenommen haben. Müllenhoff (in seinem und Liliencrons aufsätzen zur runenlehre, Halle 1852) nimmt den begriff von zauberin als den für die n. passenden an, der sich nachher in den von weib im allgemeinen verflüchtigt. Auf RUN auslautend kenne ich folgende 25 besonders der fränkischen mundart angehörige femininen namen:

Alaruna 8.	Dommoruna 7.	Liutrun 9.
Aldruna 9.	Fauruna 9.	Mucuruna 5.
Albruna 1.	Frithurun 9.	Sigirun.
Aruna? 8.	Goldrun 10.	Theoderuna 7.
Adalrun 8.	Goderuna 7.	Walaruna 9.
Balderuna 8.	Gunderun 9.	Waldrun 11.
Bauderuna 7.	Chaideruna 7.	Wartrun 8.
Beretrun 9.	Childeruna 7.	Wolfrun.
Purcrun 9.		

Runicus. 7. Pd. a. 652 (n. 320; zum theil unecht).
Ronic Laur. sec. 9 (n. 992) hieher?
Nhd. Rönecke, Rünecke, Ruhnecke, Ruhnke, Runicke, Runnecke.

Runilo, fem. 6. Test. donat. fact. a. Runilone a 553 bei Sp. und M. (n. 86).

Runant. 8. Laur. sec. 8 (n. 1924).

Runing. 9. Dr. a. 848 (n. 555; Schn. ebds. Hruning)?
Nhd. Ronning.
Runtrud, fem. 8. Laur. sec. 8 (n. 1448).
Runfrid. 9. Laur. sec. 9 (n. 106).
Ronfrid Schpf. a. 784 (n. 60); oder für Rohfrid?
Runger. 9. Wg. tr. C. 404.
Runheri. 9. Wg. tr. C. 396.
Nhd. Rohner, Röner, Ronner.
Runhilt, fem. Gr. IV, 912.
Runuald. 9. P. IV, B, 14 (Eugen. II concil.).
Nhd. Röhnelt, Rönelt.

Rundulf, Runzolf s. HRUND. **Ruod-** HROD. **Ruohing** s. HROC. **Ruom-** s. s. HROM. **Ruending** s. HRUND.

Ruepilin. 10. Ng. a. 963 (n. 749).
Ruora, fem. Gld. II, a, 127.
Ruot-, Ruoz- s. HROD.
Rupilo zu schliessen aus o. n. Rupilinga und Rupilesdorf.
Rupo s. Rubo.
Ruso. 10. Lp. a. 924 (II, 138).
Rusto. 9. Schn. a. 804.
Rust Wg. tr. C. 247.
Nhd. Rist? Rost, Rust, Rüst.
Zu ahd. rustjan rüsten, rusti rüstung.
Rut- s. HROD.
Ruwala, fem. 9. H. a. 853 (n. 87). Verderbt?
Ryodho s. HROD.

S.

Zwei lautverhältnisse sind es fast nur, die hier in betracht kommen:

1) der wechsel zwischen z und s, von dem man namentlich in den diminutiven auf z zahlreiche beispiele findet;

2) der übergang des s zu r; s. besonders die stämme NAS und SIS, wozu vielleicht noch einiges andere zu fügen ist.

Ob s auch als erweichung von d in den namen vorkommt, ist mir noch nicht ganz sicher; s. namentlich einige formen der stämme BALD und GUND.

-s, suffix, selten und zweifelhaft. Ich erwähne hier die formen Bilis (9), Liubis (gen. Liubisi, 9), Leudesius (7), Weris (9), ferner Gelsusa; dann empfehle ich weiterer untersuchung die fränkischen formen Evrasia (9), Teudasia (8), Waltasia (8), Warmasia (9).

Eben so selten sind stämme, die durch s erweitert sind; AGIS, RIMIS und SIGIS (auch wol SAHS) schliessen sich an goth. neutra auf s; ALIS scheint adverbiale bildung zu sein.

Das genitivsuffix s erscheint in uneigentlichen compositionen, bei p. n. aber höchst selten; vgl. den stamm GOD.

Sabaricus. 7. Ep. Gerundens. sec. 7. A. S. Maj. V; conc. Tolet. a. 688.
Sabarich Laur. sec. 9 (n. 2526).
Savarich A. S. Mart. I; Pd. a. 693 (n. 431; Mab. ebds.); Pd. a. 697 (n. 440; M. ebds.); Guér. a. 822.
Sabas. 5. Goth. mannsname. A. S. Jan. I; Apr. I. Vgl. Zeuss s. 151.
Sabulo. 9. Ein abt sec. 9. Mchb. sec. 9 (n. 390). Vgl. Savalo.

SAC.

SAC. Zu goth. sakan, sakjis, sakjô, altn. saka, sök, ags. sacan, saca, ahd. sachan, sacha. Die grundbedeutung scheint jedenfalls kampf oder streit. Engilsach (10) viell. nur für Engilscalch?

Sacco. 8. Tr. W. a. 774, 780, c. a. 800 (n. 71, 90, 183); R. a. 808 (n. 14).
Sahho Mchb. sec. 10 (n. 1036).
Nhd. Sach, Sack, Saacke.
Sacgila, fem. 8. St. P.
Sachano. Gr. VI, 78.
Sahing. 9. Schn. a. 807 (Dr. ebds. Sahsinc).
Sacohilt, fem. 9. St. P.

Sagildis pol. R. s. 61.

Sahmar. 9. R. a. 808 (n. 14).

Zusammensetzungen mit erweitertem stamme vielleicht:

Saginbuddus. 9. Lp. a. 874 (I, 862).

Sagintruda, fem. 10. Mur. 1885, 6.

Saganhart. 8. Schn. a. 773 (wahrscheinlich irrthum, da Dr. hier Gaganhart liest).

Saghinsamnus. 8. Schpf. a. 768 (n. 36); verderbt?

Sad-, -sad s. SAND.

Safrach. 4. Goth. heerführer. Jorn. 26.

Saphrach P. VIII, 124 (Ekkeh. chron. univers.).

Saphrax Amm. Marc.

Σάφραξ Zosim. IV, 34.

Saffaracus conc. Paris. a. 555.

Dazu vielleicht Saffarius (ep. Petragor.) Greg. Tur. IX, 41.

Grimm bei Haupt ztschr. VI, 539 denkt an ein vermuthetes safjan = lat. sapere und setzt ein subst. safr oder safrs = lat. sapor voraus.

Sag-, Sahing, Sahho, Sahmar s. SAC.

SAHS. Theils gewiss zum v. n. der Sachsen, theils unmittelbar zu sahs culter. Vgl. zu den folgenden n. noch ags. Sexburg und Sexulf.

Sax. 7. P. III, 252 (Hlud. et Hloth. capit.). In einem eddaliede heisst ein anführer oder priester der Deutschen Saxi.

Saxo Pd. a. 667 (n. 358); Lp. a. 714 (II, 819); Laur. sec. 8 (n. 1506); Ng. a. 813, 870; Mchb. sec. 9 (n. 379); M. B. a. 888 (XXXI).

Sahso St. P.; necr. Aug.; Mchb. sec. 9 und 11 (n. 591, 1190); Lc. c. a. 1020 (n. 159).

Sachso Mchb. sec. 8 (n. 123).

Sahcso Mchb. sec. 9 (n. 668).

Saxso (so) St. P.

Sasso Mchb. sec. 9 (n. 607).

Shasso (so) Gld. II, a, 107.

Sahsohoholh St. P. ist wol in zwei namen zu zerlegen.

Nhd. Sachs, Sachse, Sachsse, Sacks, Sass, Sasse, Sax.

Saxa, fem. 8. Pol. Irm. s. 70, 80 etc.

Sahsa Frek.

Sahsiko. 10. Frek.

Sahssiko (so) Frek.

Nhd. Sasske.

Sahsinna, fem. 9. Schn. a. 823.

Sahsin St. P. zwml.; Schn. a. 827; Mchb. sec. 9 (n. 735).

Sassin Wg. tr. C. 486; C. M. Dec.

Sehsin Laur. sec. 9 (n. 199).

Sacxena auf einem bei Cleve gefundenen röm. grabstein (St. n. 1354) ist ungewiss, ob eigenname oder beiname.

Sahsinc. 9. Dr. a. 807 (n. 242); Schn. ebds. Sahing.

Sahsbert. 8. Ng. a. 821.

Saxbert P. VII, 22 (ann. Blandin.).

Sahspert Ng. a. 854.

Sehsbert necr. Fuld. a. 1040.

Saisbert hieher?

Sasprand. 9. P. III, 252 (Hlud. et Hloth. capit.).

Saxobod. 9. Ep. Sagensis sec. 9. Conc. Paris. a. 847 u. 849.

Sahsger. 9. Lc. a. 855 (n. 65); necr. Fuld. a. 942; Frek. mehrm.

Sahshelm. 11. Necr. Fuld. a. 1045.

Sahsmunt. Gr. II, 814; VI, 91.

Sahsarich. 10. Gld. II, a, 127.

Saxrich in einer Berliner handschr. des Haymo Halberst. comm. in ep. Pauli ad. Rom.

Saxdei. 9. Necr. Aug.

Saxwalo. 10. Guérard a. 985 (im appendix zum pol. Irm. s. 340).

Saxunus, Gld. II, a, 118, für Saxuinus?

Auch scheint sais (aus sahis) für sahs gegolten zu haben, daher wol hieher:

Saisbert. 8. Pol. Irm. s. 80.

Saislind, fem. 8. Laur. sec. 8 (n. 1565).

Saisnulf zu schliessen aus o. n. Saisnulficurte Mab. a. 987; oder steht dieser name für Sisinulf?

SAID. Ahd. said, seid, seito, ags. sâd laqueus, ahd. seita, chorda, nhd. saite gehören zu einer noch dunkeln wurzel, die etwa die bedeutung von binden, vereinen muss gehabt haben. Vielleicht bricht durch die folgenden westfränk. namen mehr licht darüber heran. Leicht ist die berührung mit SIG.

Seito. 10. St. M. a. 970.
Saidra, fem. 9. Pol. R. s. 50.
Sidra pol. R. s. 20 hieher?
Seibert. 9. Pol. R. s. 74.
Seybert H. c. a. 938 (n. 154).
Nhd. Seibert, Seubert.
Seifrid. 10. St. M. a. 972.
Nhd. Seifried? Seyfrid?
Seiher. 11. P. IX, 453 f. (gest. episc. Camerac.).
Nhd. Seyer?
Seiard. 11. St. M. a. 1002.
Seyrannus. 10. St. M. a. 903.
Seimund. 10. St. M. a. 1006.
Seymund St. M. a. 962, 1002.
Seywald. 10. St. M. a. 962.

Saifard. Gld. II, a, 118.
Saifedenus. Gld. II, a, 118.
Finden sich noch andere spuren eines Saif- in namen? bis dahin muss jedes urtheil über diese bildungen zurückgehalten werden.
Saigil. 8. Laur. sec. 8 (n. 2793).
Segil Laur. sec. 9 (n. 2566).
Falls Sagil als ältere form anzunehmen ist, würde der n. gut zu den vorläufig unter SAC untergebrachten formen mit Sagin- stimmen.
Sainizo. 9. St. P. Denkt man an goth. sainjan zaudern, altn. seinn, ags. saene, ahd. seine u. s. w. (Dieffenbach goth. wb. II, 212), so kann Sainizo spätling, spätgeborner heissen.
Sais- s. SAHS.

SAL. Den grösten theil dieser n., die übrigens nur anlautend erscheinen, möchte ich zu ahd. salo (niger) setzen; vgl. SALV. Ob andere auch zu sal (domus, atrium) gehören, wage ich nicht zu entscheiden. Dass noch andere zu goth. sêls benignus zu stellen sind, wird durch Salderich und Salga wahrscheinlich.
Salo. 5. Ep. Fallabensis sec. 5; vielleicht ein Vandale.
Salo conc. African. a. 484; Mab. a. 853; Lp. a. 870, 913 (I, 851, II, 87).
Sallo Lp. a. 897 (I, 1062); Mchb. sec. 9 (n. 659).
Salla (msc.) Idat. a. 467.
Sello Frek. mehrm. hieher?
Nhd. Saal, Sahl, Seel, Seele, Selle, Sello.

Salla, fem. 9 Pol. R. s. 55.
Sella (fem.) Gld. II, a, 127.
Salaco. 6. Graf zwischen Drau und Sau sec. 9.
Salaco Pd. a. 741 (n. 563), pol. R. s. 44, 105; St. M. a. 942.
Salacho Laur. öfters; Ng. a. 796; necr. Aug.; K. c. a. 816 (n. 75); tr. W. a. 773, 816 (n. 128, 161).
Salach Laur. sec. 8 (n. 12, 1212).
Salahoh K. a. 892 (n. 168) hieher?
Salaho K. a. 861 (n. 136).
Saluchus tr. W. a. 797 (n. 62).
Saluho St. P.
Salucho Ng. a. 760, 775, 779; tr. W. a. 774 (n. 178); St. P. mehrm.; Laur. sec. 8 und 9 (n. 1041, 2363).
Saluhho Mchb. sec. 8 (n. 69); St. P. zwml.
Salocho P. X, 286, 355 (Hugon. chron.).
Salico Pd. a. 572 (n. 179).
Salicus Lgd. a. 791 (I, n. 6); pol. R. s. 85.
Salicho Ng. a. 790.
Salih Schn. a. 813.
Saleco Pd. a. 726 (n. 537); Guér. a. 1000 (appendix zum pol. Irm. s. 354).
Saleko Frek.
Salecho P. VI, 346, 349 (vit. Joh. Gorz.), 412 not. (notit. de libert. abb. elig.); Laur. sec. 8 (n. 1087); H. a. 926 (n. 146).
Salcho Ng. a. 846; Laur. öfters.
Adam cognomento Salichus P. IX, 645 (chron. mon. Casin.).
Nhd. Salge, Sallge, Seelig, Seelke, Selge, Selig, Seligo, Selke, Sellke.
Salado. 10. Lc. a. 948 (n. 102).
Saletho Lc. a. 927 (n. 88).
Nhd. Seld.
Salinga, fem. 6. Herul. königstochter, frau des Langobardenkgs. Wacho. Paul. diac. I, 21.
Salabald. 9. Lc. a. 841 (n. 56).
Salabold Lc. a. 847 (n. 63).
Salubald Lc. a. 836 (n. 49).
Seliperht. 8. Mchb. sec. 8 (n. 240); St. P.
Selibert Mchb. sec. 9 (n. 314).
Selipert Mchb. sec. 9 (n. 314); Ng. a. 846.
Salbert Laur. sec. 8 (n. 2864).
Selbracht Laur. sec. 8 (n. 3619).
Selbert Laur. sec. 8 (n. 1541).
Selpert Gld. II, a, 108.

Salaberga, fem. 7. A. S. Jan. I, Febr. II, Mart. III etc.; d. Ch. I, 647—649.
Salburg, fem. 8. Schn. a. 797; vgl. Stilburg.
Selithag. 9. Laur. sec. 9 (n. 724).
Salafrid. 9. Lc. a. 882 (n. 73), 907 (n. 84); K. a. 797 (n. 45); Hf. a. 905 (I, 355).
Salefret Gld. II, a, 107.
Seliger. 8. P. V, 146 (ann. Einsidl.); VII, 121 f. (Herim. Aug. chron.); M. B. a. 802 (IX); Ng. a. 816.
Seliket Mchb. sec. 8 (n. 116).
Seleger P. V, 146 (ann. Einsidl.).
Nhd. Seeliger, Seliger.
Salagast. 4. Fränk. gesetzgeber.
Salagast P. VIII, 307 (Sigeb. chron.).
Saligast lex Salica, var. Salicastis, Salegastis und Saligast.
Salegast P. VIII, 116 (Ekkeh. chron. univers.).
Soligast P. I, 283 (chron. Moissiac.).
Saligunt, fem. 8. Laur. sec. 8 (n. 636).
Salaher. 8. Laur. sec. 8 (n. 2394).
Salaram. 9. Schn. a. 812, 864.
Salaman. 8. Laur. sec. 8 u. 9 (n. 375, 423); St. P. mehrm.; Schn. a. 840; Dr. a. 812, 866 (n. 274, 591; Schn. ebds. beide male Galaman).
Saluman Schn. a. 837 (Dr. ebds. n. 506 Salumar); Dr. c. a. 860 (n. 577; Schn. ebds. Galuman); Schn. a. 807, 889; Wg. tr. C. 307.
Saleman Laur. öfters.
Salman St. P.; R. a. 1074 (n. 176).
Seliman necr. Aug.
Vgl. Suluman.
Salaman vertauscht sich leicht mit hebr. Salomon.
Nhd. Saalmann, Sallmann, Seelmann.
O. n. Salamanneschiriha.
Salamir. 7. Conc. Tolet. a. 681, 683.
Salümar s. Salaman.
Nhd. Sellmer, Selmar.
Salmuot. 9. M. B. sec. 11 (VI).
Selimuot Schn. a. 817.
Selomuot Schn. a. 876.
Salerat. 9. Ng. a. 805.
Selirad Lc. a. 948 (n. 102).
Selirat Laur. n. 106.
Saladio. 8. Schpf. a. 780 (n. 58).
Selidiu Gld. II, a, 127.
Seliwib, fem. 9. Dr. a. 874 (n. 611; Schn. ebds. Seliub).
Seliwif H. a. 896 (n. 127).
Selwich. Gld. II, a, 108.
Zu SAL wol noch
Zalechin. 10. H. a. 955 (n. 167).

Salderich zu schliessen aus o. n. Saldericheshusen. Vgl. auch sàlida salus.
Salga, fem. 9. Schn. u. Dr. a. 803; necr. Aug.
Wahrscheinlich zu ahd. sàlig beatus.
Saliso. 9. Mchb. sec. 9 (n. 663); muss wol Sahso heissen.
Salme, fem. Gld. II, a, 127. Deutsch oder = Salome?

SALV. Scheint zu ahd. salo niger und somit wenigstens zu einem grossen theile der unter SAL angeführten formen zu gehören. Doch wird SALV hier besonders aufgestellt, da lat. salvus nicht ganz unbedingt zurückzuweisen ist. Auslautend in Gundisalvus (9).
Saluwo. Gld. II, a, 107.
Salvan. 9. R. a. 866 (n. 50).
Salvard. 10 Lgd. a. 918 (II, n. 42).
Salvalindis, fem. 8. Pol. Irm. s. 259.
Salvarid. 8. Tr. W. a. 771 (n. 245, 250).

SAM. Vielleicht zu ahd. samo idem, aequalis; vgl. der bedeutung wegen EBAN. Sàmo semen, satio, scheint sich nicht zur bildung von p. n. zu eignen. Auf -sam endende n. giebt es nicht.
Samo. 6. Fredegar; gest. Dagoberti I; Ng. a. 827, 830, 882, 906.
Nhd. Sahm, Sehm, Semm.
Samilin. 10. Ng. a. 947 (n. 727).
O. n. Samilines ruitin.
Samdrud, fem. 9. R. a. 821 (n. 21).
Samut zu schliessen aus o. n. Samutesbach.
Samwih. 9. Schn. a. 812.
Samuin. 9. Pol. R. s. 22, 44.
Samolf. Gr. I, 850.
Den um das suffix N verlängerten stamm scheinen zu haben:
Samanildis, fem. 8. Pol. Irm. s. 22.
Samanolt. 9. Schn. a. 838.

-samnus in Saghinsamnus (8) verderbt für -ramnus?

SAN. Eine anzahl von n. beginnt mit San- und berechtigt zur aufstellung eines stammes dieser form. Nimmt man dazu gleich einige mit Sen- anfangende (deren e wol nicht aus i erwachsen ist; vgl. SIN) und berücksichtigt man besonders die mit Senio- beginnenden formen, so kommt man auf die vermuthung, dass unser stamm aus einem goth. sanja erwachsen ist. Nur als eine schüchterne vermuthung darf ich es gelten lassen, wenn ich diesem hypothetischen worte den begriff der s c h ö n h e i t beilege. Man vergl. ahd. seltsâni pretiosus (wo die quantität des a nicht irren darf) und das freilich selbst kaum sichere unsani deformis bei Gr. VI, 239. Auslauten könnte der stamm in Gomessanus (6).

Sanno. 9. Conc. Portuens. a. 897.
Nhd. Senne.

Sania, fem. 8. St. P.

Senocus. 6. Greg. Tur. V, 7; Fredegar. Taifalischer n.
Seno (6) P. VIII, 148 (Ekkeh. chron. univers.) hieher?

Sanila, msc. 9. P. II, 625, 639 (vit. Hlud. imp.), an der letzten stelle mit var. Samila.
Sanilo P. II, 500 (Ermold. Nigell.).
Senila P. II, 653 (Nithardi hist.).

Senobaud. 8. Miraeus a. 748 (I, 12).

Senbert. 6. Pd. c. a. 570 (n. 177; unecht).
Senepert Lp. a. 952, 975, 976, 997 (II, 218, 326, 342, 418).
Senevert Lp. a. 924 (II, 139).

Seneverga, fem. 10. Lp. a. 909 (II, 71).

Seniofred. 10. Hieron. Zurita ann. Arragon. I, 18.

Senegundis, fem. 9. Lgd. a. 862, 957 (I, n. 87; II, n. 88) etc.

Senard. 8. Pol. Irm. s. 90.

Sanieldo. 6. Pd. a. 573 (n. 180).

Senioretus. A. S. Jan. I.

Senevold. 8. Pol. Irm. s. 96.
Senoald Gld. II, a, 118.
Nhd. Sennewaldt.

Zusammensetzungen mit erweitertem stamm:

Senelhard. 9. D r e i m a l bei Lc. a. 800 (n. 18).

Senlwalh (so). 9. St. P.

Es ist kaum anzunehmen, dass in allen vier stellen Snel- zu lesen wäre.

Sanchard. 10. Schpf. a. 966 (n. 147).

Sancho. 8. Tr. W. a. 792 (n. 207).
Nhd. Sancke, Senke.

Gehören die beiden letzten n. zu ahd. sang cantus? vgl. GOL.

SANCT. Lat. sanctus bildet bei den Westfranken ein paar zweisprachige n.

Sanctitilde, fem. 9. Mab. a. 805.

Sanctilendis, fem. 9. Pol. R. s. 100.

Sanctonidia, fem. 6. Pd. a. 573 (n. 180).

Sanctevia, fem. 9. Pol. R. s. 50, 51.

SAND. Wahrscheinlich zu ags. und alts. sôþ verus, wozu ein goth. sanþs und ahd. sand mangeln. Ich stelle indessen nicht bloss die formen mit Sand- und Sod- hieher, sondern füge dazu noch gleich die zwischen beiden stehende namentlich westfränk. und langobard. gestalt Sad-, die ich mir sonst nicht zu deuten wüsste. Dieses Sad- erscheint auch auslautend in folgenden formen:

Adalsad 8.	Godalsad 8.	Waltsad 9.
Adalsada 8.	Guadalsada.	Veusadus 9.
Baldasad 8.	Odelsad 9.	Willisadh 8.

Die form -sand kenne ich auslautend nur in Hersand (11), wozu ich noch behufs weiterer beachtung das wunderbare Noltsandra (9) füge.

Sando. 8. Tr. W. a. 798 (n. 211).
Nhd. Sand, Sande, Sandt, Sandte.

Sanda, fem. 8. St. P.

Sadi. 9. P. V, 540 (chron. Salern.).

Sadira, fem. 9. Pol. R. s. 9.

Sanzo. 9. Guér. a. 1037 (appendix zum pol. Irm. s. 355); H. a. 1097 (n. 299).
Santio (wahrscheinlich deutsch) P. II, 469, 472 (Ermold. Nigell.).
Santius öfters, z. b. P. VI.
Sodizo Lc. a. 1049 (n. 154).
Nhd. Santz.

Sandebert. 8. Lp. a. 973 (II, 307).
Sanprat (9) St. P. viell. hieher.
Sentper Gld. II, a, 108 für -pert?

Sadipert P. IX, 587 (chron. mon. Casin.).
Sadebert conc. Compend. a. 757.
Sadepreht Gld. II, a, 107.
Sandfrit. 8. St. P.
Sanderd. C. M. Mai.
Sandheri. 9. Dr. sec. 9 (n. 142).
Santari P. IX, 699 f. (chron. mon. Casin.).
Santher Laur. sec. 8 (n. 689).
Nhd. Sander, Sandherr, Sandter, Santer, Söder.
Sandhilt, fem. 10. Schn. a. 952.
Sandarat. 8. Schn. a. 796; tr. W. a. 861 (n. 272).
Sanderat Dr. sec. 10 (n. 693); K. a. 815 (nchtr. B).
Sandrad P. VI, 75 f. (chron. Gladbac.); H. a. 926 (n. 146), 963 (n. 175); Lc. a. 948 (n. 102).
Sandrat P. II öfters; K. a. 776 (n. 17; Ng. ebds.); Dr. a. 811 (n. 263); St. P. mehrm.
Sandrih. 9. St. P.
Senedricus vielleicht hieher.
Sandrid. 9. St. P.
Sandolt. 9. Schn. a. 803.
O. n. Sandoltishusan.
Sodwerc. 9. Wg. tr. C. 268.
Sandolf. 8. Mchb. sec. 8 (n. 68, 114); Ng. a. 786: Schn. a. 845; M. B. a. 775, 802 (IX).
O. n. Sandolfeshusen.
Zusammensetzungen mit erweitertem stamm:
1) mit suffix L:
Sadalbart. 9. Pol. R. s. 54.
Sadalfrid. 10. P. IX, 623 (chron. mon. Casin.).
Sadelfrit P. IX, 633 (chron. mon. Casin.).
2) mit suffix R:
Sadrabold. 8. Pol. Irm. s. 16.
Sadrebald Schn. a. 765.
Sadreberga, fem. 9. Pol. R. s. 46.
Sadregildus, msc. 9. Pol. R. s. 52.
Sadragar. 9. Gld. II, a, 118.
Sadregar pol. R. s. 52.
Sadrigardis, fem. 9. Pol. R. s. 105.
Sadregerdis pol. R. s. 46.
Sadregisil. 8. Herzog v. Aquitanien. P. XI, 398 (hist. regg. Franc. monast. S. Dionys.); gest. Dagoberti I.
Saderhaldis, fem. 9. Pol. R. s. 52.
Sadrehar. 8. Pol. Irm. s. 46.
Saderhildis, fem. 8. Pol. Irm. s. 35.
Sadrildis pol. Irm. s. 40.
Sandrald. 9. P. V, 65 (ann. Weissemb.).
Sendrald Lgd. a. 883 (I, n. 111) wol hieher.
Sadrold pol. R. s. 44.

Sania, Sanieldo, Sanila, Sanne s. SAN.
Sant- s. SAND.
Sapaudus. 6. B. v. Arles sec. 6. Conc. Aurelian. a. 549; conc. Arelat. a. 554; conc. Paris. a. 555, 573; conc. Valent. a. 584; deutsch?
Sapoto M. B. c. a 1070 (III) hieher?

SAR.

Die folgenden n. gehören wol sicher zu ahd. saro armatura und enthalten den stamm nur anlautend; Belisar geht nur scheinbar darauf aus.
Sario. 9. Necr. Aug.
Saro Gld. II, a, 107.
Sarus s. Serila.
Nhd. Sahr, Sarius, Sarre, Seer, Sehr, Serre.
Sarra, fem. 8. Pol. Irm. s. 134, 205.
Sara Dr. a. 772.
In einzelnen stellen ist es nicht zu entscheiden, ob wir hier einen deutschen n. oder vielleicht das hebr. Sarah haben.
Serila. 5. Ep. Sagiensis sec. 11.
Serila P. V, 31 (ann. Quedlinb.).
Saralo necr. Aug.
Sarilo P. VIII, 23 (Ekkeh. chron. Wirzib.).
Sarelo P. VIII, 130 (Ekkeh. chron. univers.).
Serulus Pd. a. 537 (n. 128).
Serlus P. V, 385 (Flodoardi ann.), 589 (Richeri hist.); pol. Irm. s. 134.
Serlo conc. Rotomag. a. 1095.
Sarus = Sarilo P. VIII, 123 (Ekkeh. chron. univers.); Jorn.
Altn. Sörli und Sölli.
Sarunc. 9. Mchb. a. 836, 838 (n. 604).
Saring necr. Aug.
Nhd. Säring.
Saraberct. 8. Schn. a. 793.
Sarapreth necr. Aug.
Sarabert tr. W. a. 785, 840 (n. 214, 215).
Saroperath necr. Aug.
Sarebert P. IX, 138 (Notger. litt.).
Sarabot. 9. Schn. a. 800, 803.
Saraburg, fem. 9. Necr. Aug.
Saraburc Gld. II, a, 127.
Saretruda, fem. 7. D. Ch. I, 648.
Sartrud Laur. sec. 8 (n. 3344).

Sarugart, fem. 9. St. P.
Saregaud. 8. Pol. Irm. s. 142.
Sarigis. 10. St. M. a. 942.
Sarahailo. 9. Dr. a. 838 (n. 510; Schn. ebds.). Sind hier vielleicht zwei namen, Sara und Hailo, als irrthümlich vereint anzusehn? Oder ist die form = Sarchilo? vergl. auch Sarailo Gld. II, a, 107.
Sarachildis, fem. 7. P. IX, 408 (gest. episc. Camerac.).
Sarohildis pol. Irm. s. 142.
Saroildis pol. Irm. s. 28, 205; pol. R. s. 37.
Sarildis pol. Irm. s. 230.
Saraleoz. 8. Ng. a. 786.
Sarromalus. 8. Pd. a. 700 (n. 451).
Saraman. 8. Laur. sec. 8 (n. 255); necr. Aug.; St. P.; H. a. 909 (n. 136).
Nhd. Saarmann.
Saramund. 8. Tr. W. a. 752 (Pd. nachtr. n. 84).
Sarrad. 9. Mab. a. 847.
Sarrat necr. Aug.
Serald. 9. Conc. Portuens. a. 897.
Serrald P. IX, 428 (gest. episc. Camerac.).
Saroara, fem. 8. Pol. Irm. s. 133.
Sarovard. 7. P. VI, 38 (polypt. Virdun.).
Saraward P. IX, 439 (cod. evangel. Camerac.); H. a. 928 (n. 150).
Saroward St. M. a. 962, 1002, 1006.
Sarawart Dr. u. Schn. a. 804.
Sarroard Pd. a. 693 (n. 431; Mab. ebds.).
Saroard pol. Irm. s. 123, 142; Schpf. a. 748 (n. 16).
Sarvidis, fem. 9. Pol. R. s. 86.
Saruin. 8. Pol. Irm. s. 219.
Saroin pol. Irm. s. 28; St. P.; pol. R. s. 76, 85.
Sarulf. 8. P. X, 502 (Hugon. chron.); pol. Irm. s. 142.
Sarulsus P. X, 355 ist falsch.
Saurulf pol. R. s. 44 und Sorulf pol. R. s. 57 viell. für Sarulf.

Zu diesem stamme wol noch (auch Dieffenbach goth. wb. II, 199 stellt altn. serkr toga tunica und andere formen hieher):
Saracho. 10. H. a. 963 (n. 175).
Saricho P. VII, 180 (Lamberti ann.).
Sariho Mchb. s. 1024.
Sarchilo. 10. M. B. c. a. 1070 (III).
Sarhilo Mchb. sec. 9–11 (z. b. n. 472. 1168); M. B. a. 973 (XXVIII) und 1030 (VI); St. P. zwml.; R. a. 974 (n. 108, 112).
Sarahilo M. B. a. 927 (XIV).
Sarihilo necr. Aug.
Vgl. Sarahailo.

Sasprand, Sassin s. SAHS.
Saulf. 7. Pd. a. 691 (n. 421; M. ebds. n. 129).
Saurulf s. Sarulf.
Savalo. 7. B. v. Salzburg sec. 7.
Savalo Laur. sec. 9 (n. 3618).
Savolus St. P. zwml.; A. S. Mart. III.
Sauulo Mchb. sec. 9 (n. 19).
Hieher vielleicht noch:
Σαούλ aus sec. 4 (dux barbarorum) Zosim. IV, 57.
Saul Dr. a. 838 (n. 514; Schn. ebds. Suol).
O. n. Savalinheim.
Savaricus s. Sabarich.
Savientis, fem. 9. Pol. R. s. 55.
Savilis. 10. St. M. a. 970.

SAZ.

Zu ahd. sizan sedere. Auslautend in Alisazo (8) und Unsez (8).
Sazo. Gld. II, a, 107.
Sazza, fem. Gld. II, a, 127.

Sbesas s. Bessa.
-sc, suffix, in folgenden formen:

Podulisc 8.	Guntiscus 7.	Williscus 9.
Teuriscus 9.	Leudisca 8.	Viuidisco 8.
Falscho 10.	Mennisco 9.	Vinidisca 8.
Gaunascus 1.	Wensco 9.	Worsco 9.

Die n. auf -isclus, als Froisclus (6), Idisclus (7), Sisisclus (7), Vitisclus (7), stehn wol für -gisclus und gehören demnach zu -gisil.
-scaf in Friuntskaf (9).

SCAFT.

Zu alts. scapt, ags. scaft hasta.
Scaftuni. 8. St. P. zwml.
Scaptarius. 6. Greg. Tur. IV, 13.
Ags. Sceafthere, Scefthere.
Scaptlah. 8. Laur. sec. 8 (n. 470).
Scaftleich. 8. Laur. sec. 8 (n. 467).
Scaftrih. 9. St. P. dreimal.
Scaftolt zu schliessen aus o. n. Scaftolteshaim.
Das auslautende t scheint dieser stamm verloren zu haben in:
Scafhilt, fem. Gr. IV, 912.

Scaphleich. 8. Laur. sec. 8 (n. 644).
Scapfleich Schu. a. 823.
Scafwat. 9. St. P.

Scakka, msc. 8. Mchb. sec. 8 (n. 71).
Scacca Mchb. sec. 8 u. 9 (z. b. n. 145, 185, 568).
O. n. Scakental, Skakinhova, Scekkensteti.
Vgl. altn. skaka, ags. scacan quatere, concutere; oder näher zu ahd. scàh praeda?
Scal. 8. Laur. sec. 8 (n. 15); für Scalc?

SCALC. Zu ahd. scalc servus, seit sec. 7 in n. nachzuweisen, bei Baiern und Alamannen am häufigsten, selten bei Sachsen und Westfranken. Auslautend in folgenden n.:

Engilscalc 8.	Godascalcus 7.	Marscalc 9.
Adalscalc 9.	Godelscalcus.	Odalscalch 8.
Audelscald? 9.	Hiltiscalh 10.	Riscalcus 10.
Folaschah?	Mahalscalch 9.	Walscalch 11.

Scalco. 8. K. a. 850 (n. 116; Ng. ebds.).
Scalcho K. a. 855 (n. 123); Ng. a. 860, 870.
Scalkho Ng. a. 779.
Scalh St. P.
Schalcho K. a. 870 (n. 146).
Escalco (so) tr. W. a. 718 (n. 227 u. Pd. nchtr. n. 40).
Nhd. Schalck, Schalk, Schelck.
O. n. Scalcobah, Scalchinbiunda, Scalcaburg, Scalchodorf, Scalchenheim, Scalcheshusen, Scalchun maracha.
Scalchili. Gld. II, a, 107.
Scalcoman. 8. Ng. a. 769.
Scaleman Laur. sec. 8 (n. 582) für Scalcman.

-scald in Audelscald (9) s. SCALC; oder ist an ahd. scald sacer zu denken?
Scambert. 10. Lp. a. 981 (II, 358). Ist viell. ein Scouibert anzunehmen? ahd. scama verecundia ist hier wol nicht zu vermuthen.
Scana, fem. 9. St. P. im text, während das register Scanza liest.
-scand in Audescand (7) und Unniscand (7). An ahd. scanta nhd. schande darf man, wenigstens in der bisher bekannten bedeutung, nicht denken.
Scapfleich, Scaptlah s. SCAFT.

SCAR. Zu ahd. scara agmen, acies.
Scarius. 9. Guér, a, 800 (aus Italien).
Nhd. Scar, Schaar, Scharr.
Scherilo. 9. Ng. a. 805.
Skarenza, fem. 9. St. P.
Scariberga, fem. 6. Frau des heil. Arnulf. P. VIII, 314 (Sigeb. chron.); vit. Arnulfi.
Scaramunt. Gr. II, 814.

SCARP. Zu altn. scarpr, ags. scearp, ahd. scarf scharf.
Scherfin. 9. Ng. a. 809.
Skerfolt. 8. Gld. II, a, 108.
Scerpholt tr. W. c. a. 780 (n. 120).
Scerpphold Laur. sec. 8 (n. 2386).
Scerphuin. 8. Laur. sec. 8 (n. 2148, 3405).
Serpwin (so) Laur. sec. 8 (n. 505).
Scerpfolf. 9. Schn. a. 819.

SCART. Vgl. zu diesem stamm die verwandten wörter bei Gr. VI, 527 f. Der begriff des schneidens, theilens kommt ihnen allen zu; vielleicht steckt in den n. ein alter ausdruck für das schwert.
Scartilo zu schliessen aus o. n. Scartilinga.
Nhd. Schertel, Schertle, Schortel.
Scartolf zu schliessen aus o. n. Scartolfesheim.

Scatto. 8. Mchb. sec. 8 (n. 117); M. B. a. 802 (IX).
Scato St. P. zwml.; Hd. m. S. sec. 9 (III, 222).
Scattani (genit.) Mchb. sec. 9 (n. 248).
Nhd. Schat.
Der n. muss so viel als beschützer bedeuten denn im goth. skadus, ahd. scato, nhd. schatten und den verwandten wörtern bricht noch der ältere begriff des bedeckens, schützens durch; vgl. Diefenbach goth. wb. II, 225.

SCAUNI. Zu goth. skauni, ags. sceone, scêne, scên, ahd. scôni, nhd. schön.
Sconea, fem. 9. Dr. a. 826 (n. 465; Schn. ebds.).
Scauniperga, fem. 8. P. V, 198 (chron. S. Bened.); IX, 583 (chron. mon. Casin.).

Scauniperga neben Coniberga und Chuniberga Paul., diac. VI, 55.
Sconpirc St. P. sec. 9.
Sconiburga, fem. 10. Lp. a. 997 (II, 415).
Sconburg, Sconburc, Skonburch Gld. II, a, 127.
Sconhari. 8. St. P.
Sconheri St. P.
Nhd. Schöner.
Sconehildis, fem. 11. St. M. a. 1006.
Sconrat. Gld. II, a, 107.
Sconolf. 8. Schn. a. 765.

SCAZ. Zu goth. skatts nummus, ahd. scaz? Schon in der bedeutung des nhd. schatz? Vgl. HORD.
Scazo. 11. P. IX, 849 (chron. Hildesh.).
Nhd. Schatz, Schatze, Schätz.
Schazhelo. 10. H. a. 966 (n. 181).
Nhd. Schätzel, Schätzle, Schötzel.

Scemphio. 8. Laur. sec. 8 (n. 2580).
Zu ahd. scimph jocus.
Sceppo. 8. Schn. a. 788.
Scerpfolf, Scerpholt, Scerphuin, Scherfin s. SCARP.

SCIC. Vgl. das isl. und schwed. scicka ordinare, so wie das in mehreren niedd. mundarten gebrauchte subst. schick = ordnung.
Scih. 11. P. V, 829 (Thietmari chron.) mit var. Cih und Isich.
Nhd. Schick, Schicke, Schiek, Schieke.
Scifrid. 11. P. IX, 741 (chron. mon. Casin.).
Vgl. den auffallenden und sonst ganz unbekannten n. Sciherus P. X, 389, woselbst die note.

Scierhilt s. SCIR.

SCILD. Nur ein paar spuren von goth. skildus, ahd. scilt, nhd. schild begegnen. Die erste ist Lantscild bei Gld., wenn die lesart richtig ist, die zweite der sächs. name
Sciltung. 9. P. III, 90 (Kar. M. capit.).
Nhd. Schilling hieher?
Vgl. auch Scudilo.

SCILF. Vgl. altn. skialfa, ags. sceolfan tremere. Bei dem ags. n. Scilfe fragt Ettmüller s. 680, ob es bedeute qui aliis est terrori.
Schilpung. 9. R. a. 888 (n. 68).
Mhd. Schilbunc im Nibelungenl.; ags. Scilfing im Beóvulf.
Skilpunt. 9. St. P. Ist -unc zu lesen?

Sciltung s. SCILD.
Scinus. 9. St. P.
Der einzige zu goth. skeinan, ahd. alts. ags. skînan splendere lucere gehörige n.
Scipuar. 6. Σκιπούαρ Procop. Scheint zu goth. skip navis zu gehören. S. Zeuss s. 367.

SCIR. Zu goth. skeir, ags. ahd. skir, alts. altn. skir rein, glänzend.
Sciri. 9. Mchb. sec. 9 (n. 267).
Scirbald. 8. P. II, 349 (vit. S. Bonif.); VIII, 555 (annalista Saxo).
Scierhilt, fem. 9. Schn. a. 866.

SCOG. Wol zu altn. skôgr silva; auch Weinhold d. dtsch. frauen s. 14 übersetzt Scohilt durch waldkampf.
Scohilt, fem. 9. Dr. a. 822 (n. 401; Schn. ebds.).
Scolant. 8. Laur. sec. 8 (n. 2464).
Scoranus hieher?

Scon- s. SCAUNI.
Scopo. 9. Ng. a. 809.
Scoppo Ng. a. 824.
Nhd. Schöpe, Schöpf, Schöpff, Schoppe.
Vgl. altn. skop jocus, ahd. scopf?
Scoranus. 8. P. VII, 22 f. (ann. Blandin.); Laur. sec. 8 (n. 169).
Wem die bedeutung durch das part. perf. pass. scoran tonsus (also etwa = priester) nicht zusagt, hält den n. vielleicht lieber für Scoramnus und setzt ihn zu SCOG.

SCOT. Zum v. n. der Schotten? oder mit Scudilo verwandt? Ein Normanne namens Scotland begegnet A. S. Maj. IV.

Scot. 9. St. P.
Scothard. 8. Pol. Irm. s. 129.
Scotard pol. Irm. s. 127.
Scotmar s. Ecotmar.

Scritolf s. Scrutolf.

SCROT. Das ahd. scrôtan muss zunächst schneiden, hauen bedeuten und die dazu gehörigen n. scheinen einen auf den kampf gehenden ausdruck zu enthalten.

Scrot. 8. Mchb. sec. 8 u. 9 (z. b. n. 26, 50, 294, 331, 332); K. a. 797, 798, 883 (n. 48, 160; Ng. ebds.); Dr. a. 874 (n. 611; Schn. ebds. Serot); necr. Aug.; St. P. zwml.
Scroto Ng. a. 819.
Scort Mchb. sec. 9 (n. 438, 441, 634).
Vgl. Serot und Strodo.
Nhd. Schrot, Schroth, Schrodt.
Scrutolf. 8. K. a. 766, 790, 812, 818, 824, 827, 838, 860 (n. 38, 59, 88, 91, 111, 129; Ng. ebds.); M. B. a. 821 (XXVIII); necr. Aug.
Scrutulf necr. Aug.
Skrutolf Gld. II, a, 107.
Scritolf (so) K. a. 805 (n. 60; Ng. ebds.).

Anm. Ueber Scrot und Scrutolf vergl. Mone heldensage s. 95.

Scudilo. 4. Amm. Marc. XIV, 10. Grimm gesch. d. dtsch. spr. 222 hält diesen n. zu unserm schild und zum lat. scutum. Denn skudilo, scudili entspricht nach ihm dem lat. scutulum ἀσπίδιον, wovon scutulatus = altn. skiöldottr.
Sculd. 9. Mchb. sec. 9 (n. 654).
Σχολιδώας aus sec. 4 (ein anführer unter Constantius) Zosim II, 50 vielleicht hieher?
Nhd. Schuld, Schuldt.
Ahd. sculta (Gr. VI, 470) soll famulus bedeuten.
Sculhaisus. 8. Mchb. sec. 8 (n. 189); wol nur irrthümlich von Mchb. als n. angesehn.
Nhd. Schultz, Schultze, Schulz, Schulze.
Ahd. sculdhaizo praefectus, tribunus.
Scurz. 9. R. a. 819 (n. 20).
Nhd. Schurz.
Vgl. ahd. scurz. ags. sceort, engl. short brevis.

Scuzzeo. 9. Necr. Fuld. a. 806.
Nhd. Schütz, Schütze.
Ahd. scuzzo sagittarius.
Sebern, Seboald, Seburg s. SEW. **Seckihart, Seckin** s. SIG.
Sedeleuba, fem. 6. P. X, 326 (Hug. chron.): Fredegar. Burgund. n.
Sefrid s. SEW. **Segarda, Segestes, Segga** s. SIG. **Segil** s. Saigil. **Segizo** s. SIG.
Seiga, fem. 8. Laur. sec. 8 (n. 2013).
Seito s. SAID.

SELB. Man findet keinen andern stamm für die folgenden n., so sehr man sich auch der bedeutung wegen dagegen sträuben mag, als das goth. silba, ahd. selb, ipse, proprius. Vielleicht fällt einmal grade durch die folgenden n. mehr licht auf dieses wort.

Selbo. 8. K. a. 774, 806, 815 (n. 72, 84, 94, 125; Ng. ebds.); K. a. 885 (n. 459).
Selpo K. a. 867 (n. 142).
Selba, fem. Gld. II, a, 127.
Selbger. 8. K. c. a. 816 (n. 75).
Selbkar K. a. 820 (n. 83; Ng. ebds.).
Selpger K. a. 827 (n. 91; Ng. ebds.); St. P.
Selpker Mchb. sec. 8 (n. 216); St. P. oft.
Selphard. 9. Mchb. sec. 9 (n. 636).
Selphar. 8. Tr. W. a. 774 (n. 71).
Selpheri tr. W. a. 746 (n. 141 und Pd. nachtr. n. 82); Mchb. sec. 9 (n. 494).
Selfnin, fem. 8. Laur. sec. 8 (n. 1286).
Selbrat, msc. u. fem. 8. Tr. W. a. 800 (n. 30); R. a. 821 (n. 21).
Selborat Mchb. a. 798.
Selparat K. a. 769 (n. 10; Ng. ebds.).
Selprat Mchb. sec. 8 (n. 13, 196); St. P.
Selbraat Mchb. sec. 8 (n. 178).
Selphraet St. P.
Selprih. 8. Mchb. sec. 8 u. 9 oft (z. b. n. 330); M. B. a. 773 (VIII).
Selbwilt, fem. Gld. II, a, 127.
Selbolf. Gld. II, a, 107.
Selbold. 9. Dr. sec. 9 (n. 137); kann zu Salibald gerechnet, aber auch als Selbbold oder Selbwald gefasst werden.

Selibert, Seliger, Sella, Sello s. SAL.
Selp- s. SELB.
Semnon. 3. Deutscher fürst. Zosimus I, 67.
Senard, Senbert s. SAN. **Sendrald** s. SAND.
Senedricus. 8. Pol. Irm. s. 101. Zu SIND?
Senegundis, Senelhard, Seneverga, Senevold, Senila, Senio-, Senlwalh, Senobaud, Senocus s. SAN. **Sensuald** s. SIS.
Seola, fem. 9. Laur. sec. 9 (n. 199); zu ahd. sêla seele?
Seopurc s. SEW.
Sergulf. 10. Lgd. a. 931 (II, n. 52). Vgl. Saracho unter SAR.
Serila s. SAR.
Serot. Ist vielleicht nur irrthümlich für Scrot (s. ds.). Serot findet sich Schn. a. 874, wo Dr. n. 611 wirklich Scrot hat; ferner M. B. a. 806 u. 828 (VIII, 373 u. 378) und ist wol aus diesen stellen bei Gr. I, 149 aufgenommen worden.
Serpwin s. SCARP. **Serrald** s. SAR. **Sesberga, Sesemund** s. SIS.
Sessa, fem. 9. Dr. a. 845 (n. 553; Schn. ebds.).
Sesuald s. SIS.
Setharis, msc. 8. Tr. W. a. 714 (n. 41 und Pd. nchtr. n. 32).
Seulaigus s. SEW.
(**Seuzo** Lp. a. 985 (II, 382) muss Teuzo gelesen werden).
Sevila, msc. 7. Ms. sec. 7 (n. 76). Zu Seola oder zu SEW?

SEW. Dass goth. saivs, ags. sae, altn. saer, sior, ahd. alts. sêo mare in n. vorkommt, ist unzweifelhaft. Doch ist das hiehergehören mancher der folgenden formen sehr unsicher, da dieselben unmerklich in die entartetsten gestalten von SIG übergehn. Natürlich ist der stamm SEW besonders häufig sächsisch.
Sebald. 11? P. V, 71 (ann. Weissemb.), 128 (ann. Augustani); VII, 191 (Lamberti ann.).
Zebald P. VI, 20 (ann. Laubiens.).
Nhd. Sebald, Sebold, Seebald, Seebold, Secpold.
Sebern. 9. Wg. tr. C. 240.
Sebert. 11. P. V, 844 (Thietmari chron.).
Nhd. Sebert.

Seopurc, fem. 9. Mchb. sec. 9 (n. 485).
Seburg Lc. c. a. 1070 (n. 221); C. M. Juni.
Seburch Gld. II, a, 127.
Sefrid. 9. K. a. 853 (n. 120); St. P.
Sefrit Mchb. sec. 11 (n. 1220).
Ags. Saeferð. Nhd. Seefried.
Seger. 10. Frek.
Nhd. Seeger? Seger?
Sehard. 9. B. v. Hildesheim sec. 10. P. V, 54 (ann. Hildesh.), 678 (Gerberti act. conc. Rem.); VI, 763 (Thangmar. vit. Bernward.); VIII, 596 (annal. Saxo); IX, 848, 852 (chron. Hildesh.); Wg. tr. C. 227, 264, 275, 446.
Seulaig. 7. Tr. W. a. 693 (n. 38 und Pd. nchtr. n. 5).
Seliub. 9. Schn. a. 835; Schn. a. 874 (Dr. ebds. n. 611 Seliuuib).
Seman. 9. Mchb. sec. 9 (n. 981).
Nhd. Seemann.
Semunt. 9. Ng. a. 806.
Seuerit. 9. Wg. tr. C. 61.
Sewald. 11. P. V, 849 (Thietmari chron.).
Seboald (für Sevoald?) Pd. c. a. 662 (n. 347) hieher?
Nhd. Seewald.
Seward. 6. P. IX, 366 (Ad. Brem.); Lc. a. 801 (n. 19); Wg. tr. C. 104; Ms. a. 1049 (n. 21).
Sevard conc. Autisiod. a. 578.
Sewin. 10. P. I, 105 (ann. S. Columbae). Hier = Siguin.
Seuvolf. 9. Schn. a. 857. Erzb. v. Rheims sec. 10.
[illegible]ulf P. IV, 21 (Ott. M. constit.); V öfters; IX, [illegible] (gest. episc. Camerac.); X, 358 (Hugon. chron.).
Seolf Dr. sec. 10 (n. 696; Schn. ebds.).
Nhd. Selohff (so).

Seymo. 11. St. M. a. 1022; verderbt?
Nhd. Seume?
-sez s. SAZ.
Shiezo. 10. Lc. a. 948 (n. 102); wol verderbt?
Shrangolf. 8. Dr. u. Schn. a. 765 (bei Dr. mit einem fragezeichen); vgl. Strangolf.
Siberin s. SIG.

SIBI. Die folgenden n. gehören wol sicher zu

goth. sibis pacatus, sibja affinitas, ahd. sibbi affinis, sibba consortium u. s. w.; ich erinnere auch an Thôrs schöne gattin Sif.

Sibja. 6. Cassiod. VIII, 26.
Nhd. Seppe, Siebe.

Sibico. 8. B. v. Speier sec. 11.
Sibico P. VIII, 688 (annalista Saxo); IX, 346 (Ad. Brem.); conc. Mogunt. a. 1049.
Sibicho P. VII, 123 (Herim. Aug. chron.), 156 (Lambert. ann.); tr. W. a. 808 (n. 19); Schn. a. 838, 866.
Sipicho Mchb. sec. 8 (n. 166); Ng. a. 761; St. P. zwml.
Sipihho Mchb. a. 822 (n. 423).
Sipiho M. B. a. 812 (XXVIII).
Sibigo Schn. a. 798.
Sibecho P. VII, 154 (Lamberti ann.).
Ags. Sifeca. Altn. Bikki (mit aphärese).
Nhd. Siebecke, Siebekow, Siebicke, Siebig, Siebke, Siepke, Siewecke, Siewke.

Ueber den n. Sibicho vgl. Mone heldensage (1836) s. 79.

Sibtrud, fem. 8. Laur. sec. 8 (n. 2992).

Sibigelt. 9. Schn. a. 815, 846, 857; K. a. 846 (n. 113); necr. Fuld. a. 873, 965, 972 etc.

Sivracus. 8. Pol. Irm. s. 115; hieher?

Sibwiart. 8. Laur. sec. 8 (n. 582). Für Sibiwart?

Sic- s. SIG. **Sid-, -sid** s. SIND. **Siedpurc** s. SIT. **Sieri** s. SIG.

Sifard. 9. P. II, 248 (ann. Besuenses).

Vgl. hiezu auch einige unter Sigiward erwähnte formen.
Nhd. Sefferth, Seifart, Seifert, Seiffart, Seiffarth, Seiffert, Seifferth, Seuffert, Seyfarth, Seyffarth, Seyfert, Seyffert, Siefert, Sieffert, Sievert, Siewert, Siffert, Siphardt wenigstens theilweise hieher.

Siffo. 9. Mchb. sec. 9 (n. 623 und sonst); vgl. Sivo.

SIG.

Es ist sicher, dass diese n. das ahd. sigu victoria enthalten, denn die frühere meinung, dass darin das verbum s e h e n stecke, verdient jetzt keine widerlegung mehr. Trotzdem giebt es sowol unter SAID als unter SEW nicht wenige formen, von denen man zweifelhaft sein kann, ob sie nicht zu unserm stamme gehören. SIG scheint bei zusammengesetzten n. nur am anfange zu stehn, doch gebe ich als zweifelhaft zu erwägen Comosicus (1 v. C.) und Haursig (9).

Sigo. 4. Ep. Arvernens. sec. 9; ep. Blerens. sec. 10; ep. Ostiens. sec. 10.
Sigo P. I, 205 (Einh. ann.); II, 294 (gest. abb. Fontan.), 624 (vit. Hlud. imp.); V, 167 (ann. S. Germani); Pd. a. 653 (n. 324); Dr. a. 777; Mchb. sec. 8 (n. 138); St. P.; Dr. a. 838, 839 (n. 509, 525, wo Schn. stets Sigeo liest).
Siggo Greg. Tur. V, 3; Schn. a. 803, 811; K. a. 1033 (n. 221).
Sico P. V oft; VI, 508 (Widric. mirac. S. Gerardi); VII, 59 (Lup. protospatar.); IX öfters.
Sicco P. VI, 91 (chron. Median. monast.), 595 (vit. S. Adalberti); St. n. 607 (inschr. aus sec. 4); Ng. a. 775; Mchb. sec. 8 (n. 14); St. P. mehrm.; Laur. mehrm.; Frek. mehrm.; Lc. a. 1045 (n. 181), 1057 (n. 192); G. a. 1056 (n. 56).
Sikko P. VI, 612 (Brunon. vit. S. Adalberti); M. B. a. 762, c. a. 1000 (VII, VIII); Lc. a. 1047 (n. 182).
Sikko (vielleicht hier für Sigimar) P. XI, 221 (chron. Benedictobur.).
Sicko mit var. Sikko, Siko, Sicho P. X, 173 (gest. Trever.).
Sicgo Laur. sec. 8 (n. 462); Lc. a. 1076 (n. 228).
Sige K. a. 1037 (n. 222).
Secco Ng. a. 835.
Segga (sec. 6) E. s. VI, 392 (Joh. Biclar.) wol hieher.
Siggofricco necr. Fuld. a. 814 ist in zwei n. zu zerlegen.
Nhd. Sick, Sicke, Sieck, Siecke, Sieg, Sieke, Sigg.
O. n. Sickinga, Sicginholz, Sickinhusa wol hieher.

Sighi. 8. Ng. a. 778.
Seggi Schn. a. 814, 822; Dr. a. 869 (n. 601).
Secki Ng. a. 826.
Secges (genit.) Dr. a. 876 (n. 613; Schn. ebds. Serges).
Altn. Sigi.

Sicca, fem. 8. Mchb. sec. 8 (n. 141); Wg. tr. C. 49; St. P. öfters; C. M. Jul., Sept.
Sikka Gld. II, a, 127.

Sicka M. B. a. 1034 (XXXI).
Sigihin. 9. Lgd. a. 845 (I, n. 67); P. II, 624 not.
Sigilo. 9. Mchb. sec. 9 (n. 317); Ng. a. 929; Schn. a. 952.
Sigelo Gud. a. 1028, 1090.
Segil hieher? vgl. Saigil.
Nhd. Sickel, Siegel, Siegle, Siekel, Sigel, Sigle.
Sigili. 9. Ng. a. 882.
Sigila, fem. 9. Ng. a. 828; M. B. sec. 11 (VI).
Sigala Ng. a. 835.
Sigela M. B. a. 1040 (XXXI).
Sigolenus. 7. Pd. a. 615 (n. 230); Mab. a. 693.
Nhd. Siglen.
O. n. Sigilineswilare.
Sigilina, fem. 8. Mab. a. 805.
Sielina pol. Irm. s. 37, 173, 184.
Siclonia, fem. 8. Pol. Irm. s. 184.
Seckin. 8. Laur. sec 8 (n. 535).
Sigina, fem. 8. Laur. sec. 8 (n. 3165); St. P. zwml.; pol. Irm. s. 92.
Siguna St. P.
Sigena M. B. a. 1050 (XXIX).
Sigona, msc. Burgundisch. Gr. VI, 132; hieher?
Siguni. 9. St. P.
Sigiwunh. 9. St. P.; für Sigiunch?
Sigur. 8. P. XI, 231 f. (chron. Benedictobur.); St. P.; Mchb. sec. 8 u. 9 (n. 211, 352 und sonst); Dr. n. 356; M. B. a. 800, 955 (VII).
Sygur P. XI, 231 f. (chron. Benedictobur.).
Sigrisma, fem. 8. Pol. Irm. s. 101.
Sigizo. 10. Lc. a. 1003 (n. 141); necr. Fuld. a. 1029.
Sigezo Lc. a. 1019, 1021 (n. 153, 158) etc.
Segizo Lc. a. 962 (n. 105).
Nhd. Segitz, Seitz, Seiz.
Sigeza, fem. 11. Lc. a. 1054 (n. 190).
Sigunzo. 9. St. P.; Sigunto ebds. vielleicht auch Sigunzo zu lesen? oder Sipunto? vergl. Sipunta.
Sigipato. 9. St. P.
Sigibald. 7. Abt v. Mölk sec. 11.
Sigibald P. II, 269 (gest. episc. Mett.); VI, 552 (Arnold. de S. Emmer.); Schn. a. 754; St. P.
Sigipald St. P. mehrmals; M. B. a. 828, 837 (VIII, IX).
Sigibold P. V, 396 (Flodoardi ann.); XI, 500 (ann. Mellic.); St. P. zwml.; Gud. a. 975.
Sigipold St. P. zwml.
Sigipolt M. B. a. 927 (XIV).
Sikibold Gld. II, a, 108.
Sighipald St. P.
Sichibalt St. P.
Sigobold Pd. a. 666 (n. 355).
Sigebald P. II, 267 (gest. episc. Mett.); IX, 431 (gest. episc. Camerac.); Mab. a. 798; pol. Irm. s. 231; Laur. mehrm.; Lc. a. 1043 (n. 179).
Sigebalt Laur. sec. 9 (n. 48).
Sigebold P. V, 605 (Richeri hist.); pol. Irm. s. 72; Laur. n. 2498 (var. Sigelold).
Sicbald P. II, 276 (gest. episc. Fontan.); pol. Irm. s. 115, 231.
Sicbold pol. Irm. s. 75, 93 etc.
Sibold Wg. tr. C. 204, 253, 272, 485.
Nhd. Seybold, Siebold, Siepolt, Seibold.
O. n. Sigiboltesdorf.
Sicbalda, fem. 8. Pol. Irm. s. 44.
Sicbolda pol. Irm. s. 239.
Secbalda pol. Irm. s. 161.
Sigibaud. 8. Pd. a. 708 (n. 230).
Sigebaud P. IX, 236 (chron. S. Benign. Divion.).
Sigipero. 8. St. P.
Sigipirin, fem. 9. St. P.
Siberin (9) P. II, 389 (vit. S. Willehadi) hieher?
Sigiperaht. 5. S. I, Frankenkg., Chlodwigs enkel, sec. 6. Ein priester sec. 7. S. II, sohn Theodorichs v. Burgund, sec. 7. S. III, sohn des Frankenkgs. Dagobert sec. 7.
Sigiperaht Schn. a. 803.
Sigiperht St. P. oft.
Sigipreht St. P.; M. B. sec. 9 u. 10 (VII, VIII, XI).
Sigibert P. I, 292 (chron. Moissiac.), 327 (ann. Mett.); II öfters; III, 5 (Guntchr. et Childeb. pact.); V—VIII öfters; X, 188 (gest. Trever.), 327 (Hugon. chron.); 570 (chron. S. Huberti Andag.), 639 (gest. episc. Tullens.); Ng. a. 794, 800, 802, 824; Wg. tr. C. 96; Laur. mehrm.; Greg. Tur. öfters; gest. regg. Franc.
Sigibret Gld. II, a, 127; Ng. a. 826.
Sigipert Ng. a. 803, 811; St. P.
Sikibreht Gld. II, a, 108.
Sikibert Ng. a. 786.
Sikipret Gld. II, a, 108.
Siggybert Pd. a. 644 (n. 308).
Sichibert Ng. a. 797.
Sigiberd tr. W. a. 743 (n. 4).

Sigipret Ng. a. 808, 827; Gld. II, a, 108.
Sigabraht C. M. April.
Sigobert P. I, 285, 287 (chron. Moissiac.); II, 308 (reg. Merow. geneal.); VII, 23 (ann. Blandin.); St. P.; Fredegar.
Sigobard A. S. April I.
Sigebert P. II öfters; III, 15 (Chloth. II edict.); VI—IX öfters; X, 332 (Hugon. chron.), 545 (gest. abbat. Gemblac.); pol. Irm. s. 7, 14 etc.; Ng. a. 786, 805; Laur. öfters; M. B. c. a. 1060 (XIII).
Sigebreth Laur. n. 728.
Sigevert pol. Irm. s. 93, 132.
Sikebert Ng. a. 871.
Sygebercth Pd. a. 692 (n. 425).
Sighevert Lp. a. 867 (I, 834).
Segobert P. II, 308 (reg. Merow. geneal.).
Segebert P. II, 794 (Abbo de bell. Paris.).
Segevert P. II, 794 (Abbo de bell. Paris.); pol. Irm. s. 65.
Sigbert pol. R. s. 43, 44.
Sicbert pol. R. s. 20.
Sicbard pol. Irm. s. 115.
Sibraht Gld. II, a, 108.
Sibrath Frek.
Sibert P. V. 768, 773 (Thietmari chron.); IX, 849 (chron. Hildesh.); Wg. tr. C. 138, 183, 282, 303, 345; C. M. Oct.; Lc. a. 1061 (n. 197).
Sievert pol. Irm. s. 122.
Sicco = Sigibert P. V, 767 (Thietmari chron.).
Gisilbert verwechselt mit Sigibert P. V, 57 (Lamberti ann.).
Nhd. Seegebarth, Siebert, Siebrecht, Sybert.
O. n. Sighebrectheshusun.

Sigibirga, fem. 8. Tr. W. a. 730 (n. 16).
Siguberga Mab. a. 805.
Sigibirg Schn. a. 803.
Sigipirch St. P.
Sigibric und Sikibirich Gld. II, a, 127.
Sigeberga und Sigheberga Lp. a. 840 (I, 686) neben Sighelberga.

Sigibrand. 7. P. VIII, 149 (Ekkeh. chron. univers.); Paul. diac. VI, 22.
Sigibrant Ng. a. 803.
Sigiprand Gld. II, a, 118.
Sigiprant M. B. a. 828. 835, 837 (VIII, IX).
Sigebrand pol. Irm. s. 72, 85 etc.; d. Ch. I, 668.
Sicheprand Lp. a. 871 (I, 855).
Sicbrand pol. Irm. s. 253.
Segebrand Lgd. a. 918 (II, n. 42).
Segeprand Lp. a. 842 (I, 698).
Nhd. Seebrandt, Siebrand, Siebrandt.

Sigibodo. 8. B. v. Narbonne sec. 9.
Sigibodo G. a. 956 (n. 14).
Sigibod P. II, 407 (vit. S. Liudgeri); Gud. a. 959.
Sigibot St. P.
Sigiboto St. P. zwml.
Sigobodo G. sec. 11 (n. 35), a. 1030 (n. 44); H. a. 1036 (n. 230).
Sigebodo P. V, 70 (ann. Weissemb.); IX, 850 (chron. Hildesh.); Laur. sec. 10 (n. 532); Lc. a. 1051 (n. 186), c. a. 1070 (n. 221).
Sigeboto P. VII, 392 (Bernold. chron.); necr. Aug.; M. B. c. a. 1078 (XXXI).
Sigebot necr. Aug.
Sigebote Gld. II, a, 108.
Sikeboto necr. Aug.
Sigbod pol. R. s. 43.
Segebodo Lc. a. 1015 (n. 147).
Segebod Lgd. a. 878 (II, n. 1).
Sibbodo Lc. a. 1094 (n. 250).
Sibodo Wg. tr. C. 130, 430.
Siboto M. B. c. a. 1080 (VI).
Sygebodo H. a. 1052 (n. 251).
Dafür auch Sibicho P. V, 102 (Lamberti ann.).
Nhd. Sebode, Seiboth, Seyboth, Sieboth.

Siboda, fem.? 9. Wg. tr. C. 62.

Sigiburg, fem. 8. Ms. a. 976 (n. 16).
Sigiburch P. II, 415 (vit S. Liudgeri); M. B. a. 806 (VIII); H. a. 926 (n. 146).
Sigibruch, Sigiprug, Sigiburc Gld. II, a, 127.
Sigipurc Mchb. sec. 9 (n. 437); St. P. drml.
Sigiphurc (so) St. P.
Sikiburg Gld. II, a, 127.
Sigeburgis pol. Irm. s. 72, 85 etc.
Sigeburg Laur. sec. 9 (n. 33); Gud. a. 881.
Sigeburgs (so) pol. Irm. s. 13.
Sigeburc Laur. sec. 8 (n. 3080).
Sigburgis pol. R. s. 76.
Siburg Wg. tr. C. 412, 422, 483.
Siburgh Wg. tr. C. 422.
Syburg Wg. tr. C. 388.
Syburch Wg. tr. C. 473.
Sigiburgane (genit.) tr. W. a. 812 (n. 238).

Sigitac. 9. Dr. a. 812 (n. 269); bei Schn. fehlt der n.
Sidag Wg. tr. C. 411, 428.
Sidac Wg. tr. C. 338, 347, 365, 482.
Sidaec P. V, 99 (ann. Hildesh.).
O. n. Sidageshusen.

Sigidrud, fem. 8. Gld. II, a, 127.
Sigitrudis Ng. a. 744; Lc. sec. 8 (n. 861).
Sigithrud Lc. a. 927 (n. 87).
Sigedrudis pol. Irm. s. 82, 85 etc.; pol. R. s. 4.
Sigedruda Lp. a. 870 (I, 839 ff.).
Sigedrut Laur. sec. 8 (n. 2866).

Sicfarus. 8. Pol. Irm. s. 122.

Sicfara, fem. 8. Pol. Irm. s. 122.

Sigifin. 9. Mchb. sec. 9 (n. 557).

Sigiflat, fem. 9. Schn. a. 845; St. P.

Sigifrem. 8. Mchb. sec. 8 (n. 114); M. B. a. 802 (IX, 20).

Sigifreh. Gld. II, a, 108.

Sigifrid. 7. Sec. 10: graf in Sachsen. Sec. 11: patriarch v. Aquileja; erzb. v. Mainz; b. v. Aosta; b. v. Münster; b. v. Reggio; ep. Placentin.
Sigifrith C. M. Dec.
Sigifrid P. I öfters; II, 314 (dom. Caroling. geneal.); IV, 38 (Chuonr. II constit.), 44 (Heinr. IV constit.); V, VII, VIII öfters; IX, 848 (chron. Hildesh.); X, 578 (chron. S. Huberti Andag.); Ng. a. 795, 797, 802, 818, 819, 826; Wg. tr. C. 118, 137; St. P. öfters; Laur. mehrm.
Sigifred P. VII öfters; M. B. a. 860 (XXXI).
Sigiurid Gld. II, a, 108.
Sigifrit Dr. a. 777 (Schn. ebds. Rigifrit); St. P.
Sikifrid Ng. a. 807.
Sikifrit Ng. a. 784.
Sighifrid Ng. a. 819.
Sigofrid Mab. a. 690, 693.
Sigofred P. V, 167 (ann. S. German.); Guér. a. 729.
Sygofrid Pd. a. 692 (n. 424; Mab. ebds.).
Sicufred Pd. a. 739 (n. 559); Mab. a. 805.
Sigafrid P. IX, 317 (Ad. Brem.).
Sigefrid P. II, V—VIII öfters; Laur. mehrm.; Gud. a. 963, 1063, 1064, 1067, 1069.
Sigefred P. V öfters; IX, 62 (Rodulf. hist.); pol. Irm. s. 11; Lp. a. 901 etc. (II, 11 etc.).
Sygefrid G. a. 1093 (n. 72).
Segefred conc. Ravennat. a. 1014.
Sigfrid Ng. a. 805.
Sigfrit M. B. a. 1045 (XI).
Sicfrid pol. Irm. s. 89; pol. R. s. 100.
Sicfred pol. Irm. s. 34, 230; Mab. a. 803.
Sygfrid H. a. 964 (n. 180).
Sigfri (so) P. V, 3 (ann. Corbej.).
Sifrith C. M. Mai.
Sifrid P. VI, 774 (Thangmar. vit. Bernward.); VIII, 677, 721 (annalista Saxo); IX öfters; Wg. tr. C. 65, 77; M. B. a. 1031 (XXII); Gud. a. 1063, 1064, 1074, 1090.
Secofred Lgd. a. 820 (I, n. 36).
Sieffred. Lc. a. 802 (n. 23).
Vitus qui et Sigefredus Lp. a. 1039 (II, 599).
Altn. Sigurðr ist eine entstellung des namens; vgl. Grimm bei Haupt I, 4. Ags. Sigeferð. Nhd. Seifried, Seyfrid, Siegfried.
O. n. Sigefridismor, Sigefridesrode.

Sigifrida, fem. 6. R. a. 821 (n. 21).
Siegfrida in einer chartula damnatae litis bei Sp. u. M. (n. 131) mit var. Siccifrida, Seccifrida, Sicchifrida und Sisifrida (so).
Sigrida pol. Irm. s. 17 hieher?

Sigifolc. 8. Neben Sigifloc Mchb. n. 427, 663.
Sigifolch Mchb. sec. 9 (n. 366).
Sigivolch Mchb. sec. 9 (n. 356).
Sigifolt Mchb. sec. 9 (n. 485) neben Sigifolc.
Sigefolc Laur. sec. 8 (n. 2535).
Sigevolch M. B. a. 778 (VIII).
Vgl. auch Siguwalh.

Sigifuns. 9. Mchb. sec. 9 mehrm. (z. b. n. 402, 559).
Sigifaus (so) Mchb. sec. 9 (n. 589).

Siggar s. Sichar.

Segestes. 1. Tac. ann. Cheruskerfürst.
Grimm. gesch. d. dtsch. spr. 526 nimmt an, dass der n. hieher gehöre, indem er ihn als aus Sigigast entstanden ansieht. Vgl. Sigost Gr. VI, 132.

Sichaud. 9. Pol. R. s. 44, 102.
Sigaud Mab. a. 910.
Sigot Wg. tr. C. 247 hieher = Sigigaud?

Siegern. 9. Laur. sec. 9 (n. 1284).

Sigiheid, fem. Gld. II, a, 128.

Sigihard. 8. Sec. 9: abt v. Kremsmünster. Sec. 11: patriarch v. Aquitanien.
Sigihard P. I, 374 (Ruod. Fuld. ann.); II, 671 (Nithardi hist.); V, VIII öfters; Lc. a. 819 (n. 37); St. P. öfters.

Sigibart Ng. a. 797, 802, 808, 819, 824; St. P. öfters; M. B. c. a. 1050 (VI).
Sigiard Ng. a. 786.
Sikihart Gld. II, a, 108.
Sigabart St. P. zwml.; Mchb. sec. 9 (n. 204).
Sikahart Ng. a. 817.
Sigohard A. S. Febr. II.
Sigehard P. I, 385 (ann. Fuld.); III, 469 (Hlud. Germ. capit.); V öfters; VI, 230 (mirac. S. Maximin.); VII, VIII öfters; IX, 247 (Gundechar. lib. pontif. Eichstet.); Laur. mehrm.
Sigehart P. VII, 551 (Marian. Scot. chron.); Laur. mehrm.; M. B. c. a. 1050 (VI).
Sighart M. B. sec. 9, 10, 11 (III, IV, VI, VIII, IX).
Sichard P. V öfters; IX, 578, 596 f., 608 (chron. mon. Casin.); pol. Irm. s. 7, 23 etc.; Lp. a. 913 (II, 87).
Syghard P. XI, 552 (auctar. Cremifanense).
Seckihart Laur. sec. 8 (n. 2943, 2968).
Sechard P. IX. 425 (gest. episc. Camerac.).
Sigard P. X, 355, 502 (Hugon. chron.); Wg. tr. C. 115.
Sicard P. V öfters; pol. Irm. s. 280; Mab. a. 812.
Siccart Gld. II, a, 108.
Segard P. X, 583 (chron. S. Huberti Andag.).
Segart P. II, 322 (Adon. chron.).
Sycard P. V öfters.
Sihard H. a. 1096 (n. 297).
Siherd (so) Wg. tr. C. 40.
Siiard (so) neben Sigibard Lc. a. 819 (n. 37).
Nhd. Seegert, Seichert, Sichart, Sichert, Sickert, Siegert, Sieghardt, Sihert.
O. n. Sigeharteschiriha, Sigeharteswilare.
Sichar. 6. P. III, 219 (Hlud. I capit.); pol. Irm. s. 15, 42 etc.; Ng. a. 754; Greg. Tur. VI, 47; IX, 19; gest. Dagoberti I; Fredegar.
Sighihar und Sighiher Ng. a. 775.
Sigeberi St. P.
Sigher pol. R. s. 55.
Sicchar St. P.
Sigychar tr. W. a. 712 (n. 186 u. Pd. nachtr. n. 22).
Sicger Ng. a. 822, 826.
Sikger Gld. II, a, 108.
Sigger Ng. a. 869; necr. Aug.
Sicker Ng. a. 762, 822, 889; K. a. 798 (n. 51).
Sikker Ng. a. 790; M. B. sec. 11 (XIII).
Sikar Ng. a. 806.
Sigeri P. III, 469 (Hlud. Germ. capit.).
Sieri P. III, 90 (Kar. M. capit.).
Sicher P. II, 228 (ann. Xant.); VIII, 393 (Sigebert. auctar. Aquicin.); IX, 499 (gest. episc. Camerac.); pol. R. s. 13.
Siger P. II, 189 f. (ann. Gand.), 218 (urk. v. 834); VII öfters; VIII, 442 (Sigeb. auctar. Hasnon.); IX, 504 (gest. episc. Camerac.), 540 (chron. S. Andreae); XI, 413 (chron. Affligem.); Wg. tr. C. 246, 278, 384; Frck.
Sier Wg. tr. C. 226.

Pott p. n. s. 263 möchte auch den von Chlodwig besiegten Syagrius hieher ziehn.

Bei allen hier erwähnten formen ist es unmöglich genau zu scheiden, welche mit dem stamme GAR und und welche mit HARI zusammengesetzt sind, da der anfangende guttural des zweiten theils sich beim zusammenstoss mit dem endguttural des ersten theils nicht unversehrt erhält.

Altn. Siggeir und Sigar. Ags. Sigehere. Nhd. Seyer, Sicher, Sieger.
O. n. Sickereshova, Sickeresbusun.
Sicharia, fem. 8. Pol. Irm. s. 197.
Sichad. 8. Mab. a. 833.
Sechad pol. Irm. s. 59.
Sichaus pol. Irm. s. 40, 55 etc.
Sechaus pol. Irm. s. 152.
Sigihelm. 7. B. v. Florenz sec. 10.
Sigihalm Gld. II, a, 108.
Sighichelm Pd. a. 615 (n. 230); M. a. 653 (n. 64; Mab. ebds.); conv. Clipiac. a. 659.
Sigehelm Laur. mehrm.
Sichelm pol. Irm. s. 9, 28 etc.
Sigelm Laur. sec. 8 (n. 1546).
Sigihilda, fem. 8. Tr. W. a. 774 (n. 53).
Sigihilt Dr. a. 770; Laur. sec. 9 (n. 216).
Sichihilt St. P.
Sigoildis pol. Irm. s. 44.
Sigovildis pol. Irm. s. 143.
Sighildis pol. R. s. 55, 74.
Sichildis P. XI, 397 (hist. regg. Franc. monast. S. Dionys.); gest. Dagobert. I; pol. Irm. s. 9, 13 etc.
Sichilda Fredegar.
Sigild Laur. sec. 8 (n. 1113).
O. n. Sehilturode.
Sigihoh zu schliessen aus o. n. Sigihohesprunnen, Sigihostetin.

Sigihah Mchb. sec. 9 (n. 460) wol für Sigihoh.
Sigihram. 7. Mchb. sec. 9 (n. 523).
Sigerannus pol. R. s. 19.
Sigramnus P. II, 267 (Pauli gest. ep. Mett.).
Siramnus pol. R. s. 20.
Sigiram Ng. a. 807; St. P.
Sikiram u. Sigoram Gld. II, a, 108.
Sigeram Laur. sec. 8 u. 9 (n. 324, 733).
Sirannus Pd. a. 642 (n. 300).
Sigiroh. 9. Ng. a. 807; K. a. 809 (n. 64); necr. Aug.
Sigaroh Ng. a. 805.
Sigirod. 9. St. P.; R. a. 843 (n. 36).
Sigarod St. P.
Sigaruod St. P.
Siroth R. a. 833 (n. 29).
Sigilach. 8. Laur. sec. 8 (n. 1417, 2006).
Sigelaus Laur. c. a. 1090 (n. 119).
Sigilaus neben Sigilauus Gld. II, a, 118.
Sigileih. 7. Schn. a. 798, 801; Ng. a. 857.
Sigileich Laur. sec. 9 (n. 1728).
Sigileig Laur. sec. 8 (n. 1447); Ng. a. 854.
Sigelech Laur. sec. 8 (n. 1283).
Sigelecus Pd. a. 615 (n. 230); sein bruder heisst Berthelaicus.
Sikeleihc Gld. II, a, 108.
Sichilheih Ng. a. 797.
Silec Wg. tr. C. 481; Lc. a. 855 (n. 65).
Sileif. 9. Wg. tr. C. 476.
Silef Wg. tr. C. 448, 485; Lc. a. 855 (n. 65).
Sigilant. 8. Mchb. sec. 9 (n. 473).
Sicland Pd. a. 711 (n. 479); pol. Irm. s. 119, 134.
Nhd. Siegland.
Siclanda, fem. 8. Pol. Irm. s. 139.
Sigelere, zeit unbest., necr. Aug. IV. Id. Maj.; etwa nur für Sigehere?
Sigilouc. Gr. II, 155.
Sigilind, fem. 8. Gld. II, a, 128.
Sikilinda Gr. II, 241.
Sigelint Laur. sec. 8 (n. 2902).
Sikelenda P. V, 496 (chron. Salern.).
Seghelind Laur. sec. 8 (n. 1411).
Siglind Laur. sec. 8 (n. 488).
Sigiloh. 10. St. P.; Dr. a. 906 (n. 651; Schn. ebds. Sigilot).
Sigiman. 8. Ng. a. 816, 818; Schn. a. 823, 830 (vgl. Siginand).
Sighiman K. a. 782 (n. 25; Ng. ebds.).
Siman Frek.
Nhd. Seegmann, Siegmann, Sieman, Siemann.
O. n. Simannesstetin.
Sicmandus. 9. Pol. R. s. 44.
Sigimar. 1. Sec. 1: Cheruskerfürst, Armins bruder; Segests bruder. Sec. 11: mönch zu Benedictbeuern.
Sigimar P. III, 90 (Kar. M. capit.); Ng. a. 779; necr. Aug.; St. P. öfters; M. B. a. 1033 (VII).
Σιγιμῆρος Strabo.
Sicumar Mab. a. 805.
Sigamar St. P.
Sigemar Laur. sec. 8 (n. 3480); pol. Irm. s. 116; M. B. sec. 11 (VII, X); G. sec. 11 (n. 49); H. a. 1048 (n. 245).
Segimer Tac. ann.
Segemar pol. Irm. s. 265.
Sygymar P. XI, 220 (chron. Benedictobur.).
Sygemar H. a. 1052 (n. 251).
Sicmar pol. Irm. s. 136.
Simer Wg. tr. C. 305, 310 wol hieher.
Sigismeres s. unten.
Nhd. Seymer.
O. n. Sigmareshusir, Sigemaresweret.
Sigimot, fem. 8. Mchb. sec. 8 (n. 122); St. P.
Sigimuot St. P. zwml.
Sigimout M. B. a. 828, c. a. 1000 (VI, VIII); necr. Fuld. a. 924.
Simod P. II, 386 (vit. S. Willehadi).
Symod Wg. tr. C. 186.
Sigimund. 5. Sec. 5: Burgundenfürst. Sec. 10: b. v. Halberstadt.
Sigimund P. I, 190 (Einh. ann.); III, 561 (Arnulf. capit.); V, 736, 741 (Thietmari chron.); Greg. Tur. III, 5; Ng. a. 786, 788, 806; Laur. mehrm.
Sigimunt Schn. a. 765; Dr. a. 796 (Schn. ebds. Sigismunt); St. P.
Sigimont (so) Schn. a. 758 (Dr. ebds. Sigimunt).
Sighimund K. a. 764 (n. 9); Ng. a. 778.
Sigemund P. I, 525 (ann. Vedast.); II, 204 (ann. Vedast.); V, 35 not. (Lamberti ann.); pol. Irm. s. 96, 134; Laur. mehrm.
Sigemunt Laur. mehrm.
Segemund P. II, 768 (Abbo de bell. Paris.).
Sikemunt Ng. a. 806.
Sigismund, Sygismund s. unten.
Simund P. IX, 302 (Ad. Brem.).

Altn. Sigmundr. Nhd. Siegemund, Siegmund, Siemund, Simund.

Siginand. 8. Ep. Constant. sec. 9.
Siginand Laur. sec. 8 (n. 764); St. P.; Schn. a. 800; Dr. a. 830 (n. 480; Schn. ebds. Sigiman); H. a. 895 (n. 125), 916 (n. 142).
Sigenand P. III, 534 (Kar. II capit.).
Seginand conc. Suession. a. 866.
Segenand pol. Irm. s. 122, 134.

Siginiu, fem. 9. Dr. a. 801 (n. 169).
Sigini M. B. a. 892 (XXXI); Mchb. sec. 10 (n. 1011).
Sigiri St. P. viell. Sigini zu lesen?
Siginihu, Siciniu, Sigeni, Siginu Gld. II, a, 128.
Altn. Signy.

Sigenot. Gr. II, 1039.

Sigirad. 8. St. P.
Sigirat St. P.
Sigirath Gld. II, a, 108.
Sigerat Laur. mehrm.
Sigrad Laur. sec. 8 (n. 1944); pol. Irm. s. 10, 132.

Sigrada, fem. 8. Pol. s. 81, 143.
Sicrada pol. Irm. s. 198.
Segradana Mab. a. 766.

Sigirait. 9. St. P.
Sigireit St. P.

Sigranda, fem. 7. D. Ch. I, 674.

Sigireht. 9. St. P.

Sigarich. 5. Sec. 5: Gothenkg. Sec. 6: sohn des Burgundenfürsten Sigmund.
Sigarich Ng. a. 791.
Sigurih K. a. 791 (n. 39).
Sigiric P. II, 218 (urk. v. 834).
Sigirih necr. Aug.; St. P. zwml.
Sigirich Greg. Tur. III, 5; Ng. a. 793; pol. Irm. s. 132; Mab. a. 805.
Sighirich Fredegar.
Sigericus P. VIII, 306 (Sigebert. chron.); Isidor.; E. s. II, 177; VI, 489; Laur. mehrm.
Segericus P. I, 283 (chron. Moissiac.); VIII, 125 (Ekkeh. chron. univers.); Marii chron.
Segrigus Mab. a. 766.
Sikirihc K. a. 786 (n. 31).
Sigryhc Ng. a. 786.
Siric C. M. Aug.
Sirik Frek.
Syric Wg. tr. C. 445.
Nhd. Seyrig, Seerig.

Sigrida, fem. 8. Pol. Irm. s. 17. Oder für Sigfrida?
Altn. Sigríðr (fem.).

Sigirun, fem. Gr. II, 523.
Altn. Sigrûn.

Sigistab. 9. Necr. Fuld. a. 866.

Sigistein. 9. Schn. a. 887.

Sigideo. 8. M. B. a. 828 (VIII); St. P. zwml.
Sigidio decret. Tassil.
Sikideo Mchb. a. 805.
Sigadeo Mchb. sec. 9 (n. 481).
Sigedeus pol. Irm. s. 79.
Siigudim, ein bei Augst gefundener alter töpferstempel (St. n. 539), ist vielleicht hieher zu beziehn und etwa Sigudius zu lesen.
Altn. Sigtyr.

Sigidegun. 9. Schn. a. 801 (Dr. ebds. Sigidegan).

Sigiwat. 9. St. P.
Siwato St. P.

Sigivald. 6. P. X, 328 (Hugon. chron.).
Siginald Greg. Tur. III, 13 etc.
Sigunald P. II, 652 (Nithardi hist.).
Sicawolt K. a. 813 (n. 70; Ng. ebds.).
Signald Paul. diac. VI, 45.
Sigoald Ng. a. 788; Venant. Fortun.; Fredegar.
Signald und Sicuald Mab. a. 805.
Segoald pol. Irm. s. 160.
Sigold R. a. 821 (n. 21).
Sigolt Ng. a. 805.
Sivald pol. Irm. s. 109.
Altn. Sigvaldi. Nhd. Siegwald.

Sywan. 9. Wg. tr. C. 266.

Sigiwar. 8. Mchb. sec. 9 (n. 590).
Sigowar tr. W. a. 788 (n. 102).

Sigoara, fem. 8. Pol. Irm. s. 90.
Siwara pol. Irm. s. 122.

Sigiwart. 6. P. VII, 557 (Marian. Scot. chron.); St. P. dreiml.
Sigiwort (so) M. B. c. a. 1030 (VI).
Sigeward P. V, 103 (ann. Hildesh.), 117 not. (catal. abbat. Fuld.).
Sigewart P. V, 102 (Lamberti ann.); VII, 153 (Lamberti ann.).
Sigevert pol. Irm. s. 90.
Siguard P. IX, 383 (Ad. Brem.).
Segoard pol. Irm. s. 40.

Siward P. IX, 848 (chron. Hildesh.): Wg. tr. C. 231. 238; Lp. sec. 11 öfters.
Syward Wg. tr. C. 91.
Vgl. zu den letzten formen auch Sifard.
Nhd. Sigwart, Sigwarth.
Siwerc. 11. Ms. a. 1090 (n. 39).
Sigiwih. 9. St. P. zwml.
Sigiwic. Sigiwich, Sigiwig Gld. II, a, 108.
Sigewich Gld. II, a, 127.
Sigiwin. 8. Sec. 10: b. v. Sens; b. v. Bourdeaux.
Sigiwin P. I, 203 (Einh. ann.); IV, 55 (Heinr. IV constitut.); Laur. sec. 8 (n. 417).
Sigewin P. II, 245 f. (ann. Wirzib.); V, 105 f. (ann. Hildesh.); VIII öfters; IX, 850 (chron. Hildesh.); Laur. mehrm.
Sigwin P. I, 100 (ann. Brunwil.); II, 608 (vit. Hlud. imp.); VII, 315 (Berthold. ann.); Laur. sec. 9 (n. 363).
Siguin P. II, 620 (vit. Hlud. imp.): V, VI, VIII oft; X, 443 (Hug. chron.); pol. Irm. s. 96, 115.
Sigoin P. II, 253 (chron. Aquitan.); Laur. sec. 8 (n. 232); pol. Irm. s. 7, 15 etc.; Guérard a. 928.
Segewin Lc. a. 1081 (n. 231).
Seguin P. XI öfters.
Secuin Ng. a. 968.
Siwin St. P.
Sygnin (so) Mab. a. 694 viell. hieher?
Nhd. Seguin.
Sigiwiz. 9. St. P.
Sigiwolf. 6. Sec. 10: Sigolf, b. v. Piacenza; Seulf b. v. Rheims.
Sigiwolf Mchb. sec. 9 (n. 399); St. P.
Sigulf P. V, 344 (Liudpr. hist. Ott.); Mab. a. 688; gest. regg. Franc.; Greg. Tur. VIII, 18; Fredegar.; Laur. sec. 9 (n. 176): Sm. var. Siculf.
Sigiholf Laur. sec. 8 (n. 1068); tr. W. a. 788 (n. 128).
Sigolf P. I, 628 (contin. Regin.); IV, 27 (Ott. M. constit.); Laur. mehrm.
Sigalf (so) P. VIII, 619 (annalista Saxo).
Siculf P. VIII, 560 (annalisto Saxo).
Seculf tr. W. a. 742 (n. 2 u. Pd. nchtr. n. 73).
Ags. Sigevulf, Sigulf. Nhd. Sielaff?
Siguwalh. 8. St. P.
Sigiwalh St. P.
Sigiwalc St. P.
Sigiwolch Mchb. sec. 8 (n. 204).
Sigiwolh M. B. a. 835 (IX).
Sigiwolc Mchb. sec. 9 (n. 509).
Vgl. oben Sigifolc.
Sigoves bei Livius V, 34 wird zwar als n. eines Kelten angegeben, scheint aber ein deutscher n. gewesen zu sein, wenn auch derjenige, welcher ihn führte, seiner abstammung nach immerhin ein Kelte gewesen sein mag.
Zusammensetzungen mit erweitertem stamm:
I. Mit suffix L:
Siclebald. 8. Pol. Irm. s. 65.
Siclebold pol. Irm. s. 19, 141.
Sigilpalt Mchb. sec. 8 (n. 109).
Siclevold pol. Irm. s. 120.
Sicleboldа, fem. 8. Pol. Irm. s. 4, 11 etc.
Sigilbert. 8. H. a. 1036 (n. 231).
Siclebert pol. Irm. s. 26, 65 etc.
Sicleberta, fem. 8. Pol. Irm. s. 69.
Sicleverta pol. Irm. s. 165, 183.
Sighelberga, fem. 8. Lp. a. 840 (I, 686).
Sicleverga pol. Irm. s. 85.
Sicledrudis, fem. 8. Pol. Irm. s. 27.
Sicletrudis pol. Irm. s. 57.
Sigilfred. 8. P. I, 478 (Hincm. a. 868).
Siclefred pol. Irm. s. 4.
Sichelfrid P. IX, 614 (chron. mon. Casin.).
Siclefrida, fem. 8. Pol. Irm. s. 52.
Sichelgayta, fem. 9. Urk. v. Capua.
Sikelgaita P. IX öfters (chron. mon. Casin.).
Sicelgaita Mur. 1897, 1.
Sichelgata (so) P. XI, 262 etc. (gest. Roberti Wiscardi).
Wahrscheinlich ist der n. Sichelgayta nur als normännisch zu betrachten..
Siclehard. 8. Pol. Irm. s. 17, 45 etc.
Sicleard pol. Irm. s. 120.
Siclard pol. Irm. s. 139.
Siclehar. 8. Pol. Irm. s. 241.
Siclear pol. Irm. s. 115.
Nhd. Sickler, Siekler, Sigler.
Siclehildis, fem. 8. Pol. Irm. s. 7, 27 etc.
Sigleramnus. Gld. II, a, 118.
Sicleramna, fem. 8. Pol. Irm. s. 27.
Sikelman. 10. P. V, 552 (chron. Salern.).
Sigloard. 9. Conc. Suession. a. 853; conc. Duziac. a. 871; pol. R. s. 57, 58.

Sicluin. 8. Pol. Irm. s. 115.
Sicloin Gld. II, a, 118.
Sigilolf. 8. Laur. sec. 8 (n. 1676).
Sicledulf pol. Irm. s. 85, 241.
II. Mit suffix N:
Sigembolt. 8. Pol. Irm. s. 116.
Siginbert. 8. Pol. Irm. s. 135.
Siginberga, fem. 8. Pol. Irm. s. 135.
Sigemberga pol. Irm. s. 82.
Segemberga pol. Irm. s. 11.
Siemberga pol. Irm. s. 122.
Sigemburgis, fem. 8. Pol. Irm. s. 123.
Sigemfred. P. II (wol nur altn.).
Sigenildis, fem. 8. Pol. Irm. s. 81, 122.
Siginulf. 9. Fürst zu Salerno sec. 9.
Siginulf P. I, 440 (Prud. Trec. ann.).
Sigenulf P. II, 671 (Nithardi hist.); A. S. Febr. II.
Siconolf P. V, IX oft.
Sikenolf P. V oft.
Sicheuolph A. S. April. I.
III. Mit suffix R, wozu man die ags. composita mit sigora so wie das sihora κύριε bei Augustin vergleiche:
Sigarhard. 10. Lc. a. 902 (n. 82).
Sigurmar. 8. Pd. a. 744 (n. 579; Ng. ebds.).
IV. Mit suffix S, im anschluss an das goth. sigis, in häufigem wechsel mit den formen, welche das s entbehren:
Sigisbert. 6. Pd. a. 653 (n. 321); Paul. diac. II, 6, 10 etc.
Sisbert für Sigibert E. s. VI, 388 (Joh. Biclar.).
Sigisfrid. 11. Hf. a. 1011 (II, 147).
Sigismeres. 6. Cassiod. VIII, 2.
Sigismar Schpf. a. 829 (n. 90).
Sigismund. 6. P. V, 52 (ann. Quedlinb.); VI, 815 (mirac. S. Heinrici); VII, 85 (Herim. Aug. chron.); VIII öfters; X, 287, 318 etc. (Hugon. chron.): XII, 17 (ann. Elwang.).
Sygismund M. B. a. 819 (XXXI).
Nhd. Siegesmund, Sigesmund, Sigismund.
Sigisvulthus. 4. Burgund. n.
Sigisvulthus im leben des Ulfila.
Sigisvult Augustin.; Prosp. Aquitan.
Sigisbuld (patricius) conc. Roman. a. 433.
Sigisvold (neben Sigevult) fast. consular.
Sigisvultus Cassiod. chron.
Segisvald fast. Idat.
Suuldus (so) hist. misc. 14.
Grimm gesch. d. dtsch. spr. 707 deutet Sigisvuld durch victoriae gloria.

SIL. Zu dieser form stimmen manche wörter unserer sprache; vergl. namentlich Diefenbach II, 180 und Ettmüller 666; doch mag ich mich für jetzt noch nicht entscheiden, welche bedeutung die für n. passendste sei.
Silhard. 9. Wg. tr. C. 241.
Siliheri. 9. St. P.

Simer s. SIG.
Simo. Gld. II, a, 108.
Simod s. SIG.

SIN. Das so häufig in den germanischen sprachen zur verstärkung eines begriffs gebrauchte sin, welches wol von der bedeutung robur, vis ausgeht (s. Grimm gr. 2. ausg. 554), darf in den n., für die es ein trefflich brauchbares element abgiebt, nicht fehlen. Zuweilen allerdings mag die form sin nur durch die mittelstufe sinn aus SIND (s. ds.) entsprossen sein; in andern beispielen aber ist das sicher nicht der fall. Die form Sen-, über die man zweifelhaft sein kann, habe ich grösserer wahrscheinlichkeit folgend zu SAN gesetzt. Auslautendes SIN vielleicht in Luuisinus (8), Luuisina (9), Lupisina (9); vgl. noch Ermensina unter Irmensind.
Sini. 9. Wg. tr. C. 119, 378, 414, 415, 418, 464, 466, 469, 470, 472, 475, 481.
Syni Wg. tr. C. 273, 384, 389, 406, 453.
Sino. 8. Laur. sec. 8 (n. 472, 2561).
Sinigus. 8. Pol. Irm. s. 114. Zu goth. sineigs? Nhd. Sinnig?
Sinerpus. 8. Pd. a. 726 (nchtr. n. 86).
Sinbert u. dgl. s. SIND.
Sinedrudis, fem. 8. Pol. Irm. s. 89.
Sinard. 11. Lgd. a. 1044 (II, 189).
Sinelicho. 9. Dr. a. 838 (n. 513: Schn. ebds. Sinlicho); hieher?
Sinmot. 8. Schn. a. 778.
Sinuar. 9. A. S. Maj. I.

Sinbret, Sincger s. SIND.

SIND. Im allgemeinen gehören die folgenden formen zu ahd. sind weg, doch mag die bedeutung meistens mehr zu dem von sind abgeleiteten ahd. gisindi comitatus, satellites stimmen. Die formen mit Sid- und -sid nehme ich hier gleich mit auf, da sie zum grossen theile gewiss hieher gehören, wenn auch ein besonderer stamm SIT auf einen theil von ihnen ansprüche machen dürfte. Noch gefährlicher ist die berührung zwischen SIND und dem unten abzuhandelnden SWIND, so dass die scheidung nur eine annähernde wahrheit haben kann, denn öfters enden sich sogar die n. derselben person das eine mal auf -swind, das andere auf -sind. Ich bemerke noch eine besonders im pol. R. nicht seltene assimilirte form -sinna. Die folgenden 113 n. sind meistens feminina, doch sind auch msc. unter ihnen nicht selten.

Acsindus 8. Agilsindis 8. Alahsind. Altsind. Altissinna 9. Albsind. Alesinda 8. Ellensind. Amalsida 8. Amalsindus 8. Amalsinna 9. Angilsindis 8. Arcesind 7. Adosinda 8. Adalsind 7. Audesind 8. Audisenda 8. Paldsind 8. Blatsinda 8. Baudasind 7. Perisind 11. Perensind. Perahsind 7. Belissendis 11. Bleutsint 8. Blitsind 9. Bonesind 9. Tiersint 10. Thuomsind. Tructesind 9. Droctesenda 9. Ebarsind 8. Euersinna 10. Ernesidis 8. Ercansind 8. Erchensinda 9. Erlesinna 9. Eusendus 7. Florasind. Florisinna 9. Florensindis 7. Framesindus 7. Framsindis 9. Frawisinda 7. Fredesindis 10. Fruohansindana 8. Frotsindis 8. Folchsind 9. Kebasinda 8. Geilsindis 8. Gersinda 8. Gautsind 8. Gisilsind. Gumesind 9. Gundesindus 10. Heilsind. Haimsinda 9. Helesint. Herisint 8. Herisinda 8. Helinsind 9. Helmsinda 10. Hesind 8. Hiltisind 6. Chlodesinda 6. Flotsinda 8. Holcwisind. Chramnisindus 6. Roisint. Chrodosindus 6. Chrodesinta 6. Hugisinda 9. Holdasinda 8. Yminsind. Ermesidis 8. Ermesindis 8. Irminsind 8. Letsinna 9. Lantsindus 8. Lantsinda 8. Liubsind 9. Liutsinda 8. Liuhtsind. Meginsind 9. Merisind. Marahsind 8. Maursinda 8. Milesindis 10. Munisind. Nortsindis 9. Odalsinda 7. Ratsinda 9. Rakisind. Ragnesind 8. Ranosindus 7. Ricosind 8. Ricalsendis 10. Rimisind. Tetsinda 9. Teutsindus 7. Teutsindis 7. Thurisind 6. Walesinda 11. Valbesinda 10. Waltsinda 8. Wendilsid. Warsinda 8. Wassind 8. Witesind 8. Wilesind 7. Willasind. Wolesind. Wolfsind 9.

Sindi. 8. Mchb. sec. 9 (n. 555).
Sindus pol. Irm. s. 219.

Sindo. 1. Sido Marcomanne (?) sec. 1.
Sindo St. P. mehrm.
Sido Tac. ann. XII, 29, 30; hist. 3, 5 u. 21; Laur. sec. 8 (n. 3313); Schpf. a. 754 (n. 26).
Nhd. Sint.
O. n. Sindinhofin.

Senda, fem. 8. Guér. a. 729.

Sindico. 8. Tr. W. a. 730 (n. 266 und Pd. nchtr. n. 51).
Sindicho Mchb. sec. 8 (n. 43); tr. W. a. 730, 739, 745, 808 etc. (n. 16, 17, 19, 143 etc. u. Pd. nachtr. n. 52, 63); Laur. sec. 8 (n. 198).
Sindihho Mchb. sec. 8 (n. 154).
Sindiho Mchb. sec. 9 (n. 253).

Sindila, msc. 6. Goth. urk. v. Neapel (neben Sinthila). Ebds. auch d. gen. Sinthilanis. Vgl. die anm. von Massmann zu dieser urk.
Sindila (msc.) Lgd. a. 875 (1, n. 101).
Sindilla (msc.) Sever. Sulpic.
Sintila (msc.) Sm.
Sindilo Mchb. sec. 8 (n. 34).
O. n. Sindalasdorf, Sindilindorf, Sindilhusir, Sindelstetta.

Sinduni. 8. Tr. W. a. 716 (n. 196 und Pd. nchtr. n. 37); St. P. zwml.
Sindini Gld. II, a, 108.
Sindeni Gld. II, a, 128.

Sindung. 9. Schn. a. 807.

Sinzo. 11. Mchb. sec. 11 (n. 1161); M. B. sec. 11 (IX).
Sindrammus qui et Sinzo P. XII, 145 (chron. Gozec.).
Nhd. Sinz.
O. n. Sinzingun.

Sendebad. 9. Lgd. a. 875 (1, n. 101).

Sindebald. 10. Sohn des königs Arnulf.
Sendebold P. XI, 303 (geneal. comit. Flandr.).
Sindebauld P. VI, 512 (Adson. mirac. S. Mansueti)

Sinbald neben Zuentibold, Zuentibolch, Zundebold mehrm. P. VI.
O. n. Sindpaldeshusir.
Sindperht. 8. B. v. Augsburg sec. 8.
Sindperht Mchb. sec. 8 (n. 97); St. P. mehrm.
Sindpraht Dr. a. 825 (n. 460; Schn. ebds.) neben Sinperaht; Schn. a. 837.
Sindbert P. I, 35 (ann. Lauresh.), 47 (ann. Alam.), 163 (Einh. ann.): III, 90 (Kar. M. capit.).
Sindepert Mab. a. 874.
Sindpert P. VI, 425 (transl. S. Magni).
Sintpert P. I, 93 (ann. S. Emmer.); VI, 565 (Arnold. de S. Emmer.); XI öfters; M. B. a. 955 (VII).
Sendeberti (fem.?) Mab. a. 805.
Sinpreht M. B. a. 778 (XIII); decr. Tassil.
Sinperht St. P.
Sinbert P. I, 162 (ann. Lauriss.), 299 (chron. Moissiac.); XI, 215 (chron. Benedictobur.); M. B. a. 1050 (VII).
Sinperaht in der überschrift einer urk. aus sec. 9 bei Dr. (n. 234; Schn. ebds. Sinpraht). Im verlauf der urk. selbst schreibt Dr. Sindperaht, Schn. Suvidperaht.
Sinbret necr. Aug.
Simpreht K. a. 1043 (n. 225).
Simpert P. VI, 403 (Gerhard. vit. S. Oudalr.); M. B. c. a. 800 (VII, XIII, XIV); Mab. a. 860; St. P.
Sindeberga, fem. 7. M. n. 76 Sindeberganc als cas. obl.
Sindpurc, fem. 9. Mchb. sec. 9 (n. 504).
Sindefred. 9. P. III, 253 (Hlud. et Hloth. capit.).
Sendefred und Sendered Mab. a. 853.
Sintfreda, fem. 8. Pol. Irm. s. 163.
Sidugath. 9. P. III, 90 (Kar. M. capit.).
Sindacar. 8. Schn. a. 814, 815.
Sindaker Schn. a. 813.
Sindkaer St. P.
Sindker Mchb. sec. 9 (n. 646).
Sintker Laur. sec. 8 (n. 3199).
Siduger Wg. tr. C. 477.
Sincger Laur. sec. 8 (n. 1864).
Singar Laur. sec. 8 (n. 3069).
O. n. Sindkerisriod.
Sindgoz. 9. Schn. a. 813.
Sidhgot Lc. a. 855 (n. 65).
Sindigis. 7. Diacon. Iriens. sec. 7. Conc. Tolet. a. 653.
Sindard. 7. P. II, 274 (gest. abbat. Fontan.).
Sintiardis, fem. 9. Pol. R. s. 55.
Sinthar. 7. Conc. Egarens. a. 614; tr. W. a. 774 (n. 53).
Sintar Mchb. sec. 9 (n. 318, 358); M. B. a. 828 (VIII).
An mehreren andern stellen liest Mchb. fälschlich Sintar als besondern n., während es nur erste hälfte eines namens ist; s. unter Sintaruihzilo.
Sinther M. B. a. 817 (XXXI: K. ebds. n. 78; unecht).
O. n. Sinderingun, Sintherishusun.
Siddilmus. 8. Laur. sec. 8 (n. 2583).
Sindhilt, fem. 8. Schn. a. 796; St. P.; Mchb. sec. 10 (n. 1000).
Sindram. 8. Abt zu Goseck sec. 11.
Sindram St. P.
Sintram P. II, 89 (Ekkeh. cas. S. Galli); Ng. a. 895.
Sinttrannus tr. W. a. 789 (n. 259).
Simderam (so) Lp. a. 714 (II, 819).
Sideramnus pol. R. s. 16.
Sindrammus qui et Sinzo P. XII, 145 (chron. Gozec.).
Sindroh. 9. Schn. a. 817.
Sidelindis, fem. 9. Pol. R. s. 35, 37.
Sedelindis pol. R. s. 38.
Sindleoz. Gr. IV, 1123; wol nur aus o. n. Sindleozesauva geschlossen.
Sindmar. 9. Mchb. sec. 9 (n. 451); St. P.
Sindenand. Gld. II, a, 118.
Sindrah. 9. Dr. a. 863 (n. 583; Schn. ebds.).
Sidrac Gld. II, a, 118.
Sindarat. 7. B. v. Toledo sec. 8.
Sindarat Gld. II, a, 108.
Sinderat K. a. 861 (n. 133).
Sindered test. Erm.; conc. Tolet. a. 721.
Sendered Lgd. a. 852 (I, n. 76) für -fred.
Sendrad St. M. a. 962.
Sendrada, fem. 9. Pol. R. s. 87.
Sinderich. 6. Jorn. 60.
Sindeo. 8. Mchb. sec. 8 u. 9 öfters (z. b. (n. 88, 113); wol = Sind-deo.
O. n. Sindeoeshusir.
Sinduald. 6. Herulerkg.
Sinduald P. VIII, 317 (Sigebert. chron.); Paul. diac. II, 3; Euagrius.

Sindoald P. VIII, 141 (Ekkeh. chron. univers.).
Sindolt necr. Aug.; Ng. a. 819.
Σίνδουαλ Agath.
Sindeualem (acc.; der Heruler) Marii chron. (d. Ch. I, 215).
Sindwar. 8. St. P. zwml.
Sintwart. 10. Ng. a. 921.
Sindoln. 9. Tr. W. c. a. 860 (n. 181).
Sindulf. 6. P. VIII, 318 (Sigebert. chron.); IX, 408 (gest. episc. Camerac.); X, 324 (Hug. chron.); conc. Autisiod. a. 518 u. 578; conc. Remens. a. 630; pol. Irm. s. 62.
Sindulph P. II, 288 (gest. abbat. Fontan.), 318 (Adon. chron.); Pd. a. 636 (n. 275).
Sindolf P. II öfters; Laur. sec. 8 (n. 356); St. P.; Lc. a. 836 (n. 49); Mab. a. 874.
Sindulb St. P.
Centulf (sec. 7) fragm. de reb. Dagobert. I (d. Ch. I); Mab. a. 1079.
O. n. Sindolvesdorf.
Zu diesem stamm vielleicht auch:
Sinthues. 6. Σινθούης Procop. bell. goth. II, 4; deutsch?

Sinedrudis, Sinelicho, Sinerpus s. SIN.

SING.

Zu singan canere? oder zu ags. sinc thesaurus? vgl. Levising (9) und Magisinc.
Singevert. 8. Pol. Irm. s. 263.
Singulph. 10. P. VI, 62 (Folcuin. gest. abb. Lobiens.).
O. n. Singulphi villa.
Zu Singevert und Singulph vgl. noch den ersten theil des alanischen namens Singiban, der auch Sangiban genannt wird.

Sini, Sinigus, Sinmot, Sino s. SIN.
Sintarvizzilo. 9. Mchb. sec. 9 (n. 532).
Sintaruihzilo Mchb. a. 823 (n. 440).
Sintar Wizzilo Mchb. sec. 9 (n. 358).
Sintar Vizilo Mchb. sec. 9 (n. 458, 495, 510, 517).
Sintar Fizilo Mchb. sec. 9 (n. 510, 534).
Sintar Fezzil R. a. 900 (n. 79).
Hier sind jedesmal fälschlich zwei namen statt eines angenommen worden. Vgl. auch altn. Sinfiötli, ags. Fitela. Weitläufiger spricht über diesen ganz einzeln stehenden n. Grimm in Haupts ztschr. I, 3—6, woselbst sich als bedeutung der **bunte, glänzende** ergiebt.

Sintpert, Sintram u. a. s. SIND. **Sinuar** s. SIN.
Sipunta, fem. 8. St. P.; vgl. Niunta.
Sir- s. SIS.

SIS.

W. Wackernagel erklärt sisu durch zauberlied; vgl. Gr. VI, 281. Grimm gesch. d. dtsch. spr. 235 möchte aus ahd. sisesang carmen lugubre, so wie aus einigen andern compositionen auf ein sisu in der bedeutung grab, grube, höhle rathen. Wenn auch die letztere annahme mehr licht auf einige ausdrücke wirft als die erste, so bleibt noch die frage unerledigt, wie diese bedeutung sich für die bildung von n. eignet. Ist es vielleicht mehr als spiel des zufalls, dass auch in pers. p. n. wie Sisygambis, Sisamnes, Sisamithres ein element derselben form erscheint? doch auch diese und mehrere damit verwandte pers. bildungen sind noch nicht genügend aufgehellt.
Wie Grimm a. a. o. von einem ganz andern gesichtspunkte ausgehend eine sehr frühe entartung des zweiten s unseres wortes zu r annimmt, so komme ich auch durch die n. zu derselben folgerung, wie einige der folgenden formen darthun.
Ich bemerke noch, dass der stamm SIS besonders bei den Westgothen scheint recht lebendig gewesen zu sein.
Sirio. 9. Wg. tr. C. 248; etwa für Siric?
Sisa, fem. 8. Pol. Irm. s. 185; St. P.
Sisu P. V, 85 (ann. Quedlinb.); VIII, 671 (annalista Saxo).
Sissa Laur. sec. 8 (n. 2904).
O. n. Sisinga; viell. auch Sesanheim.
Siric. 10. Necr. Fuld. a. 993.
Nhd. Sirig?
Sisebald. 7. Ep. Tuccitaneus. Conc. Tolet. a. 681, 683, 688.
Sirobald (sive Saxo) Pd. a. 667 (n. 358).
Sisibert. 7. Sec. 7: b. v. Coimbra; b. v. Toledo.
Sisibert Pd. 687 (n. 409)
Sisebert conc. Tolet. a. 653, 683, 684, 688.
Vgl. auch Sigisbert.
Siseberga, fem. 8. Pd. a. 739 (n. 559); Mab. a. 805.

Sesberga pol. Irm. s. 122.

Sisebut. 7. Westgothenkg. sec. 7.

Sisebut P. I, 286 (chron. Moissiac.); II, 297 (gest. abbat. Fontan.); Isidor; conc. Tolet. a. 683; E. s. II, 178; V, 449 etc.; Mur. 1882, 2.

Sisebod P. VIII, 321—324 (Sigeb. chron.): gest. Dagoberti I; Fredegar.

Sisbod P. II, 307 (reg. Merow. geneal.); Lgd. a. 827 (n. 45).

Sisifrid. 6.

Σισίφριδος Procop. var. Τισίφριδος.

Sisefred Mab. a. 853.

Siriaud. 11. P. VI, 668 (Constant. vit. Adalber. II).

Sisagut (9) conc. ap. Theodon. vill. a. 835 hieher?

Sirigo. 8. Laur. 8 (n. 969, 1607).

Sisigis. 6. Σίσιγις Procop.

Sisisclus. 7. Ep. Elborens. sec. 7. Conc. Tolet. a. 633, 638, 646. Für Sisigisclus?

Siseguntia, fem. 6. E. s. VI, 390 (Joh. Biclar.). Frau des Suevenkgs. Miro.

Susuhagdis, fem. 9. Pol. R. s. 64. Für Sisuhagdis?

Sisimir. 7. Conc. Tolet. a. 683.

Sisimatis (so), fem. Mur. 1943, 4.

Sisemund. 6. Conc. Tolet. a. 693.

Sesemund Pd. c. a. 662 (n. 347); M. a. 977 (n. 107) mit var. Resermund.

Sescimund Pd. a. 572 (n. 178) wol hieher.

Sisinand. 7. Westgothenkg. sec. 7.

Sisinand d. Ch. I, 819.

Sisenand P. VIII, 324 f. (Sigeb. chron.); gest. Dagoberti I; Fredegar; Mab. a. 872; E. s. II, 178; V, 459 etc.

Sisnand conc. Oveteus. a. 873; E. s. III, 420, 422 (hist. Compostell.).

Sesnand A. S. Febr. III.

Sesenanda, fem. 9. Lgd. a. 888 (I, n. 112).

Sisald. 6. Conc. Tolet. a. 633, 688. Ep. Emporit. sec. 7.

Siriuald Greg. Tur. III, 35.

Syrivald P. X, 328 (Hugon. chron.).

Syriwald P. X, 329 (Hugon. chron.).

Sesuald P. IX, 9 (Joh. chron. Venet.; var. Sensuald); Paul. diac. V, 8.

Sesuld urk. v. 638 (E. s. VI, 346); conc. Tolet. a. 683.

Sesold pol. Irm. s. 126.

Sisivera, fem. 6. Instr. donat. bei Sp. mit var. Sesivira, Sisevira, Sisevera. M. führt in dieser urk. (n. 93) die lesarten Sisivera, Sisevera, Sisevira, Sesivira und Cισιβερα (so) an.

Sesulf. 6. Pd. a. 572 (n. 178).

Zusammensetzungen mit erweitertem stamm:

Sisintrudis. fem. 7. A. S. Maj. II.

Saisnulf s. SAHS.

Sistemar. Gld. II, a, 118. Verderbt? Siclemar?

SIT.

Ob die folgenden n., wenn sie denselben stamm enthalten, zu ahd. sita seite oder situ sitte gehören, kann ich nicht entscheiden; beide wörter wollen sich nicht recht für n. schicken. Nahe mit den folgenden formen berühren sich auch diejenigen zum stamme SIND gehörigen, die das n nach alts. weise ausgeworfen haben.

Sito. 9. Schn. a. 826.

Nhd. Sitte. O. n. Sitenbach.

Sita, fem. 9. St. P.

Situli. 8. M. B. a. 763, 822, 837 (VIII, IX); St. P. zwml.; Mchb. sec. 8 (n. 16 und öfters).

Sitili K. a. 793 (n. 42); K. a. 797, 868 (n. 49, 143; Ng. ebds.).

Sitli Ng. a. 797.

Sitilin. 8. Ng. a. 793, 821.

O. n. Situlinessteti.

Sitioma, fem. 9. Pol. R. s. 49.

Sizo. 10. P. VIII, 737 (annalista Saxo); IX, 246, 249 f. (Gundechar. lib. pontif. Eichstet.); Frek. mehrm.; Mchb. sec. 11 (n. 1168); M. B. sec. 11 (III, XI, XIV).

Sizzo P. VII, 161, 236 (Lamberti ann.); VIII, 693 (annalista Saxo); Lc. a. 1027, 1043 (n. 162, 179).

Vgl. auch Shiezo.

Sitipoto. 9. St. P.

Siedpurc, fem. 9. St. P.

Situwit. 8. St. P. zwml.

Als ganz unsichere formen erwähne ich noch bei gelegenheit dieses stammes:

Siczger. 8. Schn. a. 786.

Sithalcus (var. Sitalcus) Jorn. Ein gothenkönig, angeblich zur zeit Alexanders d. grossen.

Sitima, fem. 9. Dr. a. 812 (n. 289; Schn. ebds.).

Sitmerin. 9. R. a. 901 (n. 86); verderbt?

Siuwyf, fem. 9. Wg. tr. C. 417.

Dieser n. scheint allerdings zu goth. siujan nähen zu gehören, was von den beiden folgenden nicht angenommen werden kann.

Sivo. 9. Mchb. a. 827, 828.

Siuorobiune, fem.? 9. Dr. a. 863 (n. 586; Schn. ebds. Siuerobiune). Die form ist räthselhaft.

Siwi. Gld. II, a, 108.

Sizo s. SIT. **Sk-** s. Sc-.

Slagamar. 9. P. VII, 106 (Herim. Aug. chron.); vielleicht slavisch = Sclagamar oder Sclaomir.

SLAUG. Ich möchte ahd. slou, schwed. slag, isl. slägr, nhd. schlau vergleichen.

Slaugo. 8. Tr. W. a. 777, 787 (n. 77, 95); necr. Fuld. a. 795.

Slougo Ng. a. 861 zwml.

Nhd. Schlauch.

Slauganzo, Slouganzo u. Slougenzo Gld. II, a, 108.

Slaugart. 9. Schn. a. 813.

Slaumar zu schliessen aus o. n. Slaumaresheim.

Slougolf. 8. Tr. W. a. 777 (n. 93).

Sleta, fem. Gld. II, a, 128.

SLIC. Die passendste bedeutung finden wir wol im ags. slican percutere, slicc malleus.

Slihleip. 9. M. B. a. 823 (XXXI).

Sliholf. 9. Laur. sec. 9 (n. 3635).

Slintwan. 8. Laur. sec. 8 (n. 2932).

Wie kann ahd. slindan devorare zur bildung eines namens passen?

Sliu. 8. Mchb. sec. 8 (n. 136, 170).

Grimm frauennamen aus blumen s. 27 hält diesen n. zu altn. sly conferva palustris. Ich möchte ausserdem noch altn. slya feine seide, ja sogar ahd. slîo schlei vergleichen und anfragen, ob nicht allen diesen wörtern der begriff glatt, der so leicht in den von schön übergehn kann, zu grunde liegt.

O. n. Sliwesheim, Sliwingen.

Slougolf s. SLAUG.

-sm. Dieses undeutsche suffix, welches namentlich in urkunden Frankreichs aus sec. 8 u. 9 zur namenbildung verwandt wird und zwar meistens in femininen erscheint, wird nur deshalb hier erwähnt, um diejenigen namen, worin es an deutsche stämme gehängt ist, anzuführen. Es sind das folgende 50:

Adrisma 8.	Erlisma 8.	Leudisma 8.
Aglisma 8.	Frodisma 8.	Leudrisma 8.
Agantismus 8.	Galdisma 8.	Marisma 9.
Aiutisma 9.	Gentisma 9.	Madrisma 8.
Aldrismus 8.	Gerosmus 8.	Natalisma 8.
Aldrisma 8.	Gerisma 8.	Nodisma 8.
Aldisma 8.	Gerentisma 9.	Ragentisma 8.
Elismus 8.	Genisma 8.	Sigrisma 8.
Elisma 8.	Generisma 8.	Solisma 8.
Andrisma 8.	Giurisma 8.	Teodisma 8.
Angelisma 9.	Godisma 8.	Walismus 8.
Adalisma 8.	Gundrisma 8.	Waltismus 8.
Balsmus 9.	Hildisma 9.	Waldisma 8.
Baldisma 8.	Rodisma 8.	Waldrisma 8.
Bertisma 8.	Ingrisma 8.	Wandrisma 8.
Diorisma 9.	Landisma 8.	Widisma 8.
Droitisma 8.	Landrisma 8.	

SMID. Zu ahd. smida metallum, smid faber u. s. w.

Smido. 9. Gld. II, a, 108.

Nhd. Schmid, Schmidt, Schmied, Schmit, Schmitt, Smidt, Smith.

Zu Smido mögen einige der o. n. Smidaha, Smidestorf, Smidaheim, Smidahuson, Smidimulin unmittelbar, andere mittelbar zu rechnen sein.

Smidilo. Mchb. sec. 9 (n. 632).

Nhd. Schmidel. O. n. Smidilinchovun.

Smidhart. 9. Necr. Fuld. a. 807.

Smidirat. Gld. II, a, 108.

Snagar. Gld. II, a, 108.

SNAR. Ags. snear celer fortis, wovon snerjan alacriter ire, scheint am besten für die folgenden formen zu passen.

Snarung. 8. Tr. W. a. 716 (n. 196 und Pd. nchtr. n. 37).

Snaring Laur. sec. 8 (n. 315).
Snaraung tr. W. a. 717 (n. 261 u. Pd. nachtr. n. 39).
Snarholf. 9. Mchb. sec. 9 (n. 652); für Snarolf? vgl. auch Esnarolf.

Snato. 9. Ng. a. 874.

SNEL. Zu ahd. snel robustus celer.

Snello. 8. Mchb. sec. 8 u. 10 (n. 239, 1021); Schn. a. 788; M. B. a. 888 (XXXI); St. P.
Snel Laur. sec. 9 (n. 2767, 3498).
Senllo (so) necr. Fuld. a. 1010.
Nhd. Schnell, Schnelle.
Snellung. 8. Schn. a. 800.
Snallung Schn. a. 796 wol hieher.
Snelpero. 9. Abt zu Kremsmünster sec. 9.
Snelpero P. XI, 552 (auctar. Cremifanense); M. B. a. 888 (XXXI) mehrm.
Snelbern Wg. tr. C. 458.
Snelperht. 9. Abt v. Benedictbeuern sec. 9.
Snelperht Mchb. sec. 9 (n. 312).
Snelbort M. B. sec. 11 (VII).
Snelport neben Snelbort P. XI, 217 (chron. Benedictobur.).
Snelbort neben Snelbard P. XI, 232 (chron. Benedictobur.).
Snelbot. Gr. III, 81.
Snelburg, fem. 8. Schn. a. 788, 944.
Snelfolc. 9. Laur. sec. 9 (n. 3493).
Snelfolg Laur. sec. 9 (n. 2764).
Snellacar. 9. Schn. a. 826.
Snelger Lc. a. 845 (n. 61); H. a. 945 (n. 158).
Snelhart. 8. P. XI, 232 (urk. v. 808 im chron. Benedictobur.); Mchb. sec. 8 u. 9 (n. 69, 93, 120, 369); Dr. a. 824 (n. 450; Schn. ebds. Snuallehart); tr. W. a. 861 (n. 272); St. P. mehrm.; Laur. mehrm.; M. B. sec. 9 u. 10 (VII, VIII).
Snellart Schn. a. 788 (Dr. ebds. Snelhart).
Senelhard s. SAN.
Snelman. 11. R. a. 1066 (n. 169); vergl. Snelman.
Snelmuot. 8. P. VI, 227 (mirac. S. Wigberhti).
Snelmot Mchb. sec. 8 u. 9 (n. 93, 99, 331); Schn. a. 825.
Snelrad. 10. St. P.
Snelrat Mchb. sec. 10 (n. 1085); St. P.
Snelrath Schpf. a. 828 (n. 89).
O. n. Snelratingun.
Snelrih. 9. Necr. Fuld. a. 824.
Senlwalh (so) s. SAN.

SNEW. Wie es schon einen mythischen könig Snio, altn. Snaer giebt (Grimm gesch. d. dtsch. spr. 685), so müssen auch die folgenden n. zu ahd. sneo nix gehören.

Sneoburg, fem. 9. Lc. a. 838 (n. 53).
Sneward. 9. Wg. tr. C. 429.
Snewart necr. Aug.

SNIUM. Ahd. sniumi celer.

Sniumperht. 9. Mchb. sec. 9 (n. 655).
Sniumrat. 9. Mchb. sec. 9 mehrm. (z. b. n. 554).

Snizolf. 9. K. a. 817 (n. 79; Ng. ebds.).
-snot in den drei femininen Angilsnot (8), Ercansnot (8) und Hiltisnota (8) gehört zu goth. snutrs, ags. altn. snotr, ahd. snottar sapiens.
Snuba, fem. 8. Laur. sec. 8 (n. 3363).
Snuppo. Gld. II, a, 108.
Soab- SWAB. **Soaczloh** s. SWARZ. **Soan-** s. SWAN. **Sobbo** s. Suppo.
Soceleram. 11. P. IX, 533 (chron. S. Andreae) ist so oder Soeleram oder Sceleram zu lesen.
Sodilbraht 9. Necr. Fuld. a. 836.
Sodilmunt. 9. Necr. Fuld. a. 860.
Wenn diese beiden formen nicht zum stamme SAND gehören, so erinnern sie vielleicht noch an zwei verschollene goth. ausdrücke, an sauþa ratio und an sauþs sacrificium.
Sodizo, Sodwerc s. SAND.
Sogo. 8. Necr. Fuld. mehrm.
Soint- s. SWIND.

SOL. Am liebsten setze ich die folgenden n. zu goth. sauil, altn. sôl sonne.

Sola, msc. 8. P. IX, 243 (Gundechar. lib. pontif. Eichstet.), 256 (anonym. Haserens.).

Sol Wg. tr. C. 320; M. B. a. 889 (XXXI).
Solio Pd. a. 703 (n. 457).
Solius auf einer röm. inschrift bei Mainz gefunden (St. n. 325) viell. hieher.
Suol Schn. a. 837 (Dr. ebds. n. 503 Sol); Schn. a. 838 (Dr. ebds. n. 514 Saul).
Suolo necr. Fuld. a. 794.
Nhd. Sohl, Söll.
O. n. Solenhoven, Suolenhus, viell. auch Sollonberg.

Solimia, fem. 9. Pol. R. s. 81.
Solisma, fem. 8. Pol. Irm. s. 197.
Suolista, fem. 8. Dr. a. 796 (Schn. ebds. Suolesta).
Solberta, fem. 8. Pol. Irm. s. 122.
Solburg, fem. 9. Laur. sec. 9 (n. 199).
Soligast s. SAL.
Solimarius. Auf einer in der nähe von Trier gefundenen röm. inschrift aus unbestimmter zeit (St. n. 907), desgl. auf einer bei Mainz gefundenen (St. n. 228).
Nhd. Solmar.

SOM. Vgl. ags. sôm concordia decentia, sêma arbiter judex. Diese wörter scheinen unter den mannigfachen bildungen derselben wurzel für namen sich am meisten zu eignen.

Sumo. 9. Schn. a. 838. Hieher für Suomo?
O. n. Sumenhart.
Sumuni. 9. R. a. 821 (n. 21); hieher?
Suomarius. 4. Alamannenfürst sec. 4. Amm. Marc. Vgl. Gr. VI. 223.
Somni, fem. 9. St. P.
Soomni St. P.
Somrat. 9. Mchb. sec. 9 (n. 409).
Suomrat Schn. a. 845 (Dr. ebds. n. 553 Ruomrat); St. P.
Somrih. 9. St. P. zwml.
Suomolf. 8 Schn. a. 796.

SON. Hieher stelle ich einige formen, die möglicherweise zu ahd. sôna, suona gehören; wegen der bedeutung ist das synonyme DOM zu vergleichen, das sich in dem sinne von judicium mit SON berührt. Sehr schwer ist es die hier aufzuzählenden formen von denen, die zu SWAN gehören, zu scheiden; Son-, Suon-, Soun- nehme ich hieher, Suan-, Soan- lasse ich bei SWAN stehn, obwol es dabei nicht unmöglich ist, dass eine und dieselbe person unter beide wortstämme zerspalten wird. Ganz aufs reine damit zu kommen wird schwerlich gelingen. Auslautend erscheint der stamm in Engilson (8), Purcsona (9) und Irmansuon (10).

Sona. 6. Ep. Britanniens. sec. 7; ep. Auriens. sec. 7; ep. Oxomens. sec. 7.
Sona (msc.) conc. Tolet. a. 646, 653; Cassiod. III, 15.
Sonna (msc.) conc. Tolet. a. 683, 684, 688, 693.
Dazu wol Suna (msc.) mit var. Sura Cassiod. II, 7.
Suona, fem. 8. St. P. zwml.; M. B. sec. 11 (VI).
Sonila s. Sunila.
Sonperht. 8. Mchb. sec. 8 (n. 248); St. P.
Sonpert St. P. zwml.
Suonperht St. P. zwml.
Sounbert und Sonbert mehrm.; M. B. sec. 11 (VII).
Somperht Mchb. sec. 9 (p. 325); dafür ebds. n. 172 falsch Semperht.
Die formen Soamperht, Suamperht und Somperht neben einander M. B. a. 802 (IX).
Sonpurc, fem. 9. St. P. zwml.,
Suonpurc St. P.; Mchb. sec. 9 (n. 707).
Sonifred. 9. M. a. 977 (n. 104) mit var. Seniofred und Sanifred.
Sonyfred Lgd. a. 876 (I, n. 105).
Suonger. 9. K. a. 839 (n. 103; Ng. ebds.).
Songart, fem. 8. Schn. a. 773.
Suongart Laur. sec. 9 (n. 199).
Suongarta Ng. a. 895.
Sounkart Gld. II, a, 108.
Sounhar. 8. K. a. 764 (n. 8).
Sonhada, fem. 8. Pol. Irm. s. 26.
Sonihild, fem. 8. P. I. 325, 327 (ann. Mett.).
Sonichildis Fredegar.
Sonachildis Mab. a. 769.
Sonechildis Pd. a. 741 (n. 563).
Suonehild C. M. Nov.
Suonehilda P. V, 779, 792 (Thietmari chron.).
Sonilindis, fem. 8. Tr. W. a. 718 (n. 227 und Pd. nchtr. n. 40).
Sonulf. 6. Pd. a. 573 (n. 180) mit var. Raulf.

Sorulf s. Sarulf.
-sot in Herimsot wol nur verderbt? Herimuot?
Soto. 8. Necr. Aug. a. 789 etc. Statt Uoto?
-sp in Erispa (11); verderbt? oder zu ahd. spahi prudens, sapiens, modestus?

SPAN. Vgl. ahd. und ags. spanan allicere, daher besonders für feminina geeignet.
Spangoza, fem. 8. St. P.
Spancozza Ng. a. 808 (n. 165).
Spanlis (so), fem. 9. Pol. R. s. 47.
Spaneldis, fem. 9. Mab. a. 824 var. Ispaneldis.
Spenneol (so). 9. Mchb. sec. 9 (n. 538, 588).

SPAR. Ahd. sparên, ags. sparjan, altn. spara, servare, parcere, fovere.
Sparagildis, fem. 6. Gr. IV, 193.
Sporagildis Pd. a. 533 (n. 119); dieselbe heisst ebds. n. 118 Saparagildis.
Sparulf. 8. Laur. sec. 8 (n. 212).
Sparolf Laur. sec. 8 (n. 2154).
Zusammensetzung mit erweitertem stamm vielleicht in:
Sparnar. 9. P. VI, 62 (Folcuin. gest. abb. Lobiens.) mit var. Sponnar.

Spasand. 7. Ep. Complutens. sec. 7. Conc. Tolet. a. 688.
Spassand conc. Tolet. a. 693.
Vgl. Gr. VI, 364 spassante = resistentis.
Spatto. 9. M. B. a. 825 (XXXI).
Wol zu ahd. spato spaten, wahrscheinlich aber in der bedeutung schwert, die das wort in den romanischen sprachen und im polnischen hat.
Spenneol s. SPAN. **Sperus** s. SPIR.
Spiaidis, fem. 9. Pol. R. s. 48.
Etwa für Spahihaidis zu ahd. spahi prudens, sapiens, modestus?

SPIL. Das nord. spil hat noch die bedeutung von gaudium, die für n. mehr zu passen scheint, als die von ludus.
Spilgern. 9. Schn. a. 801.
Spilhard. 8. Laur. sec. 9 (n. 616).
Spilahard Laur. sec. 8 (n. 352).
Spilhard Laur. sec. 9 (n. 377).
Zusammensetzungen mit erweitertem stamm:
Spilinger. Gld. II, a, 108.
Spilinhard. 9. Laur. sec. 9 (n. 510).

SPIR. Ags. u. ahd. sper, altn. spiör hasta.
Sperus. 8. P. II, 264 (gest. episc. Mett.), 269 (catal. episc. Mett.).
Nhd. Speer.
Spiridio. 8. P. II, 287 (gest. abb. Fontan.).
Spirido conc. Nicaen. a. 787.
Lautlich nahe liegen diesem n. die öfters vorkommenden lat. Spesindeo und Speraindeo.

SPOT. Zwei merkwürdige formen enthalten das ahd. spot jocus, ludibrium. Der erste derselben ist Diuolspot (9), der zweite
Spothild, fem. 10. In einer Berliner hds. (aus sec. 10) von Haymo comm. in ep. Pauli ad. Rom.
Spothilt als mhd. n. führt Gr. an VI, 328; vielleicht ist damit dieselbe stelle gemeint, welche Grimm im auge hat, wenn er gramm. II, 499 auf eine stelle aus sec. 15 od. 16 hindeutet, worin die welt spothilt genannt wird (nach Eschenburg denkm. 405).

Spranco. Gld. II, a, 108.
Zu ahd. springan salire?
-spred in Berspredane (8) zu ahd. spreitan pandere oder zu spreta arundo?
Sprozwart. 9. Necr. Fuld. a. 840?
Zu ahd. spriuzan germinare, crescere; manche davon abgeleitete ags. und ahd. bildungen haben die bedeutung von stab, speer, keule, welche vielleicht auch dem n. angehört.
Sprutho. 8. Laur. sec. 8 (n. 2648).
Scheint mit Sprozwart (aber in sächs. form) zu demselben stamme zu gehören; etwa noch näher zu goth. sprauto schnell, bald?
Spulit. 8. Mchb. sec. 8 u. 9 (n. 154, 172, 306 und sonst).
Ist dieser bairische n. das part. pf pass. zu ahd. spuoljan nhd. spülen und bedeutet es etwa den getauften?

-st. Dieses suffix bemerke ich in folgenden n.:

Egusta.	Borbista 1 v. C.	Liebesta 9.
Airastus.	Filista 11.	Neosta 8.
Albustus 9.	Hengist 5.	Pezzista 9.
Arnust 8.	Herosta 8.	Suolista 8.
Addasta 9.	Hunesta 9.	

Hievon sind Herosta, Liebesta und Pezzista sicher superlative, wahrscheinlich auch Neosta; ob auch eine von den andern formen, ist noch zu erwägen. Unter GAST wurde bemerkt, dass diesem stamme sein g öfters abfällt und dadurch ein scheinbares suffix st entsteht.

-stab s. STAF.

STAC. Ags. staca, ahd. stachilla cuspis, fustis, sudes. Vielleicht könnte eine der hieher gehörigen formen auch verderbt sein aus Starc-.

Stacco. 9. Gld. II. a. 108.
Stacko Ng. a. 820.
Nhd. Staack, Stach, Stache, Stacke.

Stacher. 9. Pol. R. s. 42.

Stacolf. 9. Mchb. sec. 9 (n. 421).

STAD. Altn. stadr, ahd. stat, nhd. statt, stätte, stadt. Auslautend in Liestet und Deostet (8).

Stadil. 8. Laur. sec. 8 (n. 2071).

Stadepert. Gld. II, a, 118; Stadeperus ist druckfehler.

Stadiverga, fem. 9. Lp. a. 830 (I, 679).

Statgildis, fem. 8. Pol. Irm. s. 98.

Stadald. Gld. II, a, 118.

Stadolf. 8. Dr. n. 772.

Zusammensetzung mit erweitertem stamm:

Stadalpert. Neben Stadelpert Gld. II. a, 118.

STAF. Das altn. stafr, ags. staf. ahd. stab baculus kenne ich nur in Chustaffus und Sigistab (9).

Stagnar, -stagnus s. STAIN.

STAHAL. Zu ahd. stahal, nhd. stahl, chalybs. Ich stelle dazu auch formen wie Stallo, Stalhart, da ich kein sicheres zeichen habe, dass stallo socius auch zur namenbildung gebraucht wurde. Auslautend kenne ich die form -stal in Herstal (11).

Stahal. 8. Laur. mehrm.
Stal Laur. sec. 8 (n. 234, 236).
Stallo Mchb. sec. 9 (n. 661).
Nhd. Stahl, Stähle, Stehle.
O. n. Stallanchiricha wol hieher.

Stahalgoz. 8. Necr. Fuld. a. 784.

Stahelhart. 8. Laur. sec. 8 (n. 2955).
Stalhart Laur. sec. 8 (n. 2778).
Stallard pol. Irm. s. 134.

Stahalolf. 8. Schn. a. 765. 819.

STAIN. Zu ahd. stain lapis, auslautend in folgenden n.:

Albstein 9.	Rostagnus 10.	Rimistein 8.
Adelstein 9?	Hruodstein 8.	Sigistein 9.
Brunsten 11.	Intsten.	Wolfstein 11.
Kerstin 11.	Mimistain 8.	
Hiltistain 8.	Neristein 9.	

Steina, fem. 10. H. a. 926 (n. 146).

Steining. 10. Ng. a. 915.

Stemburga (so), fem. 11. Lc. a. 1015 (n. 147); viell. ist Steinburga zu lesen.

Stainfrid. 10. H. a. 955 (n. 167).

Staniger. 9. Pol. R. s. 101, 103; hieher?

Stainhard. 8. K. a. 788 (n. 34; Ng. ebds.).
Stainhart Laur. sec. 8 (n. 2738); Sm.
Stainard pol. Irm. s. 28.
Steinhart Ng. a. 797; Gud. a. 1028.
Stenhart K. a. 777 (n. 20; Ng. ebds.).
Stanard Laur. sec. 8 (n. 302) hieher?
Nhd. Steinert, Steinhardt, Steinhart.

Steinher. 8. Laur. sec. 9 (n. 3044).
Stagnar Laur. sec 8 (n. 220).
Staginar pol. R. s. 101 hieher?
Altn. Steinar. Nhd. Steiner.

Stainold. 8. Pol. Irm. s. 125.

Steinolf. 9. Schn. a. 815.

Stal-, -stal s. STAHAL.

STALD. Vgl. goth. gastalds se gerens, langob. gastaldus minister u. s. w. Nur auslautend in den drei n. Hagustalt (8), Heristalt (9) und Winstalt (8), welche nur bei Baiern, Alamannen und Mainfranken begegnen.

Stanard s. STAIN. **Standing** s. Stinding.

STANG. Zu ahd. stanga, ags. staeng, nhd. stange, gewiss in dem sinne von speer.

Stangart. 8. Laur. sec. 8 (n. 2893). Oder für Staingart?

Stangulf. 8. Laur. sec. 8 (n. 985) var. Straugulf.

Stanculf pol. R. s. 76.

Stangolf Schn. a. 838.

Staniger s. STAIN. **Starafrid** s. STARC.

STARC. Zu ags. starc, ahd. starh durus, firmus; fehlt in den trad. Corb.

Starco. 8. K. a. 860 (n. 129).

Starcho Ng. a. 795.

Staracho K. a. 843 (n. 107; Ng. ebds.).

Nhd. Starck, Starcke, Stark, Starke, Stürk, Stärke, Sterk.

O. n. Starchenchilcha.

Staracha, fem. Gld. II, a, 128.

Starcbert. 8. Tr. W. a. 774 (n. 53 u. 178).

Starcfrid. 8. Schn. a. 795, 813, 815, 838, 863; tr. W. a. 774, 808 (n. 20, 53); Laur. sec. 8 u. 9 (n. 363, 3365).

Starcfrit Dr. a. 813 (n. 290).

Staracfrid Ng. a. 882.

Starachfrid Gld. II, a, 108.

Starcfret Ng. a. 754.

Strachfrid (so) Ng. a. 758.

Starckfrid Laur. sec. 8 (n. 351).

Stercfrid M. B. a. 817 (XXXI).

Starafrid Laur. sec. 8 (n. 2688) wol hieher.

Starfrid Mab. a. 917.

O. n. Starcfrideshuson.

Starchand. 8. B. v. Eichstedt sec. 10; praepositus Salisb. sec. 11.

Starchand P. I, 90 (ann. Salisb.), 628 (contin. Regin.); V, 395 (Flodoardi ann.), 603 (Richeri hist.); IX öfters; XI, 757 (S. Rudberti Salisb. ann.); St. P.; M B. c. a. 948 (XXXI).

Starcand P. IV, 24, 27 (Ott. M. constitut.).

Starcant necr. Fuld. a. 966.

Starkand P. VIII, 619 (annalista Saxo); IX öfters.

Starchant P. XI, 223 (chron. Benedictobur.); Mchb. sec. 8 (n. 237); M B. sec. 11 (VI).

Starchannus P. X, 361 (Hugon. chron.).

Starchard. 8. Schn. a. 840.

Starcart Schn. a. 798 (vgl. Starcrat).

Starchar. 8. Schn. a. 819.

Starkharc Lc. a. 1057 (n. 192) mehrm.

Starcar pol. Irm. s. 85, 183.

Starcheri K. a. 1033 (n. 221); G. a. 1056 (n. 56).

Starcher Schn. a. 813, 863; Laur. mehrm.; pol. R. s. 69.

Starker Laur. sec. 8 (n. 527).

Storker (so) Lc. a. 1054 (n. 189).

Staraher Ng. a. 837.

Starheri u. Starhere Gld. II, a, 108 hieher?

Startcar (so) pol. Irm. s. 113.

Nhd. Sterker.

Starchelm. 9. Schn. a. 826 (Dr. ebds. n. 469 Stralhelm).

Starchildis, fem. 8. Pol. Irm. s. 228; pol. R. s. 73.

Starhhilt St. P.

Starhilta und Starahilt Gld. II, a, 128.

Starhildis Schpf. a. 789 (n. 63).

Starcleib. 8. Necr. Fuld. a. 785.

Starcman. 8. Tr. W. a. 773, 774, 775, 776, 798 (n. 23, 58, 65, 128, 178); Schn. a. 857; Dr. a. 876 (n. 612; Schn. ebds. Stareman).

Stargman tr. W. a. 774 (n. 53); necr. Fuld. a 989.

Starchmot. 9. St. P.

Starkmot St. P.

Starhmot Mchb. sec. 9 (n. 445); St. P.

Starckmot Laur. sec. 9 (n. 3039).

Starmuot St. P.

Starcrad. 8. Laur. sec. 8 (n. 1723).

Starcrat Schn. a. 796, 803, 814; Dr. a. 798 (Schn. ebds. Starcart); Dr. a. 803 (Schn. ebds. Starckat).

Starcharich. 8. Tr. W. a. 774 (n. 178).

Starkri Lc. a. 1051 (n. 185; ebds. n. 186 Starchri).

Starholt. 8. St. P.

O. n. Starcholteshoven.

Starculf. 8. Pol. Irm. s. 87; Schpf. a 747 (n. 15).

Starchulf Ng. a. 757, 773.

Staracholf K. a. 839 (n. 100); Ng. a. 867.

Starcolf Ng. a. 779; Schn. a. 803; tr. W. sec. 8 oder 9 (n. 67).
Starcholf Ng. a. 774, 837; St. P. öfters.
Stargolf Gld. II, a, 118.
Staricholf Ng. a. 852.
Strachol (so) R. a. 876 (n. 55).
Starchof (so) K. a. 809 (n. 65).
Stracholf P. II, 763 (gest. Kar. M.) hieher?
Staraolf Gld. II, a, 108 hieher?
Zu diesem stamme wol noch:
Starcedius. 6. Cassiod. V, 36.

Stardiar. 8. K. a. 786 (n. 30); verderbt?
Statgildis s. STAD.

STAU. Vgl. goth. staua judex und ahd. stauuan in seinen mannigfachen bedeutungen.
Stauegis. Gld. II, a, 118.
Stauher. 8. Laur. sec. 8 (n. 505).

Steiguni, zeit unbest.; necr. Aug.
Vgl. Steigunt neben Sejung (so) Gld. II, a, 108.
Der einzige zu goth. steigan nhd. steigen gehörige n.
Stein-, Stemburga s. STAIN.
Stepelin. 11. P. X, 572 (chron. S. Hubert. Andag.); XII, 244 etc. (Rodulf. gest. abbat. Trudon.); A. S. Febr. III.
Wol zu ahd. stephan, alts. stapan, ags. staeppan gradi ascendere.
-stet s. STAD.
Steuan (so). 10. Necr. Fuld. a. 980; K. a. 1090 (n. 239). Doch nicht etwa für Stephan? vgl. Stevuenus necr. Fuld. a. 996.
Stifting. 9. M. B. a. 853 (XXVIII; R. ebds. n. 45 Stiftinc).
Wol zu ahd. stift fundatio, institutum.

STIL. Meistens gewiss zu ahd. stilli, nhd. still; ob auch einiges zu ahd. stil, nhd. stiel?
Stilla, fem. Artur. du Monstier gynaeceum sacrum u. A. S. Jul.
Stilico. 4. Vandale.
Stilico P. I, 282 (chron. Moissiac.); VIII öfters; Oros. VII, 37 f.; Jorn.; Greg. Tur. II, 9; hist. miscell. (Arcadius); Cassiod. chron.; Sever. Sulpic.; Prosp. Aquitan.
Stilicho (var. Stilichon) Claudian.; Gruter inschr. p. 110 n. 9, p. 1054 n. 5, p. 1056 n. 4.
Στελίχων Zosim. IV, 57; V, 1, 5 etc.
Nhd. Stilke.
Stillina, fem. Gld. II, a, 128.
Stilburg, fem. 8. Dr. a. 797 (Schn. ebds. Salburg).
Stillihere. 9. Schn. a. 819.
Nhd. Stieler, Stiller, Stüler, Stiehler.
Stillimot, fem. 9. Mchb. sec. 9 (n. 704).
Stillamot St. P.
Stillimuot Schn. a. 825.
Stillerat. 9. Laur. sec. 9 (n. 179).
Stilleolf. Gld. II, a, 108.

Stinding. 9. Schn. a. 819, 838; Dr. a. 824 (n. 446; Schn. ebds. Standing); Dr. a. 838 (n. 532; Schn. daneben auch Etinding).
Stindinc K. a. 815 (nachtr. B).
Stiding Schn. a. 841 wol hieher.
Vgl. ags. stið durus, severus, asper.
Stiuri. 9. K. a. 861 (n. 136).
Stur Dr. a. 889 (n. 634; Schn. ebds.).
Nhd. Stier, Stuhr.
Ahd. stiuri, ags. stor, altn. stôr magnus ingens.
Stodilo. 9. P. VI, 121 (Ademar. histor.).
Vgl. einstuodal purus und andere verwandte wörter bei Gr. VI, 654.
Stollinc. 9. Mchb. sec. 9 (n. 348).
Vgl. ahd. stollo gradus, basis, stollôn fundare.
Stracholf s. STARC.

STRAD. Vgl. ags. stregdan, stredan cadere, ruere, altn. streða sternere, subigere. Leicht mischt sich damit romanisches.
Strato. Gld. II, a, 118.
Strada, fem. 9. Laur. sec. 9 (n. 199).
Stradegar. 8. Pol. Irm. s. 103.
Strataus. 8. Pol. Irm. s. 157.
Stratarius. Gld. II, a, 118 neben Stradarius.

Stragunar. 9. St. P.; verderbt?
Stralhelm. 8. Dr. a. 826 (n. 469; Schn. ebds. zwml. Starchelm); Laur. sec. 9 (n. 269).
Stralelm Laur. sec. 8 (n. 1568).
Zu ahd. strâla sagitta. Strello auch hieher?

Strangolf. 9. Dr. init. sec. 9 (Schn. ebds. Starcolf); Dr. a. 838 (n. 522; Schn. ebds. Stangolf); vgl. Shrangolf.
Strasulf. 10. Mur. 1948, 1. Verderbt?
Strat- s. STRAD.
Strello. 9. Ng. a 825, 839, 850.
Nhd. Strähle, Strehl.
Strinzo. 9. Dr. a. 838 (n. 515; Schn. ebds.).

STRIT. Ahd. strit streit.

Stritgrim. 9. Ng. a. 839.
Stritcrim Ng. a. 827, 837.
Striterim Gr. II, 506, wol für Stritcrim.
Striter. 9. Ng. a. 827.
Nhd. Streiter.

Strobo. 9. R. a. 902 (n. 89).
Strupo R. a. 866, 888, 889 (n. 50, 68, 69, 71).
Dieser n. muss irgendwie mit ahd. strûban inhorrescere zusammenhangen.
Stroego. 8. Ng. a. 766.
Strago Schn. a. 838 für Strogo?
Nhd. Struck.
Strodo. 8. Mchb. a. 820 (n. 401).
Strut R. a. 787 (n. 6).
Vgl. ags. strudan spoliare vastare.
Strullo. 8. St. P. zwml.
Strupo s. Strobo.
Struz. 8. Mchb sec. 8 (n. 89).
Nhd. Strauss.
Dimin. zu Strodo?
Stucchus. 8. Laur. sec. 8 (n. 300).
Stulluc. 9. Wg. tr. C. 278.
Stulore. 8. Laur. sec. 8 (n. 181). Verderbt.
Stur s. Stiuri.
Sturbius. 8. P. II, 608 (vit. Hlud. imp.); deutsch?
Sturilio. 7. Pd. a. 680 (n. 391); zu Stiuri?
Sturmi. 8. Abt zu Fulda sec. 8; graf zu Narbonne sec. 9.
Sturmi P. I, 349 (Enh. Fuld. ann.); II öfters; VII, 100 (Herim. Aug. chron.), 548 (Marian. Scot. chron.); St. P.
Sturmio Lgd. a. 844 (I, n. 66); A. S. Mart. III.
Sturm P. I, 31 (ann. Lauresh.), 95 (ann. Fuld.); V öfters; VIII, 334 (Sigeb. chron.), 559 (annalista Saxo); Pd. a. 747 (n. 590).
Styrmi Schn. a. 765.
Sturmi wird, wenn man nicht grade an mythologische anschauungen anknüpfen will, zur älteren bedeutung des wortes (motus tumultus) gehören.
Sturolf. 8. Laur. sec. 8 (n. 876, 1810); vgl. Stiuri.
Suab- s. SWAB. **Suan-** s. SWAN.

SUBAR. Ahd. sûbar, nhd. sauber, purus, castus, sobrius.

Subar. Gld. II, a, 108.
Subarenzo. 8. Laur. sec. 8 (n. 193).
Suberenzo Laur. sec. 8 u. 9 (n. 427, 2243).
Suburenzio Laur. sec. 9 (n. 774).
Suburenzo Laur. sec. 9 (n. 512).

Subdobert. 8. P. I, 6 (ann. S. Amandi); ist nur eine entstellte form von Suidbert; s. SWIND.
Subo. 8. Paul. diac. VI, 38.
Sudo. 10. Frek.
Suefher s. Swefher. **Sueid-** s. Sweid-.
Sueno s. SWAN. **Suerid, Suester** s. Sw-.
Suid-, Suind- s. SWIND.
Sulach. 8. Laur. sec. 8 (n. 1517).
Sulbo. 9. Schn. a. 812.
Suldus s. Sigisvulthus.
Sullo. 9. Dr. n. 356.
Sulman s. Suluman.
Suluman. 8. Mchb. sec. 9 (n. 404) neben Sulman.
Sulman Laur. sec. 8 (n. 2442, 3228).
Sumar. 8. Laur. sec. 8 (n. 2292); Ng. a. 814, 818, 819.
Ng. a. 858 sind Wintar und Sumar brüder, woraus die etymologie dieser namen (in bezug auf Wintar jedoch nur für diese stelle; vgl. Winithar) hervorgeht.
Nhd. Sommer.
Sumo s. SOM. **Sumthahar, Sumthulf** s. SUND. **Sumuni** s. SOM.

SUND, SUNDAR. Im allgemeinen gehören die folgenden n. eben so gut zu sund meridies, wie die mit Nord-, West-, Aust- beginnenden zu den drei andern weltgegenden. Zu dem adverb suntar (sonder) möchte ich unsere formen wegen mangelnder analogie nicht setzen

und weiche daher von Weinhold ab, wenn er (die deutschen frauen s. 16) Sundarhilt durch sonderkampf (zweikampf) deutet. Dass ich Sumthahar und Sumthulf hieher stelle, geschieht in übereinstimmung mit Grimm, der gr. II, 477 und auch in Haupts ztschr. III, 147 Sumth- als echte form ansieht, aus der sich Sund- erst entwickelt habe.

I. Einfaches SUND.

Sundo. Gld. II, a, 118.

Sunzo. 9. P. I, 52 (ann. Alam., ann. Laubac.), 601, 603 (Regin. chron.), Schn. a. 804; necr. Fuld. a. 1040; vgl. Sundarolt.

Suntgis. 8. Laur. sec. 8 u. 9 (n. 564, 897); Dr. a. 841 (n. 535; Schn. ebds.).

Sunthagdis, fem. 9. Pol. R. s. 68.

Suntharđ. 8. Pol. R. s. 66, 68.
Sundhart Mchb. sec. 9 (n. 349).
Sunthart Mchb. sec. 8 (n. 109).

Sumthahar. 7. Test. Erm.
Sunthari St. P.; Wg. tr. C. 40.
Sunthar pol. R. s. 72.
Sunther pol. R. s. 67, 68 etc.

Sunthildis, fem. 9. Pol. R. s. 73, 77; pol. Irm. s. 248, 249.
Sundhilt Schn. a. 796.

Sundolt. 9. St. P.

Sumthulf. 7. Test. Erm.
Suntulf conc. Tolet. a. 688.

Erweiterung von SUND durch -l:

Sundalbert. 8. Schn. a. 791.

II. Erweitertes SUNDAR.

Sundrabert. 8. P. VI, 87 (chron. Median. monast.) var. Sinidrabert und Simdrabert.

Sundarger. 8. St. P.
Sundargaer St. P.
Sundarcaer St. P.

Sundarhari. 8. Mchb. sec. 8 (n. 95).
Sundarheri Mchb. sec. 8 (n. 16 etc.); St. P.
Sundarhere M. B. a. 762, 790 (VIII).

Sundarhilt, fem. 10. Mchb. sec. 10 (n. 993).

Sundarmar. 9. St. P.

Sundarni, fem. 9. St. P.

Sundirhrat (so). 9. St. P.

Sundarolt. 9. Erzb. v. Mainz sec. 9.
Sundarolt Schn. a. 806 (Dr. ebds. Sundarolf).
Sunderold P. II, 241 (ann. Wirzib.); V, 51 (ann. Weissemb.); VII, 3 (ann. Ottenbur.), 552 (Marian. Scot. chron.).
Sunderolt P. I, 68 (ann. Augiens.); V, 50 (ann. Hildesh.), 51 (Lamberti ann.); VII, 110 (Herim. Aug. chron.); VIII öfters.
Sunderald P. VI, 763 (Thangmar. vit. Bernwardi).
Sundrold P. IX, 301 (Ad. Brem.).
Sundrolt P. II, 674 (translat. S. Alex.).
Senderold für Sunderold conc. Worm. a. 890.
Sunzo für Sunderold P. V, 3 (ann. Corbej.); VIII öfters.

Sundarolf. 8. Schn. a. 791; Dr. a. 806 (n. 230; Schn. ebds. Sundarolt).
Sundrolf tr. W. a. 786 (n. 206); Schn. a. 796, 804.

Sunhilt s. SUNN.

Sunhivad. 5. Cassiod. III, 13; verderbt?

SUNI.

Ich wage es hier einige formen mit der vermuthung zu vereinen, dass sie zu goth. sunis verus, sunja veritas u. s. w. gehören, bemerke aber, dass die scheidung dieser formen von den zu suona judicium und sunna sol gehörenden nur unsicher ist.

Sunicho zu schliessen aus o. n. Sunihinga.

Sunichilo zu schliessen aus a. o. Sunichileudorf.

Sunila. 5. Goth. geistlicher.
Sunila Hieron.; Sm. (var. Sonila).
Sunnila (var. Sumila), ep. Vesens.; conc. Tolet. a. 589.

Sunilo, fem. 8. Sm.

Sunin. 8. Ng. a. 802.

Sunjaifrithas. 6. Sunjaifriþas steht in den unterschriften der bekannten neapolit. urk. v. 551, während der lat. text Suniefridus hat; vgl. dazu die anm. in Massmanns ausgabe. Aeltere herausgeber hatten Suinefredus und Uinjaifrithas, was noch Grimm gr. II, 979 zur ansetzung eines verbums vinjan benutzte. Vgl. auch Marinis anmerk. s. 348.
Soniofred Lgd. a. 850 (n. 75).
Suniefrid Lgd. a. 888 (I, n. 112).
Suniefred (b. v. Narbonne) conc. Tolet. a. 683, 688.
Suuifred Mab. a. 803.
Suuicfred und Huuicfred (so) Mab. und Lgd. a. 821.

Sungart, fem. 9. Laur. sec. 9 (n. 2567).
Suniar. 8. Lgd. a. 855, 875 (I, n. 79, 101).
Soniar Lgd. a. 904 (II, n. 30).
Sunher Laur. sec. 8 (n. 410).
Suner Laur. sec. 10 (n. 1359).
Sunehildis, fem. 9. Pol. R. s. 55, 73.
Suniemir. 7. Conc. Tolet. a. 688.
Suniered. 8. B. v. Toledo. E. s. V.
Sunierícus. 5. Westgothe. Isidor.; Idat. a. 459 etc.
Suniaguisid. 7. Ep. Laniobrens. (Spanien) conc. Tolet. a. 693. Verderbte lesart.

SUNN. Zu sunna sol mögen die folgenden formen gehören; doch liegen die unter SON und die unter SUNI vereinten n. so nahe, dass eine verwechselung dieser stämme unvermeidlich ist.
Sunno. 4. Frankenfürst sec. 4.
Sunno P. I, 282 (chron. Moissiac.); V, 30 (ann. Quedlinb.); VIII öfters; Greg. Tur. II, 9; gest. regg. Franc.
Sunna (msc.) E. s. VI, 392 (Joh. Biclar.).
Sunnone als acc. P. I, 283 (chron. Moissiac.).
Sonno für Sunno Claudian. de laud. Stilich.
Suno Laur. sec. 8 (n. 2605).
Sono P. II, 311 (dom. Carol. geneal.).
Sunna, fem. 7. Abl. Sunnine test. Erm.
Sunane (abl.) K. a. 764 (n. 9).
Sunnigisil. 6. Greg. Tur. X, 19.
Sunnegisil Greg. Tur. IX, 38.
Sunnihilt, fem. 7.
Sunnihilt tr. W. sec. 8 u. 9 (n. 67); Mchb. sec. 9 (n. 666); Dr. sec. 9 (n. 137).
Sunnechildis test. Erm.
Sunhilt Gld. II, a, 128.
Sunvildus (msc.) Lgd. a. 854 (I, n. 78).
Sunnarct. 7. Pd. a. 627 (n. 241); verderbt, etwa aus Sunnarit?
Sunnold. 9. Lgd. a. 854 (I, n. 78); für Sunnold?
Sunnoveifa, fem. 6. Pd. a. 583 (n. 118); ebds. n. 119 Sonnoveifa.
Sunnulf. 7. Test. Erm.

Suno s. Sunno.
Sunolt. 9. Schn. a. 825 (Dr. ebds. n. 459 wol richtiger Rinolt).
Sunzo s. SUND. **Suol, Suolista** s. SOL. **Suomarius, Suomolf, Suomrat** s. SOM. **Suongarta, Suonger** s. SON.
Suoshilt, fem. 10. Dr. n. 693.
Suoto. 9. St. P.
Suppo. 8. P. I, 209, 212, 213 (Einh. ann.); II, 623 (vit. Hlud. imp.); III, 529, 532 (Kar. II capit.); VI, 197 (panegyr. Bereng.); Mab. a. 872; conc. Ticin. a. 876; Lp. a. 919 (II, 114).
Suppus P. VII, 472 (ann. Romani).
Supo Mchb. sec. 9 (n. 325, 576).
Sobbo P. VI, 64 (Folcuin. gest. abb. Lobiens.).
Liegt in diesem n. eine einfachere gestalt von SUBAR?
Suselin. Gld. II, a, 108.
Suso. 9. Wg. tr. C. 244.
O. n. Susenhoven.
Susuhagdis s. SIS.
Suto. 10. Ng. a. 976.
Sutterícus. 7. Conc. Tolet. a. 653.
Suwendi (so, nom.). 11. Hf. sec. 11 (II, 332).
Suzo. 9. Ng. a. 851.
Suzzo Ng. a. 887.

SWAB. Zum v. n. Swab; deshalb vorzüglich in den an Schwaben grenzenden mundarten, der bairischen und fränkischen gebräuchlich, wogegen in den trad. Corb. ohne beispiel. Endend hierauf sind Altswab, Adalswab und Erchanswap (9).
Suabo. 8. Pd. a. 735 (n. 556; Ng. u. K. ebds.).
Suab K. a. 802 (n. 53; Ng. ebds.); necr. Fuld. a. 891.
Suuabo Ng. a. 798.
Suap St. P.
Swap K. a. 843 (n. 107; Ng. ebds.); St. P.
Subo Ng. a. 851 hieher? vgl. Suppo.
Nhd. Schwab, Schwabe.
Suabilo. 8. P. V, 259 (Erchemp. hist. Langob.); IX, 604 (chron. mon. Casin.); Ng. a. 797, 827; K. c. a. 816 (n. 75), 827 (n. 91).
Suapilo Mchb. sec. 8 (n. 26).
Suavilus P. V, 540 (chron. Salern.).
Nhd. Schwäble.
Swabin, msc. u. fem. 8. Gld. II, a, 128.
Suabin Laur. sec. 8 (n. 496).

Swapin Mchb. sec. 9 (n. 599).
Suapin St. P.
Swabinc. Gld. II, a, 108.
Swabizho. Gld. II, a, 108.
Suapold. 9. St. P., = Suab-bald oder = Suabwald?
Swabperaht. 8. Dr. a. 806 (n. 237; Schn. ebds. Suvaberaht); Schn. a. 807.
Suabpraht Dr. a. 841 (n. 532; Schn. ebds. Suppraht).
Swaperaht Schn. a. 822.
Swaberaht Schn. a. 807.
Swaberath Schn. a. 822.
Swabraht Schn. a. 807, 838.
Suabreth Laur. sec. 8 (n. 2424).
Swabger. 9. Schn. a. 822.
Suabgast. 9. Schn. a. 836.
Suaphart. 9. St. P.
Suabheri. 9. K. a. 802 (n. 53; Schn. ebds.).
Suafhere Ms. a. 1096 (n. 45).
Swabahilt, fem. 8. Schn. a. 811 (Dr. ebds. n. 254 Swabhilt).
Suabhildis tr. W. a. 774 (n. 178).
Suabchilda tr. W. a. 774 (n. 53).
Suaprod. 8. St. P.
Suabalah. 8. K. a. 802 (n. 55).
Suabolach Laur. sec. 8 (n. 580, 582).
Svavarich. 7. D. Ch. I, 790.
Soaberich Pd. a. 696 (n. 435; Mab. ebds.).
Suabrito. 8. Schpf. a. 795 (n. 70).
Swabolt u. Suabolt Gld. II, a, 108.
Swabholt Gld. II, a, 128.
Suabolf. 8. Tr. W. a. 767 (n. 132); Schn. a. 821.
Suabulff Ng. a. 828.
Suabulcd (so). 8. Laur. a. 787 (n. 13); wol verderbt.

Suadimia, fem. 9. Pol. R. s. 16.

SWAID. Grimm gr. II, 45 hat unter n. 505 ein verbum sveidan, svaid, svidun, (ardere) vermuthet, zu welchem die folgenden formen gut stimmen würden. Vgl. SWED.

Sweiding. 8. Tr. W. a. 812 (n. 182).
Sueidinc Laur. sec. 8 (n. 1265).
Suueidinc tr, W, a, 800 (n. 30).
Suaipert. Gld. II, a, 118.
Suaidemund. 8. Tr. W. a. 742 (n. 7 u. Pd. nchtr. n. 70).
Sueidmund tr. W. a. 712, 800 (n. 30, 150 u. Pd. nchtr. n. 21) eben Sueidmunt.
Sueidolt. 8. Laur. sec. 8 (n. 1326).
Sueidolf. Gld. II, a, 108.

SWAL. Ich weiss nicht, ob diese n. näher zu ahd. suelên ardere, oder zu ahd. suellan tumere gehören, ob also der begriff der wärme oder der der grösse ihnen zu grunde liegt.

Swala, fem. 9. Wg. tr. C. 321, 409 (gen. Swale).
Swolinzo. Gld. II, a, 108; hieher?
Swallehart. 9. Schn. a. 824 (Dr. ebds. n. 450 Snelhart).

SWAN. Ich rechne die folgenden n. im ganzen mit ziemlicher sicherheit zu ahd. suan schwan, doch sind berührungen mit denjenigen formen, die ich unter SON vereint habe, unvermeidlich. Auch die stämme SUNI und SUNN sind nicht immer ganz mit entschiedenheit von unsern formen zu scheiden.

Sueno, zt. unbest.; necr. Aug.; hieher?
Soana, fem. 9. Mchb. sec. 9 (n. 562).
Suanucho. 8. Schn. a. 798.
Swanago Schn. a. 876.
Nhd. Schwanecke, Schwänecke, Schwank, Schwanke, Schwannecke, Schwencke, Schwenecke, Schwenk, Schwenke, Schwönicke.
O. n. Swanichendorf.
Suanikin. 11. Ms. a. 1049 (n. 21).
Suanila. 7. Ep. Oretan. Conc. Tolet. a. 633, 636, 638.
Suanabald. 8. Laur. mehrm.
Swanabold Gld. II, a, 128.
Swanupraht. 8. Schn. a. 801.
Soamperht Mchb. sec. 8 u. 9 (n. 195, 368).
Soanperht Mchb. sec. 8 u. 9 (n. 250, 322).
Swomperht Mchb. sec. 9 (n. 423).
Suamperht Mchb. sec. 8 u. 9 (n. 116, 541).
Die formen Soamperht, Suamperht und Somperht neben einander M. B. a. 802 (IX).
Swanebergh, fem. 9. Wg. tr. C. 205.

Swanaburc, fem. 8. K. a. 843 (n. 109 Ng. ebds.).
Suanaburg Lc. a. 1054 (n. 190).
Swaneburg Ms. a. 1096 (n. 44).
Suaneburc Ng. a. 941.
Suanburc, Suanabruc, Swanburc Gld. II, a, 128.
Soanpurc Mchb sec. 9 (n. 310, 562).
Sueneburg Laur. sec. 8 (n. 2601).
Swaburc und Suanaburc (so) Gld. II, a, 128 hieher?
Swanager. 9. Dr. c. a. 840 (n. 538); K. a. 861 (n. 136; Ng. ebds.).
Nhd. Schwaniger. Schwaninger.
Swanagarda, fem. 8. Schn. a. 800.
Swanagart Schn. a. 800.
Swanegard Wg. tr. C. 228.
Suangart neben Suantgart Laur. n. 2221.
Suanehard. 9. Laur. sec. 9 (n. 3158).
Swanahilda, fem. 6. Tochter d. Baiernhzgs. Grimoald, gattin Karl Martells.
Swanahilda P. I, 135 (Einh. ann.); Mchb. sec. 9 (n. 716).
Swanahilta Mchb. sec. 9 (n. 623, 684 etc.).
Suanihild St. P. zwml.
Suanihilt Ng. a. 837; St. P. zwml.
Svanichildis A. S. Jan. II.
Suanailta Ng. a. 786.
Swanahilt Mchb. sec. 9 (n. 297); Ng. a. 808; St. P. öfters.
Suanahildis P. VIII, 158 (Ekkeh. chron. univ.).
Suanahilda P. VI, 448 (transl. sangu. dom.).
Suanahilt St. P. mehrm.; R. a. 821 (n. 21).
Svanihildis Lc. a. 1085 (n. 235).
Suanihilda P. VIII, 123 (Ekkeh. chron. univers.).
Swanihilt St. P.
Suanichilt St. P.
Swanehild Wg. tr. C. 376.
Suanehilt necr. Aug.
Suanehildis P. VIII, 691 (annalista Saxo).
Suanehilda P. VIII öfters; Lc. a. 1054 (n. 190).
Sueneheldis (so) Lc. a. 1073 (n. 217).
Suenehilt Laur. sec. 9 (n. 798).
Svenehilda Hf. sec. 11 (II, 331).
Swonehild P. V, 839 (Thietmari chron.).
Svanielh Jorn hieher (s. Grimm gesch. d. dtsch. spr. 298), desgl. Svavilda (Sax. gramm.; s. ebds.).
Altn. Svanhildr.
Swanaloug, fem. 10. Schn. a. 952.
Suaneloug Dr. sec. 10 (n. 693).
Altn. Svanlaug.
Suamunt. Bei Gr. II, 814 mit einem fragezeichen; steht es für Suaumunt? wahrscheinlich hat Gr. die form nur aus o. n. Suamundiga geschlossen.

Suap- s. SWAB.

SWAR.

Zu ahd. suâri gravis; doch nehme ich an, dass in den n. noch die bedeutung des goth. svêrs honoratus erhalten ist.

Suaring. 8. Laur. sec. 8 (n. 289, 293).
Suarinc Laur. sec. 8 (n. 3575).
Suering Laur. sec. 8 (n. 675).
Swarlind, fem. 9. Schn. a. 845.
Swarnagal. 8. St. P.
Swarnagol St. P.

SWARZ.

Ahd. swarz niger.

Suartuas. 6. Σουαρτούας Proc.
Grimm gesch. d. dtsch. spr. 472: Procop. de b. goth. II, 15, IV, 25 führt einen vornehmen Heruler Σουαρτούας an, dessen name dem der Suardonen begegnet, man billige die gegebene deutung des worts, oder finde darin ein uraltes svardas, goth. svarts, ags. sveart, altn. svartr niger, wozu der mythische Surtr verglichen werden könnte.
Swarzalah. 9. Dr. c. a. 860 (n. 570; Schn. ebds. Swarzaloh).
Suarzolah Laur. sec. 9 (n. 474).
Suarzlah Laur. mehrm.
Swarzilah Gld. II, a, 108.

Anm. Die drei sprachlich verschiedenen n. Swarzalah, Swarzaloh und Swarzolh gehen so in einander über, dass sie historisch nur einen bilden.

Swarzaloh. 8. Schn. a. 804 u. c. a. 860.
Swarzoloh Schn. a. 819.
Swarzloh R. a. 829 (n. 24).
Suarzloh Laur. sec. 8 (n. 513).
Soaczloh Laur. sec. 8 (n. 453) viell. Soarzloh zu lesen?
Swarzman. 9. Schn. a. 811.
Swartzman Schn. a. 803, 815 (Dr. an letzterer stelle Swarzman).

Suarzman (var. Suarzmant) Sm.
Nhd. Schwarzmann.
Swarzolch. 8. Mchb. sec. 8 (n. 36).
Swarzolh St. P.; Mchb. sec. 9 (n. 354, 360).
Svarzoch Mchb. sec. 8 (n. 142) für Svarzolch?
Swarzolf. 9. M. B. c. a. 800 (VI).
Suarzolf Laur. sec. 9 (n. 2697).

Swasthrud, fem. 9. Tr. W. a. 808 (n. 19).
Swaterloh. 10. P. IV, B, 171 (synod. Baioar. sec. X); R. a. 932 (n. 101).

SWED. Gehören die folgenden n. viell. zu ahd. swedan cremare, sweda nidor? vergl. auch SWAID.
Swedilhho. 9. P. XI, 232 (urk. v. 808 im chron. Benedictobur.); M. B. sec. 9 (VII).
Swedin zu schliessen aus o. n. Swedinisperg.
Sweding. 8. Schn. a. 793 (Dr. ebds. Sweiding).
Swedilt, fem. 9. St. P.

Swefher. 8. Schn. a. 785.
Suefher Schn. a. 785.
Swiefher (so) Schn. a. 800 (Dr. ebds. Sweifher).
Sweifher (so) Schn. a. 803.
Wahrscheinlich zu ahd. suifan, nhd. schweifen.
Sweid- s. SWAID. **Sweifher** s. Swefher.
Suelman. 9. Laur. sec. 9 (n. 265); falsch für Snelman?
Sueneburg, Suenehilt s. SWAN.
Suerid (us). 4. Amm. Marc.
Nhd. Schwerdt.
Ahd. suert gladius.
Suering s. SWAR.
Suester, fem. 9. Mchb. sec. 9 (n. 294).
Sustar Ms. a. 1049 (n. 21).
Ahd. suestar soror.
Suicger, Suicher s. SWIND. **Suid-** s. SWIND.
Suiffer. 8. Laur. sec. 8 (n. 1236); wol zu Swefher.
Swih, fem. Gld. II, a, 128.
Suin. Gld. II, a, 108. Für Swint?

SWIND. Im allgemeinen gehören die folgenden n. gewiss zu ahd. suind violentus, asper. Die häufig vorkommende form suid führe ich hier an, obgleich es sich nicht verhehlen lässt, dass sie vielleicht zuweilen eines andern ursprungs ist; wenigstens möchte ich nicht in allen fällen das n als nach alts. und ags. weise ausgefallen ansehn; sollte vielleicht zuweilen an suid strages, exitium zu denken sein? Einige n., die mit Sund- beginnen, können eben so gut hieher als zu SUND gehören. Dass die auf unsern stamm auslautenden n. nicht von denen auf SIND genau zu scheiden seien, habe ich schon oben unter SIND angeführt. Es folgen deshalb hier nur diejenigen 96 formen, die sicher auf SWIND auslauten; sie sind fast alle feminina; als msc. bemerke ich höchstens Eburswind und Reccesvinth.

Ekkiswint 8.
Einswid.
Alasuind 10.
Alahswinda 8.
Altaswind 8.
Alfsuind 6.
Elisuind 9.
Ellanswind 8.
Amalasuintha 5.
Angilsuinda 8.
Ansoindis? 9.
Arasuuind 9.
Aransuind 8.
Adsuit 9.
Adalsuuind 8.
Autsuindis 8.
Baldsuind 8.
Berswinda 8.
Berinsuith 8.
Berahtswind 8.
Biliswinda 8.
Bleonswinda 8.
Burgsuind 8.
Chindasvinth 7.
Cunniswind 9.
Tagaswind 8.
Teorswint 9.
Dunsuint 9.
Eburswind 8.
Ercansuint 8.
Erisuit?
Erlsuind 8.
Fahswind 8.
Ferthesuth.
Frauswinda 9.
Folcswind 8.
Gailswindis 6.
Gerswindis 8.
Gozswint 10.
Goisuintha 6.
Gisalsuind 8.
Gomoswind 8.
Guntaswind 6.
Heilswind 8.
Heilachsuind 9.
Helsuint 8.
Hansuind 8.
Heriswind 8.
Helnsuind 9.
Helmsuind 8.
Hildisuint 8.
Chlodesuinda 6.
Hoswith..
Ruocswint 11.
Hrotsuitha 8.
Hutswind 8.
Hugiswint 9.
Hunswind 8.
Irminswinda 8.
Landswinda 8.
Lehswind 8.
Liubsuint 7.
Liudsuind 8.
Lungwinda? 8.
Megnswind 8.
Maginsuuinda 8.
Mahtsuint 8.
Mansuith 9.
Meriswind 8.
Maerksuit 9.
Mathasuenta 6.
Metensuind 8.
Minsuind 8.
Muotswind 8.
Muniswind.
Neriswint 9.
Nortsuinda 9.
Odalsuind 8.
Ratswinda 8.
Raginswinda 7.
Ransoidis? 9.
Reccesvinth 7.
Richswind 8.
Rimiswind 8.
Dasovinda? 6.
Thancswint 9.
Diotswind 8.
Waltaswind 7.
Weltiuswind 9.
Wentelswind 8.
Werinsuinth 9.
Witswind 8.
Wicswint 9.
Williswind 8.
Winisuind 8.
Wolfswind 8.

Suint. 9. Mchb. sec. 9 (n. 842).
Suuind (fem.) Dr. a. 850 (n. 559; Schn. ebds.).

Nhd. Schwend, Schwindt.
Suithiko. 10. Frek.
Suitthiko Frek.
Svinthila. 6. Westgothenkönig sec. 7.
Svinthila neben Svintila auf münzen.
Suiuthila Isid. Hispal.; E. s. VI, 432; Jorn. 29.
Suentilo Schn. a. 817.
Sentila für Suintila gest. Dagobert. I; bei Fredegar Sintila und Senzila.
Cintelanus für Suinthila A. S. April I.
Suitilau (nom.) P. VIII, 324 (Sigebert. chron.).
Suinthilani (gen.) E. s. V, 4.9.
Suintilane (abl.) P VIII, 324 (Sigebert. chron.).
O. n. Swindilibach.
Suidun, zt. unbest., necr. Aug.
Swidunc. 9. St. P.
Suidunc St. P.
Suitbadu. 9. Wg. tr. C. 328.
Suidebold. 9. P. V, 69 (ann. Quedlinb.).
Suitbald necr. Fuld. a. 855.
Suitbold Wg. tr. C. 361.
Swindpret. 8. Gld. II, a, 108.
Suidbert Lc. a. 877, 888 (n. 71, 77).
Suwidbert Ng. a. 819.
Suitpert Lc. a. 1051 (n. 185).
Sointbert pol. Irm. s. 29.
Hiezu auch wol die formen:
Suinperaht Dr. a. 863 (n. 584; Schn. ebendas. Swinderaht).
Swinperat Schn. a. 776.
Sawinpreht (so) Ng. a. 805.
Swinbert K. a. 805 (n. 59).
Vgl. auch Subdobert.
O. n. Suitberti insula.
Swidbot. 9. Schn. a. 800, 811.
Suidpot Schn. a. 800.
Suitbot Schn. a 812, 817.
Suibot Schn. a. 817 (Dr. ebds. n. 329 Suuitbot).
Swidpuruc, fem. 8. Mchb. sec. 8 (n. 103).
Swidburg Dr. a. 772; M. B. a. 806 (VIII).
Swidburga Schn. a. 814.
Swidburge M. B. a. 806 (VIII).
Suidburch C. M. Oct.
Swidpurc Mchb. sec. 9 (n. 341).
Suidpurc St. P.
Swidburc. Swidpurc, Swidburch, Suitparg Gld. II, a, 128.
Seintfrida, fem. 8. Pol. Irm. s. 31.

Swidaker. 8. Sec. 8: ostfränkischer graf; Sec. 11: b. v. Bamberg (aus einem sächs. hause), als pabst Clemens II.
Swidaker P. I, 90 (ann. Salisb.).
Swidiger P. XI, 498 (ann. Mellic.); necr. Fuld. a. 1011.
Suidiger P. VIII, 331 (Sigeb. chron.).
Svidiger K. a. 1045 (n. 226).
Suideger P. V, VIII öfters; IX, 264 (anon. Haserens.).
Swideger P. VI, 799 (Adalbert. vit. Heinr. II).
Suithger Lc. a. 927 (n. 87).
Suidger P. VI, 418 (Gerhard. vit. S. Oudalr.); VII, 345 (Bru.n. de bell. Saxon.); VIII, 555, 638 (annalista Saxo); IX, 330, 358 (Ad. Brem.); M. B. XIII (zt. unb.); St. P.; C. M. Nov.
Suitger P. V öfters; Wg. tr. C. 241, 248, 277, 360, 468; Laur. sec. 10 (n. 68); Lc. a. 1090 (n. 244).
Suidkaer St. P.
Suidker St. P.
Swidger P. I, 136 (ann. Lauriss.); II, 319 (Adon. chron.); Ng. a. 806, 826.
Swidker St. P. zwml.
Suitker necr. Aug.
Switger P. I, 99 (ann. Colon.); Wg. tr. C. 277, 442.
Switker St. P.
Swithger P. I, 137 (Einh. ann.).
Suihtger und Suwitker (so) Gld. II, a, 108.
Suicger P. V öfters; VIII, 656, 662 (annalista Saxo); Laur. sec. 8 (n. 3371); Gud. a. 1074.
Swichker Lc. a. 1082 (n. 232).
Suicher Laur. sec. 8 (n. 1667).
Svicker P. XI, 231 (chron. Benedictobur.).
Swigger Gud. a. 1048, 1074.
Suigger P. II, 244 (ann. Wirzib.); VIII, 214 (Ekkeh. chron. univers.), 728 (annalista Saxo).
Suiker necr. Aug.
Swiker M. B. XIV. 422.
Suiger P. V öfters; IX. 532 (chron. S. Andreae) Laur. sec. 9 (n. 382).
Hiezu viell. noch
Sutgar pol. Irm. s. 208.
Suger P. V öfters.
Swinger Schn. a. 805 (Dr. ebds. wirklich Suindger).
Suwitgar Ng. a. 822.
Suigaut. 9. P. III, 90 (Kar. M. capit.).

Swidhard. 8. St. P.
Swidhart St. P.
Suithard P. III, 90 (Kar. M. capit.); Wg. tr. C. 296, 460.
Swithard Wg. tr. C. 258, 349, 454; St. P. zwml.
Swithart St. P. zwml.
Suidh mit durchstrichenem dh bei St. P. ist wol nur abkürzung für Suidhart.

Swindheri. 7. Ep. Valentin. sec. 7.
Swindheri Mchb. sec. 9 (n. 606).
Swinther Laur. sec. 8 (n. 3346).
Suinterius conc. Tolet. a. 675.
Suither necr. Aug.
O. n. Sunterslevo.

Sointhad. 8. Pol. Irm. s. 26.

Sointhada, fem. 8. Pol. Irm. s. 27.

Sointhildis, fem. 8. Pol. Irm. s. 28.

Swidmot, fem. 8. Mchb. sec. 9 (n. 602, 631).
Suidmot St. P.
Swidmoat Mchb. sec. 8 (n. 281).
Swidmuot M. B. c. a. 970 (VIII).
Suidmuota Schn. a. 779.
Suidmuod St. P. drml.
Suidmuot St. P.
O. n. Swidmuotachiricha.

Suinderad. 8. Tr. W. a. 737 (n. 162).
O. n. Suinderadouilla.

Swidirih. Gld. II, a, 108.

Swendolf. Gld. II, a, 108.

Swiza, fem. Gld. II, a, 128.
Suiza C. M. April.

Swyricdac. 9. Wg. tr. C. 348; verderbt?

Syme. 9. Wg. tr. C. 271.

Syni s. SIN. **Syrivald** s. SIS.

T.

Zwei klassen von n. finden unter diesem buchstaben ihre stelle, diejenigen, welchen im Goth. ein Th und die, welchen ein T als anlaut zukommt. Es müssten daher consequent auch alle formen mit hochd. D und mit hochd. Z hier verzeichnet werden; da indessen für die mit Z anlautenden meistens die goth.-sächs. formen mit T nicht nachweisbar sind und da bei einer aufnahme der hochd. Z-formen unter T der gebrauch dieses wörterbuchs bedeutend erschwert werden würde, so habe ich mich entschlossen, die letzteren fast alle unter Z zu belassen. Dass auch die mit D anlautenden n. stets mit den im folgenden behandelten zu vergleichen sind, bedarf keiner weitern ausführung.

Unter den lautverhältnissen des T ist nächst seiner verwandschaft mit D und Z das wichtigste seine anwendung als einschub zwischen die beiden hälften eines zusammengesetzten namens. Dieser einschub des T (wofür zuweilen auch D steht) erfolgt namentlich, wenn der erste theil auf eine liquida endet und auch der zweite mit einer solchen anfängt, eine erscheinung, welche auch im Nhd. (wie auch im Griech.) sich in manchen beispielen zeigt. Von ihrer erkenntnis hängt die richtige beurtheilung nicht weniger n. ab. Ich gebe hier ein (noch keineswegs vollständiges) verzeichnis solcher formen.

Acledildis.	Ermedramnus.	Heiltwar?
Acledramnus.	Ermentar.	Horstwin?
Adaldmot.	Ermentelm.	Ingadrannus.
Agistulf?	Ermentildis.	Marcandrad.
Agledramna.	Ermentinga.	Perintger.
Agentelm.	Ermentramnus.	Raintard.
Amaldheid.	Fardulf?	Ragentelm.
Amaldricus.	Farthilt?	Ragentildis.
Amaltrannus.	Fartman?	Ragentland.
Anstrada?	Ferahtlind.	Raintlindis.
Anstrannus?	Fulcadramnus.	Regindat.
Berintildis.	Gaintildis.	Sigedramnus.
Domtrannus.	Geirtrannus.	Trostmar?
Ebertramnus.	Gerentisma.	Warmentildis.
Evertramna.	Germentrada.	Werenthilda.
Eintrat.	Gertrada.	Wictram.
Ercadramna.	Haimtrada.	Wiltramnus.
Ercantildis.	Heiltram.	Wonathild?

-t, suffix, s. -d. **Tabuke** s. DAB. **Tachipert, Tachiprand** s. DAG. **Tad-** s. TAT. **Tag-, Tahant** s. DAG.

Taido. 9. Lp. a. 806, 870, 959 (I, 646, 851; II, 247).

Taidoni (gen.) Lp. a. 904 (II, 34).

Tall- s. DAIL. **Tal-** s. DAL.

Talto. 7. P. II, 62 (Ratperti cas. S. Galli); K. a. 769 (n. 11; Ng. ebds.).

Tamard. 9. Pol. R. s. 36.

Tamburch, fem., zt. unbest. Necr. Aug.

Tammo. 10. Erzb. v. Magdeburg sec. 11.

Tammo P. VI, VIII öfters; Dr. a. 1056 (n. 754; fehlt bei Schn.).

Tamma (msc.) P. V, 441 (Widukind).

Tammus P. VI, 849 (Petr. Damian. vit. S. Romuald.).

Tamo P. IX, 33 (Joh. chron. Venet.).

Temmo P. IX, 649 (chron. mon. Casin.).

Tammo etc. öfters = Thancmar.

Nhd. Demme, Damm, Damme, Temm, Temme, Thamm.

Tamuzan. 9. Mchb. sec. 9 (n. 409); deutsch?

Tanc- s. THANC. **Tando** s. DAND.

Tanfana. fem. 1. (Tanfanae templum) Tac. ann. I, 50 etc. Ueber die etymologie dieses namens s. verschiedene meinungen bei Grimm mythol.; gesch. d. dtsch. spr. 232; Müllenhoff bei Haupt IX, 258 f.

Tanimund. 9. Ep. Suanens.; synod. Roman. a. 853. Etwa Tancmund?

Tanninc, Tanno s. DAN. **Tant-, Tanzo** s. DAND. **Tapizo** s. DAB. **Tara, Taragun** s. DAR.

TARC.

Nur mit dem anlaute T finde ich noch spuren von ags. deorc tenebrosus, derne occultus, dernan occultare, ahd. tarhnên, tarnjan dissimulare u. s. w. Der begriff der dunkeln farbe muss der älteste sein und der stamm ist somit dem SWARZ synonym.

Tarnink. 9. St. P.

Taranhart. Gld. II, a. 108.

Tarchinat. 8. Mchb. sec. 8 (n. 16).

Tarchanat Mchb. sec. 8 (n. 35).

Tarchnat Mchb. sec. 8 (n. 35).

Tardbern. Laur. n. 1304. Vgl. ags. darâd jaculum, telum, engl. dart. S. auch Tarit unter DAR.

Tarnink s. TARC. **Tarobert, Tarro, Tarut** s. DAR.

Tarsicia, fem. 7. P. II, 309 (dom. Carol. geneal.) var. Tharsitia. Deutsch?

Tarsitia A. S. Febr. I.

Tharsicia P. II, 313 (dom. Carol. geneal.).

TAS.

Ein sehr dunkler stamm. Wenn wir dabei an ags. tass acervus, congeries frugum oder an goth. ungatass ἄτακτος denken, müssen wir annehmen, dass die hochdeutsche lautverschiebung unterblieben ist.

Taso. 6. Langobardenführer sec. 6.

Taso P. IX, 581 (chron. mon. Casin.); Paul. diac. IV, 38 etc.; Fredegar.

Tasso K. c. a. 818 (n. 73; Ng. ebds.); necr. Aug.

Thasso Ng. a. 762.

Dasso Lp. a. 740 (I, 386).

Nhd. Daase, Dasse.

Tasia, fem. 8. P. V, 200 (chron. S. Bened.); IX, 585, 590, 594 (chron. mon. Casin.).

Tassia P. V, 702 f. (Bened. chron.).

Tassilo. 6. Baiernkg. sec. 6; Baiernhzg. sec. 8.

Tassilo P. I, 33 (ann. Lauresh.), 43 (ann. Guelferb.), 118 (ann. Lauriss.) etc.; II öfters; III, 127, 141 (Kar. M. capit.); V öfters; VI, 118 (Ademar. histor.); VII, VIII öfters; Paul. diac. IV, 7 etc.; St. P. zwml.; Ng. a. 761, 806; M. B. sec. 8 u. 9 (VII—IX, XI, XIII); Fredegar.

Tasilo P. III, 72 (Kar. M. capit.).

Thasilo P. II, 376 (vit. S. Sturmi).

Dassilo P. I, 118 (ann. Lauriss.).

Dasilo P. I, 33 (ann. Lauresh.). 43 (ann. Alam.), 75 (ann. Sangall.); V mehrm.

Tazzilo M. B. a. 760 (VII).

Tacilo Mab. a. 812.

Thessilo P. XI, 230 (chron Benedictobur.).

Tessilo P. XI, 214, 224 (chron. Benedictobur.); Ng. a. 790.

Tessulo und Tessalo M. B. a. 1077.

Dessilo P. I, 43 (ann. Nazar.).

Desilo P. II, 237 (ann. brev. Fuld.); V mehrm.; H. a. 909 (n. 136).

Nhd. Dassel.

Tassuni. Gr. V, 460.
Tasprand. 9. P. III, 253 (Hlud. et Hloth. capit.).
Tasrad. 9. P. II, 187 (ann. Gand.).
Dasovinda, fem. 6. Pd. a. 533 (n. 118). Dieselbe heisst Dasounda ebds. n. 119.

Zusammensetzung mit erweitertem stamm:
Tasselgard, msc. 10. P. V, 557 (chron. Salern.).

TASC. Kann ahd. tasca, altn. taska pera irgendwie zu n. verwandt werden?
Tasguni. 8. Mur. 1857, 7.
Tasculf. 8. Pd. a. 739 (n. 559); Mab. a. 805.

TAT. Uralte und weit verbreitete wörter dieser form mit der bedeutung vater führt in grosser zahl Diefenbach I, 81 an; zu ihnen mögen auch die folgenden n. meistentheils gehören. Uebrigens ist es sehr zweifelhaft, ob dem anlaute auf der goth. stufe wirklich immer tenuis und nicht auch häufig media gebühre, in welchem falle auch bei manchen formen an goth. dêds, ahd. mhd. tât, nhd. that opus, facinus, altn. dâd virtus, robur zu denken ist. Die überlieferten formen sind hier so schwankend, dass eine scheidung beider klassen nicht ausführbar ist, aus welchem grunde ich auch anlautendes Z ganz aus dem spiele lasse. Endlich entsteht eine schwierigkeit dadurch, dass die hier verzeichneten formen öfters nicht von den entartetsten gestalten von THIUDA zu scheiden sind.

Tatto. 6. Langobardenkg. sec. 6; b. v. Mailand sec. 9; b. v. Verdun sec. 9; markgraf d. Lausitz sec. 11.
Tatto P. I, 50 (ann. Alam.); II, 585 (vit. Hlud. imp.); VIII, 312 (Sigeb. chron.); necr. Aug.; M. B. a. 831 (XXXI); Wg. tr. C. 404.
Tato P. V, 217 (regg. et imper. catal.); VIII, 301 (Sigeb. chron.); IX, 581 (chron. mon. Casin.); Paul. diac. I, 20 f.; St. P. mehrm.; Ng. a. 817; Wg. tr. C. 243.
Tado P. I, 376 (ann. Fuld.), 461 (Hincm. Rem. ann.); VIII, 142, 144 (Ekkeh. chron. univers.); X, 104 (catal. archiepp. Mediol.); Wg. tr. C. 226, 233, 258, 260; Lp. sec. 10 oft.
Dado P. II, 274 (gest. abbat. Fontan.); III, 561 (Arnulf. capit.); V, 373, 376 (Flodoardi ann.); VI öfters; VII, 40 (ann. S. Benign. Divion.); IX, 35 (Joh. chron. Venet.); X, 356 (Hugon. chron.); gest. Dagoberti I; Pd. a. 632 (n. 255); Mab. a. 751; Wg. tr. C. 320; St. M. a. 887; H. a. 906 (n. 135) etc.
Dato Dr. sec. 10 (n. 673).
Daddo P. III, 426 (Kar. II capit.).
Datto Laur. sec. 8 u. 9 (n. 227, 265).
Dattus P. IX, 625, 652—654 (chron. mon. Cas.).
Datus P. II, 472 (Ermold. Nigell.).
Taato St. P.
Thado H. a. 863 (n. 99).
Thadan (pro filiis Thadan et ...) Wg. tr. C. 201.
Tatanem (acc. msc.) Cassiod. V, 28 var. Tanmem und Tocanem.
Dedo P. VII, VIII öfters; Laur. sec. 8 (n. 294); Wg. tr. C. 466.
Deddo Wg. tr. C. 226, 270, 291, 323.
Detto tr. W. a. 816 (n. 160).
Deto tr. W. a. 811 (n. 180).
Tedo H. a. 940 (n. 155).
Teto Mchb. sec. 8 (n. 21); Wg. tr. C. 248.
Tetto K. a. 897 (n. 172).
Tetdo P. IX, 438, 441 (gest. episc. Camerac.).
Tete (nom. msc.) Dr. a. 1056 (n. 754), 1069 (n. 764): beide urkk. fehlen bei Schn.
Dedus P. IX, 357 (Ad. Brem.).
Datheus M. a. 789 (n. 54) hieher?
Nhd. Daht, Date, Dathe, Dette, Tade, Thede.
O. n. Tatinse, Tattinchova, Tatunhusun, Tetinanc, Tetindorf, Tetinga, Tetenheim, Dettunwilari viell. hieher.

Tati. 8. St. P.; Hd. m. S. a. 898 (II, 13).
Dadi P. V, 436, 443 (Widukind).
Tadi P. V, 79 (ann. Quedlinb.); Wg. tr. C. 386; C. M. Dec.
Dedi P. V öfters; VI, 20 (ann. Laubiens.); VII, VIII oft; C. M. Jul.; Lc. a. 1068 (n. 210).
Deddi Wg. tr. C. 354, 434.
Teti Wg. tr. C. 448.
Tetti Mchb. sec. 9 oft (z. b. n. 352).
Deti P. II, 245 (ann. Wirzib.).
Daedi P. V öfters; Wg. tr. C. 17.

Tata, fem. 8. Dr. n. 357; St. P.
Dada P. X, 287 (Hugon. chron.); pol. R. s. 51.
Tade Wg. tr. C. 141.

Teta St. P. zwml.
Teda Laur. sec. 9 (n. 2174).
Deda pol. Irm. s. 79.
Dedda pol. Irm. s. 111, 237; St. M. a. 1006.
Detta Laur. sec. 9 (n. 2530).
Detda K. a. 873 (n. 147).
Tetta P. V, 761 (Thietm. chron.); VIII, 627 (annalista Saxo); Wg. tr. C. 323, 397; St. P. mehrm.; H. a. 926 (n. 146).
Theta Gld. II, a, 128.
Tette (fem.?) Wg. tr. C. 6 u. C. M. Sept. hieher?
Tettane tr. W. a. 737 (Pd. uchtr. u. 59).
Tadicus. 8. P. IX, 366 (Ad. Brem.).
Tadico P. IX, 381 (Ad. Brem.).
Tedicus pol. R. s. 57.
Tedecus pol. R. s. 43.
Dedic C. M. Mai.
Dettic P. II, 342 (vit. Bonif. a. 723) mit var. Dectic, Detta, Detic, Dethic.
Nhd. Taddach, Tatge.
Tadid. 9. Wg. tr. C. 481.
Tadilo. 8. P. V, 101 (ann. Hildesh.).
Tadilan (acc.) P. V, 79 (ann. Quedlinb.).
Tadil Wg. tr. C. 268.
Dadilo Laur. sec. 8 (n. 1740).
Nhd. Dedel, Taddel.
Tatili. 9. St. P.
Tatila, fem. 8. R. a. 821 (n. 21).
Dedila pol. Irm. s. 171.
Detula Gld. II, a, 121.
Dedela pol. R. s. 73.
Dedja pol. Irm. s. 139.
Dadolena, fem. 5. Pd. a. 475 (n. 49).
Dadan. 8. P. III, 16 (Karlom. capit.); IV, B, 46 (Bened. capit.); V, 449, 453 (Widukind).
Tadan Wg. tr. C. 92 (der n. ist hier accus.).
Dadin P. I, 142 (ann. Lauriss.).
Dadeno Guér. a. 882.
Dadi von derselben person mit Dadan gebraucht P. V. Vgl. oben Tadi.
Nhd. Tadden, Thadden, Theden.
Tattinc Gr. V, 381 und **Teting** ebds. hat Gr. wol nur aus o. n. Tattinchova u. Tetinga geschlossen.
Tazo. 8. P. X, 55 (Landulf. hist. Mediol.).
Tazzo St. P.; Mchb. sec. 9 (n. 441).
Tezo Ng. a. 757; Lc. a. 1045 (n. 181).
Nhd. Taatz, Teetz.

Tetzelin. 11. Lc. a. 1019 (n. 154).
Tecelyn H. a. 1090 (n. 291).
Tetbald. 9. B. v. Velletri sec. 10; b. v. Amiens sec. 10; ep. Castellanus sec. 11.
Tetbald P. II, 325 (Adon. contin.); V oft; VI, 128 (Ademar. histor.); IX, 65 (Rodulfi hist.); X, 359, 502 (Hugon. chron.); Guér. a. 1089.
Tedbald P. V oft.
Tetbold P. VI, 105 f. (Dudon. hist. Normann.); IX, 418 (gest. episc. Camerac.); pol. Fossat.
Tetbaud P. X, 361, 403 (Hugon. chron.); XI oft.
Tebald P. X, 286, 392, 479 (Hugon. chron.); pol Irm. s. 49 (sec. 11).
Tibolt pol. Irm. s. 50 (sec. 11).
Tebaud pol. Irm. s. 49, 50 (sec. 11).
Tadebert. 9. Pd. c. a. 570 (n. 177; unecht).
Tadpert Schpf. a. 784 (n. 60).
Tetbert P. II, 798 (Abbo de bell. Paris.); pol. R. s. 13, 16.
Thetpert Ng. a. 850.
Tebert P. X, 476 (Hugon. chron.).
Thepret Gld. II, a, 108.
Tetberga, fem. 9. Pol. R. s. 7.
Datberga pol. R. s. 63.
Vgl. auch Theotberga.
Tetfrid. 10. H. a. 909 (n. 136)
Tetger. 9. Pol. Irm. s. 207.
Tedgaud. 10. H. a. 926 (n. 146).
Tetgildis, fem. 9. Pol. R. s. 98.
Tetgis. 9. Pol. R. s. 8.
Teduaidis, fem. 9. Pol. R. s. 9.
Tethard. 9. B. v. Hildesheim sec. 10.
Tethard P. X, 361 (Hugon. chron.); Wg. tr. C. 466.
Tedard pol. R. s. 11.
Tedecharius. 8. Conc. Compendiens. a. 757.
Tether pol. R. s. 16.
Tethildis, fem. 9. Pol. R. s. 7, 105.
Tethild P. II, 389 (vit. S. Willehadi) mit var. Tethileis.
Tethildis und Thethildis Mab. öfters.
Tedrannus. 9. Pol. Irm. s. 199.
Dadramnus Gld. II, a, 114.
Tetlagius. 9. Pol. R. s. 16.
Theleic. Gld. II, a, 128.
Tetlannus. 9. Pol. R. s. 8.
Tetlindis, fem. 9. Pol. R. s. 7, 16.
Thelint Gld. II, a, 128.

Thathumer. 8. Tetmar b. v. Prag sec. 10.
Thathumer Lc. a. 799 (n. 14).
Tetmar P. III, 517 (Hlud. Germ. capit.); IX, 439 (cod. evangel. Camerac.); pol. R. s. 7.
Detmar St. P.
Dethmar P. V, 119 (ann. Prag.); XI öfters (Cosm. chron. Boem.).
Thetmaer P. III, 90 (Kar. M. capit.).
Tattimuth. 5. Ταττιμοὺϑ Procop.
Thetniu, fem. Gld. II, a, 128.
Tetrad. 9. Pol. R. s. 15, 16.
Theterat Gld. II, a, 128.
Tedrad pol. R. s. 8.
Tedrada, fem. 9. Pol. R. s. 8.
Tederich. 9. Conc. Rom. a. 1037 (ep. Orbinens.).
Thedric Wg. tr. C. 466.
Tehtrich Gld. II, a, 108.
Tetsinda, fem. 9. Pol. R. s. 16.
Tetsenna pol. R. s. 17.
Theetsind (so) Gld. II, a, 128.
Tetald. 9. Ep. Albanens. sec. 11. P. X, 29 (Arnulf. gest. archiepp. Mediol.).
Tedald P. X, 31 (Arnulf. gest. archiepp. Med.), 104 (catal. arch. Med.), 356 (Hugon. chron.).
Tedold pol. R. s. 10.
Thedald Lp. a. 830 (I, 679) viell. zu THIUDA, da sein vater hier Teopald heisst.
Hedald Lp. a. 1027 (II, 551) muss Tedald gelesen werden.
Tetward. 8. Wg. tr. C. 299.
Thetwart Gld. II, a, 128.
Dedoard pol. Irm. s. 79.
Tetwin. 8. P. IX. 439 (cod. evang. Camerac.).
Daduin pol. Irm. s. 251.
Dadois. 8. Pol. Irm. s. 202.
Thedulf. 9. P. II, 596 (Thegani vit. Hlud.); hieher auch wol Teulf.

Zusammensetzungen mit erweitertem stamm:
Datlefreda, fem. 8. Pol. Irm. s. 264.
Dadalcar. 8. Pol. Irm. s. 96.
Dedalgar M. B. a. 776 (VIII).
Tedelgys. A. S. Jan. II.
Tedelmar. 7. P. V, 167 (ann. S. Germani).
Dedalrich. 11. B. v. Passau sec. 11. A. S. Jan. I.
Tezlof (so) Gld. II, a, 108. Verderbt?

TAUG. Zu ahd. taugal, taugan, ags. deágol obscurus, secretus? vgl. der bedeutung wegen auch TARC.

Taugo zu schliessen aus o. n. Taugindorf und Tauginhaim.
Tauko Gr. V, 377.
Taugolf. 8. R. a. 778 (n. 5).
Thaugolf R. a. 787 (n. 6).
Tougolf P. VI, 449 (transl. sangu. dom.); K. a. 839 (n. 104; Ng. ebds).
Thougolof und Tuogolf Gld. II. a, 109.

Taunasis, fabelhafter Gothenheld bei Jorn.
Tavold s. DAU.
Teald. 11. P. X, 99 (Landulf. hist. Mediol.); St. M. a. 1092.
Theald P. X, 99 (Landulf. hist. Mediol.).
Ist das angebliche fem. Teolt pol. Irm. s. 49 (sec. 11) verderbt?
Tecla, fem. 8. P. II, 345, 355 (vit. S. Bonif); IX öfters; pol. R. s. 76; Mur. 1945, 10.
Thecla A S. Febr. III öfters.
Theacla Schpf. a. 828 (n. 89).
Die deutschheit dieses namens ist ungewiss. Pott p. n. s. 145 neigt dazu, ihn für griechisch zu halten.
Tecto. 9. Wg. tr. C. 260.
Teda, Tedelmar s. TAT. **Tegred** s. DAG.
Tehatrudis, fem. 8. K. a. 773 (n. 15).
Tehota s. THIUDA.
Tehwart. 9. Mchb. sec. 9 (n. 475).
Teias. 6. Gothenfeldherr. P. VIII, 317 (Sigeb. chron.).
Τεΐας Procop. und Agath.
Teia Marii chron.
Teiane (gen.) Pd. a. 627 (n. 241).
Teico s. Deiko. **Teila** s. DAIL.
Teino. 9. Schn. a. 822, 824.
Teisolf. 10. Lp. a. 909 (II, 70).
Tello s. DAL.
Temmar. 10. P. IX, 637 (chron. mon. Casin.).
Temmo s. Tammo. **-tena** s. DAN. **Tendee** s. DAND. **Tenebell, Teneolt, Tennared, Tenno** s. DAN. **Teor-** s. DIUR. **Teot-** s. THIUDA. **Tepizo** s. DAB. **Terbert** s. DAR. **Terbwin, Terfilo** s. DARB. **Ternod** s. DAR. **Terpiton** s. DARB. **Terra, Terrimar** s. DAR.

Tetaclinda, fem. 8. Pd. a. 744 (n. 579).
Tete, Tethilt, Teting, Tetta s. TAT.
Teuchold wol für Teuthold; s. THIUDA.
Teucla, fem. 8. Laur. sec. 8 (n. 2144).
Teud- s. THIUDA. **Teuriscus** s. DIUR.
Teut- s. THIUDA. **Teveristus** s. DIUR.
Tevit. 8. Mchb. sec. 9 (n. 141); deutsch?
Teuit St. P. viermal; R. a. 822 (n. 23).
Thevit R. a. 868 (n. 51).
Tezo s. TAT. **Thaganhard, Thahan** s. THEGAN.
Thalilo. 9. H. a. 865 (n. 102). Ist vielleicht Thasilo zu lesen?
Thaloard. 6. Langobardenführer. Fredegar.
Thanburgh, Thangrim etc. s. DAN.

THANC. Zu ahd. dankjan cogitare, wol aber nicht speciell zu dem davon abgeleiteten dank gratia gehörig. Wegen der bedeutung ist HUG zu vergleichen. Zeuss s. 89 stellt den n. Theuctula (fem.) bei Schn. n. 164, der vielleicht verderbt ist, zum v. n. Teucteri. Ueberhaupt können einige mit diesem v. n. gebildete p. n. in unser THANC übergegangen sein. Auslautendes THANC in folgenden 12 p. n.:

Filudauch 6.	Hunidanc 9.	Niffodenca 8.
Godedanc 8.	Imidanc 8.	Ricchitanc 6.
Hinadang 9.	Luitdanch.	Wilitanch 6.
Rudelthang 10.	Muatdanc 8.	Wolfdanc 8.

Thanco. 6. Wg. tr. C 358.
Thancho Gld. II, a, 108, 128.
Danco Laur. sec. 8 (n. 3247).
Dancho K. u. Ng. a. 785, 789, 813, 825.
Donchoni (so. genit.) K. c. a. 785 (n. 28).
Tancaue (abl. msc.) Cassiod. VIII, 28.
Tanco P. II, 45 (S. Otmari vita), 744 (gest. Kar. M.); Mab. a. 870; Wg. tr. C. 359; C. M. Dec.
Tanko C. M. Oct.
Tancho Ng. a. 821.
Danho Gld. II, a, 97.
Nhd. Dank, Denck, Denk, Denke. Denz.
Thenka, fem. 9. K. a. 861 (n. 136).
Tenca Dr. sec. 9 (n. 137).
Tancila, msc. 5. Goth. n. bei Cassiod. II, 35.
Tenchilo necr. Fuld. a. 838.
Danchilo St. P.
Denchilo Mchb. sec. 9 (n. 507); M. B. sec. 11 (VI).
Thenohilo Gld. II, a, 108 lese ich Thenchilo.

Nhd. Danckel, Dengel.
Thancal. 9. Wg. tr. C. 260. Ist der letzte theil des n. blosses suffix oder ein zweiter stamm?
Tancol Mur. 1962, 3.
Thenchila, fem. 9. St. P.
Tancala C. M. Oct.
Denchila R. a. 821 (n. 21).
Thanchini. 9. Tr. W. a. 840, 855 (n. 151, 156).
Danchinc. Gr. V, 169.
Thancbald. 9. Lc. a. 836, 838 (n. 51, 54).
Dancpald Mchb. sec. 9 (n. 610).
Thancbert. 9. Wg. tr. C. 328.
Thancpert Ng. a. 861.
Thancpret Ng. a. 949.
Tancpret K. a. 860 (n. 131).
Thangburg, fem. 9. Dr. a. 813 (n. 295; Schn. ebds. Thanburg).
Dangburg necr. Fuld. a. 1011.
Tangbruc necr. Fuld. a. 901.
Thaneburg Dr. n. 356 soll wol heissen Thancburg.
Danctag. 9. P. III, 90 (Kar. M. capit.).
Tancfrid. 10. Guér. a. 985 (appendix zum pol. Irm. s. 340).
Thencfrit Lc. a. 1033 (n. 169).
Thancger. 9. Wg. tr. C. 299.
Thangrim s. unter DAN; doch kann es auch für Thancgrim stehn.
Tanchard. 9. Wg. tr. C. 271, 345.
Nhd. Danckert, Denkert.
Thancheri. 9. Necr. Fuld. a. 850.
Danchari St. P.
Thanhherre (so) Gld. II, a, 108.
Nhd. Dencker.
Tanchilt, fem. 8. Gld. II, a, 128.
Thenchilt Schn. a. 793.
Danghilt Schn. a. 758.
Dangweip. 9. Wg. tr. C. 388.
Thanhlind, fem. 9. Gld. II, a, 108.
Danglind Schn. a. 838.
Dhancleob zu schliessen aus o. n. Dhancleobahaim.
Thancmar. 9. Sohn k. Heinrichs I sec. 10.
Thancmar P. V oft; VI, 284 (vit. Mahthildis regin.); Laur. sec. 10 (n. 532); C. M. Jul.
Tancmar P. VIII öfters; Wg. tr. C. 435.

Tangmar P. VIII öfters; Wg. tr. C. 174.
Thangmar P. V, 78 (ann. Quedlinb.) mit var. Thonginar; VI öfters; Wg. tr C. 146.
Thancmer Wg. tr. C. 335
Tancmer P. V, 56 (ann. Quedlinb.); Wg. tr. C. 313.
Dancmar P. I, 618 (contin. Regin.); K. a. 868 (n. 143).
Dangmar P. V, 101 (ann. Hildesh.).
Thanmar (so) P. IV, B, 171 (synod. Baioar. sec. X).

Es kommt für diesen n. auch Tamma, Thammo, Tommo oder Tammo vor, z. b. P. V, VIII.

O. n. Thancmaresfelden.

Thancharat, msc. u. fem. 8. Ng. a. 884.
Thankarat necr. Fuld. a. 996.
Tancharat Gld. II. a, 128.
Dancharat Ng. a. 802; Schn. a. 817.
Taucherat Gld. II, a, 128.
Thancrad Laur. sec. 10 (n. 78).
Thancrat Schn. a. 759.
Thankrad H. a. 963 (n. 176).
Thanchrat Laur. sec. 8 (n. 1850).
Tancrad P. I, 567 (Regin chron.); VIII, 574 (annalista Saxo); H. a. 762 (n. 45); Mab. a. 798; pol. R. s 43; Gud. a. 959.
Tancrat Laur. sec. 8 u. 10 (n. 532, 980); H. a. 926 (n. 146).
Tauchrat (var. Tancraht) Sm.
Dancrat Ng. a. 779; necr. Aug.
Tangrad H. a. 963 (n. 175); G. a. 967 (n. 20).
Thancred Wg. tr. C. 265, 318.
Tancred Wg. tr. C. 249, 265. An vielen andern stellen ist diese form als normännisch anzusehn.
Tancrid P. IX, 675 f. (chron. mon. Casin.) wol hieher.
Taincrad pol. R. s. 104 für Tancrad?
Danhrat Gld. II, a, 97.
Dunkrad Laur. sec. 8 (n. 187) wol hieher.
Altn. Thackrâdr.
O. n. Thancaradesheim.

Tancrada, fem. 9. Pol. R. s. 2.

Thancherih. 9. Gld. II, a, 108.
Thancrih Schn. a. 823.

Thancswint, fem. 9. Gud. a. 881.

Thancold. 9. Wg. tr. C. 229.
Thancolt Schn. a. 824.

Dancwar. 8. St. P.

Thangwardo. 10. P. VI, 248 ff. (transl. S. Epiphan.).
Tancward Wg. tr. C. 260, 273.
Tancwart P. IX, 249 (Gundechar. lib. pontif. Eichstet.).
Tangward P. IX, 367 (Ad. Brem.).
Nhd. Danckwarth, Dankwart, Dankworth.

Thanguuih. 9. Dr. a. 819 (n. 387; Schn. ebds. Thangwil).

Tanquin. 8. Laur. sec. 8 (n. 1413).

Thanculf. 7. Wg. tr. C. 471.
Thancolf P. I, 215 (Einh. ann.); Lc. a. 927 (n. 88).
Tanculf P. II, 629 (vit. Hlud. imp.); M. B. a. 832 (XXXI); conv. Clipiac. a. 6.9; pol. Irm. s. 37, 87 etc.; Wg. tr. C. 249.
Tanchulf Laur. sec. 8 (n. 2787).
Tancolf Ng a. 815.
Dancolf Laur. sec. 8 (n. 615); Ng. a. 806; G. sec. 10 (n. 31).
Thanchulf Dr. a. 765 (Schn. ebds. Thanculf).
Thancholf Gld. II, a, 108.
Dancholf necr. Aug.; Mchb. sec. 8 (n. 189).
Dangulf A. S. Jan. I.
Dangolf Laur. sec. 8 (n. 488).
Danckolf Laur. sec. 8 (n. 411).
Thankolf Laur. sec. 8 (n. 356).
Thangulf tr. W. a. 774 (n. 178).
Tangolf Pd. a. 740 (nchtr. n. 68); Schn. a. 815; St. P.
Dhancholf Gld. II, a, 97.
Danchof (so) St. P.

P. I, 215 (Einh. ann. 826) var. Tancolf, Thamcolf, Tanculf, Thangolf.

Zu diesem stamme gehört vielleicht noch:

Tanechilda, fem. 7. Test. Erm. Doch kann dieser n. auch den stamm DAN enthalten, bei dem auch Thanburg, Thanger und Thanwi aufgeführt sind, welche a. vielleicht hieher gehören.

Thanger, Thanwi s. DAN.

Tharmer. 8. Pd. a. 713 (n. 484; unecht).

Tharsicia s. Tarsicia.

Tharuila. 8. Wg. tr. C. 472.

Thassilo, Thasso s. TAS. **Theald** s. Teald.

THEGAN. Zu ahd. degan miles etc.; mangelnd bei Mab., Pd. und im pol. Irm. und pol. R.
Auslautend in:

Alptegan 8.	Arndegon 9.	Heridegan 9.
Antegan 9.	Cotesdegan 9.	Irmandegan 8.
		Sigidegnn 9.

Thegan. 8. Laur. sec. 8 (n. 424); H. c. a. 830 (n. 78).
Degano Ng. a. 775.
Degan P. II, 585 f. (Thegani vit. Hlud.).
Tegeno P. I, 100 (ann. Brunwil.); II, 216 (ann. Brunwil.); H. a. 1051 (n. 249).
Thahan Laur. sec. 8 (n. 772) wol hieher.
Nicht hieher, sondern zu DAG scheinen zu gehören die formen Dagano, Daganus (P. IX. 322) und Tageno.
Nhd. Deegen, Degen, Dein, Tegen, Thein.
Theginzo. 10. Ng. a. 963.
Theginzilin. 10. Ng. a. 947 (n. 727).
Theganbald. 8. Lc. a. 796 (n. 6 u. 7), 799 (n. 13); Schn. a. 827.
Theganbalt Laur. sec. 9 (n. 672).
Theganpold und Theginpold Gld. II, a. 108.
Teganbald Laur. sec. 9 (n. 445).
Deganbold Ng. a. 889.
Deganpolt Gld. II. a, 97.
Deganbot hat Gr. V, 121 wol nur aus dem index zu Schpf., wo Dheganbott verdruckt ist für Dheganbolt (a. 828 n. 89).
Theganger. 9. Tr. W. c. a. 811 (n. 191).
Theganhard. 8. Laur. sec. 9 (n. 374).
Theganhart Gld. II, a, 108.
Deganhart Laur. sec. 8 (n. 491).
Teganhart tr. W. a. 837 (n. 166).
Teginhart Ng. a. 853.
Deginhart M. B. sec. 11 (VI).
Thegenhart Ng. a. 896.
Tegenhart Ng. a. 854; necr. Aug.
Thaganhard Laur. sec. 9 (n. 788) wol hieher.
Nhd. Degenhard, Degenhardt, Deinert, Deinhard, Deinhardt, Teinert, Theinert.
Theganhar. 8. Schn. a. 841.
Theganheri necr. Fuld. a. 808.
Theganhere Gld. II, a, 108.
Theganher Schn. a. 803; Laur. sec. 9 (n. 2805).
Degenher Laur. sec. 8 (n. 2856).
Nhd. Degener, Tägener, Theiner.
Deganhilt, fem. Gld. II, a, 121.
Theganmar. 10. Gld. II, a, 108.
Deganmar Dr. n. 710.
Thegamar necr. Aug.
Theganmunt. 9 Schn. a. 804.
Theganrad 8 Lc. a. 799 (n. 11).
Deganolt. 8. Mchb. sec. 8 (n. 142).
Thegonald Ng. a. 761.
Theganolf. 9. Schn. a. 800, 803.
Theginolf Laur. sec. 8 (n. 1481).

Thailina s. DAIL.
Theigundis, fem. 7. Test. Erm. Ist etwa Thetgundis zu lesen?
Theit- s. THIUDA. **Theleic, Thelint** s. TAT.
Themarhilt, fem. 9. Schn. a. 839 (n. 443; K. ebds. n. 101; Dr. schreibt n. 523 Ebemarhilt). Grimm mythol. s. 394 denkt an ahd. demar crepusculum.
Thennant. Gld. II, a, 108; wol verderbt.
Thenot (so). 8. Laur. sec. 8 (n. 1637).
Theod-, Theot- s. THIUDA. **Theresindis** s. Tiersint unter DIUR. **Thersilo** s. Terfilo unter DARB.
Thetzona, fem. 8. Laur. sec. 8 (n. 920).
Thevit s. Tevit. **Thiemo** s. Timo.
Thienwih. Gld. II, a, 109. Verderbt?

THIH. Folgende n. stelle ich zu goth. þeihan, ags. þihan, ahd. dihan vigere pollere, welches wort sich auch vielleicht als zweiter theil in Engeldich (9) und Adeldech findet.
Thiche, Gr. V, 116, wol aus o. n. Thichunowa geschlossen.
Diho Gr. V, 116.
Tieco H. a. 926 (n. 146) hieher?
Nhd. Deich, Deick, Deicke, Dick, Dieck, Teige, Tieck, Tiecke, Tieke.
Thiha, fem. 8. Schn. a. 788.
Tichhan (so). 9. Mchb. sec. 9 (n. 596).
Thigburg, fem. C. M. Oct.
Dihotrud, fem. Gld. II, a, 121.
Ticwin. 9. Laur. sec. 9 (n. 992).
Thiholf. 8. Schn. a. 788.
Diholf Ng. a. 773; St. P.
Tiholf Mchb. sec. 9 (n. 562).

Thilo s. DIL.

THING. Man kann zweifeln, welche bedeutung diesem stamme in den n. beiwohnt. An ags. þing, nhd. ding, causa, res möchte ich dabei eben so wenig denken als an den sinn von concilium, conventus. Eher scheint ahd. dingjan sperare oder dingôn judicare zu passen. Auslautend finde ich den stamm in:

Everding 5.	Hiltiding 8.	Rimiding 9.
Haiuding 9.	Liuutinc.	Winiding 8.
		Wirding? 8.

Thingine, zeit unbest., necr. Aug.

Dinguni. 9. Mchb. sec. 9 (n. 189).

Thincperaht. 9. Schn. a. 804.

Dincfrid. 9. Mchb. sec. 9 (n. 629).

Thingund, fem. Gld. II, a, 128.

Dingund Gld. II, a, 121.

Thincheri. 8. Tr. W. a. 797 (n. 62).

Nhd. Dinger.

Dingmund. 8. Ng. a. 802.

Dincmund Ng. a. 802.

Dhingmunt Ng. a. 787.

Tingerat. 9. Schn. a. 841 (Dr. ebds. n. 534 Ungerat).

Tingrid. 9. Wg. tr. C. 448.

Tingold. 8. Ng. a. 761.

Tincolt Ng. a. 760.

Thingolt Ng. a. 831, 868.

Dingolt Gld. II, a, 98.

O. n. Dingelstidde wol hieher.

Dinguvin. 9. Schn. a. 801.

Dingwin Dr. a. 823 (n. 419; Schn. ebds.); Schn. schreibt daneben auch Dingruin.

Dingulf. 8. H. a. 929 (n. 152).

Dingolf Mchb. sec. 9 (n. 495); tr. W. c. a. 764 (n. 193).

Dincolf Gld. II, a, 98.

Tingulf Mab. a. 812.

O. n. Dingoluinga.

Thioba, fem. 10. Necr. Fuld. a. 947.

Thiod-, Thiot- s. THIUDA.

THIU. Jedenfalls mit dem goth. þius servus zusammenhangend. Grimm gesch. d. dtsch. spr. 540 scheidet -deus von -teus und stellt jenes zu tyr ahd. zio, dieses zu nord. þyr ahd. dio (servus). Dem princip nach jedenfalls richtig, ob dagegen auch practisch auszuführen, mindestens zweifelhaft. Sonst wird über die hiehergehörigen n. gehandelt bei Marini s. 348 und bei Massmann die goth. urkk. von Neapel und Arezzo (1837) s. 22.

Anlautend ist THIU, namentlich wenn muta folgte, fast ganz in THIUDA aufgegangen. Ich führe daher hier unten nur wenige formen an, von deren hiehergehören ich glaube überzeugt sein zu können, die andern, möglicherweise hieher zu stellenden s. bei THIUDA.

Auslautend begegnet THIU seit sec. 4, berührt sich indessen in der ältesten zeit mehrfach mit griech. $-\vartheta\varepsilon o\varsigma$. Ich verzeichne 72 formen, theils msc. theils fem.:

Agateus 8.	Flaccitheus 5.	Lopadeo 9.
Agathiu 9.	Frigedeo? 9.	Magodius? 11.
Acledeus 8.	Cartdiuha 8.	Malutheus 6.
Aganteus 8.	Gormenteus 8.	Maudio? 4.
Alatheus 4.	Gisledeus 8.	Mildeo? 9.
Electeus 8.	Gyslenteus 9.	Raganteus 8.
Aldadeus 8.	Gotadeo 8.	Revedeo 9.
Ellandeo 9.	Cotesthiu 8.	Rihdeo 9.
Angatheus.	Grimdeo 9.	Rimideo 8.
Augildeo 8.	Gomadeo.	Saxdei 9.
Ausedeus 8.	Hagadeus 8.	Saladio 8.
Ariutheo 8?	Heindio 10.	Sigideo 8.
Adalteus 8.	Hamadeo 5.	Sindeo? 8.
Adaldiu 8?	Herideo 8.	Spiridio 8.
Bagodeo.	Hadedeus 9.	Thietdiv 11.
Paradeo 9.	Helmtheo 9.	Ulitheus 6.
Peradeo 6.	Hildithiu 8.	Undeo? 9.
Perendeo 9.	Hofadeo 8.	Walateus 8.
Tagadeo 8.	Hugideo 9.	Wihdiu 9.
Tendeo? 9.	Ingadeus 8.	Wilenteus 8.
Edotheus 4.	Ermedeo 8.	Winideo.
Erranteus 8.	Irmindiu 7.	Wingdeo 8.
Erlenteus 8.	Isandeo 9.	Woladeo 9.
Feletheus 5.	Lupedeo.	Wolfdio 8.

Dio. 9. Wg. tr. C. 239.

Nhd Thie.

Tiuburg, fem. 9. K. a. 861 (n. 136).

Thiaburg Gld. II, a, 128.

Thuhar. 8. Schpf. a. 763 (n. 34); hieher?

Thiolind, fem. 8. Gld. II, a, 128.

Deolint St. P.

Thioloh. 9. Ng. a. 875.

Deomad. 9. Pol. R. s. 51.
Dioman. Gr. II, 738.
Deoman Gr. V, 87.
Diomuod, fem. 9. St. P. öfters.
Diomuot St. P.
Diomuoth St. P.
Diomut M. B. sec. 11 (VI).
Deomot St. P. zwml.
Deomaot St. P.
Diemod St. P.
Diemot St. P.
Diemoht P. VI, 288 (vit. Mathildis regin.) mit var. Dietmoet, Diemut, Demot.
Diemuoth necr. Aug.
Diemuot St. P. öfters.
Tiemuot Gld. II, a, 128.
Dimuot Gld. II, a, 121.
Demod Wg. tr. C. 85; Ms. a. 1096 (n. 45).
Demot P. VIII, 598 f. (annalista Saxo).
Demuot Lc. c. a. 1070 (n. 221).
Deimut R. a. 973 (n. 107).
Diomunt (fem.) necr. Fuld. a. 1054 muss Diomuot gelesen werden.
Nhd. Demuth.
Thiomunt. 9. Necr. Fuld. a. 888.
Dionot. 9. Mchb. sec. 10 (n. 1018).
Deonaot R. a. 821 (n. 21).
Deoric. 9. St. P.; hieher oder = Deotric oder = Deor-ic.
Thiulf. 8. Laur. sec. 8 (n. 2992).
Thiolf Laur. sec. 9 (n. 3107).
Diolf Gld. II, a, 98.
O. n. Theolvesthoruf.

THIUDA. Dieser stamm wird, etwa nur mit ausnahme von Irmindeot (8) und Uerdeot (8), nur anlautend gebraucht. Er gehört jedenfalls zum goth. þiuda gens und den damit verwandten wörtern. Dass Gr. V, 382 in bezug auf das zusammengehören der stämme teut und thiuda seine bedenken mittheilt, ist ein gutes zeugnis für die genauigkeit des vf.; doch sind diese bedenken, wie Gr. selbst auch schon andeutet, nicht unüberwindlich und ich sehe in folge dessen (was zu erörtern zu weit führen würde), die identität beider formen für entschieden an. Demungeachtet bieten doch die folgenden und eine grosse anzahl anderer formen noch bedeutende schwierigkeiten dar, da gerade die formel dental + vocal + dental im deutschen namenschatze ausserordentlich häufige und mannigfaltige formen zu wege gebracht hat. Am sichersten sind hieher zu stellen die formen, welche in ganz regelmässiger weise einen der sechs diphthonge iu, eu, io, eo, ia, ie enthalten und ich führe dieselben der übersicht halber auch in dieser reihenfolge auf. Daran schliessen sich die unorganischen schreibungen yo für io und ya und ea für ia. Schwankender kann man schon sein bei u, welches unbedenklich nur dann hieher gesetzt werden kann, wenn sein entstehen aus älterem iu nachweisbar ist: eben so bei i, das füglich für ie steht, aber auch vielleicht einem ganz andern stamme angehört. Grosses bedenken endlich erregt ei, das in einigen formen mit sicherheit auftritt und kaum für ie verschrieben ist.

Nicht hieher gerechnet habe ich dagegen:

1) die formen mit o, oa, ua, uo, und unorganisch ou und au. Ich habe für sie, da auch die consonantenverhältnisse abweichend scheinen, einen besondern stamm DOD angesetzt;

2) die bildungen mit a und gewöhnlich auch die mit e, obgleich namentlich die letzteren sehr unsicher sind. Man vgl. in bezug hierauf den stamm TAT.

Die angegebene vertheilung ist meine regel; einzelne ausnahmen davon habe ich, wie ich glaube, nicht ohne grund gemacht.

Tiuto. 5. Theudes, westgoth. könig sec. 6. Theodo, Alamannenhzg. sec. 7. Sohn des Baiernhzgs. Thassilo sec. 8. Tuto b. v. Regensburg sec. 9. Sec. 10: Dudo b. v. Paderborn; Theudo b. v. Cambray; Thiedo b. v. Würzburg.
Tiuto Ng. a. 800, 815.
Tiude Wg. tr. C. 398 (viell. Tiade zu lesen?).
Θεύδης Procop.
Theudis P. X, 318 (Hugon. chron.); Isidor; E. s. II, 178.
Theudo P. I, 33 (ann. Lauresh.), 73 (ann. Sangall.); V, 138 (ann. Einsidl.); VI, 118 (Ademar. histor.); Isidor; Laur. sec. 8 (n. 960); Paul. diac. VI, 44; Fredegar.
Theuda (msc.) P. VIII, 315—317 (Sigeb. chron.); Greg. Tur. III, 30.

Theuto P. II, 509 (Ermold. Nigell.); Ng. a. 787.
Teutho Laur. sec. 8 (n. 2067).
Teudo P. III, 447 (Kar. II capit.): VI. 473, 474, 476 (Sigebert. vit. Deoderic.); pol. Irm. s. 91, 165; Lp. a. 954 (II, 227); Guér. a. 1070.
Teuto P. IX öfters.
Teut M. B. a. 813 (VIII).
Thiodo P. V öfters; VI, 227 (mirac. S. Wigberhti); VII, 551 (Marian. Scot. chron.); VIII, 549, 580 f. (annalista Saxo); M. B. a. 915 (XXXI).
Thiodis P. VIII, 129 (Ekkeh. chron. univers.); Jorn. 58; hist. miscell. 15.
Thioto P. I, 370, 373 (Ruod. Fuld. ann.); Ng., a. 754, 807.
Dioto P. VI, 550 not. (Arnold. de S. Emmer.).
Theoda (msc.) P. I, 285 (chron. Moissiac.).
Theodo P. I, 43 (ann. Alam., ann. Nazar.), 172 (ann. Lauriss.), 173 (Einh. ann. etc.); II—VI öfters; VII, 103 (Herim. Aug. chron.); VIII öfters; Laur. oft; M. B. sec. 8 (XIII).
Theoto P. I, 44 (ann. Nazar.), 428 (ann. Bertin.); St. P.
Teodo pol. Irm. s. 25, 106; Wg. tr. C. 234.
Teoto P. II öfters.
Deodo P. I, 43 (ann. Guelferb.).
Deoto Ng. a. 759, 797, 806; St. P.
Deot St. P. zwml.
Theot Gld. II, a, 108.
Theotho Ng. a. 764.
Thiado P. IV, 16 (Heinr. I constitut.); V, 39 (ann. Quedlinb.); Wg. tr. C. 241.
Tiadde Wg. tr. C. 248.
Thiedo P. VIII, 597 (annalista Saxo); Gud. a. 959, 960; H. a. 960 (n. 171).
Thieto P. I, 78 (ann. Sangall.); II, 78 (Ekkeh. cas. S Galli), 110—112 (Ekkeh. cas. S. Galli); VII, 105, 113 (Herim. Aug. chron.); VIII, 29 (Ekkeh. chron. Wirzib.); necr. Aug.
Tieto Laur. sec. 8 (n. 6).
Diedo P. IV, 52 (Heinr. IV constitut.); V öfters; Gud. a. 1028.
Dieto P. II, 35 (abbat. S. Galli catal.); VIII, 184 (Ekkeh. chron. univers.); Laur. sec. 8 (n. 203).
Dietho K. a. 817 (n. 78; unecht).
Tietdo P. IX. 440 (gest. episc. Camerac.).
Dietto Laur. sec. 8 (n. 167); M. B. sec. 11 (VI).
Tiedo P. IV, 45 (Heinr. IV constit.); Laur. sec. 8 (n. 759, 1694); G. a. 967 (n. 20); Gud. c. a. 990.
Theatho Gld. II, a, 108.
Tuido Lc. a. 774 (I, 527) mehrm.
Duda (msc.) Cassiod. IV, 28, 32, 34, 39 hieher?
Duto K. a. 764 (n. 9).
Dudo P. I, 393 (ann. Fuld.); IV, 24 (Ott. M. constitut.); V, VI öfters; VIII, 622, 631 (annalista Saxo); IX, 847, 849 (chron. Hildesh.); X, 361 etc. (Hugon. chron.); Frek.; Laur.; Ng. a. 786; H. a. 948 (n. 162); Gud. c. a. 990, a. 1056, 1090; Guér. a. 1089; Lc. a. 1052 (n. 188).
Tudo P. V, 750 (Thietmari chron.).
Tuto P. I, 94 (ann. S. Emmer.); III, 561 (Arnulf. capit.); IV, B, 171 (synod. Baioar. sec. X); V, 119 (ann. Pragenses); VI, XI öfters; St. P. öfters; Laur. mehrm.; Ng. a. 769, 773; M. B. sec. 10 (XI, XIII, XIV, XXXI).
Tutto St. P.
Tutus P. V, 503 (chron. Salern.).
Tuhuto (so) K. a. 770 (n. 12; Ng. ebds.).
Dido P. I, 529 (ann. Vedast.); II, 207 (ann. Vedast.); VIII, 325 (Sigeb. chron.); IX, 422 (gest. episc. Camerac.); X, 401 (Hugon. chron.); Pd. a. 615, 667, 713 (unecht), c. a. 720 (n. 230, 357. 404, 512); pol. Irm. s. 189; Mab. a. 884.
Dito Dr. c. a. 1070 (n. 765; Schn. ebds.).
Ditto Laur. sec. 9 (n. 272).
Tido Lc. c. a. 1080 (n. 243).
Tito Mchb sec. 8 (n. 98); St. P. dreiml.
Diddo Mab. a. 751; Frek.
Titto Laur. sec. 8 (n. 244, 357); St. P.
Titus St. P. zwml.; viell. deutsch.
Theudo für Theudoricus Greg. Tur. II, 7.
Nhd. Diede, Ditt, Thiede, Thiedt, Tiede, Tiedt, Tiete.
O. n. Diddenposche hieher? andere, die hieher gehören mögen, finden sich im wörterbuche der o. n.

Teodi. 9. Wg. tr. C. 249; St. P.
Tutti St. P. öfters; R. a. 814 (n. 16).
Tidi Wg. tr. C. 229.
Tydi Wg. tr. C. 244.

Theuda, fem. 8. Laur. sec. 8 (n. 320).
Theudauae (gen.) Laur. n. 1060.
Deuda pol. R. s. 105.

Thiota P. I, 865 (Ruod. Fuld. ann.); VII, 104 (Herim. Aug. chron.).
Thioda Laur. sec. 9 (n. 3110).
Tiota Schn. a. 837.
Theoda Ng. a. 761; Laur. mehrm.
Theodanae (gen.) Laur. sec. 8 (n. 356, 2818).
Theodana tr. W. a. 774 (n. 178).
Theota und Theotha Gld. II, a, 128.
Teoda Ng. a. 761; pol. Irm. s. 177.
Deota Mchb. sec. 9 (n. 635).
Tehota Laur. sec. 8 (n. 1844) wol für Theota.
Thiadane (abl.) tr. W. a. 774 (n. 53).
Diata Gld. II, a, 121.
Dietda Laur. sec. 8 (n. 882).
Thiedan (abl.) P. V, 85 (ann. Quedlinb.).
Duda Laur. öfters; St. n. 606.
Tuda Gld. II, a, 128.
Dutha Lc. a. 1086 (n. 239).
Tuta M. B. c. a. 1070 (VI).
Tida P. II, 386 (vit. S. Willehadi).
Tita K. a. 776 (n. 17).
Ditta St. P. zwml.
Ditha Laur. sec. 8 (n. 2053).
Tide C. M. Sept.

Theodicho. 8. Pd. a. 748 (n. 597).
Thiediko Frek.
Tiediko Frek.
Thyedig Ms. a. 1049 (n. 22).
Tidiko Frek. mehrm.
Duddic Wg. tr. C. 283.
Dudecho P. XII, 603 (vit. S. Haimeradi).
Tetiko Frek.
Dodeko P. XII, 610 (Erinher. paraphr. S. Haimeradi).
Nhd. Duttge, Duttke, Tiedeke, Tiedge, Tiedke, Tiedtke, Tietge.
O. n. Duddigeroth wol hieher.

Diudecha, fem. 11. Dr. a. 1057 (n. 756; Schn. ebds. Duidecha).
Dudicha P. X, 646 (gest. episcopp. Tullens.).

Duethekin. 11. Lc. c. a. 1020 (n. 159, zwml.).
Dudechin Lc. a. 1088 (n. 240).
Nhd. Didtchen, Tütgen.

Thietida, fem. 10. Dr. n. 693.

Theudila, msc. 6. B. v. Tours sec. 10.
Theudila goth. urk. v. Neapel c. a. 550 (s. M., Sp. u. Massmann); conc. Tolet. a. 681, 683, 688.
Teudila Ng. a. 744.
Teutolus P. V, 381 (Flodoardi ann.).
Teutilo Gld. II, a, 119.
Theodolus P. IX, 764 (chron. mon. Casin.).
Theotilo P. V, 392 (Flodoardi ann.), 597 (Richeri hist.); St. P.
Teotolo P. VI, 127 (Ademar. histor.).
Deotilo St. P. zwml.
Thiethilo necr. Fuld. a. 911.
Tudil Wg. tr. C. 241.
Tutilo P. II öfters; Mchb. sec. 8 (n. 10, 103); St. P. zwml.
Dudel Laur. sec. 8 (n. 1992).
Vgl. zu diesem namen Totilas und die formen unter DOD.
Nhd. Diedel, Dietel, Dietle, Dittel, Titel. Title. Tittel. Tütel.

Deotili. 9. R. a. 821 (n. 21).
Theotali Gld. II, a, 108.
O. n. Tutilispiunt.

Theutila, fem. 7. Tr. W. a. 742 (n. 2).
Teudilanae (gen. v. Teudila) Mab. a. 632.
Theudelanae (gen.) Fredegar.
Theudelane (abl.) Fredegar.
Teutla pol. R. s. 54.
Thiotila Gld. II, a, 128.
Theodila gest. Dagoberti I.
Teodela pol. Irm. s. 276.
Theotula Ng. a. 835.
Leichte vermischung mit griech. Theodula.
Theotila Gld. II. a, 128.
Deothila d. Ch. I, 665.
Theodilanae u. Teudilanae (gen.) Pd. a. 631 (n. 253).
Theodilane (gen. v. Theodila) Pd. a. 627 (n. 241).
Thiatila Ng. a. 828.
Theatila Gld. II, a, 128.
Deitila Gld. II, a, 121 hieher?

Teudolin. 7. Pol. R. s. 75.
Teudolenus d. Ch. I, 670.
Teudelin pol. R. s. 70.
Theodelin P. VI, 135 (Ademar. histor.).
Dudelin P. VIII, 622 (annalista Saxo).
Tedolin neben Thiodolin tr. W. c. a. 694 (n. 39 und Pd. nchtr. n. 6).

Teudolina, fem. 9. Pol. R. s. 55.
Teudelina pol. R. s. 46.

Teudeling. 9. Pol. R. s. 77.

Deodemia, fem. 9. Pol. R. s. 48.
Teudin. 8. P. V, 314 (Liudpr. antapodosis).
Thiodine Gld. II, a, 128.
Thiotine Gld. II, a, 108, 128.
Diotin K. a. 839 (n. 104).
Theotine Ng. a. 778.
Deotini und Dheotini Gld. II, a. 97.
Theotini Gld. II, a, 108.
Theotin Gld. II, a, 119.
Thiedin Gld. II, a, 128.
Tietin Ng. a. 788.
Tietene Gld. II, a, 128.
Dudin St. M. a. 709; G. a. 967 (n. 20).
Duden Laur. sec. 8 (n. 518).
Theudan. 7. P. I, 285 (chron. Moissiac.).
Teuthan Laur. see. 8 (n. 3465).
Theodan Laur. sec. 8 u. 9 (n. 352, 608).
Theodanes Pd. a. 615 (n. 230).
Theodans (gen.) P. II, 218 (urk. v. 834).
Theotan Laur. sec. 8 (n. 3477).
Deotan Mchb. a. 783 (n. 70).
Dudan Pd. a. 685 (n. 404).
Tutan Mchb. sec. 8 (n. 36).
O. n. Dideneshaim.
Theuduni. 8. Tr. W. a. 717 (Pd. nachtr. n. 38) neben Theudoni.
Thioduni tr. W. a. 747 (n. 141 und Pd. nchtr. n. 82).
Thiotuni tr. W. a. 734 (n. 9).
Theoduni (neben Theotduni) tr. W. a. 718, 799 808 (n. 20, 27, 224 u. Pd. nchtr. n. 40).
Theotuni tr. W. a. 711, 715 (Pd. nachtr. n. 18, 34); St. P.
Deotuni St. P.
Theotun St. P.
Teuding. 8. A. S. Febr. I.
Teuthinc P. VI, 349 (vit. Joh. Gorziens.).
Thiotinc Gld. II, a, 108.
Dioding necr. Fuld. a. 1023.
Dioting K. a. 786 (n. 31).
Diotinc Ng. a. 826.
Theoting necr. Aug.
Theotinch Gld. II, a, 108.
Theotinc Ng. a. 807, 817.
Theotung Schn. a. 801.
Deoting Sm.
Dheotinc Ng. a. 805.
Teoding Wg. tr. C. 227.
Theodignus (so) Gld. II, a, 119.
Thiatung Lc. a. 841 (n. 55) neben Thiatdung.
Theadinch Wg. tr. C. 239.
Thieting P. II, 38 (abbat. Augiens. catal.); VII, 112 (Herim. Aug. chron.).
Thietinch Gld. II, a, 108.
Dietinc Gld. II, a, 98.
Didinga, fem. 7. Pol. Irm. s. 158.
Teodigna (so) Pd. a. 696 (n. 439).
Teodisma, fem. 8. Pol. Irm. s. 113.
Teuzo. 9. P. IV, B, 179 (Nicol. II statut.); VI, 508 (Widric. mirac. S. Gerardi).
Diozo St. P.
Tiazo Frek. mehrm.
Thiezo P. X, 207 (transl. S. Celsi); Frek. mehrm.; Lc. a. 1088 (n. 240).
Diezo Gud. a. 1006.
Tiezo Frek. mehrm.; Lc. a. 1094 (n. 248, 249).
Tyzo in einer Berliner hds. des Haymo Halberst. in ep. Paul. ad. Rom. aus sec. 10.
Tydso Wg. tr. C. 390, 391.
Tizo Frek.; Ms. a. 1049 (n. 21).
Titzo Mchb. sec. 9 (n. 662).
Thizo Gld. II, a, 109.
Tezo und Tizo Gr. V, 463.
Daibert qui et Teuzo Lp. a. 1034 (II, 579).
Nhd. Dietz, Dietze, Diez, Dieze, Theiss, Theuss, Thietz, Thitz, Tietz, Tietze, Titz, Titze.
O. n. Deozincowa, Tizindorf, Tizzenbac.
Diozza, fem. 9. Dr. sec. 10 (n. 710).
Dieoza St. P.
Deozza Mchb. sec. 9 (n. 656).
Dieza St. P. mehrm.; Laur. n. 3827.
Thieza H. a. 909 (n. 137); Frek.
Thietza H. a. 909 (n. 136).
Diezi. 11. St. P.
Thieziko. 10. Frek. mehrm.
Thiezeko Frek.
Tieziko Frek. mehrm.
Tiziko Frek.
Tieseko Ms. a. 1097 (n. 46).
Tiezela, fem. 11. Gld. II, a, 128.
Diezela Dr. a. 1095 (n. 768; fehlt bei Schn.).
Thiezilin. 10. H. a. 993 (n. 209).
Tiecilin G. a. 967 (n. 20).
Thiezelin G. a. 973 (n. 23); Frek.
Tietzelin St. M. a. 1006.

Tiezelin Frek.; G. a. 973 (n. 23); Lc. a. 1091 (n. 246).
Diezilin St. P.
Diecelin Gud. a. 1028.
Diezelin Lc. c. a. 1070 (n. 221).
Diecellin H. a. 1075 (n. 271).
Dyocelin Dr. a. 1057 (n. 756; Schn. ebds. Dyozelin).
Ticelin Lc. a. 1090 (n. 244).
Dizelin Lc. a. 1070 (n. 221).
Dicelin Gud. a. 1028.

Thutearn. 8. Laur. sec. 8 (n. 11).
Tutarn Gld. II, a, 109.
Dudarn necr. Fuld. a. 1040.

Teudasia, fem. 8. Pol. Irm. s. 72.
Ist *Τοδάσιος* (var. *Δάτιος*) bei Procop. hiezu das masc.?

Deotpato. 9. Mchb. sec. 9 (n. 427); St. P.
Deotpatin (gen.) neben dem nom. Deotpato R. a. 900 (n. 78).
Dietpato Mchb. sec. 10 (n. 1090).

Theudobald. 6. Sec. 6: Fränk. kg.; fürst der Waruer. Sec. 8: Enkel Pipins v. Heristal; Thüringerhzg.; Alamannenhzg. Sec. 9: b. v. Langres. Sec. 10: b. v. Lyon; b. v. Vienne; schwäbischer graf. Sec. 11: b. v. Velletri; b. v. Troyes; ep. Albanens.
Theudobald P. I, 285 (chron. Moissiac.).
Θευδίβαλδος Procop. u. Agathias.
Theudebald Fredegar.
Teutbald P. I, 513 (Hincm. Rem. ann.), 518 (ann. Vedast.); II, 198 (ann. Vedast.); VII, 39 (ann. S. Benign. Divion.); X, 356 (Hugon. chron.); Laur. sec. 6 (n. 286); pol. Irm. s. 43, 79 etc.; M. B. a. 821 (XI).
Teutbold P. I, 529 (ann. Vedast.); II, 207 (ann. Vedast.); III, V öfters; pol. Irm. s. 72, 223; pol. R s. 67, 71 etc.; Ng. a. 793.
Teutbolt Guér. a. 888.
Teuspald (so) Gld. II, a, 119.
Teupald (sein bruder Teudoald) Lp. a. 854 (I, 759); desgl. Teupald Lp. a. 968 (II, 286).
Thiodbold Lc. a. 855 (n. 65).
Thiotbald P. I, 345 (Enh. Fuld. ann.), 394 (ann. Fuld.); VIII, 588 (annalista Saxo).
Thiotbold Ng. a. 762.
Thiotpold Ng. a. 824.
Thiobold Lc. a. 1042 (n. 178).
Thiopold Ng. a. 803.
Theodobald in e. brief des bischofs Mappimius v. Rheims v. a. 550 bei H.
Theodebald P. II, 311 (dom. Carol. geneal.); VIII öfters; X, 332 (Hugon. chron.).
Theodbald P. II, 217 (ann. Xant.).
Theodpald P. VII öfters.
Theotbald P. I, 27 (ann. Nazar.); II, 344 (vit. S. Bonif.); V öfters; Ng. a. 758, 769, 776, 779, 819, 821.
Theotpald Ng. a. 818; St. P. öfters.
Teotbald P. II, 657 (Nithardi hist.).
Deotpald Mchb. sec. 8 (n. 124).
Deotbald P. I, 27 (ann. Guelferb.).
Deotpalt Ng. a. 782.
Deotpold M. B. a. 806 (VIII).
Dheotbold Gld. II, a, 98.
Theodebaud Guér. a. 1056.
Teodebaud Guér. a. 1056.
Teobaud Guér. a. 1056.
Theobald P. I, 26 (ann. Alam.), 106 (ann. S. Columbae), 285, 322 (chron. Moissiac.); IV, 23 (Ott. M. constit.); V, VII—IX oft.
Teopald Lp. a. 830 (I, 679); sein sohn heisst hier Thedald.
Teobald P. I, 328 f. (ann. Mett.); VIII oft; St. M. a. 1068 u. c. a. 1090.
Teoballus Mur. 1946, 2.
Thiadbald P. II, 420 (vit. S. Liudgeri).
Thiatbald P. II, 405 (vit. S. Liudgeri); Lc. a. 799, 843 (n. 11, 57) etc.
Thiadbold P. V, 441 (Widukind); Wg. tr. C. 254, 420.
Thietbald P. I, 594 (Regin. chron.); VI, 15 (ann. Laubiens.).
Thietpald P. I, 82 (ann. Sangall.); II, V öfters.
Thietpalt P. II, 57 (rhythmi de S. Otmaro).
Thietpold P. VI, 457 f. (mirac. S. Verenae); necr. Aug.
Tietbald P. II, 194 (ann. Lobienses); VII, 20 (ann. Blandin.); VIII öfters.
Tietpald P. I, 83 (ann. Sangall.); VII, 271 (Berthold. ann.).
Diethbald H. a. 1063 (n. 260).
Dietbalt Laur. sec. 9 (n. 532).
Dietpald P. V, 127, 130 (ann. August.); VI öfters.
Dietbold P. IX, 249 (Gundechar. lib. pontif. Eichstet.).

Dietbolt M. B. sec. 11 (XIII).
Dietpold St. P.; M. B. a. 931 (VIII).
Dietpolt M. B. a. 927 (XIV); M. B. c. a. 1060 (VI).
Thiebald P. VII, 368 (Brun. de bell. Saxon.).
Tiebald St. M. a. 1090.
Thiepald P. II, 155 (cas. S. Galli); VII, 311 (Berthold. ann.).
Thiebold P. X, 579 (chron. S. Huberti Andag.).
Thiepold Lc. a. 1091 (n. 245).
Diepold P. IV, 52 (Heinr. IV constit.); M. B. a. 1031 (XXII); Lc. a. 1072 (n. 215).
Diepald H. a. 1075 (n. 271).
Theatbald Lc. a. 834, 836, 838 (n. 47, 51, 53).
Ditpald Laur. sec. 8 (n. 2659, 2667).
Titbold P. VII, 66 (catal. reg.); pol. Irm. s. 161.
Thibold H. a. 1095 (n. 295).
Dibald H. a. 1096 (n. 297).
Dipold Laur. sec. 8 (n. 2669).
Tibald P. XI, 407 (chron. Affligem.).
Titubald (so) P. XI, 414 (chron. Affligem.).
Tihetbalt Laur. n. 2282.
Dupold Laur. n. 3829 wol hieher.

Leicht vermischen sich einige dieser formen mit Theodoald.

Nhd. Diebbalt, Diebold, Diepolt, Dippolt, Theobald, Thiepold, Tippelt, Typold.

O. n. Thiotpoldesowa, Thiotoboldeshusun, Thietpoldispurch.

Teutbolda, fem. 8. Pol. Irm. s. 223, 279.
Titbolda pol. Irm. s. 201.

Teudobaudes. 6. B. v. Lisieux sec. 6.
Teudobaudes conc. Aurelian. V (a. 549).
Theodobaudes conc. Aurelian. III (a. 538).
Theodebaud M. a. 655 (n. 145).

Teupern. 9. P. IX, 33 (Joh. chron. Venet.).
Thiadbern Wg. tr. C. 388, 459, 473, 478.
Thiadbern neben Tiadbern Wg. tr. C. 361.
Thiedbern P. V, 79 (ann. Quedlinb.), 709 (Thietmari chron.).
Thiebern für Thiedbern P. V, 711 (Thietmari chron.).
Ditbern Dr. a. 1056 (n. 754; fehlt bei Schn.).

Deotpirin, fem. 9. St. P. zwml.

Theudobert. 6. Sec. 6: Th. I, Frankenkg.; Th. II, sohn Childeberts, des ureukels v. Chlodwig. Sec. 10: ep. Pupiliens.
Thuidebert (so) Jorn. 58; ist Thiudebert zu lesen.
Theudobert gest. regg. Franc. mehrm.
Theudebert Paul. diac. II, 2 etc.
Teudebert pol. R. s. 72.
Theutbert Laur. sec. 8 (n. 233); St. P.
Teutbert P. I, 525, II, 204 (ann. Vedast.); pol. Irm. s. 9, 18 etc.; pol. R. s. 44, 45 etc.; Ng. a. 773; Laur. sec. 8 (n. 1877).
Teudbert Mab. a. 754.
Theutpert Ng. a. 787.
Θευδίβερτος Procop. u. Agathias.
Theudibert Paul. diac. IV, 16.
Teutbard pol. Irm. s. 10.
Theubert Laur. sec. 8 (n. 316, 1718).
Teupert Lp. a. 970 (II, 295).
Thiotpert Ng. a. 816.
Thiotpret Gld. II, a, 128.
Diotpert P. VI, 549 (Arnold. de S. Emmer.).
Dioberd Dr. a. 1062 (n. 762; Schn. ebds.).
Theodobert P. II, 6 (vit. S. Galli), 307 (reg. Merow. geneal.); VI, 806 not. (mirac. S. Erendr.); Greg. Tur. öfters; M. B. c. a. 740 (VII).
Theotperaht Dr. n. 770.
Theotpraht Dr. a. 797 (Schn. ebds. Theopraht); Dr. n. 329 (Schn. ebds. Theotroh).
Theodebert P. I, 285 f. (chron. Moissiac.); II, 61 (Ratpert. cas. S. Galli), 312 (dom. Carol. geneal.); III, 6 (Guntchr. et Childeb. pact.); VI—VIII öfters; X, 223 etc. (Hugon. chron.); Paul. diac. I, 21.
Teodepert Gld. II, a, 119.
Theodperht St. P. öfters.
Theotperht St. P.
Theotpreht Gld. II, a, 108.
Theotbert P. I, 44 (ann. Nazar.), 209 (ann. Einh.); II, 626 (vit. Hlud. imp.); Laur. sec. 8 u. 9 (n. 364, 381); Ng. a. 817; Wg. tr. C. 390.
Teotbert P. II, 311 (dom. Carol. geneal.); Ng. a. 775; St. P.
Deotperht St. P. dreiml.
Deotpert Ng. a. 752, 760; St. P.
Teodbert Wg. tr. C. 464.
Theotpert Ng. a. 764, 791.
Theothbert P. II, 307 (reg. Merow. geneal.).
Deotperd K. a. 771 (n. 13); Ng. a. 774.
Theotbret Ng. a. 826.
Theotpret Ng. a. 808.
Theotberd tr. W. c. a. 730 (n. 12).
Theoberct Pd. a. 658 (n. 331; M. ebds. n. 67).

Theobert P. V, VIII öfters.
Deopert Gld. II, a, 97.
Teopert Gld. II, a, 119.
Thiadbert Wg. tr. C. 473.
Tiadbert Wg. tr. C. 350, 374.
Thiatbrat P. II, 409 (vit. S. Liudgeri) mit var. Thiadbert.
Thiatberttus (so) Wg. tr. C. 14.
Thiadbard P. II, 422 (vit. S. Liudgeri).
Thyatbrat P. II, 406 (vit. S. Liudgeri).
Thietbraht Laur. sec. 10 (n. 532).
Thietbert P. IX, 850 (chron. Hildesh.).
Thietpreht necr. Aug.
Thietpert P. I, 79 (ann. Sangall.).
Tietbert St. M. a. 1006.
Dietpraht St. P. zwml.
Dietpreht St. P.; M. B. c. a. 1060 (VI).
Dietbert Laur. sec. 8 (n. 233).
Dietpert St. P. zwml.; Laur. mehrm.
Dietbreth Laur. sec. 8 (n. 6).
Diedbret Gud. a. 1074.
Diedpret Gud. a. 1074.
Diepert Gud. a. 840.
Diepret Gld. II, a, 97.
Ditbert pol. Irm. s. 168; Laur. sec. 8 (n. 2241, 2247).
Titbert Laur. sec. 9 (n. 2199).
Dibert Laur. sec. 8 (n. 1774).
O. n. Dieprehdesdorf.

Teutberta, fem. 8. Pol. Irm. s. 9, 148.

Theutbirg, fem. 8. Laur. sec. 8 (n. 3058).
Theutberga P. I, 465 f. (Hincm. Rem. ann.); H. a. 863 (n. 98).
Theutperga P. I, 376 (Ruod. Fuld. ann.).
Teutperga P. I, 375 (Ruod. Fuld. ann.).
Teutberga P. I, 15 (ann. Laubac.), 454 (Prud. Trec. ann.), 472 etc. (Hincm. Rem. ann.); X, 636 (gest. episcopp. Tullens.); pol. Irm. s. 8, 26 etc.; pol. R. s. 8, 53; Mab. a. 854.
Teudeverga Lp. a. 915 (II, 98).
Teuberga Gld. II, a, 131.
Teuperga Mur. 1948, 1.
Thiotpirga P. VII, 106 (Herim. Aug. chron.).
Tiothpirga P. VII, 420 (Bernold. chron.).
Thiotbirg Dr. a. 796 (Schn. ebds. Thiotbig).
Diotpirc St. P. zwml.
Diotpirch St. P.
Tiotbirc Laur. sec. 9 (n. 3496).
Thiotbrig, Thiotpric, Thiotpiric Gld. II, a, 128.
Tiohtpirga (so) P. VII, 105 (Herim. Aug. chron.).
Theodberga P. I, 468 (Hincm. Rem. ann.).
Theotberga P. I, 458, 460, 461 etc. (Hincm. Rem. ann.).
Theotperga P. I, 379 f. (ann. Fuld.).
Theotbirg Dr. a. 803.
Theotbirch Laur. sec. 8 (n. 3047).
Theotbirich, Theotbirc, Theotpric Gld. II, a, 128.
Teotperga K. a. 776 (n. 17; Ng. ebds.).
Deotpirc Mchb. sec. 9 (n. 848).
Deotprih St. P.
Thiatbirc tr. W. a. 861 (n. 272).
Thietbirga P. I, 569 ff. (Regin. chron.); VII, 551 (Marian. Scot. chron.).
Thietberga P. VIII öfters.
Tietbirga P. IX, 199 (Anselm. gest. episc. Leod.).
Tietberga P. II, 195 (ann. Lobienses); VI, 73 (Folcuin. gest. abbat. Lobiens.); X, 164 (gest. Trever.), 438 (Hugon. chron.), 531 (gest. abb. Gemblac.).
Thietprigh Gld. II, a, 128.
Thietbrihc P. III, 467 (Hloth. II capit.).
Dietbirg Laur. sec. 8 u. 9 (n. 180, 199).
Dietpirch P. VI, 385 (Gerhard. vit. S. Oudalr. ep.); St. P.
Dietprich Gld. II, a, 121.
Diepirga M. B. sec. 11 (III).
Titbirg Schn. a. 786.
Tetberga für Thietberga P. III, 465 (Hloth. II capit.).
Theberga für Theutberga H. a. 863 (n. 99).
P. X, 637 (gest. abbat. Tullens.) finden sich die varianten Teutberga, Zeutberga und Zeuberga.
O. n. Dietbirgiriut.

Deotprant. 9. M. B. a. 955 (VII).
Dietprant M. B. a. 808 (VII).
Nhd. Dittebrandt.

Teutobod. 2. v. C. Teutonenführer.
Teutobodus Eutrop. V, 1; derselbe heisst bei Florus Teutobochus.
Teubod P. X, 480 (Hugon. chron.).
Teotbodo tr. W. a. 807 (n. 201).

Teutburg, fem. 8. Pol. Irm. s. 22, 104.
Thiotburg Dr. a. 874 (n. 611; Schn. ebds. Tuotburg).
Thiotpurch Gld. II, a, 128 neben Thiotpurc und Thiotpurug.

Theotpurc St. P.
Deotpurga K. a. 802 (n. 54).
Deotpurc Mchb. sec. 8 u. 9 (n. 153, 750); St. P. zwml.
Deotpurch St. P.
Deopurc St. P.
Thiadburg Gld. II, a, 128.
Thiatburg P. V, 84 (ann Quedlinb.); tr. W. a. 785 (n. 214).
Thiedburg P. V, 821 (Thietmari chron.); C. M. Decemb.
Thietburga P. VIII, 630, 659 (annalista Saxo).
Thietburg P. II, 585 (hist. transl. S. Viti); dsgl. in einer Berliner hds. (sec. 10) von Haymo Halberst. comm. in ep. Pauli ad Rom.
Tiethburg P. V, 99 (ann. Hildesh.).
Theidburh C. M. April.
Tietburt C. M. Sept. wol hieher.

Theodag. 9. B. v. Prag sec. 10.
Theodag Wg. tr. C. 231.
Theotag Schn. a. 843.
Thiaddag P. II, 424 (vit. S. Liudgeri); Lc. a. 855 (n. 65).
Thiatdag Wg. tr. C. 485.
Tiaddag Wg. tr. C. 390.
Thietdag P. VIII öfters (annalista Saxo).
Thieddeg P. V, 808, 854 (Thietmari chron.).
Thiedeg C. M. Juni.
Thaetdeg P. V, 84 (ann. Quedlinb.).
Tyadag P. V, 119 (ann. Pragenses).
Theadag und Teadag P. XI, 54, 62 (Cosm. chron. Boem.).

Teutrudis, fem. 7. K. a. 772 (n. 14); Laur. sec. 8 (n. 947); pol. R. s. 76.
Thiotdrud und Thiottrud Gld. II, a, 128.
Theothrud Dr. a. 819 (n. 388; Schn. ebds. Theotruht).
Theodetrudis sive Theodila Pd. c. a. 630 (n. 241; Mab. ebds.).
Theotrut Laur. sec. 9 (n. 724).
Deottrud St. P.
Tiedruda H. a. 926 (n. 146).
Teudrudanae (gen.) Laur. sec. 8 (n. 1004).

Theudifara, fem. 6. Instr. donat. bei Sp. u. M. (n. 93).

Theudofrid. 7. Pd. a. 735 (n. 557).
Theudofred Fredegar.
Theudefrid Fredegar.
Theudefred conc. Tolet. a. 681, 693.
Teudefred Mab. a. 853; d. Ch. I, 626.
Theutfrit Laur. sec. 8 (n. 3287).
Teudfred Mab. a 870.
Teutfrid Laur. sec. 8 (n. 993. 2410); pol. Irm. s. 123, 176, 263; pol. R. s. 70, 77 etc.
Teutfred pol. Irm. s. 25.
Teufrid P. X, 635 (gest. episcopp. Tullens.).
Teufred Gld. II, a, 119.
Thiotfrid Ng. a. 838.
Thiotfreht (so) K. a. 870 (n. 146; Ng. a. 870) wol hieher und nicht mit Gr. III, 818 zu frehti consilium.
Theodefrid P. VIII, 447 (Sigeb. auctar. Corbej.).
Teodefrid P. IX, 184 (Anselm. gest. episc. Leod.).
Theodefred Pd. a. 681 (n. 398).
Theodfred H. a. 865 (n. 102).
Theotfrid Laur. sec. 9 (n. 474).
Theotfrit St. P. zwml.
Teotfrid St. P. dreiml.
Teotfrit St. P.
Deotfrid Gld. II, a, 97.
Deotfritt St. P. (viell. fem.).
Theofrid Gld. II, a, 108.
Theofred M. a. 789 (n. 54).
Teofrid pol. Irm. s. 128.
Tēôfrid (so) St. P.
Deofrid conc. Compendiens. c. a. 757.
Thiatfrid Lc. a. 800, 812 (n. 17, 30).
Thietfrid P. I, 629 (contin. Regin.); VIII, 620 (annalista Saxo); Ng. a. 775.
Thietfrit Ng. a. 775.
Tiedfrid G. a. 1059 (n. 60).
Tietfrid P. VI, 90 (chron. Median. monast.); Gud. a. 975, c. a. 990.
Dietfrid P. II, 213 (ann. S. Maxim. Trevir.); VI, 7 (ann. S. Maxim. Trevir.).
Dietfrit M. B. c. a. 1045 (IX).
Diefrid H. a. 1053 (n. 253).
Ditfred pol. Irm. s. 33.
Thifrid H. a. 1096 (n. 296).
Theitfrid (für Thietfr.) P. XII, 380 f. (gest. abb. Trudon.).
O. n Deotfrideshopa.

Teutfrida, fem. 8. Pol. Irm. s. 104, 251.
Teutfreda pol. Irm. s. 186.
Deotfritt St. P. viell. hieher.

Thiatgif. 9. Lc. a. 855 (n. 65).

Thiotcanc neben Theotchan (so) Gld. II, a, 108.

Theutegar. 7. Deocar ep. Antipolitanus sec. 7.
Theutegar tr. W. a. 739, 742 (n. 3 u. Pd. nchtr. n. 70).
Theutacar Laur. sec. 8 (n. 198).
Teutigar tr. W. a. 741 (n. 235 u. Pd. nchtr. n. 69).
Teutegar tr. W. a. 742 (n. 1).
Teutgar Laur. sec. 8 (n. 977); pol. Irm. s. 169, 172; pol. R. s. 43.
Teutger Laur. sec. 8 (n. 911); Ng. a. 744; pol. R. s. 76.
Teudacrus P. III, 429 (Kar. II capit.).
Teutgaer Ng. a. 761.
Teuhtgar M. B. a. 832 (XXXI).
Thiotacar Schn. a. 825.
Thiodger Wg. tr. C. 246, 264.
Thiotger Laur. sec. 8 (n. 409, 3632).
Tiodger Wg. tr. C. 280.
Diotger Laur. sec. 8 (n. 916).
Diotker Ng. a. 806.
Thioger K. a. 843 (n. 109).
Theodakar Laur. sec. 9 (n. 265).
Theotaker P. III, 90 (Kar. M. capit.).
Theodocar Laur. sec. 8 (n. 2524).
Theodacrus P. III, 426 (Kar. II capit.).
Theotdacar Laur. sec. 8 (n. 426).
Theotger Ng. a. 788; Laur. sec. 9 (n. 3122).
Theotker St. P. zwml.
Teodger Ng. a. 786; Wg. tr. C. 236, 264, 278, 293, 320, 366.
Teotger Ng. a. 759; Laur. sec. 9 (n. 3454).
Theodger Wg. tr. C. 402.
Deotker St. P. öfters.
Deotcher Ng. a. 812.
Theotgaer Ng. a. 775, 789.
Theoger Laur. sec. 8 (n. 906).
Theoker Gld. II, a, 108.
Deocar conc. Cabilon. c. a. 650.
Deokar M. B. a. 832 (XXXI).
Thiadger Wg. tr. C. 246, 268, 373, 399.
Thiatger Wg. tr. C. 301; Lc. a. 855 (n. 65).
Tiadger Wg. tr. C. 291.
Diatger St. P.
Thietker Ng. a. 817.
Dietger Laur. sec. 8 (n. 409).
Dietker P. IX, 243 (Gundechar. lib. pont. Eichst.).
Thiedacger Gld. II, a, 109.
Tiethger Gud. a. 960.
Tiedger Wg. tr. C. 398.
Thieker H. a. 960 (n 171).
Theidger Wg. tr. C. 393.
Theitger Ng. a. 835.
Theitker Ng. a. 828.

Teutgaria, fem. 8. Pol. Irm. s. 12.

Teutgardis, fem. 8. Pol. Irm. s. 12, 84 etc.; pol. R. s. 102.
Teutgart Laur. sec. 8 (n. 1186).
Teutgerdis pol. R. s. 54.
Teugard Laur. sec. 8 (n. 1888).
Theotgart Laur. sec. 9 (n. 379).
Thiadgard P. II, 388 (vit. S. Willehadi).

Teutgarn. 8. Pol. Irm. s. 198.

Teutgaud. 8. B. v. Trier sec. 9.
Teutgaud P. II, 323 (Adon. chron.); pol. Irm. s. 63, 148; H. a. 860 (n. 93).
Theutgaud P. I, 375. 377, 380 (ann. Fuld.) etc.; H. a. 862, 863, 866 (n. 97, 98. 104).
Teudgaud H. a. 1003 (n. 214).
Teutgaus pol. Irm. s. 160, 161.
Diotgoz Gud. sec. 10.
Dioggoz necr. Aug. a. 1021.
Theotgaud P. I, 460 ff. (Hincm. Rem. ann.) etc.; III, 467 (Hloth. II capit.); VII, 106 (Herim. Aug. chron.).
Teotgaud P. I, 450 (Prud. Trec. ann.); III, 466 (Hloth. II capit.); H. c. a. 860 (n. 94).
Theothgaud P. VII, 420 (Bernold. chron.).
Teodgot Wg. tr. C. 474.
Theotgoz Laur. sec. 9 (3317, 3341).
Deotcoz Mchb. sec. 9 (n. 355).
Thietgaud P. I, 568, 571 ff. (Regin. chron.); II, 231—233 (ann. Xant.); H. a. 945 (n. 158).
Tiethgaud P. V, 139 (ann. Einsidl.).
Tietgaud P. IX, 199 (Anselm. gest. episc. Leod.); X, 164 (gest. Trever.); H. a. 923 (n. 145).
Dietgaud P. VIII öfters.
Dietgoci (gen.) Laur. sec. 10 (n. 273).
Diekoz G. sec. 9 (n. 4).
Teidgoz Ng. a. 964.

Theudigotha, fem. 4. Theodorichs d. gr. tochter, Alarichs II frau.
Theudigotha (var. Theudicoda) Jorn. 58.
Θευδιχοῦσα für Theudegotha Proc. b. goth. I, 12.
Theodegotha Amm. Marc.
Teutgaudia pol. Irm. s. 210, 213.

Theotkid, fem., neben Thiotkid und Tiechit Gld. II, a, 128.

Teutgildis, fem. 6. Mab. a. 831, 862; pol. Irm. s. 169, 186.

Teugilla Mur. 1852. 8 hieher?

Theodegildis Greg. Tur. IV, 26.

Theotgelt Dr. sec. 9 (n. 137; zwml.).

Leichte verwechselung von -gildis und -hildis.

Teutgis. 8. Pol. Irm. s. 72, 161; pol. R. s. 100, 105.

Teugis Laur. sec. 8 (n. 1681).

Thiotgis tr. W. a. 788 (n. 125).

Theotgis Gld. II, a, 108.

Deotgis St. P.

Deotkis St. P.

Theogis P. VIII, 339 (Sigeb. chron.).

Dithgis Laur. sec. 9 (n. 2259).

Theudegisil. 6. Westgoth. kg. sec. 6, sowol Theudegisil als Theudisclus genannt. Nur Theudisclus heissen ein b. v. Lamego und ein ep. Beatiens., beide sec. 7.

Theudegisil P. VIII, 317 (Sigeb. chron.).

Theudeghiselus Fredegar.

Teutgisclus P. II, 274 (gest. abbat. Fontan.).

Θευδέγισκλος Procop.

Theodogisil Greg. Tur. III, 30.

Theodegisil P. I, 285 (chron. Moissiac.).

Theudisclus conc. a. 693; Isidor. 44; E. s. II, 178.

Teudisclus Mab. a. 870.

Theodisclus conc. Emeritens. a. 666.

Thiodigisglossa Jorn. 58 für Theudegisil.

Thiadgist. 9. Wg. tr. C. 251.

Thiotkist Gld. II, a. 108.

Teutagonus, 2. v. C. Bastarnerkg. Valer. Fl. VI, 97. Nach Diefenbach Celt. keltisch, nach Grimm gesch. d. dtsch. spr. 461 wol = einem goth. Thiutheiga, gen. – ins.

Teutgrim. 8. Pol. Irm. s. 14, 197.

Teutcrim Gld. II, a, 119.

Teutgriminus P. III, 429 (Kar. II capit.).

Teutgrimmus pol. R. s. 44, 79.

Thiotcrim Gld. II, a, 109.

Theotgrim P. VI, 162 (vit. S. Liutbirgae).

Deotcrim St. P.

Teotcrim Gld. II, a, 119.

Thiatgrim (b. v. Halberstadt sec. 9) P. II, 405 (vit. S. Liudgeri); V, 44 (ann. Quedlinb.); VIII, 560, 573, 574 (annalista Saxo).

Thiadgrin Wg. tr. C. 324.

Thietgrim P. VIII, 698 (annalista Saxo).

Teutgundis, fem. 6. Pol. Irm. s. 191.

Thiotgunda tr. W. a. 774 (n. 53).

Theodagunda Cassiod. IV, 37.

Theodogund Pd. a. 615 (n. 230).

Teoptcunde (so) Mur. 426, 6.

Thiadgund St. P.

Thietcund Gld. II, a, 128.

Dietgund Gld. II, a, 121.

Thiotheid, fem. 9. Tr. W. a. 808 (n. 19).

Thiothed (so) Dr. a. 874 (n. 611; Schn. ebds.).

Teudoaidis pol. R. s. 46.

Teuthagdis pol. R. s. 36, 69 etc.

Theotheid St. P.

Deotheid Mchb. sec. 9 (n. 375, 842).

Teudhard. 7. Sec. 9: b. v. Nismes; b. v. Narbonne. Sec. 10: b. v. Hildesheim.

Teudhard pol. Irm. s. 4.

Theuthard Laur. sec. 8 (n. 1278).

Teutchard Mab. a. 770.

Teuthard P. X, 348 (Hugon. chron.); pol. Irm. s. 7, 18 etc.; pol. R. s. 23, 53 etc.; Laur. sec. 8 (n. 2085); Mab. a. 831.

Teuthart Laur. sec. 8 (n. 3567).

Theutard Ng. a. 787.

Deudard pol. R. s. 44.

Thiothard P. VI, 226 (chron. S. Wigberhti).

Thiothart P. V, 50, 54 (ann. Hildesh.); Ng. a. 774, 824; K. a. 882 (n. 157).

Diothard P. IV, 24 not. (Ott. M. constit.); V, 55 (Lamberti ann.).

Diothart Gld. II, a, 98.

Theothard P. II, 678 (transl. S. Alex.); Dr. a. 765 (Schn. ebds. Theotard); Laur. mehrm.; Ng. a. 813.

Theothart Ng. a. 825.

Deothart Ng. a. 785; St. P. dreiml.

Teodhard Wg. tr. C. 256, 260.

Theodhard Wg. tr. C. 278, 461, 468.

Deothard P. IX, 243 (Gundechar. lib. pontif. Eichstet.); Ng. a. 806.

Theodard P. VI, 11 (ann. Laubiens.); VIII, 155 (Ekkeh. chron. univers.), 325 (Sigeb. chron.), 391 (Sigeb. auctar. Gemblac.); IX öfters; X, 324 (Hugon. chron.); H. a. 706 (n. 30).

Teotard Gld. II, a, 119.

Dheothart Gld. II, a, 98.

Deodard pol. R. s. 47.

Thiadhard Wg. tr. C. 66, 204, 328.
Thiathard Wg. tr. C. 470; Lc. a. 843, 844 (n. 57, 58).
Thiatard C. M. Sept.
Diathart tr. W. a. 798 (n. 24); St. P.
Tiadhard Wg. tr. C. 156.
Thiedhard P. IV, 24 (Ott. M. constit.).
Thiethart necr. Aug.
Diethart P. V, 51 (Lamberti ann.); VII, 139 (Lamberti Hersfeld. ann.).
Thiethard P. V öfters; VI, 763 (Thangmar. vit. Bernward.); VIII, 596, 612, 638 (annalista Saxo); IX, 848, 850 (chron. Hildesh.); Frek.
Theathart tr. W. a. 716 (n. 196 u. Pd. nachtr. n. 37).
Dithard P. II, 214 (chron. S. Martin. Colon.); Laur. sec. 8 (n. 398, 400).
Dithard Laur. sec. 9 (n. 2991).
Nhd. Detert, Dietert, Dittert.

Teuthar. 5. Ep. Gerundens. sec. 9.
Teuthar Laur. sec. 8 (n. 1917); pol. Irm. s. 45, 247; pol. Irm. s. 32, 53 etc.
Theutar Greg. Tur. IX, 33, 43; X, 16; Gld. II, a, 119.
Theuther Laur. sec. 8 (n. 599, 1890).
Theuter P. VI, 62 (Folcuin. gest. abb. Lobiens.), 81 (chron. S. Michael. Virdun.).
Teuther P. VI, 349 (vit. Joh. Gorziens.); Laur. sec. 8 (n. 2786); pol. R. s. 38, 45 etc.; St. M. a. 903.
Deuther instr. vendit. a. 539 bei Sp. u. M. (n. 114).
Deuter P. VIII, 138 (Ekkeh. chron. univers.).

Von diesen formen ist schwer zu sondern das griech. Δευτέριος, das sich oft in den concilien findet (z. b. a. 314, 324, 411, 433, 484, 535, 541).

Thiotchar tr. W. a. 742 (Pd. nchtr. n. 71).
Thiother P. I, 393 (ann. Fuld.).
Thioteri H. a. 853 (n. 87).
Diothar Ng. a. 773.
Diotheri K. a. 839 (n. 104).
Theodahar test. Erm. neben Theodachar.
Theothari St. P.
Theothar P. I, 211 (Einh. ann.).
Theotchar tr. W. a. 729 (Pd. nchtr. n. 49).
Theotheri P. I, 198 (Einh. ann.).
Theother Schn. a. 754; Laur. sec. 8 (n. 407, 3002).
Theotar P. III, 534 (Kar. II capit.); H. a. 706 (n. 30).
Theoter Laur. sec. 8 (n. 3051).
Deotheri Greg. Tur. IX, 24; St. P.; K. a. 834 (n. 94).
Deother M. B. a. 822, 828 (VIII).
Dheothire (so) Gld. II, a, 98.
Teotar Pd. c. a. 720 (n. 513; Ng. ebds.).
Teodar pol. Irm. s. 5, 25 etc.
Teoter Gld. II, a, 119.
Thiathar P. V, 5 (ann. Corbej.).
Thiather Lc. a. 799 (n. 11).
Tiadheri Wg. tr. C. 248.
Tyadheri Wg. tr. C. 369.
Thiethere necr. Aug.
Thiether P. II, 195 (ann. Lobiens.); IV, B, 166 (Ott. M. pact.).
Dhietheri Gld. II, a, 98.
Diether Laur. sec. 8 (n. 824, 832); Gud. a. 1090.
Tietther St. M. a. 972.
Thietter C. M. Aug.
Theathar tr. W. c. a. 764 (n. 193).
Ditheri K. a. 1090 (n. 239).
Tudhari St. P.
Dudar Ng. a. 752.
Theithere Gld. II, a, 108.
Deithar var. Diethar A. S. Febr. III.
Theosar P. I, 211 (Einh. ann. a. 823) ist eine falsche lesart.
Nhd. Deter, Deuter, Dieter, Dietter.
O. n. Diethereskiriha, Dudersteti, Tietherisdorp.

Teudhara, fem. 6. Frau des kgs. Theodebert sec. 6.
Teudhara Pd. a. 744 (n. 579; Ng. ebds.).
Deuteria P. X, 329 (Hugon. chron.); Greg. Tur. III, 22—26.
Theotheria Fredegar.
Teodara pol. Irm. s. 25.

Leichte vermischung mit Theodoara.

Theudoad. 6. Gothenkg., neffe Theodorichs d. gr.
Theudoad d. Ch. I, 555.
Theutad pol. R. s. 77.
Teuthad pol. R. s. 56, 67 etc.
Θευδάτος Procop.
Thiotad Laur. sec. 9 (n. 217).
Thiothed (so) Dr. a. 874 (n. 611; Schn. ebds.); oder zu Deotheid?
Theodahad Cassiod. III, 15, V, 12, VIII, 23 etc.
Theothad Ng. a. 764.

Deothad Ng. a. 752; St. P.
Dheothad Ng. a. 779.
Theodat P. II, 194 (ann. Bertin.); VIII öfters; X, 318 (Hugon. chron.); Jorn. 58; Greg. Tur. III, 31; hist. miscell. 16; Fredegar.
Theodad P. X, 329 (Hugon. chron.); Laur. sec. 9 (n. 265).
Deodat P. IV, VI öfters; X, 325 (Hug. chron.) etc.
Theathad tr. W. a. 716 (Pd. nchtr. n. 37).
Theodohald = Theodat P. VIII, 24 (Ekkeh. chron. univers.).

Der lateinisch scheinende n. Deodatus gehört gewiss zuweilen hieher; für einzelne stellen lässt sich dies sogar fast beweisen, wie z. b. pol. Irm. s. 25, wo der vater eines Deodatus Teodo, sein bruder Teutmar heisst. Es versteht sich, dass daneben ein wirklich lateinisches Deodatus (vgl. den franz. f. n. Dieudonné) bestanden hat; belege dafür (auch für die form Adeodatus) finden sich hinreichend in den concilien von sec. 5 an.

Diatheta, fem. 8. Laur. sec. 8 (n. 2109); hieher für Diat-hada? vgl. auch Deodata pol. Irm. s. 165.

Thiothelm. 8. Ng. a. 790.
Tiothelm Laur. sec. 9 (n. 735).
Diothelm St. P.; M. B. a. 903 (XXXI).
Theothelm St. P.; Ng. a. 819, 830; Laur. sec. 9 (n. 2898).
Teothelm St. P. dreiml.
Deothelm Mchb. sec. 8 (n. 157); St. P. drml.
Tiadhelm P. IX, 309 (Ad. Brem.) var. Tyadhelm.
Diethalm P. V, 143, 144 (ann. Einsidl.); VII, 391 (Bernold. chron.); necr. Aug.
Thiethalm necr. Aug.
Tiethalm necr. Aug.
Thiethelm necr. Aug.; Laur. n. 2899.
Diethelm P. II öfters; necr. Aug.; St. P.; Laur. sec. 9 (n. 259).
Thithelm Gld. II, a, 109.
Deotharm St. P. hieher?

Teudehildis, fem. 5. Frau Frankenkönigs Charibert sec. 6.
Teudehildis pol. R. s. 100.
Theudechildis Fredegar.
Teuthildis pol. Irm. s. 7, 42 etc.; pol. R. s. 35, 71 etc.
Teuthilt Laur. sec. 8 (n. 182).
Teudildis pol. Irm. s. 278.
Teudoildis pol. Irm. s. 138, 203.
Deudoildis pol. Irm. s. 145.
Diothilt Gld. II, a, 121.
Teodohildis pol. Irm. s. 83, 91 etc.
Theodechildis Pd. c. a. 499, a. 659, 694 (n 64, 335, 432); Venant. Fortun.
Theothild St. P.; Laur. sec. 8 (n. 2472).
Theothilt St. P. zwml.
Teodildis pol. Irm. s. 58, 90 etc.
Deodildis pol. Irm. s. 228, 233.
Deothilta Mchb. sec. 8 (n. 196); St. P.
Deothilt St. P. zwml.
Teodilda H. a. 797 (n. 61); vgl. Theodelhildis.
Teodoildis pol. Irm. s. 102, 115.
Deathilda tr. W. c. a. 764 (n. 193).
Thiethilt Gld. II, a, 128.
Tuothilt Dr. a. 838 (n. 508; Schn. ebds. Tuothil) hieher?
Didohildis pol. Irm. s. 79.
Deithilda A. S. Febr. III.
Dedoildis pol. Irm. s. 84 hieher?

Vgl. Teutgildis.

Diothoh. 8. M. B. a. 1002 (XXXI).
Theothoh Ng. a. 778; Schn. a. 804.
Theothooch (so) Laur. sec. 8 (n. 1444).
Deothoh Ng. a. 782.
Theotheh (so) Dr. a. 824 (n. 449; Schn. ebds.) wol hieher.
Dietboh Schn. a. 817.
Diethohc St. P.

Theutrammus. 7. Ep. Tarantasiens. sec. 9.
Teutraunus P. III, 547 (Boson. capit.).
Teuthram Laur. sec. 8 (n. 2711).
Teutherannus pol. R. s. 104.
Teudrauus pol. R. s. 8.
Thiotram Gld. II, a, 109.
Theoderamnus Ng. a. 787.
Theotramnus Ng. a. 817.
Theotram Ng. a. 764, 826.
Deothram M. B. a. 837 (IX).
Deodramnus pol. Irm. s. 276.
Theoderamus mit var. Theodramnus Pd. a. 662 (n. 346).
Thiatrammus tr. W. a. 745 (n. 143).
Theatramnus tr. W. c. a. 764 (n. 193).
Thietram Laur. sec. 8 (n. 491).
Dietrammus St. P.
Theitram und Thetram Gld II, a, 109.

Thiothroch. 9. Laur. sec. 9 (n. 261 f.).
Thiotroch Laur. öfters.
Theotaroh Gld. II, a, 108.
Theotroh Laur. öfters.
Theotroch Laur. sec. 9 (n. 984).
Thiatroh Laur. sec. 9 (n. 588).
Thietroch Laur. sec. 9 (n. 265).
Tietroh Laur. sec. 9 (n. 480).
Tiedero Lc. a. 1096 (n. 253).

Theotrod. 8. Ng. a. 764.

Theothun. Gld. II, a, 108.

Theodilacus. 8. St. P.
Dheotalah Gld. II, a, 97.
Theotlach Laur. sec. 8 (n. 584).
Teutlagius pol. R. s. 7, 10 etc.
Thietelah Laur. sec. 10 (n. 53).
Thiedelach Laur. a. 912 (n. 136).
Ditelah Schn. a. 905.

Hieher wol noch:
Teudelaus P. IX, 649 (chron. mon. Casin.). Bedenken erregt ebds. der gen. Teudelausii, der an das unten angeführte Teudelasso erinnert.
Theotelaus P. III, 561 (Arnulf. capit.).

Theutleich. 8. Laur. sec. 8 (n. 599).
Thiodlaic tr. W. a. 775 (n. 55).
Thiotleih K. a. 815 (uchtr. B).
Thiotleich Schn. a. 803.
Theotleich Laur. sec. 8 (n. 2189).
Theotleib Dr. a. 796 (Schn. ebds. Theoleih); Dr. a. 800 (Schn. ebds. Theotlech).
Teotlaih St. P.
Deotleih Mchb. sec. 8 (n. 51).
Theotloigus Ng. a. 788 wol hieher.
Teothleib Schn. a. 790.
Theoleich Dr. a. 815 (n. 306, 311, 312; Schn. ebds. Theotleich).
Theoleib Dr. a. 811, 812 etc. (n. 254, 272, 333; Schn. ebds. Theotleih).
Tutlaih St. P.
Ditleich Laur. sec. 9 (n. 2696).

Thiotleip. 9. Gr. II, 50.
Theotleip St. P.
Teotlaip St. P.
Deotleip St. P.
Thiatlef Lc. a. 855 (n. 65).
Thietlef C. M. Nov.

Hieher wol noch (vgl. Wachilapus):
Theudelapius (7) Paul. diac. IV, 17, 52 etc.

Teodelabius Gld. II, a, 118.

Teutland. 8. Pol. Irm. s. 262.
Teutlannus pol. R. s. 33.
Thiodalant Gld. II, a, 108 neben Thodilant.
Thiedilant Ng. a. 947.
Thiedland P. V, 138 (ann. Einsidl.).
Tietlant P. V, 145 (ann. Einsidl.).

Teudelasso. 9. M. sec. 9 (s. 126).
Theodelassius Lp. a. 915 (II, 91).

Theudelinda, fem. 5. Tochter des Baiernherzogs Garibald, frau des Langobardenkgs. Autharis.
Theudelinda P. VI, 87 (chron. Median. monast.); VIII, 320 (Sigebert. chron.); XI, 350 (Hugo Floriac.); Paul. diac. III, 29 etc.
Theudelindis Fredegar.
Teudelindis (und -a) P. V, 232 (Andr. Bergom. chron.); pol. Irm. s. 54, 104; pol. R. s. 86.
Theutlindis tr. W. a. 742 (n. 2); Laur. sec. 8 (n. 11).
Teuthlinda Laur. sec. 8 (n. 324).
Teutlindis pol. Irm. s. 10, 16 etc.; pol. R. s. 37, 51 etc.
Teutlint Laur. sec. 8 (n. 1038).
Teudilinda P. V, 873 (regg. catal.).
Thiotlind Gld. II, a, 128.
Thiotlindane (gen.) tr. W. a. 777 (n. 73).
Theodolinda Lp. a. 714 (II, 815).
Theodelinda P. VIII, 144—146 (Ekkeh. chron. univers.).
Theotlind St. P.
Teodelindis pol. Irm. s. 30.
Theotlint Laur. sec. 9 (n. 927).
Deotlind Mchb. sec. 8 (n. 99); St. P. mehrm.
Deotlint St. P.
Teotlind St. P.
Thietelind Gld. II, a, 128.
Dietlind St. P.
Dietlint Laur. sec. 8 (n. 186, 324).
Thudelindis schon etwa sec. 5 auf einer röm. inschr., bei Mainz gefunden (St. n. 575).
Tedelindis pol. Fossat. viell. hieher?
Ditlint Laur. sec. 8 (n. 2295); Lc. a. 1083 (n. 234).
Theodelina für Theodelinda P. XI, 537 (auctar. Mellic.).

Teutleoterius. 7. Pd. a. 694 (n. 432). Ist wol nur irrthümlich aus zwei n. zusammengeflossen.

Theotoloh. 9. Ng. a. 874 (n. 480).
Theotholoh, Thiotholohc, Theitoloh und Thieteloh Gld. II, a, 109.

Teutman. 8. Patriarch v. Aquileja sec. 9.
Teutman pol. Irm. s. 274.
Teutmann (so) P. II, 184 (ann. S. Amandi).
Thiotman Laur. sec. 8 (n. 3399).
Theotman Gld. II, a, 109.
Tiadman Wg. tr. C. 324, 347.
Dietman Laur. sec. 8 (n. 223).
Tutaman K. a. 861 (n. 136; Ng. ebds.) neben Tuttaman.
Ditman P. III, 90 (Kar. M. capit.).
Titman Laur. sec. 8 (n. 615).
Hieher auch wol:
Thiomman Schn. a. 923.
Theoman K. c. a. 816 (n. 75).
Nhd. Detmann, Dettmann, Dietmann, Dittmann, Thidemann, Thiedemann, Thiemann, Tiedemann, Tiedmann, Tiemann.

Thiudemer. 4. Sec. 5: kg. der Ostgothen. Sec. 6: Suevenkg. in Spanien. Sec. 9: ep. Vesensis; b. v. Salzburg. Sec. 10: sächs. graf; b. v. Merseburg; b. v. Minden. Sec. 11: markgr. der Lausitz; b. v. Osnabrück.
Thiudemer P. VIII, 307, 310 (Sigeb. chron.).
Theudimer hist. miscell. 15; Cassiod. XI, 1.
Theudemer P. VIII, 311 (Sigeb. chron.).
Teudemar Lp. a. 856 (I, 783).
Theutmar P. I, 468 (Hincm. Rem. ann.), 504 (Kar. II capit.); Laur. sec. 8 (n. 290).
Teutomeres Amm. Marc. XV, 3.
Teutmar P. VI, 66 (Folcuin. gest. abb. Lobiens.); Ng. a. 670; Laur. sec. 8 (n. 2471); Sm. (var. Teotmar); pol. Irm. s. 25; pol. R. s. 83; Wg. tr. C. 235; St. M. a. 942.
Teutmer Wg. tr. C. 234.
Thiotmar P. IV, 18 (Heinr. I constitut.); Laur. sec. 9 (n. 2829); M. B. a. 891 (XXXI).
Diotmar P. V, 101 (Lamberti ann.); VII, 153 (Lamberti ann.); M. B. a. 893 (XI), 877, 903 (XXXI); Gud. a. 893; H. a. 891, 893 (a. 122, 123); St. P.
Thiommar necr. Fuld. a. 990, 994.
Thiomar Gld. II, a, 109.
Theodemar P. V, 198 (chron. S. Bened.); IX öfters.
Theodomir E. s. VI, 384 (Joh. Biclar.).
Theodomeres Greg. Tur. II, 9.
Theodemir P. X, 318 (Hugon. chron.); Jorn.; E. s. V, 441 (Isidor).
Teodemar Gld. II, a, 118.
Theodmar P. IX, 329 (Ad. Brem.); Wg. tr. C. 468, 481.
Theotmar P. VIII, 23 (Ekkeh. chron. Wirzib.); IX, 423 (gest. episc. Camerac.); Schn. a. 750, 758; Laur. sec. 9 (n. 380).
Teodmar Wg. tr. C. 307, 481.
Theothmar M. B. a. 878, 888 (XXXI).
Theotdmar M. B. a. 907 (XXXI).
Deodemar Gld. II, a, 114.
Deotmar P. I, 414 (ann. Fuld.); conc. Compendiens. c. a. 757; M. B. a. 762 (VIII); St. P. drml.
Teotmar St. P. dreiml.
Thiadmar P. V öfters; IX, 332 f. (Ad. Brem.): Lc. a. 855 (n. 65); Wg. tr. C. 156, 164, 165, 167.
Thiatmar P. V oft; Wg. tr. C. 40, 46, 53, 57, 78, 84, 93, 173, 219; C. M. Dec.
Tiadmar Wg. tr. C. 126, 148, 149, 158.
Diatmar P. III, 411 (Hlud. Germ. capit.).
Thiadmer Wg. tr. C. 247.
Tiadmer Wg. tr. C. 287, 411.
Thietmar P. I, 624 (contin. Regin.); V—VIII oft; IX, 338 (Ad. Brem.), 849, 853 (chron. Hildesh.).
Tietmar C. M. Sept.
Tiethmar P. IX, 849 (chron. Hildesh.).
Thietmer P. V, 81, 84 (ann. Quedlinb.); C. M. Sept.
Dietmar P. II, 245 (ann. Wirzib.); VI, 791 (Adalberti vit. Heinr. II); VII, VIII öfters; IX, 246 (Gundechar. lib. pontif. Eichstet.); Gud. a. 840; M. B. sec. 9—11 (II, III, VI, XI, XIV); St. P. oft.
Diethmar P. I, 90 (ann. Salisb.).
Tietmar P. I, 90 (ann. Salisb.); IX, 249 (Gundechar. lib. pontif. Eichstet.); X, 543 (gest. abbat. Gemblac.); M. B. a. 1027 (XXIX).
Dietmair (so) Mchb. sec. 8 (n. 49).
Diemar necr. Aug.
Thiemar P. VI, 836 (vit. Burchard. episc.).
Ditmar Laur. sec. 8 u. 9 (n. 1979, 2818); St. P.; necr. Aug.; H. a. 1042 (n. 239).
Thetmar für Theotmar M. B. a. 907 (XXXI).
Deithmar und Tymme für diesen n. P. IX.
Nhd. Dettmer, Diemar, Diemer, Dittmar, Dittmer, Tiemer.

Teutomat. Gr. V, 383.

Theudemod. 6. Pd. a. 523 (n. 103). Derselbe heisst ebds. n. 104 Teudemond.
Theodemod conc. Autisiod. a. 578.
Teudemund. 7. P. V öfters.
Teutmund P. III, 505 (Hlud. II capit.); V, 223 (chron. Casin.); pol. R. s. 86.
Teutmunt pol. Irm. s. 104, 108.
Thiotmunt Dr. n. 344.
Theodemund conc. Tolet. a. 693.
Teodemund Gld. II, a, 119.
Theotmunt Ng. a. 773.
Tiadmund Wg. tr. C. 258.
Thietmunt necr. Aug.
Theudemunda, fem. 8. D. Ch. I, 555.
Theotnand. 8. K. a. 827 (n. 91).
Theothnant Laur. sec. 8 (n. 2840).
Deotnand K. a. 802 (n. 53; Ng. ebds.).
Dietnanth Laur. sec. 8 (n. 868).
Nhd. Denant?
Teudonivia, fem. 6. Pd. a. 533, 615 (n. 119, 230) neben Theodonivia. Frühere ausgaben lasen falsch Theodonima und Theodovinia.
Diotni trad. Juvav. n. 154.
Theotniuui Dr. c. a. 788, a. 791 (Theotniu bei Schn. an beiden stellen).
Theotniv Schn. a. 819.
Theotni St. P. dreimal.
Teotni St. P.
Deotni Mchb. a. 806 (n. 704; M. B. VIII ebds.).
Thiatni K. c. a. 876 (n. 152).
Thietnuu (so) Gld. II, a, 128.
Tiotrach. 9. Laur. sec. 9 (n. 272).
Teuderat, msc. u. fem. 5. Theudered, Westgothenkg. sec. 5.
Teuderat Lp. a. 915 (II, 98).
Theudered E. s. II, 177.
Teudered Mab. a. 853.
Theudorid bei Isid. für Theudored.
Theudrad Laur. sec. 8 (n. 1228).
Teudrad Laur. sec. 8 (n. 1781, 1962); pol. R. s. 69, 104.
Thiotarat und Thioterat Gld. II, a, 128.
Thiotarat necr. Fuld. a. 950.
Thiotrat Laur. sec. 8 (n. 3085).
Diotrat St. P.
Theodrad P. II, 378 (hist. translat. S. Viti).
Theotrat St. P. zwml.
Theotdrat Laur. sec. 9 (n. 445).
Teoderad Gld. II, a, 119.
Teodrad pol. Irm. s. 4, 5 etc.
Teotrat St. P.
Teothrad Laur. sec. 9 (n. 809).
Deodrat St. P.
Deotrat St. P. öfters.
Thiadrad Wg. tr. C. 486.
Thiadred Wg. tr. C. 485.
Thiatrad Lc. a. 838, 843 (n. 53, 57).
Thiederat Lc. c. a. 1070 (n. 221).
Thieterat Gld. II, a, 128.
Thiedrat Laur. sec. 9 (n. 2557).
Thietrat Gld. II, a, 128.
Tietrad Laur. sec. 8 (n. 812).
Dietrad St. P.
Dietrat St. P. zwml.; Laur. sec. 9 (n. 199).
Theatrad Lc. a. 836, 845 (n. 50, 60).
Didrad pol. Irm. s. 84, 109.
Theotcrat Laur. sec. 8 (n. 412) wol Theoterat zu lesen.
Theuderada, fem. 8. P. V, 701 (Bened. chron.); Paul. diac. V, 25, VI, 1 etc.
Teudrada pol. Irm. s. 250; pol. R. s. 7, 38 etc.
Theudradane (gen.), dafür auch verschrieben Theuderane tr. W. a. 777 (n. 230).
Teudradanae (gen.) Laur. sec. 8 (n. 1094).
Dhiotorat Gld. II, a, 97.
Theodorada P. VIII, 560 (annalista Saxo).
Theoderada P. II, 453 f. (Einh. vit. Kar.); V, 483 (chron. Salern.).
Theoderata P. VIII, 163 (Ekkeh. chron. univers.), 562 (annalista Saxo).
Theodrada P. II öfters.
Deodrada pol. Irm. s. 193.
Deotrata Mchb. sec. 8 (n. 30).
Teotrada Ng. a. 773.
Theodreda Mab. a. 824.
Teodrada pol. Irm. s. 155, 185.
Deotraht Gld. II, a, 97.
Diederada P. VIII, 148 (Ekkeh. chron. univers.).
Diederadis G. a. 1083 (n. 66).
Theadarat tr. W. a. 840 (n. 151).
Titrada Laur. sec. 9 (n. 693).
Theodia für Theodrada M. B. a. 857 (XXXI).
Dieser n. wird mit Theodora verwechselt P. V, 702 (Bened. chron.).
Theudoricus. 1. Sec. 1: ein Sigambrer.

Sec. 5: Th. I, kg. der Westgothen; Th. II, sohn des vorigen; Th. d. grosse, Ostgothenkg.; Th. strabo, goth. fürst, röm. feldherr. Sec. 6: Th. I, könig v. Austrasien, sohn Chlodwigs; Th. II, kg. v. Austrasien, sohn v. Chlodwigs urenkel Childebert; ep. Castulonens. Sec. 7: b. v. Lissabon; b. v. Lyon. Sec. 8: Th. III, kg. v. Frankreich, sohn Chlodwigs II; Th. IV, kg. v. Frankreich, sohn Dagoberts II; herzog v. Burgund; ep. Taurianens. Sec. 9: b. v. Besançon; b. v. Cambray; b. v. Minden; b. v. Perugia. Sec. 10: b. v. Barcelona; benedictiner zu St. Alban bei Mainz. Sec. 11: b. v. Chartres; b. v. Metz; b. v. Minden; b. v. Verdun; ep. Urbinens.; markgraf zu Brandenburg; mönch v. Benedictbeuern.

Theudoricus Isidor; Idat. a. 453 etc.; E. s. II, 178.

Theudericus P. I, 283 (chron. Moissiac.); II, 259 (chron. Moissiac.); Pd. a. 677, 681, 683, 723 (n. 387, 397, 402, 527); Paul. diac. IV, 12 etc.; gest. regg. Franc.

Δευδόριξ Strabo.

Θευδέριχος mit var. Θεοδέριχος Proc., Agath., Theoph.

Teudericus P. II, 279 (gest. abbat. Fontan.); III, 539 (Kar. II capit.); pol. Irm. s. 42, 66 etc.; pol. R. s. 20, 36 etc.

Teudricus pol. Irm. s. 10, 18 etc.

Teutrich Laur. sec. 8 (n. 2412, 2756).

Teuricus P. V, 558 (chron. Salern.).

Thiodiricus tr. W. a. 737 (n. 37).

Thiotiricus Ng. a. 816.

Thiotirih Gld. II, a, 108.

Thiodericus P. IV, B, 173 (Heinr. II pact.); VIII, 677 (annalista Saxo); IX, 849 (chron. Hildesh.); Lc. c. a. 1070, 1080 (n. 221, 229).

Tiodericus P. VII, 233 (Lamberti ann.); IX, 849 f. (chron. Hildesh.).

Dioterih K. a. 839 (n. 103).

Diotericus P. VII, 157 (Lambert. ann.).

Diodericus P. VII, 154 (Lambert. ann.).

Thiodric Wg. tr. C. 465.

Thiodricus P. I, 628 (contin. Regin.); V öfters.

Thiotricus P. I, 368 (Ruod. Fuld. ann.), 393 (ann. Fuld.); II, 674 (transl. S. Alex.); Laur. sec. 10 (n. 64).

Thiodrih K. a. 764 (n. 9).

Thiotrih P. I, 393 (ann. Fuld.).

Diotricus P. XI, 220 (chron. Benedictobur.); M. B. a. 931, 1033 (XIV, VII).

Thiorihc und Thiorich Gld. II, a, 108.

Theodoricus P. II, III, V, IX oft; Greg. Tur. mehrm.; Ng. a. 680—690; Fredegar.; M. B. a. 1040—1045 (III, XI, XIII).

Teodoricus P. X, 472 (Hugon. chron.).

Theotoricus Ng. a. 819.

Theodericus P. oft; Jorn.; Gud. a. 983; St. M. a. 1065.

Teodericus P. II, 194 (ann. Lobiens.), 657 (Nithardi hist.); III, 426 (Kar. II capit.); VI öfters; IX, 408, 429, 430, 444 (gest. episc. Camerac.); Ng. a. 735; pol. Irm. s. 102; pol. R. s. 106.

Theoderic Wg. tr. C. 37.

Theotericus P. II, 32 (Ermenrici vit. S. Galli); Ng. a. 808.

Theoterih necr. Aug.

Teoterich P. I, 105 f. (ann. S. Columbae).

Deoderich P. V, VI, VIII öfters; X, 217 (vit. Conradi); G. a. 967 (n. 20); Guér. a. 984.

Theotherich und Theothirich Gld. II, a, 108.

Theotderich St. P.

Teodric Wg. tr. C. 302.

Teodrich (var. Teotrich) Sm.; Teodrich auch St. M. c. a. 962.

Theodrich P. I, 114 (ann. Lauriss.), 269 (poeta Saxo); II, 187 (ann. Gand.); III, 568 (Kar. III capit.); VI, 796 not. (synod Francof.).

Theotrih Dr. a. 777; Ng. a. 778; St. P. zwml.

Theotrich Dr. a. 790 (Theotruh Schn. ebdas.); Laur. sec. 8 (n. 1807).

Deodrich P. IV, 36 (Ott. M. constit.).

Deotrich Gld. II, a, 97.

Deotrih Ng. a. 778; St. P. öfters.

Teotrih St. P.

Theotdrich St. P.

Thiadric P. V öfters; Wg. tr. C. 28, 40, 48, 68, 99, 120, 132, 194, 218, 246, 271, 328, 381, 389, 426, 430, 436, 468, 470, 483.

Thiadrich P. II, 770 (vit. S. Rimberti); VI, 464 (Sigebert. vit. Deoder.); IX, 298, 317, 330 (Ad. Brem.).

Thiatric Lc. a. 855 (n. 65).

Tiadric Wg. tr. C. 291, 360.

Thiedorik Frek.

Thiederic C. M. Sept.; Ms. a. 1086 (n. 34).

Thiederik Frek.; Lc. a. 1061 (n. 196).
Thiederich P. IV, B, 176 (Heinr. II pact.); VII öfters; VIII, 555, 618 etc. (annalista Saxo).
Thieterich P. II, 129, 132 (Ekkeh. cas. S. Gall.).
Tiederik Frek.
Tieterich P. I, 82 (ann. Sangall.).
Tieterihc Gld. II, a, 108.
Dieterih necr. Aug.
Dieterihc necr. Aug.
Diederich P. I, 628 (contin. Regin.); VII öfters; Gud. a. 1006.
Thiedorich P. IX, 468 not.
Dieterich P. VII, VIII öfters; IX, 246, 250 (Gundechar. lib. pontif. Eichstet.).
Dietherich Laur sec. 8 (n. 882).
Thiedric C. M. Dec.
Thiedrich P. IV, 18 (Heinr. I constit.); V öfters.
Tiedrich P. V öfters; St. M. a. 1002.
Dietrich P. VII öfters; M. B. sec. 11 (II, IV, VI, VII)
Thietrich P. VI, 285 (vit. Mahthild. regin.).
Thietrih necr. Aug.; Dr. sec. 10 (n. 672; Schn. ebds. Tretrih).
Thietrihc necr. Aug.
Tiedric Wg. tr. C. 398.
Theatrih tr. W. a. 851 (n. 204).
Teatrih tr. W. a. 851 (n. 254).
Tidericus Gud. a. 1006.
Tiderich Lc. c. a 1080 (n. 243).
Thideric Ms. a. 1087 (n. 36).
Thiderich P. VI, 778 (Thangmar. vit. Bernwardi).
Diderich Gud. a. 963.
Diterih Dr. a. 1049 (n. 752; fehlt bei Schn.).
Ditricus necr. Aug.; St. P.; Laur. öfters.
Thidrich Gud. a. 1006.
Thodoricus (so) Pd. a. 675 (n. 376) für Theod-.
Thiaedric C. M. Mai.
Thieoderich (so) P. IX, 847 (chron. Hildesh.); Ms. a. 1090 (n. 39); Lc. a. 1091, 1094, 1096 (n. 245, 248, 252).
Thederich Lc. a. 1047 (n. 182).
Thedric Wg. tr. C. 466.
Tederich P. IX, 674 (chron. mon. Casin.).
Tiheiterich (so) Ng. a. 858.

In einer zu Wiesbaden gefundenen röm. inschrift aus sec. 3 (St. n. 242) ist in dem dat. Toutiorigi (so) wahrscheinlich unser n. enthalten.

Greg. Tur. schreibt Theodorus, Idat. Theodores statt unseres namens.

Altn. Thiodrekr. Ags. Theódric. Nhd. Dederich, Deitrich, Dettrich, Diederich, Diedrich, Dieterich, Dietrich, Diettrich, Ditterich, Dittrich.
O. n. Deotrihesdorf, Deotrihesheimma, Theotricheshus.

Theutrid. 8. Laur. sec. 8 (n. 1163).
Thiadrid Wg. tr. C. 294, 403.

Theoderisius. 9. Gld. II, a, 119.
Teoderissi (genit.) Lp. a. 898 (I, 1078).
Nhd. Diederis.

Teudorosena, fem. 6. Pd. a. 533 (n. 118).
Theodorosena Pd. a. 533 (n. 119).

Theoderuna, fem. 7. Test. Erm.

Teutsind, msc. u. fem. 7. Ep. Britonens. sec. 9.
Teutsind P. II, 282–284, 290 (gest. abbat. Fontan.); Pd. a. 566 (n. 171; unecht), 667 (n. 357).
Thiotsind Gld. II, a, 128.
Theodesind conc. Ovetens. a. 873.
Theotsind Gld. II, a, 128.
Teoderindus (so) Pd. a. 694 (n. 432) steht wol für Teodesindus.
Deosind Gld. II, a, 121.
Thiatsind Gld. II, a, 128.
Thietsint Gld. II, a, 128.
Theitsind Gld. II, a, 128 hieher?

Teutsindis, fem. 7. Tochter des Friesenfürsten Ratbod sec. 7.
Teutsindis pol. Irm. s. 99, 246.
Teutsinda pol. Irm. s. 175; pol. R. s. 36, 103; gest. regg. Franc.
Teutsinta pol. Irm. s 166.
Teutsinua pol. R. s. 54; St. M. c. a. 962.
Theotsinda Ng. a. 779.
Thudsinda P. I, 290 (chron. Moissiac.).

Deostet. 8. St. P.

Theutsuind, fem. 8. Laur. sec. 8 (n. 410).
Theutswind Laur. sec. 8 (n. 1168).
Teutsuind Laur. sec. 8 (n. 1195).
Theusuind Laur. sec. 8 (n. 322).
Diotswind Mchb. sec. 9 (n. 956).
Diotsuind St. P. zwml.
Diotsuid Mchb. sec. 10 (n. 1017).
Theotsuint Laur. sec. 8 (n. 1498).
Deotswind Mchb. sec. 8 u. 9 (n. 283, 462, 647); M. B. a. 806 (VII); St. P.
Deotsuind St. P. zwml.
Deotsuint St. P.

Teodsuind St. P.
Dietsuint Laur. sec. 8 (n. 330, 877).
Thietsuit C. M. März.
Thietsuht (so) C. M. Sept.
Titsuinda Laur. sec. 8 (n. 858).
Diswind Schn. c. a. 813 (Dr. ebds. n. 296 Ditsuuind).

Thietdiv. 11. P. V, 80 (ann. Quedlinb.).

Teodwal. 9. Wg. tr. C. 260.
Deotolh St. P.
Deowilh St. P. etwa für Deowalh?
Deotalha (msc.) Ng. a. 812 scheint Deot-walah zu sein; ebds. auch Ruadalha.

Theudoald. 6. Sec. 11: ep. Alban.; ep Eugubin.; ep. S. Mariani.
Theudoald Pd. a. 615 (n. 230); gest. regg. Franc.; Fredegar.
Theudald Pd. a. 615 (n. 230).
Theutald Lp. a. 962 (II, 267).
Teudoald Lp. a. 854 (I, 759): sein bruder heisst Teupold.
Teudold pol. Irm. s. 40, 72 etc.; pol. R. s. 45, 56; Wg. tr. C. 323.
Teudald Laur. sec. 8 (n. 1448); pol. Irm. s. 43, 204; pol. R. s. 69.
Teutald Lp. a. 928 (II, 167).
Teuchold Laur. sec. 8 (n. 1861) ist wol Teuthold zu lesen.
Thiodolt Ng. a. 825; Laur. sec. 9 (n. 1893).
Diodold K. a. 839 (n. 104).
Diodald K. a. 839 (n. 104; Ng. ebds.).
Diodolt Ng. a. 824.
Diotolt K. a. 824 (n. 88 u. 89; Ng. ebds.).
Thiotolt P. II, 62 (Ratperti cas. S. Galli); Ng. a. 803.
Theodovald Greg. Tur. öfters = -bald.
Theodevald P. V, 220 (chron. Luxov.).
Theodoald P. V öfters; VIII, 329, 331 (Sigeb. chron.); Mab. a. 775.
Theodald P. I, 289, 290, 322 (chron. Moissiac.), 26 (ann. Alam.), 27 (ann. Nazar.); II, 278 (gest. abbat. Fontan.); VII, 443 (Bernold. chron.); X, 328 (Hugon. chron.).
Theodold Laur. sec. 8 u. 9 (n. 2179, 2724).
Theodolt Ng. a. 791, 820; St. P. dreiml.
Theotdolt Laur. sec. 8 (n. 324).
Teodold P. I, 63 (ann. Sangall.); III, 505 (Hlud. II capit.); V, 223 (chron. Casin.); pol. Irm. s. 148.
Teodolt St. P.
Dheodolt K. a. 793 (n. 42; Ng. ebds.).
Teodald P. V öfters; pol. Irm. s. 20, 61 etc.; pol. R. s. 106.
Deotolt Ng. a. 812.
Dheodold Ng. a. 797.
Theotolt Ng. a. 822.
Theothold K. a. 861 (n. 135).
Theotholt K. a. 827 (n. 91; Ng. ebds.).
Tiadwold Lc. a. 855 (n. 65).
Diadold K. a. 786 (n. 31).
Thiedold P. V, 806 (Thietmari chron.).
Tietold P. VI, 687, 688, 692 (Adalbold vit. Heinr. II).
Thidolt Laur. sec. 8 (n. 1414).
Didolt Laur. sec. 9 (n. 532).
Didald P. IV, 52 (Heinr. IV constit.).
Titdold Laur. sec. 8 (n. 828).
Theodol St. P. wol für Theodolt.
Teutald qui et Seuzo (soll Teuzo heissen) Lp. a. 985 (II, 382).

Oefters geht dieser n. in Theodebald über.
Nhd. Dewald, Diedelt, Diewald.

Teudoan. 9. Pol. R. s. 59.
Teodoan pol. R. s. 60.

Thiotwar. 8. Tr. W. a. 788 (n. 74).
Teudoerus pol. R. s. 76.
Theodoar P. III, 90 (Kar. M. capit.).
Deotwar St. P.
Theotuuar Dr. sec. 9 (Schn. ebds. Theotmar).
Theitwar Gld. II, a, 128 viell. hieher.
Nhd. Diewer.

Teudoara, fem. 8. Pol. Irm. s. 213.

Theotward. 9. Wg. tr. C. 335.
Teudoard pol. R. s. 60.
Teodward Wg. tr. C. 227.
Teodoard pol. Irm. s. 148, 209.

Thiadwerc. 9. Wg. tr. C. 477.
Thiatwerc Wg. tr. C. 468.
Tiadwerc Wg. tr. C. 478.

Thiadwif, fem. 8. P. II, 423 (vit. S. Liudgeri).
Thietwib Gld. II, a, 128.

Teudwit, fem. 8. Laur. sec. 8 (n. 1346).
Teudoidis pol. R. s. 71.
Tietwidis P. VI, 741 (Lantbert. vit. Heriberti).

Thiotwic. 8. Gld. II, a, 128.
Theotwic Gld. II, a, 109.
Theotuvig Schn. a. 765.
Deotwich St. P.
Deotwihc Mchb. sec. 9 (n. 647).

Deotwih Mchb. sec. 9 (n. 341).
Dietuvich M. B. sec. 11 (VI).
Deitwich (so) Lc. c. a. 1074 (n. 226).
Deotwiha, fem. 9. R. a. 821 (n. 21).
Deowilh s. Teodwal.
Teuduin. 8. Laur. sec. 8 (n. 1939).
Teudoin Mab. a. 798; pol. Irm. s. 93, 155; pol. R. s. 35, 69 etc.
Teuthuin Laur. sec. 8 (n. 3467).
Thiotwin tr. W. a. 713 (n. 36).
Diotwin Gld. II, a, 98.
Thiodoin tr. W. a. 714 (Pd. nachtr. n. 32).
Theodowin P. I, 331 (ann. Mett.).
Theoduin P. VI, 63 (Folcuin. gest. abb. Lobiens.).
Theodoin P. I, 116 (ann. Lauriss.); VIII, 555 (annalista Saxo).
Deoduin P. VI, 21 (ann. Laubiens.), 28 (ann. Leodiens.); VIII, 359, 363 (Sigeb. chron.); X, 542 (gest. abbat. Gemblac.); Ng. a. 757.
Theotwin Ng. a. 826.
Deotwin St. P.
Deotuin Ng. a. 778.
Teodoin pol. Irm. s. 22; pol. R. s. 8.
Deodoin pol. Irm. s. 27.
Teodoen pol. Irm. s. 90.
Thietwin P. IX, 195 (Anselm. gest. episc. Leod.).
Tietwin P. X, 539 (gest. abbat. Gemblac.).
Dietwin P. VII, 128 (Herim. Aug. chron.), 229 (Lamberti ann.); St. P.; Gud. a. 1028.
Diedewin Gud. a. 1028.
Dudoin pol. Irm. s. 143.
Diduin P. VI, 20 (ann. Laubiens.).
Didoin pol. Irm. s. 79.
Ags. Theódvine.
Theodovinia, Teudovinia s. Teudouivia.
Teudois. 8. Pol. Irm. s. 184, 204.
Deotwiz Mchb. sec. 8 (n. 656).
Theudulf. 7. Mab. a. 754; Laur. sec. 8 (n. 558).
Theudolf Laur. sec. 8 (n. 1157).
Teudulf P. I, 313 (chron. Moissiac.); III, 529, 532 (Kar. II capit.); pol. Irm. s. 108, 148.
Deudulf Mab. a. 821.
Theutdolf Laur. sec. 8 (n. 357).
Thiotolf Schn. a. 835 (Dr. ebds. n. 488 Thiorolf); Schn. a. 863 (Dr. ebds. n. 585 Thacholf).
Diottolf Laur. sec. 9 (n. 783).
Diudolf neben Duidolf Mchb. sec. 8 u. 9 (n. 245, 246, 357, 419).

Theodulf P. I, 204 (Einh. ann.); II öfters; III, 30 (Pipp. capit.), 561 (Arnulf. capit.); VI öfters; conc. Hispalens. a. 619; conc. Tolet. a. 681, 683; Guér. a. 840; Greg. Tur. X, 14; Wg. tr. C. 401.
Theodulph P. VI, 66 f. (Folcuin. gest. abbat. Lobiens.); VIII, 316 (Sigeb. chron.); Greg. Tur. VIII, 18.
Theodolf P. II öfters; Laur. sec. 8 (n. 211).
Theotolf Schn. a. 827 (Dr. ebds. n. 473 Theorolf); St. P. zwml.
Teodulf Wg. tr. C. 290, 292, 319, 324.
Teodolf Laur. sec. 8 (n. 2112).
Theotulffus (so) Gld. II, a, 119.
Deodulf pol. Irm. s. 27.
Teodoalf (so) Mur. 1962, 3.
Thiadulf Lc. a. 793 (n. 2); Wg. tr. C. 109, 175, 427.
Thiadolf P. VIII, 654 (annalista Saxo); Wg. tr. C. 163.
Tiadulf Wg. tr. C. 77, 81, 92, 121, 247.
Thiedulf C. M. Mai.
Thiedolf P. II, 775 (vit. S. Rimberti); V, 798 (Thietmari chron.); VIII, 650 (annalista Saxo); C. M. April.
Thietolf Gld. II, a, 109.
Thietdolf Laur. sec. 8 (n. 762).
Thiedof (so) P. V, 99 (ann. Hildesh.).
Thudolf Laur. sec. 9 (n. 33).
Ditwolf Laur. sec. 8 (n. 795).
Ditolf Gud. a. 910.
Tidulf Wg. tr. C. 321.
Nhd. Dettloff, Diedolph, Dötlof, Teutloff, Tietloff, Titloff.
O. n. Deotolfesdorf.

Zu diesem stamm gehört vielleicht noch:
Tudri (gen.) var. Trudi Tac. Germ. 42.

Zusammensetzungen mit erweitertem stamme:

1) mit suffix L:
Teudelberga, fem. 8. Pol. Irm. s. 209.
Teudelgerdis, fem. 8. Mab. a. 854.
Teodalgardis pol. Irm. s. 224.
Teudelgildis, fem. 8. Pol. Irm. s. 210.
Teutlehildis, fem. 7. A. S. Jan. II; d. Ch. I, 669.
Teutlildis pol. Irm. s. 79, 113.
Teodolildis pol. Irm. s. 137.
Theodelhildis neben Teodilda H. a. 797 (n. 61).

2) mit suffix R:

Dietergis. 9. Laur. sec. 9 (n. 216).

Theuderulf. 9. Lp. a. 1023 (II, 511).

Teuderulf Lp. a. 843, 896, 904, 923 etc. (I, 699, 1055; II, 34, 130 etc.).

Teuderolf Lp. a. 843, 875 (I, 699, 871).

Theoderulf Lp. a. 904, 913, 938 etc. (II, 34, 87, 198 etc.).

Theoderulph Lp. a. 1000 (II, 427).

Teoderulf Lp. a. 886, 904, 905, 909 etc. (I, 987; II, 34, 58, 67 etc.).

Teoderolf Lp. a. 774, 897 (I, 527, 1059).

Teoderulph Lp. a. 928 (II, 167).

Tehuderulf (so) Lp. a. 909 (II, 67).

3) mit suffix Z:

Deutselm. 8. Pol. Irm. s. 175.

Diezhelm Laur. n. 3825.

Tietselm P. IX, 439 (cod. evangel. Camerac.).

Thicemar. 11. Lp. a. 1049 (II, 627).

Diezawib, fem. 11. St. P. zwml.

Diezwib Laur. n. 3826.

Thiurhilt s. DIUR. **Thomichis** s. DOM.

Thoncierd (so). C. M. Aug. Verderbt?

Thoneburg, fem. C. M. Dec.

Thonielef (so). C. M. Mai. Verderbt?

Thorisarius, Thorisind, Thorismund s. THURS.

THRAFST. Zu goth. þrafstjan trösten, þrafsteins trost u. s. w. stelle ich zwei namen. Damit noch die unter TROST angeführten zu verbinden hindern gewichtige gründe; vgl. namentlich darüber Diefenbach goth. wb. II, 677.

Trafstila. 5. Gepidenkg. Jorn. 58.

Trapestila P. VIII, 128 (Ekkeh. chron. univers.).

Trapsila = Trapestila P. VIII, 312 (Sigeb. chron.).

Triopstila hist. misc. 15; verderbte lesart.

Thrasteberga, fem. 7. Test. Erm.

Vgl. zu diesen n. noch Flobargis, das zu ahd. flôbara solatium gehört und also vielleicht gradezu zu diesem stamme zu stellen ist. S. Grimm gr. II, 43.

THRAG. Ich denke mir das formenverhältnis der folgenden n. so: ursprünglich gehören sie zu goth. þragjan laufen, ags. þregjan (auch þragu lauf, þräc kraft, tapferkeit). Als diese wörter aber aus der sprache schwanden, da lehnte man volksetymologisch diese formen an ahd. tragan ferre, und so entstand ein schwanken der anlaute, das die klarheit der etymologie trübt. Ahd. trâgi träge lasse ich natürlich aus dem spiel. Aus sächs. mundart mangeln leider die beispiele. Als zweiten theil bemerke ich THRAG in Cundrigi, Notdrige und Wolfdrigi (8), erweitert auch in Wolfdragil (8), welches auch Grimm gesch. d. dtsch. sp. 404 zu dregil cursor setzt.

Trago. 8. St. P. Vgl. Drogo.

Dregil. 9. Mchb. sec. 9 (n. 563).

Dracolenus. 6. Greg. Tur. V, 26; Fredegar.

Traganta, fem. 8. K. a. 786 (n. 30; Ng. ebds.).

Thragabold. 9. Schn. a. 826.

Dragobod. 7. Mab. c. a. 664 (ann. Bened.); H. ebds.; Pd. a. 665, 667 (n. 360 u. nchtr. n. 4); tr. W. a. 700 (Pd. nchtr. n. 12).

Dragebodo Laur. n. 3506, 3527; H. c. a. 1054 (n. 254).

Tragapoto M. B. sec. 11 (IX zwml.).

Tragoboto necr. Aug.

Tragebodo K. a. 1091 (C. S. n. 12).

Trageboro Gld. II, a, 109 wol verderbt.

Dragabon. 9. St. P.; etwa Dragabod?

Dracoald. 7. Pd. a. 615 (n. 230).

Drahwin. 9. Schn. a. 808.

Tragulf. 9. Dracholf b. v. Freisingen sec. 10.

Tragulf P. III, 252 (Hlud. et Hloth. capit.).

Trogulf (so) Lp. a. 886 (I, 983).

Dracholf M. B. a. 912, c. a. 916 (XXVIII, XXXI); Ng. a. 918; Mchb. sec. 10 (n. 982 ff.).

THRAS. Die formen mit Thras- und Tras-, zu denen ich auch gleich Trans- füge, welches muthmasslich eine ältere gestalt ist, müssen muthig oder schnell bedeutet haben. Man vergl. goth. þras schnell, verwegen, mhd. trasen laufen, altn. þras streit, þrasa streiten. Dazu auch die altn. namen Dôlgþrasir, Lifþrasir, Mögþrasir. Siehe Diefenbach goth. wb. II, 714. Oeftere vermischung mit THURS tritt ein.

Thraso. 9. Gld. II, a, 108.

Traso Hd. m. S. a. 1068 (II, 88).

Treso R. a. 822 (n. 23).

Transila. 5. P. VIII, 310 (Sigebert. chron.).

Transilane (cas. obl.) test. Erm.

Transtila mit var. Strantila P. VIII, 136 (Ekkeh. chron. univers.).
Nhd. Dressel.
Drasuno. 9. Mchb. sec. 9 (n. 635). Drasunc?
Trasarus. 9. P. II, 292—294 (gest. abbat. Fontan.).
Transobad. 6. Greg. Tur. V, 47; VI, 38; A. S. Jan. II (var. Trusibald).
Trasebert. 7. H. a. 698 (n. 25); Pd. a. 704 (n. 459; H. ebds. n. 28).
Trasibrict Pd. a. 698 (n. 449).
Transbericius (dieselbe person) Pd. a. 699 (n. 450; H. ebds. n. 26).
Tresbert pol. Irm. s. 105, 115.
Trasgar. 7. Pd. a. 657 (n. 328).
Drasaleh (zt. unbest.) necr. Aug.
Drasaleib. Gld. II, a, 98.
Transilindis, fem. 9. Pol. R. s. 64.
Trasmar. 7. P. VII, 25 (ann. Blandin.).
Trasimir conc. Tolet. a. 681.
Transemir E. s. VI, 569 (Julian.).
Transmar P. II, 187 f. (ann. Gand.); V, 384, 398 (Flodoardi ann.), 606 (Richeri hist.)
Trasnar Lgd. a. 802 (I, n. 11) für Trasmar?
Tresmir Lgd. a. 958 (II, n. 90).
Trosamunt. 9. Schn. a. 876. Wol hieher.
Thrasamunt. 6. Vandalenkg. sec. 6. Hzg. v. Spoleto sec. 8. Graf v. Teate sec. 11. Ep. Fesulanus sec. 11.
Thrasamunt Schn. a. 801.
Trasamund P. VIII, 331 (Sigeb. chron.); X, 318 (Hugon. chron.); hist. miscell. 14.
Τρασαμοῦνδος Procop., Theoph.
Dhrasamund Ng. a. 830.
Drasamunt Pd. a. 740 (nchtr. n. 68; R. ebds. n. 2); Mchb. sec. 9 (n. 472).
Trasimund exc. auct. ign.; Greg. Tur. II, 2.
Thrasimund P. X, 317 (Hugon. chron.).
Trasemund P. VIII, IX öfters; Isidor; Paul. diac. IV, 53 etc.; E. s. VI, 473 f.
Trasemunt Schn. a. 952.
Drasemunt Laur. n. 3770.
Drasmunt Mchb. sec. 9 (n. 299).
Trasmund P. IX öfters; XI, 257 (gest. Roberti Wiscardi); Laur. sec. 8 (n. 1420).
Transamund P. VII, 55 (Lupus protospatar.); Jorn. 33 (var. Trasamund); hist. misc. 15.
Transmund P. IV, B, 179 (Nicol. II statut., mit var. Erasmus); V, 207 (chron. S. Benedict.); IX öfters; Cassiod. V, 43 f. (mit var. Transimund); Mur. 1874, 1; conc. Roman. a. 1059.
Transmand (so) P. VII, 331 (Brun. de bell. Saxon.).
Trasaricus. 5. Gepidenkg.
Trasaricus P. V, 250 (Erchemp. hist. Langob.); Joh. Biclar. (E. s. VI, 384).
Trasericus conc. Tolet. a. 683, 688.
Transaricus Jorn. 58.
Transirich Lgd. a. 845 (I, n. 67).
Trasuuald. 7. Pd. a. 648 (n. 312).
Thrasolt necr. Aug.
Nhd. Dresselt.
Transvar. 6. A. S. Febr. II.
Tresuin. 9. Lgd. a. 861 (I, n. 85).
Trasulf. 8. Abt v. Corvey.
Trasulf Laur. sec. 8 (n. 533); M. a. 863 (n. 15); Guér. sec. 10 (append. zum pol. Irm. s. 337).
Zusammensetzung mit erweitertem stamme:
Traselpot. 9. P. V, 543 (chron. Salern.).

Thrasteberga s. THRAFST.

THRAU.

Man vergleiche für die folgenden n. ags. þreá correptio, inflictio, vindicta, þreávjan reprehendere, corripere, alts. þroon, ahd. drawjan und anderes.

Throand. 8. Dr. a. 752.
Throant tr. W. a. 769 (n. 91); Schn. a. 813.
Troant St. M. a. 887.
Thruant K. a. 806 (n. 61; Ng. ebds.); Schn. a. 823.
Truand Dr. a. 816 (n. 323); K. a. 816 (nchtr. C); Laur. sec. 9 (n. 1804).
Truont St. P.
Trunt St. P.
Thruunt (so) Gld. II, a, 109.
Truant Laur. sec. 8 (n. 2444).
Truantdo tr. W. a. 780 (n. 190).
Trount Dr. trad. a. 747; Pd. ebds. n. 590.
Droant Mchb. sec. 8 (n. 5, 50 etc.); M. B. c. a. 804 (VI); St. P.
Droont St. P.
Druant tr. W. c. a. 850 (n. 167); necr. Aug.; Laur. n. 532.
Druont St. P.; Schn. a. 907 (Dr. ebds. n. 651 Druent).

Druant neben Drouant M. B. a. 905 (XXXI).
Throannus Lgd. a. 890 (II, n. 11).
Troannus Lgd. a. 889 (II, n. 9).
Droan St. P.
Druon St. P.
Croant (so) Mchb. sec. 9 (n. 364) wol für Droant.
Thruoant aus o. n. Thruoanteswilare K. a. 875 (n. 151).
Droildis, fem. 8. Pol. Irm. s. 242.
Troolf. 9. K. a. 878 (n. 153).

Thriuso, Thruso s. DRUS.

THULD. Vgl. ags. þyld, ahd. dult, dulti patientia. Doltiga fügt sich am besten zu ags. þyldig, ahd. dultig patiens. Oder ist goth. dulþs, ahd. tuld festum auch nicht gänzlich abzuweisen?
Tulta, fem. 9. Schn. a. 804 (Dr. ebds. Totta).
Doltiga, fem. 9. Mchb. sec. 9 (n. 865).
Dultinc. 10. R. a. 973 (n. 107); M. B. a. 986 (XXVIII).
Tulthere. 9. Laur. sec. 9 (n. 724).
Dultwin. 8. Laur. sec. 8 (n. 2040).

Thumelicus. 1. Θουμελικός Strabo VII, 1. Sohn von Arminius und Thusnelda. Es frägt sich, ob der n. deutsch ist. Da er aus dem deutschen nicht zu erklären sei, so meint Göttling (Thusnelda, Jena 1843), sei er ein dem jungen fürsten in Italien beigelegter sklavenname, eigentlich θυμελικός, und dies bezeichne jemand, der öffentlich irgend eine ars ludicra ausübe (in diesem falle nach Göttlings annahme die gladiatorenkunst). Grimm dagegen (gesch. d. dtsch. spr. 616) vermuthet darin Thûmeling (pollex), altn. Thumlungr.

THUNAR. Alts. þunar, ags. þunor, altn. dunr, ahd. donar tonitru, in den n. als der n. des gottes zu fassen. Auslautend in Albthonar (8).
Donar. Gr. V, 150.
Donarperht. 9. Mchb. sec. 9 (n. 346, 349, 455).
Donarpret Mchb. sec. 9 (n. 442).
Donarad. 8. Laur. sec. 8 (n. 464); = Donarrad? oder zu DON? Grimm myth. 170 vergleicht altn. Thôrðr.

Thunerulf. C. M. Sept.

THUND. Vgl. altn. þund panzer, harnisch, þundr bogen, ags. tud schild. Eine andere anknüpfung wäre die an ags. þindan (þand, þundon, þunden) tumere, tumescere. Ein goth. þunþs könnte gross, gewaltig bedeuten. Der hochd. anlaut T fiele jedenfalls aus der regel der lautverschiebung heraus. Vgl. noch Restedunt (10).
Dundo. 8. Laur. sec. 8 (n. 1506).
Tunda, fem. 9? St. P. zwml.
Tunti. 8. Mchb. sec. 8 (n. 85).
Tundan. 9. St. P.
Tunzi. 8. Mchb. sec. 8 (n. 210).
Tunza, fem. 9. Mchb. sec. 9 (n. 980).

Thuonlind, fem. Gld. II, a, 128.
Thurbarus. 3. Gothenführer. P. VIII, 122 (Ekkeh. chron. univers.). Bei Jorn. 20 sind die lesarten Taruaroque (ducibus) und Thuro Varoque (duces).
Thuring- s. TURING. **Thurisind, Thurismod, Thurismund** s. THURS.
Thurmod. 9. P. VIII, 187 (Ekkeh. chron. univers.).
Thuro. 3. Jorn. 20 (goth. heerführer); vgl. Thurbarus.

THURS. Altn. þurs und später assimilirt þuss, ags. þyrs, ahd. turs (für durs), mhd. turse gigas. Leichte vermischung mit THRAS.
Thorisarius. 5. Sever. Sulpic.
Thusnelda, fem. 1. Armins gattin. Wol für Thursinhilda.
Thusnelda Tac.
Θουσνέλδα Strabo VII, 1.
Thurismund. 5. Sec. 5: Westgothenkönig. Sec. 6: Gepidenkönig.
Thurismund P. VIII öfters (Ekkeh. chron. univers.; Sigeb. chron.); Sever. Sulpic.; Idat. (neben Thorismo).
Turismund E. s. II, 204.
Turismund (var. Torismund) hist. misc. 15.
Thurismod P. V, 31 (ann. Quedlinb.); VIII, 142 f. (Ekkeh. chron. univers.), 315 (Sigeb. chron.); hist. misc. 16.

Turismod Isidor; Paul. diac. I, 23 f.
Thorismund P. X, 317 (Hugon. chron.); Jorn. (var. Torismund, Toresmund, Thoresmund).
Thorsimund P. X, 317 (Hugon. chron.).
Thorismuth Cassiod. XI, 1.
Θορισμούθ Procop.
Thorismod Greg. Tur. II, 7.
Thorsimod P. X, 317 (Hugon. chron.).
Torsomod d. Ch. I, 522.
Horismud für Thorismund P. VIII, 303 (Sigeb. chron.).

Thurisind. 6. Gepidenkg. sec. 6, vater des Thurismod. Ich fasse den n. als Thuris-sind.
Thorisind P. VIII, 142 f. (Ekkeh. chron. univers.), 315 (Sigeb. chron.).
Turisind Paul. diac. I, 23 f.; Mchb. sec. 11 (n. 1241).
Turisend hist. misc. 16.
Turesind Lp. a. 947 (II, 210).
Θορισίν Procop.

Thuruft, Gr. V, 211, wol nur aus o. n. Thuruftisdorf geschlossen. Vgl. Unthurft.
Thusnelda s. THURS.
Thusunt, fem. 8. Laur. sec. 8 (n. 469).
Thut- s. THIUDA. **Tichhan, Tiewin** s. THIH. **Tid-** s. THIUDA.
Tiemich. 11. P. VI, 579 (vit. Brunonis).
Nhd. Thiemcke, Thiemke.
Tiemo s. Timo. **Tiersint** s. DIUR. **Tiholf** s. THIH. **Tila, Tilli** s. DIL.
Tilo. 10. Frek.
Die zu Tilo vielleicht gehörenden nhd. namen s. unter DIL.
Tilpurc s. DIL.
Tima, fem. 9. St. P. dreiml.
Timo. 8. B. v. Würzburg sec. 11; b. v. Salzburg sec. 11.
Timo St. P. sec. 9; Ng. a. 759; R. a. 837 (n. 31); Lc. a. 1003 (n. 141).
Dimo Laur. sec. 8 u. 9 (n. 1304, 3547).
Tiemo P. VII, 9 f. (ann. S. Michael. Babenb.); IX, 249 f. (Gundechar. lib. pontif. Eichstet.); necr. Aug.; M. B. sec. 11 (III, IV, VIII, XI); Lc. a. 1073 (n. 217).
Thimo Gld. II, a, 109.
Thiemo necr. Aug.; Lc. a. 1043 (n. 179).
Thiemmo Ms. a. 1070 (n. 26).
Thimmo Ms. sec. 11 (n. 38).
Diemo P. VII, 454, 463 (Bernold. chron.); St. P.
Tymo P. XI, 568 (auct. Garst.).
Tyemo P. XI, 553 (auctar. Cremifanense); M. B. a. 1055 (XXXI).
Dyomo Dr. a. 1057 (n. 756; Schn. ebds.).
Temo Ms. sec. 11 (n. 41).
Einige dieser formen sind gewiss entartete zu THIUDA gehörige bildungen, doch darf man das nicht von allen behaupten, und sie zu scheiden ist schwer.
Nhd. Diehm, Diem, Dieme, Thiem, Thieme, Thime, Thimm, Thimmo, Time, Timm, Timme.
O. n. Timinhoven.
Tingrid, Tingulf s. THING.
Tingund, fem. 8. St. P.
Tinno. 8. Mchb. sec. 8 (n. 173).
Tinnulo. 9. St. P.
Tinto s. Dindo. **Tiso** s. DIS. **Tiur-** s. DIUR.
Tizan. 9. Mchb. sec. 9 (n. 556).
Tizo s. THIUDA.
Tizzama, fem. 8. St. P. Verderbt? deutsch?
Toawart. 8. Mchb. sec. 8 (n. 140); verderbt?
Tolcholt. 9. Ng. a. 829 (n. 241); viell. irrthümlich statt Folcholt?
Tolcon. 10. H. a. 909 (n. 136); verderbt?
Tolebald. 8. Pd. a. 704 (n. 461; H. ebds. n. 29); viell. Folcbald?
Toleram. 9. H. a. 853 (n. 87); vielleicht Folcram?
Tolgan s. DULG.
Tolleib. 10. Necr. Fuld. a. 907; verderbt?
Tollo. 9. Necr. Fuld. a. 862.
Tolman. 7. P. VIII, 328 (Sigeb. chron.).
Tomanaht. 9. Dieser merkwürdige n. steht neben Woldmanat bei Dr. sec. 9 (n. 142).
Tomichis s. DOM.
Tonta, fem. 8. St. P. Ist etwa Touta zu lesen?
Tordel. 9. Schn. a. 848 (Dr. ebds. n. 535 Totdel).
Toro. Gld. II, a, 109.
Torolf s. DIUR. **Torro** s. DAR. **Tortold** s. DRUHT.
Tosti. Gld. II, a, 109. Verderbt?
Totila, 6. Gothenkönig. P. VIII, 24 (Ekkeh. chron. Wirzib.), 130, 140, 141, 150 (Ekkeh. chron. univers.), 316 f. (Sigebert. chron.); IX, 4 (Joh. chron. Venet.); Idat.; Fredegar.

Τώτιλας Procop. u. Agath. var. *Τώτιλλας*.
Totilas P. V, 698 (Bened. chron.).
Vgl. wegen des namens Baduilla den stamm BAD. S. die unter DOD und THIUDA angeführten formen, die unserm namen äusserlich sehr nahe stehn. Grimm denkt bei diesem n., wie bei ahd. Zuozo, Zuozilo an tatt und ähnliche formen (griech. *τάτα*) für vater; s. gesch. d. dtsch. spr. 272 (eine andere deutung giebt er bei Haupt ztschr. VI, 540).

Totocha s. DOD. **Tougolf** s. TAUG. **Trabini** s. DRAB.

Traerius. 8. Laur. sec. 8 (n. 935); deutsch?

Trag- s. THRAG.

Trancrad. 9. H. a. 959 (n. 169), 993 (n. 209).
Trancred Wg. tr. C. 339.

Tranculf. P. VI, 502 (Widric. vit. S. Gerardi).
O. n. Tranculfi villa.

Tranei. 10. St. P. Verderbt? fremd?

Trans- s. THRAS. **Trapestila** s. THRAFST. **Trapold** s. DRAB. **Tras-** s. THRAS. **Traward** s. DRAB.

Trauuila. 6. Schwiegersohn Theodorichs d. gr.
Trauuilanem (acc.) Greg. Tur. III, 31.

Treaht (so). 9. K. a. 861 (n. 136).

Trebel, Trebwin s. DRIB.

Trembert. 8. Pd. a. 706 (n. 469); verderbt?

Tresbert, Treso s. THRAS. **Tribagos, Tribigild** s. DRIB.

Triccheid, fem. 8. St. P.

Triccho s. FRIG.

Tridlindis, fem. 8. K. a. 773 (n. 15).

Tridmund. 11. Lgd. a. 1066 (II, n. 231).
Tritmund Lgd. a. 1077, 1084 (II, n. 270, 294).

Tridulf. 8. K. a. 773 (n. 15).
Ist in den drei letzten namen Trid- aus Frid- oder Trud- verderbt? vgl. auch Ermentrida (8).

Trisbold. 9. Pol. R. s. 7.

TRIU. Entweder zu goth. triu arbor oder zu goth. triggva ahd. triuwa foedus. Vgl. Grimm gr. II, 478.

Driuwa, fem. Gld. II, a, 121.

Triuhilt, fem. 9. Dr. a. 800 (Schn. ebds. Trudhilt); Dr. a. 824 (n. 425; Schn. ebds. Truhilt).

Triulaug, fem. 8. Schn. a. 798.

Triwerat, fem. Gld. II, a, 128.

Triwolf. 8. Mchb. sec. 8 (n. 49).
Treuuolf Dr. a. 795 (Schn. ebds. Treuuolf).
Triucolf Gld. II, a, 109 wol hieher.

Triutili, fem. Gld. II, a, 128.

Trogulf s. THRAG. **Trohtwine** s. DRUHT.

Tromolt. 8. Ng. a. 797.

Troolf s. THRAU. **Trosamuat** s. THRAS.

TROST. Zu ahd. trôst solatium; s. Diefenbach goth. wb. II, 677 f. Vgl. auch THRAFST.

Traostilo. 9. R. a. 821 (n. 21).

Trostila, fem. 9. Ng. a. 875, 904.

Trosthad. 9. St. P.

Trostmar. 9. R. a. 834 (n. 30).

Trount s. THRAU. **Truago** s. Drogo. **Truand** s. THRAU.

Truandrud, fem. Gld. II, a, 128.

Trubo. Gr. V, 491.
Nhd. Traub, Traube, Trübe.

Trud- s. DRUD.

Trullo und Trollo Gr. V, 530.
O. n. Trullinge, Trullinchova.

Trundavinda, fem. 8. Tr. W. a. 702 (n. 44 u. Pd. nchtr. n. 15); verderbt.

Trunsind, fem. Gld. II, a, 128.

Truogheri s. Drogo. **Truozi, Trusing, Trusun** s. DRUS.

Trutting, Gr. V, 473; wol nur aus o. n. Truttinchova von Gr. geschlossen.

Truza, Truzo s. DRUD. **Tuba, Tubinse** s. DUB. **Tuccun** s. DUG.

Tudevert. 10. Lp. a. 992 (II, 395). Ist etwa Audevert zu lesen?

Tudil s. THIUDA. **Tuderad** s. Auderat.

Tucho. 9. Wg. tr. C. 296.

Tufa. 5. (Dux regis Odoacri; deutsch?). Exc. auct. ign.
Tuffa hist. misc. 15.
Tupha (var. Rupha) Cassiod. IV, 32.
Zeuss s. 433 fragt, ob Tufa (für Tifa, Thifa) viell. zum n. der Thaifali gehöre; das ist gewiss nicht der fall.

Tugeman, Tugolf, Tugus, Tukko s. DUG. **Tulcho, Tulgilo** s. DULG. **Tulta, Tulthere** s. THULD.

Tumila, fem. Gld. II, a, 128.

Tumo, Gr. V, 424, viell. von Gr. nur aus o. n. Tumindorf geschlossen.

-tun, Tunach s. DUN. **Tunda, Tundan** s. THUND.

Tungo. Gr. V, 434.

Tuni, Tunila, Tunizo, Tuno, Tunna, Tunno s. DUN. **Tunolt** s. Hunolt. **Tunti, Tunza, Tunzi** s. THUND.

Tuobilo, Gr. V, 351; viell. von Gr. nur aus o. n. Tubileshaim und Tuobilinderf geschlossen.

Tuoni s. DUN. **Tupa** s. DUB. **Tupha** s. Tufa.

Turbald. 6. Schn. a. 813 (Dr. ebds. n. 273 Tiurbald).

Turpald Pd. a. 572 (n. 179).

Turdagawo. 9. Mchb. sec. 9 (n. 232); vgl. Turta.

Turdagauwo St. P.

Turdila, fem. 9. St. P.; vgl. Tordel.

Turgis. 11. B. v. Avranches. Conc. Rotomag. a. 1096.

Turholt, Gr. V, 445.

Turicus. 5. Jorn. 36.

TURING. Zum v. n. der Thüringer; auslautend in Altturing (8) und Halbthuring (9).

Durinc. 7. P. VI, 423 (Gerhard. mirac. S. Oudalr.); St. P.; Mchb. sec. 9 (n. 368).

Durinch P. XI, 223 (chron. Benedict.); M. B. sec. 11 (VI, VII).

Thuring H. a. 704, 959 (n. 27, 169); Pd. a. 704 (n. 458); Schn. a. 812; Wg. tr. C. 266, 271, 288, 364; Frek.; Lc. a. 1052, 1093 (n. 188, 247).

Thurinc St. P.

Toring St. M. a. 887; Lgd. a. 931 (II, n. 51).

Thoring Pd. a. 615 (n. 230).

Turing P. XI, 226, 228 (chron. Benedictobur.); Pd. a. 625 (n. 237); Gud. a. 959.

Tiring (so) Pd. a. 716 (n. 500; H. ebds. n. 38).

Nhd. Döhring, Döring, Düring, Thöring.

Thuringin, fem. 8. Mchb. sec. 8 (n. 90); St. P.

Thuringpraht. 8. Schn. a. 822.

Thurincbert Laur. sec. 8 mehrm.

Turincbert Laur. sec. 9 (n. 2342).

Thurinbert Laur. mehrm.; H. a. 962 (n. 174).

Turinbert Laur. sec. 8 u. 9 (n. 2276 f.).

Duringpert Gld. II, a, 98.

Thuringer. 9. Schn. a. 845.

Durinchard. 9. R. a. 879 (n. 59).

Durinchart R. a. 868 (n. 51); Mchb. sec. 11 (n. 1166); M. B. c. a. 1050 (XIII).

Durinhart Mchb. sec. 11 (n. 1200).

TURN. Alts. und altn. turnan, ahd. turnjan vertere, viell. in dem sinn von diruere.

Turnoald. 6. Mab. a. 693; Pd. a. 717 (n. 504).

Turnochald Pd. a. 696, 697 (n. 435, 440; Mab. ebds.).

Turnald neben Gurnald und Grimoald A. S. Febr. III.

Tornoald A. S. Maj. III.

Turnwiz. 9. Schn. a. 800.

Turo. 8. St. P. zwml.

Turping. 6. Pd. a. 537 (n. 128), 713 (n. 488; unecht).

Turpengus Gld. II, a, 119.

Turta, fem. 8. Ng. a. 774 (n. 58).

Tusaman. 10. Dr. n. 662.

Tusca, fem. 9. Mchb. sec. 9 (n. 561).

Tusci. 8. Ng. a. 752 (n. 17).

Tusolf. 8. Laur. sec. 8 (n. 523); dafür ebds. n. 524 Tusold.

Tut-, Tydi, Tydso s. THIUDA. **Tyrolf** s. DIUR. **Tz-** s. Z.

U.

Wie bei den übrigen vocalen, so ist auch hier organisch und unorganisch anlautendes H oft zu erwägen.

Häufig ist u später in o übergegangen; in anderen fällen vertritt u (dem indessen darum noch nicht immer die länge zukommt) die diphthonge iu und uo.

Ein sehr wichtiger umstand ist ferner für manche namenformen die schreibung u für v, die theils nur eine graphische, theils aber auch eine sprachliche bedeutung hat; beide fälle sind schwierig zu sondern.

UB. Vgl. altn. ubbi wild, vielleicht auch den damit zusammenhangenden v. n. Ubii. Kaum genau durchzuführen ist die scheidung vom stamme UF.

Ubo 9. Mab. a. 950.

Ubbo Wg. tr. C. 467, 477; Frek.

Ubbi. 9. Wg. tr. C. 485; Frek.

Ubbe Lc. a. 1068 (n. 211).

O. n. Ubingen, Ubinchova.

Ubico. 10. Ms. a. 1049 (n. 22).

Ubik Frek.

Ubbilin. 11. Ms. a. 1049 (n. 21).

Nhd. Uebelin.

Ubald, Ubert s. HUG. **Ubico, Ubo** s. UB. **Ucho** s. HUG. **Uciolf** s. Uziolf. **Ucromir** s. Actumerus.

UD. Man wird noch weiter forschen müssen, in welchen der folgenden formen wirklich ein ursprüngliches U anzunehmen ist, in welchen nicht. Namentlich ist daher die scheidung von AUD schwierig. Eine etymologie wahrscheinlich zu machen, will deshalb auch noch nicht gelingen.

Udo. 8. Sec. 10: graf in d. Wetterau unter Otto I; hzg. v. Franken; b. v. Strassburg. Sec. 11: b. v. Trier; nordsächs. markgraf.

Udo P. I, 614, 618, 620, 628 (contin. Regin.); IV, V oft; VI, 324 (Hrotsuith. gest. Oddonis), 505—507 (Widric. mirac. S. Gerardi); VII—IX öfters; X, 174 (gest. Trever.), 449 (Hugon. chron.), 644 (gest. episc. Tullens.); Laur. mehrm.; Wg. tr. C. 477; Gud. a. 963; H. a. 978 (n. 196); Guér. a. 1038; Lc. c. a. 1070 (n. 221).

Uddo P. II, 218 (urk. v. 834), 790 (Abbo de bell. Paris.); V mehrm.

Uto P. I, 374 (Ruod. Fuld. ann.), 379 (ann. Fuld.); V, VII—IX öfters; Ng. a. 765, 786, 805, 806, 821, 825; St. P. mehrm.; necr. Aug.; Laur. sec. 9 (n. 738, 2744).

Utto P. II, 783 (Abbo de bell. Paris.); Ng. a. 786; Dr. a. 813 (n. 281); St. P. öfters.

Mehr auf eine mit O anlautende form weisen hin:

Oato Ng. a. 818.

Uado tr. W. a. 787, 808 (n. 19, 155).

Uato Ng. a. 819.

Uodo P. I, 627 (contin. Regin.), 198 (Einh. ann.), 360 (Enh. Fuld. ann.); II, 653, 671 (Nith. hist.); IV, V, VII oft; X, 184 (gest. Trever.), 363 (Hugon. chron.).

Uoto P. I, 83 f. (ann. Sangall.); IV, B, 166 (Ott. M. pact.); V öfters; VII, 161 (Lamberti ann.); Schn. a. 756; St. P. mehrm.

Ich führe ferner hier noch an:

Voto Ng. a. 792; St. P.

Voddo Gud. sec. 10.

Hudo, Hutto s. HUD.

Nhd. Ude, Uhde, Uth.

O. n. Uotenekka, Uotinberg, Uotinburg, Uotinhousn, Utinga, Utinheim, Utenhusen, Utenruitin, Uttenbura, Uttinwilare, Uttisleua.

Uda, fem. 8. Gattin kais. Arnulfs sec. 9.

Uda Laur. mehrm.; Lc. a. 1094 (n. 248).

Ude Laur. sec. 8 (n. 386).

Uta P. I, 414 (ann. Fuld.); VI, 791 (vit. S. Cunegundis); Gud. a. 978, 994.

Zu altn. ôda avia magna fügen sich gut (vgl. Grimm bei Haupt I, 21):

Oata Mchb. sec. 9 (n. 554).

Uata K. c. a. 876 (n. 152).
Uoda Laur. sec. 8 (n. 1929, 2937); H. a. 897, 963 (n. 128, 176).
Uota P. VI, 791 (de S. Cunigunda); Dr. a. 779 (ebds. Ota bei Schn.).
Endlich erwähne ich noch hier:
Vuota Schn. a. 800.
Vata Gld. II, a, 128; Voda und Vota ebds.
Huoda s. HOD.
Utich. 8. Mchb. sec. 8 (n. 69).
Utih St. P.
Uttdich (so) Laur. sec. 9 (n. 444).
Nhd. Udecke.
Udibalt, Udibert s. OTHAL.
(**Utinheim** Gld. II, a, 109 als p. n., was wol nur irrthum ist).
Udurat, Udorich s. OTHAL.
Udulf. 6. Pd. a. 533 (n. 119).
Uddulf Pd. a. 533 (n. 118).
Utulf Lp. a. 883 (I, 926).
Utolf necr. Aug.
Uttolf Gr. I, 849.

UF. Ist an goth. ufjô abundantia zu denken? Leicht ist die vermischung mit UB.
Uffo. 8. P. V, 742 (Thietmari chron.); Wg. tr. C. 19, 276, 316, 381; Ms. sec. 11 (n. 27).
Uffa (wol msc.) Wg. tr. C. 201; Hf. c. a. 1020 (II, 152).
Offo P. III, 517 (Hlud. Germ. capit.); Mchb. sec. 8 u. 9 (n. 37, 835); Wg. tr. C. 357, 385, 415, 469, 472; Schn. a. 827 (Dr. ebds. n. 471 Otto); Laur. mehrm.; H. a. 926 (n. 146).
Offa auf einer siebenbürg. wachstafel a. 167 wol schon hieher.
Ags. Uffa, Offa, Yffe, Vuffa. Nhd. Off.
O. n. Offanwang, Offinbach, Offenheim, Offunwilari.
Uffico. 9. P. V, 786 (Thietmari chron.); Wg. tr. C. 259.
Uffic Wg. tr. C. 257, 324, 336.
Uffed. 9. Wg. tr. C. 286, 363.
Offilo. 7. Conc. Tolet. a. 653 (var. Osilo).
Offilin. 11. Gud. a. 1006.
Offelin Gud. a. 1028.
Offuni. 8. Tr. W. a. 712, 742 (n. 2 u. Pd. nchtr. n. 21, 73, 150).
Uffing. 10. P. II, 569 (vit. S. Idae); dsgl. in einer Berliner hds. aus sec. 10 von Haymo Halberst. comm. in ep. Pauli ad Rom.
Offinc Gld. II, a, 104.

UFT. Ueber einen solchen stamm in eigennamen vgl. Grimm in Haupts ztschr. III, 147 ff. Viel wahrscheinliches hat Grimms vermuthung, dass die folgenden n. sich an goth. ufta, ahd. ofto, altn. opt, nhd. oft anschliessen. Man muss dann annehmen, diese partikel habe ursprünglich den lebendigern sinn von schnell, kriegerisch gehabt; vgl. forte zu fortis, τάχα zu ταχύς u. dgl.
Ofternus. A. S. Jan. I.
Optard. 7. A. S. Febr. III.
Uftahari. 6. Goth. urk. v. Neapel (c. a. 550) nach Massmanns lesung. Daneben steht im latein. text Optarit, das sich auch bei Sp., M. u. s. w. an dieser stelle findet. Anptahari war falsche lesart. Grimm bei Haupt III, 147 zieht vor Uftahari zu lesen.
Optachar Greg. Tur.
Ὄπταρις Procop. bei G. I, 11, nach Grimm l. c. hieher.
Oftheri necr. Fuld. a. 816; Ng. a. 837 (n. 273).
Ofther H. a. 945 (n. 158).
Oftar H. a. 909, 923 (n. 136, 145).
Ofteri Gld. II, a, 104.
Nhd. Hofter. O. n. Oftheringon.
Opteram. 9. Agobard. a. 874 (ed. Baluzii II, 160, 162).
Opthomar. 7. A. S. Febr. III.
Oftmar Laur. sec. 9 (n. 769); Gld. II, a, 117 (Ostmar ist druckfehler).
Ofmar Gld. II, a, 104.
Oftrad. 10. H. a. 943, c. a. 1000 (n. 157, 213).
Optarit. 6. Vgl. Uftahari; viell. aus einem falschen genit. Ὀπτάριδος von Ὄπταρις gebildet, vom deutschen standpuncte aus aber ein ganz anderer name als Ὄπταρις.
Ofterid Mab. a. 836.
Zusammensetzung mit erweitertem stamme:
Oftrolt. 9. Dr. a. 863 (n. 583; Schn. ebds.).

Ug- s. HUG.
Uhhana, fem. 9. R. a. 821 (n. 21).

UL. Wenn Gr. I, 234 Ulinc, das ich von den übrigen n. nicht trennen kann, zu ahd. ûla eule stellt, so ist zwar zuzugeben, dass dieses wort höchst wahrscheinlich auch in n. vorkommt, doch ist nicht einzusehn, wie es dazu kommen könne, ein so bedeutendes und häufiges namenelement zu bilden. Zuweilen mag Ul- für Uil- (VILJA) oder für Ual- stehn, doch liegt demungeachtet über den folgenden bildungen noch immer ein dichter schleier.

Ulias. 6. Οὐλίας Procop.

Nhd. Uhl, Uhle.

Ulinc Gr. I, 234.

Ulit. Gld. II, a, 109.

Ulberta, fem. 8. Pol. Irm. s. 79, 80 etc.

Ulberga, fem. 8. Pol. Irm. s. 80, 83 etc.

Ulfrit. 8. Laur. sec. 8 (n. 2026).

Uligang. 6.

Οὐλίγαγγος Agath. Bei Procop. ist von Dindorf Οὐλίγαγος in den text aufgenommen und Οὐλίγαγγος unter die varianten verwiesen, was umgekehrt sein müsste.

Ulgaud. 8. Pol. Irm. s. 137.

Uligisal. 6. Οὐλιγίσαλος Procop.

Uliaris. 6. Οὐλίαρις Procop.

Οὐλιάριος Theophan.

Uliares hist. misc. 16.

Ulmar. 8. Pol. Irm. s. 112.

Ulimun (d?). 6. Οὐλιμοῦν bei Procop.; ein Thracier, doch ist der n. wol deutsch.

Ulitheus. 6. Οὐλίθεος Procop.

Anm. Kann nicht ein hieher gehöriger n., etwa Uligis, wenigstens theilweise mit zu der sage von Ulixes anlass gegeben haben, die Tac. Germ. 3 mittheilt?

Uld- s. VULD. **Ulf-** s. VULF. **Ulfrit, Ulgaud, Uli-, Ulmar** s. UL. **[illegible]n** s. VULD. **Ultrogotho** s. WULDAR.

UMB. Ettmüller s. 44 kommt durch vergleichung mehrerer ags. und altn. formen zur annahme eines verbums imban und findet dessen u-ablaut in dem ags. umbor recens natus. Es sei mir gestattet einer jedenfalls noch sehr unsicheren hypothese eine andere an die seite zu stellen, nach welcher ich auch in den n. einen stamm UMB, meistens aber in assimilirter form UMM, zu erkennen glaube.

Umpal. Gr. I, 263.

Umplod, msc. 8. Mchb. sec. 8 (n. 195); verderbt?

Die assimilirten formen sind:

Ummo. 8. Ng. a. 866.

Ummo, gen. Ummune tr. W. a. 714 (n. 41 und Pd. nchtr. n. 32).

Hummo Gld. II, a, 102.

O. n. Uminheim, viell. auch hieher Umanesheim.

Umika, fem. C. M. Aug.

Ummili. 9. Hd. m. S. a. 848 (s. 164).

Ummila, fem. Gld. II, a, 128.

Ummung, zu schliessen aus o. n. Ummungesuurt.

Umbert, Umfrid u. a. s. UN.

Umhilt, fem. 10. H. a. 955 (n. 167).

Umolez. 9. Ng. a. 876 (n. 501).

Ummuot s. UN.

UN. Jedenfalls sind in den folgenden formen zwei ganz verschiedene klassen von namen vereint, deren scheidung wenigstens mit genauigkeit nicht mehr ausführbar ist. Die erste klasse gehört zu ahd. unnan dare, concedere und schliesst sich als synonym an GAB an; die zweite (am sichersten repräsentirt durch Unarc, Unforaht, Unthurft) gehört zu der negirenden partikel un-. Unter HUN (s. ds.) findet man erwähnt, wie die sonderung zwischen HUN und UN durch vortritt eines unorganischen oder abfall eines organischen H nicht genau sein kann und wie meine scheidung beider stämme für jetzt nur eine rein äusserliche, also nur annähernde ist.

Unno. 9. P. II, 411 (vit. S. Lindgeri); Wg. tr. C. 260.

Uno Ng. a. 809.

P. II, 411 Unno mit den var. Huno und Malinnno (denn die worte heissen cujus mali Unno et Eilrat fuere principes).

Nhd. Uno.

O. n. Uningen, Unnenheim, Unninhusun.

Unni. 10. B. v. Hamburg sec. 10. P. I, 617 (contin. Regin.); II, 765 not.; IV, 18 (Heinr. I constit.); V, 4 (ann. Corbej.), 141 (ann. Einsidl.); VIII, 593, 599 (annal. Saxo); IX öfters,

O. n. Unnesburg.

Una, fem. Gld. II, a, 128.

Unico. 9. Wg. tr. C. 467.
Unicho Dr. a. 1057 (n. 192; zwml.).
Unaca (msc.) Hf. c. a. 1020 (II, 152).

Uneca, fem. C. M. Jul.
Unaka C. M. Dec.

Unilas. 6. Οὐνίλας Procop.
Unil Mchb. sec. 9 (n. 596).

Unan. 9. Wg. tr. C. 10.
Unano Lc. a. 927 (n. 87).
Unen Gld. II, a, 109.

Unizo. 11. Dr. a. 1057 (n. 756; fehlt bei Schn.).
Unzo s. UND.

Unarc. 8. Mchb. sec. 8 u. 9 (n. 198, 241, 492); Laur. n. 3770; necr. Fuld. a. 895. Ein graf sec. 10.
Unarg Dr. n. 343.
Unar (so) necr. Fuld. a. 993.
Hunarc Laur. sec. 8 (n. 2995).
Hunarg Laur. sec. 8 (n. 826, 840).
Unarg und Unarog M. B. sec. 10 u. 11 (VII). Desgl. beide formen neben einander P. XI, 218 (chron. Benedictobur.). Hier liegt also vermischung dieses n. mit Unroc (s. ds.) vor.

Dr. u. Schn. schreiben a. 796 beide Unare, was unbedenklich hieher gehört.

Da der n. nicht selten erscheint, so ist Graffs argwohn (I, 413) unbegründet, als sei derselbe vielleicht eine falsche lesart für Uuargo.

O. n. Onarchusa.

Unebert. 9. Sec. 11: Umbert b. v. Präneste und b. v. Barcelona.
Unebert Mab. a. 805.
Unbert Guér. a. 1085.
Unpert Gld. II, a, 109.
Univert Lp. a. 910 (II, 74).
Umbert P. IV, 50 (Heinr. IV constit.); VI, 136 (Ademar. histor.); Laur. sec. 8 (n. 2008); Mab. a. 860.
Nhd. Umbrecht, Umbreit.

Unberta, fem. 8. Mab. a. 798.

Unforaht. 8. Ng. a. 775.
Unvoraht Gld. II, a, 109.
Unforath Ng. a. 775.
Unforht Mchb. sec. 9 (n. 312, 524).
Unfort Mchb. sec. 9 (n. 633).

Unfrid. 8. P. IX, 766 (chron. mon. Casin.); St. P.; Ng. a. 818; K. a. 882 (n. 156).
Unfrit Mchb. sec. 9 (n. 493).
Umfrid Mchb. sec. 8 (n. 78); St. P.; pol. R. s. 52.
Nhd. Umfried.

Ungar. 8. Ng. a. 731. Vgl. Vunger.
Nhd. Ungar? Unger?

Unigild. 6. P. X, 322 (Hugon. chron.).

Unigis. 5. Cassiod. III, 43.

Unnegisolus. 7. Test. Erm.

Ungrimmus. 9. Pol. R. s. 43.

Unard. 8. Tr. W. a. 739 (n. 14 u. Pd. nchtr. n. 64).

Uniardis, fem. 9. Pol. R. s. 64.

Unierius. Gld. II, a, 119.

Unnihad. 9. Mchb. sec. 9 (n. 521).

Unilt, fem. 7. Jorn.

Unramna, fem. 8. Pol. Irm. s. 181.

Unroc. 8. P. III, 90, 137 (Kar. M. capit.); Wg. tr. C. 337, 390, 391, 431.
Unroh P. III, 177 (Kar. M. capit.); K. a. 778 (n. 20); Mchb. sec. 8 (n. 157); St. P.; M. B. a. 802 (IX); Lc. a. 1000 (n. 132).
Unhroch P. V, 235 (Andr. Bergom. chron.).
Unrocho Laur. sec. 8 (n. 2170).
Unroch P. I, 198, 203 (Einh. ann.); tr. W. a. 782 (n. 76); Laur. sec. 8 (n. 1325).
Unruach Gld. II, a, 109.
Unruah tr. W. a. 830 (n. 172).
Unruoch P. I, 404 (ann. Fuld.); II, 463 (Einh. vit. Kar.); VI, 704, 708 (Alpert. de divers. tempp.); C. M. Nov.; Lc. a. 1064 (n. 201).
Unruoh tr. W. sec. 8 od. 9 (n. 67); Dr. a. 814 (n. 297; Schn. ebds. Unroh).
Unruch M. B. a. 903 (XXXI); Lc. a. 1073 (n. 217).
Unarog M. B. sec. 10 (VII); vgl. Unarc.
Unrocus seu Hroccülfus P. III, 137 (Kar. M. capit.).

Ist Unrohliuta bei Gr. II, 197 nicht vielmehr als zwei n. Unroh Liuta zu lesen?

Nhd. Unruh.

Unroth. 8. Laur. sec. 8 (n. 2053). Man würde hier irrthum statt Unroch erwarten, wenn nicht die überschrift den gen. Unrodi aufwiese.

Unlaz. 8. Schn. a. 778; R. a. 819, 837 (n. 20, 34) etc.; Dr. sec. 10 (n. 693).

Unlaatz R. a. 821 (n. 21).
Unleid. 9. Necr. Fuld. a. 850.
Unleit Dr. a. 837 (n. 506; Schn. ebds. Unleic).
Unneleob. 7. Pd. a. 691 (n. 421; M. ebds. n. 129).
Unmuot. 10. Dr. n. 693.
Nhd. Unmuth.
Unemund. 7. Pd. a. 659 (n. 335).
Unimund für Hunimund s. letzteres.
Unnid. 8. Ng. a. 805.
Unnith Ng. a. 889.
Unnit Laur. sec. 8 (n. 2710).
Vunid Ng. a. 854.
Unsez (so), fem. 8. Laur. sec. 8 (n. 1394).
Unniscand. 7. D. Ch. I, 626 var. Vimiscand.
Undeo. 9. St. P.; Mchb. sec. 9 (n. 299, 510); M. B. a. 828 (VIII); necr. Aug.
O. n. Undeoingas, Undiesdorf.
Unthurft. Gr. V, 211.
Unold. 7. Pol. Irm. s. 125, 126.
Unald P. I, 102 (ann. S. Columbae).
Vielleicht für Unoldus stehn:
Unolz R. a. 814 (n. 18); Hd. m. S. a. 848 (pg. 164).
Unholz Gr. I, 308.
Unwalz Gld. II, a, 109.
Unowani. 9. B. v. Paderborn sec. 10. Erzb. v. Bremen sec. 11.
Unowani P. IV, B, 173 (Heinr. II pact.).
Unwano P. IV, 17 f. (Heinr. I constit.).
Unewan P. VI, 779 (Thangmari vit. Bernwardi); IX öfters; A. S. Maj. I.
Unvan P. IX öfters; Wg. tr. C. 30.
Unwan P. V öfters; VI, 159, 160 (vit. S. Liutbirgae); VIII, 664, 677 f. (annalista Saxo); IX öfters; Laur. mehrm.; Schn. a. 830 (Dr. ebds. n. 481 Wan).
Uncuvan falsche schreibart im conc. Confluent. a. 922 (Coleti XI, 795).
Unwanc tr. W. a. 819 (n. 127) viell. Unwano zu lesen?
Ags. Unvên.
Unvizin vielleicht zu schliessen aus o. n. Unvizinesburg.
Unulf. 6. P. VIII, 146 f. (Ekkeh. chron. univers.); Sever. Sulpic.
Unolf Gld. II, a, 109.

Unceiz, fem. Gld. II, a, 109, 128.

UNC. Wie lint schlange ein so überaus häufiges namenelement geworden ist, so scheint auch das gleichbedeutende unc ein solches abgegeben zu haben. Namen, die auf unc endeten, mag es vielleicht nicht weniger gegeben haben; doch sind sie nicht mehr aufzuspüren, da die gleichlautende endung -unc es hindert sie ausfindig zu machen.
Unco. Gld. II, a, 109.
Unculus. 8. St. P. öfters; viell. deutsch?
Uncilenus. 6. Fredegar neben Uncelenus; hieher?
Ungheid, fem. 9. St. P.
Uncheri. 8. Ist so bei St. P. für Uucheri zu lesen?
Unchad. 9. Dr. a. 842 (n. 549; Schn. ebds.).
Uncat necr. Fuld. a. 801.
Ungeran (so) C. M. Juni; verderbt?
Ungerat s. Tingerat unter THING.

UND. Es scheint, als gehören die folgenden n. zu ahd. unda (fluctus, unda), zumal da auch die wörter meer und see sich in n. nicht leugnen lassen.
Undo. 8. Mchb. sec. 8 (n. 17).
Unto Mchb. sec. 9 (n. 576).
Die form Undeo habe ich unter UN aufgeführt, indem ich sie als Un-deo fasse; ebds. s. auch die dazu gehörigen o. n.
Nhd. Unte.
Unda, fem. Gld. II, a, 128, 131.
Undicho. 8. Tr. W. a. 787, 808 (n. 20, 86); Mchb. sec. 9 (n. 442); Laur. sec. 9 (n. 2294).
Undico tr. W. a. 812 (n. 182).
Undila, msc. 8. Lgd. a. 782 (I, n. 5).
Unzo. 11. P. IX, 651 (chron. mon. Casin.); vgl. Unizo unter UN.
Undabret. Gld. II, a, 109.
Untfrid steht für Hunfrid; s. ds.
Untrot. 9. St. P.
Untrat. 10. Necr. Fuld. a. 909.
Underich. 7. Pd. a. 675 (n. 375).
Undoin. 8. Pol. Irm. s. 59.
Undolf. 9. Ng. a. 805, 870; necr. Aug.

Uneluuin. 10. Dr. n. 901 (n. 648).
Unen s. Unan. **Ung-** s. UNC. **-uni** s. N. **Unssle, Unstrud** s. HUNS. **Unwanc** s. UN. **Uo** s. Uuo. **Uodal-, Uodel-, Uodil-** s. OTHAL.

Votecha, fem. Gld. II, a, 128.
Uothwin. Gld. II, a, 109.
Uotmar. 8. K. a. 770 (n. 12).
Uottizo. 9. Dr. a. 826 (n. 465).

Vgl. zu den mit Uot- beginnenden mehrere unter UD verzeichnete und gleichfalls auf einen stamm OD hinweisende formen. Dazu ferner noch folgende beiden bildungen mit z:

Uozi. 11. Mchb. sec. 11 (n. 1188). Vgl. Ozi.
Uozo. 8. Ng. sec. 8 u. 9 öfters; Gr. I, 541; ebds. auch Uazo, Oazo, Ouzo. Vgl. Ozo.

UR. Das gewaltigste einheimische thier (ahd. altn. ags. ûr) gab auch für die n. als sinnbild der grösse und stärke ein passendes und häufiges element ab. Ob das wort auch in Cunduro (9) als zweiter theil erscheint, ist ungewiss.

Uro. 8. Tr. W. a. 719 (Pd. nchtr. n. 44); Laur. sec. 8 (n. 3794); K. a. 786 (n. 33); Mchb. sec. 9 (n. 415 etc.).
Nhd. Uhr.
O. n. Urnaska, Urenheim, Urinhova, Urinhusa, Urintal, Ureuwilare mögen hieher gehören.

Urius. 4. Amm. Marc.

Ich führe hier noch das zweifelhafte *Οὐρα̃τας* (6) aus Procop an.

Urinch. 10. Ng. a. 968.
O. n. Uringosteti.
Urard. 11. Ep. Maurianens. Conc. Ansan. a. 1025.
Uremar. 8. Pol. Irm. s. 91.
Urold. 9. Wg. tr. C. 474; Lc. a. 927 (n. 88).
Urolt St. P.; necr. Fuld. a. 1017.
Urald G. a. 1030 (n. 44).
Virold für Urold H. a. 1017 (n. 218).
Huralt Gr. I, 246.
Urolf. 8. Abt v. Benedictbeuern sec. 9.
Urolf P. V, 153 (ann. Monast.); VI, 418 (Gerhard. vit. S. Oudalr.); XI, 217, 232 (chron. Benedictobur.); Laur. sec. 8 (n. 2774, 3491); St. P.; Mchb. sec. 8 (n. 121); M. B. sec. 9 (XI), c. a. 914 (VII), sec. 11 (VI).
Hurolf Schpf. a. 760 (n. 32); Ng. a. 781.

Zusammensetzung mit erweitertem stamm:
Urnulf. 8. Tr. W. a. 724 (n. 18 und Pd. n. 46).

Urehilin. 8. K. a. 764 (n. 9).
Urendil s. AUS.
Urgolf. 8. Schn. a. 765.
Urinch, Urius s. UR.
Urliuc. 9. Mchb. sec. 9 (n. 346).
Urlioch Mchb. sec. 11 (n. 1266).

Das ahd. urliugi bellum ist eins der wenigen abstracta, welche unmittelbar als n. gebraucht werden.

Urnulf, Uro, Urolf s. UR.

URS. Wie der deutsche n. Vulfo gewiss zuweilen in Lupus übersetzt wurde (s. LIUB), so mögen auch die zum stamme BERA gehörigen formen mitunter eine übersetzung in Ursus u. s. w. erfahren haben. Doch würde sich aus dieser einen quelle die häufigkeit und die vollständig deutsche behandlung dieses stammes nicht hinreichend erklären. Es muss vielmehr ein wirklich deutsches wort dabei mit im spiele sein; ich denke dabei an ahd. und altn. hros, ags. hors equus; vgl. HORS.

Ursus. 5. Ursio (sec. 11) b. v. Beauvais und ep. Silvanect.
Ursus P. II, 820 (Adon. chron.); IV, B, 14 (Eugen. II concil.); V oft; VI, 87 (chron. Median. monast.); VII, 53, 62 (Lup. protospat.); VIII, 321 (Sigeb. chron.), 636 (annal. Saxo); IX oft; X, 634 (gest. episc. Tullens.) etc.; vit S. Severin. ed. Pez; Jorn. 45 (neben Biso). Auch in andern quellen sehr häufig.
Urs tr. W. a. 745 (Pd. nchtr. n. 77).
Ursius pol. Irm. s. 47.
Urso Mchb. sec. 8 u. 9 öfters; P. V u. IX oft; M. B. a. 762 (VIII).
Ursio P. V, 403 (Flodoardi ann.); VIII, 442 (Sigeb. auctar. Hasnon.); Greg. Tur. öfters; H. a. 771 (n. 50), 1088 (n. 290); Guérard a. 1038.
Ursio mit var. Usio P. III, 73 (Kar. M. capit.).
Orso Lp. a. 970 (II, 299).
O. n. Ursenpach, Ursinhusen.
Ursicin. 4. Amm. Marc.; Ng. a. 890; P. IX, 176 (Heriger. gest. episc. Leod.); d. Ch. I, 639, 905; Greg. Tur. V, 43; VI, 38; VIII, 20.

Orsicin Ng. a. 920.
Ursisin St. P.
Ursilo zu schliessen aus o. n. Ursilinga. Vgl. Ursulus St. P. (wol latein.).
Ursino. 7. Mab. a. 670; vgl. Ursina, Ursino. Ursinus bei St. P. (latein?).
Ursin pol. R. s. 58.
Ursing. Gld. II, a, 119.
Ursbert. 8. Pol. Irm. s. 133, 225; pol. R. s. 77.
Orsbert pol. Irm. s. 27.
Ursepert Lp. a. 840 (I, 687).
Ursevert Lp. a. 870 (I, 839 ff.).
Ursitrude. 11. P. IX, 674 (chron. mon. Casin.). Zwar steht hier locus qui dicitur Ursitrude, indessen ist hier U. jedenfalls als gen. zu fassen.
Ursiaud. 9. Pol. R. s. 43, 45 etc.
Ursedramnus. 8. Pol. Irm. s. 107.
Ursiman. 7. Pd. a. 642 (n. 300); A. S. Jan. II.
Ursemar. 8. Erzb. v. Tours sec. 9.
Ursemar Gld. II, a, 119.
Ursmar P. III, 388 (Kar. II capit.); VI öfters; VII, 18 (ann. Elnon.); VIII, 328 f., 338 (Sigeb. chron.); IX öfters; pol. Irm. s. 87, 133.
Ursold. 8. Pol. Irm. s. 87; pol. R. s. 43, 45 etc.
Ursald P. XII, 74 (Ortlieb. Zwifalt.); pol. Irm. s. 93.
Ursulf. 9. Pol. R. s. 75.
Zusammensetzung mit erweitertem stamm:
Ursinat. Gld. II, a, 109.

Usalt s. Usuald.
Usanhart. 9. Mchb. sec. 9 (n. 292).
Usato s. HUS. **Uschalch** s. OTHAL. **Usdebad, Usdrilas** s. ORT. **Usiger** s. WID.
Using. Gld. II, a, 119.
Usiterich s. WID. **Usito** s. HUS. **Usogast** s. Visogast.
Usso. 8. K. a. 769, 786 (n. 10 u. 31; Ng. ebds.); R. a. 821 (n. 21).
Nhd. Uhse.
O. n. Usingun, Usinhofun, Usinhusun.
Usuald. 8. Lp. a. 938 (II, 198).
Usalt Ng. a. 775.
Utich, Utinheim, Utta, Utto, Uttolf s. UD.
Uttuoh. 9. St. P.; räthselhafte form.
Utzilo. 9. St. P.
Uvilo. Gr. I, 172.
Uuo. 9. Mchb. sec. 9 (n. 414 etc.).
Uo Mchb. sec. 9 (n. 398 etc.).
In Uvilo findet Gr. a. a. o., in Uuo Müllenhoff (zur runenlehre s. 50) den n. des uhus.
Uwunzo. 10. Lc. a. 962 (n. 105) zwml.
Uzant. 9. R. a. 829, 868 (n. 24, 51).
Ucciand R. a. 837 (n. 34).
Uzzant R. c. a. 848 (n. 40).
Uziolf. 8. Gr. I, 540.
Uciolf K. a. 770 (n. 12; Ng. ebds.).
Uzo. 11. H. a. 1075 (n. 271).
Uzzo Gld. II, a, 109.
Nhd. Utz.

V (W).

Das für F gebrauchte V habe ich unter F mit angeführt, das für W stehende dagegen bringe ich hieher. Einige schwankungen und ungewissheiten sind freilich dabei nicht zu vermeiden; so z. b. berühren sich in der form volc öfters die stämme FULC und VALAH.

Eine andere unsicherheit entsteht durch das schwanken zwischen u und v (w), wenn ein anderer vocal darauf folgt. Dies betrifft besonders die formen Vodal- und Uodal-, eben so Vat- und Uat- u. dgl. m.; hier ist öfters zweifelhaft, ob die wörter diphthongisch oder consonantisch anlauten.

Von allgemeinen lautverhältnissen kommt beim v namentlich seine erweichung aus b bei den n. in betracht. Am reichhaltigsten sind hiefür die langobardischen urkunden, wo tausendmal vert an stelle von bert, verga für berga u. s. w. steht; analoges vald für bald führt die n. zu einem ganz andern stamm hinüber und scheint deshalb vermieden zu sein; vurg für burg ist in p. n. unerhört.

Wie b sich zu v erweicht, so löst sich v oft in u oder o auf. Beispiele sind unzählige formen auf uald, uar, uard, uin, uis so wie oald, oar, oard, oin, ois, für vald u. s. w.

Abfall des v vor r im anlaut vgl. namentlich bei VRAC, des h vor v bei HWELP, des v vor vocalen bei VULF.

Endlich bemerke ich noch späteren übergang des V zu gutturalen (qu, g), wovon sich namentlich bei VIN, VILJA, VULF und andern stämmen beispiele finden.

VAC, VAG. Unter diesen formen birgt sich sicher eine verbindung mehrerer stämme, doch darf ihre scheidung für jetzt noch in keiner weise, auch nicht einmal annähernd, versucht werden. Diejenigen wörter, welche ihrer bedeutung nach am meisten darauf anspruch haben, in den folgenden n. angenommen zu werden, sind folgende:

1) ahd. wak vigil; das davon abgeleitete wachar bildet sogar einen besondern stamm (s. unten VACAR);

2) ahd. wegan movere, zur namenbildung eben so geeignet als seine synonyme GANG und FAR;

3) das zu wegan gehörige ahd. wâg unda; denn auch see, meer und ahd. unda haben wir ja in n. gefunden;

4) ahd. wâhi venustus und die dazu gehörigen formen.

Die schwierigkeit, mit der ich hier kämpfe, ist ganz dieselbe, wie diejenige, auf welche Graff bei denselben stämmen gestossen ist. Um nun die folgenden formen nicht ganz ohne princip durch einander zu mengen, ordne ich sie so an, dass zuerst auslautendes c, dann ch, hh und h, und endlich g erscheint.

Vaco. 6. Langobardenkg. sec. 6.

Vaco pol. Irm. s. 49 (sec. 11).

Wacco P. IX, 590, 594 (chron. mon. Casin.); Laur. sec. 8 (n. 2536); tr. W. a. 758 (n. 145).

Wacko Laur. mehrm.

Wacho P. V, 217 (reg. et imper. catal.); VIII, 142 (Ekkeh. chron. univers.), 312, 315 (Sigeb. chron.); Paul. diac. I, 21; tr. W. a. 821 (n. 175); Laur. sec. 9 (n. 2925); necr. Aug.

Wachus Laur. sec. 8 (n. 275).

Wahho Schn. a. 786.

Waho Schn. u. Dr. a. 771; tr. W. a. 772 (n. 26).

Waccho Laur. mehrm.

Wahco tr. W. a. 792 (n. 117).

Wahcho M. B. a. 903 (XXXI).

Wecho M. B. sec. 11 (VI).

Wago P. VI, 224 (mirac. S. Wigberhti); Ng. a. 805, 808, 842; Schn. a. 811, 836; Wg. tr. C. 237; Dr. a. 820 (n. 391; Schn. ebds. Vuagao); St. P. zwml.; Laur. mehrm.

Waggo Schn. a. 838.

Nhd. Waage, Wach, Wäch, Wache, Wage, Weck, Wecke, Weege, Wege.

O. n. Waginga, Wahhingas, Wachenbach, Wachendorf, Waccanheim, Wachinchova, Wachenrode, Wachenweis.

Wakis. 6. Οὔακις, Οὐάκης und Οὐαάκης Proc.

Vahhilo. 8. Schn. a. 820.
Wachilo St. P.; Laur. sec. 8 (n. 2655).
O. n. Wachalinga.
Wahhila, fem. 9. R. a. 821 (n. 21).
Wakimus. 6. Οὐάκιμος Procop.; goth. heerführer, nur b. Goth. II, 13; viell. verderbt.
Vagan. 8. Mchb. sec. 8 (n. 180); hieher?
Wachipert. 8. P. IX, 590 (chron. mon. Casin.).
Wagpraht Schn. a. 804, 814.
Wacbert Laur. sec. 9 (n. 514).
Wagbrant. 9. Schn. a. 867.
Wagast. 9. Schn. a. 826. Der n. scheint aus Wag-gast entstanden.
Wagheri. 8. Tr. W. a. 788 (n. 102).
Wagher Schn. a. 813, 836; Dr. a. 834 (n. 487; Schn. ebds. Vugher).
Wachere und Wachiri Gld. II, a, 109.
Es ist unmöglich hievon sicher den n. Waccar, den ich unter VACAR anführe, zu scheiden.
Nhd. Wäcker, Wager, Wecker, Weeger, Weger.
Wachynd. 8. Pd. a. 748 (n. 594).
Wachilapus. 8. Paul. diac. VI, 30. Vgl. Theudelapius.
Waclind, fem. 8. St. P.
Wacljnd und Waglind ebds.
Wahmut. 9. Schn. a. 807 (Dr. ebds. n. 242 Vuahsunt).
Wachmun. 8. Laur. sec. 8 (n. 6); wol für Wachmund.
Wacald. 9. Mab. a. 866.
Wacolf. 8. Ng. a. 761.
Wagulf Gld. II, a, 109, 119.
Wagolf K. a. 802, 803 (n. 54, 57); Dr. a. 866 (n. 589).
Erweiterungen dieses stammes sind nur zweifelhaft:
Wahaninc. 8. K. a. 764 (n. 9).
Wagarhilt, fem. 8. Laur. sec. 8 (n. 1592); oder zu VACAR?

VACAR.

Zu ahd. wachar, ags. vacor, altn. vakr vigil, also wahrscheinlich zu einem theile der unter VAC verzeichneten bildungen als erweiterung gehörig. Auslautendes VACAR hat man bis jetzt meines wissens nur in Odovacar (s. unter AUD) gefunden. Ich bin überzeugt, dass man, ständen uns mehr n. aus gothischer zeit zu gebote, nicht wenigen auf -vacar begegnen würde. Wie Odovacar selbst in einigen formen ganz die gestalt eines namens auf HARI annimmt, so sind gewiss auch andere derselben falschen analogie gefolgt. Man wird unter den n. auf -har mehrere auffallende formen finden, die zu dieser vermuthung berechtigen, z. b. Everacrus (8), Gundachar (5) u. a. m. Noch näher liegt das hiehergehören von Elisachar (9).
Wacar. 7. P. VIII, 555 (annalista Saxo); tr. W. a. 699 (n. 252); Ng. a. 760.
Waccar P. II, 349 f. (vit. S. Bonif.).
Wachar Ng. a. 759, 769, 816, 817; K. a. 793 (n. 43); Mchb. sec. 8 (n. 84); Dr. a. 803 (Schn. ebds. Walthar); Schpf. a. 829 (n. 90).
Wacchar Ng. a. 854.
Wahar Schpf. a. 794 (n. 68).
Wacher Ng. a. 797; Laur. mehrm.
Waccher Laur. sec. 8 (n. 623, 1845).
Waacher Laur. sec. 8 (n. 198).
Οὐάκκαρος (Οὔαρνος τὸ γένος) Agath.
Diese formen gehn leicht in Wagheri (s. VAC) über.
Nhd. Wacker.
O. n. Wacharenheim, Wahharesdal, Wacheringa.
Wagarhilt s. VAC.
Wacarolf. 10. Necr. Fuld. a. 905.

Wach- s. VAC.

VAD.

Am natürlichsten zu ags. vadan, ahd. watan (ire, vadere); vgl. auch VOD. Einiges mag indessen zu ags. vaed, ahd. wât (vestimentum) gehören. Die formen mit Ved- erregen oft bedenken wegen der berührung mit VID. Auslautendes VAD:

Engilwat 8.	Rodwat 9.	Sigiwat 9.
Asuad 10.	Lindwat 9.	Sunhivad? 5.
Kerwat 9.	Scafwat 9.	

Wado. 6. Laur. sec. 9 (n. 596).
Wadio Gld. II, a, 109.
Waddo Greg. Tur. oft; Wg. tr. C. 476.
Vato Ng. a. 826, 827.
Wato St. P.
Watto K. a. 805 (n. 59); Ng. a. 826, 827, 830; St. P. dreiml.; Laur. sec. 9 (n. 1063, 1072).
Watho P. X, 541 (gest. abbat. Gemblac.).
Hieher kann möglicherweise schon der gen. Vati (natio Elvetius) auf einer zu Mainz gefundenen röm. inschrift gehören. Sein sohn hiess Coutus. St. n. 466.

Ags. Vada. Nhd. Wadt, Wedde, Wede, Wehde. O. n. Waddanroth, Wadenheim, Wadinga, Wattenhoven, Wattenuelden.

Wetti. 9. Ng. a. 860, 861, 887; R. a. 889 (n. 69); necr. Aug.; St. P.

Wetthi P. II, 240 (ann. Wirzib.); VIII, 27 (Ekkeh. chron. Wirzib.).

Altn. Vaði.

Nhd. Wette.

Wada, fem. 8. Lc. a. 1015 (n. 147).

Wadda necr. Fuld. a. 1054.

Wetta Gld. II, a, 129.

Waddanae (gen.) Laur. sec. 8 (n. 1259).

Vadiko. 10. Frek.

Hieher vielleicht schon:

Veduco (goth. anführer aus sec. 3) Jorn.

Veducus P. VIII, 122 (Ekkeh. chron. univers.).

Wadila. 7. Ep. Visensis. Conc. Tolet. a. 653.

Vatili. 8. K. a. 797 (n. 48; Ng. ebds.).

Uatili necr. Aug.

Watil St. P.

Nhd. Wedel, Wedell.

O. n. Weteleshein, Wattilinchova (woraus Gr. I, 769 wahrscheinlich auf einen p. n. Wattilinc geschlossen hat).

Waddolenus. 7. Pd. a. 615 (n. 230).

Wuaddolenus Pd. a. 627 (n. 241).

Watlin pol. Irm. s. 148, 150.

Wetilja St. P.

Vatin. 9. Ng. a. 811.

Wading. Gld. II, a, 109.

Wazo. Dass dieser n. so wie die sich daran anschliessenden formen Waza, Wazilo u. s. w. diminutive weiterbildungen zu unserm stamme sein können und auch gewiss gewesen sind, unterliegt keinem zweifel. Doch besteht daneben in den eigennamen sicher ein besonderer stamm VAZ und ich habe deshalb alle formen dieser art weiter unten unter einem solchen vereint; hätte ich sie alle hieher gesetzt, so würde die diminutive bildung mit z grade bei unserm stamm als ungebührlich ausgedehnt erscheinen.

Vadipert. 8. P. V, 209 (chron. mon. Cap.).

Wadperht St. P.

Wadbert Pd. c. a. 718 (nchtr. n. 42).

Wadpirc, fem. 9. St. P.

Wadefred. 7. Ep. Mentesanus. Neben Waldefred conc. Tolet. a. 655.

Wadegar. 8. Pol. Irm. s. 16.

Watgis. 8. Tr. W. c. a. 739 (Pd. nchtr. n. 66).

Vetegisil. 7. Pd. a. 615 (n. 230).

Wadard. 8. St. P.

Wathildis, fem. 8. Pol. Irm. s. 150, 273.

Wadelaicus. 8. Tr. W. a. 744 (n. 147 u. Pd. nchtr. n. 76) neben Wadelaigus.

Watleib. Gld. II, a, 110.

Watlindis, fem. 8. Pol. Irm. s. 180; pol. R. s. 53.

Watlind K. a. 861 (n. 136).

Vadomarius. 4. Alamannenfürst.

Vadomarius Aurel. Vict. epit. 42; Amm. Marc.

Βαδομάριος (var. *Βουδομάριος*) Zosim. III, 4; Eunapius.

Badomar für Vadomar P. VIII, 114 (Ekkeh. chron. univers.).

Bodomar für Vadomar hist. miscell. (Magnentius).

Wadamir conc. Tolet. a. 683.

Wademer Pd. a. 729 (n. 547; Guér. ebds.).

Wedemar (so) H. c. a. 1098 (n. 302).

Watmir (var. Wantmir) Sm.

Vettani, fem. 8. Tr. W. a. 737 (Pd. nachtr. n. 59).

Wattnj St. P.

Wadirih. 9. Tr. W. a. 840 (n. 151).

Wederich P. XI, 407 (chron. Affligem.).

Wetherich P. VIII, 399 (Sigeb. auctar. Affligem.).

Wetrih P. II, 679 (transl. S. Alex.).

Wadald. 11. B. v. Barcelona sec. 11. Lgd. a. 931 (II, n. 54); conv. Rivipull. a. 1032.

Wadwart. Gld. II, a, 129.

Vadulf. 6. Mab. öfters.

Vaduulf M. sec. 6 (n. 131; Sp. ebds.) neben Wadoulf, Vuaduulf, Vuaduuf und Vuadouulf.

Wadulf St. M. c. a. 1090.

Waduulf neben Wadouulf Lp. sec. 8 (I, 415 ff.).

Wadolf St. M. a. 1088.

Vedulf (b. v. Arras sec. 6) P. IX, 406 (gest. episc. Camerac.).

Vedulph A. S. Febr. I.

In den folgenden formen findet sich VAD um das suffix L erweitert, wobei indessen vermischungen mit Uadal- (s. OTHAL) unvermeidlich sind.

Vadalbald. 8. Tr. W. a. 716 (Pd. nachtr. n. 37).

Wadalbert. 8. Pol. Irm. s. 177; Laur. sec. 9 (n. 2848).
Wadalperht Mchb. sec. 9 (n. 606).
Vadalgar. 7. Tr. W. a. 693 (Pd. nchtr. n. 5).
Wadalgis. 8. Pol. Irm. s. 206.
Wadalgrim. 8. Pol. Irm. s. 183.
Watlulf. 8. Pol. Irm. s. 148, 149.

Wafanheri. 9. Mchb. sec. 9 (n. 217, 333). Der einzige zu ahd. wâfan telum etc. gehörige n. Vgl. VAP.
Wag-, Wah- s. VAC.

VAHS.

Ahd. wahsan crescere. Unter dem stamme VAS mag noch manches hieher gehörige verborgen sein.
Waschand. 9. B. v. Lüttich. P. XII, 372 (gest. abbat. Trudon.). Wahrscheinlich für Wahsand.
Wahsanta, fem. 8. St. P.
Wahsante St. P.
Wahsmut, zt. unbest. Laur. n. 3824. Nhd. Wachsmuth.

Valarin, msc. 9. Wg. tr. C. 35; deutsch?

VAID.

Die folgenden n. müssen zu altn. veiđi captura, venatio, ags. vaeđan venari, ahd. weidôn venari, pascere gehören. Ob aber die beiden nur aus dem pol. R. (9) bekannten feminina Anglewaidis und Grainvaidis dasselbe wort enthalten, ist ungewiss; sie können auch aus -heidis oder -vidis entstellt sein, zumal da dieser stamm sonst nur bairisch und alamannisch zu sein scheint.
Waido. Gld. II, a, 109.
Weita, fem. Gld. II, a, 129.
Weidheri. 8. St. P. mehrm.
Uaithari St. P.
Weidhere necr. Aug.
Weidher K. a. 799 (n. 52; Ng. ebds.); Mchb. sec. 9 (n. 239).
Weitram. 10. Ng. a. 912.
Weidman. 8. Laur. sec. 8 (n. 902).
Weidiman u. Weideman Gld. II, a, 110.

VAIF.

Die zusammenstellung der folgenden n. unter diesem stamm ist mir der form nach wahrscheinlich; die bedeutung bleibt freilich noch sehr unsicher. Am ersten möchte ich an goth. vaips kranz und an veipan winden denken. Man vergleiche HRING und das griech. Στέφανος. Auslautend finde ich unsern stamm in:
Aurovefa 7. Genovefa 6. Sunnoveifa 6.
Baudofeifa 6. Marcoveifa 6. Vinofeifa 6.
Edoveifa 6.
Ueber den n. Genovefa vgl. noch andere mir nicht zusagende erklärungen bei Grimm gesch. d. dtsch. spr. 540 und Leo ferienschr. I, 104.
Weifhar. 8. Hzg. v. Aquitanien sec. 8.
Weifhar Ng. a. 822.
Weifheri St. P.
Weifher Dr. a. 796 (Schn. ebds. Uneiiher und Werther).
Waifar P. I, II, V oft; VII, 99 (Herim. Aug. chron.), 418 (Bernold. chron.), 547 (Marian. Scot. chron.); VIII öfters; Fredegar.
Waifer P. V oft; VI, 115 (Ademar. hist.).
Weifar K. a. 817 (n. 79; Ng. ebds.).
Weifer P. I, 117 (ann. Lauriss.).
Guaiferi P. V, IX oft.
Sehr unsicher stelle ich hieher:
Wafar P. VII, 548 (Marian. Scot. chron.).
Vifar Lgd. a. 845 (I, n. 67) für Vaifar.
Wifar P. V oft.
Wivar Mab. a. 847.
Hifar Guér. a. 828.
Wefmot. 8. St. P.
Vaifared. 10. Lgd. a. 973 (II, n. 109).
Hieher wage ich noch endlich zu bringen:
Weimar. 7. P. V öfters.
Waimer P. VI, 488 (Widric. vit. S. Gerardi).
Wiamar P. IX. 439 (gest. episc. Camerac.).
Guaimar P. V öfters; VII, 54 (Lup. protospatar.); IX öfters; XI, 250 (gest. Robert. Wiscard.).
Waymerus vit. S. Leodegarii.
Guamar P. VII, 57 (Lup. protospatar.).
Watmer mit var. Waimer Pd. a. 692 (n. 423).
Zuweilen werden Garimar und Weimar von derselben person gebraucht.
Das hiehergehören dieses namens wird noch dadurch wahrscheinlicher, dass (s. P. V) Guaifar, fürst von Salerno sec. 11, einen sohn Guaimar hat, wor-

aus auf identität des ersten theils beider namen zu schliessen ist.

-vaih in Choldwaih (fem. aus sec. 8 bei St. P.) ist noch weiter zu untersuchen; vgl. auch Weiko. **Wailo** s. Gailo. **Wairmar** s. VAR. **Valadamarca** s. VALD.

VALAH. Im allgemeinen gehören die folgenden zahlreichen formen zu ahd. walah, ags. vealh peregrinus. Da das auslautende h sehr leicht vor consonanten schwindet, so werden wir annehmen dürfen, dass auch die form Wal- sehr häufig hieher gehören wird. Ich habe nun allerdings auch eine anzahl namen dieser form hieher gezogen, kann das indessen nicht, ohne auf die dabei obwaltenden erheblichen zweifel hinzudeuten. Denn erstens kann der stamm VALD eben so leicht sein d verlieren und daher auch mit zur form Walbeigetragen haben. Zweitens aber ist zu bedenken, ob nicht auch ein besonderer stamm VAL in n. vorkommt; man denke z. b. an ags. väl, altn. valr, ahd. wal strages; vgl. Grimm gr. II, 415, 479. Drittens endlich sind die namen, welche ich unter VOL gesammelt habe, leicht einer vermengung mit den unsrigen ausgesetzt.

Auslautendes VALAH erscheint in mancherlei formen: -walah, -walh, -olh, -alh gehören am sichersten hieher; -volh u. s. w. berührt sich leicht mit -folc (FULC); -wal unterliegt denselben bedenken wie anlautendes Wal-. Es folgt hier ein register von 33 formen, worunter 5 feminina:

Egiswalah 9.	Disoalis 9.	Orthwalah 8.
Altwalh 9.	Erkanwalh 9.	Pascuwialh? 9.
Albwalahana 9.	Fridowalh 8.	Ratuvalah 9.
Angelwalis? 9.	Fruduwalh? 9.	Reginwalch 10.
Estolh 9.	Gebuvalah 7.	Ricwal 9.
Adalwalach 8.	Gernalcus 8.	Ruwala 9.
Otwalch 9.	Coswalh 9.	Saxwalo 10.
Bernoalus 9.	Halbwalah 8.	Senlwalh 9.
Bernevalia 8.	Chramwalaho 8.	Siguwalh 8.
Perahtolch 9.	Ruadwalah 8.	Swarzolch 8.
Kaduwalah 8.	Nordolh 9.	Teodwal 9.

Walah. 7. Walo b. v. Auxerre u. ep. Aeduens. sec. 9.

Walah P. I, 209 (Einh. ann.); III, 90 (Kar. M. capit.); tr. W. a. 787 etc. (n. 77 etc.); Schn. a. 804; St. P.; Laur. a. 902 (n. 56).

Walaho M. B. a. 902 (XXXI).

Walacus pol. Irm. s. 231.

Wallacus (dux Vinidorum sec. 7) Fredeg. hieher?

Walach P. I, 198 (Einh. ann.), 395 (ann. Fuld.); II öfters; VII, 108 (Herim. Aug. chron.); Laur. mehrm.; M. B. a. 905 (XXXI).

Walcho Laur. sec. 8 (n. 2155); M. B. a. 822 (VIII).

Walch Mchb. sec. 9 (n. 436).

Walco Pd. a. 615 (n. 230).

Walh P. I, 89 (ann. Juvav.); V öfters; St. P. zwml.; Wg. tr. C. 142, 191, 454, 456.

Wallh M. B. a. 776 (XI).

Walho Mchb. sec. 9 (n. 291, 303).

Waloch M. B. sec. 11 (VI).

Walech Laur. sec. 8 (n. 215).

Unsicherer ist die beurtheilung folgender formen:

Waliko Frek.

Walico Lc. a. 837 (n. 52); Ms. a. 1049 (n. 22).

Walicho necr. Aug.

Walecho P. XII, 82 (Ortlieb. Zwifalt.).

Wala P. I, 514 (Hincm. Rem. ann.), 593 (Regin. chron.); II, III öfters; Wg. tr. C. 252, 325, 438; pol. R. s. 52; conc. Pontigon. a. 876; H. a. 878 (n. 112).

Walo P. I, 520 (ann. Vedast.), 593, 607, 609 (Regin. chron.) etc.; II, V öfters; VI, 237 (mirac. S. Glodesind.), 469 (Sigebert. vit. Deoderici); VII, 553 (Marian. Scot. chron.); VIII öfters; X, 165 f. (gest. Trever.), 286, 355 ff. (Hugon. chron.).

Wal P. VIII, 667, 677 (annalista Saxo); IX, 332, 345 (Ad. Brem.); Wg. tr. C. 241, 243, 246, 296, 363, 392, 394, 471; Ms. a. 1049 (n. 21).

Val P. V, 840 (Thietmari chron.).

Ual Lc. a. 820 (n. 40).

Walagio P. I, 153 (ann. Monast.).

Wallo P. V, 214 (reg. et. imper. catal.); Mchb. sec. 9 (n. 306); Wg. tr. C. 383; H. a. 1031 (n. 260).

Valo Ng. a. 806.

Walao Ng. a. 680—690.

Oalo Gld. II, a, 104.

Guala P. V, 511 (chron. Salern.); IX öfters.

Gualo P. V, 168 (ann. S. Germani).

Goalus pol. Irm. s. 49 (sec. 11).

Waleg C. M. Jul.

Walanem (acc.) P. I, 199 (Einh. ann.).

Walahanis (genit.) K. c. a. 700 (n. 1; Ng. ebds. Walaonis).
Ags. Vala. Nhd. Wahl, Walch, Walk, Walke, Wall, Wallach, Wallich, Wehl, Wehle, Welk, Wölk? Wölke?
O. n. Walahischinga, Walahesheim, Walahesleba.
Wallia. 5. Gothenkg. sec. 5.
Wallia P. VII, 81 (Herim. Aug. chron.); VIII öfters; X, 313 (Hugon. chron.); Idat. a. 416 etc.; Prosp. Aquitan. (neben Walia).
Vallia Isidor.; hist. miscell. 14 (var. Gallia).
Walia E. s. II, 177.
Valia P. I, 283 (chron. Moissiac.); Jorn. 32.
Οὐλίας Proc. viell. hieher.
Wala, fem. 9. Gld. II, a, 129.
Valane (abl.) P. V, 260 (Erchemp. hist. Langob.).
Gualane (abl.) P. V, 541 (chron. Salern.).
Wallia, fem. 8. St. P.
Walica. 9. Wg. tr. C. 50; C. M. Dec.
Walahin. 8. St. P. mehrm.
Walchin Pd. a. 726 (nchtr. n. 86).
Valchin P. IX, 79, 107 (chron. Novalic.).
Walhin M. B. a. 806 (VIII); St. P.
Walahilo. 8. Laur. sec. 8 (n. 3513).
Walan. Gr. I, 843.
Walahinna, fem. 9. Schn. a. 826.
Walchuni. 8. Pd. a. 739 (n. 559).
Waland. 8. P. II, 195 (ann. Lobiens.); VIII, 574 (annalista Saxo); Pd. a. 625 (n. 238); pol. Irm. s. 87, 111.
Valand pol. Irm. s. 263.
Nhd. Fahland, Wohland, Wohlland.
Hieher und nicht zu valant diabolus möchte ich der bedeutung wegen diese formen ziehn.
Hieher auch Walander P. VI, 127 (Adem. histor.)?
Walunc. 9. Mchb. a. 820, 823.
Walong C. M. Sept.
Walismus. 8. Pol. Irm. s. 215.
Walezo. 11. Lc. c. a. 1070 (n. 221).
Walhberct. 7. Wg. tr. C. 117.
Walcberd Dr. a. 874 (n. 610).
Walaperht St. P.
Walabrech (so) K. a. 786 (n. 30).
Walibert Pd. a. 657 (n. 328).
Valipert (ep. Orbivetens.) synod. Rom. a. 826.
Walipert P. IV, B, 14 (Eugen. II concil.).
Waledrudis, fem. 8. Pol. Irm. s. 111.

Walahfrid. 8. Ep. Uceticens. sec. 9. Galfred b. v. Bayeux sec. 9 hieher?
Walahfrid P. VII öfters; Ng. a. 759; Schn. a. 803; tr. W. a. 805 (n. 25); Dr. a. 863 (n. 585; Schn. ebds. Walarih).
Walahfred P. I, 76 (ann. Sangall.).
Walachfred P. I, 50 (ann. Alam.).
Walafrid P. I, 68 (ann. Augiens.); II, VII öfters; pol. Irm. s. 111; Ng. a. 762, 833; Laur. sec. 8 (n. 331); Lc. a. 799 (n. 12).
Walafridh Lc. a. 799 (n. 13).
Walavrid Ng. a. 875.
Walafred pol. Irm. s. 6, 23 etc.
Walefrid P. III, 548 (Boson. capit.); pol. R. s. 45, 70; Laur. sec. 11 (n. 106).
Gualefrid Mab. a. 874.
Galafred Mab. a. 803 hieher?
Hieher oder zu Waldifrid gehören:
Walfrid P. I, 556 (Regin. chron.); III, 529 (Kar. II capit.); pol. Irm. s. 111; pol. R. s. 43, 53; St. M. a. 1068, 1089.
Walfrit St. P.
Walfred P. VI, 197, 199 (panegyr. Bereng.).
Valfred Lp. a. 945 (II, 206).
Gualfrid P. IX, 747 (chron. mon. Casin.).
Valafons. 9. Lgd. a. 875 (I, n. 101).
Walabons (so) A. S. Jun. II.
Walahger. 9. Tr. W. a. 861 (n. 272).
Walcger Ms. a. 1090 (n. 39).
Oalger St. P. viell. hieher; oder = Oadalger?
Andere vielleicht hieher gehörende formen s. unter Walahheri und unter Waldegar.
Walagaudius. 8. St. P.
Valchigis. 7. Lgd. a. 845 (I, n. 67).
Walagis pol. Irm. s. 80.
Walchis P. II, 271 (gest. abbat. Fontan.); pol. R. s. 77. Oder zu VALD?
Walahgrim. 9. K. a. 861 (n. 136).
Walgrim s. VALD.
Walegundis, fem. 8. Pol. Irm. 253.
Walhart. 9. Ng. a. 819.
Walahheri. 7. Dr. sec. 9 (n. 137, zwml.).
Walachar test. Erm.
Walicher pol. R. s. 101.
Walahher Schn. a. 804.
Walchar Ng. a. 759.
Walcher P. I, 527 f. (ann. Vedast.); II, 206

(ann. Vedast.); VIII, 394 (Sigeb. auctar. Aquicin.); IX öfters; Mab. a. 748; pol. R. s. 102.
Walcari Paul. diac. VI, 54.
Walecar pol. Irm. s. 87.
Walcar pol. Irm. s. 88, 219.
Walahari St. P. zwml.
Walaheri Mchb. sec 9 (n. 530).
Walehere tr. W. c. a. 764 (n. 193).
Walheri necr. Aug.
Walhere Ng. a. 806.
Walari St. P.
Walhar pol. Irm. s. 254; Ng. a. 759.
Walher Ng. a. 809; pol. R. s. 12.
Gaucher P. IX, 511 (gest. episc. Camerac.).
Nhd. Wahler, Walcher, Walcker, Walker, Waller, Wehler, Wölker.

Waliod. 7. Mchb. sec. 8 (n. 88, 280); St. P. zwml.; Ng. a. 803, 846, 859; K. a. 846 (n. 114).
Wallodu Ng. a. 758.
Valot Pd. a. 680 (n. 396).
Walloth Gld. II, a, 119.
Walloti (gen.) K. c. a. 700 (n. 1; Ng. ebds. Valoti).
Steht Wallod für Walh-bad?

Walahelm. 8. Laur. sec. 9 (n. 218).
Walachelm Laur. sec. 8 (n. 1654).

Walahild, fem. 8. Pol. Irm. s. 6.
Walachild pol. Irm. s. 136.
Walehildis pol. Irm. s. 88.
Walhildis pol. R. s. 103.

Walarammus. 8. Schn. a. 773; tr. W. a. 783 (n. 210).
Walaram Schn. a. 756.
Waluramnus Dr. a. 772 (Schn. ebds. Waltramnus).
Walurammus Schn. a. 765.
Waleramnus St. P.; pol. R. s. 61.
Walerannus P. VI, 51 (gest. episc. Virdun.); VII, 41 f. (ann. S. Benign. Divion.); VIII öfters; X, 401 etc. (Hugon. chron.); pol. R. s. 101, 105.
Waleranus P. IX, 473 (gest. episc. Camerac.).
Walramnus P. IX, 189 (gest. Trever.); Laur. sec. 8 (n. 221, 314).
Walrammus G. a. 1093 (n. 72).
Gualerannus P. X, 572 (chron. S. Huberti Andag.).
Galerannus P. XI, 388 (Hugon. Floriac.).
Valerauans Jorn. viell. schon hieher.
O. n. Walahrameswinida.

Walahun, Gr. I, 801; viell. von Gr. nur aus o. n. Walahunesdorf geschlossen.
Walchuon s. VALD.

Walaicho. 8. Ng. a. 861 (n. 400).
Walaiho Gld. II, a, 109.
Waleich K. a. 797 (n. 49).
Walahich K. a. 802 (n. 54); vgl. Walahicho Gld. II, a, 109. Wahrscheinlich haben diese formen unorganisch eingefügtes h.
Steht Walaicho für Walh-laih?

Walindis, fem. 8. Pol. Irm. s. 219.
Walinda H. a. 853 (n. 87).

Walaman. 8. Laur. sec. 9 (n. 179); H. a. 945 (n. 158); Mchb. sec. 11 (n. 1164).
Walman pol. Irm. s. 258.
Nhd. Wallmann.

Walahmar. 6. Kg. der Ostgothen.
Walahmar Gr. I, 842.
Walacmar Laur. sec. 8 u. 9 (n. 375, 516).
Wallacmar Laur. sec. 8 (n. 314).
Walamar Laur. sec. 8 (n. 495).
Walamir P. VIII öfters; IX, 613 (chron. mon. Casin.); Jorn.; hist. misc. 15.
Walmar Laur. mehrm.
Unalamer falsch für Walamer Cassiod. XI, 1.
Balamir P. X, 313 (Hugon. chron.); Jorn.
O. n. Wolmersleve hieher? vgl. VOL.

Walamunt. 8. Schn. a. 815.
Walhmunt M. B. c. a. 776 (XI).
Wolahmunt K. c. a. 816 (n. 75).
Walmund Laur. sec. 8 (n. 960).

Walarad. 9. Laur. sec. 9 (n. 547).
Walerat Gld. II, a, 129.
Walrad C. M. April.
Walred C. M. Sept.

Walerand. P. VI, 508 (Widric. mirac. S. Gerardi).

Walherich. 8. Pol. R. s. 101.
Walarich P. I, 6 (ann. Tiliani); II, 199 (ann. Vedast.); VIII, 343 (Sigeb. chron.); pol. Irm. s. 115, 230.
Walarih Schn. a. 863 (Dr. ebds. s. 585 Walahfrid).
Walerich P. I, 6 (ann. S. Amandi); II, 298 (gest. abbat. Fontan.); VI, 135 (Ademar. hist.); IX öfters; pol. R. s. 86.
Valerich P. VI, 115, 127 (Ademar. histor.).
Walrich Laur. sec. 9 (n. 367).

Walaruna, fem. 9. St. P.

Walscalch. 11. M. B. sec. 11 (VI).

Walesinda, fem. 11. Lc. a. 1015 (n. 147).

Walateus. 8. Pol. Irm. s. 1, 30 etc.
Walateo pol. Irm. s. 31.

Walgoald. 7. Pd. a. 691 (n. 421; M. ebds. n. 129).

Walvis, fem. 8. Pol. Irm. s. 189.

Walculf. 9. Pol. R. s. 22.
Walolf Dr. a. 838 (n. 520; Schn. ebds. neben Wasolf).

Zusammensetzungen mit dem um n erweiterten stamme habe ich folgende angemerkt:

Walantrudis, fem. 8. Pol. Irm. s. 1, 30 etc.
Walentrudis pol. Irm. s. 161.

Walantildis, fem. 8. Pol. Irm. s. 188.

Walanteus. 8. Pol. Irm. s. 1[illegible]
Walenteo pol. Irm. s. 166.

Walarunc (so). 8. Tr. W. a. 716 (n. 196 u. Pd. nchtr. n. 37).

Walbaut. 9. K. a. 860 (n. 129); verderbt?

Valbesinda, fem. 10. M. sec. 10 (n. 127).

VALD.

Dieser wortstamm ist bei p. n. nur vom stamme des goth. valdan reguare, nicht vom ahd. wald silva abzuleiten; letzteres ist weniger der weise altdeutscher p. n. gemäss; vgl. dagegen den gleichlautenden stamm bei den o. n. Bei den nhd. f. n. auf wald ist es oft zweifelhaft, ob sie hieher gehören oder aus o. n. entsprungen sind.

Verwechselt werden und sich vermischen kann VALD mit folgenden stämmen:

1) ALD (s. ds.) im auslaut. Die formen auf -ald und -old habe ich zu VALD und nicht zu ALD gerechnet, weil das vorkommen des letztern stammes im auslaut mir überhaupt ungewiss ist. Vgl. auch Grimm gr. II, 333 f.

2) BALD (s. ds.) im auslaut. Die formen auf -oald (besonders langobardisch) scheinen hieher und nicht zu BALD zu gehören. Bestätigt wird das durch die form Baldoald, die sonst ganz unpassend denselben stamm zweimal enthalten müsste.

3) GALD (s. ds.), gegen das ende der ahd. periode, da auch in unserm stamme wie in andern anlautendes W dialectisch zuweilen in G (Gu) übergeht.

4) HALID (s. ds.); doch ist dessen vermischung mit VALD selten zu fürchten; damit berührt sich dann wieder HILDI.

5) HULD (s. ds.), indem die formen auf -old hiezu schon frühe (vgl. Adalholt, Ahiholt u. a. bei St. P., Laur. und sonst) einen anlass gaben. Viele nhd. n. auf -hold haben ihren ursprung in -wald.

6) VALAH (s. ds.), besonders im anlaut.

VALD ist einer der ältesten wortstämme in p. n.; er kommt schon sicher im 1. jhdrt. in Cariovalda und Catualda vor; zugleich ist er einer der häufigsten stämme, denn er findet sich, obwol schon anlautend sehr gewöhnlich, doch noch häufiger als zweiter theil der composition. Für den letzteren fall bemerke ich noch die in südfranzösischen urkk. des 11. jhderts. nicht seltene form -uallus für -ualdus. Ich kenne auslautendes -vald in folgenden 290 n., worunter nur 7 feminina:

Abgrald 9.
Ehtolt 9.
Adravold 7.
Agiovald 7.
Agilald 8.
Aclevalda 8.
Aginald 8.
Hagroald 9.
Allolldd 9.
Alahold 8.
Alduald 9.
Alboald 8.
Algenald 10.
Eliold 9.
Alrauld.
Amanold 8.
Amolt.
Anawalt.
Anduald 6.
Andrald 11.
Angloald 8.
Ansovald 6.
Arawald 9.
Arnoald 7.
Arnolda 8.
Erfolt 8.
Erbenold 8.
Ascolt 10.
Athald 9.
Adalwalt 7.
Audovald 6.
Aunoald 7.
Ausvold 9.
Ostold 8.
Austrouald 6.
Ostrevolda 8.
Baldoald 7.
Bladold 9.
Baroald 7.
Barnold 8.
Baudowald.
Beorald 7.
Beroald 7.
Berueold 8.
Berahtold 7.
Bigwald 7.
Blidoald 7.
Bovevaldis 11.
Bonoald 9.
B[illegible]ranolt 8.
Buozolt 8.
Brandald 10.
Briceold 9.
Prozolt.
Brunold 9.
Buciowald 6.
Bodolold 8.
Burgoald 7.
Burwald 9.
Caeold 7.
Caldeold 7.
Chadold 8.
Chinold 9.
Chuniald 8.
Cumloald 7.
Dagoald 9.
Danoald 7.
Tantolt 9.
Tavold 10.
Deorovald 7.
Dodoald 8.
Domald 8.
Trapold 9.
Drudolt 8.
Dructoald 7.
Droitold 8.
Eharolt 8.
Edold 7.
Eholt 8.
Eonold 9.
Eruald 8.
Erchanoald 7.
Erlevold 8.
Eudoald 8.
Ewald 8.
Fagenold 9.
Faroald 8.
Fasolt.
Ferholt 8.
Fermenold 9.
Finnold 8.
Findolt 8.
Framnoald 7.
Freiolt.
Frehholt 8.
Fridwald 8.
Frodoald 7.
Frodolda 8.
Frumold 8.

Fulcuald 7.
Gebald 6.
Gadroald 7.
Gaidoald 8.
Gainoald 8.
Gamanolt 8.
Cantsoald 8.
Garivald 6.
Castald 9.
Gaudald 8.
Gaurald 8.
Gavioald 7.
Gaugiold 8.
Gernolt 9.
Gidenold 8.
Gissold 9.
Gisloald 7.
Giurold 8.
Godovold 7.
Godelold 9.
Graolt.
Grimuald 7.
Grimoaldis 9.
Gromoald 7.
Gumoald 9.
Gundovald 5?
Cundlold 9.
Hebeuolt 9.
Hagoald 8.
Chagnoald 7.
Haholt 7.
Heidolt 8.
Aitenold 8.
Hilgold 11.
Haimoald 7.
Heistald.
Helidold.
Hanolt 7.
Horcholt 9.
Artald 9.
Cariovalda 1.
Harmolt.
Hasolt 9.
Catualda 1.
Chadoloald 7.
Hedenold 7.
Helmold 8.
Hicholt 9.
Hierold 9.
Hildowald 7.
Hildealdis 11.
Hildenold 9.
Helpoald 8.
Helzolt 9.
Clodowald 6.
Flodoald 8.
Hohold 9.
Hordold 9.
Hostald 8.
Hrabanolt 7.
Rochold 8.
Hrodowald 6.
Romoald 7.
Hugold 9.
Holzolt 9.
Hunwald 8.
Qualpoald 8.
Idolt.
Idesolt 10.
Imenald 8.
Ingold 7.
Inginald 8.
Ermoald 8.
Irminold 7.
Hermenalda 10.
Isold 8.
Isinolt 9.
Ketold 9.
Ledoald 8.
Lanuald 8.
Landoald 7.
Launald 8.
Leimolt.
Levald 6
Lindoald.
Lupoald 7.
Liudoald 7.
Leohtolt 8.
Lunicholt.
Lunald 10.
Magoald 8.
Maginold 6.
Meizolt 9.
Malolt 9.
Manowald 8.
Maroald 6.
Maralda 11.
Maraholt 8.
Meduald 7.
Madallold 8.
Morold 8.
Miarold 8.
Mimold 9.
Modoald 7.
Munuald 8.
Mundoald.
Nandolt.
Nasolt 9.
Nordoalt 8.
Oberolt 8.
Ortolt 9.
Odelold 9.
Petroald 9.
Prantald 10.
Prezzold 8.
Radoald 8.
Rafold 8.
Racold 8.
Raginald 6.
Ranpoald.
Randold 8.
Raodold 9.
Restold 8.
Ricoald 7.
Rimolt 7.
Rinoald 8.
Rindolt 8.
Reodolt 9.
Runuald 9.
Seywald 10.
Samanolt 9.
Senevold 8.
Sandolt 9.
Sandrald 9.
Serald 9.
Scaftolt.
Skerfolt 8.
Selbold? 9.
Sewald 11.
Sigivald 6.
Sinduald 6.
Sisald 6.
Spenneol? 9.
Stadald.
Stainold 8.
Starholt 8.
Sundolt 9.
Sundarolt 9.
Sumnold 9.
Sunolt 9.
Swabolt.
Sueidolt 8.
Tetald 9.
Teald 11.
Thancold 9.
Deganolt 8.
Tingold 8.
Theudoald 6.
Dracoald 7.
Trasuuald 7.
Tolcholt 9.
Tromolt 8.
Turholt.
Turnoald 6.
Oftrolt 9.
Unold 7.
Urold 9.
Ursold 8.
Usuald 8.
Wacald 9.
Wadald 11.
Walgoald 7.
Waldold 8.
Warald 7.
Werinolt 8.
Werdold 8.
Witolt 8.
Widarolt 8.
Wigold 11.
Willold.
Winevold 8.
Winevolda 8.
Winidolt.
Wolcold 9.
Worald 8.
Woseolt 9.
Vulfoald 7.
Vutolt 9.
Zarald 9.
Zotolt 8.
Zuolt 9.

Waldo. 6. B. v. Freisingen sec. 9.

Waldo P. I, II, III mehrm.; IV, 27 (Ott. M. constit.); V oft; VI, 89 (chron. Median. monast.), 447 (transl. sangu. dom.); VII, VIII öfters; IX, 543 (chron. S. Andreae); Greg. Tur. VIII, 22; pol. Irm. s. 27, 110; Ng. a. 759, 778, 779, 782, 788; Laur. oft; Venant. Fortun.; Wg. tr. C. 399, 420; H. a. 868 (n. 106); Gud. a. 882; M. B. a. 882, 883 (XI), 888 (XXXI).

Walto P. II, 123 (Ekkeh. cas. S. Galli); VII, 392 (Bernold. chron.); Gud. sec. 8; Ng. a. 769, 774, 775, 776, 778, 788, 790, 802, 817, 843; St. P. oft; necr. Aug.; Laur. sec. 11 (n. 115).

Valdo H. a. 771 (n. 50).

Valto Ng. a. 826,

Waldho necr. Aug.

Waltho necr. Aug.

Welto Mchb. sec. 8 (n. 100).

Guelto P. IX, 649 f. (chron. mon. Casin.).

Waldeo necr. Fuld. a. 866.

Nhd. Wald, Wälde, Welde, Welte, Woldt.

Waldi. 8. Wg. tr. C. 328.

Welti M. B. a. 806 (VIII).

Walt St. P.

Walda, fem. 8. P. II, 291 (gest. abb. Fontan.); pol. Irm. s. 145, 191; Lc. a. 802 (n. 25).

Waldiko. 8. Prek.

Waldicho Laur. sec. 8 (n. 1956).

Nhd. Wöltge.

Waldida, fem. 8. Pol. Irm. s. 145.

Waltilo. 9. P. IV, B, 171 (synod. Baioar. sec. X); St. P. mehrm.; M. B. a. 860, 989 (XXXI).
Waltillo M. B. a. 828 (VIII).
Waltili Ng. a. 849.
Waldila, fem. 8. Laur. sec. 8 (n. 599).
Waltila K. a. 834 (n. 92; Ng. ebds.); St. P. öfters.
Weltila Schn. a. 796 (vgl. Wentila).
Waldalenus. 7. Pd. a. 657, 664, 677 (n. 328, 351, 386).
Waldolenus d. Ch. I, 561.
Waldelin pol. R. s. 69.
Waldelenus d. Ch. I, 551.
Waldeling. 9 Pol. R. s. 77.
Waldemia, fem. 8. P. II, 582 (translat. S. Viti); pol. Irm. s. 53; pol. R. s. 84, 55.
Waldin. 8. P. X, 476 (Hugon. chron.); pol. Irm. s. 26, 150; pol. R. s. 52.
Nhd. Welden, Welten, Weltin.
O. n. Waltiningun.
Waldina, fem. 8. Pol. Irm. s. 30, 36 etc.; pol. R. s. 69.
Waltina Mchb. sec. 8 (n. 14).
Waldiana pol. Irm. s. 48.
Waltun, fem. 9. Schn. a. 845 zwml.
Waldand. 8. A. S. Jan. I.
Waldant Dr. n. 662.
Waltant Mchb. sec. 8 (n. 167); R. a. 792 (n. 9); K. a. 858 (n. 128; Ng. ebds.); St. P.
Waltan Gld. II, a, 110 wol für Waltant.
Walding. 8. Pol. Irm. s. 135, 137; Wg. tr. C. 234, 240, 299.
Walting Ng. a. 795.
Waltunc St. P. zwml.
Waltunch St. P. zwml.
Waltdung Gud. sec. 10.
Welting Schn. a. 819.
Waltining, Gr. I, 807, wol nur fälschlich aus o. n. Waltiningun geschlossen.
Waldrea, fem. 10 (so). Pol. Irm. s. 37.
Waltasia, fem. 8. Pol. Irm. s. 253.
Waltismus. 8. Pol. Irm. s. 25.
Waldisma, fem. 8. Pol. Irm. s. 145.
Waldrisma, fem. 8. Pol. Irm. s. 105, 111.
Walzo. 10. Ng. a. 910.
Nhd. Waltz, Walz, Wels, Weltz, Welz, Wöltz.
Waldbern. 9. Wg. tr. C. 354.
Waltpero Gr. III. 203.
Walpero St. P.
Nhd. Wallber.
Waltbirin, fem. 9. Lc. a. 907 (n. 84).
Waldpirin St. P.
Waltbrinna R. a. 821 (n. 21).
Walpirin St. P.
Waldobert. 7. B. v. Avranches sec. 9; ep. Portuens. sec. 9; b. v. Mailand sec. 10.
Waldobert P. II, 279 (gest. abbat. Fontan.).
Waldiperaht Dr. a. 800 (Waltpraht ebds. Schn.).
Waltiperht St. P.
Waldebert P. V, 220 (chron. Luxov.); Ng. sec. 7; Mab. a. 805; Fredegar.
Waldperaht Dr. a. 815 (n. 315).
Waltberkt (so) Wg. tr. C. 13.
Waltbraht P. II, 676 ff. (transl. S. Alex.).
Waldperht St. P. mehrm.
Waltperht St. P. zwml.
Waldbreht Ng. a. 819.
Waldpreht Ng. a. 797: necr. Aug.
Waltpreht P. II, 57 (rhythmi de S. Otmaro).
Waldbert P. II, 217 (urk. v. 834); VIII, 179 (Ekkeh. chron. univers.), 615 (annal. Saxo); St. P.; Ng. a. 775, 778, 779, 788, 797, 819.
Waldpert P. II, 62 (Ratpert. cas. S. Galli); V, 340, 342 (Liudpr. hist. Ott.); St. P.; Ng. a. 797, 817, 826.
Waltbert P. II, 677 (transl. S. Alex.); V öfters; Ng. a. 779, 786: pol. Irm. s. 2; Wg. tr. C. 464; pol. R. s. 19.
Waltpert P. II, 677 (transl. S. Alex.); Laur. sec. 9 (n. 199).
Waldbrehttus P. II, 217 (urk. v. 834).
Waldpertht (so) St. P.
Waltbratd (so) Frek.
Waldpret Gld. II, a, 109.
Waltpret necr. Aug.
Walperht St. P.
Walpreht necr. Aug.
Walbrehd G. sec. 10 (n. 32).
Walpraht Laur. sec. 11 (n. 119).
Walbert P. I, 624 (contin. Regin.); VI, 763 (Thangmar. vit. Bernward.); VIII, 442 (Sigeb. auctar. Hasnon.), 586 (annalista Saxo); IX, 848, 851 f. (chron. Hildesh.); Mab. a. 783; pol. Irm. s. 111; Ng. a. 817; Wg. tr. C. 112, 131.
Walpert P. II, 679 (transl. S. Alex.); V öfters; VI, 92 (chron. Median. monast.); VIII, 332 (Sigeb. chron.); X, 6, 8 (Arnulf. gest. archiepp.

Mediol., Landulf. hist. Mediol.); Ng. a. 758, 774, 781; Laur. sec. 9 (n. 2287).
Wolthert neben Wolthrath Laur. sec. 10 (n. 532).
Woldpret Gld. II, a, 111.
Gualpert P. V, 517, 533 (chron. Salernit.); X, 104 (catal. archiepp. Mediol.).
Nhd. Walbert, Walpert.
O. n. Waldoberti wilare.

Waltberta, fem. 8. Pol. Irm. s. 103, 106.
Walperta Lp. a. 870 (I, 839 ff.).

Waltberga, fem 8. Pol. Irm. s. 250; pol. R. s. 71, 84.
Waldpirc St. P.
Waltperg St. P.
Walbirc Laur. sec. 9 (n. 2196).
Walpirc St. P.
Walperga Lp. a. 935 (II, n. 194).

Waldprand. 9. P. III, 253 (Hlud. et Hloth. capit.).
Waltprant Mchb. sec. 9 (n. 484).

Walbodo. 9. P. VIII, 673 (annal. Saxo); IX, 190 (Anselm. gest. ep. Leod.).
Walpodo P. IX, 207 f. (Anselm. gest. ep. Leod.), 532 (chron. S. Andreae).

Waldburga, fem. 8. P. IX, 250 (Gundechar. lib. pontif. Eichstet.).
Waldeburg pol. Irm. s. 28.
Waldburh C. M. Jul.
Waltpurgis P. II, 345 (vit. S. Bonif.).
Waltpurc Mchb. sec. 9 (n. 887); St. P. zwml.
Waltpurga P. VII, 391 (Bernold. chron.).
Walburg P. V, 376 (Flodoardi ann.); VI, 704 (Alpert. de divers. tempp.); Ms. a. 860 (n. 5); C. M. Dec.
Walburch Lc. a. 1083 (n. 234).
Walpurgis P. IX öfters.
Walpurg P. IX öfters.
Galburgis P. X, 591 (chron. S. Huberti Andag.).
Galburg H. a. 1096 (n. 298).
Waltbur (so) Dr. a. 850 (n. 559; Schn. ebds.) wol hieher.

Waldchuon. 8. R. a. 900 (n. 79).
Waltechun Mchb. sec. 11 (n. 1252).
Waltcun Laur. sec. 8 (n. 213).
Waltchun St. P.
Walchuno M. B. c. a. 1090 (X).
Walchuon Mchb. sec. 11 (n. 1244); M. B. c. a. 1080 (X).
O. n. Waltchunispach.

Walttag. 9. P. II, 680 (transl. S. Alex.).

Waldadrudis, fem. 6. Pol. Irm. s. 174.
Waldedrudis P. VIII öfters; X, 541 (gest. abb. Gemblac.); pol. Irm. s. 79, 167.
Valdetrudis P. VI, 11 (ann. Laubiens.).
Valdetruda Greg. Tur. IV, 9 var. Vuldetrada.
Waldetrudis P. VI, 12 (ann. Laubiens.); IX öfters.
Gualdetrudis Pd. a. 661 (n. 338).
Waldrud St. P.
Waltrud St. P. mehrm.
Waltrudis pol. Irm. s. 14, 25 etc.; pol. R. s. 55, 86; Laur. mehrm.
Valtruda Lgd. a. 845 (I, n. 67).
Walttrud Gld. II, a, 129.
Walt[illegible]d Dr. c. a. 813 (n. 296; Schn. ebds. Waltrud).
Waltrhud Schn. a. 774 (Dr. ebds. richtg. Walthrud).

Waldifrid. 8. B. v. Bayeux sec. 9.
Waldifrid M. a. 788 (n. 10).
Waltifrid Gld. II, a, 109.
Waldfrid Ng. a. 797; St. P. mehrm.
Waltfrid Ng. a. 778, 790, 794, 806, 824; St. P.; Laur. sec. 8 u. 9 (n. 474, 929); pol. R. s. 51.
Waltfrit St. P. mehrm.
Waltfred P. I, 412 (ann. Fuld.); V, 138 (ann. Einsidl.); VII, 110 (Herim. Aug. chron.); VIII, 555 (annalista Saxo); Ng. a. 820.
Ualtfrit St. P.
Weltfrid Laur. sec. 8 (n. 382).
Walfrid u. a. s. VALAH.

Waldgelt. 9. Tr. W. a. 837 (n. 166).

Waldegar. 8. Pol. Irm. s. 25, 54 etc.
Valdegar pol. Irm. s. 37.
Waldgar P. II, 706 f. (vit. S. Anskarii).
Waltgar P. I, 604, 608 (Regin. chron.); VIII, 589 (annalista Saxo).
Waldgaer Gld. II, a, 110.
Waldger Ng. a. 762; Wg. tr. C. 353, 415; St. P. mehrm.; necr. Aug.; H. a. 898 (n. 130).
Waltger P. VI, 704 (Alpert. de divers. tempp.); St. P.; Laur. mehrm.; M. B. a. 1079 (XI).
Waldkaer St. P. zwml.
Waltkaer St. P.
Waltcar pol. Irm. s. 79, 98 etc.
Waltgaer Ng. a. 791.
Waldker Ng. a. 793, 800, 805; M. B. a. 822, 828 (VIII); St. P. mehrm.

Waltker P. III, 568 (Kar. III capit.); M. B. a. 806 (VIII); St. P. mehrm.; H. a. 898 (n. 131).
Walitcar pol. Irm. s. 98, 231.
Walgar P. II, 291 (gest. abbat. Fontan.).
Walgaer Ng. a. 758.
Walger Laur. sec. 8 u. 9 (n. 179, 2145); necr. Aug.; Ng. a. 843; Lc. a. 843 (n. 48), 1021 (n. 158); H. a. 928 (n. 150).
Weldger Lc. a. 1093 (n. 247).
Welger Lc. c. a. 1070 (n. 221) hieher?
Walcher, Walcar s. VALAH.
O. n. Waltgeresbrunnun, Waldkereshoua, Waltgereshus.

Waltcaria, fem. 8. Pol. Irm. s. 162.

Waldigardis, fem. 8. Pol. Irm. s. 205.
Waldegardis pol. Irm. s. 71.

Waldegaud. 8. Pol. Irm. s. 17, 60 etc.
Waltgaud P. II, 463 (Einh. vit. Kar.); pol. Irm. s. 33.
Waltcaud P. III, 426 (Kar. II capit.); VI, 13 (ann. Lobiens.); pol. Irm. s. 45, 87 etc.
Waltcaus pol. Irm. s. 123.
Walchaud P. VIII, 337 (Sigeb. chron.).
Walcaud P. II, 195 (ann. Lobiens.); VIII, 338 (Sigeb. chron.); IX, 198 (Anselm. gest. episc. Leodiens.).
Waldgoz Dr. a. 800 (Schn. ebds. Walgoz).
Walcaus Lp. a. 1079 (II, 715).
Gualcaud P. X, 569 ff. (chron. S. Huberti Andag.).
O. n. Wolcozreod.

Waldegildis, fem. 8. Pol. Irm. s. 17.
Hiezu viell. Walebegildis (so) pol. Irm. s. 145.

Waltgina (so), fem. 9. Pol. R. s. 85.

Waldkis. 7. St. P. mehrm.
Waltchis P. XII, 453 (Willelm. gest. reg. Angl.); pol. R. s. 71; d. Ch. I, 638.
Valtgis pol. Irm. s. 213.
Walatgis (so) pol. Irm. s. 213.
Walchis s. unter VALAH.

Ualdegisil. 7. Pd. a. 648 (n. 312).

Waltgrim. 8. Pol. Irm. s. 229.
Waltgrinus pol. Irm. s. 71.
Waltgrimmus pol. R. s. 72.
Walgrimmus pol. R. s. 101, 103 etc.
Walgrim pol. R. s. 105.

Waltgudis, fem. 8. Pol. Irm. s. 33.

Waldegundis, fem. 8. Pol. Irm. s. 215.

Walthaid, fem. 8. Schn. a. 765; St. P. zwml.
Waltheid Mchb. sec. 9 (n. 485); Dr. n. 369 St. P. zwml.
Walthagdis pol. R. s. 32.
Waltaidis pol. R. s. 16.

Waldhart. 8. Necr. Aug.
Walthard P. V, VIII öfters; IX, 322, 328 (Ad. Brem.), 849 (chron. Hildesh.); Laur. sec. 8 (n. 845); Wg. tr. C. 139, 364, 470.
Walthart Ng. a. 786.
Waltherd P. VI, 560 (Arnold. de S. Emmer.); C. M. Aug.
Walterd P. V öfters.
Walthardus qui et Dodico vocabatur P. V.
Nhd. Waldhard.

Waldhar. 6. Sec. 6: Langobardenkg. Sec. 9: b. v. Orleans; b. v. Sens. Sec. 10: b. v. Autun. Sec. 11: b. v. Albano; b. v. Eichstedt; b. v. Meaux; b. v. Speier; b. v Troyes.
Walthari Laur. sec. 8 (n. 193, 3627).
Waltari P. V, 217 (reg. et. imper. catal.); Paul. diac. I, 21 f.
Walthar P. I oft: II, 38 (abbat. Augiens. catal.); VI, 448 (transl. sangu. dom.); Schn. a. 750, 758; pol. Irm. s. 72, 81 etc.; Ng. a. 797, 817, 821.
Waltar P. I, 472 (Hincm. Rem. ann.); III, 501 (Hlud. Germ. capit.); VIII, 196 (Ekkeh. chron. univers.), 590 (annalista Saxo); pol. Irm. s. 25, 46 etc.
Waltare Lc. a. 1057 (n. 192).
Waldheri P. I, 68 (ann. Augiens.); necr. Aug.
Waldhere necr. Aug.
Waltheri P. III, 178 (Kar. M. capit.); VII öfters; Wg. tr. C. 247; necr. Aug.; St. P. mehrm.; Gud. a. 1056.
Walthere P. IX öfters; Laur. sec. 9 (n. 33).
Ualther St. P.
Walther P. I, II oft; III, 539 (Kar. II capit.); V, VI, VIII, IX öfters; Laur. mehrm.; Ng. a. 786, 802, 813; Wg. tr. C 29; M. B. c. a. 1070 (VII), c. a. 1080 (VI); Gud. a. 1090.
Walteri P. V, 856 (Thietmari chron.).
Walter P. II, 197 (ann. Vedast); III, 533 (Kar. II capit.); IV, B, 176 (Heinr. II pact.); V, VI, IX oft; X, 286, 478, 503 (Hugon. chron.), 546 (gest. abbat. Gemblac.); pol. Irm. s. 129; St. P.; H. a. 898 (n. 129); Guér. a. 1038.
Waldher Ng. a. 793; Laur. sec. 8 (n. 1586).

Valter P. VI—VIII öfters.
Waltere P. VIII, 555 (annal. Saxo); Ng. a. 817.
Waldier pol. R. s. 66, 69 etc.
Gualter P. I, 104 f. (ann. S. Columbae); V, VII oft; VIII, 442 (Sigebert. auctar. Hasnon.); IX öfters; X, 546 (gest. abbat. Gemblac.), 572 f. (chron. S. Huberti Andag.); Guér. a. 1046, 1089.
Galter P. VII öfters; X, 601 (chron. S. Huberti Andag.); Pd. a. 730 (n. 548); pol. Irm. s. 50 (sec. 11); convent. Rivipull. a. 1032; conc. Senonens. a. 1080.
Gaulter pol. Irm. s. 50 (sec. 11).
Qualter H. a. 929 (n. 151).
Walbarith P. VIII öfters hieher.
Hieher vielleicht auch die formen:
Οὐάλδαρος var. *Οὐάλδαλος* (6) Procop.
Aulther Mab. a. 854.
Altn. Valðar. Ags. Vealdhere. Nhd. Walter, Walther, Wolter, Wolther.
Walthad. 8. Pol. Irm. s. 80, 253.
Waalthad (so) R. a. 821 (n. 21).
Waltad pol. Irm. s. 25.
Walthaus pol. Irm. s. 138, 145.
Waldhelm. 8. Necr. Fuld. a. 840.
Walthelm Laur. öfters.
Waltelm pol. R. s. 8; Mab. a. 933.
Waldohildis, fem. 7 Pol. Irm. s. 80.
Waldoildis pol. Irm. s. 138.
Valdechildis Pd. a. 676 (n. 382).
Waldehildis pol. Irm. s. 45.
Walthildis pol. Irm. s. 73, 79 etc.; pol. R. s. 9, 51 etc.
Waltildis Pd. a. 692 (n. 423, mit var. Watidis); pol. Irm. s. 28, 146.
Weldhilt Laur. sec. 8 (n. 1477).
Wolthild (so) tr. W. a. 819 (n. 127).
Walderamnus. 7. Ng. a. 761, 784.
Waldramnus Pd. a. 693 (n. 431; Mab. ebds.); pol. Irm. s. 177; Ng. a. 773, 798.
Waldramno Ng. a. 779.
Waltramnus pol. R. s. 83.
Waldbram Ng. a. 776.
Waldrammus P. II, 62 f. (Ratperti cas. S. Galli).
Waldram P. XI öfters; necr. Aug.; K. a. 786 (n. 31); M. B. c. a. 740, c. a. 775 (VII), a. 778 (VIII); H. a. 1052 (n. 250) neben Walram.
Walthrabhan (so) Lc. a. 855 (n. 65).
Walthram Ng. a. 787, 809.
Waltrammus P. II öfters; VI, 453 f. (Hartmanni vit. S. Wiboradae).
Waldedrannus pol. Irm. s. 133, 145.
Woldrham Gld. II, a, 111.
Gualedrannus Mab. a. 926.
Signum Walraham (so) Laur. sec. 8 (n. 703) möchte ich Walrabani lesen.
O. n. Waldhrammishuntari.
Waltchrog. 8. Tr. W. a. 742 (n. 7 u. Pd. nchtr. n. 70).
Waltruh St. P.
Valderu Gld. II, a, 109 hieher?
Waldleih. 8. Schn. a. 786, 803, 817.
Waltleih Schn. a. 798, 803, 804, 814.
Waltle[illegible] Laur. sec. 9 (n. 1701).
Waldelindis, fem. 9. Pol. R. s. 77.
Walteloh. Gld. II, a, 110.
Waldman. 8. P. II, 679 (transl. S. Alex.); St. P. mehrm.; Wg. tr. C. 104, 249, 272, 297, 346, 477, 478.
Waltman pol. Irm. s. 135; Laur. mehrm.; M. B. a. 778, 806 (VIII), c. a. 1040, c. a. 1095 (VI).
Woldman Wg. tr. C. 453 wol hieher.
Nhd. Waldmann, Woltmann, Wollmann.
Woldmanat. 9. Dieser merkwürdige n., der zu diesem stamme zu gehören scheint, steht neben Tomanaht bei Dr. sec. 9 (n. 142).
Waldemar. 7. Mab. a. 717.
Waldomeris (nom.) d. Ch. I, 518.
Valdemar conc. Tolet. a. 684.
Waldmar Lc. a. 796 (n. 7); Ng. a. 798.
Waldmer Wg. tr. C. 345.
Waltmer Wg. tr. C. 234.
Viell. hieher o. n. Walmerstidi und Walmersheim.
Valadamarca, fem. 5. Jorn. 48; hieher?
Waltimunt. 8. Sm. mit var. Wimunt (so) und Waltmunt.
Waltimont M. B. a. 817 (XXXI; unecht).
Waltmundt K. a. 817 (n. 78; unecht).
Waltmund Laur. sec. 8 (n. 267); Wg. tr. C. 326.
Waldniuui, fem. 9. Dr. c. a. 800 (Schn. ebds. Waldniun).
Waltniu C. M. Oct.
Walteni Gld. II, a, 110.
Waldui M. B. a. 892 (XXXI); Mohb. n. 178.
Waltni St. P. mehrm.
Walni St. P.

Waldorad, msc. u. fem. 7. Tr. W. a. 696 (n. 43).
Waldarat K. c. a. 785 (n. 27).
Waltarat Gld. II, a, 129.
Valdered conc. Tolet. a. 675, 688.
Waldered Wg. tr. C. 100.
Walterat Gld. II, a, 129; C. M. Aug.
Waldrad pol. Irm. s. 133, 137; pol. R. s. 69.
Waldrat Laur. mehrm.
Waldred Wg. tr. C. 47.
Waltrat Laur. mehrm.; Ng. a. 773; St. P. öfters; Dr. a. 838 (n. 517; Schn. ebds. Warrat).
Waltdrad Laur. sec. 8 (n. 207).
Vualthrat Dr. a. 814 (n. 301; Schn. ebds.).
Wallrad Gud. a. 1056 wol hieher.
Nhd. Wallrath.
O. n. Waldaradeche.
Walderada, fem. 6. Langobard. königstochter sec. 6.
Walderada Mab. a. 798; Paul. diac. I, 21; Fredegar.
Waldrada P. I oft; II, 312 (dom. Carol. geneal.); V, 300 (Liudpr. antapodosis); VI, 61 (Folcuin. gest. abb. Lobiens.); VII, VIII öfters; IX, 199 (Anselm. gest. episc. Leod.), 419 (gest. episc. Camerac.); X, 164 (gest. Trever.), 438 (Hug. chron.), 637 (gest. episcopp. Tullens.); pol. Irm. s. 80, 135.
Waltrada pol. Irm. s. 105, 209; M. B. c. a. 970 (VIII).
Waltrata Ng. a. 779.
Waldrade Ng. a. 785.
Valdrada P. VI, 15 (ann. Laubiens.).
Hwalderada P. IX, 25 (Joh. chron. Venet.).
Valdradane (abl.) Pd. a. 709 (n. 475).
Waldradane (gen.) pol. Irm. s. 127.
Waldredane (gen.) K. a. 777 (n. 19).
O. n. Walderadagiuelle.
Waldirih. 7. Tr. W. a. 790 (n. 64).
Waldirich Gld. II, a, 119.
Waltirihc St. P.
Valdericus conc. Tolet. a. 673, 688.
Walderic Ms. sec. 11 (n. 27).
Walderich gest. Dagoberti I; Fredegar; Laur. sec. 8 (n. 2845 f.); M. B. sec. 8 u. 9 (VI, VIII).
Walterih necr. Aug.
Waldric Wg. tr. C. 241, 248, 266, 334, 458, 476.
Waldrich P. V, 381 (Flodoardi ann.), 421 (Widukind); VIII, IX öfters; Laur. mehrm.; pol. Irm. s. 148, 255; Dr. a. 806 (n. 237; Schn. ebds. Baldrich); pol. R. s. 55, 105.
Waldrih Dr. c. a. 794 (Schn. ebds. Uuldarih).
Waltric Gld. II, a, 110.
Waltrich Mchb. sec. 8 (n. 4); M. B. a. 788 (XXXI); Laur. sec. 9 (n. 507).
Waltrih necr. Aug.; St. P. mehrm.
Walthrich Dr. n. 349.
Weldrich Laur. sec. 8 (n. 1633).
Weltrich Schn. a. 813 zwml.
Gualdrich P. VIII, 442 (Sigeb. auctar. Hasnon.).
O. n. Waldericheshach, Weldericheshusun, Waltrichesstat, Waltricheswilare.
Waldrid. 8. St. P.; tr. W. c. a. 780 (n. 124).
Waltrid Dr. a. 837 (n. 494; Schn. ebds.).
Waldrun, fem. 11. St. P.
Waltruna St. P.
Waltsad. 9. Pol. R. s. 3.
Waltsinda, fem. 8. Pol. Irm. s. 61; pol. R. s. 83.
Waltsenda pol. Irm. s. 114.
Waltsida pol. Irm. s. 106, 114.
Waltsis pol. Irm. s. 194.
Waltaswind, msc. u. fem. 7. Walsuinta, Brunhilds schwester, Chilperichs frau.
Waltaswind St. P. zwml.
Waltswind St. P.
Waldswindus tr. W. a. 693 (Pd. nchtr. n. 5).
Waltswith Ms. a. 1049 (n. 22).
Walsuinta P. XI, 396 (hist. regg. Franc. monast. S. Dionys.).
Walswith Gld. II, a, 129.
Walswindane (gen.) tr. W. c. a. 693 (n. 38).
Waldold (reduplicirter n.). 8. St. P.
Woldold Laur. sec. 8 (n. 3582).
Waltalz (für Waltaldus?) Laur. sec. 8 (n. 1681).
Waldovildis, fem. 8. Pol. Irm. s. 110.
Walduin. 8. Pol. Irm. s. 141.
Waltuizo. Gld. II, a, 129.
Waldulf. 8. Pol. Irm. s. 213; Wg. tr. C. 234, 237, 246; tr. W. a. 787 (n. 86); pol. R. s. 22; St. M. a. 1068.
Waldolf Laur. mehrm.; Ng. a. 716—720; Pd. ebds. n. 513.
Waltidolf Laur. sec. 9 (n. 381).
Waltdolf Laur. sec. 8 (n. 198).

Waltolf P. V, 127 f. (ann. August.); IX, 249 (Gundechar. lib. pontif. Eichstet.); St. P. mehrm.; Dr. a. 837 (n. 494; Schn. ebds. Waltof).
Waldorf Laur. sec. 8 (n. 929) wol für Waldolf.
Woldolf Laur. sec. 8 (n. 266).
Walduf Wg. tr. C. 230.
Waldulpia, fem. 7. Tr. W. a. 693 (n. 38 u. Pd. nchtr. n. 5).

Zusammensetzungen mit erweitertem stamm:
Weltinswind, fem. 9. R. a. 821 (n. 21); ebds. auch Weltinswid.
Waltercher. 10. H. a. 929 (n. 151); verderbt?
Waldromar. 7. Pd. 697 (nchtr. n. 9).

Waleich, Walesinda s. VALAH. **Walfard** s. HWELP. **Walgoald, Valia, Walica, Walico, Walindis, Walipert, Walismus** s. VALAH.
Waliu. 9. Wg. tr. C. 471 (Falke hist. ebds. Walin).
Walio, Wallod s. VALAH. **Walpulo** s. HWELP.
Walrauin. Gld. II, a, 110; verderbt?
Walunc s. VALAH.
Wamba. 7. Diaconus sec. 7; Westgothenkg. sec. 7.
Wamba d. Ch. I öfters; Sm.; E. s. II, 179; VI öfters; W. qui et Petrus conc. Tolet. a. 638.
Wambanis (gen.) E. s. V, 465 f.
Goth. vamba, ahd. alts. wamba, ags. vamb (fem.) venter.
Wamelfrid. 9. P. IX, 613 (chron. mon. Casin.) mit var. Walmelfrid, Gualmelfrit, Guamelfrid.

VAN.

Der bedeutung wegen stelle ich die folgenden namen lieber zu goth. vêns (ópes; vergl. lat. venus), ahd. wân (spes, opinio), als zu ahd. wan (deficiens, imperfectum) und wâni (penuria). Graffs, von ihm selbst freilich als unsicher hingestellte vertheilung dieser namen unter beide wortfamilien kann ich nicht als begründet anerkennen. Auslautend kenne ich den stamm in folgenden 20 namen:

Avarwan 9.	Eliwan 8.	Engilwan 8.
Altwan 8.	Anawan 8.	Bernoan 9.
Geravan 11.	Landoan 8.	Slintwan 8.
Herawan 9.	Leodoan 8.	Teudoan 9.
Hildoan 9.	Mitiwan 9.	Unowani 9.
Rodowan.	Odolwan 8.	Wolfwan 8.
Hunuan 9.	Sywan 9.	

Wano. 8. K. u. Ng. a. 782, 783, 785, 797, 802, 812, 819; necr. Aug.; Lc. a. 927 (n. 88).
Vano Schpf. a. 768 (n. 36).
Wan Dr. n. 357, 481 (Schn. an letzterer stelle Unuuan); necr. Fuld. a. 977.
O. n. Wanesbach, Wanesheim, Wannenbach.
Wenni. 9. Frek. mehrm.; Wg. tr. C. 344.
Wana, fem. 9. H. a. 853 (n. 87).
Wanicho. 9. Laur. sec. 9 (n. 1984).
Wenniko Frek.
Wani[illegible] Gld. II, a, 110.
Nh[illegible]ke, Wannick, Wenig, Wenige.
O. n. Wanihinpah.
Wanchin. 10. Lc. a. 962 (n. 105).
Wennikin Ms. a. 1049 (n. 21).
Wanedus. 8. Pol. R. s. 16, 100.
Wanito St. P.
Wenido P. VI, 234 (Sigehard. mirac. S. Maxim.); H. a. 923 (n. 145).
Wenito St. P. zwml.; Dr. a. 811, 812, 824, 838, 859 (n. 263, 270, 447, 513, 576; Schn. ebds. fast immer Wenilo).
Wannida, fem. 9. Ng. a. 839.
Wenida Laur. sec. 9 (n. 199).
Wenita St. P.
Wanilo. 8. B. v. Rouen sec. 9; b. v. Sens sec. 9.
Wanilo P. I, 460 (Hincm. Rem. ann.); St. P.; Laur. sec. 8 (n. 482, 2041); Ng. a. 776, 780, 785, 787, 791.
Wenilo P. II, 301 (chron. Fontan.); III oft; necr. Aug.; Laur. öfters; Ng. a. 779, 818, 822; Mab. a. 854; M. B. a. 806 (VIII), 900 (XXXI). Vgl. auch oben Wenito.
Venelo P. IX, 417 (gest. episc. Camerac.).
Guanilo P. I, 453 (Prud. Trec. ann.).
Guenilo conc. Muritens. a. 850; conc. Pistens. a. 870.
Wanla, fem. 9. Pol. R. s. 50.
Wanimmia, (so), fem. 9. Pol. R. s. 102.
Wanini. 8. R. a. 792 (n. 9).
Wanino (gen. -onis, also nicht für Waninc) Laur. sec. 8 (n. 915).

Weniant. 9. Laur. sec. 9 (n. 733).

Waning. 7. P. II öfters; III, 90 (Kar. M. capit.); necr. Aug.; St. P.; pol. Irm. s. 136, 146; Ng. a. 802, 812, 816, 817, 824; vit. S. Leodegar.; Laur. sec. 8 (n. 195); M. B. a. 891 (XXXI).
Vaningo Mab. a. 670.
Waningo Laur. mehrm.
Wanunc Laur. sec. 8 (n. 3817).
Waninc P. VI, 386 (Gerhard. vit. S. Oudalr.); X, 637 (gest. episcopp. Tullens.); Ng. a. 670, 773, 806, 807; St. P.; Laur. sec. 8 (n. 1051, 1213); tr. W. a. 816 (n. 160); M. B. a. 838 (XXXI).
Wanink Ng. a. 766.
Guanengus P. IX, 665 (chron. mon. Casin.).
Wening Laur. sec. 10 (n. 273).
Nhd. Wening.
O. n. Waninctal.

Wanbald. 9. Gld. II, a, 119.
Wanpald Mchb. sec. 9 (n. 586, 634).
Wanbold Schn. a. 820; Lc. a. 882 (n. 73), 907 (n. 84).
Wambalt Laur. sec. 9 (n. 3367).

Wanibert. 8. Laur. sec. 8 (n. 518).
Wanperht St. P.
Wanbert St. P.; Laur. mehrm.; Ng. a. 789; Lc. a. 798 (n. 10).
Wanpert St. P. zwml.
Wanberth St. P.
Wanbret Gld. II, a, 110.
Wamperht St. P.
Wambert Laur. sec. 8 (n. 899); Lc. a. 801 (n. 21); H. a. 909, 929 (n. 136, 152).
Wenibert tr. W. a. 744 (n. 147 u. Pd. nchtr. n. 76); Laur. mehrm.
Wenibrath Laur. sec. 9 (n. 2548).

Wanburg, fem. 9. Schn. a. 811.
Wanburch Lc. a. 927 (n. 87).
Wanpurc Mchb. sec. 9 (n. 431); Ng. a. 846.
Wanpurch St. P.
Wanpurg Gld. II, a, 129.
Wampurc Gld. II, a, 129.

Wanfrit. 8. Tr. W. a. 798, 816 (n. 22, 160); Laur. sec. 8 (n. 3197, 3637).
Nhd. Wahnfried.

Wanegar. 8. Pol. Irm. s. 25.
Wanger P. I, 573 (Regin. chron.); VIII, 578 (annalista Saxo); necr. Aug.; Ng. a. 812; Dr. a. 889 (n. 630; Schn. ebds. Uuaranger).
Wanker Mchb. sec. 9 (n. 576, 586).
Nhd. Wanger, Wanker, Wenger, Weniger.

Wangart. 8. M. B. sec. 8 (VII).

Wanheid, fem. 8. St. P.

Wanahilt, fem. 8. Schpf. a. 828 (n. 89).
Wanhilt Laur. sec. 8 (n. 2401); St. P.

Wanlep (so) C. M. März.

Wanlindis, fem. 9. Pol. R. s. 68.

Wanlog. 8. Schn. a. 778.

Wanmunt. Gr I, 855.

Wanrat. 9. Necr. Fuld. a. 860.

Wanwic. 10. Ng. a. 921.

Wanulf. 8. Pol. Irm. s. 78, 113; tr. W. a. 760 (n. 170); H. a. 762 (n. 45).
Wanolf Ng. a. 752, 801, 822.
Nhd. Wannloff.
O. n. Wanolfeshusun.

Wanbernheim. 9. Dr. n. 340. Diese sonst unerhörte und auffällige form scheint nicht richtig. Ich schlage vor, sie als zwei namen zu fassen, nämlich Wan (= Wano) und Bernheim.

Wanathere s. VUN.

-wanc in Uuwanc (9) wol nur scheinbar, da vielleicht Uuwano zu lesen ist.

VAND.

Dieser mit ausnahme von Kaerwant (8) wol nur anlautend gebrauchte stamm, zu dem ich seine beiden erweiterungen durch l und r hinzufüge, gehört gewiss im ganzen zu der weit verbreiteten wurzel, die sich in unsern verbis w i n d e n und w e n d e n und ihren unzähligen ableitungen findet; der genauere sinn dieses stammes in den n a m e n muss weiter erforscht werden. Dazu mischen sich jedoch noch zwei völkernamen: 1) der n. der W e n d e n (vgl. den stamm VINID, dessen scheidung von VAND auf grosse hindernisse stösst); 2) der n. der Vandalen, der auch nach Grimm gesch. d. dtsch. spr. 475 mit unserm verbum wenden zu derselben wurzel gehört.

I. Einfacher stamm VAND.

Wando. 8. P. II, 285 - 288 (gest. abbat. Fontan.); VII, 35 (ann. Formosel.).
Wento necr. Fuld. a. 852.
Wenda Wg. tr. C. 454.
Wende Wg. tr. C. 326.
Wando = Wandregisil P. VIII öfters.

Nhd. Wandt.
Wandl. Gld. II, a, 110.
Wendico. 9. Wg. tr. C. 245.
Wenduco Wg. tr. C. 474.
Nhd. Wandtke, Wendecke.
Wendecha, fem. 11. Lc. a. 1054 (n. 189).
Wendichin, fem. 10. Hf. a. 989 (I, 530).
Wanzo. 8. Ng. a. 761, 762, 790, 797, 802.
Vanzo Ng. a. 760.
Wanzzo Ng. a. 854.
Quanzo Pd. c. a. 744 (n. 581; Ng. ebds.).
Uencio St. P.
Wansso Gld. II, a, 119.
Wenso P. X, 275 (Ruperti chron.).
Nhd. Wenz.
O. n. Wanzesheim; vielleicht auch Wanzleve.
Wantia, fem. 9. P. V, 243 (Erchemp. hist. Langob.); deutsch?
Wanzino. Gr. I, 906.
Wenzin Gr. I, 906.
O. n. Wencineshusun.
Wanzinc, Gr. I, 906; von Gr. wol nur aus o. n. Wanzincowa geschlossen.
Wanding. 8. Laur. sec. 8 (n. 544).
Wendinc Mchb. sec. 8 (n. 151).
Vandebercth. 7. Pd. a. 657 (n. 330).
Wantpert K. a. 861 (n. 136).
Wentiburc, fem. 9. M. B. a. 892 (XXXI).
Wandedrudis, fem. 8. Pol. Irm. s. 10.
Wandefrid. 8. Pol. R. s. 4.
Wantfrit Laur. sec. 8 (n. 2836).
Wandegildis, fem. 8. Pol. Irm. s. 180.
Wansgis. 9. Pol. R. s. 1; hieher?
Wanther. 8. Laur. sec. 8 (n. 1873).
Wanither Laur. sec. 8 (n. 3183).
Wandear pol. Irm. s. 144.
Nhd. Wander.
Wanthildis, fem. 8. Pol. Irm. s. 9.
Wandoildis pol. Irm. s. 135, 144.
Wandaildis pol. Irm. s. 140.
Wandemar. 7. E. s. VI, 554 (Julian).
Wandamir E. s. VI, 567 (Julian.).
Wendimar conc. Noviomens. a. 814.
Wandemir Pd. a. 690 (n. 412; Mab. ebds.).
Wantmir Sm. var. Watmir.
Wandarich. Gld. II, a, 119.
Wendirih Gld. II, a, 110.
Wendulf. 9. P. III, 90 (Kar. M. capit.).

II. Erweiteter stamm VANDAL. Es muss in dem folgenden erstens zwar der n. der Vandalen, zweitens aber auch (da jener v. n. allein die grosse häufigkeit dieser bildungen nicht erklärt) eine davon unabhängige andere ableitung des stammes VAND stecken. Auslautend begegnet diese form in Aurendil (8), Kerwantil (8) und Gerwentila.
Wandalus. 5. Pol. Irm. s. 92.
Wandil Cassiod. var. III, 38 mit var. Waldin (goth. n.).
Wandilo M. sec. 7 (n. 76); St. P.
Wantilo St. P.
Wendil Wg. tr. C. 458.
Wentil Dr. a. 772.
Wynd[illegible] Wg. tr. C. 78.
Nhd. Wandel, Wendel.
O. n. Wentilesheim.
Wandala, fem. 8. Pol. Irm. s. 216.
Wandila H. a. 955 (n. 167).
Wantila St. P.
Wendila P. IX, 309 (Ad. Brem.).
Wentila Dr. a. 796 (Schn. ebds. Weltila); Ng. a. 824.
Wendela Lc. a. 1054 (n. 190).
Wantilane (abl.) K. a. 769 (n. 11; Ng. ebds.).
Wandalin. 6. B. v. Chartres sec. 10.
Wandalin P. X, 159 (gest. Trever.) mit var. Wandelin; pol. Irm. s. 232.
Wandalen pol. Irm. s. 135.
Wandalon (so) pol. Irm. s. 146.
Wandelin Greg. Tur. VI, 1; VIII, 22; pol. R. s. 105.
Wantelin P. XI, 380 (Hug. Floriac.).
Wendelin M. B. a. 1031 (XXII).
Wentilun (so) Dr. a. 796 (Schn. ebds. Weltilun).
O. n. Wandelini curtis.
Wandelina, fem. 9. Pol. R. s. 34.
Wandalbold. 8. Pol. Irm. s. 237.
Wendilbald Lc. a. 793 (n. 2).
Wandilbalda, fem. 8. Pol. Irm. s. 47.
Wandalbert. 7. Pol. Irm. s. 10, 52 etc.; Mab. a. 805; Guér. a. 888.
Wantilperht St. P.
Wandelberthus Mab. a. 632.
Wandelbert pol. R. s. 54.
Wandelpert P. V, 229 (chron. Casin.); IX, 604 (chron. mon. Casin.).
Wendilbert Laur. sec. 8 (n. 1778); Wg. tr. C. 274.

Wentilperht St. P.
Guandelbert A. S. Jan. II.
Guandelpert P. V, 250 (chron. Casin.).
Vandalberga, fem. 8. Lgd. a. 862 (I, n. 87).
Wandalberga pol. Irm. s. 186, 205.
Wandelberga pol. R. s. 54.
Wandelbergane (abl.) Pd. a. 745 (n. 586).
Wandalburgis, fem. 8. Pol. Irm. s. 92.
Wantilpurc St. P.
Wendilburg Ms. a. 1049 (n. 21).
Wendilburc G. sec. 10 (n. 31; Wendilbure ist doch wol nur druckfehler).
Wendelburg C. M. Mai.
Wentilpurc St. P. mehrm.
Wentilpruo St. P. wol für -purc.
Windilburg Wg. tr. C. 144; C. M. Nov.
Wendildag. 9. Wg. tr. C. 358.
Wendildac Wg. tr. C. 245, 328.
Wendildrud, fem. 8. Laur. sec. 8 (n. 443).
Wandalfred. 8. Pol. Irm. s. 31, 36 etc.
Wendelfrid P. VII, 22 (ann. Blandin.).
Wandalgat. 10. M. a. 977 (n. 104).
Wandalgar. 3. Pol. Irm. s. 9, 21 etc.
Wandelgar pol. Irm. s. 227.
Wandilcar pol. Irm. s. 236.
Wandelger P. X, 644 (gest. episc. Tullens.).
Wendilger Wg. tr. C. 481.
Wentilger St. P.
O. n. Wentilgereshusun.
Wandalgaria, fem. 8. Pol. Irm. s. 209.
Wandalgard, fem. 8. Pol. Irm. s. 211, 213.
Wendilgard Wg. tr. C. 135.
Wendilgart P. II, 119 f. (Ekkeh. cas. S. Galli); IX, 309 (Ad. Brem.); Lc. a. 907 (n. 84).
Wendilgarth P. II, 119 f. (Ekkeh. cas. S. Galli).
Wentilgart necr. Aug.; necr. Fuld. a. 985.
Windilgard P. VIII, 623 (annalista Saxo).
Windilgerd P. V, 756 (Thietmari chron.).
Wendelgarda P. VIII, 596 (annalista Saxo).
Wendelgharda P. IX, 852 (chron. Hildesh.).
Wandalgaud. 8. Pol. Irm. s. 92.
Wandelgaud pol. Irm. s. 17.
Wandalgis. 8. Pol. Irm. s. 92.
Wandalarius. 6. Jorn. 48.
Βανδαλάριος Procop.
Wandalaricus P. VIII, 122, 124 (Ekkeh. chron. univers.).
Hieher? oder ist ein Vandalareis anzunehmen?

Nhd. Wendeler, Wendler.
Wandilhelm. 8. Laur. sec. 8 (n. 1959).
Wandelindis, fem. 8. Pol. Irm. s. 21, 36 etc.; pol. R. s. 70.
Wendillith, fem. Gld. II, a, 129; verderbt?
Wandalmar. 6. M. a. 653 (n. 64; Mab. ebds.); gest. Dagoberti I; Fredegar.
Wandalmer P. V, 169 (ann. Masciac.).
Wantalmar Gld. II, a, 110.
Wandelmar pol. Irm. s. 236.
Wendilmar P. IX, 416 (gest. episc. Camerac.).
Wentilmar R. a. 808 (n. 14).
Guandelmar P. IX, 608 (chron. mon. Casin.) var. Gualdemar.
Walndelmar (so) tr. W. c. a. 730 (n. 247).
Wandelmoda, fem. 7. Aebtissin zu St. Georg sec. 11.
Wandelmoda P. V, 306 (Liutpr. antapodosis).
Wendilmod, Wendilmuot Gld. II, a, 129.
Wendelmuota P. VIII, 176 (Ekkeh. chron. univ.).
Windilmod Wg. tr. C. 143.
Windelmuth P. IX, 106 (Cosm. chron. Boem.).
Wendelmut Hf. sec. 11 (II, 333).
Hieher wol noch:
Wendilmold Wg. tr. C. 103.
Vandamodia Pd. a. 653 (n. 324).
Wandelrich. 9. Pol. R. s. 33.
Wendilrich, Wentilrih und Wentilrihc Gld. II, a, 110.
Wandalaricus s. Wandalarius.
Wendilsid, fem. Gld. II. a, 129.
Wentelswind, fem. 8. Gud. a. 881.
Wentelswint Dr. a. 779 (Schn. ebds. Wenhelswind).
Windilswith Wg. tr. C. 139.
Wendilsuith Gld. II, a, 129.
Winnilsuht C. M. Sept.
Wandalveus. 8. Pol. Irm. s. 154.
Wandalwis. 8. Pol. Irm. s. 135.
III. Erweiterter stamm VANDAR; unmittelbar zu ags. vandrjan, mhd. u. nhd. wandern?
Wandrisma, fem. 8. Pol. Irm. s. 237.
Wandrevold. 8. Pol. Irm. s. 43.
Wandrabolda, fem. 8. Pol. Irm. s. 166.
Wandrebert. 9. P. III, 429 (Kar. II capit.).
Wandrevert pol. R. s. 35, 55.
Wandreverta, fem. 8. Pol. Irm. s. 167.
Wandrebergia, fem. 9. Pol. R. s. 86.
Wandregar. 8. Pol. Irm. s. 72.

Wandregerdis, fem. 9. Pol. R. s. 46.
Wandregildis, fem. 9. Pol. Irm. s. 202.
Wandrigisil. 7. P. VIII öfters.
Vandregisil Lgd. a. 845 (I, n. 67).
Wandregisil P. II oft; VII, 21—25 (ann. Blandin.); VIII öfters; X, 377 (Hugon. chron.); Pd. a. 680 (n. 391).
Wandregesil P. XII, 453 (Willelm. gest. reg. Angl.).
Wando = Wandregisil P. VIII.
Wandreundis, (so), fem. 9. Pol. R. s. 48.
Wandrehard. 8. Pol. Irm. s. 158; pol. R. s. 45, 55.
Wandriardis, fem. 9. Pol. R. s. 59.
Wadrehardis (so) pol. R. s. 103.
Wandrehar. 9. Pol. R. s. 45.
Wandreher pol. R. s. 67, 75.
Wandrierius Gld. II, a, 119.
Wandrehaus. 8. Pol. Irm. s. 150, 153.
Wandrehild, fem. 8. Pol. Irm. s. 39, 41 etc.
Vandremar. 7. M. a. 690 (n. 96; Mab. ebds.); pol. Irm. s. 212.
Wandremar pol. Irm. s. 25, 79 etc.; pol. R. s. 36, 67 etc.
Wandrulf. 9. Pol. R. s. 51.

Vangio. 1. Tac. ann. XII, 29. Ein schwestersohn des Vannius. Der n. scheint zum v. n. Vangiones zu gehören.
Vannius. 1. Suevorum rex. Tac. ann. XII, 29 f. Zu VAN?

VAP. Goth. vêpna, ahd. wâfan arma, telum gehört zu einer wurzel vap. Da Wafanheri (s. oben) als n. vorkommt, so liegt die vermuthung nahe, dass auch die einfachere gestalt des wortes, obwol in der übrigen sprache untergegangen, noch in n. sich finde.

Wapicho. 10. Hf. a. 989 (I, 530).
Vapinga, fem. 7. Pd. a. 667 (n. 358).

VAR. Dieser häufige stamm bietet im deutschen sprachschatze mehrfache anknüpfungspuncte dar, so dass es wahrscheinlich wird, in den folgenden n. vielmehr eine mischung verschiedener, nur lautlich einander nahe liegender stämme zu haben. Jene anknüpfungspuncte sind:

1) ahd. wari wehr, warjan wehren, goth. varjan;
2) ahd. wâr, wâri, alts. wâr, lat. verus;
3) ahd. warôn servare;
4) ahd. war domicilium, altn. ags. ver;
5) ahd. wer, goth. vair, lat. vir.

In manchen formen kann man sich zwar mit sicherheit oder wahrscheinlichkeit für die anlehnung an eins oder das andere dieser wörter entscheiden, bei andern dagegen ist das urtheil so schwankend, dass eine zerlegung der folgenden formen nicht gut thunlich war.

Folgende 87 namen enden auf die hieher gehörigen formen, worunter 35 feminina:

Egiwar 8.	Freioverus.	Lihwar 8.
Ailoara 8.	Frithawar 10.	Lintwar 8.
Allovera 6.	Frodoara 8.	Liupwar 8.
Alahwar 9.	Folcwar.	Leubovera 6.
Altwar 9.	Fulcoara 8.	Leudoer 9.
Albuuar 9.	Gaisuar 8.	Leudovera 6.
Albuera 10.	Kerwar 8.	Magwar 8.
Alvar 7.	Geroara 8.	Marcwar 8.
Amulwar 8.	Cotowar 8.	Menovera 9.
Amalwara 8.	Grimoara 8.	Odilwar 8.
Engilwar 8.	Cundwar 8.	Radoar 8.
Engelwara 8.	Gunthivera 7.	Radoara 8.
Ansuerus 11.	Cundulwar 8.	Reginwar 9.
Erpfwar 9.	Heituuar 8.	Raginwara 8.
Adouar 6.	Heilwar 9.	Rigovera 9.
Adalwar 8.	Haimoara 9.	Rictiovar 3.
Adalwara 8.	Halidwar 8.	Saroara 8.
Aotuuar 8.	Hasalwara 9.	Scipuar 6.
Aurevera.	Helmwar 9.	Sigiwar 8.
Badovar 9.	Hittiwar 9.	Sigoara 8.
Baldoar 8.	Hildoar 8.	Sinuar 9.
Bernoara 8.	Hildiwara 6.	Sindwar 8.
Perahtwar 8.	Vlodoar 7.	Sisivera 6.
Bertovara 7.	Hrodwar 8.	Dancwar 8.
Plidhuar 9.	Ingoara 8.	Thiotwar 8.
Dagnouar 8.	Ermoara 8.	Teudoara 8.
Dignouar 8.	Irminwar 8.	Transvar 6.
Deorovara 7.	Landoar 8.	Viduar 4.
Erleverius 9.	Lancware 11.	Wolfwar 9.

Man sieht hieraus, dass die scheidung unseres stammes von HARI einige schwierigkeiten macht. Feminina gehören am wahrscheinlichsten hieher, da sie bei HARI nur selten vorkommen.

Wero. 8. Laur. sec. 8 (n. 361, 3198).
Guario Laur. sec. 8 (n. 10).

Nhd. Wehre.
Varacco. 8. Pol. R. s. 61.
Wericus P. II, 187 (ann. Gand.).
Wericho H. a. 909 (n. 136).
Werrecho Lc. c. a. 1080 (n. 243).
Guerech Pd. a. 458 (n. 24, unecht).
Werica, fem. 9. P. II, 680 (transl. S. Alex.).
Waralenus. 8. Pol. Irm. s. 26.
Nhd. Wehrlein, Wehrlen.
Warand. 8. Laur. sec. 8 (n. 2159).
Werant Schn. a. 796.
Weriand St. P. mehrm.
Weriant Mchb. sec. 9 (n. 363); Schn. a. 837 neben Werinant; Dr. a. 842 (n. 545; Schn. ebds. Werinant); St. P. zwml.
Werianth M. B. sec. 11 (VI).
Wirant K. a. 892 (n. 168).
Wirund P. I, 184 (ann. Lauriss.), 352 (Enh. Fuld. ann.); VII, 101 (Herim. Aug. chron.), 548 (Marian. Scot. chron.).
Wirunt Mchb. sec. 8 (n. 166); tr. W. a. 775, 791 (n. 110, 154, 246); Schn. a. 796, 827 (Dr. n. 471 ebds.); R. a. 852 (n. 43).
Wirond Mchb. sec. 9 (n. 926).
Wirind P. VIII, 563 (annalista Saxo).
Wirint R. a. 1098 (n. 180).
Wyrund M. B. a. 819, 833 (XXXI).
Wirent, Wirint, Wiront Gld. II, a, 110.
Hwerond P. I, 304 (chron. Moissiac.).
Wirut R. a. 808, 821 (n. 14, 21) für Wirunt?
Warinc. 8. Laur. sec. 8 (n. 3544).
Wirinc Gr. I, 939. wol von Gr. nur aus o. n. Wirinchova geschlossen.
Weringa, fem. 9. H. a. 853 (n. 87).
Warbald. 8. Tr. W. a. 855 (n. 156).
Warbalt Laur. sec. 8 (n. 3108).
Warpalt St. P.
Werbraht. 9. Dr. a. 863 (n 585; Schn. ebds. Wertbraht).
Weribert R. a. 821 (n. 21).
Werbert Lc. a. 802 (n. 25).
Wirpirk, fem. 11. Frau des Böhmenherzogs Conrad I. P. XI, 98 (Cosm. chron. Boem.).
Warboto. 9. Laur. sec. 9 (n. 20).
Warpoto St. P. mehrm.
Warburg, fem. 8. Dr. a. 772; Laur. sec. 9 (n. 2963).
Waraburch Gld. II, a, 129.
Warburc Laur. mehrm.
Warburch Lc. a. 927 (n. 87).
Guarburg pol. Irm. s. 49 (sec. 11).
Wiripurc St. P. viell. hieher.
Werdeg. 9. Wg. tr. C. 206.
Warfrid. 9. Pol. R. s. 100, 104.
Warfrida, fem. 8. Pol. Irm. s. 147.
Werigant. 9. K. a. 842 (n. 105); Hd. m. S. a. 1068 (II, 89).
Wergant Mchb. sec. 9 (n. 413); Hd. m. S. a. 1068 (II, 89).
Warger. 8. Schn. a. 788, 826; Dr. a. 806 (Schn. ebds. Wartger); Laur. sec. 9 und 10 (n. 475, 532).
Wargast. 9. Schn. a. 857, 862.
Wergast Schn. a. 838.
Werigoz. 9. St. P.
Waregildis, fem. 8. Pol. Irm. s. 146, 150.
Werigis. Gr. IV, 266.
Warhart. 11. K. a. 1085 (C. S. n. 6).
Werihart Gld. II, a, 110.
Weriheri. 8. Laur. sec. 8 (n. 678).
Warher pol. R. s. 40, 55.
Werhere Gld. II, a, 110.
Warehildis, fem. 9. Pol. R. s. 65.
Warechildis pol. R. s. 51, 68.
Werhilt Gld. II, a, 129.
Warlaicus. 8. Pol. Irm. s. 73.
Nhd. Warlich, Werlich.
Warland. 8. K. a. 773, 775 (n. 14; Ng. ebds.).
Weriland tr. W. a. 772, 773 (n. 26, 105).
Werlant u. Werilant M. B. a. 801 (XXVIII).
Warlan Laur. sec. 8 (n. 677) wol für Warland.
Waralind, fem. 7. Ng. a. 785.
Warelinde (nom.) H. a. 698 (n. 25).
Warlind Laur. sec. 8 (n. 2080).
Varlindis pol. Irm. s. 73 wol hieher.
Waraman. 8. B. v. Constanz sec. 11.
Waraman Ng. a. 817.
Warman P. I, 83 (ann. Sangall.); II, 39 (episc. Constant. catal.); V, 125 (ann. August.); VII öfters; Ng. a. 760; Schn. a. 801; St. P.; Laur. mehrm.
Warmannus P. V, 125 und Warmund P. V, 99 ist dieselbe person.
Nhd. Wehrmann, Wörmann.
Wermand. 9. Wg. tr. C. 220.

Werimer. 8. Wg. tr. C. 258.
Guarimar P. VII, 58 (Lup. protospotar.).
Wairmar pol. Irm. s. 239. Eine solche umstellung aus Warimar ist dem dialecte des pol. Irm. gemäss.
Warmut, msc. u. fem. 9. Schn. a. 804; M. B. sec. 11 (VI).
Warmot Dr. a. 815 (n. 314; Schn. ebds. Warmunt).
Warmuot Schn. a. 806, 813.
Werimodus H. a. 853 (n. 87).
Werimuot Gr. I, 930.
Nhd. Warmuth, Wermuth.
Warimund. 7. Sec. 9: ep. Legionens.; comes Torrensis. Sec. 11: ep. Hipporiens.; span. kg.
Warimund P. X, 614 (chron. S. Huberti Andag.).
Warimunt St. P.
Warmund P. II, 418 (vit. S. Liudgeri); V, 99, 103 (ann. Hildesh.); VI, 50 (gest. episc. Virdun.); Gud. sec. 8; Laur. mehrm.; pol. Irm. s. 210; tr. W. a. 826 (n. 173); G. sec. 10 (n. 31); St. M. a. 1088, 1090, 1092.
Warmunt Laur. sec. 8 (n. 686, 3351); St. P.; Ng. a. 778, 861; Schn. a. 815 (Dr. ebds. n. 314 Uuarmot); M. B. a. 980 (XXXI), c. a. 1070 (VI).
Werimunt Gld. II, a, 110.
Veremund conc. Tolet. a. 683; E. s. III, 423 f. (hist. Compostell.).
Wermund Wg. tr. C. 130; Guér. a. 985 (appendix zum pol. Irm. s. 340).
Wirmunt M. B. c. a. 1070 (VI).
Guarmund P. X, 603 (chron. S. Huberti Andag.).
Guiremund P. X, 602 (chron. S. Huberti Andag.).

Anm. Die n. Waiman, -mar, -mut und -mund scheinen öfters aus Warin-man u. s. w. entartet zu sein (s. VARIN) und würden in diesen fällen streng genommen nicht hieher gehören.

Werinant. 8. Schn. a. 796, 842; desgl. Schn. mehrm. a. 837 u. 842 (Dr. ebds. n. 499, 501, 545 wol richtiger Weriant).
Warrat. 8. Laur. sec. 8 (n. 3104); Schn. a. 789; Schn. a. 838 (Dr. ebds. n. 517 Waltrat).
Weraht Gld. II, a, 129 hieher?
Warsinda, fem. 8. Pol. Irm. s. 123.
Warsind Ng. a. 921.
Uerdeot. 8. St. P.; hieher als Uer-deot?
Warald. 7. Pol. Irm. s. 258.
Veroald tr. W. a. 700, 718 (Pd. nchtr. n. 13, 14, 40).
Weroald tr. W. a. 713 (Pd. nchtr. n. 25); tr. W. a. 699 (n. 223).
Werold tr. W. a. 724 (n. 40 u. Pd. nchtr. n. 48); Laur. sec. 9 (n. 508).
Werolt Gld. II, a, 129.
Verald tr. W. a. 737 (Pd. nchtr. n. 58).
Werald tr. W. a. 712, 713, 737 (n. 202 u. Pd. nchtr. n. 19, 23, 59).
Werald neben Weralt tr. W. a. 713 (Pd. nchtr. n. 24).
O. n. Weraldocella, Weroldeswilari.
Waraulf. 7. Pd. a. 685 (n. 404).
Warulf tr. W. sec. 8 (n. 164).
Warolf Dr. n. 347; Schn. a. 866 (Dr. ebds. n. 589 Wagolf).
Werulf Gld. II, a, 119.
Werolf Schn. a. 806.
Ags. Verulf.

Varabert s. FAR. **Waraculf** s. WRAC.
Warato. 7. Major domus sec. 7.
Warato P. I, 317 (ann. Mett.); XI, 398 (hist. regg. Franc. monast. S. Dionys.); Pd. a. 663 (n. 348).
Waratto P. I, 117 (ann. Lauriss.); II, 280 (gest. abbat. Fontan.), 311 (dom. Carol. geneal.); Mab. a. 660; Pd. a. 659 (n. 334); gest. regg. Franc.
Warado Fredegar.
Waratho P. I, 288 f. (chron. Moissiac.); VIII, 327 (Sigeb. chron.).
Guarato d. Ch. I, 651.
Waratin. 8. Pol. Irm. s. 133, 144.
Waritlin pol. Irm. s. 232.
Waratlindis, fem. 8. Pol. Irm. s. 228, 258.
Berechtigen die drei letzten n., die nur westfränkisch sind, zur aufstellung eines stammes VARAD? und welches wäre dann dessen etymologie?

VARD. Ein anlautend in n. ziemlich seltener, auslautend aber desto häufiger vorkommender stamm, in dem wir sicher das ahd. wart custos haben, wie es sich auch am ende von vielen appellativen findet. Es gehört dieser stamm nicht zu den ältesten in namen; die frühsten beispiele finden sich sec. 6. Folgende stämme sind zuweilen schwer von VARD zu scheiden:

1) HARD; die formen auf oard und uard habe ich alle hieher gerechnet; vgl. auch das brüderpaar Geroard und Gerard pol. Irm. s. 9;

2) RAD, das sich mitunter durch metathesis mit VARD vermischt haben mag;

3) VIRD, dessen e zuweilen aus a, nicht aus i entsprungen zu sein scheint.

Auslautendes VARD in folgenden 107 n., worunter kein einziges sicheres femininum:

Eguard 11.	Frithuward 9.	Ermoard 8.
Agilward 8.	Frodoard 8.	Yrmynward 8.
Agnoard 9.	Folcward 8.	Isuwarth 8.
Eisward 9.	Geboard 8.	Leibwart 9.
Aloard 8.	Gaganwart 8.	Lethward 8.
Aldward 8.	Garuward 8.	Landoard 8.
Alfward 9.	Gavioard 8.	Liufwart 9.
Elivard 8.	Germoard 7.	Liudward 8.
Ellinwart 9.	Gisoard 8.	Maginward 8.
Alsward 9.	Gisloard 8.	Marachward 8.
Antward 9.	Giurord 8.	Oadalwart 9.
Engilwart 8.	Godoward 8.	Radward 8.
Ansuard 9.	Grimwart 8.	Raginward 8.
Arenward 9.	Gryward 9.	Ricward 9.
Erbiward 8.	Gundoard 8.	Ridward 9.
Asduard 8.	Hahwart 9.	Sarovard 7.
Adoard 8.	Heidwart 8.	Seward 6.
Athalward 8.	Heilward 11.	Sibwiart 8.
Audoard 8.	Heimwart 9.	Sigiwart 6.
Badward 9.	Hariward 8.	Sigloard 9.
Paldewart 9.	Hadaward 8.	Sintwart 10.
Beroward 8.	Helmward 9.	Sneward 9.
Berenward 8.	Hidewart 8.	Sprozwart 9.
Berthward.	Hildiward 8.	Tetward 8.
Brunward 9.	Hiriward.	Tehward 9.
Bodoard 8.	Flodoard 8.	Thaloard 6.
Burcward 9.	Hovawart.	Thangwardo 10.
Tagawart.	Hohowart 8.	Theotward 9.
Daudoard 8.	Hordward 11.	Toawart 8.
Traward 8.	Hrannward 9.	Wadwart.
Eburwart 8.	Hraward 9.	Vincoard 8.
Edward 11.	Hrodoward 8.	Ulfoard 8.
Erloard 8.	Huguard 11.	Zeiswarz? 9.
Euvart 6.	Hunward 9.	Zilward 8.
Faroard 8.	Husward 8.	Zitiwart.
Filcuart 11.	Hilsoard 8.	

Wardo. 6. Tr. W. a. 797 (n. 68); Laur. sec. 9 (n. 588).

Ward Pd. a. 581 (n. 189)

Warto Gld. II, a, 110.

Vielleicht noch hieher:

Warido Laur. sec. 8 (n. 544).

Wardeo Schn. a. 822.

Nhd. Warth.

O. n. Wartinbah.

Warzo. 11. M. B. a. 1096.

Wartger. 9. Schn. a. 806, 857 (Dr. ebds. n. 567 Uuarger).

Wartman. 9. St. P.; Laur. mehrm.; M. B. a. 888 (XXXI).

Uartman necr. Aug.

Nhd. Wartmann, Worthmann, Wortmann.

Wartrun, fem. 8. Laur. sec. 8 (n. 2885); Dr. sec. 9 (n. 197; Schn. ebds. Waltrud).

Wertuum (nom.) Dr. sec. 10 (n. 696; Schn. ebds. Wertuun) wol hieher.

Altn. Vardrún.

Wargus. 10. Lc. a. 948 (n. 102); zu VRAC? Wergio Mchb. sec. 9 (n. 569) hieher?

VARIN.

Im allgemeinen scheint dieser stamm nur eine erweiterung des eben behandelten VAR zu sein, doch ist auch hier wie dort unentschieden, an welches wort man dabei zunächst zu denken habe. Gr. I, 930 stellt die folgenden n. ohne andeutung eines zweifels zu ahd. wari wehr. — Zuweilen mag ausserdem der v. n. Varini anlass zur bildung von einigen der folgenden namen gegeben haben; s. Zeuss s. 133.

VARIN erscheint wie fast alle formell ähnlichen bildungen nur anlautend. Mitunter kann dieser stamm mit BERIN (s. BERA) vertauscht worden sein. Die merkwürdigen mit Warmen- beginnenden formen des pol. Irm. habe ich hieher aufgenommen, ohne indessen meiner sache gewiss zu sein.

Varin. 7. Sec. 9: ep. Coroacens. Sec. 10: erzb. v. Cöln. Sec. 11: b. v. Beauvais; abb. Altuillarens.

Varin P. V, 56 (ann. Quedlinb.).

Warin P. I, II öfters; III, 376 (Kar. II capit.); V oft; VI, 76 f. (chron. Gladbac.), 120 (Ademar. histor.); VII, 99 (Herim. Aug. chron.), 418 (Bernold. chron.); VIII öfters; IX, 113 (chron. Novalic.); X, 355, 502 (Hug. chron.);

Laur. sec. 8 (n. 214, 3335); Ng. a. 754, 759, 762, 764, 774, 775 etc.; Wg. tr. C. 15, 99, 311, 363; Lc. a. 1073 (n. 217).
Wirin P. V, 750 (Thietmari chron.); IX, 196 (Anselm. gest. episc. Leod.).
Huarja St. P.
Hwarin P. IX, 26 (Joh. chron. Venet.).
Werino necr. Aug.
Werin P. II öfters; V, 103 (ann. Hildesh.); VII, 121 (Herim. Aug. chron.); VIII, 558 (annalista Saxo); Ng. a. 826; Wg. tr. C. 270, 404; Schn. a. 866 (Dr. ebds. n. 591 Wario); Gud. a. 959; Lc. a. 962 (n. 105); Frek.
Verin pol. Irm. s. 49 (sec. 11).
Guarin P. I, 104 (ann. S. Columbae); VI, 848 (Damiani vit. S. Romualdi); IX öfters; Guér. a. 1099.
Guerin P. X, 544 (gest. abbat. Gemblac.); Mab. a. 697.
Wairin P. IX, 462 (urk. v. 1024) hieher?
Warno Mab. a. 692 etc.; Pd. a. 716 (n. 497).
Werno P. IX, 849 f. (chron. Hildesh.).
Wern K. a. 970 (uchtr. E).
Uerinus St. M. a. 721 u. 904 ist wol Werinus zu lesen.
Dieser n. erscheint auch als abkürzung von Werinhere.
Nhd. Wahren, Wörn.
O. n. Werinesbrunno, Werenshova und Wernanstidde, viell. auch Weringowa und Werinofelda.

Warna, fem. 8. Mutter des sächs. anführers Helpo sec. 10.
Warna P. XI, 367 (hist. Franc. Senon.); pol. Irm. s. 93, 136; pol. R. s. 2.

Wernicho. C. M. Nov.
Nhd. Warnecke, Warnick, Wernecke, Werneke, Wernicke.

Werinela, fem. 9. Schn. a. 822.

Warning. 8. St. P.
Warnunc P. VI, 43 (gest. episc. Virdun.).
Wernunc H. a. 926 (n. 146).

Warninga, fem. 8. Pol. Irm. s. 157.

Werinant s. unter VAR als Veri-nant.

Werinzo. 10. P. V, 80 (ann. Quedlinb.); H. a. 964 (n. 180); Lc. a. 1003, 1015, 1019 (n. 140, 147, 153).
Werenzo Lc. a. 1021 (n. 158).
Wirinzo Frek.
Oefters statt Werinhar.

Wernniza, fem. 11. Necr. Fuld. a. 1039.

Warinbold. 8. Pol. Irm. s. 208.
Warimbold pol. Irm. s. 94.
Warambold pol. Irm. s. 139.
Warembold pol. R. s. 63, 74.
Werinbald Wg. tr. C. 115; Laur. mehrm.
Werinbalt Laur. sec. 8 (n. 267, 713).
Werinbold P. VI, 740 (Lantbert. vit. Heriberti); Wg. tr. C. 279, 280, 301; necr. Aug.; Lc. a. 1063 (n. 199).
Werinbolt Gld. II, a, 110.
Werimbold P. IX, 506 (gest. episc. Camerac.); Wg. tr. C. 296.
Werinpold Ng. a. 824.
Werembold P. I, 468 (Hincm. Rem. ann.), 504 (Hloth. II capit.); Lc. a. 1059 (n. 194).

Warinbert. 8. Laur. sec. 8 u. 9 (n. 1028, 1034); d. Ch. I, 548.
Warimbert P. V, 151 (ann. Flaviac.); VI öfters; X, 104 (catal. archiepp. Mediol.); pol. Irm. s. 10, 41 etc.; Laur. mehrm.
Warembert pol. R. s. 43, 54.
Werinbraht und Werinbreht Gld. II, a, 110.
Werinperaht Dr. a. 812 (n. 269); Schn. ebds. Wertinperaht.
Werinperht St. P. mehrm.
Werimbert Ng. a. 860.
Werinbert P. II, 747 (mon. Sangall. gest. Kar.); Ng. a. 788, 806, 814; Wg. tr. C. 319, 430; Laur. sec. 9 (n. 426).
Werinberd C. M. Mai.
Werinpert Ng. a. 818; St. P.
Werinpreht Gld. II, a, 110.
Werinberath Ng. a. 744.
Werinbrat Lc. a. 927 (n. 87).
Werinbrath Laur. sec. 10 (n. 532).
Werinbret Gld. II, a, 129.
Werinpret Ng. a. 813.
Warnepert Gld. II, a, 119.
Werembert H. a. 1061 (n. 259).
Wirinbert Wg. tr. C. 182.
Warnevert pol. Irm. s. 186.
Werinborht R. a. 821 (n. 21) wol verderbt.
O. n. Werimbretescella, Werinperteswilari.

Warmemberga, fem. 8. Pol. Irm. s. 186.

Warimbod. 8. Pol. Irm. s. 115.

Warenburgis, fem. 8. Pol. Fossat.
Waremburgis pol. Irm. s. 178.

Werisburg Schn. a. 796, 800.
Werinburug Gld. II, a, 129.
Werinpurch St. P.; M. B. sec. 11 (VI).
Werindac. 9. Wg. tr. C. 264, 297.
Wirindag P. VI, 251 (transl. S. Epiphan.).
Warentrudis, fem. 8. Mab. a. 798; pol. R. s. 12, 36 etc.
Warnedrudis pol. Irm. s. 209.
Warnedrude pol. Irm. s. 200.
Warmedrudis pol. Irm. s. 28.
Warmentrudis pol. Irm. s. 193.
Werentrudis pol. R. s. 16.
Warnferius. 7. Pd. a. 670 (n. 363).
Varinfrid. 8. Vater des Paulus diaconus sec. 8.
Varinfrid Ng. a. 744.
Warimfrid pol. Irm. s. 78.
Waremfrid St. P.; pol. R. s. 44.
Warnefrid P. IX, 591 (chron. mon. Casin.); Paul. diac. IV, 39; V, 22.
Waranfred pol. Irm. s. 185.
Werinfrid Ng. a. 809; Wg. tr. C. 190; St. P.
Werinfrit H. a. 853 (n. 87).
Werinfred P. VI, 70 (Folcuin. gest. abb. Lobiens.).
Werenfrid G. a. 967 (n. 20).
Wernfrit M. B. a. 776 (VIII).
Warmenfred pol. Irm. s. 29.
Barnefred Mab. a. 836 hieher?
Weringeld. 9. Wg. tr. C. 241.
Wirnigelt Gr. IV, 193 hat Gr. bloss aus einem druckfehler im index von Schpf., wo es Winigelt lauten muss.
Warengar. 7. Pol. Irm. s. 104.
Weringer P. II, 678 (transl. S. Alex.); Wg. tr. C. 288, 424, 482; Lc. a. 855 (n. 65).
Verinker Gld. II, a, 109.
Warnachar M. a. 653 (n. 64).
Guarenger pol. Irm. s. 49 (sec. 11).
Hiezu viell. einige formen von **Beringar.**
Nhd. Werniger.
O. n. Wernigeroda hieher?
Warnigardis, fem. 9. Pol. R. s. 55.
Weringarda H. a. 909 (n. 136).
Warengaud. 7. P. I, 458 (Hincm. Rem. ann.); pol. Irm. s. 176.
Warnegaud pol. Irm. s. 93.
Warnecautius Paul. diac. IV, 14.
Warnegaus Gld. II, a, 119.

Verengaot Pd. c. a. 712 (n. 485; H. ebds. n. 35). Dieselbe person heisst Werengato Pd. a. 710 (n. 476; H. ebds. n. 33) und Werengatto Pd. a. 709 (n. 474; H. ebds. n. 32).
Waringis. 8. P. VI, 240 f. (mirac. S. Gorgon.), 365 (vit. Joh. Gorziens.); Ng. a. 761, 762, 774, 775.
Warinkis Ng. a. 762.
Weringis Ng. a. 792; K. c. a. 876 (n. 152); Laur. sec. 9 (n. 659).
Werinkis Ng. a. 788, 809.
Werinkyis (so) Ng. a. 814.
Werinris R. a. 821 (n. 21) viell. für Werinkis?
O. n. Waringisi villa.
Warmenhagdis, fem. 9. Pol. R. s. 52.
Werinhard. 8. Laur. sec. 8 (n. 1885); Wg. tr. C. 312, 462.
Werinhart P. I, 393 (ann. Fuld.); Schn. a. 806 (Dr. ebds. n. 231 Uuerinhar); St. P. zwml.; M. B. c. a. 1070 (VII).
Werrinhard (so) St. P.
Wyrinhard Wg. tr. C. 78.
Wirnhart Gld. II, a, 111.
Wernhart Laur. sec. 8 (n. 2215).
Wernartdus tr. W. a. 798 (n. 259).
Nhd. Wernhart, Wernert.
Warmerdis, fem. 9. Pol. R. s. 10.
Warinheri. 6. Sec. 7: major domus. Sec. 10: graf zu Worms. Sec. 11: b. z. Strassburg.
Warinheri Gud. a. 1074.
Warenher pol. R. s. 9.
Warneher pol. R. s. 77.
Warinarius Greg. Tur. IV, 33.
Warnachar Mab. a. 653; d. Ch. I, 566; Fredegar.
Wirinhar P. V, VIII öfters.
Wirimhar Ng. a. 815.
Werinhari Gld. II, a, 110.
Werinheri P. VII öfters; K. a. 786 (n. 30; Werinberi ist nur druckfehler); Ng. a. 779, 786; Wg. tr. C. 431; St. P. zwml.
Werinhar P. I, 379, 400 (ann. Fuld.); II, 158 f. (cas. S. Galli); V—VIII öfters; Dr. a. 806 (n. 231; Schn. ebds. Werinhart).
Werenhar P. VI, 418 (Gerhard. vit. S. Oudalr.); VIII öfters.
Werinhere P. II, 83 (Ekkeh. cas. S. Galli); necr. Aug.

Werinher P. I, 83 (ann. Sangall.), 619 (contin. Regin.); II, 161 (cas. S. Galli); V, VII, VIII öfters; Laur. sec. 8 (n. 214); necr. Aug.; St. P. zwml.; Lc. a. 1072 (n. 215).
Werenheri P. II, 243 (ann. Wirzib.).
Werenher P. VI, 418 (Gerhard. vit. S. Oudalr.).
Waernhaeri St. P.
Wernhar necr. Aug.; St. P.
Wernher P. IV, 44, 52 (Heinr. IV constit.); V öfters; VI, 815 (mirac. S. Heinr.); VIII öfters; IX, 850 (chron. Hildesh.); Schn. a. 806 (Dr. ebds. n. 231 Uurmher); M. B. sec. 11 (III, IV, VI, VIII, X, XIII); necr. Aug.
Wernhere Gld. II, a, 110.
Wernheri P. VII öfters; Schn. a. 813 (Dr. ebds. n. 287 Uurmheri).
Werneheri St. P. zwml.
Werinar P. I, 97 (ann. Colon.), 307 (chron. Moissiac.); II, 258 (chron. Moissiac.).
Weriner G. a. 973 (n. 23).
Wernar Gld. II, a, 119.
Warnher P. VIII, 625 (annalista Saxo).
Warmher pol. R. s. 57.
Warnar P. I, 473 (Hincm. Rem. ann.); II öfters; III, 133 (Kar. M. capit.), 469 (Hlud. Germ. capit.); IV, B, 86 (Bened. capit.); IX, 104 (chron. Novalic.); pol. Irm. s. 186; Laur. sec. 8 (n. 1848); Mab. a. 862; M. B. a. 819, 865 (XXXI).
Warner P. V—VII öfters; IX, 489 (chron. episc. Camerac.); X, 356 etc. (Hugon. chron.), 546 (gest. abbat. Gemblac.); pol. Fossat.; pol. R. s. 51, 69; H. a. 962 (n. 174).
Werner P. VII, 554 (Marian. Scot. chron.).
Guarnar P. I, 447 (Prud. Trec. ann.).
Guarner P. I, 105 (ann. S. Columbae); V, 474 (chron. Salern.); VIII, 351 f. (Sigeb. chron.); IX öfters; X, 573 (chron. S. Huberti Andag.); XI, 256 (gest. Robert. Wiscard.); d. Ch. I, 553; Guér. a. 1089.
Gwernher Laur sec. 9 (n. 1003).
Garner P. VIII, 478 (Robert. de monte auct. Sig.); Guér. a. 1089.
Wirinhanrium falsche var. zu P. V, 62 (ann. Hildesh.).
Wanarius pol. Irm. s. 73 wol hieher und nicht zu VAN, da die andern glieder der familie Warimbertus, Varliudis und Warlaicus heissen.

Werinzo für Werinhar P. V, 80 (ann. Quedlinb.).
Wezelin u. dgl. für Werinhar P. V öfters.
Wezelo, Wecil = Werinhar P. VIII öfters.
Nhd. Warner, Werner, Wörner, Wörnhör (so).
Warnad. 8. Pol. Irm. s. 25, 52 etc.
Werneaus pol. Irm. s. 146.
Warinchildis, fem. 8. Tr. W. a. 718 (n. 227 u. Pd. nchtr. n. 40).
Warnehildis pol. Irm. s. 62.
Warnoild pol. Irm. s. 138.
Werinhild Lc. a. 1052 (n. 188).
Werenthilda M. B. sec. 11 (VII).
Warmentildis pol. Irm. s. 186.
Virminhilt (8) St. P. hieher?
Veranilda (6) Cassiod. X, 26 hieher?
Warmedrammus. 8. Pol. Irm. s. 45, 186.
Werinleih. 9. Schn. a. 813.
Warvinlindis, fem. 7. Pd. a. 698 (n. 449); viell. für Warinlindis?
Warinman ist in Wariman aufgegangen; s. VAR.
Werinmar. 9. Lc. a. 815 (n. 31).
Werimer u. dgl. s. VAR.
Wernmot. 9. H. a. 853 (n. 87).
Warmut u. dgl. s. VAR.
Warinmund ist in Warimund aufgegangen; s. VAR.
Werinniwi, fem. 8. Dr. a. 796 (Schn. ebds. Weriniu).
Guerni St. P. wol hieher.
Werinred. 9. Wg. tr. C. 450.
Werinris s. Weringis.
Werinsuith, fem. 9. Gld. II, a, 129.
Werensuid P. II, 573 (vit. S. Idae).
Werensuit C. M. Juni.
Werinolt. 8. Dr. a. 806 (n. 232; Schn. ebds. Werinholt); Ng. a. 842.
Werinnolt Gld. II, a, 110.
Werinhold P. II, 218 (urk. v. 864).
Warnald pol. Irm. s. 136, 146.
Vernald P. V, 547 (chron. Salern.).
O. n. Varnolteshusun.
Warnuin. 8. Pol. Irm. s. 123, 138.
Warnoin pol. Irm. s. 145.
Werinulf. 5. Ng. a. 757.
Werinolf M. B. a. 878 (XXXI).
Warnulf pol. Irm. s. 146.
Verinolf H. a. 779 (n. 56).

Werenolf Laur. sec. 8 (n. 3042).
Vernulf Jorn.
O. n. Varnolfeshusa.
Zu diesem stamme vielleicht noch:
Warmasia, fem. 9. Pol. R. s. 51.

Warlaicus s. VAR. **Warm-** s. VARIN.

VARP. Vielleicht zu goth. vairpa jacio. Auslautend in Herwarp 9.
Werpinus. 6. Greg. Tur. VIII, 18 var. Guerpinus.
Werpenus Pd. a. 633 (n. 264).

Warrat, Warsinda s. VAR.

VAS. Den n. Wasugrim stellt Gr. I, 1063 zu wasjan pollere, wiewol die sache zweifelhaft ist. Vergl. über diesen stamm auch Mone heldensage s. 96. — Viell. hieher Hwasmot (mit unorgan. h?); doch vgl. man auch die form Kerhuuas. Unsicher ist mir ferner das hiehergehören der formen mit Oas-, da o für v im anlaute sonst nicht einzutreten pflegt. Auslautendes VAS:

Berwas 9.	Dagovassus 3?	Sigoves? 6. v. C.
Bernwas 9.	Gerwas 5.	Siuthues? 6.
		Wiowas 9.

Oasus. 9. M. B. a. 806 (VIII); Mchb. c. a. 812 (n. 275)
Waso s. Wazo.
Wasa, fem. 9. R. a. 864 (n. 47).
Wasand. 9. Necr. Aug.
Vasantes Pd. a. 533 (n. 119) hieher?
Wasung. 9. Schn. a. 807 (Dr. ebds. n. 241 Wasuger); Schn. a. 813.
Wassing Gr. I, 1078 hieher?
Oaspald. 9. Mchb. sec. 9 (n. 275).
Oaspirin, fem. 8. Mchb. sec. 8 (n. 178).
Wasapurc, fem. 9. Mchb. sec. 9 (n. 571).
Wasapurch St. P. dreiml.
Wasipurug Gld. II, a, 129.
Wasupurc St. P.
Oaspurc Mchb. sec. 9 (n. 474).
Wasuger. 8. Dr. a. 806 (n. 237; Schn. ebds. Wasager); Dr. a. 807 (n. 241; Schn. ebds. Wasung).
Wasugher Dr. a. 806 (n. 238; Schn. ebds. Wasuger).

Uasger necr. Aug.
Oasker Mchb. sec. 8 u. 9 (n. 47, 526).
Wasgo. 9. Necr. Fuld. a. 800; Schn. a. 824. Steht der n. für Wasu-gawo? Wasugen (genit.) Dr. a. 812 (n. 278) setzt einen nom. Wasugo voraus, der nicht zusammengesetzt ist. Vgl. mhd. o. n. Waschenwalt.
Nhd. Weske.
Wasugrim. 8. Mchb. sec. 8 (n. 148, 254); St. P.
Wasucrim Mchb. sec. 9 (n. 468).
Wasogrim St. P. zwml.
Wasigrim M. B. c. a. 777 (XI, XIV); Hd. m. S. a. 848 (I, 164).
Wasegrin (so) Hd. m. S. a. 1068 (II, 89).
Wasahilt, fem. 9. Schn. a. 807.
Wasahiltu (gen.) Dr. a. 806 (n. 237; Schn. ebds. Wasahiltun).
Wasmot. 9. Dr. a. 812 (n. 276); Schn. a. 816.
Wasmuot Schn. a. 811; Dr. sec. 9 (n. 202; Schn. ebds. Wasmut); K. a. 1091 (C. S. n. 12).
Nhd. Wasmuth.
Wasnid. 11. Necr. Fuld. a 1033.
Oasrich. 8. M. B. a. 762 (VIII); Hd. m. S. sec. 8 (III, 200).
Wassind, fem. Gld. II, a, 129.
Wasolf. 9. Schn. a. 838 (Dr. ebds. n. 520 Walolf).

Waschand s. VAHS. **Wassing** s. VAS.
Vast- s. FAST. **Wat-** s. VAD.
-vau in Girvau (8) verderbt?
Waudebert. 7. Pd. a. 640 (n. 293; unecht).
Waubert Pd. a. 620 (n. 231). Verderbt?

VAZ. Die folgenden formen scheinen aus diminutiven des stammes VAD (s. dsen) und aus einem besondern stamm VAZ gemischt zu sein, der vielleicht zu ahd. wâzan loqui gehört.
Wazo. 9. B. v. Lüttich sec. 11.
Wazo P. VII, 128 (Herim. Aug. chron.); IX öfters; X, 275 (Ruperti chron.); St. P. mehrm.; Gud. sec. 10; H. a. 1047 (n. 243).
Vazo Ng. a. 829.
Wazzo P. X, 163 (gest. Trever.).
Watzo P. VI, 19 f. (ann. Laubiens., ann. Leodiens.).
Guazo P. VI, 726 (vit. Balderic. episc.); IX öfters.
Watho var. zu Watzo P. VI, 19.

Watho = Wazo P. IX.
Guatho = Wazo P. VIII, 358 f. (Sigeb. chron.).
Waso = Wazo P. IX, XII.
Wezo St. P. mehrm.
Nhd. Wass, Waas; Wese? Weese?
O. n. Wezinchova, Wezinwano, Weziswilari, Wezziubrunno.

Waza, fem. 9. St. P. mehrm.; necr. Aug.; M. B. a. 1084 (IX).
Weza St. P. mehrm.
Wezza K. a. 861 (n. 136).
Uezza St. P.

Wezzi. 10. P. VI, 418 (Gerhard. vit. S. Oudalr.).

Wazika, fem. 11. M. B. sec. 11 (VI).

Wezil. 9. Sec. 11: erzb. v. Mainz; b. v. Olmütz.
Wezil P. II, 246 (ann. Wirzib.); VII, 272 (Berthold. ann.); St. P. mehrm.; Dr. a. 1025 (n. 740; fehlt bei Schn.).
Wecilo P. IX, 348 (Ad. Brem.).
Vezzilo P. I, 400 (ann. Fuld.).
Wecil P. VIII öfters; IX, 361 (Ad. Brem.); M. B. sec. 11 (VI).
Wezelo P. VIII öfters; H. c. a. 1054 (n. 254); Gud. a. 1090; St. M. c. a. 1090.
Wecelo M. B. a. 1086 (XII).
Wezele M. B. a. 806 (VIII).
Wezel P. VII oft; G. a. 973 (n. 23); Lc. a. 1054, 1061 (n. 190, 196).
Wecel P. VII oft; necr. Aug.
Wetcel Gud. a. 1006.
Wezlo P. VIII, 726 (annalista Saxo); XI, 92, 95, 100 (Cosm. chron. Boem.).

Vgl. zu diesen formen die unter VIZ erwähnten Wizelus etc., deren scheidung von den hier angeführten nicht immer sicher ist.
Wezelo, Wecil = Werinher P. VIII öfters.
Nhd. Wessel, Wetzel.
O. n. Waziliagun, Wezelendorf.

Wazili. 9. Ng. a. 882; St. P. mehrm.
Vgl. Uicili unter VIZ.

Wazala, fem. 11. Lc. a. 1054 (n. 190).
Wazila St. P. mehrm.
Wezala M. B. sec. 11 (VI); St. P. mehrm.
Wecila necr. Fuld. a. 966.
Wezla St. P.

Wazilin. 9. Ng. a. 925.
Wacilin C. M. Aug.
Wacelin P. XII, 325 (Rodulf. abb. Trud. epist.).
Wascelin Lc. a. 1086 (n. 239).
Wezilin St. P.
Wezelin P. II, 245 (ann. Wirzib.); VI, 77 (chron. Gladbac.); Laur. sec. 10 (n. 278); Gud. a. 1084; Lc. a. 1085 (n. 235).
Wecelin P. I, 100 (ann. Brunwil.); VI, 704, 721 (Alpert. de divers. tempp.); Lc. a. 1045 (n. 181).
Wezil, Wicelin, Wezelin etc. öfters statt Werinhar P. V u. VII.
Wezelm Lc. a. 1003, 1019 (n. 140, 153) viell. für Wezelin.
Wicelin s. unter VIZ.

Wezine, Gr. I, 1089 viell. nur von Gr. aus o. n. Wezinchova geschlossen.

Waceleiph. Gld. II, a, 109; II, b, 156.

Wazaman. 10. St. P. mehrm.
Wazeman P. II, 133 (Ekkeh. cas. S. Galli).
Wezeman St. P.
Nhd. Wassmann.

Wecho s. VAC.

Vectari. 7. Langobard. n. Paul. diac. V, 23 f. Vgl. unten Wehtor.

Wed-. Die so beginnenden n. wurden unter VAD und VID vertheilt, doch ist hier die scheidung beider stämme unsicher.

Wef-, -vefa s. VAIF.

Bei den folgenden mit Weg- beginnenden formen ist noch zu untersuchen, ob das e aus a oder i entsprungen ist.

Wegalenzo. 8. Dr. sec. 9 (n. 200, 290); Dr. a. 811 (n. 259; Schn. ebds. Megalenzo); tr. W. c. a. 811 (n. 191).
Wegelonzo Laur. sec. 8 (n. 472).
Wegelenzo Laur. sec. 8 (n. 6, 383, 480, 531).
Weglenzo Gld. II, a, 110.
Wegalenzen (gen.) Dr. sec. 9 (n. 257; Schn. ebds.).
Wegelenzen (gen.) Dr. sec. 9 (n. 291; Schn. ebds.).

Wegani. 9. Wg. tr. C. 12.
Weghan (pro patre suo W.) Wg. tr. C. 34.

Wegaris(us). 8. Laur. sec. 9 (n. 596).
Wegiris Laur. sec. 8 (n. 593).

Wego s. VIG.

Wehileo. 9. St. P.

Wehtor. 8. Dr. u. Schn. a. 799; Dr. sec. 9 (n. 201).

Wehtur Dr. u. Schn. a. 806.
S. oben Vectari. Vgl. ahd. wahtari vigil, custos. Nhd. Wachter, Wächter.

Weidher, Weidman s. VAID. **-veifa, Weifhar** s. VAIF.

Weiko. 8. Mchb. sec. 8 u. 9 (n. 267, 291).

Weimar s. VAIF.

Veinpurg, fem. Gld. II, a, 128. Zu VIN?

Weita s. VAID.

VELA.

Einige n. gehören ziemlich deutlich zu ahd. wela bene und stehn also denen mit VOLA parallel. Sie sind nicht immer leicht von denjenigen zu scheiden, welche zu VILJA gehören. Vgl. auch Erchanwela.

Welo. 9. R. a. 819 (n. 20).

Wela, fem. 8. Laur. sec. 8 (n. 198, 582).

Weliga, fem. P. VII, 457 (Bernold. chron.); dafür ebds. s. 281 Wieldruda.

Weland s. Wioland.

Welaperht. 9. St. P.

Welatrud, fem. 8. Mchb. sec. 9 (n. 553).
Weldrud Laur. sec. 8 (n. 315); Dr. sec. 10 (n. 693).
Weldrute Wg. tr. C. 118.
Weltrud Wg. tr. C. 41.
Weltrut Laur. sec. 8 (n. 3566); Schn. a. 817.

Welafrid. 8. Laur. sec. 8 (n. 434).
Welafrit Schn. a. 772.
Welafrith Laur. sec. 9 (n. 179).
Welfrid Laur. sec. 8 (n. 253).

Welgar s. Williger.

Welegis s. Willigis.

Welagrim. 9. R. a. 819 (n. 20).
Welacrim Mchb. a. 820.
Welagron R. a. 821 (n. 21) wol verderbt.

Welheid, fem. 9. R. a. 821 (n. 21).

Velaramnus. 8. Laur. sec. 8 (n. 2519).

Welimad (so). 9. Laur. sec. 9 (n. 767).

Weliman. 8. Laur. mehrm.; Ng. u. K. a. 769, 808, 818, 834; M. B. sec. 11 (VI); tr. W. a. 798, 805 (n. 23, 25).
Weleman Ng. a. 868.

Welamot. 8. St. P. mehrm.
Welamuot St. P.

Welamunt. 9. St. P. zwml.

Welarat. 8. St. P.; tr. W. a. 788 (n. 102).

Welarata, fem. 9. Welaratane als cas. obl. tr. W. a. 811 (n. 180).

Welrih. 10. Necr. Fuld. a. 969.

Welfhard s. HWELP. **Weliga** s. VELA.

Velisarius s. Belisar.

Welisunc. 8. Mchb. a. 814 (n. 240). Mone will (heldensage s. 20) Welisunc mit Ilisunc verbinden. Vielmehr ist mit Grimm (Haupts ztschr. I, 3) an goth. valis γνήσιος, ἠγαπημένος zu denken. Vgl. altn. Völsûngr, ags. Välsing, mhd. Welsunc (Dietleibs schwert); goth. ist Valisiggs zu mutmassen. Auch Belisar gehört wol seinem ersten theile nach hieher.

Velleda, fem. 1. Bructererjungfrau.
Veleda Tac. Germ. 8; hist. IV, 61, 65; V, 22, 24; Stat. silv. I, 4, 89 (die beiden e sind hier kurz).
Βελῆδα Dio Cass.

Vellocatus. 1. Tac.; scheint deutsch zu sein.

Wellunc. 9. Schn. a. 864.

Welp- s. HWELP.

Veltnot. Gld. II, a, 109; verderbt?

Weluth. 9. P. V, 5 (ann. Corbej.).
Welut Wg. tr. C. 57; necr. Aug.

Uencio, Wend-, Wendel-, Wendil- s. VANDAL. **Wenemar** s. VIN. **Wenhelswind** s. VAND. **Wenilo** s. VAN. **Wenirih** s. VIN. **Wenito** s. VAN.

Wenna, fem. 9. Schn. a. 817.

Wenni, Wennikin s. VAN.

Wensco. 9. St. P.

Wenso s. VAND. **Werachio** s. VRAC.

Veraila, fem. 9. Pol. R. s. 71; verderbt?

Veranilda s. VARIN. **Werbert** s. VAR.

Verbod. 8. P. III, 253 (Hlud. et Hloth. capit.). Wenn hiezu Varbod (pol. Irm. s. 210) gehört, so sind diese formen wol zu FAR zu stellen.

Werbraht s. VAR.

VERC.

Dieser stamm, welcher in namen seit sec. 6 begegnet, scheint fast nur alts. zu sein. Er gehört zu ags. verc, alts. werc, ahd. werch opus, vorausgesetzt, dass nicht auch entartete formen von VRAC hierunter stecken. Anlautend ist VERC selten, auslautend begegnet es in folgenden formen:

Eilwerc 9.	Hrodwerc 9.	Sodwerc 9.
Friduwerc 9.	Landwerc 9.	Siwerc 11.
Folcwerc 9.	Meinwerk 10.	Thiadwerc 9.
Helmwerc 9.	Radwerc 9.	
Hildiwerc 9.	Rainwerc 9.	

Werchari. 8. St. P.
Werhher Laur. sec. 8 (n. 525).
Uerchhari tr. W. a. 787 (n. 86).
Nhd. Werker.
Vergoldis, fem. 9. Pol. R. s. 103.

Wercund, fem. 9. St. P.; = Waragund? Werogund? Wartgund?
Uerdeot s. VAR. **Veren-, Weren-** s. VARIN (auch BERIN). **Wergant, Werland, Werica, Wericus** s. VAR. **Werin-** s. VARIN.
Weris. 9. Dr. n. 351; Dr. a. 1025 (n. 740; der n. fehlt hier bei Schn.); necr. Fuld. a. 989.
Vgl. goth. vairs, ahd. wirs pejor; hier vielleicht in der bedeutung von geringer, kleiner? es könnte hierin eine bezeichnung des jüngern sohnes liegen; ganz abgesehn davon, dass Bopp wirklich das goth. vairs mit skr. avara posterus zusammenstellt.
Vermeram. 8 Mab. a. 798.
Wermunt. 8. Tr. W. a. 790 (n. 116).
Diese beiden n. zu VARIN?
Wern- s. VARIN.

VEROD.

Alts. werod, ags. veorod legio, turma; Grimm gesch. d. dtsch. spr. 653. Warato etc. wol kaum hieher.
Werot. 9. Mchb. sec. 9 (n. 265); M. B. a. 835 (IV).
Hiezu vergl. man noch das wahrscheinlich erst sec. 12 begegnende Uarod bei St. P.
Werothraht. 9. Schn. a. 803.

Werpenus s. VARP.
Verritus. 1. Tac. Anführer der Friesen.
Verro. 11. Lc. a. 1074 (n. 225); deutsch?
Wertinperaht s. Wariubert.

VEST.

Zu west occidens. Seltner als die drei andern weltgegenden in n.
I. Einfaches VEST.
Westburg, fem. C. M. April.
Westrat. 9. Schn. a. 817. Oder für Westarrad?
II. Erweitertes VESTAR.
Vestralp. 4. Amm. Marc.
Westarfoldan. Gr. I, 1086. Ein sonderbarer und ganz einzeln stehender name.
Westrahilta, fem. 8. R. a. 821 (n. 21).
Wistrildis pol. Irm. s. 13.
Wistremand. 7. Pd. a. 637 (n. 278; unecht).
Wistremar. 6. Pd. a. 538 (n. 131).
Wistremir (b. v. Toledo sec. 9) E. s. V öfters; A. S. Mart. II.
Wistrimir E. s. VI, 569 (Julian).
Wistrimund. 6. Greg. Tur. X, 29.
Wistremund A. S. Jun. II.

Wet-. Die so beginnenden formen s. theils unter VAD, theils unter VID.
-vethus in Launevethus ist vielleicht -vechus zu lesen.
Vensadus (so). Pol. R. s. 11.
Wez- s. VAZ. **Wib-** s. VIF. **Wibod** s. VID.
Wic- s. VIG.
Uicanger. 9. St. P.
Victimar. Auf einer lat. inschr. aus unbest. zeit bei St. n. 881. V. war zu Cöln geboren. Vgl. Wihto.

VID.

Ziemlich sicher zu ahd. wit amplus, doch ist hie und da, bei damit anfangenden n., wol auch an goth. vidus, ahd. witu, ags. vudu (lignum, silva) zu denken. Bei formen mit Wed- und Wet- ist immer VAD zu vergleichen.
Unter den auf -vid auslautenden n. bemerke ich besonders die in der westfränk. mundart aus sec. 9 (pol. R.) häufigen feminina auf -vidis, die fast zu der vermuthung bringen, als liege in ihnen ein besonderer nicht zu den übrigen Wid- und -vid gehöriger stamm vor. Rechnet man sie hieher, so ergeben sich auf VID folgende 59 n., worunter 46 feminina:

Abuid 8.	Alboidis 9.	Adhalluit 9.
Agloidis 9.	Amalwid 9.	Adalwidis 9.
Agnoidis 9.	Amalwidis 9.	Otwid 8.
Agroidis 9.	Angloidis 9.	Balsoidis 9.
Alawit 9.	Asquid.	Beroidis 9.
Haldwidis 9.	Adhuid 8.	Bernoidis 9.

Bertoidis 9. Glauduit 9. Laudoid 8.
Belleidis 10. Gauduidis 9. Leudoidis 9.
Biotuit 9. Heiluid 8. Liuzwit 11.
Bonavida 9. Haimoidis 9. Odelwidis 9.
Brannoidis 9. Halawit 9. Radoidis 9.
Disoidis 9. Ervid 7. Ragnoidis 9.
Fredvidis 10. Hairoida 9. Ransoidis? 9.
Fulcoidis 8. Hadwid 10. Restuidis 9.
Gildoidis 9. Helmuidis 9. Sarvidis 9.
Gervida 7. Hilduidis 7. Situwit 8.
Castwid 8. Hiriuit 9. Teudwit 8.
Gaudovid 8. Floduidis 9. Vergoidis 9.
Gouwidis 9. Rannoidis 9. Vulfiadis 9.
Gisoidis 9. Hrodoidis 9.

Wido. 6. Die namen Wido und Guido führen: Sec. 9: b. v. Spoleto; b. v. Lyon. Sec. 10: b. v. Soissons; b. v. Rouen; b. v. Auxerre; b. v. Modena; ep. silva candidae. Sec. 11: hzg. v. Aquitanien; erzb. v. Mailand; b. v. Chalons s. M.; b. v. Limoges; b. v. Piacenza; b. v. Pistoja; b. v. Rheims; ep. Aniciens.; ep. Belunens.; ep. Clusinens.; ep. Glandens.; ep. Humanens.; b. v. Amiens; b. v. Beauvais; b. v. Vienne.

Wido P. I—III mehrm.; IV, B, 166 (Ott. M. pact.) etc.; V—IX oft; X (Arnulf. gest. archiepp. Mediol., Landolf. hist. Mediol., Hugon. chron. etc.); Mab. a. 759; pol. Irm. s. 134, 137; pol. Fossat.; Gud. a. 840; Wg. tr. C. 254, 414, 432, 485; Laur. n. 106.

Uido St. M. a. 942.

Wito P. I, 392 (ann. Fuld.); II, 510 (Ermold. Nigell.); III, 505 (Hlud. II capit.); V, 223 (chron. Casin.); VII öfters; necr. Aug.; Ng. a. 752, 765, 787, 814, 817, 821, 858; Dr. a. 796 (Schn. ebds. Uto); St. P.; Laur. sec. 11 (n. 3648).

Vito P. XII oft.

Vitus Gld. II, a, 119.

Uito St. P.

Wydo Wg. tr. C. 243, 294, 361, 459; H. a. 952 (n. 165).

Witto P. I öfters; V, 578 (Richeri hist.); Laur. sec. 8 (n. 1858); Ng. a. 838.

Witdo Pd. a. 572 (n. 179).

Guido P. V—IX öfters; X (Landulf. hist. Mediol., catal. archiepp. Mediol. etc.); Guérard a. 1046, 1080 etc.

Guid pol. Irm. s. 51 (sec. 11).

Hwido P. IX, 24 (Joh. chron. Venet.).

Quido Lp. a. 922 (II, 126).

Wyto Gld. II, a, 111.

Vitus qui et Sigefredus Lp. a. 1039 (II, 599).

Guido und Wido wechseln mehrmals Mab. a. 1047.

Uvido für Wido P. II, 788 (Abbo de bell. Paris.).

Nhd. Weede, Weide, Weidt, Weithe, Weyde, Wiede, With, Witt, Witte.

Wida, fem. 7. Pol. R. s. 12.

Wita Ng. a. 858.

Witta P. II, 345 (vit. S. Bonif.); Wg. tr. C. 229.

Witda Laur. sec. 9 (n. 199).

Wieda Dr. a. 822 (n. 398; Schn. ebds. Wida).

Widuco. 8. Lc. a. 855 (n. 65).

Widago Wg. tr. C. 16, 267.

Widugon (pro patre suo W.) Wg. tr. C. 41.

Wydugo Wg. tr. C. 416.

Widuh Schn. a. 819.

Wituch Mchb. sec. 8 u. 9 (n. 133, 289).

Witachi Mchb. sec. 8 (n. 154).

Witicha P. I, 290 (chron. Moissiac.).

Witigo P. VI, 298 (vit. Mahthild. regin.); K. a. 864 (n. 137).

Widego P. IX, 850 (chron. Hildesh.).

Witego P. II, 38 (abbat. Augiens. catal.).

Wetego Lc. a. 1057 (n. 192).

Einige dieser formen sind kaum von Widagauwo zu trennen.

Vgl. auch Anauuiduch.

Nhd. Wedecke, Wedeke, Wedike, Weitig, Weitke, Wettig, Wettke, Wiedeck, Wittcke, Witteck, Wittich, Wittig, Wittke.

Widilo. 9. P. IX, 104 (chron. Novalic.); Ms. a. 1086 (n. 34).

Widulo Wg. tr. C. 102.

Widelo Gud. a. 1069.

Witelo P. IX, 250 (Gundechar. lib. pontif. Eichstet.); G. a. 1092 (n. 70); Lc. a. 1098 (n. 254).

Witili Gld. II, a, 111.

Wital Mchb. sec. 8 (n. 95); St. P. zwml.

Wetil Gud. a. 1090.

Vintol R. a. 821 (n. 21) wol verderbt.

Nhd. Weidel, Weidle.

O. n. Wideleshoua, Witilisperg.

Widala, fem. C. M. Dec.

Witila Gld. II, a, 129.

Widulin. 8. Tr. W. a. 774 (n. 58).

Widilin tr. W. a. 774 (n. 178).
Witilin Ng. a. 787.
Vitilin Ng. a. 744.
Witlini Mab. a. 854.
Nhd. Waydelin.

Widomia, fem. 9. Pol. R. s. 101.

Widin. 6. Paul. diac. II, 2.
Witin P. I, 562 (Regin. chron.).
Wittin P. VIII, 573 (annalista Saxo).
Wittenus St. P.
Wetin P. I, 49 (ann. Alam.); VIII, 336 (Sigeb. chron.).
Wettin P. I, 67 (ann. Augiens.), 76 (ann. Sangall.); II öfters; V, 139 (ann. Einsidl.); VII öfters; VIII, 172 (Ekkeh. chron. univers.).
Wetan P. VII, 39 (ann. S Benign. Divion.).
Wictin = Witin P. VIII, 563 (annalista Saxo).
Hwitan P. III, 16 (Karlom. capit.) mit var. Uumtan und Uuintan; hieher? dsgl. Huitan Laur. sec. 8 (n. 1446)?

Wieding, Gr I, 778; wol nur von Gr. aus o. n. Wiedinchova geschlossen.
Nhd. Wedding, Witting.

Witalinc, Gr. I, 771, wol nur von Gr. aus o. n. Witalinchova geschlossen.
Nhd. Weitling, Wittling.

Vitisclus. 7. Ep. Valentinens. Conc. Tolet. a. 693. Für Vitigisclus?

Widisma, fem. 8. Pol. Irm. s. 148, 150.

Witiza. 8. Westgothenkg. sec. 8.
Witiza Sm. (var. Witza); E. s. II, 181; VI, 437; mehrmals auf münzen.
Witiza (var. Witisa) Lgd. a. 908 (II, n. 34).
Witizanem (acc.) E. s. VI, 437.
Vizo C. M. Jul.; necr. Fuld. a 1037.
Wizo Ng. a. 802; Frek. mehrm.; C. M. Oct.; Gud. sec. 10; M. B. a. 868 (XI); Lc. c. a. 1070 (n. 221).
Wizzo necr. Aug.
Vizzo Lc. a. 970 (n. 111).
Witzo Frek. mehrm.
Wyzo H. c. a. 1098 (n. 302).
Guizo Lc. a. 1003, 1015 (n. 136, 137, 148).
Wizo et al. nomine Pernfrid St. P.
Nhd. Weiss, Weisse, Weize, Weitz, Weitze, Wietze, Wiss, Waitz.

Wiza, fem. 9. St. P.

Wiziko. 10. Frek.

Wizikin. 10. Frek.
Witzikin Frek.

Wizolus. 10. P. VI, 619 (mirac. S. Alexii).
Wizil, Witzil, Wizel, Wecil Frek. mehrm.
Wizlo Hf. sec. 11 (II, 326).
Vizzilo Mchb. a. 827.
Fizilo Mchb. a. 827 hieher?
Weyzelo St. M. a. 1088 wol hieher.
Nhd. Weissel, Weitzel, Witzel.

Wizili. 9. St. P. dreiml.
Wicili St. P. zwml.
Wezelo, Wecelo etc. s. unter VAZ.

Wizelin. 9. Lc. c. a. 1070 (n. 221).
Vicilin P. II mehrm.
Wicelin G. a. 1056 (n. 56).
Witcelin Lc. a. 1045 (n. 181).
Wuzelin Laur. sec. 8 (n. 213) vielleicht Wizelin zu lesen?
Fizilin K. c. a. 817 (n. 77) hieher?
Wecelin s. VAZ.

Witipato. Gr. III, 62.

Witbald. 7. P. IV, B, 46 (Bened. capit.); Ng. a. 821; pol. Irm. s. 68, 113.
Witupald R. a. 792 (n. 9).
Witbold P. II, 291 (gest. abbat. Fontan.); pol. Irm. s. 113, 140; Ng. a. 810.
Witpold Ng. a. 825; Laur. sec. 9 (n. 199).
Guidobald Pd. a. 696 (n. 438).
Guitbold P. II, 251 (ann. Lemov.).
Quidbald Lgd. a. 945 (II, n. 76).
Wibald u. dgl. s. unter VIG.

Witbolda, fem. 8. P. II, 290 (gest. abbat. Fontan.); pol. Irm. s. 144.

Witubern. 9. Schn. a. 833.

Widbert. 8. Ng. a. 780; Mab. a. 805.
Witbert P. X, 460 (Hugon. chron.); Ng. a. 762, 772, 797, 806, 821, 826; pol. Irm. s. 94, 128; necr. Aug.; Laur. sec. 9 (n. 371).
Witberct Schn. a. 804.
Witpert Ng. a. 822; necr. Aug.
Widpret Ng. a. 788.
Witpret Ng. a. 797, 808.
Uihitpret K. a. 824 (n. 90).
Govitebert conc. Germanic. a. 843 wahrscheinlich für ego Vitebert.

Hieher gehört auch oft (z. b. P. X) die form Wibert, welche andrerseits auch häufig eine entartung von Wicbert (s. ds.) ist. Strenge sonderung wird ausserdem dadurch unmöglich, dass selbst die echteren formen Witbert und Wicbert oft mit einander verwechselt werden.

Witberga, fem. 8. Pol. Irm. s. 142.
Guiberga pol. Irm. s. 280 hieher?

Witbrannus. 9. Pol. R. s. 104, 105.
Wibrannus pol. R. s. 105.

Widbod. 8. Wibod b. v. Parma sec. 9.
Widbod P. II, 608 (vit. Hlud. imp.).
Witpot Ng. a. 819.
Wibod P. I, 490 (Hincm. a. 870) mit var. Vinebod.
Wiboto s. Vingboto.

Widpurc, fem. 11. Gld. II, a, 129.
Witpurc Gld. II, a, 129.
Guitburdis pol. Irm. s. 50 (sec. 11) etwa für Guitburgis verschrieben?

Widukind. 8. Fürst der Sachsen sec. 8; ein abt sec. 10.
Widukind P. I, 163 (Einh. ann.), 349 f. (Enh. Fuld. ann.); II, 381, 383 (vit. S. Willehadi), 411, 419 (vit. S. Liudger.); V, VIII oft.
Withuchind P. I, 118 (ann. Lauriss.).
Widuchind P. I, 32 (ann. Lauresh.).
Widuchint P. I, 297 (chron. Moissiac.).
Widukint P. II, 410 (vit. S. Liudgeri).
Witukind P. II, 676 (transl. S. Alex.); VIII, 226 (Ekkeh. chron. univers.); necr. Fuld. a. 959.
Widokind P. I, 158 (ann. Lauriss.), 165, 167 (Einh. ann.).
Widochind P. I, 156, 162, 164, 166, 168 (ann. Lauriss.).
Widikind P. V, 792 (Thietmari chron.); VII, 418 (Bernold. chron.); VIII, 32 (Ekkeh. chron. Wirzib.), 559—561 (annalista Saxo).
Widichind P. I, 157 (Einh. ann.); V, 139 (ann. Einsidl.), 215 (reg. et imper. catal.); VII, 25 (ann. Formosel.), 100 (Herim. Aug. chron.); IX, 288 (Ad. Brem.).
Widikint P. VIII, 32 (Ekkeh. chron. Wirzib.).
Widichint P. V, 215 (reg. et imper. catal.).
Witichint Lc. c. a. 1080 (n. 241).
Witichint Gld. II, a, 111.
Witikind P. VIII, 166, 179, 183 (Ekk. chron. univ.).
Witikint P. VIII, 167, 183 (Ekkeh. chron. univ.).
Widekind P. V, 38 (ann. Quedlinb.); IX, 849 (chron. Hildesh.).
Wedekind Wg. tr. C. 83.
Widukinnus P. V, 737 (Thietmari chron.).
Widichinus P. I, 12 (ann. S. Amandi).
Witikinus P. VI, 284 f. (vit. Mahthild. regin.).
Witichinus P. V, 570 (Richeri hist.); VIII, 123 (Ekkeh. chron. univers.).
Widekin P. VII, 377 (Brun. de bell. Saxon.); VIII, 592 (annalista Saxo).
Witakin necr. Fuld. a. 877.
Windukind P. VI, 464 (Sigebert. vit. Deoder.).
Wintichind P. VIII, 335 (Sigebert. chron.).
Winthichind P VIII, 334 (Sigebert. chron.).
Windukin P. VI, 464 (Sigebert. vit. Deoder.).

Vgl. Wichind M. B. a. 898.
Nhd. Wedekind, Widekind, Wiedekind.

Widrud, fem. Gld. II, a, 129.

Widfrid. 8. H. a. 865 (n. 102).
Witfrid Gld. II, a, 111.
Witfrit Laur. sec. 8 (n. 3286).
Wifrid u. dgl. s. VIG.

Vithicabius. 4. Alamannenfürst, Vadomars sohn. Amm. Marc.

Witgildis, fem. 9. Pol. R. s. 95.

Widugang. 8. Tr. W. a. 774 (n. 178).
Nhd. Wiegang.

Witgar. 9. P. I, 597 (Regin. chron.); III, 469, 508 (Hlud. Germ. capit.); IX, 104 (chron. Novalic.); St. P.; M. B. a. 858, 860 (XI, XXXI).
Witcar Gld. II, a, 119.
Witchar P. II, 498 (Ermold. Nigell.).
Witker P. I, 623, 628 (contin. Regin.).
Widger P. V, 126 (ann. August.); VII, 126 (Herim. Aug. chron.), 425 (Bernold. chron.); Laur. sec. (n. 2097); Wg. tr. C. 249.
Witger P. I, 616 (contin Regin.); IX, 408 (gest. episc. Camerac.); d. Ch. I, 656; pol. R. s. 93.
Wideger P. VII, 125 (Herim. Aug. chron.).
Wigger P. V, VIII öfters; Gud. a. 1069, 1090.
Wikker P. VIII, 619 (annalista Saxo).
Wiker P. VI öfters; H. a. 929, 945, 960 (n. 152, 158, 171); Gud. a. 960, 963.

Die letzten formen können auch zu VIG gehören. Die formen Witger P. V, 141 (ann. Einsidl.), Widricus P. V, 377 (Flodoardi ann.) und Wigericus P. V, 157 (ann. S. Vinc. Mett.), 372, 373 (Flodoardi ann.) bezeichnen dieselbe person.
Wikkier P. V, 82 (ann. Quedlinb.) auch hieher; desgl. Vidzier P. V, 846 (Thietmari chron.).

Widgerd, fem. C. M. Sept.

Widogast. 4. Fränk. gesetzgeber. Die lesarten in d. lex Salica lauten Widogastis, Widigast und Vidogastis.

Widigast P. VIII, 307 (Sigebert. chron.).
Windogast P. I, 283 (chron. Moissiac.).
Witogaud. 8. Laur. sec. 8 (n. 931).
Widegaud pol. R. s. 50.
Witgaud Mab. a. 748.
Widagouwo. 8 (6?). Tr. W. a. 808 (n. 19).
Witagawo Ng. a. 832; St. P.
Witagauo St. P. zwml.
Wittagauo Ng. a. 859.
Witagouuus M. B. a. 931 (XIV).
Witagowo Ng. a. 843, 869.
Witugauuo Dr. c. a. 800 (Schn. ebds. Witgao).
Widogaugius Ng. a. 787.
Witogowus M. B. c. a. 1050 (VI).
Witocouo St. P.
Witigauo Gld. II, a, 111.
Witigawo Ng. a. 837, 845.
Witigowo P. VI. 622 ff. (Purchard. gest. Witigow.); St. P.; Ng. a. 833, 875; K. a. 860 (n. 131).
Witigauwo Ng. a. 790.
Wittigavo Mchb. sec. 9 (n. 469).
Widegowo Laur. sec. 9 (n. 2751).
Witegowo P. V, 143 (ann. Einsidl.); VII, 117 f. (Herim. Aug. chron.); Laur. sec. 8 (n. 1841); necr. Aug.
Witdegowo (verschrieben Witdewogo) Laur. sec. 9 (n. 427).
Wittegobo (so) Laur. sec. 9 (n. 512).
Witugouuen (genit.) Dr. a. 815 (n. 315).
Hieher vielleicht schon:
Vidigoia Jorn. mit var. Vidicoja, Vidicula, Vidigotha, Judicula.
Widigoia P. VIII, 122 (Ekkeh. chron. univers.).
Sehr schwer ist es, diesen n. von Widugo, Witticha u. dgl. zu scheiden. S. über alle diese formen Mone heldens. (1836) s. 79.
Widegern. 8. B. v. Strassburg sec. 8.
Widegern Pd. a. 728 (n. 543).
Witgern Schpf. a. 976 (n. 157).
Withgern Schpf. a. 1042 (n. 263).
Wicgerin Schpf. 763 (n. 34) steht für Widegern.
Widichis. 5. Gothenkg.
Widichis Jorn. mit var Witichis und Witigis.
Vitigis Cassiod. X, 31 ff
Witugis tr. W. a. 696 (Pd. nchtr. n. 8).
Witigis P. VIII öfters; X, 318 (Hugon. chron.).
Οὐίττιγις Procop.

Vithegis hist. misc. 16 (var. Vitigis).
Bidegis Mab. a. 853 viell. hieher.
Witigisclus. 6. Cassiod. IX, 11, 12.
Widegundis, fem. 8. Pd. a. 739 (n. 559); Mab. a. 805.
Withaidis, fem. 9. Pol. R. s. 50.
Withard. 8. P. V, 404 (Flodoardi ann.); pol. Irm. s. 209; pol. R. s. 34, 68 etc.; St. P.
Witard Mab. a. 803; Sm.
Widderd St. P. wol hieher.
Withar. 8. Ng. a. 786.
Witheri Gld. II, a, 111.
Wither Ng. a. 783, 816; Laur. öfters; pol. R. s. 60.
Witar Lc. a. 927 (n. 88).
Witer Guér. a. 1056.
Witir Gr. I, 771.
Nhd. Weder, Wetter, Wider, Wieder, Witter.
O. n. Withereshusa, Wittereswilare.
Withaus. 8. Pol. Irm. s. 140, 144.
Withelm. 8. Pol. Irm. s. 98.
Wuithelm pol. Irm. s. 61.
Nhd. Widhalm.
Widohildis, fem. 8. Pol. Irm. s. 81.
Withildis Laur. sec. 8 (n. 1675); pol. Irm. s. 140
Witilt Gld. II, a, 129.
Witramnus. 8. Mab. a. 861; pol. R. s. 93.
Witarammus Ng. a. 826.
Witaram Gld. II, a, 111.
Wituram Laur. sec. 8 (n. 1396).
Vituramnus Schn. a. 801.
Witeram necr. Aug.
Widrannus pol. Irm. s. 144.
Witrannus pol. Irm. s. 72.
Widdoram Laur. sec. 8 (n. 1398).
Witteram Laur. sec. 8 u. 9 (n. 218, 268).
O. n. Witaramesdorf.
Witering. 8. B. v. Nismes. Lgd. a. 782, 791 (I, n. 5, 6) neben Witerig.
Witrocus. 8. Laur. sec. 8 (n. 2748) neben Witroz.
Witroh Gld. II, a, 111.
Witlagius. 9. Pol. R. s. 9.
Widolaic. 8. Mab. a. 793.
Vitlaicus P. II, 283 (gest. abbat. Fontan.).
Witlaicus P. II, 281 (gest. abbat. Fontan.); pol. Irm. s. 128, 129.
Witleih Ng. a. 838.

Withlec P. III, 30 (Pipp. capit.).
Witleg H. a. 916 (n. 142).
Vindolaicus für Wid- Lgd. a. 794 (I, n. 8).
Huilec Wg. tr. C. 351 hieher?
Nhd. Wedlich, Weidlich, Weitlich.

Witleis, fem. 8. Pol. Irm. s. 67.

Widelindis, fem. 8. Pol. Irm. s. 236; pol. R. s. 71.
Witlindis pol. Irm. s. 62, 229; pol. R. s. 4, 47 etc.
Vitlindis pol. Irm. s. 251.

Witliub. Gr. I, 771.

Widiman. 9. Ng. a. 861.
Videman Lp. a. 1000 (II, 427).
Witman (var. Wichmant, Wizman) Sm.
Nhd. Wedemann, Weidemann, Weidmann, Weitmann, Widemann, Widmann, Widtmann, Wiedemann, Wiedmann, Wittmann.

Widiomar. 4. Gothenkg. sec. 4; Gothenkg. sec. 5; b. v. Orense (Spanien) sec. 6.
Widiomar P. VIII, 310 f. (Sigebert. chron.).
Vithimir Amm. Marc.
Widimer P. X, 318 (Hugon. chron.).
Witimar P. VIII öfters.
Witimir E. s. VI, 551 (Julian.).
Widemir Jorn.
Videmar Pd. a. 523 (n. 104); ebenderselbe wird ebds. n. 103 verderbt Umbdemar genannt.
Widemar G. a. 1083 (n. 66).
Widmar Mab. a. 754.
Witmar P. II, 687, 693, 697 (vit. S. Anskar.); III, 30 (Pipp. capit.); IX, 292 (Ad. Brem.); St. P.
Nhd. Wedemar, Widmer, Wittmer.

Witmund. 11. P. X, 467 (Hugon. chron.).
Wimund P. X, 460 (Hugon. chron.).

Widerad, msc. u. fem. 6. P. V, 6 (ann. Corbej.), 117 not. (catal. abb. Fuld.); VII öfters.
Viderat Lp. a. 908 (II, 66).
Witerat Gld. II, a, 119, 129.
Vitered Pd. a. 533 (n. 118, 119).
Widrad P. III, 30 (Pipp. capit.); X, 287, 323 etc. (Hugon. chron.); Laur. sec. 8 (n. 1688); pol. R. s. 61.
Widrat Laur. sec. 8 (n. 221, 228).
Widred P. V, 843 (Thietmari chron.).
Witrat P. VII öfters; necr. Aug.; Laur. sec. 9 (n. 179).
Witdrad Laur. sec. 8 (n. 352).
Witrad P. III. 90 (Kar. M. capit.); pol. R. s. 85.
Witrath Laur. sec. 8 (n. 2821).
Wydrad Wg. tr. C. 239.
Wedrad Lc. a. 820 (n. 38) wol hieher.
Wirat u. dgl. s. unter VIG.

Widrada, fem. 9. Pol. R. s. 76.

Witirich. 4. Sec. 4: Gothenkg. Sec. 7: Westgothenkg: ep. Segontiens.; b. v. Lamego.
Witirich Ng. a. 821.
Witirih Ng. a. 820.
Widerich Jorn. (var. Withirich); pol. Irm. s. 146; conc. Tolet. a. 646, 653, 656; Gud. a. 909.
Videricus conc. Tolet. a. 655.
Vithericus var. Videricus Amm. Marc.
Witericus E. s. II, 178; so auch auf münzen.
Wittericus Isidor.
Witerich Ng. a. 781.
Widrich P. III, 539 (Kar. II capit.); V, 377 (Flodoardi ann.); VI öfters; Gud. a. 909; St. M. a. 942; Lc. a. 1056 (n. 191).
Witirh (so) Gld. II, a, 129.
Wiric u. dgl. s. unter VIG.
Vgl. auch Witgar.
Ist statt der formen Usiger und Usiterich Schpf. a. 768 (n. 36) viell. Wiger und Witerich zu lesen?
Nhd. Wittrich. Weyrich.
O. n. Witherichesdorp.

Witterit. 6. Instr. vendit. a. 539 bei Sp. und M. (n. 114).
Altn. Viðriði viell. hieher.

Witesind. 8. Mab. a. 873; A. S. Maj. III.
Witsind Schn. a. 796.
Ags. Vidsið.

Witswind, fem. 8. Laur. sec. 8 (n. 111).
Wytsuit Wg. tr. C. 420.

Widald. 8. Lgd. a. 782 (I, n. 5).
Witold Gld. II, a, 111.
Witolt Ng. a. 774, 792, 806, 815, 903; Schn. a. 843; St. P.
Guidoald M. c. a. 750 (n. 69).
Witeol R. c. a. 787 (n. 6) hieher?
Witthel (mit gestrichenem l) St. P. viell. hieher?
Nhd. Wiedewaldt, Witholdt.
O. n. Witolteshuson, Witolteswilare.

Viduarius. 4. Amm. Marc. (rex Quadorum).
Witwar Gld. II, a, 129.

Widuin. 8. Pol. Irm. s. 116.

Widulf. 4. Pol. Irm. s. 98, 115; pol. R. s. 19, 71.
Witulf P. VIII, 122, 124, 130 (Ekkeh. chron. univers.).
Witolf Gld. II, a, 111.
Zusammensetzungen mit erweitertem stamm:
1) mit L:
Widelfred. 8. Pol. Irm. s. 17.
Widelhagdis, fem. 9. Pol. R. s. 65. Dafür ebds. s. 61 Withagldis (so).
Witlar s. Wiglar.
Witlolf zu schliessen aus o. n. Witlolfeshova.
2) mit N:
Widinildis, fem. 8. Lgd. a. 931 (II, 51).
Widenildis pol. Irm. s. 187.
3) mit R, vielleicht theilweise indessen zu ahd. widar contra:
Witracho, Gr. I, 771; von Gr. wol nur aus o. n. Witracho marca geschlossen.
Widrebold. 8. Pol. Irm. s. 29.
Widrevert. 8. Pol. Irm. s. 115.
Widargelt. 7. Schn. a. 791.
Guidrigild E. s. VI, 567 (Julian).
O. n. Widarogeltesstat.
Widrehad. 7. Pol. Irm. s. 251.
Vidrehad Pd. a. 660 (n. 337).
Widrachad Pd. a. 658 (n. 332).
Vidarolt. 8. Necr. Fuld. a. 999.
Widarolt Schn. a. 778, 788, 822.
Widerald P. VI, 641 (Othlon. epitaph. Adalh.); Lc. a. 996 (n. 126); C. M. Jul., Aug.
Widerold P. VII öfters; IX, 849 (chron. Hildesh.).
Widerolt Schn. a. 838.
Hieher vielleicht:
Vitrodorus. 4. Quadenkg. Amm. Marc.

Wiel- s. VIOLA.

VIF.

Dieser stamm ist das ags. u. altn. vif, ahd. wip femina, womit sich vielleicht hie und da weban texere vermischt haben mag. Auslautend sehn wir den stamm in folgenden 31 femininen:

Abezwib.	Azawib 11.	Frewihib? 9.
Egiuip 8.	Pezawib 11.	Fritwif.
Engilwib.	Berowib 11.	Geilwib 8.
Enzawib 11.	Camarwib 9.	Goltwif 11.
Adalwib.	Trudwib.	Cozwib.
Gezwib.	Howawib 8.	Rizawib 11.
Gnannawib 11.	Juzwib.	Seliwib 9.
Hadewip 11.	Liuzewib 11.	Siuwyf 9.
Hetelwif 9.	Nortwib 9.	Thiadwif 8.
Hiltewib.	Reinwiff 10.	Diezawib 11.
Hiziwip 11.		

Vibo. 8. Hofcaplan Konrads II sec. 11.
Vibo P. VI, 655 (Rodulf. vit. S. Willelmi).
Wippo P. VII öfters; M. B. a. 858 (XI); St. P. zwml.; Lc. a. 1083 (n. 234).
Wyppo M. B. a. 880 (XXXI).
Vivo P. II, 283 (gest abbat. Fontan.).
Zugleich ist Wippo ein myth. fränk. kg.; s. Grimm myth. s. 277.
Ags. Vibba. Nhd. Wiebe.
O. n. Wippinhusun.
Wibi. 11. Gud. a. 1056.
Wiba, fem. 8. Schn. a. 776; Laur. n. 3830.
Wipa St. P. zwml.; H. a. 926 (n. 146).
Wippa M. B. sec. 11 (VII).
Wiua Lc. a. 1083 (n. 234).
Wibicho zu schliessen aus o. n. Wibichinga.
Nhd. Wiebcke, Wippich.
Wivikin. 11. Ms. a. 1049 (n. 21).
Wiwikin Ms. a. 1049 (n. 22).
Vibilius. 1. Kg. der Hermunduren. Tac. ann.
Wibil Gr. I, 649.
Vibilus synod. Rom. a. 590 ist wol latein.
Wippilo P. III, 90 (Kar. M. capit.).
Wifil Lc. a. 800 (n. 16).
Vivilo P. II, 346 (vit. S. Bonif.).
Nhd. Wibel, Wiebel.
O. n. Wibileschiricha.
Wibila, fem. 8. Tr. W. a. 774 (n. 53, 178).
Wivila Laur. sec. 8 (n. 2155).
Wibelin. 8. P. V, 709 (Bened. chron.).
Nhd. Weiblen.
Wibinus. 8. Tr. W. a. 771 (n. 250).
Viuino K. a. 878 (n. 153). Vgl. Winino.
Wippizo. 11. Lc. a. 1096 (n. 253).
Wibhild, fem. 8. Laur. sec. 8 (n. 1342).
Wiphilt Mchb. sec. 9 (n. 375).
Wifhildis P. VIII öfters.
Wiborada, fem. 8. P. II oft; VI, 452—457 (Hartmanni vit. S. Wiboradae); VII, 112 f. (Herim. Aug. chron.). 422 (Bernold. chron.).
Wiberad K. a. 861 (n. 136).

Wiberat P. I, 78 (ann. Sangall.); VI, 386 (Gerhard. vit. S. Oudalr).
Wibrada tr. W. a. 774 (n. 53).
Wiprat St. P.

Wibilleih, Schn. a. 756, steht irrthümlich, da Dr. hier das viel natürlichere Willileih hat.

VIG.

Dieser in n. seit sec. 5 gleichmässig anlautend und auslautend übliche stamm gehört im ganzen sicher zu ahd. wig pugna. Leo vergleicht ferienschr. I, 102 Keltisches als urverwandt, welches eine ähnliche bedeutung wie wig hat.

Mit VIG gerathen in berührung und vermischung die stämme:

1) VID, in den fällen, wo VIG oder VID den ersten theil der composition bildet und der zweite mit einem consonanten beginnt, wo dann das auslautende d oder g leicht verloren geht und bei beiden stämmen nur ein Wi- übrig bleibt.

2) VIH. Die formen Wih-, Wich-, Wigh-, Wic-, Wig- gehn so leicht in einander über, dass eine sichere vertheilung unter beide stämme unthunlich ist. Da im anfange von compositionen VIG jedenfalls häufiger ist als VIH, so habe ich alle nur irgend zweifelhaften formen unter VIG geschrieben. Auch am ende von zusammensetzungen vermengen sich leicht VIG und VIH; ersteres ist mehr den masculinen, letzteres mehr den femininen eigen, doch ist auch hier keine sichere sonderung zu bewerkstelligen und ich habe daher alle formen auf -wih gleich hier mit verzeichnen müssen.

Was sonst noch die form von VIG anbelangt, so ist noch zu bemerken, dass vor der lateinischen endung us öfters der consonantische auslaut des stammes fortfällt; vgl. z. b. die formen Clodoveus, Droctoveus, Madalveus, Meroveus u. dgl. (sogar Madalfeus, Harifeus P. III, 30 Pipp. capit.).

Auslautendes VIG und VIH finde ich in folgenden 118 namen, worunter 32 feminina:

Adraveus 8.
Ecgewih 10.
Eigilwi 9.
Einwig 9.
Alawig 8.
Alavia 9.
Alahwich 9.
Alduig 8.
Albovich 6.
Alpwih 8.
Ellinwich 11.
Amalwih 9.
Antveus 9.
Antevia 9.
Engilwic.
Engilwiha 9.
Oswig 9.
Arnuvig 9.
Adalwig 8.
Adalwihi 8.
Audoveus 6.
Balduig 7.
Paldwiha 8.
Baudovicus 6.
Beriwich 10.
Peranwic 8.
Perhtwicus 8.
Branveus 9.
Burgwih 9.
Crigilwihc 9.
Dairveus 8.
Thanwi 9.
Dauveus 6.
Doneficus 9.
Drudwih 8.
Droctoveus 6.
Eburwich 9.
Ellebich 5.
Ernwig 9.
Erleveus 9.
Eowig 9.
Filiwi.
Francovaeus.
Friduwic.
Frithuwi 10.
Frotveus 8.
Folcwich.
Geilwih 9.
Geltwig 9.
Gamalveus 8.
Geravig 8.
Cotawich 9.
Cotanwiha.
Gundivicus 5.
Gunthiucha? 6.
Hailwic 11.
Heilagwih 9.
Heliwich.
Harduwich 8.
Hariwich 7.
Hathuwic 9.
Hiltiwic 8.
Chlodowich 5.
Flodoveus 8.
Remwig 9.
Hrodwig 8.
Hundwig 9.
Hirminwic.
Letveus 9.
Ledivia 9.
Lantwih 7?
Lancwich 11.
Launovius 6.
Liebwi 9.
Liudowicus 6.
Liutwiha 9.
Mellovicus 6.
Manifia 9.
Merovecus 6.
Marcovicus 6.
Medovicus 6.
Madalfeus 8.
Nahtwich.
Nantuic 8.
Nerveus 9.
Nathwich 9.
Nadalivia? 9.
Nodelveus 9.
Nodelivia 9.
Nonifia 9.
Nordwich 9.
Ordwig 9.
Odelveus 9.
Ratwig 9.
Regwih 9.
Rageuwig 8.
Raganwih 8.
Reginviga 11.
Rantowic 8.
Rangwic 8.
Restibia? 8.
Ribwih 9.
Selwich.
Samwih 9.
Sanctevia 9.
Sigiwih 9.
Thanguuih 9.
Thienwih.
Thiotwic 8.
Deotwiha 9.
Wanwic 10.
Wandalveus 8.
Winefia 9.
Wolcwihic 8.
Voswih 9.
Wolfwic 8.
Wolfwiha 8.
Ceizwiha 9.

Wigo. 9. Ep. Valentin. sec. 10.
Wigo P. II, 584 (transl. S. Viti); V öfters; VI, 132 (Ademar. hist.); VIII öfters; St. P. drml.; necr. Aug.; Laur. mehrm.; K a. 836 (n. 96); Mab. a. 847; Wg. tr. C. 346, 476; Dr. n. 662.
Uigo St. P.
Wico St. P. zwml.
Wicco Mchb. sec. 9 (n. 379); M. B. a. 828 (VIII).
Wikko St. P.
Wicho Wg. tr. C. 226.
Wihho St. P.
Wego P. IX, 314 (Ad. Brem.).
Guigo = Wigold P. VIII, 723 (annalista Saxo).
Ags. Vig. Nhd. Weiche, Weick, Weih, Weihe, Weik, Weike, Wich, Wiche, Wick, Wicke, Wieck, Wiehe.

O. n. Wickinhusa.
Wiga, fem. 9. Mchb. sec. 9 (n. 797).
Wige P. II, 389 (vit. S. Willehadi).
Wigilo. 8. St. P.; Dr. a. 824 (n. 447; Schn. ebds. Wigulo); Laur. sec. 8 (n. 2393).
Wigelo Laur. sec. 8 (n. 3431).
Nhd. Wegel, Weichel, Weigel, Weigle, Weygel, Wiegel.
Wikelin. 10. H. a. 996 (n. 211).
Wichelin Gld. II, a, 110.
Nhd. Wegelein, Weiglin, Weigelin, Wicklein.
Wigand. 8. P. IX, 849 (chron. Hildesh.); St. P.
Wigant Schn. a. 765; Laur. sec. 8 (n. 2497); Ng. a. 797, 798, 819, 882; Gud. a. 1090.
Wichant Mchb. sec. 9 (n. 467).
Wigent Gld. II, a, 110.
Nhd. Weigand, Wiegand, Wigand.
O. n. Wigantestein.
Wiching. 8. P. IX, 423 (gest. episc. Camerac.); Mab. a. 775; Wg. tr. C. 266; necr. Aug.; M. B. a. 893, 898, 899 (I, III, XI).
Wichinch Ms. sec. 9 (n. 10).
Uviching M. B. a. 898 (XXXI).
Wiking Ms. a. 1049 (n. 21).
Wygiung Wg. tr. C. 381.
Wihhing K. a. 894 (n. 170).
Vicching Laur. sec. 8 (n. 1406).
Wiginc St. M. a. 970.
Wihgung Dr. a. 824 (n. 431; Schn. ebds. Wighgung).
Guiching Pd. a. 751 (n. 608).
Vigur. 7. M. a. 690 (n. 96; Mab. ebds.); St. n. 1801 (christl.-röm. inschr.).
Wihcor Hd. m. S. a. 848 (s. 164).
Wegezo. 10. H. a. 978 (n. 196).
Wigibald. 8. H. a. 710 (n. 33), 711 (n. 34).
Wigbald P. IX, 121 (chron. Novalic.); Mab. a. 775; Laur. sec. 9 (n. 106, 381).
Wigbold P. VIII, 721, 726 (annalista Saxo).
Wicbold pol. Irm. s. 101.
Wigbalt Laur. sec. 9 (n. 2201).
Wicbalt Laur. sec. 8 (n. 2927).
Wicpald M. B. a. 777 (XI, XIII); St. P.
Wibald Lc. a. 801 (n. 22)
Wipald Gld. II, a, 110, 119.
Wibold P. IX öfters; Laur. sec. 8 (n. 1620); pol. R. s. 60, 61 etc.
Guibald P. V, 219 (reg. et imper. catal.); IX öfters.
Wigold = Wigbold P. VIII öfters.
Wicbolda, fem. 8. Pol. Irm. s. 216.
Wigbern. 9. Wg. tr. C. 481.
Wicbern Wg. tr. C. 243, 268; Dr. a. 930 (n. 677; Schn. ebds. Wiebern).
Altn. Vigbiörn.
Wigberht. 6. Sec. 9: b. v. Hildesheim. Sec. 11: erzb. v. Ravenna, als pabst Clemens III; b. v. Modena (Wibert); b. v. Parma (Guibert).
Wigberht P. VI, 224–228 (mirac. S. Wigberhti).
Vigobert d. Ch. I, 638.
Wigbert P. II, 366 (vit. S. Sturmi); III, 224 Hlud. I capit.), 561 (Arnulf. capit.); V—VIII öfters; IX, 848 (chron. Hildesh.); Laur. sec. 8 (n. 190): Wg. tr. C. 349, 427; Gud. a. 1004.
Wigbreth Laur. sec. 9 (n. 216).
Wicperht M. B. a. 828, 837 (VIII, IX); St. P. mehrm.
Wicpreht P. II, 57 (rhythmi de S. Otmaro).
Wicbert P. I, 594 (Regin. chron.); V—VIII öfters; IX, 851 (chron. Hildesh.); X, 183 (gest. Trever.), 507 ff. (vita Wicberti); Mab. a. 752, 759; pol. Irm. s. 137; Wg. tr. C. 258, 266, 335; Laur. mehrm.
Wicpert P. VII öfters; St. P.; Laur. sec. 8 (n. 1228).
Wicbrat Laur. sec. 8 (n. 2931).
Wikperht St. P.
Wikbert P. V, 327—329 (Liudpr. antapod.).
Wichperht St. P.
Wichpreht Gld. II, a, 110.
Wichbert P. VI, 313 (Hrothsu. primord. Gandersh.); X, 507 ff. (vit. Wicberti).
Wihbreht P. II, 217 (urk. v. 834).
Wihbrehttus (so) P. II, 217 (urk. v. 834).
Wycbert Wg. tr. C. 452.
Guicbert P. VIII öfters; X, 507 ff. (vit. Wicberti).
Vugbert (so) P. VII.
Wipract Gld. II. a, 110.
Wibreht P. II, 676 (transl. S. Alex.).
Wiprecht P. VII, 377 (Brun. de bell. Saxon.).
Wibert P. II öfters; VI, 17 (ann. Laubiens.), 68 (Folcuin. gest. abb. Lobiens.); VII, VIII öfters; IX, 498, 504 (gest. episc. Camerac.); X, 70 (Landulf. hist. Mediol.); Laur. sec. 8 (n. 1054); Gud. a. 909.

Wipert P. V, 385 (Flodoardi ann.); VI, 579 (vit. Brunonis); VII öfters: necr. Aug.; Mab. a. 854; pol. R. s. 36, 50 etc.
Wybert Wg. tr. C. 106.
Guibert P. VI, 29 (ann. Leodiens.); VII, IX öfters; X, 89 (Landulf. hist. Mediol.), 507 ff. (vit. S. Wicberti) etc.; Guér. a. 1046.
Gibert P. VII öfters.
Ags. Vigbeorht. Nhd. Guibert, Weihbrecht, Weippert, Wieprecht, Wippert, Wipprecht, Wiprecht.

Wicberta, fem. 8. Pol. Irm. s. 215.

Wicbirga, fem. 9. R. a. 879 (n. 59).
Wichbirg Gld. II, a, 129.

Wigbrand. 9. H. a. 945 (n. 158).
Wicbrand Wg. tr. C. 229, 246; Laur. sec. 9 (n. 2593).
Wicprant St. P. zwml.

Wigbrun. 8. Dr. a. 772.

Wigbodo. 9. Laur. sec. 9 (n. 3079).
Wicbod pol. Irm. s. 232.
Wicpoto P. IX, 250 (Gundechar. lib. pontif. Eichstet.).
Wicpot St. P. zwml.

Wigburg, fem. 11. Gld. II, a, 129.
Wichburg C. M. Dec.; M. B. a. 1025 (XXIX).
Wicpurc M. B. a. 1029 (XXIX).
Wicpurch St. P. mehrm.
Wichpurch St. P. zwml.

Wicdarp. 8. B. v. Augsburg sec. 8.
Wicdarp Mchb. sec. 9 (n. 794).
Wictarp Mchb. sec. 9 (n. 607 etc.).
Wicterb P. I, 18 (ann. Petav.); V, 170 (ann. Masciac.).
Wicterp P. II, 214 (chron. S. Martin. Colon.); VI, 427 (vit. S. Herlucae); XI, 213 u. sonst (chron. Benedictobur.); M. B. c. a. 740 (VII mehrm.).
Wichterp A. S. Jan. II.
Viterb P. XII, 35 (chron. Elwac.).
Witerp Schn. a. 836 (Dr. ebds. n. 488 Witterp).
Witderpf Dr. a. 838 (n. 520; Schn. ebds. Witerpf); ebds. schreiben Dr. u. Schn. auch Witderb.

Vigofred. 7. Sec. 10: b. v. Cöln; ep. Morinens.; b. v. Verdun. Sec. 11: b. v. Narbonne; b. v. Barcelona; b. v. Carcassone.
Vigofred A. S. Jan. II (sec. 7).
Wigfrid P. I, 616 (contin. Regin.); V, VI öfters; VII, 25 (ann. Blandin.); X, 361 (Hugon. chron.); St. M. a. 970.
Wigfrit Schn. a. 803.
Vigfrid P. X, 364 (Hugon. chron.).
Wicfrid P. I, 98 (ann. Colon.); V, VI öfters; VII, 65 (catal. reg.); VIII öfters; G. a. 967 (n. 20).
Wicfrit Dr. a. 813 (n. 296; Schn. ebds. Wufrit).
Wicfred P. V öfters; VI, 419 (Gerhard. mirac. S. Oudalr.).
Wicfrith St. P.
Wikfrid St. P.
Wihfrid Gld. II, a, 110.
Wichfrid St. P.; Lc. a. 927 (n. 87).
Wichfred P. IV, 24 (Ott. M. constit.).
Guigfrid H. a. 1088 (n. 290).
Wifrid P. IX, 445 (gest. episc. Camerac.); Pd. a. 675 (n. 375); St. M. a. 721.
Wifred P. V öfters; VI, 200 (panegyr. Bereng.); E. s. II, 38 (inschr. v. 914).
Guiffrid P. IX, 541, 546 (chron. Salern.).
Vicefred Lgd. a. 878 (II, n. 1).
O. n. Wigfridasheim, Wigfrideshus.

Wiggar. 8. Laur. sec. 8 (n. 283).
Wicger Wg. tr. C. 260, 433; Frek.
Wichger Gld. II, a, 110.
Wigger Laur. sec. 8 (n. 493, 878).
Wikger Wg. tr. C. 428.
Wychger Wg. tr. C. 365.
Wikier Wg. tr. C. 153.
Vgl. mehrere ähnliche, vielleicht auch hieher gehörige formen unter Wigheri und Witgar.

Wicgart, fem. 9. Laur. sec. 9 (n. 2784).
Wihgart St. P.
Wigart (fem.) St. P.

Wihgoz. 9. R. a. 889 (n. 69).
Wihkoz R. a. 843 (n. 36).

Wiccheru. 8. Ng. a. 792 (K. ebds. n. 40 Wihccheru).
Wicgerin s. Widegern.
Nhd. Wichern.

Wihkis. 8. Mchb. sec. 8 (n. 90).
Wigis Wg. tr. C. 229.

Wicgunt, fem. 8. Neben Wigunt Laur. sec. 8 (n. 227).
Wicheguuda Gld. II, a, 129.

Wihagdis, fem. 9. Pol. R. s. 74, 78.

Wighard. 7. B. v. Basel sec. 10.
Wighard Wg. tr. C. 355, 382; St. P.; Laur. mehrm.
Wighart Wg. tr. C. 318; Laur. sec. 9 (n. 2621).
Wichard P. V, 395 (Flodoardi ann.), 603 (Richeri hist.); VII, 26 (ann. Blandin.); X, 503 (Hugon. chron.); Ng. a. 691—695, 769, 797; pol. Irm. s. 171, 237; Laur. sec. 8 u. 9 (n. 353, 2328); Wg. tr. C. 46, 242, 244, 308, 328; Guér. a. 1038; M. B. c. a. 1090 (III).
Wichart P. IV, 25 (Ott. M. constit.); IX, 249 (Gundechar. lib. pont. Eichstet.); Ng. a. 779, 792; St. P. öfters; Laur. sec. 8 u. 9 (n. 3428, 3492); M. B. a. 835 (IX).
Wichhard Lc. a. 845 (n. 61).
Wichhart Gld. II, a, 110.
Vichard Ng. a. 792.
Vichart Gld. II, a, 109.
Wikart Gld. II, a, 129.
Wihard pol. R. s. 74, 78; St. M. a. 962, 972.
Wyhard Wg. tr. C. 428.
Wiart Ng. a. 876.
Guiard pol. Irm. s. 49 (sec. 11); St. M. a. 942, 970.
Ags. Vigheard. Nhd. Wegert, Wegerth, Weichart, Weichert, Weichhardt, Weickert, Weigert, Weihert, Weikert, Wichardt, Wichert, Wickardt, Wickert, Wiechert, Wiegert, Wiekert, Wiggert.
Wigharta, fem. 9. Schn. a. 836.
Wigheri. 8. Wg. tr. C. 180.
Wighar pol. R. s. 60.
Wighere necr. Aug.
Wigher Laur. sec. 8 u. 9 (n. 883, 891).
Wichar P. II, 491 ff. (Ermold. Nigell.); III, 90 (Kar. M. capit.); Ng. a. 783, 817; Laur. sec. 9 (n. 1067); pol. Irm. s. 232, 233.
Wicchar P. II, 491 ff. (Ermold. Nigell.).
Wichere Ng. a. 862.
Wicher P. X, 546 (gest abbat. Gemblac.); Laur. sec. 8 (n. 1903, 2705); Ng. a. 826; M. B. c. a. 1060 (n. VI).
Wiccar tr. W. a. 825 (n. 185).
Wichiri Gld. II, a, 110.
Wichir Ng. a. 833 hieher?
Uucheri (so) St. P. hieher oder für Uncheri.
Wiher pol. R. s. 50, 77.
Wiger P. VII, 22 (ann. Bland.), 555 (Marian. Scot. chron.); IX, 224 (Anselm. gest. episc. Blandin.): X, 358 (Hugon. chron.) etc.; Lc a. 855 (n. 65); H. a. 975 (n. 194).
Wicer C. M. Mai wol hieher.
Wigger und andere schwer von Wig-har zu trennende formen s. unter Wig-gar.
Altn. Vikar. Nhd. Weier, Weiger, Weiher, Weyer, Weyher, Wicker, Wiecker.
O. n. Wiheresbaim.
Wichad. 8. St. P.
Wicad P. V, 167 (ann. S. Germ.). Im register bei P. steht zu dieser stelle Wichard.
Wicod Mab. a. 860 viell. hieher.
Wihad R. a. 890 (n. 72).
Guichat Laur. sec. 9 (n. 2337).
Wighelm. 8. Laur. sec. 8 u. 9 (n. 264, 3344); Wg. tr C. 388; Sm. (var. Wigelm).
Wichelm St. P.
Wihelm Wg. tr. C. 234.
Wyhelm Wg. tr. C. 226.
Vielm Gld. II, a, 109.
Wichoch. 8. Laur. sec. 8 (n. 3431).
Wichoh necr. Fuld. a. 1059.
Wichraban. 8. Diese alterthümliche form ist mir bisher nur aus Gr. I, 706 bekannt.
Wigchram Laur. sec. 8 u. 9 (n. 176, 192).
Wicchram Ng. a. 796.
Wichramnus Ng. a. 759.
Wichram Gld. II, a, 110.
Wiggram Laur. sec. 9 (n. 381).
Wigram Laur. sec. 8 (n. 282).
Vicram R. a. 821 (n. 21).
Wicram Ng. a. 819, 825; Laur. sec. 9 (n. 2702).
Wicrammus Ng. a. 790, 805.
Wicrannus tr. W. a. 765 (n. 264).
Wichram Ng. a. 761, 783, 813; necr. Aug.
Wiechram (so) Laur. sec. 8 (n. 172).
Huichram R. a. 974 (n. 112).
Wicraman Laur. sec. 9 (n. 199) wol hieher.
Wictram (so) Laur. sec. 8 (n. 1029).
O. n. Wichrammeswilari.
Wigiroh. 8. Tr. W. c. a. 850 (n. 50).
Wigroch tr. W. a. 737 (n. 35).
Wicroh tr. W. a. 737 (n. 162 u. Pd. nchtr. n. 55).
Wiglef. 9. Wg. tr. C. 228.
Ags. Vigláf. Nhd. Wiegleb.
Wiclant. 8. Mchb. sec. 8 (n. 171); Schn. a. 815 (Dr. ebds. n. 310 Wielant).
Wiglauh. 9. Schn. a. 806.

Wigilinda, fem. 8. Paul. diac. VI, 2.
Wigelinde Lp. a. 870 (I, 839 ff.).
Wiglind Schn. a. 788.
Wiclind Ng. a. 805.
Wiclint H. a. 853 (n. 87).
Wigman. 8. Sächs. graf sec. 10.
Wigman P. I, 198 (Einh. ann.), 619, 623 (contin. Regin.); V, VIII oft; Laur. sec. 8 (n. 267); Wg. tr. C. 300; C. M. Oct.
Wicman P. I, 393 (ann. Fuld.); VI, VIII öfters; Schn. c. a. 1050 (Dr. ebds. n. 759 Wiceman); Lc. c. a. 1080 (n. 241).
Wichman P. V oft; Wg. tr. C. 458, 470, 485; M. B. a 806 (VIII); Lc. a. 1033 (n. 169).
Wychman Wg. tr. C. 242.
Guicman P. VIII öfters.
Wiceman P. IX, 250 (Gundechar. lib. pontif. Eichstet.) viell. hieher.
Nhd. Weichmann, Weickhmann, Weigmann, Wichmann, Wiemann.
Wigmar. 7? Neben Wicmar und Wimar M. B. a. 817 (XXXI; unecht).
Wigmer Wg. tr. C. 411.
Wicmer Wg. tr. C. 272.
Wichmar Lc. a. 1061, 1080 (n. 196, 229).
Wimar conc. Tolet. a. 688 viell. hieher.
Nhd. Wiemer, Wechmar; Wemmer?
Wigimuot, fem. (u. msc.?). 8. Gr. II, 699.
Wicmod Wg. tr. C. 285.
Wihmota Schn. a. 813.
Wichmuot, Wihmuot Gld. II, a, 129.
Wimod P. II, 386 (vit. S. Willehadi).
Wymod Wg. tr. C. 284, 286.
O. n. Wemodinga.
Wigmunt. 9. Tr. W. a. 820 (n. 69).
Wikmund Frek.
Wihmunt Dr. a. 804 (Schn. ebds. Wihmut); St. P.
Nhd. Wegemund.
Wignand. 9. Schn. a. 804; necr. Fuld. a. 884, 939.
Wignant Laur. sec. 10 (n. 532); M. B. a. 1094 (XXXI).
Wicnand Laur. sec. 10 (n. 278).
Wicnant Mchb. sec. 11 (n. 1255).
Wichnand G. a. 1083 (n. 66); Lc. a. 1096 (n. 253).
Winand pol. R. s. 14; necr. Fuld. a. 983; Lc. a. 1086 (n. 239).

Nhd. Wienand.
Wigarat, msc. u. fem. 8. Schn. a. 791.
Wigirat Ng. a. 822.
Wigerat necr. Aug.
Wigrad Laur. sec. 8 (n. 1484).
Wicrat Laur. sec. 8 (n. 1741); Ng. a. 815.
Wicred Wg. tr. C. 268.
Wigchrad (so) Laur. sec. 9 (n. 224).
Wiecrat Laur. sec. 9 (n. 199).
Wihrat St. P. zwml.
Wirat St. P. öfters.
Wired P. X, 604 etc. (chron. S. Huberti Andag.)
Guired P. X, 573 (chron. S. Huberti Andag.).
Wigradanae (gen. fem.) Laur. sec. 8 (n. 497).
Wigraus Schpf. a. 728 (n. 10).
Wigirich. 7. B. v. Metz sec. 10.
Wigirich P. VI öfters.
Wigerich P. II, 269 (catal. episc. Mett.); V mehrm.; H. a. 690 (n. 23); Gud. a. 909, 960, 1020.
Wigrich P. III, 469 (Hlud. Germ. capit.).
Uuigricus Dr. a. 796 (Uuignicus Schn.); Dr. a. 798 (Witgrich Schn.).
Wibric Wg. tr. C. 241. 247, 248, 253, 272, 273.
Wigrih Dr. sec. 9 (n. 207; Schn. liest diesen n. und das darauf folgende Asa fälschlich als ein wort Wigrihasa).
Wiric Wg. tr. C. 258. 307. 436; C. M. Mai.
Wirich P. VII, 12 (ann. Elnon.); Lc. a. 1061 (n. 197); St. M. a. 1065, 1068, 1090.
Wirih necr. Aug.
Guirichus in einer Berliner hdschr. des Haymo Halberst. comm. in ep. Pauli ad. Rom. sec. 10.
Wyric Wg. tr. C. 229.
Wyrich St. M. a. 1053.
Vgl. auch Witgar.
Nhd. Wegerich, u. Weyrich; O. n. Wigericheshusin.
Wicswint, fem. 9. Laur. sec. 9 (n. 110).
Wigsuit Wg. tr. C. 396, 441.
Wigsuth (so) C. M. Dec.
Wigisud (so) u. Wikswith Gld. II, a, 129.
Wihdiu. 9. Schn. a. 817.
Wihdeo Dr. a. 865 (n. 588; Schn. ebds. Wiheo).
Wigold. 11. P. V, 129—133 (ann. August.); VII öfters; VIII, 205, 207 (Ekkeh. chron. univers.).
Nhd. Weigelt, Weygold, Weygoldt.
Wicwas. 9. Schn. a. 822.
Wiquas St. P.

Wichuas Mchb. sec. 9 (n. 384).

Guiguin. 11. Pol. Irm. s. 51 (sec. 11), wol = Wigwin.

Wigolf. 8. Schn. a. 788.

Wiholf St. P.

Altn. Vigôlfr.

Den um das suffix -l erweiterten stamm enthalten:

Wicleboid. 8. Pol. Irm. s. 242, 244.

Wiclebert. 8. Pol. Irm. s. 231.

Wicolbert Schpf. a. 778 (n. 55).

Wicleberga, fem. 8. Pol. Irm. s. 138.

Wiglar. 8. Laur. mehrm. Dieselbe person heisst Witlar Laur. sec. 8 (n. 301) und Witglar Laur. sec. 8 (n. 297).

Wiclelm. 8. Pol. Irm. s. 188.

Wicliidis, fem. 8. Pol. Irm. s. 146.

Wiclerad. 8. Pol. Irm. s. 125, 148.

Wicleric. 8. Pol. Irm. s. 133.

Wiclericus pol. Irm. s. 143, 177.

VIH. Zu ahd. wih sacer gehört sicher eine anzahl von n., doch sind sie lautlicher nachbarschaft wegen fast gar nicht von dem stamme VIG auszusondern. Man findet daher unter letzterem erstens alle auf -wih auslautenden n., meistens feminina, zweitens aber auch die meisten mit Wih- beginnenden. Hier unter VIH erwähne ich nur wenige formen, deren hiehergehören mir besonders wahrscheinlich ist.

Wiho. 9. Ms. a. 804 (n. 1). B. v. Osnabrück sec. 9.

O. n. Wihinheim.

Via, fem. 9. R. a. 821 (n. 21).

Wia Gld. II, a, 129.

Wihing. 9. P. I, 414 (ann. Fuld.); Schn. a. 806; Laur. sec. 9 (n. 224).

Wihung Wg. tr. C. 470.

Wihenzo. 11. M. B. sec. 11 (VI).

Wihto. 9. Mchb. sec. 9 (n. 590).

Vermuthlich zu goth. vaihts, ahd. mhd. wiht, ags. viht, altn. vaett creatura, creatum, daemon. Vergl. auch Victimar.

VILD. Die folgenden n. scheinen zu ahd. wildi silvaticus, ferus zu gehören. In Wiltrannus dagegen halte ich das t für eingeschoben, was auch möglicherweise in Wiltfrid und Wildulf der fall sein kann. Vgl. auch Wilzo und Wilzinc.

Auslautendes VILD verbirgt sich unter den n. auf -hild. Dort kann noch manches hieher gehörige stecken; hier erwähne ich nur:

Arowildis 9. Hadowildis 8. Waldowildis 8.
Fridwild 8. Selbwilt.

Wilto. 9. P. I, 67 (ann. Augiens.).

Nhd. Wild, Wilde, Wildt.

Wildira, fem. 9. H. a. 853 (n. 87).

Wildfanc (so). 9. Mchb. sec. 9 (n. 627).

Wiltfrid. 8. Pol. Irm. s. 115.

Wildigis s. Willigis.

Wildehar. 8. Pol. Irm. s. 30.

Wilderich. 8 P. II, 225 (ann. Xant.).

Wildrih Laur. sec. 8 (n. 288).

Wildulf. 9. Wg. tr. C. 292.

Hieher vielleicht noch:

Wildug. 9. Wg. tr. C. 384.

Wildigrat, fem. 10. P. V, 54 (ann. Hildesh.).

Wildergoza s. Wuldergoza.

Wilgefrid, Wilgerad s. VILJA.

VILJA. Im allgemeinen sicher zu goth. vilja voluntas; nur wenige unter den folgenden namen dürften die vermuthung rechtfertigen, dass sie anderswohin gehören. Berührungen dieses stammes finden besonders mit VELA und VIOLA statt. Auslautend ist VILJA selten; am sichersten scheint hieher zu gehören Hrehtwilj (8); zweifelhaft sind Pazwil, Tharuila (9) und Deowilh (9); Erchauwela vielleicht zu VELA; statt Angunila könnte -wila gelesen werden.

Die anordnung im folgenden ist die, dass ich an die spitze diejenigen formen stelle, welche noch eine spur des j im goth. vilja enthalten, also Wilia-, Wilie- u. dgl.; dann folgen die assimilirten formen Willa-, Willi-, Wille-; hierauf Wila-, Wili-, Wile- und endlich Wil-. Alles übrige ist selten.

Willa, msc. 5. Cassiod. V, 18, 20; IX, 13.

Οὐίλας bei Procop hieher?

Willo P. V, 771 (Thietmari chron.); VII, 9 (ann. S. Michael. Babenb.), 390 (Bernoldi chron.); Schn. a. 814; Wg. tr. C. 226, 254; Laur. oft; M. B. a. 1055 (VII).

Villo St. P.

Wilo Wg. tr. C. 244; tr. W. a. 775 (n. 65).
Wialo s. VIOLA.
Nhd. Quile? Weil, Welle, Weyl, Will, Wille.
Wila, fem. 8. Wila gattin Berengars II v. Italien sec. 10.
Wilia pol. Irm. s. 215.
Willa P. I, 624 ff. (contin. Regin.); II, 241 (ann. Wirzib.); V, VI, VIII öfters; IX, 111 (chron. Novalic.); X, 8 (Arnulfi gest. archiepp. Mediol.); Dr. sec. 9 (n. 134); pol. Irm. s. 80; Frek.; St. P. öfters; M. B. a. 1064 (XXXI), 1089 (XXIX), c. a. 1090 (VI).
Wila Wg. tr. C. 40.
Wlla (so) M. B. a. 892 (XXXI).
Wille Laur. sec. 8 (n. 2838).
Guila Lgd. a. 1036 (II, n. 176).
Wiela, Wiala s. VIOLA.
O. n. Willinga.
Willico. 9. P. VI, 586, 589 (vit. S. Adalbert. episc.).
Williko Frek.; Ms. a. 1049, 1074 (n. 21, 28).
Willicho Laur. sec. 8 (n. 1624).
Willic Wg. tr. C. 231.
Willec Wg. tr. C. 234.
Willich und Wilih Ng. a. 868.
Williho Ng. a. 878.
Wilico P. VI, 598 (Brunon. vit. S. Adalbert.); C. M. Jul.
Hieher vielleicht:
Villicus P. II, 264 (gest. episc. Mett.).
Vilicus P. II, 269 (catal. episc. Mett.).
Nhd. Wilcke? Wilke? Willich, Willig, Willige.
O. n. Wilichesdorf.
Willecha, fem. 8. Laur. sec. 8 (n. 2045).
Wileca Gld. II, a, 129.
Willikin. 11. Ms. a. 1049 (n. 22).
Willechin Gud. a. 1056.
Wilechin Lc. a. 1021 (n. 158).
Willila, fem. 8. Laur. 8 (n. 824).
Willita Gld. II, a, 129 für Willila?
Willin. 11. M. B. a. 1034 (XXXI).
Wilennus St. M. a. 1065.
Wilun. 9. Wg. tr. C. 249.
Wiliand. 9. Pol. R. s. 34.
Willing. 9. Wg. tr. C. 406; Laur. sec. 9 (n. 415).
Willung Dr. n. 361.
Wilencus P. I, 106 (ann. S. Columbae) viell. hieher.
Nhd. Wehling, Welling, Willing.
Williscus. 9. Mab. a. 803; Lgd. a. 883 (II, n. 5).
Willizo. 10. Gr. I, 824.
Willezo Frek.
Williza, fem. Gld. II, a, 129.
Wilauw. 9. Ng. a. 830.
Willapato. 7. Mchb. sec. 8 (n. 59).
Willapat Mchb. sec. 8 (n. 262).
Willibad Fredegar; gest. Dagoberti I (var. Willebad).
Willibato R. a. 819 (n. 20).
Willibada (so) C. M. Dec. hieher?
Willipato St. P.
Willipad St. P. zwml.
Willepato M. B. a. 813, 822 (VIII).
Willabald. 8. B. v. Eichstedt sec. 8.
Willabald P. III, 16 (Karlom. capit.).
Willibald P. I, 115 (ann. Lauriss.), 346 (Enh. Fuld. ann.); II, 348 (vit. S. Bonif.) etc.; III, 30 (Pipp. capit.); VII, 99 (Herim. Aug. chron.), 417 (Bernold. chron.); VIII, 553 (annalista Saxo); IX öfters; Laur. mehrm.; M. B. a. 889 (XXXI), 1076 (IV).
Willibold St. P.; Laur. sec. 8 (n. 431).
Willibolt necr. Aug.
Willipold St. P. zwml.; Ng. a. 802.
Willipald St. P. öfters.
Willipalt St. P.
Willebald P. II, 348 (vit. S. Bonif.); pol. Irm. s. 229; necr. Aug.; Laur. mehrm.
Willebold pol. R. s. 78.
Villebold pol. Irm. s. 263.
Willebolt Laur. sec. 8 (n. 1932).
Willpolt (so) St. P.
Wilibald P. II öfters; M. B. a. 786 (XXXI); Laur. sec. 8 (n. 203).
Wilibold Ng. a. 821.
Wilebold pol. Irm. s. 269.
Wilabald tr. W. a. 801 (n. 255).
Wilbald P. II, 218 (urk. v. 834); Lc. a. 793 (n. 2).
Williwald mit Willibald zusammen P. IX.
Williber. 9. Schpf. a. 828 (I, 73).
Wilbern P. III, 90 (Kar. M. capit.).
Willipero St. P.
Wilbernus umschrift eines kupfernen taufgefässes im dom zu Osnabrück, spätestens aus sec. 10.

Willipirin, fem. 9. St. P.

Willaperht. Sec. 9: Willibert b. v. Chalons s. M.; b. v. Cöln; Guilbert b. v. Nismes. Sec. 11: Guilabert b. v. Barcelona; Guilabert comes Russilionens.

Willaperht St. P.

Willabert Ng. a. 812.

Williperaht Dr. a. 822 (n. 400; Schn. ebendas. Wiltiperaht).

Williperht M. B. sec. 8 u. 9 (IX); St. P. mehrm.

Willibert P. I öfters; II, 62 (Ratpert. cas. S. Galli), 234 (ann. Xant.); VIII öfters; necr. Aug.; Laur. sec. 8 (n. 315, 326); Schn. a. 757; Ng. a. 809.

Willipert P. VII, 106 (Herim. Aug. chron.); St. P.; Ng. a. 765, 826.

Willibrath Laur. sec. 9 (n. 277).

Willibret Ng. a. 814.

Willipraht Schn. a. 756.

Williberath Ng. a. 744.

Williperet Schn. a. 756 ist falsch (Dr. ebendas. Willipert).

Willipret Ng. a. 806, 826.

Willebrath Laur. sec. 9 (n. 1180).

Willebert P. I, 499 (Hincm. Rem. ann.) etc.; II, 610 (vit. Hlud. imp.); III mehrm.; VI, 14, 15 (ann. Leodiens.); IX, 200 (Anselm. gest. episc. Leod.); Ng. a. 786; Laur. mehrm.

Willevert pol. Irm. s. 137.

Wilibert P. II, 214 (chron. S. Mart. Colon.); VI, 573 (Arnold. de S. Emmer.); Laur. sec. 8 (n. 711); pol. Irm. s. 225.

Wilipert Gld. II, a, 119.

Wilivert pol. Irm. s. 225.

Wilevert pol. Irm. s. 94.

Wilberct Dr. a. 757.

Wilbert Laur. sec. 8 (n. 496).

Vuielpraht Dr. a. 807 (n. 242; Schn. ebendas. Uuilpraht).

Wullibrat P. II, 406 (vit. S. Liudgeri) mit var. Willibrat.

Willipord M. B. sec. 11 (VI).

Williport St. P. zwml.

Willebort M. B. a. 1051 (XIII).

Willipoct Mchb. sec. 9 (n. 532) wol für -port.

An formen wie die letzten schliessen sich verwechselungen mit dem ags. Willibrord, das seinem zweiten theile nach etymologisch gar nicht hergehört.

Guilabert conv. Gall. Narbonens. a. 1038; conc. Helenens. a. 1065.

Guiliborus mit var. Guilibertus (b. v. Chalons) conc. Pistens. a. 862.

Guillibert Lc. a. 874 (n. 68).

Guilhabert Lgd. a. 1068 (II, n. 241).

Quillbret Gld. II, a, 106.

Guislibert für Guilibert conc. Barcinon. a. 1054.

Ags. Vilbeorht.

Wilberta, fem. 8. P. II, 288 (gest. abbat. Fontan.).

Willibirg, fem. 8. Schn. a. 810; Laur. sec. 9 (n. 785).

Willibirc P. XII, 72 (Ortlieb. Zwifalt.).

Willipirc St. P.

Willipiric Gld. II, a, 129.

Willipirhc St. P. zwml.

Willibirch necr. Aug.

Willipirch M. B. sec. 11 (VI); St. P. mehrm.

Willipric Ng. a. 846.

Willibirhc necr. Aug.

Williberga Lc. a. 1085 (n. 235).

Williberch M. B. c. a. 1070 (VI).

Willebrich Gld. II, a, 129.

Willebirch Gld. II, a, 129.

Wileberga pol. Irm. s. 22, 31 etc.

Wiliperhc St. P.

Wiluperc (so) St. P.

Wilbirch necr. Aug.

Wilberga pol. Irm. s. 137.

Willibodo. 8. Laur. sec. 8 (n. 906).

Willebut Lp. a. 840, 843 (I, 687, 699).

Wilbod P. II, 194 (ann. Bertin.); pol. Irm. s. 133.

Williburg, fem. 8. M. B. a. 806 (VIII); Laur. sec. 9 (n. 209).

Willapurc St. P.

Williburuch H. a. 853 (n. 87).

Williburc Gld. II, a, 129.

Willipurg Gld. II, a, 129.

Willipurc St. P. öfters.

Willipurch St. P.; M. B. sec. 11 (VI).

Willeburg Lc. a. 811 (n. 29).

Willeburc Laur. sec. 8 (n. 2049, 2545).

Wilburc Laur. sec. 9 (n. 372).

Wilpurg Gld. II, a, 129.

Wilpurc St. P. mehrm.

Guillburgs (so) Lgd. a. 1042 (II, n. 187).

Wilbruch, Willibruch Gld. II, a, 129.

Altn. Vilbiörg.
O. n. Wilipurgeriet.
Willekind. 9. K. a. 817 (n. 78; unecht).
Wilchnig. 10. Lc. a. 941 (n. 93); verderbt?
Wiltac. 9. Necr. Fuld. a. 876.
Willedaga, fem. 9. Laur. sec. 9 (n. 3593).
Willdomus. 9. Pol. R. s. 85.
Hieher vielleicht Willomuus pol. R. s. 22.
Willdonnis, fem. 9. Pol. R. s. 60.
Willidrud, fem. 8. M. B. a. 892 (XXXI).
Willetrud Laur. sec. 8 (n. 2240, 2855).
Willetrut Laur. sec. 8 (n. 3515).
Wildrud St. P.
Wiltrudis P. VII; pol. Irm. s. 27, 29 etc.
Wilitruta (var. Wilithuta) Venant. Fortun.
Weldrud u. dergl. s. unter VELA.
Wialdrud, Wieldrud, Wieltrud s. VIOLA.
Viliafred. 8. Mab. a. 835.
Wilgefrid A. S. Febr. II (aus sec. 10).
Willifrid Laur. mehrm.; Ng. a. 818; St. P.
Willivrid Ng. a. 868.
Wilafred Lgd. a. 862 (I, n. 88).
Wilefrid pol. Irm. s. 218.
Wilfrid P. II, 186 (ann. Gand.); VIII, 328 (Sigeb. chron.); X, 355 (Hugon. chron.); Laur. sec. 9 (n. 260).
Wilfred P. II, 630 not.
Welfrid s. VELA. Wielfrid s. VIOLA.
Ags. Vilfrið, Vilferð.
Villiefons. 7. Ep. Visens. Conc. Tolet. a. 688.
Willifus Schpf. a. 974 (n. 152).
Willgip, fem. 9. St. P.
Willgang. Gr. IV, 100.
Willicanc Gld. II, a, 110.
Williger. 8. Willicar b. zu Sens sec. 8.
Williger Ng. a. 826; Dr. a. 874 (n. 611; Schn. ebds. Guilliger).
Williker (statt Wiker) H a. 962 (n. 173).
Willeger Ng. a. 910.
Wilicar P. II, 319 (Adon. chron.) var. Williar und Wiliar.
Vilgar Mab. a. 854.
Welgar St. P.
Willoges (angebl. fem.) Gld. II, a, 129 etwa für -ger?
Willigard, fem. 8. Laur. sec. 8 (n. 827).
Willigart Laur. sec. 8 u. 9 (n. 2976, 3338).
Willegart Laur. sec. 8 u. 9 (n. 1193, 3336).

Willicoz. 8. Mchb. sec. 8 (n. 63).
Wiliaud pol. R. s. 44.
Willigis. 5. Sec. 11: erzb. v. Mainz.
Willigis P. II, 242 (ann. Wirzib.); IV, 35 (Ott. M. const.); V, VI oft; VII, 119 (Herim. Aug. chron.), 424 (Bernold. chron.), 555 (Marian. Scot. chron.); VIII öfters; IX, 448, 450 (gest. episc. Camerac.); St. P.; Laur. sec. 9 (n. 216); Gud. a. 978, 980, 981, 994 etc.; M. B. sec. 10 u. 11 (I, VI, XI).
Willighis P. IX, 852 (chron. Hildesh.).
Villigis P. VII, 5 (ann. Ottenbur.); St. P.
Willegis P. I, 99 (ann. Colon.); V, VI oft; Gud. a. 976.
Willeghis P. IX, 847 (chron. Hildesh.).
Wiligis Cassiod. II, 20.
Wilegis P. II, 122 (Ekkeh. cas. S. Galli); VII, 5 (ann. Ottenbur.).
Wilgis Gud. a. 975.
Wildigis und Willifus (so) für Willigis M. B. a. 973 (XXXI).
Hieher vielleicht Welegis Schn. a. 759; Dr. ebds., nach ihm a. 757, Weleggis.
Ags. Vilgis.
O. n. Willigisespuah.
Willegiselus. 6. Ep. Valent. Conc. Remens. a. 625.
Viligisclus conc. Tolet. a. 589 (neben Wiligisculus).
Willekund, msc. 9. M. B. s. 817 (XXXI; unecht).
Willigund, fem. 8. Gld. II, a, 129.
Willegunt Laur. sec. 8 (n. 1435).
Wilgund Laur. sec. 9 (n. 2854).
Williheid, fem. 8. Schn. a. 779; St. P.
Williheit Laur. sec. 9 (n. 724).
Wilhaidis Mab. a. 854
Willihard. 8. Schn. a. 836 (Dr. ebds. n. 492 Willihad).
Willihart Schn. a. 758; Laur. sec. 8 (n. 267); St. P.; M. B. a. 835 (IX); Ng. a. 858.
Willohart Gld. II, a, 110.
Willehart Laur. mehrm.
Wilehard Gld. II, a, 119.
Willard P. VI, 475 (Sigebert. vit. Deoder.).
Wilarde Guér. a. 876 (fem.?).
Nhd. Willert, Wöhlert.
O. n. Willehartesbovun.

Willerdis, fem. 9. Pol. R. s. 48.
Willachar. 6. Greg. Tur. X, 9.
Willahar Laur. sec. 8 (n. 172).
Willachar Greg. Tur. VII, 13; Fredegar.
Willihari St. P.
Willihar P. III, 30 (Pipp. capit.); VIII, 165 (Ekkeh. chron. univ.); Ng. a. 786; C. M. Oct.
Williheri M. B. a. 828 (VIII); St. P. mehrm.
Villiharj St. P.
Williher Schn. a. 755; Ng. a. 813; Gud. a. 882; Laur. mehrm.
Willihere Laur. sec. 9 (n. 724).
Willehar P. I, 6 (ann. Tiliani); IX öfters.
Willeher Ng. a. 805; Laur. mehrm.
Wilichar Greg. Tur. IV, 17, 20.
Wilechar Mab. a. 748.
Wilhar P. I, 149 (Einh. ann.), 220 (ann. Tiliani); VI, 6 (ann. S. Maxim. Trevir.); Mab. a. 777; pol. Irm. s. 20, 261.
Wilheri Lc. a. 802 (n. 24); Wg. tr. C. 226, 254, 271, 338; Ms. a. 1074 (n. 28).
Wilhere Gld. II, a, 129.
Williar H. a. 806 (n. 65).
Wiliar P. II, 318 (Adon. chron.); X, 342 (Hugon. chron.).
Wiliarium in einem codex des Cassiodor V, 23 statt der gemeinen lesart Julianum.
Willar P. II, 212 (ann. S. Maxim. Trevir.); VIII öfters.
Vilar P. I, 6 (ann. S. Amandi).
Wilar P. I, 7 (ann. S. Petav.); Mab. a. 872.
Wialheri, Wielher s. VIOLA.
Willeri P. I, 193, 198 (Einh. ann.); St. P.
Willere Gld. II, a, 129.
Wileri P. I, 224 (ann. Tiliani).
Willer P. I, 623 (contin. Regin.); II, 213 (ann. S. Maxim. Trevir.); VI, 7 (ann S. Maxim. Trevir.); VIII, 614 (annalista Saxo); Gud. a. 956; Lc. a. 1041 (n. 177).
Willehar mit Willerich verwechselt P. IX.
Wilhareno als abl. von Wilhar P. I, 196 (Einh. ann.).
Nhd. Weiler, Weller, Wiehler, Willer, Wöhler, Wöller.
O. n. Willihereshus.
Wilhara, fem. 8. Gld. II, a, 129.
Wilharanae (gen.) H. a. 797 (n. 61).
Villicdus. 7. Sec. 7; ep. Calagurritanus. Sec. 8: Willihad b. v. Bremen.
Villiedus conc. Tolet. a. 688.
Willihad Ng. a. 822; Dr. a. 836 (n. 492; Schn. ebds. Willihard); St. P. zwml.
Willehad P. II oft; VIII, 562, 686 (annalista Saxo); IX oft.
Williad Ng. a. 830.
Willead P. I, 298 (chron. Moissiac.).
Villead P. II, 257 (chron. Moissiac.).
Vilhad P. IX, 390 (chron. Bremense).
Wilhaus pol. Irm. s. 133, 150.
Nhn. Willet.
Wilhada, fem. 9. Pol. R. s. 53.
Willahalm. 8. Sec. 9: b. v. Cahors. Sec. 10: ep. Ausciens.; sohn k. Ottos I. Sec. 11: erzb. v. Rouen; b. v. Beauvais; ep. Consoranus; ep. Arvernens; b. v. Paris; ep. Larinens.; ep. Ausonens.; ep. Urgellens.; b. v. Angoulême; ep. Albiens.; ep. Auxiens.; b. v. Cominges; ep. Aginnens.; markgr. der Nordmark; graf v. Weimar; graf v. Poitiers; graf v. Besançon; graf in Burgund.
Willahalm St. P.
Willihalm P. I, VIII öfters; St. P. öfters; Mchb. sec. 10 (n. 1091); M. B. a. 983 (XXXI); M. B. sec. 11 (VI).
Willihalam St. P.
Willihelm P. I, V—VIII öfters; St. P. öfters; necr. Aug.; Ng. a. 786, 788, 791, 797, 805.
Willahelm Mchb. sec. 8 u. 9 (n. 20, 394); Ng. a. 801.
Willohelm Ng. a. 904.
Willehalm P. II, 243 (ann. Wirzib.); V, 104 (ann. Hildesh.), 127 (ann. August.); VI, 418 (Gerhard. vit. S. Oudalr.); VIII öfters.
Willehelm P. II öfters; IV, 44 (Heinr. IV constit.); V—IX oft; Laur. mehrm.; Mab. a. 770; Ng. a. 822, 824.
Wielihalm s. VIOLA.
Wilahelm Ng. a. 801.
Wilihelm St. P.; Laur. sec. 8 (n. 215).
Willhelm (so) St. P.
Wilhalm St. P.
Wilhelm P. I, 428 (ann. Bertin.), 472 (Hincm. Rem. ann.); II, 302 f. (chron. Fontan.); IV, 52 (Heinr. IV constit.); V—IX oft; X, 210 (vit. S. Symeon.); pol. Irm. s. 161; Gud. a. 956, 961, 978, 994; Wg. tr. C. 255.
Vilhelm P. II öfters (Ermold. Nigell.).

Wilielm P. IX öfters.
Willalm P XI, 83 (Cosm. chron. Boem.).
Willelm P. I, 528, 531 (ann. Vedast.); II oft; III, 534 (Kar. II capit.); V—IX oft; X, 357 etc. (Hugon. chron.); Ng. a. 787; Guér. a. 1098.
Wilelm P. II, 800 (Abbo de bell. Paris.); IV, 36 (Ott. II constitut.); V öfters; VI, 197 (panegyr. Bereng.); VII, IX öfters; pol. Irm. s. 28.
Guilielm P. V, IX oft.
Guilhelm P. I, 443 f. (Prud. Trec. ann.); II, 302 (chron. Fontan.); VI, 686 (Adalbold. vit. Heinr. II); M. B. a. 1021 (IX).
Guillelm P. I, 105 (ann. S. Columbae); V—IX öfters; X, 572 (chron. S. Huberti Andag.); Guér. a. 1070 etc.
Guilelm P. VII, IX öfters.
Villerm Mab. a. 1047; pol. Irm. s 49 (sec. 11).
Willermus pol. Irm. s. 37 (sec. 10); Lgd. oft.
Guillermus Lgd. oft (z. b. II, n. 177, a. 1036).
Gillermus (so) pol. Irm. s. 49, 50 (sec. 11).
Guillem neben Guillen Lgd. a. 1059 (II, n. 209).
Wihelelm P. X, 476 (Hugon. chron.).
Willibeim K. a. 824 (n. 88) ist Willihelm zu lesen, wie aus n. 89 hervorgeht.

Hieher wol noch:
Wilme Wg. tr. C. 229; verderbt?
Willm (so) Lc. c. a. 1070 (n. 221).
Altn. Vilhiàlmr. Ags. Vilhelm. Nhd. Wilharm, Wilhelm, Willharm, Wilm.

Guillerma, fem. 10. Lgd. a. 922 (II, n. 47).
Guilherma Lgd. a. 1069 (II, n. 244) neben Wilherma.

Willahilt, fem. 8. Mchb. sec. 9 (n. 558).
Willihilda tr. W. a. 774 (n. 53, 178); Laur. sec. 8 (n. 1186, 1247).
Willihilt Laur. sec. 9 (n. 199); R. a. 821 (n. 21).
Willehild Laur. sec. 8 (n. 1342).
Willehilt Laur. sec. 8 (n. 1686, 2487).
Wilihildis pol. Irm. s. 225.
Wilehildis pol. Irm. s. 22, 171.
Wilhildis pol. Irm. s. 30.
Wilildis pol. Irm. s. 124.
Willtilt Gld. II, a, 110 wol für Willhilt.

Willihoh. Gld. II, a, 110.

Willahram. 8. Mchb. sec. 9 (n. 362).
Williram Gld. II, a, 110.
Willeram P. IX, 263 (anonym. Haserens.); Ng. a. 817.
Willerannus Guér. a. 822.
Willaran Schpf. a. 823 (n. 87).
Wiliram M. B. XIV, 366.
Wileramnus pol. Irm. s. 177.
Hwilleram St. P.
Wilerannus Mab. a. 803.
Wilchram St. P.
Wilram Wg. tr. C. 268.
Wiltrannus pol. Irm. s. 31, 140, 144 wol hieher.

Willirinc vielleicht aus o. n. Williringhova zu schliessen.

Williroc. 9. Schn. a. 800, 803.

Wilhund. 9. Wg. tr. C. 268.

Willileih. 8. Dr. a. 756 (Schn. ebds. Wiblileih).

Willendis, fem. 9. Pol. Irm. s. 178; oder ist Wiclendis oder Witlendis anzunehmen?
Wielind s. VIOLA.

Welimad s. VELA.

Williman. 9. Tr. W. a. 840 (n. 151); Laur. sec. 9 (n. 597).
Willeman Lc. a. 1083 (n. 234).
Wilman Wg. tr. C. 233, 476.
Weliman und Weleman s. VELA.
Nhd. Willmann, Wöhlmann.

Willimant. 8. Laur. sec. 8 u. 9 (n. 505, 1928).

Willimar. 7. Ein priester in der Schweiz sec. 7.
Willimar P. II oft; St. P.; necr. Aug.; d. Ch. I, 558 f.
Willemar M. B. a. 817 (XXXI; unecht); Laur. mehrm.
Vuilimir Lgd. a. 844 (I, n. 66).
Wilmar Gld. II, a, 119.
Wilmer Wg. tr. C. 331, 332.
Nhd. Wellmer, Wilmar, Vilmar, Wöllmer.

Willimot, fem. 8. St. P.
Willimuat tr. W. a. 792 (n. 80); Ng. a. 846.

Willimund. 8. Laur. sec. 8 (n. 214, 1168).
Willimunt St. P.
Willemund P. I, 216 (Einh. ann.); II, 630 (vit. Hlud. imp.).
Wilmund P. V, 3 (ann. Corbej.).
Wilmunt (var. Wigmunt, Wiltmunt) Sm.
Guilemund Lg. a. 911 (II, n. 38).
Altn. Vilmundr.
O. n. Willimundingas.

Uuilliènant. 6. Goth. urk. v. Neapel; s. Massmanns ausg. derselben. Frühere herausgeber (Sp. u. a.) lesen falsch Vuillienanc. Es ist als goth. Viljananth anzusehn.
Willinand Schn. a. 798, 803; Laur. mehrm.
Willinant Laur. sec. 8 (n. 1997).
Willenend (so) Laur. sec. 8 (n. 1706).
Willinia, fem. 9. Dr. a. 803 (n. 137, 379).
Willicumo. 9. Schn. a. 829.
Willicomo Schn. a. 807.
Uuielachomo Dr. c. a. 800 (Schn. an derselben stelle Uuiela Chomo).
Williquema, fem. 8. Schn. a. 800 (zweiml.; Dr. ebds. Williquoma); Laur. sec. 8 (n. 3166).
Willequima Laur. sec. 8 (n. 2260).
Willicuma Laur. sec. 8 (n. 3031).
Willicoma Schn. a. 789, 798, 817.
Willichoma und Willechoma Gld. II, a, 129.
Uuillicomun als genit. Schn. a. 807 (Dr. ebds. n. 239 falsch Uuillicomum).
Willirad, msc. u. fem. 8. Laur. sec. 8 (n. 886).
Willarat St. P.
Willirat St. P. zwml.; Laur. sec. 8 (n. 1006).
Willerad pol. Irm. s. 126; Laur. sec. 8 (n. 2178).
Willerat Laur. sec. 8 (n. 976, 1192).
Wilgerad Laur. sec. 8 (n. 1485).
Wilgerat Laur. sec. 8 (n. 1500).
Wilrad P. II, 187 (ann. Gand.); Wg. tr. C. 310; Lc. a. 855 (n. 65).
Willira Gld. II, a, 129 vielleicht für -rat?
Wielrat s. VIOLA.
Willirada, fem. 8. Pol. Irm. s. 225.
Wilerada pol. R. s. 53.
Wilrada tr. W. a. 774 (n. 178); pol. R. s. 44.
Willierich. 8. Lgd. a. 873 (n. 98; Mab. ebds.)
Willaric P. V, 3 (ann. Corbej.).
Williric Laur. sec. 9 (n. 597).
Willirich Laur. sec. 8 (n. 582, 977).
Willirih St. P.
Willerih St. P.
Willerich P. II, 384 (vit. S. Willehadi), 698 (vit. S. Anskarii); VI, 506 (Widric. mirac. S. Gerardi); VIII, 574 (annalista Saxo); IX öfters; Laur. sec. 8 (n. 3256); pol. R. s. 61, 95.
Willerihc Gld. II, a. 110.
Wilirich P. I, 426 (ann. Bertin.).
Wileric Laur. sec. 8 (n. 533).
Wilerich pol. Irm. s. 93, 137.
Wilrich H. a. 853 (n. 87).
Wilrec Wg. tr. C. 250.
Weleric Wg. tr. C. 291.
Nhd. Wilrich. O. n. Willirihingun.
Viljarith. 6. Goth. urk. v. Neapel (c. a. 550) neben Uuiliarit (letzteres im latein. text). S. d. ausg. v. Massmann.
Wilarit Cassiod. I, 38 (var. Virilianus u. Hilarius).
Willisadh. 8. Ng. a. 779.
Wilesind, msc. 7. D. Ch. I, 832.
Willasind, fem. Gld. II, a, 129 neben Willisind und Wilisind.
Williswind (-a, -is), fem. 8. Schn. a. 757, 800, 819; Dr. a. 758; Laur. n. 3 etc.; Mchb. sec. 9 (n. 625).
Willisuinda Laur. mehrm.; Schn. a. 765.
Willisuint Laur. sec. 9 (n. 598).
Willesuind Laur. sec. 8 (n. 2572).
Willesuint Laur. mehrm.
Wiliswind tr. W. a. 819 (n. 168).
Willitanch. 6. Cassiod. V, 33.
Willold. Gld. II, a, 110.
Willulf. 6. Greg. Tur. IX, 13.
Williolf tr. W. a. 779 (n. 96).
Willulf tr. W. a. 742 (n. 1); Laur. sec. 8 (n. 449).
Willolf St. P. zwml.; Laur. sec. 8 (n. 716).
Wilulph G. a. 855 (n. 3).
Wilolf R. a. 1098 (n. 180).
Willof Gld. II, a, 110.
Villof Ng. a. 744.
Zusammensetzungen mit erweitertem stamm:
Willindrud, fem. Gld. II, a, 129 neben Willendrud.
Wilenteus. 8. Pol. Irm. s. 177.

Wilme s. Willahalm. **Wilt-** s. VILD.
Wilzinc, Gr. I, 851, vielleicht nur aus o. n. Wilzinga geschlossen.
Wilzo. 9. Gr. I, 851.
Wilz necr. Fuld. a. 808.
Nhd. Wilss, Wilz. O. n. Vilzheim.
Die letzten beiden n. entweder zu VILD oder zu Williza (VILJA) oder zum v. n. Wilzi.
Wimar s. VIG.
Vimaranus. 11. E. s. III, 424 (hist. Compostell.).

Wimo. 9 Mcbb. sec. 9 (n. 312); verderbt?

Wimod. s. VIG.

VIN. Dieser stamm, zu ahd. wini, goth. etwa vinjis (amicus, sodalis) gehörig, findet sich seit sec. 5 in n. und zwar mehr am ende als anfange derselben. Oefters ist er von VAN schwer zu sondern. Die formen -uin und -oin, die vocalisirtes w enthalten, sind zuweilen schwer von der blossen endung -in zu scheiden. Auslautendes VIN in folgenden 196 n., darunter 13 feminina:

Abbewin 8.
Actuin 8.
Adruin 8.
Agiwin 8.
Agilwin 8.
Agmoin 9.
Agruin 8.
Allowin 7.
Alahwin 6.
Aldwin 6.
Aldevina 8.
Alfwin 6.
Eliwin 9.
Elisedoina 9.
Amalwin 8.
Anoin.
Andoin 8.
Ancoin 8.
Angloin 9.
Ansoin 5.
Aroin 8.
Arnuwin 8.
Erpwin 8.
Arcoin 8.
Armoin 8.
Ascwin 8.
Adwin 8.
Athaluin 8.
Adalvinia 8.
Audowin 9.
Ostrevin 6.
Azawin 11.
Badvin 7.
Baldavin 8.
Baldoina 8.
Baruuin 9.
Pazzwin 8.
Berewin 8.
Bernwin 7.
Berahtwin 7.
Bertoina 8.
Branduin 9.
Butwin 8.
Celsuin 8.
Cadoenus 7.
Cristuin 8.
Custuin 8.
Dagewin 8.
Daroin 8.
Terhwin 8.
Dawin 8.
Dirodoin 8.
Disoenus 8.
Dodoin 8.
Trebwin 9.
Drudwin 8.
Dructuin 8.
Eburwin 7.
Ernwin 8.
Erliwin 8.
Faruin 8.
Farnoin 8.
Fastwin 9.
Ferahwin 9.
Floroin.
Framoin 8.
Framnoin 8.
Friowin 9.
Friduvin 8.
Friduwina 8.
Frodovin 6.
Fruduina 8.
Folcwin 8.
Fuldoin.
Gebawin 7.
Gildewin 9.
Garuin 7.
Carduin 7.
Gaudoin 8.
Gaurivin 6.
Gaviovin 8.
Gydoin 11.
Gisoin 8.
Gisoina 8.
Giselwin 8.
Gisloina 8.
Goduin 5.
Cuotwina 8.
Godaluin 8.
Graoine 8.
Grimuin 8.
Grimoena 8.
Comowin 9.
Gundowin 7.
Gundoina 8.
Habuini 8.
Hawin 9.
Aitoin 8.
Hailwin 9.
Haimoin 8.
Helidwin 8.
Hantwin 9.
Hancwin.
Hardwin 7.
Chariwin 8.
Ervina 8.
Hadawin 7.
Helmowin 8.
Hewin.
Hidoin 8.
Hildiwin 8.
Helpuin 8.
Helzuvin 9.
Hlotwin 7.
Floduin 8.
Hortuin 8.
Horswine.
Horscwin 8.
Raunoin 9.
Hrinquin 9.
Hrodowin 8.
Romoin 9.
Huuduin 8.
Ibnin 8.
Iduvin 8.
Inguin 8.
Ermuin 8.
Irminwin 9.
Isovin 8.
Jeroin 11.
Jolduin 11.
Jordoin 8.
Joduin 11.
Laiboin 8.
Laidoin 9.
Landuin 7.
Liubwin 8.
Leobuvina 9.
Liutwin 9.
Magwin 7.
Mahtwin 9.
Maldavin 9.
Mennewin 11.
Mantuvin 11.
Maruin 9.
Marcwin 8.
Martoin 8.
Maderwin 9.
Mathalwin 8.
Motwin 9.
Murtuuin 9.
Nanduin 8.
Nawin 8.
Nefawin 8.
Nodeluin 9.
Nordiwin 8.
Ortwin 8.
Odalvin 8.
Pascoin 8.
Radowin 8.
Radivina 8.
Racoin 8.
Raganwin 8.
Rahawin 11.
Raitwin 11.
Raivin 8.
Randuin 8.
Restwin 8.
Richowin 8.
Rimoin 8.
Ripwin 8.
Samuin 9.
Saruin 8.
Scerphuin 8.
Sewin 10.
Sigiwin 8.
Sicluin 8.
Sindoin 9.
Tetwin 8.
Tanquin 8.
Ticwin 9.
Dingavin 9.
Teuduin 8.
Drahwin 9.
Tresuin 9.
Dultwin 8.
Undoin 8.
Uneluuin 10.
Uothwin.
Walduin 8.
Widuin 9.
Guiguin 11.
Vincuin 8.
Wolcwin 10.
Wortwin 9.
Wolfwin 8.

Wino. 8. Pd. a. 715 (n. 492); Schn. a. 758.
Win Laur. sec. 8 (n. 2420).
Hieher wol noch:
Guuine Laur. sec. 8 (n. 1304).
Quino St. M. a. 1098.
Ags. Vina. Nhd. Quin? Wein, Wiehn, Wien, Winne.
O. n. Winninge, Winesheim, Winessol, Winestal, u. a. viell. hieher.

Wini. 9. St. P.; Gld. II, a, 100.
Winni St. P.

Wina, fem. 8. Pol. Irm. s. 8.
Vina pol. Irm. s. 262.

Winicho. 8. Laur. sec. 8 (n. 3159).
Winihho K. a. 797 (n. 45).
Winiho R. a. 822 (n. 22).
Nhd. Weinecke, Weinig, Wiencke, Wieneke, Wienecke, Wienicke, Wienig, Winecke, Winke.

Winika, fem. 11. Ms. a. 1049 (n. 21).

Vinnilo. 9. Wg. tr. C. 456; gehört wol hieher.
Viuino. 8. Ng. a. 878 (K. ebds. n. 153 Viuino).
Vinin Laur. sec. 8 (n. 2088).
Nhd. Weinen.
Wininc. 8. Laur. sec. 8 (n. 2042)
Nhd. Winning. O. n. Wininchova hieher?
Vinibal. 7. Ep. Illicitan. 7. Conc. Tolet. a. 646, 653, 655.
Winibald. 8. Schn. a. 759; R. a. 821 (n. 21).
Winibold Ng. a. 799, 807.
Winipald Gld. II, a, 119.
Winipold Ng. a. 807.
Winebald d. Ch. I, 563.
Winebold pol. Irm. s. 11, 44 etc.; pol. R. s. 34, 48 etc.
Winbald Laur. sec. 8 (n. 2242).
Winbalt Laur. sec. 9 (n. 3505).
Winbold Lc. a. 1051 (n. 185) etc.; G. a. 1056.
Winebolda, fem. 8. Pol. Irm. s. 89.
Vinebaudes. 6. Conc. Autisiod. a. 578.
Winibert. 7. Ng. a. 762, 774, 809; Lc. a. 816 (n. 33); Mab. a. 836.
Winobert d. Ch. I, 609.
Winipreht Gld. II, a, 110.
Winebert pol. Irm. s. 122, 126; pol. R. s. 105.
Winevert pol. Irm. s. 122, 234.
Winbret Laur. sec. 8 (n. 1080)
Venivert Lp. a. 913 (II, 87).
Wenipraht Dr. a. 826 (n. 467; Schn. ebds.).
Quinabert Lgd. a. 982 (II, n. 117).
Wynberht P. II, 336 (vit. Bonif. a. 680) mit var. Wigbert, Wichert, Winbert, Winbercht, Wibert. P. II, 338 (ebds. a. 700) mit var. Uuintberht, Wynberch, Winehert.
Winiberta, fem. 8. Paul. diac. VI, 2 (var. Winiperga).
Wineberga, fem. 8. Pol. Irm. s. 11, 14 etc.
Winniberga P. X, 212 (vit. S. Agritii).
Wineverga pol. Irm. s. 132, 138.
Wineburg, fem. 8. Pol. Irm. s. 11, 78 etc.
Winpurc M. B. a. 898 (XXVIII; R. ebds. n. 76).
Vineburg Ms. a. 1049 (n. 22).
Ein auffallendes Wineburgus filius pol. R. s. 53.
Winidrud, fem. 8. St. P.
Winedrudis pol. Irm. s. 87, 96 etc.
Winithrut tr. W. a. 776 (n. 112).
Windrudis tr. W. a. 756 (n. 221).
Winifrid. 6. B. v. Mainz sec. 8 (Bonifacius); gehört wegen der oft ganz deutschen form seines namens hieher.
Winifrid Ng. a. 757; Laur. sec. 8 (n. 882).
Winifrith H. a. 853 (n. 87).
Winifred Gld. II, a, 119.
Vinofrede (acc.) Pd. a. 572 (n. 178).
Winefrid pol. Irm. s. 221.
Vinefrid pol. Irm. s. 79.
Winefred pol. Irm. s. 31, 233.
Winfrit P. II, 355 (vit. S. Bonif.).
Winfrid P. II, 239 (ann. Wirzib.); Mab. a. 870.
Wynfrid P. II, 339 (vit. S. Bonif.).
Venefred Lp. a. 923 (II, 130).
Ags. Vinfrið.
Winiger. 7. K. a. 798 (n. 51).
Winegar pol. Irm. s. 15, 30 etc.; pol. R. s. 105.
Vinegar Pd. a. 692 (n. 426); pol. Irm. s. 263.
Winecar pol. Irm. s. 93, 122.
Nhd. Wenger, Weniger, Wöniger.
O. n. Wingereshuoson.
Winigard, msc. 8. P. VIII, 336 (Sigebert. chron.).
Winegardus pol. Irm. s. 17, 23 etc.
Vinegardus pol. Irm. s. 277.
Wingart Laur. sec. 8 (n. 3301).
Nhd. Weingardt, Wengert.
Winegardis, fem. 8. Pol. Irm. s. 2, 78 etc.
Wingarta Gld. II, a, 129.
Winegaud. 8 (6?). Pol. Irm. s. 21, 78 etc.
Winegaus pol Irm. s. 125, 140.
Winnegaud Pd. a. 566 (n. 171; unecht).
Winiaud pol. R. s. 33, 59 etc.
Wimaud pol. R. s. 73; wol verderbt.
Wincaus Gld. II, a, 119.
Winegauda, fem. 9. Pol. Fossat.
Winegaugius. 8. Pol. Irm. s. 85.
Winegildus. 8. Pol. Irm. s. 122.
Winigildis, fem. 8. Pol. Irm. s. 175.
Winegildis pol. Irm. s. 2, 9 etc.
Winigelt Schpf. a. 823 (n. 87).
Winigis. 8. P. I, 120 (ann. Lauriss.), 175, 187, 190, 191 etc. (Einh. ann.), 184 (ann. Lauriss.), 352 f. (Enh. Fuld. ann.) etc.; II, 400 (Angilbert), 620 (vit. Hlud. imp.); VII, 101 (Herim. Aug. chron.); VIII öfters; pol. Irm. s. 31, 146; Laur. sec. 9 (n. 767).

Winikis Gld. II, a, 110.
Winegis pol. Irm. s. 2, 78 etc.; pol. R. s. 33; Mab. a. 783.
Wineghis P. I, 174 (ann. Lauriss.).
Winegesius (so) P. VII, 548 (Marian. Scot. chron.).
Guinichis P. V, 243 (Erchemp. hist. Langob.).
Hwinegis P. I, 304 (chron. Moissiac.).
Winisius St. M. a. 1068 wol hieher.

Winigunda, fem. Gld. II, a, 131.

Winehaidis, fem. 9. Pol. R. s. 54, 100.

Winihart. 8. Tr. W. a. 774 (n. 63).
Winehart necr. Aug.
Winiart tr. W. a. 774 (n. 57).
Nhd. Wehnert, Weinert, Weinhardt, Wienert.

Winiardis, fem. 9. Pol. R. s. 50.
Winierdis pol. R. s. 49.
Winertha Gld. II, a, 129 hieher?

Winiheri. 8. Laur. sec. 8 (n. 873); necr. Fuld. a. 790.
Winihheri Gld. II, a, 110.
Winicher Laur. sec. 8 (n. 905).
Winear pol. Irm. s. 86.
Winier Guér. a. 888; St. M. a. 970.
Weinheri (so) Ms. a. 1090 (n. 39).
Nhd. Wehner, Weiner, Wenner, Wiener.
O. n. Winiharesstetti, Winiherungun.

Winihilt, fem. 8. St. P.
Winehildis pol. Irm. s. 86, 112; pol. R. s. 59.
Winnihild Mchb. sec. 10 (n. 1018).
Winahildis pol. R. s. 104.

Winiram. 8. Laur. sec. 8 (n. 615); Ng. a. 806.
Winaramnus Lgd. a. 883 (I, n. 111).
Wineramnus Mab. a. 750; pol. Irm. s. 267.
Wineramnus pol. Irm. s. 11, 125.
Wineram Gld. II, a, 110.
Guinerannus P. VI, 518 (mirac. S. Apri).

Wenranna (so), fem. 9. Pol. R. s. 60.

Winileih. 8. Schn. a. 778; Schn. a. 863 (Dr. ebds. n. 585 Uunileib).
Winleih Schn. a. 952.
Winleich Laur. sec. 8 (n. 1868); G. a. 964 (n. 17).
Winlich Gld. II, a, 129 hieher?
Nhd. Weinlig.

Wineleib. 8. Laur. sec. 8 (n. 923).
Uunileib (so) Dr. a. 863 (n. 585; Schn. ebds. Winileih).

Winilind, fem. 8. Mchb. sec. 9 (n. 602); Schpf. a. 828 (n. 89); M. B. sec. 11 (VII).
Winilint H. a. 853 (n. 87).
Winnilind P. XI, 232 (urk. v. 808 im chron. Benedictobur.).
Winelindis pol. Irm. s. 146, 235.

Winiliut. Gr. I, 868. Nur verschrieben für Winilint?

Winiman. 7. Dr. a. 796 (Schn. ebds. Williman); St. P.; Laur. mehrm.; Schn. a. 814; Ng. a. 862.
Winoman Pd. a. 625 (n. 238; unecht).
Wineman pol. Irm. s. 122, pol. R. s. 52, 100; St. M. a. 962.
Guinaman Lgd. a. 1064 (II, n. 224).
Nhd. Weinmann.

Winimar. 8. P. VII, 553 (Marian. Scot. chron.); VIII, 591 (annalista Saxo).
Winemar P. I, 531 (ann. Vedast.), 610 (Regin. chron.); II, 209 (ann. Vedast.); V, 574, 575 (Richeri hist.); VII, 12 (ann. Elnon.); pol. Irm. s. 14, 36 etc.
Winmar pol. Irm. s. 89.
Wenemar P. VI, 16 (ann. Lauhiens.); VIII, 344 (Sigeb. chron.).
Nhd. Weinmar, Wimmer. Weimer.

Winimund. 6. Pd. a. 526 (n. 108).
Winemund pol. Irm. s. 29, 92 etc.
Winemunt Gld. II, a, 110.
O. n. Winimunteshusir.

Winerad, msc. u. fem. 8. Mab. a. 791; pol. Irm. s. 18, 41 etc.; Laur. sec. 8 (n. 421).
Winirat Gld. II, a, 129.
Wineraht Ng. a. 806; necr. Aug.
Winrad Laur. sec. 8 (n. 922).
Wineraus pol. Irm. s. 173.

Winerada, fem. 8. Pol. Irm. s. 126, 133; pol. R. s. 104, 105.
Winirate (nom.) Dr. n. 340.

Winirich. 8. Laur. sec. 8 (n. 3530).
Winerich Laur. sec. 8 (n. 3201).
Winrich pol. R. s. 68; H. a. 996 (n. 211).
Wenirih Ng. a. 802.
Wenrich P. IX, 472 (gest. episc. Camerac.).
Mit Wirrich verwechselt P. VII, 460.
Nhd. Weinreich, Weinrich, Wienrich.

Winistalt. 8. Laur. sec. 8 (n. 3515).

Winisuind, fem. 8. Laur. sec. 8 (n. 1197).

Winiding. 8. Laur. sec. 8 (n. 875).
Winidinc Laur. sec. 8 (n. 925).

Winideo. Gr. V, 87.
Wineveld. 8. Pol. Irm. s. 17, 81, 101.
Vinevold pol. Irm. s. 263.
Guinald pol. Irm. s. 185.
Nhd. Weinhold, Wienhold.
Winevelda, fem. 8. Pol. Irm. s. 101, 230.
Vinofeifa, fem. 6t Pd. a. 533 (n. 119). Dieselbe heisst ebds. n. 118 Vinofeisa. Richtiger als beides wäre Vinoveifa.
Winiudis, fem. 8. Pol. Irm. s. 126. Für Vinividis?
Winefla, fem. 9. Pol. R. s. 49.
Winulf. 8. Pol. Irm. s. 36.
Winolf St. P.
O. n. Winolfesheim.
Zusammensetzung mit erweitertem stamm:
Winerildis (so), fem. 8. Pol. Irm. s. 124, 126.

Vinco s. VING. **Wind-, -wind** s. VINID.

VING.

Die existenz dieses stammes als eines deutschen ist sicher, seine herleitung aber muss hier mit stillschweigen übergangen werden, da für kühnere hypothesen hier nicht der ort ist. Ich bemerke hier noch. was vielleicht unter umständen wichtig sein könnte, dass auch lat. vinco mitunter ein namenelement ist; vgl. z. b. Marinis bemerkung (n. 76) über das vorkommen von Vincimalo oder Vincomalo.

Auslautendes VING ist natürlich kaum aus der endung -ing zu sondern; doch will ich hier wenigstens folgende formen erwähnen:

Alabing 9.	Halevincus 10.	Nodeloing 8.
Autwing 8.	Hartvinc 11.	Raduinchgus 8.
Berenving 8.	Heruwincus 9.	Rantwinc 8.
Edobinchus 5.	Hloduvincus 9.	Remwing 9.

Vgl. auch die var. Hathwinga unter Hathuwic.
Vinco. 9. Lc. a. 1054 (n. 189).
Winc necr. Fuld. a. 879.
Nhd. Wenck, Wencke, Wenk, Wenke, Winck.
Winching. 9. Erzb. v. Passau. P. XI, 552 (auctar. Cremifanense).
Vingbert. 9. A. S. Febr. I.
Vingboto. 9. Schn. a. 838 (Dr. ebds. n. 521 Wiboto).
Winguhaid, fem. 8. Mchb. sec. 8 (n. 43).
Winchart zu schliessen aus o. n. Winchartesheim.

Vinceildis, fem. 8. Pol. Irm. s. 88.
Winclint, fem. 9. H. a. 853 (n. 87).
Vincelindis pol. R. s. 73.
Wingman. 9. Necr. Fuld. a. 870.
Wingildis, fem. 8. Lp. a. 795 (I, 606) öfters.
Wingdeo Schn. a. 840.
Vincoard. 8. Pol. Irm. s. 89.
Vincuin. 8. Pol. Irm. s. 88.
Vincoin pol. Irm. s. 113.

VINID.

Was ich hier vereine, wird eine weiter vorgeschrittene scheidekunst wahrscheinlich in drei gruppen zerlegen:

1) in solche formen, die zu dem v. n. der Wenden und den verwandten wörtern gehören;

2) in solche, die zu VIN gehören, bei denen also der letzte dental nur eingeschoben ist;

3) in solche, die in einem ablautenden verhältnis zum stamme VAND stehn.

In den trad. Corb. kommt kein n. dieser art vor. Beachtenswerth sind die mit Winct- beginnenden n., welche ich hier anführe, weil ich in ihnen blossen schreibfehler vermuthe, zumal da in den urkk. bei Pd. neben Winct- wirklich auch Winit- vorkommt.

Zu auslautendem VINID bitte ich die auf den stamm IND endenden n. zu vergleichen. Auch kann hie und da -swind darin versteckt liegen.

Egiwint 9.	Folcwind 8.	Odalvindis 9.
Ascouind 6.	Gyroind 7.	Dasovinda 6.
Adoind 7.	Ariobind? 4.	Trundavinda 8.
Ostwind 9.	Rutwinz? 9.	
Faroindis 9.	Malouendus 1.	

Winid. 9. Windo ep. silvae Candidae sec. 10.
Winid Mchb. sec. 9 (n. 473); Schn. a. 803, 811; necr. Fuld. a. 868.
Windo St. P.
Die formen Wenido, Wenito u. dgl. s. unter VAN (Wanido).
Nhd. Wend, Wende, Wendt, Went, Wente, Wind, Winde.
Wineda, fem. 9. Pol. R. s. 100.
Winizo. 8. Frek.
Winezo Lc. c. a. 1070 (n. 221).
Winzo Mchb. sec. 8 (n. 206); Ng. a. 809.
Guinizo P. IX, 737 (chron. mon. Casin.); conc. Ravennat. a. 997.

Nhd. Wienz, Winz.

Windiga, fem. 8. Ng. a. 744.

Winidin. 9. Dr. a. 841 (n. 534; Schu. ebds. Wimdin).

Vinidisco. 8. Tr. W. a. 737 (n. 8 und Pd. nchtr. n. 57).

Winidisg tr. W. a. 737 (n. 47).

Nhd. Wendisch, Windisch.

Vinidisca, fem. 8. Pd. a. 744 (n. 579).

Vinididane, abl. fem. 8. Tr. W. a. 737 (n. 241 und Pd. nchtr. n. 59). Ist viell. die silbe id nur irrthümlich verdoppelt, so dass Vinidane (nom. Vinida) gelesen werden muss?

Wintbold. 8. Pol. Irm. s. 2.

Wintbert. 8. Pol. Irm. s. 20.

Vindepert Gld. II. a, 119.

Vgl. auch Winibert.

Wintberta, fem. 8. Pol. Irm. s. 65.

Vindpirc, fem. 9. Mchb. sec. 9 (n. 704).

Wintpoz. Gr. I, 624; III, 232; viell. von Gr. nur aus o. n. Wintpozzingin geschlossen, worin wol gar kein p. n. steckt.

Windogast s. Widogast.

Windegunde, fem. 9. Mab. a. 805.

Winidhari. 5. B. v. Merseburg sec. 11.

Winidhari St. P. zwml.

Winidhar Ng. a. 766.

Winithar P. VIII öfters; Jorn.; H. a. 706 (n. 31); Ng. a. 760, 761, 763, 796; pol. Irm. s. 216.

Winidhaeri St. P.

Winidheri tr. W. a. 716 (n. 196); necr. Aug.; St. P. zwml.

Winidhere necr. Aug.

Winitheri P. IX, 249 (Gundechar. lib. pontif. Eichstet.); St. P.; C. M. Jul.

Winither Laur. sec. 8 (n. 368); Ng. a. 796; Lc. a. 1051 (n. 184; H. ebds. n. 248); M. B. a. 1055 (XXXI).

Winthahar H. a. 706 (n. 30).

Winiter tr. W. a. 846 (n. 270); H. a. 1056 (n. 258).

Winnidher Ng. a. 837.

Wineter pol. R. s. 8.

Winidire Ng. a. 877.

Winithiri u. Winthiri Gld. II, a. 110.

Wintchari St. P.

Wintheri St. P. zwml.

Winthere Dr. a. 1049 (n. 752; die urk. fehlt bei Schn.).

Hieran schliessen sich die formen wie Winther, Wintar, Wintther, welche ich eben so gut hätte hieher stellen können als zu VINTAR, wo man sie sehe. Beweisen lässt es sich nur für eine einzige stelle, dass Wintar nicht zu VINID gehört.

Munitarius für Winitarius falsche lesart bei Cassiod. XI, 1.

Nhd. Winder, Winter, Winther.

O. n. Winidharesdorf.

Winetad. 9. Lp. a. 843 (I, 699).

Windheim. 9. Dr. a. 829 (n. 479; Schn. ebds.).

Winetildis, fem. 8. Pol. Irm. s. 29.

Winidram. 8. St. P.

Winedrannus pol. Irm. s. 109.

Winidmar. 6? Pd. a. 723 (n. 528).

Wintemar Pd. a. 538 (n. 131).

Winctmar Pd. a. 526, 566 (n. 108, 177; unecht); irrthümlich für Winitmar?

Winitmarc. 6. Pd. a. 526 (n. 108; unecht).

Winctmarc Pd. a. 537 (n 128) wol für Winitmarc.

Winitmund. 6. Pd. a. 538, 566 (n. 131, 171).

Winthmund Pd. a. 713 (n. 488).

Winctmund Pd. a. 526 (n. 108; unecht), 537 (n. 128). Wahrscheinlich ist Winitmund zu lesen.

Vindrig. 8. Schpf. a. 778 (n. 56); Mab. liest hier Mudrig.

Nhd. Wendrich.

Vintarith. 6. Hist. misc. 16.

Guintharit P. VIII, 317 (Sigebert. chron.).

Winidolt. Gld. II, a. 110.

Winidulf. 8. K. a. 776 (n. 17); pol. R. s. 16.

Winidolf Gld. II, a, 110, 119.

Nhd. Windolf.

Windil- s. VAND. **Vinjaifrithas** s. Sunjaifrithas.

Winilkys. 9. St. P.

Vinsiuad. 6. Cassiod. X, 29 mit var. Vinvsiad.

VINTAR. Zu ahd. wintar hiems; theilweise auch wol eine von wintar unabhängige erweiterung von VIND.

Wintar. 6. P. II, 377 (vit. S. Sturmi); Ng. a. 858).
Winther P. IX, 335 (Ad. Brem.); Gud. a. 1048; M. B. a. 1048—1054 (XI, XII).
Wintther M. B. a. 1052 (XXXI).
Wintrio Greg. Tur. VIII, 18; X, 3 (var. Vinthrio).
Wintrio var. Witrio gest. regg. Franc.
Wintrio var. Quintrio Fredegar.
Da bei Ng. a. 858 Wintar und Sumar brüder sind, so gehört an dieser stelle Wintar sicher hieher; im übrigen mögen die hier genannten formen eben so gut zu Winidhari (s. ds.) gerechnet werden.
Hieher mögen die o. n. Winterfulinga, Winteresdorf, Wintreshove gehören, d. h. sie können von einem p. n. Wintar hergeleitet sein.
Wintarung. 8. Necr. Fuld. a. 856.
Wintrung P. II, 349 (vit. S. Bonif.).
Wintrug P. VIII, 555 (annalista Saxo).
Wintarbal, msc. 8. K. a. 790 (n. 37). Gr. führt I, 624 wol irrig ein Wintasbal (so) an.
Windragasius. 6. Pd. a. 533 (n. 118). Ist Vindragarius zu lesen? Derselbe heisst ebds. n. 119 Widragasius.
Winterhere. Gld. II, a, 110.
Wintarhilt, fem. 8. Mchb. sec. 9 (n. 691 etc.); Schn. a. 788; St. P. zwml.
Winctarhilt St. P.
Wintrulf. 8. Laur. sec. 8 (n. 674).
Wintrolf Pd. a. 744 (n. 579; Ng. ebds.); Laur. sec. 9 (n. 1064).

-winz, Winzo s. VINID.

VIOLA. Hier finden mehrere formen ihre stelle, die sich am besten zu ags. viola (veola, vela) schatz, reichthum, glück fügen und auch wol mit ags. viljan, veljan copulare (vielleicht auch fabrefacere) nicht unverwandt sind. Ich trenne sie von dem stamme VELA, obwol ein zusammenhang mit demselben kaum geleugnet werden darf. Noch ist zu bemerken, dass die formen mit Wil- sich theilweise eben so gut hieher als zu VILJA fügen; der gleichmässigkeit halber habe ich es vorgezogen, sie bei letzterem stamme aufzuführen.
Wialo. 8. Tr. W. a. 780 (n. 120).
Nhd. Wehl, Wiehl.
Wiala, fem. 8. Tr. W. a. 797 (n. 62).
Wiela Schn. a. 803, 842.
Weala Gld. II, a, 129.
Wiela übersetzt Weinhold d. dtsch. frauen s. 18 übereinstimmend mit meiner oben ausgesprochenen ansicht durch die kunstreiche.
Wielant. 8 (5?). K. a. 843 (n. 109; Ng. ebds.).
Wialant Gld. II, a, 110.
Wieland P. X, 269 (Ruperti chron.); tr. W. a. 724, 729—743 öfters; St. P. mehrm.; Laur. sec. 8 (n. 2904).
Wielant tr. W. a. 718 (Pd. nchtr. n. 41); Schn. a. 796; Dr. a. 815 (n. 310; Schn. ebds. Wiclant); Dr. a. 824 (n. 448); Laur. sec. 9 (n. 733); K. a. 864 (n 137; Ng. ebds.); Lc. a. 927 (n. 87); Gud. a. 1006.
Wealand tr. W. c. a. 780 (n. 104).
Wealant Mchb. a. 836.
Weolant Gld. II, a, 110.
Weleont, Weolant, Wialant necr. Aug.
Wiland Laur. sec. 8 (n. 636, 1091).
Wilant Laur. sec. 8 (n. 2024, 2117).
Weland tr. W. a. 715, 739—743 öfters; K. a. 772 (n. 14); Ng. a. 775.
Welant H. a. 762 (n. 45); Laur. sec. 8 (n. 1200, 2151); Ng. u. K. a. 799, 864, 868; Mchb. a. 807; St. P. zwml.
Velandu auf einer viell. aus sec. 5 herrührenden bei Mainz gefundenen lat. inschr.; St. n. 575.
Altn. Völundr. Ags. Veland, Velond. Nhd. Weiland, Weyland, Wieland.
O. n. Wielandsheim.
Grimm gr. II, 342 denkt bei dem n. Wieland zweifelnd an ahn. vela decipere, was allerdings seine begrifflichen und lautlichen bedenken hat; vgl. auch mythol. s. 350 ff. Eher ist wol Ettmüller gloss. anglos. s. 138 in seiner auffassung des namens beizupflichten.
Wialber (so) Gld. II, a, 110.
Wielpraht s. VILJA.
Wielburg, fem. Gld. II, a, 129.
Wialdrud, fem. 8. Laur. sec. 9 (n. 271).
Wieldrud (a) P. VII, 281 (Berthold. ann., = Weliga ebds. 457, Bernoldi ann.); Ng. a. 872, 874; Laur. mehrm.; G. a. 905 (n. 9); M. B. sec. 11 (VI).
Wieltrud Laur. mehrm.
Wealdrud Gld. II, a, 129.
Weldrud u. dgl.. s. VELA.

Wielfrid. 8. Tr. W. a. 792 (n. 79).
Wiolgart, fem. Gld. II, a, 129.
Wialheri. 8. Tr. W. a. 777 (n. 93).
Wielher tr. W. a. 774 u. c. a. 780 (n. 54, 106).
Wielihaim. 11. M. B. sec. 11 (VI).
Wiolicus. 6. Fredegar; = Wiol-leih?
Wielind, fem. 9. Laur. sec. 9 (n. 1473).
Wieliez. 10. Ng. a. 924 (n. 802).
Wielachoma s. VILJA.
Wielrat. 8. Schn. a. 796, 836; Dr. a. 838 (n. 516; Schn. ebds. Wiebrat).
Weolelf. Gld. II, a, 110.

Viomad. 5. D. Ch. I, 801 f.
Wiomad P. X, 163 (gest. Trever.); gest. regg. Franc.; Fredegar; H. a. 761 (n. 44).
Weomad H. a. 773, 802, 902 (n. 51, 62, 133).
Wiemad H. a. 762 (n. 45).
Viorad. 8. Pd. a. 745 (n. 584, 585; nachtr. n. 79).
Wip- s. VIF.
Viraibold. 7. Pd. a. 694 (n. 432). Wol verderbt (Virdibold?).
Wirchilleoza ist nach Gr. IV, 1123 ein p. n., doch vgl. das wörterbuch der o. n.

VIRD.

Höchst wahrscheinlich zu goth. vairþs, ahd. werd dignus, doch nicht ganz sicher von VARD zu trennen. Auslautend vielleicht in den beiden femininen Geilwird und Herivirt (9).

Werdo. 8. P. I, 67 (ann. Augiens.), 75 f. (ann. Sangall.); II, 35 (abbat. S. Galli catal.), 64 f. (Ratperti cas. S. Galli); VII, 100 (Herim. Aug. chron.); necr. Aug.; Ng. u. K. a. 784, 785, 786, 787, 797, 800, 802, 812, 826 etc.
Nhd. Werdt, Werth, Wirt? Wirth?
Werda, fem. 8. Laur. sec. 8 (n. 324). Dr. sec. 9 (n. 604; Schn. ebds.); St. P.
Werta Mchb. sec. 9 (n. 604).
Wirtun (fem. acc.) M. B. a. 903 (XXXI).
Werdicho. 8. Ng. a. 744.
Wirdigo St. P.
Werdech C. M. Sept.
Nhd. Wartig, Werdich, Würdig.
Werducha. fem. 9. Mchb. sec. 9 (n. 474).
Wirdika St. P.
Wirdilo. 9. Mchb. sec. 9 (n. 474).
Werdila, fem. 9. St. P.
Wirdin. Gld. II, a, 110.
Wirtin Gld. II, a, 129.
Wirtinna, fem. Gld. II, a, 129.
Wirdun, fem. 8. Laur. sec. 8 (n. 13, 1398).
Wirtun Dr. a. 819 (n. 388; Schn. ebds. Uurtun).
Wirding. 8. K. a. 820 (n. 83; Ng. ebds.).
Wirdinc Gld. II, a, 111.
Uerdink St. P. aus sec. 9 wol hieher.
Wiridinc Ng. a. 790 hieher?
Werdant. 9. Schn. a. 812, 817; Dr. a. 849; Dr. a. 874 (n. 610).
Werzo. Laur. n. 3821.
Guerizo P. X, 572 (chron. S. Huberti Andag.) wol hieher.
Wertbraht. 9. Schn. a. 863 (Dr. ebds. n. 585 Werbraht).
Virdruth, fem. Gld. II, a, 128; hieher?
Wertkis. 10. Mchb. sec. 10 (n. 1107).
Werdher. 9. Neben Werther tr. W. a. 830 (n. 172).
Wertheri St. P. mehrm.
Werther Laur. mehrm.
Nhd. Werder, Werther.
Werdhilt, fem. 9. St. P.; Mchb. sec. 9 (n. 410, 704); Ng. a. 807, 835; K. a. 812 (n. 67).
Werthild St. P.
Werthilt St. P.
Vertleuba, fem. 8. Ng. a. 744 (Pd. ebds. n. 579 irrthümlich Verteuba).
Werdman. 9. Tr. W. a. 830 (n. 51).
Wertman Laur. sec 9 (n. 1049).
Wertman neben Weroman tr. W. a. 846 (n. 268, 269, 273).
Nhd. Werthmann, Wirthmann.
Virdumar. 1. v. C. Caes.; deutsch?
Werdmot. 9. St. P.
Werdmut St. P.
Werdmunt. 9. St. P.
Werdni, fem. 8. Mchb. sec. 8 (n. 90); St. P.; trad. Juvav. n. 27.
Werdarih. 9. Necr. Fuld. a. 859.
Vgl. das wol undeutsche Viridorix bei Caes.
Werdold. 8. Laur. sec. 9 (n. 508).
Werdolt tr. W. a. 746 (n. 141).
Werdolf. 8. Dr. a. 772; Schn. a. 788, 803 Ng. a. 789; St. P. zwml.; Laur. mehrm.

Zusammensetzung mit erweitertem stamm:

Wertinpraht. 9. Schn. a. 812 (Dr. ebds. n. 269 Weriuperaht). Zweifelhafte form.

Wiridinc s. VIRD. **Wirinc, Wirind** s. VAR. **Wirindag** s. VARIN. **Wiripurc** s. VAR. **Wirminhilt** s. VARIN. **Wirtun** s. VIRD. **Wirund, Wirut** s. VAR.

VIS. Zu ahd. wisan ducere, regere, zunächst anzuschliessen entweder an wiso dux oder an wis sapiens. Leicht ist die vertauschung mit GIS. Was die auf diesen stamm aulautenden n. anbetrifft, so nehme ich hier gleich die auf -wiz endenden mit auf; diese gehören zwar meistentheils wol zu wiz gnarus, vielleicht auch ein oder das andere mal zu wiz albus, sind aber wegen mehrfachen wechsels von z und s hier nicht scharf auszusondern. Ich führe hier 54 n. auf, worunter 12 feminina:

Ainois 9.	Evurois? 9.	Linwiz.
Alois 5.	Erlois 8.	Liobwiz 9.
Haldowis 8.	Flois.	Leodois 8.
Albewiz 8.	Friduviz 9.	Marwiz 9.
Ingalwis 8.	Fruduis 8.	Madalvis 8.
Ansois 8.	Fulcois 8.	Odalwis 8.
Arois 8.	Girois 8.	Raduis 8.
Arnuvis 8.	Gervisa 9.	Ragnois 8.
Aduis 8.	Gauduis 8.	Reginwiz 8.
Adalvis 8.	Gotuviz 8.	Rantwitz 9.
Balduiz 8.	Gundewiz 11.	Sigiwiz 9.
Berois 8.	Arduis 8.	Dadois 8.
Bernois 8.	Hilduis 8.	Teudois 8.
Bertuis 8.	Flodois 8.	Turnwiz 9.
Perahtwiz 9.	Inguis 9.	Unvizin.
Belois 9.	Ermois 8.	Walvis 8.
Bledois 9.	Ermenwis 8.	Waltuizo.
Burgviza 9.	Leois 11.	Wandalwis 8.

Vgl. auch die vielleicht zu diesem stamm gehörigen formen Goisbert, Goisfrid, Goismund.

Wiso. 9 (7?) P. V, 829 (Thietmari chron.); IX, 250 (Gundechar. lib. pontif. Eichstet.); Lc. a. 1045 (n. 181); Gud. a. 1056.

Wis Mchb. sec. 9 (n. 655).

Visus conc. Egareus. a. 624 viell. hieher.

Nhd. Weise, Wiese.

Wisili. 10. Mchb. sec. 10 (n. 1090); M. B. a. 1050 (XIII).

Nhd. Weisel, Wesel, Wiesel, Wisel.

Wisla, fem. 8. P. II, 277 (gest. abb. Fontan.).

Wisun. 9. St. P. Oder für Wisund?

Visung. 8. Mchb. sec. 10 (n. 1129).

Wissing Laur. sec. 8 (n. 2753).

Wisbraht. 9. Schn. a. 836.

Wisparaht (so) Schn. a. 812 (Dr. ebds. n. 269).

Wisefred. 7. Ep. Ausonens. sec. 7. Conc. Tolet. a. 688; conc. Caesaraugust. a. 691; conc. Tolet. a. 693.

Wisigard, fem. 6. Tochter des Langobardenkgs. Wacho, frau des Frankenkgs. Theodebert.

Wisigard neben Wisugar und Wisagar tr. W. a. 774 (n. 133).

Wisigard Laur. sec. 8 (n. 399).

Wisigardis Greg. Tur. mehrm.; Fredegar.

Wisegarda Paul. diac. I, 21.

Wisucart St. P.

Visogast. 4. P. I, 283 (chron. Moissiac.).

Wisogastis und Wisogast lex Salica.

Usogast P. VIII, 307 (Sigebert. chron.).

Wisogastaldus irrthümliche schreibung P. VIII, 116 (Ekkeh. chron. univers.).

Wisogoz. 8. Laur. sec. 8 (n. 1245).

Wisegoz Gld. II, a, 111.

Wisagund, fem. 9. Mchb. sec. 9 (n. 627).

Visichart. 9. R. a. 821 (n. 21).

Nhd. Weisert, Wiesert.

Wisod. 8. Tr. W. a. 719 (n. 267 und Pd. nchtr. n. 44).

Wisad (ep. Orgellitan.) conc. Tullens. a. 860.

Wislaus. 8. Laur. sec. 8 (n. 790).

Wisman. 8. Laur. sec. 8 (n. 1966); K. a. 861 (n. 136).

Nhd. Weismann, Wissmann.

Wisamar. 4. Vandalenkg. sec. 4.

Wisamar P. VIII, 123 (Ekkeh. chron. univers.).

Visumar Jorn. 22 neben Visimar.

Wisirmar (so) P. X, 313 (Hugon. chron.).

Nhd. Wismar, Wismer, Wissmar.

Vismuot, fem. Gld. II, a, 128.

Hwisni, fem. 8. St. P.

Wisurich. 8. M. B. c. a. 777 (XI); Ng. a. 815.

Wisurih Mchb. sec. 8 (n. 31); decr. Tassil.; Dr. a. 824 (n. 431; Schn. ebds. Wirurih); St. P. zwml.

Visurix auf einer röm. inschr. St. n. 2043 (gefunden zu Augst).

Wisarih Ng. a. 798.
Wisirich Ng. a. 765, 794, 815; K. a. 797 (n. 44).
Wisirihc Gld. II. a, 111.
Wisirih Ng. a. 805, 845; St. P.
Wissirihc Gld. II, a, 129.
Wiseric Lc. a. 927 (n. 87).
Wiserih necr. Aug.; St. P.
Viserich H. a. 996 (n. 210).
Wiserich Laur. öfters; Gud. c. a. 990; H. a. 993, 996 (n. 209, 211).
Wiserihc Gld. II, a, 111.
O. n. Wisirihis cella.

Wisulf. 8. Lgd. a. 782 (I, n. 5).
Wisolf St. P.

Wisand. 6. Herulerfürst sec. 6; b. v. Seben sec. 10.
Οὐίσανδος Proc. I, 18; II, 11; XIII, 22.
Visand conc. Tolet. a. 683 u. 688.
Wisant Schn. a. 824.
Wisund St. P. zwml.; Hd. m. S. pg. 34.
Wisunt Mchb. sec. 9 (n. 341, 369); M. B. XIII.
Guisand Lgd. a. 940 (II, n. 69).
Nhd. Wisent.

Von dem letzten n. ist es zweifelhaft, ob er zu diesem stamme oder zu ahd. wisunt bubalus (vergl. z. b. o. n. Wisuntwangas) gehöre. Hiezu noch das merkwürdige

Wisuntin, fem. 11. St. P.

Wiscolo. 11. P. XI, 416 (chron. Affligem.); deutsch?

Wistr- s. VEST. **Wit-, Vit-, Vith-** s. VID.

Vitrodorus. 4. Amm. Marc. Quadischer n.

Wiufrid (so). 8. Tr. W. a. 782, 784, 797 (n. 59, 60, 62).

Viuking. 10. Frek.

-viv in Alaviv (4).

Vivanes. 10. B. v. Barcelona. Conv. Urgellens. a. 991; deutsch?

Vivard. Pol. Fossat.

Vivilo, Vivo s. VIF

VIZ.

Das verbum wizzan scire und namentlich das adj. wiz (gnarus) haben sicher sowol anlautend als auslautend eine anzahl n. gebildet. Hier folgen nur diejenigen, in denen dieser stamm den ersten theil bildet; die übrigen sehe man unter VIS, wo sie sich wegen des häufigen übergangs von z zu s, der ja auch im verbum wizzan selbst vorkommt, nicht mit sicherheit ausscheiden liessen. Auch als erster theil mag Wiz- öfters in Wis- übergegangen sein.

Wizo, Wizikin, Wizelus, Wizelin. Diese formen habe ich unter VID gebracht, wo dergleichen bildungen der analogie nach zu erwarten waren. Doch können sie eben so gut hieher gehören.

Wizant. 9. Mchb. sec. 9 (n. 420).

Wizzung. 9. K. a. 842 (n. 105; Ng. ebds.).
Wizzunc K. a. 824 (n. 90).

Wizlint, fem. 9. Laur. sec. 9 (n. 2964).

Wiceman s. VIG.

Wizmunt. 8. Mchb. sec. 8 (n. 95).

Viuo. 9? M. B. a. 817 (XXXI; unecht).

Wob- s. VOP.

VOC.

Ablaut zu VAC; am nächsten vielleicht zu goth. vôkrs, ahd. wuohhar fructus, incrementum, germen; ags. vôcor proles.

Woco. 8. Gr. I, 727.
Wogo Laur. sec. 8 (n. 388); Mchb. sec. 9 (n. 529); = Uogo?
Ags. Vôc, Vôce. Nhd. Woche, Wocke.

Woker. 9. St. P. zwml.

Wocgis. 9. Wg. tr. C. 275.

Worad. 8. P. I, 162 (ann. Lauriss.), 163 (Einh. ann.); Schpf. a. 828, 966 (n. 89, 147); A. S. Maj. V.
Wuorat Gld. II, a, 111.
Worad und Wuorat hieher?

Wohrid. 9. Wg. tr. C. 374.
Worid Wg. tr. C. 229, 386.

VOD.

Ablaut zu VAD. Vgl. altn. ôðr vehemens, rapidus, ahd. wôti, wûti saevitia; diese bedeutung passt besser als die von besessen, die dem goth. vôds beiwohnt. Wie weit diese n. in näherm zusammenhange mit ahd. Wuotan u. s. w. stehn, darüber darf noch nicht vorschnell geurtheilt werden. Andevotus (5) hieher?

Woto. 8. Schpf. a. 784 (n. 60); necr. Aug. Für Uoto?

Vutto necr. Fuld. a. 837.

Woda, fem. 8. Laur. sec. 8 (n. 2105). Für Uoda?

Wodicho. 10. H. a. 926 (n. 146).

Nhd. Wödicke, Wodtke, Wothge, Wottke, Wudecke, Wudicke, Wüttig, Wutke, Wuttig, Wuttke.

Wodal. 9. Ng. a. 889.

Wodilo P. VI, 275 (Ruotger. vit. Brunon.).

Nhd. Wödel.

Wotan. 9. Schn. a. 819; Dr. a. 824 (n. 439; Schn. ebds. Woatan).

Wodunc. 8. M. B. c. a. 800 (XXVIII, b, 18).

Wozo. Gr. I. 1126.

Wuzo R. a. 1035 (n. 155).

Vudamot. 9. R. a 821 (n. 21) hieher?

Vutolt. 9. Necr. Fuld. a. 897.

Zusammensetzungen mit dem um L erweiterten stamme, zwischen denen und OTHAL indessen die grenze schwer zu ziehn ist:

Wodilbalt. 10. Laur. a. 969 (n. 75).

Wodalbert. 8. Ng. a. 773.

Wodalperaht Gr. III, 210.

Wodelfrid. 10. Laur. a. 912 (n. 136).

Wodelger. 8. Laur. sec. 8 (n. 1193).

Wodalgarta, fem. Gr. IV, 253.

Wodilhilt, fem. Gld. II. a, 129.

Wodilulf. 11. B. v. Osnabrück sec. 11. Ms. a. 1002 (n. 18).

Am schlusse noch eine zweifelhafte form:

Wodarhart (so). 10. Mchb. sec. 10 (n. 1035). Etwa für Waldarhart?

Wof- s. VULF. **Woffo** s. VOP. **Wogo, Wohrid, Voker** s. VOC.

VOLA.

Ahd. wolo, wola, fortuna, bene. Am klarsten gehören die mit Wola- beginnenden formen hieher; folgt dagegen hinter dem L ein consonant, namentlich eine muta, so darf gezweifelt werden, ob Wol- nicht vielmehr durch erweichung aus Wolf- entstanden ist. Auslautend in Filwola (8)?

Wolo. 9. P. II, 99 (Ekkeh. cas. S. Galli); St. P. Uoles (genit) Dr. n. 560 (Schn. ebds. Uuoles). Voli necr. Fuld. a. 986 hieher?

Nhd. Wohl, Woll, Wolle.

Wola, fem. Gld. II, a, 129.

Wolbarn. 8. Ng. a. 837.

Wolbero. 11. P. VI, 278 (vit. Brun.); Lc. a. 1083, 1091 (n. 234, 245).

Wolpern und Wolpero Gld. II, a, 111.

Wolpreht. 8. St. P.

Wolpert P. VI, 746 f. (Lantbert. vit. Heriberti): St. P.; Laur. sec. 8 (n. 3533).

Wolpret Gld II, a, 111.

Nhd. Wolbert, Wolpert.

Wolbrant s. VULF.

Wolbodo. 9. P. VI, 18 (ann. Leodiens.); IX öfters; X, 267 f. (Ruperti chron.), 398 (Hugon. chron.), 537 etc. (gest. abbat. Gemblac.): Lc. a. 1061 (n. 197).

Guolbodo P. VIII, 355 (Sigeb. chron.); X, 587 etc. (chron. S. Huberti Andag.).

Wolbodo, Wolpodo, Walbodo, Walpodo sind P. IX dieselbe person.

Guilbodo für Wolbodo P. VI, 18 (ann. Laubiens.).

Woldrud und Woltrud, fem. Gld. II, a, 129.

Wolafrid. 9 Dr. a. 804 (Schn. ebds. Wolofrid); tr. W. a. 820 (n. 69); Ng. a. 839; Laur. sec. 9 (n. 270).

Wolofrid Laur. sec. 9 (n. 416).

Wolfrid, das eben so gut hieher gehören kann, s. unter VULF.

Wolager. 9. M. B. a. 890 (XXXI).

Woleger Gld. II, a, 111.

Wolgar P. I, 121 (ann. Lauriss.); VIII, 569 (annalista Saxo).

Wolger Gld. II, a, 111.

Wolker R. a. 902 (n. 89).

Wolgard, fem. 8. Tr. W. a. 775 (n. 119).

Wolaram. 9. K. a. 809, 836 (n. 64, 96; Ng. ebds.); necr. Fuld. a. 802.

Woleram Gld. II, a, 111.

Wolram St. P.

O. n. Wolarammeswilare.

Wolleip. Gr. I, 831.

Nhd. Wohllebe, Wohlleben, Wollaib.

Wolalaup. 8. K. a. 778 (n. 20).

Wolaliuba, fem. 9. Ng. a. 849 (n. 325).

Woleman. Gld. II, a, 111.

Wolomar. 8. Laur. sec. 8 (n. 453).

Wolmar P. VI, 7 (ann. S. Maxim. Trevir.); Gud. a. 909, 926, 960; H. a. 909 (n. 136); Lc. a. 1043, 1047 (n. 179, 182).

Wolmer H. a. 955 (n. 167).

Nhd. Wollmer. O. n. Wolmersleve.

Wolamot. 8. Mchb. sec. 8 (n. 198); St. P.
Wolmot Schn. a. 815 (Dr. ebds. n. 314 Uolmot).
Wolemoot (so) und Wolomuot Gld. II, a, 129.
Wolamunt. 9. Mchb. sec. 10 (n. 1031).
Wolmunt Ng. a. 879.
Wolahmunt s. VALAH.
O. n. Wolmuntingun.
Wolarat. 8. Dr. a. 833 (n. 485; Schn. ebds. Uuoltrat).
Volarat Gld. II, a, 128.
Wolrat St. P. zwml.; R. a. 890 (n. 72).
Uolrat tr. W. c. a. 780 (n. 104); St. P.
Wolarih. 8. Tr. W. c. a. 764 (n. 193).
Wolesind und Wolesin Gld. II, a, 129.
Woladeo. 9. St. P.
Wololf. 9. St. P.

Wolank. Gr. I. 843.
Nhd. Wollanck, Wollanke.
Wolantinus. 9. Ng. a. 827.
Wolaram, Wolarat, Wolarih s. VOLA. **Wolaspart** s. VULS. **Wolbero, Wolbodo** s. VOLA.

VOLC. Diese formen sind schwer zu beurtheilen; mehreren quellen zugleich verdanken sie gewiss ihren ursprung, und eine scheidung für die einzelnen fälle ist unausführbar. Ich nehme ein dreifaches VOLC an:
1) eine syncope aus VALAH;
2) eine falsche schreibung Wolc- für Folc- (FULC);
3) eine einfachere form für wolchan nubes.
Wolcilt, fem. Gld. II, a, 129.
Wolkelohc. Gld. II, a, 111.
Wolcmar. 9. P. V, 863 (Thietmari chron.); C. M. Sept.
Wolcmer P. V, 750, 764 (Thietmari chron.).
Wolchrad. 8. Mchb. sec. 8 (n. 59).
Wolcold. 9. B. v. Meissen sec. 11.
Wolcold P. V, 764, 769 (Thietmari chron.).
Wolkold H. a. 1093 (n. 294).
Uolcolt tr. W. a. 806 (n. 28).
Noltold für Wolcold P. XII, 176 (chron. episc. Merseb.).
Wolcwihic. 8. Tr. W. a. 747 (n. 148 und Pd. nchtr. n. 83).
Wolcwin. 10. G. a. 964 (n. 17).

VOLCAN. Die folgenden vier n. scheinen zu ahd. wolchan nubes zu gehören; dieser ansicht ist auch Grimm gr. II, 483.
Wolchandrud, fem. 8 Mchb. sec. (n. 579); St. P.
Wolchandrut Laur. sec. 9 (n. 382).
Wolcanthrude Schn. a. 819.
Volchendruda Laur. sec. 8 (n. 1147).
Wolkendrut Laur. sec. 8 (n. 198).
Wolchangart, fem. Gld. II, a, 129; Gr. I, 797.
Wolchanheid, fem. 9. St. P.
Wolchanhart. 8. Mchb. sec. 8 (n. 286); decr. Tassil.; St. P.
Wolcanard R. a. 815 (n. 19).

Wolcmar, Wolcold, Wolcwin s. VOLC. **Wold-** s. VALD. **Wolgard, Wolker, Wolleip, Wolmunt, Wolpodo** s. VOLA. **Volsleic** s. VULS.
Womar. 10. P. II, 188 (ann. Gaud.); VII, 24 f. (ann. Blandin.); IX, 138 f. (gest. episc. Leod.); A. S. Febr. I.
Entweder aus Wohmar (VOC) oder aus Wonmar (VUN) entstanden.
Won-, Wonad- s. VUN.

VOP. Goth. vôpjan rufen, ahd. wuofan u. s. w.; dieser sinn wohnt mehreren wortstämmen der p. n. bei. Vgl. noch mehrere formen mit Wof- unter VULF.
Woppo. 9. H. a. 960 (n. 171; Gud. ebds.).
Woffo P. IX, 246, 249 f. (Gundechar. lib. pont. Eichstet.), 258, 262 (anonym. Hasereus.); tr. W. a. 809 (n. 174); Ng. a. 806, 809, 827.
Wobo Laur. sec. 11 (n. 3813).
Wobbo necr. Fuld. a. 1063.
Nhd. Wopp. O. n. Wupinowa viell. hieher.
Woppa, fem. 10. St. P.
Wofa St. P.
Wobbel. 11. Necr. Fuld. a. 1060.

VOR. Vgl. ags. vôrjan vagari (auch fatigari). vôrjende vagabundus.

Woro. Gr. I, 961.
Wuerand. 9. Schpf. a. 807 (n. 131).
Wurand Schpf. a. 817 (n. 82).
Worsco. 9. St. P.
Worald. 8. Mab. a. 783.

Worad s. VOC. **Worald** s. VOR. **Word-** s. VURD. **Worid** s. VOC. **Woro, Worsco** s. VOR. **Wort-** s. VURD.

VOS. Ablaut zu dem von Ettmüller s. 81 aufgestellten ags. vasan pollere, vigere, ahd. wasjan (s. oben VAS); in den n. etwa in der bedeutung gross oder stark?
Wospirin, fem. 9. St. P.
Uospirc, fem. 9. St. P.
Vosburg, fem. 9. Dr. a. 822 (n. 399; Schn. ebds. Ostbirch).
Voschis. 8. P. VI, 43 (gest. episc. Virdun.).
Woseolt. 9. St. P.
Voswih. 9. Schn. u. Dr. a. 801; Dr. n. 3 5 (Schn. ebds. Osuvich).

Wot-, Wozo s. VOD.

VRAC. Zu goth. vrikan persequi, ahd. recchjo expulsus, ags. vracu vindicta, altn. raekr extorris u. s. w. Herrscht in den n. etwa die bedeutung peregrinus, alienus, oder, was besser scheint, schon die spätere von mhd. recke, altn. reckr held? Es ist zu bemerken, dass die hier angeführten formen fast alle sächsisch sind, woraus indessen kein schluss auf das mangeln derselben im hochdeutschen gemacht werden darf, da hier solche n. durch das abfallen des V leicht in die form Rac-, Rag- übergingen; sie sind daher von den ursprünglich mit R beginnenden (s. RAG) nicht zu scheiden.
Wracchio. 8. Wg. tr. C. 247.
Werachio Laur. sec. 8 (n. 2056).
Werekkio Gld. II, a, 129.
Uurecheo Dr. a. 814 (n. 301; Schn. ebds. Uurecheo).
Wargus hieher?
Wrachard. 9. Lc. a. 837 (n. 52).
Wracard Lc. a. 841 (n. 55).
Wrachar. 8. Lc. a. 794 (n. 4).
Wracheri Wg. tr. C. 429; Lc. a. 820 (n. 38).
Wracher Wg. tr. C. 414.
Waraculf. 8. Pol. Irm. s. 48, 253; für Wraculf?

Uucheri s. Wigheri und Uncheri. **Vudamot** s. VOD.
Uulcheir. 8. Tr. W. a. 742 (n. 1). Zu VULF?

VULD. Muthmasslich eine einfachere form für das unten abgehandelte VULDAR. Auslautend in Cuniuld (7) und Sigisvulthus (4); auch in Suabulcd (so, 8)? Grimuld?
Uldila, msc. 6. Bischof sec. 6. E. s. VI, 393 (Joh. Biclar.).
Ultan. 7. D. Ch. I. 654, 678.
Vuldebert, 8. P. II, 285 (gest. abb. Fontan.).
Vultpert Pd. a. 731 (n. 549); Gld. II, a, 119.
Vuldegimmus (so). 9. Pol. R. s. 86.
Vultegis. Gld. II, a, 119.
Uldier. 10. A. S. Jan. II.
Vulderad. 7. Pd. a. 653 (n. 322; Mab. u. M. ebds.).
Vulterat Gld. II, a, 111.
Vuldulf. Jorn.

VULDAR. Goth. vulþus, ahd. vuldar gloria. Vgl. VULD.
Vuldar. 9. K. a. 842 (n. 105; Ng. ebds.).
Vultar P. I, 458, 511 (Hincm. Rem. ann.).
P. I mehrmals mit Walthar verwechselt, z. b. s. 518 (ann. Vedast), 599 (Regin. chron.).
O. n. Vuldartingas und Vulderbach viell. hieher.
Vultrogotha, fem. 6. Greg. Tur. IV, 20.
Ultrogotha Greg. Tur. V, 43; d. Ch. I, 668.
Ultrogotho Venant. Fortun.; A. S. Jan. II.
Ultrogota A. S. Febr. II.
Ultrogodis d. Ch. I, 535 f.
Vuldargoza Schn. a. 796.
Wildergoza Laur. sec. 8 (n. 1302) wol hieher.
Vgl. Grimm gesch. d. dtsch. spr. 440.
Vuldarhilt, fem. 8. Laur. sec. 8 (n. 3043); St. P. drml.
Woldarhilt Laur. sec. 8 (n. 3041).
Vuldromod zu schliessen aus o. n. Uuldromodihaim.

Vuldarniu, fem. 9. Dr. a. 823 (n. 419; Schn. ebds.); Schn. a. 837 (Dr. ebds. n. 498 Uuldarnhiu).

Wuldarniuui Dr. c. a. 800 u. 823 (Schn. beide male Uuldarih).

Wuldarrih. 8. Mchb. sec. 8 (n. 60).

Uuldarrich Mchb. sec. 8 u. 9 (n. 251, 510).

Vulderich Gld. II, a, 111.

Die formen Ulderich u. a. s. unter Odalrih.

Vgl. Vuldarniu.

VULF. Ein über alle deutschen stämme verbreiteter, sowol anlautend als auslautend sehr häufiger, seit sec. 4 nachzuweisender wortstamm. Er gehört sicher zu goth. vulfs, ahd. wolf, denn ältere erklärungen wie Adolf = Edelhülf, Gangolf = gehende hülfe, Rudolf = Rathhülf, Wolfgang = Hülfgang sind beseitigt, seitdem erkannt ist, dass der wolf durch vermittelung des Wodanscultus mehr noch als andere heilige thiere ein passendes element für namen abgab. Verwechselungen sind möglich mit VOLA und HWELP, kaum mit VALD. Eine besondere schwierigkeit macht ferner das ziehen der grenze zwischen VULF und VOP. Ich habe meines wissens zuerst einen stamm der letztern form in den n. erkannt und man wird mir eine gewisse schüchternheit in der aufstellung desselben zu gute halten, womit ich nur ein paar simplicia, aber keine composita dahin untergeordnet habe. Nun giebt es aber wirklich erstens formen wie Acluf, Geruf, Haduff, Starchuf, Thiedof, Walduf, zweitens aber auch manche mit Wof- beginnende, letztere besonders bei Gld. und St. P. Da in allen diesen fällen eine theils sprachliche theils nur aus graphischen irrthümern hervorgegangene entstellung aus -olf und Wolf- recht wol möglich ist, da ferner wirklich für einige stellen eine solche entartung nachzuweisen ist (oder sollte man in der that neben Wolfdrigi noch ein davon unabhängiges Wofdrigi annehmen müssen?), da endlich eine anzahl nhd. familiennamen auf -off gewiss aus -olf entstanden sind, so habe ich mich entschlossen, solche zusammengesetzten formen, die hie und da wirklich zu VOP gehören können, dennoch unter VULF zu belassen, genauere scheidung denen anheimstellend, die auf meiner grundlage weiter bauen werden.

Auslautendes VULF übertrifft an häufigkeit alle auslautenden stämme, selbst das so ungemein häufige BERAHT. Es sind die n. auf -ulf und -olf so unglaublich verbreitet, dass man annehmen muss, es habe unser stamm schon in früher zeit, ähnlich wie HARD, RIC und VALD, begonnen nur noch die geltung eines bedeutungslosen suffixes zu haben; vgl. Grimm gr. II, 330.

Ich verzeichne 381 n. auf VULF, darunter nur 4 feminina:

Actulf 8.
Adarulf 7.
Agiulf 5.
Agilulf 7.
Aginulf 7.
Agrulf 8.
Egisolf 9.
Alaholf 8.
Aldulf 8.
Albulf 8.
Aliulf 5.
Ellanwolf 9.
Amalolf 8.
Amanulf 8.
Anaolf 5.
Andulf 9.
Anginulf 8.
Angilulf 8.
Ansiulf 7.
Arulf 8.
Arnulf 5.
Erpulf 8.
Asculf 9.
Astulf 6.
Athaulf 5.
Adalwolf 8.
Adenulf 10.
Audulf 7.
Odulba 8.
Auculf 9.
Aunulf 5.
Aurulf 9.
Oranolf 8.
Austrulf 7.
Auwolf.
Babulf 8.
Badulf 8.
Badanolf 8.
Patirolf 8.
Baldulf 8.
Pandulf 8.
Pandinolf 9.
Baovulf 8.
Bartholf.
Barnulf 8.
Baudulf 7.
Baugulf 8.
Berulf 6.
Bernulf 8.
Perahtolf 7.
Beculf 7.
Pilolf.
Pinuzolf.
Pergolf 9.
Blidulf 8.
Boranolf 8.
Bozulph 8.
Pramolf.
Brandulf 9.
Branzolf.
Breulf 7.
Brisolf 8.
Brodulf 7.
Brunulf 7.
Botolf.
Podalolf 9.
Bodenolf 11.
Burgolf 8.
Caladulf 8.
Chrosculf 8.
Chonulf 7.
Creizolf 8.
Criecholf 9.
Custulf 9.
Dagaulf 6.
Daglidulf 8.
Thanolf 10.
Daulf 7.
Deorulf 8.
Duomolf 9.
Dradolf 10.
Trudulf 6.
Dructulf 7.
Tugolf 9.
Eparolf 6.
Ehtolf 9.
Edulf 9.
Ehinolf 9.
Eiotolf 9.
Emerulf 7.
Erinnulf 8.
Archanolf 8.
Erdolf.
Erlulf 8.
Esnarolf? 8.
Eudulf 8.
Eolf 8.
Faholf 9.
Faginolf 8.
Faidolf 11.
Faraulf 6.
Farnulf 9.
Fardulf 8.
Fastulf 8.
Faulf 9.
Fiscolf 8.
Flidulf 8.
Flozzolf 9.
Forstulf 8.
Froolf 9.
Friulf 8.
Friculf 8.
Fridulf 8.
Frochonolf 8.

Frodulf 8.
Frumolf 8.
Frundulf 9.
Fulculf 7.
Foldulf 8.
Gibulf 7.
Gaidulf 8.
Gaisulf.
Geldulf 7.
Gammolf 11.
Gamanulf 8.
Gandulf 7.
Gangulf 7.
Garulf 8.
Garilulf 7.
Gardulf 8.
Gaudulf 8.
Jozseuulf 9.
Gaviulf 7.
Gaugiulf 7.
Genolf 8.
Germeuulf 8.
Gisulf 6.
Giseulf 9.
Gisalolf 8.
Godulf 8.
Godenulf 8.
Graculf 9.
Gradulf 11.
Grasulf 8.
Grausolph 9.
Grauvolf 8.
Grefolf.
Grimulf 8.
Crisulf 10.
Crisololf.
Gomolf 8.
Gundulf 6.
Hapinolf 9.
Hagiwolf.
Haginulf 7.
Haholf 8.
Hahilulf 8.
Haidulf 8.
Haitenulf 8.
Haimulf 8.
Haistulf 8.
Haliulf 8.
Halidulf 8.
Hamarolf 9.
Haudolf 8.
Hanulf 6.
Hardulf 8.
Hariulf 6.
Hathovulf 7.
Hedenulf 9.
Helmwolf 8.
Hidulf 7.
Hildulf 7.
Helpwolf 8.
Chlodulf 7.
Flodulf 7.
Hobolf 8.
Hoholf.
Hordolf 9.
Horscolf 8.
Hostulf 7.
Hrannulf 6.
Hrahholf 8.
Hringolf 8.
Hrocculf 8.
Hrodulf 5.
Romulf 6.
Rundulf 8.
Hrunzolf 8.
Hugiwolf 9.
Holdulf 9.
Holzolf 9.
Hunulf 7.
Hundulf 9.
Hunzolf.
Hurlolf 8.
Ictolf.
Idulf 8.
Igulf 8.
Iminolf 9.
Indulf 8.
Ingulf 8.
Inganulf 8.
Irlolf 9.
Hermolf 8.
Irminulf 8.
Isulf 8.
Itastolf 8.
Jagbolf 8.
Jungulf 8.
Justulf 8.
Laibulf 8.
Leiperolf 9.
Laidulf 8.
Lajulph 9.
Landulf 8.
Laudonulf 9.
Laulf 7.
Levulf 8.
Lihtolf 8.
Lindolf 9.
Lingulf 8.
Lisolf.
Liubolf 8.
Liudulf 6.
Lopolf 8.
Luntdolf 8.
Magulf 8.
Maginulf 6.
Mahtulf 8.
Meizolf 8.
Malulf 6.
Malchenolf 9.
Manaulf 7.
Marulf 7.
Marculf 6.
Medulf 6.
Madanulf 8.
Madalulf 6.
Morolf 8.
Mazolf 8.
Minulf 7.
Modulf 8.
Muuulf 6.
Nandulf 8.
Nardolf 8.
Neriolf 8.
Nidolf 9.
Nivulf 8.
Nodulf 6.
Nordoulf 7.
Ogrolf 9.
Ordulf 7.
Osdulf 7.
Othilulf 8.
Pibolf 8.
Piscolf 8.
Planulf 9.
Prezolf 9.
Purolf.
Quidulf 9.
Radulf 7.
Rafulf 9.
Ragolf 8.
Raginulf 8.
Reginulfa 7.
Raidulf 8.
Ramfolf 9.
Ranulf 6.
Randulf 8.
Riculf 7.
Richolua 8.
Rinulf 8.
Risiulf 6.
Reodolf.
Reonolf 9.
Saisnulf 10.
Samolf.
Sandolf 8.
Sarulf 8.
Saulf 7.
Scerpfolf 9.
Scartolf.
Sconolf 8.
Scrutolf 8.
Selbolf.
Sergulf 10.
Seuvolf 9.
Shrangolf 8.
Sigiwolf 6.
Sigilolf 8.
Siginulf 9.
Sindulf 6.
Singulph 10.
Sesulf 6.
Slougolf 8.
Sliholf 9.
Snarholf 9.
Suomolf 8.
Sonulf 6.
Sparulf 8.
Stacolf 9.
Stadolf 8.
Stahalolf 8.
Steinolf 9.
Stangulf 8.
Starculf 8.
Stillolf.
Strangolf 9.
Strasulf 10.
Sturolf 8.
Sumthulf 7.
Sundarolf 8.
Sunniulf 7.
Suabolf 8.
Sueidolf.
Swarzolf 9.
Swendolf.
Tasculf 8.
Thedulf 9.
Tezlof.
Taugolf 8.
Teisolf 10.
Thanculf 7.
Theganolf 9.
Thiholf 8.
Dingulf 8.
Thiulf 8.
Theudulf 7.
Theuderulf 8.
Tragulf 9.
Trasulf 8.
Troolf 9.
Thunerulf.
Trauculf.
Tridulf 8.
Triwolf 8.
Tusolf 8.
Udulf 6.
Unulf 6.
Undolf 9.
Urolf 8.
Urnulf 8.
Ursulf 9.
Uziolf 8.
Wacolf 8.
Wacarolf 10.
Vadulf 6.
Watlulf 8.
Walolf 9.
Waldulf 8.
Waldulpia 7.
Wanulf 8.
Wendulf 9.
Wandrulf 9.
Waraulf 7.
Werinulf 5.
Wasolf 9.
Werdolf 8.
Widulf 4.
Witlolf.
Wigolf 8.
Wildulf 9.
Wiliulf 6.
Winulf 8.
Winidulf 8.
Wintrolf 8.
Weololf.
Wisulf 8.
Wodilulf 11.
Wololf 9.
Wordolf 8.
Waraculf 8.
Vuldulf.
Vunnolf 9.
Zangrulf 7.
Zeizolf 8.
Zierolf 8.
Ziolf.
Zisolf.
Zitolf.

Vulf. 5. Fürst der Scirren sec. 5.
Vulf Fredegar; Lc. a. 820 (n. 39).
Vulfo Jorn. 54.
Wolfo Schn. a. 798; Ng. a. 817; Laur. mehrm.
Wolvo Ng. a. 781; St. P.; Laur. mehrm.
Wolffo Ng. a. 819.
Vulfio Pd. a. 629 (n. 247).

Wolfho Ng. a. 816, 859; necr. Aug.
Wolfno tr. W. a. 811 (n. 180).
● Wolf Ng. a. 769; Schn. a. 823; Lc. a. 815, 833 (n. 31, 45); St. P. zwml.; Laur. mehrm.
Gulf Pd. a. 610 (n. 226).
Οὔλιφος Proc. auch hieher.
Ags. Vulf. Nhd. Wolf, Wolff, Wulf, Wulff.
O. n. Vulfinga, Wolfaha und viele andere gewiss theilweise hieher, theils auch unmittelbar zum thiernamen gehörig.

Wolfa, fem. 8. Schn. a 812.
Ulfa pol. Irm. s. 133.

Vulficho. 8. Schn. a. 798.
Wulfico tr. W. a. 791 (n. 130).
Vulvicho St. P.
Vulvihho St. P.
Uuluicho tr. W. a. 791, 808 etc. (n. 19, 78 etc.).
Wolfaho Laur. sec. 8 (n. 3528) viell. hieher.
Nhd. Ulbig?

Wluechin. 11. Lc. c. a. 1070 (n. 221); ist wol sicher Vulvechin zu lesen.
Vuinekin (so) Lc. a. 1083 (n. 234) heisst wol Vulfekin.

Vulfila. 4. Jorn. 51. Der Gotheubischof sec. 4; eine erwähnung der meisten stellen, in welchen derselbe genannt wird, s. bei Gabelentz und Löbe.
Uulfilo Mchb. sec. 8 (n. 280).
Ulfias falsche schreibung hist. miscell. (Valens).
Volnil Gld. II, a, 109.
Gilfulas für Ulfilas E. s. VI, 471; Gulfilas ebds. 485.
Οὐρφίλας (so) Philostorgius hist. eccl. 2, 5.
Nhd. Wölfel, Wölffel.
O. n. Wulfilinga, Wulfilinchova.

Vulfula, fem. 8. Laur. sec. 8 (n. 999).
Volfila Ng. a. 744.
Wuluila tr. W. a. 745 (n. 142 u. Pd. nchtr. n. 78) neben Wuluilane.

Vulfolenus. 7. B. v. Münster sec. 9.
Vulfolenus Pd. a. 653 (n. 320; M. ebds. n. 55).
Wolpelin necr. Fuld. a. 993.
Nhd. Wölfflin.

Vulfemia, fem. 9. Pol. R. s. 101.

Vulfin. 6. D. Ch. I, 534; Laur. sec. 8 (n. 947); pol. Irm. s. 73.
Vulvin Ng. a. 818.
Vuluin Ng. a. 776.
Wolfin Laur. sec. 8 (n. 429).
Wolvin Ng. a. 805.
Woluin Ng. a. 776, 779.
Woluini necr. Aug.
Wolfine K. a. 909 (n. 128).
Woluine K. a. 874 (n. 148).
Wolueni, Woluuini und Woluene Gld. II, a, 111.
Ulfinus P. IX, 412 (gest. episc. Camerac.); pol. Irm. s. 110, 221.
Gulfin pol. Irm. s. 239.

Vgl. das auffallende Vulfidinus bei St. P.; vielleicht nur verderbt.

Schwere scheidung von Wolfwin.
Ags. Vulfin. Nhd. Ulfen, Wulffen.
O. n. Wolfenesruti; Huluinesheim?

Ulfina, fem. 8. Pol. Irm. s. 81.

Wolfuni. 9. R. a. 821 (n. 21).

Vulfing. 8. Pol. Irm. s. 169; pol. R. s. 14, 98 etc.; Wg. tr. C. 335; St. P.
Vulfinc pol. R. s. 104.
Wulfing Wg. tr. C. 454.
Vuluing Laur. sec. 8 (n. 370).
Wulving Laur. sec. 8 (n. 525); G. sec. 10 (n. 31).
Wulvinc Laur. sec. 8 (n. 2212).
Uulfinc Mchb. a. 819, 820.
Wolfung Dr. a. 819 (n. 379; Schn. ebendas. Wolfgun).
Wolving Laur. sec. 9 (n. 363).
Wolvinch Gld. II, a, 111.
Volvinc Ng. a. 744.
Ulfing pol. Irm. s. 143.
Nhd. Wölffing, Wölfing, Wülfing.

Viele (auch spätere) zeugnisse über den n. Vulfing s. bei Mone heldens. (1836) s. 18.

Ulfinga, fem. 8. Pol. Irm. s. 113.
Gulfinga pol. Irm. s. 212.

Wofeza (so), fem. Gld. II, a, 129.

Wolfarch. 8. Ng. a. 793 (K. ebds. n. 43 Wolfharch).

Wolfarn. 9. K. a. 842 (n. 105; Ng. ebds.); St. P.
Wulvarn Mchb. sec. 9 (n. 241).
Wolvarn K. u. Ng. a. 826, 838.
Wolharn Gld. II, a, 111 wol hieher.
Wolfaro Gr. I, 850.
Woluuoro Gld. II, a, 111 hieher?

Vulfara, fem. 8. Pol. Irm. s. 42.

Wolfpato. 9. St. P. zwml.

Wolfbald. 8. Laur. mehrm.

Wolfpald St. P.
Wolfbold Ng. a. 797.
Wolfpold Gld. II, a, 111.
Wolfpolt M. B. c. a. 1050 (VIII).
Wolfpalhd (so) St. P.
Vulpold tr. W. a. 737 (Pd. nchtr. n. 58).
Ags. Vulfbold.
O. n. Wolfpoldessiaza.

Wolfbero. 8. Dr. a. 793 (Schn. ebds., bei ihm a. 795, Wolfboto); Gud. a. 1090.
Wolfpero St. P. öfters.
Vulfpero St. P.
Volfpero St. P.
Wolfper St. P.
Wolfbern Laur. sec. 9 (n. 272).
Wolbero s. VOLA.

Wolfbirin, fem. 8. Dr. a. 780 (Schn. ebds. Wolfbirn); Dr. a. 837 (n. 494; Schn. ebds. Wolfbirn); tr. W. a. 830 (n. 172).
Wolfpirin St. P.
Wolfbrinna R. a. 821 (n. 21).
Wolpirin St. P.
Wolprin Gld. II, a, 130 wol hieher.

Vulfbert. 8. P. II, 424 (vit. S. Liudgeri); Ng. a. 788.
Wolfperht M. B. c. a. 800 (VIII, IX); St. P. öfters.
Wolfbert Ng. a. 769, 778, 786, 805, 809, 815, 817; M. B. XI, 18; Laur. oft.
Wolfbrecht Laur. sec. 8 (n. 2592).
Wolfpert Ng. a. 772, 794, 822, 826.
Wolfpreht Ng. a. 791, 806; decr. Tassil.; necr. Aug.; St. P. mehrm.
Wolfbraht Dr. a. 863 (n. 583; Schn. ebds. Wolsbraht); Laur. sec. 9 (n. 33).
Wolfpraht Schn. a. 757; St. P.
Wolfbreth Laur. sec. 8 (n. 356).
Wolfbret Ng. a. 826.
Wolfpret Ng. a. 827.
Vulbert Wg. tr. C. 290 hieher?
Vulpert Pd. a. 720 (n. 513).
Volbert G. sec. 10 (n. 31).
Wolpert s. VOLA.
O. n. Wolfperhteshusir.

Wolfbinth. 9. Necr. Fuld. a. 878. Kaum für Wolflinth; der n. ist masc.

Wolfbirc, fem. 8. Laur. sec. 8 (n. 1942).
Wolfpirc Mchb. sec. 8 (n. 97).
Wolfberc Laur. sec. 8 (n. 1954).
Wofphirc (so) St. P. sec. 9.

Wolfbrand. 9. Neben Wolbrand Laur. mehrm.
Wolfbrant Laur. sec. 9 (n. 2205, 2256).
Wolfprant Gld. II, a, 111.

Wolfbodo. 8. Laur. sec. 8 (n. 913, 3452).
Wolfboto Schn. a. 803.
Wolfbot Schn. a. 813.
Wolfpot St. P.
Wolfpoto P. VII, 120 (Herim. Aug. chron.); Ng. a. 800.
Wolphoto Ng. a. 819.
Wolfpuot (so) Gld. II, a, 111.
Vulpodo P. IX, 470 (gest. episc. Cameràc.).
Vulbodo P. VI, 737 f. (vit. Balderic. ep. Leodiens.).
Wolbodo, Guolbodo s. VOLA.

Wolfburga, fem. 9. Gr. I, 850.
Wolfburc Laur. sec. 9 (n. 3014).
Wolfpurc St. P. zwml.
Wolfpruc u. Wolfpurug Gld. II, a, 130.

Wulfdag. 9. Wg. tr. C. 345, 454.

Vulfedrudis, fem. 8. Pol. Irm. s. 3, 73 etc.; pol. R. s. 86; Mab. a. 854; A. S. Mart. II.
Wolfdrud Gld. II, a, 129.
Wolftrud Laur. sec. 8 (n. 1418).
Wolfthrut Gld. II, a, 129.
Wolfdhrud Ng. a. 850.

Wolffrid. 8. Ng. a. 789, 827.
Wulffrid Wg. tr. C. 450.
Wolffret Ng. a. 789.
Vulfrid P. I, 468 (Hincm. Rem. ann.); III, 504 (Hloth. II capit.); X, 338 (Hugon. chron.); Laur. sec. 8 (n. 697, 1190); Lc. a. 827 (n. 44); pol. R. s. 51, 54; St. M. a. 709, c. a. 962.
Walfrid Wg. tr. C. 349, 426.
Walfret P. VII, 23 (ann. Blandin.).
Wolfrid P. IX, 334 (Ad. Brem.); Laur. mehrm.); Ng. a. 822; St. P. mehrm.
Wolfrit Laur. sec. 9 (n. 3240).
Wolfrith Dr. sec. 10 (n. 695).
Wulfried Wg. tr. C. 376.
Wolvrit Ng. a. 844.
Wolurit K. a. 844 (n. 111).
Volfrid Ng. a. 744; St. P.
Vulfred H. a. 804 (n. 64).
Wolfred necr. Aug.
Vlfred C. M. April.

O. n. Wolfrideswilare.

Wolfgang. 8. B. v. Regensburg sec. 10.
Wolfgang P. V, 90 (ann. Quedlinb.), 143 f. (ann. Einsidl.), 790 (Thietmari chron.); VI, VII öfters; VIII, 653, 689 (annalista Saxo); Laur. mehrm.; M. B. sec. 10 (VII, XI, XIII).
Vulfgang P. V, 803 (Thietmari chron.).
Wolfganc Ng. a. 813; Laur. sec. 9 (n. 2523).
Wolfcanc Ng. a. 807, 815.
Wolfcang necr. Aug.
Wolfkang P. I, 94 (ann. S. Emmer.); V, 145 (ann. Einsidl.); VI öfters; VIII, 196 (Ekkeh. chron. univers.); XI, 552, 566 (auctar. Cremifan.), 574 (ann. Admunt.); St. P.
Wolfkanc Gld. II, a, 111.
Wolfrang (falsch) P. XI, 148 (monachi Sazav. contin. Cosmae).
Wolfgant necr. Fuld. a. 1046 für Wolfganc?
Wolfgan Gld. II, a, 111 für -gang?
Nach Grimm myth. s. 1093 bezeichnet Wolfgang einen helden, dem der wolf des sieges vorangeht. Die lat. übersetzung Lupambulus s. P. VI, 556 (Arnold. de S. Emmer.).
Nhd. Wolfgang.

Wolfgar. 8. Ng. a. 819.
Vulfegar pol. Irm. s. 29.
Wolfacar Dr. a. 827 (n. 471; Schn. ebds. Wolfart).
Wolfachar Mchb. sec. 8 (n. 88).
Wulfger Wg. tr. C. 231, 244, 254, 257, 276, 281, 285, 289, 316, 330, 398, 460, 461, 468.
Wolfgaer Gld. II, a, 111.
Wolfkaer St. P. mehrm.
Wolfger P. II, 240 (ann. Wirzib.); VIII, 27 (Ekkeh. chron. Wirzib.); Laur. mehrm.; Ng. a. 797, 806, 816, 819; St. P. zwml.
Wolfker Ng. a. 788, 790, 796, 806; St. P. mehrm.; M. B. a. 931 (VIII), 1074 (VII).
Wolfkeri Gld. II, a, 111.
Wolfgher St. P.
Vulger Lc. a. 801 (n. 21).
Wulger Wg. tr. C. 240, 293.
Wofker (so) Gld. II, a, 129.
Wolgar s. unter VOLA.
Ags. Vulfgâr.
O. n. Wolfkereshus, Wolfkereswilare.

Wolfgard, fem. 8. Laur. sec. 9 (n. 797).
Wolfgart Laur. sec. 8 u. 9 (n. 1454, 2696).
Wolfcart u. Wolfkart Gld. II, a, 129.

Vulfegaud. 8. Pol. Irm. s. 73.
Ulfegaud pol. Irm. s. 111.
Vulfiaud pol. R. s. 36, 100.
Wolfcaoz St. P. mehrm.
Wolfgoz Laur. sec. 8 (n. 335); tr. W. a. 776 (n. 112); Gud. sec. 10.
Wolfcoz Ng. a. 787, 818, 819, 820 etc.; St. P.
Wolffcoz Ng. a. 800.
Wolgoz Laur. sec. 8 (n. 1602).
Wofcoz (so) Gld. II, a, 111.
Wolfaud P. VI, 79 f. (chron. S. Michael. Virdun., neben Wolfand); Pd. a. 675 (n. 375).
Volfaud St. M. a. 709, 1002.
Vulfaud Pd. a. 673 (n. 367).
Ags. Vulfgeát.

Wolfaudis, fem. 8. St. M. a. 709.

Wolfgeld, msc. 8. Neben Wolfgelt tr. W. a. 797 (n. 81).
Wolfgelt Schn. a. 791; Ng. a. 846.
Wolfkelt Gld. II, a, 129.

Wolfgis. 8. Laur. sec. 8 (n. 216).
Wolfkis Ng. a. 818; St. P.
Wolfchis P. V, 153 (ann. Monast.).
Volchis P. X, 339 (Hugon. chron.).
Vulgis P. VI, 58 f. (Folcuin. gest. Lobiens.); pol. Irm. s. 172.

Vulfgrim. 8. Lc. a. 855 (n. 65).
Wolfgrim necr. Aug.; Laur. mehrm.
Wolfcrim Gld. II, a, 111.
Wolfchrim Ng. a. 809.
Wolfkrim R. a. 821 (n. 21).
Wolfrim K. a. 764 (n. 9) hieher?
Vulgrin P. VI, 125 (Ademar. histor.).
Volgrin St. M. a. 972.
Vulcrin St. M. a. 1006.
Vulgrimnus P. II, 253 (chron. Aquitan.); VI, 5 (ann. Engolism.), 122—126 (Ademar. histor.).

Vulfgundis, fem. 7. Fredegar.
Wolfigundis tr. W. a. 699 (n. 252).
Wolfgunda tr. W. a. 707 (Pd. nchtr. n. 16, 17).
Wolfcund Gld. II, a, 130.
Wolfkund Ng. a. 888.
Wolffunt (so) Laur. sec. 8 (n. 180) wol hieher.
O. n. Wolfgundawilari.

Wolfhac. 8. Laur. sec. 8 (n. 3235).
Wolfhach Gld. II, a, 111.
Wolfhab Dr. n. 358.

Vulfaidis, fem. 8. Mab. a. 854; pol. R. s. 15, 73.

Vulfagdis pol. R. s. 37.
Wolfheida Laur. sec. 9 (n. 512).
Wolfheid Dr. a. 796 (Schn. ebds. Wolfheri).
Wolfheit Laur. sec. 8 u. 9 (n. 1564, 1597).
Volfagdis K. a. 773 (n. 14 u. 15; Ng. ebds.).

Vulfhard. 8. P. II, 335 (vit. S. Bonif).
Wulfhard P. VI, 172 (Agii vit. Hathumod.); Wg. tr. C. 226, 241, 249, 271, 284, 298, 439, 458, 463.
Vulfard P. I, 334 (ann. Mett.); II, 301 (fragm. chron. Fontan.); III, 534 (Kar. II capit.); pol. Irm. s. 42, 64 etc.; pol. R. s. 15; Fredegar.
Wolfhard P. IX, 255 f. (anon. Haserens.); Ng. a. 791, 809; necr. Aug.; Laur. mehrm.
Volfard Ng. a. 752.
Uolfhart necr. Aug.
Wolfhart Ng. a. 764, 782, 802, 805, 806, 817; Dr. a. 779 (Schn. ebds. Wolfart); Schn. a. 815 (Dr. ebds. n. 315 Uuelfhart); necr. Aug.; St. P. öfters; Laur. öfters; M. B. c. a. 1070 (VI).
Wulfart H. a. 761 (n. 44).
Wolfard P. X, 502 (Hugon. chron.).
Wolfart Ng. a. 811; Schn. a. 827 (Dr. ebds. n. 471 Wolfacar); Laur. mehrm.; necr. Aug.; Gud. a. 1090.
Wolfarth Ng. a. 844; Gud. a. 1056.
Ulfard pol. Irm. s. 23, 85 etc.
Gulfard pol. Irm. s. 224, 264.
Wofhart (so) Gld. II, a, 111.
Ags. Vulfheard, Vulfhard. Nhd. Ulfert, Wilfert, Wölffert, Wölpert, Wohlfahrt, Wolfart, Wolfert, Wolffert, Wolffhardt, Wulfert, Wulffert.

Vulfaardis, fem. 8. St. M. c. a. 962.
Volfarda Ng. a. 744.
Vulfierdis pol. R. s. 16.
Ulfiardis pol. Irm. s. 91.

Vulfhar. 7. B. v. Rheims sec. 9.
Vulfhar P. V, 3 (ann. Corbej.), 775 (Thietmar chron.).
Wolfhari St. P.; C. M. Sept.
Volfhari St. P.
Wolfhar P. II, 64 (Ratpert. cas. S. Galli); Ng. a. 783.
Vulfar P. VIII, 586 (annalista Saxo); IX, 416 (gest. episc. Camerac.); Ng. a. 787; pol. R. s. 20, 102 etc.
Vulferi C. M. Aug.
Vulfer pol. R. s. 15, 82 etc.
Woluari necr. Aug.
Ulfari Paul. diac. IV, 3.
Volffar Ng. a. 670.
Wulfar Wg. tr. C. 98.
Wolfar P. II, 463 (Einh. vit. Kar.).
Wolphar P. VI. 592 (vit. S. Adalbert. episc.).
Wolfhere necr. Aug.
Vulfier pol. R. s. 15, 16 etc.
Wulfheri Wg. tr. C. 253, 267, 470.
Wolfheri Ng. a. 802; St. P.
Wolfher P. V, 103 (ann. Hildesh.); Ng. a. 774, 797; Laur. oft; Lc. a. 877, 1051 (n. 71, 186).
Vulferi P. II, 320 (Adon. chron.); V, 50 (ann. Hildesh.); VI, 250 (transl. S. Epiphan.); X, 352 (Hugon. chron.).
Wolfer P. V, 103 (ann. Hildesh.); VIII, 725 (annalista Saxo); Laur. sec. 8 (n. 1806).
Wolpher Lc. a. 1063 (n. 199).
Uuolfheren (genit.) Dr. a. 806 (n. 233; Schn. ebds. Uuolphern).
Altn. Ulfar. Ags. Vulfhere. Nhd. Ulber, Wolfer Wölfer.
O. n. Wulfares dun, Wulferstede.

Wolfhad. 9. B. v. Bourges sec. 9.
Wolfhad Ng. a. 819; necr. Aug.
Wulfad P. I, 475 (Hincm. Rem. ann.).
Vulfad P. I, 471 ff. (Hincm. Rem. ann.); III, 469 (Hlud. Germ. capit.).

Wolfhetan. 9. Schn. a. 804 (n. 2, 60).
Wolfhetin St. P. zwml.; M. B. a. 986 (XXVIII, 246).
Wolfetin St. P.
Altn. Ulfheðinn.

Vgl. über diesen n. Grimm in Haupts ztschr. II, 2 und mythol. s 1232.

Wolfhalm. 8. St. P. zwml.; C. M. Jul.
Wolfhelm P. I, 100 (ann. Bruuwil.); necr. Aug.; St. P. zwml.; Ng. a. 830.
Vulfelm Ng. a. 787.
Wolffelm P. VI, 75 (chron. Gladbac.).
Wolphelm H. a. 1090 (n. 291).
Wolfelm Laur. sec. 8 (n. 1368).
Ags. Vulfhelm.

Wolfhilda, fem. 8. R. a. 821 (n. 21).
Vulfoildis pol. Irm. s. 202.
Vulfildis pol. Irm. s. 70, 168.
Ulfildis pol. Irm. s. 85, 91 etc.
Wolfhilt St. P. zwml.
Volfildis Ng. a. 744.

Gulfildis pol. Irm. s. 175.
Ulfuldis (so) pol. Irm. s. 143.
Wolfhoh. 8. Laur. sec. 8 (n. 394); Ng. a. 803.
Wolfho Gld. II, a, 111 hieher?
Wolfhraban. 7. B. zu Seus sec. 8; b. zu Meaux sec. 8.
Wolfhraban necr. Fuld. a. 832.
Vulfhrauan Lc. a. 820 (n. 38).
Vulfochramnus Pd. a. 693 (n. 431).
Wolfhramnus Ng. a. 763; Dr. a. 757, 771; Lc. a. 845 (n. 60).
Vulfechramnus M. c. a. 690 (n. 4; Mab. ebds.).
Vulfecramnus Pd. a. 663 (n. 349).
Vulfecrannus Pd. a. 698 (n. 447).
Wolfhram Mchb. sec. 9 (n. 403).
Wolframnus Ng. a. 760, 761, 779, 791, 806, 817; Schn. a. 754, 755, 756 etc.
Wolframmus P. I, 94 (ann. S. Emmer.); IV, B, 171 (synod. Baioar. sec. X); V, 96 (ann. Hildesh.); VI, 569 (Arnold. de S. Emmer.); St. P. mehrm.; Ng. a. 766.
Wolfram P. I, 94 (ann. S. Emmer.); VI, 826 (mirac. S. Cunegund.); IX, 249 (Gundechar. lib. pontif. Eichstet.); Schn. a. 756; Ng. a. 788, 796, 817; Gud. a. 1074, 1090; M. B. a. 931 (VIII), sec. 11 (XIII); St. P. mehrm.; Laur. mehrm.
Wolfrham, Wolfharam, Wolfharran Gld. II, a, 111.
Wolffram Ng. a. 774.
Vulframnus P. III, 30 (Pipp. capit.), 540 (Kar. II capit.); X, 613 (chron. S. Huberti Andag.); pol. Irm. s, 77 (neben Gulframnus); pol. R. s. 67, 73 etc.
Vulfrannus P. II, 276 (gest. abbat. Fontan.); VII, 22, 24 (ann. Blandin.); VIII, 330 (Sigeb. chron.); X, 598 (chron. S. Hubert. Andag.); d. Ch. I, 642; pol. R. s. 60, 67.
Vulframmus P. II, 25 (ann. Blandin.).
Volvrannus P. VII, 693 (Adalbold. vit. Heinr. II).
Vulferam P. V, 806 (Thietmar. chron.).
Vulferem P. V, 774 (Thietmar. chron.).
Wulframnus P. II öfters.
Wulfram P. VIII, 684 (annalista Saxo).
Wolpramnus Ng. a. 760.
Gulframnus pol. Irm. s. 109 (ebds. s. 77 neben Vulframnus).
Gulfrannus pol. Irm. s. 96.
Ulfrannus pol. Irm. s. 99, 136.
Wofram (so) St. P. sec. 9.
Nhd. Wolffram, Wolfram, Wolframm, Wolfgram.
Gulframna, fem. 8. Pol. Irm. s. 223, 230.
Ulfranna pol. Irm. s. 53.
Wolfhroc. 8. Mchb. sec. 8 (n. 233); Schn. a. 821.
Wolfhroch Mchb. sec. 8 (n. 246).
Wolvoroh Ng. a. 802.
Wolfroc Laur. sec. 9 (n. 3414); St. P.
Wolfrocchus tr. W. a. 777 (n. 230).
Wolfroh Schn. a. 803.
Wolvroh Ng. a. 854.
Wolfhugi. 9. Ng. a. 834 (neben Hugiwolf); Ng. a. 852.
Wolfhun. Gld. II, a, 111.
Vulfolaicus. 7. Pd. a. 693 (n. 431).
Vulfolaëcus Mab. a. 660, 694; Pd. a. 695, 697 (n. 433, 441).
Vulfilaic P. X, 159 (gest. Trever.); Greg. Tur. VIII, 15.
Wolflaich H. a. 923, 929 (n. 145, 152).
Wolfleich Mchb. sec. 8 (n. 49).
Wolfleih Mchb. sec. 9 (n. 562).
Wolflec P. VII, 101 (Herim. Aug. chron.); vgl. Wolflioz.
Hieher vielleicht noch
Vollaich G. a. 964 (n. 17).
Nhd. Wölflich.
Wolfleiga, fem. 8. Laur. sec. 8 (n. 866).
Wulfleib. 8. Laur. sec. 8 (n. 1625).
Vulfleip St. P.
Wolfleib K. u. Ng. a. 802, 820.
Wolfleip K. a. 805 (n. 59; Ng. ebds.); St. P. zwml.
Wolfleiph Laur. sec. 8 (n. 3124).
Wolflep (so) K. a. 861 (n. 133; Ng. ebds.).
Ags. Vulfläf.
Wolfleit. 7. K. a. 866 (n. 138).
Vulfoledus conc. Cabilon. a. 650.
Vulfoletus (var. Vulfoecus) Pd. a. 698 (n. 446; unecht).
Vulfland. 8. Pol. Irm. s. 68.
Ulfland pol. Irm. s. 78.
Vulfleis, fem. 8. Pol. Irm. s. 42.
Wolfleis R. a. 821 (n. 21).
Vulfoleud. 7. B. v. Bourges sec. 7.
Vulfoleud Pd. a. 644 (n. 308); Pd. a. 653 (n. 322; Mab. ebds.); d. Ch. I, 887.

Hieber vielleicht
Vulfleus pol. Irm. s. 180; pol. R. s. 8.
Ulfleus pol. Irm. s. 91.
Ulfleudis, fem. 8. Pol. Irm. s. 91.
Vulfolendus (so). 7. M. a. 653 (n. 64).
Vulflendus pol. R. s. 103.
Vulflindis, fem. 7. Pol. Irm. s. 40.
Wolflinda tr. W. c. a. 764 (n. 193).
Wolflind St. P.
Wolflint Laur. sec. 8 (n. 582).
Wolfloz. 8. Laur. sec. 9 (n. 744); necr. Fuld. a. 905.
Wolfleoz P. I, 76 (ann. Sangall.); II oft; VII, 102 (Herim. Aug. chron.); Mchb. sec. 8 (n. 42); St. P.; necr. Aug.; Laur. sec. 9 (n. 222); Ng. a. 752, 812, 815, 818.
Wolffleoz Gld. II, a, 111.
Wolfleozzo (dat.) K. c. a. 812 (n. 68).
Wolfloz M. B. a. 779 (VIII); Ng. a. 815.
Wolflezzus Ng. a. 812.
Wofleoz (so) St. P. sec. 8.
Wolflec viell. hieher; vgl. Vulfolaicus.
Altn. Ulfliotr.
Wolfliub. 8. Laur. sec. 8 (n. 1631).
Wolfliup R. a. 864 (n. 47).
Wolvoloh. 8. Ng. a. 831.
Wolfloch Laur. sec. 8 (n. 2012).
Wolfman. 8. Laur. sec. 8 (n 344); Ng. a. 782; necr. Aug.; tr. W. a. 816 (n. 161).
Wolfmar. 8. P. II, 357 (vit. S. Bonif.); St. P.
Wulfmer Wg. tr. C. 271.
Vulmar Gld. II, a, 119.
Wolmar s. VOLA.
Ags. Vulfmaer.
O. n. Wolfmareshovastat.
Wolfmot. 9. St. P.
Wolfmuot Gld. II, a, 111.
Wolfmota, fem. 9. R. a. 821 (n. 21).
Wolfmund. 8. Laur. sec. 8 (n. 2562); R. a. 821 (n. 21); Ng. a. 849.
Wolfmunt Laur. sec. 8. u. 9 (n. 198, 3526); St. P.; Schn. a. 838; Ng. a. 845.
Wolmunt s. VOLA.
O. n. Wolfmunteshusun.
Wolfnand. 8. Schn. a. 777; K. a. 838 (n 97); St. P.
Wofnand (so) Gld. II, a, 111.
Wulfniu, fem. 9. Dr. n. 547.
Wolfniuui Dr. n. 517.
Wolfni K. a. 861 (n. 136).
Vulfnoth. 9. Lc. a. 855 (n. 65).
Ags. Vulfnôð.
Vulforacus neben Vulforaus Gld. II, a, 119.
Vulfrad, msc. u. fem. 8. Pol. Irm. s. 21, 40 etc.; pol. R. s. 14, 33 etc.
Woluarat Gld. II, a, 111.
Wolvurad P. X, 546 (gest. abbat. Gemblac.).
Woluurat Gld. II, a, 111.
Woluuerat Gld. II, a, 111.
Wolferad P. VII öfters; G. a. 963 (n. 16).
Wolverad P. V, 99 (ann. Hildesh.); VI, 416 (Gerhard. vit. S. Oudalr.); VII öfters; necr. Aug.
Wolvirat Ng. a. 925 zwml.
Woluerat necr. Aug.
Wulfred Wg. tr. C. 314.
Wolfrad P. VI, 678 (mirac. S. Cholomanni); Laur. mehrm.
Wolfrat St. P.; Laur. mehrm.
Uuolphrat Dr. a. 814 (n. 297; Schn. ebds. Vuolfraht).
Wolberad G. a. 1092 (n. 70) halte ich für Wolferad; vergl. indessen Folberad Laur. sec. 8 (n. 1777, 1779).
Ulfrad pol. Irm. s 136.
Wlvered (so) Wg. tr. C. 38, 88.
Vulrat Gld. II, a, 109.
Ags. Vulfrêd. Nhd. Wolffradt, Wolffrath, Wolfradt.
O. n. Wolveradeshusun.
Vulfrada, fem. 8. Pol. Irm. s. 214, 249.
Wolfrada Gld. II, a, 130.
Ulfrada pol. Irm. s. 99.
Gulfrada pol. Irm. s. 213, 225.
Vulrada P. II, 195 (ann. Lobiens.) wol hieher.
Wolfregin. 8. Ng. a. 794.
Vulfrand. 8. Lgd. a. 767 (I, n. 4).
Volverand Lgd. a. 1013 (II, n. 146).
Vulferich. 8. P. III, 505 (Hlud. III capit.); V, 223 (chron. Casin.).
Vulfrich pol. Irm. s. 42, 70 etc.
Vulfrih St. P.
Vulfrihc Gld. II, a, 111.
Vulfrig pol. R. s. 34.
Vuluirih Gld. II, a, 111.
Wulfric Wg. tr. C. 240, 266.
Wuluric Wg. tr. C. 483.
Wulfrich Laur. sec. 8 (n. 1812, 2019).
Wolfurich P. III, 90 (Kar. M. capit.).

Woluarich Gld. II, a, 111.
Wolfrich Laur. mehrm.
Wolfrih St. P.
Volfverich (so) Gud. a. 1090.
Gulfarich Lgd. a. 873 (I, n. 99).
Gulfrigus pol. Irm. s. 209.
Vulrich Gld. II, a, 109.
Vulrih St. P.
Ulfrich pol. Irm. s. 96.
Vulfulrih irrthümliche form bei St. P.
Ags. Vulfric. Nhd. Ulbrich.
O. n. Wulfricheshus.

Uluerid. 8. Tr. W. a. 774 (n. 53).
Uluerit tr. W. a. 773 (n. 128).
Altn. Ûlfriðr (fem.).

Wolfrun, fem. Gr. II, 523.
Altn. Ulfrûn. Ags. Vulfrûn.

Wolfsind, msc. u. fem. 9. Gld. II, a, 130.
Wolfsint tr. W. a. 830 (n. 51).
Vulsinda pol. R. s. 77.
Vulsindis pol. R. s. 86.
Vulsinna pol. R. s. 67, 73.
O. n. Wolfsindawilere.

Wolfstein. 11. M. B. sec. 11 (VI).
Ags. Vulfstân.

Wolfswind, fem. 8. Mchb. sec. 9 (n. 410); tr. W. a. 808 (n. 19); Schn. a. 813.
Wolfswint Laur. sec. 9 (n. 198).
Wolfsuind St. P.; Laur. sec. 9 (n. 401, 411).
Wolfswid Gld. II, a, 130.
Wolswind (9) St. P.
Wolsuid K. a. 797 (n. 45).
Wolfswindonem (acc.) Mchb. sec. 9 (n. 254).

Wolfdanc. 8. St. P.
Wolfdanch Ng. a. 824.

Wolfdio. 8. P. X, 218 (chron. Benedictobur.).
Wolftheo Dr. a. 796, 827 (Schn. ebds. beide male Wolfeo).
Wolfdeo Mchb. sec. 9 (n. 436); St. P.
Wolfdeoh K. a. 861 (n. 136).

Wolfdraegi. 8. St. P.
Wolfdregi Mchb. sec. 8 u. 9 (n. 239 etc.); Ng. a. 797, 805, 817; R. a. 864 (n. 47).
Wolfdregi als genit. K. a. 785 (n. 28).
Wolfdreghi als genit. K. a. 764 (n. 9).
Wolfdrigi P. IX, 250 (Gundechar. lib. pontif. Eichstet.); necr. Aug.; K. u. Ng. a. 812, 820.
Wolfthrigi Ng. a. 875.
Wolfdreki Gld. II, a, 111.
Wolfdrige necr. Aug.
Wolfdric Ng. a. 910.
Woldriki (so) Ng. a. 830.
Wofdrg (so) Gld. II, a, 111.
Wolfdige necr. Aug. wol irrthum.

Wolfdragil. 8. St. P.
Wolfiregil Mchb. sec. 10 (n. 1012); M. B. sec. 11 (VI); St. P.; K. a. 1100 (n. 256).
Wolfdrigil R. a. 837 (n. 31).
Wolftrigil St. P.

Vulfoald. 7. P. VIII, 326 (Sigebert. chron.); gest. regg. Franc.; Fredegar.
Wulfoald P. II, 283 (gest. abbat. Fontan.).
Vulfold pol. R. s. 16, 102.
Wolvoald Ng. a. 775.
Wolfohald P. I, 114 (ann. Lauriss.).
Wolfold P. I, 204 (Einh. ann.); II, 623 (vit. Hlud. imp.); M. B. a. 837 (IX); c. a. 970 (VIII), c. a. 1000 (VIII); Gud. a. 994.
Wolfolt P. III, 90 (Kar. M. capit.); Ng. a. 800, 819; St. P.; M. B. c. a. 1050 etc. (VI).
Wulvold Laur. sec. 8 (n. 1635).
Wolvold P. II, 596 (Thegani vit. Hlud. imp.); St. P.
Wolvolt Ng. a. 792; Laur. sec. 8 (n. 582, 3835).
Wolfuolt Dr. a. 874 (n. 611; Schn. ebds. Wolfuat).
Wolfholt Dr. a. 765 (Schn. ebds. Wolfold); St. P.
Wolwolt Ng. a. 791.
Gulfold pol. Irm. s. 225.
Vulfald P. II, 311 (dom. Carol. geneal.); III, 90 (Kar. M. capit.); V, 406 (Flodoardi ann.); X, 355 (Hugon. chron.); pol. Irm. s. 42, 160.
Vulvald P. III, 90 (Kar. M. capit.).
Wolfald P. I, 343 (ann. Fuld.).
Wlfald (so) P. X, 502 (Hugon. chron.).
Wulfahald Pd. a. 685 (n. 404).
Volfaud P. X, 636 (gest. episcopp. Tullens.) viell. hieher.
Wofolt (so) Gld. II, a, 111.
Ags. Vulfveald. O. n. Wolvoltes affalterum, Wolvoltesdorf, Wolvoltes strewa.

Wolfwan. 8. Laur. sec. 8 (n. 324).

Wolfwar, fem. 9. St. P.

Ulfoard. 8. Pol. Irm. s. 215. Vgl. Vulfhard.
Nhd. Wöllwarth.

Vulfludis, fem. 9. Mab. a. 854: wol für Vulfwid.

Wolfwic. 9. Ng. a. 805.
Wolfwiha, fem. 8. Mchb. sec. 8 (n. 43).
Wolfwin. 8. Laur. sec. 8 (n. 203); Dr. c. a. 800 (Schn. ebds. falsch Wolfum); Ng. a. 805.
Wolfuin Laur. mehrm.
Woluoin Gld. II, a, 120.
Quolfivin Ng. c. a. 744. Pd. schreibt ebds. n. 580 falsch Quolfinin.
Gulfoin pol. Irm. s. 224, 226.
Wolwin Laur. n. 1304.
Vgl. zu diesem n. das schwer davon zu sondernde Vulfin.
Wolfzein. 9. St. P.
Wofceiz (so). Gld. II, a, 111.
Zusammensetzung mit erweitertem stamm:
Wolfirmunt. 9. R. a. 821 (n. 21).

Vullemar. Gld. II, a, 111.
Vullerd. 11. P. V, 838 (Thietmari chron.).
Vulliperto. Gld. II, a, 111.
Wullibrat s. VILJA.
Die letzten drei n. können entartet sein aus VULF oder verderbt aus VILJA oder assimilirt aus VULS.
Vulrada s. VULF.

VULS. Existirt ein solcher stamm wirklich oder sind wenigstens die drei letzten dieser vier n. verderbte zu VULF gehörige formen? Wenn das erstere der fall, liegt dann hier vielleicht eine zu goth. valis γνήσιος gehörige bildung zu grunde? vgl. Welisunc und Belisar. Noch schwebt tiefes dunkel über diesen formen und es ist vor jedem urtheile darüber erst weiter nachzusehn, ob sich noch andere ähnliche bildungen finden.
Wolaspart. 9. St. P.
Wulsheier (so). 9. Wg. tr. C. 294.
Welsleic. Gld. II, a, 130.
Vulsmar. 7. Pd. a. 665 (n. 350).

Vultar, Vultegis, Vultpert s. VULD.
Vultreia, 8. P II, 320 (Adon. chron.): Volferi, quem Vultreiam patrio nomine appellarunt. Vgl. Gamildreia.

VUN. Die folgenden n. scheinen zu ahd. wunna wonne zu gehören. Vgl. ausser diesen formen auch eine angelsächsische Wunneheyda A. S. Febr. III.
Wunno. Gr. I, 883.
Vunnia, fem. 8. Laur. sec. 8 (n. 1636).
Vunna Schn. a. 817; Dr. n. 296 (Schn. ebds. Uuenna).
Wunna Laur. sec. 9 (n. 894); necr. Fuld. a. 1036.
Wona Gld. II, a, 130, 131.
Wunnibald. 7. P. II, 345 (vit. S. Bonif.).
Vunnibold Ng. a. 825.
Wunnibold Ng. a. 876.
Vunipald St. P.
Wonibald A. S. Febr. II, III oft.
Wunebald P. IX, 255, 257 (anonym. Haserens.); M. B. c. a. 948 (XXXI).
Wunnebald P. IX, 243 (Gundechar. lib. pontif. Eichstet.); XII, 183 (chron. episc. Merseb.); M. B. a. 889 (XXXI).
Wonebold P. II, 187 (ann. Gand.).
Vunpurh, fem. 9. St. P.
Wunfred. 10. Lp. a. 985 (II, 382).
Vunniger. 11. St. P.
Vunger P. VIII, 663 (annalista Saxo); P. V mehrm. neben Unger. Auch Unger = Vunger P. VIII, 644 (annalista Saxo).
Nhd. Wöniger. O. n. Wongerestorph.
Vunkis. 9. St. P.
Vunbis St. P. wol hieher.
Wunigodo. 9. R. a. 821 (n. 21).
Vunnaheri. 9. M. B. a. 828 (VIII).
Uunnaheri Mchb. sec. 9 (n. 533).
Wunar (b. v. Rennes) conc. Germaniciens. a. 843.
Ags. Vynhere. Nhd. Wöhner.
Vunnihad. 9. St. P.
Vunnihelm. 9. Ng. a. 817, 833.
Vunnihilt, fem. 8. St. P.
Wunnihilt Dr. sec. 9 (n. 137).
Vunihilt Laur. sec. 8 (n. 267).
Wunnileif. 9. Gr. II, 50.
Vunnilef Lc. a. 855 (n. 65).
Wonlef P. V, 832 (Thietmari chron.).
Wonleph P. V, 81 (ann. Quedlinb.).
Uunimar. 9. Mchb. sec. 9 (n. 616).
Wonamar Schn. a. 850.
Vunemunt. Gld. II, a, 111.
Wunnid. Gr. I, 883.
Wunred. 9. Wg. tr. C. 245.
Vunnolf. 9. St. P. zwml.
Hieher setze ich noch einige zu VUN gehörige erweiterte bildungen; vgl. auch alts. wonodsam delectabilis Grimm gr. I, 236.

Wonat. 8. Laur. sec. 8 (n. 3192).
Wonadun, fem. 8. Laur. sec. 8 (n. 1704).
Wonatger. 9. Laur. sec. 9 (n. 2790).
Wonatheri. 8. Dr. a. 770.
Wonather Schn. a. 806 (Dr. ebds. n. 230 Unather).
Wanathere (so) Gld. II, a, 110.
Wonathilt, fem. 9. Schn. a. 827.
Wonatmar. 9. K. a. 815 (nachtr. B); Dr. sec. 9 (n. 142); Dr. a. 841 (n. 531; Schn. ebds. falsch Wonat. Madir).

-wunch in Herwunch (9).
Vuntbert. 8. Pol. Irm. s. 23.
Vundram. 8. Necr. Fuld. a. 793, 833.
Gehören die beiden letzten n. und etwa noch Erbuwund (8) zu den am ende von VUN verzeichneten formen mit Wonat-?
Wurand s. VOR.

VURD. Vgl. ags. vyrd fatum, die altn. Urðr etc. S. auch Grimm gesch. d. dtsch. spr. s. 655.
Wordannus. Gld. II, a, 120.
Vortlief. 11. Lc. c. a. 1100 (n. 258).
Wortwin. 9. M. B. a. 817 (XXXI; unecht); Dr. sec. 9 (n. 196); Laur. sec. 9 (n. 2862); necr. Fuld. a. 956.
Wordolf. 8. Tr. W. a. 788 (n. 102).

Uurhta, fem. 9. Dr. c. a. 813 (n. 296; Schn. ebds. Vurtha).

VURM. Zu ahd. wurm vermis, wahrscheinlich mit erinnerung an die lindwurmsagen; vergl. auch LIND. Auslautend in Perhturm (9) und Otuurm (9).
Wurm. Gr. I, 1044.
Nhd. Worm, Wurm.
Wurmir. Gr. I, 1044.
Wurmirinc, Gr. I, 1044; viell. von Gr. nur aus o. n. Wurmmaringas geschlossen.
Vurmger und Vurumger Gld. II, a, 111.
Vurmhart. 8. Mchb. sec. 8 (n. 18); St. P. zwml.
Wurmhart Mchb. sec. 8 (n. 166).
Vurmhari. 8. Ng. a. 790.
Wurmhari Ng. a. 774.
Wurmheri Ng. a. 800.
Uurmhar tr. W. a. 788 (n. 197).
Vurmheri Mchb. sec. 8 (n. 14); Ng. a. 800, 827; Dr. a. 796 (Schn. ebds. falsch Uurinheri); Dr. n. 333 (Schn. ebds. Vuernheri); Dr. a. 813 (n. 287; Schn. ebds. Uuernheri); St. P. zwml.
Vurumhar Ng. a. 762.
Wuramheri Ng. a. 788.
Vurumher Ng. a. 802, 806.
Vurmhere Gld. II, a, 111.
Vurmher Ng. a. 814; Dr. a. 806 (n. 231; Schn. ebds. Vuernher). Diese verschiedenheit der schreibungen auch Dr. a. 814 (n. 297) und Schn.
Vurmher Laur. sec. 8 (n. 906).
Wormhar tr. W. a. 774 (n. 61).
Vormhere Ng. a. 928.
Wormer Laur. sec. 8 (n. 1429, 1628).
Ags. Vyrmhere. Altn. Ormar. O. n. Vurmaresleba, Wurmherisbach, Wurmmaringas.

Wursing. 8. P. II, 405 (vit. S. Liudgeri).
Vurissing P. II, 404 (vit. S. Liudgeri).
Vuschmund. 9. R. a. 821 (n. 21).
Vussin. 9. P. II, 429 (Einh. vit. Kar.).
Vutolt, Vutto s. VOD. **Wuzelin** s. VID.
Wuzo s. VOD.

X.

Anlautend mangelt dieser buchstabe. Inlautend steht er entweder für cs, hs (z. b. in manchen formen des stammes SAHS) oder auch für blosses s, z. b. in Anxiardis, Gixlebert u. a. Lexdrat scheint irrthum, dsgl. Agaxomo, Buxtau, Expimar. Wie ist Maxus und Maxelendis zu beurtheilen?

Y.

Der gräcisirende gebrauch des y für i findet sich in vielen quellen, namentlich häufig in den trad. Corb.; so Ragyn-, Gysil-, Eyl- u. a. m. Auch das aus u umgelautete y der ags. und altn. mundart begegnet zuweilen und scheint meistens nur eine nachahmung dieser mundarten zu sein.

Yd- s. ID.

Yedigez (so). 11. Mchb. sec. 11 (n. 1229).

Ymbo. 10. Necr. Fuld. a. 975; verderbt?

Ymma s. IM. **Ymmar** s. INGO. **Ymmo** u. a. s. IM. **Yrmin-** s. IRMIN. **Yppo** s. IB. **Ys-** s. IS.

Z.

Z entspricht dem gothisch-sächsischen T. Wären also zu den mit Z anfangenden n. immer ihre verwandten aus denjenigen dialecten nachweisbar, die zur gothischen lautstufe gehören, so hätte ich hier nichts weiter zu thun, als auf die mit T beginnenden n. zu verweisen. Da nun aber zu fast allen hochd. mit Z anlautenden n. die verwandten mit T entweder gar nicht oder nur unsicher nachzuweisen sind, zumal da alle im folgenden erwähnten wortstämme nicht zu den häufigen und weit verbreiteten gehören, so habe ich es vorgezogen, aus rücksicht auf den practischen gebrauch des namenbuchs sie alle hier zu lassen.

Ausser der verwandschaft des Z mit T erwähne ich hier noch erstens den wechsel des Z mit S, der am häufigsten im auslaut zu sein scheint, aber auch im anlaut und inlaut vorkommt, und zweitens die schreibung C für Z vor e und i. Beide verhältnisse erwarten noch genauere bestimmung nach ort und zeit.

-z, suffix. Diese diminutivendung ist nicht selten, und es nimmt um so mehr wunder, dass ein sächsisches -t ihm so gut wie gar nicht in den n. gegenübersteht; vgl. die wenigen dahin vielleicht gehörigen formen am anfange des D. Die beurtheilung des suffixes -z ist eine sehr schwierige, denn

1) ist es in unendlich vielen fällen zweifelhaft, ob ein z zum wortstamme gehört oder endung ist;

2) tritt z besonders an solche stämme, die mit einem dental schliessen. Tritt dann kein bindevocal ein, so schwindet jener dental und es ist dann oft

unmöglich zu erkennen, welches der in dem namen liegende wortstamm ist. Gehört z. b. Winzo zu VIN oder zu VIND, Werzo zu VAR oder zu VARD?

Aus diesen gründen werden die folgenden register noch vieler zusätze, auslassungen, umstellungen und anderer veränderungen bedürftig sein.

Zunächst begegnet das -z in folgenden 173 einfachen namen:

Abinzo. Agizho 8. Egizza 11. Alzo 10. Alza 9. Albizo 9. Albiza 11. Elizo 8. Alunzo 9. Amizo 9. Amaza 8. Eschez? 8. Orizo 10. Aveza 11. Balzo 9. Panzo 8. Penza 11. Berinza 10. Biliza 11. Binizo 10. Bonizo 10. Burgizo 10. Chazo 8. Chitzo 8. Cuniza 11. Chuzo 10. Custanzo 9. Tapizo 8. Danzo 8. Tozo 9. Tozi 8. Tooza 9. Truzo. Truza 11. Truozi 11. Tubinso 8. Tunizo 10. Ebizo 11. Eiza. Erinzo 10.

Evizo 10. Eveza 9. Fahentz. Fizo 10. Froweza 10. Frithezo 11. Gebizo 11. Kaginzo. Golza. Genza 11. Gawiso 8. Gislezo 11. Giza 11. Gizo 11. Godizo 10. Grantzo 8. Grimizo 10. Gnalaizi 9. Gunzo 7. Gunzi 8. Gunza 7. Hapizo 8. Haizo 9. Heiza 11. Heimezo 11. Hamezo 10. Hanzo 11. Heuzo? 8. Luoza 11. Hodezo 11. Hornaz? 8. Ruozi 11. Ruozo 10. Roza 10. Huza 9. Hugizo 10. Hunzo 9. Hunci. Hwezzi 9. Izo 9.

Imizo 11. Imizi 11. Imiza 9. Ingizo 9. Eugiza 10. Irmiza 10. Jazo 10. Juzo 9. Junzo 9. Krebezo. Lanzo 8. Lanza. Linzo 10. Liebizo 10. Liubinze 10. Liuzo 10. Liuzi 9. Liuza 10. Lopenzo 9. Lorenza 9. Lorenzo 9. Magalenzo 9. Megizo 10. Maginzo 10. Maganza 11. Mariza 9. Morinzo 11. Mizo 11. Milizzo 8. Milizza 9. Mozo 8. Muoza 9. Nanzo 8. Nazo 11. Nizo 9. Nozo 10. Obizo 11. Pronzo. Punzo 11. Ratinza 9.

Razo 9. Razi 10. Raza 10. Regezo 11. Reginzo 9. Reinza 10. Reizo. Richizo 10. Richiza 11. Richinzo. Richinza 11. Sainizo 9. Sanzo 9. Scarenza 9. Shiezo? 10. Sigizo 10. Sigeza 11. Sigunzo 9.

Sinzo 11. Sizo 10. Slauganzo. Strinzo 9. Struz 8. Subarenzo 8. Sunzo 9. Swabizho. Swolinzo. Tazo 8. Theginzo 10. Teuzo 9. Diozza 9. Diezi 11. Tunzi 8. Tunza 9. Unizo 11. Unzo 11.

Uottizo 9. Walezo 11. Walzo 10. Wanzo 8. Warzo 11. Werinzo 10. Werniza 11. Witiza 8. Wiza 9. Wippizo 11. Wegezo 10. Willizo 10. Williza. Winizo 8. Werzo. Wozo. Wofeza.

Oft werden solche z-formen noch durch ein anderes suffix erweitert, und zwar:

1) durch c.

a) einfaches c in 11 namen:

Einciho 9. Roziko 10. Iziko 10. Lanziko 10. Liuziko 10. Liuzicha 11. Meinziko 10. Raziko 10. Reinzecho 11. Thieziko 10. Wiziko 10.

b) kin in 2 beispielen:

Lanzikin 10. Wizikin 10.

2) durch l.

a) einfaches l in 21 namen:

Buzili. Chazili 10. Gunzili 11. Gunzila 8. Heizil 11. Rozelo 8. Ruocili 10. Ruzila 10. Huncelo 11. Izala 11. Junzela. Liuzila. Muezil 11. Munzilo? 9. Nanzilo 8. Razili 11. Razala 11. Tiezela 11. Utzilo 9. Wizolus 10. Wizili 9.

b) lin in 15 fällen:

Chaezlin 11. Fizilin 9. Guncelin 7. Heizilin 10. Ruozelin 11. Lancelin 11. Liuzilin 10. Nanzelin 11. Razilin 10. Reginzilin 10. Richselin 8. Tetzelin 11. Theginzilin 10. Thiezilin 10. Wizelin 9.

3) durch n in 7 formen:

Bransin 10. Chunsena 6. Chunzin. Hozin 6. Ruozin 11. Lancenna 11. Wanzino.

4) durch inc nur in Lanzinc (9).

Ein beispiel von z + r ist mir unbekannt.

Zusammensetzungen, deren erster theil das suffix z enthält, begegneten mir folgende 18:

Abezwib?	Rodselm 9.	Ranzer? 10.
Einizrat 8.	Ruzolt 8.	Snizolf? 9.
Panzleip?	Hrunzolf 8.	Tezlof.
Branzolf.	Juzwib.	Deutselm 8.
Heiziman 11?	Lanzman 11.	Thicemar 11.
Hozeman 11.	Mancebod 8.	Diezawib 11.

Dazu füge man noch die zu LIUD gehörenden formen mit Liuz-.

Ein z + l zwischen beiden theilen der composition erscheint in Ruocilman.

Zaban. 6. Langobardenführer; deutsch?
Zaban Greg. Tur. IV, 39; Paul. diac. II, 32; III, 8; Fredegar.
Zabam neben Zaban P. IX, 81 (chron. Novalic.).

ZAC. Etwa zu goth. tahjan lacerare, griech. δάκνειν? Zacher theilt mir brieflich mit, dass er geneigt sei, seinen n. dahin zu stellen.

Zacco. 8. Abt v. Benedictbeuern sec. 11.
Zacco P. XI, 225, 232 (chron. Benedictobur.); Mchb. sec. 8 (n. 121); M. B. c. a. 800 (VII).
Zacho P. V, 151 (ann. Flaviniac.); X, 285 etc. (Hugon. chron.); Mchb. sec. 8 (n. 121); M. B. sec. 9 (XIV).
Nhd. Zach, Zacke, Zech, Zeche.

Zahheri. 8. Mchb. sec. 8 (n. 225).
Nhd. Zacher.

Zaidris. 9. St. P.; etwa verderbt für Gaidris?

Zaigina, fem. 9. St. P.

Zalechin s. SAL.

Zalgi. 9. St. P. Zu ags. telga ramus, telgor stirps? das wäre ein passender name für einen nachkommen.

Zallo. 9. Mchb. sec. 9 (n. 433). Viell. für Sallo (SAL).

ZAM. Vgl. ahd. zami mitis, mansuetus.

Zamila, fem. 9. Mchb. sec. 9 (n. 562).
Cemil Ms. a. 1049 (n. 22) hieher?

Zemidrud, fem. 10. St. P.
Zemidrat Mchb. sec. 9 (n. 635) für -drut?

Zamhilt, fem. 10. Mchb. sec. 10 (n. 997).

ZAN. Ahd. zan dens findet sich wie im altn. n. Hilditönn so auch vielleicht in

Peronzan 9.	Donazan 8.	Maorinzan 8.
Coranzan 8.	Grazan 10.	Tamuzan 9.

Vgl. noch Grimm gr. II, 531.

Zangrulf. 7. Paul. diac. IV, 14. Zu ahd. zangar mordax.

Zanko. Gr. V, 680.
Nhd. Zanck, Zenke.

Zarald. 9. P. III, 252 (Hlud. et Hloth. capit.). Für Sarald?

Zato. 9. Mchb. sec. 9 (n. 515). Zu ahd. zata juba, coma?

ZAW. Vgl. ahd. zawjan exercere, gizawa suppellex, zawên contingere.

Zawa, fem. C. M. Jul.

Zewina, fem. 9. Mchb. sec. 9 (n. 596).

Zawuni. 9. Mchb. sec. 9 (n. 635).

ZAZ. Eine etymologie dieser formen wird erst aufgestellt werden können, sobald mehr licht über den stamm TAT angebrochen sein wird; denn wenigstens zu einem theile der dort angeführten n. stehn die folgenden in naher beziehung.

Zazo. 6. P. IX, 34 (Joh. chron. Venet.); Mchb. sec. 9 (n. 141).
Zacio tr. W. c. a. 693 (n. 38).
Τζάζων Procop, nach Grimm gesch. d. dtschen spr. 478 = alts. Tato, Tatto.
Zezo Laur. sec. 8 (n. 1664).
Zezzo Dr. n. 366; Laur. sec. 8 u. 9 (n. 27, 1975).
O. n. Zezinchova (woraus Gr. V, 714 auf einen p. n. Zezinc schliesst), Zezinhusir, Zezinwilare wol hieher.

Zazil. 8. K. a. 793 (n. 42); Ng. a. 797, 825.
Zazil bezeichnet nach Grimm gesch. d. dtschen spr. 808 einen schwatzhaften und ist mit engl. tattle verwandt.

Zebald s. Sebald (SEW). **Zebelinde** s. Gebalinda (GAB).

Zehaleip. 8. St. P. Ich kann mir mehrere beziehungen vorstellen, nach denen ahd. zehon reficere für n. ein recht schickliches element ist.

Zeilo. 9. Ng. a. 816.
Zeillo St. P.

Tzeila, fem. 8. Laur. sec. 8 (n. 182).

Zeino. Gr. V, 679. Gehört dieser n. und Wolfzein (9) zu goth. tains, ahd. zain ramus? vgl. Zalgi.

ZEIZ. Zu ahd. zeiz tener, altn. teitr laetus, goth. etwa taits; vgl. altn. berteitr bello laetus, ein name Odins. Auf diesen stamm enden Alazeiz (9), Adalzeiz (9), Unceiz, Wofceiz, wahrscheinlich auch Liupzez (8).

Zeizo. 8. Tr. W. c. a. 811 (n. 191); K. a. 845 (n. 112); St. P. öfters; Laur. öfters; Mchb. sec. 9 (n. 317).
Zeizzo P. XI, 232 (urk. v. 808 im chron. Benedictobur.); Ng. a. 766, 827, 853; M. B. sec. 9 (VII).
Ceizo R. a. 821 (n. 21); Laur. sec. 9 (n. 2283, 2346); Ng. a. 869, 920.
Zeito (so) Gld. II, a, 111 hieher?
Nhd. Zais, Zeise, Zeisse, Zeitz, Zeiz.

Zeiza, fem. 9. Schn. a. 817; Mchb. sec. 9 (n. 523); St. P.; M. B. sec. 11 (VI).

Zeizilo. 8. R. a. 778 (n. 5); Mchb. sec. 8 u. 9 (n. 178, 450).

Zeizila, fem. 9. K. a. 876 (n. 152); Mchb. sec. 10 (n. 997).
Ceizila Gld. II, a, 121.

Ceizan. 9. St. P.

Zeizuni. 9. St. P.
Ceizuni R. a. 821 (n. 21).
Zeizcuni St. P.

Zaizarn. 9, Ng. a. 866 (n. 438).
Zeizarn St. P.
Ceizzarn Gld. II, a, 97.

Zeizpold. Gld. II. a, 111.

Geizperht. 9. R. a. 866 (n. 50); wol für Ceizperht.

Zeizbirg, fem. 8. Schn. a. 778.
Zeizbirc tr. W. a. 837 (n. 166).

Zeizpod. Gld. II, a, 111.

Zezipurc, fem. 9. Mchb. sec. 9 (n. 879); hieher?

Zeizflat, fem. 9. Mchb. sec. 9 (n. 474).

Zeizfrid. 9. Mchb. sec. 9 (n. 646).
Ceizfrid R. a. 821 (n. 21).

Zeizheri. 9. St. P.; Mchb. sec. 10 (n. 1012).
Zaeizheri (so) St. P.
Nhd. Zaiser.

Zeizhilt, fem. 8. Mchb. sec. 8 u. 9 (n. 242, 661); Schn. a. 845.

Zeizlind, fem. 9. Dr. sec. 9 (n. 137).
Zeizlint Laur. sec. 9 (n. 199).
Ceizlind Gld. II, a, 121.

Zeizliup, fem. 8. Mchb. sec. 10 (n. 985).
Zeizluib Laur. sec. 8 (n. 1209).

Zeizman. 8. Mchb. sec. 9 (n. 571); Laur. sec. 9 (n. 199); Ng. a. 862; St. P. zwml.
Ceizman K. a. 782 (n. 25; Ng. ebds.).
Ags. Titman. O. n. Zeizmanningen.

Zeizmar zu schliessen aus o. n. Zeizmaresbrunnen.

Zeitmuat (so). Gld. II, a, 111.

Zeizmunt. 9. Mchb. sec. 9 (n. 495).
Zetzmunt K. a. 861 (n. 156) hieher?

Zeizniuui, fem. 9. Dr. n. 555.
Zeiziniu Schn. a. 848.

Zeizcomo. 8. Dr. a. 790 (Schn. ebds. wol falsch Zeiztomo).

Zeizicoma, fem. 9. Schn. a. 800.

Zeizrih. 10. St. P.
Ceizrih Mchb. sec. 11 (n. 1193).

Zeiztomo s. Zeizcomo.

Zeiswarz. 9. Mchb. sec. 9 (n. 627); wol für Zeiswardus.

Ceizwiha, fem. 9. R. a. 821 (n. 21).

Zeizolf. 8. Graf im Wormsgau sec. 11.
Zeizolf tr. W. a. 787, 819, 830 (n. 86, 168, 172); Schn. a. 801, 803, 812; P. XII, 378 (gest. abb. Trudon.); M. B. a. 975 (XXXI); Gud. a. 1090; K. a. 1090 u. c. a. 1099 (n. 239 u. 254).
Zeizzolf necr. Fuld. a. 1031.
Zeizholf Pd. a. 740 (nchtr. n. 68).
Ceizolf M. B. a. 985 (XXXI).
Ceizzolf Dr. n. 689 (Schn. ebds. Zeizzolf).

Zeisrilus. 9. St. P. (etwa verderbt aus Zeizcilus für Zeizilo?).

Ceizura, fem. 9. R. a. 821 (n. 21); verderbt?

Zello s. ZIL.

Zemfo. 8. St. P.; deutsch?

Zemidrud s. ZAM. **Zenz-** s. ZINZ.
Zeta, fem. Gld. II, a, 130.
Zetzmunt s ZEIZ. **Zeutberga** s. THIUDA.
Zewina s. ZAW. **Zezinc, Zeze** s. ZAZ.

ZIAR Vgl. ahd. ziari, decus, venustas.
Zhiericho. 10. H. a. 964 (n. 180).
Zierhild, fem. 11. Necr. Fuld. a. 1039.
Zierolf. 8. Dr. sec. 9 (n. 199); necr. Fuld. a. 824.
Ciorolf tr. W. a. 784 (n. 89).
Ciarolf tr. W. a. 784 (n. 111).
Cearolf tr. W a. 743, 784 (n. 4, 111).
Cierolf tr. W. c, a. 780, 783 (n. 56).

Zidalari. Gr. V, 639.
Nhd. Seidler, Zädler, Zedler, Zeideler, Zeidler, Zeitler.

ZIL. Goth. tils passend, geschickt, ahd. zila studium. Auslautend in Azezil (10) und Macezil (4)?
Zilo. 8. Pd. a. 735 (n. 556; K. ebds. n. 3); Ng. a. 774.
Hieher vielleicht noch
Ziolo Gld. II. a, 111.
Zello Mchb. sec. 8 (n. 214); St. P.
Cello K. a. 792 (n. 41); St. P.
Nhd. Zehl, Zehle, Zell, Zelle, Ziehl, Zühl.
O. n. Zieleshusun.
Zilia, fem. Gld. II, a, 130.
Cilia (zt. unbest.) necr. Aug.; Gld. II, a. 121.
Zilla K. a. 788 (n. 34).
Celico. 11. Ms. a. 1086 (n. 34); hieher?
Cilica, fem. 11. Necr. Fuld. a. 1015.
Zilina, fem. 8. Laur. sec. 8 (n. 3418); K. a. 861 (n. 136).
Cilina Laur. sec. 8 mehrm.
Ciligna pol. R. s. 72 hieher?
Zielbold. 10. H. a. 945 (n. 158).
Cilger. 10. Lc. a. 962 (n. 105).
Ciliman. 8. Dr. a. 752.
Nhd. Zillmann.
Zilimund. 9. Laur. sec. 9 (n. 259).
Zilward. 8. Laur. sec. 8 (n. 253).
Cilward Laur. sec. 8 u. 9 (n. 235, 383, 416).
Cilewart Laur. sec. 9 (n. 3770).
Cilbard Laur. sec. 9 (n. 217) hieher?

Zino. Gld. II, a, 120.

ZINZ. Diesen stamm muss ich besonderer aufmerksamkeit empfehlen; ich finde für ihn keinen einigermassen wahrscheinlichen anknüpfungspunct.
Zinzo. 8. R. c. a. 787 (n. 6); Ng. a. 905 (n. 655).
Zenzo Laur. sec. 8 (n. 2679).
Cenzo St. P. (8) hieher?
O. n. Zinzinwilare.
Zenzi. Mur. 1832, 2.
Zenza, fem. Gld. II, a, 130.

Zielf zu schliessen aus o. n. Zieholfeshusin. Gr. V, 578 stellt die form zum n. des gottes Ziu.
Zisolf zu schliessen aus o. n. Cisolfestat. Vgl. Ziz-.

ZIT. Zu ahd. zit tempus? vorzugsweise ist der stamm um Fulda gebräuchlich.
Citi. 9. Mchb. sec. 9 (n. 233).
Citilo. 9. Mchb. sec. 9 (n. 663).
Cetil Mchb. sec. 9 (n. 797).
Zital Schn. a. 838 zwml.
Ciprand. 11. Lp. a. 1089 (II, 770); wol für Citprand.
Citburg, fem. 9. Schn. a. 857.
Citger. 9. Schn. a. 826.
Zitleich. 9. Schn. a. 819.
Zitcoma, fem. 8. Schn. a. 845.
Citikuma Schn. a. 778.
Citrat. 9. Dr. a. 813 (n. 284; fehlt bei Schn.).
Citerich. 9. Dr. a. 887 (n. 626; Schn. ebds. Eiterich).
Nhd. Ziederich.
Zitiwart. Gr. I, 955.
Zitolf, Gr. I, 850; von Gr. wol nur aus o. n. Citolfesecca geschlossen.

Ziwal s. Zwival.
Zizi. 11. Mchb. sec. 9 (n. 198).
Zizo. 11. Mchb. sec. 11 (n. 1233); R. a. 1075 (n. 177).
Wäre die existenz der suevischen göttin Zisa oder Ziza sicherer, so würde durch die beiden letzten n. und durch Zisolf ein willkommener beleg für ihren cultus gewonnen.

Zobil s. ZUB. **Zoctan, Zeddo** s. ZOT.

ZOG. Vgl. ahd. ziuhan ducere und seine zahlreichen ableitungen, namentlich gizogan adultus, nutritus, zogo dux.

Tzogo. 8. Laur. sec. 8 (n. 407, 708).
Zugo Laur. sec. 8 (n. 599).
Zuogo Laur. sec. 8 (n. 321).
Zogono. 8. Laur. sec. 8 (n. 2433).
Zokeno Gld. II, a, 111.
Zogono id est Christianus Gld. II, a, 120.

Zol, zt. unbest. Necr. Aug.
Zolli und Zollo Gld. II, a, 111. Vgl. Zul-.

ZOT. Zu ahd. zota juba, coma? vgl. auch Zato.

Zotto. 8. P. V öfters; IX, 615 (chron. mon. Casin.); Mchb. sec. 8 u. 9 (n. 274, 323 etc.); Paul. diac. III, 32; IV, 19.
Zoddo H. a. 926 (n. 146).
Zuto Ng. a. 811, 854.
Zotan. 8. P. XI, 232 (urk. v. 808 im chron. Benedictobur.); Ng. a. 787; necr. Aug.; Mchb. sec. 9 (n. 553, 568).
Zothan necr. Fuld. a. 871.
Zoctan M. B. sec. 9 (VII) viell. hieher.
Zutgo. 9, Laur. sec. 9 (n. 545).
Zuter. Gr. V, 640; aus o. n. Zutereswilari gefolgert?
Zotolt. 8. Laur. sec. 8 (n. 2312).
Zotodilo. 10. Lp. a. 959 (II, 242 zwml.); sein vater Ottolio; deutsch?

ZOZ. Wegen der unsicheren etymologie dieses stammes vgl. Totila. Auslautend erscheint ZOZ (das jedoch leicht mit -goz verwechselt werden kann) in folgenden n.

Perhtzos 8. Friduzoz 9? Hruodzoz.
Blidzoz 8. Hiltizos. Madelzoz.

Zozo. 8. Mchb. sec. 9 (n. 680).
Zaozzo Ng. a. 766.
Zuazo Ng. a. 837.
Zuozo St. P. zwml.
Zuzo St. P. zwml.
Zuzzo Ng. a. 779.
Vgl. über diesen n. Zeuss s. 147.
O. n. Zuzenheim.
Zozzolo. 8. St. P.
Zuzil Gr. V, 714, wol von Gr. nur aus o. n. Zucileswilare geschlossen.
Zozbald s. Gozbald unter GAUD.
Zoczlind (so), fem. 9. St. P.

Zuadhart. 9. Dr. c. a. 840 (n. 539).
Zuakilin. 8. K. a. 779 (n. 22).

ZUB. Zeuss s. 89 will Zubbo an den volksn. Tubantes anschliessen.

Zubbo. 8. Ng. a. 775, 905.
Zuppo K. u. Ng. a. 793, 872, 885; necr. Aug.
Zoppo Mchb. a. 824 (n. 450).
Zubel. 8. Laur. mehrm.
Zobil Laur. sec. 8 (n. 290).
Zopilo Mchb. sec. 8 (n. 89).
Zobel Laur. sec. 8 (n. 2459).
Zuppin. 10. Ng. a. 907.

Zuchilo. 6. Langobarde sec. 6. P. VIII, 142 (Ekkeh. chron. univers.); Paul. diac. I. 21.
Zuco. Gld. II, a, 111.
Zucho Gr. V, 625.
O. n. Zuchinreod.
Zuiso. 9. Laur. sec. 9 (n. 199). Vgl. ags. tvis geminus.
Zulling. 10. Ng. a. 904.
O. n. Zollinchovun hieher?
Zullini. Gr. V, 659.
Vgl. Zol zu den beiden letzten n.
Zunduco. 9. St. P.; deutsch? etwa für Sindico.
Zuolt. 8. Mchb. sec. 9 (n. 642).
Zoolt St. P.; Mchb. sec. 8 (n. 71).
Zuozo s. ZOZ. **Zuppin, Zuppo** s. ZUB.
Zurrinc, Gr. V, 704; von Gr. wol nur aus o. n. Zurrinchova geschlossen.
Zut- s. ZOT. **Zuzil, Zuzo, Zuzzo** s. ZOZ.
Zwival. 9. St. P. Vgl. ahd. adject. zwifal dubius anceps.
Zuiual Gld. II, a, 111.
Ziwal (so) St. P.

Register neuhochdeutscher familiennamen.

88*

Druck von Fr. Eberhardt in Nordhausen.

Lightning Source UK Ltd.
Milton Keynes UK
UKHW010637251019
352276UK00006B/644/P

9 780343 362706